Karl Marx

KAPITAL UND POLITIK

Karl Marx

KAPITAL UND POLITIK

Mit einem Vorwort von Prof. Dr. Hans-Peter Harstick

Zweitausendeins

Lizenzausgabe mit freundlicher Genehmigung
der Wunderkammer Verlag GmbH, Neu Isenburg 2008
für Zweitausendeins, Postfach, D-60381 Frankfurt am Main

Der Abdruck des Anhangs aus der Marx-Engels-Gesamtausgabe
erfolgte mit freundlicher Genehmigung des Akademie Verlags aus:
Internationale Marx-Engels-Stiftung (Hrsg.): Marx-Engels-Jahrbuch 2003.
Akademie Verlag, Berlin 2003.

Umschlaggestaltung: Sabine Kauf, Publicontor, Hamburg
Lektorat: Johanna Meyer-Seipp und Michael Wanner
Satz: Zerosoft, Timisoara, Rumänien
Druck: GGP Media GmbH, Pößneck

Printed in Germany

Dieses Buch gibt es nur bei Zweitausendeins im Versand:
Postfach, D-60381, Frankfurt am Main,
Telefon: (069) 4 20 80 00, Fax: (069) 41 50 03.
Internet: www.Zweitausendeins.de, E-Mail: Service@Zweitausendeins.de.
Oder in den Zweitausendeins-Läden in Berlin, Bonn, Bremen, Darmstadt,
Düsseldorf, Essen, Frankfurt am Main, Freiburg, Göttingen, Gütersloh,
2 x in Hamburg, in Hannover, Karlsruhe, Köln, Leipzig, Mannheim, Marburg,
München, Nürnberg, Oldenburg, Stuttgart, Tübingen.

In der Schweiz über buch 2000, Postfach 89, CH-8910 Affoltern a. A.

ISBN 978-3-86150-869-4

Inhaltsverzeichnis

Zur Einführung: Was bleibt von Karl Marx nach 125 Jahren Wirkungsgeschichte?[1]

Geschichtskultur und historische Forschung sind in den letzten Jahren verstärkt ausgerichtet auf zeitliche und örtliche Bezugspunkte historischer Erinnerung. Wir kultivieren Vergangenheitsvergegenwärtigung in Form der öffentlichen Erinnerung an Ereignisse oder Personen, denen im Gegenwartsbewußtsein historische Bedeutung zukommt.

Am 14. März 1883 verstarb Karl Marx in London. Die vorliegende Marx-Ausgabe erscheint nahezu zwei Jahrzehnte nach dem Scheitern des Marxismus-Leninismus als Herrschaftspraxis und Ideologie im 125. Todesjahr des Textschöpfers und bietet eine Auswahl zentraler Texte des Philosophen und sozialistischen Theoretikers, des Zeithistorikers und Politischen Ökonomen Marx. Über die erste Begegnung oder Wiederbegegnung mit den Texten hinaus erfährt der Leser zugleich eine erste Wegweisung in Geschichte und Stand der Marx-Edition und -Forschung.

Im Epochenjahr 1989 wurde offenbar, daß die „Alterungsresistenz" des Marxschen Werkes nicht Resultat einer politischen Geltungsverfügung ist, sondern auf einem „wirkungsgeschichtlich erweislich unausgeschöpften Potential an Möglichkeiten der Neuaneignung im Wechsel der Zeiten beruht" (Hermann Lübbe).

Was bleibt von Karl Marx nach 125 Jahren Wirkungsgeschichte? Welches Bild zeichnet die biographische Forschung von dem am 5. Mai 1818 in Trier geborenen Rheinpreußen Karl Marx? Im Sinne von Leopold von Rankes Zielbestimmung der Historie, zu „zeigen, wie es eigentlich gewesen", wollen wir den Autor des „Kapital" in den Kontext seiner Zeit stellen. Rahmenbedingungen sind das 1815 nach dem Ausgang der Napoleonischen Ära errichtete politische Ordnungsgefüge des „Deutschen Bundes" und wirtschafts- und sozialgeschichtlich die tiefgreifende Wandlung der alteuropäischen Agrar- und Adelsgesellschaft durch die von England ausgehende Industrielle Revolution.

---

[1] Die Einführung in die Textausgabe lehnt sich eng an frühere einschlägige Veröffentlichungen des Autors an. Siehe Harstick, Hans-Peter: Marx und Engels und die zeitgenössische Geschichtswissenschaft, in: Karl Marx, Kritik und positive Wissenschaft, hrsg. von M. Hahn u. H. J. Sandkühler (Studien zur Wissenschaftsgeschichte des Sozialismus, Bd. 6), Köln 1986, S. 141-174. Ders.: Von der Geschichtsmächtigkeit von Werk und Wirkung zur historisch-kritischen Werkausgabe. Was bleibt von Karl Marx am Ausgang des 20. Jahrhunderts? In: Vision und Verantwortung. Festschrift für Manfred Bodin zum 60. Geburtstag, hrsg. von H. Hesse u. B. Rebe, Hildesheim/Zürich/New York 1999, S. 599-615. Ders.: Artikel Karl Marx, in: Deutsche Biographische Enzyklopädie, hrsg. von W. Killy und R. Vierhaus, München 1995-99, Bd. 6, S. 645-648. Karl Marx/Friedrich Engels. Gesamtausgabe/MEGA^2, Abt. IV, Bd. 32: Die Bibliotheken von Karl Marx und Friedrich Engels, bearbeitet von H.-P. Harstick u. a., Berlin 1999, Einführung, S. 7-84.

Carl Marx – so die Schreibung seines Vornamens in der Geburtsurkunde – entstammte väterlicherseits einer seit etwa 1650 in Trier amtierenden Rabbinerfamilie. Sein Onkel Samuel Marx Levy, 1809 vom französischen Kultusminister in die Leitung der Trierer Konsistorialsynagoge berufen, hatte das Amt des Trierer Oberrabbiners noch bis 1827 inne. Auch Marx' Vater hatte seinen beruflichen Weg 1809 als Sekretär des Trierer jüdischen Konsistoriums begonnen. Den Namen Marx führte die Familie im Vollzug des napoleonischen Dekrets vom 20.7.1808 über die Annahme fester Vor- und Familiennamen. Marx' Vater He(r)schel (seit 1814: Heinrich) Mordechai bzw. Marx (1777-1838), Absolvent der Koblenzer Rechtsschule (Brevet de capacité: 1813), war noch unter französischer Regierung als Avoué (Anwalt), seit 1815 als Advokat am Trierer Appellationsgerichtshof tätig, wurde 1820 als Advokat-Anwalt am preußischen Trierer Landgericht zugelassen und 1831 zum Justizrat ernannt. Marx' Mutter, die Kaufmannstochter Henriette Pressburg (1788-1863), war in Nimwegen aufgewachsen und blieb ihrer niederländischen Abkunft zeitlebens eng verbunden. Mit den Verwandten der Mutter, insbesondere dem Tabakhändler Lion Philips in Zaltbommel, dessen Abkömmlinge 1891 den Philips-Konzern gründeten, stand Marx später von London aus in enger Verbindung. Heinrich Marx hatte sich unter Einfluß der französischen Aufklärung vom orthodoxen Judentum gelöst und war nach Eingliederung der Rheinlande in den preußischen Staatsverband zum Protestantismus übergetreten, um den für Juden einschränkenden Bestimmungen bei der Bekleidung öffentlicher Ämter zu entgehen. Wie das Taufregister der evangelischen Gemeinde Trier ausweist, wurden die Taufakte von Karl Marx nebst sechs Geschwistern bezeichnenderweise erst am 26.8.1824 und von Henriette am 20.11.1825 vollzogen. Bildungsbürgertum, geprägt vom Geist der Aufklärung, und Assimilationswille kennzeichneten das Marxsche Elternhaus: in den religiösen Überzeugungen deistisch, in den politischen Auffassungen liberal ohne antipreußische oder antimonarchische Tendenz. Wichtig für die Persönlichkeitsentwicklung des jungen Marx wurde auch, daß er Zugang zum Haus des Regierungsrats Johann Ludwig von Westphalen (1770-1842) erhielt. Ihm, dem „väterlichen Freund", hat er später seine Dissertation gewidmet, ihm verdankte er erste Kenntnisse der im Fächerkanon der Schule nicht gelehrten englischen Sprache und die anhaltende Begeisterung für Shakespeare, Dante, Homer und die griechische Tragödie.

Seit 1830 erfuhr Marx eine gründliche humanistische Bildung am Trierer Gymnasium und nahm 1835 an der neugegründeten preußischen Universität Bonn das Studium der Rechtswissenschaften auf. 1836 wechselte er an die Berliner Reformuniversität, wo er u. a. den Hegelianer Eduard Gans und den Mitbegründer der historischen Rechtsschule, Friedrich Carl von Savigny, hörte, vor allem aber im Kreis der Hegelschen Linken um den radikalen Theologen und Religionskritiker Bruno Bauer (1809-1882) Position gewann. Zuvor hatte sich der Neunzehnjährige mit der vier Jahre älteren Jenny, Tochter Johann Ludwig von Westphalens, verlobt, was die Konfliktlage mit Heinrich Marx, der auf einen raschen Studienabschluß drängte und dem Sohn „dumpfes Herumschweben in allen Teilen des Wissens" vorwarf, zusätzlich verschärfte.[2] Im Vorwort zu seinem ersten großen ökonomischen Werk *Zur Kritik der politischen Ökonomie* (1859) hat Marx rückblickend geurteilt, sein Fachstudium sei „das der Jurisprudenz" gewesen, die er „jedoch nur als untergeordnete Disziplin neben Philosophie und Geschichte" betrieben habe. Das an preußischen Universitäten nach sechs Semestern übliche erste juristische Staatsexamen (Auskultatorprüfung) hat Marx nicht abgelegt. Im April 1841 wurde er mit einer im Geist der Hegelschen Linken abgefaßten philosophiehistorischen Dissertation über die nacharistotelische Periode *Differenz der demokritischen und epikureischen Naturphilosophie* an der Universität Jena in absentia zum Dr. phil. promoviert. Marx' Vorhaben, seinem Mentor Bruno Bauer an die Universität Bonn nachzufolgen und sich dort zu habilitieren, zerschlug sich, als nach dem Wechsel im preußischen Kultusministerium vom Hegelianer Altenstein zu Eichhorn, auf Veranlassung König Friedrich Wilhelm IV., Bruno Bauer die Lehrbefugnis als Privatdozent entzogen wurde.

Marx wandte sich dem Journalismus zu, um die materiellen Voraussetzungen für die beabsichtigte Eheschließung zu schaffen. Erste Station auf diesem Wege war die 1841 von rheinischen Bürgern als liberales Gegengewicht gegen die klerikale „Kölnische Zeitung" gegründete „Rheinische Zeitung für Politik, Handel und Gewerbe". In den wenigen Monaten als de facto Chefredakteur von Oktober 1842 bis zum Verbot der Zeitung am 31.3.1843 gelang es Marx, der sich zuvor durch eine Artikelserie über die Verhandlungen des 6. Rheinischen Landtags als Mitarbeiter empfohlen hatte, der „Rheinischen Zeitung" jene kritische Form einer politischen Zeitung zu geben, die sie zum „Muster für die gesamte zeitgenössische deutsche Presse" (K. Koszyk) machte. Diesem Erfolg trug die preußische Regierung, einer späteren autobiographischen Notiz von Marx zufolge, insofern Rechnung, daß sie ihm anbot, Chefredakteur der „Preußischen Staatszeitung" zu werden.

Am 19. Juni 1843 heiratete Marx in Kreuznach seine Braut Jenny von Westphalen (1814-1881), nachdem diese den Widerstand ihres Halbbruders Ferdinand von Westphalen (1850-58 preußischer Innenminister) gegen die Eheschließung hatte überwinden können. Bereits im Oktober folgte sie ihrem Mann nach Paris, später nach Brüssel (1845-48), Köln (1848/49), London (seit 1849) und teilte die „Misere des Lebens" an der Seite des Emigranten, der 1845 seine preußische Staatsangehörigkeit aufgegeben hatte und seitdem staatenlos blieb. Aus der Ehe gingen folgende Kinder hervor: Jenny (1844-1883), verheiratet mit

[2] Briefwechsel, soweit überliefert, ediert in: MEGA², Abt. III, Bd. 1, Berlin 1975, S. 9-18, 289-330.

Charles Longuet, Laura (1845-1911), verheiratet mit Paul Lafargue, Edgar (1847-1855) und Eleanor (1855-1898). Drei weitere Kinder starben im frühen Kindesalter. Nach der Quellenlage sehr wahrscheinlich ist zudem Marx' Vaterschaft Frederick Demuths (1851-1929), eines unehelichen Sohnes des Hausmädchens Helene Demuth.

In Paris, wo er mit Heinrich Heine, Georg Herwegh, Moses Heß, Pierre Joseph Proudhon und Michail A. Bakunin in engere Beziehung trat, gab Marx mit Arnold Ruge 1844 die „Deutsch-Französischen Jahrbücher" heraus, für die er die Aufsätze *Zur Judenfrage* und *Zur Kritik der Hegelschen Rechtsphilosophie. Einleitung* beisteuerte. Friedrich Engels' Beitrag für die einzig erschienene 1. und 2. Lieferung der Zeitschrift *Umrisse zu einer Kritik der Nationalökonomie* veranlaßte Marx zu einem intensiven Studium der klassischen Nationalökonomie: Ergebnis waren die „Ökonomisch-philosophischen Manuskripte" von 1844, die wie die *Deutsche Ideologie* von 1845/46 erstmals 1932 aus dem Nachlaß veröffentlicht wurden und der Diskussion um Marx und den Marxismus eine neue Richtung gaben: Beide Texte dokumentieren den wissenschaftsgeschichtlichen Ort von Marx in der Philosophie wie in den aufkommenden Sozialwissenschaften. Marx' Theorie, an deren Ausgang seine kritische Schülerschaft zu Georg Wilhelm Friedrich Hegel (1770-1831) stand, ergab sich als Resultat eines konsequenten Entwicklungsganges, den Karl Korsch auf die Formel gebracht hat, Marx habe „zunächst die Religion philosophisch, dann die Religion und Philosophie politisch, und schließlich die Religion, Philosophie, Politik und alle anderen Ideologien ökonomisch kritisiert".[3] Die Begegnung mit Friedrich Engels (1820-1895), die zum Ausgangspunkt einer lebenslangen Freundschaft und einer engen politischen und geistig-wissenschaftlichen Arbeitsgemeinschaft wurde, war für Marx das wichtigste Ereignis der Pariser Zeit, die im Januar 1845 auf Veranlassung der preußischen Regierung mit der Ausweisung wegen zweier antipreußischer Artikel von Marx im Pariser „Vorwärts" endete. Erste Früchte der gemeinsamen Arbeit von Marx und Engels waren eine kritische Auseinandersetzung mit der Hegelschen Linken und damit der eigenen intellektuellen Abkunft (*Die heilige Familie, oder Kritik der kritischen Kritik. Gegen Bruno Bauer & Consorten*, 1845) und *Die Deutsche Ideologie.* Der 1845/46 zur Selbstverständigung niedergeschriebene, mangels Verleger der „nagenden Kritik der Mäuse" überlassene umfangreiche Text von 556 Manuskriptseiten war die Geburtsurkunde des historischen Materialismus: „Ganz im Gegensatz zur deutschen Philosophie, welche vom Himmel auf die Erde herabsteigt [...] wird von den wirklich thätigen Menschen ausgegangen & aus ihrem wirklichen Lebensprozeß auch die Entwicklung der ideologischen Reflexe & Echos dieses Lebensprozesses dargestellt. [...] Nicht das Bewußtsein bestimmt das Leben, sondern das Leben bestimmt das Bewußt-

---

[3] Korsch, Karl: Marxismus und Philosophie, 1. Auflage 1923, hrsg. von E. Gerlach, Frankfurt/Wien 1966, S. 124.

sein."[4] 1888 fand Engels in Marx' Nachlaß 11 Thesen über Ludwig Feuerbach (1804-1872), die den Gegensatz zu den bisherigen philosophischen Weggefährten akzentuieren: „D. Philosophen haben d. Welt nur verschieden *interpretiert*, es kömmt drauf an sie zu *verändern*" (These 11).[5] Neben weiterer schriftstellerischer und journalistischer Tätigkeit (Streitschrift gegen Proudhon: *Misère de la philosophie. Réponse à la Philosophie de la misère de M. Proudhon*, 1847; Mitarbeit an der „Deutschen Brüsseler Zeitung") wandte sich Marx gemeinsam mit Engels verstärkt der politischen Arbeit zu.

Über die Gründung eines von Brüssel aus organisierten Netzes kommunistischer Korrespondenzkomitees gelang es im November 1847, den in London ansässigen utopisch-kommunistischen „Bund der Gerechten" unter Zurückdrängung der ideologischen Einflüsse von Wilhelm Weitling und Moses Heß in den „Bund der Kommunisten" (1847-52) Marx-Engelsscher politischer Konfession umzuformen. Ende Februar 1848, zugleich mit dem Ausbruch der Februarrevolution in Paris, erschien in London das von Marx als Auftragsarbeit des zweiten Bundeskongresses verfaßte *Manifest der Kommunistischen Partei*. Ausgehend von der Prämisse „Die Geschichte aller bisherigen Gesellschaft ist die Geschichte von Klassenkämpfen" entwickelte Marx mit aufrüttelnder Sprachkraft in Abgrenzung von allen Strömungen des Frühsozialismus seine geschichtstheoretische Fundierung einer kommunistischen Zukunftsgesellschaft, auf die die Dynamik der entfalteten Produktivkräfte der kapitalistischen Industriegesellschaft revolutionär hinführe. Wenngleich dem Manifest in der Revolution von 1848 nur marginale Bedeutung zukam, hatte es doch als in der Welt wohl am weitesten verbreiteter Text explizit politischer Literatur eine ungeheuere Fernwirkung. Die Ereignisse 1848/49 begriffen Marx und Engels als europäische bürgerliche Revolution, die sich über den Sturz der Monarchie in Deutschland hinaus gegen das reaktionäre zaristische Rußland wenden müsse, was auf die Unterstützung der Position des demokratischen Radikalismus durch die „Partei Marx" – so die zeitgenössische Bezeichnung des Marxschen politischen Netzwerks – hinauslief. Dies war auch die Leitlinie der unter Leitung von Marx (Mitredakteure u. a. Engels, Georg Weerth, Ferdinand Freiligrath) redigierten „Neuen Rheinischen Zeitung. Organ der Demokratie", die als publizistische Wortführerin der deutschen Linken das Tagesgeschehen vom 1.6.1848 bis zum 19.5.1849 kritisch begleitete. Nach der gescheiterten Revolution aus Preußen ausgewiesen, verließ Marx im Sommer 1849 Deutschland, um nach einem Zwischenaufenthalt in Paris definitiv ins Londoner Exil zu gehen.

Die Londoner Jahre – erst seit 1864 konnte ihn Engels als Teilhaber der Firma Ermen & Engels/Manchester nachhaltiger finanziell unterstützen – bedeuteten

---

4 Karl Marx, Friedrich Engels: I. Feuerbach. Fragment 2, in: Marx-Engels-Jahrbuch 2003, hrsg. von der Internationalen Marx-Engels-Stiftung/Amsterdam, Berlin 2004, S. 115 f.

5 MEGA², Abt. IV, Bd. 3, Berlin 1998, S. 19-21.

für Marx einerseits den Tiefpunkt seiner bürgerlichen Existenz mit dem Zwang, der Familie durch journalistische Arbeit ein Mindesteinkommen zu sichern, andererseits konnte er, gestützt auf die Bibliothek des British Museum, langfristig angelegten wissenschaftlichen Studien nachgehen. In mehreren exzellenten zeitgeschichtlichen Studien beschrieb Marx ebenso konstruierend wie eindringlich Abläufe der politischen Geschichte und Sozialgeschichte Frankreichs (*Die Klassenkämpfe in Frankreich* 1850; *Der 18te Brumaire des Louis Bonaparte*, 1852; *The civil war in France*, 1871). Seine Tätigkeit als europäischer Korrespondent der „New York Tribune", für die er und Engels zwischen 1851 und 1862 einige hundert Artikel lieferten, erforderten es, die englische Innen- und Wirtschaftspolitik und die Geschehnisse der internationalen Politik intensiv zu verfolgen, was seinen bisherigen Gesichtskreis erweiterte und der wissenschaftlichen Arbeit zugute kam. 1856/57 veröffentlichte er in der Londoner „Free Press" eine Studie zur russischen Außenpolitik des 18. Jahrhunderts (*Revelations of the Diplomatic History of the 18th Century*), die im Nachhall des Krimkriegs sein kritisches, historiographisch fragwürdiges Rußlandbild offenbarte, das er nach Erlernen der russischen Sprache und intensiven Quellenstudien zur russischen inneren Entwicklung in den siebziger Jahren allerdings korrigierte. Am 28. September 1864 wurde in London die „Internationale Arbeiterassoziation" gegründet, auf die Marx als Verfasser des als „Inauguraladresse" bekanntgewordenen Programms bis hin zu den öffentlichkeitswirksamen Adressen zum Deutsch-Französischen Krieg und zur schließlichen Verlegung des „Generalrats" im Streit mit den Bakunisten 1872 nach New York entscheidenden politischen Einfluß nahm: Obgleich lediglich „korrespondierender Sekretär für Deutschland" (zeitweise auch für Belgien, Holland bzw. Rußland), war er de facto der führende Kopf der Internationale. Für die sich organisierende Arbeiterbewegung in Deutschland (ADAV: 1863, VDAV: 1868, SDAP: 1869, SAPD: 1875) hatten Marx und Engels eher die Funktion kritischer Beobachter als die aktiver Mitgestalter – Marx' „Randglossen zum Programm der deutschen Arbeiterpartei" wurden auf dem Gothaer Vereinigungsprozeß 1875 unterdrückt –, beide versuchten jedoch durch lebhafte Korrespondenz u. a. mit Ferdinand Lassalle (1825-1864), Wilhelm Liebknecht (1826-1900) und August Bebel (1840-1913) ihrer Position als Ratgeber in theoretischen und praktischen Fragen Geltung zu verschaffen. Überhaupt kam für Marx dem Briefkontakt als politischem, literarischem und wissenschaftlichem Medium – rund 4000 Briefe von und rund 10.000 Briefe an Marx und Engels sind überliefert – mehr noch als bei anderen Zeitgenossen Bedeutung zu.

Marx' zentraler Forschungsansatz in den Londoner Jahren zielte primär auf die kapitalistische Produktionsweise, auf die Anatomie der bürgerlichen Gesellschaft, die er jedoch als Resultat vorausgegangener Entwicklung und die europäische wie außereuropäische Geschichte als Weg zu ihr hin erkannte, wodurch seine 1851 begonnenen Studien und Exzerpte sehr bald eine enzyklopädische Ausrichtung erfuhren und er sich auf einen Wettlauf mit dem ungestümen Progreß wissenschaftlicher Entwicklung mit ihren Charakteristika – der einzeldisziplinären Verzweigung und dem ständigen Mehr an Information – einließ. Resultat waren Exzerpte und Notizen im Umfang von umgerechnet 21.600 Druckseiten Text und 35.000 Buchseiten mit Marginalien zu nahezu allen Wissensgebieten einschließlich der Naturwissenschaften als materiale Basis eines nicht abgeschlossenen Lebenswerks. 1859 veröffentlichte Marx als erstes und einziges Heft einer geplanten Veröffentlichungsreihe, die das System der bürgerlichen Ökonomie in der Reihenfolge Kapital, Grundeigentum, Lohnarbeit sowie Staat, auswärtiger Handel, Weltmarkt behandeln sollte und auf einem weit umfangreicheren Manuskript aus den Jahren 1857/58 (= *Grundrisse der Kritik der politischen Ökonomie*, 1939-41) fußte, die Schrift *Zur Kritik der politischen Ökonomie*. Die Publikation, in der Marx erstmals seine Werttheorie darlegte und deren Vorwort seine Definition der materialistischen Geschichtsauffassung und der ihm eigenen Terminologie enthält, erzielte in der Fachwelt nicht die erhoffte Wirkung.

Erst 1867 erschien sein wirtschaftswissenschaftliches Hauptwerk, mit dem er „das ökonomische Bewegungsgesetz der modernen Gesellschaft zu enthüllen" hoffte: *Das Kapital. Kritik der politischen Ökonomie. Erster Band. Buch 1: Der Produktionsprozess des Kapitals*. Der zeitliche Abstand wird verständlicher, wenn man sich vergegenwärtigt, daß Marx bei Abfassung des Textes als Vorstudien für das auf mehrere Bände angelegte Gesamtwerk bereits die (seit 1976 in der zweiten Abteilung der Marx-Engels-Gesamtausgabe edierten) Manuskriptgruppen von 1861-63 bzw. von 1863-67 vorlagen. Der erste Band, in dem Marx den Charakter der kapitalistischen Warenproduktion einerseits als Prozeß der materiellen Produktion (Wertbildungsprozeß), andererseits als Verwertungsprozeß (Produktion von Mehrwert) erklärte, diente nur der Untersuchung eines Teilbereichs. Als „Springpunkt, um den sich das Verständnis der politischen Ökonomie dreht", beschrieb er die „zwieschlächtige" Rolle der Arbeit im kapitalistischen Produktionsprozeß, wobei er zwischen konkreter, Gebrauchswert erzeugender Arbeit und abstrakter, Tauschwert bildender Arbeit unterschied und dies mit einer eindringlichen Schilderung der Vorgänge der Industriellen Revolution in England verband. Bereits 1872 erschienen eine überarbeitete zweite deutsche Auflage sowie autorisierte Übersetzungen ins Russische und Französische. Der zweite Band, der gemäß Marx' Planung den „Cirkulationsprozeß des Kapitals (Buch II) und die Gestaltungen des Gesamtprozesses (Buch III)" behandeln sollte, wurde von Engels postum unter Beschränkung auf Buch II 1885 herausgegeben, der dritte Band und zugleich Buch III (*Gesamtprozeß der kapitalistischen Produktion*) erschien in der Bearbeitung von Engels 1894. Die von Marx als abschließender Band (= Buch IV) vorgesehene „Geschichte der Theorie" wurde durch Karl Kautsky (1854-1938) unter Rückgriff auf das Manuskript von 1861-63 erstmals 1905-10 unter dem Titel *Theorien über den Mehrwert* veröffentlicht. Marx hatte die Arbeit am *Kapital* Ende der siebziger Jahre, spätestens 1880 eingestellt, so daß der Editor Engels die Bände 2 und 3 aus einer Vielzahl von Texten fragmentarischen Charakters und unterschiedlicher Entstehungszeit konstituieren mußte. Der 2008 geplante Abschluß der Zweiten Abteilung der Marx-Engels-Gesamtausgabe (das „Kapital" und Vorarbeiten) mit der Veröffentlichung der überlieferten Marxschen Manuskriptvorlagen und Engels' Bearbeitungsmanuskripten wird die Textgrundlage bieten, um Engels' editorische Leistung und das Ausmaß seiner Autorschaft präzisieren zu können.

Als Marx, seit langem leberleidend und kaum arbeitsfähig, am 14. März 1883 wohl an den Folgen einer nie ausgeheilten Lungentuberkulose starb, harrte ein riesiges Werk von rund 135.000 Seiten zu Lebzeiten Gedrucktem oder handschriftlich Hinterlassenem der Erschließung. Zugleich begann mit Engels' Grabrede die Wirkungsgeschichte und Mythisierung des historischen Marx im Zeichen des Marxismus, die freilich nicht mehr Marx' Geschichte ist.

Für den politischen Historiker erscheint das Jahr 1989 mit seinen tiefgreifenden Umbrüchen schon heute als epochale Zäsur europäischer Geschichte und universalhistorische Zeitenwende. Im 200. Jubiläumsjahr der Französischen Revolution wurde offenbar, daß der im Zeichen des Marxismus-Leninismus unternommene welthistorische Großversuch, Geschichte in Übereinstimmung mit prognostizierten Gesetzmäßigkeiten zu machen, gescheitert war. Die Theorie des Marxismus-Leninismus als einheitliche Weltanschauung der Arbeiterklasse und Lehre von ihrer welthistorischen Mission war im historischen Prozeß selbst obsolet geworden. Die russische Februarrevolution und der Staatsstreich der Bolschewiki vom Oktober 1917 mündeten am Ausgang des Jahrhunderts in die Implosion des real existierenden Sozialismus.

Dies war die Ausgangslage, als wir uns von Amsterdam und Braunschweig aus Anfang 1990 anschickten, unter den Leitprinzipien Entpolitisierung, Akademisierung und Internationalisierung das Projekt einer wissenschaftlichen Marx-Engels-Edition zu unserer Sache zu machen. Die Bedeutung von Karl Marx und Friedrich Engels im Gegenwartsbewußtsein und das Bedingungsgefüge der Marx-Engels-Forschung in Ost und West hatten sich abrupt verändert. Wer in dieser Situation dezidiert für die intellektuelle Scheidung des historischen Marx und Engels von der Wirkungsgeschichte beider im Marxismus-Leninismus eintrat und die Weiterführung der historisch-kritischen Gesamtausgabe der Werke und des literarischen Nachlasses als bedeutsamer Quelle für Geschichtsschreibung und Geschichtsverständnis des 19. und 20. Jahrhunderts empfahl, hatte wider den Zeitgeist zu plädieren. Wir hatten uns zu fragen und wurden gefragt: Was bleibt von Karl Marx, dessen einzigartige Wirkungsgeschichte im Marxismus-Leninismus offenbar zu ihrem Ende gekommen war? Aus den politischen Diensten war Marx entlassen worden. Die seinem Selbstverständnis zutiefst widerwärtige Rolle des „Diskurs-Polizisten" der seinen Namen tragenden Herrschaftsideologie war ausgespielt. Aus der nachträglichen Überhöhung als Kirchenvater einer Diesseitsreligion war er befreit. Was also blieb von Marx nach der Implosion des real existierenden Sozialismus? Allemal mehr als das wuchtige Grabmal, das ihm die Sowjetregierung 1956 auf dem Londoner Friedhof Highgate unter Störung der Totenruhe setzte. Geblieben sind als Gegenstand wissenschaftlicher Forschung und historisch-kritischer Edition die zu Lebzeiten von Marx und Engels erschienenen Schriften und der umfangreiche handschriftliche Nachlaß in den Amsterdamer und Moskauer Archiven. Geblieben ist das von der Parteien Gunst und Haß verwirrte „Charakterbild" einer der geschichtsmächtigsten Persönlichkeiten abseits und außerhalb der großen Politik.

Das Epochenjahr 1989 hat Marx seinen Platz dort unverstellt angewiesen, wo er seit langem hingehörte: in den Kreis der großen klassischen Denker des 19. Jahrhunderts; und auch der Ort von Friedrich Engels in der politischen Ideengeschichte ließe sich neu bestimmen. Es genügt, an die biographie intellectuelle Max Webers zu erinnern, um zu konstatieren, daß das philosophische, sozialwissenschaftliche und ökonomische Problembewußtsein unseres Jahrhunderts durch die Züge dieses Denkens unauslöschlich mitgeprägt wurde und weiterhin mitgeprägt werden wird. In diese Richtung weist auch der überpointierte, in der Substanz jedoch nie zurückgenommene Ausspruch Oswald von Nell-Breunings aus dem Jahr 1965: „Wir alle stehen auf den Schultern von Karl Marx, ob wir es wissen oder ob wir es nicht wissen. Und die Irrtümer von Karl Marx nennen wir heute Marxismus." Von Nell-Breuning, übrigens wie Marx gebürtiger Trierer und Absolvent des Trierer Friedrich-Wilhelm-Gymnasiums, fällte dieses Urteil aus dem Blickpunkt des katholischen Theologen und Christlichen Sozialwissenschaftlers.[6]

Erfüllt vom Wissenschafts- und Machbarkeitsglauben des Industriezeitalters hatte Friedrich Engels am Grabe von Marx die wissenschaftliche Lebensleistung des Freundes in zweifacher Hinsicht akzentuiert. „Wie Darwin das Gesetz der Entwicklung der organischen Natur", so habe Marx „das Entwicklungsgesetz der menschlichen Geschichte" entdeckt: „die bisher unter ideologischen Überwucherungen verdeckte einfache Tatsache, daß die Menschen vor allen Dingen zuerst essen, trinken, wohnen und sich kleiden müssen, [...] daß also die Produktion der unmittelbaren materiellen Lebensmittel und damit die jedesmalige ökonomische Entwicklungsstufe eines Volkes oder eines Zeitabschnitts die Grundlage bildet, aus der sich die Staatseinrichtungen, die Rechtsanschauungen, die Kunst und selbst die religiösen Vorstellungen der betreffenden Menschen entwickelt haben und aus der sie daher auch erklärt werden müssen." Damit nicht genug, so Engels, sei es das wissenschaftliche Verdienst des Wirtschaftstheoretikers Marx, „auch das spezielle Bewegungsgesetz der heutigen kapitalistischen Produktionsweise und der von ihr erzeugten bürgerlichen Gesellschaft" erkannt zu haben.[7]

---

6 Die vielzitierte Bemerkung Oswald von Nell-Breunings (1890-1991), Nestor der Christlichen Sozialwissenschaft, fiel 1965 in einem Fernsehinterview mit Günter Gaus.

7 Engels, Friedrich: Rede am Grabe von Karl Marx/London 17. März 1883, abgedruckt in:

Werner Sombart hat 1928 im Geleitwort zum dritten Band seines „Modernen Kapitalismus" Karl Marx als Wirtschaftstheoretiker und Forscher eine eindringliche Würdigung zuteil werden lassen. Für Sombart war freilich schon im Todesjahr von Engels nicht zweifelhaft, daß vom Marx-Engelsschen System „wenig oder gar nichts übrig bleiben" werde, wenngleich wesentliche Teilerkenntnisse „unveräußerliches Inventar" der modernen Sozial- und Wirtschaftswissenschaften werden dürften.[8] Der Historiker Hermann Oncken kommentierte 1914 das forschungsgeschichtlich bedeutsame Ereignis der Erstausgabe des Marx-Engelsschen Briefwechsels mit den Worten: „Wir stehen in der Schmiede des Vulkans, wild und ungeordnet türmt sich das Werkzeug übereinander [...] die Funken stieben vom Amboß [...] Es ist eine Werkstatt historischer Dinge."[9] Der Soziologe Hans Freyer[10] schließlich sah 1955 im Marxismus den klassischen Fall einer Ideologie, deren ursprünglich hoher Grad an Wissenschaftssättigung mit zunehmendem Alter ständig abgenommen habe und somit zum Hemmschuh gerade im Kernbereich der Marxschen Theorie, den Sozial- und Wirtschaftswissenschaften, geworden sei.

Fassen wir zusammen: Unabhängig von der geschichtsprägenden Kraft, der Geschichtsmächtigkeit von Person, Werk und politischer Wirkung hat Karl Marx einen legitimen Ort in der Wissenschaftsgeschichte mehrerer Disziplinen. Das gilt primär für die Wirtschaftswissenschaften bzw. die „Politische Ökonomie" – ein durchaus nicht nur Marx' Begriffssprache eigener, sondern vor Friedrich List auch in Deutschland allgemein gebräuchlicher Fachterminus –, weiter für Soziologie, Philosophie und Teilbereiche der Geschichtswissenschaft, insbesondere der Geschichtstheorie und der Wirtschafts- und Sozialgeschichte. Der für Marx' Theorie charakteristische fachübergreifende Zusammenhang von Herrschaft, Wirtschaft, Gesellschaft und Geschichte hat hier neue Perspektiven eröffnet.

Im geschichtlichen Rückblick ist Marx zusammen mit Engels der Heros der epochalen Emanzipationsbewegung der Arbeiterklasse. Karl Marx ist es, der die dem Zeitalter gemäße Utopie formuliert, diesmal zeittypisch im Gewand der Wissenschaft: Seine Hegel folgenden Prämissen und Ableitungen, die privilegierte historische Position der Gegenwart, in der aufgrund der europäischen Expansion über die Welt „Geschichte zur Weltgeschichte" geworden sei, mache grundlegend neue Einsichten in den bisherigen Geschichtsablauf möglich und

---

Karl Marx/Friedrich Engels: Werke, Bd. 19, Berlin 1962, S. 335-337.

8 Sombart, Werner: Der Moderne Kapitalismus, Bd. 3, München u. Leipzig 1928, S. XIX. Die Zitate sind Sombarts wissenschaftlichem Nachruf „Friedrich Engels (1820-1895). Ein Blatt zur Entwicklungsgeschichte des Sozialismus", in: Die Zukunft, Jg. 1895, Nr. 1-3, auch erschienen als Separatdruck, Berlin: Verlag O. Häring, S. 19 entnommen.

9 Oncken, Hermann: Marx und Engels. In: Preußische Jahrbücher 155 (1914), S. 211 u. 213 f.

10 Freyer, Hans: Theorie des gegenwärtigen Zeitalters, Stuttgart 1955.

reflexiv eingeholte Geschichte erlaube sichere Prognosen über ihren künftigen Verlauf, bleibt als kühne Überhebung, Idee und Versuchung gegenwärtig. Und noch etwas anderes läßt sich an Marx, genauer am bisher unveröffentlichten Teil des literarischen Nachlasses, beispielhaft demonstrieren: der ungestüme Progreß wissenschaftlicher Entwicklung im 19. Jahrhundert mit seinen Charakteristika – der einzeldisziplinären Verzweigung und dem ständigen Mehr an Information, der Macht und Ohnmacht des Einzelnen in bezug auf die Teilhabe an diesem Prozeß. Die pointiert gestellte Frage „Was bleibt von Marx?“ wird letztlich zur Frage nach dem Ort des *historischen* Marx in *unserer* geschichtlichen Erinnerung, allgemeiner zur Frage, wie gehen wir mit Geschichte um?

Spätestens seit Johan Huizinga[11], der 1929 Geschichte als „die geistige Form, in der sich eine Kultur über ihre Vergangenheit Rechenschaft gibt“, definiert und damit sowohl Geschichte als Ergebnis historischer Forschung wie in der Funktion des kollektiven Gedächtnisses einbezogen hatte, ist sich die Geschichtswissenschaft der fundamentalen Abhängigkeit der historischen Erkenntnis von den praktischen Lebensverhältnissen, in denen und für die historisch gedacht wird, zutiefst bewußt. Unser Geschichtsbewußtsein entspringt einem komplexen Geflecht von wissenschaftlicher Interpretation und Rekonstruktion des Vergangenen, Gegenwartsverständnis und Zukunftserwartung; insofern ist einsichtig, daß der Forschungsgegenstand Marx/Engels nach 1989 mit anderen Augen gesehen wird. Zeiten raschen historischen Wandels beeinflussen auch die historische Forschung, bestimmen die Themenwahl neu und stellen generell das aufgeklärte historische Bewußtsein – oft wider den gewandelten Zeitgeist – auf eine Probe.

Das Projekt einer historisch-kritischen Marx-Engels-Gesamtausgabe geht auf David Borisovič Rjazanov, den ersten Direktor des 1922 gegründeten Moskauer Marx-Engels-Instituts zurück; 1870 als D. B. Goldendach in Odessa geboren, wurde er 1938 in Saratov/Wolga erschossen und zur Unperson erklärt, seine Person blieb bis in die späten 1980er Jahre im diffusen Zwielicht. Als Mitglied der Sozialdemokratischen Arbeiterpartei Rußlands und Emigrant stand Rjazanov vor 1917 in enger Verbindung zum Berliner Parteiarchiv der SPD als Hort des Marx-Engels-Nachlasses und hatte ein enges persönliches Beziehungsnetz zur deutschen Sozialdemokratie, u. a. zu August Bebel, Eduard Bernstein, Rudolf Hilferding, Franz Mehring und Heinrich Dietz, insbesondere aber zu dem nach Engels' Tod führenden marxistischen Theoretiker der II. Internationale und Chefredakteur der „Neuen Zeit“, Karl Kautsky, und dessen

---

[11] Huizinga, Johan: Over een definitie van het begrip geschiedenis. Vortrag in der Sitzung der Historisch-literarischen Abteilung der Königlichen Akademie der Wissenschaften zu Amsterdam am 17. Juni 1929. Deutsch unter dem Titel: Über eine Definition des Begriffs Geschichte. In: J. Huizinga: Geschichte und Kultur. Gesammelte Aufsätze, hrsg. v. Kurt Köster, Stuttgart 1954, S. 13.

Frau Luise Kautsky, aufgebaut. Rjazanov ist der eigentliche Begründer einer wissenschaftlichen Marxforschung. Der russische Gelehrte schuf in den 20er Jahren in Moskau das bedeutendste Archiv zur Geschichte der sozialistischen Bewegung und begann, zunächst auch von der Sozialdemokratischen Partei Deutschlands und der Preußischen Archivverwaltung unterstützt, mit einer internationalen Wissenschaftlergruppe eine moderne 42-bändige Marx-Engels-Ausgabe (MEGA), die in Frankfurt am Main und Berlin verlegt wurde. Infolge der Machtergreifung Hitlers und des in den 30er Jahren eskalierenden stalinistischen Terrors, dem neben Rjazanov weitere russische und deutsche Editoren zum Opfer fielen, blieb diese „erste" MEGA, in der erstmals Marx' „Ökonomisch-philosophische Manuskripte" aus dem Jahre 1844 und die „Deutsche Ideologie" veröffentlicht wurden, ein Torso. Zwischen 1927 bis 1935 erschienen lediglich 12 Bände.[12]

Obwohl Rjazanovs Projekt in der Zeit des „Tauwetters" nach Stalins Tod in Moskau und Berlin wieder aufgegriffen wurde, konnte das Konzept für eine neue „zweite" MEGA, die den literarischen Nachlaß von Marx und Engels vollständig und originalgetreu darbietet, ausführlich kommentiert und die Textentwicklung mit modernen Methoden darstellt, erst in den 60er Jahren durchgesetzt werden. Einbezogen war bereits damals das Amsterdamer Internationale Institut für Sozialgeschichte (IISG), das mit seinem Handschriftenbestand zu einer Unterstützung des Projekts bereit war, nachdem der Charakter der Edition als historisch-kritische Gesamtausgabe garantiert wurde.[13]

Die 1972 in einem Probeband zur Diskussion gestellten Editionsrichtlinien der „neuen" MEGA orientierten sich an der Tradition germanistischer Textausgaben und wurden ebenso wie die ab 1975 kontinuierlich erscheinenden Bände der Gesamtausgabe von der internationalen Fachwelt positiv aufgenommen; ihre Evaluierung nach 1989 hatte zum Ergebnis „daß sie als Edition auf hohem Niveau erfolgt sei" (Dieter Henrich). Das für die Weiterführung des Vorhabens entscheidende Kriterium darf allerdings nicht darüber hinwegtäuschen, daß die

[12] Bahne, Siegfried: Zur Geschichte der ersten Marx-Engels-Gesamtausgabe, in: Hans-Peter Harstick/Arno Herzig/Hans Pelger (Hrsg.): Arbeiterbewegung und Geschichte. Festschrift für Shlomo Na'aman zum 70. Geburtstag (Schriften aus dem Karl-Marx-Haus Trier, 29, Trier 1983, S. 146-165; Vollgraf, Erich/Sperl, Richard/Hecker, Rolf (Hrsg.): David Borisovič Rjazanov und die erste MEGA (Beiträge zur Marx-Engels-Forschung, Sonderband 1), Hamburg 1997.

[13] Die Verhandlungen habe ich in meiner früheren Amsterdamer Dienststellung als Abteilungsleiter des IISG gemeinsam mit dessen damaligem Direktor, Prof. Dr. Frits de Jong Edz, geführt. Siehe auch: Dlubek, Rolf: Die Entstehung der zweiten Marx-Engels-Gesamtausgabe im Spannungsfeld von legitimatorischem Auftrag und editorischer Sorgfalt. In: MEGA-Studien (1994) 1, S. 60-106. – Henrich Dieter: Die Marx-Engels-Gesamtausgabe in der Akademieforschung. In: Akademie-Journal, Mitteilungsblatt der Konferenz der deutschen Akademie der Wissenschaften (1993) 2, S. 20.

von den Moskauer und Berliner Parteiinstituten herausgegebene Marx-Engels-Gesamtausgabe ebenso wie die ab Mitte der 50er Jahre in einer deutschen und russischsprachigen Ausgabe veröffentlichten Karl Marx/Friedrich Engels: Werke (MEW) politischen Zwecken gedient hatten: Herausgeber und Bearbeiter waren auf das theorieimmanente Prinzip der Parteilichkeit verpflichtet und in Annotation und Kommentaren dem erkenntnisleitenden Prinzip der Einheit des „Wissenschaftlichen Kommunismus" unterworfen.

Zwei Drittel der für eine historisch-kritische Gesamtausgabe unentbehrlichen Originalhandschriften, die bis zur Beschlagnahme des Parteivermögens der Sozialdemokratischen Partei Deutschlands 1933 Teil des Berliner Parteiarchivs gewesen waren, befinden sich seit 1938 im Besitz des Internationalen Instituts für Sozialgeschichte/Amsterdam, ein weiteres Drittel, darunter das Manuskript der „Grundrisse" und Marx' 23 Hefte „Zur Kritik der politischen Ökonomie" von 1861/63, war 1936 an das Moskauer Marx-Engels-Lenin-Institut gelangt und gehört heute zum Bestand des Rußländischen Staatlichen Archives für Sozial- und Politikgeschichte, Moskau. Von den bis 1990 erschienenen 42 Bänden der Marx-Engels-Gesamtausgabe wurde jeweils ein Drittel am Institut für Marxismus-Leninismus beim ZK der KPdSU, Moskau, am Institut für Marxismus-Leninismus beim ZK der SED, Berlin, sowie an der Akademie der Wissenschaften und einigen Universitäten und Hochschulen der DDR (Berlin, Erfurt-Mühlhausen, Halle-Wittenberg, Jena und Leipzig) bearbeitet.

Überzeugt, daß eine historisch-kritische Edition des gesamten Werkes von Marx und Engels auch und gerade nach den Ereignissen des Herbstes 1989 ein Desiderat blieb, fanden im Mai 1990 das Internationale Institut für Sozialgeschichte der Königlich Niederländischen Akademie der Wissenschaften (IISG), das Karl-Marx-Haus Trier der Friedrich-Ebert-Stiftung (KMH) und die bisherigen Herausgeber bzw. deren Nachfolger – an die Stelle des Instituts für Marxismus-Leninismus beim ZK der SED war die Akademie der Wissenschaften der DDR getreten – mit dem Ziel zusammen, die MEGA als rein akademische Edition ohne jegliche parteipolitische Zielsetzung gemeinsam unter dem Dach einer internationalen Stiftung fortzuführen. Am 2. Oktober 1990 wurde in Amsterdam die Internationale Marx-Engels-Stiftung (IMES) gegründet. Sie besitzt die Herausgeberrechte und führt die MEGA als akademische Edition in internationaler Kooperation fort.

Im Februar 1992 schloß die Konferenz der deutschen Akademien der Wissenschaften einen Kooperationsvertrag mit dem neuen Herausgeber ab. Mit der definitiven Aufnahme in das Akademienprogramm des Bundes und der Länder, der Betreuung des Vorhabens durch die am 1. August 1992 neukonstituierte Berlin-Brandenburgische Akademie der Wissenschaften (BBAW) und dem formellen Beitritt der BBAW zur IMES im Oktober 1993 erhielt die MEGA zum ersten Mal in ihrer Geschichte eine Heimstatt an einer deutschen Akademie der Wissenschaften. Die organisatorische und editorische Neuordnung der

MEGA, jenes zentralen Forschungsunternehmens der untergegangenen DDR bzw. Sowjetunion war im Umbruch der Zeiten sowohl auf nationaler wie internationaler Ebene gelungen![14]

Nehmen wir noch einmal abschließend die Frage nach dem Stellenwert von Karl Marx im Gegenwartsbewußtsein und dem Ort des historischen Marx in unserer geschichtlichen Erinnerung auf. Was bleibt von Karl Marx am Ausgang des 20. Jahrhunderts? Die Antwort lautet: Von Marx bleibt sein Werk, nach wie vor behütet im Amsterdamer und Moskauer Marx-Engels-Nachlaß und aufgehoben für uns und die folgenden Generationen in einer historisch-kritischen Textedition, d. h. Einbettung der edierten Texte in den Kontext der Entstehungszeit und Unterscheidung von Person, Werk und Wirkungsgeschichte.

Max Horkheimer[15] hat in bezug auf die Geschichte der Marxrezeption und die verschiedenen Interpretationsschulen innerhalb und außerhalb des Marxismus die Metapher „Kategorien der Bestattung" eingeführt, doch sind historisch-kritische Editoren keine Totengräber und Marx ist kein „toter Hund"! Ulrich Menzel[16] spricht von einer Marx-Renaissance. Wurde in der westdeutschen Nachkriegsdiskussion mit Blick auf die Frühschriften Marx als radikaler Linkshegelianer und Philosoph der Entfremdung akzentuiert[17], so hat man im 150. Jubiläumsjahr des „Kommunistischen Manifests" von 1848, in dem Marx am Vorabend der Revolution mit aufrüttelnder Sprachkraft die Dynamik der entfalteten Produktivkräfte der kapitalistischen Industriegesellschaft beschrieb, seinen Autor als frühen Theoretiker der Globalisierung entdeckt. Wirtschaftsgeschichtlich beschreibt der während der ersten Industrialisierungsphase in Deutschland verfaßte Text einen bereits im 18. Jahrhundert ausgelösten universalhistorischen Prozeß, dessen Merkmale – Bedeutungsverlust des (National-)Staats und der (National-)Ökonomie, internationale Großfusionen von Unternehmen, weltweite Kommunikation und Vernetzung, Gleichschaltung der Volkswirtschaften und Deregulierung der Märkte – wir erst jetzt mit voller Wucht erfahren und uns bewußt machen: „Die Bourgeoisie hat durch die Exploitation des Weltmarkts die Produktion und Konsumtion aller Länder kosmopolitisch gestaltet. Sie hat zum großen Bedauern der Reaktionäre den nationalen Boden der Indu-

[14] Siehe die Aufstellung über Struktur und Bearbeitungsstand der Marx-Engels-Gesamtausgabe (MEGA²) im Anhang sowie: Harstick, Hans-Peter: Von der Geschichtsmächtigkeit von Werk und Wirkung zur historisch-kritischen Werkausgabe. Festschrift Bodin, S. 599-615.

[15] Regius, Heinrich [i. e. Max Horkheimer], Kategorien der Bestattung. In: ders., Dämmerung. Notizen in Deutschland, Zürich 1934, S. 35 ff.

[16] Menzel, Ulrich: Marx wieder gelesen: Über die Attraktivität von Karl Marx am Ende des 20. Jahrhunderts, in: MEGA-Studien 2000/I, S. 3-24.

[17] Signifikant: Landshut, Siegfried (Hrsg.): Karl Marx. Die Frühschriften, 1. Aufl. 1932, Stuttgart 1953; Marxismusstudien [Folge 1], Tübingen 1954, Folge 2-4, hrsg. von Iring Fetscher, Tübingen 1957-1962.

strie unter den Füßen weggezogen. Die uralten nationalen Industrien sind vernichtet worden und werden noch täglich vernichtet. Sie werden verdrängt durch neue Industrien, deren Einführung eine Lebensfrage für alle zivilisierten Nationen wird, durch Industrien, die nicht mehr einheimische Rohstoffe, sondern den entlegensten Zonen angehörige Rohstoffe verarbeiten, und deren Fabrikate nicht nur im Lande selbst, sondern in allen Weltteilen zugleich verbraucht werden. An die Stelle der alten, durch Landeserzeugnisse befriedigten Bedürfnisse treten neue, welche die Produkte der entferntesten Länder und Klimate zu ihrer Befriedigung erheischen. An die Stelle der alten lokalen und nationalen Selbstgenügsamkeit und Abgeschlossenheit tritt ein allseitiger Verkehr, eine allseitige Abhängigkeit der Nationen voneinander. Und wie in der materiellen, so auch in der geistigen Produktion. Die geistigen Erzeugnisse der einzelnen Nationen werden Gemeingut. Die nationale Einseitigkeit und Beschränktheit wird mehr und mehr unmöglich, und auch aus den vielen nationalen und lokalen Literaturen bildet sich eine Weltliteratur. Die Bourgeoisie reißt durch die rasche Verbesserung aller Produktionsinstrumente, durch die unendlich erleichterten Kommunikationen alle, auch die barbarischsten Nationen in die Zivilisation. Die wohlfeilen Preise ihrer Waren sind die schwere Artillerie, mit der sie alle chinesischen Mauern in den Grund schießt, mit der sie den hartnäckigsten Fremdenhaß der Barbaren zur Kapitulation zwingt. Sie zwingt alle Nationen, die Produktionsweise der Bourgeoisie sich anzueignen, wenn sie nicht zugrunde gehen wollen; sie zwingt sie, die sogenannte Zivilisation bei sich selbst einzuführen, d. h. Bourgeois zu werden. Mit einem Wort, sie schafft sich eine Welt nach ihrem eigenen Bilde."[18]

Es ist „der Herren eigner Geist, in dem die Zeiten sich bespiegeln", und wir lesen die zitierte Marxsche Textpassage aus dem europäischen Revolutionsjahr 1848 heute mit anderen Augen. Ein Jahrzehnt nach dem welthistorischen Scheitern des Marxismus-Leninismus als Herrschaftspraxis und Ideologie sind offenbar wieder Annäherungen an Marx möglich: Marx wird als Analytiker des Kapitalismus und Autor der Moderne, nicht als Visionär der kommunistischen Zukunftsgesellschaft wieder interessant. Sein weit vorausgreifendes Denken räumlicher Aspekte moderner Zivilisationsdynamik antizipiert die heute weltweite Kommunikation und Vernetzung.

---

[18] Das Kommunistische Manifest (Manifest der Kommunistischen Partei) von Karl Marx und Friedrich Engels. Von der Erstausgabe zur Leseausgabe. Mit einem Editionsbericht von Thomas Kuczynski (Schriften aus dem Karl-Marx-Haus Trier. 49), Trier 1995, S. 5 u. 6. [Schreibweise der Erstausgabe in der Wiedergabe modernisiert]. Das von Marx als Auftragsarbeit des zweiten Bundeskongresses des in London ansässigen „Bundes der Kommunisten" allein verfaßte „Manifest der Kommunistischen Partei" erschien Ende Februar 1848 in London.

Ende 1997 erschien aus der Feder des britischen Ökonomen John Cassidy ein vielbeachteter Essay im „New Yorker" mit dem Titel *The Return of Karl Marx*, in dem dieser einen führenden New Yorker Investmentbanker mit dem Urteil zitiert: „The longer I spend on Wall Street, the more convinced I am that Marx was right. [...] I am absolutely convinced that Marx's approach is the best way to look at capitalism."

Cassidy präsentiert dies überraschende Urteil seines früheren Studienfreundes vor dem Hintergrund ihrer beider Studienerfahrung im Oxford der frühen 80er Jahre, wo die Mehrheit der Lehrenden mit Keynes übereingestimmt habe, daß „Marx's economic theories were ‚complicated hocus-pocus' and Communism was ‚an insult to our intelligence'." In seiner kritischen Überprüfung der Marx'schen Hauptschriften macht er für seine amerikanischen Leser nachvollziehbar, wie weitsichtig Marx die künftige Entwicklung vorausgesehen hat, insbesondere die Verwandlung der Welt in einen einzigen Markt und eine einzige Kultur."[19] Daß jene erdumspannende Verklammerung erst 150 Jahre später in der jetzt stattfindenden Globalisierung kulminieren würde, habe im 19. Jahrhundert niemand wissen können, doch habe Marx seiner Zeit weit voraus die Tiefenwirkungen der Umstellung der Moderne auf das kapitalistische Wirtschaftsmodell voll erkannt.

Im Nachdenken über Zeitgebundenheit und Gültigkeit des Marxschen Beitrages zur politischen Ökonomie stellt Cassidy fest: „Despite his errors, he was a man for whom our economic system held few surprises. His books will be worth reading as long as capitalism endures."

Textgrundlage dieses Auswahlbandes sind die im deutschen Sprachraum weit verbreiteten Karl Marx/Friedrich Engels: Werke (MEW), 39 Bde., 4 Ergänzungsbände, hrsg. vom Institut für Marxismus-Leninismus beim ZK der SED bzw. ab 1990 vom Institut für Geschichte der Arbeiterbewegung/Berlin, Berlin: Dietz Verlag 1956-1990. Trotz politischer Mandatur in Annotation und Kommentaren sind die Texte verläßlich, zudem handelt es sich größtenteils um zu Lebzeiten von Marx veröffentlichte Textvorlagen. Soweit aus dem handschriftlichen Nachlaß veröffentlichte Texte des „jungen Marx" einbezogen sind, folgt die MEW-Ausgabe der Erstedition in der von D. B. Rjazanov betreuten historisch-kritischen Marx-Engels-Gesamtausgabe ($MEGA^1$, siehe Literaturverzeichnis). Im Hinblick auf eine der wichtigsten Frühschriften, *Die Deutsche Ideologie*, für die eine befriedigende historisch-kritische Edition noch aussteht, wird der Leser mit dem aktuellen Stand der Marx-Edition konfrontiert und hierbei die im

---

19 Cassidy, John: The Return of Karl Marx. In: The New Yorker, 20. u. 27.10.1997, S. 248-259; die Zitate – auch die nachfolgenden – ebenda S. 248 bzw. 259. Siehe auch Zielcke, Andreas: Ein Gespenst geht um in Amerika. Steht Marx ausgerechnet in den USA vor seiner Rehabilitation? In: Süddeutsche Zeitung vom 29.11.1997, S. 17.

Marx-Engels-Jahrbuch 2003, hrsg. von der Internationalen Marx-Engels-Stiftung, Amsterdam (Berlin: Akademie Verlag GmbH 2004) dargebotene Teiledition herangezogen.

Hans-Peter Harstick

Dr. Hans-Peter Harstick, geboren 1937, ist emeritierter ordentlicher Professor für Geschichte an der Technischen Universität Braunschweig. Er ist Projektleiter des Akademienvorhabens Marx-Engels-Gesamtausgabe der Berlin-Brandenburgischen Akademie der Wissenschaften in Berlin und Vorsitzender des Wissenschaftlichen Beirates der Internationalen Marx-Engels-Stiftung in Amsterdam.

ZUR KRITIK DER HEGELSCHEN RECHTSPHILOSOPHIE

Zur Kritik der Hegelschen Rechtsphilosophie

> § 261. „Gegen die Sphären des Privatrechts und Privatwohls, der Familie und der bürgerlichen Gesellschaft, ist der Staat *einerseits* eine äußerliche Notwendigkeit und ihre höhere Macht, deren Natur ihre Gesetze sowie ihre Interessen untergeordnet und davon abhängig sind; aber *andererseits* ist er ihr immanenter Zweck und hat seine Stärke in der Einheit seines allgemeinen Endzwecks und des besonderen Interesses der Individuen, darin, daß sie insofern Pflichten gegen ihn haben, als sie zugleich Rechte haben (§ 155)."

Der vorige Paragraph belehrt uns dahin, daß die *konkrete Freiheit* in der Identität (sein sollenden, zwieschlächtigen) des Systems des Sonderinteresses (der Familie und der bürgerlichen Gesellschaft) mit dem System des allgemeinen Interesses (des Staates) bestehe. Das Verhältnis dieser Sphären soll nun näher bestimmt werden.

Einerseits der Staat gegen die Sphäre der Familie und der bürgerlichen Gesellschaft eine „*äußerliche* Notwendigkeit", eine Macht, wovon ihm „Gesetze" und „Interessen" „untergeordnet und abhängig" sind. Daß der Staat gegen die Familie und bürgerliche Gesellschaft eine „*äußerliche* Notwendigkeit" ist, lag schon teils in der Kategorie des „Übergangs", teils in ihrem *bewußten Verhältnis* zum Staat. Die „Unterordnung" unter den Staat entspricht noch vollständig diesem Verhältnis der „*äußerlichen* Notwendigkeit". Was Hegel aber unter der „Abhängigkeit" versteht, zeigt folgender Satz der Anmerkung zu diesem Paragraphen:

> „Daß den Gedanken der *Abhängigkeit* insbesondere auch der privatrechtlichen Gesetze von dem bestimmten Charakter des Staats, und die philosophische Ansicht, den Teil nur in seiner Beziehung auf das Ganze zu betrachten, – vornehmlich Montesquieu ... ins Auge gefaßt" etc.

Hegel spricht also hier von der *innern* Abhängigkeit oder der wesentlichen Bestimmung des Privatrechts etc. vom Staate; zugleich aber subsumiert er diese Abhängigkeit unter das Verhältnis der „*äußerlichen* Notwendigkeit" und stellt sie der andern Beziehung, worin sich Familie und bürgerliche Gesellschaft zum Staate als ihrem „*immanenten* Zweck" verhalten, als die andere Seite entgegen.

Unter der „äußerlichen Notwendigkeit" kann nur verstanden werden, daß „Gesetze" und „Interessen" der Familie und der Gesellschaft den „Gesetzen" und „Interessen" des Staats im Kollisionsfall weichen müssen, ihm untergeordnet sind, ihre Existenz von der seinigen abhängig ist oder auch sein Wille und seine Gesetze ihrem „Willen" und ihren „Gesetzen" als eine Notwendigkeit erscheint!

Allein Hegel spricht hier nicht von empirischen Kollisionen; er spricht vom Verhältnis der „*Sphären* des Privatrechts und Privatwohls, der Familie und der bürgerlichen Gesellschaft" zum Staat; es handelt sich vom *wesentlichen Verhältnis* dieser Sphären selbst. Nicht nur ihre „Interessen", auch ihre „Gesetze", ihre „wesentlichen Bestimmungen" sind vom Staat „abhängig" und ihm „untergeordnet". Er verhält sich als „höhere *Macht*" zu ihren „Gesetzen und Interessen". Ihr „Interesse" und „Gesetz" verhalten sich als sein „Untergeordneter". Sie leben in der „Abhängigkeit" von ihm. Eben weil „Unterordnung" und „Abhängigkeit" *äußere*, das selbständige Wesen einengende und ihm zuwiderlaufende Verhältnisse sind, ist das Verhältnis der „Familie" und der „bürgerlichen Gesellschaft" zum Staate das der „*äußerlichen* Notwendigkeit", einer Notwendigkeit, die gegen das innere Wesen der Sache angeht. Dies selbst, daß „die privatrechtlichen Gesetze von dem bestimmten Charakter des Staats" abhängen, nach ihm sich modifizieren, wird daher unter das Verhältnis der „*äußerlichen Notwendigkeit*" subsumiert, eben weil „bürgerliche Gesellschaft und Familie" in ihrer wahren, d. i. in ihrer selbständigen und vollständigen Entwicklung dem Staat als besondere „Sphären" vorausgesetzt sind. „*Unterordnung*" und „*Abhängigkeit*" sind die Ausdrücke für eine „äußerliche", *erzwungene*, scheinbare Identität, als deren logischen Ausdruck Hegel richtig die „*äußerliche Notwendigkeit*" gebraucht. In der „Unterordnung" und „Abhängigkeit" hat Hegel die eine Seite der zwiespältigen Identität weiter entwickelt, und zwar die Seite der Entfremdung innerhalb der Einheit,

> „aber andererseits ist er ihr i m m a n e n t e r Zweck und hat seine Stärke in der Einheit seines *allgemeinen* Endzwecks und des *besonderen* I n t e r e s s e s der Individuen, darin, daß sie insofern P f l i c h t e n gegen ihn haben, als sie zugleich Rechte haben".

Hegel stellt hier eine ungelöste *Antinomie* auf. *Einerseits* äußerliche Notwendigkeit, *andrerseits* immanenter Zweck. Die Einheit des *allgemeinen Endzwecks* des Staats und des *besonderen Interesses der Individuen* soll darin bestehn, daß ihre *Pflichten* gegen den Staat und *ihre Rechte* an denselben identisch sind (also z. B. die Pflicht, das Eigentum zu respektieren, mit dem Recht auf Eigentum zusammenfiele).

Diese Identität wird in der Anmerkung also expliziert:

> „Da die P f l i c h t zunächst das Verhalten g e g e n etwas für mich S u b s t a n t i e l l e s, an und für sich Allgemeines ist, das Recht dagegen das D a s e i n überhaupt dieses Substantiellen ist, damit die Seite seiner B e s o n d e r h e i t und meiner b e s o n d e r n Freiheit ist, so erscheint beides auf den formellen Stufen an verschiedene Seiten oder Personen verteilt. Der Staat als Sittliches, als Durchdringung des Substantiellen und des Besonderen, enthält, daß meine Verbindlichkeit gegen das Substantielle zugleich das Dasein meiner besonderen Freiheit, d. i. in ihm Pflicht und Recht i n e i n e r u n d d e r s e l b e n B e z i e h u n g v e r e i n i g t sind."

> § 262. „Die wirkliche Idee, der Geist, der sich selbst in die zwei ideellen Sphären seines Begriffe, die Familie und die bürgerliche Gesellschaft, als in seine

Endlichkeit scheidet, um aus ihrer Idealität *für sich unendlicher* wirklicher Geist zu sein, teilt somit diesen Sphären das Material dieser seiner endlichen Wirklichkeit, die Individuen als die Menge zu, so daß diese Zuteilung am Einzelnen durch die Umstände, die Willkür und eigene Wahl seiner Bestimmung vermittelt erscheint."

Übersetzen wir diesen Satz in Prosa, so folgt:

Die Art und Weise, wie der Staat sich mit der Familie und der bürgerlichen Gesellschaft vermittelt, sind „die Umstände, die Willkür und die eigene Wahl der Bestimmung". Die Staatsvernunft hat also mit der Zerteilung des Staatsmaterials an Familie und bürgerliche Gesellschaft nichts zu tun. Der Staat geht auf eine unbewußte und willkürliche Weise aus ihnen hervor. Familie und bürgerliche Gesellschaft erscheinen als der dunkle Naturgrund, woraus das Staatslicht sich entzündet. Unter dem Staatsmaterial sind die *Geschäfte* des Staats, Familie und bürgerliche Gesellschaft verstanden, insofern sie Teile des Staats bilden, am Staat als solchen teilnehmen.

In doppelter Hinsicht ist diese Entwicklung merkwürdig.

1. Familie und bürgerliche Gesellschaft werden als *Begriffssphären* des Staats gefaßt, und zwar als die Sphären seiner *Endlichkeit*, als *seine Endlichkeit*. Der Staat ist es, der sich in sie *scheidet*, der sie *voraussetzt*, und zwar *tut* er dieses, „um aus ihrer Idealität *für sich unendlicher* wirklicher Geist zu sein". „Er scheidet sich, um." Er „*teilt somit* diesen Sphären das Material seiner Wirklichkeit zu, *so daß* diese Zuteilung etc. vermittelt *erscheint*". Die genannte „wirkliche Idee" (der Geist als unendlicher, wirklicher) wird so dargestellt, als ob sie nach einem bestimmten Prinzip und zu bestimmter Absicht handle. Sie scheidet sich in endliche Sphären, sie tut dies, „um in sich zurückzukehren, für sich zu sein", und sie tut dies zwar so, daß das grade ist, wie es wirklich ist.

An dieser Stelle erscheint der logische, pantheistische Mystizismus sehr klar.

Das *wirkliche* Verhältnis ist: „daß die Zuteilung des Staatsmaterials am Einzelnen durch die Umstände, die Willkür und die eigene Wahl seiner Bestimmung vermittelt ist". Diese Tatsache, dies *wirkliche Verhältnis* wird von der Spekulation als *Erscheinung*, als *Phänomen* ausgesprochen. Diese Umstände, diese Willkür, diese Wahl der Bestimmung, diese *wirkliche Vermittlung* sind bloß die *Erscheinung einer Vermittlung*, welche die wirkliche Idee mit sich selbst vornimmt und welche hinter der Gardine vorgeht. Die Wirklichkeit wird nicht als sie selbst, sondern als eine andere Wirklichkeit ausgesprochen. Die gewöhnliche Empirie hat nicht ihren eigenen Geist, sondern einen fremden zum Gesetz, wogegen die wirkliche Idee nicht eine aus ihr selbst entwickelte Wirklichkeit, sondern die gewöhnliche Empirie zum Dasein hat.

Die Idee wird versubjektiviert, und das *wirkliche* Verhältnis von Familie und bürgerlicher Gesellschaft zum Staat wird als ihre *innere imaginäre* Tätigkeit gefaßt. Familie und bürgerliche Gesellschaft sind die Voraussetzungen des Staats; sie sind die eigentlich Tätigen; aber in der Spekulation wird es umgekehrt. Wenn aber die Idee versubjektiviert wird, werden hier die wirklichen Subjekte, bürgerliche Gesellschaft, Familie, „Umstände, Willkür etc." zu *unwirklichen*, anderes bedeutenden, objektiven Momenten der Idee.

Die Zuteilung des Staatsmaterials „am Einzelnen durch die Umstände, die Willkür und die eigene Wahl seiner Bestimmung" werden nicht als das Wahrhafte, das Notwendige, das an und für sich Berechtigte schlechthin ausgesprochen; sie werden nicht *als solche* für das Vernünftige ausgegeben; aber sie werden es doch wieder andrerseits, nur so, daß sie für eine *scheinbare* Vermittlung ausgegeben, daß sie gelassen werden, wie sie sind, zugleich aber die Bedeutung einer Bestimmung der Idee erhalten, eines Resultats, eines Produkts der Idee. Der Unterschied ruht nicht im Inhalt, sondern in der Betrachtungsweise oder in der *Sprechweise*. Es ist eine doppelte Geschichte, eine esoterische und eine exoterische. Der Inhalt liegt im exoterischen Teil. Das Interesse des esoterischen ist immer das, die Geschichte des logischen Begriffs im Staat wiederzufinden. An der exoterischen Seite aber ist es, daß die eigentliche Entwicklung vor sich geht.

Rationell hießen die Sätze von Hegel nur:

Die Familie und die bürgerliche Gesellschaft sind Staatsteile. Das Staatsmaterial ist unter sie verteilt „durch die Umstände, die Willkür und die eigne Wahl der Bestimmung". Die Staatsbürger sind Familienglieder und Glieder der bürgerlichen Gesellschaft.

„Die wirkliche Idee, der Geist, der *sich selbst* in die zwei ideellen Sphären seines Begriffs, die Familie und die bürgerliche Gesellschaft, als in *seine Endlichkeit scheidet*" – also die Teilung des Staats in Familie und bürgerliche Gesellschaft ist *ideell*, d. h. notwendig, gehört zum Wesen des Staats; Familie und bürgerliche Gesellschaft sind wirkliche Staatsteile, wirkliche geistige Existenzen des Willens, sie sind Daseinsweisen des Staates; Familie und bürgerliche Gesellschaft machen *sich selbst* zum Staat. Sie sind das Treibende. Nach Hegel sind sie dagegen *getan* von der wirklichen Idee; es ist nicht ihr eigner Lebenslauf, der sie zum Staat vereint, sondern es ist der Lebenslauf der Idee, die sie von sich diszerniert hat; und zwar sind sie Endlichkeit dieser Idee; sie verdanken ihr Dasein einem anderen Geist als dem ihrigen; sie sind von einem Dritten gesetzte Bestimmungen, keine Selbstbestimmungen; deswegen werden sie auch als „Endlichkeit", als die eigene *Endlichkeit* der „wirklichen Idee" bestimmt. Der Zweck ihres Daseins ist nicht dies Dasein selbst, sondern die Idee scheidet diese Voraussetzungen von sich ab, „um aus ihrer Idealität für sich unendlicher wirklicher Geist zu sein", d. h., der politische Staat kann nicht sein ohne die natürliche Basis der Familie und die künstliche Basis der bürgerlichen Gesellschaft; sie sind für ihn eine conditio sine qua non; die Bedingung wird aber als das Bedingte, das Bestimmende wird als das Bestimmte, das Produzierende wird als das Produkt seines Produkts gesetzt; die wirkliche Idee erniedrigt sich nur in die „Endlichkeit" der Familie und der bürgerlichen Gesellschaft, um durch ihre Aufhebung seine Unendlichkeit zu genießen und hervorzubringen; sie „teilt *somit*" (um seinen Zweck zu erreichen) „diesen Sphären das Material dieser seiner endlichen Wirklichkeit" (dieser? welcher? diese Sphären sind ja seine „endliche Wirklichkeit", sein „Material") „die Individuen als die Menge zu" (das Material des Staats sind hier „die Individuen, die Menge", „aus ihnen besteht der Staat", dieses sein Bestehn wird hier als eine Tat der Idee, als eine „Verteilung", die sie mit ihrem eigenen Material vornimmt, ausgesprochen; das Faktum ist, daß der Staat aus der Menge, wie sie als Familienglieder und Glieder der bürgerlichen Gesellschaft existiere, hervorgehe; die Spekulation spricht dies Faktum als Tat der Idee aus, nicht als die Idee der Menge, sondern als Tat einer subjektiven, von dem Faktum selbst unterschiedenen Idee), „so daß diese Zuteilung am Einzelnen" (früher war nur von der Zuteilung der Einzelnen an die Sphären der Familie und der bürgerlichen Gesellschaft die Rede) „durch die Umstände, die Willkür etc. vermittelt erscheint". Es wird also die empirische Wirklichkeit aufgenommen, wie sei ist; sie ist auch als vernünftig ausgesprochen, aber sie ist nicht vernünftig wegen ihrer eigenen Vernunft, sondern weil die empirische Tatsache in ihrer empirischen Existenz eine andre Bedeutung hat als sich selbst. Die Tatsache, von der ausgegangen wird, wird nicht als solche, sondern als mystisches Resultat gefaßt. Das Wirkliche wird zum Phänomen, aber die Idee hat keinen andren Inhalt als dieses Phänomen. Auch hat die Idee keinen andren Zweck als den logischen: „für sich unendlicher wirklicher Geist zu sein". In diesem Paragraphen ist das ganze Mysterium der Rechtsphilosophie niedergelegt und der Hegelschen Philosophie überhaupt.

§ 263. „In diesen Sphären, in denen seine Momente, die Einzelnheit und Besonderheit, ihre *unmittelbare* und *reflektierte* Realität haben, ist der Geist als ihre in sie scheinende objektive Allgemeinheit, als die Macht des Vernünftigen in der Notwendigkeit, nämlich als die im Vorherigen betrachteten Institutionen."

§ 264. „Die Individuen der Menge, da *sie selbst* geistige Naturen und damit das gedoppelte Moment, nämlich das Extrem der für sich wissenden und wollenden Einzelnheit und das Extrem der das Substantielle wissenden und wollenden Allgemeinheit in sich enthalten und daher zu dem Rechte dieser beiden Seiten nur gelangen, insofern sie sowohl als Privat- wie als substantielle Personen wirklich sind; – erreichen in jenen Sphären teils unmittelbar das Erstere, teils das Andere so, daß sie in den Institutionen, als dem an sich seienden Allgemeinen ihrer besonderen Interessen, ihr wesentliches Selbstbewußtsein haben, teils daß sie ihnen ein auf einen allgemeinen Zweck gerichtetes Geschäft und Tätigkeit in der Korporation gewähren."

§ 265. „Diese Institutionen machen die Verfassung, d. i. die entwickelte und verwirklichte Vernünftigkeit, im Besonderen aus und sind darum die feste Basis des Staats sowie des Zutrauens und der Gesinnung der Individuen für denselben und die Grundsäulen der öffentlichen Freiheit, da in ihnen die besondere Freiheit realisiert und vernünftig, damit in ihnen selbst an sich die Vereinigung der Freiheit und Notwendigkeit vorhanden ist."

§ 266. „*Allein** der Geist ist nicht nur als diese" (welche?) „Notwendigkeit ..., sondern als die Idealität derselben, und als ihr Inneres sich objektiv und wirklich; so ist diese substantielle Allgemeinheit sich selbst Gegenstand und Zweck, und jene Notwendigkeit hierdurch sich ebensosehr in Gestalt der Freiheit."

Der Übergang der Familie und der bürgerlichen Gesellschaft in den politischen Staat ist also der, daß der Geist jener Sphären, der *an sich* der Staatsgeist ist, sich nun auch als solcher zu sich verhält und als ihr Inneres sich *wirklich* ist. Der Übergang wird also nicht aus dem *besondern* Wesen der Familie etc. und dem besondern Wesen des Staats, sondern aus dem *allgemeinen* Verhältnis von *Notwendigkeit* und *Freiheit* hergeleitet. Es ist ganz derselbe Übergang, der in der Logik aus der Sphäre des Wesens in die Sphäre des Begriffs bewerkstelligt wird. Derselbe Übergang wird in der Naturphilosophie aus der unorganischen Natur in das Leben gemacht. Es sind immer dieselben Kategorien, die bald die Seele für diese, bald für jene Sphäre hergeben. Es kommt nur darauf an, für die einzelnen konkreten Bestimmungen die entsprechenden abstrakten aufzufinden.

§ 267. „Die Notwendigkeit in der Idealität ist die Entwickelung der Idee innerhalb ihrer selbst; sie ist als subjektive Substantialität die *politische* Gesinnung, als objektive in Unterscheidung von jener der Organismus des Staats, der eigentlich politische Staat und seine Verfassung."

Subjekt ist hier „die Notwendigkeit in der Idealität", die „Idee innerhalb ihrer selbst", *Prädikat* – die *politische Gesinnung* und die *politische Verfassung*. Heißt zu deutsch: Die *politische Gesinnung* ist die subjektive, die *politische Verfassung* ist die *objektive Substanz* des Staats. Die logische Entwicklung von Familie und bürgerlicher Gesellschaft zum Staat ist also reiner *Schein*, denn es ist nicht entwickelt, wie die Familiengesinnung, die bürgerliche Gesinnung, die Institution der Familie und die sozialen Institutionen als solche sich zur politischen Gesinnung und politischen Verfassung verhalten und mit ihnen zusammenhängen.

Der Übergang, daß der Geist „nicht nur als diese Notwendigkeit und als ein *Reich der Erscheinung*" ist, sondern als „die Idealität derselben", als die Seele dieses Reichs für sich wirklich ist und eine besondere Existenz hat, ist gar kein Übergang, denn die Seele der Familie existiert für sich als Liebe etc. Die reine Idealität einer wirklichen Sphäre könnte aber nur als *Wissenschaft* existieren.

* Bei Hegel: Aber

Wichtig ist, daß Hegel überall die Idee zum Subjekt macht und das eigentliche, wirkliche Subjekt, wie die „politische Gesinnung", zum Prädikat. Die Entwicklung geht aber immer auf Seite des Prädikats vor.

§ 268 enthält eine schöne Exposition über die politische *Gesinnung*, den *Patriotismus*, die mit der logischen Entwicklung nichts gemein hat, nur daß Hegel sie „*nur*" als „Resultat der im *Staate* bestehenden Institutionen, als in welchen die Vernünftigkeit *wirklich* vorhanden ist", bestimmt, während umgekehrt diese Institutionen ebensosehr eine *Vergegenständlichung* der politischen Gesinnung sind. Cf. die Anmerkung zu diesem Paragraphen.

> § 269. „Ihren besonders bestimmten I n h a l t nimmt die Gesinnung aus den verschiedenen Seiten des *Organismus* des Staats. Dieser O r g a n i s m u s ist die Entwickelung der Idee zu ihren Unterschieden und zu deren objektiven Wirklichkeit. Diese unterschiedenen Seiten sind *so* die v e r s c h i e d e n e n G e w a l t e n und deren Geschäfte und Wirksamkeiten, wodurch das *Allgemeine* sich fortwährend, und zwar indem sie durch die N a t u r d e s B e g r i f f e s bestimmt sind, auf n o t w e n d i g e Weise h e r v o r b r i n g t und, indem es ebenso seiner Produktion vorausgesetzt ist, sich e r h ä l t ; – dieser Organismus ist die p o l i t i s c h e V e r f a s s u n g."

Die politische Verfassung ist der Organismus des Staats, oder der Organismus des Staats ist die politische Verfassung. Daß die unterschiedenen Seiten eines Organismus in einem notwendigen, aus der Natur des Organismus hervorgehenden Zusammenhang stehn, ist – reine Tautologie. Daß, wenn die politische Verfassung als Organismus bestimmt ist, die verschiedenen Seiten der Verfassung, die verschiedenen Gewalten, sich als organische Bestimmungen verhalten und in einem vernünftigen Verhältnis zueinander stehn, ist ebenfalls – Tautologie. Es ist ein großer Fortschritt, den politischen Staat als Organismus, daher die Verschiedenheit der Gewalten nicht mehr als organische, sondern als lebendige und vernünftige Unterscheidung zu betrachten. Wie stellt Hegel aber diesen Fund dar?

1. „Dieser *Organismus* ist die Entwicklung der Idee zu ihren Unterschieden und zu deren objektiven Wirklichkeit." Es heißt nicht: Dieser Organismus des Staats ist seine Entwicklung zu Unterschieden und zu deren objektiven Wirklichkeit. Der eigentliche Gedanke ist: Die Entwicklung des Staats oder der politischen Verfassung zu Unterschieden und deren Wirklichkeit ist eine *organische*. Die Voraussetzung, das Subjekt sind die *wirklichen Unterschiede* oder die *verschiednen Seiten der politischen* Verfassung. Das Prädikat ist ihre Bestimmung als *organisch*. Statt dessen wird die Idee zum Subjekt gemacht, die Unterschiede und deren Wirklichkeit als ihre Entwicklung, ihr Resultat gefaßt, während umgekehrt aus den wirklichen Unterschieden die Idee entwickelt werden muß. Das Organische ist grade die *Idee der Unterschiede*, ihre ideelle Bestimmung. Es wird hier aber von der *Idee* als einem Subjekt gesprochen, die sich zu *ihren* Unterschieden entwickelt.

Außer dieser Umkehrung von Subjekt und Prädikat wird der Schein hervorgebracht, als sei hier von einer andern Idee als dein Organismus die Rede. Es wird von der abstrakten Idee ausgegangen, deren Entwicklung im Staat *politische Verfassung* ist. Es handelt sich also nicht von der politischen Idee, sondern von der abstrakten Idee im politischen Element. Dadurch, daß ich sage: „dieser Organismus (sc. des Staats, die politische Verfassung) ist die Entwicklung der Idee zu ihren Unterschieden etc.“, weiß ich noch gar nichts von der *spezifischen Idee* der politischen Verfassung; derselbe Satz kann mit derselben Wahrheit von dem *tierischen* Organismus als von dem *politischen* ausgesagt werden. Wodurch unterscheidet sich also der tierische Organismus vom politischen? Aus dieser allgemeinen Bestimmung geht es nicht hervor. Eine Erklärung, die aber nicht die differentia specifica gibt, ist *keine* Erklärung. Das einzige Interesse ist, „die Idee“ schlechthin, die „logische Idee“ in jedem Element, sei es des Staates, sei es der Natur, wiederzufinden, und die wirklichen Subjekte, wie hier die „politische Verfassung“, werden zu ihren bloßen *Namen,* so daß nur der Schein eines wirklichen Erkennens vorhanden ist. Sie sind und bleiben unbegriffene, weil nicht in ihrem spezifischen Wesen begriffene Bestimmungen.

Diese unterschiedenen Seiten sind so die *verschiedenen Gewalten* und deren Geschäfte und Wirksamkeit.“ Durch das Wörtchen „so“ wird der Schein einer Konsequenz, einer Ableitung und Entwicklung hervorgebracht. Man muß vielmehr fragen „Wie so?“, „daß die verschiedenen Seiten des Organismus des Staats“ die „verschiedenen Gewalten“ sind und „deren Geschäfte und Wirksamkeit“, ist eine empirische Tatsache, daß sie Glieder eines „Organismus“ sind, ist das philosophische „Prädikat“.

Wir machen hier auf eine stilistische Eigentümlichkeit Hegels aufmerksam, die sich oft wiederholt und welche ein Produkt des Mystizismus ist. Der ganze Paragraph lautet:

> „Ihren besonders bestimmten Inhalt nimmt die Gesinnung aus den *verschiedenen Seiten* des *Organismus* des Staats. Dieser O r g a n i s m u s ist die Entwickelung der Idee zu ihren Unterschieden und zu deren objektiven Wirklichkeit Diese unterschiedenen Seiten sind so die v e r s c h i e d e n e n G e w a l t e n und deren Geschäfte und Wirksamkeiten, wodurch das Allgemeine sich fortwährend und zwar indem sie durch die N a t u r d e s B e g r i f f e s bestimmt sind, auf n o t w e n d i g e Weise h e r v o r b r i n g t und, indem es ebenso seiner Produktion vorausgesetzt sich e r h ä l t ; – dieser Organismus ist die p o l i t i s c h e V e r f a s s u n g.“
>
> 1. „Ihren besonders bestimmten Inhalt nimmt die Gesinnung *aus den verschiedenen Seiten* des Organismus des Staats.“ Diese unterschiedenen sind ... v e r s c h i e d e n e n G e w a l t e n und deren Geschäfte und Wirksamkeiten.“
>
> 2. „Ihren besonders bestimmten Inhalt nimmt die Gesinnung aus den verschiedenen Seiten des *Organismus* des Staats. *Dieser* O r g a n i s m u s ist die Entwickelung der Idee zu ihren Unterschieden und zu deren objektiven Wirklich-

> keit ... wodurch das Allgemeine sich fortwährend, und zwar indem sie durch die Natur des Begriffes bestimmt sind, auf notwendige Weise hervorbringt und, indem es ebenso seiner Produktion vorausgesetzt ist, sich erhält. – *Dieser Organismus* ist die politische Verfassung."

Man sieht, Hegel knüpft an zwei Subjekte, an die „verschiedenen Seiten des Organismus" und an den „Organismus", die weiteren Bestimmungen an. Im dritten Satz werden die „unterschiedenen Seiten" als die „verschiedenen Gewalten" bestimmt. Durch das zwischengeschobene Wort *„so"* wird der Schein hervorgebracht, als seien diese „verschiedenen Gewalten" aus dem Zwischensatz über den Organismus als die Entwicklung der Idee abgeleitet.

Es wird dann fortgesprochen über die „verschiedenen Gewalten". Die Bestimmung, daß das Allgemeine sich fortwährend „hervorbringt" und sich dadurch erhält, ist nichts Neues, denn es liegt schon in ihrer Bestimmung als „Seiten des Organismus", als „organische" Seiten. Oder vielmehr diese Bestimmung der „verschiedenen Gewalten" ist nichts als eine Umschreibung davon, daß der Organismus ist „die Entwicklung der Idee zu ihren Unterschieden etc.".

Die Sätze: Dieser Organismus ist „die Entwicklung der Idee zu ihren Unterschieden und zu deren objektiven Wirklichkeit" oder zu Unterschieden, wodurch „das Allgemeine" (das Allgemeine ist hier dasselbe wie die Idee) „sich fortwährend, und zwar indem sie durch die *Natur des Begriffes* bestimmt sind, erhält, auf *notwendige* Weise *hervorbringt* und, indem es ebenso seiner Produktion vorausgesetzt ist, sich *erhält*", sind identisch. Der letztere ist bloß eine nähere Explikation über „die Entwicklung der Idee zu ihren Unterschieden". Hegel ist dadurch noch keinen Schritt über den allgemeinen Begriff „der Idee" und höchstens des „Organismus" überhaupt (denn eigentlich handelt es sich nur von dieser bestimmten Idee) hinausgekommen. Wodurch wird er also zum Schlußsatz berechtigt: „Dieser Organismus ist die politische Verfassung"? Warum nicht: „Dieser Organismus ist das Sonnensystem"? Weil er „die verschiedenen Seiten des Staats" später als die „verschiedenen Gewalten" bestimmt hat. Der Satz, daß „die verschiedenen Seiten des Staats die verschiedenen Gewalten sind", ist eine empirische Wahrheit und kann für keine philosophische Entdeckung ausgegeben werden, ist auch auf keine Weise als Resultat einer früheren Entwicklung hervorgegangen. Dadurch, daß aber der Organismus als die „Entwicklung *der* Idee" bestimmt, von den Unterschieden *der* Idee gesprochen, dann das Konkretum der „verschiedenen *Gewalten*" eingeschoben wird, kommt der Schein herein, als sei ein *bestimmter* Inhalt entwickelt worden. An den Satz: „Ihren besonders bestimmten Inhalt nimmt die Gesinnung aus den verschiedenen Seiten des *Organismus des Staats*", dürfte Hegel nicht anknüpfen: *„dieser* Organismus, sondern *„der* Organismus ist die Entwicklung der Idee etc.". Wenigstens gilt das, was er sagt, von jedem Organismus, und es ist kein Prädikat vorhanden, wodurch das Subjekt *„dieser"* gerechtfertigt würde. Das eigentliche Resultat, wo er hin will, ist zur Bestimmung des *Organismus* als der *politischen Verfassung*. Es ist aber keine Brücke geschlagen, *wodurch man aus der allgemeinen Idee des Organismus zu der bestimmten Idee des Staatsorganismus oder der politischen Verfassung* käme, und es wird in Ewigkeit keine solche Brücke geschlagen werden können. In dem Anfangssatz wird gesprochen von „den verschiedenen Seiten des Staatsorganismus", die später als „die verschiedenen Gewalten" bestimmt werden. Es wird also bloß gesagt: *„Die verschiedenen Gewalten des Staatsorganismus"* oder *„der Staatsorganismus der verschiedenen Gewalten"* ist – die *„politische Verfassung"* des *Staats*. Nicht aus dem „Organismus" *„der* Idee", ihren „Unterschieden" etc., sondern aus dem vorausgesetzten Begriff „verschiedene Gewalten", „*Staats*organismus" ist die Brücke zur *„politischen* Verfassung" geschlagen.

Der Wahrheit nach hat Hegel nichts getan, als die „politische Verfassung" in die allgemeine abstrakte Idee des „Organismus" aufgelöst, aber dem Schein und seiner eignen Meinung nach hat er aus der „allgemeinen Idee" das Bestimmte entwickelt. Er hat zu einem Produkt, einem Prädikat der Idee gemacht, was ihr Subjekt ist. Er entwickelt sein Denken nicht aus dem Gegenstand, sondern den Gegenstand nach einem mit sich fertig und in der abstrakten Sphäre der Logik mit sich fertig gewordnen Denken. Es handelt sich nicht darum, die bestimmte Idee der politischen Verfassung zu entwickeln, sondern es handelt sich darum, der politischen Verfassung ein Verhältnis zur abstrakten Idee zu geben, sie als ein Glied ihrer Lebensgeschichte (der Idee) zu rangieren, eine offenbare Mystifikation.

Eine andre Bestimmung ist, daß die „verschiedenen Gewalten" „durch die *Natur des Begriffs* bestimmt sind" und darum das Allgemeine sie „auf *notwendige* Weise hervorbringt". Die verschiedenen Gewalten sind also nicht durch ihre „eigne Natur" bestimmt, sondern durch eine fremde. Ebenso ist die Notwendigkeit nicht aus ihrem eignen Wesen geschöpft, noch weniger kritisch bewiesen. Ihr Schicksal ist vielmehr prädestiniert durch die „Natur des Begriffs", versiegelt in der Santa Casa (der Logik) heiligen Registern. Die Seele der Gegenstände, hier des Staats, ist fertig, prädestiniert vor ihrem Körper, der eigentlich nur Schein ist. Der „Begriff" ist der Sohn in der „Idee", dem Gott Vater, das agens, das determinierende, unterscheidende Prinzip. „Idee" und „Begriff" sind hier verselbständigte Abstraktionen.

> § 270. „Daß der Zweck des Staates das allgemeine Interesse als solches und darin als ihrer Substanz die Erhaltung der besonderen Interessen ist, ist 1. seine abstrakte Wirklichkeit oder Substantialität; aber sie ist 2. seine Notwendigkeit, als sie sich in die Begriffsunterschiede seiner Wirksamkeit dirimiert, welche durch jene Substantialität ebenso wirkliche feste Bestimmungen, *Gewalten* sind; 3. eben diese Substantialität ist aber der als durch die Form der Bildung hindurchgegangne sich wissende und wollende Geist. Der Staat weiß daher, was er will, und weiß es in seiner Allgemeinheit, als Gedachtes; er wirkt und handelt deswegen nach gewußten Zwecken, gekannten Grundsätzen und nach Gesetzen, die es nicht nur an sich, son-

dern fürs Bewußtsein sind; und ebenso, insofern seine Handlungen sich auf vorhandene Umstände und Verhältnisse beziehen, nach der bestimmten Kenntnis derselben."

(Die Anmerkung zu diesem Paragraphen über das Verhältnis von Staat und Kirche später.)

Die Anwendung dieser logischen Kategorien verdient ein ganz spezielles Eingehen.

„Daß der *Zweck* des Staates das *allgemeine Interesse* als solches und darin als ihrer Substanz die Erhaltung der besonderen Interessen ist, ist 1. seine abstrakte Wirklichkeit oder Substantialität."

Daß das allgemeine Interesse als solches und als Bestehn der besondern Interessen *Staatszweck* ist, ist – seine Wirklichkeit, sein Bestehn, abstrakt definiert. Der Staat ist nicht wirklich ohne diesen Zweck. Es ist dies das wesentliche Objekt seines Wollens, aber zugleich nur eine ganz allgemeine Bestimmung dieses Objekts. Dieser Zweck als Sein ist das Element des Bestehns für den Staat.

„Aber sie" (die abstrakte Wirklichkeit, Substantialität) „ist 2. seine Notwendigkeit, als sie sich in die Begriffsunterschiede seiner Wirksamkeit dirimiert, welche durch jene Substantialität ebenso wirkliche feste Bestimmungen, Gewalten sind."

Sie (die abstrakte Wirklichkeit, die Substantialität) ist seine (des Staats) *Notwendigkeit*, als seine Wirklichkeit sich in *unterschiedene Wirksamkeiten* teilt, deren Unterschied ein vernünftig bestimmter, die dabei feste Bestimmungen sind. Die abstrakte Wirklichkeit des Staats, die Substantialität desselben ist Notwendigkeit, insofern der reine Staatszweck und das reine Bestehn des Ganzen nur in dem Bestehn der unterschiedenen Staatsgewalten realisiert ist.

Versteht sich: die erste Bestimmung seiner Wirklichkeit war *abstrakt*; der Staat kann nicht als einfache Wirklichkeit, er muß als Wirksamkeit, als eine unterschiedne Wirksamkeit betrachtet werden.

„Seine abstrakte Wirklichkeit oder Substantialität ... ist seine Notwendigkeit, als sie sich in die Begriffsunterschiede seiner Wirksamkeit dirimiert, welche durch jene *Substantialität* ebenso wirkliche feste Bestimmungen, Gewalten sind."

Das Substantialitätsverhältnis ist Notwendigkeitsverhältnis; d. h. die Substanz erscheint geteilt in selbständige, aber wesentlich bestimmte *Wirklichkeiten* oder *Wirksamkeiten*. Diese Abstraktionen werde ich auf jede Wirklichkeit anwenden können. Insofern ich den Staat zuerst unter dem Schema der „abstrakten", werde ich ihn nachher unter dem Schema der „konkreten Wirklichkeit", der „Notwendigkeit", des erfüllten Unterschieds betrachten müssen.

3. „Eben diese Substantialität ist aber der als durch die Form der Bildung hindurchgegangene sich wissende und wollende Geist. Der Staat weiß daher, was er will, und weiß es in seiner Allgemeinheit, als Gedachtes; er wirkt und handelt deswegen nach gewußten Zwecken, gekannten Grundsätzen, und nach Gesetzen, die es nicht nur an sich, sondern fürs Bewußtsein sind; und ebenso, insofern seine Handlungen sich auf vorhandene Umstände und Verhältnisse beziehen, nach der bestimmten Kenntnis derselben."

Übersetzen wir nun diesen ganzen Paragraphen zu deutsch. Also:

1. Der sich *wissende und wollende Geist* ist die Substanz des Staates; (der *gebildete, selbstbewußte* Geist ist das Subjekt und das Fundament, ist die Selbständigkeit des Staats).

2. *Das allgemeine Interesse und in ihm die Erhaltung der besondern Interessen* ist der allgemeine Zweck und Inhalt dieses Geistes, die seiende Substanz des Staats, die Staatsnatur des sich wissenden und wollenden Geistes.

3. Die *Verwirklichung* dieses abstrakten Inhalts erreicht der sich wissende und wollende Geist, der selbstbewußte, gebildete Geist nur als eine unterschiedene *Wirksamkeit*, als das Dasein *verschiedener Gewalten*, als eine *gegliederte Macht*.

Über die Hegelsche Darstellung ist zu bemerken:

a) Zu *Subjekten* werden gemacht: die *abstrakte Wirklichkeit*, die *Notwendigkeit* (oder der substantielle Unterschied), die *Substantialität*; also die *abstraktlogischen Kategorien*. Zwar werden die „abstrakte Wirklichkeit" und „Notwendigkeit", als „*seine*", des Staats, Wirklichkeit und Notwendigkeit bezeichnet, allein 1. ist „*sie*", „die abstrakte Wirklichkeit" oder „Substantialität", *seine* Notwendigkeit. 2. *Sie* ist es, „die sich in die Begriffsunterschiede seiner Wirksamkeit dirimiert". Die „Begriffsunterschiede" sind „durch jene Substantialität ebenso wirkliche *feste*" Bestimmungen, *Gewalten*. 3, wird die „Substantialität" nicht mehr als eine abstrakte Bestimmung des Staats, als „*seine*" Substantialität genommen; sie wird als solche zum Subjekt gemacht, denn es heißt schließlich: „eben diese *Substantialität* ist aber der durch die Form der Bildung hindurchgegangene, sich wissende und wollende Geist".

b) Es wird auch schließlich nicht gesagt: „der gebildete etc. Geist ist die Substantialität", sondern umgekehrt: „die Substantialität ist der gebildete etc. Geist". Der Geist wird also zum Prädikat seines Prädikates.

c) Die Substantialität, nachdem sie 1. als der allgemeine Staatszweck, dann 2. als die unterschiedenen Gewalten bestimmt war, wird 3. als der gebildete, sich wissende und wollende, *wirkliche* Geist bestimmt. Der wahre Ausgangspunkt, der sich wissende und wollende Geist, ohne welchen der „Staatszweck" und die „Staatsgewalten" haltungslose Einbildungen, essenzlose, sogar unmögliche Existenzen wären, erscheint nur als das *letzte* Prädikat der Substantialität, die vorher schon als *allgemeiner Zweck* und als die *verschiedenen Staatsgewalten* bestimmt war. Wäre von dem *wirklichen Geist* ausgegangen worden, so war der „allgemeine Zweck" sein Inhalt, die verschiedenen Gewalten seine Weise, sich zu verwirklichen, sein *reelles* oder *materielles* Dasein, deren Bestimmtheit eben aus der Natur seines Zweckes zu entwickeln gewesen wäre. Weil aber von der „Idee" oder der „Substanz" als dem Subjekt, dem wirklichen Wesen ausgegangen wird, so erscheint das *wirkliche Subjekt* nur als *letztes Prädikat* des abstrakten Prädikates.

Der „Staatszweck" und die „Staatsgewalten" werden mystifiziert, indem sie als „Daseinsweisen" der „Substanz" dargestellt und getrennt ihrem wirklichen Dasein, dem „sich wissenden und wollenden Geist, dem gebildeten Geist" erscheinen.

d) Der konkrete Inhalt, die wirkliche Bestimmung, erscheint als formell; die ganz abstrakte Formbestimmung erscheint als der konkrete Inhalt. Das Wesen der staatlichen Bestimmungen ist nicht, daß sie staatliche Bestimmungen, sondern daß sie in ihrer abstraktesten Gestalt als logisch-metaphysische Bestimmungen betrachtet werden können. Nicht die Rechtsphilosophie, sondern die Logik ist das wahre Interesse. Nicht daß das Denken sich in politischen Bestimmungen verkörpert, sondern daß die vorhandenen politischen Bestimmungen in abstrakte Gedanken verflüchtigt werden, ist die philosophische Arbeit. Nicht die Logik der Sache, sondern die Sache der Logik ist das philosophische Moment. Die Logik dient nicht zum Beweis des Staats, sondern der Staat dient zum Beweis der Logik.

1. Das allgemeine Interesse und darin die Erhaltung der besonderen Interessen als *Staatszweck*;

2. die verschiedenen Gewalten als *Verwirklichung* dieses Staatszwecks;

3. der gebildete, selbstbewußte, wollende und handelnde Geist als das *Subjekt* des Zwecks und seiner Verwirklichung.

Diese konkreten Bestimmungen sind äußerlich aufgenommen, hors d'oeuvres; ihr philosophischer Sinn ist, daß der Staat in ihnen den logischen Sinn hat:

1. als abstrakte Wirklichkeit oder Substantialität;

2. daß das Substantialitätsverhältnis in das Verhältnis der Notwendigkeit, der substantiellen Wirklichkeit übergeht;

3. daß die substantielle Wirklichkeit in Wahrheit *Begriff*, *Subjektivität* ist.

Mit Auslassung der konkreten Bestimmungen, welche ebensogut für eine andere Sphäre, z. B. die Physik, mit andern konkreten Bestimmungen vertauscht werden können, also unwesentlich sind, haben wir ein *Kapitel der Logik* vor uns.

Die Substanz muß „sich in Begriffsunterschiede dirimieren, welche durch jene Substantialität ebenso wirkliche, *feste* Bestimmungen sind". Dieser Satz – das Wesen gehört der Logik und ist vor der Rechtsphilosophie fertig. Daß diese Begriffsunterschiede hier Unterschiede „seiner" (des Staats) „Wirksamkeit" und die „festen Bestimmungen" „Staatsgewalten" sind, diese Parenthese gehört der Rechtsphilosophie, der politischen Empirie. So ist die ganze Rechtsphilosophie nur Parenthese zur Logik. Die Parenthese ist, wie sich von selbst versteht, nur hors d'oeuvre der eigentlichen Entwicklung. Cf. zum Beispiel p. 347:

„Die Notwendigkeit besteht darin, daß das Ganze in die Begriffsunterschiede dirimiert sei und daß dieses Dirimierte eine feste und aushaltende Bestimmtheit abgehe, die nicht totfest ist, sondern in der Auflösung sich immer erzeugt."

Cf. auch die Logik.

§ 271. „Die politische Verfassung ist fürs erste: die Organisation des Staates und der Prozeß seines organischen Lebens in Beziehung auf sich selbst, in welcher er seine Momente innerhalb seiner selbst unterscheidet und sie zum Bestehen entfaltet.

Zweitens ist er als eine Individualität ausschließendes Eins, welches sich damit zu Anderen verhält, seine Unterscheidung also nach Außen kehrt und nach dieser Bestimmung seine bestehenden Unterschiede innerhalb seiner selbst in ihrer Idealität setzt."

Zusatz: „Der innerliche Staat als solcher ist die *Zivilgewalt*, die Richtung nach Außen die *Militärgewalt*, die aber im Staate eine bestimmte Seite in ihm selbst ist."

I. Innere Verfassung für sich

§ 272. „Die Verfassung ist vernünftig, insofern der Staat seine Wirksamkeit nach der Natur des Begriffs in sich unterscheidet und bestimmt, und zwar so, daß jede dieser Gewalten selbst in sich die Totalität dadurch ist, daß sie die anderen Momente in sich wirksam hat und enthält, und daß sie, weil sie den Unterschied des Begriffs ausdrücken, schlechthin in seiner Idealität bleiben und nur Ein individuelles Ganzes ausmachen."

Die Verfassung ist also vernünftig, insofern seine Momente in die abstrakt logischen aufgelöst werden können. Der Staat hat seine Wirksamkeit nicht nach seiner spezifischen Natur zu unterscheiden und zu bestimmen, sondern nach der Natur des Begriffs, welcher das mystifizierte Mobile des abstrakten Gedankens ist. Die Vernunft der Verfassung ist also die abstrakte Logik und nicht der Staatsbegriff. Statt des Begriffs der Verfassung erhalten wir die Verfassung des Begriffs. Der Gedanke richtet sich nicht nach der Natur des Staats, sondern der Staat nach einem fertigen Gedanken.

§ 273. „Der politische Staat dirimiert sich somit" (wieso?) „in die substantiellen Unterschiede;

a) die Gewalt, das Allgemeine zu bestimmen und festzusetzen, die gesetzgebende Gewalt;

b) der Subsumtion der besonderen Sphären und einzelnen Fälle unter das Allgemeine – die Regierungsgewalt;

c) der *Subjektivität* als der letzten Willensentscheidung, die fürstliche Gewalt –, in der die unterschiedenen Gewalten zur individuellen Einheit zusammengefaßt sind, die also die Spitze und der Anfang des Ganzen –, der konstitutionellen Monarchie, ist.

Wir werden auf diese Einteilung zurückkommen, nachdem wir ihre Ausführung im besonderen geprüft.

> § 274. „Da der *Geist* nur als das *wirklich* ist, als was er sich weiß, und der Staat als Geist eines Volkes zugleich das alle seine Verhältnisse durchdringende Gesetz, die Sitte und das Bewußtsein seiner Individuen ist, so hängt die Verfassung eines bestimmten Volkes überhaupt von der *Weise und Bildung des Selbstbewußtseins desselben ab*; in diesem liegt seine subjektive Freiheit und damit die *Wirklichkeit der Verfassung* ... Jedes Volk hat deswegen die Verfassung, die ihm angemessen ist und für dasselbe gehört."

Aus Hegels Räsonnement folgt nur, daß der Staat, worin „Weise und Bildung des Selbstbewußtseins" und „Verfassung" sich widersprechen, kein wahrer Staat ist. Daß die Verfassung, welche das Produkt eines vergangnen Bewußtseins war, zur drückenden Fessel für ein fortgeschrittnes werden kann etc. etc., sind wohl Trivialitäten. Es würde vielmehr nur die Forderung einer Verfassung folgern, die in sich selbst die Bestimmung und das Prinzip hat, mit dem Bewußtsein fortzuschreiten; fortzuschreiten mit dem wirklichen Menschen, was erst möglich ist, sobald der „Mensch" zum Prinzip der Verfassung geworden ist. Hegel hier *Sophist.*

a) Die fürstliche Gewalt

> § 275. „Die fürstliche Gewalt enthält selbst die drei Momente der Totalität in sich, die Allgemeinheit der Verfassung und der Gesetze, die Beratung als Beziehung des Besondern auf das Allgemeine und das Moment der letzten Entscheidung als der Selbstbestimmung, in welche alles Übrige zurückgeht und wovon es den Anfang der Wirklichkeit nimmt. Dieses absolute Selbstbestimmen macht das *unterscheidende Prinzip* der fürstlichen Gewalt als solcher aus, welches zuerst zu entwickeln ist."

Der Anfang dieses Paragraphen heißt zunächst nichts als: „die Allgemeinheit der Verfassung und der Gesetze" sind – die *fürstliche Gewalt*; die *Beratung* oder die Beziehung des *Besondern* auf das Allgemeine ist – die *fürstliche Gewalt.* Die fürstliche Gewalt steht nicht außerhalb der Allgemeinheit der Verfassung und der Gesetze, sobald unter der fürstlichen Gewalt die des Monarchen (konstitutionellen) verstanden ist.

Was Hegel aber eigentlich will, ist nichts als daß die „Allgemeinheit der Verfassung und der Gesetze" – die fürstliche Gewalt, die Souveränität des Staats ist. Es ist dann unrecht, die *fürstliche Gewalt* zum *Subjekt* zu machen und, da unter fürstlicher Gewalt auch die Gewalt des Fürsten verstanden werden kann, den

Schein hervorzubringen, als sei er Herr dieses Moments; das Subjekt desselben. Doch wenden wir uns zunächst zu dem, was Hegel als „das *unterscheidende Prinzip der fürstlichen Gewalt als solcher*" ausgibt, so ist es: „das Moment der letzten *Entscheidung*, als der *Selbstbestimmung*, in welche alles Übrige zurückgeht und wovon es den Anfang der Wirklichkeit nimmt", dieses: „absolute Selbstbestimmen".

Hegel sagt hier nichts als: der *wirkliche*, d. h. individuelle Wille ist die *fürstliche Gewalt*. So heißt es § 12:

> „Daß der Wille sich ... die Form der Einzelheit gibt ... ist er beschließend, und nur als beschließender Wille ist er *wirklicher* Wille."

Insofern dies Moment der „letzten Entscheidung" oder der „absoluten Selbstbestimmung" getrennt ist von der „Allgemeinheit" des Inhalts und der Besonderheit der Beratung, ist es der *wirkliche Wille* als *Willkür*. Oder:
„Die *Willkür* ist die fürstliche Gewalt", oder: „Die fürstliche Gewalt ist die Willkür".

> § 276. „Die Grundbestimmung des politischen Staats ist die substantielle Einheit als Idealität seiner Momente, in welcher:
>
> α) die besonderen Gewalten und Geschäfte desselben ebenso aufgelöst als erhalten und nur so erhalten sind, als sie keine unabhängige, sondern allein eine solche und so weit gehende Berechtigung haben, als *in der Idee des Ganzen* bestimmt ist, *von seiner Macht* ausgehen und flüssige Glieder desselben als ihres einfachen Selbsts sind."
>
> Zusatz: „Mit dieser Idealität der Momente ist es wie mit dem Leben im organischen Körper."

Versteht sich: Hegel spricht nur von der Idee „der besondern Gewalten und Geschäfte"... Sie sollen nur eine so weit gehende Berechtigung haben, als in der Idee des Ganzen bestimmt ist; sie sollen nur „von seiner Macht ausgehen". Daß dies so sein soll, liegt in der Idee *des Organismus*. Es wäre aber eben zu entwickeln gewesen, wie dies zu bewerkstelligen ist. Denn im Staat muß *bewußte Vernunft* herrschen; die *substantielle* bloß innere und darum bloß äußere Notwendigkeit, die zufällige [...]* der „Gewalten und Geschäfte" kann nicht für das Vernünftige ausgegeben werden.

> § 277. β) „Die besonderen Geschäfte und Wirksamkeiten des Staats sind als die wesentlichen Momente desselben ihm eigen und an die Individuen, durch welche sie gehandhabt und betätigt werden, nicht nach deren unmittelbaren Persönlichkeit, sondern nur nach ihren allgemeinen und objektiven Qualitäten geknüpft und daher mit der besonderen Persönlichkeit als solcher äußerli-

* Wort im Manuskript nicht lesbar

cher- und zufälligerweise verbunden. Die Staatsgeschäfte und Gewalten können daher nicht Privateigentum sein.

Es versteht sich von selbst, daß, wenn *besondere* Geschäfte und Wirksamkeiten als Geschäfte und Wirksamkeit *des Staats*, als *Staatsgeschäfte* und *Staatsgewalt* bezeichnet werden, sie nicht *Privateigentum*, sondern *Staatseigentum* sind. Das ist eine Tautologie.

Die Geschäfte und Wirksamkeiten des Staats sind an Individuen geknüpft (der Staat ist nur wirksam durch Individuen), aber nicht an das Individuum als *physisches*, sondern als *staatliches*, an die *Staatsqualität* des Individuums. Es ist daher lächerlich, wenn Hegel sagt, sie seien „mit der besonderen Persönlichkeit *als solcher äußerlicher- und zufälligerweise* verbunden". Sie sind vielmehr durch ein *vinculum substantiale*, durch eine wesentliche Qualität desselben, mit ihm verbunden. Sie sind die natürliche Aktion seiner wesentlichen Qualität. Es kömmt dieser Unsinn dadurch herein, daß Hegel die Staatsgeschäfte und Wirksamkeiten abstrakt für sich und im Gegensatz dazu die besondere Individualität faßt; aber er vergißt, daß die besondere Individualität eine menschliche und die Staatsgeschäfte und Wirksamkeiten menschliche Funktionen sind; er vergißt, daß das Wesen der „besonderen Persönlichkeit" nicht ihr Bart, ihr Blut, ihre abstrakte Physis, sondern ihre *soziale Qualität* ist, und daß die Staatsgeschäfte etc. nichts als Daseins- und Wirkungsweisen der sozialen Qualitäten des Menschen sind. Es versteht sich also, daß die Individuen, insofern sie die Träger der Staatsgeschäfte und Gewalten sind, ihrer sozialen und nicht ihrer privaten Qualität nach betrachtet werden.

§ 278. „Diese beiden Bestimmungen, daß die besonderen Geschäfte und Gewalten des Staats weder für sich noch in dem besonderen Willen von Individuen selbständig und fest sind, sondern in der *Einheit des Staats* als ihrem *einfachen Selbst* ihre letzte Wurzel haben, macht die Souveränität des Staats aus."

„Der Despotismus bezeichnet überhaupt den Zustand der Gesetzlosigkeit, wo der besondere Wille als solcher, es sei nun eines Monarchen oder eines Volks ... als Gesetz oder vielmehr statt des Gesetzes gilt, da hingegen die Souveränität gerade im gesetzlichen, konstitutionellen Zustande das Moment der Idealität der besondern Sphären und Geschäfte ausmacht, daß nämlich eine solche Sphäre nicht ein Unabhängiges, in ihren Zwecken und Wirkungsweisen Selbständiges und sich nur in sich Vertiefendes, sondern in diesen Zwecken und Wirkungsweisen vom Zwecke des Ganzen (den man im allgemeinen mit einem unbestimmteren Ausdrucke das Wohl des Staats genannt hat) bestimmt und abhängig sei. Diese Idealität kommt auf die gedoppelte Weise zur Erscheinung. – Im friedlichen Zustande gehen die besonderen Sphären und Geschäfte den Gang der Befriedigung ihrer besonderen Geschäfte fort, und es ist teils nur die Weise der bewußtlosen Notwendigkeit der Sache, nach welcher ihre Selbstsucht in den Beitrag zur gegenseitigen Erhaltung und zur Erhaltung des Ganzen *umschlägt*, teils aber ist es die direkte Einwirkung von oben, wodurch sie sowohl zu dem Zwecke des Ganzen fortdauernd zurückgeführt und darnach beschränkt als angehalten werden, zu dieser Erhaltung direkte Leistungen zu machen; – im Zustande der Not aber, es sei innerer oder äußerlicher, ist es die Souveränität, in deren einfachen Begriff der dort in seinen Besonderheiten bestehende Organismus zusammengeht und welcher die Rettung des Staats mit Aufopferung dieses sonst Berechtigten anvertraut ist, wo denn jener *Idealismus* zu seiner *eigentümlichen* Wirklichkeit kommt."

Dieser Idealismus ist also nicht entwickelt zu einem gewußten, vernünftigen System. Er erscheint im *friedlichen* Zustande entweder nur als ein äußerlicher Zwang, der der herrschenden Macht, dem Privatleben durch „direkte Einwirkung von oben" angetan wird, oder als blindes ungewußtes Resultat der Selbstsucht. Seine „eigentümliche Wirklichkeit" hat dieser Idealismus nur im „Kriegs- oder Notzustand" des Staats, so daß sich hier sein Wesen als „Kriegs- und Notzustand" des wirklichen bestehenden Staats ausspricht, während sein *„friedlicher"* Zustand eben der Krieg und die Not der Selbstsucht ist.

Die *Souveränität*, der Idealismus des Staats, existiert daher nur als *innere* Notwendigkeit: als *Idee*. Auch damit ist Hegel zufrieden, denn es handelt sich nur um die Idee. Die Souveränität existiert also einerseits nur als *bewußtlose, blinde Substanz*. Wir werden sogleich ihre andere Wirklichkeit kennenlernen.

§ 279. „Die Souveränität, zunächst nur der allgemeine Gedanke dieser Idealität, existiert nur als die ihrer selbst gewisse Subjektivität und als die abstrakte, insofern grundlose Selbstbestimmung des Willens, in welcher das Letzte der Entscheidung liegt. Es ist dies das Individuelle des Staats als solches, der selbst nur darin Einer ist. Die Subjektivität aber ist in ihrer Wahrheit nur als Subjekt, die Persönlichkeit nur als Person, und in der zur reellen Vernünftigkeit gediehenen Verfassung hat jedes der drei Momente des Begriffes seine für sich wirkliche ausgesonderte Gestaltung. Dies absolut entscheidende Moment des Ganzen ist daher nicht die Individualität überhaupt, sondern Ein Individuum, der Monarch."

1. „Die Souveränität, zunächst nur der allgemeine Gedanke dieser Idealität, existiert nur als die ihrer *selbst gewisse* Subjektivität. Die Subjektivität ist in ihrer Wahrheit nur als Subjekt, die *Persönlichkeit* nur als Person. In der zur reellen Vernünftigkeit gediehenen Verfassung hat jedes der drei Momente des Begriffes für sich wirkliche ausgesonderte Gestaltung."

2. Die Souveränität „existiert nur als die abstrakte. Insofern grundlose Selbstbestimmung des Willens, in welcher das Letzte der Entscheidung liegt. Es ist dies das Individuelle des Staats als solches, der selbst darin nur Einer ist (und in der zur reellen Vernünftigkeit gediehenen Verfassung hat jedes der drei Momente des Begriffes seine für sich wirkliche ausgesonderte Gestaltung). Dies absolut entscheidende Moment des Ganzen ist daher nicht die Individualität überhaupt, sondern Ein Individuum, der Monarch."

Der erste Satz heißt nichts, als daß der allgemeine Gedanke dieser Idealität, dessen traurige Existenz wir eben gesehn haben, das selbstbewußte Werk der

Subjekte sein und als solches für sie und in ihnen existieren müßte. Wäre Hegel von den wirklichen Subjekten als den Basen des Staats ausgegangen, so hätte er nicht nötig, auf eine mystische Weise den Staat sich versubjektivieren zu lassen. „Die Subjektivität", sagt Hegel, „aber ist in ihrer Wahrheit nur als *Subjekt*, die Persönlichkeit nur als *Person*." Auch dies ist eine Mystifikation. Die Subjektivität ist eine Bestimmung des Subjekts, die Persönlichkeit eine Bestimmung der Person. Statt sie nun als Prädikate ihrer Subjekte zu fassen, verselbständigt Hegel die Prädikate und läßt sie hinterher auf eine mystische Weise in ihre Subjekte sich verwandeln.

Die Existenz der Prädikate ist das Subjekt: also das Subjekt die Existenz der Subjektivität etc. Hegel verselbständigt die Prädikate, die Objekte, aber er verselbständigt sie getrennt von ihrer wirklichen Selbständigkeit, ihrem Subjekt. Nachher erscheint dann das wirkliche Subjekt als Resultat, während vom wirklichen Subjekt auszugehn und seine Objektivation zu betrachten ist. Zum wirklichen Subjekt wird daher die mystische Substanz, und das reelle Subjekt erscheint als ein andres, als ein Moment der mystischen Substanz. Eben weil Hegel von den Prädikaten der allgemeinen Bestimmung statt von dem reellen Ens (ὑποκείμενον, Subjekt) ausgeht, und doch ein Träger dieser Bestimmung da sein muß, wird die mystische Idee dieser Träger. Es ist dies der Dualismus, daß Hegel das Allgemeine nicht als das wirkliche Wesen des Wirklich-Endlichen, d. i. Existierenden, Bestimmten betrachtet oder das wirkliche Ens nicht als das *wahre Subjekt* des Unendlichen.

So wird hier die Souveränität, das Wesen des Staats, zuerst als ein selbständiges Wesen betrachtet, vergegenständlicht. Dann, versteht sich, muß dies Objektive wieder Subjekt werden. Dies Subjekt erscheint aber dann als eine Selbstverkörperung der Souveränität, während die Souveränität nichts anders ist als der vergegenständlichte Geist der Staatssubjekte.

Abgesehn von diesem Grundmangel der Entwicklung, betrachten wir diesen ersten Satz des Paragraphen. Wie er daliegt, so heißt er nichts als: die Souveränität, der Idealismus des Staats als Person, als „Subjekt" existiert, versteht sich, als viele Personen, viele Subjekte, da keine einzelne Person die Sphäre der Persönlichkeit, kein einzelnes Subjekt die Sphäre der Subjektivität im sich absorbiert. Was sollte das auch für ein Staatsidealismus sein, der, statt als das wirkliche Selbstbewußtsein der Staatsbürger, als die gemeinsame Seele des Staats, *eine* Person, *ein* Subjekt wäre. Mehr hat Hegel auch nicht an diesem Satz entwickelt. Aber betrachten wir nun den mit diesem Satz verschränkten zweiten Satz. Es ist Hegel darum zu tun, den Monarchen als den wirklichen „Gottmenschen", als die *wirkliche Verkörperung* der Idee darzustellen.

> „Die Souveränität ... existiert nur ... als die abstrakte, insofern grundlose Selbstbestimmung des Willens, in welcher das Letzte der Entscheidung liegt. Es ist dies das *Individuelle* des Staats als solches, der selbst nur darin Einer

> ist ... in der zur reellen Vernünftigkeit gediehenen Verfassung hat jedes der drei Momente des Begriffes seine für sich wirkliche ausgesonderte Gestaltung. Dies absolut entscheidende Moment des Ganzen ist *daher* nicht die Individualität überhaupt, sondern Ein Individuum, der *Monarch*."

Wir haben vorher schon auf den Satz aufmerksam gemacht. Das Moment des Beschließens, der willkürlichen, weil bestimmten Entscheidung ist die *fürstliche Gewalt* des *Willens* überhaupt. Die Idee der *fürstlichen Gewalt*, wie sie Hegel entwickelt, ist nichts anders, als die *Idee* des *Willkürlichen*, der *Entscheidung* des Willens.

Während Hegel aber eben die Souveränität als den Idealismus des Staats, als die wirkliche Bestimmung der Teile durch die Idee des Ganzen auffaßt, macht er sie jetzt zur „abstrakten, insofern *grundlosen* Selbstbestimmung des Willens, in welcher das Letzte der Entscheidung ist. Es ist dies das *Individuelle* des Staats als solches." Vorhin war von der Subjektivität, jetzt ist von der Individualität die Rede. Der Staat als souveräner muß *Einer, Ein Individuum*, sein, Individualität besitzen. Der Staat ist „nicht nur" darin, in dieser Individualität *Einer*; die Individualität ist nur das *natürliche* Moment seiner Einheit die *Naturbestimmung* des Staats. „Dies absolut entscheidende Moment ist *daher* nicht die Individualität überhaupt, sondern Ein Individuum, der *Monarch*." Woher? Weil „jedes der drei Momente des Begriffes in der zur reellen Vernünftigkeit gediehenen Verfassung *seine für sich wirkliche*, ausgesonderte Gestaltung" hat. Ein Moment des Begriffes ist die „Einzelnheit", allein dies ist noch nicht *Ein Individuum*. Und was sollte das auch für eine Verfassung sein, wo die Allgemeinheit, die Besonderheit, die Einzelnheit, jede „seine *für sich wirkliche*, ausgesonderte Gestaltung" hätte? Da es sich überhaupt von keinem Abstraktum, sondern vom Staat, von der Gesellschaft handelt, so kann man selbst die Klassifikation Hegels annehmen. Was folgte daraus? Der Staatsbürger als das Allgemeine bestimmend ist Gesetzgeber, als das Einzelne entscheidend, als *wirklich* wollend, ist Fürst; was sollte das heißen: *Die Individualität des Staatswillens* ist „ein. *Individuum*", ein besonderes, von allen unterschiedenes Individuum? Auch die *Allgemeinheit*, die Gesetzgebung hat eine „für sich wirkliche, ausgesonderte Gestaltung". Könnte man daher schließen: „Die Gesetzgebung sind diese besonderen Individuen."

Der gemeine Mann:	*Hegel:*
2. Der Monarch hat die souveräne Gewalt, die Souveränität.	2. Die *Souveränität* des Staats ist der Monarch.
3. Die Souveränität tut, was sie will.	3. Die Souveränität ist „die abstrakte, insofern grundlose *Selbstbestimmung* des Willens, in welcher das Letzte der Entscheidung liegt".

Alle Attribute des konstitutionellen Monarchen im jetzigen Europa macht Hegel zu absoluten Selbstbestimmungen des *Willens*. Er sagt nicht: Der Wille des Monarchen ist die letzte Entscheidung, sondern: Die letzte Entscheidung des Willens ist – der Monarch. Der erste Satz ist empirisch, Der zweite verdreht die empirische Tatsache in ein metaphysisches Axiom.

Hegel verschränkt die beiden Subjekte, die Souveränität „als die ihrer selbst gewisse Subjektivität" *und* die Souveränität „als die *grundlose* Selbstbestimmung des Willens, als den individuellen Willen" durcheinander, um die „Idee" als „*Ein* Individuum" herauszukonstruieren.

Es versteht sich, daß die selbstgewisse Subjektivität auch *wirklich* wollen, auch als Einheit, als Individuum wollen muß. Wer hat aber auch je bezweifelt, daß der Staat durch Individuen handelt? Wollte Hegel entwickeln: Der Staat muß *ein* Individuum als Repräsentanten seiner individuellen Einheit haben, so brachte er den *Monarchen* nicht heraus. Wir halten als *positives* Resultat dieses Paragraphen nur fest:

Der *Monarch* ist im Staate das Moment des *individuellen Willens*, der grundlosen Selbstbestimmung, der Willkür.

Die Anmerkung Hegels zu diesem Paragraphen ist so merkwürdig, daß wir sie näher beleuchten müssen.

> „Die immanente Entwickelung einer Wissenschaft, die Ableitung ihres ganzen Inhalts aus dem einfachen Begriffe ... zeigt das Eigentümliche, daß der eine und derselbe Begriff, hier der *Wille*, der anfangs, weil es der Anfang ist, abstrakt ist, sich erhält, aber seine Bestimmungen und zwar ebenso nur durch sich selbst verdichtet und auf diese Weise einen konkreten Inhalt gewinnt. So ist es das Grundmoment der zuerst im unmittelbaren Rechte abstrakten Persönlichkeit, welches sich durch seine verschiedenen Formen von Subjektivität fortgebildet hat und hier im absoluten Rechte, dem Staate, dir, vollkommen konkreten Objektivität des Willens, die Persönlichkeit des Staats ist, seine Gewißheit seiner selbst – dieses Letzte, was alle Besonderheiten in dem einfachen Selbst aufhebt, das Abwägen der Gründe und Gegengründe, zwischen denen sich immer herüber und hinüber schwanken läßt, abbricht und sie durch das: Ich will, beschließt, und alle Handlung und Wirklichkeit anfängt."

Zunächst ist es nicht die „Eigentümlichkeit der Wissenschaft", daß der Fundamentalbegriff der Sache immer wiederkehrt.

Dann hat aber auch kein *Fortschritt* stattgefunden. Die *abstrakte Persönlichkeit* war das Subjekt des abstrakten Rechts; sie hat sich nicht verändert; sie ist wieder als *abstrakte Persönlichkeit* die *Persönlichkeit des Staats*. Hegel hätte sich nicht darüber verwundern sollen, daß die *wirkliche* Person – und die Personen machen den Staat – überall als sein Wesen wiederkehrt. Er hätte sich über das Gegenteil wundern müssen, noch mehr aber darüber, daß die Person als Staatsperson in derselben dürftigen Abstraktion wiederkehrt wie die Person des Privatrechts.

Hegel definiert hier den Monarchen als „die Persönlichkeit des Staats, seine Gewißheit seiner selbst". Der Monarch ist die „personifizierte Souveränität", die „menschgewordene Souveränität", das leibliche Staatsbewußtsein, wodurch also alle andern von dieser Souveränität und von der Persönlichkeit und vom Staatsbewußtsein ausgeschlossen sind. Zugleich weiß aber Hegel dieser „Souveraineté Personne" keinen andern Inhalt zu geben als das „Ich will", das Moment der Willkür im Willen. Die „Staatsvernunft" und das. „Staatsbewußtsein" ist eine „einzige empirische Person mit Ausschluß aller anderen, aber diese personifizierte Vernunft hat keinen anderen Inhalt als die Abstraktion des „Ich will". L'Etat c'est moi.

> „Die Persönlichkeit und die Subjektivität überhaupt hat aber *ferner*, als unendliches sich auf sich Beziehendes, schlechthin nur W a h r h e i t , und zwar seine nächste unmittelbare Wahrheit als Person, für sich seiendes Subjekt, und das für sich Seiende ist ebenso schlechthin E i n e s ."

Es versteht sich von selbst, da Persönlichkeit und Subjektivität nur Prädikate der Person und des Subjekts sind, so existieren sie nur als Person und Subjekt, und zwar ist die Person *Eins*. Aber, mußte Hegel fortfahren, das *Eins* hat schlechthin nur Wahrheit als *viele Eins*. Das Prädikat, das Wesen erschöpft die Sphären seiner Existenz nie in *einem Eins*, sondern *in den vielen Eins*.

Statt dessen schließt Hegel:

> „Die Persönlichkeit des Staates ist nur als eine *Person*, der *Monarch*, wirklich."

Also weil die Subjektivität nur als Subjekt und das Subjekt nur als Eins, ist die Persönlichkeit des Staats nur als eine Person wirklich. Ein schöner Schluß. Hegel könnte ebensogut schließen: Weil der einzelne Mensch ein Eins ist, ist die Menschengattung nur ein einziger Mensch.

> „Persönlichkeit drückt den Begriff als solchen aus, die Person enthält *zugleich* die Wirklichkeit desselben, und der Begriff ist nur mit dieser Bestimmung I d e e , Wahrheit."

Die *Persönlichkeit* ist allerdings nur eine Abstraktion ohne die Person, aber die Person ist nur die *wirkliche* Idee der Persönlichkeit in ihrem Gattungsdasein, *als die Personen.*

> „Eine sogenannte m o r a l i s c h e Person, Gesellschaft, Gemeinde, Familie, so konkret sie in sich ist, hat die Persönlichkeit nur als Moment, abstrakt in ihr; sie ist darin nicht zur Wahrheit ihrer Existenz gekommen, der Staat aber ist eben diese Totalität, in welcher die Momente des Begriffs zur Wirklichkeit nach ihrer eigentümlichen Wahrheit gelangen."

Es herrscht eine große Konfusion in diesem Satz. Die *moralische* Person, Gesellschaft etc. wird abstrakt genannt, also eben die Gattungsgestaltungen, in welchen die *wirkliche* Person ihren wirklichen Inhalt zum Dasein bringt, sich verobjektiviert und die Abstraktion der „Person quand même" aufgibt. Statt diese *Verwirklichung* der Person als das Konkreteste anzuerkennen, soll der Staat den Vorzug haben, daß „das Moment des Begriffs", die „Einzelnheit" zu einem mystischen „Dasein" gelangt. Das Vernünftige besteht nicht darin, daß die Vernunft der wirklichen Person, sondern darin, daß die Momente des abstrakten Begriffs zur Wirklichkeit gelangen.

> „Der Begriff des Monarchen ist deswegen der schwerste Begriff für das Räsonnement, d. h. für die reflektierende Verstandesbetrachtung, weil es in den vereinzelten Bestimmungen stehenbleibt und darum dann auch nur Gründe, endliche Gesichtspunkte und das Ableiten aus Gründen kennt. So stellt es dann die Würde des Monarchen als etwas nicht nur der Form, sondern ihrer Bestimmung nach Abgeleitetes dar; vielmehr ist sein Begriff, nicht ein Abgeleitetes, sondern das schlechthin aus sich Anfangende zu sein. Am nächsten" (freilich!) „trifft daher hiermit die Vorstellung zu, das Recht des Monarchen als auf göttliche Autorität gegründet zu betrachten, denn darin ist das Unbedingte desselben enthalten."

„Schlechthin aus sich anfangend" ist in gewissem Sinn jedes notwendige Dasein; in dieser Hinsicht die Laus des Monarchen so gut als der Monarch. Hegel hatte damit also nicht Besondres über den Monarchen gesagt. Soll aber etwas von allen übrigen Objekten der Wissenschaft und der Rechtsphilosophie spezifisch Verschiedenes vom Monarchen gelten, so ist das eine wirkliche Narrheit; bloß insofern richtig, als die „*eine* Person-Idee" allerdings etwas nur aus der Imagination und nicht aus dem Verstande Abzuleitendes ist.

> „Volkssouveränität kann in dem Sinn gesagt werden, daß ein Volk überhaupt nach Außen ein Selbständiges sei und einen eigenen Staat ausmache" etc.

Das ist eine Trivialität. Wenn der Fürst die „wirkliche Staatssouveränität ist, so müßte auch nach außen „der Fürst" für einen „selbständigen Staat" gelten können, auch ohne das Volk. Ist er aber souverän, insofern er die Volkseinheit repräsentiert, so ist er also selbst nur Repräsentant, Symbol der Volkssouveränität. Die Volkssouveränität ist nicht durch ihn, sondern umgekehrt er durch sie.

> „Man kann so auch von der Souveränität nach Innen sagen, daß sie im Volke residiere, wenn man nur überhaupt vom Ganzen spricht, ganz so wie vorhin (§ 277, 278) gezeigt ist, daß dem Staate Souveränität zukomme."

Als wäre nicht das Volk der wirkliche Staat. Der Staat ist ein Abstraktum. Das Volk allein ist das Konkretum. Und es ist merkwürdig, daß Hegel, der ohne Bedenken dem Abstraktum, nur mit Bedenken und Klauseln dem Konkretum eine lebendige Qualität wie die der Souveränität beilegt.

„Aber Volkssouveränität, als im Gegensatze gegen die im Monarchen existierende Souveränität genommen, ist der gewöhnliche Sinn, in welchem man in neueren Zeiten von Volkssouveränität zu sprechen angefangen hat –, in diesem Gegensatze gehört die Volkssouveränität zu den verworrenen Gedanken, denen die wüste Vorstellung des Volkes zugrunde liegt."

Die „verworrenen Gedanken" und die „*wüste* Vorstellung" befindet sich hier allein auf der Seite Hegels. Allerdings: wenn die Souveränität im Monarchen *existiert*, so ist es eine Narrheit, von einer gegensätzlichen Souveränität im Volke zu sprechen; denn es liegt im Begriff der Souveränität, daß sie keine doppelte und gar entgegengesetzte Existenz haben kann. Aber:

1. ist grade die Frage: Ist die Souveränität, die im Monarchen absorbiert ist, nicht eine Illusion? Souveränität des Monarchen oder des Volkes, das ist die question.

2. kann auch von einer Souveränität des Volkes *im Gegensatz gegen die im Monarchen existierende Souveränität* gesprochen werden. Aber dann handelt es sich nicht um *eine und dieselbe Souveränität*, die auf zwei Seiten entstanden, sondern es handelt sich um zwei *ganz entgegengesetzte Begriffe der Souveränität*, von denen die eine eine solche ist, die in einem *Monarchen*, die andre eine solche, die nur in einem *Volke* zur Existenz kommen kann. Ebenso wie es sich fragt: Ist Gott der Souverän, oder ist der Mensch der Souverän? Eine von beiden ist eine Unwahrheit, wenn auch eine existierende Unwahrheit.

„Das Volk, ohne seinen Monarchen und die *eben damit* notwendig und unmittelbar zusammenhängende Gegliederung des Ganzen genommen, ist die formlose Masse, die kein Staat mehr ist und der keine der Bestimmungen, die nur in dem in sich geformten Ganzen vorhanden sind, – Souveränität, Regierung, Gerichte, Obrigkeit, Stände und was es sei, mehr zukommt. Damit, daß solche auf eine Organisation, das Staatsleben, sich beziehende Momente in einem Volke hervortreten, hört es auf, dies unbestimmte Abstraktum zu sein, das in der bloß allgemeinen Vorstellung Volk heißt."

Dies Ganze eine Tautologie. Wenn ein Volk einen Monarchen und eine mit ihm notwendig und unmittelbar zusammenhängende Gliederung hat, d. h., wenn es als Monarchie gegliedert ist, so ist es allerdings, aus dieser Gliederung herausgenommen, eine formlose Masse und bloß allgemeine Vorstellung.

„Wird unter der Volkssouveränität die Form der Republik und zwar bestimmter der Demokratie verstanden, so kann gegen die entwickelte Idee nicht mehr von solcher Vorstellung die Rede sein."

Das ist allerdings richtig, wenn man nur eine „solche Vorstellung" und keine „entwickelte Idee" von der Demokratie hat.

Die Demokratie ist die Wahrheit der Monarchie, die Monarchie ist nicht die Wahrheit der Demokratie. Die Monarchie ist notwendig Demokratie als Inkonsequenz gegen sich selbst, das monarchische Moment ist keine Inkonsequenz in der Demokratie. Die Monarchie kann nicht, die Demokratie kann aus sich selbst begriffen werden. In der Demokratie erlangt keines der Momente eine andere Bedeutung, als ihm zukommt. Jedes ist wirklich nur Moment des ganzen Demos. In der Monarchie bestimmt ein Teil den Charakter des Ganzen. Die ganze Verfassung muß sich nach dem festen Punkt modifizieren. Die Demokratie ist die Verfassungsgattung. Die Monarchie ist eine Art, und zwar eine schlechte Art. Die Demokratie ist Inhalt und Form. Die Monarchie *soll* nur Form sein, aber sie verfälscht den Inhalt.

In der Monarchie ist das Ganze, das Volk, unter eine seiner Daseinsweisen, die politische Verfassung, subsumiert; in der Demokratie erscheint die *Verfassung selbst* nur als *eine* Bestimmung, und zwar Selbstbestimmung des Volks. In der Monarchie haben wir das Volk der Verfassung; in der Demokratie die Verfassung des Volks. Die Demokratie ist das aufgelöste *Rätsel* aller Verfassungen. Hier ist die Verfassung nicht nur *an sich*, dem Wesen nach, sondern der Existenz, der Wirklichkeit nach in ihren wirklichen Grund, den *wirklichen Menschen*, das *wirkliche Volk*, stets zurückgeführt und als sein *eigenes* Werk gesetzt. Die Verfassung erscheint als das, was sie ist, freies Produkt des Menschen; man könnte sagen, daß dies in gewisser Beziehung auch von der konstitutionellen Monarchie gelte, allein der spezifische Unterschied der Demokratie ist, daß hier die *Verfassung* überhaupt nur *ein* Daseinsmoment des Volkes, daß nicht die *politische Verfassung* für sich den Staat bildet.

Hegel geht vom Staat aus und macht den Menschen zum versubjektivierten Staat; die Demokratie geht vom Menschen aus und macht den Staat zum verobjektivierten Menschen. Wie die Religion nicht den Menschen, sondern wie der Mensch die Religion schafft, so schafft nicht die Verfassung das Volk, sondern das Volk die Verfassung. Die Demokratie verhält sich in gewisser Hinsicht zu allen übrigen Staatsformen wie das Christentum sich zu allen übrigen Religionen verhält. Das Christentum ist die Religion κατ' ἐξοχήν*, das *Wesen der Religion*, der deifizierte Mensch als eine *besondre* Religion. So ist die Demokratie das *Wesen aller Staatsverfassung*, der sozialisierte Mensch, als eine *besondre* Staatsverfassung; sie verhält sich zu den übrigen Verfassungen, wie die Gattung sich zu ihren Arten verhält, nur daß hier die Gattung selbst als Existenz, darum gegenüber den dem Wesen nicht entsprechenden Existenzen selbst als eine *besondre* Art erscheint. Die Demokratie verhält sich zu allen übrigen Staatsformen als ihrem alten Testament. Der Mensch ist nicht des Gesetzes, sondern das Gesetz ist des Menschen wegen da, es ist *menschliches Dasein*, während in den andern der Mensch das *gesetzliche Dasein* ist. Das ist die Grunddifferenz der Demokratie.

* vorzugsweise

Alle übrigen *Staatsbildungen* sind eine gewisse, bestimmte, *besondere Staatsform*. In der Demokratie ist das *formelle* Prinzip zugleich das *materielle* Prinzip. Sie ist daher erst die wahre Einheit des Allgemeinen und Besondern. In der Monarchie z. B., in der Republik als einer nur besondern Staatsform, hat der politische Mensch sein besonderes Dasein neben dem unpolitischen, dem Privatmenschen. Das Eigentum, der Vertrag, die Ehe, die bürgerliche Gesellschaft erscheinen hier (wie dies Hegel für diese *abstrakten* Staatsformen ganz richtig entwickelt, nur daß er die Idee des Staats zu entwickeln *meint*) als *besondre* Daseinsweisen neben dem *politischen* Staat, als der *Inhalt*, zu dem sich der *politische Staat* als die *organisierende Form* verhält, eigentlich nur als der bestimmende, beschränkende, bald bejahende, bald verneinende, in sich selbst inhaltslose Verstand. In der Demokratie ist der politische Staat, so wie er sich neben diesen Inhalt stellt und von ihm unterscheidet, selbst nur ein *besondrer* Inhalt, wie eine besondre *Daseinsform* des Volkes. In der Monarchie z. B. hat dies Besondre, die politische Verfassung, die Bedeutung des alles Besondern beherrschenden und bestimmenden *Allgemeinen*. In der Demokratie ist der Staat als Besondres *nur* Besondres, als Allgemeines das wirkliche Allgemeine, d. h. keine Bestimmtheit im Unterschied zu dem andern Inhalt. Die neueren Franzosen haben dies so aufgefaßt, daß in der wahren Demokratie *der politische Staat untergehe*. Dies ist insofern richtig, als er qua politischer Staat, als Verfassung, nicht mehr für das Ganze gilt.

In allen von der Demokratie unterschiednen Staaten ist der *Staat*, das *Gesetz*, die *Verfassung* das Herrschende, ohne daß er wirklich herrschte, d. h. den Inhalt der übrigen nicht politischen Sphären materiell durchdringe. In der Demokratie ist die Verfassung, das Gesetz, der Staat selbst nur eine Selbstbestimmung des Volks und ein bestimmter Inhalt desselben, soweit er politische Verfassung ist.

Es versteht sich übrigens von selbst, daß alle Staatsformen *zu* ihrer Wahrheit die Demokratie haben und daher eben, soweit sie nicht die Demokratie sind, unwahr sind.

In den alten Staaten bildet der politische Staat den Staatsinhalt mit Ausschließung der andern Sphären; der moderne Staat ist eine Akkommodation zwischen dem politischen und dem unpolitischen Staat.

In der Demokratie hat der *abstrakte* Staat aufgehört, das herrschende Moment zu sein. Der Streit zwischen Monarchie und Republik ist selbst noch ein Streit innerhalb des abstrakten Staats. Die *politische* Republik ist die Demokratie innerhalb der abstrakten Staatsform. Die abstrakte Staatsform der Demokratie ist daher die Republik; sie hört hier aber auf, die *nur politische* Verfassung zu sein.

Das Eigentum etc., kurz der ganze Inhalt des Rechts und des Staats, ist mit wenigen Modifikationen in Nordamerika dasselbe wie in Preußen. Dort ist also die *Republik* eine bloße Staats*form* wie hier die Monarchie. Der Inhalt des Staats liegt außerhalb dieser Verfassungen. Hegel hat daher recht, wenn er sagt: Der politische Staat ist die Verfassung, d. h., der materielle Staat ist nicht politisch. Es findet hier nur eine äußere Identität, eine Wechselbestimmung statt. Von den verschiedenen Momenten des Volkslebens war es am schwersten, den politischen Staat, die Verfassung, herauszubilden. Sie entwickelte sich als die allgemeine Vernunft gegenüber den andern Sphären, als ein Jenseitiges derselben. Die geschichtliche Aufgabe bestand dann in ihrer Revindikation, aber die besondern Sphären haben dabei nicht das Bewußtsein, daß ihr privates Wesen mit dem jenseitigen Wesen der Verfassung oder des politischen Staates fällt, und daß sein jenseitiges Dasein nichts andres als der Affirmativ ihrer eignen Entfremdung ist. Die *politische Verfassung* war bisher die *religiöse Sphäre*, die *Religion* des Volkslebens, der Himmel seiner Allgemeinheit gegenüber dem *irdischen Dasein* seiner Wirklichkeit. Die politische Sphäre war die einzige Staatssphäre im Staat, die einzige Sphäre, worin der Inhalt wie die Form Gattungsinhalt, das wahrhaft Allgemeine war, aber zugleich so, daß, weil diese Sphäre den andern gegenüberstand, auch ihr Inhalt zu einem formellen und besondern wurde. Das *politische Leben* im modernen Sinn ist der *Scholastizismus* des Volkslebens. Die *Monarchie* ist der vollendete Ausdruck dieser Entfremdung. Die *Republik* ist die Negation derselben innerhalb ihrer eignen Sphäre. Es versteht sich, daß da erst die politische Verfassung als solche ausgebildet ist, wo die Privatsphären eine selbständige Existenz erlangt haben. Wo Handel und Grundeigentum unfrei, noch nicht verselbständigt sind, ist es auch noch nicht die politische Verfassung. Das Mittelalter war die *Demokratie der Unfreiheit.*

Die Abstraktion des *Staats als solchen* gehört erst der modernen Zeit, weil die Abstraktion des Privatlebens erst der modernen Zeit gehört. Die Abstraktion des *politischen Staats* ist ein modernes Produkt.

Im Mittelalter gab es Leibeigene, Feudalgut, Gewerbekorporation, Gelehrtenkorporation etc., d. h., im Mittelalter ist Eigentum, Handel, Sozietät, Mensch politisch; der materielle Inhalt des Staates ist durch seine Form gesetzt; jede Privatsphäre hat einen politischen Charakter oder ist eine politische Sphäre, oder die Politik ist auch der Charakter der Privatsphären. Im Mittelalter ist die politische Verfassung die Verfassung des Privateigentums, aber nur, weil die Verfassung des Privateigentums politische Verfassung ist. Im Mittelalter ist Volksleben und Staatsleben identisch. Der Mensch ist das wirkliche Prinzip des Staats, aber der *unfreie* Mensch. Er ist also die *Demokratie der Unfreiheit*, die durchgeführte Entfremdung. Der abstrakte reflektierte Gegensatz gehört erst der modernen Welt. Das Mittelalter ist der *wirkliche*, die moderne Zeit ist *abstrakter* Dualismus.

> „Auf der vorhin bemerkten Stufe, auf welcher die Einteilung der Verfassungen in Demokratie. Aristokratie und Monarchie gemacht worden ist, dem Standpunkte der noch *in sich bleibenden substantiellen Einheit, die noch nicht zu ihrer unendlichen Unterscheidung und Vertiefung in sich* gekommen ist, tritt das Moment der l e t z t e n s i c h s e l b s t b e s t i m m e n d e n W i l l e n s e n t s c h e i d u n g nicht als i m m a n e n t e s organisches Moment des Staates für sich in e i g e n t ü m l i c h e W i r k l i c h k e i t heraus"

In der unmittelbaren Monarchie, Demokratie, Aristokratie gibt es noch keine politische Verfassung im Unterschied zu dem wirklichen, materiellen Staat oder dem übrigen Inhalt des Volkslebens. Der politische Staat erscheint noch nicht als die *Form* des materiellen Staates. Entweder ist, wie in Griechenland, die res publica die wirkliche Privatangelegenheit, der wirkliche Inhalt der Bürger, und der Privatmensch ist Sklave; der politische Staat als politischer ist der wahre einzige Inhalt ihres Lebens und Wollens, oder, wie in der asiatischen Despotie, der politische Staat ist nichts als die Privatwillkür eines einzelnen Individuums oder der politische Staat, wie der materielle, ist Sklave. Der Unterschied des modernen Staats von diesen Staaten der substantiellen Einheit zwischen Volk und Staat besteht nicht darin, daß die verschiedenen Momente der Verfassung zu *besonderer* Wirklichkeit ausgebildet sind, wie Hegel will, sondern darin, daß die Verfassung selbst zu einer *besondern* Wirklichkeit neben dem wirklichen Volksleben ausgebildet ist, daß der politische Staat zur *Verfassung* des übrigen Staats geworden ist.

> § 280. „Dieses letzte Selbst des Staatswillens ist in dieser seiner Abstraktion einfach und daher u n m i t t e l b a r e Einzelnheit; in seinem Begriffe selbst liegt hiermit die Bestimmung der N a t ü r l i c h k e i t ; der Monarch ist daher wesentlich als d i e s e s Individuum, abstrahiert von allem anderen Inhalte, und dieses Individuum auf unmittelbare natürliche Weise, durch die natürliche G e b u r t , zur Würde des Monarchen bestimmt."

Wir haben schon gehört, daß die Subjektivität Subjekt und das Subjekt notwendig empirisches Individuum, *Eins* ist. Wir erfahren jetzt, daß im Begriff der *unmittelbaren* Einzelnheit die Bestimmung der *Natürlichkeit*, der Leiblichkeit liegt. Hegel hat nichts bewiesen, als was von selbst spricht, daß die Subjektivität nur als *leibliches* Individuum *existiert*, und, versteht sich, zum leiblichen Individuum gehört die *natürliche Geburt*.

Hegel meint, bewiesen zu haben, daß die Staatssubjektivität, die Souveränität, der Monarch „wesentlich" ist, „als *dieses* Individuum, abstrahiert von allem andern Inhalte und *dieses* Individuum, auf unmittelbare natürliche Weise, durch die natürliche *Geburt*, zur Würde des Monarchen bestimmt". Die Souveränität, die monarchische Würde, würde also geboren. Der *Leib* des Monarchen bestimmte seine Würde. Auf der höchsten Spitze des Staats entschiede also statt der Vernunft die bloße *Physis*. Die Geburt bestimmte die Qualität des Monarchen, wie sie die Qualität des Viehs bestimmt.

Hegel hat bewiesen, daß der Monarch geboren werden muß, woran niemand zweifelt, aber er hat nicht bewiesen, daß die Geburt zum Monarchen macht.

Die Geburt des Menschen zum Monarchen läßt sich ebensowenig zu einer metaphysischen Wahrheit machen wie die unbefleckte Empfängnis der Mutter Maria. So gut sich aber die letztere Vorstellung, dies Faktum des Bewußtseins, so gut läßt sich jenes Faktum der Empirie aus der menschlichen Illusion und den Verhältnissen begreifen.

In der Anmerkung, die wir näher betrachten, überläßt sich Hegel dem Vergnügen, das Unvernünftige als absolut vernünftig demonstriert zu haben.

„Dieser Übergang vom Begriff der reinen Selbstbestimmung in die Unmittelbarkeit des Seins und damit in die Natürlichkeit ist rein spekulativer Natur, seine Erkenntnis gehört daher der logischen Philosophie an."

Allerdings ist das rein spekulativ, nicht daß aus der *reinen* Selbstbestimmung, einer Abstraktion, in die *reine* Natürlichkeit (den Zufall der Geburt), in das andere Extrem übergesprungen wird, car les extrêmes se touchent. Das Spekulative besteht darin, daß dies ein „Übergang des Begriffs" genannt und der vollkommne Widerspruch als Identität, die höchste Inkonsequenz für Konsequenz ausgegeben wird.

Als positives Bekenntnis Hegels kann angesehn werden, daß mit dem erblichen Monarchen an die Stelle der sich selbst bestimmenden Vernunft die abstrakte Naturbestimmtheit nicht als das, was sie ist, als Naturbestimmtheit, sondern als höchste Bestimmung des Staats tritt, daß dies der *positive* Punkt ist, wo die Monarchie den Schein nicht mehr retten kann, die Organisation des vernünftigen Willens zu sein.

„Es ist übrigens im *Ganzen derselbe* (?) Übergang, welcher als die *Natur des Willens überhaupt* bekannt und der Prozeß ist, einen Inhalt aus der Subjektivität (als vorgestellten Zweck) in das Dasein zu übersetzen. Aber die *eigentümliche* Form der Idee und des Überganges, der hier betrachtet wird, ist das unmittelbare Umschlagen der *reinen Selbstbestimmung des Willens (des einfachen Begriffes selbst)* in ein Dieses und natürliches Dasein, ohne die Vermittelung durch einen besondern Inhalt (einen Zweck im Handeln)."

Hegel sagt, daß das Umschlagen der Souveränität des Staats (einer Selbstbestimmung des Willens) in den Körper des geborenen Monarchen (in das Dasein) *im Ganzen* der Übergang des Inhalts überhaupt ist, den der Wille macht, um einen *gedachten* Zweck zu *verwirklichen*, ins Dasein zu übersetzen. Aber Hegel sagt: im *Ganzen*. Der *eigentümliche* Unterschied, den er angibt, ist so eigentümlich, alle Analogie aufzuheben, und die *Magie* an die Stelle der „Natur des Willens überhaupt" zu setzen.

Erstens ist das *Umschlagen* des vorgestellten Zwecks in das Dasein hier *unmittelbar, magisch*. Zweitens ist hier das Subjekt: die *reine Selbstbestimmung* des Willens, der *einfache Begriff selbst*; es ist das Wesen des Willens, was als mystisches Subjekt bestimmt; es ist kein wirkliches, individuelles, bewußtes Wollen, es ist die Abstraktion des Willens, die in ein natürliches Dasein umschlägt, die reine Idee, die sich als ein Individuum verkörpert.

Drittens, wie die Verwirklichung des Wollens in natürliches Dasein *unmittelbar*, d. h. ohne *Mittel*, geschieht, die sonst der Wille bedarf, um sich zu vergegenständlichen, so fehlt sogar ein *besondrer*, d. i. bestimmter Zweck, es findet nicht statt „die Vermittlung durch einen *besondern* Inhalt, einen Zweck im Handeln", versteht sich, denn es ist kein *handelndes* Subjekt vorhanden, und die Abstraktion, die reine Idee des Willens, um zu handeln, muß sie mystisch handeln. Ein Zweck, der kein *besondrer* ist, ist kein Zweck, wie ein Handeln ohne Zweck ein zweckloses, sinnloses Handeln ist. Die ganze Vergleichung mit dem teleologischen Akt des Willens gesteht sich also zu guter Letzt selbst als eine Mystifikation ein. Ein *inhaltsloses* Handeln der Idee. Das Mittel ist der absolute Wille und das Wort des Philosophen, der besondre Zweck ist wieder der Zweck des philosophierenden Subjekts, den *erblichen Monarchen* aus der reinen Idee zu konstruieren. Die Verwirklichung des Zwecks ist die einfache *Versicherung* Hegels.

> „Im sogenannten ontologischen Beweise vom Dasein Gottes ist es dasselbe Umschlagen des absoluten Begriffes in das Sein" (dieselbe Mystifikation), „was die Tiefe der Idee in der neuern Zeit ausgemacht hat, was aber in der neuesten Zeit für das Unbegreifliche" (mit Recht) „ausgegeben worden ist."
>
> „Aber indem die Vorstellung des Monarchen als dem gewöhnlichen" (sc. dem verständigen) „Bewußtsein ganz anheimfallend angesehen wird, so bleibt hier um so mehr der Verstand bei seiner Trennung und den daraus fließenden Ergebnissen seiner räsonierenden Gescheutheit stehen und leugnet dann, daß das Moment der letzten Entscheidung im Staate an und für sich (d. i. im Vernunftbegriff) mit der unmittelbaren Natürlichkeit verbunden sei."

Man leugnet, daß die *letzte Entscheidung geboren* werde, und Hegel behauptet, daß der Monarch die geborene letzte Entscheidung sei; aber wer hat je gezweifelt, daß die letzte Entscheidung im Staate an wirkliche *leibliche* Individuen geknüpft sei, also „mit der unmittelbaren Natürlichkeit verbunden sei"?

> § 281. „Beide Momente in ihrer ungetrennten Einheit, das letzte grundlose Selbst des Willens und die damit ebenso grundlose Existenz, als der Natur anheimgestellte Bestimmung – diese Idee des von der Willkür Unbewegten macht die Majestät des Monarchen aus. In dieser Einheit liegt die wirkliche Einheit des Staats, welche nur durch diese ihre innere und äußere Unmittelbarkeit der Möglichkeit, in die Sphäre der Besonderheit, deren Willkür, Zwecke und Ansichten herabgezogen zu werden, dem Kampf der Faktionen gegen Faktionen um den Thron, und der Schwächung und Zertrümmerung der Staatsgewalt entnommen ist."

Die beiden Momente sind: der *Zufall des Willens*, die Willkür, und der *Zufall der Natur*, die Geburt, also *Seine Majestät der Zufall*. Der Zufall ist also die *wirkliche Einheit* des Staats. Inwiefern eine „innere und äußere Unmittelbarkeit" der Kollision etc. entnommen sein soll, ist von Hegel eine unbegreifliche Behauptung, da grade sie das Preisgegebne ist.

Was Hegel vom Wahlreich behauptet, gilt in noch höherem Grade vom erblichen Monarchen:

„Die Verfassung wird nämlich in einem Wahlreich durch die Natur des Verhältnisses, daß in ihm der partikuläre Wille zum letzten Entscheidenden gemacht ist, zu einer Wahl-Kapitulation" etc. etc. „zu einer Ergebung der Staatsgewalt auf die Diskretion des partikulären Willens, woraus die Verwandlung der besonderen *Staatsgewalten in Privateigentum*" etc. „hervorgeht."

§ 282. „Aus der Souveränität des Monarchen fließt das Begnadigungsrecht der Verbrecher, denn ihr nur kommt die Verwirklichung der Macht des Geistes zu, das Geschehene ungeschehen zu machen, und im Vergehen und Vergessen das Verbrechen zu vernichten."

Das Begnadigungsrecht ist das Recht der *Gnade*, Die *Gnade* ist der höchste Ausdruck der *zufälligen Willkür*, die Hegel sinnvoll zum eigentlichen Attribut des Monarchen macht. Hegel bestimmt im Zusatz selbst als ihren Ursprung „*die grundlose Entscheidung*".

§ 283. „Das zweite in der Fürstengewalt Enthaltene ist das Moment der Besonderheit oder des bestimmten Inhalts und der Subsumtion desselben unter das Allgemeine. Insofern es eine besondere Existenz erhält, sind es oberste beratende Stellen und Individuen, die den Inhalt der vorkommenden Staatsangelegenheiten oder der aus vorhandenen Bedürfnissen nötig werdenden gesetzlichen Bestimmungen, mit ihren objektiven Seiten, den Entscheidungsgründen, darauf sich beziehenden Gesetzen, Umständen usf. zur Entscheidung vor den *Monarchen* bringen. Die Erwählung der Individuen zu diesem Geschäfte wie deren Entfernung fällt, da sie es mit der unmittelbaren Person des Monarchen zu tun haben, in seine *unbeschränkte Willkür*."

§ 284. „Insofern das Objektive der Entscheidung, die Kenntnis des Inhalts und der Umstände, die gesetzlichen und andere Bestimmungsgründe, allein der Verantwortung, d. i. des Beweises der Objektivität fähig ist und daher einer von dem persönlichen Willen des Monarchen als solchem unterschiedenen Beratung zukommen kann, sind diese beratenden Stellen oder Individuen allein der *Verantwortung* unterworfen, die eigentümliche Majestät des Monarchen, als die letzte entscheidende Subjektivität, ist aber über alle Verantwortlichkeit für die Regierungshandlungen erhoben."

Hegel beschreibt hier ganz empirisch die *Ministergewalt*, wie sie in konstitutionellen Staaten meistens bestimmt ist. Das einzige, was die Philosophie hinzutut, ist, daß sie dieses „empirische Faktum" zur Existenz, zum Prädikat des „Momentes der *Besonderheit* in der fürstlichen Gewalt" macht. (Die Minister repräsentieren die vernünftige objektive Seite des souveränen Willens. Ihnen kommt daher auch die *Ehre* der Verantwortung zu, während der Monarch mit der eigentümlichen

Imagination der „Majestät“ abgefunden wird.) Das spekulative Moment ist also sehr dürftig. Dagegen beruht die Entwicklung im besondern auf ganz empirischen, und zwar sehr abstrakten, sehr schlechten empirischen Gründen.

So ist z. B. die Wahl der Minister in „die unbeschränkte Willkür“ des Monarchen gestellt, „da sie es mit der unmittelbaren Person des Monarchen zu tun haben“, d, h. da sie Minister sind. Ebenso kann die „unbeschränkte Wahl“ des *Kammerdieners* des Monarchen aus der absoluten Idee entwickelt werden.

Besser ist schon der Grund für die *Verantwortlichkeit* der Minister, „insofern das *Objektive* der Entscheidung, die Kenntnis des Inhalts und der Umstände, die gesetzlichen und anderen Bestimmungsgründe allein der *Verantwortung, d. i. des Beweises der Objektivität,* fähig ist“. Versteht sich, „die letzte entscheidende Subjektivität“, die reine Subjektivität, die reine Willkür ist nicht objektiv, also auch keines Beweises der Objektivität, also keiner Verantwortung fähig, sobald ein Individuum die *geheiligte, sanktionierte Existenz* der Willkür ist. Hegels Beweis ist schlagend, wenn man von den konstitutionellen Voraussetzungen ausgeht, aber Hegel hat diese Voraussetzungen damit nicht bewiesen, daß er sie in ihrer Grundvorstellung *analysiert. In dieser Verwechslung liegt die ganze Unkritik* der Hegelschen Rechtsphilosophie.

> § 285. „Das dritte Moment der fürstlichen Gewalt betrifft das an und für sich Allgemeine, welches in subjektiver Rücksicht in dem Gewissen des Monarchen, in objektiver Rücksicht im Ganzen der Verfassung und in den Gesetzen besteht; die fürstliche Gewalt *setzt* insofern die anderen Momente *voraus, wie jedes von diesen sie voraussetzt.*“

> § 286. „Die objektive Garantie der fürstlichen Gewalt, der rechtlichen Sukzession nach der Erblichkeit des Thrones usf. liegt darin, daß, ‚wie diese Sphäre ihre von den anderen durch die Vernunft bestimmten Momenten *ausgeschiedene* Wirklichkeit hat, ebenso die anderen für sich die eigentümlichen Rechte und Pflichten ihrer Bestimmung haben; jedes Glied, indem es sich für sich erhält, erhält im vernünftigen Organismus eben damit die anderen in ihrer Eigentümlichkeit.“

Hegel sieht nicht, daß er mit diesem dritten Moment, dem „an und für sich Allgemeinen“, die beiden ersten in die Luft sprengt oder umgekehrt. „Die fürstliche Gewalt setzt insofern die anderen Momente voraus, wie jedes von diesen sie voraussetzt.“ Wird dieses Setzen nicht mystisch, sondern realiter genommen, so ist die fürstliche Gewalt nicht durch die Geburt, sondern durch die andern Momente gesetzt, also nicht erblich, sondern fließend, d. h. eine Bestimmung des Staats, die abwechselnd an Staatsindividuen nach dem Organismus der andern Momente verteilt wird. In einem vernünftigen Organismus kann nicht der Kopf von Eisen und der Körper von Fleisch sein. Damit die Glieder sich erhalten, müssen sie *ebenbürtig*, von einem Fleisch und Blut sein. Aber der erbliche Monarch ist nicht ebenbürtig, er ist aus anderm Stoff. Der Prosa des rationalistischen Willens der andern Staatsglieder tritt hier die Magie der Natur gegenüber. Zudem, Glieder können sich nur insofern wechselseitig erhalten, als der ganze Organismus flüssig und jedes derselben in dieser Flüssigkeit aufgehoben, also keines, wie hier der Staatskopf, „unbewegt", „inalterabel" ist. Hegel hebt durch diese Bestimmung also die „geborene Souveränität" auf.

Zweitens die Unverantwortlichkeit. Wenn der Fürst das „Ganze der Verfassung", die „Gesetze", verletzt, hört seine Unverantwortlichkeit, weil sein verfassungsmäßiges Dasein, auf; aber eben diese Gesetze, diese Verfassung, machen ihn unverantwortlich. Sie widersprechen also sich selbst, und diese eine Klausel hebt Gesetz und Verfassung auf. Die Verfassung der konstitutionellen Monarchie ist die *Unverantwortlichkeit.*

Begnügt sich Hegel aber damit, „daß, wie diese Sphäre ihre von den anderen durch die Vernunft bestimmten Momenten *ausgeschiedene* Wirklichkeit hat, ebenso die anderen für sich die *eigentümlichen* Rechte und Pflichten ihrer Bestimmung haben", so müßte er die Verfassung des Mittelalters eine Organisation nennen; so hat er bloß mehr eine Masse besonderer Sphären, die in dem Zusammenhang einer äußern Notwendigkeit zusammenstehn, und allerdings paßt auch nur hierhin ein leiblicher Monarch. In einem Staate, worin jede Bestimmung *für sich* existiert, muß auch die *Souveränität des Staats* als ein *besondres* Individuum befestigt sein.

Resumé über Hegels Entwicklung der fürstlichen Gewalt oder der Idee der Staatssouveränität.

§ 279. Anmerkung S. 367 heißt es:

> „Volkssouveränität kann in dem Sinn gesagt werden, daß ein Volk überhaupt nach Außen ein Selbständiges sei und einen eigenen Staat ausmache, wie das Volk von Großbritannien, aber das Volk von England oder Schottland, Irland oder von Venedig, Genua, Ceylon usf. kein souveränes Volk mehr sei, seitdem sie aufgehört haben, *eigene Fürsten* oder oberste Regierungen für sich zu haben."

Die *Volkssouveränität* ist also hier die *Nationalität*, die Souveränität des Fürsten ist die *Nationalität*, oder das Prinzip des Fürstentums ist die *Nationalität*, die für sich und ausschließlich die Souveränität eines Volkes bildet. Ein Volk, dessen *Souveränität nur* in der Nationalität besteht, hat einen *Monarchen.* Die verschiedne Nationalität der Völker kann sich nicht besser befestigen und ausdrücken als durch verschiedne *Monarchen.* Die Kluft, die zwischen einem absoluten Individuum und dem andern, ist zwischen diesen Nationalitäten.

Die *Griechen* (und Römer) waren *national*, weil und insofern sie das *souveräne* Volk waren. Die Germanen sind *souverän*, weil und insofern sie national sind.

„Eine sogenannte moralische Person", heißt es ferner in derselben Anmerkung, „Gesellschaft, Gemeinde, Familie, so konkret sie in sich ist, hat die Persönlichkeit nur als Moment, *abstrakt in ihr*; sie ist darin nicht zur *Wahrheit ihrer Existenz* gekommen, der Staat aber ist eben diese Totalität, in welcher die Momente des Begriffs zur Wirklichkeit nach ihrer *eigentümlichen* Wahrheit gelangen."

Die moralische Person, Gesellschaft, Familie etc. hat die Persönlichkeit nur abstrakt in ihr; dagegen im Monarchen hat die *Person den Staat in sich.*

In Wahrheit hat die *abstrakte Person* erst in der *moralischen Person*, Gesellschaft, Familie etc. ihre *Persönlichkeit* zu einer wahren Existenz gebracht. Aber Hegel faßt Gesellschaft, Familie etc., überhaupt die *moralische Person*, nicht als die Verwirklichung der wirklichen, empirischen Person, sondern als *wirkliche* Person, die aber das Moment der Persönlichkeit erst abstrakt in ihr hat. Daher kommt bei ihm auch nicht die wirkliche Person zum Staat, sondern der Staat muß erst zur wirklichen Person kommen. Statt daß daher der Staat als die höchste Wirklichkeit der Person, als die höchste soziale Wirklichkeit des Menschen, wird *ein einzelner* empirischer Mensch, wird die empirische Person als die höchste Wirklichkeit des Staats hervorgebracht. Diese Verkehrung des Subjektiven in das Objektive und des Objektiven in das Subjektive (die daher rührt, daß Hegel die Lebensgeschichte der abstrakten Substanz, der Idee, schreiben will, daß also die menschliche Tätigkeit etc. als Tätigkeit und Resultat eines andern erscheinen muß, daß Hegel das Wesen des Menschen für sich, als eine imaginäre Einzelnheit, statt in seiner *wirklichen*, *menschlichen* Existenz wirken lassen will) hat notwendig das Resultat, daß *unkritischerweise* eine *empirische* Existenz als die wirkliche Wahrheit der Idee genommen wird; denn es handelt sich nicht davon, die empirische Existenz zu ihrer Wahrheit, sondern die Wahrheit zu einer empirischen Existenz zu bringen, und da wird denn die zunächstliegende als ein *reales* Moment der Idee entwickelt. (Über dieses notwendige Umschlagen von Empirie in Spekulation und von Spekulation in Empirie später mehr.)

Auf diese Weise wird denn auch der Eindruck des *Mystischen* und *Tiefen* hervorgebracht. Es ist sehr vulgär, daß der Mensch geboren worden ist; und daß dies durch die physische Geburt gesetzte Dasein zum sozialen Menschen etc. wird bis zum Staatsbürger herauf; der Mensch wird durch seine Geburt alles, was er wird. Aber es ist sehr tief, es ist frappant, daß die Staatsidee unmittelbar geboren wird, in der Geburt des Fürsten sich selbst zum empirischen Dasein herausgeboren hat. Es ist auf diese Weise kein Inhalt gewonnen, sondern nur die *Form* des alten Inhalts verändert. Er hat eine philosophische *Form* erhalten, ein philosophisches Attest.

Eine andere Konsequenz dieser mystischen Spekulation ist, daß ein *besondres* empirisches Dasein, ein einzelnes empirisches Dasein im Unterschied von den andern als das *Dasein* der *Idee* gefaßt wird. Es macht wieder einen tiefen mystischen Eindruck, ein *besondres* empirisches Dasein von der Idee gesetzt zu sehen und so auf allen Stufen einer Menschwerdung Gottes zu begegnen.

Würden z. B. bei der Entwicklung von Familie, bürgerlicher Gesellschaft, Staat etc. diese sozialen Existentialweisen des Menschen als Verwirklichung, Verobjektivierung seines Wesens betrachtet, so erscheinen Familie etc. als einem Subjekt inhärente Qualitäten. Der Mensch bleibt immer das Wesen aller dieser Wesen, aber diese Wesen erscheinen auch als seine *wirkliche* Allgemeinheit, daher auch als das *Gemeinsame*. Sind dagegen Familie, bürgerliche Gesellschaft, Staat etc. Bestimmungen der Idee, der Substanz als Subjekt, so müssen sie eine empirische Wirklichkeit erhalten und die Menschenmasse, in der sich die Idee der bürgerlichen Gesellschaft entwickelt, ist Bürger, die andere Staatsbürger. Da es eigentlich nur um eine *Allegorie*, nur darum zu tun ist, irgendeiner empirischen Existenz die *Bedeutung* der verwirklichten Idee beizulegen, so versteht es sich, daß diese Gefäße ihre Bestimmung erfüllt haben, sobald sie zu einer bestimmten Inkorporation eines Lebensmomentes der Idee geworden sind. Das Allgemeine erscheint daher überall als ein Bestimmtes, Besonderes, wie das Einzelne nirgends zu seiner wahren Allgemeinheit kommt.

Am tiefsten, spekulativsten erscheint es daher notwendig, wenn die abstraktesten, noch durchaus zu keiner wahren sozialen Verwirklichung gereiften Bestimmungen, die Naturbasen des Staats, wie die Geburt (beim Fürsten) oder das Privateigentum (im Majorat) als die höchsten, unmittelbar Mensch gewordenen Ideen erscheinen.

Und es versteht sich von selbst. Der wahre Weg wird auf den Kopf gestellt. Das Einfachste ist das Verwickeltste und das Verwickeltste das Einfachste. Was Ausgang sein sollte, wird zum mystischen Resultat, und was rationelles Resultat sein sollte, wird zum mystischen Ausgangspunkt.

Wenn aber der Fürst die abstrakte *Person* ist, die den *Staat in sich* hat, so heißt das überhaupt nichts, als daß das Wesen des Staats die abstrakte, die *Privatperson* ist. Bloß in seiner Blüte spricht er sein Geheimnis aus. Der Fürst ist die einzige Privatperson, in der sich das Verhältnis der Privatperson überhaupt zum Staat verwirklicht.

Die Erblichkeit des Fürsten ergibt sich aus seinem Begriff. Er soll die spezifisch von der ganzen Gattung, von allen andern Personen unterschiedene Person sein. Welches ist nun der letzte feste Unterschied einer Person von allen andern? Der *Leib*. Die höchste Funktion des Leibes ist die *Geschlechtstätigkeit*. Der höchste konstitutionelle Akt des Königs ist daher seine Geschlechtstätigkeit, denn durch diese *macht* er einen König und setzt seinen Leib fort. Der Leib seines Sohnes ist die Reproduktion seines eigenen Leibes, die Schöpfung eines königlichen Leibes.

b) Die Regierungsgewalt

§ 287. „Von der *Entscheidung* ist die *Ausführung* und *Anwendung* der fürstlichen Entscheidungen, überhaupt das Fortführen und Im-Stande-Erhalten des bereits Entschiedenen, der vorhandenen Gesetze, Einrichtungen, Anstalten für gemeinschaftliche Zwecke und dergleichen unterschieden. Dies Geschäft der Subsumtion begreift die Regierungsgewalt in sich, worunter ebenso die richterlichen *und* polizeilichen Gewalten begriffen sind, welche unmittelbarer auf das Besondere der bürgerlichen Gesellschaft Beziehung haben und das allgemeine Interesse in diesen Zwecken geltend machen."

Die gewöhnliche Erklärung der Regierungsgewalt. Als Hegel *eigentümlich* kann nur angegeben werden, daß er *Regierungsgewalt*, polizeiliche Gewalt und *richterliche Gewalt koordiniert*, während sonst administrative und richterliche Gewalt als Gegensätze behandelt werden.

§ 288. „Die gemeinschaftlichen besonderen Interessen, die in die bürgerliche Gesellschaft fallen *und außer* dem *an und für sich seienden Allgemeinen des Staats selbst liegen* (§ 256). haben ihre Verwaltung in den *Korporationen* (§ 251) der Gemeinden und sonstiger Gewerbe und Stände und deren Obrigkeiten, Vorsteher, Verwalter und dergleichen. Insofern diese Angelegenheiten, die sie besorgen, einerseits das Privateigentum und Interesse dieser besondern Sphären sind und nach dieser Seite ihre Autorität mit auf dem Zutrauen ihrer Standesgenossen und Bürgerschaften beruht, andererseits diese Kreise den höheren Interessen des Staats untergeordnet sein müssen, wird sich für die Besetzung dieser Stellen im allgemeinen eine Mischung von gemeiner Wahl dieser Interessenten und von einer höheren Bestätigung und Bestimmung ergeben."

Einfache Beschreibung des empirischen Zustandes in einigen Ländern.

§ 289. „Die Festhaltung des allgemeinen Staatsinteresses und des Gesetzlichen in diesen besonderen Rechten und die Zurückführung derselben auf jenes erfordert eine Besorgung durch *Abgeordnete* der Regierungsgewalt, die *exekutiven* Staatsbeamten und die höheren beratenden, insofern kollegialisch konstituierten Behörden, welche in den obersten, den Monarchen berührenden Spitzen zusammenlaufen."

Hegel hat die *Regierungsgewalt* nicht *entwickelt.* Aber, selbst dies unterstellt, so hat er nicht bewiesen, daß sie mehr als *eine Funktion*, eine *Bestimmung* des Staatsbürgers überhaupt ist, er hat sie als eine *besondere*, *separierte* Gewalt nur dadurch deduziert, daß er die „besonderen Interessen der bürgerlichen Gesellschaft" als solche betrachtet, die „außer dem an und für sich seienden Allgemeinen des Staats liegen".

„Wie die *bürgerliche Gesellschaft der Kampfplatz des individuellen Privatinteresses Aller gegen Alle ist, so hat hier der Konflikt desselben gegen die gemeinschaftlichen besonderen Angelegenheiten und dieser zusammen* mit jenem gegen die höheren Gesichtspunkte und Anordnungen des Staats seinen Sitz. Der Korporationsgeist, der sich in der Berechtigung der besondern Sphären erzeugt, schlägt in sich selbst zugleich in den Geist des Staats um, indem er an dem Staate das Mittel der Erhaltung der besonderen Zwecke hat. Dies ist das *Geheimnis* des Patriotismus der Bürger nach dieser Seite, daß sie den Staat als ihre Substanz wissen, *weil* er ihre besondern Sphären, deren Berechtigung und Autorität wie deren Wohlfahrt erhält. In dem Korporationsgeist, da er die Einwurzelung des Besonderen in das Allgemeine unmittelbar enthält, ist insofern die Tiefe und die Stärke des Staates, die er in der Gesinnung hat."

Merkwürdig

1. wegen der Definition der bürgerlichen Gesellschaft als des bellum omnium contra omnes;

2. weil der *Privategoismus* als das „*Geheimnis des Patriotismus der Bürger*" verraten wird und als die „Tiefe und Stärke des Staats in der Gesinnung";

3. weil der „Bürger", der Mann des besonderen Interesses im Gegensatz zum Allgemeinen, das Mitglied der bürgerlichen Gesellschaft als „fixes Individuum" betrachtet wird, wogegen ebenso der Staat in „fixen Individuen" den „Bürgern" gegenübertritt.

Hegel, sollte man meinen, mußte die „bürgerliche Gesellschaft" wie die „Familie" als Bestimmung jedes Staatsindividuums, also auch die späteren „Staatsqualitäten" ebenso als Bestimmung des Staatsindividuums überhaupt bestimmen. Aber es ist nicht dasselbe Individuum, welches eine neue Bestimmung seines sozialen Wesens entwickelt. Es ist das Wesen des Willens, welches seine Bestimmungen angeblich aus sich selbst entwickelt. Die bestehenden verschiedenen und getrennten, empirischen Existenzen des Staates werden als unmittelbare Verkörperungen einer dieser Bestimmungen betrachtet.

Wie das Allgemeine als solches verselbständigt wird, wird es unmittelbar mit der empirischen Existenz konfundiert, wird das Beschränkte unkritischerweise sofort für den Ausdruck der Idee genommen.

Mit sich selbst gerät Hegel hier nur insofern in Widerspruch, als er den „Familienmenschen" nicht gleichmäßig wie den Bürger als eine fixe, von den übrigen Qualitäten ausgeschlossene Rasse betrachtet.

§ 290. „In dem *Geschäfte der Regierung* findet sich gleichfalls die Teilung der Arbeit ein. Die Organisation der Behörden hat insofern die formelle, aber schwierige Aufgabe, daß von unten, wo das bürgerliche Leben konkret ist, dasselbe auf konkrete Weise regiert werde, daß dies Geschäft aber in seine abstrakte Zweige geteilt sei, die von eigentümlichen Behörden als unterschiedenen Mittelpunkten behandelt werden, deren Wirksamkeit nach unten sowie in der obersten Regierungsgewalt in eine konkrete Übersicht wieder zusammenlaufe."

Der *Zusatz* hierzu später zu betrachten.

§ 291. „Die Regierungsgeschäfte sind o b j e k t i v e r, für sich ihrer Substanz nach bereits entschiedener Natur (§ 287) und durch I n d i v i d u e n zu vollführen und zu verwirklichen. Zwischen beiden liegt keine unmittelbare *natürliche* Verknüpfung; die Individuen sind daher nicht durch die natürliche Persönlichkeit und die Geburt dazu bestimmt. Für ihre Bestimmung zu demselben ist das objektive Moment die Erkenntnis und der Erweis ihrer Befähigung –, ein Erweis, der dem Staate sein Bedürfnis und als die einzige Bedingung zugleich jedem Bürger die *Möglichkeit*, sich dem allgemeinen Stande zu widmen, sichert."

§ 292. „Die subjektive Seite, daß d i e s e s Individuum aus Mehreren, deren es, da hier das Objektive nicht (wie z. B. bei der Kunst) in Genialität liegt, notwendig unbestimmt M e h r e r e gibt, unter denen der Vorzug nichts absolut Bestimmbares ist, zu einer Stelle gewählt und ernannt und zur Führung des öffentlichen Geschäftes bevollmächtigt wird, diese Verknüpfung des Individuums und des Amtes, als zweier für sich gegeneinander immer zufälligen Seiten, kommt der fürstlichen als der entscheidenden und souveränen Staatsgewalt zu."

§ 293. „Die besonderen Staatsgeschäfte, welche die *Monarchie* den Behörden übergibt, machen einen Teil der o b j e k t i v e n Seite der dem Monarchen innewohnenden Souveränität aus; ihr bestimmter U n t e r s c h i e d ist ebenso durch die Natur der Sache gegeben; und wie die Tätigkeit der Behörden eine Pflichterfüllung, so ist ihr Geschäft auch ein der Zufälligkeit entnommenes Recht."

Nur aufzumerken auf die „*objektive* Seite der dem Monarchen *innewohnenden* Souveränität".

§ 294. „Das Individuum, das durch den souveränen Akt (§ 292) einem amtlichen Berufe verknüpft ist, ist auf seine Pflichterfüllung, das Substantielle seines Verhältnisses, als Bedingung dieser Verknüpfung angewiesen, in welcher es a l s F o l g e dieses substantiellen Verhältnisses das Vermögen und die gesicherte Befriedigung seiner Besonderheit (§ 264) und Befreiung seiner äußern Lage und Amtstätigkeit von sonstiger subjektiver Abhängigkeit und Einfluß findet."

„Der Staatsdienst", heißt es in der Anmerkung, „fordert die Aufopferung selbständiger und beliebiger Befriedigung subjektiver Zwecke und gibt eben damit das Recht, sie in der pflichtmäßigen Leistung, aber nur in ihr zu finden. Hierin liegt nach dieser Seite die Verknüpfung des allgemeinen und besonderen Interesses, welche den Begriff und die innere Festigkeit des Staats ausmacht (§ 260)." „Durch die gesicherte Befriedigung des besonderen Bedürfnisses ist die äußere Not gehoben, welche die Mittel dazu auf Kosten der Amtstätigkeit und Pflicht zu suchen veranlassen kann. In der allgemeinen Staatsgewalt finden die mit seinen Geschäften Beauftragten Schutz gegen die andere subjektive Seite gegen die Privatleidenschaften der Regierten, deren Privatinteresse usf. durch das Geltendmachen des Allgemeinen dagegen beleidigt wird."

§ 295. „Die Sicherung des Staats und der Regierten gegen den Mißbrauch der Gewalt von seiten der Behörden und ihrer Beamten liegt einerseits unmittelbar in ihrer Hierarchie und Verantwortlichkeit, andererseits in der Berechtigung der Gemeinden, Korporationen, als wodurch die Einmischung subjektiver Willkür in die den Beamten anvertraute Gewalt für sich gehemmt und die in das einzelne Benehmen nicht reichende Kontrolle von Oben, von Unten ergänzt wird."

§ 296. „Daß aber die Leidenschaftlosigkeit, Rechtlichkeit und Milde des Benehmens Sitte werde, hängt teils mit der direkten s i t t l i c h e n und G e d a n k e n - b i l d u n g zusammen, welche dem, was die Erlernung der sogenannten Wissenschaften der Gegenstände dieser Sphären, die erforderliche Geschäftseinübung, die wirkliche Arbeit usf. von Mechanismus und dergleichen in sich hat, das geistige Gleichgewicht hält; teils ist die G r ö ß e des Staats ein Hauptmoment, wodurch sowohl das Gewicht von Familien- und anderen Privatverbindungen geschwächt, als auch Rache, Haß und andere solche Leidenschaften ohnmächtiger und damit stumpfer werden; in der Beschäftigung mit den in dem großen Staate vorhandenen großen Interessen gehen für sich diese subjektiven Seiten unter und erzeugt sich die Gewohnheit allgemeiner Interessen, Ansichten und Geschäfte."

§ 297. „Die Mitglieder der Regierung und die Staatsbeamten machen den Hauptteil des M i t t e l s t a n d e s aus, in welchen die gebildete Intelligenz und das rechtliche Bewußtsein der Masse eines Volkes fällt. Daß er nicht die isolierte Stellung einer Aristokratie nehme und Bildung und Geschicklichkeit nicht zu einem Mittel der Willkür und einer Herrenschaft werde, wird durch die *Institutionen der Souveränität* von oben herab und der *Korporationsrechte* von unten herauf bewirkt."
„*Zusatz*. In dem Mittelstande, zu dem die Staatsbeamten gehören, ist das Bewußtsein des Staates und die hervorstechendste Bildung. Deswegen macht er auch die Grundsäule desselben in Beziehung auf Rechtlichkeit und Intelligenz aus." „Daß dieser Mittelstand gebildet werde, ist ein Hauptinteresse des Staates, aber dies kann nur in einer Organisation, wie die ist, welche wir gesehen haben, geschehen, nämlich durch die Berechtigung besonderer Kreise, die relativ unabhängig sind, und durch eine *Beamtenwelt*, deren Willkür sich an solchen Berechtigten bricht. Das Handeln nach allgemeinem Rechte und die Gewohnheit dieses Handelns ist eine Folge des Gegensatzes, den die für sich selbständigen Kreise bilden."

Was Hegel über die „Regierungsgewalt" sagt, verdient nicht den Namen einer philosophischen Entwicklung. Die meisten Paragraphen könnten wörtlich im preußischen Landrecht stehn, und doch ist die eigentliche Administration der schwierigste Punkt der Entwicklung.

Da Hegel die „polizeiliche" und die „richterliche" Gewalt schon der Sphäre der *bürgerlichen Gesellschaft* vindiziert hat, so ist die *Regierungsgewalt* nichts anderes als die Administration, die er als Bürokratie *entwickelt.*

Der Bürokratie sind zunächst vorausgesetzt die „*Selbstverwaltung*" der bürgerlichen Gesellschaft in „*Korporationen*". Die einzige Bestimmung, die hinzukommt, ist, daß die Wahl der Verwalter, Obrigkeiten derselben etc. eine *gemischte* ist, ausgehend von den Bürgern, bestätigt von der eigentlichen Regierungsgewalt; („*höhere* Bestätigung", wie Hegel sagt).

Über dieser Sphäre zur „Festhaltung des allgemeinen Staatsinteresses und des Gesetzlichen" stehn „Abgeordnete der Regierungsgewalt", die „exekutiven Staatsbeamten" und die „kollegialischen Behörden", welche im „Monarchen" zusammenlaufen.

In dem „Geschäfte der Regierung" findet „Teilung der Arbeit" statt. Die Individuen müssen ihre Fähigkeit zu Regierungsgeschäften beweisen, d. h. Examina ablegen. Die Wahl der *bestimmten* Individuen zu Staatsämtern kommt der fürstlichen Staatsgewalt zu. Die Einteilung dieser Geschäfte ist „durch die Natur der Sache gegeben". Das Amtsgeschäft ist die Pflicht, der Lebensberuf der Staatsbeamten. Sie müssen daher *besoldet* werden vom Staat. Die Garantie gegen den Mißbrauch der Bürokratie ist teils ihre Hierarchie und Verantwortlichkeit, andrerseits die Berechtigung der Gemeinden, Korporationen; ihre Humanität hängt teils mit der „direkten sittlichen und Gedankenbildung", teils mit der „Größe des Staats" zusammen. Die Beamten bilden den „Hauptteil des Mittelstandes". Gegen ihn als „Aristokratie und Herrenschaft" schützen teils die „Institutionen der Souveränität von oben herab", teils „die der Korporationsrechte von unten herauf". Der „Mittelstand" ist der Stand der „Bildung". Voilà tout. Hegel gibt uns eine empirische Beschreibung der Bürokratie, teils wie sie wirklich ist, teils der Meinung, die sie selbst von ihrem Sein hat. Und damit ist das schwierige Kapitel von der „Regierungsgewalt" erledigt.

Hegel geht von der Trennung des „Staats" und der „bürgerlichen" Gesellschaft, den „besondren Interessen" und dem „an und für sich seienden Allgemeinen" aus, und allerdings basiert die Bürokratie auf *dieser Trennung*. Hegel geht von der Voraussetzung der „Korporationen" aus, und allerdings setzt die Bürokratie die *Korporationen* voraus, wenigstens den „Korporationsgeist". Hegel entwickelt keinen *Inhalt* der Bürokratie, sondern nur einige allgemeine Bestimmungen ihrer „*formellen*" Organisation, und allerdings ist die Bürokratie nur der „Formalismus" eines Inhalts, der außerhalb derselben liegt.

Die *Korporationen* sind der Materialismus der Bürokratie, und die Bürokratie ist der Spiritualismus der Korporationen. Die Korporation ist die Bürokratie der bürgerlichen Gesellschaft; die Bürokratie ist die Korporation des Staats. In der Wirklichkeit tritt sie daher als die „bürgerliche Gesellschaft des Staats" dem „Staat der bürgerlichen Gesellschaft", den Korporationen gegenüber. Wo die „Bürokratie" neues Prinzip ist, wo das allgemeine Staatsinteresse anfängt, für sich ein „apartes", damit ein „wirkliches" Interesse zu werden, kämpft sie gegen die Korporationen, wie jede Konsequenz gegen die Existenz ihrer Voraussetzungen kämpft. Sobald dagegen das wirkliche Staatsleben erwacht und die bürgerliche Gesellschaft sich von den Korporationen aus eignem Vernunfttrieb befreit, sucht die Bürokratie sie zu restaurieren; denn sobald der „Staat der bürgerlichen Gesellschaft" fällt, fällt die „bürgerliche Gesellschaft des Staats". Der Spiritualismus verschwindet mit dem ihm gegenüberstehenden Materialismus. Die Konsequenz kämpft für die Existenz ihrer Voraussetzungen, sobald ein neues Prinzip nicht gegen die *Existenz*, sondern gegen das *Prinzip* dieser Existenz kämpft. Derselbe Geist, der in der Gesellschaft die Korporation, schafft im Staat die Bürokratie. Sobald also der Korporationsgeist, wird der Geist der Bürokratie angegriffen, und wenn sie früher die Existenz der Korporationen bekämpfte, um ihrer eignen Existenz Raum zu schaffen, so sucht sie jetzt gewaltsam die Existenz der Korporationen zu halten, um den Korporationsgeist, ihren eigenen Geist zu retten.

Die „Bürokratie" ist der „*Staatsformalismus*" der bürgerlichen Gesellschaft. Sie ist das „Staatsbewußtsein", der „Staatswille", die „Staatsmacht", als *eine Korporation* (das „allgemeine Interesse" kann sich dem Besondern gegenüber nur als ein „Besonderes" halten, solange sich das Besondere dem Allgemeinen gegenüber als ein „Allgemeines" hält. Die Bürokratie muß also die *imaginäre* Allgemeinheit des besondren Interesses, den Korporationsgeist, beschützen, um die *imaginäre* Besonderheit des allgemeinen Interesses, ihren eigenen Geist, zu beschützen. Der Staat muß Korporation sein, solange die Korporation Staat sein will), also eine *besondere*, *geschlossene* Gesellschaft im Staat. Die Bürokratie will aber die Korporation als eine *imaginäre* Macht. Allerdings hat auch die einzelne Korporation diesen Willen für ihr *besonderes* Interesse gegen die Bürokratie, aber sie *will* die Bürokratie gegen die andere Korporation, gegen das andere besondere Interesse. Die Bürokratie als die *vollendete Korporation* trägt daher den Sieg davon über die *Korporation* als die unvollendete Bürokratie. Sie setzt dieselbe zum Schein herab oder will sie zum Schein herabsetzen, aber sie will, daß dieser Schein existiere und an seine eigene Existenz glaube. Die Korporation ist der Versuch der bürgerlichen Gesellschaft, Staat zu werden; aber die Bürokratie ist der Staat, der sich wirklich zur bürgerlichen Gesellschaft gemacht hat.

Der „Staatsformalismus", der die Bürokratie ist, ist der „Staat als Formalismus", und als solchen Formalismus hat sie Hegel beschrieben. Da dieser „Staatsformalismus" sich als wirkliche Macht konstituiert und sich selbst zu einem eignen *materiellen* Inhalt wird, so versteht es sich von selbst, daß die „Bürokratie" ein Gewebe von *praktischen* Illusionen oder die „Illusion des Staats" ist. Der bürokratische Geist ist ein durch und durch jesuitischer, theologischer Geist. Die Bürokraten sind die Staatsjesuiten und Staatstheologen. Die Bürokratie ist la république prêtre.

Da die Bürokratie der „Staat als Formalismus" ihrem *Wesen* nach ist, so ist sie es auch ihrem *Zweck* nach. Der wirkliche Staatszweck erscheint also der Bürokratie als ein Zweck *wider* den Staat. Der Geist der Bürokratie ist der „formelle Staatsgeist". Sie macht daher den „formellen Staatsgeist" oder die *wirkliche* Geistlosigkeit des Staats zum kategorischen Imperativ. Die Bürokratie gilt sich selbst als der letzte Endzweck des Staats. Da die Bürokratie ihre „formellen" Zwecke zu ihrem Inhalt macht, so gerät sie überall in Konflikt mit den „reellen" Zwekken. Sie ist daher genötigt, das Formelle für den Inhalt und den Inhalt für das Formelle auszugeben. Die Staatszwecke verwandeln sich in Bürozwecke oder die Bürozwecke in Staatszwecke. Die Bürokratie ist ein Kreis, aus dem niemand herausspringen kann. Ihre Hierarchie ist eine *Hierarchie des Wissens*. Die Spitze vertraut den untern Kreisen die Einsicht ins Einzelne zu, wogegen die untern Kreise der Spitze die Einsicht in das Allgemeine zutrauen, und so täuschen sie sich wechselseitig.

Die Bürokratie ist der imaginäre Staat neben dem reellen Staat, der Spiritualismus des Staats. Jedes Ding hat daher eine doppelte Bedeutung, eine reelle und eine bürokratische, wie das Wissen ein doppeltes ist, ein reelles und ein bürokratisches (so auch der Wille). Das reelle Wesen wird aber behandelt nach seinem bürokratischen Wesen, nach seinem jenseitigen, spirituellen Wesen. Die Bürokratie hat das Staatswesen, das spirituelle Wesen der Gesellschaft in ihrem Besitze, es ist ihr *Privateigentum*. Der allgemeine Geist der Bürokratie ist das *Geheimnis*, das Mysterium, innerhalb ihrer selbst durch die Hierarchie, nach außen als geschlossene Korporation bewahrt. Der offenbare Staatsgeist, auch die Staatsgesinnung, erscheinen daher der Bürokratie als ein *Verrat* an ihrem Mysterium. Die *Autorität* ist daher das Prinzip ihres Wissens, und die Vergötterung der Autorität ist ihre *Gesinnung*. Innerhalb ihrer selbst aber wird der *Spiritualismus* zu einem *krassen Materialismus*, dem Materialismus des passiven Gehorsams, des Autoritätsglaubens, des *Mechanismus* eines fixen formellen Handelns, fixer Grundsätze, Anschauungen, Überlieferungen. Was den einzelnen Bürokraten betrifft, so wird der Staatszweck zu seinem Privatzweck, zu einem *Jagen nach höheren Posten*, zu einem *Machen von Karriere*. Erstens betrachtet er das wirkliche Leben als ein *materielles*, denn *der Geist dieses Lebens hat seine für sich abgesonderte Existenz* in der Bürokratie. Die Bürokratie muß daher dahin gehn, das Leben so materiell wie möglich zu machen. Zweitens ist es für ihn selbst, d. h. soweit es zum Gegenstand der bürokratischen Behandlung wird, materiell, denn sein Geist ist ihm vorgeschrieben, sein Zweck liegt außer ihm, sein Dasein ist das Dasein des Büros. Der Staat existiert nur mehr als verschiedene fixe Bürogeister, deren Zusammenhang die Subordination und der passive Gehorsam ist, Die *wirkliche* Wissenschaft erscheint als inhaltslos, wie das wirkliche Leben als tot, denn dies imaginäre Wissen und dies imaginäre Leben gelten für das Wesen. Der Bürokrat muß daher jesuitisch mit dem wirklichen Staat verfahren, sei dieser Jesuitismus nun ein bewußter oder bewußtloser. Es ist aber notwendig, daß er, sobald sein Gegensatz Wissen ist, ebenfalls zum Selbstbewußtsein gelangt und nun absichtlicher Jesuitismus wird.

Während die Bürokratie einerseits dieser krasse Materialismus ist, zeigt sich ihr krasser Spiritualismus darin, daß sie *Alles machen* will, d. h., daß sie den *Wil-*

len zur causa prima macht, weil sie bloß *tätiges* Dasein ist und ihren Inhalt von außen empfängt, ihre Existenz also nur durch Formieren, Beschränken dieses Inhalts beweisen kann. Der Bürokrat hat in der Welt ein bloßes Objekt seiner Behandlung.

Wenn Hegel die Regierungsgewalt die *objektive* Seite der dem Monarchen innewohnenden Souveränität nennt, so ist das richtig in demselben Sinn, wie die katholische Kirche das *reelle Dasein* der Souveränität, des Inhalts und Geistes der heiligen Dreieinigkeit war. In der Bürokratie ist die Identität des Staatsinteresses und des besonderen Privatzwecks so gesetzt, daß das Staatsinteresse zu einem *besondren* Privatzweck gegenüber den anderen Privatzwecken wird.

Die Aufhebung der Bürokratie kann nur sein, daß das allgemeine Interesse *wirklich* und nicht, wie bei Hegel, bloß im Gedanken, in der *Abstraktion* zum besondren Interesse wird, was nur dadurch möglich ist, daß das *besondere* Interesse wirklich zum *allgemeinen* wird. Hegel geht von einem unwirklichen Gegensatz aus und bringt es daher nur zu einer imaginären, in Wahrheit selbst wieder gegensätzlichen Identität. Eine solche Identität ist die Bürokratie.

Verfolgen wir nun im einzelnen seine Entwicklung.

Die einzige philosophische Bestimmung, die Hegel über die *Regierungsgewalt* gibt, ist die der „*Subsumtion*" des Einzelnen und Besonderen unter das Allgemeine etc.

Hegel begnügt sich damit. Auf der einen Seite: Kategorie „Subsumtion" des Besondern etc. Die muß verwirklicht werden. Nun nimmt er irgendeine der empirischen Existenzen des preußischen oder modernen Staats (wie sie ist mit Haut und Haar), welche unter anderm auch diese Kategorie verwirklicht, obgleich mit derselben nicht ihr spezifisches Wesen ausgedrückt ist. Die angewandte Mathematik ist auch Subsumtion etc. Hegel fragt nicht, ist dies die vernünftige, die adäquate Weise der Subsumtion? Er hält nur die *eine* Kategorie fest und begnügt sich damit, eine entsprechende Existenz für sie zu finden. Hegel gibt *seiner Logik einen politischen Körper*; er gibt nicht die *Logik des politischen Körpers* (§ 287).

Über das Verhältnis der Korporationen, Gemeinden zu der Regierung erfahren wir zunächst, daß ihre *Verwaltung* (die Besetzung ihrer Magistratur) „im allgemeinen eine Mischung von gemeiner Wahl dieser Interessenten und von einer *höheren Bestätigung* und Bestimmung" erheischt. Die *gemischte Wahl* der Gemeinde- und Korporationsvorsteher wäre also das *erste Verhältnis* zwischen bürgerlicher Gesellschaft und Staat oder Regierungsgewalt, ihre *erste Identität* (§ 288). Diese Identität ist nach Hegel selbst sehr oberflächlich, ein mixtum compositum, eine „*Mischung*". So oberflächlich diese Identität ist, so scharf ist der Gegensatz. „Insofern diese Angelegenheiten" (sc. der Korporation, Gemeinde etc.) „einerseits *Privateigentum* und *Interesse* dieser *besondern* Sphären sind und nach dieser Seite ihre Autorität mit auf dem Vertrauen ihrer Standesgenossen und Bürgerschaften beruht, andererseits diese Kreise dem *höheren Interesse des Staats* untergeordnet sein müssen", ergibt sich die bezeichnete „*gemischte Wahl*".

Die Verwaltung der Korporation hat also den Gegensatz:

Privateigentum und Interesse der besondren Sphären gegen das höhere Interesse des Staats: Gegensatz zwischen Privateigentum und Staat.

Es braucht nicht bemerkt zu werden, daß die Auflösung dieses Gegensatzes in der *gemischten Wahl* eine bloße *Akkommodation*, ein Traktat, ein *Geständnis* des unaufgelösten Dualismus, selbst ein *Dualismus*, „*Mischung*" ist. Die besonderen Interessen der Korporation und Gemeinden haben innerhalb *ihrer eignen* Sphäre einen Dualismus, der ebensosehr den Charakter ihrer *Verwaltung* bildet.

Der entschiedene Gegensatz tritt aber erst hervor in dem Verhältnis dieser „*gemeinschaftlichen besondern* Interessen" etc., die „außer dem an und für sich seienden Allgemeinen des *Staates* liegen" und diesem „*an und für sich seienden Allgemeinen des Staats*". Zunächst wieder innerhalb dieser Sphäre.

> „Die Festhaltung des allgemeinen Staatsinteresses und des Gesetzlichen in diesen besonderen Rechten und die Zurückführung derselben auf jenes erfordert eine *Besorgung durch Abgeordnete der Regierungsgewalt*, die *exekutiven* Staatsbeamten und die höheren beratenden, insofern *kollegialisch* konstituierten Behörden, welche in den obersten, den Monarchen berührenden Spitzen zusammenlaufen." (§ 289.)

Beiläufig machen wir aufmerksam auf die Konstruktion der Regierungs*kollegien*, die man z. B. in Frankreich nicht kennt. „*Insofern*" Hegel diese Behörden als „*beratende*" anführt, „*insofern*" versteht es sich allerdings von selbst, daß sie „kollegialisch konstituiert" sind.

Hegel läßt den „Staat selbst", die „Regierungsgewalt" zur „Besorgung" des „allgemeinen Staatsinteresses und des Gesetzlichen etc." innerhalb der bürgerlichen Gesellschaft per „Abgeordnete" hineintreten, und nach ihm sind eigentlich diese „Regierungsabgeordneten", die „exekutiven Staatsbeamten", die *wahre* „*Staatsrepräsentation*", nicht „der", sondern „gegen die „bürgerliche Gesellschaft". Der Gegensatz von Staat und bürgerlicher Gesellschaft ist also fixiert; der Staat residiert nicht in, sondern außerhalb der bürgerlichen Gesellschaft; er berührt sie nur durch seine „*Abgeordneten*", denen die „*Besorgung des Staats*" innerhalb dieser Sphären anvertraut ist. Durch diese „Abgeordneten" ist der Gegensatz nicht aufgehoben, sondern zu einem „gesetzlichen", „fixen" Gegensatz geworden. Der „Staat" wird als ein dem Wesen der bürgerlichen Gesellschaft Fremdes und Jenseitiges von Deputierten dieses Wesens gegen die bürgerliche Gesellschaft geltend gemacht. Die „Polizei" und das „Gericht" und die „Administration" sind nicht Deputierte der bürgerlichen Gesellschaft selbst, die in ihnen und durch sie ihr *eignes* allgemeines Interesse verwaltet, sondern Abgeordnete des Staats, um den Staat gegen die bürgerliche Gesellschaft zu verwalten. Hegel expliziert diesen *Gegensatz* weiter in der mehr oben betrachteten offenherzigen Anmerkung.

„Die Regierungsgeschäfte sind objektiver, für sich bereits entschiedener Natur." (§ 291.)

Schließt Hegel daraus, daß sie deswegen um so leichter keine „Hierarchie des Wissens" erfordern, daß sie vollständig von der „bürgerlichen Gesellschaft selbst" exekutiert werden können? Im Gegenteil.

Er macht die tiefsinnige Anmerkung, daß sie durch „Individuen" zu vollführen sind und daß zwischen „ihnen und diesen Individuen keine unmittelbare *natürliche* Verknüpfung liegt". Anspielung auf die Fürstengewalt, welche nichts anders ist als die *„natürliche Gewalt der Willkür"*, also *„geboren"* werden kann. Die „fürstliche Gewalt" ist nichts als der Repräsentant des Naturmoments im Willen, der „Herrschaft der *physischen Natur im Staat*".

Die „exekutiven Staatsbeamten" unterscheiden sich in der Erwerbung ihrer Ämter daher wesentlich vom „Fürsten".

„Für ihre Bestimmung zu demselben" (se. dem Staatsgeschäft) „ist das objektive Moment die Erkenntnis" (die subjektive Willkür entbehrt dieses Moments) „und der Erweis ihrer Befähigung –, ein Erweis, der dem Staate sein Bedürfnis und als die einzige Bedingung zugleich jedem Bürger die Möglichkeit, sich dem allgemeinen Stande zu widmen, sichert."

Diese *Möglichkeit* jedes Bürgers, Staatsbeamter zu werden, ist also das zweite affirmative Verhältnis zwischen bürgerlicher Gesellschaft und Staat, die *zweite Identität.* Sie ist von sehr oberflächlicher und dualistischer Natur. Jeder Katholik hat die Möglichkeit, Priester zu werden (d. h. sich von den Laien wie der Welt zu trennen). Steht darum weniger das Pfaffentum dem Katholiken als eine jenseitige Macht gegenüber? Daß jeder die Möglichkeit hat, das Recht einer *andern* Sphäre zu erwerben, beweist nur, daß *seine eigne* Sphäre nicht die Wirklichkeit dieses Rechts ist.

Im wahren Staat handelt es sich nicht um die Möglichkeit jedes Bürgers, sich dem allgemeinen als einem besondern Stand zu widmen, sondern um die Fähigkeit des allgemeinen Standes wirklich allgemein, d. h. der Stand jedes Bürgers zu sein. Aber Hegel geht von der Voraussetzung des pseudoallgemeinen, des illusorisch-allgemeinen Standes, der besonderen ständigen Allgemeinheit aus.

Die Identität, die er zwischen bürgerlicher Gesellschaft und Staat konstruiert hat, ist die Identität *zweier feindlicher Heere*, wo jeder Soldat die „Möglichkeit" hat, durch „Desertion" Mitglied des „feindlichen" Heeres zu werden, und allerdings beschreibt Hegel damit richtig den jetzigen empirischen Zustand.

Ebenso verhält es sich mit seiner Konstruktion der „Examina". In einem vernünftigen Staat gehört eher ein Examen dazu, Schuster zu werden, als exekutiver Staatsbeamter; denn die Schusterei ist eine Fertigkeit, ohne die man ein guter Staatsbürger, ein sozialer Mensch sein kann; aber das nötige „Staatswissen" ist eine Bedingung, ohne die man im Staat außer dem Staat lebt, von sich selbst, von der Luft abgeschnitten ist. Das „Examen" ist nichts als eine Freimaurereiformel, die gesetzliche Anerkennung des staatsbürgerlichen Wissens als eines Privilegiums.

Die „Verknüpfung" des „Staatsamts" und des „Individuums", dieses objektive Band zwischen dem Wissen der bürgerlichen Gesellschaft und dem Wissen des Staats, das *Examen* ist nichts anders als die *bürokratische Taufe des Wissens*, die offizielle Anerkenntnis von der *Transsubstantiation* des profanen Wissens in das heilige (es versteht sich bei jedem Examen von selbst, daß der Examinator alles weiß). Man hört nicht, daß die griechischen oder römischen Staatsleute Examina abgelegt. Aber allerdings, was ist auch ein römischer Staatsmann contra einen preußischen Regierungsmann!

Neben dem *objektiven* Band des Individuums mit dem Staatsamt, neben dem Examen, findet sich ein andres Band – *die fürstliche Willkür.*

> „Die subjektive Seite, daß dieses Individuum aus Mehreren, deren es, da hier das Objektive nicht (wie z. B. bei der Kunst) in Genialität liegt, notwendig unbestimmt Mehrere gibt, unter denen der Vorzug nichts absolut Bestimmbares ist, zu einer Stelle gewählt und ernannt und zur Führung des öffentlichen Geschäfts bevollmächtigt wird, diese Verknüpfung des Individuums und des Amtes, als zweier sich gegeneinander immer zufälligen Seiten, kommt der fürstlichen als der entscheidenden und souveränen Staatsgewalt zu."

Der Fürst ist überall der Repräsentant des Zufalls. Außer dem objektiven Moment des bürokratischen Glaubensbekenntnisses (Examens) gehört noch das subjektive der fürstlichen *Gnade* hinzu, damit der Glaube Früchte trage.

„Die besonderen Staatsgeschäfte, welche die *Monarchie* den Behörden übergibt" (die Monarchie verteilt, übergibt die besonderen Staatstätigkeiten als *Geschäfte* an die Behörden, *verteilt den Staat unter die Bürokraten;* sie übergibt das, wie die heilige römische Kirche die Weihen; die Monarchie ist ein System der Emanation; die Monarchie verpachtet die Staatsfunktionen), „machen einen Teil der *objektiven* Seite der dem Monarchen innewohnenden Souveränität aus". Hegel unterscheidet hier zuerst die *objektive* Seite der dem Monarchen innewohnenden Souveränität von der *subjektiven.* Früher warf er beide zusammen. Die dem Monarchen innewohnende Souveränität wird hier förmlich mystisch genommen, so wie die Theologen den persönlichen Gott in der Natur finden. Früher hieß es noch, der Monarch ist die subjektive Seite der dem *Staate* innewohnenden Souveränität. (§ 293.)

Im § 294 entwickelt Hegel die *Besoldung* der Beamten aus der Idee. Hier in der *Besoldung* der Beamten, oder daß der Staatsdienst zugleich die Sicherheit der empirischen Existenz garantiert, ist die *wirkliche Identität* der bürgerlichen Gesellschaft und des Staats gesetzt. Der *Sold* des Beamten ist die höchste Identität, welche Hegel herauskonstruiert. Die Verwandlung der *Staatstätigkeiten* in Ämter, die Trennung des Staats von der Gesellschaft vorausgesetzt. Wenn Hegel sagt:

„Der Staatsdienst fordert die Aufopferung selbständiger und beliebiger Befriedigung subjektiver Zwecke", so erfordert das jeder Dienst „und gibt damit eben das Recht, sie in der pflichtmäßigen Leistung, aber nur in ihr zu finden. Hierin liegt nach dieser Seite die Verknüpfung des allgemeinen und besonderen Interesses, welche den Begriff und die innere Festigkeit des Staats ausmacht",

so gilt das 1. von jedem Bedienten, 2. ist es richtig, daß die *Besoldung* der Beamten die innere Festigkeit der tiefen modernen Monarchien ausmacht. Nur die Existenz der Beamten ist *garantiert,* im Gegensatz zu dem Mitglied der bürgerlichen Gesellschaft.

Es kann Hegel nun nicht entgehn, daß er die Regierungsgewalt als einen *Gegensatz* zur bürgerlichen Gesellschaft, und zwar als ein herrschendes Extrem konstruiert hat. Wie stellt er nun ein identisches Verhältnis her?

Nach § 295 liegt „die Sicherung des Staats und der Regierten gegen den *Mißbrauch* der Gewalt von seiten der Behörden und ihrer Beamten" teils in ihrer „Hierarchie" (als wenn nicht die Hierarchie der *Hauptmißbrauch* wäre und die paar persönlichen Sünden der Beamten gar nicht mit ihren *notwendigen* hierarchischen Sünden zu vergleichen wären; die Hierarchie straft den Beamten, insoweit er gegen die Hierarchie sündigt oder eine der Hierarchie überflüssige Sünde begeht; aber sie nimmt ihn in Schutz, sobald die Hierarchie in ihm sündigt; zudem überzeugt sich die Hierarchie schwer von den Sünden ihrer Glieder) und „in der Berechtigung der Gemeinden, Korporationen, als wodurch die Einmischung subjektiver Willkür in die den Beamten anvertraute Gewalt für sich gehemmt und die in das einzelne Benehmen nicht reichende Kontrolle" (als wenn diese Kontrolle nicht aus dem Gesichtspunkt der Bürokratie-Hierarchie geschähe) „von oben, von unten ergänzt wird."

Die zweite Garantie gegen die Willkür der Bürokratie sind also die Korporationsprivilegien.

Fragen wir also Hegel, was ist der Schutz der bürgerlichen Gesellschaft gegen die Bürokratie, so antwortet er:

1. Die „*Hierarchie*" der Bürokratie. Die *Kontrolle.* Dies, daß der Gegner selbst an Händen und Füßen gebunden wird, und wenn er nach unten Hammer, nach oben Amboß ist. Wo ist nun der Schutz gegen die „Hierarchie"? Das kleinere Übel wird durch das größere allerdings insofern aufgehoben, als es dagegen verschwindet.

2. Der *Konflikt,* der unaufgelöste Konflikt zwischen Bürokratie und Korporation. Der *Kampf,* die *Möglichkeit* des Kampfes, ist die Garantie gegen das Unterliegen. Später (§ 297) fügt Hegel als Garantie noch die „Institutionen der Souveränität von oben herab" hinzu, worunter wieder die Hierarchie verstanden ist.

Aber Hegel bringt noch zwei Momente bei (§ 296).

In dem Beamten selbst – und dies soll ihn humanisieren, die „Leidenschaftlosigkeit, Rechtlichkeit und Milde des Benehmens" zur „Sitte" machen – sollen die „direkte sittliche und Gedankenbildung" dem *Mechanismus* seines Wissens und seiner „wirklichen Arbeit" „das geistige Gleichgewicht" halten. Als wenn nicht der „Mechanismus" seines „bürokratischen" Wissens und seiner „wirklichen Arbeit" seiner „sittlichen und Gedankenbildung" das Gleichgewicht" hielte? Und wird nicht sein wirklicher Geist und seine wirkliche Arbeit als Substanz über das Akzidens seiner sonstigen Begabung siegen? Sein „Amt" ist ja sein „substantielles" Verhältnis und sein „Brot". Schön nur, daß Hegel die „direkte sittliche und Gedankenbildung" dem „Mechanismus des bürokratischen Wissens und Arbeitens" entgegenstellt! Der Mensch im Beamten soll den Beamten gegen sich selbst sichern. Aber welche Einheit! *Geistiges Gleichgewicht.* Welche dualistische Kategorie!

Hegel führt noch die „Größe des Staats" an, welche in Rußland nicht gegen die Willkür der „exekutiven Staatsbeamten" garantiert, jedenfalls ein Umstand ist, der *„außer"* dem *„Wesen"* der Bürokratie liegt.

Hegel hat die „Regierungsgewalt" als „Staatsbedienentum" entwickelt.

Hier in der Sphäre des „an und für sich seienden Allgemeinen des Staates selbst" finden wir nichts als unaufgelöste Konflikte. *Examen* und *Brot* der Beamten sind die letzten Synthesen.

Die Ohnmacht der Bürokratie, ihren Konflikt mit der Korporation führt Hegel als letzte Weihe derselben an.

In § 297 wird eine Identität gesetzt, insofern „die Mitglieder der Regierung und die Staatsbeamten den Hauptteil des *Mittelstandes"* ausmachen. Diesen „Mittelstand" rühmt Hegel als die „Grundsäule" des Staats „in Beziehung auf Rechtlichkeit und Intelligenz". (Zusatz zum zitierten Paragraphen.)

> „Daß dieser Mittelstand gebildet werde, ist ein Hauptinteresse des Staates, aber dies kann nur in einer Organisation, wie die ist, welche wir gesehen haben, geschehen, nämlich durch die Berechtigung besonderer Kreise, die relativ unabhängig sind, und durch eine *Beamtenwelt,* deren Willkür sich an solchen Berechtigten bricht."

Allerdings kann nur in einer solchen Organisation das Volk als *ein* Stand, der *Mittelstand,* erscheinen, aber ist das eine Organisation, die durch das Gleichgewicht der Privilegien sich in Gang hält? Die Regierungsgewalt ist am schwersten zu entwickeln. Sie gehört noch in viel höherem Grad als die gesetzgebende dem ganzen Volk.

Hegel spricht später (§ 308 Anmerkung) den eigentlichen Geist der Bürokratie aus, wenn er ihn als „Geschäftsroutine" und den „Horizont einer beschränkten Sphäre" bezeichnet.

c) Die gesetzgebende Gewalt

> § 298. „Die gesetzgebende Gewalt betrifft die Gesetze als solche, insofern sie weiterer Fortbestimmung bedürfen, und die ihrem Inhalte nach *ganz allgemeinen*" (sehr allgemeiner Ausdruck) „*inneren* Angelegenheiten. Diese Gewalt ist selbst ein *Teil der Verfassung*, welche ihr vorausgesetzt ist und insofern an und für sich außer deren direkten Bestimmung liegt, aber in der Fortbildung der Gesetze und in dem fortschreitenden Charakter der allgemeinen Regierungsangelegenheiten ihre weitere Entwickelung erhält."

Zunächst fällt es auf, daß Hegel hervorhebt, wie „diese Gewalt selbst ein Teil der Verfassung" ist, „welche ihr vorausgesetzt ist und an und für sich außer deren direkter Bestimmung liegt", da Hegel diese Bemerkung weder bei der fürstlichen noch der Regierungsgewalt, wo sie ebenso wahr ist, angebracht hatte. Dann aber konstruiert Hegel erst das Ganze der Verfassung und kann es insofern nicht voraussetzen; allein darin eben erkennen wir die Tiefe bei ihm, daß er überall mit dem *Gegensatz* der Bestimmungen (wie sie in unsren Staaten sind) beginnt und den Akzent darauf legt.

Die „gesetzgebende Gewalt ist selbst ein Teil der *Verfassung*", welche „an und für sich außer deren direkter Bestimmung liegt". Aber die Verfassung hat sich doch auch nicht von selbst gemacht. Die Gesetze, die „weiterer Fortbestimmung bedürfen", müssen doch formiert worden sein. Es muß eine gesetzgebende Gewalt vor der Verfassung und *außer* der Verfassung bestehen oder bestanden haben. Es muß eine gesetzgebende Gewalt bestehn außer der wirklichen, *empirischen, gesetzten* gesetzgebenden Gewalt. Aber, wird Hegel antworten: Wir setzen einen *bestehenden* Staat voraus. Allein Hegel ist Rechtsphilosoph und entwickelt die Staatsgattung. Er darf nicht die Idee am Bestehenden, er muß das Bestehende an der Idee messen.

Die Kollision ist einfach. Die *gesetzgebende Gewalt* ist die Gewalt, das Allgemeine zu organisieren. Sie ist die Gewalt der Verfassung. Sie greift über über die Verfassung.

Allein anderseits ist die gesetzgebende Gewalt eine verfassungsmäßige Gewalt. Sie ist also unter die Verfassung subsumiert. Die Verfassung ist *Gesetz* für die gesetzgebende Gewalt. Sie *hat* der gesetzgebenden Gewalt Gesetze gegeben und gibt sie ihr beständig. Die gesetzgebende Gewalt ist nur gesetzgebende Gewalt innerhalb der Verfassung, und die Verfassung stände hors de loi wenn sie außerhalb der gesetzgebenden Gewalt stände. Voilà la collision! Innerhalb der jüngsten französischen Geschichte ist mancherlei herumgeknuspert worden.

Wie löst Hegel diese Antinomie?

Zunächst heißt es:

Die *Verfassung* ist der gesetzgebenden Gewalt „*vorausgesetzt*"; sie liegt „*insofern* an und für sich *außer deren* direkten Bestimmung".

„*Aber*" – aber „in der Fortbildung der Gesetze" „und in dem fortschreitenden Charakter der allgemeinen Regierungsangelegenheiten" „erhält" sie ihre weitere Entwicklung".

D. h. also: Direkt liegt die Verfassung außerhalb dem Bereich der gesetzgebenden Gewalt; aber indirekt verändert die gesetzgebende Gewalt die Verfassung. Sie tut auf einem Wege, was sie nicht auf gradem Wege tun kann und darf. Sie zerpflückt sie en détail, weil sie dieselbe nicht en gros verändern kann. Sie tut durch die Natur der Dinge und der Verhältnisse, was sie nach der Natur der Verfassung nicht tun sollte. Sie tut *materiell, faktisch,* was sie nicht *formell, gesetzlich,* verfassungsmäßig tut.

Hegel hat damit die Antinomie nicht gehoben, er hat sie in eine andre Antinomie verwandelt; er hat das *Wirken* der gesetzgebenden Gewalt, ihr *verfassungsmäßiges* Wirken in Widerspruch gestellt mit ihrer verfassungsmäßigen *Bestimmung.* Es bleibt der Gegensatz zwischen der *Verfassung und der gesetzgebenden Gewalt.* Hegel hat das *faktische* und das *legale* Tun der gesetzgebenden Gewalt als Widerspruch definiert oder auch den Widerspruch zwischen dem, was die gesetzgebende Gewalt sein soll, und dem, was sie wirklich ist, zwischen dem, was sie zu tun meint, und dem, was sie wirklich tut.

Wie kann Hegel diesen Widerspruch für das Wahre ausgehen? „Der fortschreitende Charakter der allgemeinen Regierungsangelegenheiten" erklärt ebensowenig, denn eben dieser fortschreitende Charakter soll erklärt werden.

In dem Zusatz trägt Hegel zwar nichts zur Lösung der Schwierigkeiten bei. Wohl aber stellt er sie noch klarer heraus.

> „Die Verfassung muß an und für sich der feste geltende Boden sein, auf dem die gesetzgebende Gewalt steht, und sie muß deswegen nicht erst gemacht werden. Die Verfassung i s t also, aber ebenso wesentlich w i r d sie, das heißt, sie schreitet in der Bildung fort. Dieses Fortschreiten ist eine *Veränderung*, die *unscheinbar* ist und nicht die *Form der Veränderung* hat."

Das heißt, die Verfassung *ist* dem Gesetz (der Illusion) nach, aber sie *wird* der Wirklichkeit (der Wahrheit) nach. Sie ist ihrer Bestimmung nach unveränderlich, aber sie verändert sich wirklich, nur ist diese Veränderung unbewußt, sie hat nicht die Form der Veränderung. Der *Schein* widerspricht dem *Wesen.* Der Schein ist das *bewußte Gesetz* der Verfassung, und das Wesen ist ihr *bewußtloses,* dem ersten widersprechendes Gesetz. Es ist nicht im Gesetz, was in der Natur der Sache ist. Es ist vielmehr das Gegenteil im Gesetz.

Ist das nun das Wahre, daß im Staat, nach Hegel dem höchsten Dasein der *Freiheit,* dem Dasein der selbstbewußten Vernunft, nicht das Gesetz, das Dasein der Freiheit, sondern die blinde Naturnotwendigkeit herrscht? Und wenn nun das Gesetz der Sache als widersprechend der gesetzlichen Definition erkannt wird, warum nicht das Gesetz der Sache, der Vernunft auch als das Staatsgesetz anerkennen, wie nun den Dualismus mit Bewußtsein festhalten? Hegel will überall den Staat als die Verwirklichung des freien Geistes darstellen, aber re vera löst er alle schwierigen Kollisionen durch eine Naturnotwendigkeit, die im Gegensatz zur Freiheit steht. So ist auch der Übergang des Sonderinteresses in das Allgemeine kein bewußtes Staatsgesetz, sondern per Zufall vermittelt, *wider* das Bewußtsein sich vollziehend, und Hegel will überall im Staat die Realisation des freien Willens! (Hierin zeigt sich der *substantielle* Standpunkt Hegels.)

Die Beispiele, die Hegel über die *allmähliche* Veränderung der Verfassung anführt sind unglücklich gewählt. So, daß das Vermögen der deutschen Fürsten und ihrer Familien aus Privatgut in Staatsdomäne, das persönliche Rechtsprechen der deutschen Kaiser in Rechtsprechen durch Abgeordnete sich verwandelt hat. Der erste Übergang hat sich nur so gemacht, daß alles Staatseigentum sich in fürstliches Privateigentum umsetzte.

Dabei sind diese Veränderungen partikular. Ganze Staatsverfassungen haben sich allerdings so verändert, daß nach und nach neue Bedürfnisse entstanden, daß das Alte zerfiel etc.; aber zu der *neuen* Verfassung hat es immer einer förmlichen Revolution bedurft.

> „So ist also die Fortbildung eines Zustandes", schließt Hegel, „eine *scheinbar* ruhige und unbemerkte. Nach langer Zeit kommt auf diese Weise eine Verfassung zu einem ganz anderen Zustande als vorher."

Die Kategorie des *allmählichen* Überganges ist erstens historisch falsch, und zweitens erklärt sie nichts.

Damit der Verfassung nicht nur die Veränderung angetan wird, damit also dieser illusorische Schein nicht zuletzt gewaltsam zertrümmert wird, damit der Mensch mit Bewußtsein tut, was er sonst ohne Bewußtsein durch die Natur der Sache gezwungen wird zu tun, ist es notwendig, daß die Bewegung der Verfassung, daß der *Fortschritt zum Prinzip der Verfassung* gemacht wird, daß also der wirkliche Träger der Verfassung, das Volk, zum Prinzip der Verfassung gemacht wird. Der Fortschritt selbst ist dann die Verfassung.

Soll also die „Verfassung" selbst in den Bereich der „gesetzgebenden Gewalt" gehören? Diese Frage kann nur aufgeworfen werden, 1. wenn der politische Staat als bloßer Formalismus des wirklichen Staats existiert, wenn der politische Staat eine aparte Domäne ist, wenn der politische Staat als „Verfassung" existiert; 2. wenn die gesetzgebende Gewalt anderen Ursprungs ist als die Regierungsgewalt etc.

Die gesetzgebende Gewalt hat die französische Revolution gemacht; sie hat überhaupt, wo sie in ihrer Besonderheit als das Herrschende auftrat, die großen organischen allgemeinen Revolutionen gemacht; sie hat nicht die Verfassung, sondern eine besondre antiquierte Verfassung bekämpft, eben weil die gesetzgebende Gewalt der Repräsentant des Volkes, des Gattungswillens war. Die Regierungsgewalt dagegen hat die kleinen Revolutionen, die retrograden Revolutionen, die Reaktionen gemacht; sie hat nicht für eine neue Verfassung gegen eine alte, sondern gegen die Verfassung revolutioniert, eben weil die Regierungsgewalt der Repräsentant des besonderen Willens, der subjektiven Willkür, des magischen Teils des Willens war.

Wird die Frage richtig gestellt, so heißt sie nur: Hat das Volk das Recht, sich eine neue Verfassung zu geben? Was unbedingt bejaht werden muß, indem die Verfassung, sobald sie aufgehört hat, wirklicher Ausdruck des Volkswillens zu sein, eine praktische Illusion geworden ist.

Die Kollision zwischen der Verfassung und der gesetzgebenden Gewalt ist nichts als ein *Konflikt der Verfassung mit sich selbst,* ein Widerspruch im Begriff der Verfassung.

Die Verfassung ist nichts als eine Akkommodation zwischen dem politischen und unpolitischen Staat; sie ist daher notwendig in sich selbst ein Traktat wesentlich heterogener Gewalten. Hier ist es also dem Gesetz unmöglich, auszusprechen, daß eine dieser Gewalten, ein Teil der Verfassung, das Recht haben solle, die Verfassung selbst, das Ganze, zu modifizieren.

Soll von der Verfassung als einem Besondern gesprochen werden, so muß sie vielmehr als ein Teil des Ganzen betrachtet werden.

Wurden unter der Verfassung die allgemeinen Bestimmungen, die Fundamentalbestimmungen des vernünftigen Willens, verstanden, so versteht sich, daß jedes Volk (Staat) dies zu seiner Voraussetzung hat und daß sie sein politisches Credo bilden müssen. Das ist eigentlich Sache des Wissens und nicht des Willens. Der Wille eines Volks kann ebensowenig über die Gesetze der Vernunft hinaus als der Wille eines Individuums. Bei einem unvernünftigen Volk kann überhaupt nicht von einer vernünftigen Staatsorganisation die Rede sein. Hier in der Rechtsphilosophie ist überdem der Gattungswille unser Gegenstand.

Die gesetzgebende Gewalt macht das Gesetz nicht, sie entdeckt und formuliert es nur.

Man hat diese Kollision zu lösen gesucht durch die Unterscheidung zwischen assemblée constituante und assemblée constituée.

> § 299. „Diese Gegenstände" (die Gegenstände der gesetzgebenden Gewalt) „bestimmen sich in Beziehung auf die Individuen näher nach den zwei Seiten: a) was durch den Staat ihnen zugute kommt und sie zu genießen und b) was sie demselben zu leisten haben. Unter jenem sind die privatrechtlichen Gesetze überhaupt, die Rechte der Gemeinden und Korporationen und ganz allgemeine Veranstaltungen und indirekt (§ 298) das Ganze der Verfassung begriffen. Das zu Leistende aber kann nur, indem es auf *Geld,* als den existierenden allgemeinen *Wert* der Dinge und der Leistungen, reduziert wird, auf eine gerechte Weise und zugleich auf eine Art bestimmt werden, daß die *besonderen* Arbeiten und Dienste, die der Einzelne leisten kann, durch seine Willkür vermittelt werden."

Über diese Bestimmung der Gegenstände der gesetzgebenden Gewalt bemerkt Hegel selbst in der Anmerkung zu diesem Paragraphen:

> „Was Gegenstand der allgemeinen Gesetzgebung und was der Bestimmung der Administrativbehörden und der Regulierung der Regierung überhaupt anheimzustellen sei, läßt sich zwar im Allgemeinen so unterscheiden, daß in jene nur das dem Inhalte nach *ganz Allgemeine* die gesetzlichen Bestimmungen, in diese aber das *Besondere* und die Art und Weise der Exekution falle. Aber völlig bestimmt ist diese Unterscheidung schon dadurch nicht, daß das Gesetz, damit es Gesetz, nicht ein bloßes Gebot überhaupt sei (wie: „du sollst nicht töten"), in sich bestimmt sein muß; je bestimmter es aber ist, desto mehr nähert sich sein Inhalt der Fähigkeit, so wie es ist, ausgeführt zu werden. Zugleich aber würde die so weit gehende Bestimmung den Gesetzen eine empirische Seite geben, welche in der wirklichen Ausführung Abänderungen unterworfen werden müßte, was dem Charakter von Gesetzen Abbruch täte. In der *organischen Einheit* der Staatsgewalten liegt es selbst, daß es Ein Geist ist, der das Allgemeine festsetzt, und der es zu seiner bestimmten Wirklichkeit bringt und ausführt."

Aber eben diese *organische* Einheit ist es, die Hegel nicht konstruiert hat. Die verschiedenen Gewalten haben ein verschiedenes Prinzip. Sie sind dabei feste Wirklichkeit. Von ihrem wirklichen Konflikt an die *imaginäre* „organische Einheit" sich flüchten, statt sie als Momente einer organischen Einheit entwickelt zu haben, ist daher eine leere mystische Ausflucht.

Die erste ungelöste Kollision war die zwischen der *ganzen Verfassung* und der *gesetzgebenden Gewalt.* Die zweite ist die zwischen der *gesetzgebenden* und der *Regierungsgewalt,* zwischen dem Gesetz und der Exekution.

Die zweite Bestimmung des Paragraphen ist, daß die einzige Leistung, die der Staat von den Individuen fordert, das *Geld* ist.

Die Gründe, die Hegel dafür anführt, sind:

1. das Geld ist der existierende allgemeine *Wert* der Dinge und der Leistungen;

2. das zu Leistende kann nur durch diese Reduktion auf eine *gerechte* Art bestimmt werden;

3. nur dadurch kann die Leistung auf eine solche Art bestimmt werden, daß die *besonderen* Arbeiten und Dienste, die der Einzelne leisten kann, durch seine Willkür vermittelt werden.

Hegel bemerkt in der Anmerkung:

> ad 1. „Es kann im Staate zunächst auffallen, daß von den vielen Geschicklichkeiten, Besitztümern, Tätigkeiten, Talenten und darin liegenden unendlich mannigfaltigen lebendigen Vermögen, die zugleich mit Gesinnung verbunden sind, der Staat keine direkte Leistung fordert, sondern nur das eine Vermögen in Anspruch nimmt, das als Geld erscheint. – Die Leistungen, die sich auf die Verteidigung des Staats gegen Feinde beziehen, gehören erst zu der Pflicht der folgenden Abteilung" (nicht der folgenden Abteilung, aber anderer Gründe wegen werden wir erst später auf die persönliche Pflicht zum Militärdienst kommen).

„In der Tat ist das Geld aber nicht ein besonderes Vermögen neben den übrigen, sondern es ist das Allgemeine derselben, insofern sie sich zu der Äußerlichkeit des Daseins produzieren, in der sie als eine S a c h e gefaßt werden können." „Bei uns", heißt es weiter in dem *Zusatz*, „k a u f t der Staat, was er braucht."

ad. 2. „Nur an dieser äußerlichsten Spitze" (sc. worin die V e r m ö g e n sich zu der Äußerlichkeit des Daseins produzieren, in der sie als eine S a c h e gefaßt werden können) „ist die q u a n t i t a t i v e Bestimmtheit und damit die Gerechtigkeit und *Gleichheit der Leistungen* möglich." Im *Zusatz* heißt es: „Durch Geld kann aber die *Gerechtigkeit der Gleichheit* weit besser durchgeführt werden." „Der Talentvolle würde sonst mehr besteuert sein als der Talentlose, wenn es auf die konkrete Fähigkeit ankäme."

ad. 3. „P l a t o läßt in seinem Staate die Individuen den besonderen Ständen durch die Obern zuteilen und ihnen ihre b e s o n d e r e n Leistungen auflegen; in der Feudalmonarchie hatten Vasallen ebenso unbestimmte Dienste, aber auch in ihrer B e s o n d e r h e i t, z. B. das Richteramt usf. zu leisten; die Leistungen im Orient, Ägypten für die unermeßlichen Architekturen usf. sind ebenso von b e s o n d e r e r Qualität usf. In diesen Verhältnissen mangelt das Prinzip der s u b j e k t i v e n F r e i h e i t, daß das substantielle Tun des Individuums, das in solchen Leistungen ohnehin seinem Inhalte nach ein Besonderes ist, durch seinen b e s o n d e r e n W i l l e n vermittelt sei; – ein Recht, das allein durch die Forderung der Leistungen in der Form des allgemeinen Wertes möglich und das der Grund ist, der diese Verwandelung herbeigeführt hat." Im Zusatz heißt es: „Bei uns k a u f t der Staat, was er braucht, und dies kann zunächst als abstrakt, tot und gemütlos erscheinen, und es kann auch aussehen, als wenn der Staat dadurch heruntergesunken wäre, daß er sich mit abstrakten Leistungen befriedigt. Aber es liegt in dem Prinzip" des neueren Staates, das Alles, was das Individuum tut, durch seinen Willen vermittelt sei."... „Nun aber wird eben dadurch Respekt vor der subjektiven Freiheit an den Tag gelegt, daß man jemanden nur an dem ergreift, an welchem er ergriffen werden kann."

Tut, was ihr wollt. Bezahlt, was ihr sollt.

Der Eingang des Zusatzes lautet:

„Die zwei Seiten der Verfassung beziehen sich auf die Rechte und Leistungen der Individuen. Was nun die Leistungen betrifft, so reduzieren sie sich jetzt fast alle auf Geld. Die Militärpflicht ist jetzt fast nur die einzige persönliche Leistung."

§ 300. „In der gesetzgebenden Gewalt als *Totalität* sind zunächst die zwei andern Momente wirksam, das m o n a r c h i s c h e, als dem die höchste Entscheidung zukommt –, d i e R e g i e r u n g s g e w a l t als das mit der konkreten Kenntnis und Übersicht des Ganzen in seinen vielfachen Seiten und den darin *festgewordenen* wirklichen Grundsätzen sowie mit der Kenntnis der Bedürfnisse der Staatsgewalt insbesondere, beratende Moment –, endlich das s t ä n d i s c h e Element."

Die monarchische Gewalt und die Regierungsgewalt sind ... gesetzgebende Gewalt. Wenn aber die gesetzgebende Gewalt die *Totalität* ist, müßten vielmehr monarchische Gewalt und Regierungsgewalt Momente der gesetzgebenden Gewalt sein. Das hinzutretende *ständische* Element ist *nur* gesetzgebende Gewalt oder die gesetzgebende Gewalt im *Unterschied* zu der monarchischen und Regierungsgewalt.

> § 301. „Das ständische Element hat die Bestimmung, daß die allgemeine Angelegenheit nicht nur an sich, sondern auch für sich, d.i. daß das Moment der subjektiven formellen Freiheit, das öffentliche Bewußtsein als empirische Allgemeinheit der Ansichten und Gedanken der Vielen, darin zur Existenz komme."

Das ständische Element ist eine Deputation der bürgerlichen Gesellschaft an den Staat, dem sie als die „Vielen" gegenüberstehn. Die Vielen sollen einen Augenblick die allgemeinen Angelegenheiten *mit Bewußtsein* als ihre eigenen behandeln, als Gegenstände des *öffentlichen Bewußtseins,* welches nach Hegel nichts ist als die „*empirische Allgemeinheit* der Ansichten und Gedanken der *Vielen*" (und in Wahrheit ist es in den modernen, auch den konstitutionellen, Monarchien nichts anders). Es ist bezeichnend, daß Hegel, der so großen Respekt vor dem Staatsgeist, dem sittlichen Geist, dem Staatsbewußtsein hat, es da, wo es ihm in wirklicher empirischer Gestalt gegenübertritt, förmlich verachtet.

Dies ist das Rätsel des Mystizismus. Dieselbe phantastische Abstraktion, die das *Staatsbewußtsein* in der unangemeßnen Form der *Bürokratie,* einer Hierarchie des Wissens, wiederfindet und diese unangemeßne Existenz unkritisch für die wirkliche Existenz hinnimmt als *vollgültig,* dieselbe mystische Abstraktion gesteht ebenso unbefangen, daß der wirkliche *empirische* Staatsgeist, das *öffentliche Bewußtsein,* ein bloßes Potpourri von „Gedanken und Ansichten der Vielen" sei. Wie sie der Bürokratie ein fremdes Wesen unterschiebt, so läßt sie dem wahren Wesen die unangemeßne Form der Erscheinung. Hegel idealisiert die Bürokratie und empirisiert das öffentliche Bewußtsein. Hegel kann das wirkliche öffentliche Bewußtsein sehr à part behandeln, eben weil er das à part Bewußtsein als das öffentliche behandelt hat. Er braucht sich um so weniger um die wirkliche Existenz des Staatsgeistes zu kümmern, als er schon in seinen soi-disant Existenzen ihn gehörig realisiert zu haben meint. Solange der Staatsgeist mystisch im Vorhof spukte, wurden ihm viel Reverenzen gemacht. Hier, wo wir ihn in persona gehascht, wird er kaum angesehn.

„Das ständische Element hat die Bestimmung, daß die allgemeine Angelegenheit nicht nur an *sich,* sondern auch *für sich* darin zur Existenz komme." Und zwar kommt sie für sich zur Existenz als das „öffentliche Bewußtsein", als „*empirische Allgemeinheit* der Ansichten und Gedanken der *Vielen*".

Das Subjektwerden der „allgemeinen Angelegenheit", die auf diese Weise verselbständigt wird, wird hier als ein Moment des Lebensprozesses der „allgemeinen Angelegenheit" dargestellt. Statt daß die Subjekte sich in der „allgemeinen Angelegenheit" vergegenständlichten, läßt Hegel die „allgemeine Angelegenheit" zum „Subjekt" kommen. Die Subjekte bedürfen nicht der „allgemeinen Angelegenheit" als ihrer wahren Angelegenheit, sondern die allgemeine Angelegenheit bedarf der Subjekte zu ihrer *formellen* Existenz. Es ist eine Angelegenheit der „allgemeinen Angelegenheit", daß sie auch als Subjekt existiere.

Es ist hier besonders der Unterschied zwischen dem „*Ansichsein*" und dem „*Fürsichsein*" der allgemeinen Angelegenheit ins Auge zu fassen.

Die „*allgemeine Angelegenheit*" existiert schon „*an sich*" als das Geschäft der Regierung etc.; sie existiert, ohne *wirklich* die *allgemeine* Angelegenheit zu sein; sie ist nichts weniger als dies, denn sie ist nicht die Angelegenheit der „*bürgerlichen Gesellschaft*". Sie hat schon ihre *wesentliche* an sich seiende Existenz gefunden. Daß sie nun auch wirklich „öffentliches Bewußtsein", „empirische Allgemeinheit" wird, ist rein formell und kommt gleichsam nur *symbolisch* zur Wirklichkeit. Die „formelle" Existenz oder die „empirische" Existenz der allgemeinen Angelegenheit ist getrennt von ihrer *substantiellen Existenz*. Die Wahrheit davon ist: Die *an sich seiende* „allgemeine Angelegenheit" ist nicht *wirklich allgemein,* und die wirkliche *empirische* allgemeine Angelegenheit ist nur *formell.*

Hegel trennt *Inhalt* und *Form, Ansichsein* und *Fürsichsein* und läßt das letztere als ein *formelles* Moment äußerlich hinzutreten. Der Inhalt ist fertig und existiert in vielen Formen, die nicht die Formen dieses Inhaltes sind; wogegen es sich von selbst versteht, daß die Form, die nun für die wirkliche Form des Inhalts gelten soll, nicht den wirklichen Inhalt zu ihrem Inhalt hat.

Die *allgemeine Angelegenheit* ist fertig, ohne daß sie wirkliche Angelegenheit des Volks wäre. Die wirkliche Volkssache ist ohne Tun des Volks zustande gekommen. Das ständische Element ist die *illusorische Existenz* der Staatsangelegenheiten als einer Volkssache. Die Illusion, daß die *allgemeine Angelegenheit* allgemeine Angelegenheit, öffentliche Angelegenheit sei, oder die *Illusion,* daß die Sache des Volks allgemeine Angelegenheit sei. So weit ist es sowohl in unseren Staaten als in der Hegelschen Rechtsphilosophie gekommen, daß der tautologische Satz: „Die allgemeine Angelegenheit ist die allgemeine Angelegenheit", nur als eine *Illusion des praktischen Bewußtseins* erscheinen kann. Das *ständische Element* ist die *politische Illusion der bürgerlichen Gesellschaft.* Die *subjektive* Freiheit erscheint bei Hegel als *formelle* Freiheit (es ist allerdings wichtig, daß das Freie auch frei getan werde, daß die Freiheit nicht als bewußtloser Naturinstinkt der Gesellschaft herrsche), eben weil er die objektive Freiheit nicht als Verwirklichung, als Bestätigung der subjektiven hingestellt hat. Weil er dem präsumtiven oder wirklichen Inhalt der Freiheit einen mystischen Träger gegeben hat, so bekommt das wirkliche Subjekt der Freiheit eine formelle Bedeutung.

Die Trennung des *Ansichs* und des *Fürsichs,* der Substanz und des Subjekts ist abstrakter Mystizismus.

Hegel setzt in der Anmerkung das „ständische Element" recht sehr als ein „Formelles", „ Illusorisches" auseinander.

Sowohl das *Wissen* als der *Wille* des „ständischen Elementes" sind teils unbedeutend, teils verdächtig; d. h., das ständische Element ist kein *inhaltsvolles Komplement*.

> „Die Vorstellung, die das gewöhnliche Bewußtsein über die Notwendigkeit oder Nützlichkeit der Konkurrenz von Ständen zunächst vor sich zu haben pflegt, ist vornehmlich etwa, daß die Abgeordneten aus dem Volk oder gar das Volk es am besten verstehen müsse, was zu seinem Besten diene, und daß es den ungezweifelt besten Willen für dieses Beste habe. Was das erstere betrifft, so ist vielmehr der Fall, daß das Volk, insofern mit diesem Worte ein besonderer Teil der Mitglieder eines Staats bezeichnet ist, den Teil ausdrückt, der nicht weiß, was er will. Zu wissen, was man will, und noch mehr, was der an und für sich seiende Wille, die Vernunft, will, ist die Frucht tiefer Erkenntnis" (die wohl in den Büros steckt) „und Einsicht, welche eben nicht die Sache des Volks ist."

Mehr unten heißt es in bezug auf die Stände selbst:

> „Die höchsten Staatsbeamten haben notwendig tiefere und umfassendere Einsicht in die Natur der Einrichtungen und Bedürfnisse des Staats sowie die größere Geschicklichkeit und Gewohnheit dieser Geschäfte und können ohne Stände das Beste tun, wie sie auch fortwährend bei den ständischen Versammlungen das Beste tun müssen."

Und es versteht sich, daß bei der von Hegel beschriebnen Organisation dies vollständig wahr ist.

> 2. „Was aber den vorzüglich guten Willen der Stände für das allgemeine Beste betrifft, so ist schon oben bemerkt worden, daß es zu der Ansicht des Pöbels, dem Standpunkte des Negativen überhaupt gehört, bei der Regierung einen bösen oder weniger guten Willen vorauszusetzen; – eine Voraussetzung, die zunächst, wenn in gleicher Form geantwortet werden sollte, die Rekrimination zur Folge hätte, daß die Stände, da sie von der Einzelnheit, dem Privatstandpunkt und den besonderen Interessen herkommen, für diese auf Kosten des allgemeinen Interesses ihre Wirksamkeit zu gebrauchen geneigt seien, dahingegen die anderen Momente der Staatsgewalt schon für sich auf den Standpunkt des Staates gestellt und dem allgemeinen Zwecke gewidmet sind."

Also *Wissen* und *Willen* der Stände sind teils überflüssig, teils verdächtig. Das Volk weiß nicht, was es will. Die Stände besitzen nicht die Staatswissenschaft im Maße der Beamten, deren Monopol sie ist. Die Stände sind überflüssig zum Vollbringen der „allgemeinen Angelegenheit". Die Beamten können sie ohne Stände vollbringen, ja sie *müssen* trotz der Stände das Beste tun. Was also den Inhalt betrifft, so sind die Stände reiner Luxus. Ihr Dasein ist daher im wörtlichsten Sinne eine bloße *Form*.

Was ferner die Gesinnung, den *Willen* der Stände betrifft, so ist er verdächtig, denn sie kommen vom Privatstandpunkt und den Privatinteressen her. In

Wahrheit ist das Privatinteresse ihre allgemeine Angelegenheit und nicht die allgemeine Angelegenheit ihr Privatinteresse. Aber welche Manier der „allgemeinen Angelegenheit", *Form* zu gewinnen als allgemeine Angelegenheit in einem Willen, der nicht weiß, was er will, wenigstens nicht ein besondres Wissen des Allgemeinen besitzt, und in einem Willen, dessen eigentlicher Inhalt ein entgegenstehendes Interesse ist!

In den modernen Staaten, wie in Hegels Rechtsphilosophie, ist die bewußte, die *wahre Wirklichkeit* der *allgemeinen Angelegenheit nur formell,* oder *nur das Formelle ist wirkliche allgemeine Angelegenheit.*

Hegel ist nicht zu tadeln, weil er das Wesen des modernen Staats schildert, wie es ist, sondern weil er das, was ist, für das *Wesen des Staats* ausgibt. Daß das Vernünftige wirklich ist, beweist sich eben im *Widerspruch* der unvernünftigen *Wirklichkeit,* die an allen Ecken das Gegenteil von dem ist, was sie aussagt, und das Gegenteil von dem aussagt, was sie ist.

Statt daß Hegel zeigte, wie die „allgemeine Angelegenheit" für sich „subjektiv, daher wirklich als solche existiere", daß sie auch die Form der allgemeinen Angelegenheit hat, zeigt er nur, daß die *Formlosigkeit* ihre Subjektivität ist, und eine Form ohne Inhalt muß formlos sein. Die Form, welche die allgemeine Angelegenheit in einem Staat gewinnt, der nicht der Staat der allgemeinen Angelegenheit ist, kann nur eine Unform, eine sich selbst täuschende, eine sich selbst widersprechende Form sein, eine *Scheinform,* die sich als dieser Schein ausweisen wird.

Hegel will den Luxus des ständischen Elements nur der Logik zulieb. Das *Fürsichsein* der allgemeinen Angelegenheit als empirische Allgemeinheit soll ein Dasein haben. Hegel sucht nicht nach einer adäquaten Verwirklichung des „Fürsichseins der allgemeinen Angelegenheit", er begnügt sich, eine empirische Existenz zu finden, die in diese logische Kategorie aufgelöst werden kann, das ist dann das ständische Element: wobei er nicht verfehlt, selbst anzumerken, wie erbärmlich und widerspruchsvoll diese Existenz ist. Und dann wirft er noch dem gewöhnlichen Bewußtsein vor, daß es sich mit dieser logischen Satisfaktion nicht begnügt, daß es sich nicht die Wirklichkeit durch *willkürliche* Abstraktion in Logik aufgelöst, sondern die Logik in wahre Gegenständlichkeit verwandelt sehn will.

Ich sage: *willkürliche* Abstraktion. Denn da die Regierungsgewalt die *allgemeine Angelegenheit* will, weiß, verwirklicht, aus dem Volk hervorgeht und eine empirische Vielheit ist (daß es sich nicht um Allheit handelt, belehrt uns Hegel ja selbst), warum sollte die Regierungsgewalt nicht als das „Fürsichsein der allgemeinen Angelegenheit" bestimmt werden können? Oder warum nicht die „Stände" als ihr *Ansichsein,* da die Sache erst in der Regierung Licht und Bestimmtheit und Ausführung und Selbständigkeit gewinnt?

Aber der wahre Gegensatz ist: „Die allgemeine Angelegenheit" muß doch irgendwo im Staat als „wirkliche", also „empirische allgemeine Angelegenheit" *repräsentiert* sein; sie muß irgendwo in der Krone und dem Talar des Allgemeinen erscheinen, wodurch es von selbst zu einer Rolle, einer Illusion wird. Es handelt sich hier um den Gegensatz des „Allgemeinen" als „*Form*", in der „Form der Allgemeinheit", und des „Allgemeinen als Inhalt".

Z. B. in der Wissenschaft kann ein „Einzelner" die allgemeine Angelegenheit vollbringen, und es sind immer Einzelne, die sie vollbringen. Aber wirklich allgemein wird sie erst, wenn sie nicht mehr die Sache des Einzelnen, sondern die der Gesellschaft ist. Das verändert nicht nur die Form, sondern auch den Inhalt. Hier aber handelt es sich um den Staat, wo das Volk selbst die allgemeine Angelegenheit ist; hier handelt es sich um den Willen, der sein wahres Dasein als Gattungswille nur im selbstbewußten Willen des Volkes hat. Und hier handelt es sich überdem von der Idee des Staats.

Der moderne Staat, in dem die „allgemeine Angelegenheit" wie die Beschäftigung mit derselben ein Monopol ist und dagegen die Monopole die wirklichen allgemeinen Angelegenheiten sind, hat die sonderbare Erfindung gemacht, die „allgemeine Angelegenheit" als eine *bloße Form* sich anzueignen. (Das Wahre ist, daß nur die *Form* allgemeine Angelegenheit ist.) Er hat damit die entsprechende Form für seinen Inhalt gefunden, der nur scheinbar die wirkliche allgemeine Angelegenheit ist.

Der konstitutionelle Staat ist der Staat, in dem das Staatsinteresse als wirkliches Interesse des Volkes *nur* formell, aber als eine *bestimmte Form* neben dem wirklichen Staat vorhanden ist; das Staatsinteresse hat hier *formell* wieder Wirklichkeit erhalten als Volksinteresse, aber es soll auch nur diese *formelle Wirklichkeit* haben. Es ist zu einer *Formalität,* zu dem haut goût des Volkslebens geworden, eine *Zeremonie.* Das *ständische* Element ist die *sanktionierte, gesetzliche Lüge* der konstitutionellen Staaten, daß der *Staat* das *Interesse des Volks* oder daß das *Volk* das *Staatsinteresse* ist. Im *Inhalt* wird sich diese Lüge enthüllen. Als *gesetzgebende* Gewalt hat sie sich etabliert, eben weil die gesetzgebende Gewalt das Allgemeine zu ihrem Inhalt hat, mehr Sache des Wissens als des Willens, die *metaphysische* Staats*gewalt* ist, während dieselbe Lüge als Regierungsgewalt etc. entweder sich sofort auflösen oder in eine Wahrheit verwandeln müßte. Die metaphysische Staatsgewalt war der geeignetste Sitz der metaphysischen, allgemeinen Staatsillusion.

> „Die Gewährleistung, die für das allgemeine Beste und die öffentliche Freiheit in den Ständen liegt, findet sich bei einigem Nachdenken nicht in der besonderen Einsicht derselben, sondern sie liegt teils wohl in einer *Zutat* (!!) von Einsicht der Abgeordneten, vornehmlich in das Treiben der den Augen der höheren Stellen ferner stehenden Beamten, und insbesondere in dringendere und speziellere Bedürfnisse und Mängel, die sie in konkreter Anschauung vor sich haben, teils aber in derjenigen Wirkung, welche die zu erwartende Zensur Vieler und zwar eine öffentliche Zensur mit sich führt, schon im voraus die beste Einsicht auf die Geschäfte und vorzulegenden Entwürfe zu verwenden und sie nur den reinsten Motiven gemäß einzurichten – eine Nötigung, die ebenso für die Mitglieder der Stände selbst wirksam ist."

> „Was hiermit die Garantie überhaupt betrifft, welche besonders in den Ständen liegen soll, so teilt auch *jede andere der Staatsinstitutionen* dies mit ihnen, eine Garantie des öffentlichen Wohls und der vernünftigen Freiheit zu sein, und es gibt darunter Institutionen, wie die Souveränität des Monarchen, die Erblichkeit der Thronfolge, Gerichtsverfassung usf., in welchen diese Garantie noch in viel stärkerem Grade liegt. Die *eigentümliche* Begriffsbestimmung der Stände ist deshalb darin zu suchen, daß in ihnen das subjektive Moment der allgemeinen Freiheit, die eigene Einsicht und der eigene Wille der Sphäre, die in dieser Darstellung bürgerliche Gesellschaft genannt worden ist, in Beziehung auf den Staat zur Existenz kommt. Daß dies Moment eine Bestimmung der zur Totalität entwickelten Idee ist, diese innere Notwendigkeit, welche nicht mit äußeren Notwendigkeiten und Nützlichkeiten zu verwechseln ist, folgt, wie überall, aus dem philosophischen Gesichtspunkt."

Die öffentliche, allgemeine Freiheit *ist* in den andern Staatsinstitutionen angeblich garantiert; die Stände sind ihre angebliche Selbstgarantierung. Daß das Volk auf die Stände, in denen es selbst sich zu versichern glaubt, mehr Gewicht legt als auf die Institutionen, die ohne sein Tun die Assekuranzen seiner Freiheit sein sollen, Bestätigungen seiner Freiheit, ohne Betätigungen seiner Freiheit zu sein. Die Koordination, welche Hegel den Ständen neben den andern Institutionen anweist, widerspricht ihrem Wesen.

Hegel löst das Rätsel, wenn er die „eigentümliche Begriffsbestimmung der Stände" darin findet, daß in ihnen „die eigene Einsicht und der eigene Wille der bürgerlichen Gesellschaft *in Beziehung auf den Staat zur Existenz* kommt". Es ist die *Reflexion der bürgerlichen Gesellschaft auf den Staat.* Wie die Bürokraten *Abgeordnete des Staats* an die bürgerliche Gesellschaft, so sind die Stände *Abgeordnete der bürgerlichen Gesellschaft* an den Staat. Es sind also immer *Transaktionen* zweier *gegensätzlicher Willen.*

Im *Zusatz* zu diesem Paragraphen heißt es:

> „Die Stellung der Regierung zu den Ständen soll keine *wesentlich* feindliche sein, und der Glaube an die Notwendigkeit dieses feindseligen Verhältnisses ist ein trauriger Irrtum",

ist eine „traurige Wahrheit".

> „Die Regierung ist keine Partei, der eine andere gegenübersteht."

Umgekehrt.

> „Die Steuern, die die Stände bewilligen, sind ferner nicht wie ein *Geschenk* anzusehen, das dem Staate gegeben wird, sondern sie werden zum Besten der Bewilligenden selbst bewilligt."

Die Steuerbewilligung ist im konstitutionellen Staat der *Meinung* nach notwendig ein *Geschenk*.

> „Was die eigentliche Bedeutung der Stände ausmacht, ist, daß der *Staat* dadurch *in das subjektive Bewußtsein des Volks tritt*, und daß es an demselben teilzuhaben anfängt."

Das letztere ist ganz richtig. Das Volk in den Ständen *fängt an,* teilzuhaben am Staat, ebenso tritt er als ein jenseitiger in sein subjektives Bewußtsein. Wie kann Hegel diesen *Anfang* aber für die volle *Realität* ausgeben?

> § 302. „Als vermittelndes Organ betrachtet, stehen die Stände zwischen der Regierung überhaupt einerseits, und dem in die besonderen Sphären und Individuen aufgelösten Volke andererseits. Ihre Bestimmung fordert an sie so sehr den Sinn und die Gesinnung des Staats und der Regierung, als der Interessen der besonderen Kreise und der Einzelnen. Zugleich hat diese Stellung die Bedeutung einer mit der organisierten Regierungsgewalt gemeinschaftlichen Vermittelung, daß weder die fürstliche Gewalt als Extrem isoliert und dadurch als bloße Herrschergewalt und Willkür erscheine, noch daß die besonderen Interessen der Gemeinden, Korporationen und der Individuen sich isolieren, oder noch mehr, daß die Einzelnen nicht zur Darstellung einer Menge und eines Haufens, zu einem somit unorganischen Meinen und Wollen und zur bloß massenhaften Gewalt gegen den organischen Staat kommen."

Staat und Regierung werden immer als identisch auf die eine Seite, das in die besondren Sphären und Individuen aufgelöste Volk auf die andere Seite gesetzt. Die Stände stehn als *vermittelndes* Organ zwischen beiden. Die Stände sind die Mitte, worin „Sinn und Gesinnung des Staats und der Regierung" zusammentreffen, vereinigt sein sollen mit „Sinn und Gesinnung der besonderen Kreise und der Einzelnen". Die Identität dieser beiden entgegengesetzten Sinne und Gesinnungen, in deren Identität eigentlich der Staat liegen sollte, erhält eine *symbolische* Darstellung in den *Ständen.* Die Transaktion zwischen Staat und bürgerlicher Gesellschaft erscheint als eine *besondre* Sphäre. Die Stände sind die *Synthese zwischen Staat und bürgerlicher Gesellschaft.* Wie die Stände es aber anfangen sollen, zwei widersprechende Gesinnungen in sich zu vereinen, ist nicht angegeben. Die *Stände* sind der *gesetzte Widerspruch* des Staates und der bürgerlichen Gesellschaft im Staate. Zugleich sind sie die *Forderung* der *Auflösung* dieses Widerspruches.

> „Zugleich hat diese Stellung die Bedeutung einer mit der organisierten Regierungsgewalt gemeinschaftlichen Vermittelung etc."

Die Stände *vermitteln* nicht nur Volk und Regierung. Sie verhindern die „fürstliche Gewalt" als isoliertes *„Extrem",* die damit als „bloße Herrschergewalt und

Willkür" erscheinen würde, ebenso die „Isolierung" der „besonderen" Interessen etc., ebenso die „Darstellung der Einzelnen als *Menge* und *Haufen*". Diese Vermittelung ist den Ständen mit der organisierten Regierungsgewalt gemeinschaftlich. In einem Staat, worin die „Stellung" der „Stände" verhindert, „daß die Einzelnen nicht zur Darstellung einer *Menge* oder eines *Haufens,* zu einem somit unorganischen Meinen und Wollen, zur bloß massenhaften Gewalt gegen den organischen Staat kommen", existiert der „*organische* Staat" außer der „Menge" und dem „Haufen", oder da gehört die „Menge" und der „Haufen" zur Organisation des Staats; bloß soll sein „unorganisches Meinen und Wollen" nicht zum „Meinen und Wollen gegen den Staat" kommen, durch welche *bestimmte Richtung* es „organisches" Meinen und Wollen würde. Ebenso soll diese „massenhafte Gewalt nur „massenhaft" bleiben, so daß der Verstand außer der Masse ist und sie daher nicht sich selbst in Bewegung setzen, sondern nur von den Monopolisten des „organischen Staates" in Bewegung gesetzt und als massenhafte Gewalt exploitiert werden kann. Wo nicht „die besondern Interessen der Gemeinden, Korporationen und der Einzelnen" sich gegen den Staat isolieren, sondern die „Einzelnen zur Darstellung einer *Menge* und eines *Haufens* zu einem somit unorganischen Meinen und Wollen und zur bloß massenhaften Gewalt gegen den Staat kommen", da zeigt es sich eben, daß kein „besonderes Interesse" dem Staat widerspricht, sondern daß der „wirkliche organische allgemeine Gedanke der Menge und des Haufens" nicht der Gedanke des organischen Staats" ist, der nicht in ihm seine Realisation findet. Wodurch erscheinen nun die Stände als Vermittelung gegen dies Extrem? Nur dadurch, „daß die besonderen Interessen der Gemeinden, Korporationen und der Individuen sich isolieren", oder dadurch, daß ihre isolierten Interessen *ihre Rechnung mit dem Staat durch die Stände abschließen,* zugleich dadurch, daß das „unorganische Meinen und Wollen der Menge und des Haufens" in der Schöpfung der Stände seinen *Willen* (seine Tätigkeit) und in der Beurteilung der Tätigkeit der Stände sein „Meinen" beschäftigt und die Täuschung seiner Vergegenständlichung genossen hat. Die „Stände" präservieren den Staat vor dem unorganischen Haufen nur durch die Desorganisation dieses Haufens.

Zugleich aber sollen die *Stände* dagegen vermitteln, „daß die besonderen Interessen der Gemeinden, Korporationen und der Individuen sich" nicht „isolieren". Sie vermitteln dagegen, 1. indem sie mit dem „Staatsinteresse" transigieren, 2. indem sie selbst die „*politische* Isolierung" dieser besondern Interessen sind; diese *Isolierung als politischer Akt,* indem durch sie diese isolierten Interessen" den Rang des „Allgemeinen" erhalten.

Endlich sollen die Stände gegen die „*Isolierung*" der fürstlichen Gewalt als eines „*Extrems*" (die „dadurch als bloße Herrschergewalt und Willkür *erschiene*") vermitteln. Dies ist insofern richtig, als das *Prinzip* der *fürstlichen Gewalt* (die Willkür) durch sie begrenzt ist, wenigstens nur in Fesseln sich bewegen kann, und als sie selbst Teilnehmer, Mitschuldige der fürstlichen Gewalt werden.

Die fürstliche Gewalt hört entweder wirklich dadurch auf, das Extrem der fürstlichen Gewalt zu sein (und die fürstliche Gewalt existiert nur als ein Extrem, als eine Einseitigkeit, weil sie kein organisches Prinzip ist), sie wird zu einer *Scheingewalt,* einem Symbol, oder sie verliert nur den *Schein* der Willkür und bloßer Herrschergewalt. Sie vermitteln gegen die „Isolierung" der Sonderinteressen, indem sie diese Isolierung als *politischen* Akt vorstellen. Sie *vermitteln* gegen die Isolierung der fürstlichen Gewalt als eines Extrems, teils indem sie selbst zu einem Teil der fürstlichen Gewalt werden, teils indem sie die Regierungsgewalt zu einem *Extrem* machen.

In den „Ständen" laufen alle Widersprüche der modernen Staatsorganisationen zusammen. Sie sind die „Mittler" nach allen Seiten hin, weil sie nach allen Seiten hin „Mitteldinge" sind.

Zu bemerken ist, daß Hegel weniger den Inhalt der ständischen Tätigkeit, die gesetzgebende Gewalt, als die *Stellung* der Stände, ihren politischen Rang entwickelt.

Zu bemerken ist noch, daß, während nach Hegel zunächst die *Stände* „zwischen der *Regierung überhaupt einerseits* und dem in die besonderen Sphären und Individuen aufgelösten *Volk andrerseits*" stehn, ihre Stellung, wie sie oben entwickelt „die Bedeutung einer mit der organisierten Regierungsgewalt *gemeinschaftlichen* Vermittelung hat".

Was die erste Stellung betrifft, so sind die *Stände* das Volk gegen die Regierung, aber das *Volk en miniature.* Das ist ihre oppositionelle Stellung.

Was die zweite betrifft, so sind sie die Regierung gegen das Volk, aber die amplifizierte Regierung. Das ist ihre konservative Stellung. Sie sind selbst ein Teil der Regierungsgewalt gegen das Volk, aber so, daß sie zugleich die Bedeutung haben, das Volk gegen die Regierung zu sein.

Hegel hat oben die „gesetzgebende Gewalt als Totalität" (§ 300) bezeichnet, die *Stände* sind wirklich diese *Totalität,* der Staat im Staate, aber eben in ihnen *erscheint* es, daß der Staat nicht die Totalität, sondern ein Dualismus ist. Die Stände stellen den Staat in einer Gesellschaft vor, die *kein* Staat *ist.* Der Staat ist eine *bloße Vorstellung.*

In der Anmerkung sagt Hegel:

> „Es gehört zu den wichtigsten logischen Einsichten, daß ein bestimmtes Moment, das als im Gegensatze stehend die Stellung eines Extrems hat, es dadurch zu sein auf hört und organisches Moment ist, daß es zugleich Mitte ist."

(So ist das ständische Element 1. das Extrem des Volks gegen die Regierung, aber 2. zugleich Mitte zwischen Volk und Regierung, oder es ist der *Gegensatz im Volk* selbst, Der Gegensatz von Regierung und Volk vermittelt sich durch den Gegensatz zwischen *Ständen* und *Volk.* Die Stände haben nach der Seite der Regierung hin die Stellung des Volks, aber nach der Seite des Volks hin die

Stellung der Regierung. Indem das Volk als *Vorstellung*, als Phantasie, Illusion, *Repräsentation* zustande kommt – das *vorgestellte* Volk oder die Stände, das sich als eine *besondre Gewalt* sogleich in der Trennung vom wirklichen Volk befindet – hebt es den wirklichen Gegensatz zwischen Volk und Regierung auf. Das Volk ist hier schon so zubereitet, wie es in dem betrachteten Organismus zubereitet sein muß, um keinen entschiedenen Charakter zu haben.)

> „Bei dem hier betrachteten Gegenstand ist es um so wichtiger, diese Seite herauszuheben, weil es zu den häufigen, aber höchst gefährlichen Vorurteilen gehört, Stände hauptsächlich im Gesichtspunkte des Gegensatzes gegen die Regierung, als ob dies ihre wesentliche Stellung wäre, vorzustellen. Organisch, d. i. in die Totalität aufgenommen, beweist sich das ständische Element nur durch die Funktion der Vermittelung. Damit ist der *Gegensatz* selbst zu einem Schein herabgesetzt, Wenn er, insofern er seine Erscheinung hat, nicht bloß die Oberfläche beträfe, sondern *wirklich ein substantieller Gegensatz* würde, so wäre der Staat in seinem Untergange begriffen, Das Zeichen, daß der Widerstreit nicht dieser Art ist, ergibt sich der Natur der Sache nach dadurch, wenn die Gegenstände desselben nicht die wesentlichen Elemente des Staatsorganismus, sondern speziellere und gleichgültigere Dinge betreffen, und die Leidenschaft, die sich doch an diesen Inhalt knüpft, zur Parteisucht um ein bloß subjektives Interesse, etwa um die höheren Staatsstellen, wird."

Im *Zusatz* heißt es:

> *„Die Verfassung ist wesentlich ein System der Vermittelung."*

> § 303. „Der allgemeine, näher dem Dienst der Regierung sich widmende Stand hat unmittelbar in seiner Bestimmung, das Allgemeine zum Zwecke seiner wesentlichen Tätigkeit zu haben; in dem ständischen Elemente der gesetzgebenden Gewalt kommt der Privatstand zu einer politischen Bedeutung und Wirksamkeit. Derselbe kann nun dabei weder als bloße ungeschiedene Masse noch als eine in ihre Atome aufgelöste Menge erscheinen, sondern als das, was er bereits ist, nämlich unterschieden in den auf das substantielle Verhältnis und in den auf die besonderen Bedürfnisse und die sie vermittelnde Arbeit sich gründenden Stand. Nur so knüpft sich in dieser Rücksicht wahrhaft das im Staate wirkliche Besondere an das Allgemeine an."

Hier haben wir die Lösung des Rätsels. „In dem ständischen Elemente der gesetzgebenden Gewalt kommt der *Privatstand* zu einer *politischen Bedeutung.*" Versteht sich, daß der *Privatstand* nach dem, was er ist, nach seiner *Gliederung in der bürgerlichen Gesellschaft* (den allgemeinen Stand hat Hegel schon als den der Regierung sich widmenden bezeichnet; der allgemeine Stand ist also durch die Regierungsgewalt in der gesetzgebenden Gewalt vertreten) zu dieser Bedeutung kommt.

Das ständische Element ist *die politische Bedeutung des Privatstandes,* des unpolitischen Standes, eine contradictio in adjecto. Oder in dem von Hegel beschriebenen Stand hat der *Privatstand* (weiter überhaupt der Unterschied des Privatstandes) eine *politische* Bedeutung. Der *Privatstand* gehört zum Wesen, zur Politik dieses Staates. *Er* gibt ihm daher auch eine *politische Bedeutung,* d. h. eine andere Bedeutung als seine wirkliche Bedeutung.

In der Anmerkung heißt es:

> „Dies gehet gegen eine andere gangbare Vorstellung, daß, indem der Privatstand zur *Teilnahme* an der allgemeinen Sache in der gesetzgebenden Gewalt erhoben wird, er dabei in Form der Einzelnen erscheinen müsse, sei es, daß sie Stellvertreter für diese Funktion wählen, oder daß gar selbst jeder eine Stimme dabei exerzieren solle. Diese atomistische, abstrakte Ansicht verschwindet schon in der Familie wie in der bürgerlichen Gesellschaft, wo der Einzelne nur als Mitglied eines Allgemeinen zur Erscheinung kommt. Der Staat aber ist wesentlich eine Organisation von solchen Gliedern, die für sich Kreise sind, und in ihm soll sich kein Moment als eine unorganische Menge zeigen. Die Vielen als Einzelne, was man gerne unter Volk versteht, sind wohl ein Zusammen, aber nur als die Menge, – eine formlose Masse, deren Bewegung und Tun eben damit nur elementarisch, vernunftlos, wild und fürchterlich wäre."
>
> „Die Vorstellung, welche die in jenen Kreisen schon vorhandenen Gemeinwesen, wo sie ins Politische, d. i. in den Standpunkt der höchsten konkreten Allgemeinheit eintreten, wieder in eine Menge von Individuen auflöst, hält eben damit *das bürgerliche und das politische Leben voneinander getrennt* und stellt dieses sozusagen in die Luft, da seine Basis nur die abstrakte Einzelnheit der Willkür und Meinung, somit das Zufällige, nicht eine an und für sich feste und berechtigte Grundlage sein würde."
>
> „Obgleich in den Vorstellungen sogenannter Theorien die Stände *der* bürgerlichen *Gesellschaft* überhaupt und die Stände in politischer Bedeutung weit auseinander liegen, so hat doch die Sprache noch diese Vereinigung erhalten, die *früher* ohnehin *vorhanden war.*

„Der *allgemeine,* näher *dem Dienst der Regierung* sich widmende Stand."

Hegel geht von der Voraussetzung aus, daß der *allgemeine* Stand im „Dienst der Regierung" steht. Er unterstellt die allgemeine Intelligenz als „ständisch und ständig".

„In dem *ständischen* Elemente etc." Die „politische Bedeutung und Wirksamkeit" des *Privatstandes* ist eine *besondere* Bedeutung und Wirksamkeit desselben. Der Privatstand verwandelt sich nicht in den *politischen Stand,* sondern als *Privatstand* tritt er in seine politische Wirksamkeit und Bedeutung. Er hat nicht politische Wirksamkeit und Bedeutung schlechthin. Seine politische Wirksamkeit und Bedeutung ist die *politische Wirksamkeit und Bedeutung* des *Privatstandes als Privatstand.* Der Privatstand kann also nur nach dem *Ständeunterschied der bürgerlichen*

Gesellschaft in die politische Sphäre treten. Der *Ständeunterschied* der bürgerlichen Gesellschaft wird zu einem politischen Unterschied.

Schon die *Sprache,* sagt Hegel, drückt die Identität *der Stände der bürgerlichen Gesellschaft* und der *Stände in politischer Bedeutung* aus, eine „Vereinigung", „die *früher* ohnehin *vorhanden war",* also, sollte man schließen, jetzt nicht mehr vorhanden ist.

Hegel findet, daß „sich in dieser Rücksicht wahrhaft das *im* Staate wirklich *Besondere* an das Allgemeine anknüpft". Die *Trennung des „bürgerlichen und des politischen Lebens" soll auf diese Weise aufgehoben und ihre „Identität" gesetzt sein.*

Hegel stützt sich darauf:

„In jenen Kreisen" (Familie und bürgerliche Gesellschaft) „sind schon *Gemeinwesen* vorhanden." Wie kann man diese da, „wo sie ins Politische, d. i. in den Standpunkt der *höchsten konkreten Allgemeinheit* eintreten", „wieder in eine Menge von Individuen auflösen" wollen?

Es ist wichtig, diese Entwicklung genau zu verfolgen.

Die Spitze der Hegelschen Identität war, wie er selbst gesteht, das *Mittelalter.* Hier waren die *Stände der bürgerlichen Gesellschaft* überhaupt und die *Stände in politischer Bedeutung* identisch. Man kann den Geist des Mittelalters so aussprechen: Die Stände der bürgerlichen Gesellschaft und die Stände in politischer Bedeutung waren identisch, weil die bürgerliche Gesellschaft die politische Gesellschaft war: weil das organische Prinzip der bürgerlichen Gesellschaft das Prinzip des Staats war.

Allein Hegel geht von der *Trennung* der *„bürgerlichen Gesellschaft"* und des *„politischen Staates"* als zweier fester Gegensätze, zweier wirklich verschiedner Sphären aus. Diese Trennung ist allerdings *wirklich* im *modernen* Staat vorhanden. Die Identität der bürgerlichen und politischen Stände war der *Ausdruck* der *Identität* der bürgerlichen und politischen Gesellschaft. Diese Identität ist verschwunden. Hegel setzt sie als verschwunden voraus. „Die Identität der bürgerlichen und politischen Stände", wenn sie die Wahrheit ausdrückte, *könnte* also nur mehr ein Ausdruck der *Trennung* der bürgerlichen und politischen Gesellschaft sein! oder vielmehr: nur die *Trennung* der bürgerlichen und politischen Stände drückt das *wahre* Verhältnis der bürgerlichen und politischen *modernen* Gesellschaft aus.

Zweitens: Hegel handelt hier von *politischen* Ständen in einem ganz anderen Sinne, als jene *politischen* Stände des Mittelalters waren, von denen die Identität *mit den Ständen der bürgerlichen Gesellschaft* ausgesagt wird.

Ihr ganzes Dasein war politisch; ihr Dasein war das Dasein des Staats. Ihre *gesetzgebende Tätigkeit,* ihre *Steuerbewilligung für das Reich* war nur ein *besonderer* Ausfluß ihrer *allgemeinen* politischen Bedeutung und Wirksamkeit. Ihr Stand war ihr Staat. Das Verhältnis zum Reich war nur ein Transaktionsverhältnis dieser verschiedenen Staaten mit der *Nationalität,* denn der politische Staat im Unterschied von der bürgerlichen Gesellschaft war nichts andres als die *Repräsentation* *der Nationalität.* Die Nationalität war der point d'honneur, der κατ' ἐξοχὴν* politische Sinn dieser verschiedenen Korporationen etc., und nur auf sie bezogen sich die Steuern etc. Das war das Verhältnis der gesetzgebenden Stände zum Reich. Ähnlich verhielten sich die Stände *innerhalb der besonderen Fürstentümer.* Das *Fürstentum,* die *Souveränität* war hier ein *besonderer* Stand, der gewisse Privilegien hatte, aber ebensosehr von den Privilegien der anderen Stände geniert wurde. (Bei den Griechen war die bürgerliche Gesellschaft *Sklave* der politischen.) Die allgemeine *gesetzgebende Wirksamkeit* der Stände der bürgerlichen Gesellschaft war keineswegs ein Kommen des *Privatstandes* zu einer *politischen* Bedeutung und Wirksamkeit, sondern vielmehr ein bloßer Ausfluß ihrer *wirklichen und allgemeinen* politischen Bedeutung und Wirksamkeit. Ihr Auftreten als gesetzgebende Macht war bloß ein Komplement ihrer souveränen und regierenden (exekutiven) Macht; es war vielmehr ihr Kommen zu der ganz allgemeinen Angelegenheit als einer *Privatsache,* ihr Kommen zur Souveränität als einem *Privatstand.* Die Stände der bürgerlichen Gesellschaft waren im Mittelalter als *solche* Stände zugleich gesetzgebend, weil sie *keine* Privatstände oder weil die *Privatstände* politische Stände waren. Die mittelalterlichen Stände kamen als politisch-ständisches Element zu keiner neuen Bestimmung. Sie wurden nicht politisch-ständisch, weil sie teil an der Gesetzgebung hatten; sondern sie hatten teil an der Gesetzgebung, weil sie *politisch*-ständisch waren. Was hat das nun mit Hegels *Privatstand* gemein, der als *gesetzgebendes* Element zu einer politischen Bravourarie, zu einem ekstatischen Zustand, zu einer aparten, frappanten, ausnahmsweisen politischen Bedeutung und Wirksamkeit kommt?

In dieser Entwicklung findet man alle *Widersprüche* der Hegelschen Darstellung zusammen.

1. hat er die *Trennung* der bürgerlichen Gesellschaft und des politischen Staats (einen modernen Zustand) vorausgesetzt und als *notwendiges Moment der Idee* entwickelt, als absolute Vernunftwahrheit. Er hat den politischen Staat in seiner *modernen* Gestalt der *Trennung* der verschiedenen Gewalten dargestellt. Er hat dem wirklichen *handelnden* Staat die Bürokratie zu seinem Leib gegeben und sie als den wissenden Geist dem Materialismus der bürgerlichen Gesellschaft supraordiniert. Er hat das an und für sich seiende Allgemeine des Staats dem besonderen Interesse und dem Bedürfnis der bürgerlichen Gesellschaft gegenübergestellt. Mit einem Wort: Er stellt überall den *Konflikt* der bürgerlichen Gesellschaft und des Staates dar.

2. Hegel stellt die bürgerliche Gesellschaft als *Privatstand* dem politischen Staat gegenüber.

3. Er bezeichnet das *ständische* Element der gesetzgebenden Gewalt als bloßen *politischen Formalismus* der bürgerlichen Gesellschaft. Er bezeichnet es als ein *Reflexionsverhältnis der bürgerlichen Gesellschaft auf den Staat* und als ein Reflexions-

* hauptsächlich

verhältnis, was das *Wesen* des Staates nicht alteriert. Ein Reflexionsverhältnis ist auch die höchste Identität zwischen wesentlich Verschiedenen.

Andrerseits will Hegel:

1. die bürgerliche Gesellschaft bei ihrer Selbstkonstituierung als gesetzgebendes Element weder als bloße, ungeschiedene Masse, noch als eine in ihre Atome aufgelöste Menge erscheinen lassen. Er will *keine* Trennung des *bürgerlichen und politischen Lebens.*

2. Er vergißt, daß es sich um ein Reflexionsverhältnis handelt, und macht die bürgerlichen Stände als solche zu politischen Ständen, aber wieder nur nach der Seite der gesetzgebenden Gewalt hin, so daß ihre Wirksamkeit selbst der Beweis der Trennung ist.

Er macht das *ständische Element* zum Ausdruck der *Trennung,* aber zugleich soll es der Repräsentant einer Identität sein, die nicht vorhanden ist. Hegel weiß die Trennung der bürgerlichen Gesellschaft und des politischen Staats, aber er will, daß innerhalb des Staats die Einheit desselben ausgedrückt sei, und zwar soll dies dergestalt bewerkstelligt werden, daß die Stände der bürgerlichen Gesellschaft zugleich als solche das *ständische* Element der gesetzgebenden Gesellschaft bilden.

> § 304. „Den in den früheren Sphären bereits vorhandenen Unterschied der Stände enthält das politisch-ständische Element zugleich in seiner eigenen Bestimmung. Seine zunächst abstrakte Stellung, nämlich des Extrems *der* empirischen Allgemeinheit gegen das fürstliche oder monarchische Prinzip überhaupt – in der nur die Möglichkeit *der* Übereinstimmung und damit ebenso die Möglichkeit feindlicher Entgegensetzung liegt –, diese abstrakte Stellung wird nur dadurch zum vernünftigen Verhältnisse (zum Schlusse, vergleiche Anmerkung zu § 302), daß ihre Vermittelung zur Existenz kommt. Wie von Seiten der fürstlichen Gewalt die Regierungsgewalt (§ 300) schon diese Bestimmung hat, so muß auch von der Seite der Stände aus ein Moment derselben nach der Bestimmung gekehrt sein, wesentlich als das Moment der Mitte zu existieren."

> § 305. „Der eine der Stände der bürgerlichen Gesellschaft enthält das Prinzip, das für sich fähig ist, zu dieser politischen Beziehung konstituiert zu werden, der Stand der natürlichen Sittlichkeit nämlich, der das Familienleben und in Rücksicht der Subsistenz den Grundbesitz zu seiner Basis, somit in Rücksicht seiner Besonderheit ein auf sich beruhendes Wollen und die Naturbestimmung, welche das fürstliche Element in sich schließt, mit diesem gemein hat."

> § 306. „Für die politische Stellung und Bedeutung wird er näher konstituiert, insofern sein Vermögen ebenso unabhängig vom Staatsvermögen als von der Unsicherheit des Gewerbes, der Sucht des Gewinns und der Veränderlichkeit des Besitzes überhaupt –, wie von der Gunst der Regierungsgewalt, so von der Gunst der Menge –, und selbst gegen die eigene Willkür dadurch

festgestellt ist, daß die für diese Bestimmung berufenen Mitglieder dieses Standes des Rechts der anderen Bürger, teils über ihr ganzes Eigentum frei zu disponieren, teils es nach der Gleichheit der Liebe zu den Kindern an sie übergehend zu wissen, entbehren; das Vermögen wird so ein unveräußerliches, mit dem Majorate belastetes Erbgut."

Zusatz. „Dieser Stand hat ein mehr für sich bestehendes Wollen, Im ganzen wird der Stand der Güterbesitzer sich in den gebildeten Teil desselben und in den Bauernstand unterscheiden. Indessen beiden Arten steht der Stand des Gewerbes, als der vom Bedürfnis abhängige und darauf hingewiesene, und der allgemeine Stand, als vom Staat wesentlich abhängig, gegenüber. Die Sicherheit und Festigkeit dieses Standes kann noch durch die Institution des Majorats vermehrt werden, welche jedoch nur in politischer Rücksicht wünschenswert ist, denn es ist damit ein Opfer für den politischen Zweck verbunden, daß der Erstgeborene unabhängig leben könne. Die Begründung des Majorats liegt darin, daß der Staat nicht auf bloße Möglichkeit der Gesinnung, sondern auf ein Notwendiges rechnen soll. Nun ist die Gesinnung freilich an ein Vermögen nicht gebunden, aber der relativ notwendige Zusammenhang ist, daß, wer ein selbständiges Vermögen hat, von äußeren Umständen nicht beschränkt ist und so ungehemmt auftreten und für den Staat handeln kann. Wo indessen politische Institutionen fehlen, ist die Gründung und Begünstigung von Majoraten nichts als eine Fessel, die der Freiheit des Privatrechts angelegt ist, zu welcher entweder der politische Sinn hinzutreten muß, oder die ihrer Auflösung entgegengeht."

§ 307. „Das Recht dieses Teils des substantiellen Standes ist auf diese Weise zwar einerseits auf das *Naturprinzip der Familie* gegründet, dieses aber zugleich durch harte Aufopferungen für den politischen Zweck verkehrt, womit dieser Stand wesentlich an die Tätigkeit für diesen Zweck angewiesen und gleichfalls in Folge hiervon ohne die Zufälligkeit einer Wahl durch die Geburt dazu berufen und berechtigt ist. Damit hat er die feste, substantielle Stellung zwischen der subjektiven Willkür oder Zufälligkeit der beiden Extreme, und wie er ein Gleichnis des Moments der fürstlichen Gewalt in sich trägt, so teilt er sich mit dem anderen Extreme die im übrigen gleichen Bedürfnisse und gleichen Rechte, und wird so zugleich Stütze des Thrones und der Gesellschaft."

Hegel hat das Kunststück fertiggebracht, die geborenen Pairs, das Erbgut etc. etc., diese „Stütze des Throns und der Gesellschaft", aus der absoluten Idee entwickelt.

Das Tiefere bei Hegel liegt darin, daß er die Trennung der bürgerlichen Gesellschaft und der politischen als einen *Widerspruch* empfindet. Aber das Falsche ist, daß er sich mit dem Schein dieser Auflösung begnügt und ihn für die Sache selbst ausgibt, wogegen die von ihm verachteten *„sogenannten Theorien"* die *„Trennung"* der bürgerlichen und politischen Stände fordern, und mit Recht, denn sie sprechen eine *Konsequenz* der modernen Gesellschaft aus, indem hier das *politisch-ständische* Element eben nichts anders ist als der faktische Ausdruck des wirklichen Verhältnisses von Staat und bürgerlicher Gesellschaft, ihre *Trennung*.

Hegel hat die Sache, worum es sich hier handelt, nicht bei ihrem bekannten Namen genannt. Es ist die Streitfrage zwischen *repräsentativer* und *ständischer* Verfassung. Die repräsentative Verfassung ist ein großer Fortschritt, weil sie der *offene, unverfälschte, konsequente* Ausdruck des *modernen Staatszustandes* ist. Sie ist der *unverhohlene Widerspruch.*

Ehe wir auf die Sache selbst eingehen, werfen wir noch einmal einen Blick auf die Hegelsche Darstellung.

> „In dem ständischen Element der gesetzgebenden Gewalt kommt der Privatstand zu einer politischen Bedeutung."

Früher (§ 301 Anmerkung) hieß es:

> „Die *eigentümliche* Begriffsbestimmung der *Stände* ist deshalb darin zu suchen, daß in ihnen ... die eigene Einsicht und der eigene Wille der Sphäre, die in dieser Darstellung bürgerliche Gesellschaft genannt worden ist, in Beziehung auf den Staat zur Existenz kommt."

Fassen wir diese Bestimmung zusammen, so folgt: „*Die bürgerliche Gesellschaft* ist der *Privatstand", oder* der *Privatstand* ist der unmittelbare, wesentliche, konkrete Stand der bürgerlichen Gesellschaft. Erst in dem ständischen Element der gesetzgebenden Gewalt erhält sie „politische Bedeutung und Wirksamkeit". Es ist dies etwas Neues, was zu ihr hinzukommt, eine *besondere* Funktion, denn eben ihr Charakter als *Privatstand* drückt ihren *Gegensatz* zur politischen Bedeutsamkeit und Wirksamkeit, die Privation des politischen Charakters aus, drückt aus, daß die bürgerliche Gesellschaft an und für sich *ohne* politische Bedeutung und Wirksamkeit ist. Der *Privatstand* ist der Stand der bürgerlichen Gesellschaft, oder die bürgerliche Gesellschaft ist der *Privatstand.* Hegel schließt daher auch konsequent den „allgemeinen Stand" von dem „ständischen Element der gesetzgebenden Gewalt" aus.

> „Der allgemeine, näher dem Dienst der Regierung sich widmende Stand hat unmittelbar in seiner Bestimmung, das Allgemeine zum Zweck seiner wesentlichen Tätigkeit zu haben."

Die bürgerliche Gesellschaft oder der Privatstand hat dies nicht zu seiner Bestimmung; seine wesentliche Tätigkeit hat nicht die Bestimmung, das Allgemeine zum Zweck zu haben, oder seine wesentliche Tätigkeit ist keine Bestimmung des Allgemeinen, *keine allgemeine* Bestimmung. Der Privatstand ist der Stand der bürgerlichen Gesellschaft *gegen* den Staat. Der Stand der bürgerlichen Gesellschaft ist *kein* politischer Stand.

Indem Hegel die bürgerliche Gesellschaft als Privatstand bezeichnet, hat er die Ständeunterschiede der bürgerlichen Gesellschaft für *nicht*politische Unterschiede erklärt, hat er das bürgerliche Leben und das politische für heterogen, sogar für *Gegensätze* erklärt. Wie fährt er nun fort?

„Derselbe kann nun dabei weder als bloße ungeschiedene Masse noch als eine in ihre Atome aufgelöste Menge erscheinen, sondern als das, was er bereits ist, nämlich unterschieden in den auf das substantielle Verhältnis und in den auf die besonderen Bedürfnisse und die sie vermittelnde Arbeit sich gründenden Stand (§ 201 ff.). Nur so knüpft sich in dieser Rücksicht wahrhaft das im Staate wirkliche Besondere an das Allgemeine an."

Als eine „bloße ungeschiedene Masse" kann die bürgerliche Gesellschaft (der *Privatstand)* in ihrer gesetzgeberisch-ständischen Tätigkeit allerdings nicht erscheinen, weil die „bloße ungeschiedene Masse" nur in der „Vorstellung", der „Phantasie", nicht aber in der *Wirklichkeit* existiert. Hier gibt es nur größere und kleinere zufällige Massen (Städte, Flecken etc.). Diese Massen oder diese Masse *erscheint* nicht nur, sondern *ist* überall realiter „eine in ihre Atome aufgelöste Menge", und als diese Atomistik *muß* sie in ihrer politisch-ständischen Tätigkeit erscheinen und auftreten. „Als das, *was er bereits ist",* kann der *Privatstand,* die bürgerliche Gesellschaft, nicht hier erscheinen. Denn was ist er bereits? *Privatstand,* d. h. Gegensatz und Trennung vom Staat. Um zur „politischen Bedeutung und Wirksamkeit" zu kommen, muß er sich vielmehr aufgeben als das, was er bereits ist, als *Privatstand.* Dadurch erhält er eben erst seine „*politische* Bedeutung und Wirksamkeit". Dieser politische Akt ist eine völlige Transsubstantiation. In ihm muß sich die bürgerliche Gesellschaft völlig von sich als bürgerlicher Gesellschaft, als Privatstand lossagen, eine Partie seines Wesens geltend machen, die mit der wirklichen bürgerlichen Existenz seines Wesens nicht nur keine Gemeinschaft hat, sondern ihr direkt gegenübersteht.

Am Einzelnen erscheint hier, was das *allgemeine Gesetz* ist. Bürgerliche Gesellschaft und Staat sind getrennt. Also ist auch der Staatsbürger und der Bürger, das Mitglied der bürgerlichen Gesellschaft, getrennt. Er muß also eine *wesentliche Diremption* mit sich selbst vornehmen. Als *wirklichen Bürger* findet er sich in einer doppelten Organisation, der *bürokratischen* – die ist eine äußere formelle Bestimmung des jenseitigen Staats, der Regierungsgewalt, die ihn und seine selbständige Wirklichkeit nicht tangiert – der *sozialen,* der Organisation der bürgerlichen Gesellschaft. Aber in dieser steht er als *Privatmann* außer dem Staat; die tangiert den politischen Staat als solchen nicht. Die erste ist eine Staatsorganisation, zu der er immer die *Materie* abgibt. Die zweite ist eine *bürgerliche Organisation,* deren Materie nicht der Staat ist. In der ersten verhält sich der Staat als formeller Gegensatz zu ihm, in der zweiten verhält er sich selbst als materieller Gegensatz zum Staat. Um also als *wirklicher Staatsbürger* sich zu verhalten, politische Bedeutsamkeit und Wirksamkeit zu erhalten, muß er aus seiner bürgerlichen Wirklichkeit heraustreten, von ihr abstrahieren, von dieser ganzen Organisation in seine Individualität sich zurückziehn; denn die einzige Existenz, die er für sein

Staatsbürgertum findet, ist seine pure, blanke *Individualität,* denn die Existenz des Staats als Regierung ist ohne ihn fertig, und seine Existenz in der bürgerlichen Gesellschaft ist ohne den Staat fertig. Nur im Widerspruch mit diesen *einzig vorhandenen Gemeinschaften,* nur als *Individuum* kann er *Staatsbürger* sein. Seine Existenz als Staatsbürger ist eine Existenz, die außer seinen *gemeinschaftlichen* Existenzen liegt, die also rein *individuell* ist. Die „gesetzgebende Gewalt" als „Gewalt" ist ja erst die *Organisation,* der *Gemeinkörper,* den sie erhalten *soll. Vor* der „gesetzgebenden Gewalt" existiert die bürgerliche Gesellschaft, der Privatstand *nicht* als *Staatsorganisation,* und damit er als solche zur Existenz komme, muß seine *wirkliche Organisation,* das wirkliche bürgerliche Leben, als *nicht vorhanden* gesetzt werden, denn das ständische Element der gesetzgebenden Gewalt hat eben die Bestimmung, den *Privatstand,* die *bürgerliche Gesellschaft,* als *nicht vorhanden* zu setzen. Die Trennung der bürgerlichen Gesellschaft und des politischen Staates erscheint notwendig als eine Trennung des *politischen* Bürgers, des Staatsbürgers, von der bürgerlichen Gesellschaft, von seiner eignen wirklichen, empirischen Wirklichkeit, denn als Staatsidealist ist er ein *ganz anderes,* von seiner Wirklichkeit *verschiedenes,* unterschiedenes, entgegengesetztes *Wesen.* Die bürgerliche Gesellschaft bewerkstelligt hier innerhalb ihrer selbst das Verhältnis des Staats und der bürgerlichen Gesellschaft, welches andrerseits schon als *Bürokratie* existiert. In dem ständischen Element wird das Allgemeine wirklich für *sich,* was es an *sich* ist, nämlich *Gegensatz* zum *Besondern.* Der Bürger muß seinen Stand, die bürgerliche Gesellschaft, den *Privatstand,* von sich abtun, um zu politischer Bedeutung und Wirksamkeit zu kommen; denn eben dieser *Stand* steht zwischen dem *Individuum* und dem *politischen Staat.*

Wenn Hegel schon das Ganze der bürgerlichen Gesellschaft als *Privatstand* dem politischen Staat entgegenstellt, so versteht es sich von selbst, daß die Unterscheidungen *innerhalb* des Privatstandes, die verschiedenen bürgerlichen Stände, nur eine Privatbedeutung in bezug auf den Staat, keine politische Bedeutung haben. Denn die verschiedenen bürgerlichen Stände sind bloß die Verwirklichung, die Existenz des *Prinzips,* des Privatstandes als des Prinzips der bürgerlichen Gesellschaft. Wenn aber das Prinzip aufgegeben werden muß, so versteht es sich von selbst, daß noch *mehr* die Diremptionen *innerhalb* dieses Prinzips nicht vorhanden sind für den politischen Staat.

> „Nur so", schließt Hegel den Paragraphen, „knüpft sich in dieser Rücksicht das im Staate wirkliche Besondere an das Allgemeine an."

Aber Hegel verwechselt hier den Staat als das Ganze des Daseins eines Volkes mit dem politischen Staat. Jenes Besondere ist nicht das *Besondere im,* sondern vielmehr „*außer* dem Staate", nämlich dem politischen Staate. Es ist nicht nur nicht „das im Staate wirkliche Besondere", sondern auch die „*Unwirklichkeit* des Staates". Hegel will entwickeln, daß die Stände der bürgerlichen Gesellschaft die politischen Stände sind, und um dies zu beweisen, unterstellt er, daß die Stände der bürgerlichen Gesellschaft die „Besonderung des politischen Staates", d. i., daß die bürgerliche Gesellschaft die politische Gesellschaft ist. Der Ausdruck: „Das Besondere *im* Staate" kann hier nur Sinn haben als: „Die Besonderung des Staates". Hegel wählt aus einem bösen Gewissen den unbestimmten Ausdruck. Er selbst hat nicht nur das Gegenteil entwickelt, er bestätigt es noch selbst in diesem Paragraphen, indem er die bürgerliche Gesellschaft als „Privatstand" bezeichnet. Sehr vorsichtig ist auch die Bestimmung, daß sich das Besondere an das Allgemeine *„anknüpft"*. Anknüpfen kann man die heterogensten Dinge. Es handelt sich hier aber nicht um einen allmählichen *Übergang,* sondern um eine *Transsubstantiation,* und es nützt nichts, diese Kluft, die übersprungen und durch den Sprung selbst demonstriert wird, nicht sehn zu wollen.

Hegel sagt in der Anmerkung:

„Dies geht gegen eine andere gangbare Vorstellung" etc. Wir haben eben gezeigt, wie diese gangbare Vorstellung konsequent, notwendig, eine „notwendige Vorstellung der jetzigen Volksentwicklung" und wie Hegels Vorstellung, obgleich sie auch in gewissen Kreisen sehr gangbar, nichtsdestoweniger eine Unwahrheit ist. Auf die gangbare Vorstellung zurückkommend, sagt Hegel:

„Diese atomistische, abstrakte Ansicht verschwindet schon in der Familie" etc. etc. „Der Staat aber ist" etc. Abstrakt ist diese Ansicht allerdings, aber sie ist die „Abstraktion" des politischen Staates, wie ihn Hegel selbst entwickelt. Atomistisch ist sie auch, aber sie ist die Atomistik der Gesellschaft selbst. Die „Ansicht" kann nicht konkret sein, wenn der *Gegenstand* der Ansicht „abstrakt" ist. Die Atomistik, in die sich die bürgerliche Gesellschaft in ihrem *politischen Akt* stürzt, geht notwendig daraus hervor, daß das Gemeinwesen, das kommunistische Wesen, worin der Einzelne existiert, die bürgerliche Gesellschaft getrennt vom Staat oder der *politische Staat eine Abstraktion* von ihr ist.

Diese atomistische Ansicht, obschon sie bereits in der Familie und vielleicht (??) auch in der bürgerlichen Gesellschaft verschwindet, kehrt im politischen Staate wieder, eben weil er eine Abstraktion von der Familie und der bürgerlichen Gesellschaft ist. Ebenso verhält es sich umgekehrt. Dadurch, daß Hegel das *Befremdliche* dieser Erscheinung ausspricht, hat er die *Entfremdung* nicht gehoben.

> „Die Vorstellung", heißt es weiter, „welche die in jenen Kreisen schon *vorhandenen Gemeinwesen,* wo sie ins Politische, d. i. in den Standpunkt der h ö c h s t e n k o n k r e t e n A l l g e m e i n h e i t eintreten, wieder in eine Menge von Individuen auflöst, hält eben damit das bürgerliche und das politische Leben voneinander getrennt und stellt dieses sozusagen in die Luft, da seine Basis nur die abstrakte Einzelnheit der Willkür und Meinung, somit das Zufällige, nicht eine an und für sich f e s t e und b e r e c h t i g t e Grundlage sein würde."

Jene Vorstellung *hält* nicht das bürgerliche und politische Leben getrennt; sie ist bloß die *Vorstellung einer wirklich vorhandenen Trennung.*

Jene Vorstellung stellt nicht das politische Leben in die Luft, sondern das politische Leben ist das *Luftleben,* die ätherische Region der bürgerlichen Gesellschaft.

Wir betrachten nun das *ständische* und das *repräsentative* System.

Es ist ein Fortschritt der Geschichte, der die *politischen Stände* in *soziale* Stände verwandelt hat, so daß, wie die Christen gleich im Himmel, ungleich auf der Erde, so die einzelnen Volksglieder *gleich* in dem Himmel ihrer politischen Welt, ungleich in dem irdischen Dasein der *Sozietät* sind. Die eigentliche Verwandlung der *politischen Stände* in *bürgerliche* ging vor sich in der *absoluten Monarchie.* Die Bürokratie machte die Idee der Einheit gegen die verschiedenen Staaten im Staate geltend. Indessen blieb selbst neben der Bürokratie der absoluten Regierungsgewalt der *soziale Unterschied* der Stände ein politischer, ein *politischer innerhalb* und neben der Bürokratie der absoluten Regierungsgewalt. Erst die französische Revolution vollendete die Verwandlung der *politischen* Stände in *soziale* oder machte die *Ständeunterschiede* der bürgerlichen Gesellschaft zu nur *sozialen* Unterschieden, zu Unterschieden des Privatlebens, welche in dem politischen Leben ohne Bedeutung sind. Die Trennung des politischen Lebens und der bürgerlichen Gesellschaft war damit vollendet.

Die Stände der bürgerlichen Gesellschaft verwandelten sich ebenfalls damit: die bürgerliche Gesellschaft war durch ihre Trennung von der politischen eine andere geworden. *Stand* im mittelaltrigen Sinn blieb nur mehr innerhalb der Bürokratie selbst, wo die bürgerliche und die politische Stellung unmittelbar identisch sind. Demgegenüber steht die bürgerliche Gesellschaft als *Privatstand.* Der Ständeunterschied ist hier nicht mehr ein Unterschied des *Bedürfnisses* und der *Arbeit* als selbständiger Körper. Der einzige allgemeine, *oberflächliche und formelle* Unterschied ist hier nur noch der von *Stadt* und *Land.* Innerhalb der Gesellschaft selbst aber bildete sich der Unterschied aus in beweglichen, nicht festen Kreisen, deren Prinzip die *Willkür* ist. *Geld* und *Bildung* sind die Hauptkriterien. Doch wir haben dies nicht hier, sondern in der Kritik von Hegels Darstellung der bürgerlichen Gesellschaft zu entwickeln. Genug. Der Stand der bürgerlichen Gesellschaft hat weder das Bedürfnis, also ein natürliches Moment, noch die Politik zu seinem Prinzip. Es ist eine Teilung von Massen, die sich flüchtig bilden, deren Bildung selbst eine willkürliche und *keine* Organisation ist.

Das Charakteristische ist nur, daß die *Besitzlosigkeit* und der *Stand der unmittelbaren* Arbeit, der konkreten Arbeit, weniger einen Stand der bürgerlichen Gesellschaft als den Boden bilden, auf dem ihre Kreise ruhen und sich bewegen. Der eigentliche Stand, wo politische und bürgerliche Stellung zusammenfallen, ist nur der der *Mitglieder der Regierungsgewalt.* Der jetzige Stand der Sozietät zeigt schon dadurch seinen Unterschied von dem ehemaligen Stand der bürgerlichen Gesellschaft, daß er nicht wie ehemals als ein Gemeinschaftliches, als ein Gemeinwesen das Individuum hält, sondern daß es teils Zufall, teils Arbeit etc. des Individuums ist, ob es sich in seinem Stande hält oder nicht, ein *Stand,* der selbst wieder nur eine *äußerliche* Bestimmung des Individuums, denn weder ist er seiner Arbeit inhärent, noch verhält er sich zu ihm als ein nach festen Gesetzen organisiertes und in festen Beziehungen zu ihm stehendes objektives Gemeinwesen. Er steht vielmehr in gar keiner *wirklichen* Beziehung zu seinem substantiellen Tun, zu seinem *wirklichen Stand.* Der Arzt bildet keinen besonderen Stand in der bürgerlichen Gesellschaft. Der eine Kaufmann gehört einem andern Stand an als der andere, einer andren *sozialen Stellung.* Wie nämlich die bürgerliche Gesellschaft sich von der politischen, so hat sich die bürgerliche Gesellschaft innerhalb ihrer selbst getrennt in den *Stand* und die *soziale* Stellung, so manche Relationen auch zwischen beiden stattfinden. Das Prinzip des bürgerlichen Standes oder der bürgerlichen Gesellschaft ist der *Genuß* und die *Fähigkeit zu genießen.* In seiner politischen Bedeutung macht sich das Glied der bürgerlichen Gesellschaft los von seinem Stande, seiner wirklichen Privatstellung; hier ist es allein, daß es als *Mensch* zur Bedeutung kommt, oder daß seine Bestimmung als Staatsglied, als soziales Wesen, als seine *menschliche* Bestimmung erscheint. Denn alle seine anderen Bestimmungen in der bürgerlichen Gesellschaft *erscheinen* als dem Menschen, dem Individuum *unwesentlich,* als *äußere* Bestimmungen, die zwar notwendig sind zu seiner Existenz im Ganzen, d. h. ein Band mit dem Ganzen, ein Band, das es aber ebensosehr wieder fortwerfen kann. (Die jetzige bürgerliche Gesellschaft ist das durchgeführte Prinzip des *Individualismus;* die individuelle Existenz ist der letzte Zweck; Tätigkeit, Arbeit, Inhalt etc. sind *nur* Mittel.)

Die *ständische Verfassung,* wo sie nicht eine Tradition des Mittelalters ist, ist der Versuch, teils in der politischen Sphäre selbst den Menschen in die Beschränktheit seiner Privatsphäre zurückzustürzen, seine Besonderheit zu seinem substantiellen Bewußtsein zu machen und dadurch, daß politisch der Ständeunterschied existiert, ihn auch wieder zu einem sozialen zu machen.

Der *wirkliche Mensch* ist der *Privatmensch* der jetzigen Staatsverfassung.

Der Stand hat überhaupt die Bedeutung, daß der *Unterschied,* die *Trennung,* das *Bestehn* des Einzelnen ist. Die Weise seines Lebens, Tätigkeit etc., statt ihn zu einem Glied, zu einer Funktion der Gesellschaft zu machen, macht ihn zu einer *Ausnahme* von der Gesellschaft, ist sein Privilegium. Daß dieser *Unterschied* nicht nur ein *individueller* ist, sondern sich als *Gemeinwesen,* Stand, Korporation befestigt, hebt nicht nur nicht seine exklusive Natur auf, sondern ist vielmehr nur ihr Ausdruck. Statt daß die einzelne Funktion Funktion der Sozietät wäre, macht sie vielmehr die einzelne Funktion zu einer Sozietät für sich.

Nicht nur basiert der *Stand* auf der *Trennung* der Sozietät als dem herrschenden Gesetz, er trennt den Menschen von seinem allgemeinen Wesen, er macht ihn zu einem Tier, das unmittelbar mit seiner Bestimmtheit zusammenfällt. Das Mittelalter ist die *Tiergeschichte* der Menschheit, ihre Zoologie.

Die moderne Zeit, die *Zivilisation,* begeht den umgekehrten Fehler. Sie trennt das *gegenständliche* Wesen des Menschen als ein nur *äußerliches,* materielles von ihm. Sie nimmt nicht den Inhalt des Menschen als seine wahre Wirklichkeit.

Das Weitere hierüber ist in dem Abschnitt: „bürgerliche Gesellschaft" zu entwickeln. Wir kommen zu

> § 304. „Den in den früheren Sphären bereits vorhandenen Unterschied der Stände enthält das politisch-ständische Element zugleich in seiner eigenen Bedeutung."

Wir haben bereits gezeigt, daß der „in den früheren Sphären bereits vorhandene Unterschied der Stände" gar keine Bedeutung für die politische Sphäre oder nur die Bedeutung eines privaten, also eines nicht politischen Unterschiedes hat. Allein er hat nach Hegel hier auch nicht seine „bereits vorhandene Bedeutung" (die Bedeutung, die er in der bürgerlichen Gesellschaft hat), sondern das „politisch-ständische Element" affirmiert, indem es ihn aufnimmt, sein Wesen, und, in die politische Sphäre eingetaucht, erhält er eine „eigene", *diesem Element* und *nicht* ihm angehörige Bedeutung.

Als noch die Gliederung der bürgerlichen Gesellschaft politisch und der politische Staat die bürgerliche Gesellschaft war, war diese *Trennung,* die *Verdopplung* der Bedeutung der Stände, nicht vorhanden. Sie *bedeuteten* nicht *dieses* in der bürgerlichen und ein *anderes* in der politischen Welt. Sie erhielten keine *Bedeutung* in der politischen Welt, sondern sie *bedeuteten* sich *selbst.* Der Dualismus der bürgerlichen Gesellschaft und des politischen Staates, den die *ständische* Verfassung durch eine *Reminiszenz zu* lösen meint, tritt in ihr selbst so hervor, daß der *Unterschied der Stände* (das Unterschiedensein der bürgerlichen Gesellschaft in sich) in der *politischen* Sphäre eine andre Bedeutung erhält als in der bürgerlichen. Es ist hier anscheinend Identität, *dasselbe Subjekt,* aber in einer *wesentlich verschiedenen* Bestimmung, also in Wahrheit ein *doppeltes* Subjekt, und diese *illusorische Identität* (sie ist schon deshalb illusorisch, weil zwar das *wirkliche Subjekt,* der Mensch, in den verschiedenen Bestimmungen seines Wesens sich selbst gleichbleibt, seine Identität nicht verliert; aber hier ist nicht der Mensch Subjekt, sondern der Mensch ist mit einem Prädikat – dem Stand – identifiziert, und zugleich wird behauptet, daß er in dieser *bestimmten Bestimmtheit* und in einer *andern* Bestimmtheit, daß er als dies bestimmte ausschließende Beschränkte ein *anderes* als dieses Beschränkte ist) wird dadurch künstlich durch die Reflexion aufrechterhalten, daß einmal der bürgerliche Ständeunterschied als solcher eine Bestimmung erhält, die ihm erst aus der politischen Sphäre erwachsen soll, das andere Mal umgekehrt der Ständeunterschied in der politischen Sphäre eine Bestimmung erhält, die nicht aus der politischen Sphäre, sondern aus dem Subjekt der bürgerlichen hervorgeht. Um das eine beschränkte Subjekt, den bestimmten Stand (den Ständeunterschied) als das wesentliche Subjekt beider Prädikate darzustellen, oder um die Identität beider Prädikate zu beweisen, werden sie beide mystifiziert und in illusorischer unbestimmter Doppelgestalt entwickelt.

Es wird hier dasselbe Subjekt in verschiedenen *Bedeutungen* genommen, aber die Bedeutung ist nicht die Selbstbestimmung, sondern eine *allegorische,* untergeschobene Bestimmung. Man könnte für dieselbe Bedeutung ein andres konkretes Subjekt, man könnte für dasselbe Subjekt eine andere Bedeutung nehmen, Die Bedeutung, die der bürgerliche Ständeunterschied in der politischen Sphäre erhält, geht nicht aus ihm, sondern aus der politischen Sphäre hervor, und er könnte hier auch eine andere Bedeutung haben, was denn auch historisch der Fall war. Ebenso umgekehrt, Es ist dies die *unkritische*, die *mystische* Weise, eine *alte Weltanschauung* im Sinne einer neuen zu *interpretieren*, wodurch sie nichts als ein unglückliches Zwitterding wird, worin die Gestalt die Bedeutung und die Bedeutung die Gestalt belügt und weder die Gestalt zu ihrer Bedeutung und zur wirklichen Gestalt, noch die Bedeutung zur Gestalt und zur wirklichen Bedeutung wird. Diese *Unkritik*, dieser *Mystizismus* ist sowohl das Rätsel der modernen Verfassungen (κατ' ἐξοχὴν der ständischen) wie auch das Mysterium der Hegelschen Philosophie, vorzugsweise der *Rechts-* und *Religionsphilosophie*.

Am besten befreit man sich von dieser Illusion, wenn man die Bedeutung als das nimmt, was sie ist, als die *eigentliche Bestimmung*, sie als solche zum Subjekt macht und nun vergleicht, ob das ihr *angeblich* zugehörige Subjekt ihr *wirkliches Prädikat* ist, ob es ihr Wesen und wahre Verwirklichung darstellt.

> „Seine“ (des politisch-ständischen Elements) „zunächst abstrakte Stellung, nämlich des Extrems der empirischen Allgemeinheit gegen das fürstliche oder monarchische Prinzip überhaupt, – in der nur die Möglichkeit der Übereinstimmung und damit ebenso die Möglichkeit feindlicher Entgegensetzung liegt, – diese abstrakte Stellung wird nur dadurch zum vernünftigen Verhältnisse (zum Schlusse, vergleiche Anmerkung zu § 302), daß ihre Vermittelung zur Existenz kommt.“

Wir haben schon gesehn, daß die Stände gemeinschaftlich mit der Regierungsgewalt die Mitte zwischen dem monarchischen Prinzip und dem Volk bilden, zwischen dem Staatswillen, wie er als *ein* empirischer Wille und wie er als *viele* empirische Willen existiert, zwischen der *empirischen Einzelnheit* und der *empirischen Allgemeinheit*. Hegel mußte, wie er den Willen der bürgerlichen Gesellschaft als *empirische Allgemeinheit*, so den fürstlichen als *empirische Einzelnheit* bestimmen; aber er spricht den *Gegensatz* nicht in seiner ganzen Schärfe aus.

Hegel fährt fort:

> „Wie von seiten der fürstlichen Gewalt die Regierungsgewalt (§ 300) schon diese Bestimmung hat, so muß auch von der Seite der Stände aus ein Moment derselben nach der Bestimmung gekehrt sein, wesentlich als das Moment der Mitte zu existieren.“

Allein die wahren Gegensätze sind Fürst und bürgerliche Gesellschaft. Und wir haben schon gesehn, dieselbe Bedeutung, welche die Regierungsgewalt von seiten des Fürsten, hat das ständische Element von seiten des Volkes. Wie jene in einem verzweigten Kreislauf *emaniert*, so *kondensiert* sich dieses in eine

Miniaturausgabe, denn die konstitutionelle Monarchie kann sich bloß mit dem *Volk en miniature* vertragen. Das ständische Element ist ganz *dieselbe Abstraktion des politischen Staates* von seiten der bürgerlichen Gesellschaft, welche die Regierungsgewalt von seiten des Fürsten ist. Es scheint also die Vermittelung vollständig zustande gekommen zu sein. Beide Extreme haben von ihrer Sprödigkeit abgelassen, das Feuer ihres besondren Wesens entgegengeschickt, und die *gesetzgebende Gewalt,* deren Elemente ebensowohl die Regierungsgewalt als die Stände sind, scheint nicht erst die *Vermittelung* zur Existenz kommen lassen zu müssen, sondern selbst schon die zur *Existenz gekommene Vermittelung* zu sein. Auch hat Hegel schon dies *ständische Element gemeinschaftlich mit der Regierungsgewalt* als die *Mitte* zwischen Volk und Fürst (ebenso das ständische Element als die Mitte zwischen bürgerlicher Gesellschaft und Regierung etc.) bezeichnet. Das vernünftige Verhältnis, der *Schluß,* scheint also fertig zu sein. Die *gesetzgebende Gewalt,* die Mitte, ist ein *mixtum compositum* der beiden Extreme, des fürstlichen Prinzips und der bürgerlichen Gesellschaft, der empirischen Einzelnheit und der empirischen Allgemeinheit, des Subjekts und des Prädikats. Hegel faßt überhaupt den *Schluß* als Mitte, als ein *mixtum compositum.* Man kann sagen, daß in seiner Entwicklung des Vernunftschlusses die ganze Transzendenz und der mystische Dualismus seines Systems zur Erscheinung kommt. Die Mitte ist das hölzerne Eisen, der vertuschte Gegensatz zwischen Allgemeinheit und Einzelnheit.

Zunächst bemerken wir über diese ganze Entwicklung, daß die „Vermittelung", die Hegel hier zustande bringen will, keine Forderung ist, die er aus dem *Wesen* der *gesetzgebenden Gewalt,* aus ihrer eignen Bestimmung, sondern vielmehr aus *Rücksicht* auf eine außer ihrer wesentlichen Bestimmung liegende *Existenz* herleitet. Es ist eine *Konstruktion der Rücksicht.* Die gesetzgebende Gewalt vorzugsweise wird nur mit Rücksicht auf ein Drittes entwickelt. Es ist daher vorzugsweise die *Konstruktion* ihres *formellen Daseins,* welche alle Aufmerksamkeit in Anspruch nimmt. Die gesetzgebende Gewalt wird sehr *diplomatisch* konstruiert. Es folgt dies aus der *falschen,* illusorischen κατ' ἐξοχὴν *politischen* Stellung, die die gesetzgebende Gewalt im modernen Staat (dessen Interpret Hegel ist) hat. Es folgt daraus von selbst, daß dieser Staat kein *wahrer* Staat ist, weil in ihm die *staatlichen Bestimmungen,* deren eine die gesetzgebende Gewalt ist, nicht an und für sich, nicht theoretisch, sondern praktisch betrachtet werden müssen, nicht als selbständige, sondern als mit einem Gegensatz behaftete Mächte, nicht aus der Natur der Sache, sondern nach den Regeln der Konvention.

Also das ständische Element sollte eigentlich „gemeinschaftlich mit der Regierungsgewalt" die Mitte zwischen dem Willen der empirischen Einzelnheit, dem Fürsten, und dem Willen der empirischen Allgemeinheit, der bürgerlichen Gesellschaft, sein, allein in *Wahrheit, realiter* ist „*seine* Stellung" eine „zunächst abstrakte Stellung, nämlich des *Extrems der empirischen Allgemeinheit* gegen das *fürstliche* oder *monarchische Prinzip* überhaupt, in der nur die *Möglichkeit der Über-*

einstimmung und damit ebenso die *Möglichkeit feindlicher Entgegensetzung* liegt", eine, wie Hegel richtig bemerkt, „abstrakte Stellung".

Zunächst scheint es nun, daß hier weder das *„Extrem der empirischen Allgemeinheit",* noch das „fürstliche oder monarchische Prinzip", das Extrem der empirischen Einzelnheit, sich gegenüberstehn. Denn von seiten der bürgerlichen Gesellschaft sind die Stände, wie von seiten des Fürsten die Regierungsgewalt *deputiert.* Wie das fürstliche Prinzip in der deputierten Regierungsgewalt aufhört, das Extrem der empirischen Einzelnheit zu sein, und vielmehr in ihr den *„grundlosen"* Willen aufgibt, sich zu der *„Endlichkeit"* des Wissens und der Verantwortlichkeit und des Denkens herabläßt, so scheint in dem ständischen Element die bürgerliche Gesellschaft nicht mehr empirische Allgemeinheit, sondern ein sehr bestimmtes Ganzes zu sein, das ebensosehr den „Sinn und die Gesinnung des Staates und der Regierung, als der Interessen der besonderen Kreise und der Einzelnen" hat (§ 302). Die bürgerliche Gesellschaft hat in ihrer ständischen Miniaturausgabe aufgehört, die empirische Allgemeinheit" zu sein. Sie ist vielmehr zu einem Ausschuß, zu einer sehr bestimmten Zahl herabgesunken, und wenn der Fürst in der Regierungsgewalt sich empirische Allgemeinheit, so hat sich die bürgerliche Gesellschaft in den Ständen empirische Einzelnheit oder Besonderheit gegeben. Beide sind zu einer Besonderheit geworden.

Der einzige Gegensatz, der hier noch möglich ist, scheint der zwischen den beiden Repräsentanten der beiden Staatswillen, zwischen den beiden Emanationen, zwischen dem *Regierungselement* und dem *ständischen* Element der gesetzgebenden Gewalt, scheint also ein *Gegensatz innerhalb der gesetzgebenden Gewalt selbst* zu sein. Die *„gemeinschaftliche"* Vermittelung scheint auch recht geeignet, sich wechselseitig in die Haare zu fallen. In dem Regierungselement der gesetzgebenden Gewalt hat sich die empirische, unzugängliche Einzelnheit des Fürsten *verirdischt* in einer Zahl beschränkter, faßbarer, verantwortlicher Personalitäten, und in dem ständischen Element hat sich die bürgerliche Gesellschaft *verhimmlischt* in eine Zahl politischer Männer. Beide Seiten haben ihre Unfaßbarkeit verloren. Die fürstliche Gewalt das unzugängliche, ausschließliche *empirische Eins,* die bürgerliche Gesellschaft das unzugängliche, verschwimmende *empirische All,* die eine ihre Sprödigkeit, die andere ihre Flüssigkeit. In dem ständischen Element einerseits, in dem Regierungselement der gesetzgebenden Gewalt andrerseits, welche zusammen bürgerliche Gesellschaft und Fürst vermitteln wollten, scheint also erst der *Gegensatz* zu einem kampfgerechten Gegensatz, aber auch zu einem *unversöhnlichen Widerspruch* gekommen zu sein.

Diese *„Vermittelung"* hat es also auch erst recht nötig, wie Hegel richtig entwickelt, „daß *ihre Vermittelung* zur *Existenz* kommt". Sie selbst ist vielmehr die Existenz des Widerspruches als der Vermittelung.

Daß diese Vermittelung von seiten des *ständischen Elementes* bewirkt werde, scheint Hegel ohne Grund zu behaupten. Er sagt:

> „Wie von seiten der fürstlichen Gewalt die Regierungsgewalt (§ 300) schon diese Bestimmung hat, so muß auch von der Seite der Stände aus ein Moment derselben nach der Bestimmung gekehrt sein, wesentlich als das Moment der Mitte zu existieren."

Allein wir haben schon gesehen, Hegel stellt hier willkürlich und inkonsequent Fürst und Stände als Extreme gegenüber. Wie von seiten der fürstlichen Gewalt die Regierungsgewalt, so hat von seiten der bürgerlichen Gesellschaft das ständische Element diese Bestimmung. Sie stehn nicht nur mit der Regierungsgewalt gemeinschaftlich zwischen Fürst und bürgerlicher Gesellschaft, sie stehn auch zwischen der Regierung überhaupt und dem Volk (§ 302). Sie tun von seiten der bürgerlichen Gesellschaft mehr, als die Regierungsgewalt von seiten der fürstlichen Gewalt tut, da diese ja sogar selbst als Gegensatz dem Volke gegenübersteht. Sie hat also das Maß der Vermittelung vollgemacht. Warum also diese Esel mit noch mehr Säcken bepacken? Warum soll denn das ständische Element überall die Eselsbrücke bilden, sogar zwischen sich selbst und seinem Gegner? Warum ist es überall die Aufopferung selbst? Soll es sich selbst *eine* Hand abhauen, damit es nicht mit *beiden* seinem Gegner, dem Regierungselement der gesetzgebenden Gewalt, Widerpart halten kann?

Es kömmt noch hinzu, daß Hegel zuerst die Stände aus den Korporationen, Standesunterschieden etc. hervorgehn ließ, damit sie keine „bloße empirische Allgemeinheit" seien, und daß er sie jetzt umgekehrt zur „bloßen empirischen Allgemeinheit" macht, um den Standesunterschied aus ihnen hervorgehn zu lassen! Wie der Fürst durch die Regierungsgewalt als ihren Christus mit der bürgerlichen Gesellschaft, so vermittelt sich die Gesellschaft durch die Stände als ihre Priester mit dem Fürsten.

Es scheint nun vielmehr die Rolle der Extreme, der fürstlichen Gewalt (empirischen Einzelnheit) und der bürgerlichen Gesellschaft (empirischen Allgemeinheit) sein zu müssen, vermittelnd zwischen „ihre Vermittelungen zu treten, um so mehr, da es „zu den wichtigsten logischen Einsichten gehört, daß ein bestimmtes Moment, das als im Gegensatz stehend die Stellung eines Extrems hat, es dadurch zu sein aufhört und *organisches* Moment ist, daß es zugleich *Mitte* ist" (§ 302 Anmerkung). Die bürgerliche Gesellschaft scheint diese Rolle nicht übernehmen zu können, da sie in der „gesetzgebenden Gewalt" als *sie selbst,* als Extrem keinen Sitz hat. Das andere Extrem, das sich *als solches* inmitten der gesetzgebenden Gewalt befindet, das fürstliche Prinzip, scheint also den Mittler zwischen dem ständischen und dem Regierungselement bilden zu müssen. Es scheint auch dazu qualifiziert zu sein. Denn einerseits ist in ihm das Ganze des Staates, also auch die bürgerliche Gesellschaft, repräsentiert, und speziell hat es mit den Ständen die „empirische Einzelnheit" des Willens gemein, da die empirische Allgemeinheit nur wirklich ist als empirische Einzelnheit. Es steht ferner der bürgerlichen Gesellschaft nicht nur als *Formel,* als Staatsbewußtsein gegenüber wie die Regierungsgewalt. Es *ist* selbst Staat, es hat das *materielle, natürliche*

Moment mit der bürgerlichen Gesellschaft gemein. Andrerseits ist der Fürst die Spitze und der Repräsentant der Regierungsgewalt. (Hegel, der alles umkehrt, macht die Regierungsgewalt zum Repräsentanten, zur Emanation des Fürsten. Weil er bei der Idee, deren Dasein der Fürst sein soll, nicht die wirkliche Idee der Regierungsgewalt, nicht die Regierungsgewalt als Idee, sondern das Subjekt der absoluten Idee vor Augen hat, die im Fürsten *körperlich* existiert, so wird die Regierungsgewalt zu einer *mystischen Fortsetzung der in* seinem Körper – *dem fürstlichen Körper – existierenden Seele.)*

Der Fürst mußte also in der gesetzgebenden Gewalt die Mitte zwischen der Regierungsgewalt und dem ständischen Element bilden, allein die Regierungsgewalt ist ja die Mitte zwischen ihm und der ständischen und die ständische zwischen ihm und der bürgerlichen Gesellschaft. Wie sollte er das untereinander vermitteln, dessen er zu seiner Mitte nötig hat, um kein einseitiges Extrem zu sein? Hier tritt das ganze Ungereimte dieser Extreme, die abwechselnd bald die Rolle des Extrems, bald die Mitte spielen, hervor. Es sind Janusköpfe, die sich bald von vorn, bald von hinten zeigen und vorn einen anderen Charakter haben als hinten. Das, was zuerst als Mitte zwischen zwei Extremen bestimmt, tritt nun selbst als Extrem auf, und das eine der zwei Extreme, das durch es mit dem anderen vermittelt war, tritt nun wieder als Mitte (weil in *seiner Unterscheidung* von dem anderen Extrem) zwischen sein Extrem und seine Mitte. Es ist eine wechselseitige Bekomplimentierung. Wie wenn ein Mann zwischen zwei Streitende tritt und nun wieder einer der Streitenden zwischen den vermittelnden Mann und den Streitenden. Es ist die Geschichte von dem Mann und der Frau, die sich stritten, und von dem Arzt, der als Vermittler zwischen sie treten wollte, wo nun wieder die Frau den Arzt mit ihrem Mann und der Mann seine Frau mit dem Arzt vermitteln mußte. Es ist wie der Löwe im Sommernachtstraum, der ausruft: „Ich bin Löwe, und ich bin nicht Löwe, sondern Schnock." So ist hier jedes Extrem bald der Löwe des Gegensatzes, bald der Schnock der Vermittelung. Wenn das eine Extrem ruft: „jetzt bin ich Mitte", so dürfen es die beiden anderen nicht anrühren, sondern nur nach dem andren schlagen, das eben Extrem war. Man sieht, es ist eine Gesellschaft, die kampflustig im Herzen ist, aber zu sehr die blauen Flecke fürchtet, um sich wirklich zu prügeln, und die beiden, die sich schlagen wollen, richten es so ein, daß der Dritte, der dazwischentritt, die Prügel bekommen soll, aber nun tritt wieder einer der beiden als der Dritte auf, und so kommen sie vor lauter Behutsamkeit zu keiner Entscheidung. Dieses System der Vermittelung kommt auch so zustande, daß derselbe Mann, der seinen Gegner prügeln will, ihn nach den andren Seiten gegen andre Gegner vor Prügeln beschützen muß und so in dieser doppelten Beschäftigung nicht zur Ausführung seines Geschäftes kommt. Es ist merkwürdig, daß Hegel, der diese Absurdität der Vermittelung auf ihren abstrakten, logischen, daher unverfälschten, untransigierbaren Ausdruck reduziert, sie zugleich als *spekulatives Mysterium* der Logik, als das vernünftige Verhältnis, als den Vernunftschluß bezeichnet.

Wirkliche Extreme können nicht miteinander vermittelt werden, eben weil sie wirkliche Extreme sind. Aber sie bedürfen auch keiner Vermittelung, denn sie sind entgegengesetzten Wesens. Sie haben nichts miteinander gemein, sie verlangen einander nicht, sie ergänzen einander nicht. Das eine hat nicht in seinem eigenen Schoß die Sehnsucht, das Bedürfnis, die Antizipation des andern. (Wenn aber Hegel Allgemeinheit und Einzelnheit, die abstrakten Momente des Schlusses, als wirkliche Gegensätze behandelt, so ist das eben der Grunddualismus seiner Logik. Das Weitere hierüber gehört in die Kritik der Hegelschen Logik.)

Dem scheint entgegenzustehn: Les extremes se touchent. Nordpol und Südpol ziehen sich an; weibliches Geschlecht und männliches ziehen sich ebenfalls an, und erst durch die Vereinigung ihrer extremen Unterschiede wird der Mensch.

Andrerseits. Jedes Extrem *ist* sein andres Extrem. Der abstrakte *Spiritualismus* ist *abstrakter Materialismus;* der *abstrakte Materialismus* ist der *abstrakte Spiritualismus* der Materie.

Was das erste betrifft, so sind Nordpol und Südpol beide *Pol;* ihr *Wesen* ist identisch; ebenso sind *weibliches und männliches* Geschlecht beide eine *Gattung,* ein *Wesen,* menschliches Wesen. Nord und Süd sind entgegengesetzte Bestimmungen *eines* Wesens; der Unterschied eines *Wesens* auf seiner *höchsten Entwicklung.* Sie sind das *differenzierte* Wesen. Sie sind, was sie sind, *nur* als eine *unterschiedne* Bestimmung, und zwar als *diese* unterschiedne Bestimmung des Wesens. *Wahre wirkliche* Extreme wären Pol und Nichtpol, menschliches und unmenschliches Geschlecht. Der Unterschied ist hier ein *Unterschied der Existenz,* dort ein Unterschied der *Wesen, zweier* Wesen. Was das zweite betrifft, so liegt hier die Hauptbestimmung darin, daß ein *Begriff* (Dasein etc.) *abstrakt* gefaßt wird, daß er nicht als selbständig, sondern als eine *Abstraktion* von einem anderen und nur als diese *Abstraktion* Bedeutung hat; also z. B. der Geist nur die *Abstraktion* von der Materie ist. Es versteht sich dann von selbst, daß er eben, weil diese Form seinen Inhalt ausmachen soll, vielmehr das *abstrakte Gegenteil,* der Gegenstand, von dem er abstrahiert, in seiner Abstraktion, also hier der abstrakte Materialismus, sein reales Wesen ist. Wäre *die Differenz* innerhalb der Existenz *eines* Wesens nicht verwechselt worden teils mit der *verselbständigten Abstraktion* (versteht sich, nicht von einem andern, sondern eigentlich von sich selbst), teils mit dem *wirklichen* Gegensatz sich wechselseitig ausschließender Wesen, so wäre ein dreifacher Irrtum verhindert worden: 1. daß, weil nur das Extrem wahr sei, jede Abstraktion und Einseitigkeit sich für wahr hält, wodurch ein Prinzip statt als Totalität in sich selbst nur als Abstraktion von einem andern erscheint; 2. daß die *Entschiedenheit wirklicher* Gegensätze, ihre Bildung zu Extremen, die nichts anderes ist als sowohl ihre Selbsterkenntnis wie ihre Entzündung zur Entscheidung des Kampfes, als etwas möglicherweise zu Verhinderndes oder Schädliches gedacht wird; 3. daß man ihre Vermittelung versucht. Denn so sehr beide Extreme in ihrer Existenz als wirklich auftreten und als Extreme, so liegt es doch nur in dem *Wesen* des einen, Extrem zu sein, und es hat für das andre nicht die *Bedeutung* der *wahren Wirklichkeit.* Das eine greift über das andre über. Die Stellung ist keine gleiche. Z. B. Christentum oder Religion überhaupt und Philosophie sind Extreme Aber in Wahrheit bildet die Religion zur Philosophie keinen wahren Gegensatz. Denn die Philosophie begreift die *Religion* in ihrer *illusorischen* Wirklichkeit. Sie ist also für die Philosophie – sofern sie eine Wirklichkeit sein will – in sich selbst aufgelöst. Es gibt keinen wirklichen Dualismus des *Wesens.* Später mehr hierüber.

Es fragt sich, wie kommt Hegel überhaupt zu dem Bedürfnis einer neuen *Vermittelung* von seiten des ständischen Elements? Oder teilt Hegel mit* „das häufige, aber höchst gefährliche Vorurteil, Stände hauptsächlich im Gesichtspunkte des *Gegensatzes* gegen die Regierung, als ob dies ihre wesentliche Stellung wäre, vorzustellen"? (§ 302 Anmerk.)

Die Sache ist einfach die: Einerseits haben wir gesehn, daß in der „gesetzgebenden Gewalt" die bürgerliche Gesellschaft als „ständisches" Element und die fürstliche Macht als „Regierungselement" sich erst zum wirklichen unmittelbar praktischen Gegensatz begeistet haben.

Andrerseits: Die gesetzgebende Gewalt ist Totalität. Wir finden in ihr die Deputation des fürstlichen Prinzips, „die Regierungsgewalt"; 2. die Deputation der bürgerlichen Gesellschaft, das „ständische" Element; aber außerdem befindet sich in ihr 3. das eine *Extrem als solches,* das fürstliche Prinzip, während das andere Extrem, die bürgerliche Gesellschaft, als solches sich nicht in ihr befindet. Dadurch wird erst das „ständische" Element zu dem Extrem des „fürstlichen" Prinzips, das eigentlich die bürgerliche Gesellschaft sein sollte. Erst als „ständisches" Element organisiert sich, wie wir gesehn haben, die bürgerliche Gesellschaft zu einem *politischen* Dasein. Das „ständische" Element ist ihr *politisches* Dasein, ihre *Transsubstantiation* in den politischen Staat. Die „gesetzgebende Gewalt" ist daher, wie wir gesehn, erst der eigentliche *politische Staat* in seiner Totalität. Hier ist also 1. fürstliches Prinzip, 2. Regierungsgewalt, 3. bürgerliche Gesellschaft. Das „ständische" Element ist „die *bürgerliche Gesellschaft des politischen Staates",* der „gesetzgebenden Gewalt". Das Extrem, das die bürgerliche Gesellschaft zum Fürsten bilden sollte, ist daher das *„ständische"* Element. (Weil die bürgerliche Gesellschaft die Unwirklichkeit des politischen Daseins, so ist das politische Dasein der bürgerlichen Gesellschaft ihre eigne Auflösung, ihre Trennung von sich selbst.) Ebenso bildet es daher einen Gegensatz zur Regierungsgewalt.

Hegel bezeichnet daher auch das „ständische" Element wieder als das „Extrem der empirischen Allgemeinheit", das eigentlich die bürgerliche Gesellschaft selbst ist. (Hegel hat daher unnützerweise das politisch-ständische Element aus den Korporationen und unterschiednen Ständen hervorgehn lassen. Dies hätte bloß Sinn, wenn nun die unterschiednen Stände als solche die gesetz-

* Hier fehlt ein Wort im Manuskript; vermutlich: mit anderen.

gebenden Stände wären, also der Unterschied der bürgerlichen Gesellschaft, die bürgerliche Bestimmung re vera die politische Bestimmung. Wir hätten dann nicht eine *gesetzgebende Gewalt* des Staatsganzen, sondern die *gesetzgebende Gewalt* der verschiednen Stände und Korporationen und Klassen über das Staatsganze. Die Stände der bürgerlichen Gesellschaft empfingen keine politische Bestimmung, sondern sie bestimmten den politischen Staat. Sie machten ihre *Besonderheit* zur bestimmenden Gewalt des Ganzen. Sie wären die Macht des Besonderen über das Allgemeine. Wir hatten auch nicht eine gesetzgebende Gewalt, sondern mehrere gesetzgebende Gewalten, die unter sich und mit der Regierung transigierten. Allein Hegel hat die moderne Bedeutung des ständischen Elements, die Verwirklichung des Staatsbürgertums, des bourgeois zu sein, vor Augen. Er will, daß das „an und für sich Allgemeine", der politische Staat, nicht von der bürgerlichen Gesellschaft bestimmt wird, sondern umgekehrt sie bestimmt. Während er also die Gestalt des mittelaltrig-ständischen Elements aufnimmt, gibt er ihm die entgegengesetzte Bedeutung, von dem Wesen des politischen Staates bestimmt zu werden. Die Stände als Repräsentanten der Korporationen etc. waren nicht die „empirische Allgemeinheit", sondern die „empirische Besonderheit", die „Besonderheit der Empirie"!) Die „gesetzgebende Gewalt" bedarf daher in sich selbst der *Vermittelung,* d. h. einer Vertuschung des Gegensatzes, und diese Vermittelung muß vom „ständischen Element" ausgehn weil das ständische Element innerhalb der gesetzgebenden Gewalt die Bedeutung der Repräsentation der bürgerlichen Gesellschaft verliert und zum *primären* Element wird, selbst die bürgerliche Gesellschaft der gesetzgebenden Gewalt ist. Die „gesetzgebende Gewalt" ist die Totalität des politischen Staates eben daher der zur *Erscheinung getriebene Widerspruch* desselben. Sie ist daher ebensosehr seine *gesetzte* Auflösung. Ganz verschiedene Prinzipien karambolieren in ihr. *Es erscheint* dies allerdings als *Gegensatz* der Elemente des fürstlichen Prinzips und des Prinzips des ständischen Elements etc. In *Wahrheit* aber ist es die Antinomie des *politischen Staates* und der *bürgerlichen Gesellschaft,* der *Widerspruch des abstrakten politischen Staates* mit sich selbst. Die gesetzgebende Gewalt ist die *gesetzte* Revolte. (Hegels Hauptfehler besteht darin, daß er *den Widerspruch der Erscheinung* als *Einheit im Wesen, in der Idee faßt,* während er allerdings ein Tieferes zu seinem Wesen hat, nämlich einen *wesentlichen Widerspruch,* wie z. B. hier der Widerspruch der gesetzgebenden Gewalt in sich selbst nur der Widerspruch des politischen Staats, also auch der bürgerlichen Gesellschaft mit sich selbst ist.

Die vulgäre Kritik verfällt in einen entgegengesetzten *dogmatischen* Irrtum. So kritisiert sie z. B. die Konstitution. Sie macht auf die Entgegensetzung der Gewalten aufmerksam etc. Sie findet überall Widersprüche. Das ist selbst noch dogmatische Kritik, die mit ihrem Gegenstand *kämpft,* so wie man früher etwa das Dogma der heiligen Dreieinigkeit durch den Widerspruch von eins und drei beseitigte. Die wahre Kritik dagegen zeigt die innere Genesis der heiligen Dreieinigkeit im menschlichen Gehirn. Sie beschreibt ihren Geburtsakt. So weist die wahrhaft philosophische Kritik der jetzigen Staatsverfassung nicht nur Widersprüche als bestehend auf, sie *erklärt* sie, sie begreift ihre Genesis, ihre Notwendigkeit. Sie faßt sie in ihrer *eigentümlichen* Bedeutung. Dies *Begreifen* besteht aber nicht, wie Hegel meint, darin, die Bestimmungen des logischen Begriffs überall wiederzuerkennen, sondern die eigentümliche Logik des eigentümlichen Gegenstandes zu fassen.)

Hegel drückt dies so aus, daß in der Stellung des politisch-ständischen Elementes zum fürstlichen „nur die *Möglichkeit der Übereinstimmung* und damit ebenso die *Möglichkeit feindlicher* Entgegensetzung liegt".

Die Möglichkeit der Entgegensetzung liegt überall, wo *verschiedene* Willen zusammentreffen. Hegel sagt selbst, daß die „Möglichkeit der Übereinstimmung" die „Möglichkeit der Entgegensetzung" ist. Er muß also jetzt ein Element bilden, was die „*Unmöglichkeit der Entgegensetzung*" und die „*Wirklichkeit* der Übereinstimmung" ist. Ein solches Element wäre also ihm die Freiheit der Entschließung und des Denkens dem fürstlichen Willen und der Regierung gegenüber. Es gehörte also nicht mehr zum „ständisch-politischen" Element. Es wäre vielmehr ein Element des fürstlichen Willens und der Regierung und befände sich in demselben Gegensatz zum *wirklichen* ständischen Element wie die Regierung selbst.

Sehr wird diese Forderung schon herabgestimmt durch den Schluß des Paragraphen:

> „Wie von seiten der fürstlichen Gewalt die Regierungsgewalt (§ 300) schon diese Bestimmung hat, so muß auch von der Seite der Stände aus ein Moment derselben nach der Bestimmung gekehrt sein, *wesentlich* als das Moment *der Mitte* zu existieren."

Das Moment, was von Seite der Stände abgeschickt wird, muß die *umgekehrte* Bestimmung haben, als die Regierungsgewalt von seiten der Fürsten hat, da fürstliches und ständisches Element entgegengesetzte Extreme sind. Wie der Fürst sich in der Regierungsgewalt demokratisiert, so muß sich dies „ständische" Element in seiner Deputation *monarchisieren.* Was Hegel also will, ist *ein fürstliches Moment von seiten der Stände.* Wie die Regierungsgewalt ein ständisches Moment von seiten des Fürsten, so soll es auch ein fürstliches Moment von seiten der Stände geben.

Die „Wirklichkeit der Übereinstimmung" und die „Unmöglichkeit der Entgegensetzung" verwandelt sich in folgende Forderung: Es „muß von seiten der Stände aus ein Moment derselben nach der *Bestimmung* gekehrt sein, *wesentlich* als das *Moment* der *Mitte* zu *existieren*". Nach der *Bestimmung* gekehrt sein! Diese Bestimmung haben nach § 302 die Stände überhaupt. Es müßte hier nicht mehr „*Bestimmung*", sondern „*Bestimmtheit*" sein.

Und was ist das überhaupt für eine Bestimmung, „wesentlich als das Moment der Mitte zu existieren"? Seinem „Wesen" nach „Buridans Esel" sein.

Die Sache ist einfach die:

Die Stände sollen „Vermittelung" zwischen Fürst und Regierung einerseits und Volk andrerseits sein, aber sie sind es nicht, sie sind vielmehr der organisierte *politische* Gegensatz der bürgerlichen Gesellschaft. Die „gesetzgebende Gewalt" bedarf in sich selbst der *Vermittelung,* und zwar, wie gezeigt, einer Vermittelung von seiten der Stände aus. Die vorausgesetzte *moralische* Übereinstimmung der beiden Willen, von denen der eine der Staatswille als fürstlicher Wille und der andere der Staatswille als der Wille der bürgerlichen Gesellschaft ist, reicht nicht aus. Die gesetzgebende Gewalt ist zwar erst der organisierte, *totale* politische Staat, aber eben in ihr erscheint, weil in seiner höchsten Entwicklung, auch der unverhüllte Widerspruch des *politischen Staates* mit sich selbst. Es muß also der *Schein* einer *wirklichen Identität* zwischen fürstlichem und ständischem Willen gesetzt werden. *Das ständische Element muß als fürstlicher Wille oder der fürstliche Wille muß als ständisches Element gesetzt werden.* Das ständische Element muß sich als die Wirklichkeit eines Willens setzen, der nicht der Wille des ständischen Elementes ist. Die *Einheit,* die nicht im *Wesen* vorhanden ist (sonst müßte sie sich durch die *Wirksamkeit* und nicht durch die *Daseinsweise* des ständischen Elementes beweisen), muß wenigstens als eine *Existenz* vorhanden sein, oder eine *Existenz* der gesetzgebenden Gewalt (des ständischen Elements) hat die *Bestimmung,* diese *Einheit des Nichtvereinten* zu sein. Dieses Moment des ständischen Elements, Pairskammer, Oberhaus etc., ist die höchste *Synthese* des politischen Staates in der betrachteten Organisation. Es ist zwar nicht damit erreicht, was Hegel will, „die Wirklichkeit der Übereinstimmung" und die „Unmöglichkeit feindlicher Entgegensetzung", vielmehr bleibt es bei der „Möglichkeit der Übereinstimmung". Allein es ist die *gesetzte Illusion* von der *Einheit des politischen Staates mit sich selbst* (des fürstlichen und ständischen Willens, weiter dem Prinzip des politischen Staates und der bürgerlichen Gesellschaft), von dieser *Einheit* als *materiellem* Prinzip, d. h. so, daß nicht nur zwei entgegengesetzte Prinzipien sich vereinen, sondern daß die Einheit derselben *Natur,* Existentialgrund ist. Dieses Moment des ständischen Elementes ist die *Romantik* des politischen Staats, die *Träume* seiner Wesenhaftigkeit oder seiner Übereinstimmung mit sich selbst. Es ist eine *allegorische* Existenz.

Es hängt nun von dem wirklichen status quo des Verhältnisses zwischen ständischem Element und fürstlichem ab, ob diese *Illusion* wirksame Illusion oder *bewußte Selbsttäuschung* ist. Solange Stände und fürstliche Gewalt *faktisch* übereinstimmen, sich vertragen, ist die *Illusion* ihrer *wesentlichen* Einheit eine *wirkliche,* also *wirksame* Illusion. Im Gegenfall, wo sie ihre Wahrheit betätigen sollte, wird sie zur *bewußten Unwahrheit* und ridicule.

§ 305. „Der eine der *Stände der bürgerlichen* Gesellschaft enthält das Prinzip, das für sich fähig ist, zu dieser *politischen* Beziehung konstituiert zu werden, der Stand der natürlichen Sittlichkeit nämlich, der das Familienleben und in Rücksicht der Sub-

> sistenz den Grundbesitz zu seiner Basis, somit in Rücksicht seiner Besonderheit ein auf sich beruhendes Wollen und die Naturbestimmung, welche das fürstliche Element in sich schließt, mit diesem gemein hat."

Wir haben schon die Inkonsequenz Hegels nachgewiesen, 1. das politisch-ständische Element in seiner *modernen* Abstraktion von der bürgerlichen Gesellschaft etc. zu fassen, nachdem er es aus den Korporationen hat hervorgehn lassen; 2. es jetzt wieder nach dem *Ständeunterschied der bürgerlichen Gesellschaft* zu bestimmen, nachdem er die politischen Stände als solche als das „Extrem der empirischen Allgemeinheit" schon bestimmt hat.

Die *Konsequenz* wäre nun: Die *politischen Stände* für sich zu betrachten, als neues Element, und nun aus ihnen jetzt die § 304 geforderte Vermittelung zu konstruieren.

Allein sehn wir nun, wie Hegel den bürgerlichen Ständeunterschied wieder hereinzieht und zugleich den Schein hervorbringt, daß nicht die *Wirklichkeit* und das *besondere Wesen* des bürgerlichen Ständeunterschieds die *höchste politische Sphäre,* die gesetzgebende Gewalt bestimmt, sondern umgekehrt zu einem bloßen *Material* herabsinkt, das die politische Sphäre nach *ihrem,* aus ihr selbst hervorgehenden Bedürfnis formiert und konstruiert.

> „Der eine der Stände der bürgerlichen Gesellschaft enthält das *Prinzip*, das für sich fähig ist, zu dieser *politischen Beziehung* konstituiert zu *werden*, der Stand der *natürlichen Sittlichkeit* nämlich" (Der Bauernstand.)

Worin besteht nun diese *prinzipielle Fähigkeit* oder diese *Fähigkeit des Prinzips* des Bauernstandes? Er hat

> „das *Familienleben* und in Rücksicht der Subsistenz den *Grundbesitz* zu seiner *Basis*, somit in *Rücksicht seiner Besonderheit ein auf sich* beruhendes Wollen und die *Naturbestimmung*, welche das *fürstliche* Element in sich schließt, mit diesem gemein."

Das „auf sich beruhende Wollen" bezieht sich auf die Subsistenz, den „Grundbesitz" die mit dem fürstlichen Element gemeinschaftliche „Naturbestimmung" auf das „Familienleben" als Basis.

Die Subsistenz des „Grundbesitzes" und ein „auf sich beruhendes Wollen" sind zwei verschiedne Dinge. Es müßte vielmehr von einem auf „Grund und Boden *ruhenden* Wollen" die Rede sein. Es müßte aber vielmehr von einem „auf der Staatsgesinnung", nicht von einem *auf sich,* sondern von einem *im Ganzen* ruhenden Willen die Rede sein.

An die Stelle der „Gesinnung", des „Besitzes des Staatsgeistes" tritt der „*Grund*besitz".

Was ferner das „*Familienleben*" als Basis angeht, so scheint die „soziale" Sittlichkeit der bürgerlichen Gesellschaft höher zu stehn als diese „natürliche Sittlichkeit". Ferner ist das „Familienleben" die *„natürliche Sittlichkeit" der anderen Stände* oder des Bürgerstandes der bürgerlichen Gesellschaft ebensowohl als des Bauernstandes. Daß aber das „Familienleben" bei dem Bauernstande nicht nur das Prinzip der Familie, sondern die Basis seines sozialen Daseins überhaupt ist, scheint ihn vielmehr für die höchste politische Aufgabe unfähig zu machen, indem er patriarchalische Gesetze auf eine nicht patriarchalische Sphäre anwenden wird und das Kind oder den Vater, den Herrn und den Knecht da geltend macht, wo es sich um den *politischen* Staat, um das *Staatsbürgertum* handelt.

Was die *Naturbestimmung* des *fürstlichen* Elements betrifft, so hat Hegel keinen patriarchalischen, sondern einen *modern konstitutionellen* König entwickelt. Seine Naturbestimmung besteht darin, daß er der *körperliche Repräsentant* des Staates ist und als *König* geboren, oder das Königtum seine *Familienerbschaft* ist, aber was hat das mit dem Familienleben als der Basis des Bauernstandes, was hat die natürliche Sittlichkeit mit der Naturbestimmung der Geburt als solcher gemein? Der König teilt das mit dem Pferd, daß, wie dieses als Pferd, der König als König geboren wird.

Hätte Hegel den von ihm angenommenen Ständeunterschied als solchen zum politischen gemacht, so war ja schon der Bauernstand als solcher ein selbständiger Teil des ständischen Elements, und wenn er als solcher ein Moment der Vermittelung mit dem Fürstentum ist, was bedürfte es dann der Konstruktion einer *neuen* Vermittelung? Und warum ihn aus dem eigentlich ständischen Moment herausscheiden, da dieses ja nur durch die Scheidung von ihm in die „abstrakte" Stellung zum fürstlichen Element gerät? Nachdem Hegel aber eben das politisch-ständische Element als ein eigentümliches Element, als eine *Transsubstantiation des Privatstandes in das Staatsbürgertum* entwickelt hat und eben deswegen der Vermittelung bedürftig gefunden hat, wie darf Hegel nun diesen Organismus wieder auflösen in den Unterschied des Privatstandes, also in den Privatstand, und aus diesem die Vermittelung des politischen Staates mit sich selbst herholen?

Überhaupt welche Anomalie, daß die höchste *Synthese* des politischen Staates nichts andres ist als die Synthese von Grundbesitz und Familienleben!

Mit einem Wort:

Sobald die bürgerlichen Stände als solche politische Stände sind, bedarf es jener Vermittelung nicht, und sobald es jener Vermittelung bedarf, ist der bürgerliche Stand nicht politisch, also auch nicht jene Vermittelung. Der Bauer ist dann nicht als Bauer, sondern als Staatsbürger ein Teil des politisch-ständischen Elements, während umgekehrt (wo er als *Bauer* Staatsbürger oder als Staatsbürger Bauer ist) sein Staatsbürgertum das *Bauerntum,* er nicht als Bauer Staatsbürger, sondern als Staatsbürger Bauer ist!

Es ist hier also eine Inkonsequenz Hegels *innerhalb seiner eignen An*schauungsweise, und eine solche Inkonsequenz ist *Akkommodation.* Das politisch-ständische Element ist im modernen Sinne, in dem von Hegel entwickelten Sinne, die *vollzogene gesetzte Trennung der bürgerlichen Gesellschaft von ihrem Privatstand und seinen Unterschieden.* Wie kann Hegel den Privatstand zur *Lösung* der Antinomien der *gesetzgebenden* Gewalt in sich selbst machen? Hegel will das mittelalterliche ständische System, aber in dem modernen Sinn der gesetzgebenden Gewalt, und er will die moderne gesetzgebende Gewalt, aber in dem Körper des mittelalterlich-ständischen Systems! Es ist schlechtester Synkretismus.

> Anfang § 304 heißt es: „Den in den früheren Sphären bereits vorhandenen Unterschied der Stände enthält das politisch-ständische Element zugleich in seiner eigenen Bestimmung."

Aber in seiner *eigenen* Bestimmung enthält das politisch-ständische Element diesen Unterschied nur dadurch, daß es ihn annulliert, daß es ihn in sich vernichtigt, *von ihm abstrahiert.*

Wird der Bauernstand oder, wie wir weiter hören werden, der *potenzierte* Bauernstand, der adlige Grundbesitz, als solcher auf die beschriebene Weise zur Vermittelung des totalen *politischen* Staates, der gesetzgebenden Gewalt in sich selbst gemacht, so ist das allerdings die Vermittelung des ständisch-politischen Elements mit der fürstlichen Gewalt in dem Sinn, als es die *Auflösung* des politisch-ständischen Elementes als eines wirklichen politischen Elementes ist. Nicht der Bauernstand, sondern der *Stand,* der *Privatstand,* die *Analyse* (Reduktion) des politisch-ständischen Elementes in den Privatstand ist hier die *wiederhergestellte Einheit des politischen Staats mit sich selbst,* nicht der *Bauernstand* als solcher ist hier die *Vermittelung,* sondern seine Trennung von dem politisch-ständischen *Element* in seiner Qualität als *bürgerlicher Privatstand;* dies, daß sein Privatstand ihm eine gesonderte Stellung in dem politisch-ständischen Element gibt, also auch der andre Teil des politisch-ständischen Elements die Stellung eines *besondren* Privatstandes erhält, also *aufhört,* das Staatsbürgertum der bürgerlichen Gesellschaft zu repräsentieren.) Es ist hier nun nicht mehr der *politische* Staat als *zwei entgegengesetzte Willen* vorhanden, sondern auf der einen Seite steht der politische Staat (Regierung und Fürst) und auf der andern die bürgerliche Gesellschaft in ihrem Unterschied vom politischen Staat. (Die verschiedenen Stände.) Damit ist denn auch der politische Staat als *Totalität* aufgehoben.

Der nächste Sinn der *Verdoppelung* des politisch-ständischen Elementes in sich selbst als einer Vermittelung mit der fürstlichen Gewalt ist überhaupt, daß die *Trennung* dieses Elementes in sich selbst, sein eigner Gegensatz in sich selbst seine *wiederhergestellte* Einheit mit der fürstlichen Gewalt ist. Der Grunddualismus zwischen dem *fürstlichen* und dem ständischen Element der gesetzgebenden Gewalt wird *neutralisiert* durch den Dualismus des ständischen Elementes in sich selbst. Bei Hegel aber geschieht diese Neutralisation dadurch, daß das politisch-ständische Element sich von seinem *politischen* Element selbst trennt.

Was den *Grundbesitz* als *Subsistenz,* welche der *Souveränität* des Willens, *der fürstlichen Souveränität,* und das *Familienleben* als Basis des Bauernstandes, welche der

Naturbestimmung der fürstlichen Gewalt entsprechen soll, betrifft, so kommen wir später darauf zurück. Hier im § 305 ist das „*Prinzip*" des Bauernstandes entwickelt, „das für sich fähig ist, zu dieser politischen Beziehung konstituiert zu werden".

Im § 306 wird die „Konstituierung" „für die politische Stellung und Bedeutung" vorgenommen, Sie reduziert sich darauf: „Das Vermögen wird" „ein *unveräußerliches,* mit dem *Majorat* belastetes *Erbgut*". Das „Majorat" wäre also die politische Konstituierung des Bauernstandes.

> „Die Begründung des Majorats", heißt es im Zusatz, „liegt darin, daß der Staat nicht auf *bloße Möglichkeit* der Gesinnung, sondern auf ein *Notwendiges* rechnen soll. Nun ist die Gesinnung freilich an ein Vermögen nicht gebunden, aber der *relativ notwendige* Zusammenhang ist, daß, wer ein selbständiges Vermögen hat, von äußeren Umständen nicht beschränkt ist und so ungehemmt auftreten und für den Staat handeln *kann.*"

Erster Satz. Dem Staat genügt nicht „die *bloße Möglichkeit der Gesinnung*", er soll auf ein „*Notwendiges*" rechnen.

Zweiter Satz. „Die Gesinnung ist an ein Vermögen nicht gebunden", d. h., die Gesinnung des Vermögens ist eine „bloße Möglichkeit".

Dritter Satz. Aber es findet ein „*relativ notwendiger Zusammenhang*" statt, nämlich, „daß, wer ein selbständiges Vermögen hat etc., für den Staat handeln *kann*", d. h., das *Vermögen* gibt die „*Möglichkeit*" der Staatsgesinnung, aber eben die „Möglichkeit" genügt nach dem ersten Satz nicht.

Zudem hat Hegel nicht entwickelt, daß der *Grundbesitz* das einzige „selbständige Vermögen" ist.

Die *Konstituierung seines Vermögens zur Unabhängigkeit* ist die Konstituierung des Bauernstandes „für die politische Stellung und Bedeutung". Oder „die Unabhängigkeit des Vermögens" *ist* seine „politische Stellung und Bedeutung.

Diese Unabhängigkeit wird weiter so entwickelt:

Sein „*Vermögen*" ist „*unabhängig* vom *Staatsvermögen*". Unter Staatsvermögen wird hier offenbar die *Regierungskasse* verstanden. In dieser Beziehung steht „der *allgemeine* Stand" „*gegenüber*" „als vom *Staat* wesentlich abhängig". So heißt es in der Vorrede p. 13:

> „Ohnehin" wird „bei uns die *Philosophie* nicht wie etwa bei den Griechen als eine private Kunst exerziert", „sondern sie" hat „eine öffentliche, das Publikum berührende Existenz, vornehmlich oder *allein* im Staats*dienste*".

Also auch die Philosophie „*wesentlich*" von der Regierungskasse abhängig.

Sein *Vermögen* ist *unabhängig* „von der Unsicherheit des Gewerbes, der Sucht des Gewinns und der Veränderlichkeit des Besitzes überhaupt". In dieser Hinsicht steht ihm der „Stand des Gewerbes" „als der vom Bedürfnis abhängige und darauf hingewiesene" gegenüber.

Dies Vermögen ist so „wie von der *Gunst* der *Regierungsgewalt,* so von der *Gunst* der *Menge*" unabhängig.

Er ist endlich selbst *gegen die eigene Willkür* dadurch festgestellt, daß die für diese Bestimmung berufenen Mitglieder dieses Standes, „des Rechts der anderen Bürger, teils über ihr ganzes Eigentum frei zu disponieren, teils es nach der Gleichheit der Liebe zu den Kindern, an sie übergehend zu wissen, entbehren."

Die Gegensätze haben hier eine ganz neue und sehr materielle Gestalt angenommen, wie wir sie in dem Himmel des politischen Staates kaum erwarten durften.

Der Gegensatz, wie ihn Hegel entwickelt, ist in seiner Schärfe ausgesprochen der Gegensatz von *Privateigentum* und *Vermögen.*

Der *Grundbesitz* ist das *Privateigentum* κατ' ἐξοχὴν, das *eigentliche* Privateigentum. Seine exakte Privatnatur tritt hervor 1. als „*Unabhängigkeit* vom *Staatsvermögen*", der „*Gunst der Regierungsgewalt*", dem Eigentum, wie es als „allgemeines Eigentum des politischen Staats" existiert, ein nach der Konstruktion des politischen Staates *besonderes Vermögen* neben anderen Vermögen; 2. als „*Unabhängigkeit* vom Bedürfnis" der Sozietät oder dem „sozialen Vermögen", der „Gunst der Menge". (Ebenso bezeichnend ist, daß der Anteil am Staatsvermögen als „*Gunst* der *Regierungsgewalt*", wie der Anteil am sozialen Vermögen als „*Gunst* der *Menge*" gefaßt wird.) Das Vermögen des „allgemeinen Standes" und des „Gewerbestandes" ist kein *eigentliches Privateigentum,* weil es dort *direkt,* hier *indirekt* durch den Zusammenhang mit dem allgemeinen Vermögen oder dem Eigentum als sozialem Eigentum bedingt ist, eine *Partizipation* an demselben ist, darum allerdings auf beiden Seiten durch „Gunst", d. h. durch den „Zufall des Willens" vermittelt ist. Dem gegenüber steht der *Grundbesitz* als das *souveräne Privateigentum,* das noch nicht die Gestalt des Vermögens, d. h. eines durch den *sozialen Willen* gesetzten Eigentums, erreicht hat.

Die politische Verfassung in ihrer höchsten Spitze ist also die *Verfassung des Privateigentums.* Die höchste *politische Gesinnung* ist die *Gesinnung des Privateigentums.* Das *Majorat* ist bloß die *äußere* Erscheinung von der *innern* Natur des *Grundbesitzes.* Dadurch, daß er *unveräußerlich* ist, sind ihm die *sozialen* Nerven abgeschnitten und *seine Isolierung von der bürgerlichen Gesellschaft* gesichert. Dadurch, daß er nicht nach der „Gleichheit der Liebe zu den Kindern" übergeht, ist er sogar von der kleinern Sozietät, der natürlichen Sozietät der *Familie,* ihrem Willen und ihren Gesetzen losgesagt, unabhängig, bewahrt also die *schroffe* Natur des *Privateigentums* auch vor dem Übergang in das *Familienvermögen.*

Hegel hatte § 305 den Stand des Grundbesitzes fähig erklärt, zu der „politischen Beziehung" konstituiert zu werden, weil das „Familienleben" seine „Basis" sei. Er hat aber selbst die „Liebe" für die Basis, für das Prinzip, für den *Geist* des Familienlebens erklärt. In dem Stand, der das Familienleben zu seiner Basis hat, fehlt also die *Basis des Familienlebens,* die Liebe als das wirkliche, also wirksame und determinierende Prinzip. Es ist das *geistlose* Familienleben, die *Illusion* des Familienlebens. In seiner höchsten Entwicklung widerspricht das *Prinzip des Privateigentums* dem *Prinzip der Familie.* Es kommt also im Gegensatz zum *Stand der natürlichen Sittlichkeit,* des Familienlebens, vielmehr erst in der bürgerlichen Gesellschaft das *Familienleben* zum Leben der Familie, zum *Leben* der *Liebe.* Jener ist vielmehr die *Barbarei* des Privateigentums gegen das Familienleben.

Das wäre also die *souveräne Herrlichkeit des Privateigentums,* des *Grundbesitzes,* worüber in neueren Zeiten so viele Sentimentalitäten stattgehabt haben und so viele buntfarbige Krokodilstränen vergossen worden sind.

Es nützt Hegel nichts zu sagen, daß das *Majorat* bloß eine *Forderung der Politik* sei und in seiner *politischen* Stellung und Bedeutung gefaßt werden müsse. *Es* nützt ihm nichts zu sagen: „Die Sicherheit und Festigkeit dieses Standes kann noch durch die Institution des Majorats vermehrt werden, welche jedoch *nur in politischer Rücksicht* wünschenswert ist, denn es ist damit ein Opfer für den *politischen Zweck* verbunden, daß der Erstgeborene *unabhängig leben könne.*" Es ist bei Hegel eine gewisse Dezenz, der *Anstand des Verstandes.* Er will nicht das Majorat an und für sich, er will es nur in bezug auf ein andres, nicht als Selbstbestimmung, sondern als Bestimmtheit eines andren, nicht als Zweck, sondern als *Mittel* zu einem Zweck rechtfertigen und konstruieren. In Wahrheit ist das Majorat eine Konsequenz des *exakten* Grundbesitzes, das versteinerte Privateigentum, das Privateigentum (quand même) in der höchsten Selbständigkeit und Schärfe seiner Entwicklung, und was Hegel als den Zweck, als das Bestimmende, als die prima causa des Majorats darstellt, ist vielmehr ein Effekt desselben, eine Konsequenz, die Macht des *abstrakten Privateigentums* über *den politischen Staat,* während Hegel das Majorat als die *Macht des politischen Staates über das Privateigentum* darstellt. Er macht die Ursache zur Wirkung und die Wirkung zur Ursache, das Bestimmende zum Bestimmten und das Bestimmte zum Bestimmenden.

Allein was ist der *Inhalt* der politischen Konstituierung, des politischen Zwekkes, was ist der Zweck dieses Zweckes? Was seine Substanz? Das *Majorat,* der *Superlativ des Privateigentums,* das *souveräne Privateigentum.* Welche Macht übt der politische Staat über das Privateigentum im Majorat aus? Daß er es *isoliert* von der Familie und der Sozietät, daß er es zu seiner *abstrakten Verselbständigung* bringt. Welches ist also die Macht des politischen Staates über das Privateigentum? Die *eigne Macht des Privateigentums,* sein zur Existenz gebrachtes Wesen. Was bleibt dem politischen Staat im Gegensatz zu diesem Wesen übrig? Die *Illusion,* daß er bestimmt, wo er bestimmt wird. Er bricht allerdings den *Willen der Familie und der Sozietät,* aber nur um dem *Willen des familien- und sozietätslosen Privateigentums* Dasein zu geben und dieses Dasein als das höchste Dasein des politischen Staates, als das höchste *sittliche* Dasein anzuerkennen.

Betrachten wir die verschiedenen Elemente, wie sie sich hier in der *gesetzgebenden Gewalt,* dem totalen, dem zur Wirklichkeit und zur Konsequenz, zum Bewußtsein gekommenen Staat, dem *wirklichen* politischen Staat verhalten, mit der *ideellen* oder *sein* sollenden, mit der *logischen* Bestimmung und Gestalt dieser Elemente.

(Das Majorat ist nicht, wie Hegel sagt, „eine Fessel, die der Freiheit des Privatrechts angelegt ist", es ist vielmehr die „Freiheit des Privatrechts, die sich von allen sozialen und sittlichen Fesseln befreit hat".) („Die höchste politische Konstruktion ist hier die Konstruktion des abstrakten Privateigentums.")

Ehe wir diese Vergleichung anstellen, ist noch ein näherer Blick auf eine Bestimmung des Paragraphen zu werfen, nämlich darauf, daß durch das Majorat das Vermögen des Bauernstandes, der Grundbesitz, das Privateigentum selbst *gegen die eigene Willkür* dadurch festgestellt ist, daß die für diese Bestimmung berufenen Mitglieder dieses Standes des Rechts der andern Bürger über ihr ganzes Eigentum frei zu disponieren, entbehren".

Wir haben schon hervorgehoben, wie durch die „Unveräußerlichkeit" des Grundbesitzes die sozialen Nerven des Privateigentums abgeschnitten werden. Das Privateigentum (der Grundbesitz) ist gegen die *eigne Willkür* des Besitzers dadurch festgestellt, daß die Sphäre seiner Willkür aus einer allgemein menschlichen zur *spezifischen Willkür des Privateigentums* umgeschlagen, das Privateigentum zum *Subjekt* des Willens geworden ist; der Wille bloß mehr das *Prädikat* des Privateigentums ist. Das Privateigentum ist nicht mehr ein *bestimmtes* Objekt der Willkür, sondern die Willkür ist das *bestimmte* Prädikat des Privateigentums. Doch vergleichen wir, was Hegel selbst innerhalb der Sphäre des Privatrechts sagt:

> § 65 „Meines Eigentums kann ich mich e n t ä u ß e r n, da es das meinige nur ist, insofern ich meinen Willen darin lege, aber nur insofern die Sache i h r e r N a t u r nach ein Ä u ß e r l i c h e s ist."

> § 66 „U n v e r ä u ß e r l i c h sind daher diejenigen Güter oder vielmehr substantiellen Bestimmungen, sowie das Recht an sie u n v e r j ä h r b a r, welche meine eigenste Person und das allgemeine Wesen meines Selbstbewußtseins ausmachen, wie meine Persönlichkeit überhaupt, meine allgemeine Willensfreiheit, Sittlichkeit, Religion."

Im Majorat wird also der Grundbesitz, das exakte Privateigentum, ein *unveräußerliches* Gut, also eine *substantielle Bestimmung,* welche die „eigenste Person, das allgemeine Wesen des Selbstbewußtseins" des majoratsherrlichen Standes ausmachen, seine „Persönlichkeit überhaupt, seine allgemeine Willensfreiheit, Sittlichkeit, Religion". Es ist daher auch konsequent, daß, wo das Privateigentum, der Grundbesitz *unveräußerlich,* dagegen die „allgemeine Willensfreiheit" (wozu auch die freie Disposition über ein Äußerliches, wie der Grundbesitz ist, gehört) und die *Sittlichkeit* (wozu die *Liebe* als der wirkliche, auch als das wirkliche Gesetz der Familie sich ausweisende Geist gehört) veräußerlich sind. Die *„Unveräußerlichkeit" des Privateigentums* ist in einem die *„Veräußerlichkeit" der allgemeinen Willensfreiheit und Sittlichkeit.* Das Eigentum ist hier nicht mehr, insofern „ich meinen

Willen darin lege", sondern mein Wille ist, „insofern er im Eigentum liegt". Mein Wille besitzt hier nicht, sondern ist besessen. Das ist eben der *romantische* Kitzel der Majoratsherrlichkeit, daß hier das Privateigentum, also die Privatwillkür in ihrer abstraktesten Gestalt, daß der *ganz bornierte,* unsittliche, rohe Willen als die höchste Synthese des politischen Staates, als die höchste Entäußerung der Willkür, als der härteste, aufopferndste Kampf mit der *menschlichen Schwäche* erscheint, denn als *menschliche* Schwäche erscheint hier die *Humanisierung,* die *Vermenschlichung* des Privateigentums. Das *Majorat* ist das sich selbst zur *Religion* gewordene, das in sich selbst versunkene, von seiner Selbständigkeit und Herrlichkeit *entzückte Privateigentum.* Wie das Majorat der direkten Veräußerung, so ist es auch dem *Vertrage* entnommen. Hegel stellt den Übergang vom Eigentum zum Vertrage folgendermaßen dar:

> § 71. „Das Dasein ist als bestimmtes Sein wesentlich Sein für anderes; das Eigentum, nach der Seite, daß es ein Dasein als äußerliche Sache ist, ist für andere Äußerlichkeiten und im Zusammenhange dieser Notwendigkeit und Zufälligkeit. Aber als Dasein des W i l l e n s ist es als für anderes nur f ü r d e n W i l l e n einer anderen Person. Diese Beziehung von Willen auf Willen ist der eigentümliche und wahrhafte Boden, in welchem die Freiheit D a s e i n hat. Diese Vermittelung, *Eigentum* nicht mehr nur vermittelst *einer Sache und meines subjektiven* Willens zu haben, sondern ebenso vermittelst eines anderen Willens und hiermit in einem *gemeinsamen* Willen zu haben, macht die Sphäre des *Vertrags* aus.

(Im Majorat ist es zum Staatsgesetz gemacht, das Eigentum nicht in *einem gemeinsamen* Willen, sondern nur „vermittelst einer *Sache* und meines *subjektiven Willens* zu haben".) Während Hegel hier im *Privatrecht* die *Veräußerlichkeit* und die Abhängigkeit des Privateigentums von einem *gemeinsamen* Willen als seinen *wahren Idealismus* auffaßt, wird umgekehrt im *Staatsrecht* die imaginäre Herrlichkeit eines unabhängigen Eigentums im Gegensatz zu der „Unsicherheit des Gewerbes, der Sucht des Gewinns, der Veränderlichkeit des Besitzes, der Abhängigkeit vom Staatsvermögen" gepriesen. Welch ein Staat, der nicht einmal den Idealismus des Privatrechts ertragen kann? Welch eine Rechtsphilosophie, wo die Selbständigkeit des Privateigentums eine andere Bedeutung im Privatrecht als im Staatsrecht hat?

Gegen die *rohe Stupidität* des unabhängigen Privateigentums ist die Unsicherheit des Gewerbes elegisch, die Sucht des Gewinns pathetisch (dramatisch), die Veränderlichkeit des Besitzes ein ernstes Fatum (tragisch), die Abhängigkeit vom Staatsvermögen sittlich. Kurz, in allen diesen Qualitäten schlägt das *menschliche Herz* durch das Eigentum durch, es ist Abhängigkeit des Menschen vom Menschen. Wie sie immerhin an und für sich beschaffen sei, sie ist menschlich gegenüber dem Sklaven, der sich frei dünkt, weil die Sphäre, die ihn beschränkt, nicht die Sozietät, sondern die *Scholle* ist; die Freiheit dieses Willens ist seine *Leerheit* von anderem Inhalt als dem des *Privateigentums.*

Solche Mißgeburten wie das Majorat als eine Bestimmung des Privateigentums durch den politischen Staat zu definieren, ist überhaupt unumgänglich, wenn man eine alte Weltanschauung im Sinn einer neuen interpretiert, wenn man einer Sache, wie hier dem Privateigentum, eine doppelte Bedeutung, eine andere im Gerichtshof des abstrakten Rechts, eine entgegengesetzte im Himmel des politischen Staats gibt.

Wir kommen zu der oben angedeuteten Vergleichung.

§ 257 heißt es: „Der Staat ist die Wirklichkeit der sittlichen Idee – der sittliche Geist als der offenbare, sich selbst deutliche, substantielle Wille ... An der Sitte hat er seine unmittelbare und an dem Selbstbewußtsein des Einzelnen ... seine vermittelte Existenz, so wie dieses durch die Gesinnung in ihm, als seinem Wesen, Zweck und Produkte seiner Tätigkeit, seine substantielle Freiheit hat."

§ 268 heißt es: „Die politische Gesinnung, der Patriotismus überhaupt, als die in Wahrheit stehende Gewißheit ... und das zur Gewohnheit gewordene Wollen ist nur Resultat der im Staate bestehenden Institutionen, als in welchem die Vernünftigkeit wirklich vorhanden ist, so wie sie durch das ihnen gemäße Handeln ihre Betätigung erhält. – Diese Gesinnung ist überhaupt das Zutrauen (das zu mehr oder weniger gebildeter Einsicht übergehen kann, – das Bewußtsein, daß mein substantielles und besonderes Interesse, im Interesse und Zwecke eines Andern (hier des Staats) als im Verhältnis zu mir als Einzelnen bewahrt und enthalten ist –, womit eben dieser unmittelbar kein Anderer für mich ist und Ich in diesem Bewußtsein frei bin."

Die *Wirklichkeit* der sittlichen Idee erscheint hier als die *Religion des Privateigentums* (weil sich im Majorat das Privateigentum zu sich selbst auf religiöse Weise verhält, so kommt es, daß in unseren modernen Zeiten die Religion überhaupt zu einer dem Grundbesitz inhärenten Qualität geworden ist und alle majoratsherrlichen Schriften voll religiöser Salbung sind. Die Religion ist die höchste Denkform dieser Brutalität). Der „*offenbare,* sich selbst deutliche, substantielle Wille" verwandelt sich in einen dunklen, an der Scholle gebrochenen Willen, der eben von der Undurchdringlichkeit des Elements, an dem er haftet, berauscht ist. „Die in Wahrheit stehende Gewißheit", welche die „politische Gesinnung ist", ist die auf „eigenem Boden" (im wörtlichen Sinne) stehende Gewißheit. Das zur „Gewohnheit gewordene" politische „Wollen" ist nicht mehr „nur Resultat" etc., sondern eine außer dem Staat bestehende Institution. Die politische Gesinnung ist nicht mehr das „*Zutrauen*", sondern vielmehr das „Vertrauen, das Bewußtsein, daß mein substantielles und besonderes Interesse *unabhängig* vom Interesse und Zweck eines Andern (hier des Staats) im Verhältnis zu mir als Einzelnen" ist. Das ist das Bewußtsein meiner *Freiheit vom Staate.*

Die „Festhaltung des *allgemeinen Staatsinteresses*" etc. war (§ 289) die Aufgabe der „Regierungsgewalt". In ihr residierte „die gebildete Intelligenz und das rechtliche Bewußtsein der Masse eines Volkes" (§ 297). Sie macht „eigentlich die Stände überflüssig", denn sie „*können* ohne Stände das Beste tun, wie sie auch fortwährend bei den ständischen Versammlungen das Beste tun müssen" (§ 301 Anmerkung). Der „allgemeine, näher dem Dienst der Regierung sich widmende Stand hat unmittelbar zu seiner Bestimmung, das Allgemeine zum Zwecke seiner wesentlichen Tätigkeit zu haben" (§ 303). Und wie erscheint der allgemeine Stand, die Regierungsgewalt jetzt? „Als vom Staat wesentlich abhängig", als das „Vermögen, *abhängig von der Gunst der Regierungsgewalt*". Dieselbe Umwandlung ist mit der bürgerlichen Gesellschaft vorgegangen, die früher in der Korporation ihre Sittlichkeit erreicht hat. Sie ist ein Vermögen, abhängig „von der Unsicherheit des Gewerbes" etc., von „der Gunst der Menge".

Welches ist also die angeblich spezifische Qualität des Majoratsherrn? Und worin kann überhaupt die *sittliche* Qualität eines *unveräußerlichen* Vermögens bestehn? In der *Unbestechlichkeit*. Die *Unbestechlichkeit* erscheint als die *höchste* politische Tugend, eine abstrakte Tugend. Dabei ist die Unbestechlichkeit in dem von Hegel konstruierten Staat etwas so Apartes, daß sie als eine *besondre* politische Gewalt konstruiert werden muß, also eben dadurch bewußt, daß sie nicht der Geist des politischen Staates, nicht die Regel, sondern die *Ausnahme* ist, und als solche Ausnahme ist sie konstruiert. Man besticht die Majoratsherren durch ihr unabhängiges Eigentum, um sie vor der Bestechlichkeit zu konservieren. Während nach der Idee die *Abhängigkeit* vom Staat und das Gefühl dieser Abhängigkeit die höchste politische Freiheit sein sollte, weil sie die Empfindung der Privatperson als einer abstrakten, abhängigen Person ist und diese vielmehr sich erst als Staatsbürger *unabhängig* fühlt und fühlen soll, wird hier die *unabhängige Privatperson* konstruiert. „Ihr Vermögen ist ebenso unabhängig vom Staatsvermögen als von der Unsicherheit des Gewerbes" etc. Ihr steht gegenüber „der Stand des Gewerbes, als der vom Bedürfnis abhängige und darauf hingewiesene, und allgemeine Stand, als vom Staat wesentlich abhängig". Hier ist also *Unabhängigkeit* vom Staat und der bürgerlichen Gesellschaft, und diese verwirklichte Abstraktion von beiden, die realiter die rohste *Abhängigkeit von der Scholle* ist, bildet in der gesetzgebenden Gewalt die Vermittelung und die Einheit beider. Das *unabhängige Privatvermögen,* d. h. das abstrakte Privatvermögen und die ihm entsprechende *Privatperson,* sind die höchste Konstruktion des politischen Staates. Die politische „Unabhängigkeit" ist konstruiert als das „unabhängige Privateigentum" und die „Person dieses unabhängigen Privateigentums". Wir werden im nächsten sehn, wie es mit der „Unabhängigkeit" und „Unbestechlichkeit" und der daraus hervorgehenden Staatsgesinnung re vera steht.

Daß das *Majorat Erbgut* ist, spricht von selbst. Das Nähere hierüber später. Daß es, wie Hegel im Zusatz bemerkt, der *Erstgeborne* ist, ist rein historisch.

§ 307. „Das Recht dieses Teils des substantiellen Standes ist auf diese Weise zwar einerseits auf das Naturprinzip der Familie gegründet, dieses aber zugleich durch *harte Aufopferungen* für den politischen Zweck verkehrt, *womit* dieser Stand wesentlich an die Tätigkeit für diesen Zweck angewiesen und gleichfalls in Folge hiervon ohne die Zufälligkeit einer Wahl durch die Geburt dazu berufen und berechtigt ist."

Inwiefern das Recht dieses substantiellen Standes auf das *Naturprinzip* der Familie gegründet ist, hat Hegel nicht entwickelt, es sei denn, daß er hierunter verstehe, daß der Grundbesitz als *Erbgut* existiert. Damit ist kein Recht dieses Standes im politischen Sinne entwickelt, sondern nur das Recht der Majoratsherrn auf den Grundbesitz per Geburt. „Dieses", das Naturprinzip der Familie, ist „aber zugleich durch harte Aufopferungen für den politischen Zweck verkehrt". Wir haben allerdings gesehn, wie hier „das Naturprinzip der Familie verkehrt" wird, wie dies aber „keine harte Aufopferung für den politischen Zweck", sondern nur die *verwirklichte Abstraktion des Privateigentums* ist. Vielmehr wird durch diese *Verkehrung des Naturprinzipes der Familie* ebenso der politische Zweck verkehrt, „*womit (?)* dieser Stand wesentlich an die Tätigkeit für diesen Zweck angewiesen" – durch die Verselbständigung des Privateigentums? – „und gleichfalls in Folge hiervon ohne die Zufälligkeit einer Wahl durch die Geburt dazu berufen und berechtigt".

Hier ist also die *Partizipation* an *der gesetzgebenden Gewalt* ein *angebornes* Menschenrecht. Hier haben wir *geborene Gesetzgeber,* die *geborene Vermittelung des politischen Staates mit sich selbst.* Man hat sich, besonders von seiten der Majoratsherrn, sehr mokiert über die *angebornen Menschenrechte.* Ist es nicht komischer, daß einer besondern Menschenrasse das Recht der höchsten Würde der gesetzgebenden Gewalt anvertraut ist? Nichts ist lächerlicher, als daß Hegel die Berufung zum Gesetzgeber, zum Repräsentant des Staatsbürgertums durch die „Geburt" der Berufung durch „die Zufälligkeit einer Wahl" entgegenstellt. Als wenn die *Wahl,* das bewußte Produkt des bürgerlichen Vertrauens, nicht in einem ganz andern notwendigen Zusammenhang mit dem politischen Zweck stände, als der physische Zufall der Geburt. Hegel sinkt überall von seinem politischen Spiritualismus in den krassesten *Materialismus* herab. Auf den Spitzen des politischen Staates ist es überall die Geburt, welche bestimmte Individuen zu Inkorporationen der höchsten Staatsaufgaben macht. Die höchsten Staatstätigkeiten fallen mit den Individuen durch die Geburt zusammen, wie die Stelle des Tiers, sein Charakter, Lebensweise etc. unmittelbar ihm angeboren wird. Der Staat in seinen höchsten Funktionen erhält eine *tierische* Wirklichkeit. Die Natur rächt sich an Hegel wegen der ihr bewiesenen Verachtung. Wenn die Materie nichts für sich mehr sein sollte gegen den menschlichen Willen, so behält hier der menschliche Wille nichts mehr für sich außer der Materie.

Die *falsche* Identität, die *fragmentarische, stellenweise* Identität zwischen Natur und Geist, Körper und Seele, erscheint als *Inkorporation.* Da die Geburt dem Menschen nur das *individuelle* Dasein gibt und ihn zunächst nur als *natürliches* Individuum setzt, die staatlichen Bestimmungen wie die *gesetzgebende* Gewalt etc.

aber *soziale Produkte,* Geburten der Sozietät und nicht Zeugungen des natürlichen Individuums sind, so ist eben die unmittelbare Identität, das unvermittelte Zusammenfallen zwischen der *Geburt des Individuums* und dem Individuum als *Individuation einer bestimmten sozialen Stellung, Funktion* etc. das Frappante, das *Wunder.* Die Natur *macht* in diesem System unmittelbar Könige, sie macht unmittelbar *Pairs* etc., wie sie Augen und Nasen macht. Das Frappante ist, als unmittelbares Produkt der physischen Gattung zu sehn, was nur das Produkt der selbstbewußten Gattung ist. Mensch bin ich durch die Geburt ohne die Übereinstimmung der Gesellschaft, Pair oder König wird diese bestimmte Geburt erst durch die allgemeine Übereinstimmung. Die Übereinstimmung macht die Geburt dieses Menschen erst zur Geburt eines Königs: also ist es die Übereinstimmung und nicht die Geburt, die den König macht. Wenn die Geburt, im Unterschied von den andern Bestimmungen, dem Menschen unmittelbar eine Stellung gibt, so macht ihn *sein Körper* zu *diesem bestimmten* sozialen Funktionär. *Sein Körper* ist sein *soziales* Recht. In diesem System erscheint die *körperliche Würde des Menschen* oder die *Würde des menschlichen Körpers* (was weiter ausgeführt lauten kann: die Würde des physischen Naturelements des Staats) so, daß bestimmte, und zwar die höchsten sozialen Würden die *Würden bestimmter* durch *die Geburt prädestinierter Körper sind.* Es ist daher bei dem Adel natürlich der Stolz auf das Blut, die Abstammung, kurz die *Lebensgeschichte ihres Körpers;* es ist natürlich diese *zoologische* Anschauungsweise, die in der *Heraldik* die ihr entsprechende Wissenschaft besitzt. Das Geheimnis des Adels ist die *Zoologie.*

Es sind zwei Momente bei dem erblichen Majorat hervorzuheben:

1. Das Bleibende ist das *Erbgut,* der *Grundbesitz.* Es ist das Beharrende in dem Verhältnis – die *Substanz.* Der Majoratsherr, der Besitzer, ist eigentlich nur *Akzidens.* Der Grundbesitz *anthropomorphisiert* sich in den verschiedenen Geschlechtern. Der *Grundbesitz erbt* gleichsam immer den Erstgebornen des Hauses als das an es gefesselte Attribut. Jeder Erstgeborne in der Reihe der Grundbesitzer ist das *Erbteil,* das *Eigentum* des *unveräußerlichen Grundbesitzes,* die *prädestinierte Substanz seines Willens* und seiner *Tätigkeit.* Das Subjekt ist die Sache und das Prädikat der Mensch. Der Wille wird zum Eigentum des Eigentums.

2. Die *politische Qualität* des Majoratsherren ist die *politische Qualität* seines Erbguts, eine diesem Erbgut inhärente *politische Qualität.* Die politische Qualität erscheint hier also ebenfalls als *Eigentum* des *Grundeigentums,* als eine Qualität, die unmittelbar der *rein physischen* Erde (Natur) zukommt.

Was das erste angeht, so folgt daraus, daß der Majoratsherr der *Leibeigene* des *Grundeigentums* ist und daß in den *Leibeigenen,* die ihm untertan sind, nur die *praktische* Konsequenz des *theoretischen* Verhältnisses erscheint, in welchem er selbst sich zu dem Grundbesitz befindet. Die Tiefe der germanischen Subjektivität erscheint überall als die Roheit einer geistlosen Objektivität.

Es ist hier auseinanderzusetzen das Verhältnis 1. zwischen *Privateigentum* und *Erbschaft,* 2. zwischen *Privateigentum,* Erbschaft und dadurch dem Privilegium gewisser Geschlechter auf Teilnahme an der politischen Souveränität, 3. das *wirkliche historische Verhältnis* oder das *germanische* Verhältnis.

Wir haben gesehn, daß das Majorat die Abstraktion des „*unabhängigen Privateigentums*“ ist. Es schließt sich eine zweite Konsequenz hieran an. Die *Unabhängigkeit,* die *Selbständigkeit* in dem politischen Staat, dessen Konstruktion wir bisher verfolgt haben, ist das *Privateigentum,* was auf seiner Spitze als *unveräußerlicher Grundbesitz* erscheint. Die politische Unabhängigkeit fließt daher nicht ex proprio sinu des politischen Staats, sie ist keine Gabe des politischen Staats an seine Glieder, sie ist nicht der ihn beseelende Geist, sondern die Glieder des politischen Staats empfangen ihre Unabhängigkeit von einem Wesen, welches nicht das Wesen des politischen Staats ist, von einem Wesen des abstrakten Privatrechts, vom abstrakten *Privateigentum.* Die politische Unabhängigkeit ist ein Akzidens des Privateigentums, nicht die Substanz des politischen Staats. Der politische Staat und in ihm die *gesetzgebende* Gewalt, wie wir gesehn, ist das enthüllte Mysterium von dem *wahren Wert und Wesen* der Staatsmomente. Die Bedeutung, die das *Privateigentum* im politischen Staat hat, ist seine *wesentliche,* seine wahre Bedeutung; die Bedeutung, die der *Standesunterschied* im politischen Staat hat, ist die *wesentliche Bedeutung* des Standesunterschiedes. Ebenso kommt das *Wesen* der fürstlichen Macht und der Regierung in der „*gesetzgebenden Gewalt*“ zur Erscheinung. Hier, in der Sphäre des politischen Staates, ist es, daß sich die einzelnen Staatsmomente zu sich als dem Wesen *der Gattung,* als dem „Gattungswesen“ verhalten; weil der politische Staat die Sphäre ihrer allgemeinen Bestimmung, ihre *religiöse Sphäre* ist. Der *politische* Staat ist der *Spiegel der Wahrheit* für die verschiedenen Momente des *konkreten* Staats.

Wenn also das „unabhängige Privateigentum“ im politischen Staat, in der gesetzgebenden Gewalt, die *Bedeutung* der *politischen Unabhängigkeit* hat, so *ist* es die *politische Unabhängigkeit* des Staats. Das „unabhängige Privateigentum“ oder das „*wirkliche* Privateigentum“ ist dann nicht nur die „Stütze der Verfassung“, sondern die „*Verfassung selbst*“. Und die Stütze der Verfassung ist doch wohl die Verfassung der Verfassungen, die primäre, die wirkliche Verfassung?

Hegel machte bei Konstruierung des erblichen Monarchen, gleichsam selbst überrascht über „die immanente Entwicklung einer Wissenschaft, die *Ableitung ihres ganzen Inhaltes* aus dem einfachen *Begriffe*“ (§ 279 Anmerkung), die Bemerkung:

> „So ist es das Grundmoment der zuerst im unmittelbaren Rechte *abstrakten Persönlichkeit*, welches sich durch seine verschiedenen Formen von Subjektivität fortgebildet hat und hier im absoluten Rechte, dem Staate, der vollkommen konkreten Objektivität des Willens, die Persönlichkeit des Staats ist, seine Gewißheit seiner selbst.“

D. h., im politischen Staat kommt es zur *Erscheinung,* daß die „*abstrakte Persönlichkeit*“ die *höchste politische* Persönlichkeit, die politische Basis des ganzen Staats ist. Ebenso kommt im Majorat das Recht dieser abstrakten Persönlichkeit, ihre *Objektivität,* das „abstrakte Privateigentum" als die höchste Objektivität des Staates, als sein *höchstes Recht* zum Dasein.

Der Staat ist erblicher Monarch, abstrakte Persönlichkeit heißt nichts als die Persönlichkeit des Staats ist abstrakt, oder es ist der Staat der abstrakten Persönlichkeit, wie denn auch die Römer das Recht des Monarchen rein innerhalb der Normen des Privatrechts oder das Privatrecht als die höchste Norm des Staatsrechts entwickelt haben.

Die *Römer* sind die Rationalisten, die Germanen die *Mystiker* des souveränen Privateigentums.

Hegel bezeichnet das Privatrecht als das *Recht der abstrakten Persönlichkeit* oder als das *abstrakte Recht.* Und in Wahrheit muß es als die *Abstraktion* des Rechts und damit als das *illusorische Recht der abstrakten Persönlichkeit* entwickelt werden, wie die von Hegel entwickelte Moral das *illusorische Dasein der abstrakten Subjektivität* ist. Hegel entwickelt das Privatrecht und die Moral als solche Abstraktionen, woraus bei ihm nicht folgt, daß der Staat, die Sittlichkeit, die sie zu Voraussetzungen hat, nichts als die *Sozietät* (das soziale Leben) dieser Illusionen sein kann, sondern umgekehrt geschlossen wird, daß sie subalterne Momente dieses sittlichen Lebens sind. Aber was ist das Privatrecht anders als das Recht, und die Moral anders als die Moral dieser Staatssubjekte? Oder vielmehr die Person des Privatrechts und das Subjekt der Moral sind die *Person* und das *Subjekt* des Staats. Man hat Hegel vielfach angegriffen über seine Entwicklung der Moral. Er hat nichts getan als die Moral des modernen Staats und des modernen Privatrechts entwickelt. Man hat die Moral mehr vom Staat trennen, sie mehr emanzipieren wollen. Was hat man damit bewiesen? Daß die Trennung des jetzigen Staats von der Moral moralisch ist, daß die Moral unstaatlich und der Staat unmoralisch ist. Es ist vielmehr ein großes, obgleich nach einer Seite hin (nämlich nach der Seite hin, daß Hegel den Staat, der eine solche Moral zur Voraussetzung hat, für die reale Idee der Sittlichkeit ausgibt) unbewußtes Verdienst Hegels, der modernen Moral ihre wahre Stellung angewiesen zu haben.

In der Verfassung, worin das *Majorat* eine Garantie ist, ist das *Privateigentum* die Garantie der politischen Verfassung. Im Majorat erscheint das so, daß eine *besondere* Art von Privateigentum diese Garantie ist. Das *Majorat* ist bloß eine besondere Existenz des allgemeinen Verhältnisses von *Privateigentum und politischem Staat.* Das Majorat ist der *politische* Sinn des Privateigentums, das Privateigentum in seiner politischen Bedeutung, d. h. in seiner allgemeinen Bedeutung. Die Verfassung ist also hier *Verfassung des Privateigentums.*

Wo wir das Majorat in seiner *klassischen* Ausbildung antreffen, bei den germanischen Völkern, finden wir auch die Verfassung des *Privateigentums.* Das *Privateigentum* ist die allgemeine Kategorie, das allgemeine Staatsband. Selbst die allgemeinen Funktionen erscheinen als Privateigentum bald einer Korporation, bald eines Standes.

Handel und Gewerbe sind in ihren besondern Nuancen das Privateigentum besonderer Korporationen. Hofwürden, Gerichtsbarkeit etc. sind das Privateigentum besonderer Stände. Die verschiedenen Provinzen sind das Privateigentum einzelner Fürsten etc. Der Dienst für das Land etc. ist das Privateigentum des Herrschers. Der Geist ist das Privateigentum der Geistlichkeit. Meine pflichtgemäße Tätigkeit ist das Privateigentum eines andern, wie mein Recht wieder ein besondres Privateigentum ist. Die Souveränität, hier die *Nationalität,* ist das Privateigentum des Kaisers.

Man hat oft gesagt, daß im Mittelalter jede Gestalt des Rechts, der Freiheit, des sozialen Daseins als ein *Privilegium,* als eine *Ausnahme* von der Regel erscheint. Man konnte das empirische Faktum dabei nicht übersehn, daß diese Privilegien alle in der Form des *Privateigentums* erscheinen. Was ist der allgemeine Grund dieses Zusammenfallens? Das *Privateigentum* ist das *Gattungsdasein* des *Privilegiums,* des Rechts als einer *Ausnahme.*

Wo die Fürsten, wie in Frankreich, die *Unabhängigkeit* des Privateigentums angriffen, attentierten sie das Eigentum der *Korporationen,* ehe sie das Eigentum der *Individuen* attentierten. Aber indem sie das Privateigentum der Korporationen angriffen, griffen sie das Privateigentum als Korporation als das *soziale* Band an.

In der *Lehensherrschaft* erscheint es gradezu, daß die fürstliche Macht die Macht des Privateigentums ist, und in der *fürstlichen Macht* ist das Mysterium niedergelegt, was die *allgemeine Macht,* was die *Macht aller Staatskreise* ist.

(In dem Fürsten als dem Repräsentanten der Staatsmacht ist ausgesprochen, was das *Mächtige* des Staats ist. Der *konstitutionelle* Fürst drückt daher die Idee des konstitutionellen Staates in ihrer schärfsten Abstraktion aus. Er ist einerseits die *Idee* des Staats, die geheiligte Staatsmajestät, und zwar als *diese* Person. Zugleich ist er eine *bloße* Imagination, er hat als Person und als Fürst weder wirkliche Macht noch wirkliche Tätigkeit. Es ist hier die Trennung der politischen und wirklichen, der formellen und materiellen, der allgemeinen und individuellen Person, des Menschen und des sozialen Menschen in ihrem höchsten Widerspruch ausgedrückt.)

Das Privateigentum ist *römischen* Verstandes und *germanischen* Gemüts. Es wird an diesem Ort belehrend sein, eine Vergleichung zwischen diesen beiden extremen Entwicklungen desselben anzustellen. Es wird uns dies zur Lösung des besprochenen politischen Problems behilflich sein.

Die Römer haben eigentlich erst das *Recht des Privateigentums,* das abstrakte Recht, das Privatrecht, das Recht der abstrakten Person ausgebildet. Das römische *Privatrecht* ist das *Privatrecht* in seiner *klassischen Ausbildung.* Wir finden aber nirgends bei den Römern, daß das Recht des Privateigentums, wie bei den Deutschen, mystifiziert worden wäre. Es wird auch nirgends zum *Staatsrecht.*

Das Recht des Privateigentums ist das *jus utendi et abutendi,* das Recht der *Willkür* über die Sache. Das Hauptinteresse der Römer besteht darin, die *Ver-*

hältnisse zu entwickeln und zu bestimmen, welche sich als *abstrakte* Verhältnisse des Privateigentums ergeben. Der eigentliche Grund des Privateigentums, der *Besitz*, ist ein *Faktum*, ein *unerklärliches Faktum, kein Recht.* Erst durch juristische Bestimmungen, die die Sozietät dem faktischen Besitz gibt erhält er die Qualität des rechtlichen Besitzes, des *Privateigentums.*

Was bei den Römern den Zusammenhang zwischen politischer Verfassung und Privateigentum betrifft, so erscheint:

1. Der *Mensch* (als Sklave), wie bei den alten Völkern überhaupt, als Gegenstand des Privateigentums.

Das ist nichts Spezifisches.

2. Die eroberten Länder werden als Privateigentum behandelt, das jus utendi et abutendi wird in ihnen geltend gemacht.

3. In ihrer Geschichte selbst erscheint der Kampf zwischen Armen und Reichen (Patriziern und Plebejern) etc.

Im übrigen macht sich das Privateigentum im Ganzen, wie bei den alten klassischen Völkern überhaupt, als *öffentliches Eigentum* geltend, entweder, wie in den guten Zeiten, als Aufwand der Republik, oder als *luxuriöse und gemeine Wohltat* (Bäder etc.) gegen den Haufen.

Die Art und Weise, wie die Sklaverei erklärt wird, ist das *Kriegsrecht,* das Recht der Okkupation: eben weil ihre politische Existenz vernichtet ist, sind sie Sklaven.

Zwei Verhältnisse heben wir hauptsächlich im Unterschied von den Germanen hervor.

1. Die *kaiserliche* Gewalt war nicht die Gewalt des Privateigentums, sondern die *Souveränität* des *empirischen Willens* als solchen, die weit entfernt war, das *Privateigentum* als Band zwischen sich und ihren Untertanen zu betrachten, sondern im Gegenteil mit dem Privateigentum schaltete, wie mit allen übrigen sozialen Gütern. Die kaiserliche Gewalt war daher auch nicht anders als *faktisch erblich.* Die höchste Ausbildung des Rechts des Privateigentums, des Privatrechts, fällt zwar in die Kaiserzeit, aber sie ist vielmehr eine Konsequenz der politischen Auflösung, als daß die politische Auflösung eine Konsequenz des Privateigentums wäre. Zudem, als das Privatrecht in Rom zur vollen Entwicklung gelangt, ist das Staatsrecht aufgehoben, in seiner Auflösung begriffen, während es in Deutschland sich umgekehrt verhielt.

2. Die Staatswürden sind niemals in Rom erblich, d. h., das Privateigentum ist nicht die herrschende Staatskategorie.

3. Im Gegensatz zu dem germanischen Majorat etc. erscheint in Rom die *Willkür des Testierens* als Ausfluß des Privateigentums. In diesem letzteren Gegensatz liegt der *ganze* Unterschied der römischen und germanischen Entwicklung des Privateigentums.

(Im Majorat erscheint dies, daß das Privateigentum das Verhältnis zur Staatsfunktion ist, so, daß das Staatsdasein eine Inhärenz, Akzidens des *unmittelbaren*

Privateigentums, des *Grundbesitzes* ist. Auf den höchsten Spitzen erscheint so der Staat als Privateigentum, während hier das Privateigentum als Staatseigentum erscheinen sollte. Statt das Privateigentum zu einer staatsbürgerlichen Qualität, macht Hegel das Staatsbürgertum und Staatsdasein und Staatsgesinnung zu einer Qualität des Privateigentums.)

> § 308. „In den andern Teil des ständischen Elements fällt die bewegliche Seite der bürgerlichen Gesellschaft, die äußerlich wegen der Menge ihrer Glieder, wesentlich aber wegen der Natur ihrer Bestimmung und Beschäftigung, nur durch Abgeordnete eintreten kann. Insofern diese von der bürgerlichen Gesellschaft abgeordnet werden, liegt es unmittelbar nahe, daß dies diese tut als das, was sie ist –, somit nicht als in die Einzelnen atomistisch aufgelöst und nur für einen einzelnen und temporären Akt sich auf einen Augenblick ohne weitere Haltung versammelnd, sondern als in ihre ohnehin konstituierten Genossenschaften, Gemeinden und Korporationen gegliedert, welche auf diese Weise einen politischen Zusammenhang erhalten. In ihrer *Berechtigung* zu solcher von der fürstlichen Gewalt aufgerufenen Abordnung, wie in der Berechtigung des ersten Standes zur Erscheinung (§ 307) findet die Existenz der Stände und ihrer Versammlung eine konstituierte, eigentümliche Garantie."

Wir finden hier einen *neuen* Gegensatz der bürgerlichen Gesellschaft und der Stände, einen *beweglichen,* also auch einen *unbeweglichen* Teil derselben (den des Grundbesitzes). Man hat diesen Gegensatz auch als Gegensatz von *Raum* und *Zeit* etc. konservativ und progressiv dargestellt. Darüber den vorigen Paragraphen. Übrigens hat Hegel den *beweglichen* Teil der Gesellschaft ebenfalls zu einem *stabilen* durch die Korporationen etc. gemacht.

Der zweite Gegensatz ist, daß der erste, eben entwickelte Teil des *ständischen Elements,* die *Majoratsherrn* als solche Gesetzgeber sind; daß die gesetzgebende Gewalt ein Attribut ihrer empirischen Person ist; daß sie keine *Abgeordneten,* sondern *sie selbst* sind; während bei dem zweiten Stand *Wahl* und *Abordnung* stattfindet.

Hegel gibt zwei Gründe an, warum dieser *bewegliche* Teil der bürgerlichen Gesellschaft nur durch *Abgeordnete* in den politischen Staat, die gesetzgebende Gewalt eintreten kann. Den ersten, ihre *Menge,* bezeichnet er selbst als *äußerlich* und überhebt uns daher dieser Replik.

Der *wesentliche* Grund aber sei die „Natur ihrer Bestimmung und Beschäftigung". Die „politische Tätigkeit" und „Beschäftigung" ist ein „der Natur ihrer Bestimmung und Beschäftigung" Fremdes.

Hegel kommt nun wieder auf sein altes Lied, auf diese Stände als „*Abgeordnete* der bürgerlichen Gesellschaft". Diese müsse „dies tun *als das, was sie ist"*. Sie muß es vielmehr tun als das, was sie *nicht* ist, denn sie ist *unpolitische* Gesellschaft, und sie soll hier einen *politischen* Akt als einen *ihr wesentlichen,* aus ihr selbst hervorgehenden Akt vollziehn. Damit ist sie in die „Einzelnen atomistisch aufgelöst"

„und nur für einen einzelnen und temporären Akt sich auf einen Augenblick ohne weitere Haltung versammelnd". Erstens ist ihr *politischer* Akt ein *einzelner und temporärer* und kann daher in seiner Verwirklichung nur als solcher erscheinen. Er ist ein *Eklat* machender Akt der politischen Gesellschaft, eine *Ekstase* derselben, und als solcher muß er auch *erscheinen*. Zweitens. Hegel hat keinen Anstoß daran genommen, es sogar als notwendig konstruiert, daß die bürgerliche Gesellschaft *materiell* (nur als eine *zweite, von ihr abgeordnete Gesellschaft* auftritt) sich von ihrer bürgerlichen Wirklichkeit trennt und das, was sie *nicht* ist, als sich setzt, wie kann er dies nun *formell* verwerfen wollen?

Hegel meint, dadurch, daß die Gesellschaft in ihren Korporationen etc. abordnet, erhalten „ihre ohnehin konstituierten Genossenschaften" etc., „auf diese Weise einen *politischen* Zusammenhang". Sie erhalten aber entweder eine Bedeutung, die *nicht* ihre Bedeutung ist, oder ihr Zusammenhang als solcher *ist* der politische und „*erhält*" nicht erst die politische Teinture, wie oben entwickelt, sondern die „Politik" erhält aus ihm ihren Zusammenhang. Dadurch, daß Hegel nur diesen Teil des ständischen Elements als das des „Abgeordneten" bezeichnet, hat er unbewußt das Wesen der beiden Kammern (da, wo sie wirklich das von ihm bezeichnete Verhältnis zueinander haben) bezeichnet. Abgeordnetenkammer und Pairskammer (oder wie sie sonst heißen) sind hier nicht verschiedene Existenzen desselben Prinzips, sondern *zwei* wesentlich *verschiedenen Prinzipien* und sozialen Zuständen angehörig. Die Abgeordnetenkammer ist hier die *politische Konstitution* der bürgerlichen Gesellschaft im modernen, die Pairskammer im ständischen Sinn. Pairskammer und Abgeordnetenkammer stehn sich hier gegenüber als *ständische* und als *politische* Repräsentation der bürgerlichen Gesellschaft. Die eine ist das *existierende* ständische Prinzip der bürgerlichen Gesellschaft, die andre ist die Verwirklichung ihres *abstrakten politischen* Daseins. Es versteht sich daher von selbst, daß die letztere nicht wieder als Repräsentation von Ständen, Korporationen etc. *da sein* kann, denn sie repräsentiert eben nicht das ständische, sondern das politische Dasein der bürgerlichen Gesellschaft. Es versteht sich dann von selbst, daß in der ersten Kammer nur der *ständische* Teil der bürgerlichen Gesellschaft, der „souveräne Grundbesitz", der erbgeseßne Adel Sitz hat, denn er ist nicht *ein* Stand unter andern Ständen, sondern das ständische Prinzip der bürgerlichen Gesellschaft als wirkliches soziales, also politisches Prinzip, existiert *nur mehr* in ihm. Er ist *der* Stand. Die bürgerliche Gesellschaft hat dann in der *ständischen* Kammer den Repräsentant ihres mittelaltrigen, in der Abgeordnetenkammer ihres *politischen* (modernen) Daseins. Der Fortschritt besteht hier gegen das Mittelalter nur darin, daß die *ständische Politik zu* einer besondern politischen Existenz neben der *staatsbürgerlichen* Politik herabgesetzt ist. Die *empirische* politische Existenz, die Hegel vor Augen hat *(England)*, hat also einen ganz anderen Sinn, als er ihr unterschiebt.

Die französische Konstitution ist auch hierin ein Fortschritt. Sie hat zwar die Pairskammer zur reinen Nichtigkeit herabgesetzt, aber diese Kammer, *inner-*

halb des Prinzips des konstitutionellen Königstums, wie es Hegel zu entwickeln vorgab, kann seiner Natur nur eine *Nichtigkeit* sein, die *Fiktion* der Harmonie zwischen Fürst und bürgerlicher Gesellschaft oder der *gesetzgebenden Gewalt* oder des *politischen Staats mit sich selbst* als eine besondre und dadurch eben wieder *gegensätzliche* Existenz.

Die Franzosen haben die *Lebenslänglichkeit* der Pairs bestehn lassen, um ihre gleiche Unabhängigkeit von der Wahl der Regierung und des Volks auszudrükken. Aber sie haben den *mittelaltrigen* Ausdruck – die *Erblichkeit* – abgeschafft. Ihr Fortschritt besteht darin, daß sie die *Pairskammer* ebenfalls nicht mehr aus der *wirklichen bürgerlichen* Gesellschaft hervorgehen lassen, sondern ebenfalls in der *Abstraktion* von ihr geschaffen haben. Ihre Wahl lassen sie von dem *existierenden* politischen Staat, vom *Fürsten,* ausgehn, ohne ihn an eine sonstige bürgerliche Qualität gebunden zu haben. Die Pairswürde ist in dieser *Konstitution* wirklich ein *Stand in der bürgerlichen Gesellschaft,* der rein politisch ist, vom Standpunkt der Abstraktion des *politischen Staates* aus geschaffen ist; er erscheint aber mehr als *politische Dekoration* wie als wirklicher, mit besondern Rechten ausgestatteter *Stand.* Die Pairskammer unter der Restauration war eine Reminiszenz. Die Pairskammer der Julirevolution ist ein *wirkliches* Geschöpf der konstitutionellen Monarchie.

Da in der modernen Zeit die Staatsidee nicht anders als in der *Abstraktion* des „*nur* politischen Staates" oder der *Abstraktion der bürgerlichen Gesellschaft von sich selbst,* von ihrem wirklichen Zustande, erscheinen konnte, so ist es ein Verdienst der Franzosen, diese *abstrakte Wirklichkeit* festgehalten, produziert und damit das *politische* Prinzip selbst produziert zu haben. Was man ihnen als Abstraktion vorwirft, ist also wahrhafte Konsequenz und das Produkt der, wenn auch erst in einem Gegensatz, aber in einem notwendigen Gegensatz, *wiedergefundnen Staatsgesinnung.* Das Verdienst der Franzosen ist also hier, die Pairskammer als *eigentümliches* Produkt des politischen Staats gesetzt oder überhaupt das politische Prinzip in seiner *Eigentümlichkeit* zum Bestimmenden und Wirksamen gemacht zu haben.

Hegel bemerkt noch, daß bei der von ihm konstruierten Abordnung, in der „Berechtigung der Korporationen etc. zu solcher Abordnung", „die *Existenz* der Stände und ihrer Versammlung eine konstituierte, eigentümliche Garantie findet". Die *Garantie der Existenz* der ständischen Versammlung, ihre wahre *primitive* Existenz wird also das *Privilegium* der Korporationen etc. Hiermit ist Hegel ganz auf den mittelaltrigen Standpunkt herabgesunken und hat seine „Abstraktion des politischen Staats als der Sphäre des Staats als Staat, das an und für sich Allgemeine" gänzlich aufgegeben.

Im modernen Sinn ist die *Existenz* der *ständischen Versammlung* die *politische Existenz* der bürgerlichen Gesellschaft, die *Garantie* ihres politischen Daseins. Das In-Zweifel-ziehn ihrer Existenz ist also der *Zweifel am Dasein des Staats.* Wie vorhin bei Hegel die „Staatsgesinnung", das Wesen der gesetzgebenden Gewalt, ihre Garantie in dem „unabhängigen Privateigentum", so findet ihre *Existenz* die Garantie an den „Privilegien der Korporationen".

Aber das eine ständische Element ist vielmehr das *politische Privilegium* der bürgerlichen Gesellschaft, oder ihr *Privilegium, politisch* zu sein. Es kann also nirgends das Privilegium einer besondern, bürgerlichen Weise ihres Daseins sein, noch weniger seine Garantie in ihm finden, da es vielmehr die allgemeine Garantie sein *soll.*

So sinkt Hegel überall dahin hinab, den „politischen Staat" nicht als die höchste, an und für sich seiende Wirklichkeit des sozialen Daseins zu schildern, sondern ihm eine prekäre, in *Beziehung auf andres abhängige* Wirklichkeit zu geben: ihn nicht als das wahre Dasein der andern Sphäre zu schildern, sondern ihn vielmehr in der andern Sphäre *sein wahres Dasein* finden zu lassen. Er bedarf überall der Garantie der Sphären, die außer ihm liegen. Er ist nicht die verwirklichte Macht. Er ist die *gestützte* Ohnmacht, er ist nicht die Macht über diese Stützen, sondern die Macht der Stütze. Die Stütze ist das Mächtige.

Was ist das für ein hohes Dasein, dessen Existenz einer Garantie außer sich selbst bedarf, und dabei soll es das *allgemeine* Dasein dieser Garantie selbst sein; also ihre wirkliche Garantie. Hegel sinkt überhaupt überall in der Entwicklung der gesetzgebenden Gewalt von dem philosophischen Standpunkt auf den andren Standpunkt zurück, der die Sache nicht in *bezug auf sich selbst* betrachtet.

Wenn die Existenz der Stände einer Garantie bedarf, so sind sie *keine wirkliche,* sondern nur eine *fiktive Staatsexistenz.* Die Garantie für die Existenz der Stände ist in den konstitutionellen Staaten das *Gesetz.* Ihr Dasein ist also *gesetzliches* Dasein, vom allgemeinen Wesen des Staats und nicht von der Macht oder Ohnmacht einzelner Korporationen, Genossenschaften abhängig, sondern als Wirklichkeit der *Genossenschaft des Staats.* (Die Korporationen etc., die besondren Kreise der bürgerlichen Gesellschaft, sollen ja eben erst hier ihr allgemeines Dasein erhalten, und nun *antizipiert* Hegel wieder dies allgemeine Dasein als Privilegium, als das Dasein dieser Besonderheiten.)

Das politische Recht als Recht von Korporationen etc. widerspricht ganz dem politischen Recht als *politischem,* als Recht des Staats, des Staatsbürgertums; denn es soll ja eben nicht das Recht dieses Daseins als besondern Daseins sein, nicht das Recht als dies besondere Dasein. Ehe wir nun die Kategorie der *Wahl* als des politischen Akts, wodurch sich die bürgerliche Gesellschaft in einen politischen Ausschuß sezerniert, übergehn, nehmen wir noch einige Bestimmungen aus der Anmerkung zu diesem Paragraphen hinzu.

> „Daß *Alle* einzeln an der Beratung und Beschließung über die allgemeinen Angelegenheiten des Staats Anteil haben sollen, weil diese Alle Mitglieder des Staats und dessen Angelegenheiten die Angelegenheiten A l l e r sind, bei denen sie mit ihrem Wissen und Willen zu sein ein R e c h t haben –, diese Vorstellung, welche das d e m o k r a t i s c h e Element o h n e a l l e v e r n ü n f t i g e F o r m in

> den Staatsorganismus, der nur durch solche Form es ist, setzen wollte, liegt darum so nahe, weil sie bei der a b s t r a k t e n Bestimmung, Mitglied des Staats zu sein, stehenbleibt, und das oberflächliche Denken sich an Abstraktionen hält."

Zunächst nennt es Hegel eine „*abstrakte* Bestimmung, Mitglied des Staats zu sein", obgleich es selbst nach der *Idee,* der *Meinung* seiner eignen Entwicklung, die höchste *konkreteste* soziale Bestimmung der Rechtsperson, des Staatsmitgliedes ist. Bei der „Bestimmung, Mitglied des Staats zu sein", stehnbleiben und den Einzelnen in dieser Bestimmung fassen, das scheint daher nicht eben das „oberflächliche Denken zu sein, das sich an Abstraktionen hält". Daß aber die „Bestimmung, Mitglied des Staats zu sein", eine „*abstrakte*" Bestimmung ist, das ist nicht die Schuld dieses Denkens, sondern der Hegelschen Entwicklung und der wirklichen modernen Verhältnisse, welche die Trennung des wirklichen Lebens vom Staatsleben voraussetzen und die Staatsqualität zu einer „abstrakten Bestimmung" des wirklichen Staatsmitgliedes machen.

Die unmittelbare Teilnahme *Aller* an der Beratung und Beschließung über die allgemeinen Staatsangelegenheiten nimmt nach Hegel „das *demokratische* Element *ohne alle vernünftige Form* in den Staatsorganismus, der *nur* durch solche Form ist", auf; d. h., das demokratische Element kann nur als *formelles* Element in einen Staatsorganismus aufgenommen werden, der nur der Formalismus des Staats ist. Das demokratische Element muß vielmehr das wirkliche Element sein, das sich in dem *ganzen* Staatsorganismus seine *vernünftige Form* gibt. Tritt es dagegen als ein „*besondres*" Element in den Staatsorganismus oder -formalismus, so ist unter der „vernünftigen Form seines Daseins die Dressur, die Akkommodation, eine Form verstanden, in der es nicht die Eigentümlichkeit seines Wesens herauskehrt, oder daß es nur als *formelles* Prinzip hereintritt.

Wir haben schon einmal angedeutet, Hegel entwickelt nur einen *Staatsformalismus.* Das eigentliche *materielle* Prinzip ist ihm die *Idee,* die abstrakte Gedanken*form* des Staats als ein Subjekt, die absolute Idee, die kein passives, ein *materielles* Moment in sich hat. Gegen die Abstraktion dieser Idee erscheinen die Bestimmungen des wirklichen, empirischen Staatsformalismus als *Inhalt* und daher der *wirkliche* Inhalt als formloser, unorganischer Stoff; (hier der wirkliche Mensch, die wirkliche Sozietät etc.).

Hegel hatte das Wesen des ständischen Elements darin gelegt, daß hierin die „empirische Allgemeinheit" zum Subjekt des an und für sich seienden Allgemeinen wird. Heißt das nun was andres, als daß die Angelegenheiten des Staats „Angelegenheiten *Aller* sind, bei denen sie mit ihrem Wissen und Willen zu sein das *Recht* haben", und sollen nicht eben die Stände dies ihr verwirklichtes Recht sein? Und ist es nun wunderbar, daß die Allen nun auch die „Wirklichkeit" dieses ihres Rechts wollen?

> „Daß A l l e einzeln an der Beratung und Beschließung über die allgemeinen Angelegenheiten des Staats Anteil haben sollen."

In einem wirklich vernünftigen Staat könnte man antworten: „Es *sollen* nicht *Alle einzeln* an der Beratung und Beschließung über die allgemeinen Angelegenheiten des Staats Anteil haben", denn die „Einzelnen" haben als „Alle", d. h. innerhalb der Sozietät und als Glieder der Sozietät, Anteil an der Beratung und Beschließung über die *allgemeinen Angelegenheiten.* Nicht Alle einzeln, sondern die Einzelnen als Alle. Hegel stellt sich selbst das Dilemma. Entweder die bürgerliche Gesellschaft (die Vielen, die Menge) nimmt durch Abgeordnete teil an der Beratung und Beschließung über die allgemeinen Staatsangelegenheiten, oder *Alle* tun dies *Einzelnen.* Es ist dies kein Gegensatz des *Wesens,* als welchen ihn Hegel später darzustellen sucht, sondern der *Existenz,* und zwar der äußerlichsten Existenz, der *Zahl,* womit immer der Grund, den Hegel selbst als *„äußerlich"* bezeichnet hat – die *Menge der Glieder* –, der beste Grund gegen die unmittelbare Teilnahme Aller bleibt. Die Frage, ob die bürgerliche Gesellschaft so teil an der gesetzgebenden Gewalt nehmen soll, daß sie *entweder* durch *Abgeordnete* eintritt oder so, daß „Alle einzeln" unmittelbar teilnehmen, ist selbst eine Frage innerhalb der *Abstraktion des politischen Staats* oder innerhalb des *abstrakten politischen Staats;* es ist eine *abstrakte* politische Frage.

Es ist in beiden Fällen, wie Hegel dies selbst entwickelt hat, die politische Bedeutung der „empirischen Allgemeinheit".

Der Gegensatz in seiner eigentlichen Form ist: Die *Einzelnen tun es Alle,* oder die *Einzelnen* tun es als *Wenige,* als *Nicht-Alle.* In beiden Fällen bleibt die Allheit nur als *äußerliche* Vielheit oder Totalität der Einzelnen. Die Allheit ist keine wesentliche, geistige, wirkliche Qualität des Einzelnen. Die Allheit ist nicht etwas, wodurch er die Bestimmung der abstrakten Einzelnheit verlöre; sondern die Allheit ist nur die volle *Zahl* der *Einzelnheit. Eine* Einzelnheit, *viele* Einzelnheiten, *alle* Einzelnheiten. Das Eins, Viele, Alle – keine dieser Bestimmungen verwandelt das *Wesen* des Subjekts, der Einzelnheit.

„Alle" sollen „einzeln" an der „Beratung und Beschließung über die allgemeinen Angelegenheiten des Staats Anteil nehmen"; d. h. also: *Alle* sollen nicht als Alle, sondern als „einzeln" diesen Anteil nehmen.

Die Frage scheint in doppelter Hinsicht in Widerspruch mit sich zu stehn.

Die allgemeinen Angelegenheiten des Staats sind die Staatsangelegenheit, der Staat als *wirkliche Angelegenheit.* Die Beratung und Beschließung die *Effektuierung* des Staats als wirklicher Angelegenheit. Daß also alle Staatsglieder ein *Verhältnis* zum Staat als ihrer *wirklichen Angelegenheit* haben, scheint sich von selbst zu verstehn. Schon in dem Begriff *Staatsglied* liegt, daß sie ein *Glied* des Staats, ein *Teil* desselben sind, daß er sie als *seinen Teil* nimmt. Wenn sie aber ein *Anteil* des Staats, so ist, wie sich von selbst versteht, ihr soziales *Dasein* schon *ihre wirkliche Teilnahme* an demselben. Sie *sind* nicht nur Anteil des Staates, sondern der Staat ist *ihr* Anteil. Bewußter Anteil von etwas sein, ist, sich mit Bewußtsein einen Teil von ihm nehmen, bewußten Anteil an ihm nehmen. Ohne dies Bewußtsein wäre das Staatsglied ein *Tier.*

Wenn man sagt: „die allgemeinen Angelegenheiten des Staats", so wird der Schein hervorgebracht, daß die „allgemeinen Angelegenheiten" und der „Staat" etwas *Verschiedenes* sind. Aber der *Staat* ist die „allgemeine Angelegenheit", also realiter die „allgemeinen Angelegenheiten".

Teil an den allgemeinen Angelegenheiten des Staats und teil am Staat nehmen, ist also identisch. Daß also ein Staatsglied, ein Staatsteil teil am Staat nimmt und daß dieses Teilnehmen nur als *Beratung* oder *Beschließung* oder in ähnlichen Formen erscheinen kann, daß also jedes Staatsglied an der *Beratung* und *Beschließung* (wenn diese Funktionen als die Funktionen der *wirklichen* Teilnahme des Staats gefaßt werden) der allgemeinen Angelegenheiten des Staats teilnimmt, ist eine *Tautologie.* Wenn also von *wirklichen* Staatsgliedern die Rede ist, so kann von dieser Teilnahme nicht als einem *Sollen* die Rede sein. Es wäre sonst vielmehr von solchen Subjekten die Rede, die *Staatsglieder* sein *sollen* und sein *wollen,* aber es nicht wirklich *sind.*

Andrerseits: wenn von *bestimmten* Angelegenheiten die Rede ist, von einem einzelnen Staatsakt, so versteht es sich wieder von selbst, daß nicht *Alle einzeln* ihn vollbringen. Der Einzelne wäre sonst die *wahre* Sozietät und machte die Sozietät überflüssig. Der Einzelne müßte alles auf einmal tun, während die Sozietät wie ihn für die andern, so auch die andern für ihn tun läßt.

Die Frage, ob *Alle einzeln* an der „Beratung und Beschließung der allgemeinen Angelegenheiten des Staats teilnehmen sollen", ist eine Frage, welche aus der Trennung des politischen Staats und der bürgerlichen Gesellschaft hervorgeht.

Wir haben gesehn. Der Staat existiert *nur* als *politischer Staat.* Die Totalität des politischen Staats ist die *gesetzgebende Gewalt.* Teil an der gesetzgebenden Gewalt nehmen ist daher teil am politischen Staat nehmen, ist sein *Dasein* als *Glied des politischen Staats,* als *Staatsglied* beweisen und verwirklichen. Daß also *Alle einzeln* Anteil an der gesetzgebenden Gewalt nehmen wollen, ist nichts als der Wille Aller, wirkliche (aktive) *Staatsglieder* zu sein oder sich ein *politisches Dasein* zu geben oder ihr Dasein als ein *politisches* zu beweisen und zu effektuieren. Wir haben ferner gesehn, das ständische Element ist die *bürgerliche Gesellschaft* als gesetzgebende Gewalt, ihr *politisches Dasein.* Daß also die bürgerliche Gesellschaft *massenweise,* womöglich *ganz, in* die *gesetzgebende* Gewalt eindringe, daß sich die wirkliche bürgerliche Gesellschaft der *fiktiven* bürgerlichen Gesellschaft der gesetzgebenden Gewalt substituieren will, das ist nichts als das Streben der bürgerlichen Gesellschaft, sich *politisches* Dasein zu geben oder das *politische Dasein* zu ihrem wirklichen Dasein zu machen. Das Streben der *bürgerlichen Gesellschaft,* sich in die politische Gesellschaft zu verwandeln oder die *politische* Gesellschaft zur *wirklichen* Gesellschaft zu machen, zeigt sich als das Streben der möglichst *allgemeinen* Teilnahme an der *gesetzgebenden Gewalt.*

Die *Zahl* ist hier nicht ohne Bedeutung. Wenn schon die Vermehrung des *ständischen Elements* eine physische und intellektuelle Vermehrung einer der *feindlichen* Streitkräfte ist und wir haben gesehn, die verschiedenen Elemente der gesetzgebenden Gewalt stehn sich als feindliche Streitkräfte gegenüber –, so ist dagegen die Frage, ob Alle einzeln Glieder der gesetzgebenden Gewalt sein oder ob sie durch Abgeordnete eintreten sollen, die In-Frage-Stellung des *repräsentativen* Prinzips innerhalb des repräsentativen Prinzips, innerhalb der Grundvorstellung des politischen Staats, der seine Existenz in der konstitutionellen Monarchie findet. 1. Ist es eine Vorstellung der Abstraktion des politischen Staats, daß die *gesetzgebende Gewalt* die *Totalität* des politischen Staates ist. Weil dieser *eine* Akt der einzige *politische* Akt der bürgerlichen Gesellschaft ist, so sollen und wollen *Alle* auf einmal an ihm teilnehmen. 2. *Alle* als *Einzelne*. Im *ständischen Element* ist die gesetzgebende Tätigkeit nicht als *soziale*, als eine Funktion der *Sozialität* betrachtet, sondern vielmehr als der Akt, wo die Einzelnen erst in wirklich und *bewußt soziale* Funktion, d. h. in eine politische Funktion treten. Die *gesetzgebende Gewalt* ist hier kein Ausfluß, keine Funktion der Sozietät, sondern erst ihre *Bildung*. Die Bildung zur gesetzgebenden Gewalt erheischt, daß *alle* Mitglieder der bürgerlichen Gesellschaft als *einzelne* sich betrachten, sie stehn wirklich als *einzeln* gegenüber. Die Bestimmung, „Mitglieder des Staats zu sein", ist ihre „abstrakte Bestimmung", eine Bestimmung, die in ihrer lebendigen Wirklichkeit nicht verwirklicht ist.

Entweder findet Trennung des politischen Staats und der bürgerlichen Gesellschaft statt, dann können nicht *Alle einzeln* an der gesetzgebenden Gewalt teilnehmen. Der politische Staat ist eine von der bürgerlichen Gesellschaft *getrennte* Existenz. Die bürgerliche Gesellschaft würde einerseits sich selbst aufgeben, wenn alle Gesetzgeber wären, andrerseits kann der ihr gegenüberstehende politische Staat sie nur in einer Form ertragen, die seinem *Maßstabe* angemessen ist. Oder eben die Teilnahme der bürgerlichen Gesellschaft durch *Abgeordnete* am politischen Staat ist eben der *Ausdruck* ihrer Trennung und nur dualistischen Einheit.

Oder umgekehrt. Die bürgerliche Gesellschaft ist *wirkliche* politische Gesellschaft. Dann ist es Unsinn, eine Forderung zu stellen, die nur aus der Vorstellung des politischen Staates als der von der bürgerlichen Gesellschaft getrennten Existenz, die nur aus der *theologischen* Vorstellung des politischen Staates hervorgegangen ist. In diesem Zustand verschwindet die Bedeutung der *gesetzgebenden* Gewalt als einer *repräsentativen* Gewalt gänzlich. Die gesetzgebende Gewalt ist hier Repräsentation in dem Sinne, wie jede Funktion repräsentativ ist, wie z. B. der Schuster, insofern er ein soziales Bedürfnis verrichtet, mein Repräsentant ist, wie jede bestimmte soziale Tätigkeit als Gattungstätigkeit nur die Gattung, d. h. eine Bestimmung meines eignen Wesens repräsentiert, wie jeder Mensch der Repräsentant des anderen ist. Er ist hier Repräsentant nicht durch ein anderes, was er vorstellt, sondern durch das, was er *ist* und *tut*.

Die „gesetzgebende" Gewalt wird nicht wegen ihres *Inhaltes*, sondern wegen ihrer *formellen* politischen Bedeutung angestrebt. An und für sich mußte z. B. die *Regierungsgewalt* viel mehr das Ziel der Volkswünsche sein als die gesetzgebende, die *metaphysische* Staatsfunktion. Die *gesetzgebende* Funktion ist der Wille, nicht in seiner praktischen, sondern in seiner theoretischen Energie. Der *Wille* soll hier nicht *statt* des *Gesetzes* gelten: sondern es gilt, das wirkliche Gesetz zu *entdecken* und zu *formulieren.*

Aus dieser zwiespältigen Natur der gesetzgebenden Gewalt, als wirklicher *gesetzgebender* Funktion und als *repräsentativer, abstrakt-politischer* Funktion, geht eine Eigentümlichkeit hervor, die sich vorzugsweise in Frankreich, dem Land der politischen Bildung, geltend macht.

(Wir haben in der *Regierungsgewalt* immer *zwei,* das wirkliche Tun und die Staatsräson dieses Tuns, als ein andres wirkliches Bewußtsein, das in seiner totalen Gliederung die Bürokratie ist.)

Der eigentliche Inhalt der gesetzgebenden Gewalt wird (soweit nicht die herrschenden Sonder*interessen* in einen bedeutenden Konflikt mit dem objectum quaestionis geraten) sehr à part, als Nebensache behandelt. Besondere Aufmerksamkeit erregt eine Frage erst, sobald sie *politisch* wird, d. h., entweder sobald eine Ministerfrage, also die Macht der gesetzgebenden Gewalt über die Regierungsgewalt, daran angeknüpft werden kann, oder sobald es sich überhaupt um Rechte handelt, die mit dem politischen Formalismus in Verbindung stehn. Woher diese Erscheinung? Weil die gesetzgebende Gewalt zugleich die Repräsentation des politischen Daseins der bürgerlichen Gesellschaft ist; weil das politische Wesen einer Frage überhaupt in ihrem Verhältnis zu den verschiednen Gewalten des politischen Staats besteht; weil die gesetzgebende Gewalt das politische Bewußtsein repräsentiert und dies sich nur im Konflikt mit der Regierungsgewalt als *politisch* beweisen kann. Diese wesentliche Forderung, daß jedes soziale Bedürfnis, Gesetz etc. *politisch,* d. h. als *bestimmt durch das Staatsganze,* in seinem *sozialen* Sinn eruiert werde, nimmt im Staat der politischen Abstraktion die Wendung, daß ihr eine *formelle* Wendung gegen eine andere Macht (Inhalt) außer ihrem wirklichen Inhalt gegeben werde. Das ist keine Abstraktion der Franzosen, sondern das ist die notwendige Konsequenz, weil der wirkliche Staat nur als der betrachtete *politische Staatsformalismus* existiert. Die *Opposition* innerhalb der repräsentativen Gewalt ist das κατ' ἐξοχὴν *politische* Dasein der repräsentativen Gewalt. Innerhalb dieser repräsentativen Verfassung nimmt indessen die eruierte Frage eine andre Wendung, als in welcher Hegel sie betrachtet hat. Es handelt sich hier nicht, ob die bürgerliche Gesellschaft durch Abgeordnete oder Alle einzeln die gesetzgebende Gewalt ausüben sollen, sondern es handelt sich um die *Ausdehnung* und möglichste V*erallgemeinerung* der *Wahl,* sowohl des *aktiven,* als des *passiven* Wahlrechts. Das ist der eigentliche Streitpunkt der politischen *Reform,* sowohl in Frankreich als in England.

Man betrachtet die *Wahl* nicht philosophisch, d. h. nicht in ihrem eigentümlichen Wesen, wenn man sie sogleich in Beziehung auf die *fürstliche* oder *Regierungsgewalt* faßt. Die *Wahl* ist das *wirkliche Verhältnis* der *wirklichen bürgerlichen Gesellschaft* zur *bürgerlichen Gesellschaft* der *gesetzgebenden Gewalt,* zu dem *repräsentativen Element.*

Oder die *Wahl* ist das *unmittelbare,* das *direkte,* das nicht *bloß vorstehende, sondern seiende* Verhältnis der bürgerlichen Gesellschaft zum politischen Staat. Es versteht sich daher von selbst, daß die *Wahl* das hauptsächliche politische Interesse der wirklichen bürgerlichen Gesellschaft bildet. In der *unbeschränkten* sowohl aktiven als passiven *Wahl* hat die bürgerliche Gesellschaft sich erst *wirklich* zu der Abstraktion von sich selbst, zu dem *politischen* Dasein als ihrem wahren allgemeinen wesentlichen Dasein erhoben. Aber die Vollendung dieser Abstraktion ist zugleich die Aufhebung der Abstraktion. Indem die bürgerliche Gesellschaft ihr *politisches Dasein* wirklich als ihr *wahres* gesetzt hat, hat sie zugleich ihr bürgerliches Dasein, in seinem Unterschied von ihrem politischen, als *unwesentlich* gesetzt; und mit dem einen Getrennten fällt sein Andres, sein Gegenteil. Die *Wahlreform* ist also innerhalb des *abstrakten politischen Staats* die Forderung seiner *Auflösung,* aber ebenso der *Auflösung der bürgerlichen Gesellschaft.*

Wir werden der Frage der Wahlreform später unter einer anderen Gestalt begegnen, nämlich von der Seite der *Interessen.* Ebenso werden wir später die andren Konflikte erörtern, die aus der doppelten Bestimmung der *gesetzgebenden Gewalt* (einmal *Abgeordneter,* Mandatar der bürgerlichen Gesellschaft, das andere Mal vielmehr erst ihr *politisches* Dasein und *ein eigentümliches Dasein* innerhalb des politischen Staatsformalismus zu sein) hervorgehn.

Wir kehren einstweilen zu der Anmerkung zu unserm Paragraphen zurück.

> „Die vernünftige Betrachtung, das Bewußtsein der Idee, ist k o n k r e t und trifft insofern mit dem wahrhaften p r a k t i s c h e n Sinne, der selbst nichts Anderes als der vernünftige Sinn, der Sinn der Idee ist, zusammen." „Der *konkrete* Staat ist das in s e i n e b e s o n d e r e n K r e i s e g e g l i e d e r t e G a n z e; das Mitglied des Staates ist ein M i t g l i e d eines solchen S t a n d e s; nur in dieser seiner objektiven Bestimmung kann es im Staate in Betracht kommen."

Hierüber ist schon oben das Nötige gesagt.

> „Seine" (des Staatsmitgliedes) „allgemeine Bestimmung überhaupt enthält das gedoppelte Moment, P r i v a t p e r s o n und als d e n k e n d e s ebensosehr Bewußtsein und Wollen des A l l g e m e i n e n zu sein; dieses Bewußtsein und Wollen aber ist nur dann nicht leer, sondern e r f ü l l t und wirklich l e b e n d i g, wenn es mit der Besonderheit – und diese ist der besondere Stand und Bestimmung – erfüllt ist; oder das Individuum ist G a t t u n g, hat aber seine i m m a n e n t e allgemeine W i r k l i c h k e i t als n ä c h s t e Gattung."

Alles das, was Hegel sagt, ist richtig, mit der Beschränkung, 1. daß er *besondren Stand* und *Bestimmung* als identisch setzt, 2. daß diese Bestimmung, die Art, die nächste Gattung auch *wirklich,* nicht nur *an sich,* sondern *für sich,* als Art *der allgemeinen Gattung,* als *ihre* Besonderung gesetzt sein müßte. Hegel aber begnügt sich im Staate, den er als das selbstbewußte Dasein des sittlichen Geistes demonstriert, daß dieser sittliche Geist nur *an sich,* der allgemeinen Idee nach, das

Bestimmende ist. Zum wirklichen Bestimmen läßt er die Sozietät nicht kommen, weil dazu ein *wirkliches* Subjekt nötig ist und er nur ein abstraktes, eine *Imagination* hat.

> § 309. „Da die Abordnung zur Beratung und Beschließung über die a l l g e m e i n e n Angelegenheiten geschieht, hat sie den Sinn, daß durch das Zutrauen solche Individuen dazu bestimmt werden, die sich besser auf diese Angelegenheiten verstehen als die Abordnenden, wie auch, daß sie nicht das besondere Interesse einer Gemeinde, Korporation gegen das allgemeine, sondern wesentlich dieses geltend machen. Sie haben damit nicht das Verhältnis, kommittierte oder Instruktionen überbringende Mandatarien zu sein, um so weniger als die Zusammenkunft die Bestimmung hat, eine lebendige, sich gegenseitig unterrichtende und überzeugende, gemeinsam beratende Versammlung zu sein."

Die Abgeordneten sollen 1. keine „kommittierte oder Instruktionen überbringende Mandatarien sein, weil „sie nicht das besondere Interesse einer Gemeinde, Korporation gegen das allgemeine, sondern wesentlich dies geltend machen" sollen. Hegel hat die Repräsentanten erst als Repräsentanten der Korporationen etc. konstruiert, um dann wieder die andere politische Bestimmung hereinzubringen, daß sie nicht das *besondre Interesse* der Korporation etc. geltend zu machen haben. Er hebt damit seine eigene Bestimmung auf, denn er trennt sie in ihrer *wesentlichen* Bestimmung als Repräsentanten gänzlich von ihrem *Korporationsdasein.* Er trennt damit auch die Korporation von sich als ihrem wirklichen Inhalt, denn sie soll nicht aus *ihrem Gesichtspunkt*, sondern aus dem *Staatsgesichtspunkt* wählen, d. h., sie soll in ihrem *Nicht-Dasein* als Korporation wählen. In der *materiellen* Bestimmung erkennt er also an, was er in ihrer *formellen* verkehrte, die Abstraktion der bürgerlichen Gesellschaft von sich selbst in ihrem politischen Akt, und ihr *politisches Dasein* ist nichts als *diese Abstraktion.* Hegel gibt als Grund an, weil sie eben zur Betätigung der „allgemeinen Angelegenheiten" gewählt werden; aber die Korporationen sind keine Existenzen der allgemeinen Angelegenheiten.

2. soll die „Abordnung den Sinn" haben, „daß durch das Zutrauen solche Individuen dazu bestimmt werden, die sich besser auf diese Angelegenheiten verstehen als die Abordnenden", woraus abermals folgen soll, daß die Deputierten also nicht das Verhältnis der „Mandatarien" haben.

Daß sie dieses „besser" verstehn und nicht „einfach" verstehn, kann Hegel nur durch ein Sophisma herausbringen. Es könnte dies nur dann geschlossen werden, wenn die Abordnenden die Wahl hätten, die allgemeinen Angelegenheiten *selbst* zu beraten und zu beschließen *oder* bestimmte Individuen zu ihrer Vollziehung abzuordnen; d. h., eben wenn die *Abordnung,* die *Repräsentation,* nicht wesentlich zum Charakter der *gesetzgebenden Gewalt* der bürgerlichen Gesellschaft gehörte, was eben ihr *eigentümliches* Wesen, wie eben ausgeführt, in dem von Hegel konstruierten Staate ausmacht.

Es ist dies Beispiel sehr bezeichnend dafür, wie Hegel die Sache innerhalb ihrer Eigentümlichkeit halb absichtlich aufgibt und ihr in ihrer bornierten Gestalt den entgegengesetzten Sinn dieser Borniertheit unterschiebt.

Den eigentlichen Grund gibt Hegel zuletzt. Die Deputierten der bürgerlichen Gesellschaft konstituieren sich zu einer „Versammlung", und diese Versammlung ist erst das *wirkliche politische Dasein* und *Wollen* der bürgerlichen Gesellschaft. Die Trennung des politischen Staats von der bürgerlichen Gesellschaft erscheint als die Trennung der Deputierten von ihren Mandataren. Die Gesellschaft ordnet bloß die Elemente zu ihrem politischen Dasein von sich ab.

Der Widerspruch erscheint doppelt:

1. *formell*. Die Abgeordneten der bürgerlichen Gesellschaft sind eine Gesellschaft, die nicht durch die Form der „Instruktion", des Auftrages mit ihren Kommittenten in Verbindung stehn. Sie sind formell kommittiert, aber sobald sie *wirklich* sind, sind sie *nicht* mehr *Kommittierte*. Sie sollen *Abgeordnete sein* und sind es *nicht*.

2. *materiell*. In bezug auf die Interessen. Darüber hernach. Hier findet das Umgekehrte statt. Sie sind als Repräsentanten der *allgemeinen* Angelegenheiten kommittiert, aber sie repräsentieren wirklich *besondre* Angelegenheiten. Bezeichnend ist, daß *Hegel* hier das Zutrauen als die Substanz der *Abordnung* bezeichnet, als das substantielle Verhältnis zwischen Abordnenden und Abgeordneten. *Zutrauen* ist ein persönliches Verhältnis. Es heißt darüber weiter in dem Zusatz:

> „Repräsentation gründet sich auf Zutrauen, Zutrauen aber ist etwas Anderes, als ob ich als dieser meine Stimme gebe. Die Majorität der Stimmen ist ebenso dem Grundsatze zuwider, daß bei dem, was mich verpflichten muß, ich als dieser zugegen sein soll. Man hat Zutrauen zu einem Menschen, indem man seine Einsicht dafür ansieht, daß er meine Sache als seine Sache, nach seinem besten Wissen und Gewissen, behandeln wird."

> § 310 „Die *Garantie* der diesem Zweck entsprechenden Eigenschaften und der Gesinnung – da das unabhängige Vermögen schon in dem ersten Teile der Stände sein Recht verlangt –, zeigt sich bei dem zweiten Teile, der aus dem beweglichen und veränderlichen Elemente der bürgerlichen Gesellschaft hervorgeht, vornehmlich in der durch w i r k l i c h e Geschäftsführung in o b r i g k e i t l i c h e n oder S t a a t s ä m t e r n erworbenen und durch die T a t bewährten Gesinnung, Geschicklichkeit und Kenntnis der Einrichtungen und Interessen des Staats und der bürgerlichen Gesellschaft und dem dadurch gebildeten und erprobten o b r i g k e i t l i c h e n S i n n und S i n n d e s S t a a t s."

Erst wurde die erste Kammer, die *Kammer des unabhängigen Privateigentums* für den Fürsten und die Regierungsgewalt als *Garantie* gegen die Gesinnung der zweiten Kammer als dem *politischen Dasein* der empirischen Allgemeinheit konstruiert, und jetzt verlangt Hegel wieder eine *neue Garantie,* welche die *Gesinnung* etc. der zweiten Kammer selbst garantieren soll.

Erst war das Zutrauen – die Garantie der Abordner – die Garantie der Abgeordneten. Jetzt bedarf dies Zutrauen selbst wieder der Garantie seiner Tüchtigkeit.

Hegel hätte nicht übel Lust, die zweite Kammer zur Kammer der *pensionierten* Staatsbeamten zu machen. Er verlangt nicht nur „den Sinn des Staats", sondern auch „obrigkeitlichen", bürokratischen Sinn.

Was er hier wirklich verlangt, ist, daß die *gesetzgebende* Gewalt die *wirkliche regierende* Gewalt sein soll. Er drückt dies so aus, daß er die Bürokratie *zweimal* verlangt, einmal als Repräsentation der Fürsten und das andere Mal als Repräsentantin des Volkes.

Wenn in konstitutionellen Staaten auch Beamte zulässig sind als Deputierte, so ist dies nur, weil überhaupt vom *Stand,* von der *bürgerlichen* Qualität abstrahiert und die Abstraktion des *Staatsbürgertums* das Herrschende ist.

Hegel vergißt dabei, daß er die Repräsentation von den *Korporationen* ausgehn ließ und daß diesen direkt die Regierungsgewalt gegenübersteht. Er geht in diesem Vergessen, was er gleich in dem folgenden Paragraphen wieder vergißt, so weit, daß er einen *wesentlichen* Unterschied zwischen den Abgeordneten der Korporation und den ständischen Abgeordneten kreiert.

In der Anmerkung zu diesem Paragraphen heißt es:

> „Die subjektive Meinung von sich findet leicht die Forderung solcher Garantien, wenn sie in Rücksicht auf das sogenannte Volk gemacht wird, überflüssig, ja selbst etwa beleidigend. Der Staat hat aber das Objektive, nicht eine subjektive Meinung und deren *Selbstzutrauen* zu seiner Bestimmung; die Individuen können nur das für ihn sein, was an ihnen objektiv erkennbar und erprobt ist, und er hat hierauf bei diesem Teile des ständischen Elements um so mehr zu sehen, als derselbe seine Wurzel in den auf das Besondere gerichteten Interessen und Beschäftigungen hat, wo die Zufälligkeit, Veränderlichkeit und Willkür ihr Recht sich zu ergehen hat."

Hier wird die gedankenlose Inkonsequenz und der *„obrigkeitliche"* Sinn Hegels wirklich *ekelhaft.* Am Schlusse des Zusatzes zum früheren Paragraphen heißt es:

> „Daß dieses" (sc. ihre oben beschriebene Aufgabe) „der Abgeordnete vollbringe und befördere, dazu bedarf es *für die Wählenden* der Garantie."

Diese Garantie *für die Wählenden* hat sich unter der Hand in eine *Garantie gegen* die Wählenden, gegen ihr *„Selbstzutrauen"* entwickelt. In dem ständischen Element sollte die „empirische Allgemeinheit zum Moment" der „subjektiven formellen Freiheit" kommen. „Das öffentliche Bewußtsein" sollte in ihm „als *empirische Allgemeinheit* der Ansichten und Gedanken der *Vielen* zur Existenz" kommen. (§ 301.)

Jetzt sollen diese „Ansichten und Gedanken" *zuvor* der *Regierung* eine Probe ablegen, daß sie „ihre" Ansichten und Gedanken sind. Hegel spricht hier nämlich dummerweise vom Staat als einer *fertigen* Existenz, obgleich er eben erst daran ist, im ständischen Element den Staat fertig zu konstruieren. Er spricht vom Staat als konkretem Subjekt, das „sich nicht an die subjektive Meinung und deren Selbstzutrauen stößt", für den die Individuen erst sich „erkennbar" gemacht und „erprobt" haben. Es fehlt nur noch, daß Hegel ein *Examen* der *Stände* abzulegen bei der Wohllöblichen Regierung verlangt. Hegel geht hier fast bis zur Servilität. Man sieht ihn durch und durch angesteckt von dem elenden Hochmut der *preußischen* Beamtenwelt, die vornehm in ihrer Büroborniertheit auf das „Selbstzutrauen" der „subjektiven Meinung des Volks zu sich" herabsieht. Der „Staat" ist hier überall für Hegel identisch mit der „Regierung".

Allerdings kann in einem wirklichen Staate das „bloße Zutrauen", die „subjektive Meinung" nicht genügen. Aber in dem von Hegel konstruierten Staate ist die *politische* Gesinnung der bürgerlichen Gesellschaft eine bloße *Meinung,* eben weil ihr politisches Dasein eine *Abstraktion* von ihrem wirklichen Dasein ist; eben weil das Ganze des Staats nicht die *Objektivierung der politischen Gesinnung* ist. Wollte Hegel konsequent sein, so müßte er vielmehr alles aufbieten, um das ständische Element seiner *wesentlichen Bestimmung* gemäß (§ 301) als das *Fürsichsein der* allgemeinen Angelegenheit in den Gedanken etc. der *Vielen,* also eben ganz unabhängig von den andern Voraussetzungen des politischen Staats zu konstruieren.

Ebenso wie Hegel es früher als die Ansicht des Pöbels bezeichnete, den schlechten Willen bei der Regierung etc. vorauszusetzen, ebensosehr und noch mehr ist es die Ansicht des Pöbels, den schlechten Willen beim Volke vorauszusetzen. Hegel darf es dann auch bei den von ihm verachteten Theoretikern weder „überflüssig" noch „beleidigend" finden, wenn Garantien „in Rücksicht auf den *sogenannten* Staat, den soi-disant Staat, die Regierung verlangt, Garantien verlangt werden, daß die Gesinnung der Bürokratie die Staatsgesinnung sei.

> § 311. „Die Abordnung, als von der bürgerlichen Gesellschaft ausgehend, hat ferner den Sinn, daß die Abgeordneten mit deren speziellen Bedürfnissen, Hindernissen, besonderen Interessen bekannt seien und ihnen selbst angehören. Indem sie nach der Natur der bürgerlichen Gesellschaft von ihren verschiedenen Korporationen ausgeht (§ 308) und die einfache Weise dieses Ganges nicht durch Abstraktionen und die atomistischen Vorstellungen gestört wird, so erfüllt sie damit unmittelbar jenen Gesichtspunkt, und Wählen ist entweder überhaupt etwas Überflüssiges oder reduziert sich auf ein geringes Spiel der Meinung und der Willkür."

Zunächst knüpft Hegel die Abordnung in ihrer Bestimmung als „gesetzgebende Gewalt" (§ 309, 310) an die Abordnung „als von der bürgerlichen Gesellschaft ausgehend", d. h. an ihre repräsentative Bestimmung, durch ein einfaches „ferner" an. Die ungeheuren Widersprüche, die in diesem „ferner" liegen, spricht er ebenso gedankenlos aus.

Nach § 309 sollen die Abordnenden „nicht das besondere Interesse einer Gemeinde, Korporation gegen das allgemeine, sondern *wesentlich* dieses geltend machen".

Nach § 311 gehn sie von den Korporationen aus, repräsentieren diese *besondern* Interessen und Bedürfnisse und lassen sich nicht durch „Abstraktionen" stören, als wenn das „allgemeine Interesse" nicht auch eine solche Abstraktion wäre, eine Abstraktion eben von *ihren* Korporations- etc. Interessen.

Nach § 310 wird verlangt, „daß sie durch wirkliche Geschäftsführung etc. sich obrigkeitlichen Sinn und den Sinn des Staats" erworben und bewährt haben. Im § 311 wird Korporations- und bürgerlicher Sinn verlangt.

In dem Zusatz zu § 309 heißt es: „Repräsentation gründet sich auf *Zutrauen.*" Nach § 311 ist „Wählen", diese Realisierung des Zutrauens, diese Betätigung, Erscheinung desselben, „entweder überhaupt etwas Überflüssiges oder reduziert sich auf ein geringes Spiel der Meinung und der Willkür".

Das, worauf sich die Repräsentation gründet, ihr Wesen, ist also der Repräsentation „entweder überhaupt etwas Überflüssiges" etc. Hegel stellt also in einem Atem die absoluten Widersprüche auf: Die Repräsentation gründet sich auf Zutrauen, auf das Vertrauen des Menschen zum Menschen, und sie gründet sich nicht auf das Zutrauen. Das ist vielmehr eine bloße formelle Spielerei.

Das besondere Interesse ist nicht das Objekt der Vertretung, sondern der Mensch und sein Staatsbürgertum, das allgemeine Interesse. Andrerseits: Das besondere Interesse ist der Stoff der Vertretung, der Geist dieses Interesses ist der Geist des Repräsentanten.

In der Anmerkung zu diesem Paragraphen, den wir nun betrachten, werden diese Widersprüche noch greller durchgeführt. Das eine Mal ist die Repräsentation die Vertretung des Menschen, das andere Mal des besonderen Interesses, des besonderen Stoffes.

> „Es bietet sich von selbst das Interesse dar, daß unter den Abgeordneten sich für jeden besonderen großen Zweig der Gesellschaft, z. B. für den Handel, für die Fabriken usf. Individuen befinden, die ihn gründlich kennen und ihm selbst angehören; – in der Vorstellung eines losen, unbestimmten Wählens ist dieser wichtige Umstand nur der Zufälligkeit preisgegeben. Jeder solcher Zweig hat aber gegen den andern gleiches Recht, repräsentiert zu werden. Wenn die Abgeordneten als Repräsentanten betrachtet werden, so hat dies einen organisch vernünftigen Sinn nur dann, daß sie nicht Repräsentanten als von Einzelnen, von einer Menge seien, sondern Repräsentanten einer der wesentlichen Sphären der Gesellschaft, Repräsentanten ihrer großen Interessen. Das Repräsentieren hat damit auch nicht mehr die Bedeutung, daß *Einer an* der Stelle eines Andern sei, sondern das Interesse selbst ist in seinem Repräsentanten wirklich gegenwärtig, so wie der Repräsentant für sein eigenes objektives Element da ist.
>
> Von dem Wählen durch die vielen Einzelnen kann noch bemerkt „werden, daß notwendig besonders in großen Staaten die Gleichgültigkeit gegen

das Geben seiner Stimme, als die in der Menge eine unbedeutende Wirkung hat, eintritt, und die Stimmberechtigten, diese Berechtigung mag ihnen als etwas noch so Hohes angeschlagen und vorgestellt werden, eben zum Stimmgeben nicht erscheinen: – so daß aus solcher Institution vielmehr das Gegenteil ihrer Bestimmung erfolgt und die Wahl in die Gewalt Weniger, einer Partei, somit des besondern, zufälligen Interesses fällt, das gerade neutralisiert werden sollte."

Die beiden Paragraphen 312 und 313 sind im früheren erledigt und keiner besonderen Besprechung wert. Wir setzen sie daher hierhin:

§ 312. „Von den zwei im ständischen Elemente enthaltenen Seiten (§ 305, 308) bringt jede in die Beratung eine besondere Modifikation; und weil überdem das eine Moment die eigentümliche Funktion der Vermittelung innerhalb dieser Sphäre und zwar zwischen Existierenden hat, so ergibt sich für dasselbe gleichfalls eine abgesonderte Existenz; die ständische Versammlung wird sich somit in zwei Kammern teilen."

O Jerum!

§ 313. „Durch diese Sonderung erhält nicht nur die Reife der Entschließung vermittelst einer Mehrheit von Instanzen ihre größere Sicherung, und wird die Zufälligkeit einer Stimmung des Augenblicks, wie die Zufälligkeit, welche die Entscheidung durch die Mehrheit der Stimmenanzahl annehmen kann, entfernt, sondern vornehmlich kommt das ständische Element weniger in den Fall, der Regierung direkt gegenüber zu stehen, oder im Falle das vermittelnde Moment sich gleichfalls auf der Seite des zweiten Standes befindet, wird das Gewicht seiner Ansicht um so mehr verstärkt, als sie so unparteiischer und sein Gegensatz neutralisiert erscheint."*

* Hier endet das Manuskript.

ZUR KRITIK DER HEGELSCHEN RECHTSPHILOSPHIE

Einleitung

Einleitung

Für Deutschland ist die *Kritik der Religion* im wesentlichen beendigt, und die Kritik der Religion ist die Voraussetzung aller Kritik.

Die *profane* Existenz des Irrtums ist kompromittiert, nachdem seine *himmlische oratio pro aris et focis* widerlegt ist. Der Mensch, der in der phantastischen Wirklichkeit des Himmels, wo er einen Übermenschen suchte, nur den *Widerschein* seiner selbst gefunden hat, wird nicht mehr geneigt sein, nur den *Schein* seiner selbst, nur den Unmenschen zu finden, wo er seine Wirklichkeit sucht und suchen muß.

Das Fundament der irreligiösen Kritik ist: Der *Mensch macht die Religion*, die Religion macht nicht den Menschen. Und zwar ist die Religion das Selbstbewußtsein und das Selbstgefühl des Menschen, der sich selbst entweder noch nicht erworben oder schon wieder verloren hat. Aber *der Mensch*, das ist kein abstraktes, außer der Welt hockendes Wesen. Der Mensch, das ist *die Welt des Menschen*, Staat, Sozietät. Dieser Staat, diese Sozietät produzieren die Religion, ein *verkehrtes Weltbewußtsein*, weil sie eine *verkehrte Welt* sind. Die Religion ist die allgemeine Theorie dieser Welt, ihr enzyklopädisches Kompendium, ihre Logik in populärer Form, ihr spiritualistischer Point-d'honneur, ihr Enthusiasmus, ihre moralische Sanktion, ihre feierliche Ergänzung, ihr allgemeiner Trost- und Rechtfertigungsgrund. Sie ist die *phantastische Verwirklichung* des menschlichen Wesens, weil das *menschliche Wesen* keine wahre Wirklichkeit besitzt. Der Kampf gegen die Religion ist also mittelbar der Kampf gegen *jene Welt*, deren geistiges *Aroma* die Religion ist.

Das *religiöse* Elend ist in einem der *Ausdruck* des wirklichen Elendes und in einem die *Protestation* gegen das wirkliche Elend. Die Religion ist der Seufzer der bedrängten Kreatur, das Gemüt einer herzlosen Welt, wie sie der Geist geistloser Zustände ist. Sie ist das *Opium* des Volkes.

Die Aufhebung der Religion als des *illusorischen* Glücks des Volkes ist die Forderung seines *wirklichen* Glücks. Die Forderung, die Illusionen über einen Zustand aufzugeben, ist die *Forderung, einen Zustand aufzugeben, der der Illusionen bedarf.* Die Kritik der Religion ist also im *Keim* die *Kritik des Jammertales*, dessen *Heiligenschein* die Religion ist.

Die Kritik hat die imaginären Blumen an der Kette zerpflückt, nicht damit der Mensch die phantasielose, trostlose Kette trage, sondern damit er die Kette abwerfe und die lebendige Blume breche. Die Kritik der Religion enttäuscht den Menschen, damit er denke, handle, seine Wirklichkeit gestalte wie ein enttäuschter, zu Verstand gekommener Mensch, damit er sich um sich selbst und damit um seine wirkliche Sonne bewege. Die Religion ist nur die illusorische Sonne, die sich um den Menschen bewegt, solange er sich nicht um sich selbst bewegt.

Es ist also die *Aufgabe der Geschichte*, nachdem das *Jenseits der Wahrheit* verschwunden ist, die *Wahrheit des Diesseits* zu etablieren. Es ist zunächst die *Aufgabe der Philosophie*, die im Dienste der Geschichte steht, nachdem die *Heiligengestalt* der menschlichen Selbstentfremdung entlarvt ist, die Selbstentfremdung in ihren *unheiligen Gestalten* zu entlarven. Die Kritik des Himmels verwandelt sich damit in die Kritik der Erde, die *Kritik der Religion* in die *Kritik des Rechts*, die *Kritik der Theologie* in die *Kritik der Politik*.

Die nachfolgende Ausführung – ein Beitrag zu dieser Arbeit – schließt sich zunächst nicht an das Original, sondern an eine Kopie, an die deutsche Staats- und Rechts-*Philosophie* an, aus keinem andern Grund, als weil sie sich an *Deutschland* anschließt.

Wollte man an den deutschen *status quo* selbst anknüpfen, wenn auch in einzig angemessener Weise, d. h. negativ, immer bliebe das Resultat ein *Anachronismus*. Selbst die Verneinung unserer politischen Gegenwart findet sich schon als bestaubte Tatsache in der historischen Rumpelkammer der modernen Völker. Wenn ich die gepuderten Zöpfe verneine, habe ich immer noch die ungepuderten Zöpfe. Wenn ich die deutschen Zustände von 1843 verneine, stehe ich, nach französischer Zeitrechnung, kaum im Jahre 1789, noch weniger im Brennpunkt der Gegenwart.

Ja, die deutsche Geschichte schmeichelt sich einer Bewegung, welche ihr kein Volk am historischen Himmel weder vorgemacht hat noch nachmachen wird. Wir haben nämlich die Restaurationen der modernen Völker geteilt, ohne ihre Revolutionen zu teilen. Wir wurden restauriert, erstens, weil andere Völker eine Revolution wagten, und zweitens, weil andere Völker eine Konterrevolution litten, das eine Mal, weil unsere Herren Furcht hatten, und das andere Mal, weil unsere Herren keine Furcht hatten. Wir, unsere Hirten an der Spitze, befanden uns immer nur einmal in der Gesellschaft der Freiheit, am *Tag ihrer Beerdigung*.

Eine Schule, welche die Niederträchtigkeit von heute durch die Niederträchtigkeit von gestern legitimiert, eine Schule, die jeden Schrei des Leibeigenen gegen die Knute für rebellisch erklärt, sobald die Knute eine bejahrte, eine angestammte, eine historische Knute ist, eine Schule, der die Geschichte, wie der Gott Israels seinem Diener Moses nur ihr *a posteriori* zeigt, die *historische Rechtsschule*, sie hätte daher die deutsche Geschichte erfunden, wäre sie nicht eine Erfindung der deutschen Geschichte. Shylock, aber Shylock der Bediente, schwört sie jedes Pfund Fleisch, welches aus dem Volksherzen geschnitten wird, auf ihren Schein, auf ihren historischen Schein, auf ihren christlich-germanischen Schein.

Gutmütige Enthusiasten dagegen, Deutschtümler von Blut und Freisinnige von Reflexion, suchen unsere Geschichte der Freiheit jenseits unserer Geschichte in den teutonischen Urwäldern. Wodurch unterscheidet sich aber unsere Freiheitsgeschichte von der Freiheitsgeschichte des Ebers, wenn sie nur in den Wäldern zu finden ist? Zudem ist bekannt: Wie man hineinschreit in den Wald, schallt es heraus aus dem Wald. Also Friede den teutonischen Urwäldern!

Krieg den deutschen Zuständen! Allerdings! Sie stehn *unter dem Niveau der Geschichte*, sie sind *unter aller Kritik*, aber sie bleiben ein Gegenstand der Kritik, wie der Verbrecher, der unter dem Niveau der Humanität steht, ein Gegenstand des *Scharfrichters* bleibt. Mit ihnen im Kampf ist die Kritik keine Leidenschaft des Kopfs, sie ist der Kopf der Leidenschaft. Sie ist kein anatomisches Messer, sie ist eine Waffe. Ihr Gegenstand ist ihr *Feind*, den sie nicht widerlegen, sondern *vernichten* will. Denn der Geist jener Zustände ist widerlegt. An und für sich sind sie keine *denkwürdigen* Objekte, sondern ebenso verächtliche, als verachtete *Existenzen*. Die Kritik für sich bedarf nicht der Selbstverständigung mit diesem Gegenstand, denn sie ist mit ihm im reinen. Sie gibt sich nicht mehr als *Selbstzweck*, sondern nur noch als *Mittel*. Ihr wesentliches Pathos ist die *Indignation*, ihre wesentliche Arbeit die *Denunziation*.

Es gilt die Schilderung eines wechselseitigen dumpfen Drucks aller sozialen Sphären aufeinander, einer allgemeinen, tatlosen Verstimmung, einer sich ebensosehr anerkennenden als verkennenden Beschränktheit, eingefaßt in den Rahmen eines Regierungssystems, welches, von der Konservation aller Erbärmlichkeiten lebend, selbst nichts ist als die *Erbärmlichkeit an der Regierung*.

Welch ein Schauspiel! Die ins unendliche fortgehende Teilung der Gesellschaft in die mannigfaltigsten Rassen, welche mit kleinen Antipathien, schlechten Gewissen und brutaler Mittelmäßigkeit sich gegenüberstehen, welche eben um ihrer wechselseitigen zweideutigen und argwöhnischen Stellung willen alle ohne Unterschied, wenn auch mit verschiedenen Formalitäten, als *konzessionierte Existenzen* von ihren *Herren* behandelt werden. Und selbst dies, daß sie *beherrscht, regiert, besessen* sind, müssen sie als eine *Konzession des Himmels* anerkennen und bekennen! Andererseits jene Herrscher selbst, deren Größe in umgekehrtem Verhältnis zu ihrer Zahl steht!

Die Kritik, die sich mit diesem Inhalt befaßt, ist die Kritik im *Handgemenge*, und im Handgemenge handelt es sich nicht darum, ob der Gegner ein edler, ebenbürtiger, ein *interessanter* Gegner ist, es handelt sich darum, ihn zu *treffen*. Es handelt sich darum, den Deutschen keinen Augenblick der Selbsttäuschung und der Resignation zu gönnen. Man muß den wirklichen Druck noch drükkender machen, indem man ihm das Bewußtsein des Drucks hinzufügt, die Schmach noch schmachvoller, indem man sie publiziert. Man muß jede Sphäre der deutschen Gesellschaft als die *partie honteuse* der deutschen Gesellschaft schildern, man muß diese versteinerten Verhältnisse dadurch zum Tanzen zwingen, daß man ihnen ihre eigne Melodie vorsingt! Man muß das Volk vor sich selbst *erschrecken* lehren, um ihm *Courage* zu machen. Man erfüllt damit ein unabweisbares Bedürfnis des deutschen Volks, und die Bedürfnisse der Völker sind in eigner Person die letzten Gründe ihrer Befriedigung.

Und selbst für die *modernen* Völker kann dieser Kampf gegen den bornierten Inhalt des deutschen *status quo* nicht ohne Interesse sein, denn der deutsche *status quo* ist die *offenherzige Vollendung des ancien régime*, und das *ancien régime* ist der *versteckte Mangel des modernen Staates*. Der Kampf gegen die deutsche politische Gegenwart ist der Kampf gegen die Vergangenheit der modernen Völker, und von den Reminiszenzen dieser Vergangenheit werden sie noch immer belästigt. Es ist lehrreich für sie, das *ancien régime*, das bei ihnen seine Tragödie erlebt, als deutschen Revenant eine *Komödie* spielen zu sehen. *Tragisch* war seine Geschichte, solange es die präexistierende Gewalt der Welt, die Freiheit dagegen ein persönlicher Einfall war, mit einem Wort, solange es selbst an seine Berechtigung glaubte und glauben mußte. Solange das *ancien régime* als vorhandene Weltordnung mit einer erst werdenden Welt kämpfte, stand auf seiner Seite ein weltgeschichtlicher Irrtum, aber kein persönlicher. Sein Untergang war daher tragisch.

Das jetzige deutsche Regime dagegen, ein Anachronismus, ein flagranter Widerspruch gegen allgemein anerkannte Axiome, die zur Weltschau ausgestellte Nichtigkeit des *ancien régime*, bildet sich nur noch ein, an sich selbst zu glauben, und verlangt von der Welt dieselbe Einbildung. Wenn es an sein eignes *Wesen* glaubt, würde es dasselbe unter dem *Schein* eines fremden Wesens zu verstecken und seine Rettung in der Heuchelei und dem Sophisma suchen? Das moderne *ancien régime* ist nur mehr der Komödiant einer Weltordnung, deren *wirkliche Helden* gestorben sind. Die Geschichte ist gründlich und macht viele Phasen durch, wenn sie eine alte Gestalt zu Grabe trägt. Die letzte Phase einer weltgeschichtlichen Gestalt ist ihre *Komödie*. Die Götter Griechenlands, die schon einmal tragisch zu Tode verwundet waren im gefesselten Prometheus des Äschylus, mußten noch einmal komisch sterben in den Gesprächen Lucians. Warum dieser Gang der Geschichte? Damit die Menschheit *heiter* von ihrer Vergangenheit scheide. Diese *heitere* geschichtliche Bestimmung vindizieren wir den politischen Mächten Deutschlands.

Sobald indes die *moderne* politisch-soziale Wirklichkeit selbst der Kritik unterworfen wird, sobald also die Kritik zu wahrhaft menschlichen Problemen sich erhebt, befindet sie sich außerhalb des deutschen *status quo*, oder sie würde ihren Gegenstand *unter* ihrem Gegenstand greifen. Ein Beispiel! Das Verhältnis der Industrie, überhaupt der Welt des Reichtums, zu der politischen Welt ist ein Hauptproblem der modernen Zeit. Unter welcher Form fängt dieses Problem an, die Deutschen zu beschäftigen? Unter der Form der *Schutzzölle*, des *Prohibitivsystems*, der *Nationalökonomie*. Die Deutschtümelei ist aus dem Menschen in die Materie gefahren, und so sahen sich eines Morgens unsere Baumwollritter und Eisenhelden in Patrioten verwandelt. Man beginnt also in Deutschland die Souveränität des Monopols nach innen anzuerkennen, dadurch daß man ihm die *Souveränität nach außen* verleiht. Man beginnt also jetzt in Deutschland anzufangen, womit man in Frankreich und England zu enden beginnt. Der alte faule Zustand, gegen den diese Länder theoretisch im Aufruhr sind und den sie nur noch ertragen, wie man die Ketten erträgt, wird in Deutschland als die aufgehende Morgenröte einer schönen Zukunft begrüßt, die kaum noch wagt, aus der *listigen* Theorie in die schonungslose Praxis überzugehen. Während das Problem in Frankreich und England lautet: *Politische Ökonomie* oder *Herrschaft der Sozietät über den Reichtum*, lautet es in Deutschland: *National-Ökonomie* oder

Herrschaft des Privateigentums über die Nationalität. Es gilt also in Frankreich und England, das Monopol, das bis zu seinen letzten Konsequenzen fortgegangen ist, aufzuheben; es gilt in Deutschland, bis zu den letzten Konsequenzen des Monopols fortzugehen. Dort handelt es sich um die Lösung, und hier handelt es sich erst um die Kollision. Ein zureichendes Beispiel der *deutschen* Form der modernen Probleme, ein Beispiel, wie unsere Geschichte, gleich einem ungeschickten Rekruten, bisher nur die Aufgabe hatte, abgedroschene Geschichte nachzuexerzieren.

Ginge also die *gesamte* deutsche Entwicklung nicht über die *politische* deutsche Entwicklung hinaus, ein Deutscher könnte sich höchstens an den Problemen der Gegenwart beteiligen, wie sich ein *Russe* daran beteiligen kann. Allein wenn das einzelne Individuum nicht gebunden ist durch die Schranken der Nation, ist die gesamte Nation noch weniger befreit durch die Befreiung eines Individuums. Die Skythen haben keinen Schritt zur griechischen Kultur vorwärts getan, weil Griechenland einen Skythen unter seine Philosophen zählt.

Zum Glück sind wir Deutsche keine Skythen.

Wie die alten Völker ihre Vorgeschichte in der Imagination erlebten, in der *Mythologie*, so haben wir Deutsche unsere Nachgeschichte im Gedanken erlebt, in der *Philosophie.* Wir sind *philosophische* Zeitgenossen der Gegenwart, ohne ihre *historischen* Zeitgenossen zu sein. Die deutsche Philosophie ist die *ideale Verlängerung* der deutschen Geschichte. Wenn wir also statt die *oeuvres incomplètes* unserer reellen Geschichte die *oeuvres posthumes* unserer ideellen Geschichte, die *Philosophie*, kritisieren, so steht unsere Kritik mitten unter den Fragen, von denen die Gegenwart sagt: *That is the question.* Was bei den fortgeschrittenen Völkern *praktischer* Zerfall mit den modernen Staatszuständen ist, das ist in Deutschland, wo diese Zustände selbst noch nicht existieren, zunächst *kritischer* Zerfall mit der philosophischen Spiegelung dieser Zustände.

Die *deutsche Rechts- und Staatsphilosophie* ist die einzige mit der *offiziellen* modernen Gegenwart *al pari* stehende *deutsche Geschichte.* Das deutsche Volk muß daher diese seine Traumgeschichte mit zu seinen bestehenden Zuständen schlagen und nicht nur diese bestehenden Zustände, sondern zugleich ihre abstrakte Fortsetzung der Kritik unterwerfen. Seine Zukunft kann sich weder auf die unmittelbare Verneinung seiner reellen noch auf die unmittelbare Vollziehung seiner ideellen Staats- und Rechtszustände *beschränken*, denn die unmittelbare Verneinung seiner reellen Zustände besitzt es in seinen ideellen Zuständen, und die unmittelbare Vollziehung seiner ideellen Zustände hat es in der Anschauung der Nachbarvölker beinah schon wieder *überlebt.* Mit Recht fordert daher die *praktische* politische Partei in Deutschland die *Negation der Philosophie.* Ihr Unrecht besteht nicht in der Forderung, sondern in dem Stehnbleiben bei der Forderung, die sie ernstlich weder vollzieht noch vollziehen kann. Sie glaubt, jene Negation dadurch zu vollbringen, daß sie der Philosophie den Rücken kehrt und abgewandten Hauptes – einige ärgerliche und banale Phrasen über sie hermurmelt. Die Beschränktheit ihres Gesichtskreises zählt die Philosophie nicht ebenfalls in den Bering der *deutschen* Wirklichkeit oder wähnt sie gar *unter* der deutschen Praxis und den ihr dienenden Theorien. Ihr verlangt, daß man an *wirkliche Lebenskeime* anknüpfen soll, aber ihr vergeßt, daß der wirkliche Lebenskeim des deutschen Volkes bisher nur in seinem *Hirnschädel* gewuchert hat. Mit einem Worte: *Ihr könnt die Philosophie nicht aufheben, ohne sie zu verwirklichen.*

Dasselbe Unrecht, nur mit *umgekehrten* Faktoren, beging die *theoretische*, von der Philosophie her datierende politische Partei.

Sie erblickte in dem jetzigen Kampf *nur* den *kritischen Kampf der Philosophie mit der deutschen Welt*, sie bedachte nicht, daß die *seitherige Philosophie* selbst zu dieser Welt gehört und ihre, wenn auch ideelle, *Ergänzung* ist. Kritisch gegen ihren Widerpart, verhielt sie sich unkritisch zu sich selbst, indem sie von den *Voraussetzungen* der Philosophie ausging und bei ihren gegebenen Resultaten entweder stehenblieb oder anderweitig hergeholte Forderungen und Resultate für unmittelbare Forderungen und Resultate der Philosophie ausgab, obgleich dieselben – ihre Berechtigung vorausgesetzt – im Gegenteil nur durch die *Negation der seitherigen Philosophie*, der Philosophie als Philosophie, zu erhalten sind. Eine näher eingehende Schilderung dieser Partei behalten wir uns vor. Ihr Grundmangel läßt sich dahin reduzieren: *Sie glaubte, die Philosophie verwirklichen zu können, ohne sie aufzuheben.*

Die Kritik der *deutschen Staats- und Rechtsphilosophie*, welche durch *Hegel* ihre konsequenteste, reichste, letzte Fassung erhalten hat, ist beides, sowohl die kritische Analyse des modernen Staats und der mit ihm zusammenhängenden Wirklichkeit als auch die entschiedene Verneinung der ganzen bisherigen *Weise* des *deutschen politischen und rechtlichen Bewußtseins*, dessen vornehmster, universellster, zur *Wissenschaft* erhobener Ausdruck eben die *spekulative Rechtsphilosophie* selbst ist. War nur in Deutschland die spekulative Rechtsphilosophie möglich, dies abstrakte überschwengliche *Denken* des modernen Staats, dessen Wirklichkeit ein Jenseits bleibt, mag dieses Jenseits auch nur jenseits des Rheins liegen: so war ebensosehr umgekehrt das *deutsche*, vom *wirklichen Menschen* abstrahierte Gedankenbild des modernen Staats nur möglich, weil und insofern der moderne Staat selbst vom *wirklichen Menschen* abstrahiert oder den *ganzen* Menschen auf eine nur imaginäre Weise befriedigt. Die Deutschen haben in der Politik *gedacht*, was die anderen Völker *getan* haben. Deutschland war ihr *theoretisches Gewissen.* Die Abstraktion und Überhebung seines Denkens hielt immer gleichen Schritt mit der Einseitigkeit und Untersetztheit ihrer Wirklichkeit. Wenn also der *status quo* des *deutschen Staatswesens* die *Vollendung des ancien régime* ausdrückt, die Vollendung des Pfahls im Fleische des modernen Staats, so drückt der *status quo* des *deutschen Staatswissens* die *Unvollendung des modernen Staats* aus, die Schadhaftigkeit seines Fleisches selbst.

Schon als entschiedner Widerpart der bisherigen Weise des *deutschen* politischen Bewußtseins verläuft sich die Kritik der spekulativen Rechtsphilosophie nicht in sich selbst, sondern in *Aufgaben*, für deren Lösung es nur ein Mittel gibt: die *Praxis*.

Es fragt sich: Kann Deutschland zu einer Praxis *à la hauteur des principes* gelangen, d. h. zu einer *Revolution*, die es nicht nur auf das *offizielle Niveau* der modernen Völker erhebt, sondern auf die *menschliche Höhe*, welche die nähere Zukunft dieser Völker sein wird?

Die Waffe der Kritik kann allerdings die Kritik der Waffen nicht ersetzen, die materielle Gewalt muß gestürzt werden durch materielle Gewalt, allein auch die Theorie wird zur materiellen Gewalt, sobald sie die Massen ergreift. Die Theorie ist fähig, die Massen zu ergreifen, sobald sie *ad hominem* demonstriert, und sie demonstriert *ad hominem,* sobald sie radikal wird. Radikal sein ist die Sache an der Wurzel fassen. Die Wurzel für den Menschen ist aber der Mensch selbst. Der evidente Beweis für den Radikalismus der deutschen Theorie, also für ihre praktische Energie, ist ihr Ausgang von der entschiedenen *positiven* Aufhebung der Religion. Die Kritik der Religion endet mit der Lehre, daß der *Mensch das höchste Wesen für den Menschen* sei, also mit dem *kategorischen Imperativ, alle Verhältnisse umzuwerfen*, in denen der Mensch ein erniedrigtes, ein geknechtetes, ein verlassenes, ein verächtliches Wesen ist. Verhältnisse, die man nicht besser schildern kann als durch den Ausruf eines Franzosen bei einer projektierten Hundesteuer: Arme Hunde! Man will euch wie Menschen behandeln!

Selbst historisch hat die theoretische Emanzipation eine spezifisch praktische Bedeutung für Deutschland. Deutschlands *revolutionäre* Vergangenheit ist nämlich theoretisch, es ist die *Reformation*. Wie damals der *Mönch*, so ist es jetzt der *Philosoph*, in dessen Hirn die Revolution beginnt.

Luther hat allerdings die Knechtschaft aus *Devotion* besiegt, weil er die Knechtschaft aus *Überzeugung* an ihre Stelle gesetzt hat. Er hat den Glauben an die Autorität gebrochen, weil er die Autorität des Glaubens restauriert hat. Er hat die Pfaffen in Laien verwandelt, weil er die Laien in Pfaffen verwandelt hat. Er hat den Menschen von der äußeren Religiosität befreit, weil er die Religiosität zum inneren Menschen gemacht hat. Er hat den Leib von der Kette emanzipiert, weil er das Herz an die Kette gelegt.

Aber, wenn der Protestantismus nicht die wahre Lösung, so war er die wahre Stellung der Aufgabe. Es galt nun nicht mehr den Kampf des Laien mit dem *Pfaffen außer ihm*, es galt den Kampf mit seinen *eigenen innern Pfaffen*, seiner *pfäffischen Natur*. Und wenn die protestantische Verwandlung der deutschen Laien in Pfaffen die Laienpäpste, die *Fürsten* samt ihrer Klerisei, den Privilegierten und den Philistern, emanzipiert, so wird die philosophische Verwandlung der pfäffischen Deutschen in Menschen das *Volk* emanzipieren. Sowenig aber die Emanzipation bei den Fürsten, sowenig wird aber die *Säkularisation* der Güter bei dem *Kirchenraub* stehenbleiben, den vor allem das heuchlerische Preußen ins Werk setzte. Damals scheiterte der Bauernkrieg, die radikalste Tatsache der deutschen Geschichte, an der Theologie. Heute, wo die Theologie selbst gescheitert ist, wird die unfreieste Tatsache der deutschen Geschichte, unser *status quo*, an der Philosophie zerschellen. Den Tag vor der Reformation war das offizielle Deutschland der unbedingteste Knecht von Rom. Den Tag vor seiner Revolution ist es der unbedingte Knecht von weniger als Rom, von Preußen und Österreich, von Krautjunkern und Philistern.

Einer *radikalen* deutschen Revolution scheint indessen eine Hauptschwierigkeit entgegenzustehen.

Die Revolutionen bedürfen nämlich eines *passiven* Elementes, einer *materiellen* Grundlage. Die Theorie wird in einem Volke immer nur so weit verwirklicht, als sie die Verwirklichung seiner Bedürfnisse ist. Wird nun dem ungeheuren Zwiespalt zwischen den Forderungen des deutschen Gedankens und den Antworten der deutschen Wirklichkeit derselbe Zwiespalt der bürgerlichen Gesellschaft mit dem Staat und mit sich selbst entsprechen? Werden die theoretischen Bedürfnisse unmittelbar praktische Bedürfnisse sein? Es genügt nicht, daß der Gedanke zur Verwirklichung drängt, die Wirklichkeit muß sich selbst zum Gedanken drängen.

Aber Deutschland hat die Mittelstufen der politischen Emanzipation nicht gleichzeitig mit den modernen Völkern erklettert. Selbst die Stufen, die es theoretisch überwunden, hat es praktisch noch nicht erreicht. Wie sollte es mit einem *salto mortale* nicht nur über seine eigenen Schranken hinwegsetzen, sondern zugleich über die Schranken der modernen Völker, über Schranken, die es in der Wirklichkeit als Befreiung von seinen wirklichen Schranken empfinden und erstreben muß? Eine radikale Revolution kann nur die Revolution radikaler Bedürfnisse sein, deren Voraussetzungen und Geburtsstätten eben fehlen.

Allein wenn Deutschland nur mit der abstrakten Tätigkeit des Denkens die Entwicklung der modernen Völker begleitet hat, ohne werktätige Partei an den wirklichen Kämpfen dieser Entwicklung zu ergreifen, so hat es andererseits die *Leiden* dieser Entwicklung geteilt, ohne ihre Genüsse, ohne ihre partielle Befriedigung zu teilen. Der abstrakten Tätigkeit einerseits entspricht das abstrakte Leiden andererseits. Deutschland wird sich daher eines Morgens auf dem Niveau des europäischen Verfalls befinden, bevor es jemals auf dem Niveau der europäischen Emanzipation gestanden hat. Man wird es einem *Fetischdiener* vergleichen können, der an den Krankheiten des Christentums siecht.

Betrachtet man zunächst die *deutschen Regierungen*, und man findet sie durch die Zeitverhältnisse, durch die Lage Deutschlands, durch den Standpunkt der deutschen Bildung, endlich durch den eignen glücklichen Instinkt getrieben, die *zivilisierten Mängel* der *modernen Staatswelt*, deren Vorteile wir nicht besitzen, zu kombinieren mit den *barbarischen Mängeln* des *ancien régime*, dessen wir uns in vollem Maße erfreuen, so daß Deutschland, wenn nicht am Verstand, wenigstens am Unverstand auch der über seinen *status quo* hinausliegenden Staatsbildungen immer mehr partizipieren muß. Gibt es z. B. ein Land in der Welt, welches so naiv alle Institutionen des konstitutionellen Staatswesens teilt, ohne seine Realitäten zu teilen, als das sogenannte konstitutionelle Deutschland? Oder war es nicht notwendig ein deutscher Regierungseinfall, die Qualen der Zensur mit den Qualen der französischen Septembergesetze, welche die Preßfreiheit voraussetzen, zu verbinden! Wie man im römischen Pantheon die *Götter* aller Nationen fand, so wird man im heiligen römischen deutschen Reich die *Sünden* aller Staatsformen finden. Daß dieser Eklektizismus eine bisher nicht geahnte Höhe erreichen wird, dafür bürgt namentlich die *politisch-ästhetische Gourmanderie* eines deutschen Königs, der alle Rollen des Königtums, des feudalen wie des bürokratischen, des absoluten wie des konstitutionellen, des autokratischen wie des demokratischen, wenn nicht durch die Person des Volkes, so doch in *eigener Person*, wenn nicht für das Volk so doch für *sich selbst* zu spielen gedenkt. *Deutschland als der zu einer eigenen Welt konstituierte Mangel der politischen Gegenwart* wird die spezifisch deutschen Schranken nicht niederwerfen können, ohne die allgemeine Schranke der politischen Gegenwart niederzuwerfen.

Nicht die *radikale* Revolution ist utopischer Traum für Deutschland, nicht die *allgemein menschliche* Emanzipation, sondern vielmehr die teilweise, die *nur* politische Revolution, die Revolution, welche die Pfeiler des Hauses stehenläßt. Worauf beruht eine teilweise, eine nur politische Revolution? Darauf, daß ein *Teil der bürgerlichen Gesellschaft* sich emanzipiert und zur *allgemeinen* Herrschaft gelangt, darauf, daß eine bestimmte Klasse von ihrer *besondern Situation* aus die allgemeine Emanzipation der Gesellschaft unternimmt. Diese Klasse befreit die ganze Gesellschaft, aber nur unter der Voraussetzung, daß die ganze Gesellschaft sich in der Situation dieser Klasse befindet, also z. B. Geld und Bildung besitzt oder beliebig erwerben kann.

Keine Klasse der bürgerlichen Gesellschaft kann diese Rolle spielen, ohne ein Moment des Enthusiasmus in sich und in der Masse hervorzurufen, ein Moment, worin sie mit der Gesellschaft im allgemeinen fraternisiert und zusammenfließt, mit ihr verwechselt und als deren *allgemeiner Repräsentant* empfunden und anerkannt wird, ein Moment, worin ihre Ansprüche und Rechte in Wahrheit die Rechte und Ansprüche der Gesellschaft selbst sind, worin sie wirklich der soziale Kopf und das soziale Herz ist. Nur im Namen der allgemeinen Rechte der Gesellschaft kann eine besondere Klasse sich die allgemeine Herrschaft vindizieren. Zur Erstürmung dieser emanzipatorischen Stellung und damit zur politischen Ausbeutung aller Sphären der Gesellschaft im Interesse der eigenen Sphäre reichen revolutionäre Energie und geistiges Selbstgefühl allein nicht aus. Damit die *Revolution eines Volkes* und die *Emanzipation einer besonderen Klasse* der bürgerlichen Gesellschaft zusammenfallen, damit *ein* Stand für den Stand der ganzen Gesellschaft gelte, dazu müssen umgekehrt alle Mängel der Gesellschaft in einer anderen Klasse konzentriert, dazu muß ein bestimmter Stand der Stand des allgemeinen Anstoßes, die Inkorporation der allgemeinen Schranke sein, dazu muß eine besondre soziale Sphäre für das *notorische* Verbrechen der ganzen Sozietät gelten, so daß die Befreiung von dieser Sphäre als die allgemeine Selbstbefreiung erscheint. Damit *ein* Stand *par excellence* der Stand der Befreiung, dazu muß umgekehrt ein anderer Stand der offenbare Stand der Unterjochung sein. Die negativ-allgemeine Bedeutung des französischen Adels und der französischen Klerisei bedingte die positiv-allgemeine Bedeutung der zunächst angrenzenden und entgegenstehenden Klasse der *Bourgeoisie*.

Es fehlt aber jeder besondern Klasse in Deutschland nicht nur die Konsequenz, die Schärfe, der Mut, die Rücksichtslosigkeit, die sie zum negativen Repräsentanten der Gesellschaft stempeln könnte. Es fehlt ebensosehr jedem Stande jene Breite der Seele, die sich mit der Volksseele, wenn auch nur momentan, identifiziert, jene Genialität, welche die materielle Macht zur politischen Gewalt begeistert, jene revolutionäre Kühnheit, welche dem Gegner die trotzige Parole zuschleudert: *Ich bin nichts, und ich müßte alles sein*. Den Hauptstock der deutschen Moral und Ehrlichkeit, nicht nur der Individuen, sondern auch der Klassen, bildet vielmehr jener *bescheidene Egoismus*, welcher seine Beschränktheit geltend macht und gegen sich geltend machen läßt. Das Verhältnis der verschiedenen Sphären der deutschen Gesellschaft ist daher nicht dramatisch, sondern episch. Jede derselben beginnt sich zu empfinden und neben die andern mit ihren besondern Ansprüchen sich hinzulagern, nicht sobald sie gedrückt wird, sondern sobald ohne ihr Zutun die Zeitverhältnisse eine gesellige Unterlage schaffen, auf die sie ihrerseits Druck ausüben kann. Sogar das *moralische Selbstgefühl der deutschen Mittelklasse* beruht nur auf dem Bewußtsein, die allgemeine Repräsentantin von der philisterhaften Mittelmäßigkeit aller übrigen Klassen zu sein. Es sind daher nicht nur die deutschen Könige, die *mal-à-propos* auf den Thron gelangen, es ist jede Sphäre der bürgerlichen Gesellschaft, die ihre Niederlage erlebt, bevor sie ihren Sieg gefeiert, ihre eigene Schranke entwickelt, bevor sie die ihr gegenüberstehende Schranke überwunden, ihr engherziges Wesen geltend macht, bevor sie ihr großmütiges Wesen geltend machen konnte, so das selbst die Gelegenheit einer großen Rolle immer vorüber ist, bevor sie vorhanden war, so daß jede Klasse, sobald sie den Kampf mit der über ihr stehenden Klasse beginnt, in den Kampf mit der unter ihr stehenden verwickelt ist. Daher befindet sich das Fürstentum im Kampf gegen das Königtum, der Bürokrat im Kampf gegen den Adel, der Bourgeois im Kampf gegen sie alle, während der Proletarier schon beginnt, sich im Kampf gegen die Bourgeois zu befinden. Die Mittelklasse wagt kaum von ihrem Standpunkt aus den Gedanken der Emanzipation zu fassen, und schon erklärt die Entwicklung der sozialen Zustände wie der Fortschritt der politischen Theorie diesen Standpunkt selbst für antiquiert oder wenigstens für problematisch.

In Frankreich genügt es, daß einer etwas sei, damit er alles sein wolle. In Deutschland darf einer nichts sein, wenn er nicht auf alles verzichten soll. In Frankreich ist die partielle Emanzipation der Grund der universellen. In Deutschland ist die universelle Emanzipation *conditio sine qua non* jeder partiellen. In Frankreich muß die Wirklichkeit, in Deutschland muß die Unmöglichkeit der stufenweisen Befreiung die ganze Freiheit gebären. In Frankreich ist jede Volksklasse *politischer Idealist* und empfindet sich zunächst nicht als besondere Klasse, sondern als Repräsentant der sozialen Bedürfnisse überhaupt. Die Rolle des *Emanzipators* geht also der Reihe nach in dramatischer Bewegung an die verschiedenen Klassen des französischen Volkes über, bis sie endlich bei der Klasse anlangt, welche die soziale Freiheit nicht mehr unter der Voraussetzung gewisser, außerhalb der Menschen liegender und doch von der menschlichen Gesellschaft geschaffener Bedingungen verwirklicht, sondern vielmehr alle Bedingungen der menschlichen Existenz unter der Voraussetzung der sozialen Freiheit organisiert. In Deutschland dagegen, wo das praktische Leben ebenso geistlos als das geistige Leben unpraktisch ist, hat keine Klasse der bürgerlichen Gesellschaft das Bedürfnis und die Fähigkeit der allgemeinen Emanzipation, bis sie nicht durch ihre *unmittelbare* Lage, durch die *materielle* Notwendigkeit, durch ihre *Ketten selbst* dazu gezwungen wird.

Wo also die *positive* Möglichkeit der Deutschen Emanzipation?

Antwort: In der Bildung einer Klasse mit *radikalen Ketten*, einer Klasse der bürgerlichen Gesellschaft, welche keine Klasse der bürgerlichen Gesellschaft ist, eines Standes, welcher die Auflösung aller Stände ist, einer Sphäre, welche einen universellen Charakter durch ihre universellen Leiden besitzt und kein *besondres Recht* in Anspruch nimmt, weil kein *besondres Unrecht*, sondern das *Unrecht schlechthin* an ihr verübt wird, welche nicht mehr auf einen *historischen*, sondern nur noch auf den *menschlichen* Titel provozieren kann, welche in keinem einseitigen Gegensatz zu den Konsequenzen, sondern in einem allseitigen Gegensatz zu den Voraussetzungen des deutschen Staatswesens steht, einer Sphäre endlich, welche sich nicht emanzipieren kann, ohne sich von allen übrigen Sphären der Gesellschaft und damit alle übrigen Sphären der Gesellschaft zu emanzipieren, welche mit einem Wort der *völlige Verlust* des Menschen ist, also nur durch die *völlige Wiedergewinnung des Menschen* sich selbst gewinnen kann. Diese Auflösung der Gesellschaft als ein besonderer Stand ist das *Proletariat.*

Das Proletariat beginnt erst durch die hereinbrechende *industrielle* Bewegung für Deutschland zu werden, den nicht die *naturwüchsig entstandne*, sondern die *künstlich produzierte* Armut, nicht die mechanisch durch die Schwere der Gesellschaft niedergedrückte, sondern die aus ihrer *akuten Auflösung*, vorzugsweise aus der Auflösung des Mittelstandes, hervorgehende Menschenmasse bildet das Proletariat, obgleich allmählich, wie sich von selbst versteht, auch die naturwüchsige Armut und die christlich-germanische Leibeigenschaft in seine Reihen treten.

Wenn das Proletariat die *Auflösung der bisherigen Weltordnung* verkündet, so spricht es nur das *Geheimnis seines eigenen Daseins aus*, denn es *ist* die *faktische* Auflösung dieser Weltordnung. Wenn das Proletariat die *Negation des Privateigentums* verlangt, so erhebt es nur zum *Prinzip der Gesellschaft*, was die Gesellschaft zu *seinem* Prinzip erhoben hat, was in *ihm* als negatives Resultat der Gesellschaft schon ohne sein Zutun verkörpert ist. Der Proletarier befindet sich dann in bezug auf die werdende Welt in demselben Recht, in welchem der *deutsche König* in bezug auf die gewordene Welt sich befindet, wenn er das Volk *sein* Volk wie das Pferd *sein* Pferd nennt. Der König, indem er das Volk für sein Privateigentum erklärt, spricht es nur aus, das der Privateigentümer König ist.

Wie die Philosophie im Proletariat ihre *materiellen*, so findet das Proletariat in der Philosophie seine *geistigen* Waffen, und sobald der Blitz des Gedankens gründlich in diesen naiven Volksboden eingeschlagen ist, wird sich die Emanzipation der *Deutschen* zu *Menschen* vollziehn.

Resümieren wir das Resultat:

Die einzig *praktisch* mögliche Befreiung Deutschlands ist die Befreiung auf dem Standpunkt *der* Theorie, welche den Menschen für das höchste Wesen des Menschen erklärt. In Deutschland ist die Emanzipation von dem *Mittelalter* nur möglich als die Emanzipation zugleich von den *teilweisen* Überwindungen des Mittelalters. In Deutschland kann *keine* Art der Knechtschaft gebrochen werden, ohne *jede* Art der Knechtschaft zu brechen. Das *gründliche* Deutschland kann nicht revolutionieren, ohne *von Grund aus* zu revolutionieren. Die *Emanzipation des Deutschen* ist die *Emanzipation des Menschen.* Der Kopf dieser Emanzipation ist die *Philosophie*, ihr Herz das *Proletariat.* Die Philosophie kann sich nicht verwirklichen ohne die Aufhebung des Proletariats, das Proletariat kann sich nicht aufheben ohne die Verwirklichung der Philosophie.

Wenn alle innern Bedingungen erfüllt sind, wird der *deutsche Auferstehungstag* verkündet werden durch das *Schmettern des gallischen Hahns.*

THESEN ÜBER FEUERBACH

1. Der Hauptmangel alles bisherigen Materialismus (den Feuerbachschen mit eingerechnet) ist, daß der Gegenstand, die Wirklichkeit, Sinnlichkeit, nur unter der Form des *Objekts oder der Anschauung* gefaßt wird; nicht aber als *sinnlich menschliche Tätigkeit, Praxis*; nicht subjektiv. Daher die *tätige* Seite abstrakt im Gegensatz zu dem Materialismus von dem Idealismus – der natürlich die wirkliche, sinnliche Tätigkeit als solche nicht kennt – entwickelt. Feuerbach will sinnliche – von den Gedankenobjekten wirklich unterschiedne Objekte: aber er faßt die menschliche Tätigkeit selbst nicht als *gegenständliche* Tätigkeit. Er betrachtet daher im „Wesen des Christenthums" nur das theoretische Verhalten als das echt menschliche, während die Praxis nur in ihrer schmutzig-jüdischen Erscheinungsform gefaßt und fixiert wird. Er begreift daher nicht die Bedeutung der „revolutionären", der „praktisch-kritischen" Tätigkeit.

2. Die Frage, ob dem menschlichen Denken gegenständliche Wahrheit zukomme – ist keine Frage der Theorie, sondern eine *praktische* Frage. In der Praxis muß der Mensch die Wahrheit, i. e. die Wirklichkeit und Macht, Diesseitigkeit seines Denkens beweisen. Der Streit über die Wirklichkeit oder Nichtwirklichkeit des Denkens – das von der Praxis isoliert ist – ist eine rein *scholastische* Frage.

3. Die materialistische Lehre von der Veränderung der Umstände und der Erziehung vergißt, daß die Umstände von den Menschen verändert und der Erzieher selbst erzogen werden muß. Sie muß daher die Gesellschaft in zwei Teile – von denen der eine über ihr erhaben ist – sondieren.

Das Zusammenfallen des Ändern(s) der Umstände und der menschlichen Tätigkeit oder Selbstveränderung kann nur als *revolutionäre Praxis* gefaßt und rationell verstanden werden.

4. Feuerbach geht aus von dem Faktum der religiösen Selbstentfremdung, der Verdopplung der Welt in eine religiöse und eine weltliche Welt. Seine Arbeit besteht darin, die religiöse Welt in ihre weltliche Grundlage aufzulösen. Aber daß die weltliche Grundlage sich von sich selbst abhebt und sich ein selbständiges Reich in den Wolken fixiert, ist nur aus der Selbstzerrissenheit und Sichselbstwidersprechen dieser weltlichen Grundlage zu erklären. Diese selbst muß also in sich selbst sowohl in ihrem Widerspruch verstanden als praktisch revolutioniert werden. Also nachdem z. B. die irdische Familie als das Geheimnis der heiligen Familie entdeckt ist, muß nun erstere selbst theoretisch und praktisch vernichtet werden.

5. Feuerbach, mit dem *abstrakten Denken* nicht zufrieden, will die *Anschauung*; aber er faßt die Sinnlichkeit nicht als *praktische* menschlich-sinnliche Tätigkeit.

6. Feuerbach löst das religiöse Wesen in das *menschliche* Wesen auf. Aber das menschliche Wesen ist kein dem einzelnen Individuum inwohnendes Abstraktum. In seiner Wirklichkeit ist es das ensemble der gesellschaftlichen Verhältnisse.

Feuerbach, der auf die Kritik dieses wirklichen Wesens nicht eingeht, ist daher gezwungen:

1. von dem geschichtlichen Verlauf zu abstrahieren und das religiöse Gemüt für sich zu fixieren, und ein abstrakt – *isoliert* – menschliches Individuum vorauszusetzen;
2. Das Wesen kann daher nur als „Gattung", als innere, stumme, die vielen Individuen *natürlich* verbindende Allgemeinheit gefaßt werden.

7. Feuerbach sieht daher nicht, daß das „religiöse Gemüt" selbst ein gesellschaftliches Produkt ist und daß das abstrakte Individuum, das er analysiert, in Wirklichkeit einer bestimmten Gesellschaftsform angehört.

8. Alles gesellschaftliche Leben ist wesentlich *praktisch*. Alle Mysterien, welche die Theorie zum Mystizism(us) veranlassen, finden ihre rationelle Lösung in der menschlichen Praxis und im Begreifen dieser Praxis.

9. Das Höchste, wozu der anschauende Materialismus kommt, d. h. der Materialismus, der die Sinnlichkeit nicht als praktische Tätigkeit begreift, ist die Anschauung der einzelnen Individuen und der bürgerlichen Gesellschaft.

10. Der Standpunkt des alten Materialismus ist die bürgerliche Gesellschaft; der Standpunkt des neuen die menschliche Gesellschaft, oder die gesellschaftliche Menschheit.

11. Die Philosophen haben die Welt nur verschieden *interpretiert*; es kömmt drauf an, sie zu *verändern*.

DIE DEUTSCHE IDEOLOGIE

I. Band
Kritik der neuesten deutschen Philosophie in ihren Repräsentanten Feuerbach, B. Bauer und Stirner

Vorrede

Die Menschen haben sich bisher stets falsche Vorstellungen über sich selbst gemacht, von dem, was sie sind oder sein sollen. Nach ihren Vorstellungen von Gott, von dem Normalmenschen usw. haben sie ihre Verhältnisse eingerichtet. Die Ausgeburten ihres Kopfes sind ihnen über den Kopf gewachsen. Vor ihren Geschöpfen haben sie, die Schöpfer, sich gebeugt. Befreien wir sie von den Hirngespinsten, den Ideen, den Dogmen, den eingebildeten Wesen, unter deren Joch sie verkümmern. Rebellieren wir gegen diese Herrschaft der Gedanken. Lehren wir sie, diese Einbildungen mit Gedanken vertauschen, die dem Wesen des Menschen entsprechen, sagt der Eine, sich kritisch zu ihnen verhalten, sagt der Andere, sie sich aus dem Kopf schlagen, sagt der Dritte, und – die bestehende Wirklichkeit wird zusammenbrechen.

Diese unschuldigen und kindlichen Phantasien bilden den Kern der neuern junghegelschen Philosophie, die in Deutschland nicht nur von dem Publikum mit Entsetzen und Ehrfurcht empfangen, sondern auch von den *philosophischen Heroen* selbst mit dem feierlichen Bewußtsein der weltumstürzenden Gefährlichkeit und der verbrecherischen Rücksichtslosigkeit ausgegeben wird. Der erste Band dieser Publikation hat den Zweck, diese Schafe, die sich für Wölfe halten und dafür gehalten werden, zu entlarven, zu zeigen, wie sie die Vorstellungen der deutschen Bürger nur philosophisch nachblöken, wie die Prahlereien dieser philosophischen Ausleger nur die Erbärmlichkeit der wirklichen deutschen Zustände widerspiegeln. Sie hat den Zweck, den philosophischen Kampf mit den Schatten der Wirklichkeit, der dem träumerischen und duseligen deutschen Volk zusagt, zu blamieren und um den Kredit zu bringen.

Ein wackrer Mann bildete sich einmal ein, die Menschen ertränken nur im Wasser, weil sie vom *Gedanken der Schwere* besessen wären. Schlügen sie sich diese Vorstellung aus dem Kopfe, etwa indem sie dieselbe für eine abergläubige, für eine religiöse Vorstellung erklärten, so seien sie über alle Wassersgefahr erhaben. Sein Leben lang bekämpfte er die Illusion der Schwere, von deren schädlichen Folgen jede Statistik ihm neue und zahlreiche Beweise lieferte. Der wackre Mann war der Typus der neuen deutschen revolutionären Philosophen.[1]

---

1 [Im Manuskript gestrichen:] Der deutsche Idealismus sondert sich durch keinen spezifischen Unterschied von der Ideologie aller andern Völker ab. Auch diese betrachtet die Welt als durch Ideen beherrscht, die Ideen und Begriffe als bestimmende Prinzipien, bestimmte Gedanken als das den Philosophen zugängliche Mysterium der materiellen Welt.

Hegel hatte den positiven Idealismus vollendet. Nicht nur hatte sich ihm die ganze materielle Welt in eine Gedankenwelt u[nd] die ganze Geschichte in eine Geschichte von Gedanken verwandelt. Er begnügt sich nicht, die Gedankendinge einzuregistrieren, er sucht auch den Produktionsakt darzustellen.

Die deutschen Philosophen, aus ihrer Traumwelt aufgerüttelt, protestieren gegen die Gedankenwelt, der sie die Vorstellung der wirklichen, leibhaftigen ...

I. Feuerbach
Gegensatz von materialistischer und idealistischer Anschauung

Einleitung

Wie deutsche Ideologen melden, hat Deutschland in den letzten Jahren eine Umwälzung ohnegleichen durchgemacht. Der Verwesungsprozeß des Hegelschen Systems, der mit Strauß begann, hat sich zu einer Weltgärung entwickelt, in welche alle „Mächte der Vergangenheit" hineingerissen sind. In dem allgemeinen Chaos haben sich gewaltige Reiche gebildet, um alsbald wieder unterzugehen, sind Heroen momentan aufgetaucht, um von kühneren und mächtigeren Nebenbuhlern wieder in die Finsternis zurückgeschleudert zu werden. Es war eine Revolution, wogegen die französische ein Kinderspiel ist, ein Weltkampf, vor dem die Kämpfe der Diadochen kleinlich erscheinen. Die Prinzipien verdrängten, die Gedankenhelden überstürzten einander mit unerhörter Hast, und in den drei Jahren 1842-1845 wurde in Deutschland mehr aufgeräumt als sonst in drei Jahrhunderten.

Alles dies soll sich im reinen Gedanken zugetragen haben.

Es handelt sich allerdings um ein interessantes Ereignis: um den Verfaulungsprozeß des absoluten Geistes. Nach Erlöschen des letzten Lebensfunkens traten die verschiedenen Bestandteile dieses caput mortuum in Dekomposition, gingen neue Verbindungen ein und bildeten neue Substanzen. Die philosophischen Industriellen, die bisher von der Exploitation des absoluten Geistes gelebt hatten, warfen sich jetzt auf die neuen Verbindungen. Jeder betrieb den Verschleiß des ihm zugefallenen Anteils mit möglichster Emsigkeit. Es konnte dies nicht abge-

---

Die deutschen philosophischen Kritiker behaupten sämtlich, daß Ideen, Vorstellungen, Begriffe bisher die wirklichen Menschen beherrscht und bestimmt haben, daß die wirkliche Welt ein Produkt der ideellen Welt ist. Das findet bis auf diesen Augenblick statt, das soll aber anders werden. Sie unterscheiden sich in der Art, wie sie die nach ihrer Ansicht so unter der Macht ihrer eignen fixen Gedanken seufzende Menschenwelt erlösen wollen; sie unterscheiden sich in dem, was sie für fixe Gedanken erklären; sie stimmen überein in dem Glauben dieser Gedankenherrschaft, sie stimmen überein in dem Glauben, daß ihr kritischer Denkakt den Untergang des Bestehenden herbeiführen müsse, sei es nun, daß sie ihre isolierte Denktätigkeit für zureichender halten oder das allgemeine Bewußtsein erobern wollen.

Der Glaube, daß die reelle Welt das Produkt der ideellen Welt sei, daß die Welt der Ideen ...

An ihrer Hegelschen Gedankenwelt irre geworden, protestieren die deutschen Philosophen gegen die Herrschaft der Gedanken, Ideen, Vorstellungen, die bisher nach ihrer Ansicht, d. h. nach der Illusion Hegels, die wirkliche Welt produzierten, bestimmten, beherrschten. Sie legen Protest ein und verenden ...

Nach dem Hegelschen System hatten Ideen, Gedanken, Begriffe das wirkliche Leben der Menschen, ihre materielle Welt, ihre reellen Verhältnisse produziert, bestimmt, beherrscht. Seine rebellischen Schüler nehmen dies von ihm ...

hen ohne Konkurrenz. Sie wurde anfangs ziemlich bürgerlich und solide geführt. Später, als der deutsche Markt überführt war und die Ware trotz aller Mühe auf dem Weltmarkt keinen Anklang fand, wurde das Geschäft nach gewöhnlicher deutscher Manier verdorben durch fabrikmäßige und Scheinproduktion, Verschlechterung der Qualität, Sophistikation des Rohstoffs, Verfälschung der Etiketten, Scheinkäufe, Wechselreiterei und ein aller reellen Grundlage entbehrendes Kreditsystem. Die Konkurrenz lief in einen erbitterten Kampf aus, der uns jetzt als welthistorischer Umschwung, als Erzeuger der gewaltigsten Resultate und Errungenschaften angepriesen und konstruiert wird.

Um diese philosophische Marktschreierei, die selbst in der Brust des ehrsamen deutschen Bürgers ein wohltätiges Nationalgefühl erweckt, richtig zu würdigen, um die Kleinlichkeit, die lokale Borniertheit dieser ganzen junghegelschen Bewegung, um namentlich den tragikomischen Kontrast zwischen den wirklichen Leistungen dieser Helden und den Illusionen über diese Leistungen anschaulich zu machen, ist es nötig, sich den ganzen Spektakel einmal von einem Standpunkte anzusehen, der außerhalb Deutschland liegt.[2]

A. Die Ideologie überhaupt, namentlich die deutsche

Die deutsche Kritik hat bis auf ihre neuesten Efforts den Boden der Philosophie nicht verlassen. Weit davon entfernt, ihre allgemein-philosophischen Voraussetzungen zu untersuchen, sind ihre sämtlichen Fragen sogar auf dem Boden eines bestimmten philosophischen Systems, des Hegelschen, gewachsen. Nicht nur in ihren Antworten, schon in den Fragen selbst lag eine Mystifikation. Diese Abhängigkeit von Hegel ist der Grund, warum keiner dieser neueren Kritiker eine umfassende Kritik des Hegelschen Systems auch nur versuchte, sosehr Jeder von ihnen behauptet, über Hegel hinaus zu sein. Ihre Polemik gegen Hegel und gegeneinander beschränkt sich darauf, daß Jeder eine Seite des Hegelschen Systems herausnimmt und diese sowohl gegen das ganze System wie gegen die

---

[2] [Im Manuskript gestrichen:] Wir schicken daher der speziellen Kritik der einzelnen Repräsentanten dieser Bewegung einige allgemeine Bemerkungen voraus, welche die ihnen allen gemeinsamen ideologischen Voraussetzungen näher beleuchten werden.

1. Die Ideologie überhaupt, speziell die deutsche Philosophie

Wir kennen nur eine einzige Wissenschaft, die Wissenschaft der Geschichte. Die Geschichte kann von zwei Seiten aus betrachtet, in die Geschichte der Natur und die Geschichte der Menschen aufgeteilt werden. Beide Seiten sind indes nicht zu trennen; solange Menschen existieren, bedingen sich Geschichte der Natur und Geschichte der Menschen gegenseitig. Die Geschichte der Natur, die sogenannte Naturwissenschaft, geht uns hier nicht an; auf die Geschichte der Menschen werden wir indes einzugehen haben, da fast die ganze Ideologie sich entweder auf eine verdrehte Auffassung dieser Geschichte oder auf eine gänzliche Abstraktion von ihr reduziert. Die Ideologie selbst ist nur eine der Seiten dieser Geschichte.

von den Andern herausgenommenen Seiten wendet. Im Anfange nahm man reine, unverfälschte Hegelsche Kategorien heraus, wie Substanz und Selbstbewußtsein, später profanierte man diese Kategorien durch weltlichere Namen, wie Gattung, der Einzige, der Mensch etc.

Die gesamte deutsche philosophische Kritik von Strauß bis Stirner beschränkt sich auf Kritik der *religiösen* Vorstellungen[3]. Man ging aus von der wirklichen Religion und eigentlichen Theologie. Was religiöses Bewußtsein, religiöse Vorstellung sei, wurde im weiteren Verlauf verschieden bestimmt. Der Fortschritt bestand darin, die angeblich herrschenden metaphysischen, politischen, rechtlichen, moralischen und andern Vorstellungen auch unter die Sphäre der religiösen oder theologischen Vorstellungen zu subsumieren; ebenso das politische, rechtliche, moralische Bewußtsein für religiöses oder theologisches Bewußtsein, und den politischen, rechtlichen, moralischen Menschen, in letzter Instanz „*den* Menschen", für religiös zu erklären. Die Herrschaft der Religion wurde vorausgesetzt. Nach und nach wurde jedes herrschende Verhältnis für ein Verhältnis der Religion erklärt und in Kultus verwandelt, Kultus des Rechts, Kultus des Staats pp. Überall hatte man es nur mit Dogmen und dem Glauben an Dogmen zu tun. Die Welt wurde in immer größerer Ausdehnung kanonisiert, bis endlich der ehrwürdige Sankt Max sie en bloc heiligsprechen und damit ein für allemal abfertigen konnte.

Die Althegelianer hatten Alles *begriffen,* sobald es auf eine Hegelsche logische Kategorie zurückgeführt war. Die Junghegelianer *kritisierten* Alles, indem sie ihm religiöse Vorstellungen unterschoben oder es für theologisch erklärten. Die Junghegelianer stimmen mit den Althegelianern überein in dem Glauben an die Herrschaft der Religion, der Begriffe, des Allgemeinen in der bestehenden Welt. Nur bekämpfen die Einen die Herrschaft als Usurpation, welche die Andern als legitim feiern.

Da bei diesen Junghegelianern die Vorstellungen, Gedanken, Begriffe, überhaupt die Produkte des von ihnen verselbständigten Bewußtseins für die eigentlichen Fesseln der Menschen gelten, gerade wie sie bei den Althegelianern für die wahren Bande der menschlichen Gesellschaft erklärt werden, so versteht es sich, daß die Junghegelianer auch nur gegen diese Illusionen des Bewußtseins zu kämpfen haben. Da nach ihrer Phantasie die Verhältnisse der Menschen, ihr ganzes Tun und Treiben, ihre Fesseln und Schranken Produkte ihres Bewußtseins sind, so stellen die Junghegelianer konsequenterweise das moralische Postulat an sie, ihr gegenwärtiges Bewußtsein mit dem menschlichen, kritischen oder egoistischen Bewußtsein zu vertauschen und dadurch ihre Schranken zu beseitigen. Diese Forderung, das Bewußtsein zu verändern, läuft auf die Forde-

---

3 [Im Manuskript gestrichen:] ... die mit dem Anspruche auftrat, die absolute Erlöserin der Welt von allem Übel zu sein. Die Religion wurde fortwährend als letzte Ursache aller diesen Philosophen widerwärtigen Verhältnisse, als Erzfeind angesehen und behandelt.

rung hinaus, das Bestehende anders zu interpretieren, d. h. es vermittelst einer andren Interpretation anzuerkennen. Die junghegelschen Ideologen sind trotz ihrer angeblich „welterschütternden“ Phrasen die größten Konservativen. Die jüngsten von ihnen haben den richtigen Ausdruck für ihre Tätigkeit gefunden, wenn sie behaupten, nur gegen *„Phrasen“* zu kämpfen. Sie vergessen nur, daß sie diesen Phrasen selbst nichts als Phrasen entgegensetzen, und daß sie die wirkliche bestehende Welt keineswegs bekämpfen, wenn sie nur die Phrasen dieser Welt bekämpfen. Die einzigen Resultate, wozu diese philosophische Kritik es bringen konnte, waren einige und noch dazu einseitige religionsgeschichtliche Aufklärungen über das Christentum; ihre sämtlichen sonstigen Behauptungen sind nur weitere Ausschmückungen ihres Anspruchs, mit diesen unbedeutenden Aufklärungen welthistorische Entdeckungen geliefert zu haben.

Keinem von diesen Philosophen ist es eingefallen, nach dem Zusammenhange der deutschen Philosophie mit der deutschen Wirklichkeit, nach dem Zusammenhange ihrer Kritik mit ihrer eignen materiellen Umgebung zu fragen.

Die Voraussetzungen, mit denen wir beginnen, sind keine willkürlichen, keine Dogmen, es sind wirkliche Voraussetzungen, von denen man nur in der Einbildung abstrahieren kann. Es sind die wirklichen Individuen, ihre Aktion und ihre materiellen Lebensbedingungen, sowohl die vorgefundenen wie die durch ihre eigne Aktion erzeugten. Diese Voraussetzungen sind also auf rein empirischem Wege konstatierbar.

Die erste Voraussetzung aller Menschengeschichte ist natürlich die Existenz lebendiger menschlicher Individuen.[4] Der erste zu konstatierende Tatbestand ist also die körperliche Organisation dieser Individuen und ihr dadurch gegebenes Verhältnis zur übrigen Natur. Wir können hier natürlich weder auf die physische Beschaffenheit der Menschen selbst noch auf die von den Menschen vorgefundenen Naturbedingungen, die geologischen, orohydrographischen, klimatischen und andern Verhältnisse, eingehen.[5] Alle Geschichtschreibung muß von diesen natürlichen Grundlagen und ihrer Modifikation im Lauf der Geschichte durch die Aktion der Menschen ausgehen.

Man kann die Menschen durch das Bewußtsein, durch die Religion, durch was man sonst will, von den Tieren unterscheiden. Sie selbst fangen an, sich von den Tieren zu unterscheiden, sobald sie anfangen, ihre Lebensmittel zu *produzie-*

---

4 [Im Manuskript gestrichen:] Der erste *geschichtliche* Akt dieser Individuen, wodurch sie sich von den Tieren unterscheiden, ist nicht, daß sie denken, sondern, daß sie anfangen, ihre *Lebensmittel zu produzieren.*

5 [Im Manuskript gestrichen:] Diese Verhältnisse bedingen aber nicht nur die ursprüngliche, naturwüchsige Organisation der Menschen, namentlich die Rassenunterschiede, sondern auch ihre ganze weitere Entwicklung oder Nicht-Entwicklung bis auf den heutigen Tag.

ren, ein Schritt, der durch ihre körperliche Organisation bedingt ist. Indem die Menschen ihre Lebensmittel produzieren, produzieren sie indirekt ihr materielles Leben selbst.

Die Weise, in der die Menschen ihre Lebensmittel produzieren, hängt zunächst von der Beschaffenheit der vorgefundenen und zu reproduzierenden Lebensmittel selbst ab. Diese Weise der Produktion ist nicht bloß nach der Seite hin zu betrachten, daß sie die Reproduktion der physischen Existenz der Individuen ist. Sie ist vielmehr schon eine bestimmte Art der Tätigkeit dieser Individuen, eine bestimmte Art, ihr Leben zu äußern, eine bestimmte *Lebensweise* derselben. Wie die Individuen ihr Leben äußern, so sind sie. Was sie sind, fällt also zusammen mit ihrer Produktion, sowohl damit, *was* sie produzieren, als auch damit, *wie* sie produzieren. Was die Individuen also sind, das hängt ab von den materiellen Bedingungen ihrer Produktion.

Diese Produktion tritt erst ein mit der *Vermehrung der Bevölkerung.* Sie setzt selbst wieder einen *Verkehr* der Individuen untereinander voraus. Die Form dieses Verkehrs ist wieder durch die Produktion bedingt.

Die Beziehungen verschiedener Nationen untereinander hängen davon ab, wie weit jede von ihnen ihre Produktivkräfte, die Teilung der Arbeit und den innern Verkehr entwickelt hat. Dieser Satz ist allgemein anerkannt. Aber nicht nur die Beziehung einer Nation zu anderen, sondern auch die ganze innere Gliederung dieser Nation selbst hängt von der Entwicklungsstufe ihrer Produktion und ihres innern und äußern Verkehrs ab. Wie weit die Produktionskräfte einer Nation entwickelt sind, zeigt am augenscheinlichsten der Grad, bis zu dem die Teilung der Arbeit entwickelt ist. Jede neue Produktivkraft, sofern sie nicht eine bloß quantitative Ausdehnung der bisher schon bekannten Produktivkräfte ist (z. B. Urbarmachung von Ländereien), hat eine neue Ausbildung der Teilung der Arbeit zur Folge.

Die Teilung der Arbeit innerhalb einer Nation führt zunächst die Trennung der industriellen und kommerziellen von der ackerbauenden Arbeit und damit die Trennung von *Stadt* und *Land* und den Gegensatz der Interessen Beider herbei. Ihre weitere Entwicklung führt zur Trennung der kommerziellen Arbeit von der industriellen. Zu gleicher Zeit entwickeln sich durch die Teilung der Arbeit innerhalb dieser verschiednen Branchen wieder verschiedene Abteilungen unter den zu bestimmten Arbeiten zusammenwirkenden Individuen. Die Stellung dieser einzelnen Abteilungen gegeneinander ist bedingt durch die Betriebsweise der ackerbauenden, industriellen und kommerziellen Arbeit (Patriarchalismus, Sklaverei, Stände, Klassen). Dieselben Verhältnisse zeigen sich bei entwickelterem Verkehr in den Beziehungen verschiedner Nationen zueinander. Die verschiedenen Entwicklungsstufen der Teilung der Arbeit sind ebensoviel verschiedene Formen des Eigentums; d. h., die jedesmalige Stufe der Teilung der Arbeit bestimmt auch die Verhältnisse der Individuen zueinander in Beziehung auf das Material, Instrument und Produkt der Arbeit.

Die erste Form des Eigentums ist das Stammeigentum. Es entspricht der unentwickelten Stufe der Produktion, auf der ein Volk von Jagd und Fischfang, von Viehzucht oder höchstens vom Ackerbau sich nährt. Es setzt in diesem letzteren Falle eine große Masse unbebauter Ländereien voraus. Die Teilung der Arbeit ist auf dieser Stufe noch sehr wenig entwickelt und beschränkt sich auf eine weitere Ausdehnung der in der Familie gegebenen naturwüchsigen Teilung der Arbeit. Die gesellschaftliche Gliederung beschränkt sich daher auf eine Ausdehnung der Familie: patriarchalische Stammhäupter, unter ihnen die Stammitglieder, endlich Sklaven. Die in der Familie latente Sklaverei entwickelt sich erst allmählich mit der Vermehrung der Bevölkerung und der Bedürfnisse und mit der Ausdehnung des äußern Verkehrs, sowohl des Kriegs wie des Tauschhandels.

Die zweite Form ist das antike Gemeinde- und Staatseigentum, das namentlich aus der Vereinigung mehrerer Stämme zu einer *Stadt* durch Vertrag oder Eroberung hervorgeht und bei dem die Sklaverei fortbestehen bleibt. Neben dem Gemeindeeigentum entwickelt sich schon das mobile und später auch das immobile Privateigentum, aber als eine abnorme, dem Gemeindeeigentum untergeordnete Form. Die Staatsbürger besitzen nur in ihrer Gemeinschaft die Macht über ihre arbeitenden Sklaven und sind schon deshalb an die Form des Gemeindeeigentums gebunden. Es ist das gemeinschaftliche Privateigentum der aktiven Staatsbürger, die den Sklaven gegenüber gezwungen sind, in dieser naturwüchsigen Weise der Assoziation zu bleiben. Daher verfällt die ganze hierauf basierende Gliederung der Gesellschaft und mit ihr die Macht des Volks in demselben Grade, in dem namentlich das immobile Privateigentum sich entwickelt. Die Teilung der Arbeit ist schon entwickelter. Wir finden schon den Gegensatz von Stadt und Land, später den Gegensatz zwischen Staaten, die das städtische und die das Landinteresse repräsentieren, und innerhalb der Städte selbst den Gegensatz zwischen Industrie und Seehandel. Das Klassenverhältnis zwischen Bürgern und Sklaven ist vollständig ausgebildet.

Dieser ganzen Geschichtsauffassung scheint das Faktum der Eroberung zu widersprechen. Man hat bisher die Gewalt, den Krieg, Plünderung, Raubmord pp. zur treibenden Kraft der Geschichte gemacht. Wir können uns hier nur auf die Hauptpunkte beschränken und nehmen daher nur das frappanteste Beispiel, die Zerstörung einer alten Zivilisation durch ein barbarisches Volk und die sich daran anknüpfende, von vorn anfangende Bildung einer neuen Gliederung der Gesellschaft. (Rom und Barbaren, Feudalität und Gallien, oströmisches Reich und Türken.) Bei dem erobernden Barbarenvolke ist der Krieg selbst noch, wie schon oben angedeutet, eine regelmäßige Verkehrsform, die um so eifriger exploitiert wird, je mehr der Zuwachs der Bevölkerung bei der hergebrachten und für sie einzig möglichen rohen Produktionsweise das Bedürfnis neuer Produktionsmittel schafft. In Italien dagegen war durch die Konzentration des Grundeigentums (verursacht außer durch Aufkauf und Verschuldung auch noch durch Erbschaft, indem bei der großen Liederlichkeit und den seltnen Heiraten die alten Geschlechter allmählich ausstarben und ihr Besitz Wenigen zufiel) und Verwandlung desselben in Viehweiden (die außer durch die gewöhnlichen, noch heute gültigen ökonomischen Ursachen durch die Einfuhr geraubten und Tributgetreides und den hieraus folgenden Mangel an Konsumenten für italisches Korn verursacht wurde) die freie Bevölkerung fast verschwunden, die Sklaven selbst starben immer wieder aus und mußten stets durch neue ersetzt werden. Die Sklaverei blieb die Basis der gesamten Produktion. Die Plebejer, zwischen Freien und Sklaven stehend, brachten es nie über ein Lumpenproletariat hinaus. Überhaupt kam Rom nie über die Stadt hinaus und stand mit den Provinzen in einem fast nur politischen Zusammenhange, der natürlich auch wieder durch politische Ereignisse unterbrochen werden konnte.

Mit der Entwicklung des Privateigentums treten hier zuerst dieselben Verhältnisse ein, die wir beim modernen Privateigentum, nur in ausgedehnterem Maßstabe, wiederfinden werden. Einerseits die Konzentration des Privateigentums, die in Rom sehr früh anfing (Beweis das licinische Ackergesetz), seit den Bürgerkriegen und namentlich unter den Kaisern sehr rasch vor sich ging; andrerseits im Zusammenhange hiermit die Verwandlung der plebejischen kleinen Bauern in ein Proletariat, das aber bei seiner halben Stellung zwischen besitzenden Bürgern und Sklaven zu keiner selbständigen Entwicklung kam.

Die dritte Form ist das feudale oder ständische Eigentum. Wenn das Altertum von der *Stadt* und ihrem kleinen Gebiet ausging, so ging das Mittelalter vom *Lande* aus. Die vorgefundene dünne, über eine große Bodenfläche zersplitterte Bevölkerung, die durch die Eroberer keinen großen Zuwachs erhielt, bedingte diesen veränderten Ausgangspunkt. Im Gegensatz zu Griechenland und Rom beginnt die feudale Entwicklung daher auf einem viel ausgedehnteren, durch die römischen Eroberungen und die anfangs damit verknüpfte Ausbreitung der Agrikultur vorbereiteten Terrain. Die letzten Jahrhunderte des verfallenden römischen Reichs und die Eroberung durch die Barbaren selbst zerstörten eine Masse von Produktivkräften; der Ackerbau war gesunken, die Industrie aus Mangel an Absatz verfallen, der Handel eingeschlafen oder gewaltsam unterbrochen, die ländliche und städtische Bevölkerung hatte abgenommen. Diese vorgefundenen Verhältnisse und die dadurch bedingte Weise der Organisation der Eroberung entwickelten unter dem Einflusse der germanischen Heerverfassung das feudale Eigentum. Es beruht, wie das Stamm- und Gemeindeeigentum, wieder auf einem Gemeinwesen, dem aber nicht wie dem antiken die Sklaven, sondern die leibeignen kleinen Bauern als unmittelbar produzierende Klasse gegenüberstehen. Zugleich mit der vollständigen Ausbildung des Feudalismus tritt noch der Gegensatz gegen die Städte hinzu. Die hierarchische Gliederung des Grundbesitzes und die damit zusammenhängenden bewaffneten Gefolgschaften gaben dem Adel die Macht über die Leibeignen. Diese feudale Gliederung war ebensogut wie das antike Gemeindeeigentum eine Assoziation gegenüber der beherrschten produzierenden Klasse; nur war die Form der Assoziation und das Verhältnis zu den unmittelbaren Produzenten verschieden, weil verschiedene Produktionsbedingungen vorlagen.

Dieser feudalen Gliederung des Grundbesitzes entsprach in den *Städten* das korporative Eigentum, die feudale Organisation des Handwerks. Das Eigentum bestand hier hauptsächlich in der Arbeit jedes Einzelnen. Die Notwendigkeit der Assoziation gegen den assoziierten Raubadel, das Bedürfnis gemeinsamer Markthallen in einer Zeit, wo der Industrielle zugleich Kaufmann war, die wachsende Konkurrenz der den aufblühenden Städten zuströmenden entlaufnen Leibeignen, die feudale Gliederung des ganzen Landes führten die *Zünfte* herbei; die allmählich ersparten kleinen Kapitalien einzelner Handwerker und ihre stabile Zahl bei der wachsenden Bevölkerung entwickelten das Gesellen- und Lehrlingsverhältnis, das in den Städten eine ähnliche Hierarchie zustande brachte wie die auf dem Lande.

Das Haupteigentum bestand während der Feudalepoche also in Grundeigentum mit daran geketteter Leibeignenarbeit einerseits und eigner Arbeit mit kleinem, die Arbeit von Gesellen beherrschendem Kapital andrerseits. Die Gliederung von Beiden war durch die bornierten Produktionsverhältnisse – die geringe und rohe Bodenkultur und die handwerksmäßige Industrie – bedingt. Teilung der Arbeit fand in der Blüte des Feudalismus wenig statt. Jedes Land hatte den Gegensatz von Stadt und Land in sich; die Ständegliederung war allerdings sehr scharf ausgeprägt, aber außer der Scheidung von Fürsten, Adel, Geistlichkeit und Bauern auf dem Lande und Meistern, Gesellen, Lehrlingen und bald auch Taglöhnerpöbel in den Städten fand keine bedeutende Teilung statt. Im Ackerbau war sie durch die parzellierte Bebauung erschwert, neben der die Hausindustrie der Bauern selbst aufkam, in der Industrie war die Arbeit in den einzelnen Handwerken selbst gar nicht, unter ihnen sehr wenig geteilt. Die Teilung von Industrie und Handel wurde n älteren Städten vorgefunden, entwickelte sich in den neueren erst später, als die Städte unter sich in Beziehung traten.

Die Zusammenfassung größerer Länder zu feudalen Königreichen war für den Grundadel wie für die Städte ein Bedürfnis. Die Organisation der herrschenden Klasse, des Adels, hatte daher überall einen Monarchen an der Spitze.

Die Tatsache ist also die: bestimmte Individuen, die auf bestimmte Weise produktiv tätig sind, gehen diese bestimmten gesellschaftlichen und politischen Verhältnisse ein. Die empirische Beobachtung muß in jedem einzelnen Fall den Zusammenhang der gesellschaftlichen und politischen Gliederung mit der Produktion empirisch und ohne alle Mystifikation und Spekulation aufweisen. Die gesellschaftliche Gliederung und der Staat gehen beständig aus dem Lebensprozeß bestimmter Individuen hervor; aber dieser Individuen, nicht wie sie in der eignen oder fremden Vorstellung erscheinen mögen, sondern wie sie *wirklich* sind, d. h. wie sie wirken, materiell produzieren, also wie sie unter bestimmten materiellen und von ihrer Willkür unabhängigen Schranken, Voraussetzungen und Bedingungen tätig sind.[6]

Die Produktion der Ideen, Vorstellungen, des Bewußtseins ist zunächst unmittelbar verflochten in die materielle Tätigkeit und den materiellen Verkehr der Menschen, Sprache des wirklichen Lebens. Das Vorstellen, Denken, der geistige Verkehr der Menschen erscheinen hier noch als direkter Ausfluß ihres materiellen Verhaltens. Von der geistigen Produktion, wie sie in der Sprache der Politik, der Gesetze, der Moral, der Religion, Metaphysik usw. eines Volkes sich darstellt, gilt dasselbe. Die Menschen sind die Produzenten ihrer Vorstellungen, Ideen pp., aber die wirklichen, wirkenden Menschen, wie sie bedingt sind durch eine bestimmte Entwicklung ihrer Produktivkräfte und des denselben entsprechenden Verkehrs bis zu seinen weitesten Formationen hinauf. Das Bewußtsein kann nie etwas Andres sein als das bewußte Sein, und das Sein der Menschen ist ihr wirklicher Lebensprozeß. Wenn in der ganzen Ideologie die Menschen und ihre Verhältnisse wie in einer Camera obscura auf den Kopf gestellt erscheinen, so geht dies Phänomen ebensosehr aus ihrem historischen Lebensprozeß hervor, wie die Umdrehung der Gegenstände auf der Netzhaut aus ihrem unmittelbar physischen.

Ganz im Gegensatz zur deutschen Philosophie, welche vom Himmel auf die Erde herabsteigt, wird hier von der Erde zum Himmel gestiegen. D. h., es wird nicht ausgegangen von dem, was die Menschen sagen, sich einbilden, sich vorstellen, auch nicht von den gesagten, gedachten, eingebildeten, vorgestellten Menschen, um davon aus bei den leibhaftigen Menschen anzukommen; es wird von den wirklich tätigen Menschen ausgegangen und aus ihrem wirklichen Lebensprozeß auch die Entwicklung der ideologischen Reflexe und Echos dieses Lebensprozesses dargestellt. Auch die Nebelbildungen im Gehirn der Menschen sind notwendige Sublimate ihres materiellen, empirisch konstatierbaren und an materielle Voraussetzungen geknüpften Lebensprozesses. Die Moral, Religion, Metaphysik und sonstige Ideologie und die ihnen entsprechenden Bewußtseinsformen behalten hiermit nicht länger den Schein der Selbständigkeit. Sie haben keine Geschichte, sie haben keine Entwicklung, sondern die ihre materi-

[6] [Im Manuskript gestrichen:] Die Vorstellungen, die sich diese Individuen machen, sind Vorstellungen entweder über ihr Verhältnis zur Natur oder über ihr Verhältnis untereinander, oder über ihre eigne Beschaffenheit. Es ist einleuchtend, daß in allen diesen Fällen diese Vorstellungen der – wirkliche oder illusorische – bewußte Ausdruck ihrer wirklichen Verhältnisse und Betätigung, ihrer Produktion, ihres Verkehrs, ihrer gesellschaftlichen und politischen Organisation sind. Die entgegengesetzte Annahme ist nur dann möglich, wenn man außer dem Geist der wirklichen, materiell bedingten Individuen noch einen aparten Geist voraussetzt. Ist der bewußte Ausdruck der wirklichen Verhältnisse dieser Individuen illusorisch, stellen sie in ihren Vorstellungen ihre Wirklichkeit auf den Kopf, so ist dies wiederum eine Folge ihrer bornierten materiellen Betätigungsweise und ihrer daraus entspringenden bornierten gesellschaftlichen Verhältnisse.

elle Produktion und ihren materiellen Verkehr entwickelnden Menschen ändern mit dieser ihrer Wirklichkeit auch ihr Denken und die Produkte ihres Denkens. Nicht das Bewußtsein bestimmt das Leben, sondern das Leben bestimmt das Bewußtsein. In der ersten Betrachtungsweise geht man von dem Bewußtsein als dem lebendigen Individuum aus, in der zweiten, dem wirklichen Leben entsprechenden, von den wirklichen lebendigen Individuen selbst und betrachtet das Bewußtsein nur als *ihr* Bewußtsein.

Diese Betrachtungsweise ist nicht voraussetzungslos. Sie geht von den wirklichen Voraussetzungen aus, sie verläßt sie keinen Augenblick. Ihre Voraussetzungen sind die Menschen nicht in irgendeiner phantastischen Abgeschlossenheit und Fixierung, sondern in ihrem wirklichen, empirisch anschaulichen Entwicklungsprozeß unter bestimmten Bedingungen. Sobald dieser tätige Lebensprozeß dargestellt wird, hört die Geschichte auf, eine Sammlung toter Fakta zu sein, wie bei den selbst noch abstrakten Empirikern, oder eine eingebildete Aktion eingebildeter Subjekte, wie bei den Idealisten.

Da, wo die Spekulation aufhört, beim wirklichen Leben, beginnt also die wirkliche, positive Wissenschaft, die Darstellung der praktischen Betätigung, des praktischen Entwicklungsprozesses der Menschen. Die Phrasen vom Bewußtsein hören auf, wirkliches Wissen muß an ihre Stelle treten. Die selbständige Philosophie verliert mit der Darstellung der Wirklichkeit ihr Existenzmedium. An ihre Stelle kann höchstens eine Zusammenfassung der allgemeinsten Resultate treten, die sich aus der Betrachtung der historischen Entwicklung der Menschen abstrahieren lassen. Diese Abstraktionen haben für sich, getrennt von der wirklichen Geschichte, durchaus keinen Wert. Sie können nur dazu dienen, die Ordnung des geschichtlichen Materials zu erleichtern, die Reihenfolge seiner einzelnen Schichten anzudeuten. Sie geben aber keineswegs, wie die Philosophie, ein Rezept oder Schema, wonach die geschichtlichen Epochen zurechtgestutzt werden können. Die Schwierigkeit beginnt im Gegenteil erst da, wo man sich an die Betrachtung und Ordnung des Materials, sei es einer vergangnen Epoche oder der Gegenwart, an die wirkliche Darstellung gibt. Die Beseitigung dieser Schwierigkeiten ist durch Voraussetzungen bedingt, die keineswegs hier gegeben werden können, sondern die erst aus dem Studium des wirklichen Lebensprozesses und der Aktion der Individuen jeder Epoche sich ergeben. Wir nehmen hier einige dieser Abstraktionen heraus, die wir gegenüber der Ideologie gebrauchen, und werden sie an historischen Beispielen erläutern.

1. Geschichte

Wir müssen bei den voraussetzungslosen Deutschen damit anfangen, daß wir die erste Voraussetzung aller menschlichen Existenz, also auch aller Geschichte konstatieren, nämlich die Voraussetzung, daß die Menschen imstande sein müssen zu leben, um „Geschichte machen“ zu können.[7] Zum Leben aber gehört vor Allem Essen und Trinken, Wohnung, Kleidung und noch einiges Andere. Die erste geschichtliche Tat ist also die Erzeugung der Mittel zur Befriedigung dieser Bedürfnisse, die Produktion des materiellen Lebens selbst, und zwar ist dies eine geschichtliche Tat, eine Grundbedingung aller Geschichte, die noch heute, wie vor Jahrtausenden, täglich und stündlich erfüllt werden muß, um die Menschen nur am Leben zu erhalten. Selbst wenn die Sinnlichkeit, wie beim heiligen Bruno, auf einen Stock, auf das Minimum reduziert ist, setzt sie die Tätigkeit der Produktion dieses Stockes voraus. Das Erste also bei aller geschichtlichen Auffassung ist, daß man diese Grundtatsache in ihrer ganzen Bedeutung und ihrer ganzen Ausdehnung beobachtet und zu ihrem Rechte kommen läßt. Dies haben die Deutschen bekanntlich nie getan, daher nie eine *irdische* Basis für die Geschichte und folglich nie einen Historiker gehabt. Die Franzosen und Engländer, wenn sie auch den Zusammenhang dieser Tatsache mit der sogenannten Geschichte nur höchst einseitig auffaßten, namentlich solange sie in der politischen Ideologie befangen waren, so haben sie doch immerhin die ersten Versuche gemacht, der Geschichtschreibung eine materialistische Basis zu geben, indem sie zuerst Geschichten der bürgerlichen Gesellschaft, des Handels und der Industrie schrieben.

Das Zweite ist, daß das befriedigte erste Bedürfnis selbst, die Aktion der Befriedigung und das schon erworbene Instrument der Befriedigung zu neuen Bedürfnissen führt – und diese Erzeugung neuer Bedürfnisse ist die erste geschichtliche Tat. Hieran zeigt sich sogleich, wes Geistes Kind die große historische Weisheit der Deutschen ist, die da, wo ihnen das positive Material ausgeht und wo weder theologischer noch politischer noch literarischer Unsinn verhandelt wird, gar keine Geschichte, sondern die „vorgeschichtliche Zeit“ sich ereignen lassen, ohne uns indes darüber aufzuklären, wie man aus diesem Unsinn der „Vorgeschichte“ in die eigentliche Geschichte kommt – obwohl auf der andern Seite ihre historische Spekulation sich ganz besonders auf diese „Vorgeschichte“ wirft, weil sie da sicher zu sein glaubt vor den Eingriffen des „rohen Faktums“ und zugleich, weil sie hier ihrem spekulierenden Triebe alle Zügel schießen lassen und Hypothesen zu Tausenden erzeugen und umstoßen kann.

Das dritte Verhältnis, was hier gleich von vornherein in die geschichtliche Entwicklung eintritt, ist das, daß die Menschen, die ihr eignes Leben täglich neu machen, anfangen, andre Menschen zu machen, sich fortzupflanzen das Verhältnis zwischen Mann und Weib, Eltern und Kindern, die *Familie*. Diese Familie, die im Anfange das einzige soziale Verhältnis ist, wird späterhin, wo die vermehrten Bedürfnisse neue gesellschaftliche Verhältnisse, und die vermehrte Menschenzahl neue Bedürfnisse erzeugen, zu einem untergeordneten (ausge-

---

[7] [Randbemerkung von Marx:] Hegel. Geologische, hydrographische etc. Verhältnisse. Die menschlichen Leiber. Bedürfnis, Arbeit.

nommen in Deutschland) und muß alsdann nach den existierenden empirischen Daten, nicht nach dem „Begriff der Familie", wie man in Deutschland zu tun pflegt, behandelt und entwickelt werden.[8] Übrigens sind diese drei Seiten der sozialen Tätigkeit nicht als drei verschiedene Stufen zu fassen, sondern eben nur als drei Seiten, oder um für die Deutschen klar zu schreiben, drei „Momente", die vom Anbeginn der Geschichte an und seit den ersten Menschen zugleich existiert haben und sich noch heute in der Geschichte geltend machen.

Die Produktion des Lebens, sowohl des eignen in der Arbeit wie des fremden in der Zeugung, erscheint nun schon sogleich als ein doppeltes Verhältnis – einerseits als natürliches, andrerseits als gesellschaftliches Verhältnis –, gesellschaftlich in dem Sinne, als hierunter das Zusammenwirken mehrerer Individuen, gleichviel unter welchen Bedingungen, auf welche Weise und zu welchem Zweck, verstanden wird. Hieraus geht hervor, daß eine bestimmte Produktionsweise oder industrielle Stufe stets mit einer bestimmten Weise des Zusammenwirkens oder gesellschaftlichen Stufe vereinigt ist, und diese Weise des Zusammenwirkens ist selbst eine „Produktivkraft", daß die Menge der den Menschen zugänglichen Produktivkräfte den gesellschaftlichen Zustand bedingt und also die „Geschichte der Menschheit" stets im Zusammenhange mit der Geschichte der Industrie und des Austausches studiert und bearbeitet werden muß. Es ist aber auch klar, wie es in Deutschland unmöglich ist, solche Geschichte zu schreiben, da den Deutschen dazu nicht nur die Auffassungsfähigkeit und das Material, sondern auch die „sinnliche Gewißheit" abgeht und man jenseits des Rheins über diese Dinge keine Erfahrungen machen kann, weil dort keine Geschichte mehr vorgeht. Es zeigt sich also schon von vornherein ein materialistischer Zusammenhang der Menschen untereinander, der durch die Bedürfnisse und die Weise der Produktion bedingt und so alt ist wie die Menschen selbst – ein

[8] Häuserbau. Bei den Wilden versteht es sich von selbst, daß jede Familie ihre eigne Höhle oder Hütte hat, wie bei den Nomaden das separate Zelt jeder Familie. Diese getrennte Hauswirtschaft wird durch die weitere Entwicklung des Privateigentums nur noch nötiger gemacht. Bei den Agrikulturvölkern ist die gemeinsame Hauswirtschaft ebenso unmöglich wie die gemeinsame Bodenkultur. Ein großer Fortschritt war die Erbauung von Städten. In allen bisherigen Perioden war indes die Aufhebung der getrennten Wirtschaft, die von der Aufhebung des Privateigentums nicht zu trennen ist, schon deswegen unmöglich, weil die materiellen Bedingungen dazu nicht vorhanden waren. Die Einrichtung einer gemeinsamen Hauswirtschaft setzt die Entwicklung der Maschinerie, der Benutzung der Naturkräfte und vieler andern Produktivkräfte voraus – z. B. der Wasserleitungen, der Gasbeleuchtung, der Dampfheizung etc., Aufhebung des Gegensatzes von Stadt und Land. Ohne diese Bedingungen würde die gemeinsame Wirtschaft nicht selbst wieder eine neue Produktionskraft sein, aller materiellen Basis entbehren, auf einer bloß theoretischen Grundlage beruhen, d. h. eine bloße Marotte sein und es nur zur Klosterwirtschaft bringen. – Was möglich war, zeigt sich in der Zusammenrückung zu Städten und in der Erbauung gemeinsamer Häuser zu einzelnen bestimmten Zwecken (Gefängnisse, Kasernen pp.). Daß die Aufhebung der getrennten Wirtschaft von der Aufhebung der Familie nicht zu trennen ist, versteht sich von selbst.

Zusammenhang, der stets neue Formen annimmt und also eine „Geschichte“ darbietet, auch ohne daß irgendein politischer oder religiöser Nonsens existiert, der die Menschen noch extra zusammenhalte.

Jetzt erst, nachdem wir bereits vier Momente, vier Seiten der ursprünglichen, geschichtlichen Verhältnisse betrachtet haben, finden wir, daß der Mensch auch „Bewußtsein“ hat.[9] Aber auch dies nicht von vornherein, als „reines“ Bewußtsein. Der „Geist“ hat von vornherein den Fluch an sich, mit der Materie „behaftet“ zu sein, die hier in der Form von bewegten Luftschichten, Tönen, kurz der Sprache auftritt. Die Sprache ist so alt wie das Bewußtsein – die Sprache *ist* das praktische, auch für andre Menschen existierende, also auch für mich selbst erst existierende wirkliche Bewußtsein, und die Sprache entsteht, wie das Bewußtsein, erst aus dem Bedürfnis, der Notdurft des Verkehrs mit andern Menschen.[10] Wo ein Verhältnis existiert, da existiert es für mich, das Tier *„verhält“* sich zu Nichts und überhaupt nicht. Für das Tier existiert sein Verhältnis zu andern nicht als Verhältnis. Das Bewußtsein ist also von vornherein schon ein gesellschaftliches Produkt und bleibt es, solange überhaupt Menschen existieren. Das Bewußtsein ist natürlich zuerst bloß Bewußtsein über die *nächste* sinnliche Umgebung und Bewußtsein des bornierten Zusammenhanges mit andern Personen und Dingen außer dem sich bewußt werdenden Individuum; es ist zu gleicher Zeit Bewußtsein der Natur, die den Menschen anfangs als eine durchaus fremde, allmächtige und unangreifbare Macht gegenübertritt, zu der sich die Menschen rein tierisch verhalten, von der sie sich imponieren lassen wie das Vieh; und also ein rein tierisches Bewußtsein der Natur (Naturreligion).

Man sieht hier sogleich: Diese Naturreligion oder dies bestimmte Verhalten zur Natur ist bedingt durch die Gesellschaftsform und umgekehrt. Hier wie überall tritt die Identität von Natur und Mensch auch so hervor, daß das bornierte Verhalten der Menschen zur Natur ihr borniertes Verhalten zueinander, und ihr borniertes Verhalten zueinander ihr borniertes Verhältnis zur Natur bedingt, eben weil die Natur noch kaum geschichtlich modifiziert ist, und andrerseits Bewußtsein der Notwendigkeit, mit den umgebenden Individuen in Verbindung zu treten, der Anfang des Bewußtseins darüber, daß er überhaupt in einer Gesellschaft lebt. Dieser Anfang ist so tierisch wie das gesellschaftliche Leben dieser Stufe selbst, er ist bloßes Herdenbewußtsein, und der Mensch unterscheidet sich hier vom Hammel nur dadurch, daß sein Bewußtsein ihm die Stelle des Instinkts vertritt, oder daß sein Instinkt ein bewußter ist. Dieses Hammel- oder Stammbewußtsein erhält seine weitere Entwicklung und Ausbildung durch die gesteigerte Produktivität, die Vermehrung der Bedürfnisse und die

---

9 Die Menschen haben Geschichte, weil sie ihr Leben *produzieren* müssen, und zwar müssen auf *bestimmte* Weise: dies ist durch ihre physische Organisation gegeben; ebenso wie ihr Bewußtsein.

10 [Im Manuskript gestrichen:] Mein Verhältnis zu meiner Umgehung ist mein Bewußtsein.

Beiden zum Grunde liegende Vermehrung der Bevölkerung. Damit entwickelt sich die Teilung der Arbeit, die ursprünglich nichts war als die Teilung der Arbeit im Geschlechtsakt, dann Teilung der Arbeit, die sich vermöge der natürlichen Anlage (z. B. Körperkraft), Bedürfnisse, Zufälle etc. etc. von selbst oder „naturwüchsig" macht. Die Teilung der Arbeit wird erst wirklich Teilung von dem Augenblicke an, wo eine Teilung der materiellen und geistigen Arbeit eintritt.[11] Von diesem Augenblicke an *kann* sich das Bewußtsein wirklich einbilden, etwas Andres als das Bewußtsein der bestehenden Praxis zu sein, *wirklich* etwas vorzustellen, ohne etwas Wirkliches vorzustellen – von diesem Augenblicke an ist das Bewußtsein imstande, sich von der Welt zu emanzipieren und zur Bildung der „reinen" Theorie, Theologie, Philosophie, Moral etc. überzugehen. Aber selbst wenn diese Theorie, Theologie, Philosophie, Moral etc. in Widerspruch mit den bestehenden Verhältnissen treten, so kann dies nur dadurch geschehen, daß die bestehenden gesellschaftlichen Verhältnisse mit der bestehenden Produktionskraft in Widerspruch getreten sind – was übrigens in einem bestimmten nationalen Kreise von Verhältnissen auch dadurch geschehen kann, daß der Widerspruch nicht in diesem nationalen Umkreis, sondern zwischen diesem nationalen Bewußtsein und der Praxis der anderen Nationen[12], d. h. zwischen dem nationalen und allgemeinen Bewußtsein einer Nation sich einstellt.

Übrigens ist es ganz einerlei, was das Bewußtsein alleene anfängt, wir erhalten aus diesem ganzen Dreck nur das eine Resultat, daß diese drei Momente, die Produktionskraft, der gesellschaftliche Zustand und das Bewußtsein, in Widerspruch untereinander geraten können und müssen, weil mit der *Teilung der Arbeit* die Möglichkeit, ja die Wirklichkeit gegeben ist, daß die geistige und materielle Tätigkeit – daß der Genuß und die Arbeit, Produktion und Konsumtion, verschiedenen Individuen zufallen, und die Möglichkeit, daß sie nicht in Widerspruch geraten, nur darin liegt, daß die Teilung der Arbeit wieder aufgehoben wird. Es versteht sich übrigens von selbst, daß die „Gespenster", „Bande", „höheres Wesen", „Begriff", „Bedenklichkeit" bloß der idealistische geistliche Ausdruck, die Vorstellung scheinbar des vereinzelten Individuums sind, die Vorstellung von sehr empirischen Fesseln und Schranken, innerhalb deren sich die Produktionsweise des Lebens und die damit zusammenhängende Verkehrsform bewegt.

Mit der Teilung der Arbeit, in welcher alle diese Widersprüche gegeben sind und welche ihrerseits wieder auf der naturwüchsigen Teilung der Arbeit in der Familie und der Trennung der Gesellschaft in einzelne, einander entgegengesetzte Familien beruht, ist zu gleicher Zeit auch die Verteilung, und zwar die *ungleiche,* sowohl quantitative wie qualitative Verteilung der Arbeit und ihrer Produkte gegeben, also das Eigentum, das in der Familie, wo die Frau und die Kin-

11 [Randbemerkung von Marx:] Erste Form der Ideologen, *Pfaffen*, fällt zusammen.

12 [Randbemerkung von Marx:] Religion. Die Deutschen mit der *Ideologie* als solcher.

der die Sklaven des Mannes sind, schon seinen Keim, seine erste Form hat. Die freilich noch sehr rohe, latente Sklaverei in der Familie ist das erste Eigentum, das übrigens hier schon vollkommen der Definition der modernen Ökonomen entspricht, nach der es die Verfügung über fremde Arbeitskraft ist. Übrigens sind Teilung der Arbeit und Privateigentum identische Ausdrücke – in dem Einen wird in Beziehung auf die Tätigkeit dasselbe ausgesagt, was in dem Andern in bezug auf das Produkt der Tätigkeit ausgesagt wird.

Ferner ist mit der Teilung der Arbeit zugleich der Widerspruch zwischen dem Interesse des einzelnen Individuums oder der einzelnen Familie und dem gemeinschaftlichen Interesse aller Individuen, die miteinander verkehren, gegeben; und zwar existiert dies gemeinschaftliche Interesse nicht bloß in der Vorstellung, als „Allgemeines", sondern zuerst in der Wirklichkeit als gegenseitige Abhängigkeit der Individuen, unter denen die Arbeit geteilt ist. Und endlich bietet uns die Teilung der Arbeit gleich das erste Beispiel davon dar, daß, solange die Menschen sich in der naturwüchsigen Gesellschaft befinden, solange also die Spaltung zwischen dem besondern und gemeinsamen Interesse existiert, solange die Tätigkeit also nicht freiwillig, sondern naturwüchsig geteilt ist, die eigne Tat des Menschen ihm zu einer fremden, gegenüberstehenden Macht wird, die ihn unterjocht, statt daß er sie beherrscht. Sowie nämlich die Arbeit verteilt zu werden anfängt, hat Jeder einen bestimmten ausschließlichen Kreis der Tätigkeit, der ihm aufgedrängt wird, aus dem er nicht heraus kann; er ist Jäger, Fischer oder Hirt oder kritischer Kritiker und muß es bleiben, wenn er nicht die Mittel zum Leben verlieren will – während in der kommunistischen Gesellschaft, wo Jeder nicht einen ausschließlichen Kreis der Tätigkeit hat, sondern sich in jedem beliebigen Zweige ausbilden kann, die Gesellschaft die allgemeine Produktion regelt und mir eben dadurch möglich macht, heute dies, morgen jenes zu tun, morgens zu jagen, nachmittags zu fischen, abends Viehzucht zu treiben, nach dem Essen zu kritisieren, wie ich gerade Lust habe, ohne je Jäger, Fischer, Hirt oder Kritiker zu werden. Dieses Sichfestsetzen der sozialen Tätigkeit, diese Konsolidation unsres eignen Produkts zu einer sachlichen Gewalt über uns, die unsrer Kontrolle entwächst, unsre Erwartungen durchkreuzt, unsre Berechnungen zunichte macht, ist eines der Hauptmomente in der bisherigen geschichtlichen Entwicklung, und eben aus diesem Widerspruch des besondern und gemeinschaftlichen Interesses nimmt das gemeinschaftliche Interesse als *Staat* eine selbständige Gestaltung, getrennt von den wirklichen Einzel- und Gesamtinteressen, an, und zugleich als illusorische Gemeinschaftlichkeit, aber stets auf der realen Basis der in jedem Familien- und Stamm-Konglomerat vorhandenen Bänder, wie Fleisch und Blut, Sprache, Teilung der Arbeit im größeren Maßstabe und sonstigen Interessen – und besonders, wie wir später entwickeln werden, der durch die Teilung der Arbeit bereits bedingten Klassen, die in jedem derartigen Menschenhaufen sich absondern und von denen eine alle andern beherrscht. Hieraus folgt, daß alle Kämpfe innerhalb des Staats, der Kampf zwischen Demokratie, Aristokratie und Monarchie, der Kampf um das Wahlrecht etc. etc., nichts als die illusorischen Formen sind, in denen die wirklichen Kämpfe der verschiednen Klassen untereinander geführt werden (wovon die deutschen Theoretiker nicht eine Silbe ahnen, trotzdem daß man ihnen in den „Deutsch-Französischen Jahrbüchern" und der „Heiligen Familie" dazu Anleitung genug gegeben hatte), und ferner, daß jede nach der Herrschaft strebende Klasse, wenn ihre Herrschaft auch, wie dies beim Proletariat der Fall ist, die Aufhebung der ganzen alten Gesellschaftsform und der Herrschaft überhaupt bedingt, sich zuerst die politische Macht erobern muß, um ihr Interesse wieder als das Allgemeine, wozu sie im ersten Augenblick gezwungen ist, darzustellen. Eben weil die Individuen *nur* ihr besondres, für sie nicht mit ihrem gemeinschaftlichen Interesse zusammenfallendes suchen, überhaupt das Allgemeine illusorische Form der Gemeinschaftlichkeit, wird dies als ein ihnen „fremdes" und von ihnen „unabhängiges", als ein selbst wieder besonderes und eigentümliches „Allgemein"-Interesse geltend gemacht, oder sie selbst müssen sich in diesem Zwiespalt bewegen" wie in der Demokratie. Andrerseits macht denn auch der *praktische* Kampf dieser beständig *wirklich* den gemeinschaftlichen und illusorischen gemeinschaftlichen Interessen entgegentretenden Sonderinteressen die *praktische* Dazwischenkunft und Zügelung durch das illusorische „Allgemein"-Interesse als Staat nötig. Die soziale Macht, d. h. die vervielfachte Produktionskraft, die durch das in der Teilung der Arbeit bedingte Zusammenwirken der verschiedenen Individuen entsteht, erscheint diesen Individuen, weil das Zusammenwirken selbst nicht freiwillig, sondern naturwüchsig ist, nicht als ihre eigne, vereinte Macht, sondern als eine fremde, außer ihnen stehende Gewalt, von der sie nicht wissen woher und wohin, die sie also nicht mehr beherrschen können, die im Gegenteil nun eine eigentümliche, vom Wollen und Laufen der Menschen unabhängige, ja dies Wollen und Laufen erst dirigierende Reihenfolge von Phasen und Entwicklungsstufen durchläuft.

Diese *„Entfremdung"*, um den Philosophen verständlich zu bleiben, kann natürlich nur unter zwei *praktischen* Voraussetzungen aufgehoben werden. Damit sie eine „unerträgliche" Macht werde, d. h. eine Macht, gegen die man revolutioniert, dazu gehört, daß sie die Masse der Menschheit als durchaus „Eigentumslos" erzeugt hat und zugleich im Widerspruch zu einer vorhandnen Welt des Reichtums und der Bildung, was beides eine große Steigerung der Produktivkraft, einen hohen Grad ihrer Entwicklung voraussetzt – und andrerseits ist diese Entwicklung der Produktivkräfte (womit zugleich schon die in *weltgeschichtlichem,* statt der in lokalem Dasein der Menschen vorhandne empirische Existenz gegeben ist) auch deswegen eine absolut notwendige praktische Voraussetzung, weil ohne sie nur der *Mangel* verallgemeinert, also mit der *Notdurft* auch der Streit um das Notwendige wieder beginnen und die ganze alte Scheiße sich herstellen müßte, weil ferner nur mit dieser universellen Entwicklung der Produktivkräfte ein *universeller* Verkehr der Menschen gesetzt ist, daher einerseits das Phänomen der „Eigentumslosen" Masse in Allen Völkern gleichzeitig erzeugt (allgemeine

Konkurrenz), jedes derselben von den Umwälzungen der andern abhängig macht, und endlich *weltgeschichtliche,* empirisch universelle Individuen an die Stelle der lokalen gesetzt hat. Ohne dies könnte 1. der Kommunismus nur als eine Lokalität existieren, 2. die *Mächte* des Verkehrs selbst hätten sich als *universelle,* drum unerträgliche Mächte nicht entwickeln können, sie wären heimisch-abergläubige „Umstände" geblieben, und 3. würde jede Erweiterung des Verkehrs den lokalen Kommunismus aufheben. Der Kommunismus ist empirisch nur als die Tat der herrschenden Völker „auf einmal" und gleichzeitig möglich, was die universelle Entwicklung der Produktivkraft und den mit ihm zusammenhängenden Weltverkehr voraussetzt. Wie hätte sonst z. B. das Eigentum überhaupt eine Geschichte haben, verschiedene Gestalten annehmen, und etwa das Grundeigentum je nach der verschiedenen vorliegende Voraussetzung in Frankreich aus der Parzellierung zur Zentralisation in wenigen Händen, in England aus der Zentralisation in wenigen Händen zur Parzellierung drängen können, wie dies heute wirklich der Fall ist? Oder wie kommt es, daß der Handel, der doch weiter nichts ist als der Austausch der Produkte verschiedner Individuen und Länder, durch das Verhältnis von Nachfrage und Zufuhr die ganze Welt beherrscht – ein Verhältnis, das, wie ein englischer Ökonom sagt, gleich dem antiken Schicksal über der Erde schwebt und mit unsichtbarer Hand Glück und Unglück an die Menschen verteilt, Reiche stiftet und Reiche zertrümmert, Völker entstehen und verschwinden macht –, während mit der Aufhebung der Basis, des Privateigentums, mit der kommunistischen Regelung der Produktion und der darin liegenden Vernichtung der Fremdheit, mit der sich die Menschen zu ihrem eignen Produkt verhalten, die Macht des Verhältnisses von Nachfrage und Zufuhr sich in Nichts auflöst und die Menschen den Austausch, die Produktion, die Weise ihres gegenseitigen Verhaltens wieder in ihre Gewalt bekommen?

Der Kommunismus ist für uns nicht ein *Zustand,* der hergestellt werden soll, ein *Ideal,* wonach die Wirklichkeit sich zu richten haben wird. Wir nennen Kommunismus die *wirkliche* Bewegung, welche den jetzigen Zustand aufhebt. Die Bedingungen dieser Bewegung ergeben sich aus der jetzt bestehenden Voraussetzung. Übrigens setzt die Masse von *bloßen* Arbeitern – massenhafte, von Kapital oder von irgendeiner bornierten Befriedigung abgeschnittne Arbeiterkraft – und darum auch der nicht mehr temporäre Verlust dieser Arbeit selbst als einer gesicherten Lebensquelle durch die Konkurrenz den *Weltmarkt* voraus. Das Proletariat kann also nur *weltgeschichtlich* existieren, wie der Kommunismus, seine Aktion, nur als „weltgeschichtliche" Existenz überhaupt vorhanden sein kann; weltgeschichtliche Existenz der Individuen; d. h. Existenz der Individuen, die unmittelbar mit der Weltgeschichte verknüpft ist.

Die durch die auf allen bisherigen geschichtlichen Stufen vorhandenen Produktionskräfte bedingte und sie wiederum bedingende Verkehrsform ist die *bürgerliche Gesellschaft,* die, wie schon aus dem Vorhergehenden hervorgeht, die einfache Familie und die zusammengesetzte Familie, das sogenannte Stammwesen zu ihrer Voraussetzung und Grundlage hat, und deren nähere Bestimmungen im Vorhergehenden enthalten sind. Es zeigt sich schon hier, daß diese bürgerliche Gesellschaft der wahre Herd und Schauplatz aller Geschichte ist, und wie widersinnig die bisherige, die wirklichen Verhältnisse vernachlässigende Geschichtsauffassung mit ihrer Beschränkung auf hochtönende Haupt- und Staatsaktionen ist.[13]

Die bürgerliche Gesellschaft umfaßt den gesamten materiellen Verkehr der Individuen innerhalb einer bestimmten Entwicklungsstufe der Produktivkräfte. Sie umfaßt das gesamte kommerzielle und industrielle Leben einer Stufe und geht insofern über den Staat und die Nation hinaus, obwohl sie andrerseits wieder nach Außen hin als Nationalität sich geltend machen, nach Innen als Staat sich gliedern muß. Das Wort bürgerliche Gesellschaft kam auf im achtzehnten Jahrhundert, als die Eigentumsverhältnisse bereits aus dem antiken und mittelalterlichen Gemeinwesen sich herausgearbeitet hatten. Die bürgerliche Gesellschaft als solche entwickelt sich erst mit der Bourgeoisie; die unmittelbar aus der Produktion und dem Verkehr sich entwickelnde gesellschaftliche Organisation, die zu allen Zeiten die Basis des Staats und der sonstigen idealistischen Superstruktur bildet, ist indes fortwährend mit demselben Namen bezeichnet worden.

2. Über die Produktion des Bewußtseins

In der bisherigen Geschichte ist es allerdings ebensosehr eine empirische Tatsache, daß die einzelnen Individuen mit der Ausdehnung der Tätigkeit zur Weltgeschichtlichen immer mehr unter einer ihnen fremden Macht geknechtet worden sind (welchen Druck sie sich denn auch als Schikane des sogenannten Weltgeistes etc. vorstellten), einer Macht, die immer massenhafter geworden ist und sich in letzter Instanz als *Weltmarkt* ausweist. Aber ebenso empirisch begründet ist es, daß durch den Umsturz des bestehenden gesellschaftlichen Zustandes durch die kommunistische Revolution (wovon weiter unten) und die damit identische Aufhebung des Privateigentums diese den deutschen Theoretikern so mysteriöse Macht aufgelöst wird und alsdann die Befreiung jedes einzelnen Individuums in demselben Maße durchgesetzt wird, in dem die Geschichte sich vollständig in Weltgeschichte verwandelt. Daß der wirkliche geistige Reichtum des Individuums ganz von dem Reichtum seiner wirklichen Beziehungen abhängt, ist nach dem Obigen klar. Die einzelnen Individuen werden erst hierdurch von den ver-

---

[13] [Im Manuskript gestrichen:] Bisher haben wir hauptsächlich nur die eine Seite der menschlichen Tätigkeit, die *Bearbeitung der Natur* durch die Menschen betrachtet. Die andre Seite, die *Bearbeitung der* Menschen durch *die Menschen* ...
Ursprung des Staats und das Verhältnis des Staats zur bürgerlichen Gesellschaft.

schiedenen nationalen und lokalen Schranken befreit, mit der Produktion (auch mit der geistigen) der ganzen Welt in praktische Beziehung gesetzt und in den Stand gesetzt, sich die Genußfähigkeit für diese allseitige Produktion der ganzen Erde (Schöpfungen der Menschen) zu erwerben. Die *allseitige* Abhängigkeit, diese naturwüchsige Form des *weltgeschichtlichen* Zusammenwirkens der Individuen, wird durch diese kommunistische Revolution verwandelt in die Kontrolle und bewußte Beherrschung dieser Mächte, die, aus dem Aufeinander-Wirken der Menschen erzeugt, ihnen bisher als durchaus fremde Mächte imponiert und sie beherrscht haben. Diese Anschauung kann nun wieder spekulativ-idealistisch, d. h. phantastisch als „Selbsterzeugung der Gattung" (die „Gesellschaft als Subjekt") gefaßt und dadurch die aufeinanderfolgende Reihe von im Zusammenhange stehenden Individuen als ein einziges Individuum vorgestellt werden, das das Mysterium vollzieht, sich selbst zu erzeugen. Es zeigt sich hier, daß die Individuen allerdings *einander* machen, physisch und geistig, aber nicht sich machen, weder im Unsinn des heiligen Bruno, noch im Sinne des „Einzigen", des „gemachten" Mannes.

Diese Geschichtsauffassung beruht also darauf, den wirklichen Produktionsprozeß, und zwar von der materiellen Produktion des unmittelbaren Lebens ausgehend, zu entwickeln und die mit dieser Produktionsweise zusammenhängende und von ihr erzeugte Verkehrsform, also die bürgerliche Gesellschaft in ihren verschiedenen Stufen, als Grundlage der ganzen Geschichte aufzufassen und sie sowohl in ihrer Aktion als Staat darzustellen, wie die sämtlichen verschiedenen theoretischen Erzeugnisse und Formen des Bewußtseins, Religion, Philosophie, Moral etc. etc., aus ihr zu erklären und ihren Entstehungsprozeß aus ihnen zu verfolgen, wo dann natürlich auch die Sache in ihrer Totalität (und darum auch die Wechselwirkung dieser verschiednen Seiten aufeinander) dargestellt werden kann. Sie hat in jeder Periode nicht, wie die idealistische Geschichtsanschauung, nach einer Kategorie zu suchen, sondern bleibt fortwährend auf dem wirklichen Geschichtsboden stehen, erklärt nicht die Praxis aus der Idee, erklärt die Ideenformationen aus der materiellen Praxis und kommt demgemäß auch zu dem Resultat, daß alle Formen und Produkte des Bewußtseins nicht durch geistige Kritik, durch Auflösung ins „Selbstbewußtsein" oder Verwandlung in „Spuk", „Gespenster", „Sparren" etc., sondern nur durch den praktischen Umsturz der realen gesellschaftlichen Verhältnisse, aus denen diese idealistischen Flausen hervorgegangen sind, aufgelöst werden können – daß nicht die Kritik, sondern die Revolution die treibende Kraft der Geschichte auch der Religion, Philosophie und sonstigen Theorie ist. Sie zeigt, daß die Geschichte nicht damit endigt, sich ins „Selbstbewußtsein" als „Geist vom Geist" aufzulösen, sondern daß in ihr auf jeder Stufe ein materielles Resultat, eine Summe von Produktionskräften, ein historisch geschaffnes Verhältnis zur Natur und der Individuen zueinander sich vorfindet, die jeder Generation von ihrer Vorgängerin überliefert wird, eine Masse von Produktivkräften, Kapitalien und Umständen, die zwar einerseits von der neuen Generation modifiziert wird, ihr aber auch andrerseits ihre eignen Lebensbedingungen vorschreibt und ihr eine bestimmte Entwicklung, einen speziellen Charakter gibt – daß also die Umstände ebensosehr die Menschen, wie die Menschen die Umstände machen. Diese Summe von Produktionskräften, Kapitalien und sozialen Verkehrsformen, die jedes Individuum und jede Generation als etwas Gegebenes vorfindet, ist der reale Grund dessen, was sich die Philosophen als „Substanz" und „Wesen des Menschen" vorgestellt, was sie apotheosiert und bekämpft haben, ein realer Grund, der dadurch nicht im Mindesten in seinen Wirkungen und Einflüssen auf die Entwicklung der Menschen gestört wird, daß diese Philosophen als „Selbstbewußtsein" und „Einzige" dagegen rebellieren. Diese vorgefundenen Lebensbedingungen der verschiedenen Generationen entscheiden auch, ob die periodisch in der Geschichte wiederkehrende revolutionäre Erschütterung stark genug sein wird oder nicht, die Basis alles Bestehenden umzuwerfen, und wenn diese materiellen Elemente einer totalen Umwälzung, nämlich einerseits die vorhandnen Produktivkräfte, andrerseits die Bildung einer revolutionären Masse, die nicht nur gegen einzelne Bedingungen der bisherigen Gesellschaft, sondern gegen die bisherige „Lebensproduktion" selbst, die „Gesamttätigkeit", worauf sie basierte, revolutioniert – nicht vorhanden sind, so ist es ganz gleichgültig für die praktische Entwicklung, ob die *Idee* dieser Umwälzung schon hundertmal ausgesprochen ist – wie die Geschichte des Kommunismus dies beweist.

Die ganze bisherige Geschichtsauffassung hat diese wirkliche Basis der Geschichte entweder ganz und gar unberücksichtigt gelassen oder sie nur als eine Nebensache betrachtet, die mit dem geschichtlichen Verlauf außer allem Zusammenhang steht. Die Geschichte muß daher immer nach einem außer ihr liegenden Maßstab geschrieben werden; die wirkliche Lebensproduktion erscheint als Urgeschichtlich, während das Geschichtliche als das vom gemeinen Leben Getrennte, Extra-Überweltliche erscheint. Das Verhältnis der Menschen zur Natur ist hiermit von der Geschichte ausgeschlossen, wodurch der Gegensatz von Natur und Geschichte erzeugt wird. Sie hat daher in der Geschichte nur politische Haupt- und Staatsaktionen und religiöse und überhaupt theoretische Kämpfe sehen können und speziell bei jeder geschichtlichen Epoche *die Illusion dieser Epoche teilen* müssen. Z. B. bildet sich eine Epoche ein, durch rein „politische" oder „religiöse" Motive bestimmt zu werden, obgleich „Religion" und „Politik" nur Formen ihrer wirklichen Motive sind, so akzeptiert ihr Geschichtschreiber diese Meinung. Die „Einbildung", die „Vorstellung" dieser bestimmten Menschen über ihre wirkliche Praxis wird in die einzig bestimmende und aktive Macht verwandelt, welche die Praxis dieser Menschen beherrscht und bestimmt. Wenn die rohe Form, in der die Teilung der Arbeit bei den Indern und Ägyptern vorkommt, das Kastenwesen bei diesen Völkern in ihrem Staat und ihrer Religion hervorruft, so glaubt der Historiker, das Kastenwesen sei die Macht, welche diese rohe gesellschaftliche Form erzeugt habe. Während die Franzosen und

Engländer wenigstens an der politischen Illusion, die der Wirklichkeit noch am nächsten steht, halten, bewegen sich die Deutschen im Gebiete des „reinen Geistes" und machen die religiöse Illusion zur treibenden Kraft der Geschichte. Die Hegelsche Geschichtsphilosophie ist die letzte, auf ihren „reinsten Ausdruck" gebrachte Konsequenz dieser gesamten Deutschen Geschichtschreibung, in der es sich nicht um wirkliche, nicht einmal um politische Interessen, sondern um reine Gedanken handelt, die dann auch dem heiligen Bruno als eine Reihe von „Gedanken" erscheinen muß, von denen einer den andren auffrißt und in dem „Selbstbewußtsein" schließlich untergeht, und noch konsequenter dem heiligen Max Stirner, der von der ganzen wirklichen Geschichte nichts weiß, dieser historische Verlauf als eine bloße „Ritter"-, Räuber- und Gespenstergeschichte erscheinen mußte, vor deren Visionen er sich natürlich nur durch die „Heillosigkeit" zu retten weiß.[14] Diese Auffassung ist wirklich religiös, sie unterstellt den religiösen Menschen als den Urmenschen, von dem alle Geschichte ausgeht, und setzt in ihrer Einbildung die religiöse Phantasien-Produktion an die Stelle der wirklichen Produktion der Lebensmittel und des Lebens selbst. Diese ganze Geschichtsauffassung samt ihrer Auflösung und den daraus entstehenden Skrupeln und Bedenken ist eine bloß *nationale* Angelegenheit der Deutschen und hat nur *lokales* Interesse für Deutschland, wie zum Exempel die wichtige, neuerdings mehrfach behandelte Frage: wie man denn eigentlich „aus dem Gottesreich in das Menschenreich komme", als ob dieses „Gottesreich" je anderswo existiert habe als in der Einbildung und die gelahrten Herren nicht fortwährend, ohne es zu wissen, in dem „Menschenreich" lebten, zu welchem sie jetzt den Weg suchen, und als ob das wissenschaftliche Amüsement, denn mehr als das ist es nicht, das Kuriosum dieser theoretischen Wolkenbildung zu erklären, nicht gerade umgekehrt darin läge, daß man ihre Entstehung aus den wirklichen irdischen Verhältnissen nachweist. Überhaupt handelt es sich bei diesen Deutschen stets darum, den vorgefundenen Unsinn in irgendeine andre Marotte aufzulösen, d. h. vorauszusetzen, daß dieser ganze Unsinn überhaupt einen aparten *Sinn* habe, der herauszufinden sei, während es sich nur darum handelt, diese theoretischen Phrasen aus den bestehenden wirklichen Verhältnissen zu erklären. Die wirkliche, praktische Auflösung dieser Phrasen, die Beseitigung dieser Vorstellungen aus dem Bewußtsein der Menschen wird, wie schon gesagt, durch veränderte Umstände, nicht durch theoretische Deduktionen bewerkstelligt. Für die Masse der Menschen, d. h. das Proletariat, existieren diese theoretischen Vorstellungen nicht, brauchen also für sie auch nicht aufgelöst zu werden, und wenn diese Masse je einige theoretische Vorstellungen, z. B. Religion hatte, so sind diese jetzt schon längst durch die Umstände aufgelöst.

[14] [Randbemerkung von Marx:) Die sogenannte *objektive* Geschichtschreibung bestand eben darin, die geschichtlichen Verhältnisse getrennt von der Tätigkeit aufzufassen. Reaktionärer Charakter.

Das rein Nationale dieser Fragen und Lösungen zeigt sich auch noch darin, daß diese Theoretiker alles Ernstes glauben, Hirngespinste wie „der Gottmensch", „der Mensch" etc. hätten den einzelnen Epochen der Geschichte präsidiert – der heilige Bruno geht sogar soweit, zu behaupten, nur „die Kritik und die Kritiker hätten die Geschichte gemacht" – und, wenn sie sich selbst an geschichtliche Konstruktionen geben, über alles Frühere in der größten Eile hinwegspringen und vom „Mongolentum" sogleich auf die eigentliche „inhaltsvolle Geschichte, nämlich die Geschichte der „Hallischen" und „Deutschen Jahrbücher" und der Auflösung der Hegelschen Schule in eine allgemeine Zänkerei übergehen. Alle andern Nationen, alle wirklichen Ereignisse werden vergessen, das Theatrum mundi beschränkt sich auf die Leipziger Büchermesse und die gegenseitigen Streitigkeiten der „Kritik", des „Menschen" und des Einzigen". Wenn sich die Theorie vielleicht einmal daran gibt, wirklich historisch Themata zu behandeln, wie z. B. das achtzehnte Jahrhundert, so geben sie nur die Geschichte der Vorstellungen, losgerissen von den Tatsachen und praktischen Entwicklungen, die ihnen zum Grunde liegen, und auch diese nur in der Absicht, um diese Zeit als eine unvollkommene Vorstufe, als den noch bornierten Vorläufer der wahren geschichtlichen Zeit, d. h. der Zeit des deutschen Philosophenkampfes von 1840/44 darzustellen. Diesem Zwecke, eine frühere Geschichte zu schreiben, um den Ruhm einer ungeschichtlichen Person und ihrer Phantasien desto heller leuchten zu lassen, entspricht es denn, daß man alle wirklich historischen Ereignisse, selbst die wirklich historischen Eingriffe der Politik in die Geschichte, nicht erwähnt und dafür eine nicht auf Studien, sondern Konstruktionen und literarischen Klatschgeschichten beruhende Erzählung gibt – wie dies vom heiligen Bruno in seiner nun vergessenen „Geschichte des 18ten Jahrhunderts" geschehen ist. Diese hochtrabenden und hochfahrenden Gedankenkrämer, die unendlich weit über alle nationalen Vorurteile erhaben zu sein glauben, sind also in der Praxis noch viel nationaler als die Bierphilister, die von Deutschlands Einheit träumen. Sie erkennen die Taten andrer Völker gar nicht für historisch an, sie leben in Deutschland zu Deutschland und für Deutschland, sie verwandeln das Rheinlied in ein geistliches Lied und erobern Elsaß und Lothringen, indem sie statt des französischen Staats die französische Philosophie bestehlen, statt französischer Provinzen französische Gedanken germanisieren. Herr Venedey ist ein Kosmopolit gegen die Heiligen Bruno und Max, die in der Weltherrschaft der Theorie die Weltherrschaft Deutschlands proklamieren.

Es zeigt sich aus diesen Auseinandersetzungen auch, wie sehr Feuerbach sich täuscht, wenn er („Wigand's Vierteljahrsschrift", 1845, Bd. 2) sich vermöge der Qualifikation „Gemeinmensch" für einen Kommunisten erklärt, in ein Prädikat *„des"* Menschen verwandelt, also das Wort Kommunist, das in der bestehenden Welt den Anhänger einer bestimmten revolutionären Partei bezeichnet, wieder in eine bloße Kategorie verwandeln zu können glaubt. Feuerbachs ganze Deduktion in Beziehung auf das Verhältnis der Menschen zueinander geht nur dahin, zu beweisen, daß die Menschen einander nötig haben und *immer gehabt haben.* Er will das Bewußtsein über diese Tatsache etablieren, er will also, wie die übrigen Theoretiker, nur ein richtiges Bewußtsein über ein *bestehendes* Faktum hervorbringen, während es dem wirklichen Kommunisten darauf ankommt, dies Bestehende umzustürzen. Wir erkennen es übrigens vollständig an, daß Feuerbach, indem er das Bewußtsein gerade *dieser* Tatsache zu erzeugen strebt, so weit geht, wie ein Theoretiker überhaupt gehen kann, ohne aufzuhören, Theoretiker und Philosoph zu sein. Charakteristisch ist es aber, daß die Heiligen Bruno und Max die Vorstellung Feuerbachs vom Kommunisten sogleich an die Stelle des wirklichen Kommunisten setzen, was teilweise schon deswegen geschieht, damit sie auch den Kommunismus als „Geist vom Geist", als philosophische Kategorie, als ebenbürtigen Gegner bekämpfen können – und von seiten des heiligen Bruno auch noch aus pragmatischen Interessen. Als Beispiel von der Anerkennung und zugleich Verkennung des Bestehenden, die Feuerbach noch immer mit unsern Gegnern teilt, erinnern wir an die Stelle der „Philosophie der Zukunft", wo er entwickelt, daß das Sein eines Dinges oder Menschen zugleich sein Wesen sei, daß die bestimmten Existenzverhältnisse, Lebensweise und Tätigkeit eines tierischen oder menschlichen Individuums dasjenige sei, worin sein „Wesen" sich befriedigt fühle. Hier wird ausdrücklich jede Ausnahme als ein unglücklicher Zufall, als eine Abnormität, die nicht zu ändern ist, aufgefaßt. Wenn also Millionen von Proletariern sich in ihren Lebensverhältnissen keineswegs befriedigt fühlen, wenn ihr „Sein" ihrem [...]*

[...] sich in Wirklichkeit und für den *praktischen* Materialisten, d. h. *Kommunisten,* darum handelt, die bestehende Welt zu revolutionieren, die vorgefundnen Dinge praktisch anzugreifen und zu verändern. Wenn bei Feuerbach sich zuweilen derartige Anschauungen finden, so gehen sie doch nie über vereinzelte Ahnungen hinaus und haben auf seine allgemeine Anschauungsweise viel zuwenig Einfluß, als daß sie hier anders denn als entwicklungsfähige Keime in Betracht kommen könnten. Feuerbachs „Auffassung" der sinnlichen Welt beschränkt sich einerseits auf die bloße Anschauung derselben und andrerseits auf die bloße Empfindung, er sagt „*den* Menschen" statt die „wirklichen historischen Menschen". „*Der* Mensch" ist realiter „der Deutsche". Im ersten Falle, in der *Anschauung* der sinnlichen Welt, stößt er notwendig auf Dinge, die seinem Bewußtsein und seinem Gefühl widersprechen, die die von ihm vorausgesetzte Harmonie aller Teile der sinnlichen Welt und namentlich des Menschen mit der Natur stören.[15] Um diese zu beseitigen, muß er dann zu einer doppelten Anschauung seine Zuflucht

* Im Manuskript befindet sich hier eine Lücke

[15] N.B. Nicht daß Feuerbach das auf platter Hand Liegende, den sinnlichen Schein der durch genauere Untersuchung des sinnlichen Tatbestandes konstatierten sinnlichen Wirklichkeit unterordnet, ist der Fehler, sondern daß er in letzter Instanz nicht mit der Sinnlichkeit fertig werden kann, ohne sie mit den „Augen", d. h. durch die „Brille" des *Philosophen* zu betrachten.

nehmen, zwischen einer profanen, die nur das „auf platter Hand Liegende", und einer höheren, philosophischen, die das „wahre Wesen" der Dinge erschaut. Er sieht nicht, wie die ihn umgehende sinnliche Welt nicht ein unmittelbar von Ewigkeit her gegebenes, sich stets gleiches Ding ist, sondern das Produkt der Industrie und des Gesellschaftszustandes, und zwar in dem Sinne, daß sie ein geschichtliches Produkt ist, das Resultat der Tätigkeit einer ganzen Reihe von Generationen, deren Jede auf den Schultern der vorhergehenden stand, ihre Industrie und ihren Verkehr weiter ausbildete, ihre soziale Ordnung nach den veränderten Bedürfnissen modifizierte. Selbst die Gegenstände der einfachsten „sinnlichen Gewißheit" sind ihm nur durch die gesellschaftliche Entwicklung, die Industrie und den kommerziellen Verkehr gegeben. Der Kirschbaum ist, wie fast alle Obstbäume, bekanntlich erst vor wenig Jahrhunderten durch den *Handel* in unsre Zone verpflanzt worden und wurde deshalb erst *durch* diese Aktion einer bestimmten Gesellschaft in einer bestimmten Zeit der „sinnlichen Gewißheit" Feuerbachs gegeben.

Übrigens löst sich in dieser Auffassung der Dinge, wie sie wirklich sind und geschehen sind, wie sich weiter unten noch deutlicher zeigen wird, jedes tiefsinnige philosophische Problem ganz einfach in ein empirisches Faktum auf. Z. B. die wichtige Frage über das Verhältnis des Menschen zur Natur (oder gar, wie Bruno sagt (p. 110), die „Gegensätze in Natur und Geschichte", als ob das zwei voneinander getrennte „Dinge" seien, der Mensch nicht immer eine geschichtliche Natur und eine natürliche Geschichte vor sich habe), aus der alle die „unergründlich hohen Werke" über „Substanz" und „Selbstbewußtsein" hervorgegangen sind, zerfällt von selbst in der Einsicht, daß die vielberühmte „Einheit des Menschen mit der Natur" in der Industrie von jeher bestanden und in jeder Epoche je nach der geringeren oder größeren Entwicklung der Industrie anders bestanden hat, ebenso wie der „Kampf" des Menschen mit der Natur, bis zur Entwicklung seiner Produktivkräfte auf einer entsprechenden Basis. Die Industrie und der Handel, die Produktion und der Austausch der Lebensbedürfnisse bedingen ihrerseits und werden wiederum in der Art ihres Betriebes bedingt durch die Distribution, die Gliederung der verschiedenen gesellschaftlichen Klassen – und so kommt es denn, daß Feuerbach in Manchester z. B. nur Fabriken und Maschinen sieht, wo vor hundert Jahren nur Spinnräder und Webstühle zu sehen waren, oder in der Campagna di Roma nur Viehweiden und Sümpfe entdeckt, wo er zur Zeit des Augustus nichts als Weingärten und Villen römischer Kapitalisten gefunden hätte. Feuerbach spricht namentlich von der Anschauung der Naturwissenschaft, er erwähnt Geheimnisse, die nur dem Auge des Physikers und Chemikers offenbar werden; aber wo wäre ohne Industrie und Handel die Naturwissenschaft? Selbst diese „reine" Naturwissenschaft erhält ja ihren Zweck sowohl wie ihr Material erst durch Handel und Industrie, durch sinnliche Tätigkeit der Menschen. So sehr ist diese Tätigkeit, dieses fortwährende sinnliche Arbeiten und Schaffen, diese Produktion die Grundlage der ganzen sinnlichen Welt, wie sie jetzt existiert, daß, wenn sie auch nur für ein Jahr unterbrochen würde, Feuerbach eine ungeheure Veränderung nicht nur in der natürlichen Welt vorfinden, sondern auch die ganze Menschenwelt und sein eignes Anschauungsvermögen, ja seine Eigne Existenz sehr bald vermissen würde. Allerdings bleibt dabei die Priorität der äußeren Natur bestehen, und allerdings hat dies Alles keine Anwendung auf die ursprünglichen, durch generatio aequivoca erzeugten Menschen; aber diese Unterscheidung hat nur insofern Sinn, als man den Menschen als von der Natur unterschieden betrachtet. Übrigens ist diese der menschlichen Geschichte vorhergehende Natur ja nicht die Natur, in der Feuerbach lebt, nicht die Natur, die heutzutage, ausgenommen etwa auf einzelnen australischen Koralleninseln neueren Ursprungs, nirgends mehr existiert, also auch für Feuerbach nicht existiert.

Feuerbach hat allerdings den großen Vorzug vor den „reinen" Materialisten, daß er einsieht, wie auch der Mensch „sinnlicher Gegenstand" ist; aber abgesehen davon, daß er ihn nur als „sinnlichen Gegenstand", nicht als „sinnliche Tätigkeit" faßt, da er sich auch hierbei in der Theorie hält, die Menschen nicht in ihrem gegebenen gesellschaftlichen Zusammenhange, nicht unter ihren vorliegenden Lebensbedingungen, die sie zu Dem gemacht haben, was sie sind, auffaßt, so kommt er nie zu den wirklich existierenden, tätigen Menschen, sondern bleibt bei dem Abstraktum „der Mensch" stehen und bringt es nur dahin, den „wirklichen, individuellen, leibhaftigen Menschen" in der Empfindung anzuerkennen, d. h., er kennt keine andern „menschlichen Verhältnisse" „des Menschen zum Menschen", als Liebe und Freundschaft, und zwar idealisiert. Gibt keine Kritik der jetzigen Lebensverhältnisse. Er kommt also nie dazu, die sinnliche Welt als die gesamte lebendige sinnliche *Tätigkeit* der sie ausmachenden Individuen aufzufassen, und ist daher gezwungen, wenn er z. B. statt gesunder Menschen einen Haufen skrofulöser, überarbeiteter und schwindsüchtiger Hungerleider sieht, da zu der „höheren Anschauung" und zur ideellen „Ausgleichung in der Gattung" seine Zuflucht zu nehmen, also gerade da in den Idealismus zurückzufallen, wo der kommunistische Materialist die Notwendigkeit und zugleich die Bedingung einer Umgestaltung sowohl der Industrie wie der gesellschaftlichen Gliederung sieht.

Soweit Feuerbach Materialist ist, kommt die Geschichte bei ihm nicht vor, und soweit er die Geschichte in Betracht zieht, ist er kein Materialist. Bei ihm fallen Materialismus und Geschichte ganz auseinander, was sich übrigens schon aus dem Gesagten erklärt.[16]

Die Geschichte ist nichts als die Aufeinanderfolge der einzelnen Generationen, von denen Jede die ihr von allen vorhergegangenen übermachten Materiale,

16 [Im Manuskript gestrichen:] Wenn wir nun dennoch auf die Geschichte hier näher eingehen, so geschieht es deshalb, weil die Deutschen gewohnt sind, bei den Worten Geschichte und geschichtlich sich alles Mögliche, nur nicht das Wirkliche vorzustellen, wovon namentlich der „kanzelberedsamkeitliche" Sankt Bruno ein glänzendes Exempel ablegt.

Kapitalien, Produkionskräfte exploitiert, daher also einerseits unter ganz veränderten Umständen die überkommene Tätigkeit fortsetzt und andrerseits mit einer ganz veränderten Tätigkeit die alten Umstände modifiziert, was sich nun spekulativ so verdrehen läßt, daß die spätere Geschichte zum Zweck der früheren gemacht wird, z. B., daß der Entdeckung Amerikas der Zweck zugrunde gelegt wird, der französischen Revolution zum Durchbruch zu verhelfen, wodurch dann die Geschichte ihre aparten Zwecke erhält und eine „Person neben anderen Personen" (als da sind: „Selbstbewußtsein, Kritik, Einziger" etc.) wird, während das, was man mit den Worten „Bestimmung", „Zweck", „Keim", „Idee" der früheren Geschichte bezeichnet, weiter nichts ist als eine Abstraktion von der späteren Geschichte, eine Abstraktion von dem aktiven Einfluß, den die frühere Geschichte auf die spätere ausübt.

Je weiter sich im Laufe dieser Entwicklung nun die einzelnen Kreise, die aufeinander einwirken, ausdehnen, je mehr die ursprüngliche Abgeschlossenheit der einzelnen Nationalitäten durch die ausgebildete Produktionsweise, Verkehr und dadurch naturwüchsig hervorgebrachte Teilung der Arbeit zwischen verschiednen Nationen vernichtet wird, desto mehr wird die Geschichte zur Weltgeschichte, so daß z. B., wenn in England eine Maschine erfunden wird, die in Indien und China zahllose Arbeiter außer Brot setzt und die ganze Existenzform dieser Reiche umwälzt, diese Erfindung zu einem weltgeschichtlichen Faktum wird; oder daß der Zucker und Kaffee ihre weltgeschichtliche Bedeutung im neunzehnten Jahrhundert dadurch bewiesen, daß der durch das napoleonische Kontinentalsystem erzeugte Mangel an diesen Produkten die Deutschen zum Aufstande gegen Napoleon brachte und so die reale Basis der glorreichen Befreiungskriege von 1813 wurde. Hieraus folgt, daß diese Umwandlung der Geschichte in Weltgeschichte nicht etwa eine bloße abstrakte Tat des „Selbstbewußtseins", Weltgeistes oder sonst eines metaphysischen Gespenstes ist, sondern eine ganz materielle, empirisch nachweisbare Tat, eine Tat, zu der jedes Individuum, wie es geht und steht, ißt, trinkt und sich kleidet, den Beweis liefert.

Die Gedanken der herrschenden Klasse sind in jeder Epoche die herrschenden Gedanken, d. h. die Klasse, welche die herrschende *materielle* Macht der Gesellschaft ist, ist zugleich ihre herrschende *geistige* Macht. Die Klasse, die die Mittel zur materiellen Produktion zu ihrer Verfügung hat, disponiert damit zugleich über die Mittel zur geistigen Produktion, so daß ihr damit zugleich im Durchschnitt die Gedanken derer, denen die Mittel zur geistigen Produktion abgehen, unterworfen sind. Die herrschenden Gedanken sind weiter Nichts als der ideelle Ausdruck der herrschenden materiellen Verhältnisse, die als Gedanken gefaßten herrschenden materiellen Verhältnisse; also der Verhältnisse, die eben die eine Klasse zur herrschenden machen, also die Gedanken ihrer Herrschaft. Die Individuen, welche die herrschende Klasse ausmachen, haben unter Anderm auch Bewußtsein und denken daher; insofern sie also als Klasse herrschen und den ganzen Umfang einer Geschichtsepoche bestimmen, versteht es sich von selbst, daß sie dies in ihrer ganzen Ausdehnung tun, also unter Andern auch als Denkende, als Produzenten von Gedanken herrschen, die Produktion und Distribution der Gedanken ihrer Zeit regeln; daß also ihre Gedanken die herrschenden Gedanken der Epoche sind. Zu einer Zeit z. B. und in einem Lande, wo königliche Macht, Aristokratie und Bourgeoisie sich um die Herrschaft streiten, wo also die Herrschaft geteilt ist, zeigt sich als herrschender Gedanke die Doktrin von der Teilung der Gewalten, die nun als ein „ewiges Gesetz ausgesprochen wird.

Die Teilung der Arbeit, die wir schon oben (S. 180-183) als eine der Hauptmächte der bisherigen Geschichte vorfanden, äußert sich nun auch in der herrschenden Klasse als Teilung der geistigen und materiellen Arbeit, so daß innerhalb dieser Klasse der eine Teil als die Denker dieser Klasse auftritt (die aktiven konzeptiven Ideologen derselben, welche die Ausbildung der Illusion dieser Klasse über sich selbst zu ihrem Hauptnahrungszweige machen), während die Andern sich zu diesen Gedanken und Illusionen mehr passiv und rezeptiv verhalten, weil sie in der Wirklichkeit die aktiven Mitglieder dieser Klasse sind und weniger Zeit dazu haben, sich Illusionen und Gedanken über sich selbst zu machen. Innerhalb dieser Klasse kann diese Spaltung derselben sich sogar zu einer gewissen Entgegensetzung und Feindschaft beider Teile entwickeln, die aber bei jeder praktischen Kollision, wo die Klasse selbst gefährdet ist, von selbst wegfällt, wo denn auch der Schein verschwindet, als wenn die herrschenden Gedanken nicht die Gedanken der herrschenden Klasse wären und eine von der Macht dieser Klasse unterschiedene Macht hätten. Die Existenz revolutionärer Gedanken in einer bestimmten Epoche setzt bereits die Existenz einer revolutionären Klasse voraus, über deren Voraussetzungen bereits oben (S. 183-185) das Nötige gesagt ist.

Löst man nun bei der Auffassung des geschichtlichen Verlaufs die Gedanken der herrschenden Klasse von der herrschenden Klasse los, verselbständigt man sie, bleibt dabei stehen, daß in einer Epoche diese und jene Gedanken geherrscht haben, ohne sich um die Bedingungen der Produktion und um die Produzenten dieser Gedanken zu bekümmern, läßt man also die den Gedanken zugrunde liegenden Individuen und Weltzustände weg, so kann man z. B. sagen, daß während der Zeit, in der die Aristokratie herrschte, die Begriffe Ehre, Treue etc., während der Herrschaft der Bourgeoisie die Begriffe Freiheit, Gleichheit etc. herrschten.[17] Die herrschende Klasse selbst bildet sich dies im Durchschnitt ein. Diese Geschichtsauffassung, die allen Geschichtschreibern vorzugsweise seit dem achtzehnten Jahrhundert gemeinsam ist, wird notwendig auf das Phä-

---

[17] [Im Manuskript gestrichen:] Diese „herrschenden Begriffe“ werden eine um so allgemeinere und umfassendere Form haben, je mehr die herrschende Klasse genötigt ist, ihr Interesse als das aller Mitglieder der Gesellschaft darzustellen. Die herrschende Klasse selbst hat im Durchschnitt die Vorstellung, daß diese ihre Begriffe herrschten und unterscheidet sie nur dadurch von herrschenden Vorstellungen früherer Epochen, daß sie sie als ewige Wahrheiten darstellt.

nomen stoßen, daß immer abstraktere Gedanken herrschen, d. h. Gedanken, die immer mehr die Form der Allgemeinheit annehmen. Jede neue Klasse nämlich, die sich an die Stelle einer vor ihr herrschenden setzt, ist genötigt, schon um ihren Zweck durchzuführen, ihr Interesse als das gemeinschaftliche Interesse aller Mitglieder der Gesellschaft darzustellen, d. h. ideell ausgedrückt: ihren Gedanken die Form der Allgemeinheit zu geben, sie als die einzig vernünftigen, allgemein gültigen darzustellen. Die revolutionierende Klasse tritt von vornherein, schon weil sie einer *Klasse* gegenübersteht, nicht als Klasse, sondern als Vertreterin der ganzen Gesellschaft auf, sie erscheint als die ganze Masse der Gesellschaft gegenüber der einzigen, herrschenden Klasse.[18] Sie kann dies, weil im Anfange ihr Interesse wirklich noch mehr mit dem gemeinschaftlichen Interesse aller übrigen nichtherrschenden Klassen zusammenhängt, sich unter dem Druck der bisherigen Verhältnisse noch nicht als besonderes Interesse einer besonderen Klasse entwickeln konnte. Ihr Sieg nutzt daher auch vielen Individuen der übrigen, nicht zur Herrschaft kommenden Klassen, aber nur insofern, als er diese Individuen jetzt in den Stand setzt, sich in die herrschende Klasse zu erheben. Als die französische Bourgeoisie die Herrschaft der Aristokratie stürzte, machte sie es dadurch vielen Proletariern möglich, sich über das Proletariat zu erheben, aber nur, insofern sie Bourgeois wurden. Jede neue Klasse bringt daher nur auf einer breiteren Basis als die der bisher herrschenden ihre Herrschaft zustande, wogegen sich dann später auch der Gegensatz der nichtherrschenden gegen die nun herrschende Klasse um so schärfer und tiefer entwickelt. Durch Beides ist bedingt, daß der gegen diese neue herrschende Klasse zu führende Kampf wiederum auf eine entschiedenere, radikalere Negation der bisherigen Gesellschaftszustände hinarbeitet, als alle bisherigen die Herrschaft anstrebenden Klassen dies tun konnten.

Dieser ganze Schein, als ob die Herrschaft einer bestimmten Klasse nur die Herrschaft gewisser Gedanken sei, hört natürlich von selbst auf, sobald die Herrschaft von Klassen überhaupt aufhört, die Form der gesellschaftlichen Ordnung zu sein, sobald es also nicht mehr nötig ist, ein besonderes Interesse als allgemeines oder „das Allgemeine" als herrschend darzustellen.

Nachdem einmal die herrschenden Gedanken von den herrschenden Individuen und vor allem von den Verhältnissen, die aus einer gegebnen Stufe der Produktionsweise hervorgehn, getrennt sind und dadurch das Resultat zustande gekommen ist, daß in der Geschichte stets Gedanken herrschen, ist es sehr leicht, aus diesen verschiedenen Gedanken sich „*den* Gedanken", die Idee etc. als das in der Geschichte Herrschende zu abstrahieren und damit alle diese einzelnen

---

[18] [Randbemerkung von Marx:] Die Allgemeinheit entspricht 1. der Klasse contra Stand, 2. der Konkurrenz, Weltverkehr, etc., 3. der großen Zahlreichheit der herrschenden Klasse, 4. der Illusion der *gemeinschaftlichen* Interessen (im Anfang diese Illusion wahr), 5. der Täuschung der Ideologen und der Teilung der Arbeit.

Gedanken und Begriffe als „Selbstbestimmungen" *des* sich in der Geschichte entwickelnden Begriffs zu fassen. Es ist dann auch natürlich, daß alle Verhältnisse der Menschen aus dem Begriff des Menschen, dem vorgestellten Menschen, dem Wesen des Menschen, *dem* Menschen abgeleitet werden können. Dies hat die spekulative Philosophie getan. Hegel gesteht selbst am Ende der „Geschichtsphilosophie", daß er „den Fortgang *des Begriffs* allein betrachtet" und in der Geschichte die „wahrhafte *Theodizee*" dargestellt habe (p. 446). Man kann nun wieder auf die Produzenten „des Begriffs" zurückgehen, auf die Theoretiker, Ideologen und Philosophen, und kommt dann zu dem Resultate, daß die Philosophen, die Denkenden als solche, von jeher in der Geschichte geherrscht haben – ein Resultat, was, wie wir sehen, auch schon von Hegel ausgesprochen wurde. Das ganze Kunststück also, in der Geschichte die Oberherrlichkeit des Geistes (Hierarchie bei Stirner) nachzuweisen, beschränkt sich auf folgende drei Efforts.

Nr. 1. Man muß die Gedanken der aus empirischen Gründen, unter empirischen Bedingungen und als materielle Individuen Herrschenden von diesen Herrschenden trennen und somit die Herrschaft von Gedanken oder Illusionen in der Geschichte anerkennen.

Nr. 2. Man muß in diese Gedankenherrschaft eine Ordnung bringen, einen mystischen Zusammenhang unter den aufeinanderfolgenden herrschenden Gedanken nachweisen, was dadurch zustande gebracht wird, daß man sie als „Selbstbestimmungen des Begriffs" faßt (dies ist deshalb möglich, weil diese Gedanken vermittelst ihrer empirischen Grundlage wirklich miteinander zusammenhängen und weil sie als *bloße* Gedanken gefaßt zu Selbstunterscheidungen, vom Denken gemachten Unterschieden, werden).

Nr. 3. Um das mystische Aussehen dieses „sich selbst bestimmenden Begriffs" zu beseitigen, verwandelt man ihn in eine Person – „das Selbstbewußtsein" – oder, um recht materialistisch zu erscheinen, in eine Reihe von Personen, die „den Begriff" in der Geschichte repräsentieren, in „die Denkenden", die „Philosophen" die Ideologen, die nun wieder als die Fabrikanten der Geschichte, als „der Rat der Wächter", als die Herrschenden gefaßt werden.[19] Hiermit hat man sämtliche materialistischen Elemente aus der Geschichte beseitigt und kann nun seinem spekulativen Roß ruhig die Zügel schießen lassen.

Während im gewöhnlichen Leben jeder Shopkeeper sehr wohl zwischen Dem zu unterscheiden weiß, was Jemand zu sein vorgibt, und dem, was er wirklich ist, so ist unsre Geschichtschreibung noch nicht zu dieser trivialen Erkenntnis gekommen. Sie glaubt jeder Epoche aufs Wort, was sie von sich selbst sagt und sich einbildet.

Es muß diese Geschichtsmethode, die in Deutschland, und warum vorzüglich, herrschte, entwickelt werden aus dem Zusammenhang mit der Illusion

[19] [Randbemerkung von Marx:] *Der* Mensch = dem „denkenden Menschengeist".

der Ideologen überhaupt, z. B. den Illusionen der Juristen, Politiker (auch der praktischen Staatsmänner darunter), aus den dogmatischen Träumereien und Verdrehungen dieser Kerls, die sich ganz einfach erklärt aus ihrer praktischen Lebensstellung, ihrem Geschäft und der Teilung der Arbeit.

DAS ELEND DER PHILOSOPHIE

Antwort auf Proudhons „Philosophie des Elends“

Vorwort von Friedrich Engels zur ersten deutschen Ausgabe

Die vorliegende Schrift entstand im Winter 1846/47, zu einer Zeit, wo Marx über die Grundzüge seiner neuen historischen und ökonomischen Anschauungsweise mit sich ins reine gekommen war. Proudhons eben erschienenes „Système des contradictions économiques, ou philosophie de la misère" gab ihm die Gelegenheit, diese Grundzüge zu entwickeln im Gegensatz zu den Ansichten des Mannes, der von nun an unter den lebenden französischen Sozialisten die bedeutendste Stelle einnehmen sollte. Seit der Zeit, wo die beiden in Paris oft ganze Nächte lang ökonomische Fragen diskutiert, waren ihre Wege mehr und mehr auseinander gegangen; Proudhons Schrift bewies, daß jetzt schon eine unüberbrückbare Kluft zwischen beiden lag; Ignorieren war damals nicht möglich; und so konstatierte Marx den unheilbaren Riß in dieser seiner Antwort.

Das Gesamturteil Marx' über Proudhon findet sich in dem diesem Vorwort folgenden Aufsatz niedergelegt, der im Berliner „Social-Demokrat" Nr. 16, 17 und 18 von 1865 erschien. Es war der einzige Artikel, den Marx in jenes Blatt schrieb; die alsbald zutage tretenden Versuche des Herrn von Schweitzer, es ins feudale und Regierungsfahrwasser zu lenken, zwangen uns, unsere Mitarbeiterschaft schon nach wenigen Wochen öffentlich zu kündigen.

Für Deutschland hat die vorliegende Schrift gerade im jetzigen Augenblick eine Bedeutung, die Marx selbst nie geahnt hat. Wie konnte er wissen, daß, indem er auf Proudhon losschlug, er den ihm damals selbst dem Namen nach unbekannten Rodbertus, den Strebergott von heute, traf?

Es ist hier nicht der Ort, auf das Verhältnis von Marx und Rodbertus einzugehn; dazu wird sich mir wohl demnächst Gelegenheit bieten. Hier nur soviel, daß, wenn Rodbertus Marx anklagt, dieser habe ihn „geplündert" und seine Schrift „Zur Erkenntniß" „in seinem ‚Kapital' ganz hübsch benutzt, ohne ihn zu zitieren", er sich zu einer Verleumdung hinreißen läßt, die nur erklärlich wird durch die Verdrießlichkeit des verkannten Genies und durch seine merkwürdige Unwissenheit über Dinge, die außerhalb Preußens vorgehn, und namentlich über die sozialistische und ökonomische Literatur. Marx sind weder diese Anklagen noch die erwähnte Rodbertussche Schrift je zu Gesicht gekommen; er kannte von Rodbertus überhaupt nur die drei „Socialen Briefe", und auch diese keinesfalls vor 1858 oder 1859.

Mit mehr Grund behauptet Rodbertus in diesen Briefen, den „konstituierten Wert Proudhons" bereits vor Proudhon entdeckt zu haben; wobei er sich freilich wieder irrigerweise schmeichelt, der *erste* Entdecker zu sein. Jedenfalls ist er also in unsrer Schrift mitkritisiert, und dies nötigt mich, auf sein „grundlegendes" Werkchen „Zur Erkenntniß unsrer staatswirthschaftlichen Zustände", 1842, kurz einzugehn, soweit dies nämlich außer dem ebenfalls darin (wieder unbewußt) enthaltnen Weitlingschen Kommunismus auch Antizipationen von Proudhon zutage fördert.

Soweit der moderne Sozialismus, einerlei welcher Richtung, von der bürgerlichen politischen Ökonomie ausgeht, knüpft er fast ausnahmslos an die Ricardosche Werttheorie an. Die beiden Sätze, die Ricardo 1817 gleich am Anfang seiner „Principles" proklamiert: 1. daß der Wert jeder Ware bestimmt wird einzig und allein durch die zu ihrer Produktion erheischte Arbeitsmenge, und 2. daß das Produkt der gesamten gesellschaftlichen Arbeit verteilt wird unter die drei Klassen der Grundbesitzer (Rente), Kapitalisten (Profit) und Arbeiter (Arbeitslohn), diese beiden Sätze wurden schon seit 1821 in England zu sozialistischen Konsequenzen verwertet, und zwar teilweise mit solcher Schärfe und Entschiedenheit, daß diese jetzt fast verschollene, von Marx großenteils erst wieder entdeckte Literatur bis zum Erscheinen des „Kapitals" unübertroffen blieb. Darüber ein andermal. Wenn also Rodbertus 1842 seinerseits sozialistische Konsequenzen aus obigen Sätzen zog, so war das für einen Deutschen damals sicherlich ein sehr bedeutender Schritt vorwärts, konnte aber höchstens für Deutschland als neue Entdeckung gelten. Wie wenig neu solche Anwendung der Ricardoschen Theorie war, beweist Marx gegen Proudhon, der an ähnlicher Einbildung litt.

„Wer nur einigermaßen mit der Entwicklung der politischen Ökonomie in England vertraut ist, weiß jedenfalls, daß fast alle Sozialisten dieses Landes, zu verschiedenen Zeiten, die egalitäre (d. h. sozialistische) Anwendung der Ricardoschen Theorie vorgeschlagen haben. Wir könnten dem Herrn Proudhon anführen: ‚Die politische Ökonomie' von Hopkins, 1822; William Thompson, ‚An Inquiry into the Principles of the Distribution of Wealth, most conducive to Human Happiness', 1824; T. R. Edmonds ‚Practical, Moral and Political Economy', 1828, etc. etc. und noch vier Seiten Etceteras. Wir lassen nur einen englischen Kommunisten sprechen: Bray, in seiner bemerkenswerten Schrift ‚Labour's Wrongs and Labour's Remedy', Leeds 1839." Und allein die hier gegebenen Zitate aus Bray beseitigen ein gutes Stück der von Rodbertus beanspruchten Priorität.

Damals hatte Marx noch nie das Lesezimmer des Britischen Museums betreten. Er hatte, außer Pariser und Brüsseler Bibliotheken, außer meinen Büchern und Auszügen, während einer sechswöchentlichen Reise nach England, die wir zusammen im Sommer 1845 machten, nur die in Manchester aufzutreibenden Bücher durchgesehn. Die betreffende Literatur war also in den vierziger Jahren noch keineswegs so unzugänglich wie etwa heutzutage. Wenn sie trotzdem Rodbertus stets unbekannt blieb, so war das lediglich seiner preußischen Lokalborniertheit geschuldet. Er ist der eigentliche Begründer des spezifisch preußischen Sozialismus und wird jetzt endlich als solcher anerkannt.

Indes auch in seinem geliebten Preußen sollte Rodbertus nicht ungestört bleiben. 1859 erschien in Berlin Marx' „Zur Kritik der Politischen Ökonomie, erstes Heft". Darin wird unter den Einwürfen der Ökonomen gegen Ricardo als zweiter Einwand hervorgehoben S. 40:

„Wenn der Tauschwert eines Produkts gleich ist der in ihm enthaltenen

Arbeitszeit, ist der Tauschwert eines Arbeitstags gleich seinem Produkt. Oder der Arbeitslohn muß dem Produkt der Arbeit gleich sein. Nun ist das Gegenteil der Fall." Dazu die folgende Note: „Dieser von ökonomischer Seite gegen Ricardo beigebrachte Einwand ward später von sozialistischer Seite aufgegriffen. Die theoretische Richtigkeit der Formel vorausgesetzt, wurde die Praxis des Widerspruchs gegen die Theorie bezüchtigt und die bürgerliche Gesellschaft angegangen, praktisch die vermeinte Konsequenz ihres theoretischen Prinzips zu ziehen. In dieser Weise wenigstens kehrten englische Sozialisten die Ricardosche Formel des Tauschwerts gegen die politische Ökonomie." In derselben Note wird verwiesen auf Marx' „Misère de la philosophie", die damals noch überall im Buchhandel zu haben war.

Rodbertus hatte also Gelegenheit genug, sich selbst zu überzeugen, ob seine Entdeckungen von 1842 wirklich neu waren. Statt dessen verkündet er sie immer wieder und hält sie für so unvergleichlich, daß ihm nicht einmal einfällt, Marx könne seine Konsequenzen aus Ricardo ebensogut selbständig gezogen haben wie er, Rodbertus, selbst. Rein unmöglich! Marx hat ihn „geplündert" – ihn, dem derselbe Marx jede Gelegenheit bot, sich zu vergewissern, wie lange vor ihnen beiden diese Schlußfolgerungen, wenigstens in der rohen Form, die sie noch bei Rodbertus haben, in England bereits ausgesprochen waren!

Die einfachste sozialistische Nutzanwendung der Ricardoschen Theorie ist nun die oben gegebne. Sie hat in vielen Fällen zu Einsichten in den Ursprung und die Natur des Mehrwerts geführt, die weit über Ricardo hinausgehn; so unter andern bei Rodbertus. Abgesehn davon, daß er in dieser Beziehung nirgendwo etwas bietet, das nicht schon vor ihm mindestens ebensogut gesagt, leidet seine Darstellung wie die seiner Vorgänger daran, daß er die ökonomischen Kategorien: Arbeit, Kapital. Wert etc. in der ihm von den Ökonomen überlieferten cruden, an der Erscheinung haftenden Form unbesehn übernimmt, ohne sie auf ihren Gehalt zu untersuchen. Hierdurch schneidet er sich nicht nur jeden Weg weiterer Entwicklung ab – im Gegensatz zu Marx, der erst aus diesen seit jetzt 64 Jahren oft wiederholten Sätzen etwas gemacht hat –, sondern eröffnet sich auch den graden Weg in die Utopie, wie sich zeigen wird.

Die obige Nutzanwendung der Ricardoschen Theorie, daß den Arbeitern, als den alleinigen wirklichen Produzenten, das gesamte gesellschaftliche Produkt, *ihr* Produkt, gehört, führt direkt in den Kommunismus. Sie ist aber, wie Marx in der obigen Stelle auch andeutet, ökonomisch formell falsch, denn sie ist einfach eine Anwendung der Moral auf die Ökonomie. Nach den Gesetzen der bürgerlichen Ökonomie gehört der größte Teil des Produkts *nicht* den Arbeitern, die es erzeugt haben. Sagen wir nun: das ist unrecht, das soll nicht sein, so geht das die Ökonomie zunächst nichts an. Wir sagen bloß, daß diese ökonomische Tatsache unserm sittlichen Gefühl widerspricht. Marx hat daher nie seine kommunistischen Forderungen hierauf begründet, sondern auf den notwendigen, sich vor unsern Augen täglich mehr und mehr vollziehenden Zusammenbruch der kapitalistischen Produktionsweise; er sagt nur, daß der Mehrwert aus unbezahlter Arbeit besteht, was eine einfache Tatsache ist. Was aber ökonomisch formell falsch, kann darum doch weltgeschichtlich richtig sein. Erklärt das sittliche Bewußtsein der Masse eine ökonomische Tatsache, wie seinerzeit die Sklaverei oder die Fronarbeit, für unrecht, so ist das ein Beweis, daß die Tatsache selbst sich schon überlebt hat, daß andere ökonomische Tatsachen eingetreten sind, kraft deren jene unerträglich und unhaltbar geworden ist. Hinter der formellen ökonomischen Unrichtigkeit kann also ein sehr wahrer ökonomischer Inhalt verborgen sein. Näher auf die Bedeutung und Geschichte der Mehrwertstheorie einzugehen, ist hier nicht der Ort.

Daneben kann man aber aus der Ricardoschen Werttheorie noch andre Folgerungen ziehn und hat sie gezogen. Der Wert der Waren wird durch die zu ihrer Erzeugung erheischte Arbeit bestimmt. Nun aber findet sich, daß in dieser schlechten Welt die Waren bald über, bald unter ihrem Wert verkauft werden, und zwar nicht nur infolge von Konkurrenzschwankungen. Die Profitrate hat ebensosehr die Tendenz, sich für alle Kapitalisten auf dasselbe Niveau auszugleichen, wie die Warenpreise die Tendenz haben, vermittelst Nachfrage und Angebot sich auf den Arbeitswert zu reduzieren. Die Profitrate aber berechnet sich auf das in einem industriellen Geschäft angelegte Gesamtkapital. Da nun in zwei verschiednen Geschäftszweigen das Jahresprodukt gleiche Arbeitsmengen verkörpern, also gleiche Werte darstellen kann, auch der Arbeitslohn in beiden gleich hoch, die vorgeschossenen Kapitale aber in dem einen Geschäftszweig doppelt oder dreimal so groß sein können, und oft sind, wie im andern, so kommt hier das Ricardosche Wertgesetz, wie schon Ricardo selbst entdeckte, in Widerspruch mit dem Gesetz der gleichen Profitrate. Werden die Produkte beider Geschäftszweige zu ihren Werten verkauft, so können die Profitraten nicht gleich sein; sind aber die Profitraten gleich, so können die Produkte beider Geschäftszweige nicht durchweg zu ihren Werten verkauft werden. Wir haben hier also einen Widerspruch, eine Antinomie zweier ökonomischen Gesetze; die praktische Lösung macht sich nach Ricardo (Kap. I, Sektion 4 und 5) in der Regel zugunsten der Profitrate auf Kosten des Werts.

Nun hat aber die Ricardosche Wertbestimmung, trotz ihrer ominösen Eigenschaften, eine Seite, die sie dem braven Bürger lieb und teuer macht. Sie appelliert mit unwiderstehlicher Gewalt an sein Gerechtigkeitsgefühl. Gerechtigkeit und Gleichheit der Rechte, das sind die Grundpfeiler, auf die der Bürger des achtzehnten und neunzehnten Jahrhunderts sein Gesellschaftsgebäude errichten möchte über den Trümmern der feudalen Ungerechtigkeiten, Ungleichheiten und Privilegien. Und die Bestimmung des Warenwerts durch Arbeit und der nach diesem Wertmaß sich vollziehende freie Austausch der Arbeitsprodukte zwischen gleichberechtigten Warenbesitzern, das sind, wie Marx schon nachgewiesen, die realen Grundlagen, auf denen die gesamte politische, juristische und philosophische Ideologie des modernen Bürgertums sich aufgebaut hat.

Einmal die Erkenntnis gegeben, daß die Arbeit das Maß des Warenwerts ist, muß sich auch das bessere Gefühl des braven Bürgers tief verletzt fühlen durch die Schlechtigkeit einer Welt, die dies Grundgesetz der Gerechtigkeit zwar dem Namen nach anerkennt, aber der Sache nach jeden Augenblick ungeniert beiseite zu setzen scheint. Und namentlich der Kleinbürger, dessen ehrliche Arbeit – wenn sie auch nur die seiner Gesellen und Lehrlinge ist – täglich mehr und mehr entwertet wird durch die Konkurrenz der Großproduktion und der Maschinen, namentlich der Kleinproduzent muß sich sehnen nach einer Gesellschaft, worin der Austausch der Produkte nach ihrem Arbeitswert endlich einmal eine volle und ausnahmslose Wahrheit wird; in andern Worten: Er muß sich sehnen nach einer Gesellschaft, in der ein einzelnes Gesetz der Warenproduktion ausschließlich und unverkürzt gilt, aber die Bedingungen beseitigt sind, unter denen es überhaupt gelten kann, nämlich die übrigen Gesetze der Warenproduktion und weiterhin der kapitalistischen Produktion.

Wie tief diese Utopie in der Denkweise des modernen – wirklichen oder ideellen – Kleinbürgers begründet ist, beweist die Tatsache, daß sie schon 1831 von John Gray systematisch entwickelt, in den dreißiger Jahren in England praktisch versucht und theoretisch breitgetreten, 1842 von Rodbertus in Deutschland, 1846 von Proudhon in Frankreich als neuste Wahrheit proklamiert, noch 1871 von Rodbertus abermals als Lösung der sozialen Frage und gleichsam als sein soziales Testament verkündet wurde und 1884 wieder Anhang findet bei dem Streberheer, das auf den Namen Rodbertus hin den preußischen Staatssozialismus auszubeuten sich anschickt.

Die Kritik dieser Utopie ist von Marx so erschöpfend sowohl gegen Proudhon wie gegen Gray (siehe den Anhang dieser Schrift) geliefert, daß ich mich hier beschränken kann auf einige Bemerkungen über die speziell Rodbertussche Form ihrer Begründung und Ausmalung.

Wie schon gesagt: Rodbertus übernimmt die herkömmlichen ökonomischen Begriffsbestimmungen ganz in der Form, in der sie ihm von den Ökonomen überliefert worden. Er macht nicht den geringsten Versuch, sie zu untersuchen. Wert ist ihm „die Geltung einer Sache gegen die übrigen nach Quantität, diese Geltung als Maß aufgefaßt".

Diese, gelind gesagt, höchst loddrige Definition gibt uns im besten Fall eine Vorstellung davon, wie der Wert ungefähr aussieht, aber sagt absolut nicht, was er ist. Da dies aber alles ist, was Rodbertus uns vom Wert zu sagen weiß, ist es begreiflich, daß er nach einem außerhalb des Werts liegenden Wertmaßstab sucht. Nachdem er auf dreißig Seiten Gebrauchswert und Tauschwert mit der von Herrn Adolph Wagner so unendlich bewunderten Kraft des abstrakten Denkens kunterbunt durcheinander geworfen, kommt er zu dem Resultat, daß es ein wirkliches Wertmaß nicht gibt und man sich mit einem Surrogatmaß begnügen müsse. Ein solches könne die Arbeit abgeben, aber nur dann, wenn Produkte gleicher Arbeitsquantitäten sich stets gegen Produkte gleicher Arbeitsquantitäten austauschten; sei es, daß dies „an sich schon der Fall ist, oder daß Vorkehrungen getroffen werden", die dies sicherstellen. Wert und Arbeit bleiben also ohne irgendwelchen sachlichen Zusammenhang, trotzdem daß das ganze erste Kapitel darauf verwendet wird, uns auseinanderzusetzen, daß und warum die Waren „Arbeit kosten" und nichts als Arbeit.

Die Arbeit nun wird wieder unbesehn in der Form genommen, in der sie bei den Ökonomen vorkommt. Und nicht einmal das. Denn wenn auch mit zwei Worten auf die Intensitätsunterschiede der Arbeit hingewiesen wird, so wird die Arbeit doch ganz allgemein als „kostend", also wertmessend, angeführt, einerlei, ob sie unter den normalen gesellschaftlichen Durchschnittsbedingungen verausgabt wird oder nicht. Ob die Produzenten zehn Tage auf die Herstellung von Produkten verwenden, die in einem Tage hergestellt werden können, oder nur einen, ob sie die besten oder die schlechtesten Werkzeuge anwenden, ob sie ihre Arbeitszeit auf Herstellung gesellschaftlich nötiger Artikel und in der gesellschaftlich erheischten Quantität verwenden, oder ob sie ganz unbegehrte Artikel oder begehrte Artikel über oder unter Bedarf anfertigen – von alledem ist keine Rede: Arbeit ist Arbeit, Produkt gleicher Arbeit muß ausgetauscht werden gegen Produkt gleicher Arbeit. Rodbertus, der sonst jederzeit, ob angebracht oder nicht, bereit ist, sich auf den nationalen Standpunkt zu stellen und von der Höhe der allgemein gesellschaftlichen Warte die Verhältnisse der Einzelproduzenten zu überschauen, vermeidet dies hier ängstlich. Und zwar nur deshalb, weil er schon von der ersten Zeile seines Buchs an direkt auf die Utopie des Arbeitsgelds lossteuert und jede Untersuchung der Arbeit in ihrer wertbildenden Eigenschaft ihm unpassierbare Felsblöcke ins Fahrwasser schleudern müßte. Sein Instinkt war hier bedeutend stärker als seine Kraft des abstrakten Denkens, die beiläufig nur vermittelst der konkretesten Gedankenlosigkeit bei Rodbertus zu entdecken ist.

Der Übergang zur Utopie ist nun im Handumdrehen gemacht. Die „Vorkehrungen", die den Warenaustausch nach Arbeitswert als ausnahmslose Regel sicherstellen, machen keine Schwierigkeit. Die übrigen Utopisten dieser Richtung, von Gray bis Proudhon, plagen sich damit ab, gesellschaftliche Einrichtungen auszuklügeln, die diesen Zweck verwirklichen sollen. Sie versuchen wenigstens, die ökonomische Frage auf ökonomischem Wege, durch Aktion der austauschenden Warenbesitzer selbst, zu lösen. Rodbertus hat es viel leichter. Als guter Preuße appelliert er an den Staat: Ein Dekret der Staatsgewalt befiehlt die Reform.

Damit ist denn der Wert glücklich „konstituiert", aber keineswegs die von Rodbertus beanspruchte Priorität dieser Konstituierung. Im Gegenteil, Gray wie Bray – neben vielen andern – haben diesen Gedanken: den frommen Wunsch nach Vorkehrungen, vermittelst deren die Produkte unter allen Umständen stets und nur zu ihrem Arbeitswert sich austauschen, lange und oft vor Rodbertus bis zum Überdruß wiederholt.

Nachdem der Staat den Wert – wenigstens eines Teils der Produkte, denn Rodbertus ist auch bescheiden – dermaßen konstituiert, gibt er sein Arbeitspapiergeld aus, macht den industriellen Kapitalisten Vorschüsse davon, mit denen diese die Arbeiter lohnen, worauf die Arbeiter mit dem erhaltenen Arbeitspapiergeld die Produkte kaufen und so den Rückfluß des Papiergelds an seinen Ausgangspunkt vermitteln. Wie wunderschön sich dies abwickelt, das müssen wir von Rodbertus selbst hören.

„Was die zweite Bedingung betrifft, so wird die nötige Vorkehrung, daß der im Zettel bescheinigte Wert wirklich im Verkehr vorhanden ist, dadurch getroffen, daß nur derjenige, der ein Produkt wirklich abgibt, einen Zettel erhält, in welchem genau die Arbeitsquantität bemerkt ist, durch welche das Produkt hergestellt worden. Wer ein Produkt von zwei Tagen Arbeit abgibt, erhält einen Zettel, auf dem ‚zwei Tage' bemerkt stehn. Durch die genaue Beobachtung dieser Regel bei der Emission muß notwendig auch diese zweite Bedingung erfüllt werden. Denn da nach unsrer Voraussetzung der wirkliche Wert der Güter immer mit derjenigen Arbeitsquantität zusammenfällt, welche ihre Herstellung gekostet hat, und diese Arbeitsquantität ihren Maßstab in der gewöhnlichen Zeiteinteilung besitzt, so hat jemand, der ein Produkt hingibt, auf das zwei Tage Arbeit verwandt sind, wenn er zwei Tage bescheinigt erhält, auch nicht mehr oder weniger Wert bescheinigt oder angewiesen erhalten, als er in der Tat abgeliefert hat; – und da ferner *nur* derjenige eine solche Bescheinigung erhält, der wirklich ein Produkt in den Verkehr geliefert hat, so ist es auch gewiß, daß der im Zettel bemerkte Wert zur Befriedigung der Gesellschaft vorhanden ist. Denkt man sich nun den Kreis der Teilung der Arbeit auch noch so weit, so muß, wenn genau diese Regel befolgt wird, *die Summe des vorhandenen Wertes der Summe des bescheinigten Wertes genau gleich sein.* Da aber die Summe des bescheinigten Wertes genau auch die Summe des angewiesenen Wertes ist, so muß auch diese *mit dem vorhandenen Wert notwendig aufgehn, alle Ansprüche werden befriedigt und die Liquidation richtig vermittelt sein.*" (S. 166, 167.)

Wenn bisher Rodbertus stets das Unglück hatte, mit seinen neuen Entdeckungen zu spät zu kommen, so hat er diesmal wenigstens das Verdienst einer Art Originalität: In dieser kindlich naiven, durchsichtigen, ich möchte sagen echt pommerschen Form hat keiner seiner Konkurrenten die Torheit der Arbeitsgelds-Utopie auszusprechen gewagt. Da für jeden Papierschein ein entsprechender Wertgegenstand geliefert worden und kein Wertgegenstand wieder abgegeben wird außer gegen einen entsprechenden Papierschein, so muß die Summe der Papierscheine stets durch die Summe der Wertgegenstände gedeckt sein; die Rechnung geht auf ohne den geringsten Rest, es stimmt bis auf die Arbeitssekunde, und kein im Dienst noch so ergrauter Regierungs-Hauptkassen-Rentamtskalkulator kann den geringsten Rechenfehler nachweisen. Was will man mehr?

In der heutigen kapitalistischen Gesellschaft produziert jeder industrielle Kapitalist auf eigne Faust, was, wie und wieviel er will. Der gesellschaftliche Bedarf aber bleibt ihm eine unbekannte Größe, sowohl was die Qualität, die

Art der bedurften Gegenstände, wie deren Quantität angeht. Was heute nicht rasch genug geliefert werden kann, mag morgen weit über Bedarf ausgeboten werden. Trotzdem wird schließlich der Bedarf so oder so, schlecht oder recht, befriedigt, und die Produktion richtet sich im ganzen und großen schließlich auf die bedurften Gegenstände. Wie wird diese Ausgleichung des Widerspruchs bewirkt? Durch die Konkurrenz. Und wie bringt die Konkurrenz diese Lösung fertig? Einfach, indem sie die nach Art oder Menge für den augenblicklichen gesellschaftlichen Bedarf unbrauchbaren Waren unter ihren Arbeitswert entwertet und es auf diesem Umwege den Produzenten fühlbar macht, daß sie entweder überhaupt unbrauchbare oder an sich brauchbare Artikel in unbrauchbarer, überflüssiger Menge hergestellt haben. Es folgte hieraus zweierlei:

Erstens, daß die fortwährenden Abweichungen der Warenpreise von den Warenwerten die notwendige Bedingung sind, unter der und durch die allein der Warenwert zum Dasein kommen kann. Nur durch die Schwankungen der Konkurrenz und damit der Warenpreise setzt sich das Wertgesetz der Warenproduktion durch, wird die Bestimmung des Warenwerts durch die gesellschaftlich notwendige Arbeitszeit eine Wirklichkeit. Daß dabei die Erscheinungsform des Werts, der Preis, in der Regel etwas anders aussieht als der Wert, den er zur Erscheinung bringt, dies Schicksal teilt der Wert mit den meisten gesellschaftlichen Verhältnissen. Der König sieht meist auch ganz anders aus als die Monarchie, die er vorstellt. In einer Gesellschaft austauschender Warenproduzenten die Wertbestimmung durch Arbeitszeit herstellen wollen, dadurch, daß man der Konkurrenz verbietet, diese Wertbestimmung durch Druck auf die Preise in der einzigen Weise herzustellen, in der sie überhaupt hergestellt werden kann, heißt also nur beweisen, daß man die übliche utopistische Mißachtung der ökonomischen Gesetze sich wenigstens auf diesem Gebiete angeeignet hat.

Zweitens: Indem die Konkurrenz innerhalb einer Gesellschaft austauschender Warenproduzenten das Wertgesetz der Warenproduktion zur Geltung bringt, setzt sie eben dadurch die unter den Umständen einzig mögliche Organisation und Ordnung der gesellschaftlichen Produktion durch. Nur vermittelst der Entwertung oder Überwertung der Produkte werden die einzelnen Warenproduzenten mit der Nase darauf gestoßen, was und wieviel davon die Gesellschaft braucht oder nicht braucht. Grade diesen einzigen Regulator aber will die von Rodbertus mitvertretene Utopie abschaffen. Und wenn wir dann fragen, welche Garantie wir haben, daß von jedem Produkt die nötige Quantität und nicht mehr produziert wird, daß wir nicht an Korn und Fleisch Hunger leiden, während wir im Rübenzucker ersticken und im Kartoffelschnaps ersaufen, daß wir nicht Hosen genug haben, um unsre Blöße zu bedecken, während die Hosenknöpfe millionenweise umherwimmeln – so zeigt uns Rodbertus triumphierend seine famose Rechnung, wonach für jedes überflüssige Pfund Zucker, für jedes unverkaufte Faß Schnaps, für jeden unannähbaren Hosenknopf der richtige Schein ausgestellt worden ist, eine Rechnung, die genau „aufgeht", nach der

„alle Ansprüche befriedigt werden und die Liquidation richtig vermittelt" ist. Und wer's nicht glaubt, der wende sich an den Regierungs-Hauptkassen-Rentamtskalkulator X in Pommern, der die Rechnung revidiert und richtig befunden und der als noch nie im Kassendefekt ertappt durchaus glaubwürdig ist.

Und nun betrachte man die Naivetät, mit der Rodbertus die Industrie- und Handelskrisen vermittelst seiner Utopie beseitigen will. Sobald die Warenproduktion Weltmarkts-Dimensionen angenommen hat, erledigt sich die Ausgleichung zwischen den für Privatrechnung produzierenden Einzelproduzenten und dem ihnen nach Quantität und Qualität des Bedarfs mehr oder weniger unbekannten Markt, für den sie produzieren, durch ein Weltmarktsungewitter, eine Handelskrise.* Verbietet man nun der Konkurrenz, den Einzelproduzenten durch Steigen oder Fallen der Preise mitzuteilen, wie der Weltmarkt steht, so verbindet man ihnen die Augen vollständig. Die Warenproduktion so einrichten, daß die Produzenten gar nichts mehr erfahren können über den Stand des Markts, für den sie produzieren – das ist allerdings eine Kur für die Krisenkrankheit, um die der Doktor Eisenbart Rodbertus beneiden könnte.

Man begreift jetzt, warum Rodbertus den Wert der Waren durch „Arbeit" kurzweg bestimmt und höchstens verschiedne Intensitätsgrade der Arbeit zuläßt. Hätte er untersucht, wodurch und wie die Arbeit Wert schafft und daher auch bestimmt und mißt, so kam er auf die gesellschaftlich notwendige Arbeit, notwendig für das einzelne Produkt sowohl gegenüber andern Produkten derselben Art wie auch gegenüber dem gesellschaftlichen Gesamtbedarf. Damit kam er vor die Frage: wie die Anpassung der Produktion der einzelnen Warenproduzenten an den gesellschaftlichen Gesamtbedarf sich vollzieht; und damit war seine ganze Utopie unmöglich gemacht. Er zog es diesmal in der Tat vor „zu abstrahieren", nämlich von dem, worauf es grade ankam.

Jetzt endlich kommen wir zu dem Punkt, in dem Rodbertus uns wirklich etwas Neues bietet; etwas, das ihn von allen seinen zahlreichen Mitgenossen der Arbeitsgelds-Tauschwirtschaft unterscheidet. Sie alle verlangen diese Tauscheinrichtung zum Zweck der Abschaffung der Ausbeutung der Lohnarbeit durch das Kapital. Jeder Produzent soll den vollen Arbeitswert seines Produktes erhalten. Darin sind sie alle einig, von Gray bis Proudhon. Keineswegs, sagt Rodbertus. Die Lohnarbeit und ihre Ausbeutung bleibt.

Erstens kann der Arbeiter in keinem denkbaren Gesellschaftszustand den ganzen Wert seines Produkts zum Verzehren erhalten; es müssen stets aus dem

* Wenigstens war dies der Fall bis vor kurzem. Seitdem Englands Weltmarktsmonopol mehr und mehr gebrochen wird durch die Beteiligung Frankreichs, Deutschlands und vor allem Amerikas am Welthandel, scheint eine neue Ausgleichungsform sich geltend zu machen. Die der Krise vorhergehende Periode allgemeiner Prosperität will noch immer nicht kommen. Bleibt sie ganz aus, so müßte chronische Stagnation der Normalzustand der modernen Industrie werden, mit nur geringen Schwankungen.

produzierten Fonds eine Reihe wirtschaftlich unproduktiver, aber notwendiger Funktionen mit bestritten, also auch die betreffenden Leute mit erhalten werden. Dies ist nur richtig, solange die heutige Teilung der Arbeit gilt. In einer Gesellschaft mit Verpflichtung zu allgemeiner produktiver Arbeit, die doch auch „denkbar" ist, fällt dies weg. Bleiben aber würde die Notwendigkeit eines gesellschaftlichen Reserve- und Akkumulationsfonds, und daher würden auch dann *zwar* die Arbeiter, d. h. alle, im Besitz und Genuß ihres Gesamtproduktes bleiben, nicht aber jeder einzelne seinen „vollen Arbeitsertrag" genießen. Die Erhaltung ökonomisch unproduktiver Funktionen aus dem Arbeitsprodukt ist auch von den andern Arbeitsgeld-Utopisten nicht übersehn worden. Aber sie lassen die Arbeiter sich zu diesem Zweck auf üblichem demokratischem Wege selbst besteuern, während Rodbertus, dessen gesamte Sozialreform von 1842 auf den damaligen preußischen Staat zugeschnitten ist, die ganze Sache in das Befinden der Bürokratie legt, die dem Arbeiter seinen Anteil an seinem eigenen Produkt von oben herab bestimmt und in Gnaden zukommen läßt.

Zweitens aber soll auch Grundrente und Profit unverkürzt fortbestehn. Denn auch die Grundbesitzer und industriellen Kapitalisten üben gewisse, gesellschaftlich nützliche oder sogar nötige, wenn auch wirtschaftlich unproduktive Funktionen aus und erhalten in Grundrente und Profit gewissermaßen Gehalt dafür – eine bekanntlich selbst 1842 keineswegs neue Auffassung. Eigentlich bekommen sie jetzt viel zuviel für das Wenige, das sie, und schlecht genug, leisten, aber Rodbertus hat nun einmal, wenigstens für die nächsten 500 Jahre, eine privilegierte Klasse nötig, und so soll die gegenwärtige Rate des Mehrwerts, um mich korrekt auszudrücken, bestehn bleiben, aber nicht gesteigert werden dürfen. Diese gegenwärtige Rate des Mehrwerts nimmt Rodbertus an zu 200 Prozent, d. h. bei zwölfstündiger Arbeit täglich soll der Arbeiter nicht 12 Stunden bescheinigt erhalten, sondern nur 4, und der in den übrigen 8 Stunden produzierte Wert soll zwischen Grundbesitzer und Kapitalist verteilt werden. Die Rodbertusschen Arbeitsbescheinigungen lügen also direkt. Man muß aber eben wieder ein pommerscher Rittergutsbesitzer sein, um sich einzubilden, eine Arbeiterklasse würde sich das gefallen lassen, zwölf Stunden zu arbeiten, um vier Arbeitsstunden bescheinigt zu erhalten. Übersetzt man den Hokuspokus der kapitalistischen Produktion in diese naive Sprache, wo er als unverhüllter Raub erscheint, so macht man ihn unmöglich. Jeder dem Arbeiter gegebne Schein wäre eine direkte Aufforderung zur Rebellion und fiele unter § 110 des deutschen Reichsstrafgesetzbuchs. Man muß nie ein andres Proletariat gesehn haben als das noch tatsächlich in halber Leibeigenschaft befangne Taglöhnerproletariat eines pommerschen Ritterguts, wo Stock und Peitsche herrschen und wo alle hübschen Frauenzimmer des Dorfs zum Harem des gnädigen Herrn gehören, um sich vorzustellen, solche Unverschämtheit dürfe man den Arbeitern bieten. Aber unsre Konservativen sind nun einmal unsre größten Revolutionäre.

Wenn aber unsre Arbeiter sanftmütig genug sind, sich aufbinden zu lassen, sie hätten während ganzen zwölf Stunden harter Arbeit in Wirklichkeit nur vier Stunden gearbeitet, so soll ihnen dafür zum Lohn garantiert werden, daß in alle Ewigkeit ihr Anteil an ihrem eigenen Produkt nicht unter ein Drittel fallen soll. Dies ist in der Tat Zukunftsmusik auf der Kindertrompete und nicht wert, daß man ein Wort darüber verliert. Soweit also in der Arbeitsgelds-Tauschutopie Rodbertus etwas Neues bietet, ist dies Neue einfach kindisch und steht tief unter den Leistungen seiner zahlreichen Genossen vor wie nach ihm.

Für die Zeit, wo Rodbertus' „Zur Erkenntniß etc." erschien, war es unbedingt ein bedeutendes Buch. Seine Fortführung der Ricardoschen Werttheorie in der einen Richtung war ein vielversprechender Anfang. War sie auch nur für ihn und für Deutschland neu, so steht sie doch im ganzen auf gleicher Höhe wie die Leistungen seiner besseren englischen Vorgänger. Aber es war eben nur ein Anfang, aus dem nur durch gründliche und kritische weitere Arbeit ein wirklicher Gewinn für die Theorie zu erlangen war. Diese Weiterführung jedoch schnitt er sich selbst ab dadurch, daß er gleich von vornherein auch die Weiterführung Ricardos in der zweiten Richtung, der Richtung auf die Utopie, mit in Angriff nahm. Damit verlor er die erste Bedingung aller Kritik – die Unbefangenheit. Er arbeitete los auf ein vorher bestimmtes Ziel, er wurde Tendenzökonom. Einmal gefangengenommen von seiner Utopie, hatte er sich alle Möglichkeit des Fortschreitens in der Wissenschaft versperrt. Von 1842 bis zu seinem Tode dreht er sich im Kreise, wiederholt stets dieselben bereits in der ersten Schrift ausgesprochnen oder angedeuteten Gedanken, fühlt sich verkannt, findet sich geplündert, wo nichts zu plündern war, und verschließt sich zuletzt nicht ohne Absicht gegen die Erkenntnis, daß er im Grunde doch nur schon längst Entdecktes wiederentdeckt hat.

*

An einigen Stellen weicht die Übersetzung vom gedruckten französischen Original ab. Es beruht dies auf handschriftlichen Änderungen von Marx, die auch in der vorbereiteten, neuen französischen Ausgabe ihren Platz finden werden.

Es ist wohl kaum nötig, darauf aufmerksam zu machen, daß die in dieser Schrift gebrauchte Ausdrucksweise nicht ganz mit der des „Kapital" stimmt. So wird hier noch von der Arbeit als Ware, von Kauf und Verkauf der Arbeit gesprochen, statt der Arbeitskraft.

Als Ergänzung sind in dieser Ausgabe noch zugefügt: 1. eine Stelle aus der Marxschen Schrift „Zur Kritik der Politischen Ökonomie", Berlin 1859, über die *erste* Arbeitsgeld-Austauschutopie von John Gray, und 2. eine Übersetzung der Brüsseler Rede (1848) von Marx über Freihandel, die derselben Entwicklungsperiode des Verfassers angehört wie die „Misère".

London, 23. Oktober 1884 *Friedrich Engels*

Zur Zweiten Auflage

habe ich nur zu bemerken, daß der im französischen Text verschriebene Name Hopkins (auf S. 241) durch den richtigen Hodgskin ersetzt und ebendaselbst die Jahreszahl der Schrift von William Thompson auf 1842 berichtigt ist. Womit das bibliographische Gewissen des Herrn Professor Anton Menger hoffentlich beruhigt ist.

London, 29. März 1892 *Friedrich Engels*

Vorrede

Herr Proudhon genießt das Unglück, auf eigentümliche Art verkannt zu werden. In Frankreich hat er das Recht, ein schlechter Ökonom zu sein, weil man ihn für einen tüchtigen deutschen Philosophen hält; in Deutschland dagegen darf er ein schlechter Philosoph sein, weil er für einen der stärksten französischen Ökonomen gilt. In unserer Doppeleigenschaft als Deutscher und Ökonom sehen wir uns veranlaßt, gegen diesen doppelten Irrtum Protest einzulegen.

Der Leser wird begreifen, daß wir bei dieser undankbaren Arbeit mehrfach die Kritik des Herrn Proudhon über die der deutschen Philosophie in den Hintergrund treten lassen und nebenbei uns einige Bemerkungen über die politische Ökonomie überhaupt gestatten mußten.

Brüssel, den 15. Juni 1847 *Karl Marx*

Das Werk des Herrn Proudhon ist nicht ganz einfach eine Abhandlung über politische Ökonomie, ein gewöhnliches Buch, es ist eine Bibel: „Mysterien", „Geheimnisse, dem Busen Gottes entrissen", „Offenbarungen", nichts davon fehlt. Aber da heutzutage die Propheten gewissenhafter geprüft werden als die profanen Autoren, muß sich der Leser schon darein ergeben, mit uns die trokkene und dunkle Gelehrsamkeit der „Genesis" zu durchwandern, um sich dann mit Herrn Proudhon in die ätherischen und fruchtbaren Gefilde des *Übersozialismus* zu erheben (s. Proudhon, „Philosophie de la misère", Prolog, S. III, Zeile 20).*

* Diese Einführung ist in den ersten vier Auflagen der deutschen Ausgabe nicht enthalten.

Erstes Kapitel: Eine wissenschaftliche Entdeckung

§ 1. Gegensatz von Gebrauchswert und Tauschwert

> „Die Eigenschaft aller Produkte, seien sie industrielle oder Naturprodukte: dem Unterhalt des Menschen zu dienen, wird im besonderen Gebrauchswert genannt, ihre Eigenschaft, sich gegeneinander auszutauschen, *Tauschwert* ... Wie wird der Gebrauchswert Tauschwert? ... Die Erzeugung der Idee des (Tausch-)* Wertes ist von den Ökonomen nicht mit hinreichender Sorgfalt gekennzeichnet worden, wir haben daher hier haltzumachen. Da nämlich unter den Dingen, deren ich bedarf, eine große Zahl nur in mäßiger Menge oder selbst gar nicht in der Natur sich vorfindet, so bin ich gezwungen, der Produktion dessen, was mir fehlt, nachzuhelfen, und da ich nicht an so viele Dinge selbst Hand anlegen kann, so werde ich anderen Menschen, meinen Mitarbeitern in verschiedenen Tätigkeitszweigen, *den Vorschlag machen*, mir einen Teil ihrer Produkte im *Austausch* gegen meines abzutreten." (Proudhon, Bd. I, Kap. 2.)

Herr Proudhon nimmt sich vor, uns vor allen Dingen die doppelte Natur des Wertes, „*die Unterscheidung des Wertes in sich*", das Hervorgehen des Tauschwertes aus dem Gebrauchswerte, auseinanderzusetzen. Mit Herrn Proudhon müssen auch wir bei diesem Transsubstantiationsakt haltmachen. Sehen wir, wie sich dieser Akt nach unserm Verfasser vollzieht.

Eine sehr große Zahl von Produkten findet sich nicht in der Natur, sondern ist nur herzustellen durch die Industrie. Sobald die Bedürfnisse die freiwillige Produktion der Natur überschreiten, ist der Mensch gezwungen, zur industriellen Produktion seine Zuflucht zu nehmen. Was ist diese Industrie in der Vorstellung des Herrn Proudhon? Welches ist ihr Ursprung? Ein einzelner Mensch, der das Bedürfnis nach einer großen Anzahl von Dingen empfindet, „kann nicht an soviel Dinge selbst Hand anlegen". Soviel zu befriedigende Bedürfnisse setzen voraus soviel zu produzierende Dinge. Kein Produkt ohne Produktion. Soviel zu produzierende Dinge setzen aber schon mehr voraus als die aushelfende Hand eines einzelnen Menschen. Von dem Augenblick jedoch, wo mehr als eine zur Produktion beitragende Hand vorausgesetzt wird, wird bereits eine ganze, auf Teilung der Arbeit begründete Produktion unterstellt. So unterstellt das Bedürfnis, wie Herr Proudhon es annimmt, die Arbeitsteilung vollständig. Die Arbeitsteilung vorausgesetzt, haben wir den Austausch und folglich auch den Tauschwert. Ebensogut konnten wir den Tauschwert von vornherein als gegeben voraussetzen.

Aber Herr Proudhon hat es vorgezogen, im Kreise zu laufen; folgen wir ihm also auf seinen Umwegen, die uns stets wieder zu seinem Ausgangspunkt zurückführen werden.

---

* (Tausch-): Einfügung von Marx

Um aus dem Zustand, wo jeder als Einsiedler für sich produziert, heraus und zum Austausch zu gelangen, „wende ich mich", sagt Herr Proudhon, „an meine Mitarbeiter in verschiedenen Tätigkeitszweigen". Ich habe also Mitarbeiter, die alle verschiedenen Beschäftigungen obliegen, ohne daß wir darum, ich und alle anderen – immer nach der Voraussetzung des Herrn Proudhon – aus der vereinsamten und wenig sozialen Stellung der Robinsons herausgetreten wären. Die Mitarbeiter und die verschiedenen Tätigkeitszweige, Arbeitsteilung und Austausch, den letztere in sich begreift, sind da, vom Himmel gefallen.

Fassen wir zusammen: Ich habe Bedürfnisse, die sich auf Arbeitsteilung und Austausch gründen. Indem Herr Proudhon diese Bedürfnisse voraussetzt, hat er auch bereits den Austausch und den Tauschwert vorausgesetzt, „dessen Entstehung er gerade mit größerer Sorgfalt als die übrigen Ökonomen zu kennzeichnen" sich vornimmt.

Herr Proudhon hätte ebensogut die Reihenfolge der Vorgänge umkehren können, ohne die Richtigkeit seiner Schlüsse zu beeinträchtigen. Um den Tauschwert zu erklären, bedarf es des Austausches. Um den Austausch zu erklären, bedarf es der Arbeitsteilung. Um die Arbeitsteilung zu erklären, bedarf es der Bedürfnisse, welche die Arbeitsteilung nötig machen. Um diese Bedürfnisse zu erklären, muß man sie einfach „*voraussetzen*", was keineswegs heißt sie leugnen, entgegen dem ersten Axiom im Prolog des Herrn Proudhon: „Gott voraussetzen, heißt ihn leugnen" (Prolog, S. I).

Wie verfährt nun Herr Proudhon mit der Teilung der Arbeit, die er als bekannt voraussetzt, um den Tauschwert zu erklären, der für ihn stets das Unbekannte bleibt?

„Ein Mensch" macht sich auf, „anderen Menschen, seinen Mitarbeitern in verschiedenen Tätigkeitszweigen, „*vorzuschlagen*", den Austausch herzustellen und einen Unterschied zwischen Gebrauchswert und Tauschwert zu machen. Mit der Annahme dieser vorgeschlagenen Unterscheidung haben die Mitarbeiter Herrn Proudhon keine weitere „Sorgfalt" überlassen als die, von dieser Tatsache Akt zu nehmen, die „Entstehung der Idee des Wertes" in seiner Abhandlung über politische Ökonomie zu vermerken, sie „zu kennzeichnen. „Aber er soll uns noch immer die „Entstehung" dieses Vorschlages erklären, uns endlich einmal sagen, wie dieser einzelne Mensch, dieser Robinson, plötzlich auf den Einfall gekommen ist, „seinen Mitarbeitern" einen Vorschlag der *bekannten* Art zu machen, und wie diese Mitarbeiter ihn ohne irgendwelchen Einwand angenommen haben.

Herr Proudhon geht auf diese genealogischen Einzelnheiten nicht ein. Er gibt einfach der Tatsache des Austausches eine Art historischen Gepräges, indem er sie vorführt unter der Form eines Antrages, welchen ein Dritter gestellt, dahingehend, den Austausch einzuführen.

Hier haben wir eine kleine Probe von „*der historischen und beschreibenden Methode*" des Herrn Proudhon, der eine so souveräne Verachtung für die „historische und beschreibende Methode" von Adam Smith und Ricardo an den Tag legt.

Der Austausch hat seine eigene Geschichte. Er macht verschiedene Phasen durch. Es gab eine Zeit, wo man, wie im Mittelalter, nur den Überfluß austauschte, den Überschuß der Produktion über den Verbrauch.

Es gab ferner eine Zeit, wo nicht nur der Überfluß, sondern alle Produkte, das ganze industrielle Dasein in den Handel übergegangen waren, wo die ganze Produktion vom Austausch abhing. Wie diese zweite Phase des Austausches, den Tauschwert auf seiner zweiten Potenz, erklären?

Herrn Proudhons Antwort ist sofort fertig: Man nehme an, daß ein Mensch „anderen Menschen, seinen Mitarbeitern in verschiedenen Tätigkeitszweigen, *vorgeschlagen*“ habe, den Tauschwert auf seine zweite Potenz zu erheben.

Kam endlich eine Zeit, wo alles, was die Menschen bisher als unveräußerlich betrachtet hatten, Gegenstand des Austausches, des Schachers, veräußert wurde. Es ist dies die Zeit, wo selbst Dinge, die bis dahin mitgeteilt wurden, aber nie ausgetauscht, gegeben, aber nie verkauft, erworben, aber nie gekauft: Tugend, Liebe, Überzeugung, Wissen, Gewissen etc., wo mit einem Wort alles Sache des Handels wurde. Es ist die Zeit der allgemeinen Korruption, der universellen Käuflichkeit oder, um die ökonomische Ausdrucksweise zu gebrauchen, die Zeit, in der jeder Gegenstand, ob physisch oder moralisch, als Handelswert auf den Markt gebracht wird, um auf seinen richtigsten Wert abgeschätzt zu werden.

Wie nun diese neue und letzte Phase des Austausches – den Tauschwert auf seiner dritten Potenz – erklären?

Herrn Proudhons Antwort wäre sofort fertig: Nehmt an, eine Person habe „anderen Personen, ihren Mitarbeitern in verschiedenen Tätigkeitszweigen, *vorgeschlagen*“, aus der Tugend, der Liebe etc. einen Handelswert zu machen, den Tauschwert auf seine dritte und letzte Potenz zu erheben.

Man sieht, „die historische und beschreibende Methode“ des Herrn Proudhon ist zu allem gut, beantwortet alles, erklärt alles. Handelt es sich darum, „die Erzeugung einer ökonomischen Idee“ historisch zu erklären, so setzt er einen Menschen voraus, der anderen Menschen, „seinen Mitarbeitern in verschiedenen Tätigkeitszweigen“, vorschlägt, diesen Akt der Erzeugung zu vollziehen, und alles ist fertig.

Von nun ab akzeptieren wir „die Erzeugung“ des Tauschwertes als einen vollzogenen Akt; es bleibt jetzt nur noch die Beziehung des Tauschwertes zum Gebrauchswert auseinanderzusetzen. Hören wir Herrn Proudhon:

> „Die Ökonomen haben den doppelten Charakter des Wertes sehr gut hervorgehoben, was sie aber nicht mit derselben Deutlichkeit ausgedrückt haben, ist seine sich selbst *widersprechende* Natur – hier beginnt unsere Kritik ... Es bedeutet wenig, beim Gebrauchswert und Tauschwert auf jenen überraschenden Kontrast hinzuweisen, bei dem die Ökonomen nur etwas sehr Einfaches zu sehen gewohnt sind, es gilt zu zeigen, daß diese vorgebliche Einfachheit ein tiefes Mysterium verbirgt, welches zu durchdringen unsere Pflicht ist ... Um uns technisch auszudrücken, stehen Gebrauchswert und Tauschwert im umgekehrten Verhältnis zueinander.“

Wenn wir den Gedanken des Herrn Proudhon richtig erfaßt haben, so will er folgende vier Punkte feststellen:

1. Gebrauchswert und Tauschwert bilden „einen überraschenden Kontrast", stehen im Gegensatz zueinander.
2. Gebrauchswert und Tauschwert stehen im umgekehrten Verhältnis zueinander, widersprechen sich.
3. Die Ökonomen haben weder den Gegensatz noch den Widerspruch gesehen oder erkannt.
4. Die Kritik des Herrn Proudhon fängt an mit dem Ende.

Auch wir fangen an mit dem Ende, und um die Ökonomen von den Anklagen des Herrn Proudhon zu entlasten, wollen wir zwei ziemlich bedeutende Ökonomen sprechen lassen.

> *Sismondi:* „Der Handel hat alle Dinge auf den Gegensatz zwischen Gebrauchswert und Tauschwert zurückgeführt, etc." („Études", Bd. II, S. 162, Brüsseler Ausgabe.)
> *Lauderdale:* „Im allgemeinen nimmt der Nationalreichtum (Gebrauchswert)* in dem Verhältnis ab, wie die Einzelvermögen durch das Steigen des Tauschwertes anwachsen; und in dem Maße, wie dieselben durch das Fallen dieses Wertes abnehmen, steigt in der Regel der erstere. („Recherches sur la nature et l'origine de la richesse publique"; traduit par Lagentie de Lavaïsse, Paris 1808.)

Sismondi hat auf den *Gegensatz* zwischen Gebrauchswert und Tauschwert seine Haupttheorie begründet, nach welcher das Einkommen abnimmt im Verhältnis, wie die Produktion gesteigert wird.

Lauderdale hat sein System auf das umgekehrte Verhältnis beider Wertarten begründet, und seine Theorie war zur Zeit *Ricardos* so populär, daß dieser von ihr wie von einer bekannten Sache sprechen durfte:

> „Durch Verwirrung der Begriffe von Tauschwert und Reichtum (Gebrauchswert)* kam man zur Behauptung, man könne den Reichtum vermehren durch Verminderung der Menge der zum Leben notwendigen, nützlichen oder angenehmen Dinge. (Ricardo, „Principes d'économie politique", traduits par Constancio, annotés par J.-B. Say", Paris 1835, Bd. II, Kapitel „Über Wert und Reichtum".)

Wir sehen, daß die Ökonomen vor Herrn Proudhon auf das tiefe Mysterium vom Gegensatz und Widerspruch „hingewiesen" haben. Sehen wir jetzt, wie Herr Proudhon nach den Ökonomen seinerseits dieses Mysterium erklärt.

---

* (Gebrauchswert): Einfügung von Marx

Der Tauschwert eines Produkts fällt in dem Maße, wie das Angebot zunimmt, wenn die Nachfrage dieselbe bleibt; mit anderen Worten: Je mehr ein Produkt *im Verhältnis zur Nachfrage* überreichlich vorhanden ist, um so niedriger ist sein Tauschwert oder Preis. *Umgekehrt*: Je schwächer das Angebot im Verhältnis zur Nachfrage ist, um so höher steigt der Tauschwert oder Preis des Produkts; mit anderen Worten: Je größer die Seltenheit der angebotenen Produkte im Verhältnis zur Nachfrage, um so größer die Preiserhöhung. Der Tauschwert eines Produktes hängt von seinem Überfluß oder seiner Seltenheit ab, aber stets im Verhältnis zur Nachfrage. Man nehme ein mehr als seltenes, meinetwegen in seiner Art einziges Produkt – es wird mehr als überreichlich vorhanden, es wird überflüssig sein, wenn keine Nachfrage dafür da ist. Umgekehrt, man nehme ein ins Millionenfache vervielfältigtes Produkt, es wird stets selten sein, wenn es nicht die Nachfrage deckt, d. h., wenn zuviel Nachfrage nach ihm ist.

Das sind, möchten wir sagen, fast gemeinplätzliche Wahrheiten, und doch mußten wir sie hier wieder vorführen, um die Mysterien des Herrn Proudhon verständlich zu machen.

> „So daß, wenn man das Prinzip bis zu seinen letzten Konsequenzen verfolgen wollte, man zu diesem logischsten aller Schlüsse gelangen müßte, daß die Dinge, deren Gebrauch notwendig und deren Menge unbegrenzt ist, umsonst zu haben sein, und diejenigen, deren Nutzwert Null und deren Seltenheit außerordentlich ist, unendlich hoch im Preise stehen müßten. Was die Verwirrung auf den Gipfel steigert, ist, daß in der Praxis diese beiden Extreme nicht vorkommen: Einerseits kann kein menschliches Produkt je zu unendlicher Menge anwachsen; andererseits müssen die seltensten Dinge bis zu einem gewissen Grade nützlich sein, sonst würden sie gar keinen Wert haben können. Gebrauchswert und Tauschwert sind also notwendigerweise miteinander verbunden, obwohl sie ihrer Natur nach sich beständig auszuschließen streben." (Bd. I, S. 39.)

Was steigert die Verwirrung des Herrn Proudhon auf den höchsten Gipfel? Ganz einfach, daß er die *Nachfrage* vergessen hat und daß ein Ding nur überreichlich oder selten vorhanden ist, je nachdem es verlangt wird. Einmal die Nachfrage beiseite gelassen, setzt er den Tauschwert der *Seltenheit* und den Gebrauchswert dem *Überfluß* gleich. In der Tat, wenn er sagt, daß die Dinge, „deren *Nutzwert Null* und deren *Seltenheit außerordentlich* ist, *unendlich hoch im Preise* stehen", sagt er ganz einfach, daß Tauschwert lediglich Seltenheit ist. „Äußerste Seltenheit und Nützlichkeit gleich Null", das ist Seltenheit schlechtweg. „Unendlich hoher Preis" ist das Maximum des Tauschwertes, ist der reine Tauschwert. Diese beiden Ausdrücke stellt er in Gleichung. Tauschwert und Seltenheit sind somit gleichbedeutende Bezeichnungen. Indem er zu diesen angeblich „äußersten Konsequenzen" gelangt, hat Herr Proudhon allerdings die Worte aufs Äußerste getrieben, aber nicht den Inhalt, den sie ausdrücken, und er treibt damit mehr Rhetorik als Logik. Da, wo er neue Konsequenzen gefunden zu haben glaubt, findet er nur seine ursprünglichen Voraussetzungen in ihrer ganzen Nacktheit wieder. Dank demselben Verfahren bringt er es fertig, Gebrauchswert und reinen Überfluß als gleichbedeutend hinzustellen.

Nachdem er Tauschwert und Seltenheit, Gebrauchswert und Überfluß gleichgesetzt hat, ist Herr Proudhon ganz verwundert, daß er weder den Gebrauchswert in Seltenheit und Tauschwert noch den Tauschwert in Überfluß und Gebrauchswert findet; und da er ferner einsieht, daß in der Praxis diese Extreme nicht vorkommen, bleibt ihm nichts übrig, als an ein Mysterium zu glauben. Er kennt einen Preis, der unendlich hoch ist, eben weil es keine Käufer für ihn gibt, und Käufer wird er nie finden, solange er von der Nachfrage absieht.

Andererseits scheint der Überfluß des Herrn Proudhon von selbst zu entstehen. Er vergißt ganz, daß es Leute gibt, die ihn produzieren, und daß es in ihrem Interesse liegt, die Nachfrage nie aus dem Auge zu verlieren. Wenn nicht, wie käme Herr Proudhon sonst dazu, zu behaupten, daß die Dinge, die einen sehr großen Nutzwert haben, sehr billig sein oder sogar nichts kosten müßten? Er hätte im Gegenteil zu dem Schluß kommen müssen, daß man den Überfluß, die Produktion der sehr nützlichen Dinge, einschränken müsse, wenn man ihren Preis, ihren Tauschwert erhöhen will.

Wenn früher die französischen Weinbauern ein Gesetz verlangten, welches die Anlage neuer Weinberge untersagte, wenn die Holländer die Gewürze Asiens verbrannten, die Nelkenbäume auf den Molukken ausrotteten, so wollten sie einfach den Überfluß vermindern, um den Tauschwert zu erhöhen. Das ganze Mittelalter verfuhr nach demselben Prinzip, als es durch Gesetze die Anzahl der Gesellen einschränkte, die jeder einzelne Meister beschäftigen, die Zahl der Werkzeuge, die er in Anwendung bringen durfte. (Vgl. Anderson, „Geschichte des Handels".)

Nachdem er nun Überfluß als Gebrauchswert und Seltenheit als Tauschwert hingestellt – nichts leichter als der Nachweis, daß Überfluß und Seltenheit sich umgekehrt zueinander verhalten –, identifiziert Herr Proudhon den Gebrauchswert mit dem *Angebot* und den Tauschwert mit der *Nachfrage*. Um die Antithese noch krasser erscheinen zu lassen, schiebt er einen andern Ausdruck unter und setzt „*Meinungswert*" statt *Tauschwert*. So ist der Streit auf ein anderes Gebiet verlegt, und wir haben auf der einen Seite die *Nützlichkeit* (Gebrauchswert, Angebot), auf der anderen die *Meinung* (Tauschwert, Nachfrage).

Wie diese einander widersprechenden Faktoren aussöhnen? Was tun, um sie in Einklang zu setzen? Läßt sich zum mindesten ein Punkt finden, der ihnen gemeinsam ist?

„Sicher", ruft Herr Proudhon aus, „es gibt einen: der *freie Wille*. Der Preis, der aus diesem Kampf zwischen Angebot und Nachfrage, zwischen Nutzen und Meinung, sich ergibt, kann nicht der Ausdruck der ewigen Gerechtigkeit sein." Herr Proudhon entwickelt diese Antithese weiter:

> „In meiner Eigenschaft als *freier Käufer* bin ich Richter über mein Bedürfnis, Richter über die Zweckmäßigkeit des Gegenstandes, Richter über den Preis, den ich dafür anlegen *will.* Andererseits bist du als *freier Produzent* Herr über die *Herstellungsmittel* und folglich imstande, deine Kosten zu verringern." (Bd. I, S. 41.)

Und da Nachfrage oder Tauschwert identisch ist mit Meinung, so sieht sich Herr Proudhon veranlaßt zu sagen:

> „Es ist erwiesen, daß es der *freie Wille* ist, der den Gegensatz zwischen Gebrauchswert und Tauschwert herbeiführt. Wie diesen Gegensatz auflösen, solange der freie Wille besteht? Und wie den freien Willen opfern, ohne den Menschen preiszugeben?" (Bd. I, S. 41.)

Hier ist es also nicht möglich, zu einem Resultat zu gelangen. Wir haben einen Kampf zwischen zwei sozusagen inkommensurablen Mächten, zwischen Nutzen und Meinung, zwischen freiem Käufer und freiem Produzenten.

Sehen wir die Dinge etwas näher an.

Das Angebot stellt nicht ausschließlich den Nutzen, die Nachfrage nicht lediglich die Meinung dar. Bietet derjenige, der nachfragt, nicht ebenfalls selbst irgendein Produkt oder das Vertretungszeichen aller Produkte: Geld, an, und vertritt er nicht als Anbietender nach Herrn Proudhon den Nutzen oder Gebrauchswert?

Der Anbietende, andererseits, hält er nicht gleichzeitig Nachfrage nach irgendeinem Produkt oder dem Vertretungszeichen aller Produkte: Geld? Und wird er damit nicht Vertreter der Meinung, des Meinungs- oder Tauschwertes?

Die Nachfrage ist gleichzeitig ein Angebot, das Angebot gleichzeitig eine Nachfrage. Somit beruht die Antithese des Herrn Proudhon, die einfach Angebot und Nachfrage mit Nutzen und Meinung identifiziert, lediglich auf einer hohlen Abstraktion.

Was Herr Proudhon Gebrauchswert nennt, nennen andere Ökonomen mit ebensoviel Recht Meinungswert. Wir wollen nur Storch anführen. („Cours d'économie politique", Paris 1823, S. 48 u. 49.)

Nach ihm heißen die Dinge, für die wir Bedürfnis empfinden, *Bedürfnisse*; *Werte* diejenigen, denen wir einen Wert beilegen. Die meisten Dinge haben nur Wert, weil sie die durch die Meinung geschaffenen Bedürfnisse befriedigen. Die Meinung über unsere Bedürfnisse kann wechseln, und so auch die Nützlichkeit der Dinge, die nur die Beziehung dieser Dinge zu unseren Bedürfnissen ausdrückt. Selbst die natürlichen Bedürfnisse wechseln beständig. In der Tat, welche Verschiedenheit besteht nicht z. B. zwischen den Gegenständen, die bei den verschiedenen Völkern als Hauptnahrung dienen!

Der Kampf findet nicht zwischen Nutzen und Meinung statt: Er geht vor zwischen dem Handelswert, den der Anbietende fordert, und dem Handelswert, den der Nachfragende anbietet. Der Tauschwert des Produktes ist stets die Resultante dieser einander widersprechenden Abschätzungen.

In letzter Instanz stellen Angebot und Nachfrage die Produktion und die Konsumtion einander gegenüber, aber Produktion und Konsumtion begründet auf den Austausch zwischen einzelnen.

Das Produkt, welches man anbietet, ist nicht das Nützliche an und für sich. Der Konsument erst bestimmt seine Nützlichkeit. Und selbst wenn man ihm die Eigenschaft der Nützlichkeit zuerkennt, so stellt es nicht die Nützlichkeit als solche dar. Im Verlauf der Produktion ward es gegen alle Produktionskosten ausgetauscht, gegen Rohstoffe, Arbeitslöhne etc., alles Dinge, die einen Handelswert haben. Somit vertritt das Produkt in den Augen des Produzenten eine Summe von Handelswerten, Was er anbietet, ist nicht nur ein nützlicher Gegenstand, sondern auch, und zwar vor allem, ein Tauschwert.

Was die Nachfrage anbetrifft, so ist sie nur wirksam, soweit sie über Tauschmittel verfügt. Diese Mittel sind selbst wiederum Produkte, Tauschwerte.

In Angebot und Nachfrage finden wir somit einerseits ein Produkt, welches Tauschwerte gekostet hat, und das Bedürfnis zu verkaufen; andererseits Mittel, die Tauschwerte gekostet haben, und den Wunsch zu kaufen.

Herr Proudhon stellt den *freien Käufer* dem *freien Produzenten* gegenüber. Er legt beiden rein metaphysische Eigenschaften bei. Daher kann er auch sagen: „Es ist erwiesen, daß der *freie Wille* des Menschen es ist, der den Gegensatz zwischen Gebrauchswert und Tauschwert hervorruft."

Solange der Produzent in einer auf Arbeitsteilung und Einzelaustausch begründeten Gesellschaft produziert – und das ist die Voraussetzung des Herrn Proudhon –, ist er gezwungen zu verkaufen. Herr Proudhon macht den Produzenten zum Herrn der Produktionsmittel; er wird uns aber zugeben, daß der Besitz dieser Produktionsmittel nicht vom *freien Willen* abhängt. Mehr noch: Diese Produktionsmittel sind zum großen Teil Produkte, die er vom Ausland bezieht, und in der modernen Produktion ist er nicht einmal frei, die Menge, die er will, zu produzieren; der jeweilige Stand der Entwicklung der Produktionskräfte zwingt ihn, auf dieser oder jener bestimmten Stufenleiter zu produzieren.

Der Konsument ist nicht freier als der Produzent. Seine Meinung hängt ab von seinen Mitteln und seinen Bedürfnissen. Beide werden durch seine soziale Lage bestimmt, die wiederum selbst abhängt von der allgemeinen sozialen Organisation. Allerdings, der Arbeiter, der Kartoffeln kauft, und die ausgehaltene Mätresse, die Spitzen kauft, folgen beide nur ihrer respektiven Meinung; aber die Verschiedenheit ihrer Meinungen erklärt sich durch die Verschiedenheit der Stellung, die sie in der Welt einnehmen und die selbst wiederum ein Produkt der sozialen Organisation ist.

Ist das System der Bedürfnisse in seiner Gesamtheit auf die Meinung oder auf die gesamte Organisation der Produktion begründet? In den meisten Fällen entspringen die Bedürfnisse aus der Produktion oder aus einem auf die Produktion begründeten allgemeinen Zustand. Der Welthandel dreht sich fast ausschließlich um Bedürfnisse – nicht der Einzelkonsumtion, sondern der Produktion. Um ein anderes Beispiel zu wählen, setzt nicht das Bedürfnis nach Notaren ein gegebenes Zivilrecht voraus, das nur der Ausdruck einer bestimmten Entwicklung des Eigentums, d. h. der Produktion, ist?

Es genügt Herrn Proudhon nicht, aus dem Verhältnis von Angebot und Nachfrage die Elemente auszumerzen, von denen wir gesprochen. Er treibt die Abstraktion auf die Spitze, indem er alle Produzenten in einen einzigen Produzenten, alle Konsumenten in *einen einzigen* Konsumenten zusammenschweißt und den Kampf zwischen diesen beiden chimärischen Personen sich ausspielen läßt. Aber in der wirklichen Welt wickeln sich die Dinge anders ab. Die Konkurrenz zwischen den Anbietenden sowohl wie die Konkurrenz zwischen den Nachfragenden bildet ein notwendiges Element des Kampfes zwischen Käufern und Verkäufern, dessen Ergebnis der Tauschwert ist.

Nachdem er Produktionskosten und Konkurrenz ausgemerzt hat, kann Herr Proudhon die Formel von Angebot und Nachfrage nach Belieben aufs Absurde reduzieren.

> „Angebot und Nachfrage“, sagt er, „sind nichts anderes als zwei *zeremonielle Formen*, die dazu dienen, Gebrauchswert und Tauschwert einander gegenüberzustellen und ihre Versöhnung zu veranlassen Es sind die beiden elektrischen Pole, die, in Verbindung gesetzt, die Wahlverwandtschaftserscheinung, *Austausch* genannt, zur Folge haben müssen.“ (Bd. I, S. 49.)

Ebensogut könnte man sagen, der Austausch sei nur eine „zeremonielle Form“, um den Konsumenten und den Konsumtionsgegenstand zusammenzuführen. Ebensogut könnte man sagen, alle ökonomischen Beziehungen seien nur „zeremonielle Formen“, um den unmittelbaren Konsum zu vermitteln. Angebot und Nachfrage sind Verhältnisse einer gegebenen Produktion, nicht mehr und nicht weniger als der Einzelaustausch.

Worin besteht somit die ganze Dialektik des Herrn Proudhon? Darin, daß er für Gebrauchs- und Tauschwert, für Angebot und Nachfrage abstrakte und sich widersprechende Begriffe setzt, wie Seltenheit und Überfluß, Nützlichkeit und Meinung, *einen* Produzenten und *einen* Konsumenten, beide *Ritter vom freien Willen.*

Und worauf wollte er hinaus?

Sich das Mittel freihalten, früher oder später eines der ausgemerzten Elemente, die *Produktionskosten*, einzuführen als die *Synthese* zwischen Gebrauchswert und Tauschwert. Und so bilden denn in seinen Augen die Produktionskosten den *synthetischen* oder *konstituierten Wert.*

§ 2. Der konstituierte oder synthetische Wert

„Der (Tausch-)* Wert ist der Eckstein des ökonomischen Gebäudes." Der „*konstituierte*" Wert ist der Eckstein des Systems der ökonomischen Widersprüche.

Was ist nun dieser „*konstituierte Wert*", der die ganze Entdeckung des Herrn Proudhon in der politischen Ökonomie ausmacht?

Die Nützlichkeit einmal vorausgesetzt, ist die Arbeit die Quelle des Wertes. Das Maß der Arbeit ist die Zeit. Der relative Wert der Produkte wird bestimmt durch die Arbeitszeit, die zu ihrer Herstellung aufgewendet werden mußte. Der Preis ist der in Geld ausgedrückte relative Wert eines Produktes. Der konstituierte Wert endlich eines Produktes ist ganz einfach der Wert, der konstituiert wird durch die in demselben enthaltene Arbeitszeit.

Wie Adam Smith die *Arbeitsteilung* entdeckt hat, so behauptet Herr Proudhon, den „*konstituierten Wert*" entdeckt zu haben. Das ist nicht just „etwas Unerhörtes"; indes muß man zugeben, daß in keiner Entdeckung der ökonomischen Wissenschaft etwas Unerhörtes liegt. Immerhin sucht Herr Proudhon, der die ganze Bedeutung seiner Entdeckung ahnt, das Verdienst derselben abzuschwächen, „um den Leser über seine Ansprüche auf Originalität zu beruhigen und die Geister wieder auszusöhnen, deren Ängstlichkeit neuen Ideen wenig günstig ist". Nach Maßgabe jedoch, wie er seinen Vorläufern den Anteil zumißt, den jeder von ihnen an der Feststellung des Wertes gehabt, kommt er gezwungenermaßen dahin, laut zu verkünden, daß ihm der größte, der Löwenanteil gebührt.

> „Die synthetische Wertidee wurde von Adam Smith in unbestimmter Weise erfaßt ... Aber diese Wertidee war bei Adam Smith ganz intuitiv: Die Gesellschaft jedoch ändert ihre Gewohnheiten nicht auf bloße Intuitionen hin, sie folgt erst der Autorität der Tatsache. Die Antinomie mußte auf eine eindrucksvollere und präzisere Art und Weise hervorgehoben werden: J.-B. Say war ihr hauptsächlicher Dolmetscher."

Da haben wir die Geschichte der Entdeckung des synthetischen Wertes fix und fertig: Adam Smith gebührt die vage Intuition, J.-B. Say die Antinomie, Herrn Proudhon die konstituierende und „konstituierte" Wahrheit. Und man täusche sich nicht: Alle andern Ökonomen, von Say bis Proudhon, haben sich im Geleise der Antinomie bewegt.

> „Es ist unglaublich, daß so viele verständige Menschen sich seit vierzig Jahren gegen eine so einfache Idee abquälen. Aber nein, die Vergleichung der Werte wird vollzogen, ohne daß es zwischen ihnen irgendeinen Vergleichungspunkt gäbe und ohne Maßeinheit: – das haben die *Ökonomen des 19. Jahrhunderts*, anstatt die revolutionäre

* (Tausch-): Einfügung von Marx

Theorie der Gleichheit zu erfassen, gegen alle und jeden zu behaupten sich entschlossen. *Was wird die Nachwelt dazu sagen*?“ (Bd. I, S. 68.)

Die auf so brüske Art angerufene Nachwelt wird zunächst über die Chronologie in Zweifel geraten. Sie muß sich notwendig fragen: Sind denn Ricardo und seine Schule keine Ökonomen des 19. Jahrhunderts? Das System Ricardos, der als Prinzip aufstellte, „daß der relative Wert der Waren ausschließlich auf der zu ihrer Herstellung erforderten Arbeit beruht“, datiert vom Jahre 1817. Ricardo ist das Haupt einer ganzen Schule, die seit der Restauration in England herrscht. Die Ricardosche Lehre repräsentiert schroff, unbarmherzig die ganze englische Bourgeoisie, die selbst wiederum der Typus der modernen Bourgeoisie überhaupt ist. „Was die Nachwelt dazu sagen wird?“ Sie wird nicht sagen, daß Herr Proudhon Ricardo nicht gekannt hat, denn er spricht von ihm, lang und breit, er kommt immer wieder auf ihn zurück und sagt schließlich, daß sein System „Kohl“ ist. Wenn sich die Nachwelt jemals hineinmischt, so wird sie vielleicht sagen, daß Herr Proudhon, aus Furcht, die Anglophobie seiner Leser zu verletzen, es vorgezogen hat, sich zum verantwortlichen Herausgeber der Ideen Ricardos herzugeben. Wie dem jedoch sei, wird sie es sehr naiv finden, daß Herr Proudhon das als „revolutionäre Zukunftstheorie“ hinstellt, was Ricardo wissenschaftlich nachgewiesen hat als die Theorie der gegenwärtigen, der bürgerlichen Gesellschaft, und daß er somit als Auflösung der Antinomie zwischen Gebrauchswert und Tauschwert das annimmt, was Ricardo und dessen Schule lange vor ihm als die wissenschaftliche Formel der einen Seite der Antinomie, des *Tauschwertes*, aufgestellt haben. Aber lassen wir ein für allemal die Nachwelt beiseite, und konfrontieren wir Herrn Proudhon mit seinem Vorgänger Ricardo. Folgende Stellen aus diesem Schriftsteller fassen seine Werttheorie zusammen:

„Nicht die Nützlichkeit ist das Maß des *Tauschwertes*, obwohl sie ein notwendiges Element desselben ist. (S. 3, Bd. I. von „Principes de l’éccnomie politique etc.“, traduit de l’anglais par F.-S. Constancio, Paris 1835.)

„Die Dinge, sobald sie einmal als an sich nützlich anerkannt sind, ziehen ihren Tauschwert aus zwei Quellen: aus ihrer Seltenheit und der zu ihrer Gewinnung nötigen Arbeitsmenge. Es gibt Dinge, deren Wert nur von ihrer Seltenheit abhängt. Da keine Arbeit ihre Zahl vermehren kann, so kann ihr Wert nicht sinken auf Grund ihres größeren Überflusses. Hierhin gehören Bildsäulen, kostbare Gemälde etc. Dieser Wert hängt einzig von dem Vermögen, dem Geschmack und der Laune derer ab, die Lust verspüren, diese Gegenstände zu besitzen.“ (Bd. I, S. 4 u. 5, a. a. O.) „Sie machen jedoch nur ein sehr geringes Quantum der Waren aus, die täglich ausgetauscht werden. Da die größte Anzahl der Gegenstände, die man zu besitzen wünscht, Erzeugnisse der Industrie sind, kann man sie, sobald man die zu ihrer Herstellung notwendige Arbeit aufwenden will, nicht nur in einem Lande, sondern in mehreren Ländern in fast unbegrenzter Menge vervielfältigen.“ (Bd. I, S.5, a. a. O.) „Wenn wir also von Waren, ihrem Tauschwert und den Prinzipien reden, nach denen sich ihr Preis regelt, so haben wir nur diejenigen Waren im Auge, deren Menge durch menschliche Arbeit beliebig vermehrt werden kann, deren Produktion durch die Konkurrenz gefördert wird und auf keine Hindernisse stößt." (Bd. I. S.5.)

Ricardo zitiert Adam Smith, der nach ihm „die erste Quelle des Tauschwertes mit großer Genauigkeit entwickelt hat" (Smith, I, Kap. 5), und fügt hinzu:

„Daß dies (die Arbeitszeit nämlich) in Wahrheit die Grundlage des Tauschwertes aller Dinge ist, die ausgenommen, welche durch menschliche Arbeit nicht beliebig verehrt werden können, ist ein höchst wichtiger Lehrsatz der politischen Ökonomie: Denn aus keiner Quelle sind soviel Irrtümer geflossen, soviel Meinungsverschiedenheiten in dieser Wissenschaft entsprungen wie aus der oberflächlichen und wenig präzisen Auslegung des Wortes Wert." (Bd. I, S. 8.) „Wenn die in einen Gegenstand hineingelegte Arbeitsmenge es ist, die seinen Tauschwert bestimmt, so folgt daraus, daß jede Vermehrung der Arbeitsmenge notwendigerweise den Wert des Gegenstandes vermehren muß, auf den sie verwendet wurde, und daß ebenso jede Verminderung der Arbeit den Preis desselben vermindern muß." (Bd. I, S. 9.)

Ricardo macht dann Adam Smith den Vorwurf:

1. Daß er „für den Wert einen anderen Maßstab als die Arbeit aufstellte, bald den Wert des Getreides, bald die Arbeitsmenge, welche eine Sache zu kaufen vermag etc." (Bd. I, S. 9 u. 10.)
2. Daß er „das Prinzip ohne Vorbehalt einräume und doch seine Anwendung auf den ursprünglichen rohen Zustand der Gesellschaft beschränke, der der Anhäufung der Kapitalien und dem Privateigentum an Grund und Boden vorhergeht". (Bd. I, S. 21.)

Ricardo sucht den Nachweis zu liefern, daß das Grundeigentum, d. h. die (Boden-)* Rente, den Wert der Lebensmittel nicht beeinflussen kann und daß die Akkumulation der Kapitalien nur einen zeitweiligen und oszillierenden Einfluß auf das Verhältnis der Werte ausübt, die bestimmt werden durch das Verhältnis der zu ihrer Herstellung aufgewendeten Arbeitsmenge. Um diesen Satz zu beweisen, entwickelt er seine berühmte Grundrententheorie, analysiert er das Kapital und gelangt in letzter Instanz dahin, in demselben nur aufgehäufte Arbeit zu finden. Alsdann entwickelt er eine ganze Theorie über das Verhältnis von Arbeitslohn und Profit und beweist, daß Lohn und Profit im umgekehrten Verhältnis zueinander steigen und fallen, ohne den Wert des Produktes zu beeinflussen. Er übersieht dabei nicht den Einfluß, den die Anhäufung der Kapitalien und ihre verschiedene Natur (fixes und flüssiges Kapital) sowie die Lohnhöhe auf den verhältnismäßigen Wert der Produkte ausüben können. Es sind das sogar die hauptsächlichsten Probleme, die Ricardo beschäftigen.

---

* (Boden-): Einfügung der Übersetzer

„Keine Ersparnis von Arbeit", sagt er, „ermangelt je, den relativen Wert[1] einer Ware sinken zu machen, sei es, daß diese Ersparnis die Arbeit, die zur Verfertigung des Gegenstandes selbst nötig ist, betrifft, sei es, daß sie sich auf die zur Bildung des bei dieser Verfertigung angewendeten Kapitals bezieht." (Bd. I, S. 28.) „Solange daher ein Arbeitstag dem einen die gleiche Menge Fisch und dem andern ebensoviel Wildbret abwirft, wird die natürliche Höhe der bezüglichen Tauschpreise stets dieselbe bleiben, welche Veränderungen auch sonst in den Arbeitslöhnen und Profiten vorgehen mögen und unbeschadet aller Einwirkungen der Kapitalanhäufung." (Bd. I, S. 32.) „Wir haben die Arbeit als die Grundlage des Wertes der Dinge betrachtet und die zu deren Herstellung notwendige Arbeitsmenge als den Maßstab, der die Menge der Waren bestimmt, die im Austausch für andere hingegeben werden müssen; aber wir haben nicht die Absicht zu leugnen, daß in dem jeweiligen Preis der Waren zufällige und vorübergehende Abweichungen von diesem ursprünglichen natürlichen Preise vorkommen." (Bd. I, S. 105. a. a. O.) „Die Produktionskosten sind es, die in letzter Instanz den Preis der Dinge bestimmen, und nicht, wie man oft behauptet hat, das Verhältnis zwischen Angebot und Nachfrage." (Bd. II, S. 253.)

Lord Lauderdale hatte die Veränderungen des Tauschwertes nach dem Gesetz von Angebot und Nachfrage oder von Seltenheit und Überfluß in Beziehung zur Nachfrage entwickelt. Nach ihm kann der Wert einer Sache steigen, wenn deren Menge abnimmt, aber die Nachfrage nach ihr wächst; er kann sinken, je nachdem ihre Menge zunimmt oder die Nachfrage nach ihr abnimmt. So kann der Wert eines Gegenstandes sich verändern durch die Einwirkung von acht verschiedenen Ursachen, nämlich der vier Ursachen, welche auf diesen selbst Bezug haben, und der vier Ursachen, welche sich auf das Geld oder jede andere Ware beziehen, die als Maß ihres Wertes dient. Ricardo widerlegt das folgendermaßen:

„Produkte, welche das *Monopol* eines einzelnen oder einer Gesellschaft sind, ändern ihren Wert nach dem Gesetz, welches Lord Lauderdale aufgestellt hat; sie sinken entsprechend dem Wachsen des Angebots und steigen mit dem Verlangen, welches die Käufer an den Tag legen, sie zu erwerben; ihr Preis steht in keinem notwendigen Verhältnis zu ihrem natürlichen Wert. Was aber die Dinge betrifft, die der Konkurrenz unter den Verkäufern unterliegen und deren Menge bis zu einem gewissen Grade vermehrt werden kann, so hängt ihr Preis endgültig nicht von dem Stande der Nachfrage und Zufuhr, sondern von der Vermehrung oder Verminderung der Produktionskosten ab." (Bd. II, S. 259.)

---

[1] Ricardo bestimmt bekanntlich den Wert einer Ware durch die „Menge der Arbeit, die zu ihrer Erlangung erforderlich ist". Die in jeder auf Warenproduktion beruhenden Produktionsweise, also auch in der kapitalistischen, herrschende Austauschform bringt es aber mit sich, daß dieser Wert nicht direkt in Mengen von Arbeit ausgedrückt wird, sondern in Mengen einer anderen Ware. Der Wert einer Ware, ausgedrückt in einem Quantum einer anderen Ware (Geld oder nicht), heißt bei Ricardo ihr relativer Wert. *F. E.*

Wir überlassen es dem Leser, die so präzise, klare, einfache Sprache Ricardos mit den rhetorischen Anstrengungen zu vergleichen, die Herr Proudhon anstellt, um zur Festsetzung des Tauschwertes durch die Arbeitszeit zu gelangen.

Ricardo zeigt uns die wirkliche Bewegung der bürgerlichen Produktion, die den Wert konstituiert. Herr Proudhon abstrahiert von dieser wirklichen Bewegung und quält sich ab, um neue Prozesse zu erfinden und die Welt nach einer angeblich neuen Formel einzurichten, die nur der theoretische Ausdruck der von Ricardo so schön dargelegten wirklichen Bewegung ist. Ricardo nimmt seinen Ausgangspunkt aus der bestehenden Gesellschaft, um uns zu zeigen, wie sie den Wert konstituiert; Herr Proudhon nimmt als Ausgangspunkt den konstituierten Wert, um vermittelst dieses Wertes eine neue soziale Welt zu konstituieren. Für Herrn Proudhon muß der konstituierte Wert sich im Kreis bewegen und für eine bereits auf Grund dieses Wertmaßstabes völlig konstituierte Welt neuerdings konstituierend werden. Die Bestimmung des Wertes durch die Arbeitszeit ist für Ricardo das Gesetz des Tauschwertes; für Herrn Proudhon ist sie die Synthesis von Gebrauchswert und Tauschwert. Ricardos Theorie der Werte ist die wissenschaftliche Darlegung des gegenwärtigen ökonomischen Lebens; die Werttheorie des Herrn Proudhon ist die utopische Auslegung der Theorie Ricardos. Ricardo konstatiert die Wahrheit seiner Formel, indem er sie aus allen wirtschaftlichen Vorgängen ableitet und auf diese Art alle Erscheinungen erklärt, selbst diejenigen, welche im ersten Augenblick ihr zu widersprechen scheinen, wie die Rente, die Akkumulation der Kapitalien und das Verhältnis der Löhne zu den Profiten. Gerade das ist es, was seine Lehre zu einem wissenschaftlichen System macht; Herr Proudhon, der diese Formel Ricardos mittelst rein willkürlicher Hypothesen neuerdings gefunden hat, ist demgemäß gezwungen, einzelne ökonomische Tatsachen zu suchen, die er martert und fälscht, um sie als Beispiele, als bereits bestehende Anwendungen, als Keime der Verwirklichung seiner neuschöpferischen Idee hinstellen zu können. (Siehe unten *§ 3, „Anwendung des konstituierten Wertes“.*)

Gehen wir jetzt zu den Schlüssen über, welche Herr Proudhon aus seinem (durch die Arbeitszeit) konstituierten Wert zieht.

Eine gewisse Menge der Arbeit ist gleichwertig dem Produkt, welches durch diese Arbeitsmenge geschaffen worden.

Jeder Arbeitstag gilt soviel wie ein anderer Arbeitstag; d. h. bei gleicher Menge gilt die Arbeit des einen soviel wie die Arbeit des andern: Es gibt keinen qualitativen Unterschied. Bei gleicher Arbeitsmenge tauscht sich das Produkt des einen für das Produkt des andern. Alle Menschen sind Lohnarbeiter, und zwar für gleiche Arbeitszeit gleich bezahlt. Vollständige Gleichheit beherrscht den Tausch.

Sind diese Schlüsse die natürlichen und notwendigen Konsequenzen des „konstituierten“, d. h. des durch die Arbeitszeit bestimmten Wertes?

Wenn der Wert einer Ware bestimmt wird durch die zu ihrer Herstellung erforderliche Arbeitsmenge, so folgt daraus notwendigerweise, daß der Wert der

Arbeit, d. h. der Arbeitslohn, gleichfalls durch die Arbeitsmenge bestimmt wird, die zu seiner Herstellung erforderlich ist. Der Lohn, d. h. der relative Wert oder der Preis der Arbeit, wird demnach bestimmt durch die Arbeitszeit, die erforderlich ist zur Erzeugung alles dessen, was der Arbeiter zu seinem Unterhalt bedarf.

> „*Vermindert die Herstellungskosten* der Hüte, und ihr Preis wird schließlich auf ihren neuen natürlichen Preis herabgehen, mag auch die Nachfrage sich verdoppeln, verdreifachen oder vervierfachen. *Vermindert die Unterhaltskosten der Menschen* durch Ermäßigung des natürlichen Preises der zum Leben notwendigen Nahrung und Kleidung, und ihr werdet sehen, wie die Löhne fallen, selbst wenn die Nachfrage nach Arbeitern erheblich steigen sollte." (Ricardo, Bd. II, S. 253.)

Gewiß, die Sprache Ricardos ist so zynisch wie nur etwas. Die Fabrikationskosten von Hüten und die Unterhaltskosten des Menschen in ein und dieselbe Reihe stellen, heißt die Menschen in Hüte verwandeln. Aber man schreie nicht zu sehr über den Zynismus. Der Zynismus liegt in der Sache und nicht in den Worten, welche die Sache bezeichnen. Französische Schriftsteller, wie die Herren Droz, Blanqui, Rossi und andere, machen sich das unschuldige Vergnügen, ihre Erhabenheit über die englischen Ökonomen dadurch zu dokumentieren, daß sie den Anstand einer „humanitären" Sprache zu beobachten suchen; wenn sie Ricardo und seiner Schule ihre zynische Sprache vorwerfen, so nur, weil es sie verletzt, die ökonomischen Beziehungen in ihrer ganzen Nacktheit aufgedeckt, die Mysterien der Bourgeoisie verraten zu sehen.

Fassen wir zusammen: Die Arbeit, wo sie selbst Ware ist, mißt sich als solche durch die Arbeitszeit, welche zur Herstellung der Ware Arbeit notwendig ist. Und was ist zur Herstellung der Ware Arbeit nötig? Genau die Arbeitszeit, die notwendig ist zur Herstellung der Gegenstände, die unerläßlich sind zum ununterbrochenen Unterhalt der Arbeit, d. h. um den Arbeiter in den Stand zu setzen, sein Leben zu fristen und seine Rasse fortzupflanzen. Der natürliche Preis der Arbeit ist nichts anderes als das Minimum des Lohnes.[2] Wenn der Marktpreis

---

[2] Der Satz, daß der „natürliche", d. h. normale Preis der Arbeitskraft zusammenfällt mit dem Minimum des Lohnes, d. h. mit dem Wertäquivalent der zum Leben und zur Fortpflanzung des Arbeiters absolut notwendigen Lebensmittel – dieser Satz wurde zuerst von mir aufgestellt in den „Umrissen zu einer Kritik der Nationalökonomie" („Deutsch-Französische Jahrbücher", Paris 1844) und in der „Lage der arbeitenden Klasse in England". Wie man hier sieht, hatte Marx diesen Satz damals akzeptiert. Von uns beiden hat Lassalle ihn übernommen. Wenn aber auch in der Wirklichkeit der Arbeitslohn die beständige Tendenz hat, sich seinem Minimum zu nähern, so ist der obige Satz dennoch falsch. Die Tatsache, daß die Arbeitskraft in der Regel und im Durchschnitt unter ihrem Wert bezahlt wird, kann ihren Weit nicht ändern. Im „Kapital" hat Marx sowohl den obigen Satz richtiggestellt (Abschnitt: „Kauf und Verkauf der Arbeitskraft") wie auch (Kap. XXIII, „Das allgemeine Gesetz der kapitalistischen Akkumulation") die Umstände entwickelt, welche der kapitalistischen Produktion erlauben, den Preis der Arbeitskraft mehr und mehr unter ihren Wert zu drücken. *F. E.*

des Lohnes sich über seinen natürlichen Preis erhebt, so kommt dies gerade daher, daß das von Herrn Proudhon als Prinzip aufgestellte Wertgesetz in dem Wechsel des Verhältnisses von Angebot und Nachfrage sein Gegengewicht findet. Aber das Lohnminimum bleibt nichtsdestoweniger der Mittelpunkt, nach welchem der Marktpreis des Lohnes gravitiert.

So ist der durch die Arbeitszeit gemessene Wert notwendigerweise die Formel der modernen Sklaverei der Arbeiter, anstatt, wie Herr Proudhon behauptet, die „revolutionäre Theorie" der Emanzipation des Proletariats zu sein.

Sehen wir nunmehr zu, in wie vielen Fällen die Arbeitszeit als Maßstab des Wertes unverträglich ist mit dem bestehenden Antagonismus der Klassen und der ungleichen Verteilung des Arbeitsertrages zwischen dem unmittelbaren Produzenten und dem Besitzer des Produktes.

Nehmen wir irgendein Produkt, z. B. die Leinwand. Als solches enthält dieselbe ein bestimmtes Quantum Arbeit. Dieses Arbeitsquantum wird stets das gleiche sein, wie immer die Lage derer sich zueinander gestalten möge, die zur Herstellung dieses Produktes mitgewirkt haben.

Nehmen wir ein anderes Produkt: Tuch, welches dasselbe Arbeitsquantum erfordert haben möge wie die Leinwand.

Wenn ein Austausch dieser beiden Produkte stattfindet, so findet Austausch gleicher Arbeitsmengen statt. Tauscht man diese gleichen Mengen von Arbeitszeit aus, so tauscht man keineswegs die gegenseitige Lage der Produzenten aus, noch ändert man irgend etwas an der Lage von Arbeitern und Fabrikanten unter sich. Behaupten, daß dieser Austausch von durch Arbeitszeit gemessenen Produkten zur Folge habe eine gleiche Bezahlung aller Produzenten, heißt voraussetzen, daß dem Tausch eine gleiche Beteiligung am Produkte vorausgegangen sei. Ist der Austausch des Tuches gegen Leinwand vollzogen, so werden die Produzenten des Tuches denjenigen Anteil an der Leinwand haben, der ihrem früheren Anteil am Tuche entspricht.

Herrn Proudhons Illusion kommt daher, daß er für Konsequenz nimmt, was höchstens als eine unbewiesene Voraussetzung gelten kann.

Gehen wir weiter.

Setzt die Arbeitszeit als Maßstab des Wertes wenigstens voraus, daß die (Arbeits-)* Tage *gleichwertig* sind, das heißt, daß der Arbeitstag des einen soviel wert ist wie der Arbeitstag des anderen? Nein.

Nehmen wir einmal an, der Arbeitstag eines Goldarbeiters sei drei Arbeitstagen eines Webers gleichwertig, so wird jeder Wechsel im Wertverhältnis der Schmuckwaren gegen Gewebe, soweit er nicht eine vorübergehende Folge der Schwankungen von Angebot und Nachfrage ist, zur Ursache haben eine Verminderung oder Vermehrung der zur Herstellung der einen oder der anderen Art Produkte angewendeten Arbeitszeit. Gesetzt, drei Arbeitstage verschiedener

* (Arbeits-): Einfügung der Übersetzer

Arbeiter verhalten sich zueinander wie 1, 2, 3, so wird jeder Wechsel im relativen Wert ihrer Produkte auch eine Änderung sein nach diesem selben Verhältnis von 1, 2, 3. Auf diese Art kann man den Wert durch die Arbeitszeit messen, trotz der Ungleichheit des Wertes der verschiedenen Arbeitstage; doch müssen wir, um ein solches Maß anwenden zu können, einen vergleichenden Maßstab für die verschiedenen Arbeitstage haben: Diesen Maßstab liefert die Konkurrenz.

Gilt deine Arbeitsstunde soviel wie die meinige? Diese Frage wird durch die Konkurrenz entschieden.

Die Konkurrenz bestimmt, nach einem amerikanischen Ökonomen, wieviel Tage einfacher (unqualifizierter) Arbeit in einem Tage zusammengesetzter (qualifizierter)* Arbeit enthalten sind. Setzt diese Reduktion von Arbeitstagen zusammengesetzter Arbeit in Arbeitstage einfacher Arbeit nicht voraus, daß man die einfache Arbeit an sich als Wertmaß annimmt? Wird das Quantum der Arbeit an sich, ohne Rücksicht auf die Qualität, als Wertmesser genommen, so setzt dies voraus, daß die einfache Arbeit der Angelpunkt der Industrie geworden ist. Sie setzt voraus, daß die Arbeiten durch die Unterordnung des Menschen unter die Maschine oder die äußerste Arbeitsteilung gleichgemacht sind, daß die Menschen gegenüber der Arbeit verschwinden, daß das Pendel der Uhr der genaue Messer für das Verhältnis der Leistungen zweier Arbeiter geworden, wie er es für die Schnelligkeit zweier Lokomotiven ist. So muß es nicht mehr heißen, daß eine Stunde eines Menschen gleichkommt der Stunde eines andern Menschen, sondern daß vielmehr ein Mensch während einer Stunde soviel wert ist wie ein anderer Mensch während einer Stunde. Die Zeit ist alles, der Mensch ist nichts mehr, er ist höchstens noch die Verkörperung der Zeit. Es handelt sich nicht mehr um die Qualität. Die Quantität allein entscheidet alles. Stunde gegen Stunde, Tag gegen Tag; aber diese Gleichmachung der Arbeit ist keineswegs das Werk von Herrn Proudhons ewiger Gerechtigkeit. Sie ist ganz einfach ein Ergebnis der modernen Industrie.

In der mit Maschinen arbeitenden Fabrik unterscheidet sich die Arbeit des einen Arbeiters fast in nichts mehr von der Arbeit eines anderen Arbeiters: Die Arbeiter können sich voneinander nur unterscheiden durch das Quantum von Zeit, welches sie bei der Arbeit aufwenden. Nichtsdestoweniger erscheint dieser quantitative Unterschied von einem gewissen Gesichtspunkte aus qualitativ, insofern die für die Arbeit aufgewendete Zeit abhängt einerseits von rein materiellen Bedingungen wie physische Konstitution, Alter, Geschlecht, anderseits von moralischen, rein negativen Umständen wie Geduld, Unempfindlichkeit und Emsigkeit. Endlich, wenn es einen qualitativen Unterschied in der Arbeit der Arbeiter gibt, so ist dies höchstens eine Qualität von der schlechtesten Qualität, die weit entfernt ist, eine unterscheidende Spezialität zu sein. Das ist in letzter Instanz der Stand der Dinge in der modernen Industrie. Und auf diese

* (unqualifizierter) & (qualifizierter): Einfügungen der Übersetzer

bereits in der Maschinenarbeit verwirklichte Gleichheit setzt Herr Proudhon seinen Hobel der „Gleichmachung“ an, die er universell zu verwirklichen vorhat in der „Zeit, die kommen wird“.

Alle „egalitären“ Folgerungen, welche Herr Proudhon aus der Theorie Ricardos zieht, beruhen auf einem fundamentalen Irrtum. Er verwechselt nämlich den durch die aufgewendete Arbeitsmenge bestimmten Warenwert mit dem Warenwert, bestimmt durch den „*Wert der Arbeit*“. Wenn diese beiden Arten, den Wert der Waren zu messen, dasselbe ausdrückten, so könnte man unterschiedslos sagen: Der Wert irgendeiner Ware wird gemessen durch die in ihr verkörperte Arbeitsmenge; oder aber: er wird gemessen durch die Menge von Arbeit, die er zu kaufen imstande ist; oder endlich: er wird gemessen durch die Menge von Arbeit, welche ihn zu erwerben vermag. Aber dem ist bei weitern nicht so. Der Wert der Arbeit kann ebensowenig als Maßstab des Wertes dienen wie der Wert jeder anderen Ware. Einige Beispiele werden genügen, das eben Gesagte dem Verständnis näherzubringen.

Wenn ein Scheffel Getreide zwei Arbeitstage an Stelle eines einzigen kostete, so würde er das Doppelte seines ursprünglichen Wertes besitzen; aber er würde nicht die doppelte Arbeitsmenge in Bewegung setzen, denn er würde nicht mehr Nährstoff enthalten als zuvor. So wäre der Wert des Getreides, gemessen durch die zu dessen Hervorbringung angewendete Arbeitsmenge, verdoppelt; aber gemessen, sei es durch die Arbeitsmenge, die er kaufen kann, oder durch die Arbeitsmenge, die ihn kaufen kann, ist er weit entfernt, verdoppelt zu sein. Anderseits, wenn dieselbe Arbeit doppelt soviel Kleidungsstücke wie früher erzeugt, so fiele der Wert derselben um die Hälfte; aber nichtsdestoweniger wäre diese doppelte Menge von Kleidern dadurch nicht so weit herabgedrückt, daß sie nur über die halbe Menge Arbeit verfügen könnte, noch wäre dieselbe Arbeit imstande, über die doppelte Menge von Kleidungsstücken zu verfügen; denn die Hälfte der Kleider würde nach wie vor den Arbeitern denselben Dienst leisten.

Es widerspricht somit den ökonomischen Tatsachen, den Wert der Lebensmittel durch den Wert der Arbeit zu messen; das hieße, sich in einem fehlerhaften Kreislauf bewegen, den relativen Wert durch einen relativen Wert bestimmen, der seinerseits erst wieder bestimmt werden muß. Es unterliegt keinem Zweifel, daß Herr Proudhon diese beiden Maßstäbe durcheinanderwirft: die zur Herstellung einer Ware notwendige Arbeitszeit und den Wert der Arbeit.

> „Die Arbeit eines jeden Menschen“, sagt er, „kann den Wert kaufen, den sie in sich schließt.“

Somit gilt nach ihm ein gewisses in einem Produkt fixiertes Arbeitsquantum ebensoviel wie die Entlohnung des Arbeiters, d. h. wie der Wert der Arbeit. Dies ist auch derselbe Schluß, der ihm erlaubt, Produktionskosten und Löhne gleichzusetzen.

> „Was ist der Lohn? Der Herstellungspreis von Getreide etc., der vollständige Preis jedes Dinges. Mehr noch: Der Lohn ist die Proportionalität der Elemente, die den Reichtum bilden."

Was ist der Lohn? Der Wert der Arbeit.

Adam Smith nimmt zum Maßstab des Wertes bald die zur Herstellung einer Ware notwendige Arbeitszeit, bald den Wert der Arbeit. Ricardo hat diesen Irrtum aufgedeckt, indem er die Verschiedenheit dieser beiden Messungsarten klar nachwies. Herr Proudhon überbietet noch den Irrtum von Adam Smith, indem er zwei Dinge identifiziert, die jener nur nebeneinander gebraucht.

Um das rechte Verhältnis zu finden, nach welchem die Arbeiter an den Produkten teilhaben sollen, oder, mit anderen Worten, um den relativen Wert der Arbeit zu bestimmen, sucht Herr Proudhon einen Maßstab für den relativen Wert der Waren. Um den Maßstab für den relativen Wert der Waren zu bestimmen, weiß er nichts Besseres auszuklügeln, als uns als Äquivalent für eine gewisse Menge von Arbeit die Summe der durch sie geschaffenen Produkte hinzustellen, was vermuten läßt, daß die ganze Gesellschaft aus nichts als Arbeitern besteht, die als Lohn ihr eigenes Produkt bekommen. In zweiter Linie behauptet er die Gleichwertigkeit der Arbeitstage der verschiedenen Arbeiter als Tatsache, mit einem Wort, er sucht den Maßstab für den relativen Wert der Waren, um zur gleichen Entlohnung der Arbeiter zu gelangen, und nimmt die Gleichheit der Löhne als bereits fertige Tatsache hin, um sich auf die Suche nach dem relativen Wert der Waren zu machen. Welch bewunderungswürdige Dialektik!

> „Say und die Ökonomen, welche ihm folgen, haben bemerkt, daß, da die Arbeit selbst der Schätzung unterworfen, kurz, eine Ware wie jede andere ist, es ein fehlerhafter Kreislauf sei, sie als Prinzip und entscheidenden Faktor des Wertes zu nehmen. Diese Ökonomen haben damit, mit Verlaub zu sagen, eine ungeheuerliche Unachtsamkeit an den Tag gelegt. Man sagt von der Arbeit, daß sie einen *Wert (valoir)* hat, nicht sowohl als eigentliche Ware als im Hinblick auf die Werte, welche man in ihr potentiell enthalten annimmt. Der Wert der Arbeit ist ein figürlicher Ausdruck, eine Antizipierung der Ursache vor der Wirkung; er ist eine Fiktion von demselben Kaliber wie die Produktivität des Kapitals. Die Arbeit produziert, das Kapital hat Wert (vaut) ... Durch eine Art Ellipse sagt man Wert der Arbeit ... Die Arbeit wie die Freiheit ... ist etwas seiner Natur nach Vages und Unbestimmtes, was jedoch gemäß seinem Objekt bestimmte Form annimmt, d. h. welches durch das Produkt Realität wird."
>
> „Aber wozu sich dabei aufhalten? Sobald der Ökonom" (lies: Herr Proudhon)* „den Namen des Dinges, vera rerum vocabula, wechselt, gesteht er implizite seine Ohnmacht ein und streckt die Waffen." (Proudhon, I, S. 188)

Wir haben gesehen, wie Herr Proudhon aus dem Wert der Arbeit den „entscheidenden Faktor" des Wertes der Produkte macht in einer Weise, daß für ihn der

* (ließ Herr Proudhon): Einfügung von Marx

Lohn, wie der „Wert der Arbeit" gemeinhin genannt ward, den vollständigen Preis jedes Dinges bildet. Darum verwirrt ihn der Einwand von Say. Er sieht in der Ware Arbeit, die eine furchtbare Realität ist, nur eine grammatische Ellipse. Demgemäß ist die ganze heutige, auf den Warencharakter der Arbeit begründete Gesellschaft von jetzt an eine poetische Lizenz, auf einen figürlichen Ausdruck begründet. Will die Gesellschaft „alle Unzuträglichkeiten ausmerzen", unter denen sie zu leiden hat, nun, so merze sie die anstößigen Ausdrücke aus, so ändere sie die Sprache; und sie braucht sich zu diesem Behufe nur an die Akademie zu wenden, um von ihr eine neue Ausgabe ihres Wörterbuchs zu verlangen. Nach allem, was wir gesehen haben, begreifen wir leicht, warum Herr Proudhon in einem Werk über politische Ökonomie lange Dissertationen über Etymologie und andere Teile der Grammatik abhandeln muß. So diskutiert er noch gelehrt über die veraltete Ableitung des Wortes *servus* von *servare*. Diese philologischen Dissertationen haben einen tiefen Sinn, einen esoterischen Sinn, sie machen einen wesentlichen Teil der Beweisführung des Herrn Proudhon aus.

Die Arbeit ist, soweit sie gekauft und verkauft wird, eine Ware wie jede andere Ware und hat daher einen Tauschwert. Aber der Wert der Arbeit oder die Arbeit als Ware produziert ebensowenig, wie der Wert des Getreides oder das Getreide als Ware zur Nahrung dient.

Die Arbeit „gilt" mehr oder weniger, je nachdem die Lebensmittelpreise höher oder niedriger sind, je nachdem Angebot von und Nachfrage nach Arbeitskräften in diesem oder jenem Grade vorhanden ist etc.

Die Arbeit ist nicht etwas „Vages", es ist immer eine bestimmte Arbeit, nie Arbeit im allgemeinen, die man kauft und verkauft. Es ist nicht nur die Arbeit, deren Beschaffenheit durch das Objekt bestimmt wird, auch das Objekt wird bestimmt durch die spezifische Beschaffenheit der Arbeit.

Insofern die Arbeit gekauft und verkauft wird, ist sie selbst Ware. Warum kauft man sie? „Im Hinblick auf die Werte, welche man in ihr potentiell enthalten annimmt." Aber wenn man sagt, daß irgendeine Sache Ware ist, so handelt es sich nicht mehr um den Zweck, zu dem sie gekauft wird, das heißt um den Nutzen, den man aus ihr ziehen, den Gebrauch, den man von ihr machen will. Sie ist Ware als Gegenstand des Handels. Alle Klügeleien des Herrn Proudhon beschränken sich auf folgendes: Man kauft die Arbeit nicht als Objekt unmittelbarer Konsumierung. Nein, man kauft sie als Produktionsmittel, wie man eine Maschine kauft. Solange die Arbeit Ware ist, hat sie Wert, aber produziert nicht. Herr Proudhon hätte ebensogut sagen können, daß es absolut keine Waren gibt, da jede Ware nur zu irgendeinem bestimmten Gebrauchszweck gekauft wird und niemals als Ware an sich.

Wenn Herr Proudhon den Wert der Waren durch die Arbeit mißt, so überkommt ihn ein unbestimmtes Gefühl, daß es unmöglich ist, die Arbeit, so weit sie einen Wert hat, die Ware Arbeit, nicht auch diesem selben Maßstab zu unterwerfen. Er ahnt, daß er damit das Lohnminimum zum natürlichen und normalen

Preis der unmittelbaren Arbeit stempelt, daß er also den gegenwärtigen Zustand der Gesellschaft akzeptiert. Und so, um sich dieser fatalen Konsequenz zu entziehen, macht er kehrt und behauptet, daß die Arbeit keine Ware ist, daß sie keinen Wert haben kann. Er vergißt, daß er selbst den Wert der Arbeit als Maßstab genommen hat; er vergißt, daß sein ganzes System auf der Ware Arbeit beruht, auf der Arbeit, die man verschachert, kauft und verkauft, die sich austauscht gegen Produkte etc., auf der Arbeit endlich, die unmittelbar Einkommensquelle des Arbeiters ist – er vergißt alles.

Um sein System zu retten, entschließt er sich, die Basis desselben zu opfern.

„Et propter vitam vivendi perdere causas!"

Wir gelangen jetzt zu einer neuen Erklärung des „*konstituierten* Wertes".

„Der Wert ist das *Proportionalitätsverhältnis* (rapport de proportionnalité) der Produkte, welche den Reichtum bilden.

Bemerken wir zunächst, daß das einfache Wort „relativer oder Tauschwert" die Idee irgendeines Verhältnisses einschließt, in welchem sich die Produkte gegenseitig austauschen. Wenn man diesem Verhältnis den Namen „Proportionalitätsverhältnis" gibt, so hat man nichts am relativen Wert geändert außer dem Namen. Weder die Herabdrückung noch die Steigerung des Wertes eines Produktes nehmen ihm die Eigenschaft, sich in irgendeinem „Proportionalitätsverhältnis" zu den anderen Produkten, die den Reichtum bilden, zu befinden.

Warum also dieser neue Ausdruck, der keine neue Idee zutage fördert?

Das „Proportionalitätsverhältnis" läßt an viele andere ökonomische Verhältnisse denken, wie an die Proportionalität der Produktion, die rechte Proportion zwischen Angebot und Nachfrage etc.; und Herr Proudhon hat an alles das gedacht, als er diese didaktische Paraphrase des Tauschwertes formulierte.

Da zunächst der relative Wert der Produkte bestimmt wird durch die zur Herstellung eines jeden derselben aufgewendete entsprechende Arbeitsmenge, so bedeutet das Proportionalitätsverhältnis, auf diesen speziellen Fall angewendet, die entsprechende Menge von Produkten, die in einer gegebenen Zeit hergestellt werden und infolgedessen gegeneinander ausgetauscht werden können.

Sehen wir nun, welchen Gebrauch Herr Proudhon von diesem Proportionalitätsverhältnis macht.

Alle Welt weiß, daß, wenn Angebot und Nachfrage sich ausgleichen, der relative Wert eines Produktes genau bestimmt wird durch die in ihm fixierte Arbeitsmenge, d. h., daß dieser relative Wert das Proportionalitätsverhältnis genau in dem Sinne ausdrückt, in dem wir es soeben erklärt haben. Herr Proudhon stellt die Reihenfolge der Dinge auf den Kopf. Man fange an, sagt er, den relativen Wert eines Produktes durch die in ihm fixierte Arbeitsmenge zu messen, und

Angebot und Nachfrage werden sich unfehlbar ausgleichen. Die Produktion wird der Konsumtion entsprechen, das Produkt wird stets ausgetauscht werden können, sein laufender Marktpreis wird genau seinen richtigen Wert ausdrükken. Anstatt mit jedermann zu sagen: Wenn das Wetter schön ist, sieht man viele Leute spazierengehen, läßt Herr Proudhon seine Leute spazierengehen, um ihnen gutes Wetter zusichern zu können.

Was Herr Proudhon als Folgerung aus dem *a priori* durch die Arbeitszeit bestimmten Tauschwert hinstellt, könnte nur gerechtfertigt werden vermittelst eines Gesetzes, das ungefähr folgenden Wortlaut haben müßte:

Die Produkte werden künftig ausgetauscht im genauen Verhältnis der Arbeitszeit, die sie gekostet haben. Welches auch das Verhältnis von Angebot und Nachfrage sei, der Austausch der Waren soll stets so vor sich gehen, als ob dieselben im Verhältnis zur Nachfrage produziert worden wären. Möge Herr Proudhon es übernehmen, ein solches Gesetz zu formulieren und durchzusetzen, und wir wollen ihm die Beweise erlassen. Wenn er im Gegenteil darauf Wert legt, seine Theorie nicht als Gesetzgeber zu rechtfertigen, sondern als Ökonom, so wird er zu beweisen haben, daß die zur Herstellung einer Ware nötige *Zeit* genau ihren *Nützlichkeitsgrad* anzeigt und außerdem ihr Proportionalitätsverhältnis zur Nachfrage und folglich zur Summe des gesellschaftlichen Reichtums feststellt. In diesem Falle werden, wenn ein Produkt sich zu einem seinen Herstellungskosten gleichen Preise verkauft, Angebot und Nachfrage sich stets ausgleichen; denn die Produktionskosten gelten als der Ausdruck des wahren Verhältnisses von Angebot zu Nachfrage.

Herr Proudhon versucht in der Tat den Beweis zu liefern, daß die Arbeitszeit, die zur Herstellung eines Produktes erforderlich ist, sein richtiges Verhältnis zu den Bedürfnissen ausdrückt, so daß die Gegenstände, deren Produktion am wenigsten Zeit kostet, solche von unmittelbarstem Nutzen sind, und so Schritt vor Schritt weiter. Bereits die bloße Produktion eines Luxusobjekts beweist, nach dieser Lehre, daß die Gesellschaft Zeit überflüssig hat, die ihr erlaubt, ein Luxusbedürfnis zu befriedigen.

Den Beweis für seine Behauptung findet Herr Proudhon in der Beobachtung, daß die nützlichsten Dinge am wenigsten Produktionszeit erfordern, daß die Gesellschaft stets mit den leichtesten Industrien beginnt und daß sie sich „allmählich auf die Produktion von Gegenständen wirft, die mehr Arbeitszeit kosten und höheren Bedürfnissen entsprechen."

Herr Proudhon entlehnt Herrn Dunoyer das Beispiel der extraktiven Industrie – Einsammlung, Weide, Jagd, Fischerei usw. –, welche die einfachste, am wenigsten kostspielige Industrie ist und mittelst derer der Mensch „den ersten Tag seiner zweiten Schöpfung" begonnen hat. Der erste Tag seiner ersten Schöpfung ist in der Genesis geschildert, die uns Gott als den ersten Industriellen der Welt vorführt. Die Dinge vollziehen sich ganz anders, als Herr Proudhon denkt. Mit dem Moment, wo die Zivilisation beginnt, beginnt die Produktion sich aufzubauen auf den Gegensatz der Berufe, der Stände, der Klassen, schließlich auf den Gegensatz zwischen angehäufter und unmittelbarer Arbeit. Ohne Gegensatz kein Fortschritt; das ist das Gesetz, dem die Zivilisation bis heute gefolgt ist. Bis jetzt haben sich die Produktivkräfte auf Grund dieser Herrschaft des Klassengegensatzes entwickelt. Heute behaupten, daß, weil alle Bedürfnisse aller Arbeiter befriedigt waren, sich die Menschen der Erzeugung von Produkten höherer Ordnung, komplizierteren Industrien haben widmen können, das hieße, von dem Klassengegensatz abstrahieren und die ganze historische Entwicklung auf den Kopf stellen. Das wäre dasselbe, als ob man sagen wollte, daß, weil man unter den römischen Kaisern Muränen in künstlichen Teichen ernährte, man die ganze römische Bevölkerung im Überfluß ernähren konnte; während gerade im Gegenteil das römische Volk des Nötigsten entbehrte, um Brot zu kaufen, die römischen Aristokraten hingegen nicht der Sklaven ermangelten, um sie den Muränen als Futter vorzuwerfen.

Der Preis der Lebensmittel ist fast stetig gestiegen, während der Preis der Manufaktur- und Luxusartikel fast stetig gesunken ist. Man nehme die Landwirtschaft selbst: Die unentbehrlichsten Gegenstände, wie Getreide, Fleisch usw., steigen im Preis, während Baumwolle, Zucker, Kaffee usw. in überraschendem Grade stetig fallen. Und selbst unter den eigentlichen Eßwaren sind die Luxusartikel, wie Artischocken, Spargel etc., heute verhältnismäßig billiger als die nötigsten Lebensmittel. In unserer Epoche ist das Überflüssige leichter herzustellen als das Notwendige. Endlich sind in verschiedenen historischen Epochen die gegenseitigen Verhältnisse der Preise nicht sowohl verschiedene, sondern vielmehr entgegengesetzte. Im ganzen Mittelalter waren die landwirtschaftlichen Produkte verhältnismäßig billiger als die Manufakturprodukte; in der Neuzeit ist das Verhältnis ein entgegengesetztes. Hat deshalb die Nützlichkeit der landwirtschaftlichen Produkte seit dem Mittelalter abgenommen?

Die Verwendung der Produkte wird bestimmt durch die sozialen Verhältnisse, in welchen sich die Konsumenten befinden, und diese Verhältnisse selbst beruhen auf dem Gegensatze der Klassen.

Die Baumwolle, die Kartoffel und der Branntwein sind Gegenstände des allgemeinsten Gebrauches. Die Kartoffeln haben die Skrofeln erzeugt; die Baumwolle hat zum großen Teil die Schafwolle und das Leinen verdrängt, obwohl Leinen und Schafwolle in vielen Fällen von viel größerem Nutzen sind, sei es auch nur in hygienischer Beziehung. Endlich hat der Branntwein über Bier und Wein gesiegt, obwohl der Branntwein als Genußmittel allgemein als Gift anerkannt ist. Während eines ganzen Jahrhunderts kämpften die Regierungen vergeblich gegen das europäische Opium; die Ökonomie gab den Ausschlag, sie diktierte dem Konsum ihre Befehle.

Warum aber sind Baumwolle, Kartoffeln und Branntwein die Angelpunkte der bürgerlichen Gesellschaft? Weil zu ihrer Herstellung am wenigsten Arbeit erforderlich ist und sie infolgedessen am niedrigsten im Preise stehen. Warum entscheidet das Minimum des Preises in bezug auf das Maximum der Konsumtion? Vielleicht etwa wegen der absoluten Nützlichkeit dieser Gegenstände, wegen der ihnen innewohnenden Nützlichkeit, wegen ihrer Nützlichkeit, insofern sie auf die nützlichste Art den Bedürfnissen des Arbeiters als Mensch und nicht des Menschen als Arbeiter entsprechen? Nein – sondern weil in einer auf das *Elend* begründeten Gesellschaft die *elendesten* Produkte das naturnotwendige Vorrecht haben, dem Gebrauch der großen Masse zu dienen.

Behaupten wollen, daß, weil die wenigst teuren Dinge mehr im Gebrauch sind, sie deshalb von größerem Nutzen sein müssen, heißt behaupten, daß der infolge der geringen Produktionskosten desselben so verbreitete Gebrauch des Branntweins der zwingendste Beweis seiner Nützlichkeit ist; heißt, dem Proletarier vorreden, daß die Kartoffel ihm heilsamer ist als das Fleisch; heißt, den gegenwärtigen Stand der Dinge akzeptieren; heißt endlich, mit Herrn Proudhon eine Gesellschaft verherrlichen, ohne sie zu verstehen.

In einer künftigen Gesellschaft, wo der Klassengegensatz verschwunden ist, wo es keine Klassen mehr gibt, würde der Gebrauch nicht mehr von dem *Minimum* der Produktionszeit abhängen, sondern die Produktionszeit, die man den verschiedenen Gegenständen widmet, würde bestimmt werden durch ihre gesellschaftliche Nützlichkeit.

Um zur Behauptung des Herrn Proudhon zurückzukommen, so kann, sobald einmal die zur Produktion eines Gegenstandes notwendige Arbeitszeit nicht der Ausdruck seines Nützlichkeitsgrades ist, der im voraus durch die Arbeitszeit bestimmte Tauschwert dieses Gegenstandes niemals maßgebend sein für das richtige Verhältnis von Angebot zur Nachfrage, d. h. für das Proportionalitätsverhältnis in dem Sinne, den Herr Proudhon zur Zeit mit diesem Wort verbindet.

Es ist nicht der Verkauf irgendeines Produktes zu seinem Kostenpreise, der das „Proportionalitätsverhältnis" von Angebot und Nachfrage, d. h. die verhältnismäßige Quote dieses Produktes gegenüber der Gesamtheit der Produktion konstituiert; es sind vielmehr die *Schwankungen von Angebot und Nachfrage*, die den Produzenten die Menge angeben, in welcher eine gegebene Ware produziert werden muß, um im Austausch wenigstens die Produktionskosten erstattet zu erhalten, und da diese Schwankungen beständig stattfinden, so herrscht auch eine beständige Bewegung in Anlegung und Zurückziehung von Kapitalien in den verschiedenen Zweigen der Industrie.

> „Nur nach Maßgabe solcher Schwankungen werden die Kapitalien gerade in dem erforderlichen *Verhältnis* und nicht darüber hinaus zur Produktion der verschiedenen Waren verwendet, nach denen Nachfrage besteht. Durch Steigen oder Sinken des Preises erheben sich die Profite über, beziehungsweise fallen sie unter ihr allgemeines Niveau, und dadurch werden die Kapitalien angezogen zu oder abgelenkt von dem besonderen Geschäftszweig, welcher die eine oder die andere dieser Schwankungen erfahren hat." – „Wenn wir unsere Augen auf die Märkte

der großen Städte werfen, so sehen wir, mit welcher Regelmäßigkeit sie mit allen Sorten von Waren, einheimischen wie ausländischen, in der erforderlichen Menge versehen werden, und wie verschieden auch die Nachfrage sich gestalte durch die Wirkung von Laune und Geschmack oder der Bevölkerungsveränderung, ohne daß Stockung infolge überreichlicher, noch übertriebene Teurung infolge mangelnder Zufuhr oft vorkommen: und man muß zugestehen, daß das Prinzip, welches das Kapital den verschiedenen Industriebranchen in dem *genau erforderlichen Verhältnis* zuführt, mächtiger wirkt, als man gewöhnlich annimmt." (Ricardo, Bd. I, S. 105 u. 108.)

Wenn Herr Proudhon zugibt, daß der Wert der Produkte durch die Arbeitszeit bestimmt wird, so muß er gleichfalls die oszillatorische Bewegung anerkennen, die allein aus der Arbeitszeit das Maß des Wertes macht. Es gibt kein fertig konstituiertes „Proportionalitätsverhältnis", es gibt nur eine konstituierende Bewegung.

Wir haben gesehen, in welchem Sinne es richtig ist, von der „Proportionalität" als einer Konsequenz des durch die Arbeitszeit bestimmten Wertes zu sprechen. Wir werden nunmehr sehen, wie diese Messung durch die Zeit, von Herrn Proudhon „Gesetz der Proportionalität" genannt, sich in ein Gesetz der *Disproportionalität* verwandelt.

Jede neue Erfindung, welche es ermöglicht, in einer Stunde zu produzieren, was bisher in zwei Stunden produziert wurde, entwertet alle gleichartigen Produkte, die sich auf dem Markte befinden. Die Konkurrenz zwingt den Produzenten, das Produkt von zwei Stunden ebenso billig zu verkaufen wie das Produkt einer Stunde. Die Konkurrenz führt das Gesetz durch, nach welchem der Wert eines Produktes durch die zu seiner Herstellung notwendige Arbeitszeit bestimmt wird. Die Tatsache, daß die Arbeitszeit als Maß des Tauschwertes dient, wird auf diese Art zum Gesetz einer beständigen *Entwertung* der Arbeit. Noch mehr; die Entwertung erstreckt sich nicht nur auf die dem Markt zugeführten Waren, sondern auch auf die Produktionsinstrumente und auf ganze Werkstätten. Diese Tatsache deutet bereits Ricardo an, indem er sagt:

„Durch das beständige Wachstum der Produktivität wird der Wert verschiedener bereits früher produzierter Dinge beständig vermindert." (Bd. II, S. 59.)

Sismondi geht noch weiter. Er sieht in diesem durch die Arbeitszeit „*konstituierten* Wert" die Quelle aller heutigen Widersprüche zwischen Handel und Industrie.

„Der Tauschwert", sagt er, „wird in letzter Instanz stets durch die Menge von Arbeit bestimmt, die notwendig ist, um den abgeschätzten Gegenstand zu beschaffen: nicht durch die, welche er seinerzeit gekostet hat, sondern durch die, welche er künftighin kosten würde, infolge vielleicht verbesserter Hilfsmittel; und obwohl diese Menge schwer abzuschätzen ist, wird sie doch stets genau durch die Konkurrenz bestimmt ... Sie ist die Basis, auf Grund deren sowohl die Forderung des Verkäufers wie das Angebot des Käufers berechnet wird. Der erstere wird vielleicht behaupten. daß der Gegenstand ihn zehn Arbeitstage gekostet hat; aber wenn der andere sich überzeugt, daß derselbe künftig in acht Arbeitstagen hergestellt werden kann, und die Konkurrenz beiden Kontrahenten den Beweis dafür liefert, so wird der Wert auf nur acht Tage herabgesetzt und der Handel auf diesen Preis hin abgeschlossen. Beide Kontrahierenden sind allerdings überzeugt, daß der Gegenstand nützlich ist, daß er verlangt wird, daß ohne Verlangen nach ihm kein Verkauf möglich wäre; aber die Festsetzung des Preises hängt in keiner Beziehung ab von der Nützlichkeit.“ („Études etc.“, Bd. II, S. 267, édition Bruxelles.)

Es ist wichtig, den Umstand im Auge zu behalten, daß, was den Wert bestimmt, nicht die Zeit ist, in welcher eine Sache produziert wurde, sondern das *Minimum* von Zeit, in welchem sie produziert werden kann, und dieses Minimum wird durch die Konkurrenz festgestellt. Man nehme für einen Augenblick an, daß es keine Konkurrenz mehr gebe und folglich kein Mittel, das zur Produktion einer Ware erforderliche Arbeitsminimum zu konstatieren, was wäre die Folge davon? Es genügte, auf die Produktion eines Gegenstandes sechs Stunden Arbeit zu verwenden, um nach Herrn Proudhon berechtigt zu sein, beim Austausch sechsmal soviel zu verlangen wie derjenige, der auf die Produktion desselben Gegenstandes nur eine Stunde aufgewendet hat.

An Stelle eines „Proportionalitätsverhältnisses“ haben wir ein Disproportionalitätsverhältnis, wenn wir uns überhaupt auf Verhältnisse, schlechte oder gute, einlassen wollen.

Die beständige Entwertung der Arbeit ist nur eine Seite, nur eine Konsequenz der Abschätzung der Waren durch die Arbeitszeit; übermäßige Preissteigerungen, Überproduktion und viele andere Erscheinungen industrieller Anarchie finden in diesem Abschätzungsmodus ihre Erklärung.

Aber schafft die als Wertmaß dienende Arbeitszeit wenigstens die verhältnismäßige Varietät in den Produkten, die Herrn Proudhon so entzückt?

Ganz im Gegenteil bemächtigt in ihrer Folge das Monopol in seiner ganzen Monotonie sich der Produktenwelt, ebenso wie alle Welt weiß und sieht, daß das Monopol sich der Welt der Produktionsmittel bemächtigt. Nur einige Zweige der Industrie, wie die Baumwollenindustrie, sind imstande, sehr schnelle Fortschritte zu machen. Die natürliche Konsequenz dieser Fortschritte ist z. B. ein rapides Fallen der Preise der Produkte der Baumwollenmanufaktur; aber in dem Maße, wie der Preis der Baumwolle fällt, muß der Preis der Leinwand im Verhältnis steigen. Was ist die Folge davon? Die Leinwand wird durch die Baumwolle verdrängt. Auf diese Art ist die Leinwand aus fast ganz Nordamerika verdrängt worden. Und statt der proportionellen Varietät der Produkte haben wir das Reich der Baumwolle.

Was bleibt also von diesem „Proportionalitätsverhältnis“? Nichts als der Wunsch eines Biedermannes, der gern möchte, daß die Waren in solchen Proportionen hergestellt würden, daß man sie zu einem Biedermannspreise losschlagen könnte. Zu allen Zeiten haben gute Bürger und philanthropische Ökonomen sich darin gefallen, diesen unschuldigen Wunsch auszusprechen.

Geben wir dem alten *Boisguillebert* das Wort:

> „Der Preis der Waren", sagt er, „muß stets *proportioniert* sein, da nur ein solches gegenseitiges Einverständnis ihnen eine Existenz ermöglicht, *worin sie einander in jedem Augenblick wieder erzeugen*" (hier haben wir die beständige Austauschbarkeit des Herrn Proudhon) „ ... Da also der Reichtum nichts anderes ist als dieser beständige Tauschverkehr zwischen Mensch und Mensch und Geschäft und Geschäft, so wäre es eine erschreckliche Verblendung, die Ursache des Elends woanders zu suchen als in der durch eine Verschiebung der Preisproportionen hervorgerufenen Störung eines solchen Handels." („Dissertation sur la nature des richesses", edit. Daire.)

Hören wir auch einen modernen Ökonomen:

> „Ein großes Gesetz, welches auf die Produktion angewendet werden muß, ist das *Gesetz der Proportionalität* (the law of proportion), das allein die Kontinuität des Wertes erhalten kann ... Das Äquivalent muß garantiert sein ... Alle Nationen haben zu verschiedenen Epochen mittelst zahlreicher kommerzieller Reglements und Einschränkungen dieses Gesetz der Proportionalität bis zu einem gewissen Punkt zu verwirklichen versucht; aber der der menschlichen Natur innewohnende Egoismus hat sie dahin getrieben, dieses ganze System der Regulierung über den Haufen zu werfen. Eine proportionierte Produktion (*proportionate production*) ist die Verwirklichung der wahren sozial-ökonomischen Wissenschaft. (W. Atkinson, „Principles of Political Economy", London 1840, S. 170-195.)

Fuit Troja! Diese richtige Proportion zwischen Angebot und Nachfrage, die wiederum der Gegenstand so vieler Wünsche zu werden beginnt, hat seit langem zu bestehen aufgehört. Sie hat das Greisenalter überschritten; sie war nur möglich in jenen Zeiten, wo die Produktionsmittel beschränkt waren, wo der Austausch sich in außerordentlich engen Grenzen vollzog. Mit dem Entstehen der Großindustrie mußte diese richtige Proportion verschwinden, und mit Naturnotwendigkeit muß die Produktion in beständiger Aufeinanderfolge den Wechsel von Prosperität und Depression, Krisis, Stockung, neuer Prosperität und so fort durchmachen.

Diejenigen, welche, wie Sismondi, zur richtigen Proportionalität der Produktion zurückkehren und dabei die gegenwärtigen Grundlagen der Gesellschaft erhalten wollen, sind reaktionär, da sie, um konsequent zu sein, auch alle anderen Bedingungen der Industrie früherer Zeiten zurückzuführen bestrebt sein müssen.

Was hielt die Produktion in richtigen oder beinahe richtigen Proportionen? Die Nachfrage, welche das Angebot beherrschte, ihm vorausging; die Produktion folgte Schritt für Schritt der Konsumtion. Schon durch die Instrumente, über welche sie verfügt, gezwungen, in beständig größerem Maße zu produzieren, kann die Großindustrie nicht die Nachfrage abwarten. Die Produktion geht der Konsumtion voraus, das Angebot erzwingt die Nachfrage.

In der heutigen Gesellschaft, in der auf den individuellen Austausch basierten Industrie, ist die Produktionsanarchie, die Quelle so vieles Elends, gleichzeitig die Ursache alles Fortschritts.

Demnach von zwei Dingen eins:

Entweder man will die richtigen Proportionen früherer Jahrhunderte mit den Produktionsmitteln unserer Zeit, und dann ist man Reaktionär und Utopist in einem.

Oder man will den Fortschritt ohne Anarchie: und dann verzichte man, um die Produktivkräfte beizubehalten, auf den individuellen Austausch.

Der individuelle Austausch verträgt sich nur mit der kleinen Industrie früherer Jahrhunderte und der ihr eigentümlichen „richtigen Proportion" oder aber mit der Großindustrie und ihrem ganzen Gefolge von Elend und Anarchie.

Es ergibt sich also schließlich: Die Bestimmung des Wertes durch die Arbeitszeit, d. h. die Formel, welche Herr Proudhon uns als diejenige hinstellt, welche die Zukunft regenerieren soll, ist nur der wissenschaftliche Ausdruck der ökonomischen Verhältnisse der gegenwärtigen Gesellschaft, wie Ricardo lange vor Herrn Proudhon klar und deutlich bewiesen hat.

Gebührt aber wenigstens die „*egalitäre*" Anwendung dieser Formel Herrn Proudhon? Ist er der erste, der sich eingebildet hat, die Gesellschaft dadurch zu reformieren, daß er alle Menschen in unmittelbare, gleiche Arbeitsmengen austauschende Arbeiter verwandelt? Kommt es ihm zu, den Kommunisten – diesen aller Kenntnis der politischen Ökonomie ermangelnden Menschen, diesen „hartnäckig dummen Menschen", diesen „paradiesischen Träumern" – den Vorwurf zu machen, nicht vor ihm diese „Lösung des Problems des Proletariats" gefunden zu haben?

Wer nur ein wenig mit der Entwicklung der politischen Ökonomie in England vertraut ist, dem ist nicht unbekannt, daß fast alle Sozialisten dieses Landes zu den verschiedensten Zeiten die egalitäre Anwendung der Ricardoschen Theorie vorgeschlagen haben. Wir könnten Herrn Proudhon zitieren:

„Die politische Ökonomie" von Hopkins, 1822; William Thompson, „An Inquiry into the Principles of the Distribution of Wealth, most conducive to Human Happiness", 1824; T. R. Edmonds, „Practical Moral and Political Economy", 1828 etc. etc. und noch vier Seiten Etceteras. Wir beschränken uns darauf, einen englischen *Kommunisten* sprechen zu lassen, Herrn Bray. Wir wollen die entscheidenden Stellen seines bemerkenswerten Werkes, „Labour's Wrongs and Labour's Remedy", Leeds 1839, anführen und werden uns ziemlich lange dabei aufhalten, erstens, weil Herr Bray in Frankreich noch wenig bekannt ist, und ferner, weil wir in seinem Buch den Schlüssel gefunden zu haben glauben für die vergangenen, gegenwärtigen und zukünftigen Schriften des Herrn Proudhon.

„Das einzige Mittel, zur Wahrheit zu gelangen, ist, sich über die ersten Grundbegriffe klarzuwerden. Steigen wir zunächst zu der Quelle zurück, von der die Regierungen sich herleiten. Indem wir so der Sache auf den Grund gehen, werden wir finden, daß jede Form der Regierung, jede soziale und politische Ungerechtigkeit dem gegenwärtig herrschenden sozialen System entstammt – der Einrichtung des Eigentums, wie es gegenwärtig besteht (the institution of property as it at present exists), und daß man daher, um ein für allemal der Ungerechtigkeit und dem Elend unserer Zeit ein Ende zu machen, den gegenwärtigen Zustand der Gesellschaft von Grund aus umstürzen muß ... Indem wir die Ökonomen auf ihrem eigenen Gebiet und mit ihren eigenen Waffen angreifen, verhindern wir so das absurde Geschwätz von den *Teilern* und *Doktrinären*, welches sie stets anzustimmen geneigt sind. Wenn sie die anerkannten Wahrheiten und Prinzipien, auf welche sie ihre eigenen Argumente basieren, nicht leugnen oder mißbilligen, so werden die Ökonomen nicht imstande sein, die Schlüsse zu bestreiten, zu welchen wir vermittelst dieser Methode gelangen." (Bray, S. 17 u. 41.) „*Nur die Arbeit* ist es, *die Wert schafft* (it is labour alone which bestows value) ... Jeder Mensch hat ein unzweifelhaftes Recht auf alles, was seine ehrliche Arbeit ihm verschaffen kann. Wenn er sich so die Früchte seiner Arbeit aneignet, begeht er keine Ungerechtigkeit gegen die anderen Menschen, denn er beeinträchtigt nicht dem anderen sein Recht, ebenso zu handeln ... Alle Begriffe von höherer und niederer Stellung, von Herr und Knecht kommen daher, daß man die elementarsten Grundsätze außer acht gelassen hat und daß sich infolgedessen die *Ungleichheit* des Besitzes eingeschlichen hat (and to the consequent rise of inequality of possessions). Solange diese Ungleichheit aufrechterhalten bleibt, wird es unmöglich sein, diese Begriffe auszurotten sowie die Einrichtungen aufzuheben, die auf ihnen beruhen. Bis jetzt hegt man immer noch die vergebliche Hoffnung, einem widernatürlichen Zustand, wie dem gegenwärtig bestehenden, dadurch abzuhelfen, daß man die bestehende Ungleichheit zerstört und die *Ursache* der Ungleichheit bestehen läßt; aber wir werden bald nachweisen, daß die Regierung keine Ursache, sondern eine Wirkung ist, daß sie nicht schafft, sondern geschaffen wird – daß sie mit einem Wort das Ergebnis ist der Ungleichheit des Besitzes (the offspring of equality of possessions) und daß die Ungleichheit des Besitzes unzertrennlich verbunden ist mit dem gegenwärtigen gesellschaftlichen System." (Bray, S. 33, 36 u. 37.)

„Das System der Gleichheit hat nicht nur die größten Vorteile für sich, sondern auch die höchste Gerechtigkeit ... Jeder Mensch ist ein Glied, und zwar ein unerläßliches Glied in der Kette der Wirkungen, die von einer Idee ausgeht, um vielleicht auf die Produktion eines Stückes Tuch hinauszulaufen. So darf man aus der Tatsache, daß unsere Neigungen für die verschiedenen Berufe nicht die gleichen sind, nicht schließen, daß die Arbeit des einen besser bezahlt werden müsse als die des anderen. Der Erfinder wird stets neben seiner gerechten Belohnung in Geld den Tribut unserer Bewunderung erhalten, den nur das Genie uns abgewinnen kann ...

Gemäß der Natur selbst der Arbeit und des Tausches fordert die höchste Gerechtigkeit, daß alle Austauschenden nicht nur gegenseitige, sondern gleiche Vorteile davontragen (all exchangers should be not only mutually, but they should likewise be equally benefited). Zwei Dinge gibt es nur, welche die Menschen unter sich austauschen können, nämlich die Arbeit und das Produkt der Arbeit. Wenn der Tausch nach einem gerechten System vor sich ginge, so würde der Wert aller Gegenstände durch ihre gesamten Produktionskosten bestimmt werden und gleiche Werte würden sich stets gegen gleiche Werte austauschen (If a just system of exchanges were acted upon, the value of all articles would be determined by the entire cost of production, and equal values should always exchange for equal values). Wenn zum Beispiel ein Hutmacher einen Tag braucht, um einen Hut zu machen, und ein Schuhmacher dieselbe Zeit für ein Paar Schuhe (vorausgesetzt, daß der von ihnen verwendete Rohstoff denselben Wert habe) und sie diese Gegenstände unter sich austauschten, so würde der Vorteil, den sie daraus zögen, gleichzeitig ein gegenseitiger und ein gleicher sein. Der Vorteil, der für einen der beiden Teile daraus flösse, könnte kein Nachteil für den anderen sein, da jeder dieselbe Menge Arbeit geliefert hat und die Stoffe, welche sie verwendeten, gleichwertig waren. Aber wenn der Hutmacher zwei Paar Schuhe gegen einen Hut erlangt hätte, immer unter unserer obigen Voraussetzung, so ist es klar, daß der Tausch ungerecht wäre. Der Hutmacher würde den Schuhmacher um einen Arbeitstag bringen; und wenn er so bei allen seinen Tauschgeschäften vorginge, so würde er gegen die Arbeit eines halben Jahres das Produkt eines ganzen Jahres einer anderen Person erhalten. Bisher haben wir stets dieses im höchsten Grade ungerechte Austauschsystem befolgt: Die *Arbeiter* haben dem Kapitalisten die Arbeit eines ganzen Jahres im Austausch gegen den Wert eines halben Jahres *gegeben* (the workmen have given the capitalist the labour of a whole year, in exchange for the value of only half a year) – und hieraus und nicht aus einer vermeintlichen Ungleichheit der physischen und intellektuellen Kräfte der Individuen ist die Ungleichheit von Reichtum und Macht hervorgegangen. Die Ungleichheit im Austausch, die Verschiedenheit der Preise bei Kauf und Verkauf, kann nur unter der Bedingung bestehen, daß die Kapitalisten in alle Ewigkeit Kapitalisten und die Arbeiter Arbeiter bleiben – die einen eine Klasse von Tyrannen, die anderen eine Klasse von Sklaven ... Dieser Vorgang beweist also klar, daß die Kapitalisten und Eigentümer dem Arbeiter für die Arbeit einer Woche nur einen Teil des Reichtums geben, den sie von ihm in der abgelaufenen Woche erhalten haben, das heißt, daß sie ihm für Etwas Nichts geben (nothing for something) ... Die Vereinbarung zwischen Arbeitern und Kapitalisten ist eine bloße Komödie: Faktisch ist sie in Tausenden von Fällen nur ein unverschämter, wenn auch *gesetzlicher Diebstahl.* (The whole transaction between the producer and the capitalist is a mere farce: it is, in fact, in thousands of instances, no other than a barefaced though *legal robbery.*)" (Bray, S. 45, 48, 49 u. 50.)

„Der Profit des Unternehmers wird so lange ein Verlust für den Arbeiter sein

– bis der Tausch unter beiden Teilen gleich ist; und der Tausch kann so lange nicht gleich sein, wie die Gesellschaft in Kapitalisten und Produzenten geteilt ist und die letzteren von ihrer Arbeit leben, während die ersteren sich vom Profit dieser Arbeit mästen.

Es ist klar", fährt Herr Bray fort, „daß ihr ganz gut diese oder jene Form der Regierung herstellen ..., daß ihr ganz gut im Namen der Moral und der Bruderliebe predigen mögt ... Die Gegenseitigkeit ist unverträglich mit der Ungleichheit des Austausches. Die Ungleichheit des Austausches, die Ursache der Ungleichheit des Besitzes, ist der geheime Feind, der uns verschlingt. (No reciprocity can exist where there are unequal exchanges. Inequality of exchanges, as being the cause of inequality of possessions, is the secret enemy that devours us.)" (Bray, S. 51 u. 52.)

„Die Betrachtung von Zweck und Ziel der Gesellschaft berechtigt mich zu dem Schlusse, daß nicht nur alle Menschen arbeiten müssen, damit sie in die Lage kommen, austauschen zu können, sondern daß gleiche Werte sich gegen gleiche Werte austauschen müssen. Noch mehr: Da der Vorteil des einen nicht der Verlust des andern sein darf, so muß der Wert bestimmt werden durch die Produktionskosten. Dennoch haben wir gesehen, daß unter dem gegenwärtigen sozialen Regime der Profit des Kapitalisten und des Reichen stets der Verlust des Arbeiters ist – daß dieses Resultat unvermeidlich eintreten muß und daß der Arme unter jeder Regierungsform dem Reichen auf Gnade und Ungnade ausgeliefert ist, solange die Ungleichheit des Austausches fortbesteht – und daß die Gleichheit im Austausch nur durch ein soziales System gesichert werden kann, welches die Universalität der Arbeit anerkennt ... Die Gleichheit im Austausch würde den Reichtum nach und nach aus den Händen der gegenwärtigen Kapitalisten in die der arbeitenden Klassen hinüberleiten." (Bray, S. 53-55.)

„Solange wie dieses System der Ungleichheit des Tausches fortbesteht, werden die Produzenten stets so arm, so unwissend, so überarbeitet sein, wie sie es heute sind, selbst wenn man alle *Abgaben, alle Steuern abschaffen würde* ... Nur eine totale Veränderung des Systems, die Einführung der Gleichheit der Arbeit und des Tausches kann diesem Stand der Dinge abhelfen und den Menschen die wahre Gleichheit der Rechte sichern ... Die Produzenten haben nur eine Anstrengung zu machen – und sie selbst sind es, von denen jede Anstrengung für ihr eigenes Heil ausgehen muß –, und ihre Ketten werden auf ewig gesprengt werden ... Die politische Gleichheit als Zweck ist ein Irrtum, sie ist sogar ein Irrtum als Mittel. (*As an end, the political equality is there a failure, as a means, also, it is there a failure.*)

Bei der Gleichheit des Austausches kann der Vorteil des einen nicht der Verlust des anderen sein: denn jeder Austausch ist nur eine einfache Übertragung von Arbeit und Reichtum, sie erfordert keinerlei Opfer. So wird unter einem auf die Gleichheit des Tausches basierten System der Produzent es noch mittelst seiner Ersparnisse zum Reichtum bringen; aber sein Reichtum wird nur noch das angesammelte Produkt seiner eigenen Arbeit sein. Er wird seinen Reichtum austauschen oder einem anderen geben können; aber es wird ihm unmöglich sein, auf eine etwas längere Zeit hinaus reich zu bleiben, nachdem er aufgehört hat zu arbeiten. Durch die Gleichheit des Tausches verliert der Reichtum seine heutige

Fähigkeit, sich sozusagen von selbst zu erneuern und vermehren: Er wird den durch den Verbrauch entstehenden Verlust nicht aus sich ersetzen können; denn wenn er nicht durch die Arbeit neu geschaffen wird, so ist der Reichtum, einmal verzehrt, auf immer verloren. Was wir heute *Profit* und *Zinsen* nennen, wird unter dem System des gleichen Austausches nicht bestehen können. Der Produzent und derjenige, der die Verteilung besorgt, werden gleichmäßig entlohnt werden, und die Summe ihrer Arbeit wird dazu dienen, den Wert jedes verfertigten und dem Konsumenten zugänglich gemachten Gegenstandes zu bestimmen ...
Das Prinzip der Gleichheit des Tausches muß also naturnotwendig die allgemeine Arbeit zur Folge haben." (Bray, S. 67, 88, 89, 94 u. 109.)

Nachdem er die Einwände der Ökonomen gegen den *Kommunismus* widerlegt hat, fährt Herr Bray folgendermaßen fort:

„Wenn eine Veränderung der Charaktere unumgänglich notwendig ist, um ein auf Gemeinsamkeit beruhendes gesellschaftliches System in seiner vollendeten Form zu ermöglichen, wenn andererseits das gegenwärtige System weder die Möglichkeit noch die Umstände zeitigt, die geboten sind, um diese Veränderung der Charaktere herbeizuführen und die Menschen für einen besseren Zustand, den wir alle wünschen, vorzubereiten, so ist es klar, daß die Dinge notwendigerweise so bleiben müssen, wie sie sind, wenn man nicht einen vorbereitenden Modus der Entwicklung entdeckt und durchführt – einen Prozeß, der sowohl dem gegenwärtigen System als auch dem Zukunftssystem (System der Gemeinschaftlichkeit)* angehört – eine Art Übergangsstadium, in welches die Gesellschaft eintreten kann mit allen ihren Ausschreitungen und allen ihren Verrücktheiten, um es alsdann zu verlassen, reich an den Eigenschaften und Fähigkeiten, welche die Lebensbedingungen des Systems der Gemeinschaftlichkeit sind." (Bray, S. 134.)

„Dieser ganze Prozeß würde nichts erfordern als die Kooperation in ihrer einfachsten Form ... Die Produktionskosten würden unter allen Umständen den Wert des Produktes bestimmen, und gleiche Werte würden sich stets gegen gleiche Werte austauschen. Wenn von zwei Personen die eine eine ganze, die andere eine halbe Woche gearbeitet hätte, so würde die erstere doppelt soviel Entschädigung erhalten wie die andere; aber dieses Mehr der Bezahlung würde dem einen nicht auf Kosten des anderen gegeben werden: Der Verlust, den der letztere sich zugezogen hätte, würde in keiner Weise auf den ersteren entfallen. Ein jeder würde seinen individuellen Lohn gegen Dinge vom selben Wert wie sein Lohn umtauschen, und auf keinen Fall könnte der Gewinn, den irgend jemand oder irgendeine Industrie erzielte, den Verlust eines anderen oder einer anderen Industriebranche bilden. Die Arbeit jedes Individuums wäre der *einzige Maßstab* für seinen Gewinn oder Verlust ...

Vermittelst allgemeiner und lokaler Büros (*boards of trade*) würde man die Menge der verschiedenen Gegenstände bestimmen, welche für den Verbrauch benötigt sind, und den relativen Wert jedes einzelnen im Vergleich mit den anderen (die Zahl der in den verschiedenen Arbeitszweigen erforderlichen Arbeiter), mit einem Wort alles, was auf die gesellschaftliche Produktion und Verteilung

* (System der Gemeinschaftlichkeit): Einfügung von Marx

> Bezug hat. Diese Aufstellungen würden für eine Nation in ebenso kurzer Zeit und mit derselben Leichtigkeit gemacht werden können wie heutzutage für eine Privatgesellschaft ... Die Individuen würden sich in Familien gruppieren, die Familien in Gemeinden, wie unter dem gegenwärtigen Regime; man würde nicht einmal die Verteilung der Bevölkerung in Stadt und Land direkt abschaffen, so schädlich sie auch ist ... In dieser Assoziation würde jedes Individuum nach wie vor die Freiheit genießen, welche es heute besitzt, soviel zu akkumulieren, wie ihm gut scheint, und von dem Angesammelten den ihm konvenierenden Gebrauch zu machen ... Unsere Gesellschaft würde sozusagen eine große Aktiengesellschaft sein, zusammengesetzt aus einer unendlich großen Anzahl kleiner Aktiengesellschaften, die sämtlich arbeiten und ihre Produkte auf dem Fuße der vollständigsten Gleichheit herstellen und austauschen ... Unser neues System der Aktiengesellschaften“, das nur eine Konzession an die heutige Gesellschaft ist, um zum Kommunismus zu gelangen, „das so eingerichtet ist, daß das individuelle Eigentum an den Produkten fortbesteht neben dem gemeinschaftlichen Eigentum an den Produktivkräften, läßt das Schicksal jedes Individuums von seiner eigenen Tätigkeit abhängen und gewährt ihm einen gleichen Anteil an allen durch die Natur und die Fortschritte der Technik bewirkten Vorteilen. Infolgedessen kann es auf die Gesellschaft, wie sie ist, angewendet werden und sie auf weitere Veränderungen vorbereiten.“ (Bray, S. 158, 160, 162, 168, 170 u. 194.)

Wir haben nur wenige Worte Herrn Bray zu entgegnen, der trotz uns und gegen unseren Willen sich in der Lage befindet, Herrn Proudhon ausgestochen zu haben, mit dem Unterschiede, daß Herr Bray, weit entfernt, das letzte Wort der Menschheit sprechen zu wollen, nur die Maßregeln vorschlägt, welche er für eine Epoche des Überganges von der heutigen Gesellschaft in das System der Gemeinschaftlichkeit für geeignet hält.

Eine Arbeitsstunde von Peter tauscht sich gegen eine Arbeitsstunde von Paul aus, das ist das fundamentale Axiom des Herrn Bray.

Nehmen wir an, Peter habe zwölf Stunden Arbeit vor sich und Paul nur sechs, so wird Peter mit Paul nur einen Austausch von sechs gegen sechs vollziehen können. Peter wird daher sechs Arbeitsstunden übrigbehalten; was wird er mit diesen sechs Arbeitsstunden machen?

Entweder nichts, d. h., er wird sechs Stunden für nichts gearbeitet haben, oder er wird sechs andere Stunden feiern, um sich ins Gleichgewicht zu setzen; oder, und dies ist sein letztes Auskunftsmittel, er wird diese sechs Stunden, mit denen er nichts anzufangen weiß, Paul mit in den Kauf geben.

Was wird somit Peter schließlich mehr verdient haben als Paul? Arbeitsstunden? Nein. Er wird nur Mußestunden verdient haben, er wird gezwungen sein, während sechs Stunden den Faulenzer zu spielen. Und damit dieses neue Nichtstuerrecht von der neuen Gesellschaft nicht nur geduldet, sondern sogar geschätzt werde, muß diese ihr höchstes Glück in der Faulheit finden und die Arbeit sie wie eine Fessel bedrücken, der sie sich um jeden Preis zu entledigen hat. Und wenn wenigstens, um auf unser Beispiel zurückzukommen, diese

Mußestunden, die Peter an Paul verdient hat, ein wirklicher Profit wären! Nicht im geringsten; Paul, der damit beginnt, nur sechs Stunden zu arbeiten, kommt durch eine regelmäßige und geregelte Arbeit zu demselben Resultat, das auch Peter nur erreicht, obwohl er mit einem Übermaß von Arbeit beginnt. Jeder wird Paul sein wollen, es wird eine Konkurrenz um die Stelle des Paul entstehen – eine Faulheitskonkurrenz.

Was hat uns nun der Austausch gleicher Arbeitsmengen gebracht? Überproduktion, Entwertung, Überarbeit, gefolgt von Stockung, endlich ökonomische Verhältnisse, wie wir sie in der gegenwärtigen Gesellschaft bestehen sehen, ohne die Arbeitskonkurrenz.

Nicht doch, wir täuschen uns; es bleibt noch ein Auskunftsmittel, welches die neue Gesellschaft retten kann, die Gesellschaft der Peter und Paul. Peter wird allein das Produkt der sechs Arbeitsstunden, die ihm bleiben, verzehren. Aber von dem Augenblick an, wo er nicht mehr auszutauschen braucht, weil er produziert hat, wird er nicht mehr zu produzieren brauchen, um auszutauschen, und die ganze Annahme einer auf Tausch und Arbeitsteilung basierten Gesellschaft fiele dahin. Man würde die Gleichheit des Tausches dadurch gerettet haben, daß der Tausch selbst aufhörte: Paul und Peter würden auf den Standpunkt Robinsons gelangen.

Wenn man also annimmt, daß alle Mitglieder der Gesellschaft selbständige Arbeiter sind, so ist ein Tausch gleicher Arbeitsstunden nur unter der Bedingung möglich, daß man von vornherein über die Stundenzahl übereinkommt, welche für die materielle Produktion notwendig ist. Aber eine solche Übereinkunft schließt den individuellen Tausch aus.

Wir kommen auch zur selben Folgerung, wenn wir als Ausgangspunkt nicht mehr die Verteilung der erzeugten Produkte, sondern den Akt der Produktion nehmen. In der Großindustrie steht es Peter nicht frei, seine Arbeitszeit selbst festzusetzen, denn die Arbeit Peters ist nichts ohne die Mitwirkung aller Peter und aller Paule, die in einer Werkstatt vereinigt sind. Daraus erklärt sich auch sehr wohl der hartnäckige Widerstand, den die englischen Fabrikanten der *Zehnstundenbill* entgegensetzten; sie wußten nur zu gut, daß eine Verminderung der Arbeit um zwei Stunden, einmal den Frauen und Kindern bewilligt, gleichermaßen eine Verminderung der Arbeitszeit für die [männlichen] Erwachsenen zur Folge haben müsse. Es liegt in der Natur der Großindustrie, daß die Arbeitszeit für alle gleich sein muß. Was heute durch das Kapital und die Konkurrenz der Arbeiter unter sich bewirkt wird, wird morgen, wenn man das Verhältnis von Arbeit und Kapital aufhebt, das Ergebnis einer Vereinbarung sein, die auf dem Verhältnis der Summe der Produktivkräfte zu der Summe der vorhandenen Bedürfnisse beruht.

Aber eine solche Vereinbarung ist die Verurteilung des individuellen Austausches, und somit sind wir wiederum bei unserem obigen Resultat angelangt.

Im Prinzip gibt es keinen Austausch von Produkten, sondern einen Austausch von Arbeiten, die zur Produktion zusammenwirken. Die Art, wie die Produktivkräfte ausgetauscht werden, ist für die Art des Austausches der Produkte maßgebend. Im allgemeinen entspricht die Art des Austausches der Produkte der Produktionsweise. Man ändere die letztere, und die Folge wird die Veränderung der ersteren sein. So sehen wir auch in der Geschichte der Gesellschaft die Art des Austausches der Produkte sich nach dem Modus ihrer Herstellung regeln. So entspricht auch der individuelle Austausch einer bestimmten Produktionsweise, welche selbst wieder dem Klassengegensatz entspricht; somit kein individueller Austausch ohne Klassengegensatz.

Aber das Biedermannsgewissen verschließt sich dieser evidenten Tatsache. Solange man Bourgeois ist, kann man nicht umhin, in diesem Gegensatz einen Zustand der Harmonie und ewigen Gerechtigkeit zu erblicken, der jemandem erlaubt, sich auf Kosten des anderen Geltung zu verschaffen. Für den Bourgeois kann der individuelle Austausch ohne Klassengegensatz fortbestehen: Für ihn sind dies zwei ganz unzusammenhängende Dinge. Der individuelle Austausch, wie ihn sich der Bourgeois vorstellt, gleicht durchaus nicht dem individuellen Austausch, wie er wirklich vorgeht.

Herr Bray erhebt die *Illusion* des biedern Bürgers zum Ideal, das er verwirklichen möchte. Dadurch, daß er den individuellen Austausch reinigt, daß er ihn von allen widerspruchsvollen Elementen, die er in ihm findet, befreit, glaubt er, ein „*egalitäres*" Verhältnis zu finden, das man in die Gesellschaft einführen müßte.

Herr Bray ahnt nicht, daß dieses egalitäre Verhältnis, dieses *Verbesserungsideal*, welches er in die Welt einführen will, selbst nichts anderes ist als der Reflex der gegenwärtigen Welt und daß es infolgedessen total unmöglich ist, die Gesellschaft auf einer Basis rekonstituieren zu wollen, die selbst nur der verschönerte Schatten dieser Gesellschaft ist. In dem Maße, wie der Schatten Gestalt annimmt, bemerkt man, daß diese Gestalt, weit entfernt, ihre erträumte Verklärung zu sein, just die gegenwärtige Gestalt der Gesellschaft ist.[3]

---

[3] Wie jede andere Theorie hat auch die des Herrn Bray ihre Anhänger gefunden, die sich durch den Schein haben täuschen lassen. Man hat in London, in Sheffield, in Leeds, in vielen anderen Städten Englands *Equitable Labour-Exchange-Bazaars* gegründet, die nach Absorbierung beträchtlicher Kapitalien sämtlich skandalösen Bankerott gemacht haben. Man hat den Geschmack daran für immer verloren: Warnung für Herrn Proudhon!
(Man weiß, daß Proudhon sich diese Warnung nicht zu Herzen genommen hat. Im Jahre 1849 versuchte er selbst eine neue Tauschbank in Paris. Sie scheiterte aber schon, ehe sie ordentlich in Gang gekommen war; eine gerichtliche Verfolgung Proudhons mußte zur Deckung ihres Zusammenbruchs vorhalten. *Friedrich Engels*)

§ 3. Anwendung des Gesetzes der Proportionalität des Wertes

a) Das Geld

> „Gold und Silber sind die ersten Waren, deren Wert zu seiner Konstituierung gelangt ist.“

Somit sind Gold und Silber die ersten Anwendungen des – von Herrn Proudhon – „konstituierten Wertes“. Und da Herr Proudhon den Wert der Produkte dadurch konstituiert, daß er ihn durch die in denselben verkörperte Arbeitsmenge bestimmt, so hatte er einzig und allein den Beweis zu liefern, daß die mit dem Wert von Gold und Silber vorgehenden *Veränderungen* stets ihre Erklärung finden in den Veränderungen der zu ihrer Produktion notwendigen Arbeitszeit. Herr Proudhon denkt nicht daran. Er spricht nicht von Gold und Silber als Ware, sondern er spricht von ihnen als Geld.

Seine ganze Logik, soweit bei ihm von Logik die Rede sein kann, besteht darin, die Eigenschaft von Gold und Silber, als *Geld* zu dienen, allen Waren unterzuschieben, welche die Eigenschaft haben, ihr Wertmaß in der Arbeitszeit zu finden. Kein Zweifel, diese Eskamotage zeugt mehr von Naivetät als von Malice.

Ein nützliches Produkt, einmal durch die zu seiner Herstellung notwendige Arbeitszeit abgeschätzt, ist stets tauschfähig (acceptable en échange). Beweis, ruft Herr Proudhon aus, das Gold und das Silber, die sich in der von mir gewollten Lage der „Austauschbarkeit“ befinden. Somit sind Gold und Silber der in den Zustand seiner Konstitution gelangte Wert, die Verkörperung der Idee des Herrn Proudhon. Es ist unmöglich, in der Wahl seiner Beispiele glücklicher zu sein. Gold und Silber besitzen außer der Eigenschaft, eine Ware zu sein, die wie jede andere durch die Arbeitszeit geschätzt wird, noch die, allgemeines Tauschmittel, Geld, zu sein. Dadurch nun, daß man Gold und Silber als eine Anwendung des durch die Arbeitszeit „*konstituierten Wertes*“ hinstellt, ist nichts leichter als der Beweis, daß jede Ware, deren Wert durch die Arbeitszeit konstituiert sein wird, stets austauschbar, Geld sein wird.

Eine höchst einfache Frage drängt sich dem Geiste des Herrn Proudhon auf: Warum genießen Gold und Silber das Privilegium, der Typus des „konstituierten Wertes“ zu sein?

> „Die besondere Funktion, welche der Gebrauch den edlen Metallen beigelegt hat, als Vermittler des Verkehrs zu dienen, ist rein konventionell; jede andere Ware könnte, vielleicht weniger bequem, aber ebenso zuverlässig, diese Rolle ausfüllen: Die Ökonomen erkennen das an, und man zitiert mehr als ein Beispiel dafür. Was ist somit die Ursache dieses allgemein den Metallen eingeräumten Vorzuges, als Geld zu dienen, und wie erklärt sich diese Besonderheit der Funktionen des Geldes, die kein Analogon hat in der politischen Ökonomie? Nun

also, ist es vielleicht möglich, den *Zusammenhang (série) wiederherzustellen*, aus dem das *Geld* herausgerissen zu sein scheint, und somit dieses seinem wirklichen Prinzip wieder zuzuführen?“

Bereits damit, daß er die Frage in diesen Ausdrücken stellt, setzt Herr Proudhon *das Geld* voraus. Die erste Frage, welche er sich hätte stellen sollen, wäre die, zu erfahren, warum man im Tauschverkehr, wie er sich heute herausgebildet hat, den Tauschwert sozusagen individualisieren mußte durch Schaffung eines besonderen Austauschmittels. Das Geld ist nicht eine Sache, sondern ein gesellschaftliches Verhältnis. Warum ist das Verhältnis des Geldes ein Produktionsverhältnis wie jedes andere ökonomische Verhältnis, wie die Arbeitsteilung etc.? Wenn Herr Proudhon sich von diesem Verhältnis Rechenschaft abgelegt hätte, so würde er in dem Geld nicht eine Ausnahme, nicht ein aus einem unbekannten oder erst wieder zu ermittelnden Zusammenhang herausgerissenes Glied gesehen haben.

Er würde im Gegenteil gefunden haben, daß dieses Verhältnis nur ein einzelnes Glied in der ganzen Verkettung der ökonomischen Verhältnisse und als solches aufs innigste mit ihr verbunden ist und daß dieses Verhältnis ganz in demselben Grade einer bestimmten Produktionsweise entspricht wie der individuelle Austausch. Was aber tut er? Er fängt damit an, das Geld aus dem Zusammenhang der heutigen Produktionsweise herauszureißen, um es später zum ersten Glied eines imaginären, eines noch zu findenden Zusammenhanges zu machen.

Hat man einmal die Notwendigkeit eines besonderen Tauschmittels, d. h. die Notwendigkeit des Geldes eingesehen, so handelt es sich nicht mehr um die Erklärung, warum diese besondere Funktion vor allen anderen Waren dem Gold und Silber zugefallen ist. Es ist das eine sekundäre Frage, die nicht im Zusammenhang der Produktionsverhältnisse ihre Erklärung findet, sondern in den besonderen stofflichen Eigenschaften von Gold und Silber. Wenn demgemäß die Ökonomen bei dieser Gelegenheit „aus dem Gebiet ihrer Wissenschaft herausgetreten sind, wenn sie Physik, Mechanik, Geschichte etc. getrieben haben“, wie ihnen Herr Proudhon vorwirft, so haben sie nur getan, was sie tun mußten. Die Frage gehört nicht mehr in das Gebiet der politischen Ökonomie.

> „Was keiner der Ökonomen“, sagt Herr Proudhon, „erkannt noch begriffen hat, ist der *ökonomische Grund*, der für die Bevorzugung, deren sich die Edelmetalle erfreuen, maßgebend war.“

Den ökonomischen Grund, den niemand, und zwar aus guten Gründen, erkannt noch begriffen hat, Herr Proudhon hat ihn erkannt, begriffen und der Nachwelt überliefert.

> „Was nämlich niemand bemerkt hat, ist die Tatsache, daß Gold und Silber die ersten Waren sind, deren Wert zur Konstituierung gelangt ist. In der patriarcha-

lischen Periode werden Gold und Silber noch in Barren gehandelt und ausgetauscht, aber schon mit einer sichtbaren Tendenz zur Herrschaft und einer ausgeprägten Bevorzugung. *Nach und nach* bemächtigen sich die Souveräne derselben und drücken ihnen ihr Siegel auf: Und aus dieser souveränen Weihung geht das Geld hervor, das heißt die Ware par excellence, die, aller Erschütterungen des Marktes ungeachtet, einen bestimmten proportionellen Wert beibehält und überall als voll in Zahlung genommen wird ... Die besondere Stellung, die Gold und Silber einnehmen, ist, wiederhole ich, eine Folge der Tatsache, daß dieselben, dank ihren metallischen Eigenschaften, der Schwierigkeit ihrer Beschaffung und namentlich der Intervention der staatlichen Autorität, sich rechtzeitig, als Waren, Festigkeit und Authentizität erobert haben."

Behaupten, daß von allen Waren Gold und Silber die ersten sind, deren Wert zu seiner Konstituierung gelangt ist, heißt nach dem Vorstehenden behaupten, daß Gold und Silber die ersten sind, die Geld geworden sind. Dies die große Offenbarung des Herrn Proudhon, dies die Wahrheit, die niemand vor ihm entdeckt hatte.

Wenn Herr Proudhon mit diesen Worten sagen wollte, daß Gold und Silber Waren sind, deren zu ihrer Erzeugung notwendige Arbeitszeit früher bekannt war als die aller andern, so wäre dies wieder eine jener Annahmen, mit denen er seine Leser so bereitwillig beschenkt. Wenn wir uns an diese patriarchalische Gelehrsamkeit halten wollten, so würden wir Herrn Proudhon sagen, daß man zuallererst die Arbeitszeit kannte, die zur Herstellung der allernotwendigsten Gegenstände erforderlich war, wie Eisen usw. Den klassischen Bogen von Adam Smith schenken wir ihm.

Aber wie kann Herr Proudhon nach alledem noch von der Konstituierung eines Wertes sprechen, wo doch ein Wert niemals für sich allein konstituiert wird? Der Wert eines Produkts wird nicht durch die Arbeitszeit konstituiert, die zu seiner Herstellung für sich allein notwendig ist, sondern im Verhältnis zur Menge aller anderen Produkte, die in derselben Zeit erzeugt werden können. Die Konstituierung des Wertes von Gold und Silber setzt also bereits die fertige Konstituierung (des Wertes)* einer Menge anderer Produkte voraus.

Es ist also nicht die Ware, die im Gold und Silber „konstituierter Wert" geworden ist, sondern es ist der „konstituierte Wert" des Herrn Proudhon, der im Gold und Silber Geld geworden ist.

Untersuchen wir jetzt die *ökonomischen Gründe*, die nach Herrn Proudhon dem Gold und Silber den Vorzug verschafft haben, früher als alle anderen Produkte zu Geld erhoben zu werden, vermöge der Konstituierung ihres Wertes.

Diese ökonomischen Gründe sind: die „sichtbare Tendenz zur Herrschaft", die schon in der „patriarchalischen Periode" „ausgeprägte Bevorzugung" und andere Umschreibungen des einfachen Faktums, welche die Schwierigkeit ver-

* (des Wertes): Einfügung der Übersetzer

mehren, indem sie die Tatsache vervielfältigen durch Vervielfältigung der Fälle, die Herr Proudhon vorführt, um die Tatsache zu erklären. Herr Proudhon hat indes noch nicht alle angeblich ökonomischen Gründe erschöpft. Greifen wir einen von überwältigender, souveräner Kraft heraus:

„Aus der souveränen Weihung geht das Geld hervor: Die Souveräne bemächtigen sich des Goldes und Silbers und drücken ihnen ihr Siegel auf."

Somit ist für Herrn Proudhon das Belieben der Souveräne der höchste Grund in der politischen Ökonomie!

In der Tat, man muß jeder historischen Kenntnis bar sein, um nicht zu wissen, daß es die Souveräne sind, die zu allen Zeiten sich den wirtschaftlichen Verhältnissen fügen mußten, daß aber niemals sie es gewesen sind, welche ihnen das Gesetz diktiert haben. Sowohl die politische wie die bürgerliche Gesetzgebung proklamieren, protokollieren nur das Wollen der ökonomischen Verhältnisse.

Hat sich der Souverän des Goldes und Silbers bemächtigt, um sie durch Aufprägung seines Siegels zu allgemeinen Tauschmitteln zu machen, oder haben sich nicht vielmehr diese allgemeinen Tauschmittel des Souveräns bemächtigt, indem sie ihn zwangen, ihnen sein Siegel aufzudrücken und ihnen eine politische Weihung zu geben?

Das Gepräge, welches man dem Gold gegeben hat und gibt, drückt nicht seinen Wert, sondern sein Gewicht aus. Die Festigkeit und Authentizität, von denen Herr Proudhon spricht, beziehen sich nur auf den Feingehalt der Münze; dieser Feingehalts-Titre* zeigt an, wieviel Metallstoff in einem Stücke gemünzten Geldes enthalten ist.

„Der einzige innewohnende Wert einer Mark Silber", sagt Voltaire mit seinem bekannten gesunden Menschenverstand, „ist ein halbes Pfund Silber im Gewicht von acht Unzen. Gewicht und Feingehalt ergeben allein diesen immanenten Wert." (Voltaire, „Système de Law")

Aber die Frage: Wieviel ist eine Unze Gold oder Silber wert? besteht darum nicht minder fort. Wenn ein Kaschmir aus dem Magazin zum *Großen Colbert* das Fabrikzeichen *reine Wolle* trägt, so gibt diese Fabrikmarke noch nicht den Wert des Kaschmirs an. Es bleibt noch immer zu ermitteln, wieviel die Wolle wert ist.

„Philipp I., König von Frankreich", sagt Herr Proudhon, „versetzt das Geld-Pfund Tournois (Gewicht Karls des Großen)** mit einem Drittel Legierung,

---

* „Titre" heißt einerseits Titel, Name, andererseits aber auch, bei Gold und Silber, deren *Feingehalt.* Die Übersetzer

** (Gewicht Karls des Großen): Einfügung der Übersetzer

> indem er sich einbildet, daß, da er allein das Monopol der Geldfabrikation hatte, er auch tun könne, was jeder Kaufmann tut, der das Monopol eines Produktes besitzt. Was war in der Tat diese, Philipp und seinen Nachfolgern so sehr zum Vorwurf gemachte Münzfälschung? Ein vom Standpunkt der geschäftlichen Routine sehr berechtigtes, aber vom Standpunkt der ökonomischen Wissenschaft sehr falsches Räsonnement; daß man nämlich, da Angebot und Nachfrage den Wert regulieren, sowohl durch eine künstlich erzeugte Seltenheit wie durch Monopolisierung der Fabrikation die Schätzung und somit auch den Wert der Dinge steigen machen kann und daß dies ebenso von Gold und Silber gilt wie von Getreide, Wein, Öl und Tabak. Indes, kaum war der Betrug Philipps ruchbar geworden, als sein Geld auf den richtigen Wert reduziert ward und er zur selben Zeit das verlor, um was er seine Untertanen geglaubt hatte prellen zu können. Dasselbe Schicksal hatten in der Folge alle ähnlichen Versuche."

Zunächst hat es sich gar oft gezeigt, daß, wenn der Fürst darangeht, die Münzen zu fälschen, er es ist, der dabei verliert. Was er bei der ersten Emission einmal verdient, verliert er so oft, wie die gefälschten Münzen ihm in Form von Steuern usw. wieder zufließen. Aber Philipp und seine Nachfolger wußten sich mehr oder minder gegen diesen Verlust zu schützen; denn kaum daß das gefälschte Geld in Umlauf gesetzt, hatten sie nichts Eiligeres zu tun, als ein allgemeines Umschmelzen des Geldes auf den alten Fuß anzuordnen.

Dann aber, hätte Philipp I. wirklich, wie Herr Proudhon, räsoniert, so hätte Philipp I. vom „kommerziellen Gesichtspunkt" aus nicht gut räsoniert. Weder Philipp I. noch Herr Proudhon legen kaufmännischen Geist an den Tag, wenn sie sich einbilden, daß man den Wert des Goldes wie den jeder anderen Ware aus dem einzigen Grunde ändern könne, daß ihr Wert durch das Verhältnis von Angebot und Nachfrage bestimmt wird.

Wenn König Philipp angeordnet hätte, daß ein Malter* Weizen künftighin zwei Malter Weizen heißen solle, so würde er ein Betrüger gewesen sein; er würde alle Rentiers, alle Leute betrogen haben, die hundert Malter Weizen empfangen hatten; er wäre die Ursache gewesen, daß alle diese Leute statt hundert Malter Weizen nur fünfzig empfangen hätten. Man nehme an, der König sei Schuldner von hundert Malter Weizen gewesen, so hätte er nur fünfzig zu bezahlen gehabt. Aber im Handel wären hundert Malter nie mehr wert gewesen als vorher fünfzig. Damit, daß man den Namen ändert, ändert man nicht die Sache. Die Menge Weizen, die angebotene wie geforderte, wäre durch diese einfache Veränderung der Namen weder vermindert noch erhöht worden. Da trotz dieser Veränderung des Namens das Verhältnis von Angebot und Nachfrage das gleiche bliebe, so erlitte der Preis des Getreides keinerlei wirkliche Veränderung. Wenn man von Angebot und Nachfrage der Dinge spricht, so spricht man nicht von Angebot und Nachfrage des Namens der Dinge. Philipp I. machte nicht

---

* Malter: Früheres deutsches und Schweizer Trockenmaß. Der (oder das) Malter hatte in den einzelnen deutschen Ländern verschiedenen Inhalt: zwischen 182 und 1248 Liter.

Gold oder Silber, wie Herr Proudhon sagt, er machte nur Namen von Münzen. Gebt eure französischen Kaschmire für indische aus, so ist es möglich, daß ihr ein oder zwei Käufer täuscht, aber sobald der Betrug einmal bekannt ist, werden eure vorgeblich indischen Kaschmire auf den Preis der französischen fallen. Damit, daß er dem Gold und Silber eine falsche Etikette gab, konnte Philipp I. die Leute nur so lange hinters Licht führen, wie der Betrug nicht bekannt war. Wie jeder andere Krämer betrog er seine Kunden durch eine falsche Bezeichnung der Ware: das konnte eine Zeitlang dauern. Früher oder später mußte er die Unerbittlichkeit der Gesetze des Verkehrs erfahren. Wollte Herr Proudhon das beweisen? Nein. Nach ihm empfängt das Geld vom Souverän und nicht vom Verkehr seinen Wert. Und was hat er in Wirklichkeit bewiesen? Daß der Verkehr souveräner ist als der Souverän. Der Souverän ordne an, daß eine Mark künftig zwei Mark sei, und der Verkehr wird stets behaupten, daß diese zwei Mark nur so viel wert sind wie die eine Mark von früher.

Aber damit ist die Frage des durch die Arbeitsmenge bestimmten Wertes um keinen Schritt vorwärtsgerückt. Es bleibt noch immer zu entscheiden, ob diese zwei Mark, die jetzt wieder die Mark von früher geworden, bestimmt werden durch die Produktionskosten oder durch das Gesetz von Angebot und Nachfrage.

Herr Proudhon fährt fort:

> „Es bleibt auch noch zu erwägen, daß, wenn es in der Macht des Königs gelegen hätte, statt das Geld zu fälschen, dessen Menge zu verdoppeln, der Tauschwert von Gold und Silber um die Hälfte gefallen wäre, immer auf Grund der Proportionalität und des Gleichgewichtes."

Wenn diese, Herrn Proudhon mit den anderen Ökonomen gemeinsame Ansicht richtig ist, so spricht sie zugunsten ihrer Doktrin von Angebot und Nachfrage und keineswegs zugunsten der Proportionalität des Herrn Proudhon. Denn welches auch immer die in der doppelten Masse von Gold und Silber verkörperte Arbeitszeit gewesen wäre, immer wäre ihr Wert um die Hälfte gefallen, wenn die Nachfrage dieselbe geblieben wäre und das Angebot sich verdoppelt hätte. Oder liefe zufällig das „*Gesetz der Proportionalität*" diesmal auf das so verachtete Gesetz von Angebot und Nachfrage hinaus? Die richtige Proportionalität des Herrn Proudhon ist in der Tat so elastisch, sie gestattet so viele Variationen, Kombinationen und Permutationen, daß sie wohl einmal mit dem Verhältnis von Angebot und Nachfrage zusammenfallen kann.

Behaupten, daß „jede Ware, wenn nicht tatsächlich, so wenigstens von Rechts wegen, austauschbar" sei, mit dem Hinweis auf die Rolle, welche Gold und Silber spielen, heißt diese Rolle verkennen. Gold und Silber sind nur deswegen von Rechts wegen austauschbar, weil sie es tatsächlich sind; und sie sind es tatsächlich, weil die gegenwärtige Organisation der Produktion eines allgemeinen Tauschmittels bedarf. Das Recht ist nur die offizielle Anerkennung der Tatsache.

Wir haben gesehen, daß das Beispiel vom Gelde als Darstellung des zu seiner Konstituierung gelangten Wertes von Herrn Proudhon nur gewählt wurde, um seine ganze Lehre von der Austauschbarkeit einschmuggeln zu können, das heißt, um nachzuweisen, daß jede nach ihren Produktionskosten abgeschätzte Ware Geld werden müsse. Alles das wäre schön und gut, bestände nicht der kleine Übelstand, daß gerade Gold und Silber in ihrer Eigenschaft als Münze (als Wertzeichen)* von allen Waren die einzigen sind, die nicht durch ihre Produktionskosten bestimmt werden; und das ist so sehr richtig, daß sie in der Zirkulation durch Papier ersetzt werden können. Solange ein gewisses Verhältnis zwischen den Bedürfnissen der Zirkulation und der Menge des ausgegebenen Geldes beobachtet wird, sei dieses Papier-, Gold-, Platin- oder Kupfergeld, so wird es sich nicht darum handeln, ein Verhältnis zwischen dem innewohnenden Wert (Produktionskosten) und dem Nominalwert des Geldes einzuhalten. Kein Zweifel, im internationalen Verkehr wird das Geld, wie jede andere Ware, durch die Arbeitszeit bestimmt. Aber auch Gold und Silber sind im internationalen Verkehr Tauschmittel als Produkte, nicht als Münze, d. h., sie verlieren diesen Charakter der „Festigkeit und Authentizität", der „souveränen Weihe", die für Herrn Proudhon ihren spezifischen Charakter bilden. Ricardo hat diese Wahrheit so gut begriffen, daß, obwohl er sein ganzes System auf den durch die Arbeitszeit bestimmten Wert aufbaut und erklärt: „*Gold und Silber* haben, wie jede andere Ware, nur Wert im Verhältnis zu der Arbeitsmenge, die notwendig ist, sie zu produzieren und auf den Markt zu bringen" – er nichtsdestoweniger hinzufügt, daß der Wert des *Geldes* nicht durch die in seiner Materie fixierte Arbeitszeit, sondern nur durch das Gesetz von Angebot und Nachfrage bestimmt wird.

> „Obwohl das Papier keinen inneren Wert hat, so kann doch, wenn man seine Menge begrenzt, sein Tauschwert dem Wert von Metallgeld im gleichen Betrage oder von nach ihrem Münzwert abgeschätzten Barren gleichkommen. Ganz ebenso, infolge desselben Prinzipes, d. h. dadurch, daß man die Menge des Geldes einschränkt, können unterwertige Geldstücke zu dem Wert zirkulieren, den sie haben würden, wären ihr Gewicht und ihr Gehalt die vom Gesetz vorgeschriebenen, nicht aber nach dem inneren Wert des reinen Metalles, das sie enthalten. Deshalb finden wir in der Geschichte des englischen Geldes, daß unser Hartgeld niemals sich in dem gleichen Verhältnis entwertete, wie es gefälscht wurde. Die Ursache liegt darin, daß es niemals im Verhältnis seiner Entwertung vermehrt wurde." (Ricardo, a. a. O.)

J.-B. Say bemerkt zu diesem Satze Ricardos:

> „Dieses *Beispiel* sollte, wie mir scheint, genügen, um den Autor zu überzeugen, daß die Grundlage jedes Wertes nicht die zur Herstellung einer Ware notwendige Arbeitsmenge ist, sondern das Bedürfnis, das man nach ihr empfindet, zusammengehalten mit ihrer Seltenheit."

* (als Wertzeichen): Einfügung der Übersetzer

So wird das Geld, das für Ricardo nicht mehr ein durch die Arbeitszeit bestimmter Wert ist und welches J.-B. Say deshalb als Beispiel nimmt, um Ricardo zu überzeugen, daß die anderen Werte ebensowenig durch die Arbeitszeit bestimmt werden können – so wird dieses Geld, welches J.-B. Say als Beispiel eines ausschließlich durch Angebot und Nachfrage bestimmten Wertes nimmt, für Herrn Proudhon das Beispiel par excellence der Anwendung des – durch die Arbeitszeit – konstituierten Wertes.

Um zum Ende zu kommen: Wenn das Geld kein durch die Arbeitszeit „konstituierter Wert" ist, so kann es noch weit weniger irgend etwas mit der richtigen „Proportionalität" des Herrn Proudhon gemein haben. Gold und Silber sind stets austauschbar, weil sie die besondere Funktion haben, als universelles Tauschmittel zu dienen, und keineswegs, weil sie in einer der Gesamtheit der Güter proportionellen Menge vorhanden sind; oder, um es noch besser auszudrücken, sie sind stets proportionell, weil sie von allen Waren allein als Geld, als universelles Tauschmittel dienen, in welchem Verhältnis auch immer ihre Menge zur Gesamtheit der Güter stehe.

> „Das in Zirkulation befindliche Geld kann nie reichlich genug vorhanden sein, um überzuströmen; denn wenn ihr seinen Wert herabsetzt, werdet ihr in demselben Verhältnis seine Menge vermehren, und mit der Vermehrung seines Wertes werdet ihr seine Menge vermindern." (Ricardo II, S. 205.)

„Welches Imbroglio ist die politische Ökonomie!" ruft Herr Proudhon aus.

> „Verdammtes Gold! ruft possierlich ein Kommunist" (durch den Mund des Herrn Proudhon). „Ebensogut könnte man sagen: Verdammter Weizen! verdammte Weinstöcke! verdammte Hammel! denn ebenso wie Gold und Silber muß *jeder Handelswert* zu seiner peinlich genauen Festsetzung gelangen."

Die Idee, Hammeln und Weinstöcken die Eigenschaft des Geldes zu verschaffen, ist nicht neu. In Frankreich gehört sie dem Jahrhundert Ludwigs XIV. an. Zu dieser Epoche, wo das Geld angefangen hatte, seine Allmacht geltend zu machen, beklagte man sich über die Entwertung aller anderen Waren und rief sehnsüchtig den Moment herbei, wo jeder „kommerzielle Wert" zu seiner peinlich genauen Festsetzung gelangen, Geld werden könne. Schon bei Boisguillebert, einem der ältesten Ökonomen Frankreichs, finden wir folgenden Satz:

> „Dann wird das Geld, dank diesem unermeßlichen Zufluß von Konkurrenten, den in ihren richtigen Wert wieder eingesetzten Waren selbst, wieder in seine natürlichen Grenzen verwiesen werden." („Économistes financiers du dix-huitième siècle", S. 422, éd. Daire.)

Man sieht: Die ersten Illusionen der Bourgeoisie sind auch ihre letzten.

b) Der Arbeitsüberschuß

„Man findet in den Abhandlungen über politische Ökonomie folgende abgeschmackte Hypothese: Wenn der Preis aller Dinge verdoppelt würde ... Als ob der Preis aller Dinge nicht das Verhältnis der Dinge wäre und man eine Proportion, ein Verhältnis, ein Gesetz verdoppeln könnte!" (Proudhon, Bd. I, S. 81.)

Die Ökonomen sind in diesen Irrtum verfallen, weil sie die richtige Anwendung des „Gesetzes der Proportionalität" und des „konstituierten Wertes" nicht verstanden.

Leider findet man in dem Werke des Herrn Proudhon selbst, Bd. I, S. 110, diese abgeschmackte Hypothese, daß, „wenn der Lohn allgemein stiege, der Preis aller Dinge steigen würde". Zum Überfluß findet man, wenn man in den Abhandlungen über politische Ökonomie die fragliche Phrase findet, ebendaselbst auch ihre Erklärung.

„Wenn man sagt, daß der Preis aller Waren steigt oder sinkt, so schließt man stets die eine oder die andere der Waren aus: Die ausgeschlossene Ware ist gewöhnlich das Geld oder die Arbeit." („Encyclodopaedia Metropolitana or Universal Dictionary of Knowledge", vol. IV, Artikel „Political Economy" von Senior, London 1836. Siehe auch über diesen Ausdruck J. St. Mill, „Essays on Some Unsettled Questions of Political Economy", London 1844, und Tooke, „A History of Prices, etc.", London 1838.)

Schreiten wir jetzt zur zweiten *Anwendung* des „konstituierten Wertes" und anderer Proportionalitäten, deren einziger Fehler ist, wenig proportioniert zu sein; und sehen wir zu, ob Herr Proudhon dort glücklicher ist als in der *Verwandlung* der Hammel *in Geld*.

„Ein von den Ökonomen einstimmig anerkanntes Axiom sagt, daß jede Arbeit einen Überschuß ergeben muß. Dieser Satz gilt mir als absolut und allgemein wahr: Er ist die Ergänzung des Gesetzes von der Proportionalität, welches man als die Summe aller ökonomischen Wissenschaft betrachten kann. Aber ich bitte die Ökonomen um Verzeihung; Das Prinzip, daß jede Arbeit einen Überschuß ergeben muß, hat in ihrer Theorie keinen Sinn und ist keines *Beweises* fähig." (Proudhon I, S. 73.)

Um zu beweisen, daß jede Arbeit einen Überschuß ergeben muß, personifiziert Herr Proudhon die Gesellschaft, er macht aus ihr eine *Person Gesellschaft*, eine Gesellschaft, die keineswegs die Gesellschaft der Personen ist, da sie ihre besonderen Gesetze hat, die nichts gemein haben mit den Personen, aus denen sie sich zusammensetzt; die ebenfalls ihren „eigenen Verstand" hat, der nicht der Verstand der gemeinen Menschen ist, sondern ein Verstand, der nicht den gemeinen Menschenverstand hat. Herr Proudhon wirft den Ökonomen vor, die

Persönlichkeit dieses Gesamtwesens nicht begriffen zu haben. Es macht uns Vergnügen, ihm den folgenden Satz eines amerikanischen Ökonomen entgegenzuhalten, der den anderen Ökonomen das gerade Gegenteil vorwirft:

> „Dem moralischen *Individuum* (*the moral entity*), dem grammatikalischen Wesen (*the grammatical being*), Gesellschaft genannt, wurden Eigenschaften beigelegt, die nur in der Einbildung derer bestehen, welche aus einem Wort eine Sache machen ... Dies hat zu vielen Schwierigkeiten und beklagenswerten Irrtümern der politischen Ökonomie Veranlassung gegeben.“ (T. Cooper, „Lectures on the Elements of Political Economy“, Columbia 1826.)

> „Dieses Prinzip des Arbeitsüberschusses“, fährt Herr Proudhon fort, „trifft in bezug auf die Individuen nur zu, weil es von der Gesellschaft ausgeht, die ihnen so die Wohltat ihrer eigenen Gesetze zukommen läßt. (I, S. 75.)

Will Herr Proudhon damit lediglich sagen, daß die Produktion des Individuums in der Gesellschaft die des isolierten Individuums übertrifft? Will er von diesem Überschuß der Produktion der assoziierten Individuen über die der nicht assoziierten Individuen sprechen? Wenn dem so ist, so können wir ihm hundert Ökonomen zitieren, welche diese einfache Wahrheit ausgesprochen haben ohne den ganzen Mystizismus, in den sich Herr Proudhon hüllt. So sagt z. B. Herr Sadler:

> „Die gemeinschaftliche Arbeit ergibt Resultate, welche die individuelle Arbeit niemals hervorzubringen vermag. In dem Maße daher, wie die Menschheit der Zahl nach sich vermehrt, werden die Produkte der vereinigten Arbeit bei weitem die Summe übertreffen, welche sich aus einer einfachen Addition der Menschenzahl-Vermehrung ergibt ... In den mechanischen Industrien wie auf wissenschaftlichem Gebiet kann jeder einzelne heute in einem Tage mehr leisten als ein isoliertes Individuum während seines ganzen Lebens. Das mathematische Axiom, daß das Ganze der Summe der Teile gleich ist, ist falsch in Anwendung auf unseren Gegenstand. In bezug auf die Arbeit, diesen großen Grundpfeiler der menschlichen Existenz (*the great pillar of human existence*), kann man sagen, daß das Produkt der gemeinschaftlichen Anstrengungen bei weitem alles übertrifft, was isolierte Bemühungen der einzelnen je zu produzieren vermögen.“ (T. Sadler, „The Law of Population“, London 1830.)

Kehren wir zu Herrn Proudhon zurück. Der Arbeitsüberschuß, sagt er, findet seine Erklärung in der Person Gesellschaft. Die Lebenstätigkeit dieser Person richtet sich nach Gesetzen, die den Gesetzen widersprechen, welche die Tätigkeit des Menschen als Individuum bestimmen; dies will er durch „*Tatsachen*“ beweisen.

„Die Entdeckung eines neuen wirtschaftlichen Verfahrens kann nie dem Erfinder einen Vorteil eintragen, der dem gleich ist, welchen er der Gesellschaft verschafft ... Man hat bemerkt, daß die Eisenbahnunternehmungen weit weniger eine Reichtumsquelle für die Unternehmer sind als für den Staat ... Der Durchschnittspreis des Gütertransportes per Achse (Fuhre)* beträgt 18 Centimes pro Tonne und Kilometer ab und an Lager. Man hat ausgerechnet, daß bei diesem Preise ein gewöhnliches Eisenbahnunternehmen keine 10 Prozent Reingewinn machen würde, ein Resultat, das beinahe dem eines Fuhrunternehmens gleichkommt. Aber nehmen wir an, daß die Geschwindigkeit eines Transportes per Eisenbahn sich zu der eines Fuhrunternehmens wie 4 : 1 verhält, so wird, da in der Gesellschaft die Zeit selbst Wert ist, bei Gleichheit des Preises die Eisenbahn gegenüber der Frachtfuhre einen Gewinn von 400 Prozent darstellen. Indes realisiert sich dieser enorme, für die Gesellschaft sehr reelle Gewinn bei weitem nicht in dem gleichen Verhältnis für den Transportunternehmer, der, während er der Gesellschaft einen Vorteil von 400 Prozent verschafft, selbst keine 10 Prozent bezieht. Nehmen wir in der Tat an, um die Sache noch greifbarer zu machen, daß die Eisenbahn ihren Tarif auf 25 Centimes festsetzt, während der der Pracht per Achse 18 bleibt, so wird sie sofort alle ihre Gütertransporte verlieren. Absender und Empfänger, alle Welt wird, wenn es sein muß, auf die alten Rumpelkästen zurückkommen. Man wird die Lokomotive stehenlassen: Ein gesellschaftlicher Vorteil von 400 Prozent wird einem privaten Verlust von 35 Prozent aufgeopfert werden. Die Ursache davon ist leicht einzusehen: Der Vorteil, den die Geschwindigkeit der Eisenbahn zur Folge hat, ist rein sozial, und jeder einzelne nimmt daran nur im geringsten Maße Anteil (vergessen wir nicht, daß es sich in diesem Augenblick nur um den Gütertransport handelt), während der Verlust den Konsumenten direkt und persönlich trifft. Ein sozialer Vorteil, gleich 400, stellt für das Individuum, wenn die Gesellschaft nur aus einer Million Menschen besteht, $^{4}/_{10.000}$ dar, während ein Verlust von 33 Prozent für den Konsumenten ein soziales Defizit von 33 Millionen voraussetzte." (Proudhon I, S. 75-76.)

Es mag noch angehen, daß Herr Proudhon eine vervierfachte Geschwindigkeit mit 400 Prozent der ursprünglichen Geschwindigkeit ausdrückt; aber wenn er die Prozente der Geschwindigkeit mit den Prozenten des Profites in Verbindung bringt und zwischen zwei Dingen ein Verhältnis herstellen will, die zwar jedes für sich nach Prozenten gemessen werden können, aber dessenungeachtet eins mit dem anderen inkommensurabel sind, so heißt dies ein Verhältnis zwischen den Prozenten herstellen und die Dinge selbst beiseite lassen.

Prozente sind immer Prozente. 10 Prozent und 400 Prozent sind kommensurabel, sie verhalten sich zueinander wie 10 : 400; daher, schließt Herr Proudhon, ist ein Profit von 10 Prozent vierzigmal weniger wert als eine vierfache Geschwindigkeit. Um den Schein zu retten, sagt er, daß für die Gesellschaft die Zeit der Wert ist (*time is money*). Dieser Irrtum stammt daher, daß er sich dunkel erinnert, daß ein Verhältnis zwischen Wert und Arbeitszeit besteht, und er hat

* (Fuhre): Einfügung der Übersetzer

nichts eiliger zu tun, als die Arbeitszeit der Zeit des Transportes gleichzusetzen, d. h., er identifiziert die paar Heizer, Zugführer und Genossen, deren Arbeitszeit nichts anderes ist als die Zeit des Transportes, mit der ganzen Gesellschaft. So wird mit einem Male die Geschwindigkeit Kapital, und auf diese Art hat er vollauf recht zu sagen: „Ein Vorteil von 400 Prozent wird einem Verlust von 35 Prozent aufgeopfert.“ Nachdem er diesen sonderbaren Satz als Mathematiker aufgestellt hat, erklärt er ihn uns als Ökonom.

„Ein sozialer Vorteil, gleich 400, stellt für das Individuum, wenn die Gesellschaft nur aus einer Million Menschen besteht, $^{4}/_{10.000}$ dar.“ Einverstanden; aber es handelt sich nicht um 400, sondern um 400 Prozent, und ein Vorteil von 400 Prozent stellt für das Individuum 400 Prozent dar, nicht mehr und nicht weniger. Welches immer das Kapital sei, die Dividenden werden sich stets im Verhältnis von 400 Prozent berechnen. Was tut Herr Proudhon? Er nimmt die Prozente für das Kapital, und als ob er fürchte, daß seine Konfusion nicht „greifbar“, nicht deutlich genug sei, fährt er fort:

„Ein Verlust von 33 Prozent für den Konsumenten würde ein soziales Defizit von 33 Millionen voraussetzen.“ 33 Prozent Verlust für den Konsumenten bleiben 33 Prozent Verlust für eine Million Konsumenten. Wie kann Herr Proudhon daher vernünftigerweise sagen, daß bei einem Verlust von 33 Prozent sich das gesellschaftliche Defizit auf 33 Millionen belaufe, wo er weder das soziale Kapital noch auch nur das Kapital eines einzigen Interessenten kennt? Es genügte somit Herrn Proudhon nicht, *Kapital* und *Prozente* zusammengeworfen zu haben, er übertrifft sich noch, indem er das in ein Unternehmen gesteckte *Kapital* mit der *Zahl* der Interessenten identifiziert.

„Setzen wir in der Tat, um die Sache noch greifbarer zu gestalten“, ein bestimmtes Kapital voraus. Ein sozialer Profit von 400 Prozent, auf eine Million von Teilnehmern repartiert, von denen jeder mit einem Franc beteiligt ist, ergibt vier Francs Profit pro Kopf und nicht 0,0004, wie Herr Proudhon behauptet. Ebenso repräsentiert ein Verlust von 33 Prozent für jeden der Teilnehmer ein gesellschaftliches Defizit von 330.000 Francs und nicht von 33 Millionen (100 : 33 = 1.000.000 : 330.000).

Von seiner Theorie der Person Gesellschaft bestochen, vergißt Herr Proudhon, die Teilung durch 100 vorzunehmen. Er erlangt so 330.000 Francs Verlust, aber 4 Francs Profit pro Kopf machen für die Gesellschaft 4.000.000 Francs Profit. Bleibt für die Gesellschaft ein reiner Profit von 3.670.000 Francs. Diese exakte Rechnung beweist just das Gegenteil von dem, was Herr Proudhon beweisen wollte: nämlich daß Profit und Verlust der Gesellschaft sich keineswegs im umgekehrten Verhältnis zu Profit und Verlust der Individuen verhalten.

Nachdem wir so diese einfachen Rechenfehler berichtigt haben, wollen wir nun einmal die Konsequenzen betrachten, zu denen man gelangen müßte, wollte man für die Eisenbahnen das Verhältnis von Geschwindigkeit und Kapital, wie Herr Proudhon es gibt, ohne die Rechenfehler zugrunde legen. Nehmen wir an, daß ein viermal schnellerer Transport viermal mehr kostet, so würde dieser Transport nicht weniger Profit ergeben als der Transport per Achse, der viermal langsamer geht und den vierten Teil der Fracht kostet. Wenn also der Achsentransport 18 Centimes nimmt, so könnte die Eisenbahn 72 Centimes nehmen. Das wäre nach „mathematischer Genauigkeit" die Konsequenz der Voraussetzung des Herrn Proudhon, immer von seinen Rechenfehlern abgesehen. Aber da sagt er uns mit einemmal, daß, wenn die Eisenbahn statt 72 Centimes nur 25 nehmen würde, sie sofort alle ihre Gütertransporte verlieren würde. Entschieden, man muß zum alten Rumpelkasten zurückkehren. Wenn wir indes Herrn Proudhon einen Rat zu geben haben, so ist es der, in seinem „Programme de l'association progressive" nicht die Division durch 100 zu vergessen. Aber leider ist nicht zu erwarten, daß unser Rat erhört werde, denn Herr Proudhon ist von seiner „progressiven" Berechnung, die seiner „progressiven Assoziation" entspricht, so entzückt, daß er mit großer Emphase ausruft:

„Ich habe bereits im zweiten Kapitel, bei der Lösung der Antinomie des Wertes, gezeigt, daß der Vorteil jeder nützlichen Entdeckung unvergleichlich geringer für den Erfinder ist, was er auch tun möge, als für die Gesellschaft; ich habe den Beweis in dieser Beziehung *bis zur mathematischen Genauigkeit* geführt!

Kehren wir zur Fiktion von der Person Gesellschaft zurück, die keinen anderen Zweck hatte, als die einfache Tatsache zu beweisen, daß eine neue Erfindung, die mit derselben Arbeitsmenge eine größere Menge Waren verfertigen läßt, den Marktpreis des Produktes sinken macht. Der Gesellschaft fällt damit ein Gewinn zu, nicht dadurch, daß sie mehr Tauschwert erlangt, sondern daß sie mehr Waren für denselben Wert erhält. Was den Erfinder betrifft, so bewirkt die Konkurrenz, daß sein Profit sukzessive bis zum allgemeinen Niveau der Profite fällt. Hat Herr Proudhon, wie er wollte, diesen Satz bewiesen? Nein. Das verhindert ihn aber nicht, den Ökonomen vorzuwerfen, diesen Beweis nicht erbracht zu haben. Um ihm das Gegenteil zu beweisen, zitieren wir nur Ricardo und Lauderdale; Ricardo, das Haupt der Schule, die den Wert nach der Arbeitszeit bestimmt, Lauderdale, einen der entschiedensten Verteidiger der Bestimmung des Wertes durch Angebot und Nachfrage. Beide haben denselben Satz aufgestellt.

„Indem wir beständig die Leichtigkeit der Produktion erhöhen, vermindern wir fortgesetzt den Wert einiger der früher produzierten Dinge, obwohl wir durch dieses Mittel nicht nur den Nationalreichtum vermehren, sondern such die Möglichkeit, für die Zukunft zu produzieren ... Sobald wir mittelst Maschinen oder unserer naturwissenschaftlichen Kenntnisse die Naturkräfte zwingen, die Arbeit zu verrichten, die bis dahin der Mensch leistete, so fällt infolgedessen der Tauschwert des Produktes. Wenn zehn Leute notwendig wären, um eine Getreidemühle zu drehen, und man entdeckte, daß vermittelst des Windes oder des Wassers die Arbeit dieser zehn Menschen erspart werden könnte, so würde das Mehl, das

Produkt der Mühlenarbeit, von diesem Augenblick an im Verhältnis zur Summe der ersparten Arbeit fallen, und die Gesellschaft würde sich um den vollen Wert der Dinge bereichert finden, welche die Arbeit dieser zehn Männer zu erzeugen vermag, da die zur Erhaltung der Arbeiter bestimmten Fonds damit nicht die geringste Verminderung erfahren hätten." (Ricardo II, S. 59.)

Lauderdale seinerseits sagt:

„Der Profit der Kapitalien entstammt stets dem Umstande, daß sie einen Teil der Arbeit auf sich nehmen, welche der Mensch mit seinen Händen verrichten müßte, d h., daß sie eine Portion Arbeit über die persönlichen Bemühungen des Menschen hinaus verrichten, die er selbst nicht auszuführen vermöchte. Der schmale Profit, den im allgemeinen die Besitzer der Maschinen erzielen im Vergleich zum Preis der Arbeit, welche diese ersetzen, wird vielleicht Zweifel über die Richtigkeit dieser Ansicht hervorrufen. Eine Dampfpumpe befördert z. B. in einem Tage mehr Wasser aus einer Kohlenmine, als dreihundert Menschen auf ihrem Rücken heraustragen könnten, selbst wenn sie eine Eimerkette bildeten, und es unterliegt keinem Zweifel, daß sie die Arbeit derselben zu viel geringeren Kosten ersetzt. Dasselbe ist der Fall mit allen Maschinen. Die bisherige Menschenarbeit, an deren Stelle sie getreten sind, müssen sie zu billigerem Preise verrichten ... Angenommen, dem Erfinder einer Maschine, welche die Arbeit von vieren verrichtet, sei ein Patent erteilt worden, so ist es klar – da das ausschließliche Privilegium jede Konkurrenz verhindert, außer der, welche die Arbeit der Arbeiter bewirkt –, daß der Lohn dieser Arbeiter während der ganzen Dauer des Privilegiums der Maßstab des Preises sein wird, den der Erfinder für seine Produkte bestimmen wird: d. h., um sich der Aufträge zu versichern, wird er etwas weniger fordern als den Lohn für die Arbeit, die seine Maschine ersetzt. Sobald aber das Privilegium verfallen ist, werden andere Maschinen derselben Art aufgestellt und rivalisieren mit der seinigen. Alsdann wird er seinen Preis nach dem allgemeinen Prinzip festsetzen, indem er ihn von der Menge der Maschinen abhängig macht. Der Profit der angelegten Fonds ..., obwohl das Resultat ersetzter Arbeit, regelt sich schließlich nicht nach dem Werte dieser Arbeit, sondern wie in allen übrigen Fällen nach Maßgabe der Konkurrenz unter den Kapitalbesitzern, und die Höhe desselben wird stets durch das Verhältnis der Menge der zu diesem Zweck disponiblen Kapitalien zur Nachfrage nach denselben bestimmt."

In letzter Instanz wird es somit, solange der Profit größer ist als in anderen Industriezweigen, Kapitalien geben, die sich auf die neue Industrie werfen, bis der Profitsatz auf das allgemeine Niveau gefallen ist.

Wir haben gesehen, wie das Exempel von der Eisenbahn keineswegs geeignet war, einiges Licht auf die Fiktion der Person Gesellschaft zu werfen. Nichtsdestoweniger setzt Herr Proudhon seine Rede kühn fort:

„Diese Punkte einmal klargelegt, ist nichts leichter als die Erklärung, warum die Arbeit jedem Produzenten einen Überschuß lassen muß. (I, S. 77.)

Was nunmehr folgt, gehört dem klassischen Altertum an. Es ist eine poetische Erzählung, die den Zweck hat, den Leser sich erholen zu lassen nach der Anstrengung, welche ihm die Genauigkeit der vorhergegangenen mathematischen Demonstrationen verursacht haben dürfte. Herr Proudhon gibt seiner Person Gesellschaft den Namen *Prometheus* und verherrlicht dessen Taten folgendermaßen:

> „Im Anfang erwacht Prometheus, hervorgegangen aus dem Schoße der Natur, zu einem Leben in einer Untätigkeit voller Reize etc. etc. Prometheus geht ans Werk, und von dem ersten Tage an, dem ersten Tage der zweiten Schöpfung, ist das Produkt des Prometheus, das heißt sein Reichtum, sein Wohlbefinden, gleich zehn. Am zweiten Tage teilt Prometheus seine Arbeit, und sein Produkt wird gleich hundert. Am dritten und den folgenden Tagen erfindet Prometheus Maschinen, entdeckt er neue Eigenschaften in den Körpern, neue Kräfte in der Natur ... Bei jedem Schritt, den seine industrielle Tätigkeit macht, steigt die Ziffer seiner Produktion und verkündet ihm einen Zuwachs von Glück. Und da schließlich für ihn Konsumieren Produzieren ist, so ist es klar, daß jeder Tag des Konsums, indem er nur das Produkt des vorigen Tags verbraucht, einen Produktionsüberschuß für den nächsten Tag liefert." (I, S. 77-78.)

Dieser Prometheus des Herrn Proudhon ist ein sonderbarer Heiliger, ebenso schwach in der Logik wie in der politischen Ökonomie. Solange er uns nur lehrt, wie die Arbeitsteilung, die Anwendung von Maschinen, die Ausbeutung der Naturkräfte und der technischen Wissenschaften die Produktivkraft der Menschen vermehrt und einen Überschuß gibt gegenüber dem, was die isolierte Arbeit hervorbringt, hat dieser neue Prometheus nur das Pech, zu spät zu kommen. Aber sobald Prometheus sich darangibt, von Produktion und Konsumtion zu sprechen, wird er in der Tat grotesk. Konsumieren heißt für ihn produzieren; er konsumiert am folgenden Tage, was er tags vorher produziert hat; auf diese Art ist er stets einen Tag voraus. Dieser Tag voraus ist sein „Arbeitsüberschuß". Aber indem er den folgenden Tag verzehrt, was er tags zuvor produziert hat, so muß er wohl am ersten Tage, der keinen Vorläufer hatte, für zwei Tage gearbeitet haben, um in der Folge einen Tag vorauszuhaben. Wie hat Prometheus am ersten Tage, wo es weder Arbeitsteilung noch Maschinen, noch andere Kenntnisse von Naturkräften als die des Feuers gab, diesen Überschuß erzielt? Wie wir sehen, ist die Frage damit, daß sie „bis auf den ersten Tag der zweiten Schöpfung" zurückgeschoben wurde, keinen Schritt vorwärtsgerückt. Diese Art, die Dinge zu erklären, tappt gleichzeitig ins Griechische und Hebräische, sie ist mystisch und allegorisch zu gleicher Zeit, sie erlaubt Herrn Proudhon, unbedingt zu verkünden:

> „Ich habe theoretisch und durch Tatsachen das Prinzip nachgewiesen, daß jede Arbeit einen Überschuß lassen muß."

Die Tatsachen sind die famose progressive Rechnung; die Theorie ist der Mythus von Prometheus.

> „Aber", fährt Herr Proudhon fort, „dieses Prinzip, welches so feststeht wie ein Satz der Arithmetik, ist weit entfernt, sich für alle Welt zu realisieren. Während durch den Fortschritt der gemeinschaftlichen Arbeit der Arbeitstag jedes einzelnen Arbeiters ein immer größeres Produkt erzielt und während daher in notgedrungener Folge der Arbeiter bei demselben Lohn von Tag zu Tag reicher werden müßte, gibt es in der Gesellschaft Stände, die sich bereichern, und andere, die am Verkommen sind." (I, S. 79-80.)

Im Jahre 1770 betrug die Bevölkerung des vereinigten Königreiches Großbritannien 15 Millionen, die produktive Bevölkerung 3 Millionen. Die Leistungsfähigkeit der technischen Produktivkräfte entsprach ungefähr einer Bevölkerung von 12 Millionen; infolgedessen gab es in Summa 15 Millionen produktiver Kräfte. Somit verhielt sich die produktive Leistungsfähigkeit zur Bevölkerung wie 1 : 1 und die technische Leistungsfähigkeit zur Leistungsfähigkeit der menschlichen Arbeit wie 4 : 1.

1840 belief sich die Bevölkerung nicht über 30 Millionen, die produktive Bevölkerung betrug 6 Millionen, während die technische Leistungsfähigkeit auf 650 Millionen stieg, d. h. sich zur Gesamtbevölkerung wie 21 : 1 und zur Leistungsfähigkeit der menschlichen Arbeit wie 108 : 1 verhielt.

In der englischen Gesellschaft hat somit der Arbeitstag in siebzig Jahren einen Überschuß von 2700 Prozent an Produktivität gewonnen, d. h., im Jahre 1840 produzierte er siebenundzwanzigmal mehr als 1770. Nach Herrn Proudhon müßte man die Frage folgendermaßen stellen: Warum war der englische Arbeiter von 1840 nicht siebenundzwanzigmal reicher als der von 1770? Um eine solche Frage zu stellen, muß man natürlich voraussetzen, daß die Engländer diesen Reichtum ohne die historischen Bedingungen hätten produzieren können, unter denen er produziert wurde, wie: Anhäufung von Privatkapitalien, moderne Arbeitsteilung, Maschinenbetrieb, anarchische Konkurrenz, Lohnsystem, mit einem Wort lauter Dinge, die auf dem Klassengegensatz beruhen. Das waren nämlich gerade die Existenzbedingungen für die Entwicklung der Produktivkräfte und des Arbeitsüberschusses. Es war somit, um diese Entwicklung der Produktivkräfte und diesen Arbeitsüberschuß zu erlangen, notwendig, daß es Klassen gab, die profitierten, und andere, die am Verkommen waren.

Was ist also in letzter Instanz dieser von Herrn Proudhon auferweckte Prometheus? Es ist die Gesellschaft, es sind die gesellschaftlichen Verhältnisse, basiert auf den Klassengegensatz. Diese Verhältnisse sind nicht die von Individuum zu Individuum, sondern die von Arbeiter zu Kapitalist, von Pächter zu Grundbesitzer etc. Streicht diese Verhältnisse, und ihr habt die ganze Gesellschaft aufgehoben; euer Prometheus ist nur mehr ein Phantom ohne Arme und Beine, d. h. ohne Maschinenbetrieb, ohne Arbeitsteilung, dem mit einem Worte alles fehlt, was ihr ihm ursprünglich gegeben habt, um ihn diesen Arbeitsüberschuß erlangen zu machen.

Wenn es somit in der Theorie genügte, die Formel des Arbeitsüberschusses mit Herrn Proudhon im Sinne der Gleichheit aufzufassen, ohne Rücksicht auf die gegenwärtigen Bedingungen der Produktion, so müßte es in der Praxis genügen, unter den Arbeitern eine gleiche Verteilung aller heute erworbenen Reichtümer vorzunehmen, ohne irgend etwas an den heutigen Produktionsbedingungen zu ändern. Diese Verteilung würde sicherlich den einzelnen Beteiligten keinen ausnehmend großen Wohlstand sichern.

Aber Herr Proudhon ist nicht so pessimistisch, wie man wohl glauben könnte. Da die Proportionalität alles für ihn ist, so muß er wohl oder übel in dem fertig gegebenen Prometheus, d. h. in der heutigen Gesellschaft, einen Anfang zur Verwirklichung seiner Lieblingsidee erblicken.

> „Aber auch überall ist der Fortschritt des Reichtums, d. h. die *Proportionalität der Werte*, das herrschende Gesetz; und wenn die Ökonomen den Klagen der sozialistischen Partei das fortschreitende Anwachsen des Nationalreichtums und die Verbesserungen in der Lage selbst der unglücklichsten Klassen entgegenhalten, so verkünden sie damit, ohne es zu ahnen, eine Wahrheit, welche die Verurteilung ihrer Theorien ist.“ (I, S. 80.)

Was ist in Wirklichkeit das gemeinschaftliche Vermögen, der Nationalreichtum? Der Reichtum der Bourgeoisie, aber nicht der jedes einzelnen Bourgeois. Nun wohl; die Ökonomen haben nichts anderes getan, als den Nachweis zu liefern, wie unter den gegenwärtig bestehenden Produktionsverhältnissen der Reichtum der Bourgeoisie sich entwickelt hat und noch anwachsen muß. Was die arbeitenden Klassen anbetrifft, so ist es eine noch sehr bestrittene Frage, ob ihre Lage sich infolge der Vermehrung des angeblichen öffentlichen Reichtums verbessert hat. Wenn die Ökonomen uns als Stütze für ihren Optimismus das Beispiel der englischen Baumwollenarbeiter zitieren, so berücksichtigen sie deren Situation nur in den seltenen Momenten der industriellen Prosperität. Diese Momente der Prosperität verhalten sich zu den Epochen der Krise und Stagnation in der „richtigen Proportionalität“ von 3 : 10. Aber vielleicht haben die Ökonomen, wenn sie von Verbesserung sprachen, von den Millionen Arbeitern sprechen wollen, die in Ostindien umkommen mußten, damit den eineinhalb Millionen in der gleichen Industrie in England beschäftigter Arbeiter drei Jahre Prosperität auf zehn verschafft würden.

Was die zeitweilige Teilnahme an dem Anwachsen des Nationalreichtums betrifft, so ist das etwas anderes. Das Faktum der zeitweiligen Teilnahme findet seine Erklärung in der Theorie der Ökonomen. Es ist keineswegs ihre „Verurteilung“, wie Herr Proudhon sagt, sondern ihre Bekräftigung. Wenn etwas zu verurteilen wäre, so wäre es sicher das System des Herrn Proudhon, welches den Arbeiter, wie wir gezeigt haben, trotz des Anwachsens des Reichtums auf das Lohnminimum reduzieren würde. Nur dadurch, daß er ihn auf das Lohnminimum reduziert, würde er eine Anwendung der richtigen Proportionalität der Werte, des durch die Arbeitszeit „konstituierten Wertes", vollziehen. Gerade weil der Lohn infolge der Konkurrenz über oder unter dem Preis der zur Erhaltung des Arbeiters notwendigen Lebensmittel schwankt, kann dieser in gewissem Grade an der Entwicklung des gesellschaftlichen Reichtums teilnehmen oder auch ebensogut vor Elend umkommen. Das ist die ganze Theorie der Ökonomen, die sich darüber keinen Illusionen hingeben.

Nach seinen langen Abschweifungen auf die Frage der Eisenbahnen, auf den Prometheus, die neue, auf den „konstituierten Wert" zu rekonstituierende Gesellschaft, sammelt sich Herr Proudhon, das Gefühl übermannt ihn, und er ruft in väterlichem Tone aus:

> „*Ich beschwöre* die Ökonomen, einen Augenblick in der Tiefe ihres Herzens, fern von den Vorurteilen, die sie verwirren, und ohne Rücksicht auf die Ämter, die sie einnehmen oder erstreben, auf die Interessen, denen sie dienen, auf die Stimmen, um welche sie werben, auf die Auszeichnungen, in denen ihre Eitelkeit sich gefällt, sich zu fragen und zu antworten, ob ihnen bis heute das Prinzip, daß jede Arbeit einen Überschuß lassen muß, mit dieser Kette von Prämissen und Folgen erschienen ist, die wir enthüllt haben." (I, S. 80.)

Zweites Kapitel: Die Metaphysik der politischen Ökonomie

§ 1. Die Methode

Wir befinden uns jetzt mitten in Deutschland! Wir werden Metaphysik treiben müssen, wo und während wir politische Ökonomie treiben. Und auch hierin folgen wir nur den „Widersprüchen" des Herrn Proudhon. Soeben zwang er uns noch, englisch zu sprechen, selbst ein wenig Engländer zu werden, jetzt ändert sich die Szene. Herr Proudhon versetzt uns in unser geliebtes Vaterland und zwingt uns, wieder einmal in unserer Eigenschaft als Deutscher wider Willen aufzutreten.

Wenn der Engländer die Menschen in Hüte verwandelt, so verwandelt der Deutsche die Hüte in Ideen. Der Engländer ist Ricardo, der reiche Bankier und ausgezeichnete Ökonom. Der Deutsche ist Hegel, simpler Professor der Philosophie an der Universität zu Berlin.

Ludwig XV., der letzte absolute König und der Repräsentant des Verfalls des französischen Königtums, hatte einen Leibarzt, der der erste Ökonom Frankreichs war. Dieser Arzt, dieser Ökonom, repräsentierte den bevorstehenden und sichern Triumph der französischen Bourgeoisie. Der Arzt Quesnay hat die politische Ökonomie zu einer Wissenschaft gemacht; er hat sie in seinem berühmten „*Ökonomischen Tableau*" zusammengefaßt. Neben den tausendundein Kommentaren, die zu diesem Tableau erschienen sind, besitzen wir einen von Quesnay selbst. Es ist dies die „Analyse des ökonomischen Tableau", der „sieben *wichtige Bemerkungen*" angehängt sind.

Herr Proudhon ist ein zweiter Doktor Quesnay. Er ist der Quesnay der Metaphysik der politischen Ökonomie.

Nun faßt sich nach Hegel die Metaphysik, die ganze Philosophie, in der Methode zusammen. Wir müssen daher suchen, die Methode des Herrn Proudhon klarzustellen, die mindestens ebenso dunkel ist wie das „*Ökonomische Tableau*". Wir werden deshalb sieben mehr oder weniger wichtige Bemerkungen folgen lassen. Wenn Herr Doktor Proudhon mit unseren Bemerkungen nicht zufrieden ist, so möge er den Abbé Baudeau spielen und selbst die „Erklärung der ökonomisch-metaphysischen Methode" geben.

Erste Bemerkung

„Wir geben keine *Geschichte nach der Ordnung der Zeit*, sondern *nach der Folge der Ideen.* Die ökonomischen *Phasen* oder *Kategorien* treten in ihrer *Manifestation* bald gleichzeitig, bald in verkehrter Reihenfolge auf ... Die ökonomischen Theorien haben nicht minder ihre *logische Abfolge* und ihre *Gliederung in der Vernunft*; diese Ordnung schmeicheln wir uns entdeckt zu haben." (Proudhon, Bd. I, S. 145-146.)

Ganz sicher hat Herr Proudhon den Franzosen einen Schreck einjagen wollen, indem er ihnen quasi Hegelsche Phrasen an den Kopf warf. Wir haben also mit zwei Männern zu tun: zuerst mit Herrn Proudhon und dann mit Hegel. Wodurch zeichnet sich Herr Proudhon vor den anderen Ökonomen aus? Und welche Rolle spielt Hegel in der politischen Ökonomie des Herrn Proudhon?

Die Ökonomen stellen die bürgerlichen Produktionsverhältnisse, Arbeitsteilung, Kredit, Geld etc., als fixe, unveränderliche, ewige Kategorien hin. Herr Proudhon, der diese Kategorien fertig vorfindet, will uns den Akt der Bildung und Erzeugung dieser Kategorien, Prinzipien, Gesetze, Ideen, Gedanken explizieren. Die Ökonomen erklären uns, wie man unter den obigen gegebenen Verhältnissen produziert; was sie uns aber nicht erklären, ist, wie diese Verhältnisse selbst produziert werden, d. h. die historische Bewegung, die sie ins Leben ruft. Herr Proudhon, der diese Verhältnisse als Prinzipien, als Kategorien, als abstrakte Gedanken nimmt, hat nur diese Gedanken in eine bestimmte *Ordnung* zu bringen, die sich bereits in alphabetischer Reihenfolge am Schlusse jeder Abhandlung über politische Ökonomie vorfinden. Die Materialien der Ökonomen sind das bewegte und bewegende Leben der Menschen; die Materialien des Herrn Proudhon sind die Dogmen der Ökonomen. Sobald man aber die historische Entwicklung der Produktionsverhältnisse nicht verfolgt – und die Kategorien sind nur der theoretische Ausdruck derselben –; sobald man in diesen Kategorien nur von selbst entstandene Ideen, von den wirklichen Verhältnissen unabhängige Gedanken sieht, ist man wohl oder übel gezwungen, den Ursprung dieser Gedanken in die Bewegung der reinen Vernunft zu verlegen. Wie erzeugt die reine, ewige, unpersönliche Vernunft diese Gedanken? Wie stellt sie es an, um sie zu erzeugen?

Hätten wir die Unerschrockenheit des Herrn Proudhon in Sachen des Hegelianismus, so würden wir sagen: Sie unterscheidet sich in sich selbst von sich selbst. Was will das sagen? Da die unpersönliche Vernunft außer sich weder einen Boden hat, auf den sie sich stellen kann, noch ein Objekt, dem sie sich entgegenstellen kann, noch ein Subjekt, mit dem sie sich verbinden kann, sieht sie sich gezwungen, einen Purzelbaum zu schlagen und sich selbst zu ponieren, zu opponieren und zu komponieren – Position, Opposition, Komposition. Um griechisch zu sprechen, haben wir These, Antithese und Synthese. Für die, welche die Hegelsche Sprache nicht kennen, lassen wir die Weihungsformel folgen: Affirmation, Negation, Negation der Negation. Das nennt man reden. Es ist zwar kein Hebräisch, mit Verlaub des Herrn Proudhon; aber es ist die Sprache dieser reinen, vom Individuum getrennten Vernunft. An Stelle des gewöhnlichen Individuums und seiner gewöhnlichen Art zu reden und zu denken, haben wir lediglich diese gewöhnliche Art an sich, ohne das Individuum.

Ist es zum Verwundern, daß in letzter Abstraktion – denn es handelt sich um Abstraktion, nicht um Analyse – jedes Ding sich als logische Kategorie darstellt? Ist es zum Verwundern, daß, wenn man nach und nach alles fallen läßt, was die Individualität eines Hauses ausmacht, wenn man von den Baustoffen absieht, woraus es besteht, von der Form, die es auszeichnet, man schließlich nur noch einen Körper vor sich hat; daß, wenn man von den Umrissen dieses Körpers absieht, man schließlich nur einen Raum hat; daß, wenn man endlich von den Dimensionen dieses Raumes abstrahiert, man zum Schluß nichts mehr übrig hat als die Quantität an sich, die logische Kategorie der Quantität? Wenn wir solchermaßen konsequent abstrahieren, von jedem Subjekt, von allen seinen belebten oder unbelebten angeblichen Akzidenzien, Menschen oder Dingen, so haben wir ein Recht zu sagen, daß man in letzter Abstraktion nur noch die logischen Kategorien als Substanz übrigbehält. So haben die Metaphysiker, die sich einbilden, vermittelst solcher Abstraktionen zu analysieren, und die, je mehr sie sich von den Gegenständen entfernen, sie desto mehr zu durchdringen wähnen – diese Metaphysiker haben ihrerseits recht zu sagen, daß die Dinge dieser Welt nur Stickereien sind auf einem Stramingewebe, gebildet durch die logischen Kategorien. Da haben wir den Unterschied zwischen dem Philosophen und dem Christen. Der Christ kennt nur eine Fleischwerdung des *Logos*, trotz der Logik; der Philosoph kommt mit den Fleischwerdungen gar nicht zu Ende. Daß alles, was existiert, daß alles, was auf der Erde und im Wasser lebt, durch Abstraktion auf eine logische Kategorie zurückgeführt werden kann, daß man auf diese Art die gesamte wirkliche Welt ersäufen kann in der Welt der Abstraktionen, der Welt der logischen Kategorien – wen wundert das?

Alles, was existiert, alles, was auf der Erde und im Wasser lebt, existiert nur, lebt nur vermittelst irgendwelcher Bewegung. So erzeugt die Bewegung der Geschichte die sozialen Beziehungen, die industrielle Bewegung gibt uns die industriellen Produkte etc.

Ebenso wie wir durch Abstraktion jedes Ding in eine logische Kategorie verwandelt haben, braucht man nur von jeder unterscheidenden Eigenschaft der verschiedenen Bewegungen zu abstrahieren, um zur Bewegung im abstrakten Zustande, zur rein formellen Bewegung, zu der rein logischen Formel der Bewegung zu gelangen. Hat man erst in den logischen Kategorien das Wesen aller Dinge gefunden, so bildet man sich ein, in der logischen Formel der Bewegung die *absolute Methode* zu finden, die nicht nur alle Dinge erklärt, sondern die auch die Bewegung der Dinge umfaßt.

Es ist dies die absolute Methode, von der Hegel sagt:

> „Die Methode ist die absolute, die einzige, die höchste, unendliche Kraft, der kein Ding widerstehen kann. Sie ist die Tendenz der Vernunft, sich selbst in jedem Dinge wiederzufinden, wiederzuerkennen." („Logik", Bd. III, S. 320-321.)

Ist jedes Ding auf eine logische Kategorie und jede Bewegung, jeder Produktionsakt auf die Methode reduziert, so folgt daraus, daß jeder Zusammenhang von Produkten und Produktion, von Dingen und Bewegung sich auf eine angewandte Metaphysik reduziert. Was Hegel für die Religion, das Recht etc. getan hat, sucht Herr Proudhon für die politische Ökonomie zu tun.

Was ist somit diese absolute Methode? Die Abstraktion der Bewegung. Was ist die Abstraktion der Bewegung? Die Bewegung im abstrakten Zustande. Was ist die Bewegung im abstrakten Zustande? Die rein logische Formel der Bewegung oder die Bewegung der reinen Vernunft. Worin besteht die Bewegung der reinen Vernunft? Sich zu setzen, sich sich selbst entgegenzusetzen, und schließlich wieder sich mit sich selbst in eins zu setzen, sich als These, Antithese, Synthese zu formulieren, oder schließlich sich zu setzen, sich zu negieren und ihre Negation zu negieren.

Wie stellt es die Vernunft an, um sich als bestimmte Kategorie hinzustellen, zu setzen? Das ist die Sache der Vernunft selbst und ihrer Apologeten.

Aber, einmal dahin gelangt, sich als These zu setzen, spaltet sich diese These, indem sie sich selbst entgegenstellt, in zwei widersprechende Gedanken, in Positiv und Negativ, in Ja und Nein. Der Kampf dieser beiden gegensätzlichen, in der Antithese enthaltenen Elemente bildet die dialektische Bewegung. Das Ja wird Nein, das Nein wird Ja, das Ja wird gleichzeitig Ja und Nein, das Nein wird gleichzeitig Nein und Ja; auf diese Weise halten sich die Gegensätze die Waage, neutralisieren sie sich, heben sie sich auf. Die Verschmelzung dieser beiden widersprechenden Gedanken bildet einen neuen Gedanken, die Synthese derselben. Dieser neue Gedanke spaltet sich wiederum in zwei widersprechende Gedanken, die ihrerseits wiederum eine neue Synthese bilden. Aus dieser Zeugungsarbeit erwächst eine Gruppe von Gedanken. Diese Gedankengruppe verfolgt dieselbe dialektische Bewegung wie eine einfache Kategorie und hat zur Antithese eine gegensätzliche Gruppe. Aus diesen zwei Gedankengruppen entsteht eine neue Gedankengruppe, die Synthese beider.

Wie aus der dialektischen Bewegung der einfachen Kategorien die Gruppe entsteht, so entsteht aus der dialektischen Bewegung der Gruppen die Reihe (série) und aus der dialektischen Bewegung der Reihen das ganze System.

Man wende diese Methode auf die Kategorien der politischen Ökonomie an, und man hat die Logik und die Metaphysik der politischen Ökonomie, oder mit anderen Worten: Man hat die aller Welt bekannten ökonomischen Kategorien in eine wenig bekannte Sprache übersetzt, in der sie aussehen, als seien sie soeben funkelneu einem reinen Vernunftskopf entsprungen; dergestalt scheinen diese Kategorien einander zu erzeugen, sich zu verketten und aneinanderzugliedern, vermittelst der bloßen Tätigkeit der dialektischen Bewegung. Der Leser braucht indes vor dieser Metaphysik mit ihrem ganzen Gerüst von Kategorien, Gruppen, Serien und Systemen nicht zu erschrecken. Trotz aller der sauren Arbeit, womit Herr Proudhon die Höhe dieses *Systems der Widersprüche* zu erklimmen strebt, bringt er es doch nie über die zwei ersten Stufen der einfachen These und Antithese; und auch sie hat er nur zweimal erstiegen, bei welcher Gelegenheit er einmal obendrein auf den Rücken gefallen ist.

Auch haben wir bis jetzt nur die Dialektik Hegels auseinandergesetzt; wir werden später sehen, wie Herr Proudhon es fertigbringt, sie auf das kläglichste Maß herunterzubringen. So ist für Hegel alles, was geschehen ist und noch geschieht, genau das, was in seinem eigenen Denken vor sich geht. So ist die Philosophie der Geschichte nur mehr die Geschichte der Philosophie, seiner eigenen Philosophie. Es gibt keine „Geschichte nach der Ordnung der Zeit" mehr, sondern nur noch die „Aufeinanderfolge der Ideen in der Vernunft". Er glaubt, die Welt mittelst der Bewegung des Gedankens konstruieren zu können, während er nur die Gedanken, die in jedermanns Kopf sind, systematisch rekonstruiert und nach der absoluten Methode klassifiziert.

Zweite Bemerkung

Die ökonomischen Kategorien sind nur die theoretischen Ausdrücke, die Abstraktionen der gesellschaftlichen Produktionsverhältnisse. Herr Proudhon stellt als echter Philosoph die Dinge auf den Kopf und sieht in den wirklichen Verhältnissen nur die Fleischwerdung jener Prinzipien, jener Kategorien, die, wie uns wiederum Herr Proudhon, der Philosoph, sagt, im Schoß der „unpersönlichen Vernunft der Menschheit" schlummerten.

Herr Proudhon, der Ökonom, hat ganz gut begriffen, daß die Menschen Tuch, Leinwand, Seidenstoffe unter bestimmten Produktionsverhältnissen anfertigen. Aber was er nicht begriffen hat, ist, daß diese bestimmten sozialen Verhältnisse ebensogut Produkte der Menschen sind wie Tuch, Leinen etc. Die sozialen Verhältnisse sind eng verknüpft mit den Produktivkräften. Mit der Erwerbung neuer Produktivkräfte verändern die Menschen ihre Produktionsweise, und mit der Veränderung der Produktionsweise, der Art, ihren Lebensunterhalt zu gewinnen, verändern sie alle ihre gesellschaftlichen Verhältnisse. Die Handmühle ergibt eine Gesellschaft mit Feudalherren, die Dampfmühle eine Gesellschaft mit industriellen Kapitalisten.

Aber dieselben Menschen, welche die sozialen Verhältnisse gemäß ihrer materiellen Produktivität gestalten, gestalten auch die Prinzipien, die Ideen, die Kategorien gemäß ihren gesellschaftlichen Verhältnissen.

Somit sind diese Ideen, diese Kategorien, ebensowenig ewig wie die Verhältnisse, die sie ausdrücken. Sie sind *historische, vergängliche, vorübergehende Produkte.*

Wir leben inmitten einer beständigen Bewegung des Anwachsens der Produktivkräfte, der Zerstörung sozialer Verhältnisse, der Bildung von Ideen; unbeweglich ist nur die Abstraktion von der Bewegung – *„mors immortalis"*.

Dritte Bemerkung

Die Produktionsverhältnisse jeder Gesellschaft bilden ein Ganzes. Herr Proudhon betrachtet die ökonomischen Verhältnisse als ebenso viele soziale Phasen, die einander erzeugen, von denen die eine aus der anderen sich ergibt, wie die Antithese aus der These, und die in ihrer logischen Aufeinanderfolge die unpersönliche Vernunft der Menschheit verwirklichen.

Der einzige Übelstand bei dieser Methode ist der, daß Herr Proudhon, sobald er eine einzelne dieser Phasen getrennt untersuchen will, er sie nicht erklären kann, ohne auf die anderen gesellschaftlichen Verhältnisse zurückzukommen, obwohl er diese Verhältnisse noch nicht vermittelst seiner dialektischen Bewegung hat entstehen lassen. Wenn Herr Proudhon dann mittelst der reinen Vernunft zur Erzeugung der anderen Phasen übergeht, so stellt er sich, als ob er neugeborene Kinder vor sich habe, und vergißt, daß sie ebenso alt sind wie die erste.

So konnte er, um zur Konstituierung des Wertes zu gelangen, die für ihn die Grundlage aller ökonomischen Entwicklung ist, die Arbeitsteilung, die Konkurrenz etc. nicht entbehren. In der *Serie*, in der *Vernunft* des Herrn Proudhon, in der *logischen Aufeinanderfolge* sind diese Beziehungen aber noch gar nicht vorhanden.

Sobald man mit den Kategorien der politischen Ökonomie das Gebäude eines ideologischen Systems errichtet, verrenkt man die Glieder des gesellschaftlichen Systems. Man verwandelt die verschiedenen Teilstücke der Gesellschaft in ebenso viele Gesellschaften für sich, von denen eine nach der anderen auftritt. Wie kann in der Tat die logische Formel der Bewegung, der Aufeinanderfolge, der Zeit allein den Gesellschaftskörper erklären, in dem alle Beziehungen gleichzeitig existieren und einander stützen?

Vierte Bemerkung

Sehen wir nunmehr, welchen Änderungen Herr Proudhon die Dialektik Hegels unterwirft, sobald er sie auf die politische Ökonomie anwendet.

Für Herrn Proudhon hat jede ökonomische Kategorie zwei Seiten, eine gute und eine schlechte. Er betrachtet die Kategorien, wie der Spießbürger die großen Männer der Geschichte betrachtet: *Napoleon* ist ein großer Mann, er hat viel Gutes getan, er hat auch viel Schlechtes getan.

Die *gute Seite* und die *schlechte Seite*, der *Vorteil* und der *Nachteil* zusammengenommen bilden für Herrn Proudhon den *Widerspruch* in jeder ökonomischen Kategorie.

Zu lösendes Problem: Die gute Seite bewahren und die schlechte beseitigen.

Die *Sklaverei* ist eine ökonomische Kategorie wie eine andere. Sie hat also gleichfalls ihre zwei Seiten. Halten wir uns nicht bei der schlechten Seite auf und sprechen wir von der schönen Seite der Sklaverei. Wohlverstanden, es handelt sich hier nur um die direkte Sklaverei, um die Sklaverei der Schwarzen in Surinam, in Brasilien, in den Südstaaten Nordamerikas.

Die direkte Sklaverei ist der Angelpunkt der bürgerlichen Industrie, ebenso wie die Maschinen etc. Ohne Sklaverei keine Baumwolle; ohne Baumwolle keine moderne Industrie. Nur die Sklaverei hat den Kolonien ihren Wert gegeben; die Kolonien haben den Welthandel geschaffen; und der Welthandel ist die Bedingung der Großindustrie. So ist die Sklaverei eine ökonomische Kategorie von der höchsten Wichtigkeit.

Ohne die Sklaverei würde Nordamerika, das vorgeschrittenste Land, sich in ein patriarchalisches Land verwandeln. Man streiche Nordamerika von der Weltkarte, und man hat die Anarchie, den vollständigen Verfall des Handels und der modernen Zivilisation. Laßt die Sklaverei verschwinden, und ihr streicht Amerika von der Weltkarte.[4]

So hat die Sklaverei, weil sie eine ökonomische Kategorie ist, stets in den Institutionen der Völker figuriert. Die modernen Völker haben die Sklaverei in ihren Ländern lediglich zu maskieren gewußt, während sie sie in der Neuen Welt unverhüllt eingeführt haben.

Wie wird es Herr Proudhon anfangen, die Sklaverei zu retten? Er wird das *Problem* stellen: die gute Seite dieser ökonomischen Kategorie zu erhalten und die schlechte auszumerzen.

Hegel hat keine Probleme zu stellen. Er kennt nur die Dialektik. Herr Proudhon hat von der Hegelschen Dialektik nur die Redeweise. Seine eigene dialektische Methode besteht in der dogmatischen Unterscheidung von gut und schlecht.

Nehmen wir einmal Herrn Proudhon selbst als Kategorie; untersuchen wir seine gute und seine schlechte Seite, seine Vorteile und seine Nachteile.

Wenn er vor Hegel den Vorteil voraus hat, Probleme zu stellen, die er sich vorbehält zum Besten der Menschheit zu lösen, so hat er den Nachteil vollständiger Unfruchtbarkeit, sobald es sich darum handelt, durch die Tätigkeit der dialektischen Zeugung eine neue Kategorie ins Leben zu rufen. Was die dialek-

---

[4] Dies war vollkommen richtig für das Jahr 1847. Damals beschränkte sich der Welthandel der Vereinigten Staaten hauptsächlich auf die Einfuhr von Einwanderern und Industrieprodukten und auf die Ausfuhr von Baumwolle und Tabak, also von Produkten der südlichen Sklavenarbeit. Die nördlichen Staaten produzierten hauptsächlich Korn und Fleisch für die Sklavenstaaten. Erst seitdem der Norden Korn und Fleisch für die Ausfuhr produzierte und daneben ein Industrieland wurde und seitdem dem amerikanischen Baumwollmonopol in Indien, Ägypten, Brasilien etc. eine mächtige Konkurrenz entstanden, war die Abschaffung der Sklaverei möglich. Und selbst dann hatte sie zur Folge den Ruin des Südens, dem es nicht gelungen ist, die offene Negersklaverei durch die verdeckte Sklaverei indischer und chinesischer Kulis zu ersetzen. *F. E.*

tische Bewegung ausmacht, ist gerade das Nebeneinanderbestehen der beiden entgegengesetzten Seiten, ihr Widerstreit und ihr Aufgehen in eine neue Kategorie. Sowie man sich nur das Problem stellt, die schlechte Seite auszumerzen, schneidet man die dialektische Bewegung entzwei. Es ist nicht die Kategorie mehr, die sich hier selbst, infolge ihrer widerspruchsvollen Natur, setzt und entgegensetzt; es ist vielmehr Herr Proudhon, der zwischen den beiden Seiten sich hin- und herzerrt, zerarbeitet und abquält.

So in einer Sackgasse gefangen, aus der es schwer ist mittelst erlaubter Mittel freizukommen, macht Herr Proudhon plötzlich einen wahren Riesenkraftsprung, der ihn mit einem einzigen Satz in eine neue Kategorie versetzt, Und nun enthüllt sich vor seinen erstaunten Augen die *Reihenfolge in der Vernunft.*

Er nimmt die erste beste Kategorie und legt ihr willkürlich die Eigenschaft bei, den Nachteilen der Kategorie abzuhelfen, die er weißzuwaschen hat. So beseitigen die Steuern, wenn wir nämlich Herrn Proudhon glauben, die Nachteile des Monopols; die Handelsbilanz die Nachteile der Steuern; der Grundbesitz die Nachteile des Kredits.

Indem er so nach und nach die ökonomischen Kategorien einzeln vornimmt und aus der einen das *Gegengift* der anderen macht, bringt es Herr Proudhon fertig, mit diesem Mischmasch von Widersprüchen und Gegenmitteln für Widersprüche zwei Bände Widersprüche herzustellen, die er ganz richtig betitelt: „*System der ökonomischen Widersprüche*".

Fünfte Bemerkung

> „In der absoluten Vernunft sind alle diese Ideen ... gleich einfach und generell ... In der Tat gelangen wir zur Wissenschaft nur dadurch, daß wir unsere Ideen zu einer Art von Gerüst aufbauen. Aber die Wahrheit an sich ist unabhängig von diesen dialektischen Figuren und frei von den Kombinationen unseres Geistes." (Proudhon, Bd. II, S. 97.)

Da sehen wir plötzlich, vermittelst einer Kehrtwendung, deren Geheimnis wir jetzt kennen, die Metaphysik der politischen Ökonomie zur Illusion geworden! Niemals hat Herr Proudhon wahrer gesprochen. Ganz gewiß, von dem Augenblick an, wo der Prozeß der dialektischen Bewegung sich reduziert auf die einfache Prozedur, Gut und Schlecht einander gegenüberzuhalten, Probleme zu stellen, die darauf hinauskommen, das Schlechte auszumerzen und eine Kategorie als Gegengift gegen die andere zu verabreichen, von da an haben die Kategorien keine Selbsttätigkeit mehr; die Idee „*funktioniert* nicht mehr", es ist kein Leben mehr in ihr. Weder setzt noch zersetzt sie sich fernerhin in Kategorien. Die Aufeinanderfolge der Kategorien hat sich verwandelt in ein bloßes Gerüst. Die Dialektik ist nicht mehr die Bewegung der absoluten Vernunft. Es gibt keine Dialektik mehr, es gibt höchstens nur noch pure Moral.

Als Herr Proudhon von der *Reihenfolge im Verstande*, von der *logischen Aufeinanderfolge der Kategorien* sprach, erklärte er positiv, daß er nicht die *Geschichte nach der Ordnung der Zeit* geben wolle, das heißt nach Herrn Proudhon die historische Aufeinanderfolge, in welcher die Kategorien *sich offenbart* haben. Alles vollzog sich damals für ihn in dem *reinen Äther der Vernunft*. Alles sollte sich mittelst der Dialektik aus diesem reinen Äther ableiten. Jetzt, wo es sich darum handelt, diese Dialektik in die Praxis zu übersetzen, läßt ihn die Vernunft im Stich. Die Dialektik des Herrn Proudhon schlägt der Dialektik Hegels ein Schnippchen, und so muß Herr Proudhon uns mitteilen, daß die Ordnung, in der er uns die ökonomischen Kategorien gibt, nicht mehr die Ordnung ist, in der sie sich auseinanderentwickeln. Die ökonomischen Evolutionen sind nicht mehr die Evolutionen der reinen Vernunft.

Was denn gibt uns eigentlich Herr Proudhon? Die wirkliche Geschichte, das heißt nach dem Verstande des Herrn Proudhon die Aufeinanderfolge, in der sich die Kategorien in der Zeitordnung *offenbart* haben? Nein. Die Geschichte, wie sie sich in der Idee selbst vollzieht? Noch weniger. Also weder die profane Geschichte der Kategorien noch ihre heilige Geschichte! Welche Geschichte gibt er uns denn nun? Die Geschichte seiner eigenen Widersprüche. Sehen wir, wie sie marschieren und Herrn Proudhon hinter sich herschleppen.

Bevor wir uns an diese Untersuchung machen, welche zu der sechsten wichtigen Bemerkung Veranlassung gibt, haben wir noch eine weniger wichtige Bemerkung zu machen.

Nehmen wir einmal mit Herrn Proudhon an, die wirkliche Geschichte nach der Zeitordnung sei die historische Aufeinanderfolge, in welcher die Ideen, die Kategorien, die Prinzipien sich offenbart haben.

Jedes Prinzip hat sein Jahrhundert gehabt, worin es sich enthüllte. Das Autoritätsprinzip hat z. B. das 11. Jahrhundert gehabt wie das Prinzip des Individualismus das 18. Folgerichtigerweise gehörte das Jahrhundert dem Prinzip, nicht das Prinzip dem Jahrhundert. Mit anderen Worten: Das Prinzip macht die Geschichte, nicht die Geschichte das Prinzip. Fragt man sich endlich, um Prinzipien wie Geschichte zu retten: warum dieses Prinzip sich gerade im 11. oder im 18. Jahrhundert und nicht in irgendeinem andern offenbart hat, so sieht man sich notwendigerweise gezwungen, im einzelnen zu untersuchen, welches die Menschen des 11. und die des 18. Jahrhunderts waren, welches ihre jedesmaligen Bedürfnisse, ihre Produktivkräfte, ihre Produktionsweise, die Rohstoffe ihrer Produktion, welches endlich die Beziehungen von Mensch zu Mensch waren, die aus allen diesen Existenzbedingungen hervorgingen. Alle diese Fragen ergründen, heißt das nicht, die wirkliche, profane Geschichte der Menschen eines jeden Jahrhunderts erforschen, diese Menschen darstellen, wie sie in einem Verfasser und Schausteller ihres eigenen Dramas waren? Aber von dem Augenblick an, wo man die Menschen als die Schausteller und Verfasser ihrer eigenen Geschichte hinstellt, ist man auf einem Umweg zum wirklichen Ausgangspunkt zurückgekehrt, weil man die ewigen Prinzipien fallengelassen hat, von denen man ausging.

Aber Herr Proudhon hat sich nicht einmal weit genug vorgewagt auf dem Querpfad, den der Ideologe einschlägt, um die große Heerstraße der Geschichte zu gewinnen.

Sechste Bemerkung

Schlagen wir mit Herrn Proudhon den Querpfad ein.

Wir wollen annehmen, daß die ökonomischen Beziehungen, als *unwandelbare Gesetze*, als *ewige Prinzipien*, als *ideale Kategorien* betrachtet, früher da waren als die tätigen und handelnden Menschen; wir wollen sogar annehmen, daß diese Gesetze, diese Prinzipien, diese Kategorien von Anbeginn der Zeit an „in der unpersönlichen Vernunft der Menschheit" geschlummert haben. Wir haben bereits gesehen, daß es bei diesen unwandelbaren, unveränderlichen Ewigkeiten keine Geschichte mehr gibt; es gibt höchstens eine Geschichte in der Idee, d. h. die Geschichte, die sich in der dialektischen Bewegung der reinen Vernunft abspiegelt. Damit aber, daß Herr Proudhon sagt, in der dialektischen Bewegung „*differenzierten*" sich die Ideen nicht mehr, hat er sowohl den *Schatten der Bewegung* wie die *Bewegung der Schatten* ausgestrichen, mittelst deren man noch allenfalls etwas hätte zuwege bringen können, was nach Geschichte aussieht. Statt dessen schiebt er der Geschichte seine eigene Ohnmacht in die Schuhe, er schiebt die Schuld auf alles, sogar auf die französische Sprache.

> „Es stimmt also nicht genau", sagt Herr Proudhon, der Philosoph, „wenn man sagt, daß irgend etwas s i c h e r e i g n e t, daß irgend etwas p r o d u z i e r t w i r d: In der Zivilisation wie im Weltall existiert alles, wirkt alles von jeher ... *Es verhält sich ebenso mit der ganzen Sozialökonomie.*" (Bd. II, S. 102.)

So gewaltig ist die schöpferische Kraft der Widersprüche, die auf Herrn Proudhon *wirken* und ihn wirken machen, daß er da, wo er die Geschichte erklären will, sich gezwungen sieht, sie zu leugnen, daß, wo er die Aufeinanderfolge der sozialen Verhältnisse erklären will, er leugnet, daß *etwas sich ereignen kann*, daß, wo er die Produktion in allen ihren Phasen erklären will, er bestreitet, daß *etwas produziert werden kann.*

So gibt es für Herrn Proudhon weder Geschichte noch Aufeinanderfolge der Ideen, und doch ist sein Buch noch da; und just dieses Buch ist, nach seinen eigenen Worten, „*die Geschichte nach der Aufeinanderfolge der Ideen*". Wie eine Formel finden – denn Herr Proudhon ist der Mann der Formeln –, die ihm erlaubt, *mit einem Sprung* über all seine Widersprüche hinwegzusetzen?

Zu diesem Zweck hat er eine neue Vernunft erfunden, die weder die reine und jungfräuliche absolute Vernunft noch die gemeine Vernunft der in den verschiedenen Jahrhunderten auftretenden und handelnden Menschen ist, sondern eine ganz absonderliche Vernunft, die Vernunft der Gesellschaft als Person, der *Menschheit* als Subjekt, die unter der Feder des Herrn Proudhon auch zuweilen als „*Genius der Gesellschaft*", als „*allgemeine Vernunft*", und in letzter Linie „*Vernunft der Menschheit*" sich vorführt. Diese, mit soviel Namen ausstaffierte Vernunft verrät sich jedoch bei jeder Gelegenheit als die individuelle Vernunft des Herrn Proudhon mit ihrer guten und ihrer schlechten Seite, ihren Gegengiften und ihren Problemen.

„Die menschliche Vernunft schafft nicht die Wahrheit", die in den Tiefen der absoluten, ewigen Vernunft sich verbirgt. Sie kann sie nur enthüllen. Aber die Wahrheiten, die sie bis jetzt enthüllt hat, sind unvollständig, unzulänglich und folglich widersprechend. Somit sind auch die ökonomischen Kategorien selbst nur von der Vernunft der Menschheit, von dem Genius der Gesellschaft entdeckte und enthüllte Wahrheiten, weshalb sie ebenfalls unvollständig sind und den Keim des Widerspruchs in sich tragen. Vor Herrn Proudhon sah der Genius der Gesellschaft nur die *gegensätzlichen Elemente*, nicht aber die einheitliche *synthetische Formel*, die beide gleichzeitig in der *absoluten Vernunft* stecken. Die ökonomischen Verhältnisse sind aber nichts anderes als die Verwirklichung auf Erden dieser unzulänglichen Wahrheiten, dieser unvollständigen Kategorien, dieser sich widersprechenden Begriffe, und deshalb sind auch sie in sich widerspruchsvoll und bieten die beiden Seiten dar, von denen die eine gut, die andere schlecht ist.

Die ganze Wahrheit, den Begriff in seiner ganzen Fülle, die synthetische Formel, die den Widerspruch aufhebt, zu finden, das ist die Aufgabe des Genius der Gesellschaft. Deshalb ist auch in der Einbildung des Herrn Proudhon dieser selbe Genius der Gesellschaft von einer Kategorie zur anderen herumgejagt worden, ohne daß er es bisher mit der ganzen Batterie seiner Kategorien fertiggebracht hätte, Gott, der absoluten Vernunft, eine synthetische Formel abzuringen.

> „Zuerst stellt die Gesellschaft (der Genius der Gesellschaft)* ein erstes Faktum, eine erste *Hypothese* auf ..., eine wahrhafte Antinomie, deren gegensätzliche Resultate sich in der sozialen Ökonomie in derselben Art entwickeln, wie ihre Konsequenzen im Geiste hätten abgeleitet werden können; so daß die industrielle Entwicklung, durchaus der Ableitung der Ideen folgend, sich in zwei Richtungen teilt, die der nützlichen und die der zerstörenden Wirkungen ... Um dieses Prinzip mit doppeltem Antlitz harmonisch zu konstituieren und diesen Widerspruch aufzuheben, läßt die Gesellschaft aus demselben einen *zweiten* hervorgehen, dem bald ein dritter folgt, und dies wird der *Weg des Genius der Gesellschaft* sein, bis er nach Erschöpfung aller seiner Widersprüche – ich setze voraus, was jedoch nicht

* (der Genius der Gesellschaft): Einfügung von Marx

> bewiesen ist, daß der Widerspruch in der Menschheit einmal ein Ende haben werde – mit einem Sprung auf alle seine früheren Positionen zurückkommt und alle seine Aufgaben in *einer einzigen Formel* löst." (Bd. I, S. 133.)

Wie früher sich der *Gegensatz* in ein *Gegengift* verwandelte, so wird jetzt die *These* zur *Hypothese.* Dies Vertauschen der Worte kann uns bei Herrn Proudhon nicht wundernehmen. Die Vernunft der Menschheit, die nichts weniger als rein, da ihr Gesichtskreis beschränkt ist, stößt mit jedem Schritt auf neue zu lösende Aufgaben. Jede neue These, die sie in der absoluten Vernunft entdeckt und die die Negation der vorhergehenden These ist, wird für sie zur Synthese, die sie ziemlich naiv für die Lösung der in Frage stehenden Aufgabe nimmt. So quält sich diese Vernunft in stets neuen Widersprüchen ab, bis sie am Ende dieser Widersprüche anlangt und merkt, daß alle ihre Thesen und Synthesen nichts anderes sind als sich widersprechende Hypothesen. In ihrer Verblüfftheit „kommt die menschliche Vernunft, der Genius der Gesellschaft, mit einem Sprung auf alle seine früheren Positionen zurück und löst alle seine Aufgaben in einer einzigen Formel". Diese einzige Formel bildet beiläufig die veritable Entdeckung des Herrn Proudhon. Sie ist der *konstituierte Wert.*

Man macht Hypothesen nur im Hinblick auf ein bestimmtes Ziel. Das Ziel, welches sich der Genius der Gesellschaft, der durch den Mund des Herrn Proudhon spricht, in erster Linie setzte, war die Ausmerzung des Schlechten aus jeder ökonomischen Kategorie, um nur Gutes übrigzubehalten. Für ihn ist dies Gute das höchste Gut, das wahre praktische Ziel – die *Gleichheit.* Und warum zog der Genius der Gesellschaft die Gleichheit der Ungleichheit, der Brüderlichkeit, dem Katholizismus, kurz jedem andern Prinzip vor? Weil „die Menschheit eine solche Anzahl besonderer Hypothesen nacheinander verwirklicht hat, nur mit Rücksicht auf eine höhere Hypothese", die eben die Gleichheit ist. Mit anderen Worten: weil die Gleichheit das Ideal des Herrn Proudhon ist. Er bildet sich ein, daß die Teilung der Arbeit, der Kredit, die Kooperation in der Werkstatt, kurz alle ökonomischen Verhältnisse nur erfunden worden sind zum Besten der Gleichheit, und doch sind sie schließlich stets zu ihrem Schaden ausgefallen. Wenn die Geschichte und die Fiktion des Herrn Proudhon einander auf Schritt und Tritt widersprechen, so schließt dieser, daß ein Widerspruch besteht. Wenn aber ein Widerspruch besteht, so besteht er nur zwischen seiner fixen Idee und den wirklichen Vorgängen.

Von jetzt ab ist die gute Seite eines ökonomischen Verhältnisses stets diejenige, welche die Gleichheit bekräftigt, die schlechte diejenige, welche sie verneint und die Ungleichheit stärkt. Jede neue Kategorie ist eine Hypothese des Genius der Gesellschaft behufs Ausmerzung der von der vorhergehenden Hypothese geschaffenen Ungleichheit. Mit einem Wort: Die Gleichheit ist die *ursprüngliche Absicht*, die *mystische Tendenz*, das *providentielle Ziel*, welches der Genius der Gesellschaft beständig vor Augen hat, indem er sich im Zirkel der ökonomischen Widersprüche herumdreht. Daher ist auch die *Vorsehung* die Lokomotive, die das ökonomische Rüstzeug des Herrn Proudhon besser in Gang bringt als seine luftige, reine Vernunft. Er hat der Vorsehung ein ganzes Kapitel gewidmet, welches auf das über die Steuern folgt.

Vorsehung, providentielles Ziel, das ist das große Wort, dessen man sich heute bedient, um den Gang der Geschichte zu erklären. Tatsächlich erklärt dieses Wort nichts. Es ist höchstens eine rhetorische Form, eine der vielen Arten, die Tatsachen zu umschreiben.

Es ist Tatsache, daß der Grundbesitz in Schottland durch die Entwicklung der Industrie neuen Wert erhielt, diese Industrie eröffnete der Wolle neue Märkte. Um die Wolle im großen Maßstabe zu produzieren, mußte man das Ackerland in Weideland verwandeln. Um diese Umwandlung zu bewirken, mußte man die Güter konzentrieren. Um die Güter zu konzentrieren, mußte man die kleinen Pachtungen abschaffen, Tausende von Pächtern aus ihrer Heimat verjagen und an ihre Stelle einige Hirten setzen, die Millionen von Schafen bewachen. So hatte der Grundbesitz in Schottland infolge sukzessiver Umwandlungen das Resultat, daß Menschen durch Hammel verdrängt wurden. Man sage jetzt, daß es das providentielle Ziel der Institution des Grundbesitzes in Schottland war, Menschen durch Hammel verdrängen zu lassen, und man hat providentielle Geschichte getrieben.

Gewiß, die Tendenz zur Gleichheit ist unserem Jahrhundert eigen. Wer nun sagt, daß die vorhergegangenen Jahrhunderte mit vollständig verschiedenen Bedürfnissen, Produktionsmitteln etc. providentiell für die Verwirklichung der Gleichheit wirkten, der substituiert zunächst die Mittel und die Menschen unseres Jahrhunderts den Menschen und Mitteln der früheren Jahrhunderte und verkennt die historische Bewegung, mittelst derer die aufeinanderfolgenden Generationen die von den ihnen vorhergehenden Generationen erreichten Resultate umformten. Die Ökonomen wissen sehr gut, daß dasselbe Ding, das für den einen verarbeitetes Produkt, für den anderen nur Rohmaterial zu neuer Produktion ist.

Man nehme an, wie Herr Proudhon es tut, daß der Genius der Gesellschaft die Feudalherren in der providentiellen Absicht geschaffen oder vielmehr improvisiert habe, die *Zinsbauern* in *verantwortliche* und *gleichheitliche Arbeiter* zu verwandeln, und man wird eine Unterschiebung von Zielen und Personen vollzogen haben, würdig der Vorsehung, welche in Schottland das Grundeigentum einführte, um sich das böswillige Vergnügen zu machen, Menschen durch Hammel zu ersetzen.

Da aber Herr Proudhon ein so zärtliches Interesse für die Vorsehung empfindet, so verweisen wir ihn auf die „Geschichte der politischen Ökonomie" des Herrn de Villeneuve-Bargemont, der gleichfalls einem providentiellen Ziel nachläuft. Dieses Ziel ist nicht mehr die Gleichheit, sondern der Katholizismus.

Siebente und letzte Bemerkung

Die Ökonomen verfahren auf eine sonderbare Art. Es gibt für sie nur zwei Arten von Institutionen, künstliche und natürliche. Die Institutionen des Feudalismus sind künstliche Institutionen, die der Bourgeoisie natürliche. Sie gleichen darin den Theologen, die auch zwei Arten von Religionen unterscheiden. Jede Religion, die nicht die ihre ist, ist eine Erfindung der Menschen, während ihre eigene Religion eine Offenbarung Gottes ist. Wenn die Ökonomen sagen, daß die gegenwärtigen Verhältnisse – die Verhältnisse der bürgerlichen Produktion – natürliche sind, so geben sie damit zu verstehen, daß es Verhältnisse sind, in denen die Erzeugung des Reichtums und die Entwicklung der Produktivkräfte sich gemäß den Naturgesetzen vollziehen. Somit sind diese Verhältnisse selbst von dem Einfluß der Zeit unabhängige Naturgesetze. Es sind ewige Gesetze, welche stets die Gesellschaft zu regieren haben. Somit hat es eine Geschichte gegeben, aber es gibt keine mehr; es hat eine Geschichte gegeben, weil feudale Einrichtungen bestanden haben und weil man in diesen feudalen Einrichtungen Produktionsverhältnisse findet, vollständig verschieden von denen der bürgerlichen Gesellschaft, welche die Ökonomen als natürliche und demgemäß ewige angesehen wissen wollen.

Auch der Feudalismus hatte sein Proletariat – die Leibeigenschaft, welche alle Keime des Bürgertums enthielt. Auch die feudale Produktion hatte zwei antagonistische Elemente, die man gleichfalls als *gute* und *schlechte* Seite des Feudalismus bezeichnet, ohne zu berücksichtigen, daß es stets die schlechte Seite ist, welche schließlich den Sieg über die gute Seite davonträgt. Die schlechte Seite ist es, welche die Bewegung ins Leben ruft, welche die Geschichte macht, dadurch, daß sie den Kampf zeitigt. Hätten zur Zeit der Herrschaft des Feudalismus die Ökonomen, begeistert von den ritterlichen Tugenden, von der schönen Harmonie zwischen Rechten und Pflichten, von dem patriarchalischen Leben der Städte, von dem Blühen der Hausindustrie auf dem Lande, von der Entwicklung der in Korporationen, Zünften, Innungen organisierten Industrie, mit einem Wort von allem, was die schöne Seite des Feudalismus bildet, sich das Problem gestellt, alles auszumerzen, was einen Schatten auf dies Bild wirft – Leibeigenschaft, Privilegien, Anarchie –, wohin wären sie damit gekommen? Man hätte alle Elemente vernichtet, welche den Kampf hervorriefen, man hätte die Entwicklung der Bourgeoisie im Keim erstickt. Man hätte sich das absurde Problem gestellt, die Geschichte auszustreichen.

Als die Bourgeoisie obenauf gekommen war, fragte man weder nach der guten noch nach der schlechten Seite des Feudalismus. Die Produktivkräfte, welche sich durch sie unter dem Feudalismus entwickelt hatten, fielen ihr zu. Alle alten ökonomischen Formen, die privatrechtlichen Beziehungen, welche ihnen entsprachen, der politische Zustand, welcher der offizielle Ausdruck der alten Gesellschaft war, wurden zerbrochen.

Will man somit die feudale Produktion richtig beurteilen, so muß man sie als eine auf dem Gegensatz basierte Produktionsweise betrachten. Man muß zeigen, wie der Reichtum innerhalb dieses Gegensatzes produziert wurde, wie die Produktivkräfte sich gleichzeitig mit dem Widerstreit der Klassen entwickelten, wie die eine dieser Klassen, die schlechte Seite, das gesellschaftliche Übel, stets anwuchs, bis die materiellen Bedingungen ihrer Emanzipation zur Reife gediehen waren. Sagt das nicht deutlich genug, daß die Produktionsweise, die Verhältnisse, in denen die Produktivkräfte sich entwickeln, nichts weniger als ewige Gesetze sind, sondern einem bestimmten Entwicklungszustande der Menschen und ihrer Produktivkräfte entsprechen und daß eine in den Produktivkräften der Menschen eingetretene Veränderung notwendigerweise eine Veränderung in ihren Produktionsverhältnissen herbeiführt? Da es vor allen Dingen darauf ankommt, nicht von den Früchten der Zivilisation, den erworbenen Produktivkräften ausgeschlossen zu sein, so wird es notwendig, die überkommenen Formen, in welchen sie geschaffen worden, zu zerbrechen. Von diesem Augenblick an wird die revolutionäre Klasse konservativ.

Die Bourgeoisie beginnt mit einem Proletariat, das selbst wiederum ein Überbleibsel des Proletariats des Feudalismus ist. In dem Verlauf ihrer historischen Entwicklung entwickelt die Bourgeoisie notwendigerweise ihren antagonistischen Charakter, der sich bei ihrem ersten Auftreten mehr oder minder verhüllt vorfindet, nur im latenten Zustande existiert. In dem Maße, wie die Bourgeoisie sich entwickelt, entwickelt sich in ihrem Schoße ein neues Proletariat, ein modernes Proletariat: Es entwickelt sich ein Kampf zwischen der Proletarierklasse und der Bourgeoisklasse, ein Kampf, der, bevor er auf beiden Seiten empfunden, bemerkt, gewürdigt, begriffen, eingestanden und endlich laut proklamiert wird, sich vorläufig nur in teilweisen und vorübergehenden Konflikten, in Zerstörungswerken äußert. Anderseits, wenn alle Angehörigen der modernen Bourgeoisie das gleiche Interesse haben, insoweit sie eine Klasse gegenüber einer anderen Klasse bilden, so haben sie entgegengesetzte, widerstreitende Interessen, sobald sie selbst einander gegenüberstehen. Dieser Interessengegensatz geht aus den ökonomischen Bedingungen ihres bürgerlichen Lebens hervor. Von Tag zu Tag wird es somit klarer, daß die Produktionsverhältnisse, in denen sich die Bourgeoisie bewegt, nicht einen einheitlichen, einfachen Charakter haben, sondern einen zwieschlächtigen; daß in denselben Verhältnissen, in denen der Reichtum produziert wird, auch das Elend produziert wird; daß in denselben Verhältnissen, in denen die Entwicklung der Produktivkräfte vor sich geht, sich eine Repressionskraft entwickelt; daß diese Verhältnisse den *bürgerlichen Reichtum*, d. h. den Reichtum der Bourgeoisklasse, nur erzeugen unter fortgesetzter Vernichtung des Reichtums einzelner Glieder dieser Klasse und unter Schaffung eines stets wachsenden Proletariats.

Je mehr dieser gegensätzliche Charakter zutage tritt, desto mehr geraten die Ökonomen, die wissenschaftlichen Repräsentanten der bürgerlichen Produktion, mit ihrer eigenen Theorie in Widerspruch, und verschiedene Schulen bilden sich.

Wir haben die *fatalistischen* Ökonomen, die in ihrer Theorie ebenso gleichgültig gegen das sind, was sie die Übelstände der bürgerlichen Produktionsweise nennen, wie die Bourgeois selbst es in der Praxis sind gegenüber den Leiden der Proletarier, die ihnen die Reichtümer erwerben helfen. In dieser fatalistischen Schule gibt es Klassiker und Romantiker. Die Klassiker, wie Adam Smith und Ricardo, vertreten eine Bourgeoisie, die, noch im Kampf mit den Resten der feudalen Gesellschaft, nur daran arbeitet, die ökonomischen Verhältnisse von den feudalen Flecken zu reinigen, die Produktivkräfte zu vermehren und der Industrie und dem Handel neue Triebkraft zu geben. Das an diesem Kampfe teilnehmende Proletariat kennt, von dieser fieberhaften Arbeit absorbiert, nur vorübergehende, zufällige Leiden, betrachtet sie selbst als solche. Die Ökonomen, wie Adam Smith und Ricardo, welche die Historiker dieser Epoche sind, haben lediglich die Mission, nachzuweisen, wie der Reichtum unter den Verhältnissen der bürgerlichen Produktion erworben wird, diese Verhältnisse in Kategorien, in Gesetze zu formulieren und nachzuweisen, um wieviel diese Gesetze, diese Kategorien für die Produktion der Reichtümer überlegen sind den Gesetzen und Kategorien der feudalen Gesellschaft. Das Elend ist in ihren Augen nur der Schmerz, der jede Geburt begleitet, in der Natur wie in der Industrie.

Die Romantiker gehören unserer Epoche an, in der die Bourgeoisie sich im direkten Gegensatz mit dem Proletariat befindet, wo das Elend in ebenso großem Übermaß anwächst wie der Reichtum. Die Ökonomen spielen sich alsdann als blasierte Fatalisten auf und werfen von der Höhe ihres Standpunktes einen stolzen Blick der Verachtung auf die menschlichen Maschinen, die den Reichtum erzeugen. Sie wiederholen alle von ihren Vorläufern gegebenen Ausführungen, aber die Indifferenz, die bei jenen Naivetät war, wird bei ihnen Koketterie.

Kommt alsdann die *humanitäre Schule*, welche sich die schlechte Seite der heutigen Produktionsverhältnisse zu Herzen nimmt. Diese sucht, um ihr Gewissen zu beruhigen, die wirklichen Kontraste, so gut es eben geht, zu bemänteln; sie beklagt aufrichtig die Not des Proletariats, die zügellose Konkurrenz der Bourgeois unter sich; sie rät den Arbeitern, mäßig zu sein, fleißig zu arbeiten und wenig Kinder zu zeugen; sie empfiehlt den Bourgeois Überlegung in ihrem Produktionseifer. Die ganze Theorie dieser Schule besteht in endlosen Unterscheidungen zwischen Theorie und Praxis, zwischen den Prinzipien und den Resultaten, zwischen der Idee und der Anwendung, zwischen dem Inhalt und der Form, zwischen dem Wesen und der Wirklichkeit, zwischen dem Recht und der Tatsache, zwischen der guten und schlechten Seite.

Die *philanthropische Schule* ist die vervollkommnete humanitäre Schule. Sie leugnet die Notwendigkeit des Gegensatzes, sie will aus allen Menschen Bourgeois machen; sie will die Theorie verwirklichen, soweit dieselbe sich von der

Praxis unterscheidet und den Antagonismus nicht einschließt. Selbstverständlich ist es in der Theorie leicht, von den Widersprüchen zu abstrahieren, auf die man auf jedem Schritt in der Wirklichkeit stößt. Diese Theorie würde alsdann die idealisierte Wirklichkeit werden. Die Philanthropen wollen also die Kategorien erhalten, welche der Ausdruck der bürgerlichen Verhältnisse sind, ohne den Widerspruch, der ihr Wesen ausmacht und der von ihnen unzertrennlich ist. Sie bilden sich ein, ernsthaft die bürgerliche Praxis zu bekämpfen, und sie sind mehr Bourgeois als die anderen.

Wie die *Ökonomen* die wissenschaftlichen Vertreter der Bourgeoisklasse sind, so sind die *Sozialisten* und *Kommunisten* die Theoretiker der Klasse des Proletariats. Solange das Proletariat noch nicht genügend entwickelt ist, um sich als Klasse zu konstituieren, und daher der Kampf des Proletariats mit der Bourgeoisie noch keinen politischen Charakter trägt; solange die Produktivkräfte noch im Schoße der Bourgeoisie selbst nicht genügend entwickelt sind, um die materiellen Bedingungen durchscheinen zu lassen, die notwendig sind zur Befreiung des Proletariats und zur Bildung einer neuen Gesellschaft – solange sind diese Theoretiker nur Utopisten, die, um den Bedürfnissen der unterdrückten Klassen abzuhelfen, Systeme ausdenken und nach einer regenerierenden Wissenschaft suchen. Aber in dem Maße, wie die Geschichte vorschreitet und mit ihr der Kampf des Proletariats sich deutlicher abzeichnet, haben sie nicht mehr nötig, die Wissenschaft in ihrem Kopfe zu suchen; sie haben nur sich Rechenschaft abzulegen von dem, was sich vor ihren Augen abspielt, und sich zum Organ desselben zu machen. Solange sie die Wissenschaft suchen und nur Systeme machen, solange sie im Beginn des Kampfes sind, sehen sie im Elend nur das Elend, ohne die revolutionäre umstürzende Seite darin zu erblicken, welche die alte Gesellschaft über den Haufen werfen wird. Von diesem Augenblick an wird die Wissenschaft bewußtes Erzeugnis der historischen Bewegung, und sie hat aufgehört, doktrinär zu sein, sie ist revolutionär geworden.

Kehren wir zu Herrn Proudhon zurück.

Jedes ökonomische Verhältnis hat eine gute und eine schlechte Seite; das ist der einzige Punkt, in dem Herr Proudhon sich nicht selbst ins Gesicht schlägt. Die gute Seite sieht er von den Ökonomen hervorgehoben, die schlechte von den Sozialisten angeklagt. Er entlehnt den Ökonomen die Notwendigkeit der ewigen Verhältnisse; er entlehnt den Sozialisten die Illusion, in dem Elend nur das Elend zu erblicken. Er ist mit beiden einverstanden, wobei er sich auf die Autorität der Wissenschaft zu stützen sucht. Die Wissenschaft reduziert sich für ihn auf den zwerghaften Umfang einer wissenschaftlichen Formel; er ist der Mann auf der Jagd nach Formeln. Demgemäß schmeichelt sich Herr Proudhon, die Kritik sowohl der politischen Ökonomie als des Kommunismus gegeben zu haben – er steht tief unter beiden. Unter den Ökonomen, weil er als Philosoph, der eine magische Formel bei der Hand hat, sich erlassen zu können glaubt, in die rein ökonomischen Details einzugehen; unter den Sozialisten, weil er weder genügend Mut noch genügend Einsicht besitzt, sich, und sei es auch nur spekulativ, über den Bourgeoishorizont zu erheben.

Er will die Synthese sein, und er ist ein zusammengesetzter Irrtum.

Er will als Mann der Wissenschaft über Bourgeois und Proletariern schweben; er ist nur der Kleinbürger, der beständig zwischen dem Kapital und der Arbeit, zwischen der politischen Ökonomie und dein Kommunismus hin- und hergeworfen wird.

§ 2. Arbeitsteilung und Maschinen

Die Arbeitsteilung eröffnet nach Herrn Proudhon die Reihe der *ökonomischen Entwicklungen.*

Gute Seite der Arbeitsteilung	„Ihrem Wesen nach ist die Arbeitsteilung der Modus, nach welchem die *Gleichheit* der Bedingungen und Intelligenzen sich realisiert." (Bd. I, S. 93)
Schlechte Seite der Arbeitsteilung	„Die Arbeitsteilung ist für uns eine Quelle des Elends geworden." (Bd. I, S. 94) Variante: „Die Arbeit gelangt dadurch, daß sie sich nach dem Gesetz teilt, welches ihr eigen und die vornehmste Bedingung ihrer Fruchtbarkeit ist, zu der Negation ihrer Ziele und hebt sich selbst auf." (Bd. I, S. 94)
Zu lösendes Problem	„Die Rekomposition" finden, „die die Unzuträglichkeiten der Teilung beseitigt und dabei ihre nützlichen Wirkungen erhält." (Bd. I, S 97)

Die Arbeitsteilung ist nach Herrn Proudhon ein ewiges Gesetz, eine einfache und abstrakte Kategorie. Somit muß auch die Abstraktion, die Idee, das bloße Wort ihm genügen, um die Arbeitsteilung in den verschiedenen Epochen der Geschichte zu erklären. Die Kasten, die Zünfte, die Manufaktur, die Großindustrie, alles muß durch das einfache Wort „*teilen*" erklärt sein. Man studiere zunächst gehörig den Sinn des Wortes „teilen", und man wird nicht mehr nötig haben, die zahlreichen Einflüsse zu erforschen, die in jeder Epoche der Arbeitsteilung einen bestimmten Charakter gegeben haben.

Man vereinfacht in der Tat die Sachen gar zu sehr, wenn man sie auf die Kategorien des Herrn Proudhon zurückführt. Die Geschichte geht nicht so kategorisch vor. Es bedurfte in Deutschland ganzer drei Jahrhunderte, um die erste bedeutende Arbeitsteilung herzustellen – nämlich die Trennung von Stadt und Land. In dem Maße, wie sich bloß dies Verhältnis der Stadt zum Land modifiziert, modifiziert sich die ganze Gesellschaft. Um nur diese eine Seite der Arbeitsteilung ins Auge zu fassen, so ergibt sie uns hier die antiken Republiken, dort den christlichen Feudalismus, hier das alte England mit seinen Landbaronen, dort das moderne England mit seinen Baumwollenbaronen (*cotton-lords*). Im 14. und 15. Jahrhundert, als es noch keine Kolonien gab, als Amerika noch nicht und Asien nur durch die Vermittlung von Konstantinopel für Europa existierte, als das Mittelmeer noch das Zentrum der Handelstätigkeit war, hatte die Arbeitsteilung einen ganz anderen Charakter, ein ganz anderes Aussehen als im 17. Jahrhundert, wo Spanier, Portugiesen, Holländer, Engländer, Franzosen in allen Weltteilen Kolonien errichtet hatten. Die Ausdehnung des Marktes, seine Physiognomie gaben der Arbeitsteilung in den verschiedenen Epochen eine Physiognomie, einen Charakter, den man Mühe hätte, von dem bloßen Wort „*teilen*", von der Idee, von der Kategorie der „Teilung abzuleiten.

> „Alle Ökonomen seit Adam Smith", sagt Herr Proudhon, „haben auf die Vorteile und Unzuträglichkeiten des Gesetzes der Teilung aufmerksam gemacht, aber dabei viel mehr Gewicht auf die ersteren als auf die letzteren gelegt, weil das ihrem Optimismus besser paßte, und ohne daß einer von ihnen sich je gefragt hätte, was die Unzuträglichkeiten eines Gesetzes sein könnten ... Wie führt dasselbe Prinzip, streng in seine Konsequenzen verfolgt, zu diametral entgegengesetzten Wirkungen? Nicht ein Ökonom, weder vor noch nach Adam Smith, hat je gemerkt, daß es hier ein Problem zu lösen gilt. Say geht so weit, anzuerkennen, daß in der Arbeitsteilung dieselbe Ursache, welche den Vorteil bewirkt, auch den Schaden zur Folge hat." (I, S. 95-96.)

Adam Smith hat viel weiter gesehen, als Herr Proudhon meint. Er hat sehr wohl gesehen, daß „in Wirklichkeit die Verschiedenheit der natürlichen Anlagen zwischen den Individuen weit geringer ist, als wir glauben. Diese so verschiedenen Anlagen, welche die Angehörigen der verschiedenen Professionen zu unterscheiden scheinen, Leute, die bereits in das reife Alter getreten sind, sind nicht sowohl die *Ursache* als die *Wirkung* der Arbeitsteilung." (Smith, a. a. O., I, S. 33-34.) Ursprünglich unterscheidet sich ein Lastträger weniger von einem Philosophen als ein Kettenhund von einem Windhund. Es ist die Arbeitsteilung, welche einen Abgrund zwischen beiden aufgetan hat. Alles dies hindert Herrn Proudhon nicht, an einer anderen Stelle zu behaupten, daß Adam Smith von den Unzuträglichkeiten, welche die Arbeitsteilung bewirkt, keine Ahnung hatte; und zu behaupten, J.-B. Say habe *zuerst* anerkannt, „daß in der Arbeitsteilung dieselbe Ursache, welche den Vorteil bewirkt, auch den Schaden zur Folge hat".

Hören wir indes Lemontey; *suum cuique*.

> „Herr J.-B. Say hat mir die Ehre erwiesen, in seinem vortrefflichen Werk über politische Ökonomie das Prinzip zu adoptieren, *welches ich* in dem Fragment" über den moralischen Einfluß der Arbeitsteilung „*zuerst dargetan habe*. Der ein wenig frivole Titel meines Buches hat ihm ohne Zweifel nicht erlaubt, mich zu zitieren. Ich finde nur diese Erklärung für das Schweigen eines Schriftstellers,

der zu reich an eigenem Fonds ist, um eine so bescheidene Anleihe in Abrede zu stellen." (Lemontey, Œuvres complètes, Bd. I. S. 245, Paris 1840.)

Lassen wir ihm diese Gerechtigkeit widerfahren: Lemontey hat die schlimmen Folgen der Arbeitsteilung, wie sie sich heute vollzieht, geistreich dargelegt, und Herr Proudhon hat nichts hinzuzufügen gewußt. Da wir aber einmal durch Herrn Proudhons Schuld uns auf diese Frage der Priorität eingelassen haben, so sei beiläufig bemerkt, daß sehr lange vor Lemontey und siebzehn Jahre vor Adam Smith, dem Schüler von Adam Ferguson, dieser letztere diesen Punkt in einem Kapitel, welches speziell die Arbeitsteilung behandelt, klar und deutlich auseinandergesetzt hat.

„Man könnte sogar zweifeln, ob die allgemeine Befähigung einer Nation im Verhältnis zum Fortschritt der Technik zunimmt. In mehreren Zweigen der Technik wird der Zweck vollkommen erreicht, auch wenn sie vollständig der Mitwirkung der Vernunft und des Gefühles entledigt sind, und die Unwissenheit ist ebenso die Mutter der Industrie wie des Aberglaubens. Reflexion und Phantasie sind Verirrungen unterworfen; aber die Gewohnheit, den Fuß oder die Hand zu bewegen, hängt weder von dieser noch von jener ab. So könnte man sagen, daß die Vollkommenheit der Manufakturarbeit darin besteht, daß der Geist entbehrlich gemacht und die ohne Mitarbeit des Kopfes betriebene Werkstatt als ein Mechanismus betrachtet werden kann, dessen einzelne Teile Menschen sind ... Der General kann in der Kriegskunst sehr erfahren sein, während sich das Verdienst des Soldaten darauf beschränkt, einige Hand- und Fußbewegungen auszuführen. Der eine kann gewonnen haben, was der andere verloren... In einer Periode, in der alles geschieden ist, kann selbst die Kunst zu denken einen besonderen Beruf bilden." (A. Ferguson, „Essai sur l'histoire de la société civile", Paris 1783.)

Um mit unserer literarischen Abschweifung zu enden, stellen wir ausdrücklich in Abrede, daß „alle Ökonomen viel mehr Gewicht auf die Vorteile als auf die Nachteile der Arbeitsteilung gelegt haben". Es genügt, Sismondi zu nennen.

So hat Herr Proudhon, was die Vorteile der Arbeitsteilung betrifft, weiter nichts zu tun, als die allgemeinen und allgemein bekannten Redensarten mehr oder weniger schwülstig zu paraphrasieren.

Sehen wir nunmehr, wie er von der Arbeitsteilung, als allgemeinem Gesetz, als Kategorie, als Idee gefaßt, die *Unzuträglichkeiten* ableitet, die mit ihr verbunden sind. Wie kommt es, daß diese Kategorie, dieses Gesetz eine ungleiche Verteilung der Arbeit einschließt, zum Nachteil von Herrn Proudhons egalitärem System?

„Mit dieser feierlichen Stunde der Arbeitsteilung beginnt der Sturmwind über die Menschheit zu wehen. Der Fortschritt vollzieht sich nicht für alle auf eine gleiche und einheitliche Art ... Er beginnt damit, sich einer kleinen Zahl von Privilegierten zu bemächtigen ... Diese Bevorzugung von Personen von seiten des Fortschritts ist es, die so lange an die natürliche und providentielle Ungleichheit

> der Lebenslagen glauben gemacht, die Kasten ins Leben gerufen und alle Gesellschaften hierarchisch aufgebaut hat.“ (Proudhon, Bd. I, S. 94.)

Die Arbeitsteilung hat die Kasten geschaffen: Nun sind aber die Kasten die Unzuträglichkeiten der Arbeitsteilung; also hat die Arbeitsteilung Unzuträglichkeiten geschaffen. *Quod erat demonstrandum.* Will man weitergehen und fragen, was die Arbeitsteilung dahin brachte, die Kasten, die hierarchischen Konstitutionen und die Privilegien zu schaffen, so wird Herr Proudhon antworten: der Fortschritt. Und was hat den Fortschritt veranlaßt? Die Schranke. Die Schranke, für Herrn Proudhon, ist die Bevorzugung von Personen von seiten des Fortschritts.

Nach der Philosophie die Geschichte – aber weder die beschreibende noch die dialektische, sondern die vergleichende Geschichte. Herr Proudhon zieht eine Parallele zwischen dem Buchdrucker von heute und dem Buchdrucker des Mittelalters, zwischen dem Arbeiter der riesigen Hüttenwerke des Creusot und dem Hufschmied auf dem Lande, zwischen dem Schriftsteller unserer Tage und dem Schriftsteller des Mittelalters, und er läßt die Waagschale auf Seite derer sinken, welche mehr oder weniger der Arbeitsteilung angehören, wie sie das Mittelalter erzeugt oder überliefert hat. Er stellt die Arbeitsteilung einer historischen Epoche der Arbeitsteilung einer anderen historischen Epoche gegenüber. War es das, was Herr Proudhon darzutun hatte? Nein. Er sollte uns die Unzuträglichkeiten der Arbeitsteilung im allgemeinen, der Arbeitsteilung als Kategorie zeigen. Wozu übrigens auf dieser Partie der Proudhonschen Werke beharren, da, wie wir sehen werden, er selbst ein wenig später alle diese angeblichen Entwicklungen ausdrücklich widerruft?

> „Die erste Wirkung der zerstückelten Arbeit“, fährt Herr Proudhon fort, „nächst der *Depravation der Seele*, ist die Verlängerung des Arbeitstages, der im umgekehrten Verhältnis zur Summe der verausgabten Intelligenz wächst ... Da jedoch die Dauer des Arbeitstages sechzehn bis achtzehn Stunden nicht überschreiten kann, so wird von dem Augenblick an, wo die Kompensation nicht mehr in der Form von Zeit genommen werden kann, sie auf den Preis genommen werden und der Lohn sinken ... Was feststeht und was lediglich hier zu vermerken gilt, ist, daß das *allgemeine Gewissen* die Arbeit eines Werkmeisters und die eines Handlangers nicht als gleichwertig taxiert. Die Herabsetzung des Preises des Arbeitstages wird *hierdurch* eine Notwendigkeit, so daß der Arbeiter, nachdem seine Seele durch eine degradierende Tätigkeit niedergedrückt ist, nicht umhinkann, auch in seinem Körper durch die Geringfügigkeit der Entlohnung getroffen zu werden.“ (I, S. 97-98.)

Wir gehen weg über den logischen Wert dieser Syllogismen, die Kant abseitsführende Paralogismen genannt haben würde.

Dies der Inhalt:

Die Arbeitsteilung reduziert den Arbeiter auf eine degradierende Funktion. Dieser degradierenden Funktion entspricht eine depravierte Seele. Dieser Depravation der Seele entspricht eine stets wachsende Lohnsenkung. Und um zu beweisen, daß diese Lohnsenkung einer depravierten Seele entspricht, behauptet Herr Proudhon zur Beruhigung des Gewissens, daß es das allgemeine Gewissen ist, welches es so will. Zählt die Seele des Herrn Proudhon mit in dem allgemeinen Gewissen?

Die *Maschinen* sind für Herrn Proudhon „der logische Gegensatz der Arbeitsteilung" (I, S. 135), und mit Hilfe seiner Dialektik beginnt er damit, Maschine in *Werkstatt* umzuwandeln.

Nachdem er die moderne Werkstatt (die Fabrik)* unterstellt hat, um aus der Arbeitsteilung das Elend hervorgehen zu lassen, setzt Herr Proudhon das durch die Arbeitsteilung geschaffene Elend voraus, um zur Fabrik gelangen und sie als die dialektische Negation dieses Elends hinstellen zu können. Nachdem er den Arbeiter in moralischer Beziehung mit einer *degradierenden Funktion*, in physischer mit der Geringfügigkeit des Lohnes bedacht hat, nachdem er den Arbeiter unter die *Abhängigkeit vom Werkführer* gestellt und seine Arbeit auf die *Leistung eines Handlangers* herabgedrückt hat, schiebt er die Schuld von neuem auf Fabrik und Maschinen, um den Arbeiter „dadurch, daß er ihm einen *Meister* gibt" (I, S. 164), *zu degradieren*, und vollendet seine Erniedrigung dadurch, daß er ihn „von dem Range eines Handwerkers zu dem eines *Handlangers* sinken" (I, S. 164) läßt. Schöne Dialektik! Und wenn er hiebei noch stehenbliebe; aber nein, er braucht eine neue Geschichte der Arbeitsteilung, nicht mehr, um daraus die Widersprüche abzuleiten, sondern um die Fabrik auf seine Art zu rekonstruieren. Um das zu erreichen, sieht er sich genötigt, alles zu vergessen, was er über die Arbeitsteilung gesagt.

Die Arbeit organisiert und teilt sich verschieden, je nach den Werkzeugen, über die sie verfügt. Die Handmühle setzt eine andere Arbeitsteilung voraus als die Dampfmühle. Es heißt somit der Geschichte ins Gesicht schlagen, wenn man mit der Arbeitsteilung im allgemeinen beginnt, um in der Folge zu einem speziellen Produktionsinstrument, den Maschinen, zu gelangen.

Die Maschinen sind ebensowenig eine ökonomische Kategorie wie der Ochse, der den Pflug zieht, sie sind nur eine Produktivkraft. Die moderne Fabrik, die auf der Anwendung von Maschinen beruht, ist ein gesellschaftliches Produktionsverhältnis, eine ökonomische Kategorie.

Sehen wir nun, wie die Dinge in der glänzenden Einbildung des Herrn Proudhon sich vollziehen.

> „In der Gesellschaft ist das Auftreten der Maschinen und immer neuen Maschinen die Antithese, die Gegenformel der Arbeit: Sie ist der *Protest* des Genius der Industrie gegen die *zerstückelte und menschenmörderische Arbeit.* Was in der Tat ist eine Maschine? *Eine Art, die verschiedenen Teile der Arbeit*, welche die Arbeitsteilung geschieden hat, zu vereinigen. Jede Maschine kann definiert werden als

* (die Fabrik): Einfügung der Übersetzer

eine Zusammenfassung verschiedener Operationen ... Somit haben wir in der Maschine die *Wiederherstellung des Arbeiters* ... Die Maschinen, die sich in der politischen Ökonomie gegensätzlich zur Arbeitsteilung stellen, repräsentieren die Synthese, die sich im menschlichen Geist der Analyse gegenüberstellt ... Die Teilung trennte nur die verschiedenen Teile der Arbeit, indem sie es einem jeden überließ, sich der Spezialität, die ihm am meisten zusagte, zu widmen. Die Fabrik gruppiert die Arbeiter nach der Beziehung jedes Teiles zum Ganzen ..., sie führt das Prinzip der Autorität in die Arbeit ein ... Aber das ist nicht genug. Die *Maschine* oder die *Fabrik*, nachdem sie den Arbeiter dadurch degradiert hat, daß sie ihm einen Meister gibt, vollendet seine Erniedrigung damit, daß sie ihn vom Range eines Handwerkers zu dem eines Handlangers fallen läßt ... Die Periode, die wir in diesem Moment durchleben, die der Maschinen, zeichnet sich durch einen besonderen Charakter aus, die *Lohnarbeit* ... Lohnarbeit ist *späteren Datums* als Arbeitsteilung und Tausch." (I, S. 135, 136, 161 u. 164.)

Eine einfache Bemerkung für Herrn Proudhon. Die Trennung der verschiedenen Arbeitsteile, die einem jeden die Möglichkeit gibt, sich der Spezialität zu widmen, die ihm am meisten zusagt, eine Trennung, welche Herr Proudhon von Anfang der Welt datiert, gibt es erst in der modernen Industrie unter der Herrschaft der Konkurrenz.

Herr Proudhon gibt uns sodann eine mehr als „interessante Genealogie" (I, S. 161), um nachzuweisen, wie die Fabrik aus der Arbeitsteilung und die Lohnarbeit aus der Fabrik entstanden ist:

1. Er setzt einen Menschen voraus, der „bemerkt hat", daß man die Produktivkräfte vermehrt, „wenn man die Produktion in ihre verschiedenen Teile zerlegt und jeden von einem besonderen Arbeiter ausführen läßt" (I, S. 161).
2. Dieser Mensch „ergreift den Faden dieser Idee und sagt sich, daß, wenn er eine ständige Gruppe von Arbeitern bildet, assortiert für den besonderen Zweck, den er sich *vornimmt*, er dann eine stetigere Produktion erzielen würde etc." (I, S. 161.)
3. Dieser Mensch macht anderen Menschen einen *Vorschlag*, damit sie seine Idee und den Faden seiner Idee ergreifen.
4. Dieser Mensch „verhandelt im Beginn der Industrie mit seinen *Genossen*, die später seine Arbeiter geworden, auf dem *Fuße der Gleichheit*." (I, S. 163.)
5. „Es leuchtet in der Tat ein, daß diese ursprüngliche Gleichheit bald verschwinden mußte angesichts der vorteilhaften Stellung des Meisters und der Abhängigkeit des Lohnarbeiters." (I, S. 163.)

Hier haben wir wiederum eine Probe der *historischen* und *beschreibenden Methode* des Herrn Proudhon.

Untersuchen wir nunmehr vom historischen und ökonomischen Gesichtspunkte aus, ob die Fabrik und die Maschine in der Tat das *Autoritätsprinzip* später als die Arbeitsteilung in die Gesellschaft eingeführt hat; ob auf der einen Seite der Arbeiter rehabilitiert worden ist, trotzdem daß er auf der anderen Seite der Autorität unterworfen wurde; ob die Maschine die Rekomposition der geteilten Arbeit, die ihrer *Analyse* entgegengesetzte *Synthese* der Arbeit ist.

Die Gesellschaft als Ganzes hat das mit dem Innern einer Fabrik gemein, daß auch sie ihre Arbeitsteilung hat. Nimmt man die Arbeitsteilung in einer modernen Fabrik als Beispiel, um sie auf eine ganze Gesellschaft anzuwenden, so wäre unzweifelhaft diejenige Gesellschaft am besten für die Produktion ihres Reichtums organisiert, welche nur einen einzigen Unternehmer als Führer hätte, der nach einer im voraus festgesetzten Ordnung die Funktionen unter die verschiedenen Mitglieder der Gemeinschaft verteilt. Aber dem ist keineswegs so. Während innerhalb der modernen Fabrik die Arbeitsteilung durch die Autorität des Unternehmers bis ins einzelnste geregelt ist, kennt die moderne Gesellschaft keine andere Regel, keine andere Autorität für die Verteilung der Arbeit als die freie Konkurrenz.

Unter dem patriarchalischen Regime, unter dem Regime der Kasten, des feudalen und Zunftsystems, gab es Arbeitsteilung in der ganzen Gesellschaft nach bestimmten Regeln. Sind diese Regeln von einem Gesetzgeber angeordnet worden? Nein. Ursprünglich aus den Bedingungen der materiellen Produktion hervorgegangen, wurden sie erst viel später zum Gesetz erhoben. So wurden diese verschiedenen Formen der Arbeitsteilung ebenso viele Grundlagen sozialer Organisationen. Was die Arbeitsteilung in der Werkstatt anbetrifft, so war sie in allen diesen Gesellschaftsformen sehr wenig entwickelt.

Man kann als allgemeine Regel aufstellen: Je weniger die Autorität der Teilung der Arbeit innerhalb der Gesellschaft vorsteht, desto mehr entwickelt sich die Arbeitsteilung im Innern der Werkstatt und um so mehr ist sie der Autorität eines einzelnen unterworfen. Danach steht die Autorität in der Werkstatt und die in der Gesellschaft, in bezug auf die Arbeitsteilung, im *umgekehrten Verhältnis* zueinander.

Es kommt nunmehr darauf an nachzusehen, was das für eine Werkstatt ist, in der die Beschäftigungen sehr getrennt sind, wo die Aufgabe jedes Arbeiters auf eine sehr einfache Operation reduziert ist und wo die Autorität, das Kapital, die Arbeiter gruppiert und leitet. Wie ist diese Werkstatt, die Fabrik, entstanden? Um diese Frage zu beantworten, haben wir zu prüfen, wie die eigentliche Manufakturindustrie sich entwickelt hat. Ich spreche hier von jener Industrie, die noch nicht die moderne große Industrie mit ihren Maschinen ist, die aber bereits weder die Industrie des Mittelalters noch die Hausindustrie mehr ist. Wir wollen nicht zu sehr ins Detail eingehen; wir wollen nur einige Hauptpunkte feststellen, um zu zeigen, wie man mit Formeln noch keine Geschichte macht.

Eine der unerläßlichsten Bedingungen für die Bildung der Manufakturindustrie war die Akkumulation der Kapitalien, erleichtert durch die Entdeckung Amerikas und die Einfuhr seiner Edelmetalle.

Es ist hinlänglich erwiesen, daß die Vermehrung der Tauschmittel zur Folge hatte einerseits die Entwertung der Löhne und Grundrenten und anderseits die Vermehrung der industriellen Profite. Mit anderen Worten: Um so viel, wie die Klasse der Grundbesitzer und die Klasse der Arbeiter, die Feudalherren und das Volk sanken, um so viel hob sich die Klasse der Kapitalisten, die Bourgeoisie.

Es gab noch andere Umstände, die gleichzeitig zur Entwicklung der Manufakturindustrie beitrugen: die Vermehrung der auf den Markt gebrachten Waren, sobald einmal die Verbindung mit Ostindien auf dem Seewege um das Kap der Guten Hoffnung hergestellt war, ferner das Kolonialsystem und die Entwicklung des Seehandels.

Eine andere Seite, die in der Geschichte der Manufakturindustrie noch nicht genügend gewürdigt wurde, ist die Entlassung der zahlreichen Gefolgschaften der Feudalherren, deren untergeordnete Angehörige Landstreicher wurden, ehe sie in die Werkstatt eintraten. Der Schöpfung der in die Fabrik übergehenden Werkstatt ging im 15. und 16. Jahrhundert ein fast universelles Landstreichertum voraus. Die Werkstatt fand ferner einen mächtigen Rückhalt in den zahlreichen Landleuten, die infolge der Umwandlung der Äcker in Wiesen und infolge der Fortschritte in der Landwirtschaft, die weniger Arbeiter für die Bearbeitung der Äcker nötig machten, fortgesetzt aus dem Dienst gejagt wurden und ganze Jahrhunderte hindurch in die Städte strömten.

Das Anwachsen des Marktes, die Akkumulation von Kapitalien, die in der sozialen Stellung der Klassen eingetretenen Veränderungen, eine Menge von Personen, die sich ihrer Einnahmequellen beraubt sehen – das sind ebenso viele historische Vorbedingungen für die Entstehung der Manufaktur. Es waren nicht, wie Herr Proudhon sagt, freundschaftliche Vereinbarungen und dergleichen, welche die Menschen in Werkstätten und Fabriken vereinigten. Nicht einmal im Schoß der alten Zünfte ist die Manufaktur erwachsen. Der Kaufmann war es, der der Prinzipal der modernen Werkstatt wurde, und nicht der alte Zunftmeister. Fast überall herrschte ein erbitterter Kampf zwischen Manufaktur und Handwerk.

Die Akkumulation, die Konzentration von Werkzeugen und Arbeitern ging der Entwicklung der Arbeitsteilung im Innern des Ateliers voraus. Eine Manufaktur bestand weit mehr in der Vereinigung vieler Arbeiter und vieler Handwerke in einem und demselben Lokal, in einem Saal unter dem Kommando eines Kapitals, als in der Auflösung der Arbeiten und der Anpassung eines speziellen Arbeiters an eine sehr einfache Aufgabe.

Der Nutzen einer Fabrikswerkstatt bestand viel weniger in der eigentlichen Arbeitsteilung als in dem Umstande, daß man in größerem Maßstabe arbeitete, viele unnütze Unkosten sparte etc. Ende des 16. und Anfang des 17. Jahrhunderts kannte die holländische Manufaktur die Teilung der Arbeit noch kaum.

Die Entwicklung der Arbeitsteilung setzt die Vereinigung der Arbeiter in einer Werkstatt voraus. Es gibt sogar nicht ein einziges Beispiel dafür, weder im 16. noch im 17. Jahrhundert, daß die verschiedenen Zweige eines und desselben Handwerks in dem Maße getrennt betrieben wurden, daß es genügt hätte, sie in einem Ort zu vereinigen, um damit die Fabrikwerkstatt fix und fertig herzustellen. Aber einmal die Menschen und Werkzeüge vereinigt, reproduzierte sich die Arbeitsteilung, wie sie zur Zeit der Zünfte bestanden, und spiegelt sich notwendig im Innern der Fabrikswerkstatt wider.

Für Herrn Proudhon, der die Dinge auf dem Kopf stehend sieht, wenn er sie überhaupt sieht, geht die Arbeitsteilung im Sinne von Adam Smith der Fabrikwerkstatt, die eigentlich ihre Existenzbedingung ist, voraus.

Die eigentlichen *Maschinen* datieren seit dem Ende des 18. Jahrhunderts. Nichts abgeschmackter, als in den Maschinen die *Antithese* der Arbeitsteilung zu erblicken, die *Synthese*, die die Einheit in der zerstückelten Arbeit wiederherstellt.

Die Maschine ist eine Vereinigung von Arbeitswerkzeugen und keineswegs eine Verbindung der Arbeiten für den Arbeiter selbst.

> „Wenn durch die Arbeitsteilung jede besondere Arbeitsleistung auf die Handhabung eines einfachen Instrumentes reduziert wurde, so bildet die Vereinigung aller dieser durch einen einzigen Motor in Bewegung gesetzten Werkzeuge eine Maschine." (Babbage, „Traité sur l'économie des machines, etc.", Paris 1833.)

Einfache Werkzeuge; Akkumulation von Werkzeugen; zusammengesetzte Werkzeuge; In-Bewegung-Setzen eines zusammengesetzten Werkzeuges durch einen einzigen Handmotor, den Menschen; In-Bewegung-Setzen dieser Instrumente durch die Naturkräfte; Maschinen; System von Maschinen, die nur einen Motor haben; System von Maschinen, die einen automatischen Motor haben – das ist die Entwicklung der Maschine.

Die Konzentration der Produktionsinstrumente und die Arbeitsteilung sind ebenso untrennbar voneinander wie auf dem Gebiete der Politik die Zentralisation der öffentlichen Gewalten und die Teilung der Privatinteressen. England mit seiner Konzentrierung des Grund und Bodens, dieses Werkzeugs der agrikolen Arbeit, hat ebenfalls die Arbeitsteilung in der Agrikultur und die Anwendung der Maschinerie beim Landbau. Frankreich, welches die Teilung des Werkzeugs, des Bodens hat, das Parzellensystem, hat im allgemeinen weder Arbeitsteilung in der Agrikultur noch Anwendung von Maschinen beim Landbau.

Für Herrn Proudhon ist die Konzentration der Arbeitsinstrumente die Negation der Arbeitsteilung. In der Wirklichkeit finden wir abermals das Gegenteil. In dem Maße, wie die Konzentrierung der Werkzeuge sich entwickelt, entwickelt sich auch die Arbeitsteilung, und umgekehrt. Dies die Ursache, weshalb jede große Erfindung in der mechanischen Technik eine größere Arbeitsteilung zur

Folge hat und jede Steigerung der Arbeitsteilung ihrerseits neue mechanische Erfindungen hervorruft.

Wir brauchen nicht daran zu erinnern, daß die großen Fortschritte der Arbeitsteilung in England nach der Erfindung der Maschinen begonnen haben. So waren die Weber und die Spinner meistenteils Bauern, wie man sie noch in rückständigen Ländern antrifft. Die Erfindung der Maschinen hat die Trennung der Manufakturindustrie von der Agrikulturindustrie vollendet. Weber und Spinner, früher in einer Familie vereinigt, wurden durch die Maschine getrennt. Dank der Maschine kann der Spinner in England wohnen, während der Weber gleichzeitig in Ostindien lebt. Vor der Erfindung der Maschinen erstreckte sich die Industrie eines Landes hauptsächlich auf die Rohstoffe, die sein eigener Boden hervorbrachte: so in England Wolle, in Deutschland Flachs, in Frankreich Seide und Flachs, in Ostindien und in der Levante Baumwolle etc. Dank der Anwendung der Maschinen und des Dampfes hat die Arbeitsteilung eine derartige Ausdehnung nehmen können, daß die von nationalem Boden losgelöste Großindustrie einzig und allein vom Welthandel, vom internationalen Austausch, von einer internationalen Arbeitsteilung abhängt. Kurz, die Maschine übt einen solchen Einfluß auf die Teilung der Arbeit aus, daß, wenn bei der Fabrikation irgendeines Gegenstandes das Mittel gefunden ist, Teile desselben mechanisch herzustellen, seine Fabrikation sich alsbald in zwei voneinander unabhängige Betriebe sondert.

Brauchen wir noch von dem *providentiellen* und philanthropischen *Zweck* zu reden, welchen Herr Proudhon in der Erfindung und ursprünglichen Anwendung der Maschine entdeckt?

Als in England der Markt eine solche Entwicklung gewonnen hatte, daß die Handarbeit ihm nicht mehr genügen konnte, empfand man das Bedürfnis nach Maschinen. Man sann nun auf die Anwendung der mechanischen Wissenschaft, die bereits im 18. Jahrhundert fertig da war.

Das erste Auftreten der Fabrik mit Kraftbetrieb ist durch Akte bezeichnet, die nichts weniger als philanthropisch waren. Kinder wurden mit der Peitsche zur Arbeit angehalten; sie wurden ein Gegenstand des Schachers; man schloß mit Waisenhäusern Kontrakte. Man schaffte alle Gesetze über die Lehrzeit der Arbeiter ab, weil man, um uns der Phrasen des Herrn Proudhon zu bedienen, nicht mehr der *synthetischen* Arbeiter bedurfte. Endlich waren seit 1825 fast alle neuen Erfindungen das Ergebnis von Kollisionen zwischen Arbeiter und Unternehmer, der um jeden Preis die Fachbildung des Arbeiters zu entwerten suchte. Nach jedem neuen einigermaßen bedeutenden Strike erstand eine neue Maschine. So wenig sah der Arbeiter in der Anwendung der Maschinen eine Art Rehabilitierung, eine Art *Wiederherstellung*, wie Herr Proudhon es nennt, daß er im 18. Jahrhundert der erstehenden Herrschaft der Kraftautomaten sehr lange Widerstand leistete.

„Wyatt", sagt Dr. Ure, „hatte die künstlichen Spinnfinger" (die drei Reihen geriffelter Walzen) „lange vor Arkwright erfunden. Die Hauptschwierigkeit bestand nicht so sehr in der Erfindung eines selbsttätigen Mechanismus ... Die Schwierigkeit bestand vor allem in der Disziplin, notwendig, damit die Menschen auf ihre unregelmäßigen Gewohnheiten bei der Arbeit verzichten und sich mit der unveränderlichen Regelmäßigkeit der Bewegung einer großen selbsttätigen Maschine identifizieren. Aber einen den Bedürfnissen, der Geschwindigkeit des automatischen Systems entsprechenden Disziplinarkodex zu erfinden und mit Erfolg auszuführen, war ein Unternehmen des Herkules würdig. Das ist das edle Werk Arkwrights."

Alles in allem hat die Einführung der Maschinen die Teilung der Arbeit innerhalb der Gesellschaft gesteigert, das Werk des Arbeiters innerhalb der Werkstatt vereinfacht, das Kapital konzentriert und den Menschen zerstückelt.

Will Herr Proudhon Ökonom sein und für eine Weile die „Entwicklung in der Reihe der Gedanken, nach der Gliederung der Vernunft" beiseite lassen, so wird er seine Belehrung bei Adam Smith suchen, zur Zeit, wo die automatische Fabrik erst im Entstehen war. In der Tat, welcher Unterschied zwischen der Teilung der Arbeit, wie sie zur Zeit von Adam Smith bestand und wie wir sie in der automatischen Fabrik sehen! Um ihn gut zu erfassen, genügt es, einige Stellen aus der „Philosophie der Manufaktur" von Dr. Ure zu zitieren.

„Als Adam Smith sein unsterbliches Werk über die Grundzüge der politischen Ökonomie schrieb, war das automatische Industriesystem kaum noch bekannt. Die Teilung der Arbeit erschien ihm mit Recht als das große Prinzip der Vervollkommnung in der Manufaktur. Er zeigte an der Fabrikation der Nadeln, wie ein Arbeiter, der sich durch die Beschäftigung mit einem und demselben Gegenstand vervollkommnet, leistungsfähiger und weniger kostspielig wird. In jedem Zweig der Manufaktur sah er, wie nach diesem Prinzip gewisse Verrichtungen, wie das Schneiden von Messingdrähten in gleiche Abschnitte, leicht ausführbar werden; wie andere Arbeiten z. B. die Herstellung und Ansetzung der Nadelköpfe, verhältnismäßig schwerer sind: er schloß also daraus, daß man jeder dieser Verrichtungen einen Arbeiter anpassen kann, dessen Lohn seiner Geschicklichkeit entspräche. Diese *Anpassung* ist das Wesen der Arbeitsteilung. Aber was zur Zeit des Dr. Smith als passendes Beispiel dienen konnte, kann heute das Publikum in bezug auf das wirkliche Prinzip der Fabrikindustrie nur irreführen. In der Tat paßt die Verteilung oder vielmehr die Anpassung der Arbeiten an die verschiedenen individuellen Fähigkeiten nicht in den Operationsplan der automatischen Fabrik: im Gegenteil, überall, wo ein Prozeß große Geschicklichkeit und eine sichere Hand erfordert, entzieht man ihn dem zu geschickten und oft zu allerhand Unregelmäßigkeiten geneigten Arbeiter, um ihn einem besonderen Mechanismus zu übertragen, dessen automatische Tätigkeit so gut reguliert ist, daß ein Kind sie überwachen kann.

Das Prinzip des automatischen Systems besteht also darin, an die Stelle der Handarbeit die mechanische Arbeit zu setzen und die Arbeitsteilung unter den

Handwerkern durch die Zerlegung eines Prozesses in die ihn ausmachenden Teile zu ersetzen. Nach dem System der Handarbeit war die menschliche Arbeit in der Regel das teuerste Element eines Produkts; aber nach dem automatischen System sehen wir die geschickten Handarbeiter allmählich verdrängt durch einfache Maschinenwärter.

Die Schwäche der menschlichen Natur ist so groß, daß, je geschickter der Arbeiter, er um so anspruchsvoller und schwerer zu behandeln und infolgedessen weniger für ein mechanisches System geeignet ist, in dessen Getriebe seine launenhaften Einfälle beträchtlichen Schaden anrichten können. Die Hauptaufgabe des heutigen Fabrikanten besteht also darin, durch Verbindung von Wissenschaft und Kapital die Tätigkeit seiner Arbeiter darauf zu reduzieren, daß sie ihre Wachsamkeit und ihre Gewandtheit ausüben, Eigenschaften, die sie in ihrer Jugend sehr vervollkommnen, *wenn man sie nur ausschließlich mit einem bestimmten Gegenstand beschäftigt.*

Nach dem System der Abstufung der Arbeit braucht es eine Lehrzeit von mehreren Jahren, bevor Augen und Hand geschickt genug werden, um gewisse mechanische Kunststücke zu verrichten; aber nach dem System, das einen Prozeß zerlegt, indem es ihn in seine einzelnen wesentlichen Bestandteile teilt, und welches alle seine Teile durch eine selbsttätige Maschine ausführen läßt, kann man diese elementaren Teile einer Person mit gewöhnlicher Begabung nach kurzer Probezeit anvertrauen; man kann sogar in dringenden Fällen diese Person von einer Maschine an die andere stellen, nach dem Belieben des Betriebsleiters. Solche Änderungen stehen im offenen Widerspruch mit der alten Routine, welche die Arbeit teilt und einen Arbeiter Nadelköpfe verfertigen, einen anderen Nadelspitzen schärfen heißt, eine Beschäftigung, deren langweilige Einförmigkeit sie entnervt ... Aber nach dem Prinzip der *Gleichmachung* oder dem automatischen System werden die Fähigkeiten des Arbeiters nur einer angenehmen Übung unterworfen etc. ... Da seine Tätigkeit darin besteht, die Arbeit eines wohlgeregelten Mechanismus zu überwachen, kann er sie in kurzer Zeit erlernen; indem er seine Leistungen von einer Maschine auf eine andere überträgt, wechselt er seine Tätigkeit und entwickelt er seine Ideen, indem er über die allgemeinen Kombinationen nachdenkt, welche aus seiner und seiner Kollegen Arbeit resultieren. So kann dieses Einzwängen der Fähigkeiten, diese Verengerung der Ideen, dieser Zustand der Störung der körperlichen Entwicklung, die nicht ohne Grund der Arbeitsteilung zugeschrieben werden, unter gewöhnlichen Umständen nicht statthaben in einem System der *gleichen Verteilung der Arbeiten.*

Das beständige Ziel, die Tendenz aller Vervollkommnung der Technik, geht in der Tat dahin, die Arbeit des Menschen möglichst entbehrlich zu machen oder den Preis derselben zu verringern, indem man die Arbeit von Frauen und Kindern an die Stelle der von erwachsenen Arbeitern oder die grobe Arbeit an Stelle der geschickten Arbeit setzt ... Diese Tendenz, nur noch Kinder mit lebhaften Augen und gelenken Fingern an Stelle von geübten Arbeitern zu beschäftigen, zeigt, daß das Schuldogma von der Teilung der Arbeit nach den verschiedenen Graden der Geschicklichkeit von unseren aufgeklärten Fabrikanten endlich beiseite geworfen ist." (André Ure, „Philosophie des manufactures ou économie industrielle", Bd. I, Kap. 1.)

Was die Arbeitsteilung in der modernen Gesellschaft charakterisiert, ist die Tatsache, daß sie die Spezialitäten, die Fachleute und mit ihnen den Fachidiotismus erzeugt.

> „Bewunderung erfaßt uns", sagt Lemontey, „wenn wir bei den Alten dieselbe Person gleichzeitig in hohem Grade sich auszeichnen sehen als Philosoph, Dichter, Redner, Historiker, Priester, Staatsmann und Feldherr. Unsere Seelen erschrecken bei der Betrachtung eines so umfassenden Gebietes. Jeder steckt sich heute sein Gehege ab und schließt sich darin ein. Ich weiß nicht, ob durch diese Zerstücklung das Feld sich vergrößert, aber ich weiß wohl, daß der Mensch kleiner wird."

Was die Teilung der Arbeit in der mechanischen Fabrik kennzeichnet, ist, daß sie jeden Spezialcharakter verloren hat. Aber von dem Augenblick an, wo jede besondere Entwicklung aufhört, macht sich das Bedürfnis nach Universalität, das Bestreben nach einer allseitigen Entwicklung des Individuums fühlbar. Die automatische Fabrik beseitigt die Spezialisten und den Fachidiotismus.

Herr Proudhon, der nicht einmal diese eine revolutionäre Seite der automatischen Fabrik begriffen hat, tut einen Schritt rückwärts und schlägt dem Arbeiter vor, nicht lediglich den zwölften Teil einer Nadel, sondern nach und nach alle zwölf Teile anzufertigen. Der Arbeiter würde so zu der Wissenschaft und dem Bewußtsein der Nadel gelangen. Das ist mit einem Wort die synthetische Arbeit des Herrn Proudhon. Niemand wird bestreiten, daß eine Bewegung nach vorwärts und eine andere nach rückwärts machen auch eine synthetische Bewegung machen heißt.

Alles in allem geht Herr Proudhon nicht über das Ideal des Kleinbürgers hinaus. Und um dieses Ideal zu verwirklichen, fällt ihm nichts Besseres ein, als uns zum Handwerksgesellen oder höchstens zum Handwerksmeister des Mittelalters zurückzuführen. Es genügt, sagt er irgendwo in seinem Buche, ein einziges Mal in seinem Leben ein Meisterstück gemacht, sich ein einziges Mal als Mensch gefühlt zu haben. Ist das nicht nach Form wie Inhalt das von den Zünften des Mittelalters verlangte Meisterstück?

§ 3. Konkurrenz und Monopol

Gute Seite der Konkurrenz	„Die Konkurrenz gehört ebenso wesentlich zur Arbeit wie die Teilung ... Sie ist notwendig zur *Herbeiführung der Gleichheit.*“ (I, S. 186 u. 188.)
Schlechte Seite der Konkurrenz	„Das Prinzip ist die Verneinung seiner selbst. Seine sicherste Wirkung ist, diejenigen, welche es mit sich reißt, zu verderben.“ (I, S. 185.)
Allgemeine Betrachtung	Die *Unzuträglichkeiten*, die es zur Folge hat, entstammen ebenso wie das Gute, welches es mit sich bringt ..., beide logisch dem Prinzip.“ (I, S. 185-186.)
Zu lösende Aufgabe	„Das Prinzip der *Vermittlung* suchen, welches von einem Gesetz sich ableiten muß, das höher steht als die Freiheit selbst“. (I, S. 185.) Variante: „Es kann sich also hier nicht darum handeln, die Konkurrenz aufzuheben, eine Sache, die ebenso unmöglich ist wie die Aufhebung der Freiheit; es handelt sich darum, das Gleichgewicht, ich sage gern die *Polizei*, derselben zu finden.“ (I, S. 223.)

Herr Proudhon beginnt damit, die ewige Notwendigkeit der Konkurrenz gegen diejenigen zu verteidigen, die sie durch den *Wetteifer* ersetzen wollen.[5]

> Es gibt keinen „Wetteifer ohne Zweck“, und da „der Gegenstand jeder Leidenschaft notwendigerweise der Leidenschaft analog ist – eine Frau für den Liebenden, Macht für den Ehrgeizigen, Gold für den Geizhals, ein Lorbeerkranz für den Dichter – so ist der Gegenstand des industriellen Wetteifers notwendig der Profit. Der Wetteifer ist nichts anderes als die Konkurrenz selbst. (I, S. 187.)

Die Konkurrenz ist der Wetteifer im Hinblick auf den Profit. Ist der industrielle Wetteifer notwendigerweise der Wetteifer im Hinblick auf den Profit, d. h. die Konkurrenz? Herr Proudhon beweist es, indem er es behauptet. Wir haben es gesehen: Behaupten heißt für ihn beweisen, wie voraussetzen leugnen heißt.

Wenn das unmittelbare *Objek*t des Liebenden die Frau ist, so ist das unmittelbare Objekt des industriellen Wetteifers das Produkt und nicht der Profit.

Die Konkurrenz ist nicht der industrielle Wetteifer, sondern der kommerzielle. Heute besteht der industrielle Wetteifer nur im Hinblick auf den Handel. Es gibt sogar Phasen im ökonomischen Leben der Völker, wo alle Welt von einer Art Taumel ergriffen ist, Profit zu machen, ohne zu produzieren. Dieser Spekulationstaumel, der periodisch wiederkehrt, enthüllt den wahren Charakter der Konkurrenz, die den notwendigen Bedingungen des industriellen Wetteifers zu entschlüpfen sucht.

---

[5] Die Fourieristen

Hätte man einem Handwerker des 14. Jahrhunderts gesagt, man werde die Privilegien und die ganze feudale Organisation der Industrie abschaffen, um an deren Stelle den industriellen Wetteifer, Konkurrenz genannt, zu setzen, er hatte euch geantwortet, daß die Privilegien der verschiedenen Korporationen, Zünfte, Innungen gerade die organisierte Konkurrenz bilden. Herr Proudhon drückt sich nicht besser aus, wenn er behauptet, „daß der Wetteifer nichts anderes ist als die Konkurrenz".

> „Verordnet, daß vom 1. Januar 1847 an Arbeit und Lohn jedermann garantiert seien, und sofort wird auf die hochgradige Spannung der Industrie eine ungeheure Erschlaffung folgen." (I, S. 189.)

An Stelle einer Voraussetzung, einer Position und einer Negation haben wir jetzt eine Verordnung, die Herr Proudhon ausdrücklich erläßt, um die Notwendigkeit der Konkurrenz, ihre Ewigkeit als Kategorie usw. zu beweisen.

Wenn man sich einbildet, daß es nur Verordnungen bedarf, um aus der Konkurrenz herauszukommen, wird man niemals von ihr befreit werden. Und wenn man die Dinge so weit treibt, die Abschaffung der Konkurrenz unter Beibehaltung des Lohnes vorzuschlagen, so schlägt man vor, einen Unsinn zu verordnen. Aber die Völker entwickeln sich nicht auf Königs Befehl. Bevor sie solche Verordnungen fabrizieren, müssen sie mindestens ihre industriellen und politischen Existenzbedingungen, folglich ihre ganze Daseinsweise von Grund aus verändern.

Herr Proudhon wird mit seiner unerschütterlichen Unverfrorenheit antworten, daß dies eine Voraussetzung einer „Umwandlung unserer Natur ohne historische Vorbedingungen" (I, S. 191) sei und daß er das Recht habe, „uns von der Diskussion *auszuschließen*" (ebenda), wir wissen nicht auf Grund welcher Verordnung.

Herr Proudhon weiß nicht, daß die ganze Geschichte nur eine fortgesetzte Umwandlung der menschlichen Natur ist.

> „Bleiben wir bei den Tatsachen. Die französische Revolution wurde ebensosehr für die industrielle wie für die politische Freiheit gemacht; und obwohl Frankreich, sagen wir es offen, im Jahre 1789 nicht alle Konsequenzen des Prinzips erkannt hat, dessen Verwirklichung es verlangte, so hat es sich weder in seinen Wünschen noch in seinen Erwartungen getäuscht. Wer den Versuch machen sollte, das zu leugnen, der verliert in meinen Augen das Recht auf Kritik. Ich werde nie mit einem Gegner disputieren, der den freiwilligen Irrtum von fünfundzwanzig Millionen Menschen im Prinzip aufstellt ... Wenn die Konkurrenz nicht ein Prinzip der sozialen Ökonomie, ein *Dekret des Schicksals*, eine *Notwendigkeit der menschlichen Seele* wäre, warum denn dachte man, statt Korporationen, Innungen und Zünfte a b z u s c h a f f e n , nicht vielmehr daran, das alles w i e - d e r h e r z u s t e l l e n ?" (I, S. 191-192.)

Da also die Franzosen des 18. Jahrhunderts Korporationen, Innungen und Zünfte abgeschafft haben, anstatt sie zu modifizieren, so müssen die Franzosen des 19. Jahrhunderts die Konkurrenz modifizieren, anstatt sie abzuschaffen. Da die Konkurrenz in Frankreich im 18. Jahrhundert als Konsequenz der historischen Bedürfnisse zur Herrschaft kam, darf diese Konkurrenz im 19. Jahrhundert nicht auf Grund anderer historischer Bedürfnisse beseitigt werden. Herr Proudhon, der nicht begreift, daß die Herstellung der Konkurrenz mit der wirklichen Entwicklung der Menschen des 18. Jahrhunderts verknüpft war, macht aus der Konkurrenz eine Notwendigkeit der *menschlichen Seele in partibus infidelium.* Was hätte er aus dem Großen Colbert für das 17. Jahrhundert gemacht?

Nach der Revolution kam der gegenwärtige Stand der Dinge. Herr Proudhon greift aus ihm ebenfalls Tatsachen heraus, um die Ewigkeit der Konkurrenz zu zeigen, indem er beweist, daß alle Industrien, in denen diese Kategorie noch nicht genügend entwickelt ist, wie die Agrikultur, sich in einem niedrigeren, hinfälligen Zustand befinden.

Sagen, daß es Industrien gibt, die noch nicht auf der Höhe der Konkurrenz sind, daß andere noch unter dem Niveau der bürgerlichen Produktion sich befinden, ist hohles Geschwätz, welches keineswegs die Ewigkeit der Konkurrenz beweist.

Die ganze Logik des Herrn Proudhon faßt sich in folgendem zusammen: Die Konkurrenz ist ein soziales Verhältnis, in welchem wir heute unsere Produktivkräfte entwickeln. Er gibt dieser Wahrheit zwar keine logischen Entwicklungen, sondern Formen, und zwar oft recht drollige Formen, indem er sagt, daß die Konkurrenz der industrielle Wetteifer ist, die heutige Art, frei zu sein, die Verantwortlichkeit in der Arbeit, die Konstituierung des Wertes, eine Bedingung für das Kommen der Gleichheit, ein Prinzip der Sozialökonomie, ein Dekret des Schicksals, eine Notwendigkeit der menschlichen Seele, eine Inspiration der ewigen Gerechtigkeit, die Freiheit in der Teilung, die Teilung in der Freiheit, eine ökonomische Kategorie.

> „*Konkurrenz* und *Assoziation* stützen einander. Weit entfernt, sich auszuschließen, gehen sie nicht einmal *auseinander*. Wer Konkurrenz sagt, setzt bereits *gemeinsames Ziel* voraus; die Konkurrenz ist also nicht der *Egoismus*, und es ist der beklagenswerteste Irrtum des Sozialismus, in ihr den Umsturz der Gesellschaft gesehen zu haben." (I, S. 223.)

Wer Konkurrenz sagt, sagt gemeinsames Ziel, und das beweist einerseits, daß die Konkurrenz die Assoziation ist, andererseits, daß Konkurrenz nicht Egoismus ist. Und sagt, wer Egoismus sagt, nicht auch gemeinsames Ziel? Jeder Egoismus spielt sich ab in der Gesellschaft und vermittelst der Gesellschaft. Er setzt also die Gesellschaft voraus, das heißt gemeinsame Ziele, gemeinsame Bedürfnisse, gemeinsame Produktionsmittel etc. etc. Ist es daher reiner Zufall, wenn die Konkurrenz und die Assoziation, von denen die Sozialisten reden, nicht einmal auseinandergehen?

Die Sozialisten wissen sehr wohl, daß die gegenwärtige Gesellschaft auf der Konkurrenz beruht. Wie sollten sie der Konkurrenz den Vorwurf machen, daß sie die heutige Gesellschaft umstürze, die Gesellschaft, die sie selbst umstürzen wollen? Und wie sollten sie der Konkurrenz vorwerfen, daß sie die zukünftige Gesellschaft umstürze, in welcher sie im Gegenteil den Umsturz der Konkurrenz erblicken?

Herr Proudhon sagt weiter unten, daß die Konkurrenz der *Gegensatz des Monopols* ist und infolgedessen nicht der *Gegensatz der Assoziation* sein kann.

Der Feudalismus stand bei seinem Aufkommen in Gegensatz zur patriarchalischen Monarchie; er stand aber in keinem Gegensatz zur Konkurrenz, die noch gar nicht bestand. Folgt daraus, daß die Konkurrenz nicht im Gegensatz zum Feudalismus steht?

Tatsächlich sind *Gesellschaft*, *Assoziation* Benennungen, die man allen Gesellschaften geben kann, der feudalen sowohl wie der bürgerlichen Gesellschaft, welche die auf die Konkurrenz begründete Assoziation ist. Wie kann es also Sozialisten geben, welche durch das bloße Wort Assoziation die Konkurrenz glauben widerlegen zu können? Und wie kann Herr Proudhon selbst die Konkurrenz gegen den Sozialismus dadurch verteidigen wollen, daß er sie mit dem einzigen Wort *Assoziation* bezeichnet?

Alles, was wir bis jetzt gesagt haben, bildet die gute Seite der Konkurrenz, wie sie Herr Proudhon versteht. Gehen wir nunmehr zur schofeln Seite über, das heißt zur negativen Seite der Konkurrenz, zu ihren Unzuträglichkeiten, zu dem, was sie Destruktives, Umstürzlerisches, was sie an schädlichen Eigenschaften hat.

Das Gemälde, das uns Herr Proudhon davon entwirft, hat etwas gar Düsteres.

Die Konkurrenz zeugt das Elend, sie nährt den Bürgerkrieg, sie „verändert die natürlichen Zonen", vermischt die Nationalitäten, zerstört die Familien, korrumpiert das öffentliche Gewissen, sie „stürzt die Begriffe der Billigkeit, der Gerechtigkeit", der Moral um, und, was noch schlimmer ist, sie zerstört den redlichen und freien Handel und gibt nicht einmal als Ersatz den *synthetischen Wert*, den fixen und rechtlichen Preis. Sie enttäuscht alle Welt, selbst die Ökonomen; sie treibt die Sache so weit, sich selbst zu zerstören.

Kann es nach allem, was Herr Proudhon Schlimmes vorbringt, für seine Prinzipien und seine Illusionen, für die Verhältnisse der bürgerlichen Gesellschaft ein zersetzenderes, destruktiveres Element geben als die Konkurrenz?

Halten wir im Auge, daß die Konkurrenz immer zerstörender für die bürgerlichen *Verhältnisse* wird, je mehr sie zur fieberhaften Schaffung neuer Produktivkräfte anreizt, das heißt der materiellen Bedingungen einer neuen Gesellschaft. Unter diesem Gesichtspunkt hätte die schlechte Seite der Konkurrenz wenigstens ihr Gutes.

> „Die Konkurrenz als Position oder ökonomische Phase, ihrem Entstehen nach betrachtet, ist das notwendige Resultat ... der Theorie der Herabsetzung der Produktionskosten." (I, S. 235.)

Für Herrn Proudhon scheint der Kreislauf des Blutes eine Konsequenz der Theorie Harveys zu sein.

> „Das *Monopol* ist das notwendige Ende der Konkurrenz, die es durch eine fortgesetzte Negation ihrer selbst erzeugt. Diese Erzeugung des Monopols ist bereits eine Rechtfertigung ... Das Monopol ist der natürliche Gegensatz zur Konkurrenz ... Aber sobald die Konkurrenz notwendig ist, schließt sie die Idee des Monopols ein, da das Monopol gewissermaßen der Sitz jeder konkurrierenden Individualität ist." (I, S. 236 u. 237.)

Wir freuen uns mit Herrn Proudhon, daß er wenigstens einmal seine Formel von These und Antithese gut anbringen kann. Alle Welt weiß, daß das moderne Monopol durch die Konkurrenz selbst geschaffen wird.

Was den Inhalt anbelangt, so hält sich Herr Proudhon an poetische Bilder. Die Konkurrenz machte „aus jeder Unterabteilung der Arbeit gleichsam eine Souveränität, wo jedes Individuum sich in seiner Kraft und Unabhängigkeit aufstellte". (I, S. 186.) Das Monopol ist „*der Sitz* jeder konkurrierenden Individualität". Die Souveränität ist mindestens ebenso schön wie der Sitz.

Herr Proudhon spricht nur vom modernen Monopol, das durch die Konkurrenz geschaffen wird, aber wir wissen alle, daß die Konkurrenz aus dem feudalen Monopol hervorging. So war die Konkurrenz ursprünglich das Gegenteil des Monopols und nicht das Monopol das Gegenteil der Konkurrenz. Das moderne Monopol ist somit nicht eine einfache Antithese, sondern im Gegenteil die wahre Synthese.

> *These:* das feudale Monopol, Vorgänger der Konkurrenz.
> *Antithese:* die Konkurrenz.
> *Synthese:* das moderne Monopol, welches die Negation des feudalen Monopols ist, insofern es die Herrschaft der Konkurrenz voraussetzt, und welches die Negation der Konkurrenz ist, insofern es Monopol ist.

Somit ist das moderne Monopol, das bürgerliche Monopol, das synthetische Monopol, die Negation der Negation, die Einheit der Gegensätze. Es ist das Monopol in seinem reinen, normalen, rationellen Zustande. Herr Proudhon befindet sich im Widerspruche mit seiner eigenen Philosophie, wenn er das bürgerliche Monopol für das Monopol im rohen, *urwüchsigen*, widerspruchsvollen, spasmodischen Zustande erklärt. Herr Rossi, den Herr Proudhon wiederholt mit Bezug auf das Monopol zitiert, scheint den synthetischen Charakter des bürgerlichen Monopols besser erfaßt zu haben. In seinem „Cours d'économie politique" unterscheidet er zwischen künstlichem und natürlichem Monopol.

Die feudalen Monopole, erklärt er, sind künstliche, das heißt willkürliche; die bürgerlichen Monopole sind natürliche, das heißt rationelle.

Das Monopol ist ein gutes Ding, argumentiert Herr Proudhon, weil es eine ökonomische Kategorie, eine Emanation der „unpersönlichen Vernunft der Menschheit" ist. Die Konkurrenz ist gleichfalls ein gutes Ding, da auch sie eine ökonomische Kategorie ist. Was aber nicht gut ist, ist die Art der Verwirklichung des Monopols und der Konkurrenz. Was noch schlimmer ist, ist, daß Konkurrenz und Monopol sich gegenseitig auffressen: Was tun? Man suche die Synthese dieser beiden Ideen, entreiße sie dem Schoße Gottes, wo sie seit unvordenklichen Zeiten ruht.

In der Praxis des Lebens findet man nicht nur Konkurrenz, Monopol und ihren Widerstreit, sondern auch ihre Synthese, die nicht eine Formel, sondern eine Bewegung ist. Das Monopol erzeugt die Konkurrenz, die Konkurrenz erzeugt das Monopol. Die Monopolisten machen sich Konkurrenz, die Konkurrenten werden Monopolisten. Wenn die Monopolisten die Konkurrenz unter sich durch partielle Assoziationen einschränken, so wächst die Konkurrenz unter den Arbeitern, und je mehr die Masse der Proletarier gegenüber den Monopolisten einer Nation wächst, um so zügelloser gestaltet sich die Konkurrenz unter den Monopolisten der verschiedenen Nationen. Die Synthese ist derart beschaffen, daß das Monopol sich nur dadurch aufrechterhalten kann, daß es beständig in den Konkurrenzkampf eintritt.

Um den dialektischen Übergang zu den *Steuern* zu machen, die nach dem *Monopol* kommen, erzählt uns Herr Proudhon von dem *Genius der Gesellschaft*, der, nachdem er *unerschrocken seinen Zickzackweg* gegangen, nachdem er,

> „*ohne Reue* und ohne Zaudern, mit sicherem Schritt, *bei der Ecke des Monopols* angelangt ist, einen *melancholischen* Blick nach rückwärts wirft und nach einer tiefen Überlegung alle Gegenstände der Produktion mit Steuern belegt und eine ganze administrative Organisation schafft, damit *alle Stellungen dem Proletariat ausgeliefert* und *von den Männern des Monopols bezahlt werden*". (I, S. 284-285.)

Was soll man zu diesem Genius sagen, der ungefrühstückt im Zickzack spaziert? Und was zu diesem Spaziergang, der keinen anderen Zweck haben soll, als die Bourgeois durch die Steuern zu vernichten, während gerade die Steuern den Zweck haben, den Bourgeois die Mittel zu verschaffen, sich als herrschende Klasse zu behaupten?

Um nur die Art und Weise beiläufig zu zeigen, wie Herr Proudhon mit den wirtschaftlichen Details umspringt, genügt es, darauf hinzuweisen, daß nach ihm die *Verbrauchssteuer* eingeführt worden ist im Interesse der Gleichheit und um dem Proletariat zu Hilfe zu kommen.

Die Verbrauchssteuer hat ihre volle Entwicklung erst seit dem Sieg der Bourgeoisie genommen. In den Händen des industriellen Kapitals, das heißt des mäßigen und sparsamen Reichtums, der sich durch direkte Ausbeutung der Arbeit erhält, reproduziert und vergrößert – war die Verbrauchssteuer ein Mittel, den frivolen, lebenslustigen, verschwenderischen Reichtum der großen Herren auszubeuten, die nichts taten als konsumieren. James Steuart hat diesen ursprünglichen Zweck der Verbrauchssteuer sehr gut entwickelt in seiner „Inquiry into the Principles of Political Economy", die er zehn Jahre vor Adam Smith veröffentlicht hat.

> „In der reinen Monarchie", sagt er, „scheinen die Fürsten in gewisser Beziehung eifersüchtig auf das Anwachsen der Vermögen und erheben daher Steuern auf diejenigen, welche reich werden – Steuern auf die Produktion. In der konstitutionellen Regierung fallen sie hauptsächlich auf diejenigen, die arm werden – Steuern auf den Konsum. So legen die Monarchen eine Steuer auf die Industrie ..., zum Beispiel sind Kopfsteuer und Vermögenssteuer (taille) proportional zu dem vorausgesetzten Reichtum derer, die ihnen unterworfen sind. Jeder wird besteuert nach Maßgabe des Gewinnes, den er nach der Einschätzung macht. In konstitutionellen Ländern werden die Steuern gewöhnlich auf den Konsum erhoben."

Jeder wird besteuert nach Maßgabe dessen, was er ausgibt.

Was die *logische Aufeinanderfolge* der Steuern, der Handelsbilanz, des Kredits – im Kopfe des Herrn Proudhon – anbetrifft, so wollen wir nur bemerken, daß die englische Bourgeoisie, unter Wilhelm von Oranien zur politischen Geltung gelangt, sofort ein neues Steuersystem, die Staatsschulden und das System der Schutzzölle schuf, sobald sie imstande war, ihre Existenzbedingungen frei zu entwickeln.

Dieser Hinweis wird genügen, um dem Leser eine richtige Idee von den tiefsinnigen Erörterungen des Herrn Proudhon über die Polizei oder Steuer, die Handelsbilanz, den Kredit, den Kommunismus und die Bevölkerung zu geben. Wir möchten die Kritik sehen – und sei sie die nachsichtigste –, die diese Kapitel ernsthaft zu erörtern imstande ist.

§ 4. Das Grundeigentum oder die Rente

In jeder historischen Epoche hat sich das Eigentum anders und unter ganz verschiedenen gesellschaftlichen Verhältnissen entwickelt. Das bürgerliche Eigentum definieren heißt somit nichts anderes, als alle gesellschaftlichen Verhältnisse der bürgerlichen Produktion darstellen.

Eine Definition des Eigentums als eines unabhängigen Verhältnisses, einer besonderen Kategorie, einer abstrakten und ewigen Idee geben wollen, kann nichts anderes sein als eine Illusion der Metaphysik oder der Jurisprudenz.

Herr Proudhon, der anscheinend vom Eigentum im allgemeinen spricht, behandelt nur das *Grundeigentum*, die *Grundrente*.

> „Der Ursprung des Grundeigentums ist, sozusagen, außerökonomisch: Er beruht in Erwägungen der Psychologie und Moral, die nur sehr entfernten Bezug auf die Produktion der Reichtümer haben." (Bd. II, S. 269.)

Somit erklärt sich Herr Proudhon unfähig, den ökonomischen Ursprung von Grundeigentum und Rente zu begreifen. Er gesteht, daß ihn diese Unfähigkeit zwingt, zu Erwägungen der Psychologie und Moral seine Zuflucht zu nehmen, die, wenn sie auch in der Tat „nur sehr entfernten Bezug auf die Produktion der Reichtümer haben", dennoch sehr nahen Bezug haben zu der Enge seines historischen Gesichtskreises. Herr Proudhon behauptet, daß der Ursprung des Grundeigentums etwas *Mystisches* und *Mysteriöses* enthält. Nun, in dem Ursprung des Grundeigentums ein Mysterium sehen, also das Verhältnis der Produktion zur Verteilung der Produktionsmittel in ein Mysterium verwandeln, heißt das nicht, um uns der Worte des Herrn Proudhon zu bedienen, auf jeden Anspruch auf ökonomische Wissenschaft verzichten?

Herr Proudhon

> „*beschränkt* sich darauf, daran zu erinnern, daß in der siebenten Epoche der ökonomischen Entwicklung – der des *Kredits* –, wo die Fiktion die Wirklichkeit verschwinden gemacht, die menschliche Tätigkeit sich ins Leere zu verlieren drohte, es notwendig geworden war, *den Menschen stärker an die Natur zu fesseln*: Nun wohl, die Rente war der Preis für diesen neuen Kontrakt." (Bd. II, S. 265.)

Der Mann mit den vierzig Talern hat seinen Proudhon vorgeahnt:

> „Mit Verlaub, Herr Schöpfer: Jeder ist Herr in seiner Welt; aber Sie werden mich niemals glauben machen, daß diejenige, in der wir uns befinden, von Glas ist."

In eurer Welt, wo der Kredit ein Mittel war, *sich ins Leere zu verlieren*, ist es sehr möglich, daß das Grundeigentum notwendig ward, *um den Menschen an die Natur zu fesseln.* In der Welt der wirklichen Produktion, wo das Grundeigentum stets vor dem Kredit besteht, kann der *horror vacui* des Herrn Proudhon nicht vorkommen.

Die Existenz der Rente einmal zugegeben, welches auch im übrigen ihr Ursprung sei, so wird über sie kontradiktorisch verhandelt zwischen Pächter und Grundbesitzer. Welches ist das Endergebnis dieser Verhandlungen? Mit anderen Worten: Welches ist der durchschnittliche Betrag der Rente? Hören wir, was Herr Proudhon sagt:

> „Die Theorie Ricardos antwortet auf diese Frage. Im Anfang der Gesellschaft, als der Mensch, ein Neuling auf der Erde, nichts vor sich hatte als ungeheure Wälder, als der Boden noch unermeßlich und die Industrie erst im Entstehen war, mußte die Rente Null sein. Die Erde, noch nicht bearbeitet, war ein Gebrauchsgegenstand, sie war noch kein Tauschwert: sie war gemeinsam, nicht gesellschaft-

lich. Nach und nach lehrten die Vermehrung der Familien und der Fortschritt des Ackerbaues den Wert des Grund und Bodens schätzen. Die Arbeit gab dem Boden seinen Wert: so entstand die Rente. Je mehr Früchte ein Feld mit derselben Menge Arbeit zu tragen imstande war, desto höher wurde es geschätzt; auch war es stets das Bestreben der Besitzer, sich die Gesamtheit der Früchte des Bodens anzueignen, abzüglich des Lohnes des Pächters, d. h. abzüglich der Produktionskosten. So kommt das Eigentum hinter der Arbeit her, um ihr alles, was im Produkt die wirklichen Kosten überschreitet, fortzunehmen. Da der Eigentümer eine mystische Aufgabe erfüllt und gegenüber dem Zinsbauer die Gemeinschaft vertritt, so ist der Pächter in den Bestimmungen der Vorsehung nichts anderes als ein verantwortlicher Arbeiter, welcher der Gesellschaft über alles, was er mehr als seinen legitimen Lohn empfängt, Rechenschaft ablegen muß ... Nach Wesen und Bestimmung ist somit die Rente ein Instrument der verteilenden Gerechtigkeit, eines der tausend Mittel, welche der Genius der Ökonomik anwendet, um zur Gleichheit zu gelangen. Es ist ein ungeheurer Kataster, kontradiktorisch hergestellt von Pächter und Grundbesitzer, wobei aber jeder Konflikt ausgeschlossen ist in einem höheren Interesse, und dessen Endresultat die Ausgleichung des Besitzes der Erde zwischen den Ausbeutern des Bodens und den Industriellen sein wird ... Es bedurfte nichts Geringerem als dieser Magie des Eigentums, um dem Zinsbauer den Überschuß des Produktes zu entreißen, den er nicht umhinkann, als sein zu betrachten und für dessen ausschließlichen Urheber er sich hält. Die Rente, oder, um es besser auszudrücken, das Grundeigentum, hat den agrikolen Egoismus gebrochen und eine Solidarität geschaffen, die keine Macht, keine Teilung des Bodens hätte ins Leben rufen können ... Gegenwärtig, wo die moralische Wirkung des Grundeigentums erreicht ist, bleibt die Verteilung der Rente zu vollziehen.“ (II, S. 270-272.)

Dieses ganze Wortgedresch reduziert sich zunächst auf folgendes: Ricardo sagt, daß der Überschuß des Preises der Ackerbauprodukte über ihre Produktionskosten, den landläufigen Kapitalgewinn und Kapitalzins eingeschlossen, den Maßstab für die Rente gibt. Herr Proudhon macht es besser; er läßt den Grundeigentümer als einen *deus ex machina* intervenieren, der dem Zinsbauer den ganzen Überschuß seiner Produktion über die Produktionskosten entreißt. Er bedient sich der Intervention des Grundeigentümers, um das Grundeigentum, der des Rentiers, um die Rente zu erklären. Er antwortet auf die Frage, indem er dieselbe Frage stellt und sie noch um eine Silbe vermehrt.

Bemerken wir außerdem, daß, wenn Herr Proudhon die Rente durch die Verschiedenheit der Fruchtbarkeit des Bodens bestimmt, er ihr einen neuen Ursprung gibt, da der Boden, bevor er nach den verschiedenen Graden der Fruchtbarkeit abgeschätzt wurde, nach ihm „nicht ein Tauschwert, sondern gemeinsam war“. Was ist also aus dieser Fiktion geworden, von der Rente, die *aus der Notwendigkeit* entsprang, den Menschen, der *sich in das Unendliche des Leeren zu verlieren drohte, zur Erde zurückzuführen*? Lösen wir nunmehr die Lehre Ricardos von den providentiellen, allegorischen und mystischen Redensarten los, in die Herr Proudhon sie so sorgsam eingewickelt hat.

Die Rente, im Sinne Ricardos, ist das Grundeigentum in seiner bürgerlichen Gestalt: das heißt das feudale Eigentum, welches sich den Bedingungen der bürgerlichen Produktion unterworfen hat.

Wir haben gesehen, daß nach der Lehre Ricardos der Preis aller Gegenstände endgültig bestimmt wird durch die Produktionskosten, inbegriffen den industriellen Profit, mit anderen Worten: durch die aufgewendete Arbeitszeit. In der Manufakturindustrie regelt der Preis des mit dem Minimum von Arbeit erlangten Produktes den Preis aller anderen Waren gleicher Natur, vorausgesetzt, daß man die billigsten und produktivsten Arbeitsmittel unbeschränkt vermehren kann und daß die freie Konkurrenz einen Marktpreis herbeiführt, das heißt, einen gemeinsamen Preis für alle Produkte derselben Art.

In der Ackerbauindustrie ist es im Gegenteil der Preis des mit der größten Menge von Arbeit hergestellten Produktes, welcher den Preis aller gleichartigen Produkte regelt. Erstens kann man nicht, wie in der Manufakturindustrie, die Produktionsinstrumente von gleicher Produktivität, das heißt die gleich fruchtbaren Ländereien, nach Belieben vermehren. Dann geht man in dem Grade, wie die Bevölkerung anwächst, dazu über, Land geringerer Qualität zu bearbeiten oder in denselben Acker neues Kapital hineinzustecken, welches verhältnismäßig weniger produktiv ist als das zuerst hineingesteckte. In beiden Fällen wendet man eine größere Menge Arbeit an, um ein verhältnismäßig geringeres Produkt zu erlangen. Da das Bedürfnis der Bevölkerung diese Vermehrung der Arbeit notwendig gemacht hat, so findet das Produkt des mit größeren Kosten bearbeiteten Bodens ebensogut seinen notwendigen Absatz als das des mit geringeren Kosten zu bewirtschaftenden. Da die Konkurrenz den Marktpreis ausgleicht, so wird das Produkt des besseren Bodens ebenso teuer bezahlt wie das des geringeren Bodens. Der Überschuß des Preises der Produkte des besseren Bodens über ihre Produktionskosten bildet eben die Rente. Wenn man stets Boden oder Ländereien von gleicher Fruchtbarkeit zur Verfügung hätte, wenn man, wie in der Manufakturindustrie, stets zu den mindest teueren und produktiveren Maschinen zurückgreifen könnte oder wenn die zweiten Kapitalanlagen ebensoviel produzierten wie die ersten, so würde der Preis der Ackerbauprodukte durch den Preis der mittelst der besten Produktionsinstrumente erzeugten Früchte bestimmt werden, wie wir das bei dem Preis der Manufakturprodukte gesehen haben. Aber von diesem Moment an ist auch die Rente verschwunden.

Soll die Ricardosche Lehre allgemein gültig sein, so ist erforderlich, daß die verschiedenen Industriezweige dem Kapital offenstehen; daß eine stark entwikkelte Konkurrenz unter den Kapitalisten eine Gleichmäßigkeit in den Profiten bewirkt hat; daß der Pächter lediglich ein industrieller Kapitalist ist, der, soll er sein Kapital im Boden geringerer Qualität anlegen, einen Profit erwartet gleich demjenigen, den ihm sein Kapital in einer beliebigen Manufaktur abwerfen würde; daß die Landwirtschaft nach dem System der Großindustrie betrieben wird; endlich daß der Grundbesitzer selbst nur noch auf den Geldertrag Wert legt.

Es kann vorkommen, wie in Irland, daß die Rente noch gar nicht existiert, obgleich das Pachtsystem im höchsten Grade entwickelt ist. Da die Rente der Überschuß nicht nur über den Lohn, sondern auch über den Kapitalprofit ist, so kann sie in Ländern nicht vorkommen, wo das Einkommen des Grundbesitzers nur ein einfacher Abzug vom Arbeitslohn ist.

Die Rente also, weit entfernt, aus dem Bewirtschafter des Bodens, dem Pächter, einen *einfachen Arbeiter* zu machen und „dem Kolonen den Überschuß des Produktes zu entreißen, den er nicht umhinkann, als den seinen zu betrachten", stellt dem Grundbesitzer gegenüber, statt des Sklaven, des Hörigen, des Tributpflichtigen, des Lohnarbeiters, den industriellen Kapitalisten, der den Boden vermittelst seiner Lohnarbeiter ausbeutet und der nur den Überschuß über die Produktionskosten, mit Einschluß des Kapitalprofits, als Pacht an den Grundbesitzer zahlt. So hat es lange Zeit gedauert, bevor der feudale Pächter durch den industriellen Kapitalisten ersetzt wurde. In Deutschland hat diese Umgestaltung erst im letzten Drittel des 18. Jahrhunderts begonnen. In England allein ist dieses Verhältnis zwischen industriellem Kapitalisten und Grundbesitzer vollständig entwickelt.

Solange es nur den *Kolonen* des Herrn Proudhon gab, gab es keine Rente. Seitdem es Rente gibt, ist nicht der Pächter der Kolone, sondern der Arbeiter der Kolone des Pächters. Die Herabdrückung des Arbeiters, der nur noch die Rolle eines einfachen Taglöhners, eines für den industriellen Kapitalisten arbeitenden Lohnarbeiters, spielt, das Auftreten des industriellen Kapitalisten, der die Landwirtschaft wie jede andere Fabrikation betreibt, die Umwandlung des Grundbesitzers aus einem kleinen Souverän in einen gewöhnlichen Wucherer: das sind die verschiedenen Verhältnisse, welche in der Rente ihren Ausdruck finden.

Die Rente im Sinne Ricardos heißt die Umwandlung der patriarchalischen Bodenwirtschaft in die industrielle, die Anwendung des industriellen Kapitals auf den Boden, die Verpflanzung der Bourgeoisie der Städte auf das Land. Statt *den Menschen an die Natur zu fesseln*, hat die Rente lediglich die Ausbeutung des Bodens an die Konkurrenz gefesselt. Einmal als Rente konstituiert, ist der Grundbesitz selbst *Resultat der Konkurrenz*, da er von da an von dem Marktwert der landwirtschaftlichen Produkte abhängt. Als Rente ist der Grundbesitz mobilisiert und wird ein Handelsartikel. Die Rente ist erst von dem Moment an möglich, wo die Entwicklung der städtischen Industrie und die durch dieselbe geschaffene soziale Organisation den Grundbesitzer zwingen, nur auf den Handelsprofit, auf den Geldertrag seiner landwirtschaftlichen Produkte zu sehen, in seinem Grundbesitz schließlich nichts anderes zu erblicken als eine Maschine zum Geldschlagen. Die Rente hat den Grundbesitzer so vollständig vom Boden, von der Natur losgelöst, daß er nicht einmal nötig hat, seine Ländereien zu kennen, wie wir das in England sehen. Was den Pächter, den industriellen Kapitalisten und den Landarbeiter angeht, so sind sie nicht mehr an den Boden, den sie bewirtschaften, gefesselt, als der Unternehmer und der Arbeiter in der Industrie an die Baumwolle oder Schafwolle, die sie verarbeiten. Sie fühlen sich an nichts anderes gefesselt als an den Preis ihrer Bewirtschaftung, als an den Geldertrag. Daher die Jeremiaden der reaktionären Parteien, die vom Grunde ihrer Seele nach der Rückkehr des Feudalismus, des schönen patriarchalischen Lebens, der einfachen Sitten und großen Tugenden unserer Vorfahren schreien. Die Unterwerfung des Bodens unter die Gesetze, die alle anderen Industrien regieren, ist und wird stets der Gegenstand interessierten Gejammers sein. So kann man sagen, daß die Rente die bewegende Kraft geworden ist, welche das Idyll in die Bewegung der Geschichte hineingeworfen hat.

Ricardo, der die bürgerliche Produktion als notwendig zur Bestimmung der Rente voraussetzt, wendet die Vorstellung der Bodenrente nichtsdestoweniger auf den Grundbesitz aller Zeiten und aller Länder an. Es ist das der Irrtum aller Ökonomen, welche die Verhältnisse der bürgerlichen Produktion als ewige hinstellen.

Von dem providentiellen Zweck der Rente, der für ihn in der Umwandlung des *Kolonen* in einen *verantwortlichen Arbeiter* besteht, geht Herr Proudhon zur Verteilung der Rente nach dem Gleichheitsprinzip über.

Die Rente wird, wie wir gesehen haben, gebildet durch den *gleichen Preis* der Produkte von Ländereien *ungleicher Fruchtbarkeit*, so daß ein Hektoliter Getreide, der 10 Francs gekostet hat, für 20 Francs verkauft wird, wenn die Produktionskosten für schlechteren Boden sich auf 20 Francs belaufen.

Solange das Bedürfnis zwingt, alle auf den Markt gebrachten landwirtschaftlichen Produkte zu kaufen, wird der Marktpreis durch die Kosten der teuersten Produkte bestimmt. Diese aus der Konkurrenz und nicht aus der ungleichen Fruchtbarkeit des Bodens resultierende Ausgleichung des Preises ist es daher, die dem Besitzer des besseren Bodens für jeden Hektoliter, den sein Pächter verkauft, eine Rente von 10 Francs verschafft.

Nehmen wir einmal an, daß der Preis des Getreides durch die zu seiner Herstellung notwendige Arbeitszeit bestimmt wird, so wird sofort der auf dem besseren Boden erzielte Hektoliter Getreide um 10 Francs verkauft werden, während der auf dem schlechteren Boden erzielte 20 Francs kosten wird. Dies angenommen, wird der durchschnittliche Marktpreis 15 Francs sein, während er nach dem Gesetz der Konkurrenz 20 Francs beträgt. Wenn der durchschnittliche Preis 15 Francs wäre, so würde es sich um gar keine Verteilung handeln, weder um eine gleichheitliche noch um eine andere, denn es gäbe keine Rente. Die Existenz der Rente leitet sich nur daher ab, daß der Hektoliter Getreide, der den Produzenten 10 Francs gekostet hat, um 20 Francs verkauft wird. Herr Proudhon unterstellt die Gleichheit des Marktpreises bei ungleichen Produktionskosten, um zur gleichheitlichen Verteilung des Produktes der Ungleichheit zu gelangen.

Wir begreifen, daß Ökonomen, wie Mill, Cherbuliez, Hilditch und andere, die Forderung gestellt haben, daß die Rente dem Staate überwiesen werde behufs Aufhebung der Steuern. Es ist dies der unverhüllte Ausdruck des Hasses, den der industrielle Kapitalist gegen den Grundbesitzer hegt, der ihm ein nutzloses, überflüssiges Ding in dem Getriebe der bürgerlichen Produktion ist.

Aber den Hektoliter Getreide erst mit 20 Francs bezahlen lassen, um hinterher eine allgemeine Verteilung der 10 Francs, welche man zuviel von den Konsumenten erhoben hat, vorzunehmen, das ist ein hinreichender Grund für den *sozialen Genius*, daß er *seinen Zickzackweg melancholisch* verfolgt und sich den Kopf gegen irgendeine *Ecke* einrennt.

Die Rente wird unter den Händen des Herrn Proudhon

> „ein ungeheurer *Kataster*, kontradiktorisch zwischen Pächter und Grundbesitzer hergestellt ... in einem höheren Interesse, und dessen Endresultat die Ausgleichung des Besitzes der Erde zwischen den Ausbeutern des Bodens und den Industriellen sein wird". (II, S. 271.)

Nur innerhalb der Verhältnisse der bestehenden Gesellschaft wird irgendein durch die Rente gebildeter Kataster einen praktischen Wert haben.

Nun haben wir nachgewiesen, daß die von dem Pächter dem Eigentümer gezahlte Pacht nur in den Ländern, wo Handel und Industrie am meisten entwikkelt sind, annähernd genau die Rente ausdrückt. Oft enthält diese Pacht außerdem noch den Zins, der dem Besitzer für das in das Grundstück hineingesteckte Kapital gezahlt wird. Die Lage der Grundstücke, die Nähe von Städten und noch viele andere Umstände wirken auf die Höhe der Rente ein. Schon diese Gründe würden genügen, die Ungenauigkeit eines auf die Rente basierten Katasters darzulegen.

Andererseits kann die Rente nicht als beständiger Maßstab für den Grad der Fruchtbarkeit eines Grundstückes dienen, da die moderne Anwendung der Chemie jeden Augenblick die Natur des Grundstückes ändern kann und da gerade heute die geologischen Kenntnisse die ganze frühere Abschätzung der relativen Fruchtbarkeit umzuwälzen beginnen: Es sind kaum zwanzig Jahre her, daß man in den östlichen Grafschaften Englands weite, bisher unbebaute Gebiete in Anbau genommen hat, weil man den Zusammenhang zwischen dem Humus und der Zusammensetzung des Untergrundes erst neuerdings schätzen gelernt hatte.

So sehen wir, wie die Geschichte, weit entfernt, in der Rente einen fertigen Kataster zu liefern, die bestehenden Kataster beständig verändert, vollständig umwälzt.

Endlich ist die Fruchtbarkeit nicht eine so bloß natürliche Eigenschaft, wie man wohl glauben könnte: sie steht in engem Zusammenhang mit den jeweiligen gesellschaftlichen Verhältnissen. Ein Grundstück kann für den Getreidebau sehr fruchtbar sein, und doch kann der Marktpreis den Bebauer bestimmen, es in künstliche Wiesen umzuwandeln und so unfruchtbarer zu machen.

Herr Proudhon hat seinen Kataster, der nicht einmal soviel wert ist wie der gewöhnliche Kataster, nur deshalb erfunden, um dem *providentiell gleichheitlichen Zweck* der Rente Realität zu verleihen.

„Die Rente“, fährt Herr Proudhon fort, „ist der für ein Kapital, das niemals zugrunde geht, nämlich den Boden, gezahlte Zins. Und wie dieses Kapital keiner Vergrößerung, was die Materie anbelangt, fähig ist, sondern lediglich einer unbegrenzten Verbesserung in der Verwendung, so kommt es, daß, während der Zins oder der Profit vom Darlehen (*mutuum*) infolge des Überflusses an Kapitalien beständig zu fallen strebt, die Rente infolge der Vervollkommnung der Industrie und der von ihr bewirkten Verbesserung der Bodenbewirtschaftung beständig zu steigen strebt ... Dies ist, ihrem Wesen nach, die Rente.“ (Bd. II, S. 265.)

Hier sieht Herr Proudhon in der Rente alle Eigentümlichkeiten des Zinses, ausgenommen daß sie einem Kapital spezieller Art entstammt. Dieses Kapital ist die Erde, ewiges Kapital, „das keiner Vergrößerung, was die Materie anbelangt, fähig ist, sondern lediglich einer unbegrenzten Verbesserung in der Verwendung“. In dem fortschreitenden Verlauf der Zivilisation hat der Zins eine beständige Tendenz zum Fallen, während die Rente beständig zum Steigen strebt. Der Zins fällt wegen des Überschusses an Kapitalien; die Rente steigt mit der Vervollkommnung der Technik, die zur Folge hat eine stets bessere Ausnutzung des Bodens.

Das ist ihrem Wesen nach die Meinung des Herrn Proudhon.

Untersuchen wir zunächst, inwieweit es richtig ist, daß die Rente der Zins eines Kapitals ist.

Für den Grundbesitzer selbst repräsentiert die Rente den Zins des Kapitals, welches ihn das Grundstück gekostet hat oder welches er beim Verkauf desselben bekäme. Aber beim Kauf oder Verkauf des Grundstückes kauft oder verkauft er nur die Rente. Der Preis, den er anlegt, um die Rente zu erwerben, regelt sich nach dem allgemeinen Zinsfuß und hat nichts mit der Natur der Rente als solcher zu tun. Der Zins der in Grundstücken angelegten Kapitalien ist im allgemeinen niedriger als der Zins der im Handel oder der Industrie angelegten Kapitalien. So sinkt für denjenigen, der den Zins, den das Grundstück für den Eigentümer darstellt, nicht von der Rente selbst unterscheidet, der Zins für das im Boden angelegte Kapital noch mehr als der Zins der anderen Kapitalien. Aber es handelt sich nicht um den Kauf- oder Verkaufspreis, um den Marktwert der Rente, um die kapitalisierte Rente, sondern um die Rente selbst.

Die Pacht kann außer der eigentlichen Rente noch den Zins für das in den Boden gesteckte Kapital enthalten. Dann empfängt der Grundbesitzer diesen Teil der Pacht nicht als Grundbesitzer, sondern als Kapitalist; das ist indes nicht die eigentliche Rente, von der wir zu sprechen haben.

Solange der Boden nicht als Produktionsmittel ausgenutzt wird, solange ist er nicht Kapital. Die Bodenkapitalien können ebensogut vermehrt werden wie die anderen Produktionsmittel. Man fügt, um mit Herrn Proudhon zu reden, nichts der Materie hinzu, aber man vermehrt die Grundstücke, die als Produktionsmittel dienen. Man braucht nur in bereits in Produktionsmittel verwandelte Grundstücke weitere Kapitalanlagen hineinzustecken, um das Bodenkapital zu vermehren, ohne etwas an dem Bodenstoff, das heißt der Ausdehnung des

Bodens hinzuzufügen. Der Bodenstoff des Herrn Proudhon ist der Boden in seiner Begrenztheit. Was die Ewigkeit anbetrifft, die er dem Boden beilegt, so haben wir nichts dagegen, daß er diese Eigenschaft als Materie hat. Das Bodenkapital ist ebensowenig ewig wie jedes andere Kapital.

Gold und Silber, die Zins abwerfen, sind ebenso dauerhaft und ewig wie der Boden. Wenn der Preis von Gold und Silber sinkt, während der des Bodens steigt, so kommt das sicherlich nicht von seiner mehr oder weniger ewigen Natur her.

Das Bodenkapital ist ein fixes Kapital, aber das fixe Kapital nutzt sich ebensogut ab wie die zirkulierenden Kapitalien. Die Meliorationen des Bodens bedürfen der Reproduktion und der Erhaltung. Sie dauern nur eine bestimmte Zeit wie alle anderen Verbesserungen, die dazu dienen, den Naturstoff in Produktionsmittel umzuwandeln. Wäre das Bodenkapital ewig, so würden gewisse Gebiete einen ganz anderen Anblick darbieten als es heute der Fall. Die römische Campagna, Sizilien, Palästina würden sich im ganzen Glanze ihrer ehemaligen Üppigkeit zeigen.

Es gibt sogar Fälle, wo das Bodenkapital verschwinden kann, selbst wenn die Bodenverbesserungen bleiben.

Erstens geschieht das stets, wenn die eigentliche Rente durch die Konkurrenz neuer, fruchtbarerer Ländereien verschwindet; ferner verlieren die Verbesserungen, welche in einer gewissen Epoche einen Wert haben, denselben von dem Augenblick an, wo sie infolge der Entwicklung der Agronomie allgemein geworden sind.

Der Repräsentant des Bodenkapitals ist nicht der Grundbesitzer, sondern der Pächter. Der Ertrag, den der Boden als Kapital ergibt, ist der Zins und der Unternehmergewinn und nicht die Rente. Es gibt Ländereien, welche diesen Zins und Gewinn tragen, aber keine Rente abwerfen.

Alles in allem ist der Boden, insoweit er Zins abwirft, Bodenkapital, und als Bodenkapital gibt er keine Rente, macht er nicht den Grundbesitz aus. Die Rente resultiert aus den gesellschaftlichen Verhältnissen, unter denen der Ackerbau vor sich geht. Sie kann nicht Folge sein der mehr oder minder handfesten, mehr oder minder dauerhaften Natur des Bodens. Die Rente entstammt der Gesellschaft und nicht dem Boden.

Nach Herrn Proudhon ist die „Verbesserung der Bewirtschaftung des Bodens“ – die Folge „der Vervollkommnung der Technik“ – die Ursache des beständigen Steigens der Rente. Diese Verbesserung macht sie im Gegenteil zeitweise fallen.

Worin besteht im allgemeinen jede Verbesserung, sei es im Ackerbau, sei es in der Industrie? Darin, mit derselben Arbeit mehr, mit weniger Arbeit ebensoviel oder sogar mehr zu produzieren. Dank diesen Verbesserungen braucht der Pächter nicht eine größere Menge von Arbeit für ein verhältnismäßig geringes Produkt aufzuwenden. Er braucht nicht zu schlechterem Boden seine Zuflucht zu nehmen, und die in denselben Acker nach und nach hineingesteckten Kapitalbeträge bleiben gleich produktiv. Somit sind diese Verbesserungen, weit entfernt; die Rente, wie Herr Proudhon sagt, beständig steigen zu machen, im Gegenteil ebenso viele zeitweilige Hindernisse ihres Steigens.

Die englischen Grundbesitzer des 17. Jahrhunderts merkten das so gut, daß sie sich gegen den Fortschritt der Agrikultur sträubten, aus Furcht, ihr Einkommen verringert zu sehen. (*Siehe* Petty, englischer Ökonom aus der Zeit Karls II.)

§ 5. Strikes und Arbeiterkoalitionen

„Jedes Steigen der Löhne kann keine andere Wirkung haben als ein Steigen der Preise des Getreides, des Weines etc.: die Wirkung einer Teuerung. Denn was ist der Lohn? Er ist der Kostenpreis des Getreides etc.; er ist der volle Preis jeder Sache. Gehen wir noch weiter. Der Lohn ist die Proportionalität der Elemente, die den Reichtum bilden und die täglich von der Masse der Arbeiter reproduktiv verzehrt werden. Nun, den Lohn verdoppeln ... heißt also, jedem Produzenten einen größern Anteil als sein Produkt zukommen lassen, was ein Widerspruch ist; und wenn die Steigerung nur auf eine kleine Zahl von Industrien sich erstreckt, so heißt es, eine allgemeine Störung im Austausch, mit einem Wort, eine *Teuerung* hervorrufen ... Es ist unmöglich, erkläre ich, daß Arbeitseinstellungen, die Lohnerhöhung zur Folge haben, nicht auf eine allgemeine Preissteigerung hinauslaufen: Das ist ebenso sicher, wie daß zwei mal zwei vier ist." (Proudhon, Bd. I, S. 110 u. 111.)

Wir bestreiten alle diese Behauptungen, ausgenommen die, daß zweimal zwei vier ist.

Erstens gibt es keine *allgemeine Verteuerung*. Wenn der Preis aller Dinge gleichzeitig mit dem Lohne um das Doppelte steigt, so ist das keine Veränderung in den Preisen, sondern eine Veränderung in den Ausdrücken.

Ferner kann eine allgemeine Steigerung der Löhne niemals eine mehr oder minder allgemeine Verteuerung der Waren herbeiführen. In der Tat, wenn alle Industrien die gleiche Anzahl Arbeiter im Verhältnis zum fixen Kapital (zu den Werkzeugen, die sie verwenden) beschäftigten, so würde eine allgemeine Steigerung der Löhne ein allgemeines Sinken der Profite bewirken und der Marktpreis der Waren keine Veränderung erleiden.

Da indes das Verhältnis der Handarbeit zum fixen Kapital in den verschiedenen Industrien ungleich ist, werden alle Industriezweige, welche ein verhältnismäßig größeres fixes Kapital und weniger Arbeiter verwenden, früher oder später gezwungen sein, den Preis ihrer Waren herabzusetzen. Im entgegengesetzten Fall, wenn der Preis ihrer Ware nicht fällt, wird sich ihr Profit über den durchschnittlichen Profitsatz erheben. Die Maschinen sind keine Lohnempfänger. Das allgemeine Steigen der Löhne wird somit die Industrien weniger treffen, welche im Verhältnis zu den anderen mehr Maschinen als Arbeiter verwenden. Da indes die Konkurrenz stets die Tendenz hat, die Profite auszugleichen, können Profite, die sich über den Durchschnittssatz erheben, nur vorübergehend sein. So wird, von einigen Schwankungen abgesehen, ein allgemeines Steigen der Löhne, anstatt nach Herrn Proudhon einer allgemeinen Verteuerung, vielmehr ein teilweises Sinken der Preise zur Folge haben, das heißt ein Sinken des Marktpreises der Waren, die vorzugsweise mit Hilfe von Maschinen hergestellt werden.

Das Steigen und Fallen des Profits und der Löhne drücken nur das Verhältnis aus, in welchem Kapitalisten und Arbeiter an dem Produkt eines Arbeitstages teilnehmen, ohne in den meisten Fällen den Preis des Produkts zu beeinflussen. Daß aber „Arbeitseinstellungen, die Lohnerhöhung zur Folge haben, auf eine allgemeine Preissteigerung, sogar auf eine Teuerung, hinauslaufen“ – sind Ideen, die nur dem Hirn eines unverstandenen Poeten entspringen können.

In England sind die Strikes regelmäßig Veranlassung zur Erfindung und Anwendung neuer Maschinen gewesen. Die Maschinen waren, man darf es behaupten, die Waffe, welche die Kapitalisten anwendeten, um die Revolte der Geschick erfordernden Arbeit niederzuschlagen. Die *self-acting mule*, die größte Erfindung der modernen Industrie, schlug die rebellischen Spinner aus dem Felde. Hätten Gewerkschaften und Strikes keine andere Wirkung als die, mechanische Erfindungen gegen sich wachzurufen, schon dadurch hätten sie einen ungeheuren Einfluß auf die Entwicklung der Industrie ausgeübt.

> „Ich finde“, fährt Herr Proudhon fort, „in einem von Herrn Léon Faucher ... im September 1845 veröffentlichten Artikel daß die englischen Arbeiter seit einiger Zeit sich weniger mit *Koalitionen* abgeben – sicherlich ein Fortschritt, zu dem man ihnen nur Glück wünschen kann –, daß jedoch diese Besserung in der Moral der Arbeiter vorzugsweise ihrer wirtschaftlichen Bildung entstammt. Nicht von den Fabrikanten, rief auf einem Meeting in Bolton ein Spinnereiarbeiter aus, hängen die Löhne ab; in den Zeiten schlechten Geschäftsganges sind die Meister sozusagen nur die Peitsche, deren sich die Notwendigkeit bedient, und ob sie es wollen oder nicht, sie müssen zuschlagen. Das regulierende Prinzip ist das Verhältnis von Angebot und Nachfrage, und die Meister besitzen nicht die Macht ... ‚A la bonne heure‘ “, ruft Herr Proudhon aus, „das sind einmal wohlerzogene Arbeiter, Musterarbeiter etc. etc. etc.“ „Dieses Elend fehlte England noch: Es wird den Kanal nicht überschreiten.“ (Proudhon, Bd. I, S. 261 u.262.)

Von allen Städten Englands ist Bolton diejenige, wo der Radikalismus am meisten entwickelt ist. Die Arbeiter von Bolton sind bekannt als so revolutionär, wie es nur irgend möglich. Während der großen Agitation gegen die Kornzölle glaubten die englischen Fabrikanten, den Grundbesitzern nur dadurch die Spitze bieten zu können, daß sie die Arbeiter ins Feld führten. Aber die Interessen der Arbeiter waren denen der Fabrikanten nicht minder entgegengesetzt als die Interessen der Fabrikanten denen der Grundbesitzer, und so mußten natürlich die Fabrikanten in den Arbeitermeetings stets unterliegen. Was taten sie daher?

Um den Schein zu retten, organisierten sie Meetings, bestehend zum großen Teil aus Werkführern, aus der kleinen Anzahl der ihnen ergebenen Arbeiter und aus den eigentlichen *Freunden des Handels* selbst. Wenn dann die wirklichen Arbeiter daran teilzunehmen versuchten, wie in Bolton und Manchester, um gegen diese künstlichen Demonstrationen zu protestieren, verbot man ihnen den Eintritt mit der Erklärung, es sei ein *ticket-meeting.* Man versteht darunter Versammlungen, wo nur Personen zugelassen werden, die mit Einlaßkarten versehen sind. Nichtsdestoweniger hatten die Maueranschläge öffentliche Meetings angekündigt. Jedesmal, wenn ein solches Meeting stattgefunden, brachten die Fabrikantenblätter einen pomphaften, detaillierten Bericht über die auf demselben gehaltenen Reden. Selbstverständlich waren es die Werkführer, die diese Reden verübt. Die Londoner Zeitungen reproduzierten sie wörtlich. Herrn Proudhon passiert das Malheur, die Werkführer für gewöhnliche Arbeiter zu halten, und er verbietet ihnen ausdrücklich, den Kanal zu überschreiten.

Wenn in den Jahren 1844 und 1845 die Strikes weniger die Blicke auf sich lenkten als früher, so kommt das daher, daß dies die ersten Prosperitätsjahre für die englische Industrie seit 1837 waren. Nichtsdestoweniger hat sich keine einzige der *Gewerkschaften* aufgelöst.

Hören wir nunmehr die Werkführer von Bolton. Nach ihnen sind die Fabrikanten nicht Herren des Lohnes, weil sie nicht Herren des Preises der Produkte sind, und sie sind nicht Herren des Preises der Produkte, weil sie nicht Herren des Weltmarktes sind. Aus diesem Grunde, geben sie zu verstehen, soll man keine Koalitionen machen, die den Zweck haben, den Meistern* eine Lohnerhöhung abzuzwingen. Herr Proudhon hingegen verbietet ihnen die Koalitionen aus Furcht, daß eine Koalition ein Steigen der Löhne zur Folge habe, das eine allgemeine Teuerung mit sich bringen würde. Wir brauchen nicht hervorzuheben, daß in einem Punkte die Werkführer und Herr Proudhon ein Herz und eine Seele sind: darin, daß ein Steigen der Löhne dem Steigen der Produkte gleichkommt,

Aber ist die Furcht vor einer Teuerung die wirkliche Ursache des Hasses des Herrn Proudhon? Nein. Er ist auf die Werkführer von Bolton bloß deshalb ungehalten, weil sie den Wert durch *Angebot und Nachfrage* bestimmen und sich nicht um den *konstituierten Wert* kümmern, um den zu seiner Konstituierung gelangten Wert, um die Konstituierung des Wertes, die in sich begreift die *beständige Austauschbarkeit* und alle anderen *Proportionalitäten der Verhältnisse* und *Verhältnisse der Proportionalitäten*, mit der Vorsehung obendrein in den Kauf.

> „Der Strike der Arbeiter ist i l l e g a l, und es ist nicht nur das Strafgesetzbuch, welches das verkündet, sondern auch das ökonomische System, die Notwendigkeit der bestehenden Ordnung ... Daß jeder einzelne Arbeiter freie Verfü-

* Im Sinne von „Fabrikherren"

gung über seine Person und seinen Arm hat, kann geduldet werden; aber daß die Arbeiter mittelst Koalitionen dem Monopol Gewalt anzutun sich erfrechen, kann die Gesellschaft nicht zugeben." (Bd. I, S. 334 u. 335.)

Herr Proudhon will uns einen Artikel des Strafgesetzbuches als ein allgemeines und notwendiges Resultat der Verhältnisse der bürgerlichen Produktion auftischen.

In England sind die Koalitionen durch eine Parlamentsakte autorisiert, und es war das ökonomische System, welches das Parlament gezwungen hat, diese Autorisierung von Gesetzes wegen zu verkünden. Als im Jahre 1825 das Parlament unter dem Minister Huskisson die Gesetzgebung abändern mußte, um sie mehr und mehr mit einem aus der freien Konkurrenz hervorgegangenen Zustand der Dinge in Einklang zu setzen, mußte es notwendig alle Gesetze abschaffen, welche die Koalitionen der Arbeiter verboten. Je mehr die moderne Industrie und die Konkurrenz sich entwickeln, desto mehr Elemente treten auf, welche die Koalitionen hervorrufen und fördern; sobald die Koalitionen eine ökonomische Tatsache geworden sind, von Tag zu Tag an Bestand gewinnend, kann es nicht lange dauern, bis sie auch eine gesetzliche Tatsache werden.

Somit beweist der Artikel des Code pénal höchstens, daß die moderne Industrie und die Konkurrenz unter der Konstituante und dem Kaiserreich noch nicht genügend entwickelt waren.

Die Ökonomen und die Sozialisten[6] sind über einen einzigen Punkt einig: die *Koalitionen* zu verurteilen. Nur motivieren sie ihre Verurteilung verschieden.

Die Ökonomen sagen zu den Arbeitern: Koaliert euch nicht. Indem ihr euch koaliert, hemmt ihr den regelmäßigen Gang der Industrie, verhindert ihr die Fabrikanten, den Bestellungen nachzukommen, stört ihr den Handel und beschleunigt das Eindringen der Maschinen, die eure Arbeit zum Teil überflüssig machen und dadurch euch zwingen, einen noch niedrigeren Lohn zu akzeptieren. Übrigens ist euer Tun umsonst; euer Lohn wird stets durch das Verhältnis der gesuchten Hände zu den angebotenen Händen bestimmt werden. Und es ist ein ebenso lächerliches wie gefährliches Beginnen, euch gegen die ewigen Gesetze der politischen Ökonomie aufzulehnen.

Die Sozialisten sagen zu den Arbeitern: Koaliert euch nicht, denn was werdet ihr schließlich dabei gewinnen? Eine Lohnsteigerung? Die Ökonomen werden euch bis zur Evidenz beweisen, daß auf den Gewinn von wenigen Pfennigen, den ihr günstigenfalls dabei für eine kurze Zeit erzielen könnt, ein dauernder Rückschlag folgen wird. Geschickte Rechner werden euch beweisen, daß ihr Jahre braucht, um mittelst der Lohnerhöhung nur die Kosten herauszuschlagen, die ihr zur Organisation und Erhaltung der Koalitionen ausgeben mußtet. Wir, in unserer Eigenschaft als Sozialisten, sagen euch, daß, abgesehen von dieser Geldfrage, ihr darum nicht minder die Arbeiter sein werdet, wie die Meister stets

---

[6] Das heißt: die damaligen, die Fourieristen in Frankreich, die Owenisten in England. *F. E.*

die Meister bleiben, nach wie vor. Darum keine Koalitionen, keine Politik; denn sich koalieren, heißt das nicht Politik treiben?

Die Ökonomen wollen, daß die Arbeiter in der Gesellschaft bleiben, wie dieselbe sich gestaltet hat und wie sie sie in ihren Handbüchern gezeichnet und besiegelt haben. Die Sozialisten wollen, daß sie die alte Gesellschaft beiseite lassen, um desto besser in die neue Gesellschaft eintreten zu können, die sie ihnen mit so vieler Vorsorge ausgearbeitet haben.

Trotz beider, trotz Handbücher und Utopien, haben die Arbeiterkoalitionen keinen Augenblick aufgehört, mit der Entwicklung und der Zunahme der modernen Industrie sich zu entwickeln und zu wachsen. Das ist heute so sehr der Fall, daß der Entwicklungsgrad der Koalitionen in einem Lande genau den Rang bezeichnet, den dasselbe in der Hierarchie des Weltmarktes einnimmt. England, wo die Industrie am höchsten entwickelt ist, besitzt die umfangreichsten und bestorganisierten Koalitionen.

In England hat man sich nicht auf partielle Koalitionen beschränkt, die keinen anderen Zweck hatten als einen augenblicklichen Strike und mit demselben wieder verschwanden. Man hat dauernde Koalitionen geschaffen, *trades unions*, die den Arbeitern in ihren Kämpfen mit den Unternehmern als Schutzwehr dienen. Und gegenwärtig finden alle diese lokalen *trades unions* einen Sammelpunkt in der *National Association of United Trades*, deren Zentralkomitee in London sitzt und die bereits 80.000 Mitglieder zählt. Diese Strikes, Koalitionen und *trades unions* traten ins Leben gleichzeitig mit den politischen Kämpfen der Arbeiter, die gegenwärtig unter dem Namen der *Chartisten* eine große politische Partei bilden.

Die ersten Versuche der Arbeiter, *sich* untereinander *zu assoziieren*, nehmen stets die Form von Koalitionen an.

Die Großindustrie bringt eine Menge einander unbekannter Leute an einem Ort zusammen. Die Konkurrenz spaltet sie in ihren Interessen; aber die Aufrechterhaltung des Lohnes, dieses gemeinsame Interesse gegenüber ihrem Meister, vereinigt sie in einem gemeinsamen Gedanken des Widerstandes – *Koalition.* So hat die Koalition stets einen doppelten Zweck, den, die Konkurrenz der Arbeiter unter sich aufzuheben, um dem Kapitalisten eine allgemeine Konkurrenz machen zu können. Wenn der erste Zweck des Widerstandes nur die Aufrechterhaltung der Löhne war, so formieren sich die anfangs isolierten Koalitionen in dem Maß, wie die Kapitalisten ihrerseits sich behufs der Repression vereinigen zu Gruppen, und gegenüber dem stets vereinigten Kapital wird die Aufrechterhaltung der Assoziationen notwendiger für sie als die des Lohnes. Das ist so wahr, daß die englischen Ökonomen ganz erstaunt sind zu sehen, wie die Arbeiter einen großen Teil ihres Lohnes zugunsten von Assoziationen opfern, die in den Augen der Ökonomen nur zugunsten des Lohnes errichtet wurden. In diesem Kampfe – ein veritabler Bürgerkrieg – vereinigen und entwickeln sich alle Elemente für eine kommende Schlacht. Einmal auf diesem Punkte angelangt, nimmt die Koalition einen politischen Charakter an.

Die ökonomischen Verhältnisse haben zuerst die Masse der Bevölkerung in Arbeiter verwandelt. Die Herrschaft des Kapitals hat für diese Masse eine gemeinsame Situation, gemeinsame Interessen geschaffen. So ist diese Masse bereits eine Klasse gegenüber dem Kapital, aber noch nicht für sich selbst. In dem Kampf, den wir nur in einigen Phasen gekennzeichnet haben, findet sich diese Masse zusammen, konstituiert sie sich als Klasse für sich selbst. Die Interessen, welche sie verteidigt, werden Klasseninteressen. Aber der Kampf von Klasse gegen Klasse ist ein politischer Kampf.

Mit Bezug auf die Bourgeoisie haben wir zwei Phasen zu unterscheiden: die, während derer sie sich unter der Herrschaft des Feudalismus und der absoluten Monarchie als Klasse konstituierte, und die, wo sie, bereits als Klasse konstituiert, die Feudalherrschaft und die Monarchie umstürzte, um die Gesellschaft zu einer Bourgeoisgesellschaft zu gestalten. Die erste dieser Phasen war die längere und erforderte die größeren Anstrengungen. Auch das Bürgertum hatte mit partiellen Koalitionen gegen die Feudalherrn begonnen.

Man hat viele Untersuchungen angestellt, um den verschiedenen historischen Phasen nachzuspüren, welche die Bourgeoisie von der Stadtgemeinde an bis zu ihrer Konstituierung als Klasse durchlaufen hat.

Aber wenn es sich darum handelt, sich genau Rechenschaft abzulegen über die Strikes, Koalitionen und die anderen Formen, unter welchen die Proletarier vor unseren Augen ihre Organisation als Klasse vollziehen, so werden die einen von einer wirklichen Furcht befallen, während die anderen eine *transzendentale* Geringschätzung an den Tag legen. Eine unterdrückte Klasse ist die Lebensbedingung jeder auf den Klassengegensatz begründeten Gesellschaft. Die Befreiung der unterdrückten Klasse schließt also notwendigerweise die Schaffung einer neuen Gesellschaft ein. Soll die unterdrückte Klasse sich befreien können, so muß eine Stufe erreicht sein, auf der die bereits erworbenen Produktivkräfte und die geltenden gesellschaftlichen Einrichtungen nicht mehr nebeneinander bestehen können. Von allen Produktionsinstrumenten ist die größte Produktivkraft die revolutionäre Klasse selbst. Die Organisation der revolutionären Elemente als Klasse setzt die fertige Existenz aller Produktivkräfte voraus, die sich überhaupt im Schoß der alten Gesellschaft entfalten konnten.

Heißt dies, daß es nach dem Sturz der alten Gesellschaft eine neue Klassenherrschaft geben wird, die in einer neuen politischen Gewalt gipfelt? Nein.

Die Bedingung der Befreiung der arbeitenden Klasse ist die Abschaffung jeder Klasse, wie die Bedingung der Befreiung des dritten Standes, der bürgerlichen Ordnung, die Abschaffung aller Stände[7] war.

---

[7] Stände hier im historischen Sinn der Stände des Feudalstaats, Stände mit bestimmten und begrenzten Vorrechten. Die Revolution der Bourgeoisie schaffte die Stände samt ihren Vorrechten ab. Die bürgerliche Gesellschaft kennt nur noch Klassen. Es war daher durchaus im

Die arbeitende Klasse wird im Laufe der Entwicklung an die Stelle der alten bürgerlichen Gesellschaft eine Assoziation setzen, welche die Klassen und ihren Gegensatz ausschließt, und es wird keine eigentliche politische Gewalt mehr geben, weil gerade die politische Gewalt der offizielle Ausdruck des Klassengegensatzes innerhalb der bürgerlichen Gesellschaft ist.

Inzwischen ist der Gegensatz zwischen Proletariat und Bourgeoisie ein Kampf von Klasse gegen Klasse, ein Kampf, der, auf seinen höchsten Ausdruck gebracht, eine totale Revolution bedeutet. Braucht man sich übrigens zu wundern, daß eine auf den Klassen*gegensatz* begründete Gesellschaft auf den brutalen *Widerspruch* hinausläuft, auf den Zusammenstoß Mann gegen Mann als letzte Lösung?

Man sage nicht, daß die gesellschaftliche Bewegung die politische ausschließt. Es gibt keine politische Bewegung, die nicht gleichzeitig auch eine gesellschaftliche wäre.

Nur bei einer Ordnung der Dinge, wo es keine Klassen und keinen Klassengegensatz gibt, werden die *gesellschaftlichen Evolutionen* aufhören, politische Revolutionen zu sein. Bis dahin wird am Vorabend jeder allgemeinen Neugestaltung der Gesellschaft das letzte Wort der sozialen Wissenschaft stets lauten:

> „Kampf oder Tod; blutiger Krieg oder das Nichts. So ist die Frage unerbittlich gestellt." (George Sand)

Widerspruch mit der Geschichte, wenn das Proletariat als „vierter Stand" bezeichnet worden ist. *F. E.*

MANIFEST DER KOMMUNISTISCHEN PARTEI

Vorwort zur deutschen Ausgabe von 1872

Der Bund der Kommunisten, eine internationale Arbeiterverbindung, die unter den damaligen Verhältnissen selbstredend nur eine geheime sein konnte, beauftragte auf dem in London im November 1847 abgehaltenen Kongresse die Unterzeichneten mit der Abfassung eines für die Öffentlichkeit bestimmten, ausführlichen theoretischen und praktischen Parteiprogramms. So entstand das nachfolgende „Manifest", dessen Manuskript wenige Wochen vor der Februarrevolution nach London zum Druck wanderte. Zuerst deutsch veröffentlicht, ist es in dieser Sprache in Deutschland, England und Amerika in mindestens zwölf verschiedenen Ausgaben abgedruckt worden. Englisch erschien es zuerst 1850 in London im „Red Republican", übersetzt von Miß Helen Macfarlane, und 1871 in wenigstens drei verschiedenen Übersetzungen in Amerika. Französisch zuerst in Paris kurz vor der Juni-Insurrektion 1848, neuerdings in „Le Socialiste" von New York. Eine neue Übersetzung wird vorbereitet. Polnisch in London kurz nach seiner ersten deutschen Herausgabe. Russisch in Genf in den sechziger Jahren. Ins Dänische wurde es ebenfalls bald nach seinem Erscheinen übersetzt.

Wie sehr sich auch die Verhältnisse in den letzten fünfundzwanzig Jahren geändert haben, die in diesem „Manifest" entwickelten allgemeinen Grundsätze behalten im ganzen und großen auch heute noch ihre volle Richtigkeit. Einzelnes wäre hier und da zu bessern. Die praktische Anwendung dieser Grundsätze, erklärt das „Manifest" selbst, wird überall und jederzeit von den geschichtlich vorliegenden Umständen abhängen, und wird deshalb durchaus kein besonderes Gewicht auf die am Ende von Abschnitt II vorgeschlagenen revolutionären Maßregeln gelegt. Dieser Passus würde heute in vieler Beziehung anders lauten. Gegenüber der immensen Fortentwicklung der großen Industrie in den letzten fünfundzwanzig Jahren und der mit ihr fortschreitenden Parteiorganisation der Arbeiterklasse, gegenüber den praktischen Erfahrungen, zuerst der Februarrevolution und noch weit mehr der Pariser Kommune, wo das Proletariat zum erstenmal zwei Monate lang die politische Gewalt innehatte, ist heute dies Programm stellenweise veraltet. Namentlich hat die Kommune den Beweis geliefert, daß „die Arbeiterklasse nicht die fertige Staatsmaschine einfach in Besitz nehmen und sie für ihre eigenen Zwecke in Bewegung setzen kann". (Siehe „Der Bürgerkrieg in Frankreich. Adresse des Generalraths der Internationalen Arbeiter-Association", deutsche Ausgabe, S. 19, wo dies weiter entwickelt ist.) Ferner ist selbstredend, daß die Kritik der sozialistischen Literatur für heute lückenhaft ist, weil sie nur bis 1847 reicht; ebenso daß die Bemerkungen über die Stellung der Kommunisten zu den verschiedenen Oppositionsparteien (Abschnitt IV), wenn in den Grundzügen auch heute noch richtig, doch in ihrer Ausführung heute schon deswegen veraltet sind, weil die politische Lage sich total umgestaltet und die geschichtliche Entwicklung die meisten der dort aufgezählten Parteien aus der Welt geschafft hat.

Indes, das „Manifest“ ist ein geschichtliches Dokument, an dem zu ändern wir uns nicht mehr das Recht zuschreiben. Eine spätere Ausgabe erscheint vielleicht begleitet von einer den Abstand von 1847 bis jetzt überbrückenden Einleitung; der vorliegende Abdruck kam uns zu unerwartet, um uns Zeit dafür zu lassen.

London, 24. Juni 1872 *Karl Marx*
Friedrich Engels

Vorrede zur russische Ausgabe von 1882

Die erste russische Ausgabe des „Manifests der Kommunistischen Partei“ übersetzt von Bakunin, erschien anfangs der sechziger Jahre in der Druckerei des „Kolokol“. Der Westen konnte damals in ihr (der *russischen* Ausgabe des „Manifests“) nur ein literarisches Kuriosum sehn. Solche Auffassung wäre heute unmöglich.

Welch beschränktes Gebiet damals (Dezember 1847) die proletarische Bewegung noch einnahm, zeigt am klarsten das Schlußkapitel des „Manifests“: Stellung der Kommunisten zu den verschiedenen Oppositionsparteien in den verschiedenen Ländern. Hier fehlen nämlich grad – Rußland und die Vereinigten Staaten. Es war die Zeit, wo Rußland die letzte große Reserve der europäischen Gesamtreaktion bildete; wo die Vereinigten Staaten die proletarische Überkraft Europas durch Einwanderung absorbierten. Beide Länder versorgten Europa mit Rohprodukten und waren zugleich Absatzmärkte seiner Industrieerzeugnisse. Beide Länder waren damals also, in dieser oder jener Weise, Säulen der bestehenden europäischen Ordnung.

Wie ganz anders heute! Grade die europäische Einwanderung befähigte Nordamerika zu einer riesigen Ackerbauproduktion, deren Konkurrenz das europäische Grundeigentum – großes wie kleines – in seinen Grundfesten erschüttert. Sie erlaubte zudem den Vereinigten Staaten, ihre ungeheuren industriellen Hülfsquellen mit einer Energie und auf einer Stufenleiter auszubeuten, die das bisherige industrielle Monopol Westeuropas und namentlich Englands binnen kurzem brechen muß. Beide Umstände wirken revolutionär auf Amerika selbst zurück. Das kleinere und mittlere Grundeigentum der Farmers, die Basis der ganzen politischen Verfassung, erliegt nach und nach der Konkurrenz der Riesenfarms; in den Industriebezirken entwickelt sich gleichzeitig zum ersten Mal ein massenhaftes Proletariat und eine fabelhafte Konzentration der Kapitalien.

Und nun Rußland! Während der Revolution von 1848/49 fanden nicht nur die europäischen Fürsten, auch die europäischen Bourgeois in der russischen Einmischung die einzige Rettung vor dem eben erst erwachenden Proletariat. Der Zar wurde als Chef der europäischen Reaktion proklamiert. Heute ist er Kriegsgefangner der Revolution in Gatschina, und Rußland bildet die Vorhut der revolutionären Aktion in Europa.

Das „Kommunistische Manifest“ hatte zur Aufgabe, die unvermeidlich bevorstehende Auflösung des modernen bürgerlichen Eigentums zu proklamieren. In Rußland aber finden wir, gegenüber rasch aufblühendem kapitalistischen Schwindel und sich eben erst entwickelndem bürgerlichen Grundeigentum, die größere Hälfte des Bodens im Gemeinbesitz der Bauern. Es fragt sich nun: Kann die russische Obschtschina, eine wenn auch stark untergrabene Form des uralten Gemeinbesitzes am Boden, unmittelbar in die höhere des kommunistischen Gemeinbesitzes übergehn? Oder muß sie umgekehrt vorher denselben

Auflösungsprozeß durchlaufen, der die geschichtliche Entwicklung des Westens ausmacht?

Die einzige Antwort hierauf, die heutzutage möglich, ist die: Wird die russische Revolution das Signal einer proletarischen Revolution im Westen, so daß beide einander ergänzen, so kann das jetzige russische Gemeineigentum am Boden zum Ausgangspunkt einer kommunistischen Entwicklung dienen.

London, 21. Januar 1882 *Karl Marx*

Friedrich Engels

Vorwort zur deutschen Ausgabe von 1883

Das Vorwort zur gegenwärtigen Ausgabe muß ich leider allein unterschreiben. Marx, der Mann, dem die gesamte Arbeiterklasse Europas und Amerikas mehr verdankt als irgendeinem andern – Marx ruht auf dem Friedhof zu Highgate, und über sein Grab wächst bereits das erste Gras. Seit seinem Tode kann von einer Umarbeitung oder Ergänzung des „Manifestes" erst recht keine Rede mehr sein. Für um so nötiger halte ich es, hier nochmals das Folgende ausdrücklich festzustellen.

Der durchgehende Grundgedanke des „Manifestes": daß die ökonomische Produktion und die aus ihr mit Notwendigkeit folgende gesellschaftliche Gliederung einer jeden Geschichtsepoche die Grundlage bildet für die politische und intellektuelle Geschichte dieser Epoche; daß demgemäß (seit Auflösung des uralten Gemeinbesitzes an Grund und Boden) die ganze Geschichte eine Geschichte von Klassenkämpfen gewesen ist, Kämpfen zwischen ausgebeuteten und ausbeutenden, beherrschten und herrschenden Klassen auf verschiedenen Stufen der gesellschaftlichen Entwicklung; daß dieser Kampf aber jetzt eine Stufe erreicht hat, wo die ausgebeutete und unterdrückte Klasse (das Proletariat) sich nicht mehr von der sie ausbeutenden und unterdrückenden Klasse (der Bourgeoisie) befreien kann, ohne zugleich die ganze Gesellschaft für immer von Ausbeutung, Unterdrückung und Klassenkämpfen zu befreien – dieser Grundgedanke gehört einzig und ausschließlich Marx an.

Ich habe das schon oft ausgesprochen; es ist aber gerade jetzt nötig, daß es auch vor dem „Manifest" selbst steht.

London, 28. Juni 1883 *Friedrich Engels*

Vorrede zur englischen Ausgabe von 1888

Das „Manifest“ wurde als Plattform des Bundes der Kommunisten veröffentlicht, einer anfangs ausschließlich deutschen, später internationalen Arbeiterassoziation, die unter den politischen Verhältnissen des europäischen Kontinents vor 1848 unvermeidlich eine Geheimorganisation war. Auf dem Kongreß des Bundes, der im November 1847 in London stattfand, wurden Marx und Engels beauftragt, die Veröffentlichung eines vollständigen theoretischen und praktischen Parteiprogramms in die Wege zu leiten. In deutscher Sprache abgefaßt, wurde das Manuskript im Januar 1848, wenige Wochen vor der französischen Revolution vom 24. Februar, nach London zum Druck geschickt. Eine französische Übersetzung wurde kurz vor der Juni-Insurrektion von 1848 in Paris herausgebracht. Die erste englische Übersetzung, von Miss Helen Macfarlane besorgt, erschien 1850 in George Julian Harneys „Red Republican“ in London. Auch eine dänische und eine polnische Ausgabe wurden veröffentlicht.

Die Niederschlagung der Pariser Juni-Insurrektion von 1848 – dieser ersten großen Schlacht zwischen Proletariat und Bourgeoisie – drängte die sozialen und politischen Bestrebungen der Arbeiterklasse Europas zeitweilig wieder in den Hintergrund. Seitdem spielte sich der Kampf um die Vormachtstellung wieder, wie in der Zeit vor der Februarrevolution, allein zwischen verschiedenen Gruppen der besitzenden Klasse ab; die Arbeiterklasse wurde beschränkt auf einen Kampf um politische Ellbogenfreiheit und auf die Position eines äußersten linken Flügels der radikalen Bourgeoisie. Wo selbständige proletarische Bewegungen fortfuhren, Lebenszeichen von sich zu geben, wurden sie erbarmungslos niedergeschlagen. So spürte die preußische Polizei die Zentralbehörde des Bundes der Kommunisten auf, die damals ihren Sitz in Köln hatte. Die Mitglieder wurden verhaftet und nach achtzehnmonatiger Haft im Oktober 1852 vor Gericht gestellt. Dieser berühmte „Kölner Kommunistenprozeß“ dauerte vom 4. Oktober bis 12. November; sieben von den Gefangenen wurdet zu Festungshaft für die Dauer von drei bis sechs Jahren verurteilt. Sofort nach dem Urteilsspruch wurde der Bund durch die noch verbliebenen Mitglieder formell aufgelöst. Was das „Manifest“ anbelangt, so schien es von da an verdammt zu sein, der Vergessenheit anheimzufallen.

Als die europäische Arbeiterklasse wieder genügend Kraft zu einem neuen Angriff auf die herrschende Klasse gesammelt hatte, entstand die Internationale Arbeiterassoziation. Aber diese Assoziation, die ausdrücklich zu dem Zwecke gegründet wurde, das gesamte kampfgewillte Proletariat Europas und Amerikas zu einer einzigen Körperschaft zusammenzuschweißen, konnte die im „Manifest“ niedergelegten Grundsätze nicht sofort proklamieren. Die Internationale mußte ein Programm haben, breit genug, um für die englischen Trade-Unions, für die französischen, belgischen, italienischen und spanischen Anhänger

Proudhons und für die Lassalleaner[1] in Deutschland annehmbar zu sein. Marx, der dieses Programm zur Zufriedenheit aller Parteien abfaßte, hatte volles Vertrauen zur intellektuellen Entwicklung der Arbeiterklasse, einer Entwicklung, wie sie aus der vereinigten Aktion und der gemeinschaftlichen Diskussion notwendig hervorgehn mußte. Die Ereignisse und Wechselfälle im Kampf gegen das Kapital, die Niederlagen noch mehr als die Siege, konnten nicht verfehlen, den Menschen die Unzulänglichkeit ihrer diversen Lieblings-Quacksalbereien zum Bewußtsein zu bringen und den Weg zu vollkommener Einsicht in die wirklichen Voraussetzungen der Emanzipation der Arbeiterklasse zu bahnen. Und Marx hatte recht. Als im Jahre 1874 die Internationale zerfiel, ließ sie die Arbeiter schon in einem ganz anderen Zustand zurück, als sie sie bei ihrer Gründung im Jahre 1864 vorgefunden hatte. Der Proudhonismus in Frankreich, der Lassalleanismus in Deutschland waren am Absterben, und auch die konservativen englischen Trade-Unions näherten sich, obgleich sie in ihrer Mehrheit die Verbindung mit der Internationale schon längst gelöst hatten, allmählich dem Punkt, wo ihr Präsident im vergangenen Jahre in Swansea in ihrem Namen erklären konnte: „Der kontinentale Sozialismus hat seine Schrecken für uns verloren." In der Tat: Die Grundsätze des „Manifestes" hatten unter den Arbeitern aller Länder erhebliche Fortschritte gemacht.

Auf diese Weise trat das „Manifest" selbst wieder in den Vordergrund. Der deutsche Text war seit 1850 in der Schweiz, in England und in Amerika mehrmals neu gedruckt worden. Im Jahre 1872 wurde es ins Englische übersetzt, und zwar in New York, wo die Übersetzung in „Woodhull & Claflin's Weekly" veröffentlicht wurde. Auf Grund dieser englischen Fassung wurde in „Le Socialiste" in New York auch eine französische angefertigt. Seitdem sind in Amerika noch mindestens zwei englische Übersetzungen, mehr oder minder entstellt, herausgebracht worden, von denen eine in England nachgedruckt wurde. Die von Bakunin besorgte erste russische Übersetzung wurde etwa um das Jahr 1863 in der Druckerei von Herzens „Kolokol" in Genf herausgegeben, eine zweite, gleichfalls in Genf, von der heldenhaften Vera Sassulitsch, 1882. Eine neue dänische Ausgabe findet sich in der „Socialdemokratisk Bibliotek", Kopenhagen 1885; eine neue französische Übersetzung in „Le Socialiste", Paris 1886. Nach dieser letzteren wurde eine spanische Übersetzung vorbereitet und 1886 in Madrid veröffentlicht. Die Zahl der deutschen Nachdrucke läßt sich nicht genau angeben, im ganzen waren es mindestens zwölf. Eine Übertragung ins Armenische, die vor einigen Monaten in Konstantinopel herauskommen sollte, erblickte nicht das Licht der Welt, weil, wie man mir mitteilte, der Verleger nicht

[1] Lassalle persönlich bekannte sich uns gegenüber stets als Schüler von Marx und stand als solcher auf dem Boden des „Manifestes". Jedoch ging er in seiner öffentlichen Agitation in den Jahren 1862 – 1864 über die Forderung nach Produktivgenossenschaften mit Staatskredit nicht hinaus.

den Mut hatte, ein Buch herauszubringen, auf dem der Name Marx stand, während der Übersetzer es ablehnte, es als sein eigenes Werk zu bezeichnen. Von weiteren Übersetzungen in andere Sprachen habe ich zwar gehört, sie aber nicht zu Gesicht bekommen. So spiegelt die Geschichte des „Manifestes" in hohem Maße die Geschichte der modernen Arbeiterbewegung wider; gegenwärtig ist es zweifellos das weitest verbreitete, internationalste Werk der ganzen sozialistischen Literatur, ein gemeinsames Programm, das von Millionen Arbeitern von Sibirien bis Kalifornien anerkannt wird.

Und doch hätten wir es, als es geschrieben wurde, nicht ein *sozialistisches* Manifest nennen können. Unter Sozialisten verstand man 1847 einerseits die Anhänger der verschiedenen utopischen Systeme: die Owenisten in England, die Fourieristen in Frankreich, die beide bereits zu bloßen, allmählich aussterbenden Sekten zusammengeschrumpft waren; andererseits die mannigfaltigsten sozialen Quacksalber, die mit allerhand Flickwerk, ohne jede Gefahr für Kapital und Profit die gesellschaftlichen Mißstände aller Art zu beseitigen versprachen – in beiden Fällen Leute, die außerhalb der Arbeiterbewegung standen und eher Unterstützung bei den „gebildeten" Klassen suchten. Derjenige Teil der Arbeiterklasse, der sich von der Unzulänglichkeit bloßer politischer Umwälzungen überzeugt hatte und die Notwendigkeit einer totalen Umgestaltung der Gesellschaft forderte, dieser Teil nannte sich damals kommunistisch. Es war eine noch rohe, unbehauene, rein instinktive Art Kommunismus; aber er traf den Kardinalpunkt und war in der Arbeiterklasse mächtig genug, um den utopischen Kommunismus zu erzeugen, in Frankreich den von Cabet, in Deutschland den von Weitling. So war denn 1847 Sozialismus eine Bewegung der Mittelklasse, Kommunismus eine Bewegung der Arbeiterklasse. Der Sozialismus war, auf dem Kontinent wenigstens, „salonfähig"; der Kommunismus war das gerade Gegenteil. Und da wir von allem Anfang an der Meinung waren, daß „die Emanzipation der Arbeiterklasse das Werk der Arbeiterklasse selbst sein muß", so konnte kein Zweifel darüber bestehen, welchen der beiden Namen wir wählen mußten. Ja noch mehr, auch seitdem ist es uns nie in den Sinn gekommen, uns von ihm loszusagen.

Obgleich das „Manifest" unser beider gemeinsame Arbeit war, so halte ich mich doch für verpflichtet festzustellen, daß der Grundgedanke, der seinen Kern bildet, Marx angehört. Dieser Gedanke besteht darin: daß in jeder geschichtlichen Epoche die vorherrschende wirtschaftliche Produktions- und Austauschweise und die aus ihr mit Notwendigkeit folgende gesellschaftliche Gliederung die Grundlage bildet, auf der die politische und die intellektuelle Geschichte dieser Epoche sich aufbaut und aus der allein sie erklärt werden kann; daß demgemäß die ganze Geschichte der Menschheit (seit Aufhebung der primitiven Gentilordnung mit ihrem Gemeinbesitz an Grund und Boden) eine Geschichte von Klassenkämpfen gewesen ist. Kämpfen zwischen ausbeutenden und ausgebeuteten, herrschenden und unterdrückten Klassen; daß die Geschichte dieser

Klassenkämpfe eine Entwicklungsreihe darstellt, in der gegenwärtig eine Stufe erreicht ist, wo die ausgebeutete und unterdrückte Klasse – das Proletariat – ihre Befreiung vom Joch der ausbeutenden und herrschenden Klasse – der Bourgeoisie – nicht erreichen kann, ohne zugleich die ganze Gesellschaft ein für allemal von aller Ausbeutung und Unterdrückung, von allen Klassenunterschieden und Klassenkämpfen zu befreien.

Diesem Gedanken, der nach meiner Ansicht berufen ist, für die Geschichtswissenschaft denselben Fortschritt zu begründen, den Darwins Theorie für die Naturwissenschaft begründet hat – diesem Gedanken hatten wir beide uns schon mehrere Jahre vor 1845 allmählich genähert. Wieweit ich selbständig mich in dieser Richtung voranbewegt, zeigt am besten meine „Lage der arbeitenden Klasse in England“[2]. Als ich aber im Frühjahr 1845 Marx in Brüssel wiedertraf, hatte er ihn fertig ausgearbeitet und legte ihn mir vor in fast ebenso klaren Worten wie die, worin ich ihn oben zusammengefaßt.

Aus unserem gemeinsamen Vorwort zur deutschen Ausgabe von 1872 zitiere ich das Folgende:

„Wie sehr sich auch die Verhältnisse in den letzten fünfundzwanzig Jahren geändert haben, die in diesem ‚Manifest‘ entwickelten allgemeinen Grundsätze behalten im ganzen und großen auch heute noch ihre volle Richtigkeit. Einzelnes wäre hier und da zu bessern. Die praktische Anwendung dieser Grundsätze, erklärt das ‚Manifest‘ selbst, wird überall und jederzeit von den geschichtlich vorliegenden Umständen abhängen, und wird deshalb durchaus kein besonderes Gewicht auf die am Ende von Abschnitt II vorgeschlagenen revolutionären Maßregeln gelegt. Dieser Passus würde heute in vieler Beziehung anders lauten. Gegenüber der immensen Fortentwicklung der großen Industrie seit 1848 und der sie begleitenden verbesserten und gewachsenen Organisation der Arbeiterklasse, gegenüber den praktischen Erfahrungen, zuerst der Februarrevolution und noch weit mehr der Pariser Kommune, wo das Proletariat zum erstenmal zwei Monate lang die politische Gewalt innehatte, ist heute dies Programm stellenweise veraltet. Namentlich hat die Kommune den Beweis geliefert, daß ‚die Arbeiterklasse nicht die fertige Staatsmaschine einfach in Besitz nehmen und sie für ihre eignen Zwecke in Bewegung setzen kann‘. (Siehe ‚The Civil War in France. Address of the General Council of the International Working-Men's Association‘, London, Truelove, 1871, p. 15, wo dies weiterentwickelt ist.) Ferner ist selbstredend, daß die Kritik der sozialistischen Literatur für heute lückenhaft ist, weil sie nur bis 1847 reicht; ebenso daß die Bemerkungen über die Stellung der Kommunisten zu den verschiedenen Oppositionsparteien (Abschnitt IV), wenn in den Grundzügen auch heute noch richtig, doch in ihrer Ausführung

---

[2] „The Condition of the Working Class in England in 1844“. By Frederick Engels. Translated by Florence K. Wischnewetzky (Die Lage der arbeitenden Klasse in England 1844. Von Friedrich Engels. Übersetzt von Florence Wischnewetzky), New York, Lovell-London, W. Reeves, 1888.

heute schon deswegen veraltet sind, weil die politische Lage sich total umgestaltet und die geschichtliche Entwicklung die meisten der dort aufgezählten Parteien aus der Welt geschafft hat.

Indes, das ‚Manifest' ist ein geschichtliches Dokument, an dem zu ändern wir uns nicht mehr das Recht zuschreiben."

Die vorliegende Übersetzung stammt von Herrn Samuel Moore, dem Übersetzer des größten Teils von Marx' „Kapital". Wir haben sie gemeinsam durchgesehen, und ich habe ein paar Fußnoten zur Erklärung geschichtlicher Anspielungen hinzugefügt.

London, 30. Januar 1888 *Friedrich Engels*

Vorwort zur deutschen Ausgabe von 1890

Seit Vorstehendes[3] geschrieben, ist wieder eine neue deutsche Auflage des „Manifestes“ nötig geworden, und es hat sich auch allerlei mit dem „Manifest“ zugetragen, das hier zu erwähnen ist.

Eine zweite russische Übersetzung – von Vera Sassulitsch – erschien 1882 in Genf; die Vorrede dazu wurde von Marx und mir verfaßt. Leider ist mir das deutsche Originalmanuskript abhanden gekommen, ich muß also aus dem Russischen zurückübersetzen, wodurch die Arbeit keineswegs gewinnt. Sie lautet:

„Die erste russische Ausgabe des ‚Manifests der Kommunistischen Partei‘, in Bakunins Übersetzung, erschien anfangs der sechziger Jahre in der Druckerei des ‚Kolokol‘. Damals hatte eine russische Ausgabe dieser Schrift für den Westen höchstens die Bedeutung eines literarischen Kuriosums. Heute ist eine solche Auffassung nicht mehr möglich. Einen wie beschränkten Umfang das Verbreitungsgebiet der proletarischen Bewegung hatte zur Zeit der ersten Veröffentlichung des ‚Manifests‘ (Januar 1848), zeigt am besten das letzte Kapitel: ‚Stellung der Kommunisten zu den verschiedenen oppositionellen Parteien‘. Hier fehlen vor allen Rußland und die Vereinigten Staaten. Es war die Zeit, wo Rußland die letzte große Reserve der europäischen Reaktion bildete und wo die Auswanderung nach den Vereinigten Staaten die überschüssigen Kräfte des europäischen Proletariats absorbierte. Beide Länder versorgten Europa mit Rohstoff und dienten gleichzeitig als Märkte für den Absatz seiner Industrieprodukte. Beide erschienen also, in dieser oder jener Weise, als Stützen der europäischen gesellschaftlichen Ordnung.

Wie hat sich das alles heute geändert! Grade die europäische Auswanderung hat die kolossale Entwicklung des nordamerikanischen Ackerbaus ermöglicht, die durch ihre Konkurrenz das große wie das kleine Grundeigentum in Europa in seinen Grundfesten erschüttert. Sie hat zugleich den Vereinigten Staaten die Möglichkeit gegeben, an die Ausbeutung ihrer reichhaltigen industriellen Hülfsquellen zu gehn, und zwar mit solcher Energie und auf solchem Maßstab, daß dies in kurzer Zeit dem industriellen Monopol des europäischen Westens ein Ende machen muß. Und diese beiden Umstände wirken auch auf Amerika in revolutionärer Richtung zurück. Das kleine und mittlere Grundeigentum der selbstarbeitenden Farmer, die Grundlage der ganzen politischen Ordnung Amerikas, erliegt mehr und mehr der Konkurrenz der Riesenfarmen, während gleichzeitig in den Industriebezirken sich zum erstenmal ein zahlreiches Proletariat bildet neben einer fabelhaften Konzentration der Kapitale.

Gehn wir nach Rußland. Zur Zeit der Revolution von 1848/49 sahen nicht nur die europäischen Monarchen, sondern auch die europäischen Bourgeois in der russischen Intervention die einzige Rettung vor dem damals eben erst seine Kräfte

---

[3] Engels Vorwort zur deutschen Ausgabe von 1883.

gewahr werdenden Proletariat. Sie proklamierten den Zaren zum Haupt der europäischen Reaktion. Heute sitzt er in Gatschina als Kriegsgefangner der Revolution, und Rußland bildet die Vorhut der revolutionären Bewegung Europas.

Die Aufgabe des ‚Kommunistischen Manifests' war die Proklamation des unvermeidlich bevorstehenden Untergangs des heutigen bürgerlichen Eigentums. In Rußland aber finden wir, neben der sich mit Fieberhast entwickelnden kapitalistischen Ordnung und dem sich eben erst bildenden bürgerlichen Grundeigentum, die größere Hälfte des Bodens im Gemeineigentum der Bauern.

Es fragt sich nun: Kann die russische Bauerngemeinde, diese allerdings schon sehr zersetzte Form des urwüchsigen Gemeineigentums am Boden, unmittelbar übergehn in eine höhere kommunistische Form des Grundeigentums, oder muß sie vorher denselben Auflösungsprozeß durchmachen, der sich in der historischen Entwicklung des Westens darstellt?

Die einzige heute mögliche Antwort auf diese Frage ist die folgende. Wenn die russische Revolution das Signal zu einer Arbeiterrevolution im Westen wird, so daß beide einander ergänzen, dann kann das heutige russische Gemeineigentum zum Ausgangspunkt einer kommunistischen Entwicklung dienen.

London, 21. Januar 1882."

Eine neue polnische Übersetzung erschien um dieselbe Zeit in Genf: „Manifest komunistyczny".

Ferner ist eine neue dänische Übersetzung erschienen in „Socialdemokratisk Bibliotek", København 1885. Sie ist leider nicht ganz vollständig; einige wesentliche Stellen, die dem Übersetzer Schwierigkeit gemacht zu haben scheinen, sind ausgelassen und auch sonst hier und da Spuren von Flüchtigkeit zu bemerken, die um so unangenehmer auffallen, als man der Arbeit ansieht, daß der Übersetzer bei etwas mehr Sorgfalt Vorzügliches hätte leisten können.

1886 erschien eine neue französische Übersetzung in „Le Socialiste", Paris; es ist die beste bisher erschienene. Nach ihr wurde im selben Jahr eine spanische Übertragung zuerst im Madrider „El Socialista" und dann als Broschüre veröffentlicht: „Manifiesto del Partido Comunista" por Carlos Marx y F. Engels, Madrid, Administración de „El Socialista", Hernán Cortés 8.

Als Kuriosum erwähne ich noch, daß 1887 das Manuskript einer armenischen Übersetzung einem konstantinopolitanischen Verleger angeboten wurde; der gute Mann hatte jedoch nicht den Mut, etwas zu drucken, worauf der Name Marx stand, und meinte, der Übersetzer solle sich lieber selbst als Verfasser nennen, was dieser jedoch ablehnte.

Nachdem bald die eine, bald die andre der mehr oder minder unrichtigen amerikanischen Übersetzungen mehrfach in England wieder abgedruckt worden, erschien endlich eine authentische Übersetzung im Jahre 1888. Sie ist von meinem Freund Samuel Moore und vor dem Druck von uns beiden nochmals zusammen durchgesehn. Der Titel ist: „Manifesto of the Communist Party", by Karl Marx and Frederick Engels. Authorized English Translation, edited and annotated by Frederick Engels, 1888, London, William Reeves, 185 Fleet St. E.C. Einige der Anmerkungen dieser Ausgabe habe ich in die gegenwärtige herübergenommen.

Das „Manifest" hat einen eignen Lebenslauf gehabt. Im Augenblick seines Erscheinens von der damals noch wenig zahlreichen Vorhut des wissenschaftlichen Sozialismus enthusiastisch begrüßt (wie die in der ersten Vorrede angeführten Übersetzungen beweisen), wurde es bald in den Hintergrund gedrängt durch die mit der Niederlage der Pariser Arbeiter im Juni 1848 beginnende Reaktion und schließlich „von Rechts wegen" in Acht und Bann erklärt durch die Verurteilung der Kölner Kommunisten, November 1852. Mit dem Verschwinden der von der Februarrevolution datierenden Arbeiterbewegung von der öffentlichen Bühne trat auch das „Manifest" in den Hintergrund. Als die europäische Arbeiterklasse sich wieder hinreichend gestärkt hatte zu einem neuen Anlauf gegen die Macht der herrschenden Klassen, entstand die Internationale Arbeiter-Assoziation. Sie hatte zum Zweck, die gesamte streitbare Arbeiterschaft Europas und Amerikas zu *einem* großen Heereskörper zu verschmelzen. Sie konnte daher nicht *ausgehn* von den im „Manifest" niedergelegten Grundsätzen. Sie mußte ein Programm haben, das den englischen Trades Unions, den französischen, belgischen, italienischen und spanischen Proudhonisten und den deutschen Lassalleanern die Tür nicht verschloß. Dies Programm – die Erwägungsgründe zu den Statuten der Internationale – wurde von Marx mit einer selbst von Bakunin und den Anarchisten anerkannten Meisterschaft entworfen. Für den schließlichen Sieg der im „Manifest" aufgestellten Sätze verließ sich Marx einzig und allein auf die intellektuelle Entwicklung der Arbeiterklasse, wie die aus der vereinigten Aktion und der Diskussion notwendig hervorgehn mußte. Die Ereignisse und Wechselfälle im Kampf gegen das Kapital, die Niederlagen noch mehr als die Erfolge, konnten nicht umhin, den Kämpfenden die Unzulänglichkeit ihrer bisherigen Allerweltsheilmittel klarzulegen und ihre Köpfe empfänglicher zu machen für eine gründliche Einsicht in die wahren Bedingungen der Arbeiteremanzipation. Und Marx hatte recht. Die Arbeiterklasse von 1874, bei der Auflösung der Internationale, war eine ganz andre, als die von 1864, bei ihrer Gründung, gewesen war. Der Proudhonismus in den romanischen Ländern, der spezifische Lassalleanismus in Deutschland waren am Aussterben, und selbst die damaligen stockkonservativen englischen Trades Unions gingen allmählich dem Punkt entgegen, wo 1887 der Präsident ihres Kongresses in Swansea in ihrem Namen sagen konnte: „Der kontinentale Sozialismus hat seine Schrecken für uns verloren." Der kontinentale Sozialismus, der war aber schon 1887 fast nur noch die Theorie, die im „Manifest" verkündet wird. Und so spiegelt die Geschichte des „Manifests" bis zu einem gewissen Grade die Geschichte der modernen Arbeiterbewegung seit 1848 wider. Gegenwärtig ist es unzweifelhaft das weitest verbreitete, das internationalste Produkt der gesamten sozialistischen Literatur, das gemeinsame Programm vieler Millionen von Arbeitern aller Länder von Sibirien bis Kalifornien.

Und doch, als es erschien, hätten wir es nicht ein *sozialistisches* Manifest nennen dürfen. Unter Sozialisten verstand man 1847 zweierlei Art von Leuten. Einerseits die Anhänger der verschiedenen utopistischen Systeme, speziell die Owenisten in England und die Fourieristen in Frankreich, die beide schon damals zu bloßen, allmählich aussterbenden Sekten zusammengeschrumpft waren. Andrerseits die mannigfaltigsten sozialen Quacksalber, die mit ihren verschiedenen Allerweltheilmitteln und mit jeder Art von Flickarbeit die gesellschaftlichen Mißstände beseitigen wollten, ohne dem Kapital und dem Profit im geringsten wehe zu tun. In beiden Fällen: Leute, die außerhalb der Arbeiterbewegung standen und die vielmehr Unterstützung suchten bei den „gebildeten" Klassen. Derjenige Teil der Arbeiter dagegen, der, von der Unzulänglichkeit bloßer politischer Umwälzungen überzeugt, eine gründliche Umgestaltung der Gesellschaft forderte, der Teil nannte sich damals *kommunistisch*. Es war ein nur im Rauhen gearbeiteter, nur instinktiver, manchmal etwas roher Kommunismus; aber er war mächtig genug, um zwei Systeme des utopischen Kommunismus zu erzeugen, in Frankreich den „ikarischen" Cabets, in Deutschland den von Weitling. Sozialismus bedeutete 1847 eine Bourgeoisbewegung, Kommunismus eine Arbeiterbewegung. Der Sozialismus war, auf dem Kontinent wenigstens, salonfähig, der Kommunismus war das grade Gegenteil. Und da wir schon damals sehr entschieden der Ansicht waren, daß „die Emanzipation der Arbeiter das Werk der Arbeiterklasse selbst sein muß", so konnten wir keinen Augenblick im Zweifel sein, welchen der beiden Namen zu wählen. Auch seitdem ist es uns nie eingefallen, ihn zurückzuweisen.

„Proletarier aller Länder, vereinigt euch!" Nur wenige Stimmen antworteten, als wir diese Worte in die Weit hinausriefen, vor nunmehr 42 Jahren, am Vorabend der ersten Pariser Revolution, worin das Proletariat mit eignen Ansprüchen hervortrat. Aber am 28. September 1864 vereinigten sich Proletarier der meisten westeuropäischen Länder zur Internationalen Arbeiter-Assoziation glorreichen Angedenkens. Die Internationale selbst lebte allerdings nur neun Jahre. Aber daß der von ihr gegründete ewige Bund der Proletarier aller Länder noch lebt, und kräftiger lebt als je. dafür gibt es keinen bessern Zeugen als grade den heutigen Tag. Denn heute, wo ich diese Zeilen schreibe, hält das europäische und amerikanische Proletariat Heerschau über seine zum erstenmal mobil gemachten Streitkräfte, mobil gemacht als *ein* Heer, unter *einer* Fahne und für *ein* nächstes Ziel: den schon vom Genfer Kongreß der Internationale 1866 und wiederum vom Pariser Arbeiterkongreß 1889 proklamierten, gesetzlich festzustellenden, achtstündigen Normalarbeitstag. Und das Schauspiel des heutigen Tages wird den Kapitalisten und Grundherren aller Länder die Augen darüber öffnen, daß heute die Proletarier aller Länder in der Tat vereinigt sind.

Stände nur Marx noch neben mir, dies mit eignen Augen zu sehn!

London, am 1. Mai 1890 *Friedrich Engels*

Vorwort zur polnischen Ausgabe von 1892

Die Tatsache, daß eine neue polnische Ausgabe des „Kommunistischen Manifests" notwendig geworden, gibt zu verschiedenen Betrachtungen Anlaß.

Zuerst ist bemerkenswert, daß das „Manifest" neuerdings gewissermaßen zu einem Gradmesser geworden ist für die Entwicklung der großen Industrie auf dem europäischen Kontinent. In dem Maß, wie in einem Lande die große Industrie sich ausdehnt, in dem Maß wächst auch unter den Arbeitern desselben Landes das Verlangen nach Aufklärung über ihre Stellung als Arbeiterklasse gegenüber den besitzenden Klassen, breitet sich unter ihnen die sozialistische Bewegung aus und steigt die Nachfrage nach dem „Manifest". So daß nicht nur der Stand der Arbeiterbewegung, sondern auch der Entwicklungsgrad der großen Industrie in jedem Land mit ziemlicher Genauigkeit abgemessen werden kann an der Zahl der in der Landessprache verbreiteten Exemplare des „Manifests".

Hiernach bezeichnet die neue polnische Ausgabe einen entschiednen Fortschritt der polnischen Industrie. Und daß dieser Fortschritt, seit der vor zehn Jahren erschienenen letzten Ausgabe, in Wirklichkeit stattgefunden hat, darüber kann kein Zweifel sein. Russisch-Polen, Kongreß-Polen, ist der große Industriebezirk des russischen Reichs geworden. Während die russische Großindustrie sporadisch zerstreut ist – ein Stück am Finnischen Meerbusen, ein Stück im Zentrum (Moskau und Wladimir), ein drittes am Schwarzen und Asowschen Meer, noch andre anderswo zersprengt –, ist die polnische auf verhältnismäßig kleinem Raum zusammengedrängt und genießt die aus dieser Konzentration entspringenden Vorteile und Nachteile. Die Vorteile erkannten die konkurrierenden russischen Fabrikanten an, als sie Schutzzölle gegen Polen verlangten, trotz ihres sehnlichen Wunsches, die Polen in Russen zu verwandeln. Die Nachteile – für die polnischen Fabrikanten und für die russische Regierung – zeigen sich in der rapiden Verbreitung sozialistischer Ideen unter den polnischen Arbeitern und in der steigenden Nachfrage nach dem „Manifest".

Die rasche Entwicklung der polnischen Industrie, die der russischen über den Kopf gewachsen, ist aber ihrerseits ein neuer Beweis für die unverwüstliche Lebenskraft des polnischen Volks und eine neue Garantie seiner bevorstehenden nationalen Wiederherstellung. Die Wiederherstellung eines unabhängigen starken Polens ist aber eine Sache, die nicht nur die Polen, sondern die uns alle angeht. Ein aufrichtiges internationales Zusammenwirken der europäischen Nationen ist nur möglich, wenn jede dieser Nationen im eignen Hause vollkommen autonom ist. Die Revolution von 1848, die, unter proletarischer Fahne, proletarische Kämpfer schließlich nur die Arbeit der Bourgeoisie tun ließ, setzte auch durch ihre Testamentsvollstrecker Louis Bonaparte und Bismarck die Unabhängigkeit Italiens, Deutschlands, Ungarns durch; aber Polen, das seit 1792 mehr für die Revolution getan als alle diese drei zusammen, Polen überließ man sich selbst, als es 1863 vor der zehnfachen russischen Übermacht erlag. Die Unabhängigkeit Polens hat der Adel weder erhalten noch wiedererkämpfen gekonnt; der Bourgeoisie ist sie heute zum mindesten gleichgültig. Und doch ist sie eine Notwendigkeit für das harmonische Zusammenwirken der europäischen Nationen. Sie kann erkämpft werden nur vom jungen polnischen Proletariat, und in dessen Händen ist sie gut aufgehoben. Denn die Arbeiter des ganzen übrigen Europas haben die Unabhängigkeit Polens ebenso nötig wie die polnischen Arbeiter selbst.

London, 10. Februar 1892 *Friedrich Engels*

An den italienischen Leser

Die Veröffentlichung des „Manifests der Kommunistischen Partei“ fiel fast auf den Tag genau mit dem 18. März 1848 zusammen, mit den Revolutionen von Mailand und Berlin, wo sich im Zentrum des europäischen Kontinents einerseits und des Mittelländischen Meeres andrerseits zwei Nationen erhoben, die bis dahin durch territoriale Zerstückelung und inneren Hader geschwächt und daher unter Fremdherrschaft geraten waren. Während Italien dem Kaiser von Österreich unterworfen war, hatte Deutschland, wenn auch nicht so unmittelbar, das nicht minder schwere Joch des Zaren aller Reußen zu tragen. Die Auswirkungen des 18. März 1848 befreiten Italien und Deutschland von dieser Schmach; wenn beide großen Nationen in der Zeit von 1848 bis 1871 wiederhergestellt und gewissermaßen sich selbst wiedergegeben wurden, so geschah dies, wie Karl Marx sagte, deshalb, weil dieselben Leute, die die Revolution von 1848 niederwarfen, dann wider Willen zu ihren Testamentsvollstreckern wurden.

Die Revolution war damals überall das Werk der Arbeiterklasse; die Arbeiterklasse war es, die die Barrikaden errichtete und ihr Leben in die Schanze schlug. Nur die Arbeiter von Paris hatten, als sie die Regierung stürzten, die ausgesprochene Absicht, das Bourgeoisregime zu stürzen. Doch so sehr sie sich auch des unvermeidlichen Antagonismus bewußt waren, der zwischen ihrer eigenen Klasse und der Bourgeoisie bestand, hatte weder der wirtschaftliche Fortschritt des Landes noch die geistige Entwicklung der französischen Arbeitermassen jenen Grad erreicht, der eine Umgestaltung der Gesellschaft ermöglicht hätte. Die Früchte der Revolution wurden daher letzten Endes von der Kapitalistenklasse eingeheimst. In den anderen Ländern, in Italien, Deutschland, Österreich, Ungarn, taten die Arbeiter von Anfang an nichts anderes, als die Bourgeoisie an die Macht zu bringen. Aber in keinem Lande ist die Herrschaft der Bourgeoisie ohne nationale Unabhängigkeit möglich. Die Revolution von 1848 mußte somit die Einheit und Unabhängigkeit derjenigen Nationen nach sich ziehen, denen es bis dahin daran gebrach: Italien, Deutschland, Ungarn; Polen wird zu seiner Zeit nachfolgen.

Wenn also die Revolution von 1848 keine sozialistische Revolution war, so ebnete sie dieser doch den Weg, bereitete für sie den Boden vor. Mit der Entwicklung der großen Industrie in allen Ländern hat das Bourgeoisregime in den letzten 45 Jahren allenthalben ein zahlreiches, festgefügtes und starkes Proletariat hervorgebracht, hat es, um einen Ausdruck des „Manifests“ zu gebrauchen, seine eignen Totengräber produziert. Ohne Wiederherstellung der Unabhängigkeit und Einheit jeder europäischen Nation hätte sich weder die internationale Vereinigung des Proletariats noch ein ruhiges, verständiges Zusammenwirken dieser Nationen zur Erreichung gemeinsamer Ziele vollziehen können. Man stelle sich einmal ein gemeinsames internationales Vorgehen der italienischen, ungarischen, deutschen, polnischen, russischen Arbeiter unter den politischen Verhältnissen der Zeit vor 1848 vor!

Die Schlachten von 1848 waren also nicht vergebens, nicht vergebens auch die 45 Jahre, die uns von jener revolutionären Etappe trennen. Die Früchte kommen zur Reife, und ich wünschte nur, daß die Veröffentlichung dieser italienischen Übersetzung des „Manifests" ein gutes Vorzeichen für den Sieg des italienischen Proletariats werde, so wie die Veröffentlichung des Originals es für die internationale Revolution war.

Das „Manifest" läßt der revolutionären Rolle, die der Kapitalismus in der Vergangenheit gespielt hat, volle Gerechtigkeit widerfahren. Die erste kapitalistische Nation war Italien. Der Ausgang des feudalen Mittelalters und der Anbruch des modernen kapitalistischen Zeitalters sind durch eine große Gestalt gekennzeichnet – durch den Italiener Dante, der zugleich der letzte Dichter des Mittelalters und der erste Dichter der Neuzeit war. Heute bricht, wie um 1300, ein neues geschichtliches Zeitalter an. Wird uns Italien den neuen Dante schenken, der die Geburtsstunde des proletarischen Zeitalters verkündet?

London, 1. Februar 1893 *Friedrich Engels*

Manifest der Kommunistischen Partei

Ein Gespenst geht um in Europa – das Gespenst des Kommunismus. Alle Mächte des alten Europa haben sich zu einer heiligen Hetzjagd gegen dies Gespenst verbündet, der Papst und der Zar, Metternich und Guizot, französische Radikale und deutsche Polizisten.

Wo ist die Oppositionspartei, die nicht von ihren regierenden Gegnern als kommunistisch verschrien worden wäre, wo die Oppositionspartei, die den fortgeschritteneren Oppositionsleuten sowohl wie ihren reaktionären Gegnern den brandmarkenden Vorwurf des Kommunismus nicht zurückgeschleudert hätte? Zweierlei geht aus dieser Tatsache hervor. Der Kommunismus wird bereits von allen europäischen Mächten als eine Macht anerkannt.

Es ist hohe Zeit, daß die Kommunisten ihre Anschauungsweise, ihre Zwecke, ihre Tendenzen vor der ganzen Welt offen darlegen und dem Märchen vom Gespenst des Kommunismus ein Manifest der Partei selbst entgegenstellen.

Zu diesem Zweck haben sich Kommunisten der verschiedensten Nationalität in London versammelt und das folgende Manifest entworfen, das in englischer, französischer, deutscher, italienischer, flämischer und dänischer Sprache veröffentlicht wird.

I. Bourgeois und Proletarier [4]

Die Geschichte aller bisherigen Gesellschaft [5] ist die Geschichte von Klassenkämpfen.

---

[4] Unter Bourgeoisie wird die Klasse der modernen Kapitalisten verstanden, die Besitzer der gesellschaftlichen Produktionsmittel sind und Lohnarbeit ausnutzen. Unter Proletariat die Klasse der modernen Lohnarbeiter, die, da sie keine eigenen Produktionsmittel besitzen, darauf angewiesen sind, ihre Arbeitskraft zu verkaufen, um leben zu können. [Anmerkung von Engels zur englischen Ausgabe von 1888.]

[5] Das heißt, genau gesprochen, die schriftlich überlieferte Geschichte. 1847 war die Vorgeschichte der Gesellschaft, die gesellschaftliche Organisation, die aller niedergeschriebenen Geschichte vorausging, noch so gut wie unbekannt. Seitdem hat Haxthausen das Gemeineigentum am Boden in Rußland entdeckt, Maurer hat es nachgewiesen als die gesellschaftliche Grundlage, wovon alle deutschen Stämme geschichtlich ausgingen, und allmählich fand man, daß Dorfgemeinden mit gemeinsamem Bodenbesitz die Urform der Gesellschaft waren von Indien bis Irland. Schließlich wurde die innere Organisation dieser urwüchsigen kommunistischen Gesellschaft in ihrer typischen Form bloßgelegt durch Morgans krönende Entdeckung der wahren Natur der Gens und ihrer Stellung im Stamm. Mit der Auflösung dieser ursprünglichen Gemeinwesen beginnt die Spaltung der Gesellschaft in besondre und schließlich einander entgegengesetzte Klassen. Ich habe versucht, diesen Auflösungsprozeß in „Der Ursprung der Familie, des Privateigenthums und des Staates“ zu verfolgen; 2. Auflage, Stuttgart 1886. [Anmerkung von Engels zur englischen Ausgabe von 1888.]

Freier und Sklave, Patrizier und Plebejer, Baron und Leibeigener, Zunftbürger und Gesell, kurz, Unterdrücker und Unterdrückte standen in stetem Gegensatz zueinander, führten einen ununterbrochenen, bald versteckten, bald offenen Kampf, einen Kampf, der jedesmal mit einer revolutionären Umgestaltung der ganzen Gesellschaft endete oder mit dem gemeinsamen Untergang der kämpfenden Klassen.

In den früheren Epochen der Geschichte finden wir fast überall eine vollständige Gliederung der Gesellschaft in verschiedene Stände, eine mannigfaltige Abstufung der gesellschaftlichen Stellungen. Im alten Rom haben wir Patrizier, Ritter, Plebejer, Sklaven; im Mittelalter Feudalherren, Vasallen, Zunftbürger, Gesellen, Leibeigene, und noch dazu in fast jeder dieser Klassen besondere Abstufungen.

Die aus dem Untergang der feudalen Gesellschaft hervorgegangene moderne bürgerliche Gesellschaft hat die Klassengegensätze nicht aufgehoben. Sie hat nur neue Klassen, neue Bedingungen der Unterdrückung, neue Gestaltungen des Kampfes an die Stelle der alten gesetzt.

Unsere Epoche, die Epoche der Bourgeoisie, zeichnet sich jedoch dadurch aus, daß sie die Klassengegensätze vereinfacht hat. Die ganze Gesellschaft spaltet sich mehr und mehr in zwei große feindliche Lager, in zwei große, einander direkt gegenüberstehende Klassen: Bourgeoisie und Proletariat.

Aus den Leibeigenen des Mittelalters gingen die Pfahlbürger der ersten Städte hervor; aus dieser Pfahlbürgerschaft entwickelten sich die ersten Elemente der Bourgeoisie.

Die Entdeckung Amerikas, die Umschiffung Afrikas schufen der aufkommenden Bourgeoisie ein neues Terrain. Der ostindische und chinesische Markt, die Kolonisierung von Amerika, der Austausch mit den Kolonien, die Vermehrung der Tauschmittel und der Waren überhaupt gaben dem Handel, der Schiffahrt, der Industrie einen nie gekannten Aufschwung und damit dem revolutionären Element in der zerfallenden feudalen Gesellschaft eine rasche Entwicklung.

Die bisherige feudale oder zünftige Betriebsweise der Industrie reichte nicht mehr aus für den mit neuen Märkten anwachsenden Bedarf. Die Manufaktur trat an ihre Stelle. Die Zunftmeister wurden verdrängt durch den industriellen Mittelstand; die Teilung der Arbeit zwischen den verschiedenen Korporationen verschwand vor der Teilung der Arbeit in der einzelnen Werkstatt selbst.

Aber immer wuchsen die Märkte, immer stieg der Bedarf. Auch die Manufaktur reichte nicht mehr aus. Da revolutionierte der Dampf und die Maschinerie die industrielle Produktion. An die Stelle der Manufaktur trat die moderne große Industrie, an die Stelle des industriellen Mittelstandes traten die industriellen Millionäre, die Chefs ganzer industrieller Armeen, die modernen Bourgeois.

Die große Industrie hat den Weltmarkt hergestellt, den die Entdeckung Amerikas vorbereitete. Der Weltmarkt hat dem Handel, der Schiffahrt, den Landkommunikationen eine unermeßliche Entwicklung gegeben. Diese hat wieder auf die Ausdehnung der Industrie zurückgewirkt, und in demselben Maße, worin Industrie, Handel, Schiffahrt, Eisenbahnen sich ausdehnten, in demselben Maße entwickelte sich die Bourgeoisie, vermehrte sie ihre Kapitalien, drängte sie alle vom Mittelalter her überlieferten Klassen in den Hintergrund.

Wir sehen also, wie die moderne Bourgeoisie selbst das Produkt eines langen Entwicklungsganges, einer Reihe von Umwälzungen in der Produktions- und Verkehrsweise ist.

Jede dieser Entwicklungsstufen der Bourgeoisie war begleitet von einem entsprechenden politischen Fortschritt. Unterdrückter Stand unter der Herrschaft der Feudalherren, bewaffnete und sich selbst verwaltende Assoziation in der Kommune[6], hier unabhängige städtische Republik, dort dritter steuerpflichtiger Stand der Monarchie, dann zur Zeit der Manufaktur Gegengewicht gegen den Adel in der ständischen oder in der absoluten Monarchie, Hauptgrundlage der großen Monarchien überhaupt, erkämpfte sie sich endlich seit der Herstellung der großen Industrie und des Weltmarktes im modernen Repräsentativstaat die ausschließliche politische Herrschaft. Die moderne Staatsgewalt ist nur ein Ausschuß, der die gemeinschaftlichen Geschäfte der ganzen Bourgeoisklasse verwaltet.

Die Bourgeoisie hat in der Geschichte eine höchst revolutionäre Rolle gespielt.

Die Bourgeoisie, wo sie zur Herrschaft gekommen, hat alle feudalen, patriarchalischen, idyllischen Verhältnisse zerstört. Sie hat die buntscheckigen Feudalbande, die den Menschen an seinen natürlichen Vorgesetzten knüpften, unbarmherzig zerrissen und kein anderes Band zwischen Mensch und Mensch übriggelassen als das nackte Interesse, als die gefühllose „bare Zahlung". Sie hat die heiligen Schauer der frommen Schwärmerei, der ritterlichen Begeisterung, der spießbürgerlichen Wehmut in dem eiskalten Wasser egoistischer Berechnung ertränkt. Sie hat die persönliche Würde in den Tauschwert aufgelöst und an die Stelle der zahllosen verbrieften und wohlerworbenen Freiheiten die eine gewissenlose Handelsfreiheit gesetzt. Sie hat, mit einem Wort, an die Stelle der mit religiösen und politischen Illusionen verhüllten Ausbeutung die offene, unverschämte, direkte, dürre Ausbeutung gesetzt.

Die Bourgeoisie hat alle bisher ehrwürdigen und mit frommer Scheu betrachteten Tätigkeiten ihres Heiligenscheins entkleidet. Sie hat den Arzt, den Juristen,

---

6 „Kommune" nannten sich die in Frankreich entstehenden Städte, sogar bevor sie ihren feudalen Herrn und Meistern lokale Selbstverwaltung und politische Rechte als „Dritter Stand" abzuringen vermochten. Allgemein gesprochen haben wir hier als typisches Land für die ökonomische Entwicklung der Bourgeoisie England, für ihre politische Entwicklung Frankreich angeführt. [Anmerkung von Engels zur englischen Ausgabe von 1888.]
So nannten die Städtebürger Italiens und Frankreichs ihr städtisches Gemeinwesen, nachdem sie die ersten Selbstverwaltungsrechte ihren Feudalherren abgekauft oder abgezwungen hatten. [Anmerkung von Engels zur deutschen Ausgabe von 1890.]

den Pfaffen, den Poeten, den Mann der Wissenschaft in ihre bezahlten Lohnarbeiter verwandelt.

Die Bourgeoisie hat dem Familienverhältnis seinen rührend-sentimentalen Schleier abgerissen und es auf ein reines Geldverhältnis zurückgeführt.

Die Bourgeoisie hat enthüllt, wie die brutale Kraftäußerung, die die Reaktion so sehr am Mittelalter bewundert, in der trägsten Bärenhäuterei ihre passende Ergänzung fand. Erst sie hat bewiesen, was die Tätigkeit der Menschen zustande bringen kann. Sie hat ganz andere Wunderwerke vollbracht als ägyptische Pyramiden, römische Wasserleitungen und gotische Kathedralen, sie hat ganz andere Züge ausgeführt als Völkerwanderungen und Kreuzzüge.

Die Bourgeoisie kann nicht existieren, ohne die Produktionsinstrumente, also die Produktionsverhältnisse, also sämtliche gesellschaftlichen Verhältnisse fortwährend zu revolutionieren. Unveränderte Beibehaltung der alten Produktionsweise war dagegen die erste Existenzbedingung aller früheren industriellen Klassen. Die fortwährende Umwälzung der Produktion, die ununterbrochene Erschütterung aller gesellschaftlichen Zustände, die ewige Unsicherheit und Bewegung zeichnet die Bourgeoisepoche vor allen anderen aus. Alle festen eingerosteten Verhältnisse mit ihrem Gefolge von altehrwürdigen Vorstellungen und Anschauungen werden aufgelöst, alle neugebildeten veralten, ehe sie verknöchern können. Alles Ständische und Stehende verdampft, alles Heilige wird entweiht, und die Menschen sind endlich gezwungen, ihre Lebensstellung, ihre gegenseitigen Beziehungen mit nüchternen Augen anzusehen.

Das Bedürfnis nach einem stets ausgedehnteren Absatz für ihre Produkte jagt die Bourgeoisie über die ganze Erdkugel. Überall muß sie sich einnisten, überall anbauen, überall Verbindungen herstellen.

Die Bourgeoisie hat durch ihre Exploitation des Weltmarkts die Produktion und Konsumption aller Länder kosmopolitisch gestaltet. Sie hat zum großen Bedauern der Reaktionäre den nationalen Boden der Industrie unter den Füßen weggezogen. Die uralten nationalen Industrien sind vernichtet worden und werden noch täglich vernichtet. Sie werden verdrängt durch neue Industrien, deren Einführung eine Lebensfrage für alle zivilisierten Nationen wird, durch Industrien, die nicht mehr einheimische Rohstoffe, sondern den entlegensten Zonen angehörige Rohstoffe verarbeiten und deren Fabrikate nicht nur im Lande selbst, sondern in allen Weltteilen zugleich verbraucht werden. An die Stelle der alten, durch Landeserzeugnisse befriedigten Bedürfnisse treten neue, welche die Produkte der entferntesten Länder und Klimate zu ihrer Befriedigung erheischen. An die Stelle der alten lokalen und nationalen Selbstgenügsamkeit und Abgeschlossenheit tritt ein allseitiger Verkehr, eine allseitige Abhängigkeit der Nationen voneinander. Und wie in der materiellen, so auch in der geistigen Produktion. Die geistigen Erzeugnisse der einzelnen Nationen werden Gemeingut. Die nationale Einseitigkeit und Beschränktheit wird mehr und mehr unmöglich, und aus den vielen nationalen und lokalen Literaturen bildet sich eine Weltliteratur.

Die Bourgeoisie reißt durch die rasche Verbesserung aller Produktionsinstrumente, durch die unendlich erleichterte Kommunikation alle, auch die barbarischsten Nationen in die Zivilisation. Die wohlfeilen Preise ihrer Waren sind die schwere Artillerie, mit der sie alle chinesischen Mauern in den Grund schießt, mit der sie den hartnäckigsten Fremdenhaß der Barbaren zur Kapitulation zwingt. Sie zwingt alle Nationen, die Produktionsweise der Bourgeoisie sich anzueignen, wenn sie nicht zugrunde gehen wollen; sie zwingt sie, die sogenannte Zivilisation bei sich selbst einzuführen, d. h. Bourgeois zu werden. Mit einem Wort, sie schafft sich eine Welt nach ihrem eigenen Bilde. Die Bourgeoisie hat das Land der Herrschaft der Stadt unterworfen. Sie hat enorme Städte geschaffen, sie hat die Zahl der städtischen Bevölkerung gegenüber der ländlichen in hohem Grade vermehrt und so einen bedeutenden Teil der Bevölkerung dem Idiotismus des Landlebens entrissen. Wie sie das Land von der Stadt, hat sie die barbarischen und halbbarbarischen Länder von den zivilisierten, die Bauernvölker von den Bourgeoisvölkern, den Orient vom Okzident abhängig gemacht.

Die Bourgeoisie hebt mehr und mehr die Zersplitterung der Produktionsmittel, des Besitzes und der Bevölkerung auf. Sie hat die Bevölkerung agglomeriert, die Produktionsmittel zentralisiert und das Eigentum in wenigen Händen konzentriert. Die notwendige Folge hiervon war die politische Zentralisation. Unabhängige, fast nur verbündete Provinzen mit verschiedenen Interessen, Gesetzen, Regierungen und Zöllen wurden zusammengedrängt in eine Nation, eine Regierung, ein Gesetz, ein nationales Klasseninteresse, eine Douanenlinie.

Die Bourgeoisie hat in ihrer kaum hundertjährigen Klassenherrschaft massenhaftere und kolossalere Produktionskräfte geschaffen als alle vergangenen Generationen zusammen. Unterjochung der Naturkräfte, Maschinerie, Anwendung der Chemie auf Industrie und Ackerbau, Dampfschiffahrt, Eisenbahnen, elektrische Telegraphen, Urbarmachung ganzer Weltteile, Schiffbarmachung der Flüsse, ganze aus dem Boden hervorgestampfte Bevölkerungen – welches frühere Jahrhundert ahnte, daß solche Produktionskräfte im Schoß der gesellschaftlichen Arbeit schlummerten.

Wir haben also gesehen: Die Produktions- und Verkehrsmittel, auf deren Grundlage sich die Bourgeoisie heranbildete, wurden in der feudalen Gesellschaft erzeugt. Auf einer gewissen Stufe der Entwicklung dieser Produktions- und Verkehrsmittel entsprachen die Verhältnisse, worin die feudale Gesellschaft produzierte und austauschte, die feudale Organisation der Agrikultur und Manufaktur, mit einem Wort die feudalen Eigentumsverhältnisse den schon entwickelten Produktivkräften nicht mehr. Sie hemmten die Produktion, statt sie zu fördern. Sie verwandelten sich in ebensoviele Fesseln. Sie mußten gesprengt werden, sie wurden gesprengt.

An ihre Stelle trat die freie Konkurrenz mit der ihr angemessenen gesellschaftlichen und politischen Konstitution, mit der ökonomischen und politischen Herrschaft der Bourgeoisklasse.

Unter unsern Augen geht eine ähnliche Bewegung vor. Die bürgerlichen Produktions- und Verkehrsverhältnisse, die bürgerlichen Eigentumsverhältnisse, die moderne bürgerliche Gesellschaft, die so gewaltige Produktions- und Verkehrsmittel hervorgezaubert hat, gleicht dem Hexenmeister, der die unterirdischen Gewalten nicht mehr zu beherrschen vermag, die er heraufbeschwor. Seit Dezennien ist die Geschichte der Industrie und des Handels nur die Geschichte der Empörung der modernen Produktivkräfte gegen die modernen Produktionsverhältnisse, gegen die Eigentumsverhältnisse, welche die Lebensbedingungen der Bourgeoisie und ihrer Herrschaft sind. Es genügt, die Handelskrisen zu nennen, welche in ihrer periodischen Wiederkehr immer drohender die Existenz der ganzen bürgerlichen Gesellschaft in Frage stellen. In den Handelskrisen wird ein großer Teil nicht nur der erzeugten Produkte, sondern der bereits geschaffenen Produktivkräfte regelmäßig vernichtet. In den Krisen bricht eine gesellschaftliche Epidemie aus, welche allen früheren Epochen als ein Widersinn erschienen wäre – die Epidemie der Überproduktion. Die Gesellschaft findet sich plötzlich in einen Zustand momentaner Barbarei zurückversetzt; eine Hungersnot, ein allgemeiner Vernichtungskrieg scheinen ihr alle Lebensmittel abgeschnitten zu haben; die Industrie, der Handel scheinen vernichtet, und warum? Weil sie zuviel Zivilisation, zuviel Lebensmittel, zuviel Industrie, zuviel Handel besitzt. Die Produktivkräfte, die ihr zur Verfügung stehen, dienen nicht mehr zur Beförderung der bürgerlichen Eigentumsverhältnisse; im Gegenteil, sie sind zu gewaltig für diese Verhältnisse geworden, sie werden von ihnen gehemmt; und sobald sie dies Hemmnis überwinden, bringen sie die ganze bürgerliche Gesellschaft in Unordnung, gefährden sie die Existenz des bürgerlichen Eigentums. Die bürgerlichen Verhältnisse sind zu eng geworden, um den von ihnen erzeugten Reichtum zu fassen. – Wodurch überwindet die Bourgeoisie die Krisen? Einerseits durch die erzwungene Vernichtung einer Masse von Produktivkräften; anderseits durch die Eroberung neuer Märkte und die gründlichere Ausbeutung alter Märkte. Wodurch also? Dadurch, daß sie allseitigere und gewaltigere Krisen vorbereitet und die Mittel, den Krisen vorzubeugen, vermindert.

Die Waffen, womit die Bourgeoisie den Feudalismus zu Boden geschlagen hat, richten sich jetzt gegen die Bourgeoisie selbst.

Aber die Bourgeoisie hat nicht nur die Waffen geschmiedet, die ihr den Tod bringen; sie hat auch die Männer gezeugt, die diese Waffen führen werden – die modernen Arbeiter, die *Proletarier*.

In demselben Maße, worin sich die Bourgeoisie, d. h. das Kapital, entwickelt, in demselben Maße entwickelt sich das Proletariat, die Klasse der modernen Arbeiter, die nur so lange leben, als sie Arbeit finden, und die nur so lange Arbeit finden, als ihre Arbeit das Kapital vermehrt. Diese Arbeiter, die sich stückweis verkaufen müssen, sind eine Ware wie jeder andere Handelsartikel und daher gleichmäßig allen Wechselfällen der Konkurrenz, allen Schwankungen des Marktes ausgesetzt.

Die Arbeit der Proletarier hat durch die Ausdehnung der Maschinerie und die Teilung der Arbeit allen selbständigen Charakter und damit allen Reiz für die Arbeiter verloren. Er wird ein bloßes Zubehör der Maschine, von dem nur der einfachste, eintönigste, am leichtesten erlernbare Handgriff verlangt wird. Die Kosten, die der Arbeiter verursacht, beschränken sich daher fast nur auf die Lebensmittel, die er zu seinem Unterhalt und zur Fortpflanzung seiner Race bedarf. Der Preis einer Ware, also auch der Arbeit, ist aber gleich ihren Produktionskosten. In demselben Maße, in dem die Widerwärtigkeit der Arbeit wächst, nimmt daher der Lohn ab. Noch mehr, in demselben Maße, wie Maschinerie und Teilung der Arbeit zunehmen, in demselben Maße nimmt auch die Masse der Arbeit zu, sei es durch Vermehrung der Arbeitsstunden, sei es durch Vermehrung der in einer gegebenen Zeit geforderten Arbeit, beschleunigten Lauf der Maschinen usw.

Die moderne Industrie hat die kleine Werkstube des patriarchalischen Meisters in die große Fabrik des industriellen Kapitalisten verwandelt. Arbeitermassen, in der Fabrik zusammengedrängt, werden soldatisch organisiert. Sie werden als gemeine Industriesoldaten unter die Aufsicht einer vollständigen Hierarchie von Unteroffizieren und Offizieren gestellt. Sie sind nicht nur Knechte der Bourgeoisie, des Bourgeoisstaates, sie sind täglich und stündlich geknechtet von der Maschine, von dem Aufseher und vor allem von den einzelnen fabrizierenden Bourgeois selbst. Diese Despotie ist um so kleinlicher, gehässiger, erbitterter, je offener sie den Erwerb als ihren Zweck proklamiert.

Je weniger die Handarbeit Geschicklichkeit und Kraftäußerung erheischt, d. h. je mehr die moderne Industrie sich entwickelt, desto mehr wird die Arbeit der Männer durch die der Weiber verdrängt. Geschlechts- und Altersunterschiede haben keine gesellschaftliche Geltung mehr für die Arbeiterklasse. Es gibt nur noch Arbeitsinstrumente, die je nach Alter und Geschlecht verschiedene Kosten machen.

Ist die Ausbeutung des Arbeiters durch den Fabrikanten so weit beendigt, daß er seinen Arbeitslohn bar ausgezahlt erhält, so fallen die anderen Teile der Bourgeoisie über ihn her, der Hausbesitzer, der Krämer, der Pfandleiher usw.

Die bisherigen kleinen Mittelstände, die kleinen Industriellen, Kaufleute und Rentiers, die Handwerker und Bauern, alle diese Klassen fallen ins Proletariat hinab, teils dadurch, daß ihr kleines Kapital für den Betrieb der großen Industrie nicht ausreicht und der Konkurrenz mit den größeren Kapitalisten erliegt, teils dadurch, daß ihre Geschicklichkeit von neuen Produktionsweisen entwertet wird. So rekrutiert sich das Proletariat aus allen Klassen der Bevölkerung.

Das Proletariat macht verschiedene Entwicklungsstufen durch. Sein Kampf gegen die Bourgeoisie beginnt mit seiner Existenz.

Im Anfang kämpfen die einzelnen Arbeiter, dann die Arbeiter einer Fabrik, dann die Arbeiter eines Arbeitszweiges an einem Ort gegen den einzelnen Bourgeois, der sie direkt ausbeutet. Sie richten ihre Angriffe nicht nur gegen die bürgerlichen Produktionsverhältnisse, sie richten sie gegen die Produktionsinstrumente selbst; sie vernichten die fremden konkurrierenden Waren, sie zerschlagen die Maschinen, sie stecken die Fabriken in Brand, die suchen die untergegangene Stellung des mittelalterlichen Arbeiters wiederzuerringen.

Auf dieser Stufe bilden die Arbeiter eine über das Land zerstreute und durch die Konkurrenz zersplitterte Masse. Massenhaftes Zusammenhalten der Arbeiter ist noch nicht die Folge ihrer eigenen Vereinigung, sondern die Folge der Vereinigung der Bourgeoisie, die zur Erreichung ihrer eigenen politischen Zwecke das ganze Proletariat in Bewegung setzen muß und es einstweilen noch kann. Auf dieser Stufe bekämpfen die Proletarier also noch nicht ihre Feinde, sondern die Feinde ihrer Feinde, die Reste der absoluten Monarchie, die Grundeigentümer, die nichtindustriellen Bourgeois, die Kleinbürger. Die ganze geschichtliche Bewegung ist so in den Händen der Bourgeoisie konzentriert; jeder Sieg, der so errungen wird, ist ein Sieg der Bourgeoisie.

Aber mit der Entwicklung der Industrie vermehrt sich nicht nur das Proletariat; es wird in größeren Massen zusammengedrängt, seine Kraft wächst, und es fühlt sie mehr. Die Interessen, die Lebenslagen innerhalb des Proletariats gleichen sich immer mehr aus, indem die Maschinerie mehr und mehr die Unterschiede der Arbeit verwischt und den Lohn fast überall auf ein gleich niedriges Niveau herabdrückt. Die wachsende Konkurrenz der Bourgeois unter sich und die daraus hervorgehenden Handelskrisen machen den Lohn der Arbeiter immer schwankender; die immer rascher sich entwickelnde, unaufhörliche Verbesserung der Maschinerie macht ihre ganze Lebensstellung immer unsicherer; immer mehr nehmen die Kollisionen zwischen dem einzelnen Arbeiter und dem einzelnen Bourgeois den Charakter von Kollisionen zweier Klassen an. Die Arbeiter beginnen damit, Koalitionen gegen die Bourgeois zu bilden; sie treten zusammen zur Behauptung ihres Arbeitslohns. Sie stiften selbst dauernde Assoziationen, um sich für die gelegentlichen Empörungen zu verproviantieren. Stellenweis bricht der Kampf in Emeuten aus.

Von Zeit zu Zeit siegen die Arbeiter, aber nur vorübergehend. Das eigentliche Resultat ihrer Kämpfe ist nicht der unmittelbare Erfolg, sondern die immer weiter um sich greifende Vereinigung der Arbeiter. Sie wird befördert durch die wachsenden Kommunikationsmittel, die von der großen Industrie erzeugt werden und die Arbeiter der verschiedenen Lokalitäten miteinander in Verbindung setzen. Es bedarf aber bloß der Verbindung, um die vielen Lokalkämpfe von überall gleichem Charakter zu einem nationalen, zu einem Klassenkampf zu zentralisieren. Jeder Klassenkampf ist aber ein politischer Kampf. Und die Vereinigung, zu der die Bürger des Mittelalters mit ihren Vizinalwegen Jahrhunderte bedurften, bringen die modernen Proletarier mit den Eisenbahnen in wenigen Jahren zustande.

Diese Organisation der Proletarier zur Klasse, und damit zur politischen Partei, wird jeden Augenblick wieder gesprengt durch die Konkurrenz unter den

Arbeitern selbst. Aber sie ersteht immer wieder, stärker, fester, mächtiger. Sie erzwingt die Anerkennung einzelner Interesse der Arbeiter in Gesetzesform, indem sie die Spaltungen der Bourgeoisie unter sich benutzt. So die Zehnstundenbill in England.

Die Kollisionen der alten Gesellschaft überhaupt fördern mannigfach den Entwicklungsgang des Proletariats. Die Bourgeoisie befindet sich in fortwährendem Kampfe: anfangs gegen die Aristokratie; später gegen die Teile der Bourgeoisie selbst, deren Interessen mit dem Fortschritt der Industrie in Widerspruch geraten; stets gegen die Bourgeoisie aller auswärtigen Länder. In allen diesen Kämpfen sieht sie sich genötigt, an das Proletariat zu appellieren, seine Hülfe in Anspruch zu nehmen und es so in die politische Bewegung hineinzureißen. Sie selbst führt also dem Proletariat ihre eigenen Bildungselemente, d. h. Waffen gegen sich selbst, zu.

Es werden ferner, wie wir sahen, durch den Fortschritt der Industrie ganze Bestandteile der herrschenden Klasse ins Proletariat hinabgeworfen oder wenigstens in ihren Lebensbedingungen bedroht. Auch sie führen dem Proletariat eine Masse Bildungselemente zu.

In Zeiten endlich, wo der Klassenkampf sich der Entscheidung nähert, nimmt der Auflösungsprozeß innerhalb der herrschenden Klasse, innerhalb der ganzen alten Gesellschaft, einen so heftigen, so grellen Charakter an, daß ein kleiner Teil der herrschenden Klasse sich von ihr lossagt und sich der revolutionären Klasse anschließt, der Klasse, welche die Zukunft in ihren Händen trägt. Wie daher früher ein Teil des Adels zur Bourgeoisie überging, so geht jetzt ein Teil der Bourgeoisie zum Proletariat über, und namentlich ein Teil dieser Bourgeoisideologen, welche zum theoretischen Verständnis der ganzen geschichtlichen Bewegung sich hinaufgearbeitet haben.

Von allen Klassen, welche heutzutage der Bourgeoisie gegenüberstehen, ist nur das Proletariat eine wirklich revolutionäre Klasse. Die übrigen Klassen verkommen und gehen unter mit der großen Industrie, das Proletariat ist ihr eigenstes Produkt.

Die Mittelstände, der kleine Industrielle, der kleine Kaufmann, der Handwerker, der Bauer, sie alle bekämpfen die Bourgeoisie, um ihre Existenz als Mittelstände vor dem Untergang zu sichern. Sie sind also nicht revolutionär, sondern konservativ. Noch mehr, sie sind reaktionär, sie suchen das Rad der Geschichte zurückzudrehen. Sind sie revolutionär, so sind sie es im Hinblick auf den ihnen bevorstehenden Übergang ins Proletariat, so verteidigen sie nicht ihre gegenwärtigen, sondern ihre zukünftigen Interessen, so verlassen sie ihren eigenen Standpunkt, um sich auf den des Proletariats zu stellen.

Das Lumpenproletariat, diese passive Verfaulung der untersten Schichten der alten Gesellschaft, wird durch eine proletarische Revolution stellenweise in die Bewegung hineingeschleudert, seiner ganzen Lebenslage nach wird es bereitwilliger sein, sich zu reaktionären Umtrieben erkaufen zu lassen.

Die Lebensbedingungen der alten Gesellschaft sind schon vernichtet in den Lebensbedingungen des Proletariats. Der Proletarier ist eigentumslos; sein Verhältnis zu Weib und Kindern hat nichts mehr gemein mit dem bürgerlichen Familienverhältnis; die moderne industrielle Arbeit, die moderne Unterjochung unter das Kapital, dieselbe in England wie in Frankreich, in Amerika wie in Deutschland, hat ihm allen nationalen Charakter abgestreift. Die Gesetze, die Moral, die Religion sind für ihn ebenso viele bürgerliche Vorurteile, hinter denen sich ebenso viele bürgerliche Interessen verstecken.

Alle früheren Klassen, die sich die Herrschaft eroberten, suchten ihre schon erworbene Lebensstellung zu sichern, indem sie die ganze Gesellschaft den Bedingungen ihres Erwerbs unterwarfen. Die Proletarier können sich die gesellschaftlichen Produktivkräfte nur erobern, indem sie ihre eigene bisherige Aneignungsweise und damit die ganze bisherige Aneignungsweise abschaffen. Die Proletarier haben nichts von dem Ihrigen zu sichern, sie haben alle bisherigen Privatsicherheiten und Privatversicherungen zu zerstören.

Alle bisherigen Bewegungen waren Bewegungen von Minoritäten oder im Interesse von Minoritäten. Die proletarische Bewegung ist die selbständige Bewegung der ungeheuren Mehrzahl im Interesse der ungeheuren Mehrzahl. Das Proletariat, die unterste Schicht der jetzigen Gesellschaft, kann sich nicht erheben, nicht aufrichten, ohne daß der ganze Überbau der Schichten, die die offizielle Gesellschaft bilden, in die Luft gesprengt wird.

Obgleich nicht dem Inhalt, ist der Form nach der Kampf des Proletariats gegen die Bourgeoisie zunächst ein nationaler. Das Proletariat eines jeden Landes muß natürlich zuerst mit seiner eigenen Bourgeoisie fertig werden.

Indem wir die allgemeinsten Phasen der Entwicklung des Proletariats zeichneten, verfolgten wir den mehr oder minder versteckten Bürgerkrieg innerhalb der bestehenden Gesellschaft bis zu dem Punkt, wo er in eine offene Revolution ausbricht und durch den gewaltsamen Sturz der Bourgeoisie das Proletariat seine Herrschaft begründet.

Alle bisherige Gesellschaft beruhte, wie wir gesehen haben, auf dem Gegensatz unterdrückender und unterdrückter Klassen. Um aber eine Klasse unterdrücken zu können, müssen ihr Bedingungen gesichert sein, innerhalb derer sie wenigstens ihre knechtische Existenz fristen kann. Der Leibeigene hat sich zum Mitglied der Kommune in der Leibeigenschaft herangearbeitet wie der Kleinbürger zum Bourgeois unter dem Joch des feudalistischen Absolutismus. Der moderne Arbeiter dagegen, statt sich mit dem Fortschritt der Industrie zu heben, sinkt immer tiefer unter die Bedingungen seiner eigenen Klasse herab. Der Arbeiter wird zum Pauper, und der Pauperismus entwickelt sich noch schneller als Bevölkerung und Reichtum.

Es tritt hiermit offen hervor, daß die Bourgeoisie unfähig ist, noch länger die herrschende Klasse der Gesellschaft zu bleiben und die Lebensbedingungen ihrer Klasse der Gesellschaft als regelndes Gesetz aufzuzwingen. Sie ist unfähig zu herrschen, weil sie unfähig ist, ihrem Sklaven die Existenz selbst innerhalb seiner Sklaverei zu sichern, weil sie gezwungen ist, ihn in eine Lage herabsinken zu lassen, wo sie ihn ernähren muß, statt von ihm ernährt zu werden. Die Gesellschaft kann nicht mehr unter ihr leben, d. h., ihr Leben ist nicht mehr verträglich mit der Gesellschaft.

Die wesentliche Bedingung für die Existenz und für die Herrschaft der Bourgeoisklasse ist die Anhäufung des Reichtums in den Händen von Privaten, die Bildung und Vermehrung des Kapitals; die Bedingung des Kapitals ist die Lohnarbeit. Die Lohnarbeit beruht ausschließlich auf der Konkurrenz der Arbeiter unter sich. Der Fortschritt der Industrie, dessen willenloser und widerstandsloser Träger die Bourgeoisie ist, setzt an die Stelle der Isolierung der Arbeiter durch die Konkurrenz ihre revolutionäre Vereinigung durch die Assoziation. Mit der Entwicklung der großen Industrie wird also unter den Füßen der Bourgeoisie die Grundlage selbst hinweggezogen, worauf sie produziert und die Produkte sich aneignet. Sie produziert vor allem ihren eigenen Totengräber. Ihr Untergang und der Sieg des Proletariats sind gleich unvermeidlich.

II. Proletarier und Kommunisten

In welchem Verhältnis stehen die Kommunisten zu den Proletariern überhaupt?

Die Kommunisten sind keine besondere Partei gegenüber den andern Arbeiterparteien.

Sie haben keine von den Interessen des ganzen Proletariats getrennten Interessen.

Sie stellen keine besonderen Prinzipien auf, wonach sie die proletarische Bewegung modeln wollen.

Die Kommunisten unterscheiden sich von den übrigen proletarischen Parteien nur dadurch, daß sie einerseits in den verschiedenen nationalen Kämpfen der Proletarier die gemeinsamen, von der Nationalität unabhängigen Interessen des gesamten Proletariats hervorheben und zur Geltung bringen, andrerseits dadurch, daß sie in den verschiedenen Entwicklungsstufen, welche der Kampf zwischen Proletariat und Bourgeoisie durchläuft, stets das Interesse der Gesamtbewegung vertreten.

Die Kommunisten sind also praktisch der entschiedenste, immer weitertreibende Teil der Arbeiterparteien aller Länder; sie haben theoretisch vor der übrigen Masse des Proletariats die Einsicht in die Bedingungen, den Gang und die allgemeinen Resultate der proletarischen Bewegung voraus.

Der nächste Zweck der Kommunisten ist derselbe wie der aller übrigen proletarischen Parteien: Bildung des Proletariats zur Klasse, Sturz der Bourgeoisherrschaft, Eroberung der politischen Macht durch das Proletariat. Die theoretischen Sätze der Kommunisten beruhen keineswegs auf Ideen, auf Prinzipien, die von diesem oder jenem Weltverbesserer erfunden oder entdeckt sind.

Sie sind nur allgemeine Ausdrücke tatsächlicher Verhältnisse eines existierenden Klassenkampfes, einer unter unseren Augen vor sich gehenden geschichtlichen Bewegung. Die Abschaffung bisheriger Eigentumsverhältnisse ist nichts den Kommunismus eigentümlich Bezeichnendes.

Alle Eigentumsverhältnisse waren einem beständigen geschichtlichen Wandel, einer beständigen geschichtlichen Veränderung unterworfen.

Die Französische Revolution z. B. schaffte das Feudaleigentum zugunsten des bürgerlichen ab.

Was den Kommunismus auszeichnet, ist nicht die Abschaffung des Eigentums überhaupt, sondern die Abschaffung des bürgerlichen Eigentums.

Aber das moderne bürgerliche Privateigentum ist der letzte und vollendetste Ausdruck der Erzeugung und Aneignung der Produkte, die auf Klassengegensätzen, auf der Ausbeutung der einen durch die andern beruht.

In diesem Sinn können die Kommunisten ihre Theorie in dem einen Ausdruck: Aufhebung des Privateigentums, zusammenfassen.

Man hat uns Kommunisten vorgeworfen, wir wollten das persönlich erworbene, selbsterarbeitete Eigentum abschaffen; das Eigentum, welches die Grundlage aller persönlichen Freiheit, Tätigkeit und Selbständigkeit bilde.

Erarbeitetes, erworbenes, selbstverdientes Eigentum! Sprecht ihr von dem kleinbürgerlichen, kleinbäuerlichen Eigentum, welches dem bürgerlichen Eigentum vorherging? Wir brauchen es nicht abzuschaffen, die Entwicklung der Industrie hat es abgeschafft und schafft es täglich ab.

Oder sprecht ihr vom modernen bürgerlichen Privateigentum?

Schafft aber die Lohnarbeit, die Arbeit des Proletariers ihm Eigentum? Keineswegs. Sie schafft das Kapital, d. h. das Eigentum, welches die Lohnarbeit ausbeutet, welches sich nur unter der Bedingung vermehren kann, daß es neue Lohnarbeit erzeugt, um sie von neuem auszubeuten. Das Eigentum in seiner heutigen Gestalt bewegt sich in dem Gegensatz von Kapital und Lohnarbeit. Betrachten wir die beiden Seiten dieses Gegensatzes.

Kapitalist sein, heißt nicht nur eine rein persönliche, sondern eine gesellschaftliche Stellung in der Produktion einzunehmen. Das Kapital ist ein gemeinschaftliches Produkt und kann nur durch eine gemeinsame Tätigkeit vieler Mitglieder, ja in letzter Instanz nur durch die gemeinsame Tätigkeit aller Mitglieder der Gesellschaft in Bewegung gesetzt werden.

Das Kapital ist also keine persönliche, es ist eine gesellschaftliche Macht.

Wenn also das Kapital in ein gemeinschaftliches, allen Mitgliedern der Gesellschaft angehöriges Eigentum verwandelt wird, so verwandelt sich nicht persönliches Eigentum in gesellschaftliches. Nur der gesellschaftliche Charakter des Eigentums verwandelt sich. Er verliert seinen Klassencharakter.

Kommen wir zur Lohnarbeit:

Der Durchschnittspreis der Lohnarbeit ist das Minimum des Arbeitslohnes, d. h. die Summe der Lebensmittel, die notwendig sind, um den Arbeiter als Arbeiter am Leben zu erhalten. Was also der Lohnarbeiter durch seine Tätigkeit sich aneignet, reicht bloß dazu hin, um sein nacktes Leben wieder zu erzeugen. Wir wollen diese persönliche Aneignung der Arbeitsprodukte zur Wiedererzeugung des unmittelbaren Lebens keineswegs abschaffen, eine Aneignung, die keinen Reinertrag übrigläßt, der Macht über fremde Arbeit geben könnte. Wir wollen nur den elenden Charakter dieser Aneignung aufheben, worin der Arbeiter nur lebt, um das Kapital zu vermehren, nur so weit lebt, wie es das Interesse der herrschenden Klasse erheischt. In der bürgerlichen Gesellschaft ist die lebendige Arbeit nur ein Mittel, die aufgehäufte Arbeit zu vermehren. In der kommunistischen Gesellschaft ist die aufgehäufte Arbeit nur ein Mittel, um den Lebensprozeß der Arbeiter zu erweitern, zu bereichern, zu befördern.

In der bürgerlichen Gesellschaft herrscht also die Vergangenheit über die Gegenwart, in der kommunistischen die Gegenwart über die Vergangenheit. In der bürgerlichen Gesellschaft ist das Kapital selbständig und persönlich, während das tätige Individuum unselbständig und unpersönlich ist.

Und die Aufhebung dieses Verhältnisses nennt die Bourgeoisie Aufhebung der Persönlichkeit und Freiheit! Und mit Recht. Es handelt sich allerdings um die Aufhebung der Bourgeois-Persönlichkeit, -Selbständigkeit und -Freiheit.

Unter Freiheit versteht man innerhalb der jetzigen bürgerlichen Produktionsverhältnisse den freien Handel, den freien Kauf und Verkauf.

Fällt aber der Schacher, so fällt auch der freie Schacher. Die Redensarten vom freien Schacher, wie alle übrigen Freiheitsbravaden unserer Bourgeoisie haben überhaupt nur einen Sinn gegenüber dem gebundenen Schacher, gegenüber dem geknechteten Bürger des Mittelalters, nicht aber gegenüber der kommunistischen Aufhebung des Schachers, der bürgerlichen Produktionsverhältnisse und der Bourgeoisie selbst.

Ihr entsetzt euch darüber, daß wir das Privateigentum aufheben wollen. Aber in eurer bestehenden Gesellschaft ist das Privateigentum für neun Zehntel ihrer Mitglieder aufgehoben, es existiert gerade dadurch, daß es für neun Zehntel nicht existiert. Ihr werft uns also vor, daß wir ein Eigentum aufheben wollen, welches die Eigentumslosigkeit der ungeheuren Mehrzahl der Gesellschaft als notwendige Bedingung voraussetzt.

Ihr werft uns mit einem Worte vor, daß wir euer Eigentum aufheben wollen. Allerdings, das wollen wir.

Von dem Augenblick an, wo die Arbeit nicht mehr in Kapital, Geld, Grundrente, kurz, in eine monopolisierbare gesellschaftliche Macht verwandelt werden kann, d. h. von dem Augenblick, wo das persönliche Eigentum nicht mehr in bürgerliches umschlagen kann, von dem Augenblick an erklärt ihr, die Person sei aufgehoben.

Ihr gesteht also, daß ihr unter der Person niemanden anders versteht als den Bourgeois, den bürgerlichen Eigentümer. Und diese Person soll allerdings aufgehoben werden.

Der Kommunismus nimmt keinem die Macht, sich gesellschaftliche Produkte anzueignen, er nimmt nur die Macht, sich durch diese Aneignung fremde Arbeit zu unterjochen.

Man hat eingewendet, mit der Aufhebung des Privateigentums werde alle Tätigkeit aufhören, und eine allgemeine Faulheit einreißen.

Hiernach müßte die bürgerliche Gesellschaft längst an der Trägheit zugrunde gegangen sein; denn die in ihr arbeiten, erwerben nicht, und die in ihr erwerben, arbeiten nicht. Das ganze Bedenken läuft auf die Tautologie hinaus, daß es keine Lohnarbeit mehr gibt, sobald es kein Kapital mehr gibt.

Alle Einwürfe, die gegen die kommunistische Aneignungs- und Produktionsweise der materiellen Produkte gerichtet werden, sind ebenso auf die Aneignung und Produktion der geistigen Produkte ausgedehnt worden. Wie für den Bourgeois das Aufhören des Klasseneigentums das Aufhören der Produktion selbst ist, so ist für ihn das Aufhören der Klassenbildung identisch mit dem Aufhören der Bildung überhaupt.

Die Bildung, deren Verlust er bedauert, ist für die enorme Mehrzahl die Heranbildung zur Maschine.

Aber streitet nicht mit uns, indem ihr an euren bürgerlichen Vorstellungen von Freiheit, Bildung, Recht usw. die Abschaffung des bürgerlichen Eigentums meßt. Eure Ideen selbst sind Erzeugnisse der bürgerlichen Produktions- und Eigentumsverhältnisse, wie euer Recht nur der zum Gesetz erhobene Wille eurer Klasse ist, ein Wille, dessen Inhalt gegeben ist in den materiellen Lebensbedingungen eurer Klasse.

Die interessierte Vorstellung, worin ihr eure Produktions- und Eigentumsverhältnisse aus geschichtlichen, in dem Lauf der Produktion vorübergehenden Verhältnissen in ewige Natur- und Vernunftgesetze verwandelt, teilt ihr mit allen untergegangenen herrschenden Klassen. Was ihr für das antike Eigentum begreift, was ihr für das feudale Eigentum begreift, dürft ihr nicht mehr begreifen für das bürgerliche Eigentum.

Aufhebung der Familie! Selbst die Radikalsten ereifern sich über diese schändliche Absicht der Kommunisten.

Worauf beruht die gegenwärtige, die bürgerliche Familie? Auf dem Kapital, auf dem Privaterwerb. Vollständig entwickelt existiert sie nur für die Bourgeoisie; aber sie findet ihre Ergänzung in der erzwungenen Familienlosigkeit der Proletarier und der öffentlichen Prostitution.

Die Familie der Bourgeois fällt natürlich weg mit dem Wegfallen dieser ihrer Ergänzung, und beide verschwinden mit dem Verschwinden des Kapitals.

Werft ihr uns vor, daß wir die Ausbeutung der Kinder durch ihre Eltern aufheben wollen? Wir gestehen dieses Verbrechen ein.

Aber, sagt ihr, wir heben die trautesten Verhältnisse auf, indem wir an die Stelle der häuslichen Erziehung die gesellschaftliche setzen.

Und ist nicht auch eure Erziehung durch die Gesellschaft bestimmt? Durch die gesellschaftlichen Verhältnisse, innerhalb derer ihr erzieht, durch die direktere oder indirektere Einmischung der Gesellschaft, vermittelst der Schule usw.? Die Kommunisten erfinden nicht die Einwirkung der Gesellschaft auf die Erziehung; sie verändern nur ihren Charakter, sie entreißen die Erziehung dem Einfluß der herrschenden Klasse.

Die bürgerlichen Redensarten über Familie und Erziehung, über das traute Verhältnis von Eltern und Kindern werden um so ekelhafter, je mehr infolge der großen Industrie alle Familienbande für die Proletarier zerrissen und die Kinder in einfache Handelsartikel und Arbeitsinstrumente verwandelt werden.

Aber ihr Kommunisten wollt die Weibergemeinschaft einführen, schreit uns die ganze Bourgeoisie im Chor entgegen.

Der Bourgeois sieht in seiner Frau ein bloßes Produktionsinstrument. Er hört, daß die Produktionsinstrumente gemeinschaftlich ausgebeutet werden sollen, und kann sich natürlich nichts anderes denken, als daß das Los der Gemeinschaftlichkeit die Weiber gleichfalls treffen wird.

Er ahnt nicht, daß es sich eben darum handelt, die Stellung der Weiber als bloßer Produktionsinstrumente aufzuheben.

Übrigens ist nichts lächerlicher als das hochmoralische Entsetzen unserer Bourgeois über die angebliche offizielle Weibergemeinschaft der Kommunisten. Die Kommunisten brauchen die Weibergemeinschaft nicht einzuführen, sie hat fast immer existiert.

Unsre Bourgeois, nicht zufrieden damit, daß ihnen die Weiber und Töchter ihrer Proletarier zur Verfügung stehen, von der offiziellen Prostitution gar nicht zu sprechen, finden ein Hauptvergnügen darin, ihre Ehefrauen wechselseitig zu verführen.

Die bürgerliche Ehe ist in Wirklichkeit die Gemeinschaft der Ehefrauen. Man könnte höchstens den Kommunisten vorwerfen, daß sie an Stelle einer heuchlerisch versteckten eine offizielle, offenherzige Weibergemeinschaft einführen wollten. Es versteht sich übrigens von selbst, daß mit Aufhebung der jetzigen Produktionsverhältnisse auch die aus ihnen hervorgehende Weibergemeinschaft, d. h. die offizielle und nichtoffizielle Prostitution, verschwindet.

Den Kommunisten ist ferner vorgeworfen worden, sie wollten das Vaterland, die Nationalität abschaffen. Die Arbeiter haben kein Vaterland. Man kann ihnen nicht nehmen, was sie nicht haben. Indem das Proletariat zunächst sich die politische Herrschaft erobern, sich zur nationalen Klasse erheben, sich selbst als Nation konstituieren muß, ist es selbst noch national, wenn auch keineswegs im Sinne der Bourgeoisie.

Die nationalen Absonderungen und Gegensätze der Völker verschwinden mehr und mehr schon mit der Entwicklung der Bourgeoisie, mit der Handelsfreiheit, dem Weltmarkt, der Gleichförmigkeit der industriellen Produktion und der ihr entsprechenden Lebensverhältnisse.

Die Herrschaft des Proletariats wird sie noch mehr verschwinden machen. Vereinigte Aktion, wenigstens der zivilisierten Länder, ist eine der ersten Bedingungen seiner Befreiung.

In dem Maße, wie die Exploitation des einen Individuums durch das andere aufgehoben wird, wird die Exploitation einer Nation durch die andere aufgehoben. Mit dem Gegensatz der Klassen im Innern der Nation fällt die feindliche Stellung der Nationen gegeneinander.

Die Anklagen gegen den Kommunismus, die von religiösen, philosophischen und ideologischen Gesichtspunkten überhaupt erhoben werden, verdienen keine ausführlichere Erörterung.

Bedarf es tiefer Einsicht, um zu begreifen, daß mit den Lebensverhältnissen der Menschen, mit ihren gesellschaftlichen Beziehungen, mit ihrem gesellschaftlichen Dasein, auch ihre Vorstellungen, Anschauungen und Begriffe, mit einem Worte auch ihr Bewußtsein sich ändert?

Was beweist die Geschichte der Ideen anders, als daß die geistige Produktion sich mit der materiellen umgestaltet? Die herrschenden Ideen einer Zeit waren stets nur die Ideen der herrschenden Klasse.

Man spricht von Ideen, welche eine ganze Gesellschaft revolutionieren; man spricht damit nur die Tatsache aus, daß sich innerhalb der alten Gesellschaft die Elemente einer neuen gebildet haben, daß mit der Auflösung der alten Lebensverhältnisse die Auflösung der alten Ideen gleichen Schritt hält.

Als die alte Welt im Untergehen begriffen war, wurden die alten Religionen von der christlichen Religion besiegt. Als die christlichen Ideen im 18. Jahrhundert den Aufklärungsideen unterlagen, rang die feudale Gesellschaft ihren Todeskampf mit der damals revolutionären Bourgeoisie. Die Ideen der Gewissens- und Religionsfreiheit sprachen nur die Herrschaft der freien Konkurrenz auf dem Gebiete des Wissens aus.

„Aber", wird man sagen, „religiöse, moralische, philosophische, politische, rechtliche Ideen usw. modifizieren sich allerdings im Lauf der geschichtlichen Entwicklung. Die Religion, die Moral, die Philosophie, die Politik, das Recht erhielten sich stets in diesem Wechsel. Es gibt zudem ewige Wahrheiten, wie Freiheit, Gerechtigkeit usw., die allen gesellschaftlichen Zuständen gemeinsam sind. Der Kommunismus aber schafft die ewigen Wahrheiten ab, er schafft die Religion ab, die Moral, statt sie neu zu gestalten, er widerspricht also allen bisherigen geschichtlichen Entwicklungen."

Worauf reduziert sich diese Anklage? Die Geschichte der ganzen bisherigen Gesellschaft bewegte sich in Klassengegensätzen, die in den verschiedensten Epochen verschieden gestaltet waren. Welche Form sie aber auch immer angenommen, die Ausbeutung des einen Teils der Gesellschaft durch den andern ist eine allen vergangenen Jahrhunderten gemeinsame Tatsache. Kein Wunder daher, daß das gesellschaftliche Bewußtsein aller Jahrhunderte, aller Mannigfaltigkeit und Verschiedenheit zum Trotz, in gewissen gemeinsamen Formen sich bewegt, in Bewußtseinsformen, die nur mit dem gänzlichen Verschwinden des Klassengegensatzes sich vollständig auflösen.

Die kommunistische Revolution ist das radikalste Brechen mit den überlieferten Eigentumsverhältnissen; kein Wunder, daß in ihrem Entwicklungsgange am radikalsten mit den überlieferten Ideen gebrochen wird.

Doch lassen wir die Einwürfe der Bourgeoisie gegen den Kommunismus.

Wir sahen schon oben, daß der erste Schritt in der Arbeiterrevolution die Erhebung des Proletariats zur herrschenden Klasse, die Erkämpfung der Demokratie ist.

Das Proletariat wird seine politische Herrschaft dazu benutzen, der Bourgeoisie nach und nach alles Kapital zu entreißen, alle Produktionsinstrumente in den Händen des Staats, d. h. des als herrschende Klasse organisierten Proletariats, zu zentralisieren und die Masse der Produktionskräfte möglichst rasch zu vermehren.

Es kann dies natürlich zunächst nur geschehen vermittelst despotischer Eingriffe in das Eigentumsrecht und in die bürgerlichen Produktionsverhältnisse, durch Maßregeln also, die ökonomisch unzureichend und unhaltbar erscheinen, die aber im Lauf der Bewegung über sich selbst hinaustreiben und als Mittel zur Umwälzung der ganzen Produktionsweise unvermeidlich sind. Diese Maßregeln werden natürlich je nach den verschiedenen Ländern verschieden sein.

Für die fortgeschrittensten Länder werden jedoch die folgenden ziemlich allgemein in Anwendung kommen können:

1. Expropriation des Grundeigentums und Verwendung der Grundrente zu Staatsausgaben.
2. Starke Progressivsteuer.
3. Abschaffung des Erbrechts.
4. Konfiskation des Eigentums aller Emigranten und Rebellen.
5. Zentralisation des Kredits in den Händen des Staats durch eine Nationalbank mit Staatskapital und ausschließlichem Monopol.
6. Zentralisation des Transportwesens in den Händen des Staats.
7. Vermehrung der Nationalfabriken, Produktionsinstrumente, Urbarmachung und Verbesserung aller Ländereien nach einem gemeinschaftlichen Plan.
8. Gleicher Arbeitszwang für alle, Errichtung industrieller Armeen, besonders für den Ackerbau.
9. Vereinigung des Betriebs von Ackerbau und Industrie, Hinwirken auf die allmähliche Beseitigung des Unterschieds von Stadt und Land.
10. Öffentliche und unentgeltliche Erziehung aller Kinder. Beseitigung der Fabrikarbeit der Kinder in ihrer heutigen Form. Vereinigung der Erziehung mit der materiellen Produktion usw.

Sind im Laufe der Entwicklung die Klassenunterschiede verschwunden und ist alle Produktion in den Händen der assoziierten Individuen konzentriert, so verliert die öffentliche Gewalt den politischen Charakter. Die politische Gewalt im eigentlichen Sinne ist die organisierte Gewalt einer Klasse zur Unterdrückung einer andern. Wenn das Proletariat im Kampfe gegen die Bourgeoisie sich notwendig zur Klasse vereint, durch eine Revolution sich zur herrschenden Klasse macht und als herrschende Klasse gewaltsam die alten Produktionsverhältnisse aufhebt, so hebt es mit diesen Produktionsverhältnissen die Existenzbedingungen des Klassengegensatzes, die Klassen überhaupt, und damit seine eigene Herrschaft als Klasse auf.

An die Stelle der alten bürgerlichen Gesellschaft mit ihren Klassen und Klassengegensätzen tritt eine Assoziation, worin die freie Entwicklung eines jeden die freie Entwicklung aller ist.

III. Sozialistische und kommunistische Literatur

1. Der reaktionäre Sozialismus

a) Der feudale Sozialismus

Die französische und englische Aristokratie war ihrer geschichtlichen Stellung nach dazu berufen, Pamphlete gegen die moderne bürgerliche Gesellschaft zu schreiben. In der französischen Junirevolution von 1830, in der englischen Reformbewegung war sie noch einmal dem verhaßten Emporkömmling erlegen. Von einem ernsten politischen Kampfe konnte nicht mehr die Rede sein. Nur der literarische Kampf blieb ihr übrig. Aber auch auf dem Gebiete der Literatur waren die alten Redensarten der Restaurationszeit[7] unmöglich geworden. Um Sympathie zu erregen, mußte die Aristokratie scheinbar ihre Interessen aus dem Auge verlieren und nur im Interesse der exploitierten Arbeiterklasse ihren Anklageakt gegen die Bourgeoisie formulieren. Sie bereitete so die Genugtuung vor, Schmählieder auf ihren neuen Herrscher zu singen und mehr oder minder unheilschwangere Prophezeiungen ihm ins Ohr raunen zu dürfen.

Auf diese Art entstand der feudalistische Sozialismus, halb Klagelied, halb Pasquill, halb Rückhall der Vergangenheit, halb Dräuen der Zukunft, mitunter die Bourgeoisie ins Herz treffend durch bitteres, geistreich zerreißendes Urteil, stets komisch wirkend durch gänzliche Unfähigkeit, den Gang der modernen Geschichte zu begreifen.

---

[7] Gemeint ist nicht die englische Restaurationszeit 1660-1689, sondern die französische Restaurationszeit 1814-1830. [Anmerkung von Engels zur englischen Ausgabe von 1888.]

Den proletarischen Bettelsack schwenkten sie als Fahne in der Hand, um das Volk hinter sich her zu versammeln. Sooft es ihnen aber folgte, erblickte es auf ihrem Hintern die alten feudalen Wappen und verlief sich mit lautem und unehrerbietigem Gelächter. Ein Teil der französischen Legitimisten und das Junge England gaben dies Schauspiel zum besten.

Wenn die Feudalen beweisen, daß ihre Weise der Ausbeutung anders gestaltet war als die bürgerliche Ausbeutung, so vergessen sie nur, daß sie unter gänzlich verschiedenen und jetzt überlebten Umständen und Bedingungen ausbeuteten. Wenn sie nachweisen, daß unter ihrer Herrschaft nicht das moderne Proletariat existiert hat, so vergessen sie nur, daß eben die moderne Bourgeoisie ein notwendiger Sprößling ihrer Gesellschaftsordnung war.

Übrigens verheimlichen sie den reaktionären Charakter ihrer Kritik so wenig, daß ihre Hauptanklage gegen die Bourgeoisie eben darin besteht, unter ihrem Regime entwickle sich eine Klasse, welche die ganze alte Gesellschaftsordnung in die Luft sprengen werde.

Sie werfen der Bourgeoisie mehr noch vor, daß sie ein revolutionäres Proletariat, als daß sie überhaupt ein Proletariat erzeugt.

In der politischen Praxis nehmen sie daher an allen Gewaltmaßregeln gegen die Arbeiterklasse teil, und im gewöhnlichen Leben bequemen sie sich, allen ihren aufgeblähten Redensarten zum Trotz die goldnen Äpfel aufzulesen und Treue, Liebe, Ehre mit dem Schacher in Schafswolle, Runkelrüben und Schnaps zu vertauschen.[8]

Wie der Pfaffe immer Hand in Hand ging mit dem Feudalen, so der pfäffische Sozialismus mit dem feudalistischen.

Nichts leichter, als dem christlichen Asketismus einen sozialistischen Anstrich zu geben. Hat das Christentum nicht auch gegen das Privateigentum, gegen die Ehe, gegen die Staat geeifert? Hat es nicht die Wohltätigkeit und den Bettel, das Zölibat und die Fleischesertötung, das Zellenleben und die Kirche an ihrer Stelle gepredigt? Der christliche Sozialismus ist nur das Weihwasser, womit der Pfaffe den Ärger des Aristokraten einsegnet.

---

[8] Dies bezieht sich hauptsächlich auf Deutschland, wo der Landadel und das Junkertum einen großen Teil ihrer Güter auf eigene Rechnung durch ihre Verwalter bewirtschaften lassen und daneben noch Großproduzenten von Rübenzucker und Kartoffelschnaps sind. Die reicheren englischen Aristokraten sind noch nicht so weit heruntergekommen; aber auch sie wissen, wie man das Sinken der Rente wettmachen kann durch die Hergabe ihres Namens an mehr oder weniger zweifelhafte Gründer von Aktiengesellschaften. [Anmerkung von Engels zur englischen Ausgabe 1888.]

b) Kleinbürgerlicher Sozialismus

Die feudale Aristokratie ist nicht die einzige Klasse, welche durch die Bourgeoisie gestürzt wurde, deren Lebensbedingungen in der modernen bürgerlichen Gesellschaft verkümmerten und abstarben. Das mittelalterliche Pfahlbürgertum und der kleine Bauernstand waren die Vorläufer der modernen Bourgeoisie. In den weniger industriell und kommerziell entwickelten Ländern vegetiert diese Klasse noch fort neben der aufkommenden Bourgeoisie.

In den Ländern, wo sich die moderne Zivilisation entwickelt hat, hat sich eine neue Kleinbürgerschaft gebildet, die zwischen dem Proletariat und der Bourgeoisie schwebt und als ergänzender Teil der bürgerlichen Gesellschaft stets von neuem sich bildet, deren Mitglieder aber beständig durch die Konkurrenz ins Proletariat hinabgeschleudert werden, ja selbst mit der Entwicklung der großen Industrie einen Zeitpunkt herannahen sehen, wo sie als selbständiger Teil der modernen Gesellschaft gänzlich verschwinden und im Handel, in der Manufaktur, in der Agrikultur durch Arbeitsaufseher und Domestiken ersetzt werden.

In Ländern wie Frankreich, wo die Bauernklasse weit mehr als die Hälfte der Bevölkerung ausmacht, war es natürlich, daß Schriftsteller, die für das Proletariat gegen die Bourgeoisie auftraten, an ihre Kritik des Bourgeoisregimes den kleinbürgerlichen und kleinbäuerlichen Maßstab anlegten und die Partei der Arbeiter vom Standpunkt des Kleinbürgertums ergriffen. Es bildete sich so der kleinbürgerliche Sozialismus. Sismondi ist das Haupt dieser Literatur nicht nur für Frankreich, sondern auch für England.

Dieser Sozialismus zergliederte höchst scharfsinnig die Widersprüche in den modernen Produktionsverhältnissen. Er enthüllte die gleisnerischen Beschönigungen der Ökonomen. Er wies unwiderleglich die zerstörenden Wirkungen der Maschinerie und der Teilung der Arbeit nach, die Konzentration der Kapitalien und des Grundbesitzes, die Überproduktion, die Krisen, den notwendigen Untergang der kleinen Bürger und Bauern, das Elend des Proletariats, die Anarchie in der Produktion, die schreienden Mißverhältnisse in der Verteilung des Reichtums, den industriellen Vernichtungskrieg der Nationen untereinander, die Auflösung der alten Sitten, der alten Familienverhältnisse, der alten Nationalitäten.

Seinem posititiven Gehalte nach will jedoch dieser Sozialismus entweder die alten Produktions- und Verkehrsmittel wiederherstellen und mit ihnen die alten Eigentumsverhältnisse und die alte Gesellschaft, oder er will die modernen Produktions- und Verkehrsmittel in den Rahmen der alten Eigentumsverhältnisse, die von ihnen gesprengt wurden, gesprengt werden mußten, gewaltsam wieder einsperren. In beiden Fällen ist er reaktionär und utopisch zugleich. Zunftwesen in der Manufaktur und patriarchalische Wirtschaft auf dem Lande, das sind seine letzten Worte. In ihrer weiteren Entwicklung hat sich diese Richtung in einen feigen Katzenjammer verlaufen.

c) Der deutsche oder „wahre" Sozialismus

Die sozialistische und kommunistische Literatur Frankreichs, die unter dem Druck einer herrschenden Bourgeoisie entstand und der literarische Ausdruck des Kampfes gegen diese Herrschaft ist, wurde nach Deutschland eingeführt zu einer Zeit, wo die Bourgeoisie soeben ihren Kampf gegen den feudalen Absolutismus begann.

Deutsche Philosophen, Halbphilosophen und Schöngeister bemächtigten sich gierig dieser Literatur und vergaßen nur, daß bei der Einwanderung jener Schriften aus Frankreich die französischen Lebensverhältnisse nicht gleichzeitig nach Deutschland eingewandert waren. Den deutschen Verhältnissen gegenüber verlor die französische Literatur alle unmittelbar praktische Bedeutung und nahm ein rein literarisches Aussehen an. Als müßige Spekulation über die Verwirklichung des menschlichen Wesens mußte sie erscheinen. So hatten für die deutschen Philosophen des 18. Jahrhunderts die Forderungen der ersten französischen Revolution nur den Sinn, Forderungen der „praktischen Vernunft" im allgemeinen zu sein, und die Willensäußerungen der französischen Bourgeoisie bedeuteten in ihren Augen die Gesetze des reinen Willens, des Willens, wie er sein muß, des wahrhaft menschlichen Willens.

Die ausschließliche Arbeit der deutschen Literaten bestand darin, die neuen französischen Ideen mit ihrem alten philosophischen Gewissen in Einklang zu setzen oder vielmehr von ihrem philosophischen Standpunkte aus die französischen Ideen sich anzueignen.

Diese Aneignung geschah in derselben Weise, wodurch man sich überhaupt eine fremde Sache aneignet, durch die Übersetzung.

Es ist bekannt, wie die Mönche Manuskripte, worauf die klassischen Werke der alten Heidenzeit verzeichnet waren, mit abgeschmackten katholischen Heiligengeschichten überschrieben. Die deutschen Literaten gingen umgekehrt mit der profanen französischen Literatur um. Sie schrieben ihren philosophischen Unsinn hinter das französische Original. Z. B. hinter die französische Kritik der Geldverhältnisse schrieben sie „Entäußerung des menschlichen Wesens", hinter die französische Kritik des Bourgeoisstaates schrieben sie „Aufhebung der Herrschaft des abstrakten Allgemeinen" usw.

Die Unterschiebung dieser philosophischen Redensarten unter die französischen Entwicklungen tauften sie „Philosophie der Tat", „wahrer Sozialismus", „deutsche Wissenschaft des Sozialismus", „philosophische Begründung des Sozialismus" usw.

Die französische sozialistisch-kommunistische Literatur wurde so förmlich entmannt. Und da sie in der Hand des Deutschen aufhörte, den Kampf einer Klasse gegen die andre auszudrücken, so war der Deutsche sich bewußt, die „französische Einseitigkeit" überwunden, statt wahrer Bedürfnisse das Bedürfnis der Wahrheit und statt der Interessen des Proletariers die Interessen des menschlichen Wesens, des Menschen überhaupt vertreten zu haben, des Menschen, der keiner Klasse, der überhaupt nicht der Wirklichkeit, der nur dem Dunsthimmel der philosophischen Phantasie angehört.

Dieser deutsche Sozialismus, der seine unbeholfenen Schulübungen so ernst und feierlich nahm und so marktschreierisch ausposaunte, verlor indes nach und nach seine pedantische Unschuld.

Der Kampf der deutschen, namentlich der preußischen Bourgeoisie gegen die Feudalen und das absolute Königtum, mit einem Wort, die liberale Bewegung wurde ernsthafter.

Dem „wahren" Sozialismus war so erwünschte Gelegenheit geboten, der politischen Bewegung die sozialistische Forderung gegenüberzustellen, die überlieferten Anatheme gegen den Liberalismus, gegen den Repräsentativstaat, gegen die bürgerliche Konkurrenz, bürgerliche Preßfreiheit, bürgerliches Recht, bürgerliche Freiheit und Gleichheit zu schleudern und der Volksmasse vorzupredigen, wie sie bei dieser bürgerlichen Bewegung nichts zu gewinnen, vielmehr alles zu verlieren habe. Der deutsche Sozialismus vergaß rechtzeitig, daß die französische Kritik, deren geistloses Echo er war, die moderne bürgerliche Gesellschaft mit den entsprechenden materiellen Lebensbedingungen und der angemessenen politischen Konstitution vorausgesetzt, lauter Voraussetzungen, um deren Erkämpfung es sich erst in Deutschland handelte.

Er diente den deutschen absoluten Regierungen mit ihrem Gefolge von Pfaffen, Schulmeistern, Krautjunkern und Bürokraten als erwünschte Vogelscheuche gegen die drohend aufstrebende Bourgeoisie.

Er bildete die süßliche Ergänzung zu den bitteren Peitschenhieben und Flintenkugeln, womit dieselben Regierungen die deutschen Arbeiteraufstände bearbeiteten.

Ward der „wahre" Sozialismus dergestalt eine Waffe in der Hand der Regierungen gegen die deutsche Bourgeoisie, so vertrat er auch unmittelbar ein reaktionäres Interesse, das Interesse der deutschen Pfahlbürgerschaft. In Deutschland bildet das vom 16. Jahrhundert her überlieferte und seit der Zeit in verschiedener Form hier immer neu wieder auftauchende Kleinbürgertum die eigentliche Grundlage der bestehenden Zustände.

Seine Erhaltung ist die Erhaltung der bestehenden deutschen Zustände. Von der industriellen und politischen Herrschaft der Bourgeoisie fürchtet es den sichern Untergang, einerseits infolge der Konzentration des Kapitals, andrerseits durch das Aufkommen eines revolutionären Proletariats. Der „wahre" Sozialismus schien ihm beide Fliegen mit einer Klappe zu schlagen. Er verbreitete sich wie eine Epidemie. Das Gewand, gewirkt aus spekulativem Spinnweb, überstickt mit schöngeistigen Redeblumen, durchtränkt von liebesschwülem Gemütstau, dies überschwengliche Gewand, worin die deutschen Sozialisten ihre paar knöchernen „ewigen Wahrheiten" einhüllten, vermehrte nur den Absatz ihrer Ware bei diesem Publikum.

Seinerseits erkannte der deutsche Sozialismus immer mehr seinen Beruf, der hochtrabende Vertreter dieser Pfahlbürgerschaft zu sein.

Er proklamierte die deutsche Nation als die normale Nation und den deutschen Spießbürger als den Normalmenschen. Er gab jeder Niederträchtigkeit desselben einen verborgenen, höheren, sozialistischen Sinn, worin sie ihr Gegenteil bedeutete. Er zog die letzte Konsequenz, indem er direkt gegen die „rohdestruktive" Richtung des Kommunismus auftrat und seine unparteiische Erhabenheit über alle Klassenkämpfe verkündete. Mit sehr wenigen Ausnahmen gehört alles, was in Deutschland von angeblich sozialistischen und kommunistischen Schriften zirkuliert, in den Bereich dieser schmutzigen, entnervenden Literatur [9].

2. Der konservative oder Bourgeoissozialismus

Ein Teil der Bourgeoisie wünscht den sozialen Mißständen abzuhelfen, um den Bestand der bürgerlichen Gesellschaft zu sichern.

Es gehören hierher: Ökonomisten, Philantrophen, Humanitäre, Verbesserer der Lage der arbeitenden Klassen, Wohltätigkeitsorganisierer, Abschaffer der Tierquälerei, Mäßigkeitsvereinsstifter, Winkelreformer der buntscheckigsten Art. Und auch zu ganzen Systemen ist dieser Bourgeoissozialismus ausgearbeitet worden.

Als Beispiel führen wir Proudhons „Philosophie de la misère" an.

Die sozialistischen Bourgeois wollen die Lebensbedingungen der modernen Gesellschaft ohne die notwendig daraus hervor gehenden Kämpfe und Gefahren. Sie wollen die bestehende Gesellschaft mit Abzug der sie revolutionierenden und sie auflösenden Elemente. Sie wollen die Bourgeoisie ohne das Proletariat. Die Bourgeoisie stellt sich die Welt, worin sie herrscht, natürlich als die beste Welt vor. Der Bourgeoissozialismus arbeitet diese tröstliche Vorstellung zu einem halben oder ganzen System aus. Wenn er das Proletariat auffordert, seine Systeme zu verwirklichen und in das neue Jerusalem einzugehen, so verlangt er im Grunde nur, daß es in der jetzigen Gesellschaft stehenbleibe, aber seine gehässigen Vorstellungen von derselben abstreife.

Eine zweite, weniger systematische, nur mehr praktische Form dieses Sozialismus suchte der Arbeiterklasse jede revolutionäre Bewegung zu verleiden, durch den Nachweis, wie nicht diese oder jene politische Veränderung, sondern nur eine Veränderung der materiellen Lebensverhältnisse, der ökonomischen

[9] Der Revolutionssturm von 1848 hat diese gesamte schäbige Richtung weggefegt und ihren Trägern die Lust benommen, noch weiter in Sozialismus zu machen. Hauptvertreter und klassischer Typus dieser Richtung ist Herr Karl Grün. [Anmerkung von Engels zur deutschen Ausgabe von 1890.]

Verhältnisse ihr von Nutzen sein könne. Unter Veränderung der materiellen Lebensverhältnisse versteht dieser Sozialismus aber keineswegs Abschaffung der bürgerlichen Produktionsverhältnisse, die nur auf revolutionärem Wege möglich ist, sondern administrative Verbesserungen, die auf dem Boden dieser Produktionsverhältnisse vor sich gehen, also an dem Verhältnis von Kapital und Lohnarbeit nichts ändern, sondern im besten Fall der Bourgeoisie die Kosten ihrer Herrschaft vermindern und ihren Staatshaushalt vereinfachen.

Seinen entsprechenden Ausdruck erreicht der Bourgeoisiesozialismus erst da, wo er zur bloßen rednerischen Figur wird.

Freier Handel! im Interesse der arbeitenden Klasse; Schutzzölle! im Interesse der arbeitenden Klasse; Zellengefängnisse! im Interesse der arbeitenden Klasse; das ist das letzte, das einzige ernstgemeinte Wort des Bourgeoisiesozialismus.

Der Sozialismus der Bourgeoisie besteht eben in der Behauptung, daß die Bourgeois Bourgeois sind – im Interesse der arbeitenden Klasse.

3. Der kritisch-utopistische Sozialismus oder Kommunismus

Wir reden hier nicht von der Literatur, die in allen großen modernen Revolutionen die Forderungen des Proletariats aussprach. (Schriften Babeufs etc.)

Die ersten Versuche des Proletariats, in einer Zeit allgemeiner Aufregung, in der Periode des Umsturzes der feudalen Gesellschaft direkt sein eigenes Klasseninteresse durchzusetzen, scheiterten notwendig an der unentwickelten Gestalt des Proletariats selbst wie an dem Mangel der materiellen Bedingungen seiner Befreiung, die eben erst das Produkt der bürgerliche Epoche sind. Die revolutionäre Literatur, welche diese ersten Bewegungen des Proletariats begleitete, ist dem Inhalt nach notwendig reaktionär. Sie lehrt einen allgemeinen Asketismus und eine rohe Gleichmacherei.

Die eigentlich sozialistischen und kommunistischen Systeme, die Systeme St.-Simons, Fouriers, Owens usw., tauchen auf in der ersten, unentwickelten Periode des Kampfes zwischen Proletariat und Bourgeoisie, die wir oben dargestellt haben. (Siehe Bourgeoisie und Proletariat.)

Die Erfinder dieser Systeme sehen zwar den Gegensatz der Klassen wie die Wirksamkeit der auflösenden Elemente in der herrschenden Gesellschaft selbst. Aber sie erblicken auf der Seite des Proletariats keine geschichtliche Selbsttätigkeit, keine ihm eigentümliche politische Bewegung.

Da die Entwicklung des Klassengegensatzes gleichen Schritt hält mit der Entwicklung der Industrie, finden sie ebensowenig die materiellen Bedingungen zur Befreiung des Proletariats vor und suchen nach einer sozialen Wissenschaft, nach sozialen Gesetzen, um diese Bedingungen zu schaffen.

An die Stelle der gesellschaftlichen Tätigkeit muß ihre persönlich erfinderische Tätigkeit treten, an die Stelle der geschichtlichen Bedingungen der Befreiung phantastische, an die Stelle der allmählich vor sich gehenden Organisation des Proletariats zur Klasse eine eigens ausgeheckte Organisation der Gesellschaft. Die kommende Weltgeschichte löst sich für sie auf in die Propaganda und die praktische Ausführung ihrer Gesellschaftspläne.

Sie sind sich zwar bewußt, in ihren Plänen hauptsächlich das Interesse der arbeitenden Klasse als der leidendsten Klasse zu vertreten. Nur unter diesem Gesichtspunkt der leidendsten Klasse existiert das Proletariat für sie.

Die unentwickelte Form des Klassenkampfes wie ihre eigene Lebenslage bringen es aber mit sich, daß sie weit über jenen Klassengegensatz erhaben zu sein glauben. Sie wollen die Lebenslage aller Gesellschaftsglieder, auch der bestgestellten, verbessern. Sie appellieren daher fortwährend an die ganze Gesellschaft ohne Unterschied, ja vorzugsweise an die herrschende Klasse. Man braucht ihr System ja nur zu verstehen, um es als den bestmöglichen Plan der bestmöglichen Gesellschaft anzuerkennen.

Sie verwerfen daher alle politische, namentlich alle revolutionäre Aktion, sie wollen ihr Ziel auf friedlichem Wege erreichen und versuchen, durch kleine, natürlich fehlschlagende Experimente, durch die Macht des Beispiels dem neuen gesellschaftlichen Evangelium Bahn zu brechen.

Die phantastische Schilderung der zukünftigen Gesellschaft entspringt in einer Zeit, wo das Proletariat noch höchst unentwickelt ist, also selbst noch phantastisch seine eigene Stellung auffaßt, seinem ersten ahnungsvollen Drängen nach einer allgemeinen Umgestaltung der Gesellschaft.

Die sozial(istisch)en und kommunistischen Schriften bestehen aber auch aus kritischen Elementen. Sie greifen alle Grundlagen der bestehenden Gesellschaft an. Sie haben daher höchst wertvolles Material zur Aufklärung der Arbeiter geliefert. Ihre positiven Sätze über die zukünftige Gesellschaft, z. B. Aufhebung des Gegensatzes zwischen Stadt und Land, der Familie, des Privaterwerbs, der Lohnarbeit, die Verkündigung der gesellschaftlichen Harmonie, die Verwandlung des Staates in eine bloße Verwaltung der Produktion – alle diese ihre Sätze drücken bloß das Wegfallen des Klassengegensatzes aus, der eben erst sich zu entwickeln beginnt, den sie nur noch in seiner ersten gestaltlosen Unbestimmtheit kennen. Diese Sätze selbst haben daher noch einen rein utopistischen Sinn.

Die Bedeutung des kritisch-utopistischen Sozialismus oder Kommunismus steht im umgekehrten Verhältnis zur geschichtlichen Entwicklung. In demselben Maße, worin der Klassenkampf sich entwickelt und gestaltet, verliert diese phantastische Erhebung über denselben, diese phantastische Bekämpfung desselben allen praktischen Wert, alle theoretische Berechtigung. Waren daher die Urheber dieser Systeme auch in vieler Beziehung revolutionär, so bilden ihre Schüler jedesmal reaktionäre Sekten. Sie halten die alten Anschauungen der Meister fest gegenüber der geschichtlichen Fortentwicklung des Proletariats. Sie suchen daher konsequent den Klassenkampf wieder abzustumpfen und die Gegensätze zu vermitteln. Sie träumen noch immer die versuchsweise Verwirklichung ihrer gesellschaftlichen Utopien, Stiftung einzelner Phalanstere, Gründung von Home-Kolonien, Errichtung eines kleinen Ikariens[10] – Duodezausgabe des neuen Jerusalems –, und zum Aufbau aller dieser spanischen Schlösser müssen sie an die Philanthropie der bürgerlichen Herzen und Geldsäcke appellieren. Allmählich fallen sie in die Kategorie der oben geschilderten reaktionären oder konservativen Sozialisten und unterscheiden sich nur noch von ihnen durch mehr systematische Pedanterie, durch den fanatischen Aberglauben an die Wunderwirkungen ihrer sozialen Wissenschaft.

Sie treten daher mit Erbitterung aller politischen Bewegung der Arbeiter entgegen, die nur aus blindem Unglauben an das neue Evangelium hervorgehen konnte.

Die Owenisten in England, die Fourieristen in Frankreich reagieren dort gegen die Chartisten, hier gegen die Reformisten.

IV. Stellung der Kommunisten zu den verschiedenen oppositionellen Parteien

Nach Abschnitt II versteht sich das Verhältnis der Kommunisten zu den bereits konstituierten Arbeiterparteien von selbst, also ihr Verhältnis zu den Chartisten in England und den agrarischen Reformern in Nordamerika.

Sie kämpfen für die Erreichung der unmittelbar vorliegenden Zwecke und Interessen der Arbeiterklasse, aber sie vertreten in der gegenwärtigen Bewegung zugleich die Zukunft der Bewegung. In Frankreich schließen sich die Kommunisten an die sozial-demokratische Partei[11] an gegen die konservative und radikale Bourgeoisie, ohne darum das Recht aufzugeben, sich kritisch zu den aus der revolutionären Überlieferung herrührenden Phrasen und Illusionen zu verhalten.

---

10 Phalanstere war die Bezeichnung für die von Charles Fourier geplanten sozialistischen Kolonien; Ikarien nannte Cabet seine Utopie und später seine kommunistische Kolonie in Amerika. [Anmerkung von Engels zur englischen Ausgabe von 1888.]
Home-Kolonien (Kolonien im Inland) nennt Owen seine kommunistischen Mustergesellschaften. Phalanstere war der Name der von Fourier geplanten gesellschaftlichen Paläste. Ikarien hieß das utopische Phantasieland, dessen kommunistische Einrichtung Cabet schilderte. [Anmerkung von Engels zur deutschen Ausgabe von 1890.]

11 Die Partei, die damals im Parlament von Ledru-Rollin, in der Literatur von Louis Blanc und in der Tagespresse von der „Réforme" vertreten wurde. Der Name „Sozialdemokratie" bedeutete bei diesen ihren Erfindern eine Sektion der demokratischen oder republikanischen Partei mit mehr oder weniger sozialistischer Färbung. [Anmerkung von Engels zur englischen Ausgabe von 1888.]
Die damals sich sozialistisch-demokratisch nennende Partei in Frankreich war die durch Ledru-Rollin politisch und durch Louis Blanc literarisch vertretene; sie war also himmelweit verschieden von der heutigen deutschen Sozialdemokratie. [Anmerkung von Engels zur deutschen Ausgabe von 1890.]

In der Schweiz unterstützen sie die Radikalen, ohne zu verkennen, daß diese Partei aus widersprechenden Elementen besteht, teils aus demokratischen Sozialisten im französischen Sinn, teils aus radikalen Bourgeois.

Unter den Polen unterstützen die Kommunisten die Partei, welche eine agrarische Revolution zur Bedingung der nationalen Befreiung macht, dieselbe Partei, welche die Krakauer Insurrektion von 1846 ins Leben rief.

In Deutschland kämpft die Kommunistische Partei, sobald die Bourgeoisie revolutionär auftritt, gemeinsam mit der Bourgeoisie gegen die absolute Monarchie, das feudale Grundeigentum und die Kleinbürgerei.

Sie unterläßt aber keinen Augenblick, bei den Arbeitern ein möglichst klares Bewußtsein über den feindlichen Gegensatz zwischen Bourgeoisie und Proletariat herauszuarbeiten, damit die deutschen Arbeiter sogleich die gesellschaftlichen und politischen Bedingungen, welche die Bourgeoisie mit ihrer Herrschaft herbeiführen muß, als ebenso viele Waffen gegen die Bourgeoisie kehren können, damit, nach dem Sturz der reaktionären Klassen in Deutschland, sofort der Kampf gegen die Bourgeoisie selbst beginnt.

Auf Deutschland richten die Kommunisten ihre Hauptaufmerksamkeit, weil Deutschland am Vorabend einer bürgerlichen Revolution steht und weil es diese Umwälzung unter fortgeschrittneren Bedingungen der europäischen Zivilisation überhaupt und mit einem viel weiter entwickelten Proletariat vollbringt als England im 17. und Frankreich im 18. Jahrhundert, die deutsche bürgerliche Revolution also nur das unmittelbare Vorspiel einer proletarischen Revolution sein kann.

Mit einem Wort, die Kommunisten unterstützen überall jede revolutionäre Bewegung gegen die bestehenden gesellschaftlichen und politischen Zustände.

In allen diesen Bewegungen heben sie die Eigentumsfrage, welche mehr oder minder entwickelte Form sie auch angenommen haben möge, als die Grundfrage der Bewegung hervor.

Die Kommunisten arbeiten endlich überall an der Verbindung und Verständigung der demokratischen Parteien aller Länder.

Die Kommunisten verschmähen es, ihre Ansichten und Absichten zu verheimlichen. Sie erklären es offen, daß ihre Zwecke nur erreicht werden können durch den gewaltsamen Umsturz aller bisherigen Gesellschaftsordnung. Mögen die herrschenden Klassen vor einer kommunistischen Revolution zittern. Die Proletarier haben nichts in ihr zu verlieren als ihre Ketten. Sie haben eine Welt zu gewinnen.

Proletarier aller Länder, vereinigt euch!

LOHNARBEIT UND KAPITAL

Einleitung von Friedrich Engels

Die nachfolgende Arbeit erschien als eine Reihe von Leitartikeln in der „Neuen Rheinischen Zeitung" vom 5. April 1849 an. Ihr liegen zugrunde die Vorträge, die Marx 1847 im Brüsseler deutschen Arbeiterverein gehalten. Sie ist im Abdruck Fragment geblieben; das in Nr. 269 am Schluß stehende „Fortsetzung folgt" blieb unerfüllt infolge der sich damals überstürzenden Ereignisse, des Einmarsches der Russen in Ungarn, der Aufstände in Dresden, Iserlohn, Elberfeld, der Pfalz und Baden, die die Unterdrückung der Zeitung selbst (19. Mai 1849) herbeiführten. Das Manuskript dieser Fortsetzung hat sich im Nachlaß von Marx nicht vorgefunden.

„Lohnarbeit und Kapital" ist in mehreren Auflagen als Separatabdruck in Broschürenform erschienen, zuletzt 1884, Hottingen-Zürich, Schweizerische Genossenschaftsbuchdruckerei. Diese bisherigen Abdrücke enthielten den genauen Wortlaut des Originals. Der vorliegende Neuabdruck soll aber in nicht weniger als 10.000 Exemplaren als Propagandaschrift verbreitet werden, und da mußte sich mir die Frage aufdrängen, ob unter diesen Umständen Marx selbst eine unveränderte Wiedergabe des Wortlauts billigen würde.

In den vierziger Jahren hatte Marx seine Kritik der politischen Ökonomie noch nicht zum Abschluß gebracht. Dies geschah erst gegen Ende der fünfziger Jahre. Seine vor dem ersten Heft „Zur Kritik der Politischen Oekonomie" (1859) erschienenen Schriften weichen daher in einzelnen Punkten von den seit 1859 verfaßten ab, enthalten Ausdrücke und ganze Sätze, die, vom Standpunkt der spätern Schriften aus, schief und selbst unrichtig erscheinen. Nun ist es selbstredend, daß in gewöhnlichen, für das Gesamtpublikum bestimmten Ausgaben auch dieser in der geistigen Entwicklung des Verfassers mit einbegriffene frühere Standpunkt seinen Platz hat, daß Verfasser wie Publikum ein unbestrittnes Recht haben auf unveränderten Abdruck dieser älteren Schriften. Und es wäre mir nicht im Traum eingefallen, ein Wort daran zu ändern.

Anders, wenn die neue Auflage so gut wie ausschließlich zur Propaganda unter Arbeitern bestimmt ist. Da würde Marx unbedingt die alte, von 1849 datierende Darstellung mit seinem neuen Standpunkt in Einklang gebracht haben. Und ich bin mir gewiß, in seinem Sinn zu handeln, wenn ich *für diese Ausgabe* die wenigen Änderungen und Zusätze vornehme, die erforderlich sind, um diesen Zweck in allen wesentlichen Punkten zu erreichen. Ich sage also dem Leser im voraus: Dies ist die Broschüre, nicht wie Marx sie 1849 niedergeschrieben hat, sondern, annähernd, wie er sie 1891 geschrieben hätte. Der wirkliche Text ist zudem in so zahlreichen Exemplaren verbreitet, daß dies hinreicht, bis ich ihn in einer spätern Gesamtausgabe wieder unverändert abdrucken kann.

Meine Änderungen drehen sich alle um einen Punkt. Nach dem Original verkauft der Arbeiter für den Arbeitslohn dem Kapitalisten seine *Arbeit*; nach dem jetzigen Text seine Arbeits*kraft*. Und wegen dieser Änderung bin ich Auskunft schuldig. Auskunft den Arbeitern, damit sie sehn, daß hier keine bloße Wortklauberei vorliegt, sondern vielmehr einer der wichtigsten Punkte der ganzen politischen Ökonomie. Auskunft den Bourgeois, damit sie sich überzeugen können, wie gewaltig die ungebildeten Arbeiter, denen man die schwierigsten ökonomischen Entwicklungen mit Leichtigkeit verständlich machen kann, unsern hochnäsigen „Gebildeten“ überlegen sind, denen solche verzwickte Fragen unlöslich bleiben ihr Leben lang.

Die klassische politische Ökonomie übernahm aus der industriellen Praxis die landläufige Vorstellung des Fabrikanten, als kaufe und bezahle er die *Arbeit* seiner Arbeiter. Diese Vorstellung hatte für den Geschäftsgebrauch, die Buchführung und Preiskalkulation des Fabrikanten ganz gut ausgereicht. Naiverweise übertragen in die politische Ökonomie, richtete sie hier gar wundersame Irrungen und Wirrungen an.

Die Ökonomie findet die Tatsache vor, daß die Preise aller Waren, darunter auch der Preis der Ware, die sie „Arbeit“ nennt, fortwährend wechseln; daß sie steigen und fallen infolge von sehr mannigfaltigen Umständen, die häufig mit der Herstellung der Ware selbst in gar keinem Zusammenhang stehn, so daß die Preise in der Regel durch den puren Zufall bestimmt scheinen. Sobald nun die Ökonomie als Wissenschaft auftrat, war eine ihrer ersten Aufgaben, das Gesetz zu suchen, das sich hinter diesem, scheinbar die Warenpreise beherrschenden Zufall verbarg und das in Wirklichkeit diesen Zufall selbst beherrschte. Innerhalb der fortwährenden, bald nach oben, bald nach unten schwankenden und schwingenden Warenpreise suchte sie nach dem festen Zentralpunkt, um den herum diese Schwankungen und Schwingungen sich vollziehn. Mit einem Worte: Sie ging von den Waren*preisen* aus, um als deren regelndes Gesetz den Waren*wert* zu suchen, aus dem sich alle Preisschwankungen erklären, auf den sie schließlich alle wieder zurückführen sollten.

Die klassische Ökonomie fand nun, daß der Wert einer Ware bestimmt werde durch die in ihr steckende, zu ihrer Produktion erheischte Arbeit. Mit dieser Erklärung begnügte sie sich. Und auch wir können einstweilen hierbei stehn bleiben. Nur um Mißverständnissen vorzubeugen, will ich daran erinnern, daß diese Erklärung heutzutage völlig ungenügend geworden ist. Marx hat zuerst die wertbildende Eigenschaft der Arbeit gründlich untersucht und dabei gefunden, daß nicht jede scheinbar oder auch wirklich zur Produktion einer Ware notwendige Arbeit dieser Ware unter allen Umständen eine Wertgröße zusetzt, die der verbrauchten Arbeitsmenge entspricht. Wenn wir also heute kurzweg mit Ökonomen wie Ricardo sagen, der Wert einer Ware bestimme sich durch die zu ihrer Produktion notwendige Arbeit, so unterstellen wir dabei stets die von Marx gemachten Vorbehalte. Dies genügt hier; das Weitre findet sich bei Marx in „Zur Kritik der Politischen Oekonomie“, 1859, und im ersten Band des „Kapital“.

Sobald aber die Ökonomen diese Wertbestimmung durch die Arbeit anwandten auf die Ware „Arbeit“, gerieten sie von einem Widerspruch in den andern.

Wie wird der Wert der „Arbeit" bestimmt? Durch die in ihr steckende notwendige Arbeit. Wieviel Arbeit aber steckt in der Arbeit eines Arbeiters für einen Tag, eine Woche, einen Monat, ein Jahr? Die Arbeit eines Tags, einer Woche, eines Monats, eines Jahrs. Wenn die Arbeit das Maß aller Werte ist, so können wir den „Wert der Arbeit" eben nur ausdrücken in Arbeit. Wir wissen aber absolut nichts über den Wert einer Stunde Arbeit, wenn wir nur wissen, daß er gleich einer Stunde Arbeit ist. Damit sind wir also kein Haarbreit näher am Ziel; wir drehen uns in einem fort im Kreise.

Die klassische Ökonomie versuchte es also mit einer andern Wendung; sie sagte: Der Wert einer Ware ist gleich ihren Produktionskosten. Aber was sind die Produktionskosten der Arbeit? Um diese Frage zu beantworten, müssen die Ökonomen der Logik ein bißchen Gewalt antun. Statt der Produktionskosten der Arbeit selbst, die leider nicht zu ermitteln sind, untersuchen sie nun, was die Produktionskosten des *Arbeiters* sind. Und diese lassen sich ermitteln. Sie wechseln je nach Zeit und Umständen, aber für einen gegebnen Gesellschaftszustand, eine gegebne Lokalität, einen gegebnen Produktionszweig sind sie ebenfalls gegeben, wenigstens innerhalb ziemlich enger Grenzen. Wir leben heute unter der Herrschaft der kapitalistischen Produktion, wo eine große, stets wachsende Klasse der Bevölkerung nur leben kann, wenn sie für die Besitzer der Produktionsmittel – der Werkzeuge, Maschinen, Rohstoffe und Lebensmittel – gegen Arbeitslohn arbeitet. Auf Grundlage dieser Produktionsweise bestehen die Produktionskosten des Arbeiters in derjenigen Summe von Lebensmitteln – oder deren Geldpreis –, die durchschnittlich nötig sind, ihn arbeitsfähig zu machen, arbeitsfähig zu erhalten und ihn bei seinem Abgang durch Alter, Krankheit oder Tod durch einen neuen Arbeiter zu ersetzen, also die Arbeiterklasse in der benötigten Stärke fortzupflanzen. Nehmen wir an, der Geldpreis dieser Lebensmittel sei im Durchschnitt drei Mark täglich.

Unser Arbeiter erhält also von dem ihn beschäftigenden Kapitalisten einen Lohn von drei Mark täglich. Der Kapitalist läßt ihn dafür, sage zwölf Stunden täglich, arbeiten. Und zwar kalkuliert dieser Kapitalist etwa folgendermaßen:

Nehmen wir an, unser Arbeiter – Maschinenschlosser – habe ein Stück einer Maschine zu arbeiten, das er in einem Tage fertigmacht. Der Rohstoff – Eisen und Messing in der nötigen vorgearbeiteten Form – koste 20 M. Der Verbrauch an Kohlen der Dampfmaschine, der Verschleiß dieser selben Dampfmaschine, der Drehbank und der übrigen Werkzeuge, womit unser Arbeiter arbeitet, stelle dar, für einen Tag und auf seinen Anteil berechnet, einen Wert von 1 M. Der Arbeitslohn für einen Tag ist nach unsrer Annahme 3 M. Macht zusammen für unser Maschinenstück 24 M. Der Kapitalist rechnet aber heraus, daß er dafür im Durchschnitt einen Preis von 27 M. von seinen Kunden erhält, also 3 M. über seine ausgelegten Kosten.

Woher kommen diese 3 M., die der Kapitalist einsteckt? Nach der Behauptung der klassischen Ökonomie werden die Waren im Durchschnitt zu ihren

Werten, d. h. zu Preisen verkauft, die den in diesen Waren enthaltnen notwendigen Arbeitsmengen entsprechen. Der Durchschnittspreis unsres Maschinenteils – 27 M. – wäre also gleich seinem Wert, gleich der in ihm steckenden Arbeit. Aber von diesen 27 M. waren 21 M. bereits vorhandne Werte, ehe unser Maschinenschlosser zu arbeiten anfing. 20 M. steckten im Rohstoff, 1 M. in Kohlen, die während der Arbeit verbrannt, oder in Maschinen und Werkzeugen, die dabei gebraucht und in ihrer Leistungsfähigkeit bis zum Wert dieses Betrags geschmälert wurden. Bleiben 6 M., die dem Wert des Rohstoffs zugesetzt worden sind. Diese sechs Mark können aber nach der Annahme unsrer Ökonomen selbst nur herstammen aus der dem Rohstoff durch unsern Arbeiter zugesetzten Arbeit. Seine zwölfstündige Arbeit hat danach einen neuen Wert von sechs Mark geschaffen. Der Wert seiner zwölfstündigen Arbeit wäre also gleich sechs Mark. Und damit hätten wir also endlich entdeckt, was der „Wert der Arbeit" ist.

„Halt da!" ruft unser Maschinenschlosser. „Sechs Mark? Ich habe aber nur drei Mark erhalten! Mein Kapitalist schwört Stein und Bein, der Wert meiner zwölfstündigen Arbeit sei nur drei Mark, und wenn ich sechs verlange, so lacht er mich aus. Wie reimt sich das?"

Kamen wir vorhin mit unserm Wert der Arbeit in einen Zirkel ohne Ausweg, so sind wir jetzt in einem unlöslichen Widerspruch erst recht festgeritten. Wir suchten den Wert der Arbeit und fanden mehr, als wir brauchen können. Für den Arbeiter ist der Wert der zwölfstündigen Arbeit drei Mark, für den Kapitalisten sechs Mark, wovon er drei dem Arbeiter als Lohn zahlt und drei selbst in die Tasche steckt. Also hätte die Arbeit nicht einen, sondern zwei Werte, und sehr verschiedne obendrein!

Der Widerspruch wird noch widersinniger, sobald wir die in Geld ausgedrückten Werte auf Arbeitszeit reduzieren. In den zwölf Stunden Arbeit wird ein Neuwert von sechs Mark geschaffen. Also in sechs Stunden drei Mark – die Summe, die der Arbeiter für zwölfstündige Arbeit erhält. Für zwölfstündige Arbeit erhält der Arbeiter als gleichen Gegenwert das Produkt von sechs Stunden Arbeit. Entweder also hat die Arbeit zwei Werte, wovon der eine doppelt so groß wie der andre, oder zwölf sind gleich sechs! In beiden Fällen kommt reiner Widersinn heraus.

Wir mögen uns drehen und wenden wie wir wollen, wir kommen nicht heraus aus diesem Widerspruch, solange wir vom Kauf und Verkauf der Arbeit und vom Wert der Arbeit sprechen. Und so ging es den Ökonomen auch. Der letzte Ausläufer der klassischen Ökonomie, die Ricardosche Schule, ging großenteils an der Unlösbarkeit dieses Widerspruchs zugrunde. Die klassische Ökonomie hatte sich in eine Sackgasse festgerannt. Der Mann, der den Weg aus dieser Sackgasse fand, war Karl Marx.

Was die Ökonomen als die Produktionskosten „der Arbeit" angesehn hatten, waren die Produktionskosten nicht der Arbeit, sondern des lebendigen Arbeiters selbst. Und was dieser Arbeiter dem Kapitalisten verkaufte, war nicht seine

Arbeit. „Sobald seine Arbeit wirklich beginnt“, sagt Marx, „hat sie bereits aufgehört, ihm zu gehören, kann also nicht mehr von ihm verkauft werden.“ Er könnte also höchstens seine *künftige* Arbeit verkaufen, d. h. die Verpflichtung übernehmen, eine bestimmte Arbeitsleistung zu bestimmter Zeit auszuführen. Damit aber verkauft er nicht Arbeit (die doch erst geschehen sein müßte), sondern er stellt dem Kapitalisten auf bestimmte Zeit (im Taglohn) oder zum Zweck einer bestimmten Arbeitsleistung (im Stücklohn) seine Arbeitskraft gegen eine bestimmte Zahlung zur Verfügung: Er vermietet resp. verkauft seine *Arbeitskraft.* Diese Arbeitskraft ist aber mit seiner Person verwachsen und von ihr untrennbar. Ihre Produktionskosten fallen daher mit seinen Produktionskosten zusammen; was die Ökonomen die Produktionskosten der Arbeit nannten, sind eben die des Arbeiters und damit die der Arbeitskraft. Und so können wir auch von den Produktionskosten der Arbeitskraft auf den *Wert* der Arbeitskraft zurückgehn und die Menge von gesellschaftlich notwendiger Arbeit bestimmen, die zur Herstellung einer Arbeitskraft von bestimmter Qualität erforderlich ist, wie dies Marx im Abschnitt vom Kauf und Verkauf der Arbeitskraft getan hat („Kapital“, Band 1, Kapitel 4, 3. Abteilung).

Was geschieht nun, nachdem der Arbeiter dem Kapitalisten seine Arbeitskraft verkauft, d. h. gegen einen vorausbedungnen Lohn – Taglohn oder Stücklohn – zur Verfügung gestellt hat? Der Kapitalist führt den Arbeiter in seine Werkstatt oder Fabrik, wo sich bereits alle zur Arbeit erforderlichen Gegenstände, Rohstoffe, Hülfsstoffe (Kohlen, Farbstoffe etc.); Werkzeuge, Maschinen, vorfinden. Hier fängt der Arbeiter an zu schanzen. Sein Tageslohn sei wie oben 3 Mark – wobei es nichts ausmacht, ob er sie im Taglohn oder im Stücklohn verdient. Wir nehmen auch hier wieder an, daß der Arbeiter in zwölf Stunden den vernutzten Rohstoffen durch seine Arbeit einen Neuwert von sechs Mark zusetzt, welchen Neuwert der Kapitalist beim Verkauf des fertigen Werkstücks realisiert. Er zahlt davon dem Arbeiter seine 3 Mark, die andern 3 Mark aber behält er selbst. Wenn nun der Arbeiter in zwölf Stunden einen Wert von sechs Mark schafft, so in sechs Stunden einen Wert von 3 Mark. Er hat also dem Kapitalisten den Gegenwert der im Arbeitslohn erhaltnen drei Mark schon wieder vergütet, nachdem er für ihn sechs Stunden gearbeitet. Nach sechs Stunden Arbeit sind beide quitt, keiner ist dem andern einen Heller schuldig.

„Halt da!“ ruft jetzt der Kapitalist. „Ich habe den Arbeiter für einen ganzen Tag, für zwölf Stunden gemietet. Sechs Stunden sind aber nur ein halber Tag. Also flott fortgeschanzt, bis die andern sechs Stunden auch um sind – erst dann sind wir quitt!“ Und der Arbeiter hat sich in der Tat seinem „freiwillig“ eingegangnen Kontrakt zu fügen, wonach er sich verpflichtet, für ein Arbeitsprodukt, das sechs Arbeitsstunden kostet, zwölf ganze Stunden zu arbeiten.

Beim Stücklohn ist es geradeso. Nehmen wir an, unser Arbeiter schafft in 12 Stunden 12 Stück Ware. Davon kostet jedes an Rohstoff und Verschleiß 2 M. und wird verkauft zu $2^1/_2$ M. So wird der Kapitalist, bei sonst denselben Voraussetzungen wie vorhin, dem Arbeiter 25 Pf. per Stück geben; macht auf 12 Stück 3 M., die zu verdienen der Arbeiter zwölf Stunden braucht. Der Kapitalist erhält für die 12 Stück 30 M.; ab für Rohstoff und Verschleiß 24 M., bleiben 6 M., wovon er 3 M. Arbeitslohn zahlt und drei M. einsteckt. Ganz wie oben. Auch hier arbeitet der Arbeiter sechs Stunden für sich, d. h. zum Ersatz seines Lohns (in jeder der zwölf Stunden $^1/_2$ Stunde), und sechs Stunden für den Kapitalisten.

Die Schwierigkeit, an der die besten Ökonomen scheiterten, solange sie vom Wert der „Arbeit" ausgingen, verschwindet, sobald wir statt dessen vom Wert der „Arbeits*kraft*" ausgehn. Die Arbeitskraft ist eine Ware in unsrer heutigen kapitalistischen Gesellschaft, eine Ware wie jede andre, aber doch eine ganz besondre Ware. Sie hat nämlich die besondre Eigenschaft, wertschaffende Kraft, Quelle von Wert zu sein, und zwar, bei geeigneter Behandlung, Quelle von mehr Wert, als sie selbst besitzt. Bei dem heutigen Stand der Produktion produziert die menschliche Arbeitskraft nicht nur in einem Tag einen größern Wert, als sie selbst besitzt und kostet; mit jeder neuen wissenschaftlichen Entdeckung, mit jeder neuen technischen Erfindung steigert sich dieser Überschuß ihres Tagesprodukts über ihre Tageskosten, verkürzt sich also derjenige Teil des Arbeitstags, worin der Arbeiter den Ersatz seines Tageslohns herausarbeitet, und verlängert sich also andrerseits derjenige Teil des Arbeitstags, worin er dem Kapitalisten seine Arbeit *schenken* muß, ohne dafür bezahlt zu werden.

Und dies ist die wirtschaftliche Verfassung unsrer ganzen heutigen Gesellschaft: Die arbeitende Klasse allein ist es, die alle Werte produziert. Denn Wert ist nur ein andrer Ausdruck für Arbeit, derjenige Ausdruck, wodurch in unsrer heutigen kapitalistischen Gesellschaft die Menge der in einer bestimmten Ware steckenden, gesellschaftlich notwendigen Arbeit bezeichnet wird. Diese von den Arbeitern produzierten Werte gehören aber nicht den Arbeitern. Sie gehören den Eigentümern der Rohstoffe, der Maschinen und Werkzeuge und der Vorschußmittel, die diesen Eigentümern erlauben, die Arbeitskraft der Arbeiterklasse zu kaufen. Von der ganzen, von ihr erzeugten Produktionsmasse erhält also die Arbeiterklasse nur einen Teil für sich zurück. Und, wie wir eben gesehn, wird der andre Teil, den die Kapitalistenklasse für sich behält und höchstens noch mit der Grundeigentümerklasse zu teilen hat, mit jeder neuen Erfindung und Entdeckung größer, während der der Arbeiterklasse zufallende Teil (auf die Kopfzahl berechnet) entweder nur sehr langsam und unbedeutend oder auch gar nicht steigt und unter Umständen sogar fallen kann.

Aber diese stets rascher einander verdrängenden Erfindungen und Entdekkungen, diese sich in bisher unerhörtem Maße Tag auf Tag steigernde Ergiebigkeit der menschlichen Arbeit schafft zuletzt einen Konflikt, worin die heutige kapitalistische Wirtschaft zugrunde gehn muß. Auf der einen Seite unermeßliche Reichtümer und einen Überfluß von Produkten, den die Abnehmer nicht bewältigen können. Auf der andern die große Masse der Gesellschaft proletarisiert, in Lohnarbeiter verwandelt und eben dadurch unfähig gemacht, jenen Überfluß von Produkten sich anzueignen. Die Spaltung der Gesellschaft in eine kleine, übermäßig reiche und eine große, besitzlose Lohnarbeiterklasse bewirkt, daß diese Gesellschaft in ihrem eignen Überfluß erstickt, während die große Mehrzahl ihrer Glieder kaum oder nicht einmal vor dem äußersten Mangel geschützt ist. Dieser Zustand wird mit jedem Tag widersinniger und – unnötiger. Er *muß* beseitigt werden, er *kann* beseitigt werden. Eine neue Gesellschaftsordnung ist möglich, worin die heutigen Klassenunterschiede verschwunden sind und wo – vielleicht nach einer kurzen, etwas knappen, aber jedenfalls moralisch sehr nützlichen Übergangszeit – durch planmäßige Ausnutzung und Weiterbildung der schon vorhandnen ungeheuren Produktivkräfte aller Gesellschaftsglieder, bei gleicher Arbeitspflicht, auch die Mittel zum Leben, zum Lebensgenuß, zur Ausbildung und Betätigung aller körperlichen und geistigen Fähigkeiten, gleichmäßig und in stets wachsender Fülle zur Verfügung stehn. Und daß die Arbeiter mehr und mehr entschlossen sind, sich diese neue Gesellschaftsordnung zu erkämpfen, davon wird Zeugnis ablegen, auf beiden Seiten des Ozeans, der morgende erste Mai und der Sonntag, der dritte Mai.

London, 30. April 1891 *Friedrich Engels*

Lohnarbeit und Kapital

Von verschiednen Seiten warf man uns vor, daß wir nicht die *ökonomischen Verhältnisse* dargestellt haben, welche die materielle Grundlage der jetzigen Klassenkämpfe und Nationalkämpfe bilden. Wir haben planmäßig diese Verhältnisse nur da berührt, wo sie sich in politischen Kollisionen unmittelbar aufdrängen.

Es galt vor allem den Klassenkampf in der Tagesgeschichte zu verfolgen und an dem vorhandnen und täglich neu geschaffnen geschichtlichen Stoff empirisch nachzuweisen, daß mit der Unterjochung der Arbeiterklasse, welche Februar und März gemacht hatte, gleichzeitig ihre Gegner besiegt wurden – die Bourgeoisrepublikaner in Frankreich, die den feudalen Absolutismus bekämpfenden Bürger- und Bauernklassen auf dem gesamten europäischen Kontinent; daß der Sieg der „honetten Republik" in Frankreich gleichzeitig der Fall der Nationen war, die auf die Februarrevolution mit heroischen Unabhängigkeitskriegen geantwortet hatten; daß endlich Europa mit der Besiegung der revolutionären Arbeiter in seine alte Doppelsklaverei zurückfiel, in die *englisch-russische* Sklaverei. Der Junikampf zu Paris, der Fall Wiens, die Tragikomödie des Berliner November 1848, die verzweifelten Anstrengungen Polens, Italiens und Ungarns, Irlands Aushungerung – das waren die Hauptmomente, in denen sich der europäische Klassenkampf zwischen Bourgeoisie und Arbeiterklasse zusammenfaßte, an denen wir nachwiesen, daß jede revolutionäre Erhebung, mag ihr Ziel noch so fernliegend dem Klassenkampf scheinen, scheitern muß, bis die revolutionäre Arbeiterklasse siegt, daß jede soziale Reform eine Utopie bleibt, bis die proletarische Revolution und die feudalistische Kontrerevolution sich in einem *Weltkrieg* mit den Waffen messen. In unsrer Darstellung, wie in der Wirklichkeit, waren *Belgien* und die *Schweiz* tragikomische karikaturmäßige Genrebilder in dem großen historischen Tableau, das eine der Musterstaat der bürgerlichen Monarchie, das andre der Musterstaat der bürgerlichen Republik, beides Staaten, die sich einbilden, ebenso unabhängig von dem Klassenkampf zu sein wie von der europäischen Revolution.

Jetzt, nachdem unsre Leser den Klassenkampf im Jahre 1848 in kolossalen politischen Formen sich entwickeln sahen, ist es an der Zeit, näher einzugehn auf die ökonomischen Verhältnisse selbst, worauf die Existenz der Bourgeoisie und ihre Klassenherrschaft ebenso sich gründet wie die Sklaverei der Arbeiter.

Wir werden in drei großen Abteilungen darstellen: 1. das Verhältnis der *Lohnarbeit zum Kapital*, die Sklaverei des Arbeiters, die Herrschaft des Kapitalisten, 2. *den unvermeidlichen Untergang der mittleren Bürgerklassen und des sogenannten Bürgerstandes unter dem jetzigen System*, 3. *die kommerzielle Unterjochung und Ausbeutung der Bourgeoisklassen der verschiednen europäischen Nationen* durch den Despoten des Weltmarkts – *England*.

Wir werden möglichst einfach und populär darzustellen suchen und selbst die elementarischsten Begriffe der politischen Ökonomie nicht voraussetzen.

Wir wollen den Arbeitern verständlich sein. Und zudem herrscht in Deutschland die merkwürdigste Unwissenheit und Begriffsverwirrung über die einfachsten ökonomischen Verhältnisse, von den patentierten Verteidigern der bestehenden Zustände bis hinab zu den *sozialistischen Wunderschäfern* und den *verkannten politischen Genies*, an denen das zersplitterte Deutschland noch reicher ist als an Landesvätern.

Zunächst also zur ersten Frage:

Was ist der Arbeitslohn?
Wie wird er bestimmt?

Wenn man Arbeiter fragte: Wie hoch ist Ihr Arbeitslohn? so würden sie antworten, dieser: „Ich erhalte 1 Mark für den Arbeitstag von meinem Bourgeois", jener: „Ich erhalte 2 Mark" usw. Nach den verschiednen Arbeitszweigen, denen sie angehören, würden sie verschiedne Geldsummen angeben, die sie für die Herstellung einer bestimmten Arbeit, z. B. für das Weben einer Eile Leinwand oder für das Setzen eines Druckbogens, von ihrem jedesmaligen Bourgeois erhalten. Trotz der Verschiedenheit ihrer Angaben werden sie alle in dem Punkte übereinstimmen: Der Arbeitslohn ist die Summe Geldes, die der Kapitalist für eine bestimmte Arbeitszeit oder für eine bestimmte Arbeitslieferung zahlt.

Der Kapitalist, so scheint es, *kauft* also ihre Arbeit mit Geld. Für Geld *verkaufen* sie ihm ihre Arbeit. Dies ist aber bloß der Schein. Was sie in Wirklichkeit dem Kapitalisten für Geld verkaufen, ist ihre *Arbeitskraft*. Diese Arbeitskraft kauft der Kapitalist auf einen Tag, eine Woche, einen Monat usw. Und nachdem er sie gekauft, verbraucht er sie, indem er die Arbeiter während der stipulierten Zeit arbeiten läßt. Mit derselben Summe, womit der Kapitalist ihre Arbeitskraft gekauft hat, z. B. mit 2 Mark, hätte er 2 Pfund Zucker oder irgendeine andre Ware zu einem bestimmten Belauf kaufen können. Die 2 Mark, womit er 2 Pfund Zucker kaufte, sind der *Preis* der 2 Pfund Zucker. Die 2 Mark, womit er zwölf Stunden Gebrauch der Arbeitskraft kaufte, sind der Preis der zwölfstündigen Arbeit. Die Arbeitskraft ist also eine Ware, nicht mehr, nicht minder als der Zucker. Die erste mißt man mit der Uhr, die andre mit der Waage.

Ihre Ware, die Arbeitskraft, tauschen die Arbeiter gegen die Ware des Kapitalisten aus, gegen das Geld, und zwar geschieht dieser Austausch in einem bestimmten Verhältnis. So viel Geld für so langen Gebrauch der Arbeitskraft. Für zwölfstündiges Weben 2 Mark. Und die 2 Mark, stellen sie nicht alle andern Waren vor, die ich für 2 Mark kaufen kann? In der Tat hat der Arbeiter also seine Ware, die Arbeitskraft, gegen Waren aller *Art* ausgetauscht, und zwar in einem bestimmten Verhältnis. Indem der Kapitalist ihm 2 Mark gab, hat er ihm so viel Fleisch, so viel Kleidung, so viel Holz, Licht usw. im Austausch gegen seinen Arbeitstag gegeben. Die 2 Mark drücken also das Verhältnis aus, worin die

Arbeitskraft gegen andre Waren ausgetauscht wird, den *Tauschwert* seiner Arbeitskraft. Der Tauschwert einer Ware, in *Geld* abgeschätzt, heißt eben ihr *Preis*. Der *Arbeitslohn* ist also nur ein besondrer Name für den Preis der Arbeitskraft, den man gewöhnlich den *Preis der Arbeit* nennt, für den Preis dieser eigentümlichen Ware, die keinen andern Behälter hat als menschliches Fleisch und Blut.

Nehmen wir einen beliebigen Arbeiter, z. B. einen Weber. Der Kapitalist liefert ihm den Webstuhl und das Garn. Der Weber setzt sich ans Arbeiten, und aus dem Garn wird Leinwand. Der Kapitalist bemächtigt sich der Leinwand und verkauft sie, zu 20 Mark z. B. Ist nun der Arbeitslohn des Webers ein *Anteil* an der Leinwand, an den 20 Mark, an dem Produkt seiner Arbeit? Keineswegs. Lange bevor die Leinwand verkauft ist, vielleicht lange bevor sie fertiggewebt ist, hat der Weber seinen Arbeitslohn empfangen. Der Kapitalist zahlt diesen Lohn also nicht mit dem Geld, das er aus der Leinwand lösen wird, sondern mit vorrätigem Geld. Wie Webstuhl und Garn nicht das Produkt des Webers sind, dem sie vom Bourgeois geliefert sind, sowenig sind es die Waren, die er im Austausch für seine Ware, die Arbeitskraft, erhält. Es war möglich, daß der Bourgeois gar keinen Käufer für seine Leinwand fand. Es war möglich, daß er selbst den Arbeitslohn nicht aus ihrem Verkauf herausschlug. Es ist möglich, daß er sie im Verhältnis zum Webelohn sehr vorteilhaft verkauft. Alles das geht den Weber nichts an. Der Kapitalist kauft mit einem Teil seines vorhandnen Vermögens, seines Kapitals, die Arbeitskraft des Webers ganz so, wie er mit einem andern Teil seines Vermögens den Rohstoff – das Garn – und das Arbeitsinstrument – den Webstuhl – angekauft hat. Nachdem er diese Einkäufe gemacht, und unter diese Einkäufe gehört die zur Produktion der Leinwand nötige Arbeitskraft, produziert er nur noch *mit ihm zugehörigen Rohstoffen und Arbeitsinstrumenten*. Zu letzteren gehört denn nun freilich auch unser guter Weber, der an dem Produkt oder dem Preise des Produkts sowenig einen Anteil hat wie der Webstuhl.

Der Arbeitslohn ist also nicht ein Anteil des Arbeiters an der von ihm produzierten Ware. Der Arbeitslohn ist der Teil schon vorhandner Ware, womit der Kapitalist eine bestimmte Summe produktiver Arbeitskraft an sich kauft.

Die Arbeitskraft ist also eine Ware, die ihr Besitzer, der Lohnarbeiter, an das Kapital verkauft. Warum verkauft er sie? Um zu leben.

Die Betätigung der Arbeitskraft, die Arbeit, ist aber die eigne Lebenstätigkeit des Arbeiters, seine eigne Lebensäußerung. Und diese *Lebenstätigkeit* verkauft er an einen Dritten, um sich die nötigen *Lebensmittel* zu sichern. Seine Lebenstätigkeit ist für ihn also nur ein Mittel, um existieren zu können. Er arbeitet, um zu leben. Er rechnet die Arbeit nicht selbst in sein Leben ein, sie ist vielmehr ein Opfer seines Lebens. Sie ist eine Ware, die er an einen Dritten zugeschlagen hat. Das Produkt seiner Tätigkeit ist daher auch nicht der Zweck seiner Tätigkeit. Was er für sich selbst produziert, ist nicht die Seide, die er webt, nicht das Gold, das er aus dem Bergschacht zieht, nicht der Palast, den er baut. Was er für sich selbst produziert, ist der *Arbeitslohn*, und Seide, Gold, Palast lösen sich für ihn auf in ein bestimmtes Quantum von Lebensmitteln, vielleicht in eine Baumwollenjacke, in Kupfermünze und in eine Kellerwohnung. Und der Arbeiter, der zwölf Stunden webt, spinnt, bohrt, dreht, baut, schaufelt, Steine klopft, trägt usw. – gilt ihm dies zwölfstündige Weben, Spinnen, Bohren, Drehen, Bauen, Schaufeln, Steinklopfen als Äußerung seines Lebens, als Leben? Umgekehrt. Das Leben fängt da für ihn an, wo diese Tätigkeit aufhört, am Tisch, auf der Wirtshausbank, im Bett. Die zwölfstündige Arbeit dagegen hat ihm keinen Sinn als Weben, Spinnen, Bohren usw., sondern als *Verdienen,* das ihn an den Tisch, auf die Wirtshausbank, ins Bett bringt. Wenn der Seidenwurm spänne, um seine Existenz als Raupe zu fristen, so wäre er ein vollständiger Lohnarbeiter. Die Arbeitskraft war nicht immer eine *Ware*. Die Arbeit war nicht immer Lohnarbeit, d. h. *freie Arbeit*. Der *Sklave* verkaufte seine Arbeitskraft nicht an die Sklavenbesitzer, sowenig wie der Ochse seine Leistungen an den Bauer verkauft. Der Sklave mitsamt seiner Arbeitskraft ist ein für allemal an seinen Eigentümer verkauft. Er ist eine Ware, die von der Hand des einen Eigentümers in die des andern übergehn kann. Er *selbst* ist eine Ware, aber die Arbeitskraft ist nicht *seine* Ware. Der *Leibeigne* verkauft nur einen Teil seiner Arbeitskraft. Nicht er erhält einen Lohn vom Eigentümer des Grund und Bodens: der Eigentümer des Grund und Bodens erhält vielmehr von ihm einen Tribut.

Der Leibeigne gehört zum Grund und Boden und wirft dem Herrn des Grund und Bodens Früchte ab. Der freie *Arbeiter* dagegen verkauft sich selbst, und zwar stückweis. Er versteigert 8, 10, 12, 15 Stunden seines Lebens, einen Tag wie den andern, an den Meistbietenden, an den Besitzer der Rohstoffe, der Arbeitsinstrumente und Lebensmittel, d. h. an den Kapitalisten. Der Arbeiter gehört weder einem Eigentümer noch dem Grund und Boden an, aber 8, 10,12, 15 Stunden seines täglichen Lebens gehören dem, der sie kauft. Der Arbeiter verläßt den Kapitalisten, dem er sich vermietet, sooft er will, und der Kapitalist entläßt ihn, sooft er es für gut findet, sobald er keinen Nutzen oder nicht den beabsichtigten Nutzen mehr aus ihm zieht. Aber der Arbeiter, dessen einzige Erwerbsquelle der Verkauf der Arbeitskraft ist, kann nicht die *ganze Klasse der Käufer*, d. h. die *Kapitalistenklasse* verlassen, ohne auf seine Existenz zu verzichten. *Er gehört nicht diesem oder jenem Kapitalisten, aber der Kapitalistenklasse*; und es ist dabei seine Sache, sich an den Mann zu bringen, das heißt in dieser Kapitalistenklasse einen Käufer zu finden.

Bevor wir jetzt auf das Verhältnis zwischen Kapital und Lohnarbeit näher eingehn, werden wir kurz die allgemeinsten Verhältnisse darstellen, die bei der Bestimmung des Arbeitslohns in Betracht kommen.

Der *Arbeitslohn* ist, wie wir gesehn haben, der *Preis* einer bestimmten Ware, der Arbeitskraft. Der Arbeitslohn wird also durch dieselben Gesetze bestimmt, die den Preis jeder andern Ware bestimmen.

Es fragt sich also, *wie wird der Preis einer Ware bestimmt*?

Wodurch wird der Preis einer Ware bestimmt?

Durch die Konkurrenz zwischen Käufern und Verkäufern, durch das Verhältnis der Nachfrage zur Zufuhr, des Begehrs zum Angebot. Die Konkurrenz, wodurch der Preis einer Ware bestimmt wird, ist *dreiseitig*.

Dieselbe Ware wird von verschiednen Verkäufern angeboten. Wer Waren von derselben Güte am wohlfeilsten verkauft, ist sicher, die übrigen Verkäufer aus dem Felde zu schlagen und sich den größten Absatz zu sichern. Die Verkäufer machen sich also wechselseitig den Absatz, den Markt streitig. Jeder von ihnen will verkaufen, möglichst viel verkaufen, und womöglich allein verkaufen mit Ausschluß der übrigen Verkäufer. Der eine verkauft daher wohlfeiler als der andre. Es findet also eine *Konkurrenz unter den Verkäufern* statt, die den Preis der von ihnen angebotnen *Waren herabdrückt*.

Es findet aber auch eine *Konkurrenz unter den Käufern* statt, die ihrerseits den Preis der angebotnen Waren *steigen macht*.

Es findet endlich eine *Konkurrenz unter den Käufern und Verkäufern statt*; die *einen* wollen möglichst wohlfeil kaufen, die *andern* wollen möglichst teuer verkaufen. Das Resultat dieser Konkurrenz zwischen Käufern und Verkäufern wird davon abhängen, wie sich die beiden früher angegebnen Seiten der Konkurrenz verhalten, d. h. ob die Konkurrenz in dem Heer der Käufer oder die Konkurrenz in dem Heer der Verkäufer stärker ist. Die Industrie führt zwei Heeresmassen gegeneinander ins Feld, wovon eine jede in ihren eignen Reihen zwischen ihren eignen Truppen wieder eine Schlacht liefert. Die Heeresmasse, unter deren Truppen die geringste Prügelei stattfindet, trägt den Sieg über die entgegenstehende davon.

Nehmen wir an, es befänden sich 100 Baumwollballen auf dem Markt und gleichzeitig Käufer für 1000 Baumwollballen. In diesem Falle ist also die Nachfrage zehnmal größer als die Zufuhr. Die Konkurrenz unter den Käufern wird also sehr stark sein, jeder derselben will einen, womöglich alle 100 Ballen an sich reißen. Dies Beispiel ist keine willkürliche Unterstellung. Wir haben in der Geschichte des Handels Perioden des Mißwachses der Baumwolle erlebt, wo einige miteinander verbündete Kapitalisten nicht 100 Ballen, sondern den ganzen Baumwollvorrat der Erde an sich zu kaufen suchten. In dem angegebnen Falle wird also ein Käufer den andern aus dem Felde zu schlagen suchen, indem er einen verhältnismäßig höhern Preis für den Baumwollballen anbietet. Die Baumwollverkäufer, welche die Truppen des feindlichen Heeres im heftigsten Kampfe untereinander erblicken und des Verkaufs ihrer sämtlichen 100 Ballen völlig gesichert sind, werden sich hüten, untereinander sich in die Haare zu fallen, um die Preise der Baumwolle herabzudrücken, in einem Augenblick, wo ihre Gegner untereinander wetteifern, ihn in die Höhe zu schrauben. Es ist also plötzlich Friede in das Heer der Verkäufer eingekehrt. Sie stehn wie *ein* Mann den Käufern gegenüber, kreuzen sich philosophisch die Arme, und ihre

Forderungen fänden keine Grenzen, fänden nicht die Anerbietungen selbst der zudringlichsten Kauflustigen ihre sehr bestimmten Grenzen.

Ist also die Zufuhr einer Ware schwächer als die Nachfrage nach dieser Ware, so findet nur eine geringe oder gar keine Konkurrenz unter den Verkäufern statt. In demselben Verhältnis, wie diese Konkurrenz abnimmt, wächst die Konkurrenz unter den Käufern. Resultat: Mehr oder minder bedeutendes Steigen der Warenpreise.

Es ist bekannt, daß der umgekehrte Fall mit umgekehrtem Resultat häufiger stattfindet. Bedeutender Überschuß der Zufuhr über die Nachfrage: verzweifelte Konkurrenz unter den Verkäufern; Mangel an Käufern: Losschlagen der Waren zu Spottpreisen.

Aber was heißt Steigen, Fallen der Preise, was heißt hoher Preis, niedriger Preis? Ein Sandkorn ist hoch durch ein Mikroskop betrachtet, und ein Turm ist niedrig mit einem Berg verglichen. Und wenn der Preis durch das Verhältnis von Nachfrage und Zufuhr bestimmt wird, wodurch wird das Verhältnis von Nachfrage und Zufuhr bestimmt?

Wenden wir uns an den ersten besten Bürger. Er wird sich keinen Augenblick besinnen und wie ein andrer Alexander der Große diesen metaphysischen Knoten mit dem Einmaleins zerhauen. Wenn mich die Herstellung der Ware, die ich verkaufe, 100 Mark gekostet hat, wird er uns sagen, und ich aus dem Verkauf dieser Ware 110 Mark löse, nach Jahresfrist versteht sich – so ist das ein bürgerlicher, ein honetter, ein gesetzter Gewinn. Erhalte ich aber im Austausch 120, 130 Mark, so ist das ein hoher Gewinn; und löse ich gar 200 Mark, so wäre das ein außerordentlicher, ein enormer Gewinn. Was dient dem Bürger also als *Maß* des Gewinns? Die *Produktionskosten* seiner Ware. Erhält er im Austausch dieser Ware eine Summe von andern Waren zurück, deren Herstellung weniger gekostet hat, so hat er verloren. Erhält er im Austausch gegen seine Ware eine Summe von andern Waren zurück, deren Herstellung mehr gekostet hat, so hat er gewonnen. Und das Fallen oder Steigen des Gewinns berechnet er nach den Graden, worin der Tauschwert seiner Ware unter oder über Null – der *Produktionskosten* – steht.

Wir haben nun gesehn, wie das wechselnde Verhältnis von Nachfrage und Zufuhr bald Steigen, bald Fallen der Preise, bald hohe, bald niedrige Preise hervorbringt. Steigt der Preis einer Ware bedeutend durch mangelnde Zufuhr oder unverhältnismäßig wachsende Nachfrage, so ist notwendig der Preis irgendeiner andern Ware verhältnismäßig gefallen; denn der Preis einer Ware drückt ja nur in Geld das Verhältnis aus, worin dritte Waren im Austausch für sie gegeben werden. Steigt z. B. der Preis einer Elle Seidenzeug von 5 Mark auf 6 Mark, so ist der Preis des Silbers im Verhältnis zum Seidenzeug gefallen, und ebenso ist der Preis aller andern Waren, die auf ihren alten Preisen stehngeblieben sind, im Verhältnis zum Seidenzeug gefallen. Man muß eine größere Summe davon im Austausch geben, um dieselbe Summe von Seidenwaren zu erhalten. Was wird die Folge des steigenden Preises einer Ware sein? Eine Masse von Kapitalien wird sich auf den blühenden Industriezweig werfen, und diese Einwanderung der Kapitalien in das Gebiet der bevorzugten Industrie wird so lange fortdauern, bis sie die gewöhnlichen Gewinne abwirft oder vielmehr, bis der Preis ihrer Produkte durch Überproduktion unter die Produktionskosten herabsinkt.

Umgekehrt. Fällt der Preis einer Ware unter ihre Produktionskosten, so werden sich die Kapitale von der Produktion dieser Ware zurückziehen. Den Fall ausgenommen, wo ein Industriezweig nicht mehr zeitgemäß ist, also untergehn muß, wird durch diese Flucht der Kapitale die Produktion einer solchen Ware, d. h. ihre Zufuhr, so lange abnehmen, bis sie der Nachfrage entspricht, also ihr Preis wieder auf die Höhe ihrer Produktionskosten sich erhebt, oder vielmehr, bis die Zufuhr unter die Nachfrage herabgefallen ist, d. h. bis ihr Preis wieder über ihre Produktionskosten steigt, *denn der courante Preis einer Ware steht immer über oder unter ihren Produktionskosten.*

Wir sehn, wie die Kapitale beständig aus- und einwandern, aus dem Gebiete der einen Industrie in das der andern. Der hohe Preis bringt eine zu starke Einwanderung und der niedrige Preis eine zu starke Auswanderung hervor.

Wir könnten von einem andern Gesichtspunkt aus zeigen, wie nicht nur die Zufuhr, sondern auch die Nachfrage durch die Produktionskosten bestimmt wird. Es würde uns dies aber zu weit von unserm Gegenstande abführen.

Wir haben soeben gesehn, wie die Schwankungen der Zufuhr und Nachfrage den Preis einer Ware immer wieder auf die Produktionskosten zurückführen. *Zwar der wirkliche Preis einer Ware steht stets über oder unter den Produktionskosten*; *aber das Steigen und Fallen ergänzen sich wechselseitig*, so daß innerhalb eines bestimmten Zeitraums, Ebbe und Flut der Industrie zusammengerechnet, die Waren ihren Produktionskosten entsprechend, gegeneinander ausgetauscht werden, ihr Preis also durch ihre Produktionskosten bestimmt wird.

Diese Preisbestimmung durch die Produktionskosten ist nicht im Sinne der Ökonomen zu verstehn. Die Ökonomen sagen, daß der *Durchschnittspreis* der Waren gleich den Produktionskosten ist; dies sei das *Gesetz*. Die anarchische Bewegung, worin das Steigen durch das Fallen und das Fallen durch das Steigen ausgeglichen wird, betrachten sie als Zufälligkeit. Man könnte mit demselben Recht, wie dies auch von andern Ökonomen geschehn ist, die Schwankungen als Gesetz und die Bestimmung durch die Produktionskosten als Zufälligkeit betrachten. Aber nur diese Schwankungen, die, näher betrachtet, die furchtbarsten Verwüstungen mit sich führen und gleich Erdbeben die bürgerliche Gesellschaft in ihren Grundfesten erzittern machen, nur diese Schwankungen bestimmen in ihrem Verlauf den Preis durch die Produktionskosten. Die Gesamtbewegung dieser Unordung ist ihre Ordnung. In dem Verlauf dieser industriellen Anarchie, in dieser Kreisbewegung gleicht die Konkurrenz sozusagen die eine Extravaganz durch die andre aus.

Wir sehn also: Der Preis einer Ware ist bestimmt durch ihre Produktionskosten in der Weise, daß die Zeiten, worin der Preis dieser Ware über die Produktionskosten steigt, durch die Zeiten ausgeglichen werden, worin er unter die Produktionskosten herabsinkt, und umgekehrt. Es gilt dies natürlich nicht für ein einzelnes gegebnes Industrieprodukt, sondern nur für den ganzen Industriezweig. Es gilt also auch nicht für den einzelnen Industriellen, sondern nur für die ganze Klasse der Industriellen.

Die Bestimmung des Preises durch die Produktionskosten ist gleich der Bestimmung des Preises durch die Arbeitszeit, die zur Herstellung einer Ware erforderlich ist, denn die Produktionskosten bestehen aus 1. Rohstoffen und Verschleiß von Instrumenten, d. h. aus Industrieprodukten, deren Herstellung eine gewisse Summe von Arbeitstagen gekostet hat, die also eine gewisse Summe von Arbeitszeit darstellen, und 2. aus unmittelbarer Arbeit, deren Maß eben die Zeit ist.

Dieselben allgemeinen Gesetze nun, welche den Preis der Waren im allgemeinen regeln, regeln natürlich auch den *Arbeitslohn*, den *Preis der Arbeit.*

Der Lohn der Arbeit wird bald steigen, bald fallen, je nach dem Verhältnis von Nachfrage und Zufuhr, je nachdem sich die Konkurrenz zwischen den Käufern der Arbeitskraft, den Kapitalisten, und den Verkäufern der Arbeitskraft, den Arbeitern, gestaltet. Den Schwankungen der Warenpreise im allgemeinen entsprechen die Schwankungen des Arbeitslohns. *Innerhalb dieser Schwankungen aber wird der Preis der Arbeit bestimmt sein durch die Produktionskosten, durch die Arbeitszeit, die erforderlich ist, um diese Ware, die Arbeitskraft, hervorzubringen.*

Welches sind nun die Produktionskosten der Arbeitskraft?

Es sind die Kosten, die erheischt werden, um den Arbeiter als Arbeiter zu erhalten und um ihn zum Arbeiter auszubilden.

Je weniger Bildungszeit eine Arbeit daher erfordert, desto geringer sind die Produktionskosten des Arbeiters, um so niedriger ist der Preis seiner Arbeit, sein Arbeitslohn. In den Industriezweigen, wo fast gar keine Lernzeit erforderlich ist und die bloße leibliche Existenz des Arbeiters genügt, beschränken sich die zu seiner Herstellung erforderlichen Produktionskosten fast nur auf die Waren, die erforderlich sind, um ihn am arbeitsfähigen Leben zu erhalten. Der *Preis seiner Arbeit* wird daher durch den *Preis der notwendigen Lebensmittel* bestimmt sein.

Es kommt indes noch eine andre Rücksicht hinzu. Der Fabrikant, der seine Produktionskosten und danach den Preis der Produkte berechnet, bringt die Abnutzung der Arbeitsinstrumente in Anschlag. Kostet ihm eine Maschine z. B. 1000 Mark und nutzt sich diese Maschine in zehn Jahren ab, so schlägt er 100 Mark jährlich in den Preis der Ware, um nach zehn Jahren die abgenutzte Maschine durch eine neue ersetzen zu können. In derselben Weise müssen in den Produktionskosten der einfachen Arbeitskraft die Fortpflanzungskosten eingerechnet werden, wodurch die Arbeiterrasse instand gesetzt wird, sich zu vermehren und abgenutzte Arbeiter durch neue zu ersetzen. Der Verschleiß des Arbeiters wird also in derselben Weise in Rechnung gebracht wie der Verschleiß der Maschine.

Die Produktionskosten der einfachen Arbeitskraft belaufen sich also auf die *Existenz- und Fortpflanzungskosten des Arbeiters.* Der Preis dieser Existenz- und Fortpflanzungskosten bildet den Arbeitslohn. Der so bestimmte Arbeitslohn heißt das *Minimum des Arbeitslohns.* Dieses Minimum des Arbeitslohns gilt, wie die Preisbestimmung der Waren durch die Produktionskosten überhaupt, nicht für das *einzelne Individuum*, sondern für die *Gattung.* Einzelne Arbeiter, Millionen von Arbeitern, erhalten nicht genug, um existieren und sich fortpflanzen zu können; *aber der Arbeitslohn der ganzen Arbeiterklasse* gleicht sich innerhalb seiner Schwankungen zu diesem Minimum aus.

Jetzt, nachdem wir uns verständigt haben über die allgemeinsten Gesetze, die den Arbeitslohn wie den Preis jeder anderen Ware regeln, können wir spezieller auf unsern Gegenstand eingehn.

Das Kapital besteht aus Rohstoffen, Arbeitsinstrumenten und Lebensmitteln aller Art, die verwandt werden, um neue Rohstoffe, neue Arbeitsinstrumente und neue Lebensmittel zu erzeugen. Alle diese seine Bestandteile sind Geschöpfe der Arbeit, Produkte der Arbeit, *aufgehäufte Arbeit.* Aufgehäufte Arbeit, die als Mittel zu neuer Produktion dient, ist Kapital.

So sagen die Ökonomen.

Was ist ein Negersklave? Ein Mensch von der schwarzen Rasse. Die eine Erklärung ist die andre wert.

Ein Neger ist ein Neger. In bestimmten Verhältnissen wird er erst zum Sklaven. Eine Baumwollspinnmaschine ist eine Maschine zum Baumwollspinnen. Nur in bestimmten Verhältnissen wird sie zu *Kapital.* Aus diesen Verhältnissen herausgerissen, ist sie so wenig Kapital, wie Gold an und für sich *Geld* oder der Zucker der Zuckerpreis ist.

In der Produktion wirken die Menschen nicht allein auf die Natur, sondern auch aufeinander. Sie produzieren nur, indem sie auf eine bestimmte Weise zusammenwirken und ihre Tätigkeiten gegeneinander austauschen. Um zu produzieren, treten sie in bestimmte Beziehungen und Verhältnisse zueinander, und nur innerhalb dieser gesellschaftlichen Beziehungen und Verhältnisse findet ihre Einwirkung auf die Natur, findet die Produktion statt.

Je nach dem Charakter der Produktionsmittel werden natürlich diese gesellschaftlichen Verhältnisse, worin die Produzenten zueinander treten, die Bedingungen, unter welchen sie ihre Tätigkeiten austauschen und an dem Gesamtakt der Produktion teilnehmen, verschieden sein. Mit der Erfindung eines neuen Kriegsinstruments, des Feuergewehrs, änderte sich notwendig die ganze innere Organisation der Armee, verwandelten sich die Verhältnisse, innerhalb deren Individuen eine Armee bilden und als Armee wirken können, änderte sich auch das Verhältnis verschiedner Armeen zueinander.

Die gesellschaftlichen Verhältnisse, worin die Individuen produzieren, *die gesellschaftlichen Produktionsverhältnisse ändern sich also, verwandeln sich mit der Veränderung und Entwicklung der materiellen Produktionsmittel, der Produktionskräfte. Die*

Produktionsverhältnisse in ihrer Gesamtheit bilden das, was *man die gesellschaftlichen Verhältnisse, die Gesellschaft nennt, und zwar eine Gesellschaft auf bestimmter, geschichtlicher Entwicklungsstufe,* eine Gesellschaft mit eigentümlichem, unterscheidendem Charakter. Die antike Gesellschaft, die *feudale* Gesellschaft, die *bürgerliche* Gesellschaft sind solche Gesamtheiten von Produktionsverhältnissen, deren jede zugleich eine besondre Entwicklungsstufe in der Geschichte der Menschheit bezeichnet.

Auch das *Kapital* ist ein gesellschaftliches Produktionsverhältnis. *Es* ist *ein bürgerliches Produktionsverhältnis,* ein Produktionsverhältnis der bürgerlichen Gesellschaft. Die Lebensmittel, die Arbeitsinstrumente, die Rohstoffe woraus das Kapital besteht, sind sie nicht unter gegebnen gesellschaftlichen Bedingungen, in bestimmten gesellschaftlichen Verhältnissen hervorgebracht und aufgehäuft worden? Werden sie nicht unter gegebnen gesellschaftlichen Bedingungen, in bestimmten gesellschaftlichen Verhältnissen zu neuer Produktion verwandt? Und macht nicht eben dieser bestimmte gesellschaftliche Charakter die zu neuer Produktion dienenden Produkte *zu Kapital*?

Das Kapital besteht nicht nur aus Lebensmitteln, Arbeitsinstrumenten und Rohstoffen, nicht nur aus materiellen Produkten; es besteht ebensosehr aus *Tauschwerten.* Alle Produkte, woraus es besteht, sind *Waren.* Das Kapital ist also nicht nur eine Summe von materiellen Produkten, es ist eine Summe von Waren, von Tauschwerten, *von gesellschaftlichen Größen.*

Das Kapital bleibt dasselbe, ob wir an die Stelle von Wolle Baumwolle, an die Stelle von Getreide Reis, an die Stelle von Eisenbahnen Dampfschiffe setzen, vorausgesetzt nur, daß die Baumwolle, der Reis, die Dampfschiffe – der Leib des Kapitals – denselben Tauschwert haben, denselben Preis wie die Wolle, das Getreide, die Eisenbahnen, worin es sich vorher verkörperte. Der Körper des Kapitals kann sich beständig verwandeln, ohne daß das Kapital die geringste Veränderung erlitte.

Aber wenn jedes Kapital eine Summe von Waren, d. h. von Tauschwerten ist, so ist noch nicht jede Summe von Waren, von Tauschwerten Kapital.

Jede Summe von Tauschwerten ist ein Tauschwert. Jeder einzelne Tauschwert ist eine Summe von Tauschwerten. Z. B. ein Haus, das 1000 Mark wert ist, ist ein Tauschwert von 1000 Mark. Ein Stück Papier, das 1 Pfennig wert ist, ist eine Summe von Tauschwerten von $^{100}/_{100}$ Pfennigen. Produkte, die gegen andre austauschbar sind, sind Waren. Das bestimmte Verhältnis, worin sie austauschbar sind, bildet ihren *Tauschwert* oder, in Geld ausgedrückt, ihren *Preis.* Die Masse dieser Produkte kann an ihrer Bestimmung, *Ware* zu sein oder einen *Tauschwert* darzustellen oder einen bestimmten *Preis* zu haben, nichts ändern. Ob ein Baum groß oder klein ist, er bleibt Baum. Ob wir das Eisen in Loten oder in Zentnern gegen andre Produkte austauschen, verändert dies seinen Charakter: Ware, Tauschwert zu sein? Je nach der Masse ist es eine Ware von mehr oder minder Wert, von höhrem oder niedrigrem Preise.

Wie nun wird eine Summe von Waren, von Tauschwerten zu Kapital?

Dadurch, daß sie als selbständige gesellschaftliche Macht, d. h. als die Macht *eines Teils der Gesellschaft* sich erhält und vermehrt durch den *Austausch gegen die unmittelbare, lebendige Arbeitskraft.* Die Existenz einer Klasse, die nichts besitzt als die Arbeitsfähigkeit, ist eine notwendige Voraussetzung des Kapitals.

Die Herrschaft der aufgehäuften, vergangnen, vergegenständlichten Arbeit über die unmittelbare, lebendige Arbeit macht die aufgehäufte Arbeit erst zum Kapital.

Das Kapital besteht nicht darin, daß aufgehäufte Arbeit der lebendigen Arbeit als Mittel zu neuer Produktion dient. Es besteht darin, daß die lebendige Arbeit der aufgehäuften Arbeit als Mittel dient, ihren Tauschwert zu erhalten und zu vermehren.

Was geht vor in dem Austausch zwischen Kapitalist und Lohnarbeiter? Der Arbeiter erhält im Austausch gegen seine Arbeitskraft Lebensmittel, aber der Kapitalist erhält im Austausch gegen seine Lebensmittel Arbeit, die produktive Tätigkeit des Arbeiters, die schöpferische Kraft, wodurch der Arbeiter nicht nur ersetzt, was er verzehrt, sondern *der aufgehäuften Arbeit einen größern Wert gibt, als sie vorher besaß.* Der Arbeiter empfängt einen Teil der vorhandnen Lebensmittel vom Kapitalisten. Wozu dienen ihm diese Lebensmittel? Zur unmittelbaren Konsumtion. Sobald ich aber Lebensmittel konsumiere, gehen sie mir unwiederbringlich verloren, es sei denn, daß ich die Zeit, während welcher mich diese Mittel am Leben erhalten, benutze, um neue Lebensmittel zu produzieren, um während des Verzehrens an die Stelle der in der Konsumtion untergehenden Werte neue Werte durch meine Arbeit zu schaffen. Aber eben diese reproduktive edle Kraft tritt der Arbeiter ja ab an das Kapital im Austausch gegen empfangne Lebensmittel. Er hat sie also für sich selbst verloren.

Nehmen wir ein Beispiel: Ein Pächter gibt seinem Taglöhner 5 Silbergroschen per Tag. Für die 5 Silbergroschen arbeitet dieser auf dem Felde des Pächters den Tag hindurch und sichert ihm so eine Einnahme von 10 Silbergroschen. Der Pächter erhält nicht nur die Werte ersetzt, die er an den Taglöhner abzutreten hat; er verdoppelt sie. Er hat also die 5 Silbergroschen, die er dem Taglöhner gab, auf eine fruchtbare, produktive Weise angewandt, konsumiert. Er hat für die 5 Silbergroschen eben die Arbeit und Kraft des Taglöhners gekauft, welche Bodenprodukte von doppeltem Wert erzeugt und aus 5 Silbergroschen 10 Silbergroschen macht. Der Taglöhner dagegen erhält an der Stelle seiner Produktivkraft, deren Wirkungen er eben dem Pächter abgetreten hat, 5 Silbergroschen, die er gegen Lebensmittel austauscht, welche Lebensmittel er rascher oder langsamer konsumiert. Die 5 Silbergroschen sind also auf eine doppelte Weise konsumiert worden, *reproduktiv* für das Kapital, denn sie sind gegen eine Arbeitskraft ausgetauscht worden, die 10 Silbergroschen hervorbrachte, *unproduktiv* für den Arbeiter, denn sie sind gegen Lebensmittel ausgetauscht worden, die für immer verschwunden sind und deren Wert er nur wieder erhalten kann, indem er denselben Tausch mit dem Pächter wiederholt. *Das Kapital setzt also die Lohnarbeit, die Lohnarbeit setzt das Kapital voraus. Sie bedingen sich wechselseitig; sie bringen sich wechselseitig hervor.*

Ein Arbeiter in einer Baumwollfabrik, produziert er nur Baumwollstoffe? Nein, er produziert Kapital. Er produziert Werte, die von neuem dazu dienen, seine Arbeit zu kommandieren und vermittelst derselben neue Werte zu schaffen.

Das Kapital kann sich nur vermehren, indem es sich gegen Arbeitskraft austauscht, indem es Lohnarbeit ins Leben ruft. Die Arbeitskraft des Lohnarbeiters kann sich nur gegen Kapital austauschen, indem sie das Kapital vermehrt, indem sie die Macht verstärkt, deren Sklavin sie ist. *Vermehrung des Kapitals ist daher Vermehrung* des *Proletariats, d. h. der Arbeiterklasse.*

Das Interesse des Kapitalisten und des Arbeiters ist also *dasselbe*, behaupten die Bourgeois und ihre Ökonomen. Und in der Tat! Der Arbeiter geht zugrunde, wenn ihn das Kapital nicht beschäftigt. Das Kapital geht zu grunde, wenn es die Arbeitskraft nicht ausbeutet, und um sie auszubeuten, muß es sie kaufen. Je rascher sich das zur Produktion bestimmte Kapital, das produktive Kapital, vermehrt, je blühender daher die Industrie ist, je mehr sich die Bourgeoisie bereichert, je besser das Geschäft geht, um so mehr Arbeiter braucht der Kapitalist, um so teurer verkauft sich der Arbeiter.

Die unerläßliche Bedingung für eine passable Lage des Arbeiters *ist also möglichst rasches Wachsen des produktiven Kapitals.*

Aber was ist Wachstum des produktiven Kapitals? Wachstum der Macht der aufgehäuften Arbeit über die lebendige Arbeit. Wachstum der Herrschaft der Bourgeoisie über die arbeitende Klasse. Wenn die Lohnarbeit den sie beherrschenden fremden Reichtum, die ihr feindselige Macht, das Kapital, produziert, strömen ihr Beschäftigungs-, d. h. Lebensmittel von derselben zurück, unter der Bedingung, daß sie sich von neuem zu einem Teil des Kapitals macht, zum Hebel, der von neuem dasselbe in eine beschleunigte Bewegung des Anwachsens schleudert.

Die Interessen des Kapitals und die Interessen der Arbeiter sind dieselben, heißt nur: Kapital und Lohnarbeit sind zwei Seiten eines und desselben Verhältnisses. Die eine bedingt die andre, wie der Wucherer und Verschwender sich wechselseitig bedingen.

Solange der Lohnarbeiter Lohnarbeiter ist, hängt sein Los vom Kapital ab. Das ist die vielgerühmte Gemeinsamkeit des Interesses von Arbeiter und Kapitalist.

Wächst das Kapital, so wächst die Masse der Lohnarbeit, so wächst die Anzahl der Lohnarbeiter, mit einem Wort: Die Herrschaft des Kapitals dehnt sich über eine größere Masse von Individuen aus. Und unterstellen wir den günstigsten Fall: Wenn das produktive Kapital wächst, wächst die Nachfrage nach Arbeit. Es steigt also der Preis der Arbeit, der Arbeitslohn.

Ein Haus mag groß oder klein sein, solange die es umgebenden Häuser ebenfalls klein sind, befriedigt es alle gesellschaftlichen Ansprüche an eine Wohnung. Erhebt sich aber neben dem kleinen Haus ein Palast, und das kleine Haus schrumpft zur Hütte zusammen. Das kleine Haus beweist nun, daß sein Inhaber keine oder nur die geringsten Ansprüche zu machen hat; und es mag im Laufe der Zivilisation in die Höhe schießen noch so sehr, wenn der benachbarte Palast in gleichem oder gar in höherem Maße in die Höhe schießt, wird der Bewohner des verhältnismäßig kleinen Hauses sich immer unbehaglicher, unbefriedigter, gedrückter in seinen vier Pfählen finden.

Ein merkliches Zunehmen des Arbeitslohns setzt ein rasches Wachsen des produktiven Kapitals voraus. Das rasche Wachsen des produktiven Kapitals ruft ebenso rasches Wachstum des Reichtums, des Luxus, der gesellschaftlichen Bedürfnisse und der gesellschaftlichen Genüsse hervor. Obgleich also die Genüsse des Arbeiters gestiegen sind, ist die gesellschaftliche Befriedigung, die sie gewähren, gefallen im Vergleich mit den vermehrten Genüssen des Kapitalisten, die dem Arbeiter unzugänglich sind, im Vergleich mit dem Entwicklungsstand der Gesellschaft überhaupt. Unsre Bedürfnisse und Genüsse entspringen aus der Gesellschaft; wir messen sie daher an der Gesellschaft; wir messen sie nicht an den Gegenständen ihrer Befriedigung. Weil sie gesellschaftlicher Natur sind, sind sie relativer Natur.

Der Arbeitslohn wird überhaupt nicht nur bestimmt durch die Masse von Waren, die ich für ihn austauschen kann. Er enthält verschiedne Beziehungen.

Was die Arbeiter zunächst für ihre Arbeitskraft erhalten, ist eine bestimmte Summe Geldes. Ist der Arbeitslohn nur durch diesen Geldpreis bestimmt?

Im 16. Jahrhundert vermehrte sich das in Europa zirkulierende Gold und Silber infolge der Entdeckung von reicheren und leichter zu bearbeitenden Bergwerken in Amerika. Der Wert des Goldes und Silbers fiel daher im Verhältnis zu den übrigen Waren. Die Arbeiter erhielten nach wie vor dieselbe Masse gemünzten Silbers für ihre Arbeitskraft. Der Geldpreis ihrer Arbeit blieb derselbe, und dennoch war ihr Arbeitslohn gefallen, denn im Austausch für dieselbe Quantität Silber erhielten sie eine geringre Summe andrer Waren zurück. Es war dies einer der Umstände, die das Wachstum des Kapitals, das Aufkommen der Bourgeoisie im 16. Jahrhundert förderten.

Nehmen wir einen andern Fall. Im Winter 1847 waren infolge einer Mißernte die unentbehrlichsten Lebensmittel, Getreide, Fleisch, Butter, Käse usw., bedeutend im Preise gestiegen. Gesetzt, die Arbeiter hätten nach wie vor dieselbe Summe Geldes für ihre Arbeitskraft empfangen. War ihr Arbeitslohn nicht gefallen? Allerdings. Für dasselbe Geld erhielten sie im Austausch weniger Brot, Fleisch usw. Ihr Arbeitslohn war gefallen, nicht weil sich der Wert des Silbers vermindert, sondern weil sich der Wert der Lebensmittel vermehrt hatte.

Gesetzt endlich, der Geldpreis der Arbeit bleibe derselbe, während alle Agrikultur- und Manufakturwaren infolge von Anwendung neuer Maschinen, günstiger Jahreszeit usw. im Preise gefallen wären. Für dasselbe Geld können die

Arbeiter nun mehr Waren aller Art kaufen. Ihr Arbeitslohn ist also gestiegen, eben weil der Geldwert desselben sich nicht verändert hat.

Der Geldpreis der Arbeit, der nominelle Arbeitslohn, fällt also nicht zusammen mit dem reellen Arbeitslohn, d. h. mit der Summe von Waren, die wirklich im Austausch gegen den Arbeitslohn gegeben wird. Sprechen wir also vom Steigen oder Fallen des Arbeitslohns, so haben wir nicht nur den Geldpreis der Arbeit, den nominellen Arbeitslohn, im Auge zu halten.

Aber weder der nominelle Arbeitslohn, d. h. die Geldsumme, wofür der Arbeiter sich an den Kapitalisten verkauft, noch der reelle Arbeitslohn, d. h. die Summe Waren, die er für dies Geld kaufen kann, erschöpfen die im Arbeitslohn enthaltnen Beziehungen.

Der Arbeitslohn ist vor allem noch bestimmt durch sein Verhältnis zum Gewinn, zum Profit des Kapitalisten – verhältnismäßiger, relativer Arbeitslohn.

Der reelle Arbeitslohn drückt den Preis der Arbeit im Verhältnis zum Preise der übrigen Waren aus, der relative Arbeitslohn dagegen den Anteil der unmittelbaren Arbeit an dem von ihr neu erzeugten Wert im Verhältnis des Anteils davon, der der aufgehäuften Arbeit, dem Kapital, zufällt.

Wir sagten oben*: „Der Arbeitslohn ist nicht ein Anteil des Arbeiters an der von ihm produzierten Ware. Der Arbeitslohn ist der Teil schon vorhandner Waren, womit der Kapitalist eine bestimmte Summe produktiver Arbeitskraft an sich kauft.“ Aber diesen Arbeitslohn muß der Kapitalist wieder ersetzen aus dem Preis, wozu er das vom Arbeiter erzeugte Produkt verkauft; er muß ihn so ersetzen, daß ihm dabei in der Regel noch ein Überschuß über seine ausgelegten Produktionskosten, ein Profit, übrigbleibt. Der Verkaufspreis der vom Arbeiter erzeugten Ware teilt sich für den Kapitalisten in drei Teile: *erstens* den Ersatz des Preises der von ihm vorgeschoßnen Rohstoffe nebst dem Ersatz des Verschleißes der ebenfalls von ihm vorgeschoßnen Werkzeuge, Maschinen und andren Arbeitsmittel; *zweitens* in den Ersatz des von ihm vorgeschoßnen Arbeitslohns *und drittens* in den Überschuß darüber, den Profit des Kapitalisten. Während der erste Teil nur *früher vorhandne Werte* ersetzt, ist es klar, daß sowohl der Ersatz des Arbeitslohns wie der Überschußprofit des Kapitalisten im ganzen und großen genommen werden aus dem *durch die Arbeit des Arbeiters geschaffnen* und den Rohstoffen zugesetzten *Neuwert*. Und *in diesem Sinn* können wir sowohl Arbeitslohn wie Profit, um sie miteinander zu vergleichen, als Anteile am Produkt des Arbeiters auffassen.

Der reelle Arbeitslohn mag derselbe bleiben, er mag selbst steigen, und der relative Arbeitslohn kann nichtsdestoweniger fallen. Unterstellen wir z. B., alle Lebensmittel seien im Preise um $^2/_3$ gesunken, während der Taglohn nur um $^1/_3$ sinke, also z. B. von 3 Mark auf 2 Mark. Obgleich der Arbeiter mit diesen 2 Mark über eine größre Summe von Waren verfügt als früher mit 3 Mark, so hat dennoch sein Arbeitslohn im Verhältnis zum Gewinn des Kapitalisten abge-

* Siehe S. 378

nommen. Der Profit des Kapitalisten (z. B. des Fabrikanten) hat sich um eine Mark vermehrt, d. h., für eine geringre Summe von Tauschwerten, die er dem Arbeiter zahlt, muß der Arbeiter eine größre Summe von Tauschwerten produzieren als früher. Der Anteil des Kapitals im Verhältnis zum Anteil der Arbeit ist gestiegen. Die Verteilung des gesellschaftlichen Reichtums zwischen Kapital und Arbeit ist noch ungleichmäßiger geworden. Der Kapitalist kommandiert mit demselben Kapital eine größre Quantität Arbeit. Die Macht der Kapitalistenklasse über die Arbeiterklasse ist gewachsen, die gesellschaftliche Stellung des Arbeiters hat sich verschlechtert, ist um eine Stufe tiefer unter die des Kapitalisten herabgedrückt.

Welches ist nun das allgemeine Gesetz, das das Fallen und Steigen des Arbeitslohns und Profits in ihrer wechselseitigen Beziehung bestimmt?

Sie stehen im umgekehrten Verhältnis. Der Anteil des Kapitals, der Profit, steigt in demselben Verhältnis, worin der Anteil der Arbeit, der Taglohn, fällt, und umgekehrt. Der Profit steigt in dem Maße, worin der Arbeitslohn fällt, er fällt in dem Maße, worin der Arbeitslohn steigt.

Man wird vielleicht einwenden, daß der Kapitalist gewinnen kann durch vorteilhaften Austausch seiner Produkte mit andern Kapitalisten, durch Steigen der Nachfrage nach seiner Ware, sei es infolge der Eröffnung von neuen Märkten, sei es infolge augenblicklich vermehrter Bedürfnisse auf den alten Märkten usw.; daß der Profit des Kapitalisten sich also vermehren kann durch die Übervorteilung dritter Kapitalisten, unabhängig vom Steigen und Fallen des Arbeitslohns, des Tauschwerts der Arbeitskraft; oder der Profit des Kapitalisten könne auch steigen durch Verbesserung der Arbeitsinstrumente, neue Anwendung der Naturkräfte usw.

Zunächst wird man zugeben müssen, daß das Resultat dasselbe bleibt, obgleich es auf umgekehrtem Wege herbeigeführt ist. Der Profit ist zwar nicht gestiegen, weil der Arbeitslohn gefallen ist, aber der Arbeitslohn ist gefallen, weil der Profit gestiegen ist. Der Kapitalist hat mit derselben Summe von fremder Arbeit eine größre Summe von Tauschwerten erkauft, ohne deshalb die Arbeit höher bezahlt zu haben; d. h. also, die Arbeit wird niedriger bezahlt im Verhältnis zum Reinertrag, den sie dem Kapitalisten abwirft.

Zudem erinnern wir, daß trotz der Schwankungen der Warenpreise der Durchschnittspreis jeder Ware, das Verhältnis, worin sie sich gegen andre Waren austauscht, durch ihre *Produktionskosten* bestimmt ist. Die Übervorteilungen innerhalb der Kapitalistenklasse gleichen sich daher notwendig aus. Die Verbesserung der Maschinerie, die neue Anwendung von Naturkräften im Dienst der Produktion befähigen in einer gegebnen Arbeitszeit, mit derselben Summe von Arbeit und Kapital eine größre Masse von Produkten, keineswegs aber eine größre Masse von Tauschwerten zu schaffen. Wenn ich durch die Anwendung der Spinnmaschine noch einmal soviel Gespinst in einer Stunde liefern kann wie vor ihrer Erfindung, z. B. hundert Pfund statt fünfzig, so erhalte ich für diese hundert Pfund auf die Dauer nicht mehr Waren im Austausch zurück als früher für fünfzig, weil die Produktionskosten um die Hälfte gefallen sind oder weil ich mit denselben Kosten das doppelte Produkt liefern kann.

Endlich, in welchem Verhältnis auch immer die Kapitalistenklasse, die Bourgeoisie, sei es eines Landes, sei es des ganzen Weltmarkts, den Reinertrag der Produktion unter sich verteile, die Gesamtsumme dieses Reinertrags ist jedesmal nur die Summe, um welche die aufgehäufte Arbeit im großen und ganzen durch die unmittelbare Arbeit vermehrt worden ist. Diese Gesamtsumme wächst also in dem Verhältnis, worin die Arbeit das Kapital vermehrt, d. h. in dem Verhältnis, worin der Profit gegen den Arbeitslohn steigt.

Wir sehen also, daß selbst, wenn wir *innerhalb des Verhältnisses von Kapital und Lohnarbeit* stehnbleiben, *die Interessen des Kapitals und die Interessen* der *Lohnarbeit sich schnurstracks gegenüberstehn.*

Eine rasche Zunahme des Kapitals ist gleich einer raschen Zunahme des Profits. Der Profit kann nur rasch zunehmen, wenn der Preis der Arbeit, wenn der relative Arbeitslohn ebenso rasch abnimmt. Der relative Arbeitslohn kann fallen, obgleich der reelle Arbeitslohn gleichzeitig mit dem nominellen Arbeitslohn, mit dem Geldwert der Arbeit steigt, aber nur nicht in demselben Verhältnis steigt wie der Profit. Steigt z. B. in guten Geschäftszeiten der Arbeitslohn um 5 Prozent, der Profit dagegen um 30 Prozent, so hat der verhältnismäßige, der relative Arbeitslohn *nicht zugenommen*, sondern *abgenommen.*

Vermehrt sich also die Einnahme des Arbeiters mit dem raschen Wachstum des Kapitals, so vermehrt sich gleichzeitig die gesellschaftliche Kluft, die den Arbeiter vom Kapitalisten scheidet, so vermehrt sich gleichzeitig die Macht des Kapitals über die Arbeit, die Abhängigkeit der Arbeit vom Kapital.

Der Arbeiter hat ein Interesse am raschen Wachstum des Kapitals, heißt nur: Je rascher der Arbeiter den fremden Reichtum vermehrt, desto fettere Brocken fallen für ihn ab, um desto mehr Arbeiter können beschäftigt und ins Leben gerufen, desto mehr kann die Masse der vom Kapital abhängigen Sklaven vermehrt werden.

Wir haben also gesehen:

Selbst die *günstigste Situation* für die Arbeiterklasse, *möglichst rasches Wachstum des Kapitals*, sosehr sie das materielle Leben des Arbeiters verbessern mag, hebt den Gegensatz zwischen seinen Interessen und den Bourgeoisinteressen, den Interessen des Kapitalisten, nicht auf. *Profit und Arbeitslohn* stehen nach wie vor im *umgekehrten Verhältnis.*

Ist das Kapital rasch anwachsend, so mag der Arbeitslohn steigen; unverhältnismäßig schneller steigt der Profit des Kapitals. Die materielle Lage des Arbeiters hat sich verbessert, aber auf Kosten seiner gesellschaftlichen Lage. Die gesellschaftliche Kluft, welche ihn vom Kapitalisten trennt, hat sich erweitert.

Endlich:

Günstigste Bedingung für die Lohnarbeit ist möglichst rasches Wachstum des produktiven Kapitals, heißt nur: Je rascher die Arbeiterklasse die ihr feindliche Macht, den fremden, über sie gebietenden Reichtum vermehrt und vergrößert, unter desto günstigern Bedingungen wird ihr erlaubt, von neuem an der Vermehrung des bürgerlichen Reichtums, an der Vergrößerung der Macht des Kapitals zu arbeiten, zufrieden, sich selbst die goldnen Ketten zu schmieden, woran die Bourgeoisie sie hinter sich herschleift.

Wachstum des produktiven Kapitals und Steigen des Arbeitslohns, sind sie wirklich so unzertrennlich verbunden, wie die bürgerlichen Ökonomen behaupten? Wir dürfen ihnen nicht aufs Wort glauben. Wir dürfen ihnen selbst nicht glauben, daß, je feister das Kapital, desto besser sein Sklave gemästet wird. Die Bourgeoisie ist zu aufgeklärt, sie rechnet zu gut, um die Vorurteile des Feudalen zu teilen, der mit dem Glanze seiner Dienerschaft prunkt. Die Existenzbedingungen der Bourgeoisie zwingen sie zu rechnen.

Wir werden also näher untersuchen müssen:

Wie wirkt das Wachsen des produktiven Kapitals auf den Arbeitslohn?

Wächst das produktive Kapital der bürgerlichen Gesellschaft im großen und ganzen, so findet eine *vielseitigere* Aufhäufung von Arbeit statt. Die Kapitalien nehmen an Zahl und Umfang zu. Die *Vermehrung* der Kapitalien vermehrt die *Konkurrenz unter den Kapitalisten.* Der *steigende Umfang* der Kapitalien gibt die Mittel, *gewaltigere Arbeiterarmeen mit riesenhaftern Kriegshandwerkzeugen auf das industrielle Schlachtfeld zu führen.*

Der eine Kapitalist kann den andern nur aus dem Felde schlagen und dessen Kapital erobern, indem er wohlfeiler verkauft. Um wohlfeiler verkaufen zu können, ohne sich zu ruinieren, muß er wohlfeiler produzieren, d. h. die Produktionskraft der Arbeit soviel wie möglich steigern. Die Produktionskraft der Arbeit wird aber vor allem gesteigert durch *eine größere Teilung der Arbeit*, durch eine allseitigere Einführung und beständige Verbesserung der *Maschinerie.* Je größer die Arbeiterarmee ist, unter welche die Arbeit geteilt, je riesenhafter die Stufenleiter ist, auf welcher die Maschinerie eingeführt wird, um so mehr nehmen verhältnismäßig die Produktionskosten ab, um so fruchtbarer wird die Arbeit. Es entsteht daher ein allseitiger Wetteifer unter den Kapitalisten, die Teilung der Arbeit und die Maschinerie zu vermehren und sie auf möglichst großer Stufenleiter auszubeuten.

Hat nun ein Kapitalist durch größere Teilung der Arbeit, durch Anwendung und Verbesserung neuer Maschinen, durch vorteilhaftere und massenhaftere Ausbeutung der Naturkräfte das Mittel gefunden, mit derselben Summe von Arbeit oder von aufgehäufter Arbeit eine größere Summe von Produkten, von Waren zu schaffen als seine Konkurrenten, kann er z. B. in derselben Arbeitszeit, worin seine Konkurrenten eine halbe Elle Leinwand weben, eine ganze Elle Leinwand produzieren, wie wird dieser Kapitalist operieren?

Er könnte fortfahren, eine halbe Elle Leinwand zu dem bisherigen Marktpreise zu verkaufen, es wäre dies jedoch kein Mittel, seine Gegner aus dem Felde zu schlagen und seinen eignen Absatz zu vergrößern. Aber in demselben Maße, worin seine Produktion sich ausgedehnt hat, hat sich das Bedürfnis des Absatzes für ihn ausgedehnt. Die mächtigern und kostspieligern Produktionsmittel, die er ins Leben gerufen, *befähigen* ihn zwar, seine Ware wohlfeiler zu verkaufen, sie *zwingen* ihn aber zugleich, *mehr Waren* zu *verkaufen*, einen ungleich *größern* Markt für seine Waren zu erobern; unser Kapitalist wird also die halbe Elle Leinwand wohlfeiler verkaufen als seine Konkurrenten.

Der Kapitalist wird aber die ganze Eile nicht so wohlfeil verkaufen, wie seine Konkurrenten die halbe Eile verkaufen, obgleich ihm die Produktion der ganzen Eile nicht mehr kostet als den andern die der halben. Er würde sonst nichts extra gewinnen, sondern nur die Produktionskosten im Umtausch zurückerhalten. Seine etwaige größere Einnahme würde daher rühren, daß er ein höheres Kapital in Bewegung gesetzt, aber nicht daher daß er sein Kapital höher verwertet hätte als die andern. Überdem erreicht er den Zweck, den er erreichen will, wenn er den Preis seiner Ware nur um einige Prozente niedriger ansetzt als seine Konkurrenten. Er schlägt sie aus dem Felde, er ringt ihnen wenigstens einen Teil ihres Absatzes ab, indem er sie *unterkauft*. Und endlich erinnern wir uns, daß der courante Preis immer *über oder unter den Produktionskosten* steht, je nachdem der Verkauf einer Ware in die günstige oder ungünstige Jahreszeit der Industrie fallt. Je nachdem der Marktpreis der Elle Leinwand unter oder über ihren bisher üblichen Produktionskosten steht, werden die Prozente wechseln, worin der Kapitalist, der neue, fruchtbarere Produktionsmittel angewandt hat, über seine wirklichen Produktionskosten hinaus verkauft.

Allein das *Privilegium* unsres Kapitalisten ist nicht von langer Dauer; andre wetteifernde Kapitalisten führen dieselben Maschinen, dieselbe Teilung der Arbeit ein, führen sie auf derselben oder größrer Stufenleiter ein, und diese Einführung wird so allgemein werden, bis der Preis der Leinwand nicht nur *unter ihre alten*, sondern *unter ihre neuen Produktionskosten herabgesetzt ist.*

Die Kapitalisten befinden sich also wechselseitig in derselben Lage, worin sie sich *vor* Einführung der neuen Produktionsmittel befanden, und wenn sie mit diesen Mitteln zu demselben Preise das doppelte Produkt liefern können, so sind sie *jetzt* gezwungen, *unter* dem alten Preis das doppelte Produkt zu liefern. Auf dem Standpunkt dieser neuen Produktionskosten beginnt dasselbe Spiel wieder. Mehr Teilung der Arbeit, mehr Maschinerie, größere Stufenleiter, worauf Teilung der Arbeit und Maschinerie ausgebeutet werden. Und die Konkurrenz bringt wieder dieselbe Gegenwirkung gegen dieses Resultat.

Wir sehn, wie so die Produktionsweise, die Produktionsmittel beständig umgewälzt, revolutioniert werden, *wie die Teilung der Arbeit größre Teilung der Arbeit, die Anwendung der Maschinerie größre Anwendung der Maschinerie, das Arbeiten auf großer Stufenleiter Arbeiten auf größerer Stufenleiter notwendig nach sich zieht.*

Das ist das Gesetz, das die bürgerliche Produktion stets wieder aus ihrem alten Geleise herauswirft und das Kapital zwingt, die Produktionskräfte der

Arbeit anzuspannen, *weil es* sie angespannt hat, das Gesetz, das ihm keine Ruhe gönnt und beständig zuraunt: Marsch! Marsch!

Es ist dies kein andres Gesetz als das Gesetz, welches innerhalb der Schwankungen der Handelsepochen den Preis einer Ware notwendig zu ihren *Produktionskosten ausgleicht.*

Welche gewaltigen Produktionsmittel ein Kapitalist auch ins Feld führe, die Konkurrenz wird diese Produktionsmittel verallgemeinern, und von dem Augenblick an, wo sie dieselben verallgemeinert hat, ist der einzige Erfolg der größren Fruchtbarkeit seines Kapitals, daß er nun *für denselben Preis* 10-, 20-, 100mal soviel liefern muß als früher. Da er aber vielleicht 1000mal mehr absetzen muß, um durch die größre Masse des abgesetzten Produkts den niedrigem Verkaufspreis aufzuwiegen, weil ein massenhafterer Verkauf jetzt nötig ist, nicht nur um mehr zu gewinnen, sondern um die Produktionskosten zu ersetzen – das Produktionsinstrument selbst wird, wie wir gesehn haben, immer teurer –, weil dieser massenhafte Verkauf aber nicht nur eine Lebensfrage für ihn, sondern auch für seine Nebenbuhler geworden ist, so beginnt der alte Kampf *um so heftiger, je fruchtbarer die schon erfundnen Produktionsmittel sind. Die Teilung der Arbeit und die Anwendung der Maschinerie wird also in ungleich größrem Maßstabe von neuem vor sich gehn.*

Welches auch immer die Macht der angewandten Produktionsmittel sei, die Konkurrenz sucht die goldnen Früchte dieser Macht dem Kapital zu rauben, indem sie den Preis der Ware auf die Produktionskosten zurückführt, indem sie also in demselben Maße, wie wohlfeiler produziert, d. h. mit derselben Summe Arbeit mehr produziert werden kann, die wohlfeilere Produktion, die Lieferung immer größrer Massen von Produkt für dieselbe Preissumme zu einem gebieterischen Gesetz macht. So hätte der Kapitalist durch seine eignen Anstrengungen nichts gewonnen als die Verpflichtung, in derselben Arbeitszeit mehr zu liefern, mit einem Wort, *schwierigere Bedingungen der Verwertung seines Kapitals.* Während die Konkurrenz ihn daher beständig verfolgt mit ihrem Gesetz der Produktionskosten, und jede Waffe, die er gegen seine Rivalen schmiedet, als Waffe gegen ihn selbst zurückkehrt, sucht der Kapitalist beständig die Konkurrenz zu übertölpeln, indem er rastlos neue, zwar kostspieligere, aber wohlfeiler produzierende Maschinen und Teilungen der Arbeit an die Stelle der alten einführt und nicht abwartet, bis die Konkurrenz die neuen veraltet hat.

Stellen wir uns nun diese fieberhafte Agitation auf dem *ganzen Weltmarkt* zugleich vor, und es begreift sich, wie das Wachstum, die Akkumulation und Konzentration des Kapitals eine ununterbrochne, sich selbst überstürzende und auf stets riesenhafterer Stufenleiter ausgeführte Teilung der Arbeit, Anwendung neuer und Vervollkommnung alter Maschinerie im Gefolge hat.

Wie aber wirken diese Umstände, die von dem Wachstum des produktiven Kapitals unzertrennlich sind, auf die Bestimmung des Arbeitslohns ein?

Die größere *Teilung der Arbeit* befähigt *einen* Arbeiter, die Arbeit von 5, 10, 20 zu tun: Sie vermehrt also die Konkurrenz unter den Arbeitern um das 5-,

10- und 20fache. Die Arbeiter machen sich nicht nur Konkurrenz, indem einer sich wohlfeiler verkauft als der andre; sie machen sich Konkurrenz, indem *einer* die Arbeit von 5, 10, 20 verrichtet; und die vom Kapital eingeführte und stets vergrößerte *Teilung der Arbeit* zwingt die Arbeiter, sich diese Art von Konkurrenz zu machen.

Ferner: In demselben Maße, wie die *Teilung der Arbeit* zunimmt, *vereinfacht* sich die Arbeit. Die besondre Geschicklichkeit des Arbeiters wird wertlos. Er wird in eine einfache, eintönige Produktivkraft verwandelt, die weder körperliche noch geistige Spannkräfte ins Spiel zu setzen hat. Seine Arbeit wird allen zugängliche Arbeit. Es drängen daher Konkurrenten von allen Seiten auf ihn ein, und überdem erinnern wir, daß, je einfacher, je leichter erlernbar die Arbeit ist, je weniger Produktionskosten es bedarf, um sich dieselbe anzueignen, desto tiefer der Arbeitslohn sinkt, denn wie der Preis jeder andern Ware ist er durch die Produktionskosten bestimmt.

In demselben Maße also, worin die Arbeit unbefriedigender, ekelhafter wird, in demselben Maße nimmt die Konkurrenz zu und der Arbeitslohn ab. Der Arbeiter sucht die Masse seines Arbeitslohns zu behaupten, indem er mehr arbeitet, sei es, daß er mehr Stunden arbeitet, sei es, daß er mehr in derselben Stunde liefert. Durch die Not getrieben, vermehrt er also noch die unheilvollen Wirkungen der Teilung der Arbeit. Das Resultat ist: *Je mehr er arbeitet, um so weniger Lohn erhält er*, und zwar aus dem einfachen Grunde, weil er in demselben Maß seinen Mitarbeitern Konkurrenz macht, sich daher ebensoviel Konkurrenten aus seinen Mitarbeitern macht, die sich zu ebenso schlechten Bedingungen anbieten wie er selbst, weil er also in letzter Instanz *sich selbst Konkurrenz macht, sich selbst als Mitglied der Arbeiterklasse.*

Die *Maschinerie* bringt dieselben Wirkungen auf viel größrer Stufenleiter hervor, indem sie geschickte Arbeiter durch ungeschickte, Männer durch Weiber, Erwachsene durch Kinder verdrängt, indem die Maschinerie da, wo sie neu eingeführt wird, die Handarbeiter massenhaft auf das Pflaster wirft, und da, wo sie ausgebildet, verbessert, durch fruchtbarere Maschinen ersetzt wird, Arbeiter in kleinem Haufen abdankt. Wir haben oben in raschen Zügen den industriellen Krieg der Kapitalisten untereinander geschildert; *dieser Krieg hat das eigentümliche, daß die Schlachten in ihm gewonnen werden weniger durch Anwerben als durch Abdanken der Arbeiterarmee. Die Feldherren, die Kapitalisten, wetteifern untereinander, wer am meisten Industrie-Soldaten entlassen kann.*

Die Ökonomen erzählen uns allerdings, daß die durch Maschinen überflüssig gewordnen Arbeiter *neue* Beschäftigungszweige finden.

Sie wagen nicht direkt zu behaupten, daß dieselben Arbeiter, die entlassen worden sind, in neuen Arbeitszweigen unterkommen. Die Tatsachen schreien zu laut gegen diese Lüge. Sie behaupten eigentlich nur, daß für *andre Bestandteile der Arbeiterklasse*, z. B. für den Teil der jungen Arbeitergeneration, der schon bereit stand, um in den untergegangnen Industriezweig einzutreten, sich neue Beschäftigungsmittel auftun werden. Es ist das natürlich eine große Genugtuung für die gefallnen Arbeiter. Es wird den Herren Kapitalisten nicht an frischem exploitablem Fleisch und Blut fehlen, man wird die Toten ihre Toten begraben lassen. Es ist dies mehr ein Trost, den die Bourgeois sich selbst, als den sie den Arbeitern geben. Wenn die ganze Klasse der Lohnarbeiter durch die Maschinerie vernichtet würde, wie schrecklich für das Kapital, das ohne Lohnarbeit aufhört, Kapital zu sein!

Gesetzt aber, daß die durch Maschinerie direkt aus der Arbeit Verdrängten und der ganze Teil der neuen Generation, der schon auf diesen Dienst lauerte, eine *neue Beschäftigung finden*. Glaubt man, daß dieselbe so hoch bezahlt werden wird wie die verlorengegangne? *Es widerspräche dies allen Gesetzen der Ökonomie.* Wir haben gesehn, wie die moderne Industrie es mit sich bringt, stets eine einfachere, untergeordnetere Beschäftigung der zusammengesetzten, höheren unterzuschieben.

Wie könnte also eine Arbeitermasse, die durch Maschinerie aus einem Industriezweig herausgeworfen ist, in einem andern eine Zuflucht finden, es sei denn, daß er *niedriger*, *schlechter bezahlt ist*?

Man hat als Ausnahme die Arbeiter angeführt, die in der Fabrikation der Maschinerie selbst arbeiten. Sobald mehr Maschinerie in der Industrie verlangt und verbraucht werde, müßten die Maschinen notwendig zunehmen, also die Maschinenfabrikation, also die Beschäftigung der Arbeiter in der Maschinenfabrikation, und die in diesem Industriezweig verwandten Arbeiter seien geschickte, ja selbst gebildete Arbeiter.

Seit dem Jahre 1840 hat diese schon früher nur halbwahre Behauptung allen Schein verloren, indem immer vielseitiger Maschinen zum Fabrizieren von Maschinen nicht mehr nicht minder angewandt wurden als zum Fabrizieren von Baumwollengarn, und die in den Maschinenfabriken beschäftigten Arbeiter, gegenüber von höchst kunstvollen, nur noch die Stelle von höchst kunstlosen Maschinen spielen konnten.

Aber statt des durch die Maschine verabschiedeten Mannes beschäftigt die Fabrik vielleicht *drei* Kinder und *eine* Frau! Und mußte der Lohn des Mannes nicht hinreichen für die drei Kinder und eine Frau? Mußte das Minimum des Arbeitslohnes nicht hinreichen, um die Rasse zu erhalten und zu vermehren? Was also beweist diese beliebte Bourgeoisredensart? Weiter nichts, als daß jetzt viermal soviel Arbeiterleben verbraucht werden wie früher, um den Lebensunterhalt *einer* Arbeiterfamilie zu gewinnen.

Resümieren wir: *Je mehr das produktive Kapital wächst, desto mehr dehnt sich die Teilung der Arbeit und die Anwendung der Maschinerie aus. Je mehr sich die Teilung der Arbeit und die Anwendung der Maschinerie ausdehnt, um so mehr dehnt sich die Konkurrenz unter den Arbeitern aus, je mehr zieht sich ihr Lohn zusammen.*

Und zudem rekrutiert sich die Arbeiterklasse noch aus den *höhern Schichten der Gesellschaft*; es stürzt eine Masse kleiner Industriellen und kleiner Rentiers in sie herab, die nichts Eiligeres zu tun haben, als ihre Arme zu erheben neben den

Armen der Arbeiter. So wird der Wald der in die Höhe gestreckten und nach Arbeit verlangenden Arme immer dichter, und die Arme selbst werden immer magrer.

Daß der kleine Industrielle den Kampf nicht aushalten kann, worin es eine der ersten Bedingungen ist, auf stets größerer Stufenleiter zu produzieren, d. h. eben ein großer und kein kleiner Industrieller zu sein, versteht sich von selbst.

Daß der Zins vom Kapital in demselben Maße abnimmt, wie Masse und Zahl des Kapitals zunimmt, wie das Kapital anwächst, daß daher der kleine Rentier nicht mehr von seiner Rente leben kann, also sich auf die Industrie werfen muß, also die Reihen der kleinen Industriellen und damit die Kandidaten für das Proletariat vermehren hilft, alles das bedarf wohl keiner weitern Auseinandersetzung.

In dem Maße endlich, wie die Kapitalisten durch die oben geschilderte Bewegung gezwungen werden, schon vorhandne riesenhafte Produktionsmittel auf größerer Stufenleiter auszubeuten und zu diesem Zweck alle Springfedern des Kredits in Bewegung zu setzen, in demselben Maße vermehren sich die industriellen Erdbeben, worin die Handelswelt sich nur dadurch erhält, daß sie einen Teil des Reichtums, der Produkte und selbst der Produktionskräfte den Göttern der Unterwelt opfert – nehmen mit einem Wort die *Krisen* zu. Sie werden häufiger und heftiger schon deswegen, weil in demselben Maße, worin die Produktenmasse, also das Bedürfnis nach ausgedehnten Märkten wächst, der Weltmarkt immer mehr sich zusammenenzieht, immer weniger neue Märkte zur Exploitation übrigbleiben, da jede vorhergehende Krise einen bisher uneroberten oder vom Handel nur oberflächlich ausgebeuteten Markt dem Welthandel unterworfen hat. Das Kapital *lebt* aber nicht nur von der Arbeit. Ein zugleich vornehmer und barbarischer Herr, zieht es mit sich in die Gruft die Leichen seiner Sklaven, ganze Arbeiterhekatomben, die in den Krisen untergehn. Wir sehn also: *Wächst das Kapital rasch, so wächst ungleich rascher die Konkurrenz unter den Arbeitern, d. h. desto mehr nehmen verhältnismäßig die Beschäftigungsmittel, die Lebensmittel für die Arbeiterklasse ab, und nichtsdestoweniger ist das rasche Wachsen des Kapitals die günstigste Bedingung für die Lohnarbeit.*

DER ACHTZEHNTE BRUMAIRE DES LOUIS BONAPARTE

Vorrede zur dritten Auflage

Daß eine neue Auflage des „Achtzehnten Brumaire" nötig geworden, dreiunddreißig Jahre nach dem ersten Erscheinen, beweist, daß das Schriftchen auch heute noch nichts von seinem Wert verloren hat.

Und in der Tat war es eine geniale Arbeit. Unmittelbar nach dem Ereignis, das die ganze politische Welt wie ein Wetterstrahl aus heiterm Himmel überrascht, das von den einen mit lautem Schrei sittlicher Entrüstung verdammt, von den andern als Rettung aus der Revolution und als Strafe für ihre Verirrungen akzeptiert, von allen aber nur angestaunt und von keinem verstanden wurde – unmittelbar nach diesem Ereignis trat Marx auf mit einer kurzen, epigrammatischen Darstellung, die den ganzen Gang der französischen Geschichte seit den Februartagen in ihrem innern Zusammenhang darlegte, das Mirakel des zweiten Dezembers in ein natürliches, notwendiges Resultat dieses Zusammenhangs auflöste und dabei nicht einmal nötig hatte, den Helden des Staatsstreichs anders als mit der wohlverdienten Verachtung zu behandeln. Und mit solcher Meisterhand war das Bild gezeichnet, daß jede neue, inzwischen erfolgte Enthüllung nur neue Beweise dafür geliefert hat, wie treu es die Wirklichkeit widerspiegelt. Dies eminente Verständnis der lebendigen Tagesgeschichte, dies klare Durchschauen der Begebenheiten, im Moment, wo sie sich ereignen, ist in der Tat beispiellos.

Dazu gehörte aber auch Marx' genaue Kenntnis der französischen Geschichte. Frankreich ist das Land, wo die geschichtlichen Klassenkämpfe mehr als anderswo jedesmal bis zur Entscheidung durchgefochten wurden, wo also auch die wechselnden politischen Formen, innerhalb deren sie sich bewegen und in denen ihre Resultate sich zusammenfassen, in den schärfsten Umrissen ausgeprägt sind. Mittelpunkt des Feudalismus im Mittelalter, Musterland der einheitlichen ständischen Monarchie seit der Renaissance, hat Frankreich in der großen Revolution den Feudalismus zertrümmert und die reine Herrschaft der Bourgeoisie begründet in einer Klassizität wie kein anderes europäisches Land. Und auch der Kampf des aufstrebenden Proletariats gegen die herrschende Bourgeoisie tritt hier in einer, anderswo unbekannten, akuten Form auf. Das war der Grund, weshalb Marx nicht nur die vergangne französische Geschichte mit besondrer Vorliebe studierte, sondern auch die laufende in allen Einzelnheiten verfolgte, das Material zu künftigem Gebrauch sammelte und daher nie von den Ereignissen überrascht wurde.

Dazu aber kam noch ein anderer Umstand. Es war grade Marx, der das große Bewegungsgesetz der Geschichte zuerst entdeckt hatte, das Gesetz, wonach alle geschichtlichen Kämpfe, ob sie auf politischem, religiösem, philosophischem oder sonst ideologischem Gebiet vor sich gehn, in der Tat nur der mehr oder weniger deutliche Ausdruck von Kämpfen gesellschaftlicher Klassen sind, und daß die Existenz und damit auch die Kollisionen dieser Klassen wieder bedingt sind durch den Entwicklungsgrad ihrer ökonomischen Lage, durch die Art und

Weise ihrer Produktion und ihres dadurch bedingten Austausches. Dies Gesetz, das für die Geschichte dieselbe Bedeutung hat wie das Gesetz von der Verwandlung der Energie für die Naturwissenschaft – dies Gesetz gab ihm auch hier den Schlüssel zum Verständnis der Geschichte der zweiten französischen Republik. An dieser Geschichte hat er hier die Probe auf sein Gesetz gemacht, und selbst nach dreiunddreißig Jahren müssen wir noch sagen, daß diese Probe glänzend ausgefallen ist.

Friedrich Engels

Vorwort zur zweiten deutschen Ausgabe

Mein zu früh verstorbener Freund Joseph Weydemeyer beabsichtigte, vom 1. Januar 1852 an eine politische Wochenschrift in New York herauszugeben. Er forderte mich auf, für dieselbe die Geschichte des coup d'Etat zu liefern. Ich schrieb ihm daher wöchentlich bis Mitte Februar Artikel unter dem Titel: „Der achtzehnte Brumaire des Louis Bonaparte". Unterdes war Weydemeyers ursprünglicher Plan gescheitert. Dagegen veröffentlichte er im Frühling 1852 eine Monatsschrift: *„Die Revolution"*, deren erstes Heft aus meinem „Achtzehnten Brumaire" besteht. Einige hundert Exemplare davon fanden damals den Weg nach Deutschland, ohne jedoch in den eigentlichen Buchhandel zu kommen. Ein äußerst radikal tuender deutscher Buchhändler, dem ich den Vertrieb anbot, antwortete mit wahrhaft sittlichem Entsetzen über solch „zeitwidrige Zumutung".

Man ersieht aus diesen Angaben, daß die vorliegende Schrift unter dem unmittelbaren Druck der Ereignisse entstand und ihr historisches Material nicht über den Monat Februar (1852) hinausreicht. Ihre jetzige Wiederveröffentlichung ist teils buchhändlerischer Nachfrage, teils dem Andringen meiner Freunde in Deutschland geschuldet.

Von den Schriften, welche ungefähr gleichzeitig mit der meiniger denselben Gegenstand behandelten, sind nur zwei bemerkenswert: *Victor Hugos „Napoléon le Petit"* und *Proudhons „Coup d'Etat"*.

Victor Hugo beschränkt sich auf bittere und geistreiche Invektive gegen den verantwortlichen Herausgeber des Staatsstreichs. Das Ereignis selbst erscheint bei ihm wie ein Blitz aus heitrer Luft. Er sieht darin nur die Gewalttat eines einzelnen Individuums. Er merkt nicht, daß er dies Individuum groß statt klein macht, indem er ihm eine persönliche Gewalt der Initiative zuschreibt, wie sie beispiellos in der Weltgeschichte dastehen würde. Proudhon seinerseits sucht den Staatsstreich als Resultat einer vorhergegangenen geschichtlichen Entwicklung darzustellen. Unter der Hand verwandelt sich ihm jedoch die geschichtliche Konstruktion des Staatsstreichs in eine geschichtliche Apologie des Staatsstreichshelden. Er verfällt so in den Fehler unserer sogenannten *objektiven* Geschichtsschreiber. Ich weise dagegen nach, wie der Klassenkampf in Frankreich Umstände und Verhältnisse schuf, welche einer mittelmäßigen und grotesken Personage das Spiel der Heldenrolle ermöglichten.

Eine Umarbeitung der vorliegenden Schrift hätte sie ihrer eigentümlichen Färbung beraubt. Ich habe mich daher auf bloße Korrektur von Druckfehlern beschränkt und auf Wegstreichung jetzt nicht mehr verständlicher Anspielungen.

Der Schlußsatz meiner Schrift: „Aber wenn der Kaisermantel endlich auf die Schultern Louis Bonapartes fällt, wird das eherne Standbild Napoleons von der Höhe der Vendôme-Säule herabstürzen", hat sich bereits erfüllt.

Oberst Charras eröffnete den Angriff auf den Napoleon-Kultus in seinem Werke über den Feldzug von 1815. Seitdem, und namentlich in den letzten Jahren, hat die französische Literatur mit den Waffen der Geschichtsforschung, der Kritik, der Satire und des Witzes der Napoleon-Legende den Garaus gemacht. Außerhalb Frankreichs ward dieser gewaltsame Bruch mit dem traditionellen Volksglauben, diese ungeheure geistige Revolution, wenig beachtet und noch weniger begriffen.

Schließlich hoffe ich, daß meine Schrift zur Beseitigung der jetzt namentlich in Deutschland landläufigen Schulphrase vom sogenannten Cäsarismus beitragen wird. Bei dieser oberflächlichen geschichtlichen Analogie vergißt man die Hauptsache, daß nämlich im alten Rom der Klassenkampf nur innerhalb einer privilegierten Minorität spielte, zwischen den freien Reichen und den freien Armen, während die große produktive Masse der Bevölkerung, die Sklaven, das bloß passive Piedestal für jene Kämpfer bildete. Man vergißt *Sismondis* bedeutenden Ausspruch: Das römische Proletariat lebte auf Kosten der Gesellschaft, während die moderne Gesellschaft auf Kosten des Proletariats lebt. Bei so gänzlicher Verschiedenheit zwischen den materiellen, ökonomischen Bedingungen des antiken und des modernen Klassenkampfs können auch seine politischen Ausgeburten nicht mehr miteinander gemein haben als der Erzbischof von Canterbury mit dem Hohenpriester Samuel.

London, 23. Juni 1869 *Karl Marx*

I

Hegel bemerkte irgendwo, daß alle großen weltgeschichtlichen Tatsachen und Personen sich sozusagen zweimal ereignen. Er hat vergessen, hinzuzufügen: das eine Mal als Tragödie, das andere Mal als lumpige Farce. Caussidière für Danton, Louis Blanc für Robespierre, die Montagne von 1848-1851 für die Montagne von 1793-1795, der Neffe für den Onkel. Und dieselbe Karikatur in den Umständen, unter denen die zweite Auflage des achtzehnten Brumaire herausgegeben wird!

Die Menschen machen ihre eigene Geschichte, aber sie machen sie nicht aus freien Stücken, nicht unter selbstgewählten, sondern unter unmittelbar vorgefundenen, gegebenen und überlieferten Umständen. Die Tradition aller toten Geschlechter lastet wie ein Alp auf dem Gehirne der Lebenden. Und wenn sie eben damit beschäftigt scheinen, sich und die Dinge umzuwälzen, noch nicht Dagewesenes zu schaffen, gerade in solchen Epochen revolutionärer Krise beschwören sie ängstlich die Geister der Vergangenheit zu ihrem Dienste herauf, entlehnen ihnen Namen, Schlachtparole, Kostüm, um in dieser altehrwürdigen Verkleidung und mit dieser erborgten Sprache die neue Weltgeschichtsszene aufzuführen. So maskierte sich Luther als Apostel Paulus, die Revolution von 1789-1814 drapierte sich abwechselnd als römische Republik und als römisches Kaisertum, und die Revolution von 1848 wußte nichts besseres zu tun, als hier 1789, dort die revolutionäre Überlieferung von 1793-1795 zu parodieren. So übersetzt der Anfänger, der eine neue Sprache erlernt hat, sie immer zurück in seine Muttersprache, aber den Geist der neuen Sprache hat er sich nur angeeignet, und frei in ihr zu produzieren vermag er nur, sobald er sich ohne Rückerinnerung in ihr bewegt und die ihm angestammte Sprache in ihr vergißt.

Bei Betrachtung jener weltgeschichtlichen Totenbeschwörungen zeigt sich sofort ein springender Unterschied. Camille Desmoulins, Danton, Robespierre, St-Just, Napoleon, die Heroen, wie die Parteien und die Masse der alten französischen Revolution, vollbrachten in dem römischen Kostüme und mit römischen Phrasen die Aufgaben ihrer Zeit, die Entfesselung und Herstellung der modernen *bürgerlichen* Gesellschaft. Die einen schlugen den feudalen Boden in Stücke und mähten die feudalen Köpfe ab, die darauf gewachsen waren. Der andere schuf im Innern von Frankreich die Bedingungen, worunter erst die freie Konkurrenz entwickelt, das parzellierte Grundeigentum ausgebeutet, die entfesselte industrielle Produktivkraft der Nation verwandt werden konnte, und jenseits der französischen Grenzen fegte er überall die feudalen Gestaltungen weg, soweit es nötig war, um der bürgerlichen Gesellschaft in Frankreich eine entsprechende, zeitgemäße Umgebung auf dem europäischen Kontinent zu verschaffen. Die neue Gesellschaftsformation einmal hergestellt, verschwanden die vorsündflutlichen Kolosse und mit ihnen das wieder auferstandene Römertum – die Brutusse, Gracchusse, Publicolas, die Tribunen, die Senatoren und Cäsar selbst. Die bürgerliche Gesellschaft in ihrer nüchternen Wirklichkeit hatte sich ihre wahren Dolmetscher und Sprachführer erzeugt in den Says, Cousins, Royer-Collards, Benjamin Constants und Guizots, ihre wirklichen Heerführer saßen hinter dem Kontortisch, und der Speckkopf Ludwigs XVIII. war ihr politisches Haupt. Ganz absorbiert in die Produktion des Reichtums und in den friedlichen Kampf der Konkurrenz begriff sie nicht mehr, daß die Gespenster der Römerzeit ihre Wiege gehütet hatten. Aber unheroisch, wie die bürgerliche Gesellschaft ist, hatte es jedoch des Heroismus bedurft, der Aufopferung, des Schreckens, des Bürgerkriegs und der Völkerschlachten, um sie auf die Welt zu setzen. Und ihre Gladiatoren fanden in den klassisch strengen Überlieferungen der römischen Republik die Ideale und die Kunstformen, die Selbsttäuschungen, deren sie bedurfte, um den bürgerlich beschränkten Inhalt ihrer Kämpfe sich selbst zu verbergen und ihre Leidenschaft auf der Höhe der großen geschichtlichen Tragödie zu halten. So hatten auf einer andern Entwicklungsstufe, ein Jahrhundert früher, Cromwell und das englische Volk dem Alten Testament Sprache, Leidenschaften und Illusionen für ihre bürgerliche Revolution entlehnt. Als das wirkliche Ziel erreicht, als die bürgerliche Umgestaltung der englischen Gesellschaft vollbracht war, verdrängte Locke den Habakuk.

Die Totenerweckung in jenen Revolutionen diente also dazu, die neuen Kämpfe zu verherrlichen, nicht die alten zu parodieren, die gegebene Aufgabe in der Phantasie zu übertreiben, nicht vor ihrer Lösung in der Wirklichkeit zurückzuflüchten, den Geist der Revolution wiederzufinden, nicht ihr Gespenst wieder umgehen zu machen.

1848-1851 ging nur das Gespenst der alten Revolution um, von Marrast, dem Républicain en gants jaunes, der sich in den alten Bailly verkleidete, bis auf den Abenteurer, der seine trivial-widrigen Züge unter der eisernen Totenlarve Napoleons versteckte. Ein ganzes Volk, das sich durch eine Revolution eine beschleunigte Bewegungskraft gegeben zu haben glaubt, findet sich plötzlich in eine verstorbene Epoche zurückversetzt, und damit keine Täuschung über den Rückfall möglich ist, stehn die alten Data wieder auf, die alte Zeitrechnung, die alten Namen, die alten Edikte, die längst der antiquarischen Gelehrsamkeit verfallen, und die alten Schergen, die längst verfault schienen. Die Nation kömmt sich vor wie jener närrische Engländer in Bedlam, der zur Zeit der alten Pharaonen zu leben meint und täglich über die harten Dienste jammert, die er in den äthiopischen Bergwerken als Goldgräber verrichten muß, eingemauert in dies unterirdische Gefängnis, eine spärlich leuchtende Lampe auf dem eigenen Kopfe befestigt, hinter ihm der Sklavenaufseher mit langer Peitsche und an den Ausgängen ein Gewirr von barbarischen Kriegsknechten, die weder die Zwangsarbeiter in den Bergwerken, noch sich untereinander verstehn, weil sie keine gemeinsame Sprache reden. „Und dies alles wird mir" – seufzt der närrische Engländer – „mir, dem freigebornen Briten, zugemutet, um Gold für die alten Pharaonen zu machen." „Um die Schulden der Familie Bonaparte zu zahlen" – seufzt die französische Nation. Der Engländer, solange er bei Verstand war, konnte die fixe Idee des Goldmachens nicht loswerden. Die Franzosen, solange sie revolutionierten, nicht die napoleonische Erinnerung, wie die Wahl vom 10. Dezember bewies. Sie sehnten sich aus den Gefahren der Revolution zurück nach den Fleischtöpfen Ägyptens, und der 2. Dezember 1851 war die Antwort. Sie haben nicht nur die Karikatur des alten Napoleons, sie haben den alten Napoleon selbst karikiert, wie er sich ausnehmen muß in der Mitte des neunzehnten Jahrhunderts.

Die soziale Revolution des neunzehnten Jahrhunderts kann ihre Poesie nicht aus der Vergangenheit schöpfen, sondern nur aus der Zukunft. Sie kann nicht mit sich selbst beginnen, bevor sie allen Aberglauben an die Vergangenheit abgestreift hat. Die früheren Revolutionen bedurften der weltgeschichtlichen Rückerinnerungen, um über ihren eigenen Inhalt zu betäuben. Die Revolution des neunzehnten Jahrhunderts muß die Toten ihre Toten begraben lassen, um bei ihrem eignen Inhalt anzukommen. Dort ging die Phrase über den Inhalt, hier geht der Inhalt über die Phrase hinaus.

Die Februarrevolution war eine Überrumpelung, eine *Überraschung* der alten Gesellschaft, und das Volk proklamierte diesen unverhofften *Handstreich* als eine weltgeschichtliche Tat, womit die neue Epoche eröffnet sei. Am 2. Dezember wird die Februarrevolution eskamotiert durch die Volte eines falschen Spielers, und was umgeworfen scheint, ist nicht mehr die Monarchie, es sind die liberalen Konzessionen, die ihr durch jahrhundertelange Kämpfe abgetrotzt waren. Statt daß die *Gesellschaft* selbst sich einen neuen Inhalt erobert hätte, scheint nur der *Staat* zu seiner ältesten Form zurückgekehrt, zur unverschämt einfachen Herrschaft von Säbel und Kutte. So antwortet auf den coup de main vom Februar 1848 der coup de tête vom Dezember 1851. Wie gewonnen, so zerronnen. Unterdessen ist die Zwischenzeit nicht unbenutzt vorübergegangen. Die französische Gesellschaft hat während der Jahre 1848-1851 die Studien und Erfahrungen nachgeholt, und zwar in einer abkürzenden, weil revolutionären Methode, die bei regelmäßiger, sozusagen schulgerechter Entwicklung der Februarrevolution hätten vorhergehn müssen, sollte sie mehr als eine Erschütterung der Oberfläche sein. Die Gesellschaft scheint jetzt hinter ihren Ausgangspunkt zurückgetreten; in Wahrheit hat sie sich erst den revolutionären Ausgangspunkt zu schaffen, die Situation, die Verhältnisse, die Bedingungen, unter denen allein die moderne Revolution ernsthaft wird.

Bürgerliche Revolutionen, wie die des achtzehnten Jahrhunderts, stürmen rascher von Erfolg zu Erfolg, ihre dramatischen Effekte überbieten sich, Menschen und Dinge scheinen in Feuerbrillanten gefaßt, die Ekstase ist der Geist jedes Tages; aber sie sind kurzlebig, bald haben sie ihren Höhepunkt erreicht, und ein langer Katzenjammer erfaßt die Gesellschaft, ehe sie die Resultate ihrer Drang- und Sturmperiode nüchtern sich aneignen lernt. Proletarische Revolutionen dagegen, wie die des neunzehnten Jahrhunderts, kritisieren beständig sich selbst, unterbrechen sich fortwährend in ihrem eignen Lauf, kommen auf das scheinbar Vollbrachte zurück, um es wieder von neuem anzufangen, verhöhnen grausam-gründlich die Halbheiten, Schwächen und Erbärmlichkeiten ihrer ersten Versuche, scheinen ihren Gegner nur niederzuwerfen, damit er neue Kräfte aus der Erde sauge und sich riesenhafter ihnen gegenüber wieder aufrichte, schrecken stets von neuem zurück vor der unbestimmten Ungeheuerlichkeit ihrer eigenen Zwecke, bis die Situation geschaffen ist, die jede Umkehr unmöglich macht, und die Verhältnisse selbst rufen

Hic Rhodus, hic salta!
Hier ist die Rose, hier tanze!*

Jeder erträgliche Beobachter übrigens, selbst wenn er nicht Schritt vor Schritt den Gang der französischen Entwicklung gefolgt war, mußte ahnen, daß der Revolution eine unerhörte Blamage bevorstehe. Es genügte, das selbstgefällige Siegesgekläffe zu hören, womit die Herren Demokraten sich wechselweis zu den Gnadenwirkungen des 2. Mai 1852 beglückwünschten. Der 2. Mai 1852 war in den Köpfen zur fixen Idee geworden, zum Dogma, wie der Tag, an dem Christus wiedererscheinen und das Tausendjährige Reich beginnen sollte, in den Köpfen der Chiliasten. Die Schwäche hatte sich wie immer in den Wunderglauben gerettet, glaubte den Feind überwunden, wenn sie ihn in der Phantasie weghexte, und verlor alles Verständnis der Gegenwart über der tatlosen Verhimmelung der Zukunft, die ihr bevorstehe, und der Taten, die sie in petto habe, aber nur noch nicht an den Mann bringen wolle. Jene Helden, die ihre bewiesene Unfähigkeit dadurch zu widerlegen suchen, daß sie sich wechselseitig ihr Mitleiden schenken und sich zu einem Haufen zusammentun, hatten ihre Bündel geschnürt, strichen ihre Lorbeerkronen auf Vorschuß ein und waren eben damit beschäftigt, auf dem Wechselmarkt die Republiken in partibus diskontieren zu lassen, für die sie bereits in aller Stille ihres anspruchslosen Gemüts das Regierungspersonal vorsorglich organisiert hatten. Der 2. Dezember traf sie wie ein Blitzstrahl aus heiterm Himmel, und die Völker, die in Epochen kleinmütiger Verstimmung sich gern ihre innere Angst von den lautesten Schreiern übertäuben lassen, werden sich vielleicht überzeugt haben, daß die Zeiten vorüber sind, wo das Geschnatter von Gänsen das Kapitol retten konnte.

Die Konstitution, die Nationalversammlung, die dynastischen Parteien, die blauen und die roten Republikaner, die Helden von Afrika, der Donner der Tribüne, das Wetterleuchten der Tagespresse, die gesamte Literatur, die politischen Namen und die geistigen Renommeen, das bürgerliche Gesetz und das peinliche Recht, die liberté, égalité, fraternité und der 2. Mai 1852 – alles ist verschwunden wie eine Phantasmagorie vor der Bannformel eines Mannes, den seine Feinde

* Hier ist die Rose, hier tanze!: Variante des vorstehenden Zitats, von Hegel im Vorwort zu den „Grundlinien der Philosophie des Rechts" gebraucht. Rhodos (griech.): Rose.

selbst für keinen Hexenmeister ausgeben. Das allgemeine Wahlrecht scheint nur einen Augenblick überlebt zu haben, damit es eigenhändig vor den Augen aller Welt sein Testament mache und im Namen des Volkes selbst erkläre: „Alles, was besteht, ist wert, daß es zugrunde geht".

Es genügt nicht zu sagen, wie die Franzosen tun, daß ihre Nation überrascht worden sei. Einer Nation und einer Frau wird die unbewachte Stunde nicht verziehen, worin der erste beste Abenteurer ihnen Gewalt antun konnte. Das Rätsel wird durch dergleichen Wendungen nicht gelöst, sondern nur anders formuliert. Es bliebe zu erklären, wie eine Nation von 36 Millionen durch drei Industrieritter überrascht und widerstandslos in die Gefangenschaft abgeführt werden kann.

Rekapitulieren wir in allgemeinen Zügen die Phasen, die die französische Revolution vom 24. Februar 1848 bis zum Dezember 1851 durchlaufen hat.

Drei Hauptperioden sind unverkennbar: *die Februarperiode;* 4. Mai 1848 bis zum 28. Mai 1849: *Periode der Konstituierung der Republik* oder *der konstituierenden Nationalversammlung;* 28. Mai 1849 bis zum 2. Dezember 1851: *Periode der konstitutionellen Republik* oder *der legislativen Nationalversammlung.*

Die *erste Periode* vom 24. Februar oder dem Sturze Louis-Philippes bis zum 4. Mai, dem Zusammentritt der konstituierenden Versammlung, die eigentliche *Februarperiode*, kann als der *Prolog* der Revolution bezeichnet werden. Ihr Charakter sprach sich offiziell darin aus, daß die von ihr improvisierte Regierung sich selbst für *provisorisch* erklärte, und wie die Regierung gab alles, was in dieser Periode angeregt, versucht, ausgesprochen wurde, sich nur für *provisorisch* aus. Niemand und nichts wagte das Recht des Bestehens und der wirklichen Tat für sich in Anspruch zu nehmen. Alle Elemente, die die Revolution vorbereitet oder bestimmt hatten, dynastische Opposition, republikanische Bourgeoisie, demokratisch-republikanisches Kleinbürgertum, sozial-demokratisches Arbeitertum, fanden provisorisch ihren Platz in der Februar-*Regierung.*

Es konnte nicht anders sein. Die Februartage bezweckten ursprünglich eine Wahlreform, wodurch der Kreis der politisch Privilegierten unter der besitzenden Klasse selbst erweitert und die ausschließliche Herrschaft der Finanzaristokratie gestürzt werden sollte. Als es aber zum wirklichen Konflikt kam, das Volk auf die Barrikaden stieg, die Nationalgarde sich passiv verhielt, die Armee keinen ernstlichen Widerstand leistete und das Königtum davonlief, schien sich die Republik von selbst zu verstehn. Jede Partei deutete sie in ihrem Sinn. Von dem Proletariat, die Waffen in der Hand, ertrotzt, prägte es ihr seinen Stempel auf und proklamierte sie als *soziale Republik*. So wurde der allgemeine Inhalt der modernen Revolution angedeutet, der in sonderbarstem Widerspruch stand zu allem, was mit dem vorliegenden Material, mit der erreichten Bildungsstufe der Masse, unter den gegebenen Umständen und Verhältnissen zunächst unmittelbar ins Werk gesetzt werden konnte. Andererseits wurde der Anspruch aller übrigen Elemente, die zur Februarrevolution mitgewirkt hatten, anerkannt in dem Löwenanteil, den sie an der Regierung erhielten. In keiner Periode finden wir daher ein bunteres Gemisch von überfliegenden Phrasen und tatsächlicher Unsicherheit und Unbeholfenheit, von enthusiastischerem Neuerungsstreben und von gründlicherer Herrschaft der alten Routine, von mehr scheinbarer Harmonie der ganzen Gesellschaft und von tieferer Entfremdung ihrer Elemente. Während das Pariser Proletariat noch in dem Anblicke der großen Perspektive, die sich ihm eröffnet hatte, schwelgte und sich in ernstgemeinten Diskussionen über die sozialen Probleme erging, hatten sich die alten Mächte der Gesellschaft gruppiert, gesammelt, besonnen und fanden eine unerwartete Stütze an der Masse der Nation, den Bauern und Kleinbürgern, die alle auf einmal auf die politische Bühne stürzten, nachdem die Barrieren der Julimonarchie gefallen waren.

Die *zweite Periode* vom 4. Mai 1848 bis Ende Mai 1849 ist die Periode der *Konstituierung, der Begründung der bürgerlichen Republik.* Unmittelbar nach den Februartagen war nicht nur die dynastische Opposition überrascht worden durch die Republikaner, die Republikaner durch die Sozialisten, sondern ganz Frankreich durch Paris. Die Nationalversammlung, die am 4. Mai 1848 zusammentrat, aus den Wahlen der Nation hervorgegangen, repräsentierte die Nation. Sie war ein lebendiger Protest gegen die Zumutungen der Februartage und sollte die Resultate der Revolution auf den bürgerlichen Maßstab zurückführen. Vergebens versuchte das Pariser Proletariat, das den Charakter dieser Nationalversammlung sofort begriff, ihre Existenz gewaltsam wegzuleugnen, sie aufzulösen, die organische Gestalt, worin der reagierende Geist der Nation es bedrohte, wieder in ihre einzelne Bestandteile zu zerstreuen. Der 15. Mai hatte bekanntlich kein anderes Resultat, als Blanqui und Genossen, d. h. die wirklichen Führer der proletarischen Partei, für die ganze Dauer des Zyklus, den wir betrachten, vom öffentlichen Schauplatz zu entfernen.

Auf die *bürgerliche Monarchie* Louis-Philippes kann nur die *bürgerliche Republik* folgen, d. h., wenn unter dem Namen des Königs ein beschränkter Teil der Bourgeoisie geherrscht hat, so wird jetzt im Namen des Volks die Gesamtheit der Bourgeoisie herrschen. Die Forderungen des Pariser Proletariats sind utopistische Flausen, womit geendet werden muß. Auf diese Erklärung der konstituierenden Nationalversammlung antwortete das Pariser Proletariat mit der *Juni-Insurrektion*, dem kolossalsten Ereignis in der Geschichte der europäischen Bürgerkriege. Die bürgerliche Republik siegte. Auf ihrer Seite stand die Finanzaristokratie, die industrielle Bourgeoisie, der Mittelstand, die Kleinbürger, die Armee, das als Mobilgarde organisierte Lumpenproletariat, die geistigen Kapazitäten, die Pfaffen und die Landbevölkerung. Auf der Seite des Pariser Proletariats stand niemand als es selbst. Über 3000 Insurgenten wurden niedergemetzelt nach dem Siege, 15.000 ohne Urteil transportiert. Mit dieser Niederlage tritt das Proletariat in den *Hintergrund* der revolutionären Bühne. Es versucht sich jedesmal wieder vorzudrängen, sobald die Bewegung einen neuen Anlauf zu nehmen scheint, aber mit immer schwächerem Kraftaufwand und stets geringerem Resultat. Sobald eine der höher über ihm liegenden Gesellschaftsschichten in revolutionäre Gärung gerät, geht es eine Verbindung mit ihr ein und teilt so alle Niederlagen, die die verschiedenen Parteien nacheinander erleiden. Aber diese nachträglichen Schläge schwächen sich immer mehr ab, je mehr sie sich auf die ganze Oberfläche der Gesellschaft verteilen. Seine bedeutenderen Führer in der Versammlung und in der Presse fallen der Reihe nach den Gerichten als Opfer, und immer zweideutigere Figuren treten an seine Spitze. Zum Teil wirft es sich auf *doktrinäre Experimente, Tauschbanken und Arbeiterassoziationen, also in eine Bewegung, worin es darauf verzichtet, die alte Welt mit ihren eigenen großen Gesamtmitteln umzuwälzen, vielmehr hinter dem Rücken der Gesellschaft, auf Privatweise, innerhalb seiner beschränkten Existenzbedingungen, seine Erlösung zu vollbringen sucht, also notwendig scheitert.* Es scheint weder in sich selbst die revolutionäre Größe wiederfinden noch aus den neu eingegangenen Verbindungen neue Energie gewinnen zu können, bis *alle Klassen*, womit es im Juni gekämpft, neben ihm selbst platt darniederliegen. Aber wenigstens erliegt es mit den Ehren des großen weltgeschichtlichen Kampfes; nicht nur Frankreich, ganz Europa zittert vor dem Juni-Erdbeben, während die nachfolgenden Niederlagen der höhern Klassen so wohlfeil erkauft werden, daß sie der frechen Übertreibung von seiten der siegenden Partei bedürfen, um überhaupt als Ereignisse passieren zu können, und um so schmachvoller werden, je weiter die unterliegende Partei von der proletarischen entfernt ist.

Die Niederlage der Juni-Insurgenten hatte nun allerdings das Terrain vorbereitet, geebnet, worauf die bürgerliche Republik begründet, aufgeführt werden konnte; aber sie hatte zugleich gezeigt, daß es sich in Europa um andre Fragen handelt als um „Republik oder Monarchie". Sie hatte offenbart, *daß bürgerliche Republik* hier die uneingeschränkte Despotie einer Klasse über andere Klassen bedeute. Sie hatte bewiesen, daß in altzivilisierten Ländern mit entwikkelter Klassenbildung, mit modernen Produktionsbedingungen und mit einem geistigen Bewußtsein, worin alle überlieferten Ideen durch jahrhundertelange Arbeit aufgelöst sind, *die Republik überhaupt nur die politische Umwälzungsform der bürgerlichen Gesellschaft* bedeutet und nicht ihre *konservative Lebensform*, wie z. B. in den Vereinigten Staaten von Nordamerika, wo zwar schon Klassen bestehn, aber sich noch nicht fixiert haben, sondern in beständigem Flusse fortwährend ihre Bestandteile wechseln und aneinander abtreten, wo die modernen Produktionsmittel, statt mit einer stagnanten Übervölkerung zusammenzufallen, vielmehr den relativen Mangel an Köpfen und Händen ersetzen, und wo endlich die fieberhaft jugendliche Bewegung der materiellen Produktion, die eine neue Welt sich anzueignen hat, weder Zeit noch Gelegenheit ließ, die alte Geisterwelt abzuschaffen.

Alle Klassen und Parteien hatten sich während der Junitage zur *Partei der Ordnung* vereint gegenüber der proletarischen Klasse, als der *Partei der Anarchie*, des Sozialismus, des Kommunismus. Sie hatten die Gesellschaft „gerettet" gegen *„die*

Feinde der Gesellschaft". Sie hatten die Stichworte der alten Gesellschaft, „*Eigentum, Familie, Religion, Ordnung*", als Parole unter ihr Heer ausgeteilt und der kontrerevolutionären Kreuzfahrt zugerufen: „Unter diesem Zeichen wirst du siegen!" Von diesem Augenblick, sobald eine der zahlreichen Parteien, die sich unter diesem Zeichen gegen die Juni-Insurgenten geschart hatten, in ihrem eigenen Klasseninteresse den revolutionären Kampfplatz zu behaupten sucht, unterliegt sie vor dem Rufe: „Eigentum, Familie, Religion, Ordnung". Die Gesellschaft wird ebensooft gerettet, als sich der Kreis ihrer Herrscher verengt, als ein exklusiveres Interesse dem weiteren gegenüber behauptet wird. Jede Forderung der einfachsten bürgerlichen Finanzreform, des ordinärsten Liberalismus, des formalsten Republikanertums, der plattesten Demokratie, wird gleichzeitig als „Attentat auf die Gesellschaft" bestraft und als „Sozialismus" gebrandmarkt. Und schließlich werden die Hohenpriester der „Religion und Ordnung" selbst mit Fußtritten von den Pythiastühlen verjagt, bei Nacht und Nebel aus ihren Betten geholt, in Zellenwagen gesteckt, in Kerker geworfen oder ins Exil geschickt, ihr Tempel wird der Erde gleichgemacht, ihr Mund wird versiegelt, ihre Feder zerbrochen, ihr Gesetz zerrissen, im Namen der Religion, des Eigentums, der Familie, der Ordnung. Ordnungsfanatische Bourgeois auf ihren Balkonen werden von besoffenen Soldatenhaufen zusammengeschossen, ihre Häuser werden zum Zeitvertreib bombardiert – im Namen des Eigentums, der Familie, der Religion und der Ordnung. Der Auswurf der bürgerlichen Gesellschaft bildet schließlich die *heilige Phalanx der Ordnung*, und Held Krapülinski* zieht in die Tuilerien ein als „*Retter der Gesellschaft*".

* Krapülinski: Auf Louis Bonaparte gemünzt. Krapülinski ist der Held aus Heines Gedicht „Zwei Ritter", ein prassender polnischer Aristokrat. Der Name ist aus dem französischen crapule (Lump, Schuft, Prasser) gebildet.

II

Nehmen wir den Faden der Entwicklung wieder auf.

Die Geschichte der *konstituierenden Nationalversammlung* seit den Junitagen ist die *Geschichte der Herrschaft und Auflösung der republikanischen Bourgeoisfraktion*, jener Fraktion, die man unter dem Namen trikolore Republikaner, reine Republikaner, politische Republikaner, formalistische Republikaner usw. kennt.

Sie hatte unter der bürgerlichen Monarchie Louis-Philippes die *offizielle* republikanische *Opposition* und daher einen anerkannten Bestandteil der damaligen politischen Welt gebildet. Sie besaß ihre Vertreter in den Kammern und in der Presse einen bedeutenden Wirkungskreis. Ihr Pariser Organ, der „National", galt in seiner Weise für ebenso respektabel als das „Journal des Débats". Dieser Stellung unter der konstitutionellen Monarchie entsprach ihr Charakter. Es war dies keine durch große gemeinsame Interessen zusammengehaltene und durch eigentümliche Produktionsbedingungen abgegrenzte Fraktion der Bourgeoisie. Es war eine Koterie von republikanisch gesinnten Bourgeois, Schriftstellern, Advokaten, Offizieren und Beamten, deren Einfluß auf den persönlichen Antipathien des Landes gegen Louis-Philippe, auf Erinnerungen an die alte Republik, auf dem republikanischen Glauben einer Anzahl von Schwärmern, vor allem aber auf dem *französischen Nationalismus* beruhte, dessen Haß gegen die Wiener Verträge und gegen die Allianz mit England sie fortwährend wachhielt. Einen großen Teil des Anhangs, den der „National" unter Louis-Philippe besaß, schuldete er diesem versteckten Imperialismus, der ihm daher später unter der Republik als ein vernichtender Konkurrent in der Person Louis Bonaparte gegenübertreten konnte. Die Finanzaristokratie bekämpfte er, wie die ganze übrige bürgerliche Opposition es tat. Die Polemik gegen das Budget, die in Frankreich genau mit der Bekämpfung der Finanzaristokratie zusammenhing, verschaffte eine zu wohlfeile Popularität und zu reichhaltigen Stoff zu puritanischen leading articles, um nicht ausgebeutet zu werden. Die industrielle Bourgeoisie war ihm dankbar für seine sklavische Verteidigung des französischen Schutzzollsystems, das er indes auf mehr nationale als nationalökonomische Gründe hin aufnahm, die Gesamtbourgeoisie für seine gehässigen Denunziationen des Kommunismus und Sozialismus. Im übrigen war die Partei des „National" *rein republikanisch*, d. h. sie verlangte eine republikanische statt einer monarchischen Form der Bourgeoisherrschaft und vor allem ihren Löwenanteil an dieser Herrschaft. Über die Bedingungen dieser Umwandlung war sie sich durchaus nicht klar. Was ihr dagegen sonnenklar war und auf den Reformbanketten in der letzten Zeit Louis-Philippes öffentlich erklärt wurde, war ihre Unpopularität bei den demokratischen Kleinbürgern und insbesondere bei dem revolutionären Proletariat. Diese reinen Republikaner, wie reine Republikaner denn sind, standen auch schon auf dem Sprunge, sich zunächst mit einer Regentschaft der Herzogin von Orléans zu begnügen, als die Februarrevolution ausbrach und ihren bekanntesten Vertretern einen Platz in der provisorischen Regierung anwies. Sie besaßen natürlich von vorn herein das Vertrauen der Bourgeoisie und die Majorität der konstituierenden Versammlung. Aus der Exekutivkommision, welche die Nationalversammlung bei ihrem Zusammentritt bildete, wurden sofort die *sozialistischen* Elemente der provisorischen Regierung ausgeschlossen, und die Partei des „National" benutzte den Ausbruch der Juni-Insurrektion, um auch die *Exekutivkommission* abzudanken und damit ihre nächsten Rivalen, die *kleinbürgerlichen* oder *demokratischen Republikaner* (Ledru-Rollin usw.) loszuwerden. Cavaignac, der General der bourgeois-republikanischen Partei, der die Junischlacht kommandierte, trat an die Stelle der Exekutivkommission mit einer Art diktatorischer Gewalt. Marrast, ehemaliger Redakteur en chef des „National", wurde der perpetuierliche Präsident der konstituierenden Nationalversammlung, und die Ministerien, wie sämtliche übrigen bedeutenden Posten, fielen den reinen Republikanern anheim.

Die republikanische Bourgeoisfraktion, die sich seit langem als legitime Erbin der Julimonarchie betrachtet hatte, fand sich so in ihrem Ideal übertroffen, aber sie gelangte zur Herrschaft, nicht, wie sie unter Louis-Philippe geträumt hatte, durch eine liberale Revolte der Bourgeoisie gegen den Thron, sondern durch eine niederkartätschte Emeute des Proletariats gegen das Kapital. Was sie als das *revolutionärste* Ereignis sich vorgestellt hatte, trug sich in Wirklichkeit zu als das *kontrerevolutionärste.* Die Frucht fiel ihr in den Schoß, aber sie fiel vom Baum der Erkenntnis, nicht vom Baum des Lebens.

Die ausschließliche *Herrschaft der Bourgeois-Republikaner* währte nur vom 24. Juni bis zum 10. Dezember 1848. Sie resümiert sich in der *Abfassung einer republikanischen Konstitution* und im *Belagerungszustand von Paris.*

Die neue *Konstitution* war im Grunde nur die republikanisierte Ausgabe der konstitutionellen Charte von 1830. Der enge Wahlzensus der Julimonarchie, der selbst einen großen Teil der Bourgeoisie von der politischen Herrschaft ausschloß, war unvereinbar mit der Existenz der bürgerlichen Republik. Die Februarrevolution hatte sofort an der Stelle dieses Zensus das direkte allgemeine Wahlrecht proklamiert. Die Bourgeois-Republikaner konnten dieses Ereignis nicht ungeschehen machen. Sie mußten sich damit begnügen, die beschränkende Bestimmung eines sechsmonatlichen Domizils am Wahlorte hinzuzufügen. Die alte Organisation der Verwaltung, des Gemeindewesens, der Rechtspflege, der Armee usw. blieb unversehrt bestehen, oder wo die Konstitution sie änderte, betraf die Änderung das Inhaltsregister, nicht den Inhalt, den Namen, nicht die Sache.

Der unvermeidliche Generalstab der Freiheiten von 1848, persönliche Freiheit, Preß-, Rede-, Assoziations-, Versammlungs-, Lehr- und Religionsfreiheit usw. erhielt eine konstitutionelle Uniform, die sie unverwundbar machte. Jede dieser Freiheiten wird nämlich als das *unbedingte* Recht des französischen Citoyen proklamiert, aber mit der beständigen Randglosse, daß sie schrankenlos sei, soweit sie nicht durch die *„gleichen Rechte anderer* und die *öffentliche Sicherheit"* beschränkt werde, oder durch „Gesetze", die eben diese Harmonie der individuellen Freiheiten untereinander und mit der öffentlichen Sicherheit vermitteln sollen. Z. B.: „Die Bürger haben das Recht, sich zu assoziieren, sich friedlich und unbewaffnet zu versammeln, zu petitionieren und ihre Meinungen durch die Presse oder wie sonst immer auszudrücken. *Der Genuß dieser Rechte hat keine andre Schranke als die gleichen Rechte andrer und die öffentliche Sicherheit.*" (Kap. II der französischen Konstitution, § 8.) – „Der Unterricht ist frei. Die Freiheit des Unterrichts soll *genossen* werden unter den vom Gesetze fixierten Bedingungen und unter der Oberaufsicht des Staats." (A. a. O., § 9.) – „Die Wohnung jedes Bürgers ist unverletzlich *außer* in den vom Gesetz vorgeschriebenen Formen." (Kap. II, § 3.) Usw. usw. – Die Konstitution weist daher beständig auf zukünftige *organische* Gesetze hin, die jene Randglossen ausführen und den Genuß dieser unbeschränkten Freiheiten so regulieren sollen, daß sie weder untereinander noch mit der öffentlichen Sicherheit anstoßen. Und später sind diese organischen Gesetze von den Ordnungsfreunden ins Leben gerufen und alle jene Freiheiten so reguliert worden, daß die Bourgeoisie in deren Genuß an den gleichen Rechten der andern Klassen keinen Anstoß findet. Wo sie „den andern" diese Freiheiten ganz untersagt oder ihren Genuß unter Bedingungen erlaubt, die ebenso viele Polizeifallstricke sind, geschah dies immer nur im Interesse der *„öffentlichen Sicherheit"*, d. h. der Sicherheit der Bourgeoisie, wie die Konstitution vorschreibt. Beide Seiten berufen sich daher in der Folge mit vollem Recht auf die Konstitution, sowohl die Ordnungsfreunde, die alle jene Freiheiten aufhoben, wie die Demokraten, die sie alle herausverlangten. Jeder Paragraph der Konstitution enthält nämlich seine eigene Antithese, sein eignes Über- und Unterhaus in sich, nämlich in der allgemeinen Phrase die Freiheit, in der Randglosse die Aufhebung der Freiheit. Solange also der *Name* der Freiheit respektiert und nur die wirkliche Ausführung derselben verhindert wurde, auf gesetzlichem Wege versteht sich, blieb das konstitutionelle Dasein der Freiheit unversehrt, unangetastet, mochte ihr *gemeines* Dasein noch so sehr totgeschlagen sein.

Diese auf so sinnige Weise unverletzlich gemachte Konstitution war indes wie Achilles an einem Punkte verwundbar, nicht an der Ferse, aber am Kopfe oder vielmehr an den zwei Köpfen, worin sie sich verlief – *gesetzgebende Versammlung* einerseits, *Präsident* andererseits. Man durchfliege die Konstitution, und man wird finden, daß nur die Paragraphen, worin das Verhältnis des Präsidenten zur gesetzgebenden Versammlung bestimmt wird, absolut, positiv, widerspruchslos, unverdrehbar sind. Hier galt es nämlich für die Bourgeois-Republikaner, sich selbst sicherzustellen. §§ 45-70 der Konstitution sind so abgefaßt, daß die Nationalversammlung den Präsidenten konstitutionell, der Präsident die Nationalversammlung nur inkonstitutionell beseitigen kann, nur indem er die Konstitution selbst beseitigt. Hier fordert sie also ihre gewaltsame Vernichtung heraus. Sie heiligte nicht nur wie die Charte von 1830 die Teilung der Gewalten, sie erweiterte sie bis zum unerträglichen Widerspruch. Das *Spiel der konstitutionellen Gewalten*, wie Guizot den parlamentarischen Krakeel zwischen gesetzgebender und vollziehender Gewalt nannte, spielt in der Konstitution von 1848 beständig va banque. Auf der einen Seite 750 durch allgemeines Stimmrecht gewählte und wieder wählbare Volksrepräsentanten, die eine unkontrollierbare, unauflösbare, unteilbare Nationalversammlung bilden, eine Nationalversammlung, welche gesetzgeberische Allmacht genießt, über Krieg, Frieden und Handelsverträge in letzter Instanz entscheidet, allein das Recht der Amnestie besitzt und durch ihre Permanenz unaufhörlich den Vordergrund der Bühne behauptet. Andrerseits der Präsident, mit allen Attributen der königlichen Macht, mit der Befugnis, seine Minister unabhängig von der Nationalversammlung ein- und abzusetzen, mit allen Mitteln der exekutiven Gewalt in seinen Händen, alle Stellen vergebend und d. h. in Frankreich wenigsten $1^1/_2$ Millionen Existenzen entscheidend, denn so viel hängen an den 500.000 Beamten und an den Offizieren aller Grade. Er hat die ganze bewaffnete Macht hinter sich. Er genießt das Privilegium, einzelne Verbrecher zu begnadigen, Nationalgarden zu suspendieren, die von den Bürgern selbst erwählten General-, Kantonal- und Gemeinderäte im Einverständnis mit dem Staatsrat abzusetzen. Initiative und Leitung aller Verträge mit dem Ausland sind ihm vorbehalten. Während die Versammlung beständig auf den Brettern spielt und dem kritisch gemeinen Tageslicht ausgesetzt ist, führt er ein verborgenes Leben in den elyseeischen Gefilden, und zwar mit dem Artikel 45 der Konstitution vor Augen und im Herzen, der ihm täglich zuruft: „Frère, il faut mourir!“ Deine Macht hört auf am zweiten Sonntag des schönen Monats Mai im vierten Jahr deiner Wahl! Dann ist die Herrlichkeit am Ende, das Stück spielt nicht zweimal, und wenn du Schulden hast, siehe beizeiten zu, daß du sie mit den dir von der Konstitution ausgeworfenen 600.000 Franken abzahlst, ziehst du nicht etwa vor, am zweiten Montag des schönen Monats Mai nach Clichy zu wandern! – Wenn die Konstitution so dem Präsidenten die faktische Macht beilegt, sucht sie der Nationalversammlung die moralische Macht zu sichern. Abgesehen davon, daß es unmöglich ist, durch Gesetzesparagraphen eine moralische Macht zu schaffen, hebt die Konstitution sich hierin wieder selbst auf, indem sie den Präsidenten von allen Franzosen durch direktes Stimmrecht wählen läßt. Während die Stimmen Frankreichs sich auf die 750 Mitglieder der Nationalversammlung zersplittern, konzentrieren sie sich dagegen hier auf *ein* Individuum. Während jeder einzelne Volksrepräsentant nur diese oder jene Partei, diese oder jene Stadt, diesen oder jenen Brückenkopf oder auch nur die Notwendigkeit vertritt, einen beliebigen Siebenhundertfünfzigsten zu wählen, bei dem man sich weder die Sache noch den Mann so genau ansieht, ist *er* der Erwählte der Nation, und der Akt seiner Wahl ist der große Trumpf, den das souveräne Volk alle vier Jahre einmal ausspielt. Die erwählte Nationalversammlung steht in einem metaphysischen, aber der erwählte Präsident in einem persönlichen Verhältnis zur Nation. Die Nationalversammlung stellt wohl in ihren einzelnen Repräsentanten die mannigfaltigen Seiten des Nationalgeistes dar, aber in dem Präsidenten inkarniert er sich. Er besitzt ihr gegenüber eine Art von göttlichem Recht, er ist von Volkes Gnaden.

Thetis, die Meergöttin, hatte dem Achilles prophezeit, daß er in der Blüte der Jugend sterben werde. Der Konstitution, die ihren faulen Fleck hat, wie Achilles, hatte auch ihre Ahnung, wie Achilles, daß sie frühen Todes abgehen müsse. Es genügte den konstituierenden reinen Republikanern, einen Blick aus dem Wolkenhimmel ihrer idealen Republik auf die profane Welt zu werfen, um zu erkennen, wie der Übermut der Royalisten, der Bonapartisten, der Demokraten, der Kommunisten und ihr eigner Mißkredit täglich stiegen, in demselben Maße, als sie sich der Vollendung ihres großen gesetzgeberischen Kunstwerks näherten, ohne daß Thetis deshalb das Meer zu verlassen und ihnen das Geheimnis mitzuteilen brauchte. Sie suchten das Verhängnis konstitutionell-pfiffig zu überlisten durch § 111 der Konstitution, wonach jeder Vorschlag zur *Revision der Verfassung* in drei sukzessiven Debatten, zwischen denen immer ein ganzer Monat zu liegen hat, von wenigsten $^3/_4$ der Stimmen votiert werden muß, vorausgesetzt noch, daß nicht weniger als 500 Mitglieder der Versammlung stimmen. Sie machten damit nur den ohnmächtigen Versuch, noch als parlamentarische Minorität, als welche sie sich schon prophetisch im Geiste erblickten, eine Macht auszuüben, die in diesem Augenblicke, wo sie über die parlamentarische Majorität verfügten und über alle Mittel der Regierungsgewalt, täglich mehr ihren schwachen Händen entschlüpfte.

Endlich vertraut die Konstitution, in einem melodramatischen Paragraphen, sich selbst „der Wachsamkeit und dem Patriotismus des ganzen französischen Volkes wie jedes einzelnen Franzosen" an, nachdem sie vorher schon in einem andern Paragraphen die „Wachsamen" und „Patriotischen" der zarten, hochnotpeinlichen Aufmerksamkeit des eigens von ihr erfundenen Hochgerichts, „haute cour" anvertraut hatte.

Das war die Konstitution von 1848, die am 2. Dezember 1851 nicht von einem Kopfe umgeworfen wurde, sondern vor der Berührung mit einem bloßen Hute umfiel; allerdings war dieser Hut ein dreieckiger Napoleonshut.

Während die Bourgeois-Republikaner in der Versammlung damit beschäftigt waren, diese Konstitution auszuspintisieren, zu diskutieren und zu votieren, hielt Cavaignac außerhalb der Versammlung den *Belagerungszustand von Paris* aufrecht. Der Belagerungszustand von Paris war der Geburtshelfer der Konstituante bei ihren republikanischen Schöpfungswehen. Wenn die Konstitution später durch Bajonette aus der Welt geschafft wird, so darf man nicht vergessen, daß sie ebenfalls durch Bajonette, und zwar gegen das Volk gekehrte, schon im Mutterleib beschützt und durch Bajonette auf die Welt gesetzt werden mußte. Die Vorfahren der „honetten Republikaner" hatten ihr Symbol, die Trikolore, die Tour durch Europa machen lassen. Sie ihrerseits machten auch eine Erfindung, die von selbst den Weg über den ganzen Kontinent fand, aber mit immer erneuter

Liebe nach Frankreich zurückkehrte, bis sie jetzt in der Hälfte seiner Departements Bürgerrecht erworben hat – den *Belagerungszustand.* Treffliche Erfindung, periodisch angewandt in jeder nachfolgenden Krise im Laufe der französischen Revolution. Aber Kaserne und Biwak, die man so der französischen Gesellschaft periodisch auf den Kopf legte, um ihr das Gehirn zusammenzupressen und sie zum stillen Mann zu machen; Säbel und Muskete, die man periodisch richten und verwalten, bevormunden und zensieren, Polizei üben und Nachtwächterdienst verrichten ließ; Schnurrbart und Kommißrock, die man periodisch als höchste Weisheit der Gesellschaft und als Rektor der Gesellschaft ausposaunte – mußten Kaserne und Biwak, Säbel und Muskete, Schnurrbart und Kommißrock nicht schließlich auf den Einfall kommen, lieber ein für allemal die Gesellschaft zu retten, indem sie ihr eigenes Regime als das oberste ausriefen und die bürgerliche Gesellschaft ganz von der Sorge befreiten, sich selbst zu regieren? Kaserne und Biwak, Säbel und Muskete, Schnurrbart und Kommißrock mußten um so mehr auf diesen Einfall kommen, als sie dann auch bessere bare Zahlung für ihr erhöhtes Verdienst erwarten konnten, während bei dem bloß periodischen Belagerungszustand und den vorübergehenden Gesellschaftsrettungen im Geheiß dieser oder jener Bourgeoisfraktion wenig Solides abfiel außer einigen Toten und Verwundeten und einigen freundlichen Bürgergrimassen. Sollte das Militär nicht endlich auch einmal in seinem eigenen Interesse und für sein eignes Interesse Belagerungszustand spielen und zugleich die bürgerlichen Börsen belagern? Man vergesse übrigens nicht, im Vorbeigehn sei es bemerkt, daß *Oberst Bernhard*, derselbe Militärkommisions-Präsident, der unter Cavaignac 15.000 Insurgenten zur Deportation ohne Urteil verhalf, sich in diesem Augenblick wieder an der Spitze der in Paris tätigen Militärkommissionen bewegt.

Wenn die honetten, die reinen Republikaner, mit dem Belagerungszustand in Paris die Pflanzschule angelegt, worin die Prätorianer des 2. Dezember 1851 großwachsen sollten, verdienen sie dagegen das Lob, daß sie, statt wie unter Louis-Philippe das Nationalgefühl zu übertreiben, jetzt, wo sie über die nationale Macht geboten, vor dem Auslande kriechen und, statt Italien frei zu machen, es von Österreichern und Neapolitanern wiedererobern lassen. Louis Bonapartes Wahl zum Präsidenten am 10. Dezember 1848 machte der Diktatur Cavaignacs und der Konstituante ein Ende.

In § 44 der Konstitution heißt es: „Der Präsident der Französischen Republik darf nie seine Eigenschaft als französischer Bürger verloren haben." Der erste Präsident der Französischen Republik, L.-N. Bonaparte, hatte nicht allein seine Eigenschaft als französischer Bürger verloren, war nicht nur englischer Spezial-Konstabler gewesen, er war sogar ein naturalisierter Schweizer.

Ich habe an einem andern Orte die Bedeutung der Wahl vom 10. Dezember entwickelt. Ich komme hier nicht darauf zurück. Es genügt hier zu bemerken, daß sie eine *Reaktion der Bauern*, die die Kosten der Februarrevolution hatten zahlen müssen, gegen die übrigen Klassen der Nation, eine *Reaktion des Landes gegen die Stadt* war. Sie fand großen Anklang in der Armee, der die Republikaner des „National" keinen Ruhm verschafft hatten, noch Zulage, unter der großen Bourgeoisie, die den Bonaparte als Brücke zur Monarchie, unter den Proletariern und Kleinbürgern, die ihn als Geißel für Cavaignac begrüßten. Ich werde später Gelegenheit finden, auf das Verhältnis der *Bauern* zur französischen Revolution näher einzugehen.

Die Epoche vom 20. Dezember 1848 bis zur Auflösung der Konstituante im Mai 1849 umfaßt die Geschichte des Untergangs der Bourgeois-Republikaner. Nachdem sie eine Republik für die Bourgeoisie gegründet, das revolutionäre Proletariat von dem Terrain vertrieben und das demokratische Kleinbürgertum einstweilen zum Schweigen gebracht haben, werden sie selbst von der Masse der Bourgeoisie beiseite geschoben, die diese Republik mit Recht als *ihr Eigentum* mit Beschlag belegt. Diese Bourgeoisiemasse war aber *royalistisch*. Ein Teil derselben, die großen Grundeigentümer, hatte unter der *Restauration* geherrscht und war daher *legitimistisch*. Der andre, die Finanzaristokraten und großen Industriellen, hatte unter der Julimonarchie geherrscht und war daher *orleanistisch*. Die Großwürdenträger der Armee, der Universität, der Kirche, des Barreaus*, der Akademie und der Presse verteilten sich auf beide Seiten, wenn auch in verschiedener Proportion. Hier in der bürgerlichen Republik, die weder den Namen *Bourbon* noch den Namen *Orléans* trug, sondern den Namen *Kapital*, hatten sie die Staatsform gefunden, worin sie *gemeinsam* herrschen konnten. Schon die Juni-Insurrektion hatte sie zur „Partei der Ordnung" vereinigt. Jetzt galt es zunächst, die Koterie der Bourgeois-Republikaner zu beseitigen, die noch die Sitze der Nationalversammlung innehielt. Ebenso brutal, wie diese reinen Republikaner dem Volke gegenüber die physische Gewalt mißbraucht hatten, ebenso feig, kleinlaut, mutlos, gebrochen, kampfunfähig wichen sie jetzt zurück, wo es galt, der exekutiven Gewalt und den Royalisten gegenüber ihr Republikanertum und ihr gesetzgeberisches Recht zu behaupten. Ich habe hier nicht die schmähliche Geschichte ihrer Auflösung zu erzählen. Es war ein Vergehen, kein Untergehen. Ihre Geschichte hat für immer ausgespielt, und in der folgenden Periode figurieren sie, sei es innerhalb, sei es außerhalb der Versammlung, nur noch als Erinnerungen, Erinnerungen, die wieder lebendig zu werden scheinen, sobald es sich wieder um den bloßen Namen Republik handelt und sooft der revolutionäre Konflikt auf das niedrigste Niveau herabzusinken droht. Ich bemerke im Vorbeigehn, daß das Journal, welches der Partei ihren Namen gab, der „National", sich in der folgenden Periode zum Sozialismus bekehrte.

Ehe wir mit dieser Periode abschließen, müssen wir noch einen Rückblick auf die beiden Mächte werfen, von denen die eine die andere am 2. Dezember 1851 vernichtet, während sie vom 20. Dezember 1848 bis zum Abtritt der Konstituante in ehelichem Verhältnisse lebten. Wir meinen Louis Bonaparte einerseits

---

* Barreau: Anwaltschaft

und die Partei der koalisierten Royalisten, der Ordnung, der großen Bourgeoisie anderseits. Beim Antritt seiner Präsidentschaft bildete Bonaparte sofort ein Ministerium der Partei der Ordnung, an dessen Spitze er Odilon Barrot stellte, notabene den alten Führer der liberalsten Fraktion der parlamentarischen Bourgeoisie. Herr Barrot hatte endlich das Ministerium erjagt, dessen Gespenst ihn seit 1830 verfolgte, und noch mehr, die Präsidentschaft in diesem Ministerium; aber nicht, wie er sich unter Louis-Philippe eingebildet, als der avancierteste Chef der parlamentarischen Opposition, sondern mit der Aufgabe, ein Parlament totzumachen, und als Verbündeter mit allen seinen Erzfeinden, Jesuiten und Legitimisten. Er führte endlich die Braut heim, aber erst nachdem sie prostituiert war. Bonaparte selbst eklipsierte sich scheinbar vollständig. Jene Partei handelte für ihn.

Gleich im ersten Ministerkonseil wurde die Expedition nach Rom beschlossen, die man hinter dem Rücken der Nationalversammlung auszuführen und wofür man ihr die Mittel unter falschem Vorwande zu entreißen übereinkam. So wurde begonnen mit einer Prellerei der Nationalversammlung und einer heimlichen Konspiration mit den absoluten Mächten des Auslandes gegen die revolutionäre Römische Republik. Bonaparte bereitete auf dieselbe Weise und durch dieselben Manöver seinen Coup vom 2. Dezember gegen die royalistische Legislative und ihre konstitutionelle Republik vor. Vergessen wir nicht, daß dieselbe Partei, die am 20. Dezember 1848 Bonapartes Ministerium, am 2. Dezember 1851 die Majorität der legislativen Nationalversammlung bildete.

Die Konstituante hatte im August beschlossen, sich erst aufzulösen, nachdem sie eine ganze Reihe organischer Gesetze, die die Konstitution ergänzen sollten, ausgearbeitet und promulgiert habe. Die Ordnungspartei ließ ihr durch den Repräsentanten Rateau am 6. Januar 1849 vorschlagen, die organischen Gesetze laufen zu lassen und vielmehr ihre *eigene Auflösung* zu beschließen. Nicht nur das Ministerium, Herr Odilon Barrot an der Spitze, sämtliche royalistischen Mitglieder der Nationalversammlung herrschten ihr in diesem Augenblicke zu, ihre Auflösung sei notwendig zur Herstellung des Kredits, zur Konsolidierung der Ordnung, um dem unbestimmten Provisorium ein Ende zu machen und einen definitiven Zustand zu gründen, sie hindre die Produktivität der neuen Regierung und suche ihr Dasein bloß aus Ranküne zu fristen, das Land sei ihrer müde. Bonaparte merkte sich alle diese Invektiven gegen die gesetzgebende Gewalt, lernte sie auswendig und bewies den parlamentarischen Royalisten am 2. Dezember 1851, daß er von ihnen gelernt habe. Er wiederholte ihre eignen Stichworte gegen sie.

Das Ministerium Barrot und die Ordnungspartei gingen weiter. Sie riefen *Petitionen an die Nationalversammlung* in ganz Frankreich hervor, worin diese freundlichst gebeten wurde zu verschwinden. So führten sie gegen die Nationalversammlung, den konstitutionell organisierten Ausdruck des Volkes, seine unorganischen Massen ins Feuer. Sie lehrten Bonaparte von den parlamentarischen Versammlungen an das Volk zu appellieren. Endlich am 29. Januar 1849 war der Tag gekommen, an dem die Konstituante über ihre eigene Auflösung beschließen sollte. Die Nationalversammlung fand ihr Sitzungsgebäude militärisch besetzt; Changarnier, der General der Ordnungspartei, in dessen Händen der Oberbefehl über Nationalgarde und Linientruppen vereinigt war, hielt große Truppenschau in Paris, als wenn eine Schlacht bevorstehe, und die koalisierten Royalisten erklärten der Konstituante drohend, daß man Gewalt anwenden werde, wenn sie nicht willig sei. Sie war willig und marktete sich nur noch eine ganz kurze Lebensfrist aus. Was war der 29. Januar anders als der coup d'état vom 2. Dezember 1851, nur mit Bonaparte von den Royalisten gegen die republikanische Nationalversammlung ausgeführt? Die Herren bemerkten nicht oder wollten nicht merken, daß Bonaparte den 29. Januar 1849 benutzte, um einen Teil der Truppen vor den Tuilerien an sich vorbeidefilieren zu lassen und gerade dies erste öffentliche Aufgebot der Militärmacht gegen die parlamentarische Macht begierig aufgriff, um den Caligula anzudeuten. Sie sahen allerdings nur ihren Changarnier.

Ein Motiv, das die Partei der Ordnung noch insbesondere bewog, die Lebensdauer der Konstituante gewaltsam abzukürzen, waren die *organischen*, die Konstitution ergänzenden Gesetze, wie das Unterrichtsgesetz, Kultusgesetz usw. Den koalisierten Royalisten lag alles daran, diese Gesetze selbst zu machen und nicht von den mißtrauisch gewordenen Republikanern machen zu lassen. Unter diesen organischen Gesetzen befand sich indes auch ein Gesetz über die Verantwortlichkeit des Präsidenten der Republik. 1851 war die legislative Versammlung eben mit der Abfassung eines solchen Gesetzes beschäftigt, als Bonaparte diesem Coup durch den Coup vom 2. Dezember zuvorkam. Was hätten die koalisierten Royalisten in ihrem parlamentarischen Winterfeldzug von 1851 darum gegeben, wenn sie das Verantwortlichkeitsgesetz fertig vorgefunden, und zwar verfaßt von einer mißtrauischen, gehässigen, republikanischen Versammlung!

Nachdem am 29. Januar 1849 die Konstituante ihre letzte Waffe selbst zerbrochen hatte, hetzten das Ministerium Barrot und die Ordnungsfreunde sie zu Tode, ließen nichts ungeschehn, was sie demütigen konnte, und trotzten ihrer an sich selbst verzweifelnden Schwäche Gesetze ab, die sie den letzten Rest von Achtung bei dem Publikum kosteten. Bonaparte, mit seiner fixen napoleonischen Idee beschäftigt, war keck genug, diese Herabwürdigung der parlamentarischen Macht öffentlich zu exploitieren. Als nämlich die Nationalversammlung am 8. Mai 1849 dem Ministerium ein Tadelsvotum wegen der Besetzung Civitavecchias durch Oudinot erteilte und die römische Expedition zu ihrem angeblichen Zweck zurückzuführen befahl, publizierte Bonaparte denselben Abend im „Moniteur" einen Brief an Oudinot, worin er ihm zu seinen Heldentaten Glück wünscht und sich schon im Gegensatz zu den federfuchsenden Parlamentären als den großmütigen Protekteur der Armee gebärdet. Die Royalisten lächelten dazu. Sie hielten ihn einfach für ihren dupe*. Endlich als Marrast, der Präsident der Konstituante, einen Augenblick die Sicherheit der Nationalversammlung gefährdet glaubte und auf die Konstitution gestützt einen Oberst mit seinem Regimente requirierte, weigerte sich der Oberst, bezog sich auf die Disziplin und verwies Marrast an Changarnier, der ihn höhnisch abwies mit der Bemerkung, er liebe nicht die baïonnettes intelligentes. November 1851, als die koalisierten Royalisten den entscheidenden Kampf mit Napoleon beginnen wollten, suchten sie in ihrer berüchtigten *Quästorenbill* das Prinzip der direkten Requisition der Truppen durch den Präsidenten der Nationalversammlung durchzusetzen. Einer ihrer Generale, Le Flô, hatte den Gesetzesvorschlag unterzeichnet. Vergebens stimmte Changarnier für den Vorschlag und huldigte Thiers der umsichtigen Weisheit der ehemaligen Konstituante. Der *Kriegsminister St-Arnaud* antwortete ihm, wie dem Marrast Changarnier geantwortet hatte, und – unter dem Beifallsruf der Montagne!

So hatte die *Partei der Ordnung* selbst, als sie noch nicht Nationalversammlung, als sie nur noch Ministerium war, das *parlamentarische Regime* gebrandmarkt. Und sie schreit auf, als der 2. Dezember 1851 es aus Frankreich verbannt!

Wir wünschen ihm glückliche Reise.

---

* dupe: der Betrogene; Gimpel

III

Am 28. Mai 1849 trat die gesetzgebende Nationalversammlung zusammen. Am 2. Dezember 1851 ward sie gesprengt. Diese Periode umfaßt die Lebensdauer der *konstitutionellen oder parlamentarischen Republik*.

In der ersten französischen Revolution folgt auf die Herrschaft der *Konstitutionellen* die Herrschaft der *Girondins* und auf die Herrschaft der *Girondins* die Herrschaft der *Jakobiner*. Jede dieser Parteien stützt sich auf die fortgeschrittenere. Sobald sie die Revolution weit genug geführt hat, um ihr nicht mehr zu folgen, noch weniger ihr vorangehen zu können, wird sie von dem kühneren Verbündeten, der hinter ihr steht, beiseite geschoben und auf die Guillotine geschickt. Die Revolution bewegt sich so in aufsteigender Linie.

Umgekehrt die Revolution von 1848. Die proletarische Partei erscheint als Anhang der kleinbürgerlich-demokratischen. Sie wird von ihr verraten und fallengelassen am 16. April, am 15. Mai und in den Junitagen. Die demokratische Partei ihrerseits lehnt sich auf die Schultern der bourgeois-republikanischen. Die Bourgeois-Republikaner glauben kaum fest zu stehn, als sie den lästigen Kameraden abschütteln und sich selbst auf die Schultern der Ordnungspartei stützen. Die Ordnungspartei zieht ihre Schultern ein, läßt die Bourgeois-Republikaner purzeln und wirft sich auf die Schultern der bewaffneten Gewalt. Sie glaubt noch auf ihren Schultern zu sitzen, als sie an einem schönen Morgen bemerkt, daß sich die Schultern in Bajonette verwandelt haben. Jede Partei schlägt von hinten aus nach der weiterdrängenden und lehnt sich von vorn über auf die zurückdrängende. Kein Wunder, daß sie in dieser lächerlichen Positur das Gleichgewicht verliert und, nachdem sie die unvermeidlichen Grimassen geschnitten, unter seltsamen Kapriolen zusammenstürzt. Die Revolution bewegt sich so in absteigender Linie. Sie befindet sich in dieser rückgängigen Bewegung, ehe die letzte Februarbarrikade weggeräumt und die erste Revolutionsbehörde konstituiert ist.

Die Periode, die wir vor uns haben, umfaßt das bunteste Gemisch schreiender Widersprüche: Konstitutionelle, die offen gegen die Konstitution konspirieren, Revolutionäre, die eingestandenermaßen konstitutionell sind, eine Nationalversammlung, die allmächtig sein will und stets parlamentarisch bleibt; eine Montagne, die im Dulden ihren Beruf findet und durch die Prophezeiung künftiger Siege ihre gegenwärtige Niederlagen pariert; Royalisten, die die patres conscripti der Republik bilden und durch die Situation gezwungen werden, die feindlichen Königshäuser, denen sie anhängen, im Auslande, und die Republik, die sie hassen, in Frankreich zu halten; eine Exekutivgewalt, die in ihrer Schwäche selbst ihre Kraft und in der Verachtung, die sie einflößt, ihre Respektabilität findet, eine Republik; die nichts anderes ist als die zusammengesetzte Infamie zweier Monarchien, der Restauration und der Julimonarchie, mit einer imperialistischen Etikette – Verbindungen, deren erste Klausel die Trennung, Kämpfe, deren erstes Gesetz die Entscheidungslosigkeit ist, im Namen der Ruhe wüste, inhaltslose Agitation, im Namen der Revolution feierlichstes Predigen der Ruhe, Leidenschaften ohne Wahrheit, Wahrheiten ohne Leidenschaft, Helden ohne Heldentaten, Geschichte ohne Ereignisse; Entwickelung, deren einzige Triebkraft der Kalender scheint, durch beständige Wiederholung derselben Spannungen und Abspannung ermüdend; Gegensätze, die sich selbst periodisch nur auf die Höhe zu treiben scheinen, um sich abzustumpfen und zusammenzufallen, ohne sich auflösen zu können; prätentiös zur Schau getragene Anstrengungen und bürgerliche Schrecken vor der Gefahr des Weltunterganges, und von den Weltrettern gleichzeitig die kleinlichsten Intrigen und Hofkomödien gespielt, die in ihrem laisser-aller weniger an den Jüngsten Tag als an die Zeiten der Fronde erinnern – das offizielle Gesamtgenie Frankreichs von der pfiffigen Dummheit eines einzelnen Individuums zuschanden gemacht; der Gesamtwille der Nation, sooft er im allgemeinen Wahlrecht spricht, in den verjährten Feinden der Masseninteressen seinen entsprechenden Ausdruck suchend, bis er ihn endlich in dem Eigenwillen eines Flibustiers findet. Wenn irgendein Geschichtsausschnitt grau in grau gemalt ist, so ist es dieser. Menschen und Ereignisse erscheinen als umgekehrte Schlemihle, als Schatten, denen die Körper abhanden gekommen ist. Die Revolution selbst paralysiert ihre eigenen Träger und stattet nur ihre Gegner mit leidenschaftlicher Gewaltsamkeit aus. Wenn das „rote Gespenst", von den Kontrerevolutionären beständig heraufbeschworen und gebannt, endlich erscheint, so erscheint es nicht mit anarchischer Phrygiermütze auf dem Kopfe, sondern in der Uniform der Ordnung, in *roten Plumphosen*.

Wir haben gesehen: Das Ministerium, das Bonaparte am 20. Dezember 1848, am Tage seiner Himmelfahrt installierte, war ein Ministerium der Ordnungspartei, der legitimistischen und orleanistischen Koalition. Dies Ministerium Barrot-Falloux hatte die republikanische Konstituante, deren Lebensdauer es mehr oder minder gewaltsam abkürzte, überwintert und befand sich noch am Ruder. Changarnier, der General der verbündeten Royalisten, vereinigte fortwährend in seiner Person das Generalkommando der ersten Militärdivision und der Pariser Nationalgarde. Die allgemeinen Wahlen endlich hatten der Ordnungspartei die große Majorität in der Nationalversammlung gesichert. Hier begegneten die Deputierten und Pairs Louis-Philippes einer heiligen Schar von Legitimisten, für welche zahlreiche Wahlzettel der Nation sich in Eintrittskarten auf die politische Bühne verwandelt hatten. Die bonapartistischen Volksrepräsentanten waren zu dünn gesät, um eine selbständige parlamentarische Partei bilden zu können. Sie erschienen nur als mauvaise queue der Ordnungspartei. So war die Ordnungspartei im Besitz der Regierungsgewalt, der Armee und des gesetzgebenden Körpers, kurz der Gesamtmacht des Staats, moralisch gekräftigt durch die allgemeinen Wahlen, die ihre Herrschaft als den Willen des Volkes erscheinen ließen, und durch den gleichzeitigen Sieg der Kontrerevolution auf dem gesamten Kontinent.

Nie eröffnete eine Partei mit größern Mittel und unter günstigern Auspizien ihren Feldzug.

Die schiffbrüchigen *reinen Republikaner* fanden sich in der gesetzgebenden Nationalversammlung auf eine Clique von ungefähr 50 Mann zusammengeschmolzen, an ihrer Spitze die afrikanischen Generale Cavaignac, Lamoricière, Bedeau. Die große Oppositionspartei aber wurde gebildet durch die *Montagne*. Diesen parlamentarischen Taufnamen hatte sich die *sozial-demokratische* Partei gegeben. Sie verfügte über mehr als 200 von 750 Stimmen der Nationalversammlung und war daher wenigstens ebenso mächtig als irgendeine der drei Fraktionen der Ordnungspartei für sich genommen. Ihre relative Minorität gegen die gesamte royalistische Koalition schien durch besondere Umstände aufgewogen. Nicht nur zeigten die Departementswahlen, daß sie einen bedeutenden Anhang unter der Landbevölkerung gewonnen hatte. Sie zählte beinah alle Deputierten von Paris unter sich, die Armee hatte durch die Wahl von drei Unteroffizieren ein demokratisches Glaubensbekenntnis abgelegt, und der Chef der Montagne, Ledru-Rollin, war im Unterschiede von allen Repräsentanten der Ordnungspartei in den parlamentarischen Adelstand erhoben worden durch fünf Departements, die ihre Stimmen auf ihn vereinigt. Die Montagne schien also am 28. Mai 1849, bei den unvermeidlichen Kollisionen der Royalisten unter sich und der gesamten Ordnungspartei mit Bonaparte, alle Elemente des Erfolgs vor sich zu haben. Vierzehn Tage später hatte sie alles verloren, die Ehre eingerechnet.

Ehe wir der parlamentarischen Geschichte weiter folgen, sind einige Bemerkungen nötig, um gewöhnliche Täuschungen über den ganzen Charakter der Epoche, die uns vorliegt, zu vermeiden. In der demokratischen Manier zu sehn, handelt es sich während der Periode der gesetzgebenden Nationalversammlung, um was es sich in der Periode der konstituierenden handelte, um den einfachen Kampf zwischen Republikanern und Royalisten. Die Bewegung selbst aber fassen sie in *ein* Stichwort zusammen: *„Reaktion“*, Nacht, worin alle Katzen grau sind, und die ihnen erlaubt, ihre nachtwächterlichen Gemeinplätze abzuleiern. Und allerdings, auf den ersten Blick zeigt die Ordnungspartei einen Knäuel von verschiedenen royalistischen Fraktionen, die nicht nur gegeneinander intrigieren, um jede ihren eigenen Prätendenten auf den Thron zu erheben und den Prätendenten der Gegenpartei auszuschließen, sondern auch sich alle vereinigen in gemeinschaftlichem Haß und gemeinschaftlichen Angriffen gegen die „Republik“. Die Montagne ihrerseits erscheint im Gegensatze zu dieser royalistischen Konspiration als Vertreterin der „Republik“. Die Ordnungspartei erscheint beständig beschäftigt mit einer „Reaktion“, die sich nicht mehr nicht minder als in Preußen gegen Presse, Assoziation u. dgl. richtet und in brutalen Polizeieinmischungen der Bürokratie, der Gendarmerie und der Parkette* sich vollstreckt wie in Preußen. Die „Montagne“ ihrerseits wieder ist ebenso fortwährend

* Parkette: Gerichtshöfe

beschäftigt, diese Angriffe abzuwehren und so die „ewigen Menschenrechte" zu verteidigen, wie jede sogenannte Volkspartei mehr oder minder seit anderthalb Jahrhunderten getan hat. Vor einer näheren Betrachtung der Situation und der Parteien verschwindet indes dieser oberflächliche Schein, der den *Klassenkampf* und die eigentümliche Physiognomie dieser Periode verschleiert.

Legitimisten und Orleanisten bildeten, wie gesagt, die zwei großen Fraktionen der Ordnungspartei. Was diese Fraktionen an ihren Prätendenten festhielt und sie wechselseitig auseinanderhielt, war es nichts andres als Lilie und Trikolore, Haus Bourbon und Haus Orléans, verschiedene Schattierungen des Royalismus? Unter den Bourbonen hatte das *große Grundeigentum* regiert mit seinen Pfaffen und Lakaien, unter den Orléans die hohe Finanz, die große Industrie, der große Handel, d.h. *das Kapital* mit seinem Gefolge von Advokaten, Professoren und Schönrednern. Das legitime Königtum war bloß der politische Ausdruck für die angestammte Herrschaft der Herren von Grund und Boden, wie die Julimonarchie nur der politische Ausdruck für die usurpierte Herrschaft des bürgerlichen Parvenüs. Was also diese Fraktionen auseinanderhielt, es waren keine sogenannten Prinzipien, es waren ihre materiellen Existenzbedingungen, zwei verschiedene Arten des Eigentums, es war der alte Gegensatz von Stadt und Land, die Rivalität zwischen Kapital und Grundeigentum. Daß gleichzeitig alte Erinnerungen, persönliche Feindschaften, Befürchtungen und Hoffnungen, Vorurteile und Illusionen, Sympathien und Antipathien, Überzeugungen, Glaubensartikel und Prinzipien sie an das eine oder das andere Königshaus banden, wer leugnet es? Auf den verschiedenen Formen des Eigentums, auf den sozialen Existenzbedingungen erhebt sich ein ganzer Überbau verschiedener und eigentümlich gestalteter Empfindungen, Illusionen, Denkweisen und Lebensanschauungen. Die ganze Klasse schafft und gestaltet sie aus ihren materiellen Grundlagen heraus und aus den entsprechenden gesellschaftlichen Verhältnissen. Das einzelne Individuum, dem sie durch Tradition und Erziehung zufließen, kann sich einbilden, daß sie die eigentlichen Bestimmungsgründe und den Ausgangspunkt seines Handelns bilden. Wenn Orleanisten, Legitimisten, jede Fraktion sich selbst und der anderen vorzureden suchte, daß die Anhänglichkeit an ihre zwei Königshäuser sie trenne, bewies später die Tatsache, daß vielmehr ihr gespaltenes Interesse die Vereinigung der zwei Königshäuser verbot. Und wie man im Privatleben unterscheidet zwischen dem, was ein Mensch von sich meint und sagt, und dem, was er wirklich ist und tut, so muß man noch mehr in geschichtlichen Kämpfen die Phrasen und Einbildungen der Parteien von ihrem wirklichen Organismus und ihren wirklichen Interessen, ihre Vorstellungen von ihrer Realität unterscheiden. Orleanisten und Legitimisten fanden sich in der Republik nebeneinander mit gleichen Ansprüchen. Wenn jede Seite gegen die andre die *Restauration* ihres *eignen* Königshauses durchsetzen wollte, so hieß das nichts andres, als daß die *zwei großen Interessen*, worin die *Bourgeoisie* sich spaltete – Grundeigentum und Kapital –, jedes seine eigene Suprematie und die Unterordnung des andern zu restaurieren suchte. Wir sprechen von zwei Interessen der Bourgeoisie, denn das große Grundeigentum, trotz seiner feudalen Koketterie und seines Racenstolzes, war durch die Entwicklung der modernen Gesellschaft vollständig verbürgerlicht. So haben die Tories in England sich lange eingebildet, daß sie für das Königtum, die Kirche und die Schönheiten der altenglischen Verfassung schwärmten, bis der Tag der Gefahr ihnen das Geständnis entriß, daß sie nur für die *Grundrente* schwärmen.

Die koalisierten Royalisten spielten ihre Intrige gegeneinander in der Presse, in Ems, in Claremont, außerhalb des Parlaments. Hinter den Kulissen zogen sie ihre alten orleanistischen und legitimistischen Livreen wieder an und führten ihre alten Turniere wieder auf. Aber auf der öffentlichen Bühne, in ihren Haupt- und Staatsaktionen, als große parlamentarische Partei, fertigten sie ihre respektiven Königshäuser mit bloßen Reverenzen ab und vertagten die Restauration der Monarchie ad infinitum. Sie verrichteten ihr wirkliches Geschäft als *Partei der Ordnung*, d. h. unter einem *gesellschaftlichen*, nicht unter einem *politischen* Titel, als Vertreter der bürgerlichen Weltordnung, nicht als Ritter fahrender Prinzessinnen, als Bourgeoisklasse gegen alle andern Klassen, nicht als Royalisten gegenüber den Republikanern. Und als Partei der Ordnung haben sie eine unumschränktere und härtere Herrschaft über die andern Klassen der Gesellschaft ausgeübt als je zuvor unter der Restauration oder unter der Julimonarchie, wie sie überhaupt nur unter der Form der parlamentarischen Republik möglich war, denn nur unter dieser Form konnten die zwei großen Abteilungen der französischen Bourgeoisie sich vereinigen, also die Herrschaft ihrer Klasse statt des Regimes einer privilegierten Fraktion derselben auf die Tagesordnung setzen. Wenn sie trotzdem auch als Partei der Ordnung die Republik insultieren und ihren Widerwillen gegen sie aussprechen, so geschah das nicht nur aus royalistischer Erinnerung. Es lehrte sie der Instinkt, daß die Republik zwar ihre politische Herrschaft vollendet, aber zugleich deren gesellschaftliche Grundlage unterwühlt, indem sie nun ohne Vermittlung, ohne den Versteck der Krone, ohne das nationale Interesse durch ihre untergeordneten Kämpfe untereinander und mit dem Königtum ableiten zu können, den unterjochten Klassen gegenüberstehn und mit ihnen ringen zu müssen. Es war Gefühl der Schwäche, das sie vor den reinen Bedingungen ihrer eignen Klassenherrschaft zurückbeben und sich nach den unvollständigern, unterentwickelteren und eben darum gefahrloseren Formen derselben zurücksehnen ließ. Sooft die koalisierten Royalisten dagegen in Konflikt mit dem Prätendenten geraten, der ihnen gegenübersteht, mit Bonaparte, sooft sie ihre parlamentarische Allmacht von der Exekutivgewalt gefährdet glauben, sooft sie also den politischen Titel ihrer Herrschaft herauskehren müssen, treten sie als *Republikaner* auf und nicht als *Royalisten*, von dem Orleanisten Thiers, der die Nationalversammlung warnt, daß die Republik sie am wenigsten trenne, bis auf den Legitimisten Berryer, der am 2. Dezember 1851, die dreifarbige Schärpe umgewunden, das vor dem Mairiegebäude des zehnten Arrondissements versammelte Volk als Tribun im Namen der Republik harangiert. Allerdings ruft ihm das Echo spottend zurück: Henri V! Henri V!

Der koalisierten Bourgeoisie gegenüber hatte sich eine Koalition zwischen Kleinbürgern und Arbeitern gebildet, die sogenannte *sozial-demokratische* Partei. Die Kleinbürger sahen sich nach den Junitagen 1848 schlecht belohnt, ihre materiellen Interessen gefährdet und die demokratischen Garantien, die ihnen die Geltendmachung dieser Interessen sichern sollten, von der Kontrerevolution in Frage gestellt. Sie näherten sich daher den Arbeitern. Ihre parlamentarische Repräsentation andererseits, die *Montagne*, während der Diktatur der Bourgeois-Republikaner beiseite geschoben, hatte in der letzten Lebenshälfte der Konstituante durch den Kampf mit Bonaparte und den royalistischen Ministern ihre verlorene Popularität wieder erobert. Sie hatte mit den sozialistischen Führern eine Allianz geschlossen. Februar 1849 wurden Versöhnungsbankette gefeiert. Ein gemeinschaftliches Programm wurde entworfen, gemeinschaftliche Wahlkomitees wurden gestiftet und gemeinschaftliche Kandidaten aufgestellt. Den sozialen Forderungen des Proletariats ward die revolutionäre Pointe abgebrochen und eine demokratische Wendung gegeben, den demokratischen Ansprüchen des Kleinbürgertums die bloß politische Form abgestreift und ihre sozialistische Pointe herausgekehrt. So entstand die *Sozial-Demokratie.* Die neue *Montagne*, das Ergebnis dieser Kombination, enthielt, einige Figuranten aus der Arbeiterklasse und einige sozialistische Sektierer abgerechnet, dieselben Elemente wie die alte Montagne, nur numerisch stärker. Aber im Laufe der Entwicklung hatte sie sich verändert mit der Klasse, die sie vertrat. Der eigentümliche Charakter der Sozial-Demokratie faßt sich dahin zusammen, daß demokratisch-republikanische Institutionen als Mittel verlangt werden, nicht um zwei Extreme, Kapital und Lohnarbeit, beide aufzuheben, sondern um ihren Gegensatz abzuschwächen und in Harmonie zu verwandeln. Wie verschiedene Maßregeln zur Erreichung dieses Zweckes vorgeschlagen werden mögen, wie sehr er mit mehr oder minder revolutionären Vorstellungen sich verbrämen mag, der Inhalt bleibt derselbe. Dieser Inhalt ist die Umänderung der Gesellschaft auf demokratischem Wege, aber eine Umänderung innerhalb der Grenzen des Kleinbürgertums. Man muß sich nur nicht die bornierte Vorstellung machen, als wenn das Kleinbürgertum prinzipiell ein egoistisches Klasseninteresse durchsetzen wolle. Es glaubt vielmehr, daß die *besondern* Bedingungen seiner Befreiung die *allgemeinen* Bedingungen sind, innerhalb deren allein die moderne Gesellschaft gerettet und der Klassenkampf vermieden werden kann. Man muß sich ebensowenig vorstellen, daß die demokratischen Repräsentanten nun alle shopkeepers sind oder für dieselben schwärmen. Sie können ihre Bildung und ihrer individuellen Lage nach himmelweit von ihnen getrennt sein. Was sie zu Vertretern des Kleinbürgers macht, ist, daß sie im Kopfe nicht über die Schranken hinauskommen, worüber jener nicht im Leben hinauskommt, daß sie daher zu denselben Aufgaben und Lösungen theoretisch getrieben werden, wohin jenen das materielle Interesse und die gesellschaftliche Lage praktisch treiben. Dies ist überhaupt das Verhältnis der *politischen* und *literarischen Vertreter* einer Klasse zu der Klasse, die sie vertreten.

Nach der gegebenen Auseinandersetzung versteht sich von selbst, daß, wenn die Montagne mit der Ordnungspartei fortwährend um die Republik und die sogenannten Menschenrechte ringt, weder die Republik noch die Menschenrechte ihr letzter Zweck sind, sowenig eine Armee, die man der Waffen berauben will und die sich zur Wehr setzt, auf den Kampfplatz getreten ist, um im Besitz ihrer eigenen Waffen zu bleiben.

Die Partei der Ordnung provozierte gleich beim Zusammentritt der Nationalversammlung die Montagne. Die Bourgeoisie fühlte jetzt die Notwendigkeit, mit den demokratischen Kleinbürgern fertig zu werden, wie sie ein Jahr vorher die Notwendigkeit begriffen hatten, mit dem revolutionären Proletariat zu enden. Nur war die Situation des Gegners eine verschiedene. Die Stärke der proletarischen Partei war auf der Straße, die der Kleinbürger in der Nationalversammlung selbst. Es galt also, sie aus der Nationalversammlung auf die Straße zu locken und sie selbst ihre parlamentarische Macht zerbrechen zu lassen, ehe Zeit und Gelegenheit sie konsolidieren konnten. Die Montagne sprengte mit verhängtem Zügel in die Falle.

Das Bombardement Roms durch die französischen Truppen war der Köder, der ihr hingeworfen wurde. Es verletzte Artikel V der Konstitution, der der Französischen Republik untersagt, ihre Streitkräfte gegen die Freiheiten eines anderen Volks zu verwenden. Zudem verbot auch Artikel 54 jede Kriegserklärung von seiten der Exekutivgewalt ohne Zustimmung der Nationalversammlung, und die Konstituante hatte durch ihren Beschluß vom 8. Mai die römische Expedition mißbilligt. Auf diese Gründe hin deponierte Ledru-Rollin am 11. Juni 1849 einen Anklageakt gegen Bonaparte und seine Minister. Durch die Wespenstiche von Thiers aufgereizt, ließ er sich sogar zu der Drohung fortreißen, die Konstitution mit allen Mitteln verteidigen zu wollen, selbst mit den Waffen in der Hand. Die Montagne erhob sich wie *ein* Mann und wiederholte diesen Waffenruf. Am 12. Juni verwarf die Nationalversammlung den Anklageakt, und die Montagne verließ das Parlament. Die Ereignisse des 13. Juni sind bekannt: die Proklamation eines Teils der Montagne, wodurch Bonaparte und seine Minister „außerhalb der Konstitution" erklärt wurden; die Straßenprozession der demokratischen Nationalgarden, die waffenlos, wie sie waren, bei dem Zusammentreffen mit den Truppen Changarniers auseinanderstoben usw. usw. Ein Teil der Montagne flüchtete ins Ausland, ein anderer wurde dem Hochgericht in Bourges überwiesen, und ein parlamentarisches Reglement unterwarf den Rest der schulmeisterlichen Aufsicht des Präsidenten der Nationalversammlung. Paris wurde wieder in Belagerungszustand versetzt und der demokratische Teil seiner Nationalgarde aufgelöst. So war der Einfluß der Montagne im Parlament und die Macht der Kleinbürger in Paris gebrochen.

Lyon, wo der 13. Juni das Signal zu einem blutigen Arbeiteraufstand gegeben hatte, wurde mit den fünf umliegenden Departements ebenfalls in Belagerungszustand erklärt, ein Zustand, der bis auf diesen Augenblick fortdauert.

Das Gros der Montagne hatte seine Avantgarde im Stiche gelassen, indem es ihrer Proklamation die Unterschriften verweigerte. Die Presse war desertiert, indem nur zwei Journale das Pronunziamento zu veröffentlichen wagten. Die Kleinbürger verrieten ihre Repräsentanten, indem die Nationalgarden ausblieben oder, wo sie erschienen, den Barrikadenbau verhinderten. Die Repräsentanten hatten die Kleinbürger düpiert, indem die angeblichen Affiliierten von der Armee nirgends zu erblicken waren. Endlich, statt von ihm Kraftzuschuß zu gewinnen, hatte die demokratische Partei das Proletariat mit ihrer eignen Schwäche angesteckt, und, wie gewöhnlich bei demokratischen Hochtaten, hatten die Führer die Genugtuung, ihr „Volk" der Desertion, und das Volk die Genugtuung, seine Führer der Prellerei beschuldigen zu können.

Selten war eine Aktion mit größerem Geräusch verkündet worden als der bevorstehende Feldzug der Montagne, selten ein Ereignis mit mehr Sicherheit und länger vorher austrompetet als der unvermeidliche Sieg der Demokratie. Ganz gewiß: Die Demokraten glauben an die Posaunen, vor deren Stößen die Mauern Jerichos einstürzten. Und sooft sie den Wällen des Despotismus gegenüberstehen, suchen sie das Wunder nachzumachen. Wenn die Montagne im Parlamente siegen wollte, durfte sie nicht zu den Waffen rufen. Wenn sie im Parlamente zu den Waffen rief, durfte sie sich auf der Straße nicht parlamentarisch verhalten. Wenn die friedliche Demonstration ernst gemeint war, so war es albern, nicht vorherzusehen, daß sie kriegerisch empfangen werden würde. Wenn es auf den wirklichen Kampf abgesehn war, so war es originell, die Waffen abzulegen, mit denen er geführt werden mußte. Aber die revolutionären Drohungen der Kleinbürger und ihrer demokratischen Vertreter sind bloße Einschüchterungsversuche des Gegners. Und wenn sie sich in eine Sackgasse verrannt, wenn sie sich hinlänglich kompromittiert haben, um zur Ausführung ihrer Drohungen gezwungen zu sein, so geschieht es in einer zweideutigen Weise, die nichts mehr vermeidet als die Mittel zum Zwecke und nach Vorwänden zum Unterliegen hascht. Die schmetternde Ouvertüre, die den Kampf verkündete, verliert sich in ein kleinlautes Knurren, sobald er beginnen soll, die Schauspieler hören auf, sich au sérieux zu nehmen, und die Handlung fällt platt zusammen wie ein luftgefüllter Ballon, den man mit der Nadel pickt.

Keine Partei übertreibt sich mehr ihre Mittel als die demokratische, keine täuscht sich leichtsinniger über die Situation. Wenn ein Teil der Armee für sie gestimmt hatte, war die Montagne nun auch überzeugt, daß die Armee für sie revoltieren werde. Und bei welchem Anlasse? Bei einem Anlasse, der vom Standpunkt der Truppen keinen anderen Sinn hatte, als daß die Revolutionäre für die römischen gegen die französischen Soldaten Partei ergriffen. Andererseits waren die Erinnerungen an den Juni 1848 noch zu frisch, als daß nicht eine tiefe

Abneigung des Proletariats gegen die Nationalgarde und ein durchgreifendes Mißtrauen der Chefs der geheimen Gesellschaften gegen die demokratischen Chefs existieren mußten. Um diese Differenzen auszugleichen, dazu bedurfte es großer gemeinschaftlicher Interessen, die auf dem Spiele standen. Die Verletzung eines abstrakten Verfassungsparagraphen konnte das Interesse nicht bieten. War die Verfassung nicht schon wiederholt verletzt worden nach der Versicherung der Demokraten selbst? Hatten die populärsten Journale sie nicht als ein kontrerevolutionäres Machwerk gebrandmarkt? Aber der Demokrat, weil er das Kleinbürgertum vertritt, als eine *Übergangsklasse*, worin die Interessen zweier Klassen sich zugleich abstumpfen, dünkt sich über den Klassengegensatz überhaupt erhaben. Die Demokraten geben zu, daß eine privilegierte Klasse ihnen gegenübersteht, aber sie mit der ganzen übrigen Umgebung der Nation bilden das *Volk*. Was sie vertreten ist das *Volksrecht*; was sie interessiert ist das *Volksinteresse*. Sie brauchen daher bei einem bevorstehenden Kampfe die Interessen und Stellungen der verschiedenen Klassen nicht zu prüfen. Sie brauchen ihre eigenen Mittel nicht allzu bedenklich abzuwägen. Sie haben eben nur das Signal zu geben, damit das *Volk* mit allen seinen unerschöpflichen Ressourcen über die *Dränger* herfalle. Stellen sich nun in der Ausführung ihre Interessen als uninteressant und ihre Macht als Ohnmacht heraus, so liegt das entweder an verderblichen Sophisten, die das *unteilbare Volk* in verschiedene feindliche Lager spalten, oder die Armee war zu vertiert und zu verblendet, um die reinen Zwecke der Demokratie als ihr eignes Beste zu begreifen, oder an einem Detail der Ausführung ist das Ganze gescheitert, oder aber ein unvorhergesehener Zufall hat für diesmal die Partie vereitelt. Jedenfalls geht der Demokrat ebenso makellos aus der schmählichsten Niederlage heraus, wie er unschuldig in sie hineingegangen ist, mit der neugewonnenen Überzeugung, daß er siegen muß, nicht daß er selbst und seine Partei den alten Standpunkt aufzugeben, sondern umgekehrt, daß die Verhältnisse ihm entgegenzureifen haben.

Man muß sich daher die dezimierte, gebrochene und durch das neue parlamentarische Reglement gedemütigte Montagne nicht gar zu unglücklich vorstellen. Wenn der 13. Juni ihre Chefs beseitigt hatte, so macht er andererseits untergeordneteren Kapazitäten Platz, denen diese neue Stellung schmeichelt. Wenn ihre Machtlosigkeit im Parlamente nicht mehr bezweifelt werden konnte, so waren sie nun auch berechtigt, ihre Tat auf Ausbrüche sittlicher Entrüstung und polternde Deklamationen zu beschränken. Wenn die Ordnungspartei in ihnen als den letzten offiziellen Repräsentanten der Revolution alle Schrecken der Anarchie verkörpert zu sehen vorgab, so konnten sie in der Wirklichkeit desto platter und bescheidener sein. Über den 13. Juni aber vertrösteten sie sich mit der tiefen Wendung: Aber wenn man das allgemeine Wahlrecht anzugreifen wagt, aber dann! Dann werden wir zeigen, wer wir sind. Nous verrons.

Was die ins Ausland geflüchteten Montagnards betrifft, so genügt es hier zu bemerken, daß Ledru-Rollin, weil es ihm gelungen war, in kaum zwei Wochen die mächtige Partei, an deren Spitze er stand, rettungslos zu ruinieren, sich nun berufen fand, eine französische Regierung in partibus zu bilden; daß seine Figur, in der Ferne, vom Boden der Aktion weggehoben, im Maßstab als das Niveau der Revolution sank und die offiziellen Größen des offiziellen Frankreich zwerghafter wurden, an Größe zu wachsen schien; daß er als republikanischer Prätendent für 1852 fungieren konnte, daß er periodische Rundschreiben an die Walachen und andere Völker erließ, worin den Despoten des Kontinents mit seinen und seiner Verbündeten Taten gedroht wird. Hatte Proudhon ganz unrecht, wenn er diesen Herren zurief: „Vous n'êtes que des blagueurs“?

Die Ordnungspartei hatte am 13. Juni nicht nur die Montagne gebrochen, sie hatte die *Unterordnung der Konstitution unter die Majoritätsbeschlüsse der Nationalversammlung* durchgesetzt. Und so verstand sie die Republik: daß die Bourgeoisie hier in parlamentarischen Formen herrsche, ohne wie in der Monarchie an dem Veto der Exekutivgewalt oder an der Auflösbarkeit des Parlaments eine Schranke zu finden. Das war die *parlamentarische Republik*, wie Thiers sie nannte. Aber wenn die Bourgeoisie am 13. Juni ihre Allmacht innerhalb des Parlamentsgebäudes sicherte, schlug sie nicht das Parlament selbst, der Exekutivgewalt und dem Volke gegenüber, mit unheilbarer Schwäche, indem sie den populärsten Teil desselben ausstieß? Indem sie zahlreiche Deputierte ohne weitere Zeremonien der Requisition der Parkette preisgab, hob sie ihre eigne parlamentarische Unverletzlichkeit auf. Das demütigende Reglement, dem sie die Montagne unterwarf, erhöht in demselben Maße den Präsidenten der Republik, als es den einzelnen Repräsentanten des Volks herabdrückt. Indem sie die Insurrektion zum Schutz der konstitutionellen Verfassung als anarchische, auf den Umsturz der Gesellschaft abzweckende Tat brandmarkt, verbot sie sich selbst den Appell an die Insurrektion, sobald die Exekutivgewalt ihr gegenüber die Verfassung verletzen würde. Und die Ironie der Geschichte will, daß der General, der im Auftrage Bonapartes Rom bombardiert und so den unmittelbaren Anlaß zu der konstitutionellen Emeute vom 13. Juni gegeben hat, daß *Oudinot* am 2. Dezember 1851 dem Volke von der Ordnungspartei flehentlich und vergeblich als der General der Konstitution gegen Bonaparte angeboten werden muß. Ein andrer Held des 13. Juni, *Vieyra*, der von der Tribüne der Nationalversammlung Lob einerntet für die Brutalitäten, die er in demokratischen Zeitungslokalen an der Spitze einer der hohen Finanz angehörigen Rotte von Nationalgarden verübt hatte, dieser selbe Vieyra war in die Verschwörung Bonapartes eingeweiht und trug wesentlich dazu bei, in ihrer Todesstunde der Nationalversammlung jeden Schutz von seiten der Nationalgarde abzuschneiden.

Der 13. Juni hatte noch einen anderen Sinn. Die Montagne hatte Bonapartes Versetzung in Anklagezustand ertrotzen wollen. Ihre Niederlage war also ein direkter Sieg Bonapartes, sein persönlicher Triumph über seine demokratischen Feinde. Die Partei der Ordnung erfocht den Sieg, Bonaparte hatte ihn nur einzukassieren. Er tat es. Am 14. Juni war eine Proklamation an den Mauern von

Paris zu lesen, worin der Präsident, gleichsam ohne sein Zutun, widerstrebend, durch die bloße Macht der Ereignisse gezwungen, aus seiner klösterlichen Abgeschiedenheit hervortritt, als verkannte Tugend über die Verleumdungen seiner Widersacher klagt, und während er seine Person mit der Sache der Ordnung zu identifizieren scheint, vielmehr die Sache der Ordnung mit seiner Person identifiziert. Zudem hatte die Nationalversammlung die Expedition gegen Rom zwar nachträglich gebilligt, aber Bonaparte hatte die Initiative dazu ergriffen. Nachdem er den Hohepriester Samuel in den Vatikan wieder eingeführt, konnte er hoffen, als König David die Tuilerien zu beziehen. Er hatte die Pfaffen gewonnen.

Die Emeute vom 13. Juni beschränkte sich, wie wir gesehn, auf eine friedliche Straßenprozession. Es waren also keine kriegerischen Lorbeeren gegen sie zu gewinnen. Nichtsdestoweniger, in dieser helden- und ereignisarmen Zeit verwandelte die Ordnungspartei diese Schlacht ohne Blutvergießen in ein zweites Austerlitz. Tribüne und Presse priesen die Armee als die Macht der Ordnung gegenüber den Volksmassen als der Ohnmacht der Anarchie und den Changarnier als das „Bollwerk der Gesellschaft". Mystifikation, an die er schließlich selbst glaubte. Unterderhand aber wurden die Korps, die zweideutig schienen, aus Paris verlegt, aus Frankreich nach Algier verbannt, die unruhigen Köpfe unter den Truppen in Strafabteilungen verwiesen, endlich die Absperrung der Presse von der Kaserne und der Kaserne von der bürgerlichen Gesellschaft systematisch durchgeführt.

Wir sind hier bei dem entscheidenden Wendepunkt in der Geschichte der französischen Nationalgarde angelangt. 1830 hatte sie den Sturz der Restauration entschieden. Unter Louis-Philippe mißglückte jede Emeute, worin die Nationalgarde auf Seiten der Truppen stand. Als sie in den Februartagen 1848 sich passiv gegen den Aufstand und zweideutig gegen Louis-Philippe zeigte, gab er sich verloren und war er verloren. So schlug die Überzeugung Wurzel, daß die Revolution nicht *ohne* und die Armee nicht *gegen* die Nationalgarde siegen könne. Es war dies der Aberglaube der Armee an die bürgerliche Allmacht. Die Junitage 1848, wo die gesamte Nationalgarde mit den Linientruppen die Insurrektion niederwarf, hatten den Aberglauben befestigt. Nach Bonapartes Regierungsantritt sank die Stellung der Nationalgarde einigermaßen durch die konstitutionswidrige Vereinigung ihres Kommandos mit dem Kommando der ersten Militärdivision in der Person Changarniers.

Wie das Kommando über die Nationalgarde hier als ein Attribut des militärischen Oberbefehlshabers erschien, so sie selbst nur nach als Anhang der Linientruppen. Am 13. Juni endlich wurde sie gebrochen: nicht nur durch ihre teilweise Auflösung, die sich seit dieser Zeit periodisch an allen Punkten Frankreichs wiederholte und nur Trümmer von ihr zurückließ. Die Demonstration des 13. Juni war vor allem eine Demonstration der demokratischen Nationalgarden. Sie hatten zwar nicht ihre Waffen, wohl aber ihre Uniformen der Armee gegenübergeführt, aber gerade in dieser Uniform saß der Talisman. Die Armee überzeugte sich, daß diese Uniform ein wollener Lappen wie ein andrer war. Der Zauber ging verloren. In den Junitagen 1848 waren Bourgeoisie und Kleinbürgertum als Nationalgarde mit der Armee gegen das Proletariat vereinigt, am 13. Juni 1849 ließ die Bourgeoisie die kleinbürgerliche Nationalgarde durch die Armee auseinandersprengen, am 2. Dezember 1851 war die Nationalgarde der Bourgeoisie selbst verschwunden, und Bonaparte konstatierte nur dies Faktum, als er nachträglich ihr Auflösungsdekret unterschrieb. So hatte die Bourgeoisie selbst ihre letzte Waffe gegen die Armee zerbrochen, aber sie mußte sie zerbrechen von dem Augenblicke, wo das Kleinbürgertum nicht mehr als Vasall hinter, sondern als Rebell vor ihr stand, wie sie überhaupt alle ihre Verteidigungsmittel gegen den Absolutismus mit eigner Hand zerstören mußte, sobald sie selbst absolut geworden war.

Die Ordnungspartei feierte unterdes die Wiedereroberung einer Macht, die 1848 nur verloren schien, um 1849 von ihren Schranken befreit wiedergefunden zu werden, durch Invektiven gegen die Republik und die Konstitution, durch die Verfluchung aller zukünftigen, gegenwärtigen und vergangenen Revolutionen, die eingerechnet, welche ihre eigenen Führer gemacht hatten, und in Gesetzen, wodurch die Presse geknebelt, die Assoziation vernichtet und der Belagerungszustand als organisches Institut reguliert wurde. Die Nationalversammlung vertagte sich dann von Mitte August bis Mitte Oktober, nachdem sie eine Permanenzkommission für die Zeit ihrer Abwesenheit ernannt hatte. Während dieser Ferien intrigierten die Legitimisten mit Ems, die Orleanisten mit Claremont, Bonaparte durch prinzliche Rundreisen und die Departementalräte in Beratungen über die Revision der Verfassung – Vorfälle, die in den periodischen Ferien der Nationalversammlung regelmäßig wiederkehren und auf die ich erst eingehen will, sobald sie zu Ereignissen werden. Hier sei nur noch bemerkt, daß die Nationalversammlung unpolitisch handelte, als sie für längere Intervalle von der Bühne verschwand und auf der Spitze der Republik nur noch *eine*, wenn auch klägliche Gestalt erblicken ließ, die Louis Bonapartes, während die Partei der Ordnung zum Skandale des Publikums in ihre royalistischen Bestandteile auseinander- und ihren sich widerstreitenden Restaurationsgelüsten nachging. Sooft während dieser Ferien der verwirrende Lärm des *Parlaments* verstummte und sein Körper sich in die Nation auflöste, zeigte sich unverkennbar, daß nur noch *eins* fehle, um die wahre Gestalt dieser Republik zu vollenden: *seine* Ferien permanent machen und *ihre* Aufschrift: liberté, égalité, fraternité, ersetzen durch die unzweideutigen Worte: Infanterie, Kavallerie, Artillerie!

IV

Mitte Oktober 1849 trat die Nationalversammlung wieder zusammen. Am 1. November überraschte Bonaparte sie mit einer Botschaft, worin er die Entlassung des Ministeriums Barrot-Falloux und die Bildung eines neuen Ministeriums anzeigte. Man hat Lakaien nie mit weniger Zeremonien aus dem Dienste gejagt als Bonaparte seine Minister. Die Fußtritte, die der Nationalversammlung bestimmt waren, erhielt vorläufig Barrot u. Komp.

Das Ministerium Barrot war, wie wir gesehen haben, aus Legitimisten und Orleanisten zusammengesetzt, ein Ministerium der Ordnungspartei. Bonaparte hatte desselben bedurft, um die republikanische Konstituante aufzulösen, die Expedition gegen Rom zu bewerkstelligen und die demokratische Partei zu brechen. Hinter diesem Ministerium hatte er sich scheinbar eklipsiert, die Regierungsgewalt in die Hände der Ordnungspartei abgetreten und die bescheidene Charaktermaske angelegt, die unter Louis-Philippe der verantwortliche Gerant der Zeitungspresse trug, die Maske des homme de paille*. Jetzt warf er seine Larve weg, die nicht mehr der leichte Vorhang war, worunter er seine Physiognomie verstecken konnte, sondern die eiserne Maske, die ihn verhinderte, eine eigne Physiognomie zu zeigen. Er hatte das Ministerium Barrot eingesetzt, um im Namen der Ordnungspartei die republikanische Nationalversammlung zu sprengen; er entließ es, um seinen eignen Namen von der Nationalversammlung der Ordnungspartei unabhängig zu erklären.

An plausiblen Vorwänden zu dieser Entlassung fehlte es nicht. Das Ministerium Barrot vernachlässigte selbst die Anstandsformen, die den Präsidenten der Republik als eine Macht neben der Nationalversammlung hätten erscheinen lassen. Während der Ferien der Nationalversammlung veröffentlichte Napoleon einen Brief an Edgar Ney, worin er das illiberale Auftreten des Papstes zu mißbilligen schien, wie er im Gegensatz zur Konstituante einen Brief veröffentlicht hatte, worin er Oudinot für den Angriff auf die römische Republik belobte. Als nun die Nationalversammlung das Budget für die römische Expedition votierte, brachte Victor Hugo aus angeblichem Liberalismus jenen Brief zur Sprache. Die Ordnungspartei erstickte den Einfall, als ob Bonapartes Einfälle irgendein Gewicht haben könnten, unter verächtlich ungläubigen Ausrufungen. Keiner der Minister nahm den Handschuh für ihn auf. Bei einer andern Gelegenheit ließ Barrot mit seinem bekannten hohlen Pathos Worte der Entrüstung von der Rednertribüne auf die „abominablen Umtriebe“ fallen, die nach seiner Aussage in der nächsten Umgebung des Präsidenten vorgingen. Endlich verweigerte das Ministerium, während es der Herzogin von Orléans einen Witwengehalt von der Nationalversammlung erwirkte, jeden Antrag auf Erhöhung der präsidentiellen Zivilliste. Und in Bonaparte verschmolz der kaiserliche Prätendent so innig mit

* homme de paille: Strohmann

dem heruntergekommenen Glücksritter, daß die eine große Idee, er sei berufen, das Kaisertum zu restaurieren, stets von der anderen ergänzt ward, das französische Volk sei berufen, seine Schulden zu zahlen.

Das Ministerium Barrot-Falloux war das erste und letzte *parlamentarische Ministerium*, das Bonaparte ins Leben rief. Die Entlassung desselben bildete daher einen entscheidenden Wendepunkt. Mit ihm verlor die Ordnungspartei, um ihn nie wieder zu erobern, einen unentbehrlichen Posten für die Behauptung des parlamentarischen Regimes, die Handhabe der Exekutivgewalt. Man begreift sogleich, daß in einem Lande wie Frankreich, wo die Exekutivgewalt über ein Beamtenheer von mehr als einer halben Million von Individuen verfügt, also eine ungeheure Masse von Interessen und Existenzen beständig in der unbedingtesten Abhängigkeit erhält, wo der Staat die bürgerliche Gesellschaft von ihren umfassendsten Lebensäußerungen bis zu ihren unbedeutendsten Regungen hinab, von ihren allgemeinsten Daseinsweisen bis zur Privatexistenz der Individuen umstrickt, kontrolliert, maßregelt, überwacht und bevormundet, wo dieser Parasitenkörper durch die außerordentlichste Zentralisation eine Allgegenwart, Allwissenheit, eine beschleunigte Bewegungsfähigkeit und Schnellkraft gewinnt, die nur in der hülflosen Unselbständigkeit, in der zerfahrenen Unförmlichkeit des wirklichen Gesellschaftskörpers ein Analogen finden, daß in einem solchen Lande die Nationalversammlung mit der Verfügung über die Ministerstellen jeden wirklichen Einfluß verloren gab, wenn sie nicht gleichzeitig die Staatsverwaltung vereinfachte, das Beamtenheer möglichst verringerte, endlich die bürgerliche Gesellschaft und die öffentliche Meinung ihre eignen von der Regierungsgewalt unabhängigen Organe erschaffen ließ. Aber das *materielle Interesse* der französischen Bourgeoisie ist gerade auf das innigste mit der Erhaltung jener breiten und vielverzweigten Staatsmaschine verwebt. Hier bringt sie ihre überschüssige Bevölkerung unter und ergänzt in der Form von Staatsgehalten, was sie nicht in der Form von Profiten, Zinsen, Renten und Honoraren einstecken kann. Andrerseits zwang ihr *politisches Interesse* sie, die Repression, also die Mittel und das Personal der Staatsgewalt, täglich zu vermehren, während sie gleichzeitig einen ununterbrochenen Krieg gegen die öffentliche Meinung führen und die selbständigen Bewegungsorgane der Gesellschaft mißtrauisch verstümmeln, lähmen mußte, wo es ihr nicht gelang, sie gänzlich zu amputieren. So war die französische Bourgeoisie durch ihre Klassenstellung gezwungen, einerseits die Lebensbedingungen einer jeden, also auch ihrer eigenen parlamentarischen Gewalt zu vernichten, andererseits die ihr feindliche Exekutivgewalt unwiderstehlich zu machen.

Das neue Ministerium hieß das Ministerium d'Hautpoul. Nicht als hätte General d'Hautpoul den Rang eines Ministerpräsidenten erhalten. Mit Barrot schaffte Bonaparte vielmehr zugleich diese Würde ab, die den Präsidenten der Republik allerdings zur legalen Nichtigkeit eines konstitutionellen Königs verdammte, aber eines konstitutionellen Königs ohne Thron und ohne Krone, ohne

Zepter und ohne Schwert, ohne Unverantwortlichkeit, ohne den unverjährbaren Besitz der höchsten Staatswürde und, was das fatalste war, ohne Zivilliste. Das Ministerium d'Hautpoul besaß nur einen Mann von parlamentarischem Rufe, den Juden *Fould*, eins der berüchtigsten Glieder der hohen Finanz. Ihm fiel das Finanzministerium anheim. Man schlage die Pariser Börsennotationen nach, und man wird finden, daß vom 1. November 1849 an die französischen Fonds steigen und fallen mit dem Steigen und Fallen der bonapartistischen Aktien. Während Bonaparte so seinen Affiliierten in der Börse gefunden hatte, bemächtigte er sich zugleich der Polizei durch Carliers Ernennung zum Polizeipräfekten von Paris.

Indes konnten sich die Folgen des Ministerwechsels erst im Laufe der Entwicklung herausstellen. Zunächst hatte Bonaparte nur einen Schritt vorwärts getan, um desto augenfälliger rückwärts getrieben zu werden. Seiner barschen Botschaft folgte die servilste Untertänigkeitserklärung an die Nationalversammlung. Sooft die Minister den schüchternen Versuch wagten, seine persönlichen Marotten als Gesetzesvorschläge einzubringen, schienen sie selbst nur widerwillig und durch ihre Stellung gezwungen, die komischen Aufträge zu erfüllen, von deren Erfolglosigkeit sie im voraus überzeugt waren. Sooft Bonaparte im Rücken der Minister seine Absichten ausplauderte und mit seinen „idées napoléoniennes" spielte, desavouierten ihn die eignen Minister von der Tribüne der Nationalversammlung herab. Seine Usurpationsgelüste schienen nur laut zu werden, damit das schadenfrohe Gelächter seiner Gegner nicht verstumme. Er gebärdete sich als ein verkanntes Genie, das alle Welt für einen Simpel ausgibt. Nie genoß er in vollerem Maße die Verachtung aller Klassen als während dieser Periode. Nie herrschte die Bourgeoisie unbedingter, nie trug sie prahlerischer die Insignien der Herrschaft zu Schau.

Ich habe hier nicht die Geschichte ihrer gesetzgeberischen Tätigkeit zu schreiben, die sich wahrend dieser Periode in zwei Gesetzen resümiert: in dem Gesetze, das die *Weinsteuer* wiederherstellte, in dem *Unterrichtsgesetze*, das den Unglauben abschafft. Wenn den Franzosen das Weintrinken erschwert, ward ihnen desto reichlicher vom Wasser des wahren Lebens geschenkt. Wenn die Bourgeoisie in dem Gesetze über die Weinsteuer das alte gehässige französische Steuersystem für unantastbar erklärt, suchte sie durch das Unterrichtsgesetz den alten Gemütszustand der Massen zu sichern, der es ertragen ließ. Man ist erstaunt, die Orleanisten, die liberalen Bourgeois, diese alten Apostel des Voltairianismus und der eklektischen Philosophie, ihren Stammfeinden, den Jesuiten, die Verwaltung des französischen Geistes anvertrauen zu sehen. Aber Orleanisten und Legitimisten konnten in Beziehung auf den Kronprätendenten auseinandergehen, sie begriffen, daß ihre vereinte Herrschaft die Unterdrükkungsmittel zweier Epochen zu vereinigen gebot, daß die Unterjochungsmittel der Julimonarchie durch die Unterjochungsmittel der Restauration ergänzt und verstärkt werden mußten.

Die Bauern, in allen ihren Hoffnungen getäuscht, durch den niedrigen Stand der Getreidepreise einerseits, durch die wachsende Steuerlast und Hypothekenschuld andererseits mehr als je erdrückt, begannen sich in den Departements zu regen. Man antwortete ihnen durch eine Hetzjagd auf die Schulmeister, die den Geistlichen, durch eine Hetzjagd auf die Maires, die den Präfekten, und durch ein System der Spionage, dem alle unterworfen wurden. In Paris und den großen Städten trägt die Reaktion selbst die Physiognomie ihrer Epoche und fordert mehr heraus, als sie niederschlägt. Auf dem Lande wird sie platt, gemein, kleinlich, ermüdend, plackend, mit einem Worte Gendarm. Man begreift, wie drei Jahre vom Regime des Gendarmen, eingesegnet durch das Regime des Pfaffen, unreife Massen demoralisieren mußten.

Welche Summe von Leidenschaft und Deklamation die Ordnungspartei von der Tribüne der Nationalversammlung herab gegen die Minorität aufwenden mochte, ihre Rede blieb einsilbig wie die des Christen, dessen Worte sein sollen: Ja, ja, nein, nein! Einsilbig von der Tribüne herab wie in der Presse. Fast wie ein Rätsel, dessen Lösung im voraus bekannt ist. Handelte es sich um Petitionsrecht oder um Weinsteuer, um Preßfreiheit oder um Freihandel, um Klubs oder um Munizipalverfassung, um Schutz der persönlichen Freiheit oder um Regelung des Staatshaushaltes, das Losungswort kehrt immer wieder, das Thema bleibt immer dasselbe, der Urteilsspruch ist immer fertig und lautet unveränderlich: *„Sozialismus!"* Für *sozialistisch* wird selbst der bürgerliche Liberalismus erklärt, für sozialistisch die bürgerliche Aufklärung, für sozialistisch die bürgerliche Finanzreform. Es war sozialistisch, eine Eisenbahn zu bauen, wo schon ein Kanal vorhanden war, und es war sozialistisch, sich mit dem Stocke zu verteidigen, wenn man mit dem Degen angegriffen wurde.

Es war dies nicht bloße Redeform, Mode, Parteitaktik. Die Bourgeoisie hatte die richtige Einsicht, daß alle Waffen, die sie gegen den Feudalismus geschmiedet, ihre Spitzen gegen sie selbst kehrten, daß alle Bildungsmittel, die sie erzeugt, gegen ihre eigne Zivilisation rebellierten, daß alle Götter, die sie geschaffen, von ihr abgefallen waren. Sie begriff, daß alle sogenannten bürgerlichen Freiheiten und Fortschrittsorgane ihre *Klassenherrschaft* zugleich an der gesellschaftlichen Grundlage und an der politischen Spitze angriffen und bedrohten, also *„sozialistisch"* geworden waren. In dieser Drohung und in diesem Angriffe fand sie mit Recht das Geheimnis des Sozialismus, dessen Sinn und Tendenz sie richtiger beurteilt, als der sogenannte Sozialismus sich selbst zu beurteilen weiß, der daher nicht begreifen kann, wie die Bourgeoisie sich verstockt gegen ihn verschließt, mag er nun sentimental über die Leiden der Menschheit winseln oder christlich das Tausendjährige Reich und die allgemeine Bruderliebe verkünden oder humanistisch von Geist, Bildung, Freiheit faseln oder doktrinär ein System der Vermittlung und der Wohlfahrt aller Klassen aushecken. Was sie aber nicht begriff, war die Konsequenz, daß ihr *eignes parlamentarisches Regime*, daß ihre *politische Herrschaft* überhaupt nun auch als *sozialistisch* dem allgemeinen Verdammungsurteil verfallen mußte. Solange die Herrschaft der Bourgeoisklasse sich nicht vollständig organisiert, nicht ihren reinen politischen Ausdruck gewonnen hatte, konnte auch der Gegensatz der andern Klassen nicht rein hervortreten, und wo er hervortrat, nicht die gefährliche Wendung nehmen, die jeden Kampf gegen die Staatsgewalt in einen Kampf gegen das Kapital verwandelt. Wenn sie in jeder Lebensregung der Gesellschaft die „Ruhe" gefährdet sah, wie konnte sie an der Spitze der Gesellschaft das *Regime der Unruhe*, ihr eignes Regime, das *parlamentarische Regime* behaupten wollen, dieses Regime, das nach dem Ausdrucke eines ihrer Redner im Kampfe und durch den Kampf lebt? Das parlamentarische Regime lebt von der Diskussion, wie soll es die Diskussion verbieten? Jedes Interesse, jede gesellschaftliche Einrichtung wird hier in allgemeine Gedanken verwandelt, als Gedanken verhandelt, wie soll irgendein Interesse, eine Einrichtung sich über dem Denken behaupten und als Glaubensartikel imponieren? Der Rednerkampf auf der Tribüne ruft den Kampf der Preßbengel hervor, der debattierende Klub im Parlament ergänzt sich notwendig durch debattierende Klubs in den Salons und in den Kneipen, die Repräsentanten, die beständig an die Volksmeinung appellieren, berechtigen die Volksmeinung, in Petitionen ihre wirkliche Meinung zu sagen. Das parlamentarische Regime überläßt alles der Entscheidung der Majoritäten, wie sollen die großen Majoritäten jenseits des Parlaments nicht entscheiden wollen? Wenn ihr auf dem Gipfel des Staates die Geige streicht, was andres erwartet ihr, als daß die drunten tanzen?

Indem also die Bourgeoisie, was sie früher als *„liberal"* gefeiert, jetzt als *„sozialistisch"* verketzert, gesteht sie ein, daß ihr eignes Interesse gebietet, sie der Gefahr des *Selbstregierens* zu überheben, daß, um die Ruhe im Lande herzustellen, vor allem ihr Bourgeoisparlament zur Ruhe gebracht, um ihre gesellschaftliche Macht unversehrt zu erhalten, ihre politische Macht gebrochen werden müsse; daß die Privatbourgeois nur fortfahren können, die andern Klassen zu exploitieren und sich ungetrübt des Eigentums, der Familie, der Religion und der Ordnung zu erfreuen, unter der Bedingung, daß ihre Klasse neben den andern Klassen zu gleicher politischer Nichtigkeit verdammt werde; daß, um ihren Beutel zu retten, die Krone ihr abgeschlagen und das Schwert, das sie beschützen solle, zugleich als Damoklesschwert über ihr eignes Haupt gehängt werden müsse.

In dem Bereiche der allgemeinen bürgerlichen Interessen zeigte sich die Nationalversammlung so unproduktiv, daß z. B. die Verhandlungen über die Paris-Avignoner Eisenbahn, die im Winter 1850 begannen, am 2. Dezember 1851 noch nicht zum Schluß reif waren. Wo sie nicht unterdrückte, reagierte, war sie mit unheilbarer Unfruchtbarkeit geschlagen.

Während Bonapartes Ministerium teils die Initiative zu Gesetzen im Geiste der Ordnungspartei ergriff, teils ihre Härte in der Ausführung und Handhabung noch übertrieb, suchte er andererseits durch kindisch alberne Vorschläge Popularität zu erobern, seinen Gegensatz zur Nationalversammlung zu konstatieren und auf einen geheimen Hinterhalt hinzudeuten, der nur durch die Verhältnisse einstweilen verhindert werde, dem französischen Volke seine verborgenen Schätze zu erschließen. So der Vorschlag, den Unteroffizieren eine tägliche Zulage von vier Sous zu dekretieren. So der Vorschlag einer Ehrenleihbank für die Arbeiter. Geld geschenkt und Geld gepumpt zu erhalten, das war die Perspektive, womit er die Massen zu ködern hoffte. Schenken und Pumpen, darauf beschränkt sich die Finanzwissenschaft des Lumpenproletariats, des vornehmen und des gemeinen. Darauf beschränkten sich die Springfedern, die Bonaparte in Bewegung zu setzen wußte. Nie hat ein Prätendent platter auf die Plattheit der Massen spekuliert.

Die Nationalversammlung brauste wiederholt auf bei diesen unverkennbaren Versuchen, auf ihre Kosten Popularität zu erwerben, bei der wachsenden Gefahr, daß dieser Abenteurer, den die Schulden voranpeitschten und kein erworbener Ruf zurückhielt, einen verzweifelten Streich wagen werde. Die Verstimmung zwischen der Ordnungspartei und dem Präsidenten hatte einen drohenden Charakter angenommen, als ein unerwartetes Ereignis ihn reuig in ihre Arme zurückwarf. Wir meinen die *Nachwahlen vom 10. März 1850*. Diese Wahlen fanden statt, um die Repräsentantenstellen, die nach dem 13. Juni durch das Gefängnis oder das Exil erledigt waren, wieder zu besetzen. Paris wählte nur sozial-demokratische Kandidaten. Es vereinte sogar die meisten Stimmen auf einen Insurgenten des Juni 1848, auf de Flotte. So rächte sich das mit dem Proletariat alliierte Pariser Kleinbürgertum für seine Niederlage vom 13. Juni 1849. Es schien im Augenblick der Gefahr nur vom Kampfplatz verschwunden zu sein, um ihn bei günstiger Gelegenheit mit massenhafteren Streitkräften und mit einer kühneren Kampfparole wieder zu betreten. Ein Umstand schien die Gefahr dieses Wahlsieges zu erhöhen. Die Armee stimmte in Paris für den Juni-Insurgenten gegen La Hitte, einen Minister Bonapartes, und in den Departements zum großen Teil für die Montagnards, die auch hier, zwar nicht so entschieden wie in Paris, das Übergewicht über ihre Gegner behaupteten.

Bonaparte sah sich plötzlich wieder die Revolution gegenüberstehen. Wie am 29. Januar 1849, wie am 13. Juni 1849 verschwand er am 10. März 1850 hinter der Partei der Ordnung. Er beugte sich, er tat kleinmütig Abbitte, er erbot sich, auf Befehl der parlamentarischen Majorität jedes beliebige Ministerium zu ernennen, er flehte sogar die orleanistischen und legitimistischen Parteiführer, die Thiers, die Berryer, die Broglie, die Molé, kurz die sogenannten Burggrafen, das Staatsruder in eigner Person zu ergreifen. Die Partei der Ordnung wußte diesen unwiederbringlichen Augenblick nicht zu benutzen. Statt sich kühn der angebotenen Gewalt zu bemächtigen, zwang sie Bonaparte nicht einmal, das am 1. November entlassene Ministerium wieder einzusetzen; sie begnügte sich, ihn durch die Verzeihung zu demütigen und dem Ministerium d'Hautpoul Herrn *Baroche* beizugesellen. Dieser Baroche hatte als öffentlicher Ankläger, das eine Mal gegen die Revolutionäre vom 15. Mai, das andre Mal gegen die Demokraten des 13. Juni, vor dem Hochgerichte zu Bourges gewütet, beide Male wegen

Attentat auf die Nationalversammlung. Keiner der Minister Bonapartes trug später mehr dazu bei, die Nationalversammlung herabzuwürdigen, und nach dem 2. Dezember 1851 finden wir ihn wieder als wohlbestallten und teuer bezahlten Vizepräsidenten des Senats. Er hatte den Revolutionären in die Suppe gespuckt, damit Bonaparte sie aufesse.

Die sozial-demokratische Partei ihrerseits schien nur nach Vorwänden zu haschen, um ihren eignen Sieg wieder in Frage zu stellen und ihm die Pointe abzubrechen. Vidal, einer der neugewählten Pariser Repräsentanten, war gleichzeitig in Straßburg gewählt worden. Man bewog ihn, die Wahl für Paris abzulehnen und die für Straßburg anzunehmen. Statt also ihrem Siege auf dem Wahlplatz einen definitiven Charakter zu geben und dadurch die Ordnungspartei zu zwingen, ihn sofort im Parlamente streitig zu machen, statt so den Gegner im Augenblick des Volksenthusiasmus und der günstigen Stimmung der Armee zum Kampfe zu treiben, ermüdete die demokratische Partei Paris während der Monate März und April mit einer neuen Wahlagitation, ließ die aufgeregten Volksleidenschaften in diesem abermaligen provisorischen Stimmenspiel sich aufreiben, die revolutionäre Tatkraft in konstitutionellen Erfolgen sich sättigen, in kleinen Intrigen, hohlen Deklamationen und Scheinbewegungen verpuffen, die Bourgeoisie sich sammeln und ihre Vorkehrungen treffen, endlich die Bedeutung der Märzwahlen in der nachträglichen Aprilwahl, mit der Wahl Eugène Sues, einen sentimental abschwächenden Kommentar finden. Mit einem Worte, sie schickte den 10. März in den April.

Die parlamentarische Majorität begriff die Schwäche ihres Gegners. Ihre siebzehn Burggrafen, denn Bonaparte hatte ihr die Leitung und die Verantwortlichkeit des Angriffs überlassen, arbeiteten ein neues Wahlgesetz aus, dessen Vorlage dem Herrn Faucher, der sich diese Ehre ausbat, anvertraut wurde. Am 8. Mai brachte er das Gesetz ein, wodurch das allgemeine Wahlrecht abgeschafft, ein dreijähriges Domizil an dem Orte der Wahl den Wählern als Bedingung auferlegt, endlich der Nachweis dieses Domizils für die Arbeiter von dem Zeugnisse ihrer Arbeitgeber abhängig gemacht wurde.

Wie revolutionär die Demokraten während des konstitutionellen Wahlkampfes aufgeregt und getobt hatten, so konstitutionell predigten sie jetzt, wo es galt, mit den Waffen in der Hand den Ernst jener Wahlsiege zu beweisen, Ordnung, majestätische Ruhe (calme majestueux), gesetzliche Haltung, d. h. blinde Unterwerfung unter den Willen der Kontrerevolution, der sich als Gesetz breitmachte. Während der Debatte beschämte der Berg die Partei der Ordnung, indem er gegen ihre revolutionäre Leidenschaftlichkeit die leidenschaftslose Haltung des Biedermanns geltend machte, der den Rechtsboden behauptet, und indem er sie mit dem furchtbaren Vorwurfe zu Boden schlug, daß sie revolutionär verfahre. Selbst die neugewählten Deputierten bemühten sich durch anständiges und besonnenes Auftreten zu beweisen, welche Verkennung es war, sie als Anarchisten zu verschreien und ihre Wahl als einen Sieg der Revolution auszulegen. Am

31. Mai ging das neue Wahlgesetz durch. Die Montagne begnügte sich damit, dem Präsidenten einen Protest in die Tasche zu schmuggeln. Dem Wahlgesetz folgte ein neues Preßgesetz, wodurch die revolutionäre Zeitungspresse vollständig beseitigt wurde. Sie hatte ihr Schicksal verdient. „National" und „La Presse", zwei bürgerliche Organe, blieben nach dieser Sündflut als äußerste Vorposten der Revolution zurück.

Wir haben gesehen, wie die demokratischen Führer während März und April alles getan hatten, um das Volk von Paris in einen Scheinkampf zu verwickeln, wie sie nach dem 8. Mai alles taten, um es vom wirklichen Kampf abzuhalten. Wir dürfen zudem nicht vergessen, daß das Jahr 1850 eines der glänzendsten Jahre industrieller und kommerzieller Prosperität, also das Pariser Proletariat vollständig beschäftigt war. Allein das Wahlgesetz vom 31. Mai 1850 schloß es von aller Teilnahme an der politischen Gewalt aus. Es schnitt ihm das Kampfterrain selbst ab. Es warf die Arbeiter in die Pariastellung zurück, die sie vor der Februarrevolution eingenommen hatten. Indem sie einem solchen Ereignis gegenüber sich von den Demokraten lenken lassen und das revolutionäre Interesse ihrer Klasse über einem augenblicklichen Wohlbehagen vergessen konnten, verzichteten sie auf die Ehre, eine erobernde Macht zu sein, unterwarfen sich ihrem Schicksale, bewiesen, daß die Niederlage vom Juni 1848 sie für Jahre kampfunfähig gemacht und daß der geschichtliche Prozeß zunächst wieder *über* ihren Köpfen vor sich gehen müsse. Was die kleinbürgerlichen Demokratie betrifft, die am 13. Juni geschrien hatte: „aber wenn erst das allgemeine Wahlrecht angetastet wird, aber dann!" – so tröstete sie sich jetzt damit, daß der kontrerevolutionäre Schlag, der sie getroffen, kein Schlag und das Gesetz vom 31. Mai kein Gesetz sei. Am 2. Mai 1852 erscheint jeder Franzose auf dem Wahlplatze, in der einen Hand den Stimmzettel, in der anderen das Schwert. Mit dieser Prophezeiung tat sie sich selbst Genüge. Die Armee endlich wurde wie für die Wahlen vom 29. Mai 1849, so für die vom März und April 1850 von ihren Vorgesetzten gezüchtigt. Diesmal sagte sie sich aber entschieden: „Die Revolution prellt uns nicht zum dritten Mal."

Das Gesetz vom 31. Mai 1850 war der coup d'Etat der Bourgeoisie. Alle ihre bisherigen Eroberungen über die Revolution hatten nur einen provisorischen Charakter. Sie waren in Frage gestellt, sobald die jetzige Nationalversammlung von der Bühne abtrat. Sie hingen von dem Zufall einer neuen allgemeinen Wahl ab, und die Geschichte der Wahlen seit 1848 bewies unwiderleglich, daß in demselben Maße, wie die faktische Herrschaft der Bourgeoisie sich entwickelte, ihre moralische Herrschaft über die Volksmassen verlorenging. Das allgemeine Wahlrecht erklärte sich am 10. März direkt gegen die Herrschaft der Bourgeoisie, die Bourgeoisie antwortete mit der Ächtung des allgemeinen Wahlrechts. Das Gesetz vom 31. Mai war also eine der Notwendigkeiten des Klassenkampfes. Andererseits erheischte die Konstitution, damit die Wahl des Präsidenten der Republik gültig sei, ein Minimum von zwei Millionen Stimmen. Erhielt keiner der Präsidentschaftskandidaten dies Minimum, so sollte die Nationalversammlung unter den drei Kandidaten, denen die meisten Stimmen zufallen würden, den Präsidenten wählen. Zur Zeit, wo die Konstituante dies Gesetz machte, waren zehn Millionen Wähler auf den Stimmlisten eingeschrieben. In ihrem Sinne reichte also ein Fünftel der Wahlberechtigten hin, um die Präsidentschaftswahl gültig zu machen. Das Gesetz vom 31. Mai strich wenigstens drei Millionen Stimmen von den Wahllisten, reduzierte so die Zahl der Wahlberechtigten auf sieben Millionen und behielt nichtsdestoweniger das gesetzliche Minimum von zwei Millionen für die Präsidentschaftswahl bei. Es erhöhte also das gesetzliche Minimum von einem Fünftel auf beinah ein Drittel der wahlfähigen Stimmen, d. h., es tat alles, um die Präsidentenwahl aus den Händen des Volkes in die Hände der Nationalversammlung hinüberzuschmuggeln. So schien die Partei der Ordnung durch das Wahlgesetz vom 31. Mai ihre Herrschaft doppelt befestigt zu haben, indem sie die Wahl der Nationalversammlung und die des Präsidenten der Republik dem stationären Teil der Gesellschaft anheimgab.

V

Der Kampf brach sofort wieder aus zwischen der Nationalversammlung und Bonaparte, sobald die revolutionäre Krise überdauert und das allgemeine Wahlrecht abgeschafft war.

Die Konstitution hatte das Gehalt Bonapartes auf 600.000 Francs festgesetzt. Kaum ein halbes Jahr nach seiner Installierung gelang es ihm, diese Summe auf das Doppelte zu erhöhn. Odilon Barrot ertrotzte nämlich von der konstituierenden Nationalversammlung einen jährlichen Zuschuß von 600.000 Francs für sogenannte Repräsentationsgelder. Nach dem 13. Juni hatte Bonaparte ähnliche Anliegen verlauten lassen, ohne diesmal bei Barrot Gehör zu finden. Jetzt nach dem 31. Mai benutzte er sofort den günstigen Augenblick und ließ seine Minister eine Zivilliste von drei Millionen in der Nationalversammlung beantragen. Ein langes abenteuerndes Vagabundenleben hatte ihn mit den entwickeltsten Fühlhörnern begabt, um die schwachen Momente herauszutasten, wo er seinen Bourgeois Geld abpressen durfte. Er trieb förmliche chantage*. Die Nationalversammlung hatte die Volkssouveränität mit seiner Mithülfe und seinem Mitwissen geschändet. Er drohte ihr Verbrechen dem Volksgericht zu denunzieren, falls sie nicht den Beutel ziehe und sein Stillschweigen mit drei Millionen jährlich erkaufe. Sie hatte drei Millionen Franzosen ihres Stimmrechts beraubt. Er verlangte für jeden außer Kurs gesetzten Franzosen einen Kurs habenden Franken, genau drei Millionen Francs. Er, der Erwählte von sechs Millionen, forderte Schadenersatz für die Stimmen, um die man ihn nachträglich geprellt habe. Die Kommission der Nationalversammlung wies den Zudringlichen ab. Die bonapartistische Presse drohte. Konnte die Nationalversammlung mit dem Präsidenten der Republik brechen in dem Augenblicke, wo sie prinzipiell und definitiv mit der Masse der Nation gebrochen hatte? Sie verwarf zwar die jährliche Zivilliste, aber sie bewilligte einen einmaligen Zuschuß von 2.160.000 Francs. Sie machte sich so der doppelten Schwäche schuldig, daß Geld zu bewilligen und zugleich durch ihren Ärger zu zeigen, daß sie es nur widerwillig bewillige. Wir werden später sehen, wozu Bonaparte das Geld brauchte. Nach diesem ärgerlichen Nachspiel, das der Abschaffung des allgemeinen Stimmrechts auf dem Fuße folgte und worin Bonaparte seine demütige Haltung während der Krise des März und April mit herausfordernder Unverschämtheit gegen das usurpatorische Parlament vertauschte, vertagte sich die Nationalversammlung für drei Monate vom 11. August bis 11. November. Sie ließ an ihrer Stelle eine Permanenzkommission von 28 Mitgliedern zurück, die keinen Bonapartisten enthielt, wohl aber einige gemäßigte Republikaner. Die Permanenzkommission vom Jahre 1849 hatte nur Männer der Ordnung und Bonapartisten gezählt. Aber damals erklärte sich die Partei der Ordnung in Permanenz gegen die Revolution.

---

* chantage: Erpressung

Diesmal erklärte sich die parlamentarische Republik in Permanenz gegen den Präsidenten. Nach dem Gesetze vom 31. Mai stand der Partei der Ordnung nur noch dieser Rival gegenüber.

Als die Nationalversammlung im November 1850 wieder zusammentrat, schien statt ihrer bisherigen kleinlichen Plänkeleien mit dem Präsidenten ein großer rücksichtsloser Kampf, ein Kampf der beiden Gewalten auf Leben und Tod unvermeidlich geworden zu sein.

Wie im Jahre 1849 war die Partei der Ordnung während der diesjährigen Parlamentsferien in ihre einzelnen Fraktionen auseinandergegangen, jede beschäftigt mit ihren eignen Restaurationsintrigen, die durch den Tod Louis-Philippes neue Nahrung erhalten hatten. Der Legitimistenkönig Heinrich V. hatte sogar ein förmliches Ministerium ernannt, das zu Paris residierte und worin Mitglieder der Permanenzkommission saßen. Bonaparte war also berechtigt, seinerseits Rundreisen durch die französischen Departements zu machen und je nach der Stimmung der Stadt, die er mit seiner Gegenwart beglückte, bald versteckter, bald offener seine eignen Restaurationspläne auszuplaudern und Stimmen für sich zu werben. Auf diesen Zügen, die der große offizielle „Moniteur" und die kleinen Privatmoniteure Bonapartes natürlich als Triumphzüge feiern mußten, war er fortwährend begleitet von Affiliierten der *Gesellschaft des 10. Dezember*. Diese Gesellschaft datiert vom Jahre 1849. Unter dem Vorwande, eine Wohltätigkeitsgesellschaft zu stiften, war das Pariser Lumpenproletariat in geheime Sektionen organisiert worden, jede Sektion von einem bonapartistischen Agenten geleitet, an der Spitze ein bonapartistischer General. Neben zerrütteten Roués mit zweideutigen Subsistenzmitteln und von zweideutiger Herkunft, neben verkommenen und abenteuernden Ablegern der Bourgeoisie, Vagabunden, entlassene Soldaten, entlassene Zuchthaussträflinge, entlaufene Galeerensklaven, Gauner, Gaukler, Lazzaroni, Taschendiebe, Taschenspieler, Spieler, Maquereaus*, Bordellhalter, Lastträger, Literaten, Orgeldreher, Lumpensammler, Scherenschleifer, Kesselflicker, Bettler, kurz, die ganze unbestimmte, aufgelöste, hin- und hergeworfene Masse, die die Franzosen la bohème nennen; mit diesem ihm verwandten Elemente bildete Bonaparte den Stock der Gesellschaft vom 10. Dezember. „Wohltätigkeitsgesellschaft" – insofern alle Mitglieder gleich Bonaparte das Bedürfnis fühlten, sich auf Kosten der arbeitenden Nation wohlzutun. Dieser Bonaparte, der sich als *Chef des Lumpenproletariats* konstituiert, der hier allein in massenhafter Form die Interessen wiederfindet, die er persönlich verfolgt, der in diesem Auswurf, Abfall, Abhub aller Klassen die einzige Klasse erkennt, auf die er sich unbedingt stützen kann, er ist der wirkliche Bonaparte, der Bonaparte sans phrase. Alter durchtriebener Roué, faßt er das geschichtliche Leben der Völker und die Haupt- und Staatsaktionen derselben als Komödie im ordinärsten Sinne auf, als eine Maskerade, wo die großen Kostüme, Worte und

* Maquereau: Zuhälter

Posituren nur der kleinlichsten Lumperei zur Maske dienen. So bei seinem Zug nach Straßburg, wo ein geschulter Schweizer Geier den napoleonischen Adler vorstellt. Für seinen Einfall in Boulogne steckte er einige Londoner Lakaien in französische Uniform. Sie stellen die Armee vor. In seiner Gesellschaft vom 10. Dezember sammelte er 10.000 Lumpenkerls, die das Volk vorstellen müssen, wie Klaus Zettel den Löwen. In einem Augenblick, wo die Bourgeoisie selbst die vollständigste Komödie spielte, aber in der ernsthaftesten Weise von der Welt, ohne irgendeine der pedantischen Bedingungen der französischen dramatischen Etikette zu verletzen, und selbst halb geprellt, halb überzeugt von der Feierlichkeit ihrer eignen Haupt- und Staatsaktion, mußte der Abenteurer siegen, der die Komödie platt als Komödie nahm. Erst wenn er seinen feierlichen Gegner beseitigt hat, wenn er nun selbst seine kaiserliche Rolle im Ernste nimmt und mit der napoleonischen Maske den wirklichen Napoleon vorzustellen meint, wird er das Opfer seiner eignen Weltanschauung, der ernsthafte Hanswurst, der nicht mehr die Weltgeschichte als eine Komödie, sondern seine Komödie als Weltgeschichte nimmt. Was für die sozialistischen Arbeiter die Nationalateliers, was für die Bourgeois-Republikaner die Gardes mobiles, das war für Bonaparte die Gesellschaft vom 10. Dezember, die ihm eigentümliche Parteistreitmacht. Auf seinen Reisen mußten die auf der Eisenbahn verpackten Abteilungen derselben ihm ein Publikum improvisieren, den öffentlichen Enthusiasmus aufführen, vive l'Empereur heulen, die Republikaner insultieren und durchprügeln, natürlich unter dem Schutze der Polizei. Auf seinen Rückfahrten nach Paris mußten sie die Avantgarde bilden, Gegendemonstrationen zuvorkommen oder sie auseinanderjagen. Die Gesellschaft vom 10. Dezember gehörte ihm, sie war *sein* Werk, sein eigenster Gedanke. Was er sich sonst aneignet, gibt ihm die Macht der Verhältnisse anheim, was er sonst tut, tun die Verhältnisse für ihn oder begnügt er sich, von den Taten andrer zu kopieren; aber er, mit den offiziellen Redensarten der Ordnung, der Religion, der Familie, des Eigentums öffentlich vor den Bürgern, hinter ihm die geheime Gesellschaft der Schufterles und der Spiegelbergs, die Gesellschaft der Unordnung, der Prostitution und des Diebstahls, das ist Bonaparte selbst als Originalautor, und die Geschichte der Gesellschaft des 10. Dezember ist seine eigne Geschichte. Es hatte sich nun ausnahmsweise ereignet, daß der Ordnungspartei angehörige Volksrepräsentanten unter die Stöcke der Dezembristen gerieten. Noch mehr. Der der Nationalversammlung zugewiesene, mit der Bewachung der Sicherheit beauftragte Polizeikommissär Yon zeigte auf die Aussage eines gewissen Allais hin der Permanenzkommission an, eine Sektion der Dezembristen habe die Ermordung des Generals Changarnier und Dupins, des Präsidenten der Nationalversammlung, beschlossen und zu deren Vollstreckung schon die Individuen bestimmt. Man begreift den Schreck des Herrn Dupin. Eine parlamentarische Enquête über die Gesellschaft vom 10. Dezember, d.h. die Profanierung der Bonaparteschen Geheimwelt, schien unvermeidlich. Gerade vor dem Zusammentritt der Nationalversammlung löste

Bonaparte vorsorglich seine Gesellschaft auf, natürlich nur auf dem Papiere, denn noch Ende 1851 suchte der Polizeipräfekt Carlier in einem ausführlichen Memoire ihn vergeblich zur wirklichen Auseinanderjagung der Dezembristen zu bewegen.

Die Gesellschaft vom 10. Dezember sollte so lange die Privatarmee Bonapartes bleiben, bis es ihm gelang, die öffentliche Armee in eine Gesellschaft vom 10. Dezember zu verwandeln. Bonaparte machte hierzu den ersten Versuch kurz nach der Vertagung der Nationalversammlung, und zwar mit dem eben ihr abgetrotzten Gelde. Als Fatalist lebte er der Überzeugung, daß es gewisse höhere Mächte gibt, denen der Mensch und insbesondere der Soldat nicht widerstehen kann. Unter diese Mächte zählt er in erster Linie Zigarre und Champagner, kaltes Geflügel und Knoblauchswurst. Er traktierte daher in den Gemächern des Elysée zunächst Offiziere und Unteroffiziere mit Zigarre und Champagner, mit kaltem Geflügel und Knoblauchswurst. Am 3. Oktober wiederholt er dies Manöver mit den Truppenmassen bei der Revue von St-Maur und am 10. Oktober dasselbe Manöver auf noch größerer Stufenleiter bei der Armeeschau von Satory. Der Onkel erinnerte sich der Feldzüge Alexanders in Asien, der Neffe der Eroberungszüge Bacchus in demselben Lande. Alexander war allerdings ein Halbgott, aber Bacchus war ein Gott, und dazu der Schutzgott der Gesellschaft vom 10. Dezember.

Nach der Revue vom 3. Oktober lud die Permanenzkommission den Kriegsminister d'Hautpoul vor sich. Er versprach, jene Disziplinarwidrigkeiten sollten sich nicht wiederholen. Man weiß, wie Bonaparte am 10. Oktober d'Hautpouls Wort hielt. In beiden Revuen hatte Changarnier kommandiert als Oberbefehlshaber der Armee von Paris. Er, zugleich Mitglied der Permanenzkommission, Chef der Nationalgarde, „Retter" vom 19. Januar und 13. Juni, „Bollwerk der Gesellschaft", Kandidat der Ordnungspartei für die Präsidentenwürde, der geahnte Monk zweier Monarchien, hatte bisher nie seine Unterordnung unter den Kriegsminister anerkannt, die republikanischen Institution stets offen verhöhnt, Bonaparte mit einer zweideutig vornehmen Protektion verfolgt. Jetzt eiferte er für die Disziplin gegen den Kriegsminister und für die Konstitution gegen Bonaparte. Während am 10. Oktober ein Teil der Kavallerie den Ruf: „Vive Napoléon! Vivent les saucissons!"" ertönen ließ, veranlaßte Changarnier, daß wenigstens die unter dem Kommando seines Freundes Neumayer vorbeidefilierende Infanterie ein eisiges Stillschweigen beobachtete. Zur Strafe entsetzte der Kriegsminister auf Bonapartes Antrieb den General Neumayer seines Postens in Paris, unter dem Vorwand, ihn als Obergeneral der 14. und 15. Militärdivision zu bestallen. Neumayer schlug diesen Stellenwechsel aus und mußte so seine Entlassung nehmen. Changarnier seinerseits veröffentlichte am 2. November einen Tagesbefehl, worin er den Truppen verbot, politische Ausrufungen und Demonstrationen irgendeiner Art sich unter den Waffen zu erlauben. Die elyseeischen Blätter griffen Changarnier an, die Blätter der Ordnungspartei Bonaparte, die Permanenzkommission wiederholte geheime Sitzungen, worin wiederholt beantragt wurde, das Vaterland in Gefahr zu erklären, die Armee schien in zwei feindliche Lager geteilt mit zwei feindlichen Generalstäben, der eine im Elysée, wo Bonaparte, der andere in den Tuilerien, wo Changarnier hauste. Es schien nur des Zusammentritts der Nationalversammlung zu bedürfen, damit das Signal zum Kampfe erschalle. Das französische Publikum beurteilte diese Reibungen zwischen Bonaparte und Changarnier wie jener englische Journalist, der sie mit folgenden Worten charakterisiert hat:

> „Die politischen Hausmägde Frankreichs kehren die glühende Lava der Revolution mit alten Besen weg und keifen sich aus, während sie ihre Arbeit verrichten."

Unterdes beeilte sich Bonaparte, den Kriegsminister d'Hautpoul zu entsetzen, ihn Hals über Kopf nach Algier zu spedieren und an seine Stelle General Schramm zum Kriegsminister zu ernennen. Am 12. November sandte er der Nationalversammlung eine Botschaft von amerikanischer Weitläufigkeit, überladen mit Details, ordungsduftend, versöhnungslüstern, konstitutionell-resigniert, von allem und jedem handelnd, nur nicht von den questions brûlantes des Augenblicks. Wie im Vorbeigehen ließ er die Worte fallen, daß den ausdrücklichen Bestimmungen der Konstitution gemäß der Präsident allein über die Armee verfüge. Die Botschaft schloß mit folgenden hochtbeteuernden Worten:

> „*Frankreich verlangt jetzt vor allem anderen Ruhe ... Allein durch einen Eid gebunden, werde ich mich innerhalb der engen Grenzen halten, die er mir gezogen hat* ... Was mich betrifft, vom Volke erwählt und ihm allein meine Macht schuldend, ich werde mich stets seinem gesetzlich ausgedrückten Willen fügen. Beschließt Ihr in dieser Sitzung die Revision der Konstitution, so wird eine konstituierende Versammlung die Stellung der Exekutivgewalt regeln. Wo nicht, so wird das Volk 1852 feierlich seinen Entschluß verkünden. Was aber immer die Lösungen der Zukunft sein mögen, laßt uns zu einem Verständnis kommen, damit niemals Leidenschaft, Überraschung oder Gewalt über das Schicksal einer großen Nation entscheiden ... Was vor allem meine Aufmerksamkeit in Anspruch nimmt, ist nicht, zu wissen, wer 1852 über Frankreich regieren wird, sondern die Zeit, die zu meiner Verfügung steht, so zu verwenden, daß die Zwischenperiode ohne Agitation und Störung vorübergehe. Ich habe mit Aufrichtigkeit mein Herz vor Euch geöffnet, Ihr werdet meiner Offenheit mit Eurem Vertrauen antworten, meinem guten Streben durch Eure Mitwirkung, und Gott wird das übrige tun."

Diese honette, heuchlerisch gemäßigte, tugendhaft gemeinplätzliche Sprache der Bourgeoisie offenbart ihren tiefsten Sinn im Munde des Selbstherrschers der Gesellschaft vom 10. Dezember und des Picknickhelden von St-Maur und Satory.

Die Burggrafen der Ordnungspartei täuschten sich keinen Augenblick über das Vertrauen, das diese Herzenseröffnung verdiene. Über Eide waren sie längst blasiert, sie zählten Veteranen, Virtuosen des politischen Meineids in ihrer Mitte, sie hatten die Stelle über die Armee nicht überhört. Sie bemerkten mit Unwillen, daß die Botschaft in der weitschweifigen Aufzählung der jüngst erlassenen Gesetze das wichtigste Gesetz, das Wahlgesetz, mit affektiertem Stillschweigen überging und vielmehr im Falle der Nichtrevision der Verfassung die Wahl des Präsidenten für 1852 dem Volke anheimstellte. Das Wahlgesetz war die Bleikugel an den Füßen der Ordnungspartei, die sie am Gehen behinderte und nun gar am Stürmen! Zudem hatte Bonaparte durch die amtliche Auflösung der Gesellschaft vom 10. Dezember und die Entlassung des Kriegsministers d'Hautpoul die Sündenböcke mit eigener Hand auf dem Altar des Vaterlandes geopfert. Er hatte der erwarteten Kollision die Spitze abgebrochen. Endlich suchte die Ordnungspartei selbst ängstlich jeden entscheidenden Konflikt mit der Exekutivgewalt zu umgehen, abzuschwächen, zu vertuschen. Aus Furcht, die Eroberungen über die Revolution zu verlieren, ließ sie ihren Rivalen die Früchte derselben gewinnen. „Frankreich verlangt vor allem andern Ruhe." So rief die Ordnungspartei der Revolution seit Februar zu, so rief Bonapartes Botschaft der Ordnungspartei zu. „Frankreich verlangt vor allem Ruhe." Bonaparte beging Handlungen, die auf Usurpation hinzielten, aber die Ordnungspartei beging die „Unruhe", wenn sie Lärm über diese Handlungen schlug und sie hypochondrisch auslegte. Die Würste von Satory waren mausestill, wenn niemand von ihnen sprach. „Frankreich verlangt vor allem Ruhe." Also verlangte Bonaparte, daß man ihn ruhig gewähren lasse, und die parlamentarische Partei war von doppelter Furcht gelähmt, von der Furcht, die revolutionäre Unruhe wieder heraufzubeschwören, von der Furcht, selbst als der Unruhestifter in den Augen ihrer eigenen Klasse, in den Augen der Bourgeoisie zu erscheinen. Da Frankreich also vor allem andern Ruhe verlangte, wagte die Ordnungspartei nicht, nachdem Bonaparte in seiner Botschaft „Frieden" gesprochen hatte, „Krieg" zu antworten. Das Publikum, das sich mit großen Skandalszenen bei Eröffnung der Nationalversammlung geschmeichelt hatte, wurde in seinen Erwartungen geprellt. Die Oppositionsdeputierten, welche Vorlage der Protokolle der Permanenzkommission über die Oktoberereignisse verlangten, wurden von der Majorität überstimmt. Man floh prinzipiell alle Debatte, die aufregen konnte. Die Arbeiten der Nationalversammlung während November und Oktober 1850 waren ohne Interesse.

Endlich gegen Ende Dezember begann der Guerillakrieg um einzelne Prärogativen des Parlaments. In kleinlichen Schikanen um die Prärogative der beiden Gewalten versumpfte die Bewegung, seitdem die Bourgeoisie mit der Abschaffung des allgemeinen Wahlrechts den Klassenkampf zunächst abgemacht hatte.

Gegen Mauguin, einen der Volksrepräsentanten, war schuldenhalber ein gerichtliches Urteil erwirkt worden. Auf Anfrage des Gerichtspräsidenten erklärte der Justizminister Rouher, es sei ohne weitere Umstände ein Verhaftsbefehl gegen den Schuldner auszufertigen. Mauguin wurde also in den Schuldturm geworfen. Die Nationalversammlung brauste auf, als sie das Attentat erfuhr. Sie verordnete nicht nur seine sofortige Freilassung, sondern ließ ihn auch noch denselben Abend von ihrem greffier* gewaltsam aus Clichy herausholen. Um jedoch ihren Glauben an die Heiligkeit des Privateigentums zu bewahren, und mit dem Hintergedanken, im Notfall ein Asyl für lästig gewordene Montagnards zu eröffnen, erklärte sie die Schuldhaft von Volksrepräsentanten nach vorheriger Einholung ihrer Erlaubnis für zulässig. Sie vergaß zu dekretieren, daß auch der Präsident schuldenhalber eingesperrt werden könne. Sie vernichtete den letzten Schein der Unverletzlichkeit, der die Glieder ihres eigenen Körpers umgab.

Man erinnert sich, daß der Polizeikommissionärs Yon eine Sektion der Dezembristen auf Aussage eines gewissen Allais hin wegen Mordplans auf Dupin und Changarnier denunziert hatte. Gleich in der ersten Sitzung machten die Quästoren mit Bezug hierauf den Vorschlag, eine eigne parlamentarische Polizei zu bilden, besoldet aus dem Privatbudget der Nationalversammlung und durchaus unabhängig von dem Polizeipräfekten. Der Minister des Innern, Baroche, hatte gegen diesen Eingriff in sein Ressort protestiert. Man schloß darauf einen elenden Kompromiß, wonach der Polizeikommissionär der Versammlung zwar aus ihrem Privatbudget besoldet und von ihren Quästoren ein- und abgesetzt werden solle, aber nach vorheriger Verständigung mit dem Minister des Innern. Unterdessen war Allais gerichtlich von der Regierung verfolgt worden, und hier war es leicht, seine Aussage als eine Mystifikation darzustellen und durch den Mund des öffentlichen Anklägers einen lächerlichen Schein auf Dupin, Changarnier, Yon und die ganze Nationalversammlung zu werfen. Jetzt, am 29. Dezember, schreibt der Minister Baroche einen Brief an Dupin, worin er die Entlassung Yons verlangt. Das Büro der Nationalversammlung beschließt, Yon in seiner Stelle zu erhalten, aber die Nationalversammlung, über ihre Gewaltsamkeit in Mauguins Angelegenheit erschreckt und gewohnt, wenn sie einen Schlag gegen die Exekutivgewalt gewagt hat, zwei Schläge von ihr im Austausch zurückzuerhalten, sanktioniert diesen Beschluß nicht. Sie entläßt Yon zur Belohnung seines Diensteifers und beraubt sich einer parlamentarischen Prärogative, unerläßlich gegen einen Menschen, der nicht in der Nacht beschließt, um bei Tage auszuführen, sondern bei Tage beschließt und in der Nacht ausführt.

Wir haben gesehn, wie die Nationalversammlung während der Monate November und Dezember bei großen schlagenden Veranlassungen den Kampf mit der Exekutivgewalt umging, niederschlug. Jetzt sehen wir sie gezwungen, ihn bei den kleinlichsten Anlässen aufzunehmen. In der Angelegenheit Mauguins bestätigte sie dem Prinzip nach die Schuldhaft der Volksrepräsentanten, behält sich aber vor, es nur auf ihr mißliebige Repräsentanten anwenden zu lassen, und

* greffier: Generalsekretär des Staatsrats

um dieses infame Privilegium hadert sie mit dem Justizminister. Statt den angeblichen Mordplan zu benutzen, um eine Enquête über die Gesellschaft vom 10. Dezember zu verhängen und Bonaparte in seiner wahren Gestalt als das Haupt des Pariser Lumpenproletariats vor Frankreich und Europa rettungslos bloßzustellen, läßt sie die Kollision auf einen Punkt herabsinken, wo es sich zwischen ihr und dem Minister des Innern nur noch darum handelt, zu wessen Kompetenz die Ein- und Absetzung eines Polizeikommissionärs gehört. So sehn wir die Partei der Ordnung während dieser ganzen Periode durch ihre zweideutige Stellung gezwungen, ihren Kampf mit der Exekutivgewalt in kleinliche Kompetenzzwiste, Schikanen, Rabulistereien, Grenzstreitigkeiten zu verpuffen, zu verbröckeln und die abgeschmacktesten Formfragen zum Inhalt ihrer Tätigkeit zu machen. Sie wagt die Kollision nicht aufzunehmen in dem Augenblicke, wo sie eine prinzipielle Bedeutung hat, wo die Exekutivgewalt sich wirklich bloßgestellt hat und die Sache der Nationalversammlung die nationale Sache wäre. Sie würde dadurch der Nation eine Marsch-Ordre ausstellen, und sie fürchtete nichts mehr, als daß sich die Nation bewege. Bei solchen Gelegenheiten weist sie daher die Anträge der Montagne zurück und geht zur Tagesordnung über. Nachdem die Streitfrage so in ihren großen Dimensionen aufgegeben ist, wartet die Exekutivgewalt ruhig den Zeitpunkt ab, wo sie dieselbe bei kleinlich unbedeutenden Anlässen wiederaufnehmen kann, wo sie sozusagen nur noch ein parlamentarisches Lokalinteresse bietet. Dann bricht die verhaltne Wut der Ordnungspartei aus, dann reißt sie den Vorhang von den Kulissen, dann denunziert sie den Präsidenten, dann erklärt sie die Republik in Gefahr, aber dann erscheint auch ihr Pathos abgeschmackt und der Anlaß des Kampfes als heuchlerischer Vorwand oder überhaupt des Kampfes nicht wert. Der parlamentarische Sturm wird zu einem Sturme in einem Glase Wasser, der Kampf zur Intrige, die Kollision zum Skandal. Während die Schadenfreude der revolutionären Klassen sich an der Demütigung der Nationalversammlung weidet, denn sie schwärmen ebensosehr für die parlamentarischen Prärogativen derselben wie jene Versammlung für die öffentliche Freiheiten, begreift die Bourgeoisie außerhalb des Parlaments nicht, wie die Bourgeoisie innerhalb des Parlaments ihre Zeit mit so kleinlichen Zänkereien vergeuden und die Ruhe durch so elende Rivalitäten mit dem Präsidenten bloßstellen kann. Sie ist verwirrt über eine Strategie, die in dem Augenblicke Frieden schließt, wo alle Welt Schlachten erwartet, und in dem Augenblicke angreift, wo alle Welt den Frieden geschlossen glaubt.

Am 20. Dezember interpellierte Pascal Duprat den Minister des Innern über die Goldbarrenlotterie. Diese Lotterie war eine „Tochter aus Elysium", Bonaparte hatte sie mit seinen Getreuen auf die Welt gesetzt und der Polizeipräfekt Carlier sie unter seine offizielle Protektion gestellt, obgleich das französische Gesetz alle Lotterien mit Ausnahme der Verlosung zu wohltätigen Zwecken untersagt. Sieben Millionen Lose, Stück für Stück ein Frank, der Gewinn angeblich bestimmt zur Verschiffung von Pariser Vagabunden nach Kalifornien.

Einerseits sollten goldene Träume die sozialistischen Träume des Pariser Proletariats verdrängen, die verführerische Aussicht auf das große Los das doktrinäre Recht auf Arbeit. Die Pariser Arbeiter erkannten natürlich in dem Glanze der kalifornischen Goldbarren die unscheinbaren Franken nicht wieder, die man ihnen aus der Tasche lockte. In der Hauptsache aber handelte es sich um eine direkte Prellerei. Die Vagabunden, die kalifornische Goldminen eröffnen wollten, ohne sich aus Paris wegzubemühn, waren Bonaparte selbst und seine schuldenzerrüttete Tafelrunde. Die von der Nationalversammlung bewilligten drei Millionen waren verjubelt, die Kasse mußte auf die eine oder die andere Weise wieder gefüllt werden. Vergebens hatte Bonaparte zur Errichtung von sogenannten cités ouvrièrs eine Nationalsubskription eröffnet, an deren Spitze er selbst mit einer bedeutenden Summe figurierte. Die hartherzige Bourgeois warteten mißtrauisch die Einzahlung seiner Aktie ab, und da diese natürlich nicht erfolgte, fiel die Spekulation auf die sozialistischen Luftschlösser platt zu Boden. Die Goldbarren zogen besser. Bonaparte und Genossen begnügten sich nicht damit, den Überschuß der sieben Millionen Lose über die auszuspielenden Barren teilweise in die Tasche zu stecken, sie fabrizierten falsche Lose, sie gaben auf dieselbe Nummer zehn, fünfzehn bis zwanzig Lose aus, Finanzoperationen im Geiste der Gesellschaft vom 10. Dezember! Hier hatte die Nationalversammlung nicht den fiktiven Präsidenten der Republik sich gegenüber, sondern den Bonaparte in Fleisch und Blut. Hier konnte sie ihn auf der Tat ertappen im Konflikte nicht mit der Konstitution, sondern mit dem Code pénal. Wenn sie auf Duprats Interpellation zur Tagesordnung überging, geschah es nicht nur, weil Girardins Antrag, sich für „satisfait" zu erklären, der Ordnungspartei ihre systematische Korruption ins Gedächtnis rief. Der Bourgeois, und vor allem der zum Staatsmann aufgeblähte Bourgeois, ergänzt seine praktische Gemeinheit durch eine theoretische Überschwenglichkeit. Als Staatsmann wird er wie die Staatsgewalt, die ihm gegenübersteht, ein höheres Wesen, das nur in höherer, geweihter Weise bekämpft werden kann.

Bonaparte, der eben als Bohémien, als prinzlicher Lumpenproletarier den Vorzug vor dem schuftigen Bourgeois hatte, daß er den Kampf gemein führen konnte, sah nun, nachdem die Versammlung selbst ihn über den schlüpfrigen Boden der Militärbanketts, der Revuen, der Gesellschaft vom 10. Dezember und endlich des Code pénal mit eigner Hand hinübergeleitet hatte, den Augenblick gekommen, wo er aus der scheinbaren Defensive in die Offensive übergehn konnte. Wenig genierten ihn die mittendurch spielenden kleinen Niederlagen des Justizministers, des Kriegsministers, des Marineministers, des Finanzministers, wodurch die Nationalversammlung ihr knurriges Mißvergnügen kundgab. Er verhinderte nicht nur die Minister abzutreten und so die Unterwerfung der Exekutivgewalt unter das Parlament anzuerkennen. Er konnte nun vollbringen, womit er während der Ferien der Nationalversammlung begonnen hatte, die Losreißung der Militärgewalt vom Parlamente, die *Absetzung Changarniers*.

Ein elyseeisches Blatt veröffentlichte einen Tagesbefehl, während des Monats Mai angeblich an die erste Militärdivision gerichtet, also von Changarnier ausgehend, worin den Offizieren empfohlen wurde, im Falle einer Empörung den Verrätern in den eignen Reihen kein Quartier zu geben, sie sofort zu erschießen und der Nationalversammlung die Truppen zu verweigern, wenn sie dieselben requirieren sollte. Am 3. Januar 1851 wurde das Kabinett über diesen Tagesbefehl interpelliert. Es verlangte zur Prüfung dieser Angelegenheit erst drei Monate, dann eine Woche, endlich nur vierundzwanzig Stunden Bedenkzeit. Die Versammlung besteht auf sofortigem Aufschlusse. Changarnier erhebt sich und erklärt, daß dieser Tagesbefehl nie existiert habe. Er fügt hinzu, daß er sich stets beeilen werde, den Aufforderungen der Nationalversammlung nachzukommen, und daß sie in einem Kollisionsfalle auf ihn rechnen könne. Sie empfängt seine Erklärung mit unaussprechlichem Applaus und dekretiert ihm ein Vertrauensvotum. Sie dankt ab, sie dekretiert ihre eigne Machtlosigkeit und die Allmacht der Armee, indem sie sich unter die Privatprotektion eines Generals begibt, aber der General täuscht sich, wenn er ihr gegen Bonaparte eine Macht zu Gebote stellt, die er nur als Lehen von demselben Bonaparte hält, wenn er seinerseits Schutz von diesem Parlamente, von seinem schutzbedürftigen Schützling erwartet. Aber Changarnier glaubt an die mysteriöse Macht, womit ihn die Bourgeoisie seit dem 29. Januar 1849 ausgestattet. Er hält sich für die dritte Gewalt neben den beiden übrigen Staatsgewalten. Er teilt das Schicksal der übrigen Helden oder vielmehr Heiligen dieser Epoche, deren Größe eben in der interessierten großen Meinung besteht, die ihre Partei von ihnen aufbringt, und die in Alltagsfiguren zusammenfallen, sobald die Verhältnisse sie einladen, Wunder zu verrichten. Der Unglaube ist überhaupt der tödliche Feind dieser vermeinten Helden und wirklichen Heiligen. Daher ihre würdevoll-sittliche Entrüstung über die enthusiasmusarmen Witzlinge und Spötter.

An demselben Abende wurden die Minister nach dem Elysée beschieden, Bonaparte dringt auf die Absetzung Changarniers, fünf Minister weigern sich, sie zu zeichnen, der „Moniteur" kündigt eine Ministerkrise an, und die Ordnungspresse droht mit der Bildung einer parlamentarischen Armee unter dem Kommando Changarniers. Die Partei der Ordnung hatte die konstitutionelle Befugnis zu diesem Schritte. Sie brauchte bloß Changarnier zum Präsidenten der Nationalversammlung zu ernennen und eine beliebige Truppenmasse zu ihrer Sicherheit zu requirieren. Sie konnte es um so sicherer, als Changarnier noch wirklich an der Spitze der Armee und der Pariser Nationalgarde stand und nur darauf lauerte, mitsamt der Armee requiriert zu werden. Die bonapartistische Presse wagte noch nicht einmal, das Recht der Nationalversammlung zu direkter Requisition der Truppen in Frage zu stellen, ein juristischer Skrupel, der unter den gegebenen Verhältnissen keinen Erfolg versprach. Daß die Armee dem Befehle der Nationalversammlung gehorcht hätte, ist wahrscheinlich, wenn man erwägt, daß Bonaparte acht Tage in ganz Paris suchen mußte, um endlich zwei

Generäle zu finden – Baraguay d'Hilliers und St-Jean-d'Angley –, die sich bereit erklärten, die Absetzung Changarniers zu kontrasignieren. Daß die Ordnungspartei aber in ihren eignen Reihen und im Parlamente die zu einem solchen Beschluß nötige Stimmenzahl gefunden hätte, ist mehr als zweifelhaft, wenn man bedenkt, daß acht Tage später 286 Stimmen sich von ihr trennten und daß die Montagne einen ähnlichen Vorschlag noch im Dezember 1851, in der letzten Stunde der Entscheidung, verwarf. Indessen wäre es vielleicht den Burggrafen jetzt noch gelungen, die Masse ihrer Partei zu einem Heroismus hinzureißen, der darin bestand, sich hinter einem Wald von Bajonetten sicher zu fühlen und den Dienst einer Armee anzunehmen, die in ihr Lager desertiert war. Statt dessen begaben sich die Herren Burggrafen am Abende des 6. Januar ins Elysée, um durch staatskluge Wendungen und Bedenken Bonaparte von der Absetzung Changarniers abstehn zu machen. Wen man zu überreden versucht, den erkennt man als den Meister der Situation an. Bonaparte, durch diesen Schritt sicher gemacht, ernennt am 12. Januar ein neues Ministerium, worin die Führer des alten, Fould und Baroche, verbleiben. St-Jean-d'Angely wird Kriegsminister, der „Moniteur" bringt das Absetzungsdekret Changarniers, sein Kommando wird geteilt unter Baraguay d'Hilliers, der die erste Militärdivision, und Perrot, der die Nationalgarde erhält. Das Bollwerk der Gesellschaft ist abgedankt, und wenn kein Stein darüber vom Dache fällt, steigen dagegen die Börsenkurse.

Indem sie die Armee, die sich ihr in Changarniers Person zur Verfügung stellt, zurückstößt und so unwiderruflich dem Präsidenten überantwortet, erklärt die Ordnungspartei, daß die Bourgeoisie den Beruf zum Herrschen verloren hat. Es existiert bereits kein parlamentarisches Ministerium mehr. Indem sie nun noch die Handhabe der Armee und Nationalgarde verlor, welches Gewaltmittel blieb ihr, um gleichzeitig die usurpierte Gewalt des Parlaments über das Volk und seine konstitutionelle Gewalt gegen den Präsidenten zu behaupten? Keins. Es blieb ihr nur noch der Appell an gewaltlose Prinzipien, die sie selbst stets nur als allgemeine Regeln ausgelegt hatte, die man dritten vorschreibt, um sich selbst desto freier bewegen zu können. Mit der Absetzung Changarniers, mit dem Anheimfall der Militärgewalt an Bonaparte, schließt er erste Abschnitt der Periode, die wir betrachten, der Periode des Kampfes zwischen der Ordnungspartei und der Exekutivgewalt. Der Krieg zwischen den beiden Gewalten ist jetzt offen erklärt, wird offen geführt, aber erst nachdem die Ordnungspartei Waffen und Soldaten verloren hat. Ohne Ministerium, ohne Armee, ohne Volk, ohne öffentliche Meinung, seit ihrem Wahlgesetz vom 31. Mai nicht mehr die Repräsentantin der souveränen Nation, ohn' Aug', ohn' Ohr, ohn' Zahn, ohn' alles, hatte sich die Nationalversammlung allgemach in ein *altfranzösisches Parlament* verwandelt, das die Aktion der Regierung überlassen und sich selbst mit knurrenden Remonstrationen post festum begnügen muß.

Die Ordnungspartei empfängt das neue Ministerium mit einem Sturme der Entrüstung. General Badeau ruft die Milde der Permanenzkommission während der Ferien ins Gedächtnis zurück und die übergroße Rücksicht, womit sie auf die Veröffentlichung ihrer Protokolle verzichtet habe. Der Minister des Innern besteht nun selbst auf Veröffentlichung dieser Protokolle, die jetzt natürlich schal wie abgestandenes Wasser geworden sind, keine neue Tatsache enthüllen und ohne die geringste Wirkung in das blasierte Publikum fallen. Auf Rémusats Vorschlag zieht sich die Nationalversammlung in ihre Büros zurück und ernennt ein „Komitee außerordentlicher Maßregeln". Paris tritt um so weniger aus dem Gleise seiner alltäglichen Ordnung, als der Handel in diesem Augenblicke prosperiert, die Manufakturen beschäftigt sind, die Getreidepreise niedrig stehn, die Lebensmittel überfließen, die Sparkassen täglich neue Depositen erhalten. Die „außerordentlichen Maßregeln", die das Parlament so geräuschvoll angekündigt hat, verpuffen am 18. Januar in ein Mißtrauensvotum gegen die Minister, ohne daß General Changarnier auch nur erwähnt wurde. Die Ordnungspartei war zu dieser Fassung ihres Votums gezwungen, um sich die Stimmen der Republikaner zu sichern, da diese von allen Maßregeln des Ministeriums gerade nur die Absetzung Changarniers billigen, während die Ordnungspartei in der Tat die übrigen ministeriellen Akte nicht tadeln kann, die sie selbst diktiert hatte.

Für das Mißtrauensvotum vom 18. Januar entschieden 415 gegen 286 Stimmen. Es wurde also nur durchgesetzt durch eine *Koalition* der entschiedenen Legitimisten und Orleanisten mit den reinen Republikanern und der Montagne. Es bewies also, daß die Partei der Ordnung nicht nur das Ministerium, nicht nur die Armee, sondern in Konflikten mit Bonaparte auch ihre selbständige parlamentarische Majorität verloren hatte, daß ein Trupp von Repräsentanten aus ihrem Lager desertiert war, aus Vermittlungsfanatismus, aus Furcht vor dem Kampfe, aus Abspannung, aus Familienrücksicht für blutsverwandte Staatsgehalte, aus Spekulation, auf frei werdende Ministerposten (Odilon Barrot), aus dem platten Egoismus, womit der gewöhnliche Bourgeois stets geneigt ist, das Gesamtinteresse seiner Klasse diesem oder jenem Privatmotive zu opfern. Die bonapartistischen Repräsentanten gehörten von vorn herein der Ordnungspartei nur im Kampfe gegen die Revolution. Der Chef der katholischen Partei, Montalembert, warf seinen Einfluß schon damals in die Waagschale Bonapartes, da er an der Lebensfähigkeit der parlamentarischen Partei verzweifelte. Die Führer dieser Partei endlich, Thiers und Berryer, der Orleanist und der Legitimist, waren gezwungen, sich offen als Republikaner zu proklamieren, zu bekennen, daß ihr Herz königlich, aber ihr Kopf republikanisch gesinnt, daß die parlamentarische Republik die einzig mögliche Form für die Herrschaft der Gesamtbourgeoisie sei. Sie waren so gezwungen, die Restaurationspläne, die sie unverdrossen hinter dem Rücken des Parlaments weiter verfolgten, vor den Augen der Bourgeoisklasse selbst als eine ebenso gefahrvolle wie kopflose Intrige zu brandmarken.

Das Mißtrauensvotum vom 18. Januar traf die Minister und nicht den Präsidenten. Aber nicht das Ministerium, der Präsident hatte Changarnier abgesetzt. Sollte die Ordnungspartei Bonaparte selbst in Anklagezustand versetzen?

Wegen seiner Restaurationsgelüste? Sie ergänzten nur ihre eignen. Wegen seiner Konspiration in den Militärrevuen und der Gesellschaft vom 10. Dezember? Sie hatten diese Themata längst unter einfachen Tagesordnungen begraben. Wegen der Absetzung des Helden vom 29. Januar und vom 13. Juni, des Mannes, der Mai 1850 im Falle einer Emeute Paris an allen vier Ecken in Brand zu stecken drohte? Ihre Alliierten von der Montagne und Cavaignac erlaubten ihnen nicht einmal, das gefallene Bollwerk der Gesellschaft durch eine offizielle Beileidsbezeugung aufzurichten. Sie selbst konnten dem Präsidenten die konstitutionelle Befugnis, einen General abzusetzen, nicht bestreiten. Sie tobten nur, weil er von seinem konstitutionellen Rechte einen unparlamentarischen Gebrauch machte. Hatten sie von ihrer parlamentarischen Prärogative nicht fortwährend einen unkonstitutionellen Gebrauch gemacht und namentlich bei der Abschaffung des allgemeinen Wahlrechts? Sie waren also darauf angewiesen, sich genau innerhalb der parlamentarischen Schranken zu bewegen. Und es gehörte jene eigentümliche Krankheit dazu, die seit 1848 auf dem Kontinent grassiert hat, der *parlamentarische Kretinismus*, der die Angesteckten in eine eingebildete Welt festbannt und ihnen allen Sinn, alle Erinnerung, alles Verständnis für die rauhe Außenwelt raubt, dieser parlamentarische Kretinismus gehört dazu, wenn sie, die alle Bedingungen der parlamentarischen Macht mit eignen Händen zerstört hatten und in ihrem Kampfe mit den andern Klassen zerstören mußten, ihre parlamentarischen Siege noch für Siege hielten und den Präsidenten zu treffen glaubten, indem sie auf seine Minister schlugen. Sie gaben ihm nur Gelegenheit, die Nationalversammlung von neuem in den Augen der Nation zu demütigen. Am 20. Januar meldete der „Moniteur", daß die Entlassung des Gesamtministeriums angenommen sei. Unter dem Vorwande, daß keine parlamentarische Partei mehr die Majorität besitze, wie das Votum vom 18. Januar, diese Frucht der Koalition zwischen Montagne und Royalisten, beweise, und um die Neubildung einer Majorität abzuwarten, ernannte Bonaparte ein sogenanntes Übergangsministerium, wovon kein Mitglied dem Parlamente angehörte, lauter durchaus unbekannte und bedeutungslose Individuen, ein Ministerium von bloßen Kommis und Schreibern. Die Ordnungspartei konnte sich jetzt im Spiele mit diesen Marionetten abarbeiten, die Exekutivgewalt hielt es nicht mehr der Mühe wert, ernsthaft in der Nationalversammlung vertreten zu sein. Bonaparte konzentrierte um so sichtbarer die ganze Exekutivgewalt in seiner Person, er hatte um so freiern Spielraum, sie zu seinen Zwecken auszubeuten, je mehr seine Minister reine Statisten waren.

Die mit der Montagne koalisierte Ordnungspartei rächte sich, indem sie die präsidentielle Dotation von 1.800.000 frs. verwarf, zu deren Vorlage das Haupt der Gesellschaft vom 10. Dezember seine ministeriellen Kommis gezwungen hatte. Diesmal entschied eine Majorität von nur 102 Stimmen, es waren also seit dem 18. Januar neuerdings 27 Stimmen abgefallen, die Auflösung der Ordnungspartei ging voran. Damit man sich keinen Augenblick über den Sinn ihrer

Koalition mit der Montagne täusche, verschmähte sie gleichzeitig, einen von 189 Mitgliedern der Montagne unterzeichneten Antrag auf allgemeine Amnestie der politischen Verbrecher auch nur in Betracht zu ziehen. Es genügte, daß der Minister des Innern, ein gewisser Vaïsse, erklärte, die Ruhe sei nur scheinbar, im geheimen herrsche große Agitation, im geheimen organisierten sich allgegenwärtige Gesellschaften, die demokratischen Blätter machten Anstalten, um wieder zu erscheinen, die Berichte aus den Departements lauteten ungünstig, die Flüchtlinge von Genf leiteten eine Verschwörung über Lyon durch ganz Südfrankreich, Frankreich stehe am Rande einer industriellen und kommerziellen Krise, die Fabrikanten von Roubaix hätten die Arbeitszeit vermindert, die Gefangenen von Belle-Île sich empört – es genügte, daß selbst nur ein Vaïsse das rote Gespenst heraufbeschwor, damit die Partei der Ordnung ohne Diskussion einen Antrag verwarf, der der Nationalversammlung eine ungeheure Popularität erobern und Bonaparte in ihre Arme zurückwerfen mußte. Statt sich von der Exekutivgewalt durch die Perspektive neuer Unruhen einschüchtern zu lassen, hätte sie vielmehr dem Klassenkampf einen kleinen Spielraum gewähren müssen, um die Exekutive von sich abhängig zu machen. Aber sie fühlte sich nicht der Aufgabe gewachsen, mit dem Feuer zu spielen.

Unterdessen vegetierte das sogenannte Übergangsministerium bis Mitte April fort. Bonaparte ermüdete, foppte die Nationalversammlung mit beständig neuen Ministerkombinationen. Bald schien er ein republikanisches Ministerium bilden zu wollen mit Lamartine und Billault, bald ein parlamentarisches mit dem unvermeidlichen Odilon Barrot, dessen Name nie fehlen darf, wenn ein dupe notwendig ist, bald ein legitimistisches mit Vatimesnil und Benoist d'Azy, bald ein orleanistisches mit Maleville. Während er so die verschiedenen Fraktionen der Ordnungspartei in Spannung gegeneinander erhält und sie insgesamt mit der Aussicht auf ein republikanisches Ministerium und die dann unvermeidlich gewordene Herstellung des allgemeinen Wahlrechts ängstigtet, bringt er gleichzeitig bei der Bourgeoisie die Überzeugung hervor, daß seine aufrichtigen Bemühungen um ein parlamentarisches Ministerium an der Unversöhnlichkeit der royalistischen Fraktionen scheitern. Die Bourgeoisie schrie aber um so lauter nach einer „starken Regierung", sie fand es um so unverzeihlicher, Frankreich „ohne Administration" zu lassen, je mehr eine allgemeine Handelskrise nun im Anmarsche schien und in den Städten für den Sozialismus warb, wie der ruinierend niedrige Preis des Getreides auf dem Lande. Der Handel wurde täglich flauer, die unbeschäftigten Hände vermehrten sich zusehends, in Paris waren wenigstens 10.000 Arbeiter brotlos, in Rouen, Mühlhausen, Lyon, Roubaix, Tourcoing, St-Etienne, Elbeuf usw. standen zahllose Fabriken still. Unter diesen Umständen konnte Bonaparte es wagen, am 11. April das Ministerium vom 18. Januar zu restaurieren. Die Herren Rouher, Fould, Baroche etc. verstärkt durch Herrn Léon Faucher, den die konstituierende Versammlung während ihrer letzten Tage einstimmig mit Ausnahme von fünf Ministerstimmen wegen Verbreitung falscher telegraphischer Depeschen mit einem Mißtrauensvotum gebrandmarkt hatte. Die Nationalversammlung hatte also am 18. Januar einen Sieg über das Ministerium davongetragen, sie hatte während drei Monaten mit Bonaparte gekämpft, damit am 11. April Fould und Baroche den Puritaner Faucher als dritten in ihren ministeriellen Bunde aufnehmen konnten.

November 1849 hatte sich Bonaparte mit einem *unparlamentarischen* Ministerium begnügt, Januar 1851 mit einem *außerparlamentarischen*, am 11. April fühlte er sich stark genug ein *antiparlamentarisches* Ministerium zu bilden, das die Mißtrauensvota beider Versammlungen, der Konstituante und der Legislative, der republikanischen und der royalistischen, harmonisch in sich vereinigte. Diese Stufenleiter von Ministerien war der Thermometer, woran das Parlament die Abnahme der eignen Lebenswärme messen konnte. Diese war Ende April so tief gesunken, daß Persigny den Changarnier in einer persönlichen Zusammenkunft auffordern konnte, in das Lager des Präsidenten überzugehn. Bonaparte, versicherte er ihm, betrachte den Einfluß der Nationalversammlung als vollständig vernichtet, und schon liege die Proklamation bereit, die nach dem beständig beabsichtigten, aber zufällig wieder aufgeschobenen coup d'Etat veröffentlicht werden solle. Changarnier teilte den Führern der Ordnungspartei die Todesanzeige mit, aber wer glaubt, daß der Biß von Wanzen töte? Und das Parlament, so geschlagen, so aufgelöst, so sterbefaul es war, konnte sich nicht überwinden, in dem Duelle mit dem grotesken Chef der Gesellschaft vom 10. Dezember etwas andres zu sehen als das Duell mit einer Wanze. Aber Bonaparte antwortete der Partei der Ordnung wie Agesilaos dem Könige Agis: *„Ich scheine dir Ameise, aber ich werde einmal Löwe sein."*

VI

Die Koalition mit der Montagne und den reinen Republikanern, wozu die Ordnungspartei in ihren vergeblichen Anstrengungen, den Besitz der Militärgewalt zu behaupten und die oberste Leitung der Exekutivgewalt wieder zu erobern, sich verurteilt sah, bewies unwidersprechlich, daß sie die selbständige *parlamentarische Majorität* eingebüßt hatte. Die bloße Macht des Kalenders, der Stundenzeiger gab am 28. Mai das Signal ihrer völligen Auflösung. Mit dem 28. Mai begann das letzte Lebensjahr der Nationalversammlung. Sie mußte sich nun entscheiden für die unveränderte Fortdauer oder für die Revision der Verfassung. Aber Revision der Verfassung, daß hieß nicht nur Herrschaft der Bourgeoisie oder der kleinbürgerlichen Demokratie, Demokratie oder proletarische Anarchie, parlamentarische Republik oder Bonaparte, das hieß zugleich Orléans oder Bourbon! So fiel mitten in das Parlament der Erisapfel, an dem sich der Widerstand der Interessen, welche die Ordnungspartei in feindliche Fraktionen sonderten, offen entzünden mußte. Die Ordnungspartei war eine Verbindung von heterogenen gesellschaftlichen Substanzen. Die Revisionsfrage erzeugte eine politische Temperatur, worin das Produkt wieder in seine ursprünglichen Bestandteile zerfiel.

Das Interesse der Bonapartisten an der Revision war einfach. Für sie handelte es sich vor allem um Abschaffung des Artikels 45, der Bonapartes Wiederwahl untersagte, und die Prorogation seiner Gewalt. Nicht minder einfach schien die Stellung der Republikaner. Sie verwarfen unbedingt jede Revision, sie sahen in ihr eine allseitige Verschwörung gegen die Republik. Da sie über *mehr als ein Viertel der Stimmen* in der Nationalversammlung verfügten und verfassungsmäßig drei Viertel der Stimmen zum rechtsgültigen Beschlusse der Revision und zur Einberufung einer revidierenden Versammlung erfordert waren, brauchten sie nur ihre Stimmen zu zählen, um des Sieges sicher zu sein. Und sie waren des Sieges sicher.

Diesen klaren Stellungen gegenüber befand sich die Partei der Ordnung in unentwirrbaren Widersprüchen. Verwarf sie die Revision, so gefährdete sie den Status quo, indem sie Bonaparte nur noch einen Ausweg übrigließ, den der Gewalt, indem sie Frankreich am 2. Mai 1852, im Augenblicke der Entscheidung, der revolutionären Anarchie preisgab, mit einem Präsidenten, der seine Autorität verlor, mit einem Parlamente, das sie längst nicht mehr besaß, und mit einem Volke, das sie wieder zu erobern dachte. Stimmte sie für die verfassungsmäßige Revision, so wußte sie, daß sie umsonst stimmte und am Veto der Republikaner verfassungsmäßig scheitern müsse. Erklärte sie verfassungswidrig die einfache Stimmenmajorität für bindend, so konnte sie die Revolution nur zu beherrschen hoffen, wenn sie sich unbedingt der Botmäßigkeit der Exekutivgewalt unterwarf, so machte sie Bonaparte zum Meister über die Verfassung, über die Revision und über sich selbst. Eine nur teilweise Revision, welche die Gewalt des Präsidenten verlängerte, bahnte der imperialistischen Usurpation den Weg.

Eine allgemeine Revision, welche die Existenz der Republik abkürzte, brachte die dynastischen Ansprüche in unvermeidlichen Konflikt, denn die Bedingungen für eine bourbonische und die Bedingungen für eine orleanistische Restauration waren nicht nur verschieden, sie schlossen sich wechselseitig aus.

Die parlamentarische Republik war mehr als das neutrale Gebiet, worin die zwei Fraktionen der französischen Bourgeoisie, Legitimisten und Orleanisten, großes Grundeigentum und Industrie, gleichberechtigt nebeneinander hausen konnten. Sie war die unumgängliche Bedingung ihrer *gemeinsamen* Herrschaft, die einzige Staatsform, worin ihr allgemeines Klasseninteresse sich zugleich die Ansprüche ihrer besonderen Fraktionen wie alle übrigen Klassen der Gesellschaft unterwarf. Als Royalisten fielen sie in ihren alten Gegensatz zurück, in den Kampf um die Suprematie des Grundeigentums oder des Geldes, und der höchste Ausdruck dieses Gegensatzes, die Personifikation desselben, waren die Könige selbst, ihre Dynastien. Daher das Sträuben der Ordnungspartei gegen *die Rückberufung der Bourbonen.*

Der Orleanist und Volksrepräsentant Creton hatte 1849, 1850 und 1851 periodisch den Antrag gestellt, das Verbannungsdekret gegen die königlichen Familien aufzuheben. Das Parlament bot ebenso periodisch das Schauspiel einer Versammlung von Royalisten, welche ihren verbannten Königen hartnäckig die Tore verschließt, durch die sie heimkehren könnten. Richard III. hatte Heinrich VI. ermordet mit dem Bemerken, daß er zu gut für diese Welt sei und in den Himmel gehöre. Sie erklärten Frankreich für zu schlecht, seine Könige wieder zu besitzen. Durch die Macht der Verhältnisse gezwungen, waren sie Republikaner geworden und sanktionierten wiederholt den Volksbeschluß, der ihre Könige aus Frankreich verwies.

Die Revision der Verfassung – und sie in Betracht zu ziehen, zwangen die Umstände – stellte mit der Republik zugleich die gemeinsame Herrschaft der beiden Bourgeoisfraktionen in Frage und rief, mit der Möglichkeit der Monarchie, die Rivalität der Interessen, die sie abwechselnd vorzugsweise vertreten hatte, ins Leben zurück, den Kampf um die Suprematie der einen Fraktion über die andre. Die Diplomaten der Ordnungspartei glaubten den Kampf schlichten zu können durch eine Verschmelzung beider Dynastien, durch eine sogenannte *Fusion* der royalistischen Parteien und ihrer Königshäuser. Die wirkliche Fusion der Restauration und der Julimonarchie war die parlamentarische Republik, worin orleanistische und legitimistische Farben ausgelöscht wurden und die Bourgeois-Arten in dem Bourgeois schlechtweg, in der Bourgeois-Gattung verschwanden. Jetzt aber sollte der Orleanist Legitimist, der Legitimist Orleanist werden. Das Königtum, worin sich ihr Gegensatz personifizierte, sollte ihre Einheit verkörpern, der Ausdruck ihrer ausschließlichen Fraktionsinteressen zum Ausdruck ihres gemeinsamen Klasseninteresses werden, die Monarchie das leisten, was nur die Aufhebung zweier Monarchien, die Republik, leisten konnte und geleistet hatte. Es war dies der Stein der Weisen, an dessen Herstellung sich die Doktoren der

Ordnungspartei die Köpfe zerbrachen. Als könnte die legitime Monarchie jemals die Monarchie der industriellen Bourgeois oder das Bürgerkönigtum jemals das Königtum der angestammten Grundaristokratie werden. Als könnten Grundeigentum und Industrie sich unter *einer* Krone verbrüdern, wo die Krone nur auf ein Haupt fallen konnte, auf das Haupt des ältern Bruders oder des jüngern. Als könnte die Industrie sich überhaupt mit dem Grundeigentum ausgleichen, solange das Grundeigentum sich nicht entschließt, selbst industriell zu werden. Wenn Henri V. morgen stürbe, der Graf von Paris würde darum nicht der König der Legitimisten, es sei denn, daß er aufhörte, der König der Orleanisten zu sein. Die Philosophen der Fusion jedoch, die sich in dem Maße breitmachten, als die Revisionsfrage in den Vordergrund trat, die sich in der „Assemblée nationale" ein offizielles Tagesorgan geschaffen hatten, die sogar in diesem Augenblicke (Februar 1852) wieder am Werke sind, erklärten sich die ganze Schwierigkeit aus dem Widerstreben und der Rivalität der beiden Dynastien. Die Versuche, die Familie Orléans mit Heinrich V. zu versöhnen, die seit dem Tode Louis-Philippes begonnen, aber wie die dynastischen Intrigen überhaupt nur während der Ferien der Nationalversammlung, in den Zwischenakten, hinter den Kulissen gespielt, mehr sentimentale Koketterie mit dem alten Aberglauben als ernstgemeintes Geschäft, wurden nun zu Haupt- und Staatsaktionen und von der Ordnungspartei auf der öffentlichen Bühne aufgeführt, statt wie bisher auf dem Liebhabertheater. Die Kuriere flogen von Paris nach Venedig, von Venedig nach Claremont, von Claremont nach Paris. Der Graf von Chambord erläßt ein Manifest, worin er „mit Hülfe aller Glieder seiner Familie" nicht seine, sondern die „nationale" Restauration anzeigt. Der Orleanist Salvandy wirft sich Heinrich V. zu Füßen. Die Legitimistenchefs Berryer, Benoist d'Azy, St-Priest wandern nach Claremont, um die Orléans zu überreden, aber vergeblich. Die Fusionisten gewahren zu spät, daß die Interessen der beiden Bourgeoisfraktionen weder an Ausschließlichkeit verlieren noch an Nachgiebigkeit gewinnen, wo sie in der Form von Familieninteressen, von Interessen zweier Königshäuser sich zuspitzen. Wenn Heinrich V. den Grafen von Paris als Nachfolger anerkannte – der einzige Erfolg, den die Fusion im besten Falle erzielen konnte –, so gewann das Haus Orléans keinen Anspruch, den ihm die Kinderlosigkeit Heinrichs V. nicht schon gesichert hätte, aber es verlor alle Ansprüche, die es durch die Julirevolution erobert hatte. Es verzichtete auf seine Originalansprüche, auf alle Titel, die es in einem beinahe hundertjährigen Kampfe dem ältern Zweige der Bourbonen abgerungen, es tauschte seine historische Prärogative, die Prärogative des modernen Königtums, gegen die Prärogative seines Stammbaums aus. Die Fusion war also nichts als eine freiwillige Abdankung des Hauses Orléans, die legitimistische Resignation desselben, der reuige Rücktritt aus der protestantischen Staatskirche in die katholische. Ein Rücktritt, der es dazu nicht einmal auf den Thron, den es verloren hatte, sondern auf die Stufe des Throns brachte, auf der es geboren war. Die alten orleanistischen Minister Guizot, Duchâtel etc., die ebenfalls nach

Claremont eilten, um die Fusion zu bevorworten, vertraten in der Tat nur den Katzenjammer über die Julirevolution, die Verzweiflung am Bürgerkönigtum und am Königtum der Bürger, den Aberglauben an die Legitimität als das letzte Amulett gegen die Anarchie. In ihrer Einbildung Vermittler zwischen Orléans und Bourbon, waren sie in der Wirklichkeit nur noch abgefallene Orleanisten, und als solche empfing sie der Prinz von Joinville. Der lebensfähige, kriegerische Teil der Orleanisten dagegen, Thiers, Baze usw., überzeugten die Familie Louis-Philippes um so leichter, daß, wenn jede unmittelbar monarchistische Restauration die Fusion der beiden Dynastien, jede solche Fusion aber die Abdankung des Hauses Orléans voraussetzte, es dagegen ganz der Tradition ihrer Vorfahren entspreche, vorläufig die Republik anzuerkennen und abzuwarten, bis die Ereignisse erlaubten, den Präsidentenstuhl in einen Thron zu verwandeln. Joinvilles Kandidatur wurde gerüchtsweise ausgesprengt, die öffentliche Neugier in der Schwebe erhalten, und einige Monate später, nach Verwerfung der Revision, im September öffentlich proklamiert.

Der Versuch einer royalistischen Fusion zwischen Orleanisten und Legitimisten war so nicht nur gescheitert, er hatte ihre *parlamentarische Fusion*, ihre republikanische Gemeinform gebrochen und die Ordnungspartei wieder in ihre ursprünglichen Bestandteile zersetzt; aber je mehr die Entfremdung zwischen Claremont und Venedig wuchs, ihre Ausgleichung sich zerschlug, die Joinville-Agitation um sich griff, desto eifriger, ernster wurden die Verhandlungen zwischen Faucher, dem Minister Bonapartes, und den Legitimisten.

Die Auflösung der Ordnungspartei blieb nicht bei ihren ursprünglichen Elementen stehen. Jede der beiden großen Fraktionen zersetzte sich ihrerseits von neuem. Es war, als wenn alle die alten Nuancen, die sich früher innerhalb jedes der beiden Kreise, sei es des legitimen, sei es des orleanistischen, bekämpft und gedrängt hatten, wieder aufgetaut wären, wie vertrocknete Infusorien bei Berührung mit Wasser, als wenn sie von neuem Lebenskraft genug gewonnen hätten, um eigne Gruppen und selbständige Gegensätze zu bilden. Die Legitimisten träumten sich zurück in die Streitfragen zwischen den Tuilerien und dem Pavillon Marsan, zwischen Villèle und Polignac. Die Orleanisten durchlebten von neuem die goldene Zeit der Turniere zwischen Guizot, Molé, Broglie, Thiers und Odilon Barrot. Der revisionslustige, aber über die Grenzen der Revision wieder uneinige Teil der Ordnungspartei, zusammengesetzt aus den Legitimisten unter Berryer und Falloux einerseits, unter Larochejaquelein andrerseits, und den kampfmüden Orleanisten unter Molé, Broglie, Montalambert und Odilon Barrot, vereinbarte sich mit den bonapartistischen Repräsentanten zu folgendem unbestimmten und weitgefaßten Antrage:

> „Die unterzeichneten Repräsentanten, mit dem Zwecke, der Nation die volle Ausübung ihrer Souveränität wiederzugeben, stellen die Motion, daß die Verfassung revidiert werde."

Gleichzeitig aber erklärten sie einstimmig durch ihren Berichterstatter Tocqueville, die Nationalversammlung habe nicht das Recht, die *Abschaffung der Republik* zu beantragen, dies Recht stehe nur der Revisionskammer zu. Übrigens könne die Verfassung nur auf *„legale" Weise* revidiert werden, also nur, wenn das verfassungsmäßig vorgeschriebene Dreiviertel der Stimmenzahl für Revision entscheide. Nach sechstägigen stürmischen Debatten, am 19. Juli, wurde die Revision, wie vorherzusehen, verworfen. Es stimmten 446 dafür, aber 278 dagegen. Die entschiedenen Orleanisten Thiers, Changarnier etc. stimmten mit den Republikanern und der Montagne.

Die Majorität des Parlaments erklärte sich so gegen die Verfassung, aber diese Verfassung selbst erklärte sich für die Minorität und ihren Beschluß für bindend. Hatte aber die Ordnungspartei nicht am 31. Mai 1850, nicht am 13. Juni 1849 die Verfassung der parlamentarischen Majorität untergeordnet? Beruhte ihre ganze bisherige Politik nicht auf der Unterordnung der Verfassungsparagraphen unter die parlamentarischen Majoritätsbeschlüsse? Hatte sie den alttestamentarischen Aberglauben an den Buchstaben des Gesetzes nicht den Demokraten überlassen und an den Demokraten gezüchtigt? In diesem Augenblicke aber hieß Revision der Verfassung nichts andres als Fortdauer der präsidentiellen Gewalt, wie Fortdauer der Verfassung nicht andres hieß als Absetzung Bonapartes. Das Parlament hatte sich für ihn erklärt, aber die Verfassung erklärte sich gegen das Parlament. Er handelte also im Sinne des Parlaments, wenn er die Verfassung zerriß, und er handelte im Sinne der Verfassung, wenn er das Parlament auseinanderjagte.

Das Parlament hatte die Verfassung und mit ihr seine eigene Herrschaft „außerhalb der Majorität" erklärt, es hatte durch seinen Beschluß die Verfassung aufgehoben und die präsidentielle Gewalt verlängert und zugleich erklärt, daß weder die eine sterben, noch die andre leben könne, solange es selbst fortbestehe. Die Füße derer, die es begraben sollten, standen vor der Türe. Während es die Revision debattierte, entfernte Bonaparte den General Baraguay d'Hilliers, der sich unschlüssig zeigte, von dem Kommando der ersten Militärdivision und ernannte an seiner Stelle den General Magnan, den Sieger von Lyon, den Helden der Dezembertage, eine seiner Kreaturen, die sich schon unter Louis-Philippe bei Gelegenheit der Expedition von Boulogne mehr oder minder für ihn kompromittiert hatte.

Die Ordnungspartei bewies durch ihren Beschluß über die Revision, daß sie weder zu herrschen noch zu dienen, weder zu leben noch zu sterben, weder die Republik zu ertragen noch sie umzustürzen, weder die Verfassung aufrechtzuerhalten noch sie über den Haufen zu werfen, weder mit dem Präsidenten zusammenzuwirken noch mit ihm zu brechen verstand. Von wem erwartete sie denn die Lösung aller Widersprüche? Von dem Kalender, von dem Gang der Ereignisse. Sie hörte auf, sich die Gewalt über die Ereignisse anzumaßen. Sie forderte also die Ereignisse heraus, ihr Gewalt anzutun, und damit die Macht, woran sie im Kampfe mit dem Volke ein Attribut nach dem andern abgetreten hatte, bis sie selbst ihr gewaltlos gegenüberstand. Damit der Chef der Exekutivgewalt desto ungestörter den Kampfplan gegen sie entwerfen, seine Arbeitsmittel verstärken, seine Werkzeuge auswählen, seine Positionen befestigen könne, beschloß sie mitten in diesem kritischen Augenblicke von der Bühne abzutreten und sich auf drei Monate zu vertagen, vom 10. August bis 4. November.

Die parlamentarische Partei war nicht nur in ihre zwei großen Fraktionen, jede dieser Fraktionen war nicht nur innerhalb ihrer selbst aufgelöst, sondern die Ordnungspartei im Parlamente war mit der Ordnungspartei *außerhalb* des Parlaments zerfallen. Die Wortführer und die Schriftgelehrten der Bourgeoisie, ihre Tribüne und ihre Presse, kurz die Ideologen der Bourgeoisie und die Bourgeoisie selbst, die Repräsentanten und die Repräsentierten, standen sich entfremdet gegenüber und verstanden sich nicht mehr.

Die Legitimisten in den Provinzen, mit ihrem beschränkten Horizont und ihrem unbeschränkten Enthusiasmus, bezüchtigten ihre parlamentarischen Führer, Berryer und Falloux, der Desertion ins bonapartistische Lager und des Abfalls von Heinrich V. Ihr Lilienverstand glaubte an den Sündenfall, aber nicht an die Diplomatie.

Ungleich verhängnisvoller und entscheidender war der Bruch der kommerziellen Bourgeoisie mit ihren Politikern. Sie warf ihnen vor, nicht wie die Legitimisten den ihren, von dem Prinzip abgefallen zu sein, sondern umgekehrt, an unnütz gewordenen Prinzipien festzuhalten.

Ich habe schon früher angedeutet, daß seit dem Eintritt Foulds ins Ministerium der Teil der kommerziellen Bourgeoisie, der den Löwenanteil an Louis-Philippes Herrschaft besessen hatte, daß die *Finanzaristokratie* bonapartistisch geworden war. Fould vertrat nicht nur Bonapartes Interesse an der Börse, er vertrat zugleich das Interesse der Börse bei Bonaparte. Die Stellung der Finanzaristokratie schildert am schlagendsten ein Zitat aus ihrem europäischen Organ, dem Londoner *„Economist"*. In seiner Nummer vom 1. Februar 1851 läßt er sich aus Paris schreiben:

> „Nun haben wir es konstatiert von allen Seiten her, daß Frankreich vor allem nach Ruhe verlangt. Der Präsident erklärt es in seiner Botschaft an die legislative Versammlung, es tönt als Echo zurück von der nationalen Rednertribüne, es wird beteuert von den Zeitungen, es wird verkündet von der Kanzel, *es wird bewiesen durch die Empfindlichkeit der Staatspapiere bei der geringsten Aussicht auf Störung, durch ihre Festigkeit, sooft die Exekutivgewalt siegt*".

In seiner Nummer vom 29. November 1851 erklärt der *„Economist"* in seinem eignen Namen:

> *„Auf allen Börsen Europas ist der Präsident nun als die Schildwache der Ordnung anerkannt."*

Die Finanzaristokratie verdammte also den parlamentarischen Kampf der Ordnungspartei mit der Exekutivgewalt als eine *Störung der Ordnung* und feierte jeden Sieg des Präsidenten über ihre angeblichen Repräsentanten als einen *Sieg der Ordnung*. Man muß hier unter der Finanzaristokratie nicht nur die großen Anleihunternehmer und Spekulanten in Staatspapieren verstehn, von denen es sich sofort begreift, daß ihr Interesse mit dem Interesse der Staatsgewalt zusammenfällt. Das ganze moderne Geldgeschäft, die ganze Bankwirtschaft ist auf das innigste mit dem öffentlichen Kredit verwebt. Ein Teil ihres Geschäftskapitals wird notwendig in schnell konvertiblen Staatspapieren angelegt und verzinst. Ihre Depositen, das unter ihnen zur Verfügung gestellte und von ihnen unter Kaufleute und Industrielle verteilte Kapital strömt teilweis aus den Dividenden der Staatsrentner her. Der ganze Geldmarkt und die Priester dieses Geldmarkts, wenn zu jeder Epoche die Stabilität der Staatsgewalt Moses und die Propheten für sie bedeutet hat, wie nicht erst heute, wo jede Sündflut mit den alten Staaten die alten Staatsschulden wegzuschwemmen droht?

Auch die *industrielle Bourgeoisie* ärgerte sich in ihrem Ordnungsfanatismus über die Zänkereien der parlamentarischen Ordnungspartei mit der Exekutivgewalt. Thiers, Anglès, Sainte-Beuve usw. erhielten nach ihrem Votum vom 18. Januar, bei Gelegenheit der Absetzung Changarniers, von ihren Mandatgebern gerade aus den industriellen Bezirken öffentliche Zurechtweisungen, worin namentlich ihre Koalition mit der Montagne als Hochverrat an der Ordnung gegeißelt wurde. Wenn wir gesehen haben, daß die prahlerischen Neckereien, die kleinlichen Intrigen, worin sich der Kampf der Ordnungspartei mit dem Präsidenten kundgab, keine bessere Aufnahme verdienten, so war andererseits diese Bourgeoispartei, die von ihren Vertretern verlangt, die Militärgewalt aus den Händen ihres eignen Parlaments widerstandslos in die eines abenteuernden Prätendenten übergehn zu lassen, nicht einmal der Intrigen wert, die in ihrem Interesse verschwendet wurden. Sie bewies, daß der Kampf um die Behauptung ihres *öffentlichen* Interesses, ihres eignen *Klasseninteresses*, ihrer *politischen Macht*, sie als Störung des Privatgeschäfts nur belästige und verstimme.

Die bürgerlichen Honoratioren der Departementalstädte, die Magistrate, Handelsrichter usw. empfingen mit kaum einer Ausnahme Bonaparte überall auf seinen Rundreisen in der servilsten Weise, selbst wenn er wie in Dijon die Nationalversammlung und speziell die Ordnungspartei rückhaltlos angriff.

Wenn der Handel gut ging, wie noch Anfang 1851, tobte die kommerzielle Bourgeoisie gegen jeden parlamentarischen Kampf, damit dem Handel ja nicht der Humor ausgehe. Wenn der Handel schlecht ging, wie fortdauernd seit Ende Februar 1851, klagte sie die parlamentarischen Kämpfe als Ursache der Stockung an und schrie nach ihrem Verstummen, damit der Handel wieder laut werde. Die Revisionsdebatten fielen gerade in diese schlechte Zeit. Da es sich hier um Sein oder Nichtsein der bestehenden Staatsform handelte, fühlte sich die Bourgeoisie um so berechtigter, von ihren Repräsentanten das Ende dieses folternden Provisoriums und zugleich die Erhaltung des Status quo zu verlangen. Es war dies kein Widerspruch. Unter dem Ende des Provisoriums verstand sie gerade seine Fortdauer, das Hinausschieben des Augenblicks, wo es zu einer Entscheidung kommen mußte, in eine blaue Ferne. Der Status quo konnte nur auf zwei Wegen erhalten werden: Verlängerung der Gewalt Bonapartes oder verfassungsmäßiger Abtritt desselben und Wahl Cavaignacs. Ein Teil der Bourgeoisie wünschte die letztere Lösung und wußte seinen Repräsentanten keinen bessern Rat zu geben, als zu schweigen, den brennenden Punkt unberührt zu lassen. Wenn ihre Repräsentanten nicht sprächen, meinten sie, werde Bonaparte nicht handeln. Sie wünschten sich ein Straußenparlament, das seinen Kopf verstecke, um ungesehn zu bleiben. Ein andrer Teil der Bourgeoisie wünschte Bonaparte, weil er einmal auf dem Präsidentenstuhl saß, auf dem Präsidentenstuhl sitzenzulassen, damit alles im alten Geleise bleibe. Es empörte sie, daß ihr Parlament nicht offen die Konstitution brach und ohne Umstände abdankte.

Die Generalräte der Departements, diese Provinzialvertretungen der großen Bourgeoisie, die während der Ferien der Nationalversammlung vom 25. August an tagten, erklärten sich fast einstimmig für die Revision, also gegen das Parlament und für Bonaparte.

Noch unzweideutiger als den Zerfall mit ihren *parlamentarischen Repräsentanten* legte die Bourgeoisie ihre Wut über ihre literarischen Vertreter, über ihre eigne Presse an den Tag. Die Verurteilungen zu unerschwinglichen Geldsummen und zu schamlosen Gefängnisstrafen durch die Bourgeois-Jurys für jeden Angriff der Bourgeois-Journalisten auf die Usurpationsgelüste Bonapartes, für jeden Versuch der Presse, die politischen Rechte der Bourgeoisie gegen die Exekutivgewalt zu verteidigen, setzten nicht nur Frankreich, sondern ganz Europa in Erstaunen.

Wenn die *parlamentarische Ordnungspartei*, wie ich gezeigt habe, durch ihr Schreien nach Ruhe sich selbst zur Ruhe verwies, wenn sie die politische Herrschaft der Bourgeoisie für unverträglich mit der Sicherheit und dem Bestand der Bourgeoisie erklärte, indem sie im Kampfe gegen die andern Klassen der Gesellschaft alle Bedingungen ihres eignen Regimes, des parlamentarischen Regimes, mit eigner Hand vernichtete, so forderte dagegen die *außerparlamentarischen Masse der Bourgeoisie* durch ihre Servilität gegen den Präsidenten, durch ihre Schmähungen gegen das Parlament, durch die brutale Mißhandlung der eignen Presse Bonaparte auf, ihren sprechenden und schreibenden Teil, ihre Politiker und ihre Literaten, ihre Rednertribüne und ihre Presse zu unterdrücken, zu vernichten, damit sie nun vertrauensvoll unter dem Schutze einer starken und uneingeschränkten Regierung ihren Privatgeschäften nachgehen könne. Sie erklärte unzweideutig, daß sie ihre eigne politische Herrschaft loszuwerden schmachte, um die Mühen und Gefahren der Herrschaft loszuwerden.

Und sie, die sich schon gegen den bloß parlamentarischen und literarischen Kampf für die Herrschaft der eignen Klasse empört und die Führer dieses Kampfes verraten hatte, sie wagt jetzt nachträglich das Proletariat anzuklagen, daß es nicht zum blutigen Kampfe, zum Kampfe auf Leben und Tod für sie aufgestanden sei! Sie, die jeden Augenblick ihr allgemeines Klasseninteresse, d. h. ihr politisches Interesse dem borniertesten, schmutzigsten Privatinteresse aufopferte und an ihre Vertreter die Zumutung eines ähnlichen Opfers stellte, sie jammert jetzt, das Proletariat habe seine materiellen Interessen ihre idealen politischen Interessen geopfert. Sie gebart sich als schöne Seele, die von dem durch Sozialisten irregeleiteten Proletariat verkannt und im entscheidenden Augenblicke verlassen worden sei. Und sie findet ein allgemeines Echo in der bürgerlichen Welt. Ich spreche natürlich hier nicht von deutschen Winkelpolitikern und Gesinnungslümmeln. Ich verweise z. B. auf denselben „*Economist*", der noch am 29. November 1851, also vier Tage vor dem Staatsstreich, Bonaparte für die „Schildwache der Ordnung", die Thiers und Berryer aber für „Anarchisten" erklärt hatte und schon am 27. Dezember 1851, nachdem Bonaparte jene Anarchisten zur Ruhe gebracht hat, über den Verrat schreit, den „ignorante, unerzogne, stupide Proletariermassen an dem Geschick, der Kenntnis, der Disziplin, dem geistigen Einfluß, den intellektuellen Hülfsquellen und dem moralischen Gewicht der mittleren und höheren Gesellschaftsränge" verübt hätten. Die stupide, ignorante und gemeine Masse war niemand anders als die Bourgeoismasse selbst.

Frankreich hatte allerdings im Jahre 1851 eine Art von kleiner Handelskrisis erlebt. Ende Februar zeigte sich Verminderung des Exports gegen 1850, im März litt der Handel und schlossen sich die Fabriken, im April schien der Stand der industriellen Departements so verzweifelt wie nach den Februartagen, im Mai war das Geschäft noch nicht wieder aufgelebt, noch am 28. Juni zeigte das Portefeuille der Bank von Frankreich durch ein ungeheures Wachsen der Depositen und eine ebenso große Abnahme der Vorschüsse auf Wechsel den Stillstand der Produktion, und erst Mitte Oktober trat wieder eine progressive Besserung des Geschäfts ein. Die französische Bourgeoisie erklärte sich diese Handelsstockung aus rein politischen Gründen, aus dem Kampfe zwischen dem Parlamente und der Exekutivgewalt, aus der Unsicherheit einer nur provisorischen Staatsform, aus der Schreckensaussicht auf den 2. Mai 1852. Ich will nicht leugnen, daß alle diese Umstände einige Industriezweige in Paris und in den Departements herabdrückten. Jedenfalls war aber diese Einwirkung der politischen Verhältnisse nur lokal und unerheblich. Bedarf es eines andern Beweises, als daß die Besserung des Handels gerade in dem Augenblicke eintrat, wo sich der politische Zustand verschlechterte, der politische Horizont verdunkelte und jeden Augenblick ein Blitzstrahl aus dem Elysium erwartet wurde, gegen Mitte Oktober? Der französische Bourgeois, dessen „Geschick, Kenntnis, geistige Einsicht und intellektuelle Hülfsquellen" nicht weiter reichen als seine Nase, konnte übrigens während der ganzen Dauer der Industrieausstellung in London mit der Nase auf die Ursache seiner Handelsmisere stoßen. Während in Frankreich die Fabriken geschlossen wurden, brachen in England kommerzielle

Bankerutte aus. Während der industrielle Panik im April und Mai einen Höhepunkt in Frankreich erreichte, erreichte der kommerzielle Panik April und Mai einen Höhepunkt in England. Wie die französische litt die englische Wollindustrie, wie die französische die englische Seidenmanufaktur. Wenn die englischen Baumwollfabriken weiterarbeiteten, geschah es nicht mehr mit demselben Profit wie 1849 und 1850. Der Unterschied war nur der, daß die Krise in Frankreich industriell, in England kommerziell, daß während in Frankreich die Fabriken stillsetzten, sie sich in England ausdehnten, aber unter ungünstigeren Bedingungen als in den vorhergehenden Jahren, daß in Frankreich der Export, in England der Import die Hauptschläge erhielt. Die gemeinsame Ursache, die natürlich nicht innerhalb der Grenzen des französisch-politischen Horizonts zu suchen ist, war augenscheinlich. 1849 und 1850 waren Jahre der größten materiellen Prosperität und einer Überproduktion, die erst 1851 als solche hervortrat. Sie wurde im Anfang dieses Jahres durch die Aussicht auf die Industrieausstellung noch besonders befördert. Als eigentümliche Umstände kamen hinzu: erst der Mißwachs der Baumwollernte von 1850 und 1851, dann die Sicherheit einer größern Baumwollernte als erwartet war, erst das Steigen, dann das plötzliche Fallen, kurz die Schwankungen der Baumwollpreise. Die Rohseidenernte war wenigstens in Frankreich noch unter dem Durchschnittsertrag ausgefallen. Die Wollenmanufaktur endlich hatte sich seit 1848 so sehr ausgedehnt, daß die Wollproduktion ihr nicht nachfolgen konnte und der Preis der Rohwolle in einem großen Mißverhältnisse zu dem Preise der Wollfabrikate stieg. Hier haben wir also in dem Rohmaterial von drei Weltmarktsindustrien schon dreifaches Material zu einer Handelsstockung. Von diesen besondern Umständen abgesehn, war die scheinbare Krise des Jahres 1851 nichts anders als ein Halt, den Überproduktion und Überspekulation jedesmal in der Beschreibung des industriellen Kreislaufes macht, bevor sie alle ihre Kraftmittel zusammenrafft, um fieberhaft den letzten Kreisabschnitt zu durchjagen und bei ihrem Ausgangspunkt, der *allgemeinen Handelskrise*, wieder anzulangen. In solchen Intervallen der Handelsgeschichte brechen in England kommerzielle Bankerutte aus, während in Frankreich die Industrie selbst stillgesetzt wird, teils durch die gerade dann unerträglich werdende Konkurrenz der Engländer auf allen Märkten zum Rückzug gezwungen, teils als Luxusindustrie vorzugsweise von jeder Geschäftsstockung angegriffen. So macht Frankreich außer den allgemeinen Krisen seine eignen nationalen Handelskrisen durch, die jedoch weit mehr durch den allgemeinen Stand des Weltmarktes als durch französische Lokaleinflüsse bestimmt und bedingt werden. Es wird nicht ohne Interesse sein, dem Vorurteil des französischen Bourgeois das Urteil des englischen Bourgeois gegenüberzustellen. Eins der größten Liverpooler Häuser schreibt in seinem Jahreshandelsbericht für 1851:

„Wenige Jahre haben die bei ihrem Beginn gehegten Antizipationen mehr getäuscht als das eben abgelaufene; statt der großen Prosperität, der man einstimmig entgegensah, bewies es sich als eins der entmutigendsten Jahre seit einem Vierteljahrhundert. Es gilt dies natürlich nur von den merkantilen, nicht von den industriellen Klassen. Und doch waren sicherlich Gründe vorhanden, beim Beginne des Jahres auf das Gegenteil zu schließen; die Produktenvorräte waren spärlich, Kapital überflüssig, Nahrungsmittel wohlfeil, ein reicher Herbst war gesichert; ungebrochner Friede auf dem Kontinent und keine politischen oder finanziellen Störungen zu Hause: in der Tat, die Flügel des Handels waren nie fesselloser ... Wem dies ungünstige Resultat zuschreiben? Wir glauben dem *Überhandel* sowohl in Importen als Exporten. Wenn unsere Kaufleute nicht selbst ihre Tätigkeit engere Grenzen ziehen, kann uns nichts im Gleise halten als alle drei Jahre ein Panic."

Man stelle sich nun den französischen Bourgeois vor, wie mitten in diesem Geschäftspanik sein handelskrankes Gehirn gefoltert, umschwirrt, betäubt wird von Gerüchten über Staatsstreiche und Herstellung des allgemeinen Wahlrechts, von dem Kampfe zwischen Parlament und Exekutivgewalt, von dem Frondekrieg der Orleanisten und Legitimisten, von kommunistischen Konspirationen in Südfrankreich, von angeblichen Jacquerien* in den Nièvre- und Cher-Departements, von den Reklamen der verschiedenen Präsidentschaftskandidaten, von den marktschreierischen Losungen der Journale, von den Drohungen der Republikaner, mit den Waffen in der Hand die Konstitution und das allgemeine Stimmrecht behaupten zu wollen, von den Evangelien der emigrierten Helden in partibus, die den Weltuntergang für den 2. Mai 1852 anzeigten, und man begreift, daß der Bourgeois in dieser unsäglichen, geräuschvollen Konfusion von Fusion, Revision, Prorogation, Konstitution, Konspiration, Koalition, Emigration, Usurpation und Revolution seiner parlamentarischen Republik toll zuschnaubt: *„Lieber ein Ende mit Schrecken als ein Schrecken ohn' Ende!"*

Bonaparte verstand diesen Schrei. Sein Begriffsvermögen wurde geschärft durch den wachsenden Ungestüm von Gläubigern, die mit jedem Sonnenuntergang, der den Verfallstag, den 2. Mai 1852 näherrückte, einen Protest der Gestirnbewegungen gegen ihre irdischen Wechsel erblickten. Sie waren zu wahren Astrologen geworden. Die Nationalversammlung hatte Bonaparte die Hoffnung auf konstitutionelle Prorogation seiner Gewalt abgeschnitten, die Kandidatur des Prinzen von Joinville gestattete kein längeres Schwanken.

Wenn je ein Ereignis lange vor seinem Eintritt seinen Schatten vor sich hergeworfen hat, so war es Bonapartes Staatsstreich. Schon am 29. Januar 1849, kaum einen Monat nach seiner Wahl, hatte er den Vorschlag dazu dem Changarnier gemacht. Sein eigner Premierminister Odilon Barrot hatte im Sommer 1849 verhüllt, Thiers im Winter 1850 offen die Politik der Staatsstreiche denunziert. Persigny hatte im Mai 1851 Changarnier noch einmal für den Coup zu gewinnen gesucht, der „Messager de l'Assemblée" hatte diese Unterhandlung

* Jacquerien: Bauernaufständen

veröffentlicht. Die bonapartistischen Journale drohten bei jedem parlamentarischen Sturme mit einem Staatsstreich, und je näher die Krise rückte, desto lauter wurde ihr Ton. In den Orgien, die Bonaparte jede Nacht mit männlichem und weiblichem swell mob* feierte, sooft die Mitternachtsstunde heranrückte und reichliche Libationen die Zunge gelöst und die Phantasie erhitzt hatten, wurde der Staatsstreich für den folgenden Morgen beschlossen. Die Schwerter wurden gezogen, die Gläser klirrten, die Repräsentanten flogen zum Fenster hinaus, der Kaisermantel fiel auf die Schultern Bonapartes, bis der nächste Morgen wieder den Spuk vertrieb und das erstaunte Paris von wenig verschlossenen Vestalinnen und indiskreten Paladinen die Gefahr erfuhr, der es noch einmal entwischt war. In den Monaten September und Oktober überstürzten sich die Gerüchte von einem coup d'Etat. Der Schatten nahm zugleich Farbe an, wie ein buntes Daguerreotyp. Man schlage die Monatsgänge für September und Oktober in den Organen der europäischen Tagespresse nach, und man wird wörtlich Andeutungen wie folgende finden: „Staatsstreichgerüchte erfüllen Paris. Die Hauptstadt soll während der Nacht mit Truppen gefüllt werden und der andre Morgen Dekrete bringen, die die Nationalversammlung auflösen, das Departement der Seine in Belagerungszustand versetzen, das allgemeine Wahlrecht wiederherstellen, ans Volk appellieren. Bonaparte soll Minister für die Ausführung dieser illegalen Dekrete suchen." Die Korrespondenzen, die diese Nachrichten bringen, enden stets verhängnisvoll mit *„aufgeschoben"*. Der Staatsstreich war stets die fixe Idee Bonapartes. Mit dieser Idee hatte er den französischen Boden wieder betreten. Sie besaß ihn so sehr, daß er sie fortwährend verriet und ausplauderte. Er war so schwach, saß er sie ebenso fortwährend wieder aufgab. Der Schatten des Staatsstreiches war den Parisern als Gespenst so familiär geworden, daß sie nicht an ihn glauben wollten, als er endlich in Fleisch und Blut erschien. Es war also weder die verschlossene Zurückhaltung des Chefs der Gesellschaft vom 10. Dezember, noch eine ungeahnte Überrumpelung von seiten der Nationalversammlung, was den Staatsstreich gelingen ließ. Wenn er gelang, gelang er trotz *seiner* Indiskretion und mit *ihrem* Vorwissen, ein notwendiges, unvermeidliches Resultat der vorhergegangenen Entwicklung.

Am 10. Oktober kündete Bonaparte seinen Ministern den Entschluß an, das allgemeine Wahlrecht wiederherstellen zu wollen, am 16. gaben sie ihre Entlassung, am 26. erfuhr Paris die Bildung des Ministeriums Thorigny. Der Polizeipräfekt Carlier wurde gleichzeitig durch Maupas ersetzt, der Chef der ersten Militärdivision, Magnan, zog die zuverlässigsten Regimenter in der Hauptstadt zusammen. Am 4. November eröffnete die Nationalversammlung wieder ihre Sitzungen. Sie hatte nichts mehr zu tun, als in einem kurzen bündigen Repetitorium des Kursus, den sie durchgemacht hatte, zu wiederholen und zu beweisen, das sie erst begraben wurde, nachdem sie gestorben war.

* swell mob: Hochstaplergesindel

Der erste Posten, des sie im Kampf mit der Exekutivgewalt eingebüßt hatte, war das Ministerium. Sie mußte diesen Verlust feierlich eingestehn, indem sie das Ministerium Thorigny, ein bloßes Scheinministerium, als voll hinnahm. Die Permanenzkommission hatte Herrn Giraud mit Lachen empfangen, als er sich im Namen der neuen Minister vorstellte. Ein so schwaches Ministerium für so starke Maßregeln wie die Wiederherstellung des allgemeinen Wahlrechts! Aber es handelte sich eben darum, nichts *im* Parlament, alles *gegen* das Parlament durchzusetzen.

Gleich am ersten Tag ihrer Wiedereröffnung erhielt die Nationalversammlung die Botschaft Bonapartes, worin er Wiederherstellung des allgemeinen Wahlrechts und Abschaffung des Gesetzes vom 31. Mai 1850 verlangte. Seine Minister brachten an demselben Tage ein Dekret in diesem Sinne ein. Die Versammlung verwarf den Dringlichkeitsantrag der Minister sofort und das Gesetz selbst am 13. November, mit 355 gegen 348 Stimmen. Sie zerriß so noch einmal ihr Mandat, sie bestätigte noch einmal, daß sie sich aus der freigewählten Repräsentation des Volkes in das usurpatorische Parlament einer Klasse verwandelt, sie bekannte noch einmal, daß sie selbst die Muskeln entzweigeschnitten hatte, die den parlamentarischen Kopf mit dem Körper der Nation verbanden.

Wenn die Exekutivgewalt durch ihren Antrag auf Wiederherstellung des allgemeinen Wahlrechts von der Nationalversammlung an das Volk, appellierte die gesetzgebende Gewalt durch ihre Quästorenbill von dem Volke an die Armee. Diese Quästorenbill sollte ihr Recht auf unmittelbare Requisition der Truppen, auf Bildung einer parlamentarischen Armee festsetzen. Wenn sie so die Armee zum Schiedsrichter zwischen sich und dem Volke, zwischen sich und Bonaparte ernannte, wenn sie die Armee als entscheidende Staatsgewalt anerkannte, mußte sie andererseits bestätigen, daß sie längst den Anspruch auf Herrschaft über dieselbe aufgegeben habe. Indem sie, statt sofort Truppen zu requirieren, das Recht der Requisition debattierte, verriet sie den Zweifel an ihrer eignen Macht. Indem sie die Quästorenbill verwarf, gestand sie offen ihre Ohnmacht. Diese Bill fiel durch mit einer Minorität von 108 Stimmen, die Montagne hatte so den Ausschlag gegeben. Sie befand sich in der Lage von Buridans Esel, zwar nicht zwischen zwei Säcken Heu, um zu entscheiden welcher der anziehendere, wohl aber zwischen zwei Trachten Prügel, um zu entscheiden, welche die härtere sei. Auf der einen Seite die Furcht vor Changarnier, auf der andern die Furcht vor Bonaparte. Man muß gestehn, daß die Lage keine heroische war.

Am 18. November wurde zu dem von der Ordnungspartei eingebrachten Gesetz über die Kommunalwahl das Amendement gestellt, daß statt drei Jahre ein Jahr Domizil für die Kommunalwähler genügen solle. Das Amendement fiel mit einer einzigen Stimme durch, aber diese eine Stimme stellte sich sofort als ein Irrtum heraus. Die Ordnungspartei hatte durch Zersplitterung in ihre feindlichen Fraktionen längst ihre selbständig-parlamentarische Majorität eingebüßt. Sie zeigte jetzt, daß überhaupt keine Majorität im Parlament mehr vorhanden war. Die Nationalversammlung war *beschlußunfähig* geworden. Ihre atomistischen Bestandteile hingen durch keine Kohäsionskraft mehr zusammen, sie hatte ihren letzten Lebensatem verbraucht, sie war tot.

Die außerparlamentarische Masse der Bourgeoisie endlich sollte ihren Bruch mit der Bourgeoisie im Parlamente noch einmal einige Tage vor der Katastrophe feierlich bestätigen. Thiers, als parlamentarischer Held vorzugsweise von der unheilbaren Krankheit des parlamentarischen Kretinismus angesteckt, hatte nach dem Tode des Parlaments eine neue parlamentarische Intrige mit dem Staatsrate ausgeheckt, ein Verantwortlichkeitsgesetz, das den Präsidenten in die Schranken der Verfassung festbannen sollte. Wie Bonaparte am 15. September bei Grundlegung zu den neuen Markthallen von Paris die dames des halles, die Fischweiber, als zweiter Masaniello bezaubert hatte – allerdings wog ein Fischweib an realer Gewalt 17 Burggrafen auf –, wie er nach Vorlegung der Quästorenbill die in dem Elysée traktierten Leutnants begeisterte, so riß er jetzt am 25. November die industrielle Bourgeoisie mit sich fort, die im Zirkus versammelt war, um aus seiner Hand Preismedaillen für die Londoner Industrieausstellung entgegenzunehmen. Ich gebe den bezeichnenden Teil seiner Rede nach dem „Journal des Débats“:

> „Mit solch unverhofften Erfolgen bin ich berechtigt zu wiederholen, wie groß die französische Republik sein würde, wenn es ihr gestattet wäre, ihre realen Interessen zu verfolgen und ihre Institutionen zu reformieren, statt beständig gestört zu werden einerseits durch die Demagogen, andererseits durch die monarchischen Halluzinationen. (Lauter, stürmischer und wiederholter Applaus von jedem Teil des Amphitheaters.) Die monarchischen Halluzinationen verhindern allen Fortschritt und alle ernsten Industriezweige. Statt des Fortschritts nur Kampf. Man sieht Männer, die früher die eifrigsten Stützen der königlichen Autorität und Prärogative waren, Parteigänger eines Konvents werden, bloß um die Autorität zu schwächen, die aus dem allgemeinen Stimmrecht entsprungen ist. (Lauter und wiederholter Applaus.) Wir sehen Männer, die am meisten von der Revolution gelitten und sie am meisten bejammert haben, eine neue provozieren, und nur um den Willen der Nation zu fesseln ... Ich verspreche Euch Ruhe für die Zukunft etc. etc. (Bravo, Bravo, stürmisches Bravo)“

So klatscht die industrielle Bourgeoisie dem Staatsstreich vom 2. Dezember, der Vernichtung des Parlaments, dem Untergang ihrer eignen Herrschaft, der Diktatur Bonapartes ihr serviles Bravo zu. Der Beifallsdonner vom 25. November erhielt seine Antwort in dem Kanonendonner vom 4. Dezember, und das Haus des Herrn Sallandrouze, der die meisten Bravos geklatscht hatte, wurde von den meisten Bomben zerklatscht.

Cromwell, als er das Lange Parlament auflöste, begab sich allein in die Mitte desselben, zog seine Uhr heraus, damit es keine Minute über die von ihm festgesetzte Frist fortexistiere, und verjagte jedes einzelne Parlamentsmitglied mit heiter humoristischen Schmähungen. Napoleon, kleiner als sein Vorbild, begab sich am 18. Brumaire wenigstens in den gesetzgebenden Körper und verlaß ihm, wenn auch mit beklommener Stimme, sein Todesurteil. Der zweite Bonaparte, der sich übrigens im Besitz einer ganz andern Exekutivgewalt befand als Cromwell oder Napoleon, suchte sein Vorbild nicht in den Annalen der Weltgeschichte, sondern in den Annalen der Gesellschaft vom 10. Dezember, in den Annalen der Kriminalgeschichte. Er bestiehlt die Bank von Frankreich um 25 Millionen Francs, kauft den General Magnan mit einer Million, die Soldaten Stück für Stück mit 15 Francs und mit Schnaps, findet sich wie ein Dieb in der Nacht mit seinen Spießgesellen heimlich zusammen, läßt in die Häuser der gefährlichsten Parlamentsführer einbrechen und Cavaignac, Lamoricière, Le Flô, Changarnier, Charras, Thiers, Baze etc. aus ihren Betten entführen, die Hauptplätze von Paris sowie das Parlamentsgebäude mit Truppen besetzen und früh am Morgen marktschreierische Plakate an allen Mauern anschlagen, worin die Auflösung der Nationalversammlung und des Staatsrats, die Wiederherstellung des allgemeinen Wahlrechts und die Versetzung des Seine-Departements in Belagerungszustand verkündet werden. So rückt er kurz nachher ein falsches Dokument in den „Moniteur" ein, wonach einflußreiche parlamentarische Namen sich in einer Staatskonsulta um ihn gruppiert hätten.

Das im Mairiegebäude des 10. Arrondissements versammelte Rumpfparlament, hauptsächlich aus Legitimisten und Orleanisten bestehend, beschließt unter dem wiederholten Rufe: „Es lebe die Republik", die Absetzung Bonapartes, harangiert umsonst die vor dem Gebäude gaffende Masse und wird endlich unter dem Geleite afrikanischer Scharfschützen erst in die Kaserne d'Orsay geschleppt, später in Zellenwagen verpackt und nach den Gefängnissen von Mazas, Ham und Vincennes transportiert. So endete die Ordnungspartei, die legislative Versammlung und die Februarrevolution. Ehe wir zum Schluß eilen, kurz das Schema ihrer Geschichte:

I. *Erste Periode.* Vom 24. Februar bis 4. März 1848. Februarperiode. Prolog. Allgemeiner Verbrüderungsschwindel.

II. *Zweite Periode.* Periode der Konstituierung der Republik und der konstituierenden Nationalversammlung

1. 4. Mai bis 25. Juni 1848. Kampf sämtlicher Klassen gegen das Proletariat. Niederlage des Proletariats in den Junitagen.
2. 25. Juni bis 10. Dezember 1848. Diktatur der reinen Bourgeois-Republikaner. Entwerfung der Konstitution. Verhängung des Belagerungszustandes über Paris. Die Bourgeoisdiktatur am 10. Dezember beseitigt durch die Wahl Bonapartes zum Präsidenten.
3. 20. Dezember 1848 bis 28. Mai 1849. Kampf der Konsti-

tuante mit Bonaparte und der mit ihm vereinigten Ordnungspartei. Untergang der Konstituante. Fall der republikanischen Bourgeoisie.

III. *Dritte Periode.* Periode der *konstitutionellen Republik* und der *legislativen Nationalversammlung.*

1. 28. Mai 1849 bis 13. Juni 1849. Kampf der Kleinbürger mit der Bourgeoisie und mit Bonaparte. Niederlage der kleinbürgerlichen Demokratie.
2. 13. Juni 1849 bis 31. Mai 1850. Parlamentarische Diktatur der Ordnungspartei. Vollendet ihre Herrschaft durch Abschaffung des allgemeinen Wahlrechts, verliert aber das parlamentarische Ministerium.
3. 31. Mai 1850 bis 2. Dezember 1851. Kampf zwischen der parlamentarischen Bourgeoisie und Bonaparte.
   a) 31. Mai 1850 bis 12. Januar 1851. Das Parlament verliert den Oberbefehl über die Armee.
   b) 12. Januar bis 11. April 1851. Es unterliegt in den Versuchen, sich der Administrativgewalt wieder zu bemächtigen. Die Ordnungspartei verliert die selbständige parlamentarische Majorität. Ihre Koalition mit den Republikanern und der Montagne.
   c) 11. April 1851 bis 9. Oktober 1851 Revisions-, Fusions-, Prorogationsversuche. Die Ordnungspartei löst sich in ihre einzelnen Bestandteile auf. Der Bruch des Bourgeoisparlaments und der Bourgeoispresse mit der Bourgeoismasse konsolidiert sich.
   d) 9. Oktober bis 2. Dezember 1851. Offner Bruch zwischen dem Parlament und der Exekutivgewalt. Es vollzieht seinen Sterbeakt und unterliegt, von der eigenen Klasse, von der Armee, von allen übrigen Klassen im Stiche gelassen. Untergang des parlamentarischen Regimes und der Bourgeoisherrschaft. Sieg Bonapartes. Imperialistische Restaurationsparodie.

VII

Die *soziale Republik* erschien als Phrase, als Prophezeiung an der Schwelle der Februarrevolution. In den Junitagen 1848 wurde sie im Blute *des Pariser Proletariats* erstickt, aber sie geht in den folgenden Akten des Dramas als Gespenst um. Die *demokratische Republik* kündigte sich an. Sie verpufft am 13. Juni 1849 mit ihren davongelaufenen *Kleinbürgern*, aber im Fliehen wirft sie doppelt renommierende Reklamen hinter sich. Die *parlamentarische Republik* mit der Bourgeoisie bemächtigt sich der ganzen Bühne, sie lebt sich aus in der vollen Breite ihrer Existenz, aber der 2. Dezember 1851 begräbt sie unter dem Angstgeschrei der koalisierten Royalisten: „Es lebe die Republik!"

Die französische Bourgeoisie bäumte sich gegen die Herrschaft des arbeitenden Proletariats, sie hat das Lumpenproletariat zur Herrschaft gebracht, an der Spitze den Chef der Gesellschaft vom 10. Dezember. Die Bourgeoisie hielt Frankreich in atemloser Furcht vor den zukünftigen Schrecken der roten Anarchie; Bonaparte eskomptierte ihr diese Zukunft, als er am 4. Dezember die vornehmen Bürger des Boulevard Montmartre und des Boulevard des Italiens durch die schnapsbegeisterte Armee der Ordnung von ihren Fenstern herabschießen ließ. Sie apotheosierte den Säbel; der Säbel beherrscht sie. Sie vernichtet die revolutionäre Presse; ihre eigne Presse ist vernichtet. Sie stellte die Volksversammlungen unter Polizeiaufsicht; ihre Salons stehen unter der Aufsicht der Polizei. Sie löste die demokratischen Nationalgarden auf; ihre eigne Nationalgarde ist aufgelöst. Sie verhing den Belagerungszustand; der Belagerungszustand ist über sie verhängt. Sie verdrängt die Jurys durch Militärkommissionen, ihre Jurys sind durch Militärkommissionen verdrängt. Sie unterwarf den Volksunterricht den Pfaffen; die Pfaffen unterwerfen sie ihrem eignen Unterricht. Sie transportierte ohne Urteil; sie wird ohne Urteil transportiert. Sie unterdrückte jede Regung der Gesellschaft durch die Staatsmacht; jede Regung ihrer Gesellschaft wird durch die Staatsmacht erdrückt. Sie rebellierte aus Begeisterung für ihren Geldbeutel gegen ihre eignen Politiker und Literaten; ihre Politiker und Literaten sind beseitigt, aber ihr Geldbeutel wird geplündert, nachdem sein Mund geknebelt und seine Feder zerbrochen ist. Die Bourgeoisie rief der Revolution unermüdlich zu wie der heilige Arsenius den Christen: „Fuge, tace, quiesce! Fliehe, schweige, ruhe!" Bonaparte ruft der Bourgeoisie zu: „Fuge, tace, quiesce! Fliehe, schweige, ruhe!"

Die französische Bourgeoisie hatte längst das Dilemma Napoleons gelöst: „Dans cinquante ans l'Europe sera républicaine ou cosaque." Sie hatte es gelöst in der „république cosaque". Keine Circe hat das Kunstwerk der bürgerlichen Republik durch bösen Zauber in eine Ungestalt verzerrt. Jene Republik hat nichts verloren als den Schein der Respektabilität. Das jetzige Frankreich war fertig in der parlamentarischen Republik enthalten. Es bedurfte nur eines Bajonettstichs, damit die Blase platze und das Ungeheuer in die Augen springe.

Warum hat sich das Pariser Proletariat nicht nach dem 2. Dezember erhoben?

Noch war der Sturz der Bourgeoisie erst dekretiert, das Dekret war nicht vollzogen. Jeder ernste Aufstand des Proletariats hätte sie sofort neu belebt, mit der Armee ausgesöhnt und den Arbeitern eine zweite Juniniederlage gesichert.

Am 4. Dezember wurde das Proletariat von Bourgeois und Epicier zum Kampfe aufgestachelt. Am Abende dieses Tages versprachen mehrere Legionen der Nationalgarde, bewaffnet und uniformiert auf dem Kampfplatze zu erscheinen. Bourgeois und Epicier waren nämlich dahintergekommen, daß Bonaparte in einem seiner Dekrete vom 2. Dezember das geheime Votum abschaffte und ihnen anbefahl, in den offiziellen Registern hinter ihre Namen ihr Ja oder nein einzutragen. Der Widerstand vom 4. Dezember schüchterte Bonaparte ein. Während der Nacht ließ er an allen Straßenecken von Paris Plakate anschlagen, welche die Wiederherstellung des geheimen Votums verkündeten. Bourgeois und Epicier glaubten, ihren Zweck erreicht zu haben. Wer nicht am andern Morgen erschien, waren Epicier und Bourgeois.

Das Pariser Proletariat war durch einen Handstreich Bonapartes während der Nacht vom 1. auf den 2. Dezember seiner Führer, der Barrikadenchefs, beraubt worden. Eine Armee ohne Offiziere, durch die Erinnerungen vom Juni 1848 und 1849 und vom Mai 1850 abgeneigt, unter dem Banner der Montagnards zu kämpfen, überließ es seiner Avantgarde, den geheimen Gesellschaften, die Rettung der insurrektionellen Ehre von Paris, welche die Bourgeoisie so widerstandslos der Soldateska preisgab, daß Bonaparte später die Nationalgarde mit dem höhnischen Motive entwaffnen konnte: Er fürchte, daß ihre Waffen gegen sie selbst von den Anarchisten mißbraucht werden würden!

„*C'est le triomphe complet et définitif du socialisme!*" So charakterisierte Guizot den 2. Dezember. Aber wenn der Sturz der parlamentarischen Republik dem Keime nach den Triumph der proletarischen Revolution in sich enthält, so war ihr nächstes handgreifliches Resultat *der Sieg Bonapartes über das Parlament, der Exekutivgewalt über die Legislativgewalt, der Gewalt ohne Phrase über die Gewalt der Phrase.* In dem Parlamente erhob die Nation ihren allgemeinen Willen zum Gesetze, d. h. das Gesetz der herrschenden Klasse zu ihrem allgemeinen Willen. Vor der Exekutivgewalt dankt sie jeden eignen Willen ab und unterwirft sich dem Machtgebot des fremden, der Autorität. Die Exekutivgewalt im Gegensatz zur Legislativen drückt die Heteronomie der Nation im Gegensatz zu ihrer Autonomie aus. Frankreich scheint also nur der Despotie einer Klasse entlaufen, um unter die Despotie eines Individuums zurückzufallen, und zwar unter die Autorität eines Individuums ohne Autorität. Der Kampf scheint so geschlichtet, daß alle Klassen gleich machtlos und gleich lautlos vor dem Kolben niederknien.

Aber die Revolution ist gründlich. Sie ist noch auf der Reise durch das Fegefeuer begriffen. Sie vollbringt ihr Geschäft mit Methode. Bis zum 2. Dezember 1851 hatte sie die eine Hälfte ihrer Vorbereitung absolviert, sie absolviert jetzt die andre. Sie vollendete erst die parlamentarische Gewalt, um sie stürzen zu können. Jetzt, wo sie dies erreicht, vollendet sie die *Exekutivgewalt*, reduziert sie auf ihren reinsten Ausdruck, isoliert sie, stellt sie sich als einzigen Vorwurf gegenüber, um alle ihre Kräfte der Zerstörung gegen sie zu konzentrieren. Und wenn sie diese zweite Hälfte ihrer Vorarbeit vollbracht hat, wird Europa von seinem Sitze aufspringen und jubeln: Brav gewühlt, alter Maulwurf!

Diese Exekutivgewalt mit ihrer ungeheuern bürokratischen und militärischen Organisation, mit ihrer weitschichtigen und künstlichen Staatsmaschinerie, ein Beamtenheer von einer halben Million neben einer Armee von einer andern halben Million, dieser fürchterliche Parasitenkörper, der sich wie eine Netzhaut um den Leib der französischen Gesellschaft schlingt und ihr alle Poren verstopft, entstand in der Zeit der absoluten Monarchie, beim Verfall des Feudalwesens, den er beschleunigen half. Die herrschaftlichen Privilegien der Grundeigentümer und Städte verwandelten sich in ebenso viele Attribute der Staatsgewalt, die feudalen Würdenträger in bezahlte Beamte und die bunte Mustercharte der widerstreitenden mittelalterlichen Machtvollkommenheiten in den geregelten Plan einer Staatsmacht, deren Arbeit fabrikmäßig geteilt und zentralisiert ist. Die erste französische Revolution mit ihrer Aufgabe, alle lokalen, territorialen, städtischen und provinziellen Sondergewalten zu brechen, um die bürgerliche Einheit der Nation zu schaffen, mußte entwickeln, was die absolute Monarchie begonnen hatte: die Zentralisation, aber zugleich den Umfang, die Attribute und die Handlanger der Regierungsgewalt. Napoleon vollendete diese Staatsmaschinerie. Die legitime Monarchie und die Julimonarchie fügten nichts hinzu als eine größere Teilung der Arbeit, in demselben Maße wachsend, als die Teilung der Arbeit innerhalb der bürgerlichen Gesellschaft neue Gruppen von Interessen schuf, also neues Material für die Staatsverwaltung. Jedes *gemeinsame* Interesse wurde sofort von der Gesellschaft losgelöst, als höheres, *allgemeines* Interesse ihr gegenübergestellt, der Selbsttätigkeit der Gesellschaftsglieder entrissen und zum Gegenstand der Regierungstätigkeit gemacht, von der Brücke, dem Schulhaus und dem Kommunalvermögen einer Dorfgemeinde bis zu den Eisenbahnen, dem Nationalvermögen und der Landesuniversität Frankreichs. Die parlamentarische Republik endlich sah sich in ihrem Kampfe wider die Revolution gezwungen, mit den Repressivmaßregeln die Mittel und die Zentralisation der Regierungsgewalt zu verstärken. Alle Umwälzungen vervollkommneten diese Maschine statt sie zu brechen. Die Parteien, die abwechselnd um die Herrschaft rangen, betrachteten die Besitznahme dieses ungeheueren Staatsgebäudes als die Hauptbeute des Siegers.

Aber unter der absoluten Monarchie, während der ersten Revolution, unter Napoleon war die Bürokratie nur das Mittel, die Klassenherrschaft der Bourgeoisie vorzubereiten. Unter der Restauration, unter Louis-Philippe, unter der parlamentarischen Republik war sie das Instrument der herrschenden Klasse, so sehr sie auch nach Eigenmacht strebte.

Erst unter dem zweiten Bonaparte scheint sich der Staat völlig verselbständigt zu haben. Die Staatsmaschinerie hat sich der bürgerlichen Gesellschaft gegenüber so befestigt, daß an der Spitze der Chef der Gesellschaft vom 10. Dezember genügt, ein aus der Fremde herbeigelaufener Glücksritter, auf den Schild gehoben von einer trunkenen Soldateska, die er durch Schnaps und Würste erkauft hat, nach der er stets von neuem mit der Wurst werfen muß. Daher die kleinlaute Verzweiflung, das Gefühl der ungeheuersten Demütigung, Herabwürdigung, das die Brust Frankreichs beklemmt und seinen Atem stocken läßt. Es fühlt sich wie entehrt.

Und dennoch schwebt die Staatsgewalt nicht in der Luft. Bonaparte vertritt eine Klasse, und zwar die zahlreichste Klasse der französischen Gesellschaft, die *Parzellenbauern.*

Wie die Bourbons die Dynastie des großen Grundeigentums, wie die Orléans die Dynastie des Geldes, so sind die Bonapartes die Dynastie der Bauern, d. h. der französischen Volksmasse. Nicht der Bonaparte, der sich dem Bourgeoisparlamente unterwarf, sondern der Bonaparte, der das Bourgeoisparlament auseinanderjagte, ist der Auserwählte der Bauern. Drei Jahre war es den Städten gelungen, den Sinn der Wahl vom 10. Dezember zu verfälschen und die Bauern um die Wiederherstellung des Kaiserreichs zu prellen. Die Wahl vom 10. Dezember 1848 ist erst erfüllt worden durch den coup d'Etat vom 2. Dezember 1851.

Die Parzellenbauern bilden eine ungeheure Masse, deren Glieder in gleicher Situation leben, aber ohne in mannigfache Beziehung zueinander zu treten. Ihre Produktionsweise isoliert sie voneinander, statt sie in wechselseitigen Verkehr zu bringen. Die Isolierung wird gefördert durch die schlechten französischen Kommunikationsmittel und die Armut der Bauern. Ihr Produktionsfeld, die Parzelle, läßt in seiner Kultur keine Teilung der Arbeit zu, keine Anwendung der Wissenschaft, also keine Mannigfaltigkeit der Entwicklung, keine Verschiedenheit der Talente, keinen Reichtum der gesellschaftlichen Verhältnisse. Jede einzelne Bauernfamilie genügt beinah sich selbst, produziert unmittelbar selbst den größten Teil ihres Konsums und gewinnt so ihr Lebensmaterial mehr im Austausche mit der Natur als im Verkehr mit der Gesellschaft. Die Parzelle, der Bauer und die Familie; daneben eine andre Parzelle, ein andrer Bauer und eine andre Familie. Ein Schock davon macht ein Dorf, und ein Schock Dörfer macht ein Departement. So wird die große Masse der französischen Nation gebildet durch einfache Addition gleichnamiger Größen, wie etwa ein Sack von Kartoffeln einen Kartoffelsack bildet. Insofern Millionen von Familien unter ökonomischen Existenzbedingungen leben, die ihre Lebensweise, ihre Interessen und ihre Bildung, von denen der andern Klassen trennen und ihnen feindlich gegenüberstellen, bilden sie eine Klasse. Insofern ein nur lokaler Zusammenhang unter den Parzellenbauern besteht, die Dieselbigkeit ihrer Interessen keine Gemeinsamkeit, keine nationale Verbindung und keine politische Organisation unter ihnen erzeugt, bilden sie keine Klasse. Sie sind daher unfähig, ihr Klasseninteresse im eigenen Namen, sei es durch ein Parlament, sei es durch einen Konvent geltend zu machen. Sie können sich nicht vertreten, sie müssen vertreten werden. Ihr Vertreter muß zugleich als ihr Herr, als eine Autorität über ihnen erscheinen, als eine unumschränkte Regierungsgewalt, die sie vor den andern Klassen beschützt und ihnen von oben Regen und Sonnenschein schickt. Der politische Einfluß der Parzellenbauern findet also darin seinen letzten Ausdruck, daß die Exekutivgewalt sich die Gesellschaft unterordnet.

Durch die geschichtliche Tradition ist der Wunderglaube der französischen Bauern entstanden, daß ein Mann namens Napoleon ihnen alle Herrlichkeit wiederbringen werde. Und es fand sich ein Individuum, das sich für diesen Mann ausgibt, weil es den Namen Napoleon trägt, infolge des Code Napoléon, der anbefiehlt: „La recherche de la paternité est interdite." Nach zwanzigjähriger Vagabundage und einer Reihe von grotesken Abenteuern erfüllt sich die Sage, und der Mann wird Kaiser der Franzosen. Die fixe Idee des Neffen verwirklicht sich, weil sie mit der fixen Idee der zahlreichsten Klasse der Franzosen zusammenfiel.

Aber, wird man mir einwerfen, die Bauernaufstände in halb Frankreich, die Treibjagden der Armee auf die Bauern, die massenhafte Einkerkerung und Transportation der Bauern?

Seit Ludwig XIV. hat Frankreich keine ähnliche Verfolgung der Bauern „wegen demagogischer Umtriebe" erlebt.

Aber man verstehe wohl. Die Dynastie Bonaparte repräsentiert nicht den revolutionären, sondern den konservativen Bauern, nicht den Bauern, der über seine soziale Existenzbedingung, die Parzelle hinausdrängt, sondern der sie vielmehr befestigen will, nicht das Landvolk, das durch eigne Energie im Anschluß an die Städte die alte Ordnung umstürzen, sondern umgekehrt dumpf verschlossen in dieser alten Ordnung sich mitsamt seiner Parzelle von dem Gespenste des Kaisertums gerettet und bevorzugt sehen will. Sie repräsentiert nicht die Aufklärung, sondern den Aberglauben des Bauern, nicht sein Urteil, sondern sein Vorurteil, nicht seine Zukunft, sondern seine Vergangenheit, nicht seine modernen Cevennen, sondern seine moderne Vendée.

Die dreijährige harte Herrschaft der parlamentarischen Republik hatte einen Teil der französischen Bauern von der napoleonischen Illusion befreit und, wenn auch nur oberflächlich, revolutioniert; aber die Bourgeoisie warf sie gewaltsam zurück, sooft sie sich in Bewegung setzten. Unter der parlamentarischen Republik rang das moderne mit dem traditionellen Bewußtsein der französischen Bauern. Der Prozeß ging vor sich in der Form eines unaufhörlichen Kampfes zwischen den Schulmeistern und den Pfaffen. Die Bourgeoisie schlug die Schulmeister nieder. Die Bauern machten zum ersten Mal Anstrengungen, der Regierungstätigkeit gegenüber sich selbständig zu verhalten. Es erschien dies in dem fortgesetzten Konflikte der Maires mit den Präfekten. Die Bourgeoisie setzte die Maires ab. Endlich erhoben sich die Bauern verschiedener Orte während der

Periode der parlamentarischen Republik gegen ihre eigne Ausgeburt, die Armee. Die Bourgeoisie bestrafte sie mit Belagerungszuständen und Exekutionen. Und dieselbe Bourgeoisie schreit jetzt über die Stupidität der Massen, der vile multitude, die sie an Bonaparte verraten habe. Sie selbst hat den Imperialismus der Bauernklasse gewaltsam befestigt, sie hielt die Zustände fest, die die Geburtsstätte dieser Bauernreligion bilden. Allerdings muß die Bourgeoisie die Dummheit der Massen fürchten, solange sie konservativ bleiben, und die Einsicht der Massen, sobald sie revolutionär werden.

In den Aufständen nach dem coup d'Etat protestierte in Teil der französischen Bauern mit den Waffen in der Hand gegen sein eignes Votum vom 10. Dezember 1848. Die Schule seit 1848 hatte sie gewitzigt. Allein sie hatten sich der geschichtlichen Unterwelt verschrieben, die Geschichte hielt sie beim Worte, und noch war die Mehrzahl so befangen, daß gerade in den rotesten Departements die Bauernbevölkerung öffentlich für Bonaparte stimmte. Die Nationalversammlung hatte ihn nach ihrer Ansicht am Gehen verhindert. Er hatte jetzt nur die Fessel gebrochen, die die Städte dem Willen des Landes angelegt. Sie trugen sich stellenweise sogar mit der grotesken Vorstellung: neben einem Napoleon ein Konvent.

Nachdem die erste Revolution die halbhörigen Bauern in freie Grundeigentümer verwandelt hatte, befestigte und regelte Napoleon die Bedingungen, worin sie ungestört den eben erst ihnen anheimgefallenen Boden Frankreichs ausbeuten und die jugendliche Lust am Eigentum büßen konnten. Aber woran der französische Bauer jetzt untergeht, es ist seine Parzelle selbst, die Teilung des Grund und Bodens, die Eigentumsform, die Napoleon in Frankreich konsolidierte. Es sind eben die materiellen Bedingungen, die den französischen Feudalbauer zum Parzellenbauer und Napoleon zum Kaiser machten. Zwei Generationen haben hingereicht, um das unvermeidliche Resultat zu erzeugen: progressive Verschlechterung des Ackerbaus, progressive Verschuldung des Ackerbauers. Die „Napoleonische" Eigentumsform, die im Anfange des neunzehnten Jahrhunderts die Bedingung für die Befreiung und die Bereicherung des französischen Landvolks war, hat sich im Laufe dieses Jahrhunderts als das Gesetz ihrer Sklaverei und ihres Pauperismus entwickelt. Und eben dies Gesetz ist die erste der „idées napoléoniennes", die der zweite Bonaparte zu behaupten hat. Wenn er mit den Bauern noch die Illusion teilt, nicht im Parzelleneigentum selbst, sondern außerhalb, im Einflusse sekundärer Umstände die Ursache ihres Ruins zu suchen, so werden seine Experimente wie Seifenblasen an den Produktionsverhältnissen zerschellen.

Die ökonomische Entwicklung des Parzelleneigentums hat das Verhältnis der Bauern zu den übrigen Gesellschaftsklassen von Grund aus verkehrt. Unter Napoleon ergänzte die Parzellierung des Grund und Bodens auf dem Lande die freie Konkurrenz und die beginnende große Industrie in den Städten. Die Bauernklasse war der allgegenwärtige Protest gegen die eben erst gestürzte Grundaristokratie. Die Wurzeln, die das Parzelleneigentum in dem französischen Grund und Boden schlug, entzogen dem Feudalismus jeden Nahrungsstoff. Seine Grenzpfähle bildeten das natürliche Befestigungswerk der Bourgeoisie gegen jeden Handstreich ihrer alten Oberherrn. Aber im Laufe des neunzehnten Jahrhunderts trat an die Stelle des Feudalen der städtische Wucherer, an die Stelle des aristokratischen Grundeigentums das bürgerliche Kapital. Die Parzelle des Bauern ist nur noch der Vorwand, der dem Kapitalisten erlaubt, Profit, Zinsen und Rente von dem Acker zu ziehn und den Ackerbauer selbst zusehn zu lassen, wie er seinen Arbeitslohn herausschlägt. Die auf dem französischen Boden lastende Hypothekarschuld legt der französischen Bauernschaft einen Zins auf, so groß wie der Jahreszins der gesamten britischen Nationalschuld. Das Parzelleneigentum in dieser Sklaverei vom Kapital, wozu seine Entwicklung unvermeidlich hindrängt, hat die Masse der französischen Nation in Troglodyten verwandelt. Sechzehn Millionen Bauern (Frauen und Kinder eingerechnet) hausen in Höhlen, wovon ein großer Teil nur eine Öffnung, der andre nur zwei, und der bevorzugteste nur drei Öffnungen hat. Die Fenster sind an einem Haus, was die fünf Sinne für den Kopf sind. Die bürgerliche Ordnung, die im Anfange des Jahrhunderts den Staat als Schildwache vor die neuentstandene Parzelle stellte und sie mit Lorbeeren düngte, ist zum Vampir geworden, der ihr Herzblut und Hirnmark aussaugt und sie in den Alchimistenkessel des Kapitals wirft. Der Code Napoléon ist nur noch der Kodex der Exekution, der Subhastation und der Zwangsversteigerung. Zu den vier Millionen (Kinder usw. eingerechnet) offizieller Paupers, Vagabunden, Verbrecher und Prostituierten, die Frankreich zählt, kommen fünf Millionen hinzu, die an dem Abgrunde der Existenz schweben und entweder auf dem Lande selbst hausen oder beständig mit ihren Lumpen und ihren Kindern von dem Lande in die Städte und von den Städten auf das Land desertieren. Das Interesse der Bauern befindet sich also nicht mehr, wie unter Napoleon, im Einklange, sondern im Gegensatze mit den Interessen der Bourgeoisie, mit dem Kapital. Sie finden also ihren natürlichen Verbündeten und Führer in dem *städtischen Proletariat*, dessen Aufgabe der Umsturz der bürgerlichen Ordnung ist. Aber die *starke und unumschränkte Regierung* – und dies ist die zweite „idée napoléonienne", die der zweite Napoleon auszuführen hat – ist zur gewaltsamen Verteidigung dieser „materiellen" Ordnung berufen. Auch gibt dieser „ordre matériel" in allen Proklamationen Bonapartes gegen die aufrührerischen Bauern das Stichwort ab.

Neben der Hypothek, die das Kapital ihr auferlegt, lastet auf der Parzelle die *Steuer*. Die Steuer ist die Lebensquelle der Bürokratie, der Armee, der Pfaffen und des Hofes, kurz, des ganzen Apparats der Exekutivgewalt. Starke Regierung und starke Steuer sind identisch. Das Parzelleneigentum eignet sich seiner Natur nach zur Grundlage einer allgewaltigen und zahllosen Bürokratie. Es schafft ein gleichmäßiges Niveau der Verhältnisse und der Personen über der ganzen Oberfläche des Landes. Es erlaubt also auch die gleichmäßige Einwirkung nach allen Punkten dieser gleichmäßigen Masse von einem obersten Zentrum aus. Es vernichtet die aristokratischen Mittelstufen zwischen der Volksmasse und der Staatsgewalt. Es ruft also von allen Seiten das direkte Eingreifen dieser Staatsgewalt und das Zwischenschieben ihrer unmittelbaren Organe hervor. Es erzeugt endlich eine unbeschäftigte Überbevölkerung, die weder auf dem Lande noch in den Städten Platz findet und daher nach den Staatsämtern als einer Art von respektablem Almosen greift und die Schöpfung von Staatsämtern provoziert. Napoleon gab in den neuen Märkten, die er mit dem Bajonette eröffnete, in der Plünderung des Kontinents, die Zwangssteuer mit Zinsen zurück. Sie war ein Stachel für die Industrie des Bauern, während sie jetzt seine Industrie der letzten Hülfsquellen beraubt, seine Widerstandslosigkeit gegen den Pauperismus vollendet. Und eine enorme Bürokratie, wohlgaloniert und wohlgenährt, ist die „idée napoléonienne", die dem zweiten Bonaparte von allen am meisten zusagt. Wie sollte sie auch nicht, da er gezwungen ist, neben den wirklichen Klassen der Gesellschaft eine künstliche Kaste zu schaffen, für welche die Erhaltung seines Regimes zur Messer- und Gabelfrage wird. Eine seiner ersten Finanzoperationen war daher auch die Wiedererhöhung der Beamtengehalte auf ihren alten Betrag und die Schöpfung neuer Sinekuren.

Eine andre „idée napoléonienne" ist die Herrschaft der *Pfaffen* als Regierungsmittel. Aber wenn die neuentstandene Parzelle in ihrem Einklang mit der Gesellschaft, in ihrer Abhängigkeit von den Naturgewalten und ihrer Unterwerfung unter die Autorität, die sie von oben beschützte, natürlich religiös war, wird die schuldzerrüttete, mit der Gesellschaft und der Autorität zerfallene, über ihre eigne Beschränktheit hinausgetriebene Parzelle natürlich irreligiös. Der Himmel war eine ganz schöne Zugabe zu dem eben gewonnenen schmalen Erdstrich, zumal da er das Wetter macht; er wird zum Insult, sobald er als Ersatz für die Parzelle aufgedrängt wird. Der Pfaffe erscheint dann nur noch als der gesalbte Spürhund der irdischen Polizei – eine andre „idée napoléonienne". Die Expedition gegen Rom wird das nächste Mal in Frankreich selbst stattfinden, aber im umgekehrten Sinne des Herrn von Montalembert.

Der Kulminationspunkt der „idées napoléoniennes" endlich ist das Übergewicht der *Armee*. Die Armee war der point d'honneur der Parzellenbauern, sie selbst in Heroen verwandelt, nach außen hin den neuen Besitz verteidigend, ihre eben erst errungene Nationalität verherrlichend, die Welt plündernd und revolutionierend. Die Uniform war ihr eignes Staatskostüm, der Krieg ihre Poesie, die in der Phantasie verlängerte und abgerundete Parzelle das Vaterland und der Patriotismus die ideale Form des Eigentumssinnes. Aber die Feinde, wogegen der französische Bauer jetzt sein Eigentum zu verteidigen hat, es sind nicht die Kosaken, es sind die Huissiers* und die Steuerexekutoren. Die Parzelle liegt nicht mehr im sogenannten Vaterland, sondern im Hypothekenbuch.

* Huissier: Gerichtsvollzieher

Die Armee selbst ist nicht mehr die Blüte der Bauernjugend, sie ist die Sumpfblüte des bäuerlichen Lumpenproletariats. Sie besteht größtenteils aus Remplaçants, aus Ersatzmännern, wie der zweite Bonaparte selbst nur Remplaçant, der Ersatzmann für Napoleon ist. Ihre Heldentaten verrichtet sie jetzt in den Gems- und Treibjagden auf die Bauern, im Gendarmendienst, und wenn die innern Widersprüche seines Systems den Chef der Gesellschaft des 10. Dezember über die französischen Grenze jagen, wird sie nach einigen Banditenstreichen keine Lorbeeren, sondern Prügel ernten.

Man sieht: *Alle „idées napoléoniennes" sind Ideen der unentwickelten, jugendfrischen Parzelle*, sie sind ein Widersinn für die überlebte Parzelle. Sie sind nur die Halluzinationen ihres Todeskampfes, Worte, die in Phrasen, Geister, die in Gespenster verwandelt. Aber die Parodie des Imperialismus war notwendig, um die Masse der französischen Nation von der Wucht der Tradition zu befreien und den Gegensatz der Staatsgewalt zur Gesellschaft rein herauszuarbeiten. Mit der fortschreitenden Zerrüttung des Parzelleneigentums bricht das auf ihm aufgeführte Staatsgebäude zusammen. Die staatliche Zentralisation, deren die moderne Gesellschaft bedarf, erhebt sich nur auf den Trümmern der militärisch-bürokratischen Regierungsmaschinerie, die im Gegensatz zum Feudalismus geschmiedet ward.

Die französischen Bauernverhältnisse enthüllen uns das Rätsel der *allgemeinen Wahlen vom 20. und 21. Dezember*, die den zweiten Bonaparte auf den Berg Sinai führten, nicht um Gesetze zu erhalten, sondern um sie zu geben.

Die Bourgeoisie hatte jetzt offenbar keine andere Wahl, als Bonaparte zu wählen. Als die Puritaner auf dem Konzile von Konstanz über das lasterhafte Leben der Päpste klagten und über die Notwendigkeit der Sittenreform jammerten, donnerte der Kardinal Pierre d'Ailly ihnen zu: „Nur noch der Teufel in eigner Person kann die katholische Kirche retten, und ihr verlangt Engel." So rief die französische Bourgeoisie nach dem coup d'Etat: Nur noch der Chef der Gesellschaft vom 10. Dezember kann die bürgerliche Gesellschaft retten! Nur noch der Diebstahl das Eigentum, der Meineid die Religion, das Bastardtum die Familie, die Unordnung die Ordnung!

Bonaparte als die verselbständigte Macht der Exekutivgewalt fühlt seinen Beruf, die „bürgerliche Ordnung" sicherzustellen. Aber die Stärke dieser bürgerlichen Ordnung ist die Mittelklasse. Er weiß sich daher als Repräsentant der Mittelklasse und erläßt Dekrete in diesem Sinne. Er ist jedoch nur dadurch etwas, daß er die politische Macht dieser Mittelschicht gebrochen hat und täglich von neuem bricht. Er weiß sich daher als Gegner der politischen und literarischen Macht der Mittelklasse. Aber indem er ihre materielle Macht beschützt, erzeugt er von neuem ihre politische Macht. Die Ursache muß daher am Leben erhalten, aber die Wirkung, wo sie sich zeigt, aus der Welt geschafft werden. Aber ohne kleine Verwechslungen von Ursache und Wirkung kann dies nicht abgehn, da beide in der Wechselwirkung ihre Unterscheidungsmerkmale verlieren. Neue Dekrete, die die Grenzlinie verwischen. Bonaparte weiß sich zugleich gegen die Bourgeoisie als Vertreter der Bauern und des Volkes überhaupt, der innerhalb der bürgerlichen Gesellschaft die untern Volksklassen beglücken will. Neue Dekrete, die die „wahren Sozialisten" im voraus um ihre Regierungsweisheit prellen. Aber Bonaparte weiß sich vor allem als Chef der Gesellschaft vom 10. Dezember, als Repräsentanten des Lumpenproletariats, dem er selbst, seine entourage, seine Regierung und seine Armee angehören und für das es sich vor allem darum handelt, sich wohlzutun und kalifornische Lose aus dem Staatsschatze zu ziehn. Und er bestätigt sich als Chef der Gesellschaft vom 10. Dezember mit Dekreten, ohne Dekrete und trotz der Dekrete.

Diese widerspruchsvolle Aufgabe des Mannes erklärt die Widersprüche seiner Regierung, das unklare Hinundhertappen, das bald diese, bald jene Klasse zu gewinnen, bald zu demütigen sucht und alle gleichmäßig gegen sich aufbringt, dessen praktische Unsicherheit einen hochkomischen Kontrast bildet zu dem gebieterischen, kategorischen Stile der Regierungsakte, der dem Onkel folgsam nachkopiert wird.

Industrie und Handel, also die Geschäfte der Mittelklasse, sollen unter der starken Regierung treibhausmäßig aufblühn. Verleihen einer Unzahl von Eisenbahnkonzessionen. Aber das bonapartistische Lumpenproletariat soll sich bereichern. Tripotage mit den Eisenbahnkonzessionen auf der Börse von den vorher Eingeweihten. Aber es zeigt sich kein Kapital für die Eisenbahnen. Verpflichtung der Bank, auf Eisenbahnaktien vorzuschießen. Aber die Bank soll zugleich persönlich exploitiert und daher kajoliert werden. Entbindung der Bank von der Pflicht, ihren Bericht wöchentlich zu veröffentlichen. Leoninischer Vertrag der Bank mit der Regierung. Das Volk soll beschäftigt werden. Anordnungen von Staatsbauten. Aber die Staatsbauten erhöhen die Steuerpflichten des Volkes. Also Herabsetzung der Steuern durch Angriff auf die Rentiers, durch Konvertierung der fünfprozentigen Renten in viereinhalbprozentige. Aber der Mittelstand muß wieder ein douceur erhalten. Also Verdoppelung der Weinsteuer für das Volk, das ihn en détail kauft, und Herabsetzung um die Hälfte für den Mittelstand, der ihn en gros trinkt. Auflösung der wirklichen Arbeiterassoziationen, aber Verheißung von künftigen Assoziationswundern. Den Bauern soll geholfen werden. Hypothekenbanken, die ihre Verschuldung und die Konzentration des Eigentums beschleunigen. Aber diese Banken sollen benutzt werden, um Geld aus den konfiszierten Gütern des Hauses Orléans herauszuschlagen. Kein Kapitalist will sich zu dieser Bedingung verstehn, die nicht in dem Dekrete steht, und die Hypothekenbank bleibt ein bloßes Dekret usw. usw.

Bonaparte möchte als der patriarchalische Wohltäter aller Klassen erscheinen. Aber er kann keiner geben, ohne der andern zu nehmen. Wie man zur Zeit der Fronde vom Herzog von Guise sagte, das er der obligeanteste Mann von Frankreich sei, weil er alle seine Güter in Obligationen seiner Partisanen gegen sich verwandelt habe, so möchte Bonaparte der obligeanteste Mann von

Frankreich sein und alles Eigentum, alle Arbeit Frankreichs in eine persönliche Obligation gegen sich verwandeln. Er möchte ganz Frankreich stehlen, um es an Frankreich verschenken, oder vielmehr um Frankreich mit französischem Gelde wiederkaufen zu können, denn als Chef des Gesellschaft vom 10. Dezember muß er kaufen, was ihm gehören soll. Und zu dem Institute des Kaufens werden alle Staatsinstitute, der Senat, der Staatsrat, der gesetzgebende Körper, die Ehrenlegion, die Soldatenmedaille, die Waschhäuser, die Staatsbauten, die Eisenbahnen, der état-major der Nationalgarde ohne Gemeine, die konfiszierten Güter des Hauses Orléans. Zum Kaufmittel wird jeder Platz in der Armee und der Regierungsmaschine. Das wichtigste aber bei diesem Prozesse, wo Frankreich genommen wird, um ihm zu geben, sind die Prozente, die während des Umsatzes auf das Haupt und die Glieder der Gesellschaft vom 10. Dezember abfallen. Das Witzwort, womit die Gräfin L., die Mätresse des Herrn de Morny, die Konfiskation der orleansschen Güter charakterisierte: „C'est le premier vol de l'aigle", paßt auf jeden Flug dieses *Adlers*, der mehr *Rabe* ist. Er selbst und seine Anhänger rufen sich täglich zu, wie jener italienische Kartäuser dem Geizhals, der prunkend die Güter aufzählte, an denen er noch für Jahre zu zehren habe: „Tu fai conto sopra i beni, bisogna prima far il conto sopra gli anni."* Um sich in den Jahren nicht zu verrechnen, zählen sie nach Minuten. An den Hof, in die Ministerien, an die Spitze der Verwaltung und der Armee drängt sich ein Haufe von Kerlen, von deren bestem zu sagen ist, daß man nicht weiß, von wannen er kommt, eine geräuschvolle, anrüchige, plünderungslustige Bohème, die mit derselben grotesken Würde in galonierte Röcke kriecht wie Soulouques Großwürdenträger. Man kann diese höhere Schichte der Gesellschaft vom 10. Dezember sich anschaulich machen, wenn man erwägt, daß *Véron-Crevel*** ihr Sittenprediger ist und *Granier de Cassagnac**** ihr Denker. Als Guizot zur Zeit seines Ministeriums diesen Granier in einem Winkelblatte gegen die dynastische Opposition verwandte, pflegte er ihn mit der Wendung zu rühmen: „C'est le roi des drôles", „das ist der Narrenkönig". Man hätte unrecht, bei dem Hofe und der Sippe Louis Bonapartes an die Regentschaft oder Ludwig XV. zu erinnern. Denn „oft schon hat Frankreich eine Mätressenregierung erlebt, aber noch nie eine Regierung von hommes entretenus."

Von den widersprechenden Forderungen dieser Situation gejagt, zugleich wie ein Taschenspieler in der Notwendigkeit, durch beständige Überraschung die Augen des Publikums auf sich als den Ersatzmann Napoleons gerichtet zu halten, also jeden Tag einen Staatsstreich en miniature zu verrichten, bringt

* „Du berechnest deine Güter, du solltest vorher deine Jahre berechnen."

** In der „Cousine Bette" stellt Balzac in der Figur des Crevel, die er nach Dr. Véron, dem Eigentümer des „Constitutionnel", entwarf, den verkommenen Pariser Philister dar.

*** Adolphe Granier de Cassagnac, übel beleumdeter, opportunistischer Journalist und gehässiger Polemiker, Parteigänger Napoleons III.

Bonaparte die ganze bürgerliche Wirtschaft in Wirrwarr, tastet alles an, was der Revolution von 1848 unantastbar schien, macht die einen revolutionsgeduldig, die andern revolutionslustig und erzeugt die Anarchie selbst im Namen der Ordnung, während er zugleich der ganzen Staatsmaschine den Heiligenschein abstreift, sie profaniert, sie zugleich ekelhaft und lächerlich macht. Den Kultus des heiligen Rocks zu Trier wiederholt er zu Paris im Kultus des napoleonischen Kaisermantels. Aber wenn der Kaisermantel endlich auf die Schultern des Louis Bonaparte fällt, wird das eherne Standbild Napoleons von der Höhe der Vendôme-Säule herabstürzen.

ZUR KRITIK DER POLITISCHEN ÖKONOMIE

Vorwort

Ich betrachte das System der bürgerlichen Ökonomie in dieser Reihenfolge: *Kapital, Grundeigentum, Lohnarbeit; Staat, auswärtiger Handel, Weltmarkt.* Unter den drei ersten Rubriken untersuche ich die ökonomischen Lebensbedingungen der drei großen Klassen, worin die moderne bürgerliche Gesellschaft zerfällt; der Zusammenhang der drei andern Rubriken springt in die Augen. Die erste Abteilung des ersten Buchs, das vom Kapital handelt, besteht aus folgenden Kapiteln: 1. die Ware; 2. das Geld oder die einfache Zirkulation; 3. das Kapital im allgemeinen. Die zwei ersten Kapitel bilden den Inhalt des vorliegenden Heftes. Das Gesamtmaterial liegt vor mir in Form von Monographien, die in weit auseinanderliegenden Perioden zu eigner Selbstverständigung, nicht für den Druck niedergeschrieben wurden, und deren zusammenhängende Verarbeitung nach dem angegebenen Plan von äußern Umständen abhängen wird.

Eine allgemeine Einleitung, die ich hingeworfen hatte, unterdrücke ich, weil mir bei näherem Nachdenken jede Vorwegnahme erst zu beweisender Resultate störend scheint, und der Leser, der mir überhaupt folgen will, sich entschließen muß, von dem einzelnen zum allgemeinen aufzusteigen. Einige Andeutungen über den Gang meiner eignen politisch-ökonomischen Studien mögen dagegen hier am Platz scheinen.

Mein Fachstudium war das der Jurisprudenz, die ich jedoch nur als untergeordnete Disziplin neben Philosophie und Geschichte betrieb. Im Jahr 1842-43, als Redakteur der „Rheinischen Zeitung", kam ich zuerst in die Verlegenheit, über sogenannte materielle Interessen mitsprechen zu müssen. Die Verhandlungen des Rheinischen Landtags über Holzdiebstahl und Parzellierung des Grundeigentums, die amtliche Polemik, die Herr von Schaper, damals Oberpräsident der Rheinprovinz, mit der „Rheinischen Zeitung" über die Zustände der Moselbauern eröffnete, Debatten endlich über Freihandel und Schutzzoll, gaben die ersten Anlässe zu meiner Beschäftigung mit ökonomischen Fragen. Andererseits hatte zu jener Zeit, wo der gute Wille „weiterzugehen" Sachkenntnis vielfach aufwog, ein schwach philosophisch gefärbtes Echo des französischen Sozialismus und Kommunismus sich in der „Rheinischen Zeitung" hörbar gemacht. Ich erklärte mich gegen diese Stümperei, gestand aber zugleich in einer Kontroverse mit der „Allgemeinen Augsburger Zeitung" rundheraus, daß meine bisherigen Studien mir nicht erlaubten, irgendein Urteil über den Inhalt der französischen Richtungen selbst zu wagen. Ich ergriff vielmehr begierig die Illusion der Geranten der „Rheinischen Zeitung", die durch schwächere Haltung des Blattes das über es gefällte Todesurteil rückgängig machen zu können glaubten, um mich von der öffentlichen Bühne in die Studierstube zurückzuziehn.

Die erste Arbeit, unternommen zur Lösung der Zweifel, die mich bestürmten, war eine kritische Revision der Hegelschen Rechtsphilosophie, eine Arbeit, wovon die Einleitung in den 1844 in Paris herausgegebenen „Deutsch-Französischen Jahrbüchern" erschien. Meine Untersuchung mündete in dem Ergebnis, daß Rechtsverhältnisse wie Staatsformen weder aus sich selbst zu begreifen sind noch aus der sogenannten allgemeinen Entwicklung des menschlichen Geistes, sondern vielmehr in den materiellen Lebensverhältnissen wurzeln, deren Gesamtheit Hegel, nach dem Vorgang der Engländer und Franzosen des 18. Jahrhunderts, unter dem Namen „bürgerliche Gesellschaft" zusammenfaßt, daß aber die Anatomie der bürgerlichen Gesellschaft in der politischen Ökonomie zu suchen sei. Die Erforschung der letztern, die ich in Paris begann, setzte ich fort zu Brüssel, wohin ich infolge eines Ausweisungsbefehls des Herrn Guizot übergewandert war. Das allgemeine Resultat, das sich mir ergab und, einmal gewonnen, meinen Studien zum Leitfaden diente, kann kurz so formuliert werden: In der gesellschaftlichen Produktion ihres Lebens gehen die Menschen bestimmte, notwendige, von ihrem Willen unabhängige Verhältnisse ein, Produktionsverhältnisse, die einer bestimmten Entwicklungsstufe ihrer materiellen Produktivkräfte entsprechen. Die Gesamtheit dieser Produktionsverhältnisse bildet die ökonomische Struktur der Gesellschaft, die reale Basis, worauf sich ein juristischer und politischer Überbau erhebt und welcher bestimmte gesellschaftliche Bewußtseinsformen entsprechen. Die Produktionsweise des materiellen Lebens bedingt den sozialen, politischen und geistigen Lebensprozeß überhaupt. Es ist nicht das Bewußtsein der Menschen, das ihr Sein, sondern umgekehrt ihr gesellschaftliches Sein, das ihr Bewußtsein bestimmt. Auf einer gewissen Stufe ihrer Entwicklung geraten die materiellen Produktivkräfte der Gesellschaft in Widerspruch mit den vorhandenen Produktionsverhältnissen oder, was nur ein juristischer Ausdruck dafür ist, mit den Eigentumsverhältnissen, innerhalb deren sie sich bisher bewegt hatten. Aus Entwicklungsformen der Produktivkräfte schlagen diese Verhältnisse in Fesseln derselben um. Es tritt dann eine Epoche sozialer Revolution ein. Mit der Veränderung der ökonomischen Grundlage wälzt sich der ganze ungeheure Überbau langsamer oder rascher um. In der Betrachtung solcher Umwälzungen muß man stets unterscheiden zwischen der materiellen, naturwissenschaftlich treu zu konstatierenden Umwälzung in den ökonomischen Produktionsbedingungen und den juristischen, politischen, religiösen, künstlerischen oder philosophischen, kurz, ideologischen Formen, worin sich die Menschen dieses Konflikts bewußt werden und ihn ausfechten. Sowenig man das, was ein Individuum ist, nach dem beurteilt, was es sich selbst dünkt, ebensowenig kann man eine solche Umwälzungsepoche aus ihrem Bewußtsein beurteilen, sondern muß vielmehr dies Bewußtsein aus den Widersprüchen des materiellen Lebens, aus dem vorhandenen Konflikt zwischen gesellschaftlichen Produktivkräften und Produktionsverhältnissen erklären. Eine Gesellschaftsformation geht nie unter, bevor alle Produktivkräfte entwickelt sind, für die sie weit genug ist, und neue höhere Produktionsverhältnisse treten nie an die Stelle, bevor die materiellen Existenzbedingungen derselben im Schoß der alten Gesellschaft selbst ausgebrütet worden sind. Daher stellt sich die Menschheit immer nur Aufgaben, die sie lösen kann, denn genauer betrachtet wird sich stets finden, daß die Aufgabe selbst nur entspringt, wo die materiellen Bedingungen ihrer Lösung schon vorhanden oder wenigstens im Prozeß ihres Werdens begriffen sind. In großen Umrissen können asiatische, antike, feudale und modern bürgerliche Produktionsweisen als progressive Epochen der ökonomischen Gesellschaftsformation bezeichnet werden. Die bürgerlichen Produktionsverhältnisse sind die letzte antagonistische Form des gesellschaftlichen Produktionsprozesses, antagonistisch nicht im Sinn von individuellem Antagonismus, sondern eines aus den gesellschaftlichen Lebensbedingungen der Individuen hervorwachsenden Antagonismus, aber die im Schoß der bürgerlichen Gesellschaft sich entwickelnden Produktivkräfte schaffen zugleich die materiellen Bedingungen zur Lösung dieses Antagonismus. Mit dieser Gesellschaftsformation schließt daher die Vorgeschichte der menschlichen Gesellschaft ab.

Friedrich Engels, mit dem ich seit dem Erscheinen seiner genialen Skizze zur Kritik der ökonomischen Kategorien (in den „Deutsch-Französischen Jahrbüchern“) einen steten schriftlichen Ideenaustausch unterhielt, war auf anderm Wege (vergleiche seine „Lage der arbeitenden Klasse in England“) mit mir zu demselben Resultat gelangt, und als er sich im Frühling 1845 ebenfalls in Brüssel niederließ, beschlossen wir, den Gegensatz unsrer Ansicht gegen die ideologische der deutschen Philosophie gemeinschaftlich auszuarbeiten, in der Tat mit unserm ehemaligen philosophischen Gewissen abzurechnen. Der Vorsatz ward ausgeführt in der Form einer Kritik der nachhegelschen Philosophie. Das Manuskript*, zwei starke Oktavbände, war längst an seinem Verlagsort in Westphalen angelangt, als wir die Nachricht erhielten, daß veränderte Umstände den Druck nicht erlaubten. Wir überließen das Manuskript der nagenden Kritik der Mäuse um so williger, als wir unsern Hauptzweck erreicht hatten – Selbstverständigung. Von den zerstreuten Arbeiten, worin wir damals nach der einen oder andern Seite hin unsre Ansichten dem Publikum vorlegten, erwähne ich nur das von Engels und mir gemeinschaftlich verfaßte „Manifest der Kommunistischen Partei“ und einen von mir veröffentlichten „Discours sur le libre échange“ („Rede über den Freihandel“). Die entscheidenden Punkte unsrer Ansicht wurden zuerst wissenschaftlich, wenn auch nur polemisch, angedeutet in meiner 1847 herausgegebenen und gegen Proudhon gerichteten Schrift „Misère de la philosophie etc.“**. Eine deutsch geschriebene Abhandlung über die „Lohnarbeit“***, worin ich meine über diesen Gegenstand im Brüsseler Deutschen Arbeiterverein gehaltenen Vorträge zusammenflocht, wurde im Druck unterbrochen durch die Februarrevolution und meine infolge derselben stattfindende gewaltsame Entfernung aus Belgien.

---

* „Die deutsche Ideologie“

** „Das Elend der Philosophie“

*** „Lohnarbeit und Kapital“

Die Herausgabe der „Neuen Rheinischen Zeitung“ 1848 und 1849 und die später erfolgten Ereignisse unterbrachen meine ökonomischen Studien, die erst im Jahr 1850 in London wiederaufgenommen werden konnten. Das ungeheure Material für Geschichte der politischen Ökonomie, das im British Museum aufgehäuft ist, der günstige Standpunkt, den London für die Beobachtung der bürgerlichen Gesellschaft gewährt, endlich das neue Entwicklungsstadium, worin letztere mit der Entdeckung des kalifornischen und australischen Goldes einzutreten schien, bestimmten mich, ganz von vorn wieder anzufangen und mich durch das neue Material kritisch durchzuarbeiten. Diese Studien führten teils von selbst in scheinbar ganz abliegende Disziplinen, in denen ich kürzer oder länger verweilen mußte. Namentlich aber wurde die mir zu Gebot stehende Zeit geschmälert durch die gebieterische Notwendigkeit einer Erwerbstätigkeit. Meine nun achtjährige Mitarbeit an der ersten englisch-amerikanischen Zeitung, der „New-York Tribune“, machte, da ich mit eigentlicher Zeitungskorrespondenz mich nur ausnahmsweise befasse, eine außerordentliche Zersplitterung der Studien nötig. Indes bildeten Artikel über auffallende ökonomische Ereignisse in England und auf dem Kontinent einen so bedeutenden Teil meiner Beiträge, daß ich genötigt ward, mich mit praktischen Details vertraut zu machen, die außerhalb des Bereichs der eigentlichen Wissenschaft der politischen Ökonomie liegen.

Diese Skizze über den Gang meiner Studien im Gebiet der politischen Ökonomie soll nur beweisen, daß meine Ansichten, wie man sie immer beurteilen mag und wie wenig sie mit den interessierten Vorurteilen der herrschenden Klassen übereinstimmen, das Ergebnis gewissenhafter und langjähriger Forschung sind. Bei dem Eingang in die Wissenschaft aber, wie beim Eingang in die Hölle, muß die Forderung gestellt werden:

> Qui si convien lasciare ogni sospetto
> Ogni viltà convien che qui sia morta.

London, im Januar 1859 *Karl Marx*

ERSTES BUCH: VOM KAPITAL

ABSCHNITT I: DAS KAPITAL IM ALLGEMEINEN

Erstes Kapitel: Die Ware

Auf den ersten Blick erscheint der bürgerliche Reichtum als eine ungeheure Warensammlung, die einzelne Ware als sein elementarisches Dasein. Jede Ware aber stellt sich dar unter dem doppelten Gesichtspunkt von *Gebrauchswert* und *Tauschwert*.[1]

Die Ware ist zunächst, in der Sprachweise der englischen Ökonomen, „irgendein Ding, notwendig, nützlich, oder angenehm für das Leben", Gegenstand menschlicher Bedürfnisse, Lebensmittel im weitesten Sinne des Wortes. Dieses Dasein der Ware als Gebrauchswert und ihre natürliche handgreifliche Existenz fallen zusammen. Weizen z. B. ist ein besonderer Gebrauchswert im Unterschied von den Gebrauchswerten Baumwolle, Glas, Papier usw. Der Gebrauchswert hat nur Wert für den Gebrauch und verwirklicht sich nur im Prozeß der Konsumtion. Derselbe Gebrauchswert kann verschieden vernutzt werden. Die Summe seiner möglichen Nutzanwendungen jedoch ist zusammengefaßt in seinem Dasein als Ding mit bestimmten Eigenschaften. Er ist ferner nicht nur qualitativ, sondern auch quantitativ bestimmt. Ihrer natürlichen Eigentümlichkeit gemäß besitzen verschiedene Gebrauchswerte verschiedene Maße, z. B. Scheffel Weizen, Buch Papier, Elle Leinwand usw.

Welches immer die gesellschaftliche Form des Reichtums sei, Gebrauchswerte bilden stets seinen gegen diese Form zunächst gleichgültigen Inhalt. Man schmeckt dem Weizen nicht an, wer ihn gebaut hat, russischer Leibeigner, französischer Parzellenbauer oder englischer Kapitalist. Obgleich Gegenstand gesellschaftlicher Bedürfnisse, und daher in gesellschaftlichem Zusammenhang, drückt der Gebrauchswert jedoch kein gesellschaftliches Produktionsverhältnis aus. Diese Ware als Gebrauchswert ist z. B. ein Diamant. Am Diamant ist nicht wahrzunehmen, daß er Ware ist. Wo er als Gebrauchswert dient, ästhetisch oder mechanisch, am Busen der Lorette oder in der Hand des Glasschleifers, ist er Diamant und nicht Ware. Gebrauchswert zu sein scheint notwendige Voraussetzung für die Ware, aber Ware zu sein gleichgültige Bestimmung für den Gebrauchswert. Der Gebrauchswert in dieser Gleichgültigkeit gegen die ökono-

[1] Aristoteles, „De Republica", L. I, C. 9 (edit. I. Bekkeri, Oxonii 1837). „Denn zweifach ist der Gebrauch jedes Guts ... Der eine ist dem Ding als solchen eigen, der andre nicht, wie einer Sandale, zur Beschuhung zu dienen und austauschbar zu sein. Beides sind Gebrauchswerte der Sandale, denn auch wer die Sandale mit dem ihm Mangelnden, z. B. der Nahrung austauscht, benutzt die Sandale als Sandale. Aber nicht in ihrer natürlichen Gebrauchsweise. Denn sie ist nicht da des Austausches wegen. Dieselbe Bewandtnis hat es auch um die andern Güter."

mische Formbestimmung, d. h. der Gebrauchswert als Gebrauchswert, liegt jenseits des Betrachtungskreises der politischen Ökonomie.[2] In ihren Kreis fällt er nur, wo er selbst Formbestimmung. Unmittelbar ist er die stoffliche Basis, woran sich ein bestimmtes ökonomisches Verhältnis darstellt, der *Tauschwert.*

Tauschwert erscheint zunächst als *quantitatives Verhältnis*, worin Gebrauchswerte gegeneinander austauschbar. In solchem Verhältnis bilden sie dieselbe Tauschgröße. So mögen 1 Band Properz und 8 Unzen Schnupftabak derselbe Tauschwert sein, trotz der disparaten Gebrauchswerte von Tabak und Elegie. Als Tauschwert ist ein Gebrauchswert grade so viel wert wie der andere, wenn nur in richtiger Portion vorhanden. Der Tauschwert eines Palastes kann in bestimmter Anzahl von Stiefelwichsbüchsen ausgedrückt werden. Londoner Stiefelwichsfabrikanten haben umgekehrt den Tauschwert ihrer multiplizierten Büchsen in Palästen ausgedrückt. Ganz gleichgültig also gegen ihre natürliche Existenzweise, und ohne Rücksicht auf die spezifische Natur des Bedürfnisses, wofür sie Gebrauchswerte, decken sich Waren in bestimmten Quantitäten, ersetzen einander im Austausch, gelten als Äquivalente, und stellen so trotz ihres buntscheckigen Scheins dieselbe Einheit dar.

Die Gebrauchswerte sind unmittelbar Lebensmittel. Umgekehrt aber sind diese Lebensmittel selbst Produkte des gesellschaftlichen Lebens, Resultat verausgabter menschlicher Lebenskraft, *vergegenständlichte Arbeit.* Als Materiatur der gesellschaftlichen Arbeit sind alle Waren Kristallisationen derselben Einheit. Der bestimmte Charakter dieser Einheit, d. h. der Arbeit, die sich im Tauschwert darstellt, ist nun zu betrachten.

Eine Unze Gold, 1 Tonne Eisen, 1 Quarter Weizen und 20 Ellen Seide seien gleich große Tauschwerte. Als solche Äquivalente, worin der qualitative Unterschied ihrer Gebrauchswerte ausgelöscht ist, stellen sie gleiches Volumen derselben Arbeit dar. Die Arbeit, die sich gleichmäßig in ihnen vergegenständlicht, muß selbst gleichförmige, unterschiedslose, einfache Arbeit sein, der es ebenso gleichgültig, ob sie in Gold, Eisen, Weizen, Seide erscheint, wie es dem Sauerstoff ist, ob er vorkommt im Rost des Eisens, der Atmosphäre, dem Saft der Traube oder dem Blut des Menschen. Aber Gold graben, Eisen aus dem Bergwerk fördern, Weizen bauen und Seide weben sind qualitativ voneinander verschiedene Arbeitsarten. In der Tat, was sachlich als Verschiedenheit der Gebrauchswerte, erscheint prozessierend als Verschiedenheit der die Gebrauchswerte hervorbringenden Tätigkeit. Als gleichgültig gegen den besondern Stoff der Gebrauchswerte ist die Tauschwert setzende Arbeit daher gleichgültig gegen die besondere Form der Arbeit selbst. Die verschiedenen Gebrauchswerte sind ferner Produkte

---

[2] Dies ist der Grund, warum deutsche Kompilatoren den unter dem Namen „Gut" fixierten Gebrauchswert con amore (mit Lust) abhandeln. Sieh z. B. L. Stein, „System der Staatswissenschaft", Bd. I. den Abschnitt von den „Gütern". Verständiges über „Güter" muß man suchen in „Anweisungen zur Warenkunde".

der Tätigkeit verschiedener Individuen, also Resultat individuell verschiedener Arbeiten. Als Tauschwerte stellen sie aber gleiche, unterschiedslose Arbeit dar, d. h. Arbeit, worin die Individualität der Arbeitenden ausgelöscht ist. Tauschwert setzende Arbeit ist daher *abstrakt allgemeine* Arbeit.

Wenn 1 Unze Gold, 1 Tonne Eisen, 1 Quarter Weizen und 20 Ellen Seide gleich große Tauschwerte oder Äquivalente sind, sind 1 Unze Gold, $^1/_2$ Tonne Eisen, 3 Bushel Weizen und 5 Ellen Seide Tauschwerte von durchaus verschiedener Größe, und dieser quantitative Unterschied ist der einzige Unterschied, dessen sie als Tauschwerte überhaupt fähig sind. Als Tauschwerte von verschiedener Größe stellen sie ein Mehr oder Minder, größere oder kleinere Quanta jener einfachen, gleichförmigen, abstrakt allgemeinen Arbeit dar, die die Substanz des Tauschwerts bildet. Es fragt sich, wie diese Quanta messen? Oder es fragt sich vielmehr, welches das quantitative Dasein jener Arbeit selbst ist, da die Größenunterschiede der Waren als Tauschwerte nur Größenunterschiede der in ihnen vergegenständlichten Arbeit sind. Wie das quantitative Dasein der Bewegung die Zeit ist, so ist das quantitative Dasein der Arbeit die *Arbeitszeit.* Die Verschiedenheit ihrer eignen Dauer ist der einzige Unterschied, dessen sie fähig ist, ihre Qualität als gegeben vorausgesetzt. Als Arbeitszeit erhält sie ihren Maßstab an den natürlichen Zeitmaßen, Stunde, Tag, Woche usw. Arbeitszeit ist das lebendige Dasein der Arbeit, gleichgültig gegen ihre Form, ihren Inhalt, ihre Individualität; es ist ihr lebendiges Dasein als quantitatives, zugleich mit seinem immanenten Maße. Die in den Gebrauchswerten der Waren vergegenständlichte Arbeitszeit ist ebensowohl die Substanz, die sie zu Tauschwerten macht und daher zu Waren, wie sie ihre bestimmte Wertgröße mißt. Die korrelativen Quantitäten verschiedener Gebrauchswerte, in welchen dieselbe Arbeitszeit sich vergegenständlicht, sind Äquivalente, oder alle Gebrauchswerte sind Äquivalente in den Proportionen, worin sie dieselbe Arbeitszeit aufgearbeitet, vergegenständlicht enthalten. Als Tauschwert sind alle Waren nur bestimmte Maße *festgeronnener Arbeitszeit.*

Zum Verständnis der Bestimmung des Tauschwerts durch Arbeitszeit sind folgende Hauptgesichtspunkte festzuhalten: die Reduktion der Arbeit auf einfache, sozusagen qualitätslose Arbeit; die spezifische Art und Weise, worin die Tauschwert setzende, also Waren produzierende Arbeit *gesellschaftliche Arbeit* ist; endlich der Unterschied zwischen der Arbeit, sofern sie in Gebrauchswerten, und der Arbeit, sofern sie in Tauschwerten resultiert.

Um die Tauschwerte der Waren an der in ihnen enthaltenen Arbeitszeit zu messen, müssen die verschiedenen Arbeiten selbst reduziert sein auf unterschiedslose, gleichförmige, einfache Arbeit, kurz auf Arbeit, die qualitativ dieselbe ist und sich daher nur quantitativ unterscheidet.

Diese Reduktion erscheint als eine Abstraktion, aber es ist eine Abstraktion, die in dem gesellschaftlichen Produktionsprozeß täglich vollzogen wird. Die Auflösung aller Waren in Arbeitszeit ist keine größere Abstraktion, aber zugleich keine minder reelle als die aller organischen Körper in Luft. Die Arbeit, die so gemessen ist durch die Zeit, erscheint in der Tat nicht als Arbeit verschiedener Subjekte, sondern die verschiedenen arbeitenden Individuen erscheinen vielmehr als bloße Organe *der* Arbeit. Oder die Arbeit, wie sie sich in Tauschwerten darstellt, könnte ausgedrückt werden als *allgemein menschliche* Arbeit. Diese Abstraktion der allgemein menschlichen Arbeit existiert in der Durchschnittsarbeit, die jedes Durchschnittsindividuum einer gegebenen Gesellschaft verrichten kann, eine bestimmte produktive Verausgabung von menschlichem Muskel, Nerv, Gehirn usw. Es ist *einfache* Arbeit[3], wozu jedes Durchschnittsindividuum abgerichtet werden kann und die es in der einen oder andern Form verrichten muß. Der Charakter dieser Durchschnittsarbeit ist selbst verschieden in verschiedenen Ländern und verschiedenen Kulturepochen, erscheint aber als gegeben in einer vorhandenen Gesellschaft. Die einfache Arbeit bildet die bei weitem größte Masse aller Arbeit der bürgerlichen Gesellschaft, wie man sich aus jeder Statistik überzeugen kann. Ob A während 6 Stunden Eisen und während 6 Stunden Leinwand produziert, und B ebenfalls während 6 Stunden Eisen und während 6 Stunden Leinwand produziert, oder ob A während 12 Stunden Eisen und B während 12 Stunden Leinwand produziert, erscheint augenfällig als bloß verschiedene Anwendung *derselben* Arbeitszeit. Aber wie mit der komplizierten Arbeit, die sich über das Durchschnittsniveau erhebt als Arbeit von höherer Lebendigkeit, größerem spezifischen Gewicht? Diese Art Arbeit löst sich auf in zusammengesetzte einfache Arbeit, einfache Arbeit auf höherer Potenz, so daß z. B. ein komplizierter Arbeitstag gleich drei einfachen Arbeitstagen. Die Gesetze, die diese Reduktion regeln, gehören noch nicht hierher. Daß die Reduktion aber stattfindet, ist klar: denn als Tauschwert ist das Produkt der kompliziertesten Arbeit in bestimmter Proportion Äquivalent für das Produkt der einfachen Durchschnittsarbeit, also gleichgesetzt einem bestimmten Quantum dieser einfachen Arbeit.

Die Bestimmung des Tauschwerts durch die Arbeitszeit unterstellt ferner, daß in einer bestimmten Ware, einer Tonne Eisen z. B., *gleich viel* Arbeit vergegenständlicht ist, gleichgültig, ob sie Arbeit von A oder B, oder daß verschiedene Individuen gleich große Arbeitszeit zur Produktion desselben, qualitativ und quantitativ bestimmten Gebrauchswerts verwenden. In andern Worten, es ist unterstellt, daß die in einer Ware enthaltene Arbeitszeit die zu ihrer Produktion *notwendige* Arbeitszeit ist, d. h. die Arbeitszeit erheischt, um unter gegebenen allgemeinen Produktionsbedingungen ein neues Exemplar derselben Ware zu produzieren.

Die Bedingungen der Tauschwert setzenden Arbeit, wie sie sich aus der Analyse des Tauschwerts ergeben, sind *gesellschaftliche Bestimmungen* der Arbeit oder Bestimmungen *gesellschaftlicher Arbeit*, aber gesellschaftlich nicht schlechthin, son-

---

3 „Unskilled labour" nennen es die englischen Ökonomen.

dern in besonderer Weise. Es ist eine spezifische Art der Gesellschaftlichkeit. Zunächst ist die unterschiedslose Einfachheit der Arbeit *Gleichheit* der Arbeiten verschiedener Individuen, wechselseitiges Beziehen ihrer Arbeiten aufeinander als gleicher, und zwar durch tatsächliche Reduktion aller Arbeiten auf gleichartige Arbeit. Die Arbeit jedes Individuums, soweit sie sich in Tauschwerten darstellt, besitzt diesen gesellschaftlichen Charakter der Gleichheit, und sie stellt sich nur im Tauschwert dar, soweit sie auf die Arbeit aller andern Individuen als gleiche bezogen ist.

Ferner erscheint im Tauschwert die Arbeitszeit des einzelnen Individuums unmittelbar als *allgemeine Arbeitszeit* und dieser *allgemeine Charakter* der vereinzelten Arbeit als *gesellschaftlicher Charakter* derselben. Die im Tauschwert dargestellte Arbeitszeit ist Arbeitszeit des einzelnen, aber des einzelnen ohne Unterschied vom andern einzelnen, aller einzelnen, sofern sie gleiche Arbeit vollbringen, daher die von dem einen zur Produktion einer bestimmten Ware erheischte Arbeitszeit die *notwendige* Arbeitszeit ist, die jeder andre zur Produktion derselben Ware verwenden würde. Sie ist die Arbeitszeit des einzelnen, *seine* Arbeitszeit, aber nur als allen gemeine Arbeitszeit, für die es daher gleichgültig, die Arbeitszeit *wessen* einzelnen sie ist. Als allgemeine Arbeitszeit stellt sie sich dar in einem allgemeinen Produkt, einem *allgemeinen Äquivalent*, einem bestimmten Quantum vergegenständlichter Arbeitszeit, das gleichgültig gegen die bestimmte Form des Gebrauchswerts, worin es unmittelbar als Produkt des einen erscheint, beliebig übersetzbar ist in jede andere Form von Gebrauchswert, worin es sich als Produkt jedes andern darstellt. *Gesellschaftliche* Größe ist es nur als solche *allgemeine* Größe. Die Arbeit des einzelnen, um in Tauschwert zu resultieren, muß resultieren in ein *allgemeines Äquivalent*, d. h. in Darstellung der Arbeitszeit des einzelnen als allgemeiner Arbeitszeit oder Darstellung der allgemeinen Arbeitszeit als der des einzelnen. Es ist, als ob die verschiedenen Individuen ihre Arbeitszeit zusammengeworfen und verschiedene Quanta der ihnen gemeinschaftlich zu Gebote stehenden Arbeitszeit in verschiedenen Gebrauchswerten dargestellt hätten. Die Arbeitszeit des einzelnen ist so in der Tat die Arbeitszeit, deren die Gesellschaft zur Darstellung eines bestimmten Gebrauchswertes, d. h. zur Befriedigung eines bestimmten Bedürfnisses bedarf. Aber es handelt sich hier nur um die spezifische Form, worin die Arbeit gesellschaftlichen Charakter erhält. Eine bestimmte Arbeitszeit des Spinners vergegenständlicht sich z. B. in 100 Pfund Leinengarn. 100 Ellen Leinwand, das Produkt des Webers, sollen gleiches Quantum Arbeitszeit darstellen. Sofern diese beiden Produkte gleich großes Quantum allgemeiner Arbeitszeit darstellen und daher Äquivalente für *jeden* Gebrauchswert, der gleich viel Arbeitszeit enthält, sind sie Äquivalente füreinander. Nur dadurch, daß die Arbeitszeit des Spinners und die Arbeitszeit des Webers als allgemeine Arbeitszeit, ihre Produkte daher als allgemeine Äquivalente sich darstellen, wird hier die Arbeit des Webers für den Spinner und die des Spinners für den Weber, die Arbeit des einen für die Arbeit des andern, d. h. das gesellschaftliche Dasein ihrer Arbeiten für beide. In der ländlich-patriarchalischen Industrie dagegen, wo Spinner und Weber unter demselben Dach hausten, der weibliche Teil der Familie spann, der männliche webte, sage zum Selbstbedarf der Familie, waren Garn und Leinwand *gesellschaftliche* Produkte, Spinnen und Weben *gesellschaftliche* Arbeiten innerhalb der Grenzen der Familie. Ihr gesellschaftlicher Charakter bestand aber nicht darin, daß Garn als allgemeines Äquivalent gegen Leinwand als allgemeines Äquivalent oder beide sich gegeneinander austauschten als gleich gültige und gleich geltende Ausdrücke derselben allgemeinen Arbeitszeit. Der Familienzusammenhang vielmehr mit seiner naturwüchsigen Teilung der Arbeit drückte dem Produkt der Arbeit seinen eigentümlichen gesellschaftlichen Stempel auf. Oder nehmen wir die Naturaldienste und Naturallieferungen des Mittelalters. Die bestimmten Arbeiten der einzelnen in ihrer Naturalform, die Besonderheit, nicht die Allgemeinheit der Arbeit bildet hier das gesellschaftliche Band. Oder nehmen wir endlich die gemeinschaftliche Arbeit in ihrer naturwüchsigen Form, wie wir sie an der Schwelle der Geschichte aller Kulturvölker finden.[4] Hier ist der gesellschaftliche Charakter der Arbeit offenbar nicht dadurch vermittelt, daß die Arbeit des einzelnen die abstrakte Form der Allgemeinheit, oder sein Produkt die Form eines allgemeinen Äquivalents annimmt. Es ist das der Produktion vorausgesetzte Gemeinwesen, das die Arbeit des einzelnen verhindert, Privatarbeit und sein Produkt Privatprodukt zu sein, die einzelne Arbeit vielmehr unmittelbar als Funktion eines Gliedes des Gesellschaftsorganismus erscheinen läßt. Die Arbeit, die sich im Tauschwert darstellt, ist vorausgesetzt als Arbeit des vereinzelten Einzelnen. Gesellschaftlich wird sie dadurch, daß sie die Form ihres unmittelbaren Gegenteils, die Form der abstrakten Allgemeinheit annimmt.

Es charakterisiert endlich die Tauschwert setzende Arbeit, daß die gesellschaftliche Beziehung der Personen sich gleichsam verkehrt darstellt, nämlich als gesellschaftliches Verhältnis der Sachen. Nur insofern der eine Gebrauchswert sich auf den andern als Tauschwert bezieht, ist die Arbeit der verschiedenen Personen aufeinander als gleiche und allgemeine bezogen. Wenn es daher richtig ist zu sagen, daß der Tauschwert ein Verhältnis zwischen Personen[5] ist, so

---

[4] Es ist ein lächerliches Vorurteil, in neuester Zeit verbreitet, daß die Form des *naturwüchsigen* Gemeineigentums spezifisch slawisch oder gar ausschließlich russische Form sei. Sie ist die Urform, die wir bei Römern, Germanen, Kelten nachweisen können, von der aber eine ganze Musterkarte mit mannigfaltigen Proben sich noch immer, wenn auch zum Teil ruinenweise, bei den Indiern vorfindet. Ein genaueres Studium der asiatischen, speziell der indischen, Gemeineigentumsformen würde nachweisen, wie aus den verschiedenen Formen des naturwüchsigen Gemeineigentums sich verschiedene Formen seiner Auflösung ergeben. So lassen sich z. B. die verschiedenen Originaltypen von römischem und germanischem Privateigentum aus verschiedenen Formen von indischem Gemeineigentum ableiten.

[5] „La ricchezza è una ragione tra due persone." Galiani, „Della Moneta". p. 221. In vol. III von Custodis Sammlung der „Scrittori classici Italiani di Economia Politica. Parte Moderna", Milano 1803.

muß aber hinzugesetzt werden: unter dinglicher Hülle verstecktes Verhältnis. Wie ein Pfund Eisen und ein Pfund Gold trotz ihrer verschiedenen physischen und chemischen Eigenschaften *dasselbe* Quantum Schwere darstellen, so zwei Gebrauchswerte von Waren, worin dieselbe Arbeitszeit enthalten ist, *denselben Tauschwert.* Der Tauschwert erscheint so als gesellschaftliche Naturbestimmtheit der Gebrauchswerte, als eine Bestimmtheit, die ihnen als Dingen zukommt, und infolge deren sie sich im Austauschprozeß ebenso in bestimmten quantitativen Verhältnissen ersetzen, Äquivalente bilden, wie einfache chemische Stoffe in bestimmten quantitativen Verhältnissen sich verbinden, chemische Äquivalente bilden. Es ist nur die Gewohnheit des täglichen Lebens, die es als trivial, als selbstverständlich erscheinen läßt, daß ein gesellschaftliches Produktionsverhältnis die Form eines Gegenstandes annimmt, so daß das Verhältnis der Personen in ihrer Arbeit sich vielmehr als ein Verhältnis darstellt, worin Dinge sich zu einander und zu den Personen verhalten. In der Ware ist diese Mystifikation noch sehr einfach. Es schwebt allen mehr oder minder vor, daß das Verhältnis der Waren als Tauschwerte vielmehr Verhältnis der Personen zu ihrer wechselseitigen produktiven Tätigkeit ist. In höheren Produktionsverhältnissen verschwindet dieser Schein der Einfachheit. Alle Illusionen des Monetarsystems stammen daher, daß dem Geld nicht angesehen wird, daß es ein gesellschaftliches Produktionsverhältnis darstellt, aber in der Form eines Naturdings von bestimmten Eigenschaften. Bei den modernen Ökonomen, die auf die Illusionen des Monetarsystems herabgrinsen, verrät sich dieselbe Illusion, sobald sie höhere ökonomische Kategorien handhaben, z. B. das Kapital. Sie bricht hervor in dem Geständnis naiver Verwunderung, wenn bald als gesellschaftliches Verhältnis erscheint, was sie eben plump als Ding festzuhalten meinten, und dann wieder als Ding sie neckt, was sie kaum als gesellschaftliches Verhältnis fixiert hatten.

Indem der Tauschwert der Waren in der Tat nichts ist als Beziehung der Arbeiten der einzelnen aufeinander als gleiche und allgemeine, nichts als gegenständlicher Ausdruck einer spezifisch gesellschaftlichen Form der Arbeit, ist es Tautologie, zu sagen, daß die Arbeit *einzige* Quelle des Tauschwerts sei und daher des Reichtums, soweit er aus Tauschwerten besteht. Es ist dieselbe Tautologie, daß der Naturstoff als solcher keinen Tauschwert[6], weil keine Arbeit und der Tauschwert als solcher keinen Naturstoff enthält. Wenn aber William Petty „die Arbeit den Vater und die Erde die Mutter des Reichtums" nennt, oder Bischof Berkeley fragt, „ob die vier Elemente und des Menschen Arbeit darin nicht die

[6] „In seinem Naturzustand ist der Stoff stets von Wert entblößt." MacCulloch, „Discours sur l'origine de l'économie politique etc.", traduit par Prevost, Genève 1825, p. 57. Man sieht, wie hoch selbst ein MacCulloch über dem Fetischismus deutscher „Denker" steht, die den „Stoff" und noch ein halbes Dutzend anderer Alotria für Elemente des Wertes erklären. Vgl. z. B. L. Stein, l.c. Bd. I, p. 170.

wahre Quelle des Reichtums seien"[7], oder wenn der Amerikaner Th. Cooper populär klarmacht: „Nimm von einem Laib Brot die darauf verwandte Arbeit weg, die Arbeit von Bäcker, Müller, Pächter usw., und was bleibt übrig? Ein paar Graskörner, wildwachsend und unnütz für jeden menschlichen Gebrauch"[8], so handelt es sich in allen diesen Anschauungen nicht von der abstrakten Arbeit, wie sie Quelle des Tauschwerts ist, sondern von der konkreten Arbeit als einer Quelle stofflichen Reichtums, kurz von der Arbeit, sofern sie Gebrauchswerte hervorbringt. Indem der Gebrauchswert der Ware vorausgesetzt ist, ist die besondere Nützlichkeit, die bestimmte Zweckmäßigkeit der in ihr aufgezehrten Arbeit vorausgesetzt, damit aber vom Standpunkt der Ware aus zugleich alle Rücksicht auf die Arbeit als nützliche Arbeit erschöpft. Am Brot als Gebrauchswert interessieren uns seine Eigenschaften als Nahrungsmittel, keineswegs die Arbeiten von Pächter, Müller, Bäcker usw. Wenn durch irgendeine Erfindung $^{19}/_{20}$ dieser Arbeiten wegfielen, würde das Laib denselben Dienst leisten wie zuvor. Wenn es fertig vom Himmel fiele, würde es kein Atom seines Gebrauchswerts verlieren. Während sich die Tauschwert setzende Arbeit in der Gleichheit der Waren als allgemeiner Äquivalente verwirklicht, verwirklicht sich die Arbeit als zweckmäßige produktive Tätigkeit in der unendlichen Mannigfaltigkeit ihrer Gebrauchswerte. Während die Tauschwert setzende Arbeit *abstrakt allgemeine* und *gleiche* Arbeit, ist die Gebrauchswert setzende Arbeit konkrete und besondere Arbeit, die sich der Form und dem Stoff nach in unendlich verschiedene Arbeitsweisen zerspaltet.

Von der Arbeit, soweit sie Gebrauchswerte hervorbringt, ist es falsch zu sagen, daß sie *einzige* Quelle des von ihr hervorgebrachten, nämlich des stofflichen Reichtums sei. Da sie die Tätigkeit ist, das Stoffliche für diesen oder jenen Zweck anzueignen, bedarf sie des Stoffes als Voraussetzung. In verschiedenen Gebrauchswerten ist die Proportion zwischen Arbeit und Naturstoff sehr verschieden, aber stets enthält der Gebrauchswert ein natürliches Substrat. Als zweckmäßige Tätigkeit zur Aneignung des Natürlichen in einer oder der anderen Form ist die Arbeit Naturbedingung der menschlichen Existenz, eine von allen sozialen Formen unabhängige Bedingung des Stoffwechsels zwischen Mensch und Natur. Tauschwert setzende Arbeit ist dagegen eine spezifisch gesellschaftliche Form der Arbeit. Schneiderarbeit z. B. in ihrer stofflichen Bestimmtheit als besondere produktive Tätigkeit, produziert den Rock, aber nicht den Tauschwert des Rocks. Letztern produziert sie nicht als Schneiderarbeit, sondern als abstrakt allgemeine Arbeit, und diese gehört einem Gesellschaftszusammenhang, den der Schneider nicht eingefädelt hat. So produzierten in der antiken häuslichen

---

[7] Berkeley, „The Querist", London 1750. „Whether the four elements, and man's labour therein, be not the true source of wealth?"

[8] Th. Cooper, „Lectures on the Elements of Political Economy", London 1831 (Columbia 1826). p. 99.

Industrie Weiber den Rock, ohne den Tauschwert des Rockes zu produzieren. Arbeit als eine Quelle von stofflichem Reichtum war dem Gesetzgeber Moses sowohl bekannt wie dem Zollbeamten Adam Smith.[9]

Betrachten wir nun einige nähere Bestimmungen, die sich aus der Zurückführung des Tauschwerts auf Arbeitszeit ergeben.

Als Gebrauchswert wirkt die Ware ursachlich. Weizen z. B. wirkt als Nahrungsmittel. Eine Maschine ersetzt Arbeit in bestimmten Verhältnissen. Diese Wirkung der Ware, wodurch sie allein Gebrauchswert, Gegenstand der Konsumtion ist, kann ihr Dienst genannt werden, der Dienst, den sie als Gebrauchswert leistet. Als Tauschwert aber wird die Ware immer nur unter dem Gesichtspunkt des Resultats betrachtet. Es handelt sich nicht um den Dienst, den sie leistet, sondern um den Dienst[10], der ihr selbst geleistet worden ist in ihrer Produktion. So ist also der Tauschwert einer Maschine z. B. bestimmt nicht durch das Quantum Arbeitszeit, das von ihr ersetzt wird, sondern das Quantum Arbeitszeit, das in ihr selbst aufgearbeitet und daher erheischt ist, eine neue Maschine derselben Art zu produzieren.

Bliebe daher das zur Produktion von Waren erheischte Arbeitsquantum konstant, so wäre ihr Tauschwert unveränderlich. Aber die Leichtigkeit und Schwierigkeit der Produktion wechseln beständig. Wächst die Produktivkraft der Arbeit, so produziert sie denselben Gebrauchswert in kürzerer Zeit. Fällt die Produktivkraft der Arbeit, so wird mehr Zeit erheischt zur Produktion desselben Gebrauchswerts. Die Größe der in einer Ware enthaltenen Arbeitszeit, also ihr Tauschwert, ist daher ein wechselnder, steigt oder fällt in umgekehrtem Verhältnis zum Steigen oder Fallen der Produktivkraft der Arbeit. Die Produktivkraft der Arbeit, die in der Manufakturindustrie in vorausbestimmtem Grade angewandt wird, ist in der Agrikultur und der extraktiven Industrie zugleich bedingt durch unkontrollierbare Naturverhältnisse. *Dieselbe* Arbeit wird eine größere oder mindere Ausbeute verschiedener Metalle ergeben, je nach dem relativ seltenern und häufigeren Vorkommen dieser Metalle in der Erdrinde. *Dieselbe* Arbeit mag sich mit Gunst der Jahreszeit in 2 Bushel Weizen, mit Ungunst derselben vielleicht nur in 1 Bushel Weizen vergegenständlichen. Seltenheit oder Überfluß als Naturverhältnisse scheinen hier den Tauschwert der Waren zu bestimmen, weil sie die an Naturverhältnisse gebundene Produktivkraft besonderer realen Arbeit bestimmen.

---

9 F. List, der den Unterschied zwischen der Arbeit, sofern sie Nützliches, einen Gebrauchswert, schaffen hilft, und der Arbeit, sofern sie eine bestimmte gesellschaftliche Form des Reichtums, den Tauschwert, schafft, nie begreifen konnte, wie Begreifen überhaupt seinem interessiert praktischen Verstand fern lag, erblickte daher in den englischen modernen Ökonomen bloße Plagiarien des Moses von Ägypten.

10 Man begreift, welchen „Dienst“ die Kategorie „Dienst“ (service) einer Sorte Ökonomen wie J.-B. Say und F. Bastiat leisten muß, deren räsonierende Klugheit, wie schon Malthus richtig bemerkte, überall von der spezifischen Formbestimmtheit der ökonomischen Verhältnisse abstrahiert.

Verschiedene Gebrauchswerte enthalten in ungleichen Volumen dieselbe Arbeitszeit oder denselben Tauschwert. In je kleinerem Volumen ihres Gebrauchswerts, verglichen mit den andern Gebrauchswerten, eine Ware, ein bestimmtes Quantum Arbeitszeit enthält, um so größer ist ihr *spezifischer Tauschwert*. Finden wir, daß in verschiedenen, weit auseinanderliegenden Kulturepochen gewisse Gebrauchswerte unter sich eine Reihe von spezifischen Tauschwerten bilden, die, wenn nicht exakt dasselbe Zahlenverhältnis, doch das allgemeine Verhältnis der Über- und Unterordnung gegeneinander bewahren, wie z. B. Gold, Silber, Kupfer, Eisen, oder Weizen, Roggen, Gerste, Hafer, so folgt daraus nur, daß die fortschreitende Entwicklung der gesellschaftlichen Produktivkräfte gleichmäßig oder annähernd gleichmäßig auf die Arbeitszeit einwirkt, die zur Produktion jener verschiedenen Waren erfordert ist.

Der Tauschwert einer Ware kommt nicht in ihrem eignen Gebrauchswert zur Erscheinung. Als Vergegenständlichung der allgemeinen gesellschaftlichen Arbeitszeit jedoch ist der Gebrauchswert einer Ware in Verhältnisse gesetzt zu den Gebrauchswerten anderer Waren. Der Tauschwert der einen Ware manifestiert sich so in den Gebrauchswerten der anderen Waren. Äquivalent ist in der Tat der Tauschwert einer Ware ausgedrückt im Gebrauchswert einer andern Ware. Sage ich z. B. eine Elle Leinwand ist wert zwei Pfund Kaffee, so ist der Tauschwert der Leinwand in dem Gebrauchswert Kaffee, und zwar in einem bestimmten Quantum dieses Gebrauchswerts ausgedrückt. Diese Proportion gegeben, kann ich den Wert jedes Quantums Leinwand in Kaffee ausdrücken. Es ist klar, daß der Tauschwert einer Ware, z. B. der Leinwand, nicht erschöpft ist in der Proportion, worin eine andere besondre Ware, z. B. Kaffee, ihr Äquivalent bildet. Das Quantum allgemeiner Arbeitszeit, dessen Darstellung die Elle Leinwand ist, ist gleichzeitig in unendlich verschiedenen Volumen von Gebrauchswerten aller andern Waren realisiert. In der Proportion, worin der Gebrauchswert jeder andern Ware gleich große Arbeitszeit darstellt, bildet er ein Äquivalent für die Elle Leinwand. Der Tauschwert *dieser einzelnen Ware* drückt sich daher nur erschöpfend aus in den unendlich vielen Gleichungen, worin die Gebrauchswerte aller andern Waren ihr Äquivalent bilden. Nur in der Summe dieser Gleichungen oder in der Gesamtheit der verschiedenen Proportionen, worin eine Ware mit jeder andern Ware austauschbar ist, ist sie erschöpfend ausgedrückt als *allgemeines Äquivalent*. Z. B. die Reihe der Gleichungen

1 Elle Leinwand = $^1/_2$ Pfund Tee,
1 Elle Leinwand = 2 Pfund Kaffee,
1 Elle Leinwand = 8 Pfund Brot,
1 Elle Leinwand = 6 Ellen Kattun,

kann dargestellt werden als

1 Elle Leinwand = $^1/_8$ Pfund Tee + $^1/_2$ Pfund Kaffee + 2 Pfund Brot + $1^1/_2$ Ellen Kattun.

Wenn wir daher die ganze Summe von Gleichungen vor uns hätten, worin sich der Wert einer Elle Leinwand erschöpfend ausdrückt, könnten wir ihren Tauschwert darstellen in der Form einer Reihe. In der Tat ist diese Reihe unendlich, da der Umkreis der Waren nie definitiv abgeschlossen ist, sondern sich stets ausdehnt. Indem aber so die eine Ware ihren Tauschwert mißt in den Gebrauchswerten aller andern Waren, messen sich umgekehrt die Tauschwerte aller andern Waren in dem Gebrauchswert dieser einen sich in ihnen messenden Ware.[11] Wenn der Tauschwert 1 Elle Leinwand sich ausdrückt in $^1/_2$ Pfund Tee oder 2 Pfund Kaffee oder 6 Ellen Kattun oder 8 Pfund Brot usw., so folgt, daß Kaffee, Tee, Kattun, Brot usw. in dem Verhältnis, worin sie einem dritten, der Leinwand, gleich sind, untereinander gleich sind, also Leinwand als gemeinschaftliches Maß ihrer Tauschwerte dient. Jede Ware als vergegenständlichte allgemeine Arbeitszeit, d. h. bestimmtes Quantum allgemeiner Arbeitszeit, drückt ihren Tauschwert der Reihe nach aus in bestimmten Quantitäten der Gebrauchswerte aller andern Waren, und die Tauschwerte aller andern Waren messen sich umgekehrt in dem Gebrauchswert dieser einen ausschließlichen Ware. Als Tauschwert aber ist jede Ware sowohl die eine ausschließliche Ware, die als gemeinsames Maß der Tauschwerte aller andern Waren dient, wie sie andrerseits nur eine der vielen Waren ist, in deren Gesamtumkreis jede andre Ware ihren Tauschwert unmittelbar darstellt.

Die *Wertgröße* einer Ware wird nicht davon berührt, ob wenig oder viel Waren anderer Art außer ihr existieren. Ob aber die Reibe der Gleichungen, worin ihr Tauschwert sich realisiert, größer oder kleiner ist, hängt ab von der größern oder kleinern Mannigfaltigkeit von andern Waren. Die Reihe von Gleichungen, worin sich z. B. der Wert des Kaffees darstellt, drückt die Sphäre seiner Austauschbarkeit aus, die Grenzen, worin er als Tauschwert funktioniert. Dem Tauschwert einer Ware als Vergegenständlichung der all gemeinen gesellschaftlichen Arbeitszeit entspricht der Ausdruck ihrer Äquivalenz in unendlich verschiedenen Gebrauchswerten,

Wir haben gesehen, daß der Tauschwert einer Ware wechselt mit der Quantität der unmittelbar in ihr selbst enthaltenen Arbeitszeit. Ihr realisierter, d. h. in den Gebrauchswerten anderer Waren ausgedrückter Tauschwert muß ebenso abhängen von dem Verhältnis, worin die auf die Produktion aller andern Waren verwandte Arbeitszeit wechselt. Bliebe z. B. die zur Produktion eines Scheffels Weizen erforderliche Arbeitszeit dieselbe, während die zur Produktion aller

[11] „Es ist auch eine Eigentümlichkeit der Maße, ein solches Verhältnis mit dem gemessenen Ding zu haben, daß in gewisser Art das Gemessene das Maß des Messenden wird." Montanari, „Della Moneta", p. 41 in: Custodis Sammlung, vol. III., Parte Antica.

andern Waren erheischte Arbeitszeit sich verdoppelte, so wäre der Tauschwert des Scheffels Weizen, ausgedrückt in seinen Äquivalenten, um die Hälfte gesunken. Das Resultat wäre praktisch dasselbe, als ob die zur Herstellung des Scheffels Weizen erforderliche Arbeitszeit um die Hälfte gefallen und die zur Herstellung aller andern Waren erforderliche Arbeitszeit unverändert geblieben wäre. Der Wert der Waren ist bestimmt durch die Proportion, worin sie in derselben Arbeitszeit produziert werden können. Um zu sehen, welchen möglichen Wechseln diese Proportion ausgesetzt ist, unterstellen wir zwei Waren A und B. *Erstens*: Die zur Produktion von B erforderte Arbeitszeit bleibe unverändert. In diesem Falle fällt oder steigt der Tauschwert von A, in B ausgedrückt, direkt wie die zur Produktion von A erheischte Arbeitszeit fällt oder steigt. *Zweitens*: Die zur Produktion von A erforderliche Arbeitszeit bleibe unverändert. Der Tauschwert von A in B ausgedrückt, fällt oder steigt in umgekehrtem Verhältnisse, wie die zur Produktion von B erheischte Arbeitszeit fällt oder steigt. *Drittens*: Die zur Produktion von A und B erheischte Arbeitszeit falle oder steige in gleicher Proportion. Der Ausdruck der Äquivalenz von A in B bleibt dann unverändert. Nähme durch irgendeinen Umstand die Produktivkraft aller Arbeiten in demselben Maße ab, so daß alle Waren in gleicher Proportion mehr Arbeitszeit zu ihrer Produktion erheischten, so wäre der Wert *aller* Waren gestiegen, der reale Ausdruck ihres Tauschwerts wäre unverändert geblieben, und der wirkliche Reichtum der Gesellschaft hätte abgenommen, da sie mehr Arbeitszeit brauchte, um dieselbe Masse von Gebrauchswerten zu schaffen. *Viertens*: Die zur Produktion von A und B erforderte Arbeitszeit mag für beide steigen oder fallen, aber in ungleichem Grade, oder die für A erforderte Arbeitszeit mag steigen, während die für B fällt, oder umgekehrt. Alle diese Fälle können einfach darauf reduziert werden, daß die zur Produktion einer Ware erheischte Arbeitszeit unverändert bleibt, während die der andern steigt oder fällt.

Der Tauschwert jeder Ware drückt sich in dem Gebrauchswert jeder andern Ware aus, sei es in ganzen Größen oder in Brüchen dieses Gebrauchswerts. Als Tauschwert ist jede Ware ebenso teilbar wie die Arbeitszeit selbst, die in ihr vergegenständlicht ist. Die Äquivalenz der Waren ist ebenso unabhängig von ihrer physischen Teilbarkeit als Gebrauchswerte, wie die Addition der Tauschwerte der Waren gleichgültig dagegen ist, welchen realen Formwechsel die Gebrauchswerte dieser Waren in ihrer Umschmelzung zu *einer* neuen Ware durchlaufen.

Bisher wurde die Ware unter doppeltem Gesichtspunkt betrachtet, als Gebrauchswert und als Tauschwert, jedesmal einseitig. Als Ware jedoch ist sie unmittelbar *Einheit* von Gebrauchswert und Tauschwert; zugleich ist sie Ware nur in Beziehung auf die anderen Waren. Die *wirkliche* Beziehung der Waren aufeinander ist ihr *Austauschprozeß*. Es ist dies gesellschaftlicher Prozeß, den die voneinander unabhängigen Individuen eingehen, aber sie gehen ihn nur ein als Warenbesitzer; ihr wechselseitiges Dasein füreinander ist das Dasein ihrer Waren, und so erscheinen sie in der Tat nur als bewußte Träger des Austauschprozesses.

Die Ware *ist* Gebrauchswert, Weizen, Leinwand, Diamant, Maschine etc., aber als Ware ist sie zugleich *nicht* Gebrauchswert. Wäre sie Gebrauchswert für ihren Besitzer, d. h. unmittelbar Mittel zur Befriedigung seiner eignen Bedürfnisse, so wäre sie nicht Ware. Für ihn ist sie vielmehr *Nicht-Gebrauchswert*, nämlich bloß stofflicher Träger des Tauschwerts, oder bloßes *Tauschmittel*; als aktiver Träger des Tauschwerts wird der Gebrauchswert Tauschmittel. Für ihn ist sie Gebrauchswert nur noch als Tauschwert.[12] Als Gebrauchswert muß sie daher erst *werden,* zunächst für andere. Da sie nicht Gebrauchswert für ihren eigenen Besitzer, ist sie Gebrauchswert für Besitzer anderer Ware. Wenn nicht, war seine Arbeit nutzlose Arbeit, ihr Resultat also nicht Ware. Andererseits muß sie Gebrauchswert *für ihn selbst* werden, denn außer ihr, in den Gebrauchswerten fremder Waren, existieren seine Lebensmittel. Um als Gebrauchswert zu *werden*, muß die Ware dem besonderen Bedürfnis gegenübertreten, wofür sie Gegenstand der Befriedigung ist. Die Gebrauchswerte der Waren *werden* also als Gebrauchswerte, indem sie allseitig die Stellen wechseln, aus der Hand, worin sie Tauschmittel, übergehen in die Hand, worin sie Gebrauchsgegenstände. Nur durch diese allseitige *Entäußerung* der Waren wird die in ihnen enthaltene Arbeit nützliche Arbeit. In dieser *prozessierenden* Beziehung der Waren aufeinander als Gebrauchswerte erhalten sie keine neue ökonomische Formbestimmtheit. Vielmehr verschwindet die Formbestimmtheit, die sie als Ware charakterisierte. Brot z. B. in dem Übergang aus der Hand des Bäckers in die Hand des Konsumenten ändert nicht sein Dasein als Brot. Umgekehrt, erst der Konsument bezieht sich auf es als Gebrauchswert, als dies bestimmte Nahrungsmittel, während es in der Hand des Bäckers Träger eines ökonomischen Verhältnisses, ein sinnlich übersinnliches Ding war. Der einzige Formwechsel, den die Waren in ihrem Werden als Gebrauchswerte eingehen, ist also die Aufhebung ihres formellen Daseins, worin sie Nicht-Gebrauchswert für ihren Besitzer, Gebrauchswert für ihren Nichtbesitzer waren. Das Werden der Waren als Gebrauchswerte unterstellt ihre allseitige Entäußerung, ihr Eingehen in den Austauschprozeß, aber ihr Dasein für den Austausch ist ihr Dasein als Tauschwerte. Um sich daher als Gebrauchswerte zu verwirklichen, müssen sie sich als Tauschwerte verwirklichen.

Erschien die einzelne Ware unter dem Gesichtspunkt des Gebrauchswertes ursprünglich als selbständiges Ding, so war sie dagegen als Tauschwert von vornherein in Beziehung auf alle andern Waren betrachtet. Diese Beziehung jedoch war nur eine theoretische, gedachte. Betätigt wird sie nur im Austauschprozeß. Andrerseits *ist* die Ware zwar Tauschwert, sofern ein bestimmtes Quantum Arbeitszeit in ihr aufgearbeitet und sie daher *vergegenständlichte Arbeitszeit* ist. Aber, wie sie unmittelbar ist, ist sie nur vergegenständlichte individuelle Arbeitszeit von besonderem Inhalt, nicht *allgemeine* Arbeitszeit. Sie ist daher *nicht*

---

[12] Es ist in dieser Bestimmtheit, daß Aristoteles (siehe die im Eingang des Kapitels zitierte Stelle) den Tauschwert auffaßt.

unmittelbar Tauschwert, sondern muß erst solcher *werden*. Zunächst kann sie nur Vergegenständlichung der allgemeinen Arbeitszeit sein, soweit sie Arbeitszeit in bestimmter nützlicher Anwendung, also in einem Gebrauchswert darstellt. Dies war die stoffliche Bedingung, unter der allein die in den Waren enthaltene Arbeitszeit als allgemeine, gesellschaftliche vorausgesetzt war. Wenn die Ware daher nur als Gebrauchswert werden kann, indem sie sich als Tauschwert verwirklicht, kann sie sich andrerseits nur als Tauschwert verwirklichen, indem sie sich in ihrer Entäußerung als Gebrauchswert bewährt. Eine Ware kann als Gebrauchswert nur an den veräußert werden, für den sie Gebrauchswert ist, d. h. Gegenstand besondern Bedürfnisses. Andrerseits wird sie nur veräußert gegen eine andre Ware, oder, wenn wir uns auf die Seite des Besitzers der andern Ware stellen, kann er seine Ware ebenfalls nur veräußern, d. h. verwirklichen, indem er sie in Kontakt mit dem besondern Bedürfnis bringt, dessen Gegenstand sie ist. In der allseitigen Entäußerung der Waren als *Gebrauchswerte* werden sie daher aufeinander bezogen nach ihrer stofflichen Verschiedenheit als besondre Dinge, die durch ihre spezifischen Eigenschaften besondre Bedürfnisse befriedigen. Aber als solche bloße Gebrauchswerte sind sie gleichgültige Existenzen füreinander und vielmehr beziehungslos. Als Gebrauchswerte können sie nur ausgetauscht werden in Beziehung auf besondre Bedürfnisse. Austauschbar aber sind sie nur als Äquivalente, und Äquivalente sind sie nur als gleiche Quanta vergegenständlichter Arbeitszeit, so daß alle Rücksicht auf ihre natürlichen Eigenschaften als Gebrauchswerte und daher auf das Verhältnis der Waren zu besondern Bedürfnissen ausgelöscht ist. Als Tauschwert betätigt sich eine Ware vielmehr, indem sie als Äquivalent beliebig bestimmtes Quantum jeder andern Ware ersetzt, gleichgültig, ob sie für den Besitzer der andern Ware Gebrauchswert ist oder nicht ist. Aber für den Besitzer der andern Ware wird sie nur Ware, sofern sie Gebrauchswert für ihn ist, und für ihren eignen Besitzer wird sie nur Tauschwert, soweit sie Ware für den andern ist. Dieselbe Beziehung also soll Beziehung der Waren als wesentlich gleicher, nur quantitativ verschiedener Größen, soll ihre Gleichsetzung als Materiatur der allgemeinen Arbeitszeit und soll gleichzeitig ihre Beziehung als qualitativ verschiedene Dinge, als besondre Gebrauchswerte für besondre Bedürfnisse, kurz, sie als wirkliche Gebrauchswerte unterscheidende Beziehung sein. Aber diese Gleichsetzung und Ungleichsetzung schließen sich wechselseitig aus. So stellt sich nicht nur ein fehlerhafter Zirkel von Problemen dar, indem die Lösung des einen die Lösung des andern voraussetzt, sondern ein Ganzes widersprechender Forderungen, indem die Erfüllung einer Bedingung unmittelbar gebunden ist an die Erfüllung ihres Gegenteils.

Der Austauschprozeß der Waren muß sowohl die Entfaltung wie die Lösung dieser Widersprüche sein, die sich in ihm jedoch nicht in dieser einfachen Weise darstellen können. Wir haben nur zugesehen, wie die Waren selbst wechselseitig aufeinander als Gebrauchswerte bezogen werden, d. h., wie die Waren als Gebrauchswerte *innerhalb* des Austauschprozesses auftreten. Der Tauschwert dagegen, wie wir ihn bisher betrachtet, war bloß da in unsrer Abstraktion oder, wenn man will, in der Abstraktion des einzelnen Warenbesitzers, dem die Ware als Gebrauchswert auf dem Speicher und als Tauschwert auf dem Gewissen liegt. Die Waren selbst müssen aber innerhalb des Austauschprozesses nicht nur als Gebrauchswerte, sondern als Tauschwerte füreinander da sein, und dies ihr Dasein als ihre eigene Beziehung aufeinander erscheinen. Die Schwierigkeit, an der wir zunächst stockten, war, daß, um sich als Tauschwert, als vergegenständlichte Arbeit darzustellen, die Ware zuvor als Gebrauchswert entäußert, an den Mann gebracht sein muß, während ihre Entäußerung als Gebrauchswert umgekehrt ihr Dasein als Tauschwert voraussetzt. Aber gesetzt, diese Schwierigkeit sei gelöst. Die Ware habe ihren besondern Gebrauchswert abgestreift und durch dessen Entäußerung die stoffliche Bedingung erfüllt, gesellschaftlich nützliche Arbeit zu sein, statt besondre Arbeit des einzelnen für sich selbst. So muß sie dann im Austauschprozeß als Tauschwert, allgemeines Äquivalent, vergegenständlichte allgemeine Arbeitszeit für die andern Waren werden und so nicht mehr die beschränkte Wirkung eines besonderen Gebrauchswerts, sondern die unmittelbare Darstellungsfähigkeit in allen Gebrauchswerten als ihren Äquivalenten erhalten. Jede Ware aber ist *die* Ware, die so durch Entäußerung ihres besondern Gebrauchswerts als direkte Materiatur der allgemeinen Arbeitszeit erscheinen muß. Andrerseits aber stehen sich im Austauschprozeß nur besondere Waren gegenüber, in besonderen Gebrauchswerten verkörperte Arbeiten von Privatindividuen. Die allgemeine Arbeitszeit selbst ist eine Abstraktion, die als solche für die Waren nicht existiert.

Betrachten wir die Summe von Gleichungen, worin der Tauschwert einer Ware seinen realen Ausdruck findet, z. B.:

1 Elle Leinwand = 2 Pfund Kaffee,
1 Elle Leinwand = $^1/_2$ Pfund Tee,
1 Elle Leinwand = 8 Pfund Brot usw.,

so besagen diese Gleichungen zwar nur, daß allgemeine, gesellschaftliche Arbeitszeit von gleicher Größe sich in 1 Elle Leinwand, 2 Pfund Kaffee, $^1/_2$ Pfund Tee usw. vergegenständlicht. Aber in der Tat werden die individuellen Arbeiten, die sich in diesen besondern Gebrauchswerten darstellen, nur zu allgemeiner und in dieser Form zu gesellschaftlicher Arbeit, indem sie sich wirklich gegeneinander austauschen im Verhältnis der Zeitdauer der in ihnen enthaltenen Arbeit. Die gesellschaftliche Arbeitszeit existiert sozusagen nur latent in diesen Waren und offenbart sich erst in ihrem Austauschprozeß. Es wird nicht ausgegangen von der Arbeit der Individuen als gemeinschaftlicher, sondern umgekehrt von besondern Arbeiten von Privatindividuen, Arbeiten, die sich erst im Austauschprozeß durch Aufhebung ihres ursprünglichen Charakters, als allgemeine gesellschaftliche Arbeit beweisen. Die allgemein gesellschaftliche Arbeit ist daher nicht fertige Voraussetzung, sondern werdendes Resultat. Und so ergibt sich die neue Schwierigkeit, daß die Waren einerseits als vergegenständlichte allgemeine Arbeitszeit in den Austauschprozeß eingehen müssen, andrerseits die Vergegenständlichung der Arbeitszeit der Individuen als allgemeiner selbst nur Produkt des Austauschprozesses ist.

Jede Ware soll durch Entäußerung ihres Gebrauchswerts, also ihrer ursprünglichen Existenz, ihre entsprechende Existenz als Tauschwert erhalten. Die Ware muß daher im Austauschprozeß ihre Existenz verdoppeln. Andrerseits kann ihre zweite Existenz als Tauschwert selbst nur eine andre Ware sein, denn im Austauschprozeß stehen sich nur Waren gegenüber. Wie eine besondere Ware unmittelbar darstellen als *vergegenständlichte allgemeine* Arbeitszeit, oder, was dasselbe ist, wie der individuellen Arbeitszeit, die in einer besonderen Ware vergegenständlicht ist, unmittelbar den Charakter der Allgemeinheit geben? Der reale Ausdruck des Tauschwerts einer Ware, d. h. jeder Ware als allgemeinen Äquivalents, stellt sich dar in einer unendlichen Summe von Gleichungen wie:

1 Elle Leinwand = 2 Pfund Kaffee,
1 Elle Leinwand = $^1/_2$ Pfund Tee,
1 Elle Leinwand = 8 Pfund Brot,
1 Elle Leinwand = 6 Ellen Kattun,
1 Elle Leinwand = usw.

Diese Darstellung war theoretisch, soweit die Ware als bestimmtes Quantum vergegenständlichter allgemeiner Arbeitszeit nur *gedacht* war. Das Dasein einer besonderen Ware als allgemeines Äquivalent wird aus bloßer Abstraktion *gesellschaftliches* Resultat des Austauschprozesses selbst durch einfache Umkehrung der obigen Reihe von Gleichungen. Also z. B.:

2 Pfund Kaffee = 1 Elle Leinwand,
$^1/_2$ Pfund Tee = 1 Elle Leinwand,
8 Pfund Brot = 1 Elle Leinwand,
6 Ellen Kattun = 1 Elle Leinwand.

Indem Kaffee, Tee, Brot, Kattun, kurz alle Waren, die in ihnen selbst enthaltene Arbeitszeit in Leinwand ausdrücken, entfaltet sich der Tauschwert der Leinwand umgekehrt in allen andern Waren als ihren Äquivalenten und wird die in ihr selbst vergegenständlichte Arbeitszeit unmittelbar die allgemeine Arbeitszeit, die sich gleichmäßig in verschiedenen Volumen aller andern Waren darstellt. Die Leinwand wird hier *allgemeines Äquivalent* durch die *allseitige Aktion* aller andern Waren auf sie. Als Tauschwert wurde jede Ware zum Maß der Werte aller andern Waren. Hier umgekehrt, indem alle Waren ihren Tauschwert in einer besondern Ware messen, wird die ausgeschlossene Ware adäquates Dasein des Tauschwerts, sein Dasein als allgemeines Äquivalent. Dagegen schrumpfen die eine unendliche Reihe oder die unendlich vielen Gleichungen, worin der Tauschwert jeder Ware sich darstellte, in eine einzige Gleichung von nur 2 Gliedern zusammen. 2 Pfund Kaffee = 1 Elle Leinwand ist jetzt der erschöpfende Ausdruck des Tauschwerts von Kaffee, da er in diesem Ausdruck unmittelbar als Äquivalent für bestimmtes Quantum jeder andern Ware erscheint. Innerhalb des Austauschprozesses sind also jetzt die Waren füreinander da oder erscheinen einander als Tauschwerte in der Form Leinwand. Daß alle Waren als Tauschwerte aufeinander bezogen sind, als nur verschiedene Quanta vergegenständlichter allgemeiner Arbeitszeit, erscheint jetzt so, daß sie als Tauschwerte nur verschiedene Quanta *desselben* Gegenstandes, der Leinwand, darstellen. Die allgemeine Arbeitszeit stellt sich daher ihrerseits dar als ein besonderes Ding, eine Ware neben und außer allen andern Waren. Zugleich aber ist die Gleichung, worin sich Ware für Ware als Tauschwert darstellt, z. B. 2 Pfund Kaffee = 1 Elle Leinwand, noch zu verwirklichende Gleichsetzung. Nur durch ihre Veräußerung als Gebrauchswert, die davon abhängt, ob sie sich als Gegenstand eines Bedürfnisses im Austauschprozeß bewährt, verwandelt sie sich wirklich aus ihrem Dasein Kaffee in ihr Dasein Leinwand, nimmt so die Form des allgemeinen Äquivalents an und wird wirklich Tauschwert für alle andern Waren. Umgekehrt dadurch, daß alle Waren durch ihre Entäußerung als Gebrauchswerte sich in Leinwand verwandeln, wird die Leinwand das verwandelte Dasein aller andern Waren und nur als Resultat dieser Verwandlung aller andern Waren in sie unmittelbar *Vergegenständlichung der allgemeinen Arbeitszeit*, d. h. Produkt der allseitigen Entäußerung, Aufhebung der individuellen Arbeiten. Verdoppeln die Waren so, um als Tauschwerte füreinander zu erscheinen, ihre Existenz, so verdoppelt die als allgemeines Äquivalent ausgeschlossene Ware ihren Gebrauchswert. Außer ihrem besondern Gebrauchswert als besondere Ware erhält sie einen allgemeinen Gebrauchswert. Dieser ihr Gebrauchswert ist selbst Formbestimmtheit, d. h. geht aus der spezifischen Rolle hervor, die sie durch die allseitige Aktion der andern Waren auf sie im Austauschprozeß spielt. Der Gebrauchswert jeder Ware als Gegenstand eines besondern Bedürfnisses hat verschiedenen Wert in verschiedener Hand, z. B. andern Wert in der Hand dessen, der sie veräußert, als in der Hand dessen, der sie aneignet. Die als allgemeines Äquivalent ausgeschlossene Ware ist jetzt Gegenstand eines aus dem Austauschprozeß selbst hervorwachsenden allgemeinen Bedürfnisses und hat für jeden denselben Gebrauchswert, Träger des Tauschwerts zu sein, allgemeines Tauschmittel. So ist in der einen Ware der Widerspruch gelöst, den die Ware als solche einschließt, als besonderer Gebrauchswert zugleich allgemeines Äquivalent und daher Gebrauchswert für jeden, allgemeiner Gebrauchswert zu sein. Während also alle andern Waren jetzt zunächst ihren Tauschwert als ideelle, erst zu realisierende Gleichung mit der ausschließlichen Ware darstellen, erscheint bei dieser ausschließlichen Ware ihr Gebrauchswert, obgleich reell, in dem Prozeß selbst als bloßes Formdasein, das erst durch Verwandlung in wirkliche Gebrauchswerte zu realisieren ist. Ursprünglich stellte sich die Ware dar als Ware überhaupt, allgemeine Arbeitszeit vergegenständlicht in einem besondern Gebrauchswert. Im Austauschprozeß beziehen sich alle Waren auf die ausschließliche Ware als Ware überhaupt, *die* Ware, Dasein der allgemeinen Arbeitszeit in einem besondern Gebrauchswert. Als *besondere* Waren verhalten sie sich daher gegensätzlich zu einer besondern Ware als der *allgemeinen* Ware.[13] Daß also die Warenbesitzer wechselseitig sich auf ihre Arbeiten als allgemeine gesellschaftliche Arbeit beziehen, stellt sich so dar, daß sie sich auf ihre Waren als Tauschwerte beziehen, die wechselseitige Beziehung der Waren aufeinander als Tauschwerte im Austauschprozeß als ihre allseitige Beziehung auf eine besondere Ware als adäquaten Ausdruck ihres Tauschwerts, was umgekehrt wieder erscheint als spezifische Beziehung dieser besondern Ware zu allen andern Waren und darum als bestimmter gleichsam naturwüchsig gesellschaftlicher Charakter eines Dings. Die besondere Ware, die so das adäquate Dasein des Tauschwerts aller Waren darstellt, oder der Tauschwert der Waren als eine besondere, ausschließliche Ware, ist – *Geld.* Es ist eine Kristallisation des Tauschwerts der Waren, die sie im Austauschprozeß selbst bilden. Während daher die Waren innerhalb des Austauschprozesses als *Gebrauchswerte* füreinander werden, indem sie alle Formbestimmtheit abstreifen und sich aufeinander in ihrer unmittelbaren stofflichen Gestalt beziehen, müssen sie, um einander als *Tauschwerte* zu erscheinen, neue Formbestimmtheit annehmen, zur Geldbildung fortgehen. Das Geld ist nicht Symbol, so wenig wie das Dasein eines Gebrauchswerts als Ware Symbol ist. Daß ein gesellschaftliches Produktionsverhältnis sich als ein außer den Individuen vorhandener Gegenstand und die bestimmten Beziehungen, die sie im Produktionsprozeß ihres gesellschaftlichen Lebens eingeben, sich als spezifische Eigenschaften eines Dings darstellen, diese Verkehrung und nicht eingebildete, sondern prosaisch reelle Mystifikation charakterisiert alle gesellschaftlichen Formen der Tauschwert setzenden Arbeit. Im Geld erscheint sie nur frappanter als in der Ware.

Die notwendigen physischen Eigenschaften der besondern Ware, worin sich das Geldsein aller Waren kristallisieren soll, soweit sie aus der Natur des Tauschwerts unmittelbar hervorgehen, sind beliebige Teilbarkeit, Gleichförmigkeit der Teile und Unterschiedslosigkeit aller Exemplare dieser Ware. Als Materiatur der allgemeinen Arbeitszeit muß sie gleichartige Materiatur sein und fähig, bloß quantitative Unterschiede darzustellen. Die andre notwendige Eigenschaft ist Dauerbarkeit ihres Gebrauchswerts, da sie innerhalb des Austauschprozesses ausdauern muß. Die edeln Metalle besitzen diese Eigenschaften in vorzüglichem Grade. Da das Geld nicht Produkt der Reflexion oder der Verabredung ist, sondern instinktartig im Austauschprozeß gebildet wird, haben sehr verschiedene, mehr oder minder unpassende Waren abwechselnd die Funktion des Geldes ver-

[13] Derselbe Ausdruck findet sich bei Genovesi.

richtet. Die Notwendigkeit, auf einer gewissen Stufe der Entwicklung des Austauschprozesses, die Bestimmungen von Tauschwert und Gebrauchswert polarisch an die Waren zu verteilen, so daß eine Ware z. B. als Tauschmittel figuriert, während die andere als Gebrauchswert veräußert wird, bringt es mit sich, daß überall die Ware oder auch mehrere Waren vom allgemeinsten Gebrauchswert zunächst zufällig die Rolle des Geldes spielen. Wenn nicht Gegenstand eines unmittelbar vorhandenen Bedürfnisses, sichert ihr Dasein als stofflich bedeutendster Bestandteil des Reichtums ihnen einen allgemeinern Charakter als den übrigen Gebrauchswerten.

Der unmittelbare Tauschhandel, die naturwüchsige Form des Austauschprozesses, stellt vielmehr die beginnende Umwandlung der Gebrauchswerte in Waren als die der Waren in Geld dar. Der Tauschwert erhält keine freie Gestalt, sondern ist noch unmittelbar an den Gebrauchswert gebunden. Es zeigt sich dies doppelt. Die Produktion selbst in ihrer ganzen Konstruktion ist gerichtet auf Gebrauchswert, nicht auf Tauschwert, und es ist daher nur durch ihren Überschuß über das Maß, worin sie für die Konsumtion erheischt sind, daß die Gebrauchswerte hier aufhören Gebrauchswerte zu sein und Mittel des Austausches werden, Ware. Andrerseits werden sie Waren selbst nur innerhalb der Grenzen des unmittelbaren Gebrauchswerts, wenn auch polarisch verteilt, so daß die von den Warenbesitzern auszutauschenden Waren für beide Gebrauchswerte sein müssen, aber jede Gebrauchswert für ihren Nichtbesitzer. In der Tat erscheint der Austauschprozeß von Waren ursprünglich nicht im Schoß der naturwüchsigen Gemeinwesen[14], sondern da, wo sie aufhören, an ihren Grenzen, den wenigen Punkten, wo sie in Kontakt mit andern Gemeinwesen treten. Hier beginnt der Tauschhandel und schlägt von da ins Innere des Gemeinwesens zurück, auf das er zersetzend wirkt. Die besondern Gebrauchswerte, die im Tauschhandel zwischen verschiedenen Gemeinwesen Waren werden, wie Sklave, Vieh, Metalle, bilden daher meist das erste Geld innerhalb der Gemeinwesen selbst. Wir haben gesehen, wie sich der Tauschwert einer Ware in um so höherm Grade als Tauschwert darstellt, je länger die Reihe seiner Äquivalente oder je größer die Sphäre des Austausches für die Ware ist. Die allmähliche Erweiterung des Tauschhandels, Vermehrung der Austausche und Vervielfältigung der in den Tauschhandel kommenden Waren, entwickelt daher die Ware als Tauschwert, drängt zur Geldbildung und wirkt damit auflösend auf den unmittelbaren Tauschhandel. Die Ökonomen pflegen das Geld aus den äußern Schwierigkeiten abzuleiten, worauf der erweiterte Tauschhandel stößt, vergessen aber dabei, daß diese Schwierigkeiten aus der Entwicklung des Tauschwerts und daher der

---

[14] Aristoteles bemerkt dasselbe von der Privatfamilie als dem ursprünglichen Gemeinwesen. Aber die ursprüngliche Form der Familie ist selbst Stammfamilie, aus deren historischer Analyse sich erst die Privatfamilie entwickelt. „Denn in der ursprünglichen Gemeinschaft (dies aber ist die Familie) bestand offenbar keinerlei Notwendigkeit für diesen (nämlich den Tausch).“ (l.c.)

gesellschaftlichen Arbeit als allgemeiner Arbeit entspringen. Z. B.: Die Waren sind als Gebrauchswerte nicht beliebig teilbar, was sie als Tauschwerte sein sollen. Oder die Ware von A mag Gebrauchswert für B sein, während die Ware von B nicht Gebrauchswert für A ist. Oder die Warenbesitzer mögen ihre wechselseitig auszutauschenden unteilbaren Waren in ungleichen Wertproportionen bedürfen. In andern Worten, unter dem Vorwand, den einfachen Tauschhandel zu betrachten, veranschaulichen sich die Ökonomen gewisse Seiten des Widerspruchs, den das Dasein der Ware als unmittelbare Einheit von Gebrauchswert und Tauschwert einhüllt. Andrerseits halten sie dann konsequent am Tauschhandel als adäquater Form des Austauschprozesses der Waren fest, der nur mit gewissen technischen Unbequemlichkeiten verknüpft sei, wofür Geld ein pfiffig ausgedachtes Auskunftsmittel. Von diesem ganz flachen Standpunkt aus hat ein geistreicher englischer Ökonom daher richtig behauptet, Geld sei ein bloß materielles Instrument, wie ein Schiff oder eine Dampfmaschine, aber nicht die Darstellung eines gesellschaftlichen Produktionsverhältnisses und folglich keine ökonomische Kategorie. Es werde daher nur mißbräuchlich in der politischen Ökonomie, die in der Tat nichts mit der Technologie gemein hat, abgehandelt.[15]

In der Warenwelt ist eine entwickelte Teilung der Arbeit vorausgesetzt, oder stellt sich vielmehr unmittelbar in der Mannigfaltigkeit der Gebrauchswerte dar, die sich als besondere Waren gegenübertreten und in denen ebenso mannigfaltige Arbeitsweisen stecken. Die *Teilung der Arbeit*, als Totalität aller besondern produktiven Beschäftigungsweisen, ist die Gesamtgestalt der gesellschaftlichen Arbeit nach ihrer stofflichen Seite, als Gebrauchswerte produzierende Arbeit betrachtet. Als solche aber existiert sie, vom Standpunkt der Waren aus und innerhalb des Austauschprozesses, nur in ihrem Resultat, in der Besonderung der Waren selbst.

Der Austausch der Waren ist der Prozeß, worin der gesellschaftliche Stoffwechsel, d. h. der Austausch der besonderen Produkte der Privatindividuen, zugleich Erzeugung bestimmter gesellschaftlicher Produktionsverhältnisse ist, welche die Individuen in diesem Stoffwechsel eingehen. Die prozessierenden Beziehungen der Waren aufeinander kristallisieren sich als unterschiedene Bestimmungen des allgemeinen Äquivalents, und so ist der Austauschprozeß zugleich Bildungsprozeß des Geldes. Das Ganze dieses Prozesses, der sich als ein Verlauf verschiedener Prozesse darstellt, ist die *Zirkulation.*

---

15 „Geld ist in Wirklichkeit nur das Instrument zur Tätigung von Kauf und Verkauf" (aber was verstehen Sie, bitte, unter Kauf und Verkauf?) „und seine Betrachtung bildet ebensowenig einen Teil der Wissenschaft der politischen Ökonomie wie die Betrachtung von Schiffen oder Dampfmaschinen, oder irgendeines anderen Instruments, das zur Erleichterung der Produktion und Verteilung des Reichtums angewandt wird. (Th. Hodgskin, „Popular Political Economy etc.", London 1827, pag. 178, 179.)

A. Historisches zur Analyse der Ware

Die Analyse der Ware auf Arbeit in Doppelform, des Gebrauchswerts auf reale Arbeit oder zweckmäßig produktive Tätigkeit, des Tauschwerts auf Arbeitszeit oder gleiche gesellschaftliche Arbeit, ist das kritische Endergebnis der mehr als anderthalbhundertjährigen Forschungen der klassischen politischen Ökonomie, die in England mit William Petty, in Frankreich mit Boisguillebert[16] beginnt, in England mit Ricardo, in Frankreich mit Sismondi abschließt.

Petty löst den Gebrauchswert in Arbeit auf, ohne sich über die Naturbedingtheit ihrer schöpferischen Kraft zu täuschen. Die wirkliche Arbeit faßt er sofort in ihrer gesellschaftlichen Gesamtgestalt, als *Teilung der Arbeit.*[17] Diese Anschau-

---

16 Eine vergleichende Arbeit über die Schriften und Charaktere Pettys und Boisguilleberts, abgesehen von dem Schlaglicht, das sie auf den sozialen Gegensatz Englands und Frankreichs am Ende des 17. und Anfang des 18. Jahrhunderts werfen würde, wäre die genetische Darstellung des nationalen Kontrastes zwischen englischer und französischer politischer Ökonomie. Derselbe Kontrast wiederholt sich abschließend in Ricardo und Sismondi.

17 Petty hat die Teilung der Arbeit auch als Produktivkraft entwickelt, und zwar in großartigerer Anlage als Adam Smith. Sieh: „An essay concerning the multiplication of mankind etc.", 3. Edition 1686, p. 35/36. Er zeigt hier die Vorteile der Teilung der Arbeit für die Produktion nicht nur an der Fabrikation einer Taschenuhr, wie Adam Smith später an der Fabrikation einer Nadel tat, sondern zugleich durch Betrachtung einer Stadt und eines ganzen Landes unter dem Gesichtspunkt großer Fabrikanstalten. Der „Spectator" vom 26. November 1711 bezieht sich auf diese „illustration of the admirable Sir William Petty". MacCulloch vermutet also fälschlich, daß der „Spectator" Petty mit einem 40 Jahre jüngern Schriftsteller verwechselt. (Sieh: MacCulloch, „The Literature of Political Economy, a classified catalogue", London 1845, p.102.) Petty fühlt sich als Gründer einer neuen Wissenschaft. Seine Methode, sagt er, sei „nicht die herkömmliche". Statt eine Reihe komparativer und superlativer Worte und spekulativer Argumente zusammenzuflechten, habe er es unternommen, in therms of number, weight or measure zu sprechen, sich einzig aus sinnlicher Erfahrung abgeleiteter Argumente zu bedienen, und nur solche Ursachen zu betrachten, as have visible foundations in nature. Der Betrachtung anderer überlasse er die Ursachen, die abhängen von den mutable minds, opinions, appetites and passions of particular men. („Political Arithmetic etc.", London 1699, Preface.) Seine geniale Kühnheit zeigt sich z. B. in dem Vorschlag, alle Einwohner und Mobilien Irlands und Hochschottlands nach dem Rest von Großbritannien zu transportieren. Damit würde Arbeitszeit gespart, die Produktivkraft der Arbeit vermehrt, und „der König und seine Untertanen reicher und stärker werden". („Political Arithmetic", Ch. 4.) Oder in dem Kapitel seiner politischen Arithmetik, worin er zu einer Zeit, wo Holland eine stets noch vorwiegende Rolle als Handelsnation spielte und Frankreich herrschende Handelsmacht zu werden schien, Englands Beruf zur Eroberung des Weltmarkts beweist: „That the king of England's subjects have stock competent and convenient to drive trade of the whole commercial world" (l.c. Ch. 10.). „That the impediments of England's greatness are but contingent and removeable." (p. 247 seq.) Ein origineller Humor durchströmt alle seine Schriften. So zeigt er z. B. nach, daß es mit natürlichen Dingen zugegangen sei, als Holland, damals ganz so das Musterland für englische Ökonomen, wie England es jetzt für kontinentale Ökonomen ist, den Weltmarkt eroberte „without such angelical wits and judgments, as some attribute to the Hollanders" (l.c. p.175, 176). Er verteidigt die Gewissensfreiheit als Bedingung des Handels, „weil die Armen

ung von der Quelle des stofflichen Reichtums bleibt nicht, wie etwa bei seinem Zeitgenossen Hobbes, mehr oder minder unfruchtbar, sondern leitet ihn zur *politischen Arithmetik*, der ersten Form, worin die politische Ökonomie sich als selbständige Wissenschaft abscheidet. Den Tauschwert jedoch nimmt er, wie er im Austauschprozeß der Waren *erscheint*, als Geld, und das Geld selbst als existierende Ware, als Gold und Silber. In den Vorstellungen des Monetarsystems befangen, erklärt er die besondere Art realer Arbeit, wodurch Gold und Silber erworben wird, für Tauschwert setzende Arbeit. Er meint in der Tat, daß die bürgerliche Arbeit nicht unmittelbaren Gebrauchswert produzieren muß, sondern Ware, einen Gebrauchswert, der fähig ist, durch seine Entäußerung im Austauschprozeß sich als Gold und Silber darzustellen, d. h. als Geld, d. h. als Tauschwert, d. h. als vergegenständlichte allgemeine Arbeit. Sein Beispiel zeigt indes schlagend, daß die Erkenntnis der Arbeit als Quelle des stofflichen Reichtums keineswegs die Verkennung der bestimmten gesellschaftlichen Form ausschließt, worin die Arbeit Quelle des Tauschwerts ist.

Boisguillebert seinerseits löst, wenn nicht bewußt, so tatsächlich den Tauschwert der Ware in Arbeitszeit auf, indem er den „wahren Wert" (la juste valeur) durch die richtige Proportion bestimmt, worin die Arbeitszeit der Individuen auf die besondern Industriezweige verteilt wird, und die freie Konkurrenz als den gesellschaftlichen Prozeß darstellt, der diese richtige Proportion schaffe. Gleichzeitig aber und im Kontrast zu Petty, kämpft er fanatisch an gegen das Geld, das durch seine Dazwischenkunft das natürliche Gleichgewicht oder die Harmonie des Warenaustausches störe und, ein phantastischer Moloch, allen

---

fleißig seien und Arbeit und Industrie als Pflicht gegen Gott betrachten, solange man ihnen nur erlaube zu denken, daß sie, die weniger Reichtum haben, mehr Witz und Verstand in göttlichen Dingen hätten, welches sie als spezielles Eigentum der Armen betrachten". Der Handel sei daher „nicht fixiert an irgendeine Art Religion, aber eher stets an den heterodoxen Teil des Ganzen" (l.c. p. 183-186). Er bevorwortet eigne öffentliche Abgaben für Spitzbuben, weil es besser für das Publikum sei, sich selbst für die Spitzbuben zu besteuern, als sich von ihnen besteuern zu lassen (l.c. p. 99). Dagegen verwirft er die Steuern, die Reichtum von industrieller Hand übertragen auf solche, die „nichts tun als essen, trinken, singen, spielen, tanzen und Metaphysik betreiben" [l.c. p. 198]. Pettys Schritten sind beinahe buchhändlerische Raritäten und nur in alten schlechten Ausgaben zerstreut vorhanden, was um so wunderlicher, als William Petty nicht nur der Vater der englischen Nationalökonomie, sondern zugleich der Vorfahre von Henry Petty alias Marquis of Lansdowne, dem Nestor der englischen Whigs. Die Familie Lansdowne könnte indes kaum eine Gesamtausgabe von Pettys Werken veranstalten, ohne sie mit seiner Lebensgeschichte einzuleiten, und hier gilt, was von den meisten origines der großen Whigfamilien, the less said of them the better. Der denkkühne, aber grundfrivole Armeechirurgus, der ebenso geneigt war, unter Cromwells Ägide in Irland zu plündern, als von Karl II. den nötigen Baronettitel für den Plunder zu erkriechen, ist ein Ahnenbild kaum passend zu öffentlicher Schaustellung. Überdem sucht Petty in den meisten Schriften, die er bei Lebzeiten herausgab, zu beweisen, daß Englands Blütezeit unter Karl II. fällt, eine heterodoxe Ansicht dies für erbliche Exploiteurs der „glorious revolution".

natürlichen Reichtum zum Opfer verlange. Wenn nun einerseits diese Polemik gegen das Geld mit bestimmten historischen Umständen zusammenhängt, indem Boisguillebert die blindzerstörende Goldgier des Hofes eines Ludwig XIV., seiner Finanzpächter und seines Adels befehdet[18], während Petty in der Goldgier den tatkräftigen Trieb feiert, der ein Volk zur industriellen Entwicklung und zur Eroberung des Weltmarkts stachelt, springt hier jedoch zugleich der tiefere prinzipielle Gegensatz hervor, der sich als beständiger Kontrast zwischen echt englischer und echt französischer[19] Ökonomie wiederholt. Boisguillebert sieht in der Tat nur auf den stofflichen Inhalt des Reichtums, den Gebrauchswert, den Genuß[20], und betrachtet die bürgerliche Form der Arbeit, die Produktion der Gebrauchswerte als Waren und den Austauschprozeß der Waren als die naturgemäße gesellschaftliche Form, worin die individuelle Arbeit jenen Zweck erreiche. Wo ihm daher der spezifische Charakter des bürgerlichen Reichtums gegenübertritt, wie im Geld, glaubt er an Zwischendrängen usurpierender fremder Elemente und ereifert sich gegen die bürgerliche Arbeit in der einen Form, während er sie zugleich in der andern Form utopistisch verklärt.[21] Boisguillebert liefert uns den Beweis, daß die Arbeitszeit als Maß der Wertgröße der Waren behandelt werden kann, obgleich die im Tauschwert der Waren vergegenständlichte und durch die Zeit gemessene Arbeit mit der unmittelbaren natürlichen Tätigkeit der Individuen verwechselt wird.

Die erste bewußte, beinahe trivial klare Analyse des Tauschwerts auf Arbeitszeit findet sich bei einem Manne der neuen Welt, wo die bürgerlichen Produktionsverhältnisse gleichzeitig mit ihren Trägern importiert, rasch aufschossen in einem Boden, der seinen Mangel an historischer Tradition durch einen Überfluß von Humus aufwog. Der Mann ist *Benjamin Franklin*, der in seiner Jugendarbeit, geschrieben 1729, zum Druck befördert 1731, das Grundgesetz der modernen

---

[18] Im Gegensatz zur schwarzen Finanzkunst der damaligen Zeit sagt Boisguillebert: „Die Finanzkunst ist nichts als die vertiefte Kenntnis der Interessen der Landwirtschaft und des Handels." („Le détail de la France" 1697. Ausgabe von Eugène Daire der „Economistes financiers du XVIII. siècle". Paris 1843, vol. I, p. 241.)

[19] Nicht *romanischer* Ökonomie, denn die Italiener in den beiden Schulen, der neapolitanischen und der mailändischen, wiederholen den Gegensatz von englischer und französischer Ökonomie, während die Spanier der früheren Epoche entweder bloß Merkantilisten sind, und modifizierte Merkantilisten wie Ustáriz, oder wie Jovellanos (sieh seine „Obras", Barcelona 1839/40) mit Adam Smith die „richtige Mitte" halten.

[20] „Der wahre Reichtum ... ist der vollkommene Genuß nicht nur der Lebensbedürfnisse, sondern auch des Überflusses und all dessen, was den Sinnen Freude bereiten kann." (Boisguillebert, „Dissertation sur la nature de la richesse etc.", l.c. p. 403.) Während aber Petty ein frivoler plünderungslustiger und charakterloser Abenteurer war, trat Boisguillebert, obgleich einer der Intendanten Ludwig XIV., mit ebensoviel Geist als Kühnheit für die unterdrückten Klassen auf.

[21] Der französische Sozialismus in der Form Proudhon leidet an demselben nationalen Erbübel.

politischen Ökonomie formulierte.[22] Er erklärt es für nötig, ein andres Maß der Werte als die edeln Metalle zu suchen. Dies sei die Arbeit.

> „Durch Arbeit kann der Wert von Silber ebensogut gemessen werden wie der aller andern Dinge. Unterstelle z. B., ein Mann sei beschäftigt, Korn zu produzieren, während ein andrer Silber gräbt und raffiniert. Am Ende des Jahres oder nach irgendeiner andern bestimmten Zeitperiode sind das volle Produkt von Korn und das von Silber natürliche Preise voneinander, und wenn das eine 20 Bushel, das andere 20 Unzen ist, dann ist eine Unze Silber wert die zur Produktion eines Bushels Korn verwandte Arbeit. Wenn aber durch die Entdeckung von näheren, leichter zugänglichen ergiebigern Minen ein Mann nun 40 Unzen Silber produzieren kann, so leicht wie früher 20, und dieselbe Arbeit wie früher erforderlich bleibt zur Produktion von 20 Bushel Korn, dann werden 2 Unzen Silber nicht mehr wert sein, als dieselbe Arbeit verwandt zur Produktion von einem Bushel Korn, und der Bushel, welcher früher 1 Unze galt, wird nun 2 gelten, caeteris paribus. So ist der Reichtum eines Landes zu schätzen durch die *Arbeitsquantität*, die seine Einwohner fähig sind zu kaufen."[23]

Die Arbeitszeit stellt sich sofort bei Franklin ökonomistisch einseitig als Maß der Werte dar. Die Verwandlung der wirklichen Produkte in Tauschwerte versteht sich von selbst, und es handelt sich daher nur um Auffindung eines Maßes für ihre Wertgröße.

> „Da", sagt er, „der Handel überhaupt nichts ist als der Austausch von Arbeit gegen Arbeit, wird der Wert aller Dinge am richtigsten geschätzt durch Arbeit."[24]

Setzt man hier wirkliche Arbeit an die Stelle des Worts Arbeit, so entdeckt man sofort die Vermischung von Arbeit in der einen Form, mit Arbeit in der andern Form. Da Handel z. B. im Austausch von Schusterarbeit, Minenarbeit, Spinnarbeit, Malerarbeit usw. besteht, wird der Wert von Stiefeln am richtigsten geschätzt in Malerarbeit? Franklin meinte umgekehrt, daß der Wert von Stiefeln, Minenprodukten, Gespinst, Gemälden usw. bestimmt wird durch abstrakte Arbeit, die keine besondere Qualität besitzt und daher durch bloße Quantität meßbar ist.[25] Da er aber die im Tauschwert enthaltene Arbeit nicht als die abstrakt allgemeine, aus der allseitigen Entäußerung der individuellen Arbeiten entspringende gesellschaftliche Arbeit entwickelt, verkennt er notwendig Geld als die unmittelbare

---

[22] Franklin, B., „The Works of etc." edit. by J. Sparks, vol II, Boston 1836: „A modest inquiry into the nature and necessity of a paper currency."

[23] l.c. p. 265. „Thus the riches of a country are to be valued by the quantity of labour its inhabitants are able to purchase".

[24] „Trade in general being nothing else but the exchange of labour for labour, the value of all things is, as I have said before, most justly measured by labour" (l.c. p.267).

[25] l.c., „Remarks and facts relative to the American Paper money", 1764.

Existenzform dieser entäußerten Arbeit. Geld und Tauschwert setzende Arbeit stehen ihm daher in keinem innern Zusammenhange, sondern Geld ist vielmehr zur technischen Bequemlichkeit in den Austausch äußerlich hereingebrachtes Instrument.[26] Franklins Analyse des Tauschwerts blieb ohne unmittelbaren Einfluß auf den allgemeinen Gang der Wissenschaft, weil er nur vereinzelte Fragen der politischen Ökonomie bei bestimmten praktischen Anlässen behandelte.

Der Gegensatz zwischen wirklicher nützlicher Arbeit und Tauschwert setzender Arbeit bewegte Europa während des 18. Jahrhunderts in der Form des Problems: welche besondere Art wirklicher Arbeit die Quelle des bürgerlichen Reichtums sei? So war vorausgesetzt, daß nicht jede Arbeit, die sich in Gebrauchswerten verwirklicht oder Produkte liefert, deshalb schon unmittelbar Reichtum schafft. Den Physiokraten jedoch, wie ihren Gegnern, ist die brennende Streitfrage nicht sowohl, welche Arbeit den *Wert*, sondern welche den *Mehrwert* schaffe. Sie behandeln also das Problem in komplizierter Form, bevor sie es in seiner elementarischen Form gelöst hatten, wie der geschichtliche Gang aller Wissenschaften durch eine Masse Kreuz- und Querzüge erst zu ihren wirklichen Ausgangspunkten führt. Im Unterschied von andern Baumeistern zeichnet die Wissenschaft nicht nur Luftschlösser, sondern führt einzelne wohnliche Stockwerke des Gebäudes auf, bevor sie seinen Grundstein legt. Indem wir hier nicht länger bei den Physiokraten verweilen und über eine ganze Reihe italienischer Ökonomen hinweggehen, die in mehr oder minder treffenden Einfällen an die richtige Analyse der Ware anstreifen[27], wenden wir uns sofort zu dem ersten Briten, der das Gesamtsystem der bürgerlichen Ökonomie bearbeitet hat, zu Sir *James Steuart*.[28] Wie bei ihm die abstrakten Kategorien der politischen Ökonomie noch im Prozeß der Scheidung von ihrem stofflichen Inhalt und daher verfließend und schwankend erscheinen, so die des Tauschwerts. An einer Stelle bestimmt er den *realen Wert* durch die Arbeitszeit (what a workman can perform in a day), woneben aber konfuserweise Salair und Rohmaterial figurieren.[29] An einer andern Stelle tritt das Ringen mit dem stofflichen Inhalt noch schlagender hervor. Er nennt das in einer Ware enthaltene natürliche Material, z. B. Silber in einem silbernen Flechtwerk, ihren

[26] Sieh „Papers on American Politics"; „Remarks and facts relative to the American Paper money", 1764 (l.c.).

[27] Sieh z. B. Galiani, „Della Moneta", vol. III, in den „Scrittori classici Italiani di Economia Politica". (Herausgegeben von Custodi.) Parte Moderna, Milano 1803. „Die Mühe" (fatica), sagt er, „ist das einzige, das dem Ding Wert gibt." p. 74. Die Bezeichnung der Arbeit als fatica ist charakteristisch für den Südländer.

[28] Steuarts Werk „An Inquiry into the principles of political oeconomy, being an essay on the science of domestic policy in free nations" erschien zuerst 1767 in zwei Quartbänden zu London, zehn Jahre vor Adam Smiths „Wealth of Nations". Ich zitiere nach der Dubliner Ausgabe von 1770.

[29] Steuart, l.c. t. I, p. 181-183.

inneren Wert (intrinsic worth), während er die in ihr enthaltene Arbeitszeit ihren *Gebrauchswert* (useful value) nennt.

> „Der erste", sagt er, „ist etwas an sich selbst Reales ... der Gebrauchswert dagegen muß geschätzt werden nach der Arbeit, die es gekostet hat, ihn zu produzieren. Die Arbeit verwandt in der Modifikation des Stoffes repräsentiert eine Portion von der Zeit eines Mannes etc."[30]

Was Steuart vor seinen Vorgängern und Nachfolgern auszeichnet, ist die scharfe Unterscheidung zwischen der spezifisch gesellschaftlichen Arbeit, die sich im Tauschwert darstellt, und der realen Arbeit, die Gebrauchswerte erzielt.

> „Die Arbeit", sagt er, „die durch ihre Entäußerung (alienation) ein allgemeines Äquivalent schafft (universal equivalent), nenne ich *Industrie*."

Die Arbeit als Industrie unterscheidet er nicht nur von der realen Arbeit, sondern von andern gesellschaftlichen Formen der Arbeit. Sie ist ihm die bürgerliche Form der Arbeit im Gegensatz zu ihren antiken und mittelalterlichen Formen. Namentlich interessiert ihn der Gegensatz von bürgerlicher und feudaler Arbeit, welche letztere er in der Phase ihres Unterganges sowohl in Schottland selbst, als auch auf seinen ausgebreiteten Reisen auf dem Kontinent beobachtet hatte. Steuart wußte natürlich sehr wohl, daß das Produkt auch in vorbürgerlichen Epochen die Form der Ware und die Ware die Form des Geldes erhält, aber er weist ausführlich nach, daß die Ware als elementarische Grundform des Reichtums und die Entäußerung als die herrschende Form der Aneignung nur der bürgerlichen Produktionsperiode angehören, also der Charakter der Tauschwert setzenden Arbeit spezifisch bürgerlich ist.[31]

Nachdem die besondern Formen der realen Arbeit wie Agrikultur Manufaktur, Schiffahrt, Handel usw. der Reihe nach als wahre Quellen des Reichtums behauptet worden waren, proklamierte *Adam Smith* die Arbeit überhaupt, und zwar in ihrer gesellschaftlichen Gesamtgestalt, *als Teilung der Arbeit*, als die einzige Quelle des stofflichen Reichtums oder der Gebrauchswerte. Während er hier das Naturelement gänzlich übersieht, verfolgt es ihn in die Sphäre des nur gesellschaftlichen Reichtums, des Tauschwerts. Adam bestimmt allerdings den Wert der Ware durch die in ihr enthaltene Arbeitszeit, verlegt dann aber wieder die

---

30 Steuart, l.c. t. I, p.361/362: „represents a portion of a man's time".

31 Die patriarchalische, unmittelbar auf Schöpfung von Gebrauchswerten für den Besitzer des Landes gerichtete Agrikultur erklärt er daher für einen „Mißbrauch", zwar nicht in Sparta oder Rom oder selbst in Athen, wohl aber in den industriellen Ländern des 18. Jahrhunderts. Diese „abusive agriculture" sei kein „trade", sondern „bloßes Subsistenzmittel". Wie die bürgerliche Agrikultur das Land von überflüssigen Mäulern, säubere die bürgerliche Manufaktur die Fabrik von überflüssigen Händen.

Wirklichkeit dieser Wertbestimmung in die präadamitischen Zeiten. In andern Worten, was ihm wahr erscheint auf dem Standpunkt der einfachen Ware, wird ihm unklar, sobald an ihre Stelle die höhern und kompliziertern Formen von Kapital, Lohnarbeit, Grundrente usw. treten. Dies drückt er so aus, daß der Wert der Waren durch die in ihnen enthaltene Arbeitszeit gemessen wurde in dem paradise lost des Bürgertums, wo die Menschen sich noch nicht als Kapitalisten, Lohnarbeiter, Grundeigentümer, Pächter, Wucherer usw., sondern nur als einfache Warenproduzenten und Warenaustauscher gegenübertraten. Er verwechselt beständig die Bestimmung des Werts der Waren durch die in ihnen enthaltene Arbeitszeit mit der Bestimmung ihrer Werte durch den Wert der Arbeit, schwankt überall in der Detaildurchführung und versieht die objektive Gleichung, die der Gesellschaftsprozeß gewaltsam zwischen den ungleichen Arbeiten vollzieht, für die subjektive Gleichberechtigung der individuellen Arbeiten.[32] Den Übergang aus der wirklichen Arbeit in die Tauschwert setzende Arbeit, d. h. die bürgerliche Arbeit in ihrer Grundform, sucht er durch die *Teilung der Arbeit* zu bewerkstelligen. So richtig es nun ist, daß Privataustausch Teilung der Arbeit, so falsch ist es, daß Teilung der Arbeit den Privataustausch voraussetzt. Unter den Peruanern z. B. war die Arbeit außerordentlich geteilt, obgleich kein Privataustausch, kein Austausch der Produkte als Waren stattfand.

Im Gegensatz zu Adam Smith arbeitete *David Ricardo* die Bestimmung des Werts der Ware durch die Arbeitszeit rein heraus und zeigt, daß dies Gesetz auch die ihm scheinbar widersprechendsten bürgerlichen Produktionsverhältnisse beherrscht. Ricardos Untersuchungen beschränken sich ausschließlich auf die *Wertgröße*, und mit Bezug auf diese ahnt er wenigstens, daß die Verwirklichung des Gesetzes von bestimmten historischen Voraussetzungen abhängt. Er sagt nämlich, daß die Bestimmung der Wertgröße durch die Arbeitszeit nur für die Waren gelte,

> „die durch die Industrie beliebig vermehrt werden können und deren Produktion durch uneingeschränkte Konkurrenz beherrscht wird“[33].

---

[32] So z. B. sagt Adam Smith: „Gleiche Quantitäten der Arbeit müssen zu allen Zeiten und an allen Orten für den, welcher arbeitet, einen gleichen Wert haben. In seinem normalen Zustand von Gesundheit, Kraft und Tätigkeit, und mit dem Durchschnittsgrad von Geschicklichkeit, die er besitzen mag, muß er immer die nämliche Portion seiner Ruhe, Freiheit und seines Glücks geben. Welches also immer die Quantität von Waren sei, die er als Belohnung seiner Arbeit erhält, der Preis, den er zahlt, ist immer derselbe. Dieser Preis kann zwar bald eine kleinere, bald eine größere Quantität dieser Waren kaufen, aber bloß, weil ihr Wert wechselt, nicht der Wert der Arbeit, der sie kauft. Die Arbeit allein wechselt also nie ihren eigenen Wert. Sie ist also der Realpreis der Waren etc.“

[33] Ricardo, David, „On the principles of political economy and taxation“, 3. Edition, London 1821, p. 3.

Es heißt dies in der Tat nur, daß das Gesetz des Wertes zu seiner völligen Entwicklung die Gesellschaft der großen industriellen Produktion und der freien Konkurrenz, d. h. die moderne bürgerliche Gesellschaft voraussetze. Im übrigen betrachtet Ricardo die bürgerliche Form der Arbeit als die ewige Naturform der gesellschaftlichen Arbeit. Den Urfischer und den Urjäger läßt er sofort als Warenbesitzer Fisch und Wild austauschen, im Verhältnis der in diesen Tauschwerten vergegenständlichten Arbeitszeit. Bei dieser Gelegenheit fällt er in den Anachronismus, daß Urfischer und Urjäger zur Berechnung ihrer Arbeitsinstrumente die 1817 auf der Londoner Börse gangbaren Annuitätentabellen zu Rate ziehen. Die „Parallelogramme des Herrn Owen" scheinen die einzige Gesellschaftsform, die er außer der bürgerlichen kannte. Obgleich umfangen von diesem bürgerlichen Horizont, zerlegt Ricardo die bürgerliche Ökonomie, die in der Tiefe ganz anders aussieht, als sie auf der Oberfläche scheint, mit solch theoretischer Schärfe, daß Lord Brougham von ihm sagen konnte:

> „Mr. Ricardo seemed as if he had dropped from an other planet."

In direkter Polemik mit Ricardo betonte *Sismondi* sowohl den spezifisch gesellschaftlichen Charakter der Tauschwert setzenden Arbeit[34], wie er es als „Charakter unseres ökonomischen Fortschritts" bezeichnet, die Wertgröße auf *notwendige* Arbeitszeit zu reduzieren, auf

> „das Verhältnis zwischen dem Bedürfnis der ganzen Gesellschaft und der Quantität Arbeit, die hinreicht, dies Bedürfnis zu befriedigen"[35].

Sismondi ist nicht mehr befangen in Boisguilleberts Vorstellung, daß die Tauschwert setzende Arbeit durch das Geld verfälscht werde, aber wie Boisguillebert das Geld, denunziert er das große industrielle Kapital. Wenn in Ricardo die politische Ökonomie rücksichtslos ihre letzte Konsequenz zieht und damit abschließt, ergänzt Sismondi diesen Abschluß, indem er ihren Zweifel an sich selbst darstellt. Da Ricardo als Vollender der klassischen politischen Ökonomie die Bestimmung des Tauschwerts durch die Arbeitszeit am reinsten formuliert und entwickelt hat, konzentriert sich auf ihn natürlich die von ökonomischer Seite erhobene Polemik. Wird dieser Polemik die großenteils läppische[36] Form abgestreift, so faßt sie sich zusammen in folgenden Punkten:

---

[34] Sismondi, „Etudes sur l'économie politique", tom II, Bruxelles 1838. „Es ist der Gegensatz zwischen dem Gebrauchswert und dem Tauschwert, worauf der Handel die ganze Sache zurückgeführt hat." p. 162.

[35] Sismondi, l.c. p. 163-166 seq.

[36] Am läppischsten wohl in den Annotationen von J.-B. Say zur französischen Übersetzung Ricardos von Constancio und am pedantisch anmaßlichsten in der neulich erschienenen „Theory of Exchanges", London 1858 des Herrn Macleod.

Erstens: Die Arbeit selbst hat Tauschwert und verschiedene Arbeiten haben verschiedenen Tauschwert. Es ist ein fehlerhafter Zirkel, Tauschwert zum Maß von Tauschwert zu machen, da der messende Tauschwert selbst wieder des Maßes bedarf. Dieser Einwand löst sich auf in das Problem: die Arbeitszeit als immanentes Maß des Tauschwerts gegeben, auf dieser Grundlage den Arbeitslohn zu entwickeln. Die Lehre von der Lohnarbeit gibt die Antwort.

Zweitens: Wenn der Tauschwert eines Produkts gleich ist der in ihm enthaltenen Arbeitszeit, ist der Tauschwert eines Arbeitstages gleich seinem Produkt. Oder der Arbeitslohn muß dem Produkt der Arbeit gleich sein.[37] Nun ist das Gegenteil der Fall. Ergo. Dieser Einwand löst sich auf in das Problem: Wie führt Produktion auf Basis des durch bloße Arbeitszeit bestimmten Tauschwerts zum Resultat, daß der Tauschwert der Arbeit kleiner ist als der Tauschwert ihres Produkts? Dies Problem lösen wir in der Betrachtung des Kapitals.

Drittens: Der Marktpreis der Waren fällt unter oder steigt über ihren Tauschwert mit dem wechselnden Verhältnis von Nachfrage und Zufuhr. Der Tauschwert der Waren ist *daher* durch das Verhältnis von Nachfrage und Zufuhr bestimmt und nicht durch die in ihnen enthaltene Arbeitszeit. In der Tat wird in diesem sonderbaren Schlusse nur die Frage aufgeworfen, wie sich auf Grundlage des Tauschwerts ein von ihm verschiedener Marktpreis entwickelt oder richtiger, wie das Gesetz des Tauschwerts nur in seinem eignen Gegenteil sich verwirklicht. Dies Problem wird gelöst in der Lehre von der Konkurrenz.

Viertens: Der letzte Widerspruch und der scheinbar schlagendste, wenn er nicht wie gewöhnlich in der Form wunderlicher Exempel vorgebracht wird: Wenn der Tauschwert nichts ist als die in einer Ware enthaltene Arbeitszeit, wie können Waren, die keine Arbeit enthalten, Tauschwert besitzen, oder in andern Worten, woher der Tauschwert bloßer Naturkräfte? Dies Problem wird gelöst in der Lehre von der Grundrente.

---

[37] Dieser von bürgerlich-ökonomischer Seite gegen Ricardo beigebrachte Einwand ward später von sozialistischer Seite aufgegriffen. Die theoretische Richtigkeit der Formel vorausgesetzt, wurde die Praxis des Widerspruchs gegen die Theorie bezichtigt und die bürgerliche Gesellschaft angegangen, praktisch die vermeinte Konsequenz ihres theoretischen Prinzips zu ziehen. In dieser Weise wenigstens kehrten englische Sozialisten die Ricardosche Formel des Tauschwerts gegen die politische Ökonomie. Herrn Proudhon blieb es vorbehalten, nicht nur das Grundprinzip der alten als Prinzip einer neuen Gesellschaft, sondern zugleich sich als den Erfinder der Formel zu verkünden, worin Ricardo das Gesamtergebnis der klassischen englischen Ökonomie zusammengefaßt hat. Es ist bewiesen worden, daß selbst die utopistische Auslegung der Ricardoschen Formel in England bereits verschollen war, als Herr Proudhon sie jenseits des Kanals „entdeckte". (Vgl. meine Schrift: „Misère de la philosophie etc.", Paris 1847, den Paragraph über la valeur constituée).

Zweites Kapitel: Das Geld oder die einfache Zirkulation

In einer Parlamentsdebatte über Sir Robert Peels Bankakte von 1844 und 1845 bemerkte Gladstone, die Liebe selbst habe nicht mehr Menschen zu Narren gemacht als das Grübeln über das Wesen des Geldes. Er sprach von Briten zu Briten. Holländer dagegen, Leute, die Pettys Zweifel zum Trotz von jeher einen „himmlischen Witz" besaßen für die Geldspekulation, haben nie ihren Witz verloren in Spekulation über das Geld.

Die Hauptschwierigkeit in der Analyse des Geldes ist überwunden, sobald sein Ursprung aus der Ware selbst begriffen ist. Unter dieser Voraussetzung handelt es sich nur noch darum, seine eigentümlichen Formbestimmtheiten rein aufzufassen, was einigermaßen erschwert wird, weil alle bürgerlichen Verhältnisse vergoldet oder versilbert, als Geldverhältnisse erscheinen, und die Geldform daher einen unendlich mannigfaltigen Inhalt zu besitzen scheint, der ihr selbst fremd ist.

In der folgenden Untersuchung ist festzuhalten, daß es sich nur um die Formen des Geldes handelt, die unmittelbar aus dem Austausch der Waren herauswachsen, nicht aber um seine, einer höhern Stufe des Produktionsprozesses angehörigen Formen, wie z. B. Kreditgeld. Der Vereinfachung wegen ist Gold überall als die Geldware unterstellt

1. Maß der Werte

Der erste Prozeß der Zirkulation ist sozusagen theoretischer, vorbereitender Prozeß für die wirkliche Zirkulation. Die Waren, die als Gebrauchswert existieren, schaffen sich zunächst die Form, worin sie einander ideell als Tauschwert *erscheinen*, als bestimmte Quanta vergegenständlichter *allgemeiner* Arbeitszeit. Der erste notwendige Akt dieses Prozesses ist, wie wir sahen, daß die Waren eine spezifische Ware, sage *Geld*, als unmittelbare Materiatur der allgemeinen Arbeitszeit oder allgemeines Äquivalent ausschließen. Kehren wir einen Augenblick zurück zur Form, in welcher die Waren Gold in Geld verwandeln.

1 Tonne Eisen	= 2 Unzen Gold,
1 Quarter Weizen	= 1 Unze Gold,
1 Zentner Moccakaffee	= $^1/_4$ Unze Gold,
1 Zentner Pottasche	= $^1/_2$ Unze Gold,
1 Tonne brasilisches Holz	= $1^1/_2$ Unzen Gold,
Y Ware	= X Unze Gold.

In dieser Reihe von Gleichungen erscheinen Eisen, Weizen, Kaffee, Pottasche usw. einander als Materiatur gleichförmiger Arbeit, nämlich in Gold materialisierter Arbeit, worin alle Besonderheit der in ihren verschiedenen Gebrauchswerten dargestellten wirklichen Arbeiten völlig ausgelöscht ist. Als Wert sind sie identisch, Materiatur *derselben* Arbeit oder *dieselbe* Materiatur der Arbeit, Gold. Als gleichförmige Materiatur derselben Arbeit zeigen sie nur *einen* Unterschied, quantitativen, oder erscheinen als verschiedene Wertgrößen, weil in ihren Gebrauchsworten *ungleiche* Arbeitszeit enthalten ist. Als diese einzelnen Waren verhalten sie sich zugleich als Vergegenständlichung der allgemeinen Arbeitszeit zueinander, indem sie sich zu der allgemeinen Arbeitszeit selbst als einer ausgeschlossenen Ware, Gold, verhalten. Dieselbe prozessierende Beziehung, wodurch sie sich füreinander als Tauschwerte darstellen, stellt die im Gold enthaltene Arbeitszeit als die allgemeine Arbeitszeit dar, wovon ein gegebenes Quantum sich in verschiedenen Quantis Eisen, Weizen, Kaffee etc., kurz in den Gebrauchswerten aller Waren ausdrückt oder sich unmittelbar in der unendlichen Reihe der Warenäquivalente entfaltet. Indem die Waren allseitig ihre Tauschwerte in Gold ausdrükken, drückt Gold unmittelbar seinen Tauschwert in allen Waren aus. Indem die Waren sich selbst füreinander die Form des Tauschwerts geben, geben sie dem Gold die Form des allgemeinen Äquivalents oder Geldes.

Weil *alle* Waren ihre Tauschwerte in Gold messen, in dem Verhältnis, worin bestimmte Quantität Gold und bestimmte Quantität Ware gleich viel Arbeitszeit enthalten, wird das Gold zum *Maß der Werte*, und zunächst ist es nur durch diese Bestimmung als Maß der Werte, als welches sein eigener Wert sich unmittelbar in dem Gesamtumkreis der Warenäquivalente mißt, daß es allgemeines Äquivalent oder Geld wird. Andrerseits drückt sich nun der Tauschwert aller Waren in Gold aus. Ein qualitatives und ein quantitatives Moment sind in diesem Ausdruck zu unterscheiden. Der Tauschwert der Ware ist vorhanden als Materiatur derselben gleichförmigen Arbeitszeit; die Wertgröße der Ware ist erschöpfend dargestellt, denn in dem Verhältnis, worin die Waren dem Gold gleichgesetzt sind, sind sie einander gleichgesetzt. Einerseits erscheint der *allgemeine* Charakter der in ihnen enthaltenen Arbeitszeit, andererseits die Quantität derselben in ihrem goldenen Äquivalent. Der Tauschwert der Waren, so als allgemeine Äquivalenz und zugleich als Grad dieser Äquivalenz in einer spezifischen Ware, oder in einer einzigen Gleichung der Waren mit einer spezifischen Ware ausgedrückt, ist *Preis*. Der Preis ist die verwandelte Form, worin der Tauschwert der Waren innerhalb des Zirkulationsprozesses *erscheint*.

Durch denselben Prozeß also, wodurch die Waren ihre Werte als Goldpreise darstellen, stellen sie das Gold als Maß der Werte und daher als Geld dar. Wenn sie allseitig ihre Werte in Silber oder Weizen oder Kupfer mäßen und daher als Silber-, Weizen- oder Kupferpreise darstellten, würden Silber, Weizen, Kupfer Maß der Werte und damit allgemeines Äquivalent. Um in der Zirkulation als Preise zu erscheinen, sind die Waren der Zirkulation als Tauschwerte vorausgesetzt. Maß der Werte wird das Gold nur, weil alle Waren ihren Tauschwert in ihm schätzen. Die Allseitigkeit dieser prozessierenden Beziehung, woraus allein sein Charakter als Maß entspringt, setzt aber voraus, daß jede einzelne Ware sich in Gold mißt im Verhältnis der in beiden enthaltenen Arbeitszeit, daß also das wirkliche Maß zwischen Ware und Gold die Arbeit selbst ist, oder Ware und Gold durch den unmittelbaren Tauschhandel einander als Tauschwerte gleichgesetzt werden. Wie diese Gleichsetzung praktisch vor sich geht, kann nicht in der Sphäre der einfachen Zirkulation erörtert werden. So viel leuchtet indes ein, daß in Gold und Silber produzierenden Ländern bestimmte Arbeitszeit sich unmittelbar einem bestimmten Quantum Gold und Silber einverleibt, während in Ländern, die kein Gold und Silber produzieren, dasselbe Resultat auf einem Umweg erreicht wird, durch direkten oder indirekten Austausch der Landeswaren, d. h. einer bestimmten Portion der nationalen Durchschnittsarbeit gegen bestimmtes Quantum der in Gold und Silber materialisierten Arbeitszeit der Minen besitzenden Länder. Um als Maß der Werte dienen zu können, muß Gold der Möglichkeit nach ein *veränderlicher* Wert sein, weil es nur als Materiatur der Arbeitszeit zum Äquivalent anderer Waren werden kann, dieselbe Arbeitszeit aber mit dem Wechsel der Produktivkräfte der realen Arbeit in ungleichen Volumen derselben Gebrauchswerte sich verwirklicht. Wie bei der Darstellung des Tauschwertes jeder Ware im Gebrauchswert einer andern Ware ist bei der Schätzung aller Waren in Gold nur vorausgesetzt, daß das Gold in einem gegebenen Moment ein gegebenes Quantum Arbeitszeit darstellt. In bezug auf seinen Wertwechsel gilt das früher entwickelte Gesetz der Tauschwerte. Bleibt der Tauschwert der Waren unverändert, so ist ein allgemeines Steigen ihrer Geldpreise nur möglich, wenn der Tauschwert des Goldes fällt. Bleibt der Tauschwert des Goldes unverändert, so ist ein allgemeines Steigen der Goldpreise nur möglich, wenn die Tauschwerte aller Waren steigen. Umgekehrt im Falle eines allgemeinen Sinkens der Warenpreise. Fällt oder steigt der Wert einer Unze Gold infolge eines Wechsels der zu ihrer Produktion erheischten Arbeitszeit, so fällt oder steigt er *gleichmäßig* für alle andern Waren, stellt also nach wie vor allen gegenüber Arbeitszeit von *gegebener* Größe dar. Dieselben Tauschwerte schätzen sich nun in größern oder kleinern Goldquantis als zuvor, aber sie schätzen sich im Verhältnis zu ihren Wertgrößen, bewahren also dasselbe Wertverhältnis zueinander. Das Verhältnis von 2 : 4 : 8 bleibt dasselbe als 1 : 2 : 4 oder 4 : 8 : 16. Die veränderte Goldquantität, worin sich die Tauschwerte schätzen mit wechselndem Goldwert, verhindert ebensowenig die Funktion des Goldes als Maß der Werte, wie der 15mal kleinere Wert des Silbers gegen Gold es verhindert, das letztere aus dieser Funktion zu verdrängen, weil die Arbeitszeit das Maß zwischen Geld und Ware ist und das Gold nur Maß der Werte wird, sofern alle Waren sich in ihm messen, ist es bloßer Schein des Zirkulationsprozesses, als ob das Geld die Waren kommensurabel mache.[38] Es ist vielmehr nur die Kom-

[38] Aristoteles sieht zwar ein, daß der Tauschwert der Waren den Warenpreisen vorausgesetzt ist: „daß ... es den Tausch gab, bevor es das Geld gegeben, ist einleuchtend; denn es macht keinen

mensurabilität der Waren als vergegenständlichte Arbeitszeit, die das Gold zu Geld macht.

Die reale Gestalt, worin die Waren in den Austauschprozeß eintreten, ist die ihrer Gebrauchswerte. Wirkliches allgemeines Äquivalent sollen sie erst werden durch ihre Entäußerung. Ihre Preisbestimmung ist ihre nur ideelle Verwandlung in das allgemeine Äquivalent, eine Gleichung mit dem Gold, die noch zu realisieren bleibt. Weil aber die Waren in ihren Preisen nur ideell in Gold oder in nur vorgestelltes Gold verwandelt sind, ihr Geldsein von ihrem reellen Sein noch nicht wirklich getrennt ist, ist das Gold nur noch in ideelles Geld verwandelt, nur noch Maß der Werte, und bestimmte Goldquanta funktionieren in der Tat nur noch als Namen für bestimmte Quanta Arbeitszeit. Von der bestimmten Weise, worin die Waren füreinander ihren eignen Tauschwert darstellen, hängt jedesmal die Formbestimmtheit ab, worin das Gold sich als Geld kristallisiert.

Die Waren treten sich jetzt als Doppelexistenzen gegenüber, wirklich als Gebrauchswerte, ideell als Tauschwerte. Die Doppelform der Arbeit, die in ihnen enthalten ist, stellen sie jetzt füreinander dar, indem die besondere reale Arbeit als ihr Gebrauchswert wirklich da ist, während die allgemeine abstrakte Arbeitszeit in ihrem Preise ein vorgestelltes Dasein erhält, worin sie gleichmäßige und nur quantitativ verschiedene Materiatur derselben Wertsubstanz sind.

Der Unterschied von Tauschwert und Preis erscheint einerseits als ein nur nomineller, wie Adam Smith sagt, daß die Arbeit der Realpreis, das Geld der Nominalpreis der Waren ist. Statt 1 Quarter Weizen in 30 Arbeitstagen zu schätzen, wird er jetzt geschätzt in 1 Unze Gold, wenn eine Unze Gold das Produkt von 30 Arbeitstagen ist. Andrerseits ist der Unterschied so wenig bloßer Namensunterschied, daß in ihm vielmehr alle Ungewitter, die der Ware im wirklichen Zirkulationsprozeß drohen, konzentriert sind. 30 Arbeitstage sind im Quarter Weizen enthalten und er ist daher nicht erst in Arbeitszeit darzustellen. Aber Gold ist vom Weizen verschiedene Ware, und nur in der Zirkula-

---

Unterschied, ob fünf Polster für ein Haus oder für soviel Geld, wie fünf Polster wert sind". Andrerseits, da die Waren erst im Preise die Form des Tauschwerts füreinander besitzen, läßt er sie kommensurabel werden durch das Geld. „Alles muß einen Preis haben; denn so wird immer Austausch sein und folglich Gesellschaft. Das Geld macht, einem Maße gleich, in der Tat die Dinge kommensurabel (σύμμετρα), um sie dann einander gleichzusetzen. Denn es gibt keine Gesellschaft ohne Austausch, der Austausch kann nicht sein ohne die Gleichheit, die Gleichheit aber nicht ohne die Kommensurabilität." Er verhehlt sich nicht, daß diese verschiedenen vom Gelde gemessenen Dinge durchaus inkommensurable Größen sind. Was er sucht, ist die Einheit der Waren als Tauschwerte, die er als antiker Grieche nicht finden konnte. Er half sich aus der Verlegenheit, indem er das an und für sich Inkommensurable durch das Geld kommensurabel werden läßt, soweit es für das praktische Bedürfnis nötig ist. „Es ist zwar in Wahrheit unmöglich, daß so verschiedenartige Dinge kommensurabel seien, aber für das praktische Bedürfnis geschieht dies." (Aristoteles, „Ethica Nicomachea", L. V, C. 8, edit. Bekkeri, Oxonii 1837.)

tion kann sich bewähren, ob der Quarter Weizen wirklich zur Unze Gold wird, wie in seinem Preis antizipiert ist. Es hängt dies davon ab, ob oder ob nicht er sich als Gebrauchswert, ob oder ob nicht das in ihm enthaltene Quantum Arbeitszeit sich als das von der Gesellschaft zur Produktion eines Quarters Weizen notwendig erheischte Quantum Arbeitszeit bewährt. Die Ware als solche *ist* Tauschwert, sie *hat* einen Preis. In diesem Unterschied von Tauschwert und Preis erscheint es, daß die in der Ware enthaltene besondere individuelle Arbeit erst durch den Prozeß der Entäußerung als ihr Gegenteil, individualitätslose, abstrakt allgemein und nur in dieser Form gesellschaftliche Arbeit, d. h. Geld dargestellt werden muß. Es erscheint zufällig, ob sie dieser Darstellung fähig ist oder nicht. Obgleich daher im Preise der Tauschwert der Ware nur ideell von ihr unterschiedene Existenz erhält und das Doppeldasein der in ihr enthaltenen Arbeit nur noch als verschiedene Ausdrucksweise existiert, andrerseits daher die Materiatur der allgemeinen Arbeitszeit, das Gold, nur noch als vorgestelltes Wertmaß der wirklichen Ware gegenübertritt, ist im Dasein des Tauschwerts als Preis oder des Goldes als Wertmaß die Notwendigkeit der Entäußerung der Ware gegen klingendes Gold, die Möglichkeit ihrer Nichtveräußerung, kurz der ganze Widerspruch latent enthalten, der daraus hervorgeht, daß das Produkt Ware ist, oder daß die besondere Arbeit des Privatindividuums, um gesellschaftliche Wirkung zu haben, sich als ihr unmittelbares Gegenteil, als abstrakt allgemeine Arbeit darstellen muß. Die Utopisten, die die Ware wollen, aber nicht das Geld, auf Privataustausch beruhende Produktion ohne die notwendigen Bedingungen dieser Produktion, sind daher konsequent, wenn sie das Geld nicht erst in seiner greifbaren Form, sondern schon in der gasartigen und hirngewebten Form als Maß der Werte „vernichten". Im unsichtbaren Maß der Werte lauert das harte Geld.

Den Prozeß vorausgesetzt, wodurch das Gold zum Maß der Werte und der Tauschwert zum Preis geworden ist, sind alle Waren in ihren Preisen nur noch vorgestellte Goldquanta von verschiedener Größe. Als solche verschiedene Quanta desselben Dings, des Goldes, gleichen, vergleichen und messen sie sich untereinander und so entwickelt sich technisch die Notwendigkeit, sie auf ein bestimmtes Quantum Gold als *Maßeinheit* zu beziehen, eine Maßeinheit, die dadurch zum Maßstab fortentwickelt wird, daß sie sich in aliquote Teile und diese sich ihrerseits wieder in aliquote Teile abteilen.[39] Goldquanta als solche

---

[39] Die Sonderbarkeit, daß die Unze Gold in England als Maßeinheit des Geldes in nicht aliquote Teile abgeteilt ist, erklärt sich wie folgt: „Unser Münzwesen war ursprünglich nur der Verwendung von Silber angepaßt – daher kann eine Unze Silber immer in eine bestimmte aliquote Anzahl von Geldstücken geteilt werden; da aber Gold erst in einer spätern Zeit in ein Münzwesen eingeführt wurde, das nur dem Silber angepaßt war, kann eine Unze Gold nicht in eine aliquote Anzahl von Münzen ausgeprägt werden." (Maclaren, „History of the currency", p.16, London 1858.)

aber messen sich durch Gewicht. Der Maßstab findet sich also schon fertig vor in den allgemeinen Gewichtsmaßen der Metalle, die bei aller metallischen Zirkulation daher auch ursprünglich als Maßstab der Preise dienen. Indem die Waren sich nicht mehr als durch die Arbeitszeit zu messende Tauschwerte, sondern als in Gold gemessene gleichnamige Größen aufeinander beziehen, verwandelt sich das Gold aus *dem Maß der Werte* in den *Maßstab der Preise*. Die Vergleichung der Warenpreise unter sich als verschiedene Goldquanta kristallisiert sich so in den Figurationen, die in ein gedachtes Goldquantum eingeschrieben werden und es als Maßstab von aliquoten Teilen darstellen. Das Gold als Maß der Werte und als Maßstab der Preise besitzt ganz verschiedene Formbestimmtheit, und die Verwechslung der einen mit der andern hat die tollsten Theorien hervorgerufen. Maß der Werte ist das Gold als vergegenständlichte Arbeitszeit, Maßstab der Preise ist es als ein bestimmtes Metallgewicht. Maß der Werte wird das Gold, indem es als Tauschwert auf die Waren als Tauschwert bezogen ist, im Maßstab der Preise dient ein bestimmtes Quantum Gold andern Quantis Gold als Einheit. Wertmaß ist das Gold, weil sein Wert veränderlich ist, Maßstab der Preise, weil es als unveränderliche Gewichtseinheit fixiert wird. Hier, wie in allen Maßbestimmungen gleichnamiger Größen wird Festigkeit und Bestimmtheit der Maßverhältnisse entscheidend. Die Notwendigkeit, ein Quantum Gold als Maßeinheit und aliquote Teile als Unterabteilungen dieser Einheit festzusetzen, hat die Vorstellung erzeugt, als ob ein bestimmtes Goldquantum, das natürlich veränderlichen Wert hat, in ein fixes Wertverhältnis zu den Tauschwerten der Waren gesetzt würde, wobei nur übersehen ward, daß die Tauschwerte der Waren in Preise, in Goldquanta verwandelt sind, bevor sich das Gold als Maßstab der Preise entwickelt. Wie auch der Goldwert wechsle, verschiedene Goldquanta stellen gegeneinander stets dasselbe Wertverhältnis dar. Fiele der Goldwert um 1000%, so würden nach wie vor 12 Unzen Gold einen 12mal größern Wert besitzen als eine Unze Gold, und in den Preisen handelt es sich nur um das Verhältnis verschiedener Goldquanta zueinander. Da andrerseits eine Unze Gold mit dem Fallen oder Steigen ihres Werts keineswegs ihr Gewicht verändert, verändert sich ebensowenig das ihrer aliquoten Teile, und so tut das Gold als fixer Maßstab der Preise stets denselben Dienst, wie immer sein Wert wechsle.[40]

40 „Geld kann beständig im Wert schwanken und doch ebensogut ein Maß des Wertes sein, als wenn es völlig unverändert bliebe. Angenommen z. B. es sei im Wert vermindert ... Vor der Verminderung würde eine Guinee drei Bushel Weizen kaufen oder die Arbeit von 6 Tagen; später würde sie nur 2 Bushel Weizen kaufen oder Arbeit von 4 Tagen. In beiden Fällen die Verhältnisse von Weizen und Arbeit zu Geld gegeben, kann deren gegenseitiges Verhältnis abgeleitet werden; mit andern Worten, wir können ermitteln, daß ein Bushel Weizen 2 Arbeitstage Wert ist. Das ist alles, was Wertmessen einschließt und wird nach der Verminderung ebenso glatt besorgt wie vorher. Die Auszeichnung eines Dinges als Wertmaß ist gänzlich unabhängig von der Veränderlichkeit seines eignen Werts." (p. 9, 10. Bailey, „Money and its vicissitudes", London 1837.)

Ein historischer Prozeß, den wir später aus der Natur der metallischen Zirkulation erklären werden, brachte es mit sich, daß derselbe Gewichtsname für ein stets wechselndes und abnehmendes Gewicht edler Metalle in ihrer Funktion als Maßstab der Preise beibehalten wurde. So bezeichnet das englische Pfund weniger als ein Drittel seines ursprünglichen Gewichts, das schottische Pfund vor der Union nur noch $^1/_{36}$, der französische Livre $^1/_{74}$, der spanische Maravedi weniger als $^1/_{1000}$, der portugiesische Rei eine noch viel kleinere Proportion. So schieden sich historisch die Geldnamen der Metallgewichte von ihren allgemeinen Gewichtsnamen[41]. Da die Bestimmung der Maßeinheit, ihrer aliquoten Teile und deren Namen einerseits rein konventionell ist, andererseits innerhalb der Zirkulation den Charakter der Allgemeinheit und Notwendigkeit besitzen soll, mußte sie *gesetzliche* Bestimmung werden. Die rein formelle Operation fiel also den Regierungen anheim.[42] Das bestimmte Metall, das als Material des Geldes diente, war gesellschaftlich gegeben. In verschiedenen Ländern ist der gesetzliche Maßstab der Preise natürlich verschieden. In England z. B. wird die Unze als Metallgewicht eingeteilt in Pennweights, Grains und Carats Troy, aber die Unze Gold als Maßeinheit des Geldes in $3^7/_8$ Sovereigns, der Sovereign in 20

---

41 „Die Münzen, deren Name heute nur noch ideell ist, sind bei allen Völkern die ältesten; aber alle waren eine Zeitlang real." (letzteres in dieser Ausdehnung unrichtig), „und eben weil sie real waren, hat man mit ihnen gerechnet." (Galiani, „Della Moneta", l.c. p.153.)

42 Der romantische A. Müller sagt: „Nach unseren Vorstellungen hat jeder unabhängige Souverän das Recht, das Metallgeld zu ernennen, ihm einen gesellschaftlichen Nominalwert, Rang, Stand und Titel beizulegen." (p. 233, Band II, A. H. Müller, „Die Elemente der Staatskunst", Berlin 1809.) Was den Titel angeht, hat der Herr Hofrat recht; er vergißt nur den *Gehalt*. Wie konfus seine „Vorstellungen" waren, zeigt sich z. B. in folgender Stelle: „Jedermann sieht ein, wieviel auf die wahre Bestimmung des Münzpreises ankommt, vorzüglich in einem Lande wie England, wo die Regierung mit *großartiger Liberalität* unentgeltlich münzt" (Herr Müller scheint zu glauben, daß das englische Regierungspersonal die Münzkosten aus eigener Privattasche bestreitet), „wo sie keinen Schlagschatz nimmt usw., und also, wenn diese den Münzpreis des Goldes beträchtlich höher ansetzte als den Marktpreis, wenn sie anstatt 1 Unze Goldes jetzt mit 3 Pfd. St. 17 sh. 10½ d. zu zahlen, 3 Pfd. St. 19 sh. als den Münzpreis einer Unze Goldes ansetzte, alles Geld nach der Münze strömen, das dort erhaltene Silber auf dem Markte gegen das hier wohlfeilere Gold umgesetzt, und so aufs neue der Münze zugebracht und das Münzwesen in Unordnung geraten würde." (p. 230, 231 l.c.) Um die Ordnung auf der englischen Münze zu erhalten, versetzt Müller sich in „Unordnung". Während Shilling und Pence bloß Namen, durch Silber- und Kupfermarken repräsentierte Namen bestimmter Teile einer Unze Gold sind, bildet er sich ein, die Unze Gold sei geschätzt in Gold, Silber und Kupfer, und beglückt so die Engländer mit einem dreifachen standard of value. Silber als Geldmaß neben dem Gold wurde zwar erst formell abgeschafft im Jahre 1816 durch 56 George III. c. 68. Gesetzlich war es der Sache nach schon abgeschafft 1734 durch 14 George II. c. 42, und noch viel früher durch die Praxis. Es waren zwei Umstände, die A. Müller speziell zu einer sogenannten höhern Auffassung der politischen Ökonomie befähigten. Einerseits seine ausgebreitete Unbekanntschaft mit ökonomischen Tatsachen, andrerseits sein bloß dilettantisches Schwärmereiverhältnis zur Philosophie.

Shillinge, der Shilling in 12 Pence, so daß 100 Pfund 22karätiges Gold (1200 Unzen) gleich 4672 Sovereigns und 10 Shilling. In dem Weltmarkt jedoch, worin die Landesgrenzen verschwinden, verschwinden diese nationalen Charaktere der Geldmaße wieder und weichen den allgemeinen Gewichtsmaßen der Metalle.

Der Preis einer Ware oder das Goldquantum, worin sie ideell verwandelt ist, drückt sich jetzt also aus in den Geldnamen des Goldmaßstabs. Statt also zu sagen, der Quarter Weizen ist gleich einer Unze Gold, würde man in England sagen, er ist gleich 3 Pfd. St. 17 sh. $10^1/_2$ d. Alle Preise drücken sich so gleichnamig aus. Die eigentümliche Form, die die Waren ihrem Tauschwert geben, ist verwandelt in *Geldnamen*, worin sie einander sagen, was sie wert sind. Das Geld seinerseits wird zum *Rechengeld*.[43]

Die Verwandlung der Ware in Rechengeld im Kopfe, auf dem Papier, in der Sprache, geht jedesmal vor sich, sobald irgendeine Art des Reichtums unter dem Gesichtspunkt des Tauschwerts fixiert wird[44]. Zu dieser Verwandlung ist das Material des Goldes nötig, aber nur als vorgestelltes. Um den Wert von 1000 Ballen Baumwolle in einer bestimmten Anzahl von Unzen Gold zu schätzen und diese Anzahl Unzen selbst wieder in den Rechennamen der Unze, in Pfd. St., sh., d., auszudrücken, wird kein Atom wirklichen Goldes gebraucht. So zirkulierte in Schottland vor dem Bankakt Sir Robert Peels von 1845 keine Unze Gold, obgleich die Unze Gold, und zwar ausgedrückt als englischer Rechenmaßstab in 3 Pfd. St. 17 sh. $10^1/_2$ d. zum gesetzlichen Maß der Preise diente. So dient Silber als Maß der Preise in dem Warenaustausch zwischen Sibirien und China, obgleich der Handel in der Tat bloßer Tauschhandel ist. Für das Gold als Rechengeld ist es daher auch gleichgültig, ob oder ob nicht, sei es seine Maßeinheit selbst, seien es ihre Abschnitte, wirklich gemünzt sind. In England, zur Zeit Wilhelms des Eroberers, existierten 1 Pfd. St., damals 1 Pfund reines Silber, und der Shilling, $^1/_{20}$ eines Pfundes, nur als Rechengeld, während der Penny, $^1/_{240}$ Pfund Silber, die größte existierende Silbermünze war. Umgekehrt existieren im heutigen England keine Shillinge und Pence, obgleich sie gesetzliche Rechennamen für bestimmte Teile einer Unze Goldes sind. Das Geld als Rechengeld mag überhaupt nur ideal existieren, während das wirklich existierende Geld nach ganz anderem Maßstab gemünzt ist. So bestand in vielen englischen Kolonien in Nordamerika das zirkulierende Geld bis tief ins 18. Jahrhundert aus spanischen und portugiesischen Münzen, während das Rechengeld überall dasselbe war wie in England.[45]

---

43 „Als man den Anarcharsis fragte, wozu die Hellenen das Geld brauchen, antwortete er: *zum Rechnen.*“ (Athenaeus, „Deipnosophistai“, L. IV, 49, v. II, ed. Schweighäuser 1802.)

44 G. Garnier, einer der ältern französischen Übersetzer Adam Smiths, hatte den sonderbaren Einfall, eine Proportion festzusetzen zwischen dem Gebrauch von Rechengeld und dem Gebrauch von wirklichem Geld. Die Proportion ist 10 zu 1. (Garnier, G., „Histoire de la monnaie depuis les temps de la plus haute antiquité etc.“, t. I, p. 78.)

45 Der Akt von Maryland von 1723, wodurch Tabak zur legalen Münze gemacht, sein Wert aber auf englisches Goldgeld reduziert wurde, nämlich ein Penny per Pfund Tabak, erinnert an

Weil das Gold als Maßstab der Preise in denselben Rechennamen erscheint wie die Warenpreise, also z. B. eine Unze Gold ebensowohl wie eine Tonne Eisen in 3 Pfd. St. 17 sh. $10^1/_2$ d. ausgedrückt wird, hat man diese seine Rechennamen seinen *Münzpreis* genannt. Die wunderliche Vorstellung entstand daher, als ob das Gold in seinem eigenen Material geschätzt werde, und im Unterschied von allen andern Waren von Staats wegen einen fixen Preis erhalte. Man versah die Fixierung von Rechennamen für bestimmte Goldgewichte für Fixierung des Werts dieser Gewichte.[46] Das Gold, wo es als Element der Preisbestimmung und daher als Rechengeld dient, hat nicht nur keinen *fixen*, sondern überhaupt *keinen* Preis. Um einen Preis zu haben, d. h. in einer *spezifischen* Ware sich als *allgemeines* Äquivalent auszudrücken, müßte diese andere Ware dieselbe ausschließliche Rolle im Zirkulationsprozeß spielen wie das Gold. Zwei alle andern Waren ausschließende Waren schließen sich aber wechselseitig aus. Wo daher Silber und Gold gesetzlich als Geld, d. h. als Wertmaß nebeneinander bestehen, ist stets der vergebliche Versuch gemacht worden, sie als *eine und dieselbe Materie* zu behandeln. Unterstellt man, daß dieselbe Arbeitszeit sich unveränderlich in derselben Proportion von Silber und Gold vergegenständlicht, so unterstellt man in der Tat, daß Silber und Gold dieselbe Materie, und Silber, das minder wertvolle Metall, ein unveränderlicher Bruchteil Gold ist. Von der Regierung Edwards III. bis zur Zeit von Georg II. verläuft sich die Geschichte des englischen Geldwesens in eine fortlaufende Reihe von Störungen, hervorgehend aus der Kollision zwischen der gesetzlichen Festsetzung des Wertverhältnisses von Gold und Silber und ihren wirklichen Wertschwankungen. Bald war Gold zu hoch geschätzt, bald Silber. Das zu niedrig geschätzte Metall wurde der Zirkulation entzogen, umgeschmolzen und exportiert. Das Wertverhältnis beider Metalle wurde dann wieder gesetzlich verändert, aber der neue Nominalwert trat bald mit dem wirklichen Wertverhältnis in denselben Konflikt wie der alte. In unserer eigenen Zeit hat der sehr schwache und vorübergehende Fall im Werte des Goldes gegen Silber, infolge der indisch-chinesischen Silbernachfrage, dasselbe Phänomen auf der größten Stufenleiter in Frankreich erzeugt, Ausfuhr des Silbers und seine Vertreibung aus der Zirkulation durch Gold. Während der Jahre 1855, 1856, 1857 betrug der Überschuß der Goldeinfuhr in Frankreich über die Goldausfuhr aus Frankreich 41.580.000 Pfd. St., während der Überschuß der Silberaus-

---

die leges barbarorum, worin umgekehrt bestimmte Geldsummen wieder Ochsen, Kühen usw. gleichgesetzt werden. In diesem Fall waren weder Gold noch Silber, sondern der Ochs und die Kuh das wirkliche Material des Rechengeldes.

[46] So lesen wir zum Beispiel in den „Familiar words" des Herrn David Urquhart: „Der Wert des Goldes soll durch sich selbst gemessen werden; wie kann irgendein Stoff das Maß seines eignen Wertes in andern Dingen sein? Der Wert des Goldes soll durch sein eigenes Gewicht festgestellt werden, unter einer falschen Benennung dieses Gewichts – und eine Unze soll so viele Pfund und Bruchteile von Pfund wert sein. Das ist Fälschung eines Maßes und nicht Festsetzung eines Maßstabs."

fuhr über die Silbereinfuhr 34.704.000 Pfd. St. betrug. In der Tat, in Ländern wie in Frankreich, wo beide Metalle gesetzlich Wertmaße sind, und beide in Zahlung angenommen werden müssen, jeder aber beliebig in dem einen oder andern zahlen kann, trägt das im Wert steigende Metall ein Agio und mißt wie jede andere Ware seinen Preis in dem überschätzten Metall, während letzteres allein als Wertmaß dient. Alle geschichtliche Erfahrung in diesem Gebiet reduziert sich einfach darauf, daß, wo gesetzlich zwei Waren die Funktion des Wertmaßes versehen, faktisch immer nur eine als solches den Platz behauptet.[47]

B. Theorien von der Maßeinheit des Geldes

Der Umstand, daß die Waren als Preise nur ideell in Gold, das Gold daher nur ideell in Geld verwandelt ist, veranlaßte die Lehre von der *idealen Maßeinheit des Geldes*. Weil bei der Preisbestimmung nur vorgestelltes Gold oder Silber, Gold und Silber nur als Rechengeld funktionieren, wurde behauptet, die Namen Pfund, Shilling, Pence, Taler, Frank usw. statt Gewichtteile von Gold oder Silber oder irgendwie vergegenständlichte Arbeit zu bezeichnen, bezeichneten vielmehr ideale Wertatome. Stiege also z B. der Wert einer Unze Silber, so enthielte sie mehr solcher Atome und müßte daher in mehr Shillingen berechnet und gemünzt werden. Diese Doktrin, wieder geltend gemacht während der letzten Handelskrise in England und sogar parlamentarisch vertreten in zwei Sonderberichten, die dem Bericht des 1858 sitzenden Bankkomitees angehängt sind, datiert vom Ende des 17. Jahrhunderts. Zur Zeit von Wilhelms III. Regierungsantritt betrug der englische Münzpreis einer Unze Silber 5 sh. 2 d. oder $^{1}/_{62}$ Unze Silber wurde Penny, 12 dieser Pence wurden Shilling genannt. Diesem Maßstab gemäß wurde ein Silbergewicht von z. B. 6 Unzen Silber gemünzt in 31 Stücken mit dem Namen Shilling. Der *Marktpreis* der Unze Silber stieg aber über ihren *Münzpreis*, von 5 sh. 2 d. auf 6 sh. 3 d., oder um eine Unze Rohsilber zu kaufen, mußten 6 sh. 3 d. aufgewogen werden. Wie könnte der Marktpreis einer Unze Silber über ihren Münzpreis steigen, wenn der Münzpreis bloß Rechennamen für aliquote Teile einer Unze Silber? Das Rätsel löste sich einfach. Von den 5.600.000 Pfd. St. Silbergeld, das damals zirkulierte, waren vier Millionen verschlissen, gekippt und gewippt. Es zeigte sich bei einer Probe, daß 57.200 Pfd. St. in Silber, die 220.000 Unzen wiegen sollten, nur 141.000 Unzen wogen. Die Münze prägte immer nach demselben Maßstab, aber die wirklich zirkulierenden leichten Shillinge stellten kleinere aliquote Teile der Unze dar,

47 „Geld als Maß des Handels sollte wie jedes andere Maß so ständig als möglich gehalten werden. Dies ist unmöglich. wenn euer Geld aus zwei Metallen besteht, deren Wertverhältnis beständig wechselt." (John Locke, „Some Considerations on the Lowering of Interest etc.", 1691; p. 65 in seinen „Works", 7. ed., London 1768, vol. II.)

als ihr Name vorgab. Eine größere Quantität dieser kleiner gewordenen Shillinge mußte folglich auf dem Markt für die Unze Rohsilber gezahlt werden. Als infolge der so entstandenen Störung eine allgemeine Ummünzung beschlossen wurde, behauptete *Lowndes*, der Secretary to the treasury, der Wert der Unze Silber sei gestiegen, sie müsse daher künftig in 6 sh. 3 d. statt wie bisher in 5 sh. 2 d. gemünzt werden. Er behauptete also in der Tat, daß, weil der Wert der Unze gestiegen, der Wert ihrer aliquoten Teile gefallen sei. Seine falsche Theorie war aber nur Beschönigung eines richtigen praktischen Zwecks. Die Staatsschulden waren in leichten Shillingen kontrahiert, sollten sie in schweren zurückgezahlt werden? Statt zu sagen, zahlt 4 Unzen Silber zurück, wo ihr dem Namen nach 5 Unzen, in Wirklichkeit aber nur 4 Unzen erhalten habt, sagte er umgekehrt, zahlt dem Namen nach 5 Unzen zurück, reduziert sie aber dem Metallgehalt nach auf 4 Unzen und nennt Shilling, was ihr bisher $^4/_5$ Shilling nanntet. Lowndes hielt sich also tatsächlich am Metallgehalt, während er in der Theorie am Rechennamen festhielt. Seine Gegner, die bloß am Rechennamen festhielten und daher einen um 25 bis 50% zu leichten Shilling identisch mit einem vollwichtigen Shilling erklärten, behaupteten umgekehrt, nur am Metallgehalt festzuhalten. John *Locke*, der die neue Bourgeoisie in allen Formen vertrat, die Industriellen gegen die Arbeiterklassen und die Paupers, die Kommerziellen gegen die altmodischen Wucherer, die Finanzaristokraten gegen die Staatsschuldner, und in einem eigenen Werk sogar den bürgerlichen Verstand als menschlichen Normalverstand nachwies, nahm auch den Handschuh gegen Lowndes auf. John Locke siegte und Geld, geborgt zu 10 oder 14 Shillingen die Guinee, wurde zurückgezahlt in Guineen von 20 Shillingen.[48] Sir *James Steuart* faßt die ganze Transaktion ironisch so zusammen:

---

[48] Locke sagt u. a.: „Nennt sie Krone, was früher eine halbe Krone hieß. Der Wert bleibt bestimmt durch den Metallgehalt. Wenn ihr $^1/_{20}$ Silbergewicht von einer Münze abschlagen könnt, ohne ihren Wert zu verringern, so könnt ihr ebensogut $^{19}/_{20}$ von ihrem Silbergewicht abschlagen. Nach dieser Theorie müßte ein farthing, wenn er Krone genannt wird, so viel von Gewürz, Seide oder andern Waren kaufen, als ein Kronstück, das 60mal so viel Silber enthält. Alles, was ihr tun könnt, ist, einer geringeren Quantität Silber den Stempel und den Namen einer höhern Quantität geben. Es ist aber Silber, nicht Namen, die Schulden zahlen und Waren kaufen. Wenn euer Erhöhen des Geldwerts nichts heißt als den aliquoten Teilen eines Silberstücks nach Belieben Namen geben, z. B. den achten Teil einer Unze Silber Penny nennen, so könnt ihr in der Tat Geld so hoch ansetzen als es euch beliebt." Locke antwortete Lowndes zugleich, daß das Steigen des Marktpreises über den Münzpreis nicht vom „Steigen des Silberwerts, sondern vom Leichterwerden der Silbermünze" herrühre. 77 gekippte und gewippte Shillinge wögen keinen Deut mehr als 62 vollwichtige. Endlich hob er mit Recht hervor, daß, abgesehen von der Entsilberung der zirkulierenden Münze, der Marktpreis des Rohsilbers in England einigermaßen über den Münzpreis stelzen könne, weil die Ausfuhr von Rohsilber erlaubt, die von Silbermünze verboten sei. (Siehe l.c. p 54.-116 passim.) Locke hütete sich ungemein, den brennenden Punkt der Staatsschuld zu berühren, wie er ebenso vorsichtig vermied, auf die delikate ökonomische Frage einzugehen. Letztere war diese: Wechselkurs sowohl wie das

„Die Regierung gewann bedeutend auf Steuern, die Gläubiger auf Kapital und Zinsen, und die Nation, die allein Geprellte, war kreuzfidel, weil ihr *Standard*“ (der Maßstab ihres eigenen Werts) „nicht herabgesetzt worden war.“[49]

Steuart meinte, bei weiterer kommerzieller Entwicklung werde die Nation sich schlauer zeigen. Er irrte. Ungefähr 120 Jahre später wiederholte sich dasselbe quid pro quo.

Es war in der Ordnung, daß Bischof *Berkeley*, der Vertreter eines mystischen Idealismus in der englischen Philosophie, der Lehre von der idealen Maßeinheit des Geldes eine theoretische Wendung gab, was der praktische „Secretary to the treasury“ versäumt hatte. Er fragt:

„Sind die Namen Livre, Pfund Sterling, Krone usw. nicht zu betrachten als bloße *Verhältnisnamen*?“ (nämlich Verhältnis des abstrakten Werts als solchen). „Sind Gold, Silber oder Papier mehr als bloße Billette oder Marken zur Berechnung, Protokollierung und Übermachung davon?“ (des Wertverhältnisses). „Ist die *Macht*, die Industrie anderer“ (gesellschaftliche Arbeit) „zu kommandieren, nicht Reichtum? Und ist Geld in der Tat etwas anderes als Marke oder Zeichen für Übertragung oder Registrierung solcher Macht, und ist es von großer Wichtigkeit, woraus das Material dieser Marken besteht?“[50]

Hier findet sich Verwechslung einerseits zwischen Maß der Werte und Maßstab der Preise, andrerseits zwischen Gold oder Silber als Maß und als Zirkulationsmittel. Weil die edlen Metalle im Akt der Zirkulation durch Marken ersetzt werden können, schließt Berkeley, daß diese Marken ihrerseits *nichts*, nämlich den abstrakten Wertbegriff vorstellen.

So völlig entwickelt ist die Lehre von der idealen Maßeinheit des Geldes bei Sir *James Steuart*, daß seine Nachfolger – bewußtlose Nachfolger, indem sie ihn nicht kennen – weder eine neue Sprachwendung noch selbst ein neues Beispiel finden.

„Rechengeld“, sagt er, „ist nichts als ein willkürlicher Maßstab von gleichen Teilen, erfunden, um den relativen Wert verkäuflicher Dinge zu messen. Rechengeld

---

Verhältnis von Rohsilber zur Silbermünze bewiesen, daß das zirkulierende Geld bei weitem *nicht* im Verhältnis zu seiner wirklichen Entsilberung depreziiert war. Wir kommen auf diese Frage in allgemeiner Form im Abschnitt vom Zirkulationsmittel zurück. Nicholas Barton in „A discourse concerning coining the new money lighter in answer to Mr. Lock's considerations etc.“, London 1696, versuchte vergebens, Locke auf schwieriges Terrain zu locken.

49 Steuart, l.c. t. II, p. 156.

50 „The Querist“ l. c. Der Abschnitt „Queries on Money“ ist übrigens geistreich. Unter anderm bemerkt Berkeley mit Recht, daß gerade die Entwicklung der nordamerikanischen Kolonien „es so klar macht wie der Tag, daß Gold und Silber nicht so notwendig sind zum Reichtum einer Nation, wie es sich die Allgemeinheit vorstellt“.

ist ganz verschieden von Münzgeld (money coin), welches Preis ist[51], und es könnte existieren, obgleich es keine Substanz in der Welt gäbe, die ein proportionelles Äquivalent für alle Waren wäre. Rechengeld verrichtet denselben Dienst für den Wert der Dinge wie Grade, Minuten, Sekunden usw. für Winkel oder Maßstäbe für geographische Karten usw. In allen diesen Erfindungen wird immer dieselbe Denomination als Einheit angenommen. Wie die Nützlichkeit aller solcher Verrichtungen einfach beschränkt ist auf die *Anzeige von Proportion*, so die der Geldeinheit. Sie kann daher keine unveränderlich bestimmte Proportion zu irgendeinem Teil des Werts haben, d. h. sie kann nicht fixiert sein an irgendein bestimmtes Quantum von Gold, Silber oder irgendeiner anderen Ware. Ist die Einheit einmal gegeben, so kann man durch Multiplikation zum größten Wert aufsteigen. Da der Wert der Waren abhängt von einem allgemeinen Zusammenfluß auf sie einwirkender Umstände und von den Grillen der Menschen, sollte ihr Wert nur als in ihrer wechselseitigen Beziehung wechselnd betrachtet werden. Was immer die Vergewisserung des Proportionswechsels vermittelst eines allgemeinen bestimmten und unveränderlichen Maßstabs stört und verwirrt, muß schädlich auf den Handel einwirken. Geld ist ein nur *idealer Maßstab* von gleichen Teilen. Wenn gefragt wird, was die Maßeinheit des Werts eines Teiles sein solle, antworte ich durch die andere Frage: Was ist die Normalgröße eines Grads, einer Minute, einer Sekunde? Sie besitzen keine, aber sobald ein Teil bestimmt ist, muß der Natur eines Maßstabs gemäß der ganze Rest verhältnismäßig nachfolgen. Beispiele dieses idealen Geldes sind das Bankgeld von Amsterdam und das Angolageld der afrikanischen Küste.“[52]

Steuart hält sich einfach an der *Erscheinung* des Geldes in der Zirkulation als *Maßstab der Preise* und als *Rechengeld.* Sind verschiedene Waren respektive zu 15 sh., 20 sh., 36 sh. im Preiskurant notiert, so interessiert mich in der Tat für die Vergleichung ihrer Wertgröße weder der silberne Gehalt noch der Name des Shillings. Die Zahlenverhältnisse 15, 20, 36 sagen nun alles, und die Zahl 1 ist die einzige Maßeinheit geworden. Rein abstrakter Ausdruck von Proportion ist überhaupt nur die abstrakte Zahlenproportion selbst. Um konsequent zu sein, mußte Steuart daher nicht nur Gold und Silber, sondern auch ihre legalen Taufnamen fahren lassen. Da er die Verwandlung des Maßes der Werte in Maßstab der Preise nicht versteht, glaubt er natürlich, das bestimmte Quantum Geld, das als Maßeinheit dient, sei als Maß nicht auf andere Goldquanta, sondern auf Werte als solche bezogen. Weil die Waren durch Verwandlung ihrer Tauschwerte in Preise als gleichnamige Größen erscheinen, leugnet er die Qualität des Maßes, die sie gleichnamig macht, und weil in dieser Vergleichung verschiedener Goldquanta die Größe des als Maßeinheit dienenden Goldquantums konventionell, leugnet er, daß sie überhaupt festgesetzt werden muß. Statt $^1/_{360}$ Teil eines Krei-

51 *Preis* meint hier reales Äquivalent, wie bei den englischen ökonomischen Schriftstellern des 17. Jahrhunderts.

52 Steuart, l.c. t. II, p. 102-107.

ses Grad zu nennen, mag er $^1/_{180}$ Teil Grad nennen; der rechte Winkel würde dann gemessen durch 45 statt durch 90 Grade, spitze und stumpfe Winkel entsprechend. Nichtsdestoweniger bliebe das Winkelmaß nach wie vor erstens eine quantitativ bestimmte mathematische Figur, der Kreis, und zweitens ein quantitativ bestimmter Kreisabschnitt. Was Steuarts ökonomische Beispiele betrifft, so schlägt er sich mit dem einen und beweist nichts mit dem andern. Das Bankgeld von Amsterdam war in der Tat nur Rechenname für spanische Dublonen, die ihr vollwichtiges Fett durch träges Lagern im Bankkeller bewahrten, während die betriebsame Kurantmünze in harter Reibung mit der Außenwelt abgemagert war. Was aber die afrikanischen Idealisten betrifft, müssen wir sie ihrem Schicksal überlassen, bis kritische Reisebeschreiber Näheres über sie melden.[53] Als annähernd ideales Geld im Sinne Steuarts könnte der französische Assignat bezeichnet werden: *„Nationaleigentum. Assignat von 100 Franks.“* Zwar war hier der Gebrauchswert spezifiziert, den der Assignat vorstellen sollte, nämlich der konfiszierte Grund und Boden, aber die quantitative Bestimmung der Maßeinheit war vergessen und „Frank“ daher ein sinnloses Wort. Wie viel oder wenig Land ein Assignatenfrank vorstellte, hing nämlich vom Resultat der öffentlichen Versteigerung ab. In der Praxis jedoch zirkulierte der Assignatenfrank als Wertzeichen für Silbergeld, und an diesem Silbermaßstab maß sich daher seine Depreziation.

Die Epoche der Suspension der Barzahlungen der Bank von England war kaum fruchtbarer in Schlachtbulletins als in Geldtheorien. Die Depreziation der Banknoten und das Steigen des Marktpreises über den Münzpreis des Goldes riefen auf seiten einiger Verteidiger der Bank wieder die Doktrin von dem idealen Geldmaß wach. Den klassisch konfusen Ausdruck für die konfuse Ansicht fand Lord *Castlereagh*, indem er die Maßeinheit des Geldes bezeichnete als „a sense of value in reference to currency as compared with commodities“. Als die Umstände einige Jahre nach dem Pariser Frieden die Wiederaufnahme der Barzahlungen erlaubten, erhob sich in kaum veränderter Form dieselbe Frage, die Lowndes unter Wilhelm III. angeregt hatte. Eine enorme Staatsschuld und eine während mehr als 20 Jahren aufgesummte Masse von Privatschulden, festen Obligationen usw., waren in depreziierten Banknoten kontrahiert. Sollten sie zurückgezahlt werden in Banknoten, wovon 4672 Pfd. St. 10 sh. nicht dem Namen, sondern der Sache nach 100 Pfund 22karätiges Gold vorstellten? *Thomas Attwood*, ein Bankier von Birmingham, trat auf als Lowndes redivivus. Nominell sollten die Gläubiger so viel Shillinge zurückerhalten, als nominell kon-

[53] Bei Gelegenheit der jüngsten Handelskrise pries man in England von gewisser Seite das afrikanische Idealgeld emphatisch, nachdem sein Wohnsitz diesmal von der Küste weg ins Herz der Berberei gerückt war. Man leitete die Freiheit der Berber von Handels- und Industriekrisen aus der idealen Maßeinheit ihrer Bars ab. War es nicht einfacher, zu sagen, daß Handel und Industrie die conditio sine qua non für Handels- und Industriekrisen sind?

trahiert waren, aber wenn $^1/_{78}$ Unze Gold etwa nach dem alten Münzfuß Shilling hieß, sollte nun sage $^1/_{90}$ Unze Shilling getauft werden. Attwoods Anhänger sind bekannt als die Birminghamer Schule der „little Shillingmen". Der Zank über das ideale Geldmaß, der 1819 begann, dauerte 1845 immer noch fort zwischen Sir Robert Peel und Attwood, dessen eigene Weisheit, soweit sie sich auf die Funktion des Geldes als Maß bezieht, in dem folgenden Zitat erschöpfend zusammengefaßt ist:

> „Sir Robert Peel in seiner Polemik mit der Birminghamer Handelskammer fragt: Was wird eure Pfundnote repräsentieren? Was ist ein Pfund? ... Was dann umgekehrt ist zu verstehen unter der gegenwärtigen Maßeinheit des Wertes? ... 3 Pfd. St. 17 sh. $10^1/_2$ d., bedeuten sie eine *Unze Gold* oder ihren *Wert*? Wenn die *Unze* selbst, warum nicht die Dinge bei ihrem Namen benennen und statt Pfd. St., sh., d. nicht vielmehr sagen, Unze, Pennyweight und Gran? Dann kehren wir zum System des unmittelbaren Tauschhandels zurück ... Oder bedeuten sie den Wert? Wenn eine Unze 3 Pfd. St, 17 sh. $10^1/_2$ d., warum war sie zu verschiedenen Zeiten bald 5 Pfd. St. 4 sh., bald 3 Pfd. St. 17 sh. 9 d. wert? ... Der Ausdruck Pfund (£) hat Beziehung auf den Wert, aber nicht auf den Wert, fixiert in einem unveränderlichen Gewichtteil Gold. Das Pfund ist eine *ideelle Einheit* ... *Arbeit* ist die Substanz, worin sich die Produktionskosten auflösen, und sie erteilt dem Gold seinen relativen Wert wie dem Eisen. *Welcher besondere Rechenname daher immer gebraucht werde, um die Tages- oder Wochenarbeit eines Mannes zu bezeichnen*, solcher Name drückt den Wert der produzierten Ware aus."[54]

In den letzten Worten zerrinnt die nebelhafte Vorstellung vom idealen Geldmaß und bricht ihr eigentlicher Gedankeninhalt durch. Die Rechennamen des Goldes, Pfd. St., sh. usw. sollen Namen für bestimmte Quanta Arbeitszeit sein. Da die Arbeitszeit Substanz und immanentes Maß der Werte ist, würden jene Namen so in der Tat Wertproportionen selbst vorstellen. In andern Worten, die Arbeitszeit wird als wahre Maßeinheit des Geldes behauptet. Damit treten wir aus der Birminghamer Schule heraus, bemerken aber noch im Vorbeigehen, daß die Doktrin vom idealen Geldmaß neue Wichtigkeit erhielt in der Streitfrage über Konvertibilität oder Nichtkonvertibilität der Banknoten. Wenn Papier seine Denomination von Gold oder Silber erhält, bleibt die Konvertibilität der Note, d. h. ihre Umtauschbarkeit in Gold oder Silber, ökonomisches Gesetz, was immer das juristische Gesetz sagen mag. So wäre ein preußischer Papiertaler, obgleich gesetzlich inkonvertibel, sofort depreziiert, wenn er im gewöhnlichen Verkehr weniger als ein Silbertaler gälte, also nicht praktisch konvertibel wäre. Die konsequenten Vertreter des inkonvertiblen Papiergeldes in England flüchteten daher zum idealen Geldmaß. Wenn die Rechennamen des Geldes, Pfd. St., sh. usw. Namen für eine bestimmte Summe, Wertatome sind, deren eine Ware

[54] „The Currency Question, the Gemini Letters", London 1844, p. 266-272 passim.

bald mehr, bald weniger im Austausch mit anderen Waren einsaugt oder abgibt, ist eine englische 5-Pfund-Note z. B. ebenso unabhängig von ihrem Verhältnis zu Gold wie von dem zu Eisen und Baumwolle. Da ihr Titel aufgehört hätte, sie bestimmtem Quantum von Gold oder irgendeiner andern Ware theoretisch gleichzusetzen, wäre die Forderung ihrer Konvertibilität, d. h. ihrer praktischen Gleichung mit bestimmtem Quantum eines spezifizierten Dings durch ihren Begriff selbst ausgeschlossen.

Die Lehre von der Arbeitszeit als unmittelbarer Maßeinheit des Geldes ist zuerst systematisch entwickelt worden von *John Gray*.[55] Er läßt eine nationale Zentralbank vermittelst ihrer Zweigbanken die Arbeitszeit vergewissern, die in der Produktion der verschiedenen Waren verbraucht wird. Im Austausch für die Ware erhält der Produzent ein offizielles Zertifikat des Werts, d. h. einen Empfangsschein für so viel Arbeitszeit, als seine Ware enthält[56], und diese Banknoten von 1 Arbeitswoche, 1 Arbeitstag, 1 Arbeitsstunde usw. dienen zugleich als Anweisung auf ein Äquivalent in allen andern in den Bankdocks gelagerten Waren.[57] Das ist das Grundprinzip, sorgfältig durchgeführt im Detail und überall angelehnt an vorhandene englische Einrichtungen. Unter diesem System, sagt Gray,

> „wäre es zu allen Zeiten ebenso leicht gemacht, für Geld zu verkaufen, als es nun ist, mit Geld zu kaufen; die Produktion würde die gleichförmige und nie versiegende Quelle der Nachfrage sein“[58].

Die edeln Metalle würden ihr „Privilegium“ gegen andere Waren verlieren und

---

[55] John Gray, „The Social System. A Treatise on the Principle of Exchange“, Edinburgh 1831. Vgl. von demselben Schriftsteller: „Lectures on the nature and use of money“, Edinburgh 1848. Nach der Februarrevolution sandte Gray der französischen provisorischen Regierung eine Denkschrift zu, worin er sie belehrt, daß Frankreich nicht einer „organisation of labour“ bedürfe, sondern einer „organisation of exchange“, deren Plan völlig ausgearbeitet vorliege in dem von ihm ausgeheckten Geldsystem. Der brave John ahnte nicht, daß sechzehn Jahre nach Erscheinen des „Social System“ ein Patent auf dieselbe Entdeckung ausgelöst worden war von dem erfindungsreichen Proudhon.

[56] Gray, „The Social System etc.“, p. 63. „Geld sollte lediglich ein Empfangsschein, ein Beweis dafür sein, daß sein Inhaber entweder bestimmten Wert zu dem vorhandenen nationalen Reichtum beigetragen hat, oder daß er auf den erwähnten Wert ein Recht erworben von irgend jemand, der ihn beigetragen hat.“

[57] „Man lasse ein Produkt, das vorher einen Schätzungswert erhält, auf eine Bank legen und wieder herausnehmen, wann immer es benötigt wird, wobei lediglich durch allgemeines Übereinkommen festgesetzt wird, daß derjenige, der irgendeine Art von Eigentum in die vorgeschlagene Nationalbank einlegt, aus ihr einen gleichen Wert, was immer sie enthalten mag, herausnehmen darf, statt gezwungen zu sein, dasselbe Ding herauszunehmen, das er eingelegt hat.“ l.c. p.67/68.

[58] l.c. p. 16.

> „den ihnen gebührenden Platz im Markt einnehmen neben Butter und Eiern und Tuch und Kaliko, und ihr Wert würde uns nicht mehr interessieren als der der Diamanten".[59] „Sollen wir unser eingebildetes Maß der Werte beibehalten, Gold, und so die Produktivkräfte des Landes fesseln, oder sollen wir uns zum natürlichen Maß der Werte wenden, zur Arbeit, und die Produktivkräfte des Landes freisetzen?"[60]

Da die Arbeitszeit das immanente Maß der Werte ist, warum neben ihr ein anderes äußerliches Maß? Warum entwickelt sich der Tauschwert zum Preis? Warum schätzen alle Waren ihren Wert in einer ausschließlichen Ware, die so in das adäquate Dasein des Tauschwerts verwandelt wird, in Geld? Dies war das Problem, das Gray zu lösen hatte. Statt es zu lösen, bildet er sich ein, die Waren könnten sich unmittelbar aufeinander als Produkte der gesellschaftlichen Arbeit beziehen. Sie können sich aber nur aufeinander beziehen als das, was sie sind. Die Waren sind unmittelbar Produkte vereinzelter unabhängiger Privatarbeiten, die sich durch ihre Entäußerung im Prozeß des Privataustausches als allgemeine gesellschaftliche Arbeit bestätigen müssen, oder die Arbeit auf Grundlage der Warenproduktion wird erst gesellschaftliche Arbeit durch die allseitige Entäußerung der individuellen Arbeiten. Unterstellt Gray aber die in den Waren enthaltene Arbeitszeit als *unmittelbar gesellschaftliche*, so unterstellt er sie als gemeinschaftliche Arbeitszeit oder als Arbeitszeit direkt assoziierter Individuen. So könnte in der Tat eine spezifische Ware, wie Gold und Silber, den andern Waren nicht als Inkarnation der allgemeinen Arbeit gegenübertreten, der Tauschwert würde nicht zum Preis, aber der Gebrauchswert würde auch nicht zum Tauschwert, das Produkt würde nicht zur Ware, und so wäre die Grundlage der bürgerlichen Produktion selbst aufgehoben. Das ist aber keineswegs Grays Meinung. *Die Produkte sollen als Waren produziert, aber nicht als Waren ausgetauscht werden.* Gray überträgt einer Nationalbank die Ausführung dieses frommen Wunsches. Einerseits macht die Gesellschaft in der Form der Bank die Individuen unabhängig von den Bedingungen des Privataustausches, und andererseits läßt sie dieselben fortproduzieren auf der Grundlage des Privataustausches. Die innere Konsequenz indes treibt Gray, eine bürgerliche Produktionsbedingung nach der andern wegzuleugnen, obgleich er bloß das aus dem Warenaustausch hervorgehende Geld „reformieren" will. So verwandelt er Kapital in Nationalkapital[61], das Grundeigentum in Nationaleigentum[62] und wenn seiner Bank auf die Finger gesehen wird, findet sich, daß sie nicht bloß mit der einen Hand Waren empfängt und mit der andern Zertifikate gelieferter Arbeit ausgibt, sondern die Produktion selbst

---

59 Gray, „Lectures on money etc.", p. 182.

60 l.c. p. 169.

61 „Das Geschäft jedes Landes sollte auf der Grundlage eines nationalen Kapitals geführt werden." (John Gray, „The Social System etc.", p. 171.)

62 „Der Boden muß in Nationaleigentum umgewandelt werden" (l.c. p. 298).

reguliert. In seiner letzten Schrift „Lectures on money", worin Gray ängstlich sein Arbeitsgeld als rein bürgerliche Reform darzustellen sucht, verwickelt er sich in noch schreiendern Widersinn.

Jede Ware ist unmittelbar Gold. Dies war Grays Theorie, abgeleitet aus seiner unvollständigen und daher falschen Analyse der Ware. Die „organische" Konstruktion von „Arbeitsgeld" und „Nationalbank" und „Warendocks" ist nur Traumgebild, worin das Dogma als weltbeherrschendes Gesetz vorgegaukelt wird. Das Dogma, daß die Ware unmittelbar Gold oder die in ihr enthaltene Sonderarbeit des Privatindividuums unmittelbar gesellschaftliche Arbeit ist, wird natürlich nicht dadurch wahr, daß eine Bank an es glaubt und ihm gemäß operiert. Der Bankerott würde in solchem Falle vielmehr die Rolle der praktischen Kritik übernehmen. Was bei Gray versteckt und namentlich ihm selbst verheimlicht bleibt, nämlich daß das Arbeitsgeld eine ökonomisch klingende Phrase ist für den frommen Wunsch, das Geld, mit dem Geld den Tauschwert, mit dem Tauschwert die Ware und mit der Ware die bürgerliche Form der Produktion loszuwerden, wird geradezu herausgesagt von einigen englischen Sozialisten, die teils vor, teils nach Gray schrieben.[63] Herrn *Proudhon* aber und seiner Schule blieb es vorbehalten, die Degradation des *Geldes* und die Himmelfahrt der *Ware* ernsthaft als Kern des Sozialismus zu predigen und damit den Sozialismus in ein elementares Mißverständnis über den notwendigen Zusammenhang zwischen Ware und Geld aufzulösen.[64]

2. Zirkulationsmittel

Nachdem die Ware im Prozeß der Preisgebung ihre zirkulationsfähige Form und das Gold seinen Geldcharakter erhalten hat, wird die Zirkulation die Widersprüche, die der Austauschprozeß der Waren einschloß, zugleich darstellen und lösen. Der wirkliche Austausch der Waren, d. h. der gesellschaftliche Stoffwechsel geht vor in einem Formwechsel, worin sich die Doppelnatur der Ware als Gebrauchswert und Tauschwert entfaltet, ihr eigener Formwechsel sich aber zugleich in bestimmten Formen des Geldes kristallisiert. Die Darstellung dieses Formwechsels ist die Darstellung der Zirkulation. Wie wir sahen, daß die Ware nur entwickelter Tauschwert ist, wenn eine Welt von Waren und damit tatsächlich entwickelte Teilung der Arbeit vorausgesetzt wird, so setzt die Zirkulation allseitige Austauschakte und den beständigen Fluß ihrer Erneuerung voraus. Die zweite Voraussetzung ist, daß die Waren als *preisbestimmte* Waren in den Aus-

---

[63] Sieh z. B. W. Thompson, „An Inquiry into the distribution of wealth etc.", London 1824. Bray, „Labour's wrongs and labour's remedy", Leeds 1839.

[64] Als Kompendium dieser melodramatischen Geldtheorie kann betrachtet werden: Alfred Darimon, „De la réforme des banques", Paris 1856.

tauschprozeß eingehen oder innerhalb desselben als Doppelexistenzen füreinander *erscheinen*, reell als Gebrauchswerte, ideell – im Preise – als Tauschwerte.

In den belebtesten Straßen Londons drängt sich Magazin an Magazin, hinter deren hohlen Glasaugen alle Reichtümer der Welt prangen, indische Shawls, amerikanische Revolver, chinesisches Porzellan, Pariser Korsetten, russische Pelzwerke und tropische Spezereien, aber alle diese weltlustigen Dinge tragen an der Stirne fatale weißliche Papiermarken, worin arabische Ziffern mit den lakonischen Charakteren £, sh., d. eingegraben sind. Dies ist das Bild der in der Zirkulation erscheinenden Ware.

a) Die Metamorphose der Waren

Bei näherer Betrachtung zeigt der Zirkulationsprozeß zwei verschiedene Formen von Kreisläufen. Nennen wir die Ware W, des Geld G, so können wir diese beiden Formen ausdrücken als:

W-G-W
G-W-G

In diesem Abschnitt beschäftigt uns ausschließlich die erste Form, oder die unmittelbare Form der Warenzirkulation.

Der Kreislauf W-G-W zerlegt sich in die Bewegung W-G, Austauschen von Ware gegen Geld oder *Verkaufen*; in die entgegengesetzte Bewegung G-W, Austauschen von Geld gegen Ware oder *Kaufen*, und in die Einheit beider Bewegungen W-G-W, Austauschen von Ware gegen Geld, um Geld gegen Ware auszutauschen, oder *Verkaufen* um zu *Kaufen*. Als Resultat aber, worin der Prozeß erlischt, ergibt sich W-W, Austausch von Ware gegen Ware, der wirkliche Stoffwechsel.

W-G-W, wenn man vom Extrem der ersten Ware ausgeht, stellt ihre Verwandlung in Gold und ihre Rückverwandlung aus Gold in Ware dar, oder eine Bewegung, worin die Ware zuerst als besonderer Gebrauchswert existiert, dann diese Existenz abstreift, eine von allem Zusammenhang mit ihrem naturwüchsigen Dasein losgelöste Existenz als Tauschwert oder allgemeines Äquivalent gewinnt, diese wieder abstreift und schließlich als wirklicher Gebrauchswert für einzelne Bedürfnisse zurückbleibt. In dieser letzten Form fällt sie aus der Zirkulation in die Konsumtion. Das Ganze der Zirkulation W-G-W ist daher zunächst die Gesamtreihe der Metamorphosen, welche jede einzelne Ware durchläuft, um unmittelbarer Gebrauchswert für ihren Inhaber zu werden. Die erste Metamorphose vollzieht sich in der ersten Hälfte der Zirkulation W-G, die zweite in der andern Hälfte G-W und die ganze Zirkulation bildet das curriculum vitae der Ware. Aber die Zirkulation W-G-W ist nur die Gesamtmetamorphose. einer einzelnen Ware, indem sie zugleich Summe von bestimmten einseitigen Metamorphosen anderer Waren ist, denn jede Metamorphose der ersten Ware ist ihre Verwandlung in eine andere Ware, also Verwandlung der andern Ware in sie, also doppelseitige Verwandlung, die sich in demselben Stadium der Zirkulation vollzieht. Wir haben zunächst jeden der beiden Austauschprozesse, worin die Zirkulation W-G-W zerfällt, isoliert zu betrachten.

W-G oder *Verkauf*: W, die Ware, tritt in den Zirkulationsprozeß nicht nur als besonderer Gebrauchswert, z. B. als Tonne Eisen, sondern als Gebrauchswert von bestimmtem Preis, sage von 3 Pfd. St. 17 sh. $10^1/_2$ d. oder einer Unze Gold. Dieser Preis, während er einerseits der Exponent des im Eisen enthaltenen Quantums Arbeitszeit, d. h. seiner Wertgröße ist, drückt zugleich den frommen Wunsch des Eisens aus, Gold zu werden, d. h. der in ihm selbst enthaltenen Arbeitszeit die Gestalt der allgemeinen gesellschaftlichen Arbeitszeit zu geben. Gelingt diese Transsubstantiation nicht, so hört die Tonne Eisen auf, nicht nur Ware, sondern Produkt zu sein, denn sie ist nur Ware, weil Nicht-Gebrauchswert für ihren Besitzer, oder seine Arbeit ist nur wirkliche Arbeit als nützliche Arbeit für andere, und sie ist nur nützlich für ihn als abstrakt allgemeine Arbeit. Es ist daher die Aufgabe des Eisens oder seines Besitzers, den Punkt in der Warenwelt aufzufinden, wo Eisen Gold anzieht. Diese Schwierigkeit, der salto mortale der Ware ist aber überwunden, wenn der Verkauf, wie hier in der Analyse der einfachen Zirkulation unterstellt wird, wirklich vorgeht. Indem die Tonne Eisen durch ihre Veräußerung, d. h. ihr Übergehen aus der Hand, wo sie Nicht-Gebrauchswert, in die Hand, worin sie Gebrauchswert ist, sich als Gebrauchswert verwirklicht, realisiert sie zugleich ihren Preis und wird aus nur vorgestelltem Gold wirkliches Gold. An die Stelle des Namens Unze Gold oder 3 Pfd. St. 17 sh. $10^1/_2$ d. ist nun eine Unze wirklichen Geldes getreten, aber die Tonne Eisen hat den Platz geräumt. Durch den Verkauf W-G wird nicht nur die Ware, die in ihrem Preise ideell in Gold verwandelt war, reell in Gold verwandelt, sondern durch denselben Prozeß wird das Gold, das als Maß der Werte nur ideelles Gold war und in der Tat nur als Geldnamen der Waren selbst figurierte, in wirkliches Geld verwandelt.[65] Wie es ideell allgemeines Äquivalent wurde, weil alle Waren ihre Werte in ihm maßen, wird es jetzt als Produkt der allseitigen Veräußerung der Waren gegen es, und der Verkauf W-G ist der Prozeß dieser allgemeinen Veräußerung, die absolut veräußerliche Ware, reelles Geld. Gold wird aber nur im Verkauf reell Geld, weil die Tauschwerte der Waren in den Preisen schon ideell Gold waren.

Im Verkauf W-G, ebenso wie im Kauf G-W, stehen sich zwei Waren gegenüber, Einheiten von Tauschwert und Gebrauchswert, aber an der Ware existiert

---

[65] „Das Geld ist von zweierlei Art, ideales und reales; und es wird in zwei verschiedenen Weisen gebraucht, um die Dinge zu schätzen und um sie zu kaufen. Zum Schätzen ist das ideale Geld geeignet, ebenso wie das reale und vielleicht auch besser. Der andere Gebrauch des Geldes besteht im Kauf jener Dinge, die es schätzt ... Die Preise und die Kontrakte werden in idealem Gelde geschätzt und in realem Gelde verwirklicht." (*Galiani*, l.c. pag. 112 seq.)

ihr Tauschwert nur ideell als Preis, während am Gold, obgleich es selbst ein wirklicher Gebrauchswert ist, sein Gebrauchswert nur als Träger des Tauschwerts existiert und daher nur als formaler, auf kein wirkliches individuelles Bedürfnis bezogener Gebrauchswert. Der Gegensatz von Gebrauchswert und Tauschwert verteilt sich also polarisch an die beiden Extreme von W-G, so daß die Ware dem Gold gegenüber Gebrauchswert ist, der seinen ideellen Tauschwert, den Preis, erst im Gold realisieren muß, während das Gold der Ware gegenüber Tauschwert ist, der seinen formalen Gebrauchswert erst in der Ware materialisiert. Nur durch diese Verdoppelung der Ware in Ware und Gold, und durch die wieder doppelte und entgegengesetzte Beziehung, worin jedes Extrem ideell ist, was sein Gegenteil reell ist, und reell ist, was sein Gegenteil ideell ist, also nur durch Darstellung der Waren als doppelseitig polarischer Gegensätze lösen sich die in ihrem Austauschprozeß enthaltenen Widersprüche.

Wir haben bisher W-G als Verkauf betrachtet, Verwandlung von Ware in Geld. Stellen wir uns aber auf die Seite des andern Extrems, so erscheint derselbe Prozeß vielmehr als G-W, als Kauf, als Verwandlung von Geld in Ware. Verkauf ist notwendig zugleich sein Gegenteil, Kauf, das eine, wenn man den Prozeß von der einen, und das andere, wenn man ihn von der andern Seite ansieht. Oder in der Wirklichkeit unterscheidet sich der Prozeß nur, weil in W-G die Initiative vom Extrem der Ware oder des Verkäufers, in G-W vom Extrem des Geldes oder des Käufers ausgeht. Indem wir also die erste Metamorphose der Ware, ihre Verwandlung in Geld als Resultat des Durchlaufens des ersten Zirkulationsstadiums W-G darstellen, unterstellen wir gleichzeitig, daß eine andere Ware sich schon in Geld verwandelt hat, sich also schon im zweiten Zirkulationsstadium G-W befindet. So geraten wir in einen fehlerhaften Zirkel der Voraussetzungen. Die Zirkulation selbst ist dieser fehlerhafte Zirkel. Betrachten wir G in W-G nicht schon als Metamorphose einer andern Ware, so nehmen wir den Austauschakt aus dem Zirkulationsprozeß heraus. Außerhalb desselben verschwindet aber die Form W-G, und es stehen sich nur noch zwei verschiedene W, sage Eisen und Gold gegenüber, deren Austausch kein besonderer Akt der Zirkulation, sondern des unmittelbaren Tauschhandels ist. Gold ist Ware wie jede andere Ware an der Quelle seiner Produktion. Sein relativer Wert und der des Eisens, oder jeder andern Ware, stellt sich hier dar in den Quantitäten, worin sie sich wechselseitig austauschen. Aber im Zirkulationsprozeß ist diese Operation vorausgesetzt, in den Warenpreisen ist sein eigener Wert bereits gegeben. Es kann daher nichts irriger sein, als die Vorstellung, daß *innerhalb des Zirkulationsprozesses* Gold und Ware in das Verhältnis des unmittelbaren Tauschhandels treten und daher ihr relativer Wert durch ihren Austausch als einfache Waren ermittelt wird. Wenn es so scheint, als ob im Zirkulationsprozeß Gold als bloße Ware gegen Waren ausgetauscht werde, entspringt der Schein einfach daher, daß in den Preisen bestimmte Quantität Ware schon bestimmtem Quantum Gold gleichgesetzt, d. h. auf das Gold schon als Geld, allgemeines Äquivalent, bezogen und *daher* unmittelbar mit ihm austauschbar ist. Soweit sich der Preis einer Ware im Gold *realisiert*, tauscht sie sich gegen es als Ware aus, als besondere Materiatur der Arbeitszeit, aber soweit es ihr *Preis* ist, der sich in ihm realisiert, tauscht sie sich gegen es aus als Geld und nicht als Ware, d. h. gegen es als allgemeine Materiatur der Arbeitszeit. In beiden Beziehungen aber wird das Quantum Gold, wogegen sich die Ware innerhalb des Zirkulationsprozesses austauscht, nicht durch den Austausch bestimmt, sondern der Austausch durch den Preis der Ware, d. h. ihren in Gold geschätzten Tauschwert.[66]

Innerhalb des Zirkulationsprozesses erscheint das Gold in jeder Hand als Resultat des Verkaufs W-G. Da aber W-G, der Verkauf, zugleich G-W, der Kauf, ist, zeigt sich, daß während W, die Ware, wovon der Prozeß ausgeht, ihre erste Metamorphose, die andere Ware, die als Extrem G gegenübersteht, ihre zweite Metamorphose vollzieht und daher die zweite Hälfte der Zirkulation durchläuft, während die erste Ware sich noch in der ersten Hälfte ihres Kursus befindet.

Als Resultat des ersten Prozesses der Zirkulation, des Verkaufs, ergibt sich der Ausgangspunkt des zweiten, das Geld. An die Stelle der Ware in ihrer ersten Form ist ihr goldenes Äquivalent getreten. Dies Resultat kann zunächst einen Ruhepunkt bilden, da die Ware in dieser zweiten Form eigene ausharrende Existenz besitzt. Die Ware, in der Hand ihres Inhabers kein Gebrauchswert, ist jetzt in stets brauchbarer, weil stets austauschbarer Form vorhanden, und es hängt von Umständen ab, wann und an welchem Punkte auf der Oberfläche der Warenwelt sie wieder in Zirkulation tritt. Ihre Goldverpuppung bildet einen selbständigen Abschnitt in ihrem Leben, worin sie kurzer oder länger verweilen kann. Während im Tauschhandel der Austausch eines besondern Gebrauchswerts unmittelbar an den Austausch eines andern besondern Gebrauchswerts gebunden ist, erscheint der allgemeine Charakter der Tauschwert setzenden Arbeit in der Trennung und dem gleichgültigen Auseinanderfallen der Akte des Kaufs und Verkaufs.

G-W, *der Kauf*, ist die umgekehrte Bewegung von W-G und zugleich die zweite oder Schlußmetamorphose der Ware. Als Gold oder in ihrem Dasein als allgemeines Äquivalent ist die Ware unmittelbar darstellbar in den Gebrauchswerten aller andern Waren, die in ihren Preisen alle das Gold zugleich als ihr Jenseits anstreben, zugleich aber die Note anzeigen, worin es erklingen muß, damit ihre Leiber, die Gebrauchswerte, auf Seite des Geldes, ihre Seele, der Tauschwert, aber in das Gold selbst springt. Das allgemeine Produkt der Veräußerung der Waren ist die absolut veräußerliche Ware. Es existiert keine qualitative, sondern nur noch eine quantitative Schranke für die Verwandlung des Goldes in Ware,

---

[66] Es verhindert dies natürlich nicht, daß der Marktpreis der Waren über oder unter ihrem Wert stehen kann. Diese Rücksicht jedoch ist der einfachen Zirkulation fremd und gehört einer ganz andern, später zu betrachtenden Sphäre an, wo wir das Verhältnis von Wert und Marktpreis untersuchen werden.

die Schranke seiner eigenen Quantität oder Wertgröße. „Es ist alles zu haben für bar Geld." Während die Ware in der Bewegung W-G durch Entäußerung als Gebrauchswert ihren eigenen Preis und den Gebrauchswert des fremden Geldes realisiert, realisiert sie in der Bewegung G-W durch ihre Entäußerung als Tauschwert ihren eigenen Gebrauchswert und den Preis der andern Ware. Wenn die Ware durch Realisierung ihres Preises zugleich das Gold in wirkliches Geld, verwandelt sie durch ihre Rückverwandlung das Gold in ihr eigenes bloß verschwindendes Gelddasein. Da die Warenzirkulation entwickelte Teilung der Arbeit voraussetzt, also Vielseitigkeit der Bedürfnisse des einzelnen in umgekehrtem Verhältnis zur Einseitigkeit seines Produkts, wird der Kauf G-W sich bald in einer Gleichung mit einem Warenäquivalent darstellen, bald zersplittern in eine jetzt durch den Kreis der Bedürfnisse des Käufers und die Größe seiner Geldsumme umschriebene Reihe von Warenäquivalenten. – Wie der Verkauf zugleich Kauf, so ist der Kauf zugleich Verkauf, G-W zugleich W-G, aber die Initiative gehört hier dem Gold oder dem Käufer.

Kehren wir nun zur Gesamtzirkulation W-G-W zurück, so zeigt sich, daß in ihr eine Ware die Gesamtreihe ihrer Metamorphosen durchläuft. Gleichzeitig aber, während sie die erste Hälfte der Zirkulation beginnt und die erste Metamorphose vollzieht, tritt eine zweite Ware in die zweite Hälfte der Zirkulation, vollzieht ihre zweite Metamorphose und fällt aus der Zirkulation heraus, und umgekehrt tritt die erste Ware in die zweite Hälfte der Zirkulation, vollzieht ihre zweite Metamorphose und fällt aus der Zirkulation heraus, während eine dritte Ware in die Zirkulation eintritt, die erste Hälfte ihres Kursus durchmacht und die erste Metamorphose vollzieht. Die Gesamtzirkulation W-G-W als Gesamtmetamorphose einer Ware ist also stets zugleich das Ende der Gesamtmetamorphose einer zweiten und der Beginn der Gesamtmetamorphose einer dritten Ware, also eine Reihe ohne Anfang und Ende. Bezeichnen wir zur Verdeutlichung, um die Waren zu unterscheiden, W in beiden Extremen verschieden, z. B. als W′-G-W″. In der Tat, das erste Glied W′-G unterstellt G als Resultat eines andern W-G, ist also selbst nur das letzte Glied von W-G-W′, während das zweite Glied G-W″ in seinem Resultat W″-G ist, also selbst sich darstellt als erstes Glied von W″-G-W‴ usw. Ferner zeigt es sich, daß das letzte Glied G-W, obgleich G Resultat nur eines Verkaufs ist, sich darstellen kann als G-W′+G-W"+G-W‴+etc., sich also in eine Masse Käufe, d. h. eine Masse Verkäufe, d. h. eine Masse erster Glieder von neuen Gesamtmetamorphosen von Waren zersplittern kann. Wenn also die Gesamtmetamorphose einer einzelnen Ware sich nicht nur als Glied einer anfangs- und endlosen Metamorphosenkette, sondern vieler solcher Ketten darstellt, stellt sich der Zirkulationsprozeß der Warenwelt, da jede einzelne Ware die Zirkulation W-G-W durchläuft, als ein unendlich verschlungenes Kettengewirr dieser an unendlich verschiedenen Punkten stets endenden und stets neu beginnenden Bewegung dar. Jeder einzelne Verkauf oder Kauf besteht aber zugleich als ein gleich gültiger und isolierter Akt, dessen ergänzender Akt zeitlich und räumlich von ihm getrennt sein kann und sich daher nicht als Fortsetzung unmittelbar an ihn anzuschließen braucht. Indem jeder besondere Zirkulationsprozeß W-G oder G-W als Verwandlung einer Ware in Gebrauchswert und der andern Ware in Geld, als erstes und zweites Stadium der Zirkulation, nach zwei Seiten hin einen selbständigen Ruhepunkt bildet, andererseits aber alle Waren in der ihnen gemeinschaftlichen Gestalt des allgemeinen Äquivalents, des Goldes, ihre zweite Metamorphose beginnen und sich an den Ausgangspunkt der zweiten Zirkulationshälfte stellen, reiht sich in der wirklichen Zirkulation ein beliebiges G-W an ein beliebiges W-G, das zweite Kapitel im Lebenslauf einer Ware an das erste Kapitel im Lebenslauf der andern. A z. B. verkauft Eisen für 2 Pfd. St., vollzieht also W-G oder die erste Metamorphose der Ware Eisen, verschiebt aber den Kauf für spätere Zeit. Gleichzeitig kauft B, der 14 Tage früher 2 Quarter Weizen für 6 Pfd. St. verkauft hatte, mit denselben 6 Pfd. St. Rock und Hose von Moses und Sohn, vollzieht also G-W oder die zweite Metamorphose der Ware Weizen. Diese beiden Akte G-W und W-G erscheinen hier nur als Glieder einer Kette, weil in G, im Gold, eine Ware aussieht wie die andere und im Gold nicht wiederzuerkennen ist, ob es metamorphosiertes Eisen oder metamorphosierter Weizen. Im wirklichen Zirkulationsprozeß stellt sich also W-G-W dar als unendlich zufälliges Nebeneinander und Nacheinander buntgewürfelter Glieder verschiedener Gesamtmetamorphosen. Der wirkliche Zirkulationsprozeß erscheint also nicht als Gesamtmetamorphose der Ware, nicht als ihre Bewegung durch entgegengesetzte Phasen, sondern als bloßes Aggregat vieler zufällig nebeneinander laufender oder einander folgender Käufe und Verkäufe. Die Formbestimmtheit des Prozesses ist so ausgelöscht, und um so vollständiger als jeder einzelne Zirkulationsakt, z. B. der Verkauf, zugleich sein Gegenteil, der Kauf, ist und umgekehrt. Andrerseits ist der Zirkulationsprozeß die Bewegung der Metamorphosen der Warenwelt und muß sie daher auch in seiner Gesamtbewegung widerspiegeln. Wie er sie reflektiert, betrachten wir im folgenden Abschnitt. Hier mag nur noch bemerkt werden, daß in W-G-W die beiden Extreme W nicht in derselben Formbeziehung zu G stehen. Das erste W verhält sich als besondere Ware zum Geld als der allgemeinen Ware, während Geld als die allgemeine Ware sich zum zweiten W als einzelner Ware verhält. W-G-W kann daher abstrakt logisch auf die Schlußform B-A-E reduziert werden, worin die Besonderheit das erste Extrem, die Allgemeinheit die zusammenschließende Mitte und die Einzelheit das letzte Extrem bildet.

Die Warenbesitzer traten in den Zirkulationsprozeß einfach als Hüter von Waren. Innerhalb desselben treten sie sich in der gegensätzlichen Form von Käufer und Verkäufer gegenüber, der eine personifizierter Zuckerhut, der andere personifiziertes Gold. Wie nun der Zuckerhut Gold wird, wird der Verkäufer Käufer. Diese bestimmten sozialen Charaktere entspringen also keineswegs aus der menschlichen Individualität überhaupt, sondern aus den Austauschverhältnissen von Menschen, die ihre Produkte in der bestimmten Form der Ware produzieren. Es sind so wenig rein individuelle Verhältnisse, die sich im Verhältnis des Käufers und Verkäufers ausdrücken, daß beide nur in diese Beziehung treten, soweit ihre individuelle Arbeit verneint, nämlich als Arbeit keines Individuums Geld wird. So albern es daher ist, diese ökonomisch bürgerlichen Charaktere von Käufer und Verkäufer als ewige gesellschaftliche Formen der menschlichen Individualität aufzufassen, ebenso verkehrt ist es, sie als Aufhebung der Individualität zu betränen.[67] Sie sind notwendige Darstellung der Individualität auf Grundlage einer bestimmten Stufe des gesellschaftlichen Produktionsprozesses. Im Gegensatz von Käufer und Verkäufer drückt sich zudem die antagonistische Natur der bürgerlichen Produktion noch so oberflächlich und formell aus, daß dieser Gegensatz auch vorbürgerlichen Gesellschaftsformen angehört, indem er bloß erheischt, daß die Individuen sich aufeinander als Inhaber von Waren beziehen,

Betrachten wir nun das Resultat von W-G-W, so sinkt es zusammen in den Stoffwechsel W-W. Ware ist gegen Ware, Gebrauchswert gegen Gebrauchswert ausgetauscht worden, und die Geldwerdung der Ware, oder die Ware als Geld, dient nur zur Vermittlung dieses Stoffwechsels. Das Geld erscheint so als bloßes *Tauschmittel* der Waren, aber nicht als Tauschmittel überhaupt, sondern durch den Zirkulationsprozeß charakterisiertes Tauschmittel, d. h. *Zirkulationsmittel*.[68]

Daraus, daß der Zirkulationsprozeß der Waren erlischt in W-W und daher bloß durch Geld vermittelter Tauschhandel zu sein scheint, oder daß überhaupt W-G-W nicht nur in zwei isolierte Prozesse zerfällt, sondern zugleich ihre bewegte Einheit darstellt, schließen wollen, daß nur die Einheit und nicht die Trennung zwischen Kauf und Verkauf existiert, ist eine Manier des Denkens, deren Kritik in die Logik und nicht in die Ökonomie gehört. Wie die Trennung

---

67 Wie tief selbst die ganz oberflächliche Form des Antagonismus, der sich in Kauf und Verkauf darstellt, schöne Seelen verwundet, zeigt der folgende Auszug aus Herrn Isaac Péreires „Leçons sur l'industrie et les finances", Paris 1832. Daß derselbe Isaac der als Erfinder und Diktator des Crédit mobilier berüchtigte Pariser Börsenwolf ist, zeigt zugleich, was es mit der sentimentalen Kritik der Ökonomie auf sich hat. Herr Péreire, damals ein Apostel St. Simons, sagt: „Weil die Individuen isoliert sind, die einen von den andern getrennt, sei es in ihren Arbeiten, sei es für die Konsumtion, darum gibt es unter ihnen Austausch der Produkte ihrer respektiven Gewerbe. Aus der Notwendigkeit des Tausches entspringt die Notwendigkeit, den relativen Wert der Gegenstände zu bestimmen. Die Ideen vom Wert und vom Tausch sind also eng verbunden, und alle beide drücken in ihrer wirklichen Form den Individualismus und den Antagonismus aus ... Man kann den Wert der Produkte nur festsetzen, weil es Verkauf und Kauf gibt, mit andern Worten, Antagonismus zwischen den verschiedenen Gliedern der Gesellschaft. Man konnte sich nur da mit Preis, mit Wert beschäftigen, wo es Verkauf und Kauf gab, des heißt, wo jedes Individuum gezwungen war zu *kämpfen*, um sich die zur Erhaltung der Existenz notwendigen Gegenstände zu verschaffen." (l.c. pag. 2, 3 passim.)

68 „Das Geld ist nur das Mittel und die bewegende Kraft, während die dem Leben nützlichen Waren das Ziel und der Zweck sind." Boisguillebert, „Le détail de la France", 1697, in Eugène Daires „Economistes financiers du XVIII. siècle", vol. I. Paris 1843, pag. 210.

im Austauschprozeß von Kauf und Verkauf lokal-naturwüchsige, angestammt fromme, gemütlich alberne Schranken des gesellschaftlichen Stoffwechsels sprengt, ist sie zugleich die allgemeine Form der Zerreißung seiner zusammengehörigen Momente und ihrer Festsetzung gegeneinander, mit einem Wort, die allgemeine Möglichkeit der Handelskrisen, jedoch nur, weil der Gegensatz von Ware und Geld die abstrakte und allgemeine Form aller in der bürgerlichen Arbeit enthaltenen Gegensätze ist. Geldzirkulation kann daher stattfinden ohne Krisen, aber Krisen können nicht stattfinden ohne Geldzirkulation. Dieses heißt jedoch nur, daß da, wo die auf Privataustausch beruhende Arbeit noch nicht einmal zur Geldbildung fortgegangen ist, sie natürlich noch weniger Phänomene hervorbringen kann, welche die volle Entwicklung des bürgerlichen Produktionsprozesses voraussetzen. Man kann daher die Tiefe der Kritik messen, die durch Abschaffung des „Privilegiums" der edeln Metalle und durch ein sogenanntes „rationelles Geldsystem" die „Mißstände" der bürgerlichen Produktion beseitigen will. Als Probe ökonomistischer Apologetik andererseits mag eine Wendung hinreichen, die als außerordentlich scharfsinnig verschrien ist. James Mill, der Vater des bekannten englischen Ökonomen John Stuart Mill, sagt:

> „Es kann nie einen Mangel an Käufern für alle Waren geben. Wer immer eine Ware zum Verkauf darbietet, verlangt eine Ware im Austausch dafür zu erhalten, und ist daher Käufer durch das bloße Faktum, daß er Verkäufer ist. Käufer und Verkäufer aller Waren zusammengenommen, müssen sich daher durch eine metaphysische Notwendigkeit das Gleichgewicht halten. Wenn daher mehr Verkäufer als Käufer von einer Ware da sind, muß es mehr Käufer als Verkäufer von einer andern Ware geben."[69]

Mill stellt das Gleichgewicht dadurch her, daß er den Zirkulationsprozeß in unmittelbaren Tauschhandel verwandelt, in den unmittelbaren Tauschhandel aber wieder die dem Zirkulationsprozeß entlohnten Figuren von Käufer und Verkäufer hineinschmuggelt. In seiner Sprachverwirrung zu reden, gibt es in solchen Momenten, wo alle Waren unverkaufbar sind, wie z. B. zu London und Hamburg, während bestimmter Momente der Handelskrise 1857-58, in der Tat

---

[69] November 1807 erschien in England eine Schrift von William Spence unter dem Titel: „Britain independent of commerce", deren Prinzip William Cobbett in seinem „Political Register" unter der drastischeren Form „Perish commerce" weiter ausführte. Dagegen veröffentlichte James Mill 1808 seine „ Defence of commerce", worin sich das im Text aus seinen „Elements of political economy" entlehnte Argument schon findet. In seiner Polemik mit Sismondi und Malthus über die Handelskrisen eignete sich J.-B. Say den artigen Fund an, und da es unmöglich wäre zu sagen, mit welchem neuen Einfall dieser komische „prince de la science" die politische Ökonomie bereichert hätte – sein Verdienst bestand vielmehr in der Unparteilichkeit womit er seine Zeitgenossen Malthus, Sismondi und Ricardo gleichmäßig mißverstand –, haben seine kontinentalen Bewunderer ihn als Heber jenes Schatzes vom metaphysischen Gleichgewicht der Käufe und Verkäufe ausposaunt.

mehr Käufer als Verkäufer von einer Ware, dem *Geld*, und mehr Verkäufer als Käufer von *allem anderen Geld*, den Waren. Das metaphysische Gleichgewicht der Käufe und Verkäufe beschränkt sich darauf, daß jeder Kauf ein Verkauf und jeder Verkauf ein Kauf ist, was kein sonderlicher Trost für die Warenhüter, die es nicht zum Verkauf, also auch nicht zum Kauf bringen.[70]

Die Trennung zwischen Verkauf und Kauf macht mit dem eigentlichen Handel eine Masse Scheintransaktionen vor dem definitiven Austausch zwischen Warenproduzenten und Warenkonsumenten möglich. Sie befähigt so eine Masse Parasiten, sich in den Produktionsprozeß einzudrängen und die Scheidung auszubeuten. Dies heißt aber wieder nur, daß mit dem Geld als der allgemeinen Form der bürgerlichen Arbeit die *Möglichkeit* der Entwicklung ihrer Widersprüche gegeben ist.

b) Der Umlauf des Geldes

Die wirkliche Zirkulation stellt sich zunächst dar als eine Masse zufällig nebeneinanderlaufender Käufe und Verkäufe. Im Kauf wie im Verkauf stehen sich Ware und Geld stets in derselben Beziehung gegenüber, der Verkäufer auf Seite der Ware, der Käufer auf Seite des Geldes. Geld als Zirkulationsmittel erscheint daher stets als *Kaufmittel*, womit seine unterschiedenen Bestimmungen in den entgegengesetzten Phasen der Warenmetamorphose unerkenntlich geworden sind.

Das Geld geht in demselben Akt in die Hand des Verkäufers über, worin die Ware in die Hand des Käufers übergeht. Ware und Geld laufen also in entgegengesetzter Richtung, und dieser Stellenwechsel, worin die Ware auf die eine, und das Geld auf die andre Seite tritt, vollzieht sich gleichzeitig an unbestimmt vielen Punkten auf der ganzen Oberfläche der bürgerlichen Gesellschaft. Der erste

---

[70] Die Manier, worin die Ökonomen die verschiedenen Formbestimmungen der Ware darstellen, mag man aus folgenden Beispielen ersehen:
„Im Besitze von Geld brauchen wir nur einen Tausch zu machen, um den Gegenstand des Wunsches zu erlangen, während wir mit anderen Surplusprodukten zwei machen müssen, von denen der erste (Besorgung des Geldes) unendlich schwieriger ist als der zweite.“ Opdyke, G., „A treatise on political economy“, New York, pag. 287 bis 288.
„Die höhere Verkaufbarkeit von Geld ist gerade die Wirkung oder natürliche Konsequenz der geringeren Verkaufbarkeit von Waren. (Corbet, Th., „An inquiry into the causes and modes of the wealth of individuals etc.“, London 1841, pag. 117.) „Geld hat die Eigenschaft, immer gegen das austauschbar zu sein, was es mißt.“ Bosanquet, „Metallic, Paper and Credit Currency etc.“, London 1842, p. 100.
„Geld kann immer andere Waren kaufen, während andere Waren nicht immer Geld kaufen können.“ Tooke, Th., „An Inquiry into the Currency Principle“, 2. ed., London 1844, p. 10.

Schritt aber, den die Ware in die Zirkulation tut, ist zu gleich ihr letzter Schritt.[71] Ob sie aus der Stelle rückt, weil Gold von ihr (W-G), oder weil sie vom Gold angezogen wird (G-W), mit dem einen Ruck, dem einen Stellenwechsel, fällt sie aus der Zirkulation in die Konsumtion. Die Zirkulation ist fortwährende Bewegung von Waren, aber von stets andern Waren, und jede Ware bewegt sich nur einmal. Jede Ware beginnt die zweite Hälfte ihrer Zirkulation nicht als dieselbe Ware, sondern als eine andere Ware, als Gold. Die Bewegung der metamorphosierten Ware ist also die Bewegung des Goldes. Dasselbe Stück Geld oder das identische Goldindividuum, das im Akt W-G einmal die Stelle gewechselt hat mit einer Ware, erscheint umgekehrt wieder als Ausgangspunkt von G-W und wechselt so die Stelle zum zweiten Male mit einer andern Ware. Wie es aus der Hand des Käufers B in die Hand des Verkäufers A, geht es nun aus der Hand des Käufers gewordenen A in die Hand von C über. Die Formbewegung einer Ware, ihre Verwandlung in Geld und ihre Rückverwandlung aus Geld, oder die Bewegung der Gesamtmetamorphose der Ware stellt sich also dar als die äußerliche Bewegung desselben Geldstücks, das zweimal die Stellen mit zwei verschiedenen Waren wechselt. So zersplittert und zufällig Käufe und Verkäufe nebeneinanderfallen, stets steht in der wirklichen Zirkulation einem Käufer ein Verkäufer gegenüber, und das Geld, das an die Stelle der verkauften Ware rückt, muß, bevor es in die Hand des Käufers kam, schon einmal die Stelle mit einer andern Ware gewechselt haben. Andrerseits geht es früher oder später wieder aus der Hand des Käufers gewordenen Verkäufers in die eines neuen Verkäufers über, und in dieser öfteren Wiederholung seines Stellenwechsels drückt es die Verkettung der Metamorphosen der Waren aus. Dieselben Geldstücke rücken also, stets in entgegengesetzter Richtung zu den bewegten Waren, das eine häufiger, das andere minder häufig, von einer Stelle der Zirkulation zur andern, und beschreiben daher einen längern oder kürzern Zirkulationsbogen. Diese verschiedenen Bewegungen desselben Geldstücks können nur in der Zeit aufeinanderfolgen, wie umgekehrt die Vielheit und Zersplitterung der Käufe und Verkäufe in dem gleichzeitigen, räumlich nebeneinander laufenden einmaligen Stellenwechsel von Waren und Geld erscheint.

Die Warenzirkulation W-G-W in ihrer einfachen Form vollzieht sich im Übergang des Geldes aus der Hand des Käufers in die des Verkäufers und aus der Hand des Käufers gewordenen Verkäufers in die eines neuen Verkäufers. Damit ist die Metamorphose der Ware beendet und folglich die Bewegung des Geldes, soweit sie ihr Ausdruck. Da aber stets neue Gebrauchswerte als Waren produziert und daher stets von neuem in die Zirkulation geworfen werden müssen, wiederholt und erneuert sich W-G-W von seiten derselben Warenbesitzer.

---

[71] Dieselbe Ware kann mehrmals gekauft und wieder verkauft werden. Sie zirkuliert dann nicht als bloße Ware, sondern in einer Bestimmung, die auf dem Standpunkt der einfachen Zirkulation, des einfachen Gegensatzes von Ware und Geld, nicht vorhanden ist.

Das Geld, das sie als Käufer ausgegeben, kehrt in ihre Hand zurück, sobald sie von neuem als Verkäufer von Waren erscheinen. Die beständige Erneuerung der Warenzirkulation spiegelt sich so darin ab, daß das Geld nicht nur beständig rouliert aus einer Hand in die andere, über die ganze Oberfläche der bürgerlichen Gesellschaft, sondern zugleich eine Summe verschiedener kleiner Kreisläufe beschreibt, ausgehend von unendlich verschiedenen Punkten und zurückkehrend zu denselben Punkten, um von neuem dieselbe Bewegung zu wiederholen.

Wenn der Formwechsel der Waren als bloßer Stellenwechsel des Geldes erscheint und die Kontinuität der Zirkulationsbewegung ganz auf Seite des Geldes fällt, indem die Ware immer nur einen Schritt in entgegengesetzter Richtung mit dem Geld, das Geld aber stets den zweiten Schritt für die Ware tut und B sagt, wo die Ware A gesagt hat, so *scheint* die ganze Bewegung vom Geld auszugehen, obgleich die Ware beim Verkauf das Geld aus seiner Stelle zieht, also ebensowohl das Geld zirkuliert, wie sie vom Geld im Kauf zirkuliert wird. Da das Geld ihr ferner stets in derselben Beziehung als *Kaufmittel* gegenübertritt, als solches die Waren aber nur bewegt durch Realisieren ihres Preises, erscheint die ganze Bewegung der Zirkulation so, daß Geld den Platz mit den Waren wechselt, indem es ihre Preise realisiert, sei es in zeitig nebeneinander vorgehenden, besondern Zirkulationsakten, sei es sukzessiv, indem dasselbe Geldstück verschiedene Warenpreise der Reihe nach realisiert. Betrachten wir z. B. W-G-W′-G-W″-G-W‴ etc. ohne Rücksicht auf die qualitativen Momente, die im wirklichen Zirkulationsprozeß unerkenntlich werden, so zeigt sich nur dieselbe monotone Operation. G, nachdem es den Preis von W realisiert hat, realisiert der Reihe nach die Preise von W′-W″ usw., und die Waren W′-W″-W‴ usw. treten stets an die Stelle, die das Geld verläßt. Das Geld scheint also die Waren zu zirkulieren, indem es ihre Preise realisiert. In dieser Funktion des Realisierens der Preise zirkuliert es selbst beständig, indem es bald bloß eine Stelle wechselt, bald einen Zirkulationsbogen durchläuft, bald einen kleinen Kreis beschreibt, wo Ausgangspunkt und Punkt der Rückkehr zusammenfallen. Als Zirkulationsmittel hat es seine eigene Zirkulation. Die Formbewegung der prozessierenden Waren erscheint daher als seine eigene, den Austausch der an sich bewegungslosen Waren vermittelnde Bewegung. Die Bewegung des Zirkulationsprozesses der Waren stellt sich also dar in der Bewegung des Geldes als Zirkulationsmittel – im *Geldumlauf.*

Wie die Warenbesitzer die Produkte ihrer Privatarbeiten als Produkte gesellschaftlicher Arbeit darstellten, indem sie ein Ding, Gold, in unmittelbares Dasein der allgemeinen Arbeitszeit und darum in Geld verwandelten, so tritt ihnen jetzt ihre eigene allseitige Bewegung, wodurch sie den Stoffwechsel ihrer Arbeiten vermitteln, als eigentümliche Bewegung eines Dings gegenüber, als Umlauf des Goldes. Die gesellschaftliche Bewegung selbst ist für die Warenbesitzer einerseits äußerliche Notwendigkeit, andrerseits bloß formeller vermittelnder Prozeß, der jedes Individuum befähigt, für den Gebrauchswert, den es in die Zirkulation wirft, andere Gebrauchswerte von demselben Wertumfang aus ihr herauszuziehen. Der Gebrauchswert der Ware beginnt mit ihrem Herausfallen aus der Zirkulation, während der Gebrauchswert des Geldes als Zirkulationsmittel sein Zirkulieren selbst ist. Die Bewegung der Ware in der Zirkulation ist nur ein verschwindendes Moment, während rastloses Umhertreiben in ihr zur Funktion des Geldes wird. Diese seine eigentümliche Funktion innerhalb des Zirkulationsprozesses gibt dem Geld als Zirkulationsmittel neue Formbestimmtheit, die nun näher zu entwickeln ist.

Zunächst leuchtet ein, daß der Geldumlauf eine unendlich zersplitterte Bewegung ist, da sich in ihm die unendliche Zersplitterung des Zirkulationsprozesses in Käufe und Verkäufe und das gleichgültige Auseinanderfallen der sich ergänzenden Phasen der Warenmetamorphose widerspiegeln. In den kleinen Kreisläufen des Geldes, wo Ausgangspunkt und Punkt der Rückkehr zusammenfallen, zeigt sich zwar sich zurückbiegende Bewegung, wirkliche Kreisbewegung, aber einmal sind ebenso viele Ausgangspunkte da wie Waren, und schon durch ihre unbestimmte Vielheit entziehen sich diese Kreisläufe aller Kontrolle, Messung und Berechnung. Ebensowenig ist die Zeit bestimmt zwischen der Entfernung und der Rückkehr zum Ausgangspunkt. Auch ist es gleichgültig, ob ein solcher Kreislauf in einem gegebenen Fall beschrieben wird oder nicht. Kein ökonomisches Faktum ist allgemeiner bekannt, als daß einer Geld mit der einen Hand ausgeben kann, ohne daß er es mit der andern wieder einnimmt. Geld geht von unendlich verschiedenen Punkten aus und kehrt an unendlich verschiedenen Punkten zurück, aber das Zusammenfallen von Ausgangspunkt und Rückkehrpunkt ist zufällig, weil in der Bewegung W-G-W die Rückverwandlung des Käufers in Verkäufer nicht notwendig bedingt ist. Noch weniger aber stellt der Geldumlauf eine Bewegung dar, die von einem Zentrum nach allen Punkten der Peripherie ausstrahlt, und von allen Punkten der Peripherie nach demselben Zentrum zurückkehrt. Der sogenannte Zirkellauf des Geldes, wie er als Bild vorschwebt, beschränkt sich darauf, daß auf allen Punkten sein Erscheinen und sein Verschwinden, sein rastloser Stellenwechsel gesehen wird. In einer höhern vermittelnden Form der Geldzirkulation, z. B. der Banknotenzirkulation, werden wir finden, daß die Bedingungen der Ausgabe des Geldes die Bedingungen seiner Rückströmung einschließen. Für die einfache Geldzirkulation ist es dagegen zufällig, daß derselbe Käufer wieder Verkäufer wird. Wo sich wirkliche Zirkelbewegungen konstant in ihr zeigen, sind sie bloße Widerspiegelung tieferer Produktionsprozesse. Z. B. der Fabrikant nimmt am Freitag Geld von seinem Bankier, zahlt es am Samstag seinen Arbeitern aus, diese zahlen den größten Teil desselben gleich weg an Krämer usw., und letztere bringen es am Montag zum Bankier zurück.

Wir haben gesehn, daß das Geld in den räumlich bunt nebeneinanderfallenden Käufen und Verkäufen eine gegebene Masse von Preisen gleichzeitig realisiert und nur einmal die Stelle mit den Waren wechselt. Andrerseits aber, soweit in seiner Bewegung die Bewegung der Gesamtmetamorphosen der Waren und die Verkettung dieser Metamorphosen erscheint, realisiert dasselbe Geldstück die Preise verschiedener Waren und vollzieht so eine größere oder geringere Anzahl von Umläufen. Nehmen wir also den Zirkulationsprozeß eines Landes in einem gegebenen Zeitabschnitt, einem Tag z. B., so wird die zur Realisation der Preise und daher zur Zirkulation der Waren erheischte Goldmasse bestimmt sein durch das doppelte Moment einerseits der Gesamtsumme dieser Preise, andrerseits der Durchschnittsanzahl der Umläufe derselben Goldstücke. Diese Anzahl der Umläufe oder die Geschwindigkeit des Geldumlaufs ist ihrerseits wieder bestimmt oder drückt nur aus die Durchschnittsgeschwindigkeit, worin die Waren die verschiedenen Phasen ihrer Metamorphose durchlaufen, worin diese Metamorphosen sich als Kette fortsetzen und worin die Waren, die ihre Metamorphosen durchlaufen haben, durch neue Waren im Zirkulationsprozeß ersetzt werden. Während also in der Preisgebung der Tauschwert aller Waren ideell in ein Goldquantum von derselben Wertgröße verwandelt und in den beiden isolierten Zirkulationsakten G-W und W-G dieselbe Wertsumme doppelt vorhanden war, auf der einen Seite in Ware, auf der andern in Gold, ist das Dasein des Goldes als Zirkulationsmittel bestimmt nicht durch seine isolierte Beziehung auf die einzelnen ruhenden Waren, sondern durch sein bewegtes Dasein in der prozessierenden Warenwelt; durch seine Funktion, in seinem Stellenwechsel den Formwechsel der Waren, also durch die Geschwindigkeit seines Stellenwechsels die Geschwindigkeit ihres Formwechsels darzustellen. Sein wirkliches Vorhandensein im Zirkulationsprozeß, d. h. die wirkliche Masse Gold, die zirkuliert, ist also nun bestimmt durch sein funktionierendes Dasein im Gesamtprozeß selbst.

Die Voraussetzung der Geldzirkulation ist die Warenzirkulation, und zwar zirkuliert das Geld Waren, die Preise haben, d. h. ideell schon bestimmten Goldquantitäten gleichgesetzt sind. In der Preisbestimmung der Waren selbst ist die Wertgröße des als Maßeinheit dienenden Goldquantums oder der Wert des Goldes als gegeben vorausgesetzt. Unter dieser Voraussetzung also ist das für die Zirkulation erheischte Quantum Gold zunächst bestimmt durch die Gesamtsumme der zu realisierenden Warenpreise. Diese Gesamtsumme selbst aber ist bestimmt 1. durch den Preisgrad, die relative Höhe oder Niedrigkeit der in Gold geschätzten Tauschwerte der Waren und 2. durch die Masse der zu bestimmten Preisen zirkulierenden Waren, also durch die Masse der Käufe und Verkäufe zu gegebenen Preisen.[72] Kostet ein Quarter Weizen 60 sh., so ist noch einmal soviel

---

[72] Die Masse des Geldes ist gleichgültig, „vorausgesetzt, daß genug vorhanden ist, um die durch die Waren gegebenen Preise aufrechtzuerhalten". Boisguillebert, „Le détail de la France", l.c. pag. 209. „Wenn die Zirkulation von Waren von 400 Millionen Pfd. St. eine Masse Gold von 40 Millionen erheischt und diese Proportion von 1/10 das adäquate Niveau war, dann, wenn der Wert der zirkulierenden Waren aus natürlichen Gründen zu 450 Millionen steigt, müßte die Goldmasse, um auf ihrem Niveau zu bleiben, zu 45 Millionen wachsen." W. Blake, „Observa-

Gold nötig, um ihn zu zirkulieren oder seinen Preis zu realisieren, als wenn er nur 30 sh. kostet. Zur Zirkulation von 500 Quarter zu 60 sh. ist noch einmal soviel Gold nötig, als zur Zirkulation von 250 Quarter zu demselben Preis. Endlich zur Zirkulation von 10 Quarter zu 100 sh. ist nur halb soviel Gold nötig, als zur Zirkulation von 40 Quarter zu 50 sh. Es folgt daher, daß die zur Warenzirkulation erheischte Quantität von Gold fallen kann, trotz dem Steigen der Preise, wenn die Masse der zirkulierten Waren in größerem Verhältnis abnimmt, als die Gesamtsumme der Preise wächst, und daß umgekehrt die Masse der Zirkulationsmittel steigen kann, wenn die Masse der zirkulierten Waren fällt, aber ihre Preissumme in größerem Verhältnis steigt. Schöne englische Detailuntersuchungen haben so z. B. nachgewiesen, daß in England in den ersten Stadien einer Getreideteurung die Masse des zirkulierenden Geldes zunimmt, weil die Preissumme der verminderten Getreidemasse größer ist, als die Preissumme der größern Getreidemasse war, zugleich aber die Zirkulation der übrigen Warenmasse zu ihren alten Preisen für einige Zeit ungestört fortdauert. In einem späteren Stadium der Getreideteurung fällt dagegen die Masse des zirkulierenden Geldes, entweder weil neben dem Getreide weniger Waren zu den alten Preisen oder ebensoviel Waren zu niedrigern Preisen verkauft werden.

Die Quantität des zirkulierenden Geldes ist aber, wie wir sahen, nicht nur durch die Gesamtsumme der zu realisierenden Warenpreise bestimmt, sondern zugleich durch die Geschwindigkeit, womit das Geld umläuft oder in einem gegebenen Zeitabschnitt das Geschäft dieser Realisation vollbringt. Wenn derselbe Sovereign an demselben Tage zehn Käufe macht, jedesmal von Ware zum Preis eines Sovereign, also 10mal die Hände wechselt, vollbringt er exakt dasselbe Geschäft wie 10 Sovereigns, deren jeder in einem Tag nur einmal umläuft.[73] Geschwindigkeit im Umlauf des Goldes kann also seine Quantität ersetzen, oder das Dasein des Goldes im Zirkulationsprozeß ist nicht nur durch sein Dasein als Äquivalent neben der Ware, sondern auch durch sein Dasein innerhalb der Bewegung der Warenmetamorphose bestimmt. Die Geschwindigkeit des Geldumlaufs ersetzt jedoch seine Quantität nur zu einem bestimmten Grad, da unendlich zersplitterte Käufe und Verkäufe in jedem gegebenen Zeitpunkt räumlich nebeneinander fallen.

Steigen die Gesamtpreise der zirkulierenden Waren, aber in kleinerem Verhältnis als die Geschwindigkeit des Geldumlaufs wächst, so wird die Masse der Zirkulationsmittel fallen. Nimmt umgekehrt die Geschwindigkeit der Zirkulation ab in größerem Verhältnis als der Gesamtpreis der zirkulierenden Warenmasse fällt, so wird die Masse der Zirkulationsmittel steigen. Wachsende Quantität der

---

tions on the effects produced by the expenditure of Government etc.“, London 1823, pag. 80, 81.

[73] „Es ist die Schnelligkeit des Geldumlaufs und nicht die Menge des Metalls, was macht, daß viel oder wenig Geld vorhanden zu sein scheint.“ (Galiani, l.c. pag. 99.)

Zirkulationsmittel mit allgemein fallenden Preisen, abnehmende Quantität der Zirkulationsmittel mit allgemein steigenden Preisen ist eins der bestkonstatierten Phänomene in der Geschichte der Warenpreise. Die Ursachen aber, die Steigen im Grad der Preise und gleichzeitig noch höheres Steigen im Grad der Umlaufsgeschwindigkeit des Geldes hervorbringen, sowie die umgekehrte Bewegung, fallen außerhalb der Betrachtung der einfachen Zirkulation. Beispielsweise kann angeführt werden, daß unter anderm in Epochen vorherrschenden Kredits die Geschwindigkeit des Geldumlaufs schneller wächst als die Preise der Waren, während mit abnehmendem Kredit die Preise der Waren langsamer fallen als die Geschwindigkeit der Zirkulation. Der oberflächliche und formelle Charakter der einfachen Geldzirkulation zeigt sich eben darin, daß alle die Anzahl der Zirkulationsmittel bestimmenden Momente, wie Masse der zirkulierenden Waren, Preise, Steigen oder Fallen der Preise, Anzahl gleichzeitiger Käufe und Verkäufe, Geschwindigkeit des Geldumlaufs, abhängen von dem Prozeß der Metamorphose der Warenwelt, der wieder abhängt vom Gesamtcharakter der Produktionsweise, Populationsmenge, Verhältnis von Stadt und Land, Entwickelung der Transportmittel, von größerer oder geringerer Teilung der Arbeit, Kredit usw., kurz von Umständen, die alle *außerhalb* der einfachen Geldzirkulation liegen und sich in ihr nur abspiegeln.

Die Geschwindigkeit der Zirkulation vorausgesetzt, ist die Masse der Zirkulationsmittel also einfach bestimmt durch die Preise der Waren. Preise sind also nicht hoch oder niedrig, weil mehr oder weniger Geld umläuft, sondern es läuft mehr oder weniger Geld um, weil die Preise hoch oder niedrig sind. Es ist dies eins der wichtigsten ökonomischen Gesetze, dessen Nachweisung im Detail durch die Geschichte der Warenpreise vielleicht das einzige Verdienst der Nach-Ricardoschen englischen Ökonomie bildet. Zeigt nun die Erfahrung, daß das Niveau der metallischen Zirkulation oder die Masse des zirkulierenden Goldes oder Silbers in einem bestimmten Lande zwar temporären Ebbungen und Flutungen ausgesetzt ist und manchmal sehr heftigen Ebbungen und Flutungen[74], im ganzen aber für längere Zeitperioden sich gleichbleibt und die Abweichungen

[74] Ein Beispiel vom außerordentlichen Fallen der metallischen Zirkulation unter ihr Durchschnittsniveau bot England im Jahre 1858, wie man aus folgendem Auszug aus dem „London Economist" sehen wird: „Der Natur der Sache entsprechend" (nämlich dem zersplitterten Charakter der einfachen Zirkulation) „kann man keine sehr genauen Angaben erhalten über die Menge des Bargeldes, das auf dem Markt und in den Händen der Klassen fluktuiert, die nicht Bankgeschäfte treiben. Aber vielleicht ist die Aktivität oder Unaktivität der Münzstätten der großen Handelsnationen eins der richtigsten Anzeichen für die Veränderungen jener Menge. Es wird viel erzeugt werden, wenn viel gebraucht wird, und wenig, wenn wenig gebraucht wird ... In der englischen Münze betrug die Prägung im Jahre 1855: 9.245.000 Pfd. St., 1856: 6.476.000 Pfd. St., 1857: 5.293.858 Pfd. St. Während des Jahres 1858 hatte die Münze kaum etwas zu tun." „Economist", 10. Juli 1858. Gleichzeitig aber lagen im Bankkeller ungefähr 18 Millionen Pfund Sterling Gold.

vom Durchschnittsniveau nur zu schwachen Oszillationen fortgehn, so erklärt sich dies Phänomen einfach aus der gegensätzlichen Natur der Umstände, die die Masse des zirkulierenden Geldes bestimmen. Ihre gleichzeitige Modifikation paralysiert ihre Wirkung und läßt alles beim alten.

Das Gesetz, daß bei gegebener Umlaufsgeschwindigkeit des Geldes und gegebener Preissumme der Waren die Quantität des zirkulierenden Mediums bestimmt ist, läßt sich auch so ausdrücken, daß, wenn die Tauschwerte der Waren und die Durchschnittsgeschwindigkeit ihrer Metamorphosen gegeben sind, die Quantität des zirkulierenden Goldes von seinem eigenen Wert abhängt. Nähme daher der Wert des Goldes, d. h. die zu seiner Produktion erheischte Arbeitszeit, zu oder ab, so würden die Warenpreise in umgekehrtem Verhältnisse steigen oder fallen, und diesem allgemeinen Steigen oder Fallen der Preise würde bei gleichbleibender Umlaufsgeschwindigkeit eine größere oder geringere Masse des Goldes entsprechen, das zur Zirkulation derselben Warenmasse erheischt wäre. Derselbe Wechsel fände statt, wenn das alte Wertmaß durch ein wertvolleres oder wertloseres Metall verdrängt würde. So bedurfte Holland, als es aus zarter Rücksicht auf die Staatsgläubiger und aus Furcht vor den Wirkungen der kalifornischen und australischen Entdeckungen das Goldgeld durch Silbergeld ersetzte, 14- bis 15mal mehr Silber als früher Gold, um dieselbe Warenmasse zu zirkulieren.

Aus der Abhängigkeit des zirkulierenden Goldquantums von der wechselnden Summe der Warenpreise und von der wechselnden Zirkulationsgeschwindigkeit folgt, daß die Masse der metallischen Zirkulationsmittel der Kontraktion und Expansion fähig sein muß, kurz, daß dem Bedürfnis des Zirkulationsprozesses entsprechend das Gold bald als Zirkulationsmittel in den Prozeß eintreten, bald wieder aus ihm ausscheiden muß. Wie der Zirkulationsprozeß selbst diese Bedingungen verwirklicht, werden wir später sehn.

c) Die Münze. Das Wertzeichen

Das Gold in seiner Funktion als Zirkulationsmittel erhält eigene Fasson, es wird *Münze*. Damit sein Umlauf nicht durch technische Schwierigkeiten aufgehalten werde, wird es dem Maßstab des Rechengeldes entsprechend gemünzt. Goldstücke, deren Gepräge und Figur anzeigt, daß sie die in den Rechennamen des Geldes, Pfd. St., sh. usw. vorgestellten Gewichtteile Gold enthalten, sind Münzen. Wie die Bestimmung des Münzpreises, so fällt das technische Geschäft der Münzung dem Staat anheim. Wie als Rechengeld, so erhält das Geld als Münze *lokalen und politischen Charakter*, spricht verschiedene Landessprachen und trägt verschiedene Nationaluniform. Die Sphäre, worin das Geld als Münze umläuft, scheidet sich daher als *innere*, durch die Grenzen eines Gemeinwesens umschriebene Warenzirkulation von der *allgemeinen* Zirkulation der Warenwelt ab.

Indes Gold im Barrenzustande und Gold als Münze unterscheiden sich nicht mehr als sein Münzname und sein Gewichtname. Was in dem letzten Fall Namensunterschied, erscheint jetzt als bloßer Unterschied der Figur. Die Goldmünze kann in den Schmelztiegel geworfen und damit wieder in Gold sans phrase verwandelt werden, wie umgekehrt der Goldbarren nur auf die Münze geschickt zu werden braucht, um die Münzform zu erhalten. Die Verwandlung und Rückverwandlung aus der einen Figur in die andere erscheint als rein technische Operation.

Für 100 Pfunde oder 1200 Unzen troy 22karätiges Gold erhält man von der englischen Münze $4672^1/_2$ Pfd. St. oder Goldsovereigns, und legt man diese Sovereigns auf die eine Seite der Waagschale, 100 Pfund Barrengold auf die andere, so wiegen sie gleich schwer, und so ist der Beweis geliefert, daß der Sovereign nichts andres ist, als das mit diesem Namen im englischen Münzpreis angezeigte Gewichtteil Gold, mit eigener Figur und eigenem Stempel. Die $4672^1/_2$ Goldsovereigns werden von verschiedenen Punkten in Zirkulation geworfen, und von ihr ergriffen vollziehen sie an einem Tage eine bestimmte Anzahl von Umläufen, der eine Sovereign mehr, der andere weniger. Wäre die Durchschnittszahl der täglichen Umläufe von je einer Unze 10, so würden die 1200 Unzen Gold eine Gesamtsumme von Warenpreisen zum Belauf von 12.000 Unzen oder 46.725 Sovereigns realisieren. Man mag eine Unze Gold drehen und wenden wie man will, sie wird nie 10 Unzen Gold wiegen. Hier im Zirkulationsprozeß wiegt aber in der Tat 1 Unze 10 Unzen. Das Dasein der Münze innerhalb des Zirkulationsprozesses ist gleich dem in ihr enthaltenen Goldquantum multipliziert mit der Zahl ihrer Umläufe. Außer ihrem wirklichen Dasein als einzelnes Goldstück von bestimmtem Gewicht erhält die Münze also ein aus ihrer Funktion entspringendes ideelles Dasein. Indes der Sovereign mag einmal oder zehnmal umlaufen, in jedem einzelnen Kauf oder Verkauf wirkt er nur als einzelner Sovereign. Es ist wie mit einem General, der am Schlachttag durch rechtzeitiges Erscheinen an 10 verschiedenen Punkten 10 Generäle ersetzt, aber doch auf jedem Punkte derselbe identische General ist. Die Idealisierung des Zirkulationsmittels, die im Geldumlauf aus dem Ersetzen von Quantität durch Geschwindigkeit entspringt, betrifft nur das funktionelle Dasein der Münze innerhalb des Zirkulationsprozesses, ergreift aber nicht das Dasein des einzelnen Geldstücks.

Der Geldumlauf jedoch ist äußere Bewegung, und der Sovereign, obgleich er non olet, treibt sich in gemischter Gesellschaft um. In der Friktion mit allen Sorten von Händen, Beuteln, Taschen, Börsen, Katzen, Säckeln, Kisten und Kasten reibt sich die Münze auf, läßt hier ein Goldatom hängen, dort ein anderes und verliert so durch die Abschleifung im Weltlauf mehr und mehr von ihrem innern Gehalt. Indem sie benutzt wird, wird sie abgenutzt. Halten wir den Sovereign in einem Momente fest, wo sein naturwüchsig gediegener Charakter nur noch schwach angegriffen scheint.

„Ein Bäcker, der heute einen nagelneuen Sovereign frisch von der Bank erhält und ihn morgen an den Müller wegzahlt, zahlt nicht denselben wahrhaften (veritable) Sovereign; er ist leichter als zur Zeit, wo er ihn erhielt."[75]

„Es ist klar, daß die Münze durch die Natur der Dinge selbst stets Stück für Stück in Depreziation fallen muß, infolge der bloßen Wirkung der gewöhnlichen und unvermeidlichen Abschleifung. Es ist eine physische Unmöglichkeit, zu irgendeiner Zeit selbst für einen einzigen Tag leichte Münzen ganz von der Zirkulation auszuschließen."[76]

Jacob schätzt, daß von den 380 Millionen Pfd. St., die 1809 in Europa existierten, 1829, also in einem Zeitraum von 20 Jahren, 19 Millionen Pfd. St. durch Abschleifen völlig verschwunden waren.[77] Wie also die Ware beim ersten Schritt, den sie in die Zirkulation hinein tut, aus ihr herausfällt, so stellt die Münze nach ein paar Schritten in der Zirkulation mehr Metallgehalt vor als sie hat. Je länger die Münze umläuft bei gleichbleibender Zirkulationsgeschwindigkeit, oder je lebhafter ihre Zirkulation in demselben Zeitraum wird, um so mehr löst sich ihr Dasein als Münze von ihrem goldenen oder silbernen Dasein ab. Was übrigbleibt, ist magni nominis umbra. Der Leib der Münze ist nur noch ein Schatten. Während sie ursprünglich durch den Prozeß schwerer, wird sie jetzt leichter durch ihn, fährt aber fort, in jedem einzelnen Kauf oder Verkauf als das ursprüngliche Goldquantum zu gelten. Der Sovereign fährt fort, als Schein-Sovereign, als Schein-Gold, die Funktion des legitimen Goldstücks zu vollziehen. Während andre Wesen durch Reibung mit der Außenwelt ihren Idealismus einbüßen, wird die Münze durch die Praxis idealisiert, in bloßes Scheindasein ihres goldenen oder silbernen Leibes verwandelt. Diese zweite, durch den Zirkulationsprozeß selbst bewirkte Idealisierung des Metallgeldes, oder die Scheidung zwischen seinem Nominalgehalt und seinem Realgehalt, wird teils von Regierungen, teils von Privatabenteurern in Münzfälschungen buntester Art ausgebeutet. Die ganze Geschichte des Münzwesens vom Anfang des Mittelalters bis tief ins 18. Jahrhundert löst sich auf in die Geschichte dieser doppelseitigen und antagonistischen Fälschungen, und Custodis vielbändige Sammlung der italienischen Ökonomen dreht sich zum großen Teil um diesen Punkt.

Das Scheindasein des Goldes innerhalb seiner Funktion tritt jedoch in Konflikt mit seinem wirklichen Dasein. Eine Goldmünze hat mehr, die andere weni-

---

75 Dodd, „Curiosities of industry etc.", London 1854.

76 „The currency theory reviewed etc. by a banker etc.", Edinburgh 1845, pag. 69 etc. „Wenn ein etwas gebrauchter Taler für etwas weniger wert gälte als ein ganz neuer Taler, dann würde sich die Zirkulation beständig aufgehalten finden, und es würde keine einzige Zahlung ohne Streitigkeiten vor sich gehen." (Garnier, G., „Histoire de le monnaie etc.", tom I, p. 24.)

77 Jacob, W., „An historical inquiry into the production and consumption of the precious metals", London 1831, vol. II, ch. XXVI.

ger von ihrem Metallgehalt im Umlauf eingebüßt, und der eine Sovereign ist daher jetzt in der Tat mehr wert als der andere. Da sie aber in ihrem funktionellen Dasein als Münze gleich viel gelten, der Sovereign, der $^1/_4$ Unze ist, nicht mehr als der Sovereign, der $^1/_4$ Unze scheint, werden die vollwichtigen Sovereigns teilweise in den Händen gewissenloser Besitzer chirurgischen Operationen unterworfen, und künstlich an ihnen vollbracht, was der Umlauf selbst natürlich an ihren leichten Brüdern vollzog. Sie werden gekippt und gewippt und ihr überflüssiges Goldfett wandert in den Schmelztiegel. Wenn $4672^1/_2$ Goldsovereigns auf eine Waagschale gelegt, durchschnittlich nur noch 800 Unzen wiegen statt 1200, werden sie, auf den Goldmarkt gebracht, nur noch 800 Unzen Gold kaufen oder der Marktpreis des Goldes stiege über seinen Münzpreis. Jedes Geldstück, auch wenn vollwichtig, gälte in seiner Münzform weniger als in seiner Barrenform Die vollwichtigen Sovereigns würden rückverwandelt in ihre Barrenform, worin mehr Gold mehr Wert hat als weniger Gold. Sobald dies Fallen unter den Metallgehalt die hinreichende Anzahl Sovereigns ergriffen hätte, um anhaltendes Steigen des Marktpreises des Goldes über seinen Münzpreis zu bewirken, würden die Rechennamen der Münze dieselben bleiben, aber künftig ein geringeres Quantum Gold anzeigen. In andern Worten, der Maßstab des Geldes würde sich ändern und das Gold künftig diesem neuen Maßstab entsprechend gemünzt werden. Durch seine Idealisierung als Zirkulationsmittel hätte das Gold rückschlagend die gesetzlich festgesetzten Verhältnisse, worin es Maßstab der Preise war, verändert. Dieselbe Revolution würde sich nach einem gewissen Zeitraum wiederholen, und so wäre das Gold sowohl in seiner Funktion als Maßstab der Preise wie als Zirkulationsmittel einem beständigen Wechsel unterworfen, so daß der Wechsel in der einen Form den in der andern hervorbrächte und umgekehrt. Dies erklärt das früher erwähnte Phänomen, daß in der Geschichte aller modernen Völker derselbe Geldname einem sich stets vermindernden Metallgehalt verblieb. Der Widerspruch zwischen dem Gold als Münze und dem Gold als Maßstab der Preise wird ebenso zum Widerspruch zwischen dem Gold als Münze und dem Gold als allgemeinem Äquivalent, als welches es nicht nur innerhalb der Landesgrenzen, sondern auf dem Weltmarkt zirkuliert. Als Maß der Werte war Gold stets vollwichtig, weil es nur als ideelles Gold diente. Als Äquivalent in dem isolierten Akt W-G fällt es aus seinem bewegten Dasein sofort in sein ruhendes zurück, aber als Münze tritt seine natürliche Substanz in fortwährenden Konflikt mit seiner Funktion. Vollständig ist die Verwandlung des Goldsovereigns in Scheingold nicht zu vermeiden, aber die Gesetzgebung sucht seine Festsetzung als Münze zu verhindern, indem er auf einem gewissen Grad von Substanzmangel abgesetzt wird. Nach englischem Gesetz z. B. ist ein Sovereign, der mehr als 0,747 Gran Gewicht verloren hat, kein legaler Sovereign mehr. Die Bank von England, die zwischen 1844 und 1848 allein 48 Millionen Goldsovereigns gewogen hat, besitzt in der Goldwaage des Herrn Cotton eine Maschine, die nicht nur den Unterschied von $^1/_{100}$ Gran zwischen zwei Sovereigns herausfühlt, sondern wie ein verständiges Wesen den untergewichtigen fortschnellt auf ein Brett, wo er unter eine andere Maschine gerät, die ihn mit orientalischer Grausamkeit zersägt

Indes könnte die Goldmünze unter diesen Bedingungen überhaupt nicht zirkulieren, würde ihr Umlauf nicht auf bestimmte Kreise der Zirkulation beschränkt, innerhalb deren Grenzen sie sich weniger schnell abnutzt. Sofern eine Goldmünze in der Zirkulation als eine Viertel-Unze gilt, während sie nur noch $^1/_5$ Unze wiegt, ist sie in der Tat zum bloßen Zeichen oder Symbol für $^1/_{20}$ Unze Gold geworden, und so wird alle Goldmünze durch den Zirkulationsprozeß selbst mehr oder minder in ein bloßes Zeichen oder Symbol ihrer Substanz verwandelt. Aber kein Ding kann sein eigenes Symbol sein. Gemalte Trauben sind nicht das Symbol wirklicher Trauben, sondern Scheintrauben. Noch minder aber kann ein leichter Sovereign das Symbol eines vollwichtigen sein, so wenig wie ein abgemagertes Pferd Symbol eines fetten Pferdes sein kann. Da also Gold zum Symbol seiner selbst wird, aber nicht als Symbol seiner selbst dienen kann, erhält es in den Kreisen der Zirkulation, worin es sich am schnellsten abnutzt, d. h. in den Kreisen, wo Käufe und Verkäufe in den kleinsten Proportionen beständig erneuert werden, ein von seinem Golddasein getrenntes symbolisches, silbernes oder kupfernes Dasein. Obgleich nicht dieselben Goldstücke, würde stets eine bestimmte Proportion des gesamten Goldgeldes sich in diesen Kreisen als Münze umtreiben. In dieser Proportion wird das Gold durch silberne oder kupferne Marken ersetzt. Während also nur eine spezifische Ware als Maß der Werte und darum als Geld innerhalb eines Landes funktionieren kann, können verschiedene Waren neben dem Gold als Münze dienen. Diese subsidiären Zirkulationsmittel, silberne oder kupferne Marken z. B., repräsentieren innerhalb der Zirkulation bestimmte Fraktionen der Goldmünze. Ihr eigener Silber- oder Kupfergehalt ist daher nicht bestimmt durch das Wertverhältnis zwischen Silber und Kupfer zu Gold, sondern wird durch das Gesetz willkürlich festgesetzt. Sie dürfen nur in den Quantitäten ausgegeben werden, worin die von ihnen repräsentierten diminutiven Fraktionen der Goldmünze, sei es zum Auswechseln höherer Goldmünzen, sei es zum Realisieren entsprechend kleiner Warenpreise, beständig umlaufen würden. Innerhalb der Detailzirkulation der Waren werden Silbermarken und Kupfermarken wieder besondern Kreisen angehören. Der Natur der Sache nach steht ihre Umlaufsgeschwindigkeit in umgekehrtem Verhältnis zum Preise, den sie in jedem einzelnen Kauf und Verkauf realisieren, oder zur Größe der Fraktion der Goldmünze, die sie vorstellen. Erwägt man den ungeheuren Umfang des kleinen täglichen Verkehrs in einem Lande wie England, so zeigt das relativ unbedeutende Verhältnis der Gesamtquantität der zirkulierenden subsidiären Münzen die Geschwindigkeit und Beständigkeit ihres Umlaufs. Aus einem vor kurzem ausgegebenen parlamentarischen Bericht ersehen wir z. B., daß 1857 die englische Münze Gold zum Belauf von 4.859.000 Pfd. St. münzte, Silber zum Nominalwert von 373.000

Pfd. St. und einem Metallwert von 363.000 Pfd. St. Der Gesamtbetrag des in den zehn am 31. Dezember 1857 abgelaufenen Jahren gemünzten Goldes war 55.239.000 Pfd. St. und nur 2.434.000 Pfd. St. in Silber. Die Kupfermünze belief sich 1857 auf nur 6720 Pfd. St. Nominalwert mit einem Kupferwert von 3492 Pfd. St., wovon 3136 Pfd. St. in Pence, 2464 in Halfpence und 1120 in Farthings. Der Gesamtwert der in den letzten zehn Jahren geprägten Kupfermünze war 141.477 Pfd. St. Nominalwert mit einem Metallwert von 73.503 Pfd. St. Wie die Goldmünze verhindert wird, sich in ihrer Funktion als Münze festzusetzen durch gesetzliche Bestimmung des Metallverlustes, der sie demonetisiert, so werden umgekehrt die Silber- und Kupfermarken verhindert, aus ihren Zirkulationssphären in die Zirkulationssphäre der Goldmünze überzugehen und sich als Geld festzusetzen, indem der Preisgrad bestimmt wird, den sie gesetzlich realisieren. So z. B. braucht Kupfer in England nur zum Belauf von 6 Pence, Silber nur zum Belauf von 40 sh. in Zahlung angenommen zu werden. Würden Silber- und Kupfermarken in größern Quantitäten ausgegeben als die Bedürfnisse ihrer Zirkulationssphären erheischen, so würden die Warenpreise nicht dadurch steigen, sondern Akkumulation dieser Marken bei den Detailverkäufern stattfinden, die schließlich gezwungen wären, sie als Metall zu verkaufen. So hatten sich 1798 englische Kupfermünzen, von Privatleuten ausgegeben, zum Betrag von 20, 30, 50 Pfd. St. bei Krämern akkumuliert, die sie vergeblich wieder in Umlauf zu setzen suchten und schließlich als Ware auf den Kupfermarkt werfen mußten.[78]

Die Silber- und Kupfermarken, die die Goldmünze in bestimmten Sphären der innern Zirkulation repräsentieren, besitzen einen gesetzlich bestimmten Silber- und Kupfergehalt, aber von der Zirkulation ergriffen, schleifen sie ab wie die Goldmünze und idealisieren sich, der Geschwindigkeit und Beständigkeit ihres Umlaufs entsprechend, noch rascher zu bloßen Schattenleibern. Sollte nun wieder eine Grenzlinie der Entmetallung gezogen werden, auf der Silber- und Kupfermarken ihren Münzcharakter einbüßten, so müßten sie innerhalb bestimmter Kreise ihrer eigenen Zirkulationssphäre selbst wieder durch anderes symbolisches Geld, sage Eisen und Blei, ersetzt werden, und diese Darstellung von symbolischem Geld durch anderes symbolisches Geld wäre ein Prozeß ohne Ende. In allen Ländern entwickelter Zirkulation zwingt daher die Notwendigkeit des Geldumlaufs selbst den Münzcharakter der Silber- und Kupfermarken von jedem Grad ihres Metallverlustes unabhängig zu machen. Es erscheint damit, was in der Natur der Sache lag, daß sie Symbole der Goldmünze sind, nicht weil sie aus Silber oder Kupfer gemachte Symbole sind, nicht weil sie einen Wert haben, sondern soweit sie keinen haben.

Relativ wertlose Dinge, wie *Papier*, können also als Symbole des Goldgeldes funktionieren. Das Bestehen der subsidiären Münze aus Metallmarken, Silber,

[78] David Buchanan, „Observations on the subjects treated of in Doctor Smith's Inquiry on the wealth of nations etc.", Edinburgh 1814, pag. 31.

Kupfer usw., rührt großenteils daher, daß in den meisten Ländern die minder wertvollen Metalle als Geld zirkulierten, wie Silber in England, Kupfer in der altrömischen Republik, in Schweden, Schottland usw., bevor der Zirkulationsprozeß sie zur Scheidemünze degradierte und edleres Metall an ihre Stelle gesetzt hatte. Es liegt übrigens in der Natur der Sache, daß das aus der metallischen Zirkulation unmittelbar hervorwachsende Geldsymbol zunächst selbst wieder ein Metall ist. Wie die Portion Gold, die stets als Scheidemünze zirkulieren müßte, durch Metallmarken ersetzt wird, kann die Portion Gold, die stets von der Sphäre der innern Zirkulation als Münze absorbiert wird, also beständig umlaufen muß, durch wertlose Marken ersetzt werden. Das Niveau, worunter die Masse der umlaufenden Münze nie sinkt, ist in jedem Lande erfahrungsmäßig gegeben. Die ursprünglich unscheinbare Differenz zwischen dem Nominalgehalt und dem Metallgehalt der Metallmünze kann also bis zur absoluten Scheidung fortgehen. Der Münzname des Geldes löst sich ab von seiner Substanz und existiert außer ihr in wertlosen Papierzetteln. Wie der Tauschwert der Waren durch ihren Austauschprozeß sich in Goldgeld kristallisiert, sublimiert sich das Goldgeld im Umlauf zu seinem eigenen Symbol, erst in der Form der verschlissenen Goldmünze, dann in der Form der subsidiären Metallmünzen und schließlich in der Form der wertlosen Marke, des Papiers, des bloßen *Wertzeichens*.

Die Goldmünze erzeugte indes nur ihre erst metallnen, dann papiernen Stellvertreter, weil sie trotz ihres Metallverlustes fortfuhr, als Münze zu funktionieren. Sie zirkulierte nicht, weil sie verschliß, sondern verschliß zum Symbol, weil sie fortzirkulierte. Nur soweit innerhalb des Prozesses das Goldgeld selbst bloßes Zeichen seines eigenen Werts wird, können bloße Wertzeichen es ersetzen.

Sofern die Bewegung W-G-W prozessierende Einheit der zwei unmittelbar ineinander umschlagenden Momente W-G, G-W ist, oder soweit die Ware den Prozeß ihrer Gesamtmetamorphose durchläuft, entwickelt sie ihren Tauschwert im Preis und im Geld, um sofort diese Form wieder aufzuheben, wieder Ware zu werden oder vielmehr Gebrauchswert. Sie geht also *zu nur scheinbarer Verselbständigung* ihres Tauschwerts fort. Wir sahen andrerseits, daß das Gold, soweit es nur als Münze funktioniert oder sich beständig in Umlauf befindet, in der Tat nur die Verkettung der Metamorphosen der Waren und *ihr nur verschwindendes Geldsein* darstellt, den Preis der einen Ware nur realisiert, um den der andern zu realisieren, nirgendwo aber als ruhendes Dasein des Tauschwertes oder als selbst ruhende Ware erscheint. Die Realität, die der Tauschwert der Waren in diesem Prozeß erhält und den das Gold in seinem Umlauf darstellt, ist nur die des elektrischen Funkens. Obgleich es wirkliches Gold ist, funktioniert es nur als Scheingold und kann daher in dieser Funktion durch Zeichen seiner selbst ersetzt werden.

Das Wertzeichen, sage Papier, das als Münze funktioniert, ist Zeichen des in seinem Münznamen ausgedrückten Quantums Gold, also *Goldzeichen*. So wenig ein bestimmtes Quantum Gold an sich ein Wertverhältnis ausdrückt, so wenig das Zeichen, das an seine Stelle tritt. Sofern ein bestimmtes Quantum Gold als vergegenständlichte Arbeitszeit eine bestimmte Wertgröße besitzt, stellt das Goldzeichen Wert vor. Die von ihm vorgestellte Wertgröße hängt aber jedesmal ab von dem Wert des von ihm vorgestellten Goldquantums. Den Waren gegenüber stellt das Wertzeichen die *Realität ihres Preises vor*, ist signum pretii und Zeichen ihres Werts nur, weil ihr Wert ausgedrückt ist in ihrem Preise. In dem Prozeß W-G-W, soweit er als nur prozessierende Einheit oder unmittelbares Ineinanderumschlagen der beiden Metamorphosen sich darstellt – und so stellt er sich dar in der Zirkulationssphäre, worin das Wertzeichen funktioniert –, erhält der Tauschwert der Waren im Preis nur ideelle, im Geld nur vorgestellte, symbolische Existenz. Der Tauschwert erscheint so *nur* als gedachter oder dinglich vorgestellter, aber besitzt keine Wirklichkeit außer in den Waren selbst, sofern ein bestimmtes Quantum Arbeitszeit in ihnen vergegenständlicht ist. Es *scheint* daher, als ob das Wertzeichen den Wert der Waren *unmittelbar* repräsentiere, indem es nicht als Zeichen von Gold, sondern als Zeichen des im Preis nur ausgedrückten, aber in der Ware allein vorhandenen Tauschwerts sich darstellt, Dieser Schein ist aber falsch. Das Wertzeichen ist unmittelbar nur *Preiszeichen*, also *Goldzeichen*, und nur auf einem Umweg Zeichen des Werts der Ware. Das Gold hat nicht wie Peter Schlemihl seinen Schatten verkauft, sondern kauft mit seinem Schatten. Das Wertzeichen wirkt daher nur, soweit es innerhalb des Prozesses den Preis der einen Ware gegenüber der andern oder jedem Warenbesitzer gegenüber *Gold vorstellt*. Ein bestimmtes relativ wertloses Ding, Stück Leder, Papierzettel usw., wird zunächst gewohnheitsmäßig Zeichen des Geldmaterials, behauptet sich jedoch nur als solches, indem sein Dasein als Symbol durch den allgemeinen Willen der Warenbesitzer garantiert wird, d. h. indem es gesetzlich konventionelles Dasein und daher Zwangskurs erhält. Staatspapiergeld mit Zwangskurs ist die vollendete Form des *Wertzeichens*, und die einzige Form des Papiergelds, die unmittelbar aus der metallischen Zirkulation oder der einfachen Warenzirkulation selbst herauswächst. *Kreditgeld* gehört einer höhern Sphäre des gesellschaftlichen Produktionsprozesses an und wird durch ganz andre Gesetze geregelt. Symbolisches Papiergeld ist in der Tat durchaus nicht verschieden von der subsidiären Metallmünze, nur in weiterer Zirkulationssphäre wirkend. Wenn die bloß technische Entwicklung des Maßstabs der Preise oder des Münzpreises und weiter die äußerliche Umformung des Rohgoldes in Goldmünze schon die Einmischung des Staats hervorriefen und damit die innere Zirkulation von der allgemeinen Warenzirkulation sich sichtbar schied, so wird diese Scheidung vollendet durch die Entwicklung der Münze zum Wertzeichen. Als bloßes Zirkulationsmittel kann sich das Geld überhaupt nur verselbständigen innerhalb der Sphäre der innern Zirkulation.

Unsre Darstellung hat gezeigt, daß das Münzdasein des Goldes als von der Goldsubstanz selbst losgelöstes Wertzeichen aus dem Zirkulationsprozeß selbst entspringt, nicht aus Übereinkunft oder Staatseinmischung. Rußland bietet ein frappantes Beispiel der naturwüchsigen Entstehung des Wertzeichens. Zur Zeit, wo Häute und Pelzwerke dort als Geld dienten, schuf der Widerspruch zwischen diesem vergänglich-unbehülflichen Material und seiner Funktion als Zirkulationsmittel die Gewohnheit, es durch kleine Stücke gestempeltes Leder zu ersetzen, die so Anweisungen wurden, zahlbar in Fellen und Pelzwerk. Später wurden sie unter dem Namen Kopeken bloße Zeichen für Fraktionen des Silberrubels und erhielten sich stellenweise in diesem Gebrauch bis 1700, wo Peter der Große sie gegen kleine vom Staat ausgegebene Kupfermünzen auszulösen befahl.[79] Antike Schriftsteller, die nur die Phänomene der metallischen Zirkulation beobachten konnten, fassen die Goldmünze schon als Symbol oder Wertzeichen auf. So Plato[80] und Aristoteles[81]. In Ländern ohne alle Kreditentwicklung wie China findet sich Papiergeld mit Zwangskurs schon frühzeitig.[82] Bei

---

[79] Henry Storch, „Cours d'économie politique etc." avec des notes par J.-B.Say, Paris 1823, tom IV, pag. 79. Storch veröffentlichte sein Werk zu Petersburg in französischer Sprache. J.-B.Say veranstaltete sofort einen Pariser Nachdruck, ergänzt mit angeblichen „Noten", die in der Tat nichts als Gemeinplätze enthalten. Storch (siehe seine „Considérations sur la nature du revenu national", Paris 1824) nahm diese Annexation seines Werkes durch den „prince de la science" keineswegs höflich auf.

[80] Platon, „De Republica", L. II. „Die Münze ist ein *Symbol* des Tausches (Opera omnia etc., ed. G. Stallbaumius, London 1850, pag. 304). Plato entwickelt das Geld nur in den beiden Bestimmungen als Wertmaß und als Wertzeichen, verlangt aber außer dem für die innere Zirkulation dienenden Wertzeichen ein andres für den Verkehr Griechenlands mit dem Ausland. (Vgl. auch das 5. Buch seiner „Gesetze".)

[81] Aristoteles, „Ethica Nicomachea", L. 5, C. 8, l.c. p. 98 „Zum alleinigen Tauschmittel des gegenseitigen Bedarfs wurde das Geld zufolge Übereinkunft. Und daher hat es den Namen νόμισμα, daß es nicht von Natur, sondern durch Gesetz besteht und es an uns liegt, dieses zu ändern und es nutzlos zu machen." Aristoteles hat das Geld ungleich vielseitiger und tiefer aufgefaßt als Plato. In der folgenden Stelle entwickelt er schön, wie aus dem Tauschhandel zwischen verschiedenen Gemeinwesen die Notwendigkeit entspringt, einer spezifischen Ware, also selbst wertvollen Substanz, den Charakter des Geldes zu geben. „Denn als die gegenseitige Hilfeleistung durch Einfuhr des Fehlenden und Ausfuhr des Überschusses sich über größere Entfernungen erstreckte, entstand *aus Notwendigkeit* die Verwendung des Geldes ... Man kam überein, beim gegenseitigen Austausch nichts anderes zu geben und zu nehmen, als was *selbst etwas Wertvolles*, den Vorteil handlichen Gebrauchs hätte ... wie Eisen und Silber oder etwas anderes Derartiges." (Aristoteles, „De Republica", L. I, C. 9 l.c. p. 14) Diese Stelle zitiert Michel Chevalier, der den Aristoteles entweder nicht gelesen oder nicht verstanden hat, um zu beweisen, daß nach Aristoteles' Ansicht das Zirkulationsmittel aus einer selbst wertvollen Substanz bestehen müsse. Aristoteles sagt vielmehr ausdrücklich, daß das Geld als bloßes Zirkulationsmittel bloß konventionelles oder gesetzliches Dasein zu haben scheine, wie schon sein Name νόμισμα anzeige, und wie es in der Tat seinen Gebrauchswert als Münze nur von seiner Funktion selbst erhalte, nicht von einem ihm selbst angehörigen Gebrauchswert. „*Nichtig* scheint das Geld zu sein und ganz und gar durch Gesetz, aber nichts von Natur, *so daß es außer Umlauf gesetzt* keinerlei Wert hat und unbrauchbar ist zu irgend etwas Notwendigem." (l. c. p. 15.)

[82] Mandeville (Sir John) „Voyages and Travels", London ed. 1705, p 105. „Dieser Kaiser (von

ältern Vorrednern des Papiergelds wird auch ausdrücklich auf die im Zirkulationsprozeß selbst entspringende Verwandlung der Metallmünze in Wertzeichen hingewiesen. So von Benjamin Franklin[83] und vom Bischof Berkeley.[84]

Wieviel Ries Papier können in Zettel zerschnitten als Geld zirkulieren? So gestellt wäre die Frage abgeschmackt. Die wertlosen Marken sind Wertzeichen, nur soweit sie das Gold innerhalb des Zirkulationsprozesses vertreten, und sie vertreten es nur, soweit es selbst als Münze in den Zirkulationsprozeß eingehen würde, eine Quantität, bestimmt durch seinen eignen Wert, wenn die Tauschwerte der Waren und die Geschwindigkeit ihrer Metamorphosen gegeben sind. Zettel von der Denomination von 5 Pfd. St. könnten nur in 5mal geringerer Anzahl zirkulieren als Zettel von der Denomination von 1 Pfd. St., und vollzögen sich alle Zahlungen in Shillingszetteln, so müßten 20mal mehr Shillings- als Pfd.-St.-Zettel zirkulieren. Würde die Goldmünze durch Zettel von verschiedener Denomination repräsentiert, z. B. 5-Pfd-St-Zettel, 1-Pfd.-St.-Zettel, 10-Shilling-Zettel so wäre die Quantität dieser verschiedenen Sorten von Wertzeichen bestimmt nicht nur durch das für die Gesamtzirkulation, sondern durch das für den Zirkulationskreis jeder besondern Sorte nötige Quantum Gold. Wären 14 Millionen Pfd. St. (dies ist die Annahme der englischen Bankgesetzgebung, aber nicht für die Münze, sondern für das Kreditgeld) das Niveau, worunter die Zirkulation eines Landes nie fiele, so könnten 14 Millionen Papierzettel, jeder das Wertzeichen für 1 Pfd. St., zirkulieren. Fiele oder stiege der Wert des Goldes, weil die zu seiner Produktion erheischte Arbeitszeit gefallen oder gestiegen wäre, so würde bei gleichbleibendem Tauschwert derselben Warenmasse die Anzahl der zirkulierenden Pfd.-St.-Zettel steigen oder fallen, im umgekehrten Verhältnis

---

Cattay oder China) kann so viel ausgeben, wie es ihm beliebt, ohne Beschränkung. Denn er ist nicht abhängig und macht Geld nur aus bedrucktem Leder oder Papier. Und wenn dies Geld so lange umgelaufen ist, daß es anfängt, sich aufzulösen, dann bringt man es in des Kaisers Schatzamt, und dann nimmt man neues Geld an Stelle des alten. Und dieses Geld läuft um im ganzen Land und in allen Provinzen ... man macht Geld weder aus Gold noch aus Silber", und, meint Mandeville, „deshalb kann er immer von neuem und übermäßig viel ausgeben."

[83] Benjamin Franklin, „Remarks and facts relative to the American paper money", 1764„ pag. 348 l.c.: „Zu eben der Zeit wird sogar das Silbergeld in England zu einem Teil seines Werts zwangsmäßig zum gesetzlichen Zahlungsmittel gemacht; dieser Teil ist der Unterschied zwischen seinem wirklichen Gewicht und seinem Nennwert. Ein großer Teil der jetzt umlaufenden Shilling- und Sechspencestücke ist durch Abnutzung 5, 10, 20 und einige der Sechspencestücke sogar 50% zu leicht geworden. Für diesen Unterschied zwischen *Real-* und *Nominal*wert hat man keinen inneren Wert; man hat nicht einmal Papier, man hat nichts. Es ist die gesetzliche Zahlungskraft, verbunden mit dem Bewußtsein, daß man es leicht für denselben Wert weitergeben kann, was ein Silberstück im Wert von 3 Pence für ein Sechspencestücke passieren macht."

[84] Berkeley, l.c. p. 3 „Wenn die Denomination der Münze beibehalten wird, nachdem ihr Metall den Weg allen Fleisches gegangen, würde nicht dennoch die Zirkulation des Handels fortbestehn?"

zum Wertwechsel des Goldes. Würde das Geld als Maß der Werte durch Silber ersetzt, wäre das Wertverhältnis von Silber zu Geld wie 1 : 15, repräsentierte künftig jeder Zettel dasselbe Quantum Silber, das er vorher von Gold repräsentierte, so müßten statt 14 Millionen künftig 210 Millionen Pfd.-St.-Zettel zirkulieren. Die Quantität der Papierzettel ist also bestimmt durch die Quantität des Goldgeldes, das sie in der Zirkulation vertreten, und da sie nur Wertzeichen sind, sofern sie es vertreten, ist ihr Wert einfach durch ihre *Quantität* bestimmt. Während also die Quantität des zirkulierenden Goldes von den Warenpreisen abhängt, hängt umgekehrt der Wert der zirkulierenden Papierzettel ausschließlich von ihrer eigenen Quantität ab.

Die Einmischung des Staats, der das Papiergeld mit Zwangskurs ausgibt – und wir handeln nur von dieser Art Papiergeld –, scheint das ökonomische Gesetz aufzuheben. Der Staat, der in dem Münzpreis einem bestimmten Goldgewicht nur einen Taufnamen gab, und in der Münzung nur seinen Stempel auf das Gold drückte, scheint jetzt durch die Magie seines Stempels Papier in Gold zu verwandeln. Da die Papierzettel Zwangskurs haben, kann niemand ihn hindern, beliebig große Anzahl derselben in Zirkulation zu zwängen und beliebige Münznamen, wie 1 Pfd. St., 5 Pfd. St., 20 Pfd. St., ihnen aufzuprägen. Die einmal in Zirkulation befindlichen Zettel ist es unmöglich herauszuwerfen, da sowohl die Grenzpfähle des Landes ihren Lauf hemmen, als sie allen Wert, Gebrauchswert wie Tauschwert, *außerhalb* der Zirkulation verlieren. Von ihrem funktionellen Dasein getrennt, verwandeln sie sich in nichtswürdige Papierlappen. Indes ist diese Macht des Staats bloßer Schein. Er mag beliebige Quantität Papierzettel mit beliebigen Münznamen in die Zirkulation hineinschleudern, aber mit diesem mechanischen Akt hört seine Kontrolle auf. Von der Zirkulation ergriffen, fällt das Wertzeichen oder Papiergeld ihren immanenten Gesetzen anheim.

Wären 14 Millionen Pfd. St. die Summe des zur Warenzirkulation erheischten Goldes und würfe der Staat 210 Millionen Zettel, jeden mit dem Namen 1 Pfd. St., in Zirkulation, so würden diese 210 Millionen in Repräsentanten von Gold zum Belauf von 14 Millionen Pfd. St. umgewandelt.

Es wäre dasselbe, als hätte der Staat die Pfd.-St.-Zettel zu Repräsentanten eines 15mal minder wertvollen Metalls oder eines 15mal kleinern Gewichtteils Goldes als zuvor gemacht. Nichts wäre geändert als die Namengebung des Maßstabs der Preise, die natürlich konventionell ist, ob sie nun direkt durch Änderung des Münzfußes oder indirekt durch Vermehrung der Papierzettel in einer für einen neuen niedrigem Maßstab erheischten Anzahl geschieht. Da der Name Pfd.-St. jetzt ein 15mal kleineres Goldquantum anzeigte, würden alle Warenpreise um das 15fache steigen und nun wären in der Tat 210 Millionen Pfd.-St.-Zettel ganz ebenso notwendig, wie vorher 14 Millionen. In demselben Maß, worin sich die Gesamtsumme der Wertzeichen vermehrt hätte, hätte sich das Quantum Gold, das jedes einzelne repräsentiert, vermindert. Das Steigen der Preise wäre nur die Reaktion des Zirkulationsprozesses, der die Wertzeichen gewaltsam dem Quantum Gold gleichsetzt, an dessen Stelle sie zu zirkulieren vorgeben.

In der Geschichte der englischen und französischen Geldfälschungen durch die Regierungen finden wir wiederholt, daß die Preise nicht in dem Verhältnis stiegen, wie die Silbermünze verfälscht wurde. Einfach, weil das Verhältnis, worin die Münze vermehrt wurde, nicht dem Verhältnis entsprach, worin sie verfälscht war, d. h. weil von der niedrigeren Metallkomposition nicht die entsprechende Masse ausgegeben war, sollten die Tauschwerte der Waren künftig in ihr als Maß der Werte geschätzt und durch dieser niedrigern Maßeinheit entsprechende Münzen realisiert werden. Dies löst die in dem Duell zwischen Locke und Lowndes ungelöste Schwierigkeit. Das Verhältnis, worin das Wertzeichen, sei es Papier oder gefälschtes Gold und Silber, dem Münzpreis gemäß berechnete Gold- und Silbergewichte vertritt, hängt ab, nicht von seinem eignen Material, sondern von seiner in Zirkulation befindlichen Quantität. Die Schwierigkeit im Verständnis dieses Verhältnisses entspringt daher, daß das Geld in den beiden Funktionen als Maß der Werte und als Zirkulationsmittel nicht nur umgekehrten, sondern dem Gegensatz beider Funktionen scheinbar widersprechenden Gesetzen unterworfen ist. Für seine Funktion als Maß der Werte, wo das Geld nur als Rechengeld dient und das Gold nur als ideelles Gold, kommt alles auf das natürliche Material an. In Silber geschätzt oder als Silberpreise stellen sich die Tauschwerte natürlich ganz anders dar als in Gold geschätzt oder als Goldpreise. Umgekehrt in seiner Funktion als Zirkulationsmittel, wo das Geld nicht nur vorgestellt ist, sondern als ein wirkliches Ding neben den andern Waren vorhanden sein muß, wird sein Material gleichgültig, während alles von seiner Quantität abhängt. Für die Maßeinheit ist es entscheidend, ob sie ein Pfund Gold, Silber oder Kupfer ist; während bloße Anzahl die Münze zur entsprechenden Verwirklichung jeder dieser Maßeinheiten macht, welches immer ihr eigenes Material sei. Es widerspricht aber dem gemeinen Menschenverstand, daß bei dem nur gedachten Geld alles von seiner materiellen Substanz und bei der sinnlich vorhandenen Münze alles von einem idealen Zahlenverhältnis abhängt

Das Steigen oder Fallen der Warenpreise mit dem Steigen oder Fallen der Papierzettelmasse – letzteres wo die Papierzettel das ausschließliche Zirkulationsmittel bilden – ist also nur durch den Zirkulationsprozeß gewaltsam bewirkte Geltendmachung des von außen mechanisch verletzten Gesetzes, daß die Quantität des zirkulierenden Goldes durch die Preise der Waren und die Quantität der zirkulierenden Wertzeichen durch die Quantität der Goldmünze bestimmt ist, die sie in der Zirkulation vertreten. Andrerseits wird daher jede beliebige Masse von Papierzetteln vom Zirkulationsprozeß absorbiert und gleichsam verdaut, weil das Wertzeichen, mit welchem Goldtitel es auch immer in die Zirkulation eintrete, innerhalb derselben zum Zeichen des Goldquantums zusammengequetscht wird, das an seiner Stelle zirkulieren könnte.

In der Zirkulation der Wertzeichen erscheinen alle Gesetze der wirklichen

Geldzirkulation umgekehrt und auf den Kopf gestellt. Während das Gold zirkuliert, weil es Wert hat, hat das Papier Wert, weil es zirkuliert. Während bei gegebenem Tauschwert der Waren die Quantität des zirkulierenden Goldes von seinem eigenen Wert abhängt, hängt der Wert des Papiers von seiner zirkulierenden Quantität ab. Während die Quantität des zirkulierenden Goldes steigt oder fällt mit dem Steigen oder Fallen der Warenpreise, scheinen die Warenpreise zu steigen oder zu fallen mit dem Wechsel in der Quantität des zirkulierenden Papiers. Während die Warenzirkulation nur bestimmte Quantität Goldmünze absorbieren kann, daher abwechselnde Kontraktion und Expansion des zirkulierenden Geldes sich als notwendiges Gesetz darstellt, scheint das Papiergeld in jeder beliebigen Ausdehnung in die Zirkulation einzugehen. Während der Staat die Gold- und Silbermünze verfälscht und daher ihre Funktion als Zirkulationsmittel stört, sollte er die Münze auch nur $^1/_{100}$ Gran unter ihrem Nominalgehalt ausgeben, vollzieht er eine völlig richtige Operation in der Ausgabe wertloser Papierzettel, die von dem Metall nichts besitzen als den Münznamen. Während die Goldmünze augenscheinlich nur den Wert der Waren repräsentiert, soweit dieser selbst in Gold geschätzt oder als Preis dargestellt ist, scheint das Wertzeichen den Wert der Ware unmittelbar zu repräsentieren. Es leuchtet daher ein, warum Beobachter, die die Phänomene der Geldzirkulation einseitig an der Zirkulation von Papiergeld mit Zwangskurs studierten, alle immanenten Gesetze der Geldzirkulation verkennen mußten. In der Tat erscheinen diese Gesetze nicht nur verkehrt in der Zirkulation der Wertzeichen, sondern ausgelöscht, da das Papiergeld, wenn in richtiger Quantität ausgegeben, Bewegungen vollzieht, die ihm nicht als Wertzeichen eigentümlich sind, während eine eigentümliche Bewegung, statt direkt aus der Metamorphose der Waren zu stammen, aus Verletzung seiner richtigen Proportion zum Gold entspringt.

3. Geld

Geld im Unterschied von Münze, das Resultat des Zirkulationsprozesses in der Form W-G-W, bildet den Ausgangspunkt des Zirkulationsprozesses in der Form G-W-G, d. h. Geld gegen Ware austauschen, um Ware gegen Geld auszutauschen. In der Form W-G-W bildet die Ware, in der Form G-W-G bildet das Geld den Ausgangspunkt und den Endpunkt der Bewegung. In der ersten Form vermittelt das Geld den Warenaustausch, in der letztern vermittelt die Ware das Werden des Geldes zu Geld. Das Geld, das in der ersten Form als bloßes Mittel, erscheint in der letztern als Endzweck der Zirkulation, während die Ware, die in der ersten Form als Endzweck, in der zweiten als bloßes Mittel erscheint. Da das Geld selbst schon Resultat der Zirkulation W-G-W, erscheint in der Form G-W-G das Resultat der Zirkulation zugleich als ihr Ausgangspunkt. Während in W-G-W der Stoffwechsel, bildet das aus diesem ersten Prozeß hervorgegangene Formdasein der Ware selbst den wirklichen Inhalt des zweiten Prozesses G-W-G.

In der Form W-G-W sind beide Extreme Waren von derselben Wertgröße, aber zugleich qualitativ verschiedene Gebrauchswerte. Ihr Austausch W-W ist wirklicher Stoffwechsel. In der Form G-W-G dagegen sind beide Extreme Gold und zugleich Gold von derselben Wertgröße. Gold gegen Ware austauschen, um Ware gegen Gold auszutauschen, oder wenn wir das Resultat G-G betrachten, Gold gegen Gold austauschen, scheint abgeschmackt. Übersetzt man aber G-W-G in die Formel: *Kaufen* um zu *verkaufen*, was nichts heißt als durch eine vermittelnde Bewegung Gold gegen Gold austauschen, so erkennt man sofort die herrschende Form der bürgerlichen Produktion. In der Praxis wird jedoch nicht gekauft um zu verkaufen, sondern wohlfeil gekauft, um teurer zu verkaufen. Geld wird gegen Ware ausgetauscht, um dieselbe Ware wieder gegen größere Quantität Geld auszutauschen, so daß die Extreme G, G, wenn nicht qualitativ, so quantitativ verschieden sind. Solch ein quantitativer Unterschied setzt den *Austausch von Nichtäquivalenten* voraus, während Ware und Geld als solche nur gegensätzliche Formen der Ware selbst sind, also verschiedene Existenzweisen derselben Wertgröße. Der Kreislauf G-W-G birgt also unter den Formen Geld und Ware weiterentwickelte Produktionsverhältnisse und ist innerhalb der einfachen Zirkulation nur Reflex einer höheren Bewegung. Wir haben daher Geld im Unterschied von Zirkulationsmittel aus der unmittelbaren Form der Warenzirkulation W-G-W zu entwickeln.

Gold, d. h. die spezifische Ware, die als Maß der Werte und als Zirkulationsmittel dient, wird ohne weiteres Zutun der Gesellschaft *Geld*. In England, wo Silber weder Maß der Werte noch herrschendes Zirkulationsmittel ist, wird es nicht Geld, ganz wie Gold in Holland, sobald es als Wertmaß entthront wurde, aufhörte, Geld zu sein. Eine Ware wird also zunächst Geld als Einheit von Wertmaß und Zirkulationsmittel, oder die Einheit von Wertmaß und Zirkulationsmittel ist Geld. Als solche Einheit besitzt das Gold aber wieder selbständige und von seinem Dasein in beiden Funktionen unterschiedene Existenz. Als Maß der Werte ist es nur ideelles Geld und ideelles Gold; als bloßes Zirkulationsmittel ist es symbolisches Geld und symbolisches Gold; aber in seiner einfachen metallischen Leibhaftigkeit ist Gold Geld oder Geld wirkliches Gold.

Betrachten wir nun einen Augenblick die ruhende Ware Gold, die Geld ist, in ihrem Verhältnis zu den andern Waren. Alle Waren stellen in ihren Preisen eine bestimmte Summe Gold vor, sind also nur vorgestelltes Gold oder vorgestelltes Geld, *Repräsentanten des Goldes*, wie umgekehrt im Wertzeichen das Geld als bloßer Repräsentant der Warenpreise erschien.[85] Da alle Waren so nur vorgestelltes

[85] „Es sind nicht nur die edeln Metalle Zeichen der Dinge ...; sondern abwechselnd sind die Dinge ... Zeichen für Gold und Silber." (A. Genovesi, „Lezioni di Economia Civile" (1765), p. 281 in Custodi, Parte Moderna, t. VIII)

Geld sind, ist das Geld die einzig wirkliche Ware. Im Gegensatz zu den Waren, die nie das selbständige Dasein des Tauschwerts, der allgemeinen gesellschaftlichen Arbeit, des abstrakten Reichtums, nur vorstellen, ist Gold *das materielle Dasein des abstrakten Reichtums.* Nach der Seite des Gebrauchswerts drückt jede Ware nur ein Moment des stofflichen Reichtums aus durch ihre Beziehung auf ein besonderes Bedürfnis, eine nur vereinzelte Seite des Reichtums. Das Geld aber befriedigt jedes Bedürfnis, sofern es in den Gegenstand jedes Bedürfnisses unmittelbar umsetzbar ist. Sein eigener Gebrauchswert ist realisiert in der unendlichen Reihe der Gebrauchswerte, die sein Äquivalent bilden. In seiner gediegenen Metallität enthält es allen stofflichen Reichtum unaufgeschlossen, der in der Welt der Waren entrollt ist. Wenn also die Waren in ihren Preisen das allgemeine Äquivalent oder den abstrakten Reichtum, Gold repräsentieren, repräsentiert das Gold in seinem Gebrauchswert die Gebrauchswerte aller Waren. Gold ist *daher der materielle Repräsentant des stofflichen Reichtums.* Es ist der „précis de toutes les choses“ *(Boisguillebert)*, das Kompendium des gesellschaftlichen Reichtums. Es ist zugleich der Form nach die unmittelbare Inkarnation der allgemeinen Arbeit und dem Inhalt nach der Inbegriff aller realen Arbeiten. Es ist der allgemeine Reichtum als Individuum.[86] In seiner Gestalt als Mittler der Zirkulation erlitt es allerlei Unbill, wurde beschnitten und sogar zum bloß symbolischen Papierlappen verflacht. Als Geld wird ihm seine goldene Herrlichkeit zurückgegeben. Aus dem Knecht wird es der Herr.[87] Aus dem bloßen Handlanger wird es zum Gott der Waren.[88]

---

[86] Petty: Gold und Silber sind „universal wealth“. „Political Arithmetic“, l.c. p. 242.

[87] E. Misselden, „Free trade or the Means to make Trade florish etc.“, London 1622. „Die nützliche Materie des Handels ist die merchandize: which merchants from the end of trade have stiled commodities. Die künstliche Materie des Handels ist Geld, welches den Titel erhalten hat of sinewes of warre and of state. Geld, obgleich es in Natur und Zeit nach der merchandize kommt, yet for as much as it is now in use has become the chiefe.“ (p. 7.) Er versteht Ware und Geld „den beiden Söhnen des alten Jakob, der seine rechte Hand auf den jüngern und die linke auf den ältern legte“. (l.c.)

Boisguillebert, „Dissertation sur la nature des richesse etc.“, l.c. „Hier ist also der Sklave des Handels sein Herr geworden ... Das Elend der Völker kommt nur daher, daß man einen Herrn oder vielmehr einen Tyrannen aus dem gemacht hat, der ein Sklave war.“ (p. 395. 399)

[88] Boisguillebert, l.c. „Man hat ein Idol aus diesen Metallen (Gold und Silber) gemacht und indem man den Zweck und die Absicht aufgab, warum man sie in den Handel gerufen hatte, nämlich um hier als Unterpfand in Tausch und wechselseitiger Übergabe zu dienen, hat man sie fast von diesem Dienst befreit, um sie zu *Gottheiten* zu machen, denen man mehr Güter und wichtige Bedürfnisse und sogar Menschen geopfert hat und immer noch opfert, als jemals das blinde Altertum seinen falschen Göttern geopfert hat.“ (l.c. p. 395.)

a) Schatzbildung

Das Gold schied sich zunächst als Geld vom Zirkulationsmittel dadurch, daß die Ware den Prozeß ihrer Metamorphose abbrach und in ihrer Goldverpuppung verharrte. Es erfolgt dies jedesmal, sobald der Verkauf nicht in Kauf umschlägt. Die Verselbständigung des Goldes als Geld ist also vor allem sinnfälliger Ausdruck des Zerfallens des Zirkulationsprozesses oder der Metamorphose der Ware in zwei getrennte, gleichgültig nebeneinander bestehende Akte. Die Münze selbst wird Geld, sobald ihr Lauf unterbrochen wird. In der Hand des Verkäufers, der sie für eine Ware einlöst, ist sie Geld, nicht Münze; sobald sie seine Hand verläßt, wird sie wieder Münze. Jeder ist Verkäufer der einseitigen Ware, die er produziert, aber Käufer aller andern Waren, deren er zur gesellschaftlichen Existenz bedarf. Während sein Auftreten als Verkäufer von der Arbeitszeit abhängt, die seine Ware zu ihrer Produktion erheischt, ist sein Auftreten als Käufer durch beständige Erneuerung der Lebensbedürfnisse bedingt. Um kaufen zu können, ohne zu verkaufen, muß er verkauft haben, ohne zu kaufen. In der Tat ist die Zirkulation W-G-W nur die prozessierende Einheit des Verkaufs und Kaufs, insofern sie zugleich der beständige Prozeß ihrer Trennung ist. Damit das Geld als Münze beständig fließt, muß die Münze beständig zu Geld gerinnen. Der beständige Umlauf der Münze ist bedingt durch ihre beständige Stockung in größern oder kleinem Portionen, in allseitig innerhalb der Zirkulation ebensowohl entspringenden als sie bedingenden Reservefonds von Münze, deren Bildung, Verteilung, Auflösung und Wiederbildung stets wechselt, deren Dasein beständig verschwindet, deren Verschwinden beständig da ist. Adam Smith hat diese unaufhörliche Verwandlung der Münze in Geld und des Geldes in Münze so ausgedrückt, daß jeder Warenbesitzer neben der besondern Ware, die er verkauft, eine gewisse Summe der allgemeinen Ware, womit er kauft, stets vorrätig haben müsse. Wir sahen, daß in der Zirkulation W-G W das zweite Glied G-W sich in eine Reihe Käufe zersplittert, die sich nicht auf einmal, sondern sukzessiv in der Zeit vollziehen, so daß eine Portion von G als Münze umläuft, während die andere als Geld ruht. Das Geld ist hier in der Tat nur *suspendierte Münze* und die einzelnen Bestandteile der umlaufenden Münzmasse erscheinen stets wechselnd, bald in der einen, bald in der andern Form. Diese erste Verwandlung des Zirkulationsmittels in Geld stellt daher ein nur technisches Moment des Geldumlaufs selbst dar.[89]

---

[89] Boisguillebert wittert in der ersten Immobilisierung des perpetuum mobile, d. h. der Verneinung seines funktionellen Daseins als Zirkulationsmittel, sofort seine Verselbständigung gegen die Waren. Das Geld, sagt er, soll sein „in einer beständigen Bewegung, was es nur sein kann, solange es beweglich ist, aber sobald es unbeweglich wird, ist alles verloren". („Le détail de la France", p. 213.) Was er übersieht, ist, daß dies Stillstehen Bedingung seiner Bewegung ist. Was er in der Tat will, ist, daß der Tauschwert der Waren als bloß verschwindende Form ihres

Die erste naturwüchsige Form des Reichtums ist die des Überflusses oder des Überschusses, der nicht als Gebrauchswert unmittelbar erheischte Teil der Produkte, oder auch der Besitz solcher Produkte, deren Gebrauchswert außerhalb des Kreises bloßer Bedürftigkeit fällt. Bei der Betrachtung des Übergangs von Ware zu Geld sahen wir, daß dieser Überfluß oder Überschuß der Produkte auf unentwickelter Produktionsstufe die eigentliche Sphäre des Warenaustausches bildet. Überflüssige Produkte werden austauschbare Produkte oder Waren. Die adäquate Existenzform dieses Überflusses ist Gold und Silber, die erste Form, worin der Reichtum als abstrakt gesellschaftlicher Reichtum festgehalten wird. Die Waren können nicht nur in der Form des Goldes oder Silbers, d. h. in dem Material des Geldes, aufbewahrt werden, sondern Gold und Silber sind Reichtum in präservierter Form. Jeder Gebrauchswert als solcher dient, indem er konsumiert, d. h. vernichtet wird. Der Gebrauchswert des Goldes als Geld aber ist, Träger des Tauschwerts zu sein, als formloser Rohstoff Materiatur der allgemeinen Arbeitszeit. Als formloses Metall besitzt der Tauschwert eine unvergängliche Form. Gold oder Silber so als Geld immobilisiert, ist *Schatz*. Bei Völkern von rein metallischer Zirkulation, wie bei den Alten, zeigt sich Schatzbildung als ein allseitiger Prozeß vom einzelnen bis zum Staat, der seinen Staatsschatz hütet. In den ältern Zeiten, in Asien und Ägypten, erscheinen diese Schätze in der Hut der Könige und der Priester mehr als Zeugen ihrer Macht. In Griechenland und Rom wird es Politik, Staatsschätze zu bilden, als die stets gesicherte und stets schlagfertige Form des Überflusses. Das schnelle Überführen solcher Schätze von einem Land in das andere durch Eroberer und ihre teilweise plötzliche Ausgießung in die Zirkulation bilden eine Eigentümlichkeit der antiken Ökonomie.

Als *vergegenständlichte Arbeitszeit* bürgt das Gold für seine eigene Wertgröße, und da es Materiatur der *allgemeinen* Arbeitszeit ist, bürgt ihm der Zirkulationsprozeß für seine stete Wirkung als Tauschwert. Durch die bloße Tatsache, daß der Warenbesitzer die Ware in ihrer Gestalt als Tauschwert oder den Tauschwert selbst als Ware festhalten kann, wird der Austausch der Waren, um sie in der verwandelten Gestalt des Goldes zurückzuerhalten, eigenes Motiv der Zirkulation. Die Metamorphose der Ware W-G findet statt um ihrer Metamorphose willen, um sie aus besonderm natürlichen Reichtum in allgemeinen gesellschaftlichen Reichtum zu verwandeln. Statt des Stoffwechsels wird der Formwechsel Selbstzweck. Aus der bloßen Form schlägt der Tauschwert um in den Inhalt der Bewegung. Als Reichtum, als Ware erhält sich die Ware nur, sofern sie sich innerhalb der Sphäre der Zirkulation erhält, und sie erhält sich nur in diesem flüssigen Zustand, soweit sie zu Silber und Gold verknöchert. Sie bleibt im Fluß als Kristall des Zirkulationsprozesses. Gold und Silber fixieren sich indes selber nur als Geld, sofern sie nicht Zirkulationsmittel sind. *Als Nicht-Zirkulationsmittel werden sie Geld.* Das Entziehen der Ware aus dar Zirkulation in der Form des

---

Stoffwechsels erscheine, aber nie sich als Selbstzweck befestige.

Goldes ist also das einzige Mittel, sie beständig innerhalb der Zirkulation zu halten.

Der Warenbesitzer kann von der Zirkulation nur als Geld zurückerhalten, was er ihr als Ware gibt. Beständiges Verkaufen, fortwährendes Werfen von Waren in Zirkulation, ist daher erste Bedingung der Schatzbildung vom Standpunkte der Warenzirkulation. Andrerseits verschwindet das Geld beständig als Zirkulationsmittel im Zirkulationsprozeß selbst, indem es sich stets in Gebrauchswerten verwirklicht und in vergängliche Genüsse auflöst. Es muß also dem verzehrenden Strom der Zirkulation entrissen, oder die Ware muß in ihrer ersten Metamorphose festgehalten werden, indem es verhindert wird, seine Funktion als Kaufmittel zu vollziehen. Der Warenbesitzer, der nun zum Schatzbildner geworden ist, muß möglichst viel verkaufen und möglichst wenig kaufen, wie schon der alte Cato lehrte: patrem familias vendacem, non emacem esse. Wie Arbeitsamkeit die positive, ist Sparsamkeit die negative Bedingung der Schatzbildung. Je weniger das Äquivalent der Ware in besondern Waren oder Gebrauchswerten der Zirkulation entzogen wird, um so mehr wird es ihr in der Form des Geldes oder Tauschwert entzogen.[90] Die Aneignung des Reichtums in seiner allgemeinen Form bedingt also die Entsagung auf den Reichtum in seiner stofflichen Wirklichkeit. Der lebendige Trieb der Schatzbildung ist daher der *Geiz*, für den nicht die Ware als Gebrauchswert, sondern der Tauschwert als Ware Bedürfnis ist. Um sich des Überflusses in seiner allgemeinen Form zu bemächtigen, müssen die besonderen Bedürfnisse als Luxus und Überfluß behandelt werden. So machten im Jahre 1593 die Cortes Philipp II. eine Vorstellung, worin es unter anderm heißt:

> „Die Cortes von Valladolid vom Jahre 1586 baten Ew. Maiestät, nicht ferner die Einfuhr in das Königreich zu erlauben von Kerzen, Glaswaren, Bijouterien, Messern und ähnlichen Dingen, die vom Ausland kommen, um diese dem menschlichen Leben so unnützen Dinge auszutauschen gegen Gold, als ob die Spanier *Indianer* wären."

Der Schatzbildner verachtet die weltlichen, zeitlichen und vergänglichen Genüsse, um dem ewigen Schatz nachzujagen, den weder die Motten noch der Rost fressen, der ganz himmlisch und ganz irdisch ist.

> „Die allgemeine entfernt Ursache unseres Mangels an Geld", sagt Misselden in der angeführten Schrift, „ist der große Exzeß dieses Königreichs im Konsum von Waren fremder Länder, die sich uns statt als commodities als discommodities erproben, indem sie uns von ebenso vielem Schatze abschneiden, der sonst

[90] „Je mehr der Vorrat von Waren wächst, um so mehr nimmt der als Schatz (in treasure) existierende ab." E. Misselden, l.c. p. 23.

an die Stelle dieser Spielsachen (toys) importiert würde. Wir konsumieren unter uns einen viel zu großen Überfluß an Weinen von Spanien, Frankreich, Rheinland, Levante; die Rosinen von Spanien, die Korinthen der Levante, die Lawns (Sorte feiner Leinwand) und Cambrics (Batiste) von Hainaut, die Seidenzeuge von Italien, Zucker und Tabak von Westindien, die Gewürze von Ostindien, alles das ist kein *absolutes Bedürfnis* für uns, und dennoch werden diese Dinge gekauft mit hartem Gold." [91]

Als Gold und Silber ist der Reichtum unvergänglich, sowohl weil der Tauschwert in unverwüstlichem Metall existiert, als namentlich weil das Gold und Silber verhindert wird, als Zirkulationsmittel zur nur verschwindenden Geldform der Ware zu werden. Der vergängliche Gehalt wird so der unvergänglichen Form geopfert.

„Wird das Geld durch die Steuer von einem genommen, der es verißt und vertrinkt und einem gegeben, der es in Verbesserung des Landes, Fischfang, Minenwerken, Manufakturen oder selbst in Kleidern verwendet, so ist immer ein Vorteil für das Gemeinwesen vorhanden, denn selbst Kleider sind nicht so vergänglich als Mahlzeiten und Getränke. Wird es in Hausmöbeln verwandt, so ist der Vorteil um so größer, im Bauen von Häusern noch größer usw., am größten von allem, wenn Gold und Silber in das Land gebracht wird, weil diese Dinge allein nicht vergänglich sind, sondern zu allen Zeiten und allen Orten als Reichtum geschätzt werden; alles andere ist nur Reichtum pro hic et nunc."[92]

Das Entreißen des Geldes aus dem Strom der Zirkulation und Retten vor dem gesellschaftlichen Stoffwechsel zeigt sich auch äußerlich im *Vergraben*, so daß der gesellschaftliche Reichtum als unterirdischer unvergänglicher Schatz in ein ganz heimliches Privatverhältnis zum Warenbesitzer gebracht wird. Doktor Bernier, der sich eine Zeitlang zu Delhi am Hofe Aurangzebs aufhielt, erzählt, wie die Kaufleute ihr Geld heimlich und tief vergraben, besonders aber die nichtmohammedanischen Heiden, die fast allen Handel und alles Geld in der Hand haben,

„befangen wie sie sind im Glauben, daß das Gold und Silber, welches sie während ihres Lebens verbergen, ihnen nach dem Tode in der andern Welt dienen wird"[93].

Der Schatzbildner ist übrigens, soweit sein Asketismus mit tatkräftiger Arbeitsamkeit verbunden ist, von Religion wesentlich Protestant und noch mehr Puritaner.

---

[91] l.c. p. 11-13 passim.

[92] Petty, „Political Arithmetic" l.c. p. 196.

[93] François Bernier, „Voyages contenant la description des états du Grand Mogol", Pariser Ausgabe 1830, t. 1. conf. p. 312-314

„Das kann man nicht leugnen, daß Kaufen und Verkaufen ein nötig Ding ist, das man nicht entbehren, und wohl christlich brauchen kann, sonderlich in Dingen, die zur Not und Ehre dienen, denn also haben auch die Patriarchen verkauft und gekauft, Vieh, Wolle, Getreide, Butter, Milch und andere Güter. Es sind Gottesgaben, die er aus der Erde gibt und unter die Menschen teilt. Aber der ausländische Kaufhandel, der aus Kalikat und Indien und dergleichen War herbringt, als solch köstlich Seiden und Goldwerk und Würze, die nur zur Pracht und keinem Nutzen dient, und Land und Leuten das Geld aussaugt, sollte nicht zugelassen werden, so wir ein Regiment und Fürsten hätten. Doch hievon will ich jetzt nicht schreiben; denn ich achte, es werde zuletzt, wenn wir nicht mehr Geld haben, von ihm selbst ablassen müssen, wie auch der Schmuck und Fraß: es will doch sonst kein Schreiben und Lehren helfen, bis uns die Not und Armut zwingt."[94]

In Zeiten der Erschütterung des gesellschaftlichen Stoffwechsels findet selbst in der entwickelten bürgerlichen Gesellschaft das Vergraben des Geldes als Schatz statt. Der gesellschaftliche Zusammenhang in seiner kompakten Form – für den Warenbesitzer besteht dieser Zusammenhang in der Ware und das adäquate Dasein der Ware ist Geld – wird gerettet vor der gesellschaftlichen Bewegung. Der gesellschaftliche nervus rerum wird bestattet neben dem Körper, dessen Nerv er ist.

Der Schatz wäre nun bloß nutzloses Metall, seine Geldseele wäre aus ihm entflohen und er bliebe als ausgebrannte Asche der Zirkulation, als ihr caput

---

94 Doktor Martin Luther, „Bücher vom Kaufhandel und Wucher", 1524. An derselben Stelle sagt Luther: „Gott hat uns Deutsche dahin geschleudert, daß wir unser Gold und Silber müssen in fremde Länder stoßen, alle Welt reich machen und selbst Bettler bleiben. England sollte wohl weniger Goldes haben, wenn Deutschland ihm sein Tuch ließe, und der König von Portugal sollte auch weniger haben, wenn wir ihm seine Würze ließen. Rechne Du, wie viel Geldes eine Messe zu Frankfurt aus deutschen Landen geführt wird, ohne Not und Ursache: so wirst Du Dich wundern, wie es zugehe, daß noch ein Heller in deutschen Landen sei. Frankfurt ist das Silber- und Goldloch, dadurch aus deutschem Lande fließt, was nur quillet und wächst, gemünzt oder geschlagen wird bei uns: wäre das Loch zugestopft, so dürft man itz der Klage nicht hören, wie allenthalben eitel Schuld und kein Geld, alle Land und Städte ausgewuchert sind. Aber laß gehen, es will doch also gehen: wir Deutsche müssen Deutsche bleiben! wir lassen nicht ab, wir müssen denn."

Misselden in der oben angeführten Schrift will das Gold und Silber wenigstens im Kreis der Christenheit halten: „Das Geld wird vermindert durch den Handel jenseits der Christenheit mit der Türkei, Persien und Ostindien. Diese Handelszweige werden größtenteils mit barem Geld geführt, jedoch ganz anders wie die Handelszweige der Christenheit in sich selbst. Denn obgleich der Handel innerhalb der Christenheit mit barem Geld getrieben wird, ist doch das Geld fortwährend eingeschossen innerhalb seiner Grenzen. Da ist in der Tat Strömung und Gegenströmung, Flut und Ebbe des Geldes in dem innerhalb der Christenheit geführten Handel, denn manchmal ist es reichlicher an einem Teil, mangelnder an einem andern, je nachdem ein Land Mangel hat und ein anderes Überfluß: es kommt und geht und wirbelt im Kreis der Christenheit, aber bleibt stets von seiner Linie umfangen. Aber das Geld, womit außerhalb der Christenheit in die oben angegebenen Länder hinausgehandelt wird, ist beständig ausgegeben und kehrt nie zurück."

mortuum zurück, stünde er nicht in beständiger Spannung zu ihr. Geld oder verselbständigter Tauschwert ist seiner Qualität nach Dasein des abstrakten Reichtums, andererseits aber ist jede gegebene Geldsumme quantitativ begrenzte Wertgröße. Die quantitative Grenze des Tauschwerts widerspricht seiner qualitativen Allgemeinheit, und der Schatzbildner empfindet die Grenze als Schranke, die in der Tat zugleich in qualitative Schranken umschlägt, oder den Schatz zum bloß beschränkten Repräsentanten des stofflichen Reichtums macht. Geld, als das allgemeine Äquivalent, stellt sich, wie wir sahen, unmittelbar dar in einer Gleichung, worin es selbst die eine Seite, die unendliche Reihe der Waren aber die andere Seite bildet. Von der Größe des Tauschwerts hängt es ab, wieweit es sich annähernd als solche unendliche Reihe realisiert, d. h. seinem Begriff als Tauschwert entspricht. Die Bewegung des Tauschwerts als Tauschwert, als Automat, kann überhaupt nur die sein, über seine quantitative Grenze hinauszugehen. Indem aber eine quantitative Grenze des Schatzes überschritten wird, wird eine neue Schranke geschaffen, die wieder aufgehoben wurden muß. Es ist nicht eine bestimmte Grenze des Schatzes, die als Schranke erscheint, sondern jede Grenze desselben. Die Schatzbildung hat also keine immanente Grenze, kein Maß in sich, sondern ist ein endloser Prozeß, der in seinem jedesmaligen Resultat ein Motiv seines Anfangs findet. Wenn der Schatz nur vermehrt wird, indem er konserviert wird, so wird er aber auch nur konserviert, indem er vermehrt wird.

Das Geld ist nicht nur *ein* Gegenstand der Bereicherungssucht, es ist *der* Gegenstand derselben. Sie ist wesentlich auri sacra fames. Die Bereicherungssucht im Unterschied von der Sucht nach besonderm natürlichen Reichtum oder Gebrauchswerten, wie Kleider, Schmuck, Herden usw., ist nur möglich, sobald der allgemeine Reichtum als solcher in einem besondern Ding individualisiert ist und daher als einzelne Ware festgehalten werden kann. Das Geld erscheint also ebensosehr als Gegenstand wie Quelle der Bereicherungssucht.[95] Was in der Tat zugrunde liegt, ist, daß der Tauschwert als solcher und damit seine Vermehrung zum Zweck wird. Der Geiz hält den Schatz fest, indem er dem Geld nicht erlaubt, Zirkulationsmittel zu werden, aber die Goldgier erhält seine Geldseele, seine beständige Spannung gegen die Zirkulation.

Die Tätigkeit nun, wodurch der Schatz gebildet wird, ist einerseits Entziehen des Geldes aus der Zirkulation durch beständig wiederholten Verkauf, andrerseits einfaches Aufspeichern, *Akkumulieren.* Es ist in der Tat nur in der Sphäre der einfachen Zirkulation, und zwar in der Form der Schatzbildung, daß die Akkumulation des Reichtums als solche stattfindet, während, wie wir später sehen werden, die andern sog. Formen der Akkumulation nur mißbräuchlich,

---

[95] „Im Geld liegt der Ursprung des Geizes ... allmählich entbrennt hier eine Art Tollheit, schon nicht mehr Geiz, sondern Goldgier." (Plinius, „Historia naturalis", L. XXXIII, C. III, Sect. 14.)

nur durch Erinnerung an die einfache Geldakkumulation, als Akkumulation gelten. Alle andern Waren werden aufgehäuft entweder als Gebrauchswerte, und dann ist die Art ihrer Aufhäufung bestimmt durch die Besonderheit ihres Gebrauchswerts. Aufhäufen von Getreide z. B. erfordert besondre Vorrichtungen. Schafe aufhäufen macht mich zum Hirten, Sklaven und Land aufhäufen macht Herrschafts- und Knechtschaftsverhältnisse nötig usw. Die Vorratbildung des besondern Reichtums erfordert besondere Prozesse, unterschieden vom einfachen Akt des Aufhäufens selbst, und entwickelt besondre Seiten der Individualität. Oder der Reichtum in der Form von Waren wird als Tauschwert aufgehäuft, und dann erscheint die Aufhäufung als eine kaufmännische oder spezifisch ökonomische Operation. Das Subjekt derselben wird Kornhändler, Viehhändler usw. Gold und Silber sind Geld nicht durch irgendeine Tätigkeit des Individuums, das sie aufhäuft, sondern als Kristalle des ohne sein Zutun vor sich gehenden Zirkulationsprozesses. Er hat nichts zu tun, als sie beiseite zu schaffen und Gewicht zu Gewicht zu häufen, eine ganz inhaltslose Tätigkeit, die auf alle anderen Waren angewandt, sie entwerten würde.[96]

Unser Schatzbildner erscheint als Märtyrer des Tauschwerts, heiliger Asket auf dem Gipfel der Metallsäule. Es ist ihm nur um den Reichtum in seiner gesellschaftlichen Form zu tun, und darum vergräbt er ihn vor der Gesellschaft. Er verlangt die Ware in ihrer stets zirkulationsfähigen Form, und darum entzieht er sie der Zirkulation. Er schwärmt für den Tauschwert, und darum tauscht er nicht aus. Die flüssige Form des Reichtums und sein Petrefakt, Elixier des Lebens und Stein der Weisen, spuken alchimistisch toll durcheinander. In seiner eingebildeten schrankenlosen Genußsucht entsagt er allem Genusse. Weil er alle gesellschaftlichen Bedürfnisse befriedigen will, befriedigt er kaum die natürliche Notdurft. Indem er den Reichtum in seiner metallischen Leiblichkeit festhält, verdunstet er ihn zum bloßen Hirngespinst. In der Tat aber ist das Aufhäufen

---

[96] Horaz versteht also nichts von der Philosophie der Schatzbildung, wenn er sagt („Satiren", L. II, Satire III):

„Kaufte sich jemand Lauten und häufte den Kram aufeinander,
Während er weder der Laute noch einer der Musen sich hingab.
Ahlen und Leist, wer nicht Schuhmacher, und Segel zur Schiffahrt,
Wer nicht hold dem Verkehr zur See: Wahnwitzig und hirnlos
Nennte mit Recht ihn jeder. In was ist von diesen verschieden,
Wer sein Silber und Gold einscharrt, nicht weiß zu gebrauchen,
Und das Gesammelte nicht, gleich Heiligem, wagt zu berühren?"

Herr Senior versteht die Sache besser: „Das Geld scheint das einzige Ding zu sein, nach dem das Verlangen allgemein ist, und zwar deshalb, weil das Geld ein *abstrakter Reichtum* ist und weil die Menschen, wenn sie es besitzen, alle ihre Bedürfnisse befriedigen können, welcher Art sie auch seien." („Principes fondamentaux de l'économie politique, traduit par le Comte Jean Arrivabene", Paris 1836, p. 221) Oder Storch: „Da das Geld alle andern Reichtümer repräsentiert, hat man es nur aufzuhäufen, um sich alle in der Welt existierenden Arten von Reichtum zu verschaffen." (l.c. t. II, p. 135.)

des Geldes um des Geldes willen die barbarische Form der Produktion um der Produktion willen, d. h. Entwicklung der Produktivkräfte der gesellschaftlichen Arbeit hinaus über die Schranken herkömmlicher Bedürfnisse. Je unentwickelter die Warenproduktion, um so wichtiger ist die erste Verselbständigung des Tauschwerts als Geld, die Schatzbildung, die daher eine große Rolle spielt bei den alten Völkern, in Asien bis auf die heutige Stunde, und bei den modernen Bauernvölkern, wo der Tauschwert noch nicht alle Produktionsverhältnisse ergriffen hat. Die spezifisch ökonomische Funktion der Schatzbildung innerhalb der metallischen Zirkulation selbst werden wir sogleich betrachten, erwähnen aber noch vorher eine andre Form der Schatzbildung.

Ganz abgesehn von ihren ästhetischen Eigenschaften sind silberne und goldne Waren, sofern das Material, woraus sie bestehen, Material des Geldes ist, umwandelbar in Geld, wie Goldgeld oder Goldbarren in sie umwandelbar sind. Weil Gold und Silber das Material des abstrakten Reichtums sind, besteht die größte Schaustellung des Reichtums in ihrer Benutzung als konkrete Gebrauchswerte, und wenn der Warenbesitzer auf gewissen Stufen der Produktion seinen Schatz verbirgt, treibt es ihn überall, wo es mit Sicherheit geschehn kann, als rico hombre den andern Warenbesitzern zu erscheinen. Er vergoldet sich und sein Haus.[97] In Asien, namentlich in Indien, wo die Schatzbildung nicht wie in der bürgerlichen Ökonomie als eine untergeordnete Funktion des Mechanismus der Gesamtproduktion erscheint, sondern der Reichtum in dieser Form als letzter Zweck festgehalten wird, sind Gold und Silberwaren eigentlich nur ästhetische Form der Schätze. Im mittelaltrigen England waren Gold- und Silberwaren, da ihr Wert nur wenig durch die zugefügte rohe Arbeit vermehrt wurde, gesetzlich als bloße Form des Schatzes betrachtet. Ihr Zweck war, wieder in Zirkulation geworfen zu werden und ihre Feinheit daher ganz ebenso vorgeschrieben, wie die der Münze selbst. Der wachsende Gebrauch von Gold und Silber als Luxusgegenstände mit wachsendem Reichtum ist eine so einfache Sache, daß sie den Alten völlig klar war[98], während die modernen Ökonomen den falschen Satz aufgestellt haben, daß der Gebrauch silberner und goldner Waren nicht zunehme im Verhältnis zum Steigen des Reichtums, sondern nur im Verhältnis zum Wertfall der edeln Metalle. Ihre sonst genauen Nachweisungen über die Verwendung des kalifornischen und australischen Goldes zeigen daher stets einen Ausfall, weil der gestiegne Konsum des Goldes als Rohmaterial in ihrer Einbildung nicht gerechtfertigt ist durch entsprechenden Fall in seinem Wert.

---

[97] Wie sehr der inner man des Warenindividuums unverändert bleibt, auch wo es sich zivilisiert und zum Kapitalisten entwickelt hat, beweist z. B. der Londoner Repräsentant eines kosmopolitischen Bankierhauses, der als passendes Familienwappen eine Banknote von 100.000 Pfd. St. in Glas und Rahmen hängen hat. Die Pointe ist hier das spöttisch vornehme Herabsehen der Note auf die Zirkulation.

[98] Siehe die später zitierte Stelle von Xenophon.

Von 1810 bis 1830, infolge des Kampfs der amerikanischen Kolonien mit Spanien und der Unterbrechung der Minenarbeit durch Revolutionen, hatte die jährliche Durchschnittsproduktion der edeln Metalle um mehr als die Hälfte abgenommen. Die Abnahme der in Europa zirkulierenden Münze betrug beinahe $^1/_6$, 1829 verglichen mit 1809. Obgleich also die Quantität der Produktion abgenommen hatte und die Produktionskosten gestiegen, wenn überhaupt verändert waren, nahm nichtsdestoweniger der Konsum der edeln Metalle als Luxusgegenstände außerordentlich zu, in England schon während des Krieges, auf dem Kontinent seit dem Pariser Frieden. Er stieg mit dem Wachstum des allgemeinen Reichtums.[99] Als allgemeines Gesetz kann aufgestellt werden, daß die Umwandlung von Gold- und Silbergeld in Luxusgegenstände während des Friedens, ihre Rückverwandlung in Barren oder auch Münze aber nur in sturmvollen Zuständen vorwiegt.[100] Wie bedeutend das Verhältnis des in der Form von Luxusware existierenden Gold- und Silberschatzes zu dem als Geld dienenden edeln Metall ist mag daraus ersehn werden, daß 1829 das Verhältnis nach Jacob in England wie 2 zu 1 war, in ganz Europa und Amerika aber $^1/_4$ mehr edles Metall in Luxusgegenständen als in Geld existierte.

Wir sahen, daß der Geldumlauf bloß die Erscheinung der Metamorphose der Waren ist oder des Formwechsels, worin sich der gesellschaftliche Stoffwechsel vollzieht. Mit der wechselnden Preissumme der zirkulierenden Waren oder dem Umfang ihrer gleichzeitigen Metamorphosen einerseits, mit der jedesmaligen Geschwindigkeit ihres Formwechsels andrerseits, mußte daher die Gesamtquantität des zirkulierenden Goldes beständig expandieren oder kontrahieren, was nur möglich unter der Bedingung, daß die Gesamtquantität des in einem Lande befindlichen Geldes fortwährend in wechselndem Verhältnis steht zur Quantität des in Zirkulation befindlichen Geldes. Diese Bedingung wird durch die Schatzbildung erfüllt. Fallen die Preise oder steigt die Zirkulationsgeschwindigkeit, so absorbieren die Schatzreservoirs den aus der Zirkulation abgesonderten Teil des Geldes; steigen die Preise oder fällt die Zirkulationsgeschwindigkeit, so öffnen sich die Schätze und strömen teilweise in die Zirkulation zurück. Die Erstarrung des zirkulierenden Geldes in Schatz und das Ergießen der Schätze in die Zirkulation ist beständig wechselnde oszillatorische Bewegung, worin das Vorwiegen der einen oder der andern Richtung ausschließlich durch die Schwankungen der Warenzirkulation bestimmt ist. Die Schätze erscheinen so als Zufuhr- und Abzugskanäle des zirkulierenden Geldes, so daß immer nur das durch die unmittelbaren Bedürfnisse der Zirkulation selbst bedingte Quantum Geld als Münze zirkuliert. Dehnt sich der Umfang der Gesamtzirkulation plötzlich aus und wiegt

99 Jacob, l.c. t. II, ch. 25 und 26.

100 „In Zeiten großer Erregung und Unsicherheit, besonders während innerer Aufstände oder Invasionen, werden Gold- und Silbergegenstände schnell in Geld verwandelt, in Perioden der Ruhe und des Wohlstandes hingegen wird Geld in Silbergeschirr und Schmuckgegenstände verwandelt“ (l.c. t. II. p 357)

die flüssige Einheit von Verkauf und Kauf vor, so daß aber die Gesamtsumme der zu realisierenden Preise noch rascher wächst als die Geschwindigkeit des Geldumlaufs, so entleeren sich die Schätze zusehends; sobald die Gesamtbewegung ungewöhnlich stockt oder die Trennung von Verkauf und Kauf sich befestigt, erstarrt das Zirkulationsmittel in auffallenden Proportionen zu Geld und füllen sich die Schatzreservoirs weit über ihr Durchschnittsniveau. In Ländern rein metallischer Zirkulation oder unentwickelter Produktionsstufe sind die Schätze unendlich zersplittert und zerstreut über die ganze Oberfläche des Landes, während sie in bürgerlich entwickelten Ländern in den Bankreservoirs konzentriert werden. Der Schatz ist nicht zu verwechseln mit der Münzreserve, die selbst einen Bestandteil der stets in Zirkulation befindlichen Gesamtquantität Geld bildet, während das aktive Verhältnis von Schatz und Zirkulationsmittel das Sinken oder Steigen jener Gesamtquantität unterstellt. Gold- und Silberwaren bilden, wie wir gesehn, ebenfalls sowohl einen Abzugskanal der edlen Metalle, wie latente Zufuhrquelle. In gewöhnlichen Zeiten ist nur ihre erstere Funktion wichtig für die Ökonomie der metallischen Zirkulation.[101]

b) Zahlungsmittel

Die beiden Formen, worin Geld sich bisher vom Zirkulationsmittel unterschied, waren die der *suspendierten Münze* und des *Schatzes*. Die erste Form reflektierte in der vorübergehenden Verwandlung der Münze in Geld, daß das zweite Glied von W-G-W der Kauf G-W, sich innerhalb einer bestimmten Zirkulationssphäre zersplittern muß in eine Reihe sukzessiver Käufe. Die Schatzbildung aber beruhte einfach auf Isolierung des Akts W-G, der nicht zu G-W fortging, oder war nur

---

[101] In der folgenden Stelle entwickelt *Xenophon* Geld in seiner spezifischen Formbestimmtheit als Geld und Schatz: „In diesem einzigen Gewerbe von allen, die ich kenne, erregt niemand der andern damit Beschäftigten Neid ... Denn je reicher die Silberbergwerke erscheinen, und je mehr Silber gefördert wird, desto mehr Leute ziehen sie zu dieser Arbeit heran. Wenn man für die Wirtschaft genügend Hausgerät erworben hat, wird man wenig mehr kaufen; Silber jedoch besitzt niemand so viel, daß er nicht noch mehr zu haben wünscht, und wenn es bei jemand in Fülle, dann vergräbt er das Überflüssige und freut sich daran nicht weniger, als wenn er es gebrauchte. Wenn nämlich die Städte aufblühn, dann brauchen die Leute das Silber besonders. Denn die Männer wollen außer schönen Waffen auch gute Pferde, prächtige Häuser und Einrichtungen kaufen, die Frauen aber begehren allerlei Gewänder und goldenen Schmuck. Wenn aber die Städte Not leiden durch Mißernte oder Krieg, dann braucht man Geld infolge Unfruchtbarkeit des Bodens zum Kauf von Lebensmitteln oder zur Anwerbung von Hilfstruppen." (Xenophon, „De Vectigalibus". C. IV.) Aristoteles in C. 9, L. I der „Republik" entwickelt die beiden Bewegungen der Zirkulation W-G-W und G-W-G in ihrem Gegensatz unter dem Namen der „Ökonomik" und „Chrematistik". Beide Formen werden von den griechischen Tragikern, namentlich von Euripides, gegenübergestellt als δίκη (Recht) und κέρδος (Eigennutz).

selbständige Entwicklung der ersten Metamorphose der Ware, das Geld, entwickelt als das entäußerte Dasein aller Waren im Gegensatz zum Zirkulationsmittel als dem Dasein der Ware in ihrer sich stets veräußernden Form. Münzreserve und Schatz waren nur Geld als Nichtzirkulationsmittel, Nichtzirkulationsmittel aber nur, weil sie nicht zirkulierten. In der Bestimmung, worin wir das Geld jetzt betrachten, zirkuliert es oder tritt in die Zirkulation, aber nicht in der Funktion des Zirkulationsmittels. Als Zirkulationsmittel war das Geld stets Kaufmittel, jetzt wirkt es als Nichtkaufmittel.

Sobald das Geld durch die Schatzbildung als Dasein des abstrakten gesellschaftlichen Reichtums und materieller Repräsentant des stofflichen Reichtums entwickelt ist, erhält es in dieser seiner Bestimmtheit als Geld eigentümliche Funktionen innerhalb des Zirkulationsprozesses. Zirkuliert das Geld als bloßes Zirkulationsmittel und darum als Kaufmittel, so ist unterstellt, daß Ware und Geld sich gleichzeitig gegenüberstehen, also dieselbe Wertgröße doppelt vorhanden ist, auf dem einen Pol als Ware in der Hand des Verkäufers, auf dem andern Pol als Geld in der Hand des Käufers. Diese gleichzeitige Existenz der beiden Äquivalente auf entgegengesetzten Polen und ihr gleichzeitiger Stellenwechsel oder ihre wechselseitige Entäußerung unterstellt ihrerseits, daß Verkäufer und Käufer sich nur als Besitzer vorhandener Äquivalente aufeinander beziehn. Indes der Prozeß der Metamorphose der Waren, der die verschiedenen Formbestimmtheiten des Geldes erzeugt, metamorphosiert auch die Warenbesitzer oder verändert die gesellschaftlichen Charaktere, worin sie einander erscheinen. In dem Prozeß der Metamorphose der Ware wechselt der Warenhüter ebensooft die Haut als die Ware wandelt oder das Geld in neuen Formen anschießt. So standen sich die Warenbesitzer ursprünglich nur als Warenbesitzer gegenüber, wurden dann der eine Verkäufer, der andre Käufer, dann jeder abwechselnd Käufer und Verkäufer, dann Schatzbildner, endlich reiche Leute. So kommen die Warenbesitzer nicht aus dem Zirkulationsprozeß heraus, wie sie in ihn eingetreten sind. In der Tat sind die verschiedenen Formbestimmtheiten, die das Geld im Zirkulationsprozeß erhält, nur kristallisierter Formwechsel der Waren selbst, der seinerseits nur gegenständlicher Ausdruck der wandelnden gesellschaftlichen Beziehungen ist, worin die Warenbesitzer ihren Stoffwechsel vollziehn. Im Zirkulationsprozeß entspringen neue Verkehrsverhältnisse, und als Träger dieser veränderten Verhältnisse erhalten die Warenbesitzer neue ökonomische Charaktere. Wie innerhalb der innern Zirkulation das Geld sich idealisiert und bloßes Papier als Repräsentant des Goldes die Funktion des Geldes verrichtet, so gibt derselbe Prozeß dem Käufer oder Verkäufer, der als bloßer Repräsentant von Geld oder Ware in ihn eintritt, d. h. zukünftiges Geld oder zukünftige Ware repräsentiert, die Wirksamkeit des wirklichen Verkäufers oder Käufers.

Alle Formbestimmtheiten, wozu sich Gold als Geld entwickelt, sind nur Entfaltung der in der Metamorphose der Waren eingeschlossenen Bestimmungen, die aber in dem einfachen Geldumlauf, der Erscheinung des Gelds als Münze oder der Bewegung W-G-W als prozessierender Einheit, nicht zu selbständiger Gestalt ausgeschieden wurden, oder auch, wie z. B. die Abbrechung der Metamorphose der Ware, als bloße Möglichkeiten erschienen. Wir sahen, daß im Prozeß W-G die Ware als wirklicher Gebrauchswert und ideeller Tauschwert sich auf das Geld als wirklichen Tauschwert und nur ideellen Gebrauchswert bezog. Indem der Verkäufer die Ware als Gebrauchswert veräußerte, realisierte er ihren eigenen Tauschwert und den Gebrauchswert des Geldes. Umgekehrt, indem der Käufer das Geld als Tauschwert veräußerte, realisierte er seinen Gebrauchswert und den Preis der Ware. Es fand dementsprechend Stellenwechsel von Ware und Geld statt. Der lebendige Prozeß dieses doppelseitig polarischen Gegensatzes wird nun wieder in seiner Verwirklichung gespalten. Der Verkäufer veräußert die Ware wirklich und realisiert ihren Preis zunächst selbst nur wieder ideell. Er hat sie zu ihrem Preis verkauft, der aber erst in einer später festgesetzten Zeit realisiert wird. Der Käufer kauft als Repräsentant von künftigem Geld, während der Verkäufer als der Besitzer von gegenwärtiger Ware verkauft. Auf der Seite des Verkäufers wird die Ware als Gebrauchswert wirklich veräußert, ohne daß sie als Preis wirklich realisiert wäre, auf der Seite des Käufers wird das Geld wirklich im Gebrauchswerte der Ware realisiert, ohne daß es als Tauschwert wirklich veräußert wäre. Statt daß früher das Wertzeichen, vertritt hier der Käufer selbst symbolisch das Geld. Wie aber früher die allgemeine Symbolik des Wertzeichens die Garantie und den Zwangskurs des Staates, ruft jetzt die persönliche Symbolik des Käufers gesetzlich erzwingbare Privatkontrakte unter den Warenbesitzern hervor.

Umgekehrt kann im Prozeß G-W das Geld als wirkliches Kaufmittel entäußert und der Preis der Ware so realisiert werden, ehe der Gebrauchswert des Geldes realisiert oder die Ware veräußert wird. Dies findet z. B. statt in der alltäglichen Form der Pränumeration. Oder in der Form, worin die englische Regierung das Opium der Ryots in Indien, oder in Rußland ansässige fremde Kaufleute großenteils russische Landeserzeugnisse kaufen. So wirkt jedoch das Geld nur in der schon bekannten Form des Kaufmittels und erhält daher keine neue Formbestimmtheit.[102] Wir verweilen daher nicht bei dem letztem Fall, bemerken jedoch mit Bezug auf die verwandelte Gestalt, worin beide Prozesse G-W und W-G hier auftreten, daß der bloß gemeinte Unterschied von Kauf und Verkauf, wie er unmittelbar in der Zirkulation erscheint, jetzt zum wirklichen Unterschied wird, indem in der einen Form nur die Ware, in der andern nur das Geld vorhanden ist, in beiden aber nur das Extrem, von dem die Initiative ausgeht. Zudem haben beide Formen gemein, daß in beiden das eine Äquivalent nur in dem

[102] Kapital wird natürlich auch in der Form des Geldes avanciert und das vorgeschoßne Geld mag vorgeschoßnes Kapital sein, dieser Gesichtspunkt fällt aber nicht in den Horizont der einfachen Zirkulation.

gemeinsamen Willen des Käufers und Verkäufers vorhanden ist, ein Wille, der beide bindet und bestimmte gesetzliche Formen erhält.

Verkäufer und Käufer werden Gläubiger und Schuldner. Wenn der Warenbesitzer als Hüter des Schatzes eher eine komische Figur spielte, wird er nun schrecklich, indem er nicht sich selbst, sondern seinen Nächsten als Dasein einer bestimmten Geldsumme auffaßt und nicht sich, sondern ihn zum Märtyrer des Tauschwerts macht. Aus einem Gläubigen wird er zum Gläubiger, aus der Religion fällt er in die Jurisprudenz.

„I stay here on my bond!"

In der veränderten Form W-G also, worin die Ware vorhanden und das Geld nur repräsentiert ist, funktioniert das Geld zunächst als Maß der Werte. Der Tauschwert der Ware wird in Geld als seinem Maß geschätzt, aber als kontraktlich gemeßner Tauschwert existiert der Preis nicht nur im Kopf des Verkäufers, sondern zugleich als Maß der Verpflichtung des Käufers. Zweitens funktioniert das Geld hier als Kaufmittel, obgleich es nur den Schatten seines künftigen Daseins vor sich herwirft. Es zieht nämlich die Ware aus ihrer Stelle, aus der Hand des Verkäufers in die des Käufers. Wird der Termin für Erfüllung des Kontrakts fällig, so tritt das Geld in Zirkulation, denn es wechselt die Stelle und geht aus der Hand des vergangnen Käufers in die des vergangnen Verkäufers über. Aber es tritt nicht in Zirkulation als Zirkulationsmittel oder Kaufmittel. Als solches funktionierte es, ehe es da war, und es erscheint, nachdem es aufgehört hat, als solches zu funktionieren. Es tritt vielmehr in Zirkulation als das einzige adäquate Äquivalent für Ware, als absolutes Dasein des Tauschwerts, als letztes Wort des Austauschprozesses, kurz als Geld, und zwar als Geld in der bestimmten Funktion als *allgemeines Zahlungsmittel*. In dieser Funktion als Zahlungsmittel erscheint das Geld als die absolute Ware, aber innerhalb der Zirkulation selbst, nicht wie der Schatz außerhalb derselben. Der Unterschied von Kaufmittel und Zahlungsmittel macht sich sehr unangenehm bemerkbar in den Epochen der Handelskrisen.[103]

Ursprünglich erscheint in der Zirkulation die Verwandlung des Produkts in Geld nur als individuelle Notwendigkeit für den Warenbesitzer, sofern sein Produkt Gebrauchswert nicht für ihn ist, sondern es erst durch seine Entäußerung werden soll. Um aber zu zahlen am kontraktlichen Termin, muß er vorher Ware verkauft haben. Ganz unabhängig von seinen individuellen Bedürfnissen ist daher der Verkauf durch die Bewegung des Zirkulationsprozesses in eine gesellschaftliche Notwendigkeit für ihn verwandelt. Als vergangner Käufer einer Ware wird er zwangsweise Verkäufer einer andern Ware, nicht um das Geld als Kaufmittel, sondern um es als Zahlungsmittel zu erhalten, als die absolute Form

[103] Unterschied von Kaufmittel und Zahlungsmittel bei Luther betont. [*Note im Handexemplar.*]

des Tauschwerts. Die Verwandlung von Ware in Geld als abschließender Akt, oder die erste Metamorphose der Ware als Selbstzweck, die in der Schatzbildung Laune des Warenbesitzers schien, ist jetzt zu einer ökonomischen Funktion geworden. Das Motiv und der Inhalt des Verkaufs, um zu zahlen, ist aus der Form des Zirkulationsprozesses selbst entspringender Inhalt desselben.

In dieser Form des Verkaufs vollzieht die Ware ihren Stellenwechsel, zirkuliert, während sie ihre erste Metamorphose, ihre Verwandlung in Geld aufschiebt. Auf der Seite des Käufers dagegen wird die zweite Metamorphose vollzogen, d. h. Geld in Ware rückverwandelt, ehe die erste Metamorphose vollzogen ist, d. h. Ware in Geld verwandelt worden ist. Die erste Metamorphose erscheint also hier in der Zeit nach der zweiten. Und damit erhält das Geld, die Gestalt der Ware in ihrer ersten Metamorphose, neue Formbestimmtheit. Geld oder die selbständige Entwicklung des Tauschwerts ist nicht mehr vermittelnde Form der Warenzirkulation, sondern ihr abschließendes Resultat.

Daß solche *Zeitverkäufe*, worin beide Pole des Verkaufs getrennt in der Zeit existieren, naturwüchsig aus der einfachen Warenzirkulation hervorgehn, bedarf keines ausführlichen Beweises. Zunächst bringt es die Entwicklung der Zirkulation mit sich, daß das wechselseitige Auftreten derselben Warenbesitzer füreinander als Verkäufer und Käufer sich wiederholt. Die wiederholte Erscheinung bleibt nicht bloß zufällig, sondern Ware wird z. B. bestellt für einen künftigen Termin, an welchem sie geliefert und bezahlt werden soll. In diesem Fall ist der Verkauf ideell, d. h. hier juristisch vollzogen, ohne daß Ware und Geld leiblich erscheinen. Beide Formen des Geldes als Zirkulationsmittel und Zahlungsmittel fallen hier noch zusammen, indem einmal Ware und Geld gleichzeitig die Stelle wechseln, andrerseits das Geld nicht die Ware kauft, sondern den Preis der früher verkauften Ware realisiert. Ferner bringt es die Natur einer Reihe von Gebrauchswerten mit sich, daß sie nicht mit tatsächlicher Überlieferung der Ware, sondern nur durch Überlassung derselben für eine bestimmte Zeit wirklich veräußert werden. Z. B. wenn der Gebrauch eines Hauses verkauft wird für einen Monat, ist der Gebrauchswert des Hauses erst nach Ablauf des Monats geliefert, obgleich es im Anfang des Monats die Hände wechselt. Da das faktische Überlassen des Gebrauchswerts und seine wirkliche Entäußerung hier der Zeit nach auseinanderfallen, findet die Realisierung seines Preises ebenfalls später statt als sein Stellenwechsel. Endlich aber veranlaßt der Unterschied der Zeitdauer und Zeitepoche, worin die verschiedenen Waren produziert werden, daß der eine als Verkäufer auftritt, während der andere noch nicht als Käufer auftreten kann, und bei der öftern Wiederholung von Kauf und Verkauf unter denselben Warenbesitzern fallen so die beiden Elemente des Verkaufs auseinander, entsprechend den Produktionsbedingungen ihrer Waren. So entsteht ein Verhältnis von Gläubiger und Schuldner unter den Warenbesitzern, das zwar die naturwüchsige Grundlage des Kreditsystems bildet, aber vollständig entwickelt sein kann, bevor das letztre existiert. Es ist indes klar, daß mit der Ausbildung des Kreditwesens, also der bürgerlichen Produktion überhaupt, die Funktion des Geldes als Zahlungsmittel sich ausdehnen wird auf Kosten seiner Funktion als Kaufmittel und noch mehr als Element der Schatzbildung . In England z. B. ist Geld als Münze beinahe ausschließlich in die Sphäre des Detailhandels und des Kleinhandels zwischen Produzenten und Konsumenten gebannt, während es als Zahlungsmittel die Sphäre der großen Handelstransaktionen beherrscht.[104]

Als allgemeines Zahlungsmittel wird Geld die *allgemeine Ware* der Kontrakte – zunächst nur innerhalb der Sphäre der Warenzirkulation.[105] Jedoch mit seiner Entwicklung in dieser Funktion lösen sich allmählich alle andern Formen der Zahlung in Geldzahlung auf. Der Grad, worin Geld als ausschließliches Zahlungsmittel entwickelt ist, zeigt den Grad an, worin der Tauschwert sich der Produktion in ihrer Tiefe und Breite bemächtigt hat.[106]

Zunächst ist die Masse des als Zahlungsmittel zirkulierenden Geldes bestimmt durch den Belauf der Zahlungen, d. h. die Preissumme der veräußerten Waren, nicht der zu veräußernden, wie im einfachen Geldumlauf. Die so bestimmte Summe wird jedoch doppelt modifiziert, erstens durch die Geschwindigkeit, womit dasselbe Geldstück dieselbe Funktion wiederholt oder sich die Masse der Zahlungen als prozessierende Kette von Zahlungen darstellt. A zahlt B, worauf B C zahlt und so fort. Die Geschwindigkeit, womit dasselbe Geldstück seine

---

[104] Herr Macleod verkennt, trotz seines doktrinären Definitionsdünkels, so sehr die elementarischsten ökonomischen Verhältnisse, daß er das Geld überhaupt entspringen läßt aus seiner entwickeltsten Form, der des Zahlungsmittels. Er sagt unter anderm: Da die Leute nicht immer gleichzeitig ihre wechselseitigen Dienste bedürfen, und nicht in demselben Wertumfang, „so würde ein gewisser Unterschied oder Betrag des Dienstes übrigbleiben, vom Ersten an den Zweiten zahlbar – Schuld". Der Besitzer dieser Schuld braucht die Dienste eines andern, der der seinigen nicht unmittelbar bedarf, und „überträgt dem Dritten die Schuld, die der Erste an ihn hat. Der Schuldschein geht so von einer Hand zur andren – Umlaufmittel ... Wenn jemand eine Schuldverpflichtung empfängt, die in Metallgeld ausgedrückt ist, so kann er nicht nur über die Dienste des ursprünglichen Schuldners verfügen, sondern über die der ganzen arbeitenden Gemeinschaft." Macleod, „Theory and Practice of Banking etc.", London 1855, v. I. ch. 1.

[105] Bailey, l.c. p. 3: „Geld ist die allgemeine Ware der Kontrakte, oder diejenige, in der die Mehrzahl der Eigentumsverträge, die in späterer Zeit erfüllt werden sollen, abgeschlossen werden."

[106] Senior, l.c. p. 221, sagt: „Da der Wert aller Dinge in einem bestimmten Zeitraum wechselt, so nimmt man als Zahlungsmittel die Sache, deren Wert am wenigsten wechselt, die am längsten eine gegebene Durchschnittsfähigkeit, Sachen zu kaufen, bewahrt. So wird das Geld Ausdruck oder Repräsentant der Werte." Umgekehrt. Weil Gold, Silber etc. Geld, d. h. Dasein des verselbständigten Tauschwerts geworden sind, werden sie allgemeine Zahlungsmittel. Wo die von Herrn Senior erwähnte Rücksicht auf die Dauer der Wertgröße des Geldes eintritt, d. h. in Perioden, wo das Geld durch die Gewalt der Umstände sich als allgemeines Zahlungsmittel durchsetzt, wird grade auch das Schwanken in der Wertgröße des Geldes entdeckt. Eine solche Periode war in England die Zeit der Elisabeth, und es war zu ihrer Zeit, daß Lord Burleigh und Sir Thomas Smith, mit Rücksicht auf die sichtbar werdende Depreziation der edeln Metalle eine Parlamentsakte durchsetzten. die die Universitäten von Oxford und Cambridge verpflichtet, ein Drittel ihrer Grundrenten sich in Weizen und Malz zu reservieren.

Funktion als Zahlungsmittel wiederholt, hängt einerseits ab von der Verkettung der Verhältnisse von Gläubiger und Schuldner unter den Warenbesitzern, so daß derselbe Warenbesitzer der Gläubiger gegenüber dem einen, Schuldner gegenüber dem andern ist usw., andererseits von der Zeitlänge, die die verschiedenen Zahlungstermine trennt. Diese Kette von Zahlungen oder nachträglichen ersten Metamorphosen der Waren ist qualitativ verschieden von der Kette der Metamorphosen, die sich im Umlauf des Gelds als Zirkulationsmittel darstellt. Letztere erscheint nicht nur in zeitlicher Sukzession, sondern *wird* erst in derselben. Die Ware wird Geld, dann wieder Ware und befähigt so die andere Ware, Geld zu werden usw., oder der Verkäufer wird Käufer, wodurch ein anderer Warenbesitzer Verkäufer wird. Dieser Zusammenhang entsteht zufällig im Prozeß des Warenaustauschs selbst. Daß aber Geld, womit A den B bezahlt hat, von B an C, von C an D usw. fortgezahlt wird, und zwar in rasch aufeinanderfolgenden Zeiträumen – in diesem äußerlichen Zusammenhang tritt nur ein schon fertig vorhandener gesellschaftlicher Zusammenhang an den Tag. Dasselbe Geld läuft nicht durch verschiedene Hände, weil es als Zahlungsmittel auftritt, sondern es läuft als Zahlungsmittel um, weil die verschiedenen Hände schon ineinandergeschlagen haben. Die Geschwindigkeit, womit das Geld als Zahlungsmittel umläuft, zeigt also ein viel tieferes Hereinziehen der Individuen in den Zirkulationsprozeß, als die Geschwindigkeit, womit das Geld als Münze oder als Kaufmittel umläuft.

Die Preissumme gleichzeitiger und daher räumlich nebeneinanderfallender Käufe und Verkäufe bildet die Grenze für Ersetzen der Münzmasse durch Umlaufsgeschwindigkeit. Diese Schranke fällt fort für das als Zahlungsmittel funktionierende Geld. Konzentrieren sich gleichzeitig zu leistende Zahlungen an einem Platz, was zunächst naturwüchsig nur an den großen Sammelpunkten der Warenzirkulation stattfindet, so gleichen sich die Zahlungen als negative und positive Größen gegeneinander aus, indem A an B zu zahlen, zugleich von C Zahlung zu erhalten hat usw. Die als Zahlungsmittel erheischte Summe Geldes wird daher bestimmt sein nicht durch die Preissumme der gleichzeitig zu realisierenden Zahlungen, sondern durch die größere oder geringere Konzentration derselben und die Größe der Bilanz, die nach ihrem wechselseitigen Aufheben als negative und positive Größen übrigbleibt. Eigne Vorrichtungen zu diesen Ausgleichungen entstehen ohne alle Entwickelung des Kreditwesens, wie z. B. im alten Rom. Die Betrachtung derselben gehört aber ebensowenig hierher, wie die der allgemeinen Zahlungstermine, die sich überall in bestimmten Gesellschaftskreisen festsetzen. Hier sei nur noch bemerkt, daß der spezifische Einfluß, den diese Termine auf die periodischen Schwankungen in der Quantität des umlaufenden Geldes ausüben, erst in neuester Zeit wissenschaftlich untersucht worden ist.

Soweit sich die Zahlungen ausgleichen als positive und negative Größen, findet gar keine Dazwischenkunft von wirklichem Geld statt. Es entwickelt sich hier nur in seiner Form als Maß der Werte, einerseits im Preis der Ware, andererseits in der Größe der wechselseitigen Obligationen. Außer seinem ideellen Dasein erhält der Tauschwert hier also kein selbständiges Dasein, nicht einmal das Dasein als Wertzeichen, oder das Geld wird nur zu idealem Rechengeld. Die Funktion des Geldes als Zahlungsmittel schließt also den Widerspruch ein, daß es einerseits, soweit sich die Zahlungen ausgleichen, nur ideell als Maß wirkt, andrerseits, soweit die Zahlung wirklich zu verrichten ist, nicht als verschwindendes Zirkulationsmittel, sondern als das ruhende Dasein des allgemeinen Äquivalents, als die absolute Ware, mit einem Wort, als Geld in die Zirkulation hereintritt. Wo daher die Kette der Zahlungen und ein künstliches System ihrer Ausgleichung sich entwickelt hat, schlägt bei Erschütterungen, die den Fluß der Zahlungen gewaltsam unterbrechen und den Mechanismus ihrer Ausgleichung stören, das Geld plötzlich aus seiner gasartigen hirngewebten Gestalt als Maß der Werte in hartes Geld oder Zahlungsmittel um. In Zuständen entwickelter bürgerlicher Produktion also, worin der Warenbesitzer längst Kapitalist geworden ist, seinen Adam Smith kennt, und vornehm über den Aberglauben lächelt, daß Gold und Silber allein Geld oder daß Geld überhaupt im Unterschied von andern Waren die absolute Ware sei, erscheint Geld plötzlich wieder, nicht als Mittler der Zirkulation, sondern als allein adäquate Form des Tauschwerts, als der einzige Reichtum, ganz wie es der Schatzbildner auffaßt. Als solch ausschließliches Dasein des Reichtums offenbart es sich nicht, wie etwa im Monetarsystem, in der bloß vorgestellten, sondern in der wirklichen Entwertung und Wertlosigkeit alles stofflichen Reichtums. Es ist dies das besondere Moment der Weltmarktskrisen, das Geldkrise heißt. Das summum bonum, wonach in solchen Momenten als dem einzigen Reichtum geschrien wird, ist Geld, bares Geld, und daneben erscheinen alle andern Waren, eben weil sie Gebrauchswerte sind, als nutzlos, als Tand, Spielzeug, oder wie unser Doktor Martin Luther sagt, als bloßer Schmuck und Fraß. Dies plötzliche Umschlagen des Kreditsystems in das Monetarsystem fügt den theoretischen Schrecken zum praktischen panic, und die Zirkulationsagenten schaudern vor dem undurchdringlichen Geheimnis ihrer eigenen Verhältnisse.[107]

Die Zahlungen machen ihrerseits einen Reservefonds, eine Akkumulation von Geld als Zahlungsmittel nötig. Die Bildung dieser Reservefonds erscheint nicht mehr wie bei der Schatzbildung als der Zirkulation selbst äußerliche Tätig-

---

[107] Boisguillebert, der die bürgerlichen Produktionsverhältnisse verhindern möchte, sich gegen die Bürger selbst auf die Hinterfüße zu stellen, faßt mit Vorliebe die Formen des Geldes auf, worin es nur ideell oder nur verschwindend erscheint. So früher das Zirkulationsmittel. So das Zahlungsmittel. Was er wieder nicht sieht, ist der unvermittelte Umschlag aus der idealen Form des Geldes in seine äußerliche Wirklichkeit, daß das harte Geld schon im nur gedachten Maß der Werte latent enthalten ist. Daß, sagt er, das Geld bloße Form der Waren selbst ist, zeigt sich bei dem Großhandel, wo der Austausch vor sich geht ohne Intervention des Geldes, nachdem „les marchandises sont appréciées". „Le détail de la France", l.c. p. 210.

keit, noch wie bei der Münzreserve als bloß technische Stockung der Münze, sondern Geld muß allmählich aufgesammelt werden, um an bestimmten künftigen Zahlungsterminen vorhanden zu sein. Während also die Schatzbildung in der abstrakten Form, worin sie als Bereicherung gilt, mit der Entwickelung der bürgerlichen Produktion abnimmt, wächst diese durch den Austauschprozeß unmittelbar erheischte Schatzbildung, oder vielmehr ein Teil der Schätze, die sich überhaupt in der Sphäre der Warenzirkulation bilden, wird als Reservefonds von Zahlungsmitteln absorbiert. Je entwickelter die bürgerliche Produktion ist, um so mehr werden diese Reservefonds auf das notwendige Minimum beschränkt. Locke gibt in seiner Schrift über die Herabsetzung des Zinsfußes[108] interessante Aufschlüsse über die Größe dieser Reservefonds zu seiner Zeit. Man ersieht daraus, welchen bedeutenden Teil des überhaupt umlaufenden Geldes die Reservoirs für Zahlungsmittel in England absorbierten grade in der Epoche, wo sich das Bankwesen zu entwickeln begann.

Das Gesetz über die Quantität des zirkulierenden Geldes, wie es sich aus der Betrachtung des einfachen Geldumlaufs ergab, wird wesentlich modifiziert durch den Umlauf des Zahlungsmittels. Bei gegebener Umlaufsgeschwindigkeit des Geldes, sei es als Zirkulationsmittel, sei es als Zahlungsmittel, wird die Gesamtsumme des in einem gegebenen Zeitabschnitt zirkulierenden Geldes bestimmt sein durch die Gesamtsumme der zu realisierenden Warenpreise plus der Gesamtsumme der in derselben Epoche fälligen Zahlungen minus der durch Ausgleichung sich gegeneinander aufhebenden Zahlungen. Das allgemeine Gesetz, daß die Masse des umlaufenden Geldes von den Warenpreisen abhängt, wird dadurch nicht im geringsten berührt, da der Belauf der Zahlungen selbst durch die kontraktlich festgesetzten Preise bestimmt ist. Es zeigt sich aber schlagend, daß selbst Geschwindigkeit des Umlaufs und Ökonomie der Zahlungen als gleichbleibend vorausgesetzt, die Preissumme der in einer bestimmten Periode, z. B. einem Tag, zirkulierenden Warenmassen und die Masse des an demselben Tag zirkulierenden Geldes sich keineswegs decken, denn es zirkulieren eine Masse Waren, deren Preis erst künftig in Geld realisiert wird, und es zirkuliert eine Masse Geld, wofür die entsprechenden Waren längst aus der Zirkulation herausgefallen sind. Die letztere Masse selbst wird davon abhängen, wie groß die Wertsumme der Zahlungen ist, die an demselben Tag fällig werden, obgleich sie zu ganz verschiedenen Perioden kontrahiert sind.

Wir sahen, daß der Wechsel im Wert des Goldes und Silbers ihre Funktion als Maß der Werte oder Rechengeld nicht affiziert. Dieser Wechsel wird jedoch entscheidend wichtig für das Geld als Schatz, denn mit dem Steigen oder Fallen des Gold- und Silberwerts steigt oder fällt die Wertgröße des goldnen oder silbernen Schatzes. Noch wichtiger für das Geld als Zahlungsmittel. Die Zahlung erfolgt erst später als der Verkauf der Ware oder das Geld wirkt zu zwei verschiedenen

---

[108] Locke, l.c. p. 17, 18.

Zeiträumen in zwei verschiedenen Funktionen, erst als Maß der Werte, dann als dieser Messung entsprechendes Zahlungsmittel. Wechselt in dieser Zwischenzeit der Wert der edeln Metalle, oder die zu ihrer Produktion erheischte Arbeitszeit, so wird dasselbe Quantum Gold oder Silber, wenn es als Zahlungsmittel erscheint, mehr oder weniger wert sein als zur Zeit, wo es als Maß der Werte diente oder der Kontrakt abgeschlossen wurde. Die Funktion einer besondern Ware wie Gold und Silber als Geld oder verselbständigter Tauschwert kommt hier in Kollision mit ihrer Natur als besondrer Ware, deren Wertgröße vom Wechsel ihrer Produktionskosten abhängt. Die große soziale Revolution, die das Fallen im Wert der edlen Metalle in Europa hervorrief, ist ebenso bekannte Tatsache, wie die umgekehrte Revolution, die in einer frühen Epoche der altrömischen Republik bewirkt wurde durch das Steigen im Wert des Kupfers, worin die Schulden der Plebejer kontrahiert waren. Ohne die Wertschwankungen der edlen Metalle in ihrem Einfluß auf das System der bürgerlichen Ökonomie weiter zu verfolgen, ergibt sich schon hier, daß das Fallen im Wert der edeln Metalle die Schuldner auf Kosten der Gläubiger, ein Steigen in ihrem Wert umgekehrt die Gläubiger auf Kosten der Schuldner begünstigt.

c) Weltgeld

Gold wird Geld im Unterschied von Münze, erst indem es sich als Schatz aus der Zirkulation zurückzieht, dann als Nichtzirkulationsmittel in sie eintritt, endlich aber die Schranken der innern Zirkulation durchbricht, um als allgemeines Äquivalent in der Welt der Waren zu funktionieren. So wird es *Weltgeld.*

Wie die allgemeinen Gewichtsmaße der edeln Metalle als ursprüngliche Wertmaße dienten, werden innerhalb des Weltmarkts die Rechennamen des Geldes wieder in die entsprechenden Gewichtnamen verwandelt. Wie das formlose Rohmetall (aes rude) die ursprüngliche Form des Zirkulationsmittels und die Münzform ursprünglich selbst nur offizielles Zeichen des in den Metallstücken enthaltenen Gewichts war, so streift das edle Metall als Weltmünze Figur und Gepräge wieder ab und fällt in die gleichgültige Barrenform zurück, oder wenn nationale Münzen, wie russische Imperialen, mexikanische Taler und englische Sovereigns im Ausland zirkulieren, wird ihr Titel gleichgültig und gilt nur ihr Gehalt. Als internationales Geld endlich vollziehn die edeln Metalle wieder ihre ursprüngliche Funktion als Tauschmittel, die, wie der Warenaustausch selbst, nicht im Innern der naturwüchsigen Gemeinwesen, sondern an den Berührungspunkten verschiedner Gemeinwesen entsprang. Als Weltgeld erhält also das Geld seine naturwüchsig erste Form zurück. Indem es die innere Zirkulation verläßt, streift es die besondern Formen wieder ab, die aus der Entwicklung des Austauschprozesses innerhalb jener besondern Sphäre hervorwuchsen, seine Lokalformen als Maßstab der Preise, Münze, Scheidemünze und Wertzeichen.

Wir sahen, daß in der innern Zirkulation eines Landes nur eine Ware als Maß der Werte dient. Da aber in dem einen Lande Gold, in dem andern Silber diese Funktion verrichtet, gilt auf dem Weltmarkt ein doppeltes Maß der Werte und verdoppelt das Geld seine Existenz auch in allen andern Funktionen. Die Übersetzung der Warenwerte aus Goldpreisen in Silberpreise und umgekehrt wird jedesmal bestimmt durch den relativen Wert beider Metalle, der beständig wechselt und dessen Festsetzung daher als beständiger Prozeß erscheint. Die Wareninhaber jeder innern Zirkulationssphäre sind gezwungen, Gold und Silber abwechselnd für die auswärtige Zirkulation zu gebrauchen und so das Metall, das im Inland als Geld gilt, gegen das Metall auszutauschen, das sie gerade im Ausland als Geld brauchen. Jede Nation wendet also beide Metalle, Gold und Silber, als Weltgeld an.

In der internationalen Warenzirkulation erscheinen Gold und Silber nicht als Zirkulationsmittel, sondern als *allgemeine Tauschmittel.* Das allgemeine Tauschmittel funktioniert aber nur in den beiden entwickelten Formen des *Kaufmittels* und des *Zahlungsmittels*, deren Verhältnis sich jedoch auf dem Weltmarkt umkehrt. In der Sphäre der innern Zirkulation wirkte das Geld, soweit es Münze war, den Mittler der prozessierenden Einheit W-G-W oder die nur verschwindende Form des Tauschwerts im unaufhörlichen Stellenwechsel der Waren darstellte, ausschließlich als Kaufmittel. Auf dem Weltmarkt umgekehrt. Gold und Silber erscheinen hier als Kaufmittel, wenn der Stoffwechsel nur einseitig ist und daher Kauf und Verkauf auseinanderfallen. Der Grenzhandel zu Kiachta z. B. ist tatsächlich und durch Vertrag Tauschhandel, worin Silber nur Wertmaß. Der Krieg von 1857-1858 bestimmte die Chinesen, zu verkaufen, ohne zu kaufen. Nun erschien Silber plötzlich als Kaufmittel. Aus Rücksicht auf den Wortlaut des Vertrags verarbeiteten die Russen französische Fünffrankenstücke in rohe Silberwaren, die als Tauschmittel dienten. Silber funktioniert fortwährend als Kaufmittel zwischen Europa und Amerika auf der einen Seite, Asien auf der andern, wo es sich als Schatz niederschlägt. Ferner funktionieren die edeln Metalle als internationale Kaufmittel, sobald das herkömmliche Gleichgewicht des Stoffwechsels zwischen zwei Nationen plötzlich unterbrochen wird, Mißernte z. B. die eine derselben in außerordentlichem Maß zu kaufen zwingt. Endlich sind die edlen Metalle internationales Kaufmittel in der Hand der Gold und Silber produzierenden Länder, wo sie unmittelbares Produkt und Ware, nicht die verwandelte Form der Ware sind. Je mehr der Warenaustausch zwischen verschiedenen nationalen Zirkulationssphären sich entwickelt, entwickelt sich die Funktion des Weltgeldes als *Zahlungsmittel* zur Ausgleichung der internationalen Bilanzen.

Wie die innere Zirkulation, so erheischt die internationale Zirkulation eine stets wechselnde Quantität von Gold und Silber. Ein Teil der aufgehäuften Schätze dient daher bei jedem Volk als Reservefonds des Weltgeldes, der sich bald entleert, bald wieder füllt, entsprechend den Oszillationen des Warenaustausches.[109] Außer den besondern Bewegungen, worin es zwischen den nationalen Zirkulationssphären hin und her läuft, besitzt das Weltgeld eine allgemeine Bewegung, deren Ausgangspunkte an den Produktionsquellen liegen, von denen aus Gold- und Silberströme sich in verschiedener Richtung über den Weltmarkt wälzen. Als Waren treten Gold und Silber hier in die Weltzirkulation und sind als Äquivalente im Verhältnis zu der in ihnen enthaltenen Arbeitszeit gegen Warenäquivalente ausgetauscht, bevor sie in die innern Zirkulationssphären fallen. In denselben erscheinen sie daher mit gegebener Wertgröße. Jedes Fallen oder Steigen im Wechsel ihrer Produktionskosten affiziert daher gleichmäßig auf dem Weltmarkt ihren relativen Wert, der dagegen durchaus unabhängig ist von dem Grad, worin verschiedne nationale Zirkulationssphären Gold oder Silber verschlucken. Der Teil des Metallstroms, der von jeder besondern Sphäre der Warenwelt aufgefangen wird, geht teils unmittelbar in den innern Geldumlauf ein, zum Ersatz der verschlißnen Metallmünzen, wird teils abgedämmt in den verschiednen Schatzreservoirs von Münze, Zahlungsmittel und Weltgeld, teils verwandelt in Luxusartikel, während der Rest endlich Schatz schlechthin wird. Auf entwickelter Stufe der bürgerlichen Produktion wird die Bildung der Schätze auf das Minimum beschränkt, das die verschiednen Prozesse der Zirkulation zum freien Spiel ihres Mechanismus erheischen. Schatz als solcher wird hier nur der brachliegende Reichtum – wenn nicht augenblickliche Form eines Überschusses in der Bilanz der Zahlungen, das Resultat unterbrochnen Stoffwechsels und darum Erstarrung der Ware in ihrer ersten Metamorphose.

Wie Gold und Silber als Geld ihrem Begriff nach die allgemeine Ware sind, so erhalten sie im Weltgeld die entsprechende Existenzform der universellen Ware. Im Verhältnis wie alle Produkte sich gegen sie veräußern, werden sie die verwandelte Gestalt aller Waren und daher die allseitig veräußerliche Ware. Als Materiatur der allgemeinen Arbeitszeit werden sie verwirklicht, im Maße wie der Stoffwechsel der realen Arbeiten den Erdboden umspannt. Sie werden allgemeines Äquivalent in dem Grad, worin sich die Reihe der besondern Äquivalente entwickelt, die ihre Austauschsphäre bilden. Weil in der Weltzirkulation die Waren ihren eignen Tauschwert universell entfalten, erscheint dessen in Gold und Silber verwandelte Gestalt als Weltgeld. Während also die Nationen von Warenbesitzern durch ihre allseitige Industrie und allgemeinen Verkehr Gold zu adäquatem Geld umschaffen, erscheinen ihnen Industrie und Verkehr nur als Mittel, um das Geld in der Form von Gold und Silber dem Weltmarkt zu entziehn. Gold und Silber als Weltgeld sind daher ebensowohl Produkt der allgemeinen Warenzirkulation wie Mittel, ihre Kreise weiter zu ziehn. Wie hinter dem Rücken der Alchi-

[109] „Das angehäufte Geld kommt zu der Summe hinzu, die, um wirklich in Zirkulation zu sein und um den Möglichkeiten des Handels zu genügen, sich entfernt und *die Sphäre der Zirkulation selbst verläßt.*“ (G. R. Carli, Note zu Verri, „Meditazioni sulla Economia Politica“, p. 192, t. XV bei Custodi l.c.)

misten, indem sie Gold machen wollten, die Chemie erwuchs, so springen hinter dem Rücken der Warenbesitzer, indem sie der Ware in ihrer verzauberten Gestalt nachjagen, die Quellen der Weltindustrie und des Welthandels auf. Gold und Silber helfen den Weltmarkt schaffen, indem sie in ihrem Geldbegriff sein Dasein antizipieren. Daß diese ihre Zauberwirkung keineswegs auf die Kinderjahre der bürgerlichen Gesellschaft beschränkt ist, sondern notwendig hervorwächst aus der Verkehrung, worin den Lagern der Warenwelt ihre eigne gesellschaftliche Arbeit erscheint, beweist der außerordentliche Einfluß, den die Entdeckung neuer Goldländer in der Mitte des 19. Jahrhunderts auf den Weltverkehr ausübt.

Wie sich das Geld zum Weltgeld, entwickelt sich der Warenbesitzer zum Kosmopoliten. Die kosmopolitische Beziehung der Menschen zueinander ist ursprünglich nur ihr Verhältnis als Warenbesitzer. Die Ware ist an und für sich über jede religiöse, politische, nationale und sprachliche Schranke erhaben. Ihre allgemeine Sprache ist der Preis und ihr Gemeinwesen ist das Geld. Aber mit der Entwicklung des Weltgeldes im Gegensatz zur Landesmünze entwickelt sich der Kosmopolitismus des Warenbesitzers als Glaube der praktischen Vernunft im Gegensatz zu angestammten religiösen, nationalen und andern Vorurteilen, die den Stoffwechsel der Menschheit hemmen. Wie dasselbe Gold, das in der Form amerikanischer eagles in England landet, zum Sovereign wird, nach drei Tagen in Paris als Napoleon umläuft, nach einigen Wochen sich in Venedig als Dukate wiederfindet, aber stets denselben Wert behält, wird dem Warenbesitzer klar, daß die Nationalität „is but the guinea's stamp". Die erhabene Idee, worin ihm die ganze Welt aufgeht, ist die eines Marktes – des *Weltmarkts*.[110]

4. Die edeln Metalle

Der bürgerliche Produktionsprozeß bemächtigt sich zunächst der metallischen Zirkulation als eines fertig überlieferten Organes, das zwar allmählich umgestaltet wird, jedoch stets seine Grundkonstruktion bewahrt. Die Frage, warum statt andrer Waren Gold und Silber als Material des Geldes dienen, fällt jenseits der Grenze des bürgerlichen Systems. Wir fassen daher nur summarisch die wesentlichsten Gesichtspunkte zusammen.

Da die allgemeine Arbeitszeit selbst nur quantitative Unterschiede zuläßt, muß der Gegenstand, der als ihre spezifische Inkarnation gelten soll, fähig sein,

---

[110] Montanari, „Della Moneta" (1683), l.c. p. 40: „Die Verbindung zwischen allen Völkern ist derart über den ganzen Erdball ausgedehnt, daß man beinahe sagen kann, die ganze Welt sei eine einzige Stadt geworden, in der ständiger Jahrmarkt aller Waren herrscht und jedermann, in seinem Hause sitzend, vermittels des Geldes sich verschaffen und genießen kann von all dem, was die Erde, die Tiere und der menschliche Fleiß anderswo hervorgebracht haben. Eine wunderbare Erfindung."

rein quantitative Unterschiede darzustellen, so daß Dieselbigkeit, Gleichförmigkeit der Qualität vorausgesetzt ist. Es ist dies die erste Bedingung für die Funktion einer Ware als Wertmaß. Schätze ich z. B. alle Waren in Ochsen, Häuten, Getreide usw., so muß ich sie in der Tat in idealem Durchschnitts-Ochsen, Durchschnitts-Haut messen, da Ochs von Ochs, Getreide von Getreide, Haut von Haut qualitativ verschieden ist. Gold und Silber dagegen sind als einfache Körper stets sich selbst gleich und gleiche Quanta derselben stellen daher gleich große Werte dar.[111] Die andre, direkt aus der Funktion rein quantitative Unterschiede darzustellen, hervorgehende Bedingung für die Ware, die als allgemeines Äquivalent dienen soll, ist die Möglichkeit ihrer Zerschneidung in beliebige Teile und deren Wiederzusammensetzbarkeit, so daß das Rechengeld auch sinnlich dargestellt werden kann. Gold und Silber besitzen diese Eigenschaften in vorzüglichem Grad.

Als Zirkulationsmittel besitzen Gold und Silber vor andern Waren den Vorzug, daß ihrem großen spezifischen Gewicht, relativ viel Schwere in kleinem Raum darzustellen, ihr ökonomisch spezifisches Gewicht entspricht, relativ viel Arbeitszeit, d. h. großen Tauschwert in kleinem Umfang einzuschließen. Dadurch ist Leichtigkeit des Transports, der Übertragung von einer Hand in die andre, und von einem Land in das andre, die Fähigkeit, ebenso rasch zu erscheinen wie zu verschwinden – kurz, die materielle Beweglichkeit gewährleistet das sine qua non der Ware, die als perpetuum mobile des Zirkulationsprozesses dienen soll.

Der hohe spezifische Wert der edeln Metalle, Dauerbarkeit, relative Unzerstörbarkeit, Nichtoxydierbarkeit an der Luft, bei dem Gold speziell reine Unauflösbarkeit in Säuren, außer in Königswasser, alle diese natürlichen Eigenschaften machen die edeln Metalle zum natürlichen Material der Schatzbildung. Peter Martyr, der ein großer Freund der Schokolade gewesen zu sein scheint, bemerkt dabei von den Kakaosäcken, die eine der mexikanischen Geldsorten bildeten:

> „O glückliches Geld, das dem Menschengeschlecht ein süßes und nahrhaftes Getränk bietet und seine unschuldigen Besitzer vor der höllischen Seuche der Habgier bewahrt, weil es nicht vergraben noch lange aufbewahrt werden kann.“ („De orbe novo“.)

Die große Bedeutung von Metallen überhaupt innerhalb des unmittelbaren Produktionsprozesses hängt zusammen mit ihrer Funktion als Produktionsinstrumente. Abgesehen von ihrer Seltenheit macht die große Weichheit des Goldes und des Silbers, verglichen mit Eisen und selbst mit Kupfer (in dem

---

[111] „Die Metalle besitzen die Eigentümlichkeit und Besonderheit, daß in ihnen allein alle Verhältnisse zurückgeführt sind auf eines, das ist ihre Quantität, daß sie von der Natur keine verschiedene Qualität erhalten haben, weder im innern Bau, noch in der äußern Form und Bearbeitung.“ (Galiani, l.c. p. 126/127.)

gehärteten Zustand, worin die Alten es brauchten), sie unfähig zu dieser Nutzanwendung und beraubt sie daher in großem Umfang der Eigenschaft, worauf der Gebrauchswert der Metalle überhaupt beruht. So nutzlos, wie sie innerhalb des unmittelbaren Produktionsprozesses sind, so entbehrlich erscheinen sie als Lebensmittel, als Gegenstände der Konsumtion. Jede beliebige Quantität derselben kann daher in den gesellschaftlichen Zirkulationsprozeß eingehen, ohne die Prozesse der unmittelbaren Produktion und Konsumtion zu beeinträchtigen. Ihr individueller Gebrauchswert gerät nicht in Widerstreit mit ihrer ökonomischen Funktion. Andrerseits sind Gold und Silber nicht nur negativ überschüssige, d. h. entbehrliche Gegenstände, sondern ihre ästhetischen Eigenschaften machen sie zum naturwüchsigen Material von Pracht, Schmuck, Glanz, sonntäglichen Bedürfnissen, kurz zur positiven Form des Überflusses und Reichtums. Sie erscheinen gewissermaßen als gediegenes Licht, das aus der Unterwelt hervorgegraben wird, indem das Silber alle Lichtstrahlen in ihrer ursprünglichen Mischung, das Gold nur die höchste Potenz der Farbe, das Rot, zurückwirft. Farbensinn aber ist die populärste Form des ästhetischen Sinnes überhaupt. Der etymologische Zusammenhang der Namen der edeln Metalle in den verschiedenen indogermanischen Sprachen mit Farbenbeziehungen ist von Jakob Grimm nachgewiesen worden. (Siehe seine Geschichte der deutschen Sprache.)

Endlich die Fähigkeit von Gold und Silber, aus der Form der Münze in die Barrenform, aus der Barrenform in die Form von Luxusartikeln und umgekehrt verwandelt zu werden, ihr Vorzug also vor andern Waren, nicht in einmal gegebene, bestimmte Gebrauchsformen gebannt zu sein, macht sie zum natürlichen Material des Geldes, das beständig aus einer Formbestimmtheit in die andre umschlagen muß.

Die Natur produziert kein Geld, so wenig wie Bankiers oder einen Wechselkurs. Da die bürgerliche Produktion aber den Reichtum als Fetisch in der Form eines einzelnen Dings kristallisieren muß, sind Gold und Silber seine entsprechende Inkarnation. Gold und Silber sind von Natur nicht Geld, aber Geld ist von Natur Gold und Silber. Einerseits ist der silberne oder goldne Geldkristall nicht nur Produkt des Zirkulationsprozesses, sondern in der Tat sein einziges ruhendes Produkt. Andrerseits sind Gold und Silber fertige Naturprodukte, und sie sind das erste unmittelbar, wie sie das zweite sind, durch keine Formverschiedenheit getrennt. Das allgemeine Produkt des gesellschaftlichen Prozesses oder der gesellschaftliche Prozeß selbst als Produkt ist ein besonderes Naturprodukt, in den Eingeweiden der Erde steckendes und aus ihr ausgrabbares Metall.[112]

---

[112] Im Jahre 760 wanderte eine Masse armer Leute aus, um den Flußgoldsand südlich von Prag auszuwaschen, und drei Mann waren fähig, in einem Tag eine Mark Gold zu extrahieren. Infolge davon wurde der Zulauf zu den „diggings" und die Zahl der dem Ackerbau entzogenen Hände so groß, daß das Land das nächste Jahr von Hungersnot heimgesucht wurde. (Siehe M. G. Körner, „Abhandlung von dem Alterthum des böhmischen Bergwerks", 1758.)

Wir haben gesehn, daß Gold und Silber den Anspruch, der an sie als Geld gestellt wird, gleichbleibende Wertgröße zu sein, nicht erfüllen können. Indes besitzen sie, wie schon Aristoteles bemerkt, permanentere Wertgröße als der Durchschnitt der andern Waren. Abgesehn von der allgemeinen Wirkung einer Appreziation oder Depreziation der edeln Metalle, sind die Schwankungen des Wertverhältnisses von Gold und Silber von besondrer Wichtigkeit, da beide nebeneinander auf dem Weltmarkt als Materie des Geldes dienen. Die rein ökonomischen Gründe dieses Wertwechsels – Eroberungen und andre politische Umwälzungen, die großen Einfluß auf den Wert der Metalle in der alten Welt ausübten, wirken nur lokal und vorübergehend – müssen auf den Wechsel der zur Produktion dieser Metalle erheischten Arbeitszeit zurückgeführt werden. Diese selbst wird abhängen von ihrer relativen natürlichen Seltenheit, wie von der größern oder mindern Schwierigkeit, die ihre Bemächtigung in rein metallischem Zustand bietet. Gold ist in der Tat das erste Metall, das der Mensch entdeckt. Einerseits stellt die Natur selbst es in gediegener kristallinischer Form dar, individualisiert, chemisch unverbunden mit andern Körpern, oder wie die Alchimisten sagten, in jungfräulichem Zustand; andrerseits übernimmt die Natur selbst in den großen Goldwäschereien der Flüsse das Werk der Technologie. Auf seiten des Menschen ist so nur die roheste Arbeit erheischt, sei es für Gewinnung des Flußgoldes, sei es des Goldes in aufgeschwemmtem Land, während die Darstellung des Silbers Minenarbeit und überhaupt eine relativ hohe Entwicklung der Technik voraussetzt. Trotz seiner kleinern absoluten Seltenheit ist daher der ursprüngliche Wert des Silbers relativ größer als der des Goldes. Strabos Versicherung, daß bei einem Stamme der Araber 10 Pfund Gold für 1 Pfund Eisen und 2 Pfund Gold für 1 Pfund Silber gegeben wurden, erscheint keineswegs unglaublich. Im Verhältnis aber, wie sich die Produktivkräfte der gesellschaftlichen Arbeit entwickeln und sich daher das Produkt der einfachen Arbeit verteuert gegen das der kombinierten, wie die Rinde der Erde allseitiger aufgebrochen wird, und die ursprünglichen oberflächlichen Quellen der Goldzufuhr versiegen, wird der Wert des Silbers fallen im Verhältnis zum Wert des Goldes. Auf einer gegebenen Entwicklungsstufe der Technologie und der Kommunikationsmittel wird die Entdeckung neuer Gold- oder Sllberländer schließlich in die Waagschale fallen. Im alten Asien war das Verhältnis von Gold zu Silber wie 6 zu 1 oder 8 zu 1, letzteres Verhältnis in China und Japan noch im Anfang des 19. Jahrhunderts; 10 zu 1, das Verhältnis zu Xenophons Zeit, kann als Durchschnittsverhältnis des mittlern Altertums betrachtet werden. Die Ausbeutung der spanischen Silberminen durch Karthago und später durch Rom wirkte annähernd im Altertum wie die Entdeckung der amerikanischen Minen im modernen Europa. Für die römische Kaiserzeit kann 15 oder 16 zu 1 als rauhe Durchschnittszahl genommen werden, obgleich wir häufig tiefere Depreziation des Silbers in Rom finden. Dieselbe Bewegung, beginnend mit der relativen Depreziation des Goldes und endend mit dem Fall des Silberwerts, wiederholt sich in der folgenden Epoche, die sich vom Mittelalter bis zur neusten Zeit erstreckt. Wie zur Zeit Xenophons steht das Durchschnittsverhältnis im Mittelalter wie 10 zu 1 und schlägt infolge der Entdeckung der amerikanischen Minen wieder um zu 16 oder 15 zu 1. Die Entdeckung der australischen, kalifornischen und kolumbischen Goldquellen macht einen abermaligen Fall im Wert des Goldes wahrscheinlich.[113]

C. Theorien über Zirkulationsmittel und Geld

Wie eine allgemeine Goldgier Völker und Fürsten im 16. und 17. Jahrhundert, der Kindheitsperiode der modernen bürgerlichen Gesellschaft, in überseeische Kreuzzüge nach dem goldnen Gral jagte[114], so proklamierten die ersten Dolmetscher der modernen Welt, die Urheber des Monetarsystems, wovon das Merkantilsystem nur eine Variante ist, Gold und Silber, d. h. Geld, als den einzigen Reichtum. Richtig sprachen sie den Beruf der bürgerlichen Gesellschaft dahin aus, Geld zu machen, also, vom Standpunkt der einfachen Warenzirkulation, den ewigen Schatz zu bilden, den weder Motten noch Rost fressen. Es wird dem Monetarsystem nicht damit geantwortet, daß eine Tonne Eisen vom Preis von 3 Pfd. St. eine ebenso große Wertgröße als 3 Pfd. St. Gold ist. Es handelt sich hier nicht um die Größe des Tauschwerts, sondern um seine adäquate Form. Wenn das Monetar- und Merkantilsystem den Welthandel und die unmittelbar in den Welthandel mündenden besondern Zweige der nationalen Arbeit als die einzig

113 Bisher haben die australischen usw. Entdeckungen das Wertverhältnis von Gold und Silber noch nicht berührt. Die gegenteiligen Behauptungen Michel Chevaliers sind gerade soviel wert wie der Sozialismus dieses Ex-St.-Simonisten. Die Quotationen des Silbers auf dem Londoner Markt beweisen allerdings, daß der Durchschnitts-Goldpreis des Silbers während 1850 bis 1858 um nicht ganz 3% höher steht als während der Periode 1830-1850. Dies Steigen ist aber einfach aus der asiatischen Silbernachfrage zu erklären. Während 1852-1858 wechselt der Silberpreis in den einzelnen Jahren und Monaten nur mit dieser *Nachfrage*, keineswegs mit der Goldzufuhr von den neu entdeckten Quellen. Folgendes ist eine Übersicht der Goldpreise des Silbers auf dem Londoner Markt:

Preis des Silbers per Unze:

Jahr	März	Juli	November
1852	60⅛ Pence	60¼ Pence	61⅞ Pence
1853	61⅜ Pence	61½ Pence	61⅞ Pence
1854	61⅞ Pence	61¾ Pence	61½ Pence
1855	60⅞ Pence	61½ Pence	60⅞ Pence
1856	60 Pence	61¼ Pence	62⅛ Pence
1857	61¾ Pence	61⅝ Pence	61½ Pence
1858	61⅝ Pence		

114 „Gold ist eine wunderbares Ding! Wer dasselbe besitzt, ist Herr von allem, was er wünscht. Durch Gold kann man Seelen in das Paradies gelangen lassen!" (Columbus in einem Brief aus Jamaica, 1503.) [*Note im Handexemplar.*]

wahren Quellen von Reichtum oder Geld auszeichnet, ist zu erwägen, daß in jener Epoche der größte Teil der nationalen Produktion sich noch in feudalen Formen bewegte und als unmittelbare Subsistenzquelle den Produzenten selbst diente. Die Produkte verwandelten sich großenteils nicht in Waren und daher nicht in Geld, gingen überhaupt nicht in den allgemeinen gesellschaftlichen Stoffwechsel ein, erschienen daher nicht als Vergegenständlichung der allgemeinen abstrakten Arbeit und bildeten in der Tat keinen bürgerlichen Reichtum. Geld als Zweck der Zirkulation ist der Tauschwert oder der abstrakte Reichtum, nicht irgendein stoffliches Element des Reichtums, als bestimmender Zweck und treibendes Motiv der Produktion. Wie es der Vorstufe der bürgerlichen Produktion entsprach, hielten jene verkannten Propheten an der gediegenen, handgreiflichen und glänzenden Form des Tauschwerts fest, an seiner Form als allgemeine Ware im Gegensatz zu allen besondern Waren. Die eigentlich bürgerlich ökonomische Sphäre der damaligen Zeit war die Sphäre der Warenzirkulation. Vom Gesichtspunkt dieser elementarischen Sphäre aus beurteilten sie daher den ganzen verwickelten Prozeß der bürgerlichen Produktion und verwechselten Geld mit Kapital. Der unauslöschliche Kampf der modernen Ökonomen gegen das Monetar- und Merkantilsystem rührt großenteils daher, daß dieses System in brutal-naiver Form das Geheimnis der bürgerlichen Produktion ausplaudert, ihr Beherrschtsein durch den Tauschwert. Ricardo, wenn auch zum Behuf falscher Nutzanwendung, bemerkt irgendwo, daß selbst in Zeiten der Hungersnot Getreide eingeführt wird, nicht weil die Nation hungert, sondern weil der Kornhändler Geld macht. In ihrer Kritik des Monetar- und Merkantilsystems fehlt die politische Ökonomie also, indem sie dieses System als bloße Illusion, als nur falsche Theorie befeindet, nicht als barbarische Form ihrer eigenen Grundvoraussetzung wiedererkennt. Zudem behält dieses System nicht nur ein historisches Recht, sondern innerhalb bestimmter Sphären der modernen Ökonomie volles Bürgerrecht. Auf allen Stufen des bürgerlichen Produktionsprozesses, wo der Reichtum die elementarische Form der Ware annimmt, nimmt der Tauschwert die elementarische Form des Geldes an, und in allen Phasen des Produktionsprozesses fällt der Reichtum immer wieder für einen Augenblick in die allgemeine elementarische Form der Ware zurück. Selbst in der entwickeltsten bürgerlichen Ökonomie werden die spezifischen Funktionen des Goldes und Silbers als Geld im Unterschied von ihrer Funktion als Zirkulationsmittel und im Gegensatz zu allen übrigen Waren nicht aufgehoben, sondern nur beschränkt, behalten also Monetar- und Merkantilsystem ihr Recht. Die katholische Tatsache, daß Gold und Silber als unmittelbare Inkarnation der gesellschaftlichen Arbeit, daher als Dasein des abstrakten Reichtums, den andern profanen Waren gegenübertreten, verletzt natürlich das protestantische point d'honneur der bürgerlichen Ökonomie, und aus Angst vor den Vorurteilen des Monetarsystem büßte sie für lange Zelt das Urteil über die Phänomene der Geldzirkulation ein, wie die folgende Darstellung zeigen wird.

Im Gegensatz zum Monetar- und Merkantilsystem, die das Geld nur in seiner Formbestimmtheit als kristallisches Produkt der Zirkulation kennen, war es ganz in der Ordnung, daß die klassische Ökonomie es zunächst in seiner flüssigen Form auffaßte, als innerhalb der Warenmetamorphose selbst erzeugte und wieder verschwindende Form des Tauschwerts. Wie daher die Warenzirkulation ausschließlich in der Form W-G-W und diese wieder ausschließlich in der Bestimmtheit der prozessierenden Einheit von Verkauf und Kauf aufgefaßt wird, wird das Geld in seiner Formbestimmtheit als Zirkulationsmittel gegen seine Formbestimmtheit als Geld behauptet. Wird das Zirkulationsmittel selbst in seiner Funktion als Münze isoliert, so verwandelt es sich, wie wir sahen, in Wertzeichen. Da aber der klassischen Ökonomie zunächst die metallische Zirkulation als herrschende Form der Zirkulation gegenüberstand, faßt sie das metallische Geld als Münze, die metallische Münze als bloßes Wertzeichen. Dem Gesetz der Zirkulation der Wertzeichen entsprechend, wird so der Satz aufgestellt, daß die Preise der Waren abhängen von der Masse des zirkulierenden Geldes, nicht umgekehrt die Masse des zirkulierenden Geldes von den Preisen der Waren. Wir finden diese Ansicht bei italienischen Ökonomen des 17. Jahrhunderts mehr oder minder angedeutet, bald bejaht, bald verneint von Locke, bestimmt entwickelt vom *„Spectator“* (in Nummer vom 19. Oktober 1711), von *Montesquieu* und *Hume*. Da Hume bei weitem der bedeutendste Repräsentant dieser Theorie im 18 .Jahrhundert ist, eröffnen wir mit ihm unsre Rundschau.

Unter bestimmten Voraussetzungen scheint eine Vermehrung oder Verminderung in der Quantität, sei es des zirkulierenden Metallgeldes, sei es der zirkulierenden Wertzeichen, *gleichmäßig* auf die Warenpreise zu wirken. Fällt oder steigt der *Wert* des Goldes oder Silbers, worin die Tauschwerte der Waren als Preise geschätzt sind, so steigen oder fallen die *Preise*, weil ihr Wertmaß sich geändert hat, und mehr oder minder Gold und Silber zirkulieren als Münze, weil die Preise gestiegen oder gefallen sind. Das sichtbare Phänomen aber ist Veränderung der Preise, bei gleichbleibendem Tauschwert der Waren, mit vermehrter oder verminderter Quantität der Zirkulationsmittel. Fällt oder steigt andrerseits die Quantität der zirkulierenden Wertzeichen über oder unter ihr notwendiges Niveau, so werden sie gewaltsam auf dasselbe reduziert durch Fallen oder Steigen der Warenpreise. In beiden Fällen scheint dieselbe Wirkung durch dieselbe Ursache hervorgebracht, und an diesem Schein hielt *Hume* fest.

Jede wissenschaftliche Untersuchung über das Verhältnis von Anzahl der Zirkulationsmittel und Preisbewegung der Waren muß den Wert des Geldmaterials als gegeben voraussetzen. Hume dagegen betrachtet ausschließlich Epochen der Revolution im Wert der edeln Metalle selbst, also Revolutionen im Maß der Werte. Das Steigen der Warenpreise gleichzeitig mit der Zunahme des Metallgelds seit der Entdeckung der amerikanischen Minen bildet den geschichtlichen Hintergrund seiner Theorie, wie die Polemik gegen das Monetar- und Merkantilsystem ihr praktisches Motiv abgab. Die Zufuhr der edeln Metalle kann natürlich vermehrt werden bei gleichbleibenden Produktionskosten derselben. Andrerseits wird die Verminderung in ihrem Wert, d. h. in der zu ihrer Produktion erheischten Arbeitszeit, sich zunächst nur zeigen in der Vermehrung ihrer Zufuhr. Also, sagten später Schüler von Hume, zeigt sich der verminderte Wert der edeln Metalle in der wachsenden Masse der Zirkulationsmittel und die wachsende Masse der Zirkulationsmittel im Steigen der Warenpreise. In der Tat aber wächst nur der Preis der exportierten Waren, die sich mit Gold und Silber als Ware und nicht als Zirkulationsmittel austauschen. So steigt der Preis dieser Waren, die in Gold und Silber von gesunkenem Wert geschätzt sind, gegenüber allen übrigen Waren, deren Tauschwert fortfährt, in Gold oder Silber nach dem Maßstab ihrer alten Produktionskosten geschätzt zu werden. Diese doppelte Schätzung der Tauschwerte der Waren in demselben Lande kann natürlich nur temporär sein, und die Gold- oder Silberpreise müssen sich ausgleichen in den durch die Tauschwerte selbst bestimmten Proportionen, so daß schließlich die Tauschwerte aller Waren dem neuen Wert des Geldmaterials entsprechend geschätzt werden. Die Entwickelung dieses Prozesses gehört ebensowenig hierher wie die Art und Weise, worin überhaupt innerhalb der Schwankungen der Marktpreise der Tauschwert der Waren sich durchsetzt. Daß aber diese Ausgleichung in minder entwickelten Epochen der bürgerlichen Produktion sehr allmählich ist und sich über lange Perioden verteilt, jedenfalls aber nicht gleichen Schritt hält mit der Vermehrung der umlaufenden Barschaften, ist durch neue kritische Untersuchungen über die Bewegung der Warenpreise im 16. Jahrhundert schlagend bewiesen worden.[115] Ganz ungehörig sind die von Humes Schülern beliebten Beziehungen auf das Steigen der Preise im antiken Rom infolge der Eroberung von Makedonien, Ägypten und Kleinasien. Die der alten Welt eigentümliche, plötzliche und gewaltsame Übertragung aufgespeicherter Geldschätze von einem Lande in das andere, die temporäre Reduktion der Produktionskosten der edeln Metalle für ein bestimmtes Land durch den einfachen Prozeß der Plünderung, berühren ebensowenig die immanenten Gesetze der Geldzirkulation, wie etwa die Gratisverteilung von ägyptischem und sizilischem Getreide in Rom das allgemeine Gesetz, das den Getreidepreis regelt. Das zur Detailbeobachtung des Geldumlaufs erheischte Material, einerseits gesichtete Geschichte der Warenpreise, andererseits offizielle und fortlaufende Statistik über Expansion und Kontraktion des zirkulierenden Mediums, Zufluß und Abfluß der edeln Metalle usw., ein Material, das überhaupt erst mit völlig entwickeltem Bankwesen entsteht, mangelte Hume wie allen andern Schriftstellern des 18. Jahrhunderts. Humes Zirkulationstheorie faßt sich in folgenden Sätzen zusammen: 1. Die Preise der Waren in einem Lande sind bestimmt durch die in ihm befindliche Geldmasse (realem Geld oder symbolischem). 2. Das in einem

[115] Diese Allmählichkeit gibt Hume übrigens zu, so wenig sie seinem Prinzip entspricht. Siehe David Hume, „Essays and treatises on several subjects", ed. London 1777, vol. I, p, 300.

Lande zirkulierende Geld repräsentiert alle in ihm befindlichen Waren. Im Verhältnis wie die Anzahl der Repräsentanten wächst, d. h. des Geldes, kommt mehr oder minder von der repräsentierten Sache auf den einzelnen Repräsentanten. 3. Werden die Waren vermehrt, so fällt ihr Preis oder der Wert des Geldes steigt. Wird das Geld vermehrt, so wächst umgekehrt der Preis der Waren und der Wert des Geldes fällt.[116]

„Die Teuerkeit aller Dinge" sagt Hume, „infolge von Geldüberfluß ist ein Nachteil für jeden bestehenden Handel, indem er den ärmern Ländern erlaubt, reichere zu unterkaufen auf allen fremden Märkten.[117] Es kann keine Wirkung, gute oder schlechte, ausüben, wenn wir eine Nation für sich selbst betrachten, ob viel oder wenig Münze zum Zählen oder Repräsentieren der Waren vorhanden ist, so wenig wie die Bilanz eines Kaufmanns alteriert würde, wenn er in der Buchführung, statt der arabischen Rechenweise, die wenig Ziffern erheischt, die römische anwendete, die einer größeren Anzahl bedarf. Ja, die größere Quantität des Geldes, gleich den römischen Rechencharakteren, ist vielmehr unbequem und kostet mehr Mühe sowohl für Aufbewahrung als Transport."[118]

Um überhaupt etwas zu beweisen, hätte Hume zeigen müssen, daß in einem gegebenen System von Rechencharakteren die Masse der angewandten Ziffern nicht von der Größe des Zahlenwerts, sondern die Größe des Zahlenwerts umgekehrt von der Masse der angewandten Charaktere abhängt. Es ist sehr richtig, daß es kein Vorteil ist, die Warenwerte in Gold oder Silber von gesunkenem Wert zu schätzen oder zu „zählen", und daher fanden es die Völker mit dem Wachstum der Wertsumme der zirkulierenden Waren stets bequemer, in Silber zu zählen als in Kupfer, und in Gold als in Silber. Im Maß wie sie reicher wurden verwandelten sie die minder wertvollen Metalle in subsidiäre Münze und die wertvollern in Geld. Andrerseits vergißt Hume, daß zum Zählen der Werte in Gold und Silber weder Gold noch Silber „vorhanden" zu sein braucht. Rechengeld und Zirkulationsmittel fallen ihm zusammen und beide sind Münze (coin). Weil eine Wertveränderung im Maße der Werte oder den edeln Metallen, die als Rechengeld funktionieren, die Warenpreise steigen oder fallen macht, also auch die Masse des zirkulierenden Geldes bei gleichbleibender Umlaufsgeschwindigkeit, schließt Hume, daß das Steigen oder Fallen der Warenpreise von der Quantität des zirkulierenden Geldes abhängt. Daß im 16. und l 7. Jahrhundert nicht nur die Quantität von Gold und Silber sich vermehrte, sondern gleichzeitig ihre Produktionskosten sich verminderten, konnte Hume aus dem Schließen der europäischen Minen sehn. Im 16. und 17. Jahrhundert stiegen die Warenpreise in Europa mit der Masse des importierten amerikanischen Gol-

116 Conf. Steuart, l c. t. I. p. 394-400.
117 David Hume, l.c. p. 300.
118 David Hume, l.c. p. 303.

des und Silbers; also sind die Warenpreise in jedem Lande bestimmt durch die Masse des in ihm befindlichen Goldes und Silbers. Dies war Humes erste „notwendige Konsequenz“[119]. Im 16. und 17. Jahrhundert stiegen die Preise nicht gleichmäßig mit der Zunahme der edeln Metalle; mehr als ein halbes Jahrhundert verfloß, bevor *irgendein* Wechsel in den Warenpreisen sich zeigte, und selbst dann währte es noch lange, bevor die Tauschwerte der Waren allgemein dem gesunkenen Wert des Golds und Silbers gemäß geschätzt wurden, also bevor die Revolution die allgemeinen Warenpreise ergriff. Also, schließt Hume, der ganz im Widerspruch mit den Grundsätzen seiner Philosophie einseitig beobachtete Tatsachen unkritisch in allgemeine Sätze verwandelt, also ist der Preis der Waren oder der Wert des Geldes bestimmt nicht durch die absolute Masse des in einem Lande befindlichen Geldes, sondern vielmehr durch die Quantität von Gold und Silber, die wirklich in die Zirkulation eingeht, aber schließlich muß alles in einem Lande befindliche Gold und Silber als Münze von der Zirkulation absorbiert werden.[120] Es ist klar, daß, wenn Gold und Silber einen eignen Wert besitzen, von allen andern Gesetzen des Umlaufs abgesehen, nur eine bestimmte Quantität Gold und Silber als Äquivalent für eine gegebene Wertsumme von Waren zirkulieren kann. Muß also jede zufällig in einem Lande befindliche Quantität Gold und Silber ohne Rücksicht auf die Summe der Warenwerte als Zirkulationsmittel in den Warenaustausch eingehn, so besitzen Gold und Silber keinen immanenten Wert und sind daher in der Tat keine wirklichen Waren. Dies ist Humes dritte „notwendige Konsequenz“. Waren ohne Preis und Gold und Silber ohne Wert läßt er in den Zirkulationsprozeß eingehn. Er spricht daher auch nie von Wert der Waren und Wert des Goldes, sondern nur von ihrer wechselseitigen Quantität. Schon Locke hatte gesagt, Gold und Silber hätten einen bloß eingebildeten oder konventionellen Wert; die erste brutale Form des Gegensatzes zur Behauptung des Monetarsystems, daß Gold und Silber allein wahren Wert haben. Daß das Gelddasein von Gold und Silber bloß aus ihrer Funktion im gesellschaftlichen Austauschprozeß entspringt, wird dahin ausgelegt, daß sie ihren eignen Wert und daher ihre Wertgröße einer gesellschaftlichen Funktion verdanken.[121] Gold und Silber sind also wertlose Dinge,

---

[119] David Hume, l.c. p. 303.

[120] „Es ist klar, daß die Preise nicht so sehr abhängen von der absoluten Menge der Waren, und der des Geldes, die in einem Lande vorhanden sind, als von der Menge der Waren, die auf den Markt kommt oder kommen kann, und von dem Gelde, welches zirkuliert. Wenn das gemünzte Geld in Truhen verschlossen wird, so ist dies für die Preise dasselbe, als ob es vernichtet wäre; wenn die Waren in Magazinen und Kornspeichern aufgehäuft werden, so folgt die gleiche Wirkung. Da das Geld und die Waren in solchen Fällen nie zusammentreffen, können sie auch nicht aufeinander wirken. Das Ganze (der Preise) erreicht schließlich *ein richtiges Verhältnis zu der neuen Menge das Metallgeldes, die im Lande ist.*“ (l.c. p. 303, 307, 308.)

[121] Siehe Law und Franklin über den Surpluswert, den Gold und Silber aus Funktion als Geld erhalten sollen. Auch Forbonnais. [*Note in Handexemplar.*]

aber innerhalb des Zirkulationsprozesses erhalten sie eine fiktive Wertgröße als *Repräsentanten der Waren.* Sie werden durch den Prozeß nicht in Geld, sondern in Wert verwandelt. Dieser ihr Wert wird bestimmt durch die Proportion zwischen ihrer eignen Masse und der Warenmasse, indem sich beide Massen decken müssen. Während also Hume Gold und Silber als Nichtwaren in die Welt der Waren eintreten läßt, verwandelt er sie umgekehrt, sobald sie in der Formbestimmtheit der Münze erscheinen, in bloße Waren, die sich durch einfachen Tauschhandel mit andren Waren austauschen. Bestände nun die Warenwelt aus einer einzigen Ware, z. B. einer Million Quarter Getreide, so wäre die Vorstellung sehr einfach, daß ein Quarter sich gegen zwei Unzen Gold austauscht, wenn zwei Millionen Unzen Gold vorhanden sind und gegen 20 Unzen Gold, wenn 20 Millionen Unzen Gold vorhanden sind, Preis der Ware und Wert des Geldes also in umgekehrtem Verhältnis zur vorhandenen Quantität Geld steigen oder fallen.[122] Aber die Warenwelt besteht aus unendlich verschiedenen Gebrauchswerten, deren relativer Wert keineswegs durch ihre relative Quantität bestimmt ist. Wie also denkt sich Hume diesen Austausch zwischen der Masse der Waren und der Masse des Goldes? Er begnügt sich mit der begriffslos dumpfen Vorstellung, daß jede Ware als aliquoter Teil der gesamten Warenmasse sich gegen einen entsprechend aliquoten Teil der Goldmasse austauscht. Die prozessierende Bewegung der Waren, die aus dem in ihnen enthaltenen Gegensatz von Tauschwert und Gebrauchswert entspringt, in dem Umlauf des Geldes erscheint und in den verschiedenen Formbestimmtheiten des letztern sich kristallisiert, ist also ausgelöscht, und an ihre Stelle tritt die eingebildete mechanische Gleichsetzung zwischen der Gewichtmasse der in einem Land befindlichen edeln Metalle und der gleichzeitig vorhandenen Warenmasse.

Sir James Steuart eröffnet seine Untersuchung über Münze und Geld mit einer ausführlichen Kritik von Hume und Montesquieu.[123] Er ist in der Tat der erste, der die Frage stellt: Ist die Quantität des umlaufenden Geldes durch die Warenpreise oder sind die Warenpreise durch die Quantität des umlaufenden Geldes bestimmt? Obgleich seine Darstellung getrübt ist durch phantastische Ansicht vom Maß der Werte, durch schwankende Darstellung von Tauschwert überhaupt und durch Reminiszenzen des Merkantilsystems, entdeckt er die wesentlichen Formbestimmtheiten des Geldes und allgemeinen Gesetze des Geldumlaufs, weil er nicht mechanisch die Waren auf die eine und das Geld auf die andre Seite stellt, sondern tatsächlich aus den verschiednen Momenten des Warenaustausches selbst die verschiednen Funktionen entwickelt.

> „Der Gebrauch von Geld für inländische Zirkulation läßt sich zusammenfassen unter zwei Hauptpunkte, Zahlung dessen, was einer schuldet, Kaufen dessen, was einer braucht; beides zusammengefaßt bildet die Nachfrage für bares Geld

---

[122] Diese Fiktion kommt wörtlich vor bei Montesquieu. [*Note im Handexemplar.*]

[123] Steuart. l.c. t. I, p. 394 seq.

(ready money demands) ... Der Stand von Handel, Manufaktur, Lebensweise und herkömmlichen Ausgaben der Einwohner, wenn alle zusammengenommen, regeln und bestimmen die Masse der Nachfrage für bares Geld, d. h. die Masse der Veräußerungen. Um diese Mannigfaltigkeit der Zahlungen ins Werk zu setzen, ist eine gewisse Proportion Geld nötig. Diese Proportion ihrerseits kann zunehmen oder abnehmen, je nach Umständen, obgleich die Quantität der Veräußerung dieselbe bleibt ... Jedenfalls kann die Zirkulation eines Landes nur eine bestimmte Quantität von Geld absorbieren."[124] „Der Marktpreis der Ware wird bestimmt durch die verwickelte Operation von Nachfrage und Konkurrenz (demand and competition), die durchaus von der in einem Land befindlichen Gold- und Silbermasse unabhängig sind. Was wird nun aus dem nicht als Münze erheischten Gold und Silber? Es wird als Schatz aufgehäuft oder als Material von Luxusartikeln verarbeitet. Fiele die Gold- und Silbermasse unter das für die Zirkulation erheischte Niveau, so ersetzt man sie durch symbolisches Geld oder andre Auskunftsmittel. Bringt ein günstiger Wechselkurs Überfluß von Geld ins Land und schneidet zugleich die Nachfrage für seine Versendung ins Ausland ab, so fällt es häufig in Koffer, wo es so nutzlos wird, als ob es in Minen läge."[125]

Das zweite von Steuart entdeckte Gesetz ist der Reflux der auf Kredit gegründeten Zirkulation zu ihrem Ausgangspunkt. Endlich entwickelt er die Wirkungen, die die Verschiedenheit des Zinsfußes in verschiedenen Ländern auf die internationale Aus- und Einwandrung der edeln Metalle hervorbringt. Die beiden letztern Bestimmungen deuten wir hier nur der Vollständigkeit wegen an, da sie unserm Thema der einfachen Zirkulation fernliegen.[126]

124 James Steuart l.c. t. II, p. 377-379 passim.

125 l.c. p. 379-380 passim.

126 „Die zusätzlichen Münzen werden eingeschlossen werden, oder in Silbergeschirr verwandelt ... Was das Papiergeld angeht, so wird es, sobald es den ersten Zweck erfüllt, das Bedürfnis dessen zu befriedigen, der es geborgt hat, zu dem Schuldner zurückkehren und realisiert werden ... Laß das Metallgeld eines Landes deshalb in noch so großer Proportion vermehrt oder vermindert werden, die Waren werden doch steigen oder fallen gemäß den Prinzipien der Nachfrage und der Konkurrenz, und diese werden beständig von den Neigungen jener abhängen, die Eigentum oder irgendwelche Art von Gegenwert zu geben haben, aber niemals von der Menge der Münzen, die sie besitzen ... Laß sie (nämlich die Menge des Metallgeldes in einem Lande) noch so klein sein, solange es wirkliches Eigentum irgendeiner Art im Lande gibt, und eine Konkurrenz des Konsumierens unter denen, die es besitzen, so werden die Preise hoch sein vermittels Tauschhandels, symbolischen Geldes, wechselseitiger Zahlungen und tausend anderer Erfindungen ... Wenn dies Land Verkehr mit andern Nationen hat, so muß eine Proportion zwischen den Preisen von mancherlei Waren dort und anderswo bestehen, und eine plötzliche Vermehrung oder Verminderung des Metallgeldes, angenommen, es könnte *von sich aus* die Wirkung der Erhöhung oder Senkung von Preisen hervorrufen, würde durch ausländische Konkurrenz in ihrer Wirkung *beschränkt* werden." Steuart, I. c. t. I, p. 400-401. „Die Zirkulation jedes Landes muß der gewerblichen Tätigkeit der Einwohner angepaßt sein, welche die auf den Markt kommenden Waren produzieren ... Wenn das Hartgeld eines Landes unter die Proportion zu dem Preise der zum Verkauf angebotenen Gewerbetätigkeit sinkt, dann wird man zu Erfindungen, wie symbolischem Geld, seine Zuflucht nehmen, um ein Äquivalent dafür zu

Symbolisches Geld oder Kreditgeld – Steuart unterscheidet diese beiden Formen des Geldes noch nicht – können die edeln Metalle als Kaufmittel oder Zahlungsmittel in der innern Zirkulation ersetzen, aber nicht auf dem Weltmarkt. Papiernoten sind daher das Geld der Gesellschaft (money of the society), während Gold und Silber das Geld der Welt sind (money of the world).[127]

Es ist Eigentümlichkeit der Nationen von „historischer" Entwicklung im Sinn der historischen Rechtsschule, ihre eigne Geschichte beständig zu vergessen. Obgleich daher die Streitfrage über das Verhältnis der Warenpreise zur Quantität der Zirkulationsmittel während dieses halben Jahrhunderts fortwährend das Parlament bewegt, und Tausende von Pamphleten, großen und kleinen, in England hervorgerufen hat, blieb Steuart mehr noch „toter Hund" als Spinoza dem Moses Mendelssohn zu Lessings Zeit schien. Selbst der neueste Geschichtsschreiber der „currency", Maclaren, verwandelt Adam Smith in den Erfinder der Steuartschen Theorie, wie Ricardo in den der Humeschen.[128] Während Ricardo Humes Theorie verfeinerte, registriert Adam Smith die Resultate der Steuartschen Forschungen als tote Tatsachen. *Adam Smith* hat seinen schottischen Weisheitsspruch, daß, „wenn ihr ein wenig gewonnen habt, es oft leicht wird, viel zu gewinnen, die Schwierigkeit aber darin liegt, das wenige zu gewinnen", auch auf geistigen Reichtum angewandt und daher mit kleinlicher Sorgfalt die Quellen verheimlicht, denen er das Wenige verdankt, woraus er in der Tat viel macht. Mehr als einmal zieht er vor, der Frage die Pointe abzubrechen, wo scharfe Formulierung ihn zwingen würde, mit seinen Vorgängern abzurechnen. So in der Geldtheorie. Er nimmt Steuarts Theorie stillschweigend an, indem er erzählt, das in einem Lande befindliche Gold und Silber werde teils als Münze

---

schaffen. Wenn sich aber herausstellt, daß das Metallgeld über der Proportion zu der Gewerbetätigkeit steht, wird es keine Wirkung der Preiserhöhung haken, noch wird es in die Zirkulation eintreten: *es wird in Schätzen aufgehäuft werden* ... Wie groß immer die Menge des Geldes in einem Lande sein mag, im Verhältnis zu der übrigen Welt, so kann niemals etwas in Zirkulation bleiben als die Menge, die der Konsumtion der reichen und der Arbeit und Gewerbetätigkeit der armen Einwohner nahezu proportional ist", und diese Proportion ist nicht bestimmt „durch die tatsächlich im Lande befindliche Menge Geldes" (l.c. p. 407-408 passim.). „Alle Länder werden sich bemühen, ihr bares Geld, das nicht für ihre eigne Zirkulation nötig ist, in jenes Land zu werfen, in dem der Geldzins im Verhältnis zu ihrem eignen hoch ist." l.c. t. II, p. 5. „Das reichste Land in Europa kann das ärmste sein an zirkulierendem Metallgeld" l.c. II, p. 6. – Sieh Polemik gegen Steuart bei Arthur Young. [*Zusatz im Handexemplar.*]

127 Steuart, l.c. t. II. p. 370. Louis Blanc verwandelt das „money of the society", was nichts heißt als inländisches, nationales Geld, in sozialistisches Geld, was gar nichts heißt, und macht folgerecht Jean Law zum Sozialisten. (Sieh seinen ersten Band der Geschichte der französischen Revolution.)

128 Maclaren, l.c. p. 43 seq. Patriotismus hat einen zu früh verstorbenen deutschen Schriftsteller (Gustav Julius) verleitet, den alten Büsch als Autorität der Ricardoschen Schule gegenüberzustellen. Ehren-Büsch übertrug Steuarts geniales Englisch in Hamburger Platt und verballhornte sein Original so oft als möglich.

verwandt, teils als Reservefonds aufgehäuft für Kaufleute in Ländern ohne Banken und als Bankreserve in Ländern mit Kreditzirkulation, teils diene es als Schatz zur Ausgleichung internationaler Zahlungen, teils werde es zu Luxusartikeln verarbeitet. Die Frage über die Quantität der zirkulierenden Münze beseitigt er stillschweigend, indem er das Geld ganz falsch als bloße Ware behandelt.[129] Sein Vulgarisateur, der fade *J.-B. Say*, den die Franzosen zum prince de la science ernannt haben, wie Johann Christoph Gottsched seinen Schönaich zum Homer und Pietro Aretino sich selbst zum terror principum und lux mundi ernannte, hat dies nicht ganz naive Versehn Adam Smiths mit großer Wichtigkeit zum Dogma zugeritten.[130] Polemische Spannung gegen die Illusionen des Merkantilsystems verhinderte übrigens Adam Smith, die Phänomene der metallischen Zirkulation objektiv aufzufassen, während seine Anschauungen vom Kreditgeld originell und tief sind. Wie in den Versteinerungstheorien des 18. Jahrhunderts stets eine Unterströmung durchläuft, entspringend aus kritischer oder apologetischer Rücksicht auf die biblische Tradition von der Sündflut, so versteckt sich hinter allen Geldtheorien des 18. Jahrhunderts ein heimliches Ringen mit dem Monetarsystem, dem Gespenst, das die Wiege der bürgerlichen Ökonomie gehütet hatte und stets noch seinen Schlagschatten auf die Gesetzgebung warf.

Die Forschungen über das Geldwesen wurden im 19. Jahrhundert unmittelbar angeregt, nicht durch die Phänomene der metallischen, sondern vielmehr durch die der Banknotenzirkulation. Auf die erstere wurde nur zurückgegangen, um die Gesetze der letztern zu entdecken. Die Suspension der Barzahlungen der Bank von England seit 1797, das später erfolgende Steigen im Preise vieler Waren, der Fall des Münzpreises des Goldes unter seinen Marktpreis, die Depreziation der Banknoten besonders seit 1809, boten die unmittelbar praktischen Anlässe eines Parteikampfs im Parlament, eines theoretischen Turniers außerhalb desselben, beide gleich leidenschaftlich. Als historischer Hintergrund der Debatte diente die Geschichte des Papiergelds im 18. Jahrhundert, das Fiasko der Lawschen Bank, die mit der wachsenden Quantität der Wertzeichen Hand in Hand gehende Depreziation der Provinzial-Banknoten der englischen Kolonien in Nordamerika vom Anfang bis in die Mitte des 18. Jahrhunderts; dann später das von der amerikanischen Zentralregierung während des Unabhängigkeitskrieges gesetzlich aufgezwungene Papiergeld (Continental bills), endlich das auf noch

---

[129] Dies nicht exakt. Spricht vielmehr an einigen Stellen das Gesetz richtig aus. [*Note im Handexemplar.*]

[130] Der Unterschied von „currency" und „money", d. h. von Zirkulationsmittel und Geld findet sich daher nicht im „Wealth of Nations". Getäuscht von der scheinbaren Unbefangenheit Adam Smiths, der seinen Hume und Steuart sehr genau kannte, bemerkt der ehrliche Maclaren: „Die Theorie von der Abhängigkeit der Preise von der Menge der Zirkulationsmittel hat bisher noch nicht die Aufmerksamkeit auf sich gezogen; und Doktor Smith betrachtet gleich Herrn Locke" (Locke wechselt in seiner Ansicht) „das Metallgeld als nichts andres denn eine Ware." (Maclaren, l.c. p. 44.)

größerer Stufenleiter ausgeführte Experiment der französischen Assignaten. Die meisten englischen Schriftsteller der damaligen Zeit verwechseln die Banknotenzirkulation, die nach ganz andern Gesetzen bestimmt wird, mit der Zirkulation von Wertzeichen oder von Staatspapieren mit Zwangskurs und, während sie die Phänomene dieser Zwangszirkulation aus den Gesetzen der metallischen Zirkulation zu erklären vorgeben, abstrahieren sie in der Tat umgekehrt die Gesetze der letztern aus den Phänomenen der erstern. Wir überspringen alle die zahlreichen Schriftsteller während der Periode von 1800 bis 1809 und wenden uns sogleich zu Ricardo, sowohl weil er seine Vorgänger zusammenfaßt und ihre Ansichten schärfer formuliert, als weil die Gestalt, die er der Geldtheorie gab, bis zu diesem Augenblick die englische Bankgesetzgebung beherrscht. Ricardo, wie seine Vorgänger, wirft die Zirkulation von Banknoten oder von Kreditgeld mit der Zirkulation von bloßen Wertzeichen zusammen. Die ihn beherrschende Tatsache ist die Depreziation des Papiergelds und das gleichzeitige Steigen der Warenpreise. Was die amerikanischen Minen für Hume, waren die Papierzettelpressen in Threadneedle Street für Ricardo und er selbst identifiziert an einer Stelle ausdrücklich beide Agentien. Seine ersten Schriften, die sich nur mit der Geldfrage beschäftigen, fallen in die Zeit der heftigsten Polemik zwischen der Bank von England, auf deren Seite die Minister und die Kriegspartei standen, und ihren Gegnern, um die sich die parlamentarische Opposition, die Whigs und die Friedenspartei gruppierten. Sie erschienen als direkte Vorläufer des berühmten Berichts des Bullionkomitees von 1810, worin Ricardos Ansichten akzeptiert sind.[131] Die Sonderbarkeit, daß Ricardo und seine Anhänger, die das Geld für bloßes Wertzeichen erklären, Bullionists (Goldbarrenmänner) heißen, rührt her nicht allein vom Namen dieses Komitees, sondern vom Inhalt seiner Lehre selbst. In seinem Werke über politische Ökonomie hat Ricardo dieselben Ansichten wiederholt und weiter entwickelt, nirgendwo aber das Geldwesen an sich untersucht, wie er mit Tauschwert, Profit, Rente usw. tat.

Ricardo bestimmt zunächst den Wert des Goldes und Silbers wie den aller andern Waren, durch das Quantum der in ihnen vergegenständlichten Arbeitszeit.[132] In ihnen, als Waren von gegebenem Wert, würden die Werte der andern Waren gemessen.[133] Die Quantität der Zirkulationsmittel in einem Lande ist nun bestimmt durch den Wert der Maßeinheit des Geldes auf der einen Seite, durch die Summe der Tauschwerte der Waren auf der andern Seite. Modifiziert wird

---

131 David Ricardo, „The high price of Bullion. a proof of the depreciation of Banknotes", 4. Edition, London 1811. (Die erste Ausgabe erschien 1809.) Ferner: „Reply to Mr. Bosanquet's practical observations on the report of the bullion committee", London 1811.

132 David Ricardo, „On the principles of political economy etc." , p. 77. „Der Wert der edeln Metalle hängt schließlich ab, wie der aller andern Waren, von der Totalquantität der Arbeit, nötig, um sie zu erhalten und auf den Markt zu bringen."

133 l.c. p. 77, 180,181.

diese Quantität durch die Ökonomie in der Zahlungsweise.[134] Da so die Quantität, worin Geld von gegebenem Wert zirkulieren kann, sich bestimmt findet und sein Wert innerhalb der Zirkulation nur in seiner Quantität erscheint, können bloße Wertzeichen desselben, wenn ausgegeben in der durch seinen Wert bestimmten Proportion, es in der Zirkulation ersetzen, und zwar

> „befindet sich das umlaufende Geld in seinem vollendetsten Zustand, wenn es ausschließlich aus Papier besteht, das von gleichem Wert ist mit dem Gold, welches es zu repräsentieren vorgibt“[135].

Bisher also bestimmt Ricardo, den Wert des Geldes als gegeben vorausgesetzt, die Quantität der Zirkulationsmittel durch die Preise der Waren, und das Geld als Wertzeichen bedeutet ihm Zeichen eines bestimmten Goldquantums, nicht wie bei Hume wertlosen Repräsentanten der Waren.

Wo Ricardo plötzlich abbricht vom ebenen Gang seiner Darstellung und in die umgekehrte Ansicht umschlägt, wendet er sich sofort zur internationalen Zirkulation der edeln Metalle und verwirrt so das Problem durch das Hereinbringen fremder Gesichtspunkte. Indem wir seinen innern Gedankensprecher verfolgen, schieben wir zunächst alle künstlichen Inzidenzpunkte beiseite und verlegen daher die Gold- und Silberminen in das Innere der Länder, wo die edeln Metalle als Geld zirkulieren. Der einzige Satz, der aus Ricardos bisheriger Entwicklung folgt, ist, daß bei gegebenem Wert des Goldes die Quantität des zirkulierenden Geldes sich durch die Warenpreise bestimmt findet. In einem gegebenen Moment also ist die Masse des in einem Lande zirkulierenden Goldes einfach bestimmt durch den Tauschwert der zirkulierenden Waren. Gesetzt nun, die Summe dieser Tauschwerte nehme ab, entweder weil weniger Waren zu den alten Tauschwerten produziert werden, oder weil infolge vermehrter Produktivkraft der Arbeit dieselbe Warenmasse verminderten Tauschwert erhält. Oder unterstellen wir umgekehrt, die Summe der Tauschwerte vermehre sich, weil sich die Masse der Waren bei gleichbleibenden Produktionskosten vermehrt, oder weil der Wert, sei es derselben, sei es einer kleineren Warenmasse, infolge verminderter Produktivkraft der Arbeit wächst. Was wird in beiden Fällen aus der *gegebenen* Quantität des zirkulierenden Metalls? Wenn das Gold nur Geld ist, weil es als Zirkulationsmittel umläuft, wenn es gezwungen ist, in der Zirkulation

---

[134] Ricardo, l.c. p. 421. „Die Quantität Geld, die in einem Lande angewandt werden kann, hängt von seinem Wert ab. Zirkulierte Gold allein, so wäre fünfzehnmal weniger davon nötig, als wenn Silber allein angewandt würde.“ Siehe auch Ricardo, „Proposal's for an economical and secure currency“, London 1816, p. 8, wo er sagt: „Die Quantität der zirkulierenden Noten hängt ab von dem Betrag, der für die Zirkulation des Landes erheischt ist, und dieser ist geregelt durch den Wert der Maßeinheit des Geldes, den Belauf der Zahlungen und die Ökonomie in ihrer Realiserung.“

[135] Ricardo, „Principles of political economy“, p. 432, 433.

zu verharren, wie vom Staat ausgegebenes Papiergeld mit Zwangskurs (und dies liegt Ricardo im Sinn) dann wird die Quantität des zirkulierenden Geldes im ersten Fall überschwellen im Verhältnis zum Tauschwert des Metalls; im zweiten würde sie unter ihrem normalen Niveau stehen. Obgleich also mit eignem Wert begabt, wird das Gold im ersten Fall zu einem Zeichen von Metall von niedrigerem Tauschwert als seinem eignen, im letztern zum Zeichen eines Metalls von höherm Wert. Im ersten Fall wird es als Wertzeichen unter, im zweiten über seinem wirklichen Wert stehn (wieder eine Abstraktion vom Papiergeld mit Zwangskurs). Im ersten Fall wäre es dasselbe, als wenn die Waren in Metall von niedrigerem Wert, im zweiten, als wenn sie in Metall von höherm Wert als Gold geschätzt würden. Im ersten Fall würden die Warenpreise daher steigen, im zweiten würden sie sinken. In beiden Fällen wäre die Bewegung der Warenpreise, ihr Steigen oder Fallen, Wirkung der relativen Expansion oder Kontraktion der Masse des zirkulierenden Goldes über oder unter das seinem eignen Wert entsprechende Niveau, d. h. die normale Quantität, die durch das Verhältnis zwischen seinem eignen Wert und dem Wert der zu zirkulierenden Waren bestimmt ist.

Derselbe Prozeß würde stattfinden, wenn die Preissumme der zirkulierenden Waren unverändert bliebe, aber die Masse des zirkulierenden Goldes unter oder über das richtige Niveau zu stehen käme, das erste, wenn die in der Zirkulation abgenutzte Goldmünze nicht durch eine entsprechende neue Produktion der Minen ersetzt würde, das zweite, wenn die neue Zufuhr von den Minen die Bedürfnisse der Zirkulation überholt hätte. In beiden Fällen ist vorausgesetzt, daß die Produktionskosten des Goldes oder sein Wert derselbe bleibt.

Um zu resümieren: Das zirkulierende Geld steht auf dem normalen Niveau, wenn seine Quantität, bei gegebenem Tauschwert der Waren, durch seinen eignen Metallwert bestimmt ist. Es schwillt über, das Gold sinkt unter seinen eignen Metallwert und die Preise der Waren steigen, weil die Summe der Tauschwerte der Warenmasse sich vermindert oder die Zufuhr des Goldes von den Minen sich vermehrt. Es kontrahiert sich unter sein richtiges Niveau, das Gold steigt über seinen eignen Metallwert und die Warenpreise sinken, weil die Summe der Tauschwerte der Warenmasse sich vermehrt oder die Zufuhr des Goldes von den Minen nicht die Masse des abgenutzten Goldes ersetzt. In beiden Fällen ist das zirkulierende Gold Wertzeichen von größerm oder kleinerm Wert, als den es wirklich enthält. Es kann zu einem appreziierten und depreziierten Zeichen seiner selbst werden. Sobald die Waren sich allgemein in diesem neuen Wert des Geldes geschätzt hätten und die allgemeinen Warenpreise entsprechend gestiegen oder gefallen wären, würde die Quantität des zirkulierenden Goldes den Bedürfnissen der Zirkulation wieder entsprechen (eine Konsequenz, die Ricardo mit besonderm Vergnügen hervorhebt), aber den Produktionskosten der edeln Metalle und daher ihrem Verhältnis als Ware zu den übrigen Waren widersprechen. Entsprechend der Ricardoschen Theorie von den Tauschwerten überhaupt, würde das Steigen des Goldes über seinen Tauschwert, d. h. den durch die in ihm enthaltene Arbeitszeit bestimmten Wert, eine Vermehrung der Produktion des Goldes veranlassen, bis seine vermehrte Zufuhr es wieder auf seine richtige Wertgröße herabgesetzt hätte. Umgekehrt würde ein Sinken des Goldes unter seinen Wert eine Verminderung seiner Produktion veranlassen, bis es wieder zu seiner richtigen Wertgröße gestiegen wäre. Durch diese umgekehrten Bewegungen würde der Widerspruch zwischen dem Metallwert des Goldes und seinem Wert als Zirkulationsmittel sich ausgleichen, das richtige Niveau der zirkulierenden Goldmasse sich herstellen und die Höhe der Warenpreise wieder dem Maß der Werte entsprechen. Diese Fluktuationen im Wert des zirkulierenden Goldes würden ebensosehr das Gold in Barrenform ergreifen, da nach der Voraussetzung alles Gold, das nicht als Luxusartikel verbraucht wird, zirkuliert. Da das Gold selbst, sei es als Münze, sei es als Barre, Wertzeichen von größerm oder geringerm Metallwert als seinem eignen werden kann, so versteht es sich, daß etwa zirkulierende konvertible Banknoten dasselbe Schicksal teilen. Obgleich die Banknoten konvertibel sind, also ihr Realwert ihrem Nominalwert entspricht, kann die Gesamtmasse des zirkulierenden Geldes, Gold und Noten (the aggregate currency consisting of metal and of convertible notes) appreziiert oder depreziiert werden, je nachdem ihre Gesamtquantität, aus den vorher entwickelten Gründen, über oder unter das Niveau steigt oder fällt, das durch den Tauschwert der zirkulierenden Waren und den Metallwert des Goldes bestimmt ist. Inkonvertibles Papiergeld, von diesem Gesichtspunkt aus, besitzt nur den Vorzug vor konvertiblem Papiergeld, daß es doppelt depreziiert werden kann. Es mag fallen unter den Wert des Metalls, das es zu repräsentieren vorgibt, weil es in zu großer Anzahl ausgegeben wird, oder es mag fallen, weil das von ihm repräsentierte Metall unter seinen eigenen Wert gefallen ist. Diese Depreziation, nicht des Papiers gegen Gold, sondern des Goldes und Papiers zusammengenommen, oder der gesamten Masse der Zirkulationsmittel eines Landes, ist eine der Haupterfindungen Ricardos, die Lord Overstone et Co. in ihren Dienst preßten und zu einem Fundamentalprinzip von Sir Robert Peels Bankgesetzgebung von 1844 und 1845 machten.

Was bewiesen werden sollte, war, daß der Preis der Waren oder der Wert des Goldes von der Masse des zirkulierenden Goldes abhängt. Der Beweis besteht in der Voraussetzung des zu beweisenden, daß jede Quantität des edeln Metalls, das als Geld dient, in welchem Verhältnis immer zu seinem innern Wert, Zirkulationsmittel, Münze, und so Wertzeichen für die zirkulierenden Waren, welches immer die Gesamtsumme ihres Wertes werden muß. In andern Worten, der Beweis besteht in der Abstraktion von allen andern Funktionen, die das Geld außer seiner Funktion als Zirkulationsmittel besitzt. Wenn hart gedrängt, wie z. B. in seiner Polemik mit Bosanquet, flüchtet Ricardo, ganz unter der Herrschaft des Phänomens der durch ihre Quantität depreziierten Wertzeichen, zu dogmatischer Versicherung.[136]

Hätte Ricardo nun diese Theorie in der Art, wie wir es getan, abstrakt aufgestellt, ohne Hereinbringen konkreter Verhältnisse und von der Frage selbst ablenkender Inzidenzpunkte, so trat ihre Hohlheit schlagend hervor. Er streicht aber die ganze Entwicklung *international* an. Es wird sich aber leicht nachweisen lassen, daß die scheinbare Größe des Maßstabs an der Kleinheit der Grundideen nichts ändert.

Der erste Satz war also: Die Quantität des zirkulierenden Metallgelds ist normal, wenn sie bestimmt ist durch die in seinem Metallwert geschätzte Wertsumme der zirkulierenden Waren. International ausgedrückt lautet dies: Im normalen Zustand der Zirkulation besitzt jedes Land eine seinem Reichtum und seiner Industrie entsprechende Masse Geld. Geld zirkuliert in einem seinem wirklichen Wert oder seinen Produktionskosten entsprechenden Wert; d. h. es hat in allen Ländern denselben Wert.[137] Es würde daher nie Geld von einem Lande ins andre exportiert oder importiert werden.[138] Es fände also ein Gleichgewicht zwischen den currencies (den Gesamtmassen des zirkulierenden Geldes) der verschiedenen Länder statt. Das richtige Niveau der nationalen currency ist nun ausgedrückt als internationales Gleichgewicht der currencies, und in der Tat nichts gesagt, als daß die Nationalität nichts ändert an dem allgemeinen ökonomischen Gesetz. Wir sind jetzt wieder bei demselben fatalen Punkt angelangt wie vorher. Wie wird das richtige Niveau gestört, was nun lautet, wie wird das internationale Gleichgewicht der currencies gestört, oder wie hört das Geld auf, denselben Wert in allen Ländern zu haben, oder endlich, wie hört es auf, in jedem Lande seinen eignen Wert zu haben? Wie vorhin das richtige Niveau gestört wurde, weil die Masse des zirkulierenden Goldes zu- oder abnahm, bei gleichbleibender Wertsumme der Waren, oder weil die Quantität des zirkulierenden Geldes dieselbe blieb, während die Tauschwerte der Waren zu- oder abnahmen, so wird jetzt das internationale durch den Wert des Metalls selbst bestimmte Niveau gestört, weil die Masse des in einem Lande befindlichen Goldes wächst infolge neuer in ihm entdeckter Metallminen[139], oder weil die Summe der Tauschwerte der zirkulierenden Waren in einem besondern Lande zu- oder abgenommen hat. Wie vorhin die Produktion der edlen Metalle sich verminderte oder vermehrte, je nachdem es nötig war, die currency zu kontrahieren oder zu expandieren und die Warenpreise entsprechend zu senken oder zu erhöhen, ebenso wirken jetzt

---

[136] David Ricardo, „Reply to Mr. Bosanquet's practical observations etc.", p. 49. „Daß die Waren im Preis steigen oder fallen würden, im Verhältnis zur Vermehrung oder Verminderung des Geldes, *setze ich als eine unbestreitbare Tatsache voraus.*"

[137] Ricardo, „The high price of Bullion etc." „Geld würde in allen Ländern *denselben* Wert haben." (p. 4.) In seiner politischen Ökonomie hat Ricardo diesen Satz modifiziert, aber nicht in einer Weise, die hier ins Gewicht fällt.

[138] l.c. p. 3-4.

[139] l.c. p. 4.

Export und Import aus einem Lande in das andre. In dem Land, worin die Preise gestiegen und der Wert des Goldes, infolge der aufgeschwollenen Zirkulation, unter seinen Metallwert gefallen wäre, wäre das Gold depreziiert im Verhältnis zu den andern Ländern, und folglich wären die Preise der Waren, verglichen mit den andern Ländern, erhöht. Gold würde also ausgeführt, Waren eingeführt werden. Wenn umgekehrt, umgekehrt. Wie vorhin die Produktion von Gold, würden jetzt Import oder Export von Gold und mit ihnen Steigen oder Fallen der Warenpreise fortdauern, bis, wie vorher das richtige Wertverhältnis zwischen Metall und Ware, nun das Gleichgewicht zwischen den internationalen currencies wiederhergestellt wäre. Wie im ersten Fall die Produktion des Goldes sich nur vermehrte oder verminderte, weil das Gold über oder unter seinem Werte stand, so würde die internationale Wanderung des Goldes nur aus diesem Grund stattfinden. Wie im ersten Fall jede Veränderung in seiner Produktion die Quantität des zirkulierenden Metalls und damit die Preise affizieren würde, so nun der internationale Import und Export. Sobald der relative Wert zwischen Gold und Ware oder die normale Quantität der Zirkulationsmittel hergestellt wäre, würde im ersten Fall keine fernere Produktion, im zweiten kein fernerer Export oder Import, außer zum Ersatz der abgenutzten Münze und zum Konsum der Luxusindustrie stattfinden. Es folgt daher,

> „daß die Versuchung, Geld auszuführen als Äquivalent für Waren, oder eine ungünstige Handelsbilanz nie stattfinden kann, außer infolge einer überschwellenden Quantität der Zirkulationsmittel“[140].

Es wäre stets nur die Entwertung oder Überwertung des Metalls infolge der Expansion oder Kontraktion der Masse der Zirkulationsmittel über oder unter ihr richtiges Niveau, wodurch seine Einfuhr oder Ausfuhr bewirkt würden.[141] Es ergäbe sich ferner: da im ersten Fall die Produktion des Goldes nur vermehrt oder vermindert, im zweiten Falle Gold nur importiert oder exportiert wird, weil seine Quantität über oder unter ihrem richtigen Niveau steht, weil es über oder unter seinen Metallwert appreziiert oder depreziiert ist, also die Warenpreise zu hoch oder zu niedrig sind, so wirkt jede solche Bewegung als Korrektivmittel[142], indem sie durch Expansion oder Kontraktion des zirkulierenden Geldes die Preise wieder auf ihr wahres Niveau zurückführt, im ersten Fall das Niveau zwischen Wert des Geldes und Wert der Waren, im zweiten Falle das internationale Niveau der currencies. In andern Worten: Das Geld zirkuliert in verschiedenen Ländern nur insofern es in jedem Lande als Münze zirkuliert. Das Geld ist nur

---

[140] „Eine ungünstige Handelsbilanz kann nie anders als durch eine Überfülle von Zirkulationsmittel entstehen.“ (Ricardo, l.c. p. 11, 12)

[141] „Der Export des Handels wird durch seine Billigkeit hervorgerufen und ist nicht die Wirkung, sondern die Ursache einer ungünstigen Bilanz“ (l.c. p. 14).

[142] l.c. p. 17.

Münze, und die Quantität des in einem Lande befindlichen Goldes muß daher in die Zirkulation eingehn, kann also als Wertzeichen seiner selbst über oder unter seinen Wert steigen oder fallen. Damit sind wir auf dem Umweg dieser internationalen Verwickelung wieder glücklich bei dem einfachen Dogma angelangt, das den Ausgangspunkt bildet.

Wie Ricardo die wirklichen Phänomene im Sinne seiner abstrakten Theorie gewaltsam zurechtkonstruiert, werden einige Beispiele zeigen. Er behauptet z. B., in Zeiten von Mißernten, häufig in England während der Perioden von 1800 bis 1820, werde Gold exportiert, nicht weil Korn bedurft und Gold Geld ist, also auf dem Weltmarkt stets wirksames Kaufmittel und Zahlungsmittel, sondern weil das Gold in seinem Wert depreziiert sei gegen die andern Waren und folglich die currency des Landes, worin die Mißernte stattfindet, depreziiert sei im Verhältnis zu den andern nationalen currencies. Weil nämlich der Mißwachs die Masse der zirkulierenden Waren vermindert habe, sei die gegebene Quantität des zirkulierenden Geldes über ihr normales Niveau hinausgetreten und seien folglich alle Warenpreise gestiegen.[143] Im Gegensatz zu dieser paradoxen Auslegung wurde statistisch nachgewiesen, daß seit 1793 bis zur neuesten Zeit, im Fall von Mißernten in England, nicht die vorhandene Quantität der Zirkulationsmittel überschwoll, sondern ungenügend wurde, und daher mehr Geld als früher zirkulierte und zirkulieren mußte.[144]

Ebenso behauptete Ricardo zur Zeit der napoleonischen Kontinentalsperre und der englischen Blockade-Dekrete, daß die Engländer Gold statt Ware nach dem Kontinent exportierten, weil ihr Geld depriziiert sei im Verhältnis zu dem Geld der kontinentalen Länder, ihre Waren daher im Preis relativ höher ständen und es so eine vorteilhaftere Handelsspekulation sei, Gold statt Waren auszu-

---

[143] Ricardo, l.c. p. 74,75. „Infolge einer schlechten Ernte würde England in die Lage eines Landes kommen, das eines Teils seiner Waren beraubt worden ist und deshalb eines verringerten Betrags des zirkulierenden Medium bedarf. Die Zirkulationsmittel, die vorher den Zahlungen gleich waren, würden jetzt überflüssig und verhältnismäßig billig werden seiner verringerten Produktion gegenüber. Die Ausfuhr dieser Summe würde deshalb den Wert des Zirkulationsmittels dem Wert der Zirkulationsmittel anderer Länder gegenüber wiederherstellen." Seine Konfusion zwischen Geld und Ware, und zwischen Geld und Münze zeigt sich lächerlich in folgendem Satz. „Wenn wir annehmen können, daß nach einer ungünstigen Ernte, wenn England Gelegenheit für eine ungewöhnliche Einfuhr von Korn hat, ein andres Land einen Überfluß jener Artikel besitzt, aber kein Bedürfnis für irgendwelche Waren, so würde unzweifelhaft folgen, daß solch ein Land sein Korn nicht ausführen würde im Tausch gegen Waren: *aber es würde Korn auch nicht gegen Geld ausführen*, da dies eine Ware ist, die kein Land jemals absolut benötigt, sondern relativ." (l.c. p. 75.) Puschkin in seinem Heldengedicht läßt den Vater seines Helden nicht begreifen, daß Ware Geld sei. Daß Geld aber Ware ist, haben die Russen von jeher begriffen, wie nicht nur der englische Kornimport von 1838 bis 1842 beweist, sondern ihre ganze Handelsgeschichte.

[144] Conf. Thomas Tooke, „History of prices" und James Wilson, „Capital, currency and banking". (Letzteres Buch ist der Abdruck einer Reihe von Artikeln, die 1844, 1845 und 1847 im „London Economist" erschienen.)

führen. Nach ihm war England der Markt, wo die Waren teuer und das Geld wohlfeil war, während auf dem Kontinent die Waren wohlfeil waren und das Geld teuer.

> „Die Tatsache", sagt ein englischer Schriftsteller, „war der ruinierend niedrige Preis unserer Fabrikate und Kolonialprodukte unter der Wirkung des Kontinentalsystems während der letzten 6 Jahre des Krieges. Die Preise von Zucker und Kaffee z. B. waren in Gold geschätzt vier- oder fünfmal höher auf dem Kontinent als dieselben Preise in England geschätzt in Banknoten. Es war die Zeit, wo die französischen Chemiker den Runkelrübenzucker entdeckten und Kaffee durch Zichorien ersetzten, während gleichzeitig englische Pächter im Mästen der Ochsen mit Sirup und Melassen Experimente machten, wo England Besitz von Helgoland nahm, um hier ein Warendepot zu bilden zur Erleichterung des Schmuggels nach dem Norden von Europa, und wo die leichteren Sorten britischer Fabrikate ihren Weg nach Deutschland durch die Türkei suchten ... Fast alle Waren der Welt waren in unsern Warenhäusern akkumuliert und lagen daselbst festgebannt, außer wenn eine kleine Quantität erlöst wurde durch eine französische Lizenz, wofür die Hamburger und Amsterdamer Kaufleute Napoleon eine Summe von 40-50 Tausend Pfd. St. bezahlt hatten. Komische Kaufleute mußten es sein, die solche Summen zahlten für die Freiheit, eine Ladung Waren von einem teuren Markt nach einem wohlfeilen zu bringen. Was war die klare Alternative für einen Kaufmann? Entweder Kaffee zu kaufen für 6 Pence in Banknoten und ihn nach einem Platz zu senden, wo er das Pfund unmittelbar verkaufen konnte für 3 oder 4 sh. in Geld, oder Gold zu kaufen mit Banknoten zu 5 Pfd. St. eine Unze und es nach einem Platz zu senden, wo es zu 3 Pfd. St. 17 sh. $10^1/_2$ d. geschätzt wurde. Es ist also abgeschmackt zu sagen, daß man Gold statt Kaffee remittierte als vorziehbare merkantilische Operation ... Es gab kein Land in der Welt, wo eine so große Quantität wünschenswerter Waren damals erhalten werden konnte als in England. Bonaparte examinierte stets genau die englischen Preiskurante. Solange er fand, daß in England Gold teuer und Kaffe wohlfeil war, zeigte er sich mit dem Wirken seines Kontinentalsystems zufrieden."[145]

Gerade zur Zeit, wo Ricardo seine Geldtheorie zuerst aufstellte, und das Bullionkomitee sie seinem parlamentarischen Bericht einverleibte, im Jahre 1810, fand ein ruinierender Fall in den Preisen aller englischen Waren statt, verglichen mit 1808 und 1809, während das Gold verhältnismäßig im Wert stieg. Agrikulturprodukte bildeten eine Ausnahme, weil ihre Einfuhr von außen auf Hindernisse stieß und ihre im Inland vorhandene Masse durch Mißernten dezimiert war.[146] Ricardo verkannte so gänzlich die Rolle der edeln Metalle als internationaler Zahlungsmittel, daß er in seiner Aussage vor dem Komitee des Hauses der Lords (1819) erklären konnte:

---

[145] James Deacon Hume, „Letters on the Cornlaws", London 1834. p. 29-31.

[146] Thomas Tooke, „History of prices etc.", London 1848, p. 110.

> „Daß Goldabflüsse für Ausfuhr gänzlich aufhören würden, sobald die Barzahlungen wiederaufgenommen und der Geldumlauf auf sein metallisches Niveau zurückgeführt wäre."

Er starb rechtzeitig gerade vor dem Ausbruch der Krise von 1825, die seine Prophezeiung Lügen strafte. Die Periode, worin Ricardos schriftstellerische Tätigkeit fällt, war überhaupt wenig geeignet, um die Funktion der edeln Metalle als Weltgeld zu beobachten. Vor der Einführung des Kontinentalsystems war die Handelsbilanz fast immer zugunsten Englands und während desselben waren die Transaktionen mit dem europäischen Kontinent zu unbedeutend, um den englischen Wechselkurs zu affizieren. Die Geldsendungen waren hauptsächlich politischer Natur, und Ricardo scheint die Rolle, die die Subsidiengelder im englischen Goldexport spielten, gänzlich verkannt zu haben.[147]

Unter den Zeitgenossen Ricardos, welche die Schule für die Prinzipien seiner politischen Ökonomie bildeten, ist *James Mill* der bedeutendste. Er hat versucht, Ricardos Geldtheorie auf Grundlage der einfachen metallischen Zirkulation darzustellen, ohne die ungehörigen internationalen Verwicklungen, wohinter Ricardo die Dürftigkeit seiner Ansicht versteckt, und ohne alle polemische Rücksicht auf die Operationen der Bank von England. Seine Hauptsätze sind folgende[148]:

> „Der Wert des Geldes ist gleich der Proportion, worin man es austauscht gegen andre Artikel, oder der Quantität Geld, die man im Austausch für eine bestimmte Quantität andrer Sachen gibt. Dies Verhältnis ist bestimmt durch die Totalquantität des in einem Lande befindlichen Geldes. Unterstellt man auf der einen Seite alle Waren eines Landes, und auf der andern all sein Geld, so ist es evident, daß beim Austausch der beiden Seiten der Wert des Geldes, d. h. die Quantität von Waren, für die es ausgetauscht wird, ganz von seiner eignen Quantität abhängt. Der Fall ist ganz derselbe im wirklichen Verlauf der Dinge. Die Totalmasse der Waren eines Landes tauscht sich nicht auf einmal gegen die Totalmasse des Geldes aus, sondern die Waren tauschen sich in Portionen, und oft in sehr kleinen Portionen, zu verschiedenen Epochen im Laufe des Jahres aus. Dasselbe Stück Geld, das heute zu diesem Austausch gedient hat, kann morgen zu einem andern dienen. Ein Teil des Geldes wird so einer größern Anzahl von Austauschakten, ein andrer zu einer sehr kleinen angewandt, ein dritter wird aufgehäuft und dient gar keinem Austausch. Unter diesen Variationen wird es einen Durchschnitt geben, begründet auf die Anzahl von Austauschakten, wozu jedes Goldstück verwandt worden wäre, wenn jedes dieselbe Anzahl von Austauschakten realisierte. Man fixiere diese Durchschnittszahl beliebig, z. B. auf 10. Hat jedes im Land befindliche Geldstück zu 10 Einkäufen gedient, so ist dies dasselbe, als ob sich die Totalmasse der Geldstücke verzehnfacht, und jedes nur zu einem einzi-

[147] Vgl. W. Blake, die oben zitierten „Observations etc."

[148] James Mill, „Elements of political economy." Im Text übersetzt aus der französischen Übersetzung von J. T. Parisot, Paris 1823.

gen Einkauf gedient hätte. In diesem Fall ist der Wert aller Waren gleich 10mal dem Wert des Geldes usw. Wenn umgekehrt, statt daß jedes Geldstück im Jahre zu 10 Einkäufen diente, die Totalmasse des Geldes verzehnfacht wäre und jedes Geldstück nur einen Austausch vollzöge, so ist klar, daß jede Vermehrung dieser Masse eine verhältnismäßige Verminderung im Werte jedes der Goldstücke für sich genommen verursachen würde. Da man unterstellt, daß die Masse aller Waren, wogegen sich das Geld austauschen kann, dieselbe bleibt, so ist der Wert der Gesamtmasse des Geldes nicht größer geworden nach Vermehrung seiner Quantität, als er vorher war. Unterstellt man Vermehrung um ein Zehnteil, so muß der Wert jedes aliquoten Teils der Gesamtmasse, z. B. einer Unze, sich um ein Zehnteil vermindert haben. Welches also auch immer der Grad der Verminderung oder Vermehrung der Totalmasse des Geldes sei, wenn die Quantität der andern Sachen dieselbe bleibt, so erfährt diese Gesamtmasse und jeder ihrer Teile wechselseitig eine verhältnismäßige Verminderung oder Vermehrung. Es ist klar, daß dieser Satz von absoluter Wahrheit ist. So oft der Geldwert ein Steigen oder Fallen erfahren hat, und so oft die Quantität der Waren, wogegen man es austauschen konnte, und die Bewegung der Zirkulation dieselben bleiben, muß dieser Wechsel eine verhältnismäßige Vermehrung oder Verminderung des Geldes zur Ursache gehabt haben und kann keiner andern Ursache zugeschrieben werden. Vermindert sich die Masse der Waren, während die Quantität des Geldes dieselbe bleibt, so ist es, als ob sich die Gesamtsumme des Geldes vermehrt hätte und umgekehrt. Ähnliche Wechsel sind das Resultat jedes Wechsels in der Bewegung der Zirkulation. Jede Vermehrung der Anzahl der Umläufe produziert denselben Effekt wie eine Totalvermehrung des Geldes; eine Verminderung in jener Anzahl bringt unmittelbar die umgekehrte Wirkung hervor ... Wenn ein Teil der jährlichen Produktion gar nicht ausgetauscht wird, wie das, was die Produzenten selbst konsumieren, so kommt dieser Teil nicht in Rechnung. Da er sich nicht gegen Geld austauscht, ist er in bezug auf das Geld, als ob er überhaupt nicht existierte ... So oft die Vermehrung und Verminderung des Geldes frei stattfinden kann, ist die in einem Lande befindliche Gesamtquantität desselben geregelt durch den Wert der edeln Metalle ... Gold und Silber aber sind Waren, deren Wert wie der aller übrigen Waren durch ihre Produktionskosten, das Quantum in ihnen enthaltener Arbeit bestimmt wird."[149]

Der ganze Scharfsinn Mills löst sich in eine Reihe ebenso willkürlicher als abgeschmackter Unterstellungen auf. Er will beweisen, daß der Preis der Waren oder der Wert des Geldes bestimmt ist „durch die Totalquantität des in einem Lande existierenden Geldes". *Unterstellt* man, daß die Masse und der Tauschwert der zirkulierenden Waren dieselben bleiben, nicht minder die Zirkulationsgeschwindigkeit und der durch die Produktionskosten bestimmte Wert der edeln Metalle und *unterstellt* man zugleich, daß dennoch die Quantität des *zirkulierenden* Metallgelds sich vermehrt oder vermindert, im Verhältnis zu der Masse des im Lande *existierenden* Geldes, so wird es in der Tat „evident" daß man unterstellt hat, was

[149] l.c. p. 128-136 passim.

man zu beweisen vorgab. Mill fällt übrigens in denselben Fehler wie Hume, Gebrauchswerte, nicht Waren von gegebenem Tauschwert zirkulieren zu lassen, und daher wird sein Satz falsch, selbst wenn man alle seine „Unterstellungen" zugibt. Die Zirkulationsgeschwindigkeit mag dieselbe bleiben, ebenso der Wert der edeln Metalle, ebenso die *Quantität* der zirkulierenden Waren, und dennoch mag mit dem Wechsel ihres Tauschwerts bald eine größere, bald eine geringere Geldmasse zu ihrer Zirkulation erheischt sein. Mill sieht die Tatsache, daß ein Teil des im Lande existierenden Geldes zirkuliert, während der andere stagniert. Mit Hilfe einer höchst komischen Durchschnittsrechnung *unterstellt* er, daß, obgleich es in Wirklichkeit anders scheint, in der Wahrheit alles in einem Lande befindliche Geld zirkuliert. Unterstelle, es liefen 10 Millionen Silbertaler zweimal während des Jahres in einem Lande um, so könnten 20 Millionen umlaufen, wenn jeder Taler nur einen Einkauf vollzöge. Und wenn die Gesamtsumme des in dem Lande in allen Formen befindlichen Silbers 100 Millionen Taler beträgt, so kann man unterstellen, daß die 100 Millionen umlaufen können, wenn jedes Geldstück in fünf Jahren einen Einkauf bewirkt. Man könnte auch unterstellen, daß alles Geld der Welt in Hampstead umläuft, aber jeder aliquote Teil desselben, statt etwa drei Umläufe in einem Jahr, einen Umlauf in 3.000.000 Jahren vollzieht. Die eine Unterstellung ist gerade so wichtig wie die andre für die Bestimmung des Verhältnisses zwischen Summe der Warenpreise und Quantität der Umlaufsmittel. Mill fühlt, daß es für ihn entscheidend wichtig ist, die Waren unmittelbar zusammenzubringen, nicht mit dem in Zirkulation befindlichen Quantum Geld, sondern mit dem Gesamtvorrat des jedesmal in einem Lande existierenden Geldes. Er gibt zu, daß die Totalmasse der Waren eines Landes sich „nicht auf einmal" gegen die Totalmasse des Geldes austauscht, sondern verschiedene Portionen Waren zu verschiedenen Epochen des Jahres gegen verschiedene Portionen Geld. Um dies Mißverhältnis zu beseitigen, *unterstellt* er, daß es nicht existiere. Übrigen ist diese ganze Vorstellung von dem unmittelbaren Gegenübertreten von Waren und Geld und ihrem unmittelbaren Austausch abstrahiert aus der Bewegung der einfachen Käufe und Verkäufe oder der Funktion des Geldes als Kaufmittel. Schon in der Bewegung des Geldes als Zahlungsmittel verschwindet diese gleichzeitige Erscheinung von Ware und Geld.

Die Handelskrisen während des 19. Jahrhunderts, namentlich die großen Krisen von 1825 und 1836, riefen keine Fortentwicklung, wohl aber neue Nutzanwendung der Ricardoschen Geldtheorie hervor. Es waren nicht mehr einzelne ökonomische Phänomene, wie bei Hume die Depreziation der edeln Metalle im 16. und 17. Jahrhundert, oder wie bei Ricardo die Depreziation des Papiergeldes während des 18. und anfangs des 19. Jahrhunderts, sondern die großen Weltmarktsungewitter, worin der Widerstreit aller Elemente des bürgerlichen Produktionsprozesses sich entladet, deren Ursprung und Abwehr innerhalb der oberflächlichsten und abstraktesten Sphäre dieses Prozesses, der Sphäre der Geldzirkulation, gesucht wurden. Die eigentlich theoretische Voraussetzung, wovon die Schule der ökonomischen Wetterkünstler ausgeht, besteht in der Tat in nichts anderm als dem Dogma, daß Ricardo die Gesetze der rein metallischen Zirkulation entdeckt hat. Was ihnen zu tun übrigblieb, war die Unterwerfung der Kredit- oder Banknotenzirkulation unter diese Gesetze.

Das allgemeinste und sinnfälligste Phänomen der Handelskrisen ist plötzlicher, allgemeiner Fall der Warenpreise, folgend auf ein längeres, allgemeines Steigen derselben. Allgemeiner Fall der Warenpreise kann ausgedrückt werden als Steigen im relativen Wert des Geldes, verglichen mit allen Waren, und allgemeines Steigen der Preise umgekehrt als Fallen des relativen Werts des Geldes. In beiden Ausdrucksweisen ist das Phänomen ausgesprochen, nicht erklärt. Ob ich die Aufgabe stelle: zu erklären das allgemeine periodische Steigen der Preise, wechselnd mit allgemeinem Fall derselben oder dieselbe Aufgabe so formuliere: zu erklären das periodische Fallen und Steigen des relativen Werts des Geldes, verglichen mit den Waren, die verschiedene Phraseologie läßt die Aufgabe ebenso unverändert, wie es ihre Übersetzung aus der deutschen in die englische Sprache tun würde. Ricardos Geldtheorie kam daher ungemein gelegen, da sie einer Tautologie den Schein eines Kausalverhältnisses gibt. Woher das periodische allgemeine Fallen der Warenpreise? Vom periodischen Steigen des relativen Wert des Geldes. Woher umgekehrt das allgemeine, periodische Steigen der Warenpreise? Von einem periodischen Fall im relativen Wert des Geldes. Es könnte ebenso richtig gesagt werden, daß das periodische Steigen und Fallen der Preise von ihrem periodischen Steigen und Fallen herrührt. Die Aufgabe selbst ist gestellt unter der Voraussetzung, daß der immanente Wert des Geldes, d. h. sein durch die Produktionskosten der edeln Metalle bestimmter Wert *unverändert* bleibt. Soll die Tautologie mehr als Tautologie sein, so beruht sie auf Verkennung der elementarischsten Begriffe. Wenn der Tauschwert von A gemessen in B fällt, so wissen wir, daß dies ebensogut von einem Fallen des Werts von A wie von einem Steigen des Werts von B herrühren kann. Ebenso umgekehrt, wenn der Tauschwert von A gemessen in B steigt. Die Verwandlung der Tautologie in ein Kausalverhältnis einmal zugegeben, ergibt sich alles andre mit Leichtigkeit. Das Steigen der Warenpreise entspringt aus dem Fallen des Werts des Geldes, das Fallen des Geldwerts aber, wie wir von Ricardo wissen, aus übervoller Zirkulation, d. h. daher, daß die Masse des zirkulierenden Geldes über das durch seinen eignen immanenten Wert und die immanenten Werte der Waren bestimmte Niveau steigt. Ebenso umgekehrt das allgemeine Fallen der Warenpreise aus dem Steigen des Geldwerts über seinen immanenten Wert infolge einer untervollen Zirkulation. Die Preise steigen und fallen also periodisch, weil periodisch zu viel oder zu wenig Geld zirkuliert. Wird nun etwa nachgewiesen, daß das Steigen der Preise mit einer verminderten Geldzirkulation, und das Fallen der Preise mit einer vermehrten Zirkulation zusammenfiel, so kann trotzdem behauptet werden, infolge irgendeiner, wenn auch statistisch durchaus unnachweisbaren Verminderung oder Vermehrung der zirkulierenden

Warenmasse sei die Quantität des zirkulierenden Geldes, obgleich nicht absolut, doch relativ vermehrt oder vermindert worden. Wir sahen nun, daß nach Ricardo diese allgemeinen Schwankungen der Preise auch bei einer rein metallischen Zirkulation stattfinden müssen, sich aber durch ihre Abwechslung ausgleichen, indem z. B. untervolle Zirkulation Fallen der Warenpreise, das Fallen der Warenpreise Ausfuhr der Waren ins Ausland, diese Ausfuhr aber Einfluß von Geld ins Inland, dieser Einfluß von Geld aber wieder Steigen der Warenpreise hervorruft. Umgekehrt bei einer übervollen Zirkulation, wo Waren importiert und Geld exportiert werden. Da nun trotz dieser aus der Natur der Ricardoschen Metallzirkulation selbst entspringenden allgemeinen Preisschwankungen ihre heftige und gewaltsame Form, ihre Krisenform, den Perioden entwickelten Kreditwesens angehört, so wird es sonnenklar, daß die Ausgabe von Banknoten nicht exakt nach den Gesetzen der metallischen Zirkulation reguliert wird. Die metallische Zirkulation besitzt ihr Heilmittel im Import und Export der edeln Metalle, die sofort als Münze in Umlauf treten und so durch ihren Einfluß oder Ausfluß die Warenpreise fallen oder steigen machen. Dieselbe Wirkung auf die Warenpreise muß nun künstlich durch Nachahmung der Gesetze der Metallzirkulation von den Banken hervorgebracht werden. Fließt Gold vom Ausland ein, so ist das ein Beweis, daß die Zirkulation untervoll ist, der Geldwert zu hoch und die Warenpreise zu niedrig stehn und folglich Banknoten im Verhältnis zu dem neu importierten Gold in Zirkulation geworfen werden müssen. Sie müssen umgekehrt der Zirkulation entzogen werden, im Verhältnis wie Gold aus dem Land ausströmt. In andern Worten, die Ausgabe der Banknoten muß reguliert werden nach dem Import und Export der edeln Metalle oder nach dem Wechselkurs. Ricardos falsche Voraussetzung, daß Gold nur Münze ist, daher alles importierte Gold das umlaufende Geld vermehrt, und darum die Preise steigen macht, alles exportierte Gold die Münze vermindert und darum die Preise fallen macht, diese theoretische Voraussetzung wird hier *zum praktischen Experiment, so viel Münze zirkulieren zu machen als jedesmal Gold vorhanden ist.* Lord *Overstone* (Bankier Jones Loyd), Oberst Torrens, Norman, Clay, Arbuthnot und eine Unzahl andrer Schriftsteller, in England bekannt unter dem Namen der Schule des „currency principle" haben diese Doktrin nicht nur gepredigt, sondern vermittelst Sir Robert Peel Bankakte von 1844 und 1845 zur Grundlage der bestehenden englischen und schottischen Bankgesetzgebung gemacht. Ihr schmähliches Fiasko, theoretisch wie praktisch, nach Experimenten auf der größten nationalen Stufenleiter, kann erst in der Lehre vom Kredit dargestellt werden.[150] Soviel

---

[150] Einige Monate vor dem Ausbruch der allgemeinen Handelskrise von 1857 saß ein Komitee des Hauses der Gemeinen, um Untersuchungen über die Wirkungen der Bankgesetze von 1844 und 1845 anzustellen. Lord Overstone, der theoretische Vater dieser Gesetze, erging sich in seiner Aussage vor dem Komitee in folgender Renommage: „Durch strenge und prompte Einhaltung der Grundsätze des Akts von 1844 ist alles mit Regelmäßigkeit und Leichtigkeit

aber sieht man, wie Ricardos Theorie, die das Geld in seiner flüssigen Form als Zirkulationsmittel isoliert, damit endet, der Zu- und Abnahme der edeln Metalle eine absolute Einwirkung auf die bürgerliche Ökonomie zuzuschreiben, wie sie der Aberglaube des Monetarsystems nie geträumt hatte. So wurde Ricardo, der das Papiergeld für die vollendetste Form des Geldes erklärt, zum Propheten der Bullionisten

Nachdem Humes Theorie oder der abstrakte Gegensatz gegen das Monetarsystem so bis zur letzten Konsequenz entwickelt war, wurde Steuarts konkrete Auffassung des Geldes schließlich wieder in ihr Recht eingesetzt durch *Thomas Tooke*.[151] Tooke leitet seine Prinzipien nicht aus irgendeiner Theorie her, sondern aus gewissenhafter Analyse der Geschichte der Warenpreise von 1793 bis 1856. In der ersten Ausgabe seiner Geschichte der Preise, die 1823 erschien, ist Tooke noch ganz befangen von der Ricardoschen Theorie und müht sich vergebens, die Tatsachen mit dieser Theorie auszugleichen. Sein Pamphlet „On the currency", das nach der Krisis von 1825 erschien, könnte sogar als erste konsequente Aufstellung der später von Overstone geltend gemachten Ansichten betrachtet werden. Fortgesetzte Forschungen in der Geschichte der Warenpreise zwangen ihn jedoch zur Einsicht, daß jener direkte Zusammenhang zwischen Preisen und Quantität der Umlaufsmittel, wie ihn die Theorie voraussetzt, ein bloßes Hirngespinst ist, daß die Expansion und Kontraktion der Umlaufsmittel bei gleichbleibendem Wert der edeln Metalle, stets Wirkung, nie Ursache der Preisschwankungen, daß die Geldzirkulation überhaupt nur eine sekundäre Bewegung ist, und daß das Geld im wirklichen Produktionsprozeß noch ganz andre Formbestimmtheiten erhält, als die des Zirkulationsmittels. Seine Detailuntersuchungen gehören einer andern Sphäre als der der einfachen Metallzirkulation an, und können daher hier noch nicht erörtert werden, so wenig wie die derselben Richtung angehörigen Untersuchungen von *Wilson* und *Fullarton*.[152]

---

verlaufen, das Geldsystem ist sicher und unerschüttert, die Prosperität des Landes ist unbestritten, das öffentliche Vertrauen in den Akt von 1844 gewinnt täglich an Stärke. Wünscht der Ausschuß noch weitere praktische Belege für die Gesundheit der Prinzipien, auf denen dieser Akt beruht, und der wohltätigen Folgen, die er sichergestellt hat, so ist die wahre und hinreichende Antwort diese: Schauen Sie um sich, betrachten Sie die gegenwärtige Geschäftslage unseres Landes, betrachten Sie die Zufriedenheit des Volks; betrachten Sie den Reichtum und die Prosperität aller Klassen der Gesellschaft; und dann, nachdem dies geschehen, wird der Ausschuß imstande sein zu entscheiden, ob er die Fortdauer eines Akts verhindern will, unter dem solche Erfolge erreicht worden sind." So stieß Overstone in seine eigene Posaune am 14. Juli 1857; am 12. November desselben Jahres hatte das Ministerium das wundertätige Gesetz von 1844 auf seine eigne Verantwortlichkeit zu suspendieren.

[151] Tooke war gänzlich unbekannt mit Steuarts Schrift, wie sich aus seiner „History of prices from 1839 to 1847", London 1848, ergibt, worin er die Geschichte der Geldtheorien zusammenfaßt.

[152] Tookes bedeutendste Schrift, außer der „History of prices", die sein Mitarbeiter Newmarch in sechs Bänden herausgegeben hat, ist „An Inquiry into the currency principle, the connection

Alle diese Schriftsteller fassen das Geld nicht einseitig, sondern in seinen verschiedenen Momenten auf, aber nur stofflich, ohne irgendeinen lebendigen Zusammenhang, sei es dieser Momente untereinander, sei es mit dem Gesamtsystem der ökonomischen Kategorien. *Geld* im Unterschied von *Zirkulationsmittel* werfen sie daher fälschlich mit *Kapital* zusammen oder gar mit Ware, obgleich sie andererseits wieder gezwungen sind, seinen Unterschied von beiden gelegentlich geltend zu machen.[153] Wenn Gold z. B. ins Ausland geschickt wird, so wird in der Tat Kapital ins Ausland geschickt, aber dasselbe findet statt, wenn Eisen, Baumwolle, Getreide, kurz jede Ware exportiert wird. Beide sind Kapital und unterscheiden sich daher nicht als Kapital, sondern als Geld und Ware. Die Rolle des Goldes als internationales Tauschmittel entspringt also nicht aus seiner Formbestimmtheit als Kapital, sondern aus seiner spezifischen Funktion als Geld. Ebenso wenn Gold oder an seiner Stelle Banknoten als Zahlungsmittel im innern Handel funktionieren, sind sie zugleich Kapital. Aber Kapital in der Form von Ware, wie die Krisen z. B. sehr handgreiflich zeigen, könnte nicht an ihre Stelle treten. Es ist also wieder der Unterschied des Goldes als Geld von der Ware, nicht sein Dasein als Kapital, wodurch es zum Zahlungsmittel wird. Selbst wo Kapital direkt als Kapital exportiert wird, um eine bestimmte Wertsumme, z. B. auf Zinsen im Ausland zu verleihen, hängt es von Konjunkturen ab, ob es in der Form von Ware oder von Gold exportiert wird, und wird es in der letztern Form exportiert, so geschieht es wegen der spezifischen Formbestimmtheit der edeln Metalle als Geld gegenüber der Ware. Überhaupt betrachten jene Schriftsteller das Geld nicht zuerst in der abstrakten Gestalt, wie es innerhalb der einfachen Warenzirkulation entwickelt wird und aus der Beziehung der prozessierenden Waren selbst hervorwächst. Sie schwanken daher beständig hin und her zwischen den abstrakten Formbestimmtheiten, die Geld im Gegensatz zur Ware

---

of currency with prices etc.“, 2. Edition, London 1844. Wilsons Schrift haben wir bereits zitiert. Es ist schließlich noch zu erwähnen John Fullarton, „On the regulation of currencies“, 2. Edition, London 1845.

153 „Es ist zu unterscheiden zwischen Geld als Ware, *das heißt* Kapital, und Geld als Zirkulationsmittel.“ (Tooke, „An Inquiry into the currency principle etc.“, p. 10.) „Man kann sich darauf verlassen, daß Gold und Silber bei ihrer Zufuhr fast genau die benötigte Summe realisieren ... Gold und Silber besitzen einen unendlichen Vorteil vor allen anderen Arten von Waren ... durch den Umstand, daß sie allgemein als Geld im Gebrauch sind ... Nicht in Tee, Kaffee, Zukker oder Indigo sind Schulden, ausländische oder einheimische, gewöhnlich vertragsgemäß zu zahlen, sondern in Münzen; und die Geldsendung, entweder in eben der bezeichneten Münze oder in Barren, die sofort in jene Münze verwandelt werden können durch die Münzstätte oder den Markt des Landes, in das sie geschickt werden, muß dem Absender stets die sichersten, unmittelbarsten und genauesten Mittel bieten, um diesen Zweck zu erreichen ohne Gefahr eines Fehlschlages wegen Mangels an Nachfrage oder Schwanken des Preises.“ (Fullarton, l.c. p. 132, 133) „Jeder andre Artikel“ (außer Gold und Silber) „kann in Menge oder Art außerhalb der gewöhnlichen Nachfrage des Landes stehen, in das er gesandt wird.“ (Tooke, „An Inquiry etc.“)

erhält, und den Bestimmtheiten desselben, worin sich konkretere Verhältnisse wie Kapital, revenue u. dergl. verstecken.[154]

[154] Die Verwandlung des Gelds Kapital werden wir betrachten im 3. Kapitel, das vom Kapital handelt und den Schluß dieses ersten Abschnitts bildet.

INAUGURALADRESSE DER INTERNATIONALEN ARBEITER-ASSOZIATION,

gegründet am 28. September 1864 in öffentlicher Versammlung
in St. Martin's Hall, Long Acre, in London

Arbeiter!

Es ist Tatsache, daß das Elend der arbeitenden Massen nicht abgenommen hat während der Periode 1848-1864, und dennoch steht diese Periode mit ihrem Fortschritt von Industrie und Handel beispiellos da in den Annalen der Geschichte. Im Jahre 1850 weissagte eins der bestunterrichteten Organe der englischen Mittelklasse: Steigt Englands Ein- und Ausfuhr um 50%, so fällt der englische Pauperismus auf Null. Nun wohl! Am 7. April 1864 hat der Schatzkanzler Gladstone seine parlamentarische Audienz durch den Nachweis entzückt, daß Großbritanniens Gesamtaus- und einfuhr 1863 nicht weniger als 443.955.000 Pfd. St. betrug! „Eine erstaunliche Summe, ungefähr dreimal so groß als die Summe des britischen Gesamthandels in der kaum verschwundenen Epoche von 1843!“ Trotz alledem war er beredt über „Armut“. „Denkt“, rief er, „an die, welche am Abgrund des Elends schweben!“, an „nicht gestiegene Löhne“, an „das Menschenleben, in neun Fällen von zehn ein bloßer Kampf um die Existenz!“ Er sprach nicht von dem Volk von Irland, mehr und mehr ersetzt durch Maschinerie im Norden und durch Schafweiden im Süden, obgleich selbst die Schafe in jenem unglücklichen Lande abnehmen – es ist wahr, nicht ganz so rasch als die Menschen. Er wiederholte nicht, was die Repräsentanten der 10.000 Vornehmen soeben verraten hatten in einem plötzlichen Schreckanfall. Während der Höhe der Garrot-Panik ernannte nämlich das Haus der Lords eine Untersuchungskommission über Deportation und Strafarbeit. Ihr Bericht steht in dem umfangreichen Blaubuch 1863 und beweist durch offizielle Zahlen und Tatsachen, daß der Auswurf des Verbrechens, daß die Galeerensklaven Englands und Schottlands viel weniger abgeplackt und viel besser genährt werden als die Ackerbauer Englands und Schottlands. Aber das war nicht alles. Als der Amerikanische Bürgerkrieg die Fabrikarbeiter von Lancashire und Cheshire auf das Pflaster warf, entsandte dasselbe Haus der Lords einen Arzt in jene Manufakturdistrikte mit dem Auftrag, zu untersuchen, welcher kleinste Betrag von Kohlen und Stickstoff, eingegeben in der wohlfeilsten und ordinärsten Form, durchschnittlich grade ausreiche, um *„Hungerkrankheiten abzuwehren“* („to avert starvation diseases“). Dr. Smith, der ärztliche Bevollmächtigte, fand aus, daß eine wöchentliche Portion von 28.000 Gran Kohlen- und 1330 Gran Stickstoff einen Durchschnittserwachsenen genau über dem Niveau der Hungerkrankheiten halten werde und daß dieser Dosis ungefähr die spärliche Nahrung entsprach, wozu der Druck äußerster Not die Baumwollenarbeiter heruntergebracht hatte.*

* Wir brauchen den Leser wohl kaum darauf hinzuweisen, daß, abgesehen von den Elementen des Wassers und gewissen anorganischen Stoffen, Kohle und Stickstoff den Rohstoff der menschlichen Nahrung bilden. Um allerdings den menschlichen Organismus zu ernähren, müssen ihm diese einfachen chemischen Bestandteile in Form von pflanzlichen oder tierischen Stoffen zugeführt werden. Kartoffeln z. B. enthalten in der Hauptsache Kohlenstoff, während

Aber nun merkt auf! Derselbe gelehrte Doktor wurde später wieder durch den Medizinalbeamten des Geheimen Rats (Privy Council) beauftragt mit der Untersuchung über den Ernährungsstand des ärmeren Teils der Arbeiterklasse. Die Ergebnisse seiner Forschung sind einverleibt in den *„Sechsten Bericht über den Zustand der öffentlichen Gesundheit"*, veröffentlicht im Lauf des gegenwärtigen Jahres auf Befehl des Parlaments. Was entdeckte der Doktor? Daß Seidenweber, Nähterinnen, Handschuhmacher, Strumpfwirker und andre Arbeiter jahraus, jahrein im Durchschnitt nicht einmal jene Notration der unbeschäftigten Baumwollarbeiter erhalten, nicht einmal jenen Betrag von Kohle und Stickstoff, der *„grade hinreicht zur Abwehr von Hungerkrankheiten"*.

> „Außerdem", wir zitieren den offiziellen Bericht, „außerdem zeigte sich in bezug auf die untersuchten Familien der Ackerbaubevölkerung, daß mehr als $^1/_5$ *weniger* als das veranschlagte Minimum von kohlenhaltiger Nahrung, mehr als $^1/_3$ weniger als das veranschlagte Minimum von stickstoffhaltiger Nahrung erhält und daß in die durchschnittliche Lokalnahrung der drei Grafschaften Berkshire, Oxfordshire und Somersetshire ein unzureichendes Maß stickstoffhaltiger Lebensmittel eingeht. Man muß erwägen", fügt der offizielle Bericht hinzu, „daß Mangel an Nahrung nur sehr widerstrebend ertragen wird und daß große Dürftigkeit der Diät in der Regel nur kommt, nachdem Entbehrungen aller Art vorhergingen. Reinlichkeit selbst wird vorher kostspielig und mühevoll, und werden aus Selbstachtung noch Versuche gemacht, um sie aufrechtzuhalten, so stellt jeder solcher Versuch eine zusätzliche Hungerqual vor ... Das sind peinliche Betrachtungen, namentlich wenn man sich erinnert, daß die Armut, wovon hier die Rede, nicht die verdiente Armut des Müßiggangs ist; es ist in allen Fällen die Armut von Arbeiterbevölkerungen. Ja die Arbeit, die die armselige Nahrungsration erhält, ist tatsächlich meist über alles Maß verlängert."

Der *„Bericht"* enthüllt die sonderbare und sicher unerwartete Tatsache, daß „von den vier Abteilungen des Vereinigten Königreichs" – England, Wales, Schottland und Irland – „die Ackerbaubevölkerung Englands", der reichsten Abteilung, *„bei weitem die schlechtgenährteste ist"*; daß aber selbst die elenden Ackerbautaglöhner von Berkshire, Oxfordshire und Somersetshire besser genährt sind als große Massen der geschickten Handwerker von London. Dies sind offizielle Aufstellungen, auf Parlamentsbefehl veröffentlicht im Jahre 1864, während des Tausendjährigen Reichs des Freihandels, zu einer Zeit, wo der britische Schatzkanzler das Haus der Gemeinen belehrt, daß

> „die Durchschnittslage des britischen Arbeiters sich in einem Maß verbessert hat, wovon wir wissen, daß es außerordentlich und beispiellos in der Geschichte aller Länder und aller Epochen dasteht".

Weizenbrot kohlen- und stickstoffhaltige Substanzen in der geeigneten Proportion enthält. Anmerkung von Marx zur englischen Ausgabe von 1864.

Mißtönend knarrt zwischen diese offiziellen Glückwünschungen das dürre Wort des offiziellen Gesundheitsberichtes:

„Die öffentliche Gesundheit eines Landes bedeutet die Gesundheit seiner Masse, und wie können die Massen gesund sein, wenn sie bis auf ihre untersten Schichten herab nicht wenigstens erträglich gedeihen?"

Geblendet von der Fortschrittsstatistik des Nationalreichtums, die vor seinen Augen tanzt, ruft der Schatzkanzler in wilder Ekstase:

„Von 1842 bis 1852 wuchs das steuerbare Landeseinkommen um 6 Prozent; in den acht Jahren von 1853 bis 1861 ist es, ausgehend von der Basis von 1853, um 20 Prozent gewachsen. *Die Tatsache ist bis zum Unglaublichen erstaunlich! Dieser berauschende Zuwachs von Reichtum und Macht*", fügt Herr Gladstone hinzu, *„ist ganz und gar auf die besitzenden Klassen beschränkt."*

Wenn ihr wissen wollt, unter welchen Bedingungen gebrochener Gesundheit, befleckter Moral und geistigen Ruins jener *„berauschende Zuwachs von Reichtum und Macht, ganz und gar beschränkt auf die besitzenden Klassen"*, produziert wurde und produziert wird durch *die arbeitenden Klassen*, betrachtet die Schilderung der Arbeitslokale von Druckern, Schneidern und Kleidermacherinnen in dem letzten *„Bericht über den öffentlichen Gesundheitszustand"*! Vergleicht den *„Bericht der Kommission von 1863 über die Beschäftigung von Kindern"* wo ihr unter anderm lest:

„Die Töpfer als eine Klasse, Männer und Weiber, repräsentieren eine entartete Bevölkerung, physisch und geistig entartet"; „die ungesunden Kinder werden ihrerseits ungesunde Eltern, eine fortschreitende Verschlechterung der Race ist unvermeidlich", und dennoch „ist die Entartung (degenerescence) der Bevölkerung der Töpferdistrikte verlangsamt durch die beständige Rekrutierung aus den benachbarten Landdistrikten und die Zwischenheiraten mit gesundern Racen!"

Werft einen Blick auf das von Herrn Tremenheere redigierte Blaubuch über die *„Beschwerden der Bäckergesellen"*! Und wer schaudert nicht vor dem Paradoxon, eingetragen in die Berichte der Fabrikinspektoren und beleuchtet durch die Tabellen der General-Registratur, dem Paradoxon, daß zur Zeit, wo ihre Nahrungsration sie kaum über dem Niveau der Hungerkrankheit hielt, die Gesundheit der Arbeiter von Lancashire sich verbesserte infolge ihres zeitweiligen Ausschlusses aus der Baumwollfabrik durch die Baumwollnot und daß die Sterblichkeit der Fabrikkinder abnahm, weil es ihren Müttern jetzt endlich freistand, ihnen statt der Opiummixtur die Brust zu reichen.

Kehrt die Medaille wieder um! Die *Einkommen- und Eigentumssteuerlisten*, am 20. Juli 1864 dem Hause der Gemeinen vorgelegt, zeigen, daß die Personen mit *jährlichen* Einkommen von *50.000 Pfd. St.* und *über 50.000 Pfd. St.* sich vom 5.

April 1862 bis zum 5. April 1863 durch ein Dutzend und eins rekrutiert hatten, indem ihre Anzahl in diesem einen Jahr von 67 auf 80 stieg.

Dieselben Listen enthüllen die Tatsache, daß ungefähr *dreitausend* Personen ein jährliches Einkommen von ungefähr *25 Millionen Pfd. St.* unter sich teilen, mehr als das Gesamteinkommen, welches der Gesamtmasse der Ackerbauarbeiter von England und Wales jährlich zugemessen wird!

Öffnet den Zensus von 1861 und ihr findet, daß die Zahl der männlichen Grundeigentümer von England und Wales von 16.934 im Jahr 1851 herabgesunken war zu 15.066 im Jahre 1861, so daß die Konzentration des Grundeigentums in 10 Jahren um 11 Prozent wuchs. Wenn die Konzentration des Landes in wenigen Händen gleichmäßig fortschreitet, wird sich die Grund- und Bodenfrage (the land question) ganz merkwürdig vereinfachen, wie zur Zeit des Römischen Kaiserreichs, als Nero grinste über die Entdeckung, daß die halbe Provinz von Afrika 6 Gentlemen angehörte.

Wir haben so lange verweilt bei diesen „bis zum Unglaublichen erstaunlichen Tatsachen", weil England das Europa der Industrie und des Handels anführt und in der Tat auf dem Weltmarkt repräsentiert. Vor wenigen Monaten beglückwünschte einer der verbannten Söhne Louis-Philippes den *englischen* Ackerbauarbeiter öffentlich wegen des Vorzugs seiner Lage über die seiner minder blühenden Genossen jenseits des Kanals. In der Tat, mit veränderten Lokalfarben und in verjüngtem Maßstab wiederholen sich die englischen Tatsachen in allen industriellen und fortgeschrittenen Ländern des Kontinents. Seit 1848 in ihnen allen unerhörte Entwicklung der Industrie und ungeahnte Ausdehnung der Aus- und Einfuhr. In ihnen allen ein wahrhaft „berauschender Zuwachs von Reichtum und Macht", „ganz und gar beschränkt auf die besitzenden Klassen". In allen, wie in England, Steigen des *Reallohns*, d. h. der mit dem Geldlohn beschaffbaren Lebensmittel, für eine Minderheit der Arbeiterklasse, während in den meisten Fällen das Steigen des *Geldlohns* keinen wirklichen Zuwachs von Komfort anzeigte, so wenig, als etwa der Insasse eines Londoner Armen- oder Waisenhauses im geringsten besser daran war, weil seine ersten Lebensmittel im Jahre 1861 der Verwaltung 9 Pfd. St. 15 sh. 8 d, kosteten anstatt der 7 Pfd. St. 7 sh. 4 d. des Jahres 1852. Überall die Massen der Arbeiterklasse tiefer sinkend in demselben Verhältnisse wenigstens, als die Klassen über ihnen in der gesellschaftlichen Waagschale aufschnellten. Und so ist es jetzt in allen Ländern Europas eine Wahrheit, erwiesen für jeden vorurteilsfreien Geist und nur geleugnet durch die interessiert klugen Prediger eines Narrenparadieses, daß keine Entwicklung der Maschinerie, keine chemische Entdeckung, keine Anwendung der Wissenschaft auf die Produktion, keine Verbesserung der Kommunikationsmittel, keine neuen Kolonien, keine Auswanderung, keine Eröffnung von Märkten, kein Freihandel, noch alle diese Dinge zusammengenommen das Elend der arbeitenden Massen beseitigen können, sondern daß vielmehr umgekehrt, auf der gegenwärtigen falschen Grundlage, jede frische Entwicklung der Produktivkräfte der Arbeit dahin streben muß, die sozialen Kontraste zu vertiefen und den sozialen Gegensatz zuzuspitzen. Während dieser „berauschenden Epoche" ökonomischen Fortschritts hob sich der *Hungertod* beinahe zum Range einer Institution in der Hauptstadt des Britischen Reichs. In den Annalen des Weltmarkts ist dieselbe Epoche gekennzeichnet durch die raschere Wiederkehr, den erweiterten Umfang und die tödlichere Wirkung der gesellschaftlichen Pest, die man *industrielle und kommerzielle Krise* heißt.

Nach dem Fehlschlag der Revolutionen von 1848 wurden auf dem Kontinent alle Parteiorganisationen und Parteijournale der arbeitenden Klasse von der eisernen Hand der Gewalt unterdrückt, die fortgeschrittensten Söhne der Arbeit flohen in Verzweiflung nach der transatlantischen Republik, und der kurzlebige Traum der Emanzipation zerrann vor einer Epoche von fieberhaftem Industrialismus, moralischem Marasmus und politischer Reaktion. Die Niederlagen der kontinentalen Arbeiterklassen, wozu die diplomatische Einmischung des britischen Kabinetts, damals wie jetzt im brüderlichen Bund mit dem Kabinett von St. Petersburg, nicht wenig beitrug, verbreitete ihre ansteckende Wirkung bald diesseits des Kanals. Während der Untergang der kontinentalen Arbeiterbewegung die britische Arbeiterklasse entmannte und ihren Glauben in ihrer eignen Sache brach, stellte er das bereits etwas erschütterte Vertrauen der Landlords und der Geldlords wieder her. Bereits öffentlich angekündigte Konzessionen wurden mit absichtlicher Insolenz zurückgezogen. Die Entdeckung neuer Goldlande führte kurz darauf zu einem ungeheuren Exodus, der unersetzliche Lücken in den Reihen des britischen Proletariats hinter sich ließ. Andre seiner früher tätigsten Glieder, durch den Köder größerer Beschäftigung und augenblicklicher Lohnerhöhung bestochen, „trugen den bestehenden Verhältnissen Rechnung". Alle Versuche, die Chartistenbewegung aufrechtzuerhalten oder neu zu gestalten, scheiterten vollständig, alle Preßorgane der Arbeiterklasse starben, eins nach dem andern, an der Apathie der Masse, und in der Tat, nie zuvor schien die englische Arbeiterklasse so ausgesöhnt mit einem Zustand politischer Nichtigkeit. Hatte daher zwischen den britischen und den kontinentalen Arbeiterklassen keine Gemeinsamkeit der Aktion existiert, so existierte jetzt jedenfalls eine Gemeinsamkeit der Niederlage.

Und dennoch war die Periode von 1848 bis 1864 nicht ohne ihre Lichtseite. Hier seien nur zwei große Ereignisse erwähnt.

Nach einem dreißigjährigen Kampf, der mit bewundrungswürdiger Ausdauer geführt ward, gelang es der englischen Arbeiterklasse durch Benutzung eines augenblicklichen Zwiespalts zwischen Landlords und Geldlords, die *Zehnstundenbill* durchzusetzen. Die großen physischen, moralischen und geistigen Vorteile, die den Fabrikarbeitern aus dieser Maßregel erwuchsen und die man in den Berichten der Fabrikinspektoren halbjährig verzeichnet findet, sind jetzt von allen Seiten anerkannt. Die meisten kontinentalen Regierungen nehmen das englische Fabrikgesetz in mehr oder minder veränderter Form an, und in

England selbst wird seine Wirkungssphäre jährlich vom Parlament ausgedehnt. Aber von der praktischen Wichtigkeit abgesehen, hatte der Erfolg dieser Arbeitermaßregel eine andre große Bedeutung. Die Mittelklasse hatte durch die notorischsten Organe ihrer Wissenschaft, durch Dr. Ure, Professor Senior und andre Weisen von diesem Schlag, vorhergesagt und nach Herzenslust demonstriert, daß jede gesetzliche Beschränkung der Arbeitszeit die Totenglocke der englischen Industrie läuten müsse, einer Industrie, die vampirmäßig Menschenblut saugen müsse, vor allem Kinderblut. In alten Zeiten war der Kindermord ein mysteriöser Ritus der Religion des Moloch, aber er ward nur bei besonders feierlichen Gelegenheiten praktiziert, vielleicht einmal im Jahr, und zudem hatte Moloch keine besondere Liebhaberei für die Kinder der Armen.

Der Kampf über die gesetzliche Beschränkung der Arbeitszeit wütete um so heftiger, je mehr er, abgesehen von aufgeschreckter Habsucht, in der Tat die große Streitfrage traf, die Streitfrage zwischen der blinden Herrschaft der Gesetze von Nachfrage und Zufuhr, welche die politische Ökonomie der Mittelklasse bildet, und der Kontrolle sozialer Produktion durch soziale Ein- und Vorsicht, welche die politische Ökonomie der Arbeiterklasse bildet. Die Zehnstundenbill war daher nicht bloß eine große praktische Errungenschaft, sie war der Sieg eines Prinzips. Zum erstenmal erlag die politische Ökonomie der Mittelklasse in hellem Tageslicht vor der politischen Ökonomie der Arbeiterklasse.

Ein noch größerer Sieg der politischen Ökonomie der Arbeit über die politische Ökonomie des Kapitals stand bevor.

Wir sprechen von der *Kooperativbewegung*, namentlich den Kooperativfabriken, diesem Werk weniger kühnen *„Hände"* (hands). Der Wert dieser großen Experimente kann nicht überschätzt werden. Durch die Tat, statt durch Argumente, bewiesen sie, daß Produktion auf großer Stufenleiter und im Einklang mit dem Fortschritt moderner Wissenschaft vorgehen kann ohne die Existenz einer Klasse von *Meistern* (masters), die eine Klasse von *„Händen"* anwendet; daß, um Früchte zu tragen, die Mittel der Arbeit nicht monopolisiert zu werden brauchen als Mittel der Herrschaft über und Mittel der Ausbeutung gegen den Arbeiter selbst, und daß wie Sklavenarbeit, wie Leibeigenenarbeit so *Lohnarbeit* nur eine vorübergehende und untergeordnete gesellschaftliche Form ist, bestimmt zu verschwinden vor der *assoziierten Arbeit*, die ihr Werk mit williger Hand, rüstigem Geist und fröhlichen Herzens verrichtet. In England wurde der Samen des Kooperativsystems von *Robert Owen* ausgestreut; die auf dem Kontinent versuchten Arbeiterexperimente waren in der Tat der nächste praktische Ausgang der Theorien, die 1848 nicht erfunden, wohl aber laut proklamiert wurden.

Zur selben Zeit bewies die Erfahrung der Periode von 1848 bis 1864 unzweifelhaft, was die intelligentesten Führer der Arbeiterklasse in den Jahren 1851 und 1852 gegenüber der Kooperativbewegung in England bereits geltend machten, daß, wie ausgezeichnet im Prinzip und wie nützlich in der Praxis, kooperative Arbeit, wenn beschränkt auf den engen Kreis gelegentlicher Versuche vereinzelter Arbeiter, unfähig ist, das Wachstum des Monopols in geometrischer Progression aufzuhalten, die Massen zu befreien, ja die Wucht ihres Elends auch nur merklich zu erleichtern. Es ist vielleicht gerade dies der Grund, warum plausible Lords, bürgerlich-philanthropische Salbader und ein paar trockne politische Ökonomen jetzt mit demselben Kooperativsystem schöntun, das sie früher in seinem Keim zu ersticken versucht hatten, das sie verhöhnt hatten als die Utopie des Träumers und verdammt hatten als die Ketzerei des Sozialisten. Um die arbeitenden Massen zu befreien, bedarf das Kooperativsystem der Entwicklung auf nationaler Stufenleiter und der Förderung durch nationale Mittel. Aber die Herren von Grund und Boden und die Herren vom Kapital werden ihre politischen Privilegien stets gebrauchen zur Verteidigung und zur Verewigung ihrer ökonomischen Monopole. Statt die Emanzipation der Arbeit zu fordern, werden sie fortfahren, ihr jedes mögliche Hindernis in den Weg zu legen. Lord Palmerston sprach aus ihrer Seele, als er in der letzten Parlamentssitzung den Verteidigern der Rechte der irischen Pächter höhnend zuschrie: „Das Haus der Gemeinen ist ein Haus von Grundeigentümern!"

Politische Macht zu erobern ist daher jetzt die große Pflicht der Arbeiterklassen. Sie scheinen dies begriffen zu haben, denn in England, Frankreich, Deutschland und Italien zeigt sich ein gleichzeitiges Wiederaufleben und finden gleichzeitige Versuche zur Reorganisation der Arbeiterpartei statt. Ein Element des Erfolges besitzt sie, die *Zahl*. Aber Zahlen fallen nur in die Waagschale, wenn Kombination sie vereint und Kenntnis sie leitet. Die vergangene Erfahrung hat gezeigt, wie Mißachtung des Bandes der Brüderlichkeit, welches die Arbeiter der verschiedenen Länder verbinden und sie anfeuern sollte, in allen ihren Kämpfen für Emanzipation fest beieinanderzustehen, stets gezüchtigt wird durch die gemeinschaftliche Vereitlung ihrer zusammenhangslosen Versuche. Es war dies Bewußtsein, das die Arbeiter verschiedener Länder, versammelt am 28. September 1864 in dem öffentlichen *Meeting* zu St. Martin's Hall, London, anspornte zur Stiftung der *Internationalen Assoziation*.

Eine andere Überzeugung beseelte jenes Meeting.

Wenn die Emanzipation der Arbeiterklassen das Zusammenwirken verschiedener Nationen erheischt, wie jenes große Ziel erreichen mit einer auswärtigen Politik, die frevelhafte Zwecke verfolgt, mit Nationalvorurteilen ihr Spiel treibt und in piratischen Kriegen des Volkes Blut und Gut vergeudet? Nicht die Weisheit der herrschenden Klassen, sondern der heroische Widerstand der englischen Arbeiterklasse gegen ihre verbrecherische Torheit bewahrte den Westen Europas vor einer transatlantischen Kreuzfahrt für die Verewigung und Propaganda der Sklaverei. Der schamlose Beifall, die Scheinsympathie oder idiotische Gleichgültigkeit, womit die höheren Klassen Europas dem Meuchelmord des heroischen Polen und der Erbeutung der Bergveste des Kaukasus durch Rußland zusahen; die ungeheueren und ohne Widerstand erlaubten Übergriffe dieser barbarischen Macht, deren Kopf zu St. Petersburg und deren Hand in jedem Kabinett von Europa, haben den Arbeiterklassen die Pflicht gelehrt, in die Geheimnisse der internationalen Politik einzudringen, die diplomatischen Akte ihrer respektiven Regierungen zu überwachen, ihnen wenn nötig entgegenzuwirken; wenn unfähig zuvorzukommen, sich zu vereinen in gleichzeitigen Denunziationen und die einfachen Gesetze der Moral und des Rechts, welche die Beziehungen von Privatpersonen regeln sollten, als die obersten Gesetze des Verkehrs von Nationen geltend zu machen.

Der Kampf für solch eine auswärtige Politik ist eingeschlossen im allgemeinen Kampf für die *Emanzipation der Arbeiterklasse.*

Proletarier aller Länder, vereinigt euch!

DAS KAPITAL

Kritik der politischen Ökonomie

Erster Band:
Der Produktionsprozeß des Kapitals

Vorwort zur ersten Auflage

Das Werk, dessen ersten Band ich dem Publikum übergebe, bildet die Fortsetzung meiner 1859 veröffentlichten Schrift: „Zur Kritik der Politischen Oekonomie". Die lange Pause zwischen Anfang und Fortsetzung ist einer langjährigen Krankheit geschuldet, die meine Arbeit wieder und wieder unterbrach.

Der Inhalt jener früheren Schrift ist resümiert im ersten Kapitel dieses Bandes. Es geschah dies nicht nur des Zusammenhangs und der Vollständigkeit wegen. Die Darstellung ist verbessert. Soweit es der Sachverhalt irgendwie erlaubte, sind viele früher nur angedeuteten Punkte hier weiter entwickelt, während umgekehrt dort ausführlich Entwickeltes hier nur angedeutet wird. Die Abschnitte über die Geschichte der Wert- und Geldtheorie fallen jetzt natürlich ganz weg. Jedoch findet der Leser der früheren Schrift in den Noten zum ersten Kapitel neue Quellen zur Geschichte jener Theorie eröffnet.

Aller Anfang ist schwer, gilt in jeder Wissenschaft. Das Verständnis des ersten Kapitels, namentlich des Abschnitts, der die Analyse der Ware enthält, wird daher die meiste Schwierigkeit machen. Was nun näher die Analyse der Wertsubstanz und der Wertgröße betrifft, so habe ich sie möglichst popularisiert.[1] Die Wertform, deren fertige Gestalt die Geldform, ist sehr inhaltslos und einfach. Dennoch hat der Menschengeist sie seit mehr als 2000 Jahren vergeblich zu ergründen gesucht, während andrerseits die Analyse viel inhaltsvollerer und komplizierterer Formen wenigstens annähernd gelang. Warum? Weil der ausgebildete Körper leichter zu studieren ist als die Körperzelle. Bei der Analyse der ökonomischen Formen kann außerdem weder das Mikroskop dienen noch chemische Reagentien. Die Abstraktionskraft muß beide ersetzen. Für die bürgerliche Gesellschaft ist aber die Warenform des Arbeitsprodukts oder die Wertform der Ware die ökonomische Zellenform. Dem Ungebildeten scheint sich ihre Analyse in bloßen Spitzfindigkeiten herumzutreiben. Es handelt sich dabei in der Tat um Spitzfindigkeiten, aber nur so, wie es sich in der mikrologischen Anatomie darum handelt.

Mit Ausnahme des Abschnitts über die Wertform wird man daher dies Buch nicht wegen Schwerverständlichkeit anklagen können. Ich unterstelle natürlich Leser, die etwas Neues lernen, also auch selbst denken wollen.

---

[1] Es schien dies um so nötiger, als selbst der Abschnitt von F. Lassalles Schrift gegen Schulze-Delitzsch, worin er „die geistige Quintessenz" meiner Entwicklung über jene Themata zu geben erklärt, bedeutende Mißverständnisse enthält. En passant. Wenn F. Lassalle die sämtlichen allgemeinen theoretischen Sätze seiner ökonomischen Arbeiten, z. B. über den historischen Charakter des Kapitals, über den Zusammenhang zwischen Produktionsverhältnissen und Produktionsweise usw. usw. fast wörtlich, bis auf die von mir geschaffene Terminologie hinab, aus meinen Schriften entlehnt hat, und zwar ohne Quellenangabe, so war dies Verfahren wohl durch Propagandarücksichten bestimmt. Ich spreche natürlich nicht von seinen Detailausführungen und Nutzanwendungen, mit denen ich nichts zu tun habe.

Der Physiker beobachtet Naturprozesse entweder dort, wo sie in der prägnantesten Form und von störenden Einflüssen mindest getrübt erscheinen, oder, wo möglich, macht er Experimente unter Bedingungen, welche den reinen Vorgang des Prozesses sichern. Was ich in diesem Werk zu erforschen habe, ist die kapitalistische Produktionsweise und die ihr entsprechenden Produktions- und Verkehrsverhältnisse. Ihre klassische Stätte ist bis jetzt England. Dies der Grund, warum es zur Hauptillustration meiner theoretischen Entwicklung dient. Sollte jedoch der deutsche Leser pharisäisch die Achseln zucken über die Zustände der englischen Industrie- und Ackerbauarbeiter oder sich optimistisch dabei beruhigen, daß in Deutschland die Sachen noch lange nicht so schlimm stehn, so muß ich ihm zurufen: De te fabula narratur!

An und für sich handelt es sich nicht um den höheren oder niedrigeren Entwicklungsgrad der gesellschaftlichen Antagonismen, welche aus den Naturgesetzen der kapitalistischen Produktion entspringen. Es handelt sich um diese Gesetze selbst, um diese mit eherner Notwendigkeit wirkenden und sich durchsetzenden Tendenzen. Das industriell entwickeltere Land zeigt dem minder entwickelten nur das Bild der eignen Zukunft.

Aber abgesehn hiervon. Wo die kapitalistische Produktion völlig bei uns eingebürgert ist, z. B. in den eigentlichen Fabriken, sind die Zustände viel schlechter als in England, weil das Gegengewicht der Fabrikgesetze fehlt. In allen andren Sphären quält uns, gleich dem ganzen übrigen kontinentalen Westeuropa, nicht nur die Entwicklung der kapitalistischen Produktion, sondern auch der Mangel ihrer Entwicklung. Neben den modernen Notständen drückt uns eine ganze Reihe vererbter Notstände, entspringend aus der Fortvegetation altertümlicher, überlebter Produktionsweisen, mit ihrem Gefolg von zeitwidrigen gesellschaftlichen und politischen Verhältnissen. Wir leiden nicht nur von den Lebenden, sondern auch von den Toten. Le mort saisit le vif!

Im Vergleich zur englischen ist die soziale Statistik Deutschlands und des übrigen kontinentalen Westeuropas elend. Dennoch lüftet sie den Schleier grade genug, um hinter demselben ein Medusenhaupt ahnen zu lassen. Wir würden vor unsren eignen Zuständen erschrecken, wenn unsre Regierungen und Parlamente, wie in England, periodische Untersuchungskommissionen über die ökonomischen Verhältnisse bestallten, wenn diese Kommissionen mit derselben Machtvollkommenheit, wie in England, zur Erforschung der Wahrheit ausgerüstet würden, wenn es gelänge, zu diesem Behuf ebenso sachverständige, unparteiische und rücksichtslose Männer zu finden, wie die Fabrikinspektoren Englands sind, seine ärztlichen Berichterstatter über „Public Health" (Öffentliche Gesundheit), seine Untersuchungskommissäre über die Exploitation der Weiber und Kinder, über Wohnungs- und Nahrungszustände usw. Perseus brauchte eine Nebelkappe zur Verfolgung von Ungeheuern. Wir ziehen die Nebelkappe tief über Aug' und Ohr, um die Existenz der Ungeheuer wegleugnen zu können.

Man muß sich nicht darüber täuschen. Wie der amerikanische Unabhängigkeitskrieg des 18. Jahrhunderts die Sturmglocke für die europäische Mittelklasse läutete, so der amerikanische Bürgerkrieg des 19. Jahrhunderts für die europäische Arbeiterklasse. In England ist der Umwälzungsprozeß mit Händen greifbar. Auf einem gewissen Höhepunkt muß er auf den Kontinent rückschlagen. Dort wird er sich in brutaleren oder humaneren Formen bewegen, je nach dem Entwicklungsgrad der Arbeiterklasse selbst. Von höheren Motiven abgesehn, gebietet also den jetzt herrschenden Klassen ihr eigenstes Interesse die Wegräumung aller gesetzlich kontrollierbaren Hindernisse, welche die Entwicklung der Arbeiterklasse hemmen. Ich habe deswegen u. a. der Geschichte, dem Inhalt und den Resultaten der englischen Fabrikgesetzgebung einen so ausführlichen Platz in diesem Bande eingeräumt. Eine Nation soll und kann von der andern lernen. Auch wenn eine Gesellschaft dem Naturgesetz ihrer Bewegung auf die Spur gekommen ist – und es ist der letzte Endzweck dieses Werks, das ökonomische Bewegungsgesetz der modernen Gesellschaft zu enthüllen –, kann sie naturgemäße Entwicklungsphasen weder überspringen noch wegdekretieren. Aber sie kann die Geburtswehen abkürzen und mildern.

Zur Vermeidung möglicher Mißverständnisse ein Wort. Die Gestalten von Kapitalist und Grundeigentümer zeichne ich keineswegs in rosigem Licht. Aber es handelt sich hier um die Personen nur, soweit sie die Personifikation ökonomischer Kategorien sind, Träger von bestimmten Klassenverhältnissen und Interessen. Weniger als jeder andere kann mein Standpunkt, der die Entwicklung der ökonomischen Gesellschaftsformation als einen naturgeschichtlichen Prozeß auffaßt, den einzelnen verantwortlich machen für Verhältnisse, deren Geschöpf er sozial bleibt, sosehr er sich auch subjektiv über sie erheben mag.

Auf dem Gebiete der politischen Ökonomie begegnet die freie wissenschaftliche Forschung nicht nur demselben Feinde wie auf allen anderen Gebieten. Die eigentümliche Natur des Stoffes, den sie behandelt, ruft wider sie die heftigsten, kleinlichsten und gehässigsten Leidenschaften der menschlichen Brust, die Furien des Privatinteresses, auf den Kampfplatz. Die englische Hochkirche z. B. verzeiht eher den Angriff auf 38 von ihren 39 Glaubensartikeln als auf $^1/_{39}$ ihres Geldeinkommens. Heutzutage ist der Atheismus selbst eine culpa levis, verglichen mit der Kritik überlieferter Eigentumsverhältnisse. Jedoch ist hier ein Fortschritt unverkennbar. Ich verweise z. B. auf das in den letzten Wochen veröffentlichte Blaubuch: „Correspondence with Her Majesty's Missions Abroad, regarding Industrial Questions and Trades Unions". Die auswärtigen Vertreter der englischen Krone sprechen es hier mit dürren Worten aus, daß in Deutschland, Frankreich, kurz allen Kulturstaaten des europäischen Kontinents, eine Umwandlung der bestehenden Verhältnisse von Kapital und Arbeit ebenso fühlbar und ebenso unvermeidlich ist als in England. Gleichzeitig erklärte jenseits des Atlantischen Ozeans Herr Wade, Vizepräsident der Vereinigten Staaten von Nordamerika, in öffentlichen Meetings: Nach Beseitigung der Sklaverei trete die Umwandlung der Kapital- und Grundeigentumsverhältnisse auf die

Tagesordnung! Es sind dies Zeichen der Zeit, die sich nicht verstecken lassen durch Purpurmäntel oder schwarze Kutten. Sie bedeuten nicht, daß morgen Wunder geschehen werden. Sie zeigen, wie selbst in den herrschenden Klassen die Ahnung aufdämmert, daß die jetzige Gesellschaft kein fester Kristall, sondern ein umwandlungsfähiger und beständig im Prozeß der Umwandlung begriffener Organismus ist.

Der zweite Band dieser Schrift wird den Zirkulationsprozeß des Kapitals (Buch II) und die Gestaltungen des Gesamtprozesses (Buch III), der abschließende dritte (Buch IV) die Geschichte der Theorie behandeln

Jedes Urteil wissenschaftlicher Kritik ist mir willkommen. Gegenüber den Vorurteilen der sog. öffentlichen Meinung, der ich nie Konzessionen gemacht habe, gilt mir nach wie vor der Wahlspruch des großen Florentiners:

Segui il tuo corso, e lascia dir le genti!

London, 25. Juli 1867 *Karl Marx*

Nachwort zur zweiten Auflage

Den Lesern der ersten Ausgabe habe ich zunächst Ausweis zu geben über die in der zweiten Ausgabe gemachten Veränderungen. Die übersichtlichere Einteilung des Buchs springt ins Auge. Zusätzliche Noten sind überall als Noten zur zweiten Ausgabe bezeichnet. Mit Bezug auf den Text selbst ist das Wichtigste:

Kapitel I, 1 ist die Ableitung des Werts durch Analyse der Gleichungen, worin sich jeder Tauschwert ausdrückt, wissenschaftlich strenger durchgeführt, ebenso der in der ersten Ausgabe nur angedeutete Zusammenhang zwischen der Wertsubstanz und der Bestimmung der Wertgröße durch gesellschaftlich-notwendige Arbeitszeit ausdrücklich hervorgehoben. Kapitel I, 3 (Die Wertform) ist gänzlich umgearbeitet, was schon die doppelte Darstellung der ersten Ausgabe gebot. – Im Vorbeigehn bemerke ich, daß jene doppelte Darstellung durch meinen Freund, Dr. L. Kugelmann in Hannover, veranlaßt ward. Ich befand mich bei ihm zum Besuch im Frühling 1867, als die ersten Probebogen von Hamburg ankamen, und er überzeugte mich, daß für die meisten Leser eine nachträgliche, mehr didaktische Auseinandersetzung der Wertform nötig sei. – Der letzte Abschnitt des ersten Kapitels, „Der Fetischcharakter der Ware etc.“, ist großenteils verändert. Kapitel III, 1 (Maß der Werte) ist sorgfältig revidiert, weil dieser Abschnitt in der ersten Ausgabe, mit Hinweis auf die „Zur Kritik der Polit. Oek.“, Berlin 1859, bereits gegebne Auseinandersetzung, nachlässig behandelt war. Kapitel VII, besonders Teil 2, ist bedeutend umgearbeitet.

Es wäre nutzlos, auf die stellenweisen Textänderungen, oft nur stilistisch, im einzelnen einzugehn. Sie erstrecken sich über das ganze Buch. Dennoch finde ich jetzt bei Revision der zu Paris erscheinenden französischen Übersetzung, daß manche Teile des deutschen Originals hier mehr durchgreifende Umarbeitung, dort größere stilistische Korrektur oder auch sorgfältigere Beseitigung gelegentlicher Versehn erheischt hätten. Es fehlte dazu die Zeit, indem ich erst im Herbst 1871, mitten unter andren dringenden Arbeiten die Nachricht erhielt, daß das Buch vergriffen sei, der Druck der zweiten Ausgabe aber bereits im Januar 1872 beginnen sollte.

Das Verständnis, welches „Das Kapital“ rasch in weiten Kreisen der deutschen Arbeiterklasse fand, ist der beste Lohn meiner Arbeit. Ein Mann, ökonomisch auf dem Bourgeoisstandpunkt, Herr Mayer, Wiener Fabrikant, tat in einer während des deutsch-französischen Kriegs veröffentlichten Broschüre treffend dar, daß der große theoretische Sinn, der als deutsches Erbgut galt, den sog. gebildeten Klassen Deutschlands durchaus abhanden gekommen ist, dagegen in seiner Arbeiterklasse neu auflebt.

Die politische Ökonomie blieb in Deutschland bis zu dieser Stunde eine ausländische Wissenschaft. Gustav von Gülich hat in „Geschichtliche Darstellung des Handels, der Gewerbe usw.“, namentlich in den 1830 herausgegebnen zwei ersten Bänden seines Werkes, großenteils schon die historischen Umstände erörtert, welche die Entwicklung der kapitalistischen Produktionsweise bei uns hemmten, daher auch den Aufbau der modernen bürgerlichen Gesellschaft. Es fehlte also der lebendige Boden der politischen Ökonomie. Sie ward als fertige Ware importiert aus England und Frankreich; ihre deutschen Professoren blieben Schüler. Der theoretische Ausdruck einer fremden Wirklichkeit verwandelte sich unter ihrer Hand in eine Dogmensammlung, von ihnen gedeutet im Sinn der sie umgebenden kleinbürgerlichen Welt, also mißdeutet. Das nicht ganz unterdrückbare Gefühl wissenschaftlicher Ohnmacht und das unheimliche Gewissen, auf einem in der Tat fremdartigen Gebiet schulmeistern zu müssen, suchte man zu verstecken unter dem Prunk literarhistorischer Gelehrsamkeit oder durch Beimischung fremden Stoffes, entlehnt den sog. Kameralwissenschaften, einem Mischmasch von Kenntnissen, deren Fegfeuer der hoffnungsvolle Kandidat deutscher Bürokratie zu bestehn hat.

Seit 1848 hat sich die kapitalistische Produktion rasch in Deutschland entwickelt und treibt heutzutage bereits ihre Schwindelblüte. Aber unsren Fachleuten blieb das Geschick gleich abhold. Solange sie politische Ökonomie unbefangen treiben konnten, fehlten die modernen ökonomischen Verhältnisse in der deutschen Wirklichkeit. Sobald diese Verhältnisse ins Leben traten, geschah es unter Umständen, welche ihr unbefangenes Studium innerhalb des bürgerlichen Gesichtskreises nicht länger zulassen. Soweit sie bürgerlich ist, d. h. die kapitalistische Ordnung statt als geschichtlich vorübergehende Entwicklungsstufe, umgekehrt als absolute und letzte Gestalt der gesellschaftlichen Produktion auffaßt, kann die politische Ökonomie nur Wissenschaft bleiben, solange der Klassenkampf latent bleibt oder sich in nur vereinzelten Erscheinungen offenbart.

Nehmen wir England. Seine klassische politische Ökonomie fällt in die Periode des unentwickelten Klassenkampfs. Ihr letzter großer Repräsentant, Ricardo, macht endlich bewußt den Gegensatz der Klasseninteressen, des Arbeitslohns und des Profits, des Profits und der Grundrente, zum Springpunkt seiner Forschungen, indem er diesen Gegensatz naiv als gesellschaftliches Naturgesetz auffaßt. Damit war aber auch die bürgerliche Wissenschaft der Ökonomie bei ihrer unüberschreitbaren Schranke angelangt. Noch bei Lebzeiten Ricardos und im Gegensatz zu ihm trat ihr in der Person Sismondis die Kritik gegenüber.[1]

Die nachfolgende Zeit von 1820-1830 zeichnet sich in England aus durch wissenschaftliche Lebendigkeit auf dem Gebiet der politische Ökonomie. Es war die Periode wie der Vulgarisierung und Ausbreitung der Ricardosche Theorie, so ihres Kampfes mit der alten Schule. Es wurden glänzende Turniere gefeiert. Was damals geleistet worden, ist dem europäischen Kontinent wenig bekannt, da die Polemik großenteils in Revueartikeln, Gelegenheitsschriften und Pamphlets zerstreut ist. Der unbefangne Charakter dieser Polemik – obgleich die Ricardosche Theorie ausnahmsweise auch schon als Angriffswaffe wider die

[1] Siehe meine Schrift „Zur Kritik etc.", p. 39.

bürgerliche Wirtschaft dient – erklärt sich aus den Zeitumständen. Einerseits trat die große Industrie selbst nur aus ihrem Kindheitsalter heraus, wie schon dadurch bewiesen ist, daß sie erst mit der Krise von 1825 den periodischen Kreislauf ihres modernen Lebens eröffnet. Andrerseits blieb der Klassenkampf zwischen Kapital und Arbeit in den Hintergrund gedrängt, politisch durch den Zwist zwischen den um die Heilige Allianz gescharten Regierungen und Feudalen und der von der Bourgeoisie geführten Volksmasse, ökonomisch durch den Hader des industriellen Kapitals mit dem aristokratischen Grundeigentum, der sich in Frankreich hinter dem Gegensatz von Parzelleneigentum und großem Grundbesitz verbarg, in England seit den Korngesetzen offen ausbrach. Die Literatur der politischen Ökonomie in England erinnert während dieser Periode an die ökonomische Sturm- und Drangperiode in Frankreich nach Dr. Quesnays Tod, aber nur wie ein Altweibersommer an den Frühling erinnert. Mit dem Jahr 1830 trat die ein für allemal entscheidende Krise ein.

Die Bourgeoisie hatte in Frankreich und England politische Macht erobert. Von da an gewann der Klassenkampf, praktisch und theoretisch, mehr und mehr ausgesprochne und drohende Formen. Er läutete die Totenglocke der wissenschaftlichen bürgerlichen Ökonomie. Es handelte sich jetzt nicht mehr darum, ob dies oder jenes Theorem wahr sei, sondern ob es dem Kapital nützlich oder schädlich, bequem oder unbequem, ob polizeiwidrig oder nicht. An die Stelle uneigennütziger Forschung trat bezahlte Klopffechterei, an die Stelle unbefangner wissenschaftlicher Untersuchung das böse Gewissen und die schlechte Absicht der Apologetik. Indes selbst die zudringlichen Traktätchen, welche die Anti-Corn-Law League, mit den Fabrikanten Cobden und Bright an der Spitze, in die Welt schleuderte, boten, wenn kein wissenschaftliches, doch ein historisches Interesse durch ihre Polemik gegen die grundeigentümliche Aristokratie. Auch diesen letzten Stachel zog die Freihandelsgesetzgebung seit Sir Robert Peel der Vulgärökonomie aus.

Die kontinentale Revolution von 1848 schlug auch auf England zurück. Männer, die noch wissenschaftliche Bedeutung beanspruchten und mehr sein wollten als bloße Sophisten und Sykophanten der herrschenden Klassen, suchten die politische Ökonomie des Kapitals in Einklang zu setzen mit den jetzt nicht länger zu ignorierenden Ansprüchen des Proletariats. Daher ein geistloser Synkretismus, wie ihn John Stuart Mill am besten repräsentiert. Es ist eine Bankrotterklärung der „bürgerlichen" Ökonomie, welche der große russische Gelehrte und Kritiker N. Tschernyschewski in seinem Werk „Umrisse der politischen Ökonomie nach Mill" bereits meisterhaft beleuchtet hat.

In Deutschland kam also die kapitalistische Produktionsweise zur Reife, nachdem ihr antagonistischer Charakter sich in Frankreich und England schon durch geschichtliche Kämpfe geräuschvoll offenbart hatte, während das deutsche Proletariat bereits ein viel entschiedneres theoretisches Klassenbewußtsein besaß als die deutsche Bourgeoisie. Sobald eine bürgerliche Wissenschaft der politischen Ökonomie hier möglich zu werden schien, war sie daher wieder unmöglich geworden.

Unter diesen Umständen teilten sich ihre Wortführer in zwei Reihen. Die einen, kluge, erwerbslustige, praktische Leute, scharten sich um die Fahne Bastiats, des flachsten und daher gelungensten Vertreters vulgär-ökonomischer Apologetik; die andren, stolz auf die Professoralwürde ihrer Wissenschaft, folgten J. St. Mill in dem Versuch, Unversöhnbares zu versöhnen. Wie zur klassischen Zeit der bürgerlichen Ökonomie blieben die Deutschen auch zur Zeit ihres Verfalls bloße Schüler, Nachbeter und Nachtreter, Kleinhausierer des ausländischen Großgeschäfts.

Die eigentümliche historische Entwicklung der deutschen Gesellschaft schloß hier also jede originelle Fortbildung der „bürgerlichen" Ökonomie aus, aber nicht deren – Kritik. Soweit solche Kritik überhaupt eine Klasse vertritt, kann sie nur die Klasse vertreten, deren geschichtlicher Beruf die Umwälzung der kapitalistischen Produktionsweise und die schließliche Abschaffung der Klassen ist – das Proletariat.

Die gelehrten und ungelehrten Wortführer der deutschen Bourgeoisie haben „Das Kapital" zunächst totzuschweigen versucht, wie ihnen das mit meinen frühern Schriften gelungen war. Sobald diese Taktik nicht länger den Zeitverhältnissen entsprach, schrieben sie, unter dem Vorwand, mein Buch zu kritisieren, Anweise „Zur Beruhigung des bürgerlichen Bewußtseins", fanden aber in der Arbeiterpresse – sieh z. B. Joseph Dietzgens Aufsätze im „Volksstaat" – überlegene Kämpen, denen sie die Antwort bis heute schuldig.[2]

Eine treffliche russische Übersetzung des „Kapitals" erschien im Frühling 1872 zu Petersburg. Die Auflage von 3000 Exemplaren ist jetzt schon beinahe vergriffen. Bereits 1871 hatte Herr N. Sieber (Зиберъ), Professor der politischen Ökonomie an der Universität zu Kiew, in seiner Schrift: „Теорія цѣнности и капитала Д. Рикардо" (D. Ricardos Theorie des Werts und des Kapitals etc.") meine Theorie des Werts, des Geldes und des Kapitals in ihren Grundzügen

---

[2] Die breimäuligen Faselhänse der deutschen Vulgärökonomie schelten Stil und Darstellung meiner Schrift. Niemand kann die literarischen Mängel des „Kapital" strenger beurteilen als ich selbst. Dennoch will ich, zu Nutz und Freud dieser Herren und ihres Publikums, hier ein englisches und ein russisches Urteil zitieren. Die meinen Ansichten durchaus feindliche „Saturday Review" sagte in ihrer Anzeige der ersten deutschen Ausgabe: Die Darstellung „verleiht auch den trockensten ökonomischen Fragen einen Reiz (charm)". Die „С.-П. Вѣдомости" (St.-Petersburger Zeitung) bemerkt in ihrer Nummer vom 20. April 1872 u. a.: „Die Darstellung mit Ausnahme weniger zu spezieller Teile zeichnet sich aus durch Allgemeinverständlichkeit, Klarheit und, trotz der wissenschaftlichen Höhe des Gegenstands, ungewöhnliche Lebendigkeit. In dieser Hinsicht gleicht der Verfasser ... auch nicht von fern der Mehrzahl deutscher Gelehrten, die ... ihre Bücher in so verfinsterter und trockner Sprache schreiben, daß gewöhnlichen Sterblichen der Kopf davon kracht." Den Lesern der zeitläufigen deutsch-national-liberalen Professoralliteratur kracht jedoch etwas ganz andres als der Kopf.

als notwendige Fortbildung der Smith-Richardoschen Lehre nachgewiesen. Was den Westeuropäer beim Lesen seines gediegnen Buchs überrascht, ist das konsequente Festhalten des rein theoretischen Standpunkts.

Die im „Kapital" angewandte Methode ist wenig verstanden worden, wie schon die einander widersprechenden Auffassungen derselben beweisen.

So wirft mir die Pariser „Revue Positiviste" vor, einerseits, ich behandle die Ökonomie metaphysisch, andrerseits – man rate! –, ich beschränke mich auf bloß kritische Zergliederung des Gegebnen, statt Rezepte (comtistische?) für die Garküche der Zukunft zu verschreiben. Gegen den Vorwurf der Metaphysik bemerkt Prof. Sieber:

> „Soweit es sich um die eigentliche Theorie handelt, ist die Methode von Marx die deduktive Methode der ganzen englischen Schule, deren Mängel und Vorzüge den besten theoretischen Ökonomisten gemein sind."

Herr M. Block – „Les Théoriciens du Socialisme en Allemagne. Extrait du Journal des Économistes, juillet et août 1872" – entdeckt, daß meine Methode analytisch ist, und sagt u. a.:

> „Par cet ouvrage M. Marx se classe parmi les esprits analytiques les plus éminents."

Die deutschen Rezensenten schreien natürlich über Hegelsche Sophistik. Der Petersburger Вѣстникъ Европы (Europäischer Bote), in einem Artikel, der ausschließlich die Methode des „Kapital" behandelt (Mainummer 1872, p. 427-436), findet meine Forschungsmethode streng realistisch. Er sagt:

> „Auf den ersten Blick, wenn man nach der äußern Form der Darstellung urteilt, ist Marx der größte Idealphilosoph, und zwar im deutschen, d. h. schlechten Sinn des Wortes. In der Tat aber ist er unendlich mehr Realist als alle seine Vorgänger im Geschäft der ökonomischen Kritik ... Man kann ihn in keiner Weise einen Idealisten nennen."

Ich kann dem Herrn Verfasser nicht besser antworten als durch einige Auszüge aus seiner eignen Kritik, die zudem manchen meiner Leser, dem das russische Original unzugänglich ist, interessieren mögen.

Nach einem Zitat aus meiner Vorrede zur „Kritik der Pol. Oek.", Berlin 1859, p. IV-VII, wo ich die materialistische Grundlage meiner Methode erörtert habe, fährt der Herr Verfasser fort:

> „Für Marx ist nur eins wichtig: das Gesetz der Phänomene zu finden, mit deren Untersuchung er sich beschäftigt. Und ihm ist nicht nur das Gesetz wichtig, das sie beherrscht, soweit sie eine fertige Form haben und in einem Zusammenhang stehn, wie er in einer gegebnen Zeitperiode beobachtet wird. Für ihn ist noch vor allem wichtig das Gesetz ihrer Veränderung, ihrer Entwicklung, d. h. der Übergang aus einer Form in die andre, aus einer Ordnung des Zusammen-

hangs in eine andre. Sobald er einmal dies Gesetz entdeckt hat, untersucht er im Detail die Folgen, worin es sich im gesellschaftlichen Leben kundgibt ... Demzufolge bemüht sich Marx nur um eins: durch genaue wissenschaftliche Untersuchung die Notwendigkeit bestimmter Ordnungen der gesellschaftlichen Verhältnisse nachzuweisen und soviel als möglich untadelhaft die Tatsachen zu konstatieren, die ihm zu Ausgangs- und Stützpunkten dienen. Hierzu ist vollständig hinreichend, wenn er mit der Notwendigkeit der gegenwärtigen Ordnung zugleich die Notwendigkeit einer andren Ordnung nachweist, worin die erste unvermeidlich übergehn muß, ganz gleichgültig, ob die Menschen das glauben oder nicht glauben, ob sie sich dessen bewußt oder nicht bewußt sind. Marx betrachtet die gesellschaftliche Bewegung als einen naturgeschichtlichen Prozeß, den Gesetze lenken, die nicht nur von dem Willen, dem Bewußtsein und der Absicht der Menschen unabhängig sind, sondern vielmehr umgekehrt deren Wollen, Bewußtsein und Absichten bestimmen ... Wenn das bewußte Element in der Kulturgeschichte eine so untergeordnete Rolle spielt, dann versteht es sich von selbst, daß die Kritik, deren Gegenstand die Kultur selbst ist, weniger als irgend etwas andres, irgendeine Form oder irgendein Resultat des Bewußtseins zur Grundlage haben kann. Das heißt, nicht die Idee, sondern nur die äußere Erscheinung kann ihr als Ausgangspunkt dienen. Die Kritik wird sich beschränken auf die Vergleichung und Konfrontierung einer Tatsache nicht mit der Idee, sondern mit der andren Tatsache. Für sie ist es nur wichtig, daß beide Tatsachen möglichst genau untersucht werden und wirklich die eine gegenüber der andren verschiedene Entwicklungsmomente bilden, vor allem aber wichtig, daß nicht minder genau die Serie der Ordnungen erforscht wird, die Aufeinanderfolge und Verbindung, worin die Entwicklungsstufen erscheinen. Aber, wird man sagen, die allgemeinen Gesetze des ökonomischen Lebens sind ein und dieselben; ganz gleichgültig, ob man sie auf Gegenwart oder Vergangenheit anwendet. Grade das leugnet Marx. Nach ihm existieren solche abstrakte Gesetze nicht ... Nach seiner Meinung besitzt im Gegenteil jede historische Periode ihre eignen Gesetze ... Sobald das Leben eine gegebene Entwicklungsperiode überlebt hat, aus einem gegebnen Stadium in ein andres übertritt, beginnt es auch durch andre Gesetze gelenkt zu werden. Mit einem Wort, das ökonomische Leben bietet uns eine der Entwicklungsgeschichte auf andren Gebieten der Biologie analoge Erscheinung ... Die alten Ökonomen verkannten die Natur ökonomischer Gesetze, als sie dieselben mit den Gesetzen der Physik und Chemie verglichen ... Eine tiefere Analyse der Erscheinungen bewies, daß soziale Organismen sich voneinander ebenso gründlich unterscheiden als Pflanzen- und Tierorganismen ... Ja, eine und dieselbe Erscheinung unterliegt ganz und gar verschiednen Gesetzen infolge des verschiednen Gesamtbaus jener Organismen, der Abweichung ihrer einzelnen Organe, des Unterschieds der Bedingungen, worin sie funktionieren usw. Marx leugnet z. B., daß das Bevölkerungsgesetz dasselbe ist zu allen Zeiten und an allen Orten. Er versichert im Gegenteil, daß jede Entwicklungsstufe ihr eignes Bevölkerungsgesetz hat ... Mit der verschiednen Entwicklung der Produktivkraft ändern sich die Verhältnisse und die sie regelnden Gesetze. Indem sich Marx das Ziel stellt, von diesem Gesichtspunkt aus die kapitalistische Wirtschaftsordnung zu erforschen und zu erklären, formuliert er nur streng wissenschaftlich das Ziel, welches jede genaue Untersuchung des ökonomischen Lebens haben muß ...

> Der wissenschaftliche Wert solcher Forschung liegt in der Aufklärung der besondren Gesetze, welche Entstehung, Existenz, Entwicklung, Tod eines gegebenen gesellschaftlichen Organismus und seinen Ersatz durch einen andren, höheren regeln. Und diesen Wert hat in der Tat das Buch von Marx."

Indem der Herr Verfasser das, was er meine wirkliche Methode nennt, so treffend und, soweit meine persönliche Anwendung derselben in Betracht kommt, so wohlwollend schildert, was andres hat er geschildert als die dialektische Methode?

Allerdings muß sich die Darstellungsweise formell von der Forschungsweise unterscheiden. Die Forschung hat den Stoff sich im Detail anzueignen, seine verschiednen Entwicklungsformen zu analysieren und deren innres Band aufzuspüren. Erst nachdem diese Arbeit vollbracht, kann die wirkliche Bewegung entsprechend dargestellt werden. Gelingt dies und spiegelt sich nun das Leben des Stoffs ideell wider, so mag es aussehn, als habe man es mit einer Konstruktion a priori zu tun.

Meine dialektische Methode ist der Grundlage nach von der Hegelschen nicht nur verschieden, sondern ihr direktes Gegenteil. Für Hegel ist der Denkprozeß, den er sogar unter dem Namen Idee in ein selbständiges Subjekt verwandelt, der Demiurg des wirklichen, das nur seine äußere Erscheinung bildet. Bei mir ist umgekehrt das Ideelle nichts andres als das im Menschenkopf umgesetzte und übersetzte Materielle.

Die mystifizierende Seite der Hegelschen Dialektik habe ich vor beinah 30 Jahren, zu einer Zeit kritisiert, wo sie noch Tagesmode war. Aber grade als ich den ersten Band des „Kapital" ausarbeitete, gefiel sich das verdrießliche, anmaßliche und mittelmäßige Epigonentum, welches jetzt im gebildeten Deutschland das große Wort führt, darin, Hegel zu behandeln, wie der brave Moses Mendelssohn zu Lessings Zeit den Spinoza behandelt hat, nämlich als „toten Hund". Ich bekannte mich daher offen als Schüler jenes großen Denkers und kokettierte sogar hier und da im Kapitel über die Werttheorie mit der ihm eigentümlichen Ausdrucksweise. Die Mystifikation, welche die Dialektik in Hegels Händen erleidet, verhindert in keiner Weise, daß er ihre allgemeinen Bewegungsformen zuerst in umfassender und bewußter Weise dargestellt hat. Sie steht bei ihm auf dem Kopf. Man muß sie umstülpen, um den rationellen Kern in der mystischen Hülle zu entdecken.

In ihrer mystifizierten Form ward die Dialektik deutsche Mode, weil sie das Bestehende zu verklären schien. In ihrer rationellen Gestalt ist sie dem Bürgertum und seinen doktrinären Wortführern ein Ärgernis und ein Greuel, weil sie in dem positiven Verständnis des Bestehenden zugleich auch das Verständnis seiner Negation, seines notwendigen Untergangs einschließt, jede gewordne Form im Flusse der Bewegung, also auch nach ihrer vergänglichen Seite auffaßt, sich durch nichts imponieren läßt, ihrem Wesen nach kritisch und revolutionär ist.

Die widerspruchsvolle Bewegung der kapitalistischen Gesellschaft macht sich dem praktischen Bourgeois am schlagendsten fühlbar in den Wechselfällen des periodischen Zyklus, den die moderne Industrie durchläuft, und deren Gipfelpunkt – die allgemeine Krise. Sie ist wieder im Anmarsch, obgleich noch begriffen in den Vorstadien, und wird durch die Allseitigkeit ihres Schauplatzes, wie die Intensität ihrer Wirkung, selbst den Glückspilzen des neuen heiligen, preußisch-deutschen Reichs Dialektik einpauken.

London, 24. Januar 1873 *Karl Marx*

Vor- und Nachwort zur französischen Ausgabe

An den Bürger Maurice La Châtre
Werter Bürger!

Ich begrüße Ihre Idee, die Übersetzung des „Kapitals" in periodischen Lieferungen herauszubringen. In dieser Form wird das Werk der Arbeiterklasse leichter zugänglich sein, und diese Erwägung ist für mich wichtiger als alle anderen.

Das ist die Vorderseite Ihrer Medaille, aber hier ist auch die Kehrseite: Die Untersuchungsmethode, deren ich mich bedient habe und die auf ökonomische Probleme noch nicht angewandt wurde, macht die Lektüre der ersten Kapitel ziemlich schwierig, und es ist zu befürchten, daß das französische Publikum, stets ungeduldig nach dem Ergebnis und begierig, den Zusammenhang zwischen den allgemeinen Grundsätzen und den Fragen zu erkennen, die es unmittelbar bewegen, sich abschrecken läßt, weil es nicht sofort weiter vordringen kann.

Das ist ein Nachteil, gegen den ich nichts weiter unternehmen kann, als die nach Wahrheit strebenden Leser von vornherein darauf hinzuweisen und gefaßt zu machen. Es gibt keine Landstraße für die Wissenschaft, und nur diejenigen haben Aussicht, ihre lichten Höhen zu erreichen, die die Mühe nicht scheuen, ihre steilen Pfade zu erklimmen.

London, 18. März 1872 *Karl Marx*

An den Leser

Herr J. Roy hat es unternommen, eine so genaue und selbst wörtliche Übersetzung wie möglich zu geben ; er hat seine Aufgabe peinlich genau erfüllt. Aber gerade seine peinliche Genauigkeit hat mich gezwungen, die Fassung zu ändern, um sie dem Leser zugänglicher zu machen. Diese Änderungen, die von Tag zu Tag gemacht wurden, da das Buch in Lieferungen erschien, sind mit ungleicher Sorgfalt ausgeführt worden und mußten Stilungleichheiten hervorrufen.

Nachdem ich mich dieser Revisionsarbeit einmal unterzogen hatte, bin ich dazu gekommen, sie auch auf den zugrunde gelegten Originaltext anzuwenden (die zweite deutsche Ausgabe), einige Erörterungen zu vereinfachen, andre zu vervollständigen, ergänzendes historisches oder statistisches Material zu geben, kritische Bemerkungen hinzuzufügen etc. Welches auch die literarischen Mängel dieser französischen Ausgabe sein mögen, sie besitzt einen wissenschaftlichen Wert unabhängig vom Original und sollte selbst von Lesern herangezogen werden, die der deutschen Sprache mächtig sind.

Ich gebe weiter unten die Stellen des Nachworts zur zweiten deutschen Ausgabe, die sich mit der Entwicklung der politischen Ökonomie in Deutschland und der in diesem Werk angewandten Methode befassen.

London, 28. April 1875 *Karl Marx*

Zur dritten Auflage

Es war Marx nicht vergönnt, diese dritte Auflage selbst druckfertig zu machen. Der gewaltige Denker, vor dessen Größe sich jetzt auch die Gegner neigen, starb am 14. März 1883.

Auf mich, der ich in ihm den vierzigjährigen, besten, unverbrüchlichsten Freund verlor, den Freund, dem ich mehr verdanke, als sich mit Worten sagen läßt, auf mich fiel nun die Pflicht, die Herausgabe sowohl dieser dritten Auflage wie des handschriftlich hinterlassenen zweiten Bandes zu besorgen. Wie ich den ersten Teil dieser Pflicht erfüllt, darüber bin ich dem Leser hier Rechenschaft schuldig.

Marx hatte anfangs vor, den Text des ersten Bandes großenteils umzuarbeiten, manche theoretischen Punkte schärfer zu fassen, neue einzufügen, das geschichtliche und statistische Material bis auf die neueste Zeit zu ergänzen. Sein Krankheitszustand und der Drang, zur Schlußredaktion des zweiten Bandes zu kommen, ließen ihn hierauf verzichten. Nur das Nötigste sollte geändert, nur die Zusätze eingefügt werden, die die inzwischen erschienene französische Ausgabe („Le Capital. Par Karl Marx“, Paris, Lachâtre 1873) schon enthielt.

Im Nachlaß fand sich denn auch ein deutsches Exemplar, das von ihm stellenweise korrigiert und mit Hinweisen auf die französische Ausgabe versehen war; ebenso ein französisches, worin er die zu benutzenden Stellen genau bezeichnet hatte. Diese Änderungen und Zusätze beschränken sich, mit wenigen Ausnahmen, auf den letzten Teil des Buchs, den Abschnitt: Der Akkumulationsprozeß des Kapitals. Hier folgte der bisherige Text mehr als sonst dem ursprünglichen Entwurf, während die früheren Abschnitte gründlicher überarbeitet waren. Der Stil war daher lebendiger, mehr aus einem Guß, aber auch nachlässiger, mit Anglizismen versetzt, stellenweise undeutlich; der Entwicklungsgang bot hier und da Lücken, indem einzelne wichtige Momente nur angedeutet waren.

Was den Stil betrifft, so hatte Marx mehrere Unterabschnitte selbst gründlich revidiert und mir darin, sowie in häufigen mündlichen Andeutungen, das Maß gegeben, wie weit ich gehn durfte in der Entfernung englischer technischer Ausdrücke und sonstiger Anglizismen. Die Zusätze und Ergänzungen hätte Marx jedenfalls noch überarbeitet und das glatte Französisch durch sein eignes gedrungenes Deutsch ersetzt; ich mußte mich begnügen, sie unter möglichstem Anschluß an den ursprünglichen Text zu übertragen.

Es ist also in dieser dritten Auflage kein Wort geändert, von dem ich nicht bestimmt weiß, daß der Verfasser selbst es geändert hätte. Es konnte mir nicht in den Sinn kommen, in das „Kapital“ den landläufigen Jargon einzuführen, in welchem deutsche Ökonomen sich auszudrücken pflegen, jenes Kauderwelsch, worin z. B. derjenige, der sich für bare Zahlung von andern ihre Arbeit geben läßt, der Arbeit*geber* heißt, und Arbeit*nehmer* derjenige, dessen Arbeit ihm für Lohn abgenommen wird. Auch im Französischen wird travail im gewöhnlichen

Leben im Sinn von „Beschäftigung“ gebraucht. Mit Recht aber würden die Franzosen den Ökonomen für verrückt halten, der den Kapitalisten donneur de travail, und den Arbeiter receveur de travail nennen wollte.

Ebensowenig habe ich mir erlaubt, das im Text durchweg gebrauchte englische Geld, Maß und Gewicht auf seine neudeutschen Äquivalente zu reduzieren. Als die erste Auflage erschien, gab es in Deutschland so viel Arten von Maß und Gewicht wie Tage im Jahr, dazu zweierlei Mark (die Reichsmark galt damals nur im Kopf Soetbeers, der sie Ende der dreißiger Jahre erfunden), zweierlei Gulden und mindestens dreierlei Taler, darunter einer, dessen Einheit das „neue Zweidrittel“ war. In der Naturwissenschaft herrschte metrisches, auf dem Weltmarkt englisches Maß und Gewicht. Unter solchen Umständen waren englische Maßeinheiten selbstverständlich für ein Buch, das seine tatsächlichen Belege fast ausschließlich aus englischen industriellen Verhältnissen zu nehmen genötigt war. Und dieser letzte Grund bleibt auch noch heute entscheidend, um so mehr, als die bezüglichen Verhältnisse auf dem Weltmarkt sich kaum geändert haben und namentlich für die ausschlaggebenden Industrien – Eisen und Baumwolle – englisches Maß und Gewicht noch heute fast ausschließlich herrscht.

Schließlich noch ein Wort über Marx’ wenig verstandne Art zu zitieren. Bei rein tatsächlichen Angaben und Schilderungen dienen die Zitate, z. B. aus den englischen Blaubüchern, selbstredend als einfache Belegstellen. Anders aber da, wo theoretische Ansichten andrer Ökonomen zitiert werden. Hier soll das Zitat nur feststellen, wo, wann und von wem ein im Lauf der Entwicklung sich ergebender ökonomischer Gedanke zuerst klar ausgesprochen ist. Wobei es nur darauf ankommt, daß die fragliche ökonomische Vorstellung für die Geschichte der Wissenschaft Bedeutung hat, daß sie der mehr oder weniger adäquate theoretische Ausdruck der ökonomischen Lage ihrer Zeit ist. Ob aber diese Vorstellung für den Standpunkt des Verfassers noch absolute oder relative Geltung hat, oder ob sie bereits ganz der Geschichte verfallen, darauf kommt es ganz und gar nicht an. Diese Zitate bilden also nur einen der Geschichte der ökonomischen Wissenschaft entlehnten laufenden Kommentar zum Text und stellen die einzelnen wichtigeren Fortschritte der ökonomischen Theorie nach Datum und Urheber fest. Und das war sehr nötig in einer Wissenschaft, deren Geschichtschreiber bisher nur durch tendenziöse, fast streberhafte Unwissenheit sich auszeichnen. – Man wird es nun auch begreiflich finden, weshalb Marx, im Einklang mit dem Nachwort zur zweiten Ausgabe, nur ganz ausnahmsweis deutsche Ökonomen anzuführen in den Fall kommt.

Der zweite Band wird hoffentlich im Laufe des Jahres 1884 erscheinen können.

London, 7. Novbr. 1883 *Friedrich Engels*

Vorwort zur englischen Ausgabe

Die Veröffentlichung einer englischen Ausgabe des „Kapital“ bedarf keiner Rechtfertigung. Im Gegenteil, es kann eine Erklärung darüber erwartet werden, warum diese englische Ausgabe bis jetzt verzögert worden ist, wenn man sieht, daß seit einigen Jahren die in diesem Buch vertretenen Theorien in der periodischen Presse und Tagesliteratur sowohl Englands wie Amerikas ständig erwähnt, angegriffen und verteidigt, erklärt und mißdeutet wurden.

Als es, bald nach dem Tode des Verfassers im Jahre 1883, klar wurde, daß eine englische Ausgabe des Werkes wirklich benötigt wurde, erklärte sich Herr Samuel Moore, ein langjähriger Freund Marx’ und des Schreibers dieser Zeilen, und mit dem Buch selbst vertrauter vielleicht als irgend jemand, dazu bereit, die Übersetzung zu übernehmen, die es die literarischen Testamentsvollstrecker von Marx drängte, der Öffentlichkeit vorzulegen. Es wurde vereinbart, daß ich das Manuskript mit dem Original vergleichen und solche Änderungen vorschlagen sollte, die ich für ratsam hielte. Als es sich nach und nach herausstellte, daß seine beruflichen Beschäftigungen Herrn Moore hinderten, die Übersetzung so schnell fertigzustellen, wie alle wünschten, nahmen wir freudig das Angebot Dr. Avelings an, einen Teil der Arbeit zu übernehmen; gleichzeitig erbot sich Frau Aveling, Marx’ jüngste Tochter, die Zitate zu kontrollieren und den Originaltext der zahlreichen, englischen Autoren und Blaubüchern entnommenen und von Marx ins Deutsche übersetzten Stellen wiederherzustellen. Das ist durchgängig geschehen bis auf einige unvermeidbare Ausnahmen.

Folgende Teile des Buches sind von Dr. Aveling übersetzt worden : 1. Die Kapitel X (Der Arbeitstag) und XI (Rate und Masse des Mehrwerts); 2. der Abschnitt VI (Der Arbeitslohn, umfassend die Kapitel XIX bis XXII); 3. von Kapitel XXIV, Abteilung 4 (Umstände, welche usw.) bis zum Ende des Buches, umfassend den letzten Teil von Kapitel XXIV, Kapitel XXV und den ganzen Abschnitt VIII (die Kapitel XXVI bis XXXIII); 4. die zwei Vorworte des Verfassers. Der übrige Teil des Buches ist von Herrn Moore übersetzt worden. Während so jeder der Übersetzer für seinen Anteil an der Arbeit allein verantwortlich ist, trage ich eine Gesamtverantwortung für das Ganze.

Die dritte deutsche Ausgabe, die durchweg zur Grundlage unserer Arbeit genommen wurde, ist von mir 1883 vorbereitet worden unter Zuhilfenahme der vom Verfasser hinterlassenen Notizen, die jene Stellen der zweiten Ausgabe angeben, welche durch bezeichnete Stellen des 1873 veröffentlichten französischen Textes ersetzt werden sollten.[1] Die so im Text der zweiten Ausgabe zustande gekommenen Veränderungen stimmten im allgemeinen mit den Ände-

---

[1] „Le Capital. Par Karl Marx“, Übersetzung von M. J. Roy, vom Autor völlig durchgesehen, Paris, Lachâtre. Diese Übersetzung enthält besonders im letzten Teil des Buchs beträchtliche Veränderungen und Ergänzungen zum Text der zweiten deutschen Ausgabe.

rungen überein, die Marx in einer Reihe von handschriftlichen Anweisungen für eine englische Übersetzung vorgeschrieben hat, die vor zehn Jahren in Amerika geplant war, aber hauptsächlich aus Mangel an einem tüchtigen und geeigneten Übersetzer aufgegeben wurde. Dies Manuskript wurde uns von unserem alten Freund, Herrn F. A. Sorge in Hoboken, N. J., zur Verfügung gestellt. Es bezeichnet noch einige weitere Einschaltungen aus der französischen Ausgabe; aber da es so viele Jahre älter ist als die letzten Anweisungen für die dritte Ausgabe, habe ich mich nicht für befugt gehalten, anders davon Gebrauch zu machen als ausnahmsweise und besonders in Fällen, in denen es uns über Schwierigkeiten hinweghalf. Ebenso ist der französische Text bei den meisten schwierigen Stellen herangezogen worden als Anhaltspunkt dafür, was der Verfasser selbst zu opfern bereit war, wo immer etwas von der ganzen Bedeutung des Originals in der Übersetzung geopfert werden mußte.

Eine Schwierigkeit besteht dennoch, die wir dem Leser nicht ersparen konnten: die Benutzung von gewissen Ausdrücken in einem nicht nur vom Sprachgebrauch des täglichen Lebens, sondern auch dem der gewöhnlichen politischen Ökonomie verschiednen Sinne. Doch dies war unvermeidlich. Jede neue Auffassung einer Wissenschaft schließt eine Revolution in den Fachausdrücken dieser Wissenschaft ein. Dies beweist am besten die Chemie, in der die gesamte Terminologie ungefähr alle zwanzig Jahre radikal geändert wird und wo man kaum eine organische Verbindung finden wird, die nicht eine ganze Reihe von verschiednen Namen durchgemacht hat. Die politische Ökonomie hat sich im allgemeinen damit zufriedengegeben, die Ausdrücke des kommerziellen und industriellen Lebens, so wie sie waren, zu nehmen und mit ihnen zu operieren, wobei sie vollkommen übersehen hat, daß sie sich dadurch auf den engen Kreis der durch diese Worte ausgedrückten Ideen beschränkte. So ist selbst die klassische politische Ökonomie, obgleich sie sich vollkommen bewußt war, daß sowohl Profit wie Rente nur Unterabteilungen, Stücke jenes unbezahlten Teils des Produkts sind, das der Arbeiter seinem Unternehmer(dessen erstem Aneigner, obgleich nicht letztem, ausschließlichem Besitzer) liefern muß, doch niemals über die üblichen Begriffe von Profit und Rente hinausgegangen, hat sie niemals diesen unbezahlten Teil des Produkts(von Marx Mehrprodukt genannt) in seiner Gesamtheit als ein Ganzes untersucht und ist deshalb niemals zu einem klaren Verständnis gekommen weder seines Ursprungs und seiner Natur, noch auch der Gesetze, die die nachträgliche Verteilung seines Werts regeln. Ähnlich wird alle Industrie, soweit nicht Landwirtschaft oder Handwerk, unterschiedlos in dem Ausdruck Manufaktur zusammengefaßt und dadurch die Unterscheidung zwischen zwei großen und wesentlich verschiednen Perioden der ökonomischen Geschichte ausgelöscht: der Periode der eigentlichen Manufaktur, die auf der Teilung der Handarbeit, und der Periode der modernen Industrie, die auf der Maschinerie beruht. Es ist indessen selbstverständlich, daß eine Theorie, die die moderne kapitalistische Produktion als eine bloße Entwicklungsstufe der ökonomischen Geschichte der Menschheit ansieht, andre Ausdrücke gebrauchen muß als die jenen Schriftstellern gewohnten, welche diese Produktionsweise als unvergänglich und endgültig ansehn.

Ein Wort über die Methode des Verfassers zu zitieren, mag nicht unangebracht sein. In der Mehrzahl der Fälle dienen die Zitate in der üblichen Weise als dokumentarische Belege für im Text aufgestellte Behauptungen. Aber in vielen Fällen werden Stellen aus ökonomischen Schriftstellern angeführt, um aufzuzeigen, wann, wo und von wem eine bestimmte Ansicht zum erstenmal klar ausgesprochen wurde. Das geschieht in solchen Fällen, wo die angeführte Meinung von Wichtigkeit ist als mehr oder weniger adäquater Ausdruck der zu einer gewissen Zeit vorherrschenden Bedingungen der gesellschaftlichen Produktion und des Austauschs, und ganz unabhängig davon, ob sie Marx anerkennt oder ob sie allgemein gültig. Diese Zitate versehen daher den Text mit einem der Geschichte der Wissenschaft entlehnten laufenden Kommentar.

Unsere Übersetzung umfaßt nur das erste Buch des Werkes. Aber dieses erste Buch ist in hohem Maße ein Ganzes in sich selbst und hat zwanzig Jahre lang für ein selbständiges Werk gegolten. Das zweite Buch, das ich 1885 in deutscher Sprache herausgegeben habe, ist entschieden unvollständig ohne das dritte, das nicht vor Ende 1887 veröffentlicht werden kann. Wenn Buch III im deutschen Original herausgebracht ist, wird es früh genug sein, an die Vorbereitung einer englischen Ausgabe von beiden zu denken.

„Das Kapital" wird auf dem Kontinent oft „die Bibel der Arbeiterklasse" genannt. Daß die in diesem Werk gewonnenen Schlußfolgerungen täglich mehr und mehr zu grundlegenden Prinzipien der großen Bewegung der Arbeiterklasse werden, nicht nur in Deutschland und der Schweiz, sondern auch in Frankreich, in Holland und Belgien, in Amerika und selbst in Italien und Spanien; daß überall die Arbeiterklasse in diesen Schlußfolgerungen mehr und mehr den angemessensten Ausdruck ihrer Lage und ihrer Bestrebungen anerkennt, das wird niemand leugnen, der mit dieser Bewegung vertraut ist. Und auch in England üben die Theorien von Marx gerade in diesem Augenblick einen machtvollen Einfluß auf die sozialistischer Bewegung aus, die sich in den Reihen der „Gebildeten" nicht weniger ausbreitet als in den Reihen der Arbeiterklasse. Aber das ist nicht alles. Die Zeit rückt schnell heran, wo eine gründliche Untersuchung der ökonomischen Lage Englands sich aufzwingen wird als eine unwiderstehliche nationale Notwendigkeit. Der Gang des industriellen Systems Englands, der unmöglich ist ohne eine ständige und schnelle Ausdehnung der Produktion und daher der Märkte, ist zum Stillstand gekommen. Der Freihandel hat seine Hilfsquellen erschöpft; selbst Manchester zweifelt an diesem seinem ehemaligen ökonomischen Evangelium.[2] Die sich schnell entwickelnde ausländische Industrie starrt

[2] Bei der Vierteljahrversammlung der Handelskammer von Manchester, die heute nachmittag abgehalten wurde, fand eine lebhafte Diskussion über die Freihandelsfrage statt. Eine Reso-

der englischen Produktion überall ins Gesicht, nicht nur auf zollgeschützten, sondern auch auf neutralen Märkten und sogar diesseits des Kanals. Während die Produktivkraft in geometrischer Reihe wächst, schreitet die Ausdehnung der Märkte bestenfalls in einer arithmetischen Reihe fort. Der zehnjährige Zyklus von Stagnation, Prosperität, Überproduktion und Krise, der von 1825 bis 1867 immer wiederkehrte, scheint allerdings abgelaufen zu sein; aber nur um uns im Sumpf der Verzweiflung einer dauernden und chronischen Depression landen zu lassen. Die ersehnte Periode der Prosperität will nicht kommen; sooft wir die sie ankündigenden Symptome zu erblicken glauben, sooft verschwinden sie wieder in der Luft. Inzwischen stellt jeder folgende Winter erneut die Frage: „was tun mit den Arbeitslosen?" Aber während die Zahl der Arbeitslosen von Jahr zu Jahr anschwillt, ist niemand da, um diese Frage zu beantworten; und wir können den Zeitpunkt beinahe berechnen, wo die Arbeitslosen die Geduld verlieren und ihr Schicksal in ihre eignen Hände nehmen werden. In einem solchen Moment sollte sicherlich die Stimme eines Mannes gehört werden, dessen ganze Theorie das Ergebnis eines lebenslangen Studiums der ökonomischen Geschichte und Lage Englands ist und den dieses Studium zu dem Schluß geführt hat, daß, zumindest in Europa, England das einzige Land ist, wo die unvermeidliche soziale Revolution gänzlich mit friedlichen und gesetzlichen Mitteln durchgeführt werden könnte. Gewiß hat er nie vergessen hinzuzufügen, daß er kaum erwarte, die herrschenden Klassen Englands würden sich ohne „proslavery rebellion" dieser friedlichen und gesetzlichen Revolution unterwerfen.

5. November 1886 *Friedrich Engels*

---

lution wurde eingebracht in dem Sinne, daß „man 40 Jahre vergebens darauf gewartet hat, daß andre Nationen dem von England gegebenen Beispiel des Freihandels folgen, und die Kammer nun die Zeit für gekommen hält, diesen Standpunkt zu ändern". Die Resolution wurde mit nur einer Stimme Mehrheit abgelehnt, bei dem Stimmenverhältnis von 21 für und 22 dagegen.(„Evening Standard", 1. Nov. 1886.)

Zur vierten Auflage

Die vierte Auflage forderte von mir eine möglichst endgültige Feststellung des Textes sowohl wie der Anmerkungen. Wie ich dieser Anforderung nachgekommen, darüber kurz folgendes.

Nach nochmaliger Vergleichung der französischen Ausgabe und der handschriftlichen Notizen von Marx habe ich aus jener noch einige Zusätze in den deutschen Text aufgenommen. Sie finden sich auf S. 80 (dritte Auflage, S. 88), S. 458-460 (dritte, S. 509-510), S. 547-551 (dritte, S. 600), S. 591-593 (dritte, S. 644) und S. 596 (dritte, S. 648) in der Note 79.* Ebenso habe ich nach Vorgang der französischen und englischen Ausgabe die lange Anmerkung über die Bergwerksarbeiter (dritte Aufl., S. 509-515) in den Text gesetzt (vierte Aufl., S. 461-467).** Sonstige kleine Änderungen sind rein technischer Natur.

Ferner habe ich noch einige erläuternde Zusatznoten gemacht, namentlich da, wo veränderte geschichtliche Umstände dies zu erfordern schienen. Alle diese Zusatznoten sind in eckige Klammern gesetzt und mit meinen Anfangsbuchstaben oder mit „D. H." bezeichnet.

Eine vollständige Revision der zahlreichen Zitate war notwendig geworden durch die inzwischen erschienene englische Ausgabe. Für diese hatte Marx' jüngste Tochter Eleanor sich der Mühe unterzogen, sämtliche angeführte Stellen mit den Originalen zu vergleichen, so daß in den bei weitem vorwiegenden Zitaten aus englischen Quellen dort keine Rückübersetzung aus dem Deutschen, sondern der englische Originaltext selbst erscheint. Es lag mir also ob, diesen Text bei der vierten Auflage zu Rate zu ziehen. Es fanden sich dabei mancherlei kleine Ungenauigkeiten. Hinweise auf unrichtige Seitenzahlen, teils beim Kopieren aus den Heften verschrieben, teils im Verlauf von drei Auflagen gehäufte Druckfehler. Unrichtig gesetzte Anführungszeichen oder Lückenpunkte, wie dies bei massenhaftem Zitieren aus Auszugsheften unvermeidlich. Hier und da ein weniger glücklich gewähltes Übersetzungswort. Einzelne Stellen zitiert aus den alten Pariser Heften 1843-1845, wo Marx noch kein Englisch verstand und englische Ökonomen in französischer Übersetzung las; wo denn der doppelten Übersetzung eine leichte Änderung der Klangfarbe entsprach, z. B. bei Steuart, Ure u. a. – wo jetzt der englische Text zu benutzen war. Und was dergleichen kleine Ungenauigkeiten und Nachlässigkeiten mehr sind. Wenn man nun die vierte Auflage mit den vorigen vergleicht, so wird man sich überzeugen, daß dieser ganze mühsame Berichtigungsprozeß an dem Buch aber auch nicht das geringste geändert hat, das der Rede wert ist. Nur ein einziges Zitat hat nicht gefunden werden können, das aus Richard Jones (4. Aufl., S. 562, Note 47)***; Marx hat

* Siehe vorliegender Band: S. 726-727, 1058-1059, 1141-1144, 1179-1181, 1183.

** Siehe vorliegender Band: S. 1059-1065.

*** Siehe vorliegender Band, S. 1154.

sich wahrscheinlich im Titel des Buches verschrieben. Alle andern behalten ihre volle Beweiskraft oder verstärken sie in der jetzigen exakten Form.

Hier aber bin ich genötigt, auf eine alte Geschichte zurückzukommen.

Es ist mir nämlich nur ein Fall bekannt, wo die Richtigkeit eines Marxschen Zitats in Zweifel gezogen worden. Da dieser aber bis über Marx' Tod hinaus gespielt hat, kann ich ihn hier nicht gut übergehn.

In der Berliner „Concordia", dem Organ des deutschen Fabrikantenbundes, erschien am 7. März 1872 ein anonymer Artikel: „Wie Karl Marx citirt." Hier wurde mit überreichlichem Aufwand von sittlicher Entrüstung und von unparlamentarischen Ausdrücken behauptet, das Zitat aus Gladstones Budgetrede vom 16. April 1863 (in der Inauguraladresse der Internationalen Arbeiterassoziation von 1864 und wiederholt im „Kapital", I, S. 617, vierte Aufl., Seite 670-671, dritte Aufl.*) sei gefälscht. Der Satz: „Diese berauschende Vermehrung von Reichtum und Macht ... ist ganz und gar auf die besitzenden Klassen beschränkt", stehe mit keinem Wort im (quasioffiziellen) stenographischen Bericht von Hansard. „Dieser Satz befindet sich aber nirgends in der Gladstoneschen Rede. Gerade das Gegenteil ist in derselben gesagt." **„Marx hat den Satz formell und materiell hinzugelogen!"**

Marx, dem diese Nr. der „Concordia" im folgenden Mai zugesandt wurde, antwortete dem Anonymus im „Volksstaat" vom 1. Juni. Da er sich nicht mehr erinnerte, nach welchem Zeitungsreferat er zitierte, beschränkte er sich darauf, das gleichlautende Zitat zunächst in zwei englischen Schriften nachzuweisen, und sodann das Referat der „Times" zu zitieren, wonach Gladstone sagt:

> „That is the state of the case as regards the wealth of this country. I must say for one, I should look almost with apprehension and with pain upon this intoxicating augmentation of wealth and power, if it were my belief that it was confined to classes who are in easy circumstances. This takes no cognizance at all of the condition of the labouring population. The augmentation I have described and which is founded, I think, upon accurate returns, is an augmentation entirely confined to classes of property."

Also Gladstone sagt hier, es würde ihm leid tun, wenn dem so wäre, aber es *sei* so: Diese berauschende Vermehrung von Macht und Reichtum *sei* ganz und gar auf die besitzenden Klassen beschränkt. Und was den quasioffiziellen Hansard betrifft, so sagt Marx weiter: „In seiner hier nachträglich zurechtgestümperten Ausgabe war Herr Gladstone so gescheit, die im Munde eines englischen Schatzkanzlers allerdings kompromittierliche Stelle wegzupfuschen. Es ist dies übrigens herkömmlicher englischer Parlamentsbrauch, und keineswegs eine Erfindung des Laskerchen contra Bebel."

---

* Siehe vorliegender Band S. 1202.

Der Anonymus wird immer erboster. Die Quellen zweiter Hand in seiner Antwort, „Concordia", 4. Juli, beiseite schiebend, deutet er schamhaft an, es sei „Sitte", Parlamentsreden nach dem stenographischen Bericht zu zitieren; aber auch der Bericht der „Times" (worin der „hinzugelogene" Satz steht) und der von Hansard (worin er fehlt) „stimmen materiell völlig überein", und ebenso enthalte der „Times"-Bericht „das direkte Gegenteil jener berüchtigten Stelle der Inauguraladresse", wobei der Mann sorgsam verschweigt, daß er neben diesem angeblichen „Gegenteil" gerade „jene berüchtigte Stelle" ausdrücklich enthält! Trotz alledem fühlt der Anonymus, daß er festsitzt und daß nur ein neuer Winkelzug ihn retten kann. Während er also seinen, wie soeben nachgewiesen, von „frecher Verlogenheit" strotzenden Artikel mit erbaulichen Schimpfereien spickt, als da sind: „mala fides", „Unehrlichkeit", „lügenhafte Angabe", „jenes lügenhafte Zitat", „freche Verlogenheit", „ein Zitat, das völlig gefälscht war", „diese Fälschung", „einfach infam" usw., findet er es für nötig, die Streitfrage auf ein andres Gebiet überzuspielen, und verspricht daher, „in einem zweiten Artikel auseinanderzusetzen, welche Bedeutung wir" (der nicht „lügenhafte" Anonymus) „dem Inhalt der Gladstoneschen Worte beilegen". Als ob diese seine unmaßgebliche Meinung das geringste mit der Sache zu tun habe! Dieser zweite Artikel steht in der „Concordia" vom 11. Juli.

Marx antwortete noch einmal im „Volksstaat" vom 7. August, indem er nun auch die Referate der betreffenden Stelle aus dem „Morning Star" und dem „Morning Advertiser" vom 17. April 1863 brachte. Nach beiden sagt Gladstone, er würde mit Besorgnis usw. auf diese berauschende Vermehrung von Reichtum und Macht blicken, wenn er sie auf die wirklich wohlhabenden Klassen (classes in easy circumstances) beschränkt glaubte. Aber diese Vermehrung *sei* beschränkt auf Klassen, die Eigentum besitzen (entirely confined to classes possessed of property). Also auch diese Referate bringen den angeblich „hinzugelogenen" Satz wörtlich. Ferner stellte er nochmals fest, durch Vergleichung der Texte der „Times" und Hansards, daß der durch drei am nächsten Morgen erschienene, voneinander unabhängige, gleichlautende Zeitungsreferate als wirklich gesprochen konstatierte Satz in dem nach bekannter „Sitte" durchgesehenen Referat von Hansard fehlt, das Gladstone ihn in Marx' Worten „nachträglich wegstipitzt hat", und erklärt schließlich, er habe keine Zeit, mit dem Anonymus weiter zu verkehren. Dieser scheint auch genug gehabt zu haben, wenigstens erhielt Marx keine ferneren Nummern der „Concordia" zugeschickt.

Damit schien die Sache tot und begraben. Allerdings kamen uns seitdem ein- oder zweimal von Leuten, die mit der Universität Cambridge in Verkehr standen, geheimnisvolle Gerüchte zu über ein unsagbares literarisches Verbrechen, das Marx im „Kapital" begangen haben sollte; aber trotz aller Nachforschungen war absolut nichts Bestimmteres zu erfahren. Da, am 29. November 1883, acht Monate nach Marx' Tod, erschien in der „Times" ein Brief, datiert Trinity College, Cambridge, und unterzeichnet Sedley Taylor, worin bei einer vom

Zaun gebrochnen Gelegenheit dies in zahmster Genossenschafterei machende Männlein uns endlich Aufklärung verschaffte, nicht nur über die Munkeleien von Cambridge, sondern auch über den Anonymus der „Concordia".

„Was äußerst sonderbar erscheint", sagt das Männlein von Trinity College, „ist, daß es dem *Professor Brentano* (damals in Breslau, jetzt in Straßburg) vorbehalten war ... die mala fides zu enthüllen, welche augenscheinlich das Zitat aus Gladstones Rede in der" (Inaugural-) „Adresse diktiert hatte. Herr Karl Marx, der ... das Zitat zu verteidigen suchte, hatte die Verwegenheit, in den Todeswindungen (deadly shifts), auf die Brentanos meisterhaft geführte Angriffe ihn schleunigst herunterbrachten, zu behaupten, Herr Gladstone habe den Bericht seiner Rede in der ‚Times' vom 17. April 1863 zurechtgestümpert, ehe er in Hansard erschien, um eine Stelle wegzupfuschen, die allerdings für einen englischen Schatzkanzler kompromittierlich sei. Als Brentano, durch eine ins einzelne gehende Textvergleichung, bewies, daß die Berichte der ‚Times' und von Hansard übereinstimmten in absolutem Ausschluß des Sinnes, den pfiffig-isolierte Zitierung den Gladstoneschen Worten untergeschoben hatte, da zog Marx sich zurück unter dem Vorwand des Zeitmangels!"

Das also war des Pudels Kern! Und so glorios reflektierte sich in der produktivgenossenschaftlichen Phantasie von Cambridge die anonyme Kampagne Herrn Brentanos in der „Concordia"! So lag er, und so führt' er seine Klinge, in „meisterhaft geführtem Angriff", dieser Sankt Georg des deutschen Fabrikantenbundes, während der Höllendrache Marx zu seinen Füßen „schleunigst in Todeswindungen" verröchelt!

Jedennoch dient diese ganze ariostische Kampfschilderung nur dazu, die Winkelzüge unsres Sankt Georg zu verdecken. Hier ist schon nicht mehr die Rede von „Hinzulügen", von „Fälschung", sondern von „pfiffig isolierter Zitierung" (craftily isolated quotation). Die ganze Frage war verschoben, und Sankt Georg und sein Cambridger Schildknappe wußten sehr genau weshalb.

Eleanor Marx antwortete, da die „Times" die Aufnahme verweigerte, in der Monatsschrift „To-Day", Februar 1884, indem sie die Debatte auf den einzigen Punkt zurückführte, um welchen es sich gehandelt hatte: Hat Marx jenen Satz „hinzugelogen" oder nicht? Darauf erwidert Herr Sedley Taylor:

„Die Frage, ob ein gewisser Satz in Herrn Gladstones Rede vorgekommen sei oder nicht", sei nach seiner Ansicht „von sehr untergeordneter Bedeutung gewesen" im Streit zwischen Marx und Brentano, „verglichen mit der Frage, ob das Zitat gemacht worden sei in der Absicht, Gladstones Sinn wiederzugeben oder zu entstellen."

Und dann gibt er zu, daß der „Times"-Bericht „in der Tat einen Widerspruch in den Worten enthält"; aber, aber, der übrige Zusammenhang richtig, d. h. im liberal-gladstoneschen Sinn erklärt, zeige an, was Herr Gladstone habe sagen *wollen*. („To-Day", März 1884.) Das Komischste dabei ist, daß unser Männlein von Cambridge nun darauf besteht, die Rede *nicht* nach Hansard zu zitieren, wie es nach dem anonymen Brentano „Sitte" ist, sondern nach dem von demselben Brentano als „notwendig stümperhaft" bezeichneten Bericht der „Times". Natürlich, der fatale Satz *fehlt* ja im Hansard!

Eleanor Marx hatte es leicht, diese Argumentation in derselben Nummer von „To-Day" in Dunst aufzulösen. Entweder hatte Herr Taylor die Kontroverse von 1872 gelesen. Dann hatte er jetzt „gelogen", nicht nur „hinzu", sondern auch „hinweg". Oder er hatte sie nicht gelesen. Dann war er verpflichtet, den Mund zu halten. Jedenfalls stand fest, daß er die Anklage seines Freundes Brentano, Marx habe „hinzugelogen", keinen Augenblick aufrechtzuerhalten wagte. Im Gegenteil, Marx soll nun nicht hinzugelogen, sondern einen wichtigen Satz unterschlagen haben. Aber dieser selbe Satz ist zitiert auf S. 5 der Inauguraladresse, wenige Zeilen vor dem angeblich „hinzugelogenen". Und was den „Widerspruch" in Gladstones Rede angeht, ist es nicht gerade Marx, der im „Kapital", S. 618 (3. Aufl., S. 672), Note 105* von den „fortlaufenden, schreienden Widersprüchen in Gladstones Budgetreden von 1863 und 1864" spricht! Nur daß er sich nicht à la Sedley Taylor unterfängt, sie in liberalem Wohlgefallen aufzulösen. Und das Schlußresumé in E. Marx' Antwort lautet dann: „Im Gegenteil, Marx hat weder etwas Anführenswertes unterdrückt noch das geringste hinzugelogen. Aber er hat wiederhergestellt und der Vergessenheit entzogen einen gewissen Satz einer Gladstoneschen Rede, der unzweifelhaft ausgesprochen worden, der aber, so oder so, seinen Weg gefunden hat – aus Hansard hinaus."

Damit hatte Herr Sedley Taylor denn auch genug, und das Resultat des ganzen, durch zwei Jahrzehnte und über zwei große Länder fortgesponnenen Professorenklüngels war, daß man nicht mehr gewagt hat, Marx' literarische Gewissenhaftigkeit anzutasten, daß aber seitdem Herr Sedley Taylor wohl ebensowenig Vertrauen setzen wird in die literarischen Schlachtbulletins des Herrn Brentano wie Herr Brentano in die päpstliche Unfehlbarkeit von Hansard.

London, 25. Juni 1890 *Friedrich Engels*

---

* Siehe vorliegenden Band: S. 1203.

ERSTER ABSCHNITT: WARE UND GELD

Erstes Kapitel: Die Ware

1. Die zwei Faktoren der Ware: Gebrauchswert und Wert (Wertsubstanz, Wertgröße)

Der Reichtum der Gesellschaften, in welchen kapitalistische Produktionsweise herrscht, erscheint als eine „ungeheure Warensammlung“[1], die einzelne Ware als seine Elementarform. Unsere Untersuchung beginnt daher mit der Analyse der Ware.

Die Ware ist zunächst ein äußerer Gegenstand, ein Ding, das durch seine Eigenschaften menschliche Bedürfnisse irgendeiner Art befriedigt. Die Natur dieser Bedürfnisse, ob sie z. B. dem Magen oder der Phantasie entspringen, ändert nichts an der Sache.[2] Es handelt sich hier auch nicht darum, wie die Sache das menschliche Bedürfnis befriedigt, ob unmittelbar als Lebensmittel, d. h. als Gegenstand des Genusses, oder auf einem Umweg, als Produktionsmittel.

Jedes nützliche Ding, wie Eisen, Papier usw., ist unter doppeltem Gesichtspunkt zu betrachten, nach Qualität und Quantität. Jedes solches Ding ist ein Ganzes vieler Eigenschaften und kann daher nach verschiedenen Seiten nützlich sein. Diese verschiedenen Seiten und daher die mannigfachen Gebrauchsweisen der Dinge zu entdecken ist geschichtliche Tat.[3] So die Findung gesellschaftlicher Maße für die Quantität der nützlichen Dinge. Die Verschiedenheit der Warenmaße entspringt teils aus der verschiedenen Natur der zu messenden Gegenstände, teils aus Konvention.

Die Nützlichkeit eines Dings macht es zum Gebrauchswert.[4] Aber diese Nützlichkeit schwebt nicht in der Luft. Durch die Eigenschaften des Warenkörpers bedingt, existiert sie nicht ohne denselben. Der Warenkörper selbst, wie Eisen,

---

1 Karl Marx, „Zur Kritik der Politischen Ökonomie“, Berlin 1859, pag. 3.

2 „Verlangen schließt Bedürfnis ein; es ist der Appetit des Geistes, und so natürlich wie Hunger für den Körper ... die meisten (Dinge) haben ihren Wert daher, daß sie Bedürfnisse des Geistes befriedigen.“ (Nicholas Barbon, „A Discourse on coining the new money lighter. In answer to Mr. Locke's Considerations etc.“, London 1696, p. 2, 3.)

3 „Dinge haben einen intrinsick vertue“ (dies bei Barbon die spezifische Bezeichnung für Gebrauchswert), „der überall gleich ist, so wie der des Magnets, Eisen anzuziehen“ (l.c.p. 6). Die Eigenschaft des Magnets, Eisen anzuziehn, wurde erst nützlich, sobald man vermittelst derselben die magnetische Polarität entdeckt hatte.

4 „Der natürliche worth jedes Dinges besteht in seiner Eignung, die notwendigen Bedürfnisse zu befriedigen oder den Annehmlichkeiten des menschlichen Lebens zu dienen.“ (John Locke, „Some Considerations on the Consequences of the Lowering of Interest“, 1691, in „Works“, edit. Lond. 1777, v. II, p. 28.) Im 17. Jahrhundert finden wir noch häufig bei englischen Schriftstellern „Worth“ für Gebrauchswert und „Value“ für Tauschwert, ganz im Geist einer Sprache, die es liebt, die unmittelbare Sache germanisch und die reflektierte Sache romanisch auszudrücken.

Weizen, Diamant usw., ist daher ein Gebrauchswert oder Gut. Dieser sein Charakter hängt nicht davon ab, ob die Aneignung seiner Gebrauchseigenschaften dem Menschen viel oder wenig Arbeit kostet. Bei Betrachtung der Gebrauchswerte wird stets ihre quantitative Bestimmtheit vorausgesetzt, wie Dutzend Uhren, Elle Leinwand, Tonne Eisen usw. Die Gebrauchswerte der Waren liefern das Material einer eignen Disziplin, der Warenkunde.[5] Der Gebrauchswert verwirklicht sich nur im Gebrauch oder der Konsumtion. Gebrauchswerte bilden den stofflichen Inhalt des Reichtums, welches immer seine gesellschaftliche Form sei. In der von uns zu betrachtenden Gesellschaftsform bilden sie zugleich die stofflichen Träger des – Tauschwerts.

Der Tauschwert erscheint zunächst als das quantitative Verhältnis, die Proportion, worin sich Gebrauchswerte einer Art gegen Gebrauchswerte anderer Art austauschen[6], ein Verhältnis, das beständig mit Zeit und Ort wechselt. Der Tauschwert scheint daher etwas Zufälliges und rein Relatives, ein der Ware innerlicher, immanenter Tauschwert (valeur intrinsèque) also eine contradictio in adjecto.[7] Betrachten wir die Sache näher.

Eine gewisse Ware, ein Quarter Weizen z. B. tauscht, sich mit x Stiefelwichse oder mit y Seide oder mit z Gold usw., kurz mit andern Waren in den verschiedensten Proportionen. Mannigfache Tauschwerte also hat der Weizen statt eines einzigen. Aber da x Stiefelwichse, ebenso y Seide, ebenso z Gold usw. der Tauschwert von einem Quarter Weizen ist, müssen y Stiefelwichse, y Seide, z Gold usw. durch einander ersetzbare oder einander gleich große Tauschwerte sein. Es folgt daher erstens: Die gültigen Tauschwerte derselben Ware drücken ein Gleiches aus. Zweitens aber: Der Tauschwert kann überhaupt nur die Ausdrucksweise, die „Erscheinungsform" eines von ihm unterscheidbaren Gehalts sein.

Nehmen wir ferner zwei Waren, z. B. Weizen und Eisen. Welches immer ihr Austauschverhältnis, es ist stets darstellbar in einer Gleichung, worin ein gegebenes Quantum Weizen irgendeinem Quantum Eisen gleichgesetzt wird, z. B. 1 Quarter Weizen = a Ztr. Eisen. Was besagt diese Gleichung? Daß ein Gemeinsames von derselben Größe in zwei verschiednen Dingen existiert, in 1 Quarter Weizen und ebenfalls in a Ztr. Eisen. Beide sind also gleich einem Dritten, das an und für sich weder das eine noch das andere ist. Jedes der beiden, soweit es Tauschwert, muß also auf dies Dritte reduzierbar sein.

---

5 In der bürgerlichen Gesellschaft herrscht die fictio juris, daß jeder Mensch als Warenkäufer eine enzyklopädische Warenkenntnis besitzt.

6 „Der Wert besteht in dem Tauschverhältnis, das zwischen einem Ding und einem anderen, zwischen der Menge eines Erzeugnisses und der eines anderen besteht." (Le Trosne, „De l'Intérêt Social", „Physiocrates", éd. Daire, Paris 1846, p. 889.)

7 „Nichts kann einen inneren Tauschwert haben" (N. Barbon, l.c.p. 6), oder wie Butler sagt: „Der Wert eines Dings ist grade so viel, wie es einbringen wird."

Ein einfaches geometrisches Beispiel veranschauliche dies. Um den Flächeninhalt aller gradlinigen Figuren zu bestimmen und zu vergleichen, löst man sie in Dreiecke auf. Das Dreieck selbst reduziert man auf einen von seiner sichtbaren Figur ganz verschiednen Ausdruck – das halbe Produkt seiner Grundlinie mit seiner Höhe. Ebenso sind die Tauschwerte der Waren zu reduzieren auf ein Gemeinsames, wovon sie ein Mehr oder Minder darstellen.

Dies Gemeinsame kann nicht eine geometrische, physikalische, chemische oder sonstige natürliche Eigenschaft der Waren sein. Ihre körperlichen Eigenschaften kommen überhaupt nur in Betracht, soweit selbe sie nutzbar machen, also zu Gebrauchswerten. Andererseits aber ist es grade die Abstraktion von ihren Gebrauchswerten, was das Austauschverhältnis der Waren augenscheinlich charakterisiert. Innerhalb desselben gilt ein Gebrauchswert grade so viel wie jeder andre, wenn er nur in gehöriger Proportion vorhanden ist. Oder, wie der alte Barbon sagt:

> „Die eine Warensorte ist so gut wie die andre, wenn ihr Tauschwert gleich groß ist. Da existiert keine Verschiedenheit oder Unterscheidbarkeit zwischen Dingen von gleich großem Tauschwert.“[8]

Als Gebrauchswerte sind die Waren vor allem verschiedner Qualität, als Tauschwerte können sie nur verschiedner Quantität sein, enthalten also kein Atom Gebrauchswert.

Sieht man nun vom Gebrauchswert der Warenkörper ab, so bleibt ihnen nur noch eine Eigenschaft, die von Arbeitsprodukten. Jedoch ist uns auch das Arbeitsprodukt bereits in der Hand verwandelt. Abstrahieren wir von seinem Gebrauchswert, so abstrahieren wir auch von den körperlichen Bestandteilen und Formen, die es zum Gebrauchswert machen. Es ist nicht länger Tisch oder Haus oder Garn oder sonst ein nützlich Ding. Alle seine sinnlichen Beschaffenheiten sind ausgelöscht. Es ist auch nicht länger das Produkt der Tischlerarbeit oder der Bauarbeit oder der Spinnarbeit oder sonst einer bestimmten produktiven Arbeit. Mit dem nützlichen Charakter der Arbeitsprodukte verschwindet der nützliche Charakter der in ihnen dargestellten Arbeiten, es verschwinden also auch die verschiedenen konkreten Formen dieser Arbeiten, sie unterscheiden sich nicht länger, sondern sind allzusamt reduziert auf gleiche menschliche Arbeit, abstrakt menschliche Arbeit.

Betrachten wir nun das Residuum der Arbeitsprodukte. Es ist nichts von ihnen übriggeblieben als dieselbe gespenstige Gegenständlichkeit, eine bloße Gallerte unterschiedsloser menschlicher Arbeit, d. h. der Verausgabung mensch-

---

8 „One sort of wares are as good as another, if the value be equal. There is no difference or distinction in things of equal value ... One hundred pounds worth of lead or iron, is of as great a value as one hundred pounds worth of silver and gold.“

licher Arbeitskraft ohne Rücksicht auf die Form ihrer Verausgabung. Diese Dinge stellen nur noch dar, daß in ihrer Produktion menschliche Arbeitskraft verausgabt, menschliche Arbeit aufgehäuft ist. Als Kristalle dieser ihnen gemeinschaftlichen Substanz sind sie Werte – Warenwerte.

Im Austauschverhältnis der Waren selbst erschien uns ihr Tauschwert als etwas von ihren Gebrauchswerten durchaus Unabhängiges. Abstrahiert man nun wirklich vom Gebrauchswert der Arbeitsprodukte, so erhält man ihren Wert, wie er eben bestimmt ward. Das Gemeinsame, was sich im Austauschverhältnis oder Tauschwert der Ware darstellt, ist also ihr Wert. Der Fortgang der Untersuchung wird uns zurückführen zum Tauschwert als der notwendigen Ausdrucksweise oder Erscheinungsform des Werts, welcher zunächst jedoch unabhängig von dieser Form zu betrachten ist.

Ein Gebrauchswert oder Gut hat also nur einen Wert, weil abstrakt menschliche Arbeit in ihm vergegenständlicht oder materialisiert ist. Wie nun die Größe seines Werts messen? Durch das Quantum der in ihm enthaltenen „wertbildenden Substanz", der Arbeit. Die Quantität der Arbeit selbst mißt sich an ihrer Zeitdauer, und die Arbeitszeit besitzt wieder ihren Maßstab an bestimmten Zeitteilen, wie Stunde, Tag usw.

Es könnte scheinen, daß, wenn der Wert einer Ware durch das während ihrer Produktion verausgabte Arbeitsquantum bestimmt ist, je fauler oder ungeschickter ein Mann, desto wertvoller seine Ware, weil er desto mehr Zeit zu ihrer Verfertigung braucht. Die Arbeit jedoch, welche die Substanz der Werte bildet, ist gleiche menschliche Arbeit, Verausgabung derselben menschlichen Arbeitskraft. Die gesamte Arbeitskraft der Gesellschaft, die sich in den Werten der Warenwelt darstellt, gilt hier als eine und dieselbe menschliche Arbeitskraft, obgleich sie aus zahllosen individuellen Arbeitskräften besteht. Jede dieser individuellen Arbeitskräfte ist dieselbe menschliche Arbeitskraft wie die andere, soweit sie den Charakter einer gesellschaftlichen Durchschnitts-Arbeitskraft besitzt und als solche gesellschaftliche Durchschnitts-Arbeitskraft wirkt, also in der Produktion einer Ware auch nur die im Durchschnitt notwendige oder gesellschaftlich notwendige Arbeitszeit braucht. Gesellschaftlich notwendige Arbeitszeit ist Arbeitszeit, erheischt, um irgendeinen Gebrauchswert mit den vorhandenen gesellschaftlich-normalen Produktionsbedingungen und dem gesellschaftlichen Durchschnittsgrad von Geschick und Intensität der Arbeit darzustellen. Nach der Einführung des Dampfwebstuhls in England z. B. genügte vielleicht halb so viel Arbeit als vorher, um ein gegebenes Quantum Garn in Gewebe zu verwandeln. Der englische Handweber brauchte zu dieser Verwandlung in der Tat nach wie vor dieselbe Arbeitszeit, aber das Produkt seiner individuellen Arbeitsstunde stellte jetzt nur noch eine halbe gesellschaftliche Arbeitsstunde dar und fiel daher auf die Hälfte seines frühern Werts.

Es ist also nur das Quantum gesellschaftlich notwendiger Arbeit oder die zur Herstellung eines Gebrauchswerts gesellschaftlich notwendige Arbeitszeit, welche seine Wertgröße bestimmt.[9] Die einzelne Ware gilt hier überhaupt als Durchschnittsexemplar ihrer Art.[10] Waren, worin gleich große Arbeitsquanta enthalten sind oder die in derselben Arbeitszeit hergestellt werden können, haben daher dieselbe Wertgröße. Der Wert einer Ware verhält sich zum Wert jeder andren Ware wie die zur Produktion der einen notwendigen Arbeitszeit zu der für die Produktion der andren notwendigen Arbeitszeit. „Als Werte sind alle Waren nur bestimmte Maße festgeronnener Arbeitszeit.“[11]

Die Wertgröße einer Ware bliebe daher konstant, wäre die zu ihrer Produktion erheischte Arbeitszeit konstant. Letztere wechselt aber mit jedem Wechsel in der Produktivkraft der Arbeit. Die Produktivkraft der Arbeit ist durch mannigfache Umstände bestimmt, unter anderen durch den Durchschnittsgrad des Geschickes der Arbeiter, die Entwicklungsstufe der Wissenschaft und ihrer technologischen Anwendbarkeit, die gesellschaftliche Kombination des Produktionsprozesses, den Umfang und die Wirkungsfähigkeit der Produktionsprozesses, und durch Naturverhältnisse. Dasselbe Quantum Arbeit stellt sich z. B. mit günstiger Jahreszeit in 8 Bushel Weizen dar, mit ungünstiger in nur 4. Dasselbe Quantum Arbeit liefert mehr Metalle in reichhaltigen als in armen Minen usw. Diamanten kommen selten in der Erdrinde vor, und ihre Findung kostet daher im Durchschnitt viel Arbeitszeit. Folglich stellen sie in wenig Volumen viel Arbeit dar. Jacob bezweifelt, daß Gold jemals seinen vollen Wert bezahlt hat. Noch mehr gilt dies vom Diamant. Nach Eschwege hatte 1823 die achtzigjährige Gesamtausbeute der brasilischen Diamantgruben noch nicht den Preis des $1^1/_2$ jährigen Durchschnittsprodukts der brasilischen Zucker- oder Kaffeepflanzungen erreicht, obgleich sie viel mehr Arbeit darstellte, also mehr Wert. Mit reichhaltigeren Gruben würde dasselbe Arbeitsquantum sich in mehr Diamanten darstellen und ihr Wert sinken. Gelingt es, mit wenig Arbeit Kohle in Diamant zu verwandeln, so kann sein Wert unter den von Ziegelsteinen fallen. Allgemein: Je größer die Produktivkraft der Arbeit, desto kleiner die zur Herstellung eines Artikels erheischte Arbeitszeit, desto kleiner die in ihm kristallisierte Arbeitsmasse, desto kleiner sein Wert. Umgekehrt, je kleiner die Produktivkraft der Arbeit, desto größer die zur Herstellung eines Artikels notwendige Arbeitszeit, desto größer sein Wert. Die Wertgröße einer

---

9 Note zur 2. Ausg. „The value of them (the necessaries of life) when they are exchagend the one for another, is regulated by the quantity of labour necessarily required, and commonly taken in producing them.“ „Der Wert von Gebrauchsgegenständen, sobald sie gegeneinander ausgetauscht werden, ist bestimmt durch das Quantum der zu ihrer Produktion notwendig erheischten und gewöhnlich angewandten Arbeit.“ („Some Thoughts on the Interest of Money in general, and particularly in the Public funds etc.“, London, p. 36, 37.) Diese merkwürdige anonyme Schrift des vorigen Jahrhunderts trägt kein Datum. Es geht jedoch aus ihrem Inhalt hervor, daß sie unter Georg II., etwa 1739 oder 1740, erschienen ist.

10 „Alle Erzeugnisse der gleichen Art bilden eigentlich nur eine Masse, deren Preis allgemein und ohne Rücksicht auf die besonderen Umstände bestimmt wird.“

11 K. Marx, l.c.p.6.

Ware wechselt also direkt wie das Quantum und umgekehrt wie die Produktivkraft der sich in ihr verwirklichenden Arbeit. Ein Ding kann Gebrauchswert sein, ohne Wert zu sein. Es ist dies der Fall, wenn sein Nutzen für den Menschen nicht durch Arbeit vermittelt ist. So Luft, jungfräulicher Boden, natürliche Wiesen, wildwachsendes Holz usw. Ein Ding kann nützlich und Produkt menschlicher Arbeit sein, ohne Ware zu sein. Wer durch sein Produkt sein eignes Bedürfnis befriedigt, schafft zwar Gebrauchswert, aber nicht Ware. Um Ware zu produzieren, muß er nicht nur Gebrauchswert produzieren, sondern Gebrauchswert für andre, gesellschaftlichen Gebrauchswert. [Und nicht nur für andre schlechthin. Der mittelalterliche Bauer produzierte das Zinskorn für den Feudalherrn, das Zehntkorn für den Pfaffen. Aber weder Zinskorn noch Zehntkorn wurden dadurch Ware, daß sie für andre produziert waren. Um Ware zu werden, muß das Produkt dem andern, dem es als Gebrauchswert dient, durch den Austausch übertragen werden.][11a] Endlich kann kein Ding Wert sein, ohne Gebrauchsgegenstand zu sein. Ist es nutzlos, so ist auch die in ihm enthaltene Arbeit nutzlos, zählt nicht als Arbeit und bildet daher keinen Wert.

2. Doppelcharakter der in den Waren dargestellten Arbeit

Ursprünglich erschien uns die Ware als ein Zwieschlächtiges, Gebrauchswert und Tauschwert. Später zeigte sich, daß auch die Arbeit, soweit sie im Wert ausgedrückt ist, nicht mehr dieselben Merkmale besitzt, die ihr als Erzeugerin von Gebrauchswerten zukommen. Diese zwieschlächtige Natur der in der Ware enthaltenen Arbeit ist zuerst von mir kritisch nachgewiesen worden.[12] Da dieser Punkt der Springpunkt ist, um den sich das Verständnis der politischen Ökonomie dreht, soll er hier näher beleuchtet werden.

Nehmen wir zwei Waren, etwa einen Rock und 10 Ellen Leinwand. Der erstere habe den zweifachen Wert der letzteren, so daß, wenn 10 Ellen Leinwand = W, der Rock = 2 W.

Der Rock ist ein Gebrauchswert, der ein besonderes Bedürfnis befriedigt. Um ihn hervorzubringen, bedarf es einer bestimmten Art produktiver Tätigkeit. Sie ist bestimmt durch ihren Zweck, Operationsweise, Gegenstand, Mittel und Resultat. Die Arbeit, deren Nützlichkeit sich so im Gebrauchswert ihres Produkts oder darin darstellt, daß ihr Produkt ein Gebrauchswert ist, nennen wir kurzweg nützliche Arbeit. Unter diesem Gesichtspunkt wird sie stets betrachtet mit Bezug auf ihren Nutzeffekt.

[11a] Note zur 4. Aufl. – Ich schiebe das Eingeklammerte ein, weil durch dessen Weglassung sehr häufig das Mißverständnis entstanden, jedes Produkt, das von einem andern als dem Produzenten konsumiert wird, gelte bei Marx als Ware. – F. E.

[12] l.c.p. 12, 13 und passim.

Wie Rock und Leinwand qualitativ verschiedne Gebrauchswerte, so sind die ihr Dasein vermittelnden Arbeiten qualitativ verschieden – Schneiderei und Weberei. Wären jene Dinge nicht qualitativ verschiedne Gebrauchswerte und daher Produkte qualitativ verschiedner nützlicher Arbeiten, so könnten sie sich überhaupt nicht als Waren gegenübertreten. Rock tauscht sich nicht aus gegen Rock, derselbe Gebrauchswert nicht gegen denselben Gebrauchswert.

In der Gesamtheit der verschiedenartigen Gebrauchswerte oder Warenkörper erscheint eine Gesamtheit ebenso mannigfaltiger, nach Gattung, Art, Familie, Unterart, Varietät verschiedner nützlicher Arbeiten – eine gesellschaftliche Teilung der Arbeit. Sie ist Existenzbedingung der Warenproduktion, obgleich Warenproduktion nicht umgekehrt die Existenzbedingung gesellschaftlicher Arbeitsteilung. In der altindischen Gemeinde ist die Arbeit gesellschaftlich geteilt, ohne daß die Produkte zu Waren werden. Oder, ein näher liegendes Beispiel, in jeder Fabrik ist die Arbeit systematisch geteilt, aber diese Teilung nicht dadurch vermittelt, daß die Arbeiter ihre individuellen Produkte austauschen. Nur Produkte selbständiger und voneinander unabhängiger Privatarbeiten treten einander als Waren gegenüber.

Man hat also gesehn: in dem Gebrauchswert jeder Ware steckt eine bestimmte zweckmäßig produktive Tätigkeit oder nützliche Arbeit. Gebrauchswerte können sich nicht als Waren gegenübertreten, wenn nicht qualitativ verschiedne nützliche Arbeiten in ihnen stecken. In einer Gesellschaft, deren Produkte allgemein die Form der Ware annehmen, d. h. in einer Gesellschaft von Warenproduzenten, entwickelt sich dieser qualitative Unterschied der nützlichen Arbeiten, welche unabhängig voneinander als Privatgeschäfte selbständiger Produzenten betrieben werden, zu einem vielgliedrigen System, zu einer gesellschaftlichen Teilung der Arbeit.

Dem Rock ist es übrigens gleichgültig, ob er vom Schneider oder vom Kunden des Schneiders getragen wird. In beiden Fällen wirkt er als Gebrauchswert. Ebensowenig ist das Verhältnis zwischen dem Rock und der ihn produzierenden Arbeit an und für sich dadurch verändert, daß die Schneiderei besondre Profession wird, selbständiges Glied der gesellschaftlichen Teilung der Arbeit. Wo ihn das Kleidungsbedürfnis zwang, hat der Mensch jahrtausendelang geschneidert, bevor aus einem Menschen ein Schneider ward. Aber das Dasein von Rock, Leinwand, jedem nicht von Natur vorhandnen Element des stofflichen Reichtums, mußte immer vermittelt sein durch eine spezielle, zweckmäßig produktive Tätigkeit, die besondere Naturstoffe besondren menschlichen Bedürfnissen assimiliert. Als Bildnerin von Gebrauchswerten, als nützliche Arbeit, ist die Arbeit daher eine von allen Gesellschaftsformen unabhängige Existenzbedingung des Menschen, ewige Naturnotwendigkeit, um den Stoffwechsel zwischen Mensch und Natur, also das menschliche Leben zu vermitteln.

Die Gebrauchswerte Rock, Leinwand usw., kurz die Warenkörper, sind Verbindungen von zwei Elementen, Naturstoff und Arbeit. Zieht man die Gesamtsumme aller verschiednen nützlichen Arbeiten ab, die in Rock, Leinwand usw. stecken, so bleibt stets ein materielles Substrat zurück, das ohne Zutun des Menschen von Natur vorhanden ist. Der Mensch kann in seiner Produktion nur verfahren, wie die Natur selbst, d. h. nur die Formen der Stoffe ändern.[13] Noch mehr. In dieser Arbeit der Formung selbst wird er beständig unterstützt von Naturkräften. Arbeit ist also nicht die einzige Quelle der von ihr produzierten Gebrauchswerte, des stofflichen Reichtums. Die Arbeit ist sein Vater, wie William Petty sagt, und die Erde seine Mutter.

Gehn wir nun von der Ware, soweit sie Gebrauchsgegenstand, über zum Waren-Wert.

Nach unsrer Unterstellung hat der Rock den doppelten Wert der Leinwand. Dies ist aber nur ein quantitativer Unterschied, der uns zunächst noch nicht interessiert. Wir erinnern daher, daß, wenn der Wert eines Rockes doppelt so groß als der von 10 Ellen Leinwand, 20 Ellen Leinwand dieselbe Wertgröße haben wie ein Rock. Als Werte sind Rock und Leinwand Dinge von gleicher Substanz, objektive Ausdrücke gleichartiger Arbeit. Aber Schneiderei und Weberei sind qualitativ verschiedne Arbeiten. Es gibt jedoch Gesellschaftszustände, worin derselbe Mensch abwechselnd schneidert und webt, diese beiden verschiednen Arbeitsweisen daher nur Modifikationen der Arbeit desselben Individuums und noch nicht besondre feste Funktionen verschiedner Individuen sind, ganz wie der Rock, den unser Schneider heute, und die Hosen, die er morgen macht, nur Variationen derselben individuellen Arbeit voraussetzen. Der Augenschein lehrt ferner, daß in unsrer kapitalistischen Gesellschaft, je nach der wechselnden Richtung der Arbeitsnachfrage, eine gegebene Portion menschlicher Arbeit abwechselnd in der Form von Schneiderei oder in der Form von Weberei zugeführt wird. Dieser Formwechsel der Arbeit mag nicht ohne Friktion abgehn, aber er muß gehn. Sieht man ab von der Bestimmtheit der produktiven Tätigkeit und daher vom nützlichen Charakter der Arbeit, so bleibt das an ihr, daß sie eine Verausgabung menschlicher Arbeitskraft ist. Schneiderei und Weberei, obgleich qualitativ verschiedne produktive Tätigkeiten, sind beide produktive Verausgabung von menschlichem Hirn, Muskel, Nerv, Hand usw., und in diesem Sinn beide menschliche Arbeit.

---

[13] „Alle Erscheinungen des Weltalls, seien sie hervorgerufen von der Hand des Menschen oder durch die allgemeinen Gesetze der Physik, sind nicht tatsächliche Neuschöpfungen, sondern lediglich eine Umformung des Stoffes. Zusammensetzen und Trennen sind die einzigen Elemente, die der menschliche Geist immer wieder bei der Analyse der Verstellung der Reproduktion findet; und ebenso verhält es sich mit der Reproduktion des Wertes“ (Gebrauchswert, obgleich Verri hier in seiner Polemik gegen die Physiokraten selbst nicht recht weiß, von welcher Sorte Wert er spricht) „und des Reichtums, wenn Erde, Luft und Wasser auf den Feldern sich in Korn verwandeln, oder auch wenn sich durch die Hand des Menschen die Abscheidung eines Insekts in Seide verwandelt, oder einige Metallteilchen sich anordnen, um eine Repetieruhr zu bilden.“ (Pietro Verri, „Meditazioni sulla Economia Politica“ – zuerst gedruckt 1771 – in der Ausgabe der italienischen Ökonomen von Custodi, Parte Moderna, t. XV, p. 21, 22.)

Es sind nur zwei verschiedne Formen, menschliche Arbeitskraft zu verausgaben. Allerdings muß die menschliche Arbeitskraft selbst mehr oder minder entwickelt sein, um in dieser oder jener Form verausgabt zu werden. Der Wert der Ware aber stellt menschliche Arbeit schlechthin dar, Verausgabung menschlicher Arbeit überhaupt. Wie nun in der bürgerlichen Gesellschaft ein General oder Bankier eine große, der Mensch schlechthin dagegen eine sehr schäbige Rolle spielt[14], so steht es auch hier mit der menschlichen Arbeit. Sie ist Verausgabung einfacher Arbeitskraft, die im Durchschnitt jeder gewöhnliche Mensch, ohne besondere Entwicklung, in seinem leiblichen Organismus besitzt. *Die einfache Durchschnittsarbeit* selbst wechselt zwar in verschiednen Ländern und Kulturepochen ihren Charakter, ist aber in einer vorhandnen Gesellschaft gegeben. Kompliziertere Arbeit gilt nur als *potenzierte* oder vielmehr *multiplizierte* einfache Arbeit, so daß ein kleineres Quantum komplizierter Arbeit gleich einem größeren Quantum einfacher Arbeit. Daß diese Reduktion beständig vorgeht, zeigt die Erfahrung. Eine Ware mag das Produkt der kompliziertesten Arbeit sein, ihr *Wert* setzt sie dem Produkt einfacher Arbeit gleich und stellt daher selbst nur ein bestimmtes Quantum einfacher Arbeit dar.[15] Die verschiednen Proportionen, worin verschiedne Arbeitsarten auf einfache Arbeit als ihre Maßeinheit reduziert sind, werden durch einen gesellschaftlichen Prozeß hinter dem Rücken der Produzenten festgesetzt und scheinen ihnen daher durch das Herkommen gegeben. Der Vereinfachung halber gilt uns im Folgenden jede Art Arbeitskraft unmittelbar für einfache Arbeitskraft, wodurch nur die Mühe der Reduktion erspart wird.

Wie also in den Werten Rock und Leinwand von dem Unterschied ihrer Gebrauchswerte abstrahiert ist, so in den Arbeiten, die sich in diesen Werten darstellen, von dem Unterschied ihrer nützlichen Formen, der Schneiderei und Weberei. Wie die Gebrauchswerte Rock und Leinwand Verbindungen zweckbestimmter, produktiver Tätigkeiten mit Tuch und Garn sind, die Werte Rock und Leinwand dagegen bloße gleichartige Arbeitsgallerten, so gelten auch die in diesen Werten enthaltenen Arbeiten nicht durch ihr produktives Verhalten zu Tuch und Garn, sondern nur als Verausgabungen menschlicher Arbeitskraft. Bildungselemente der Gebrauchswerte Rock und Leinwand sind Schneiderei und Weberei eben durch ihre verschiednen Qualitäten; Substanz des Rockwerts und Leinwandwerts sind sie nur, soweit von ihrer besondren Qualität abstrahiert und beide gleiche Qualität besitzen, die Qualität menschlicher Arbeit.

Rock und Leinwand sind aber nicht nur Werte überhaupt, sondern Werte von bestimmter Größe, und nach unsrer Unterstellung ist der Rock doppelt

[14] Vgl. Hegel, „Philosophie des Rechts", Berlin 1840, p. 250, § 190.

[15] Der Leser muß aufmerken, daß hier nicht vom Lohn oder Wert die Rede ist, den der Arbeiter für etwa einen Arbeitstag erhält, sondern vom Warenwert, worin sich sein Arbeitstag vergegenständlicht. Die Kategorie des Arbeitslohns existiert überhaupt noch nicht auf dieser Stufe unsrer Darstellung.

soviel wert als 10 Ellen Leinwand. Woher diese Verschiedenheit ihrer Wertgrößen? Daher, daß die Leinwand nur halb soviel Arbeit enthält als der Rock, so daß zur Produktion des letzteren die Arbeitskraft während doppelt soviel Zeit verausgabt werden muß als zur Produktion der erstern.

Wenn also mit Bezug auf den Gebrauchswert die in der Ware enthaltene Arbeit nur qualitativ gilt, gilt sie mit Bezug auf die Wertgröße nur quantitativ, nachdem sie bereits auf menschliche Arbeit ohne weitere Qualität reduziert ist. Dort handelt es sich um das Wie und Was der Arbeit, hier um ihr Wieviel, ihre Zeitdauer. Da die Wertgröße einer Ware nur das Quantum der in ihr enthaltenen Arbeit darstellt, müssen Waren in gewisser Proportion stets gleich große Werte sein.

Bleibt die Produktivkraft, sage aller zur Produktion eines Rocks erheischten nützlichen Arbeiten unverändert, so steigt die Wertgröße der Röcke mit ihrer eignen Quantität. Wenn 1 Rock x, stellen 2 Röcke 2 x Arbeitstage dar usw. Nimm aber an, die zur Produktion eines Rocks notwendige Arbeit steige auf das Doppelte oder falle um die Hälfte. Im ersten Fall hat ein Rock soviel Wert als vorher zwei Röcke, im letztern Fall haben zwei Röcke nur soviel Wert als vorher einer, obgleich in beiden Fällen ein Rock nach wie vor dieselben Dienste leistet und die in ihm enthaltene nützliche Arbeit nach wie vor von derselben Güte bleibt. Aber das in seiner Produktion verausgabte Arbeitsquantum hat sich verändert.

Ein größres Quantum Gebrauchswert bildet an und für sich größren stofflichen Reichtum, zwei Röcke mehr als einer. Mit zwei Röcken kann man zwei Menschen kleiden, mit einem Rock nur einen Menschen usw. Dennoch kann der steigenden Masse des stofflichen Reichtums ein gleichzeitiger Fall seiner Wertgröße entsprechen. Diese gegensätzliche Bewegung entspringt aus dem zwieschlächtigen Charakter der Arbeit. Produktivkraft ist natürlich stets Produktivkraft nützlicher, konkreter Arbeit und bestimmt in der Tat nur den Wirkungsgrad zweckmäßiger produktiver Tätigkeit in gegebnem Zeitraum. Die nützliche Arbeit wird daher reichere oder dürftigere Produktenquelle im direkten Verhältnis zum Steigen oder Fallen ihrer Produktivkraft. Dagegen trifft ein Wechsel der Produktivkraft die im Wert dargestellte Arbeit an und für sich gar nicht. Da die Produktivkraft der konkreten nützlichen Form der Arbeit angehört, kann sie natürlich die Arbeit nicht mehr berühren, sobald von ihrer konkreten nützlichen Form abstrahiert wird. Dieselbe Arbeit ergibt daher in denselben Zeiträumen stets dieselbe Wertgröße, wie immer die Produktivkraft wechsle. Aber sie liefert in demselben Zeitraum verschiedene Quanta Gebrauchswerte, mehr, wenn die Produktivkraft steigt, weniger, wenn sie sinkt. Derselbe Wechsel der Produktivkraft, der die Fruchtbarkeit der Arbeit und daher die Masse der von ihr gelieferten Gebrauchswerte vermehrt, vermindert also die Wertgröße dieser vermehrten Gesamtmasse, wenn er die Summe der zu ihrer Produktion notwendigen Arbeitszeit abkürzt. Ebenso umgekehrt.

Alle Arbeit ist einerseits Verausgabung menschlicher Arbeitskraft im physiologischen Sinn, und in dieser Eigenschaft gleicher menschlicher oder abstrakt menschlicher Arbeit bildet sie den Warenwert. Alle Arbeit ist andrerseits Verausgabung menschlicher Arbeitskraft in besondrer zweckbestimmter Form, und in dieser Eigenschaft konkreter nützlicher Arbeit produziert sie Gebrauchswerte.[16]

3. Die Wertform oder der Tauschwert

Waren kommen zur Welt in der Form von Gebrauchswerten oder Warenkörpern, als Eisen, Leinwand, Weizen usw. Es ist dies ihre hausbackene Naturalform. Sie sind jedoch nur Waren, weil Doppeltes, Gebrauchsgegenstände und zugleich Wertträger. Sie erscheinen daher nur als Waren oder besitzen nur die Form von Waren, sofern sie Doppelform besitzen, Naturalform und Wertform.

Die Wertgegenständlichkeit der Waren unterscheidet sich dadurch von der Wittib Hurtig, daß man nicht weiß, wo sie zu haben ist. Im graden Gegenteil zur sinnlich groben Gegenständlichkeit der Warenkörper geht kein Atom Naturstoff in ihre Wertgegenständlichkeit ein. Man mag daher eine einzelne Ware drehen und wenden, wie man will, sie bleibt unfaßbar als Wertding. Erinnern wir uns jedoch, daß die Waren nur Wertgegenständlichkeit besitzen, sofern sie Ausdrücke derselben gesellschaftlichen Einheit, menschlicher Arbeit, sind, daß ihre Wertgegenständlichkeit also rein gesellschaftlich ist, so versteht sich auch von

---

[16] Note zur 2. Ausg. Um zu beweisen, „daß die Arbeit allein das endgültige und reale Maß ist, woran der Wert aller Waren zu allen Zeiten geschätzt und verglichen werden kann", sagt A. Smith: „Gleiche Quantitäten Arbeit müssen zu allen Zeiten und an allen Orten für den Arbeiter selbst denselben Wert haben. In seinem normalen Zustand von Gesundheit, Kraft und Tätigkeit und mit dem Durchschnittsgrad von Geschicklichkeit, die er besitzen mag, muß er immer die nämliche Portion seiner Ruhe, seiner Freiheit und seines Glücks hingeben." („Wealth of Nations", b. I, ch. V.) Einerseits verwechselt A. Smith hier (nicht überall) die Bestimmung des Werts durch das in der Produktion der Ware verausgabte Arbeitsquantum mit der Bestimmung der Warenwerte durch den Wert der Arbeit und sucht daher nachzuweisen, daß gleiche Quantitäten Arbeit stets denselben Wert haben. Andrerseits ahnt er, daß die Arbeit, soweit sie sich im Wert der Waren darstellt, nur als Verausgabung von Arbeitskraft gilt, faßt diese Verausgabung aber wieder bloß als Opfer von Ruhe, Freiheit und Glück, nicht auch als normale Lebensbetätigung. Allerdings hat er den modernen Lohnarbeiter vor Augen. – Viel treffender sagt der Note 9 zitierte anonyme Vorgänger von A. Smith: „Ein Mann hat eine Woche auf Herstellung dieses Bedarfsgegenstands verwandt ... und der, welcher ihm einen anderen Gegenstand im Austausch gibt, kann nicht richtiger abschätzen, was wirklich gleichwertig ist, als durch die Berechnung, was ihm ebensoviel labour und Zeit kostet. Das bedeutet in der Tat den Austausch der labour, die ein Mensch in einer bestimmten Zeit auf einen Gegenstand verwandt hat, gegen die labour eines andren, in der gleichen Zeit auf einen anderen Gegenstand verwandt." („Some Thoughts on the Interest of Money in general etc.", p. 39.)

selbst, daß sie nur im gesellschaftlichen Verhältnis von Ware zu Ware erscheinen kann. Wir gingen in der Tat vom Tauschwert oder Austauschverhältnis der Waren aus, um ihrem darin versteckten Wert auf die Spur zu kommen. Wir müssen jetzt zu dieser Erscheinungsform des Wertes zurückkehren.

Jedermann weiß, wenn er auch sonst nichts weiß, daß die Waren eine mit den bunten Naturalformen ihrer Gebrauchswerte höchst frappant kontrastierende, gemeinsame Wertform besitzen – die Geldform. Hier gilt es jedoch zu leisten, was von der bürgerlichen Ökonomie nicht einmal versucht ward, nämlich die Genesis dieser Geldform nachzuweisen, also die Entwicklung des im Wertverhältnis der Waren enthaltenen Wertausdrucks von seiner einfachsten unscheinbarsten Gestalt bis zur blendenden Geldform zu verfolgen. Damit verschwindet zugleich das Geldrätsel.

Das einfachste Wertverhältnis ist offenbar das Wertverhältnis einer Ware zu einer einzigen verschiedenartigen Ware, gleichgültig welcher. Das Wertverhältnis zweier Waren liefert daher den einfachsten Wertausdruck für eine Ware.

A) Einfache, einzelne oder zufällige Wertform

x Ware A = y Ware B oder: x Ware A ist y Ware B wert.
(20 Ellen Leinwand = 1 Rock oder: 20 Ellen Leinwand sind 1 Rock wert.)

1. Die beiden Pole des Wertausdrucks: Relative Wertform und Äquivalentform

Das Geheimnis aller Wertform steckt in dieser einfachen Wertform. Ihre Analyse bietet daher die eigentliche Schwierigkeit.

Es spielen hier zwei verschiedenartige Waren A und B, in unsrem Beispiel Leinwand und Rock, offenbar zwei verschiedene Rollen. Die Leinwand drückt ihren Wert aus im Rock, der Rock dient zum Material dieses Wertausdrucks. Die erste Ware spielt eine aktive, die zweite eine passive Rolle. Der Wert der ersten Ware ist als relativer Wert dargestellt, oder sie befindet sich in relativer Wertform. Die zweite Ware funktioniert als Äquivalent oder befindet sich in Äquivalentform.

Relative Wertform und Äquivalentform sind zueinander gehörige, sich wechselseitig bedingende, unzertrennliche Momente, aber zugleich einander ausschließende oder entgegengesetzte Extreme, d. h. Pole desselben Wertausdrucks; sie verteilen sich stets auf die verschiedenen Waren, die der Wertausdruck aufeinander bezieht. Ich kann z. B. den Wert der Leinwand nicht in Leinwand ausdrücken. 20 Ellen Leinwand = 20 Ellen Leinwand ist kein Wertausdruck. Die Gleichung sagt vielmehr umgekehrt: 20 Ellen Leinwand sind nichts andres als 20 Ellen Leinwand, ein bestimmtes Quantum des Gebrauchsgegenstandes Leinwand. Der Wert der Leinwand kann also nur relativ ausgedrückt werden, d. h. in andrer Ware. Die relative Wertform der Leinwand unterstellt daher, daß irgendeine andre Ware sich ihr gegenüber in der Äquivalentform befindet. Andrerseits, diese andre Ware, die als Äquivalent figuriert, kann sich nicht gleichzeitig in relativer Wertform befinden. Nicht sie drückt ihren Wert aus. Sie liefert nur dem Wertausdruck andrer Ware das Material.

Allerdings schließt der Ausdruck: 20 Ellen Leinwand = 1 Rock oder 20 Ellen Leinwand sind 1 Rock wert, auch die Rückbeziehungen ein: 1 Rock = 20 Ellen Leinwand oder 1 Rock ist 20 Ellen Leinwand wert. Aber so muß ich doch die Gleichung umkehren, um den Wert des Rocks relativ ausdrücken, und sobald ich das tue, wird die Leinwand Äquivalent statt des Rockes. Dieselbe Ware kann also in demselben Wertausdruck nicht gleichzeitig in beiden Formen auftreten. Diese schließen sich vielmehr polarisch aus.

Ob eine Ware sich nun in relativer Wertform befindet oder in der entgegengesetzten Äquivalentform, hängt ausschließlich ab von ihrer jedesmaligen Stelle im Wertausdruck, d. h. davon, ob sie die Ware ist, deren Wert, oder aber die Ware, worin Wert ausgedrückt wird.

2. Die relative Wertform

a) Gehalt der relativen Wertform

Um herauszufinden, wie der einfache Wertausdruck einer Ware im Wertverhältnis zweier Waren steckt, muß man letzteres zunächst ganz unabhängig von seiner quantitativen Seite betrachten. Man verfährt meist grade umgekehrt und sieht im Wertverhältnis nur die Proportion, worin bestimmte Quanta zweier Warensorten einander gleichgelten. Man übersieht, daß die Größen verschiedner Dinge erst quantitativ vergleichbar werden nach ihrer Reduktion auf dieselbe Einheit. Nur als Ausdrücke derselben Einheit sind sie gleichnamige, daher kommensurable Größen.[17]

Ob 20 Ellen Leinwand = 1 Rock oder = 20 oder = x Röcke, d. h., ob ein gegebenes Quantum Leinwand viele oder wenige Röcke wert ist, jede solche Proportion schließt stets ein, daß Leinwand und Röcke als Wertgrößen Ausdrücke derselben Einheit, Dinge von derselben Natur sind. Leinwand = Rock ist die Grundlage der Gleichung.

---

[17] Die wenigen Ökonomen, die sich, wie S. Bailey, mit der Analyse der Wertform beschäftigt haben, konnten zu keinem Resultat kommen, einmal, weil sie Wertform und Wert verwechseln, zweitens, weil sie, unter dem rohen Einfluß des praktischen Bürgers, von vornherein ausschließlich die quantitative Bestimmtheit ins Auge fassen. „Die Verfügung über die Quantität ... macht den Wert.“ („Money and its Vicissitudes“, Lond. 1837, p.11.) Verfasser S. Bailey.

Aber die zwei qualitativ gleichgesetzten Waren spielen nicht dieselbe Rolle. Nur der Wert der Leinwand wird ausgedrückt. Und wie? Durch ihre Beziehung auf den Rock als ihr „Äquivalent" oder mit ihr „Austauschbares". In diesem Verhältnis gilt der Rock als Existenzform von Wert, als Wertding, denn nur als solches ist er dasselbe wie die Leinwand. Andrerseits kommt das eigne Wertsein der Leinwand zum Vorschein oder erhält einen selbständigen Ausdruck, denn nur als Wert ist sie auf den Rock als Gleichwertiges oder mit ihr Austauschbares bezüglich. So ist die Buttersäure ein vom Propylformat verschiedner Körper. Beide bestehn jedoch aus denselben chemischen Substanzen – Kohlenstoff (C), Wasserstoff (H) und Sauerstoff (O), und zwar in gleicher prozentiger Zusammensetzung, nämlich $C_4H_8O_2$. Würde nun der Buttersäure das Propylformat gleichgesetzt, so gälte in diesem Verhältnis erstens das Propylformat bloß als Existenzform von $C_4H_8O_2$ und zweitens wäre gesagt, daß auch die Buttersäure aus $C_4H_8O_2$ besteht. Durch die Gleichsetzung des Propylformats mit der Buttersäure wäre also ihre chemische Substanz im Unterschied von ihrer Körperform ausgedrückt.

Sagen wir: als Werte sind die Waren bloße Gallerten menschlicher Arbeit, so reduziert unsre Analyse dieselben auf die Wertabstraktion, gibt ihnen aber keine von ihren Naturalformen verschiedne Wertform. Anders im Wertverhältnis einer Ware zur andern. Ihr Wertcharakter tritt hier hervor durch ihre eigne Beziehung zu der andern Ware.

Indem z. B. der Rock als Wertding der Leinwand gleichgesetzt wird, wird die in ihm steckende Arbeit der in ihr steckenden Arbeit gleichgesetzt. Nun ist zwar die Schneiderei, die den Rock macht, eine von der Weberei, die die Leinwand macht, verschiedenartige konkrete Arbeit. Aber die Gleichsetzung mit der Weberei reduziert die Schneiderei tatsächlich auf das in beiden Arbeiten wirklich Gleiche, auf ihren gemeinsamen Charakter menschlicher Arbeit. Auf diesem Umweg ist dann gesagt, daß auch die Weberei, sofern sie Wert webt, keine Unterscheidungsmerkmale von der Schneiderei besitzt, also abstrakt menschliche Arbeit ist. Nur der Äquivalenzausdruck verschiedenartiger Waren bringt den spezifischen Charakter der wertbildenden Arbeit zum Vorschein, indem er die in den verschiedenartigen Waren steckenden, verschiedenartigen Arbeiten tatsächlich auf ihr Gemeinsames reduziert, auf menschliche Arbeit überhaupt.[17a]

[17a] Note zur 2. Ausgabe. Einer der ersten Ökonomen, der nach William Petty die Natur des Werts durchschaut hat, der berühmte Franklin, sagt: „Da der Handel überhaupt nichts ist als der Austausch einer Arbeit gegen andre Arbeit, wird der Wert aller Dinge am richtigsten geschätzt in Arbeit." („The Works of B. Franklin etc.", edited by Sparks, Boston 1836, v. II, p .267.) Franklin ist sich nicht bewußt, daß, indem er den Wert aller Dinge „in Arbeit" schätzt, er von der Verschiedenheit der ausgetauschten Arbeiten abstrahiert – und sie so auf gleiche menschliche Arbeit reduziert. Was er nicht weiß, sagt er jedoch. Er spricht erst von „der einen Arbeit", dann „von der andren Arbeit", schließlich von „Arbeit" ohne weitere Bezeichnung als Substanz des Werts aller Dinge.

Es genügt indes nicht, den spezifische Charakter der Arbeit auszudrücken, woraus der Wert der Leinwand besteht. Menschliche Arbeitskraft im flüssigen Zustand oder menschliche Arbeit bildet Wert, aber ist nicht Wert. Sie wird Wert in geronnenem Zustand, in gegenständlicher Form. Um den Leinwandwert als Gallerte menschlicher Arbeit auszudrücken, muß er als eine „Gegenständlichkeit“ ausgedrückt werden, welche von der Leinwand selbst dinglich verschieden und ihr zugleich mit andrer Ware gemeinsam ist. Die Aufgabe ist bereits gelöst.

Im Wertverhältnis der Leinwand gilt der Rock als ihr qualitativ Gleiches, als Ding von derselben Natur, weil er ein Wert ist. Er gilt hier daher als ein Ding, worin Wert erscheint oder welches in seiner handgreiflichen Naturalform Wert darstellt. Nun ist zwar der Rock, der Körper der Rockware, ein bloßer Gebrauchswert. Ein Rock drückt ebensowenig Wert aus als das erste beste Stück Leinwand. Dies beweist nur, daß er innerhalb des Wertverhältnisses zur Leinwand mehr bedeutet als außerhalb desselben, wie so mancher Mensch innerhalb eines galonierten Rockes mehr bedeutet als außerhalb desselben.

In der Produktion des Rockes ist tatsächlich, unter der Form der Schneiderei, menschliche Arbeitskraft verausgabt worden. Es ist also menschliche Arbeit in ihm aufgehäuft. Nach dieser Seite hin ist der Rock „Träger von Wert“, obgleich diese seine Eigenschaft selbst durch seine größte Fadenscheinigkeit nicht durchblickt. Und im Wertverhältnis der Leinwand gilt er nur nach dieser Seite, daher als verkörperter Wert, als Wertkörper. Trotz seiner zugeknöpften Erscheinung hat die Leinwand in ihm die stammverwandte schöne Wertseele erkannt. Der Rock kann ihr gegenüber jedoch nicht Wert darstellen, ohne daß für sie gleichzeitig der Wert die Form eines Rockes annimmt. So kann sich das Individuum A nicht zum Individuum B als einer Majestät verhalten, ohne daß für A die Majestät zugleich die Leibesgestalt von B annimmt und daher Gesichtszüge, Haare und manches andre noch mit dem jedesmaligen Landesvater wechselt.

Im Wertverhältnis, worin der Rock das Äquivalent der Leinwand bildet, gilt also die Rockform als Wertform. Der Wert der Ware Leinwand wird daher ausgedrückt im Körper der Ware Rock, der Wert einer Ware im Gebrauchswert der andren. Als Gebrauchswert ist die Leinwand ein vom Rock sinnlich verschiednes Ding, als Wert ist sie „Rockgleiches“ und sieht daher aus wie ein Rock. So erhält sie eine von ihrer Naturalform verschiedne Wertform. Ihr Wertsein erscheint in ihrer Gleichheit mit dem Rock wie die Schafsnatur des Christen in seiner Gleichheit mit dem Lamm Gottes.

Man sieht, alles, was uns die Analyse des Warenwerts vorher sagte, sagt die Leinwand selbst, sobald sie in Umgang mit andrer Ware, dem Rock, tritt. Nur verrät sie ihre Gedanken in der ihr allein geläufigen Sprache, der Warensprache. Um zu sagen, daß die Arbeit in der abstrakten Eigenschaft menschlicher Arbeit ihren eignen Wert bildet, sagt sie, daß der Rock, soweit er ihr gleichgilt, also Wert ist, aus derselben Arbeit besteht wie die Leinwand. Um zu sagen, daß ihre sublime Wertgegenständlichkeit von ihrem steifleinenen Körper verschieden ist, sagt sie, daß Wert aussieht wie ein Rock und daher sie selbst als Wertding dem Rock gleicht wie ein Ei dem andern. Nebenbei bemerkt, hat auch die Warensprache, außer dem Hebräischen, noch viele andre mehr oder minder korrekte Mundarten. Das deutsche „Wertsein" drückt z. B. minder schlagend aus als das romanische Zeitwort valere, valer, valoir, daß Gleichsetzung der Ware B mit der Ware der eigne Wertausdruck der Ware A ist. Paris vaut bien une messe!

Vermittelst des Wertverhältnisses wird also die Naturalform der Ware B zur Wertform der Ware A oder der Körper der Ware B zum Wertspiegel der Ware A.[18] Indem sich die Ware A auf die Ware B als Wertkörper bezieht, als Materiatur menschlicher Arbeit, macht sie den Gebrauchswert B zum Material ihres eignen Wertausdrucks. Der Wert der Ware A, so ausgedrückt im Gebrauchswert der Ware B, besitzt die Form des relativen Werts.

b) Quantitative Bestimmtheit der relativen Wertform

Jede Ware, deren Wert ausgedrückt werden soll, ist ein Gebrauchsgegenstand von gegebnem Quantum, 15 Scheffel Weizen, 100 Pfd. Kaffee usw. Dieses gegebne Warenquantum enthält ein bestimmtes Quantum menschlicher Arbeit. Die Wertform hat also nicht nur Wert überhaupt, sondern quantitativ bestimmten Wert oder Wertgröße auszudrücken. Im Wertverhältnis der Ware A zur Ware B, der Leinwand zum Rocke, wird daher die Warenart Rock nicht nur als Wertkörper überhaupt der Leinwand qualitativ gleichgesetzt, sondern einem bestimmten Leinwandquantum, z. B. 20 Ellen Leinwand, ein bestimmtes Quantum des Wertkörpers oder Äquivalents, z. B. 1 Rock.

Die Gleichung: „20 Ellen Leinwand = 1 Rock oder: 20 Ellen Leinwand sind 1 Rock wert" setzt voraus, daß in 1 Rock gerade so viel Wertsubstanz steckt als in 20 Ellen Leinwand, daß beide Warenquanta also gleich viel Arbeit kosten oder gleich große Arbeitszeit. Die zur Produktion von 20 Ellen Leinwand oder 1 Rock notwendige Arbeitszeit wechselt aber mit jedem Wechsel in der Produktivkraft der Weberei oder der Schneiderei. Der Einfluß solcher Wechsel auf den relativen Ausdruck der Wertgröße soll nun näher untersucht werden.

I. Der Wert der Leinwand wechsle[19], während der Rockwert konstant bleibt.

---

[18] In gewisser Art geht's dem Menschen wie der Ware. Da er weder mit einem Spiegel auf die Welt kommt noch als Fichtescher Philosoph: Ich bin ich, bespiegelt sich der Mensch zuerst in einem andren Menschen. Erst durch die Beziehung auf den Menschen Paul als seinesgleichen bezieht sich der Mensch Peter auf sich selbst als Mensch. Damit gilt ihm aber auch der Paul mit Haut und Haaren, in seiner paulinischen Leiblichkeit, als Erscheinungsform des Genus Mensch.

[19] Der Ausdruck „Wert" wird hier, wie beiläufig schon früher stellenweis geschah, für quantitativ bestimmten Wert, also für Wertgröße gebraucht.

Verdoppelt sich die zur Produktion der Leinwand notwendige Arbeitszeit, etwa infolge zunehmender Unfruchtbarkeit des flachstragenden Bodens, so verdoppelt sich ihr Wert. Statt 20 Ellen Leinwand = 1 Rock hätten wir 20 Ellen Leinwand = 2 Röcke, da 1 Rock jetzt nur halb so viel Arbeitszeit enthält als 20 Ellen Leinwand. Nimmt dagegen die zur Produktion der Leinwand notwendige Arbeitszeit um die Hälfte ab, etwa infolge verbesserter Webstühle, so sinkt der Leinwandwert um die Hälfte. Demgemäß jetzt: 20 Ellen Leinwand = $^1/_2$ Rock. Der relative Wert der Ware A, d. h. ihr Wert ausgedrückt in der Ware B, steigt und fällt also direkt wie der Wert der Ware A, bei gleichbleibendem Wert der Ware B.

II. Der Wert der Leinwand bleibe konstant, während der Rockwert wechsle. Verdoppelt sich unter diesen Umständen die zur Produktion des Rockes notwendige Arbeitszeit, etwa infolge ungünstiger Wollschur, so haben wir statt 20 Ellen Leinwand = 1 Rock jetzt: 20 Ellen Leinwand = $^1/_2$ Rock. Fällt dagegen der Wert des Rockes um die Hälfte, so 20 Ellen Leinwand = 2 Röcke. Bei gleichbleibendem Wert der Ware A fällt oder steigt daher ihr relativer, in der Ware B ausgedrückter Wert im umgekehrten Verhältnis zum Wertwechsel von B.

Vergleicht man die verschiednen Fälle sub I und II, so ergibt sich, daß derselbe Größenwechsel des relativen Werts aus ganz entgegengesetzten Ursachen entspringen kann. So wird aus 20 Ellen Leinwand = 1 Rock: 1. die Gleichung 20 Ellen Leinwand = 2 Röcke, entweder weil der Wert der Leinwand sich verdoppelt oder der Wert der Röcke um die Hälfte fällt, und 2. die Gleichung 20 Ellen Leinwand = $^1/_2$ Rock, entweder weil der Wert der Leinwand um die Hälfte sinkt oder der Wert des Rockes auf das Doppelte steigt.

III. Die zur Produktion von Leinwand und Rock notwendigen Arbeitsquanta mögen gleichzeitig, in derselben Richtung und derselben Proportion wechseln. In diesem Falle nach wie vor 20 Ellen Leinwand = 1 Rock, wie immer ihre Werte verändert seien. Man entdeckt ihren Wertwechsel, sobald man sie mit einer dritten Ware vergleicht, deren Wert konstant blieb. Stiegen oder fielen die Werte aller Waren gleichzeitig und in derselben Proportion, so würden ihre relativen Werte unverändert bleiben. Ihren wirklichen Wertwechsel ersähe man daraus, daß in derselben Arbeitszeit nun allgemein ein größeres oder kleineres Warenquantum als vorher geliefert würde.

IV. Die zur Produktion von Leinwand und Rock resp. notwendigen Arbeitszeiten, und daher ihre Werte, mögen gleichzeitig in derselben Richtung wechseln, aber in ungleichem Grad, oder in entgegengesetzter Richtung usw. Der Einfluß aller möglichen derartigen Kombinationen auf den relativen Wert einer Ware ergibt sich einfach durch Anwendung der Fälle I, II und III.

Wirkliche Wechsel der Wertgröße spiegeln sich also weder unzweideutig noch erschöpfend wider in ihrem relativen Ausdruck oder in der Größe des relativen Werts. Der relative Wert einer Ware kann wechseln, obgleich ihr Wert konstant bleibt. Ihr relativer Wert kann konstant bleiben, obgleich ihr Wert wechselt, und endlich brauchen gleichzeitige Wechsel in ihrer Wertgröße und im relativen Ausdruck dieser Wertgröße sich keineswegs zu decken.[20]

3. Die Äquivalentform

Man hat gesehn: Indem eine Ware A (die Leinwand) ihren Wert im Gebrauchswert einer verschiedenartigen Ware B (dem Rock) ausdrückt, drückt sie letzterer selbst eine eigentümliche Wertform auf, die des Äquivalents. Die Leinwandware bringt ihr eignes Wertsein dadurch zum Vorschein, daß ihr der Rock, ohne Annahme einer von seiner Körperform verschiednen Wertform, gleichgilt. Die Leinwand drückt also in der Tat ihr eignes Wertsein dadurch aus, daß der Rock unmittelbar mit ihr austauschbar ist. Die Äquivalentform einer Ware ist folglich die Form ihrer unmittelbaren Austauschbarkeit mit anderer Ware.

Wenn eine Warenart, wie Röcke, einer andren Warenart, wie Leinwand, zum Äquivalent dient, Röcke daher die charakteristische Eigenschaft erhalten, sich in unmittelbar austauschbarer Form mit Leinwand zu befinden, so ist damit in keiner Weise die Proportion gegeben, worin Röcke und Leinwand austauschbar sind. Sie hängt, da die Wertgröße der Leinwand gegeben ist, von der Wertgröße der Röcke ab. Ob der Rock als Äquivalent und die Leinwand als relativer Wert oder umgekehrt die Leinwand als Äquivalent und der Rock als relativer Wert ausgedrückt sei, seine Wertgröße bleibt nach wie vor durch die zu seiner Produktion notwendige Arbeitszeit, also unabhängig von seiner Wertform bestimmt. Aber sobald die Warenart Rock im Wertausdruck die Stelle des Äquivalents einnimmt,

---

[20] Note zur 2. Ausg. Diese Inkongruenz zwischen der Wertgröße und ihrem relativen Ausdruck ist von der Vulgärökonomie mit gewohntem Scharfsinn ausgebeutet worden. Z. B.: „Gebt einmal zu, daß A fällt, weil B, womit es ausgetauscht wird, steigt, obgleich unterdessen nicht weniger Arbeit auf A verausgabt wird, und euer allgemeines Wertprinzip fällt zu Boden ... Wenn zugegeben wird, daß, weil der Wert von A relativ zu B steigt, der Wert von B relativ zu A fällt, ist der Grund unter den Füßen weggeschnitten, worauf Ricardo seinen großen Satz aufstellt, daß der Wert einer Ware stets bestimmt ist durch das Quantum der ihr einverleibten Arbeit; denn wenn ein Wechsel in den Kosten von A nicht nur seinen eignen Wert im Verhältnis zu B, womit es ausgetauscht wird, verändert, sondern auch den Wert von B relativ zu dem von A, obgleich kein Wechsel stattgefunden hat in dem zur Produktion von B erheischten Arbeitsquantum, dann fällt nicht nur die Doktrin zu Boden, die versichert, daß die auf einen Artikel verausgabte Quantität Arbeit seinen Wert reguliert, sondern auch die Doktrin, daß die Produktionskosten eines Artikels seinen Wert regulieren." (J. Broadhurst, „Political Economy", London 1842, p. 11, 14.)

Herr Broadhurst konnte ebensogut sagen: Man sehe sich einmal die Zahlenverhältnisse $^{10}/_{20}$, $^{10}/_{50}$, $^{10}/_{100}$ usw. an. Die Zahl 10 bleibt unverändert, und dennoch nimmt ihre proportionelle Größe, ihre Größe relativ zu den Nennern 20, 50, 100, beständig ab. Also fällt das große Prinzip zu Boden, daß die Größe einer ganzen Zahl wie 10 z. B. durch die Anzahl der in ihr enthaltenen Einer „reguliert" ist.

erhält ihre Wertgröße keinen Ausdruck als Wertgröße. Sie figuriert in der Wertgleichung vielmehr nur als bestimmtes Quantum einer Sache.

Z. B.: 40 Ellen Leinwand sind „wert" – was? 2 Röcke. Weil die Warenart Rock hier die Rolle des Äquivalents spielt, der Gebrauchswert Rock der Leinwand gegenüber als Wertkörper gilt, genügt auch ein bestimmtes Quantum Röcke, um ein bestimmtes Wertquantum Leinwand auszudrücken. Zwei Röcke können daher die Wertgröße von 40 Ellen Leinwand, aber sie können nie ihre eigne Wertgröße, die Wertgröße von Röcken, ausdrücken. Die oberflächliche Auffassung dieser Tatsache, daß das Äquivalent in der Wertgleichung stets nur die Form eines einfachen Quantums einer Sache, eines Gebrauchswertes, besitzt, hat Bailey, wie viele seiner Vorgänger und Nachfolger, verleitet, im Wertausdruck ein nur quantitatives Verhältnis zu sehn. Die Äquivalentform einer Ware enthält vielmehr keine quantitative Wertbestimmung.

Die erste Eigentümlichkeit, die bei Betrachtung der Äquivalentform auffällt, ist diese: Gebrauchswert wird zur Erscheinungsform seines Gegenteils, des Werts.

Die Naturalform der Ware wird zur Wertform. Aber, notabene, dies Quidproquo ereignet sich für eine Ware B (Rock oder Weizen oder Eisen usw.) nur innerhalb des Wertverhältnisses, worin eine beliebige andre Ware A (Leinwand etc.) zu ihr tritt, nur innerhalb dieser Beziehung. Da keine Ware sich auf sich selbst als Äquivalent beziehn, also auch nicht ihre eigne Naturalhaut zum Ausdruck ihres eignen Werts machen kann, muß sie sich auf andre Ware als Äquivalent beziehn oder die Naturalhaut einer andren Ware zu ihrer eignen Wertform machen.

Dies veranschauliche uns das Beispiel eines Maßes, welches den Warenkörpern als Warenkörpern zukommt, d. h. als Gebrauchswerten. Ein Zuckerhut, weil Körper, ist schwer und hat daher Gewicht, aber man kann keinem Zuckerhut sein Gewicht ansehn oder anfühlen. Wir nehmen nun verschiedne Stücke Eisen, deren Gewicht vorher bestimmt ist. Die Körperform des Eisens, für sich betrachtet, ist ebensowenig Erscheinungsform der Schwere als die des Zuckerhuts. Dennoch, um den Zuckerhut als Schwere auszudrücken, setzen wir ihn in ein Gewichtsverhältnis zum Eisen. In diesem Verhältnis gilt das Eisen als ein Körper, der nichts darstellt außer Schwere. Eisenquanta dienen daher zum Gewichtsmaß des Zuckers und repräsentieren dem Zuckerkörper gegenüber bloße Schwergestalt, Erscheinungsform von Schwere. Diese Rolle spielt das Eisen nur innerhalb dieses Verhältnisses, worin der Zucker oder irgendein anderer Körper, dessen Gewicht gefunden werden soll, zu ihm tritt. Wären beide Dinge nicht schwer, so könnten sie nicht in dieses Verhältnis treten und das eine daher nicht zum Ausdruck der Schwere des andren dienen. Werfen wir beide auf die Waagschale, so sehn wir in der Tat, daß sie als Schwere dasselbe, und daher in bestimmter Proportion auch von demselben Gewicht sind. Wie der Eisenkörper als Gewichtsmaß dem Zuckerhut gegenüber nur Schwere, so vertritt in unsrem Wertausdruck der Rockkörper der Leinwand gegenüber nur Wert.

Hier hört jedoch die Analogie auf. Das Eisen vertritt im Gewichtsausdruck des Zuckerhuts eine beiden Körpern gemeinsame Natureigenschaft, ihre Schwere, während der Rock im Wertausdruck der Leinwand eine übernatürliche Eigenschaft beider Dinge vertritt: ihren Wert, etwas rein Gesellschaftliches.

Indem die relative Wertform einer Ware, z. B. der Leinwand, ihr Wertsein als etwas von ihrem Körper und seinen Eigenschaften durchaus Unterschiedenes ausdrückt, z. B. als Rockgleiches, deutet dieser Ausdruck selbst an, daß er ein gesellschaftliches Verhältnis verbirgt. Umgekehrt mit der Äquivalentform. Sie besteht ja gerade darin, daß ein Warenkörper, wie der Rock, dies Ding wie es geht und steht, Wert ausdrückt, also von Natur Wertform besitzt. Zwar gilt dies nur innerhalb des Wertverhältnisses, worin die Leinwandware auf die Rockware als Äquivalent bezogen ist.[21] Da aber Eigenschaften eines Dings nicht aus seinem Verhältnis zu andern Dingen entspringen, sich vielmehr in solchem Verhältnis nur betätigen, scheint auch der Rock seine Äquivalentform, seine Eigenschaft unmittelbarer Austauschbarkeit, ebensosehr von Natur zu besitzen wie seine Eigenschaft, schwer zu sein oder warm zu halten. Daher das Rätselhafte der Äquivalentform, das den bürgerlich rohen Blick des politischen Ökonomen erst schlägt, sobald diese Form ihm fertig gegenübertritt im Geld. Dann sucht er den mystischen Charakter von Gold und Silber wegzuklären, indem er ihnen minder blendende Waren unterschiebt und mit stets erneutem Vergnügen den Katalog all des Warenpöbels ableiert, der seinerzeit die Rolle des Warenäquivalents gespielt hat. Er ahnt nicht, daß schon der einfachste Wertausdruck, wie 20 Ellen Leinwand = 1 Rock, das Rätsel der Äquivalentform zu lösen gibt.

Der Körper der Ware, die zum Äquivalent dient, gilt stets als Verkörperung abstrakt menschlicher Arbeit und ist stets das Produkt einer bestimmten nützlichen, konkreten Arbeit. Diese konkrete Arbeit wird also zum Ausdruck abstrakt menschlicher Arbeit. Gilt der Rock z. B. als bloße Verwirklichung, so die Schneiderei, die sich tatsächlich in ihm verwirklicht, als bloße Verwirklichungsform abstrakt menschlicher Arbeit. Im Wertausdruck der Leinwand besteht die Nützlichkeit der Schneiderei nicht darin, daß sie Kleider, also auch Leute, sondern daß sie einen Körper macht, dem man es ansieht, daß er Wert ist, also Gallerte von Arbeit, die sich durchaus nicht unterscheidet von der im Leinwandwert vergegenständlichten Arbeit. Um solch einen Wertspiegel zu machen, muß die Schneiderei selbst nichts widerspiegeln außer ihrer abstrakten Eigenschaft, menschliche Arbeit zu sein.

In der Form der Schneiderei wie in der Form der Weberei wird menschliche Arbeitskraft verausgabt. Beide besitzen daher die allgemeine Eigenschaft menschlicher Arbeit und mögen daher in bestimmten Fällen, z. B. bei der Wert-

---

[21] Es ist mit solchen Reflexionsbestimmungen überhaupt ein eigenes Ding. Dieser Mensch ist z. B. nur König, weil sich andre Menschen als Untertanen zu ihm verhalten. Sie glauben umgekehrt Untertanen zu sein, weil er König ist.

produktion, nur unter diesem Gesichtspunkt in Betracht kommen. All das ist nicht mysteriös. Aber im Wertausdruck der Ware wird die Sache verdreht. Um z. B. auszudrücken, daß das Weben nicht in seiner konkreten Form als Weben, sondern in seiner allgemeinen Eigenschaft als menschliche Arbeit den Leinwandwert bildet, wird ihm die Schneiderei, die konkrete Arbeit, die das Leinwand-Äquivalent produziert, gegenübergestellt als die handgreifliche Verwirklichungsform abstrakt menschlicher Arbeit.

Es ist also eine zweite Eigentümlichkeit der Äquivalentform, daß konkrete Arbeit zur Erscheinungsform ihres Gegenteils, abstrakt menschlicher Arbeit wird.

Indem aber diese konkrete Arbeit, die Schneiderei, als bloßer Ausdruck unterschiedsloser menschlicher Arbeit gilt, besitzt sie die Form der Gleichheit mit andrer Arbeit, der in der Leinwand steckenden Arbeit, und ist daher, obgleich Privatarbeit, wie alle andre, Waren produzierende Arbeit, dennoch Arbeit in unmittelbar gesellschaftlicher Form. Ebendeshalb stellt sie sich dar in einem Produkt, das unmittelbar austauschbar mit andrer Ware ist. Es ist also eine dritte Eigentümlichkeit der Äquivalentform, daß Privatarbeit zur Form ihres Gegenteils wird, zu Arbeit in unmittelbar gesellschaftlicher Form.

Die beiden zuletzt entwickelten Eigentümlichkeiten der Äquivalentform werden noch faßbarer, wenn wir zu dem großen Forscher zurückgehn, der die Wertform, wie so viele Denkformen, Gesellschaftsformen und Naturformen zuerst analysiert hat. Es ist dies Aristoteles.

Zunächst spricht Aristoteles klar aus, daß die Geldform der Ware nur die weiter entwickelte Gestalt der einfachen Wertform ist, d. h. des Ausdrucks des Werts einer Ware in irgendeiner beliebigen andren Ware, denn er sagt:

„5 Polster = 1 Haus“
(„Κλίναι πέντε ἀντὶ οἰκίας“)

„unterscheidet sich nicht“ von:

„5 Polster = soundso viel Geld“
(„Κλίναι πέντε ἀντὶ... ὅσου αἱ πέντε κλίναι“.)

Er sieht ferner ein, daß das Wertverhältnis, worin dieser Wertausdruck steckt, seinerseits bedingt, daß das Haus dem Polster qualitativ gleichgesetzt wird und daß diese sinnlich verschiednen Dinge ohne solche Wesensgleichheit nicht als kommensurable Größen aufeinander beziehbar wären. „Der Austausch“, sagt er, „kann nicht sein ohne die Gleichheit, die Gleichheit aber nicht ohne die Kommensurabilität“ („οὔτ᾽ ἰσότης μὴ οὔσης συμμετρίας“). Hier aber stutzt er und gibt die weitere Analyse der Wertform auf. „Es ist aber in Wahrheit unmöglich („τῇ μὲν οὖν ἀληθείᾳ ἀδύνατον“), daß so verschiedenartige Dinge kommensurabel", d. h. qualitativ gleich seien. Diese Gleichsetzung kann nur etwas der wahren Natur der Dinge Fremdes sein, also nur „Notbehelf für das praktische Bedürfnis".

Aristoteles sagt uns also selbst, woran seine weitere Analyse scheitert, nämlich am Mangel des Wertbegriffs. Was ist das Gleiche, d. h. die gemeinschaftliche Substanz, die das Haus für den Polster im Wertausdruck des Polsters vorstellt? So etwas kann „in Wahrheit nicht existieren", sagt Aristoteles. Warum? Das Haus stellt dem Polster gegenüber ein Gleiches vor, soweit es das in beiden, dem Polster und dem Haus, wirklich Gleiche vorstellt. Und das ist – menschliche Arbeit.

Daß aber in der Form der Warenwerte alle Arbeiten als gleiche menschliche Arbeit und daher als gleichgeltend ausgedrückt sind, konnte Aristoteles nicht aus der Wertform selbst herauslesen, weil die griechische Gesellschaft auf der Sklavenarbeit beruhte, daher die Ungleichheit der Menschen und ihrer Arbeitskräfte zur Naturbasis hatte. Das Geheimnis des Wertausdrucks, die Gleichheit und gleiche Gültigkeit aller Arbeiten, weil und insofern sie menschliche Arbeit überhaupt sind, kann nur entziffert werden, sobald der Begriff der menschlichen Gleichheit bereits die Festigkeit eines Volksvorurteils besitzt. Das ist aber erst möglich in einer Gesellschaft, worin die Warenform die allgemeine Form des Arbeitsprodukts, also auch das Verhältnis der Menschen zueinander als Warenbesitzer das herrschende gesellschaftliche Verhältnis ist. Das Genie des Aristoteles glänzt grade darin, daß er im Wertausdruck der Waren ein Gleichheitsverhältnis entdeckt. Nur die historische Schranke der Gesellschaft, worin er lebte, verhindert ihn herauszufinden, worin denn „in Wahrheit" dies Gleichheitsverhältnis besteht.

4. Das Ganze der einfachen Wertform

Die einfache Wertform einer Ware ist enthalten in ihrem Wertverhältnis zu einer verschiedenartigen Ware oder im Austauschverhältnis mit derselben. Der Wert der Ware A wird qualitativ ausgedrückt durch die unmittelbare Austauschbarkeit der Ware B mit der Ware A. Er wird quantitativ ausgedrückt durch die Austauschbarkeit eines bestimmten Quantums der Ware B mit dem gegebenen Quantum der Ware A. In andren Worten: Der Wert einer Ware ist selbständig ausgedrückt durch seine Darstellung als „Tauschwert". Wenn es im Eingang dieses Kapitels in der gang und gäben Manier hieß: Die Ware ist Gebrauchswert und Tauschwert, so war dies, genau gesprochen, falsch. Die Ware ist Gebrauchswert oder Gebrauchsgegenstand und „Wert". Sie stellt sich dar als dies Doppelte, was sie ist, sobald ihr Wert eine eigne, von ihrer Naturalform verschiedene Erscheinungsform besitzt, die des Tauschwerts, und sie besitzt diese Form niemals isoliert betrachtet, sondern stets nur im Wert- oder Austauschverhältnis zu einer zweiten, verschiedenartigen Ware. Weiß man das jedoch einmal, so tut jene Sprechweise keinen Harm, sondern dient zur Abkürzung.

Unsere Analyse bewies, daß die Wertform oder der Wertausdruck der Ware aus der Natur des Warenwerts entspringt, nicht umgekehrt Wert und Wertgröße aus ihrer Ausdrucksweise als Tauschwert. Dies ist jedoch der Wahn sowohl der Merkantilisten und ihrer modernen Aufwärmer, wie Ferrier, Ganilh usw.[22], als auch ihrer Antipoden, der modernen Freihandels-Commis-Voyageurs, wie Bastiat und Konsorten. Die Merkantilisten legen das Hauptgewicht auf die qualitative Seite des Wertausdrucks, daher auf die Äquivalentform der Ware, die im Geld ihre fertige Gestalt besitzt – die modernen Freihandelshausierer dagegen, die ihre Ware um jeden Preis losschlagen müssen, auf die quantitative Seite der relativen Wertform. Für sie existiert folglich weder Wert noch Wertgröße der Ware außer in dem Ausdruck durch das Austauschverhältnis, daher nur im Zettel des täglichen Preiskurants. Der Schotte Macleod, in seiner Funktion, die kreuzverwirrten Vorstellungen von Lombardstreet möglichst gelehrt herauszuputzen, bildet die gelungene Synthese zwischen den abergläubigen Merkantilisten und den aufgeklärten Freihandelshausierern.

Die nähere Betrachtung des im Wertverhältnis zur Ware B enthaltenen Wertausdrucks der Ware A hat gezeigt, daß innerhalb desselben die Naturalform der Ware A nur als Gestalt von Gebrauchswert, die Naturalform der Ware B nur als Wertform oder Wertgestalt gilt. Der in der Ware eingehüllte innere Gegensatz von Gebrauchswert und Wert wird also dargestellt durch einen äußeren Gegensatz, d. h. durch das Verhältnis zweier Waren, worin die eine Ware, *deren* Wert ausgedrückt werden soll, unmittelbar nur als Gebrauchswert, die andre Ware hingegen, *worin* Wert ausgedrückt wird, unmittelbar nur als Tauschwert gilt. Die einfache Wertform einer Ware ist also die einfache Erscheinungsform des in ihr enthaltenen Gegensatzes von Gebrauchswert und Wert.

Das Arbeitsprodukt ist in allen gesellschaftlichen Zuständen Gebrauchsgegenstand, aber nur eine historisch bestimmte Entwicklungsepoche, welche die in der Produktion eines Gebrauchsdings verausgabte Arbeit als seine „gegenständliche“ Eigenschaft darstellt, d. h. als seinen Wert, verwandelt das Arbeitsprodukt in Ware. Es folgt daher, daß die einfache Wertform der Ware zugleich die einfache Warenform des Arbeitsprodukts ist, daß also auch die Entwicklung der Warenform mit der Entwicklung der Wertform zusammenfällt.

Der erste Blick zeigt das Unzulängliche der einfachen Wertform, dieser Keimform, die erst durch eine Reihe von Metamorphosen zur Preisform heranreift.

Der Ausdruck in irgendwelcher Ware B unterscheidet den Wert der Ware A nur von ihrem eignen Gebrauchswert und setzt sie daher auch nur in ein Aus-

---

[22] Note zur 2. Ausg. F. L. A. Ferrier (sous-inspecteur des douanes), „Du Gouvernement considéré dans ses rapports avec le commerce“, Paris 1805, und Charles Ganilh, „Des Systèmes d'Économie Politique“, 2ème éd., Paris 1821.

tauschverhältnis zu irgendeiner einzelnen von ihr selbst verschiednen Warenart, statt ihre qualitative Gleichheit und quantitative Proportionalität mit allen andren Waren darzustellen. Der einfachen relativen Wertform einer Ware entspricht die einzelne Äquivalentform einer andren Ware. So besitzt der Rock, im relativen Wertausdruck der Leinwand, nur Äquivalentform oder Form unmittelbarer Austauschbarkeit mit Bezug auf diese einzelne Warenart Leinwand.

Indes geht die einzelne Wertform von selbst in eine vollständigere Form über. Vermittelst derselben wird der Wert einer Ware A zwar in nur einer Ware von andrer Art ausgedrückt. Welcher Art aber diese zweite Ware, ob Rock, ob Eisen, ob Weizen usw., ist durchaus gleichgültig. Je nachdem sie also zu dieser oder jener andren Warenart in ein Wertverhältnis tritt, entstehn verschiedne einfache Wertausdrücke einer und derselben Ware.[22a] Die Anzahl ihrer möglichen Wertausdrücke ist nur beschränkt durch die Anzahl von ihr verschiedner Warenarten. Ihr vereinzelter Wertausdruck verwandelt sich daher in die stets verlängerbare Reihe ihrer verschiednen einfachen Wertausdrücke.

B) Totale oder entfaltete Wertform

z Ware A = u Ware B oder = v Ware C oder = w Ware D
oder = x Ware E oder = etc.

(20 Ellen Leinwand = 1 Rock oder = 10 Pfd. Tee oder = 40 Pfd. Kaffee oder = 1 Quarter Weizen oder = 2 Unzen Gold oder = $^1/_2$ Tonne Eisen oder = etc.)

1. Die entfaltete relative Wertform

Der Wert einer Ware, der Leinwand z. B., ist jetzt ausgedrückt in zahllosen andren Elementen der Warenwelt. Jeder andre Warenkörper wird zum Spiegel des Leinwandwerts.[23] So erscheint dieser Wert selbst erst wahrhaft als Gallerte

[22a] Note zur 2. Aufl. Z. B. bei Homer wird der Wert eines Dinge in einer Reihe verschiedner Dinge ausgedrückt.

[23] Man spricht deshalb vom Rockwert der Leinwand, wenn man ihren Wert in Röcken, von ihrem Kornwert, wenn man ihn in Korn darstellt etc. Jeder solche Ausdruck besagt, daß es ihr Wert ist, der in den Gebrauchswerten Rock, Korn usw. erscheint. „Da der Wert jeder Waren ihr Verhältnis im Austausch bezeichnet, können wir ihn bezeichnen als ... Kornwert, Tuchwert, je nach der Ware, mit der sie verglichen wird; und daher gibt es tausend verschiedene Arten von Werten, so viele, wie Waren vorhanden sind, und alle sind gleich real und gleich nominell." („A Critical Dissertation on the Nature, Measures, and Causes of Value; chiefly in reference to the writings of Mr. Ricardo and his followers. By the Author of Essays on the Formation etc. of Opinions", London 1825, p. 39.) S. Bailey, der Verfasser dieser anonymen Schrift, die ihrer Zeit viel Lärm in England machte, wähnt durch diesen Hinweis auf die kunterbunten relativen Ausdrücke desselben Warenwerts alle Begriffsbestimmung des Werts vernichtet zu haben. Daß

unterschiedsloser menschlicher Arbeit. Denn die ihn bildende Arbeit ist nun ausdrücklich als Arbeit dargestellt, der jede andre menschliche Arbeit gleichgilt, welche Naturalform sie immer besitze und ob sie sich daher in Rock oder Weizen oder Eisen oder Gold usw. vergegenständliche. Durch ihre Wertform steht die Leinwand daher jetzt auch in gesellschaftlichem Verhältnis nicht mehr zu nur einer einzelnen andren Warenart, sondern zur Warenwelt. Als Ware ist sie Bürger dieser Welt. Zugleich liegt in der endlosen Reihe seiner Ausdrücke, daß der Warenwert gleichgültig ist gegen die besondre Form des Gebrauchswerts, worin er erscheint.

In der ersten Form: 20 Ellen Leinwand = 1 Rock kann es zufällige Tatsache sein, daß diese zwei Waren in einem bestimmten quantitativen Verhältnisse austauschbar sind. In der zweiten Form leuchtet dagegen sofort ein von der zufälligen Erscheinung wesentlich unterschiedner und sie bestimmender Hintergrund durch. Der Wert der Leinwand bleibt gleich groß, ob in Rock oder Kaffee oder Eisen etc. dargestellt, in zahllos verschiednen Waren, den verschiedensten Besitzern angehörig. Das zufällige Verhältnis zweier individueller Warenbesitzer fällt fort. Es wird offenbar, daß nicht der Austausch die Wertgröße der Ware, sondern umgekehrt die Wertgröße der Ware ihre Austauschverhältnisse reguliert.

2. Die besondre Äquivalentform

Jede Ware, Rock, Tee, Weizen, Eisen usw., gilt im Wertausdruck der Leinwand als Äquivalent und daher als Wertkörper. Die bestimmte Naturalform jeder dieser Waren ist jetzt eine besondre Äquivalentform neben vielen andren. Ebenso gelten die mannigfaltigen in den verschiedenen Warenkörpern enthaltenen bestimmten, konkreten, nützlichen Arbeitsarten jetzt als ebenso viele besondre Verwirklichungs- oder Erscheinungsformen menschlicher Arbeit schlechthin.

3. Mängel der totalen oder entfalteten Wertform

Erstens ist der relative Wertausdruck der Ware unfertig, weil seine Darstellungsreihe nie abschließt. Die Kette, worin eine Wertgleichung sich zur andern fügt, bleibt fortwährend verlängerbar durch jede neu auftretende Warenart, welche das Material eines neuen Wertausdrucks liefert. Zweitens bildet sie eine bunte Mosaik auseinanderfallender und verschiedenartiger Wertausdrücke. Wird endlich, wie dies geschehn muß, der relative Wert jeder Ware in dieser entfalteten Form aus-

---

er übrigens, trotz eigner Borniertheit, wunde Flecken der Ricardoschen Theorie sondiert hatte, bewies die Gereiztheit, womit die Ricardosche Schule ihn angriff, z. B. in der „Westminster Review“.

gedrückt, so ist die relative Wertform jeder Ware eine von der relativen Wertform jeder andren Ware verschiedne endlose Reihe von Wertausdrücken. – Die Mängel der entfalteten relativen Wertform spiegeln sich wider in der ihr entsprechenden Äquivalentform. Da die Naturalform jeder einzelnen Warenart hier eine besondre Äquivalentform neben unzähligen andren besondren Äquivalentformen ist, existieren überhaupt nur beschränkte Äquivalentformen, von denen jede die andre ausschließt. Ebenso ist die in jedem besondren Warenäquivalent enthaltene bestimmte, konkrete, nützliche Arbeitsart nur besondre, also nicht erschöpfende Erscheinungsform der menschlichen Arbeit. Diese besitzt ihre vollständige oder totale Erscheinungsform zwar in dem Gesamtumkreis jener besondren Erscheinungsformen. Aber so besitzt sie keine einheitliche Erscheinungsform.

Die entfaltete relative Wertform besteht jedoch nur aus einer Summe einfacher relativer Wertausdrücke oder Gleichungen der ersten Form, wie:

20 Ellen Leinwand = 1 Rock
20 Ellen Leinwand = 10 Pfd. Tee usw.

Jede dieser Gleichungen enthält aber rückbezüglich auch die identische Gleichung:

1 Rock = 20 Ellen Leinwand
10 Pfd. Tee = 20 Ellen Leinwand usw.

In der Tat: Wenn ein Mann seine Leinwand mit vielen andren Waren austauscht und daher ihren Wert in einer Reihe von andren Waren ausdrückt, so müssen notwendig auch die vielen andren Warenbesitzer ihre Waren mit Leinwand austauschen und daher die Werte ihrer verschiednen Waren in derselben dritten Ware ausdrücken, in Leinwand. – Kehren wir also die Reihe: 20 Ellen Leinwand = 1 Rock oder = 10 Pfd. Tee oder = usw. um, d. h., drücken wir die der Sache nach schon in der Reihe enthaltene Rückbeziehung aus, so erhalten wir:

C) Allgemeine Wertform

$$\left.\begin{array}{l} \text{1 Rock =} \\ \text{10 Pfd. Tee =} \\ \text{40 Pfd. Kaffee =} \\ \text{1 Qrtr. Weizen =} \\ \text{2 Unzen Gold =} \\ {}^{1}/_{2}\text{ Tonne Eisen =} \\ \text{x Ware A =} \\ \text{usw. Ware =} \end{array}\right\} \text{20 Ellen Leinwand}$$

1. Veränderter Charakter der Wertform

Die Waren stellen ihre Werte jetzt 1. einfach dar, weil in einer einzigen Ware und 2. einheitlich, weil in derselben Ware. Ihre Wertform ist einfach und gemeinschaftlich, daher allgemein.

Die Formen I und II kamen beide nur dazu, den Wert einer Ware als etwas von ihrem eigne Gebrauchswert oder ihrem Warenkörper Unterschiedenes auszudrücken.

Die erste Form ergab Wertgleichungen wie: 1 Rock = 20 Ellen Leinwand, 10 Pfd. Tee = $^1/_2$ Tonne Eisen usw. Der Rockwert wird als Leinwandgleiches, der Teewert als Eisengleiches usw. ausgedrückt, aber Leinwandgleiches und Eisengleiches, diese Wertausdrücke von Rock und Tee, sind ebenso verschieden wie Leinwand und Eisen. Diese Form kommt offenbar praktisch nur vor in den ersten Anfängen, wo Arbeitsprodukte durch zufälligen und gelegentlichen Austausch in Waren verwandelt werden.

Die zweite Form unterscheidet vollständiger als die erste den Wert einer Ware von ihrem eignen Gebrauchswert, denn der Wert des Rocks z. B. tritt jetzt seiner Naturalform in allen möglichen Formen gegenüber, als Leinwandgleiches, Eisengleiches, Teegleiches usw., alles andre, nur nicht Rockgleiches. Andrerseits ist hier jeder gemeinsame Wertausdruck der Waren direkt ausgeschlossen, denn im Wertausdruck je einer Ware erscheinen jetzt alle andren Waren nur in der Form von Äquivalenten. Die entfaltete Wertform kommt zuerst tatsächlich vor, sobald ein Arbeitsprodukt, Vieh z. B., nicht mehr ausnahmsweise, sondern schon gewohnheitsmäßig mit verschiednen andren Waren ausgetauscht wird.

Die neugewonnene Form drückt die Werte der Warenwelt in einer und derselben von ihr abgesonderten Warenart aus, z. B. in Leinwand, und stellt so die Werte aller Waren dar durch ihre Gleichheit mit Leinwand. Als Leinwandgleiches ist der Wert jetzt nicht nur von ihrem eignen Gebrauchswert unterschieden, sondern von allem Gebrauchswert, und ebendadurch als das ihr mit allen Waren Gemeinsame ausgedrückt. Erst diese Form bezieht daher wirklich die Waren aufeinander als Werte oder läßt sie einander als Tauschwerte erscheinen.

Die beiden früheren Formen drücken den Wert je einer Ware, sei es in einer einzigen verschiedenartigen Ware, sei es in einer Reihe vieler von ihr verschiednen Waren aus. Beidemal ist es sozusagen das Privatgeschäft der einzelnen Ware, sich eine Wertform zu geben, und sie vollbringt es ohne Zutun der andren Waren. Diese spielen ihr gegenüber die bloß passive Rolle des Äquivalents. Die allgemeine Wertform entsteht dagegen nur als gemeinsames Werk der Warenwelt. Eine Ware gewinnt nur allgemeinen Wertausdruck, weil gleichzeitig alle andren Waren ihren Wert in demselben Äquivalent ausdrücken, und jede neu auftretende Warenart muß das nachmachen. Es kommt damit zum Vorschein, daß die Wertgegenständlichkeit der Waren, weil sie das bloß „gesellschaftliche Dasein" dieser Dinge ist, auch nur durch ihre allseitige gesellschaftliche Beziehung ausgedrückt werden kann, ihre Wertform daher gesellschaftlich gültige Form sein muß.

In der Form von Leinwandgleichen erscheinen jetzt alle Waren nicht nur als qualitativ Gleiche, Werte überhaupt, sondern zugleich als quantitativ vergleichbare Wertgrößen. Weil sie ihre Wertgrößen in einem und demselben Material, in Leinwand bespiegeln, spiegeln sich diese Wertgrößen wechselseitig wider. Z. B. 10 Pfd. Tee = 20 Ellen Leinwand, und 40 Pfd. Kaffee = 20 Ellen Leinwand. Also 10 Pfd. Tee = 40 Pfd. Kaffee. Oder in 1 Pfd. Kaffee steckt nur $^1/_4$ soviel Wertsubstanz, Arbeit, als in 1 Pfd. Tee.

Die allgemeine relative Wertform der Warenwelt drückt der von ihr ausgeschlossenen Äquivalentware, der Leinwand, den Charakter des allgemeinen Äquivalents auf. Ihre eigne Naturalform ist die gemeinsame Wertgestalt dieser Welt, die Leinwand daher mit allen andren Waren unmittelbar austauschbar. Ihre Körperform gilt als die sichtbare Inkarnation, die allgemeine gesellschaftliche Verpuppung aller menschlichen Arbeit. Die Weberei, die Privatarbeit, welche Leinwand produziert, befindet sich zugleich in allgemein gesellschaftlicher Form, der Form der Gleichheit mit allen andren Arbeiten. Die zahllosen Gleichungen, woraus die allgemeine Wertform besteht, setzen der Reihe nach die in der Leinwand verwirklichte Arbeit jeder in andrer Ware enthaltenen Arbeit gleich und machen dadurch die Weberei zur allgemeinen Erscheinungsform menschlicher Arbeit überhaupt. So ist die im Warenwert vergegenständlichte Arbeit nicht nur negativ dargestellt als Arbeit, worin von allen konkreten Formen und nützlichen Eigenschaften der wirklichen Arbeiten abstrahiert wird. Ihre eigne positive Natur tritt ausdrücklich hervor. Sie ist die Reduktion aller wirklichen Arbeiten auf den ihnen gemeinsamen Charakter menschlicher Arbeit, auf die Verausgabung menschlicher Arbeitskraft.

Die allgemeine Wertform, welche die Arbeitsprodukte als bloße Gallerten unterschiedsloser menschlicher Arbeit darstellt, zeigt durch ihr eignes Gerüste, daß sie der gesellschaftliche Ausdruck der Warenwelt ist. So offenbart sie, daß innerhalb dieser Welt der allgemein menschliche Charakter der Arbeit ihren spezifisch gesellschaftlichen Charakter bildet.

2. Entwicklungsverhältnis von relativer Wertform und Äquivalentform

Dem Entwicklungsgrad der relativen Wertform entspricht der Entwicklungsgrad der Äquivalentform. Aber, und dies ist wohl zu merken, die Entwicklung der Äquivalentform ist nur Ausdruck und Resultat der Entwicklung der relativen Wertform.

Die einfache oder vereinzelte relative Wertform einer Ware macht eine andre Ware zum einzelnen Äquivalent. Die entfaltete Form des relativen Werts, dieser Ausdruck des Werts einer Ware in allen andren Waren, prägt ihnen die Form verschiedenartiger besonderer Äquivalente auf. Endlich erhält eine besondre Warenart die allgemeine Äquivalentform, weil alle andren Waren sie zum Material ihrer einheitlichen, allgemeinen Wertform machen.

In demselben Grad aber, worin sich die Wertform überhaupt entwickelt, entwickelt sich auch der Gegensatz zwischen ihren beiden Polen, der relativen Wertform und Äquivalentform.

Schon die erste Form – 20 Ellen Leinwand = 1 Rock – enthält diesen Gegensatz, fixiert ihn aber nicht. Je nachdem dieselbe Gleichung vorwärts oder rückwärts gelesen wird, befindet sich jedes der beiden Warenextreme, wie Leinwand und Rock, gleichmäßig bald in der relativen Wertform, bald in der Äquivalentform. Es kostet hier noch Mühe, den polarischen Gegensatz festzuhalten.

In der Form II kann immer nur je eine Warenart ihren relativen Wert total entfalten oder besitzt sie selbst nur entfaltete relative Wertform, weil und sofern alle andren Waren sich ihr gegenüber in der Äquivalentform befinden. Hier kann man nicht mehr die zwei Seiten der Wertgleichung – wie 20 Ellen Leinwand = 1 Rock oder = 10 Pfd. Tee oder = 1 Qrtr. Weizen etc. – umsetzen, ohne ihren Gesamtcharakter zu verändern und sie aus der totalen in die allgemeine Wertform zu verwandeln.

Die letztere Form, Form III, endlich gibt der Warenwelt allgemeingesellschaftliche relative Wertform, weil und sofern, mit einer einzigen Ausnahme, alle ihr angehörigen Waren von der allgemeinen Äquivalentform ausgeschlossen sind. Eine Ware, die Leinwand, befindet sich daher in der Form unmittelbarer Austauschbarkeit mit allen andren Waren oder in unmittelbar gesellschaftlicher Form, weil und sofern alle andren Waren sich nicht darin befinden.[24]

Umgekehrt ist die Ware, die als allgemeines Äquivalent figuriert, von der einheitlichen und daher allgemeinen relativen Wertform der Warenwelt ausgeschlossen. Sollte die Leinwand, d. h. irgendeine in allgemeiner Äquivalentform befindliche Ware, auch zugleich an der allgemeinen relativen Wertform teil-

[24] Man sieht es der Form allgemeiner unmittelbarer Austauschbarkeit in der Tat keineswegs an, daß sie eine gegensätzliche Warenform ist, von der Form nicht unmittelbarer Austauschbarkeit ebenso unzertrennlich wie die Positivität eines Magnetpols von der Negativität des andren. Man mag sich daher einbilden, man könne allen Waren zugleich den Stempel unmittelbarer Austauschbarkeit aufdrücken, wie man sich einbilden mag, man könne alle Katholiken zu Päpsten mache. Für den Kleinbürger, der in der Warenproduktion das nec plus ultra menschlicher Freiheit und individueller Unabhängigkeit erblickt, wäre es natürlich sehr wünschenswert, der mit dieser Form verbundnen Mißstände überhoben zu sein, namentlich auch der nicht unmittelbaren Austauschbarkeit der Waren. Die Ausmalung dieser Philisterutopie bildet Proudhons Sozialismus, der, wie ich anderswo gezeigt, nicht einmal das Verdienst der Originalität besitzt, vielmehr lange vor ihm von Gray, Bray und andern weit besser entwickelt wurde. Dies verhindert solche Weisheit nicht, heutzutage, in gewissen Kreisen, unter dem Namen der „science" zu grassieren. Nie hat eine Schule mehr als die Proudhonsche mit dem Wort „science" um sich geworfen, denn „wo Begriffe fehlen, da stellt zur rechten Zeit ein Wort sich ein".

nehmen, so müßte sie sich selbst zum Äquivalent dienen. Wir erhielten dann: 20 Ellen Leinwand = 20 Ellen Leinwand, eine Tautologie, worin weder Wert noch Wertgröße ausgedrückt ist. Um den relativen Wert des allgemeinen Äquivalents auszudrücken, müssen wir vielmehr die Form III umkehren. Es besitzt keine mit den andren Waren gemeinschaftliche relative Wertform, sondern sein Wert drückt sich relativ aus in der endlosen Reihe aller andren Warenkörper. So erscheint jetzt die entfaltete relative Wertform oder Form II als die spezifische relative Wertform der Äquivalentware.

3. Übergang aus der allgemeinen Wertform zur Geldform

Die allgemeine Äquivalentform ist eine Form des Werts überhaupt. Sie kann also jeder Ware zukommen. Andrerseits befindet sich eine Ware nur in allgemeiner Äquivalentform (Form III), weil und sofern sie durch alle andren Waren als Äquivalent ausgeschlossen wird. Und erst vom Augenblick, wo diese Ausschließung sich endgültig auf eine spezifische Warenart beschränkt, hat die einheitliche relative Wertform der Warenwelt objektive Festigkeit und allgemein gesellschaftliche Gültigkeit gewonnen.

Die spezifische Warenart nun, mit deren Naturalform die Äquivalentform gesellschaftlich verwächst, wird zur Geldware oder funktioniert als Geld. Es wird ihre spezifisch gesellschaftliche Funktion, und daher ihr gesellschaftliches Monopol, innerhalb der Warenwelt die Rolle des allgemeinen Äquivalents zu spielen. Diesen bevorzugten Platz hat unter den Waren, welche in Form II als besondre Äquivalente der Leinwand figurieren und in Form III ihren relativen Wert gemeinsam in Leinwand ausdrücken eine bestimmte Ware historisch erobert, das Gold. Setzen wir daher in Form III die Ware Gold an die Stelle der Ware Leinwand, so erhalten wir:

D) Geldform

20 Ellen Leinwand =
1 Rock =
10 Pfd. Tee =
40 Pfd. Kaffee =
1 Qrtr. Weizen =
$\frac{1}{2}$ Tonne Eisen =
x Ware A =

} 2 Unzen Gold

Es finden wesentliche Veränderungen statt beim Übergang von Form I zu Form II, von Form II zu Form III. Dagegen unterscheidet Form IV sich durch nichts von Form III, außer daß jetzt statt Leinwand Gold die allgemeine Äquivalentform besitzt. Gold bleibt in Form IV, was die Leinwand in Form III war – allgemeines Äquivalent. Der Fortschritt besteht nur darin , daß die Form unmittelbarer allgemeiner Austauschbarkeit oder die allgemeine Äquivalentform jetzt durch gesellschaftliche Gewohnheit endgültig mit der spezifischen Naturalform der Ware Gold verwachsen ist.

Gold tritt den andren Waren nur als Geld gegenüber, weil es ihnen bereits zuvor als Ware gegenüberstand. Gleich allen andren Waren funktionierte es auch als Äquivalent, sei es als einzelnes Äquivalent in vereinzelten Austauschakten, sei es als besondres Äquivalent neben andren Warenäquivalenten. Nach und nach funktionierte es in engeren oder weiteren Kreisen als allgemeines Äquivalent. Sobald es das Monopol dieser Stelle im Wertausdruck der Warenwelt erobert hat, wird es Geldware, und erst von dem Augenblick, wo es bereits Geldware geworden ist, unterscheidet sich Form IV von Form III, oder ist die allgemeine Wertform verwandelt in die Geldform.

Der einfache relative Wertausdruck einer Ware, z. B. der Leinwand, in der bereits als Geldware funktionierenden Ware, z. B. dem Gold, ist Preisform. Die „Preisform" der Leinwand daher:

20 Ellen Leinwand = 2 Unzen Gold
oder, wenn 2 Pfd. St. der Münzname von 2 Unzen Gold,
20 Ellen Leinwand = 2 Pfd. St.

Die Schwierigkeit im Begriff der Geldform beschränkt sich auf das Begreifen der allgemeinen Äquivalentform, also der allgemeinen Wertform überhaupt, der Form III. Form III löst sich rückbezüglich auf in Form II, die entfaltete Wertform, und ihr konstituierendes Element ist Form I: 20 Ellen Leinwand = 1 Rock oder x Ware A = y Ware B. Die einfache Warenform ist daher der Keim der Geldform.

4. Der Fetischcharakter der Ware und sein Geheimnis

Eine Ware scheint auf den ersten Blick ein selbstverständliches, triviales Ding. Ihre Analyse ergibt, daß sie ein sehr vertracktes Ding ist, voll metaphysischer Spitzfindigkeit und theologischer Mucken. Soweit sie Gebrauchswert, ist nichts Mysteriöses an ihr, ob ich sie nun unter dem Gesichtspunkt betrachte, daß sie durch ihre Eigenschaften menschliche Bedürfnisse befriedigt oder diese Eigenschaften erst als Produkt menschlicher Arbeit erhält. Es ist sinnenklar, daß der Mensch durch seine Tätigkeit die Formen der Naturstoffe in einer ihm nützlichen Weise verändert. Die Form des Holzes z. B. wird verändert, wenn man aus ihm einen Tisch macht. Nichtsdestoweniger bleibt der Tisch Holz, ein ordinäres sinnliches Ding. Aber sobald er als Ware auftritt, verwandelt er sich in ein sinnlich übersinnliches Ding. Er steht nicht nur mit seinen Füßen auf dem Boden, sondern er stellt sich allen andren Waren gegenüber auf den Kopf und entwickelt aus seinem Holzkopf Grillen, viel wunderlicher, als wenn er aus freien Stücken zu tanzen begänne.[25]

Der mystische Charakter der Ware entspringt also nicht aus ihrem Gebrauchswert. Er entspringt ebensowenig aus dem Inhalt der Wertbestimmungen. Denn erstens, wie verschieden die nützlichen Arbeiten oder produktiven Tätigkeiten sein mögen, es ist eine physiologische Wahrheit, daß sie Funktionen des menschlichen Organismus sind und daß jede solche Funktion, welches immer ihr Inhalt und ihre Form, wesentlich Verausgabung von menschlichem Hirn, Nerv, Muskel, Sinnesorgan usw. ist. Was zweitens der Bestimmung der Wertgröße zugrunde liegt, die Zeitdauer jener Verausgabung oder die Quantität der Arbeit, so ist die Quantität sogar sinnfällig von der Qualität der Arbeit unterscheidbar. In allen Zuständen mußte die Arbeitszeit, welche die Produktion der Lebensmittel kostet, den Menschen interessieren, obgleich nicht gleichmäßig auf verschiedenen Entwicklungsstufen.[26] Endlich, sobald die Menschen in irgendeiner Weise füreinander arbeiten, erhält ihre Arbeit auch eine gesellschaftliche Form.

Woher entspringt also der rätselhafte Charakter des Arbeitsprodukts, sobald es Warenform annimmt? Offenbar aus dieser Form selbst. Die Gleichheit der menschlichen Arbeiten erhält die sachliche Form der gleichen Wertgegenständlichkeit der Arbeitsprodukte, das Maß der Verausgabung menschlicher Arbeitskraft durch ihre Zeitdauer erhält die Form der Wertgröße der Arbeitsprodukte, endlich die Verhältnisse der Produzenten, worin jene gesellschaftlichen Bestimmungen ihrer Arbeiten betätigt werden, erhalten die Form eines gesellschaftlichen Verhältnisses der Arbeitsprodukte.

Das Geheimnisvolle der Warenform besteht also einfach darin, daß sie den Menschen die gesellschaftlichen Charaktere ihrer eignen Arbeit als gegenständliche Charaktere der Arbeitsprodukte selbst, als gesellschaftliche Natureigenschaften dieser Dinge zurückspiegelt, daher auch das gesellschaftliche Verhältnis der Produzenten zur Gesamtarbeit als ein außer ihnen existierendes gesellschaftliches Verhältnis von Gegenständen. Durch dies Quidproquo werden die Arbeitsprodukte Waren, sinnlich übersinnliche oder gesellschaftliche Dinge. So stellt sich der Lichteindruck eines Dings auf den Sehnerv nicht als subjektiver Reiz

---

[25] Man erinnert sich, daß China und die Tische zu tanzen anfingen, als alle übrige Welt still zu stehn schien – pour encourager les autres.

[26] Note zur 2. Ausg. Bei den alten Germanen wurde die Größe eines Morgens Land nach der Arbeit eines Tages berechnet und daher der Morgen Tagwerk (auch Tagwanne) (jurnale oder jurnalis, terra jurnalis, jornalis oder diurnalis), Mannwerk, Mannskraft, Mannsmaad, Mannshauet usf. benannt. Sieh Georg Ludwig von Maurer, „Einleitung zur Geschichte der Mark-, Hof-, usw. Verfassung", München 1854, p. 129 sq.

des Sehnervs selbst, sondern als gegenständliche Form eines Dings außerhalb des Auges dar. Aber beim Sehen wird wirklich Licht von einem Ding, dem äußeren Gegenstand, auf ein andres Ding, das Auge, geworfen. Es ist ein physisches Verhältnis zwischen physischen Dingen. Dagegen hat die Warenform und das Wertverhältnis der Arbeitsprodukte, worin sie sich darstellt, mit ihrer physischen Natur und den daraus entspringenden dinglichen Beziehungen absolut nichts zu schaffen. Es ist nur das bestimmte gesellschaftliche Verhältnis der Menschen selbst, welches hier für sie die phantasmagorische Form eines Verhältnisses von Dingen annimmt. Um daher eine Analogie zu finden, müssen wir in die Nebelregion der religiösen Welt flüchten. Hier scheinen die Produkte des menschlichen Kopfes mit eignem Leben begabte, untereinander und mit den Menschen in Verhältnis stehende selbständige Gestalten. So in der Warenwelt die Produkte der menschlichen Hand. Dies nenne ich den Fetischismus, der den Arbeitsprodukten anklebt, sobald sie als Waren produziert werden, und der daher von der Warenproduktion unzertrennlich ist.

Dieser Fetischcharakter der Warenwelt entspringt, wie die vorhergehende Analyse bereits gezeigt hat, aus dem eigentümlichen gesellschaftlichen Charakter der Arbeit, welche Waren produziert.

Gebrauchsgegenstände werden überhaupt nur Waren, weil sie Produkte voneinander unabhängig betriebner Privatarbeiten sind. Der Komplex dieser Privatarbeiten bildet die gesellschaftliche Gesamtarbeit. Da die Produzenten erst in gesellschaftlichen Kontakt treten durch den Austausch ihrer Arbeitsprodukte, erscheinen auch die spezifisch gesellschaftlichen Charaktere ihrer Privatarbeiten erst innerhalb dieses Austausches. Oder die Privatarbeiten betätigen sich in der Tat erst als Glieder der gesellschaftlichen Gesamtarbeit durch die Beziehungen, worin der Austausch die Arbeitsprodukte und vermittelst derselben die Produzenten versetzt. Den letzteren erscheinen daher die gesellschaftlichen Beziehungen ihrer Privatarbeiten als das, was sie sind, d. h. nicht als unmittelbar gesellschaftliche Verhältnisse der Personen in ihren Arbeiten selbst, sondern vielmehr als sachliche Verhältnisse der Personen und gesellschaftliche Verhältnisse der Sachen.

Erst innerhalb ihres Austauschs erhalten die Arbeitsprodukte eine von ihrer sinnlich verschiednen Gebrauchsgegenständlichkeit getrennte, gesellschaftlich gleiche Wertgegenständlichkeit. Diese Spaltung des Arbeitsprodukts in nützliches Ding und Wertding betätigt sich nur praktisch, sobald der Austausch bereits hinreichende Ausdehnung und Wichtigkeit gewonnen hat, damit nützliche Dinge für den Austausch produziert werden, der Wertcharakter der Sachen also schon bei ihrer Produktion selbst in Betracht kommt. Von diesem Augenblick erhalten die Privatarbeiten der Produzenten tatsächlich einen doppelten gesellschaftlichen Charakter. Sie müssen einerseits als bestimmte nützliche Arbeiten ein bestimmtes gesellschaftliches Bedürfnis befriedigen und sich so als Glieder der Gesamtarbeit, des naturwüchsigen Systems der gesellschaftlichen Teilung der Arbeit, bewähren.

Sie befriedigen andrerseits nur die mannigfachen Bedürfnisse ihrer eignen Produzenten, sofern jede besondre nützliche Privatarbeit mit jeder andren nützlichen Art Privatarbeit austauschbar ist, also ihr gleichgilt. Die Gleichheit toto coelo verschiedner Arbeiten kann nur in einer Abstraktion von ihrer wirklichen Ungleichheit bestehn, in der Reduktion auf den gemeinsamen Charakter, den sie als Verausgabung menschlicher Arbeitskraft, abstrakt menschliche Arbeit, besitzen. Das Gehirn der Privatproduzenten spiegelt diesen doppelten gesellschaftlichen Charakter ihrer Privatarbeiten nur wider in den Formen, welche im praktischen Verkehr, im Produktenaustausch erscheinen – den gesellschaftlich nützlichen Charakter ihrer Privatarbeiten also in der Form, daß das Arbeitsprodukt nützlich sein muß, und zwar für andre – den gesellschaftlichen Charakter der Gleichheit der verschiedenartigen Arbeiten in der Form des gemeinsamen Wertcharakters dieser materiell verschiednen Dinge, der Arbeitsprodukte.

Die Menschen beziehen also ihre Arbeitsprodukte nicht aufeinander als Werte, weil diese Sachen ihnen als bloß sachliche Hüllen gleichartig menschlicher Arbeit gelten. Umgekehrt. Indem sie ihre verschiedenartigen Produkte einander im Austausch als Werte gleichsetzen, setzen sie ihre verschiednen Arbeiten einander als menschliche Arbeit gleich. Sie wissen das nicht, aber sie tun es.[27] Es steht daher dem Werte nicht auf der Stirn geschrieben, was er ist. Der Wert verwandelt vielmehr jedes Arbeitsprodukt in eine gesellschaftliche Hieroglyphe. Später suchen die Menschen den Sinn der Hieroglyphe zu entziffern, hinter das Geheimnis ihres eignen gesellschaftlichen Produkts zu kommen, denn die Bestimmung der Gebrauchsgegenstände als Werte ist ihr gesellschaftliches Produkt so gut wie die Sprache. Die späte wissenschaftliche Entdeckung, daß die Arbeitsprodukte, soweit sie Werte, bloß sachliche Ausdrücke der in ihrer Produktion verausgabten menschlichen Arbeit sind, macht Epoche in der Entwicklungsgeschichte der Menschheit, aber verscheucht keineswegs den gegenständlichen Schein der gesellschaftlichen Charakterr der Arbeit. Was nur für diese besondre Produktionsform, die Warenproduktion, gültig ist, daß nämlich der spezifisch gesellschaftliche Charakter der voneinander unabhängigen Privatarbeiten in ihrer Gleichheit als menschliche Arbeit besteht und die Form des Wertcharakters der Arbeitsprodukte annimmt, erscheint, vor wie nach jener Entdeckung, den in den Verhältnissen der Warenproduktion Befangenen ebenso endgültig, als daß die wissenschaftliche Zersetzung der Luft in ihre Elemente die Luftform als eine physikalische Körperform fortbestehn läßt.

Was die Produktenaustauscher zunächst praktisch interessiert, ist die Frage, wieviel fremde Produkte sie für das eigne Produkt erhalten, in welchen Propor-

[27] Note zur 2. Ausg. Wenn daher Galiani sagt: Der Wert ist ein Verhältnis zwischen Personen – „La Ricchezza è una ragione tra due persone“ –, so hätte er hinzusetzen müssen: unter dinglicher Hülle verstecktes Verhältnis. (Galiani, „Della Moneta“, p. 221, t. III von Custodis Sammlung der „Scrittori Classici Italiani di Economia Politica“, Parte Moderna, Milano 1803.)

tionen sich also die Produkte austauschen. Sobald diese Proportionen zu einer gewissen gewohnheitsmäßigen Festigkeit herangereift sind, scheinen sie aus der Natur der Arbeitsprodukte zu entspringen, so daß z. B. eine Tonne Eisen und 2 Unzen Gold gleichwertig, wie ein Pfund Gold und ein Pfund Eisen trotz ihrer verschiednen physikalischen und chemischen Eigenschaften gleich schwer sind. In der Tat befestigt sich der Wertcharakter der Arbeitsprodukte erst durch ihre Betätigung als Wertgrößen. Die letzteren wechseln beständig, unabhängig vom Willen, Vorwissen und Tun der Austauschenden. Ihre eigne gesellschaftliche Bewegung besitzt für sie die Form einer Bewegung von Sachen, unter deren Kontrolle sie stehen, statt sie zu kontrollieren. Es bedarf vollständig entwickelter Warenproduktion, bevor aus der Erfahrung selbst die wissenschaftliche Einsicht herauswächst, daß die unabhängig voneinander betriebenen, aber als naturwüchsige Glieder der gesellschaftlichen Teilung der Arbeit allseitig voneinander abhängigen Privatarbeiten fortwährend auf ihr gesellschaftlich proportionelles Maß reduziert werden, weil sich in den zufälligen und stets schwankenden Austauschverhältnissen ihrer Produkte die zu deren Produktion gesellschaftlich notwendige Arbeitszeit als regelndes Naturgesetz gewaltsam durchsetzt, wie etwa das Gesetz der Schwere, wenn einem das Haus über dem Kopf zusammenpurzelt.[28] Die Bestimmung der Wertgröße durch die Arbeitszeit ist daher ein unter den erscheinenden Bewegungen der relativen Warenwerte verstecktes Geheimnis. Seine Entdeckung hebt den Schein der bloß zufälligen Bestimmung der Wertgrößen der Arbeitsprodukte auf, aber keineswegs ihre sachliche Form.

Das Nachdenken über die Formen des menschlichen Lebens, also auch ihre wissenschaftliche Analyse, schlägt überhaupt einen der wirklichen Entwicklung entgegengesetzten Weg ein. Es beginnt post festum und daher mit den fertigen Resultaten des Entwicklungsprozesses. Die Formen, welche Arbeitsprodukte zu Waren stempeln und daher der Warenzirkulation vorausgesetzt sind, besitzen bereits die Festigkeit von Naturformen des gesellschaftlichen Lebens, bevor die Menschen sich Rechenschaft zu geben suchen nicht über den historischen Charakter dieser Formen, die ihnen vielmehr bereits als unwandelbar gelten, sondern über deren Gehalt. So war es nur die Analyse der Warenpreise, die zur Bestimmung der Wertgröße, nur der gemeinschaftliche Geldausdruck der Waren, der zur Fixierung ihres Wertcharakters führte. Es ist aber ebendiese fertige Form – die Geldform – der Warenwelt, welche den gesellschaftlichen Charakter der Privatarbeiten und daher die gesellschaftlichen Verhältnisse der Privatarbeiter sachlich verschleiert, statt sie zu offenbaren. Wenn ich sage, Rock, Stiefel usw. beziehen sich auf Leinwand als die allgemeine Verkörperung abstrakter menschlicher Arbeit, so springt die Verrücktheit dieses Ausdrucks ins Auge. Aber wenn

---

[28] „Was soll man von einem Gesetze denken, das sich nur durch periodische Revolutionen durchsetzen kann?" (Friedrich Engels, „Umrisse zu einer Kritik der Nationalökonomie" in „Deutsch-Französische Jahrbücher", herausg. von Arnold Ruge und Karl Marx, Paris 1844.)

die Produzenten von Rock, Stiefel usw. diese Waren auf Leinwand – oder auf Gold und Silber, was nichts an der Sache ändert – als allgemeines Äquivalent beziehn, erscheint ihnen die Beziehung ihrer Privatarbeiten zu der gesellschaftlichen Gesamtarbeit genau in dieser verrückten Form.

Derartige Formen bilden eben die Kategorien der bürgerlichen Ökonomie. Es sind gesellschaftlich gültige, also objektive Gedankenformen für die Produktionsverhältnisse dieser historisch bestimmten gesellschaftlichen Produktionsweise, der Warenproduktion. Aller Mystizismus der Warenwelt, all der Zauber und Spuk, welcher Arbeitsprodukte auf Grundlage der Warenproduktion umnebelt, verschwindet daher sofort, sobald wir zu andren Produktionsformen flüchten.

Da die politische Ökonomie Robinsonaden liebt[29], erscheine zuerst Robinson auf seiner Insel. Bescheiden, wie er von Haus aus ist, hat er doch verschiedenartige Bedürfnisse zu befriedigen und muß daher nützliche Arbeiten verschiedner Art verrichten, Werkzeuge machen, Möbel fabrizieren, Lama zähmen, fischen, jagen usw. Vom Beten u. dgl. sprechen wir hier nicht, da unser Robinson daran sein Vergnügen findet und derartige Tätigkeit als Erholung betrachtet. Trotz der Verschiedenheit seiner produktiven Funktionen weiß er, daß sie nur verschiedne Betätigungsformen desselben Robinson, also nur verschiedne Weisen menschlicher Arbeit sind. Die Not selbst zwingt ihn, seine Zeit genau zwischen seinen verschiednen Funktionen zu verteilen. Ob die eine mehr, die andre weniger Raum in seiner Gesamttätigkeit einnimmt, hängt ab von der größeren oder geringeren Schwierigkeit, die zur Erzielung des bezweckten Nutzeffekts zu überwinden ist. Die Erfahrung lehrt ihn das, und unser Robinson, der Uhr, Hauptbuch, Tinte und Feder aus dem Schiffbruch gerettet, beginnt als guter Engländer bald Buch über sich selbst zu führen. Sein Inventarium enthält ein Verzeichnis der Gebrauchsgegenstände, die er besitzt, der verschiednen Verrichtungen, die zu ihrer Produktion erheischt sind, endlich der Arbeitszeit, die ihm bestimmte Quanta dieser verschiednen Produkte im Durchschnitt kosten. Alle Beziehungen zwischen Robinson und den Dingen, die seinen selbstgeschaffnen Reichtum bilden, sind hier so einfach und durchsichtig, daß selbst Herr M. Wirth sie ohne besondre Geistesanstrengung verstehn dürfte. Und dennoch sind darin alle wesentlichen Bestimmungen des Werts enthalten.

Versetzen wir uns nun von Robinsons lichter Insel in das finstre europäische Mittelalter. Statt des unabhängigen Mannes finden wir hier jedermann abhängig

[29] Note zur 2. Ausgabe. Auch Ricardo ist nicht ohne seine Robinsonade. „Den Urfischer und den Urjäger läßt er sofort als Warenbesitzer Fisch und Wild austauschen, im Verhältnis der in diesen Tauschwerten vergegenständlichten Arbeitszeit. Bei dieser Gelegenheit fällt er in den Anachronismus, daß Urfischer und Urjäger zur Berechnung ihrer Arbeitsinstrumente die 1817 auf der Londoner Börse gangbaren Annuitätentabellen zu Rate ziehn. Die ‚Parallelogramme des Herrn Owen' scheinen die einzige Gesellschaftsform, die er außer der bürgerlichen kannte." (Karl Marx, „Zur Kritik etc.", p. 38, 39.)

– Leibeigne und Grundherrn, Vasallen und Lehnsgeber, Laien und Pfaffen. Persönliche Abhängigkeit charakterisiert ebensosehr die gesellschaftlichen Verhältnisse der materiellen Produktion als die auf ihr aufgebauten Lebenssphären. Aber eben weil persönliche Abhängigkeitsverhältnisse die gegebne gesellschaftliche Grundlage bilden, brauchen Arbeiten und Produkte nicht eine von ihrer Realität verschiedne phantastische Gestalt anzunehmen. Sie gehn als Naturaldienste und Naturalleistungen in das gesellschaftliche Getriebe ein. Die Naturalform der Arbeit, ihre Besonderheit, und nicht, wie auf Grundlage der Warenproduktion, ihre Allgemeinheit, ist hier ihre unmittelbar gesellschaftliche Form. Die Fronarbeit ist ebensogut durch die Zeit gemessen wie die Waren produzierende Arbeit, aber jeder Leibeigne weiß, daß es ein bestimmtes Quantum seiner persönlichen Arbeitskraft ist, die er im Dienst seines Herrn verausgabt. Der dem Pfaffen zu leistende Zehnten ist klarer als der Segen des Pfaffen. Wie man daher immer die Charaktermasken beurteilen mag, worin sich die Menschen hier gegenübertreten, die gesellschaftlichen Verhältnisse der Personen in ihren Arbeiten erscheinen jedenfalls als ihre eignen persönlichen Verhältnisse und sind nicht verkleidet in gesellschaftliche Verhältnisse der Sachen, der Arbeitsprodukte.

Für die Betrachtung gemeinsamer, d. h. unmittelbar vergesellschafteter Arbeit brauchen wir nicht zurückzugehn zu der naturwüchsigen Form derselben, welche uns an der Geschichtsschwelle aller Kulturvölker begegnet.[30] Ein näherliegendes Beispiel bildet die ländlich patriarchalische Industrie einer Bauernfamilie, die für den eignen Bedarf Korn, Vieh, Garn, Leinwand, Kleidungsstücke usw. produziert. Diese verschiednen Dinge treten der Familie als verschiedne Produkte ihrer Familienarbeit gegenüber, aber nicht sich selbst wechselseitig als Waren. Die verschiednen Arbeiten, welche diese Produkte erzeugen, Ackerbau, Viehzucht, Spinnen, Weben, Schneiderei usw. sind in ihrer Naturalform gesellschaftliche Funktionen, weil Funktionen der Familie, die ihre eigne, naturwüchsige Teilung der Arbeit besitzt so gut wie die Warenproduktion. Geschlechts- und Altersunterschiede wie die mit dem Wechsel der Jahreszeit wechselnden Naturbedingungen der Arbeit regeln ihre Verteilung unter die Familie und die Arbeitszeit der einzelnen Familienglieder. Die durch die Zeitdauer gemeßne Verausgabung der individuellen Arbeitskräfte erscheint hier aber von Haus aus als gesellschaftliche

---

[30] Note zur 2. Ausgabe. „Es ist ein lächerliches Vorurteil in neuester Zeit verbreitet, daß die Form des naturwüchsigen Gemeineigentums spezifische, sogar ausschließlich russische Form sei. Sie ist die Urform, die wir bei Römern, Germanen, Kelten nachweisen können, von der aber eine ganze Musterkarte mit mannigfachen Proben sich noch immer, wenn auch zum Teil ruinenweise, bei den Indiern vorfindet. Ein genaueres Studium der asiatischen, speziell der indischen Gemeineigentumsformen würde nachweisen, wie aus den verschiednen Formen des naturwüchsigen Gemeineigentums sich verschiedne Formen seiner Auflösung ergeben. So lassen sich z. B. die verschiednen Originaltypen von römischem und germanischem Privateigentum aus verschiednen Formen des indischen Gemeineigentums ableiten." (Karl Marx, „Zur Kritik etc.", p. 10.)

Bestimmung der Arbeiten selbst, weil die individuellen Arbeitskräfte von Haus aus nur als Organe der gemeinsamen Arbeitskraft der Familie wirken.

Stellen wir uns endlich, zur Abwechslung, einen Verein freier Menschen vor, die mit gemeinschaftlichen Produktionsmitteln arbeiten und ihre Arbeitskraft verausgaben. Alle Bestimmungen von Robinsons Arbeit wiederholen sich hier, nur gesellschaftlich statt individuell. Alle Produkte Robinsons waren sein ausschließlich persönliches Produkt und daher unmittelbar Gebrauchsgegenstände für ihn. Das Gesamtprodukt des Vereins ist ein gesellschaftliches Produkt. Ein Teil dieses Produkts dient wieder als Produktionsmittel. Er bleibt gesellschaftlich. Aber ein anderer Teil wird als Lebensmittel von den Vereinsgliedern verzehrt. Er muß daher unter sie verteilt werden. Die Art dieser Verteilung wird wechseln mit der besondren Art des gesellschaftlichen Produktionsorganismus selbst und der entsprechenden geschichtlichen Entwicklungshöhe der Produzenten. Nur zur Parallele mit der Warenproduktion setzen wir voraus, der Anteil jedes Produzenten an den Lebensmitteln sei bestimmt durch seine Arbeitszeit. Die Arbeitszeit würde also eine doppelte Rolle spielen. Ihre gesellschaftlich planmäßige Verteilung regelt die richtige Proportion der verschiednen Arbeitsfunktionen zu den verschiednen Bedürfnissen. Andrerseits dient die Arbeitszeit zugleich als Maß des individuellen Anteils des Produzenten an der Gemeinarbeit und daher auch an dem individuell verzehrbaren Teil des Gemeinprodukts. Die gesellschaftlichen Beziehungen der Menschen zu ihren Arbeiten und ihren Arbeitsprodukten bleiben hier durchsichtig einfach in der Produktion sowohl als in der Distribution.

Für eine Gesellschaft von Warenproduzenten, deren allgemein gesellschaftliches Produktionsverhältnis darin besteht, sich zu ihren Produkten als Waren, also als Werten, zu verhalten und in dieser sachlichen Form ihre Privatarbeiten aufeinander zu beziehn als gleiche menschliche Arbeit, ist das Christentum mit seinem Kultus des abstrakten Menschen, namentlich in seiner bürgerlichen Entwicklung, dem Protestantismus, Deismus usw., die entsprechendste Religionsform. In den altasiatischen, antiken usw. Produktionsweisen spielt die Verwandlung des Produkts in Ware, und daher das Dasein der Menschen als Warenproduzenten, eine untergeordnete Rolle, die jedoch um so bedeutender wird, je mehr die Gemeinwesen in das Stadium ihres Untergangs treten. Eigentliche Handelsvölker existieren nur in den Intermundien der alten Welt, wie Epikurs Götter oder wie Juden in den Poren der polnischen Gesellschaft. Jene alten gesellschaftlichen Produktionsorganismen sind außerordentlich viel einfacher und durchsichtiger als der bürgerliche, aber sie beruhen entweder auf der Unreife des individuellen Menschen, der sich von der Nabelschnur des natürlichen Gattungszusammenhangs mit andren noch nicht losgerissen hat, oder auf unmittelbaren Herrschafts- und Knechtschaftsverhältnissen. Sie sind bedingt durch eine niedrige Entwicklungsstufe der Produktivkräfte der Arbeit und entsprechend befangene Verhältnisse der Menschen innerhalb ihres materiellen Lebenserzeugungsprozesses, daher zueinander und zur Natur.

Diese wirkliche Befangenheit spiegelt sich ideell wider in den alten Natur- und Volksreligionen. Der religiöse Widerschein der wirklichen Welt kann überhaupt nur verschwinden, sobald die Verhältnisse des praktischen Werkeltagslebens den Menschen tagtäglich durchsichtig vernünftige Beziehungen zueinander und zur Natur darstellen. Die Gestalt des gesellschaftlichen Lebensprozesses, d. h. des materiellen Produktionsprozesses, streift nur ihren mystischen Nebelschleier ab, sobald sie als Produkt frei vergesellschafteter Menschen unter deren bewußter planmäßiger Kontrolle steht. Dazu ist jedoch eine materielle Grundlage der Gesellschaft erheischt oder eine Reihe materieller Existenzbedingungen, welche selbst wieder das naturwüchsige Produkt einer langen und qualvollen Entwicklungsgeschichte sind.

Die politische Ökonomie hat nun zwar, wenn auch unvollkommen[31] Wert und Wertgröße analysiert und den in diesen Formen versteckten Inhalt entdeckt. Sie hat niemals auch nur die Frage gestellt, warum dieser Inhalt jene Form annimmt, warum sich also die Arbeit im Wert und das Maß der Arbeit durch ihre Zeitdauer in der Wertgröße des Arbeitsprodukts darstellt?[32] Formen, denen es auf der

[31] Das Unzulängliche in Ricardos Analyse der Wertgröße – und es ist die beste – wird man aus dem dritten und vierten Buch dieser Schrift ersehn. Was aber den Wert überhaupt betrifft, so unterscheidet die klassische politische Ökonomie nirgendwo ausdrücklich und mit klarem Bewußtsein die Arbeit, wie sie sich im Wert, von derselben Arbeit, soweit sie sich im Gebrauchswert ihres Produkts darstellt. Sie macht natürlich den Unterschied tatsächlich, da sie die Arbeit das einemal quantitativ, das andremal qualitativ betrachtet. Aber es fällt ihr nicht ein, daß bloß quantitativer Unterschied der Arbeiten ihre qualitative Einheit oder Gleichheit voraussetzt, also ihre Reduktion auf abstrakt menschliche Arbeit. Ricardo z. B. erklärt sich einverstanden mit Destutt de Tracy, wenn dieser sagt: „Da es sicher ist, daß unsere körperlichen und geistigen Fähigkeiten allein unser ursprünglicher Reichtum sind, ist der Gebrauch dieser Fähigkeiten, eine gewisse Art Arbeit, unser ursprünglicher Schatz; es ist immer dieser Gebrauch, welcher alle jene Dinge schafft, die wir Reichtum nennen ... Zudem ist es gewiß, daß alle jene Dinge nur die Arbeit darstellen, die sie geschaffen hat, und wenn sie einen Wert haben, oder sogar zwei unterschiedliche Werte, so können sie dies doch nur haben aus dem" (dem Wert) „der Arbeit, der sie entspringen." (Ricardo, „The principles of Pol. Econ.", 3. ed., Lond. 1821, p. 334.) Wir deuten nur an, daß Ricardo dem Destutt seinen eignen tieferen Sinn unterschiebt. Destutt sagt in der Tat zwar einerseits, daß alle Dinge, die den Reichtum bilden, „die Arbeit repräsentieren, die sie geschaffen hat", aber andrerseits, daß sie ihre „zwei verschiedenen Werte" (Gebrauchswert und Tauschwert) vom „Wert der Arbeit" erhalten. Er fällt damit in die Flachheit der Vulgärökonomie, die den Wert einer Ware (hier der Arbeit) voraussetzt, um dadurch hinterher den Wert der andren Waren zu bestimmen. Ricardo liest ihn so, daß sowohl im Gebrauchswert als Tauschwert sich Arbeit (nicht Wert der Arbeit) darstellt. Er selbst aber scheidet so wenig den zwieschlächtigen Charakter der Arbeit, die doppelt dargestellt ist, daß er in dem ganzen Kapitel: „Value and Riches, their Distinctive Properties" sich mühselig mit den Trivialitäten eines J. B. Say herumschlagen muß. Am Ende ist er daher auch ganz erstaunt, daß Destutt zwar mit ihm selbst über Arbeit als Wertquelle und dennoch andrerseits mit Say über den Wertbegriff harmoniere.

[32] Es ist einer der Grundmängel der klassischen politischen Ökonomie, daß es ihr nie gelang, aus der Analyse der Ware und spezieller des Warenwerts die Form des Werts, die ihn eben zum

Stirn geschrieben steht, daß sie einer Gesellschaftsformation angehören, worin der Produktionsprozeß die Menschen, der Mensch noch nicht den Produktionsprozeß bemeistert, gelten ihrem bürgerlichen Bewußtsein für ebenso selbstverständliche Naturnotwendigkeit als die produktive Arbeit selbst. Vorbürgerliche Formen des gesellschaftlichen Produktionsorganismus werden daher von ihr behandelt wie etwa von den Kirchenvätern vorchristliche Religionen.[33]

Tauschwert macht, herauszufinden. Grade in ihren besten Repräsentanten, wie A. Smith und Ricardo, behandelt sie die Wertform als etwas ganz Gleichgültiges oder der Natur der Ware selbst Äußerliches. Der Grund ist nicht allein, daß die Analyse der Wertgröße ihre Aufmerksamkeit ganz absorbiert. Er liegt tiefer. Die Wertform des Arbeitsprodukts ist die abstrakteste, aber auch allgemeinste Form der bürgerlichen Produktionsweise, die hierdurch als eine besondere Art gesellschaftlicher Produktion und damit zugleich historisch charakterisiert wird. Versieht man sie daher für die ewige Naturform gesellschaftlicher Produktion, so übersieht man notwendig auch das Spezifische der Wertform, also der Warenform, weiter entwickelt der Geldform, Kapitalform usw. Man findet daher bei Ökonomen, welche über das Maß der Wertgröße durch Arbeitszeit durchaus übereinstimmen, die kunterbuntesten und widersprechendsten Vorstellungen von Geld, d. h. der fertigen Gestalt des allgemeinen Äquivalents. Dies tritt schlagend hervor z. B. bei der Behandlung des Bankwesens, wo mit den gemeinplätzlichen Definitionen des Geldes nicht mehr ausgereicht wird. Im Gegensatz entsprang daher ein restauriertes Merkantilsystem (Ganilh usw.), welches im Wert nur die gesellschaftliche Form sieht oder vielmehr nur ihren substanzlosen Schein. – Um es ein für allemal zu bemerken, verstehe ich unter klassischer politischer Ökonomie alle Ökonomie seit W. Petty, die den innern Zusammenhang der bürgerlichen Produktionsverhältnisse erforscht im Gegensatz zur Vulgärökonomie, die sich nur innerhalb des scheinbaren Zusammenhangs herumtreibt, für eine plausible Verständlichmachung der sozusagen gröbsten Phänomene und den bürgerlichen Hausbedarf das von der wissenschaftlichen Ökonomie längst gelieferte Material stets von neuem wiederkaut, im übrigen aber sich darauf beschränkt, die banalen und selbstgefälligen Vorstellungen der bürgerlichen Produktionsagenten von ihrer eignen besten Welt zu systematisieren, pedantisieren und als ewige Wahrheiten zu proklamieren.

33 „Die Ökonomen verfahren auf eine sonderbare Art. Es gibt für sie nur zwei Arten von Institutionen, künstliche und natürliche. Die Institutionen des Feudalismus sind künstliche Institutionen, die der Bourgeoisie natürliche. Sie gleichen darin den Theologen, die auch zwei Arten von Religionen unterscheiden. Jede Religion, die nicht die ihre ist, ist eine Erfindung der Menschen, während ihre eigene Religion eine Offenbarung Gottes ist. – Somit hat es eine Geschichte gegeben, aber es gibt keine mehr." (Karl Marx, „Misère de la Philosophie. Réponse à la Philosophie de la Misère de M. Proudhon", 1847, p. 113.) Wahrhaft drollig ist Herr Bastiat, der sich einbildet, die alten Griechen und Römer hätten nur von Raub gelebt. Wenn man aber viele Jahrhunderte durch von Raub lebt, muß doch beständig etwas zu rauben da sein oder der Gegenstand des Raubes sich fortwährend reproduzieren. Es scheint daher, daß auch Griechen und Römer einen Produktionsprozeß hatten, also eine Ökonomie, welche ganz so die materielle Grundlage ihrer Welt bildete wie die bürgerliche Ökonomie die der heutigen Welt. Oder meint Bastiat etwa, daß eine Produktionsweise, die auf der Sklavenarbeit beruht, auf einem Raubsystem ruht? Er stellt sich dann auf gefährlichen Boden. Wenn ein Denkriese wie Aristoteles in seiner Würdigung der Sklavenarbeit irrte, warum sollte ein Zwergökonom, wie Bastiat, in seiner Würdigung der Lohnarbeit richtig gehn? – Ich ergreife diese Gelegenheit, um einen Einwand, der mir beim Erscheinen meiner Schrift „Zur Kritik der Pol. Oekonomie", 1859, von einem deutsch-amerikanischen Blatte gemacht wurde, kurz abzuweisen.

Wie sehr ein Teil der Ökonomen von dem der Warenwelt anklebenden Fetischismus oder dem gegenständlichen Schein der gesellschaftlichen Arbeitsbestimmungen getäuscht wird, beweist u. a. der langweilig abgeschmackte Zank über die Rolle der Natur in der Bildung des Tauschwerts. Da Tauschwert eine bestimmte gesellschaftliche Manier ist, die auf ein Ding verwandte Arbeit auszudrücken, kann er nicht mehr Naturstoff enthalten als etwa der Wechselkurs.

Da die Warenform die allgemeinste und unentwickeltste Form der bürgerlichen Produktion ist, weswegen sie früh auftritt, obgleich nicht in derselben herrschenden, also charakteristischen Weise wie heutzutag, scheint ihr Fetischcharakter noch relativ leicht zu durchschauen. Bei konkreteren Formen verschwindet selbst dieser Schein der Einfachheit. Woher die Illusionen des Monetarsystems? Es sah dem Gold und Silber nicht an, daß sie als Geld ein gesellschaftliches Produktionsverhältnis darstellen, aber in der Form von Naturdingen mit sonderbar gesellschaftlichen Eigenschaften. Und die moderne Ökonomie, die vornehm auf das Monetarsystem herabgrinst, wird ihr Fetischismus nicht handgreiflich, sobald sie das Kapital behandelt? Seit wie lange ist die physiokratische Illusion verschwunden, daß die Grundrente aus der Erde wächst, nicht aus der Gesellschaft?

Um jedoch nicht vorzugreifen, genüge hier noch ein Beispiel bezüglich der Warenform selbst. Könnten die Waren sprechen, so würden sie sagen, unser Gebrauchswert mag den Menschen interessieren. Er kommt uns nicht als Dingen zu. Was uns aber dinglich zukommt, ist unser Wert. Unser eigner Verkehr als Warendinge beweist das. Wir beziehn uns nur als Tauschwerte aufeinander. Man höre nun, wie der Ökonom aus der Warenseele heraus spricht:

> „Wert" (Tauschwert) „ist Eigenschaft der Dinge, Reichtum" (Gebrauchswert) „des Menschen. Wert in diesem Sinn schließt notwendig Austausch ein, Reich-

---

Es sagte, meine Ansicht, daß die bestimmte Produktionsweise und die ihr jedesmal entsprechenden Produktionsverhältnisse, kurz „die ökonomische Struktur der Gesellschaft die reale Basis sei, worauf sich ein juristischer und politischer Überbau erhebe und welcher bestimmte gesellschaftliche Bewußtseinsformen entsprächen", daß „die Produktionsweise des materiellen Lebens den sozialen, politischen und geistigen Lebensprozeß überhaupt bedinge", – alles dies sei zwar richtig für die heutige Welt, wo die materiellen Interessen, aber weder für das Mittelalter, wo der Katholizismus, noch für Athen und Rom, wo die Politik herrschte. Zunächst ist es befremdlich, daß jemand vorauszusetzen beliebt, diese weltbekannten Redensarten über Mittelalter und antike Welt seien irgend jemand unbekannt geblieben. Soviel ist klar, daß das Mittelalter nicht vom Katholizismus und die antike Welt nicht von der Politik leben konnte. Die Art und Weise, wie sie ihr Leben gewannen, erklärt umgekehrt, warum dort die Politik, hier der Katholizismus die Hauptrolle spielte. Es gehört übrigens wenig Bekanntschaft z. B. mit der Geschichte der römischen Republik dazu, um zu wissen, daß die Geschichte des Grundeigentums ihre Geheimgeschichte bildet. Andrerseits hat schon Don Quixote den Irrtum gebüßt, daß er die fahrende Ritterschaft mit allen ökonomischen Formen der Gesellschaft gleich verträglich wähnte.

tum nicht."[34] „Reichtum" (Gebrauchswert) „ist ein Attribut des Menschen, Wert ein Attribut der Waren. Ein Mensch oder ein Gemeinwesen ist reich; eine Perle oder ein Diamant ist wertvoll ... Eine Perle oder ein Diamant hat Wert als Perle oder Diamant."[35]

Bisher hat noch kein Chemiker Tauschwert in Perle oder Diamant entdeckt. Die ökonomischen Entdecker dieser chemischen Substanz, die besondren Anspruch auf kritische Tiefe machen, finden aber, daß der Gebrauchswert der Sachen unabhängig von ihren sachlichen Eigenschaften, dagegen ihr Wert ihnen als Sachen zukommt. Was sie hierin bestätigt, ist der sonderbare Umstand, daß der Gebrauchswert der Dinge sich für den Menschen ohne Austausch realisiert, also im unmittelbaren Verhältnis zwischen Ding und Mensch, ihr Wert umgekehrt nur im Austausch, d. h. in einem gesellschaftlichen Prozeß. Wer erinnert sich hier nicht des guten Dogberry, der den Nachtwächter Seacoal belehrt:

„Ein gut aussehender Mann zu sein ist eine Gabe der Umstände, aber lesen und schreiben zu können kommt von Natur."[36]

---

[34] „Value is a property of things, riches of man. Value, in this sense, necessarily implies exchange, riches do not." („Observations on some verbal disputes in Pol. Econ., particularly relating to value, and to supply and demand", Lond. 1821, p. 16.)

[35] „Riches are the attribute of man, value is the attribute of commodities. A man or a community is rich, a pearl or a diamond is valuable ... A pearl or a diamond is valuable as a pearl or diamond." (S. Bailey, l.c.p. 165 sq.)

[36] Der Verfasser der „Observations" und S. Bailey beschuldigen Ricardo, er habe den Tauschwert aus einem nur Relativen in etwas Absolutes verwandelt. Umgekehrt. Er hat die Scheinrelativität, die diese Dinge, Diamant und Perlen z. B., als Tauschwerte besitzen, auf das hinter dem Schein verborgene wahre Verhältnis reduziert, auf ihre Relativität als bloße Ausdrücke menschlicher Arbeit. Wenn die Ricardianer dem Bailey grob, aber nicht schlagend antworten, so nur, weil sie bei Ricardo selbst keinen Aufschluß über den inneren Zusammenhang zwischen Wert und Wertform oder Tauschwert fanden.

Zweites Kapitel: Der Austauschprozeß

Die Waren können nicht selbst zu Markte gehn und sich nicht selbst austauschen. Wir müssen uns also nach ihren Hütern umsehn, den Warenbesitzern. Die Waren sind Dinge und daher widerstandslos gegen den Menschen. Wenn sie nicht willig, kann er Gewalt brauchen, in andren Worten, sie nehmen.[37] Um diese Dinge als Waren aufeinander zu beziehn, müssen die Warenhüter sich zueinander als Personen verhalten, deren Willen in jenen Dingen haust, so daß der eine nur mit dem Willen des andren, also jeder nur vermittelst eines, beiden gemeinsamen Willensakts sich die fremde Ware aneignet, indem er die eigne veräußert. Sie müssen sich daher wechselseitig als Privateigentümer anerkennen. Dies Rechtsverhältnis, dessen Form der Vertrag ist, ob nun legal entwickelt oder nicht, ist ein Willensverhältnis, worin sich das ökonomische Verhältnis widerspiegelt. Der Inhalt dieses Rechts- oder Willensverhältnisses ist durch das ökonomische Verhältnis selbst gegeben.[38] Die Personen existieren hier nur füreinander als Repräsentanten von Ware und daher als Warenbesitzer. Wir werden überhaupt im Fortgang der Entwicklung finden, daß die ökonomischen Charaktermasken der Personen nur die Personifikationen der ökonomischen Verhältnisse sind, als deren Träger sie sich gegenübertreten.

Was den Warenbesitzer namentlich von der Ware unterscheidet, ist der Umstand, daß ihr jeder andre Warenkörper nur als Erscheinungsform ihres eignen Werts gilt. Geborner Leveller und Zyniker, steht sie daher stets auf dem Sprung, mit jeder andren Ware, sei selbe auch ausgestattet mit mehr Unannehmlichkeiten als Maritorne, nicht nur die Seele, sondern den Leib zu wechseln. Diesen der Ware mangelnden Sinn für das Konkrete des Warenkörpers ergänzt der Warenbesitzer durch seine eignen fünf und mehr Sinne. Seine Ware hat für ihn keinen unmittelbaren Gebrauchswert. Sonst führte er sie nicht zu Markt. Sie

---

37 Im 12., durch seine Frömmigkeit so berufenen Jahrhundert, kommen unter diesen Waren oft sehr zarte Dinge vor. So zählt ein französischer Dichter jener Zeit unter den Waren, die sich auf dem Markt von Landit einfanden, neben Kleidungsstoffen, Schuhen, Leder, Ackergeräten, Häuten usw. auch „femmes folles de leur corps“ auf.

38 Proudhon schöpft erst sein Ideal der Gerechtigkeit, der justice éternelle, aus den der Warenproduktion entsprechenden Rechtsverhältnissen, wodurch, nebenbei bemerkt, auch der für alle Spießbürger so tröstliche Beweis geliefert wird, daß die Form der Warenproduktion ebenso ewig ist wie die Gerechtigkeit. Dann umgekehrt will er die wirkliche Warenproduktion und das ihr entsprechende wirkliche Recht diesem Ideal gemäß ummodeln. Was würde man von einem Chemiker denken, der, statt die wirklichen Gesetze des Stoffwechsels zu studieren und auf Basis derselben bestimmte Aufgaben zu lösen, den Stoffwechsel durch die „ewigen Ideen“ der „naturalié“ und der „affinité“ ummodeln wollte? Weiß man etwa mehr über den „Wucher“, wenn man sagt, er widerspreche der „justice éternelle“ und der „équité éternelle“ und der „mutualité éternelle“ und andren „vérités éternelles“, als die Kirchenväter wußten, wenn sie sagten, er widerspreche der „grâce éternelle“, der „foi éternelle“, der „volonté éternelle de dieu“?

hat Gebrauchswert für andre. Für ihn hat sie unmittelbar nur den Gebrauchswert, Träger von Tauschwert und so Tauschmittel zu sein.[39] Darum will er sie veräußern für Ware, deren Gebrauchswert ihm Genüge tut. Alle Waren sind Nicht-Gebrauchswerte für ihre Besitzer, Gebrauchswerte für ihre Nicht-Besitzer. Sie müssen also allseitig die Hände wechseln. Aber dieser Händewechsel bildet ihren Austausch, und ihr Austausch bezieht sie als Werte aufeinander und realisiert sie als Werte. Die Waren müssen sich daher als Werte realisieren, bevor sie sich als Gebrauchswerte realisieren können.

Andrerseits müssen sie sich als Gebrauchswerte bewähren, bevor sie sich als Werte realisieren können. Denn die auf sie verausgabte menschliche Arbeit zählt nur, soweit sie in einer für andre nützlichen Form verausgabt ist. Ob sie andren nützlich, ihr Produkt daher fremde Bedürfnisse befriedigt, kann aber nur ihr Austausch beweisen.

Jeder Warenbesitzer will seine Ware nur veräußern gegen andre Ware, deren Gebrauchswert sein Bedürfnis befriedigt. Sofern ist der Austausch für ihn nur individueller Prozeß. Andrerseits will er seine Ware als Wert realisieren, also in jeder ihm beliebigen andren Ware von demselben Wert, ob seine eigne Ware nun für den Besitzer der andren Ware Gebrauchswert habe oder nicht. Sofern ist der Austausch für ihn allgemein gesellschaftlicher Prozeß. Aber derselbe Prozeß kann nicht gleichzeitig für alle Warenbesitzer nur individuell und zugleich nur allgemein gesellschaftlich sein.

Sehn wir näher zu, so gilt jedem Warenbesitzer jede fremde Ware als besondres Äquivalent seiner Ware, seine Ware daher als allgemeines Äquivalent aller andren Waren. Da aber alle Warenbesitzer dasselbe tun, ist keine Ware allgemeines Äquivalent und besitzen die Waren daher auch keine allgemeine relative Wertform, worin sie sich als Werte gleichsetzen und als Wertgrößen vergleichen. Sie stehn sich daher überhaupt nicht gegenüber als Waren, sondern nur als Produkte oder Gebrauchswerte.

In ihrer Verlegenheit denken unsre Warenbesitzer wie Faust. Im Anfang war die Tat. Sie haben daher schon gehandelt, bevor sie gedacht haben. Die Gesetze der Warennatur betätigten sich im Naturinstinkt der Warenbesitzer. Sie können ihre Waren nur als Werte und darum nur als Waren aufeinander beziehn, indem sie dieselben gegensätzlich auf irgendeine andre Ware als allgemeines Äquivalent beziehn. Das ergab die Analyse der Ware. Aber nur die gesellschaftliche Tat kann eine bestimmte Ware zum allgemeinen Äquivalent machen. Die gesellschaftliche Aktion aller andren Waren schließt daher eine bestimmte Ware aus,

[39] „Denn zweifach ist der Gebrauch jedes Guts. – Der eine ist dem Ding als solchem eigen, der andre nicht, wie einer Sandale, zur Beschuhung zu dienen und austauschbar zu sein. Beides sind Gebrauchswerte der Sandale, denn auch wer die Sandale mit dem ihm Mangelnden, z. B. der Nahrung austauscht, benutzt die Sandale als Sandale. Aber nicht in ihrer natürlichen Gebrauchsweise. Denn sie ist nicht da des Austausches wegen.“ (Aristoteles, „De Rep.“, l. I, c. 9.)

worin sie allseitig ihre Werte darstellen. Dadurch wird die Naturalform Ware gesellschaftlich gültige Äquivalentform. Allgemeines Äquivalent zu sein wird durch den gesellschaftlichen Prozeß zur spezifisch gesellschaftlichen Funktion der ausgeschlossenen Ware. So wird sie – Geld.

> „Illi unum consilium habent et virtutem et potestatem suam bestiae tradunt. Et ne quis possit emere aut vendere, nisi qui habet characterem aut nomen bestiae, aut numerum nomisis ejus.“ (Apokalypse)

Der Geldkristall ist ein notwendiges Produkt des Austauschprozesses, worin verschiedenartige Arbeitsprodukte einander tatsächlich gleichgesetzt und daher tatsächlich in Waren verwandelt werden. Die historische Ausweitung und Vertiefung des Austausches entwickelt den in der Warennatur schlummernden Gegensatz von Gebrauchswert und Wert. Das Bedürfnis, diesen Gegensatz für den Verkehr äußerlich darzustellen, treibt zu einer selbständigen Form des Warenwerts und ruht und rastet nicht, bis sie endgültig erzielt ist durch die Verdopplung der Ware in Ware und Geld. In demselben Maße daher, worin sich die Verwandlung der Arbeitsprodukte in Waren, vollzieht sich die Verwandlung von Ware in Geld.[40]

Der unmittelbare Produktenaustausch hat einerseits die Form des einfachen Wertausdrucks und hat sie andrerseits noch nicht. Jene Form war x Ware A = y Ware B. Die Form des unmittelbaren Produktenaustausches ist: x Gebrauchsgegenstand A = y Gebrauchsgegenstand B.[41] Die Dinge A und B sind hier nicht Waren vor dem Austausch, sondern werden es erst durch denselben. Die erste Weise, worin ein Gebrauchsgegenstand der Möglichkeit nach Tauschwert ist, ist sein Dasein als Nicht-Gebrauchswert, als die unmittelbaren Bedürfnisse seines Besitzers überschießendes Quantum von Gebrauchswert. Dinge sind an und für sich dem Menschen äußerlich und daher veräußerlich. Damit diese Veräußerung wechselseitig, brauchen Menschen nur stillschweigend sich als Privateigentümer jener veräußerlichen Dinge und eben dadurch als voneinander unabhängige Personen gegenüberzutreten. Solch ein Verhältnis wechselseitiger Fremdheit existiert jedoch nicht für die Glieder eines naturwüchsigen Gemeinwesens, habe es nun die Form einer patriarchalischen Familie, einer altindischen Gemeinde, eines Inkastaates usw. Der Warenaustausch beginnt, wo die Gemeinwesen enden, an

---

[40] Danach beurteile man die Pfiffigkeit des kleinbürgerlichen Sozialismus, der die Warenproduktion verewigen und zugleich den „Gegensatz von Geld und Ware“, also das Geld selbst, denn es ist nur in diesem Gegensatze, abschaffen will. Ebensowohl könnte man den Papst abschaffen und den Katholizismus bestehen lassen. Das Nähere hierüber sieh in meiner Schrift „Zur Kritik der Pol. Oekonomie“, p. 61 sqq.

[41] Solange noch nicht zwei verschiedne Gebrauchsgegenstände ausgetauscht, sondern, wie wir das bei Wilden oft finden, eine chaotische Masse von Dingen als Äquivalent für ein Drittes angeboten wird, steht der unmittelbare Produktenaustausch selbst erst in seiner Vorhalle.

den Punkten ihres Kontakts mit fremden Gemeinwesen oder Gliedern fremder Gemeinwesen. Sobald Dinge aber einmal im auswärtigen, werden sie auch rückschlagend im innern Gemeinleben zu Waren. Ihr quantitatives Austauschverhältnis ist zunächst ganz zufällig. Austauschbar sind sie durch den Willensakt ihrer Besitzer, sie wechselseitig zu veräußern. Indes setzt sich das Bedürfnis für fremde Gebrauchsgegenstände allmählich fest. Die beständige Wiederholung des Austausches macht ihn zu einem regelmäßigen gesellschaftlichen Prozeß. Im Laufe der Zeit muß daher wenigstens ein Teil der Arbeitsprodukte absichtlich zum Behuf des Austausches produziert werden. Von diesem Augenblick befestigt sich einerseits die Scheidung zwischen der Nützlichkeit der Dinge für den unmittelbaren Bedarf und ihrer Nützlichkeit zum Austausch. Ihr Gebrauchswert scheidet sich von ihrem Tauschwerte. Andrerseits wird das quantitative Verhältnis, worin sie sich austauschen, von ihrer Produktion selbst abhängig. Die Gewohnheit fixiert sie als Wertgrößen.

Im unmittelbaren Produktenaustausch ist jede Ware unmittelbar Tauschmittel für ihren Besitzer, Äquivalent für ihren Nichtbesitzer, jedoch nur soweit sie Gebrauchswert für ihn. Der Tauschartikel erhält also noch keine von seinem eignen Gebrauchswert oder dem individuellen Bedürfnis der Austauscher unabhängige Wertform. Die Notwendigkeit dieser Form entwickelt sich mit der wachsenden Anzahl und Mannigfaltigkeit der in den Austauschprozeß eintretenden Waren. Die Aufgabe entspringt gleichzeitig mit den Mitteln ihrer Lösung. Ein Verkehr, worin Warenbesitzer ihre eignen Artikel mit verschiednen andren Artikeln austauschen und vergleichen, findet niemals statt, ohne daß verschiedne Waren von verschiednen Warenbesitzern innerhalb ihres Verkehrs mit einer und derselben dritten Warenart ausgetauscht und als Werte verglichen werden. Solche dritte Ware, indem sie Äquivalent für verschiedne andre Waren wird, erhält unmittelbar, wenn auch in engen Grenzen, allgemeine oder gesellschaftliche Äquivalentform. Diese allgemeine Äquivalentform entsteht und vergeht mit dem augenblicklichen gesellschaftlichen Kontakt, der sie ins Leben rief. Abwechselnd und flüchtig kommt sie dieser oder jener Ware zu. Mit der Entwicklung des Warenaustausches heftet sie sich aber ausschließlich fest an besondere Warenarten oder kristallisiert zur Geldform. An welcher Warenart sie kleben bleibt, ist zunächst zufällig. Jedoch entscheiden im großen und ganzen zwei Umstände. Geldform heftet sich entweder an die wichtigsten Eintauschartikel aus der Fremde, welche in der Tat naturwüchsige Erscheinungsformen des Tauschwerts der einheimischen Produkte sind, oder an den Gebrauchsgegenstand, welcher das Hauptelement des einheimischen veräußerlichen Besitztums bildet, wie z. B. Vieh. Nomadenvölker entwickeln zuerst die Geldform, weil all ihr Hab und Gut sich in beweglicher, daher unmittelbar veräußerlicher Form befindet, und weil ihre Lebensweise sie beständig mit fremden Gemeinwesen in Kontakt bringt, daher zum Produktenaustausch sollizitiert. Die Menschen haben oft den Menschen selbst in der Gestalt des Sklaven zum ursprünglichen

Geldmaterial gemacht, aber niemals den Grund und Boden. Solche Idee konnte nur in bereits ausgebildeter bürgerlicher Gesellschaft aufkommen. Sie datiert vom letzten Dritteil des 17. Jahrhunderts, und ihre Ausführung, auf nationalem Maßstab, wurde erst ein Jahrhundert später in der bürgerlichen Revolution der Franzosen versucht.

In demselben Verhältnis, worin der Warenaustausch seine nur lokalen Bande sprengt, der Warenwert sich daher zur Materiatur menschlicher Arbeit überhaupt ausweitet, geht die Geldform auf Waren über, die von Natur zur gesellschaftlichen Funktion eines allgemeinen Äquivalents taugen, auf die edlen Metalle.

Daß nun, „obgleich Gold und Silber nicht von Natur Geld, Geld von Natur Gold und Silber ist“[42], zeigt die Kongruenz ihrer Natureigenschaften mit seinen Funktionen.[43] Bisher kennen wir aber nur die eine Funktion des Geldes, als Erscheinungsform des Warenwerts zu dienen oder als das Material, worin die Wertgrößen der Waren sich gesellschaftlich ausdrücken. Adäquate Erscheinungsform von Wert oder Materiatur abstrakter und daher gleicher menschlicher Arbeit kann nur eine Materie sein, deren sämtliche Exemplare dieselbe gleichförmige Qualität besitzen. Andrerseits, da der Unterschied der Wertgrößen rein quantitativ ist, muß die Geldware rein quantitativer Unterschiede fähig, also nach Willkür teilbar und aus ihren Teilen wieder zusammensetzbar sein. Gold und Silber besitzen aber diese Eigenschaften von Natur.

Der Gebrauchswert der Geldware verdoppelt sich. Neben ihrem besondren Gebrauchswert als Ware, wie Gold z. B. zum Ausstopfen hohler Zähne, Rohmaterial von Luxusartikeln usw. dient, erhält sie einen formalen Gebrauchswert, der aus ihren spezifischen gesellschaftlichen Funktionen entspringt.

Da alle andren Waren nur besondre Äquivalente des Geldes, das Geld ihr allgemeines Äquivalent, verhalten sie sich als besondre Waren zum Geld als der allgemeinen Ware.[44]

Man hat gesehn, daß die Geldform nur der an einer Ware festhaftende Reflex der Beziehungen aller andren Waren. Daß Geld Ware ist[45], ist also nur eine

---

42 Karl Marx, l.c.p. 135. „Die Metalle ... sind von Natur Geld.“ (Galiani, „Della Moneta“ in Custodis Sammlung, Parte Moderna, t. III, p. 137.)

43 Das Nähere darüber in meiner eben zitierten Schrift, Abschnitt: „Die edlen Metalle“.

44 „Das Geld ist die allgemeine Ware.“(Verri, l.c.p. 16.)

45 „Silber und Gold an sich, die wir mit dem allgemeinen Namen Edelmetall bezeichnen können, sind im ... Werte ... steigende und fallende ... Waren ... Dem Edelmetall kann man dann einen höheren Wert zuerkennen, wenn ein geringeres Gewicht davon eine größere Menge des Produkts oder Fabrikats des Landes etc. kauft.“ („A Discourse of the General Notions of Money, Trade, and Exchange, as they stand in relations to each other. By a Merchant“, Lond. 1695, p. 7.) „Silber und Gold, gemünzt oder ungemünzt, werden zwar als Maßstab für alle anderen Dinge gebraucht, sind aber nicht weniger eine Ware als Wein, Öl, Tabak, Tuch oder Stoffe.“ („A Discourse concerning Trade, and that in particular of the East-Indies etc.“, London 1689, p. 2.) „Vermögen und Reichtum des Königreiches können genaugenommen nicht auf Geld

Entdeckung für den, der von seiner fertigen Gestalt ausgeht, um sie hinterher zu analysieren. Der Austauschprozeß gibt der Ware, die er in Geld verwandelt, nicht ihren Wert, sondern ihre spezifische Wertform. Die Verwechslung beider Bestimmungen verleitete dazu, den Wert von Gold und Silber für imaginär zu halten.[46] Weil Geld in bestimmten Funktionen durch bloße Zeichen seiner selbst ersetzt werden kann, entsprang der andre Irrtum, es sei ein bloßes Zeichen. Andrerseits lag darin die Ahnung, daß die Geldform des Dings ihm selbst äußerlich und bloße Erscheinungsform dahinter versteckter menschlicher Verhältnisse. In diesem Sinn wäre jede Ware ein Zeichen, weil als Wert nur sachliche Hülle der auf sie verausgabten menschlichen Arbeit.[47] Indem man aber die gesellschaftlichen Charaktere, welche Sachen, oder die sachlichen Charaktere, welche gesellschaftliche Bestimmungen der Arbeit auf Grundlage einer bestimmten Produktionsweise erhalten, für bloße Zeichen, erklärt man sie zugleich für willkürliches Reflexionsprodukt der Menschen. Es war dies beliebte Aufklärungsmanier des

---

beschränkt, noch können Gold und Silber als Waren ausgeschlossen werden." (Th. Papillon, „The East India Trade a most Profitable Trade", London 1677, p. 4.)

[46] „Gold und Silber haben Wert als Metalle, bevor sie Geld sind." (Galiani, l.c.p.) Locke sagt: „Die allgemeine Übereinstimmung der Menschen legte dem Silber, wegen seiner Qualitäten, die es zum Geld geeignet machten, einen imaginären Wert bei." Dagegen Law: „Wie könnten verschiedne Nationen irgendeiner Sache einen imaginären Wert geben ... oder wie hätte sich dieser imaginäre Wert erhalten können?" Wie wenig er selbst aber von der Sache verstand: „Das Silber tauschte sich aus nach dem Gebrauchswert, den es hatte, also nach seinem wirklichen Wert; durch seine Bestimmung als Geld erhielt es einen zuschüssigen Wert (une valeur additionnelle)." (Jean Law, „Considérations sur le numéraire et le commerce" in E. Daires Édit. der „Économistes Financiers du XVIII. siécle", p. 469, 470.)

[47] „Das Geld ist ihr" (der Waren) „Zeichen."(V. de Forbonnais, „Éléments du Commerce", Nouv. Édit. Leyde 1766, t. II, p. 143.) „Als Zeichen wird es von den Waren angezogen." (l.c.p. 155.) „Das Geld ist Zeichen für eine Sache und vertritt sie." (Montesquieu, „Esprit des Lois", Oeuvres, Lond. 1767, t. II, p. 3.) „Das Geld ist nicht bloßes Zeichen, denn es ist selbst Reichtum; es vertritt nicht die Werte, es ist ihr Äquivalent." (Le Trosne, l.c.p. 910.) „Betrachtet man den Begriff des Werts, so wird die Sache selbst nur als ein Zeichen angesehn, und sie gilt nicht als sie selber, sondern als was sie wert ist." (Hegel, l.c.p. 100.) Lange vor den Ökonomen brachten die Juristen die Vorstellung von Geld als bloßem Zeichen und dem nur imaginären Wert der edlen Metalle in Schwung, im Sykophantendienst der königlichen Gewalt, deren Münzverfälschungsrecht sie das ganze Mittelalter hindurch auf die Traditionen des römischen Kaiserreichs und die Geldbegriffe der Pandekten stützten. „Niemand kann und darf Zweifel hegen", sagt ihr gelehriger Schüler, Philipp von Valois, in einem Dekret von 1346, „daß nur Uns und Unserer königlichen Majestät zukommt ... das Münzgeschäft, die Herstellung, die Beschaffenheit, der Vorrat und alle die Münzen betreffenden Verordnungen, sie so und zu solchem Preis in Umlauf zu setzen, wie es Uns gefällt und gutdünkt." Es war römisches Rechtsdogma, daß der Kaiser den Geldwert dekretiert. Es war ausdrücklich verboten, das Geld als Ware zu behandeln. „Geld jedoch zu kaufen soll niemand gestattet sein, denn zum allgemeinen Gebrauch geschaffen, darf es nicht Ware sein." Gute Auseinandersetzung hierüber von G. F. Pagnini, „Saggio sopra il giusto pregio delle cose", 1751, bei Custodi, Parte Moderna, t. II. Namentlich im zweiten Teil der Schrift polemisiert Pagnini gegen die Herren Juristen.

18. Jahrhunderts, um den rätselhaften Gestalten menschlicher Verhältnisse, deren Entstehungsprozeß man noch nicht entziffern konnte, wenigstens vorläufig den Schein der Fremdheit abzustreifen.

Es ward vorhin bemerkt, daß die Äquivalentform einer Ware die quantitative Bestimmung ihrer Wertgröße nicht einschließt. Weiß man, daß Gold Geld, daher mit allen andren Waren unmittelbar austauschbar ist, so weiß man deswegen nicht, wieviel z. B. 10 Pfund Gold wert sind. Wie jede Ware kann das Geld seine eigne Wertgröße nur relativ in andren Waren ausdrücken. Sein eigner Wert ist bestimmt durch die zu seiner Produktion erheischte Arbeitszeit und drückt sich in dem Quantum jeder andren Ware aus, worin gleichviel Arbeitszeit geronnen ist.[48] Diese Festsetzung seiner relativen Wertgröße findet statt an seiner Produktionsquelle in unmittelbarem Tauschhandel. Sobald es als Geld in die Zirkulation eintritt, ist sein Wert bereits gegeben. Wenn es schon in den letzten Dezennien des 17. Jahrhunderts weit überschrittner Anfang der Geldanalyse, zu wissen, daß Geld Ware ist, so aber auch nur der Anfang. Die Schwierigkeit liegt nicht darin zu begreifen, daß Geld Ware, sondern wie, warum, wodurch Ware Geld ist.[49]

Wir sahen, wie schon in dem einfachsten Wertausdruck, x Ware A = y Ware B, das Ding, worin die Wertgröße eines andren Dings dargestellt wird, seine Äquivalentform unabhängig von dieser Beziehung als gesellschaftliche Natureigenschaft zu besitzen scheint. Wir verfolgten die Befestigung dieses falschen Scheins. Er ist vollendet, sobald die allgemeine Äquivalentform mit der Naturalform einer besondren Warenart verwachsen oder zur Geldform kristallisiert ist. Eine Ware scheint nicht erst Geld zu werden, weil die andren Waren allseitig ihre

---

[48] „Wenn jemand eine Unze Silber aus dem Innern der Erde Perus in derselben Zeit nach London bringen kann, die er zur Produktion eines Bushel Korn brauchen würde, dann ist das eine der natürliche Preis des anderen; wenn er nun durch Abbau neuer und ergiebigerer Bergwerke statt der einen zwei Unzen Silber mit dem gleichen Aufwand gewinnen kann, wird das Korn bei einem Preis von 10 Shilling pro Bushel ebenso billig sein wie vorher bei einem Preis von 5 Shilling, caeteris paribus."(William Petty, „A Treatise of Taxes and Contributions", Lond. 1667, p. 31.)

[49] Nachdem Herr Professor Roscher uns belehrt: „Die falschen Definitionen von Geld lassen sich in zwei Hauptgruppen teilen: solche, die es für mehr, und solche, die es für weniger halten als eine Ware", folgt ein kunterbunter Katalog von Schriften über das Geldwesen, wodurch auch nicht die entfernteste Einsicht in die wirkliche Geschichte der Theorie durchschimmert, und dann die Moral: „Zu leugnen ist übrigens nicht, daß die meisten neueren Nationalökonomen die Eigentümlichkeiten, welche das Geld von andren Waren unterscheiden" (also doch mehr oder weniger als Ware?), „nicht genug im Auge behalten haben ... Insofern ist die halbmerkantilistische Reaktion von Ganilh etc. nicht ganz unbegründet." (Wilhelm Roscher, „Die Grundlagen der Nationalökonomie", 3. Aufl., 1858, p. 207-210.) Mehr – weniger – nicht genug – insofern – nicht ganz! Welche Begriffsbestimmungen! Und dergleichen eklektische Professoralfaselei tauft Herr Roscher bescheiden „die anatomisch-physiologische Methode" der politischen Ökonomie! Eine Entdeckung ist ihm jedoch geschuldet, nämlich, daß Geld „eine angenehme Ware" ist.

Werte in ihr darstellen, sondern sie scheinen umgekehrt allgemein ihre Werte in ihr darzustellen, weil sie Geld ist. Die vermittelnde Bewegung verschwindet in ihrem eignen Resultat und läßt keine Spur zurück. Ohne ihr Zutun finden die Waren ihre eigne Wertgestalt fertig vor als einen außer und neben ihnen existierenden Warenkörper. Diese Dinge, Gold und Silber, wie sie aus den Eingeweiden der Erde herauskommen, sind zugleich die unmittelbare Inkarnation aller menschlichen Arbeit. Daher die Magie des Geldes. Das bloß atomistische Verhalten der Menschen in ihrem gesellschaftlichen Produktionsprozeß und daher die von ihrer Kontrolle und ihrem bewußten individuellen Tun unabhängige, sachliche Gestalt ihrer eignen Produktionsverhältnisse erscheinen zunächst darin, daß ihre Arbeitsprodukte allgemein die Warenform annehmen. Das Rätsel des Geldfetischs ist daher nur das sichtbar gewordne, die Augen blendende Rätsel des Warenfetischs.

Drittes Kapitel: Das Geld oder die Warenzirkulation

1. Maß der Werte

Ich setze überall in dieser Schrift, der Vereinfachung halber, Gold als die Geldware voraus.

Die erste Funktion des Goldes besteht darin, der Warenwelt das Material ihres Wertausdrucks zu liefern oder die Warenwerte als gleichnamige Größen, qualitativ gleiche und quantitativ vergleichbare, darzustellen. So funktioniert es als allgemeines Maß der Werte, und nur durch diese Funktion wird Gold, die spezifische Äquivalentware, zunächst Geld.

Die Waren werden nicht durch das Geld kommensurabel. Umgekehrt. Weil alle Waren als Werte vergegenständlichte menschliche Arbeit, daher an und für sich kommensurabel sind, können sie ihre Werte gemeinschaftlich in derselben spezifischen Ware messen und diese dadurch in ihr gemeinschaftliches Wertmaß oder Geld verwandeln. Geld als Wertmaß ist notwendige Erscheinungsform des immanenten Wertmaßes der Waren, der Arbeit.[50]

Der Wertausdruck einer Ware in Gold – x Ware A = y Geldware – ist ihre Geldform oder ihr Preis. Eine vereinzelte Gleichung, wie 1 Tonne Eisen = 2 Unzen Gold, genügt jetzt, um den Eisenwert gesellschaftlich gültig darzustellen. Die Gleichung braucht nicht länger in Reih und Glied mit den Wertgleichungen der andren Waren aufzumarschieren, weil die Äquivalentware, das Gold, bereits den Charakter von Geld besitzt. Die allgemeine relative Wertform der Waren hat daher jetzt wieder die Gestalt ihrer ursprünglichen, einfachen oder einzelnen relativen Wertform. Andrerseits wird der entfaltete relative Wertausdruck oder die endlose Reihe relativer Wertausdrücke zur spezifisch relativen Wertform der Geldware. Diese Reihe ist aber jetzt schon gesellschaftlich gegeben in den Warenpreisen. Man lese die Quotationen eines Preiskurants rückwärts und

[50] Die Frage, warum das Geld nicht unmittelbar die Arbeitszeit selbst repräsentiert, so daß z. B. eine Papiernote x Arbeitsstunden vorstellt, kommt ganz einfach auf die Frage heraus, warum auf Grundlage der Warenproduktion die Arbeitsprodukte sich als Waren darstellen müssen, denn die Darstellung der Ware schließt ihre Verdopplung in Ware und Geldware ein. Oder warum Privatarbeit nicht als unmittelbar gesellschaftliche Arbeit, als ihr Gegenteil, behandelt werden kann. Ich habe den seichten Utopismus eines „Arbeitsgelds“ auf Grundlage der Warenproduktion anderswo ausführlich erörtert. (l.c.p. 61 sqq.) Hier sei noch bemerkt, daß z. B. das Owensche „Arbeitsgeld“ ebensowenig „Geld“ ist wie etwa eine Theatermarke. Owen setzt unmittelbar vergesellschaftete Arbeit voraus, eine der Warenproduktion diametral entgegengesetzte Produktionsform. Das Arbeitszertifikat konstatiert nur den individuellen Anteil des Produzenten an der Gemeinarbeit und seinen individuellen Anspruch auf den zur Konsumtion bestimmten Teil des Gemeinprodukts. Aber es fällt Owen nicht ein, die Warenproduktion vorauszusetzen und dennoch ihre notwendigen Bedingungen durch Geldpfuschereien umgehn zu wollen.

man findet die Wertgröße des Geldes in allen möglichen Waren dargestellt. Geld hat dagegen keinen Preis. Um an dieser einheitlichen relativen Wertform der andren Waren teilzunehmen, müßte es auf sich selbst als sein eignes Äquivalent bezogen werden.

Der Preis oder die Geldform der Waren ist, wie ihre Wertform überhaupt, eine von ihrer handgreiflich reellen Körperform unterschiedne, also nur ideelle oder vorgestellte Form. Der Wert von Eisen, Leinwand, Weizen usw. existiert, obgleich unsichtbar, in diesen Dingen selbst; er wird vorgestellt durch ihre Gleichheit mit Gold, eine Beziehung zum Gold, die sozusagen nur in ihren Köpfen spukt. Der Warenhüter muß daher seine Zunge in ihren Kopf stecken oder ihnen Papierzettel umhängen, um ihre Preise der Außenwelt mitzuteilen.[51] Da der Ausdruck der Warenwerte in Gold ideell ist, ist zu dieser Operation auch nur vorgestelltes oder ideelles Gold anwendbar. Jeder Warenhüter weiß, daß er seine Waren noch lange nicht vergoldet, wenn er ihrem Wert die Form des Preises oder vorgestellte Goldform gibt, und daß er kein Quentchen wirkliches Gold braucht, um Millionen Warenwerte in Gold zu schätzen. In seiner Funktion des Wertmaßes dient das Geld daher – als nur vorgestelltes oder ideelles Geld. Dieser Umstand hat die tollsten Theorien veranlaßt.[52] Obgleich nur vorgestelltes Geld zur Funktion des Wertmaßes dient, hängt der Preis ganz vom reellen Geldmaterial ab. Der Wert, d. h. das Quantum menschlicher Arbeit, das z. B. in einer Tonne Eisen enthalten ist, wird ausgedrückt in einem vorgestellten Quantum der Geldware, welches gleich viel Arbeit enthält. Je nachdem also Gold, Silber oder Kupfer zum Wertmaß dienen, erhält der Wert der Tonne Eisen ganz verschiedne Preisausdrücke oder wird in ganz verschiednen Quantitäten Gold, Silber oder Kupfer vorgestellt.

Dienen daher zwei verschiedne Waren, z. B. Gold und Silber, gleichzeitig als Wertmaße, so besitzen alle Waren zweierlei verschiedne Preisausdrücke, Goldpreise und Silberpreise, die ruhig nebeneinander laufen, solange das Wertverhältnis von Silber zu Gold unverändert bleibt, z. B. = 1 : 15. Jede Veränderung

---

[51] Der Wilde oder Halbwilde braucht die Zunge anders. Kapitän Parry bemerkt z. B. von den Bewohnern an der Westküste der Baffinsbay: „In diesem Falle“ (beim Produktenaustausch) „... beleckten sie es“ (das ihnen Angebotene) „zweimal mit der Zunge, wonach sie das Geschäft als zur Zufriedenheit abgeschlossen zu betrachten schienen.“ Ebenso beleckte bei den östlichen Eskimos der Eintauscher jedesmal den Artikel beim Empfang desselben. Wenn die Zunge so im Norden als Organ der Aneignung, ist es kein Wunder, daß der Bauch im Süden als Organ des akkumulierten Eigentums gilt und der Kaffer den Reichtum eines Mannes nach seinem Fettwanst schätzt. Die Kaffern sind grundgescheute Kerle, denn während der offizielle britische Gesundheitsbericht von 1864 den Mangel eines großen Teils der Arbeiterklasse an fettbildenden Substanzen beklagt, machte ein Dr. Harvey, der jedoch nicht die Blutzirkulation erfunden hat, in demselben Jahre sein Glück durch Puff-Rezepte, die der Bourgeoisie und Aristokratie Fettüberflusseslast abzutreiben versprachen.

[52] Siehe Karl Marx, „Zur Kritik etc.“, „Theorien von der Maßeinheit des Geldes“, p. 53 sqq.

dieses Wertverhältnisses stört aber das Verhältnis zwischen den Goldpreisen und den Silberpreisen der Waren und beweist so tatsächlich, daß die Verdopplung des Wertmaßes seiner Funktion widerspricht.[53]

Die preisbestimmten Waren stellen sich alle dar in der Form: a Ware A = x Gold, b Ware B = z Gold, c Ware C = y Gold usw., wo a, b, c bestimmte Massen der Warenarten A, B, C vorstellen, x, z, y bestimmte Massen des Goldes. Die Warenwerte sind daher verwandelt in vorgestellte Goldquanta von verschiedner Größe, also, trotz der wirren Buntheit der Warenkörper, in gleichnamige Größen, Goldgrößen. Als solche verschiedne Goldquanta vergleichen und messen sie sich untereinander, und es entwickelt sich technisch die Notwendigkeit, sie auf ein fixiertes Quantum Gold als ihre Maßeinheit zu beziehn. Diese Maßeinheit selbst wird durch weitere Einteilung in aliquote Teile zum Maßstab fortentwickelt. Vor ihrer Geldwerdung besitzen Gold, Silber, Kupfer bereits solche Maßstäbe in ihren Metallgewichten, so daß z. B. ein Pfund als Maßeinheit dient und nach der einen Seite wieder in Unzen usw. abgeteilt, nach der andren in Zentner usw. zusammenaddiert wird.[54] Bei aller metallischen Zirkulation bilden

---

[53] Note zur 2. Ausg. „Wo Gold und Silber gesetzlich als Geld, d. h. als Wertmaß nebeneinander bestehen, ist stets der vergebliche Versuch gemacht worden, sie als eine und dieselbe Materie zu behandeln. Unterstellt man, daß dieselbe Arbeitszeit sich unveränderlich in derselben Proportion von Silber und Gold vergegenständlichen muß, so unterstellt man in der Tat, daß Silber und Gold dieselbe Materie sind und daß eine bestimmte Masse des minder wertvollen Metalls, des Silbers, den unveränderlichen Bruchteil einer bestimmten Goldmasse bildet. Von der Regierung Edwards III. bis zur Zeit von Georg II. verläuft sich die Geschichte des englischen Geldwesens in eine fortlaufende Reihe von Störungen, hervorgehend aus der Kollision zwischen der gesetzlichen Festsetzung des Wertverhältnisses von Gold und Silber und ihren wirklichen Wertschwankungen. Bald war Gold zu hoch geschätzt, bald Silber. Das zu niedrig geschätzte Metall wurde der Zirkulation entzogen, umgeschmolzen und exportiert. Das Wertverhältnis beider Metalle wurde dann wieder gesetzlich verändert, aber der neue Nominalwert trat bald mit dem wirklichen Wertverhältnis in denselben Konflikt wie der alte. – In unserer eigenen Zeit hat der sehr schwache und vorübergehende Fall im Wert von Gold gegen Silber, infolge der indisch-chinesischen Silbernachfrage, dasselbe Phänomen auf der größten Stufenleiter in Frankreich erzeugt, Ausfuhr von Silber und seine Vertreibung aus der Zirkulation durch Gold. Während der Jahre 1855, 1856, 1857 betrug der Überschuß der Goldeinfuhr in Frankreich über die Goldausfuhr aus Frankreich 41.580.000 Pfd. St., während der Überschuß der Silberausfuhr über die Silbereinfuhr 34.704.000 Pfd. St. betrug. In der Tat, in Ländern, wo beide Metalle gesetzliche Wertmaße sind, daher beide in Zahlung angenommen werden müssen, jeder aber beliebig in Silber oder Gold zahlen kann, trägt das im Wert steigende Metall ein Agio und mißt wie jede andere Ware seinen Preis in dem überschätzten Metall, während letzteres allein als Wertmaß dient. Alle geschichtliche Erfahrung in diesem Gebiet reduziert sich einfach darauf, daß, wo gesetzlich zwei Waren die Funktion des Wertmaßes versehen, faktisch immer nur eine als solches den Platz behauptet.“ (Karl Marx, l.c.p. 52, 53.)

[54] Note zur 2. Ausg. Die Sonderbarkeit, daß die Unze Gold in England als Einheit des Geldmaßstabs nicht in aliquote Teile abgeteilt ist, erklärt sich wie folgt: „Unser Münzwesen war ursprünglich nur der Verwendung von Silber angepaßt – daher kann eine Unze Silber immer in eine bestimmte aliquote Anzahl von Geldstücken geteilt werden; da aber Gold erst in einer

daher die vorgefundenen Namen des Gewichtsmaßstabs auch die ursprünglichen Namen des Geldmaßstabs oder Maßstabs der Preise.

Als Maß der Werte und als Maßstab der Preise verrichtet das Geld zwei ganz verschiedne Funktionen. Maß der Werte ist es als die gesellschaftliche Inkarnation der menschlichen Arbeit, Maßstab der Preise als ein festgesetztes Metallgewicht. Als Wertmaß dient es dazu, die Werte der bunt verschiednen Waren in Preise zu verwandeln, in vorgestellte Goldquanta; als Maßstab der Preise mißt es diese Goldquanta. Am Maß der Werte messen sich die Waren als Werte, der Maßstab der Preise mißt dagegen Goldquanta an einem Goldquantum, nicht den Wert eines Goldquantums am Gewicht des andren. Für den Maßstab der Preise muß ein bestimmtes Goldgewicht als Maßeinheit fixiert werden. Hier, wie in allen andren Maßbestimmungen gleichnamiger Größen, wird die Festigkeit der Maßverhältnisse entscheidend. Der Maßstab der Preise erfüllt daher seine Funktion um so besser, je unveränderlicher ein und dasselbe Quantum Gold als Maßeinheit dient. Als Maß der Werte kann Gold nur dienen, weil es selbst Arbeitsprodukt, also der Möglichkeit nach ein veränderlicher Wert ist.[55]

Es ist zunächst klar, daß ein Wertwechsel des Goldes seine Funktion als Maßstab der Preise in keiner Weise beeinträchtigt. Wie auch der Goldwert wechsle, verschiedne Goldquanta bleiben stets in selbem Wertverhältnis zueinander. Fiele der Goldwert um 1000%, so würden nach wie vor 12 Unzen Gold 12mal mehr Wert besitzen als eine Unze Gold, und in den Preisen handelt es sich nur um das Verhältnis verschiedner Goldquanta zueinander. Da andrerseits eine Unze Gold mit dem Fallen oder Steigen ihres Werts keineswegs ihr Gewicht verändert, verändert sich ebensowenig das ihrer aliquoten Teile, und so tut das Gold als fixer Maßstab der Preise stets denselben Dienst, wie immer sein Wert wechsle.

Der Wertwechsel des Goldes verhindert auch nicht seine Funktion als Wertmaß. Er trifft alle Waren gleichzeitig, läßt also caeteris paribus ihre wechselseitigen relativen Werte unverändert, obgleich sie sich nun alle in höheren oder niedrigeren Goldpreisen als zuvor ausdrücken.

Wie bei der Darstellung des Werts einer Ware im Gebrauchswert irgendeiner andren Ware, ist auch bei der Schätzung der Waren in Gold nur vorausgesetzt, daß zur gegebnen Zeit die Produktion eines bestimmten Goldquantums ein gegebnes Quantum Arbeit kostet. In bezug auf die Bewegung der Warenpreise überhaupt gelten die früher entwickelten Gesetze des einfachen relativen Wertausdrucks.

Die Warenpreise können nur allgemein steigen, bei gleichbleibendem Geld-

---

spätern Zeit in ein Münzwesen eingeführt wurde, das nur dem Silber angepaßt war, kann eine Unze Gold nicht in eine aliquote Anzahl von Münzen ausgeprägt werden.“ (Maclaren, „History of the Currency“, London 1858, p. 16.)

[55] Note zur 2. Ausg. In englischen Schriften ist die Konfusion über Maß der Werte (measure of value) und Maßstab der Preise (standard of value) unsäglich. Die Funktionen und daher ihre Namen werden beständig verwechselt.

wert, wenn die Warenwerte steigen; bei gleichbleibenden Warenwerten, wenn der Geldwert fällt. Umgekehrt. Die Warenpreise können nur allgemein fallen, bei gleichbleibendem Geldwert, wenn die Warenwerte fallen; bei gleichbleibenden Warenwerten, wenn der Geldwert steigt. Es folgt daher keineswegs, daß steigender Geldwert proportionelles Sinken der Warenpreise und fallender Geldwert proportionelles Steigen der Warenpreise bedingt. Dieses gilt nur für Waren von unverändertem Wert. Solche Waren z. B., deren Wert gleichmäßig und gleichzeitig steigt mit dem Geldwert, behalten dieselben Preise. Steigt ihr Wert langsamer oder rascher als der Geldwert, so wird der Fall oder das Steigen ihrer Preise bestimmt durch die Differenz zwischen ihrer Wertbewegung und der des Geldes usw.

Kehren wir nun zur Betrachtung der Preisform zurück.

Die Geldnamen der Metallgewichte trennen sich nach und nach von ihren ursprünglichen Gewichtnamen aus verschiednen Gründen, darunter historisch entscheidend: 1. Einführung fremden Geldes bei minder entwickelten Völkern, wie z. B. im alten Rom Silber- und Goldmünzen zuerst als ausländische Waren zirkulierten. Die Namen dieses fremden Geldes sind von den einheimischen Gewichtnamen verschieden. 2. Mit der Entwicklung des Reichtums wird das minder edle Metall durch das edlere aus der Funktion des Wertmaßes verdrängt. Kupfer durch Silber, Silber durch Gold, sosehr diese Reihenfolge aller poetischen Chronologie widersprechen mag.[56] Pfund war nun z. B. Geldname für ein wirkliches Pfund Silber. Sobald Gold das Silber als Wertmaß verdrängt, hängt sich derselbe Name vielleicht an $^{1}/_{15}$ usw. Pfund Gold, je nach dem Wertverhältnis von Gold und Silber. Pfund als Geldname und als gewöhnlicher Gewichtname des Goldes sind jetzt getrennt.[57] 3. Die Jahrhunderte fortgesetzte Geldfälschung der Fürsten, welche vom ursprünglichen Gewicht der Geldmünzen in der Tat nur den Namen zurückließ.[58]

Diese historischen Prozesse machen die Trennung des Geldnamens der Metallgewichte von ihrem gewöhnlichen Gewichtsnamen zur Volksgewohnheit. Da der Geldmaßstab einerseits rein konventionell ist, andrerseits allgemeiner Gültigkeit bedarf, wird er zuletzt gesetzlich reguliert. Ein bestimmter Gewichtsteil des edlen Metalls, z. B. eine Unze Gold, wird offiziell abgeteilt in aliquote Teile, die legale Taufnamen erhalten, wie Pfund, Taler usw. Solcher aliquote Teil, der dann als die eigentliche Maßeinheit des Geldes gilt, wird untergeteilt in andre

---

[56] Sie ist übrigens auch nicht von allgemein historischer Gültigkeit.

[57] Note zur 2. Ausg. So bezeichnet das englische Pfund weniger als ein Drittel seines ursprünglichen Gewichts, das schottische Pfund vor der Union nur noch $^{1}/_{36}$, der französische Livre $^{1}/_{74}$, der spanische Maravedi weniger als $^{1}/_{1000}$, der portugiesische Rei eine noch viel kleinere Proportion.

[58] Note zur 2. Ausg. „Die Münzen, deren Namen heute nur noch ideell sind, sind bei allen Nationen die ältesten; sie alle waren einst real, und eben weil sie real waren, hat man mit ihnen gerechnet." (Galiani, „Della Moneta", l.c.p. 153.)

aliquote Teile mit gesetzlichen Taufnamen, wie Shilling, Penny etc.[59] Nach wie vor bleiben bestimmte Metallgewichte Maßstab des Metallgeldes. Was sich geändert, ist Einteilung und Namengebung.

Die Preise, oder die Goldquanta, worin die Werte der Waren ideell verwandelt sind, werden jetzt also ausgedrückt in den Geldnamen oder gesetzlich gültigen Rechennamen des Goldmaßstabs. Statt also zu sagen, der Quarter Weizen ist gleich einer Unze Gold, würde man in England sagen, er ist gleich 3 Pfd. St. 17 sh. $10^1/_2$ d. Die Waren sagen sich so in ihren Geldnamen, was sie wert sind, und das Geld dient als Rechengeld, sooft es gilt, eine Sache als Wert und daher in Geldform zu fixieren.[60]

Der Name einer Sache ist ihrer Natur ganz äußerlich. Ich weiß nichts vom Menschen, wenn ich weiß, daß ein Mensch Jacobus heißt. Ebenso verschwindet in den Geldnamen Pfund, Taler, Franc, Duktat usw. jede Spur des Wertverhältnisses. Die Wirre über den Geheimsinn dieser kabbalistischen Zeichen ist um so größer, als die Geldnamen den Wert der Waren und zugleich aliquote Teile eines Metallgewichts, des Geldmaßstabs, ausdrücken.[61] Andrerseits ist es notwendig, daß der Wert im Unterschied von den bunten Körpern der Warenwelt sich zu dieser begriffslos sachlichen, aber auch einfach gesellschaftlichen Form fortentwickle.[62]

---

[59] Note zur 2. Ausg. Herr David Urquhart bemerkt in seinen „Familiar Words" über das Ungeheuerliche (!), daß heutzutage ein Pfund (£ St.), die Einheit des englischen Geldmaßstabs, gleich ungefähr $^1/_4$ Unze Gold ist: „Das ist Fälschung eines Maßes und nicht Festsetzung eines Maßstabs." Er findet in dieser „falschen Benennung" des Goldgewichts wie überall sonst die fälschende Hand der Zivilisation.

[60] Note zur 2. Ausg. „Als man den Anacharsis fragte, wozu die Hellenen das Geld brauchen, antwortet er: zum Rechnen." (Athen, „Deipn.", l. IV, 49, v. 2, ed. Schweighäuser, 1802.)

[61] Note zur 2. Ausg. „Weil das Gold als Maßstab der Preise in denselben Rechennamen erscheint wie die Warenpreise, also z. B. eine Unze Gold ebensowohl wie der Wert einer Tonne Eisen in 3 Pfd. St. 17 sh. $10^1/_2$ d. ausgedrückt wird, hat man diese seine Rechennamen seinen Münzpreis genannt. Die wunderliche Vorstellung entstand daher, als ob das Gold (resp. Silber) in seinem eignen Material geschätzt werde und im Unterschied von allen Waren von Staats wegen einen fixen Preis erhalte. Man versah die Fixierung von Rechennamen bestimmter Goldgewichte für Fixierung des Werts dieser Gewichte." (Karl Marx, l.c.p. 52.)

[62] Vgl. „Theorien von der Maßeinheit des Geldes" in „Zur Kritik der Pol. Oekon. etc.", p. 53 sqq. Die Phantasien über Erhöhung oder Erniedrigung des „Münzpreises", die darin besteht, die gesetzlichen Geldnamen für gesetzlich fixierte Gewichtteile Gold oder Silber auf größere oder kleinere Gewichtteile von Staats wegen zu übertragen und demgemäß auch etwa $^1/_4$ Unze Gold statt in 20 künftig in 40 sh. zu prägen – diese Phantasien, soweit sie nicht ungeschickte Finanzoperationen gegen Staats- und Privatgläubiger, sondern ökonomische „Wunderkuren" bezwecken, hat Petty so erschöpfend behandelt in „Quantulumcunque concerning Money. To the Lord Marquis of Halifax, 1682", daß schon seine unmittelbaren Nachfolger, Sir Dudley North und John Locke, von späteren gar nicht zu reden, ihn nur verflachen konnten. „Wenn der Reichtum einer Nation", sagt er u. a., „durch eine Verordnung verzehnfacht werden könnte, wäre es eigenartig, daß unsere Regierungen nicht schon längst derartige Verordnungen erlassen

Der Preis ist der Geldname der in der Ware vergegenständlichten Arbeit. Die Äquivalenz der Ware und des Geldquantums, dessen Name ihr Preis ist, ist daher eine Tautologie[63], wie ja überhaupt der relative Wertausdruck einer Ware stets der Ausdruck der Äquivalenz zweier Waren ist. Wenn aber der Preis als Exponent der Wertgröße der Ware Exponent ihres Austauschverhältnisses mit Geld, so folgt nicht umgekehrt, daß der Exponent ihres Austauschverhältnisses mit Geld notwendig der Exponent ihrer Wertgröße ist. Gesellschaftlich notwendige Arbeit von gleicher Größe stelle sich in 1 Quarter Weizen und in 2 Pfd. St. (ungefähr $^1/_2$ Unze Gold) dar. Die 2 Pfd. St. sind Geldausdruck der Wertgröße des Quarter Weizens, oder sein Preis. Erlauben nun die Umstände, ihn zu 3 Pfd. St., oder zwingen sie, ihn zu 1 Pfd. St. zu notieren, so sind 1 Pfd. St. und 3 Pfd. St. als Ausdrücke der Wertgröße des Weizens zu klein oder zu groß, aber sie sind dennoch Preise desselben, denn erstens sind sie seine Wertform, Geld, und zweitens Exponenten seines Austauschverhältnisses mit Geld. Bei gleichbleibenden Produktionsbedingungen oder gleichbleibender Produktivkraft der Arbeit muß nach wie vor zur Reproduktion des Quarter Weizen gleich viel gesellschaftliche Arbeitszeit verausgabt werden. Dieser Umstand hängt vom Willen weder des Weizenproduzenten noch der andren Warenbesitzer ab. Die Wertgröße der Ware drückt also ein notwendiges, ihrem Bildungsprozeß immanentes Verhältnis zur gesellschaftlichen Arbeitszeit aus. Mit der Verwandlung der Wertgröße in Preis erscheint dies notwendige Verhältnis als Austauschverhältnis einer Ware mit der außer ihr existierenden Geldware. In diesem Verhältnis kann sich aber ebensowohl die Wertgröße der Ware ausdrücken, als das Mehr oder Minder, worin sie unter gegebnen Umständen veräußerlich ist. Die Möglichkeit quantitativer Inkongruenz zwischen Preis und Wertgröße, oder der Abweichung des Preises von der Wertgröße, liegt also in der Preisform selbst. Es ist dies kein Mangel dieser Form, sondern macht sie umgekehrt zur adäquaten Form einer Produktionsweise, worin sich die Regel nur als blindwirkendes Durchschnittsgesetz der Regellosigkeit durchsetzen kann.

Die Preisform läßt jedoch nicht nur die Möglichkeit quantitativer Inkongruenz zwischen Wertgröße und Preis, d. h. zwischen der Wertgröße und ihrem eignen Geldausdruck zu, sondern kann einen qualitativen Widerspruch beherbergen, so daß der Preis überhaupt aufhört, Wertausdruck zu sein, obgleich Geld nur die Wertform der Waren ist. Dinge, die an und für sich keine Waren sind, z. B. Gewissen, Ehre usw., können ihren Besitzern für Geld feil und so durch ihren Preis die Warenform erhalten. Ein Ding kann daher formell einen Preis haben, ohne einen Wert zu haben. Der Preisausdruck wird hier imaginär wie gewisse Größen der Mathematik. Andrerseits kann auch die imaginäre Preis-

---

haben.“ (l.c.p. 36.)

[63] „Oder man muß schon zugeben, daß eine Million in Geld mehr wert ist als ein gleicher Wert in Waren“ (Le Trosne, l.c.p. 919), also „daß ein Wert mehr wert ist als ein gleicher anderer.“

form, wie z. B. der Preis des unkultivierten Bodens, der keinen Wert hat, weil keine menschliche Arbeit in ihm vergegenständlicht ist, ein wirkliches Wertverhältnis oder von ihm abgeleitete Beziehung verbergen.

Wie die relative Wertform überhaupt, drückt der Preis den Wert einer Ware, z. B. einer Tonne Eisen, dadurch aus, daß ein bestimmtes Quantum Äquivalent, z. B. eine Unze Gold, unmittelbar austauschbar mit Eisen, aber keineswegs umgekehrt, daß seinerseits das Eisen unmittelbar austauschbar mit Gold ist. Um also praktisch die Wirkung eines Tauschwerts auszuüben, muß die Ware ihren natürlichen Leib abstreifen, sich aus nur vorgestelltem Gold in wirkliches Gold verwandeln, obgleich diese Transsubstantiation ihr „saurer“ ankommen mag als dem Hegelschen „Begriff“ der Übergang aus der Notwendigkeit in die Freiheit oder einem Hummer das Sprengen seiner Schale oder dem Kirchenvater Hieronymus das Abstreifen des alten Adam.[64] Neben ihrer realen Gestalt, Eisen z. B., kann die Ware im Preise ideelle Wertgestalt oder vorgestellte Goldgestalt besitzen, aber sie kann nicht zugleich wirklich Eisen und wirklich Gold sein. Für ihre Preisgebung genügt es, vorgestelltes Gold ihr gleichzusetzen. Durch Gold ist sie zu ersetzen, damit sie ihrem Besitzer den Dienst eines allgemeinen Äquivalents leiste. Träte der Besitzer des Eisens z. B. dem Besitzer einer weltlustigen Ware gegenüber und verwiese ihn auf den Eisenpreis, der Geldform sei, so würde der Weltlustige antworten, wie im Himmel der heilige Petrus dem Dante, der ihm die Glaubensformel hergesagt:

„Assai bene è trascorsa
D'esta moneta già la lega e'l peso,
Ma dimmi se tu l'hai nella tua borsa.“

Die Preisform schließt die Veräußerlichkeit der Waren gegen Geld und die Notwendigkeit dieser Veräußerung ein. Andrerseits funktioniert Gold nur als ideelles Wertmaß, weil es sich bereits im Austauschprozeß als Geldware umtreibt. Im ideellen Maß der Werte lauert daher das harte Geld.

---

64 Wenn Hieronymus in seiner Jugend viel mit dem materiellen Fleisch zu ringen hatte, wie sein Wüstenkampf mit schönen Frauenbildern zeigt, so im Alter mit dem geistigen Fleisch. „Ich glaube mich“, sagt er z. B., „im Geist vor dem Weltrichter.“ „Wer bist du?“ fragte eine Stimme. „Ich bin ein Christ.“ „Du lügst“, donnerte der Weltrichter. „Du bist nur ein Ciceronianer!“

2. Zirkulationsmittel

a) Die Metamorphose der Waren

Man sah, daß der Austauschprozeß der Waren widersprechende und einander ausschließende Beziehungen einschließt. Die Entwicklung der Ware hebt diese Widersprüche nicht auf, schafft aber die Form, worin sie sich bewegen können. Dies ist überhaupt die Methode, wodurch sich wirkliche Widersprüche lösen. Es ist z. B. ein Widerspruch, daß ein Körper beständig in einen andren fällt und ebenso beständig von ihm wegflieht. Die Ellipse ist eine der Bewegungsformen, worin dieser Widerspruch sich ebensosehr verwirklicht als löst.

Soweit der Austauschprozeß Waren aus der Hand, worin sie Nicht-Gebrauchswerte, in die Hand überträgt, worin sie Gebrauchswerte, ist er gesellschaftlicher Stoffwechsel. Das Produkt einer nützlichen Arbeitsweise ersetzt das der andren. Einmal angelangt zur Stelle, wo sie als Gebrauchswert dient, fällt die Ware in die Sphäre der Konsumtion aus der Sphäre des Warenaustauschs. Letztre allein interessiert uns hier. Wir haben also den ganzen Prozeß nach der Formseite zu betrachten, also nur den Formwechsel oder die Metamorphose der Waren, welche den gesellschaftlichen Stoffwechsel vermittelt.

Die durchaus mangelhafte Auffassung dieses Formwechsels ist, abgesehn von Unklarheit über den Wertbegriff selbst, dem Umstand geschuldet, daß jeder Formwechsel einer Ware sich vollzieht im Austausch zweier Waren, einer gemeinen Ware und der Geldware. Hält man an diesem stofflichen Moment, dem Austausch von Ware mit Gold, allein fest, so übersieht man grade, was man sehn soll, nämlich was sich mit der Form zuträgt. Man übersieht, daß Gold als bloße Ware nicht Geld ist und daß die andren Waren sich selbst in ihren Preisen auf Gold als ihre eigne Geldgestalt beziehn.

Die Waren gehn zunächst unvergoldet, unverzuckert, wie der Kamm ihnen gewachsen ist, in den Austauschprozeß ein. Er produziert eine Verdopplung der Ware in Ware und Geld, einen äußeren Gegensatz, worin sie ihren immanenten Gegensatz von Gebrauchswert und Wert darstellen. In diesem Gegensatz treten die Waren als Gebrauchswerte dem Geld als Tauschwert gegenüber. Andrerseits sind beide Seiten des Gegensatzes Waren, also Einheiten von Gebrauchswert und Wert. Aber diese Einheit von Unterschieden stellt sich auf jedem der beiden Pole umgekehrt dar und stellt dadurch zugleich deren Wechselbeziehung dar. Die Ware ist reell Gebrauchswert, ihr Wertsein erscheint nur ideell im Preis, der sie auf das gegenüberstehende Gold als ihre reelle Wertgestalt bezieht. Umgekehrt gilt das Goldmaterial nur als Wertmateriatur, Geld. Es ist reell daher Tauschwert. Sein Gebrauchswert erscheint nur noch ideell in der Reihe der relativen Wertausdrücke, worin es sich auf die gegenüberstehenden Waren als den Umkreis seiner reellen Gebrauchsgestalten bezieht. Diese gegensätzlichen Formen der Waren sind die wirklichen Bewegungsformen ihres Austauschprozesses.

Begleiten wir nun irgendeinen Warenbesitzer, unsren altbekannten Leinweber z. B., zur Szene des Austauschprozesses, dem Warenmarkt. Seine Ware, 20 Ellen Leinwand, ist preisbestimmt. Ihr Preis ist 2 Pfd. St. Er tauscht sie aus gegen 2 Pfd. St. und, Mann von altem Schrot und Korn, tauscht die 2 Pfd. St. wieder aus gegen eine Familienbibel vom selben Preis. Die Leinwand, für ihn nur Ware, Wertträger, wird entäußert gegen Gold, ihre Wertgestalt, und aus dieser Gestalt rückveräußert gegen eine andre Ware, die Bibel, die aber als Gebrauchsgegenstand ins Weberhaus wandern und dort Erbauungsbedürfnisse befriedigen soll. Der Austauschprozeß der Ware vollzieht sich also in zwei entgegengesetzten und einander ergänzenden Metamorphosen – Verwandlung der Ware in Geld und ihre Rückverwandlung aus Geld in Ware.[65] Die Momente der Warenmetamorphose sind zugleich Händel des Warenbesitzers – Verkauf, Austausch der Ware mit Geld; Kauf, Austausch des Gelds mit Ware, und Einheit beider Akte: verkaufen, um zu kaufen.

Besieht sich der Leinweber nun das Endresultat des Handels, so besitzt er Bibel statt Leinwand, statt seiner ursprünglichen Ware eine andre vom selben Wert, aber verschiedner Nützlichkeit. In gleicher Weise eignet er sich seine andren Lebens- und Produktionsmittel an. Von seinem Standpunkt vermittelt der ganze Prozeß nur den Austausch seines Arbeitsprodukts mit fremdem Arbeitsprodukt, den Produktenaustausch.

Der Austauschprozeß der Ware vollzieht sich also in folgendem Formwechsel:

Ware – Geld – Ware.
W – G – W.

Nach ihrem stofflichen Inhalt ist die Bewegung W – W, Austausch von Ware gegen Ware, Stoffwechsel der gesellschaftlichen Arbeit, in dessen Resultat der Prozeß selbst erlischt.

W – G. Erste Metamorphose der Ware oder Verkauf. Das Überspringen des Warenwerts aus dem Warenleib in den Goldleib ist, wie ich es anderswo bezeichnet, der Salto mortale der Ware. Mißlingt er, so ist zwar nicht die Ware geprellt, wohl aber der Warenbesitzer. Die gesellschaftliche Teilung der Arbeit macht seine Arbeit ebenso einseitig als seine Bedürfnisse vielseitig. Ebendeswegen dient ihm sein Produkt nur als Tauschwert. Allgemeine gesellschaftlich gültige Äquivalentform erhält es aber nur im Geld, und das Geld befindet sich in fremder Tasche. Um es herauszuziehn, muß die Ware vor allem Gebrauchswert

[65] „Aus dem ... Feuer aber wird Alles, sagte Heraklit, und Feuer aus Allem, gleich wie aus Gold Güter und aus Gütern Gold." (F. Lassalle, „Die Philosophie Herakleitos des Dunkeln", Berlin 1858, Bd. I, p. 222.) Lassalles Note zu dieser Stelle, p. 224, n. 3, erklärt das Geld unrichtig für bloßes Wertzeichen.

für den Geldbesitzer sein, die auf sie verausgabte Arbeit also in gesellschaftlich nützlicher Form verausgabt sein oder sich als Glied der gesellschaftlichen Teilung der Arbeit bewähren. Aber die Teilung der Arbeit ist ein naturwüchsiger Produktionsorganismus, dessen Fäden hinter dem Rücken der Warenproduzenten gewebt wurden und sich fortweben. Vielleicht ist die Ware Produkt einer neuen Arbeitsweise, die ein neu aufgekommenes Bedürfnis zu befriedigen vorgibt oder auf eigne Faust ein Bedürfnis erst hervorrufen will. Gestern noch eine Funktion unter den vielen Funktionen eines und desselben Warenproduzenten, reißt sich eine besondre Arbeitsverrichtung heute vielleicht los von diesem Zusammenhang, verselbständigt sich und schickt ebendeswegen ihr Teilprodukt als selbständige Ware zu Markt. Die Umstände mögen reif oder unreif sein für diesen Scheidungsprozeß. Das Produkt befriedigt heute ein gesellschaftliches Bedürfnis. Morgen wird es vielleicht ganz oder teilweise von einer ähnlichen Produktenart aus seinem Platze verdrängt. Ist auch die Arbeit, wie die unsres Leinwebers, patentiertes Glied der gesellschaftlichen Arbeitsteilung, so ist damit noch keineswegs der Gebrauchswert grade seiner 20 Ellen Leinwand garantiert. Wenn das gesellschaftliche Bedürfnis für Leinwand, und es hat sein Maß wie alles andre, bereits durch nebenbuhlerische Leinweber gesättigt ist, wird das Produkt unsres Freundes überschüssig, überflüssig und damit nutzlos. Einem geschenkten Gaul sieht man nicht ins Maul, aber er beschreitet nicht den Markt, um Präsente zu machen. Gesetzt aber, der Gebrauchswert seines Produkts bewähre sich und Geld werde daher angezogen von der Ware. Aber nun fragt sich's, wieviel Geld? Die Antwort ist allerdings schon antizipiert im Preis der Ware, dem Exponenten ihrer Wertgröße. Wir sehn ab von etwaigen rein subjektiven Rechenfehlern des Warenbesitzers, die auf dem Markt sofort objektiv korrigiert werden. Er soll auf sein Produkt nur den gesellschaftlich notwendigen Durchschnitt von Arbeitszeit verausgabt haben. Der Preis der Ware ist also nur Geldname des in ihr vergegenständlichten Quantums gesellschaftlicher Arbeit. Aber ohne Erlaubnis und hinter dem Rücken unsres Leinwebers gerieten die altverbürgten Produktionsbedingungen der Leinweberei in Gärung. Was gestern zweifelsohne gesellschaftlich notwendige Arbeitszeit zur Produktion einer Elle Leinwand war, hört heute auf, es zu sein, wie der Geldbesitzer eifrigst demonstriert aus den Preisquotationen verschiedner Nebenbuhler unsres Freundes. Zu seinem Unglück gibt's viele Weber auf der Welt. Gesetzt endlich, jedes auf dem Markt vorhandne Stück Leinwand enthalte nur gesellschaftlich notwendige Arbeitszeit. Trotzdem kann die Gesamtsumme dieser Stücke überflüssig verausgabte Arbeitszeit enthalten. Vermag der Marktmagen das Gesamtquantum Leinwand, zum Normalpreis von 2 sh. per Elle, nicht zu absorbieren, so beweist das, daß ein zu großer Teil der gesellschaftlichen Gesamtarbeitszeit in der Form der Leinweberei verausgabt wurde. Die Wirkung ist dieselbe, als hätte jeder einzelne Leinweber mehr als die gesellschaftlich notwendige Arbeitszeit auf sein individuelles Produkt verwandt. Hier heißt's: Mitgefangen, mitgehangen. Alle Leinwand auf dem Markt gilt nur als ein Handelsartikel, jedes Stück nur als aliquoter Teil. Und in der Tat ist der Wert jeder individuellen Elle ja auch nur die Materiatur desselben gesellschaftlich bestimmten Quantums gleichartiger menschlicher Arbeit.

Man sieht, die Ware liebt das Geld, aber „the course of true love never does run smooth". Ebenso naturwüchsig zufällig wie die qualitative ist die quantitative Gliederung des gesellschaftlichen Produktionsorganismus, der seine membra disjecta im System der Teilung der Arbeit darstellt. Unsre Warenbesitzer entdecken daher, daß dieselbe Teilung der Arbeit, die sie zu unabhängigen Privatproduzenten, den gesellschaftlichen Produktionsprozeß und ihre Verhältnisse in diesem Prozeß von ihnen selbst unabhängig macht, daß die Unabhängigkeit der Personen voneinander sich in einem System allseitiger sachlicher Abhängigkeit ergänzt.

Die Teilung der Arbeit verwandelt das Arbeitsprodukt in Ware und macht dadurch seine Verwandlung in Geld notwendig. Sie macht es zugleich zufällig, ob diese Transsubstantiation gelingt. Hier ist jedoch das Phänomen rein zu betrachten, sein normaler Vorgang also vorauszusetzen. Wenn es übrigens überhaupt vorgeht, die Ware also nicht unverkäuflich ist, findet stets ihr Formwechsel statt, obgleich abnormal in diesem Formwechsel Substanz – Wertgröße – eingebüßt oder zugesetzt werden mag.

Dem einen Warenbesitzer ersetzt Gold seine Ware und dem andren Ware sein Gold. Das sinnfällige Phänomen ist der Hände- oder Stellenwechsel von Ware und Gold, von 20 Ellen Leinwand und 2 Pfd. St., d. h. ihr Austausch. Aber womit tauscht sich die Ware aus? Mit ihrer eignen allgemeinen Wertgestalt. Und womit das Gold? Mit einer besondren Gestalt seines Gebrauchswerts. Warum tritt Gold der Leinwand als Geld gegenüber? Weil ihr Preis von 2 Pfd. St. oder ihr Geldname sie bereits auf Gold als Geld bezieht. Die Entäußerung der ursprünglichen Warenform vollzieht sich durch die Veräußerung der Ware, d. h. in dem Augenblicke, wo ihr Gebrauchswert das in ihrem Preis nur vorgestellte Gold wirklich anzieht. Die Realisierung des Preises oder der nur ideellen Wertform der Ware ist daher zugleich umgekehrt Realisierung des nur ideellen Gebrauchswerts des Geldes, die Verwandlung von Ware in Geld zugleich Verwandlung von Geld in Ware. Der eine Prozeß ist zweiseitiger Prozeß, vom Pol des Warenbesitzers Verkauf, vom Gegenpol des Geldbesitzers Kauf. Oder Verkauf ist Kauf, W – G zugleich G – W.[66]

Wir kennen bisher kein ökonomisches Verhältnis der Menschen außer dem von Warenbesitzern, ein Verhältnis, worin sie fremdes Arbeitsprodukt nur aneignen, indem sie eignes entfremden. Einem Warenbesitzer kann der andre daher nur als Geldbesitzer gegenübertreten, entweder weil sein Arbeitsprodukt von

[66] „Jeder Verkauf ist Kauf" (Dr. Quesnay, „Dialogues sur le Commerce et les Travaux des Artisans", „Physiocrates", éd. Daire, I. Partie, Paris 1846, p. 170), oder, wie Quesnay in seinen „Maximes Générales" sagt: „Verkaufen ist kaufen."

Natur die Geldform besitzt, also Geldmaterial ist, Gold usw., oder weil seine eigne Ware sich bereits gehäutet und ihre ursprüngliche Gebrauchsform abgestreift hat. Um als Geld zu funktionieren, muß das Gold natürlich an irgendeinem Punkt in den Warenmarkt eintreten. Dieser Punkt liegt an seiner Produktionsquelle, wo es sich als unmittelbares Arbeitsprodukt mit andrem Arbeitsprodukt von demselben Wert austauscht. Aber von diesem Augenblick stellt es beständig realisierte Warenpreise vor.[67] Abgesehn vom Austausch des Golds mit Ware an seiner Produktionsquelle, ist das Gold in der Hand jedes Warenbesitzers die entäußerte Gestalt seiner veräußerten Ware, Produkt des Verkaufs oder der ersten Warenmetamorphose W – G.[68] Ideelles Geld oder Wertmaß wurde das Gold, weil alle Waren ihre Werte in ihm maßen und es so zum vorgestellten Gegenteil ihrer Gebrauchsgestalt, zu ihrer Wertgestalt machten. Reelles Geld wird es, weil die Waren durch ihre allseitige Veräußerung es zu ihrer wirklich entäußerten oder verwandelten Gebrauchsgestalt und daher zu ihrer wirklichen Wertgestalt machen. In ihrer Wertgestalt streift die Ware jede Spur ihres naturwüchsigen Gebrauchswerts und der besondren nützlichen Arbeit ab, welcher sie den Ursprung verdankt, um sich in die gleichförmige gesellschaftliche Materiatur unterschiedsloser menschlicher Arbeit zu verpuppen. Man sieht dem Geld daher nicht an, welchen Schlags die in es verwandelte Ware. Eine sieht in ihrer Geldform grade aus wie die andre. Geld mag daher Dreck sein, obgleich Dreck nicht Geld ist. Wir wollen annehmen, daß die zwei Goldfüchse, wogegen unser Leinweber seine Ware veräußert, die verwandelte Gestalt eines Quarters Weizen sind. Der Verkauf der Leinwand, W – G, ist zugleich ihr Kauf, G – W. Aber als Verkauf der Leinwand beginnt dieser Prozeß eine Bewegung, die mit seinem Gegenteil endet, mit dem Kauf der Bibel; als Kauf der Leinwand endet er eine Bewegung, die mit seinem Gegenteil begann, mit dem Verkauf des Weizens. W – G (Leinwand – Geld), diese erste Phase von W – G – W (Leinwand – Geld – Bibel), ist zugleich G – W (Geld – Leinwand), die letzte Phase einer andren Bewegung W – G – W (Weizen – Geld – Leinwand). Die erste Metamorphose einer Ware, ihre Verwandlung aus der Warenform in Geld, ist stets zugleich zweite entgegengesetzte Metamorphose einer andren Ware, ihre Rückverwandlung aus der Geldform in Ware.[69]

G – W. Zweite oder Schlußmetamorphose der Ware: Kauf. – Weil die entäußerte Gestalt aller andren Waren oder das Produkt ihrer allgemeinen Veräußerung, ist Geld die absolut veräußerliche Ware. Es liest alle Preise rückwärts und

[67] „Der Preis einer Ware kann nur mit dem Preis einer anderen Ware bezahlt werden." (Mercier de la Rivière, „L'Ordre naturel et essentiel des sociétés politiques", „Physiocrates", éd. Daire, p. 554.)

[68] „Um dieses Geld zu haben, muß man verkauft haben." (l.c.p. 543.)

[69] Ausnahme, wie vorher bemerkt, bildet der Gold- resp. Silberproduzent, der sein Produkt austauscht, ohne es vorher verkauft zu haben.

spiegelt sich so in allen Warenleibern als dem hingebenden Material seiner eignen Warenwerdung. Zugleich zeigen die Preise, die Liebesaugen, womit ihm die Waren winken, die Schranke seiner Verwandlungsfähigkeit, nämlich seine eigne Quantität. Da die Ware in ihrer Geldwerdung verschwindet, sieht man dem Geld nicht an, wie es in die Hände seines Besitzers gelangt oder was in es verwandelt ist. Non olet, wessen Ursprungs auch immer. Wenn es einerseits verkaufte Ware repräsentiert, so andrerseits kaufbare Ware.[70]

G – W, der Kauf ist zugleich Verkauf, W – G; die letzte Metamorphose einer Ware daher zugleich die erste Metamorphose einer andren Ware. Für unsren Leinweber schließt der Lebenslauf seiner Ware mit der Bibel, worin er die 2 Pfd. St. rückverwandelt hat. Aber der Bibelverkäufer setzt die vom Leinweber gelösten 2 Pfd. St. in Kornbranntwein um. G – W, die Schlußphase von W – G – W (Leinwand – Geld – Bibel), ist zugleich W – G, die erste Phase von W – G – W (Bibel – Geld – Kornbranntwein). Da der Warenproduzent nur ein einseitiges Produkt liefert, verkauft er es oft in größeren Massen, während seine vielseitigen Bedürfnisse ihn zwingen, den realisierten Preis oder die gelöste Geldsumme beständig in zahlreiche Käufe zu zersplittern. Ein Verkauf mündet daher in viele Käufe verschiedner Waren. Die Schlußmetamorphose einer Ware bildet so eine Summe von ersten Metamorphosen andrer Waren.

Betrachten wir nun die Gesamtmetamorphose einer Ware, z. B. der Leinwand, so sehn wir zunächst, daß sie aus zwei entgegengesetzten und einander ergänzenden Bewegungen besteht, W – G und G – W. Diese zwei entgegengesetzten Wandlungen der Ware vollziehn sich in zwei entgegengesetzten gesellschaftlichen Prozessen des Warenbesitzers und reflektieren sich in zwei entgegengesetzten ökonomischen Charakteren desselben. Als Agent des Verkaufs wird er Verkäufer, als Agent des Kaufs Käufer. Wie aber in jeder Wandlung der Ware ihre beiden Formen, Warenform und Geldform, gleichzeitig existieren, nur auf entgegengesetzten Polen, so steht demselben Warenbesitzer als Verkäufer ein andrer Käufer und als Käufer ein andrer Verkäufer gegenüber. Wie dieselbe Ware die zwei umgekehrten Wandlungen sukzessiv durchläuft, aus Ware Geld und aus Geld Ware wird, so wechselt derselbe Warenbesitzer die Rollen von Verkäufer und Käufer. Es sind dies also keine festen, sondern innerhalb der Warenzirkulation beständig die Personen wechselnden Charaktere.

Die Gesamtmetamorphose einer Ware unterstellt, in ihrer einfachsten Form, vier Extreme und drei personae dramatis. Erst tritt der Ware das Geld als ihre Wert-Gestalt gegenüber, die jenseits, in fremder Tasche, sachlich harte Realität besitzt. So tritt dem Warenbesitzer ein Geldbesitzer gegenüber. Sobald die Ware nun in Geld verwandelt, wird letztres zu ihrer verschwindenden Äquivalentform,

---

70 „Wenn das Geld in unserer Hand die Dinge darstellt, die wir zu kaufen wünschen können, so stellt es auch die Dinge dar, die wir für dieses Geld verkauft haben." (Mercier de la Rivière, l.c.p. 586.)

deren Gebrauchswert oder Inhalt diesseits in andren Warenkörpern existiert. Als Endpunkt der ersten Warenwandlung ist das Geld zugleich Ausgangspunkt der zweiten. So wird der Verkäufer des ersten Akts Käufer im zweiten, wo ihm ein dritter Warenbesitzer als Verkäufer gegenübertritt.[71]

Die beiden umgekehrten Bewegungsphasen der Warenmetamorphose bilden einen Kreislauf: Warenform, Abstreifung der Warenform, Rückkehr zur Warenform. Allerdings ist die Ware selbst hier gegensätzlich bestimmt. Am Ausgangspunkt ist sie Nicht-Gebrauchswert, am Endpunkt Gebrauchswert für ihren Besitzer. So erscheint das Geld erst als der feste Wertkristall, worin sich die Ware verwandelt, um hinterher als ihre bloße Äquivalentform zu zerrinnen.

Die zwei Metamorphosen, die den Kreislauf einer Ware, bilden zugleich die umgekehrten Teilmetamorphosen zweier andren Waren. Dieselbe Ware (Leinwand) eröffnet die Reihe ihrer eignen Metamorphosen und schließt die Gesamtmetamorphose einer andren Ware (des Weizens). Während ihrer ersten Wandlung, dem Verkauf, spielt sie diese zwei Rollen in eigner Person. Als Goldchrysalide dagegen, worin sie selbst den Weg alles Fleisches wandert, endet sie zugleich die erste Metamorphose einer dritten Ware. Der Kreislauf, den die Metamorphosenreihe jeder Ware beschreibt, verschlingt sich also unentwirrbar mit den Kreisläufen andrer Waren. Der Gesamtprozeß stellt sich dar als Warenzirkulation.

Die Warenzirkulation ist nicht nur formell, sondern wesentlich vom unmittelbaren Produktenaustausch unterschieden. Man werfe nur einen Rückblick auf den Vorgang. Der Leinweber hat unbedingt Leinwand mit Bibel vertauscht, eigne Ware mit fremder. Aber dies Phänomen ist nur wahr für ihn. Der Bibelagent, der dem Kühlen Heißes vorzieht, dachte nicht daran, Leinwand für Bibel einzutauschen, wie der Leinweber nicht davon weiß, daß Weizen gegen seine Leinwand eingetauscht worden ist usw. Die Ware des B ersetzt die Ware des A, aber A und B tauschen nicht wechselseitig ihre Waren aus. Es kann in der Tat vorkommen, daß A und B wechselweis voneinander kaufen, aber solche besondre Beziehung ist keineswegs durch die allgemeinen Verhältnisse der Warenzirkulation bedingt. Einerseits sieht man hier, wie der Warenaustausch die individuellen und lokalen Schranken des unmittelbaren Produktenaustausches durchbricht und den Stoffwechsel der menschlichen Arbeit entwickelt. Andrerseits entwickelt sich ein ganzer Kreis von den handelnden Personen unkontrollierbarer, gesellschaftlicher Naturzusammenhänge. Der Weber kann nur Leinwand verkaufen, weil der Bauer Weizen, Heißsporn nur die Bibel, weil der Weber Leinwand, der Destillateur nur gebranntes Wasser, weil der andre das Wasser des ewigen Lebens bereits verkauft hat usw.

Der Zirkulationsprozeß erlischt deswegen auch nicht, wie der unmittelbare Produktenaustausch, in dem Stellen- oder Händewechsel der Gebrauchswerte.

---

71 „Demnach gibt es vier Endpunkte und drei Vertragspartner, von denen einer zweimal eingreift." (Le Trosne, l.c.p. 909.)

Das Geld verschwindet nicht, weil es schließlich aus der Metamorphosenreihe einer Ware herausfällt. Es schlägt immer nieder auf eine durch die Waren geräumte Zirkulationsstelle. Z. B. in der Gesamtmetamorphose der Leinwand: Leinwand – Geld – Bibel fällt erst die Leinwand aus der Zirkulation, Geld tritt an ihre Stelle, fällt dann die Bibel aus der Zirkulation, Geld tritt an ihre Stelle. Der Ersatz von Ware durch Ware läßt zugleich an dritter Hand die Geldware hängen.[72] Die Zirkulation schwitzt beständig Geld aus.

Nichts kann alberner sein als das Dogma, die Warenzirkulation bedinge ein notwendiges Gleichgewicht der Verkäufe und Käufe, weil jeder Verkauf Kauf und vice versa. Meint dies, daß die Zahl der wirklich vollzogenen Verkäufe gleich derselben Zahl von Käufen, so ist es platte Tautologie. Aber es soll beweisen, daß der Verkäufer seinen eignen Käufer zu Markt führt. Verkauf und Kauf sind ein identischer Akt als Wechselbeziehung zwischen zwei polarisch entgegengesetzten Personen, dem Warenbesitzer und dem Geldbesitzer. Sie bilden zwei polarisch entgegengesetzte Akte als Handlungen derselben Person. Die Identität von Verkauf und Kauf schließt daher ein, daß die Ware nutzlos wird, wenn sie, in die alchimistische Retorte der Zirkulation geworfen, nicht als Geld herauskommt, nicht vom Warenbesitzer verkauft, also vom Geldbesitzer gekauft wird. Jene Identität enthält ferner, daß der Prozeß, wenn er gelingt, einen Ruhepunkt, einen Lebensabschnitt der Ware bildet, der länger oder kürzer währen kann. Da die erste Metamorphose der Ware zugleich Verkauf und Kauf, ist dieser Teilprozeß zugleich selbständiger Prozeß. Der Käufer hat die Ware, der Verkäufer hat das Geld, d. h. eine Ware, die zirkulationsfähige Form bewahrt, ob sie früher oder später wieder auf dem Markt erscheine. Keiner kann verkaufen, ohne daß ein andrer kauft. Aber keiner braucht unmittelbar zu kaufen, weil er selbst verkauft hat. Die Zirkulation sprengt die zeitlichen, örtlichen und individuellen Schranken des Produktenaustausches ebendadurch, daß sie die hier vorhandne unmittelbare Identität zwischen dem Austausch des eignen und dem Eintausch des fremden Arbeitsprodukts in den Gegensatz von Verkauf und Kauf spaltet. Daß die selbständig einander gegenübertretenden Prozesse eine innere Einheit bilden, heißt ebensosehr, daß ihre innere Einheit sich in äußeren Gegensätzen bewegt. Geht die äußerliche Verselbständigung der innerlich Unselbständigen, weil einander ergänzenden, bis zu einem gewissen Punkt fort, so macht sich die Einheit gewaltsam geltend durch eine – Krise. Der der Ware immanente Gegensatz von Gebrauchswert und Wert, von Privatarbeit, die sich zugleich als unmittelbar gesellschaftliche Arbeit darstellen muß, von besondrer konkreter Arbeit, die zugleich nur als abstrakt allgemeine Arbeit gilt, von Personifizierung der Sache und Versachlichung der Personen – dieser immanente Widerspruch erhält in den Gegensätzen der Warenmetamorphose seine entwickelten Bewe-

[72] Note zur 2. Ausg. So handgreiflich dies Phänomen ist, wird es dennoch von politischen Ökonomen meist übersehen, namentlich vom Freihändler vulgaris.

gungsformen. Diese Formen schließen daher die Möglichkeit, aber auch nur die Möglichkeit der Krisen ein. Die Entwicklung dieser Möglichkeit zur Wirklichkeit erfordert einen ganzen Umkreis von Verhältnissen, die vom Standpunkt der einfachen Warenzirkulation noch gar nicht existieren.[73]

Als Vermittler der Warenzirkulation erhält das Geld die Funktion des Zirkulationsmittels.

b) Der Umlauf des Geldes

Der Formwechsel, worin sich der Stoffwechsel der Arbeitsprodukte vollzieht, W – G – W, bedingt, daß derselbe Wert als Ware den Ausgangspunkt des Prozesses bildet und zu demselben Punkt zurückkehrt als Ware. Diese Bewegung der Waren ist daher Kreislauf. Andrerseits schließt dieselbe Form den Kreislauf des Geldes aus. Ihr Resultat ist beständige Entfernung des Geldes von seinem Ausgangspunkt, nicht Rückkehr zu demselben. Solange der Verkäufer die verwandelte Gestalt seiner Ware festhält, das Geld, befindet sich die Ware im Stadium der ersten Metamorphose oder hat nur ihre erste Zirkulationshälfte zurückgelegt. Ist der Prozeß, verkaufen um zu kaufen, vervollständigt, so ist auch das Geld wieder aus der Hand seines ursprünglichen Besitzers entfernt. Allerdings, wenn der Leinweber, nachdem er die Bibel gekauft, von neuem Leinwand verkauft, kehrt auch das Geld in seine Hand zurück. Aber es kehrt nicht zurück durch die Zirkulation der ersten 20 Ellen Leinwand, wodurch es vielmehr aus den Händen des Leinwebers in die des Bibelverkäufers entfernt ist. Es kehrt nur zurück durch die Erneuerung oder Wiederholung desselben Zirkulationsprozesses für neue Ware und endet hier wie dort mit demselben Resultat. Die dem Geld durch die Warenzirkulation unmittelbar erteilte Bewegungsform ist daher seine beständige Entfernung vom Ausgangspunkt, sein Lauf aus der Hand eines Warenbesitzers in die eines andren, oder sein Umlauf (currency, cours de la monnaie).

---

[73] Vergleiche meine Bemerkungen über James Mill, „Zur Kritik etc.", p. 74-76. Zwei Punkte sind hier charakteristisch für die Methode der ökonomistischen Apologetik. Erstens die Identifizierung von Warenzirkulation und unmittelbarem Produktenaustausch durch einfache Abstraktion von ihren Unterschieden. Zweitens der Versuch, die Widersprüche des kapitalistischen Produktionsprozesses wegzuleugnen, indem man die Verhältnisse seiner Produktionsagenten in die einfachen Beziehungen auflöst, die aus der Warenzirkulation entspringen. Warenproduktion und Warenzirkulation sind aber Phänomene, die den verschiedensten Produktionsweisen angehören, wenn auch in verschiednem Umfang und Tragweite. Man weiß also noch nichts von der differentia specifica dieser Produktionsweisen und kann sie daher nicht beurteilen, wenn man nur die ihnen gemeinschaftlichen, abstrakten Kategorien der Warenzirkulation kennt. In keiner Wissenschaft außer der politischen Ökonomie herrscht so große Wichtigtuerei mit elementarischer Gemeinplätzlichkeit. Z. B. J. B. Say nimmt sich heraus, über die Krisen abzuurteilen, weil er weiß, daß die Ware Produkt ist.

Der Umlauf des Geldes zeigt beständige, eintönige Wiederholung desselben Prozesses. Die Ware steht stets auf Seite des Verkäufers, das Geld stets auf Seite des Käufers, als Kaufmittel. Es funktioniert als Kaufmittel, indem es den Preis der Ware realisiert. Indem es ihn realisiert, überträgt es die Ware aus der Hand des Verkäufers, während es sich gleichzeitig aus der Hand des Käufers in die des Verkäufers entfernt, um denselben Prozeß mit einer andren Ware zu wiederholen. Daß diese einseitige Form der Geldbewegung aus der doppelseitigen Formbewegung der Ware entspringt, ist verhüllt. Die Natur der Warenzirkulation selbst erzeugt den entgegengesetzten Schein. Die erste Metamorphose der Ware ist nicht nur als Bewegung des Geldes, sondern als ihre eigne Bewegung sichtbar, aber ihre zweite Metamorphose ist nur als Bewegung des Geldes sichtbar. In ihrer ersten Zirkulationshälfte wechselt die Ware den Platz mit dem Geld. Damit fällt zugleich ihre Gebrauchsgestalt der Zirkulation heraus, in die Konsumtion.[74] Ihre Wertgestalt oder Geldlarve tritt an ihre Stelle. Die zweite Zirkulationshälfte durchläuft sie nicht mehr in ihrer eignen Naturalhaut, sondern in ihrer Goldhaut. Die Kontinuität der Bewegung fällt damit ganz auf die Seite des Geldes und dieselbe Bewegung, die für die Ware zwei entgegengesetzte Prozesse einschließt, schließt als eigne Bewegung des Geldes stets denselben Prozeß ein, seinen Stellenwechsel mit stets andrer Ware. Das Resultat der Warenzirkulation, Ersatz von Ware durch andre Ware, erscheint nicht durch ihren eignen Formwechsel vermittelt, sondern durch die Funktion des Geldes als Zirkulationsmittel, welches die an und für sich bewegungslosen Waren zirkuliert, sie aus der Hand, worin sie Nicht-Gebrauchswerte, in die Hand überträgt, worin sie Gebrauchswerte, stets in entgegengesetzter Richtung zu seinem eignen Lauf. Es entfernt die Waren beständig aus der Zirkulationssphäre, indem es beständig an ihre Zirkulationsstelle tritt und sich damit von seinem eignen Ausgangspunkt entfernt. Obgleich daher die Geldbewegung nur Ausdruck der Warenzirkulation, erscheint umgekehrt die Warenzirkulation nur als Resultat der Geldbewegung.[75]

Andrerseits kommt dem Geld nur die Funktion des Zirkulationsmittels zu, weil es der verselbständigte Wert der Waren ist. Seine Bewegung als Zirkulationsmittel ist daher in der Tat nur ihre eigne Formbewegung. Diese muß sich daher auch sinnlich im Umlauf des Geldes widerspiegeln. So verwandelt z. B. die Leinwand zuerst ihre Warenform in ihre Geldform. Das letzte Extrem ihrer ersten Metamorphose W – G, die Geldform, wird dann das erste Extrem ihrer letzten Metamorphose G – W, ihrer Rückverwandlung in die Bibel. Aber jeder

---

[74] Selbst wenn die Ware wieder und wieder verkauft wird, ein Phänomen, das hier noch nicht für uns existiert, fällt sie mit dem letzten definitiven Verkauf aus der Sphäre der Zirkulation in die der Konsumtion, um hier als Lebensmittel oder als Produktionsmittel zu dienen.

[75] „Es“ (das Geld) „hat keine andere Bewegung als die, die ihm durch die Produkte verliehen wird.“ (Le Trosne, l.c.p. 885.)

dieser zwei Formwechsel vollzieht sich durch einen Austausch zwischen Ware und Geld, durch ihren gegenseitigen Stellenwechsel. Dieselben Geldstücke kommen als entäußerte Gestalt der Ware in die Hand des Verkäufers und verlassen sie als absolut veräußerliche Gestalt der Ware. Sie wechseln zweimal die Stelle. Die erste Metamorphose der Leinwand bringt diese Geldstücke in die Tasche des Webers, die zweite holt sie wieder heraus. Die beiden entgegengesetzten Formwechsel derselben Ware spiegeln sich also wider im zweimaligen Stellenwechsel des Geldes in entgegengesetzter Richtung.

Finden dagegen nur einseitige Warenmetamorphosen statt, bloße Verkäufe oder bloße Käufe, wie man will, so wechselt dasselbe Geld auch nur einmal den Platz. Sein zweiter Stellenwechsel drückt stets die zweite Metamorphose der Ware aus, ihre Rückverwandlung aus Geld. In der häufigen Wiederholung des Stellenwechsels derselben Geldstücke spiegelt sich wider nicht nur die Metamorphosenreihe einer einzigen Ware, sondern auch die Verschlingung der zahllosen Metamorphosen der Warenwelt überhaupt. Es versteht sich übrigens ganz von selbst, daß alles dies nur für die hier betrachtete Form der einfachen Warenzirkulation gilt.

Jede Ware, bei ihrem ersten Schritt in die Zirkulation, bei ihrem ersten Formwechsel, fällt aus der Zirkulation heraus, in welche stets neue Ware eintritt. Das Geld dagegen als Zirkulationsmittel haust beständig in der Zirkulationssphäre und treibt sich beständig in ihr um. Es entsteht also die Frage, wieviel Geld diese Sphäre beständig absorbiert.

In einem Lande gehn jeden Tag zahlreiche, gleichzeitige und daher räumlich nebeneinander laufende einseitige Warenmetamorphosen vor, oder in andren Worten, bloße Verkäufe von der einen Seite, bloße Käufe von der andren. In ihren Preisen sind die Waren bereits bestimmten vorgestellten Geldquantis gleichgesetzt. Da nun die hier betrachtete, unmittelbare Zirkulationsform Ware und Geld einander stets leiblich gegenüberstellt, die eine auf den Pol des Verkaufs, das andre auf den Gegenpol des Kaufs, ist die für den Zirkulationsprozeß der Warenwelt erheischte Masse von Zirkulationsmitteln bereits durch die Preissumme der Waren bestimmt. In der Tat stellt das Geld nur reell die in der Preissumme der Waren bereits ideell ausgedrückte Goldsumme dar. Die Gleichheit dieser Summen versteht sich daher von selbst. Wir wissen jedoch, daß bei gleichbleibenden Werten der Waren ihre Preise mit dem Werte des Goldes (des Geldmaterials) selbst wechseln, verhältnismäßig steigen, wenn er fällt, und fallen, wenn er steigt. Ob die Preissumme der Waren so steige oder falle, die Masse des zirkulierenden Geldes muß gleichmäßig steigen oder fallen. Der Wechsel in der Masse der Zirkulationsmittel entspringt hier allerdings aus dem Geld selbst, aber nicht aus seiner Funktion als Zirkulationsmittel, sondern aus seiner Funktion als Wertmaß. Der Preis der Waren wechselt erst umgekehrt wie der Wert des Geldes, und dann wechselt die Masse der Zirkulationsmittel direkt wie der Preis der Waren. Ganz dasselbe Phänomen würde sich ereignen, wenn z. B. nicht der Wert des Goldes sänke, sondern Silber es als Wertmaß ersetzte, oder nicht der Wert des Silbers stiege, sondern Gold es aus der Funktion des Wertmaßes verdrängte. In dem einen Fall müßte mehr Silber zirkulieren als vorher Gold, in dem andren weniger Gold als vorher Silber. In beiden Fällen hätte sich der Wert des Geldmaterials verändert, d. h. der Ware, die als Maß der Werte funktioniert, daher der Preisausdruck der Warenwerte, daher die Masse des zirkulierenden Geldes, das zur Realisierung dieser Preise dient. Man hat gesehn, daß die Zirkulationssphäre der Waren ein Loch hat, wodurch Gold (Silber, kurz das Geldmaterial) in sie eintritt als Ware von gegebnem Wert. Dieser Wert ist vorausgesetzt bei der Funktion des Geldes als Wertmaß, also bei der Preisbestimmung. Sinkt nun z. B. der Wert des Wertmaßes selbst, so erscheint dies zunächst im Preiswechsel der Waren, die unmittelbar an den Produktionsquellen der edlen Metalle mit ihnen als Waren ausgetauscht werden. Namentlich in minder entwickelten Zuständen der bürgerlichen Gesellschaft wird ein großer Teil der andren Waren noch längere Zeit in dem nun illusorisch gewordnen, veralteten Wert des Wertmaßes geschätzt werden. Indes steckt die eine Ware die andre an durch ihr Wertverhältnis zu derselben, die Gold- oder Silberpreise der Waren gleichen sich allmählich aus in den durch ihre Werte selbst bestimmten Proportionen, bis schließlich alle Warenwerte dem neuen Wert des Geldmetalles entsprechend geschätzt werden. Dieser Ausgleichungsprozeß ist begleitet von dem fortwährenden Wachstum der edlen Metalle, welche im Ersatz für die direkt mit ihnen ausgetauschten Waren einströmen. In demselben Maß daher, worin die berichtigte Preisgebung der Waren sich verallgemeinert, oder ihre Werte dem neuen, gesunkenen und bis zu einem gewissen Punkt fortsinkenden Wert des Metalls gemäß geschätzt werden, ist auch bereits seine zu ihrer Realisierung notwendige Mehrmasse vorhanden. Einseitige Beobachtung der Tatsachen, welche der Entdeckung der neuen Gold- und Silberquellen folgten, verleitete im 17. und namentlich im 18. Jahrhundert zum Trugschluß, die Warenpreise seien gestiegen, weil mehr Gold und Silber als Zirkulationsmittel funktionierten. Im folgenden wird der Wert des Goldes als gegeben vorausgesetzt, wie er in der Tat im Augenblick der Preisschätzung gegeben ist.

Unter dieser Voraussetzung also ist die Masse der Zirkulationsmittel durch die zu realisierende Preissumme der Waren bestimmt. Setzen wir nun ferner den Preis jeder Warenart als gegeben voraus, so hängt die Preissumme der Waren offenbar von der in Zirkulation befindlichen Warenmasse ab. Es gehört wenig Kopfbrechens dazu, um zu begreifen, daß, wenn 1 Quarter Weizen 2 Pfd. St., 100 Quarter 200 Pfd. St., 200 Quarter 400 Pfd. St. usw. kosten, mit der Masse des Weizens daher die Geldmasse wachsen muß, die beim Verkauf den Platz mit ihm wechselt.

Der Warenmasse als gegeben vorausgesetzt, flutet die Masse des zirkulierenden Geldes auf und ab mit den Preisschwankungen der Waren. Sie steigt und fällt, weil die Preissumme der Waren infolge ihres Preiswechsels zu- oder abnimmt. Dazu ist keineswegs nötig, daß die Preise aller Waren gleichzeitig steigen oder fallen. Die Preissteigerung einer gewissen Anzahl leitender Artikel in dem einen oder ihre Preissenkung in dem andren Fall reicht hin, um die zu realisierende Preissumme aller zirkulierenden Waren zu erhöhn oder zu senken, also auch mehr oder weniger Geld in Zirkulation zu setzen. Ob der Preiswechsel der Waren wirkliche Wertwechsel widerspiegelt oder bloße Schwankungen der Marktpreise, die Wirkung auf die Masse der Zirkulationsmittel bleibt dieselbe.

Es sei gegeben eine Anzahl zusammenhangsloser, gleichzeitiger und daher räumlich nebeneinander laufender Verkäufe oder Teilmetamorphosen, z. B. von 1 Quarter Weizen, 20 Ellen Leinwand, 1 Bibel, 4 Gallons Kornbranntwein. Wenn der Preis jedes Artikels 2 Pfd. St., die zu realisierende Preissumme daher 8 Pfd. St., so muß eine Geldmasse von 8 Pfd. St. in die Zirkulation eingehn. Bilden dieselben Waren dagegen Glieder der uns bekannten Metamorphosenreihe: 1 Quarter Weizen – 2 Pfd. St. – 20 Ellen Leinwand – 2 Pfd. St. – 1 Bibel – 2 Pfd. St. – 4 Gallons Kornbranntwein – 2 Pfd. St., so machen 2 Pfd. St. die verschiednen Waren der Reihe nach zirkulieren, indem sie deren Preise der Reihe nach, also auch die Preissumme von 8 Pfd. St., realisieren, um schließlich in der Hand des Destillateurs auszuruhn. Sie vollbringen vier Umläufe. Dieser wiederholte Stellenwechsel derselben Geldstücke stellt den doppelten Formwechsel der Ware dar, ihre Bewegung durch zwei entgegengesetzte Zirkulationsstadien und die Verschlingung der Metamorphosen verschiedner Waren.[76] Die gegensätzlichen und einander ergänzenden Phasen, wodurch dieser Prozeß verläuft, können nicht räumlich nebeneinander fallen, sondern nur zeitlich aufeinander folgen. Zeitabschnitte bilden daher das Maß seiner Dauer, oder die Anzahl der Umläufe derselben Geldstücke in gegebner Zeit mißt die Geschwindigkeit des Geldumlaufs. Der Zirkulationsprozeß jener vier Waren dauere z. B. einen Tag. So beträgt die zu realisierende Preissumme: 8 Pfd. St., die Anzahl der Umläufe derselben Geldstücke während des Tags: 4 und die Masse des zirkulierenden Geldes: 2 Pfd. St., oder für einen gegebnen Zeitabschnitt des Zirkulationsprozesses:

$$\frac{\text{Preissumme der Waren}}{\text{Umlaufsanzahl gleichnamiger Geldstücke}} = \text{Masse des als Zirkulationsmittel}$$

funktionierenden Geldes

Dies Gesetz gilt allgemein. Der Zirkulationsprozeß eines Landes in einem gegebnen Zeitabschnitt umfaßt zwar einerseits viele zersplitterte, gleichzeitige und räumlich nebeneinander fallende Verkäufe (resp. Käufe) oder Teilmetamorphosen, worin dieselben Geldstücke nur einmal die Stelle wechseln oder nur einen

[76] „Die Produkte sind es, die es“ (das Geld) „in Bewegung setzen und es zirkulieren machen ... Durch die Geschwindigkeit seiner“ (d. h. des Geldes) „Bewegung wird seine Quantität ergänzt. Wenn notwendig, gleitet es nur von einer Hand in die andre, ohne sich einen Augenblick aufzuhalten.“ (Le Trosne, l.c.p. 915, 916.)

Umlauf vollziehn, andrerseits viele teils nebeneinander herlaufende, teils sich ineinander verschlingende mehr oder minder gliederreiche Metamorphosenreihen, worin dieselben Geldstücke mehr oder minder zahlreiche Umläufe zurücklegen. Die Gesamtzahl der Umläufe aller in Zirkulation befindlichen gleichnamigen Geldstücke ergibt jedoch die Durchschnittsanzahl der Umläufe des einzelnen Geldstücks oder die Durchschnittsgeschwindigkeit des Geldumlaufs. Die Geldmasse, die bei Beginn z. B. des täglichen Zirkulationsprozesses in ihn hineingeworfen wird, ist natürlich bestimmt durch die Preissumme der gleichzeitig und räumlich nebeneinander zirkulierenden Waren. Aber innerhalb des Prozesses wird ein Geldstück sozusagen für das andre verantwortlich gemacht. Beschleunigt das eine seine Umlaufsgeschwindigkeit, so erlahmt die des andren, oder es fliegt ganz aus der Zirkulationssphäre heraus, da diese nur eine Goldmasse absorbieren kann, welche, multipliziert mit der mittlern Umlaufsanzahl ihres einzelnen Elements, gleich der zu realisierenden Preissumme ist. Wächst daher die Anzahl der Umläufe der Geldstücke, so nimmt ihre zirkulierende Masse ab. Nimmt die Anzahl ihrer Umläufe ab, so wächst ihre Masse. Weil die Masse des Geldes, die als Zirkulationsmittel funktionieren kann, bei gegebner Durchschnittsgeschwindigkeit gegeben ist, hat man daher z. B. nur eine bestimmte Quantität von Ein-Pfund-Noten in die Zirkulation hineinzuwefen, um ebenso viele Sovereigns hinauszuwerfen, ein allen Banken wohlbekanntes Kunststück.

Wie im Geldumlauf überhaupt nur der Zirkulationsprozeß der Waren, d. h. ihr Kreislauf durch entgegengesetzte Metamorphosen erscheint, so in der Geschwindigkeit des Geldumlaufs die Geschwindigkeit ihres Formwechsels, das kontinuierliche Ineinandergreifen der Metamorphosenreihen, die Hast des Stoffwechsels, das rasche Verschwinden der Waren aus der Zirkulationssphäre und ihr ebenso rascher Ersatz durch neue Waren. In der Geschwindigkeit des Geldumlaufs erscheint also die flüssige Einheit der entgegengesetzten und sich ergänzenden Phasen, Verwandlung der Gebrauchsgestalt in Wertgestalt und Rückverwandlung der Wertgestalt in Gebrauchsgestalt, oder der beiden Prozesse des Verkaufs und Kaufs. Umgekehrt erscheint in der Verlangsamung des Geldumlaufs die Trennung und gegensätzliche Verselbständigung dieser Prozesse, die Stockung des Formwechsels und daher des Stoffwechsels. Woher diese Stokkung entspringt, ist natürlich der Zirkulation selbst nicht anzusehn. Sie zeigt nur das Phänomen selbst. Der populären Anschauung, welche mit verlangsamtem Geldumlauf das Geld minder häufig auf allen Punkten der Zirkulationsperipherie erscheinen und verschwinden sieht, liegt es nah, das Phänomen aus mangelnder Quantität der Zirkulationsmittel zu deuten.[77]

[77] „Weil Geld ... das allgemeine Maß für Kauf und Verkauf darstellt, ist jeder, der etwas zu verkaufen hat, aber keinen Käufer finden kann, sofort geneigt, zu denken, daß Mangel an Geld im Kingdom oder im Lande schuld sei, wenn seine Waren keinen Absatz finden; daher allenthalben das Geschrei über den Mangel an Geld, was jedoch ein großer Irrtum ist ... Was brauchen diese

Das Gesamtquantum des in jedem Zeitabschnitt als Zirkulationsmittel funktionierenden Geldes ist also bestimmt einerseits durch die Preissumme der zirkulierenden Warenwelt, andrerseits durch den langsameren oder rascheren Fluß ihrer gegensätzlichen Zirkulationsprozesse, von dem es abhängt, der wievielte Teil jener Preissumme durch dieselben Geldstücke realisiert werden kann. Die Preissumme der Waren hängt aber ab sowohl von der Masse als den Preisen jeder Warenart. Die drei Faktoren: die Preisbewegung, die zirkulierende Warenmasse und endlich die Umlaufsgeschwindigkeit des Geldes, können aber in verschiedner Richtung und verschiednen Verhältnissen wechseln, die zu realisierende Preissumme, daher die durch sie bedingte Masse der Zirkulationsmittel, also sehr zahlreiche Kombinationen durchmachen. Wir zählen hier nur die in der Geschichte der Warenpreise wichtigsten auf.

Bei gleichbleibenden Warenpreisen kann die Masse der Zirkulationsmittel wachsen, weil die Masse der zirkulierenden Waren zunimmt oder die Umlaufsgeschwindigkeit des Geldes abnimmt oder beides zusammenwirkt. Die Masse der Zirkulationsmittel kann umgekehrt abnehmen mit abnehmender Warenmasse oder zunehmender Zirkulationsgeschwindigkeit.

Bei allgemein steigenden Warenpreisen kann die Masse der Zirkulationsmittel gleichbleiben, wenn die Masse der zirkulierenden Waren in demselben Verhältnis abnimmt, worin ihr Preis zunimmt, oder die Umlaufsgeschwindigkeit des Geldes ebenso rasch zunimmt als die Preiserhöhung, während die zirkulierende Warenmasse konstant bleibt. Die Masse der Zirkulationsmittel kann fallen, weil die Warenmasse rascher ab- oder die Umlaufsgeschwindigkeit rascher zunimmt als die Preise.

Leute, die nach Geld schreien? ... Der Pächter klagt ... er denkt, wenn mehr Geld im Lande wäre, könnte er einen Preis für seine Güter bekommen ... Also fehlt ihm anscheinend nicht Geld, sondern ein Preis für sein Korn und sein Vieh, das er verkaufen möchte, aber nicht kann ... Warum kann er keinen Preis erzielen? ... 1. Entweder es gibt zu viel Korn und Vieh im Land, so daß den meisten, die auf den Markt kommen, ebenso wie ihm das Verkaufen not tut, das Kaufen aber nur wenigen, oder 2. der gewöhnliche Absatz durch Ausfuhr stockt ... oder 3. der Konsum wird geringer, wenn z. B. die Leute infolge Armut nicht mehr soviel für ihren Haushalt ausgeben wie früher. Deshalb ist es nicht die Vermehrung von Geld schlechthin, die sich günstig auf die Güter des Pächters auswirken würde, sondern die Beseitigung einer dieser drei Ursachen, die wirklich den Markt niederhalten ... Kaufmann und Krämer brauchen in gleicher Weise Geld, d. h., weil die Märkte stocken, fehlt ihnen der Absatz der Güter, mit denen sie handeln ... Eine Nation gedeiht niemals besser, als wenn die Reichtümer schnell von Hand zu Hand gehen." (Sir Dudley North, „Discourses upon Trade", Lond. 1691, p. 11-15 passim.) Herrenschwands Schwindeleien kommen alle darauf hinaus, daß die aus der Natur der Ware entspringenden und daher in der Warenzirkulation erscheinenden Widersprüche durch Vermehrung der Zirkulationsmittel beseitigt werden können. Aus der Volksillusion, welche Stockungen des Produktions- und Zirkulationsprozesses einem Mangel an Zirkulationsmitteln zuschreibt, folgt übrigens umgekehrt, daß wirklicher Mangel an Zirkulationsmitteln, z. B. infolge offizieller Pfuschereien mit der „regulation of currency" nicht seinerseits Stockungen hervorrufen kann.

Bei allgemein fallenden Warenpreisen kann die Masse der Zirkulationsmittel gleichbleiben, wenn die Warenmasse in demselben Verhältnis wächst, worin ihr Preis fällt, oder die Umlaufsgeschwindigkeit des Geldes in demselben Verhältnis abnimmt wie die Preise. Sie kann wachsen, wenn die Warenmasse rascher wächst oder die Zirkulationsgeschwindigkeit rascher abnimmt, als die Warenpreise fallen.

Die Variationen der verschiednen Faktoren können sich wechselseitig kompensieren, so daß ihrer beständigen Unstetigkeit zum Trotz die zu realisierende Gesamtsumme der Warenpreise konstant bleibt, also auch die zirkulierende Geldmasse. Man findet daher, namentlich bei Betrachtung etwas längerer Perioden, ein viel konstanteres Durchschnittsniveau der in jedem Lande zirkulierenden Geldmasse und, mit Ausnahme starker Perturbationen, die periodisch aus den Produktions- und Handelskrisen, seltner aus einem Wechsel im Geldwert selbst entspringen, viel geringere Abweichungen von diesem Durchschnittsniveau, als man nach dem Augenschein erwarten sollte.

Das Gesetz, daß die Quantität der Zirkulationsmittel bestimmt ist durch die Preissumme der zirkulierenden Waren und die Durchschnittsgeschwindigkeit des Geldumlaufs[78], kann auch so ausgedrückt werden, daß bei gegebner Wertsumme der Waren und gegebner Durchschnittsgeschwindigkeit ihrer Metamorphosen, die Quantität des umlaufenden Geldes oder des Geldmaterials von seinem eig-

[78] „Es gibt ein bestimmtes Maß und Verhältnis des Geldes, das erforderlich ist, um den Handel einer Nation in Gang zu halten; ein Mehr oder Weniger würde ihm Abbruch tun. Geradeso wie in einem kleinen Detailgeschäft eine bestimmte Menge von Farthings notwendig ist, um die Silbermünzen zu wechseln und solche Zahlungen zu leisten, die mit den kleinsten Silbermünzen nicht geleistet werden können ... Ebenso wie nun das zahlenmäßige Verhältnis der im Handel notwendigen Farthings von der Zahl der Käufer, der Häufigkeit ihrer Käufe und vor allem auch von dem Wert der kleinsten Silbermünze abhängig ist, so ist in ähnlicher Weise das Verhältnis des für unseren Handel notwendigen Geldes (Gold- und Silbermünzen) bestimmt durch die Häufigkeit der Tauschvorgänge und die Höhe der Zahlungen." (William Petty, „A Treatise on Taxes and Contributions", Lond. 1667, p. 17.) Die Humesche Theorie ward gegen J. Steuart u. a. verteidigt von A. Young in seiner „Political Arithmetic", Lond. 1774, wo ein eignes Kapitel: „Prices depend on quantity of money", p. 112 sqq. Ich bemerke „Zur Kritik etc.", p.149: „Die Frage über die Quantität der zirkulierenden Münze beseitigt er (A. Smith) stillschweigend, indem er das Geld ganz falsch als bloße Ware behandelt." Dies gilt nur, soweit A. Smith ex officio das Geld behandelt. Gelegentlich jedoch, z. B. in der Kritik der früheren Systeme der Pol. Ökon., spricht er das Richtige aus: „Die Menge des gemünzten Geldes wird in jedem Lande durch den Wert der Waren geregelt, deren Umlauf es zu vermitteln hat ... Der Wert der in einem Lande jährlich gekauften und verkauften Güter erfordert eine gewisse Menge Geld, um sie zu zirkulieren und an ihre eigentlichen Verbraucher zu verteilen, kann aber für mehr Geld keine Verwendung schaffen. Der Kanal der Zirkulation zieht notwendigerweise eine Summe an, die genügt, um ihn zu füllen, nimmt aber nie eine größere auf." („Wealth of Nations", l. IV, ch. I.) Ähnlich eröffnet A. Smith sein Werk ex officio mit einer Apotheose der Teilung der Arbeit. Hinterher, im letzten Buch über die Quellen des Staatseinkommens, reproduziert er gelegentlich A. Fergusons, seines Lehrers, Denunziation der Teilung der Arbeit.

nen Wert abhängt. Die Illusion, daß umgekehrt die Warenpreise durch die Masse der Zirkulationsmittel und letztre ihrerseits durch die Masse des in einem Lande befindlichen Geldmaterials bestimmt werden[79], wurzelt bei ihren ursprünglichen Vertretern in der abgeschmackten Hypothese, daß Waren ohne Preis und Geld ohne Wert in den Zirkulationsprozeß eingehn, wo sich dann ein aliquoter Teil des Warenbreis mit einem aliquoten Teil des Metallbergs austausche.[80]

---

79 „Die Preise der Dinge werden sicherlich in jedem Lande so steigen, wie die Menge an Gold und Silber unter den Leuten anwächst; folglich müssen auch, wenn in einem Lande Gold und Silber sich vermindern, die Preise aller Waren einer solchen Verminderung des Geldes entsprechend fallen." (Jacob Vanderlint, „Money answers all Things", Lond. 1734, p. 5.) Nähere Vergleichung zwischen Vanderlint und Humes „Essays" läßt mir nicht den geringsten Zweifel, daß Hume V.'s übrigens bedeutende Schrift kannte und benutzte. Die Ansicht, daß die Masse der Zirkulationsmittel die Preise bestimmt, auch bei Barbon und noch viel älteren Schriftstellern. „Keine Ungelegenheit", sagt Vanderlint, „kann durch ungehinderten Handel entstehen, sondern nur sehr großer Nutzen, denn wenn die Bargeldmenge der Nation durch ihn verringert wird, was ja die Prohibitionsmaßnahmen verhindern sollen, so werden die Nationen, denen das Bargeld zufließt, sicher feststellen, daß alle Dinge in dem Maße im Preise steigen, wie die Bargeldmenge bei ihnen anwächst. Und ... unsere Manufakturprodukte und alle anderen Waren werden bald so billig, daß sich die Handelsbilanz wieder zu unseren Gunsten wendet, und infolgedessen das Geld zu uns zurückfließt." (l.c.p. 43, 44.)

80 Daß jede einzelne Warenart durch ihren Preis ein Element der Preissumme aller zirkulierenden Waren bildet, ist selbstverständlich. Wie aber untereinander inkommensurable Gebrauchswerte sich en masse mit der in einem Land befindlichen Gold- oder Silbermasse austauschen sollen,, ist völlig unbegreiflich. Verschwindelt man die Warenwelt in eine einzige Gesamtware, wovon jede Ware nur einen aliquoten Teil bildet, so kommt das schöne Rechenexempel heraus: Gesamtware = x Ztr. Gold. Ware A = aliquoter Teil der Gesamtware = derselbe aliquote Teil von x Ztr. Gold. Dies ehrlich heraus bei Montesquieu: „Wenn man die Masse des auf der Welt vorhandenen Goldes und Silbers mit der Summe der vorhandenen Waren vergleicht, so kann man gewiß jedes einzelne Erzeugnis bzw. Ware mit einer bestimmten Menge des Geldes vergleichen. Unterstellen wir einmal, daß es nur ein einziges Erzeugnis bzw. eine einzige Ware gibt oder daß nur eine gekauft wird und daß sie ebenso teilbar ist wie das Geld: ein gewisser Teil dieser Ware wird dann einem Teil der Geldmasse entsprechen; die Hälfte der Gesamtheit der Waren der Hälfte der gesamten Geldmasse usw. ... die Bestimmung der Warenpreise hängt im Grunde genommen stets vom Verhältnis der Gesamtmenge der Waren zur Gesamtmenge der Geldzeichen ab." (Montesquieu, l.c., t. III, p. 12,13.) Über die Weiterentwicklung dieser Theorie durch Ricardo, seinen Schüler James Mill, Lord Overstone usw. vgl. „Zur Kritik etc.", p. 140-146, und p. 150 sqq. Herr J. St. Mill versteht es, mit der ihm geläufigen eklektischen Logik, der Ansicht seines Vaters J. Mill und zugleich der entgegengesetzten zu sein. Vergleicht man den Text seines Kompendiums: „Princ. of Pol. Econ.", mit der Vorrede (erste Ausgabe), worin er sich selbst als Adam Smith der Gegenwart ankündet, so weiß man nicht, was mehr bewundern, die Naivetät des Mannes oder die des Publikums, das ihn auf Treu und Glauben in den Kauf nahm als Adam Smith, zu dem er sich etwa verhält wie General Williams Kars von Kars zum Herzog von Wellington. Die weder umfangreichen noch gehaltreichen Originalforschungen des Herrn J. St. Mill im Gebiet der Pol. Ök. findet man alle in Reih' und Glied aufmarschiert in seinem 1844 erschienenen Schriftchen: „Some Unsettled Questions of Political Economy." Locke spricht direkt den Zusammenhang zwischen der Wertlosigkeit von Gold und Silber und der Bestimmung ihres Werts durch Quantität aus. „Da die Menschen übereingekommen sind,

c) Die Münze. Das Wertzeichen

Aus der Funktion des Geldes als Zirkulationsmittel entspringt seine Münzgestalt. Der in dem Preise oder Geldnamen der Waren vorgestellte Gewichtsteil Gold muß ihnen in der Zirkulation als gleichnamiges Goldstück oder Münze gegenübertreten. Wie die Feststellung des Maßstabs der Preise, fällt das Geschäft der Münzung dem Staat anheim. In den verschiednen Nationaluniformen, die Gold und Silber als Münzen tragen, auf dem Weltmarkt aber wieder ausziehn, erscheint die Scheidung zwischen den innern oder nationalen Sphären der Warenzirkulation und ihrer allgemeinen Weltmarktssphäre.

Goldmünze und Barrengold unterscheiden sich also von Haus nur durch die Figur, und das Gold ist beständig aus einer Form in die andre verwandelbar.[81] Der Weg aus der Münze ist aber zugleich der Gang zum Schmelztiegel. Im Umlauf verschleißen nämlich die Goldmünzen, die eine mehr, die andre weniger. Goldtitel und Goldsubstanz, Nominalgehalt und Realgehalt beginnen ihren Scheidungsprozeß. Gleichnamige Goldmünzen werden von ungleichem Wert, weil verschiednem Gewicht. Das Gold als Zirkulationsmittel weicht ab vom Gold als Maßstab der Preise und hört damit auch auf, wirkliches Äquivalent der Waren zu sein, deren Preise es realisiert. Die Geschichte dieser Wirren bildet die Münzgeschichte des Mittelalters und der Neuzeit bis ins 18. Jahrhundert. Die naturwüchsige Tendenz des Zirkulationsprozesses, das Goldsein der Münze in Goldschein oder die Münze in ein Symbol ihres offiziellen Metallgehalts zu verwandeln, ist selbst anerkannt durch die modernsten Gesetze über den Grad des Metallverlustes, der ein Goldstück kursunfähig macht oder demonetisiert.

Wenn der Geldumlauf selbst den Realgehalt vom Nominalgehalt der Münze scheidet, ihr Metalldasein von ihrem funktionellen Dasein, so enthält er die Möglichkeit latent, das Metallgeld in seiner Münzfunktion durch Marken aus andrem

---

Gold und Silber einen imaginären Wert zu verleihen ... ist der innere Wert, den man in diesen Metallen erblickt, nichts als ihre Quantität.“ („Some Considerations etc.“, 1691, „Works“, ed. 1777, vol. II, p. 15.)

[81] Es liegt natürlich ganz jenseits meines Zwecks, Details wie Schlagschatz u. dgl. zu behandeln. Gegenüber dem romantischen Sykophanten Adam Müller jedoch, der „die großartige Liberalität“ bewundert, womit die „englische Regierung unentgeltlich münzt“, folgendes Urteil Sir Dudley Norths: „Silber und Gold haben wie andere Waren ihre Ebbe und Flut. Wenn eine Ladung aus Spanien ankommt, ... wird sie in den Tower gebracht und ausgemünzt. Nicht lange danach entsteht Nachfrage nach Barren für die Ausfuhr. Wenn nun keine vorhanden sind, sondern zufällig alles gemünzt ist, was dann? Man wird es wieder einschmelzen; dies bedeutet keinen Verlust, da das Münzen den Eigentümer nichts kostet. Aber die Nation hat den Schaden, denn sie zahlt dafür, daß Stroh, mit dem man Esel füttert, vorher geflochten wird. Wenn der Kaufmann“ (North war selbst einer der größten Kaufleute zu Charles II. Zeit) „einen Preis für das Münzen zu zahlen hätte, würde er nicht, ohne zu überlegen, sein Silber in den Tower schicken, und gemünztes Geld würde dann stets einen höheren Wert haben als ungemünztes Silber.“ (North, l.c.p. 18.)

Material oder Symbole zu ersetzen. Die technischen Hindernisse der Münzung ganz diminutiver Gewichtsteile des Goldes resp. Silbers und der Umstand, daß niedrigere Metalle ursprünglich statt der edleren, Silber statt des Goldes, Kupfer statt des Silbers, zum Wertmaß dienen und daher als Geld zirkulieren im Augenblick, wo das edlere Metall sie entthront, erklären historisch die Rolle von Silber- und Kupfermarken als Substituten der Goldmünze. Sie ersetzen das Gold in den Kreisen der Warenzirkulation, worin die Münze am schnellsten zirkuliert und sich daher am schnellsten abnutzt, d. h., wo Käufe und Verkäufe unaufhörlich im kleinsten Maßstab erneuert werden. Um die Festsetzung dieser Trabanten an der Stelle des Goldes selbst zu verhindern, werden gesetzlich die sehr niedrigen Proportionen bestimmt, worin sie allein an Zahlungs Statt für Gold angenommen werden müssen. Die besondren Kreise, worin die verschiednen Münzsorten umlaufen, laufen natürlich ineinander. Die Scheidemünze erscheint neben dem Gold zur Zahlung von Bruchteilen der kleinsten Goldmünze; das Gold tritt beständig in die Detailzirkulation ein, wird aber durch Auswechslung mit Scheidemünze ebenso beständig herausgeworfen.[82]

Der Metallgehalt der Silber- oder Kupfermarken ist willkürlich durch das Gesetz bestimmt. Im Umlauf verschleißen sie noch rascher als die Goldmünze. Ihre Münzfunktion wird daher faktisch durchaus unabhängig von ihrem Gewicht, d. h. von allem Wert. Das Münzdasein des Goldes scheidet sich völlig von seiner Wertsubstanz. Relativ wertlose Dinge, Papierzettel, können also an seiner Statt als Münze funktionieren. In den metallischen Geldmarken ist der rein symbolische Charakter noch einigermaßen versteckt. Im Papiergeld tritt er augenscheinlich hervor. Man sieht: Ce n'est que le premier pas que coûte.

Es handelt sich hier nur von Staatspapiergeld mit Zwangskurs. Es wächst unmittelbar aus der metallischen Zirkulation heraus. Kreditgeld unterstellt dagegen Verhältnisse, die uns vom Standpunkt der einfachen Warenzirkulation noch durchaus unbekannt sind. Im Vorbeigehn sei jedoch bemerkt, daß, wie eigentliches Papiergeld aus der Funktion des Geldes als Zirkulationsmittel entspringt, das Kreditgeld in der Funktion des Geldes als Zahlungsmittel seine naturwüchsige Wurzel besitzt.[83]

---

[82] „Wenn nie mehr Silbergeld vorhanden ist, als man für die kleineren Zahlungen benötigt, kann es nicht in für größere Zahlungen ausreichenden Mengen angesammelt werden ... Die Verwendung von Gold für große Zahlungen schließt notwendig auch seine Verwendung im Detailhandel ein: Wer Goldmünzen hat, benutzt sie auch bei kleineren Einkäufen und erhält mit der gekauften Ware den Rest in Silber zurück; dadurch wird der Überschuß an Silber, der sonst den Detailhändler belasten würde, diesem entzogen und in die allgemeine Zirkulation zurückgeführt. Wenn aber so viel Silber vorhanden ist, daß die kleinen Zahlungen unabhängig von Gold ausgeführt werden können, so wird der Detailhändler für kleine Käufe Silber erhalten, das sich dann notwendig bei ihm anhäufen wird." (David Buchanan, „Inquiry into the Taxation and Commercial Policy of Great Britain", Edinburgh 1844, p. 248, 249.)

[83] Der Finanzmandarin Wan-mao-in ließ sich beigehn, dem Sohn des Himmels ein Projekt zu

Papierzettel, denen Geldnamen, wie 1 Pfd. St., 5 Pfd. St. usw. aufgedruckt sind, werden vom Staat äußerlich in den Zirkulationzprozeß hineingeworfen. Soweit sie wirklich an der Stelle der gleichnamigen Goldsumme zirkulieren, spiegeln sich in ihrer Bewegung nur die Gesetze des Geldumlaufs selbst wider. Ein spezifisches Gesetz der Papierzirkulation kann nur aus ihrem Repräsentationsverhältnis zum Gold entspringen. Und dies Gesetz ist einfach dies, daß die Ausgabe des Papiergelds auf die Quantität zu beschränken ist, worin das von ihm symbolisch dargestellte Gold (resp. Silber) wirklich zirkulieren müßte. Nun schwankt zwar das Goldquantum, welches die Zirkulationssphäre absorbieren kann, beständig über oder unter ein gewisses Durchschnittsniveau. Jedoch sinkt die Masse des zirkulierenden Mediums in einem gegebnen Land nie unter ein gewisses Minimum, das sich erfahrungsmäßig feststellt. Daß diese Minimalmasse fortwährend ihre Bestandteile wechselt, d. h. aus stets andren Goldstücken besteht, ändert natürlich nichts an ihrem Umfang und ihrem konstanten Umtrieb in der Zirkulationssphäre. Sie kann daher durch Papiersymbole ersetzt werden. Werden dagegen heute alle Zirkulationskanäle zum vollen Grad ihrer Geldabsorptionsfähigkeit mit Papiergeld gefüllt, so können sie infolge der Schwankungen der Warenzirkulation morgen übervoll sein. Alles Maß geht verloren. Überschreitet aber das Papier sein Maß, d. h. die Quantität von Goldmünze gleicher Denomination, welche zirkulieren könnte, so stellt es, von der Gefahr allgemeiner Diskreditierung abgesehn, innerhalb der Warenwelt dennoch nur die durch ihre immanenten Gesetze bestimmte, also auch allein repräsentierbare Goldquantität vor. Stellt die Papierzettelmasse z. B. je 2 Unzen Gold statt je 1 Unze dar, so wird faktisch 1 Pfd. St. z. B. zum Geldnamen sage etwa von $^{1}/_{8}$ Unze statt von $^{1}/_{4}$ Unze. Die Wirkung ist dieselbe, als wäre das Gold in seiner Funktion als Maß der Preise verändert worden. Dieselben Werte, die sich daher vorher im Preise von 1 Pfd. St., drücken sich jetzt im Preise von 2 Pfd. St. aus.

Das Papiergeld ist Goldzeichen oder Geldzeichen. Sein Verhältnis zu den Warenwerten besteht nur darin, daß sie ideell in denselben Goldquantis aus-

---

unterbreiten, welches versteckt auf Verwandlung der chinesischen Reichsassignaten in konvertible Banknoten hinzielte. Im Bericht des Assignaten-Komitees vom April 1854 erhält er gehörig den Kopf gewaschen. Ob er auch die obligate Tracht Bambushiebe erhielt, wird nicht gemeldet. „Das Komitee", lautet es am Schluß des Berichts, „hat sein Projekt aufmerksam erwogen und findet, daß alles in ihm auf den Vorteil der Kaufleute ausgeht und nichts für die Krone vorteilhaft ist." („Arbeiten der Kaiserlich Russischen Gesandtschaft zu Peking über China." Aus dem Russischen von Dr. K. Abel und F. A. Mecklenburg. Erster Band, Berlin 1858, p. 54.) Über die beständige Entmetallung der Goldmünzen durch ihren Umlauf sagt ein „Governor" der Bank of England als Zeuge vor dem „House of Lord's Committee" (über „Bankacts"): „Jedes Jahr wird eine frische Klasse von Souverainen" (dies nicht politisch, sondern der Sovereign ist Name des Pfd. St.)" zu leicht. Die Klasse, welche das eine Jahr als vollwichtig passiert, verliert durch den Verschleiß hinreichend, um das nächste Jahr die Waagschale gegen sich zu drehn."(H. o. Lords' Committee 1848, n. 429.)

gedrückt sind, welche vom Papier symbolisch sinnlich dargestellt werden. Nur sofern das Papiergeld Goldquanta repräsentiert, die, wie alle andren Warenquanta, auch Wertquanta, ist es Wertzeichen.[84]

Es fragt sich schließlich, warum das Gold durch bloße wertlose Zeichen seiner selbst ersetzt werden kann? Es ist aber, wie man gesehn, nur so ersetzbar, soweit es in seiner Funktion als Münze oder Zirkulationsmittel isoliert oder verselbständigt wird. Nun findet die Verselbständigung dieser Funktion zwar nicht für die einzelnen Goldmünzen statt, obgleich sie in dem Fortzirkulieren verschlissener Goldstücke erscheint. Bloße Münze oder Zirkulationsmittel sind die Goldstücke grade nur, solang sie sich wirklich im Umlauf befinden. Was aber nicht für die einzelne Goldmünze, gilt für die vom Papiergeld ersetzbare Minimalmasse Gold. Sie haust beständig in der Zirkulationssphäre, funktioniert fortwährend als Zirkulationsmittel und existiert daher ausschließlich als Träger dieser Funktion. Ihre Bewegung stellt also nur das fortwährende Ineinanderumschlagen der entgegengesetzten Prozesse der Warenmetamorphose W – G – W dar, worin der Ware ihre Wertgestalt nur gegenübertritt, um sofort wieder zu verschwinden. Die selbständige Darstellung des Tauschwerts der Ware ist hier nur flüchtiges Moment. Sofort wird sie wieder durch andre Ware ersetzt. Daher genügt auch die bloß symbolische Existenz des Geldes in einem Prozeß, der es beständig aus einer Hand in die andre entfernt. Sein funktionelles Dasein absorbiert sozusagen sein materielles. Verschwindend objektivierter Reflex der Warenpreise, funktioniert es nur noch als Zeichen seiner selbst und kann daher auch durch Zeichen ersetzt werden.[85] Nur bedarf das Zeichen des Geldes seiner

---

[84] Note zur 2. Ausgabe. Wie unklar selbst die besten Schriftsteller über Geldwesen die verschiednen Funktionen des Geldes auffassen, zeigt z. B. folgende Stelle aus Fullarton: „Was unseren inländischen Austausch betrifft, können alle Geldfunktionen, die gewöhnlich von Gold- oder Silbermünzen erfüllt werden, ebenso wirksam durch eine Zirkulation von nicht einlösbaren Noten erfüllt werden, die keinen anderen Wert haben als diesen künstlichen und auf Übereinkunft beruhenden Wert, den sie durch Gesetz erhalten haben – eine Tatsache, die, denke ich, nicht geleugnet werden kann. Ein Wert dieser Art könnte all den Zwecken eines inneren Wertes dienstbar gemacht werden und sogar die Notwendigkeit eines Wertmaßstabs überflüssig machen, sofern nur die Quantität seiner Ausgaben in den gehörigen Schranken gehalten wird." (Fullarton, „Regulation of Currendies", 2. ed., London 1845, p. 21.) Also weil die Geldware durch bloße Wertzeichen in der Zirkulation ersetzt werden kann, ist sie als Maß der Werte und Maßstab der Preise überflüssig!

[85] Daraus, daß Gold und Silber als Münze oder in der ausschließlichen Funktion als Zirkulationsmittel zu Zeichen ihrer selbst werden, leitet Nicholas Barbon das Recht der Regierungen her, „to raise money", d. h., z. B. einem Quantum Silber, das Groschen hieß, den Namen eines größeren Silberquantums, wie Taler, zu geben und so den Gläubigern Groschen statt Taler zurückzuzahlen. „Geld verbraucht sich und wird leichter durch vielfaches Auszählen ... Es ist die Benennung und der Kurs des Geldes, was die Leute im Handel beachten, und nicht die Menge des Silbers ... Es ist die Staatsautorität, die das Metall zum Gelde macht." (N. Barbon, l.c.p. 29, 30, 25.)

eignen objektiv gesellschaftlichen Gültigkeit, und diese erhält das Papiersymbol durch den Zwangskurs. Nur innerhalb der von den Grenzen eines Gemeinwesens umschriebnen oder innern Zirkulationssphäre gilt dieser Staatszwang, aber auch nur hier geht das Geld völlig auf in seine Funktion als Zirkulationsmittel oder Münze und kann daher im Papiergeld eine von seiner Metallsubstanz äußerlich getrennte und bloß funktionelle Existenzweise erhalten.

3. Geld

Die Ware, welche als Wertmaß und daher auch, leiblich oder durch Stellvertreter, als Zirkulationsmittel funktioniert, ist Geld. Gold (resp. Silber) ist daher Geld. Als Geld funktioniert es, einerseits wo es in seiner goldnen (resp. silbernen) Leiblichkeit erscheinen muß, daher als Geldware, also weder bloß ideell, wie im Wertmaß, noch repräsentationsfähig, wie im Zirkulationsmittel; andrerseits wo seine Funktion, ob es selbe nun in eigner Person oder durch Stellvertreter vollziehe, es als alleinige Wertgestalt oder allein adäquates Dasein des Tauschwerts allen andren Waren als bloßen Gebrauchswerten gegenüber fixiert.

a) Schatzbildung

Der kontinuierliche Kreislauf der zwei entgegengesetzten Warenmetamorphosen oder der flüssige Umschlag von Verkauf und Kauf erscheint im rastlosen Umlauf des Geldes oder seiner Funktion als perpetuum mobile der Zirkulation. Es wird immobilisiert, oder verwandelt sich, wie Boisguillebert sagt, aus meuble in immeuble, aus Münze in Geld, sobald die Metamorphosenreihe unterbrochen, der Verkauf nicht durch nachfolgenden Kauf ergänzt wird.

Mit der ersten Entwicklung der Warenzirkulation selbst entwickelt sich die Notwendigkeit und die Leidenschaft, das Produkt der ersten Metamorphose, die verwandelte Gestalt der Ware oder ihre Goldpuppe festzuhalten.[86] Ware wird verkauft, nicht um Ware zu kaufen, sondern um Warenform durch Geldform zu ersetzen. Aus bloßer Vermittlung des Stoffwechsels wird dieser Formwechsel zum Selbstzweck. Die entäußerte Gestalt der Ware wird verhindert, als ihre absolut veräußerliche Gestalt oder nur verschwindende Geldform zu funktionieren. Das Geld versteinert damit zum Schatz, und der Warenverkäufer wird Schatzbildner.

Grade in den Anfängen der Warenzirkulation verwandelt sich nur der Überschuß an Gebrauchswerten in Geld. Gold und Silber werden so von selbst zu

---

[86] „Reichtum an Geld ist nichts weiter als ... Reichtum an Erzeugnissen, die in Geld verwandelt worden sind." (Mercier de la Rivière, l.c.p. 573.) „Ein Wert in Form von Erzeugnissen hat nur die Form gewechselt." (ib., p. 486.)

gesellschaftlichen Ausdrücken des Überflusses oder des Reichtums. Diese naive Form der Schatzbildung verewigt sich bei Völkern, wo der traditionellen und auf Selbstbedarf gerichteten Produktionsweise ein fest abgeschloßner Kreis von Bedürfnissen entspricht. So bei den Asiaten, namentlich den Indern. Vanderlint, der die Warenpreise durch die Masse des in einem Land befindlichen Goldes und Silbers bestimmt wähnt, fragt sich, warum die indische Waren so wohlfeil? Antwort: Weil die Inder das Geld vergraben. Von 1602–1734, bemerkt er, vergruben sie 150 Millionen Pfd. St. Silber, die ursprünglich von Amerika nach Europa kamen.[87] Von 1856–1866, also in 10 Jahren, exportierte England nach Indien und China (das nach China exportierte Metall fließt großenteils wieder nach Indien) 120 Millionen Pfd. St. in Silber, welches vorher gegen australisches Geld eingewechselt wurde.

Mit mehr entwickelter Warenproduktion muß jeder Warenproduzent sich den nervus rerum, das „gesellschaftliche Faustpfand" sichern.[88] Seine Bedürfnisse erneuern sich unaufhörlich und gebieten unaufhörlichen Kauf fremder Ware, während Produktion und Verkauf seiner eignen Ware Zeit kosten und von Zufällen abhängen. Um zu kaufen, ohne zu verkaufen, muß er vorher verkauft haben, ohne zu kaufen. Diese Operation, auf allgemeiner Stufenleiter ausgeführt, scheint sich selbst zu widersprechen. An ihren Produktionsquellen jedoch tauschen sich die edlen Metalle direkt mit andren Waren aus. Es findet hier Verkauf (auf Seite der Warenbesitzer) ohne Kauf (auf Seite der Gold- und Silberbesitzer) statt.[89] Und spätere Verkäufe ohne nachfolgende Käufe vermitteln bloß die weitere Verteilung der edlen Metalle unter alle Warenbesitzer. So entstehn auf allen Punkten des Verkehrs Gold- und Silberschätze vom verschiedensten Umfang. Mit der Möglichkeit, die Ware als Tauschwert oder den Tauschwert als Ware festzuhalten, erwacht die Goldgier. Mit der Ausdehnung der Warenzirkulation wächst die Macht des Geldes, der stets schlagfertigen, absolut gesellschaftlichen Form des Reichtums.

> „Gold ist ein wunderbares Ding! Wer dasselbe besitzt, ist Herr von allem, was er wünscht. Durch Gold kann man sogar Seelen in das Paradies gelangen lassen." (Columbus, im Brief aus Jamaica, 1503.)

Da dem Geld nicht anzusehn, was in es verwandelt ist, verwandelt sich alles, Ware oder nicht, in Geld. Alles wird verkäuflich und kaufbar. Die Zirkulation

---

87 „Durch diese Maßnahme halten sie all ihre Güter und Fabrikate so niedrig im Preis." (Vanderlint, l.c.p. 95, 96.)

88 „Geld ist ein Pfand." (John Bellers, „Essays about the Poor, Manufactures, Trade, Plantations, and Immorality", Lond. 1699, p. 13.)

89 Kauf im kategorischen Sinn unterstellt nämlich Gold oder Silber schon als verwandelte Gestalt der Ware oder als Produkt des Verkaufs.

wird die große gesellschaftliche Retorte, worin alles hineinfliegt, um als Geldkristall wieder herauszukommen. Dieser Alchimie widerstehn nicht einmal Heiligenknochen und noch viel weniger minder grobe res sacrosanctae, extra commercium hominum.[90] Wie im Geld aller qualitative Unterschied der Waren ausgelöscht ist, löscht es seinerseits als radikaler Leveller alle Unterschiede aus.[91] Das Geld ist aber selbst Ware, ein äußerlich Ding, das Privateigentum eines jeden werden kann. Die gesellschaftliche Macht wird so zur Privatmacht der Privatperson. Die antike Gesellschaft denunziert es daher als die Scheidemünze ihrer ökonomischen und sittlichen Ordnung.[92] Die moderne Gesellschaft, die schon in ihren Kinderjahren den Plutus an den Haaren aus den Eingeweiden der Erde herauszieht[93], begrüßt im Goldgral die glänzende Inkarnation ihres eigensten Lebensprinzips.

Die Ware als Gebrauchswert befriedigt ein besondres Bedürfnis und bildet ein besondres Element des stofflichen Reichtums. Aber der Wert der Ware mißt

---

[90] Heinrich III., allerchristlichster König von Frankreich, raubt Klöstern usw. ihre Reliquien, um sie zu versilbern. Man weiß, welche Rolle der Raub der delphischen Tempelschätze durch die Phokäer in der griechischen Geschichte spielt. Dem Gott der Waren dienten bei den Alten bekanntlich die Tempel zum Wohnsitz. Sie waren „heilige Banken". Den Phöniziern, einem Handelsvolke par excellence, galt Geld als die entäußerte Gestalt aller Dinge. Es war daher in der Ordnung, daß die Jungfrauen, die sich an den Festen der Liebesgöttin den Fremden hingaben, das zum Lohn empfangene Geldstück der Göttin opferten.

[91] „Gold! kostbar, flimmernd, rotes Gold!
Soviel hievon, macht schwarz weiß, häßlich schön;
Schlecht gut, alt jung, feig tapfer, niedrig edel.
... Ihr Götter! warum dies? warum dies, Götter;
Ha! dies lockt Euch den Priester vom Altar;
Reißt Halbgenes'nen weg das Schlummerkissen;
Ja dieser rote Sklave löst und bindet
Geweihte Bande; segnet den Verfluchten;
Er macht den Aussatz lieblich; ehrt den Dieb,
Und gibt ihm Rang, gebeugtes Knie und Einfluß
Im Rat der Senatoren; dieser führt
Der überjähr'gen Witwe Freier zu;
... Verdammt Metall,
Gemeine Hure du der Menschen."
(Shakespeare, „Timon of Athens".)

[92] „Denn kein so schmählich Übel, wie des Geldes Wert,
Erwuchs den Menschen: dies vermag die Städte selbst
Zu brechen, dies treibt Männer aus von Hof und Herd;
Dies unterweiset und verkehrt den edlen Sinn
Rechtschaff'ner Männer, nachzugeh'n ruchloser Tat,
Zeigt an die Wege böser List den Sterblichen,
Und bildet sie zu jedem gottverhaßten Werk."
(Sophokles, „Antigone".)

[93] „Der Geiz hofft Pluton selbst aus dem Innern der Erde zu ziehen." (Athen, „Deipnos".)

den Grad ihrer Attraktionskraft auf alle Elemente des stofflichen Reichtums, daher den gesellschaftlichen Reichtum ihres Besitzers. Dem barbarisch einfachen Warenbesitzer, selbst einem westeuropäischen Bauer, ist der Wert unzertrennlich von der Wertform, Vermehrung des Gold- und Silberschatzes daher Wertvermehrung. Allerdings wechselt der Wert des Geldes, sei es infolge seines eignen Wertwechsels, sei es des Wertwechsels der Waren. Dies verhindert aber einerseits nicht, daß 200 Unzen Gold nach wie vor mehr Wert enthalten als 100, 300 mehr als 200 usw., noch andrerseits, daß die metallne Naturalform dieses Dings die allgemeine Äquivalentform aller Waren bleibt, die unmittelbar gesellschaftliche Inkarnation aller menschlichen Arbeit. Der Trieb der Schatzbildung ist von Natur maßlos. Qualitativ oder seiner Form nach ist das Geld schrankenlos, d. h. allgemeiner Repräsentant des stofflichen Reichtums, weil in jede Ware unmittelbar umsetzbar. Aber zugleich ist jede wirkliche Geldsumme quantitativ beschränkt, daher auch nur Kaufmittel von beschränkter Wirkung. Dieser Widerspruch zwischen der quantitativen Schranke und der qualitativen Schrankenlosigkeit des Geldes treibt den Schatzbildner stets zurück zur Sisyphusarbeit der Akkumulation. Es geht ihm wie dem Welteroberer, der mit jedem neuen Land nur eine neue Grenze erobert.

Um das Gold als Geld festzuhalten und daher als Element der Schatzbildung, muß es verhindert werden zu zirkulieren oder als Kaufmittel sich in Genußmittel aufzulösen. Der Schatzbildner opfert daher dem Goldfetisch seine Fleischeslust. Er macht Ernst mit dem Evangelium der Entsagung. Andrerseits kann er der Zirkulation nur in Geld entziehn, was er ihr in Ware gibt. Je mehr er produziert, desto mehr kann er verkaufen. Arbeitsamkeit, Sparsamkeit und Geiz bilden daher seine Kardinaltugenden, viel verkaufen, wenig kaufen, die Summe seiner politischen Ökonomie.[94]

Neben der unmittelbaren Form des Schatzes läuft seine ästhetische Form, der Besitz von Gold- und Silberwaren. Er wächst mit dem Reichtum der bürgerlichen Gesellschaft. „Soyons riches ou paraissons riches." (Diderot.) Es bildet sich so teils ein stets ausgedehnterer Markt für Gold und Silber, unabhängig von ihren Geldfunktionen, teils eine latente Zufuhrquelle des Geldes, die namentlich in gesellschaftlichen Sturmperioden fließt.

Die Schatzbildung erfüllt verschiedne Funktionen in der Ökonomie der metallischen Zirkulation. Die nächste Funktion entspringt aus den Umlaufsbedingungen der Gold- oder Silbermünze. Man hat gesehn, wie mit den beständigen Schwankungen der Warenzirkulation in Umfang, Preisen und Geschwindigkeit die Umlaufsmasse des Geldes rastlos ebbt und flutet. Sie muß also der Kontraktion und Expansion fähig sein. Bald muß Geld als Münze attrahiert, bald

[94] „Die Zahl der Verkäufer jeder Ware soweit wie möglich zu vermehren, die Zahl der Käufer soweit wie möglich zu vermindern, das sind die Angelpunkte, um die sich alle Maßnahmen der politischen Ökonomie drehen." (Verri, l.c.p. 53, 53.)

Münze als Geld repelliert werden. Damit die wirklich umlaufende Geldmasse dem Sättigungsgrad der Zirkulationssphäre stets entspreche, muß das in einem Lande befindliche Gold- oder Silberquantum größer sein als das in Münzfunktion begriffene. Diese Bedingung wird erfüllt durch die Schatzform des Geldes. Die Schatzreservoirs dienen zugleich als Abfuhr- und Zufuhrkanäle des zirkulierenden Geldes, welches seine Umlaufskanäle daher nie überfüllt.[95]

b) Zahlungsmittel

In der bisher betrachteten unmittelbaren Form der Warenzirkulation war dieselbe Wertgröße stets doppelt vorhanden, Waren auf dem einen Pol, Geld auf dem Gegenpol. Die Warenbesitzer traten daher nur in Kontakt als Repräsentanten wechselseitig vorhandner Äquivalente. Mit der Entwicklung der Warenzirkulation entwickeln sich jedoch Verhältnisse, wodurch die Veräußerung der Ware von der Realisierung ihres Preises zeitlich getrennt wird. Es genügt, die einfachsten dieser Verhältnisse hier anzudeuten. Die eine Warenart erheischt längere, die andere kürzere Zeitdauer zu ihrer Produktion. Die Produktion verschiedner Waren ist an verschiedne Jahreszeiten geknüpft. Die eine Ware wird auf ihrem Marktplatz geboren, die andre muß zu entferntem Markt reisen. Der eine Warenbesitzer kann daher als Verkäufer auftreten, bevor der andre als Käufer. Bei steter Wiederkehr derselben Transaktionen unter denselben Personen regeln sich die Verkaufsbedingungen der Waren nach ihren Produktionsbedingungen. Andrerseits wird die Benutzung gewisser Warenarten, z. B. eines Hauses, für einen bestimmten Zeitraum verkauft. Erst nach Ablauf des Termins hat der Käufer den Gebrauchswert der Ware wirklich erhalten. Er kauft sie daher, bevor er sie zahlt. Der eine Warenbesitzer verkauft vorhandne Ware, der andre kauft als bloßer Repräsentant von Geld oder als Repräsentant von künftigem Gelde. Der Verkäufer wird Gläubiger, der Käufer Schuldner. Da die Metamorphose der

[95] „Um Handel zu treiben, bedarf jede Nation einer bestimmten Summe von specifick money, die wechselt und manchmal größer, manchmal kleiner ist, so wie es die Verhältnisse fordern ... Diese Ebben und Fluten des Geldes regeln sich selbst ohne jede Hilfe der Politiker ... Die Eimer arbeiten abwechselnd: wenn das Geld knapp ist, werden Barren gemünzt; sind Barren knapp, werden Münzen eingeschmolzen." (Sir D. North, l.c.p.3.) John Stuart Mill, lange Zeit Beamter der Ostindischen Kompanie, bestätigt, daß in Indien immer noch der Silberschmuck unmittelbar als Schatz funktioniert. Die „silbernen Schmuckstücke werden zum Ausmünzen gebracht, wenn ein hoher Zinssatz besteht; sie wandern zurück, wenn der Zinssatz fällt". (J. St. Mills Evidence „Repts. on Bankacts", 1857, n. 2084, 2101.) Nach einem parlamentarischen Dokument von 1864 über Gold- und Silberimport und -export in Indien überstieg 1863 der Import von Gold und Silber den Export um 19.367.764 Pfd. St. In den letzten 8 Jahren vor 1864 betrug der Excess des Imports über den Export der edlen Metalle 109.652.917 Pfd. St. Während dieses Jahrhunderts wurden weit über 200.000.000 Pfd. St. in Indien gemünzt.

Ware oder die Entwicklung ihrer Wertform sich hier verändert, erhält auch das Geld eine andre Funktion. Es wird Zahlungsmittel.[96]

Der Charakter von Gläubiger oder Schuldner entspringt hier aus der einfachen Warenzirkulation. Ihre Formveränderung drückt dem Verkäufer und Käufer diese neuen Stempel auf. Zunächst also sind es ebenso verschwindende und wechselweis von denselben Zirkulationsagenten gespielte Rollen wie die von Verkäufer und Käufer. Jedoch sieht der Gegensatz jetzt von Haus minder gemütlich aus und ist größerer Kristallisation fähig.[97] Dieselben Charaktere können aber auch von der Warenzirkulation unabhängig auftreten. Der Klassenkampf der antiken Welt z. B. bewegt sich hauptsächlich in der Form eines Kampfes zwischen Gläubiger und Schuldner und endet in Rom mit dem Untergang des plebejischen Schuldners, der durch den Sklaven ersetzt wird. Im Mittelalter endet der Kampf mit dem Untergang des feudalen Schuldners, der seine politische Macht mit ihrer ökonomischen Basis einbüßt. Indes spiegelt die Geldform – und das Verhältnis von Gläubiger und Schuldner besitzt die Form eines Geldverhältnisses – hier nur den Antagonismus tiefer liegender ökonomischer Lebensbedingungen wider.

Kehren wir zur Sphäre der Warenzirkulation zurück. Die gleichzeitige Erscheinung der Äquivalente Ware und Geld auf den beiden Polen des Verkaufsprozesses hat aufgehört. Das Geld funktioniert jetzt erstens als Wertmaß in der Preisbestimmung der verkauften Ware. Ihr kontraktlich festgesetzter Preis mißt die Obligation des Käufers, d. h. die Geldsumme, die er an bestimmtem Zeittermin schuldet. Es funktioniert zweitens als ideelles Kaufmittel. Obgleich es nur im Geldversprechen des Käufers existiert, bewirkt es den Händewechsel der Ware. Erst am fälligen Zahlungstermin tritt das Zahlungsmittel wirklich in Zirkulation, d. h. geht aus der Hand des Käufers in die des Verkäufers über. Das Zirkulationsmittel verwandelte sich in Schatz, weil der Zirkulationsprozeß mit der ersten Phase abbrach oder die verwandelte Gestalt der Ware der Zirkulation entzogen wurde. Das Zahlungsmittel tritt in die Zirkulation hinein, aber nachdem die Ware bereits aus ihr ausgetreten ist. Das Geld vermittelt nicht mehr den Prozeß. Es schließt ihn selbständig ab, als absolutes Dasein des Tauschwerts oder allgemeine Ware. Der Verkäufer verwandelte Ware in Geld, um ein Bedürfnis durch das Geld zu befriedigen, der Schatzbildner, um die Ware in Geldform zu präservieren, der schuldige Käufer, um zahlen zu können. Zahlt er nicht, so

[96] Luther unterscheidet zwischen Geld als Kaufmittel und Zahlungsmittel. „Machest mir einen Zwilling aus dem Schadewacht, das ich hie nicht bezalen und dort nicht kauffen kann." (Martin Luther, „An die Pfaffherrn, wider den Wucher zu predigen", Wittenberg 1540.)

[97] Über die Schuldner- und Gläubigerverhältnisse unter den englischen Handelsleuten Anfang des 18. Jahrhunderts: „Unter den Handelsleuten herrscht hier in England ein solcher Geist der Grausamkeit, wie er in keiner anderen menschlichen Gesellschaft und in keinem anderen Land der Welt anzutreffen ist." („An Essay on Credit and the Bankrupt Act", Lond. 1707, p. 2.)

finden Zwangsverkäufe seiner Habe statt. Die Wertgestalt der Ware, Geld, wird also jetzt zum Selbstzweck des Verkaufs durch eine den Verhältnissen des Zirkulationsprozesses selbst entspringende, gesellschaftliche Notwendigkeit.

Der Käufer verwandelt Geld zurück in Ware, bevor er Ware in Geld verwandelt hat, oder vollzieht die zweite Warenmetamorphose vor der ersten. Die Ware des Verkäufers zirkuliert, realisiert ihren Preis aber nur in einem privatrechtlichen Titel auf Geld. Sie verwandelt sich in Gebrauchswert, bevor sie sich in Geld verwandelt hat. Die Vollziehung ihrer ersten Metamorphose folgt erst nachträglich.[98]

In jedem bestimmten Zeitabschnitt des Zirkulationsprozesses repräsentieren die fälligen Obligationen die Preissumme der Waren, deren Verkauf sie hervorrief. Die zur Realisierung dieser Preissumme nötige Geldmasse hängt zunächst ab von der Umlaufsgeschwindigkeit der Zahlungsmittel. Sie ist bedingt durch zwei Umstände: die Verkettung der Verhältnisse von Gläubiger und Schuldner, so daß A, der Geld von seinem Schuldner B erhält, es an seinen Gläubiger C fortzahlt usw. – und die Zeitlänge zwischen den verschiednen Zahlungsterminen. Die prozessierende Kette von Zahlungen oder nachträglichen ersten Metamorphosen unterscheidet sich wesentlich von der früher betrachteten Verschlingung der Metamorphosenreihen. Im Umlauf des Zirkulationsmittels wird der Zusammenhang zwischen Verkäufern und Käufern nicht nur ausgedrückt. Der Zusammenhang selbst entsteht erst in und mit dem Geldumlauf. Dagegen drückt die Bewegung des Zahlungsmittels einen schon vor ihr fertig vorhandnen gesellschaftlichen Zusammenhang aus.

Gleichzeitigkeit und Nebeneinander der Verkäufe beschränken den Ersatz der Münzmasse durch Umlaufsgeschwindigkeit. Sie bilden umgekehrt einen neuen Hebel in der Ökonomie der Zahlungsmittel. Mit der Konzentration der Zahlungen an demselben Platz entwickeln sich naturwüchsig eigne Anstalten und Methoden ihrer Ausgleichung. So z. B. die Virements im mittelaltrigen Lyon. Die Schuldforderungen von A an B, B an C, C an A usw. brauchen bloß konfrontiert zu werden, um sich wechselseitig bis zu einem gewissen Belauf als positive und negative Größen aufzuheben. So bleibt nur eine Schuldbilanz zu saldieren. Je massenhafter die Konzentration der Zahlungen, desto kleiner relativ die Bilanz, also die Masse der zirkulierenden Zahlungsmittel.

---

[98] Note zur 2. Ausg. Aus folgendem, meiner 1859 erschienenen Schrift entlehnten Zitat wird man sehn, warum ich im Text keine Rücksicht nehme auf eine entgegengesetzte Form: „Umgekehrt kann im Prozeß G – W das Geld als wirkliches Kaufmittel entäußert und der Preis der Ware so realisiert werden, ehe der Gebrauchswert des Geldes realisiert oder die Ware veräußert wird. Dies findet z. B. statt in der alltäglichen Form der Pränumeration. Oder in der Form, worin die englische Regierung das Opium der Ryots in Indien ... kauft. So wirkt jedoch das Geld nur in der schon bekannten Form des Kaufmittels ... Kapital wird natürlich auch in der Form des Geldes avanciert ... Dieser Gesichtspunkt fällt aber nicht in den Horizont der einfachen Zirkulation." („Zur Kritik etc.", p.119, 120.)

Die Funktion des Geldes als Zahlungsmittel schließt einen unvermittelten Widerspruch ein. Soweit sich die Zahlungen ausgleichen, funktioniert es nur ideell als Rechengeld oder Maß der Werte. Soweit wirkliche Zahlung zu verrichten, tritt es nicht als Zirkulationsmittel auf, als nur verschwindende und vermittelnde Form des Stoffwechsels, sondern als die individuelle Inkarnation der gesellschaftlichen Arbeit, selbständiges Dasein des Tauschwerts, absolute Ware. Dieser Widerspruch eklatiert in dem Moment der Produktions- und Handelskrisen, der Geldkrise heißt.[99] Sie ereignet sich nur, wo die prozessierende Kette der Zahlungen und ein künstliches System ihrer Ausgleichung völlig entwickelt sind. Mit allgemeineren Störungen dieses Mechanismus, woher sie immer entspringen mögen, schlägt das Geld plötzlich und unvermittelt um aus der nur ideellen Gestalt des Rechengeldes in hartes Geld. Es wird unersetzlich durch profane Waren. Der Gebrauchswert der Ware wird wertlos, und ihr Wert verschwindet vor seiner eignen Wertform. Eben noch erklärte der Bürger in prosperitätstrunknem Aufklärungsdünkel das Geld für leeren Wahn. „Nur die Ware ist Geld. Nur das Geld ist Ware!" gellt's jetzt über den Weltmarkt. Wie der Hirsch schreit nach frischem Wasser, so schreit seine Seele nach Geld, dem einzigen Reichtum.[100] In der Krise wird der Gegensatz zwischen der Ware und ihrer Wertgestalt, dem Geld, bis zum absoluten Widerspruch gesteigert. Die Erscheinungsform des Geldes ist hier daher auch gleichgültig. Die Geldhungersnot bleibt dieselbe, ob in Gold oder Kreditgeld, Banknoten etwa, zu zahlen ist.[101]

---

[99] Die Geldkrise, wie im Text bestimmt als besondre Phase jeder allgemeinen Produktions- und Handelskrise, ist wohl zu unterscheiden von der speziellen Sorte der Krise, die man auch Geldkrise nennt, die aber selbständig auftreten kann, so daß sie auf Industrie und Handel nur rückschlagend wirkt. Es sind dies Krisen, deren Bewegungszentrum das Geld-Kapital ist, und daher Bank, Börse, Finanz ihre unmittelbare Sphäre. (Note von M. zur 3. Aufl.)

[100] „Dieses plötzliche Umschlagen aus dem Kreditsystem in das Monetarsystem fügt den theoretischen Schrecken zum praktischen Panik: und die Zirkulationsagenten schaudern vor dem undurchdringlichen Geheimnis ihrer eignen Verhältnisse." (Karl Marx, l.c.p. 126.) „Die Armen haben keine Arbeit, weil die Reichen kein Geld haben, um sie zu beschäftigen, obwohl sie die gleichen Ländereien und die gleiche Arbeitskräfte besitzen wie früher, um Lebensmittel und Kleider herstellen zu lassen: diese aber bilden den wahren Reichtum einer Nation und nicht das Geld." (John Bellers, „Proposals for raising a Colledge of Industry", Lond. 1696, p. 3, 4.)

[101] Wie solche Momente von den „amis du commerce" ausgebeutet werden: „Bei einer Gelegenheit" (1839) „hob ein alter habsüchtiger Bankier" (der City) „in seinem Privatzimmer den Deckel des Schreibtisches, an dem er saß, und breitete vor einem Freunde Bündel von Banknoten aus; mit innigem Vergnügen sagte er, das seien 600.000 Pfd. St., die zurückgehalten worden wären, um das Geld knapp zu machen, und die alle in den Verkehr gebracht würden nach 3 Uhr desselben Tages." („The Theory of the Exchanges. The Bank Charter Act of 1844", Lond. 1864, p.81.) Das halboffizielle Organ, „The Observer", bemerkt am 24. April 1864: „Einige sehr eigenartige Gerüchte sind im Umlauf über die Mittel, die in der Absicht, eine Knappheit in Banknoten herbeizuführen, angewendet worden sind ... So fragwürdig es auch scheinen mag anzunehmen, daß irgendwelche derartige Tricks angewendet werden könnten, so war die Nachricht darüber doch so weit verbreitet, daß man sie in der Tat erwähnen muß."

Betrachten wir nun die Gesamtsumme des in einem gegebnen Zeitabschnitt umlaufenden Geldes, so ist sie, bei gegebner Umlaufsgeschwindigkeit der Zirkulations- und Zahlungsmittel, gleich der Summe der zu realisierenden Warenpreise plus der Summe der fälligen Zahlungen, minus der sich ausgleichenden Zahlungen, minus endlich der Anzahl Umläufe, worin dasselbe Geldstück abwechselnd bald als Zirkulations-, bald als Zahlungsmittel funktioniert. Z. B. der Bauer verkauft sein Getreide für 2 Pfd. St., die so als Zirkulationsmittel dienen. Am Verfalltag zahlt er damit Leinwand, die ihm der Weber geliefert hat. Dieselben 2 Pfd. St. funktionieren jetzt als Zahlungsmittel. Der Weber kauft nun eine Bibel gegen bar – sie funktionieren von neuem als Zirkulationsmittel – usw. Selbst Preise, Geschwindigkeit des Geldumlaufs und Ökonomie der Zahlungen gegeben, decken sich daher nicht länger die während einer Periode, eines Tags z. B., umlaufende Geldmasse und zirkulierende Warenmasse. Es läuft Geld um, das der Zirkulation längst entzogne Waren repräsentiert. Es laufen Waren um, deren Geldäquivalent erst in der Zukunft erscheint. Andrerseits sind die jeden Tag kontrahierten und die denselben Tag fälligen Zahlungen durchaus inkommensurable Größen.[102]

Das Kreditgeld entspringt unmittelbar aus der Funktion des Geldes als Zahlungsmittel, indem Schuldzertifikate für die verkauften Waren selbst wieder zur Übertragung der Schuldforderungen zirkulieren. Andrerseits, wie sich das Kreditwesen ausdehnt, so die Funktion des Geldes als Zahlungsmittel. Als solches erhält es eigne Existenzformen, worin es die Sphäre der großen Handelstransaktionen behaust, während die Gold- oder Silbermünze hauptsächlich in die Sphäre des Kleinhandels zurückgedrängt wird.[103]

Bei gewissem Höhegrad und Umfang der Warenproduktion greift die Funktion des Geldes als Zahlungsmittel über die Sphäre der Warenzirkulation hinaus.

---

[102] „Der Umfang der Verkäufe oder Verträge, die während eines bestimmten Tages abgeschlossen werden, beeinflußt nicht die Geldmenge, die an diesem Tage umläuft, aber in der großen Mehrzahl der Fälle wird sie sich auflösen in mannigfaltiges Ziehen von Wechseln auf die Geldmenge, die an späteren, mehr oder weniger fernen Tagen im Umlauf sein mag ... Die heute gewährten Wechsel oder eröffneten Kredite brauchen weder in der Zahl noch in der Höhe noch in der Laufzeit irgendeine Ähnlichkeit zu haben mit denen, die auf morgen oder übermorgen gewährt oder aufgenommen wurden; vielmehr decken sich viele der heutigen Wechsel und Kredite, wenn fällig, mit einer Menge von Verbindlichkeiten, deren Ursprung sich über eine Reihe früherer, völlig unbestimmter Daten verteilt. Wechsel mit 12, 6, 3 oder 1 Monat Laufzeit treffen oft so zusammen, daß sie die an einem bestimmten Tage fälligen Verbindlichkeiten besonders anwachsen lassen ...“ („The Currency Theory Reviewed; a letter to the Scotch people. By a Banker in England“, Edinburgh 1845, p. 29, 30 passsim.)

[103] Als Beispiel, wie wenig reelles Geld in die eigentlichen Handelsoperationen eingeht, folgt hier das Schema eines der größten Londoner Handelshäuser (Morrison, Dillon & Co.) über seine jährlichen Geldeinnahmen und Zahlungen. Seine Transaktionen im Jahr 1856, die viele Millionen Pfd. St. umfassen, sind auf den Maßstab einer Million verkürzt.

Es wird die allgemeine Ware der Kontrakte.[104] Renten, Steuern usw. verwandeln sich aus Naturallieferungen in Geldzahlungen. Wie sehr diese Umwandlung durch die Gesamtgestalt des Produktionsprozesses bedingt wird, beweist z. B. der zweimal gescheiterte Versuch des römischen Kaiserreichs, alle Abgaben in Geld zu erheben. Das ungeheure Elend des französischen Landvolks unter Ludwig XIV., das Boisguillebert, Marschall Vauban usw. so beredt denunzieren, war nicht nur der Steuerhöhe geschuldet, sondern auch der Verwandlung von Naturalsteuer in Geldsteuer.[105] Wenn andrerseits die Naturalform der Grundrente, in Asien zugleich das Hauptelement der Staatssteuer, dort auf Produktionsverhältnissen beruht, welche sich mit der Unwandelbarkeit von Naturverhältnissen reproduzieren, erhält jene Zahlungsform rückwirkend die alte Produktionsform. Sie bildet eines der Selbsterhaltungsgeheimnisse des türkischen Reichs. Zieht der durch Europa aufoktroyierte auswärtige Handel in Japan die Verwandlung von Naturalrente in Geldrente nach sich, so ist es um seine musterhafte Agrikultur geschehn. Ihre engen ökonomischen Existenzbedingungen werden sich auflösen.

In jedem Land setzen sich gewisse allgemeine Zahlungstermine fest. Sie beruhn teilweis, von andren Zirkelläufen der Reproduktion abgesehn, auf den an Wechsel der Jahreszeit gebundnen Naturbedingungen der Produktion. Sie regeln ebenso Zahlungen, die nicht direkt der Warenzirkulation entspringen,

---

Einnahmen	Pfd. St.	*Ausgaben*	Pfd. St.
Wechsel von Bankiers und Kaufleuten nach Datum zahlbar	553.596	Wechsel nach Datum zahlbar	302.674
Cheques von Bankiers etc. bei Sicht zahlbar	357.715	Cheques auf Londoner Bankiers	663.672
Landbank-Noten	9.627	Noten der Bank von England	22.743
Noten der Bank von England	68.554	Gold	9.427
Gold	28.089	Silber und Kupfer	1.484
Silber und Kupfer	1.486		
Post Office Orders	933		
Totalsumme:	1.000.000	Totalsumme:	1.000.000

(„Report from the Select Committee on the Bankacts", July 1858, p. LXXI.)

104 „Der Charakter des Geschäftsverkehrs hat sich derartig gewandelt, daß statt Tausch von Gütern gegen Güter oder statt Lieferung und Abnahme, jetzt Verkauf und Bezahlung stattfindet und alle Geschäfte ... sich nunmehr als reine Geldgeschäfte darstellen." („An Essay upon Publick Credit", 3. ed., Lond. 1710, p. 8.)

105 „Das Geld ist der Henker aller Dinge geworden." Die Finanzkunst ist „die Retorte, in der eine schreckenerregende Menge von Gütern und Waren verdampft worden ist, um diesen unheilvollen Extrakt zu gewinnen". „Das Geld erklärt dem ganzen Menschengeschlecht den Krieg." (Boisguillebert, „Dissertation sur la nature des richesses, de l'argent et des tributs", édit. Daire, „Économistes financiers", Paris 1843, t. I, p. 413, 419, 417, 418.)

wie Steuern, Renten usw. Die Geldmasse, die zu diesen über die ganze Oberfläche der Gesellschaft zersplitterten Zahlungen an gewissen Tagen des Jahres erheischt ist, verursacht periodische, aber ganz oberflächliche Perturbationen in der Ökonomie der Zahlungsmittel.[106]

Aus dem Gesetz über die Umlaufsgeschwindigkeit der Zahlungsmittel folgt, daß für alle periodischen Zahlungen, welches immer ihre Quelle, die notwendige Masse der Zahlungsmittel in geradem Verhältnis zur Länge der Zahlungsperioden steht.[107]

Die Entwicklung des Geldes als Zahlungsmittel ernötigt Geldakkumulationen für die Verfalltermine der geschuldeten Summen. Während die Schatzbildung als selbständige Bereicherungsform verschwindet mit dem Fortschritt der bürgerlichen Gesellschaft, wächst sie umgekehrt mit demselben in der Form von Reservefonds der Zahlungsmittel.

c) Weltgeld

Mit dem Austritt aus der innern Zirkulationssphäre streift das Geld die dort aufschießenden Lokalformen von Maßstab der Preise, Münze, Scheidemünze und

---

[106] „Pfingstmontag 1824", erzählt Herr Craig dem parlamentarischen Untersuchungskomitee von 1826, „war eine solche ungeheure Nachfrage für Banknoten in Edinburgh, daß wir um 11 Uhr keine einzige Note mehr in unsrem Verwahrsam hatten. Wir sandten der Reihe nach zu den verschiednen Banken, um welche zu borgen, konnten aber keine erhalten, und viele Transaktionen konnten nur durch slips of paper berichtigt werden. Um 3 Uhr nachmittags jedoch waren bereits sämtliche Noten returniert zu den Banken, von denen sie ausliefen. Sie hatten nur die Hände gewechselt." Obgleich die effektive Durchschnittszirkulation der Banknoten in Schottland weniger als 3 Mill. Pfd. St. beträgt, wird dennoch, an verschiednen Zahlungsterminen im Jahr, jede im Besitz der Bankiers befindliche Note, alles in allem ungefähr 7 Mill. Pfd. St., in Aktivität gerufen. Bei diesen Gelegenheiten haben die Noten eine einzige und spezifische Funktion zu vollziehen, und sobald sie vollzogen, fließen sie zu den respektiven Banken zurück, von denen sie ausliefen. (John Fullarton, „Regulation of Currencies", 2nd. ed. Lond. 1845, p. 86, Nte.) Zum Verständnis ist hinzuzufügen, daß in Schottland zur Zeit von Fullartons Schrift nicht cheques, sondern nur Noten für die Deposits ausgegeben wurden.

[107] Auf die Frage, „ob, wenn die Notwendigkeit bestände, 40 Millionen im Jahre umzusetzen, dieselben 6 Millionen" (Gold) „für die sich ergebenden Umläufe und Kreisläufe genügen würden, die der Handel erfordere?" antwortet Petty mit seiner gewohnten Meisterschaft: „Ich antworte ja: für den Betrag von 40 Millionen würden schon $^{40}/_{52}$ von 1 Million ausreichen, wenn die Umläufe so kurzfristige, d. h. wöchentliche wären, wie das unter armen Handwerkern und Arbeitern geschieht, die jeden Sonnabend erhalten und zahlen; wenn jedoch die Termine vierteljährlich sind, wie bei uns üblicherweise Pacht gezahlt und Steuern erhoben werden, dann benötigt man 10 Millionen. Wenn wir also annehmen, daß im allgemeinen die Zahlungen zu verschiedenen Terminen zwischen 1 und 13 Wochen erfolgen, muß man 10 Millionen zu $^{40}/_{52}$ addieren, wovon die Hälfte ca. $5^1/_2$ Millionen beträgt, so daß also $5^1/_2$ Millionen ausreichen würden." (William Petty, „Political Anatomy of Ireland. 1672", edit. Lond. 1691, p. 13, 14.)

Wertzeichen, wieder ab und fällt in die ursprüngliche Barrenform der edlen Metalle zurück. Im Welthandel entfalten die Waren ihren Wert universell. Ihre selbständige Wertgestalt tritt ihnen daher hier auch gegenüber als Weltgeld. Erst auf dem Weltmarkt funktioniert das Geld in vollem Umfang als die Ware, deren Naturalform zugleich unmittelbar gesellschaftliche Verwirklichungsform der menschlichen Arbeit in abstracto ist. Seine Daseinsweise wird seinem Begriff adäquat.

In der innern Zirkulationssphäre kann nur eine Ware zum Wertmaß und daher als Geld dienen. Auf dem Weltmarkt herrscht doppeltes Wertmaß, Gold und Silber.[108]

---

[108] Daher die Abgeschmacktheit jeder Gesetzgebung, die den Nationalbanken vorschreibt, nur das edle Metall aufzuschatzen, das im Innern des Landes als Geld funktioniert. Die so selbstgeschaffnen „holden Hindernisse" der Bank von England z. B. sind bekannt. Über die großen historischen Epochen des relativen Wertwechsels von Gold und Silber sieh Karl Marx, l.c.p. 136 sq. – Zusatz zur 2. Ausgabe: Sir Robert Peel suchte in seinem Bankact von 1844 dem Mißstand dadurch abzuhelfen, daß er der Bank von England erlaubte, Noten auf Silberbullion auszugeben, so daß jedoch der Silbervorrat nie mehr als ein Viertel des Goldvorrats. Der Silberwert wird dabei geschätzt nach seinem Marktpreis (in Gold) auf dem Londoner Markt. [Zur 4. Auflage. – Wir befinden uns wieder in einer Epoche starken relativen Wertwechsels von Gold und Silber. Vor etwa 25 Jahren war das Wertverhältnis des Goldes zum Silber = $15^1/_2$: 1, jetzt ist es ungefähr = 22 : 1, und Silber fällt noch fortwährend gegen Gold. Dies ist wesentlich Folge einer Umwälzung in der Produktionsweise beider Metalle. Früher wurde Gold fast nur durch Auswaschen goldhaltiger Alluvialschichten, der Verwitterungsprodukte goldhaltiger Gesteine, gewonnen. Jetzt reicht diese Methode nicht mehr aus und ist in den Hintergrund gedrängt durch die früher nur in zweiter Linie betriebne, obwohl schon den Alten (Diodor, III, 12-14) wohlbekannte Bearbeitung der goldhaltigen Quarzgänge selbst. Andrerseits wurden nicht nur im Westen der amerikanischen Felsengebirge ungeheure neue Silberlager entdeckt, sondern diese und die mexikanischen Silbergruben durch Eisenbahnen erschlossen, die Zufuhr von moderner Maschinerie und von Brennstoff und dadurch Silbergewinnung auf größtem Maßstab und mit geringeren Kosten ermöglicht. Es besteht aber ein großer Unterschied in der Art, wie beide Metalle in den Erzgängen vorkommen. Das Gold ist meist gediegen, aber dafür in winzig kleinen Mengen im Quarz zerstreut; die ganze Gangart muß daher zerstampft und das Gold ausgewaschen, resp. durch Quecksilber ausgezogen werden. Auf 1.000.000 Gramm Quarz kommt dann oft kaum 1-3, sehr selten 30-60 Gramm Gold. Silber kommt selten gediegen, dafür aber in eignen, verhältnismäßig leicht von der Gangart zu trennenden Erzen vor, die meist von 40-90 Prozent Silber enthalten; oder aber es ist in geringeren Mengen enthalten in den an sich schon Bearbeitung lohnenden Erzen von Kupfer, Blei etc. Schon hieraus geht hervor, daß, während die Produktionsarbeit des Goldes sich eher vermehrt, die des Silbers sich entschieden vermindert hat, der Wertfall des letztren sich also ganz natürlich erklärt. Dieser Wertfall würde sich in noch größrem Preisfall ausdrücken, würde nicht der Silberpreis auch jetzt noch durch künstliche Mittel hochgehalten. Die Silberschätze von Amerika sind aber erst zum kleinen Teil zugänglich gemacht, und so ist alle Aussicht vorhanden, daß der Silberwert noch längere Zeit am Sinken bleibt. Hierzu muß noch mehr beitragen die relative Abnahme des Silberbedarfs für Gebrauchs- und Luxusartikel, sein Ersatz durch plättierte Waren, Aluminium etc. Danach ermesse man den Utopismus der bimetallistischen Vorstellung, ein internationaler Zwangskurs werde das Silber auf das alte Wertverhältnis von 1 : $15^1/_2$ wieder hinaufschrauben. Eher dürfte das Silber auch auf dem Weltmarkt seine Geldqualität mehr und mehr einbüßen. – F. E.]

Das Weltgeld funktioniert als allgemeines Zahlungsmittel, allgemeines Kaufmittel und absolut gesellschaftliche Materiatur des Reichtums überhaupt (universal wealth). Die Funktion als Zahlungsmittel, zur Ausgleichung internationaler Bilanzen, herrscht vor. Daher das Losungswort des Merkantilsystems – Handelsbilanz![109] Zum internationalen Kaufmittel dienen Gold und Silber wesentlich, sooft das herkömmliche Gleichgewicht des Stoffwechsels zwischen verschiednen Nationen plötzlich gestört wird. Endlich als absolut gesellschaftliche Materiatur des Reichtums, wo es sich weder um Kauf noch Zahlung handelt, sondern um Übertragung des Reichtums von einem Land zum andren, und wo diese Übertragung in Warenform entweder durch die Konjunkturen des Warenmarkt oder den zu erfüllenden Zweck selbst ausgeschlossen wird.[110]

Wie für seine innere Zirkulation, braucht jedes Land für die Weltmarktszirkulation einen Reservefonds. Die Funktionen der Schätze entspringen also teils aus der Funktion des Geldes als inneres Zirkulations- und Zahlungsmittel, teils aus seiner Funktion als Weltgeld.[110a] In der letzteren Rolle ist stets die wirkliche

---

[109] Die Gegner des Merkantilsystems, welches die Saldierung überschüssiger Handelsbilanz durch Gold und Silber als Zweck des Welthandels behandelte, verkannten ihrerseits durchaus die Funktion des Weltgeldes. Wie die falsche Auffassung der Gesetze, welche die Masse der Zirkulationsmittel regeln, sich in der falschen Auffassung der internationalen Bewegung der edlen Metalle nur widerspiegelt, habe ich ausführlich an Ricardo nachgewiesen (l.c.p. 150 sqq.). Sein falsches Dogma: „Eine ungünstige Handelsbilanz kann nie anders als durch eine Überfülle von Zirkulationsmitteln entstehen ... Die Ausfuhr von Münzen ist ihrer Billigkeit geschuldet, und ist nicht die Frage, sondern die Ursache einer ungünstigen Bilanz" findet man daher schon bei Barbon: „Die Handelsbilanz, wenn es eine solche gibt, ist nicht die Ursache dafür, daß das Geld aus einem Lande ausgeführt wird. Die Ausfuhr ergibt sich vielmehr aus dem Wertunterschied der Edelmetalle in jedem Land." (N. Barbon, l.c.p. 59.) MacCulloch in „The Literature of Political Economy: a classified Catalogue", Lond. 1845, belobt Barbon für diese Antizipation, vermeidet aber wohlweislich die naiven Formen, worin bei B. die absurden Voraussetzungen des „currency principle" noch erscheinen, auch nur zu erwähnen. Die Kritiklosigkeit und selbst Unehrlichkeit jenes Katalogs gipfeln in den Abschnitten über die Geschichte der Geldtheorie, weil MacCulloch hier als Sykophant des Lord Overstone (ex-banker Loyd), den er „facile princeps argentariorum" nennt, schwanzwedelt.

[110] Z. B. bei Subsidien, Geldanleihen zur Kriegführung oder zur Wiederaufnahme der Barzahlungen von Banken usw. kann Wert grade in der Geldform erheischt sein.

[110a] Note zur 2. Ausgabe: „Tatsächlich könnte ich mir keinen überzeugenderen Beweis dafür wünschen, daß der Mechanismus der Schatzbildung in Ländern mit Metallwährung imstande ist, jede notwendige Funktion bei Begleichung internationaler Verbindlichkeiten zu erfüllen, und zwar ohne wahrnehmbare Unterstützung durch die allgemeine Zirkulation, als die Leichtigkeit, mit der Frankreich, das erst im Begriffe war, sich von der Erschütterung durch eine zerstörende Invasion zu erholen, in einem Zeitraum von 27 Monaten die Zahlung der ihm auferlegten Kriegsentschädigung von fast 20 Millionen an die verbündeten Mächte leistete, und zwar einen beträchtlichen Teil dieser Summe in Metallgeld, ohne merkbare Einschränkung oder Störung des inländischen Geldumlaufs oder irgendwelche alarmierende Schwankungen seines Wechselkurses." (Fullarton, l.c.p. 141.) [Zur 4. Auflage. – Ein noch schlagenderes Beispiel haben wir in der Leichtigkeit, womit dasselbe Frankreich 1871-1873 in 30 Monaten eine mehr als zehn-

Geldware, leibhaftes Gold und Silber, erheischt, weswegen James Steuart Gold und Silber, im Unterschied von ihren nur lokalen Stellvertretern, ausdrücklich als money of the world charakterisiert.

Die Bewegung des Gold- und Silberstroms ist eine doppelte. Einerseits wälzt er sich von seinen Quellen über den ganzen Weltmarkt, wo er von den verschiednen nationalen Zirkulationssphären in verschiednem Umfang abgefangen wird, um in ihre inneren Umlaufskanäle einzugehn, verschlissene Gold- und Silbermünzen zu ersetzen, das Material von Luxuswaren zu liefern und zu Schätzen zu erstarren.[111] Diese erste Bewegung ist vermittelt durch direkten Austausch der in Waren realisierten Nationalarbeiten mit der in edlen Metallen realisierten Arbeit der Gold und Silber produzierenden Länder. Andrerseits laufen Gold und Silber fortwährend hin und her zwischen den verschiednen nationalen Zirkulationssphären, eine Bewegung, die den unaufhörlichen Oszillationen des Wechselkurses folgt.[112]

Länder entwickelter bürgerlicher Produktion beschränken die in Bankreservoirs massenhaft konzentrierten Schätze auf das zu ihren spezifischen Funktionen erheischte Minimum.[113] Mit gewisser Ausnahme zeigt auffallendes Überfüllen der Schatzreservoirs über ihr Durchschnittsniveau Stockung der Warenzirkulation an oder unterbrochenen Fluß der Warenmetamorphose.[114]

---

fach größere Kriegsentschädigung, ebenfalls zum bedeutenden Teil in Metallgeld, abzutragen imstande war. – F. E.]

111 „Das Geld verteilt sich auf die Nationen nach ihren Bedürfnissen ... indem es immer durch die Produkte angezogen wird.“ (Le Trosne, l.c.p. 916.) „Die Minen, die fortwährend Gold und Silber liefern, sind ergiebig genug, um jeder Nation dieses notwendige Quantum zu liefern.“ (J. Vanderlint, l.c.p. 40.)

112 „Die Wechselkurse steigen und fallen in jeder Woche, sie steigen zu bestimmten Zeiten des Jahres zuungunsten einer Nation in die Höhe und erreichen zu anderen Zeiten die gleiche Höhe zu deren Vorteil.“ (N. Barbon, l.c.p. 39.)

113 Diese verschiednen Funktionen können in gefährlichen Konflikt geraten, sobald die Funktion eines Konversionsfonds für Banknoten hinzutritt.

114 „Was an Geld mehr vorhanden ist, als für den inländischen Handel unbedingt notwendig, stellt totes Kapital dar, und bringt dem Lande, das es besitzt, keinen Gewinn, außer wenn es selbst exportiert bzw. importiert wird.“ (John Bellers, „Essays etc.“, p. 13.) „Was aber, wenn wir nun zuviel gemünztes Geld haben? Wir können dann das vollwichtigste einschmelzen und es zu prächtigen Tischgerät, zu Gefäßen und Hausrat aus Gold und Silber umarbeiten; oder es als Ware dorthin schicken, wo Bedarf und Nachfrage danach besteht; oder es dort auf Zins ausleihen, wo man einen hohen Zinssatz zahlt.“ (W. Petty, „Quantulumcunque“, p. 39.) „Geld ist nur das Fett des Staatskörpers, weshalb zuviel davon ebenso seine Beweglichkeit behindert, wie zu wenig ihn krank macht ... wie Fett die Bewegung der Muskeln geschmeidig macht, fehlende Nahrungsmittel ersetzt, Unebenheiten ausfüllt und den Körper verschönt, so erleichtert das Geld die Bewegungen des Staates, bringt, wenn Teuerung im Inlande, vom Auslande Lebensmittel herein, begleicht Schuldenrechnungen ... und verschönt das Ganze; allerdings“, ironisch abschließend, „ganz besonders die einzelnen Personen, die viel davon haben.“ (W. Petty, „Political anatomy of Ireland“, p. 14, 15.)

ZWEITER ABSCHNITT: DIE VERWANDLUNG VON GELD IN KAPITAL

Viertes Kapitel: Verwandlung von Geld in Kapital

1. Die allgemeine Formel des Kapitals

Die Warenzirkulation ist der Ausgangspunkt des Kapitals. Warenproduktion und entwickelte Warenzirkulation, Handel, bilden die historischen Voraussetzungen, unter denen es entsteht. Welthandel und Weltmarkt eröffnen im 16. Jahrhundert die moderne Lebensgeschichte des Kapitals.

Sehn wir ab vom stofflichen Inhalt der Warenzirkulation, vom Austausch der verschiednen Gebrauchswerte, und betrachten wir nur die ökonomischen Formen, die dieser Prozeß erzeugt, so finden wir als sein letztes Produkt das Geld. Dies letzte Produkt der Warenzirkulation ist die erste Erscheinungsform des Kapitals.

Historisch tritt das Kapital dem Grundeigentum überall zunächst in der Form von Geld gegenüber, als Geldvermögen, Kaufmannskapital und Wucherkapital.[1] Jedoch bedarf es nicht des Rückblicks auf die Entstehungsgeschichte des Kapitals, um das Geld als seine erste Erscheinungsform zu erkennen. Dieselbe Geschichte spielt täglich vor unsren Augen. Jedes neue Kapital betritt in erster Instanz die Bühne, d. h. den Markt, Warenmarkt, Arbeitsmarkt oder Geldmarkt, immer noch als Geld; Geld, das sich durch bestimmte Prozesses in Kapital verwandeln soll.

Geld als Geld und Geld als Kapital unterscheiden sich zunächst nur durch ihre verschiedne Zirkulationsform.

Die unmittelbare Form der Warenzirkulation ist W – G – W, Verwandlung von Ware in Geld und Rückverwandlung von Geld in Ware, verkaufen um zu kaufen. Neben dieser Form finden wir aber eine zweite, spezifisch unterschiedne vor, die Form G – W – G, Verwandlung von Geld in Ware und Rückverwandlung von Ware in Geld, kaufen um zu verkaufen. Geld, das in seiner Bewegung diese letztre Zirkulation beschreibt, verwandelt sich in Kapital, wird Kapital und ist schon seiner Bestimmung nach Kapital.

Sehn wir uns die Zirkulation G – W – G näher an. Sie durchläuft, gleich der einfachen Warenzirkulation, zwei entgegengesetzte Phasen. In der ersten Phase, G – W, Kauf, wird das Geld in Ware verwandelt. In der zweiten Phase, W – G,

---

[1] Der Gegensatz zwischen der auf persönlichen Knechtschafts- und Herrschaftsverhältnissen beruhenden Macht des Grundeigentums und der unpersönlichen Macht des Geldes ist klar gefaßt in den zwei französischen Sprichworten: „Nulle terre sans seigneur.“ „L’argent n’a pas de maître.“

Verkauf, wird die Ware in Geld rückverwandelt. Die Einheit beider Phasen aber ist die Gesamtbewegung, welche Geld gegen Ware und dieselbe wieder gegen Geld austauscht, Ware kauft, um sie zu verkaufen, oder wenn man die formellen Unterschiede von Kauf und Verkauf vernachlässigt, mit dem Geld Ware und mit der Ware Geld kauft.[2] Das Resultat, worin der ganze Prozeß erlischt, ist Austausch von Geld gegen Geld, G – G. Wenn ich für 100 Pfd. St. 2000 Pfd. Baumwolle kaufe und die 2000 Pfd. Baumwolle wieder für 110 Pfd. St. verkaufe, so habe ich schließlich 100 Pfd. St. gegen 110 Pfd. St. ausgetauscht, Geld gegen Geld.

Es ist nun zwar augenscheinlich, daß der Zirkulationsprozeß G – W – G abgeschmackt und inhaltslos wäre, wollte man vermittelst seines Umwegs denselben Geldwert gegen denselben Geldwert, also z. B. 100 Pfd. St. gegen 100 Pfd. St. austauschen. Ungleich einfacher und sicherer bliebe die Methode des Schatzbildners, der seine 100 Pfd. St. festhält, statt sie der Zirkulationsgefahr preiszugeben. Andrerseits, ob der Kaufmann die mit 100 Pfd. St. gekaufte Baumwolle wieder verkauft zu 110 Pfd. St., oder ob er sie zu 100 Pfd. St. und selbst zu 50 Pfd. St. losschlagen muß, unter allen Umständen hat sein Geld eine eigentümliche und originelle Bewegung beschrieben, durchaus andrer Art als in der einfachen Warenzirkulation, z. B. in der Hand des Bauern, der Korn verkauft und mit dem so gelösten Geld Kleider kauft. Es gilt also zunächst die Charakteristik der Formunterschiede zwischen den Kreisläufen G – W – G und W – G – W. Damit wird sich zugleich der inhaltliche Unterschied ergeben, der hinter diesen Formunterschieden lauert.

Sehn wir zunächst, was beiden Formen gemeinsam.

Beide Kreisläufe zerfallen in dieselben zwei entgegengesetzten Phasen, W – G, Verkauf, und G – W, Kauf. In jeder der beiden Phasen stehn sich dieselben zwei sachlichen Elemente gegenüber, Ware und Geld – und zwei Personen in denselben ökonomischen Charaktermasken, ein Käufer und ein Verkäufer. Jeder der beiden Kreisläufe ist die Einheit derselben entgegengesetzten Phasen, und beidemal wird diese Einheit vermittelt durch das Auftreten von drei Kontrahenten, wovon der eine nur verkauft, der andre nur kauft, der dritte aber abwechselnd kauft und verkauft. Was jedoch die beiden Kreisläufe W – G – W und G – W – G von vornherein scheidet, ist die umgekehrte Reihenfolge derselben entgegengesetzten Zirkulationsphasen. Die einfache Warenzirkulation beginnt mit dem Verkauf und endet mit dem Kauf, die Zirkulation des Geldes als Kapital beginnt mit dem Kauf und endet mit dem Verkauf. Dort bildet die Ware, hier das Geld den Ausgangspunkt und Schlußpunkt der Bewegung. In der ersten Form vermittelt das Geld, in der andren umgekehrt die Ware den Gesamtverlauf.

In der Zirkulation W – G – W wird das Geld schließlich in Ware verwandelt, die als Gebrauchswert dient. Das Geld ist also definitiv ausgegeben. In der

---

2 „Mit Geld kauft man Waren, und mit Waren kauft man Geld.“ (Mercier de la Rivière, „L’ordre naturel et essentiel des sociétés politiques“, p. 543.)

umgekehrten Form G – W – G gibt der Käufer dagegen Geld aus, um als Verkäufer Geld einzunehmen. Er wirft beim Kauf der Ware Geld in die Zirkulation, um es ihr wieder zu entziehn durch den Verkauf derselben Ware. Er entläßt das Geld nur mit der hinterlistigen Absicht, seiner wieder habhaft zu werden. Es wird daher nur vorgeschossen.[3]

In der Form W – G – W wechselt dasselbe Geldstück zweimal die Stelle. Der Verkäufer erhält es vom Käufer und zahlt es weg an einen andren Verkäufer. Der Gesamtprozeß, der mit der Einnahme von Geld für Ware beginnt, schließt ab mit der Weggabe von Geld für Ware. Umgekehrt in der Form G – W – G. Nicht dasselbe Geldstück wechselt hier zweimal die Stelle, sondern dieselbe Ware. Der Käufer erhält sie aus der Hand des Verkäufers und gibt sie weg in die Hand eines andren Käufers. Wie in der einfachen Warenzirkulation der zweimalige Stellenwechsel desselben Geldstücks sein definitives Übergehn aus einer Hand in die andre bewirkt, so hier der zweimalige Stellenwechsel derselben Ware den Rückfluß des Geldes zu seinem ersten Ausgangspunkt.

Der Rückfluß des Geldes zu seinem Ausgangspunkt hängt nicht davon ab, ob die Ware teurer verkauft wird, als sie gekauft war. Dieser Umstand beeinflußt nur die Größe der rückfließenden Geldsumme. Das Phänomen des Rückflusses selbst findet statt, sobald die gekaufte Ware wieder verkauft, also der Kreislauf G – W – G vollständig beschrieben wird. Es ist dies also ein sinnlich wahrnehmbarer Unterschied zwischen der Zirkulation des Geldes als Kapital und seiner Zirkulation als bloßem Geld.

Der Kreislauf W – G – W ist vollständig zurückgelegt, sobald der Verkauf einer Ware Geld bringt, welches der Kauf andrer Ware wieder entzieht. Erfolgt dennoch Rückfluß des Geldes zu seinem Ausgangspunkt, so nur durch die Erneuerung oder Wiederholung des ganzen Kursus. Wenn ich ein Quarter Korn verkaufe für 3 Pfd. St. und mit diesen 3 Pfd. St. Kleider kaufe, sind die 3 Pfd. St. für mich definitiv verausgabt. Ich habe nichts mehr mit ihnen zu schaffen. Sie sind des Kleiderhändlers. Verkaufe ich nun ein zweites Quarter Korn, so fließt Geld zu mir zurück, aber nicht infolge der ersten Transaktion, sondern nur infolge ihrer Wiederholung. Es entfernt sich wieder von mir, sobald ich die zweite Transaktion zu Ende führe und von neuem kaufe. In der Zirkulation W – G – W hat also die Verausgabung des Geldes nichts mit seinem Rückfluß zu schaffen. In G – W – G dagegen ist der Rückfluß des Geldes durch die Art seiner Verausgabung selbst bedingt. Ohne diesen Rückfluß ist die Operation mißglückt oder der Prozeß unterbrochen und noch nicht fertig, weil seine zweite Phase, der den Kauf ergänzende und abschließende Verkauf, fehlt.

---

[3] „Wenn ein Ding gekauft wird, um wieder verkauft zu werden, nennt man die hierzu verwendete Summe vorgeschossenes Geld; wird es gekauft, um nicht wieder verkauft zu werden, so kann man sie als verausgabt bezeichnen“ (James Steuart, „Works etc.“, edited by General Sir James Steuart, his son, Lond. 1805, v. I, p. 274.)

Der Kreislauf W – G – W geht aus von dem Extrem einer Ware und schließt ab mit dem Extrem einer andren Ware, die aus der Zirkulation heraus und der Konsumtion anheimfällt. Konsumtion, Befriedigung von Bedürfnissen, mit einem Wort, Gebrauchswert ist daher sein Endzweck. Der Kreislauf G – W – G geht dagegen aus von dem Extrem des Geldes und kehrt schließlich zurück zu demselben Extrem. Sein treibendes Motiv und bestimmender Zweck ist daher der Tauschwert selbst.

In der einfachen Warenzirkulation haben beide Extreme dieselbe ökonomische Form. Sie sind beide Ware. Sie sind auch Waren von derselben Wertgröße. Aber sie sind qualitativ verschiedne Gebrauchswerte, z. B. Korn und Kleider. Der Produktenaustausch, der Wechsel der verschiednen Stoffe, worin sich die gesellschaftliche Arbeit darstellt, bildet hier den Inhalt der Bewegung. Anders in der Zirkulation G – W – G. Sie scheint auf den ersten Blick inhaltslos, weil tautologisch. Beide Extreme haben dieselbe ökonomische Form. Sie sind beide Geld, also keine qualitativ unterschiedne Gebrauchswerte, denn Geld ist eben die verwandelte Gestalt der Waren, worin ihre besondren Gebrauchswerte ausgelöscht sind. Erst 100 Pfd. St. gegen Baumwolle und dann wieder dieselbe Baumwolle gegen 100 Pfd. St. austauschen, also auf einem Umweg Geld gegen Geld, dasselbe gegen dasselbe, scheint eine ebenso zwecklose als abgeschmackte Operation.[4] Eine Geldsumme kann sich von der andren Geldsumme überhaupt nur durch ihre Größe unterscheiden. Der Prozeß G – W – G schuldet seinen Inhalt daher keinem qualitativen Unterschied seiner Extreme, denn sie sind beide Geld, sondern nur ihrer quantitativen Verschiedenheit. Schließlich wird der Zirkulation mehr Geld entzogen, als anfangs hineingeworfen ward. Die zu 100 Pfd. St.

---

[4] „Man tauscht nicht Geld gegen Geld aus", ruft Mercier de la Rivière den Merkantilisten zu. (l.c.p. 486.) In einem Werke, welches ex professo vom „Handel" und der „Spekulation" handelt, liest man: „Aller Handel besteht im Austausch von Dingen verschiedner Art; und der Vorteil" (für den Kaufmann?) „entspringt eben aus dieser Verschiedenheit. Ein Pfund Brot gegen ein Pfund Brot austauschen wäre ohne allen Vorteil ... daher der vorteilhafte Kontrast zwischen Handel und Spiel, welches nur Austausch von Geld gegen Geld ist." (Th. Corbet, „An Inquiry into the Causes and Models of the Wealth of Individuals; or the Principles of Trade and Speculation explained", London 1841, p. 5.) Obgleich Corbet nicht sieht, daß G – G, Geld gegen Geld austauschen, die charakteristische Zirkulationsform, nicht nur des Handelskapitals, sondern alles Kapitals ist, gibt er wenigstens zu, daß diese Form einer Art des Handels, der Spekulation, mit dem Spiel gemein sei, aber dann kommt MacCulloch und findet, daß Kaufen, um zu verkaufen, Spekulation ist, und der Unterschied zwischen Spekulation und Handel also wegfällt. „Jedes Geschäft, bei dem eine Person ein Erzeugnis kauft, um es wieder zu verkaufen, ist tatsächlich eine Spekulation." (MacCulloch, „A Dictionary, practical etc. of Commerce", London 1847, p.1009.) Ungleich naiver Pinto, der Pindar der Amsterdamer Börse: „Der Handel ist ein Spiel" (dieser Satz entlehnt aus Locke), „und an Bettlern kann man nichts gewinnen. Wenn man lange Zeit hindurch allen alles abgenommen hätte, so müßte man in gütlichem Übereinkommen den größten Teil des Gewinns wieder zurückgeben, um das Spiel von neuem anzufangen." (Pinto, „Traité de la Circulation et du Crédit", Amsterdam 1771, p. 231.)

gekaufte Baumwolle wird z. B. wieder verkauft zu 100 + 10 Pfd. St. oder 110 Pfd. St. Die vollständige Form dieses Prozesses ist daher G – W – G', wo G' = G + ΔG, d. h. gleich der ursprünglich vorgeschossenen Geldsumme plus einem Inkrement. Dieses Inkrement oder den Überschuß über den ursprünglichen Wert nenne ich Mehrwert (surplus value). Der ursprünglich vorgeschoßne Wert erhält sich daher nicht nur in der Zirkulation, sondern in ihr verändert er seine Wertgröße, setzt einen Mehrwert zu oder verwertet sich. Und diese Bewegung verwandelt ihn in Kapital.

Es ist zwar auch möglich, daß in W – G – W die beiden Extreme W, W, z. B. Korn und Kleider, quantitativ verschiedne Wertgrößen sind. Der Bauer kann sein Korn über dem Wert verkaufen oder die Kleider unter ihrem Wert kaufen. Er kann seinerseits vom Kleiderhändler geprellt werden. Solche Wertverschiedenheit bleibt jedoch für diese Zirkulationsform selbst rein zufällig. Sinn und Verstand verliert sie nicht schier, wie der Prozeß G – W – G, wenn die beiden Extreme, Korn und Kleider z. B., äquivalente sind. Ihr Gleichwert ist hier vielmehr Bedingung des normalen Verlaufs.

Die Wiederholung oder Erneuerung des Verkaufs, um zu kaufen, findet, wie dieser Prozeß selbst, Maß und Ziel an einem außer ihm liegenden Endzwecke, der Konsumtion, der Befriedigung bestimmter Bedürfnisse. Im Kauf für den Verkauf dagegen sind Anfang und Ende dasselbe, Geld, Tauschwert, und schon dadurch ist die Bewegung endlos. Allerdings ist aus G, G + ΔG geworden, aus den 100 Pfd. St., 100 + 10. Aber bloß qualitativ betrachtet, sind 110 Pfd. St. dasselbe wie 100 Pfd. St., nämlich Geld. Und quantitativ betrachtet, sind 110 Pfd. St. eine beschränkte Wertsumme wie 100 Pfd. St.. Würden die 110 Pfd. St. als Geld verausgabt, so fielen sie aus ihrer Rolle. Sie hörten auf, Kapital zu sein. Der Zirkulation entzogen, versteinern sie zum Schatz, und kein Farthing wächst ihnen an, ob sie bis zum Jüngsten Tage fortlagern. Handelt es sich also einmal um Verwertung des Werts, so besteht dasselbe Bedürfnis für die Verwertung von 110 Pfd. St. wie für die von 100 Pfd. St., da beide beschränkte Ausdrücke des Tauschwerts sind, beide also denselben Beruf haben, sich dem Reichtum schlechthin durch Größenausdehnung anzunähern. Zwar unterscheidet sich für einen Augenblick der ursprünglich vorgeschossene Wert 100 Pfd. St. von dem in der Zirkulation ihm zuwachsenden Mehrwert von 10 Pfd. St., aber dieser Unterschied zerfließt sofort wieder. Es kommt am Ende des Prozesses nicht auf der einen Seite der Originalwert von 100 Pfd. St. und auf der andren Seite der Mehrwert von 10 Pfd. St. heraus. Was herauskommt, ist ein Wert von 110 Pfd. St., der sich ganz in derselben entsprechenden Form befindet, um den Verwertungsprozeß zu beginnen, wie die ursprünglichen 100 Pfd. St. Geld kommt am Ende der Bewegung wieder als ihr Anfang heraus.[5] Das Ende jedes einzelnen Kreis-

---

5 „Das Kapital teilt sich ... in das ursprüngliche Kapital und den Gewinn, den Zuwachs des Kapitals ... obwohl die Praxis selbst diesen Gewinn sogleich wieder zum Kapital schlägt und

laufs, worin sich der Kauf für den Verkauf vollzieht, bildet daher von selbst den Anfang eines neuen Kreislaufs. Die einfache Warenzirkulation – der Verkauf für den Kauf – dient zum Mittel für einen außerhalb der Zirkulation liegenden Endzweck, die Aneignung von Gebrauchswerten, die Befriedigung von Bedürfnissen. Die Zirkulation des Geldes als Kapital ist dagegen Selbstzweck, denn die Verwertung des Werts existiert nur innerhalb dieser stets erneuerten Bewegung. Die Bewegung des Kapitals ist daher maßlos.[6]

Als bewußter Träger dieser Bewegung wird der Geldbesitzer Kapitalist. Seine Person, oder vielmehr seine Tasche, ist der Ausgangspunkt und der Rückkehrpunkt des Geldes. Der objektive Inhalt jener Zirkulation – die Verwertung des Werts – ist sein subjektiver Zweck, und nur soweit wachsende Aneignung des abstrakten Reichtums das allein treibende Motiv seiner Operationen, funktioniert er als Kapitalist oder personifiziertes, mit Willen und Bewußtsein begabtes Kapital. Der Gebrauchswert ist also nie als unmittelbarer Zweck des Kapitalisten

---

mit diesem in Fluß setzt.“ (F. Engels, „Umrisse zu einer Kritik der Nationalökonomie“ in „Deutsch-Französische Jahrbücher“, herausgegeben von Arnold Ruge und Karl Marx, Paris 1844, p. 99.

[6] Aristoteles stellt der Chrematistik die Ökonomik entgegen. Er geht von der Ökonomik aus. Soweit sie Erwerbskunst, beschränkt sie sich auf die Verschaffung der zum Leben notwendigen und für das Haus oder den Staat nützlichen Güter. „Der wahre Reichtum (ὁ ἀληθινὸς πλοῦτος) besteht aus solchen Gebrauchswerten; denn das zum guten Leben genügende Maß dieser Art von Besitz ist nicht unbegrenzt. Es gibt aber eine zweite Erwerbskunst, die vorzugsweise und mit Recht Chrematistik heißt, infolge deren keine Grenze des Reichtums und Besitzes zu existieren scheint. Der Warenhandel („ἡ καπηλικὴ“ heißt wörtlich Kramhandel, und Aristoteles nimmt diese Form, weil in ihr der Gebrauchswert vorherrscht) gehört von Natur nicht zur Chrematistik, denn hier bezieht sich der Austausch nur auf das für sie selbst (Käufer und Verkäufer) Nötige.“ Daher, entwickelt er weiter, war auch die ursprüngliche Form des Warenhandels der Tauschhandel, aber mit seiner Ausdehnung entstand notwendig das Geld. Mit der Erfindung des Geldes mußte sich der Tauschhandel notwendig zur καπηλικὴ, zum Warenhandel entwickeln, und dieser, im Widerspruch zu seiner ursprünglichen Tendenz, bildete sich zur Chrematistik aus, zur Kunst, Geld zu machen. Die Chrematistik nun unterscheidet sich von der Ökonomik dadurch, daß „für sie die Zirkulation die Quelle des Reichtums ist (ποιητικὴ χρημάτων ... διὰ χρημάτων μεταβολῆς). Und um das Geld scheint sie sich zu drehen, denn das Geld ist der Anfang und das Ende dieser Art von Austausch (τὸ γὰρ νόμισμα στοιχεῖον καὶ πέρας τῆς ἀλλαγῆς ἐστίν). Daher ist auch der Reichtum, wie ihn die Chrematistik anstrebt, unbegrenzt. Wie nämlich jede Kunst, der ihr Ziel nicht als Mittel, sondern als letzter Endzweck gilt, unbegrenzt in ihrem Streben ist, denn sie sucht sich ihm stets mehr zu nähern, während die Künste, die nur Mittel zu Zwecke verfolgen, nicht unbegrenzt sind, da der Zweck selbst ihnen die Grenze setzt, so gibt es auch für diese Chrematistik keine Schranke ihres Ziels, sondern ihr Ziel ist absolute Bereicherung. Die Ökonomik, nicht die Chrematistik, hat eine Grenze ... die erstere bezweckt ein vom Gelde selbst Verschiednes, die andere seine Vermehrung ... Die Verwechslung beider Formen, die in einander überspielen, veranlaßt einige, die Erhaltung und Vermehrung des Geldes ins Unendliche als Endziel der Ökonomik zu betrachten.“ (Aristoteles, „De Rep.“, edit. Bekker, lib. l.c. 8 und 9 passim.)

zu behandeln.[7] Auch nicht der einzelne Gewinn, sondern nur die rastlose Bewegung des Gewinnes.[8] Dieser absolute Bereicherungstrieb, diese leidenschaftliche Jagd auf den Wert[9] ist dem Kapitalisten mit dem Schatzbildner gemein, aber während der Schatzbildner nur der verrückte Kapitalist, ist der Kapitalist der rationelle Schatzbildner. Die rastlose Vermehrung des Werts, die der Schatzbildner anstrebt, indem er das Geld vor der Zirkulation zu retten sucht[10], erreicht der klügere Kapitalist, indem er es stets von neuem der Zirkulation preisgibt.[10a]

Die selbständigen Formen, die Geldformen, welche der Wert der Waren in der einfachen Zirkulation annimmt, vermitteln nur den Warenaustausch und verschwinden im Endresultat der Bewegung. In der Zirkulation G – W – G funktionieren dagegen beide, Ware und Geld, nur als verschiedne Existenzweisen des Werts selbst, das Geld seine allgemeine, die Ware seine besondre, sozusagen nur verkleidete Existenzweise.[11] Er geht beständig aus der einen Form in die andre über, ohne sich in dieser Bewegung zu verlieren, und verwandelt sich so in ein automatisches Subjekt. Fixiert man die besondren Erscheinungsformen, welche der sich verwertende Wert im Kreislauf seines Lebens abwechselnd annimmt, so erhält man die Erklärungen: Kapital ist Geld, Kapital ist Ware.[12] In der Tat aber wird der Wert hier das Subjekt eines Prozesses, worin er unter dem beständigen Wechsel der Formen von Geld und Ware seine Größe selbst verändert, sich als Mehrwert von sich selbst als ursprünglichem Wert abstößt, sich selbst verwertet. Denn die Bewegung, worin er Mehrwert zusetzt, ist seine

---

7 „Waren" (hier im Sinn von Gebrauchswerten) „sind nicht der Endzweck des handeltreibenden Kapitalisten ... sein Endzweck ist Geld." (Th. Chalmers, „ On Politic. Econ. etc.", 2nd edit., Glasgow 1832, p. 165, 166.)

8 „Wenn der Kaufmann den bereits erzielten Gewinn auch nicht geringschätzt, so ist sein Blick doch immer auf den zukünftigen Gewinn gerichtet." (A. Genovesi, „Lezioni di Economia Civile" (1765), Ausgabe der italienischen Ökonomen von Custodi, Parte Poderna, t.VIII, p. 139.)

9 „Die unauslöschliche Leidenschaft für den Gewinn, die auri sacra fames, bestimmt stets den Kapitalisten." (MacCulloch, „The Principles of Polit. Econ.", London 1830, p. 179.) Diese Einsicht verhindert denselben MacCulloch und Konsorten natürlich nicht, in theoretischen Verlegenheiten, z. B. bei Behandlung der Überproduktion, denselben Kapitalisten in einen guten Bürger zu verwandeln, dem es sich nur um den Gebrauchswert handelt und der sogar einen wahren Werwolfsheißhunger entwickelt für Stiefel, Hüte, Eier, Kattune und andere höchst familiäre Sorten von Gebrauchswert.

10 „Σώζειν" ist einer der charakteristischen Ausdrücke der Griechen für das Schatzbilden. Ebenso bedeutet „to save" zugleich retten und sparen.

10a „Das Unendliche, das die Dinge im Fortschreiten nicht haben, haben sie im Kreislauf." (Galiani.)

11 „Nicht der Stoff bildet das Kapital, sondern der Wert dieser Stoffe." (J. B. Say, „Traité d'Écon. Polit.", 3ème éd., Paris 1817, t .II, p .429.)

12 „Das Zirkulationsmittel (!), das zu produktiven Zwecken verwendet wird, ist Kapital." (Macleod, „The Theory and Practice of Banking", London 1855, v. I, c. l, p. 55.) „Kapital ist gleich Waren." (James Mill, „Elements of Pol. Econ.", Lond. 1821, p. 74.)

eigne Bewegung, seine Verwertung also Selbstverwertung. Er hat die okkulte Qualität erhalten, Wert zu setzen, weil er Wert ist. Er wirft lebendige Junge oder legt wenigstens goldne Eier.

Als das übergreifende Subjekt eines solchen Prozesses, worin er Geldform und Warenform bald annimmt, bald abstreift, sich aber in diesem Wechsel erhält und ausreckt, bedarf der Wert vor allem einer selbständigen Form, wodurch seine Identität mit sich selbst konstatiert wird. Und diese Form besitzt er nur im Gelde. Dies bildet daher Ausgangspunkt und Schlußpunkt jedes Verwertungsprozesses. Er war 100 Pfd. St., er ist jetzt 110 Pfd. St. usw. Aber das Geld selbst gilt hier nur als eine Form des Werts, denn er hat deren zwei. Ohne die Annahme der Warenform wird das Geld nicht Kapital. Das Geld tritt hier also nicht polemisch gegen die Ware auf, wie in der Schatzbildung. Der Kapitalist weiß, daß alle Waren, wie lumpig sie immer aussehn oder wie schlecht sie immer riechen, im Glauben und in der Wahrheit Geld, innerlich beschnittne Juden sind und zudem wundertätige Mittel, um aus Geld mehr Geld zu machen.

Wenn in der einfachen Zirkulation der Wert der Waren ihrem Gebrauchswert gegenüber höchstens die selbständige Form des Geldes erhält, so stellt er sich hier plötzlich dar als eine prozessierende, sich selbst bewegende Substanz, für welche Ware und Geld beide bloße Formen. Aber noch mehr. Statt Warenverhältnisse darzustellen, tritt er jetzt sozusagen in ein Privatverhältnis zu sich selbst. Er unterscheidet sich als ursprünglicher Wert von sich selbst als Mehrwert, als Gott Vater von sich selbst als Gott Sohn, und beide sind vom selben Alter und bilden in der Tat nur eine Person, denn nur durch den Mehrwert von 10 Pfd. St. werden die vorgeschossenen 100 Pfd. St. Kapital, und sobald sie dies geworden, sobald der Sohn und durch den Sohn der Vater erzeugt, verschwindet ihr Unterschied wieder und sind beide Eins, 110 Pfd. St.

Der Wert wird also prozessierender Wert, prozessierendes Geld und als solches Kapital. Er kommt aus der Zirkulation her, geht wieder in sie ein, erhält und vervielfältigt sich in ihr, kehrt vergrößert aus ihr zurück und beginnt denselben Kreislauf stets wieder von neuem.[13] G – G', geldheckendes Geld – money which begets money – lautet die Beschreibung des Kapitals im Munde seiner ersten Dolmetscher, der Merkantilisten.

Kaufen, um zu verkaufen, oder vollständiger, kaufen, um teurer zu verkaufen, G – W – G', scheint zwar nur einer Art des Kapitals, dem Kaufmannskapital, eigentümliche Form. Aber auch das industrielle Kapital ist Geld, das sich in Ware verwandelt und durch den Verkauf der Ware in mehr Geld rückverwandelt. Akte, die etwa zwischen dem Kauf und dem Verkaufe, außerhalb der Zirkulationssphäre, vorgehn, ändern nichts an dieser Form der Bewegung. In dem zinstragenden Kapital endlich stellt sich die Zirkulation G – W – G' abgekürzt

[13] „Kapital ... permanenter sich vervielfältigender Wert.“ (Sismondi, „Nouveaux Principes d'Écon. Polit.“, t. I, p. 89.)

dar, in ihrem Resultat ohne die Vermittlung, sozusagen im Lapidarstil, als G – G', Geld, das gleich mehr Geld, Wert, der größer als er selbst ist.

In der Tat also ist G – W – G' die allgemeine Formel des Kapitals, wie es unmittelbar in der Zirkulationssphäre erscheint.

2. Widersprüche der allgemeinen Formel

Die Zirkulationsform, worin sich das Geld zum Kapital entpuppt, widerspricht allen früher entwickelten Gesetzen über die Natur der Ware, des Werts, des Geldes und der Zirkulation selbst. Was sie von der einfachen Warenzirkulation unterscheidet, ist die umgekehrte Reihenfolge derselben zwei entgegengesetzten Prozesse, Verkauf und Kauf. Und wie sollte solcher rein formelle Unterschied die Natur dieser Prozesse umzaubern?

Noch mehr. Diese Umkehrung existiert nur für einen der drei Geschäftsfreunde, die miteinander handeln. Als Kapitalist kaufe ich Ware von A und verkaufe sie wieder an B, während ich als einfacher Warenbesitzer Ware an B verkaufe und dann Ware von A kaufe. Für die Geschäftsfreunde A und B existiert dieser Unterschied nicht. Sie treten nur als Käufer oder Verkäufer von Waren auf. Ich selbst stehe ihnen jedesmal gegenüber als einfacher Geldbesitzer oder Warenbesitzer, Käufer oder Verkäufer, und zwar trete ich in beiden Reihenfolgen der einen Person nur als Käufer und der andren nur als Verkäufer gegenüber, der einen als nur Geld, der andren als nur Ware, keiner von beiden als Kapital oder Kapitalist oder Repräsentant von irgend etwas, das mehr als Geld oder Ware wäre oder eine andre Wirkung außer der des Geldes oder der Ware ausüben könnte. Für mich bilden Kauf von A und Verkauf an B eine Reihenfolge. Aber der Zusammenhang zwischen diesen beiden Akten existiert nur für mich. A schert sich nicht um meine Transaktion mit B, und B nicht um meine Transaktion mit A. Wollte ich ihnen etwa das besondre Verdienst klarmachen, das ich mir durch die Umkehrung der Reihenfolge erwerbe, so würden sie mir beweisen, daß ich mich in der Reihenfolge selbst irre und daß die Gesamttransaktion nicht mit einem Kauf begann und einem Verkauf endete, sondern umgekehrt mit einem Verkauf begann und mit einem Kauf abschloß. In der Tat, mein erster Akt, der Kauf, war von A's Standpunkt ein Verkauf, und mein zweiter Akt, der Verkauf, war von B's Standpunkt ein Kauf. Nicht zufrieden damit, werden A und B erklären, daß die ganze Reihenfolge überflüssig und Hokuspokus war. A wird die Ware direkt an B verkaufen und B sie direkt von A kaufen. Damit verschrumpft die ganze Transaktion in einen einseitigen Akt der gewöhnlichen Warenzirkulation, vom Standpunkt A's bloßer Verkauf und vom Standpunkt B's bloßer Kauf. Wir sind also durch die Umkehrung der Reihenfolge nicht über die Sphäre der einfachen Warenzirkulation hinausgekommen und müssen vielmehr zusehn, ob sie ihrer Natur nach Verwertung der in sie eingehenden Werte und daher Bildung von Mehrwert gestattet.

Nehmen wir den Zirkulationsprozeß in einer Form, worin er sich als bloßer Warenaustausch darstellt. Dies ist stets der Fall, wenn beide Warenbesitzer Waren voneinander kaufen und die Bilanz ihrer wechselseitigen Geldforderungen sich am Zahlungstag ausgleicht. Das Geld dient hier als Rechengeld, um die Werte der Waren in ihren Preisen auszudrücken, tritt aber nicht den Waren selbst dinglich gegenüber. Soweit es sich um den Gebrauchswert handelt, ist es klar, daß beide Austauscher gewinnen können. Beide veräußern Waren, die ihnen als Gebrauchswert nutzlos, und erhalten Waren, deren sie zum Gebrauch bedürfen. Und dieser Nutzen mag nicht der einzige sein. A, der Wein verkauft und Getreide kauft, produziert vielleicht mehr Wein, als Getreidebauer B in derselben Arbeitszeit produzieren könnte, und Getreidebauer B in derselben Arbeitszeit mehr Getreide, als Weinbauer A produzieren könnte. A erhält also für denselben Tauschwert mehr Getreide und B mehr Wein, als wenn jeder von den beiden, ohne Austausch, Wein und Getreide für sich selbst produzieren müßte. Mit Bezug auf den Gebrauchswert also kann gesagt werden, daß „der Austausch eine Transaktion ist, worin beide Seiten gewinnen“.[14] Anders mit dem Tauschwert.

> „Ein Mann, der viel Wein und kein Getreide besitzt, handelt mit einem Mann, der viel Getreide und keinen Wein besitzt, und zwischen ihnen wird ausgetauscht Weizen zum Wert von 50 gegen einen Wert von 50 in Wein. Dieser Austausch ist keine Vermehrung des Tauschwerts weder für den einen noch für den andren; denn bereits vor dem Austausch besaß jeder von ihnen einen Wert gleich dem, den er sich vermittelst dieser Operation verschafft hat.“ [15]

Es ändert nichts an der Sache, wenn das Geld als Zirkulationsmittel zwischen die Waren tritt und die Akte des Kaufs und Verkaufs sinnlich auseinanderfallen.[16] Der Wert der Waren ist in ihren Preisen dargestellt, bevor sie in die Zirkulation treten, also Voraussetzung und nicht Resultat derselben.[17]

Abstrakt betrachtet, d. h. abgesehn von Umständen, die nicht aus den immanenten Gesetzen der einfachen Warenzirkulation hervorfließen, geht außer dem Ersatz eines Gebrauchswerts durch einen andren nichts in ihr vor als eine Metamorphose, ein bloßer Formwechsel der Ware. Derselbe Wert, d. h. dasselbe Quantum vergegenständlichter gesellschaftlicher Arbeit, bleibt in der Hand desselben Warenbesitzers in Gestalt erst seiner Ware, dann des Geldes, worin sie

---

[14] „L'échange est une transaction admirable dans laquelle les deux contractants gagnent – toujours (!).“ (Destutt de Tracy, „Traité de la Volonté et de ses effets“, Paris 1826, p. 68.) Dasselbe Buch erschien auch als „Traité d'Éc. Pol.“

[15] Mercier de la Rivière, l.c.p. 544.

[16] „Ob einer dieser beiden Werte Geld ist oder beide gewöhnliche Waren sind, nichts kann an sich gleichgültiger sein.“ (Mercier de la Rivière, l.c.p. 543.)

[17] „Über den Wert entscheiden nicht die Vertragspartner: er steht schon vor der Übereinkunft fest.“ (Le Trosne, l.c.p. 906.)

sich verwandelt, endlich der Ware, worin sich dies Geld rückverwandelt. Dieser Formwechsel schließt keine Änderung der Wertgröße ein. Der Wechsel aber, den der Wert der Ware selbst in diesem Prozeß durchläuft, beschränkt sich auf einen Wechsel seiner Geldform. Sie existiert erst als Preis der zum Verkauf angebotenen Ware, dann als eine Geldsumme, die aber schon im Preise ausgedrückt war, endlich als der Preis einer äquivalenten Ware. Dieser Formwechsel schließt an und für sich ebensowenig eine Änderung der Wertgröße ein wie das Auswechseln einer Fünfpfundnote gegen Sovereigns, halbe Sovereigns und Schilling. Sofern also die Zirkulation der Ware nur einen Formwechsel ihres Werts bedingt, bedingt sie, wenn das Phänomen rein vorgeht, Austausch von Äquivalenten. Die Vulgärökonomie selbst, so wenig sie ahnt, was der Wert ist, unterstellt daher, sooft sie in ihrer Art das Phänomen rein betrachten will, daß Nachfrage und Zufuhr sich decken, d. h., daß ihre Wirkung überhaupt aufhört. Wenn also mit Bezug auf den Gebrauchswert beide Austauscher gewinnen können, können sie nicht beide gewinnen an Tauschwert. Hier heißt es vielmehr: „Wo Gleichheit ist, ist kein Gewinn."[18] Waren können zwar zu Preisen verkauft werden, die von ihren Werten abweichen, aber diese Abweichung erscheint als Verletzung des Gesetzes des Warenaustausches.[19] In seiner reinen Gestalt ist er ein Austausch von Äquivalenten, also kein Mittel, sich an Wert zu bereichern.[20]

Hinter den Versuchen, die Warenzirkulation als Quelle von Mehrwert darzustellen, lauert daher meist ein Quidproquo, eine Verwechslung von Gebrauchswert und Tauschwert. So z. B. bei Condillac:

> „Es ist falsch, daß man im Warenaustausch gleichen Wert gegen gleichen Wert austauscht. Umgekehrt. Jeder der beiden Kontrahenten gibt immer einen kleineren für einen größeren Wert ... Tauschte man in der Tat immer gleiche Werte aus, so wäre kein Gewinn zu machen für irgendeinen Kontrahenten. Aber alle beide gewinnen oder sollten doch gewinnen. Warum? Der Wert der Dinge besteht bloß in ihrer Beziehung auf unsre Bedürfnisse. Was für den einen mehr, ist für den andren weniger, und umgekehrt ... Man setzt nicht voraus, daß wir für unsre Konsumtion unentbehrliche Dinge zum Verkauf ausbieten ... Wir wollen eine uns nutzlose Sache weggeben, um eine uns notwendige zu erhalten; wir wollen weniger für mehr geben ... Es war natürlich, zu urteilen, daß man im Austausch gleichen Wert für gleichen Wert gebe, sooft jedes der ausgetauschten Dinge an Wert demselben Quantum Geld gleich war ... Aber eine andre Betrachtung muß

[18] „Dove è egualità non è lucro." (Galiani, „Della Moneta", in Custodi, Parte Moderna, t. IV, p. 244.)

[19] „Der Austausch wird für eine der beiden Parteien ungünstig, wenn irgendein fremder Umstand den Preis vermindert oder erhöht: dann ist die Gleichheit verletzt; aber diese Verletzung ist durch jene Ursache hervorgerufen und nicht durch den Austausch." (Le Trosne, l.c.p. 904.)

[20] „Der Austausch ist seiner Natur nach ein Vertrag, der auf Gleichheit aufbaut, d. h. zwischen zwei gleichen Werten zustande kommt. Er ist also kein Mittel, sich zu bereichern, da man ebensoviel gibt wie empfängt." (Le Trosne, l.c.p. 903, 904.)

noch in die Rechnung eingehn; es fragt sich, ob wir beide einen Überfluß gegen etwas Notwendiges austauschen."[21]

Man sieht, wie Condillac nicht nur Gebrauchswert und Tauschwert durcheinanderwirft, sondern wahrhaft kindlich einer Gesellschaft mit entwickelter Warenproduktion einen Zustand unterschiebt, worin der Produzent seine Subsistenzmittel selbst produziert und nur den Überschuß über den eignen Bedarf, den Überfluß, in die Zirkulation wirft.[22] Dennoch wird Condillacs Argument häufig bei modernen Ökonomen wiederholt, namentlich wenn es gilt, die entwickelte Gestalt des Warenaustausches, den Handel, als produktiv von Mehrwert darzustellen.

„Der Handel" heißt es z. B. „fügt den Produkten Wert zu, denn dieselben Produkte haben mehr Wert in den Händen des Konsumenten als in den Händen des Produzenten, und er muß daher wörtlich (strictly) als Produktionsakt betrachtet werden."[23]

Aber man zahlt die Waren nicht doppelt, das eine Mal ihren Gebrauchswert und das andre Mal ihren Wert. Und wenn der Gebrauchswert der Ware dem Käufer nützlicher als dem Verkäufer, ist ihre Geldform dem Verkäufer nützlicher als dem Käufer. Würde er sie sonst verkaufen? Und so könnte ebensowohl gesagt werden, daß der Käufer wörtlich (strictly) einen „Produktionsakt" vollbringt, indem er z. B. die Strümpfe des Kaufmanns in Geld verwandelt.

Werden Waren oder Waren und Geld von gleichem Tauschwert, also Äquivalente ausgetauscht, so zieht offenbar keiner mehr Wert aus der Zirkulation heraus, als er in sie hineinwirft. Es findet dann keine Bildung von Mehrwert statt. In seiner reinen Form aber bedingt der Zirkulationsprozeß der Waren Austausch von Äquivalenten. Jedoch gehn die Dinge in der Wirklichkeit nicht rein zu. Unterstellen wir daher Austausch von Nicht-Äquivalenten.

Jedenfalls steht auf dem Warenmarkt nur Warenbesitzer dem Warenbesitzer gegenüber, und die Macht, die diese Personen über einander ausüben, ist nur die Macht ihrer Waren. Die stoffliche Verschiedenheit der Waren ist das stoffliche Motiv des Austausches und macht die Warenbesitzer wechselseitig voneinander abhängig, indem keiner von ihnen den Gegenstand seines eignen Bedürfnisses und jeder von ihnen den Gegenstand des Bedürfnisses des andren in seiner Hand hält. Außer dieser stofflichen Verschiedenheit ihrer Gebrauchswerte

---

[21] Condillac, „Le Commerce et le Gouvernement" (1776), Édit. Daire et Molinari in den „Mélanges d'Économie Politique", Paris 1847, p. 267, 291.

[22] Le Trosne antwortet daher seinem Freunde Condillac sehr richtig: „In der entwickelten Gesellschaft gibt es überhaupt nichts Überflüssiges." Zugleich neckt er ihn mit der Glosse, daß, „wenn beide Austauscher gleich viel mehr für gleich viel weniger erhalten, sie beide gleich viel erhalten". Weil Condillac noch nicht die geringste Ahnung von der Natur des Tauschwerts besitzt, ist er der passende Gewährsmann des Herrn Prof. Wilhelm Roscher für seine eignen Kinderbegriffe. Sieh dessen: „Die Grundlagen der Nationalökonomie", Dritte Auflage, 1858.

[23] S. P. Newman, „Elements of Polit. Econ." , Andover and New York 1835, p.175.

besteht nur noch ein Unterschied unter den Waren, der Unterschied zwischen ihrer Naturalform und ihrer verwandelten Form, zwischen Ware und Geld. Und so unterscheiden sich die Warenbesitzer nur als Verkäufer, Besitzer von Ware, und als Käufer, Besitzer von Geld.

Gesetzt nun, es sei durch irgendein unerklärliches Privilegium dem Verkäufer gegeben, die Ware über ihrem Werte zu verkaufen, zu 110, wenn sie 100 wert ist, also mit einem nominellen Preisaufschlage von 10%. Der Verkäufer kassiert also einen Mehrwert von 10 ein. Aber nachdem er Verkäufer war, wird er Käufer. Ein dritter Warenbesitzer begegnet ihm jetzt als Verkäufer und genießt seinerseits das Privilegium, die Ware 10% zu teuer zu verkaufen. Unser Mann hat als Verkäufer 10 gewonnen, um als Käufer 10 zu verlieren.[24] Das Ganze kommt in der Tat darauf hinaus, daß alle Warenbesitzer ihre Waren einander 10% über dem Wert verkaufen, was durchaus dasselbe ist, als ob sie die Waren zu ihren Werten verkauften. Ein solcher allgemeiner nomineller Preisaufschlag der Waren bringt dieselbe Wirkung hervor, als ob die Warenwerte z. B. in Silber statt in Gold geschätzt würden. Die Geldnamen, d. h. die Preise der Waren würden anschwellen, aber ihre Wertverhältnisse unverändert bleiben.

Unterstellen wir umgekehrt, es sei das Privilegium des Käufers, die Waren unter ihrem Wert zu kaufen. Hier ist es nicht einmal nötig zu erinnern, daß der Käufer wieder Verkäufer wird. Er war Verkäufer, bevor er Käufer ward. Er hat bereits 10% als Verkäufer verloren, bevor er 10% als Käufer gewinnt.[25] Aller bleibt wieder beim alten.

Die Bildung von Mehrwert und daher die Verwandlung von Geld in Kapital, kann also weder dadurch erklärt werden, daß die Verkäufer die Waren über ihrem Werte verkaufen, noch dadurch, daß die Käufer sie unter ihrem Werte kaufen.[26]

Das Problem wird in keiner Weise dadurch vereinfacht, daß man fremde Beziehungen einschmuggelt, also etwa mit Oberst Torrens sagt:

> „Die effektive Nachfrage besteht in dem Vermögen und der Neigung (!) der Konsumenten, sei es durch unmittelbaren oder vermittelten Austausch, für Waren

---

[24] „Durch die Heraufsetzung des nominellen Werts des Produkts ... werden die Verkäufer nicht reicher ... da sie genau das, was sie als Verkäufer gewinnen, in ihrer Eigenschaft als Käufer wieder ausgeben." (J. Gray, „The Essential Principles of the Wealth of Nations etc.", London 1797, p. 66.)

[25] „Wenn man für 18 Livres eine Menge eines bestimmten Erzeugnisses verkaufen muß, die 24 Livres wert ist, wird man, wenn man die gleiche Geldsumme zum Kauf verwendet, für 18 Livres ebenfalls so viel wie für 24 Livres erhalten." (Le Trosne, l.c.p. 897.)

[26] „Kein Verkäufer kann daher gewöhnlich seine Waren im Preis heraufsetzen, ohne ebenso die Waren der anderen Verkäufer teurer bezahlen zu müssen; und aus dem gleichen Grunde kann kein Verbraucher gewöhnlich billiger einkaufen, ohne ebenso die Waren, die er verkauft, im Preise herabsetzen zu müssen." (Mercier de la Rivière, l.c.p. 555.)

eine gewisse größere Portion von allen Ingredienzien des Kapitals zu geben, als ihre Produktion kostet."[27]

In der Zirkulation stehn sich Produzenten und Konsumenten nur als Verkäufer und Käufer gegenüber. Behaupten, der Mehrwert für den Produzenten entspringe daraus, daß die Konsumenten die Ware über den Wert zahlen, heißt nur den einfachen Satz maskieren: Der Warenbesitzer besitzt als Verkäufer das Privilegium, zu teuer zu verkaufen. Der Verkäufer hat die Ware selbst produziert oder vertritt ihren Produzenten, aber der Käufer hat nicht minder die in seinem Gelde dargestellte Ware selbst produziert oder vertritt ihren Produzenten. Es steht also Produzent dem Produzenten gegenüber. Was sie unterscheidet, ist, daß der eine kauft und der andre verkauft. Es bringt uns keinen Schritt weiter, daß der Warenbesitzer unter dem Namen Produzent die Ware über ihrem Werte verkauft und unter dem Namen Konsument sie zu teuer zahlt.[28]

Die konsequenten Vertreter der Illusion, daß der Mehrwert aus einem nominellen Preiszuschlag entspringt oder aus dem Privilegium des Verkäufers, die Ware zu teuer zu verkaufen, unterstellen daher eine Klasse, die nur kauft, ohne zu verkaufen, also auch nur konsumiert ohne zu produzieren. Die Existenz einer solchen Klasse ist von unsrem bisher erreichten Standpunkt, dem der einfachen Zirkulation, noch unerklärlich. Aber greifen wir vor. Das Geld, womit eine solche Klasse beständig kauft, muß ihr beständig, ohne Austausch, umsonst, auf beliebige Rechts- und Gewaltstitel hin, von den Warenbesitzern selbst zufließen. Dieser Klasse die Waren über dem Wert verkaufen, heißt nur, umsonst weggegebenes Geld sich zum Teil wieder zurückschwindeln.[29] So zahlten die kleinasiatischen Städte jährlichen Geldtribut an das alte Rom. Mit diesem Geld kaufte Rom Waren von ihnen und kaufte sie zu teuer. Die Kleinasiaten prellten die Römer, indem sie den Eroberern einen Teil des Tributs wieder abluchsten auf dem Wege des Handels. Aber dennoch blieben die Kleinasiaten die Geprellten. Ihre Waren wurden ihnen nach wie vor mit ihrem eignen Gelde gezahlt. Es ist dies keine Methode der Bereicherung oder der Bildung von Mehrwert. Halten wir uns also innerhalb der Schranken des Warenaustausches, wo Verkäufer Käufer und Käufer Verkäufer sind. Unsre Verlegenheit stammt vielleicht daher, daß wir die Personen nur als personifizierte Kategorien, nicht individuell, gefaßt haben.

---

27 R. Torrens, „An Essay on the Production of Wealth", London 1821, p. 349.

28 „Der Gedanke, daß die Profite von den Konsumenten gezahlt werden, ist sicher völlig absurd. Wer sind die Konsumenten?" (G. Ramsay, „An Essay on the Distribution of Wealth", Edinburgh 1836, p. 183.)

29 „Wenn es jemand an Nachfrage mangelt, rät ihm dann Herr Malthus, eine andre Person zu bezahlen, damit diese ihm seine Waren abnehme?" fragt ein entrüsteter Ricardianer den Malthus, der wie sein Schüler, der Pfaffe Chalmers, die Klasse von bloßen Käufern oder Konsumenten ökonomisch verherrlicht. Sieh: „An Inquiry into those principles, respecting the Nature of Demand and the Necessity of Consumption, lately advocated by Mr. Malthus etc.", London 1821, p. 55.

Warenbesitzer A mag so pfiffig sein, seine Kollegen B oder C übers Ohr zu hauen, während sie trotz des besten Willens die Revanche schuldig bleiben. A verkauft Wein zum Wert von 40 Pfd. St. an B und erwirbt im Austausch Getreide zum Wert von 50 Pfd. St. A hat seine 40 Pfd. St. in 50 Pfd. St. verwandelt, mehr Geld aus weniger Geld gemacht und seine Ware in Kapital verwandelt. Sehn wir näher zu. Vor dem Austausch hatten wir für 40 Pfd. St. Wein in der Hand von A und für 50 Pfd. St. Getreide in der Hand von B, Gesamtwert von 90 Pfd. St. Nach dem Austausch haben wir denselben Gesamtwert von 90 Pfd. St. Der zirkulierende Wert hat sich um kein Atom vergrößert, seine Verteilung zwischen A und B hat sich verändert. Auf der einen Seite erscheint als Mehrwert, was auf der andren Minderwert ist, auf der einen Seite als Plus, was auf der andren als Minus. Derselbe Wechsel hätte sich ereignet, wenn A, ohne die verhüllende Form des Austausches, dem B 10 Pfd. St. direkt gestohlen hätte. Die Summe der zirkulierenden Werte kann offenbar durch keinen Wechsel in ihrer Verteilung vermehrt werden, sowenig wie ein Jude die Masse der edlen Metalle in einem Lande dadurch vermehrt, daß er einen Farthing aus der Zeit der Königin Anna für eine Guinee verkauft. Die Gesamtheit der Kapitalistenklasse eines Landes kann sich nicht selbst übervorteilen.[30]

Man mag sich also drehen und wenden, wie man will, das Fazit bleibt dasselbe. Werden Äquivalente ausgetauscht, so entsteht kein Mehrwert, und werden Nicht-Äquivalente ausgetauscht, so entsteht auch kein Mehrwert.[31] Die Zirkulation oder der Warenaustausch schafft keinen Wert.[32] Man versteht daher, warum in unsrer Analyse der Grundform des Kapitals, der Form, worin es die ökonomische Organisation der modernen Gesellschaft bestimmt, seine populären und sozusagen antediluvianischen Gestalten, Handelskapital und Wucherkapital, zunächst gänzlich unberücksichtigt bleiben.

---

[30] Destutt de Tracy, obgleich – vielleicht weil – Membre de l'Institut, war umgekehrter Ansicht. Die industriellen Kapitalisten, sagt er, machen dadurch ihre Profite, daß „sie alles teurer verkaufen, als es gekostet hat zu produzieren. Und an wen verkaufen sie? Erstens aneinander." (l.c.p. 239.)

[31] „Der Austausch von zwei gleichen Werten vermehrt weder die Masse der in der Gesellschaft vorhandenen Werte, noch vermindert er sie. Der Austausch zweier ungleiche Werte ... ändert ebenfalls nichts an der Summe der gesellschaftlichen Werte, da er dem Vermögen des einen zufügt, was er dem Vermögen des anderen wegnimmt." (J. B. Say, l.c., t. II, p. 443, 444.) Say, natürlich unbekümmert um die Konsequenzen dieses Satzes, entlehnt ihn ziemlich wörtlich den Physiokraten. Die Art, wie er ihre zu seiner Zeit verschollenen Schriften zur Vermehrung seines eigenen „Wertes" ausgebeutet hat, zeige folgendes Beispiel. Der „berühmteste" Satz des Monsieur Say: „Man kann Produkte nur mit Produkten kaufen" (l.c., t. II, p. 438.), lautet im physiokratischen Original: „Erzeugnisse lassen sich nur mit Erzeugnissen bezahlen." (Le Trosne, l.c.p. 899.)

[32] „Der Austausch überträgt keinerlei Wert auf die Produkte." (F. Wayland, „The Elements of Pol. Econ.", Boston 1843, p. 168.)

Im eigentlichen Handelskapital erscheint die Form G – W – G', kaufen, um teurer zu verkaufen, am reinsten. Andrerseits geht seine ganze Bewegung innerhalb der Zirkulationssphäre vor. Da es aber unmöglich ist, aus der Zirkulation selbst die Verwandlung von Geld in Kapital, die Bildung von Mehrwert zu erklären, erscheint das Handelskapital unmöglich, sobald Äquivalente ausgetauscht werden[33], daher nur ableitbar aus der doppelseitigen Übervorteilung der kaufenden und verkaufenden Warenproduzenten durch den sich parasitisch zwischen sie schiebenden Kaufmann. In diesem Sinn sagt Franklin: „Krieg ist Raub, Handel ist Prellerei.“[34] Soll die Verwertung des Handelskapitals nicht aus bloßer Prellerei der Warenproduzenten erklärt werden, so gehört dazu eine lange Reihe von Mittelgliedern, die hier, wo die Warenzirkulation und ihre einfachen Momente unsre einzige Voraussetzung bilden, noch gänzlich fehlt.

Was vom Handelskapital, gilt noch mehr vom Wucherkapital. Im Handelskapital sind die Extreme, das Geld, das auf den Markt geworfen, und das vermehrte Geld, das dem Markt entzogen wird, wenigstens vermittelt durch Kauf und Verkauf, durch die Bewegung der Zirkulation. Im Wucherkapital ist die Form G – W – G' abgekürzt auf die unvermittelten Extreme G – G', Geld, das sich gegen mehr Geld austauscht, eine der Natur des Geldes widersprechende und daher vom Standpunkt des Warenaustausches unerklärliche Form. Daher Aristoteles:

> „Da die Chrematistik eine doppelte ist, die eine zum Handel, die andre zu Ökonomik gehörig, die letztere notwendig und lobenswert, die erstere auf die Zirkulation gegründet und mit Recht getadelt (denn sie beruht nicht auf der Natur, sondern auf wechselseitiger Prellerei), so ist der Wucher mit vollstem Recht verhaßt, weil das Geld selbst hier die Quelle des Erwerbs und nicht dazu gebraucht wird, wozu es erfunden ward. Denn für den Warenaustausch entstand es, der Zins aber macht aus Geld mehr Geld. Daher auch sein Name“ (τόκος Zins und Geborenes). „Denn die Geborenen sind den Erzeugern ähnlich. Der Zins aber ist Geld von Geld, so daß von allen Erwerbszweigen dieser der naturwidrigste.“[35]

Wie das Handelskapital werden wir das zinstragende Kapital im Verlauf unsrer Untersuchung als abgeleitete Formen vorfinden und zugleich sehn, warum sie historisch vor der modernen Grundform des Kapitals erscheinen.

---

33 „Unter der Herrschaft unveränderlicher Äquivalente würde der Handel unmöglich sein.“ (G. Opdyke, „A Treatise on polit. Economy“, New York 1851, p. 66 bis 69.) „Dem Unterschiede zwischen Realwert und Tauschwert liegt eine Tatsache zum Grunde – nämlich daß der Wert einer Sache verschieden ist von dem im Handel für sie gegebenen sogenannten Äquivalent, d. h., daß dies Äquivalent kein Äquivalent ist.“ (F. Engels, l.c.p. 95, 96.

34 Benjamin Franklin, „Works“, vol. II, edit. Sparks in „Positions to be examined concerning National Wealth“,p. 376.

35 Aristoteles, l.c., c. 10, p. 17.

Es hat sich gezeigt, daß der Mehrwert nicht aus der Zirkulation entspringen kann, bei seiner Bildung also etwas hinter ihrem Rücken vorgehn muß, das in ihr selbst unsichtbar ist.[36] Kann aber der Mehrwert anderswoher entspringen als aus der Zirkulation? Die Zirkulation ist die Summe aller Wechselbeziehungen der Warenbesitzer. Außerhalb derselben steht der Warenbesitzer nur noch in Beziehung zu seiner eignen Ware. Was ihren Wert angeht, beschränkt sich das Verhältnis darauf, daß sie ein nach bestimmten gesellschaftlichen Gesetzen gemessenes Quantum seiner eignen Arbeit enthält. Dies Quantum Arbeit drückt sich aus in der Wertgröße seiner Ware, und, da sich Wertgröße in Rechengeld darstellt, in einem Preise von z. B. 10 Pfd. St. Aber seine Arbeit stellt sich nicht dar im Werte der Ware und einem Überschuß über ihrem eignen Wert, nicht in einem Preise von 10, der zugleich ein Preis von 11, nicht in einem Wert, der größer als er selbst ist. Der Warenbesitzer kann durch seine Arbeit Werte bilden, aber keine sich verwertenden Werte. Er kann den Wert einer Ware erhöhn, indem er vorhandnem Wert neuen Wert durch neue Arbeit zusetzt, z. B. aus Leder Stiefel macht. Derselbe Stoff hat jetzt mehr Wert, weil er ein größeres Arbeitsquantum enthält. Der Stiefel hat daher mehr Wert als das Leder, aber der Wert des Leders ist geblieben, was er war. Er hat sich nicht verwertet, nicht während der Stiefelfabrikation einen Mehrwert angesetzt. Es ist also unmöglich, daß der Warenproduzent außerhalb der Zirkulationssphäre, ohne mit andren Warenbesitzern in Berührung zu treten, Wert verwerte und daher Geld oder Ware in Kapital verwandle.

Kapital kann also nicht aus der Zirkulation entspringen, und es kann ebensowenig aus der Zirkulation nicht entspringen. Es muß zugleich in ihr und nicht in ihr entspringen.

Ein doppeltes Resultat hat sich also ergeben.

Die Verwandlung des Geldes in Kapital ist auf Grundlage dem Warenaustausch immanenter Gesetze zu entwickeln, so daß der Austausch von Äquivalenten als Ausgangspunkt gilt.[37] Unser nur noch als Kapitalistenraupe vorhandner

---

[36] „Unter den üblichen Bedingungen des Marktes wird Profit nicht durch Austausch gemacht. Wäre er nicht vorher vorhanden gewesen, so könnte er es auch nach dieser Transaktion nicht sein." (Ramsey, l.c.p. 184.)

[37] Nach der gegebenen Auseinandersetzung versteht der Leser, daß dies nur heißt: Die Kapitalbildung muß möglich sein, auch wenn der Warenpreis gleich dem Warenwert. Sie kann nicht aus der Abweichung der Warenpreise von den Warenwerten erklärt werden. Weichen die Preise von den Werten wirklich ab, so muß man sie erst auf die letzteren reduzieren, d. h. von diesem Umstande als einem zufälligen absehn, um das Phänomen der Kapitalbildung auf Grundlage des Warenaustauschs rein vor sich zu haben und in seiner Beobachtung nicht durch störende und dem eigentlichen Verlauf fremde Nebenumstände verwirrt zu werden. Man weiß übrigens, daß diese Reduktion keineswegs eine bloß wissenschaftliche Prozedur ist. Die beständigen Oszillationen der Marktpreise, ihr Steigen und Sinken, kompensieren sich, heben sich wechselseitig auf und reduzieren sich selbst zum Durchschnittspreis als ihrer inneren Regel. Diese

Geldbesitzer muß die Waren zu ihrem Wert kaufen, zu ihrem Wert verkaufen und dennoch am Ende des Prozesses mehr Wert herausziehn, als er hineinwarf. Seine Schmetterlingsentfaltung muß in der Zirkulationssphäre und muß nicht in der Zirkulationssphäre vorgehn. Dies sind die Bedingungen des Problems. Hic Rhodus, hic salta!

3. Kauf und Verkauf der Arbeitskraft

Die Wertveränderung des Geldes, das sich in Kapital verwandeln soll, kann nicht an diesem Geld selbst vorgehn, denn als Kaufmittel und als Zahlungsmittel realisiert es nur den Preis der Ware, die es kauft oder zahlt, während es, in seiner eignen Form verharrend, zum Petrefakt von gleichbleibender Wertgröße erstarrt.[38] Ebensowenig kann die Veränderung aus dem zweiten Zirkulationsakt, dem Wiederverkauf der Ware, entspringen, denn dieser Akt verwandelt die Ware bloß aus der Naturalform zurück in die Geldform. Die Veränderung muß sich also zutragen mit der Ware, die im ersten Akt G – W gekauft wird, aber nicht mit ihrem Wert, denn es werden Äquivalente ausgetauscht, die Ware wird zu ihrem Werte bezahlt. Die Veränderung kann also nur entspringen aus ihrem Gebrauchswert als solchem, d. h. aus ihrem Verbrauch. Um aus dem Verbrauch einer Ware Wert herauszuziehn, müßte unser Geldbesitzer so glücklich sein, innerhalb der Zirkulationssphäre, auf dem Markt, eine Ware zu entdecken, deren Gebrauchswert selbst die eigentümliche Beschaffenheit besäße, Quelle von Wert zu sein, deren wirklicher Verbrauch also selbst Vergegenständlichung von Arbeit wäre, daher Wertschöpfung. Und der Geldbesitzer findet auf dem Markt eine solche spezifische Ware vor – das Arbeitsvermögen oder die Arbeitskraft.

Unter Arbeitskraft oder Arbeitsvermögen verstehen wir den Inbegriff der physischen und geistigen Fähigkeiten, die in der Leiblichkeit, der lebendigen Persönlichkeit eines Menschen existieren und die er in Bewegung setzt, sooft er Gebrauchswerte irgendeiner Art produziert.

Damit jedoch der Geldbesitzer die Arbeitskraft als Ware auf dem Markt vorfinde, müssen verschiedne Bedingungen erfüllt sein. Der Warenaustausch

---

bildet den Leitstern z. B. des Kaufmanns oder des Industriellen in jeder Unternehmung, die längeren Zeitraum umfaßt. Er weiß also, daß, eine längere Periode im ganzen betrachtet, die Waren wirklich weder unter noch über, sondern zu ihrem Durchschnittspreis verkauft werden. Wäre interesseloses Denken also überhaupt sein Interesse, so müßte er sich das Problem der Kapitalbildung so stellen: Wie kann Kapital entstehn bei der Regelung der Preise durch den Durchschnittspreis, d. h. in letzter Instanz durch den Wert der Ware? Ich sage „in letzter Instanz", weil die Durchschnittspreise nicht direkt mit den Wertgrößen der Waren zusammenfallen, wie A. Smith, Ricardo usw. glauben.

[38] „In der Form von Geld ... erzeugt das Kapital keinen Profit." (Ricardo, „Princ. of Pol. Econ.", p. 267.)

schließt an und für sich keine andren Abhängigkeitsverhältnisse ein als die aus seiner eignen Natur entspringenden. Unter dieser Voraussetzung kann die Arbeitskraft als Ware nur auf dem Markt erscheinen, sofern und weil sie von ihrem eignen Besitzer, der Person, deren Arbeitskraft sie ist, als Ware feilgeboten oder verkauft wird. Damit ihr Besitzer sie als Ware verkaufe, muß er über sie verfügen können, also freier Eigentümer seines Arbeitsvermögens, seiner Person sein.[39] Er und der Geldbesitzer begegnen sich auf dem Markt und treten in Verhältnis zueinander als ebenbürtige Warenbesitzer, nur dadurch unterschieden, daß der eine Käufer, der andre Verkäufer, beide also juristisch gleiche Personen sind. Die Fortdauer dieses Verhältnisses erheischt, daß der Eigentümer der Arbeitskraft sie stets nur für bestimmte Zeit verkaufe, denn verkauft er sie in Bausch und Bogen, ein für allemal, so verkauft er sich selbst, verwandelt sich aus einem Freien in einen Sklaven, aus einem Warenbesitzer in eine Ware. Er als Person muß sich beständig zu seiner Arbeitskraft als seinem Eigentum und daher seiner eignen Ware verhalten, und das kann er nur, soweit er sie dem Käufer stets nur vorübergehend, für einen bestimmten Zeittermin, zur Verfügung stellt, zum Verbrauch überläßt, also durch ihre Veräußerung nicht auf sein Eigentum an ihr verzichtet.[40]

Die zweite wesentliche Bedingung, damit der Geldbesitzer die Arbeitskraft auf dem Markt als Ware vorfinde, ist die, daß ihr Besitzer, statt Waren verkaufen zu können, worin sich seine Arbeit vergegenständlicht hat, vielmehr seine Arbeitskraft selbst, die nur in seiner lebendigen Leiblichkeit existiert, als Ware feilbieten muß.

---

[39] In Realenzyklopädien des klassischen Altertums kann man den Unsinn lesen, daß in der antiken Welt das Kapital völlig entwickelt war, „außer daß der freie Arbeiter und das Kreditwesen fehlten". Auch Herr Mommsen in seiner „Römischen Geschichte" begeht ein Quidproquo über das andre.

[40] Verschiedne Gesetzgebungen setzen daher ein Maximum für den Arbeitskontrakt fest. Alle Gesetzbücher bei Völkern freier Arbeit regeln Kündigungsbedingungen des Kontrakts. In verschiednen Ländern, namentlich in Mexiko (vor dem Amerikanischen Bürgerkrieg auch in den von Mexiko losgerissenen Territorien, und der Sache nach bis zu Kusas Umwälzung in den Donauprovinzen), ist die Sklaverei unter der Form von Peonage versteckt. Durch Vorschüsse, die in Arbeit abzutragen und sich von Generation zu Generation fortwälzen, wird nicht nur der einzelne Arbeiter, sondern seine Familie tatsächlich das Eigentum andrer Personen und ihrer Familien. Juárez hatte die Peonage abgeschafft. Der sogenannte Kaiser Maximilian führte sie wieder ein durch ein Dekret, das im Repräsentantenhaus zu Washington treffend als Dekret zur Wiedereinführung der Sklaverei in Mexiko denunziert ward. „Von meinen besondren körperlichen und geistigen Geschicklichkeiten und Möglichkeiten der Tätigkeit kann ich ... einen in der Zeit beschränkten Gebrauch an einen andren veräußern, weil sie nach dieser Beschränkung ein äußerliches Verhältnis zu meiner Totalität und Allgemeinheit erhalten. Durch die Veräußerung meiner ganzen durch die Arbeit konkreten Zeit und der Totalität meiner Produktion würde ich das Substantielle derselben, meine allgemeine Tätigkeit und Wirklichkeit, meine Persönlichkeit zum Eigentum eines andren machen." (Hegel, „Philosophie des Rechts", Berlin 1840, p. 104, § 67.)

Damit jemand von seiner Arbeitskraft unterschiedne Waren verkaufe, muß er natürlich Produktionsmittel besitzen, z. B. Rohstoffe, Arbeitsinstrumente usw. Er kann keine Stiefel machen ohne Leder. Er bedarf außerdem Lebensmittel. Niemand, selbst kein Zukunftsmusikant, kann von Produkten der Zukunft zehren, also auch nicht von Gebrauchswerten, deren Produktion noch unfertig, und wie am ersten Tage seiner Erscheinung auf der Erdbühne, muß der Mensch noch jeden Tag konsumieren, bevor und während er produziert. Werden die Produkte als Waren produziert, so müssen sie verkauft werden, nachdem sie produziert sind, und können die Bedürfnisse des Produzenten erst nach dem Verkauf befriedigen. Zur Produktionszeit kommt die für den Verkauf nötige Zeit hinzu.

Zur Verwandlung von Geld in Kapital muß der Geldbesitzer also den freien Arbeiter auf dem Warenmarkt vorfinden, frei in dem Doppelsinn, daß er als freie Person über seine Arbeitskraft als seine Ware verfügt, daß er andrerseits andre Waren nicht zu verkaufen hat, los und ledig, frei ist von allen zur Verwirklichung seiner Arbeitskraft nötigen Sachen.

Die Frage, warum dieser freie Arbeiter ihm in der Zirkulationssphäre gegenübertritt, interessiert den Geldbesitzer nicht, der den Arbeitsmarkt als eine besondre Abteilung des Warenmarkts vorfindet. Und einstweilen interessiert sie uns ebensowenig. Wir halten theoretisch an der Tatsache fest, wie der Geldbesitzer praktisch. Eins jedoch ist klar. Die Natur produziert nicht auf der einen Seite Geld- oder Warenbesitzer und auf der andren bloße Besitzer der eignen Arbeitskräfte. Dies Verhältnis ist kein naturgeschichtliches und ebensowenig ein gesellschaftliches, das allen Geschichtsperioden gemein wäre. Es ist offenbar selbst das Resultat einer vorhergegangenen historischen Entwicklung, das Produkt vieler ökonomischen Umwälzungen, des Untergangs einer ganzen Reihe älterer Formationen der gesellschaftlichen Produktion.

Auch die ökonomischen Kategorien, die wir früher betrachtet, tragen ihre geschichtliche Spur. Im Dasein des Produkts als Ware sind bestimmte historische Bedingungen eingehüllt. Um Ware zu werden, darf das Produkt nicht als unmittelbares Subsistenzmittel für den Produzenten selbst produziert werden. Hätten wir weiter geforscht: Unter welchen Umständen nehmen alle oder nimmt auch nur die Mehrzahl der Produkte die Form der Ware an, so hätte sich gefunden, daß dies nur auf Grundlage einer ganz spezifischen, der kapitalistischen Produktionsweise, geschieht. Eine solche Untersuchung lag jedoch der Analyse der Ware fern. Warenproduktion und Warenzirkulation können stattfinden, obgleich die weit überwiegende Produktenmasse, unmittelbar auf den Selbstbedarf gerichtet, sich nicht in Ware verwandelt, der gesellschaftliche Produktionsprozeß also noch lange nicht in seiner ganzen Breite und Tiefe vom Tauschwert beherrscht ist. Die Darstellung des Produkts als Ware bedingt eine so weit entwickelte Teilung der Arbeit innerhalb der Gesellschaft, daß die Scheidung zwischen Gebrauchswert und Tauschwert, die im unmittelbaren Tauschhandel erst beginnt, bereits vollzogen ist. Eine solche Entwicklungsstufe ist aber den geschichtlich verschiedensten ökonomischen Gesellschaftsformationen gemein.

Oder betrachten wir das Geld, so setzt es eine gewisse Höhe des Warenaustausches voraus. Die besondren Geldformen, bloßes Warenäquivalent oder Zirkulationsmittel oder Zahlungsmittel, Schatz und Weltgeld, deuten, je nach dem verschiednen Umfang und dem relativen Vorwiegen einer oder der andren Funktion, auf sehr verschiedne Stufen des gesellschaftlichen Produktionsprozesses. Dennoch genügt erfahrungsmäßig eine relativ schwach entwickelte Warenzirkulation zur Bildung aller dieser Formen. Anders mit dem Kapital. Seine historischen Existenzbedingungen sind durchaus nicht da mit der Waren- und Geldzirkulation. Es entsteht nur, wo der Besitzer von Produktions- und Lebensmitteln den freien Arbeiter als Verkäufer seiner Arbeitskraft auf dem Markt vorfindet, und diese eine historische Bedingung umschließt eine Weltgeschichte. Das Kapital kündigt daher von vornherein eine Epoche des gesellschaftlichen Produktionsprozesses an.[41]

Diese eigentümliche Ware, die Arbeitskraft, ist nun näher zu betrachten. Gleich allen andren Waren besitzt sie einen Wert.[42] Wie wird er bestimmt?

Der Wert der Arbeitskraft, gleich dem jeder andren Ware, ist bestimmt durch die zur Produktion, also auch Reproduktion, dieses spezifischen Artikels notwendige Arbeitszeit. So sie Wert, repräsentiert die Arbeitskraft selbst nur ein bestimmtes Quantum in ihr vergegenständlichter gesellschaftlicher Durchschnittsarbeit. Die Arbeitskraft existiert nur als Anlage des lebendigen Individuums. Ihre Produktion setzt also seine Existenz voraus. Die Existenz des Individuums gegeben, besteht die Produktion der Arbeitskraft in seiner eignen Reproduktion oder Erhaltung. Zu seiner Erhaltung bedarf das lebendige Individuum einer gewissen Summe von Lebensmitteln. Die zur Produktion der Arbeitskraft notwendige Arbeitszeit löst sich also auf in die zur Produktion dieser Lebensmittel notwendige Arbeitszeit, oder der Wert der Arbeitskraft ist der Wert der zur Erhaltung ihres Besitzers notwendigen Lebensmittel. Die Arbeitskraft verwirklicht sich jedoch nur durch ihre Äußerung, betätigt sich nur in der Arbeit. Durch ihre Betätigung, die Arbeit, wird aber ein bestimmtes Quantum von menschlichem Muskel, Nerv, Hirn usw. verausgabt, das wieder ersetzt werden muß. Diese vermehrte Ausgabe bedingt eine vermehrte Einnahme.[43] Wenn

---

[41] Was also die kapitalistische Epoche charakterisiert, ist, daß die Arbeitskraft für den Arbeiter selbst die Form einer ihm gehörigen Ware, seine Arbeit daher die Form der Lohnarbeit erhält. Andrerseits verallgemeinert sich erst von diesem Augenblick die Warenform der Arbeitsprodukte.

[42] „Der Wert eines Mannes ist wie der aller anderen Dinge gleich seinem Preis: das will besagen, so viel, wie für den Gebrauch seiner Kraft gezahlt wird." (Th. Hobbes, „Leviathan", in „Works", edit. Molesworth, London 1839-1844, v. III, p. 76.)

[43] Der altrömische villicus, als Wirtschafter an der Spitze der Ackerbausklaven, empfing daher,

der Eigentümer der Arbeitskraft heute gearbeitet hat, muß er denselben Prozeß morgen unter denselben Bedingungen von Kraft und Gesundheit wiederholen können. Die Summe der Lebensmittel muß also hinreichen, das arbeitende Individuum als arbeitendes Individuum in seinem normalen Lebenszustand zu erhalten. Die natürlichen Bedürfnisse selbst, wie Nahrung, Kleidung, Heizung, Wohnung usw., sind verschieden je nach den klimatischen und andren natürlichen Eigentümlichkeiten eines Landes. Andrerseits ist der Umfang sog. notwendiger Bedürfnisse, wie die Art ihrer Befriedigung, selbst ein historisches Produkt und hängt daher großenteils von der Kulturstufe eines Landes, unter andrem auch wesentlich davon ab, unter welchen Bedingungen, und daher mit welchen Gewohnheiten und Lebensansprüchen die Klasse der freien Arbeiter sich gebildet hat.[44] Im Gegensatz zu den andren Waren enthält also die Wertbestimmung der Arbeitskraft ein historisches und moralisches Element. Für ein bestimmtes Land, zu einer bestimmten Periode jedoch, ist der Durchschnitts-Umkreis der notwendigen Lebensmittel gegeben.

Der Eigentümer der Arbeitskraft ist sterblich. Soll also seine Erscheinung auf dem Markt eine kontinuierliche sein, wie die kontinuierliche Verwandlung von Geld in Kapital voraussetzt, so muß der Verkäufer der Arbeitskraft sich verewigen, „wie jedes lebendige Individuum sich verewigt, durch Fortpflanzung".[45] Die durch Abnutzung und Tod dem Markt entzogenen Arbeitskräfte müssen zum allermindesten durch eine gleiche Zahl neuer Arbeitskräfte beständig ersetzt werden. Die Summe der zur Produktion der Arbeitskraft notwendigen Lebensmittel schließt also die Lebensmittel der Ersatzmänner ein, d. h. der Kinder der Arbeiter, so daß sich diese Race eigentümlicher Warenbesitzer auf dem Warenmarkte verewigt.[46]

Um die allgemein menschliche Natur so zu modifizieren, daß sie Geschick und Fertigkeit in einem bestimmten Arbeitszweig erlangt, entwickelte und spezifische Arbeitskraft wird, bedarf es einer bestimmten Bildung oder Erziehung, welche ihrerseits eine größere oder geringere Summe von Warenäquivalenten kostet. Je nach dem mehr oder minder vermittelten Charakter der Arbeitskraft sind ihre Bildungskosten verschieden. Diese Erlernungskosten, verschwindend klein für die gewöhnliche Arbeitskraft, gehn also ein in den Umkreis der zu ihrer

---

„weil er leichtere Arbeit hat als die Knechte, knapperes Maß als diese". (Th. Mommsen, „Röm. Geschichte", 1856, p. 810.)

44 Vgl. „Over-Population and its Remedy", London 1846, von W. Th. Thornton.

45 Petty.

46 „Ihr" (der Arbeit) „natürlicher Preis ... besteht in einer solchen Menge von Subsistenzmitteln und Dingen der Bequemlichkeit, wie sie entsprechend dem Klima und den Gewohnheiten eines Landes notwendig sind, um den Arbeiter zu erhalten und es ihm zu ermöglichen, eine Familie aufzuziehen, die auf dem Markt ein unvermindertes Angebot von Arbeit zu sichern vermag." (R. Torrens, „An Essay on the external Corn Trade", London 1815, p. 62.) Das Wort Arbeit steht hier fälschlich für Arbeitskraft.

Produktion verausgabten Werte. Der Wert der Arbeitskraft löst sich auf in den Wert einer bestimmten Summe von Lebensmitteln. Er wechselt daher auch mit dem Wert dieser Lebensmittel, d. h. der Größe der zu ihrer Produktion erheischten Arbeitszeit.

Ein Teil der Lebensmittel, z. B. Nahrungsmittel, Heizungsmittel usw., werden täglich neu verzehrt und müssen täglich neu ersetzt werden. Andre Lebensmittel, wie Kleider, Möbel usw., verbrauchen sich in längeren Zeiträumen und sind daher nur in längeren Zeiträumen zu ersetzen. Waren einer Art müssen täglich, andre wöchentlich, vierteljährlich usf. gekauft oder gezahlt werden. Wie sich die Summe dieser Ausgaben aber immer während eines Jahres z. B. verteilen möge, sie muß gedeckt sein durch die Durchschnittseinnahme tagein, tagaus. Wäre die Masse der täglich zur Produktion der Arbeitskraft erheischten Waren = A, die der wöchentlich erheischten = B, die der vierteljährlich erheischten = C usw., so wäre der täglich Durchschnitt dieser Waren = $\frac{5A + 52B + 4C + usw}{365}$. Gesetzt, in dieser für den Durchschnittstag nötigen Warenmasse steckten 6 Stunden gesellschaftlicher Arbeit, so vergegenständlicht sich in der Arbeitskraft täglich ein halber Tag gesellschaftlicher Durchschnittsarbeit, oder ein halber Arbeitstag ist zur täglichen Produktion der Arbeitskraft erheischt. Dies zu ihrer täglichen Produktion erheischte Arbeitsquantum bildet den Tageswert der Arbeitskraft oder den Wert der täglich reproduzierten Arbeitskraft. Wenn sich ein halber Tag gesellschaftlicher Durchschnittsarbeit ebenfalls in einer Goldmasse von 3 sh. oder einem Taler darstellt, so ist ein Taler der dem Tauschwert der Arbeitskraft entsprechende Preis. Bietet der Besitzer der Arbeitskraft sie feil für einen Taler täglich, so ist ihr Verkaufspreis gleich ihrem Wert und, nach unsrer Voraussetzung, zahlt der auf Verwandlung seiner Taler in Kapital erpichte Geldbesitzer diesen Wert.

Die letzte Grenze oder Minimalgrenze des Werts der Arbeitskraft wird gebildet durch den Wert einer Warenmasse, ohne deren tägliche Zufuhr der Träger der Arbeitskraft, der Mensch, seinen Lebensprozeß nicht erneuern kann, also durch den Wert der physisch unentbehrlichen Lebensmittel. Sinkt der Preis der Arbeitskraft auf dieses Minimum, so sinkt er unter ihren Wert, denn sie kann sich so nur in verkümmerter Form erhalten und entwickeln. Der Wert jeder Ware ist aber bestimmt durch die Arbeitszeit, erfordert, um sie in normaler Güte zu liefern.

Es ist eine außerordentlich wohlfeile Sentimentalität, diese aus der Natur der Sache fließende Wertbestimmung der Arbeitskraft grob zu finden und etwa mit Rossi zu jammern:

> „Das Arbeitsvermögen (puissance de travail) begreifen, während man von den Subsistenzmitteln der Arbeit während des Produktionsprozesses abstrahiert, heißt ein Hirngespinst (être de raison) begreifen. Wer Arbeit sagt, wer Arbeitsver-

mögen sagt, sagt zugleich Arbeiter und Subsistenzmittel, Arbeiter und Arbeitslohn."[47]

Wer Arbeitsvermögen sagt, sagt nicht Arbeit, so wenig als wer Verdauungsvermögen sagt, Verdauen sagt. Zum letztren Prozeß ist bekanntlich mehr als ein guter Magen erfordert. Wer Arbeitsvermögen sagt, abstrahiert nicht von den zu seiner Subsistenz notwendigen Lebensmitteln. Ihr Wert ist vielmehr ausgedrückt in seinem Wert. Wird es nicht verkauft, so nützt es dem Arbeiter nichts, so empfindet er es vielmehr als eine grausame Naturnotwendigkeit, daß sein Arbeitsvermögen ein bestimmtes Quantum Subsistenzmittel zu seiner Produktion erheischt hat und stets wieder von neuem zu seiner Reproduktion erheischt. Er entdeckt dann mit Sismondi: „Das Arbeitsvermögen ... ist nichts, wenn es nicht verkauft wird"[48].

Die eigentümliche Natur dieser spezifischen Ware, der Arbeitskraft, bringt es mit sich, daß mit der Abschließung des Kontrakts zwischen Käufer und Verkäufer ihr Gebrauchswert noch nicht wirklich in die Hand des Käufers übergegangen ist. Ihr Wert, gleich dem jeder andren Ware, war bestimmt, bevor sie in die Zirkulation trat, denn ein bestimmtes Quantum gesellschaftlicher Arbeit ward zur Produktion der Arbeitskraft verausgabt, aber ihr Gebrauchswert besteht erst in der nachträglichen Kraftäußerung. Die Veräußerung der Kraft und ihre wirkliche Äußerung, d. h. ihr Dasein als Gebrauchswert, fallen daher der Zeit nach auseinander. Bei solchen Waren aber[49], wo die formelle Veräußerung des Gebrauchswerts durch den Verkauf und seine wirkliche Überlassung an den Käufer der Zeit nach auseinanderfallen, funktioniert das Geld des Käufers meist als Zahlungsmittel. In allen Ländern kapitalistischer Produktionsweise wird die Arbeitskraft erst gezahlt, nachdem sie bereits während des im Kaufkontrakt festgesetzten Termins funktioniert hat, z. B. am Ende jeder Woche. Überall schießt daher der Arbeiter dem Kapitalisten den Gebrauchswert der Arbeitskraft vor; er läßt sie vom Käufer konsumieren, bevor er ihrem Preis bezahlt erhält, überall kreditiert daher der Arbeiter dem Kapitalisten. Daß dies Kreditieren kein leerer Wahn ist, zeigt nicht nur der gelegentliche Verlust des kreditierten Lohns beim Bankrott des Kapitalisten[50], sondern auch eine Reihe

---

47 Rossi, „Cours d'Écon. Polit.", Bruxelles 1843, p. 370, 371.

48 Sismondi, „Nouv. Princ. etc.", t. I, p. 113.

49 „Alle Arbeit wird bezahlt, nachdem sie beendet ist." („An Inquiry into those Principles, respecting the Nature of Demand etc.", p. 104.) „Der kaufmännische Kredit mußte in dem Moment anfangen, in dem der Arbeiter, der erste Schöpfer der Produktion, auf Grund seiner Ersparnisse in der Lage war, auf den Lohn seiner Arbeit bis zum Ende von ein bis zwei Wochen, eines Monats, eines Vierteljahres usw. zu warten." (Ch. Ganilh, „Des Systèmes d'Écon. Polit.", 2ème édit., Paris 1821, t. II, p. 150.)

50 „Der Arbeiter leiht seinen Fleiß", aber, setzt Storch schlau hinzu: er „riskiert nichts", außer „seinen Lohn zu verlieren ... der Arbeiter überträgt nichts Materielles". (Storch, „Cours d'Écon. Polit.", Pétersbourg 1815, t. II, p. 36, 37.)

mehr nachhaltiger Wirkungen.[51] Indes ändert es an der Natur des Warenaustausches selbst nichts, ob das Geld als Kaufmittel oder als Zahlungsmittel funktioniert. Der Preis der Arbeitskraft ist kontraktlich festgesetzt, obgleich er erst hinterher realisiert wird, wie der Mietpreis eines Hauses. Die Arbeitskraft ist verkauft, obgleich sie erst hinterher bezahlt wird. Für die reine Auffassung des Verhältnisses ist es jedoch nützlich, einstweilen vorauszusetzen, daß der Besitzer der Arbeitskraft mit ihrem Verkauf jedesmal auch sogleich den kontraktlich stipulierten Preis erhält.

---

[51] Ein Beispiel. In London existieren zweierlei Sorten von Bäckern, die „full priced", die das Brot zu seinem vollen Werte verkaufen, und die „undersellers", die es unter diesem Werte verkaufen. Letztere Klasse bildet über ¾ der Gesamtzahl der Bäcker (p. XXXII im „Report" des Regierungskommissärs H. S. Tremenheere über die „Grievances complained of by the journeymen bakers etc.", London 1862). Diese undersellers verkaufen, fast ausnahmslos, Brot, das verfälscht ist durch Beimischung von Alaun, Seife, Perlasche, Kalk, Derbyshire-Steinmehl und ähnlichen angenehmen, nahrhaften und gesunden Ingredienzien. (Sieh das oben zitierte Blaubuch, ebenso den Bericht des „Committee of 1855 on the Adulteration of Bread" und Dr. Hassalls, „Adulterations Detected", 2nd. edit., London 1861.) Sir John Gordon erklärte vor dem Komitee von 1855, daß „infolge dieser Fälschungen der Arme, der von zwei Pfund Brot täglich lebt, jetzt nicht den vierten Teil des Nahrungsstoffes wirklich erhält, abgesehn von den schädlichen Wirkungen auf seine Gesundheit". Als Grund, warum „ein sehr großer Teil der Arbeiterklasse", obgleich wohl unterrichtet über die Fälschungen, dennoch Alaun, Steinmehl etc. mit in den Kauf nimmt, führt Tremenheere (l.c.p. XLVIII) an, daß es für sie „ein Ding der Notwendigkeit ist, von ihrem Bäcker oder dem chandler's shop das Brot zu nehmen, wie man es ihnen zu geben beliebt". Da sie erst Ende der Arbeitswoche bezahlt werden, können sie auch „das während der Woche von ihren Familien verzehrte Brot erst Ende der Woche zahlen"; und, fügt Tremenheere mit Anführung der Zeugenaussagen hinzu: „Es ist notorisch, daß mit solchen Mixturen bereitetes Brot expreß für diese Art Kunden gemacht wird." („It is notorious that bread composed of those mixtures, is made expressly for sale in this manner.") „In vielen englischen Agrikulturdistrikten" (aber noch mehr in schottischen) „wird der Arbeitslohn vierzehntägig und selbst monatlich gezahlt. Mit diesen langen Zahlungsfristen muß der Agrikulturarbeiter seine Waren auf Kredit kaufen ... Er hat höhere Preise zu zahlen und ist tatsächlich an die Boutique gebunden, die ihm pumpt. So kostet ihm z. B. zu Horningsham in Wilts, wo die Löhnung monatlich, dasselbe Mehl 2 sh. 4 d. per stone, das er sonstwo mit 1 sh. 10 d. zahlt." („Sixth Report" on „Public Health" by „The Medical Office of the Privy Council etc.", 1864, p. 264.) „Die Kattun-Handdrucker von Paisley und Kilmarnock" (Westschottland) „erzwangen 1853 durch einen strike die Herabsetzung des Zahlungstermins von einem Monat auf 14 Tage." („Reports of the Inspectors of Factories for 31st Oct. 1853", p. 34.) Als eine weitere artige Entwicklung des Kredits, den der Arbeiter dem Kapitalisten gibt, kann man die Methode vieler englischer Kohlenbergwerksbesitzer betrachten, wonach der Arbeiter erst Ende des Monats bezahlt wird und in der Zwischenzeit Vorschüsse vom Kapitalisten erhält, oft in Waren, die er über ihren Marktpreis zahlen muß (Trucksystem). „Es ist eine übliche Praxis der Kohlenherren, einmal im Monat auszuzahlen und ihren Arbeitern am Ende jeder dazwischenliegenden Woche Vorschuß zu geben. Dieser Vorschuß wird im Laden gegeben" (nämlich dem tommy-shop oder dem Meister selbst gehörigen Kramladen). „Die Männer nehmen ihn auf der einen Seite des Ladens in Empfang und geben ihn auf der anderen wieder aus." („Children's Employment Commission, III. Report", Lond. 1864, p. 38, n. 192.)

Wir kennen nun die Art und Weise der Bestimmung des Werts, welcher dem Besitzer dieser eigentümlichen Ware, der Arbeitskraft, vom Geldbesitzer gezahlt wird. Der Gebrauchswert, den letztrer seinerseits im Austausch erhält, zeigt sich erst im wirklichen Verbrauch, im Konsumtionsprozeß der Arbeitskraft. Alle zu diesem Prozeß nötigen Dinge, wie Rohmaterial usw., kauft der Geldbesitzer auf dem Warenmarkt und zahlt sie zum vollen Preis. Der Konsumtionsprozeß der Arbeitskraft ist zugleich der Produktionsprozeß von Ware und von Mehrwert. Die Konsumtion der Arbeitskraft, gleich der Konsumtion jeder andren Ware, vollzieht sich außerhalb des Markts oder der Zirkulationssphäre. Diese geräuschvolle, auf der Oberfläche hausende und aller Augen zugängliche Sphäre verlassen wir daher, zusammen mit Geldbesitzer und Arbeitskraftbesitzer, um beiden nachzufolgen in die verborgne Stätte der Produktion, an deren Schwelle zu lesen steht: No admittance except on business. Hier wird sich zeigen, nicht nur wie das Kapital produziert, sondern auch wie man es selbst produziert, das Kapital. Das Geheimnis der Plusmacherei muß sich endlich enthüllen.

Die Sphäre der Zirkulation oder des Warenaustausches, innerhalb deren Schranken Kauf und Verkauf der Arbeitskraft sich bewegt, war in der Tat ein wahres Eden der angebornen Menschenrechte. Was allein hier herrscht, ist Freiheit, Gleichheit, Eigentum und Bentham. Freiheit! Denn Käufer und Verkäufer einer Ware, z. B. der Arbeitskraft, sind nur durch ihren freien Willen bestimmt. Sie kontrahieren als freie, rechtlich ebenbürtige Personen. Der Kontrakt ist das Endresultat, worin sich ihre Willen einen gemeinsamen Rechtsausdruck geben. Gleichheit! Denn sie beziehen sich nur als Warenbesitzer aufeinander und tauschen Äquivalent für Äquivalent. Eigentum! Denn jeder verfügt nur über das Seine. Bentham! Denn jedem von den beiden ist es nur um sich zu tun. Die einzige Macht, die sie zusammen und in ein Verhältnis bringt, ist die ihres Eigennutzes, ihres Sondervorteils, ihrer Privatinteressen. Und eben weil so jeder nur für sich und keiner für den andren kehrt, vollbringen alle, infolge einer prästabilierten Harmonie der Dinge oder unter den Auspizien einer allpfiffigen Vorsehung, nur das Werk ihres wechselseitigen Vorteils, des Gemeinnutzens, des Gesamtinteresses.

Beim Scheiden von dieser Sphäre der einfachen Zirkulation oder des Warenaustausches, woraus der Freihändler vulgaris Anschauungen, Begriffe und Maßstab für sein Urteil über die Gesellschaft des Kapitals und der Lohnarbeit entlehnt, verwandelt sich, so scheint es, schon in etwas die Physiognomie unsrer dramatis personae. Der ehemalige Geldbesitzer schreitet voran als Kapitalist, der Arbeitskraftbesitzer folgt ihm nach als sein Arbeiter; der eine bedeutungsvoll schmunzelnd und geschäftseifrig, der andre scheu, widerstrebsam, wie jemand, der seine eigne Haut zu Markt getragen und nun nichts andres zu erwarten hat als die – Gerberei.

DRITTER ABSCHNITT: DIE PRODUKTION DES ABSOLUTEN MEHRWERTS

Fünftes Kapitel: Arbeitsprozeß und Verwertungsprozeß

1. Arbeitsprozeß

Der Gebrauch der Arbeitskraft ist die Arbeit selbst. Der Käufer der Arbeitskraft konsumiert sie, indem er ihren Verkäufer arbeiten läßt. Letztrer wird hierdurch actu sich betätigende Arbeitskraft, Arbeiter, was er früher nur potentia war. Um seine Arbeit in Waren darzustellen, muß er sie vor allem in Gebrauchswerten darstellen, Sachen, die zur Befriedigung von Bedürfnissen irgendeiner Art dienen. Es ist also ein besondrer Gebrauchswert, ein bestimmter Artikel, den der Kapitalist vom Arbeiter anfertigen läßt. Die Produktion von Gebrauchswerten oder Gütern ändert ihre allgemeine Natur nicht dadurch, daß sie für den Kapitalisten und unter seiner Kontrolle vorgeht. Der Arbeitsprozeß ist daher zunächst unabhängig von jeder bestimmten gesellschaftlichen Form zu betrachten.

Die Arbeit ist zunächst ein Prozeß zwischen Mensch und Natur, ein Prozeß, worin der Mensch seinen Stoffwechsel mit der Natur durch seine eigne Tat vermittelt, regelt und kontrolliert. Er tritt dem Naturstoff selbst als eine Naturmacht gegenüber. Die seiner Leiblichkeit angehörigen Naturkräfte, Arme und Beine, Kopf und Hand, setzt er in Bewegung, um sich den Naturstoff in einer für sein eignes Leben brauchbaren Form anzueignen. Indem er durch diese Bewegung auf die Natur außer ihm wirkt und sie verändert, verändert er zugleich seine eigne Natur. Er entwickelt die in ihr schlummernden Potenzen und unterwirft das Spiel ihrer Kräfte seiner eignen Botmäßigkeit. Wir haben es hier nicht mit den ersten tierartig instinktmäßigen Formen der Arbeit zu tun. Dem Zustand, worin der Arbeiter als Verkäufer seiner eignen Arbeitskraft auf dem Warenmarkt auftritt, ist in urzeitlichen Hintergrund der Zustand entrückt, worin die menschliche Arbeit ihre erste instinktartige Form noch nicht abgestreift hatte. Wir unterstellen die Arbeit in einer Form, worin sie dem Menschen ausschließlich angehört. Eine Spinne verrichtet Operationen, die denen des Webers ähneln, und eine Biene beschämt durch den Bau ihrer Wachszellen manchen menschlichen Baumeister. Was aber von vornherein den schlechtesten Baumeister vor der besten Biene auszeichnet, ist, daß er die Zelle in seinem Kopf gebaut hat, bevor er sie in Wachs baut. Am Ende des Arbeitsprozesses kommt ein Resultat heraus, das beim Beginn desselben schon in der Vorstellung des Arbeiters, also schon ideell vorhanden war. Nicht daß er nur eine Formveränderung des Natürlichen bewirkt; er verwirklicht im Natürlichen zugleich seinen Zweck, den er weiß, der die Art und Weise seines Tuns als Gesetz bestimmt und dem er seine Willen unterordnen muß. Und diese Unterordnung ist kein vereinzelter Akt. Außer der Anstrengung der Organe, die arbeiten, ist der zweckmäßige Wille, der sich als Aufmerksamkeit äußert, für die ganze Dauer der Arbeit erheischt, und um so mehr, je weniger sie durch den eignen Inhalt und die Art und Weise ihrer Ausführung den Arbeiter mit sich fortreißt, je weniger er sie daher als Spiel seiner eignen körperlichen und geistigen Kräfte genießt.

Die einfachen Momente des Arbeitsprozesses sind die zweckmäßige Tätigkeit oder die Arbeit selbst, ihr Gegenstand und ihr Mittel.

Die Erde (worunter ökonomisch auch das Wasser einbegriffen), wie sie den Menschen ursprünglich mit Proviant, fertigen Lebensmitteln ausrüstet[1], findet sich ohne sein Zutun als der allgemeine Gegenstand der menschlichen Arbeit vor. Alle Dinge, welche die Arbeit nur von ihrem unmittelbaren Zusammenhang mit dem Erdganzen loslöst, sind von Natur vorgefundne Arbeitsgegenstände. So der Fisch, der von seinem Lebenselement, dem Wasser, getrennt, gefangen wird, das Holz, das im Urwald gefällt, das Erz, das aus seiner Ader losgebrochen wird. Ist der Arbeitsgegenstand dagegen selbst schon sozusagen durch frühere Arbeit filtriert, so nennen wir ihn Rohmaterial. Z. B. das bereits losgebrochene Erz, das nun ausgewaschen wird. Alles Rohmaterial ist Arbeitsgegenstand, aber nicht jeder Arbeitsgegenstand ist Rohmaterial. Rohmaterial ist der Arbeitsgegenstand nur, sobald er bereits eine durch Arbeit vermittelte Veränderung erfahren hat.

Das Arbeitsmittel ist ein Ding oder ein Komplex von Dingen, die der Arbeiter zwischen sich und den Arbeitsgegenstand schiebt und die ihm als Leiter seiner Tätigkeit auf diesen Gegenstand dienen. Er benutzt die mechanischen, physikalischen, chemischen Eigenschaften der Dinge, um sie als Machtmittel auf andre Dinge, seinem Zweck gemäß, wirken zu lassen.[2] Der Gegenstand, dessen sich der Arbeiter unmittelbar bemächtigt – abgesehn von der Ergreifung fertiger Lebensmittel, der Früchte z. B., wobei seine eignen Leibesorgane allein als Arbeitsmittel dienen – ist nicht der Arbeitsgegenstand, sondern das Arbeitsmittel. So wird das Natürliche selbst zum Organ seiner Tätigkeit, ein Organ, das er seinen eignen Leibesorganen hinzufügt, seine natürliche Gestalt verlängernd, trotz der Bibel. Wie die Erde seine ursprüngliche Proviantkammer, ist sie sein ursprüngliches Arsenal von Arbeitsmitteln. Sie liefert ihm z. B. den Stein,

---

[1] „Die naturwüchsigen Erzeugnisse der Erde, die in geringen Mengen und ganz unabhängig vom Menschen vorkommen, scheinen von der Natur in der gleichen Art gegeben zu sein, wie man einem jungen Mann eine knappe Summe gibt, um ihn auf den Weg des Fleißes und des Reichwerdens zu führen." (James Steuart, „Principles of Polit. Econ.", edit. Dublin 1770, v. I, p. 116.)

[2] „Die Vernunft ist ebenso listig als mächtig. Die List besteht überhaupt in der vermittelnden Tätigkeit, welche, indem sie die Objekte ihrer eigenen Natur gemäß aufeinander einwirken und sich aneinander abarbeiten läßt, ohne sich unmittelbar in diesem Prozeß einzumischen, gleichwohl nur ihren Zweck zur Ausführung bringt." (Hegel, „Enzyklopädie", Erster Teil, „Die Logik", Berlin 1840, p. 382.)

womit er wirft, reibt, drückt, schneidet usw. Die Erde selbst ist ein Arbeitsmittel, setzt jedoch zu ihrem Dienst als Arbeitsmittel in der Agrikultur wieder eine ganze Reihe andrer Arbeitsmittel und eine schon relativ hohe Entwicklung der Arbeitskraft voraus.[3] Sobald überhaupt der Arbeitsprozeß nur einigermaßen entwickelt ist, bedarf er bereits bearbeiteter Arbeitsmittel. In den ältesten Menschenhöhlen finden wir Steinwerkzeuge und Steinwaffen. Neben bearbeitetem Stein, Holz, Knochen und Muscheln spielt im Anfang der Menschengeschichte das gezähmte, also selbst schon durch Arbeit veränderte, gezüchtete Tier die Hauptrolle als Arbeitsmittel.[4] Der Gebrauch und die Schöpfung von Arbeitsmitteln, obgleich im Keim schon gewissen Tierarten eigen, charakterisieren den spezifisch menschlichen Arbeitsprozeß, und Franklin definiert daher den Menschen als „a toolmaking animal“, ein Werkzeuge fabrizierendes Tier. Dieselbe Wichtigkeit, welche der Bau von Knochenreliquien für die Erkenntnis der Organisation untergegangner Tiergeschlechter, haben Reliquien von Arbeitsmitteln für die Beurteilung untergegangner ökonomischer Gesellschaftsformationen. Nicht was gemacht wird, sondern wie, mit welchen Arbeitsmitteln gemacht wird, unterscheidet die ökonomischen Epochen.[5] Die Arbeitsmittel sind nicht nur Gradmesser der Entwicklung der menschlichen Arbeitskraft, sondern auch Anzeiger der gesellschaftlichen Verhältnisse, worin gearbeitet wird. Unter den Arbeitsmitteln selbst bieten die mechanischen Arbeitsmittel, deren Gesamtheit man das Knochen- und Muskelsystem der Produktion nennen kann, viel entscheidendere Charaktermerkmale einer gesellschaftlichen Produktionsepoche als solche Arbeitsmittel, die nur zu Behältern des Arbeitsgegenstandes dienen und deren Gesamtheit ganz allgemein als das Gefäßsystem der Produktion bezeichnet werden kann, wie z. B. Röhren, Fässer, Körbe, Krüge usw. Erst in der chemischen Fabrikation spielen sie eine bedeutungsvolle Rolle.[5a]

Im weitren Sinn zählt der Arbeitsprozeß unter seine Mittel außer den Dingen, welche die Wirkung der Arbeit auf ihren Gegenstand vermitteln und daher in einer oder der andren Weise als Leiter der Tätigkeit dienen, alle gegenständlichen Bedingungen, die überhaupt erheischt sind, damit der Prozeß stattfinde.

---

[3] In der sonst elenden Schrift: „Théorie de l'Écon. Polit.“, Paris 1815, zählt Ganilh den Physiokraten gegenüber treffend die große Reihe von Arbeitsprozessen auf, welche die Voraussetzung der eigentlichen Agrikultur bilden.

[4] In der „Réflexions sur la Formation et la Distribution des Richesses“ (1766) entwickelt Turgot gut die Wichtigkeit des gezähmten Tiers für die Anfänge der Kultur.

[5] Von allen Waren sind eigentliche Luxuswaren die unbedeutendsten für die technologische Vergleichung verschiedner Produktionsepochen.

[5a] Note zur 2. Ausg. So wenig die bisherige Geschichtsschreibung die Entwicklung der materiellen Produktion, also die Grundlage alles gesellschaftlichen Lebens und daher aller wirklichen Geschichte kennt, hat man wenigstens die vorhistorische Zeit auf Grundlage naturwissenschaftlicher, nicht sog. historischer Forschungen, nach dem Material der Werkzeuge und Waffen in Steinalter, Bronzealter und Eisenalter abgeteilt.

Sie gehn nicht direkt in ihn ein, aber er kann ohne sie gar nicht oder nur unvollkommen vorgehn. Das allgemeine Arbeitsmittel dieser Art ist wieder die Erde selbst, denn sie gibt dem Arbeiter den locus standi und seinem Prozeß den Wirkungsraum (field of employment). Durch die Arbeit schon vermittelte Arbeitsmittel dieser Art sind z. B. Arbeitsgebäude, Kanäle, Straßen usw.

Im Arbeitsprozeß bewirkt also die Tätigkeit des Menschen durch das Arbeitsmittel eine von vornherein bezweckte Veränderung des Arbeitsgegenstandes. Der Prozeß erlischt im Produkt. Sein Produkt ist ein Gebrauchswert, ein durch Formveränderung menschlichen Bedürfnissen angeeigneter Naturstoff. Die Arbeit hat sich mit ihrem Gegenstand verbunden. Sie ist vergegenständlicht, und der Gegenstand ist verarbeitet. Was auf seiten des Arbeiters in der Form der Unruhe erschien, erscheint nun als ruhende Eigenschaft, in der Form des Seins, auf seiten des Produkts. Er hat gesponnen, und das Produkt ist ein Gespinst.

Betrachtet man den ganzen Prozeß vom Standpunkt seines Resultats, des Produkts, so erscheinen beide, Arbeitsmittel und Arbeitsgegenstand, als Produktionsmittel[6] und die Arbeit selbst als produktive Arbeit[7].

Wenn ein Gebrauchswert als Produkt aus dem Arbeitsprozeß herauskommt, gehn andre Gebrauchswerte, Produkte früherer Arbeitsprozesse, als Produktionsmittel in ihn ein. Derselbe Gebrauchswert, der das Produkt dieser, bildet das Produktionsmittel jener Arbeit. Produkte sind daher nicht nur Resultat, sondern zugleich Bedingung des Arbeitsprozesses.

Mit Ausnahme der extraktiven Industrie, die ihren Arbeitsgegenstand von Natur vorfindet, wie Bergbau, Jagd, Fischfang usw. (der Ackerbau nur, soweit er in erster Instanz die jungfräuliche Erde selbst aufbricht), behandeln alle Industriezweige einen Gegenstand, der Rohmaterial, d. h. bereits durch die Arbeit filtrierter Arbeitsgegenstand, selbst schon Arbeitsprodukt ist. So z. B. der Samen in der Agrikultur. Tiere und Pflanzen, die man als Naturprodukte zu betrachten pflegt, sind nicht nur Produkte vielleicht der Arbeit vom vorigen Jahr, sondern, in ihren jetzigen Formen, Produkte einer durch viele Generationen unter menschlicher Kontrolle, vermittelst menschlicher Arbeit, fortgesetzten Umwandlung. Was aber die Arbeitsmittel insbesondre betrifft, so zeigt ihre ungeheure Mehrzahl dem oberflächlichsten Blick die Spur vergangner Arbeit.

Das Rohmaterial kann die Hauptsubstanz eines Produkts bilden oder nur als Hilfsstoff in seine Bildung eingehn. Der Hilfsstoff wird vom Arbeitsmittel konsumiert, wie Kohle von der Dampfmaschine, Öl vom Rade, Heu vom Zugpferd, oder dem Rohmaterial zugesetzt, um darin eine stoffliche Veränderung

---

[6] Es scheint paradox, z. B. den Fisch, der noch nicht gefangen ist, ein Produktionsmittel für den Fischfang zu nennen. Bisher ist aber noch nicht die Kunst erfunden, Fische in Gewässern zu fangen, in denen sie sich nicht vorfinden.

[7] Diese Bestimmung produktiver Arbeit, wie sie sich vom Standpunkt des einfachen Arbeitsprozesses ergibt, reicht keineswegs hin für den kapitalistischen Produktionsprozeß.

zu bewirken, wie Chlor zur ungebleichten Leinwand, Kohle zum Eisen, Farbe zur Wolle, oder er unterstützt die Verrichtung der Arbeit selbst, wie z. B. zur Beleuchtung und Heizung des Arbeitslokals verwandte Stoffe. Der Unterschied zwischen Hauptstoff und Hilfsstoff verschwimmt in der eigentlich chemischen Fabrikation, weil keines der angewandten Rohmaterialien als die Substanz des Produkts wieder erscheint.[8]

Da jedes Ding vielerlei Eigenschaften besitzt und daher verschiedner Nutzanwendung fähig ist, kann dasselbe Produkt das Rohmaterial sehr verschiedner Arbeitsprozesse bilden. Korn z. B. ist Rohmaterial für Müller, Stärkefabrikant, Destillateur, Viehzüchter usw. Es wird Rohmaterial seiner eignen Produktion als Samen. So geht die Kohle als Produkt aus der Minenindustrie hervor und als Produktionsmittel in sie ein.

Dasselbe Produkt mag in demselben Arbeitsprozeß als Arbeitsmittel und Rohmaterial dienen. Bei der Viehmast z. B., wo das Vieh, das bearbeitete Rohmaterial, zugleich Mittel der Düngerbereitung ist.

Ein Produkt, das in einer für die Konsumtion fertigen Form existiert, kann von neuem zum Rohmaterial eines andren Produkts werden, wie die Traube zum Rohmaterial des Weins. Oder die Arbeit entläßt ihr Produkt in Formen, worin es nur wieder als Rohmaterial brauchbar ist. Rohmaterial in diesem Zustand heißt Halbfabrikat und hieße besser Stufenfabrikat, wie z. B. Baumwolle, Faden, Garn usw. Obgleich selbst schon Produkt, mag das ursprüngliche Rohmaterial eine ganze Staffel verschiedner Prozesse zu durchlaufen haben, worin es in stets veränderter Gestalt stets von neuem als Rohmaterial funktioniert bis zum letzten Arbeitsprozeß, der es als fertiges Lebensmittel oder fertiges Arbeitsmittel von sich abstößt.

Man sieht: Ob ein Gebrauchswert als Rohmaterial, Arbeitsmittel oder Produkt erscheint, hängt ganz und gar ab von seiner bestimmten Funktion im Arbeitsprozesse, von der Stelle, die er in ihm einnimmt, und mit dem Wechsel dieser Stelle wechseln jene Bestimmungen.

Durch ihren Eintritt als Produktionsmittel in neue Arbeitsprozesse verlieren Produkte daher den Charakter des Produkts. Sie funktionieren nur noch als gegenständliche Faktoren der lebendigen Arbeit. Der Spinner behandelt die Spindel nur als Mittel, womit, den Flachs nur als Gegenstand, den er spinnt. Allerdings kann man nicht spinnen ohne Spinnmaterial und Spindel. Das Vorhandensein dieser Produkte ist daher vorausgesetzt beim Beginn des Spinnens. In diesem Prozeß selbst aber ist es ebenso gleichgültig, daß Flachs und Spindel Produkte vergangner Arbeit sind, wie es im Akt der Ernährung gleichgültig ist, daß Brot das Produkt der vergangnen Arbeiten von Bauer, Müller, Bäcker usw. Umgekehrt. Machen Produktionsmittel im Arbeitsprozeß ihren Charakter

8 Storch unterscheidet das eigentliche Rohmaterial als „matière“ von den Hilfsstoffen als „matériaux“; Cherbuliez bezeichnet die Hilfsstoffe als „matières instrumentales“.

als Produkte vergangner Arbeit geltend, so durch ihre Mängel. Ein Messer, das nicht schneidet, Garn, das beständig zerreißt usw., erinnern lebhaft an Messerschmied A und Garnwichser E. Im gelungnen Produkt ist die Vermittlung seiner Gebrauchseigenschaften durch vergangne Arbeit ausgelöscht.

Eine Maschine, die nicht im Arbeitsprozeß dient, ist nutzlos. Außerdem verfällt sie der zerstörenden Gewalt des natürlichen Stoffwechsels. Das Eisen verrostet, das Holz verfault. Garn, das nicht verwebt oder verstrickt wird, ist verdorbne Baumwolle. Die lebendige Arbeit muß diese Dinge ergreifen, sie von den Toten erwecken, sie aus nur möglichen in wirkliche und wirkende Gebrauchswerte verwandeln. Vom Feuer der Arbeit beleckt, als Leiber derselben angeeignet, zu ihren begriffs- und berufsmäßigen Funktionen im Prozeß begeistet, werden sie zwar auch verzehrt, aber zweckvoll, als Bildungselemente neuer Gebrauchswerte, neuer Produkte, die fähig sind, als Lebensmittel in die individuelle Konsumtion oder als Produktionsmittel in neuen Arbeitsprozeß einzugehn.

Wenn also vorhandne Produkte nicht nur Resultate, sondern auch Existenzbedingungen des Arbeitsprozesses sind, ist andrerseits ihr Hineinwerfen in ihn, also ihr Kontakt mit lebendiger Arbeit, das einzige Mittel, um diese Produkte vergangner Arbeit als Gebrauchswerte zu erhalten und zu verwirklichen.

Die Arbeit verbraucht ihre stofflichen Elemente, ihren Gegenstand und ihr Mittel, verspeist dieselben und ist also Konsumtionsprozeß. Diese produktive Konsumtion unterscheidet sich dadurch von der individuellen Konsumtion, daß letztere die Produkte als Lebensmittel des lebendigen Individuums, erstere sie als Lebensmittel der Arbeit, seiner sich betätigenden Arbeitskraft, verzehrt. Das Produkt der individuellen Konsumtion ist daher der Konsument selbst, das Resultat der produktiven Konsumtion ein vom Konsumenten unterschiednes Produkt.

Sofern ihr Mittel und ihr Gegenstand selbst schon Produkte sind, verzehrt die Arbeit Produkte, um Produkte zu schaffen, oder vernutzt Produkte als Produktionsmittel von Produkten. Wie der Arbeitsprozeß aber ursprünglich nur zwischen dem Menschen und der ohne sein Zutun vorhandnen Erde vorgeht, dienen in ihm immer noch auch solche Produktionsmittel, die von Natur vorhanden, keine Verbindung von Naturstoff und menschlicher Arbeit darstellen.

Der Arbeitsprozeß, wie wir ihn in seinen einfachen und abstrakten Momenten dargestellt haben, ist zweckmäßige Tätigkeit zur Herstellung von Gebrauchswerten, Aneignung des Natürlichen für menschliche Bedürfnisse, allgemeine Bedingung des Stoffwechsels zwischen Mensch und Natur, ewige Naturbedingung des menschlichen Lebens und daher unabhängig von jeder Form dieses Lebens, vielmehr allen seinen Gesellschaftsformen gleich gemeinsam. Wir hatten daher nicht nötig, den Arbeiter im Verhältnis zu andren Arbeitern darzustellen. Der Mensch und seine Arbeit auf der einen, die Natur und ihre Stoffe auf der andren Seite genügten. So wenig man dem Weizen anschmeckt, wer ihn gebaut hat, so wenig sieht man diesem Prozeß an, unter welchen Bedingungen er vorgeht, ob unter der brutalen Peitsche des Sklavenaufsehers oder unter dem ängstlichen Auge des Kapitalisten, ob Cincinnatus ihn verrichtet in der Bestellung seiner paar jugera oder der Wilde, der mit einem Stein eine Bestie erlegt.[9]

Kehren wir zu unsrem Kapitalisten in spe zurück. Wir verließen ihn, nachdem er auf dem Warenmarkt alle zu einem Arbeitsprozeß notwendigen Faktoren gekauft hatte, die gegenständlichen Faktoren oder die Produktionsmittel, den persönlichen Faktor oder die Arbeitskraft. Er hat mit schlauem Kennerblick die für sein besondres Geschäft, Spinnerei, Stiefelfabrikation usw., passenden Produktionsmittel und Arbeitskräfte ausgewählt. Unser Kapitalist setzt sich also daran, die von ihm gekaufte Ware, die Arbeitskraft, zu konsumieren, d. h., er läßt den Träger der Arbeitskraft, den Arbeiter, die Produktionsmittel durch seine Arbeit konsumieren. Die allgemeine Natur des Arbeitsprozesses ändert sich natürlich nicht dadurch, daß der Arbeiter ihn für den Kapitalisten, statt für sich selbst verrichtet. Aber auch die bestimmte Art und Weise, wie man Stiefel macht oder Garn spinnt, kann sich zunächst nicht ändern durch die Dazwischenkunft des Kapitalisten. Er muß die Arbeitskraft zunächst nehmen, wie er sie auf dem Markt vorfindet, also auch ihre Arbeit, wie sie in einer Periode entsprang, wo es noch keine Kapitalisten gab. Die Verwandlung der Produktionsweise selbst durch die Unterordnung der Arbeit unter das Kapital kann sich erst später ereignen und ist daher erst später zu betrachten.

Der Arbeitsprozeß, wie er als Konsumtionsprozeß der Arbeitskraft durch den Kapitalisten vorgeht, zeigt nun zwei eigentümliche Phänomene.

Der Arbeiter arbeitet unter der Kontrolle des Kapitalisten, dem seine Arbeit gehört. Der Kapitalist paßt auf, daß die Arbeit ordentlich vonstatten geht und die Produktionsmittel zweckmäßig verwandt werden, also kein Rohmaterial vergeudet und das Arbeitsinstrument geschont, d. h. nur so weit zerstört wird, als sein Gebrauch in der Arbeit ernötigt.

Zweitens aber: Das Produkt ist Eigentum des Kapitalisten, nicht des unmittelbaren Produzenten, des Arbeiters. Der Kapitalist zahlt z. B. den Tageswert der Arbeitskraft. Ihr Gebrauch, wie der jeder andren Ware, z. B. eines Pferdes, das er für einen Tag gemietet, gehört ihm also für den Tag. Dem Käufer der Ware gehört der Gebrauch der Ware, und der Besitzer der Arbeitskraft gibt in der Tat nur den von ihm verkauften Gebrauchswert, indem er seine Arbeit gibt.

---

9 Aus diesem höchst logischen Grund entdeckt wohl Oberst Torrens in dem Stein des Wilden – den Ursprung des Kapitals. „In dem ersten Stein, den der Wilde auf die Bestie wirft, die er verfolgt, in dem ersten Stock, den er ergreift, um die Frucht niederzuziehn, die er nicht mit den Händen fassen kann, sehn wir die Aneignung eines Artikels zum Zweck der Erwerbung eines andren und entdecken so – den Ursprung des Kapitals." (R. Torrens, „An Essay on the Production of Wealth etc.", p. 70, 71.) Aus jenem ersten Stock ist wahrscheinlich auch zu erklären, warum stock im Englischen synonym mit Kapital ist.

Von dem Augenblicke, wo er in die Werkstätte des Kapitalisten trat, gehörte der Gebrauchswert seiner Arbeitskraft, also ihr Gebrauch, die Arbeit, dem Kapitalisten. Der Kapitalist hat durch den Kauf der Arbeitskraft die Arbeit selbst als lebendigen Gärungsstoff den toten ihm gleichfalls gehörigen Bildungselementen des Produkts einverleibt. Von seinem Standpunkt ist der Arbeitsprozeß nur die Konsumtion der von ihm gekauften Ware Arbeitskraft, die er jedoch nur konsumieren kann, indem er ihr Produktionsmittel zusetzt. Der Arbeitsprozeß ist ein Prozeß zwischen Dingen, die der Kapitalist gekauft hat, zwischen ihm gehörigen Dingen. Das Produkt dieses Prozesses gehört ihm daher ganz ebensosehr als das Produkt des Gärungsprozesses in seinem Weinkeller.[10]

2. *Verwertungsprozeß*

Das Produkt – das Eigentum des Kapitalisten – ist ein Gebrauchswert, Garn, Stiefel usw. Aber obgleich Stiefel z. B. gewissermaßen die Basis des gesellschaftlichen Fortschritts bilden und unser Kapitalist ein entschiedner Fortschrittsmann ist, fabriziert er die Stiefel nicht ihrer selbst wegen. Der Gebrauchswert ist überhaupt nicht das Ding qu'on aime pour lui-même in der Warenproduktion. Gebrauchswerte werden hier überhaupt nur produziert, weil und sofern sie materielles Substrat, Träger des Tauschwerts sind. Und unsrem Kapitalisten handelt es sich um zweierlei. Erstens will er einen Gebrauchswert produzieren, der einen Tauschwert hat, einen zum Verkauf bestimmten Artikel, eine Ware. Und zweitens will er eine Ware produzieren, deren Wert höher als die Wertsumme der zu ihrer Produktion erheischten Waren, der Produktionsmittel und der Arbeitskraft, für die er sein gutes Geld auf dem Warenmarkt vorschoß. Er will nicht nur einen Gebrauchswert produzieren, sondern eine Ware, nicht nur Gebrauchswert, sondern Wert, und nicht nur Wert, sondern auch Mehrwert.

---

[10] „Die Produkte sind appropriiert, bevor sie in Kapital verwandelt werden; diese Verwandlung entzieht sie nicht jener Appropriation." (Cherbuliez, „Richesse ou Pauvreté", édit. Paris 1841, p. 54.) „Indem der Proletarier seine Arbeit gegen ein bestimmtes Quantum Lebensmittel (approvisionnement) verkauft, verzichtet er vollständig auf jeden Anteil am Produkt. Die Appropriation der Produkte bleibt dieselbe wie vorher; sie ist in keiner Weise durch die erwähnte Konvention verändert. Das Produkt gehört ausschließlich dem Kapitalisten, der die Rohstoffe und das Approvisionnement geliefert hat. Es ist dies eine strenge Konsequenz des Gesetzes der Appropriation, dessen Fundamentalprinzip umgekehrt das ausschließliche Eigentumsrecht jedes Arbeiters an seinem Produkte war." (ibid., p. 58.) James Mill, „Elements of Pol. Econ. etc.", p. 70, 71: „Wenn die Arbeiter für Arbeitslohn arbeiten, ist der Kapitalist Eigentümer nicht nur des Kapitals" (meint hier die Produktionsmittel), „sondern auch der Arbeit (of the labour also). Wenn man das, was für Arbeitslohn gezahlt wird, wie dies gebräuchlich, in den Begriff Kapital einschließt, ist es abgeschmackt, von der Arbeit getrennt vom Kapital zu sprechen. Das Wort Kapital in diesem Sinn schließt beides ein, Kapital und Arbeit."

In der Tat, da es sich hier um Warenproduktion handelt, haben wir bisher offenbar nur eine Seite des Prozesses betrachtet. Wie die Ware selbst Einheit von Gebrauchswert und Wert, muß ihr Produktionsprozeß Einheit von Arbeitsprozeß und Wertbildungsprozeß sein.

Betrachten wir den Produktionsprozeß nun auch als Wertbildungsprozeß.

Wir wissen, daß der Wert jeder Ware bestimmt ist durch das Quantum der in ihrem Gebrauchswert materialisierten Arbeit, durch die zu ihrer Produktion gesellschaftlich notwendige Arbeitszeit. Dies gilt auch für das Produkt, das sich unsrem Kapitalisten als Resultat des Arbeitsprozesses ergab. Es ist also zunächst die in diesem Produkt vergegenständlichte Arbeit zu berechnen.

Es sei z. B. Garn.

Zur Herstellung des Garns war zuerst sein Rohmaterial nötig, z. B. 10 Pfund Baumwolle. Was der Wert der Baumwolle, ist nicht erst zu untersuchen, denn der Kapitalist hat sie auf dem Markt zu ihrem Wert, z. B. zu 10 sh. gekauft. In dem Preise der Baumwolle ist die zu ihrer Produktion erheischte Arbeit schon als allgemein gesellschaftliche Arbeit dargestellt. Wir wollen ferner annehmen, daß die in der Verarbeitung der Baumwolle verzehrte Spindelmasse, die uns alle andren aufgewandten Arbeitsmittel repräsentiert, einen Wert von 2 sh. besitzt. Ist eine Goldmasse von 12 sh. das Produkt von 24 Arbeitsstunden oder zwei Arbeitstagen, so folgt zunächst, daß im Garn zwei Arbeitstage vergegenständlicht sind.

Der Umstand, daß die Baumwolle ihre Form verändert hat und die aufgezehrte Spindelmasse ganz verschwunden ist, darf nicht beirren. Nach dem allgemeinen Wertgesetz sind z. B. 10 Pfund Garn ein Äquivalent für 10 Pfund Baumwolle und $^1/_4$ Spindel, wenn der Wert von 40 Pfund Garn = dem Wert von 40 Pfund Baumwolle + dem Wert einer ganzen Spindel, d. h., wenn dieselbe Arbeitszeit erfordert ist, um beide Seiten dieser Gleichung zu produzieren. In diesem Fall stellt sich dieselbe Arbeitszeit das eine Mal in dem Gebrauchswert Garn, das andre Mal in den Gebrauchswerten Baumwolle und Spindel dar. Der Wert ist also gleichgültig dagegen, ob er in Garn, Spindel oder Baumwolle erscheint. Daß Spindel und Baumwolle, statt ruhig nebeneinander zu liegen, im Spinnprozesse eine Verbindung eingehn, welche ihre Gebrauchsformen verändert, sie in Garn verwandelt, berührt ihren Wert ebensowenig, als wenn sie durch einfachen Austausch gegen ein Äquivalent von Garn umgesetzt worden wären.

Die zur Produktion der Baumwolle erheischte Arbeitszeit ist Teil der zur Produktion des Garns, dessen Rohmaterial sie bildet, erheischten Arbeitszeit und deshalb im Garn enthalten. Ebenso verhält es sich mit der Arbeitszeit, die zur Produktion der Spindelmasse erheischt ist, ohne deren Verschleiß oder Konsum die Baumwolle nicht versponnen werden kann.[11]

---

[11] „Nicht nur die auf Waren unmittelbar angewandte Arbeit beeinflußt ihren Wert, sondern auch die Arbeit, die auf Geräte, Werkzeuge und Gebäude verwendet worden ist, welche die unmittelbar verausgabte Arbeit unterstützen." (Ricardo, l.c.p. 16.)

Soweit also der Wert des Garns, die zu seiner Herstellung erheischte Arbeitszeit, in Betrachtung kommt, können die verschiednen besondren, der Zeit und dem Raum nach getrennten Arbeitsprozesse, die durchlaufen werden müssen, um die Baumwolle selbst und die vernutzte Spindelmasse zu produzieren, endlich aus Baumwolle und Spindel Garn zu machen, als verschiedne aufeinander folgende Phasen eines und desselben Arbeitsprozesses betrachtet werden. Alle im Garn enthaltne Arbeit ist vergangne Arbeit. Daß die zur Produktion seiner Bildungselemente erheischte Arbeitszeit früher vergangen ist, im Plusquamperfektum steht, dagegen die zum Schlußprozeß, dem Spinnen, unmittelbar verwandte Arbeit dem Präsens näher, im Perfektum steht, ist ein durchaus gleichgültiger Umstand. Ist eine bestimmte Masse Arbeit, z. B. von 30 Arbeitstagen, zum Bau eines Hauses nötig, so ändert es nichts am Gesamtquantum der dem Hause einverleibten Arbeitszeit, daß der 30. Arbeitstag 29 Tage später in die Produktion einging als der erste Arbeitstag. Und so kann die im Arbeitsmaterial und Arbeitsmittel enthaltne Arbeitszeit ganz so betrachtet werden, als wäre sie nur in einem früheren Stadium des Spinnprozesses verausgabt worden, vor der zuletzt unter der Form des Spinnens zugesetzten Arbeit.

Die Werte der Produktionsmittel, der Baumwolle und der Spindel, ausgedrückt in dem Preise von 12 sh., bilden also Bestandteile des Garnwerts oder des Werts des Produkts.

Nur sind zwei Bedingungen zu erfüllen. Einmal müssen Baumwolle und Spindel wirklich zur Produktion eines Gebrauchswerts gedient haben. Es muß in unsrem Fall Garn aus ihnen geworden sein. Welcher Gebrauchswert ihn trägt, ist dem Wert gleichgültig, aber ein Gebrauchswert muß ihn tragen. Zweitens ist vorausgesetzt, daß nur die unter den gegebnen gesellschaftlichen Produktionsbedingungen notwendige Arbeitszeit verwandt wurde. Wäre also nur 1 Pfund Baumwolle nötig, um 1 Pfund Garn zu spinnen, so darf nur 1 Pfund Baumwolle verzehrt sein in der Bildung von 1 Pfund Garn. Ebenso verhält es sich mit der Spindel. Hat der Kapitalist die Phantasie, goldne statt eiserner Spindeln anzuwenden, so zählt im Garnwert dennoch nur die gesellschaftlich notwendige Arbeit, d. h. die zur Produktion eiserner Spindeln notwendige Arbeitszeit.

Wir wissen jetzt, welchen Teil des Garnwerts die Produktionsmittel, Baumwolle und Spindel, bilden. Er ist gleiche 12 sh. oder die Materiatur von zwei Arbeitstagen. Es handelt sich also nun um den Wertteil, welchen die Arbeit des Spinners selbst der Baumwolle zusetzt.

Wir haben diese Arbeit jetzt von einem ganz andren Gesichtspunkte zu betrachten, als während des Arbeitsprozesses. Dort handelte es sich um die zweckmäßige Tätigkeit, Baumwolle in Garn zu verwandeln. Je zweckmäßiger die Arbeit, desto besser das Garn, alle andren Umstände als gleichbleibend vorausgesetzt. Die Arbeit des Spinners war spezifisch verschieden von andren produktiven Arbeiten, und die Verschiedenheit offenbarte sich subjektiv und objektiv, im besondren Zweck des Spinnens, seiner besondren Operationsweise, der besondren Natur seiner Produktionsmittel, dem besondren Gebrauchswert seines Produkts. Baumwolle und Spindel dienen als Lebensmittel der Spinnarbeit, aber man kann mit ihnen keine gezogenen Kanonen machen. Sofern die Arbeit des Spinners dagegen wertbildend ist, d. h. Wertquelle, ist sie durchaus nicht verschieden von der Arbeit des Kanonenbohrers, oder, was uns hier näher liegt, von den in den Produktionsmitteln des Garns verwirklichten Arbeiten des Baumwollpflanzers und des Spindelmachers. Nur wegen dieser Identität können Baumwollpflanzen, Spindelmachen und Spinnen bloß quantitativ verschiedne Teile desselben Gesamtwerts, des Garnwerts, bilden. Es handelt sich hier nicht mehr um die Qualität, die Beschaffenheit und den Inhalt der Arbeit, sondern nur noch um ihre Quantität. Diese ist einfach zu zählen. Wir nehmen an, daß die Spinnarbeit einfache Arbeit, gesellschaftliche Durchschnittsarbeit ist. Man wird später sehn, daß die gegenteilige Annahme nichts an der Sache ändert.

Während des Arbeitsprozesses setzt sich die Arbeit beständig aus der Form der Unruhe in die des Seins, aus der Form der Bewegung in die der Gegenständlichkeit um. Am Ende einer Stunde ist die Spinnbewegung in einem gewissen Quantum Garn dargestellt, also ein bestimmtes Quantum Arbeit, eine Arbeitsstunde, in der Baumwolle vergegenständlicht. Wir sagen Arbeitsstunde, d. h. die Verausgabung der Lebenskraft des Spinners während einer Stunde, denn die Spinnarbeit gilt hier nur, soweit sie Verausgabung von Arbeitskraft, nicht soweit sie die spezifische Arbeit des Spinnens ist.

Es ist nun entscheidend wichtig, daß während der Dauer des Prozesses, d. h. der Verwandlung von Baumwolle in Garn, nur die gesellschaftlich notwendige Arbeitszeit verzehrt wird. Müssen unter normalen, d. h. durchschnittlichen gesellschaftlichen Produktionsbedingungen, a Pfund Baumwolle während einer Arbeitsstunde in b Pfund Garn verwandelt sein, so gilt nur der Arbeitstag als Arbeitstag von 12 Stunden, der 12 x a Pfund Baumwolle in 12 x b Pfund Garn verwandelt. Denn nur die gesellschaftlich notwendige Arbeitszeit zählt als wertbildend.

Wie die Arbeit selbst, so erscheint hier auch Rohmaterial und Produkt in einem ganz andren Licht als vom Standpunkt des eigentlichen Arbeitsprozesses. Das Rohmaterial gilt hier nur als Aufsauger eines bestimmten Quantums Arbeit. Durch diese Aufsaugung verwandelt es sich in der Tat in Garn, weil die Arbeitskraft in der Form der Spinnerei verausgabt und ihm zugesetzt wurde. Aber das Produkt, das Garn, ist jetzt nur noch Gradmesser der von der Baumwolle eingesaugten Arbeit. Wird in einer Stunde $1^2/_3$ Pfund Baumwolle versponnen oder in $1^2/_3$ Pfund Garn verwandelt, so zeigen 10 Pfund Garn 6 eingesaugte Arbeitsstunden an. Bestimmte und erfahrungsmäßig festgestellte Quanta Produkt stellen jetzt nichts dar als bestimmte Quanta Arbeit, bestimmte Masse festgeronnener Arbeitszeit. Sie sind nur noch Materiatur von einer Stunde, zwei Stunden, einem Tag gesellschaftlicher Arbeit.

Daß die Arbeit grade Spinnarbeit, ihr Material Baumwolle und ihr Produkt Garn, wird hier ebenso gleichgültig, als daß der Arbeitsgegenstand selbst schon Produkt, also Rohmaterial ist. Wäre der Arbeiter, statt in der Spinnerei, in der Kohlengrube beschäftigt, so wäre der Arbeitsgegenstand, die Kohle, von Natur vorhanden. Dennoch stellte ein bestimmtes Quantum aus dem Bett losgebrochener Kohle, z. B. ein Zentner, ein bestimmtes Quantum aufgesaugter Arbeit dar.

Beim Verkauf der Arbeitskraft ward unterstellt, daß ihr Tageswert = 3 sh., und in den letztren 6 Arbeitsstunden verkörpert sind, dies Arbeitsquantum also erheischt ist, um die Durchschnittssumme der täglichen Lebensmittel des Arbeiters zu produzieren. Verwandelt unser Spinner nun während einer Arbeitsstunde $1^2/_3$ Pfund Baumwolle im $1^2/_3$ Pfund Garn[12], so in 6 Stunden 10 Pfund Baumwolle in 10 Pfund Garn. Während der Dauer des Spinnprozesses saugt die Baumwolle also 6 Arbeitsstunden ein. Dieselbe Arbeitszeit stellt sich in einem Goldquantum von 3 sh. dar. Der Baumwolle wird also durch das Spinnen selbst ein Wert von 3 sh. zugesetzt.

Sehn wir uns nun den Gesamtwert des Produkts, der 10 Pfund Garn, an. In ihnen sind $2^1/_2$ Arbeitstage vergegenständlicht, 2 Tage enthalten in Baumwolle und Spindelmasse, $^1/_2$ Tag Arbeit eingesaugt während des Spinnprozesses. Dieselbe Arbeitszeit stellt sich in einer Goldmasse von 15 sh. dar. Der dem Wert der 10 Pfund Garn adäquate Preis beträgt also 15 sh., der Preis eines Pfundes Garn 1 sh. 6 d.

Unser Kapitalist stutzt. Der Wert des Produkts ist gleich dem Wert des vorgeschossenen Kapitals. Der vorgeschossene Wert hat sich nicht verwertet, keinen Mehrwert erzeugt, Geld sich also nicht in Kapital verwandelt. Der Preis der 10 Pfund Garn ist 15 sh., und 15 sh. wurden verausgabt auf dem Warenmarkt für die Bildungselemente des Produkts oder, was dasselbe, die Faktoren des Arbeitsprozesses: 10 sh. für Baumwolle, 2 sh. für die verzehrte Spindelmasse und 3 sh. für Arbeitskraft. Der aufgeschwollne Wert des Garns hilft nichts, denn sein Wert ist nur die Summe der früher auf Baumwolle, Spindel und Arbeitskraft verteilten Werte, und aus einer solchen bloßen Addition vorhandner Werte kann nun und nimmermehr ein Mehrwert entspringen.[13] Diese Werte sind jetzt alle auf ein Ding konzentriert, aber so waren sie in der Geldsumme von 15 sh., bevor diese sich durch drei Warenkäufe zersplitterte.

---

12 Die Zahlen hier sind ganz willkürlich.

13 Dies ist der Fundamentalsatz, worauf die Lehre der Physiokraten von der Unproduktivität aller nicht agrikolen Arbeit beruht, und er ist unumstößlich für den Ökonomen – von Fach. „Diese Art, einem einzigen Gegenstand den Wert mehrerer anderer zuzurechnen" (z. B. dem Flachs den Lebensunterhalt des Leinewebers), „also sozusagen verschiedene Werte schichtweise auf einen einzigen aufzuhäufen, bewirkt, daß dieser in gleichem Umfang anwächst ... Der Ausdruck Addition bezeichnet sehr gut die Art, wie der Preis der handwerklichen Erzeugnisse gebildet wird; dieser Preis ist nur die Gesamtsumme mehrerer verbrauchter und zusammengezählter Werte; addieren jedoch bedeutet nicht multiplizieren." (Mercier de la Rivière, l.c.p. 599.)

An und für sich ist dies Resultat nicht befremdlich. Der Wert eines Pfund Garn ist 1 sh. 6 d., und für 10 Pfund Garn müßte unser Kapitalist daher auf dem Warenmarkt 15 sh. zahlen. Ob er sein Privathaus fertig auf dem Markt kauft oder es selbst bauen läßt, keine dieser Operationen wird das im Erwerb des Hauses ausgelegte Geld vermehren.

Der Kapitalist, der in der Vulgärökonomie Bescheid weiß, sagt vielleicht, er habe sein Geld mit der Absicht vorgeschossen, mehr Geld daraus zu machen. Der Weg zur Hölle ist jedoch mit guten Absichten gepflastert, und er konnte ebensogut der Absicht sein, Geld zu machen, ohne zu produzieren.[14] Er droht. Man werde ihn nicht wieder ertappen. Künftig werde er die Ware fertig auf dem Markt kaufen, statt sie selbst zu fabrizieren. Wenn aber alle seine Brüder Kapitalisten desgleichen tun, wo soll er Ware auf dem Markt finden? Und Geld kann er nicht essen. Er katechisiert. Man soll seine Abstinenz bedenken. Er konnte seine 15 sh. verprassen. Statt dessen hat er sie produktiv konsumiert und Garn daraus gemacht. Aber dafür ist er ja im Besitz von Garn statt von Gewissensbissen. Er muß beileibe nicht in die Rolle des Schatzbildners zurückfallen, der uns zeigte, was bei der Asketik herauskommt. Außerdem, wo nichts ist, hat der Kaiser sein Recht verloren. Welches immer das Verdienst seiner Entsagung, es ist nichts da, um sie extra zu zahlen, da der Wert des Produkts, der aus dem Prozeß herauskommt, nur gleich der Summe der hineingeworfenen Warenwerte. Er beruhige sich also dabei, daß Tugend der Tugend Lohn. Statt dessen wird er zudringlich. Das Garn ist ihm unnütz. Er hat es für den Verkauf produziert. So verkaufe er es, oder, noch einfacher, produziere in Zukunft nur Dinge für seinen eignen Bedarf, ein Rezept, das ihm bereits sein Hausarzt MacCulloch als probates Mittel gegen die Epidemie der Überproduktion verschrieben hat. Er stellt sich trutzig auf die Hinterbeine. Sollte der Arbeiter mit seinen eignen Gliedmaßen in der blauen Luft Arbeitsgebilde schaffen, Waren produzieren? Gab er ihm nicht den Stoff, womit und worin er allein seine Arbeit verleiblichen kann? Da nun der größte Teil der Gesellschaft aus solchen Habenichtsen besteht, hat er nicht der Gesellschaft durch seine Produktionsmittel, seine Baumwolle und seine Spindel, einen unermeßlichen Dienst erwiesen, nicht dem Arbeiter selbst, den er obendrein noch mit Lebensmitteln versah? Und soll er den Dienst nicht berechnen? Hat der Arbeiter ihm aber nicht den Gegendienst erwiesen, Baumwolle und Spindel in Garn zu verwandeln? Außerdem handelt es sich hier nicht um Dienste.[15] Ein Dienst ist nichts als die nützliche Wirkung eines Gebrauchswerts,

---

14 So z. B. entzog er 1844-1847 einen Teil seines Kapitals dem produktiven Geschäft, um es in Eisenbahnaktien zu verspekulieren. So, zur Zeit des amerikanischen Bürgerkriegs, schloß er die Fabrik und warf den Fabrikarbeiter aufs Pflaster, um auf der Liverpooler Baumwollbörse zu spielen.

15 „Las du rhümen, schmücken und putzen ... Wer aber mehr oder besseres nimpt" (als er gibt), „das ist Wucher, und heisst, nicht Dienst, sondern Schaden gethan seinem Nehesten, als mit

sei es der Ware, sei es der Arbeit.[16] Hier aber gilt's den Tauschwert. Er zahlte dem Arbeiter den Wert von 3 sh. Der Arbeiter gab ihm ein exaktes Äquivalent zurück in dem der Baumwolle zugesetzten Wert von 3 sh. Wert für Wert. Unser Freund, eben noch so kapitalübermütig, nimmt plötzlich die anspruchslose Haltung seines eignen Arbeiters an. Hat er nicht selbst gearbeitet? Nicht die Arbeit der Überwachung, der Oberaufsicht über den Spinner verrichtet? Bildet diese seine Arbeit nicht auch Wert? Sein eigner *overlooker* und sein Manager zucken die Achseln. Unterdes hat er aber bereits mit heitrem Lächeln seine alte Physiognomie wieder angenommen. Er foppte uns mit der ganzen Litanei. Er gibt keinen Deut darum. Er überläßt diese und ähnliche faule Ausflüchte und hohle Flausen den dafür eigens bezahlten Professoren der politischen Ökonomie. Er selbst ist ein praktischer Mann, der zwar nicht immer bedenkt, was er außerhalb des Geschäfts sagt, aber stets weiß, was er im Geschäft tut.

Sehn wir näher zu. Der Tageswert der Arbeitskraft betrug 3 sh., weil in ihr selbst ein halber Arbeitstag vergegenständlicht ist, d. h. weil die täglich zur Produktion der Arbeitskraft nötigen Lebensmittel einen halben Arbeitstag kosten. Aber die vergangne Arbeit, die in der Arbeitskraft steckt, und die lebendige Arbeit, die sie leisten kann, ihre täglichen Erhaltungskosten und ihre tägliche Verausgabung, sind zwei ganz verschiedne Größen. Die erstere bestimmt ihren Tauschwert, die andre bildet ihren Gebrauchswert. Daß ein halber Arbeitstag nötig, um ihn während 24 Stunden am Leben zu erhalten, hindert den Arbeiter keineswegs, einen ganzen Tag zu arbeiten. Der Wert der Arbeitskraft und ihre Verwertung im Arbeitsprozeß sind also zwei verschiedne Größen. Diese Wertdifferenz hatte der Kapitalist im Auge, als er die Arbeitskraft kaufte. Ihre nützliche Eigenschaft, Garn oder Stiefel zu machen, war nur eine conditio sine qua non, weil Arbeit in nützlicher Form verausgabt werden muß, um Wert zu bilden. Was aber entschied, war der spezifische Gebrauchswert dieser Ware, Quelle von Wert zu sein und von mehr Wert, als sie selbst hat. Dies ist der spezifische Dienst, den der Kapitalist von ihr erwartet. Und er verfährt dabei den ewigen Gesetzen des Warenaustausches gemäß. In der Tat, der Verkäufer der Arbeitskraft, wie der

---

stelen und rauben geschieht. Es ist nicht alles Dienst und wolgethan dem Nehesten, was man heisst, Dienst und wolgethan. Denn eine Ehebrecherin und Ehebrecher thun einander grossen Dienst und wolgefallen. Ein Reuter thut einem Mordbrenner grossen reuterdienst, das er im hilfft auff der strassen rauben, Land und Leute bevehden. Die Papisten thun den unsern grossen Dienst, das sie nicht alle ertrenken, verbrennen, ermorden, im Gefengnis verfaulen lassen, sondern lassen doch etliche leben, und verjagen sie, oder nemen jnen was sie haben. Der Teuffel thut selber seinen Dienern grossen, unermesslichen Dienst ... Summa, die Welt ist vol grosser, tefflicher teglicher Dienst und wohlthaten." (Martin Luther, „An die Pfarrherrn, wider den Wucher zu predigen etc.", Wittenberg 1540.)

16 Ich bemerke darüber in „Zur Kritik der Pol. Oek.", p.14 u. a.: „Man begreift, welchen ‚Dienst' die Kategorie ‚Dienst' (service) einer Sorte Ökonomen wie J. B. Say und F. Bastiat leisten muß."

Verkäufer jeder andren Ware, realisiert ihren Tauschwert und veräußert ihren Gebrauchswert. Er kann den einen nicht erhalten, ohne den andren wegzugeben. Der Gebrauchswert der Arbeitskraft, die Arbeit selbst, gehört ebensowenig ihrem Verkäufer, wie der Gebrauchswert des verkauften Öls dem Ölhändler. Der Geldbesitzer hat den Tageswert der Arbeitskraft gezahlt; ihm gehört daher ihr Gebrauch während des Tages, die tagelange Arbeit. Der Umstand, daß die tägliche Erhaltung der Arbeitskraft nur einen halben Arbeitstag kostet, obgleich die Arbeitskraft einen ganzen Tag wirken, arbeiten kann, daß daher der Wert, den ihr Gebrauch während eines Tags schafft, doppelt so groß ist als ihr eigner Tageswert, ist ein besondres Glück für den Käufer, aber durchaus kein Unrecht gegen den Verkäufer.

Unser Kapitalist hat den Kasus, der ihn lachen macht, vorgesehn. Der Arbeiter findet daher in der Werkstätte die nötigen Produktionsmittel nicht nur für einen sechsstündigen, sondern für einen zwölfstündigen Arbeitsprozeß. Saugten 10 Pfund Baumwolle 6 Arbeitsstunden ein und verwandelten sich in 10 Pfund Garn, so werden 20 Pfund Baumwolle 12 Arbeitsstunden einsaugen und in 20 Pfund Garn verwandelt. Betrachten wir das Produkt des verlängerten Arbeitsprozesses. In den 20 Pfund Garn sind jetzt 5 Arbeitstage vergegenständlicht, 4 in der verzehrten Baumwoll- und Spindelmasse, 1 von der Baumwolle eingesaugt während des Spinnprozesses. Der Goldausdruck von 5 Arbeitstagen ist aber 30 sh. oder 1 Pfd. St. 10 sh. Dies also der Preis der 20 Pfund Garn. Das Pfund Garn kostet nach wie vor 1 sh. 6 d. Aber die Wertsumme der in den Prozeß geworfenen Waren betrug 27 sh. Der Wert des Garns beträgt 30 sh. Der Wert des Produkts ist um 1/9 gewachsen über den zu seiner Produktion vorgeschoßnen Wert. So haben sich 27 sh. in 30 sh. verwandelt. Sie haben einen Mehrwert von 3 sh. gesetzt. Das Kunststück ist endlich gelungen. Geld ist in Kapital verwandelt.

Alle Bedingungen des Problems sind gelöst und die Gesetze des Warenaustausches in keiner Weise verletzt. Äquivalent wurde gegen Äquivalent ausgetauscht. Der Kapitalist zahlte als Käufer jede Ware zu ihrem Wert, Baumwolle, Spindelmasse, Arbeitskraft. Er tat dann, was jeder andre Käufer von Waren tut. Er konsumierte ihren Gebrauchswert. Der Konsumtionsprozeß der Arbeitskraft, der zugleich Produktionsprozeß der Ware, ergab ein Produkt von 20 Pfund Garn mit einem Wert von 30 sh. Der Kapitalist kehrt nun zum Markt zurück und verkauft Ware, nachdem er Ware gekauft hat. Er verkauft das Pfund Garn zu 1 sh. 6 d., keinen Deut über oder unter seinem Wert. Und doch zieht er 3 sh. mehr aus der Zirkulation heraus, als er ursprünglich in sie hineinwarf. Dieser ganze Verlauf, die Verwandlung seines Geldes in Kapital, geht in der Zirkulationssphäre vor und geht nicht in ihr vor. Durch die Vermittlung der Zirkulation, weil bedingt durch den Kauf der Arbeitskraft auf dem Warenmarkt. Nicht in der Zirkulation, denn sie leitet nur den Verwertungsprozeß ein, der sich in der Produktionssphäre zuträgt. Und so ist „tout pour le mieux dans le meilleur des mondes possibles“

Indem der Kapitalist Geld in Waren verwandelt, die als Stoffbildner eines neuen Produkts oder als Faktoren des Arbeitsprozesses dienen, indem er ihrer toten Gegenständlichkeit lebendige Arbeitskraft einverleibt, verwandelt er Wert, vergangne, vergegenständlichte, tote Arbeit in Kapital, sich selbst verwertenden Wert, ein beseeltes Ungeheuer, das zu „arbeiten" beginnt, als hätt' es Lieb' im Leibe. Vergleichen wir nun Wertbildungsprozeß und Verwertungsprozeß, so ist der Verwertungsprozeß nichts als ein über einen gewissen Punkt hinaus verlängerter Wertbildungsprozeß. Dauert der letztre nur bis zu dem Punkt, wo der vom Kapital gezahlte Wert der Arbeitskraft durch ein neues Äquivalent ersetzt ist, so ist er einfacher Wertbildungsprozeß. Dauert der Wertbildungsprozeß über diesen Punkt hinaus, so wird er Verwertungsprozeß.

Vergleichen wir ferner den Wertbildungsprozeß mit dem Arbeitsprozeß, so besteht der letztre in der nützlichen Arbeit, die Gebrauchswerte produziert. Die Bewegung wird hier qualitativ betrachtet, in ihrer besondren Art und Weise, nach Zweck und Inhalt. Derselbe Arbeitsprozeß stellt sich im Wertbildungsprozeß nur von seiner quantitativen Seite dar. Es handelt sich nur noch um die Zeit, welche die Arbeit zu ihrer Operation braucht, oder um die Dauer, während deren die Arbeitskraft nützlich verausgabt wird. Hier gelten auch die Waren, die in den Arbeitsprozeß eingehn, nicht mehr als funktionell bestimmte, stoffliche Faktoren der zweckmäßig wirkenden Arbeitskraft. Sie zählen nur noch als bestimmte Quanta vergegenständlichter Arbeit. Ob in den Produktionsmittel enthalten oder durch die Arbeitskraft zugesetzt, die Arbeit zählt nur noch nach ihrem Zeitmaß. Sie beträgt so viel Stunden, Tage usw.

Sie zählt jedoch nur, soweit die zur Produktion des Gebrauchswerts verbrauchte Zeit gesellschaftlich notwendig ist. Es umfaßt dies Verschiednes. Die Arbeitskraft muß unter normalen Bedingungen funktionieren. Ist die Spinnmaschine das gesellschaftlich herrschende Arbeitsmittel für die Spinnerei, so darf dem Arbeiter nicht ein Spinnrad in die Hand gegeben werden. Statt Baumwolle von normaler Güte muß er nicht Schund erhalten, der jeden Augenblick reißt. In beiden Fällen würde er mehr als die gesellschaftlich notwendige Arbeitszeit zur Produktion eines Pfundes Garn verbrauchen, diese überschüssige Zeit aber nicht Wert oder Geld bilden. Der normale Charakter der gegenständlichen Arbeitsfaktoren hängt jedoch nicht vom Arbeiter, sondern vom Kapitalisten ab. Fernere Bedingung ist der normale Charakter der Arbeitskraft selbst. In dem Fach, worin sie verwandt wird, muß sie das herrschende Durchschnittsmaß von Geschick, Fertigkeit und Raschheit besitzen. Aber unser Kapitalist kaufte auf dem Arbeitsmarkt Arbeitskraft von normaler Güte. Diese Kraft muß in dem gewöhnlichen Durchschnittsmaß der Anstrengung, mit dem gesellschaftlich üblichen Grad von Intensität verausgabt werden. Darüber wacht der Kapitalist ebenso ängstlich, als daß keine Zeit ohne Arbeit vergeudet wird. Er hat die Arbeitskraft für bestimmte Zeitfrist gekauft. Er hält darauf, das Seine zu haben. Er will nicht bestohlen sein. Endlich – und hierfür hat derselbe Herr einen eignen code pénal – darf kein zweckwidriger Konsum von Rohmaterial und Arbeitsmitteln stattfinden, weil vergeudetes Material oder Arbeitsmittel überflüssig verausgabte Quanta vergegenständlichter Arbeit darstellen, also nicht zählen und nicht in das Produkt der Wertbildung eingehn.[17]

Man sieht: der früher aus der Analyse der Ware gewonnene Unterschied zwischen der Arbeit, soweit sie Gebrauchswert, und derselben Arbeit, soweit sie Wert schafft, hat sich jetzt als Unterscheidung der verschiednen Seiten des Produktionsprozesses dargestellt. Als Einheit von Arbeitsprozeß und Wertbildungsprozeß ist der Produktionsprozeß Produktionsprozeß von Waren; als Einheit von Arbeitsprozeß und Verwertungsprozeß ist er kapitalistischer Produktionsprozeß, kapitalistische Form der Warenproduktion.

Es wurde früher bemerkt, daß es für den Verwertungsprozeß durchaus gleichgültig, ob die vom Kapitalisten angeeignete Arbeit einfache, gesellschaftliche Durchschnittsarbeit oder kompliziertere Arbeit, Arbeit von höherem spezifischen Gewicht ist. Die Arbeit, die als höhere, kompliziertere Arbeit gegenüber

---

[17] Dies ist einer der Umstände, die auf Sklaverei gegründete Produktion verteuern. Der Arbeiter soll sich hier, nach dem treffenden Ausdruck der Alten, nur als instrumentum vocale von dem Tier als instrumentum semivocale und dem toten Arbeitszeug als instrumentum mutum unterscheiden. Er selbst aber läßt Tier und Arbeitszeug fühlen, daß er nicht ihresgleichen, sondern ein Mensch ist. Er verschafft sich das Selbstgefühl seines Unterschieds von ihnen, indem er sie mißhandelt und con amore verwüstet. Es gilt daher als ökonomisches Prinzip in dieser Produktionsweise, nur die rohesten, schwerfälligsten, aber grade wegen ihrer unbehilflichen Plumpheit schwer zu ruinierenden Arbeitsinstrumente anzuwenden. Bis zum Ausbruch des Bürgerkrieges fand man daher in den am Meerbusen von Mexiko liegenden Sklavenstaaten Pflüge altchinesischer Konstruktion, die den Boden aufwühlen wie ein Schwein oder Maulwurf, aber ihn nicht spalten und wenden. Vgl. J. E. Cairnes, „The Slave Power", London 1862, p. 46 sqq. In seinem „Seaboard Slave States" erzählt Olmsted u. a.: „Man hat mir hier Werkzeuge gezeigt, mit denen bei uns kein vernünftiger Mensch seinen Arbeiter belasten würde, dem er Lohn zahlt. Ihr außerordentliches Gewicht und ihre Plumpheit müssen nach meiner Ansicht die Arbeit mit ihnen um mindestens 10 Prozent schwerer machen als mit den gewöhnlich bei uns verwendeten. Wie man mir jedoch versichert, ist es bei der fahrlässigen und klobigen Art, in der sie von den Sklaven anscheinend benutzt werden, nicht möglich, ihnen mit gutem Erfolg leichtere oder weniger derbe Werkzeuge anzuvertrauen; solche Werkzeuge, wie wir sie ständig, und zwar mit gutem Gewinn für uns, unseren Arbeitern anvertrauen, würden auf einem Kornfeld in Virginia nicht einen Tag überdauern – obwohl der Boden leichter und steinfreier ist als der unsere. Gleichfalls wurde mir auf meine Frage, warum auf den Farmen so allgemein Pferde durch Maultiere ersetzt werden, als erster und zugestandenermaßen ausschlaggebender Grund angegeben, daß Pferde die Behandlung nicht ertragen, die sie von den Negern ständig und zwangsläufig erfahren. Pferde werden von ihnen nach kurzer Zeit lahm gemacht und zu Krüppeln geschlagen, während Maultiere Prügel und hie und da den Ausfall von ein oder zwei Fütterungen aushalten, ohne körperlich geschädigt zu werden. Sie erkälten sich auch nicht und werden nicht krank, wenn sie vernachlässigt und überarbeitet werden. Doch ich brauche gar nicht weiter zu gehen als zum Fenster des Zimmers, in dem ich schreibe, um fast zu jeder Zeit eine Behandlung des Viehs zu sehen, die wohl bei jedem Farmer im Norden zur sofortigen Entlassung des Treibers führen würde."

der gesellschaftlichen Durchschnittsarbeit gilt, ist die Äußerung einer Arbeitskraft, worin höhere Bildungskosten eingehn, deren Produktion mehr Arbeitszeit kostet und die daher einen höheren Wert hat als die einfache Arbeitskraft. Ist der Wert dieser Kraft höher, so äußert sie sich daher auch in höherer Arbeit und vergegenständlicht sich daher, in denselben Zeiträumen, in verhältnismäßig höheren Werten. Welches jedoch immer der Gradunterschied zwischen Spinnarbeit und Juwelierarbeit, die Portion Arbeit, wodurch der Juwelenarbeiter nur den Wert seiner eignen Arbeitskraft ersetzt, unterscheidet sich qualitativ in keiner Weise von der zusätzlichen Portion Arbeit, wodurch er Mehrwert schafft. Nach wie vor kommt der Mehrwert nur heraus durch einen quantitativen Überschuß von Arbeit, durch die verlängerte Dauer desselben Arbeitsprozesses, in dem einen Fall Prozeß der Garnproduktion, in dem andren Fall Prozeß der Juwelenproduktion.[18]

Andrerseits muß in jedem Wertbildungsprozeß die höhere Arbeit stets auf gesellschaftliche Durchschnittsarbeit reduziert werden, z. B. ein Tag höherer Arbeit auf x Tage einfacher Arbeit.[19] Man erspart also eine überflüssige Operation und vereinfacht die Analyse durch die Annahme, daß der vom Kapital verwandte Arbeiter einfache gesellschaftliche Durchschnittsarbeit verrichtet.

---

[18] Der Unterschied zwischen höherer und einfacher Arbeit, „skilled" und „unskilled labour", beruht zum Teil auf bloßen Illusionen oder wenigstens Unterschieden, die längst aufgehört haben, reell zu sein, und nur noch in traditioneller Konvention fortleben; zum Teil auf der hilfloseren Lage gewisser Schichten der Arbeiterklasse, die ihnen minder als andren erlaubt, den Wert ihrer Arbeitskraft zu ertrotzen. Zufällige Umstände spielen dabei so große Rolle, daß dieselben Arbeitsarten den Platz wechseln. Wo z. B. die physische Substanz der Arbeiterklasse abgeschwächt und relativ erschöpft ist, wie in allen Ländern entwickelter kapitalistischer Produktion, verkehren sich im allgemeinen brutale Arbeiten, die viel Muskelkraft erfordern, in höher gegenüber viel feineren Arbeiten, die auf die Stufe einfacher Arbeit herabsinken, wie z. B. die Arbeit eines bricklayer (Maurer) in England eine viel höhere Stufe einnimmt als die eines Damastwirkers. Auf der andren Seite figuriert die Arbeit eines fustian cutter (Baumwollsamtscherers), obgleich sie viel körperliche Anstrengung kostet und obendrein sehr ungesund ist, als „einfache" Arbeit. Übrigens muß man sich nicht einbilden, daß die sogenannte „skilled labour" einen quantitativ bedeutenden Umfang in der Nationalarbeit einnimmt. Laing rechnet, daß in England (und Wales) die Existenz von über 11 Millionen auf einfacher Arbeit beruht. Nach Abzug einer Million von Aristokraten und anderthalb Millionen Paupers, Vagabunden, Verbrecher, Prostituierte usw. von den 18 Millionen der Bevölkerungszahl, zur Zeit seiner Schrift, bleiben 4.650.000 Mittelklasse mit Einschluß kleinerer Rentner, Beamten, Schriftsteller, Künstler, Schulmeister usw. Um diese $4^2/_3$ Millionen herauszubekommen, zählt er zum arbeitenden Teil der Mittelklasse, außer Bankiers usw., alle besser bezahlten „Fabrikarbeiter"! Auch die bricklayers fehlen nicht unter den „potenzierten Arbeitern". Bleiben ihm dann die besagten 11 Millionen. (S. Laing, „National Distress etc.", London 1844, p. 49-52 passim.) „Die große Klasse, die für Nahrung nichts zu geben vermag als gewöhnliche Arbeit, ist die große Masse des Volkes." (James Mill in Art. „Colony". „Supplement to the Encyclop. Brit.", 1831.)

[19] „Wo von Arbeit als Maßstab des Wertes gesprochen wird, versteht man darunter notwendigerweise Arbeit einer bestimmten Art ... das Verhältnis, in dem die andren Arten von Arbeit zu ihr stehen, ist leicht zu ermitteln." (J. Cazenove, „Outlines of Polit. Economy", London 1832, p. 22, 23.)

Sechstes Kapitel: Konstantes Kapital und variables Kapital

Die verschiednen Faktoren des Arbeitsprozesses nehmen verschiednen Anteil an der Bildung des Produkten-Werts.

Der Arbeiter setzt dem Arbeitsgegenstand neuen Wert zu durch Zusatz eines bestimmten Quantums von Arbeit, abgesehn vom bestimmten Inhalt, Zweck und technischen Charakter seiner Arbeit. Andrerseits finden wir die Werte der verzehrten Produktionsmittel wieder als Bestandteile des Produkten- Werts, z. B. die Werte von Baumwolle und Spindel im Garnwert. Der Wert der Produktionsmittel wird also erhalten durch seine Übertragung auf das Produkt. Dies Übertragen geschieht während der Verwandlung der Produktionsmittel in Produkt, im Arbeitsprozeß. Es ist vermittelt durch die Arbeit. Aber wie?

Der Arbeiter arbeitet nicht doppelt in derselben Zeit, nicht einmal, um der Baumwolle durch seine Arbeit einen Wert zuzusetzten, und das andremal, um ihren alten Wert zu erhalten, oder, was dasselbe, um den Wert der Baumwolle, die er verarbeitet, und der Spindel, womit er arbeitet, auf das Produkt, das Garn, zu übertragen. Sondern durch bloßes Zusetzen von neuem Wert erhält er den alten Wert. Da aber der Zusatz von neuem Wert zum Arbeitsgegenstand und die Erhaltung der alten Werte im Produkt zwei ganz verschiedne Resultate sind, die der Arbeiter in derselben Zeit hervorbringt, obgleich er nur einmal in derselben Zeit arbeitet, kann diese Doppelseitigkeit des Resultats offenbar nur aus der Doppelseitigkeit seiner Arbeit selbst erklärt werden. In demselben Zeitpunkt muß sie in einer Eigenschaft Wert schaffen und in einer andren Eigenschaft Wert erhalten oder übertragen.

Wie setzt jeder Arbeiter Arbeitszeit und daher Wert zu? Immer nur in der Form seiner eigentümlich produktiven Arbeitsweise. Der Spinner setzt nur Arbeitszeit zu, indem er spinnt, der Weber, indem er webt, der Schmied, indem er schmiedet. Durch die zweckbestimmte Form aber, worin sie Arbeit überhaupt zusetzen und daher Neuwert, durch das Spinnen, Weben, Schmieden werden die Produktionsmittel, Baumwolle und Spindel, Garn und Webstuhl, Eisen und Amboß, zu Bildungselementen eines Produkts, eines neuen Gebrauchswerts.[20] Die alte Form ihres Gebrauchswert vergeht, aber nur um in einer neuen Form von Gebrauchswert aufzugehn. Bei Betrachtung des Wertbildungsprozesses ergab sich aber, daß, soweit ein Gebrauchswert zweckgemäß vernutzt wird zur Produktion eines neuen Gebrauchswerts, die zur Herstellung des vernutzten Gebrauchswerts notwendige Arbeitszeit einen Teil der zur Herstellung des neuen Gebrauchswerts notwendigen Arbeitszeit bildet, also Arbeitszeit ist, die vom vernutzten Produktionsmittel auf das neue Produkt übertragen wird. Der Arbeiter erhält also die Werte der vernutzten Produktionsmittel oder überträgt

---

[20] „Arbeit ergibt eine neue Schöpfung an Stelle einer vernichteten." („An Essay on the Polit. Econ. of Nations", London 1821, p. 13.)

sie als Wertbestandteile auf das Produkt, nicht durch sein Zusetzen von Arbeit überhaupt, sondern durch den besondren nützlichen Charakter, durch die spezifisch produktive Form dieser zusätzlichen Arbeit. Als solche zweckgemäße produktive Tätigkeit, Spinnen, Weben, Schmieden, erweckt die Arbeit durch ihren bloßen Kontakt die Produktionsmittel von den Toten, begeistet sie zu Faktoren des Arbeitsprozesses und verbindet sich mit ihnen zu Produkten.

Wäre die spezifische produktive Arbeit des Arbeiters nicht Spinnen, so würde er die Baumwolle nicht in Garn verwandeln, also auch die Werte von Baumwolle und Spindel nicht auf das Garn übertragen. Wechselt dagegen derselbe Arbeiter das Metier und wird Tischler, so wird er nach wie vor durch einen Arbeitstag seinem Material Wert zusetzen. Er setzt ihn also zu durch seine Arbeit, nicht soweit sie Spinnarbeit oder Tischlerarbeit, sondern soweit sie abstrakte, gesellschaftliche Arbeit überhaupt, und er setzt eine bestimmte Wertgröße zu, nicht weil seine Arbeit einen besondren nützlichen Inhalt hat, sondern weil sie eine bestimmte Zeit dauert. In ihrer abstrakten, allgemeinen Eigenschaft also, als Verausgabung menschlicher Arbeitskraft, setzt die Arbeit des Spinners den Werten von Baumwolle und Spindel Neuwert zu, und in ihrer konkreten, besondren, nützlichen Eigenschaft als Spinnprozeß, überträgt sie den Wert dieser Produktionsmittel auf das Produkt und erhält so ihren Wert im Produkt. Daher die Doppelseitigkeit ihres Resultats in demselben Zeitpunkt.

Durch das bloß quantitative Zusetzen von Arbeit wird neuer Wert zugesetzt, durch die Qualität der zugesetzten Arbeit werden die alten Werte der Produktionsmittel im Produkt erhalten. Diese doppelseitige Wirkung derselben Arbeit infolge ihres doppelseitigen Charakters zeigt sich handgreiflich an verschiednen Erscheinungen.

Nimm an, irgendeine Erfindung befähige den Spinner, in 6 Stunden so viel Baumwolle zu verspinnen wie früher in 36 Stunden. Als zweckmäßig nützliche, produktive Tätigkeit hat seine Arbeit ihre Kraft versechsfacht. Ihr Produkt ist ein sechsfaches, 36 statt 6 Pfund Garn. Aber die 36 Pfund Baumwolle saugen jetzt nur so viel Arbeitszeit ein als früher 6 Pfund. Sechsmal weniger neue Arbeit wird ihnen zugesetzt als mit der alten Methode, daher nur noch ein Sechstel des früheren Werts. Andrerseits existiert jetzt der sechsfache Wert von Baumwolle im Produkt, den 36 Pfund Garn. In den 6 Spinnstunden wird ein sechsmal größerer Wert von Rohmaterial erhalten und auf das Produkt übertragen, obgleich demselben Rohmaterial ein sechsmal kleinerer Neuwert zugesetzt wird. Dies zeigt, wie die Eigenschaft, worin die Arbeit während desselben unteilbaren Prozesses Werte erhält, wesentlich unterschieden ist von der Eigenschaft, worin sie Wert schafft. Je mehr notwendige Arbeitszeit während der Spinnoperation auf dasselbe Quantum Baumwolle geht, desto größer der Neuwert, der der Baumwolle zugesetzt wird, aber je mehr Pfunde Baumwolle in derselben Arbeitszeit versponnen werden, desto größer der alte Wert, der im Produkt erhalten wird.

Nimm umgekehrt an, die Produktivität der Spinnarbeit bleibe unverändert, der Spinner brauche also nach wie vor gleich viel Zeit, um ein Pfund Baumwolle in Garn zu verwandeln. Aber der Tauschwert der Baumwolle selbst wechsle, ein Pfund Baumwolle steige oder falle um das Sechsfache seines Preises. In beiden Fällen fährt der Spinner fort, demselben Quantum Baumwolle dieselbe Arbeitszeit zuzusetzen, also denselben Wert, und in beiden Fällen produziert er in gleicher Zeit gleich viel Garn. Dennoch ist der Wert, den er von der Baumwolle auf das Garn, das Produkt, überträgt, das eine Mal sechsmal kleiner, das andre Mal sechsmal größer als zuvor. Ebenso wenn die Arbeitsmittel sich verteuern oder verwohlfeilern, aber stets denselben Dienst im Arbeitsprozeß leisten.

Bleiben die technischen Bedingungen des Spinnprozesses unverändert und geht gleichfalls kein Wertwechsel mit seinen Produktionsmitteln vor, so verbraucht der Spinner nach wie vor in gleichen Arbeitszeiten gleiche Quanta Rohmaterial und Maschinerie von gleichbleibenden Werten. Der Wert, den er im Produkt erhält, steht dann in direktem Verhältnis zu dem Neuwert, den er zusetzt. In zwei Wochen setzt er zweimal mehr Arbeit zu als in einer Woche, also zweimal mehr Wert, und zugleich vernutzt er zweimal mehr Material von zweimal mehr Wert, und verschleißt zweimal mehr Maschinerie von zweimal mehr Wert, erhält also im Produkt von zwei Wochen zweimal mehr Wert als im Produkt einer Woche. Unter gegebnen gleichbleibenden Produktionsbedingungen erhält der Arbeiter um so mehr Wert, je mehr Wert er zusetzt, aber er erhält nicht mehr Wert, weil er mehr Wert zusetzt, sondern weil er ihn unter gleichbleibenden und von seiner eignen Arbeit unabhängigen Bedingungen zusetzt.

Allerdings kann in einem relativen Sinn gesagt werden, daß der Arbeiter stets in derselben Proportion alte Werte erhält, worin er Neuwert zusetzt. Ob die Baumwolle von 1 sh. auf 2 sh. steige oder auf 6 d. falle, er erhält in dem Produkt einer Stunde stets nur halb soviel Baumwollwert, wie der auch wechsle, als in dem Produkt von zwei Stunden. Wechselt ferner die Produktivität seiner eignen Arbeit, sie steige oder falle, so wird er z. B. in einer Arbeitsstunde mehr oder weniger Baumwolle verspinnen als früher, und dementsprechend mehr oder weniger Baumwollwert im Produkt einer Arbeitsstunde erhalten. Mit alledem wird er in zwei Arbeitsstunden zweimal mehr Wert erhalten als in einer Arbeitsstunde.

Wert, von seiner nur symbolischen Darstellung im Wertzeichen abgesehn, existiert nur in einem Gebrauchswert, einem Ding. (Der Mensch selbst, als bloßes Dasein von Arbeitskraft betrachtet, ist ein Naturgegenstand, ein Ding, wenn auch lebendiges, selbstbewußtes Ding, und die Arbeit selbst ist dingliche Äußerung jener Kraft.) Geht daher der Gebrauchswert verloren, so geht auch der Wert verloren. Die Produktionsmittel verlieren mit ihrem Gebrauchswert nicht zugleich ihren Wert, weil sie durch den Arbeitsprozeß die ursprüngliche Gestalt ihres Gebrauchswerts in der Tat nur verlieren, um im Produkt die Gestalt eines andren Gebrauchswerts zu gewinnen. So wichtig es aber für den Wert ist, in irgendeinem Gebrauchswert zu existieren, so gleichgültig ist es, in welchem er existiert, wie die Metamorphose der Waren zeigt. Es folgt hieraus, daß im Arbeitsprozeß Wert vom Produktionsmittel auf das Produkt nur übergeht, soweit das Produktionsmittel mit seinem selbständigen Gebrauchswert auch seinen Tauschwert verliert. Es gibt nur den Wert an das Produkt ab, den es als Produktionsmittel verliert. Die gegenständlichen Faktoren des Arbeitsprozesses verhalten sich aber in dieser Hinsicht verschieden.

Die Kohle, womit die Maschine geheizt wird, verschwindet spurlos, ebenso das Öl, womit man die Achse des Rades schmiert usw. Farbe und andre Hilfsstoffe verschwinden, zeigen sich aber in den Eigenschaften des Produkts. Das Rohmaterial bildet die Substanz des Produkts, hat aber seine Form verändert. Rohmaterial und Hilfsstoffe verlieren also die selbständige Gestalt, womit sie in den Arbeitsprozeß als Gebrauchswerte eintraten. Anders mit den eigentlichen Arbeitsmitteln. Ein Instrument, eine Maschine, ein Fabrikgebäude, ein Gefäß usw. dienen im Arbeitsprozeß nur, solange sie ihre ursprüngliche Gestalt bewahren und morgen wieder in ebenderselben Form in den Arbeitsprozeß eingehn wie gestern. Wie sie während ihres Lebens, des Arbeitsprozesses, ihre selbständige Gestalt dem Produkt gegenüber bewahren, so auch nach ihrem Tode. Die Leichen von Maschinen, Werkzeugen, Arbeitsgebäuden usw. existieren immer noch getrennt von den Produkten, die sie bilden halfen. Betrachten wir nun die ganze Periode, während deren ein solches Arbeitsmittel dient, von dem Tag seines Eintritts in die Werkstätte bis zum Tage seiner Verbannung in die Rumpelkammer, so ist während dieser Periode sein Gebrauchswert von der Arbeit vollständig verzehrt worden und sein Tauschwert daher vollständig auf das Produkt übergegangen. Hat eine Spinnmaschine z. B. in 10 Jahren ausgelebt, so ist während des zehnjährigen Arbeitsprozesses ihr Gesamtwert auf das zehnjährige Produkt übergegangen. Die Lebensperiode eines Arbeitsmittels umfängt also eine größere oder kleinere Anzahl stets von neuem mit ihm wiederholter Arbeitsprozesse. Und es geht dem Arbeitsmittel wie dem Menschen. Jeder Mensch stirbt täglich um 24 Stunden ab. Man sieht aber keinem Menschen genau an, wieviel Tage er bereits verstorben ist. Dies verhindert Lebensversicherungsgesellschaften jedoch nicht, aus dem Durchschnittsleben der Menschen sehr sichre, und was noch viel mehr ist, sehr profitliche Schlüsse zu ziehn. So mit dem Arbeitsmittel. Man weiß aus der Erfahrung, wie lang ein Arbeitsmittel, z. B. eine Maschine von gewisser Art, durchschnittlich vorhält. Gesetzt, sein Gebrauchswert im Arbeitsprozeß daure nur 6 Tage. So verliert es im Durchschnitt jeden Arbeitstag $^1/_6$ seines Gebrauchswerts und gibt daher $^1/_6$ seines Werts an das tägliche Produkt ab. In dieser Art wird der Verschleiß aller Arbeitsmittel berechnet, also z. B. ihr täglicher Verlust an Gebrauchswert und ihr entsprechende tägliche Wertabgabe an das Produkt.

Es zeigt sich so schlagend, daß ein Produktionsmittel nie mehr Wert an das Produkt abgibt, als es im Arbeitsprozeß durch Vernichtung seines eignen Gebrauchswerts verliert. Hätte es keinen Wert zu verlieren, d. h. wäre es nicht selbst Produkt menschlicher Arbeit, so würde es keinen Wert an das Produkt abgeben. Es diente als Bildner von Gebrauchswert, ohne als Bildner von Tauschwert zu dienen. Dies ist daher der Fall mit allen Produktionsmitteln, die von Natur, ohne menschliches Zutun, vorhanden sind, mit Erde, Wind, Wasser, dem Eisen in der Erzader, dem Holze des Urwaldes usw.

Ein andres interessantes Phänomen tritt uns hier entgegen. Eine Maschine sei z. B. 1000 Pfd. St. wert und schleiße sich in 1000 Tagen ab. In diesem Fall geht täglich $^{1}/_{1000}$ des Werts der Maschine von ihr selbst auf ihr tägliches Produkt über. Zugleich, wenn auch mit abnehmender Lebenskraft, wirkt stets die Gesamtmaschine im Arbeitsprozeß. Es zeigt sich also, daß ein Faktor des Arbeitsprozesses, ein Produktionsmittel, ganz in den Arbeitsprozeß, aber nur zum Teil in den Verwertungsprozeß eingeht. Der Unterschied von Arbeitsprozeß und Verwertungsprozeß reflektiert sich hier an ihren gegenständlichen Faktoren, indem dasselbe Produktionsmittel als Element des Arbeitsprozesses ganz und als Element der Wertbildung nur stückweis in demselben Produktionsprozeß zählt.[21]

Andrerseits kann umgekehrt ein Produktionsmittel ganz in den Verwertungsprozeß eingehn, obgleich nur stückweis in den Arbeitsprozeß. Nimm an, beim Verspinnen der Baumwolle fielen täglich auf 115 Pfund 15 Pfund ab, die kein Garn, sondern nur devil's dust bilden. Dennoch, wenn dieser Abfall von 15 Pfund normal, von der Durchschnittsverarbeitung der Baumwolle unzertrennlich ist, geht der Wert der 15 Pfund Baumwolle, die kein Element des Garns, ganz ebensosehr in den Garnwert ein, wie der Wert der 100 Pfund, die seine

---

21 Es handelt sich hier nicht um Reparaturen der Arbeitsmittel, Maschinen, Baulichkeiten usw. Eine Maschine, die repariert wird, funktioniert nicht als Arbeitsmittel sondern als Arbeitsmaterial. Es wird nicht mit ihr gearbeitet, sondern sie selbst wird bearbeitet, um ihren Gebrauchswert zu flicken. Solche Reparaturarbeiten kann man für unsren Zweck immer eingeschlossen denken in die zur Produktion des Arbeitsmittels erheischte Arbeit. Im Text handelt es sich um den Verschleiß, den kein Doktor kurieren kann und der allmählich den Tod herbeiführt, um „jene Art der Abnutzung, die nicht von Zeit zu Zeit ersetzt werden kann und die beispielsweise ein Messer schließlich in einen solchen Zustand versetzt, daß der Messerschmied sagt, es sei keine neue Klinge mehr wert". Man hat im Text gesehn, daß eine Maschine z. B. ganz in jeden einzelnen Arbeitsprozeß, aber nur stückweis in den gleichzeitigen Verwertungsprozeß eingeht. Danach zu beurteilen die folgende Begriffsverwechslung: „Ricardo spricht von der beim Bau einer Strumpfwirkmaschine verausgabten Arbeitsmenge eines Maschinenbauers", als z. B. enthalten in dem Wert von ein paar Strümpfen. „Jedoch die ganze Arbeit, die jedes einzelne Paar Strümpfe hergestellt hat ... schließt die ganze Arbeit des Maschinenbauers ein und nicht nur einen Teil; denn eine Maschine macht zwar viele Paare, aber keines dieser Paare hätte unter Verzicht auf irgendeinen Teil der Maschine angefertigt werden können." („Observations on certain verbal disputes in Pol. Econ., particularly relating to Value, and to Demand and Supply", London 1821, p. 54.) Der Verfasser, ein ungemein selbstgefälliger „wiseacre", hat mit seiner Konfusion und daher mit seiner Polemik nur so weit recht, als weder Ricardo noch irgendein andrer Ökonom, vor oder nach ihm, die beiden Seiten der Arbeit genau geschieden, daher noch weniger ihre verschiedne Rolle in der Wertbildung analysiert hat.

Substanz bilden. Der Gebrauchswert von 15 Pfund Baumwolle muß verstauben, um 100 Pfund Garn zu machen. Der Untergang dieser Baumwolle ist also eine Produktionsbedingung des Garns. Ebendeswegen gibt sie ihren Wert an das Garn ab. Dies gilt von allen Exkrementen des Arbeitsprozesses, in dem Grad wenigstens, worin diese Exkremente nicht wieder neue Produktionsmittel und daher neue selbständige Gebrauchswerte bilden. So sieht man in den großen Maschinenfabriken zu Manchester Berge von Eisenabfällen, durch zyklopische Maschinen gleich Hobelspänen abgeschält, am Abend auf großen Wagen aus der Fabrik in die Eisengießerei wandern, um den andren Tag wieder als massives Eisen aus der Eisengießerei in die Fabrik zurückzuwandern.

Nur soweit Produktionsmittel während des Arbeitsprozesses Wert in der Gestalt ihrer alten Gebrauchswerte verlieren, übertragen sie Wert auf die neue Gestalt des Produkts. Das Maximum des Wertverlustes, den sie im Arbeitsprozeß erleiden können, ist offenbar beschränkt durch die ursprüngliche Wertgröße, womit sie in den Arbeitsprozeß eintreten, oder durch die zu ihrer eignen Produktion erheischte Arbeitszeit;. Produktionsmittel können dem Produkt daher nie mehr Wert zusetzen, als sie unabhängig vom Arbeitsprozeß, dem sie dienen, besitzen. Wie nützlich auch ein Arbeitsmaterial, eine Maschine, ein Produktionsmittel: wenn es 150 Pf. St., sage 500 Arbeitstage, kostet, setzt es dem Gesamtprodukt, zu dessen Bildung es dient, nie mehr als 150 Pfd. St. zu. Sein Wert ist bestimmt nicht durch den Arbeitsprozeß, worin es als Produktionsmittel eingeht, sondern durch den Arbeitsprozeß, woraus es als Produkt herauskommt. In dem Arbeitsprozeß dient es nur als Gebrauchswert, als Ding mit nützlichen Eigenschaften, und gäbe daher keinen Wert an das Produkt ab, hätte es nicht Wert besessen vor seinem Eintritt in den Prozeß.[22]

---

[22] Man begreift daher die Abgeschmacktheit des faden J. B. Say, der den Mehrwert (Zins, Profit, Rente) aus den „services productifs" ableiten will, welche die Produktionsmittel, Erde, Instrumente, Leder usw., durch ihre Gebrauchswerte im Arbeitsprozesse leisten. Herr Wilhelm Roscher, der es nicht leicht läßt, artige apologetische Einfälle schwarz auf weiß zu registrieren, ruft aus: „Sehr richtig bemerkt J. B. Say, ‚Traité', t. I, ch. 4: der durch eine Ölmühle nach Abzug aller Kosten hervorgebrachte Wert sei doch etwas Neues, von der Arbeit, wodurch die Ölmühle selbst geschaffen worden, wesentlich Verschiednes." (l.c.p. 82, Note.) Sehr richtig! Das von der Ölmühle hervorgebrachte „Öl" ist etwas sehr Verschiednes von der Arbeit, welche der Bau der Mühle kostet. Und unter „Wert" versteht Herr Roscher solches Zeug wie „Öl", da „Öl" Wert hat, „in der Natur" aber sich Steinöl vorfindet, wenn auch relativ nicht „sehr viel", worauf wohl seine andre Bemerkung abzielt: „Tauschwerte bringt sie" (die Natur!) „fast gar nicht hervor." (l.c.p. 79.) Es geht der Roscherschen Natur mit dem Tauschwert wie der törichten Jungfrau mit dem Kind, das nur „ganz klein war". Derselbe „Gelehrte" („savant sérieux") bemerkt noch bei oben erwähnter Gelegenheit: „Die Schule Ricardos pflegt auch das Kapital unter den Begriff Arbeit zu subsumieren als ‚aufgesparte Arbeit'. Dies ist ungeschickt (!), weil (!) ja (!) der Kapitalbesitzer (!) doch (!) mehr (!) getan hat als die bloße (?!) Hervorbringung (?) und (??) Erhaltung desselben (wesselbigen?): eben (?!?) die Enthaltung vom eignen Genusse, wofür er z. B. (!!!) Zinsen verlangt." (l.c. p. 82.) Wie „geschickt"! Diese „anatomisch-

Indem die produktive Arbeit Produktionsmittel in Bildungselemente eines neuen Produkts verwandelt, geht mit deren Wert eine Seelenwandrung vor. Er geht aus dem verzehrten Leib in den neu gestalteten Leib über. Aber diese Seelenwandrung ereignet sich gleichsam hinter dem Rücken der wirklichen Arbeit. Der Arbeiter kann neue Arbeit nicht zusetzen, also nicht neuen Wert schaffen, ohne alte Werte zu erhalten, denn er muß die Arbeit immer in bestimmter nützlicher Form zusetzen, und er kann sie nicht in nützlicher Form zusetzen, ohne Produkte zu Produktionsmitteln eines neuen Produkts zu machen und dadurch ihren Wert auf das neue Produkt zu übertragen. Es ist also eine Naturgabe der sich betätigenden Arbeitskraft, der lebendigen Arbeit, Wert zu erhalten, indem sie Wert zusetzt, eine Naturgabe, die dem Arbeiter nichts kostet, aber dem Kapitalisten viel einbringt, die Erhaltung des vorhandnen Kapitalwerts.[22a] Solange das Geschäft flott geht, ist der Kapitalist zu sehr in die Plusmacherei vertieft, um diese Gratisgabe der Arbeit zu sehn. Gewaltsame Unterbrechungen des Arbeitsprozesses, Krisen, machen sie ihm empfindlich bemerksam.[23]

Was überhaupt an den Produktionsmitteln verzehrt wird, ist ihr Gebrauchswert, durch dessen Konsumtion die Arbeit Produkte bildet. Ihr Wert wird in der Tat nicht konsumiert[24], kann also auch nicht reproduziert werden. Er wird erhalten, aber nicht weil eine Operation mit ihm selbst im Arbeitsprozeß vorgeht, sondern weil der Gebrauchswert, worin er ursprünglich existiert, zwar verschwindet, aber nur in einem andren Gebrauchswert verschwindet. Der Wert der Produktionsmittel erscheint daher wieder im Wert des Produkts, aber er

---

physiologische Methode“ der politischen Ökonomie, die aus bloßem „Verlangen“ ja doch eben „Wert“ entwickelt.

22a „Von allen Hilfsmitteln in der Landwirtschaft ist die Arbeit des Menschen ... dasjenige, auf das der Farmer am meisten zum Ersatz seines Kapitals angewiesen ist. Die beiden anderen – der Bestand an Arbeitsvieh und die ... Karren, Pflüge, Spaten usw. – sind gar nichts ohne eine gewisse Menge des ersten.“ (Edmund Burke, „Thoughts and Details on Scarcity, originally presented to the Rt. Hon. W. Pitt in the Month of November 1795“, edit. London 1800, p. 10.)

23 In der „Times“ vom 26. Nov. 1862 jammert ein Fabrikant, dessen Spinnerei 800 Arbeiter beschäftigt und wöchentlich im Durchschnitt 150 Ballen ostindischer oder ungefähr 130 Ballen amerikanischer Baumwolle verzehrt, dem Publikum die jährlichen Stillstandskosten seiner Fabrik vor. Er schlägt sie auf 6000 Pfd. St. an. Unter diesen Unkosten befinden sich viele Posten, die uns hier nichts angehn, wie Grundrente, Steuern, Versichrungsprämien, Salaire für jährlich engagierte Arbeiter, Manager, Buchhalter, Ingenieur usw. Dann aber berechnet er für 150 Pfd. St. Kohlen, um die Fabrik von Zeit zu Zeit zu wärmen und die Dampfmaschine gelegentlich in Gang zu setzen, außerdem Löhne für Arbeiter, die durch gelegentliche Arbeit die Maschinerie „flüssig“ erhalten. Endlich 1200 Pfd. St. für Verschlechterung der Maschinerie, da „das Wetter und die natürlichen Ursachen des Verfalls ihr Wirken nicht deshalb einstellen, weil die Dampfmaschine aufhört, sich zu drehen“. Er bemerkt ausdrücklich, diese Summe von 1200 Pfd. St. sei so gering angeschlagen, weil sich die Maschinerie bereits in sehr abgenutztem Zustande befinde.

24 „Produktive Konsumtion: wo die Konsumtion einer Ware Teil des Produktionsprozesses ist ... In diesen Fällen findet keine Konsumtion von Wert statt.“ (S. P. Newman, l.c.p. 296.)

wird, genau gesprochen, nicht reproduziert. Was produziert wird, ist der neue Gebrauchswert, worin der alte Tauschwert wieder erscheint.[25]

Anders mit dem subjektiven Faktor des Arbeitsprozesses, der sich betätigenden Arbeitskraft. Während die Arbeit durch ihre zweckmäßige Form den Wert der Produktionsmittel auf das Produkt überträgt und erhält, bildet jedes Moment ihrer Bewegung zusätzlichen Wert, Neuwert. Gesetzt, der Produktionsprozeß breche ab beim Punkt, wo der Arbeiter ein Äquivalent für den Wert seiner eignen Arbeitskraft produziert, durch sechsstündige Arbeit z. B. einen Wert von 3 sh. zugesetzt hat. Dieser Wert bildet den Überschuß des Produktenwerts über seine dem Wert der Produktionsmittel geschuldeten Bestandteile. Er ist der einzige Originalwert, der innerhalb dieses Prozesses entstand, der einzige Wertteil des Produkts, der durch den Prozeß selbst produziert ist. Allerdings ersetzt er nur das vom Kapitalisten beim Kauf der Arbeitskraft vorgeschoßne, vom Arbeiter selbst in Lebensmitteln verausgabte Geld. Mit Bezug auf die verausgabten 3 sh. erscheint der Neuwert von 3 sh. nur als Reproduktion. Aber er ist wirklich reproduziert, nicht nur scheinbar, wie der Wert der Produktionsmittel. Der Ersatz eines Werts durch den andren ist hier vermittelt durch neue Wertschöpfung.

Wir wissen jedoch bereits, daß der Arbeitsprozeß über den Punkt hinaus fortdauert, wo ein bloßes Äquivalent für den Wert der Arbeitskraft reproduziert und dem Arbeitsgegenstand zugesetzt wäre. Statt der 6 Stunden, die hierzu genügen, währt der Prozeß z. B. 12 Stunden. Durch die Betätigung der Arbeitskraft wird also nicht nur ihr eigner Wert reproduziert, sondern ein überschüssiger Wert produziert. Dieser Mehrwert bildet den Überschuß des Produktenwerts über den Wert der verzehrten Produktbildner, d. h. der Produktionsmittel und der Arbeitskraft.

Indem wir die verschiednen Rollen dargestellt, welche die verschiednen Faktoren des Arbeitsprozesses in der Bildung des Produktenwerts spielen, haben

---

[25] In einem nordamerikanischen Kompendium, das vielleicht 20 Auflagen erlebt hat, liest man: „Es ist nicht von Bedeutung, in welcher Form das Kapital wiedererscheint." Nach einer redseligen Aufzählung aller möglichen Produktionsingredienzien, deren Wert im Produkt wiedererscheint, heißt's schließlich: „Die verschiedenen Arten von Nahrung, Kleidung und Obdach, die für die Existenz und die Bequemlichkeit des Menschen erforderlich sind, werden ebenfalls verändert. Sie werden von Zeit zu Zeit aufgebraucht, und ihr Wert erscheint wieder in der neuen Kraft, die sie seinem Körper und Geist verleihen, und bildet so neues Kapital, das wieder im Produktionsprozeß angewandt wird." (F. Wayland, l.c.p. 31, 32.) Von allen andren Wunderlichkeiten abgesehn, ist es z. B. nicht der Preis des Brotes, der in der erneuten Kraft wiedererscheint, sondern seine blutbildenden Substanzen. Was dagegen als Wert der Kraft wiedererscheint, sind nicht die Lebensmittel, sondern ihr Wert. Dieselben Lebensmittel, wenn sie nur die Hälfte kosten, produzieren ganz ebensoviel Muskel, Knochen usw., kurz dieselbe Kraft, aber nicht Kraft vom selben Wert. Dies Umsetzen von „Wert" in „Kraft" und die ganze pharisäische Unbestimmtheit verstecken den allerdings vergeblichen Versuch, aus bloßem Wiedererscheinen vorgeschoßner Werte einen Mehrwert herauszudrechseln.

wir in der Tat die Funktionen der verschiednen Bestandteile des Kapitals in seinem eignen Verwertungsprozeß charakterisiert. Der Überschuß des Gesamtwerts des Produkts über die Wertsumme seiner Bildungselemente ist der Überschuß des verwerteten Kapitals über den ursprünglich vorgeschoßnen Kapitalwert. Produktionsmittel auf der einen Seite, Arbeitskraft auf der andren sind nur die verschiednen Existenzformen, die der ursprüngliche Kapitalwert annahm bei Abstreifung seiner Geldform und seiner Verwandlung in die Faktoren des Arbeitsprozesses.

Der Teil des Kapitals also, der sich in Produktionsmittel, d. h. in Rohmaterial, Hilfsstoffe und Arbeitsmittel umsetzt, verändert seine Wertgröße nicht im Produktionsprozeß. Ich nenne ihn daher konstanten Kapitalteil, oder kürzer: konstantes Kapital.

Der in Arbeitskraft umgesetzte Teil des Kapitals verändert dagegen seinen Wert im Produktionsprozeß. Er reproduziert sein eignes Äquivalent und einen Überschuß darüber, Mehrwert, der selbst wechseln, größer oder kleiner sein kann. Aus einer konstanten Größe verwandelt sich dieser Teil des Kapitals fortwährend in eine variable. Ich nenne ihn daher variablen Kapitalteil, oder kürzer: variables Kapital. Dieselben Kapitalbestandteile, die sich vom Standpunkt des Arbeitsprozesses als objektive und subjektive Faktoren, als Produktionsmittel und Arbeitskraft unterscheiden, unterscheiden sich vom Standpunkt des Verwertungsprozesses als konstantes Kapital und variables Kapital.

Der Begriff des konstanten Kapitals schließt eine Wertrevolution seiner Bestandteile in keiner Weise aus. Nimm an, das Pfund Baumwolle koste heute 6 d. und steige morgen, infolge eines Ausfalls der Baumwollernte, auf 1 sh. Die alte Baumwolle, die fortfährt, verarbeitet zu werden, ist zum Wert von 6 d. gekauft, fügt aber jetzt dem Produkt einen Wertteil von 1 sh. zu. Und die bereits versponnene, vielleicht schon als Garn auf dem Markt zirkulierende Baumwolle fügt dem Produkt ebenfalls das Doppelte ihres ursprünglichen Werts zu. Man sieht jedoch, daß diese Wertwechsel unabhängig sind von der Verwertung der Baumwolle im Spinnprozeß selbst. Wäre die alte Baumwolle noch gar nicht in den Arbeitsprozeß eingegangen, so könnte sie jetzt zu 1 sh. statt zu 6 d. wieder verkauft werden. Umgekehrt: Je weniger Arbeitsprozesse sie noch durchlaufen hat, desto sichrer ist dies Resultat. Es ist daher Gesetz der Spekulation, bei solchen Wertrevolutionen auf das Rohmaterial in seiner mindest verarbeiteten Form zu spekulieren, also eher auf Garn als auf Gewebe und eher auf die Baumwolle selbst als auf das Garn. Die Wertänderung entspringt hier in dem Prozeß, der Baumwolle produziert, nicht in dem Prozeß, worin sie als Produktionsmittel und daher als konstantes Kapital funktioniert. Der Wert einer Ware ist zwar bestimmt durch das Quantum der in ihr enthaltnen Arbeit, aber dies Quantum selbst ist gesellschaftlich bestimmt. Hat sich die gesellschaftlich zu ihrer Produktion erheischte Arbeitszeit verändert – und dasselbe Quantum Baumwolle z. B. stellt in ungünstigen Ernten größeres Quantum Arbeit dar, als in günstigen – , so findet eine Rückwirkung auf die alte Ware statt, die immer nur als einzelnes Exemplar ihrer Gattung gilt[26], deren Wert stets durch gesellschaftlich notwendige, also auch stets unter gegenwärtigen gesellschaftlichen Bedingungen notwendige Arbeit gemessen wird.

Wie der Wert des Rohmaterials, mag der Wert bereits im Produktionsprozeß dienender Arbeitsmittel, der Maschinerie usw., wechseln, also auch der Wertteil, den sie dem Produkt abgeben. Wird z. B. infolge einer neuen Erfindung Maschinerie derselben Art mit verminderter Ausgabe von Arbeit reproduziert, so entwertet die alte Maschinerie mehr oder minder und überträgt daher auch verhältnismäßig weniger Wert auf das Produkt. Aber auch hier entspringt der Wertwechsel außerhalb des Produktionsprozesses, worin die Maschine als Produktionsmittel funktioniert. In diesem Prozeß gibt sie nie mehr Wert ab, als sie unabhängig von diesem Prozeß besitzt.

Wie ein Wechsel im Wert der Produktionsmittel, ob auch rückwirkend nach ihrem bereits erfolgten Eintritt in den Prozeß, ihren Charakter als konstantes Kapital nicht verändert, ebensowenig berührt ein Wechsel in der Proportion zwischen konstantem und variablem Kapital ihren funktionellen Unterschied. Die technischen Bedingungen des Arbeitsprozesses mögen z. B. so umgestaltet werden, daß, wo früher 10 Arbeiter mit 10 Werkzeugen von geringem Wert eine verhältnismäßig kleine Masse von Rohmaterial verarbeiteten, jetzt 1 Arbeiter mit einer teuren Maschine das hundertfache Rohmaterial verarbeitet. In diesem Fall wäre das konstante Kapital, d. h. die Wertmasse der angewandten Produktionsmittel, sehr gewachsen und der variable Teil des Kapitals, der in Arbeitskraft vorgeschoßne, sehr gefallen. Dieser Wechsel ändert jedoch nur das Größenverhältnis zwischen konstantem und variablem Kapital oder die Proportion, worin das Gesamtkapital in konstante und variable Bestandteile zerfällt, berührt dagegen nicht den Unterschied von konstant und variabel.

---

[26] „Alle Erzeugnisse der gleichen Art bilden eigentlich nur eine Masse, deren Preis allgemein und ohne Rücksicht auf die besonderen Umstände bestimmt wird." (Le Trosne, l.c.p. 893.)

Siebentes Kapitel: Die Rate des Mehrwerts

1. Der Exploitationsgrad der Arbeitskraft

Der Mehrwert, den das vorgeschoßne Kapital C im Produktionsprozeß erzeugt hat, oder die Verwertung des vorgeschoßnen Kapitalwerts C stellt sich zunächst dar als Überschuß des Werts des Produkts über die Wertsumme seiner Produktionselemente.

Das Kapital C zerfällt in zwei Teile, eine Geldsumme c, die für Produktionsmittel, und eine andre Geldsumme v, die für Arbeitskraft verausgabt wird; c stellt den in konstantes, v den in variables Kapital verwandelten Wertteil vor. Ursprünglich ist also C = c + v, z. B. das vorgeschoßne Kapital von 500 Pfd. St. = 410 Pfd. St. (c) + 90 Pfd. St. (v) Am Ende des Produktionsprozesses kommt Ware heraus, deren Wert = c + v + m, wo m der Mehrwert, z. B. 410 Pfd. St. (c) + 90 Pfd. St. (v) + 90 Pfd. St. (m). Das ursprüngliche Kapital C hat sich in C' verwandelt, aus 500 Pfd. St. in 590 Pfd. St. Die Differenz zwischen beiden ist = m, einem Mehrwert von 90. Da der Wert der Produktionselemente gleich dem Wert des vorgeschoßnen Kapitals, so ist es in der Tat eine Tautologie, daß der Überschuß des Produktenwerts über den Wert seiner Produktionselemente gleich der Verwertung des vorgeschoßnen Kapitals oder gleich dem produzierten Mehrwert.

Indes erfordert diese Tautologie eine nähere Bestimmung. Was mit dem Produktenwert verglichen wird, ist der Wert der in seiner Bildung aufgezehrten Produktionselemente. Nun haben wir aber gesehn, daß der aus Arbeitsmitteln bestehende Teil des angewandten konstanten Kapitals nur ein Stück seines Werts an das Produkt abgibt, während ein andres Stück in seiner alten Existenzform fortdauert. Da das letztre keine Rolle in der Wertbildung spielt, ist hier davon zu abstrahieren. Sein Hineinziehen in die Rechnung würde nichts ändern. Nimm an, c = 410 Pfd. St. bestehe aus Rohmaterial zu 312 Pfd. St., Hilfsstoffen zu 44 Pfd. St. und im Prozeß verschleißender Maschinerie von 54 Pfd. St., der Wert der wirklich angewandten Maschinerie betrage aber 1054 Pfd. St. Als vorgeschossen zur Erzeugung des Produktenwerts berechnen wir nur den Wert von 54 Pfd. St., den die Maschinerie durch ihre Funktion verliert und daher dem Produkt abgibt. Rechneten wir die 1000 Pfd. St. mit, die in ihrer alten Form fortexistieren als Dampfmaschine usw., so müßten wir sie auf beiden Seiten mitrechnen, auf Seite des vorgeschoßnen Werts und auf Seite des Produktenwerts [26a], und erhielten so resp. 1500 Pfd. St. und 1590 Pfd. St.

[26a] „Wenn wir den Wert des angewandten fixen Kapitals als Teil des vorgeschossenen Kapitals rechnen, müssen wir am Ende des Jahres den verbliebenen Wert dieses Kapitals als einen Teil der Jahreseinnahme rechnen." (Malthus, „Princ. of Pol. Econ.", 2nd ed., London 1836, p. 269.)

Die Differenz oder der Mehrwert wäre nach wie vor 90 Pfd. St. Unter dem zur Wertproduktion vorgeschoßnen konstanten Kapital verstehen wir daher, wo das Gegenteil nicht aus dem Zusammenhang erhellt, stets nur den Wert der in der Produktion verzehrten Produktionsmittel.

Dies vorausgesetzt, kehren wir zurück zur Formel C = c + v, die sich in C' = c + v + m und eben dadurch C in C' verwandelt. Man weiß, daß der Wert des konstanten Kapitals im Produkt nur wieder erscheint. Das im Prozeß wirklich neu erzeugte Wertprodukt ist also verschieden von dem aus dem Prozeß erhaltnen Produktenwert, daher nicht, wie es auf den ersten Blick scheint, c + v + m oder 410 Pfd. St. (c) + 90 Pfd. St. (v)+ 90 (m), sondern v + m oder 90 Pfd. St. (v)+ 90 Pfd. St.(m), nicht 590 Pfd. St., sondern 180 Pfd. St. Wäre c, das konstante Kapital, = 0, in andren Worten, gäbe es Industriezweige, worin der Kapitalist keine produzierten Produktionsmittel, weder Rohmaterial noch Hilfsstoffe, noch Arbeitsinstrumente, sondern nur von Natur vorhandne Stoffe und Arbeitskraft anzuwenden hätte, so wäre kein konstanter Wertteil auf das Produkt zu übertragen. Dies Element des Produktenwerts, in unsrem Beispiel 410 Pfd. St., fiele fort, aber das Wertprodukt von 180 Pfd. St., welches 90 Pfd. St. Mehrwert enthält, bliebe ganz ebenso groß, als ob c die größte Wertsumme darstellte. Wir hätten C = 0 + v = v, und C', das verwertete Kapital, = v + m, C' – C nach wie vor = m. Wäre umgekehrt m = 0, in andren Worten, hätte die Arbeitskraft, deren Wert im variablen Kapital vorgeschossen wird, nur ein Äquivalent produziert, so C = c + v, und C' (der Produktenwert) = c + v + 0, daher C = C'. Das vorgeschoßne Kapital hätte sich nicht verwertet.

Wir wissen in der Tat bereits, daß der Mehrwert bloß Folge der Wertveränderung ist, die mit v, dem in Arbeitskraft umgesetzten Kapitalteil vorgeht, daß also v + m = v + Δv (v plus Inkrement von v) ist. Aber die wirkliche Wertveränderung und das Verhältnis, worin sich der Wert ändert, werden dadurch verdunkelt, daß infolge des Wachstums seines variierenden Bestandteils auch das vorgeschoßne Gesamtkapital wächst. Es war 500, und es wird 590. Die reine Analyse des Prozesses erheischt also von dem Teil des Produktenwerts, worin nur konstanter Kapitalwert wieder erscheint, ganz zu abstrahieren, also das konstante Kapital c = 0 zu setzen, und damit ein Gesetz der Mathematik anzuwenden, wo sie mit variablen und konstanten Größen operiert und die konstante Größe nur durch Addition oder Subtraktion mit der variablen verbunden ist.

Eine andre Schwierigkeit entspringt aus der ursprünglichen Form des variablen Kapitals. So im obigen Beispiel ist C' = 410 Pfd. St. konstantes Kapital + 90 Pfd. St. variables Kapital + 90 Pfd. St. Mehrwert. Neunzig Pfd. St. sind aber eine gegebne, also konstante Größe, und es scheint daher ungereimt, sie als variable Größe zu behandeln. Aber 90 Pfd. St. (v) oder 90 Pfd. St. variables Kapital ist hier in der Tat nur Symbol für den Prozeß, den dieser Wert durchläuft. Der im Ankauf der Arbeitskraft vorgeschoßne Kapitalteil ist ein bestimmtes Quantum vergegenständlichter Arbeit, also konstante Wertgröße, wie der Wert der gekauften Arbeitskraft. Im Produktionsprozeß selbst aber tritt an die Stelle der vorgeschoßnen 90 Pfd. St. die sich betätigende Arbeitskraft, an die Stelle toter, lebendige Arbeit, an die Stelle einer ruhenden eine fließende Größe, an die Stelle einer konstanten eine variable. Das Resultat ist die Reproduktion von v plus Inkrement von v. Vom Standpunkt der kapitalistischen Produktion ist dieser ganze Verlauf Selbstbewegung des in Arbeitskraft umgesetzten, ursprünglich konstanten Werts. Ihm wird der Prozeß und sein Resultat zugut geschrieben. Erscheint die Formel 90 Pfd. St. variables Kapital oder sich verwertender Wert daher widerspruchsvoll, so drückt sie nur einen der kapitalistischen Produktion immanenten Widerspruch aus.

Die Gleichsetzung des konstanten Kapitals mit 0 befremdet auf den ersten Blick. Indes vollzieht man sie beständig im Alltagsleben. Will jemand z. B. Englands Gewinn an der Baumwollindustrie berechnen, so zieht er vor allem den an die Vereinigten Staaten, Indien, Ägypten usw. gezahlten Baumwollpreis ab; d. h., er setzt im Produktenwert nur wiedererscheinenden Kapitalwert = 0.

Allerdings hat das Verhältnis des Mehrwerts nicht nur zum Kapitalteil, woraus er unmittelbar entspringt und dessen Wertveränderung er darstellt, sondern auch zum vorgeschoßnen Gesamtkapital seine große ökonomische Bedeutung. Wir behandeln dies Verhältnis daher ausführlich im dritten Buch. Um einen Teil des Kapitals durch seinen Umsatz in Arbeitskraft zu verwerten, muß ein andrer Teil des Kapitals in Produktionsmittel verwandelt werden. Damit das variable Kapital funktioniere, muß konstantes Kapital in entsprechenden Proportionen, je nach dem bestimmten technischen Charakter des Arbeitsprozesses, vorgeschossen werden. Der Umstand jedoch, daß man zu einem chemischen Prozeß Retorten und andre Gefäße braucht, verhindert nicht, bei der Analyse von der Retorte selbst zu abstrahieren. Sofern Wertschöpfung und Wertveränderung für sich selbst, d. h. rein betrachtet werden, liefern die Produktionsmittel, diese stofflichen Gestalten des konstanten Kapitals, nur den Stoff, worin sich die flüssige, wertbildende Kraft fixieren soll. Die Natur dieses Stoffes ist daher auch gleichgültig, ob Baumwolle oder Eisen. Auch der Wert dieses Stoffes ist gleichgültig. Er muß nur in hinreichender Masse vorhanden sein, um das während des Produktionsprozesses zu verausgabende Arbeitsquantum einsaugen zu können. Diese Masse gegeben, mag ihr Wert steigen oder fallen, oder sie mag wertlos sein, wie Erde und Meer, der Prozeß der Wertschöpfung und Wertveränderung wird nicht davon berührt.[27]

Wir setzen also zunächst den konstanten Kapitalteil gleich Null. Das vorgeschoßne Kapital reduziert sich daher von c + v auf v, und der Produktenwert c + v + m auf das Wertprodukt v + m. Gegeben das Wertprodukt = 180 Pfd. St.,

[27] Note zur 2. Ausg. Es versteht sich von selbst mit Lucretius „nil posse creari de nihilo“. Aus nichts wird nichts. „Wertschöpfung“ ist Umsatz von Arbeitskraft in Arbeit. Ihrerseits ist die Arbeitskraft vor allem in menschlichen Organismus umgesetzter Naturstoff.

worin sich die während der ganzen Dauer des Produktionsprozesses fließende Arbeit darstellt, so haben wir den Wert des variablen Kapitals = 90 Pfd. St. abzuziehn, um den Mehrwert = 90 Pfd. St. zu erhalten. Die Zahl 90 Pfd. St. = m drückt hier die absolute Größe des produzierten Mehrwerts aus. Seine proportionelle Größe aber, also das Verhältnis, worin das variable Kapital sich verwertet hat, ist offenbar bestimmt durch das Verhältnis des Mehrwerts zum variablen Kapital oder ist ausgedrückt in $\frac{m}{v}$. Im obigen Beispiel also in $\frac{90}{90}$ = 100 %. Diese verhältnismäßige Verwertung des variablen Kapitals oder die verhältnismäßige Größe des Mehrwerts nenne ich Rate des Mehrwerts.[28]

Wir haben gesehn, daß der Arbeiter während eines Abschnitts des Arbeitsprozesses nur den Wert seiner Arbeitskraft produziert, d. h. den Wert seiner notwendigen Lebensmittel. Da er in einem auf gesellschaftlicher Teilung der Arbeit beruhenden Zustand produziert, produziert er seine Lebensmittel nicht direkt, sondern in Form einer besonderen Ware, des Garns z. B., einen Wert gleich dem Wert seiner Lebensmittel oder dem Geld, womit er sie kauft. Der Teil seines Arbeitstags, den er hierzu verbraucht, ist größer oder kleiner, je nach dem Wert seiner durchschnittlichen täglichen Lebensmittel, also je nach der zu ihrer Produktion erheischten durchschnittlichen täglichen Arbeitszeit. Wenn der Wert seiner täglichen Lebensmittel im Durchschnitt 6 vergegenständlichte Arbeitsstunden darstellt, so muß der Arbeiter im Durchschnitt täglich 6 Stunden arbeiten, um ihn zu produzieren. Arbeitete er nicht für den Kapitalisten, sondern für sich selbst, unabhängig, so müßte er, unter sonst gleichbleibenden Umständen, nach wie vor im Durchschnitt denselben aliquoten Teil des Tags arbeiten, um den Wert seiner Arbeitskraft zu produzieren, und dadurch die zu seiner eignen Erhaltung oder beständigen Reproduktion nötigen Lebensmittel zu gewinnen. Da er aber in dem Teil des Arbeitstags, worin er den Tageswert der Arbeitskraft, sage 3 sh., produziert, nur ein Äquivalent für ihren vom Kapitalisten bereits gezahlten[28a] Wert produziert, also durch den neu geschaffnen Wert nur den vorgeschoßnen variablen Kapitalwert ersetzt, erscheint diese Produktion von Wert als bloße Reproduktion. Den Teil des Arbeitstags also, worin diese Reproduktion vorgeht, nenne ich notwendige Arbeitszeit, die während derselben verausgabte Arbeit notwendige Arbeit.[29] Notwendig für den Arbeiter, weil unabhängig von

[28] In derselben Weise, wie der Engländer „rate of profits", „rate of interest", usw. braucht. Man wird aus Buch III sehen, daß die Profitrate leicht zu begreifen, sobald man die Gesetze des Mehrwerts kennt. Auf dem umgekehrten Weg begreift man ni l'un, ni l'autre.

[28a] [Note zur 3. Aufl. Der Verfasser gebraucht hier die landläufige ökonomische Sprache. Man erinnert sich, daß auf S. 776 nachgewiesen, wie in Wirklichkeit nicht der Kapitalist dem Arbeiter, sondern der Arbeiter dem Kapitalisten „vorschießt". – F.E.]

[29] Wir haben bisher in dieser Schrift das Wort „notwendige Arbeitszeit" angewandt für die zur Produktion einer Ware überhaupt gesellschaftlich notwendige Arbeitszeit. Wir brauchen es von jetzt ab auch für die zur Produktion der spezifischen Ware Arbeitskraft notwendige Arbeitszeit. Der Gebrauch derselben termini technici in verschiednem Sinn ist mißlich, aber in keiner Wis-

der gesellschaftlichen Form seiner Arbeit. Notwendig für das Kapital und seine Welt, weil das beständige Dasein des Arbeiters ihre Basis.

Die zweite Periode des Arbeitsprozesses, die der Arbeiter über die Grenzen der notwendigen Arbeit hinaus schanzt, kostet ihm zwar Arbeit, Verausgabung von Arbeitskraft, bildet aber keinen Wert für ihn. Sie bildet Mehrwert, der den Kapitalisten mit allem Reiz einer Schöpfung aus Nichts anlacht. Diesen Teil des Arbeitstags nenne ich Surplusarbeitszeit, und die in ihr verausgabte Arbeit: Mehrarbeit (surplus labour). So entscheidend es für die Erkenntnis des Werts überhaupt, ihn als bloße Gerinnung von Arbeitszeit, als bloß vergegenständlichte Arbeit, so entscheidend ist es für die Erkenntnis des Mehrwerts, ihn als bloße Gerinnung von Surplusarbeitszeit, als bloß vergegenständlichte Mehrarbeit zu begreifen. Nur die Form, worin diese Mehrarbeit dem unmittelbaren Produzenten, dem Arbeiter, abgepreßt wird, unterscheidet die ökonomischen Gesellschaftsformationen, z. B. die Gesellschaft der Sklaverei von der der Lohnarbeit.[30]

Da der Wert des variablen Kapitals = Wert der von ihm gekauften Arbeitskraft, da der Wert dieser Arbeitskraft den notwendigen Teil des Arbeitstags bestimmt, der Mehrwert seinerseits aber bestimmt ist durch den überschüssigen Teil des Arbeitstags, so folgt: Der Mehrwert verhält sich zum variablen Kapital, wie die Mehrarbeit zur notwendigen, oder die Rate des Mehrwerts $\frac{m}{v} = \frac{\text{Mehrarbeit}}{\text{Notwendige Arbeit}}$. Beide Proportionen drücken dasselbe Verhältnis in verschiedner Form aus, das eine Mal in der Form vergegenständlichter, das andre Mal in der Form flüssiger Arbeit.

Die Rate des Mehrwerts ist daher der exakte Ausdruck für den Exploitationsgrad der Arbeitskraft durch das Kapital oder des Arbeiters durch den Kapitalisten.[30a]

---

senschaft ganz zu vermeiden. Man vergleiche z. B. die höheren und niedren Teile der Mathematik.

30 Mit wahrhaft Gottschedscher Genialität entdeckt Herr Wilhelm Thukydides Roscher, daß, wenn die Bildung von Mehrwert oder Mehrprodukt, und die damit verbundne Akkumulation, heurigen Tags der „Sparsamkeit" des Kapitalisten geschuldet, der dafür „z. B. Zins verlangt", dagegen „auf den niedrigsten Kulturstufen ... die Schwächeren von den Stärkeren zur Sparsamkeit gezwungen werden". (l.c.p. 82, 78.) Zur Ersparung von Arbeit? Oder nicht vorhandner überschüssiger Produkte? Neben wirklicher Ignoranz ist es apologetische Scheu vor gewissenhafter Analyse des Werts und Mehrwerts, und etwa verfänglich-polizeiwidrigem Resultat, die einen Roscher und Kons. zwingt, die mehr oder minder plausiblen Rechtfertigungsgründe des Kapitalisten für seine Aneignung vorhandner Mehrwerte in Entstehungsgründe des Mehrwerts zu verdrehen.

30a Note zur 2. Ausg. Obgleich exakter Ausdruck für den Exploitationsgrad der Arbeitskraft, ist die Rate des Mehrwerts kein Ausdruck für die absolute Größe der Exploitation. Z. B. wenn die notwendige Arbeit = 5 Stunden und die Mehrarbeit = 5 Stunden, ist der Exploitationsgrad = 100%. Die Größe der Exploitation ist hier gemessen durch 5 Stunden. Ist dagegen die notwendige Arbeit = 6 Stunden und die Mehrarbeit = 6 Stunden, so bleibt der Exploitationsgrad von 100% unverändert, während die Größe der Exploitation um 20% wächst, von 5 auf 6 Stunden.

Nach unsrer Annahme war der Wert des Produkts = 410 Pfd. St.(c) + 90 Pfd. St.(v) + 90(m), das vorgeschoßne Kapital = 500 Pfd. St. Da der Mehrwert = 90 und das vorgeschoßne Kapital = 500, würde man nach der gewöhnlichen Art der Berechnung herausbekommen, daß die Rate des Mehrwerts (die man mit der Profitrate verwechselt) = 18%, eine Verhältniszahl, deren Niedrigkeit Herrn Carey und andre Harmoniker rühren möchte. In der Tat aber ist die Rate des Mehrwerts nicht = $\frac{m}{C}$ oder $\frac{m}{c+v}$, sondern = $\frac{m}{v}$, also nicht $\frac{90}{500}$, sondern $\frac{90}{90}$ = 100%, mehr als das Fünffache des scheinbaren Exploitationsgrads. Obgleich wir nun im gegebnen Fall die absolute Größe des Arbeitstags nicht kennen, auch nicht die Periode des Arbeitsprozesses (Tag, Woche usw.), endlich nicht die Anzahl der Arbeiter, die das variable Kapital von 90 Pfd. St. gleichzeitig in Bewegung setzt, zeigt uns die Rate des Mehrwerts $\frac{m}{v}$ durch ihre Konvertibilität in $\frac{\text{Mehrarbeit}}{\text{Notwendige Arbeit}}$ genau das Verhältnis der zwei Bestandteile des Arbeitstags zueinander. Es ist 100%. Also arbeitete der Arbeiter die eine Hälfte des Tags für sich und die andre für den Kapitalisten.

Die Methode zur Berechnung der Rate des Mehrwerts ist also kurzgefaßt diese: Wir nehmen den ganzen Produktenwert und setzen den darin nur wiedererscheinenden konstanten Kapitalwert gleich Null. Die übrigbleibende Wertsumme ist das einzige im Bildungsprozeß der Ware wirklich erzeugte Wertprodukt. Ist der Mehrwert gegeben, so ziehn wir ihn von diesem Wertprodukt ab, um das variable Kapital zu finden. Umgekehrt, wenn letztres gegeben und wir den Mehrwert suchen. Sind beide gegeben, so ist nur noch die Schlußoperation zu verrichten, das Verhältnis des Mehrwerts zum variablen Kapital, $\frac{m}{v}$, zu berechnen.

So einfach die Methode, scheint es doch passend, den Leser in die ihr zu Grunde liegende und ihm ungewohnte Anschauungsweise durch einige Beispiele einzuexerzieren.

Zunächst das Beispiel Spinnerei von 10.000 Mulespindeln, die Nr. 32 Garn aus amerikanischer Baumwolle spinnt und 1 Pfund Garn wöchentlich per Spindel produziert. Der Abfall ist 6 %. Also werden 10.600 Pfund Baumwolle wöchentlich in 10.000 Pfund Garn und 600 Pfund Abfall verarbeitet. Im April 1871 kostet diese Baumwolle $7^3/_4$ d. per Pfund, also für 10.600 Pfund rund 342 Pfd. St. Die 10.000 Spindeln, inklusive Vorspinnmaschinerie und Dampfmaschine, kosten 1 Pfd. St. per Spindel, also 10.000 Pfd. St. Ihr Verschleiß beträgt 10% = 1.000 Pfd. St. oder wöchentlich 20 Pfd. St. Die Miete des Fabrikgebäudes ist 300 Pfd. St. oder 6 Pfd. St. per Woche. Kohlen (4 Pfund per Stunde und Pferdekraft, auf 100 Pferdekraft (Indikator), und 60 Stunden per Woche inklusive Heizung des Gebäudes) 11 tons per Woche, zu 8 sh. 6 d. die Tonne, kosten rund $4^1/_2$ Pfd. St. per Woche; Gas 1 Pfd. St. per Woche, Öl $4^1/_2$ Pfd. St. per Woche, also alle Hilfsstoffe 10 Pfd. St. per Woche. Also ist der konstante Wertteil 378 Pfd. St. per Woche. Der Arbeitslohn beträgt 52 Pfd. St. per Woche. Der Garnpreis ist $12^1/_4$ d. per Pfund oder 10.000 Pfd. = 510 Pfd. St., der Mehrwert also

510 – 430 = 80 Pfd. St. Wir setzen den konstanten Wertteil von 378 Pfd. St. = 0, da er in der wöchentlichen Wertbildung nicht mitspielt. Bleibt das wöchentliche Wertprodukt von 132 = 52 (v) + 80 Pfd. St.(m) Die Rate des Mehrwerts also = $\frac{80}{52} = 153^{11}/_{33}$ %. Bei zehnstündigem durchschnittlichem Arbeitstag ergibt dies: Notwendige Arbeit = $3^{31}/_{33}$ Stunden und Mehrarbeit = $6^{20}/_{33}$ Stunden.[31]

Jacob gibt für das Jahr 1815, bei Annahme eines Weizenpreises von 80 sh. per Quarter und eines Durchschnittsertrags von 22 Bushels per acre, so daß der acre 11 Pfd. St. einbringt, folgende durch vorherige Kompensation verschiedner Posten sehr mangelhafte, aber für unsren Zweck genügende Rechnung.

Wertproduktion per acre

Samen(Weizen)	1 Pfd. St. 9 sh.	Zehnten, Rates, Taxes	1 Pfd. St. 1 sh.
Dünger	2 Pfd. St. 10 sh.	Rente	1 Pfd. St. 8 sh.
Arbeitslohn	3 Pfd. St. 10 sh.	Pächters Profit u. Zins	1 Pfd. St. 2 sh.
Summa:	7 Pfd. St. 9 sh.	Summa:	3 Pfd. St. 11 sh.

Der Mehrwert, stets unter der Voraussetzung, daß Preis des Produkts = seinem Wert, wird hier unter die verschiednen Rubriken, Profit, Zins, Zehnten usw. verteilt. Diese Rubriken sind uns gleichgültig. Wir addieren sie zusammen und erhalten einen Mehrwert von 3 Pfd. St. 11 sh. Die 3 Pfd. St. 19 sh. für Samen und Dünger setzen wir als konstanten Kapitalteil gleich Null. Bleibt vorgeschoßnes variables Kapital von 3 Pfd. St. 10 sh., an dessen Stelle ein Neuwert von 3 Pfd. St. 10 sh. + 3 Pfd. St. 11 sh. produziert worden ist. Also beträgt $\frac{m}{v} = \frac{\text{3 Pfd. St. 11 sh.}}{\text{3 Pfd. St. 10 sh.}}$, mehr als 100%. Der Arbeiter verwendet mehr als die Hälfte seines Arbeitstags zur Produktion eines Mehrwerts, den verschiedne Personen auf verschiedne Vorwände hin unter sich verteilen.[31a]

2. Darstellung des Produktenwerts in proportionellen Teilen des Produkts

Kehren wir nun zum Beispiel zurück, das uns zeigte, wie der Kapitalist aus Geld Kapital macht. Die notwendige Arbeit seines Spinners betrug 6 Stunden, die Mehrarbeit desgleichen, der Exploitationsgrad der Arbeitskraft daher 100%.

Das Produkt des zwölfstündigen Arbeitstags sind 20 Pfd. Garn zum Wert

[31] Note zur 2. Ausg. Das in der ersten Ausgabe gegebne Beispiel einer Spinnerei für das Jahr 1860 enthielt einige faktische Irrtümer. Die im Text gegebnen durchaus genauen Daten sind mir von einem Manchester Fabrikanten geliefert. – Es ist zu bemerken, daß in England die alte Pferdekraft nach dem Durchschnitt des Zylinders berechnet wurde, die neue nach der wirklichen Kraft zählt, die der Indikator anzeigt.

[31a] Die gegebnen Rechnungen gelten nur als Illustration. Es wird nämlich unterstellt, daß die Preise = den Werten. Man wird in Buch III sehn, daß diese Gleichsetzung, selbst für die Durchschnittspreise, sich nicht in dieser einfachen Weise macht.

von 30 sh. Nicht weniger als $^{8}/_{10}$ dieses Garnwerts (24 sh.) sind gebildet durch den nur wieder erscheinenden Wert der verzehrten Produktionsmittel (20 Pfd. Baumwolle zu 20 sh., Spindel usw. zu 4 sh.) oder bestehn aus konstantem Kapital. Die übrigen $^{2}/_{10}$ sind der während des Spinnprozesses entstandne Neuwert von 6 sh., wovon eine Hälfte den vorgeschoßnen Tageswert der Arbeitskraft ersetzt oder das variable Kapital und die andre Hälfte eine Mehrwert von 3 sh. bildet. Der Gesamtwert der 20 Pfd. Garn ist also folgendermaßen zusammengesetzt:

Garnwert von 30 sh. = 24 sh.(c) + 3 sh.(v) + 3 sh.(m)

Da dieser Gesamtwert sich in dem Gesamtprodukt von 20 Pfd. Garn darstellt, müssen auch die verschiednen Wertelemente in proportionellen Teilen des Produkts darstellbar sein.

Existiert ein Garnwert von 30 sh. in 20 Pfd. Garn, so $^{8}/_{10}$ dieses Werts, oder sein konstanter Teil von 24 sh. in $^{8}/_{10}$ des Produkts, oder in 16 Pfd. Garn. Davon stellen $13^{1}/_{3}$ Pfd. den Wert des Rohmaterial dar, der versponnenen Baumwolle zu 20 sh. und $2^{2}/_{3}$ Pfd. den Wert der verzehrten Hilfsstoffe und Arbeitsmittel, Spindel usw. zu 4 sh.

$13^{1}/_{3}$ Pfund Garn stellen also alle im Gesamtprodukt vom 20 Pfd. Garn versponnene Baumwolle vor, das Rohmaterial des Gesamtprodukts, aber auch weiter nichts. In ihnen stecken zwar nur $13^{1}/_{3}$ Pfd. Baumwolle zum Wert von $13^{1}/_{3}$ sh., aber ihr zusätzlicher Wert von $6^{2}/_{3}$ sh. bildet ein Äquivalent für die in den andren $6^{2}/_{3}$ Pfd. Garn versponnene Baumwolle. Es ist, als ob letztren die Wolle ausgerupft und alle Wolle des Gesamtprodukts in $13^{1}/_{3}$ Pfd. Garn zusammengestopft wäre. Sie enthalten dagegen jetzt kein Atom des Werts der verbrauchten Hilfsstoffe und Arbeitsmittel noch des im Spinnprozeß geschaffnen Neuwerts.

Ebenso stellen weitre $2^{2}/_{3}$ Pfd. Garn, worin der Rest des konstanten Kapitals (= 4 sh.) steckt, nichts dar außer dem Wert der im Gesamtprodukt von 20 Pfd. Garn vernutzten Hilfsstoffe und Arbeitsmittel.

Acht Zehntel des Produkts, oder 16 Pfd. Garn, obgleich leiblich, als Gebrauchswert betrachtet, als Garn, ebensosehr Gebilde der Spinnarbeit wie die restierenden Produktteile, enthalten daher in diesem Zusammenhang keine Spinnarbeit, keine während des Spinnprozesses selbst eingesaugte Arbeit. Es ist, als ob sie sich ohne Spinnen in Garn verwandelt hätten und als wäre ihre Garngestalt reiner Lug und Trug. In der Tat, wenn der Kapitalist sie verkauft zu 24 sh. und damit seine Produktionsmittel zurückkauft, zeigt sich, daß 16 Pfd. Garn – nur verkleidete Baumwolle, Spindel, Kohle usw. sind.

Umgekehrt stellen die übrigbleibenden $^{2}/_{10}$ des Produkts oder 4 Pfd. Garn jetzt nichts dar außer dem im zwölfstündigen Spinnprozeß produzierten Neuwert von 6 sh. Was vom Wert der vernutzten Rohmaterialien und Arbeitsmittel in ihnen steckte, ward bereits ausgeweidet und den ersten 16 Pfd. Garn einverleibt. Die in 20 Pfd. Garn verkörperte Spinnarbeit ist konzentriert auf $^{2}/_{10}$ des Produkts. Es ist, als ob der Spinner 4 Pfd. Garn in der Luft gewirkt oder in

Baumwolle und mit Spindeln, die ohne Zutat menschlicher Arbeit, von Natur vorhanden, dem Produkt keinen Wert zusetzen.

Von den 4 Pfd. Garn, worin so das ganze Wertprodukt des täglichen Spinnprozesses existiert, stellt die eine Hälfte nur den Ersatzwert der vernutzten Arbeitskraft dar, also das variable Kapital von 3 sh., die andren 2 Pfd. Garn nur den Mehrwert von 3 sh.

Da 12 Arbeitsstunden des Spinners sich in 6 sh. vergegenständlichen, sind im Garnwert von 30 sh. 60 Arbeitsstunden vergegenständlicht. Sie existieren in 20 Pfd. Garn, wovon $^8/_{10}$ oder 16 Pfd. die Materiatur von 48 vor dem Spinnprozeß vergangnen Arbeitsstunden sind, nämlich der in den Produktionsmitteln des Garns vergegenständlichten Arbeit, $^2/_{10}$ oder 4 Pfd. dagegen die Materiatur der im Spinnprozeß selbst verausgabten 12 Arbeitsstunden.

Früher sahen wir, daß der Garnwert gleich der Summe des in seiner Produktion erzeugten Neuwerts plus der bereits in seinen Produktionsmitteln präexistierenden Werte ist. Jetzt hat sich gezeigt, wie die funktionell oder begrifflich verschiednen Bestandteile des Produktenwerts in proportionellen Teilen des Produkts selbst darstellbar sind.

Diese Zerfällung des Produkts – des Resultats des Produktionsprozesses – in ein Quantum Produkt, das nur die in den Produktionsmitteln enthaltne Arbeit oder den konstanten Kapitalteil, ein andres Quantum, das nur die im Produktionsprozeß zugesetzte notwendige Arbeit oder den variablen Kapitalteil, und ein letztes Quantum Produkt, das nur die im selben Prozeß zugesetzte Mehrarbeit oder den Mehrwert darstellt, ist ebenso einfach als wichtig, wie ihre spätre Anwendung auf verwickelte und noch ungelöste Probleme zeigen wird.

Wir betrachteten eben das Gesamtprodukt als fertiges Resultat des zwölfstündigen Arbeitstags. Wir können es aber auch in seinem Entstehungsprozeß begleiten und dennoch die Teilprodukte als funktionell unterschiedne Produktenteile darstellen.

Der Spinner produziert in 12 Stunden 20 Pfd. Garn, daher in einer Stunde $1^2/_3$ und in 8 Stunden $13^1/_3$Pfd., also ein Teilprodukt vom Gesamtwert der Baumwolle, die während des ganzen Arbeitstags versponnen wird. In derselben Art und Weise ist das Teilprodukt der folgenden Stunde und 36 Minuten = $2^2/_3$ Pfd. Garn und stellt daher den Wert der während der 12 Arbeitsstunden vernutzten Arbeitsmittel dar. Ebenso produziert der Spinner in der folgenden Stunde und 12 Minuten 2 Pfd. Garn = 3 sh., ein Produktenwert gleich dem ganzen Wertprodukt, das er in 6 Stunden notwendiger Arbeit schafft. Endlich produziert er in den letzten $^6/_5$ Stunden ebenfalls 2 Pfd. Garn, deren Wert gleich dem durch seine halbtägige Mehrarbeit erzeugten Mehrwert. Diese Art Berechnung dient dem englischen Fabrikanten zum Hausgebrauch, und er wird z.B. sagen, daß er in den ersten 8 Stunden oder $^2/_3$ des Arbeitstags seine Baumwolle herausschlägt usw. Man sieht, die Formel ist richtig, in der Tat nur die erste Formel, übersetzt aus dem Raum, wo die Teile des Produkts fertig nebeneinander liegen, in die Zeit, wo sie aufeinander folgen. Die Formel kann aber auch von sehr barbarischen Vorstellungen begleitet sein, namentlich in Köpfen, die ebenso praktisch im Verwertungsprozeß interessiert sind, als sie ein Interesse haben, ihn theoretisch mißzuverstehn. So kann sich eingebildet werden, daß unser Spinner z. B. in den ersten 8 Stunden seines Arbeitstags den Wert der Baumwolle, in der folgenden Stunde und 36 Minuten den Wert der verzehrten Arbeitsmittel, in der folgenden Stunde und 12 Minuten den Wert des Arbeitslohns produziert oder ersetzt, und nur die vielberühmte „letzte Stunde" dem Fabrikherrn, der Produktion von Mehrwert widmet. Dem Spinner wird so das doppelte Wunder aufgebürdet, Baumwolle, Spindel, Dampfmaschine, Kohle, Öl usw. in demselben Augenblick zu produzieren, wo er mit ihnen spinnt, und aus einem Arbeitstag von gegebnem Intensitätsgrad fünf solcher Tage zu machen. In unsrem Fall nämlich erfordert die Produktion des Rohmaterials und der Arbeitsmittel $^{24}/_{6}$ = 4 zwölfstündige Arbeitstage und ihre Verwandlung in Garn einen andren zwölfstündigen Arbeitstag. Daß die Raubgier solche Wunder glaubt und nie den doktrinären Sykophanten mißt, der sie beweist, zeige nun ein Beispiel von historischer Berühmtheit.

3. Seniors „Letzte Stunde"

An einem schönen Morgen des Jahres 1836 wurde der wegen seiner ökonomischen Wissenschaft und seines schönen Stils berufene Nassau W. Senior, gewissermaßen der Clauren unter den englischen Ökonomen, von Oxford nach Manchester zitiert, um hier politische Ökonomie zu lernen, statt sie in Oxford zu lehren. Die Fabrikanten erkoren ihn zum Preisfechter gegen den neulich erlaßnen Factory Act und die darüber noch hinausstrebende Zehnstundenagitation. Mit gewohntem praktischen Scharfsinn hatten sie erkannt, daß der Herr Professor „wanted a good deal of finishing". Sie verschrieben ihn daher nach Manchester. Der Herr Professor seinerseits hat die zu Manchester von den Fabrikanten erhaltne Lektion stilisiert in dem Pamphlet: „Letters on the Factory Act, as it affects the cotton manufacture", London 1837. Hier kann man u. a. folgendes Erbauliche lesen:

> „Unter dem gegenwärtigen Gesetz kann keine Fabrik, die Personen unter 18 Jahren beschäftigt, länger als $11^{1}/_{2}$ Stunden täglich arbeiten, d. h. 12 Stunden während der ersten 5 Tage und 9 Stunden am Sonnabend. Die folgende Analyse (!) zeigt nun, daß in einer solchen Fabrik der ganze Reingewinn von der letzten Stunde abgeleitet ist. Ein Fabrikant legt 100.000 Pfd. St. aus – 80.000 Pfd. St. in Fabrikgebäude und Maschinen, 20.000 in Rohmaterial und Arbeitslohn. Der jährliche Umsatz der Fabrik, vorausgesetzt, das Kapital schlage jährlich einmal um und der Bruttogewinn betrage 15%, muß sich auf Waren zum Wert von 115.000 Pfd. St. belaufen ... Von diesen 115.000 Pfd. St. produziert jede der 23

halben Arbeitsstunden täglich $^{5}/_{115}$ oder $^{1}/_{23}$. Von diesen $^{23}/_{23}$, die das Ganze der 115.000 Pfd. St. bilden (constituting the whole 115.000 Pfd. St.), ersetzen $^{20}/_{23}$, d. h. 100.000 von den 115.000, nur das Kapital; $^{1}/_{23}$ oder 5000 Pfd. St. von den 15.000 Brutto-Gewinn (!) ersetzen die Abnutzung der Fabrik und Maschinerie. Die übrigbleibenden $^{2}/_{23}$, d. h. die beiden letzten halben Stunden jedes Tages produzieren den Reingewinn von 10%. Wenn daher bei gleichbleibenden Preisen die Fabrik 13 Stunden statt $11^{1}/_{2}$ arbeiten dürfte, so würde, mit einer Zulage von ungefähr 2600 Pfd. St. zum zirkulierenden Kapital, der Reingewinn mehr als verdoppelt werden. Andrerseits, wenn die Arbeitsstunden täglich um 1 Stunde reduziert würden, würde der Reingewinn verschwinden, wenn um $1^{1}/_{2}$ Stunden, auch der Bruttogewinn."[32]

Und das nennt der Herr Professor eine „Analyse"! Glaubte er den Fabrikantenjammer, daß die Arbeiter die beste Zeit des Tags in der Produktion, daher der Reproduktion oder dem Ersatz des Werts von Baulichkeiten, Maschinen, Baumwolle, Kohle usw. vergeuden, so war jede Analyse überflüssig. Er hatte einfach zu antworten: Meine Herren! Wenn ihr 10 Stunden arbeiten laßt statt $11^{1}/_{2}$, wird, unter sonst gleichbleibenden Umständen, der tägliche Verzehr von Baumwolle, Maschinerie usw. um $1^{1}/_{2}$ Stunden abnehmen. Ihr gewinnt also grade so viel, als ihr verliert. Eure Arbeiter werden in Zukunft $1^{1}/_{2}$ Stunden weniger für Reproduktion oder Ersatz des vorgeschoßnen Kapitalwerts vergeuden. Glaubte er ihnen nicht aufs Wort, sondern hielt als Sachverständiger eine Analyse für nötig,

[32] Senior, l.c.p. 12, 13. Wir gehn auf die für unsren Zweck gleichgültigen Kuriosa nicht ein, z. B. die Behauptung, daß die Fabrikanten den Ersatz der verschlißnen Maschinerie usw., also eines Kapitalbestandteils, zum Gewinn, Brutto oder Netto, schmutzig oder rein, rechnen. Auch nicht auf die Richtigkeit oder Falschheit der Zahlenangaben. Daß sie nicht mehr wert sind als die sogenannte „Analyse", bewies Leonard Horner in „A Letter to Mr. Senior etc", London 1837. Leonard Horner, einer der Factory Inquiry Commissioners von 1833 und Fabrikinspektor, in der Tat Fabrikzensor, bis 1859, hat unsterbliche Verdienste um die englische Arbeiterklasse gewonnen. Außer mit den erbitterten Fabrikanten führte er einen lebenslangen Kampf mit den Ministern, für die es ungleich wichtiger war, die „Stimmen" der Fabrikherrn im Unterhaus als die Arbeitsstunden der „Hände" in der Fabrik zu zählen.

Zusatz zur Note 32. Seniors Darstellung ist konfus, ganz abgesehn von der Falschheit ihres Inhalts. Was er eigentlich sagen wollte, war dies: Der Fabrikant beschäftigt die Arbeiter täglich $11^{1}/_{2}$ oder $^{23}/_{2}$ Stunden. Wie der einzelne Arbeitstag, so besteht die Jahresarbeit aus $11^{1}/_{2}$ oder $^{23}/_{2}$ Stunden (multipliziert mit der Anzahl der Arbeitstage während des Jahrs). Dies vorausgesetzt, produzieren die $^{23}/_{2}$ Arbeitsstunden das Jahresprodukt von 115.000 Pfd. St.; $^{1}/_{2}$ Arbeitsstunde produziert $^{1}/_{23}$ x 115.000 Pfd. St.; $^{20}/_{2}$ Arbeitsstunden produzieren $^{20}/_{23}$ x 115.000 Pfd. St. = 100.000 Pfd. St., d. h. sie ersetzen nur das vorgeschoßne Kapital. Bleiben $^{3}/_{2}$ Arbeitsstunden, die $^{3}/_{23}$ x 115.000 Pfd. St. = 15.000 produzieren, d. h. den Bruttogewinn. Von diesen $^{3}/_{2}$ Arbeitsstunden produziert $^{1}/_{2}$ Arbeitsstunde $^{1}/_{23}$ x 115.000 Pfd. St. = 5000 Pfd. St., d. h. sie produziert nur den Ersatz für den Verschleiß der Fabrik und der Maschinerie. Die letzten zwei halben Arbeitsstunden, d. h. die letzte Arbeitsstunde, produziert $^{2}/_{23}$ x 115.000 Pfd. St. = 10.000 Pfd. St., d. h. den Nettoprofit. Im Text verwandelt Senior die letzten $^{2}/_{23}$ des Produkts in Teile des Arbeitstags selbst.

so mußte er vor allem, in einer Frage, die sich ausschließlich um das Verhältnis des Reingewinns zur Größe des Arbeitstags dreht, die Herren Fabrikanten ersuchen, Maschinerie und Fabrikgebäude, Rohmaterial und Arbeit nicht kunterbunt durcheinanderzuwirren, sondern gefälligst das in Fabrikgebäude, Maschinerie, Rohmaterial usw. enthaltne konstante Kapital auf die eine, das in Arbeitslohn vorgeschoßne Kapital auf die andre Seite zu stellen. Ergab sich dann etwa, daß nach der Fabrikantenrechnung der Arbeiter in $^2/_2$ Arbeitsstunden, oder in einer Stunde, den Arbeitslohn reproduziert oder ersetzt, so hatte der Analytiker fortzufahren:

Nach eurer Angabe produziert der Arbeiter in der vorletzten Stunde seinen Arbeitslohn und in der letzten euren Mehrwert oder den Reingewinn. Da er in gleichen Zeiträumen gleiche Werte produziert, hat das Produkt der vorletzten Stunde denselben Wert wie das der letzten. Er produziert ferner nur Wert, soweit er Arbeit verausgabt, und das Quantum seiner Arbeit ist gemessen durch seine Arbeitszeit. Diese beträgt nach eurer Angabe $11^1/_2$ Stunden per Tag. Einen Teil dieser $11^1/_2$ Stunden verbraucht er zur Produktion oder zum Ersatz seines Arbeitslohns, den andren zur Produktion eures Reingewinns. Weiter tut er nichts während des Arbeitstags. Da aber, nach Angabe, sein Lohn und der von ihm gelieferte Mehrwert gleich große Werte sind, produziert er offenbar seinen Arbeitslohn in $5^3/_4$ Stunden und euren Reingewinn in andren $5^3/_4$ Stunden. Da ferner der Wert des zweistündigen Garnprodukts gleich der Wertsumme seines Arbeitslohns plus eures Reingewinns ist, muß dieser Garnwert durch $11^1/_2$ Arbeitsstunden gemessen sein, das Produkt der vorletzten Stunde durch $5^3/_4$ Arbeitsstunden, das der letzten ditto. Wir kommen jetzt zu einem häklichen Punkt. Also aufgepaßt! Die vorletzte Arbeitsstunde ist eine gewöhnliche Arbeitsstunde wie die erste. Ni plus, ni moins. Wie kann der Spinner daher in einer Arbeitsstunde einen Garnwert produzieren, der $5^3/_4$ Arbeitsstunden darstellt? Er verrichtet in der Tat kein solches Wunder. Was er in einer Arbeitsstunde an Gebrauchswert produziert, ist ein bestimmtes Quantum Garn. Der Wert dieses Garns ist gemessen durch $5^3/_4$ Arbeitsstunden, wovon $4^3/_4$ ohne sein Zutun in den stündlich verzehrten Produktionsmitteln stecken, in Baumwolle, Maschinerie usw., $^4/_4$ oder eine Stunde von ihm selbst zugesetzt ist. Da also sein Arbeitslohn in $5^3/_4$ Stunden produziert wird und das Garnprodukt einer Spinnstunde ebenfalls $5^3/_4$ Arbeitsstunden enthält, ist es durchaus keine Hexerei, daß das Wertprodukt seiner $5^3/_4$ Spinnstunden gleich dem Produktenwert einer Spinnstunde. Ihr seid aber durchaus auf dem Holzweg, wenn ihr meint, er verliere ein einziges Zeitatom seines Arbeitstags mit der Reproduktion oder dem „Ersatz" der Werte von Baumwolle, Maschinerie usw. Dadurch, daß seine Arbeit aus Baumwolle und Spindel Garn macht, dadurch, daß er spinnt, geht der Wert von Baumwolle und Spindel von selbst auf das Garn über. Es ist dies der Qualität seiner Arbeit geschuldet, nicht ihrer Quantität. Allerdings wird er in einer Stunde mehr Baumwollwert usw. auf Garn übertragen als in $^1/_2$ Stunde, aber nur weil er in 1 Stunde mehr Baumwolle verspinnt als in $^{1}/_{2}$. Ihr begreift also: Euer Ausdruck, der Arbeiter produziert in der vorletzten Stunde den Wert seines Arbeitslohns und in der letzten den Reingewinn, heißt weiter nichts, als daß in dem Garnprodukt von zwei Stunden seines Arbeitstags, ob sie vorn oder hinten stehen, $11^{1}/_{2}$ Arbeitsstunden verkörpert sind, grade so viel Stunden, als sein ganzer Arbeitstag zählt. Und der Ausdruck, daß er in den ersten $5^{3}/_{4}$ Stunden seinen Arbeitslohn und in den letzten $5^{3}/_{4}$ Stunden euren Reingewinn produziert, heißt wieder nichts, als daß ihr die ersten $5^{3}/_{4}$ Stunden zahlt und die letzten $5^{3}/_{4}$ Stunden nicht zahlt. Ich spreche von Zahlung der Arbeit, statt der Arbeitskraft, um euren Slang zu reden. Vergleicht ihr Herren nun das Verhältnis der Arbeitszeit, die ihr zahlt, zur Arbeitszeit, die ihr nicht zahlt, so werdet ihr finden, daß es halber Tag zu halbem Tag ist, also 100%, was allerdings ein artiger Prozentsatz. Es unterliegt auch nicht dem geringsten Zweifel, daß, wenn ihr eure „Hände" statt $11^{1}/_{2}$ Stunden 13 abschanzt und, was euch so ähnlich sieht wie ein Ei dem andren, die überschüssigen $1^{1}/_{2}$ Stunden zur bloßen Mehrarbeit schlagt, letztre von $5^{3}/_{4}$ Stunden auf $7^{1}/_{4}$ Stunden wachsen wird, die Rate des Mehrwerts daher von 100% auf $126^{2}/_{23}$ %. Dagegen seid ihr gar zu tolle Sanguiniker, wenn ihr hofft, sie werde durch den Zusatz von $1^{1}/_{2}$ Stunden von 100 auf 200% und gar mehr als 200% steigen, d. h. sich „mehr als verdoppeln". Andrerseits – des Menschen Herz ist ein wunderlich Ding, namentlich wenn der Mensch sein Herz im Beutel trägt – seid ihr gar zu verrückte Pessimisten, wenn ihr fürchtet, mit der Reduktion des Arbeitstags von $11^{1}/_{2}$ auf $10^{1}/_{2}$ Stunden werde euer ganzer Reingewinn in die Brüche gehn. Beileibe nicht. Alle andren Umstände als gleichbleibend vorausgesetzt, wird die Mehrarbeit von $5^{3}/_{4}$ auf $4^{3}/_{4}$ Stunden fallen, was immer noch eine ganz erkleckliche Rate des Mehrwerts gibt, nämlich $82^{14}/_{23}$%. Die verhängnisvolle „letzte Stunde" aber, von der ihr mehr gefabelt habt als die Chiliasten vom Weltuntergang, ist „all bosh". Ihr Verlust wird weder euch den „Reingewinn" noch den von euch verarbeiteten Kindern beiderlei Geschlechts die „Seelenreinheit" kosten.[32a]

[32a] Wenn Senior bewies, daß an „der letzten Arbeitsstunde" der Reingewinn der Fabrikanten, die Existenz der englischen Baumwollindustrie, Englands Weltmarktgröße hängen, bewies dahin wiederum Dr. Andrew Ure in den Kauf, daß Fabrikkinder und junge Personen unter 18 Jahren, welche man nicht volle 12 Stunden in die warme und reine Moralluft der Fabrikstube bannt, sondern „eine Stunde" früher in die gemütskalte und frivole Außenwelt verstößt, von Müßiggang und Laster um ihr Seelenheil geprellt werden. Seit 1848 werden die Fabrikinspektoren nicht müde, in ihren halbjährlichen „Reports" die Fabrikanten mit „der letzten", der „verhängnisvollen Stunde" zu necken. So sagt Herr Howell in seinem Fabrikbericht vom 31. Mai 1855: „Wäre die folgende scharfsinnige Berechnung" (er zitiert Senior) „richtig, so hätte jede Baumwollfabrik im Ver. Königreich seit 1850 mit Verlust gearbeitet." („Reports of the Insp. of Fact. for the half year ending 30th April 1855", p.19, 20.) Als im Jahr 1848 die Zehnstundenbill durchs Parlament ging, oktroyierten die Fabrikanten einigen Normalarbeitern in den ländlichen, zwischen den Grafschaften Dorset und Somerset zerstreut liegenden Flachsspinnereien eine Gegenpetition,

Wenn einmal euer „letztes Stündlein“ wirklich schlägt, denkt an den Professor von Oxford. Und nun: In einer beßren Welt wünsch’ ich mir mehr von eurem werten Umgang. Addio![33] ... Das Signal der von Senior 1836 entdeckten „letzten Stunde“ ward am 15. April 1848, polemisch gegen das Zehnstundengesetz, von James Wilson, einem der ökonomischen Hauptmandarine, im „London Economist“ von neuem geblasen.

---

worin es u. a. heißt: „Eure Bittsteller, Eltern, glauben, daß eine zusätzliche Mußestunde weiter keinen Erfolg haben kann als die Demoralisation ihrer Kinder, denn Müßiggang ist alles Lasters Anfang.“ Hierzu bemerkt der Fabrikbericht vom 31. Oktober 1848: „Die Atmosphäre der Flachsspinnereien, worin die Kinder dieser tugendhaft-zärtlichen Eltern arbeiten, ist geschwängert mit so unzähligen Staub- und Faserpartikelchen des Rohmaterials, daß es außerordentlich unangenehm ist, auch nur 10 Minuten in den Spinnstuben zuzubringen, denn ihr könnt das nicht ohne die peinlichste Empfindung, indem Auge, Ohr, Nasenlöcher und Mund sich sofort füllen mit Flachsstaubwolken, vor denen kein Entrinnen ist. Die Arbeit selbst erheischt, wegen der Fieberhast der Maschinerie, rastlosen Aufwand von Geschick und Bewegung, unter der Kontrolle nie ermüdender Aufmerksamkeit, und es scheint etwas hart, Eltern den Ausdruck, ‚Faulenzerei‘ auf die eignen Kinder anwenden zu lassen, die, nach Abzug der Essenszeit, 10 volle Stunden an solche Beschäftigung, in einer solchen Atmosphäre, geschmiedet sind ... Diese Kinder arbeiten länger als die Ackerknechte in den Nachbardörfern ... Solch liebloses Gekohl über ‚Müßiggang und Laster‘ muß als der reinste Cant und die schamloseste Heuchelei gebrandmarkt werden ... Der Teil des Publikums, der vor ungefähr zwölf Jahren auffuhr über die Zuversicht, womit man öffentlich und ganz ernsthaft proklamierte, unter der Sanktion hoher Autorität, daß der ganze ‚Reingewinn‘ des Fabrikanten aus ‚der letzten Stunde‘ Arbeit fließt und daher die Reduktion des Arbeitstags um eine Stunde den Reingewinn vernichtet; dieser Teil des Publikums, sagen wir, wird kaum seinen Augen trauen, wenn er nun findet, daß die Original-Entdeckung über die Tugenden der ‚letzten Stunde‘ seitdem so weit verbessert worden ist, ‚Moral‘ und ‚Profit‘ gleichmäßig einzuschließen; so daß, wenn die Dauer der Kinderarbeit auf volle 10 Stunden reduziert wird, die Moral der Kinder zugleich mit dem Nettogewinn ihrer Anwender flöten geht, beide abhängig von dieser letzten, dieser fatalen Stunden.“ („Repts. of Insp. of Fact. for 31st Oct. 1848“, p. 101.) Derselbe Fabrikbericht gibt dann Proben von der „Moral“ und „Tugend“ dieser Herrn Fabrikanten, von den Schlichen, Pfiffen, Lockungen, Drohmitteln, Fälschungen usw., die sie anwandten, um von wenigen ganz verwahrlosten Arbeitern dergleichen Petitionen unterzeichnen zu machen, um sie dann als Petitionen eines ganzen Industriezweigs, ganzer Grafschaften dem Parlament aufzubinden. – Höchst charakteristisch bleibt es für den heutigen Stand der sogenannten ökonomischen „Wissenschaft“, daß weder Senior selbst, der später zu seiner Ehre energisch für die Fabrikgesetzgebung auftrat, noch seine ursprünglichen und spätren Widersacher, die Trugschlüsse der „Originalentdeckung“ aufzulösen wußten. Sie appellierten an die tatsächliche Erfahrung. Das why und wherefore blieb Mysterium.

[33] Indes hatte der Herr Professor doch etwas bei seinem Manchester Ausflug profitiert! In den „Letters on the Factory Act“ hängt der ganze Reingewinn, „Profit“ und „Zins“ und sogar „something more“ an einer unbezahlten Arbeitsstunde des Arbeiters! Ein Jahr zuvor, in seinen zum Gemeinbesten Oxforder Stundenten und gebildeter Philister verfaßten „Outlines of Political Economy“ hatte er noch gegenüber Ricardos Wertbestimmung durch die Arbeitszeit „entdeckt“, daß der Profit aus der Arbeit des Kapitalisten und der Zins aus seiner Asketik, seiner „Abstinenz“ herstammte. Die Flause selbst war alt, aber das Wort „Abstinenz“ neu. Herr Roscher verdeutscht es richtig durch „Enthaltung“. Seine minder mit Latein beschlagnen Kompatrioten, Wirte, Schulzen und andre Michels, haben es in „Entsagung“ vermöncht.

4. Das Mehrprodukt

Den Teil des Produkts ($^{1}/_{10}$ von 20 Pfd. Garn oder 2 Pfd. Garn in dem Beispiel sub 2), worin sich der Mehrwert darstellt, nennen wir Mehrprodukt (surplus produce, produit net). Wie die Rate des Mehrwerts durch sein Verhältnis nicht zur Gesamtsumme, sondern zum variablen Bestandteil des Kapitals bestimmt wird, so die Höhe des Mehrprodukts durch sein Verhältnis nicht zum Rest des Gesamtprodukts, sondern zum Produktteil, worin sich die notwendige Arbeit darstellt. Wie die Produktion von Mehrwert der bestimmende Zweck der kapitalistischen Produktion, so mißt nicht die absolute Größe des Produkts, sondern die relative Größe des Mehrprodukts den Höhegrad des Reichtums.[34]

Die Summe der notwendigen Arbeit und der Mehrarbeit, der Zeitabschnitte, worin der Arbeiter den Ersatzwert seiner Arbeitskraft und den Mehrwert produziert, bildet die absolute Größe seiner Arbeitszeit – den Arbeitstag (working day).

---

[34] „Für ein Individuum mit einem Kapital von 20.000 Pfd. St., dessen Profite 2000 Pfd. St. jährlich betragen, wäre es ein durchaus gleichgültig Ding, ob sein Kapital 100 oder 1000 Arbeiter beschäftigt, ob die produzierten Waren sich zu 10.000 oder 20.000 Pfd. St. verkaufen, immer vorausgesetzt, daß seine Profite in allen Fällen nicht unter 2000 Pfd. St. fallen. Ist das reale Interesse einer Nation nicht dasselbe? Vorausgesetzt, ihr reales Nettoeinkommen, ihre Renten und Profite bleiben dieselben, so ist es nicht von der geringsten Wichtigkeit, ob die Nation aus 10 oder 12 Millionen Einwohnern besteht." (Ricardo, l.c.p. 416.) Lange vor Ricardo sagte der Fanatiker des Mehrprodukts, Arthur Young, ein übrigens schwatzschweifiger, kritikloser Schriftsteller, dessen Ruf in umgekehrtem Verhältnis zu seinem Verdienst steht, u. a.: „von welchem Nutzen würde in einem modernen Königreich eine ganze Provinz sein, deren Boden in altrömischer Manier, von kleinen, unabhängigen Bauern, meinetwegen noch so gut bebaut würde? Von welchem Zwecke, außer dem einzigen, Menschen zu erzeugen (the mere purpose of breeding men), was an und für sich gar keinen Zweck hat (is a most useless purpose)". (Arthur Young, „Political Arithmetic etc.", London 1774, p.47.)
Zusatz zu Note 34. Sonderbar ist „die starke Neigung, das Reineinkommen als vorteilhaft für die arbeitende Klasse hinzustellen, ... dabei ist aber offensichtlich, daß dieses nicht deshalb vorteilhaft ist, weil es rein ist". (Th. Hopkins, „On Rent of Land etc.", London 1828, p.126.)

Achtes Kapitel: Der Arbeitstag

1. Die Grenzen des Arbeitstags

Wir gingen von der Voraussetzung aus, daß die Arbeitskraft zu ihrem Werte gekauft und verkauft wird. Ihr Wert, wie der jeder andren Ware, wird bestimmt durch die zu ihrer Produktion nötige Arbeitszeit. Erheischt also die Produktion der durchschnittlichen täglichen Lebensmittel des Arbeiters 6 Stunden, so muß er im Durchschnitt 6 Stunden per Tag arbeiten, um seine Arbeitskraft täglich zu produzieren oder den in ihrem Verkauf erhaltnen Wert zu reproduzieren. Der notwendige Teil seines Arbeitstags beträgt dann 6 Stunden und ist daher, unter sonst gleichbleibenden Umständen, eine gegebne Größe. Aber damit ist die Größe des Arbeitstags selbst noch nicht gegeben.

Nehmen wir an, die Linie a—b stelle die Dauer oder Länge der notwendigen Arbeitszeit vor, sage 6 Stunden. Je nachdem die Arbeit über ab um 1, 3 oder 6 Stunden usw. verlängert wird, erhalten wir die 3 verschiednen Linien:

Arbeitstag I	Arbeitstag II	Arbeitstag III
a———b–c,	a———b—c,	a———b———c,

die drei verschiedne Arbeitstage von 7, 9 und 12 Stunden vorstellen. Die Verlängrungslinie bc stellt die Länge der Mehrarbeit vor. Da der Arbeitstag = ab + bc oder ac ist, variiert er mit der variablen Größe bc. Da ab gegeben ist, kann das Verhältnis von bc zu ab stets gemessen werden. Er beträgt in Arbeitstag I $^1/_6$, in Arbeitstag II $^3/_6$ und in Arbeitstag III $^6/_6$ von ab. Da ferner die Proportion $\frac{\text{Mehrarbeitszeit}}{\text{Notwendige Arbeitszeit}}$ die Rate des Mehrwerts bestimmt, ist letztre gegeben durch jenes Verhältnis. Sie beträgt in den drei verschiednen Arbeitstagen respektive $16^2/_3$, 50 und 100%. Umgekehrt würde die Rate des Mehrwerts allein uns nicht die Größe des Arbeitstags geben. Wäre sie z. B. gleich 100%, so könnte der Arbeitstag 8-, 10-, 12stündig usw. sein. Sie würde anzeigen, daß die zwei Bestandteile des Arbeitstags, notwendige Arbeit und Mehrarbeit, gleich groß sind, aber nicht, wie groß jeder dieser Teile.

Der Arbeitstag ist also keine konstante, sondern eine variable Größe. Einer seiner Teile ist zwar bestimmt durch die zur beständigen Reproduktion des Arbeiters selbst erheischte Arbeitszeit, aber seine Gesamtgröße wechselt mit der Länge oder Dauer der Mehrarbeit. Der Arbeitstag ist daher bestimmbar, aber an und für sich unbestimmt.[35]

---

[35] „Ein Arbeitstag ist eine unbestimmte Größe, er kann lang oder kurz sein." („An Essay on Trade and Commerce, containing Observations on Taxation etc.", London 1770, p. 73.)

Obgleich nun der Arbeitstag keine feste, sondern eine fließende Größe ist, kann er andrerseits nur innerhalb gewisser Schranken variieren. Seine Minimalschranke ist jedoch unbestimmbar. Allerdings, setzen wir die Verlängerungslinie bc, oder die Mehrarbeit, = 0, so erhalten wir eine Minimalschranke, nämlich den Teil des Tags, den der Arbeiter notwendig zu seiner Selbsterhaltung arbeiten muß. Auf Grundlage der kapitalistischen Produktionsweise kann die notwendige Arbeit aber immer nur einen Teil seines Arbeitstages bilden, der Arbeitstag sich also nie auf dies Minimum verkürzen. Dagegen besitzt der Arbeitstag eine Maximalschranke. Er ist über eine gewisse Grenze hinaus nicht verlängerbar. Diese Maximalschranke ist doppelt bestimmt. Einmal durch die physische Schranke der Arbeitskraft. Ein Mensch kann während des natürlichen Tags von 24 Stunden nur ein bestimmtes Quantum Lebenskraft verausgaben. So kann ein Pferd tagaus, tagein nur 8 Stunden arbeiten. Während eines Teils des Tags muß die Kraft ruhen, schlafen, während eines andren Teils hat der Mensch andre physische Bedürfnisse zu befriedigen, sich zu nähren, reinigen, kleiden usw. Außer dieser rein physischen Schranke stößt die Verlängrung des Arbeitstags auf moralische Schranken. Der Arbeiter braucht Zeit zur Befriedigung geistiger und sozialer Bedürfnisse, deren Umfang und Zahl durch den allgemeinen Kulturzustand bestimmt sind. Die Variation des Arbeitstags bewegt sich daher innerhalb physischer und sozialer Schranken. Beide Schranken sind aber sehr elastischer Natur und erlauben den größten Spielraum. So finden wir Arbeitstage von 8, 10, 12, 14, 16, 18 Stunden, also von der verschiedensten Länge.

Der Kapitalist hat die Arbeitskraft zu ihrem Tageswert gekauft. Ihm gehört ihr Gebrauchswert während eines Arbeitstags. Er hat also das Recht erlangt, den Arbeiter während eines Tags für sich arbeiten zu lassen. Aber was ist ein Arbeitstag?[36] Jedenfalls weniger als ein natürlicher Lebenstag. Um wieviel? Der Kapitalist hat seine eigne Ansicht über dies ultima Thule, die notwendige Schranke des Arbeitstags. Als Kapitalist ist er nur personifiziertes Kapital. Seine Seele ist die Kapitalseele. Das Kapital hat aber einen einzigen Lebenstrieb, den Trieb, sich zu verwerten, Mehrwert zu schaffen, mit seinem konstanten Teil, den Produktionsmitteln, die größtmögliche Masse Mehrarbeit einzusaugen.[37] Das Kapital ist verstorbne Arbeit, die sich nur vampyrmäßig belebt durch Einsaugung lebendiger Arbeit und um so mehr lebt, je mehr sie davon einsaugt. Die Zeit, während deren der Arbeiter arbeitet, ist die Zeit, während deren der Kapitalist die von

[36] Diese Frage ist unendlich wichtiger als die berühmte Frage Sir Robert Peels an die Birminghamer Handelskammer: „What is a pound?" eine Frage, die nur gestellt werden konnte, weil Peel über die Natur des Geldes ebenso unklar war als die „little shilling men" von Birmingham.

[37] „Es ist die Aufgabe des Kapitalisten, mit dem verausgabten Kapital die größtmögliche Summe Arbeit herauszuschlagen." („D'obtenir du capital dépensé la plus forte somme de travail possible.") (J.-G. Courcelle-Seneuil, „Traité théorique et pratique des entreprises industrielles", 2ème édit., 1857, p. 62.)

ihm gekaufte Arbeitskraft konsumiert.[38] Konsumiert der Arbeiter seine disponible Zeit für sich selbst, so bestiehlt er den Kapitalisten.[39]

Der Kapitalist beruft sich also auf das Gesetz des Warenaustausches. Er, wie jeder andre Käufer, sucht den größtmöglichen Nutzen aus dem Gebrauchswert seiner Ware herauszuschlagen. Plötzlich aber erhebt sich die Stimme des Arbeiters, die im Sturm und Drang des Produktionsprozesses verstummt war:

Die Ware, die ich dir verkauft habe, unterscheidet sich von dem andren Warenpöbel dadurch, daß ihr Gebrauch Wert schafft und größren Wert als sie selbst kostet. Dies war der Grund, warum du sie kauftest. Was auf deiner Seite als Verwertung von Kapital erscheint, ist auf meiner Seite überschüssige Verausgabung von Arbeitskraft. Du und ich kennen auf dem Marktplatz nur ein Gesetz, das des Warenaustausches. Und der Konsum der Ware gehört nicht dem Verkäufer, der sie veräußert, sondern dem Käufer, der sie erwirbt. Dir gehört daher der Gebrauch meiner täglichen Arbeitskraft. Aber vermittelst ihres täglichen Verkaufspreises muß ich sie täglich reproduzieren und daher von neuem verkaufen können. Abgesehn von dem natürlichen Verschleiß durch Alter usw., muß ich fähig sein, morgen mit demselben Normalzustand von Kraft, Gesundheit und Frische zu arbeiten, wie heute. Du predigst mir beständig das Evangelium der „Sparsamkeit“ und „Enthaltung“. Nun gut! Ich will wie ein vernünftiger, sparsamer Wirt mein einziges Vermögen, die Arbeitskraft, haushalten und mich jeder tollen Verschwendung derselben enthalten. Ich will täglich nur soviel von ihr flüssig machen, in Bewegung, in Arbeit umsetzen, als sich mit ihrer Normaldauer und gesunden Entwicklung verträgt. Durch maßlose Verlängrung des Arbeitstags kannst du in einem Tage ein größres Quantum meiner Arbeitskraft flüssig machen, als ich in drei Tagen ersetzen kann. Was du so an Arbeit gewinnst, verliere ich an Arbeitssubstanz. Die Benutzung meiner Arbeitskraft und die Beraubung derselben sind ganz verschiedne Dinge. Wenn die Durchschnittsperiode, die ein Durchschnittsarbeiter bei vernünftigem Arbeitsmaß leben kann, 30 Jahre beträgt, ist der Wert meine\r Arbeitskraft, den du mir einen Tag in den andren zahlst, $\frac{1}{365 \times 30}$ oder $^1/_{10950}$ ihres Gesamtwerts. Konsumierst du sie aber in 10 Jahren, so zahlst du mir täglich $^1/_{10950}$ statt $^1/_{3650}$ ihres Gesamtwerts, also nur $^1/_3$ ihres Tageswerts, und stiehlst mir daher täglich $^2/_3$ des Werts meiner Ware. Du zahlst mir eintägige Arbeitskraft, wo du dreitägige verbrauchst. Das ist wider unsren Vertrag und das Gesetz des Warenaustausches. Ich verlange

[38] „Der Verlust einer Arbeitsstunde pro Tag stellt einen außerordentlich großen Schaden für einen Handelsstaat dar.“ „Der Konsum von Luxusgütern unter den arbeitenden Armen dieses Königreichs ist sehr groß; besonders unter dem Manufakturpöbel; dabei konsumieren sie aber auch ihre Zeit, ein Verbrauch, verhängnisvoller als jeder andre.“ („An Essay on Trade and Commerce etc.“, p. 47 u. 153.)

[39] „Wenn sich der freie Tagelöhner einen Augenblick ausruht, behauptet die schmutzige Ökonomie, die ihn mit unruhigen Augen verfolgt, daß er sie bestehle.“ (N. Linguet, „Théorie des Loix Civiles etc.“, London 1767, t. II, p. 466.)

also einen Arbeitstag von normaler Länge, und ich verlange ihn ohne Appell an dein Herz, denn in Geldsachen hört die Gemütlichkeit auf. Du magst ein Musterbürger sein, vielleicht Mitglied des Vereins zur Abschaffung der Tierquälerei und obendrein im Geruch der Heiligkeit stehn, aber dem Ding, das du mir gegenüber repräsentierst, schlägt kein Herz in seiner Brust. Was darin zu pochen scheint, ist mein eigner Herzschlag. Ich verlange den Normalarbeitstag, weil ich den Wert meiner Ware verlange, wie jeder andre Verkäufer.[40]

Man sieht: Von ganz elastischen Schranken abgesehn, ergibt sich aus der Natur des Warenaustausches selbst keine Grenze des Arbeitstags, also keine Grenze der Mehrarbeit. Der Kapitalist behauptet sein Recht als Käufer, wenn er den Arbeitstag so lang als möglich und womöglich aus einem Arbeitstag zwei zu machen sucht. Andrerseits schließt die spezifische Natur der verkauften Ware eine Schranke ihres Konsums durch den Käufer ein, und der Arbeiter behauptet sein Recht als Verkäufer, wenn er den Arbeitstag auf eine bestimmte Normalgröße beschränken will. Es findet hier also eine Antinomie statt, Recht wider Recht, beide gleichmäßig durch das Gesetz des Warenaustausches besiegelt. Zwischen gleichen Rechten entscheidet die Gewalt. Und so stellt sich in der Geschichte der kapitalistischen Produktion die Normierung des Arbeitstags als Kampf um die Schranken des Arbeitstags dar – ein Kampf zwischen dem Gesamtkapitalisten, d. h. der Klasse der Kapitalisten, und dem Gesamtarbeiter, oder der Arbeiterklasse.

2. Der Heißhunger nach Mehrarbeit. Fabrikant und Bojar

Das Kapital hat die Mehrarbeit nicht erfunden. Überall, wo ein Teil der Gesellschaft das Monopol der Produktionsmittel besitzt, muß der Arbeiter, frei oder unfrei, der zu seiner Selbsterhaltung notwendigen Arbeitszeit überschüssige Arbeitszeit zusetzen, um die Lebensmittel für den Eigner der Produktionsmittel zu produzieren[41], sei dieser Eigentümer nun atheniensischer καλὸς κ᾽ ἀγαθός, etruskischer Theokrat, civis romanus, normännischer Baron, amerikanischer Sklavenhalter, walachischer Bojar, moderner Landlord oder Kapitalist.[42] Indes ist klar, daß, wenn in einer ökonomischen Gesellschaftsformation nicht der

[40] Während des großen strike der London builders, 1860-1861, zur Reduktion des Arbeitstags auf 9 Stunden, veröffentlichte ihr Komitee eine Erklärung, die halb und halb auf das Plaidoyer unsres Arbeiters hinausläuft. Die Erklärung spielt nicht ohne Ironie darauf an, daß der Profitwütigste der „buiding masters" – ein gewisser Sir M. Peto – im „Geruch der Heiligkeit" stehe. (Derselbe Peto kam nach 1867 zu einem Ende mit – Strousberg!)

[41] „Diejenigen, die arbeiten ... , ernähren in Wirklichkeit sowohl die Pensionäre, genannt die Reichen, als auch sich selbst." (Edmund Burke, l.c.p. 2, 3.)

[42] Sehr naiv bemerkt Niebuhr in seiner „Römischen Geschichte": „Man kann sich nicht verhehlen, daß Werke wie die etruskischen, die in ihren Trümmern erstaunen, in kleinen (!) Staaten

Tauschwert, sondern der Gebrauchswert des Produkts vorwiegt, die Mehrarbeit durch einen engern oder weitern Kreis von Bedürfnissen beschränkt ist, aber kein schrankenloses Bedürfnis nach Mehrarbeit aus dem Charakter der Produktion selbst entspringt. Entsetzlich zeigt sich daher im Altertum die Überarbeit, wo es gilt, den Tauschwert in seiner selbständigen Geldgestalt zu gewinnen, in der Produktion von Gold und Silber. Gewaltsames zu Tod arbeiten ist hier die offizielle Form der Überarbeit. Man lese nur den Diodorus Siculus.[43] Doch sind dies Ausnahmen in der alten Welt. Sobald aber Völker, deren Produktion sich noch in den niedrigren Formen der Sklavenarbeit, Fronarbeit usw. bewegt, hineingezogen werden in einen durch die kapitalistische Produktionsweise beherrschten Weltmarkt, der den Verkauf ihrer Produkte ins Ausland zum vorwiegenden Interesse entwickelt, wird den barbarischen Greueln der Sklaverei, Leibeigenschaft usw. der zivilisierte Greuel der Überarbeit aufgepfropft. Daher bewahrte die Negerarbeit in den südlichen Staaten der amerikanischen Union einen gemäßigt patriarchalischen Charakter, solange die Produktion hauptsächlich auf den unmittelbaren Selbstbedarf gerichtet war. In dem Grade aber, wie der Baumwollexport zum Lebensinteresse jener Staaten, ward die Überarbeitung des Negers, hier und da die Konsumtion seines Lebens in sieben Arbeitsjahren, Faktor eines berechneten und berechnenden Systems. Es galt nicht mehr, eine gewisse Masse nützlicher Produkte aus ihm herauszuschlagen. Es galt nun der Produktion des Mehrwerts selbst. Ähnlich mit der Fronarbeit, z. B. in den Donaufürstentümern.

Die Vergleichung des Heißhungers nach Mehrarbeit in den Donaufürstentümern mit demselben Heißhunger in englischen Fabriken bietet ein besondres Interesse, weil die Mehrarbeit in der Fronarbeit eine selbständige, sinnlich wahrnehmbare Form besitzt.

Gesetzt, der Arbeitstag zähle 6 Stunden notwendiger Arbeit und 6 Stunden Mehrarbeit. So liefert der freie Arbeiter dem Kapitalisten wöchentlich 6 x 6 oder 36 Stunden Mehrarbeit. Es ist dasselbe, als arbeite er 3 Tage in der Woche für sich und 3 Tage in der Woche umsonst für den Kapitalisten. Aber dies ist nicht sichtbar. Mehrarbeit und notwendige Arbeit verschwimmen ineinander. Ich kann daher dasselbe Verhältnis z. B. auch so ausdrücken, daß der Arbeiter in jeder Minute 30 Sekunden für sich und 30 Sekunden für den Kapitalisten arbeitet usw. Anders mit der Fronarbeit. Die notwendige Arbeit, die z. B. der walachi-

---

Fronherrn und Knechte voraussetzen." Viel tiefer sagte Sismondi, daß „Brüsseler Spitzen" Lohnherrn und Lohndiener voraussetzen.

[43] „Man kann diese Unglücklichen" (in den Goldbergwerken zwischen Ägypten, Äthiopien und Arabien), „die nicht einmal ihren Körper reinlich halten noch ihre Blöße decken können, nicht ansehn, ohne ihr jammervolles Schicksal zu beklagen. Denn da findet keine Nachsicht und keine Schonung statt für Kranke, für Gebrechliche, für Greise, für die weibliche Schwachheit. Alle müssen, durch Schläge gezwungen, fortarbeiten, bis der Tod ihren Qualen und ihrer Not ein Ende macht." (Diod. Sic., „Historische Bibliothek", Buch 3, c. 13, p. 260.)

sche Bauer zu seiner Selbsterhaltung verrichtet, ist räumlich getrennt von seiner Mehrarbeit für den Bojaren. Die eine verrichtet er auf seinem eignen Felde, die andre auf dem herrschaftlichen Gut. Beide Teile der Arbeitszeit existieren daher selbständig nebeneinander. In der Form der Fronarbeit ist die Mehrarbeit genau abgeschieden von der notwendigen Arbeit. An dem quantitativen Verhältnis von Mehrarbeit und notwendiger Arbeit ändert diese verschiedne Erscheinungsform offenbar nichts. Drei Tage Mehrarbeit in der Woche bleiben drei Tage Arbeit, die kein Äquivalent für den Arbeiter selbst bildet, ob sie Fronarbeit heiße oder Lohnarbeit. Bei dem Kapitalisten jedoch erscheint der Heißhunger nach Mehrarbeit im Drang zu maßloser Verlängrung des Arbeitstags, bei dem Bojaren einfacher in unmittelbarer Jagd auf Frontage.[44]

Die Fronarbeit war in den Donaufürstentümern verknüpft mit Naturalrenten und sonstigem Zubehör von Leibeigenschaft, bildete aber den entscheidenden Tribut an die herrschende Klasse. Wo dies der Fall, entsprang die Fronarbeit selten aus der Leibeigenschaft, Leibeigenschaft vielmehr meist umgekehrt aus der Fronarbeit.[44a] So in den rumänischen Provinzen.

Ihre ursprüngliche Produktionsweise war auf Gemeineigentum gegründet, aber nicht auf Gemeineigentum in slawischer oder gar indischer Form. Ein Teil der Ländereien wurde als freies Privateigentum von den Mitgliedern der Gemeinde selbständig bewirtschaftet, ein andrer Teil – der ager publicus – gemeinsam von ihnen bestellt. Die Produkte dieser gemeinsamen Arbeit dienten teils als Reservefonds für Mißernten und andre Zufälle, teils als Staatsschatz zur Deckung für die Kosten von Krieg, Religion und andre Gemeindeausgaben. Im Laufe der Zeit usurpierten kriegerische und kirchliche Würdenträger mit dem Gemeineigentum die Leistungen für dasselbe. Die Arbeit der freien Bauern auf ihrem Gemeindeland verwandelte sich in Fronarbeit für die Diebe des Gemeindelandes. Damit entwickelten sich zugleich Leibeigenschafts-Verhältnisse, jedoch nur tatsächlich, nicht gesetzlich, bis das weltbefreiende Rußland unter dem Vorwand, die Leibeigenschaft abzuschaffen, sie zum Gesetz erhob. Der Kodex der Fronarbeit, den der russische General Kisselew 1831 prokla-

---

[44] Das Nachfolgende bezieht sich auf die Zustände der rumänischen Provinzen, wie sie sich vor der Umwälzung seit dem Krimkrieg gestaltet hatten.

[44a] [Note zur 3. Aufl. – Dies gilt ebenfalls für Deutschland und speziell für das ostelbische Preußen. Im 15. Jahrhundert war der deutsche Bauer fast überall ein gewissen Leistungen in Produkt und Arbeit unterworfener, aber sonst wenigstens faktisch freier Mann. Die deutschen Kolonisten in Brandenburg, Pommern, Schlesien und Ostpreußen waren sogar rechtlich als Freie anerkannt. Der Sieg des Adels im Bauernkrieg machte dem ein Ende. Nicht nur die besiegten süddeutschen Bauern wurden wieder leibeigen. Schon seit Mitte des 16. Jahrhunderts werden die ostpreußischen, brandenburgischen, pommerschen und schlesischen, und bald darauf auch die schleswig-holsteinischen freien Bauern zu Leibeignen erniedrigt. (Maurer, „Fronhöfe", IV. Bd. – Meitzen, „Der Boden des Pr. Staats". – Hanssen, „Leibeigenschaft in Schleswig-Holstein".) – F. E.]

mierte, war natürlich von den Bojaren selbst diktiert. Rußland eroberte so mit einem Schlag die Magnaten der Donaufürstentümer und den Beifallsklatsch der liberalen Kretins von ganz Europa.

Nach dem „Règlement organique", so heißt jener Kodex der Fronarbeit, schuldet jeder walachische Bauer, außer einer Masse detaillierter Naturalabgaben, dem sog. Grundeigentümer 1. zwölf Arbeitstage überhaupt, 2. einen Tag Feldarbeit und 3. einen Tag Holzfuhre. Summa summarum 14 Tage im Jahre. Mit tiefer Einsicht in die politische Ökonomie wird jedoch der Arbeitstag nicht in seinem ordinären Sinn genommen, sondern der zur Herstellung eines täglichen Durchschnittsprodukts notwendige Arbeitstag, aber das tägliche Durchschnittsprodukt ist pfiffigerweise so bestimmt, daß kein Zyklope in 24 Stunden damit fertig würde. In den dürren Worten echt russischer Ironie erklärt daher das „Règlement" selbst, unter 12 Arbeitstagen sei das Produkt einer Handarbeit von 36 Tagen zu verstehn, unter einem Tag Feldarbeit drei Tage, und unter einem Tag Holzfuhr ebenfalls das Dreifache. Summa: 42 Frontage. Es kommt aber hinzu die sog. Jobagie, Dienstleistungen, die dem Grundherrn für außerordentliche Produktionsbedürfnisse gebühren. Im Verhältnis zur Größe seiner Bevölkerung hat jedes Dorf jährlich ein bestimmtes Kontingent zur Jobagie zu stellen. Diese zusätzliche Fronarbeit wird für jeden walachischen Bauer auf 14 Tage geschätzt. So beträgt die vorgeschriebne Fronarbeit 56 Arbeitstage jährlich. Das Ackerbaujahr zählt aber in der Walachei wegen des schlechten Klimas nur 210 Tage, wovon 40 für Sonn- und Feiertage, 30 durchschnittlich für Unwetter, zusammen 70 Tage ausfallen. Bleiben 140 Arbeitstage. Das Verhältnis der Fronarbeit zur notwendigen Arbeit, $\frac{56}{84}$ oder $66^2/_3$ Prozent, drückt eine viel kleinere Rate des Mehrwerts aus als die, welche die Arbeit des englischen Agrikultur- oder Fabrikarbeiters reguliert. Dies ist jedoch nur die gesetzlich vorgeschriebne Fronarbeit. Und in noch „liberalerem" Geist als die englische Fabrikgesetzgebung hat das „Règlement organique" seine eigne Umgehung zu erleichtern gewußt. Nachdem es aus 12 Tagen 54 gemacht, wird das nominelle Tagwerk jedes der 54 Frontage wieder so bestimmt, daß eine Zubuße auf die folgenden Tage fallen muß. In einem Tag z. B. soll eine Landstrecke ausgejätet werden, die zu dieser Operation, namentlich auf den Maispflanzungen, doppelt soviel Zeit erheischt. Das gesetzliche Tagwerk für einzelne Agrikulturarbeiten ist so auslegbar, daß der Tag im Monat Mai anfängt und im Monat Oktober aufhört. Für die Moldau sind die Bestimmungen noch härter.

> „Die zwölf Frontage des Règlement organique", rief ein siegtrunkner Bojar, „belaufen sich auf 365 Tage im Jahr!"[45]

---

[45] Weitere Details findet man in É. Regnault, „Histoire politique et sociale des Principautés Danubiennes", Paris 1855, p. 304 sqq.

War das Règlement organique der Donaufürstentümer ein positiver Ausdruck des Heißhungers nach Mehrarbeit, den jeder Paragraph legalisiert, so sind die englischen Factory-Acts negative Ausdrücke desselben Heißhungers. Diese Gesetze zügeln den Drang des Kapitals nach maßloser Aussaugung der Arbeitskraft durch gewaltsame Beschränkung des Arbeitstags von Staats wegen, und zwar von seiten eines Staats, den Kapitalist und Landlord beherrschen. Von einer täglich bedrohlicher anschwellenden Arbeiterbewegung abgesehn, war die Beschränkung der Fabrikarbeit diktiert durch dieselbe Notwendigkeit, welche den Guano auf die englischen Felder ausgoß. Dieselbe blinde Raubgier, die in dem einen Fall die Erde erschöpft, hatte in dem andren die Lebenskraft der Nation an der Wurzel ergriffen. Periodische Epidemien sprachen hier ebenso deutlich als das abnehmende Soldatenmaß in Deutschland und Frankreich.[46]

Der jetzt (1867) geltende Factory-Act von 1850 erlaubt für den durchschnittlichen Wochentag 10 Stunden, nämlich für die ersten 5 Wochentage 12 Stunden, von 6 Uhr morgens bis 6 Uhr abends, wovon aber $^1/_2$ Stunde für Frühstück und eine Stunde für Mittagessen gesetzlich abgehn, also $10^1/_2$ Arbeitsstunden bleiben, und 8 Stunden für den Samstag, von 6 Uhr morgens bis 2 Uhr nachmittags, wovon $^1/_2$ Stunde für Frühstück abgeht. Bleiben 60 Arbeitsstunden, $10^1/_2$ für die ersten fünf Wochentage, $7^1/_2$ für den letzten Wochentag.[47] Es sind eigne Wächter des Gesetzes bestellt, die dem Ministerium des Innern direkt untergeordneten Fabrikinspektoren, deren Berichte halbjährlich von Parlaments wegen veröffentlicht werden. Sie liefern also eine fortlaufende und offizielle Statistik über den Kapitalistenheißhunger nach Mehrarbeit.

Hören wir einen Augenblick die Fabrikinspektoren.[48]

---

46 „Im allgemeinen spricht innerhalb gewisser Grenzen für das Gedeihen organischer Wesen das Überschreiten des Mittelmaßes ihrer Art. Für den Menschen verkleinert sich sein Körpermaß, wenn sein Gedeihen beeinträchtigt ist, sei es durch physische oder soziale Verhältnisse. In allen europäischen Ländern, wo Konskription besteht, hat seit Einführung derselben das mittlere Körpermaß der erwachsenen Männer und im ganzen ihre Tauglichkeit zum Kriegsdienst abgenommen. Vor der Revolution (1789) war das Minimum für den Infanteristen in Frankreich 165 Zentimeter; 1818 (Gesetz vom 10. März) 157, nach dem Gesetz vom 21. März 1832, 156 Zentimeter; durchschnittlich in Frankreich wegen mangelnder Größe und Gebrechen über die Hälfte ausgemustert. Das Militärmaß war in Sachsen 1780: 178 Zentimeter, jetzt 155. In Preußen ist es 157. Nach Angabe in der ‚Bayrischen Zeitung' vom 9. Mai 1862 von Dr. Meyer stellt sich nach einem 9jährigen Durchschnitt heraus, daß in Preußen von 1000 Konskribierten 716 untauglich zum Militärdienst: 317 wegen Mindermaß und 399 wegen Gebrechen ... Berlin konnte 1858 sein Kontingent an Ersatz-Mannschaft nicht stellen, es fehlten 156 Mann." (J. v. Liebig, „Die Chemie in ihrer Anwendung auf Agrikultur und Physiologie", 1862. 7. Aufl. Band I, p. 117, 118.)

47 Die Geschichte des Fabrikakts von 1850 folgt im Verlauf dieses Kapitels.

48 Auf die Periode vom Beginn der großen Industrie in England bis 1845 gehe ich nur hier und da ein und verweise den Leser darüber auf „Die Lage der arbeitenden Klasse in England" von Friedrich Engels, Leipzig 1845. Wie tief Engels den Geist der kapitalistischen Produkti-

„Der betrügerische Fabrikant beginnt die Arbeit eine Viertelstunde, manchmal früher, manchmal später, vor 6 Uhr morgens und schließt sie eine Viertelstunde, manchmal früher, manchmal später, nachmittags. Er nimmt 5 Minuten weg vom Anfang und Ende der nominell für das Frühstück anberaumten halben Stunde, und knappt 10 Minuten ab zu Anfang und Ende der für Mittagessen anberaumten Stunde. Samstag arbeitet er eine Viertelstunde, manchmal mehr, manchmal weniger, nach 2 Uhr nachmittags. So beträgt sein Gewinn:

Vor 6 Uhr morgens	15 Minuten	Summa in 5 Tagen: 300 Minuten
Nach 6 Uhr nachmittags	15 Minuten	
Für Frühstückszeit	10 Minuten	
Beim Mittagsessen	20 Minuten	
	60 Minuten	

An Samstagen

Vor 6 Uhr morgens	15 Minuten	Wöchentlicher Gesamtgewinn: 340 Minuten
Für Frühstück	10 Minuten	
Nach 2 Uhr nachmittags	15 Minuten	

Oder 5 Stunden 40 Minuten wöchentlich, was mit 50 Arbeitswochen multipliziert, nach Abzug von 2 Wochen für Feiertage oder gelegentliche Unterbrechungen, 27 Arbeitstage gibt.“[49]

„Wird der Arbeitstag täglich 5 Minuten über die Normaldauer verlängert, so gibt das $2^{1}/_{2}$ Produktionstage im Jahr.“[50] „Eine zusätzliche Stunde täglich, dadurch gewonnen, daß bald hier ein Stückchen Zeit erhascht wird, bald dort ein andres Stückchen, macht aus den 12 Monaten des Jahres 13.“[51]

Krisen, worin die Produktion unterbrochen und nur „kurze Zeit“, nur während einiger Tage in der Woche, gearbeitet wird, ändern natürlich nichts an dem Trieb nach Verlängrung des Arbeitstags. Je weniger Geschäfte gemacht werden, desto

---

onsweise begriff, zeigen die Factory Reports, Reports on Mines usw., die seit 1845 erschienen sind, und wie bewundrungswürdig er die Zustände im Detail malte, zeigt der oberflächlichste Vergleich seiner Schrift mit den 18 bis 20 Jahre später veröffentlichten offiziellen Reports der Children's Employment Commission (1863-1867). Diese handeln nämlich von Industriezweigen, worin die Fabrikgesetzgebung bis 1862 noch nicht eingeführt war, zum Teil noch nicht eingeführt ist. Hier wurde also den von Engels geschilderten Zuständen mehr oder minder große Ändrung nicht von außen aufgeherrscht. Meine Beispiele entlehne ich hauptsächlich der Freihandelsperiode nach 1848, jener paradiesischen Zeit, wovon ebenso großmäulige als wissenschaftlich verwahrloste Freihandelshausierburschen den Deutschen so fabelhaft viel vorfauchen. – Übrigens figuriert England hier nur im Vordergrund, weil es die kapitalistische Produktion klassisch repräsentiert und allein eine offiziell fortaufende Statistik der behandelten Gegenstände besitzt.

49 „Suggestions etc. by Mr. L. Horner, Inspector of Factories“, im „Factories Regulation Act. Ordered by the House of Commons to be printed 9. Aug. 1859“, p. 4, 5.

50 „Reports of the Insp. of Fact. for the half year, Oct. 1856“, p. 35.

51 „Report etc. 30th April 1858“, p. 9.

größer soll der Gewinn auf das gemachte Geschäft sein. Je weniger Zeit gearbeitet werden kann, desto mehr Surplusarbeitszeit soll gearbeitet werden. So berichten die Fabrikinspektoren über die Periode der Krise von 1857 bis 1858:

> „Man mag es für eine Inkonsequenz halten, daß irgendwelche Überarbeit zu einer Zeit stattfinde, wo der Handel so schlecht geht, aber sein schlechter Zustand spornt rücksichtslose Leute zu Überschreitungen; sie sichern sich so einen Extraprofit …" „Zur selben Zeit", sagt Leonard Horner, „wo 122 Fabriken in meinem Distrikt ganz aufgegeben sind, 143 stillstehn und alle andren kurze Zeit arbeiten, wird die Überarbeit über die gesetzlich bestimmte Zeit fortgesetzt."[52] „Obgleich", sagt Herr Howell, „in den meisten Fabriken des schlechten Geschäftsstands wegen nur halbe Zeit gearbeitet wird, erhalte ich nach wie vor dieselbe Anzahl von Klagen, daß eine halbe Stunde oder $^3/_4$ Stunden täglich den Arbeitern weggeschnappt (snatched) werden durch Eingriffe in die ihnen gesetzlich gesicherten Fristen für Mahlzeit und Erholung."[53]

Dasselbe Phänomen wiederholt sich auf kleinerer Stufenleiter während der furchtbaren Baumwollkrise von 1861 bis 1865.[54]

> „Es wird zuweilen vorgeschützt, wenn wir Arbeiter während der Speisestunden oder sonst zu ungesetzlicher Zeit am Werk ertappen, daß sie die Fabrik durchaus nicht verlassen wollen und daß es des Zwangs bedarf, um ihre Arbeit" (Reinigen der Maschinen usw.) „zu unterbrechen, namentlich Samstags. Aber wenn die ‚Hände' nach Stillsetzung der Maschinerie in der Fabrik bleiben, geschieht es nur, weil ihnen zwischen 6 Uhr morgens und 6 Uhr abends, in den gesetzlich bestimmten Arbeitsstunden, keine Frist zur Verrichtung solcher Geschäfte gestattet worden ist."[55]

---

52 „Reports etc.", l.c.p. 10.

53 „Reports etc.", l.c.p. 25.

54 „Reports etc. for the half year ending 30th April 1861." Sieh Appendix Nr. 2; „Reports etc. 31st Octob. 1862", p.7,52,53. Die Überschreitungen werden wieder zahlreicher mit dem letzten Halbjahr 1863. Vgl. „Reports etc. ending 31st Oct. 1863", p. 7.

55 „Reports etc. 31st Oct. 1860", p. 23. Mit welchem Fanatismus, nach gerichtlichen Aussagen der Fabrikanten, ihre Fabrikhände sich jeder Unterbrechung der Fabrikarbeit widersetzen, zeige folgendes Kuriosum: Anfang Juni 1836 gingen den Magistrates von Dewsbury (Yorkshire) Denunziationen zu, wonach die Eigner von 8 großen Fabriken in der Nähe von Batley den Fabrikakt verletzt hätten. Ein Teil dieser Herren war angeklagt, 5 Knaben zwischen 12 und 15 Jahren von 6 Uhr morgens des Freitags bis 4 Uhr nachmittags des folgenden Samstags abgearbeitet zu haben, ohne irgendeine Erholung zu gestatten, außer für Mahlzeiten und eine Stunde Schlaf um Mitternacht. Und diese Kinder hatten die rastlose, 30stündige Arbeit zu verrichten in dem „shoddyhole", wie die Höhle heißt, worin Wollenlumpen aufgerissen werden und wo ein Luftmeer von Staub, Abfällen usw. selbst den erwachsnen Arbeiter zwingt, den Mund beständig mit Schnupftüchern zu verbinden, zum Schutz seiner Lunge! Die Herren Angeklagten versicherten an Eides Statt – als Quäker waren sie zu skrupulös religiöse Männer, einen Eid zu leisten –, sie hätten in ihrer großen Barmherzigkeit den elenden Kindern 4 Stun-

„Der durch Überarbeit über die gesetzliche Zeit zu machende Extraprofit scheint für viele Fabrikanten eine zu große Versuchung, um ihr widerstehn zu können. Sie rechnen auf die Chance, nicht ausgefunden zu werden, und berechnen, daß selbst im Fall der Entdeckung die Geringfügigkeit der Geldstrafen und Gerichtskosten ihnen immer noch eine Gewinnbilanz sichert."[56] „Wo die zusätzliche Zeit durch Multiplikation kleiner Diebstähle (a multiplication of small thefts) im Laufe des Tages gewonnen wird, stehn den Inspektoren fast unüberwindliche Schwierigkeiten der Beweisführung im Weg."[57]

Diese „kleinen Diebstähle" des Kapitals an der Mahlzeit und Erholungszeit der Arbeiter bezeichnen die Fabrikinspektoren auch als „petty pilferings of minutes", Mausereien von Minuten[58], „snatching a few minutes", Wegschnappen von Minuten[59], oder wie die Arbeiter es technisch heißen, „nibbling and cribbling at meal times".[60]

Man sieht, in dieser Atmosphäre ist die Bildung des Mehrwerts durch die Mehrarbeit kein Geheimnis.

„‚Wenn Sie mir erlauben', sagte mir ein sehr respektabler Fabrikherr, ‚täglich nur 10 Minuten Überzeit arbeiten zu lassen, stecken Sie jährlich 1000 Pfd. St. in meine Tasche.'"[61] „Zeitatome sind die Elemente des Gewinns."[62]

Nichts ist in dieser Hinsicht charakteristischer als die Bezeichnung der Arbeiter, die volle Zeit arbeiten, durch „full times" und die der Kinder unter 13 Jahren, die nur 6 Stunden arbeiten dürfen, als „half times"[63]

Der Arbeiter ist hier nichts mehr als personifizierte Arbeitszeit. Alle individuellen Unterschiede lösen sich auf in die von „Vollzeitler" und „Halbzeitler".

---

den Schlaf erlaubt, aber die Starrköpfe von Kindern wollten durchaus nicht zu Bett gehn! Die Herrn Quäker wurden zu 20 Pfd. St. Geldbuße verurteilt. Dryden ahnte diese Quäker:
„Ein Fuchs voller Scheinheiligkeit,
der wie der Teufel lügt, doch fürchtet sich vor'm Eid,
der wie ein Büßer ausschaut, doch seitwärts gier'ge Blicke wirft,
doch nicht zu sünd'gen wagt, bevor er sein Gebet gesagt!

56 „Rep. etc. 31st Oct. 1856", p. 34.

57 l.c.p. 35.

58 l.c.p. 48.

59 l.c.

60 l.c.

61 l.c.p. 48.

62 „Moments are the elements of profit." („Rep. of the Insp. etc. 30th April 1860", p. 56.)

63 Der Ausdruck hat offizielles Bürgerrecht, wie in der Fabrik, so in den Fabrikberichten.

3. Englische Industriezweige ohne legale Schranke der Exploitation

Den Trieb nach Verlängrung des Arbeitstags, den Werwolfsheißhunger für Mehrarbeit, beobachteten wir bisher auf einem Gebiet, wo maßlose Ausschreitungen, nicht übergipfelt, so sagt ein bürgerlicher englischer Ökonom, von den Grausamkeiten der Spanier gegen die Rothäute Amerikas[64], das Kapital endlich an die Kette gesetzlicher Regulation gelegt haben. Werfen wir jetzt den Blick auf einige Produktionszweige, wo die Aussaugung der Arbeitskraft entweder noch heute fesselfrei ist oder es gestern noch war.

> „Herr Broughton, ein County Magistrate, erklärte als Präsident eines Meetings, abgehalten in der Stadthalle von Nottingham, am 14. Januar 1860, daß in dem mit der Spitzenfabrikation beschäftigten Teile der städtischen Bevölkerung ein der übrigen zivilisierten Welt unbekannter Grad von Leid und Entbehrung vorherrscht ... Um 2, 3, 4 Uhr des Morgens werden Kinder von 9 bis 10 Jahren ihren schmutzigen Betten entrissen und gezwungen, für die nackte Subsistenz bis 10, 11, 12 Uhr nachts zu arbeiten, während ihre Glieder wegschwinden, ihre Gestalt zusammenschrumpft, ihre Gesichtszüge abstumpfen und ihr menschliches Wesen ganz und gar in einem steinähnlichen Torpor erstarrt, dessen bloßer Anblick schauderhaft ist. Wir sind nicht überrascht, daß Herr Mallett und andre Fabrikanten auftraten, um Protest gegen jede Diskussion einzulegen ... Das System, wie der Rev. Montagu Valpy es beschrieb, ist ein System unbeschränkter Sklaverei, Sklaverei in sozialer, physischer, moralischer und intellektueller Beziehung ... Was soll man denken von einer Stadt, die ein öffentliches Meeting abhält, um zu petitionieren, daß die Arbeitszeit für Männer täglich auf 18 Stunden beschränkt werden solle! ... Wir deklamieren gegen die virginischen und karolinischen Pflanzer. Ist jedoch ihr Negermarkt, mit allen Schrecken der Peitsche und dem Schacher in Menschenfleisch, abscheulicher als diese langsame Menschenabschlachtung, die vor sich geht, damit Schleier und Kragen zum Vorteil von Kapitalisten fabriziert werden?[65]

Die Töpferei (Pottery) von Staffordshire hat während der letzten 22 Jahre den Gegenstand dreier parlamentarischen Untersuchungen gebildet. Die Resultate sind niedergelegt im Bericht des Herrn Scriven von 1841 an die „Children's Employment Commissioners“, im Bericht des Dr. Greenhow von 1860, veröffentlicht auf Befehl des ärztlichen Beamten des Privy Council („Public Health,

---

[64] „Die Habgier der Fabrikbesitzer, deren Grausamkeiten bei der Jagd nach Gewinn kaum von denjenigen übertroffen wurden, die die Spanier bei der Eroberung Amerikas, bei der Jagd nach dem Golde verübten.“ (John Wade, „History of the Middle and Working Classes“, 3rd ed. Lond. 1835, p. 114.) Der theoretische Teil dieses Buchs, eine Art Grundriß der politischen Ökonomie, enthält für seine Zeit einiges Originelle, z. B. über Handelskrisen. Der historische Teil leidet an schamlosem Plagiarismus aus Sir M. Edens, „The State of the Poor“, London 1797.

[65] London „Daily Teegraph“ vom 17. Januar 1860.

3rd Report", I, 102-113), endlich im Bericht des Herrn Longe von 1863, in „First Report of the Children's Employment Commission" vom 13. Juni 1863. Für meine Aufgabe genügt es, den Berichten von 1860 und 1863 einige Zeugenaussagen der exploitierten Kinder selbst zu entlehnen. Von den Kindern mag man auf die Erwachsenen schließen, namentlich Mädchen und Frauen, und zwar in einem Industriezweig, woneben Baumwollspinnerei und dgl. als ein sehr angenehmes und gesundes Geschäft erscheint.[66]

Wilhelm Wood, neunjährig, „war 7 Jahre 10 Monate alt, als er zu arbeiten begann". Er „ran moulds" (trug die fertig geformte Ware in die Trockenstube, um nachher die leere Form zurückzubringen) von Anfang an. Er kommt jeden Tag in der Woche um 6 Uhr morgens und hört auf ungefähr 9 Uhr abends. „Ich arbeite bis 9 Uhr abend jeden Tag in der Woche. So z. B. während der letzten 7-8 Wochen. „Also fünfzehnstündige Arbeit für ein siebenjähriges Kind! J. Murray, ein zwölfjähriger Knabe, sagt aus:

> „I run moulds and turn jigger (drehe das Rad). Ich komme um 6 Uhr, manchmal um 4 Uhr morgens. Ich habe während der ganzen letzten Nacht bis diesen Morgen 6 Uhr gearbeitet. Ich war nicht im Bett seit der letzten Nacht. Außer mir arbeiteten 8 oder 9 andre Knaben die letzte Nacht durch. Alle außer einem sind diesen Morgen wieder gekommen. Ich bekomme wöchentlich 3 sh. 6 d." (1 Taler 5 Groschen). „Ich bekomme nicht mehr, wenn ich die ganze Nacht durcharbeite. Ich habe in der letzten Woche zwei Nächte durchgearbeitet."

Fernyhough, ein zehnjähriger Knabe:

> „Ich habe nicht immer eine ganze Stunde für das Mittagessen; oft nur eine halbe Stunde; jeden Donnerstag, Freitag und Samstag."[67]

Dr. Greenhow erklärt die Lebenszeit in den Töpferdistrikten von Stoke-upon-Trent und Wolstanton für außerordentlich kurz. Obgleich im Distrikt Stoke nur 36,6% und in Wolstanton nur 30,4% der männlichen Bevölkerung über 20 Jahre in den Töpfereien beschäftigt sind, fällt unter Männern dieser Kategorie im ersten Distrikt mehr als die Hälfte, im zweiten ungefähr $^{2}/_{5}$ der Todesfälle infolge von Brustkrankheiten auf die Töpfer. Dr. Boothroyd, praktischer Arzt zu Haley, sagt aus:

> „Jede sukzessive Generation der Töpfer ist zwerghafter und schwächer als die vorhergehende."

Ebenso ein andrer Arzt, Herr McBean:

---

[66] Vgl. Engels, „Lage etc.", p. 249-251.

[67] „Children's Employment Commission, First Report etc. 1863", Appendix, p. 16, 19, 18.

> „Seit ich vor 25 Jahren meine Praxis unter den Töpfern begann, hat sich die auffallende Entartung dieser Klasse fortschreitend in Abnahme von Gestalt und Gewicht gezeigt."

Diese Aussagen sind dem Bericht des Dr. Greenhow von 1860 entnommen.[68]

Aus dem Bericht der Kommissäre von 1863 folgendes: Dr. J. T. Arledge, Oberarzt des North Staffordshire Krankenhauses, sagt:

> „Als eine Klasse repräsentieren die Töpfer, Männer und Frauen ..., eine entartete Bevölkerung, physisch und moralisch. Sie sind in der Regel verzwergt, schlecht gebaut, und oft an der Brust verwachsen. Sie altern vorzeitig und sind kurzlebig; phlegmatisch und blutlos, verraten sie die Schwäche ihrer Konstitution durch hartnäckige Anfälle von Dyspepsie, Leber- und Nierenstörungen und Rheumatismus. Vor allem aber sind sie Brustkrankheiten unterworfen, der Pneumonie, Phthisis, Bronchitis und dem Asthma. Eine Form des letztren ist ihnen eigentümlich und bekannt unter dem Namen des Töpfer-Asthma oder der Töpfer-Schwindsucht. Skrophulose, die Mandeln, Knochen oder andre Körperteile angreift, ist eine Krankheit von mehr als zwei Dritteln der Töpfer. Daß die Entartung (degenerescence) der Bevölkerung dieses Distrikts nicht noch viel größer ist, verdankt sie ausschließlich der Rekrutierung aus den umliegenden Landdistrikten und den Zwischenheiraten mit gesundren Racen."

Herr Charles Parsons, vor kurzem noch House Surgeon derselben Krankenanstalt, schreibt in einem Briefe an den Kommissär Longe u. a.:

> „Ich kann nur aus persönlicher Beobachtung, nicht statistisch sprechen, aber ich stehe nicht an zu versichern, daß meine Empörung wieder und wieder aufkochte bei dem Anblick dieser armen Kinder, deren Gesundheit geopfert wurde, um der Habgier ihrer Eltern und Arbeitgeber zu frönen."

Er zählt die Ursachen der Töpferkrankheiten auf und schließt sie kulminierend ab mit „long hours" („langen Arbeitsstunden"). Der Kommissionsbericht hofft, daß

> „eine Manufaktur von so hervorragender Stellung in den Augen der Welt nicht lange mehr den Makel tragen wird, daß ihr großer Erfolg begleitet ist von physischer Entartung, vielverzweigten körperliche Leiden und frühem Tode der Arbeiterbevölkerung, durch deren Arbeit und Geschick so große Resultate erzielt worden sind."[69]

Was von den Töpfereien in England, gilt von denen in Schottland.[70]

---

68 „Public Health, 3rd Report etc.", p. 103, 105.

69 „Children's Employm. Commission, 1863", p. 24, 22 u. XI.

70 l.c.p. XLVII.

Die Manufaktur von Zündhölzern datiert von 1833, von der Erfindung, den Phosphor auf die Zündrute selbst anzubringen. Seit 1845 hat sie sich rasch in England entwickelt und von den dicht bevölkerten Teilen Londons namentlich auch nach Manchester, Birmingham, Liverpool, Bristol, Norwich, Newcastle, Glasgow verbreitet, mit ihr die Mundsperre, die ein Wiener Arzt schon 1845 als eigentümliche Krankheit der Zündholzmacher entdeckte. Die Hälfte der Arbeiter sind Kinder unter 13 und junge Personen unter 18 Jahren. Die Manufaktur ist wegen ihrer Ungesundheit und Widerwärtigkeit so verrufen, daß nur der verkommenste Teil der Arbeiterklasse, halbverhungerte Witwen usw., Kinder für sie hergibt, „zerlumpte, halb verhungerte, ganz verwahrloste und unerzogne Kinder".[71] Von den Zeugen, die Kommissär White (1863) verhörte, waren 270 unter 18 Jahren, 40 unter 10 Jahren, 10 nur 8 und 5 nur 6 Jahre alt. Wechsel des Arbeitstags von 12 auf 14 und 15 Stunden, Nachtarbeit, unregelmäßige Mahlzeiten, meist in den Arbeitsräumen selbst, die vom Phosphor verpestet sind. Dante wird in dieser Manufaktur seine grausamsten Höllenphantasien übertroffen finden.

In der Tapetenfabrik werden die gröberen Sorten mit Maschine, die feineren mit der Hand (block printing) gedruckt. Die lebhaftesten Geschäftsmonate fallen zwischen Anfang Oktober und Ende April. Während dieser Periode dauert diese Arbeit häufig und fast ohne Unterbrechung von 6 Uhr vormittags bis 10 Uhr abends und tiefer in die Nacht.

J. Leach sagt aus:

„Letzten Winter" (1862) „blieben von 19 Mädchen 6 weg infolge durch Überarbeitung zugezogner Krankheiten. Um sie wach zu halten, muß ich sie anschreien." W. Duffy: „Die Kinder konnten oft vor Müdigkeit die Augen nicht aufhalten, in der Tat, wir selbst können es oft kaum." J. Lightbourne: „Ich bin 13 Jahre alt ... Wir arbeiteten letzten Winter bis 9 Uhr abends und den Winter vorher bis 10 Uhr. Ich pflegte letzten Winter fast jeden Abend vom Schmerz wunder Füße zu schreien." G. Aspden: „Diesen meinen Jungen pflegte ich, als er 7 Jahre alt war, auf meinem Rücken hin und her über den Schnee zu tragen, und er pflegte 16 Stunden zu arbeiten! ... Ich habe oft niedergekniet, um ihn zu füttern, während er an der Maschine stand, denn er durfte sie nicht verlassen oder stillsetzen." Smith, der geschäftsführende Associé einer Manchester Fabrik: „Wir" (er meint seine „Hände", die für „uns") „arbeiten ohne Unterbrechung für Mahlzeiten, so daß die Tagesarbeit von $10^1/_2$ Stunden um $4^1/_2$ Uhr nachmittags fertig ist, und alles spätere ist Überzeit."[72] (Ob dieser Herr Smith wohl keine Mahlzeit während

[71] l.c.p. LIV.

[72] Dies ist nicht in unsrem Sinn der Surplusarbeitszeit zu nehmen. Diese Herrn betrachten die 10½-stündige Arbeit als Normalarbeitstag, der also auch die normale Mehrarbeit einschließt. Dann beginnt „die Überzeit", die etwas besser bezahlt wird. Man wird bei einer spätren Gelegenheit sehn, daß die Verwendung der Arbeitskraft während des sogenannten Normaltages unter dem Werte bezahlt wird, so daß die „Überzeit" ein bloßer Kapitalistenpfiff ist, um mehr

> 10 $^{1}/_{2}$ Stunden zu sich nimmt?) „Wir" (derselbe Smith) „hören selten auf vor 6 Uhr abends" (er meint mit der Konsumtion „unsrer" Arbeitskraftmaschinen), „so daß wir" (iterum Crispinus) „in der Tat das ganze Jahr durch Überzeit arbeiten ... Die Kinder und Erwachsnen (152 Kinder und junge Personen unter 18 Jahren und 140 Erwachsne) „haben gleichmäßig während der letzten 18 Monate im Durchschnitt allermindestens 7 Tage und 5 Stunden in der Woche gearbeitet oder 78$^{1}/_{2}$ Stunden wöchentlich. Für die 6 Wochen, endend am 2. Mai dieses Jahres" (1863), „war der Durchschnitt höher – 8 Tage oder 84 Stunden in der Woche!"

Doch fügt derselbe Herr Smith, der dem pluralis majestatis so sehr ergeben ist, schmunzelnd hinzu: „Maschinenarbeit ist leicht." Und so sagen die Anwender des block printing: „Handarbeit ist gesunder als Maschinenarbeit." Im ganzen erklären sich die Herrn Fabrikanten mit Entrüstung gegen den Vorschlag, „die Maschine wenigstens während der Mahlzeiten stillzusetzen".

> „Ein Gesetz", sagt Herr Ottley, der Manager einer Tapetenfabrik im Borough (in London), „das Arbeitsstunden von 6 Uhr morgens bis 9 Uhr abends erlaubte, würde uns (!) sehr wohl zusagen, aber die Stunden des Factory Act von 6 Uhr morgens bis 6 Uhr abends passen uns (!) nicht ... Unsre Maschine wird während des Mittagessens" (welche Großmut) „stillgesetzt. Das Stillsetzen verursacht keinen nennenswerten Verlust an Papier und Farbe." „Aber", fügt er sympathetisch hinzu, „ich kann verstehn, daß der damit verbundne Verlust nicht geliebt wird."

Der Kommissionsbericht meint naiv, die Furcht einiger „leitenden Firmen", Zeit, d. h. Aneignungszeit fremder Arbeit, und dadurch „Profit zu verlieren", sei kein „hinreichender Grund", um Kinder unter 13 und junge Personen unter 18 Jahren während 12-16 Stunden ihr Mittagsmahl „verlieren zu lassen" oder es ihnen zuzusetzen, wie man der Dampfmaschine Kohle und Wasser, der Wolle Seife, dem Rad Öl usw. zusetzt – während des Produktionsprozesses selbst, als bloßen Hilfsstoff des Arbeitsmittels.[73]

Kein Industriezweig in England – (wir sehn von dem erst neuerdings sich Bahn brechenden Maschinenbrot ab) – hat so altertümliche, ja, wie man aus den Dichtern der römischen Kaiserzeit ersehn kann, vorchristliche Produktionsweise bis heute beibehalten als die Bäckerei. Aber das Kapital, wie früher bemerkt, ist zunächst gleichgültig gegen den technischen Charakter des Arbeitsprozesses, dessen es sich bemächtigt. Es nimmt ihn zunächst, wie es ihn vorfindet.

Die unglaubliche Brotverfälschung, namentlich in London, wurde zuerst enthüllt durch das Komitee des Unterhauses „über die Verfälschung von Nah-

---

„Mehrarbeit" auszupressen, was es übrigens selbst dann bleibt, wenn die während des „Normaltages" verwandte Arbeitskraft wirklich voll bezahlt wird.

[73] l.c., Appendix, p. 123, 124, 125, 140 u. LXIV.

rungsmitteln" (1855-1856) und Dr. Hassalls Schrift „Adulterations detected".[74] Die Folge dieser Enthüllungen war das Gesetz vom 6. August 1860: „for preventing the adulteration of articles of food and drink", ein wirkungsloses Gesetz, da es natürlich die höchste Delikatesse gegen jeden freetrader beobachtet, der sich vornimmt, durch Kauf und Verkauf gefälschter Waren „to turn an honest penny".[75] Das Komitee selbst formuliert mehr oder minder naiv seine Überzeugung, daß Freihandel wesentlich den Handel mit gefälschten, oder wie der Engländer es witzig nennt, „sophistizierten Stoffen" bedeute. In der Tat, diese Art „Sophistik" versteht es besser als Protagoras, schwarz aus weiß und weiß aus schwarz zu machen, und besser als die Eleaten, den bloßen Schein alles Realen ad oculos zu demonstrieren.[76]

Jedenfalls hatte das Komitee die Augen des Publikums auf sein „tägliches Brot" und damit auf die Bäckerei gelenkt. Gleichzeitig erscholl in öffentlichen Meetings und Petitionen an das Parlament der Schrei der Londoner Bäckergesellen über Überarbeitung usw. Der Schrei wurde so dringend, daß Herr H. S. Tremenheere, auch Mitglied der mehrerwähnten Kommission von 1863, zum königlichen Untersuchungskommissär bestallt wurde. Sein Bericht[77], samt Zeugenaussagen, regte das Publikum auf, nicht sein Herz, sondern seinen Magen. Der bibelfeste Engländer wußte zwar, daß der Mensch, wenn nicht durch Gnadenwahl Kapitalist oder Landlord oder Sinekurist, dazu berufen ist, sein Brot im Schweiße seines Angesichts zu essen, aber er wußte nicht, daß er in seinem Brote täglich ein gewisses Quantum Menschenschweiß essen muß, getränkt mit Eiterbeulenausleerung, Spinnweb, Schaben-Leichnamen und fauler deutscher Hefe, abgesehn von Alaun, Sandstein und sonstigen angenehmen mineralischen

---

[74] Alaun, fein gerieben oder mit Salz gemischt, ist ein normaler Handelsartikel, der den bezeichnenden Namen „baker's stuff" führt.

[75] Ruß ist bekanntlich eine sehr energische Form des Kohlenstoffs und bildet ein Düngmittel, das kapitalistische Schornsteinfeger an englische Pächter verkaufen. Es hatte nun 1862 der britische „Juryman" in einem Prozeß zu entscheiden, ob Ruß, welchem ohne Wissen des Käufers 90% Staub und Sand beigemischt sind, „wirklicher" Ruß im „kommerziellen" Sinn oder „gefälschter" Ruß im „gesetzlichen" Sinn sei. Die „amis du commerce" entschieden, es sei „wirklicher" kommerzieller Ruß, und wiesen den klagenden Pächter ab, der noch obendrein die Prozeßkosten zu zahlen hatte.

[76] Der französische Chemiker Chevallier, in einer Abhandlung über die „sophistications" der Waren, zählt unter 600 und einigen Artikeln, die er Revue passieren läßt, für viele derselben 10, 20, 30 verschiedne Methoden der Fälschung auf. Er fügt hinzu, er kenne nicht alle Methoden und erwähne nicht alle, die er kenne. Für den Zucker gibt er 6 Fälschungsarten, 9 für das Olivenöl, 10 für die Butter, 12 für das Salz, 19 für die Milch, 20 für das Brot, 23 für den Branntwein, 24 für Mehl, 28 für Schokolade, 30 für Wein, 32 für Kaffee etc. Selbst der liebe Herrgott entgeht diesem Schicksal nicht. Sieh Rouard de Card, „De la falsification des substances sacramentelles", Paris 1856.

[77] „Report etc. relating to the Grievances complained of by the Journeymen Bakers etc.", London 1862, und „Second Report etc.", London 1863.

Ingredienzien. Ohne alle Rücksicht auf seine Heiligkeit, den „Freetrade", wurde daher die anhero „freie" Bäckerei der Aufsicht von Staatsinspektoren unterworfen (Ende der Parlamentssitzung 1863) und durch denselben Parlamentsakt die Arbeitszeit von 9 Uhr abends bis 5 Uhr morgens für Bäckergesellen unter 18 Jahren verboten. Die letztre Klausel spricht Bände über die Überarbeitung in diesem uns so altväterisch anheimelnden Geschäftszweig.

> „Die Arbeit eines Londoner Bäckergesellen beginnt in der Regel um 11 Uhr nachts. Zu dieser Stunde macht er den Teig, ein sehr mühsamer Prozeß, der $^1/_2$ bis $^3/_4$ Stunden währt, je nach der Größe des Gebäcks und seiner Feinheit. Er legt sich dann nieder auf das Knetbrett, das zugleich als Deckel des Trogs dient, worin der Teig gemacht wird, und schläft ein paar Stunden mit einem Mehlsack unter dem Kopf und einem andren Mehlsack auf dem Leib. Dann beginnt eine rasche und ununterbrochne Arbeit von 5 Stunden, Werfen, Wägen, Formen, in den Ofen schieben, aus dem Ofen holen usw. des Teiges. Die Temperatur eines Backhauses beträgt von 75 bis 90 Grad Fahrenheit und in den kleinen Backhäusern eher mehr als weniger. Wenn das Geschäft Brot, Wecken usw. zu machen, vollbracht ist, beginnt die Verteilung des Brots; und ein beträchtlicher Teil der Taglöhner, nachdem er die beschriebne harte Nachtarbeit vollbracht, trägt während des Tags das Brot in Körben, oder schiebt es in Karren von Haus zu Haus und operiert dazwischen auch manchmal im Backhaus. Je nach der Jahreszeit und dem Umfang des Geschäfts endet die Arbeit zwischen 1 und 6 Uhr nachmittags, während ein andrer Teil der Gesellen bis spät nachmittags im Backhaus beschäftigt ist."[78] „Während der Londoner Saison beginnen die Gesellen der Bäcker zu ‚vollen' Brotpreisen im Westend regelmäßig um 11 Uhr nachts und sind mit dem Brotbacken, unterbrochen durch einen oder zwei oft sehr kurze Zwischenräume, bis 8 Uhr des nächsten Morgens beschäftigt. Sie werden dann bis 4, 5, 6, ja 7 Uhr zur Brotherumträgerei vernutzt oder manchmal mit Biskuitbacken im Backhaus. Nach vollbrachtem Werk genießen sie einen Schlaf von 6, oft nur von 5 und 4 Stunden. Freitags beginnt die Arbeit stets früher, sage abends 10 Uhr, und dauert ohne Unterlaß, sei es in der Zubereitung, sei es in der Kolportierung des Brots, bis den folgenden Samstag abend 8 Uhr, aber meist bis 4 oder 5 Uhr in Sonntag nacht hinein. Auch in den vornehmen Bäckereien, die das Brot zum ‚vollen Preise' verkaufen, muß wieder 4 bis 5 Stunden am Sonntag vorbereitende Arbeit für den nächsten Tag verrichtet werden ... Die Bäckergesellen der ‚underselling masters'" (die das Brot unter dem vollen Preise verkaufen), „und diese betragen, wie früher bemerkt, über $^3/_4$ der Londoner Bäcker, haben noch längere Arbeitsstunden, aber ihre Arbeit ist fast ganz auf das Backhaus beschränkt, da ihre Meister, die Lieferung an kleine Kramladen ausgenommen, nur in der eignen Boutique verkaufen. Gegen Ende der Woche ... d. h. am Donnerstag, beginnt hier die Arbeit um 10 Uhr in der Nacht und dauert mit nur geringer Unterbrechung bis tief in Sonntag nacht hinein."[79]

---

[78] l.c. „First Report etc." p. VI/VII.

[79] l.c. p. LXXI.

Von den „underselling masters“ begreift selbst der bürgerliche Standpunkt: „die unbezahlte Arbeit der Gesellen (the unpaid labour of the men) bildet die Grundlage ihrer Konkurrenz.“[80] Und der „full priced baker“ denunziert seine „underselling“ Konkurrenten der Untersuchungskommission als Diebe fremder Arbeit und Fälscher.

> „Sie reussieren nur durch den Betrug des Publikums und dadurch, daß sie 18 Stunden aus ihren Gesellen für einen Lohn von 12 Stunden herausschlagen.“[81]

Die Brotfälschung und die Bildung einer Bäckerklasse, die das Brot unter dem vollen Preis verkauft, entwickelten sich in England seit Anfang des 18. Jahrhunderts, sobald der Zunftcharakter des Gewerbs verfiel und der Kapitalist in der Gestalt von Müller oder Mehlfaktor hinter den nominellen Bäckermeister trat.[82] Damit war die Grundlage zur kapitalistischen Produktion, zur maßlosen Verlängrung des Arbeitstages und Nachtarbeit gelegt, obgleich letztre selbst in London erst 1824 ernsthaft Fuß faßte.[83]

Man wird nach dem Vorhergehenden verstehn, daß der Kommissionsbericht die Bäckergesellen zu den kurzlebigen Arbeitern zählt, die, nachdem sie der unter allen Teilen der Arbeiterklasse normalen Kinderdezimation glücklich entwischt sind, selten das 42. Lebensjahr erreichen. Nichtsdestoweniger ist das Bäckergewerbe stets mit Kandidaten überfüllt. Die Zufuhrquellen dieser „Arbeitskräfte“ für London sind Schottland, die westlichen Agrikulturdistrikte Englands und – Deutschland.

In den Jahren 1858-1860 organisierten die Bäckergesellen in Irland auf ihre eignen Kosten große Meetings zur Agitation gegen die Nacht- und Sonntagsarbeit. Das Publikum, z. B. auf dem Maimeeting zu Dublin, 1860, ergriff mit irischer Wärme Partei für sie. Ausschließliche Tagarbeit wurde durch diese Bewegung in der Tat erfolgreich durchgesetzt zu Wexford, Kilkenny, Clonmel, Waterford usw.

> „Zu Limerick, wo die Qualen der Lohngesellen bekanntermaßen alles Maß überstiegen, scheiterte diese Bewegung an der Opposition der Bäckermeister,

---

80 George Read, „The History of Baking“, London 1848, p. 16.

81 „Report (First) etc. Evidence.“ Aussage des „full priced baker“ Cheesman, p. 108.

82 George Read, l.c. Ende des 17. und anfangs des 18. Jahrhunderts wurden die in alle möglichen Gewerbe sich eindrängenden Factors (Agenten) noch offiziell als „Public Nuisances“ denunziert. So erließ z. B. die Grand Jury bei der vierteljährigen Friedensrichtersitzung in der Grafschaft Somerset, ein „presentment“ an das Unterhaus, worin es u. a. heißt: „daß diese Agenten von Blackwell Hall ein öffentlicher Unfug sind und dem Tuchgewerbe Abbruch tun und als Schädlinge unterdrückt werden sollten“. („The Case of our English Wool etc.“, London 1685, p. 6,7.)

83 „First Report etc.“, p. VIII.

namentlich der Bäcker-Müller. Das Beispiel Limericks führte zum Rückschritt in Ennis und Tipperary. Zu Cork, wo der öffentliche Unwille sich in der lebhaftesten Form kundgab, vereitelten die Meister die Bewegung durch den Gebrauch ihrer Macht, die Gesellen an die Luft zu setzen. Zu Dublin leisteten die Meister den entschiedensten Widerstand und zwangen durch Verfolgung der Gesellen, die an der Spitze der Agitation standen, den Rest zu Nachgeben, zur Fügung in die Nacht- und Sonntagsarbeit."[84]

Die Kommission der in Irland bis an die Zähne gewaffneten englischen Regierung remonstriert leichenbitterlich gegen die unerbittlichen Bäckermeister von Dublin, Limerick, Cork usw.:

„Das Komitee glaubt, daß die Arbeitsstunden durch Naturgesetze beschränkt sind, die nicht ungestraft verletzt werden. Indem die Meister durch die Drohung, sie fortzujagen, ihre Arbeiter zur Verletzung ihrer religiösen Überzeugung, zum Ungehorsam gegen das Landesgesetz und die Verachtung der öffentlichen Meinung zwingen" (dies letztre bezieht sich alles auf die Sonntagsarbeit), „setzen sie böses Blut zwischen Kapital und Arbeit und geben ein Beispiel, gefährlich für Religion, Moralität und öffentliche Ordnung ... Das Komitee glaubt, daß die Verlängrung des Arbeitstags über 12 Stunden ein usurpatorischer Eingriff in das häusliche und Privatleben des Arbeiters ist und zu unheilvollen moralischen Resultaten führt, durch Einmischung in die Häuslichkeit eines Mannes und die Erfüllung seiner Familienpflichten als Sohn, Bruder, Gatte und Vater. Arbeit über 12 Stunden hat die Tendenz, die Gesundheit des Arbeiters zu untergraben, führt zu vorzeitiger Alterung und frühem Tod und daher zum Unglück der Arbeiterfamilien, die der Vorsorge und der Stütze des Familienhaupts grade im notwendigsten Augenblick beraubt werden" („are deprived").[85]

Wir waren eben in Irland. Auf der andren Seite des Kanals, in Schottland, denunziert der Ackerbauarbeiter, der Mann des Pfluges, seine 13- bis 14stündige Arbeit, im rauhsten Klima, mit vierstündiger Zusatzarbeit für den Sonntag (in diesem Lande der Sabbat-Heiligen!)[86], während vor einer Londoner Grand Jury

---

84 „Report of Committee on the Baking Trade in Ireland for 1861."

85 l.c.

86 Öffentliches Meeting der Agrikulturarbeiter in Lasswade, bei Glasgow, vom 5. Jan. 1866. (Sieh „Workman's Advocate" vom 13. Jan. 1866.) Die Bildung, seit Ende 1865, einer Trade's Union unter den Agrikulturarbeitern, zunächst in Schottland, ist ein historisches Ereignis. In einem der unterdrücktesten Agrikulturdistrikte Englands, in Buckinghamshire, machten die Lohnarbeiter März 1867 einen großen Strike zur Erhöhung des Wochenlohns von 9-10 sh. auf 12 sh. – (Man sieht aus Vorstehendem, daß die Bewegung des englischen Ackerbauproletariats, seit Unterdrückung seiner gewaltsamen Demonstrationen nach 1830 und namentlich seit Einführung des neuen Armengesetzes ganz und gar gebrochen, in den sechziger Jahren wieder beginnt, bis sie endlich 1872 epochemachend wird. Ich komme hierauf im II. Band zurück, ebenso auf die seit 1867 erschienenen Blaubücher über die Lage des englischen Landarbeiters. Zusatz zur 3. Aufl.)

gleichzeitig drei Eisenbahnarbeiter stehn, ein Personenkondukteur, ein Lokomotivführer und ein Signalgeber. Ein großes Eisenbahnunglück hat Hunderte von Passagieren in die andre Welt expediert. Die Nachlässigkeit der Eisenbahnarbeiter ist die Ursache des Unglücks. Sie erklären vor den Geschwornen einstimmig, vor 10 bis 12 Jahren habe ihre Arbeit nur 8 Stunden täglich gedauert. Während der letzten 5-6 Jahre habe man sie auf 14, 18 und 20 Stunden aufgeschraubt und bei besonders lebhaftem Zudrang der Reiselustigen, wie in den Perioden der Exkursionszüge, währe sie oft ununterbrochen 40-50 Stunden. Sie seien gewöhnliche Menschen und keine Zyklopen. Auf einem gegebnen Punkt versage ihre Arbeitskraft. Torpor ergreife sie. Ihr Hirn höre auf zu denken und ihr Auge zu sehn. Der ganz und gar „respectable Britisch Juryman" antwortet durch ein Verdikt, das sie wegen „manslaughter" (Totschlag) vor die Assisen schickt und in einem milden Anhang den frommen Wunsch äußert, die Herren Kapitalmagnaten der Eisenbahn möchten doch in Zukunft verschwenderischer im Ankauf der nötigen Anzahl von „Arbeitskräften" und „enthaltsamer" oder „entsagender" oder „sparsamer" in der Aussaugung der bezahlten Arbeitskraft sein.[87]

Aus dem buntscheckigen Haufen der Arbeiter von allen Professionen, Altern, Geschlechtern, die eifriger auf uns andrängen als die Seelen der Erschlagnen auf den Odysseus und denen man, ohne die Blaubücher unter ihren Armen, auf den ersten Blick die Überarbeit ansieht, greifen wir noch zwei Figuren heraus, deren frappanter Kontrast beweist, daß vor dem Kapital alle Menschen gleich sind – eine Putzmacherin und einen Grobschmied.

In den letzten Wochen vom Juni 1863 brachten alle Londoner Tagesblätter einen Paragraph mit dem „sensational" Aushängeschild: „Death from simple Overwork" (Tod von einfacher Überarbeit). Es handelte sich um den Tod der Putzmacherin Mary Anne Walkley, zwanzigjährig, beschäftigt in einer sehr

[87] „Reynolds' Paper", 21. Jan. 1866. Woche für Woche bringt dasselbe Wochenblatt gleich darauf, unter den „sensational headings": „Fearful and fatal accidents", „Appalling tragedies" usw., eine ganze Liste neuer Eisenbahnkatastrophen. Darauf antwortet ein Arbeiter von der North Staffordlinie: „Jedermann kennt die Folgen, wenn die Aufmerksamkeit von Lokomotivenführer und Heizer einen Augenblick erlahmt. Und wie ist es anders möglich bei maßloser Verlängerung der Arbeit, im rauhsten Wetter, ohne Pause und Erholung? Nehmt als ein Beispiel, wie es täglich vorkommt, folgenden Fall. Letzten Montag begann ein Heizer sehr früh morgens sein Tagewerk. Er endete es nach 14 Stunden 50 Minuten. Bevor er auch nur die Zeit hatte, seinen Tee zu nehmen, rief man ihn von neuem an die Arbeit. Er hatte also 29 Stunden 15 Minuten ununterbrochen durchzuschanzen. Der Rest seines Wochenwerks aufgemacht wie folgt: Mittwoch 15 Stunden 35 Minuten; Freitag 14½ Stunden; Sonnabend 14 Stunden 10 Minuten; zusammen für die Woche 88 Stunden 30 Minuten. Und nun denkt euch sein Erstauen, als er nur Zahlung für 6 Arbeitstage erhielt. Der Mann war ein Neuling und fragte, was man unter einem Tagewerk verstehe. Antwort: 13 Stunden, also 78 Stunden per Woche. Aber wie mit der Zahlung für die überschüssigen 10 Stunden 30 Minuten? Nach langem Hader erhielt er eine Vergütung von 10 d." (noch nicht 10 Silbergroschen). (l.c., Nr. vom 4. Februar 1866.)

respektablen Hofputzmanufaktur, exploitiert von einer Dame mit dem gemütlichen Namen Elise. Die alte oft erzählte Geschichte ward nun neu entdeckt[88], daß diese Mädchen durchschnittlich $16^1/_2$ Stunden, während der Saison aber oft 30 Stunden ununterbrochen arbeiten, indem ihre versagende „Arbeitskraft" durch gelegentliche Zufuhr von Sherry, Portwein oder Kaffee flüssig erhalten wird. Und es war grade die Höhe der Saison. Es galt, die Prachtkleider edler Ladies für den Huldigungsball bei der frisch importierten Prinzessin von Wales im Umsehn fertigzuzaubern. Mary Anne Walkley hatte $26^1/_2$ Stunden ohne Unterlaß gearbeitet zusammen mit 60 andren Mädchen, je 30 in einem Zimmer, das kaum $^1/_3$ der nötigen Kubikzolle Luft gewährte, während sie nachts zwei zu zwei ein Bett teilten in einem der Sticklöcher, worin ein Schlafzimmer durch verschiedne Bretterwände abgepfercht ist.[89] Und dies war eine der besseren Putzmachereien Londons. Mary Anne Walkley erkrankte am Freitag und starb am Sonntag, ohne, zum Erstaunen von Frau Elise, auch nur vorher das letzte Putzstück fertigzumachen. Der zu spät ans Sterbebett gerufne Arzt, Herr Keys, bezeugte vor der „Coroner's Jury" in dürren Worten:

> „Mary Anne Walkley sei gestorben an langen Arbeitsstunden in einem überfüllten Arbeitszimmer und überengem, schlechtventiliertem Schlafgemach."

Um dem Arzt eine Lektion in guter Lebensart zu geben, erklärte dagegen die „Coroner's Jury":

---

88 Vgl. F. Engels, l.c.p. 253, 254.

89 Dr. Letheby, beim Board of Health funktionierender Arzt, erklärt damals: „Das Minimum für die Erwachsnen sollte in einem Schlafzimmer 300 Kubikfuß und in einem Wohnzimmer 500 Kubikfuß Luft sein." Dr. Richardson, Oberarzt eines Londoner Hospitals: „Näherinnen aller Art, Putzmacherinnen, Kleidermacherinnen und gewöhnliche Näherinnen leiden an dreifachem Elend – Überarbeit, Luftmangel und Mangel an Nahrung oder Mangel an Verdauung. Im ganzen paßt diese Art Arbeit unter allen Umständen besser für Weiber als für Männer. Aber es ist das Unheil des Geschäfts, daß es, namentlich in der Hauptstadt, von einigen 26 Kapitalisten monopolisiert wird, die durch Machtmittel, welche dem Kapital entspringen (that spring from capital), Ökonomie aus der Arbeit herauszwingen (force economy out of labour; er meint, Auslagen ökonomisieren durch Verschwendung der Arbeitskraft). Ihre Macht wird im Bereich dieser ganzen Klasse von Arbeiterinnen gefühlt. Kann eine Kleidermacherin einen kleinen Kreis von Kunden gewinnen, so zwingt die Konkurrenz sie, sich zu Hause totzuarbeiten, um ihn zu erhalten, und mit derselben Überarbeit muß sie notwendig ihre Gehilfinnen heimsuchen. Mißlingt ihr Geschäft oder kann sie sich nicht selbständig etablieren, so wendet sie sich an ein Etablissement, wo die Arbeit nicht geringer, aber die Zahlung sicher ist. So gestellt, wird sie eine reine Sklavin, hin und her geschleudert von jeder Flutung der Gesellschaft; bald zu Hause in einem keinen Zimmer verhungernd, oder nahe so; dann wieder von 24 Stunden 15, 16, ja 18 Stunden beschäftigt in kaum erträglicher Luft und mit einer Nahrung, die, selbst wenn gut, wegen Abwesenheit reiner Luft nicht verdaut werden kann. Von diesen Opfern lebt die Schwindsucht, welche nichts als eine Luftkrankheit ist." (Dr. Richardson, „Work and Overwork" in „Social Science Review", 18. Juli 1863.)

„Die Hingeschiedne sei gestorben an der Apoplexie, aber es sei Grund, zu fürchten, daß ihr Tod durch Überarbeit in einer überfüllten Werkstatt usw. beschleunigt worden sei."

Unsre „weißen Sklaven", rief der „Morning Star" das Organ der Freihandelsherrn Cobden und Bright, „unsere weißen Sklaven werden in das Grab hineingearbeitet und verderben und sterben ohne Sang und Klang".[90]

„Zu Tod arbeiten ist die Tagesordnung, nicht nur in der Werkstätte der Putzmacherinnen, sondern in tausend Plätzen, ja an jedem Platz, wo das Geschäft im Zug ist ... Laßt uns den Grobschmied als Beispiel nehmen. Wenn man den Dichtern glauben darf, gibt es keinen so lebenskräftigen, lustigen Mann als den Grobschmied. Er erhebt sich früh und schlägt Funken vor der Sonne; er ißt und trinkt und schläft wie kein anderer Mensch. Rein physisch betrachtet, befindet er sich, bei mäßiger Arbeit, in der Tat in einer der besten menschlichen Stellungen. Aber wir folgen ihm in die Stadt und sehn die Arbeitslast, die auf den starken Mann gewälzt wird, und welchen Rang nimmt er ein in den Sterblichkeitslisten unsres Landes? In Marylebone" (einem der größten Stadtviertel Londons) „sterben Grobschmiede in dem Verhältnis von 31 per 1000 jährlich, oder 11 über der Durchschnittssterblichkeit erwachsner Männer in England. Die Beschäftigung, eine fast instinktive Kunst der Menschheit, an und für sich tadellos, wird durch bloße Übertreibung der Arbeit der Zerstörer des Mannes. Er kann so viel Hammerschläge täglich schlagen, so viel Schritte gehn, so viel Atemzüge holen, so viel Werk verrichten, und durchschnittlich sage 50 Jahre leben. Man zwingt ihn, so viel mehr Schläge zu schlagen, so viel mehr Schritte zu gehn, so viel öfter des Tags zu atmen, und alles zusammen seine Lebensausgabe täglich um ein Viertel zu vermehren. Er macht den Versuch, und das Resultat ist, daß er für eine beschränkte Periode ein Viertel mehr Werk verrichtet und im 37. Jahre statt im 50. stirbt."[91]

---

[90] „Morning Star", 23. Juni 1863. Die „Times" benutzte den Vorfall zur Verteidigung der amerikanischen Sklavenhalter gegen Bright usw. „Sehr viele von uns", sagt sie, „meinen, daß, solange wir unsre eignen jungen Frauenzimmer zu Tode arbeiten mit der Geißel des Hungers statt dem Knall der Peitsche, wir kaum das Recht haben, Feuer und Schwert auf Familien zu hetzen, die als Sklavenhalter geboren waren und ihre Sklaven mindestens gut nähren und mäßig arbeiten lassen." („Times", 2. Juli 1863.) In derselben Weise kanzelte der „Standard", ein Toryblatt, den Rev. Newman Hall ab: „Er exkommuniziere die Sklavenhalter, bete aber mit den braven Leuten, die Kutscher und Omnibusführer von London usw. nur 16 Stunden täglich für einen Hundelohn arbeiten ließen." Endlich sprach das Orakel, Herr Thomas Carlyle, von dem ich schon 1850 drucken ließ: „Zum Teufel ist der Genius, der Kultus ist geblieben." In einer kurzen Parabel reduziert er das einzig großartige Ereignis der Zeitgeschichte, den Amerikanischen Bürgerkrieg, darauf, daß der Peter vom Norden dem Paul vom Süden mit aller Gewalt den Hirnschädel einschlagen will, weil der Peter vom Norden seinen Arbeiter „täglich" und der Paul vom Süden ihn für „Lebzeit mietet". („Macmillan's Magazine". Ilias Americana in nuce. Augustheft 1863.) So ist endlich die Schaumblase der Torysympathie für den städtischen – beileibe nicht den ländlichen! – Lohnarbeiter geplatzt. Der Kern heißt – Sklaverei!

[91] Dr. Richardson, l.c.

4. Tag- und Nachtarbeit. Das Ablösungssystem

Das konstante Kapital, die Produktionsmittel, sind, vom Standpunkt des Verwertungsprozesses betrachtet, nur da, um Arbeit und mit jedem Tropfen Arbeit ein proportionelles Quantum Mehrarbeit einzusaugen. Soweit sie das nicht tun, bildet ihre bloße Existenz einen negativen Verlust für den Kapitalisten, denn sie repräsentieren während der Zeit, wo sie brachliegen, nutzlosen Kapitalvorschuß, und dieser Verlust wird positiv, sobald die Unterbrechung zusätzliche Auslagen nötig macht für den Wiederbeginn des Werks. Die Verlängrung des Arbeitstags über die Grenzen des natürlichen Tags in die Nacht hinein wirkt nur als Palliativ, stillt nur annähernd den Vampyrdurst nach lebendigem Arbeitsblut. Arbeit während aller 24 Stunden des Tags anzueignen ist daher der immanente Trieb der kapitalistischen Produktion. Da dies aber physisch unmöglich, würden dieselben Arbeitskräfte Tag und Nacht fortwährend ausgesaugt, so bedarf es, zur Überwindung des physischen Hindernisses, der Abwechslung zwischen den bei Tag und Nacht verspeisten Arbeitskräften, eine Abwechslung, die verschiedne Methoden zuläßt, z. B. so geordnet sein kann, daß ein Teil des Arbeiterpersonals eine Woche Tagdienst, Nachtdienst die andre Woche versieht usw. Man weiß, daß dies Ablösungssystem, diese Wechselwirtschaft, in der vollblütigen Jugendperiode der englischen Baumwollindustrie usw. vorherrschte und u. a. gegenwärtig in den Baumwollspinnereien des Gouvernements Moskau blüht. Als System existiert dieser 24stündige Produktionsprozeß heute noch in vielen bis jetzt „freien" Industriezweigen Großbritanniens, u. a. in den Hochöfen, Schmieden, Walzwerken und andren Metallmanufakturen von England, Wales und Schottland. Der Arbeitsprozeß umfaßt hier außer den 24 Stunden der 6 Werkeltage großenteils auch die 24 Stunden des Sonntags. Die Arbeiter bestehen aus Männern und Weibern, Erwachsnen und Kindern beiderlei Geschlechts. Das Alter der Kinder und jungen Personen durchläuft alle Zwischenstufen vom 8. (in einigen Fällen vom 6.) bis zum 18. Jahr.[92] In einigen Branchen arbeiten auch die Mädchen und Weiber des Nachts zusammen mit dem männlichen Personal.[93]

---

92 „Children's Employment Commission. Third Report", Lond. 1864, p. IV, V, VI.

93 „In Staffordshire wie auch in Süd-Wales werden junge Mädchen und Frauen in Kohlengruben und auf Kokshalden beschäftigt, nicht nur bei Tag, sondern auch bei Nacht. In den dem Parlament erstatteten Berichten wurde dies oft erwähnt als eine Praxis, die mit großen und offenkundigen Übeln verbunden sei. Diese mit den Männern zusammenarbeitenden und sich von ihnen in der Kleidung kaum unterscheidenden, mit Schmutz und Rauch beschmierten Frauen sind der charakterlichen Entartung ausgesetzt, weil sie ihre Selbstachtung verlieren, was die fast unvermeidliche Folge ihrer unweiblichen Beschäftigung ist." (l.c. 194, p. XXVI. Vgl. „Fourth Report" (1865) 61, p. XIII.) Ebenso in Glasfabriken.

Von den allgemeinen schädlichen Wirkungen der Nachtarbeit abgesehn[94], bietet die ununterbrochne, vierundzwanzigstündige Dauer des Produktionsprozesses höchst willkommne Gelegenheit, die Grenze des nominellen Arbeitstags zu überschreiten. Z. B. in den vorhin erwähnten, sehr anstrengenden Industriezweigen beträgt der offizielle Arbeitstag für jeden Arbeiter meist 12 Stunden, Nachtstunden oder Tagstunden. Aber die Überarbeit über diese Grenze hinaus ist in vielen Fällen, um die Worte des englischen offiziellen Berichts zu brauchen, „wirklich schauderhaft" („truly fearful").[95]

„Kein menschliches Gemüt", heißt es, „kann die Arbeitsmasse, die nach den Zeugenaussagen durch Knaben von 9 bis 12 Jahren verrichtet wird, überdenken, ohne unwiderstehlich zum Schluß zu kommen, daß dieser Machtmißbrauch der Eltern und Arbeitgeber nicht länger erlaubt werden darf."[96]

„Die Methode, Knaben überhaupt abwechselnd Tag und Nacht arbeiten zu lassen, führt, sowohl während des Geschäftsdranges als während des gewöhnlichen Verlaufs der Dinge, zu schmählicher Verlängrung des Arbeitstags. Diese Verlängrung ist in vielen Fällen nicht nur grausam, sondern gradezu unglaublich. Es kann nicht fehlen, daß aus einer oder der andren Ursache ein Ablösungsknabe hier und da wegbleibt. Einer oder mehrere der anwesenden Knaben, die ihren Arbeitstag bereits vollbracht, müssen dann den Ausfall gutmachen. Dies System ist so allgemein bekannt, daß der Manager eines Walzwerks auf meine Frage, wie die Stelle der abwesenden Ersatzknaben ausgefüllt würde, antwortete: Ich weiß

---

94 „Es scheint natürlich", bemerkte ein Stahlfabrikant, der Kinder zur Nachtarbeit verwendet, „daß die Jungen, die nachts arbeiten, bei Tag nicht schlafen und keine ordentliche Ruhe finden können, sondern rastlos am nächsten Tag herumlaufen." (l.c., „Fourth Rep.", 63, p. XIII.) Über die Wichtigkeit des Sonnenlichts zur Erhaltung und Entwicklung des Körpers bemerkt ein Arzt u. a.: „Licht wirkt auch direkt auf die Gewebe des Leibes, denen es Härte und Elastizität gibt. Die Muskeln von Tieren, denen man das normale Quantum Licht vorenthält, werden schwammig und unelastisch, die Nervenkraft verliert ihren Ton durch Mangel an Stimulierung, und die Ausarbeitung von allem, was im Wachstum begriffen ist, wird verkümmert ... Im Fall von Kindern ist beständiger Zutritt von reichlichem Tageslicht und der direkten Sonnenstrahlen während eines Teils des Tags durchaus wesentlich für die Gesundheit. Licht hilft die Speisen zu gutem plastischen Blut verarbeiten und härtet die Fiber, nachdem sie gebildet ist. Es wirkt ebenso als Reizmittel auf die Sehorgane und ruft hierdurch größere Tätigkeit in verschiednen Hirnfunktionen hervor." Herr W. Strange, Oberarzt des Worcester „General Hospital", aus dessen Schrift über „Gesundheit" (1864) diese Stelle entlehnt ist, schreibt in einem Brief an einen der Untersuchungskommissäre, Herrn White: „Ich habe früher in Lancashire Gelegenheit gehabt, die Wirkungen der Nachtarbeit auf Fabrikkinder zu beobachten, und im Widerspruch zu der beliebten Versicherung einiger Arbeitgeber erkläre ich mit Entschiedenheit, daß die Gesundheit der Kinder bald davon litt." („Children's Employment Commission. Fourth Report", 284, p. 55.) Daß solche Dinge überhaupt den Gegenstand ernsthafter Kontroversen bilden, zeigt am besten, wie die kapitalistische Produktion auf die „Gehirnfunktionen" der Kapitalisten und ihrer retainers wirkt.

95 l.c. 57, p. XII.

96 l.c. („4th Rep.", 1865), 58, p. XII.

wohl, daß Sie das ebenso gut wissen als ich, und er nahm keinen Anstand, die Tatsache zu gestehn.“[97]

„In einem Walzwerke, wo der nominelle Arbeitstag von 6 Uhr morgens bis $5^1/_2$ Uhr abends dauerte, arbeitete ein Junge 4 Nächte jede Woche bis mindestens $8^1/_2$ Uhr abends des nächstens Tags ... und dies während 6 Monaten.“ „Ein andrer arbeitete im Alter von 9 Jahren manchmal drei zwölfstündige Arbeitsschichten nacheinander und im Alter von 10 Jahren zwei Tage und zwei Nächte nacheinander.“ „Ein dritter, jetzt 10 Jahre, arbeitete von morgens 6 Uhr bis 12 Uhr in die Nacht drei Nächte durch und bis 9 Uhr abends während der andren Nächte.“ „Ein vierter, jetzt 13 Jahre, arbeitete von 6 Uhr nachmittags bis den andren Tag 12 Uhr mittags während einer ganzen Woche, und manchmal drei Schichten nacheinander, z. B. von Montag morgen bis Dienstag nacht.“ „Ein fünfter, jetzt 12 Jahre, arbeitete in einer Eisengießerei zu Stavely von 6 Uhr morgens bis 12 Uhr nachts während 14 Tagen, ist unfähig, es länger zu tun.“ George Allinsworth, neunjährig: „Ich kam hierhin letzten Freitag. Nächsten Tag hatten wir um 3 Uhr morgens anzufangen. Ich blieb daher die ganze Nacht hier. Wohne 5 Meilen von hier. Schlief auf der Flur mit einem Schurzfell unter mir und einer kleinen Jacke über mir. Die zwei andren Tage war ich hier um 6 Uhr morgens. Ja! Dies ist ein heißer Platz! Bevor ich herkam, arbeitete ich ebenfalls während eines ganzen Jahres in einem Hochofen. Es war ein sehr großes Werk auf dem Lande. Begann auch samstags morgens um 3 Uhr, aber ich konnte wenigstens nach Hause schlafen gehn, weil es nah war. An andren Tagen fing ich 6 Uhr morgens an und endete 6 oder 7 Uhr abends“ usw.[98]

---

97 l.c.

98 l.c.p. XIII. Die Bildungsstufe dieser „Arbeitskräfte“ muß natürlich so sein, wie sie in folgenden Dialogen mit einem der Untersuchungskommissäre erscheint! Jeremiah Haynes, 12 Jahre alt: „... Viermal vier ist acht, aber vier Vierer (4 fours) sind 16 ... Ein König ist ihm, der alles Geld und Gold hat. (A king is him that has all the money and gold.) Wir haben einen König, man sagt, er ist eine Königin, sie nennen sie Prinzessin Alexandra. Man sagt, sie heiratete der Königin Sohn. Eine Prinzessin ist ein Mann.“ Wm. Turner, zwölfjährig: „Lebe nicht in England. Denke, es gibt solch ein Land, wußte nichts davon zuvor.“ John Morris, vierzehnjährig: „Habe sagen hören, daß Gott die Welt gemacht und daß alles Volk ersoff, außer einem; habe gehört, daß der eine ein kleiner Vogel war.“ William Smith, fünfzehnjährig: „Gott machte den Mann; der Mann machte das Weib.“ Edward Taylor, fünfzehnjährig: „Weiß nichts von London.“ Henry Matthewman, siebzehnjährig: „Geh’ manchmal in die Kirche ... Ein Name, worüber sie predigen, war ein gewisser Jesus Christ, aber ich kann keine andren Namen nennen, und ich kann auch nichts über ihn sagen. Er wurde nicht gemordet, sondern starb wie andre Leute. Er war nicht so wie andre Leute in gewisser Art, weil er religiös war in gewisser Art, und andre ist es nicht. (He was not the same as other people in some ways, because he was religious in some ways, and others isn’t.)“ (l.c. 74, p. XV.) „Der Teufel ist eine gute Person. Ich weiß nicht, wo er lebt. Christus war ein schlechter Kerl.“ („The devil is a good person. I don’t know where he lives. Christ was a wicked man.‘) „Dies Mädchen (10 Jahre) buchstabiert God Dog und kannte den Namen der Königin nicht.“ („Ch. Empl. Comm. V. Rep.“, 1866, p. 55 n. 278.) Dasselbe System, das in den erwähnten Metallmanufakturen, herrscht in den Glas- und Papierfabriken. In den Papierfabriken, wo das Papier mit Maschinen gemacht wird, ist Nachtarbeit die Regel für alle Prozesse außer dem der Lumpensortierung. In einigen Fällen wird die Nachtarbeit, vermittelst Ablösungen, unaufhörlich die ganz Woche durch fortgesetzt, gewöhnlich von Sonntag

Laßt uns nun hören, wie das Kapital selbst dies Vierundzwanzigstundensystem auffaßt. Die Übertreibungen des Systems, seinen Mißbrauch zur „grausamen und unglaublichen" Verlängrung des Arbeitstags, übergeht es natürlich mit Stillschweigen. Es spricht nur von dem System in seiner „normalen" Form.

Die Herren Naylor und Vickers, Stahlfabrikanten, die zwischen 600 und 700 Personen anwenden, und darunter nur 10% unter 18 Jahren, und hiervon wieder nur 20 Knaben zum Nachtpersonal, äußern sich wie folgt:

> „Die Knaben leiden durchaus nicht von der Hitze. Die Temperatur ist wahrscheinlich 86° bis 90° ... In den Schmiede- und Walzwerken arbeiten die Hände Tag und Nacht ablösungsweise, aber dahingegen ist auch alles andre Werk Tagwerk, von 6 Uhr morgens bis 6 Uhr abends. In der Schmiede wird von 12 Uhr bis 12 Uhr gearbeitet. Einige Hände arbeiten fortwährend des Nachts ohne Wechsel zwischen Tag- und Nachtzeit ... Wir finden nicht, daß Tag- oder Nachtarbeit irgendeinen Unterschied in der Gesundheit" (der Herren Naylor und Vickers?) „macht, und wahrscheinlich schlafen Leute besser, wenn sie dieselbe Ruheperiode genießen, als wenn sie wechselt ... Ungefähr zwanzig Knaben unter 18 Jahren arbeiten mit der Nachtmannschaft ... Wir könnten's nicht recht tun (not well do), ohne die Nachtarbeit von Jungen unter 18 Jahren. Unser Einwurf ist – die Vermehrung der Produktionskosten. Geschickte Hände und Häupter von Departements sind schwer zu haben, aber Jungens kriegt man, soviel man will ... Natürlich, in Anbetracht der geringen Proportion von Jungen, die wir verwenden, wären Beschränkungen der Nachtarbeit von wenig Wichtigkeit oder Interesse für uns."[99]

---

nacht bis 12 Uhr nachts des folgenden Samstags. Die Mannschaft, die sich an der Tagesreihe befindet, arbeitet 5 Tage von 12 und einen von 18 Stunden, und die der Nachtreihe 5 Nächte von 12 Stunden und eine von 6 Stunden, in jeder Woche. In andren Fällen arbeitet jede Reihe 24 Stunden, die eine nach der andren, an Wechseltagen. Eine Reihe arbeitet 6 Stunden am Montag und 18 am Samstag, um 24 Stunden vollzumachen. In andren Fällen ist ein Zwischensystem eingeführt, worin alle an der Papiermacher-Maschinerie Angestellten jeden Tag in der Woche 15-16 Stunden arbeiten. Dies System, sagt Untersuchungskommissär Lord, scheint alle Übel der Zwölfstunden- und Vierundzwanzigstunden-Ablösung zu vereinigen. Kinder unter 13 Jahren, junge Personen unter 18 Jahren und Weiber arbeiten unter diesem Nachtsystem. Manchmal, in dem Zwölfstundensystem, mußten sie, wegen Ausbleibens der Ablöser, die doppelte Reihe von 24 Stunden arbeiten. Zeugenaussagen beweisen, daß Knaben und Mädchen sehr oft Überzeit arbeiten, die sich nicht selten zu 24, ja 36 Stunden ununterbrochner Arbeit ausdehnt. In dem „kontinuierlichen und unveränderlichen" Prozeß der Glasierräume findet man Mädchen von 12 Jahren, die den ganzen Monat durch täglich 14 Stunden arbeiten, „ohne irgendeine regelmäßige Erholung oder Unterbrechung außer zwei, höchstens drei halbstündigen Ausfällen für Mahlzeiten". In einigen Fabriken, wo man die reguläre Nachtarbeit ganz aufgegeben, wird entsetzlich viel Überzeit gearbeitet und „dies häufig in den schmutzigsten, heißesten und monotonsten Prozessen". („Children's Employment Commission. Report IV", 1865, p. XXXVIII and XXXIX.)

[99] „Fourth Report etc.", 1865, 79, p. XVI.

Herr J. Ellis, von der Firma der Herren John Brown et Co., Stahl- und Eisenwerke, die 3000 Männer und Jungen anwenden, und zwar für einen Teil der schweren Stahl- und Eisenarbeit „Tag und Nacht, in Ablösungen", erklärt, daß in den schweren Stahlwerken ein oder zwei Jungen auf zwei Männer kommen. Ihr Geschäft zählt 500 Jungen unter 18 Jahren und davon ungefähr $^1/_3$, oder 170, unter 13 Jahren. Mit Bezug auf die vorgeschlagne Gesetzänderung meint Herr Ellis:

„Ich glaube nicht, daß es sehr tadelhaft (very objectionable) wäre, keine Person unter 18 Jahren über 12 Stunden aus den 24 arbeiten zu lassen. Aber ich glaube nicht, daß man irgendeine Linie ziehen kann für die Entbehrlichkeit von Jungen über 12 Jahren für die Nachtarbeit. Wir würden sogar eher ein Gesetz annehmen, überhaupt keine Jungen unter 13 Jahren oder selbst unter 15 Jahren zu verwenden, als ein Verbot, die Jungen, die wir einmal haben, während der Nacht zu brauchen. Die Jungen, die in der Tagesreihe, müssen wechselweise auch in der Nachtreihe arbeiten, weil die Männer nicht unaufhörlich Nachtarbeit verrichten können; es würde ihre Gesundheit ruinieren. Wir glauben jedoch, daß Nachtarbeit, wenn die Woche dafür wechselt, keinen Schaden tut."

(Die Herren Naylor und Vickers glaubten, übereinstimmend mit dem Besten ihres Geschäfts, umgekehrt, daß statt der fortwährenden grade die periodisch wechselnde Nachtarbeit möglicherweise Schaden anrichtet.)

> „Wir finden die Leute, die die alternierende Nachtarbeit verrichten, grade so gesund als die, die nur am Tage arbeiten ... Unsre Einwürfe gegen die Nichtanwendung von Jungen unter 18 Jahren zur Nachtarbeit würden gemacht werden von wegen Vermehrung der Auslage, aber dies ist auch der einzige Grund." (Wie zynisch naiv!) „Wir glauben, daß diese Vermehrung größer wäre, als das Geschäft (the trade) mit schuldiger Rücksicht auf seine erfolgreiche Ausführung billigerweise tragen könnte. (As the trade with due regard to etc. could fairly bear!)" (Welche breimäulige Phraseologie!) „Arbeit ist hier rar und könnte unzureichend werden unter einer solchen Regulation"

(d. h., Ellis, Brown et Co. könnten in die fatale Verlegenheit kommen, den Wert der Arbeitskraft voll zahlen zu müssen).[100]

Die „Cyklops Stahl- und Eisenwerke" der Herren Cammell et Co. werden auf derselben großen Stufenleiter ausgeführt wie die des besagten John Brown et Co. Der geschäftsführende Direktor hatte dem Regierungskommissär White seine Zeugenaussage schriftlich eingehändigt, fand es aber später passend, das zur Revision ihm wieder zurückgestellte Manuskript zu unterschlagen. Jedoch Herr White hat ein nachhaltig Gedächtnis. Er erinnert sich ganz genau, daß für diese Herrn Zyklopen das Verbot der Nachtarbeit von Kindern und jungen Personen „ein Ding der Unmöglichkeit; es wäre dasselbe, als setzte man ihre Werke

---

[100] l.c. 80, p. XVI, XVII.

still“, und dennoch zählt ihr Geschäft wenig mehr als 6% Jungen unter 18 und nur 1% unter 13 Jahren![101]

Über denselben Gegenstand erklärt Herr E. F. Sanderson, von der Firma Sanderson, Bros. et Co., Stahl-, Walz- und Schmiedewerke, in Attercliffe:

> „Große Schwierigkeiten würden entspringen aus dem Verbot, Jungen unter 18 Jahren des Nachts arbeiten zu lassen, die Hauptschwierigkeit aus der Vermehrung der Kosten, welche ein Ersatz der Knabenarbeit durch Männerarbeit notwendig nach sich zöge. Wieviel das betragen würde, kann ich nicht sagen, aber wahrscheinlich wäre es nicht so viel, daß der Fabrikant den Stahlpreis erhöhen könnte, und folglich fiele der Verlust auf ihn, da die Männer“ (welch querköpfig Volk!) „natürlich weigern würden, ihn zu tragen.“

Herr Sanderson weiß nicht, wieviel er den Kindern zahlt, aber

> „vielleicht beträgt es 4 bis 5 sh. per Kopf die Woche ... Die Knabenarbeit ist von einer Art, wofür im allgemeinen“ („generally“, natürlich nicht immer „im Besondern“) „die Kraft der Jungen grade ausreicht, und folglich würde kein Gewinn aus der größren Kraft der Männer fließen, um den Verlust zu kompensieren, oder doch nur in den wenigen Fällen, wo das Metall sehr schwer ist. Die Männer würden es auch minder lieben, keine Knaben unter sich zu haben, da Männer minder gehorsam sind. Außerdem müssen die Jungen jung anfangen, um das Geschäft zu lernen. Die Beschränkung der Jungen auf bloße Tagarbeit würde diesen Zweck nicht erfüllen.“

Und warum nicht? Warum können Jungen ihr Handwerk nicht bei Tag lernen? Deinen Grund?

> „Weil dadurch die Männer, die in Wechselwochen bald den Tag, bald die Nacht arbeiten, von den Jungen ihrer Reihe während derselben Zeit getrennt, halb den Profit verlieren würden, den sie aus ihnen herausschlagen. Die Anleitung, die sie den Jungen geben, wird nämlich als Teil des Arbeitslohnes dieser Jungen berechnet und befähigt die Männer daher, die Jungenarbeit wohlfeiler zu bekommen. Jeder Mann würde seinen halben Profit verlieren.“

In andren Worten, die Herren Sanderson müßten einen Teil des Arbeitslohnes der erwachsnen Männer aus eigner Tasche statt mit der Nachtarbeit der Jungen zahlen. Der Profit der Herren Sanderson würde bei dieser Gelegenheit etwas fallen, und dies ist der Sandersonsche gute Grund, warum Jungen ihr Handwerk nicht bei Tag lernen können.[102] Außerdem würde dies reguläre Nachtarbeit auf die Männer werfen, die nun von den Jungen abgelöst werden, und sie würden

---

[101] l.c. 82, p. XVII.

[102] „In unsrer reflexionsreichen und räsonierenden Zeit muß es einer noch nicht weit gebracht haben, der nicht für alles, auch das Schlechteste und Verkehrteste, einen guten Grund anzuge-

das nicht aushalten. Kurz und gut, die Schwierigkeiten wären so groß, daß sie wahrscheinlich zur gänzlichen Unterdrückung der Nachtarbeit führen würden. „Was die Produktion von Stahl selbst angeht", sagt E. F. Sanderson, „würde es nicht den geringsten Unterschied machen, aber!" Aber die Herren Sanderson haben mehr zu tun, als Stahl zu machen. Die Stahlmacherei ist bloßer Vorwand der Plusmacherei. Die Schmelzöfen, Walzwerke usw., die Baulichkeiten, die Maschinerie, das Eisen, die Kohle usw. haben mehr zu tun, als sich in Stahl zu verwandeln. Sie sind da, um Mehrarbeit einzusaugen, und saugen natürlich mehr in 24 Stunden als in 12. Sie geben in der Tat von Gottes und Rechts wegen den Sandersons eine Anweisung auf die Arbeitszeit einer gewissen Anzahl von Händen für volle 24 Stunden des Tags und verlieren ihren Kapitalcharakter, sind daher für die Sandersons reiner Verlust, sobald ihre Funktion der Arbeitseinsaugung unterbrochen wird.

> „Aber dann wäre da der Verlust an so viel kostspieliger Maschinerie, welche die halbe Zeit brachläge, und für eine solche Produktenmasse, wie wir fähig sind, sie bei dem gegenwärtigen System zu leisten, müßten wir Räumlichkeiten und Maschinenwerke verdoppeln, was die Auslage verdoppeln würde."

Aber warum beanspruchen grade diese Sandersons ein Privilegium vor den andren Kapitalisten, die nur bei Tag arbeiten lassen dürfen und deren Baulichkeiten, Maschinerie, Rohmaterial daher bei Nacht „brach" liegen?

> „Es ist wahr", antwortet E. F. Sanderson im Namen aller Sandersons, „es ist wahr, daß dieser Verlust von brachliegender Maschinerie alle Manufakturen trifft, worin nur bei Tag gearbeitet wird. Aber der Gebrauch der Schmelzöfen würde in unsrem Fall einen Extraverlust verursachen. Hält man sie im Gang, so wird Brennmaterial verwüstet" (statt daß jetzt das Lebensmaterial der Arbeiter verwüstet wird), „und hält man sie nicht im Gang, so setzt das Zeitverlust im Wiederanlegen des Feuers und zur Gewinnung des nötigen Hitzegrads" (während der Verlust, selbst Achtjähriger, an Schlafzeit Gewinn von Arbeitszeit für die Sandersonsippe), „und die Öfen selbst würden vom Temperaturwechsel leiden" (während doch dieselbigen Öfen nichts leiden vom Tag- und Nachtwechsel der Arbeit.)[103]

---

ben weiß. Alles, was in der Welt verdorben worden ist, das ist aus guten Gründen verdorben worden." (Hegel, l.c.p. 249.)

[103] „Children's Employment Commission. Fourth Report", 1865, 85, p. XVII. Auf ähnliches zartes Bedenken des Herrn Glasfabrikanten, daß „regelmäßige Mahlzeiten" der Kinder unmöglich sind, weil dadurch ein bestimmtes Quantum Hitze, das die Öfen ausstrahlen, „reiner Verlust" wäre oder „verwüstet" würde, antwortet Untersuchungskommissär White, durchaus nicht gleich Ure, Senior etc. und ihren schmalen deutschen Nachkläffern, wie Roscher etc., gerührt von der „Enthaltsamkeit", „Entsagung" und „Sparsamkeit" der Kapitalisten in Verausgabung ihres Geldes und ihrer Timur-Tamerlanschen „Verschwendung" von Menschenleben: „Ein gewisses Quantum Hitze mag über das jetzige Maß hinaus verwüstet werden infolge von Siche-

5. Der Kampf um den Normalarbeitstag. Zwangsgesetze zur Verlängerung des Arbeitstags von der Mitte des 14. bis zu Ende des 17. Jahrhunderts

„Was ist ein Arbeitstag?“ Wie groß ist die Zeit, während deren das Kapital die Arbeitskraft, deren Tageswert es zahlt, konsumieren darf? Wie weit kann der Arbeitstag verlängert werden über die zur Reproduktion der Arbeitskraft selbst notwendige Arbeitszeit? Auf diese Fragen, man hat es gesehn, antwortet das Kapital: Der Arbeitstag zählt täglich volle 24 Stunden nach Abzug der wenigen Ruhestunden, ohne welche die Arbeitskraft ihren erneuerten Dienst absolut versagt. Es versteht sich zunächst von selbst, daß der Arbeiter seinen ganzen Lebenstag durch nichts ist außer Arbeitskraft, daß daher alle seine disponible Zeit von Natur und Rechts wegen Arbeitszeit ist, also der Selbstverwertung des Kapitals angehört. Zeit zu menschlicher Bildung, zu geistiger Entwicklung, zur Erfüllung sozialer Funktionen, zu geselligem Verkehr, zum freien Spiel der physischen und geistigen Lebenskräfte, selbst die Feierzeit des Sonntags – und wäre es im Lande der Sabbatheiligen[104] – reiner Firlefanz! Aber in seinem maßlos

---

rung regulärer Mahlzeiten, aber selbst in Geldwert ist es nichts, verglichen mit der Verwüstung von Lebenskraft (the waste of animal power), die jetzt dem Königreich daraus erwächst, daß in den Glashütten beschäftigte und im Wachstum begriffene Kinder nicht einmal die Muße finden, ihre Speisen bequem einzunehmen und zu verdauen.“ (l.c.p. XLV.) Und das im „Fortschrittsjahr“ 1865! Abgesehn von der Kraftausgabe im Heben und Tragen, marschiert ein solches Kind in den Hütten, die Flaschen und Flintglas machen, während der kontinuierlichen Verrichtung seiner Arbeit, 15 bis 20 (englische) Meilen in 6 Stunden! Und die Arbeit dauert oft 14 bis 15 Stunden! In vielen dieser Glashütten herrscht, wie in den Spinnereien von Moskau, das System sechsstündiger Ablösungen. „Während der Arbeitszeit der Woche sind sechs Stunden die äußerste ununterbrochene Rastperiode, und davon geht ab die Zeit, zur und von der Fabrik zu gehn, Waschen, Kleiden, Speisen, was alles Zeit kostet. So bleibt in der Tat nur die kürzeste Ruhezeit. Keine Zeit für Spiel und frische Luft, außer auf Kosten des Schlafs, so unentbehrlich für Kinder, die in solch heißer Atmosphäre solch anstrengendes Werk verrichten ... Selbst der kurze Schlaf ist dadurch unterbrochen, daß das Kind sich selbst wecken muß bei Nacht oder bei Tag vom Außenlärm geweckt wird. „Herr White gibt Fälle, wo ein Junge 36 Stunden nacheinander arbeitete; andre, wo Knaben von 12 Jahren bis 2 Uhr nachts schanzen und dann in der Hütte schlafen bis 5 Uhr morgens (3 Stunden!), um das Tagwerk von neuem zu beginnen! „Die Masse Arbeit“, sagen die Redakteure des allgemeinen Berichts, Tremenheere und Tufnell, „die Knaben, Mädchen und Weiber im Lauf ihres täglichen oder nächtlichen Arbeitsbanns (spell of labour) verrichten, ist fabelhaft.“ (l.c.p. XLIII und XLIV.) Unterdes wankt vielleicht eines Abends späte das „entsagungsvolle“ Glaskapital, portweinduslig, aus dem Klub nach Haus, idiotisch vor sich hersumend: „Britons never, never shall be slaves!“

104 In England z. B. wird immer noch hier und da auf dem Lande ein Arbeiter zu Gefängnisstrafe verurteilt wegen Entheiligung des Sabbats durch Arbeit auf dem Gärtchen vor seinem Hause. Derselbe Arbeiter wird wegen Kontraktbruches bestraft, bleibt er des Sonntags, sei es selbst aus religiösen Mucken, vom Metall-, Papier- oder Glaswerk weg. Das orthodoxe Parlament hat kein Ohr für Sabbatentheiligung, wenn sie im „Verwertungsprozeß“ des Kapitals vorgeht. In einer Denkschrift (August 1863), worin die Londoner Taglöhner in Fisch- und Geflügelläden

blinden Trieb, seinem Werwolfs-Heißhunger nach Mehrarbeit, überrennt das Kapital nicht nur die moralischen, sondern auch die rein physischen Maximalschranken des Arbeitstags. Es usurpiert die Zeit für Wachstum, Entwicklung und gesunde Erhaltung des Körpers. Es raubt die Zeit, erheischt zum Verzehr von freier Luft und Sonnenlicht. Es knickert ab an der Mahlzeit und einverleibt sie womöglich dem Produktionsprozeß selbst, so daß dem Arbeiter als bloßem Produktionsmittel Speisen zugesetzt werden wie dem Dampfkessel Kohle und der Maschinerie Talg oder Öl. Den gesunden Schlaf zur Sammlung, Erneurung und Erfrischung der Lebenskraft reduziert es auf so viel Stunden Erstarrung, als die Wiederbelebung eines absolut erschöpften Organismus unentbehrlich macht. Statt daß die normale Erhaltung der Arbeitskraft hier die Schranke des Arbeitstags, bestimmt umgekehrt die größte täglich möglich Verausgabung der Arbeitskraft, wie krankhaft gewaltsam und peinlich auch immer, die Schranke für die Rastzeit des Arbeiters. Das Kapital fragt nicht nach der Lebensdauer der Arbeitskraft. Was es interessiert, ist einzig und allein das Maximum von Arbeitskraft, das in einem Arbeitstag flüssig gemacht werden kann. Es erreicht dies Ziel durch Verkürzung der Dauer der Arbeitskraft, wie ein habgieriger Landwirt gesteigerten Bodenertrag durch Beraubung der Bodenfruchtbarkeit erreicht.

Die kapitalistische Produktion, die wesentlich Produktion von Mehrwert, Einsaugung von Mehrarbeit ist, produziert also mit der Verlängrung des Arbeitstags nicht nur die Verkümmerung der menschlichen Arbeitskraft, welche ihrer normalen moralischen und physischen Entwicklungs- und Betätigungsbedingungen beraubt wird. Sie produziert die vorzeitige Erschöpfung und Abtötung der Arbeitskraft selbst.[105] Sie verlängert die Produktionszeit des Arbeiters während eines gegebenen Termins durch Verkürzung seiner Lebenszeit.

Der Wert der Arbeitskraft schließt aber den Wert der Waren ein, welche zur Reproduktion des Arbeiters oder zur Fortpflanzung der Arbeiterklasse erheischt sind. Wenn also die naturwidrige Verlängrung des Arbeitstags, die das Kapital in seinem maßlosen Trieb nach Selbstverwertung notwendig anstrebt, die Lebensperiode der einzelnen Arbeiter und damit die Dauer ihrer Arbeitskraft

---

Abschaffung der Sonntagsarbeit verlangen, heißt es, ihre Arbeit daure während der ersten 6 Wochentage durchschnittlich 15 Stunden täglich und am Sonntag 8 bis 10 Stunden. Man entnimmt zugleich aus dieser Denkschrift, daß namentlich die kitzlige Gourmandise der aristokratischen Mucker von Exeter Hall diese „Sonntagsarbeit" ermutigt. Diese „Heiligen", so eifrig „in cute curanda", bewähren ihr Christentum durch die Ergebung, womit sie die Überarbeit, die Entbehrungen und den Hunger dritter Personen ertragen. Obsequium ventris istis (den Arbeitern) perniciosius est.

105 „In unseren früheren Berichten haben wir die Feststellungen verschiedner erfahrener Fabrikanten wiedergegeben, die besagen, daß Überstunden ... sicher die Gefahr in sich bergen, die Arbeitskraft des Menschen vorzeitig zu erschöpfen." (l.c. 64, p. XIII.)

verkürzt, wird rascherer Ersatz der verschlissenen nötig, also das Eingehen größerer Verschleißkosten in die Reproduktion der Arbeitskraft, ganz wie der täglich zu reproduzierende Wertteil einer Maschine um so größer ist, je rascher sie verschleißt. Das Kapital scheint daher durch sein eignes Interesse auf einen Normalarbeitstag hingewiesen.

Der Sklavenhalter kauft seinen Arbeiter, wie er sein Pferd kauft. Mit dem Sklaven verliert er ein Kapital, das durch neue Auslage auf dem Sklavenmarkt ersetzt werden muß. Aber

> „die Reisfelder von Georgien und die Sümpfe des Mississippi mögen fatalistisch zerstörend auf die menschliche Konstitution wirken; dennoch ist diese Verwüstung von menschlichem Leben nicht so groß, daß sie nicht gutgemacht werden könnte aus den strotzenden Gehegen von Virginien und Kentucky. Ökonomische Rücksichten, die eine Art Sicherheit für die menschliche Behandlung des Sklaven bieten könnten, sofern sie das Interesse des Herrn mit der Erhaltung des Sklaven identifizieren, verwandeln sich, nach Einführung des Sklavenhandels, umgekehrt in Gründe der extremsten Zugrunderichtung des Sklaven, denn sobald sein Platz einmal durch Zufuhr aus fremden Negergehegen ausgefüllt werden kann, wird die Dauer seine Lebens minder wichtig als dessen Produktivität, solange es dauert. Es ist daher eine Maxime der Sklavenwirtschaft in Ländern der Sklaveneinfuhr, daß die wirksamste Ökonomie darin besteht, die größtmöglichste Masse Leistung in möglichst kurzer Zeit dem Menschenvieh (human chattle) auszupressen. Grade in tropischer Kultur, wo die jährlichen Profite oft dem Gesamtkapital der Pflanzungen gleich sind, wird das Negerleben am rücksichtslosesten geopfert. Es ist die Agrikultur Westindiens, seit Jahrhunderten die Wiege fabelhaften Reichtums, die Millionen der afrikanischen Race verschlungen hat. Es ist heutzutage in Kuba, dessen Revenuen nach Millionen zählen, und dessen Pflanzer Fürsten sind, wo wir bei der Sklavenklasse außer der gröbsten Nahrung, der erschöpfendsten und unablässigsten Plackerei einen großen Teil durch die langsame Tortur von Überarbeit und Mangel an Schlaf und Erholung jährlich direkt zerstört sehn.“[106]

Mutato nomine de te fabula narratur! Lies statt Sklavenhandel Arbeitsmarkt, statt Kentucky und Virginia Irland und die Agrikulturdistrikte von England, Schottland und Wales, statt Afrika Deutschland! Wir hörten, wie die Überarbeit mit den Bäckern in London aufräumt, und dennoch ist der Londoner Arbeitsmarkt stets überfüllt mit deutschen und andren Todeskandidaten für die Bäckerei. Die Töpferei, wie wir sahen, ist einer der kurzlebigsten Industriezweige. Fehlt es deswegen an Töpfern? Josiah Wedgwood, der Erfinder der modernen Töpferei, von Haus selbst ein gewöhnlicher Arbeiter, erklärte 1785 vor dem Hause der Gemeinen, daß die ganze Manufaktur 15.000 bis 20.000 Personen beschäftige.[107]

---

[106] Cairnes, l.c.p. 110, 111.

[107] John Ward, „History of the Borough of Stoke-upon-Trent etc.“, London 1843, p. 42.

Im Jahr 1861 betrug die Bevölkerung allein der städtischen Sitze dieser Industrie in Großbritannien 101.302.

> „Die Baumwollindustrie zählt 90 Jahre ... In drei Generationen der englischen Race hat sie neun Generationen von Baumwollarbeitern verspeist.“[108]

Allerdings, in einzelnen Epochen fieberhaften Aufschwungs zeigte der Arbeitsmarkt bedenkliche Lücken. So z. B. 1834. Aber die Herren Fabrikanten schlugen nun den Poor Law Commissioners vor, die „Übervölkerung“ der Ackerbaudistrikte nach dem Norden zu schicken, mit der Erklärung, daß „die Fabrikanten sie absorbieren und konsumieren würden“. Dies waren ihre eigensten Worte.[109]

> „Agenten wurden zu Manchester bestallt mit Einwilligung der Poor Law Commissioners. Agrikulturarbeiterlisten wurden ausgefertigt und diesen Agenten übermacht. Die Fabrikanten liefen in die Büros, und nachdem sie, was ihnen paßte, ausgewählt, wurden die Familien vom Süden Englands verschickt. Diese Menschenpakete wurden geliefert mit Etiketten gleich so viel Güterballen, auf Kanal und Lastwagen – einige strolchten zu Fuß nach, und viele irrten verloren und halb verhungert in den Manufakturdistrikten umher. Dies entwickelte sich zu einem wahren Handelszweig. Das Haus der Gemeinen wird es kaum glauben. Dieser regelmäßige Handel, dieser Schacher in Menschenfleisch dauerte fort, und diese Leute wurden gekauft und verkauft von den Manchester Agenten an die Manchester Fabrikanten, ganz so regelmäßig wie Neger an die Baumwollpflanzer der südlichen Staaten ... Das Jahr 1860 bezeichnet das Zenit der Baumwollindustrie ... Es fehlte wieder an Händen. Die Fabrikanten wandten sich wieder an die Fleischagenten ... und diese durchstöberten die Dünen von Dorset, die Hügel von Devon und die Ebnen von Wilts, aber die Übervölkerung war bereits verspeist.“

Der „Bury Guardian“ jammerte, daß 10.000 zusätzliche Hände nach Abschluß des englisch-französischen Handelsvertrags absorbiert werden könnten und bald an 30.000 oder 40.000 mehr nötig sein würden. Nachdem die Agenten und Subagenten des Fleischhandels die Agrikulturdistrikte 1860 ziemlich resultatlos durchgefegt, „wandte sich eine Fabrikantendeputation an Herrn Villiers, Präsidenten des Poor Law Board, mit dem Gesuch, die Zufuhr der Armen- und Waisenkinder aus den Workhouses wieder zu erlauben“[110]

---

[108] Ferrands Rede im „House of Commons“ vom 27. April 1863.

[109] „That the manufacturers would absorb it and use it up. Those were the very words used by the cotton manufacturers.“ (l.c.)

[110] l.c. Villiers, trotz bestem Willen, war „gesetzlich“ in der Lage, das Fabrikantenanliegen abschlagen zu müssen. Die Herren erreichten jedoch ihre Zwecke durch die Willfährigkeit der lokalen Armenverwaltungen. Herr A. Redgrave, Fabrikinspektor, versichert, daß diesmal das System, wonach die Waisen und Paupers Kinder „gesetzlich“ als apprentices (Lehrlinge) gelten, „nicht begleitet war von den alten Mißständen“ – (über diese „Mißstände“ vgl. Engels, l.c.) –, obgleich

Was die Erfahrung dem Kapitalisten im allgemeinen zeigt, ist eine beständige Übervölkerung, d. h. Übervölkerung im Verhältnis zum augenblicklichen Verwertungsbedürfnis des Kapitals, obgleich sie aus verkümmerten, schnell hinlebenden, sich rasch verdrängenden, sozusagen unreif gepflückten Menschengenerationen ihren Strom bildet.[111] Allerdings zeigt die Erfahrung dem verständigen Beobachter auf der andren Seite, wie rasch und tief die kapitalistische Produktion, die, geschichtlich gesprochen, kaum von gestern datiert, die Volkskraft an der Lebenswurzel ergriffen hat, wie die Degeneration der industri-

---

allerdings in einem Fall „Mißbrauch mit dem System getrieben worden ist, in bezug auf Mädchen und junge Weiber, die von den Agrikulturdistrikten Schottlands nach Lancashire und Cheshire gebracht wurden". In diesem „System" schließt der Fabrikant einen Kontrakt mit den Behörden der Armenhäuser für bestimmte Perioden. Er nährt, kleidet und logiert die Kinder und gibt ihnen einen kleinen Zuschuß in Geld. Sonderbar klingt folgende Bemerkung des Herrn Redgrave, namentlich wenn man bedenkt, daß selbst unter den Prosperitätsjahren der englischen Baumwollindustrie das Jahr 1860 einzig dasteht und die Arbeitslöhne außerdem hoch standen, weil die außerordentliche Arbeitsnachfrage auf Entvölkerung in Irland stieß, auf beispiellose Auswanderung aus englischen und schottischen Agrikulturdistrikten nach Australien und Amerika, auf positive Abnahme der Bevölkrung in einigen englischen Agrikulturdistrikten infolge teils glücklich erzielten Bruchs der Lebenskraft, teils des früheren Abschöpfens der disponiblen Bevölkrung durch die Händler in Menschenfleisch. Und trotz alledem sagt Herr Redgrave: „Diese Art Arbeit" (der Armenhauskinder) „wird jedoch nur gesucht, wenn keine andre gefunden werden kann, denn es ist teure Arbeit (high-priced labour). Der gewöhnliche Arbeitslohn für einen Jungen von 13 Jahren ist ungefähr 4 sh. wöchentlich; aber 50 oder 100 solcher Jungen logieren, kleiden, nähren, mit ärztlicher Hilfsleistung und passender Oberaufsicht versehn und ihnen obendrein eine kleine Zubuße in Geld geben, ist untubar für 4 sh. per Kopf wöchentlich." („Rep. of the Insp. of Factories for 30th April 1860", p. 27.) Herr Redgrave vergißt zu sagen, wie der Arbeiter selbst dies alles seinen Jungen für ihre 4 sh. Arbeitslohn leisten kann, wenn es der Fabrikant nicht kann für 50 oder 100 Jungen, die gemeinsam logiert, beköstigt und beaufsichtigt werden. Zur Abwehr falscher Schlußfolgerungen aus dem Text muß ich hier noch bemerken, daß die englische Baumwollindustrie, seit ihrer Unterwefung unter den Factory Act von 1850 mit seiner Reglung der Arbeitszeit usw., als die englische Musterindustrie betrachtet werden muß. Der englische Baumwollarbeiter steht in jeder Hinsicht höher als sein kontinentaler Schicksalsgenosse. „Der preußische Fabrikarbeiter arbeitet mindestens 10 Stunden mehr per Woche als sein englischer Rival, und wenn er an seinem eignen Webstuhl zu Hause beschäftigt wird, fällt selbst diese Schranke seiner zusätzlichen Arbeitsstunden weg." („Rep. of Insp. of Fact. 31st Oct. 1855", p. 103.) Der obenerwähnte Fabrikinspektor Redgrave reiste nach der Industrieausstellung von 1851 auf dem Kontinent, speziell in Frankreich und Preußen, um die dortigen Fabrikzustände zu untersuchen. Er sagt von dem preußischen Fabrikarbeiter: „Er erhält einen Lohn, ausreichend zur Verschaffung einfacher Kost und des wenigen Komforts, woran er gewöhnt und womit er zufrieden ist ... Er lebt schlechter und arbeitet härter als sein englischer Rivale." („Rep. of Insp. of Fact. 31st Oct. 1853", p. 85.)

[111] „Die Überarbeiteten sterben mit befremdlicher Raschheit; aber die Plätze derer, die untergehn, sind sofort wieder ausgefüllt, und ein häufiger Wechsel der Personen bringt keine Änderung auf der Bühne hervor." „England and America", London 1833, t. I, p. 55. (Verfasser E. G. Wakefield.)

ellen Bevölkrung nur durch beständige Absorption naturwüchsiger Lebenselemente vom Lande verlangsamt wird und wie selbst die ländlichen Arbeiter, trotz freier Luft und des unter ihnen so allmächtig waltenden principle of natural selection, das nur die kräftigsten Individuen aufkommen läßt, schon abzuleben beginnen.[112] Das Kapital, das so „gute Gründe" hat, die Leiden der es umgebenden Arbeitergeneration zu leugnen, wird in seiner praktischen Bewegung durch die Aussicht auf zukünftige Verfaulung der Menschheit und schließlich doch unaufhaltsame Entvölkerung so wenig und so viel bestimmt als durch den möglichen Fall der Erde in die Sonne. In jeder Aktienschwindelei weiß jeder, daß das Unwetter einmal einschlagen muß, aber jeder hofft, daß es das Haupt seines Nächsten trifft, nachdem er selbst den Goldregen aufgefangen und in Sicherheit gebracht hat. „Après moi le déluge!" ist der Wahlruf jedes Kapitalisten und jeder Kapitalistennation. Das Kapital ist daher rücksichtslos gegen Gesundheit und Lebensdauer des Arbeiters, wo es nicht durch die Gesellschaft zur Rücksicht gezwungen wird.[113] Der Klage über physische und geistige Verkümmrung, vorzeitigen Tod, Tortur der Überarbeit, antwortet es: „Sollte diese Qual uns quälen, da sie unsre Lust (den Profit) vermehrt?" Im großen und ganzen hängt dies aber auch nicht vom guten oder bösen Willen des einzelnen Kapitalisten ab. Die freie Konkurrenz macht die immanenten Gesetze der kapitalistischen Produktion dem einzelnen Kapitalisten gegenüber als äußerliches Zwangsgesetz geltend.[114]

---

[112] Siehe „Public Health. Sixth Report of the Medical Officer of the Privy Council. 1863". Veröffentlicht London 1864. Dieser Report handelt namentlich von den Agrikulturarbeitern. „Man hat die Grafschaft Sutherland als eine sehr verbesserte Grafschaft dargestellt, aber eine neuerliche Untersuchung hat entdeckt, daß hier in Distrikten, einst so berühmt wegen schöner Männer und tapfrer Soldaten, die Einwohner degeneriert sind zu einer magren und verkümmerten Race. In den gesundesten Lagen, auf Hügelabhängen im Angesicht des Meeres, sind die Gesichter ihrer Kinder so dünn und blaß, wie sie nur in der faulen Atmosphäre einer Londoner Winkelgasse sein können." (Thornton, l.c.p. 74, 75.) Sie gleichen in der Tat den 30.000 „gallant Highlanders", die Glasgow in seinen wynds und closes mit Prostituierten und Dieben zusammenbettet.

[113] „Obgleich die Gesundheit der Bevölkrung ein so wichtiges Element des nationalen Kapitals ist, fürchten wir, gestehn zu müssen, daß die Kapitalisten durchaus nicht bei der Hand sind, diesen Schatz zu erhalten und wert zu achten ... Die Rücksicht auf die Gesundheit der Arbeiter wurde den Fabrikanten aufgezwungen." („Times", 5. Nov. 1861.) „Die Männer des West Riding wurden die Tuchmacher der Menschheit ... die Gesundheit des Arbeitervolks wurde geopfert, und in ein paar Generationen wäre die Race degeneriert, aber eine Reaktion trat ein. Die Stunden der Kinderarbeit wurden beschränkt usw." („Twenty-second annual report of the Registrar-General", 1861.)

[114] Wir finden daher z. B., daß Anfang 1863 26 Firmen, welche ausgedehnte Töpfereien in Staffordshire besitzen, darunter auch J. Wedgwood und Söhne, in einer Dankschrift „um gewaltsame Einmischung des Staats" petitionieren. Die „Konkurrenz mit andren Kapitalisten" erlaube ihnen keine „freiwillige" Beschränkung der Arbeitszeit der Kinder usw. „Sosehr wir daher die oben erwähnten Übel beklagen, würde es unmöglich sein, sie durch irgendeine Art Übereinkunft unter den Fabrikanten zu verhindern ... In Anbetracht aller dieser Punkte, sind

Die Festsetzung eines normalen Arbeitstags ist das Resultat eines vielhundertjährigen Kampfes zwischen Kapitalist und Arbeiter. Doch zeigt die Geschichte dieses Kampfes zwei entgegengesetzte Strömungen. Man vergleiche z. B. die englische Fabrikgesetzgebung unsrer Zeit mit den englischen Arbeitsstatuten vom 14. bis tief in die Mitte des 18. Jahrhunderts.[115] Während das moderne Fabrikgesetz den Arbeitstag gewaltsam abkürzt, suchen ihn jene Statute gewaltsam zu verlängern. Allerdings erscheinen die Ansprüche des Kapitals im Embryozustand, wo es erst wird, also noch nicht durch bloße Gewalt der ökonomischen Verhältnisse, sondern auch durch Hilfe der Staatsmacht sein Einsaugungsrecht eines genügenden Quantums Mehrarbeit sichert, ganz und gar bescheiden, vergleicht man sie mit den Konzessionen, die es in seinem Mannesalter knurrend und widerstrebig machen muß. Es kostet Jahrhunderte, bis der „freie" Arbeiter infolge entwickelter kapitalistischer Produktionsweise sich freiwillig dazu versteht, d. h. gesellschaftlich gezwungen ist, für den Preis seiner gewohnheitsmäßigen Lebensmittel seine ganze aktive Lebenszeit, ja seine Arbeitsfähigkeit selbst, seine Erstgeburt für ein Gericht Linsen zu verkaufen. Es ist daher natürlich, daß die Verlängrung des Arbeitstags, die das Kapital von Mitte des 14. bis Ende des 17. Jahrhunderts staatsgewaltig den volljährigen Arbeitern aufzudringen sucht, ungefähr mit der Schranke der Arbeitszeit zusammenfällt, die in der zweiten Hälfte des 19. Jahrhunderts der Verwandlung von Kinderblut in Kapital hier und da von Staats wegen gezogen wird. Was heute, z. B. im Staate Massachusetts, bis jüngst dem freisten Staate der nordamerikanischen Republik, als Staatsschranke der Arbeit von Kindern unter 12 Jahren proklamiert ist, war in England noch Mitte des 17. Jahrhunderts der normale Arbeitstag vollblütiger Handwerker, robuster Ackerknechte und riesenhafter Grobschmiede.[116]

---

wir zur Überzeugung gelangt, daß ein Zwangsgesetz nötig ist." („Children's Emp. Comm., Rep. 1", 1863, p. 322.)

Zusatz zu Note 114. Ein viel frappantres Beispiel bot die jüngste Vergangenheit. Die Höhe der Baumwollpreise, in einer Epoche fieberhaften Geschäfts, hatte die Besitzer von Baumwollwebereien in Blackburn veranlaßt, durch gemeinschaftliche Übereinkunft die Arbeitszeit in ihren Fabriken während eines bestimmten Termins abzukürzen. Dieser Termin lief ab ungefähr Ende November (1871). Unterdes benutzten die reichren Fabrikanten, welche Spinnerei mit Weberei verbinden, den durch jene Übereinkunft veranlaßten Ausfall der Produktion dazu, ihr eignes Geschäft auszudehnen und so auf Kosten der kleinen Meister große Profite zu machen. Letztre wandten sich nun in ihrer Not – an die Fabrikarbeiter, riefen sie auf, die Neunstundenagitation ernsthaft zu betreiben, und versprachen Geldbeiträge zu diesem Behuf!

[115] Diese Arbeiterstatute, die man gleichzeitig auch in Frankreich, den Niederlanden usw. findet, wurden in England erst 1813 formell aufgehoben, nachdem sie längst von den Produktionsverhältnissen beseitigt waren.

[116] „Kein Kind unter 12 Jahren darf in einem Fabrikbetrieb länger als 10 Stunden täglich beschäftigt werden." („General Statutes of Massachusetts", ch. 60, § 3. Die Ordonnanzen wurden erlassen 1836 bis 1858.) „Arbeit, die in einem Zeitraum von 10 Stunden täglich in allen Baumwoll-, Woll-, Seiden-, Papier-, Glas- und Flachsfabriken oder in eisen- und anderen metallver-

Das erste „Statute of Labourers“ (23 Eduard III. 1349) fand seinen unmittelbaren Vorwand (nicht seine Ursache, denn die Gesetzgebung dieser Art dauert Jahrhunderte fort ohne den Vorwand) in der großen Pest, welche die Bevölkerung dezimierte, so daß, wie ein Tory-Schriftsteller sagt, „die Schwierigkeit, Arbeiter zu räsonablen Preisen“ (d. h. zu Preisen, die ihren Anwendern ein räsonables Quantum Mehrarbeit ließen) „an die Arbeit zu setzen, in der Tat unerträglich wurde“[117]. Räsonable Arbeitslöhne wurden daher zwangsgesetzlich diktiert, ebenso wie die Grenze des Arbeitstags. Der letztre Punkt, der uns hier allein interessiert, ist wiederholt in dem Statut von 1496 (unter Henry VII.). Der Arbeitstag für alle Handwerker (artificers) und Ackerbauarbeiter vom März bis September sollte damals, was jedoch nie durchgesetzt wurde, dauern von 5 Uhr morgens bis zwischen 7 und 8 Uhr abends, aber die Stunden für Mahlzeiten betragen 1 Stunden für Frühstück, $1^1/_2$ Stunden für Mittagessen und $^1/_2$ Stunde für Vieruhrbrot, also grade doppelt soviel als nach dem jetzt gültigen Fabrikakt.[118] Im Winter sollte gearbeitet werden von 5 Uhr morgens bis zum Dunkeln, mit denselben Unterbrechungen. Ein Statut der Elisabeth von 1562 für alle Arbeiter „gedungen für Lohn per Tag oder Woche“, läßt die Länge des Arbeitstags unberührt, sucht aber die Zwischenräume zu beschränken auf $2^1/_2$ Stunden für den Sommer und 2 für den Winter. Das Mittagessen soll nur eine Stunde dauern und „der Nachmittagsschlaf von $^1/_2$ Stunde“ nur zwischen Mitte Mai und Mitte August erlaubt sein. Für jede Stunde Abwesenheit soll 1 d. (etwa 8

---

arbeitenden Betrieben ausgeführt wird, soll als Tagewerk im Sinne des Gesetzes angesehen werden. Es sei ferner gesetzlich festgelegt, daß künftig kein Minderjähriger, der in irgendeiner Fabrik beschäftigt wird, angehalten oder aufgefordert werden darf, mehr als 10 Stunden täglich oder 60 Stunden wöchentlich zu arbeiten; weiter, daß in Zukunft kein Minderjähriger unter 10 Jahren als Arbeiter in einer Fabrik innerhalb des Gebietes dieses Staates beschäftigt werden darf.“ („State of New Jersey. An act to limit the hours of labour etc.“, § 1 und 2. Gesetz vom 18. März 1851.) „Kein Minderjähriger zwischen 12 und 15 Jahren darf in irgendeinem Fabrikbetrieb mehr als täglich 11 Stunden oder vor 5 Uhr morgens oder nach 7½ Uhr abends beschäftigt werden.“ („Revised Statutes of the State of Rhode Island etc.“, ch. 139, § 23, 1st July 1857.)

117 „Sophisms of Free Trade“, 7th edit., Lond, 1850, p. 205. Derselbe Tory gibt übrigens zu: „Parlamentsakte, die die Arbeitslöhne gegen die Arbeiter zugunsten der Arbeitsanwender regulierten, währten für die lange Periode von 164 Jahren. Die Bevölkrung wuchs. Diese Gesetze wurden nun überflüssig und lästig.“ (l.c.p. 206.)

118 J. Wade bemerkt mit Recht in bezug auf dies Statut: „Aus dem Statut von 1496 geht hervor, daß die Nahrung als Äquivalent für ½ des Einkommens eines Handwerkers und ½ des Einkommens eines Agrikulturarbeiters galt, und dies zeigt eine größere Stufe von Unabhängigkeit unter den Arbeitern an, als jetzt vorherrscht, wo die Nahrung der Arbeiter in Agrikultur und Manufaktur ein viel höheres Verhältnis zu ihren Löhnen bildet.“ (J. Wade, l.c.p. 24, 25 und 577.) Die Meinung, als sei diese Differenz etwa der Differenz im Preisverhältnis zwischen Nahrungsmitteln und Kleidungsstücken, jetzt und damals, geschuldet, widerlegt der oberflächlichste Blick auf „Chronicon Preciosum etc.“ By Bishop Fleetwood, 1st edit., London 1707, 2nd edit., London 1745.

Pfennige) vom Lohn abgehn. In der Praxis jedoch war das Verhältnis den Arbeitern viel günstiger als im Statutenbuch. Der Vater der politischen Ökonomie und gewissermaßen der Erfinder der Statistik, William Petty, sagt in einer Schrift, die er im letzten Drittel des 17. Jahrhunderts veröffentlichte:

> „Arbeiter" (labouring men, eigentlich damals Ackerbauarbeiter) „arbeiten 10 Stunden täglich und nehmen wöchentlich 20 Mahlzeiten ein, nämlich an Arbeitstagen täglich drei und an Sonntagen zwei; woraus man klärlich sieht, daß, wenn sie an Freitagabenden fasten wollten und in anderthalb Stunden zu Mittag speisen wollten, während sie jetzt zu dieser Mahlzeit zwei Stunden brauchen, von 11 bis 1 Uhr morgens, wenn sie also $^1/_{20}$ mehr arbeiteten und $^1/_{20}$ weniger verzehrten, das Zehntel der oben erwähnten Steuer aufbringbar wäre."[119]

Hatte Dr. Andrew Ure nicht recht, die Zwölfstundenbill von 1833 als Rückgang in die Zeiten der Finsternis zu verschreien? Allerdings gelten die in den Statuten und von Petty erwähnten Bestimmungen auch für „apprentices" (Lehrlinge). Wie es aber noch Ende des 17. Jahrhunderts mit der Kinderarbeit stand, ersieht man aus folgender Klage:

> „Unser Jugend, hier in England, treibt gar nichts bis zu der Zeit, wo sie Lehrlinge werden, und dann brauchen sie natürlich lange Zeit – sieben Jahre –, um sich zu vollkommnen Handwekern zu bilden."

Deutschland wird dagegen gerühmt, weil dort die Kinder von der Wiege auf wenigstens zu „ein bißchen Beschäftigung erzogen werden"[120].

---

119 W. Petty, „Political Anatomy of Ireland 1672", edit. 1691, p. 10.

120 „A Discourse on the Necessity of Encouraging Mechanick Industy", London 1690, p. 13. Macaulay, der die englische Geschichte im Whig- und Bourgeoisinteresse zurechtgefälscht hat, deklamiert, wie folgt: „Die Praxis, Kinder vorzeitig an die Arbeit zu setzen, herrschte im 17. Jahrhundert in einem für den damaligen Zustand der Industrie fast unglaublichen Grad vor. Zu Norwich, dem Hauptsitz der Wollindustrie, wurde ein Kind von 6 Jahren für arbeitsfähig gehalten. Verschiedne Schriftsteller jener Zeit und darunter manche, die als außerordentliche wohlgesinnt betrachtet wurden, erwähnen mit ‚Exultation' (Entzücken) die Tatsache, daß in dieser Stadt allein Knaben und Mädchen einen Reichtum schaffen, der über ihren eignen Unterhalt hinaus 12.000 Pfd. St. in einem Jahr betrug. Je genauer wir die Geschichte der Vergangenheit untersuchen, desto mehr Grund finden wir, die Ansicht derer zu verwerfen, die unser Zeitalter für fruchtbar an neuen sozialen Übeln halten. Das, was neu ist, ist die Intelligenz, die die Übel entdeckt, und die Humanität, die sie heilt." („History of England", v. I, p. 417.) Macaulay hätte weiter berichten können, daß „außerordentlich wohlgesinnte" amis du commerce im 17. Jahrhundert mit „Exultation" erzählen, wie in einem Armenhaus in Holland ein Kind von 4 Jahren beschäftigt wurde, und daß dies Beispiel der „vertu mise en pratique" in allen Schriften von Humanitären à la Macaulay Muster passiert bis zur Zeit A. Smiths. Es ist richtig, daß mit dem Aufkommen der Manufaktur, im Unterschied zum Handwerk, sich Spuren der Kinderexploitation zeigen, die von jeher bis zu einem gewissen Grad bei den Bauern existiert und um so ent-

Noch während des größten Teils des 18. Jahrhunderts, bis zur Epoche der großen Industrie, war es dem Kapital in England nicht gelungen, durch Zahlung des wöchentlichen Werts der Arbeitskraft sich der ganzen Woche des Arbeiters, Ausnahme bilden jedoch die Agrikulturarbeiter, zu bemächtigen. Der Umstand, daß sie eine ganze Woche mit dem Lohn von 4 Tagen leben konnten, schien den Arbeitern kein hinreichender Grund, auch die andren zwei Tage für den Kapitalisten zu arbeiten. Eine Seite der englischen Ökonomen denunzierte im Dienst des Kapitals diesen Eigensinn aufs wütendste, eine andre Seite verteidigte die Arbeiter. Hören wir z. B. die Polemik zwischen Postlethwayt, dessen Handels-Diktionär damals denselben Ruf genoß wie heutzutage ähnliche Schriften von MacCulloch und MacGregor, und dem früher zitierten Verfasser des „Essay on Trade and Commerce“[121].

Postlethwayt sagt u. a.:

> „Ich kann diese wenigen Bemerkungen nicht abschließen, ohne Notiz zu nehmen von der trivialen Redensart in dem Munde zu vieler, daß, wenn der Arbeiter (industrious poor) in 5 Tagen genug erhalten kann, um zu leben, er nicht volle 6 Tage arbeiten will. Daher schließen sie auf die Notwendigkeit, selbst die notwendigen Lebensmittel durch Steuern oder irgendwelche andre Mittel zu verteuern, um den Handwerker und Manufakturarbeiter zu unausgesetzter sechstägiger Arbeit in der Woche zu zwingen. Ich muß um die Erlaubnis bitten, andrer Meinung zu sein als diese großen Politiker, welche für die beständige Sklaverei der Arbeiterbevölkerung dieses Königreichs (the perpetual slavery of the working people) die Lanze einlegen; sie vergessen das Sprichwort ‚all work and no play‘ (nur Arbeit und kein Spiel) macht dumm. Brüsten sich die Engländer nicht mit der Genialität und Gewandtheit ihrer Handwerker und Manufakturarbeiter, die bisher den britischen Waren allgemeinen Kredit und Ruf verschafft haben? Wel-

---

wickelter, je härter das Joch, das auf dem Landmann lastet. Die Tendenz des Kapitals ist unverkennbar, aber die Tatsachen selbst stehn noch so vereinzelt wie die Erscheinung zweiköpfiger Kinder. Sie wurden daher mit „Exultation“, als besonders merkwürdig und bewundernswert, von ahnungsvollen „amis du commerce“ für Mit- und Nachwelt aufgezeichnet und zur Nachahmung empfohlen. Derselbe schottische Sykophant und Schönredner Macaulay sagt: „Man höre heute nur von Rückschritt und sehe nur Fortschritt.“ Was für Augen und namentlich was für Ohren!

[121] Unter den Anklägern der Arbeiter ist der grimmigste der im Text erwähnte anonyme Verfasser von: „An Essay on Trade and Commerce: containing Observations on Taxation etc.“, London 1770. Schon früher in seiner Schrift „Consideration on Taxes“, London 1765. Auch Polonius Arthur Young, der unsägliche statistische Schwätzer, folgt in derselben Linie. Unter den Verteidigern der Arbeiter stehn oben an: Jacob Vanderlint in „Money answers all things“, London 1734, Rev. Nathaniel Forster, D. D. in „An Enquiry into the Causes of the Present Price of Provisions“, London 1767, Dr. Price, und namentlich auch Postlethwayt, sowohl in einem Supplement zu seinem „Universal Dictionary of Trade and Commerce“ als in „Great-Britain's Commercial Interest explained and improved“, 2nd edit., Lond. 1759. Die Tatsachen selbst findet man bei vielen andren gleichzeitigen Schriftstellern konstatiert, u. a. bei Josiah Tucker.

chem Umstand war dies geschuldet? Wahrscheinlich keinem andren als der Art und Weise, wie unser Arbeitsvolk, eigenlaunig, sich zu zerstreuen weiß. Wären sie gezwungen, das ganze Jahr durchzuarbeiten, alle sechs Tage in der Woche, in steter Wiederholung desselben Werkes, würde das nicht ihre Genialität abstumpfen und sie dumm-träg statt munter und gewandt machen; und würden unsre Arbeiter infolge solcher ewigen Sklaverei ihren Ruf nicht verlieren statt erhalten? ... Welche Art Kunstgeschick könnten wir erwarten von solch hart geplackten Tieren (hard driven animals)? ... Viele von ihnen verrichten soviel Arbeit in 4 Tagen als ein Franzose in 5 oder 6. Aber wenn Engländer ewige Schanzarbeiter sein sollen, so steht zu fürchten, daß sie noch unter die Franzosen entarten (degenerate) werden. Wenn unser Volk wegen seiner Tapferkeit im Krieg berühmt ist, sagen wir nicht, daß dies einerseits dem guten englischen Roastbeef und Pudding in seinem Leibe, andrerseits nicht minder unsrem konstitutionellen Geiste der Freiheit geschuldet ist? Und warum sollte die größere Genialität, Energie und Gewandtheit unsrer Handwerker und Manufakturarbeiter nicht der Freiheit geschuldet sein, womit sie sich in ihrer eignen Art und Weise zerstreuen? Ich hoffe, sie werden nie wieder diese Privilegien verlieren, noch das gute Leben, woraus ihre Arbeitstüchtigkeit und ihr Mut gleichmäßig herstammen!"[122]

Darauf antwortet der Verfasser des „Essay on Trade and Commerce":

„Wenn es für eine göttliche Einrichtung gilt, den siebenten Tag der Woche zu feiern, so schließt dies ein, daß die andren Wochentage der Arbeit" (er meint dem Kapital, wie man gleich sehen wird) „angehören, und es kann nicht grausam gescholten werden, dies Gebot Gottes zu erzwingen ... Daß die Menschheit im allgemeinen von Natur zur Bequemlichkeit und Trägheit neigt, davon machen wir die fatale Erfahrung im Betragen unsres Manufakturpöbels, der durchschnittlich nicht über 4 Tage die Woche arbeitet, außer im Fall einer Teuerung der Lebensmittel ... Gesetzt, ein Bushel Weizen repräsentiere alle Lebensmittel des Arbeiters, koste 5 sh., und der Arbeiter verdiene einen Schilling täglich durch seine Arbeit. Dann braucht er bloß 5 Tage in der Woche zu arbeiten; nur 4, wenn der Bushel 4 sh. beträgt ... Da aber der Arbeitslohn in diesem Königreich viel höher steht, verglichen mit dem Preise der Lebensmittel, so besitzt der Manufakturarbeiter, der 4 Tage arbeitet, einen Geldüberschuß, womit er während des Rests der Woche müßig lebt ... Ich hoffe, ich habe genug gesagt, um klarzumachen, daß mäßige Arbeit während 6 Tagen in der Woche keine Sklaverei ist. Unsre Agrikulturarbeiter tun dies und, allem Anscheine nach, sind sie die Glücklichsten unter den Arbeitern (labouring poor)[123], aber die Holländer tun es in den Manufakturen und scheinen ein sehr glückliches Volk. Die Franzosen tun es, soweit nicht die vielen

[122] Postlethwayt, l.c., „First Preliminary Discourse", p. 14.

[123] „An Essay etc." Er selbst erzählt p. 96, worin schon 1770 „das Glück" der englischen Agrikulturarbeiter bestand. „Ihre Arbeitskräfte (their working powers) sind stets auf das äußerste angespannt (on the stretch); sie können nicht schlechter leben, als sie tun (they cannot live cheaper than they do), noch härter arbeiten (nor work harder)."

Feiertage dazwischenkommen[124] ... Aber unser Pöbel hat sich die fixe Idee in den Kopf gesetzt, daß ihm als Engländer durch das Recht der Geburt das Privilegium zukommt, freier und unabhängiger zu sein als" (das Arbeitervolk) „in irgendeinem andren Lande von Europa. Nun, diese Idee, soweit sie auf die Tapferkeit unsrer Soldaten einwirkt, mag von einigem Nutzen sein; aber je weniger die Manufakturarbeiter davon haben, desto besser für sie selbst und den Staat. Arbeiter sollten sich nie für unabhängig von ihren Vorgesetzten (independent of their superiors) halten ... Es ist außerordentlich gefährlich, mobs in einem kommerziellen Staat, wie dem unsrigen, zu encouragieren, wo vielleicht 7 Teile von den 8 der Gesamtbevölkrung Leute mit wenig oder keinem Eigentum sind[125] ... Die Kur wird nicht vollständig sein, bis unsre industriellen Armen sich bescheiden, 6 Tage für dieselbe Summe zu arbeiten, die sie nun in 4 Tagen verdienen."[126]

Zu diesem Zwecke, wie zur „Ausrottung der Faulenzerei, Ausschweifung und romantischen Freiheitsduselei", ditto „zur Minderung der Armentaxe, Förderung des Geistes der Industrie und Herabdrückung des Arbeitspreises in den Manufakturen", schlägt unser treuer Eckart des Kapitals das probate Mittel vor, solche Arbeiter, die der öffentlichen Wohltätigkeit anheimfallen, in einem Wort, Paupers, einzusperren in ein „ideales Arbeitshaus" (an ideal Workhouse). „Ein solches Haus muß zu einem Hause des Schreckens (House of Terror) gemacht werden."[127] In diesem „Hause des Schreckens", diesem „Ideal von einem Workhouse", soll gearbeitet werden „14 Stunden täglich mit Einbegriff jedoch der passenden Mahlzeiten, so daß volle 12 Arbeitsstunden übrigbleiben"[128]

Zwölf Arbeitsstunden täglich im „Ideal-Workhouse", im Hause des Schrekkens von 1770! Dreiundsechzig Jahre später, 1833, als das englische Parlament in vier Fabrikzweigen den Arbeitstag für Kinder von 13 bis 18 Jahren auf 12 volle Arbeitsstunden herabsetzte, schien der Jüngste Tag der englischen Industrie angebrochen! 1852, als L. Bonaparte bürgerlich Fuß zu fassen suchte durch Rütteln am gesetzlichen Arbeitstag, schrie das französische Arbeitervolk aus einem Munde: „Das Gesetz, das den Arbeitstag auf 12 Stunden verkürzt, ist das

---

[124] Der Protestantismus spielt schon durch seine Verwandlung fast aller traditionellen Feiertage in Werktage eine wichtige Rolle in der Genesis des Kapitals.

[125] „An Essay etc.", p. 41, 15, 96, 97, 55, 56, 57.

[126] l.c.p. 69. Jacob Vanderlint erklärte schon 1734, das Geheimnis der Kapitalistenklage über die Faulenzerei des Arbeitervolks sei einfach, daß sie für denselben Lohn 6 statt 4 Arbeitstage beanspruchten.

[127] „An Essay etc.", p.242, 243: „Such ideal workhouse must be made a ‚House of Terror', und nicht zu einem Asyl für die Armen, wo sie reichlich zu essen bekommen, warm und anständig gekleidet werden sollen und sie nur wenig arbeiten."

[128] „In this ideal workhouse the poor shall work 14 hours in a day, allowing proper time for meals, in such manner that there shall remain 12 hours of neat labour." (l.c. p. 260.) „Die Franzosen", sagt er, „lachen über unsre enthusiastischen Ideen von Freiheit." (l.c. p.78.)

einzige Gut, das uns von der Gesetzgebung der Republik blieb!"[129] In Zürich ist die Arbeit von Kindern über 10 Jahren auf 12 Stunden beschränkt; im Aargau wurde 1862 die Arbeit von Kindern zwischen 13 und 16 Jahren von $12^1/_2$ Stunden reduziert, in Östreich 1860 für Kinder zwischen 14 und 16 Jahren ditto auf 12 Stunden.[130] Welch ein „Fortschritt seit 1770", würde Macaulay „mit Exultation" aufjauchzen!

Das „Haus des Schreckens" für Paupers, wovon die Kapitalseele 1770 noch träumte, erhob sich wenige Jahre später als riesiges „Arbeitshaus" für die Manufakturarbeiter selbst. Es hieß Fabrik. Und diesmal erblaßte das Ideal vor der Wirklichkeit.

6. Der Kampf um den Normalarbeitstag. Zwangsgesetzliche Beschränkung der Arbeitszeit. Die englische Fabrikgesetzgebung von 1833-1864

Nachdem das Kapital Jahrhunderte gebraucht, um den Arbeitstag bis zu seinen normalen Maximalgrenzen und dann über diese hinaus, bis zu den Grenzen des natürlichen Tags von 12 Stunden zu verlängern[131], erfolgte nun, seit der Geburt

---

[129] „Sie widersetzten sich besonders deshalb einer Arbeit von mehr als den 12 Stunden täglich, weil das Gesetz, das diese Stundenzahl festsetzte, das einzige Gut ist, was ihnen von der Gesetzgebung der Republik übrigbleibt." („Rep. of Insp. of Fact. 31st Octob. 1855", p.80.) Das französische Zwölfstundengesetz vom 5. September 1850, eine verbürgerlichte Ausgabe des Dekrets der provisorischen Regierung vom 2. März 1848, erstreckt sich auf alle Ateliers ohne Unterschied. Vor diesem Gesetz war der Arbeitstag in Frankreich unbeschränkt. Er währte in den Fabriken 14, 15 und mehr Stunden. Siehe „Des classes ouvrières en France, pendant l'année 1848. Par M. Blanqui". Herr Blanqui, der Ökonom, nicht der Revolutionär, war von Regierungs wegen mit der Enquete über die Arbeiterzustände betraut.

[130] Belgien bewährt sich auch mit Bezug auf die Regulation des Arbeitstags als bürgerlicher Musterstaat. Lord Howard de Walden, englischer Bevollmächtigter in Brüssel, berichtet dem Foreign Office d.d. 12. Mai 1862: „Der Minister Rogier erklärte mir, daß weder ein allgemeines Gesetz noch Lokalregulationen die Kinderarbeit irgendwie beschränken; daß die Regierung sich während der letzten 3 Jahre in jeder Sitzung mit dem Gedanken trug, den Kammern ein Gesetz über den Gegenstand vorzulegen, daß sie aber stets ein unüberwindliches Hindernis fand an der eifersüchtigen Angst gegen irgendwelche Gesetzgebung im Widerspruch mit dem Prinzip vollkommner Freiheit der Arbeit"!

[131] „Es ist sicher sehr bedauerlich, daß irgendeine Klasse von Personen 12 Stunden täglich sich abplacken muß. Rechnet man die Mahlzeiten zu und die Zeit, um zu und von der Werkstatt zu gehn, so beträgt dies in der Tat 14 von den 24 Tagesstunden ... Abgesehn von der Gesundheit, wird niemand, ich hoffe, anstehn zuzugeben, daß vom moralischen Gesichtspunkt eine so gänzliche Absorption der Zeit der arbeitenden Klassen, ohne Unterlaß, vom frühen Alter von 13 Jahren, und in den ‚freien' Industriezweigen selbst von viel frührem Alter an, außerordentlich schädlich und ein furchtbares Übel ist ... Im Interesse der öffentlichen Moral, für die Aufziehung einer tüchtigen Bevölkrung, und um der großen Masse des Volks einen vernünftigen Lebensgenuß zu verschaffen, muß darauf gedrungen werden, daß in allen Geschäftszwei-

der großen Industrie im letzten Drittel des 18. Jahrhunderts, eine lawinenartig gewaltsame und maßlose Überstürzung. Jede Schranke von Sitte und Natur, Alter und Geschlecht, Tag und Nacht, wurde zertrümmert. Selbst die Begriffe von Tag und Nacht, bäuerlich einfach in den alten Statuten, verschwammen so sehr, daß ein englischer Richter noch 1860 wahrhaft talmudistischen Scharfsinn aufbieten mußte, um „urteilskräftig" zu erklären, was Tag und Nacht sei.[132] Das Kapital feierte seine Orgien. Sobald die vom Produktionslärm übertölpelte Arbeiterklasse wieder einigermaßen zur Besinnung kam, begann ihr Widerstand, zunächst im Geburtsland der großen Industrie, in England. Während drei Dezennien jedoch blieben die von ihr ertrotzten Konzessionen rein nominell. Das Parlament erließ 5 Arbeits-Akte von 1802 bis 1833, war aber so schlau, keinen Pfennig für ihre zwangsmäßige Ausführung, das nötige Beamtenpersonal usw. zu votieren.[133] Sie blieben ein toter Buchstabe.

> „Die Tatsache ist, daß vor dem Akt von 1833 Kinder und junge Personen abgearbeitet wurden (were worked) die ganze Nacht, den ganzen Tag, oder beide ad libitum."[134]

Erst seit dem Fabrikakt von 1833 – umfassend Baumwoll-, Wolle-, Flachs- und Seidenfabriken – datiert für die moderne Industrie ein Normalarbeitstag. Nichts charakterisiert den Geist des Kapitals besser als die Geschichte der englischen Fabrikgesetzgebung von 1833 bis 1864!

Das Gesetz von 1833 erklärt, der gewöhnliche Fabrikarbeitstag solle beginnen um halb 6 Uhr morgens und enden halb 9 Uhr abends, und innerhalb dieser Schranken, einer Periode von 15 Stunden, solle es gesetzlich sein, junge Personen (d. h. Personen zwischen 13 und 18 Jahren) zu irgendeiner Zeit des Tags anzuwenden, immer vorausgesetzt, daß ein und dieselbe junge Person nicht mehr als 12 Stunden innerhalb eines Tags arbeite, mit Ausnahme gewisser spe-

---

gen ein Teil jedes Arbeitstags reserviert werde für Erholung und Muße." (Leonard Horner in „Reports of Insp. of Fact. 31st Dec. 1841".)

[132] Sieh „Judgment of Mr. J. H. Otway, Belfast, Hilary Sessions, Couty Antrim 1860".

[133] Sehr charakteristisch ist es für das Regime Louis-Philippes, des roi bourgeois, daß das einzige unter ihm erlassenen Fabrikgesetz vom 22. März 1841 niemals durchgeführt worden ist. Und dies Gesetz betrifft nur Kinderarbeit. Es setzt 8 Stunden für Kinder zwischen 8 und 12, zwölf Stunden für Kinder zwischen 12 und 16 Jahren usw. fest, mit vielen Ausnahmen, welche die Nachtarbeit selbst für Achtjährige erlauben. Überwachung und Erzwingung des Gesetzes blieben in einem Lande, wo jede Maus polizeilich administriert wird, dem guten Willen der „amis du commerce" überlassen. Erst seit 1853 gibt es in einem einzigen Departement, dem Departement du Nord, einen bezahlten Regierungsinspektor. Nicht minder charakteristisch für die Entwicklung der französischen Gesellschaft überhaupt ist es, daß Louis-Philippes Gesetz bis zur Revolution von 1848 einzig dastand in der alles umspinnenden französischen Gesetzfabrik!

[134] „Rep. of Insp. of Fact. 30th April 1860", p. 50

ziell vorgesehner Fälle. Die 6. Sektion des Akts bestimmt, „daß im Laufe jedes Tags jeder solchen Person von beschränkter Arbeitszeit mindestens $1^1/_2$ Stunden für Mahlzeiten eingeräumt werden sollen". Die Anwendung von Kindern unter 9 Jahren, mit später zu erwähnender Ausnahme, ward verboten, die Arbeit der Kinder von 9 bis 13 Jahren auf 8 Stunden täglich beschränkt. Nachtarbeit, d. h. nach diesem Gesetz, Arbeit zwischen halb 9 Uhr abends und halb 6 Uhr morgens, ward verboten für alle Personen zwischen 9 und 18 Jahren.

Die Gesetzgeber waren so weit entfernt, die Freiheit des Kapitals in Aussaugung der erwachsnen Arbeitskraft oder, wie sie es nannten, „die Freiheit der Arbeit" antasten zu wollen, daß sie ein eignes System ausheckten, um solcher haarsträubenden Konsequenz des Fabrikakts vorzubeugen.

> „Das große Übel des Fabriksystems, wie es gegenwärtig eingerichtet ist", heißt es im ersten Bericht des Zentralrats der Kommission vom 25. Juni 1833, „besteht darin, daß es die Notwendigkeit schafft, die Kinderarbeit zur äußersten Länge des Arbeitstags der Erwachsnen auszudehnen. Das einzige Heilmittel für dies Übel, ohne Beschränkung der Arbeit der Erwachsnen, woraus ein Übel entspringen würde, größer als das, dem vorgebeugt werden soll, scheint der Plan, doppelte Reihen von Kindern zu verwenden."

Unter dem Namen Relaissystem („System of Relays"; Relay heißt im Englischen wie im Französischen: das Wechseln der Postpferde auf verschiednen Stationen) wurde daher dieser „Plan" ausgeführt, so daß z. B. von halb 6 Uhr morgens bis halb 2 Uhr nachmittags eine Reihe von Kindern zwischen 9 und 13 Jahren, von halb 2 Uhr nachmittags bis halb 9 Uhr abends eine andre Reihe vorgespannt wird usw.

Zur Belohnung dafür, daß die Herren Fabrikanten alle während der letzten 22 Jahre erlaßnen Gesetze über Kinderarbeit aufs frechste ignoriert hatten, ward ihnen jetzt aber auch die Pille vergoldet. Das Parlament bestimmte, daß nach dem 1. März 1834 kein Kind unter 11 Jahren, nach dem 1. März 1835 kein Kind unter 12 Jahren und nach dem 1. März 1836 kein Kind unter 13 Jahren über 8 Stunden in einer Fabrik arbeiten solle! Dieser für das „Kapital" so schonungsvolle „Liberalismus" war um so anerkennenswerter, als Dr. Farre, Sir A. Carlisle, Sir B. Brodie, Sir C. Bell, Mr. Guthrie usw., kurz die bedeutendsten physicians und surgeons Londons in ihren Zeugenaussagen vor dem Unterhaus erklärt hatten, daß periculum in mora! Dr. Farre drückte sich noch etwas gröber dahin aus:

> „Gesetzgebung ist gleich notwendig für die Vorbeugung des Tods in allen Formen, worin er vorzeitig angetan werden kann, und sicher dieser" (der Fabrikmodus) „muß als eine der grausamsten Methoden, ihn anzutun, betrachtet werden."[135]

[135] „Legislation is equally necessary for the prevention of death, in any form in which it can be prematurely inflicted, and certainly this must be viewed as a most cruel mode of inflicting it."

Dasselbe „reformierte" Parlament, das aus Zartsinn für die Herrn Fabrikanten Kinder unter 13 Jahren noch jahrelang in die Hölle 72stündiger Fabrikarbeit per Woche festbannte, verbot dagegen in dem Emanzipationsakt, der auch die Freiheit tropfenweise eingab, von vornherein den Pflanzern, irgendeinen Negersklaven länger als 45 Stunden per Woche abzuarbeiten!

Aber keineswegs gesühnt, eröffnete das Kapital jetzt eine mehrjährige und geräuschvolle Agitation. Sie drehte sich hauptsächlich um das Alter der Kategorien, die unter dem Namen Kinder auf achtstündige Arbeit beschränkt und einem gewissen Schulzwang unterworfen worden waren. Nach der kapitalistischen Anthropologie hörte das Kindesalter im 10. oder, wenn es hoch ging, im 11. Jahre auf. Je näher der Termin der vollen Ausführung des Fabrikakts, das verhängnisvolle Jahr 1836 rückte, um so wilder raste der Fabrikantenmob. Es gelang ihm in der Tat, die Regierung so weit einzuschüchtern, daß sie 1835 den Termin des Kindesalters von 13 auf 12 Jahre herabzusetzen vorschlug. Indes wuchs die pressure form without drohend an. Der Mut versagte dem Unterhause. Es verweigerte, Dreizehnjährige länger als 8 Stunden täglich unter das Juggernaut-Rad des Kapitals zu werfen, und der Akt von 1833 trat in volle Wirkung. Er blieb unverändert bis Juni 1844.

Während des Dezenniums, worin er erst teilweise, dann ganz die Fabrikarbeit regulierte, strotzen die offiziellen Berichte der Fabrikinspektoren von Klagen über die Unmöglichkeit seiner Ausführung. Da das Gesetz von 1833 es nämlich den Herrn vom Kapital freistellte, in der fünfzehnstündigen Periode von halb 6 Uhr morgens bis halb 9 Uhr abends jede „junge Person" und jedes „Kind" zu irgend beliebiger Zeit die zwölf-, respektive die achtstündige Arbeit beginnen, unterbrechen, enden zu lassen, und ebenso den verschiednen Personen verschiedne Stunden der Mahlzeiten anzuweisen, fanden die Herrn bald ein neues „Relaissystem" aus, wonach die Arbeitspferde nicht an bestimmten Stationen gewechselt, sondern an wechselnden Stationen stets wieder von neuem vorgespannt werden. Wir verweilen nicht weiter bei der Schönheit dieses Systems, da wir später darauf zurückkommen müssen. So viel ist aber auf den ersten Blick klar, daß es den ganzen Fabrikakt nicht nur seinem Geist, sondern auch seinem Buchstaben nach aufhob. Wie sollten die Fabrikinspektoren bei dieser komplizierten Buchführung über jedes einzelne Kind und jede junge Person die gesetzlich bestimmte Arbeitszeit und die Gewährung der gesetzlichen Mahlzeiten erzwingen? In einem großen Teil der Fabriken blühte der alte brutale Unfug bald wieder ungestraft auf. In einer Zusammenkunft mit dem Minister des Innern (1844) bewiesen die Fabrikinspektoren die Unmöglichkeit jeder Kontrolle unter dem neuausgeheckten Relaissystem.[136] Unterdes hatten sich aber die Umstände sehr geändert. Die Fabrikarbeiter, namentlich seit 1838, hatten die Zehnstundenbill zu ihrem ökonomischen, wie die Charter zu

[136] „Rep. of Insp. of Fact. 31st October 1849", p. 6.

ihrem politischen Wahlaufruf gemacht. Ein Teil der Fabrikanten selbst, der den Fabrikbetrieb dem Akt von 1833 gemäß geregelt hatte, überwarf das Parlament mit Denkschriften über die unsittliche „Konkurrenz" der „falschen Brüder", denen größere Frechheit oder glücklichere Lokalumstände den Gesetzesbruch erlaubten. Zudem, wie sehr immerhin der einzelne Fabrikant der alten Raubgier den Zügel frei schießen lassen mochte, die Wortführer und politischen Leiter der Fabrikantenklasse geboten eine veränderte Haltung und veränderte Sprache gegenüber den Arbeitern. Sie hatten den Feldzug zur Abschaffung der Korngesetze eröffnet und bedurften der Hilfe der Arbeiter zum Siege! Sie versprachen daher nicht nur Verdopplung des Laibes Brot, sondern Annahme der Zehnstundenbill unter dem tausendjährigen Reich des Free Trade.[137] Sie durften also um so weniger eine Maßregel bekämpfen, die nur den Akt von 1833 zur Wahrheit machen sollte. In ihrem heiligsten Interesse, der Grundrente, bedroht, donnerten endlich die Tories entrüstet philanthropisch über die „infamen Praktiken"[138] ihrer Feinde.

So kam der zusätzliche Fabrikakt vom 7. Juni 1844 zustande. Er trat am 10. September 1844 in Wirkung. Er gruppiert eine neue Kategorie von Arbeitern unter die Beschützten, nämlich die Frauenzimmer über 18 Jahre. Sie wurden in jeder Rücksicht den jungen Personen gleichgesetzt, ihre Arbeitszeit auf 12 Stunden beschränkt, Nachtarbeit ihnen untersagt usw. Zum erstenmal sah sich die Gesetzgebung also gezwungen, auch die Arbeit Volljähriger direkt und offiziell zu kontrollieren. In dem Fabrikbericht von 1844/1845 heißt es ironisch:

> „Es ist kein einziger Fall zu unsrer Kenntnis gekommen, wo erwachsne Weiber sich über diesen Eingriff in ihre Rechte beschwert hätten."[139]

Die Arbeit von Kindern unter 13 Jahren wurde auf $6^1/_2$ und, unter gewissen Bedingungen, 7 Stunden täglich reduziert.[140]

Um die Mißbräuche des falschen „Relaisystems" zu beseitigen, traf das Gesetz u. a. folgende wichtige Detailbestimmungen:

> „Der Arbeitstag für Kinder und junge Personen ist von der Zeit an zu zählen, wo irgendein Kind oder eine junge Person des Morgens in der Fabrik zu arbeiten anfängt."

---

137 „Rep. of Insp. of Fact. 31st October 1848", p. 98.

138 Übrigens braucht Leonard Horner den Ausdruck „nefarious practices" offiziell. („Reports of Insp. of Fact. 31st October 1859", p. 7.)

139 „Rep. etc. for 30th Sept. 1844", p. 15.

140 Der Akt erlaubt, Kinder 10 Stunden anzuwenden, wenn sie nicht Tag nach Tag, sondern nur einen Tag über den andren arbeiten. Im ganzen blieb diese Klausel wirkungslos.

So daß, wenn A z. B. um 8 Uhr morgens die Arbeit beginnt und B um 10 Uhr, der Arbeitstag dennoch für B zur selben Stunde enden muß wie für A. Der Anfang des Arbeitstags soll angezeigt werden durch eine öffentliche Uhr, z. B. die nächste Eisenbahnuhr, wonach die Fabrikglocke zu richten. Der Fabrikant hat eine großgedruckte Notiz in der Fabrik aufzuhängen, worin Anfang, Ende, Pausen des Arbeitstags angegeben sind. Kinder, die ihre Arbeit des Vormittags vor 12 Uhr beginnen, dürfen nicht wieder nach 1 Uhr mittags verwandt werden. Die Nachmittagsreihe muß also aus andren Kindern bestehn als die Vormittagsreihe. Die $1^1/_2$ Stunden für Mahlzeit müssen allen beschützten Arbeitern zu denselben Tagesperioden eingeräumt werden, eine Stunde wenigstens vor 3 Uhr nachmittags. Kinder oder junge Personen dürfen nicht länger als 5 Stunden vor 1 Uhr mittags verwandt werden, ohne eine mindestens halbstündige Pause für Mahlzeit. Kinder, junge Personen oder Frauenzimmer dürfen während keiner Mahlzeit in einer Fabrikstube bleiben, worin irgendein Arbeitsprozeß vorgeht usw.

Man hat gesehn: Diese minutiösen Bestimmungen, welche die Periode, Grenzen, Pausen der Arbeit so militärisch uniform nach dem Glockenschlag regeln, waren keineswegs Produkte parlamentarischer Hirnweberei. Sie entwickelten sich allmählich aus den Verhältnissen heraus, als Naturgesetze der modernen Produktionsweise. Ihre Formulierung, offizielle Anerkennung und staatliche Proklamation waren Ergebnis langwieriger Klassenkämpfe. Eine ihrer nächsten Folgen war, daß die Praxis auch den Arbeitstag der erwachsenen männlichen Fabrikarbeiter denselben Schranken unterwarf, da in den meisten Produktionsprozessen die Kooperation der Kinder, jungen Personen und Frauenzimmer unentbehrlich. Im großen und ganzen galt daher während der Periode von 1844-1847 der zwölfstündige Arbeitstag allgemein und uniform in allen der Fabrikgesetzgebung unterworfenen Industriezweigen.

Die Fabrikanten erlaubten diesen „Fortschritt" jedoch nicht ohne einen kompensierenden „Rückschritt". Auf ihren Antrieb reduzierte das Unterhaus das Minimalalter der zu verarbeitenden Kinder von 9 Jahren auf 8, zur Sicherung der dem Kapital von Gott und Rechts wegen geschuldeten „additionellen Fabrikkinderzufuhr"[141].

Die Jahre 1846/1847 machen Epoche in der ökonomischen Geschichte Englands. Widerruf der Korngesetze, die Einfuhrzölle auf Baumwolle und andre Rohmaterialien abgeschafft, der Freihandel zum Leitstern der Gesetzgebung erklärt! Kurz, das tausendjährige Reich brach an. Andrerseits erreichten in denselben Jahren Chartistenbewegung und Zehnstundenagitation ihren Höhepunkt. Sie fanden Bundesgenossen in den racheschnaubenden Tories. Trotz des fanatischen Widerstands des wortbrüchigen Freihandelsheers mit Bright und

[141] „Da eine Herabsetzung ihrer Arbeitszeit zur Einstellung einer großen Anzahl" (von Kindern) „führen würde, dachte man, daß die zusätzliche Zufuhr von Kindern im Alter von 8 und 9 Jahren die vermehrte Nachfrage decken würde." (l.c.p. 13.)

Cobden an der Spitze ging die so lang erstrebte Zehnstundenbill durch das Parlament.

Der neue Fabrikakt vom 8. Juni 1847 setzte fest, daß am 1. Juli 1847 eine vorläufige Verkürzung des Arbeitstags der „jungen Personen" (von 13 bis 18 Jahren) und aller Arbeiterinnen auf 11 Stunden, am 1. Mai 1848 aber die definitive Beschränkung auf 10 Stunden eintreten solle. Im übrigen war der Akt nur ein amendierender Zusatz der Gesetze von 1833 und 1844.

Das Kapital unternahm einen vorläufigen Feldzug, um die volle Ausführung des Akts am 1. Mai 1848 zu verhindern. Und zwar sollten die Arbeiter selbst, angeblich durch die Erfahrung gewitzigt, ihr eignes Werk wieder zerstören helfen. Der Augenblick war geschickt gewählt.

> „Man muß sich erinnern, daß infolge der furchtbaren Krise von 1846/1847 großes Leid unter den Fabrikarbeitern vorherrschte, da viele Fabriken nur für kurze Zeit gearbeitet, andre ganz stillgestanden hatten. Eine beträchtliche Anzahl der Arbeiter befand sich daher in drückendster Lage, viele in Schulden. Man konnte daher mit ziemlicher Gewißheit annehmen, daß sie die längere Arbeitszeit vorziehn würden, um die vergangnen Verluste gutzumachen, vielleicht Schulden abzuzahlen oder ihre Möbel aus dem Pfandhaus zu holen oder verkaufte Habseligkeiten zu ersetzen oder neue Kleidungsstücke sich selbst und ihren Familien zu verschaffen."[142]

Die Herrn Fabrikanten suchten die natürliche Wirkung dieser Umstände zu steigern durch eine allgemeine Lohnherabsetzung von 10%. Dies geschah sozusagen zur Einweihungsfeier der neuen Freihandelsära. Dann folgte weitre Herabsetzung um $8^1/_3$%, sobald der Arbeitstag auf 11, und um das Doppelte, sobald er definitiv auf 10 Stunden verkürzt wurde. Wo es daher irgendwie die Verhältnisse zuließen, fand eine Lohnherabsetzung von wenigstens 25% statt.[143] Unter so günstig vorbereiteten Chancen begann man die Agitation unter den Arbeitern für Widerruf des Akts von 1847. Kein Mittel des Betrugs, der Verführung und der Drohung wurde dabei verschmäht, aber alles umsonst. Mit Bezug auf das halbe Dutzend Petitionen, worin die Arbeiter klagen mußten über „ihre Unterdrückung durch den Akt", erklärten die Bittsteller selbst, bei mündlichem Verhör, ihre Unterschriften seien abgenötigt worden. „Sie seien unterdrückt, aber von jemand anders als dem Fabrikakt."[144] Wenn es aber den Fabrikanten nicht

---

142 „Rep. of Insp. of Fact. 31st Oct. 1848", p. 16.

143 „Ich fand, daß man Leuten, die 10 sh. wöchentlich erhalten hatten, 1 sh. abzog auf Rechnung der allgemeinen Lohnherabsetzung von 10% und weitre 1 sh. 6 d. für die Zeitverkürzung, zusammen 2 sh. 6 d., und trotz alledem hielt die Mehrzahl fest an der Zehnstundenbill." (l.c.)

144 „Als ich die Petition unterzeichnete, erklärte ich zugleich, ich tue damit etwas Schlechtes. – Warum habt ihr sie denn unterzeichnet? – Weil man mich im Weigerungsfalle auf das Pflaster geworfen hätte. – Der Bittsteller fühlte sich in der Tat ‚unterdrückt', aber nicht grade durch den Fabrikakt." (l.c.p. 102.)

gelang, die Arbeiter in ihrem Sinn sprechen zu machen, schrien sie selbst nur um so lauter in Presse und Parlament im Namen der Arbeiter. Sie denunzierten die Fabrikinspektoren als eine Art Konventskommissäre, die ihrer Weltverbesserungsgrille den unglücklichen Arbeiter unbarmherzig aufopferten. Auch dies Manöver schlug fehl. Fabrikinspektor Leonard Horner stellte in eigner Person und durch seine Unterinspektoren zahlreiche Zeugenverhöre in den Fabriken Lancashires an. Ungefähr 70% der verhörten Arbeiter erklärten sich für 10 Stunden, eine viel geringere Prozentzahl für 11 und eine ganz unbedeutende Minorität für die alten 12 Stunden.[145] Ein andres „gütliches" Manöver war, die erwachsnen männlichen Arbeiter 12 bis 15 Stunden arbeiten zu lassen und dann diese Tatsache für den besten Ausdruck der proletarischen Herzenswünsche zu erklären. Aber der „unbarmherzige" Fabrikinspektor Leonard Horner war wieder an Ort und Stelle. Die meisten „Überstündigen" sagten aus,

> „sie würden es bei weitem vorziehn, 10 Stunden für geringren Arbeitslohn zu arbeiten, aber sie hätten keine Wahl; so viele von ihnen seien arbeitslos, so viele Spinner gezwungen, als bloße piecers zu arbeiten, daß, wenn sie die längre Arbeitszeit verweigerten, andre sofort ihre Stellen einnehmen würden, so daß die Frage so für sie stehe: entweder die längre Zeit arbeiten oder auf dem Pflaster liegen."[146]

Der vorläufige Feldzug des Kapitals war mißglückt, und das Zehnstundengesetz trat am 1. Mai 1848 in Kraft. Unterdes hatte jedoch das Fiasko der Chartistenpartei, deren Führer eingekerkert und deren Organisation zersprengt, bereits das Selbstvertrauen der englischen Arbeiterklasse erschüttert. Bald darauf vereinigte die Pariser Juni-Insurrektion und ihre blutige Erstickung, wie im kontinentalen Europa so in England, alle Fraktionen der herrschenden Klassen, Grundeigentümer und Kapitalisten, Börsenwölfe und Krämer, Protektionisten und Freihändler, Regierung und Opposition, Pfaffen und Freigeister, junge Huren und alte Nonnen, unter dem gemeinschaftlichen Ruf zur Rettung des Eigentums, der Religion, der Familie, der Gesellschaft! Die Arbeiterklasse wurde überall verfemt, in den Bann getan, unter das „loi des suspects" gestellt. Die Herrn Fabrikanten brauchten sich also nicht zu genieren. Sie brachen in offne Revolte aus nicht nur wider das Zehnstundengesetz, sondern wider die ganze Gesetzgebung, welche seit 1833 die „freie" Aussaugung der Arbeitskraft einigermaßen zu

---

145 l.c.p. 17. In Herrn Horners Distrikt wurden so 10.270 erwachsne männliche Arbeiter in 181 Fabriken verhört. Man findet ihre Aussagen im Appendix des Fabrikreports für das Halbjahr endend Oktober 1848. Diese Zeugenverhöre bieten auch in andrer Beziehung schätzbares Material.

146 l.c. Siehe die von Leonard Horner selbst gesammelten Aussagen Nr. 69, 70, 71, 72, 92, 93 und die von Subinspektor A. gesammelten Nr. 51, 52, 58, 59, 62, 70 des „Appendix". Ein Fabrikant schenkte selbst klaren Wein ein. Siehe Nr. 14 nach Nr. 265 l.c.

zügeln suchte. Es war eine Proslavery Rebellion in Miniatur, während mehr als zwei Jahren durchgeführt mit zynischer Rücksichtslosigkeit, mit terroristischer Energie, beide um so wohlfeiler, als der rebellische Kapitalist nichts riskierte außer der Haut seiner Arbeiter.

Zum Verständnis des Nachfolgenden muß man sich erinnern, daß die Fabrikakte von 1833, 1844 und 1847 alle drei in Rechtskraft, soweit der eine nicht den andren amendiert; daß keiner derselben den Arbeitstag des männlichen Arbeiters über 18 Jahre beschränkt und daß seit 1833 die fünfzehnstündige Periode von halb 6 Uhr morgens bis halb 9 Uhr abends der gesetzliche „Tag" blieb, innerhalb dessen erst die zwölf-, später die zehnstündige Arbeit der jungen Personen und Frauenzimmer unter den vorgeschriebnen Bedingungen zu verrichten war.

Die Fabrikanten begannen hie und da mit Entlassung eines Teils, manchmal der Hälfte, der von ihnen beschäftigten jungen Personen und Arbeiterinnen und stellten dagegen die fast verschollne Nachtarbeit unter den erwachsnen männlichen Arbeitern wieder her. Das Zehnstundengesetz, riefen sie, lasse ihnen keine andre Alternative![147]

Der zweite Schritt bezog sich auf die gesetzlichen Pausen für Mahlzeiten. Hören wir die Fabrikinspektoren.

> „Seit der Beschränkung der Arbeitsstunden auf 10 behaupten die Fabrikanten, obgleich sie praktisch ihre Ansicht noch nicht bis zur letzten Konsequenz durchführen, daß, wenn z. B. von 9 Uhr morgens bis 7 Uhr abends gearbeitet wird, sie den gesetzlichen Vorschriften genug tun, indem sie eine Stunde für Mahlzeit vor 9 Uhr morgens und eine halbe Stunde nach 7 Uhr abends, also 1 $^1/_2$ Stunden für Mahlzeiten geben. In einigen Fällen erlauben sie jetzt eine halbe oder ganze Stunde für Mittagessen, bestehn aber zugleich darauf, sie seien durchaus nicht verpflichtet, irgendeinen Teil der $1^1/_2$ Stunden im Lauf des zehnstündigen Arbeitstags einzuräumen."[148]

Die Herrn Fabrikanten behaupteten also, die peinlich genauen Bestimmungen des Akts von 1844 über Mahlzeiten gäben den Arbeitern nur die Erlaubnis, vor ihrem Eintritt in die Fabrik und nach ihrem Austritt aus der Fabrik, also bei sich zu Hause, zu essen und zu trinken! Und warum sollten die Arbeiter auch nicht vor 9 Uhr morgens ihr Mittagessen einnehmen? Die Kronjuristen entschieden jedoch, daß die vorgeschriebenen Mahlzeiten

> „in Pausen während des wirklichen Arbeitstags gegeben werden müssen und daß es ungesetzlich, 10 Stunden nacheinander von 9 Uhr morgens bis 7 Uhr abends ohne Unterbrechung arbeiten zu lassen".[149]

---

[147] „Reports etc. for 31st October 1848", p. 133, 134.
[148] „Reports etc. for 30th April 1848", p. 47.
[149] „Reports etc. for 31st Oct. 1848", p. 130.

Nach diesen gemütlichen Demonstrationen leitete das Kapital seine Revolte ein durch einen Schritt, der dem Buchstaben des Gesetzes von 1844 entsprach, also legal war.

Das Gesetz von 1844 verbot allerdings, Kinder von 8 bis 13 Jahren, die vor 12 Uhr vormittags beschäftigt würden, wieder nach 1 Uhr mittags zu beschäftigen. Aber es regelte in keiner Weise die $6^1/_2$ stündige Arbeit der Kinder, deren Arbeitszeit um 12 Uhr vormittags oder später begann! Achtjährige Kinder konnten daher, wenn sie die Arbeit um 12 Uhr vormittags begannen, von 12 bis 1 Uhr verwandt werden, 1 Stunde; von 2 Uhr bis 4 Uhr nachmittags, 2 Stunden, und von 5 Uhr bis halb 9 Uhr abends, $3^1/_2$ Stunden; alles in allem die gesetzlichen $6^1/_2$ Stunden! Oder noch besser. Um ihre Verwendung der Arbeit erwachsner männlicher Arbeiter bis halb 9 Uhr abends anzupassen, brauchten ihnen die Fabrikanten kein Werk zu geben vor 2 Uhr nachmittags und konnten sie dann ununterbrochen in der Fabrik halten bis halb 9 Uhr abends!

> „Und es wird jetzt ausdrücklich zugestanden, daß neuerdings infolge der Fabrikantengier, ihre Maschinerie länger als 10 Stunden laufen zu lassen, sich die Praxis in England eingeschlichen hat, acht-bis dreizehnjährige Kinder beiderlei Geschlechts nach Entfernung aller jungen Personen und Weiber aus der Fabrik allein mit den erwachsnen Männern bis halb 9 Uhr abends arbeiten zu lassen.“[150]

Arbeiter und Fabrikinspektoren protestierten aus hygienischen und moralischen Gründen. Aber das Kapital antwortete:

> „Meine Taten auf mein Haupt! Mein Recht verlang' ich!
> Die Buße und Verpfändung meines Scheins!“

In der Tat waren nach statistischer Vorlage an das Unterhaus vom 26. Juli 1850, trotz aller Proteste, am 15. Juli 1850 3742 Kinder in 257 Fabriken dieser „Praxis“ unterworfen.[151] Noch nicht genug! Das Luchsauge des Kapitals entdeckte, daß der Akt von 1844 fünfstündige Arbeit des Vormittags nicht ohne Pause von wenigstens 30 Minuten für Erfrischung erlaubt, aber nichts der Art für die Nachmittagsarbeit vorschreibt. Es verlangte und ertrotzte daher den Genuß, achtjährige Arbeiterkinder unausgesetzt von 2 bis halb 9 Uhr abends nicht nur schanzen, sondern auch hungern zu lassen!

> „Ja, die Brust,
> So sagt der Schein.“[152]

---

[150] „Reports ect.“, l.c.p. 142.

[151] „Reports etc. for 31st Oct. 1850“, p. 5, 6.

[152] Die Natur des Kapitals bleibt dieselbe, in seinen unentwickelten, wie in seinen entwickelten

Dies Shylocksche Festklammern am Buchstaben des Gesetzes von 1844, soweit es die Kinderarbeit regelt, sollte jedoch nur die offne Revolte gegen dasselbe Gesetz vermitteln, soweit es die Arbeit von „jungen Personen und Frauenzimmern" regelt. Man erinnert sich, daß die Abschaffung des „falschen Relaissystems" Hauptzweck und Hauptinhalt jenes Gesetzes bildet. Die Fabrikanten eröffneten ihre Revolte mit der einfachen Erklärung, die Sektionen des Akts von 1844, welche beliebigen Nießbrauch der jungen Personen und Frauenzimmer in beliebigen kürzeren Abschnitten des fünfzehnstündigen Fabriktags verbieten, seien

> „vergleichungsweise harmlose (comparatively harmless) geblieben, solange die Arbeitszeit auf 12 Stunden eingeschränkt war. Unter dem Zehnstundengesetz seien sie eine unerträgliche Unbill (hardschip)"[153].

Sie zeigten daher den Inspektoren in der kühlsten Weise an, daß sie sich über den Buchstaben des Gesetzes hinwegsetzen und das alte System auf eigne Faust wieder einführen würden.[154] Es geschehe im Interesse der übelberatnen Arbeiter selbst,

> „um ihnen höhre Löhne zahlen zu können". „Es sei der einzig mögliche Plan, um unter dem Zehnstundengesetz die industrielle Suprematie Großbritanniens zu erhalten."[155] „Es möge schwer sein, Unregelmäßkeiten unter dem Relaissystem zu entdecken, aber was heiße das? (what of that?) Soll das große Fabrikinteresse dieses Landes als ein sekundäres Ding behandelt werden, um den Fabrikinspektoren und Subinspektoren ein bißchen mehr Mühe (some little trouble) zu sparen?"[156]

Alle diese Flausen halfen natürlich nichts. Die Fabrikinspektoren schritten gerichtlich ein. Bald aber überschüttete eine solche Staubwolke von Fabrikanten-

---

Formen. In dem Gesetzbuch, das der Einfluß der Sklavenhalter kurz vor Ausbruch des Amerikanischen Bürgerkriegs dem Territorium von New-Mexico aufherrschte, heißt es: der Arbeiter, soweit der Kapitalist seine Arbeitskraft gekauft hat, „ist sein (des Kapitalisten) Geld". („The labourer is his (the capitalist's) money.") Dieselbe Anschauung war gangbar bei den römischen Patriziern. Das Geld, das sie dem plebejischen Schuldner vorgeschossen, hatte sich vermittelst seiner Lebensmittel in Fleisch und Blut des Schuldners verwandelt. Dies „Fleisch und Blut" war daher „ihr Geld". Daher das Shylocksche Gesetz der 10 Tafeln! Linguets Hypothese, daß die patrizischen Gläubiger von Zeit zu Zeit jenseits der Tiber Festschmäuse in gekochtem Schuldnerfleisch veranstalteten, bleibe ebenso dahingestellt wie Daumers Hypothese über das christliche Abendmahl.

153 „Report etc. for 31st Oct. 1848", p. 133.

154 So unter andren Philanthrop Ashworth in einem quäkerhaft widrigen Brief an Leonard Horner. („Rep. Apr. 1849", p. 4.)

155 „Reports etc. for 31st Oct. 1848", p. 138.

156 l.c. p. 140.

petitionen den Minister des Innern, Sir George Grey, daß er in einem Zirkular vom 5. August 1848 die Inspektoren anwies,

> „im allgemeinen nicht einzuschreiten wegen Verletzung des Buchstabens des Akts, so oft das Relaissystem nicht erwiesenermaßen mißbraucht werde, um junge Personen und Frauenzimmer über 10 Stunden arbeiten zu lassen".

Hierauf erlaubte Fabrikinspektor J. Stuart das sogenannte Ablösungssystem während der fünfzehnstündigen Periode des Fabriktags in ganz Schottland, wo es bald wieder in alter Weise aufblühte. Die englischen Fabrikinspektoren dagegen erklärten, der Minister besitze keine diktatorische Gewalt zur Suspension der Gesetze, und fuhren mit gerichtlicher Prozedur wider die Proslavery-Rbellen fort.

Wozu jedoch alle Ladung vors Gericht, sobald die Gerichte, die county magistrates[157], freisprachen? In diesen Gerichten saßen die Herrn Fabrikanten über sich selbst zu Gericht. Ein Beispiel: Ein gewisser Eskrigge, Baumwollspinner von der Firma Kershaw, Leese et Co., hatte dem Fabrikinspektor seines Distrikts das Schema eines für seine Fabrik bestimmten Relaissystems vorgelegt. Abschlägig beschieden, verhielt er sich zunächst passiv. Wenige Monate später stand ein Individuum namens Robinson, ebenfalls Baumwollspinner, und wenn nicht der Freitag, so jedenfalls der Verwandte des Eskrigge, vor den Borough Justices zu Stockport, wegen Einführung des identischen, von Eskrigge ausgeheckten Relaisplans. Es saßen 4 Richter, darunter 3 Baumwollspinner, an ihrer Spitze derselbe unvermeidliche Eskrigge. Eskrigge sprach den Robinson frei und erklärte nun, was dem Robinson recht, sei dem Eskrigge billig. Auf seine eigne rechtskräftige Entscheidung gestützt, führte er sofort das System in seiner eignen Fabrik ein.[158] Allerdings war schon die Zusammensetzung dieser Gerichte eine offne Verletzung des Gesetzes.[159]

> „Diese Art gerichtlicher Farcen", ruft Inspektor Howell aus, „schreien nach einem Heilmittel ... entweder paßt das Gesetz diesen Urteilssprüchen an, oder laßt es verwalten durch ein minder fehlbares Tribunal, das seine Entscheidungen dem Gesetz anpaßt ... in allen solchen Fällen. Wie sehnt man sich nach einem bezahlten Richter!"[160]

---

[157] Diese „county magistrates", die „great unpaid", wie W. Cobbett sie nennt, sind eine Art unbezahlter Friedensrichter, aus den Honoratioren der Grafschaften gebildet. Sie bilden in der Tat die Patrimonialgerichte der herrschenden Klassen.

[158] „Reports etc. for 30th April 1849", p. 21, 22. Vgl. ähnliche Beispiele, ibid., p. 4, 5.

[159] Durch 1 und 2 Wm IV., c. 29, s. 10, bekannt als Sir John Hobhouse's Factory Act, wird verboten, daß irgendein Besitzer einer Baumwollspinnerei oder Weberei oder Vater, Sohn und Bruder eines solchen Besitzers in Fragen, die den Factory Act betreffen, als Friedensrichter funktionieren.

[160] „Reports etc. for 30th April 1849".

Die Kronjuristen erklärten die Fabrikanten-Interpretation des Aktes von 1848 für abgeschmackt, aber die Gesellschaftsretter ließen sich nicht beirren.

> „Nachdem ich", berichtet Leonard Horner, „durch 10 Verfolgungen in 7 verschiednen Gerichtsbezirken versucht habe, das Gesetz zu erzwingen und nur in einem Fall von den Magistraten unterstützt wurde, ... halte ich weitere Verfolgung wegen Umgehung des Gesetzes für nutzlos. Der Teil des Akts, der verfaßt wurde, um Uniformität in den Arbeitsstunden zu schaffen, ... existiert nicht mehr in Lancashire. Auch besitze ich mit meinen Unteragenten durchaus kein Mittel, uns zu versichern, daß Fabriken, wo das sog. Relaissystem herrscht, junge Personen und Frauenzimmer nicht über 10 Stunden beschäftigen ... Ende April 1849 arbeiteten schon 114 Fabriken in meinem Distrikt nach dieser Methode, und ihre Anzahl nimmt in der letzten Zeit reißend zu. Im allgemeinen arbeiten sie jetzt $13^1/_2$ Stunden, von 6 Uhr morgens bis halb 8 Uhr abends; in einigen Fällen 15 Stunden von halb 6 Uhr morgens bis halb 9 Uhr abends."[161]

Schon Dezember 1848 besaß Leonard Horner eine Liste von 65 Fabrikanten und 29 Fabrikaufsehern, die einstimmig erklärten, kein System der Oberaufsicht könne unter diesem Relaissystem die extensivste Überarbeit verhindern.[162] Bald wurden dieselben Kinder und jungen Personen aus der Spinnstube in die Webestube usw., bald, während 15 Stunden, aus einer Fabrik in die andre geschoben (shifted).[163] Wie ein System kontrollieren,

> „welches das Wort Ablösung mißbraucht, um die Hände in endloser Mannigfaltigkeit wie Karten durcheinanderzumischen und die Stunden der Arbeit und der Rast für die verschiednen Individuen täglich so zu verschieben, daß ein und dasselbe vollständige Assortiment von Händen niemals an demselben Platze zur selben Zeit zusammenwirkt"![164]

Aber ganz abgesehn von wirklicher Überarbeitung, war dies sog. Relaissystem eine Ausgeburt der Kapitalphantasie, wie sie Fourier in seinen humoristischen Skizzen der „courtes séances" nie übertroffen hat, nur daß die Attraktion der Arbeit verwandelt war in die Attraktion des Kapitals. Man sehe sich jene Fabrikantenschemas an, welche die gute Presse pries als Muster von dem, „was ein vernünftiger Grad von Sorgfalt und Methode ausrichten kann" („what a reasonable degree of care and method can accomplish"). Das Arbeiterpersonal wurde manchmal in 12 bis 15 Kategorien verteilt, die selbst wieder ihre Bestandteile beständig wechselten. Während der fünfzehnstündigen Periode des Fabriktags zog das Kapital den Arbeiter jetzt für 30 Minuten, jetzt für eine Stunde an und

---

161 „Reports etc. for 30th April 1849", p. 5.
162 „Rep. etc. for 31st Oct. 1849", p. 6.
163 „Rep. etc. for 30th April 1849", p. 21.
164 „Rep. etc. for 31st Oct. 1848", p. 95.

stieß ihn dann wieder ab, um ihn von neuem in die Fabrik zu ziehn und aus der Fabrik zu stoßen, ihn hin und her hetzend in zerstreuten Zeitfetzen, ohne je den Halt auf ihn zu verlieren, bis die zehnstündige Arbeit vollgemacht. Wie auf der Bühne hatten dieselben Personen abwechselnd in den verschiednen Szenen der verschiednen Akte aufzutreten. Aber wie ein Schauspieler während der ganzen Dauer des Dramas der Bühne gehört, so gehörten die Arbeiter jetzt während 15 Stunden der Fabrik, nicht eingerechnet die Zeit, um von und zu ihr zu gehn. Die Stunden der Rast verwandelten sich so in Stunden erzwungnen Müßiggangs, welche den jungen Arbeiter in die Kneipe und die junge Arbeiterin in das Bordell trieben. Bei jedem neuen Einfall, den der Kapitalist täglich ausheckte, um seine Maschinerie ohne Vermehrung des Arbeiterpersonals 12 oder 15 Stunden im Gang zu halten, hatte der Arbeiter bald in diesem Stück Zeitabfall, bald in jenem seine Mahlzeit einzuschlucken. Zur Zeit der Zehnstundenagitation schrien die Fabrikanten, das Arbeiterpack petitioniere, in der Erwartung, zwölfstündigen Arbeitslohn für zehnstündige Arbeit zu erhalten. Sie hatten jetzt die Medaille umgekehrt. Sie zahlten zehnstündigen Arbeitslohn für zwölf- und fünfzehnstündige Verfügung über die Arbeitskräfte![165] Dies war des Pudels Kern, dies die Fabrikantenausgabe des Zehnstundengesetzes! Es waren dieselben salbungsvollen, Menschenliebe triefenden Freihändler, die den Arbeitern 10 volle Jahre, während der Anti-Corn-Law-Agitation, auf Heller und Pfennig vorgerechnet, daß bei freier Korneinfuhr eine zehnstündige Arbeit, mit den Mitteln der englischen Industrie, vollständig genüge, um die Kapitalisten zu bereichern.[166]

Die zweijährige Kapitalrevolte wurde endlich gekrönt durch den Urteilsspruch eines der vier höchsten Gerichtshöfe von England, des Court of Exchequer, der in einem vor ihn gebrachten Fall am 8. Februar 1850 entschied, daß die Fabrikanten zwar wider den Sinn des Akts von 1844 handelten, dieser Akt selbst aber gewisse Worte enthalte, die ihn sinnlos machten. „Mit dieser Entscheidung war das Zehnstundengesetz abgeschafft."[167] Eine Masse Fabrikanten, die bisher noch das Relaissystem für junge Personen und Arbeiterinnen gescheut, griffen nun mit beiden Händen zu.[168]

Mit diesem scheinbar definitiven Sieg des Kapitals trat aber sofort ein Umschlag ein. Die Arbeiter hatten bisher passiven, obgleich unbeugsamen und

---

[165] Siehe „Reports etc. for 30th April 1849", p.6, und die weitläufige Auseinandersetzung des „shifting system" durch die Fabrikinspektoren Howell und Saunders in „Reports etc. for 31st Oct. 1848". Siehe auch die Petition der Geistlichkeit von Ashton und Nachbarschaft, Frühling 1849, an die Königin, gegen das „shift system".

[166] Vgl. z. B. „The Factory Question and the Ten Hours Bill", von R. H. Greg, 1837.

[167] F. Engels, „Die englische Zehnstundenbill" (in der von mir herausgegebenen „Neuen Rh. Zeitung. Politisch-ökonomische Revue", Aprilheft 1850, p.13). Derselbe „hohe" Gerichtshof entdeckte ebenfalls während des amerikanischen Bürgerkriegs eine Wortschraube, die das Gesetz gegen Ausrüstung von Piratenschiffen ins direkte Gegenteil verkehrt.

[168] „Rep. etc. for 30th April 1850."

täglich erneuten Widerstand geleistet. Sie protestierten jetzt in laut drohenden Meetings in Lancashire und Yorkshire. Das angebliche Zehnstundengesetz sei also bloßer Humbug, parlamentarische Prellerei, und habe nie existiert! Die Fabrikinspektoren warnten dringend die Regierung, der Klassenantagonismus sei zu einer unglaublichen Höhe gespannt. Ein Teil der Fabrikanten selbst murrte:

> „Durch die widersprechenden Entscheidungen der Magistrate herrsche ein ganz abnormer und anarchischer Zustand. Ein andres Gesetz gelte in Yorkshire, ein andres in Lancashire, ein andres Gesetz in einer Pfarrei von Lancashire, ein andres in ihrer unmittelbaren Nachbarschaft. Der Fabrikant in großen Städten könne das Gesetz umgehn, der in Landflecken finde nicht das nötige Personal für das Relaissystem und noch minder zur Verschiebung der Arbeiter aus einer Fabrik in die andre usw."

Und gleiche Exploitation der Arbeitskraft ist das erste Menschenrecht des Kapitals. Unter diesen Umständen kam es zu einem Kompromiß zwischen Fabrikanten und Arbeitern, der in dem neuen zusätzlichen Fabrikakt vom 5. August 1850 parlamentarisch besiegelt ist. Für „junge Personen und Frauenzimmer" wurde der Arbeitstag in den ersten 5 Wochentagen von 10 auf $10^1/_2$ Stunden erhöht, für den Samstag auf $7^1/_2$ Stunden beschränkt. Die Arbeit muß in der Periode von 6 Uhr morgens bis 6 Uhr abends vorgehn[169], mit $1^1/_2$-stündigen Pausen für Mahlzeiten, die gleichzeitig und gemäß den Bestimmungen von 1844 einzuräumen sind usw. Damit war dem Relaissystem ein für allemal ein Ende gemacht.[170] Für die Kinderarbeit blieb das Gesetz von 1844 in Kraft.

Eine Fabrikantenkategorie sicherte sich diesmal, wie früher, besondere Seigneurialrechte auf Proletarierkinder. Es waren dies die Seidenfabrikanten. Im Jahr 1833 hatten sie drohend geheult, „wenn man ihnen die Freiheit raube, Kinder jedes Alters täglich 10 Stunden abzurackern, setze man ihre Fabriken still" („if the liberty of working children of any age for 10 hours a day was taken away, it sould stop their works"). Es sei ihnen unmöglich, eine hinreichende Anzahl von Kindern über 13 Jahren zu kaufen. Sie erpreßten das gewünschte Privilegium. Der Vorwand stellte sich bei später Untersuchung als bare Lüge heraus[171], was sie jedoch nicht verhinderte, während eines Dezenniums aus dem Blut kleiner Kinder, die zur Verrichtung ihrer Arbeit auf Stühle gestellt werden mußten, täglich 10 Stunden Seide zu spinnen.[172] Der Akt von 1844 „beraubte"

---

169 Im Winter kann die Periode zwischen 7 Uhr morgens und 7 Uhr abends an die Stellen treten.

170 „Das gegenwärtige Gesetz" (von 1850) „war ein Kompromiß, bei dem die Arbeiter auf den Segen des Zehnstundengesetzes für den Vorteil eines einheitlichen Arbeitsbeginns und Arbeitsschlusses jener verzichteten, deren Arbeitszeit der Begrenzung unterliegt." („Reports etc. for 30th April 1852", p. 14.)

171 „Reports etc. for 30th Sept. 1844", p. 13.

172 l.c.

sie zwar der „Freiheit“, Kinder unter 11 Jahren länger als $6^1/_2$ Stunden, sicherte ihnen dagegen das Privilegium, Kinder zwischen 11 und 13 Jahren 10 Stunden täglich zu verarbeiten, und kassierte den für andre Fabrikkinder vorgeschriebenen Schulzwang. Diesmal der Vorwand:

> „Die Delikatesse des Gewebes erheische eine Fingerzartheit, die nur durch frühen Eintritt in die Fabrik zu sichern.“[173]

Der delikaten Finger wegen wurden die Kinder ganz geschlachtet, wie Hornvieh in Südrußland wegen Haut und Talg. Endlich, 1850, wurde das 1844 eingeräumte Privilegium auf die Departements der Seidenzwirnerei und Seidenhaspelei beschränkt, hier aber, zum Schadenersatz des seiner „Freiheit“ beraubten Kapitals, die Arbeitszeit für Kinder von 11 bis 13 Jahren von 10 auf $10^1/_2$ Stunden erhöht. Vorwand: „Die Arbeit sei leichter in Seidenfabriken als in den andren Fabriken und in keiner Weise so nachteilig für die Gesundheit.“[174] Offizielle ärztliche Untersuchung bewies hinterher, daß umgekehrt

> „die durchschnittliche Sterblichkeitsrate in den Seidendistrikten ausnahmsweise hoch und unter dem weiblichen Teil der Bevölkerung selbst höher ist als in den Baumwolldistrikten von Lancashire“[175].

---

173 „The delicate texture of the fabric in which they were employed requring a lightness of touch, only to be acquired by their early introduction to these factories.“ („Rep. etc. for 31st Oct. 1846“, p. 20.)

174 „Reports etc. for 31st Oct. 1861“, p. 26.

175 l.c. p.27. Im allgemeinen hat sich die dem Fabrikgesetz unterworfene Arbeiterbevölkerung physisch sehr verbessert. Alle ärztlichen Zeugnisse stimmen darin überein und eigne persönliche Anschauung zu verschiednen Perioden hat mich davon überzeugt. Dennoch, und abgesehn von der ungeheuren Sterblichkeitsrate der Kinder in den ersten Lebensjahren, zeigen die offiziellen Berichte des Dr. Greenhow den ungünstigen Gesundheitszustand der Fabrikdistrikte, verglichen mit „Agrikulturdistrikten von normaler Gesundheit“. Zum Beweis u. a. folgende Tabelle aus seinem Bericht von 1861:

Prozentsatz der in der Manufaktur beschäftigten erwachsenen-Männer	Sterblichkeitsrate von Lungenaffektion für je 100.000 Männer	Name desDistrikts	Sterblichkeitsrate von Lungenaffektion für je 100.000 Frauenzimmer	Prozentsatz der in der Manufaktur beschäftigten erwachsenen Frauenzimmer	Art der weiblichen Beschäftigung
14,9	598	Wigan	644	18,0	Baumwolle
42,6	708	Blackburn	734	34,9	ditto
37,3	547	Halifax	564	20,4	Worsted
41,9	611	Bradford	603	30,0	ditto
31,0	691	Macclesfield	804	26,0	Seide
14,9	588	Leek	705	17,2	ditto
36,6	721	Stoke-upon-Trent	665	19,3	Erdenware
30,4	726	Woollstanton	727	13,9	ditto
–	305	Acht gesunde Agrikulturdistrikte	340	–	

Trotz der halbjährlich wiederholten Proteste der Fabrikinspektoren dauert der Unfug bis zur Stunde fort.[176]

Das Gesetz von 1850 verwandelte nur für „junge Personen und Frauenzimmer" die fünfzehnstündige Periode von halb 6 Uhr morgens bis halb 9 Uhr abends in die zwölfstündige Periode von 6 Uhr morgens bis 6 Uhr abends. Also nicht für Kinder, die immer noch eine halbe Stunde vor Beginn und $2^1/_2$ Stunden nach Schluß dieser Periode verwertbar blieben, wenn auch die Gesamtdauer ihrer Arbeit $6^1/_2$ Stunden nicht überschreiten durfte. Während der Diskussion des Gesetzes wurde dem Parlament von den Fabrikinspektoren eine Statistik über die infamen Mißbräuche jener Anomalie unterbreitet. Jedoch umsonst. Im Hintergrund lauerte die Absicht, den Arbeitstag der erwachsnen Arbeiter mit Beihilfe der Kinder in Prosperitätsjahren wieder auf 15 Stunden zu schrauben. Die Erfahrung der folgenden 3 Jahre zeigte, daß solcher Versuch am Widerstand der erwachsnen männlichen Arbeiter scheitern müsse.[177] Der Akt von 1850 wurde daher 1853 endlich ergänzt durch das Verbot, „Kinder des Morgens vor und Abends nach den jungen Personen und Frauenzimmern zu verwenden". Von nun an regelte, mit wenigen Ausnahmen, der Fabrikakt von 1850 in den ihm unterworfenen Industriezweigen den Arbeitstag aller Arbeiter.[178] Seit dem Erlaß des ersten Fabrikakts war jetzt ein halbes Jahrhundert verflossen.[179]

Über ihre ursprüngliche Sphäre griff die Gesetzgebung zuerst hinaus durch den „Printworks' Act" (Gesetz über Kattundruckereien usw.) von 1845. Die Unlust, womit das Kapital diese neue „Extravaganz" zuließ, spricht aus jeder Zeile des Akts! Er beschränkt den Arbeitstag für Kinder von 8-13 Jahren und für Frauenzimmer auf 16 Stunden zwischen 6 Uhr morgens und 10 Uhr abends, ohne irgendeine gesetzliche Pause für Mahlzeiten. Er erlaubt, männliche Arbei-

---

176 Man weiß, wie widerstrebend die englischen „Freihändler" dem Schutzzoll für Seidenmanufaktur entsagten. Statt des Schutzes gegen französische Einfuhr dient nun die Schutzlosigkeit englischer Fabrikkinder.

177 „Reports etc. for 30th April 1853", p. 30.

178 Während der Zenitjahre der englischen Baumwollindustrie, 1859 und 1860, versuchten einige Fabrikanten durch die Lockangel hoher Arbeitslöhne für Extrazeit, die erwachsnen männlichen Spinner usw. zur Verlängerung des Arbeitstags zu bestimmen. Die Hand-Mule Spinners und Self-Actor Minders machten dem Experiment ein Ende durch eine Denkschrift an ihre Anwender, worin es u. a. heißt: „Grad herausgesprochen, unser Leben ist uns zur Last, und solange wir fast 2 Tage die Woche" (20 Stunden) „länger an die Fabrik gekettet sind als die andren Arbeiter, fühlen wir uns gleich Heloten im Lande und werfen uns selbst vor, ein System zu verewigen, das uns selbst und unsre Nachkommen physisch und moralisch beschädigt ... Daher geben wir hier mit respektvolle Notiz, daß wir von Neujahrstag an keine Minute mehr als 60 Stunden wöchentlich, von 6 Uhr bis 6 Uhr, mit Abzug der gesetzlichen Pausen von 1½ Stunden, arbeiten werden." („Reports etc. for 30th April 1860", p. 30.)

179 Über die Mittel, die die Fassung dieses Gesetzes für seinen Bruch gewährt, cf. den Parliamentary Return „Factories Regulation Acts" (9. August 1859) und darin Leonard Horners „Suggestions for Amending the Factory Acts to enable the Inspectors to prevent illegal working, now become very prevalent".

ter über 13 Jahre Tag und Nacht hindurch beliebig abzuarbeiten.[180] Er ist ein parlamentarischer Abort.[181]

Dennoch hatte das Prinzip gesiegt mit seinem Sieg in den großen Industriezweigen, welche das eigenste Geschöpf der modernen Produktionsweise. Ihre wundervolle Entwicklung von 1853-1860, Hand in Hand mit der physischen und moralischen Wiedergeburt der Fabrikarbeiter, schlug das blödeste Auge. Die Fabrikanten selbst, denen die gesetzliche Schranke und Regel des Arbeitstags durch halbhundertjährigen Bürgerkrieg Schritt für Schritt abgetrotzt, wiesen prahlend auf den Kontrast mit den noch „freien" Exploitationsgebieten hin.[182] Die Pharisäer der „politischen Ökonomie" proklamierten nun die Einsicht in die Notwendigkeit eines gesetzlich geregelten Arbeitstags als charakteristische Neuerrungenschaft ihrer „Wissenschaft".[183] Man versteht leicht, daß, nachdem sich die Fabrikmagnaten in das Unvermeidliche gefügt und mit ihm ausgesöhnt, die Widerstandskraft des Kapitals graduell abschwächte, während zugleich die Angriffskraft der Arbeiterklasse wuchs mit der Zahl ihrer Verbündeten in den nicht unmittelbar interessierten Gesellschaftsschichten. Daher vergleichungsweis rascher Fortschritt seit 1860. Die Färbereien und Bleichereien[184] wurden

---

[180] „Kinder von 8 Jahren und darüber sind in der Tat von 6 Uhr morgens bis 9 Uhr abends während des letzten Halbjahrs" (1857) „in meinem Distrikt abgerackert worden." („Reports etc. for 31st Oct. 1857", p. 39.)

[181] „Das Gesetz über Kattundruckereien ist zugestandenermaßen ein Fehlgriff sowohl in bezug auf seine Erziehungs- als auch seine Schutzmaßregeln." („Reports etc. for 31st Oct. 1862", p. 52.)

[182] So z. B. E. Potter in Brief an „Times" vom 24. März 1863. Die „Times" erinnert ihn an die Fabrikantenrevolte gegen das Zehnstundengesetz.

[183] So u. a. Herr W. Newmarch, Mitarbeiter an und Herausgeber von Tookes „History of Prices". Ist es wissenschaftlicher Fortschritt, der öffentlichen Meinung feige Konzessionen zu machen?

[184] Der 1860 erlaßne Akt über Bleichereien und Färbereien bestimmt, daß der Arbeitstag am 1. August 1861 vorläufig auf 12, am 1. August 1862 definitiv auf 10 Stunden, d. h. 10½ für Werkeltage und 7½ für Samstage herabgesetzt werde. Als nun das böse Jahr 1862 anbrach, wiederholte sich die alte Farce. Die Herrn Fabrikanten petitionierten das Parlament, nur noch für ein einziges Jahr länger die zwölfstündige Beschäftigung von jungen Personen und Frauenzimmern zu dulden ... „Beim gegenwärtigen Zustand des Geschäfts" (zur Zeit der Baumwollnot) „sei es ein großer Vorteil für die Arbeiter, wenn man ihnen erlaubt, 12 Stunden täglich zu arbeiten und so viel Arbeitslohn als möglich herauszuschlagen ... Es war bereits gelungen, eine Bill in diesem Sinn ins Unterhaus zu bringen. Sie fiel vor der Agitation der Arbeiter in den Bleichereien Schottlands." („Reports etc. for 31st Oct. 1862", p. 14, 15.) So geschlagen von den Arbeitern selbst, in deren Namen es zu sprechen vorgab, entdeckte das Kapital nun, mit Hilfe juristischer Brillen, daß der Akt von 1860, gleich allen Parlamentsakten zum „Schutz der Arbeit", in sinnverwirrten Wortschraubungen abgefaßt, einen Vorwand gebe, die „calenderers" und „finishers" von seiner Wirkung auszuschließen. Die englische Jurisdiktion, stets getreuer Knecht des Kapitals, sanktionierte durch den Hof der „Common Pleas" die Rabulisterei. „Es hat große Unzufriedenheit unter den Arbeitern erregt und ist sehr bedauerlich, daß die klare Absicht der Gesetzgebung auf Vorwand einer mangelhaften Wortdefinition vereitelt wird." (l.c. p. 18.)

1860, die Spitzenfabriken und Strumpfwirkereien 1861 dem Fabrikakt von 1850 unterworfen. Infolge des ersten Berichts der „Kommission über die Beschäftigung der Kinder" (1863) teilten dasselbe Schicksal die Manufaktur aller Erdenwaren (nicht nur Töpfereien), der Zündhölzer, Zündhütchen, Patronen, Tapetenfabrik, Baumwollsamt-Schererei (fustian cutting) und zahlreiche Prozesse, die unter dem Ausdruck „finishing" (letzte Appretur) zusammengefaßt sind. Im Jahre 1863 wurden die „Bleicherei in offner Luft"[185] und die Bäckerei unter eigne Akte gestellt, wovon der erste u. a. die Arbeit von Kindern, jungen Personen und Weibern zur Nachtzeit (von 8 Uhr abends bis 6 Uhr morgens) und der zweite die Anwendung von Bäckergesellen unter 18 Jahren zwischen 9 Uhr abends und 5 Uhr morgens verbietet. Auf die spätren Vorschläge der erwähnten Kommission,

[185] Die „Bleicher in offner Luft" hatten sich dem Gesetz von 1860 über „Bleicherei" durch die Lüge entzogen, daß sie keine Weiber des Nachts verarbeiteten. Die Lüge wurde von den Fabrikinspektoren aufgedeckt, zugleich aber das Parlament durch Arbeiterpetitionen seiner wiesenduftigkühlen Vorstellungen von „Bleicherei in offner Luft" beraubt. In dieser Luftbleicherei werden Trockenzimmer von 90 bis 100 Grad Fahrenheit angewandt, worin hauptsächlich Mädchen arbeiten. „Cooling" (Abkühlung) ist der technische Ausdruck für gelegentliches Entrinnen aus dem Trockenzimmer in die freie Luft. „Fünfzehn Mädchen in den Trockenzimmern. Hitze von 80 zu 90° für Leinwand, von 100° und mehr für Cambrics. Zwölf Mädchen bügeln und legen auf (die Cambrics etc.) in einem kleinen Zimmer von ungefähr 10 Fuß im Quadrat, in der Mitte ein enggeschloßner Ofen. Die Mädchen stehn rund um den Ofen herum, der eine schreckliche Glut ausstrahlt und die Cambrics rasch für die Büglerinnen trocknet. Die Stundenzahl für diese Hände ist unbeschränkt. Wenn geschäftig, arbeiten sie bis 9 oder 12 Uhr nachts viele Tage hintereinander." („Reports etc. for 31st Oct. 1862", p. 56.) Ein Arzt erklärt: „Für die Abkühlung sind keine besondren Stunden erlaubt, aber wenn die Temperatur zu unerträglich wird, oder die Hände der Arbeiterinnen sich von Schweiß beschmutzen, ist ihnen gestattet, ein paar Minuten fortzugehn ... Meine Erfahrung in der Behandlung der Krankheiten dieser Arbeiterinnen zwingt mich zu konstatieren, daß ihr Gesundheitszustand tief unter dem der Baumwollspinnerinnen steht" (und das Kapital hatte sie in seinen Bittschriften an das Parlament in der Manier von Rubens übergesund gemalt!). „Ihre auffallendsten Krankheiten sind Phthisis, Bronchitis, Uterinkrankheiten, Hysterie in der scheußlichsten Form und Rheumatismus. Alle diese entspringen, wie ich glaube, direkt oder indirekt, aus der überhitzten Luft ihrer Arbeitszimmer und dem Mangel genügender komfortabler Kleidung, um sie beim Nachhausegehen während der Wintermonate vor der kaltfeuchten Atmosphäre zu schützen." (l.c.p. 56, 57.) Die Fabrikinspektoren bemerken über das den jovialen „Bleichern in offner Luft" nachträglich abgetrotzte Gesetz von 1863: „Dieser Akt hat nicht nur verfehlt, den Arbeitern den Schutz zu gewähren, den er zu gewähren scheint ... er ist so formuliert, daß der Schutz erst eintritt, sobald man Kinder und Frauenzimmer nach 8 Uhr abends an der Arbeit ertappt, und selbst dann ist die vorgeschriebene Beweismethode so verklausuliert, daß Bestrafung kaum erfolgen kann." (l.c.p. 52.) „Als ein Akt mit humanen und auf Erziehung gerichteten Zwecken ist er ganz und gar verfehlt. Man wird es doch kaum human nennen, Weibern und Kindern zu erlauben, oder, was auf dasselbe hinauskommt, sie zu zwingen, 14 Stunden täglich, mit oder ohne Mahlzeiten, wie es sich treffen mag, und vielleicht noch längere Stunden zu arbeiten, ohne Schranke mit Bezug auf das Alter, ohne Unterschied des Geschlechts und ohne Rücksicht auf die gesellschaftlichen Gewohnheiten der Familien der Nachbarschaft, worin die Bleichwerke liegen." („Reports etc. for 30th April 1863", p. 40.)

welche, mit Ausnahme des Ackerbaus, der Minen und des Transportwesens, alle wichtigen englischen Industriezweige der „Freiheit“ zu berauben drohen, kommen wir zurück.[185a]

7. Der Kampf um den Normalarbeitstag. Rückwirkung der englischen Fabrikgesetzgebung auf andre Länder

Der Leser erinnert sich, daß die Produktion von Mehrwert oder die Extraktion von Mehrarbeit den spezifischen Inhalt und Zweck der kapitalistischen Produktion bildet, abgesehn von jedweder aus der Unterordnung der Arbeit unter das Kapital etwa entspringenden Umgestaltung der Produktionsweise selbst. Er erinnert sich, daß auf dem bisher entwickelten Standpunkt nur der selbständige und daher gesetzlich mündige Arbeiter als Warenverkäufer mit dem Kapitalisten kontrahiert. Wenn also in unsrer historischen Skizze einerseits die moderne Industrie eine Hauptrolle spielt, andrerseits die Arbeit physisch und rechtlich Unmündiger, so galt uns die eine nur als besondre Sphäre, die andre nur als besonders schlagendes Beispiel der Arbeitsaussaugung. Ohne jedoch der spätren Entwicklung vorzugreifen, folgt aus dem bloßen Zusammenhang der geschichtlichen Tatsachen:

Erstens: In den durch Wasser, Dampf und Maschinerie zunächst revolutionierten Industrien, in diesen ersten Schöpfungen der modernen Produktionsweise, den Baumwolle-, Wolle-, Flachs-, Seide-Spinnereien und Webereien wird der Trieb des Kapitals nach maß- und rücksichtsloser Verlängerung des Arbeitstags zuerst befriedigt. Die veränderte materielle Produktionsweise und die ihr entsprechend veränderten sozialen Verhältnisse der Produzenten[186] schaffen erst die maßlose Ausschreitung und rufen dann im Gegensatz die gesellschaftliche Kontrolle hervor, welche den Arbeitstag mit seinen Pausen gesetzlich beschränkt, reguliert und uniformiert. Diese Kontrolle erscheint daher während der ersten Hälfte des 19. Jahrhunderts bloß als Ausnahmegesetzgebung.[187] Sobald sie das Urgebiet der neuen Produktionsweise erobert hatte, fand sich, daß unterdes nicht nur viele andre Produktionszweige in das eigentliche Fabrikregime eingetreten, sondern daß Manufakturen mit mehr oder minder verjährter Betriebs-

---

[185a] Note zur 2. Ausg. Seit 1866, wo ich das im Text Befindliche schrieb, ist wieder eine Reaktion eingetreten.

[186] „Das Verhalten jeder dieser Klassen“ (Kapitalisten und Arbeiter) „war das Ergebnis der jeweiligen Situation, in die sie versetzt worden waren.“ (Reports etc. for 31st Oct. 1848“, p. 113.)

[187] „Die Verrichtungen, die unter die Einschränkung fielen, waren mit der Herstellung von Textilerzeugnissen mit Hilfe von Dampf- oder Wasserkraft verbunden. Zwei Bedingungen mußte eine Arbeitstätigkeit erfüllen, damit sie unter den Schutz der Fabrikinspektion fiel, nämlich die Anwendung von Dampf- oder Wasserkraft und die Verarbeitung bestimmter spezifizierter Faserstoffe.“ („Reports etc. for 31st October 1864“, p. 8.)

weise, wie Töpfereien, Glasereien usw., daß altmodische Handwerke, wie die Bäckerei, und endlich selbst die zerstreute sog. Hausarbeit, wie Nägelmacherei usw.[188], seit lange der kapitalistischen Exploitation ebensosehr verfallen waren als die Fabrik. Die Gesetzgebung ward daher gezwungen, ihren Ausnahmecharakter allmählich abzustreifen, oder, wo sie römisch kasuistisch verfährt, wie in England, irgendein Haus, worin man arbeitet, nach Belieben für eine Fabrik (factory) zu erklären.[189]

Zweitens: Die Geschichte der Reglung des Arbeitstags in einigen Produktionsweisen, in andren der noch fortdauernde Kampf um diese Reglung, beweisen handgreiflich, daß der vereinzelte Arbeiter, der Arbeiter als „freier" Verkäufer seiner Arbeitskraft, auf gewisser Reifestufe der kapitalistischen Produktion, widerstandslos unterliegt. Die Schöpfung eines Normalarbeitstags ist daher das Produkt eines langwierigen, mehr oder minder versteckten Bürgerkriegs zwischen der Kapitalistenklasse und der Arbeiterklasse. Wie der Kampf eröffnet wird im Umkreis der modernen Industrie, so spielt er zuerst in ihrem Heimatland, England.[190] Die englischen Fabrikarbeiter waren die Preisfechter nicht nur der englischen, sondern der modernen Arbeiterklasse überhaupt, wie auch ihre Theoretiker der Theorie des Kapitals zuerst den Fehdehandschuh hinwarfen.[191] Der Fabrikphilosoph Ure denunziert es daher als unauslöschliche Schmach der englischen Arbeiterklasse, daß sie „die Sklaverei der Fabrikakte" auf ihre Fahne

---

188 Über den Zustand dieser sogenannten häuslichen Industrie äußerst reichhaltiges Material in den letzten Berichten der „Children's Employment Commission".

189 „Die Gesetze der letzten Sitzungsperiode" (1864) „ ... umfassen Beschäftigungszweige verschiedner Art, in denen sehr verschiedne Gewohnheiten herrschen, und die Verwendung mechanischer Kraft zum Antrieb der Maschinerie gehört nicht mehr, wie früher, zu den notwendigen Bedingungen, unter denen ein Betrieb im Sinne des Gesetzes als Fabrik galt." („Reports etc. for 31st Oct. 1864", p. 8.)

190 Belgien, das Paradies des kontinentalen Liberalismus, zeigt auch keine Spur dieser Bewegung. Selbst in seinen Kohlengruben und Metallminen werden Arbeiter beider Geschlechter und von jeder Altersstufe mit vollkommner „Freiheit" für jede Zeitdauer und Zeitperiode konsumiert. Auf je 1.000 darin beschäftigten Personen kommen 733 Männer, 88 Weiber, 135 Jungen und 44 Mädchen unter 16 Jahren; in den Hochöfen usw. kommen auf je 1000: 668 Männer, 149 Weiber, 98 Jungen und 85 Mädchen unter 16 Jahren. Kommt nun noch hinzu niedriger Arbeitslohn für enorme Ausbeutung reifer und unreifer Arbeitskräfte, im Tagesdurchschnitt 2 sh. 8 d. für Männer, 1 sh. 8 d. für Weiber, 1 sh. 2½ d. für Jungen. Dafür hat Belgien aber auch 1863, verglichen mit 1850, Quantum und Wert seiner Ausfuhr von Kohlen, Eisen usw. ziemlich verdoppelt.

191 Als Robert Owen kurz nach dem ersten Dezennium dieses Jahrhunderts die Notwendigkeit einer Beschränkung des Arbeitstags nicht nur theoretisch vertrat, sondern den Zehnstundentag wirklich in seine Fabrik zu New-Lanark einführte, ward das als kommunistische Utopie verlacht, ganz so wie seine „Verbindung von produktiver Arbeit mit Erziehung der Kinder", ganz wie die von ihm ins Leben gerufenen Kooperationsgeschäfte der Arbeiter. Heutzutage ist die erste Utopie Fabrikgesetz, die zweite figuriert als offizielle Phrase in allen „Factory Acts", und die dritte dient sogar schon zum Deckmantel reaktionärer Schwindeleien.

schrieb gegenüber dem Kapital, das männlich für „vollkommne Freiheit der Arbeit" stritt.[192]

Frankreich hinkt langsam hinter England her. Es bedarf der Februarrevolution zur Geburt des Zwölfstundengesetzes[193], das viel mangelhafter ist als sein englisches Original. Trotzdem macht die französische revolutionäre Methode auch ihre eigentümlichen Vorzüge geltend. Mit einem Schlag diktiert sie allen Ateliers und Fabriken ohne Unterschied dieselbe Schranke des Arbeitstags, während die englische Gesetzgebung bald an diesem Punkt, bald an jenem, dem Druck der Verhältnisse widerwillig weicht und auf dem besten Weg ist, einen neuen juristischen Rattenkönig auszubrüten.[194] Andrerseits proklamiert das französische Gesetz prinzipiell, was in England nur im Namen von Kindern, Unmündigen und Frauenzimmern erkämpft und erst neuerdings als allgemeines Recht beansprucht wird.[195]

In den Vereinigten Staaten von Nordamerika blieb jede selbständige Arbeiterbewegung gelähmt, solange die Sklaverei einen Teil der Republik verunstaltete. Die Arbeit in weißer Haut kann sich nicht dort emanzipieren, wo sie in schwarzer Haut gebrandmarkt wird. Aber aus dem Tod der Sklaverei entsproß sofort ein neu verjüngtes Leben. Die erste Frucht des Bürgerkriegs war die Achtstundenagitation, mit den Siebenmeilenstiefeln der Lokomotive vom Atlantischen

---

[192] Ure (franz. Übers.), „Philosophie des Manufactures", Paris 1836, t. II, p. 39, 40, 67, 77 etc.

[193] In dem Compte Rendu des „Internationalen Statistischen Kongresses zu Paris, 1855", heißt es u. a.: „Das französische Gesetz, das die Dauer der täglichen Arbeit in Fabriken und Werkstätten auf 12 Stunden beschränkt, begrenzt diese Arbeit nicht innerhalb bestimmter fixer Stunden" (Zeitperioden), „indem nur für die Kinderarbeit die Periode zwischen 5 Uhr vormittags und 9 Uhr abends vorgeschrieben ist. Daher bedient sich ein Teil der Fabrikanten des Rechts, welches ihnen dies verhängnisvolle Schweigen gibt, um tagaus, tagein, vielleicht mit Ausnahme der Sonntage, ohne Unterbrechung arbeiten zu lassen. Sie wenden dazu zwei verschiedne Arbeiterreihen an, von denen keine mehr als 12 Stunden in der Werkstätte zubringt, aber das Werk des Etablissements dauert Tag und Nacht. Das Gesetz ist befriedigt, aber ist es die Humanität ebenfalls? Außer dem „zerstörenden Einfluß der Nachtarbeit auf den menschlichen Organismus", wird auch „der fatale Einfluß der nächtlichen Assoziation beider Geschlechter in denselben trüb erleuchteten Werkstätten" betont.

[194] „Z. B. in meinem Distrikt, in denselben Fabrikbaulichkeiten, ist derselbe Fabrikant Bleicher und Färber unter dem ‚Bleicherei- und Färberei-Akt', Drucker unter dem ‚Printworks' Act' und finisher unter dem ‚Fabrikakt' ..." („Report of Mr. Baker in „Reports etc. for 31st Oct. 1861", p. 20.) Nach Aufzählung der verschiednen Bestimmungen dieser Akte und der daher folgenden Komplikation, sagt Herr Baker: „Man sieht, wie schwer es sein muß die Vollziehung dieser 3 Parlamentsakte zu sichern, wenn der Fabrikeigner das Gesetz zu umgehn beliebt." Was aber den Herrn Juristen dadurch gesichert ist, sind Prozesse.

[195] So getrauen sich endlich die Fabrikinspektoren zu sagen: „Diese Einwände" (des Kapitals gegen legale Beschränkung der Arbeiterzeit) „müssen unterliegen vor dem großen Grundsatz der Rechte der Arbeit ... es gibt einen Zeitpunkt, an dem des Unternehmers Recht auf die Arbeit seines Arbeiters aufhört und dieser selbst über seine Zeit verfügen kann, auch wenn er noch nicht erschöpft ist." („Reports etc. for 31st Oct. 1862", p. 54.)

bis zum Stillen Ozean ausschreitend, von Neuengland bis nach Kalifornien. Der allgemeine Arbeiterkongreß zu Baltimore (Aug. 1866) erklärt:

> „Das erste und große Erheischnis der Gegenwart, um die Arbeit dieses Landes von der kapitalistischen Sklaverei zu befreien, ist der Erlaß eines Gesetzes, wodurch 8 Stunden den Normalarbeitstag in allen Staaten der amerikanischen Union bilden sollen. Wir sind entschlossen, alle unsre Macht aufzubieten, bis dies glorreiche Resultat erreicht ist."[196]

Gleichzeitig (Anfang September 1866) beschloß der „Internationale Arbeiterkongreß" zu Genf auf Vorschlag des Londoner Generalrats: „Wir erklären die Beschränkung des Arbeitstags für eine vorläufige Bedingung, ohne welche alle andren Bestrebungen nach Emanzipation scheitern müssen ... Wir schlagen 8 Arbeitsstunden als legale Schranke des Arbeitstags vor."

So besiegelt die auf beiden Seiten des Atlantischen Meers instinktiv aus den Produktionsverhältnissen selbst erwachsne Arbeiterbewegung den Ausspruch des englischen Fabrikinspektors R. J. Saunders:

> „Weitere Schritte zur Reform der Gesellschaft sind niemals mit irgendeiner Aussicht auf Erfolg durchzuführen, wenn nicht zuvor der Arbeitstag beschränkt und seine vorgeschriebne Schranke strikt erzwungen wird."[197]

Man muß gestehn, daß unser Arbeiter anders aus dem Produktionsprozeß herauskommt als er in ihn eintrat. Auf dem Markt trat er als Besitzer der Ware „Arbeitskraft" andren Warenbesitzern gegenüber, Warenbesitzer dem Warenbesitzer. Der Kontrakt, wodurch er dem Kapitalisten seine Arbeitskraft verkaufte, bewies sozusagen schwarz auf weiß, daß er frei über sich selbst verfügt. Nach geschlossenem Handel wird entdeckt, daß er „kein freier Agent" war, daß die Zeit, wofür es ihm freisteht, seine Arbeitskraft zu verkaufen, die Zeit ist, wofür er gezwungen ist, sie zu verkaufen[198], daß in der Tat sein Sauger nicht losläßt,

---

[196] „Wir, die Arbeiter von Dunkirk, erklären, daß die unter dem jetzigen System erheischte Länge der Arbeitszeit zu groß ist und dem Arbeiter keine Zeit für Erholung und Entwicklung läßt, ihn vielmehr auf einen Zustand der Knechtschaft herabdrückt, der wenig besser als die Sklaverei ist (a condition of servitude but little better than slavery). Deshalb beschlossen, daß 8 Stunden für einen Arbeitstag genügen und legal als genügend anerkannt werden müssen; daß wir zu unsrem Beistand die Presse anrufen, den gewaltigen Hebel ... und alle, die diesen Beistand versagen, als Feinde der Arbeitsreform und Arbeiterrechte betrachten." (Beschlüsse der Arbeiter zu Dunkirk, Staat New York, 1866.)

[197] „Reports etc. for 31st Oct. 1848", p. 112.

[198] „Diese Machenschaften" (die Manöver des Kapitals z. B. 1848-1850) „haben überdies den unwiderlegbaren Beweis erbracht, wie falsch die so oft vorgebrachte Behauptung ist, die Arbeiter hätten keinen Schutz nötig, sondern müßten angesehen werden als frei verfügende Besitzer des einzigen Eigentums, das sie haben, der Arbeit ihrer Hände und des Schweißes ihrer Stirn." („Reports etc. for 30th April 1850", p. 45.) „Freie Arbeit, wenn sie überhaupt so genannt werden kann, bedarf zu ihrem Schutze selbst in einem freien Land des starken Armes des

„solange noch ein Muskel, eine Sehne, ein Tropfen Bluts auszubeuten“[199]. Zum „Schutz“ gegen die Schlange ihrer Qualen müssen die Arbeiter ihre Köpfe zusammenrotten und als Klasse ein Staatsgesetz erzwingen, ein übermächtiges gesellschaftliches Hindernis, das sie selbst verhindert, durch freiwilligen Kontrakt mit dem Kapital sich und ihr Geschlecht in Tod und Sklaverei zu verkaufen.[200] An die Stelle des prunkvollen Katalogs der „unveräußerlichen Menschenrechte“ tritt die bescheidne Magna Charta eines gesetzlich beschränkten Arbeitstags, die „endlich klarmacht, wann die Zeit, die der Arbeiter verkauft, endet und wann die ihm selbst gehörige Zeit beginnt“[201]. Quantum mutatus ab illo!

Gesetzes.“ („Reports etc. for 31st Oct. 1864“, p. 34.) „Zur erlauben, was gleichbedeutend ist mit zwingen, ... 14 Stunden täglich mit oder ohne Mahlzeiten zu arbeiten usw.“ („Reports etc. for 30th April 1863“, p. 40.)

199 Friedrich Engels, „Die englische Zehnstundenbill“, l.c.p. 5

200 Die Zehnstundenbill hat in den ihr unterworfnen Industriezweigen „die Arbeiter vor gänzlicher Degeneration gerettet und ihren physischen Zustand beschützt“. („Reports etc. for 31st Oct. 1859“, p. 47.) „Das Kapital“ (in den Fabriken) „kann niemals die Maschinerie in Bewegung halten über eine begrenzte Zeitperiode, ohne die beschäftigten Arbeiter an ihrer Gesundheit und ihrer Moral zu beschädigen; und sie sind nicht in einer Lage, sich selbst zu schützen.“ (l.c. p. 8.)

201 „Einen noch größeren Vorteil bedeutet es, daß endlich klar unterschieden wird zwischen der Zeit, die dem Arbeiter selbst und der, die seinem Unternehmer gehört. Der Arbeiter weiß nun, wann die Zeit, die er verkauft, beendet ist und seine eigne beginnt, und da er dies vorher genau weiß, kann er über seine eignen Minuten für seine eignen Zwecke im voraus verfügen.“ (l.c.p. 52.) „Indem sie“ (die Fabrikgesetze) „sie zu Herrn ihrer eignen Zeit gemacht haben, haben sie ihnen eine moralische Energie gegeben, die sie dahinführt, möglicherweise die politische Macht in Besitz zu nehmen.“ (l.c.p. 47.) Mit verhaltner Ironie und in sehr vorsichtigen Ausdrücken deuten die Fabrikinspektoren an, daß das jetzige Zehnstundengesetz auch den Kapitalisten einigermaßen von seiner naturwüchsigen Brutalität als bloßer Verkörperung des Kapitals befreit und ihm Zeit zu einiger „Bildung“ gegeben habe. Vorher „hatte der Unternehmer für nichts anderes als Geld, der Arbeiter für nichts andres als Arbeit Zeit“. (l.c.p. 48.)

Neuntes Kapitel: Rate und Masse des Mehrwerts

Wie bisher wird in diesem Kapitel der Wert der Arbeitskraft, also der zur Reproduktion oder Erhaltung der Arbeitskraft notwendige Teil des Arbeitstags, als gegebne, konstante Größe unterstellt.

Dies also vorausgesetzt, ist mit der Rate zugleich die Masse des Mehrwerts gegeben, die der einzelne Arbeiter dem Kapitalisten in bestimmter Zeitperiode liefert. Beträgt z. B. die notwendige Arbeit täglich 6 Stunden, ausgedrückt in einem Goldquantum von 3 sh. = 1 Taler, so ist der Taler der Tageswert einer Arbeitskraft oder der im Ankauf einer Arbeitskraft vorgeschoßne Kapitalwert. Ist ferner die Rate des Mehrwerts 100%, so produziert dies variable Kapital von 1 Taler eine Masse Mehrwert von 1 Taler, oder der Arbeiter liefert täglich eine Masse Mehrarbeit von 6 Stunden. Das variable Kapital ist aber der Geldausdruck für den Gesamtwert aller Arbeitskräfte, die der Kapitalist gleichzeitig verwendet. Sein Wert ist also gleich dem Durchschnittswert einer Arbeitskraft, multipliziert mit der Anzahl der verwandten Arbeitskräfte. Bei gegebnem Wert der Arbeitskraft steht also die Größe des variablen Kapitals in direktem Verhältnis zur Anzahl der gleichzeitig beschäftigten Arbeiter. Ist der Tageswert einer Arbeitskraft = 1 Taler, so ist also ein Kapital vorzuschießen von 100 Talern, um 100, von n Talern, um n Arbeitskräfte täglich zu exploitieren.

Ebenso: Produziert ein variables Kapital von 1 Taler, der Tageswert einer Arbeitskraft, einen täglichen Mehrwert von 1 Taler, so ein variables Kapital von 100 Talern einen täglichen Mehrwert von 100, und eins von n Talern einen täglichen Mehrwert von 1 Taler × n. Die Masse des produzierten Mehrwerts ist also gleich dem Mehrwert, den der Arbeitstag des einzelnen Arbeiters liefert, multipliziert mit der Anzahl der angewandten Arbeiter. Da aber ferner die Masse Mehrwert, die der einzelne Arbeiter produziert, bei gegebnem Wert der Arbeitskraft, durch die Rat des Mehrwerts bestimmt ist, so folgt dies erste Gesetz: Die Masse des produzierten Mehrwerts ist gleich der Größe des vorgeschoßnen variablen Kapitals multipliziert mit der Rate des Mehrwerts oder ist bestimmt durch das zusammengesetzte Verhältnis zwischen der Anzahl der von demselben Kapitalisten gleichzeitig exploitierten Arbeitskräfte und dem Exploitationsgrad der einzelnen Arbeitskraft.

Nennen wir also die Masse des Mehrwerts M, den vom einzelnen Arbeiter im Tagesdurchschnitt gelieferten Mehrwert m, das im Ankauf der einzelnen Arbeitskraft täglich vorgeschoßne variable Kapital v, die Gesamtsumme des variablen Kapitals V, den Wert einer Durchschnitts-Arbeitskraft k, ihren Exploitationsgrad $\frac{a'}{a}$ $\left(\frac{\text{Mehrarbeit}}{\text{Notwendige Arbeit}}\right)$ und die Anzahl der angewandten Arbeiter n, so erhalten wir:

$$M = \begin{cases} \frac{m}{v} \times V \\ k \times \frac{a'}{a} \times n \end{cases}$$

Es wird fortwährend unterstellt, nicht nur daß der Wert einer Durchschnitts-Arbeitskraft konstant ist, sondern daß die von einem Kapitalisten angewandten Arbeiter auf Durchschnitts-Arbeiter reduziert sind. Es gibt Ausnahmefälle, wo der produzierte Mehrwert nicht verhältnismäßig zur Anzahl der exploitierten Arbeiter wächst, aber dann bleibt auch der Wert der Arbeitskraft nicht konstant.

In der Produktion einer bestimmten Masse Mehrwert kann daher die Abnahme des einen Faktors durch Zunahme des andren ersetzt werden. Wird das variable Kapital vermindert und gleichzeitig in demselben Verhältnis die Rate des Mehrwerts erhöht, so bleibt die Masse des produzierten Mehrwerts unverändert. Muß unter den frühern Annahmen der Kapitalist 100 Taler vorschießen, um 100 Arbeiter täglich zu exploitieren, und beträgt die Rate des Mehrwerts 50%, so wirft dies variable Kapital von 100 einen Mehrwert von 50 Talern ab oder von 100 × 3 Arbeitsstunden. Wird die Rate des Mehrwerts verdoppelt, oder der Arbeitstag, statt von 6 zu 9, von 6 zu 12 Stunden verlängert, so wirft das um die Hälfte verminderte variable Kapital von 50 Talern ebenfalls einen Mehrwert von 50 Talern ab oder von 50 × 6 Arbeitsstunden. Verminderung des variablen Kapitals ist also ausgleichbar durch proportionelle Erhöhung im Exploitationsgrad der Arbeitskraft oder die Abnahme in der Anzahl der beschäftigten Arbeiter durch proportionelle Verlängerung des Arbeitstags. Innerhalb gewisser Grenzen wird die vom Kapital erpreßbare Zufuhr der Arbeit also unabhängig von der Arbeiterzufuhr.[202] Umgekehrt läßt Abnahme in der Rate des Mehrwerts die Masse des produzierten Mehrwerts unverändert, wenn proportionell die Größe des variablen Kapitals oder die Anzahl der beschäftigten Arbeiter wächst.

Indes hat der Ersatz von Arbeiteranzahl oder Größe des variablen Kapitals durch gesteigerte Rate des Mehrwerts oder Verlängerung des Arbeitstags unüberspringbare Schranken. Welches immer der Wert der Arbeitskraft sei, ob daher die zur Erhaltung des Arbeiters notwendige Arbeitszeit 2 oder 10 Stunden betrage, der Gesamtwert, den ein Arbeiter tagaus, tagein produzieren kann, ist immer kleiner als der Wert, worin sich 24 Arbeitsstunden vergegenständlichen, kleiner als 12 sh. oder 4 Taler, wenn dies der Geldausdruck von 24 vergegenständlichten Arbeitsstunden. Unter unsrer frühern Annahme, wonach täglich 6 Arbeitsstunden erheischt, um die Arbeitskraft selbst zu reproduzieren oder den in ihrem Ankauf vorgeschoßnen Kapitalwert zu ersetzen, produziert ein variables Kapital von 500 Talern, das 500 Arbeiter zu Mehrwertsrate von 100% oder mit zwölfstündigem Arbeitstag verwendet, täglich einen Mehrwert von

[202] Dies Elementargesetz scheint den Herren von der Vulgärökonomie unbekannt, die, umgekehrte Archimedes, in der Bestimmung der Marktpreise der Arbeit durch Nachfrage und Zufuhr den Punkt gefunden zu haben glauben, nicht um die Welt aus den Angeln zu heben, sondern um sie stillzusetzen.

500 Talern oder 6 × 500 Arbeitsstunden. Ein Kapital von 100 Talern, das 100 Arbeiter täglich verwendet zur Mehrwertsrate von 200% oder mit 18stündigem Arbeitstag, produziert nur eine Mehrwertsmasse von 200 Talern oder 12 × 100 Arbeitsstunden. Und sein gesamtes Wertprodukt, Äquivalent des vorgeschoßnen variablen Kapitals plus Mehrwert, kann tagaus, tagein niemals die Summe von 400 Talern oder 24 × 100 Arbeitsstunden erreichen. Die absolute Schranke des durchschnittlichen Arbeitstags, der von Natur immer kleiner ist als 24 Stunden, bildet eine absolute Schranke für den Ersatz von vermindertem variablen Kapital durch gesteigerte Rate des Mehrwerts oder von verringerter exploitierten Arbeiteranzahl durch erhöhten Exploitationsgrad der Arbeitskraft. Dies handgreifliche zweite Gesetz ist wichtig zur Erklärung vieler Erscheinungen, entspringend aus der später zu entwickelnden Tendenz des Kapitals, die von ihm beschäftigte Arbeiteranzahl oder seinen variablen in Arbeitskraft umgesetzten Bestandteil soviel als immer möglich zu reduzieren, im Widerspruch zu seiner andren Tendenz, die möglichst große Masse von Mehrwert zu produzieren. Umgekehrt. Wächst die Masse der verwandten Arbeitskräfte oder die Größe des variablen Kapitals, aber nicht verhältnismäßig zur Abnahme in der Rate des Mehrwerts, so sinkt die Masse des produzierten Mehrwerts.

Ein drittes Gesetz ergibt sich aus der Bestimmung der Masse des produzierten Mehrwerts durch die zwei Faktoren, Rate des Mehrwerts und Größe des vorgeschoßnen variablen Kapitals. Die Rate des Mehrwerts oder den Exploitationsgrad der Arbeitskraft, und den Wert der Arbeitskraft oder die Größe der notwendigen Arbeitszeit gegeben, ist es selbstverständlich, daß, je größer das variable Kapital, desto größer die Masse des produzierten Werts und Mehrwerts. Ist die Grenze des Arbeitstags gegeben, ebenso die Grenze seines notwendigen Bestandteils, so hängt die Masse von Wert und Mehrwert, die ein einzelner Kapitalist produziert, offenbar ausschließlich ab von der Masse Arbeit, die er in Bewegung setzt. Diese aber hängt, unter den gegebnen Annahmen, ab von der Masse Arbeitskraft oder der Arbeiteranzahl, die er exploitiert, und diese Anzahl ihrerseits ist bestimmt durch die Größe des von ihm vorgeschoßnen variablen Kapitals. Bei gegebner Rate des Mehrwerts und gegebnem Wert der Arbeitskraft verhalten sich also die Massen des produzierten Mehrwerts direkt wie die Größen der vorgeschoßnen variablen Kapitale. Nun weiß man aber, daß der Kapitalist sein Kapital in zwei Teile teilt. Einen Teil legt er aus in Produktionsmitteln. Dies ist der konstante Teil seines Kapitals. Den andren Teil setzt er um in lebendige Arbeitskraft. Dieser Teil bildet sein variables Kapital. Auf Basis derselben Produktionsweise findet in verschiednen Produktionszweigen verschiedne Teilung des Kapitals in konstanten und variablen Bestandteil statt. Innerhalb desselben Produktionszweige wechselt dies Verhältnis mit wechselnder technischer Grundlage und gesellschaftlicher Kombination des Produktionsprozesses. Wie aber ein gegebnes Kapital immer zerfalle in konstanten und variablen Bestandteil, ob der letztre sich zum erstren verhalte wie 1 : 2, 1 : 10 oder 1 : x, das eben aufgestellte Gesetz wird nicht davon berührt, da früherer Analyse gemäß der Wert des konstanten Kapitals im Produktenwert zwar wiedererscheint, aber nicht in das neugebildete Wertprodukt eingeht. Um 1000 Spinner zu verwenden, sind natürlich mehr Rohmaterialen, Spindeln usw. erheischt, als um 100 zu verwenden. Der Wert dieser zuzusetzenden Produktionsmittel aber mag steigen, fallen, unverändert bleiben, groß oder klein sein, er bleibt ohne irgendeinen Einfluß auf den Verwertungsprozeß der sie bewegenden Arbeitskräfte. Das oben konstatierte Gesetz nimmt also die Form an: Die von verschiednen Kapitalen produzierten Massen von Wert und Mehrwert verhalten sich bei gegebnem Wert und gleich großem Exploitationsgrad der Arbeitskraft direkt wie die Größen der variablen Bestandteile dieser Kapitale, d. h. ihrer in lebendige Arbeitskraft umgesetzten Bestandteile.

Dies Gesetz widerspricht offenbar aller auf den Augenschein gegründeten Erfahrung. Jedermann weiß, daß ein Baumwollspinner, der, die Prozentteile des angewandten Gesamtkapitals berechnet, relativ viel konstantes und wenig variables Kapital anwendet, deswegen keinen kleinren Gewinn oder Mehrwert erbeutet als ein Bäcker, der relativ viel variables und wenig konstantes Kapital in Bewegung setzt. Zur Lösung dieses scheinbaren Widerspruchs bedarf es noch vieler Mittelglieder, wie es vom Standpunkt der elementaren Algebra vieler Mittelglieder bedarf, um zu verstehn, daß $\frac{0}{0}$ eine wirkliche Größe darstellen kann. Obgleich sie das Gesetz nie formuliert hat, hängt die klassische Ökonomie instinktiv daran fest, weil es eine notwendige Konsequenz des Wertgesetzes überhaupt ist. Sie sucht es durch gewaltsame Abstraktion vor den Widersprüchen der Erscheinung zu retten. Man wird später[203] sehn, wie die Ricardosche Schule an diesem Stein des Anstoßes gestolpert ist. Die Vulgärökonomie, die „wirklich auch nichts gelernt hat", pocht hier, wie überall, auf den Schein gegen das Gesetz der Erscheinung. Sie glaubt im Gegensatz zu Spinoza, daß „die Unwissenheit ein hinreichender Grund ist".

Die Arbeit, die vom Gesamtkapital einer Gesellschaft tagaus, tagein in Bewegung gesetzt wird, kann als ein einziger Arbeitstag betrachtet werden. Ist z. B. die Zahl der Arbeiter eine Million und beträgt der Durchschnittsarbeitstag eines Arbeiters 10 Stunden, so besteht der gesellschaftliche Arbeitstag aus 10 Millionen Stunden. Bei gegebner Länge dieses Arbeitstags, seien seine Grenzen physisch oder sozial gezogen, kann die Masse des Mehrwerts nur vermehrt werden durch Vermehrung der Arbeiteranzahl, d. h. der Arbeiterbevölkerung. Das Wachstum der Bevölkrung bildet hier die mathematische Grenze für Produktion des Mehrwerts durch das gesellschaftliche Gesamtkapital. Umgekehrt. Bei gegebner Größe der Bevölkrung wird diese Grenze gebildet durch die mögliche Verlängerung des Arbeitstags.[204] Man wird im folgenden Kapitel sehn, daß dies Gesetz nur für die bisher behandelte Form des Mehrwerts gilt.

---

[203] Näheres darüber im „Vierten Buch".

[204] „Die Arbeit einer Gesellschaft, das ist die in der Wirtschaft verwandte Zeit, stellt eine gegebene

Aus der bisherigen Betrachtung der Produktion des Mehrwerts ergibt sich, daß nicht jede beliebige Geld- oder Wertsumme in Kapital verwandelbar, zu dieser Verwandlung vielmehr ein bestimmtes Minimum von Geld oder Tauschwert in der Hand des einzelnen Geld- oder Warenbesitzers vorausgesetzt ist. Das Minimum von variablem Kapital ist der Kostenpreis einer einzelnen Arbeitskraft, die das ganze Jahr durch, tagaus, tagein, zur Gewinnung von Mehrwert vernutzt wird. Wäre dieser Arbeiter im Besitz seiner eignen Produktionsmittel und begnügte er sich, als Arbeiter zu leben, so genügte ihm die zur Reproduktion seiner Lebensmittel notwendige Arbeitszeit, sage von 8 Stunden täglich. Er brauchte also auch nur Produktionsmittel für 8 Arbeitsstunden. Der Kapitalist dagegen, der ihn außer diesen 8 Stunden sage 4 Stunden Mehrarbeit verrichten läßt, bedarf einer zusätzlichen Geldsumme zur Beschaffung der zusätzlichen Produktionsmittel. Unter unsrer Annahme jedoch müßte er schon zwei Arbeiter anwenden, um von dem täglich angeeigneten Mehrwert wie ein Arbeiter leben, d. h. seine notwendigen Bedürfnisse befriedigen zu können. In diesem Fall wäre bloßer Lebensunterhalt der Zweck seiner Produktion, nicht Vermehrung des Reichtums, und das letztre ist unterstellt bei der kapitalistischen Produktion. Damit er nur doppelt so gut lebe wie ein gewöhnlicher Arbeiter und die Hälfte des produzierten Mehrwerts in Kapital zurückverwandle, müßte er zugleich mit der Arbeiterzahl das Minimum des vorgeschoßnen Kapitals um das Achtfache steigern. Allerdings kann er selbst, gleich seinem Arbeiter, unmittelbar Hand im Produktionsprozesse anlegen, aber ist dann auch nur ein Mittelding zwischen Kapitalist und Arbeiter, ein „kleiner Meister". Ein gewisser Höhegrad der kapitalistischen Produktion bedingt, daß der Kapitalist die ganze Zeit, während deren er als Kapitalist, d. h. als personifiziertes Kapital funktioniert, zur Aneignung und daher Kontrolle fremder Arbeit und zum Verkauf der Produkte dieser Arbeit verwenden könne.[205] Die Verwandlung des Handwerksmeisters in den

---

Größe dar, sagen wir 10 Stunden täglich von einer Million Menschen oder 10 Millionen Stunden ... Das Kapital ist in seinem Wachstum begrenzt. In jeder gegebenen Periode besteht diese Grenze in dem wirklichen Ausmaß der in der Wirtschaft verwandten Zeit." („An Essay on the Political Economy of Nations", London 1821, p. 47, 49.)

[205] „Der Pächter darf nicht auf seiner eigenen Arbeit aufbauen; und wenn er es tut, so wird er meiner Meinung nach dadurch verlieren. Seine Tätigkeit sollte in der Beaufsichtigung des Ganzen bestehen: er muß auf seinen Drescher achten, denn sonst wird bald der Lohn hinausgeworfen sein für Getreide, das nicht ausgedroschen ist; ebenso müssen seine Mäher, Schnitter usw. überwacht werden; er muß ständig seine Zäune nachsehen; er muß aufpassen, ob nichts vernachlässigt wird; das würde der Fall sein, wenn er sich auf einen Punkt beschränken würde." („An Enquiry into the Connection between the Price of Provisions, and the Size of Farms etc." By a Farmer, London 1773, p. 12.) Diese Schrift ist sehr interessant. Man kann darin die Genesis des „capitalist farmer" oder „merchant farmer", wie er ausdrücklich genannt wird, studieren und seiner Selbstverherrlichung gegenüber dem „small farmer", dem es wesentlich um die Subsistenz zu tun ist, zuhören. „Die Kapitalistenklasse wird zuerst teilweise und schließlich ganz und gar entbunden von der Notwendigkeit der Handarbeit." („Textbook of Lectures

Kapitalisten suchte das Zunftwesen des Mittelalters dadurch gewaltsam zu verhindern, daß es die Arbeiteranzahl, die ein einzelner Meister beschäftigen durfte, auf ein sehr geringes Maximum beschränkte. Der Geld- oder Warenbesitzer verwandelt sich erst wirklich in einen Kapitalisten, wo die für die Produktion vorgeschoßne Minimalsumme weit über dem mittelaltrigen Maximum steht. Hier, wie in der Naturwissenschaft, bewährt sich die Richtigkeit des von Hegel in seiner „Logik" entdeckten Gesetzes, daß bloß quantitative Verändrungen auf einem gewissen Punkt in qualitative Unterschiede umschlagen.[205a]

Das Minimum der Wertsumme, worüber der einzelne Geld- oder Warenbesitzer verfügen muß, um sich in einen Kapitalisten zu entpuppen, wechselt auf verschiednen Entwicklungsstufen der kapitalistischen Produktion und ist, bei gegebner Entwicklungsstufe, verschieden in verschiednen Produktionssphären, je nach ihren besondren technischen Bedingungen. Gewisse Produktionssphären erheischen schon in den Anfängen der kapitalistischen Produktion ein Minimum von Kapital, das sich noch nicht in der Hand einzelner Individuen vorfindet. Dies veranlaßt teils Staatssubsidien an solche Private, wie in Frankreich zur Zeit Colberts und wie in manchen deutschen Staaten bis in unsre Epoche hinein, teils die Bildung von Gesellschaften mit gesetzlichem Monopol für den Betrieb gewisser Industrie- und Handelszweige[206] – die Vorläufer der modernen Aktiengesellschaften.

Wir halten uns nicht beim Detail der Verändrungen auf, die das Verhältnis von Kapitalist und Lohnarbeiter im Verlaufe des Produktionsprozesses erfuhr, also auch nicht bei den weitren Fortbestimmungen des Kapitals selbst. Nur wenige Hauptpunkte seien hier betont.

Innerhalb des Produktionsprozesses entwickelte sich das Kapital zum Kommando über die Arbeit, d. h. über die sich betätigende Arbeitskraft oder den Arbeiter selbst. Das personifizierte Kapital, der Kapitalist, paßt auf, daß der

---

on the Polit. Economy of Nations". By the Rev. Richard Jones, Hertford 1852, Lecture III, p. 39.)

[205a] Die in der modernen Chemie angewandte, von Laurent und Gerhardt zuerst wissenschaftlich entwickelte Molekulartheorie beruht auf keinem andren Gesetze. [Zusatz zur 3. Ausg.] – Wir bemerken zur Erklärung dieser für den Nichtchemiker ziemlich dunklen Anmerkung, daß der Verfasser hier von den von C. Gerhardt 1843 zuerst so benannten „homologen Reihen" von Kohlenwasserstoffverbindungen spricht, von denen jede eine eigne algebraische Zusammensetzungsformel hat. So die Reihe der Paraffine: C_nH_{2n+2}; die der normalen Alkohole: $C_nH_{2n+2}O$; die der normalen fetten Säuren: $C_nH_{2n}O_2$ und viele andre. In obigen Beispielen wird durch einfachen quantitativen Zusatz von CH_2 zur Molekularformel jedesmal ein qualitativ verschiedner Körper gebildet. Über die, von Marx überschätzte, Teilnahme Laurents und Gerhardts an der Feststellung dieser wichtigen Tatsache vgl. Kopp, „Entwicklung der Chemie", München 1873, S. 709 und 716, und Schorlemmer, „Rise and Progress of Organic Chemistry", London 1879, p. 54. – F. E.

[206] „Die Gesellschaft Monopolia" nennt Martin Luther derartige Institute.

Arbeiter sein Werk ordentlich und mit dem gehörigen Grad von Intensität verrichte.

Das Kapital entwickelte sich ferner zu einem Zwangsverhältnis, welches die Arbeiterklasse nötigt, mehr Arbeit zu verrichten, als der enge Umkreis ihrer eignen Lebensbedürfnisse vorschrieb. Und als Produzent fremder Arbeitsamkeit, als Auspumper von Mehrarbeit und Exploiteur von Arbeitskraft übergipfelt es an Energie, Maßlosigkeit und Wirksamkeit alle frühern auf direkter Zwangsarbeit beruhenden Produktionssysteme.

Das Kapital ordnet sich zunächst die Arbeit unter mit den technischen Bedingungen, worin es sie historisch vorfindet. Es verändert daher nicht unmittelbar die Produktionsweise. Die Produktion von Mehrwert in der bisher betrachteten Form, durch einfache Verlängrung des Arbeitstags, erschien daher von jedem Wechsel der Produktionsweise selbst unabhängig. Sie war in der altmodischen Bäckerei nicht minder wirksam als in der modernen Baumwollspinnerei.

Betrachten wir den Produktionsprozeß unter dem Gesichtspunkt des Arbeitsprozesses, so verhielt sich der Arbeiter zu den Produktionsmitteln nicht als Kapital, sondern als bloßem Mittel und Material seiner zweckmäßigen produktiven Tätigkeit. In einer Gerberei z. B. behandelt er die Felle als seinen bloßen Arbeitsgegenstand. Es ist nicht der Kapitalist, dem er das Fell gerbt. Anders, sobald wir den Produktionsprozeß unter dem Gesichtspunkt des Verwertungsprozesses betrachteten. Die Produktionsmittel verwandelten sich sofort in Mittel zur Einsaugung fremder Arbeit. Es ist nicht mehr der Arbeiter, der die Produktionsmittel anwendet, sondern es sind die Produktionsmittel, die den Arbeiter anwenden. Statt von ihm als stoffliche Elemente seiner produktiven Tätigkeit verzehrt zu werden, verzehren sie ihn als Ferment ihres eignen Lebensprozesses, und der Lebensprozeß des Kapitals besteht nur in seiner Bewegung als sich selbst verwertender Wert. Schmelzöfen und Arbeitsgebäude, die des Nachts ruhn und keine lebendige Arbeit einsaugen, sind „reiner Verlust“ („mere loss“) für den Kapitalisten. Darum konstituieren Schmelzöfen und Arbeitsgebäude einen „Anspruch auf die Nachtarbeit“ der Arbeitskräfte. Die bloße Verwandlung des Geldes in gegenständliche Faktoren des Produktionsprozesses, in Produktionsmittel, verwandelt letztre in Rechtstitel und Zwangstitel auf fremde Arbeit und Mehrarbeit. Wie diese der kapitalistischen Produktion eigentümliche und sie charakterisierende Verkehrung, ja Verrückung des Verhältnisses von toter und lebendiger Arbeit, von Wert und wertschöpferischer Kraft, sich im Bewußtsein der Kapitalistenköpfe abspiegelt, zeige schließlich noch ein Beispiel. Während der englischen Fabrikantenrevolte von 1848-1850 schrieb

> „der Chef der Leinen- und Baumwollspinnerei zu Paisley, einer der ältesten und respektabelsten Firmen von Westschottland, der Kompagnie Carlile, Söhne und Co., die seit 1752 besteht und Generation nach Generation von derselben Familie geführt wird“ –

dieser äußerst intelligente Gentleman also schrieb in die „Glasgow Daily Mail" vom 25. April 1849 einen Brief[207] unter dem Titel: „Das Relaissystem", worin u. a. folgende grotesk naive Stelle unterläuft:

> „Laßt uns nun die Übel betrachten, die aus einer Reduktion der Arbeitszeit von 12 auf 10 Stunden fließen ... Sie ‚belaufen' sich auf die allerernsthafteste Beschädigung der Aussichten und des Eigentums des Fabrikanten. Arbeitete er" (d. h. seine „Hände") „12 Stunden und wird er auf 10 beschränkt, dann schrumpfen je 12 Maschinen oder Spindeln seines Etablissements auf 10 zusammen (then every 12 machines or spindles, in his establishment, shrink to 10), und wollte er seine Fabrik verkaufen, so würden sie nur als 10 gewertschätzt werden, so daß so ein sechster Teil vom Wert einer jeden Fabrik im ganzen Lande abgezogen würde."[208]

Diesem erbangestammten Kapitalhirn von Westschottland verschwimmt der Wert der Produktionsmittel, Spindeln usw., so sehr mit ihrer Kapitaleigenschaft, sich selbst zu verwerten oder täglich ein bestimmtes Quantum fremder Gratisarbeit einzuschlucken, daß der Chef des Hauses Carlile und Co. in der Tat wähnt, beim Verkauf seiner Fabrik werde ihm nicht nur der Wert der Spindeln gezahlt, sondern obendrein ihre Verwertung, nicht nur die Arbeit, die in ihnen steckt und zur Produktion von Spindeln derselben Art nötig ist, sondern auch die Mehrarbeit, die sie täglich aus den braven Westschotten von Paisley auspumpen helfen, und ebendeshalb, meint er, schrumpfe mit der Verkürzung des Arbeitstags um zwei Stunden der Verkaufspreis von je 12 Spinnmaschinen auf den von je 10 zusammen!

---

207 „Reports of Insp. of Fact. for 30th April 1849", p. 59.

208 l.c.p. 60. Fabrikinspektor Stuart, selbst Schotte, und im Gegensatz zu den englischen Fabrikinspektoren ganz in kapitalistischer Denkart befangen, bemerkt ausdrücklich, dieser Brief, den er seinem Bericht einverleibt, „sei die allernützlichste Mitteilung, die irgendeiner der Fabrikanten, welche das Relaissystem anwenden, gemacht, und ganz besonders darauf berechnet, die Vorurteile und Bedenken gegen jenes System zu beseitigen".

VIERTER ABSCHNITT: DIE PRODUKTION DES RELATIVEN MEHRWERTS

Zehntes Kapitel: Begriff des relativen Mehrwerts

Der Teil des Arbeitstags, der bloß ein Äquivalent für den vom Kapital gezahlten Wert der Arbeitskraft produziert, galt uns bisher als konstante Größe, was er in der Tat ist unter gegebnen Produktionsbedingungen, auf einer vorhandnen ökonomischen Entwicklungsstufe der Gesellschaft. Über diese seine notwendige Arbeitszeit hinaus konnte der Arbeiter 2, 3, 4, 6 usw. Stunden arbeiten. Von der Größe dieser Verlängrung hingen Rate des Mehrwerts und Größe des Arbeitstags ab. War die notwendige Arbeitszeit konstant, so dagegen der Gesamtarbeitstag variabel. Unterstelle jetzt einen Arbeitstag, dessen Größe und dessen Teilung in notwendige Arbeit und Mehrarbeit gegeben sind. Die Linie ac, a——b——c, stelle z. B. einen zwölfstündigen Arbeitstag vor, das Stück ab 10 Stunden notwendig Arbeit, das Stück bc 2 Stunden Mehrarbeit. Wie kann nun die Produktion von Mehrwert vergrößert, d. h. die Mehrarbeit verlängert werden, ohne jede weitere Verlängrung oder unabhängig von jeder weiteren Verlängrung von ac?

Trotz gegebner Grenzen des Arbeitstags ac scheint bc verlängerbar, wenn nicht durch Ausdehnung über seinen Endpunkt c, der zugleich der Endpunkt des Arbeitstags ac ist, so durch Verschiebung seines Anfangspunkts b in entgegengesetzter Richtung nach a hin. Nimm an, b'—b in a——b'—b——c sei gleich der Hälfte von bc oder gleich einer Arbeitsstunde. Wird nun in dem zwölfstündigen Arbeitstag ac der Punkt b nach b' verrückt, so dehnt sich bc aus zu b'c, die Mehrarbeit wächst um die Hälfte, von 2 auf 3 Stunden, obgleich der Arbeitstag nach wie vor nur 12 Stunden zählt. Diese Ausdehnung der Mehrarbeit von bc auf b'c, von 2 auf 3 Stunden, ist aber offenbar unmöglich ohne gleichzeitige Zusammenziehung der notwendigen Arbeit von ab auf ab', von 10 auf 9 Stunden. Der Verlängrung der Mehrarbeit entspräche die Verkürzung der notwendigen Arbeit, oder ein Teil der Arbeitszeit, die der Arbeiter bisher in der Tat für sich selbst verbraucht, verwandelt sich in Arbeitszeit für den Kapitalisten. Was verändert, wäre nicht die Länge des Arbeitstags, sondern seine Teilung in notwendige Arbeit und Mehrarbeit.

Andrerseits ist die Größe der Mehrarbeit offenbar selbst gegeben mit gegebner Größe des Arbeitstags und gegebnem Wert der Arbeitskraft. Der Wert der Arbeitskraft, d. h. die zu ihrer Produktion erheischte Arbeitszeit, bestimmt die zur Reproduktion ihres Werts notwendige Arbeitszeit. Stellt sich eine Arbeitsstunde in einem Goldquantum von einem halben Shilling oder 6 d. dar, und beträgt der Tageswert der Arbeitskraft 5 sh., so muß der Arbeiter täglich 10 Stunden arbeiten, um den ihm vom Kapital gezahlten Tageswert seiner Arbeitskraft zu ersetzen oder ein Äquivalent für den Wert seiner notwendigen täglichen Lebensmittel zu produzieren. Mit dem Wert dieser Lebensmittel ist der Wert seiner Arbeitskraft[1], mit dem Wert seiner Arbeitskraft ist die Größe seiner notwendigen Arbeitszeit gegeben. Die Größe der Mehrarbeit aber wird erhalten durch Subtraktion der notwendigen Arbeitszeit vom Gesamtarbeitstag. Zehn Stunden subtrahiert von zwölf lassen zwei, und es ist nicht abzusehn, wie die Mehrarbeit unter den gegebnen Bedingungen über zwei Stunden hinaus verlängert werden kann. Allerdings mag der Kapitalist statt 5 sh. dem Arbeiter nur 4 sh. 6 d. oder noch weniger zahlen. Zur Reproduktion dieses Werts von 4 sh. 6 d. würden 9 Arbeitsstunden genügen, von dem zwölfstündigen Arbeitstag daher 3 statt 2 Stunden der Mehrarbeit anheimfallen und der Mehrwert selbst von 1 sh. auf 1 sh. 6 d. steigen. Dies Resultat wäre jedoch nur erzielt durch Herabdrückung des Lohns des Arbeiters unter den Wert seiner Arbeitskraft. Mit den 4 sh. 6 d., die er in 9 Stunden produziert, verfügt er über $^{1}/_{10}$ weniger Lebensmittel als vorher, und so findet nur eine verkümmerte Reproduktion seiner Arbeitskraft statt. Die Mehrarbeit würde hier nur verlängert durch Überschreitung ihrer normalen Grenzen, ihre Domäne nur ausgedehnt durch usurpatorischen Abbruch von der Domäne der notwendigen Arbeitszeit. Trotz der wichtigen Rolle, welche diese Methode in der wirklichen Bewegung des Arbeitslohnes spielt, ist sie hier ausgeschlossen durch die Voraussetzung, daß die Waren, also auch die Arbeitskraft, zu ihrem vollen Wert gekauft und verkauft werden. Dies einmal unterstellt, kann die zur Produktion der Arbeitskraft oder zur Reproduktion ihres Werts notwendige Arbeitszeit nicht abnehmen, weil der Lohn des Arbeiters unter den Wert seiner Arbeitskraft, sondern nur wenn dieser Wert selbst sinkt. Bei gegebner Länge des Arbeitstags des Arbeitstags muß die Verlängrung der Mehrarbeit aus der Verkürzung der notwendigen Arbeitszeit entspringen, nicht umgekehrt die Verkürzung der notwendigen Arbeitszeit aus der Verlängrung der Mehrarbeit. In unsrem Beispiel muß der Wert der Arbeitskraft wirklich um $^{1}/_{10}$ sinken, damit die notwendige Arbeitszeit um $^{1}/_{10}$ abnehme, von 10 auf 9 Stunden, und daher die Mehrarbeit sich von 2 auf 3 Stunden verlängre.

---

[1] Der Wert des täglichen Durchschnittslohns ist bestimmt durch das, was der Arbeiter braucht, „um zu leben, zu arbeiten und sich fortzupflanzen". (William Petty, „Political Anatomy of Ireland", 1672, p. 64.) „Der Preis der Arbeit wird immer vom Preis der notwendigen Lebensmittel bestimmt." Der Arbeiter erhält nicht den entsprechenden Lohn, „wann immer ... der Lohn des Arbeiters nicht hinreicht, eine so große Familie, wie sie das Los vieler von ihnen ist, entsprechend seinem niedrigen Stand und als Arbeiter zu ernähren". (J. Vanderlint, l.c.p. 15.) „Der einfache Arbeiter, der nichts als seine Arme und seinen Fleiß besitzt, hat nichts, außer wenn es ihm gelingt, seine Arbeit an andre zu verkaufen ... Bei jeder Art Arbeit muß es dahin kommen, und kommt es in der Tat dahin, daß der Lohn des Arbeiters auf das begrenzt ist, was er notwendig zu seinem Lebensunterhalt braucht." (Turgot, „Réflexions etc.", „Oeuvres", éd. Daire, t. I, p. 10.) „Der Preis der Subsistenzmittel ist in der Tat gleich den Kosten der Produktion der Arbeit." (Malthus, „Inquiry into etc. Rent", Lond. 1815, p. 48, Note.)

Eine solche Senkung des Werts der Arbeitskraft um $^{1}/_{10}$ bedingt aber ihrerseits, daß dieselbe Masse Lebensmittel, die früher in 10, jetzt in 9 Stunden produziert wird. Dies ist jedoch unmöglich ohne eine Erhöhung der Produktivkraft der Arbeit. Mit gegebnen Mitteln kann ein Schuster z. B. ein Paar Stiefel in einem Arbeitstag von 12 Stunden machen. Soll er in derselben Zeit zwei Paar Stiefel machen, so muß sich die Produktivkraft seiner Arbeit verdoppeln, und sie kann sich nicht verdoppeln ohne eine Änderung in seinen Arbeitsmitteln oder seiner Arbeitsmethode oder beiden zugleich. Es muß daher eine Revolution in den Produktionsbedingungen seiner Arbeit eintreten, d. h. in seiner Produktionsweise und daher im Arbeitsprozeß selbst. Unter Erhöhung der Produktivkraft der Arbeit verstehn wir hier überhaupt eine Verändrung im Arbeitsprozeß, wodurch die zur Produktion einer Ware gesellschaftlich erheischte Arbeitszeit verkürzt wird, ein kleinres Quantum Arbeit also die Kraft erwirbt, ein größres Quantum Gebrauchswert zu produzieren.[2] Während also bei der Produktion des Mehrwerts in der bisher betrachteten Form die Produktionsweise als gegeben unterstellt war, genügt es für die Produktion von Mehrwert durch Verwandlung notwendiger Arbeit in Mehrarbeit keineswegs, daß das Kapital sich des Arbeitsprozesses in seiner historisch überlieferten oder vorhandnen Gestalt bemächtigt und nur seine Dauer verlängert. Es muß die technischen und gesellschaftlichen Bedingungen des Arbeitsprozesses, also die Produktionsweise selbst umwälzen, um die Produktivkraft der Arbeit zu erhöhn, durch die Erhöhung der Produktivkraft der Arbeit den Wert der Arbeitskraft zu senken und so den zur Reproduktion dieses Werts notwendigen Teil des Arbeitstags zu verkürzen.

Durch Verlängrung des Arbeitstags produzierten Mehrwert nenne ich absoluten Mehrwert; den Mehrwert dagegen, der aus Verkürzung der notwendigen Arbeitszeit und entsprechender Verändrung im Größenverhältnis der beiden Bestandteile des Arbeitstags entspringt – relativen Mehrwert.

Um den Wert der Arbeitskraft zu senken, muß die Steigerung der Produktivkraft Industriezweige ergreifen, deren Produkte den Wert der Arbeitskraft bestimmen, also entweder dem Umkreis der gewohnheitsmäßigen Lebensmittel angehören oder sie ersetzen können. Der Wert einer Ware ist aber nicht nur bestimmt durch das Quantum der Arbeit, welche ihr die letzte Form gibt, sondern ebensowohl durch die in ihren Produktionsmitteln enthaltne Arbeitsmasse. Z. B. der Wert eines Stiefels nicht nur durch die Schusterarbeit, sondern auch durch den Wert von Leder, Pech, Draht usw. Steigerung der Produktivkraft und entsprechende Verwohlfeilerung der Waren in den Industrien, welche die stoffli-

[2] „Wenn die Gewerbe sich vervollkommnen, so bedeutet das nichts andres als die Entdeckung neuer Wege, auf denen ein Produkt mit weniger Menschen oder (was dasselbe ist) in kürzrer Zeit als vorher verfertigt werden kann." (Galiani, l.c.p. 158, 159.) „Die Ersparnis an den Kosten der Produktion kann nichts anderes sein als Ersparnis an der zur Produktion angewandten Arbeitsmenge." (Sismondi, „Études etc.", t. I, p. 22.)

chen Elemente des konstanten Kapitals, die Arbeitsmittel und das Arbeitsmaterial, zur Erzeugung der notwendigen Lebensmittel liefern, senken also ebenfalls den Wert der Arbeitskraft. In Produktionszweigen dagegen, die weder notwendige Lebensmittel liefern noch Produktionsmittel zu ihrer Herstellung, läßt die erhöhte Produktivkraft den Wert der Arbeitskraft unberührt.

Die verwohlfeilerte Ware senkt natürlich den Wert der Arbeitskraft nur pro tanto, d. h. nur im Verhältnis, worin sie in die Reproduktion der Arbeitskraft eingeht. Hemden z. B. sind ein notwendiges Lebensmittel, aber nur eins von vielen. Ihre Verwohlfeilerung vermindert bloß die Ausgabe des Arbeiters für Hemden. Die Gesamtsumme der notwendigen Lebensmittel besteht jedoch nur aus verschiednen Waren, lauter Produkten besondrer Industrien, und der Wert jeder solchen Ware bildet stets einen aliquoten Teil vom Wert der Arbeitskraft. Dieser Wert nimmt ab mit der zu seiner Reproduktion notwendigen Arbeitszeit, deren Gesamtverkürzung gleich der Summe ihrer Verkürzungen in allen jenen besondren Produktionszweigen ist. Wir behandeln dies allgemeine Resultat hier so, als wäre es unmittelbares Resultat und unmittelbarer Zweck in jedem einzelnen Fall. Wenn ein einzelner Kapitalist durch Steigerung der Produktivkraft der Arbeit z. B. Hemden verwohlfeilert, schwebt ihm keineswegs notwendig der Zweck vor, den Wert der Arbeitskraft und daher die notwendige Arbeitszeit pro tanto zu senken, aber nur soweit er schließlich zu diesem Resultat beiträgt, trägt er bei zur Erhöhung der allgemeinen Rate des Mehrwerts.[3] Die allgemeinen und notwendigen Tendenzen des Kapitals sind zu unterscheiden von ihren Erscheinungsformen.

Die Art und Weise, wie die immanenten Gesetze der kapitalistischen Produktion in der äußern Bewegung der Kapitale erscheinen, sich als Zwangsgesetze der Konkurrenz geltend machen und daher als treibende Motive dem individuellen Kapitalisten zum Bewußtsein kommen, ist jetzt nicht zu betrachten, aber soviel erhellt von vornherein: Wissenschaftliche Analyse der Konkurrenz ist nur möglich, sobald die innere Natur des Kapitals begriffen ist, ganz wie die scheinbare Bewegung der Himmelskörper nur dem verständlich, der ihre wirkliche, aber sinnlich nicht wahrnehmbare Bewegung kennt. Dennoch ist zum Verständnis der Produktion des relativen Mehrwerts und bloß auf Grundlage der bereits gewonnenen Resultate folgendes zu bemerken.

Stellt sich eine Arbeitsstunde in einem Goldquantum von 6 d. oder $^1/_2$ sh. dar, so wird in zwölfstündigem Arbeitstag ein Wert von 6 sh. produziert. Gesetzt, mit der gegebnen Produktivkraft der Arbeit würden 12 Stück Waren in diesen 12 Arbeitsstunden verfertigt. Der Wert der in jedem Stück vernutzten Produktionsmittel, Rohmaterial usw. sei 6 d. Unter diesen Umständen kostet die einzelne

3 „Wenn der Fabrikant durch Verbesserung der Maschinerie seine Produkte verdoppelt ... gewinnt er (schließlich) bloß, sofern er dadurch befähigt wird, den Arbeiter wohlfeiler zu kleiden ... und so ein kleinerer Teil des Gesamtertrags auf den Arbeiter fällt." (Ramsay, l.c.p. 168, 169.)

Ware 1 sh., nämlich 6 d. für den Wert der Produktionsmittel, 6 d. für den in ihrer Verarbeitung neu zugesetzten Wert. Es gelinge nun einem Kapitalisten, die Produktivkraft der Arbeit zu verdoppeln und daher 24 statt 12 Stück dieser Warenart in dem zwölfstündigen Arbeitstag zu produzieren. Bei unverändertem Wert der Produktionsmittel sinkt der Wert der einzelnen Ware jetzt auf 9 d., nämlich 6 d. für den Wert der Produktionsmittel, 3 d. für den durch die letzte Arbeit neu zugesetzten Wert. Trotz der verdoppelten Produktivkraft schafft der Arbeitstag nach wie vor nur einen Neuwert von 6 sh., welcher sich jedoch jetzt auf doppelt soviel Produkte verteilt. Auf jedes einzelne Produkt fällt daher nur noch $^{1}/_{24}$ statt $^{1}/_{2}$ dieses Gesamtwerts, 3 d. statt 6 d. oder, was dasselbe ist, den Produktionsmitteln wird bei ihrer Verwandlung in Produkt, jedes Stück berechnet, jetzt nur noch eine halbe statt wie früher eine ganze Arbeitsstunde zugesetzt. Der individuelle Wert dieser Ware steht nun unter ihrem gesellschaftlichen Wert, d. h., sie kostet weniger Arbeitszeit als der große Haufen derselben Artikel, produziert unter den gesellschaftlichen Durchschnittsbedingungen. Das Stück kostet im Durchschnitt 1 sh. oder stellt 2 Stunden gesellschaftlicher Arbeit dar; mit der veränderten Produktionsweise kostet es nur 9 d. oder enthält nur $1^{1}/_{2}$ Arbeitsstunden. Der wirkliche Wert einer Ware ist aber nicht ihr individueller, sondern ihr gesellschaftlicher Wert, d. h., er wird nicht durch die Arbeitszeit gemessen, die sie im einzelnen Fall dem Produzenten tatsächlich kostet, sondern durch die gesellschaftlich zu ihrer Produktion erheischte Arbeitszeit. Verkauft also der Kapitalist, der die neue Methode anwendet, seine Ware zu ihrem gesellschaftlichen Wert von 1 sh., so verkauft er sie 3 d. über ihrem individuellen Wert und realisiert so einen Extramehrwert von 3 d. Andrerseits stellt sich aber der zwölfstündige Arbeitstag jetzt für ihn in 24 Stück Ware dar statt früher in 12. Um also das Produkt eines Arbeitstags zu verkaufen, bedarf er doppelten Absatzes oder eines zweifach größern Markts. Unter sonst gleichbleibenden Umständen erobern seine Waren nur größern Marktraum durch Kontraktion ihrer Preise. Er wird sie daher über ihrem individuellen, aber unter ihrem gesellschaftlichen Wert verkaufen, sage zu 10 d. das Stück. So schlägt er an jedem einzelnen Stück immer noch einen Extramehrwert von 1 d. heraus. Diese Steigerung des Mehrwerts findet für ihn statt, ob oder ob nicht seine Ware dem Umkreis der notwendigen Lebensmittel angehört und daher bestimmend in den allgemeinen Wert der Arbeitskraft eingeht. Vom letztren Umstand abgesehn, existiert also für jeden einzelnen Kapitalisten das Motiv, die Ware durch erhöhte Produktivkraft der Arbeit zu verwohlfeilern.

Indes entspringt selbst in diesem Fall die gesteigerte Produktion von Mehrwert aus der Verkürzung der notwendigen Arbeitszeit und entsprechender Verlängrung der Mehrarbeit.[3a] Die notwendige Arbeitszeit betrage 10 Stunden

---

3a „Der Profit eines Menschen hängt nicht ab von seinem Kommando über das Produkt der Arbeit andrer, sondern von seinem Kommando über Arbeit selbst. Wenn er seine Waren zu

oder der Tageswert der Arbeitskraft 5 sh., die Mehrarbeit 2 Stunden, der täglich produzierte Mehrwert daher 1 sh. Unser Kapitalist produziert aber jetzt 24 Stück, die er zu 10 d. per Stück oder zusammen zu 20 sh. verkauft. Da der Wert der Produktionsmittel gleich 12 Schilling, ersetzen $14^2/_5$ Stück Ware nur das vorgeschoßne konstante Kapital. Der zwölfstündige Arbeitstag stellt sich in den übrigbleibenden $9^3/_5$ Stück dar. Da der Preis der Arbeitskraft = 5 sh., stellt sich im Produkt von 6 Stück die notwendige Arbeitszeit dar und in $3^3/_5$ Stück die Mehrarbeit. Das Verhältnis der notwendigen Arbeit zur Mehrarbeit, welches unter den gesellschaftlichen Durchschnittsbedingungen 5 : 1 betrug, beträgt jetzt nur noch 5 : 3. Dasselbe Resultat erhält man so: Der Produktenwert des zwölfstündigen Arbeitstags ist 20 sh. Davon gehören 12 sh. dem nur wieder erscheinenden Wert der Produktionsmittel. Bleiben also 8 sh. als Geldausdruck des Werts, worin sich der Arbeitstag darstellt. Dieser Geldausdruck ist höher als der Geldausdruck der gesellschaftlichen Durchschnittsarbeit von derselben Sorte, wovon sich 12 Stunden nur in 6 sh. ausdrücken. Die Arbeit von ausnahmsweiser Produktivkraft wirkt als potenzierte Arbeit oder schafft in gleichen Zeiträumen höhere Werte als die gesellschaftliche Durchschnittsarbeit derselben Art. Aber unser Kapitalist zahlt nach wie vor nur 5 sh. für den Tageswert der Arbeitskraft. Der Arbeiter bedarf daher, statt früher 10, jetzt nur noch $7^1/_2$ Stunden zur Reproduktion dieses Werts. Seine Mehrarbeit wächst daher um $2^1/_2$ Stunden, der von ihm produzierte Mehrwert von 1 auf 3 sh. Der Kapitalist, der die verbesserte Produktionsweise anwendet, eignet sich daher einen größern Teil des Arbeitstags für die Mehrarbeit an als die übrigen Kapitalisten in demselben Geschäft. Er tut im einzelnen, was das Kapital bei der Produktion des relativen Mehrwerts im großen und ganzen tut. Andrerseits aber verschwindet jener Extramehrwert, sobald die neue Produktionsweise sich verallgemeinert und damit die Differenz zwischen dem individuellen Wert der wohlfeiler produzierten Waren und ihrem gesellschaftlichen Wert verschwindet. Dasselbe Gesetz der Wertbestimmung durch die Arbeitszeit, das dem Kapitalisten mit der neuen Methode in der Form fühlbar wird, daß er seine Ware unter ihrem gesellschaftlichen Wert verkaufen muß, treibt seine Mitbewerber als Zwangsgesetz der Konkurrenz zur Einführung der neuen Produktionsweise.[4] Die allgemeine

---

einem höhern Preis verkaufen kann, während die Löhne seiner Arbeiter unverändert bleiben, so zieht er augenscheinlich Gewinn daraus ... Ein kleinerer Teil dessen, was er produziert, reicht hin, jene Arbeit in Bewegung zu setzen, und demzufolge verbleibt ihm ein größerer Teil." („Outlines of Polit. Econ.", London 1832, p. 49, 50.)

[4] „Wenn mein Nachbar billig verkaufen kann, indem er mit wenig Arbeit viel herstellt, muß ich danach trachten, ebenso billig wie er zu verkaufen. So erzeugt jede Kunst, jedes Verfahren oder jede Maschine, die mit der Arbeit von weniger Händen und infolgedessen billiger arbeitet, bei andren eine Art Zwang und einen Wettbewerb, entweder dieselbe Kunst, dasselbe Verfahren oder Maschine anzuwenden, oder etwas Ähnliches zu erfinden, damit alle auf gleichem Stand seien und keiner seinen Nachbar unterbieten könne." („The Advantages of the East-India

Rate des Mehrwerts wird also durch den ganzen Prozeß schließlich nur berührt, wenn die Erhöhung der Produktivkraft der Arbeit Produktionszweige ergriffen, also Waren verwohlfeilert hat, die in den Kreis der notwendigen Lebensmittel eingehn, daher Elemente des Werts der Arbeitskraft bilden.

Der Wert der Waren steht in umgekehrtem Verhältnis zur Produktivkraft der Arbeit. Ebenso, weil durch Warenwerte bestimmt, der Wert der Arbeitskraft. Dagegen steht der relative Mehrwert in direktem Verhältnis zur Produktivkraft der Arbeit. Er steigt mit steigender und fällt mit fallender Produktivkraft. Ein gesellschaftlicher Durchschnittsarbeitstag von 12 Stunden, Geldwert als gleichbleibend vorausgesetzt, produziert stets dasselbe Wertprodukt von 6 sh., wie diese Wertsumme sich immer verteile zwischen Äquivalent für den Wert der Arbeitskraft und Mehrwert. Fällt aber infolge gesteigerter Produktivkraft der Wert der täglichen Lebensmittel und daher der Tageswert der Arbeitskraft von 5 sh. auf 3 sh., so wächst der Mehrwert von 1 sh. auf 3 sh. Um den Wert der Arbeitskraft zu reproduzieren, waren 10 und sind jetzt nur noch 6 Arbeitsstunden nötig. Vier Arbeitsstunden sind frei geworden und können der Domäne der Mehrarbeit annexiert werden. Es ist daher der immanente Trieb und die beständige Tendenz des Kapitals, die Produktivkraft der Arbeit zu steigern, um die Ware und durch die Verwohlfeilerung der Ware den Arbeiter selbst zu verwohlfeilern.[5]

Der absolute Wert der Ware ist dem Kapitalisten, der sie produziert, an und für sich gleichgültig. Ihn interessiert nur der in ihr steckende und im Verkauf realisierbare Mehrwert. Realisierung von Mehrwert schließt von selbst Ersatz des vorgeschoßnen Werts ein. Da nun der relative Mehrwert in direktem Verhältnis zur Entwicklung der Produktivkraft der Arbeit wächst, während der Wert der Waren in umgekehrtem Verhältnis zur selben Entwicklung fällt, da also derselbe identische Prozeß die Waren verwohlfeilert und den in ihnen enthaltnen Mehrwert steigert, löst sich das Rätsel, daß der Kapitalist, dem es nur um die Produktion von Tauschwert zu tun ist, den Tauschwert der Waren beständig zu senken strebt, ein Widerspruch, womit einer der Gründer der politischen Öko-

---

Trade to England", Lond. 1720, p. 67.)

[5] „In welchem Verhältnis immer die Ausgaben eines Arbeiters verringert werden, in gleichem Verhältnis wird auch sein Lohn verringert, wenn die Einschränkungen der Industrie gleichzeitig aufgehoben werden." („Considerations concerning taking off the Bounty on Corn exported etc.", Lond. 1753, p. 7.) „Das Interesse der Industrie erfordert, daß Korn und alle Lebensmittel so billig wie möglich sind; was immer sie verteuert, muß auch die Arbeit verteuern ... in allen Ländern, in denen die Industrie keinen Einschränkungen unterliegt, muß der Preis der Lebensmittel auf den Preis der Arbeit einwirken. Dieser wird stets herabgesetzt werden, wenn die notwendigen Lebensmittel billiger werden." (l.c.p. 3.) „Die Löhne werden im selben Verhältnis gesenkt, in dem die Produktionskräfte anwachsen. Die Maschine verbilligt zwar die notwendigen Lebensmittel, aber sie verbilligt außerdem auch den Arbeiter." („A Prize Essay on the comparative merits of Competition and Cooperation", London 1834, p. 27.)

nomie, Quesnay, seine Gegner quälte und worauf sie ihm die Antwort schuldig blieben.

„Ihr gebt zu“, sagt Quesnay, „daß, je mehr man, ohne Nachteil für die Produktion, Kosten oder kostspielige Arbeiten in der Fabrikation industrieller Produkte ersparen kann, desto vorteilhafter diese Ersparung, weil sie den Preis des Machwerks vermindert. Und trotzdem glaubt ihr, daß die Produktion des Reichtums, der aus den Arbeiten der Industriellen herkommt, in der Vermehrung des Tauschwerts ihres Machwerks besteht.“[6]

Ökonomie der Arbeit durch Entwicklung der Produktivkraft der Arbeit[7] bezweckt in der kapitalistischen Produktion also durchaus nicht Verkürzung des Arbeitstags. Sie bezweckt nur Verkürzung der für Produktion eines bestimmten Warenquantums notwendigen Arbeitszeit. Daß der Arbeiter bei gesteigerter Produktivkraft seiner Arbeit in einer Stunde z. B. 10mal mehr Ware früher produziert, also für jedes Stück Ware 10mal weniger Arbeitszeit braucht, verhindert durchaus nicht, ihn nach wie vor 12 Stunden arbeiten und in den 12 Stunden 1200 statt früher 120 Stück produzieren zu lassen. Ja, sein Arbeitstag mag gleichzeitig verlängert werden, so daß er jetzt in 14 Stunden 1400 Stück produziert usw. Man kann daher bei Ökonomen vom Schlag eines MacCulloch, Ure, Senior und tutti quanti auf einer Seite lesen, daß der Arbeiter dem Kapital für die Entwicklung der Produktivkräfte Dank schuldet, weil sie die notwendige Arbeitszeit verkürzt, und auf der nächsten Seite, daß er diesen Dank beweisen muß, indem er statt 10 künftig 15 Stunden arbeitet. Die Entwicklung der Produktivkraft der Arbeit, innerhalb der kapitalistischen Produktion, bezweckt, den Teil des Arbeitstags, den der Arbeiter für sich selbst arbeiten muß, zu verkürzen, um grade dadurch den andren Teil des Arbeitstags, den er für den Kapitalisten umsonst arbeiten kann, zu verlängern. Wieweit dies Resultat auch ohne Verwohlfeilerung der Waren erreichbar, wird sich zeigen in den besondren Produktionsmethoden des relativen Mehrwerts, zu deren Betrachtung wir jetzt übergehn.

---

6 „Ils conviennent que plus on peut sans préjudice, épargner de frais ou de travaux dispendieux dans la fabrication des ouvrages des artisans, plus cette épargne est profitable par la diminution des prix de ces ouvrages. Cependant ils croient que a production de richesse qui résulte des travaux des artisans consiste dans l’augmentation de la valeur vénale de leurs ouvrages.“ (Quesnay, „Dialogues sur le Commerce et sur les Travaux des Artisans“, p.188, 189.)

7 „Diese Spekulanten, die so sehr sparen an der Arbeit der Arbeiter, die sie bezahlen müßten.“ (J. N. Bidaut, „Du Monopole qui s’établit dans les arts industriels et le commerce“, Paris 1828, p. 13.) „Der Unternehmer wird immer alles daransetzen, um Zeit und Arbeit zu sparen.“ (Dugald Stewart, „Works“, ed. by Sir W. Hamilton, v. VIII, Edinburgh 1855, „Lectures on Polit. Econ.“, p. 318.) „Sie“ (die Kapitalisten) „sind daran interessiert, daß die Produktivkräfte der Arbeiter, die sie beschäftigen, so groß wie möglich seien. Diese Kraft zu steigern, darauf ist ihre Aufmerksamkeit, und zwar fast ausschließlich gerichtet.“ (R. Jones, l.c., Lecture III.)

Elftes Kapitel: Kooperation

Die kapitalistische Produktion beginnt, wie wir sahen, in der Tat erst, wo dasselbe individuelle Kapital eine größere Anzahl Arbeiter gleichzeitig beschäftigt, der Arbeitsprozeß also seinen Umfang erweitert und Produkt auf größrer quantitativer Stufenleiter liefert. Das Wirken einer größern Arbeiteranzahl zur selben Zeit, in demselben Raum (oder, wenn man will, auf demselben Arbeitsfeld), zur Produktion derselben Warensorte, unter dem Kommando desselben Kapitalisten, bildet historisch und begrifflich den Ausgangspunkt der kapitalistischen Produktion. Mit Bezug auf die Produktionsweise selbst unterscheidet sich z. B. die Manufaktur in ihren Anfängen kaum anders von der zünftigen Handwerksindustrie als durch die größere Zahl der gleichzeitig von demselben Kapital beschäftigten Arbeiter. Die Werkstatt des Zunftmeisters ist nur erweitert.

Der Unterschied ist also zunächst bloß quantitativ. Man sah, daß die Masse des Mehrwerts, welche ein gegebnes Kapital produziert, gleich dem Mehrwert, den der einzelne Arbeiter liefert, multipliziert mit der Anzahl der gleichzeitig beschäftigten Arbeiter. Diese Anzahl ändert an und für sich nichts an der Rate des Mehrwerts oder dem Exploitationsgrad der Arbeitskraft, und mit Bezug auf die Produktion von Warenwert überhaupt scheint jede qualitative Verändrung des Arbeitsprozesses gleichgültig. Es folgt dies aus der Natur des Werts. Vergegenständlicht sich ein zwölfstündiger Arbeitstag in 6 sh., so 1200 solcher Arbeitstage in 6 sh. × 1200. In dem einen Fall haben sich 12 × 1200, in dem andren 12 Arbeitsstunden den Produkten einverleibt. In der Wertproduktion zählen viele immer nur als viele einzelne. Für die Wertproduktion macht es also keinen Unterschied, ob 1200 Arbeiter vereinzelt produzieren oder vereint unter dem Kommando desselben Kapitals.

Indes findet doch innerhalb gewisser Grenzen eine Modifikation statt. In Wert vergegenständlichte Arbeit ist Arbeit von gesellschaftlicher Durchschnittsqualität, also die Äußerung einer durchschnittlichen Arbeitskraft. Eine Durchschnittsgröße existiert aber immer nur als Durchschnitt vieler verschiedner Größenindividuen derselben Art. In jedem Industriezweig weicht der individuelle Arbeiter, Peter oder Paul, mehr oder minder vom Durchschnittsarbeiter ab. Diese individuellen Abweichungen, welche mathematisch „Fehler" heißen, kompensieren sich und verschwinden, sobald man eine größere Anzahl Arbeiter zusammennimmt. Der berühmte Sophist und Sykophant Edmund Burke will aus seinen praktischen Erfahrungen als Pächter sogar wissen, daß schon „für ein so geringes Peloton" wie 5 Ackerknechte aller individuelle Unterschied der Arbeit verschwindet, also die ersten besten im Mannesalter befindlichen fünf englischen Ackerknechte zusammengenommen in derselben Zeit grad soviel Arbeit verrichten als beliebige andre fünf englische Ackerknechte.[8] Wie dem

[8] „Ohne Frage besteht ein beträchtlicher Unterschied zwischen dem Wert der Arbeit eines

auch sei, es ist klar, daß der Gesamtarbeitstag einer größren Anzahl gleichzeitig beschäftigter Arbeiter, dividiert durch die Anzahl der Arbeiter, an und für sich ein Tag gesellschaftlicher Durchschnittsarbeit ist. Der Arbeitstag des einzelnen sei z. B. zwölfstündig. So bildet der Arbeitstag von 12 gleichzeitig beschäftigten Arbeitern einen Gesamtarbeitstag von 144 Stunden, und obgleich die Arbeit eines jeden des Dutzend mehr oder minder von der gesellschaftlichen Durchschnittsarbeit abweichen, der einzelne daher etwas mehr oder weniger Zeit zu derselben Verrichtung brauchen mag, besitzt der Arbeitstag jedes einzelnen als ein Zwölftel des Gesamtarbeitstags von 144 Stunden die gesellschaftliche Durchschnittsqualität. Für den Kapitalisten aber, der ein Dutzend beschäftigt, existiert der Arbeitstag als Gesamtarbeitstag des Dutzend. Der Arbeitstag jedes einzelnen existiert als aliquoter Teil des Gesamtarbeitstags, ganz unabhängig davon, ob die zwölf einander in die Hand arbeiten oder ob der ganze Zusammenhang ihrer Arbeiten nur darin besteht, daß sie für denselben Kapitalisten arbeiten.

Werden dagegen von den 12 Arbeitern je zwei von einem kleinen Meister beschäftigt, so wird es zufällig, ob jeder einzelne Meister dieselbe Wertmasse produziert und daher die allgemeine Rate des Mehrwerts realisiert. Es fänden individuelle Abweichungen statt. Verbrauchte ein Arbeiter bedeutend mehr Zeit in der Produktion einer Ware, als gesellschaftlich erheischt ist, wiche die für ihn individuell notwendige Arbeitszeit bedeutend ab von der gesellschaftlich notwendigen oder der Durchschnittsarbeitszeit, so gälte seine Arbeit nicht als Durchschnittsarbeit, seine Arbeitskraft nicht als durchschnittliche Arbeitskraft. Sie verkaufte sich gar nicht oder nur unter dem Durchschnittswert der Arbeitskraft. Ein bestimmtes Minimum der Arbeitsfertigkeit ist also vorausgesetzt, und wir werden später sehn, daß die kapitalistische Produktion Mittel findet, dies Minimum zu messen. Nichtsdestoweniger weicht das Minimum vom Durchschnitt ab, obgleich auf der andren Seite der Durchschnittswert der Arbeitskraft gezahlt werden muß. Von den sechs Kleinmeistern würde der eine daher mehr, der andre weniger als die allgemeine Rate des Mehrwerts herausschlagen. Die Ungleichheiten würden sich für die Gesellschaft kompensieren, aber nicht für den einzelnen Meister. Das Gesetz der Verwertung überhaupt realisiert sich also für den einzelnen Produzenten erst vollständig, sobald er als Kapitalist produ-

---

Mannes und dem der Arbeit eines andren durch unterschiedliche Kraft, Geschicklichkeit und redlichen Fleiß. Aber ich bin auf Grund meiner sorgfältigen Beobachtung völlig sicher, daß beliebige fünf Mann in ihrer Gesamtheit eine gleiche Menge Arbeit liefern wie fünf andre, die in den erwähnten Lebensperioden stehen. Das heißt, daß sich unter diesen fünf Mann einer befindet, der alle Eigenschaften eines guten Arbeiters hat, einer ein schlechter Arbeiter ist, während die andren drei mittelmäßig sind und sich dem ersten und letzten annähern. So wird man also schon in einer so kleinen Gruppe von selbst fünf Mann die Gesamtheit all dessen finden, was fünf Mann leisten können.“ (E. Burke, l.c.p. 15, 16.) Cf. Quételet über das Durchschnittsindividuum.

ziert, viele Arbeiter gleichzeitig anwendet, also von vornherein gesellschaftliche Durchschnittsarbeit in Bewegung setzt.[9]

Auch bei gleichbleibender Arbeitsweise bewirkt die gleichzeitige Anwendung einer größren Arbeiteranzahl eine Revolution in den gegenständlichen Bedingungen des Arbeitsprozesses. Baulichkeiten, worin viele arbeiten, Lager für Rohmaterial usw., Gefäße, Instrumente, Apparate usw., die vielen gleichzeitig oder abwechselnd dienen, kurz, ein Teil der Produktionsmittel wird jetzt gemeinsam im Arbeitsprozeß konsumiert. Einerseits wird der Tauschwert von Waren, also auch von Produktionsmitteln, durchaus nicht erhöht durch irgendwelche erhöhte Ausbeutung ihres Gebrauchswerts. Andrerseits wächst der Maßstab der gemeinsam gebrauchten Produktionsmittel. Ein Zimmer, worin 20 Weber mit ihren 20 Webstühlen arbeiten, muß weiter gestreckt sein als das Zimmer eines unabhängigen Webers mit zwei Gesellen. Aber die Produktion einer Werkstatt für 20 Personen kostet weniger Arbeit als die von 10 Werkstätten für je zwei Personen, und so wächst überhaupt der Wert massenweise konzentrierter und gemeinsamer Produktionsmittel nicht verhältnismäßig mit ihrem Umfang und ihrem Nutzeffekt. Gemeinsam vernutzte Produktionsmittel geben geringren Wertbestandteil an das einzelne Produkt ab, teils weil der Gesamtwert, den sie abgeben, sich gleichzeitig auf eine größre Produktenmasse verteilt, teils weil sie, im Vergleich zu vereinzelten Produktionsmitteln, zwar mit absolut größrem, aber, ihren Wirkungskreis betrachtet, mit relativ kleinrem Wert in den Produktionsprozeß eintreten. Damit sinkt ein Wertbestandteil des konstanten Kapitals, also proportionell zu seiner Größe auch der Gesamtwert der Ware. Die Wirkung ist dieselbe, als ob die Produktionsmittel der Ware wohlfeiler produziert würden. Diese Ökonomie in der Anwendung der Produktionsmittel entspringt nur aus ihrem gemeinsamen Konsum im Arbeitsprozeß vieler. Und sie erhalten diesen Charakter als Bedingungen gesellschaftlicher Arbeit oder gesellschaftliche Bedingungen der Arbeit im Unterschied von den zersplitterten und relativ kostspieligen Produktionsmitteln vereinzelter selbständiger Arbeiter oder Kleinmeister, selbst wenn die vielen nur räumlich zusammen, nicht miteinander arbeiten. Ein Teil der Arbeitsmittel erwirbt diesen gesellschaftlichen Charakter, bevor ihn der Arbeitsprozeß selbst erwirbt.

Die Ökonomie der Produktionsmittel ist überhaupt von doppeltem Gesichtspunkt zu betrachten. Das eine Mal, soweit sie Waren verwohlfeilert und dadurch den Wert der Arbeitskraft senkt. Das andre Mal, soweit sie das Verhältnis des Mehrwerts zum vorgeschoßnen Gesamtkapital, d. h. zur Wertsumme seiner

---

[9] Herr Professor Roscher will entdeckt haben, daß eine Nähmamsell, die während zwei Tagen von der Frau Professorin beschäftigt wird, mehr Arbeit liefert, als zwei Nähmamsellen, welche die Frau Professorin am selben Tage beschäftigt. Der Herr Professor stelle seine Beobachtungen über den kapitalistischen Produktionsprozeß nicht in der Kinderstube an und nicht unter Umständen, worin die Hauptperson fehlt, der Kapitalist.

konstanten und variablen Bestandteile, verändert. Der letztre Punkt wird erst im ersten Abschnitt des Dritten Buchs dieses Werks erörtert, wohin wir des Zusammenhangs wegen auch manches schon hierher Gehörige verweisen. Der Gang der Analyse gebietet diese Zerreißung des Gegenstands, die zugleich dem Geist der kapitalistischen Produktion entspricht. Da hier nämlich die Arbeitsbedingungen dem Arbeiter selbständig gegenübertreten, erscheint auch ihre Ökonomie als eine besondre Operation, die ihn nichts angeht und daher getrennt ist von den Methoden, welche seine persönliche Produktivität erhöhen.

Die Form der Arbeit vieler, die in demselben Produktionsprozeß oder in verschiednen, aber zusammenhängenden Produktionsprozessen planmäßig neben- und miteinander arbeiten, heißt Kooperation.[10]

Wie die Angriffskraft einer Kavallerieschwadron oder die Widerstandskraft eines Infanterieregiments wesentlich verschieden ist von der Summe der von jedem Kavalleristen und Infanteristen vereinzelt entwickelten Angriffs- und Widerstandskräfte, so die mechanische Kraftsumme vereinzelter Arbeiter von der gesellschaftlichen Kraftpotenz, die sich entwickelt, wenn viele Hände gleichzeitig in derselben ungeteilten Operation zusammenwirken, z. B. wenn es gilt, eine Last zu heben, eine Kurbel zu drehn oder einen Widerstand aus dem Weg zu räumen.[11] Die Wirkung der kombinierten Arbeit könnte hier von der vereinzelten gar nicht oder nur in viel längren Zeiträumen oder nur auf einem Zwergmaßstab hervorgebracht werden. Es handelt sich hier nicht nur um Erhöhung der individuellen Produktivkraft durch die Kooperation, sondern um die Schöpfung einer Produktivkraft, die an und für sich Massenkraft sein muß.[11a]

Abgesehn von der neuen Kraftpotenz, die aus der Verschmelzung vieler Kräfte in eine Gesamtkraft entspringt, erzeugt bei den meisten produktiven Arbeiten der bloße gesellschaftliche Kontakt einen Wetteifer und eine eigne Erregung der Lebensgeister (animal spirits), welche die individuelle Leistungsfähigkeit der einzelnen erhöhen, so daß ein Dutzend Personen zusammen in einem gleichzeitigen Arbeitstag von 144 Stunden ein viel größres Gesamtprodukt liefern als zwölf vereinzelte Arbeiter, von denen jeder 12 Stunden, oder als ein Arbeiter, der 12 Tage nacheinander arbeitet.[12] Dies rührt daher, daß der

---

[10] „Concours de forces." (Destutt de Tracy, l.c.p. 80.)

[11] „Es gibt zahlreiche Verrichtungen von so einfacher Art, daß sie keine Zerlegung in Teile zulassen, die jedoch nur durch das Zusammenwirken vieler Paare von Händen ausgeführt werden können. So das Heben eines großen Baumstamms auf einen Wagen ... kurz, alles, was nicht getan werden kann, ohne daß sich eine große Zahl von Händepaaren gegenseitig und gleichzeitig bei derselben ungeteilten Beschäftigung helfen." (E. G. Wakefield, „A View of the Art of Colonization", London 1849, p. 168.)

[11a] „Während ein Mann nicht fähig ist, eine Tonnenlast zu heben, und 10 Mann sich dabei anstrengen müssen, können es einhundert Mann aber mit der Kraft nur je eines ihrer Finger tun." (John Bellers, „Proposals for raising a colledge of industry", London 1696, p. 21.)

[12] „Man hat auch" (wenn dieselbe Arbeiterzahl von einem Pächter auf 300, statt von 10 Pächtern

Mensch von Natur, wenn nicht, wie Aristoteles meint, ein politisches[13], jedenfalls ein gesellschaftliches Tier ist.

Obgleich viele dasselbe oder Gleichartiges gleichzeitig miteinander verrichten, kann die individuelle Arbeit eines jeden dennoch als Teil der Gesamtarbeit verschiedne Phasen des Arbeitsprozesses selbst darstellen, die der Arbeitsgegenstand, infolge der Kooperation, rascher durchläuft. Z. B. wenn Maurer eine Reihe von Händen bilden, um Bausteine vom Fuß eines Gestells bis zu seiner Spitze zu befördern, tut jeder von ihnen dasselbe, aber dennoch bilden die einzelnen Verrichtungen kontinuierliche Teile einer Gesamtverrichtung, besondre Phasen, die jeder Baustein im Arbeitsprozeß durchlaufen muß und wodurch ihn etwa die 24 Hände des Gesamtarbeiters rascher fördern als die zwei Hände jedes einzelnen Arbeiters, der das Gerüst auf- und abstiege.[14] Der Arbeitsgegenstand durchläuft denselben Raum in kürzerer Zeit. Andrerseits findet Kombination der Arbeit statt, wenn ein Bau z. B. von verschiednen Seiten gleichzeitig angegriffen wird, obgleich die Kooperierenden dasselbe oder Gleichartiges tun. Der kombinierte Arbeitstag von 144 Stunden, der den Arbeitsgegenstand vielseitig im Raum angreift, weil der kombinierte Arbeiter oder Gesamtarbeiter vorn und hinten Augen und Hände hat und in gewissem Grad Allgegenwart besitzt, fördert das Gesamtprodukt rascher als 12 zwölfstündige Arbeitstage mehr oder minder vereinzelter Arbeiter, die ihr Werk einseitiger angreifen müssen. In derselben Zeit reifen verschiedne Raumteile des Produkts.

Wir betonten, daß die vielen, die einander ergänzen, dasselbe oder Gleichartiges tun, weil diese einfachste Form gemeinsamer Arbeit auch in der aus-

---

auf je 30 acres angewandt wird) „in der relativen Zahl der Knechte einen Vorteil, der nicht so leicht zu erkennen ist, außer von Männern der Praxis. Man sagt natürlich, daß sich 1 : 4 wie 3 : 12 verhält; aber dies bewährt sich nicht in der Praxis. Denn in der Erntezeit und bei vielen andren Verrichtungen, die ähnliche Eile erfordern, wird durch Zusammenfassen vieler Arbeitskräfte die Arbeit besser und schneller geschafft. Z. B. bewältigen bei der Ernte 2 Fuhrleute, 2 Auflader, 2 Zureicher, 2 Recher, dazu der Rest beim Schober oder in der Scheune zusammen doppelt soviel Arbeit wie die gleiche Anzahl, wenn sie in verschiedne Gruppen und auf verschiedne Pachten aufgeteilt wäre.“ („An Enquiry into the Connection between the present price of provisions and the size of farms.“ By a Farmer, London 1773, p. 7, 8.)

[13] Aristoteles' Definition ist eigentlich die, daß der Mensch von Natur Stadtbürger. Sie ist für das klassische Altertum ebenso charakteristisch als Franklins Definition, daß der Mensch von Natur Instrumentenmacher, für das Yankeetum.

[14] „Ferner muß man feststellen, daß diese partielle Arbeitsteilung auch da erfolgen kann, wo die Arbeiter mit einer gleichen Verrichtung beschäftigt sind. Maurer z. B., die Ziegel von Hand zu Hand zu einem höheren Gerüst wandern lassen, tun alle die gleiche Arbeit, und dennoch existiert unter ihnen eine Art von Arbeitsteilung, die darin besteht, daß jeder von ihnen den Ziegel ein bestimmtes Stück weiterwandern läßt und alle zusammen ihn viel schneller an den gegebnen Ort kommen lassen, als wenn jeder von ihnen seinen Ziegel einzeln bis zum höheren Gerüst hinauftrüge.“ (F. Skrabek, „Théorie des richesses sociales“, 2ème éd,. Paris 1839, t. I, p. 97, 98.)

gebildetsten Gestalt der Kooperation eine große Rolle spielt. Ist der Arbeitsprozeß kompliziert, so erlaubt die bloße Masse der Zusammenarbeitenden, die verschiednen Operationen unter verschiedne Hände zu verteilen, daher gleichzeitig zu verrichten und dadurch die zur Herstellung des Gesamtprodukts nötige Arbeitszeit zu verkürzen.[15]

In vielen Produktionszweigen gibt es kritische Momente, d.h. durch die Natur des Arbeitsprozesses selbst bestimmte Zeitepochen, während deren bestimmte Arbeitsresultate erzielt werden müssen. Soll z.B. eine Herde Schafe geschoren oder eine Morgenanzahl Kornland gemäht und geherbstet werden, so hängt Quantität und Qualität des Produkts davon ab, daß die Operation zu einer gewissen Zeit begonnen und zu einer gewissen Zeit beendet wird. Der Zeitraum, den der Arbeitsprozeß einnehmen darf, ist hier vorgeschrieben, wie etwa beim Heringsfang. Der einzelne kann aus einem Tag nur einen Arbeitstag herausschneiden, sage von 12 Stunden, aber die Kooperation von 100 z.B. erweitert einen zwölfstündigen Tag zu einem Arbeitstag von 1200 Stunden. Die Kürze der Arbeitsfrist wird kompensiert durch die Größe der Arbeitsmasse, die im entscheidenden Augenblick auf das Produktionsfeld geworfen wird. Die rechtzeitige Wirkung hängt hier ab von der gleichzeitigen Anwendung vieler kombinierten Arbeitstage, der Umfang des Nutzeffekts von der Arbeiteranzahl, die jedoch stets kleiner bleibt als die Anzahl der Arbeiter, die vereinzelt in demselben Zeitraum denselben Wirkungsraum ausfüllen würden.[16] Es ist der Mangel dieser Kooperation, wodurch im Westen der Vereinigten Staaten eine Masse Korn und in den Teilen Ostindiens, wo englische Herrschaft das alte Gemeinwesen zerstört hat, eine Masse Baumwolle jährlich verwüstet wird.[17]

---

15 „Wenn es sich um die Ausführung einer komplizierten Arbeit handelt, müssen verschiedene Dinge gleichzeitig getan werden. Der eine macht das eine, während der andere etwas andres macht, und alle tragen zu einer Wirkung bei, die ein einzelner Mensch nicht hätte erzeugen können. Der eine rudert, während der andere steuert und ein dritter das Netz auswirft oder den Fisch harpuniert, und der Fischfang hat einen Erfolg, der ohne diese Kooperation unmöglich wäre.“ (Destutt de Tracy, l.c.p. 78.)

16 „Ihre“ (der Arbeit in der Agrikultur) „Ausführung im entscheidenden Augenblick hat um so größere Wirkung.“ („An Inquiry into the Connection between the present price etc.“, p. 7.) „In der Agrikultur gibt es keinen wichtigeren Faktor als den Faktor der Zeit.“ (Liebig, „Über Theorie und Praxis in der Landwirthschaft“, 1856, p. 23.)

17 „Das nächste Übel, das man schwerlich in einem Lande zu finden erwartet, welches mehr Arbeit exportiert als irgendein andres der Welt, abgesehen vielleicht von China und England, besteht in der Unmöglichkeit, eine genügende Anzahl von Händen zur Baumwollernte zu beschaffen. Infolgedessen bleiben große Mengen Baumwolle ungepflückt, während ein andrer Teil von der Erde aufgesammelt wird, wenn er abgefallen und selbstverständlich verfärbt und teilweise verfault ist, so daß wegen Arbeitermangels zur richtigen Jahreszeit der Pflanzer tatsächlich gezwungen ist, sich mit dem Verlust eines großen Teils jener Baumwollernte abzufinden, auf die England so sehr wartet.“ („Bengal Hurkaru. Bi-Monthly Overland Summary of News“, 22nd July 1861.)

Auf der einen Seite erlaubt die Kooperation, die Raumsphäre der Arbeit auszurecken, und wird daher für gewisse Arbeitsprozesse schon durch den räumlichen Zusammenhang des Arbeitsgegenstandes erheischt, wie bei Trockenlegung von Land, Eindämmung, Bewäßrung, Kanal-, Straßen-, Eisenbahnbauten usw. Andrerseits ermöglicht sie, verhältnismäßig zur Stufenleiter der Produktion, räumliche Verengung des Produktionsgebiets. Diese Beschränkung der Raumsphäre der Arbeit bei gleichzeitiger Ausdehnung ihrer Wirkungssphäre, wodurch eine Masse falscher Kosten (faux frais) erspart werden, entspringt aus der Konglomeration der Arbeiter, dem Zusammenrücken verschiedner Arbeitsprozesse und der Konzentration der Produktionsmittel.[18]

Verglichen mit einer gleich großen Summe vereinzelter individueller Arbeitstage, produziert der kombinierte Arbeitstag größre Massen von Gebrauchswert und vermindert daher die zur Produktion eines bestimmten Nutzeffekts nötige Arbeitszeit. Ob er im gegebnen Fall diese gesteigerte Produktivkraft erhält, weil er die mechanische Kraftpotenz der Arbeit erhöht oder ihre räumliche Wirkungssphäre ausdehnt oder das räumliche Produktionsfeld im Verhältnis zur Stufenleiter der Produktion verengt oder im kritischen Moment viel Arbeit in wenig Zeit flüssig macht oder den Wetteifer der einzelnen erregt und ihre Lebensgeister spannt oder den gleichartigen Verrichtungen vieler den Stempel der Kontinuität und Vielseitigkeit aufdrückt, oder verschiedne Operationen gleichzeitig verrichtet oder die Produktionsmittel durch ihren gemeinschaftlichen Gebrauch ökonomisiert oder der individuellen Arbeit den Charakter gesellschaftlicher Durchschnittsarbeit verleiht, unter allen Umständen ist die spezifische Produktivkraft des kombinierten Arbeitstags gesellschaftliche Produktivkraft der Arbeit oder Produktivkraft gesellschaftlicher Arbeit. Sie entspringt aus der Kooperation selbst. Im planmäßigen Zusammenwirken mit andern streift der Arbeiter seine individuellen Schranken ab und entwickelt sein Gattungsvermögen.[19]

Wenn Arbeiter überhaupt nicht unmittelbar zusammenwirken können, ohne zusammen zu sein, ihre Konglomeration auf bestimmtem Raum daher Bedingung ihrer Kooperation ist, können Lohnarbeiter nicht kooperieren, ohne daß dasselbe Kapital, derselbe Kapitalist sie gleichzeitig anwendet, also ihre Arbeitskräfte

---

[18] „Beim Fortschritt in der Bodenbebauung wird alles Kapital und alle Arbeit, die früher zerstreut auf 500 acres verwandt wurden, ja vielleicht noch mehr, jetzt auf die gründlichere Bearbeitung von 100 acres konzentriert." Obgleich „im Verhältnis zum angewandten Betrage von Kapital und Arbeit der Raum enger geworden ist, stellt er doch eine erweiterte Produktionssphäre dar, im Vergleich zu der Produktionssphäre, die früher von einem einzigen, unabhängigen Produzenten besessen oder bebaut worden war". (R. Jones, „An Essay on the Distribution of Wealth", „On Rent", London 1831, p. 191.)

[19] „Die Kraft des einzelnen Menschen ist ganz gering, aber die Vereinigung der ganz geringen Kräfte ergibt Gesamtkraft, die größer ist als die Summe aller Teilkräfte, so daß schon die bloße Vereinigung der Kräfte die Zeit verringern und den Raum ihrer Wirkung vergrößern kann." (G. R. Carli, Note zu P. Verri, l.c., t. XV, p. 196.)

gleichzeitig kauft. Der Gesamtwert dieser Arbeitskräfte oder die Lohnsumme der Arbeiter für den Tag, die Woche usw., muß daher in der Tasche des Kapitalisten vereint sein, bevor die Arbeitskräfte selbst im Produktionsprozeß vereint werden. Zahlung von 300 Arbeitern auf einmal, auch nur für einen Tag, bedingt mehr Kapitalauslage als Zahlung weniger Arbeiter Woche für Woche, während des ganzen Jahrs. Die Anzahl der kooperierenden Arbeiter, oder die Stufenleiter der Kooperation, hängt also zunächst ab von der Größe des Kapitals, das der einzelne Kapitalist im Ankauf von Arbeitskraft auslegen kann, d. h. von dem Umfang, worin je ein Kapitalist über die Lebensmittel vieler Arbeiter verfügt.

Und wie mit dem variablen, verhält es sich mit dem konstanten Kapital. Die Auslage für Rohmaterial z. B. ist 30mal größer für den einen Kapitalisten, der 300, als für jeden der 30 Kapitalisten, der je 10 Arbeiter beschäftigt. Wertumfang und Stoffmasse der gemeinsam benutzten Arbeitsmittel wachsen zwar nicht in demselben Grad wie die beschäftigte Arbeiteranzahl, aber sie wachsen beträchtlich. Konzentration größrer Massen von Produktionsmitteln in der Hand einzelner Kapitalisten ist also materielle Bedingung für die Kooperation von Lohnarbeitern, und der Umfang der Kooperation, oder die Stufenleiter der Produktion, hängt ab vom Umfang dieser Konzentration.

Ursprünglich erschien eine gewisse Minimalgröße des individuellen Kapitals notwendig, damit die Anzahl der gleichzeitig ausgebeuteten Arbeiter, daher die Masse des produzierten Mehrwerts hinreiche, den Arbeitsanwender selbst von der Handarbeit zu entbinden, aus einem Kleinmeister einen Kapitalisten zu machen und so das Kapitalverhältnis formell herzustellen. Sie erscheint jetzt als materielle Bedingung für die Verwandlung vieler zersplitterter und voneinander unabhängiger individueller Arbeitsprozesse in einen kombinierten gesellschaftlichen Arbeitsprozeß.

Ebenso erschien ursprünglich das Kommando des Kapitals über die Arbeit nur als formelle Folge davon, daß der Arbeiter statt für sich, für den Kapitalisten und daher unter dem Kapitalisten arbeitet. Mit der Kooperation vieler Lohnarbeiter entwickelt sich das Kommando des Kapitals zum Erheischnis für Ausführung des Arbeitsprozesses selbst, zu einer wirklichen Produktionsbedingung. Der Befehl des Kapitalisten auf dem Produktionsfeld wird jetzt so unentbehrlich wie der Befehl des Generals auf dem Schlachtfeld.

Alle unmittelbar gesellschaftliche oder gemeinschaftliche Arbeit auf größrem Maßstab bedarf mehr oder minder einer Direktion, welche die Harmonie der individuellen Tätigkeiten vermittelt und die allgemeinen Funktionen vollzieht, die aus der Bewegung des produktiven Gesamtkörpers im Unterschied von der Bewegung seiner selbständigen Organe entspringen. Ein einzelner Violinspieler dirigiert sich selbst, ein Orchester bedarf des Musikdirektors. Diese Funktion der Leitung, Überwachung und Vermittlung wird zur Funktion des Kapitals, sobald die ihm untergeordnete Arbeit kooperativ wird. Als spezifische Funktion des Kapitals erhält die Funktion der Leitung spezifische Charaktermale.

Zunächst ist das treibende Motiv und der bestimmende Zweck des kapitalistischen Produktionsprozesses möglichst große Selbstverwertung des Kapitals[20], d. h. möglichst große Produktion von Mehrwert, also möglichst große Ausbeutung der Arbeitskraft durch den Kapitalisten. Mit der Masse der gleichzeitig beschäftigten Arbeiter wächst ihr Widerstand und damit notwendig der Druck des Kapitals zur Bewältigung dieses Widerstands. Die Leitung des Kapitalisten ist nicht nur eine aus der Natur des gesellschaftlichen Arbeitsprozesses entspringende und ihm angehörige besondre Funktion, sie ist zugleich Funktion der Ausbeutung eines gesellschaftlichen Arbeitsprozesses und daher bedingt durch den unvermeidlichen Antagonismus zwischen dem Ausbeuter und dem Rohmaterial seiner Ausbeutung. Ebenso wächst mit dem Umfang der Produktionsmittel, die dem Lohnarbeiter als fremdes Eigentum gegenüberstehn, die Notwendigkeit der Kontrolle über deren sachgemäße Verwendung.[21] Die Kooperation der Lohnarbeiter ist ferner bloße Wirkung des Kapitals, das sie gleichzeitig anwendet. Der Zusammenhang ihrer Funktionen und ihre Einheit als produktiver Gesamtkörper liegen außer ihnen, im Kapital, das sie zusammenbringt und zusammenhält. Der Zusammenhang ihrer Arbeiten tritt ihnen daher ideell als Plan, praktisch als Autorität des Kapitalisten gegenüber, als Macht eines fremden Willens, der ihr Tun seinem Zweck unterwirft.

Wenn daher die kapitalistische Leitung dem Inhalt nach zwieschlächtig ist, wegen der Zwieschlächtigkeit des zu leitenden Produktionsprozesses selbst, welcher einerseits gesellschaftlicher Arbeitsprozeß zur Herstellung eines Produkts, andrerseits Verwertungsprozeß des Kapitals, so ist sie der Form nach despotisch. Mit der Entwicklung der Kooperation auf größrem Maßstab entwickelt dieser Despotismus seine eigentümlichen Formen. Wie der Kapitalist zunächst entbunden wird von der Handarbeit, sobald sein Kapital jene Minimalgröße erreicht hat, womit die eigentlich kapitalistische Produktion erst beginnt, so tritt er jetzt die Funktion unmittelbarer und fortwährender Beaufsichtigung

---

20 „Profite ... sind der einzige Zweck des Geschäfts." (J. Vanderlint, l.c.p. 11.)

21 Ein englisches Philisterblatt, der „Spectator" vom 26. Mai 1866, berichtet, daß nach Einführung einer Art von Kompagniegeschäft zwischen Kapitalist und Arbeitern in der „wirework company of Manchester": „das erste Ergebnis eine plötzliche Abnahme der Materialverschwendung war, da die Arbeiter nicht einsahen, weshalb sie mit ihrem Eigentum verschwenderischer umgehen sollten als mit dem der Kapitalisten, und Materialverschwendung ist neben schlichten Außenständen vielleicht die größte Verlustquelle in den Fabriken". Dasselbe Blatt entdeckt als Grundmangel der Rochdale cooperative experiments: „They showed that associations of workmen could manage shops, mills, and almost all forms of industry with success, and they immensely improved the condition of the men, but then they did not leave a clear place for masters." („Sie bewiesen, daß Arbeiterassoziationen Boutiquen, Fabriken und beinahe alle Formen der Industrie mit Erfolg handhaben können, und sie verbesserten außerordentlich die Lage der Leute selbst, aber! aber, dann ließen sie keinen sichtbaren Platz für Kapitalisten offen." Quelle horreur!)

der einzelnen Arbeiter und Arbeitergruppen selbst wieder ab an eine besondre Sorte von Lohnarbeitern. Wie eine Armee militärischer, bedarf eine unter dem Kommando desselben Kapitals zusammenwirkende Arbeitermasse industrieller Oberoffiziere (Dirigenten, managers) und Unteroffiziere (Arbeitsaufseher, foremen, overlookers, contre-maîtres), die während des Arbeitsprozesses im Namen des Kapitals kommandieren. Die Arbeit der Oberaufsicht befestigt sich zu ihrer ausschließlichen Funktion. Bei Vergleichung der Produktionsweise unabhängiger Bauern oder selbständiger Handwerker mit der auf Sklaverei beruhenden Plantagenwirtschaft zählt der politische Ökonom diese Arbeit der Oberaufsicht zu den faux frais de production.[21a] Bei Betrachtung der kapitalistischen Produktionsweise identifiziert er dagegen die Funktion der Leitung, soweit sie aus der Natur des gemeinschaftlichen Arbeitsprozesses entspringt, mit derselben Funktion, soweit sie durch den kapitalistischen und daher antagonistischen Charakter dieses Prozesses bedingt wird.[22] Der Kapitalist ist nicht Kapitalist, weil er industrieller Leiter ist, sondern er wird industrieller Befehlshaber, weil er Kapitalist ist. Der Oberbefehl in der Industrie wird Attribut des Kapitals, wie zur Feudalzeit der Oberbefehl in Krieg und Gericht Attribut des Grundeigentums war.[22a]

Eigentümer seiner Arbeitskraft ist der Arbeiter, solange er als Verkäufer derselben mit dem Kapitalist marktet, und er kann nur verkaufen, was er besitzt, seine individuelle, vereinzelte Arbeitskraft. Dies Verhältnis wird in keiner Weise dadurch verändert, daß der Kapitalist 100 Arbeitskräfte statt einer kauft oder mit 100 voneinander unabhängigen Arbeitern Kontrakte schließt statt mit einem einzelnen. Er kann die 100 Arbeiter anwenden, ohne sie kooperieren zu lassen. Der Kapitalist zahlt daher den Wert der 100 selbständigen Arbeitskräfte, aber er zahlt nicht die kombinierte Arbeitskraft der Hundert. Als unabhängige Personen sind die Arbeiter Vereinzelte, die in ein Verhältnis zu demselben Kapital, aber nicht zueinander treten. Ihre Kooperation beginnt erst im Arbeitsprozeß, aber im Arbeitsprozeß haben sie bereits aufgehört, sich selbst zu gehören. Mit dem Eintritt in denselben sind sie dem Kapital einverleibt. Als Kooperierende, als

---

[21a] Nachdem Professor Cairnes die „superintendence of labour“ als einen Hauptcharakter der Sklavenproduktion in den südlichen Staaten von Nordamerika dargestellt hat, fährt er fort: „Da der bäuerliche Eigentümer“ (des Nordens) „das ganze Produkt seines Bodens für sich behält, braucht er keinen besonderen Ansporn zur Anstrengung. Überwachung wird hier völlig unnötig.“ (Cairnes, l.c.p. 48, 49.)

[22] Sir James Steuart, überhaupt ausgezeichnet durch offnes Auge für die charakteristisch-gesellschaftlichen Unterschiede verschiedner Produktionsweisen, bemerkt: „Warum vernichten große Manufakturunternehmungen das Hausgewerbe, wenn nicht dadurch, daß sie der Einfachheit der Sklavenarbeit näher kommen?“ („Princ. of Pol. Econ.“, London 1767, v. I, p. 167, 168.)

[22a] Auguste Comte und seine Schule hätten daher in derselben Art die ewige Notwendigkeit von Feudalherrn beweisen können, wie sie dies für die Kapitalherrn getan.

Glieder eines werktätigen Organismus, sind sie selbst nur eine besondre Existenzweise des Kapitals. Die Produktivkraft, die der Arbeiter als gesellschaftlicher Arbeiter entwickelt, ist daher Produktivkraft des Kapitals. Die gesellschaftliche Produktivkraft der Arbeit entwickelt sich unentgeltlich, sobald die Arbeiter unter bestimmte Bedingungen gestellt sind, und das Kapital stellt sie unter diese Bedingungen. Weil die gesellschaftliche Produktivkraft der Arbeit dem Kapital nichts kostet, weil sie andrerseits nicht von dem Arbeiter entwickelt wird, bevor seine Arbeit selbst dem Kapital gehört, erscheint sie als Produktivkraft, die das Kapital von Natur besitzt, als seine immanente Produktivkraft.

Kolossal zeigt sich die Wirkung der einfachen Kooperation in den Riesenwerken der alten Asiaten, Ägypter, Etrusker usw.

> „Es geschah in vergangnen Zeiten, daß diese asiatischen Staaten nach Bestreitung ihrer Zivil- und Militärausgaben sich im Besitz eines Überschusses von Lebensmitteln befanden, die sie für Werke der Pracht und des Nutzens verausgaben konnten. Ihr Kommando über die Hände und Arme fast der ganzen nicht ackerbauenden Bevölkrung und die ausschließliche Verfügung des Monarchen und der Priesterschaft über jenen Überschuß boten ihnen die Mittel zur Errichtung jener mächtigen Monumente, womit sie das Land erfüllten ... In der Bewegung der kolossalen Statuen und der enormen Massen, deren Transport Staunen erregt, wurde fast nur menschliche Arbeit verschwenderisch angewandt. Die Zahl der Arbeiter und die Konzentration ihrer Mühen genügte. So sehn wir mächtige Korallenriffe aus den Tiefen des Ozeans zu Inseln anschwellen und festes Land bilden, obgleich jeder individuelle Ablagerer (depositary) winzig, schwach und verächtlich ist. Die nicht ackerbauenden Arbeiter einer asiatischen Monarchie haben außer ihren individuellen körperlichen Bemühungen wenig zum Werk zu bringen, aber ihre Zahl ist ihre Kraft, und die Macht der Direktion über diese Massen gab jenen Riesenwerken den Ursprung. Es war die Konzentration der Revenuen, wovon die Arbeiter leben, in einer Hand oder wenigen Händen, welcher solche Unternehmungen möglich machte.“[23]

Diese Macht asiatischer und ägyptischer Könige oder etruskischer Theokraten usw. ist in der modernen Gesellschaft auf den Kapitalisten übergegangen, ob er nun als vereinzelter Kapitalist auftritt, oder, wie bei Aktiengesellschaften, als kombinierter Kapitalist.

Die Kooperation im Arbeitsprozeß, wie wir sie in den Kulturanfängen der Menschheit, bei Jägervölkern[23a] oder etwa in der Agrikultur indischer Gemein-

---

23 R. Jones, „Text-book of Lectures etc.“, p. 77, 78. Die altassyrischen, ägyptischen usw. Sammlungen in London und andren europäischen Hauptstädten machen uns zu Augenzeugen jener kooperativen Arbeitsprozesse.

23a Linguet in seiner „Théorie des Lois civiles“ hat vielleicht nicht unrecht, wenn er die Jagd für die erste Form der Kooperation und Menschenjagd (Krieg) für eine der ersten Formen der Jagd erklärt.

wesen vorherrschend finden, beruht einerseits auf dem Gemeineigentum an den Produktionsbedingungen, andrerseits darauf, daß das einzelne Individuum sich von der Nabelschnur des Stammes oder des Gemeinwesens noch ebensowenig losgerissen hat wie das Bienenindividuum vom Bienenstock. Beides unterscheidet sie von der kapitalistischen Kooperation. Die sporadische Anwendung der Kooperation auf großem Maßstab in der antiken Welt, dem Mittelalter und den modernen Kolonien beruht auf unmittelbaren Herrschafts- und Knechtschaftsverhältnissen, zumeist auf der Sklaverei. Die kapitalistische Form setzt dagegen von vornherein den freien Lohnarbeiter voraus, der seine Arbeitskraft dem Kapital verkauft. Historisch jedoch entwickelt sie sich im Gegensatz zur Bauernwirtschaft und zum unabhängigen Handwerksbetrieb, ob dieser zünftige Form besitze oder nicht.[24] Ihnen gegenüber erscheint die kapitalistische Kooperation nicht als eine besondre historische Form der Kooperation, sondern die Kooperation selbst als eine dem kapitalistischen Produktionsprozeß eigentümliche und ihn spezifisch unterscheidende historische Form.

Wie die durch die Kooperation entwickelte gesellschaftliche Produktivkraft der Arbeit als Produktivkraft des Kapitals erscheint, so die Kooperation selbst als eine spezifische Form des kapitalistischen Produktionsprozesses im Gegensatz zum Produktionsprozeß vereinzelter unabhängiger Arbeiter oder auch Kleinmeister. Es ist die erste Änderung, welche der wirkliche Arbeitsprozeß durch seine Subsumtion unter das Kapital erfährt. Diese Änderung geht naturwüchsig vor sich. Ihre Voraussetzung, gleichzeitige Beschäftigung einer größren Anzahl von Lohnarbeitern in demselben Arbeitsprozeß, bildet den Ausgangspunkt der kapitalistischen Produktion. Dieser fällt mit dem Dasein des Kapitals selbst zusammen. Wenn sich die kapitalistische Produktionsweise daher einerseits als historische Notwendigkeit für die Verwandlung des Arbeitsprozesses in einen gesellschaftlichen Prozeß darstellt, so andrerseits diese gesellschaftliche Form des Arbeitsprozesses als eine vom Kapital angewandte Methode, um ihn durch Steigerung seiner Produktivkraft profitlicher auszubeuten.

In ihrer bisher betrachteten einfachen Gestalt fällt die Kooperation zusammen mit der Produktion auf größrer Stufenleiter, bildet aber keine feste charakteristische Form einer besondren Entwicklungsepoche der kapitalistischen Produktionsweise. Höchstens erscheint sie annähernd so in den noch handwerksmäßigen Anfängen der Manufaktur[25] und in jeder Art großer Agrikultur, welche

---

24 Die kleine Bauernwirtschaft und der unabhängige Handwerksbetrieb, die beide teils die Basis der feudalen Produktionsweise bilden, teils nach deren Auflösung neben dem kapitalistischen Betrieb erscheinen, bilden zugleich die ökonomische Grundlage der klassischen Gemeinwesen zu ihrer besten Zeit, nachdem sich das ursprünglich orientalische Gemeineigentum aufgelöst und bevor sich die Sklaverei der Produktion ernsthaft bemächtigt hat.

25 „Ist nicht die Vereinigung von Geschicklichkeit, Fleiß und Wetteifer vieler zusammen am selben Werk der Weg, es vorwärts zu bringen? Und wäre es sonst England möglich gewesen,

der Manufakturperiode entspricht und sich wesentlich nur durch die Masse der gleichzeitig angewandten Arbeiter und den Umfang der konzentrierten Produktionsmittel von der Bauernwirtschaft unterscheidet. Die einfache Kooperation ist stets noch vorherrschende Form solcher Produktionszweige, worin das Kapital auf großer Stufeneiter operiert, ohne daß Teilung der Arbeit oder Maschinerie eine bedeutende Rolle spielte.

Die Kooperation bleibt die Grundform der kapitalistischen Produktionsweise, obgleich ihre einfache Gestalt selbst als besondre Form neben ihren weiterentwickelten Formen erscheint.

---

seine Wollmanufaktur zu einem solchen Grad der Vollendung zu bringen?“ (Berkeley, „The Querist“, Lond. 1750, p. 56, § 521.)

Zwölftes Kapitel: Teilung der Arbeit und Manufaktur

1. Doppelter Ursprung der Manufaktur

Die auf Teilung der Arbeit beruhende Kooperation schafft sich ihre klassische Gestalt in der Manufaktur. Als charakteristische Form des kapitalistischen Produktionsprozesses herrscht sie vor während der eigentlichen Manufakturperiode, die, rauh angeschlagen, von Mitte des 16. Jahrhunderts bis zum letzten Drittel des achtzehnten währt.

Die Manufaktur entspringt auf doppelte Weise.

Entweder werden Arbeiter von verschiedenartigen, selbständigen Handwerken, durch deren Hände ein Produkt bis zu seiner letzten Reife laufen muß, in eine Werkstatt unter dem Kommando desselben Kapitalisten vereinigt. Z. B. eine Kutsche war das Gesamtprodukt der Arbeiten einer großen Anzahl unabhängiger Handwerker, wie Stellmacher, Sattler, Schneider, Schlosser, Gürtler, Drechsler, Posamentierer, Glaser, Maler, Lackierer, Vergolder usw. Die Kutschenmanufaktur vereinigt alle diese verschiednen Handwerker in ein Arbeitshaus, wo sie einander gleichzeitig in die Hand arbeiten. Man kann eine Kutsche zwar nicht vergolden, bevor sie gemacht ist. Werden aber viele Kutschen gleichzeitig gemacht, so kann ein Teil beständig vergoldet werden, während ein andrer Teil eine frühre Phase des Produktionsprozesses durchläuft. Soweit stehn wir noch auf dem Boden der einfachen Kooperation, die ihr Material an Menschen und Dingen vorfindet. Indes tritt sehr bald eine wesentliche Veränderung ein. Der Schneider, Schlosser, Gürtler usw., der nur im Kutschenmachen beschäftigt ist, verliert nach und nach mit der Gewohnheit auch die Fähigkeit, sein altes Handwerk in seiner ganzen Ausdehnung zu betreiben. Andrerseits erhält sein vereinseitigtes Tun jetzt die zweckmäßigste Form für die verengte Wirkungssphäre. Ursprünglich erschien die Kutschenmanufaktur als eine Kombination selbständiger Handwerke. Sie wird allmählich Teilung der Kutschenproduktion in ihre verschiednen Sonderoperationen, wovon jede einzelne zur ausschließlichen Funktion eines Arbeiters kristallisiert und deren Gesamtheit vom Verein dieser Teilarbeiter verrichtet wird. Ebenso entstand die Tuchmanufaktur und eine ganze Reihe andrer Manufakturen aus der Kombination verschiedner Handwerke unter Kommando desselben Kapitals.[26]

---

[26] Um ein mehr modernes Beispiel dieser Bildungsart der Manufaktur anzuführen, folgendes Zitat. Die Seidenspinnerei und Weberei von Lyon und Nîmes „ist ganz patriarchalisch; sie beschäftigt viele Frauen und Kinder, aber ohne sie zu übermüden oder zugrunde zu richten; sie läßt sie in ihren schönen Tälern der Drôme, des Var, der Isère und von Vaucluse, um dort Seidenraupen zu züchten, und ihre Kokons abzuwickeln; sie wird niemals zu einem regelrechten Fabrikbetrieb. Um trotzdem in so hohem Maße angewandt zu werden ... nimmt hier das Prinzip der Arbeitsteilung eine besondere Eigenart an. Es gibt zwar Hasplerinnen, Seidenzwirner, Färber, Kettenschlichter, ferner Weber; aber sie sind nicht in derselben Werkstatt

Die Manufaktur entspringt aber auch auf entgegengesetztem Wege. Es werden viele Handwerker, die dasselbe oder Gleichartiges tun, z. B. Papier oder Typen oder Nadeln machen, von demselben Kapital gleichzeitig in derselben Werkstatt beschäftigt. Es ist dies Kooperation in der einfachsten Form. Jeder dieser Handwerker (vielleicht mit einem oder zwei Gesellen) macht die ganze Ware und vollbringt also die verschiednen, zu ihrer Herstellung erheischten Operationen der Reihe nach. Er arbeitet in seiner alten handwerksmäßigen Weise fort. Indes veranlassen bald äußere Umstände, die Konzentration der Arbeiter in demselben Raum und die Gleichzeitigkeit ihrer Arbeiten anders zu vernutzen. Es soll z. B. ein größeres Quantum fertiger Ware in einer bestimmten Zeitfrist geliefert werden. Die Arbeit wird daher verteilt. Statt die verschiednen Operationen von demselben Handwerker in einer zeitlichen Reihenfolge verrichten zu lassen, werden sie voneinander losgelöst, isoliert, räumlich nebeneinander gestellt, jede derselben einem andren Handwerker zugewiesen und alle zusammen von den Kooperierenden gleichzeitig ausgeführt. Diese zufällige Verteilung wiederholt sich, zeigt ihre eigentümlichen Vorteile und verknöchert nach und nach zur systematischen Teilung der Arbeit. Aus dem individuellen Produkt eines selbständigen Handwerkers, der vielerlei tut, verwandelt sich die Ware in das gesellschaftliche Produkt eines Vereins von Handwerkern, von denen jeder fortwährend nur eine und dieselbe Teiloperation verrichtet. Dieselben Operationen, die ineinander flossen als sukzessive Verrichtungen des deutschen zünftigen Papiermachers, verselbständigten sich in der holländischen Papiermanufaktur zu nebeneinander laufenden Teiloperationen vieler kooperierenden Arbeiter. Der zünftige Nadler von Nürnberg bildet das Grundelement der englischen Nadelmanufaktur. Während aber jener eine Nadler eine Reihe von vielleicht 20 Operationen nacheinander durchlief, verrichteten hier bald 20 Nadler nebeneinander, jeder nur eine der 20 Operationen, die infolge von Erfahrungen noch viel weiter gespaltet, isoliert und zu ausschließlichen Funktionen einzelner Arbeiter verselbständigt wurden.

Die Ursprungsweise der Manufaktur, ihre Herausbildung aus dem Handwerk ist also zwieschlächtig. Einerseits geht sie von der Kombination verschiedenartiger, selbständiger Handwerke aus, die bis zu dem Punkt verunselbständigt und vereinseitigt werden, wo sie nur noch einander ergänzende Teiloperationen im Produktionsprozeß einer und derselben Ware bilden. Andrerseits geht sie von der Kooperation gleichartiger Handwerker aus, zersetzt dasselbe individu-

---

vereinigt, nicht von demselben Meister abhängig; alle sind sie unabhängig." (A. Blanqui, „Cours d'Écon. Industrielle", Recueilli par A. Blaise, Paris 1838-1839, p. 79.) Seit Blanqui dies schrieb, sind die verschiednen unabhängigen Arbeiter zum Teil in Fabriken vereinigt worden. [Zur 4. Aufl. – Und seit Marx obiges schrieb, hat der Kraftstuhl sich in diesen Fabriken eingebürgert und verdrängt rasch den Handwebstuhl. Die Krefelder Seidenindustrie weiß ebenfalls ein Lied davon zu singen. – F. E.]

elle Handwerk in seine verschiednen besondren Operationen und isoliert und verselbständigt diese bis zu dem Punkt, wo jede derselben zur ausschließlichen Funktion eines besondren Arbeiters wird. Einerseits führt daher die Manufaktur Teilung der Arbeit in einen Produktionsprozeß ein oder entwickelt sie weiter, andrerseits kombiniert sie früher geschiedne Handwerke. Welches aber immer ihr besondrer Ausgangspunkt, ihre Schlußgestalt ist dieselbe – ein Produktionsmechanismus, dessen Organe Menschen sind.

Zum richtigen Verständnis der Teilung der Arbeit in der Manufaktur ist es wesentlich, folgende Punkte festzuhalten: Zunächst fällt die Analyse des Produktionsprozesses in seine besondren Phasen hier ganz und gar zusammen mit der Zersetzung einer handwerksmäßigen Tätigkeit in ihre verschiednen Teiloperationen. Zusammengesetzt oder einfach, die Verrichtung bleibt handwerksmäßig und daher abhängig von Kraft, Geschick, Schnelle, Sicherheit des Einzelarbeiters in Handhabung seines Instruments. Das Handwerk bleibt die Basis. Diese enge technische Basis schließt wirklich wissenschaftliche Analyse des Produktionsprozesses aus, da jeder Teilprozeß, den das Produkt durchmacht, als handwerksmäßige Teilarbeit ausführbar sein muß. Eben weil das handwerksmäßige Geschick so die Grundlage des Produktionsprozesses bleibt, wird jeder Arbeiter ausschließlich einer Teilfunktion angeeignet und seine Arbeitskraft in das lebenslängliche Organ dieser Teilfunktion verwandelt. Endlich ist diese Teilung der Arbeit eine besondre Art der Kooperation, und manche ihrer Vorteile entspringen aus dem allgemeinen Wesen, nicht aus dieser besondren Form der Kooperation.

2. Der Teilarbeiter und sein Werkzeug

Gehn wir nun näher auf das einzelne ein, so ist zunächst klar, daß ein Arbeiter, der lebenslang eine und dieselbe einfache Operation verrichtet, seinen ganzen Körper in ihr automatisch einseitiges Organ verwandelt und daher weniger Zeit dazu verbraucht als der Handwerker, der eine ganze Reihe von Operationen abwechselnd ausführt. Der kombinierte Gesamtarbeiter, der den lebendigen Mechanismus der Manufaktur bildet, besteht aber aus lauter solchen einseitigen Teilarbeitern. Im Vergleich zum selbständigen Handwerk wird daher mehr in weniger Zeit produziert oder die Produktivkraft der Arbeiter gesteigert.[27] Auch vervollkommnet sich die Methode der Teilarbeit, nachdem sie zur ausschließlichen Funktion einer Person verselbständigt ist. Die stete Wiederholung desselben beschränkten Tuns und die Konzentration der Aufmerksamkeit auf dieses

---

[27] „Je mehr eine Arbeit von großer Mannigfaltigkeit gegliedert und verschiedenen Teilarbeitern zugewiesen wird, um so mehr muß sie notwendigerweise besser und schneller ausgeführt werden, mit weniger Verlust an Zeit und Arbeit." („The Advantages of the East India Trade", Lond. 1720, p. 71.)

Beschränkte lehren erfahrungsmäßig den bezweckten Nutzeffekt mit geringstem Kraftaufwand erreichen. Da aber immer verschiedne Arbeitergenerationen gleichzeitig zusammenleben und in denselben Manufakturen zusammenwirken, befestigen, häufen und übertragen sich bald die so gewonnenen technischen Kunstgriffe.[28]

Die Manufaktur produziert in der Tat die Virtuosität des Detailarbeiters, indem sie die naturwüchsige Sonderung der Gewerbe, die sie in der Gesellschaft vorfand, im Innern der Werkstatt reproduziert und systematisch zum Extrem treibt. Andrerseits entspricht ihre Verwandlung der Teilarbeit in den Lebensberuf eines Menschen dem Trieb früherer Gesellschaften, die Gewerbe erblich zu machen, sie in Kasten zu versteinern oder in Zünfte zu verknöchern, falls bestimmte historische Bedingungen dem Kastenwesen widersprechende Variabilität des Individuums erzeugen. Kasten und Zünfte entspringen aus demselben Naturgesetz, welches die Sonderung von Pflanzen und Tieren in Arten und Unterarten regelt, nur daß auf einem gewissen Entwicklungsgrad die Erblichkeit der Kasten oder die Ausschließlichkeit der Zünfte als gesellschaftliches Gesetz dekretiert wird.[29]

> „Die Musline von Dakka sind an Feinheit, die Kattune und andre Zeuge von Koromandel an Pracht und Dauerhaftigkeit der Farben niemals übertroffen worden. Und dennoch werden sie produziert ohne Kapital, Maschinerie, Teilung der Arbeit oder irgendeins der andren Mittel, die der Fabrikation in Europa so viele Vorteile bieten. Der Weber ist ein vereinzeltes Individuum, der das Gewebe auf Bestellung eines Kunden verfertigt und mit einem Webstuhl von der einfachsten Konstruktion, manchmal nur bestehend aus hölzernen, roh zusammengefügten Stangen. Er besitzt nicht einmal einen Apparat zum Aufziehn der Kette, der Webstuhl muß daher in seiner ganzen Länge ausgestreckt bleiben und wird so unförmlich und weit, daß er keinen Raum findet in der Hütte des Produzenten, der seine Arbeit daher in freier Luft verrichten muß, wo sie durch jede Wetterändrung unterbrochen wird."[30]

---

28 „Leicht von der Hand gehende Arbeit ist überlieferte Geschicklichkeit." (Th. Hodgskin, Popular Political Economy, p. 48.)

29 „Auch die Künste sind ... in Ägypten zu dem gehörigen Grad von Vollkommenheit gediehn. Denn in diesem Lande allein dürfen die Handwerker durchaus nicht in die Geschäfte einer andren Bürgerklasse eingreifen, sondern bloß den nach dem Gesetz ihrem Stamme erblich zugehörigen Beruf treiben ... Bei andren Völkern findet man, daß die Gewerbsleute ihre Aufmerksamkeit auf zu viele Gegenstände verteilen ... Bald versuchen sie es mit dem Landbau, bald lassen sie sich in Handelsgeschäfte ein, bald befassen sie sich mit zwei oder drei Künsten zugleich. In Freistaaten laufen sie meist in die Volksversammlungen ... In Ägypten dagegen verfällt jeder Handwerker in schwere Strafen, wenn er sich in Staatsgeschäfte mischt oder mehrere Künste zugleich treibt. So kann nichts ihren Berufsfleiß stören ... Zudem, wie sie von ihren Vorfahren viele Regeln haben, sind sie eifrig darauf bedacht, noch neue Vorteile aufzufinden." (Diodorus Siculus: „Historische Bibliothek", I. I, c. 74.)

30 „Historical and descriptive Account of Brit. India etc." By Hugh Murray, James Wilson etc.,

Es ist nur das von Generation auf Generation gehäufte und von Vater auf Sohn vererbte Sondergeschick, das dem Hindu wie der Spinne diese Virtuosität verleiht. Und dennoch verrichtet ein solcher indischer Weber sehr komplizierte Arbeit, verglichen mit der Mehrzahl der Manufakturarbeiter.

Ein Handwerker, der die verschiednen Teilprozesse in der Produktion eines Machwerks nacheinander ausführt, muß bald den Platz, bald die Instrumente wechseln. Der Übergang von einer Operation zur andren unterbricht den Fluß seiner Arbeit und bildet gewissermaßen Poren in seinem Arbeitstag. Diese Poren verdichten sich, sobald er den ganzen Tag eine und dieselbe Operation kontinuierlich verrichtet, oder sie verschwinden in dem Maße, wie der Wechsel seiner Operation abnimmt. Die gesteigerte Produktivität ist hier entweder der zunehmenden Ausgabe von Arbeitskraft in einem gegebnen Zeitraum geschuldet, also wachsender Intensität der Arbeit oder einer Abnahme des unproduktiven Verzehrs von Arbeitskraft. Der Überschuß von Kraftaufwand nämlich, den jeder Übergang aus der Ruhe in die Bewegung erheischt, kompensiert sich bei längrer Fortdauer der einmal erreichten Normalgeschwindigkeit. Andrerseits zerstört die Kontinuität gleichförmiger Arbeit die Spann- und Schwungkraft der Lebensgeister, die im Wechsel der Tätigkeit selbst ihre Erholung und ihren Reiz finden.

Die Produktivität der Arbeit hängt nicht nur von der Virtuosität des Arbeiters ab, sondern auch von der Vollkommenheit seiner Werkzeuge. Werkzeuge derselben Art, wie Schneider-, Bohr-, Stoß-, Schlaginstrumente usw., werden in verschiednen Arbeitsprozessen gebraucht, und in demselben Arbeitsprozeß dient dasselbe Instrument zu verschiednen Verrichtungen. Sobald jedoch die verschiednen Operationen eines Arbeitsprozesses voneinander losgelöst sind und jede Teiloperation in der Hand des Teilarbeiters eine möglichst entsprechende und daher ausschließliche Form gewinnt, werden Verändrungen der vorher zu verschiednen Zwecken dienenden Werkzeuge notwendig. Die Richtung ihres Formwechsels ergibt sich aus der Erfahrung der besondren Schwierigkeiten, welche die unveränderte Form in den Weg legt. Die Differenzierung der Arbeitsinstrumente, wodurch Instrumente derselben Art besondre feste Formen für jede besondre Nutzanwendung erhalten, und ihre Spezialisierung, wodurch jedes solches Sonderinstrument nur in der Hand spezifischer Teilarbeiter in seinem ganzen Umfang wirkt, charakterisieren die Manufaktur. Zu Birmingham allein produziert man etwa 500 Varietäten von Hämmern, wovon jeder nicht nur für einen besondren Produktionsprozeß, sondern eine Anzahl Varietäten oft nur für verschiedne Operationen in demselben Prozeß dient. Die Manufakturperiode vereinfacht, verbessert und vermannigfacht die Arbeitswerkzeuge durch

---

Edinburgh 1832, v. II, p. 449, 450. Der indische Webstuhl ist hochschäftig, d. h., die Kette ist vertikal aufgespannt.

deren Anpassung an die ausschließlichen Sonderfunktionen der Teilarbeiter.[31] Sie schafft damit zugleich eine der materiellen Bedingungen der Maschinerie, die aus einer Kombination einfacher Instrumente besteht.

Der Detailarbeiter und sein Instrument bilden die einfachen Elemente der Manufaktur. Wenden wir uns jetzt zu ihrer Gesamtgestalt.

3. Die beiden Grundformen der Manufaktur – heterogene Manufaktur und organische Manufaktur

Die Gliederung der Manufaktur besitzt zwei Grundformen, die trotz gelegentlicher Verschlingung zwei wesentlich verschiedne Arten bilden und namentlich auch bei der spätren Verwandlung der Manufaktur in die maschinenartig betriebne, große Industrie eine ganz verschiedne Rolle spielen. Dieser Doppelcharakter entspringt aus der Natur des Machwerks selbst. Es wird entweder gebildet durch bloß mechanische Zusammensetzung selbständiger Teilprodukte oder verdankt seine fertige Gestalt einer Reihenfolge zusammenhängender Prozesse und Manipulationen.

Eine Lokomotive z. B. besteht aus mehr als 5000 selbständigen Teilen. Sie kann jedoch nicht als Beispiel der ersten Art der eigentlichen Manufaktur gelten, weil sie ein Gebilde der großen Industrie ist. Wohl aber die Uhr, an welcher auch William Petty die manufakturmäßige Teilung der Arbeit veranschaulicht. Aus dem individuellen Werk eines Nürnberger Handwerkers verwandelte sich die Uhr in das gesellschaftliche Produkt einer Unzahl von Teilarbeitern, wie Rohwerkmacher, Uhrfedermacher, Zifferblattmacher, Spiralfedermacher, Steinloch- und Rubinhebelmacher, Zeigermacher, Gehäusemacher, Schraubenmacher, Vergolder, mit vielen Unterabteilungen, wie z. B. Räderfabrikant (Messing- und Stahlräder wieder geschieden), Triebmacher, Zeigerwerkmacher, acheveur de pignon (befestigt die Räder auf den Trieben, poliert die facettes usw.), Zapfenmacher, planteur de finissage (setzt verschiedne Räder und Triebe in das Werk), finisseur de barillet (läßt Zähne einschneiden, macht die Löcher zur richtigen Weite, härtet Stellung und Gesperr), Hemmungmacher, bei der Zylinderhemmung wieder Zylindermacher, Steigradmacher, Unruhemacher, Requettemacher (das Rückwerk, woran die Uhr reguliert wird), planteur d'échappement (eigent-

---

[31] Darwin bemerkt in seinem epochemachenden Werk „Über die Entstehung der Arten" mit Bezug auf die natürlichen Organe der Pflanzen und Tiere: „Solange ein und dasselbe Organ verschiedne Arbeiten zu verrichten hat, läßt sich ein Grund für seine Veränderlichkeit vielleicht darin finden, daß natürliche Züchtung jede kleine Abweichung der Form weniger sorgfältig erhält oder unterdrückt, als wenn dasselbe Organ nur zu einem besondren Zwecke allein bestimmt wäre. So mögen Messer, welche allerlei Dinge zu schneiden bestimmt sind, im ganzen so ziemlich von einerlei Form sein, während ein nur zu einerlei Gebrauch bestimmtes Werkzeug für jeden andren Gebrauch auch eine andre Form haben muß."

liche Hemmungmacher); dann der repasseur de barillet (macht Federhaus und Stellung ganz fertig), Stahlpolierer, Räderpolierer, Schraubenpolierer, Zahlenmaler, Blattmacher (schmilzt das Email auf das Kupfer), fabricant de pendants (macht bloß die Bügel des Gehäuses), finisseur de charnière (steckt den Messingstift in die Mitte des Gehäuses etc.), faiseur de secret (macht die Federn im Gehäuse, die den Deckel aufspringen machen), graveur, ciseleur, polisseur de boîte usw., usw., endlich der repasseur, der die ganze Uhr zusammensetzt und sie gehend abliefert. Nur wenige Teile der Uhr laufen durch verschiedne Hände, und alle diese membra disjecta sammeln sich erst in der Hand, die sie schließlich in ein mechanisches Ganzes verbindet. Dies äußerliche Verhältnis des fertigen Produkts zu seinen verschiedenartigen Elementen läßt hier, wie bei ähnlichem Machwerk, die Kombination der Teilarbeiter in derselben Werkstatt zufällig. Die Teilarbeiten können selbst wieder als voneinander unabhängige Handwerke betrieben werden, wie im Kanton Waadt und Neuchâtel, während in Genf z. B. große Uhrenmanufakturen bestehn, d. h. unmittelbare Kooperation der Teilarbeiter unter dem Kommando eines Kapitals stattfindet. Auch im letztren Fall werden Zifferblatt, Feder und Gehäuse selten in der Manufaktur selbst verfertigt. Der kombinierte manufakturmäßige Betrieb ist hier nur unter ausnahmsweisen Verhältnissen profitlich, weil die Konkurrenz unter den Arbeitern, die zu Hause arbeiten wollen, am größten ist, die Zersplittrung der Produktion in eine Masse heterogener Prozesse wenig Verwendung gemeinschaftlicher Arbeitsmittel erlaubt und der Kapitalist bei der zerstreuten Fabrikation die Auslage für Arbeitsgebäude usw. erspart.[32] Indes ist auch die Stellung dieser Detailarbeiter, die zu Hause, aber für einen Kapitalisten (Fabrikant, établisseur) arbeiten, ganz und gar verschieden von der des selbständigen Handwerkers, welcher für seine eignen Kunden arbeitet.[33]

Die zweite Art der Manufaktur, ihre vollendete Form, produziert Machwerke, die zusammenhängende Entwicklungsphasen, eine Reihenfolge von Stufenpro-

---

[32] Genf hat im Jahr 1854 80.000 Uhren produziert, noch nicht ein Fünfteil der Uhrenproduktion des Kantons Neuchâtel. Chaux-de-Fonds, das man als eine einzige Uhrenmanufaktur betrachten kann, liefert allein jährlich doppelt soviel als Genf. Von 1850-1861 lieferte Genf 720.000 Uhren. Siehe „Report from Geneva on the Watch Trade" in „Reports by H. M.'s Secretaries of Embassy and Legation on the Manufactures, Commerce etc.", Nr. 6, 1863. Wenn die Zusammenhangslosigkeit der Prozesse, worin die Produktion nur zusammengesetzter Machwerke zerfällt, an und für sich die Verwandlung solcher Manufakturen in den Maschinenbetrieb der großen Industrie sehr erschwert, kommen bei der Uhr noch zwei andre Hindernisse hinzu, die Kleinheit und Delikatesse ihrer Elemente und ihr Luxuscharakter, daher ihre Varietät, so daß z. B. in den besten Londoner Häusern das ganze Jahr hindurch kaum ein Dutzend Uhren gemacht werden, die sich ähnlich sehn. Die Uhrenfabrik von Vacheron & Constantin, die mit Erfolg Maschinerie anwendet, liefert auch höchstens 3-4 verschiedne Varietäten von Größe und Form.

[33] In der Uhrmacherei, diesem klassischen Beispiel der heterogenen Manufaktur, kann man sehr genau die oben erwähnte aus der Zersetzung der handwerksmäßigen Tätigkeit entspringende Differenzierung und Spezialisierung der Arbeitsinstrumente studieren.

zessen durchlaufen, wie z. B. der Draht in der Nähnadelmanufaktur die Hände von 72 und selbst 92 spezifischen Teilarbeitern durchläuft.

Soweit solche Manufaktur ursprünglich zerstreute Handwerke kombiniert, vermindert sie die räumliche Trennung zwischen den besondren Produktionsphasen des Machwerks. Die Zeit seines Übergangs aus einem Stadium in das andre wird verkürzt, ebenso die Arbeit, welche diese Übergänge vermittelt.[34] Im Vergleich zum Handwerk wird so Produktivkraft gewonnen, und zwar entspringt dieser Gewinn aus dem allgemeinen kooperativen Charakter der Manufaktur. Andrerseits bedingt ihr eigentümliches Prinzip der Teilung der Arbeit eine Isolierung der verschiednen Produktionsphasen, die als ebenso viele handwerksmäßige Teilarbeiten gegeneinander verselbständigt sind. Die Herstellung und Erhaltung des Zusammenhangs zwischen den isolierten Funktionen ernötigt beständigen Transport des Machwerks aus einer Hand in die andre und aus einem Prozeß in den andren. Vom Standpunkt der großen Industrie tritt dies als eine charakteristische, kostspielige und dem Prinzip der Manufaktur immanente Beschränktheit hervor.[35]

Betrachtet man ein bestimmtes Quantum Rohmaterial, z. B. von Lumpen in der Papiermanufaktur oder von Draht in der Nadelmanufaktur, so durchläuft es in den Händen der verschiednen Teilarbeiter eine zeitliche Stufenfolge von Produktionsphasen bis zu seiner Schlußgestalt. Betrachtet man dagegen die Werkstatt als einen Gesamtmechanismus, so befindet sich das Rohmaterial gleichzeitig in allen seinen Produktionsphasen auf einmal. Mit einem Teil seiner vielen instrumentbewaffneten Hände zieht der aus den Detailarbeiten kombinierte Gesamtarbeiter den Draht, während er gleichzeitig mit andren Händen und Werkzeugen ihn streckt, mit andren schneidet, spitzt etc. Aus einem zeitlichen Nacheinander sind die verschiednen Stufenprozesse in ein räumliches Nebeneinander verwandelt. Daher Lieferung von mehr fertiger Ware in demselben Zeitraum.[36] Jene Gleichzeitigkeit entspringt zwar aus der allgemeinen kooperativen Form des Gesamtprozesses, aber die Manufaktur findet nicht nur die Bedingungen der Kooperation vor, sondern schafft sie teilweise erst durch

---

34 „Wenn die Menschen so dicht nebeneinander arbeiten, muß der Transport notwendigerweise geringer sein." („The Advantages of the East India Trade", p. 106.)

35 „Die Vereinzelung der verschiedenen Produktionsstufen in der Manufaktur, die aus der Verwendung von Handarbeit folgt, erhöht die Produktionskosten ungeheuer, wobei der Verlust in der Hauptsache durch die bloße Beförderung von einem Arbeitsprozeß zum anderen entsteht." („The Industry of Nations", Lond. 1855, part II, p. 200.)

36 „Sie" (die Teilung der Arbeit) „verursacht auch eine Zeitersparnis, indem sie die Arbeit in ihre verschiedenen Zweige zerlegt, die alle im gleichen Augenblick ausgeführt werden können ... Durch die gleichzeitige Durchführung all der verschiedenen Arbeitsprozesse, die ein einzelner getrennt hätte ausführen müssen, wird es z. B. möglich, eine Menge Nadeln in derselben Zeit fertigzustellen, in der eine einzelne Nadel sonst nur abgeschnitten oder zugespitzt worden wäre." (Dugald Stewart, l.c.p. 319.)

die Zerlegung der handwerksmäßigen Tätigkeit. Andrerseits erreicht sie diese gesellschaftliche Organisation des Arbeitsprozesses nur durch Festschmieden desselben Arbeiters an dasselbe Detail.

Da das Teilprodukt jedes Teilarbeiters zugleich nur eine besondre Entwicklungsstufe desselben Machwerks ist, liefert ein Arbeiter dem andren oder eine Arbeitergruppe der andern ihr Rohmaterial. Das Arbeitsresultat des einen bildet den Ausgangspunkt für die Arbeit des andren. Der eine Arbeiter beschäftigt daher hier unmittelbar den andren. Die notwendige Arbeitszeit zur Erreichung des bezweckten Nutzeffekts in jedem Teilprozeß wird erfahrungsmäßig festgestellt, und der Gesamtmechanismus der Manufaktur beruht auf der Voraussetzung, daß in gegebner Arbeitszeit ein gegebnes Resultat erzielt wird. Nur unter dieser Voraussetzung können die verschiednen, einander ergänzenden Arbeitsprozesse ununterbrochen, gleichzeitig und räumlich nebeneinander fortgehn. Es ist klar, daß diese unmittelbare Abhängigkeit der Arbeiten und daher der Arbeiter voneinander jeden einzelnen zwingt, nur die notwendige Zeit zu seiner Funktion zu verwenden, und so eine ganz andre Kontinuität, Gleichförmigkeit, Regelmäßigkeit, Ordnung[37] und namentlich auch Intensität der Arbeit erzeugt wird als im unabhängigen Handwerk oder selbst der einfachen Kooperation. Daß auf eine Ware nur die zu ihrer Herstellung gesellschaftlich notwendige Arbeitszeit verwandt wird, erscheint bei der Warenproduktion überhaupt als äußrer Zwang der Konkurrenz, weil, oberflächlich ausgedrückt, jeder einzelne Produzent die Ware zu ihrem Marktpreis verkaufen muß. Lieferung von gegebnem Produktenquantum in gegebner Arbeitszeit wird dagegen in der Manufaktur technisches Gesetz des Produktionsprozesses selbst.[38]

Verschiedne Operationen bedürfen jedoch ungleicher Zeitlängen und liefern daher in gleichen Zeiträumen ungleiche Quanta von Teilprodukten. Soll also derselbe Arbeiter tagaus, tagein stets nur dieselbe Operation verrichten, so müssen für verschiedne Operationen verschiedne Verhältniszahlen von Arbeitern verwandt werden, z. B. 4 Gießer und 2 Abbrecher auf einen Frottierer in einer Typenmanufaktur, wo der Gießer stündlich 2000 Typen gießt, der Abbrecher 4000 abbricht und der Frottierer 8000 blank reibt. Hier kehrt das Prinzip der Kooperation in seiner einfachsten Form zurück, gleichzeitige Beschäftigung vieler, die Gleichartiges tun, aber jetzt als Ausdruck eines organischen Verhältnisses. Die manufakturmäßige Teilung der Arbeit vereinfacht und vermannigfacht also nicht nur die qualitativ unterschiednen Organe des gesellschaftlichen

---

[37] „Je mannigfaltiger die Spezialarbeiter in jeder Manufaktur, ... um so ordentlicher und regelmäßiger ist jede Arbeit; diese muß notwendig in weniger Zeit getan werden, und die Arbeit muß sich vermindern." („The Advantages etc.", p. 68.)

[38] Indes erreicht der manufakturmäßige Betrieb dies Resultat in vielen Zweigen nur unvollkommen, weil er die allgemeinen chemischen und physikalischen Bedingungen des Produktionsprozesses nicht mit Sicherheit zu kontrollieren weiß.

Gesamtarbeiters, sondern schafft auch ein mathematisch festes Verhältnis für den quantitativen Umfang dieser Organe, d. h. für die relative Arbeiterzahl oder relative Größe der Arbeitergruppen in jeder Sonderfunktion. Sie entwickelt mit der qualitativen Gliederung die quantitative Regel und Proportionalität des gesellschaftlichen Arbeitsprozesses.

Ist die passendste Verhältniszahl der verschiednen Gruppen von Teilarbeitern erfahrungsmäßig festgesetzt für eine bestimmte Stufenleiter der Produktion, so kann man diese Stufenleiter nur ausdehnen, indem man ein Multipel jeder besondren Arbeitergruppe verwendet.[39] Es kommt hinzu, daß dasselbe Individuum gewisse Arbeiten ebensogut auf größerer als kleinerer Staffel ausführt, z. B. die Arbeit der Oberaufsicht, den Transport der Teilprodukte aus einer Produktionsphase in die andre usw. Die Verselbständigung dieser Funktionen oder ihre Zuweisung an besondre Arbeiter wird also erst vorteilhaft mit Vergrößrung der beschäftigten Arbeiterzahl, aber diese Vergrößrung muß sofort alle Gruppen proportionell ergreifen.

Die einzelne Gruppe, eine Anzahl von Arbeitern, die dieselbe Teilfunktion verrichten, besteht aus homogenen Elementen und bildet ein besondres Organ des Gesamtmechanismus. In verschiednen Manufakturen jedoch ist die Gruppe selbst ein gegliederter Arbeitskörper, während der Gesamtmechanismus durch die Wiederholung oder Vervielfältigung dieser produktiven Elementarorganismen gebildet wird. Nehmen wir z. B. die Manufaktur von Glasflaschen. Sie zerfällt in drei wesentlich unterschiedne Phasen. Erstens die vorbereitende Phase, wie Bereitung der Glaskomposition, Mengung von Sand, Kalk usw. und Schmelzung dieser Komposition zu einer flüssigen Glasmasse.[40] In der ersten Phase sind verschiedne Teilarbeiter beschäftigt, ebenso in der Schlußphase, der Entfernung der Flaschen aus den Trockenöfen, ihrer Sortierung, Verpackung usw. Zwischen beiden Phasen steht in der Mitte die eigentliche Glasmacherei oder Verarbeitung der flüssigen Glasmasse. An demselben Munde eines Glasofens arbeitet eine Gruppe, die in England das „hole" (Loch) heißt und aus einem bottle maker oder finisher, einem blower, einem gatherer, einem putter up oder whetter off und einem taker in zusammengesetzt ist. Diese fünf Teilarbeiter bilden ebenso viele Sonderorgane eines einzigen Arbeitskörpers, der nur als Einheit, also nur durch unmittelbare Kooperation der fünf wirken kann. Fehlt ein Glied des fünfteiligen Körpers, so ist er paralysiert. Derselbe Glasofen hat aber verschiedne

---

[39] „Wenn die Erfahrung, je nach der besondren Natur der Produkte jeder Manufaktur, sowohl die vorteilhafteste Art, die Fabrikation in Teiloperationen zu spalten, als auch die für sie nötige Arbeiterzahl kennen gelehrt hat, werden alle Etablissements, die kein exaktes Multipel dieser Zahl anwenden, mit mehr Kosten fabrizieren ... Dies ist eine der Ursachen der kolossalen Ausdehnung industrieller Etablissements." (Ch. Babbage, „On the Economy of Machinery", Lond. 1832, ch. XXI, p. 172, 173.)

[40] In England ist der Schmelzofen getrennt vom Glasofen, an dem das Glas verarbeitet wird, in Belgien z. B. dient derselbe Ofen zu beiden Prozessen.

Öffnungen, in England z. B. 4-6, deren jede einen irdenen Schmelztiegel mit flüssigem Glas birgt und wovon jede eine eigne Arbeitergruppe von derselben fünfgliedrigen Form beschäftigt. Die Gliederung jeder einzelnen Gruppe beruht hier unmittelbar auf der Teilung der Arbeit, während das Band zwischen den verschiednen gleichartigen Gruppen einfache Kooperation ist, die eins der Produktionsmittel, hier den Glasofen, durch gemeinsamen Konsum ökonomischer verbraucht. Ein solcher Glasofen mit seinen 4-6 Gruppen bildet eine Glashütte, und eine Glasmanufaktur umfaßt eine Mehrzahl solcher Hütten, zugleich mit den Vorrichtungen und Arbeitern für die einleitenden und abschließenden Produktionsphasen.

Endlich kann die Manufaktur, wie sie teilweis aus der Kombination verschiedner Handwerke entspringt, sich zu einer Kombination verschiedner Manufakturen entwickeln. Die größren englischen Glashütten z. B. fabrizieren ihre irdenen Schmelztiegel selbst, weil von deren Güte das Gelingen oder Mißlingen des Produkts wesentlich abhängt. Die Manufaktur eines Produktionsmittels wird hier mit der Manufaktur des Produkts verbunden. Umgekehrt kann die Manufaktur des Produkts verbunden werden mit Manufakturen, worin es selbst wieder als Rohmaterial dient oder mit deren Produkten es später zusammengesetzt wird. So findet man z. B. die Manufaktur von Flintglas kombiniert mit der Glasschleiferei und der Gelbgießerei, letztre für die metallische Einfassung mannigfacher Glasartikel. Die verschiednen kombinierten Manufakturen bilden dann mehr oder minder räumlich getrennte Departemente einer Gesamtmanufaktur, zugleich voneinander unabhängige Produktionsprozesses, jeder mit eigner Teilung der Arbeit. Trotz mancher Vorteile, welche die kombinierte Manufaktur bietet, gewinnt sie, auf eigner Grundlage, keine wirklich technische Einheit. Diese entsteht erst bei ihrer Verwandlung in den maschinenmäßigen Betrieb.

Die Manufakturperiode, welche Verminderung der zur Warenproduktion notwendigen Arbeitszeit bald als bewußtes Prinzip ausspricht[41], entwickelt sporadisch auch den Gebrauch von Maschinen, namentlich für gewisse einfache erste Prozesse, die massenhaft und mit großem Kraftaufwand auszuführen sind. So wird z. B. bald in der Papiermanufaktur das Zermalmen der Lumpen durch Papiermühlen und in der Metallurgie das Zerstoßen der Erze durch sogenannte Pochmühlen verrichtet.[42] Die elementarische Form aller Maschinerie hatte das römische Kaiserreich überliefert in der Wassermühle.[43] Die Handwerksperiode

---

[41] Man kann dies unter andren ersehn aus W. Petty, John Bellers, Andrew Yarranton, „The Advantages of the East-India Trade" und J. Vanderlint.

[42] Noch gegen Ende des 16. Jahrhunderts bedient sich Frankreich der Mörser und Siebe zum Pochen und Waschen der Erze.

[43] Die ganze Entwicklungsgeschichte der Maschinerie läßt sich verfolgen an der Geschichte der Getreidemühlen. Die Fabrik heißt im Englischen immer noch mill. In deutschen technolo-

vermachte die großen Erfindungen des Kompasses, des Pulvers, der Buchdruckerei und der automatischen Uhr. Im großen und ganzen jedoch spielt die Maschinerie jene Nebenrolle, die Adam Smith ihr neben der Teilung der Arbeit anweist.[44] Sehr wichtig wurde die sporadische Anwendung der Maschinerie im 17. Jahrhundert, weil sie den großen Mathematikern jener Zeit praktische Anhaltspunkte und Reizmittel zur Schöpfung der modernen Mechanik darbot.

Die spezifische Maschinerie der Manufakturperiode bleibt der aus vielen Teilarbeitern kombinierte Gesamtarbeiter selbst. Die verschiednen Operationen, die der Produzent einer Ware abwechselnd verrichtet und die sich im Ganzen seines Arbeitsprozesses verschlingen, nehmen ihn verschiedenartig in Anspruch. In der einen muß er mehr Kraft entwickeln, in der andren mehr Gewandtheit, in der dritten mehr geistige Aufmerksamkeit usw., und dasselbe Individuum besitzt diese Eigenschaften nicht in gleichem Grad. Nach der Trennung, Verselbständigung und Isolierung der verschiednen Operationen werden die Arbeiter ihren vorwiegenden Eigenschaften gemäß geteilt, klassifiziert und gruppiert. Bilden ihre Naturbesonderheiten die Grundlage, worauf sich die Teilung der Arbeit pfropft, so entwickelt die Manufaktur, einmal eingeführt, Arbeitskräfte, die von Natur nur zu einseitiger Sonderfunktion taugen. Der Gesamtarbeiter besitzt jetzt alle produktiven Eigenschaften in gleich hohem Grad der Virtuosität und verausgabt sie zugleich aufs ökonomischste, indem er alle seine Organe, individualisiert in besondren Arbeitern oder Arbeitergruppen, ausschließlich zu ihren spezifischen Funktionen verwendet.[45] Die Einseitigkeit und selbst die Unvollkommenheit des Teilarbeiters werden zu seiner Vollkommenheit als Glied des Gesamtarbeiters.[46] Die Gewohnheit einer einseitigen Funktion verwandelt ihn in ihr naturgemäß

---

gischen Schriften aus den ersten Dezennien des 19. Jahrhunderts findet man noch den Ausdruck Mühle nicht nur für alle mit Naturkräften getriebene Maschinerie, sondern selbst für alle Manufakturen, die maschinenartige Apparate anwenden.

44 Wie man aus dem Vierten Buch dieser Schrift näher sehn wird, hat A. Smith keinen einzigen neuen Satz über die Teilung der Arbeit aufgestellt. Was ihn aber als den zusammenfassenden politischen Ökonomen der Manufakturperiode charakterisiert, ist der Akzent, den er auf die Teilung der Arbeiter legt. Die untergeordnete Rolle, die er der Maschinerie anweist, rief im Beginn der großen Industrie Lauderdales, in einer weiterentwickelten Epoche Ures Polemik hervor. A. Smith verwechselt auch die Differenzierung der Instrumente, wobei die Teilarbeiter der Manufaktur selbst sehr tätig waren, mit der Maschinenerfindung. Es sind nicht die Manufakturarbeiter, sondern Gelehrte, Handwerker, selbst Bauern (Brindley) usw., die hier eine Rolle spielen.

45 „Indem man das Machwerk in mehrere verschiedne Operationen teilt, deren jede verschiedne Grade von Gewandtheit und Kraft erheischt, kann der Manufakturherr sich genau das jeder Operation entsprechende Quantum von Kraft und Gewandtheit verschaffen. Wäre dagegen das ganze Werk von einem Arbeiter zu verrichten, so müßte dasselbe Individuum genug Gewandtheit für die delikatesten und genug Kraft für die mühseligsten Operationen besitzen." (Ch. Babbage, l.c., ch. XIX.)

46 Z. B. einseitige Muskelentwicklung, Knochenverkrümmung usw.

sicher wirkendes Organ, während der Zusammenhang des Gesamtmechanismus ihn zwingt, mit der Regelmäßigkeit eines Maschinenteils zu wirken.[47]

Da die verschiednen Funktionen des Gesamtarbeiters einfacher oder zusammengesetzter, niedriger oder höher, erheischen seine Organe, die individuellen Arbeitskräfte, sehr verschiedne Grade der Ausbildung und besitzen daher sehr verschiedne Werte. Die Manufaktur entwickelt also eine Hierarchie der Arbeitskräfte, der eine Stufenleiter der Arbeitslöhne entspricht. Wird einerseits der individuelle Arbeiter einer einseitigen Funktion angeeignet und lebenslang annexiert, so werden ebensosehr die verschiednen Arbeitsverrichtungen jener Hierarchie der natürlichen und erworbnen Geschicklichkeiten angepaßt.[48] Jeder Produktionsprozeß bedingt indes gewisse einfache Hantierungen, deren jeder Mensch, wie er geht und steht, fähig ist. Auch sie werden jetzt von ihrem flüssigen Zusammenhang mit den inhaltvollern Momenten der Tätigkeit losgelöst und zu ausschließlichen Funktionen verknöchert.

Die Manufaktur erzeugt daher in jedem Handwerk, das sie ergreift, eine Klasse sogenannter ungeschickter Arbeiter, die der Handwerksbetrieb streng ausschloß. Wenn sie die durchaus vereinseitigte Spezialität auf Kosten des ganzen Arbeitsvermögens zur Virtuosität entwickelt, beginnt sie auch schon den Mangel aller Entwicklung zu einer Spezialität zu machen. Neben die hierarchische Abstufung tritt die einfache Scheidung der Arbeiter in geschickte und ungeschickte. Für letztre fallen die Erlernungskosten ganz weg, für erstre sinken sie, im Vergleich zum Handwerker, infolge vereinfachter Funktion. In beiden Fällen sinkt der Wert der Arbeitskraft.[49] Ausnahme findet statt, soweit die Zersetzung des Arbeitsprozesses neue zusammenfassende Funktionen erzeugt, die im Handwerksbetrieb gar nicht oder nicht in demselben Umfang vorkamen. Die relative Entwertung der Arbeitskraft, die aus dem Wegfall oder der Verminde-

---

47 Sehr richtig antwortet Herr Wm. Marschall, der general manager einer Glasmanufakter, auf die Frage des Untersuchungskommissärs, wie die Arbeitsamkeit unter den beschäftigten Jungen aufrechterhalten werde: „Sie können ihre Arbeit gar nicht vernachlässigen; haben sie erst einmal zu arbeiten begonnen, so müssen sie auch weitermachen; sie sind gradeso wie Teile einer Maschine." („Child. Empl. Comm., Fourth Report", 1865, p. 247.)

48 Dr. Ure in seiner Apotheose der großen Industrie fühlt die eigentümlichen Charaktere der Manufaktur schärfer heraus als frühere Ökonomen, die nicht sein polemisches Interesse hatten, und selbst als seine Zeitgenossen, z. B. Babbage, der ihm zwar überlegen ist als Mathematiker und Mechaniker, aber dennoch die große Industrie eigentlich nur vom Standpunkt der Manufaktur auffaßt. Ure bemerkt: „Die Aneignung der Arbeiter an jede Sonderoperation bildet das Wesen der Verteilung der Arbeiten." Andrerseits bezeichnet er diese Verteilung als „Anpassung der Arbeiten an die verschiednen individuellen Fähigkeiten" und charakterisiert endlich das ganze Manufaktursystem als „ein System von Gradationen nach dem Rang der Geschicklichkeit", als „eine Teilung der Arbeit nach den verschiednen Graden des Geschicks" usw. (Ure, „Philos. of Manuf.", p. 19-23 passim.)

49 „Jeder Handwerker, der ... instand gesetzt wurde, sich durch die Praxis in einer Einzelverrichtung zu vervollkommnen ... wurde ein billigerer Arbeiter." (Ure, l.c.p. 19.)

rung der Erlernungskosten entspringt, schließt unmittelbar höhere Verwertung des Kapitals ein, denn alles, was die zur Reproduktion der Arbeitskraft notwendige Zeit verkürzt, verlängert die Domäne der Mehrarbeit.

4. Teilung der Arbeit innerhalb der Manufaktur und Teilung der Arbeit innerhalb der Gesellschaft

Wir betrachteten erst den Ursprung der Manufaktur, dann ihre einfachen Elemente, den Teilarbeiter und sein Werkzeug, endlich ihren Gesamtmechanismus. Wir berühren jetzt kurz das Verhältnis zwischen der manufakturmäßigen Teilung der Arbeit und der gesellschaftlichen Teilung der Arbeit, welche die allgemeine Grundlage aller Warenproduktion bildet.

Hält man nur die Arbeit selbst im Auge, so kann man die Trennung der gesellschaftlichen Produktion in ihre großen Gattungen, wie Agrikultur, Industrie usw., als Teilung der Arbeit im allgemeinen, die Sonderung dieser Produktionsgattungen in Arten und Unterarten als Teilung der Arbeit im besondren, und die Teilung der Arbeit innerhalb einer Werkstatt als Teilung der Arbeit im einzelnen bezeichnen.[50]

Die Teilung der Arbeit innerhalb der Gesellschaft und die entsprechende Beschränkung der Individuen auf besondre Berufssphären entwickelt sich, wie die Teilung der Arbeit innerhalb der Manufaktur, von entgegengesetzten Ausgangspunkten. Innerhalb einer Familie[50a], weiter entwickelt eines Stammes, entspringt eine naturwüchsige Teilung der Arbeit aus den Geschlechts- und Altersverschiedenheiten, also auf rein physiologischer Grundlage, die mit der Ausdehnung des Gemeinwesens, der Zunahme der Bevölkerung und nament-

---

[50] „Die Teilung der Arbeit geht von der Trennung der verschiedenartigsten Professionen fort bis zu jener Teilung, wo mehrere Arbeiter sich in die Anfertigung eines und desselben Produkts teilen, wie in der Manufaktur." (Storch, „Cours d'Écon. Pol.", Pariser Ausgabe, t. I, p. 173.) „Wir begegnen bei den Völkern, die eine gewisse Stufe der Zivilisation erreicht haben, drei Arten von Arbeitsteilung: die erste, die wir die allgemeine nennen, führt die Scheidung der Produzenten in Landwirte, Gewerbetreibende und Kaufleute herbei, sie entspricht den drei Hauptzweigen der nationalen Arbeit; die zweite, die man die besondere nennen könnte, ist die Teilung jedes Arbeitszweigs in Arten ... die dritte Arbeitsteilung endlich, die man als Teilung der Arbeitsverrichtung oder als Arbeitsteilung im eigentlichen Sinne bezeichnen sollte, ist diejenige, die sich in den einzelnen Handwerken und Berufen herausbildet ... und in den meisten Manufakturen und Werkstätten Fuß faßt." (Skarbek, l.c.p. 84, 85.)

[50a] [Note zur 3. Aufl. – Spätere sehr gründliche Studien der menschlichen Urzustände führten den Verfasser zum Ergebnis, daß ursprünglich nicht die Familie sich zum Stamm ausgebildet, sondern umgekehrt, der Stamm die ursprüngliche naturwüchsige Form der auf Blutsverwandtschaft beruhenden menschlichen Vergesellschaftung war, so daß aus der beginnenden Auflösung der Stammesbande erst später die vielfach verschiednen Formen der Familie sich entwickelten. – F. E.]

lich dem Konflikt zwischen verschiednen Stämmen und der Unterjochung eines Stamms durch den andren ihr Material ausweitet. Andrerseits, wie ich früher bemerkt, entspringt der Produktenaustausch an den Punkten, wo verschiedne Familien, Stämme, Gemeinwesen in Kontakt kommen, denn nicht Privatpersonen, sondern Familien, Stämme usw. treten sich in den Anfängen der Kultur selbständig gegenüber. Verschiedne Gemeinwesen finden verschiedne Produktionsmittel und verschiedne Lebensmittel in ihrer Naturumgebung vor. Ihre Produktionsweise, Lebensweise und Produkte sind daher verschieden. Es ist diese naturwüchsige Verschiedenheit, die bei dem Kontakt der Gemeinwesen den Austausch der wechselseitigen Produkte und daher die allmähliche Verwandlung dieser Produkte in Waren hervorruft. Der Austausch schafft nicht den Unterschied der Produktionssphären, sondern setzt die unterschiednen in Beziehung und verwandelt sie so in mehr oder minder voneinander abhängige Zweige einer gesellschaftlichen Gesamtproduktion. Hier entsteht die gesellschaftliche Teilung der Arbeit durch den Austausch ursprünglich verschiedner, aber voneinander unabhängiger Produktionssphären. Dort, wo die physiologische Teilung der Arbeit den Ausgangspunkt bildet, lösen sich die besondren Organe eines unmittelbar zusammengehörigen Ganzen voneinander ab, zersetzen sich, zu welchem Zersetzungsprozeß der Warenaustausch mit fremden Gemeinwesen den Hauptanstoß gibt, und verselbständigen sich bis zu dem Punkt, wo der Zusammenhang der verschiednen Arbeiten durch den Austausch der Produkte als Waren vermittelt wird. Es ist in dem einen Fall Verunselbständigung der früher Selbständigen, in dem andren Verselbständigung der früher Unselbständigen.

Die Grundlage aller entwickelten und durch Warenaustausch vermittelten Teilung der Arbeit ist die Scheidung von Stadt und Land.[51] Man kann sagen, daß die ganze ökonomische Geschichte der Gesellschaft sich in der Bewegung dieses Gegensatzes resümiert, auf den wir jedoch hier nicht weiter eingehn.

Wie für die Teilung der Arbeit innerhalb der Manufaktur eine gewisse Anzahl gleichzeitig angewandter Arbeiter die materielle Voraussetzung bildet, so für die Teilung der Arbeit innerhalb der Gesellschaft die Größe der Bevölkerung und ihre Dichtigkeit, die hier an die Stelle der Agglomeration in derselben Werkstatt tritt.[52] Indes ist diese Dichtigkeit etwas Relatives. Ein relativ spärlich bevölker-

---

[51] Sir James Steuart hat diesen Punkt am besten behandelt. Wie wenig sein Werk, welches 10 Jahre vor dem „Wealth of Nations" erschien, heutzutage bekannt ist, sieht man u. a. daraus, daß die Bewundrer des Malthus nicht einmal wissen, daß dieser in der ersten Ausgabe seiner Schrift über die „Population", vom rein deklamatorischen Teil abgesehn, neben den Pfaffen Wallace und Townsend fast nur den Steuart abschreibt.

[52] „Es gibt eine gewisse Bevölkerungsdichte, die zweckdienlich ist, sowohl für den gesellschaftlichen Verkehr als auch für jenes Zusammenwirken der Kräfte, durch das der Ertrag der Arbeit gesteigert wird." (James Mill, l.c.p. 50.) „Wenn die Zahl der Arbeiter wächst, steigt die Produktivkraft der Gesellschaft im gleichen Verhältnis zu diesem Wachstum, multipliziert mit der

tes Land mit entwickelten Kommunikationsmitteln besitzt eine dichtere Bevölkerung als ein mehr bevölkertes Land mit unentwickelten Kommunikationsmitteln, und in dieser Art sind z. B. die nördlichen Staaten der amerikanischen Union dichter bevölkert als Indien.[53]

Da Warenproduktion und Warenzirkulation die allgemeine Voraussetzung der kapitalistischen Produktionsweise, erheischt manufakturmäßige Teilung der Arbeit eine schon bis zu gewissem Entwicklungsgrad gereifte Teilung der Arbeit im Innern der Gesellschaft. Umgekehrt entwickelt und vervielfältigt die manufakturmäßige Teilung der Arbeit rückwirkend jene gesellschaftliche Teilung der Arbeit. Mit der Differenzierung der Arbeitsinstrumente differenzieren sich mehr und mehr die Gewerbe, welche diese Instrumente produzieren.[54] Ergreift der manufakturmäßige Betrieb ein Gewerb, das bisher als Haupt- oder Nebengewerb mit andren zusammenhing und von demselben Produzenten ausgeführt wurde, so findet sofort Scheidung und gegenseitige Verselbständigung statt. Ergreift er eine besondre Produktionsstufe einer Ware, so verwandeln sich ihre verschiednen Produktionsstufen in verschiedne unabhängige Gewerbe. Es ward bereits angedeutet, daß, wo das Machwerk ein bloß mechanisch zusammengesetztes Ganze von Teilprodukten, die Teilarbeiten sich selbst wieder zu eignen Handwerken verselbständigen können. Um die Teilung der Arbeiter vollkommner innerhalb einer Manufaktur auszuführen, wird derselbe Produktionszweig, je nach der Verschiedenheit seiner Rohstoffe oder der verschiednen Formen, die derselbe Rohstoff erhalten kann, in verschiedne, zum Teil ganz neue Manufakturen gespaltet. So wurden bereits in der ersten Hälfte des 18. Jahrhunderts in Frankreich allein über 100 verschiedenartige Seidenzeuge gewebt, und in Avignon z. B. war es Gesetz, daß „jeder Lehrling sich immer nur einer Fabrikationsart widmen und nicht die Verfertigung mehrerer Zeugarten zugleich lernen durfte". Die territoriale Teilung der Arbeit, welche besondre Produktionszweige an besondre Distrikte eines Landes bannt, erhält neuen Anstoß durch den manufakturmäßigen Betrieb, der alle Besonderheiten ausbeutet.[55] Reiches Material zur

---

Wirkung der Arbeitsteilung." (Th. Hodgskin, l.c.p. 120.)

53 Infolge der großen Baumwollnachfrage seit 1861 wurde in einigen sonst zahlreich bevölkerten Distrikten Ostindiens die Baumwollproduktion auf Kosten der Reisproduktion ausgedehnt. Es entstand daher partielle Hungersnot, weil wegen mangelnder Kommunikationsmittel und daher mangelnden physischen Zusammenhangs der Reisausfall in einem Distrikt nicht durch Zufuhr aus andren Distrikten ausgeglichen werden konnte.

54 So bildete die Fabrikation der Weberschiffchen schon während des 17. Jahrhunderts einen besondren Industriezweig in Holland.

55 „Ist nicht die Wollmanufaktur Englands in verschiedene Teile oder Zweige geschieden, die sich an besonderen Orten festgesetzt haben, wo sie allein oder hauptsächlich hergestellt werden; feine Tuche in Somersetshire, grobe in Yorkshire, doppelbreite in Exeter, Seide in Sudbury, Krepps in Norwich, Halbwollstoffe in Kendal, Decken in Whitney usw.!" (Berkeley, „The Querist", 1750, § 520.)

Teilung der Arbeit innerhalb der Gesellschaft liefert der Manufakturperiode die Erweiterung des Weltmarkts und das Kolonialsystem, die zum Umkreis ihrer allgemeinen Existenzbedingungen gehören. Es ist hier nicht der Ort, weiter nachzuweisen, wie sie neben der ökonomischen jede andre Sphäre der Gesellschaft ergreift und überall die Grundlage zu jener Ausbildung des Fachwesens, der Spezialitäten, und einer Parzellierung des Menschen legt, die schon A. Ferguson, den Lehrer A. Smiths, in den Ausruf ausbrechen ließ: „Wir machen eine Nation von Heloten, und es gibt keine Freien unter uns."[56]

Trotz der zahlreichen Analogien jedoch und der Zusammenhänge zwischen der Teilung der Arbeit im Innern der Gesellschaft und der Teilung innerhalb einer Werkstatt sind beide nicht nur graduell, sondern wesentlich unterschieden. Am schlagendsten scheint die Analogie unstreitig, wo ein innres Band verschiedne Geschäftszweige verschlingt. Der Viehzüchter z. B. produziert Häute, der Gerber verwandelt die Häute in Leder, der Schuster das Leder in Stiefel. Jeder produziert hier ein Stufenprodukt, und die letzte fertige Gestalt ist das kombinierte Produkt ihrer Sonderarbeiten. Es kommen hinzu die mannigfachen Arbeitszweige, die dem Viehzüchter, Gerber, Schuster Produktionsmittel liefern. Man kann sich nun mit A. Smith einbilden, diese gesellschaftliche Teilung der Arbeit unterscheide sich von der manufakturmäßigen nur subjektiv, nämlich für den Beobachter, der hier die mannigfachen Teilarbeiten auf einen Blick räumlich zusammensieht, während dort ihre Zerstreuung über große Flächen und die große Zahl der in jedem Sonderzweig Beschäftigten den Zusammenhang verdunklen.[57] Was aber stellt den Zusammenhang her zwischen den unabhängigen Arbeiten von Viehzüchter, Gerber, Schuster? Das Dasein ihrer respektiven Produkte als Waren. Was charakterisiert dagegen die manufakturmäßige Teilung der Arbeit? Daß der Teilarbeiter keine Ware produziert.[58] Erst das

---

[56] A. Ferguson, „History of Civil Society", Edinb. 1767, part IV, sect. II, p. 285.

[57] In den eigentlichen Manufakturen, sagt er, scheint die Teilung der Arbeit größer, weil „die in jedem einzelnen Arbeitszweig Beschäftigten oft in einem Arbeitshaus zusammen sein und vom Beobachter mit einem Blick übersehen werden können. In jenen großen Manufakturen (!) dagegen, welche dazu bestimmt sind, die Hauptbedürfnisse der großen Masse der Bevölkerung zu befriedigen, sind in jedem einzelnen Arbeitszweig so viele Arbeiter beschäftigt, daß man sie unmöglich in einem Arbeitshaus zusammenbringen kann ... die Teilung ist nicht annähernd so offensichtlich." (A. Smith, „Wealth of Nations", b. I, ch. I.) Der berühmte Passus in demselben Kapitel, der mit den Worten beginnt: „Man betrachte die Habe des gewöhnlichsten Handwerkers oder Tagelöhners in einem zivilisierten und blühenden Lande usw." und dann weiter ausmalt, wie zahllos mannigfaltige Gewerbe zur Befriedigung der Bedürfnisse eines gewöhnlichen Arbeiters zusammenwirken, ist ziemlich wörtlich kopiert aus B. de Mandevilles Remarks zu seiner „Fable of the Bees, or, Privte Vices, Publick Benefits." (Erste Ausgabe ohne Remarks 1705, mit den Remarks 1714.)

[58] „Es gibt aber nichts mehr, was man als den natürlichen Lohn der Arbeit eines einzelnen bezeichnen könnte. Jeder Arbeiter erzeugt nur einen Teil eines Ganzen, und da jeder Teil für sich allein ohne Wert oder Nutzen ist, gibt es nichts, was der Arbeiter nehmen und wovon er

gemeinsame Produkt der Teilarbeiter verwandelt sich in Ware.[58a] Die Teilung der Arbeit im Innern der Gesellschaft ist vermittelt durch den Kauf und Verkauf der Produkte verschiedner Arbeitszweige, der Zusammenhang der Teilarbeiten in der Manufaktur durch den Verkauf verschiedner Arbeitskräfte an denselben Kapitalisten, der sie als kombinierte Arbeitskraft verwendet. Die manufakturmäßige Teilung der Arbeit unterstellt Konzentration der Produktionsmittel in der Hand eines Kapitalisten, die gesellschaftliche Teilung der Arbeit Zersplitterung der Produktionsmittel unter viele voneinander unabhängige Warenproduzenten. Statt daß in der Manufaktur das eherne Gesetz der Verhältniszahl oder Proportionalität bestimmte Arbeitermassen unter bestimmte Funktionen subsumiert, treiben Zufall und Willkür ihr buntes Spiel in der Verteilung der Warenproduzenten und ihrer Produktionsmittel unter die verschiednen gesellschaftlichen Arbeitszweige. Zwar suchen sich die verschiednen Produktionssphären beständig ins Gleichgewicht zu setzen, indem einerseits jeder Warenproduzent einen Gebrauchswert produzieren, also ein besondres gesellschaftliches Bedürfnis befriedigen muß, der Umfang dieser Bedürfnisse aber quantitativ verschieden ist und ein innres Band die verschiednen Bedürfnismassen zu einem naturwüchsigen System verkettet; indem andrerseits das Wertgesetz der Waren bestimmt, wieviel die Gesellschaft von ihrer ganzen disponiblen Arbeitszeit auf die Produktion jeder besondren Warenart verausgaben kann. Aber diese beständige Tendenz der verschiednen Produktionssphären, sich ins Gleichgewicht zu setzen, betätigt sich nur als Reaktion gegen die beständige Aufhebung dieses Gleichgewichts. Die bei der Teilung der Arbeit im Innern der Werkstatt a priori und planmäßig befolgte Regel wirkt bei der Teilung der Arbeit im Innern der Gesellschaft nur a posteriori als innre, stumme, im Barometerwechsel der Marktpreise wahrnehmbare, die regellose Willkür der Warenproduzenten über-

---

sagen könnte: Das ist mein Erzeugnis, das will ich für mich behalten." („Labour defended against the claims of Capital", Lond. 1825, p. 25.) Der Verfasser dieser vorzüglichen Schrift ist der früher zitierte Th. Hodgskin.

[58a] Note zur 2. Ausgabe. Dieser Unterschied zwischen gesellschaftlicher und manufakturmäßiger Teilung der Arbeit wurde den Yankees praktisch illustriert. Eine der während des Bürgerkriegs zu Washington neu ausgeheckten Steuern war die Akzise von 6% auf „alle industriellen Produkte". Frage: Was ist ein industrielles Produkt? Antwort des Gesetzgebers: Ein Ding ist produziert, „wenn es gemacht ist" (when it is made), und es ist gemacht, wenn für den Verkauf fertig. Nun ein Beispiel aus vielen. Manufakturen zu New York und Philadelphia hatten früher Regenschirme mit allem Zubehör „gemacht". Da ein Regenschirm aber ein Mixtum compositum ganz heterogener Bestandteile, wurden letztre nach und nach zu Machwerken unabhängig voneinander und an verschiednen Orten betriebner Geschäftszweige. Ihre Teilprodukte gingen nun als selbständige Waren ein in die Regenschirm-Manufaktur, welche sie nur noch in ein Ganzes zusammensetzt. Die Yankees haben derartige Artikel „assembled articles" (versammelte Artikel) getauft, was sie namentlich verdienten als Sammelplätze von Steuern. So „versammelte" der Regenschirm erstens 6% Akzise auf den Preis jedes seiner Elemente und hinwiederum 6% auf seinen eignen Gesamtpreis.

wältigende Naturnotwendigkeit. Die manufakturmäßige Teilung der Arbeit unterstellt die unbedingte Autorität des Kapitalisten über Menschen, die bloße Glieder eines ihm gehörigen Gesamtmechanismus bilden; die gesellschaftliche Teilung der Arbeit stellt unabhängige Warenproduzenten einander gegenüber, die keine andre Autorität anerkennen als die der Konkurrenz, den Zwang, den der Druck ihrer wechselseitigen Interessen auf sie ausübt, wie auch im Tierreich das bellum omnium contra omnes die Existenzbedingungen aller Arten mehr oder minder erhält. Dasselbe bürgerliche Bewußtsein, das die manufakturmäßige Teilung der Arbeit, die lebenslängliche Annexation des Arbeiters an eine Detailverrichtung und die unbedingte Unterordnung der Teilarbeiter unter das Kapital als eine Organisation der Arbeit feiert, welche ihre Produktivkraft steigre, denunziert daher ebenso laut jede bewußte gesellschaftliche Kontrolle und Reglung des gesellschaftlichen Produktionsprozesses als einen Eingriff in die unverletzlichen Eigentumsrechte, Freiheit und sich selbst bestimmende „Genialität" des individuellen Kapitalisten. Es ist sehr charakteristisch, daß die begeisterten Apologeten des Fabriksystems nichts Ärgres gegen jede allgemeine Organisation der gesellschaftlichen Arbeit zu sagen wissen, als daß sie die ganze Gesellschaft in eine Fabrik verwandeln würde.

Wenn die Anarchie der gesellschaftlichen und die Despotie der manufakturmäßigen Arbeitsteilung einander in der Gesellschaft der kapitalistischen Produktionsweise bedingen, bieten dagegen frühere Gesellschaftsformen, worin die Besonderung der Gewerbe sich naturwüchsig entwickelt, dann kristallisiert und endlich gesetzlich befestigt hat, einerseits das Bild einer plan- und autoritätsmäßigen Organisation der gesellschaftlichen Arbeit, während sie anderseits die Teilung der Arbeit innerhalb der Werkstatt ganz ausschließen oder nur auf einem Zwergmaßstab oder nur sporadisch und zufällig entwickeln.[59]

Jene uraltertümlichen, kleinen indischen Gemeinwesen z. B., die zum Teil noch fortexistieren, beruhn auf gemeinschaftlichem Besitz des Grund und Bodens, auf unmittelbarer Verbindung von Agrikultur und Handwerk und auf einer festen Teilung der Arbeit, die bei Anlage neuer Gemeinwesen als gegebner Plan und Grundriß dient. Sie bilden sich selbst genügende Produktionsganze, deren Produktionsgebiet von 100 bis auf einige 1000 Acres wechselt. Die Hauptmasse der Produkte wird für den unmittelbaren Selbstbedarf der Gemeinde produziert, nicht als Ware, und die Produktion selbst ist daher unabhängig von der durch Warenaustausch vermittelten Teilung der Arbeit im großen und ganzen der indischen Gesellschaft. Nur der Überschuß der Produkte

---

[59] „Man kann als allgemeine Regel aufstellen: Je weniger die Autorität der Teilung der Arbeit innerhalb der Gesellschaft vorsteht, desto mehr entwickelt sich die Arbeitsteilung im Innern der Werkstatt und um so mehr ist sie der Autorität eines einzelnen unterworfen. Danach steht die Autorität in der Werkstatt und die in der Gesellschaft, in bezug auf die Arbeitsteilung, im umgekehrten Verhältnis zueinander." (Karl Marx, l.c.p. 130, 131.)

verwandelt sich in Ware, zum Teil selbst wieder erst in der Hand des Staats, dem ein bestimmtes Quantum seit undenklichen Zeiten als Naturalrente zufließt. Verschiedne Teile Indiens besitzen verschiedne Formen des Gemeinwesens. In der einfachsten Form bebaut die Gemeinde das Land gemeinschaftlich und verteilt seine Produkte unter ihre Glieder, während jede Familie Spinnen, Weben usw. als häusliches Nebengewerb treibt. Neben dieser gleichartig beschäftigten Masse finden wir den „Haupteinwohner", Richter, Polizei und Steuereinnehmer in einer Person; den Buchhalter, der die Rechnung über den Ackerbau führt und alles darauf Bezügliche katastriert und registriert; einen Beamten, der Verbrecher verfolgt und fremde Reisende beschützt und von einem Dorf zum andren geleitet; den Grenzmann, der die Grenzen der Gemeinde gegen die Nachbargemeinden bewacht; den Wasseraufseher, der das Wasser aus den gemeinschaftlichen Wasserbehältern zu Ackerbauzwecken verteilt; den Braminen, der die Funktionen des religiösen Kultus verrichtet; den Schulmeister, der die Gemeindekinder im Sand schreiben und lesen lehrt; den Kalenderbraminen, der als Astrolog die Zeiten für Saat, Ernte und die guten und bösen Stunden für alle besondren Ackerbauarbeiten angibt; einen Schmied und einen Zimmermann, welche alle Ackerbauwerkzeuge verfertigen und ausbessern; den Töpfer, der alle Gefäße für das Dorf macht; den Barbier, den Wäscher für die Reinigung der Kleider, den Silberschmied, hier und da den Poeten, der in einigen Gemeinden den Silberschmied, in andren den Schulmeister ersetzt. Dies Dutzend Personen wird auf Kosten der ganzen Gemeinde erhalten. Wächst die Bevölkerung, so wird eine neue Gemeinde nach dem Muster der alten auf unbebautem Boden angesiedelt. Der Gemeindemechanismus zeigt planmäßige Teilung der Arbeit, aber ihre manufakturmäßige Teilung ist unmöglich, indem der Markt für Schmied, Zimmermann usw. unverändert bleibt und höchstens, je nach dem Größenunterschied der Dörfer, statt eines Schmieds, Töpfers usw. ihrer zwei oder drei vorkommen.[60] Das Gesetz, das die Teilung der Gemeindearbeit regelt, wirkt hier mit der unverbrüchlichen Autorität eines Naturgesetzes, während jeder besondre Handwerker, wie Schmied usw., nach überlieferter Art, aber selbständig und ohne Anerkennung irgendeiner Autorität in seiner Werkstatt, alle zu seinem Fach gehörigen Operationen verrichtet. Der einfache produktive Organismus dieser selbstgenügenden Gemeinwesen, die sich beständig in derselben Form reproduzieren und, wenn zufällig zerstört, an demselben Ort, mit demselben Namen, wieder aufbauen[61], liefert den Schlüssel zum Geheim-

---

[60] Lieut. Col. Mark Wilks, „Historical Sketches of the South of India", Lond. 1810 bis 1817, v. I, p. 118-120. Eine gute Zusammenstellung der verschiednen Formen des indischen Gemeinwesens findet man in George Campbells „Modern India", London 1852.

[61] „Unter dieser einfachen Form ... haben die Einwohner des Landes seit unvordenklichen Zeiten gelebt. Die Grenzen der Dorfgebiete wurden nur selten geändert; und obgleich die Dörfer wiederholt durch Krieg, Hungersnot und Seuchen heimgesucht, ja verwüstet wurden, haben

nis der Unveränderlichkeit asiatischer Gesellschaften, so auffallend kontrastiert durch die beständige Auflösung und Neubildung asiatischer Staaten und rastlosen Dynastenwechsel. Die Struktur der ökonomischen Grundelemente der Gesellschaft bleibt von den Stürmen der politischen Wolkenregion unberührt.

Die Zunftgesetze, wie schon früher bemerkt, verhinderten planmäßig, durch äußerste Beschränkung der Gesellenzahl, die ein einzelner Zunftmeister beschäftigen durfte, seine Verwandlung in einen Kapitalisten. Ebenso konnte er Gesellen nur beschäftigen in dem ausschließlichen Handwerk, worin er selbst Meister war. Die Zunft wehrte eifersüchtig jeden Übergriff des Kaufmannskapitals ab, der einzig freien Form des Kapitals, die ihr gegenüberstand. Der Kaufmann konnte alle Waren kaufen, nur nicht die Arbeit als Ware. Er war nur geduldet als Verleger der Handwerksprodukte. Riefen äußere Umstände eine fortschreitende Teilung der Arbeit hervor, so zerspalteten sich bestehende Zünfte in Unterarten oder lagerten sich neue Zünfte neben die alten hin, jedoch ohne Zusammenfassung verschiedner Handwerke in einer Werkstatt. Die Zunftorganisation, sosehr ihre Besondrung, Isolierung und Ausbildung der Gewerbe zu den materiellen Existenzbedingungen der Manufakturperiode gehören, schloß daher die manufakturmäßige Teilung der Arbeit aus. Im großen und ganzen blieben der Arbeiter und seine Produktionsmittel miteinander verbunden wie die Schnecke mit dem Schneckenhaus, und so fehlte die erste Grundlage der Manufaktur, die Verselbständigung der Produktionsmittel als Kapital gegenüber dem Arbeiter.

Während die Teilung der Arbeit im Ganzen einer Gesellschaft, ob vermittelt oder unvermittelt durch den Warenaustausch, den verschiedenartigsten ökonomischen Gesellschaftsformationen angehört, ist die manufakturmäßige Teilung der Arbeit eine ganz spezifische Schöpfung der kapitalistischen Produktionsweise.

5. Der kapitalistische Charakter der Manufaktur

Eine größere Arbeiteranzahl unter dem Kommando desselben Kapitals bildet den naturwüchsigen Ausgangspunkt, wie der Kooperation überhaupt, so der Manufaktur. Umgekehrt entwickelt die manufakturmäßige Teilung der Arbeit das Wachstum der angewandten Arbeiterzahl zur technischen Notwendigkeit. Das Arbeiterminimum, das ein einzelner Kapitalist anwenden muß, ist ihm jetzt

derselbe Name, dieselben Grenzen, dieselben Interessen und selbst dieselben Familien sich durch Generationen fortgesetzt. Die Einwohner ließen sich durch den Zusammenbruch und die Teilung von Königreichen nicht anfechten; solange das Dorf ungeteilt bleibt, ist es ihnen gleichgültig, an welche Macht es abgetreten wird oder welchem Herrscher es zufällt. Seine innere Wirtschaft bleibt unverändert." (Th. Stamfort Raffles, late Lieut. Gov. of Java, „The History of Java", Lond. 1817, v. I, p. 285.)

durch die vorhandne Teilung der Arbeit vorgeschrieben. Andrerseits sind die Vorteile weitrer Teilung bedingt durch weitere Vermehrung der Arbeiteranzahl, die nur noch in Vielfachen ausführbar. Mit dem variablen muß aber auch der konstante Bestandteil des Kapitals wachsen, neben dem Umfang der gemeinsamen Produktionsbedingungen, wie Baulichkeiten, Öfen usw., namentlich auch und viel rascher als die Arbeiteranzahl, das Rohmaterial. Seine Masse, verzehrt in gegebner Zeit durch gegebnes Arbeitsquantum, nimmt in demselben Verhältnis zu wie die Produktivkraft der Arbeit infolge ihrer Teilung. Wachsender Minimalumfang von Kapital in der Hand der einzelnen Kapitalisten oder wachsende Verwandlung der gesellschaftlichen Lebensmittel und Produktionsmittel in Kapital ist also ein aus dem technischen Charakter der Manufaktur entspringendes Gesetz.[62]

Wie in der einfachen Kooperation ist in der Manufaktur der funktionierende Arbeitskörper eine Existenzform des Kapitals. Der aus vielen individuellen Teilarbeitern zusammengesetzte gesellschaftliche Produktionsmechanismus gehört dem Kapitalisten. Die aus der Kombination der Arbeiten entspringende Produktivkraft erscheint daher als Produktivkraft des Kapitals. Die eigentliche Manufaktur unterwirft nicht nur den früher selbständigen Arbeiter dem Kommando und der Disziplin des Kapitals, sondern schafft überdem eine hierarchische Gliederung unter den Arbeitern selbst. Während die einfache Kooperation die Arbeitsweise der einzelnen im großen und ganzen unverändert läßt, revolutioniert die Manufaktur sie von Grund aus und ergreift die individuelle Arbeitskraft an ihrer Wurzel. Sie verkrüppelt den Arbeiter in eine Abnormität, indem sie sein Detailgeschick treibhausmäßig fördert durch Unterdrückung einer Welt von produktiven Trieben und Anlagen, wie man in den La-Plata-Staaten ein ganzes Tier abschlachtet, um sein Fell oder seinen Talg zu erbeuten. Die besondren Teilarbeiten werden nicht nur unter verschiedne Individuen verteilt, sondern das Individuum selbst wird geteilt, in das automatische Triebwerk einer Teilarbeit verwandelt[63] und die abgeschmackte Fabel des Menenius Agrippa verwirk-

---

[62] „Es genügt nicht, daß zur Unterabteilung der Handwerke nötig Kapital" (sollte heißen, die dazu nötigen Lebens- und Produktionsmittel) „sich in der Gesellschaft vorhanden vorfinde; es ist außerdem nötig, daß es in den Händen der Unternehmer in hinreichend beträchtlichen Massen akkumuliert sei, um sie zur Arbeit auf großer Stufenleiter zu befähigen ... Je mehr die Teilung zunimmt, erheischt die beständige Beschäftigung einer selben Zahl von Arbeitern immer beträchtlicheres Kapital in Werkzeugen, Rohstoffen usw." (Storch, „Cours d'Écon. Polit.", Pariser Ausg., t. I, p. 250, 251.) „Die Konzentration der Produktionsinstrumente und die Arbeitsteilung sind ebenso untrennbar voneinander wie auf dem Gebiete der Politik die Zentralisation der öffentlichen Gewalten und die Teilung der Privatinteressen." (Karl Marx, l.c.p. 134.)

[63] Dugald Stewart nennt die Manufakturarbeiter „lebende Automaten ... die für Teilarbeiten verwandt werden". (l.c.p. 318.)

licht, die einen Menschen als bloßes Fragment seines eignen Körpers darstellt.[64] Wenn der Arbeiter ursprünglich seine Arbeitskraft an das Kapital verkauft, weil ihm die materiellen Mittel zur Produktion einer Ware fehlen, versagt jetzt seine individuelle Arbeitskraft selbst ihren Dienst, sobald sie nicht an das Kapital verkauft wird. Sie funktioniert nur noch in einem Zusammenhang, der erst nach ihrem Verkauf existiert, in der Werkstatt des Kapitalisten. Seiner natürlichen Beschaffenheit nach verunfähigt, etwas Selbständiges zu machen, entwickelt der Manufakturarbeiter produktive Tätigkeit nur noch als Zubehör zur Werkstatt des Kapitalisten.[65] Wie dem auserwählten Volk auf der Stirn geschrieben stand, daß es das Eigentum Jehovas, so drückt die Teilung der Arbeit dem Manufakturarbeiter einen Stempel auf, der ihn zum Eigentum des Kapitals brandmarkt.

Die Kenntnisse, die Einsicht und der Wille, die der selbständige Bauer oder Handwerker, wenn auch auf kleinem Maßstab, entwickelt, wie der Wilde alle Kunst des Kriegs als persönliche List ausübt, sind jetzt nur noch für das Ganze der Werkstatt erheischt. Die geistigen Potenzen der Produktion erweitern ihren Maßstab auf der einen Seite, weil sie auf vielen Seiten verschwinden. Was die Teilarbeiter verlieren, konzentriert sich ihnen gegenüber im Kapital.[66] Es ist ein Produkt der manufakturmäßigen Teilung der Arbeit, ihnen die geistigen Potenzen des materiellen Produktionsprozesses als fremdes Eigentum und sie beherrschende Macht gegenüberzustellen. Dieser Scheidungsprozeß beginnt in der einfachen Kooperation, wo der Kapitalist den einzelnen Arbeitern gegenüber die Einheit und den Willen des gesellschaftlichen Arbeitskörpers vertritt. Er entwickelt sich in der Manufaktur, die den Arbeiter zum Teilarbeiter verstümmelt. Er vollendet sich in der großen Industrie, welche die Wissenschaft als selbständige Produktionspotenz von der Arbeit trennt und in den Dienst des Kapitals preßt.[67]

In der Manufaktur ist die Bereicherung des Gesamtarbeiters und daher des Kapitals an gesellschaftlicher Produktivkraft bedingt durch die Verarmung des Arbeiters an individuellen Produktivkräften.

---

[64] Bei den Korallen bildet jedes Individuum in der Tat den Magen für die ganze Gruppe. Es führt ihr aber Nahrungsstoff zu, statt wie der römische Patrizier ihn wegzuführen.

[65] „Der Arbeiter, der ein ganzes Handwerk beherrscht, kann überall arbeiten und seinen Unterhalt finden: der andere“ (der Manufakturarbeiter) „ist nur noch ein Zubehör und besitzt, von seinen Arbeitskollegen getrennt, weder Befähigung noch Unabhängigkeit und ist deshalb gezwungen, das Gesetz anzunehmen, das man für richtig hält, ihm aufzuerlegen.“ (Storch, l.c., édit. Petersb. 1815, t. I, p. 204.)

[66] A. Ferguson, l.c.p. 281: „Der eine mag gewonnen haben, was der andere verloren hat.“

[67] „Der Mann des Wissens und der produktive Arbeiter sind weit voneinander getrennt, und die Wissenschaft, statt in der Hand des Arbeiters seine eignen Produktivkräfte für ihn selbst zu vermehren, hat sich fast überall ihm gegenübergestellt ... Kenntnis wird ein Instrument, fähig, von der Arbeit getrennt und ihr entgegengesetzt zu werden.“ (W. Thompson, „An Inquiry into the Principles of the Distribution of Wealth“, London 1824, p. 274.)

„Die Unwissenheit ist die Mutter der Industrie wie des Aberglaubens. Nachdenken und Einbildungskraft sind dem Irrtum unterworfen; aber die Gewohnheit, den Fuß oder die Hand zu bewegen, hängt weder von dem einen noch von der andren ab. Manufakturen prosperieren also da am meisten, wo man am meisten sich des Geistes entschlägt, in der Art, daß die Werkstatt als eine Maschine betrachtet werden kann, deren Teile Menschen sind."[68]

In der Tat wandten einige Manufakturen in der Mitte des 18. Jahrhunderts für gewisse einfache Operationen, welche aber Fabrikgeheimnisse bildeten, mit Vorliebe halbe Idioten an.[69]

„Der Geist der großen Mehrzahl der Menschen", sagt A. Smith, „entwickelt sich notwendig aus und an ihren Alltagsverrichtungen. Ein Mensch, der sein ganzes Leben in der Verrichtung weniger einfacher Operationen verausgabt ... hat keine Gelegenheit, seinen Verstand zu üben ... Er wird im allgemeinen so stupid und unwissend, wie es für eine menschliche Kreatur möglich ist."

Nachdem Smith den Stumpfsinn des Teilarbeiters geschildert, fährt er fort:

„Die Einförmigkeit seines stationären Lebens verdirbt natürlich auch den Mut seines Geistes ... Sie zerstört selbst die Energie seines Körpers und verunfähigt ihn, seine Kraft schwunghaft und ausdauernd anzuwenden, außer in der Detailbeschäftigung, wozu er herangezogen ist. Sein Geschick in seinem besondren Gewerke scheint so erworben auf Kosten seiner intellektuellen, sozialen und kriegerischen Tugenden. Aber in jeder industriellen und zivilisierten Gesellschaft ist dies der Zustand, worin der arbeitende Arme (the labouring poor), d. h. die große Masse des Volks notwendig verfallen muß."[70]

Um die aus der Teilung der Arbeit entspringende völlige Verkümmerung der Volksmasse zu verhindern, empfiehlt A. Smith Volksunterricht von Staats wegen, wenn auch in vorsichtig homöopathischen Dosen. Konsequent polemisiert dagegen sein französischer Übersetzer und Kommentator, G. Garnier, der sich unter dem ersten französischen Kaisertum naturgemäß zum Senator entpuppte.

---

68 A. Ferguson, l.c.p. 280.

69 J. D. Tuckett, „A History of the Past and Present State of the Labouring Population", London 1846, v. I, p. 148.

70 A. Smith, „Wealth of Nations", b. V, ch. I, art. II. Als Schüler A. Fergusons, der die nachteiligen Folgen der Teilung der Arbeit entwickelt hatte, war A. Smith über diesen Punkt durchaus klar. Im Eingang seines Werks, wo die Teilung der Arbeit exprofesso gefeiert wird, deutet er sie nur vorübergehend als Quelle der gesellschaftlichen Ungleichheiten an. Erst im 5. Buch über das Staatseinkommen reproduziert er Ferguson. Ich habe in „Misère de la Philosophie" das Nötige über das historische Verhältnis von Ferguson, A. Smith, Lemontey und Say in ihrer Kritik der Teilung der Arbeit gegeben und dort auch zuerst die manufakturmäßige Teilung der Arbeit als spezifische Form der kapitalistischen Produktionsweise dargestellt. (l.c.p. 122 sq.)

Volksunterricht verstoße wider die ersten Gesetze der Teilung der Arbeit und mit demselben „proskribiere man unser ganzes Gesellschaftssystem“.

> „Wie alle andren Teilungen der Arbeit“, sagte er, „wird die zwischen Handarbeit und Verstandesarbeit[71] ausgesprochner und entschiedner im Maße, wie die Gesellschaft“ (er wendet richtig diesen Ausdruck an für das Kapital, das Grundeigentum und ihren Staat) „reicher wird. Gleich jeder andren ist diese Teilung der Arbeit eine Wirkung vergangner und eine Ursache künftiger Fortschritte ... Darf die Regierung denn dieser Teilung der Arbeit entgegenwirken und sie in ihrem naturgemäßen Gang aufhalten? Darf sie einen Teil der Staatseinnahme zum Versuch verwenden, zwei Klassen von Arbeit, die ihre Teilung und Trennung erstreben, zu verwirren und zu vermischen?“[72]

Eine gewisse geistige und körperliche Verkrüppelung ist unzertrennlich selbst von der Teilung der Arbeit im ganzen und großen der Gesellschaft. Da aber die Manufakturperiode diese gesellschaftliche Zerspaltung der Arbeitszweige viel weiter führt, andrerseits erst mit der ihr eigentümlichen Teilung das Individuum an seiner Lebenswurzel ergreift, liefert sie auch zuerst das Material und den Anstoß zur industriellen Pathologie.[73]

> „Einen Menschen unterabteilen, heißt ihn hinrichten, wenn er das Todesurteil verdient, ihn meuchelmorden, wenn er es nicht verdient. Die Unterabteilung der Arbeit ist der Meuchelmord eines Volks.“[74]

Die auf Teilung der Arbeit beruhende Kooperation oder die Manufaktur ist in ihren Anfängen ein naturwüchsiges Gebild. Sobald sie einige Konsistenz und

---

71 Ferguson sagt bereits l.c.p. 281: „Und das Denken selbst kann in diesem Zeitalter der Arbeitsteilungen zu einem besonderen Gewerbe werden.“

72 G. Garnier, t. V seiner Übersetzung, p. 4-5.

73 Ramazzini, Professor der praktischen Medizin zu Padua, veröffentlichte 1713 sein Werk „De morbis artificum“, 1777 ins Französische übersetzt, wieder abgedruckt 1841 in der „Encyclopédie des Sciences Médicales. 7me Div. Auteurs Classiques“. Die Periode der großen Industrie hat seinen Katalog der Arbeiterkrankheiten natürlich sehr vermehrt. Siehe u. a. „Hygiène physique et morale de l'ouvrier dans les grandes villes en général, et dans la ville de Lyon en particulier“. Par le Dr. A. L. Fonteret, Paris 1858, „Die Krankheiten, welche verschiednen Ständen, Altern und Geschlechtern eigenthümlich sind“, 6 Bände, Ulm 1840. Im Jahre 1854 ernannte die Society of Arts eine Untersuchungskommission über industrielle Pathologie. Die Liste der von dieser Kommission gesammelten Dokumente findet man im Katalog des „Twickenham Economic Museum“. Sehr wichtig die offiziellen „Reports on Public Health“. Sieh auch Eduard Reich, M.D., „Ueber die Entartung des Menschen“, Erlangen 1868.

74 „To subdivide a man is to execute him, if he deserves the sentence, to assassinate him, if he does not ... the subdivision of labour is the assassination of a people.“ (D. Urquhart, „Familiar Words“, London 1855, p. 119.) Hegel hatte sehr ketzerische Ansichten über die Teilung der Arbeit. „Unter gebildeten Menschen kann man zunächst solche verstehn, die alles machen können, was andre tun“, sagt er in seiner Rechtsphilosophie.

Breite des Daseins gewonnen, wird sie zur bewußten, planmäßigen und systematischen Form der kapitalistischen Produktionsweise. Die Geschichte der eigentlichen Manufaktur zeigt, wie die ihr eigentümliche Teilung der Arbeit zunächst erfahrungsmäßig, gleichsam hinter dem Rücken der handelnden Personen, die sachgemäßen Formen gewinnt, dann aber, gleich dem zünftigen Handwerke, die einmal gefundne Form traditionell festzuhalten strebt und in einzelnen Fällen jahrhundertlang festhält. Ändert sich diese Form, so, außer in Nebendingen, immer nur infolge einer Revolution der Arbeitsinstrumente. Die moderne Manufaktur – ich spreche hier nicht von der auf Maschinerie beruhenden großen Industrie – findet entweder, wie z. B. die Kleidermanufaktur, in den großen Städten, wo sie entsteht, die disjecta membra poetae bereits fertig vor und hat sie nur aus ihrer Zerstreuung zu sammeln, oder das Prinzip der Teilung liegt auf flacher Hand, indem einfach die verschiednen Verrichtungen der handwerksmäßigen Produktion (z. B. beim Buchbinden) besondren Arbeitern ausschließlich angeeignet werden. Es kostet noch keine Woche Erfahrung, in solchen Fällen die Verhältniszahl zwischen den für jede Funktion nötigen Händen zu finden.[75]

Die manufakturmäßige Teilung der Arbeit schafft durch Analyse der handwerksmäßigen Tätigkeit, Spezifizierung der Arbeitsinstrumente, Bildung der Teilarbeiter, ihre Gruppierung und Kombination in einem Gesamtmechanismus, die qualitative Gliederung und quantitative Proportionalität gesellschaftlicher Produktionsprozesse, also eine bestimmte Organisation gesellschaftlicher Arbeit und entwickelt damit zugleich neue, gesellschaftliche Produktivkraft der Arbeit. Als spezifisch kapitalistische Form des gesellschaftlichen Produktionsprozesses – und auf den vorgefundnen Grundlagen konnte sie sich nicht anders als in der kapitalistischen Form entwickeln – ist sie nur eine besondre Methode, relativen Mehrwert zu erzeugen oder die Selbstverwertung des Kapitals – was man gesellschaftlichen Reichtum, „Wealth of Nations" usw. nennt – auf Kosten der Arbeiter zu erhöhn. Sie entwickelt die gesellschaftliche Produktivkraft der Arbeit nicht nur für den Kapitalisten, statt für den Arbeiter, sondern durch die Verkrüpplung des individuellen Arbeiters. Sie produziert neue Bedingungen der Herrschaft des Kapitals über die Arbeit. Wenn sie daher einerseits als historischer Fortschritt und notwendiges Entwicklungsmoment im ökonomischen Bildungsprozeß der Gesellschaft erscheint, so andrerseits als ein Mittel zivilisierter und raffinierter Exploitation.

Die politische Ökonomie, die als eigne Wissenschaft erst in der Manufakturperiode aufkommt, betrachtet die gesellschaftliche Teilung der Arbeit überhaupt

[75] Der gemütliche Glaube an das Erfindungsgenie, das der einzelne Kapitalist in der Teilung der Arbeit a priori ausübe, findet sich nur noch bei deutschen Professoren, wie Herrn Roscher z. B., der dem Kapitalisten, aus dessen Jupiterhaupt die Teilung der Arbeit fertig hervorspringe, zum Dank „diverse Arbeitslöhne" widmet. Die größre oder geringre Anwendung der Teilung der Arbeit hängt von der Länge der Börse ab, nicht von der Größe des Genies.

nur vom Standpunkt der manufakturmäßigen Teilung der Arbeit[76], als Mittel, mit demselben Quantum Arbeit mehr Ware zu produzieren, daher die Waren zu verwohlfeilern und die Akkumulation des Kapitals zu beschleunigen. Im strengsten Gegensatz zu dieser Akzentuierung der Quantität und des Tauschwerts halten sich die Schriftsteller des klassischen Altertums ausschließlich an Qualität und Gebrauchswert.[77] Infolge der Scheidung der gesellschaftlichen Produktionszweige werden die Waren besser gemacht, die verschiednen Triebe und Talente der Menschen wählen sich entsprechende Wirkungssphären[78], und ohne Beschränkung ist nirgendwo Bedeutendes zu leisten.[79] Also Produkt und Produzent werden verbessert durch die Teilung der Arbeit. Wird gelegentlich auch das Wachstum der Produktenmasse erwähnt, so nur mit Bezug auf die größre Fülle des Gebrauchswerts. Es wird mit keiner Silbe des Tauschwerts, der Verwohlfeilerung der Waren gedacht. Dieser Standpunkt des Gebrauchswerts herrscht sowohl bei Plato[80], der die Teilung der Arbeit als Grundlage

---

76 Mehr als A. Smith fixieren ältere Schriftsteller, wie Petty, wie der anonyme Verfasser der „Advantages of the East-India Trade“ etc., den kapitalistischen Charakter der manufakturmäßigen Teilung der Arbeit.

77 Ausnahme unter den Modernen bilden einige Schriftsteller des 18. Jahrhunderts, die in bezug auf Teilung der Arbeit fast nur den Alten nachsprechen, wie Beccaria und James Harris. So Beccaria: „Jedem beweist seine eigne Erfahrung, daß, wenn man Hand und Geist immer derselben Art von Arbeiten und Produkten zuwendet, man diese leichter, reichlicher und besser herstellt, als wenn jeder einzeln für sich das, was er benötigt, herstellen würde ... Auf diese Weise teilen sich die Menschen zum Nutzen der Allgemeinheit und zu ihrem eignen Vorteil in verschiedne Klassen und Stände.“ (Cesare Beccaria, „Elementi di Econ. Publica“, ed. Custodi, Part. Moderna, t. XI, p. 28.) James Harris, später Earl of Malmesbury, berühmt durch die „Diaries“ über seine Gesandtschaft in Petersburg, sagt selbst in einer Note zu seinem „Dialogue concerning Happiness“, London 1741, später wieder abgedruckt in „Three Treatises etc.“, 3. ed., Lond. 1772: „Der ganze Beweis dafür, daß die Gesellschaft etwas Natürliches ist“ (nämlich durch die „Teilung der Beschäftigungen“), „ist dem zweiten Buch von Platos „Republik“ entnommen.“

78 So in der Odyssee, XIV, 228: „Denn ein andrer Mann ergötzt sich auch an andren Arbeiten“ und Archilochus beim Sextus Empiricus: „Jeder erquickt seinen Sinn bei andrer Arbeit.“

79 „Πολλ᾽ ἠπίστατο ἔργα, κακῶς δ᾽ ἠπίστατο πάντα.“ – Der Athenienser fühlte sich als Warenproduzent dem Spartaner überlegen, weil dieser im Krieg wohl über Menschen, nicht aber über Geld verfügen könne, wie Thukydides den Perikles sagen läßt in der Rede, worin er die Athenienser zum Peloponnesischen Krieg aufstachelt: „Mit ihren Körpern Krieg zu führen sind die Selbstwirtschaftenden eher bereit als mit Geld.“ (Thuk., l. I, c. 141.) Dennoch blieb ihr Ideal, auch in der materiellen Produktion, die αὐταρκεία, die der Teilung der Arbeit gegenübersteht, „denn bei diesen gibt es Wohlstand, bei jenen aber auch die Unabhängigkeit“. Man muß dabei erwägen, daß es noch zur Zeit des Sturzes der 30 Tyrannen keine 5000 Athener ohne Grundeigentum gab.

80 Plato entwickelt die Teilung der Arbeit innerhalb des Gemeinwesens aus der Vielseitigkeit der Bedürfnisse und der Einseitigkeit der Anlagen der Individuen. Hauptgesichtspunkt bei ihm, daß der Arbeiter sich nach dem Werk richten müsse, nicht das Werk nach dem Arbeiter, was unvermeidlich, wenn er verschiedne Künste zugleich, also eine oder die andre als Nebenwerk

der gesellschaftlichen Scheidung der Stände behandelt, als bei Xenophon[81], der mit seinem charakteristisch bürgerlichen Instinkt schon der Teilung der Arbeit innerhalb einer Werkstatt näher rückt. Platos Republik, soweit in ihr die Teilung der Arbeit als das gestaltende Prinzip des Staats entwickelt wird, ist nur atheniensische Idealisierung des ägyptischen Kastenwesens, wie Ägypten als industrielles Musterland auch andren seiner Zeitgenossen gilt, z. B. dem Isokrates[82],

---

treibe. „Denn die Arbeit will nicht warten auf die freie Zeit dessen, der sie macht, sondern der Arbeiter muß sich an die Arbeit halten, aber nicht in leichtfertiger Weise. – Dies ist notwendig. – Daraus folgt also, daß man mehr von allem verfertigt und sowohl schöner als auch leichter, wenn einer nur eine Sache macht, seiner natürlichen Begabung gemäß und zur richtigen Zeit, frei von andern Geschäften." („De Republica", II, 2. ec., Baiter, Orelli etc.) Ähnlich bei Thukydides, l.c.c. 142: „Das Seewesen ist eine Kunst so sehr wie irgend etwas andres und kann nicht bei etwa vorkommenden Fällen als Nebenwerk betrieben werden, sondern vielmehr nichts andres neben ihm als Nebenwerk." Muß das Werk, sagt Plato, auf den Arbeiter warten, so wird oft der kritische Zeitpunkt der Produktion verpaßt und das Machwerk verdorben, „ἔργου καιρὸν διόλλυται". Dieselbe platonische Idee findet man wieder im Protest der englischen Bleichereibesitzer gegen die Klausel des Fabrikakts, die eine bestimmte Eßstunde für alle Arbeiter festsetzt. Ihr Geschäft könne sich nicht nach den Arbeitern richten, denn „von den verschiedenen Operationen des Absengens, Waschens, Bleichens, Mangelns, Pressens und Färbens kann keine in einem bestimmten Augenblick ohne Gefahr der Schädigung abgebrochen werden ... Das Erzwingen derselben Essensstunde für alle Arbeiter kann gelegentlich wertvolle Güter dadurch in Gefahr bringen, daß der Arbeitsprozeß nicht beendet wird." Le platonisme où va-t-il se nicher!

81 Xenophon erzählt, es sei nicht nur ehrenvoll, Speisen von der Tafel des Perserkönigs zu erhalten, sondern diese Speisen seien auch viel schmackhafter als andre. „Und dies ist nichts Wunderbares, denn wie die übrigen Künste in den großen Städten besonders vervollkommnet sind, ebenso werden die königlichen Speisen ganz eigens zubereitet. Denn in den kleinen Städten macht derselbe Bettstelle, Türe, Pflug, Tisch; oft baut er obendrein noch Häuser und ist zufrieden, wenn er selbst so eine für seinen Unterhalt ausreichende Kundschaft findet. Es ist rein unmöglich, daß ein Mensch, der so vielerlei treibt, alles gut mache. In den großen Städten aber, wo jeder einzelne viele Käufer findet, genügt auch ein Handwerk, um seinen Mann zu nähren. Ja oft gehört dazu nicht einmal ein ganzes Handwerk, sondern der eine macht Mannsschuhe, der andre Weiberschuhe. Hier und da lebt einer bloß vom Nähen, der andre vom Zuschneiden der Schuhe; der eine schneidet bloß Kleider zu, der andre setzt die Stücke nur zusammen. Notwendig ist es nun, daß der Verrichter der einfachsten Arbeit sie unbedingt auch am besten macht. Ebenso steht's mit der Kochkunst." (Xen., „Cyrop.", l. VIII, c. 2.) Die zu erzielende Güte des Gebrauchswerts wird hier ausschließlich fixiert, obgleich schon Xenophon die Stufenleiter der Arbeitsteilung vom Umfang des Markts abhängig weiß.

82 „Er" (Busiris) „teilte alle in besondere Kasten ... befahl, daß immer die nämlichen die gleichen Geschäfte treiben sollten, weil er wußte, daß die, welche mit ihren Beschäftigungen wechseln, in keinem Geschäft gründlich werden; die aber, welche beständig bei denselben Beschäftigungen bleiben, jedes aufs vollendetste zustande bringen. Wirklich werden wir auch finden, daß sie in Beziehung auf Künste und Gewerbe ihre Rivalen mehr übertroffen haben als sonst der Meister den Stümper und in Beziehung auf die Einrichtung, wodurch sie die Königsherrschaft und übrige Staatsverfassung erhalten, so vortrefflich sind, daß die berühmten Philosophen, welche darüber zu sprechen unternehmen, die Staatsverfassung Ägyptens vor andren lobten." (Isokr., „Busiris", c. 8.)

und diese Bedeutung selbst noch für die Griechen der römischen Kaiserzeit behielt.[83]

Während der eigentlichen Manufakturperiode, d. h. der Periode, worin die Manufaktur die herrschende Form der kapitalistischen Produktionsweise, stößt die volle Ausführung ihrer eignen Tendenzen auf vielseitige Hindernisse. Obgleich sie, wie wir sahen, neben der hierarchischen Gliederung der Arbeiter eine einfache Scheidung zwischen geschickten und ungeschickten Arbeitern schafft, bleibt die Zahl der letztren durch den überwiegenden Einfluß der erstren sehr beschränkt. Obgleich sie die Sonderoperationen dem verschiednen Grad von Reife, Kraft und Entwicklung ihrer lebendigen Arbeitsorgane anpaßt und daher zu produktiver Ausbeutung von Weibern und Kindern drängt, scheitert diese Tendenz im großen und ganzen an den Gewohnheiten und dem Widerstand der männlichen Arbeiter. Obgleich die Zersetzung der handwerksmäßigen Tätigkeit die Bildungskosten und daher den Wert der Arbeiter senkt, bleibt für schwierigere Detailarbeit eine längre Erlernungszeit nötig und wird auch da, wo sie vom Überfluß, eifersüchtig von den Arbeitern aufrechterhalten. Wir finden z. B. in England die laws of apprenticeship mit ihrer siebenjährigen Lernzeit bis zum Ende der Manufakturperiode in Vollkraft und erst von der großen Industrie über Haufen geworfen. Da das Handwerksgeschick die Grundlage der Manufaktur bleibt und der in ihr funktionierende Gesamtmechanismus kein von den Arbeitern selbst unabhängiges objektives Skelett besitzt, ringt das Kapital beständig mit der Insubordination der Arbeiter.

> „Die Schwäche der menschlichen Natur“, ruft Freund Ure aus, „ist so groß, daß der Arbeiter, je geschickter, desto eigenwilliger und schwieriger zu behandeln wird und folglich dem Gesamtmechanismus durch seine rappelköpfigen Launen schweren Schaden zufügt.“[84]

Durch die ganze Manufakturperiode läuft daher die Klage über den Disziplinmangel der Arbeiter.[85] Und hätten wir nicht die Zeugnisse gleichzeitiger Schriftsteller, die einfachen Tatsachen, daß es vom 16. Jahrhundert bis zur Epoche der großen Industrie dem Kapital mißlingt, sich der ganzen disponiblen Arbeitszeit der Manufakturarbeiter zu bemächtigen, daß die Manufakturen kurzlebig sind und mit der Ein- oder Auswandrung der Arbeiter ihren Sitz in dem einen Land verlassen und in dem andren aufschlagen, würden Bibliotheken sprechen. „Ordnung muß auf die eine oder die andre Weise gestiftet werden“, ruft 1770 der wiederholt zitierte Verfasser des „Essay on Trade and Commerce“. Ordnung, hallt es 66 Jahre später zurück aus dem Mund des Dr. Andrew Ure, „Ordnung“

---

83 cf. Diod. Sic.

84 Ure, l.c.p. 20.

85 Das im Text Gesagte gilt viel mehr für England als für Frankreich und mehr für Frankreich als Holland.

fehlte in der auf „dem scholastischen Dogma der Arbeit“ beruhenden Manufaktur, und „Arkwright schuf die Ordnung“.

Zugleich konnte die Manufaktur die gesellschaftliche Produktion weder in ihrem ganzen Umfang ergreifen noch in ihrer Tiefe umwälzen. Sie gipfelte als ökonomisches Kunstwerk auf der breiten Grundlage des städtischen Handwerks und der ländlich häuslichen Industrie. Ihre eigne enge technische Basis trat auf einem gewissen Entwicklungsgrad mit den von ihr selbst geschaffnen Produktionsbedürfnissen in Widerspruch.

Eins ihrer vollendetsten Gebilde war die Werkstatt zur Produktion der Arbeitsinstrumente selbst, und namentlich auch der bereits angewandten komplizierteren mechanischen Apparate.

> „Ein solches Atelier“, sagt Ure, „bot dem Auge die Teilung der Arbeit in ihren mannigfachen Abstufungen. Bohrer, Meißel, Drechselbank hatten jede ihre eignen Arbeiter, hierarchisch gegliedert nach dem Grad ihrer Geschicklichkeit.“

Dies Produkt der manufakturmäßigen Teilung der Arbeit produzierte seinerseits – Maschinen. Sie heben die handwerksmäßige Tätigkeit als das regelnde Prinzip der gesellschaftlichen Produktion auf. So wird einerseits der technische Grund der lebenslangen Annexation des Arbeiters an eine Teilfunktion weggeräumt. Andrerseits fallen die Schranken, welche dasselbe Prinzip der Herrschaft des Kapitals noch auferlegte.

Dreizehntes Kapitel: Maschinerie und große Industrie

1. Entwicklung der Maschinerie

John Stuart Mill sagt in seinen „Prinzipien der politischen Ökonomie“:

> „Es ist fraglich, ob alle bisher gemachten mechanischen Erfindungen die Tagesmühe irgendeines menschlichen Wesens erleichtert haben.“[86]

Solches ist jedoch auch keineswegs der Zweck der kapitalistisch verwandten Maschinerie. Gleich jeder andren Entwicklung der Produktivkraft der Arbeit soll sie Waren verwohlfeilern und den Teil des Arbeitstags, den der Arbeiter für sich selbst braucht, verkürzen, um den andren Teil seines Arbeitstags, den er dem Kapitalisten umsonst gibt, zu verlängern. Sie ist Mittel zur Produktion von Mehrwert.

Die Umwälzung der Produktionsweise nimmt in der Manufaktur die Arbeitskraft zum Ausgangspunkt, in der großen Industrie das Arbeitsmittel. Es ist also zunächst zu untersuchen, wodurch das Arbeitsmittel aus einem Werkzeug in eine Maschine verwandelt wird oder wodurch sich die Maschine vom Handwerksinstrument unterscheidet. Es handelt sich hier nur um große, allgemeine Charakterzüge, denn abstrakt strenge Grenzlinien scheiden ebensowenig die Epochen der Gesellschafts- wie die der Erdgeschichte.

Mathematiker und Mechaniker – und man findet dies hier und da von englischen Ökonomen wiederholt – erklären das Werkzeug für eine einfache Maschine und die Maschine für ein zusammengesetztes Werkzeug. Sie sehn hier keinen wesentlichen Unterschied und nennen sogar die einfachen mechanischen Potenzen, wie Hebel, schiefe Ebne, Schraube, Keil usw., Maschinen.[87] In der Tat besteht jede Maschine aus jenen einfachen Potenzen, wie immer verkleidet und kombiniert. Vom ökonomischen Standpunkt jedoch taugt die Erklärung nichts, denn ihr fehlt das historische Element. Andrerseits sucht man den Unterschied zwischen Werkzeug und Maschine darin, daß beim Werkzeug der Mensch die Bewegungskraft, bei der Maschine eine von der menschlichen verschiedne Naturkraft, wie Tier, Wasser, Wind usw.[88] Danach wäre ein mit Ochsen

---

[86] „It is questionable, if all the mechanical inventions yet made have lightened the day's toil of any human being.“ Mill hätte sagen sollen, „of any human being not fed by other people's labour“, denn die Maschinerie hat unstreitig die Zahl der vornehmen Müßiggänger sehr vermehrt.

[87] Sieh z. B. Huttons „Course of Mathematics“.

[88] „Von diesem Gesichtspunkt aus läßt sich denn auch eine scharfe Grenze zwischen Werkzeug und Maschine ziehn: Spaten, Hammer, Meißel usw., Hebel- und Schraubenwerke, für welche, mögen sie übrigens noch so künstlich sein, der Mensch die bewegende Kraft ist ... dies alles fällt unter den Begriff des Werkzeugs; während der Pflug mit der ihn bewegenden Tierkraft, Wind- usw. Mühlen zu den Maschinen zu zählen sind.“ (Wilhelm Schulz, „Die Bewegung der

bespannter Pflug, der den verschiedensten Produktionsepochen angehört, eine Maschine, Claussens Circular Loom, der von der Hand eines einzigen Arbeiters bewegt, 96.000 Maschen in einer Minute verfertigt, ein bloßes Werkzeug. Ja, derselbe loom wäre Werkzeug, wenn mit der Hand, und Maschine, wenn mit Dampf bewegt. Da die Anwendung von Tierkraft eine der ältesten Erfindungen der Menschheit, ginge in der Tat die Maschinenproduktion der Handwerksproduktion voraus. Als John Wyatt 1735 seine Spinnmaschine und mit ihr die industrielle Revolution des 18. Jahrhunderts ankündigte, erwähnte er mit keinem Wort, daß statt eines Menschen ein Esel die Maschine treibe, und dennoch fiel diese Rolle dem Esel zu. Eine Maschine, „um ohne Finger zu spinnen", lautete sein Programm.[89]

Alle entwickelte Maschinerie besteht aus drei wesentlich verschiednen Teilen, der Bewegungsmaschine, dem Transmissionsmechanismus, endlich der Werkzeugmaschine oder Arbeitsmaschine. Die Bewegungsmaschine wirkt als Triebkraft des ganzen Mechanismus. Sie erzeugt ihre eigne Bewegungskraft, wie die Dampfmaschine, kalorische Maschine, elektro-magnetische Maschine usw., oder sie empfängt den Anstoß von einer schon fertigen Naturkraft außer ihr, wie das Wasserrad vom Wassergefäll, der Windflügel vom Wind usw. Der Transmissionsmechanismus, zusammengesetzt aus Schwungrädern, Treibwellen, Zahnrädern, Kreiselrädern, Schäften, Schnüren, Riemen, Zwischengeschirr und Vorgelege der verschiedensten Art, regelt die Bewegung, verwandelt, wo es nötig, ihre Form, z. B. aus einer perpendikulären in eine kreisförmige, verteilt und überträgt sie auf die Werkzeugmaschinerie. Beide Teile des Mechanismus sind

---

Produktion", Zürich 1843, p. 38.) Eine in mancher Hinsicht lobenswerte Schrift.

89 Schon vor ihm wurden, wenn auch sehr unvollkommene, Maschinen zum Vorspinnen angewandt, wahrscheinlich zuerst in Italien. Eine kritische Geschichte der Technologie würde überhaupt nachweisen, wie wenig irgendeine Erfindung des 18. Jahrhunderts einem einzelnen Individuum gehört. Bisher existiert kein solches Werk. Darwin hat das Interesse auf die Geschichte der natürlichen Technologie gelenkt, d. h. auf die Bildung der Pflanzen- und Tierorgane als Produktionsinstrumente für das Leben der Pflanzen und Tiere. Verdient die Bildungsgeschichte der produktiven Organe des Gesellschaftsmenschen, der materiellen Basis jeder besondren Gesellschaftsorganisation, nicht gleiche Aufmerksamkeit? Und wäre sie nicht leichter zu liefern, da, wie Vico sagt, die Menschengeschichte sich dadurch von der Naturgeschichte unterscheidet, daß wir die eine gemacht und die andre nicht gemacht haben? Die Technologie enthüllt das aktive Verhalten des Menschen zur Natur, den unmittelbaren Produktionsprozeß seines Lebens, damit auch seiner gesellschaftlichen Lebensverhältnisse und der ihnen entquellenden geistigen Vorstellungen. Selbst alle Religionsgeschichte, die von dieser materiellen Basis abstrahiert, ist – unkritisch. Es ist in der Tat viel leichter, durch Analyse den irdischen Kern der religiösen Nebelbildungen zu finden, als umgekehrt, aus den jedesmaligen wirklichen Lebensverhältnissen ihre verhimmelten Formen zu entwickeln. Die letztre ist die einzig materialistische und daher wissenschaftliche Methode. Die Mängel des abstrakt naturwissenschaftlichen Materialismus, der den geschichtlichen Prozeß ausschließt, ersieht man schon aus den abstrakten und ideologischen Vorstellungen seiner Wortführer, sobald sie sich über ihre Spezialität hinauswagen.

nur vorhanden, um der Werkzeugmaschine die Bewegung mitzuteilen, wodurch sie den Arbeitsgegenstand anpackt und zweckgemäß verändert. Dieser Teil der Maschinerie, die Werkzeugmaschine, ist es, wovon die industrielle Revolution im 18. Jahrhundert ausgeht. Sie bildet noch jeden Tag von neuem den Ausgangspunkt, sooft Handwerksbetrieb oder Manufakturbetrieb in Maschinenbetrieb übergeht.

Sehn wir uns nun die Werkzeugmaschine oder eigentliche Arbeitsmaschine näher an, so erscheinen im großen und ganzen, wenn auch oft in sehr modifizierter Form, die Apparate und Werkzeuge wieder, womit der Handwerker und Manufakturarbeiter arbeitet, aber statt als Werkzeuge des Menschen jetzt als Werkzeuge eines Mechanismus oder als mechanische. Entweder ist die ganze Maschine nur eine mehr oder minder veränderte mechanische Ausgabe des alten Handwerksinstruments, wie bei dem mechanischen Webstuhl[90], oder die am Gerüst der Arbeitsmaschine angebrachten tätigen Organe sind alte Bekannte, wie Spindeln bei der Spinnmaschine, Nadeln beim Strumpfwirkerstuhl, Sägeblätter bei der Sägemaschine, Messer bei der Zerhackmaschine usw. Der Unterschied dieser Werkzeuge von dem eigentlichen Körper der Arbeitsmaschine erstreckt sich bis auf ihre Geburt. Sie werden nämlich immer noch großenteils handwerksmäßig oder manufakturmäßig produziert und später erst an den maschinenmäßig produzierten Körper der Arbeitsmaschine befestigt.[91] Die Werkzeugmaschine ist also ein Mechanismus, der nach Mitteilung der entsprechenden Bewegung mit seinen Werkzeugen dieselben Operationen verrichtet, welche früher der Arbeiter mit ähnlichen Werkzeugen verrichtete. Ob die Triebkraft nun vom Menschen ausgeht oder selbst wieder von einer Maschine, ändert am Wesen der Sache nichts. Nach Übertragung des eigentlichen Werkzeugs vom Menschen auf einen Mechanismus tritt eine Maschine an die Stelle eines bloßen Werkzeugs. Der Unterschied springt sofort ins Auge, auch wenn der Mensch selbst noch der erste Motor bleibt. Die Anzahl von Arbeitsinstrumenten, womit er gleichzeitig wirken kann, ist durch die Anzahl seiner natürlichen Produktionsinstrumente, seiner eignen körperlichen Organe, beschränkt. Man versuchte in Deutschland erst einen Spinner zwei Spinnräder treten, ihn also gleichzeitig mit zwei Händen und zwei Füßen arbeiten zu lassen. Dies war zu anstrengend. Später erfand man ein Tretspinnrand mit zwei Spindeln, aber die Spinnvirtuosen, die zwei Fäden gleichzeitig spinnen konnten, waren fast so selten als zweiköpfige

[90] Namentlich in der ursprünglichen Form des mechanischen Webstuhls erkennt man den alten Webstuhl auf den ersten Blick wieder. Wesentlich verändert erscheint er in seiner modernen Form.

[91] Erst seit ungefähr 1850 wird ein stets wachsender Teil der Werkzeuge der Arbeitsmaschinen maschinenmäßig in England fabriziert, obgleich nicht von denselben Fabrikanten, welche die Maschinen selbst machen. Maschinen zur Fabrikation solcher mechanischen Werkzeuge sind z. B. die automatic bobbin-making engine, card-setting engine, Maschinen zum Machen der Weberlitzen, Maschinen zum Schmieden von mule und throstle Spindeln.

Menschen. Die Jenny spinnt dagegen von vornherein mit 12-18 Spindeln, der Strumpfwirkerstuhl strickt mit viel 1000 Nadeln auf einmal usw. Die Anzahl der Werkzeuge, womit dieselbe Werkzeugmaschine gleichzeitig spielt, ist von vornherein emanzipiert von der organischen Schranke, wodurch das Handwerkszeug eines Arbeiters beengt wird.

An vielem Handwerkszeug besitzt der Unterschied zwischen dem Menschen als bloßer Triebkraft und als Arbeiter mit dem eigentlichen Operateur eine sinnlich besonderte Existenz. Z. B. beim Spinnrad wirkt der Fuß nur als Triebkraft, während die Hand, die an der Spindel arbeitet, zupft und dreht, die eigentliche Spinnoperation verrichtet. Grade diesen letzten Teil des Handwerksinstruments ergreift die industrielle Revolution zuerst und überläßt dem Menschen, neben der neuen Arbeit die Maschine mit seinem Auge zu überwachen und ihre Irrtümer mit seiner Hand zu verbessern, zunächst noch die rein mechanische Rolle der Triebkraft. Werkzeuge dagegen, auf die der Mensch von vornherein nur als einfache Triebkraft wirkt, wie z. B. beim Drehn der Kurbel einer Mühle[92], bei Pumpen, beim Auf- und Abbewegen der Arme eines Blasebalgs, beim Stoßen eines Mörsers etc., rufen zwar zuerst die Anwendung von Tieren, Wasser, Wind[93] als Bewegungskräften hervor. Sie recken sich, teilweise innerhalb, sporadisch schon lange vor der Manufakturperiode zu Maschinen, aber sie revolutionieren die Produktionsweise nicht. Daß sie selbst in ihrer handwerksmäßigen Form bereits Maschinen sind, zeigt sich in der Periode der großen Industrie. Die Pumpen z. B., womit die Holländer 1836/37 den See von Harlem auspumpten, waren nach dem Prinzip gewöhnlicher Pumpen konstruiert, nur daß zyklopische Dampfmaschinen statt der Menschenhände ihre Kolben trieben. Der gewöhnliche und sehr unvollkommne Blasbalg des Grobschmieds wird noch zuweilen in England durch bloße Verbindung seines Arms mit einer Dampfmaschine in eine mechanische Luftpumpe verwandelt. Die Dampfmaschine selbst, wie sie Ende des 17. Jahrhunderts während der Manufakturperiode erfunden ward und bis zum Anfang der 80er Jahre des 18. Jahrhunderts fortexistierte[94], rief keine indu-

---

92 Moses von Ägypten sagt: „Du sollst dem Ochsen, der drischt, nicht das Maul verbinden." Die christlich germanischen Philanthropen legten dagegen dem Leibeignen, den sie als Triebkraft zum Mahlen verwandten, eine große hölzerne Scheibe um den Hals, damit er kein Mehl mit der Hand zum Mund bringen könne.

93 Teils Mangel an lebendigem Wassergefäll, teils Kampf gegen sonstigen Wasserüberfluß zwangen die Holländer zur Anwendung des Winds als Triebkraft. Die Windmühle selbst erhielten sie aus Deutschland, wo diese Erfindung einen artigen Kampf zwischen Adel, Pfaffen und Kaiser hervorrief, wem denn von den drei der Wind „gehöre". Luft macht eigen, hieß es in Deutschland, während der Wind Holland frei macht. Was er hier eigen machte, war nicht der Holländer, sondern der Grund und Boden für den Holländer. Noch 1836 wurden 12.000 Windmühlen von 6000 Pferdekraft in Holland verwandt, um zwei Dritteile des Lands vor Rückverwandlung in Morast zu schützen.

94 Sie wurde zwar schon sehr verbessert durch Watts erste, sogenannte einfach wirkende Dampf-

strielle Revolution hervor. Es war vielmehr umgekehrt die Schöpfung der Werkzeugmaschinen, welche die revolutionierte Dampfmaschine notwendig machte. Sobald der Mensch, statt mit dem Werkzeug auf den Arbeitsgegenstand, nur noch als Triebkraft auf eine Werkzeugmaschine wirkt, wird die Verkleidung der Triebkraft in menschliche Muskel zufällig und kann Wind, Wasser, Dampf usw. an die Stelle treten. Dies schließt natürlich nicht aus, daß solcher Wechsel oft große technische Ändrungen des ursprünglich für menschliche Triebkraft allein konstruierten Mechanismus bedingt. Heutzutage werden alle Maschinen, die sich erst Bahn brechen müssen, wie Nähmaschinen, Brotbereitungsmaschinen usw., wenn sie den kleinen Maßstab nicht von vornherein durch ihre Bestimmung ausschließen, für menschliche und rein mechanische Triebkraft zugleich konstruiert.

Die Maschine, wovon die industrielle Revolution ausgeht, ersetzt den Arbeiter, der ein einzelnes Werkzeug handhabt, durch einen Mechanismus, der mit einer Masse derselben oder gleichartiger Werkzeuge auf einmal operiert und von einer einzigen Triebkraft, welches immer ihre Form, bewegt wird.[95] Hier haben wir die Maschine, aber erst als einfaches Element der maschinenmäßigen Produktion.

Die Erweitrung des Umfangs der Arbeitsmaschine und der Zahl ihrer gleichzeitig operierenden Werkzeuge bedingt einen massenhafteren Bewegungsmechanismus, und dieser Mechanismus zur Überwältigung seines eignen Widerstands eine mächtigere Triebkraft als die menschliche, abgesehn davon, daß der Mensch ein sehr unvollkommnes Produktionsinstrument gleichförmiger und kontinuierlicher Bewegung ist. Vorausgesetzt, daß er nur noch als einfache Triebkraft wirkt, also an die Stelle seines Werkzeugs eine Werkzeugmaschine getreten ist, können Naturkräfte ihn jetzt auch als Triebkraft ersetzen. Von allen aus der Manufakturperiode überlieferten großen Bewegungskräften war die Pferdekraft die schlechteste, teils weil ein Pferd seinen eignen Kopf hat, teils wegen seiner Kostspieligkeit und des beschränkten Umfangs, worin es in Fabriken allein anwendbar ist.[96] Dennoch wurde das Pferd häufig während der Kin-

---

maschine, blieb aber in dieser Form bloße Hebemaschine für Wasser und Salzsole.

[95] „Die Vereinigung aller dieser einfachen Instrumente, durch einen einzigen Motor in Bewegung gesetzt, bildet eine Maschine." (Babbage, l.c.)

[96] John C. Morton verlas Dezember 1859 in der Society of Arts einen Aufsatz über „die in der Agrikultur angewandten Kräfte". Es heißt darin u. a.: „Jede Verbeßrung, welche die Gleichförmigkeit des Bodens fördert, macht die Dampfmaschine zur Erzeugung rein mechanischer Kraft anwendbarer ... Pferdekraft wird erheischt, wo krumme Hecken und andre Hindernisse gleichförmige Aktion verhindern. Diese Hindernisse schwinden täglich mehr. In Operationen, die mehr Ausübung des Willens und weniger wirkliche Kraft erfordern, ist die durch den menschlichen Geist von Minute zu Minute gelenkte Kraft, also Menschenkraft, allein anwendbar." Herr Morton reduziert dann Dampfkraft, Pferdekraft und Menschenkraft auf die bei Dampfmaschinen gewöhnliche Maßeinheit, nämlich die Kraft, 33.000 Pfund in der Minute

derzeit der großen Industrie angewandt, wie außer dem Jammer gleichzeitiger Agronomen schon der bis heute überlieferte Ausdruck der mechanischen Kraft in Pferdekraft bezeugt. Der Wind war zu unstet und unkontrollierbar, und die Anwendung der Wasserkraft überwog außerdem in England, dem Geburtsort der großen Industrie, schon während der Manufakturperiode. Man hatte bereits im 17. Jahrhundert versucht, zwei Läufer und also auch zwei Mahlgänge mit einem Wasserrad in Bewegung zu setzen. Der geschwollne Umfang des Transmissionsmechanismus geriet aber jetzt in Konflikt mit der nun unzureichenden Wasserkraft, und dies ist einer der Umstände, der zur genauern Untersuchung der Reibungsgesetze trieb. Ebenso führte das ungleichförmige Wirken der Bewegungskraft bei Mühlen, die durch Stoßen und Ziehen mit Schwengeln in Bewegung gesetzt wurden, auf die Theorie und Anwendung des Schwungrads[97], das später eine so wichtige Rolle in der großen Industrie spielt. In dieser Art entwickelte die Manufakturperiode die ersten wissenschaftlichen und technischen Elemente der großen Industrie. Arkwrights Throstlesspinnerei wurde von vornherein mit Wasser getrieben. Indes war auch der Gebrauch der Wasserkraft als herrschender Triebkraft mit erschwerenden Umständen verbunden. Sie konnte nicht beliebig erhöht und ihrem Mangel nicht abgeholfen werden, sie versagte zuweilen und war vor allem rein lokaler Natur.[98] Erst mit Watts zweiter, sog. doppelt wirkender Dampfmaschine war ein erster Motor gefunden, der seine Bewegungskraft selbst erzeugt aus der Verspeisung von Kohlen und Wasser, dessen Kraftpotenz ganz unter menschlicher Kontrolle steht, der mobil und ein Mittel der Lokomotion, städtisch und nicht gleich dem Wasserrad ländlich, die Konzentration der Produktion in Städten erlaubt, statt sie wie das Wasserrad über das Land zu zerstreuen[99], universell in seiner technologischen

---

um einen Fuß zu heben, und berechnet die Kosten einer Dampfpferdekraft bei der Dampfmaschine auf 3 d. und beim Pferde auf $5^1/_2$ d. per Stunde. Ferner kann das Pferd bei voller Erhaltung seiner Gesundheit nur 8 Stunden täglich angewandt werden. Durch Dampfkraft können mindestens 3 von je 7 Pferden auf bebautem Land während des ganzen Jahrs erspart werden, zu einem Kostenpreis, nicht größer als dem der entlaßnen Pferde während der 3 oder 4 Monate, wo sie allein wirklich vernutzt werden. In den Agrikulturoperationen, worin die Dampfkraft angewandt werden kann, verbessert sie endlich, verglichen mit der Pferdekraft, die Qualität des Machwerks. Um das Werk der Dampfmaschine zu verrichten, müßten 66 Arbeiter per Stunde zu zusammen 15 sh., und um das der Pferde zu verrichten, 32 Mann zu zusammen 8 sh. per Stunde angewandt werden.

97 Faulhaber, 1625; De Cous, 1688.

98 Die moderne Erfindung der Turbinen befreit die industrielle Ausbeutung der Wasserkraft von vielen frühern Schranken.

99 „In der Frühzeit der Textilmanufaktur war der Standort der Fabrik von der Existenz eines Wasserlaufs abhängig, der genügend Gefälle hatte, um ein Wasserrad zu drehen; und obwohl nun die Einrichtung der Wassermühlen den Beginn der Auflösung des Systems der Hausindustrie bedeutete, stellten die Mühlen, die notwendigerweise an Wasserläufen gelegen sein mußten und häufig in beträchtlicher Entfernung voneinander standen, eher einen Teil eines ländlichen als

Anwendung, in seiner Residenz verhältnismäßig wenig durch lokale Umstände bedingt. Das große Genie Watts zeigt sich in der Spezifikation des Patents, das er April 1784 nahm, und worin seine Dampfmaschine nicht als eine Erfindung zu besondren Zwecken, sondern als allgemeiner Agent der großen Industrie geschildert wird. Er deutet hier Anwendungen an, wovon manche, wie z. B. der Dampfhammer, mehr als ein halbes Jahrhundert später erst eingeführt wurden. Jedoch bezweifelte er die Anwendbarkeit der Dampfmaschine auf Seeschiffahrt. Seine Nachfolger, Boulton und Watt, stellten 1851 die kolossalste Dampfmaschine für Ocean steamers auf der Londoner Industrieausstellung aus.

Nachdem erst die Werkzeuge aus Werkzeugen des menschlichen Organismus in Werkzeuge eines mechanischen Apparats, der Werkzeugmaschine, verwandelt, erhielt nun auch die Bewegungsmaschine eine selbständige, von den Schranken menschlicher Kraft völlig emanzipierte Form. Damit sinkt die einzelne Werkzeugmaschine, die wir bisher betrachtet, zu einem bloßen Element der maschinenmäßigen Produktion herab. Eine Bewegungsmaschine konnte jetzt viele Arbeitsmaschinen gleichzeitig treiben.

Mit der Anzahl der gleichzeitig bewegten Arbeitsmaschine wächst die Bewegungsmaschine und dehnt sich der Transmissionsmechanismus zu einem weitläufigen Apparat aus.

Es ist nun zweierlei zu unterscheiden, Kooperation vieler gleichartiger Maschinen und Maschinensystem.

In dem einen Fall wird das ganze Machwerk von derselben Arbeitsmaschine verrichtet. Sie führt alle die verschiednen Operationen aus, welche ein Handwerker mit seinem Werkzeug, z. B. der Weber mit seinem Webstuhl, verrichtete oder welche Handwerker mit verschiednen Werkzeugen, sei es selbständig oder als Glieder einer Manufaktur, der Reihe nach ausführten.[100] Z. B. in der modernen Manufaktur von Briefkuverts faltete ein Arbeiter das Papier mit dem Falzbein, ein andrer legte den Gummi auf, ein dritter schlug die Klappe um, auf welche die Devise aufgedrückt wird, ein vierter bossierte die Devise usw., und bei jeder

---

eines städtischen Systems dar; erst durch die Einführung der Dampfkraft als Ersatz für den Wasserlauf wurden die Fabriken in Städten und an Orten zusammengedrängt, wo Kohle und Wasser, die zur Dampferzeugung benötigt wurden, in ausreichender Menge vorhanden waren. Die Dampfmaschine ist die Mutter der Industriestädte." (A. Redgrave in „Reports of the Insp. of Fact. 30th April 1860", p. 36.)

100 Vom Standpunkt der manufakturmäßigen Teilung war Weben keine einfache, sondern vielmehr eine komplizierte handwerksmäßige Arbeit, und so ist der mechanische Webstuhl eine Maschine, die sehr Mannigfaltiges verrichtet. Es ist überhaupt eine falsche Vorstellung, daß die moderne Maschinerie sich ursprünglich solcher Operationen bemächtigt, welche die manufakturmäßige Teilung der Arbeit vereinfacht hatte. Spinnen und Weben wurden während der Manufakturperiode in neue Arten gesondert und ihre Werkzeuge verbessert und variiert, aber der Arbeitsprozeß selbst, in keiner Weise geteilt, blieb handwerksmäßig. Es ist nicht die Arbeit, sondern das Arbeitsmittel, wovon die Maschine ausgeht.

dieser Teiloperationen mußte jede einzelne Enveloppe die Hände wechseln. Eine einzige Enveloppemaschine verrichtet alle diese Operationen auf einen Schlag und macht 3000 und mehr Enveloppes in einer Stunde. Eine auf der Londoner Industrieausstellung von 1862 ausgestellte amerikanische Maschine zur Bereitung von Papiertuten schneidet das Papier, kleistert, faltet und vollendet 300 Stück per Minute. Der innerhalb der Manufaktur geteilte und in einer Reihenfolge ausgeführte Gesamtprozeß wird hier von einer Arbeitsmaschine vollbracht, die durch Kombination verschiedner Werkzeuge wirkt. Ob nun eine solche Arbeitsmaschine nur mechanische Wiedergeburt eines komplizierteren Handwerkszeuges sei oder Kombination verschiedenartiger, manufakturmäßig partikularisierter einfacher Instrumente – in der Fabrik, d. h. in der auf Maschinenbetrieb gegründeten Werkstatt, erscheint jedesmal die einfache Kooperation wieder, und zwar zunächst (wir sehn hier vom Arbeiter ab) als räumliche Konglomeration gleichartiger und gleichzeitig zusammenwirkender Arbeitsmaschinen. So wird eine Webfabrik durch das Nebeneinander vieler mechanischen Webstühle und eine Nähfabrik durch das Nebeneinander vieler Nähmaschinen in demselben Arbeitsgebäude gebildet. Aber es existiert hier eine technische Einheit, indem die vielen gleichartigen Arbeitsmaschinen gleichzeitig und gleichmäßig ihren Impuls empfangen vom Herzschlag des gemeinsamen ersten Motors, auf sie übertragen durch den Transmissionsmechanismus, der ihnen auch teilweis gemeinsam ist, indem sich nur besondre Ausläufe davon für jede einzelne Werkzeugmaschine verästeln. Ganz wie viele Werkzeuge die Organe einer Arbeitsmaschine, bilden viele Arbeitsmaschinen jetzt nur noch gleichartige Organe desselben Bewegungsmechanismus.

Ein eigentliches Maschinensystem tritt aber erst an die Stelle der einzelnen selbständigen Maschine, wo der Arbeitsgegenstand eine zusammenhängende Reihe verschiedner Stufenprozesse durchläuft, die von einer Kette verschiedenartiger, aber einander ergänzender Werkzeugmaschinen ausgeführt werden. Hier erscheint die der Manufaktur eigentümliche Kooperation durch Teilung der Arbeit wieder, aber jetzt als Kombination von Teilarbeitsmaschinen. Die spezifischen Werkzeuge der verschiednen Teilarbeiter, in der Wollmanufaktur z. B. der Wollschläger, Wollkämmer, Wollscherer, Wollspinner usw., verwandeln sich jetzt in die Werkzeuge spezifizierter Arbeitsmaschinen, von denen jede ein besondres Organ für eine besondre Funktion im System des kombinierten Werkzeugmechanismus bildet. Die Manufaktur selbst liefert dem Maschinensystem in den Zweigen, worin es zuerst eingeführt wird, im großen und ganzen die naturwüchsige Grundlage der Teilung und daher der Organisation des Produktionsprozesses.[101] Indes tritt sofort ein wesentlicher Unterschied ein. In der Manufaktur

[101] Vor der Epoche der großen Industrie war die Wollmanufaktur die herrschende Manufaktur Englands. In ihr wurden daher während der ersten Hälfte des 18. Jahrhunderts die meisten Experimente gemacht. Der Baumwolle, deren mechanische Verarbeitung minder mühvolle

müssen Arbeiter, vereinzelt oder in Gruppen, jeden besondren Teilprozeß mit ihrem Handwerkszeug ausführen. Wird der Arbeiter dem Prozeß angeeignet, so ist aber auch vorher der Prozeß dem Arbeiter angepaßt. Dies subjektive Prinzip der Teilung fällt weg für die maschinenartige Produktion. Der Gesamtprozeß wird hier objektiv, an und für sich betrachtet, in seine konstituierenden Phasen analysiert, und das Problem, jeden Teilprozeß auszuführen und die verschiednen Teilprozesse zu verbinden, durch technische Anwendung der Mechanik, Chemie usw. gelöst[102], wobei natürlich nach wie vor die theoretische Konzeption durch gehäufte praktische Erfahrung auf großer Stufenleiter vervollkommnet werden muß. Jede Teilmaschine liefert der zunächst folgenden ihr Rohmaterial, und da sie alle gleichzeitig wirken, befindet sich das Produkt ebenso fortwährend auf den verschiednen Stufen seines Bildungsprozesses, wie im Übergang aus einer Produktionsphase in die andre. Wie in der Manufaktur die unmittelbare Kooperation der Teilarbeiter bestimmte Verhältniszahlen zwischen den besondren Arbeitergruppen schafft, so in dem gegliederten Maschinensystem die beständige Beschäftigung der Teilmaschinen durch einander ein bestimmtes Verhältnis zwischen ihrer Anzahl, ihrem Umfang und ihrer Geschwindigkeit. Die kombinierte Arbeitsmaschine, jetzt ein gegliedertes System von verschiedenartigen einzelnen Arbeitsmaschinen und von Gruppen derselben, ist um so vollkommner, je kontinuierlicher ihr Gesamtprozeß, d. h. mit je weniger Unterbrechung das Rohmaterial von seiner ersten Phase zu seiner letzten übergeht, je mehr also statt der Menschenhand der Mechanismus selbst es von einer Produktionsphase in die andre fördert. Wenn in der Manufaktur die Isolierung der Sonderprozesse ein durch die Teilung der Arbeit selbst gegebnes Prinzip ist, so herrscht dagegen in der entwickelten Fabrik die Kontinuität der Sonderprozesse.

Ein System der Maschinerie, beruhe es nun auf bloßer Kooperation gleich-

---

Vorbereitungen erfordert, kamen die an der Schafwolle gemachten Erfahrungen zugut, wie später umgekehrt die mechanische Wollindustrie sich auf Grundlage der mechanischen Baumwollspinnerei und Weberei entwickelt. Einzelne Elemente der Wollmanufaktur sind erst seit den letzten Dezennien dem Fabriksystem einverleibt worden, z. B. das Wollkämmen. „Die Anwendung mechanischer Kraft auf den Prozeß des Wollkämmens ..., die seit der Einführung der ‚Kämmaschine', speziell der Listerschen, in großem Ausmaß erfolgt ..., hatte unzweifelhaft die Wirkung, daß eine große Anzahl von Arbeitern aus der Arbeit geworfen wurde. Wolle wurde vorher mit der Hand gekämmt, zumeist in der Cottage des Kämmers. Jetzt wird sie ganz allgemein in der Fabrik gekämmt, und Handarbeit ist, abgesehen von einigen besonderen Arten von Arbeit, bei denen handgekämmte Wolle noch vorgezogen wird, verdrängt worden. Viele von den Handkämmern fanden Arbeit in den Fabriken, aber das Arbeitsprodukt des Handkämmers ist im Verhältnis zu dem der Maschine so klein, daß eine sehr große Zahl von Kämmern ohne Beschäftigung geblieben ist." („Rep. of Insp. of Fact. for 31st Oct. 1856", p. 16.)

102 „Das Prinzip des Fabriksystems besteht also darin ... die Teilung des Arbeitsprozesses in seine wesentlichen Bestandteile an die Stelle der Verteilung oder Abstufung der Arbeit unter die einzelnen Handwerker zu setzen." (Ure, l.c.p. 20.)

artiger Arbeitsmaschinen, wie in der Weberei, oder auf einer Kombination verschiedenartiger, wie in der Spinnerei, bildet an und für sich einen großen Automaten, sobald es von einem sich selbst bewegenden ersten Motor getrieben wird. Indes kann das Gesamtsystem z. B. von der Dampfmaschine getrieben werden, obgleich entweder einzelne Werkzeugmaschinen für gewisse Bewegungen noch den Arbeiter brauchen, wie die zum Einfahren der Mule nötige Bewegung vor der Einführung der selfacting mule und immer noch bei Feinspinnerei, oder aber bestimmte Teile der Maschine zur Verrichtung ihres Werks gleich einem Werkzeug vom Arbeiter gelenkt werden müssen, wie beim Maschinenbau vor der Verwandlung des slide rest (ein Drehapparat) in einen selfactor. Sobald die Arbeitsmaschine alle zur Bearbeitung des Rohstoffs nötigen Bewegungen ohne menschliche Beihilfe verrichtet und nur noch menschlicher Nachhilfe bedarf, haben wir ein automatisches System der Maschinerie, das indes beständiger Ausarbeitung im Detail fähig ist. So sind z. B. der Apparat, der die Spinnmaschine von selbst stillsetzt, sobald ein einzelner Faden reißt, und der selfacting stop, der den verbesserten Dampfwebstuhl stillsetzt, sobald der Spule des Weberschiffs der Einschlagsfaden ausgeht, ganz moderne Erfindungen. Als ein Beispiel sowohl der Kontinuität der Produktion als der Durchführung des automatischen Prinzips kann die moderne Papierfabrik gelten. An der Papierproduktion kann überhaupt der Unterschied verschiedner Produktionsweisen, auf Basis verschiedner Produktionsmittel, wie der Zusammenhang der gesellschaftlichen Produktionsverhältnisse mit diesen Produktionsweisen, im einzelnen vorteilhaft studiert werden, da uns die ältere deutsche Papiermacherei Muster der handwerksmäßigen Produktion, Holland im 17. und Frankreich im 18. Jahrhundert Muster der eigentlichen Manufaktur und das moderne England Muster der automatischen Fabrikation in diesem Zweig liefern, außerdem in China und Indien noch zwei verschiedne altasiatische Formen derselben Industrie existieren.

Als gegliedertes System von Arbeitsmaschinen, die ihre Bewegung nur vermittelst der Transmissionsmaschinerie von einem zentralen Automaten empfangen, besitzt der Maschinenbetrieb seine entwickeltste Gestalt. An die Stelle der einzelnen Maschine tritt hier ein mechanisches Ungeheuer, dessen Leib ganze Fabrikgebäude füllt und dessen dämonische Kraft, erst versteckt durch die fast feierlich gemeßne Bewegung seiner Riesenglieder, im fieberhaft tollen Wirbeltanz seiner zahllosen eigentlichen Arbeitsorgane ausbricht.

Es gab Mules, Dampfmaschinen usw., bevor es Arbeiter gab, deren ausschließliches Geschäft es war, Dampfmaschinen, Mules usw. zu machen, ganz wie der Mensch Kleider trug, bevor es Schneider gab. Die Erfindungen von Vaucanson, Arkwright, Watt usw. waren jedoch nur ausführbar, weil jene Erfinder ein von der Manufakturperiode fertig geliefertes und beträchtliches Quantum geschickter mechanischer Arbeiter vorfanden. Ein Teil dieser Arbeiter bestand aus selbständigen Handwerkern verschiedner Profession, ein andrer Teil war in Manufakturen vereinigt, worin, wie früher erwähnt, die Teilung der Arbeit mit besondrer Strenge waltete. Mit der Zunahme der Erfindungen und der wachsenden Nachfrage nach den neu erfundnen Maschinen entwickelte sich mehr und mehr einerseits die Sondrung der Maschinenfabrikation in mannigfaltige selbständige Zweige, andrerseits die Teilung der Arbeit im Innern der maschinenbauenden Manufakturen. Wir erblicken hier also in der Manufaktur die unmittelbare technische Grundlage der großen Industrie. Jene produzierte die Maschinerie, womit diese in den Produktionssphären, die sie zunächst ergriff, den handwerks- und manufakturmäßigen Betrieb aufhob. Der Maschinenbetrieb erhob sich also naturwüchsig auf einer ihm unangemeßnen materiellen Grundlage. Auf einem gewissen Entwicklungsgrad mußte er diese erst fertig vorgefundne und dann in ihrer alten Form weiter ausgearbeitete Grundlage selbst umwälzen und sich eine seiner eignen Produktionsweise entsprechende neue Basis schaffen. Wie die einzelne Maschine zwergmäßig bleibt, solange sie nur durch Menschen bewegt wird, wie das Maschinensystem sich nicht frei entwickeln konnte, bevor an die Stelle der vorgefundnen Triebkräfte – Tier, Wind und selbst Wasser – die Dampfmaschine trat, ebenso war die große Industrie in ihrer ganzen Entwicklung gelähmt, solange ihr charakteristisches Produktionsmittel, die Maschine selbst, persönlicher Kraft und persönlichem Geschick seine Existenz verdankte, also abhing von der Muskelentwicklung, der Schärfe des Blicks und der Virtuosität der Hand, womit der Teilarbeiter in der Manufaktur und der Handwerker außerhalb derselben ihr Zwerginstrument führten. Abgesehn von der Verteurung der Maschinen infolge dieser Ursprungsweise – ein Umstand, welcher das Kapital als bewußtes Motiv beherrscht – blieb so die Ausdehnung der bereits maschinenmäßig betriebnen Industrie und das Eindringen der Maschinerie in neue Produktionszweige rein bedingt durch das Wachstum einer Arbeiterkategorie, die wegen der halbkünstlerischen Natur ihres Geschäfts nur allmählich und nicht sprungweis vermehrt werden konnte. Aber auf einer gewissen Entwicklungsstufe geriet die große Industrie auch technisch in Widerstreit mit ihrer handwerks- und manufakturmäßigen Unterlage. Ausreckung des Umfangs der Bewegungsmaschinen, des Transmissionsmechanismus und der Werkzeugmaschinen, größere Komplikation, Mannigfaltigkeit und strengere Regelmäßigkeit ihrer Bestandteile, im Maße wie die Werkzeugmaschine sich von dem handwerksmäßigen Modell, das ihren Bau ursprünglich beherrscht, losriß und eine freie, nur durch ihre mechanische Aufgabe bestimmte Gestalt erhielt[103],

---

[103] Der mechanische Webstuhl in seiner ersten Form besteht hauptsächlich aus Holz, der verbesserte, moderne, aus Eisen. Wie sehr im Anfang die alte Form des Produktionsmittels seine neue Form beherrscht, zeigt u. a. die oberflächlichste Vergleichung des modernen Dampfwebstuhls mit dem alten, der modernen Blasinstrumente in Eisengießereien mit der ersten unbehilflichen mechanischen Wiedergeburt des gewöhnlichen Blasbalgs, und vielleicht schlagender als alles andre eine vor der Erfindung der jetzigen Lokomotiven versuchte Lokomotive, die in der Tat zwei Füße hatte, welche sie abwechselnd wie ein Pferd aufhob. Erst nach weitrer Entwicklung der Mechanik und gehäufter praktischer Erfahrung wird die Form gänzlich durch das mechani-

Ausbildung des automatischen Systems und stets unvermeidlichere Anwendung von schwer zu bewältigendem Material, z. B. Eisen statt Holz – die Lösung aller dieser naturwüchsig entspringenden Aufgaben stieß überall auf die persönlichen Schranken, die auch das in der Manufaktur kombinierte Arbeiterpersonal nur dem Grad, nicht dem Wesen nach durchbricht. Maschinen z. B. wie die moderne Druckerpresse, der moderne Dampfwebstuhl und die moderne Kardiermaschine, konnten nicht von der Manufaktur geliefert werden.

Die Umwälzung der Produktionsweise in einer Sphäre der Industrie bedingt ihre Umwälzung in der andren. Es gilt dies zunächst für solche Industriezweige, welche zwar durch die gesellschaftliche Teilung der Arbeit isoliert sind, so daß jeder derselben eine selbständige Ware produziert, sich aber dennoch als Phasen eines Gesamtprozesses verschlingen. So machte die Maschinenspinnerei Maschinenweberei nötig und beide zusammen die mechanisch-chemische Revolution in der Bleicherei, Druckerei und Färberei. So rief andrerseits die Revolution in der Baumwollspinnerei die Erfindung des gin zur Trennung der Baumwollfaser vom Samen hervor, womit erst die Baumwollproduktion auf dem nun erheischten großen Maßstab möglich ward.[104] Die Revolution in der Produktionsweise der Industrie und Agrikultur ernötigte namentlich aber auch eine Revolution in den allgemeinen Bedingungen des gesellschaftlichen Produktionsprozesses, d. h. den Kommunikations- und Transportmitteln. Wie die Kommunikations- und Transportmittel einer Gesellschaft, deren Pivot, um mich eines Ausdrucks Fouriers zu bedienen, die kleine Agrikultur mit ihrer häuslichen Nebenindustrie und das städtische Handwerk waren, den Produktionsbedürfnissen der Manufakturperiode mit ihrer erweiterten Teilung der gesellschaftlichen Arbeit, ihrer Konzentration von Arbeitsmitteln und Arbeitern und ihren Kolonialmärkten durchaus nicht mehr genügen konnten, daher auch in der Tat umgewälzt wurden, so verwandelten sich die von der Manufakturperiode überlieferten Transport- und Kommunikationsmittel bald in unerträgliche Hemmschuhe für die große Industrie mit ihrer fieberhaften Geschwindigkeit der Produktion, ihrer massenhaften Stufenleiter, ihrem beständigen Werfen von Kapital- und Arbeitermassen aus einer Produktionssphäre in die andre und ihren neugeschaffnen weltmarktlichen Zusammenhängen. Abgesehn von ganz umgewälztem Segelschiffbau, wurde das Kommunikations- und Transportwesen daher allmählich durch ein System von Flußdampfschiffen, Eisenbahnen, ozeanischen Dampfschiffen und Telegraphen der Produktionsweise der großen Industrie angepaßt. Die furchtbaren

sche Prinzip bestimmt und daher gänzlich emanzipiert von der überlieferten Körperform des Werkzeugs, das sich zur Maschine entpuppt.

[104] Des Yankee Eli Whitney cottongin war bis zur neuesten Zeit im wesentlichen weniger verändert worden als irgendeine andre Maschine des 18. Jahrhunderts. Erst in den letzten Dezennien (vor 1867) hat ein andrer Amerikaner, Herr Emery von Albany, New York, Whitneys Maschine durch eine ebenso einfache als wirksame Verbeßrung antiquiert.

Eisenmassen aber, die jetzt zu schmieden, zu schweißen, zu schneiden, zu bohren und zu formen waren, erforderten ihrerseits zyklopische Maschinen, deren Schöpfung der manufakturmäßige Maschinenbau versagte.

Die große Industrie mußte sich also ihres charakteristischen Produktionsmittels, der Maschine selbst, bemächtigen und Maschinen durch Maschinen produzieren. So erst schuf sie ihre adäquate technische Unterlage und stellte sich auf ihre eignen Füße. Mit dem wachsenden Maschinenbetrieb in den ersten Dezennien des 19. Jahrhunderts bemächtigte sich die Maschinerie in der Tat allmählich der Fabrikation der Werkzeugmaschinen. Jedoch erst während der letztverfloßnen Dezennien riefen ungeheurer Eisenbahnbau und ozeanische Dampfschiffahrt die zur Konstruktion von ersten Motoren angewandten zyklopischen Maschinen ins Leben.

Die wesentlichste Produktionsbedingung für die Fabrikation von Maschinen durch Maschinen war eine jeder Kraftpotenz fähige und doch zugleich ganz kontrollierbare Bewegungsmaschine. Sie existierte bereits in der Dampfmaschine. Aber es galt zugleich die für die einzelnen Maschinenteile nötigen streng geometrischen Formen wie Linie, Ebne, Kreis, Zylinder, Kegel und Kugel maschinenmäßig zu produzieren. Dies Problem löste Henry Maudslay im ersten Dezennium des 19. Jahrhunderts durch die Erfindung des slide-rest, der bald automatisch gemacht und in modifizierter Form von der Drechselbank, wofür er zuerst bestimmt war, auf andre Konstruktionsmaschinen übertragen wurde. Diese mechanische Vorrichtung ersetzt nicht irgendein besondres Werkzeug, sondern die menschliche Hand selbst, die eine bestimmte Form hervorbringt, durch Vorhalten, Anpassen und Richtung der Schärfe von Schneideinstrumenten usw. gegen oder über das Arbeitsmaterial, z. B. Eisen. So gelang es, die geometrischen Formen der einzelnen Maschinenteile

> „mit einem Grad von Leichtigkeit, Genauigkeit und Raschheit zu produzieren, den keine gehäufte Erfahrung der Hand des geschicktesten Arbeiters verleihen konnte“.[105]

Betrachten wir nun den Teil der zum Maschinenbau angewandten Maschinerie, der die eigentliche Werkzeugmaschine bildet, so erscheint das handwerksmäßige Instrument wieder, aber in zyklopischem Umfang. Der Operateur der Bohrmaschine z. B. ist ein ungeheurer Bohrer, der durch eine Dampfmaschine

---

[105] „The Industry of Nations“, Lond. 1855, Part II, p. 239. Es heißt ebendaselbst: „So einfach und äußerlich unbedeutend, wie dieses Zubehör zur Drehbank erscheinen mag, glauben wir doch nicht zu viel zu behaupten, wenn wir feststellen, daß sein Einfluß auf die bessere und ausgedehntere Verwendung von Maschinen ebenso groß gewesen ist wie der, den Watts Verbesserungen der Dampfmaschine hervorgerufen haben. Seine Einführung hatte sofort eine Vervollkommnung und Verbilligung aller Maschinen zur Folge und trieb zu weiteren Erfindungen und Verbesserungen.“

getrieben wird und ohne den umgekehrt die Zylinder großer Dampfmaschinen und hydraulischer Pressen nicht produziert werden könnten. Die mechanische Drechselbank ist die zyklopische Wiedergeburt der gewöhnlichen Fußdrechselbank, die Hobelmaschine ein eiserner Zimmermann, der mit denselben Werkzeugen in Eisen arbeitet, womit der Zimmermann in Holz; das Werkzeug, welches in den Londoner Schiffswerften das Furnierwerk schneidet, ist ein riesenartiges Rasiermesser, das Werkzeug der Schermaschine, welche Eisen schneidet, wie die Schneiderschere Tuch, eine Monstreschere, und der Dampfhammer operiert mit einem gewöhnlichen Hammerkopf, aber von solchem Gewicht, daß Thor selbst ihn nicht schwingen könnte.[106] Einer dieser Dampfhämmer z. B., die eine Erfindung von Nasmyth sind, wiegt über 6 Tonnen und stürzt mit einem perpendikulären Fall von 7 Fuß auf einen Amboß von 36 Tonnen Gewicht. Er pulverisiert spielend einen Granitblock und ist nicht minder fähig, einen Nagel in weiches Holz mit einer Aufeinanderfolge leiser Schläge einzutreiben.[107]

Als Maschinerie erhält das Arbeitsmittel eine materielle Existenzweise, welche Ersetzung der Menschenkraft durch Naturkräfte und erfahrungsmäßiger Routine durch bewußte Anwendung der Naturwissenschaft bedingt. In der Manufaktur ist die Gliederung des gesellschaftlichen Arbeitsprozesses rein subjektiv, Kombination von Teilarbeitern; im Maschinensystem besitzt die große Industrie einen ganz objektiven Produktionsorganismus, den der Arbeiter als fertige materielle Produktionsbedingung vorfindet. In der einfachen und selbst in der durch Teilung der Arbeit spezifizierten Kooperation erscheint die Verdrängung des vereinzelten Arbeiters durch den vergesellschafteten immer noch mehr oder minder zufällig. Die Maschinerie, mit einigen später zu erwähnenden Ausnahmen, funktioniert nur in der Hand unmittelbar vergesellschafteter oder gemeinsamer Arbeit. Der kooperative Charakter des Arbeitsprozesses wird jetzt also durch die Natur des Arbeitsmittels selbst diktierte technische Notwendigkeit.

2. *Wertabgabe der Maschinerie an das Produkt*

Man sah, daß die aus Kooperation und Teilung der Arbeit entspringenden Produktivkräfte dem Kapital nichts kosten. Sie sind Naturkräfte der gesellschaftlichen Arbeit. Naturkräfte, wie Dampf, Wasser usw., die zu produktiven Prozessen angeeignet werden, kosten ebenfalls nichts. Wie aber der Mensch eine Lunge zum Atmen braucht, braucht er ein „Gebild von Menschenhand“, um Naturkräfte

[106] Eine dieser Maschinen in London zum Schmieden von paddle-wheel shafts führt den Namen „Thor“. Sie schmiedet einen Schaft von 16 1/2 Tonnen Gewicht mit derselben Leichtigkeit, wie der Schmied ein Hufeisen.

[107] Die in Holz arbeitenden Maschinen, die auch auf kleinem Maßstab angewandt werden können, sind meist amerikanische Erfindung.

produktiv zu konsumieren. Ein Wasserrad ist nötig, um die Bewegungskraft des Wassers, eine Dampfmaschine, um die Elastizität des Dampfs auszubeuten. Wie mit den Naturkräften verhält es sich mit der Wissenschaft. Einmal entdeckt, kostet das Gesetz über die Abweichung der Magnetnadel im Wirkungskreise eines elektrischen Stroms oder über Erzeugung von Magnetismus im Eisen, um das ein elektrischer Strom kreist, keinen Deut.[108] Aber zur Ausbeutung dieser Gesetze für Telegraphie usw. bedarf es eines sehr kostspieligen und weitläufigen Apparats. Durch die Maschine wird, wie wir sahen, das Werkzeug nicht verdrängt. Aus einem Zwergwerkzeug des menschlichen Organismus reckt es sich in Umfang und Anzahl zum Werkzeug eines vom Menschen geschaffnen Mechanismus. Statt mit dem Handwerkszeug, läßt das Kapital den Arbeiter jetzt mit einer Maschine arbeiten, die ihre Werkzeuge selbst führt. Wenn es daher auf den ersten Blick klar ist, daß die große Industrie durch Einverleibung ungeheurer Naturkräfte und der Naturwissenschaft in den Produktionsprozeß die Produktivität der Arbeit außerordentlich steigern muß, ist es keineswegs ebenso klar, daß diese gesteigerte Produktivkraft nicht durch vermehrte Arbeitsausgabe auf der andren Seite erkauft wird. Gleich jedem andren Bestandteil des konstanten Kapitals schafft die Maschinerie keinen Wert, gibt aber ihren eignen Wert an das Produkt ab, zu dessen Erzeugung sie dient. Soweit sie Wert hat und daher Wert auf das Produkt überträgt, bildet sie einen Wertbestandteil desselben. Statt es zu verwohlfeilern, verteuert sie es im Verhältnis zu ihrem eignen Wert. Und es ist handgreiflich, daß Maschine und systematisch entwickelte Maschinerie, das charakteristische Arbeitsmittel der großen Industrie, unverhältnismäßig an Wert schwillt, verglichen mit den Arbeitsmitteln des Handwerks- und Manufakturbetriebs.

Es ist nun zunächst zu bemerken, daß die Maschinerie stets ganz in den Arbeitsprozeß und immer nur teilweis in den Verwertungsprozeß eingeht. Sie setzt nie mehr Wert zu, als sie im Durchschnitt durch ihre Abnutzung verliert. Es findet also große Differenz statt zwischen dem Wert der Maschinen und dem periodisch von ihr auf das Produkt übertragnen Wertteil. Es findet eine große Differenz statt zwischen der Maschine als wertbildendem und als produktbildendem Element. Je größer die Periode, während welcher dieselbe Maschinerie wiederholt in demselben Arbeitsprozeß dient, desto größer jene Differenz. Allerdings haben wir gesehn, daß jedes eigentliche Arbeitsmittel oder Produk-

[108] Die Wissenschaft kostet dem Kapitalisten überhaupt „nichts“, was ihn durchaus nicht hindert, sie zu exploitieren. Die „fremde“ Wissenschaft wird dem Kapital einverleibt wie fremde Arbeit. „Kapitalistische“ Aneignung und „persönliche“ Aneignung, sei es von Wissenschaft, sei es von materiellem Reichtum, sind aber ganz und gar disparate Dinge. Dr. Ure selbst bejammerte die grobe Unbekanntschaft seiner lieben, Maschinen exploitierenden Fabrikanten mit der Mechanik, und Liebig weiß von der haarsträubenden Unwissenheit der englischen chemischen Fabrikanten in der Chemie zu erzählen.

tionsinstrument immer ganz in den Arbeitsprozeß und stets nur stückweis, im Verhältnis zu seinem täglichen Durchschnittsverschleiß, in den Verwertungsprozeß eingeht. Diese Differenz jedoch zwischen Benutzung und Abnutzung ist viel größer bei der Maschinerie als bei dem Werkzeug, weil sie, aus dauerhafterem Material gebaut, länger lebt, weil ihre Anwendung, durch streng wissenschaftliche Gesetze geregelt, größre Ökonomie in der Verausgabung ihrer Bestandteile und ihrer Konsumtionsmittel ermöglicht, und endlich, weil ihr Produktionsfeld unverhältnismäßig größer ist als das des Werkzeugs. Ziehn wir von beiden, von Maschinerie und Werkzeug, ihre täglichen Durchschnittskosten ab oder den Wertbestandteil, den sie durch täglichen Durchschnittsverschleiß und den Konsum von Hilfsstoffen, wie Öl, Kohlen usw., dem Produkt zusetzen, so wirken sie umsonst, ganz wie ohne Zutun menschlicher Arbeit vorhandne Naturkräfte. Um soviel größer der produktive Wirkungsumfang der Maschinerie als der des Werkzeuge, um soviel größer ist der Umfang ihres unentgeltlichen Dienstes, verglichen mit dem des Werkzeugs. Erst in der großen Industrie lernt der Mensch, das Produkt seiner vergangnen, bereits vergegenständlichten Arbeit auf großem Maßstab gleich einer Naturkraft umsonst wirken zu lassen.[109]

Es ergab sich bei Betrachtung der Kooperation und Manufaktur, daß gewisse allgemeine Produktionsbedingungen, wie Baulichkeiten usw., im Vergleich mit den zersplitterten Produktionsbedingungen vereinzelter Arbeiter durch den gemeinsamen Konsum ökonomisiert werden, daher das Produkt weniger verteuern. Bei der Maschinerie wird nicht nur der Körper einer Arbeitsmaschine von ihren vielen Werkzeugen, sondern dieselbe Bewegungsmaschine nebst einem Teil des Transmissionsmechanismus von vielen Arbeitsmaschinen gemeinsam verbraucht.

Gegeben die Differenz zwischen dem Wert der Maschinerie und dem auf ihr Tagesprodukt übertragnen Wertteil, hängt der Grad, worin dieser Wertteil das Produkt verteuert, zunächst vom Umfang des Produkts ab, gleichsam von seiner Oberfläche. Herr Baynes aus Blackburn schätzt in einer 1857 veröffentlichten Vorlesung, daß

> „jede reale[109a] mechanische Pferdekraft 450 selfacting Mulespindeln nebst Vorgeschirr treibt oder 200 Throstlespindeln oder 15 Webstühle für 40 inch cloth nebst den Vorrichtungen zum Aufziehn der Kette, Schlichten usw.“

---

[109] Ricardo faßt diese, übrigens von ihm ebensowenig wie der allgemeine Unterschied zwischen Arbeitsprozeß und Verwertungsprozeß entwickelte Wirkung der Maschinen manchmal so vorzugsweise ins Auge, daß er gelegentlich den Wertbestandteil vergißt, den Maschinen an das Produkt abgeben, und sie ganz und gar mit den Naturkräften zusammenwirft. So z. B. „Adam Smith unterschätzt nirgends die Dienste, die Naturkräfte und Maschinerie uns leisten, aber er unterscheidet sehr richtig die Natur des Wertes, den sie den Waren zusetzen ... da sie ihre Arbeit kostenlos tun, setzt ihr uns geleisteter Beistand dem Tauschwert nichts zu“. (Ricardo, l.c.p. 336, 337.) Ricardos Bemerkung ist natürlich richtig gegen J. B. Say, der sich vorfaselt, die Maschinen leisteten den „Dienst“, Wert zu schaffen, der Teil des „Profits“ bilde.

[109a] [Note zur 3. Aufl. – Eine „Pferdekraft“ ist gleich der Kraft von 33.000 Fußpfund in der Minute,

Es ist im ersten Fall das Tagesprodukt von 450 Mulespindeln, im zweiten von 200 Throstlespindeln, im dritten von 15 mechanischen Webstühlen, worüber sich die täglichen Kosten einer Dampfpferdekraft und der Verschleiß der von ihr in Bewegung gesetzten Maschinerie verteilen, so daß hierdurch auf eine Unze Garn oder eine Elle Geweb nur ein winziger Wertteil übertragen wird. Ebenso im obigen Beispiel mit dem Dampfhammer. Da sich sein täglicher Verschleiß, Kohlenkonsum usw. verteilen auf die furchtbaren Eisenmassen, die er täglich hämmert, hängt sich jedem Zentner Eisen nur ein geringer Wertteil an, der sehr groß wäre, sollte das zyklopische Instrument kleine Nägel eintreiben.

Den Wirkungskreis der Arbeitsmaschine, also die Anzahl ihrer Werkzeuge, oder, wo es sich um Kraft handelt, deren Umfang gegeben, wird die Produktenmasse von der Geschwindigkeit abhängen, womit sie operiert, also z. B. von der Geschwindigkeit, womit sich die Spindel dreht, oder der Anzahl Schläge, die der Hammer in einer Minute austeilt. Manche jener kolossalen Hämmer geben 70 Schläge, Ryders Schmiedepatentmaschine, die Dampfhämmer in kleineren Dimensionen zum Schmieden von Spindeln anwendet, 700 Schläge in einer Minute.

Die Proportion gegeben, worin die Maschinerie Wert auf das Produkt überträgt, hängt die Größe dieses Wertteils von ihrer eignen Wertgröße ab.[110] Je

---

d. h. der Kraft, die 33.000 Pfund in der Minute um 1 Fuß (englisch) hebt oder 1 Pfund um 33.000 Fuß. Dies ist die oben gemeinte Pferdekraft. In der gewöhnlichen Geschäftssprache und auch hie und da in Zitaten dieses Buchs wird aber unterschieden zwischen „nominellen" und „kommerziellen" oder „indizierten" Pferdekräften derselben Maschine. Die alte oder nominelle Pferdekraft wird berechnet ausschließlich aus Kolbenhub und Zylinderdurchmesser und läßt Dampfdruck und Kolbengeschwindigkeit ganz außer Berücksichtigung. D. h., faktisch sagt sie aus: Diese Dampfmaschine hat z. B. 50 Pferdekraft, wenn sie mit demselben schwachen Dampfdruck und derselben geringen Kolbengeschwindigkeit getrieben wird wie zur Zeit von Boulton und Watt. Letztere beiden Faktoren sind aber seitdem enorm gewachsen. Um die von einer Maschine heute wirklich gelieferte mechanische Kraft zu messen, wurde der Indikator erfunden, der den Dampfdruck anzeigt. Die Kolbengeschwindigkeit läßt sich leicht feststellen. So ist das Maß der „indizierten" oder „kommerziellen" Pferdekraft einer Maschine eine mathematische Formel, welche Zylinderdurchmesser, Höhe des Kolbenhubs, Kolbengeschwindigkeit und Dampfdruck gleichzeitig berücksichtigt und damit anzeigt, wievielmal die Maschine in der Minute 33.000 Fußpfund wirklich leistet. Eine nominelle Pferdekraft kann daher in Wirklichkeit drei, vier, selbst fünf indizierte oder wirkliche Pferdekräfte leisten. Dies zur Erklärung verschiedner späterer Zitate. – F. E.]

110 Der in kapitalistischen Vorstellungen befangne Leser vermißt hier natürlich den „Zins", den die Maschine, pro rata ihres Kapitalwerts, dem Produkt zusetzt. Es ist jedoch leicht einzusehn, daß die Maschine, da sie so wenig als irgendein andrer Bestandteil des konstanten Kapitals Neuwert erzeugt, keinen solchen unter dem Namen „Zins" zusetzen kann. Es ist ferner klar, daß hier, wo es sich um die Produktion des Mehrwerts handelt, kein Teil desselben unter dem Namen „Zins" a priori vorausgesetzt werden kann. Die kapitalistische Rechnungsweise, die prima facie abgeschmackt und den Gesetzen der Wertbildung widersprechend scheint, findet im Dritten Buch dieser Schrift ihre Erklärung.

weniger Arbeit sie selbst enthält, desto weniger Wert setzt sie dem Produkt zu. Je weniger Wert abgebend, desto produktiver ist sie und desto mehr nähert sich ihr Dienst dem der Naturkräfte. Die Produktion der Maschinerie durch Maschinerie verringert aber ihren Wert, verhältnismäßig zu ihrer Ausdehnung und Wirkung.

Eine vergleichende Analyse der Preise handwerks- oder manufakturmäßig produzierter Waren und der Preise derselben Waren als Maschinenprodukt ergibt im allgemeinen das Resultat, daß beim Maschinenprodukt der dem Arbeitsmittel geschuldete Wertbestandteil relativ wächst, aber absolut abnimmt. Das heißt, seine absolute Größe nimmt ab, aber seine Größe im Verhältnis zum Gesamtwert des Produkts, z. B. eines Pfundes Garns, nimmt zu.[111]

Es ist klar, daß bloßes Deplacement der Arbeit stattfindet, also die Gesamtsumme der zur Produktion einer Ware erheischten Arbeit nicht vermindert oder die Produktivkraft der Arbeit nicht vermehrt wird, wenn die Produktion einer Maschine so viel Arbeit kostet, als ihre Anwendung erspart. Die Differenz jedoch zwischen der Arbeit, die sie kostet, und der Arbeit, die sie erspart, oder der Grad ihrer Produktivität hängt offenbar nicht ab von der Differenz zwischen ihrem eignen Wert und dem Wert des von ihr ersetzten Werkzeugs. Die Differenz dauert so lange, als die Arbeitskosten der Maschine und daher der von ihr dem Produkt zugesetzte Wertteil kleiner bleiben als der Wert, den der Arbeiter mit seinem Werkzeug dem Arbeitsgegenstand zusetzen würde. Die Produktivität der Maschinen mißt sich daher an dem Grad, worin sie menschliche Arbeits-

[111] Dieser von der Maschine zugesetzte Wertbestandteil fällt absolut und relativ, wo sie Pferde verdrängt, überhaupt Arbeitstiere, die nur als Bewegungskraft, nicht als Stoffwechselmaschinen benutzt werden. Nebenbei bemerkt, Descartes mit seiner Definition der Tiere als bloßer Maschinen sieht mit den Augen der Manufakturperiode im Unterschied zum Mittelalter, dem das Tier als Gehilfe des Menschen galt, wie später wieder dem Herrn v. Haller in seiner „Restauration der Staatswissenschaften". Daß Descartes ebenso wie Baco eine veränderte Gestalt der Produktion und praktische Beherrschung der Natur durch den Menschen als Resultat der veränderten Denkmethode betrachtete, zeigt sein „Discours de la Méthode", wo es u. a. heißt: „Es ist möglich" (durch die von ihm in die Philosophie eingeführte Methode), „zu Kenntnissen zu gelangen, die für das Leben sehr nützlich sind, und an Stelle jener spekulativen Philosophie, die man in den Schulen lehrt, eine praktische Philosophie zu finden, durch die wir die Kräfte und die Wirksamkeit des Feuers, des Wassers, der Luft, der Gestirne und aller anderen uns umgebenden Körper – indem wir sie ebenso genau kennen wie die verschiedenen Gewerbe unserer Handwerker – auch ebenso zu all den Gebrauchszwecken verwenden könnten, für die sie geeignet sind, und uns so zu Meistern und Besitzern der Natur machen können", und so „zur Vervollkommnung des menschlichen Lebens beitragen." In der Vorrede zu Sir Dudley Norths, „Discourses upon Trade" (1691) heißt es, die Methode des Descartes, auf die politische Ökonomie angewandt, habe sie von alten Märchen und abergläubischen Vorstellungen über Geld, Handel usw. zu befreien angefangen. Im Durchschnitt schließen sich jedoch die englischen Ökonomen der frühern Zeit an Baco und Hobbes als ihre Philosophen an, während Locke später „der Philosoph" κατ᾽ ἐξοχήν der politischen Ökonomie für England, Frankreich und Italien ward.

kraft ersetzt. Nach Herrn Baynes kommen auf 450 Mulespindeln nebst Vormaschinerie, die von einer Dampfpferdekraft getrieben werden, $2^1/_2$ Arbeiter[112] und werden mit jeder selfacting mule spindle bei zehnstündigem Arbeitstag 13 Unzen Garn (Durchschnittsnummer), also wöchentlich $365^5/_8$ Pfund Garn von $2^1/_2$ Arbeitern gesponnen. Bei ihrer Verwandlung in Garn absorbieren ungefähr 366 Pfund Baumwolle (wir sehn der Vereinfachung halber vom Abfall ab) also nur 150 Arbeitsstunden oder 15 zehnstündige Arbeitstage, während mit dem Spinnrad, wenn der Handspinner 13 Unzen Garn in 60 Stunden liefert, dasselbe Quantum Baumwolle 2700 Arbeitstage von 10 Stunden oder 27.000 Arbeitsstunden absorbieren würde.[113] Wo die alte Methode des blockprinting oder der Handkattundruckerei durch Maschinendruck verdrängt ist, druckt eine einzige Maschine mit dem Beistand eines Mannes oder Jungen so viel vierfarbigen Kattun in einer Stunde wie früher 200 Männer.[114] Bevor Eli Whitney 1793 den cottongin erfand, kostete die Trennung eines Pfundes Baumwolle vom Samen einen Durchschnittsarbeitstag. Infolge seiner Erfindung konnten täglich 100 Pfd. Baumwolle von einer Negerin gewonnen werden und die Wirksamkeit des gin ward seitdem noch bedeutend erhöht. Ein Pfund Baumwollfaser, früher zu 50 Cents produziert, wird später mit größrem Profit, d. h. mit Einschluß von mehr unbezahlter Arbeit, zu 10 Cents verkauft. In Indien wendet man zur Trennung der Faser vom Samen ein halbmaschinenartiges Instrument an, die Churka, womit ein Mann und eine Frau täglich 28 Pfd. reinigen. Mit der von Dr. Forbes vor einigen Jahren erfundnen Churka produzieren 1 Mann und 1 Junge täglich 250 Pf.; wo Ochsen, Dampf oder Wasser als Triebkräfte gebraucht werden, sind nur wenige Jungen und Mädchen als feeders (Handlanger des Materials für die Maschine) erheischt. Sechzehn dieser Maschinen, mit Ochsen getrieben, verrichten täglich das frühere Durchschnittstagewerk von 750 Leuten.[115]

Wie bereits erwähnt, verrichtet die Dampfmaschine, beim Dampfpflug, in einer Stunde zu 3 d. oder ¼ sh. so viel Werk wie 66 Menschen zu 15 sh. per Stunde. Ich komme auf dieses Beispiel zurück gegen eine falsche Vorstellung.

---

112 Nach einem Jahresbericht der Handelskammer zu Essen (Okt. 1863) produzierte 1862 die Kruppsche Gußstahlfabrik mittelst 161 Schmelz-, Glüh- und Zementöfen, 32 Dampfmaschinen (im Jahr 1800 war das ungefähr die Gesamtzahl der in Manchester angewandten Dampfmaschinen) und 14 Dampfhämmern, welche zusammen 1236 Pferdekraft repräsentieren, 49 Schmiedeessen, 203 Werkzeugmaschinen und zirka 2400 Arbeitern – 13 Millionen Pfund Gußstahl. Hier noch nicht 2 Arbeiter auf 1 Pferdekraft.

113 Babbage berechnet, daß in Java 117% dem Baumwollwert fast nur durch die Spinnarbeit zugesetzt werden. Zur selben Zeit (1832) betrug in England der Gesamtwert, den Maschinerie und Arbeit der Baumwolle bei der Feinspinnerei zusetzten, ungefähr 33% auf den Wert des Rohmaterials. („On the Economy of Machinery", p. 165, 166.)

114 Beim Maschinendruck außerdem Farbe erspart.

115 Vgl. „Paper read by Dr. Watson, Reporter on Products to the Government of India, before the Society of Arts", 17. April 1860.

Die 15 sh. sind nämlich keineswegs der Ausdruck der während einer Stunde von den 66 Menschen zugefügten Arbeit. War das Verhältnis von Mehrarbeit zu notwendiger Arbeit 100%, so produzierten diese 66 Arbeiter per Stunde einen Wert von 30 sh., obgleich sich nur 33 Stunden in einem Äquivalent für sie selbst, d. h. im Arbeitslohn von 15 sh. darstellen. Gesetzt also, eine Maschine koste ebensoviel als der Jahreslohn von 150 durch sie verdrängten Arbeitern, sage 3000 Pfd. St., so sind 3000 Pfd. St. keineswegs der Geldausdruck der von 150 Arbeitern gelieferten und dem Arbeitsgegenstand zugesetzten Arbeit, sondern nur des Teils ihrer Jahresarbeit, der sich für sie selbst in Arbeitslohn darstellt. Dagegen drückt der Geldwert der Maschine von 3000 Pfd. St. alle während ihrer Produktion verausgabte Arbeit aus, in welchem Verhältnis immer diese Arbeit Arbeitslohn für den Arbeiter und Mehrwert für den Kapitalisten bilde. Kostet die Maschine also ebensoviel als die von ihr ersetzte Arbeitskraft, so ist die in ihr selbst vergegenständlichte Arbeit stets viel kleiner als die von ersetzte lebendige Arbeit.[116]

Ausschließlich als Mittel zur Verwohlfeilerung des Produkts betrachtet, ist die Grenze für den Gebrauch der Maschinerie darin gegeben, daß ihre eigne Produktion weniger Arbeit kostet, als ihre Anwendung Arbeit ersetzt. Für das Kapital jedoch drückt sich diese Grenze enger aus. Da es nicht die angewandte Arbeit zahlt, sondern den Wert der angewandten Arbeitskraft, wird ihm der Maschinengebrauch begrenzt durch die Differenz zwischen dem Maschinenwert und dem Wert der von ihr ersetzten Arbeitskraft. Da die Teilung des Arbeitstags in notwendige Arbeit und Mehrarbeit in verschiednen Ländern verschieden ist, ebenso in demselben Lande zu verschiednen Perioden oder während derselben Periode in verschiednen Geschäftszweigen; da ferner der wirkliche Lohn des Arbeiters bald unter den Wert seiner Arbeitskraft sinkt, bald über ihn steigt, kann die Differenz zwischen dem Preise der Maschinerie und dem Preise der von ihr zu ersetzenden Arbeitskraft sehr variieren, wenn auch die Differenz zwischen dem zur Produktion der Maschine nötigen Arbeitsquantum und dem Gesamtquantum der von ihr ersetzten Arbeit dieselbe bleibt.[116a] Es ist aber nur die erstere Differenz, welche die Produktionskosten der Ware für den Kapitalisten selbst bestimmt und ihn durch die Zwangsgesetze der Konkurrenz beeinflußt. Es werden daher heute Maschinen in England erfunden, die nur in Nordamerika angewandt werden, wie Deutschland im 16. und 17. Jahrhundert Maschinen erfand, die nur Holland anwandte, und wie manche französische Erfindung des 18. Jahrhunderts nur in England ausgebeutet ward.

116 „Diese stummen Agenten" (die Maschinen) „sind immer das Produkt von viel weniger Arbeit als jene, die sie verdrängen, selbst dann, wenn sie gleichen Geldwert haben." (Ricardo, l.c.p. 40.)

116a Note zur 2. Ausgabe. In einer kommunistischen Gesellschaft hätte daher die Maschinerie einen ganz andren Spielraum als in der bürgerlichen Gesellschaft.

Die Maschine selbst produziert in älter entwickelten Ländern durch ihre Anwendung auf einige Geschäftszweige in andren Zweigen solchen Arbeitsüberfluß (redundancy of labour, sagt Ricardo), daß hier der Fall des Arbeitslohns unter den Wert der Arbeitskraft den Gebrauch der Maschinerie verhindert und ihn vom Standpunkt des Kapitals, dessen Gewinn ohnehin aus der Vermindrung nicht der angewandten, sondern der bezahlten Arbeit entspringt, überflüssig, oft unmöglich macht. In einigen Zweigen der englischen Wollmanufaktur ist während der letzten Jahre die Kinderarbeit sehr vermindert, hier und da fast verdrängt worden. Warum? Der Fabrikakt ernötigte eine doppelte Kinderreihe, von denen je eine 6, die andre 4 Stunden, oder jede nur 5 Stunden arbeitet. Die Eltern wollten aber die half-times (Halbzeitler) nicht wohlfeiler verkaufen als früher die full-times (Vollzeitler). Daher Ersetzung der half-times durch Maschinerie.[117] Vor dem Verbot der Arbeit von Weibern und Kindern (unter 10 Jahren) in Minen fand das Kapital die Methode, nackte Weiber und Mädchen, oft mit Männern zusammengebunden in Kohlen- und andren Minen zu vernutzen, so übereinstimmend mit seinem Moralkodex und namentlich auch seinem Hauptbuch, daß es erst nach dem Verbot zur Maschinerie griff. Die Yankees haben Maschinen zum Steinklopfen erfunden. Die Engländer wenden sie nicht an, weil der „Elende" („wretch" ist Kunstausdruck der englischen politischen Ökonomie für den Agrikulturarbeiter), der diese Arbeit verrichtet, einen so geringen Teil seiner Arbeit bezahlt erhält, daß Maschinerie die Produktion für den Kapitalisten verteuern würde.[118] In England werden gelegentlich statt der Pferde immer noch Weiber zum Ziehn usw. bei den Kanalbooten verwandt[119], weil die zur Produktion von Pferden und Maschinen erheischte Arbeit ein mathematisch gegebenes Quantum, die zur Erhaltung von Weibern der Surpluspopulation dagegen unter aller Berechnung steht. Man findet daher nirgendwo schamlosere Verschwendung von Menschenkraft für Lumpereien, als gerade in England, dem Land der Maschinen.

[117] „Die Anwender der Arbeit wollen nicht unnötig zwei Schichten von Kindern unter dreizehn in Dienst nehmen ... Eine Gruppe von Fabrikanten, die Spinner von Wollgarn, verwendet tatsächlich heute selten Kinder unter dreizehn Jahren, d. h. Halbzeitler. Sie haben verbesserte und neue Maschinen verschiedener Art eingeführt, durch die eine Verwendung von Kindern" (d. h. unter 13 J.) „ganz überflüssig wurde; als Beispiel will ich zur Illustration für diese Verminderung der Zahl der Kinder einen Arbeitsprozeß erwähnen, bei dem an die bestehenden Maschinen ein Apparat, genannt Anstückmaschine, angeschlossen wurde, durch den die Arbeit von sechs oder vier Halbzeitlern, je nach der Beschaffenheit der einzelnen Maschine, von einer jugendlichen Person" (über 13 J.) „geleistet werden kann ... Das Halbzeitsystem" stimulierte „die Erfindung der Anstückmaschine." („Reports of Insp. of Fact. for 31st Oct. 1858".)

[118] „Maschinerie ... kann häufig solange nicht verwendet werden, solange die Arbeit" (er meint Lohn) „nicht steigt." (Ricardo, l.c.p. 479.)

[119] Sieh „Report of the Social Science Congress at Edinburgh. Octob. 1863".

3. Nächste Wirkungen des maschinenmäßigen Betriebs auf den Arbeiter

Den Ausgangspunkt der großen Industrie bildet, wie gezeigt, die Revolution des Arbeitsmittels, und das umgewälzte Arbeitsmittel erhält seine meist entwickelte Gestalt im gegliederten Maschinensystem der Fabrik. Bevor wir zusehn, wie diesem objektiven Organismus Menschenmaterial einverleibt wird, betrachten wir einige allgemeine Rückwirkungen jener Revolution auf den Arbeiter selbst.

a) Aneignung zuschüssiger Arbeitskräfte durch das Kapital. Weiber- und Kinderarbeit

Sofern die Maschinerie Muskelkraft entbehrlich macht, wird sie zum Mittel, Arbeiter ohne Muskelkraft oder von unreifer Körperentwicklung, aber größrer Geschmeidigkeit der Glieder anzuwenden. Weiber- und Kinderarbeit war daher das erste Wort der kapitalistischen Anwendung der Maschinerie! Dies gewaltige Ersatzmittel von Arbeit und Arbeitern verwandelte sich damit sofort in ein Mittel, die Zahl der Lohnarbeiter zu vermehren durch Einreihung aller Mitglieder der Arbeiterfamilie, ohne Unterschied von Geschlecht und Alter, unter die unmittelbare Botmäßigkeit des Kapitals. Die Zwangsarbeit für den Kapitalisten usurpierte nicht nur die Stelle des Kinderspiels, sondern auch der freien Arbeit im häuslichen Kreis, innerhalb sittlicher Schranke, für die Familie selbst.[120]

Der Wert der Arbeitskraft war bestimmt nicht nur durch die zur Erhaltung des individuellen erwachsnen Arbeiters, sondern durch die zur Erhaltung der Arbeiterfamilie nötige Arbeitszeit. Indem die Maschinerie alle Glieder der Arbeiterfamilie auf den Arbeitsmarkt wirft, verteilt sie den Wert der Arbeitskraft des Mannes über seine ganze Familie. Sie entwertet daher seine Arbeitskraft. Der Ankauf der in 4 Arbeitskräfte z. B. parzellierten Familie kostet vielleicht mehr als früher der Ankauf der Arbeitskraft des Familienhaupts, aber dafür treten 4 Arbeitstage an die Stelle von einem, und ihr Preis fällt im Verhältnis zum Über-

---

[120] Dr. Edward Smith wurde während der den Amerikanischen Bürgerkrieg begleitenden Baumwollkrise von der englischen Regierung nach Lancashire, Cheshire usw. geschickt, zur Berichterstattung über den Gesundheitszustand der Baumwollarbeiter. Er berichtet u. a.: Hygienisch habe die Krise, abgesehn von der Verbannung der Arbeiter aus der Fabrikatmosphäre, vielerlei andre Vorteile. Die Arbeiterfrauen fänden jetzt die nötige Muße, ihren Kindern die Brust zu reichen, statt sie mit Godfrey's Cordial (einem Opiat) zu vergiften. Sie hätten die Zeit gewonnen, kochen zu lernen. Unglücklicherweise fiel diese Kochkunst in einen Augenblick, wo sie nichts zu essen hatten. Aber man sieht, wie das Kapital die für die Konsumtion nötige Familienarbeit usurpiert hat zu seiner Selbstverwertung. Ebenso wurde die Krise benutzt, um in eignen Schulen die Töchter der Arbeiter nähen zu lehren. Eine amerikanische Revolution und eine Weltkrise erheischt, damit die Arbeitermädchen, die für die ganze Welt spinnen, nähen lernen!

schuß der Mehrarbeit der vier über die Mehrarbeit des einen. Vier müssen nun nicht nur Arbeit, sondern Mehrarbeit für das Kapital liefern, damit eine Familie lebe. So erweitert die Maschinerie von vornherein mit dem menschlichen Exploitationsmaterial, dem eigensten Ausbeutungsfeld des Kapitals[121], zugleich den Exploitationsgrad.

Sie revolutioniert ebenso von Grund aus die formelle Vermittlung des Kapitalverhältnisses, den Kontrakt zwischen Arbeiter und Kapitalist. Auf Grundlage des Warenaustausches war es erste Voraussetzung, daß sich Kapitalist und Arbeiter als freie Personen, als unabhängige Warenbesitzer, der eine Besitzer von Geld und Produktionsmitteln, der andre Besitzer von Arbeitskraft, gegenübertraten. Aber jetzt kauft das Kapital Unmündige oder Halbmündige. Der Arbeiter verkaufte früher seine eigne Arbeitskraft, worüber er als formell freie Person verfügte. Er verkauft jetzt Weib und Kind. Er wird Sklavenhändler.[122] Die Nachfrage nach Kinderarbeit gleicht oft auch in der Form der Nachfrage nach Negersklaven, wie man sie in amerikanischen Zeitungsinseraten zu lesen gewohnt war.

---

121 „Die Zahl der Arbeiter hat sehr zugenommen, weil man immer mehr Männer durch Frauenarbeit und vor allem Erwachsenen- durch Kinderarbeit ersetzt. Drei Mädchen im Alter von 13 Jahren mit Löhnen von 6 bis 8 sh. die Woche haben einen Mann reifen Alters mit einem Lohn von 18 bis 45 sh. verdrängt." (Th. de Quincey, „The Logic of Politic. Econ.", Lond. 1844, Note zu p. 147.) Da gewisse Funktionen der Familie, z. B. Warten und Säugen der Kinder usw., nicht ganz unterdrückt werden können, müssen die vom Kapital konfiszierten Familienmütter mehr oder minder Stellvertreter dingen. Die Arbeiten, welche der Familienkonsum erheischt, wie Nähen, Flicken usw., müssen durch Kauf fertiger Waren ersetzt werden. Der verminderten Ausgabe von häuslicher Arbeit entspricht also vermehrte Geldausgabe. Die Produktionskosten der Arbeiterfamilie wachsen daher und gleichen die Mehreinnahme aus. Es kommt hinzu, daß Ökonomie und Zweckmäßigkeit in Vernutzung und Bereitung der Lebensmittel unmöglich werden. Über diese von der offiziellen politischen Ökonomie verheimlichten Tatsachen findet man reichliches Material in den „Reports" der Fabrikinspektoren, der „Children's Employment Commission" und namentlich auch den „Reports on Public Health".

122 Im Kontrast zur großen Tatsache, daß die Beschränkung der Weiber- und Kinderarbeit in den englischen Fabriken von den erwachsnen männlichen Arbeitern dem Kapital aberobert wurde, findet man noch in den jüngsten Berichten der „Children's Employment Commission" wahrhaft empörende und durchaus sklavenhändlerische Züge der Arbeitereltern mit Bezug auf den Kinderschacher. Der kapitalistische Pharisäer aber, wie man aus denselben „Reports" sehn kann, denunziert diese von ihm selbst geschaffne, verewigte und exploitierte Bestialität, die er sonst „Freiheit der Arbeit" tauft. „Arbeit von kleinen Kindern wurde zu Hilfe genommen ... sogar um für ihr eigen täglich Brot zu arbeiten. Ohne die Kraft, eine so über alles Maß schwere Arbeit zu ertragen, ohne Belehrung, die ihrer künftigen Lebensführung zustatten käme, wurden sie in eine physisch und moralisch verseuchte Umgebung hineingestoßen. Der jüdische Historiker hat über die Zerstörung Jerusalems durch Titus die Bemerkung gemacht, es sei kein Wunder gewesen, daß die Stadt vernichtet, ja so völlig vernichtet worden sei, wenn eine unmenschliche Mutter ihren eigenen Sprößling opferte, um die Gier hemmungslosen Hungers zu stillen." („Public Economy Concentrated", Carlisle 1833, p. 66.)

„Meine Aufmerksamkeit", sagt z. B. ein englischer Fabrikinspektor, „wurde gelenkt auf eine Annonce in dem Lokalblatt einer der bedeutendsten Manufakturstädte meines Distrikts, wovon folgendes die Kopie: Gebraucht 12 bis 20 Jungen, nicht jünger, als was für 13 Jahre passieren kann. Lohn 4 sh. per Woche. Anzufragen etc."[123]

Die Phrase „was für 13 Jahre passieren kann" bezieht sich darauf, daß nach dem Factory Act Kinder unter 13 Jahren nur 6 Stunden arbeiten dürfen. Ein amtlich qualifizierter Arzt (certifying surgeon) muß das Alter bescheinigen. Der Fabrikant verlangt also Jungen, die so aussehn, als ob sie schon dreizehnjährig. Die manchmal sprungweise Abnahme in der Anzahl der von Fabrikanten beschäftigten Kinder unter 13 Jahren, überraschend in der englischen Statistik der letzten 20 Jahre, war nach Aussage der Fabrikinspektoren selbst großenteils das Werk von certifying surgeons, welche das Kindesalter der Exploitationslust der Kapitalisten und dem Schacherbedürfnis der Eltern gemäß verschoben. In dem berüchtigten Londoner Distrikt von Bethnal Green wird jeden Montag und Dienstag morgen offner Markt gehalten, worin Kinder beiderlei Geschlechts vom 9. Jahre an sich selbst an die Londoner Seidenmanufakturen vermieten. „Die gewöhnlichen Bedingungen sind 1 sh. 8 d. die Woche (die den Eltern gehören) und 2 d. für mich selbst nebst Tee." Die Kontrakte gelten nur für die Woche. Die Szenen und die Sprache während der Dauer dieses Markts sind wahrhaft empörend.[124] Es kommt immer noch in England vor, daß Weiber „Jungen vom Workhouse nehmen und sie jedem beliebigen Käufer für 2 sh. 6 d. wöchentlich vermieten".[125] Trotz der Gesetzgebung werden immer noch mindestens 2000 Jungen in Großbritannien als lebendige Schornsteinfegermaschinen (obgleich Maschinen zu ihrem Ersatz existieren) von ihren eignen Eltern verkauft.[126] Die von der Maschinerie bewirkte Revolution im Rechtsverhältnis zwischen Käufer und Verkäufer der Arbeitskraft, so daß die ganze Transaktion selbst den Schein eines Kontrakts zwischen freien Personen verliert, bot dem englischen Parlament später den juristischen Entschuldigungsgrund für Staatseinmischung in das Fabrikwesen. Sooft das Fabrikgesetz die Kinderarbeit in bisher unangefochtnen Industriezweigen auf 6 Stunden beschränkt, ertönt stets neu der Fabrikantenjammer: ein Teil der Eltern entziehe die Kinder nun der gemaßregelten Industrie, um sie in solche zu verkaufen, wo noch „Freiheit der Arbeit" herrscht, d. h., wo Kinder unter 13 Jahren gezwungen werden, wie Erwachsne zu arbeiten, also auch teurer loszuschlagen sind. Da aber das Kapital von Natur ein Leveller ist, d. h. in allen Produktionssphären Gleichheit der Exploitations-

[123] A. Redgrave in „Reports of Insp. of Fact. for 31st October 1858", p. 40, 41.

[124] „Children's Employment Commission, V. Report", London 1866, p. 81, n. 31. [Zur 4 Aufl. – Die Seidenindustrie von Bethnal Green ist jetzt fast vernichtet. – F. E.]

[125] „Child. Employm. Comm., III. Report", Lond. 1864, p. 53, n. 15.

[126] l.c., „V. Report", p.XXII, n. 137.

bedingungen der Arbeit als sein angebornes Menschenrecht verlangt, wird die legale Beschränkung der Kinderarbeit in einem Industriezweig Ursache ihrer Beschränkung in dem andren.

Bereits früher wurde der physische Verderb der Kinder und jungen Personen angedeutet, wie der Arbeiterweiber, welche die Maschinerie erst direkt in den auf ihrer Grundlage aufschießenden Fabriken und dann indirekt in allen übrigen Industriezweigen der Exploitation des Kapitals unterwirft. Hier verweilen wir daher nur bei einem Punkt, der ungeheuren Sterblichkeit von Arbeiterkindern in ihren ersten Lebensjahren. In England gibt es 16 Registrationsdistrikte, wo im jährlichen Durchschnitt auf 100.000 lebende Kinder unter einem Jahr nur 9085 Todesfälle (in einem Distrikt nur 7047) kommen, in 24 Distrikten über 10.000, aber unter 11.000, in 39 Distrikten über 11.000, aber unter 12.000, in 48 Distrikten über 12.000, aber unter 13.000, in 22 Distrikten über 20.000, in 25 Distrikten über 21.000, in 17 über 22.000, in 11 über 23.000, in Hoo, Wolverhampton, Ashton-under-Lyne und Preston über 24.000, in Nottingham, Stockport und Bradford über 25.000, in Wisbeach 26.001 und in Manchester 26.125.[127] Wie eine offizielle ärztliche Untersuchung im Jahre 1861 nachwies, sind, von Lokalumständen abgesehn, die hohen Sterblichkeitsraten vorzugsweise der außerhäuslichen Beschäftigung der Mütter geschuldet und der daher entspringenden Vernachlässigung und Mißhandlung der Kinder, u. a. unpassender Nahrung, Mangel an Nahrung, Fütterung mit Opiaten usw., dazu die unnatürliche Entfremdung der Mütter gegen ihre Kinder, im Gefolge davon absichtliche Aushungerung und Vergiftung.[128] In solchen Agrikulturdistrikten, „wo ein Minimum weiblicher Beschäftigung existiert, ist dagegen die Sterblichkeitsrate am niedrigsten“[129]. Die Untersuchungskommission von 1861 ergab jedoch das unerwartete Resultat, daß in einigen an der Nordsee gelegnen rein ackerbauenden Distrikten die Sterblichkeitsrate von Kindern unter einem Jahr fast die der verrufensten Fabrikdistrikte erreichte. Dr. Julian Hunter wurde daher beauftragt, dies Phänomen an Ort und Stelle zu erforschen. Sein Bericht ist dem „VI. Report on Public Health“ einverleibt.[130] Man hatte bisher vermutet, Malaria und andre, niedrig gelegnen und sumpfigen Landstrichen eigentümliche Krankheiten dezimierten die Kinder. Die Untersuchung ergab das grade Gegenteil, nämlich,

---

127 „Sixth Report on Public Health“, Lond. 1864, p. 34.

128 „Sie“ (die Untersuchung von 1861) „... zeigte überdies, daß, während unter den beschriebenen Umständen die Kleinkinder an der Vernachlässigung und schlechten Behandlung zugrunde gehen, die durch die Arbeit ihrer Mütter bedingt sind, die Mütter in erschreckendem Ausmaß die natürlichen Regungen gegenüber ihren Sprößlingen verlieren – gewöhnlich kümmert sie deren Tod nicht sehr, und manchmal ... ergreifen sie direkte Maßnahmen, um ihn herbeizuführen.“ (l.c.)

129 l.c.p. 454.

130 l.c.p. 454-462. „Reports by Dr. Henry Julian Hunter on the excessive mortality of infants in some rural districts of England.“

„daß dieselbe Ursache, welche die Malaria vertrieb, nämlich die Verwandlung des Bodens aus Morast im Winter und dürftiger Weide im Sommer in fruchtbares Kornland, die außerordentliche Todesrate der Säuglinge schuf“[131].

Die 70 ärztlichen Praktiker, die Dr. Hunter in jenen Distrikten verhörte, waren „wunderbar einstimmig“ über diesen Punkt. Mit der Revolution der Bodenkultur wurde nämlich das industrielle System eingeführt.

„Verheiratete Weiber, die in Banden mit Mädchen und Jungen zusammen arbeiten, werden dem Pächter von einem Manne, welcher der ‚Gangmeister‘ heißt und die Banden im ganzen mietet, für eine bestimmte Summe zur Verfügung gestellt. Diese Banden wandern oft viele Meilen von ihren Dörfern weg, man trifft sie morgens und abends auf den Landstraßen, die Weiber bekleidet mit kurzen Unterröcken und entsprechenden Röcken und Stiefeln und manchmal Hosen, sehr kräftig und gesund von Aussehn, aber verdorben durch gewohnheitsmäßige Liederlichkeit und rücksichtslos gegen die unheilvollen Folgen, welche ihre Vorliebe für diese tätige und unabhängige Lebensart auf ihre Sprößlinge wälzt, die zu Haus verkümmern.“[132]

Alle Phänomene der Fabrikdistrikte reproduzieren sich hier, in noch höherm Grad versteckter Kindermord und Behandlung der Kinder mit Opiaten.[133]

„Meine Kenntnis der von ihr erzeugten Übel“, sagt Dr. Simon, der ärztliche Beamte des englischen Privy-Council und Redakteur en chef der Berichte über „Public Health“, „muß den tiefen Abscheu entschuldigen, womit ich jede umfassende industrielle Beschäftigung erwachsner Weiber betrachte.“[134] „Es wird“, ruft Fabrikinspektor R. Baker in einem offiziellen Bericht aus, „es wird in der Tat ein Glück für die Manufakturdistrikte Englands sein, wenn jeder verheirateten Frau, die Familie hat, verboten wird, in irgendeiner Fabrik zu arbeiten.“[135]

Die aus der kapitalistischen Exploitation der Weiber- und Kinderarbeit entspringende moralische Verkümmrung ist von F. Engels in seiner „Lage der arbeitenden Klasse Englands“ und von andren Schriftstellern so erschöpfend dargestellt worden, daß ich hier nur daran erinnere. Die intellektuelle Verödung

---

131 l.c.p. 35 u. p. 455, 456.

132 l.c.p. 456.

133 Wie in den englischen Fabrikdistrikten, so dehnt sich auch in den Agrikulturdistrikten der Opiumkonsum unter den erwachsnen Arbeitern und Arbeiterinnen täglich aus. „Den Verkauf von Opiaten voranzutreiben ... ist das große Ziel einiger unternehmender Großhändler. Von Drogisten werden sie als der gangbarste Artikel angesehen.“ (l.c.p. 459.) Säuglinge, die Opiate empfingen, „verschrumpelten in kleine alte Männchen oder verschrumpften zu kleinen Affen“. (l.c.p. 460.) Man sieht, wie Indien und China sich an England rächen.

134 l.c.p. 37.

135 „Reports of Insp. of Fact. for 31st Oct. 1862“, p. 59. Dieser Fabrikinspektor war früher Arzt.

aber, künstlich produziert durch die Verwandlung unreifer Menschen in bloße Maschinen zur Fabrikation von Mehrwert und sehr zu unterscheiden von jener naturwüchsigen Unwissenheit, welche den Geist in Brache legt ohne Verderb seiner Entwicklungsfähigkeit, seiner natürlichen Fruchtbarkeit selbst, zwang endlich sogar das englische Parlament in allen dem Fabrikgesetz unterworfnen Industrien, den Elementarunterricht zur gesetzlichen Bedingung für den „produktiven" Verbrauch von Kindern unter 14 Jahren zu machen. Der Geist der kapitalistischen Produktion leuchtete hell aus der liederlichen Redaktion der sog. Erziehungsklauseln der Fabrikakte, aus dem Mangel administrativer Maschinerie, wodurch dieser Zwangsunterricht großenteils wieder illusorisch wird, aus der Fabrikantenopposition selbst gegen dies Unterrichtsgesetz und aus ihren praktischen Kniffen und Schlichen zu seiner Umgehung.

> „Die Gesetzgebung allein ist zu tadeln, weil sie ein Truggesetz (delusive law) erlassen hat, das unter dem Schein, für die Erziehung der Kinder zu sorgen, keine einzige Bestimmung enthält, wodurch dieser vorgeschützte Zweck gesichert werden kann. Es bestimmt nichts, außer daß die Kinder für eine bestimmte Stundenzahl" (3 Stunden) „per Tag innerhalb der vier Wände eines Platzes, Schule benamst, eingeschlossen werden sollen und daß der Anwender des Kindes hierüber wöchentlich ein Zertifikat von einer Person erhalten muß, die sich als Schullehrer oder Schullehrerin mit ihrem Namen unterzeichnet."[136]

Vor dem Erlaß des amendierten Fabrikakts von 1844 waren Schulbesuchszertifikate nicht selten, die von Schulmeister oder Schulmeisterin mit einem Kreuz unterzeichnet wurden, da letztre selbst nicht schreiben konnten.

> „Beim Besuch, den ich einer solchen Zertifikate ausstellenden Schule abstattete, war ich so betroffen von der Unwissenheit des Schulmeisters, daß ich zu ihm sagte: „Bitte, mein Herr, können Sie lesen?" Seine Antwort war: ‚Ih jeh, Ebbes (summat).' Zu seiner Rechtfertigung fügte er hinzu: ‚Jedenfalls stehe ich vor meinen Schülern.'"

Während der Vorbereitung des Akts von 1844 denunzierten die Fabrikinspektoren den schmählichen Zustand der Plätze, Schulen benamst, deren Zertifikate sie als zu Gesetz vollgültig zulassen mußten. Alles was sie durchsetzten, war, daß seit 1844

> „die Zahlen im Schulzertifikat in der Handschrift des Schulmeisters ausgefüllt, ditto sein Vor- und Zuname von ihm selbst unterschrieben sein müssen".[137]

---

136 Leonard Horner in „Reports of Insp. of Fact. for 30th April 1857", p. 17.

137 id. in „Reports of Insp. of Fact. for 31st Oct. 1855", p. 18, 19.

Sir John Kincaid, Fabrikinspektor für Schottland, erzählt von ähnlichen amtlichen Erfahrungen.

„Die erste Schule, die wir besuchten, wurde von einer Mrs. Ann Killin gehalten. Auf meine Aufforderung, ihren Namen zu buchstabieren, machte sie gleich einen Schnitzer, indem sie mit dem Buchstaben C begann, aber sich sofort korrigierend sagte, ihr Name fange mit K an. Bei Ansicht ihrer Unterschrift in den Schulzertifikatbüchern bemerkte ich jedoch, daß sie ihn verschiedenartig buchstabierte, während die Handschrift keinen Zweifel über ihre Lehrunfähigkeit ließ. Auch gab sie selbst zu, sie könne das Register nicht führen ... In einer zweiten Schule fand ich das Schulzimmer 15 Fuß lang und 10 Fuß breit und zählte in diesem Raum 75 Kinder, die etwas Unverständliches herquiekten."[138] „Es sind jedoch nicht nur solche Jammerhöhlen, worin die Kinder Schulzertifikate, aber keinen Unterricht erhalten, denn in vielen Schulen, wo der Lehrer kompetent ist, scheitern seine Bemühungen fast ganz an dem sinnverwirrenden Knäuel von Kindern aller Alter, aufwärts von Dreijährigen. Sein Auskommen, elend im besten Fall, hängt ganz von der Zahl der Pence ab, empfangen von der größten Anzahl Kinder, die es möglich ist, in ein Zimmer zu stopfen. Dazu kommt spärliche Schulmöblierung, Mangel an Büchern und andrem Lehrmaterial und die niederschlagende Wirkung einer benauten und ekelhaften Luft auf die armen Kinder selbst. Ich war in vielen solchen Schulen, wo ich ganze Reihen Kinder sah, die absolut nichts taten; und dies wird als Schulbesuch bescheinigt, und solche Kinder figurieren in der offiziellen Statistik als erzogen (educated)."[139]

In Schottland suchen die Fabrikanten dem Schulbesuch unterworfne Kinder möglichst auszuschließen.

„Dies genügt, um die große Mißgunst der Fabrikanten gegen die Erziehungsklauseln zu beweisen."[140]

Grotesk-entsetzlich erscheint dies in den Kattun- usw. Druckereien, die durch ein eignes Fabrikgesetz geregelt sind. Nach den Bestimmungen des Gesetzes

„muß jedes Kind, bevor es in einer solchen Druckerei beschäftigt wird, Schule besucht haben für mindestens 30 Tage und nicht weniger als 150 Stunden während der 6 Monate, die dem ersten Tag seiner Beschäftigung unmittelbar vorhergehn. Während der Fortdauer seiner Beschäftigung in der Druckerei muß es Schule besuchen ebenfalls für eine Periode von 30 Tagen und 150 Stunden während jeder Wechselperiode von 6 Monaten ... Der Schulbesuch muß zwischen 8 Uhr morgens und 6 Uhr nachmittags stattfinden. Kein Besuch von weniger als $2^1/_2$ oder mehr als 5 Stunden an demselben Tag soll als Teil der 150 Stunden gezählt werden. Unter gewöhnlichen Umständen besuchen die Kinder die Schule

---

[138] Sir John Kincaid in „Reports of Insp. of Fact. for 31st Oct. 1858", p. 31, 32.

[139] Leonard Horner in „Reports etc. for 30th Apr. 1857", p. 17, 18.

[140] Sir J. Kincaid „Rep. Insp. Fact. 31st Oct. 1856", p. 66.

vormittags und nachmittags für 30 Tage, 5 Stunden per Tag, und nach Ablauf der 30 Tage, wenn die statutenmäßgie Gesamtsumme von 150 Stunden erreicht ist, wenn sie, in ihrer eignen Sprache zu reden, ihr Buch abgemacht haben, kehren sie zur Druckerei zurück, wo sie wieder 6 Monate bleiben, bis ein andrer Abschlagstermin des Schulbesuchs fällig wird, und dann bleiben sie wieder in der Schule, bis das Buch wieder abgemacht ist ... Sehr viele Jungen, welche die Schule während der vorschriftsmäßigen 150 Stunden besuchen, sind bei ihrer Rückkehr aus dem sechsmonatlichen Aufenthalt in der Druckerei gradeso weit wie im Anfang ... Sie haben natürlich alles wieder verloren, was sie durch den früheren Schulbesuch gewonnen hatten. In anderen Kattundruckereien wird der Schulbesuch ganz und gar abhängig gemacht von den Geschäftsbedürfnissen der Fabrik. Die erforderliche Stundenzahl wird vollgemacht während jeder sechsmonatlichen Periode durch Abschlagszahlungen von 3 bis 5 Stunden auf einmal, die vielleicht über 6 Monate zerstreut sind. Z. B. an einem Tage wird die Schule besucht von 8 bis 11 Uhr morgens, an einem andren Tage von 1 bis 4 Uhr nachmittags, und nachdem das Kind dann wieder für eine Reihe Tage weggeblieben, kommt es plötzlich wieder von 3 bis 6 Uhr nachmittags; dann erscheint es vielleicht für 3 oder 4 Tage hintereinander, oder für eine Woche, verschwindet dann wieder für 3 Wochen oder einen ganzen Monat und kehrt zurück an einigen Abfallstagen für einige Sparstunden, wenn seine Anwender seiner zufällig nicht bedürfen; und so wird das Kind sozusagen hin und her gepufft (buffeted) von der Schule in die Fabrik, von der Fabrik in die Schule, bis die Summe der 150 Stunden abgezählt ist."[141]

Durch den überwiegenden Zusatz von Kindern und Weibern zum kombinierten Arbeitspersonal bricht die Maschinerie endlich den Widerstand, den der männliche Arbeiter in der Manufaktur der Despotie des Kapitals noch entgegensetzte.[142]

[141] A. Redgrave in „Reports of Insp. of Fact. for 31st Oct. 1857", p. 41-43. In den englischen Industriezweigen, wo der eigentliche Fabrikakt (nicht der zuletzt im Text angeführte Print Work's Act) seit längerer Zeit herrscht, sind die Hindernisse gegen die Erziehungsklauseln in den letzten Jahren einigermaßen überwältigt worden. In den nicht dem Fabrikgesetz unterworfenen Industrien herrschen noch sehr die Ansichten des Glasfabrikanten J. Geddes, der den Untersuchungskommissär White dahin belehrt: „Soviel ich sehn kann, ist das größre Quantum Erziehung, welches ein Teil der Arbeiterklasse seit den letzten Jahren genoß, vom Übel. Es ist gefährlich, indem es sie zu unabhängig macht." („Children's Empl. Commission, IV. Report", London 1865, p. 253.)

[142] „Herr E., ein Fabrikant, unterrichtete mich, daß er ausschließlich Weiber bei seinen mechanischen Webstühlen beschäftigt; er gebe verheirateten Weibern den Vorzug, besonders solchen mit Familie zu Hause, die von ihnen für den Unterhalt abhängt; sie sind viel aufmerksamer und gelehriger als unverheiratete und zur äußersten Anstrengung ihrer Kräfte gezwungen, um die notwendigen Lebensmittel beizuschaffen. So werden die Tugenden, die eigentümlichen Tugenden des weiblichen Charakters, zu seinem Schaden verkehrt – so wird alles Sittliche und Zarte ihrer Natur zum Mittel ihrer Sklaverei und ihres Leidens gemacht." („Ten Hours' Factory Bill. The Speech of Lord Ashley, 15th March", London 1844, p. 20.)

b) Verlängrung des Arbeitstags

Wenn die Maschinerie das gewaltigste Mittel ist, die Produktivität der Arbeit zu steigern, d. h. die zur Produktion einer Ware nötige Arbeitszeit zu verkürzen, wird sie als Träger des Kapitals zunächst in den unmittelbar von ihr ergriffnen Industrien zum gewaltigsten Mittel, den Arbeitstag über jede naturgemäße Schranke hinaus zu verlängern. Sie schafft einerseits neue Bedingungen, welche das Kapital befähigen, dieser seiner beständigen Tendenz die Zügel frei schießen zu lassen, andrerseits neue Motive zur Wetzung seines Heißhungers nach fremder Arbeit.

Zunächst verselbständigt sich in der Maschinerie die Bewegung und Werktätigkeit des Arbeitsmittels gegenüber dem Arbeiter. Es wird an und für sich ein industrielles Perpetuum mobile, das ununterbrochen fortproduzieren würde, stieße es nicht auf gewisse Naturschranken in seinen menschlichen Gehilfen: ihre Körperschwäche und ihren Eigenwillen. Als Kapital, und als solches besitzt der Automat im Kapitalisten Bewußtsein und Willen, ist es daher mit dem Trieb begeistet, die widerstrebende, aber elastische menschliche Naturschranke auf den Minimalwiderstand einzuzwängen.[143] Dieser ist ohnehin vermindert durch die scheinbare Leichtigkeit der Arbeit an der Maschine und das füg- und biegsamere Weiber- und Kinderelement.[144]

Die Produktivität der Maschinerie steht, wie wir sahen, in umgekehrtem Verhältnis zur Größe des von ihr auf das Machwerk übertragnen Wertbestandteils. Je länger die Periode, worin sie funktioniert, desto größer die Produktenmasse, worüber sich der von ihr zugesetzte Wert verteilt, und desto kleiner der Wertteil, den sie der einzelnen Ware zufügt. Die aktive Lebensperiode der Maschinerie ist aber offenbar bestimmt durch die Länge des Arbeitstags oder die Dauer des

---

[143] „Seit der allgemeinen Einführung von kostspieligen Maschinen ist die menschliche Natur weit über ihre durchschnittliche Kraft beansprucht worden." (Robert Owen, „Observations on the effects of the manufacturing system", 2nd ed., London 1817.)

[144] Die Engländer, die gern die erste empirische Erscheinungsform einer Sache als ihren Grund betrachten, geben oft den großen herodischen Kinderraub, den das Kapital in den Anfängen des Fabriksystems an den Armen- und Waisenhäusern verübte und wodurch es sich ein ganz willenloses Menschenmaterial einverleibte, als Grund der langen Arbeitszeit in den Fabriken an. So z. B. Fielden, selbst englischer Fabrikant: „Es ist klar, daß die lange Arbeitszeit durch den Umstand herbeigeführt wurde, daß man eine so große Anzahl verlassener Kinder aus verschiednen Teilen des Landes bekommen hat, so daß die Fabrikherren von den Arbeitern unabhängig waren und sie, nachdem sie erst einmal mit Hilfe des auf diese Weise aufgetriebenen armseligen Menschenmaterials die lange Arbeitszeit zur Gewohnheit gemacht hatten, diese auch ihren Nachbarn leichter aufzwingen konnten." (J. Fielden, „The Curse of the Factory System", Lond. 1836, p. 11.) Mit Bezug auf Weiberarbeit sagt Fabrikinspektor Saunders im Fabrikbericht von 1844: „ Unter den Arbeiterinnen gibt es Frauen, die hintereinander für viele Wochen, mit Ausfall nur weniger Tage, von 6 Uhr morgens bis 12 Uhr nachts beschäftigt werden, mit weniger als 2 Stunden für Mahlzeiten, so daß ihnen für 5 Tage in der Woche von den 24 Tagesstunden nur 6 bleiben, um von und nach Haus zu gehn und im Bett auszuruhn."

täglichen Arbeitsprozesses, multipliziert mit der Anzahl Tage, worin er sich wiederholt.

Der Maschinenverschleiß entspricht keineswegs exakt mathematisch ihrer Benutzungszeit. Und selbst dies vorausgesetzt, umfaßt eine Maschine, die während $7^1/_2$ Jahren täglich 16 Stunden dient, eine ebenso große Produktionsperiode und setzt dem Gesamtprodukt nicht mehr Wert zu als dieselbe Maschine, die während 15 Jahren nur 8 Stunden täglich dient. Im erstren Fall aber wäre der Maschinenwert doppelt so rasch reproduziert als im letztren und der Kapitalist hätte vermittelst derselben in $7^1/_2$ Jahren so viel Mehrarbeit eingeschluckt als sonst in 15.

Der materielle Verschleiß der Maschine ist doppelt. Der eine entspringt aus ihrem Gebrauch, wie Geldstücke durch Zirkulation verschleißen, der andre aus ihrem Nichtgebrauch, wie ein untätig Schwert in der Scheide verrostet. Es ist dies ihr Verzehr durch die Elemente. Der Verschleiß erster Art steht mehr oder minder in direktem Verhältnis, der letztre zu gewissem Grad in umgekehrtem Verhältnis zu ihrem Gebrauch.[145]

Neben dem materiellen unterliegt die Maschine aber auch einem sozusagen moralischen Verschleiß. Sie verliert Tauschwert im Maße, worin entweder Maschinen derselben Konstruktion wohlfeiler reproduziert werden können oder beßre Maschinen konkurrierend neben sie treten.[146] In beiden Fällen ist ihr Wert, so jung und lebenskräftig sie sonst noch sein mag, nicht mehr bestimmt durch die tatsächlich in ihr selbst vergegenständlichte, sondern durch die zu ihrer eignen Reproduktion oder zur Reproduktion der beßren Maschine notwendige Arbeitszeit. Sie ist daher mehr oder minder entwertet. Je kürzer die Periode, worin ihr Gesamtwert reproduziert wird, desto geringer die Gefahr des moralischen Verschleißes, und je länger der Arbeitstag, um so kürzer jene Periode. Bei der ersten Einführung der Maschinerie in irgendeinen Produktionszweig folgen Schlag auf Schlag neue Methoden zu ihrer wohfeilern Reproduktion[147] und Verbeßrungen, die nicht nur einzelne Teile oder Apparate, sondern ihre ganze Konstruktion ergreifen. In ihrer ersten Lebensperiode wirkt daher dies besondre Motiv zur Verlängrung des Arbeitstags am akutesten.[148]

---

[145] „Der Anlaß ... zur Schädigung der empfindlichen beweglichen Teile des metallenen Mechanismus kann im Stillstand liegen." (Ure, l.c.p. 281.)

[146] Der schon früher erwähnte „Manchester Spinner" („Times", 26. Nov. 1862) zählt unter den Kosten der Maschinerie auf: „Er" (nämlich der „Abzug für Verschleiß der Maschinerie") „hat auch den Zweck, den Verlust zu decken, der fortgesetzt dadurch entsteht, daß Maschinen, bevor sie verschlissen sind, durch andre von neuer und besserer Konstruktion außer Gebrauch gesetzt werden."

[147] „Man schätzt im großen, daß eine einzige Maschine nach einem neuen Modell zu konstruieren fünfmal soviel kostet als die Rekonstruktion derselben Maschine nach demselben Modell." (Babbage, l.c.p. 211, 212.)

[148] „Seit einigen Jahren sind so bedeutende und zahlreiche Verbesserungen in der Tüllfabrikation

Unter sonst gleichbleibenden Umständen und bei gegebnem Arbeitstag erheischt Exploitation verdoppelter Arbeiteranzahl ebensowohl Verdopplung des in Maschinerie und Baulichkeiten ausgelegten Teils des konstanten Kapitals als des in Rohmaterial, Hilfsstoffen usw. ausgelegten. Mit verlängertem Arbeitstag dehnt sich die Stufenleiter der Produktion, während der in Maschinerie und Baulichkeiten ausgelegte Kapitalteil unverändert bleibt.[149] Nicht nur der Mehrwert wächst daher, sondern die zur Ausbeutung desselben notwendigen Auslagen nehmen ab. Zwar findet dies auch sonst mehr oder minder bei aller Verlängrung des Arbeitstags statt, fällt aber hier entscheidender ins Gewicht, weil der in Arbeitsmittel verwandelte Kapitalteil überhaupt mehr ins Gewicht fällt.[150] Die Entwicklung des Maschinenbetriebs bindet nämlich einen stets wachsenden Bestandteil des Kapitals in eine Form, worin es einerseits fortwährend verwertbar ist, andrerseits Gebrauchswert und Tauschwert verliert, sobald sein Kontakt mit der lebendigen Arbeit unterbrochen wird.

„Wenn", belehrte Herr Ashwort, ein englischer Baumwollmagnat, den Professor Nassau W. Senior,

> „wenn ein Ackersmann seinen Spaten niederlegt, macht er für diese Periode ein Kapital von 18 d. nutzlos. Wenn einer von unsren Leuten" (d. h. den Fabrikarbeitern) „die Fabrik verläßt, macht er ein Kapital nutzlos, das 100.000 Pfd. St. gekostet hat."[151]

Man denke nur! Ein Kapital, das 100.000 Pfd. St. gekostet hat, auch nur für einen Augenblick „nutzlos" zu machen! Es ist in der Tat himmelschreiend, daß einer unsrer Leute überhaupt jemals die Fabrik verläßt! Der wachsende Umfang

---

gemacht worden, daß eine gut erhaltne Maschine zum ursprünglichen Kostenpreis von 1200 Pfd. St. einige Jahre später zu 60 Pfd. St. verkauft wurde ... Die Verbeßrungen folgten sich mit solcher Geschwindigkeit, daß Maschinen unvollendet in der Hand ihrer Bauer blieben, weil sie durch glücklichere Erfindungen bereits veraltet waren." In dieser Sturm- und Drangperiode dehnten daher die Tüllfabrikanten bald die ursprüngliche Arbeitszeit von 8 Stunden mit doppelter Mannschaft auf 24 Stunden aus. (l.c.p. 233.)

149 „Es ist selbstverständlich, daß mit der Ebbe und Flut des Marktes und dem abwechselnden Wachsen und Schrumpfen der Nachfrage die Gelegenheiten ständig wiederkehren werden, wo der Fabrikant zusätzliches zirkulierendes Kapital anwenden kann, ohne zusätzliches fixes Kapital zu verwenden ... wenn zusätzliche Mengen an Rohmaterial ohne zusätzliche Ausgaben für Gebäude und Maschinerie verarbeitet werden können." (R. Torrens, „On Wages and Combination", Lond. 1834, p. 64.)

150 Der im Text erwähnte Umstand ist nur der Vollständigkeit wegen erwähnt, da ich erst im Dritten Buch die Profitrate, d. h. das Verhältnis des Mehrwerts zum vorgeschoßnen Gesamtkapital, behandle.

151 „When a labourer", said Mr. Ashworth, „lays down his spade, he renders useless, for that period, a capital worth 18 d. When one of our people leaves the mill, he renders useless a capital that has cost 100.000 pounds." (Senior, „Letters on the Factory Act", Lond. 1837, p. 14.)

der Maschinerie macht, wie der von Ashworth belehrte Senior einsieht, eine stets wachsende Verlängrung des Arbeitstags „wünschenswert".[152]

Die Maschine produziert relativen Mehrwert, nicht nur, indem sie die Arbeitskraft direkt entwertet und dieselbe indirekt durch Verwohlfeilerung der in ihre Reproduktion eingehenden Waren verwohlfeilert, sondern auch, indem sie bei ihrer ersten sporadischen Einführung die vom Maschinenbesitzer verwandte Arbeit in potenzierte Arbeit verwandelt, den gesellschaftlichen Wert des Maschinenprodukts über seinen individuellen Wert erhöht und den Kapitalisten so befähigt, mit geringrem Wertteil des Tagesprodukts den Tageswert der Arbeitskraft zu ersetzen. Während dieser Übergangsperiode, worin der Maschinenbetrieb eine Art Monopol bleibt, sind daher die Gewinne außerordentlich, und der Kapitalist sucht diese „erste Zeit der jungen Liebe" gründlichst auszubeuten durch möglichste Verlängrung des Arbeitstags. Die Größe des Gewinns wetzt den Heißhunger nach mehr Gewinn.

Mit der Verallgemeinerung der Maschinerie im selben Produktionszweig sinkt der gesellschaftliche Wert des Maschinenprodukts auf seinen individuellen Wert und macht sich das Gesetz geltend, daß der Mehrwert nicht aus den Arbeitskräften entspringt, welche der Kapitalist durch die Maschine ersetzt hat, sondern umgekehrt aus den Arbeitskräften, welche er an ihr beschäftigt. Der Mehrwert entspringt nur aus dem variablen Teil des Kapitals, und wir sahen, daß die Masse des Mehrwerts durch zwei Faktoren bestimmt ist, die Rate des Mehrwerts und die Anzahl der gleichzeitig beschäftigten Arbeiter. Bei gegebner Länge des Arbeitstags wird die Rate des Mehrwerts bestimmt durch das Verhältnis, worin der Arbeitstag in notwendige Arbeit und Mehrarbeit zerfällt. Die Anzahl der gleichzeitig beschäftigten Arbeiter hängt ihrerseits ab von dem Verhältnis des variablen Kapitalteils zum konstanten. Es ist nun klar, daß der Maschinenbetrieb, wie er immer durch Steigrung der Produktivkraft der Arbeit die Mehrarbeit auf Kosten der notwendigen Arbeit ausdehne, dies Resultat nur hervorbringt, indem er die Anzahl der von einem gegebnen Kapital beschäftigten Arbeiter vermindert. Er verwandelt einen Teil des Kapitals, der früher variabel war, d. h. sich in lebendige Arbeitskraft umsetzte, in Maschinerie, also in konstantes Kapital, das keinen Mehrwert produziert. Es ist unmöglich, z. B. aus zwei Arbeitern so viel Mehrwert auszupressen als aus 24. Wenn jeder der 24 Arbeiter

[152] „Das große Übergewicht des fixen im Verhältnis zum zirkulierenden Kapital ... macht lange Arbeitszeit wünschenswert." Mit dem wachsenden Umfang der Maschinerie usw. „wird der Antrieb zur Verlängerung der Arbeitszeit stärker, da dies das einzige Mittel ist, eine große Masse fixen Kapitals profitabel zu machen". (l.c.p. 11-14.) „Es gibt verschiedne Auslagen bei einer Fabrik, welche konstant bleiben, ob die Fabrik mehr oder weniger Zeit arbeite, z. B. Rente für die Baulichkeiten, lokale und allgemeine Steuern, Feuerversicherung, Arbeitslohn für verschiedne permanente Arbeiter. Verschlechtrung der Maschinerie nebst verschiednen andern Lasten, deren Proportion zum Profit im selben Verhältnis abnimmt, wie der Umfang der Produktion zunimmt." („Reports of the Insp. of Fact. for 31st Oct. 1862", p. 19.)

auf 12 Stunden nur eine Stunde Mehrarbeit liefert, liefern sie zusammen 24 Stunden Mehrarbeit, während die Gesamtarbeit der zwei Arbeiter nur 24 Stunden beträgt. Es liegt also in der Anwendung der Maschinerie zur Produktion von Mehrwert ein immanenter Widerspruch, indem sie von den beiden Faktoren des Mehrwerts, den ein Kapital von gegebner Größe liefert, den einen Faktor, die Rate des Mehrwerts, nur dadurch vergrößert, daß sie den andren Faktor, die Arbeiterzahl, verkleinert. Dieser immanente Widerspruch tritt hervor, sobald mit der Verallgemeinerung der Maschinerie in einem Industriezweig der Wert der maschinenmäßig produzierten Ware zum regelnden gesellschaftlichen Wert aller Waren derselben Art wird, und es ist dieser Widerspruch, der wiederum das Kapital, ohne daß es sich dessen bewußt wäre[153], zur gewaltsamsten Verlängrung des Arbeitstags treibt, um die Abnahme in der verhältnismäßigen Anzahl der exploitierten Arbeiter durch Zunahme nicht nur der relativen, sondern auch absoluten Mehrarbeit zu kompensieren.

Wenn also die kapitalistische Anwendung der Maschinerie einerseits neue mächtige Motive zur maßlosen Verlängrung des Arbeitstags schafft und die Arbeitsweise selbst wie den Charakter des gesellschaftlichen Arbeitskörpers in einer Art umwälzt, die den Widerstand gegen diese Tendenz bricht, produziert sie andrerseits, teils durch Einstellung dem Kapital früher unzugänglicher Schichten der Arbeiterklasse, teils durch Freisetzung der von der Maschine verdrängten Arbeiter, eine überflüssige Arbeiterpopulation[154], die sich das Gesetz vom Kapital diktieren lassen muß. Daher das merkwürdige Phänomen in der Geschichte der modernen Industrie, daß die Maschine alle sittlichen und natürlichen Schranken des Arbeitstags über den Haufen wirft. Daher das ökonomische Paradoxon, daß das gewaltigste Mittel zur Verkürzung der Arbeitszeit in das unfehlbarste Mittel umschlägt, alle Lebenszeit des Arbeiters und seiner Familie in disponible Arbeitszeit für die Verwertung des Kapitals zu verwandeln.

> „Wenn", träumte Aristoteles, der größte Denker des Altertums, „wenn jedes Werkzeug auf Geheiß, oder auch vorausahnend, das ihm zukommende Werk verrichten könnte, wie des Dädalus Kunstwerke sich von selbst bewegten oder die Dreifüße des Hephästos aus eignem Antrieb an die heilige Arbeit gingen, wenn so die Weberschiffe von selbst webten, so bedürfte es weder für den Werkmeister der Gehilfen noch für die Herrn der Sklaven."[155]

---

153 Warum dieser immanente Widerspruch dem einzelnen Kapitalisten und daher auch der in seinen Anschauungen befangnen politischen Ökonomie nicht zum Bewußtsein kommt, wird man aus den ersten Abschnitten des Dritten Buchs ersehn.

154 Es ist eins der großen Verdienste Ricardos, die Maschinerie nicht nur als Produktionsmittel von Waren, sondern auch von „redundant population" begriffen zu haben.

155 F. Biese, „Die Philosophie des Aristoteles", Zweiter Band, Berlin 1842, p. 408.

Und Antipatros, ein griechischer Dichter aus der Zeit des Cicero, begrüßte die Erfindung der Wassermühle zum Mahlen des Getreides, diese Elementarform aller produktiven Maschinerie, als Befreierin der Sklavinnen und Herstellerin des goldnen Zeitalters![156] „Die Heiden, ja die Heiden!" Sie begriffen, wie der gescheite Bastiat entdeckt hat, und schon vor ihm der noch klügre MacCulloch, nichts von politischer Ökonomie und Christentum. Sie begriffen u. a. nicht, daß die Maschine das probateste Mittel zur Verlängerung des Arbeitstags ist. Sie entschuldigten etwa die Sklaverei des einen als Mittel zur vollen menschlichen Entwicklung des andren. Aber Sklaverei der Massen predigen, um einige rohe oder halbgebildete Parvenüs zu „eminent spinners", „extensive sausage makers" und „influential shoe black dealers" zu machen, dazu fehlte ihnen das spezifisch christliche Organ.

c) Intensifikation der Arbeit

Die maßlose Verlängrung des Arbeitstags, welche die Maschinerie in der Hand des Kapitals produziert, führt, wie wir sahen, später eine Reaktion der in ihrer Lebenswurzel bedrohten Gesellschaft herbei und damit einen gesetzlich beschränkten Normalarbeitstag. Auf Grundlage des letztren entwickelt sich ein Phänomen, das uns schon früher begegnete, zu entscheidender Wichtigkeit – nämlich die Intensifikation der Arbeit. Bei der Analyse des absoluten Mehrwerts handelte es sich zunächst um die extensive Größe der Arbeit, während der Grad ihrer Intensität als gegeben vorausgesetzt war. Wir haben jetzt den Umschlag der extensiven Größe in intensive oder Gradgröße zu betrachten.

Es ist selbstverständlich, daß mit dem Fortschritt des Maschinenwesens und der gehäuften Erfahrung einer eignen Klasse von Maschinenarbeitern die Geschwindigkeit und damit die Intensität der Arbeit naturwüchsig zunehmen. So geht in England während eines halben Jahrhunderts die Verlängrung des Arbeitstags Hand in Hand mit der wachsenden Intensität der Fabrikarbeit. Indes

---

[156] Ich gebe hier die Stolbergsche Übersetzung des Gedichts, weil es ganz so wie die früheren Zitate über Teilung der Arbeit den Gegensatz der antiken Anschauung zur modernen charakterisiert.

„Schonet der mahlenden Hand, o Müllerinnen, und schlafet
Sanft! es verkünde der Hahn euch den Morgen umsonst!
Däo hat die Arbeit der Mädchen den Nymphen befohlen,
Und itzt hüpfen sie leicht über die Räder dahin,
Daß die erschütterten Achsen mit ihren Speichen sich wälzen,
Und im Kreise die Last drehen des wälzenden Steins.
Laßt uns Leben das Leben der Väter, und laßt uns der Gaben
Arbeitslos uns freuen, welche die Göttin uns schenkt."

(„Gedichte aus dem Griechischen übersetzt von Christian Graf zu Stolberg", Hamburg 1782.)

begreift man, daß bei einer Arbeit, wo es sich nicht um vorübergehende Paroxysmen handelt, sondern um tagaus, tagein wiederholte, regelmäßige Gleichförmigkeit, ein Knotenpunkt eintreten muß, wo Ausdehnung des Arbeitstags und Intensität der Arbeit einander ausschließen, so daß die Verlängrung des Arbeitstags nur mit schwächrem Intensitätsgrad der Arbeit und umgekehrt ein erhöhter Intensitätsgrad nur mit Verkürzung des Arbeitstags verträglich bleibt. Sobald die allmählich anschwellende Empörung der Arbeiterklasse den Staat zwang, die Arbeitszeit gewaltsam zu verkürzen und zunächst der eigentlichen Fabrik einen Normalarbeitstag zu diktieren, von diesem Augenblick also, wo gesteigerte Produktion von Mehrwert durch Verlängrung des Arbeitstags ein für allemal abgeschnitten war, warf sich das Kapital mit aller Macht und vollem Bewußtsein auf die Produktion von relativem Mehrwert durch beschleunigte Entwicklung des Maschinensystems. Gleichzeitig tritt eine Änderung in dem Charakter des relativen Mehrwerts ein. Im allgemeinen besteht die Produktionsmethode des relativen Mehrwerts darin, durch gesteigerte Produktivkraft der Arbeit den Arbeiter zu befähigen, mit derselben Arbeitsausgabe in derselben Zeit mehr zu produzieren. Dieselbe Arbeitszeit setzt nach wie vor dem Gesamtprodukt denselben Wert zu, obgleich dieser unveränderte Tauschwert sich jetzt in mehr Gebrauchswerten darstellt und daher der Wert der einzelnen Ware sinkt. Anders jedoch, sobald die gewaltsame Verkürzung des Arbeitstags mit dem ungeheuren Anstoß, den sie der Entwicklung der Produktivkraft und der Ökonomisierung der Produktionsbedingungen gibt, zugleich vergrößerte Arbeitsausgabe in derselben Zeit, erhöhte Anspannung der Arbeitskraft, dichtere Ausfüllung der Poren der Arbeitszeit, d. h. Kondensation der Arbeit dem Arbeiter zu einem Grad aufzwingt, der nur innerhalb des verkürzten Arbeitstags erreichbar ist. Diese Zusammenpressung einer größren Masse Arbeit in eine gegebne Zeitperiode zählt jetzt als was sie ist, als größres Arbeitsquantum. Neben das Maß der Arbeitszeit als „ausgedehnter Größe“ tritt jetzt das Maß ihres Verdichtungsgrads.[157] Die intensivere Stunde des zehnstündigen Arbeitstags enthält jetzt so viel oder mehr Arbeit, d. h. verausgabte Arbeitskraft, als die porösere Stunde des zwölfstündigen Arbeitstags. Ihr Produkt hat daher so viel oder mehr Wert als das der poröseren $1^1/_5$ Stunden. Abgesehn von der Erhöhung des relativen Mehrwerts durch die gesteigerte Produktivkraft der Arbeit, liefern jetzt z. B. $3\,^1/_3$ Stunden Mehrarbeit auf $6\,^2/_3$ Stunden notwendiger Arbeit dem Kapitalisten dieselbe Wertmasse wie vorher 4 Stunden Mehrarbeit auf 8 Stunden notwendiger Arbeit.

---

[157] Es finden natürlich überhaupt Unterschiede in der Intensität der Arbeiten verschiedner Produktionszweige statt. Diese kompensieren sich, wie schon A. Smith gezeigt hat, zum Teil durch jeder Arbeitsart eigne Nebenumstände. Einwirkung auf die Arbeitszeit als Wertmaß findet aber auch hier nur statt, soweit intensive und extensive Größe sich als entgegengesetzte und einander ausschließende Ausdrücke desselben Arbeitsquantums darstellen.

Es fragt sich nun, wie wird die Arbeit intensifiziert?

Die erste Wirkung des verkürzten Arbeitstags beruht auf dem selbstverständlichen Gesetz, daß die Wirkungsfähigkeit der Arbeitskraft im umgekehrten Verhältnis zu ihrer Wirkungszeit steht. Es wird daher, innerhalb gewisser Grenzen, am Grad der Kraftäußerung gewonnen, was an ihrer Dauer verlorengeht. Daß der Arbeiter aber auch wirklich mehr Arbeitskraft flüssig macht, dafür sorgt das Kapital durch die Methode der Zahlung.[158] In Manufakturen, der Töpferei z. B., wo die Maschinerie keine oder unbedeutende Rolle spielt, hat die Einführung des Fabrikgesetzes schlagend bewiesen, daß bloße Verkürzung des Arbeitstags die Regelmäßigkeit, Gleichförmigkeit, Ordnung, Kontinuität und Energie der Arbeit wundervoll erhöht.[159] Diese Wirkung schien jedoch zweifelhaft in der eigentlichen Fabrik, weil die Abhängigkeit des Arbeiters von der kontinuierlichen und gleichförmigen Bewegung der Maschine hier längst die strengste Disziplin geschaffen hatte. Als daher 1844 die Herabsetzung des Arbeitstags unter 12 Stunden verhandelt ward, erklärten die Fabrikanten fast einstimmig,

> „ihre Aufseher paßten in den verschiednen Arbeitsräumen auf, daß die Hände keine Zeit verlören", „der Grad der Wachsamkeit und Aufmerksamkeit auf seiten der Arbeiter (the extent of vigilance and attention on the part of the workmen) sei kaum steigrungsfähig", und alle andren Umstände, wie Gang der Maschinerie usw. als gleichbleibend vorausgesetzt, „sei es daher Unsinn, in wohlgeführten Fabriken von der gesteigerten Aufmerksamkeit usw. der Arbeiter irgendein erkleckliches Resultat zu erwarten".[160]

Diese Behauptung ward durch Experimente widerlegt. Herr R. Gardner ließ in seinen zwei großen Fabriken zu Preston vom 20. April 1844 anstatt 12 nur noch 11 Stunden per Tag arbeiten. Nach ungefähr Jahresfrist ergab sich das Resultat, daß

> „dasselbe Quantum Produkt zu denselben Kosten erhalten ward, und sämtliche Arbeiter in 11 Stunden ebensoviel Arbeitslohn verdienten, wie früher in 12".[161]

Ich übergehe hier die Experimente in den Spinn- und Kardierräumen, weil sie mit Zunahme in der Geschwindigkeit der Maschinerie (um 2%) verbunden waren. In dem Webedepartement dagegen, wo zudem sehr verschiedne Sorten leichter, figurenhaltiger Phantasieartikel gewebt wurden, fand durchaus keine Änderung in den objektiven Produktionsbedingungen statt. Das Resultat war:

---

158 Namentlich durch den Stücklohn, eine Form, die im sechsten Abschnitt entwickelt wird.

159 Siehe „Reports of Insp. of Fact. for 31st Oct. 1865".

160 „Reports of Insp. of Fact. for 1844 and the quarter ending 30th April 1845", p. 20, 21.

161 l.c.p. 19. Da der Stücklohn derselbe blieb, hing die Höhe des Wochenlohns vom Quantum des Produkts ab.

„Vom 6. Januar bis 20. April 1844, mit zwölfstündigem Arbeitstag, wöchentlicher Durchschnittslohn jedes Arbeiters 10 sh. $1^1/_2$ d., vom 20. April bis 29. Juni 1844, mit elfstündigem Arbeitstag, wöchentlicher Durchschnittslohn 10 sh. $3^1/_2$ d.“[162]

Es wurde hier in 11 Stunden mehr produziert als früher in 12, ausschließlich infolge größrer gleichmäßiger Ausdauer der Arbeiter und Ökonomie ihrer Zeit. Während sie denselben Lohn empfingen und 1 Stunde freie Zeit gewannen, erhielt der Kapitalist dieselbe Produktenmasse und sparte Verausgabung von Kohle, Gas usw. für eine Stunde. Ähnliche Experimente wurden mit gleichem Erfolg in den Fabriken der Herren Horrocks und Jacson ausgeführt.[163]

Sobald die Verkürzung des Arbeitstags, welche zunächst die subjektive Bedingung der Kondensation der Arbeit schafft, nämlich die Fähigkeit des Arbeiters, mehr Kraft in gegebner Zeit flüssig zu machen, zwangsgesetzlich wird, wird die Maschine in der Hand des Kapitals zum objektiven und systematisch angewandten Mittel, mehr Arbeit in derselben Zeit zu erpressen. Es geschieht dies in doppelter Weise: durch erhöhte Geschwindigkeit der Maschinen und erweiterten Umfang der von demselben Arbeiter zu überwachenden Maschinerie oder seines Arbeitsfeldes. Verbesserte Konstruktion der Maschinerie ist teils notwendig zur Ausübung des größren Drucks auf den Arbeiter, teils begleitet sie von selbst die Intensifikation der Arbeit, weil die Schranke des Arbeitstags den Kapitalisten zu strengstem Haushalt der Produktionskosten zwingt. Die Verbesserung der Dampfmaschine erhöht die Anzahl ihrer Kolbenschläge in einer Minute und erlaubt zugleich, durch größere Kraftersparung einen umfangreichren Mechanismus mit demselben Motor zu treiben, bei gleichbleibendem oder selbst fallendem Kohlenverzehr. Die Verbesserung des Transmissionsmechanismus vermindert die Reibung und, was die moderne Maschinerie so augenfällig vor der ältren auszeichnet, reduziert Durchmesser und Gewicht der großen und kleinen Wellenbäume auf ein stets fallendes Minimum. Die Verbesserungen der Arbeitsmaschinerie endlich vermindern bei erhöhter Geschwindigkeit und ausgedehnterer Wirkung ihren Umfang, wie beim modernen Dampfwebstuhl, oder vergrößern mit dem Rumpf Umfang und Zahl der von ihr geführten Werkzeuge, wie bei der Spinnmaschine, oder vermehren die Beweglichkeit dieser Werkzeuge durch unscheinbare Detailveränderungen, wie derartig bei der selfacting mule in der Mitte der fünfziger Jahre die Geschwindigkeit der Spindeln um $^1/_5$ gesteigert wurde.

---

162 l.c.p. 20.

163 l.c.p. 21. Das moralische Element spielte bedeutende Rolle in den oben erwähnten Experimenten. „Wir“, erklärten die Arbeiter dem Fabrikinspektor, „wir arbeiten munterer, wir denken ständig an die Belohnung, abends früher wegzukommen, und ein tatkräftiger und freudiger Geist durchdringt die ganze Fabrik, vom jüngsten Anstücker bis zum ältesten Arbeiter, und wir können einander viel bei der Arbeit helfen.“ (l.c.)

Die Verkürzung des Arbeitstags auf 12 Stunden datiert in England von 1832. Schon 1836 erklärte ein englischer Fabrikant:

> „Verglichen mit früher ist die Arbeit, die in den Fabriken zu verrichten, sehr gewachsen, infolge der größren Aufmerksamkeit und Tätigkeit, welche die bedeutend vermehrte Geschwindigkeit der Maschinerie vom Arbeiter erheischt."[164]

Im Jahr 1844 machte Lord Ashley, jetzt Graf Shaftesbury, folgende dokumentarisch belegte Aufstellungen im Hause der Gemeinen:

> „Die Arbeit der in den Fabrikprozessen Beschäftigten ist jetzt dreimal so groß, als bei der Einführung solcher Operationen. Die Maschinerie hat zweifelsohne ein Werk verrichtet, welches die Sehnen und Muskeln von Millionen Menschen ersetzt, aber sie hat auch erstaunlich (prodigiously) die Arbeit der durch ihre furchtbare Bewegung beherrschten Menschen vermehrt ... Die Arbeit, einem Paar Mules während 12 Stunden auf und ab zu folgen, zum Spinnen von Garn Nr. 40, schloß im Jahre 1815 das Durchlaufen einer Distanz von 8 Meilen ein. Im Jahre 1832 betrug die im Gefolge eines Mulepaars, zum Spinnen derselben Nummer, während 12 Stunden zu durchreisende Distanz 20 Meilen und oft mehr. Im Jahre 1825 hatte der Spinner während 12 Stunden 820 Auszüge an jeder Mule zu machen, was eine Gesamtsumme von 1640 für 12 Stunden ergab. Im Jahre 1832 hatte der Spinner während seines zwölfstündigen Arbeitstags an jeder Mule 2200 Auszüge zu machen, zusammen 4400, im Jahre 1844 an jeder Mule 2400, zusammen 4800: und in einigen Fällen ist die erheischte Arbeitsmasse (amount of labour) noch größer ... Ich habe hier ein andres Dokument von 1842 in der Hand, worin nachgewiesen wird, daß die Arbeit progressiv zunimmt, nicht nur, weil eine größre Entfernung zu durchreisen ist, sondern weil die Quantität der produzierten Waren sich vermehrt, während die Händezahl proportionell abnimmt; und ferner, weil nun oft schlechtere Baumwolle gesponnen wird, die mehr Arbeit erfordert ... Im Kardierraum hat auch große Zunahme der Arbeit stattgefunden. Eine Person tut jetzt die Arbeit, die früher zwischen zwei verteilt war ... In der Weberei, worin eine große Anzahl Personen, meist weiblichen Geschlechts, beschäftigt ist, ist die Arbeit während der letzten Jahre um volle 10% gewachsen, infolge der vermehrten Geschwindigkeit der Maschinerie. Im Jahre 1838 war die Zahl der hanks, die wöchentlich gesponnen wurde, 18.000, im Jahre 1843 belief sie sich auf 21.000. Im Jahr 1819 war die Zahl der picks beim Dampfwebestuhl 60 per Minute, im Jahre 1842 betrug sie 140, was einen großen Zuwachs von Arbeit anzeigt."[165]

Angesichts dieser merkwürdigen Intensität, welche die Arbeit unter der Herrschaft des Zwölfstundengesetzes bereits 1844 erreicht hatte, schien damals die Erklärung der englischen Fabrikanten berechtigt, jeder weitere Fortschritt

---

[164] John Fielden, l.c.p. 32.

[165] Lord Ashley, l.c.p. 6-9 passim.

in dieser Richtung sei unmöglich, daher jede weitere Abnahme der Arbeitszeit identisch mit Abnahme der Produktion. Die scheinbare Richtigkeit ihres Räsonnements wird am besten bewiesen durch folgende gleichzeitige Äußerung ihres rastlosen Zensors, des Fabrikinspektors Leonard Horner:

„Da die produzierte Quantität hauptsächlich geregelt wird durch die Geschwindigkeit der Maschinerie, muß es das Interesse des Fabrikanten sein, sie mit dem äußersten Geschwindigkeitsgrad zu treiben, der mit folgenden Bedingungen vereinbar ist: Bewahrung der Maschinerie vor zu raschem Verderb, Erhaltung der Qualität des fabrizierten Artikels, und Fähigkeit des Arbeiters, der Bewegung zu folgen ohne größre Anstrengung, als er kontinuierlich leisten kann. Es ereignet sich oft, daß der Fabrikant in seiner Hast die Bewegung zu sehr beschleunigt. Brüche und schlechtes Machwerk wiegen dann die Geschwindigkeit mehr als auf, und er ist gezwungen, den Gang der Maschinerie zu mäßigen. Da ein aktiver und einsichtsvoller Fabrikant das erreichbare Maximum ausfindet, schloß ich, daß es unmöglich ist, in 11 Stunden so viel zu produzieren als in 12. Ich nahm außerdem an, daß der per Stücklohn bezahlte Arbeiter sich aufs äußerste anstrengt, soweit er denselben Arbeitsgrad kontinuierlich aushalten kann.“[166]

Horner schloß daher, trotz der Experimente von Gardner usw., daß eine weitre Herabsetzung des Arbeitstages unter 12 Stunden die Quantität des Produkts vermindern müsse.[167] Er selbst zitiert 10 Jahre später sein Bedenken von 1845 zum Beweis, wie wenig er damals noch die Elastizität der Maschinerie und der menschlichen Arbeitskraft begriff, die beide gleichmäßig durch die zwangsweise Verkürzung des Arbeitstags aufs höchste gespannt werden.

Kommen wir nun zur Periode nach 1847, seit Einführung des Zehnstundengesetzes in die englischen Baumwoll-, Woll-, Seiden- und Flachsfabriken.

„Die Geschwindigkeit der Spindeln ist auf Throstles um 500, auf Mules um 1000 Drehungen in einer Minute gewachsen, d. h. die Geschwindigkeit der Throstlespindel, die 1839 4500 Drehungen in einer Minute zählte, beträgt nun“ (1862) „5000, und die der Mulespindel, die 5000 zählte, beträgt jetzt 6000 in der Minute; dies beläuft sich im ersten Fall auf $^1/_{10}$ und im zweiten auf $^1/_6$ zusätzlicher Geschwindigkeit.“[168]

Jas. Nasmyth, der berühmte Zivilingenieur von Patricroft, bei Manchester, setzte 1852 in einem Brief an Leonard Horner die von 1848-1852 gemachten Verbesserungen in der Dampfmaschine auseinander. Nachdem er bemerkt, daß die Dampfpferdekraft, in der offiziellen Fabrikstatistik fortwährend geschätzt nach

---

[166] „Reports of Insp. of Fact. to 30th April 1845“, p. 20.
[167] l.c.p. 22.
[168] „Reports of Insp. of Fact. for 31st Oct. 1862“, p. 62.

ihrer Wirkung im Jahr 1828[169], nur noch nominell ist und nur als Index der wirklichen Kraft dienen kann, sagt er u. a.:

„Es unterliegt keinem Zweifel, daß Dampfmaschinerie von demselben Gewicht, oft dieselben identischen Maschinen, an denen nur die modernen Verbeßrungen angebracht sind, im Durchschnitt 50% mehr Werk als früher verrichten und daß in vielen Fällen dieselben identischen Dampfmaschinen, die in den Tagen der beschränkten Geschwindigkeit von 220 Fuß per Minute 50 Pferdekraft lieferten, heute, mit vermindertem Kohlenkonsum, über 100 liefern ... Die moderne Dampfmaschine von derselben nominellen Pferdekraft wird mit größrer Gewalt als früher getrieben, infolge der Verbeßrungen in ihrer Konstruktion, vermindertem Umfang und Bau der Dampfkessel usw. ... Obgleich daher dieselbe Händezahl wie früher im Verhältnis zur nominellen Pferdekraft beschäftigt wird, werden weniger Hände verwandt im Verhältnis zur Arbeitsmaschinerie.“[170]

Im Jahre 1850 verwandten die Fabriken des Vereinigten Königreichs 134.217 nominelle Pferdekraft zur Bewegung von 25.638.716 Spindeln und 301.445 Webstühlen. Im Jahr 1856 betrug die Zahl der Spindeln und Webstühle respektive 33.503.580 und 369.205. Wäre die erheischte Pferdekraft dieselbe geblieben wie 1850, so waren 1856: 175.000 Pferdekraft nötig. Sie betrug aber nach dem offiziellen Ausweis nur 161.435, also über 10.000 Pferdekraft weniger, als wenn man nach der Basis von 1850 rechnet.[171]

„Die durch den letzten Return von 1856“ (offizielle Statistik) „festgestellten Tatsachen sind, daß das Fabriksystem reißend rasch um sich greift, die Zahl der Hände im Verhältnis zur Maschinerie abgenommen hat, die Dampfmaschine durch Ökonomie der Kraft und andre Methoden ein größres Maschinengewicht treibt und ein vermehrtes Quantum Machwerk erzielt wird infolge verbesserter Arbeitsmaschinen, veränderter Methoden der Fabrikation, erhöhter Geschwindigkeit der Maschinerie und vieler andrer Ursachen.“[172] „Die großen in Maschinen jeder Art eingeführten Verbeßrungen haben deren Produktivkraft sehr gesteigert. Ohne allen Zweifel gab die Verkürzung des Arbeitstags ... den Stachel zu diesen Verbeßrungen. Letztre und die intensivre Anstrengung des Arbeiters bewirkten, daß wenigstens ebensoviel Machwerk in dem“ (um zwei

---

169 Dies hat sich geändert mit dem „Parliamentary Return“ von 1862. Hier tritt die wirkliche Dampfpferdekraft der modernen Dampfmaschinen und Wasserräder an die Stelle der nominellen (s. Note 109a, S. 352). Auch sind die Dublierspindeln nicht mehr zusammengeworfen mit den eigentlichen Spinnspindeln (wie in den „Returns“ von 1839, 1850 und 1856); ferner ist für die Wollfabriken die Zahl der „gigs“ hinzugefügt, Scheidung eingeführt zwischen Jute- und Hanffabriken einerseits, Flachsfabriken andrerseits, endlich zum ersten Mal die Strumpfwirkerei in den Bericht aufgenommen.

170 „Reports of Insp. of Fact. for 31st Oct. 1856“, p. 14, 20.

171 l.c.p. 14, 15.

172 l.c.p. 20.

> Stunden oder $^1/_6$) „verkürzten Arbeitstag als früher während des längren geliefert wird.“[173]

Wie die Bereicherung der Fabrikanten mit der intensivren Ausbeutung der Arbeitskraft zunahm, beweist schon der eine Umstand, daß das durchschnittliche Wachstum der englischen Baumwollen- usw. -Fabriken von 1838 bis 1850 pro Jahr 32, von 1850 bis 1856 dagegen 86 jährlich betrug.

So groß in den 8 Jahren 1848 bis 1856, unter der Herrschaft des zehnstündigen Arbeitstags, der Fortschritt der englischen Industrie, wurde er wieder weit überflügelt in der folgenden sechsjährigen Periode von 1856 bis 1862. In der Seidenfabrik z. B. 1856: Spindeln 1.093.799, 1862: 1.388.544; 1856: Webstühle 9260 und 1862: 10.709. Dagegen 1856: Arbeiteranzahl 56.137 und 1862: 52.429. Dies ergibt Zunahme der Spindelzahl 26,9% und der Webstühle 15,6% mit gleichzeitiger Abnahme der Arbeiteranzahl um 7%. Im Jahre 1850 wurden in der Worsted-Fabrik angewandt 875.830 Spindeln, 1856: 1.324.549 (Zunahme von 51,2%) und 1862: 1.289.172 (Abnahme von 2,7%). Zählt man aber die Dublierspindeln ab, die in der Aufzählung für das Jahr 1856, aber nicht für 1862 figurieren, so blieb die Anzahl der Spindeln seit 1856 ziemlich stationär. Dagegen ward seit 1850 in vielen Fällen die Geschwindigkeit der Spindeln und Webstühle verdoppelt. Die Zahl der Dampfwebstühle in der Worsted-Fabrik 1850: 32.617, 1856: 38.956 und 1862: 43.048. Es waren dabei beschäftigt 1850: 79.737 Personen, 1856: 87.794 und 1862: 86.063, aber davon Kinder unter 14 Jahren 1850: 9956, 1856: 11.228: und 1862: 13.178. Trotz sehr vermehrter Anzahl der Webstühle, 1862 verglichen mit 1856, nahm also die Gesamtzahl der beschäftigten Arbeit ab, die der exploitierten Kinder zu.[174]

Am 27. April 1863 erklärte das Parlamentsmitglied Ferrand im Unterhause:

> „Arbeiterdelegierte von 16 Distrikten von Lancashire und Cheshire, in deren Auftrag ich spreche, haben mir mitgeteilt, daß die Arbeit in den Fabriken infolge der Verbeßrung der Maschinerie beständig wachse. Statt daß früher eine Person mit Gehilfen zwei Webstühle bediente, bedient sie jetzt drei ohne Gehilfen, und es ist gar nichts Ungewöhnliches, daß eine Person ihrer vier bedient usw. Zwölf Stunden Arbeit, wie aus den mitgeteilten Tatsachen hervorgeht, werden jetzt in weniger als 10 Arbeitsstunden gepreßt. Es ist daher selbstverständlich, in welchem ungeheuren Umfang die Mühen der Fabrikarbeiter sich seit den letzten Jahren vermehrt haben.“[175]

---

173 „Reports etc. for 31st Oct. 1858“, p. 10. Vgl. „Reports etc. for 30th April 1860“, p. 30 sqq.

174 „Reports of Insp. of Fact. for 31st Oct. 1862“, p. 100, 103, 129, 130.

175 Mit dem modernen Dampfwebstuhl fabriziert ein Weber jetzt in 60 Stunden per Woche auf 2 Stühlen 26 Stück einer gewissen Art von bestimmter Länge und Breite, wovon er auf dem alten Dampfwebstuhl nur 4 fabrizieren konnte. Die Webkosten eines solchen Stücks waren schon Anfang der 1850er Jahre von 2 sh. 9 d. auf 5 $^1/_8$ d. gefallen.

Zusatz zur 2. Ausgabe. „Vor 30 Jahren“ (1841) „verlangte man von einem Baumwollgarnspinner mit 3 Gehilfen nur die Überwachung eines Mulepaars mit 300 bis 324 Spindeln. Mit 5

Obgleich daher die Fabrikinspektoren die günstigen Resultate der Fabrikgesetze von 1844 und 1850 unermüdlich und mit vollem Recht lobpreisen, gestehn sie doch, daß die Verkürzung des Arbeitstags bereits eine die Gesundheit der Arbeiter, also die Arbeitskraft selbst zerstörende Intensität der Arbeit hervorgerufen habe.

„In den meisten Baumwoll-, Worsted- und Seidenfabriken scheint der erschöpfende Zustand von Aufregung, nötig für die Arbeit an der Maschinerie, deren Bewegung in den letzten Jahren so außerordentlich beschleunigt worden ist, eine der Ursachen des Überschusses der Sterblichkeit an Lungenkrankheiten, den Dr. Greenhow in seinem jüngsten bewundernswerten Bericht nachgewiesen hat."[176]

Es unterliegt nicht dem geringsten Zweifel, daß die Tendenz des Kapitals, sobald ihm Verlängrung des Arbeitstags ein für allemal durch das Gesetz abgeschnitten ist, sich durch systematische Steigrung des Intensitätsgrads der Arbeit gütlich zu tun und jede Verbeßrung der Maschinerie in ein Mittel zu größrer Aussaugung der Arbeitskraft zu verkehren, bald wieder zu einem Wendepunkt treiben muß, wo abermalige Abnahme der Arbeitsstunden unvermeidlich wird.[177] Andrerseits überflügelt der Sturmmarsch der englischen Industrie von 1848 bis zur Gegenwart, d. h. während der Periode des zehnstündigen Arbeitstags, noch weit mehr die Zeit von 1833 bis 1837, d. h. die Periode des zwölfstündigen Arbeitstags, als letztre das halbe Jahrhundert seit Einführung des Fabriksystems, d. h. die Periode des unbeschränkten Arbeitstags.[178]

Gehilfen hat er jetzt" (Ende 1871) „Mules zu überwachen, deren Spindelzahl 2200 beträgt, und produziert mindestens siebenmal mehr Garn als 1841." (Alexander Redgrave, Fabrikinspektor, in „Journal of the Soc. of Arts", Jan. 5. 1872.)

176 „Reports of Insp. of Fact. for 31st Oct. 1861", p. 25, 26.

177 Die Achtstundenagitation hat jetzt (1867) in Lancashire unter den Fabrikarbeitern begonnen.

178 Folgende wenige Zahlen zeigen den Fortschritt der eigentlichen „Factories" im U. K. seit 1848:

Export: Quantität

	1848	1851	1860	1865
Baumwollfabrik				
Baumwollgarn (Pfd.)	135.831.162	143.966.106	197.343.655	103.751.455
Nähgarn (Pfd.)		4.392.176	6.297.554	4.648.611
Baumwollgewebe (Yds.)	1.091.373.930	1.543.161.789	2.776.218.427	2.015.237.851
Flachs- und Hanffabrik				
Garn (Pfd.)	11.722.182	18.841.326	31.210.612	36.777.334
Gewebe (Yds.)	88.901.519	129.106.753	143.996.773	247.012.329
Seidenfabrik				
Kettengarn, Twist, Garn (Pfd.)	(1846) 466.825	462.513	897.402	812.589
Gewebe (Yds.)		(Pfd.) 1.181.455	(Pfd.) 1.307.293	2.869.837
Wollfabrik				
Wollen- u. Worsted-Garn (Pfd.)		14.670.880	27.533.968	31.669.267
Gewebe (Yds.)		151.231.153	190.371.537	278.837.418

4. *Die Fabrik*

Wir betrachteten im Beginn dieses Kapitels den Leib der Fabrik, die Gliedrung des Maschinensystems. Wir sahen dann, wie die Maschinerie das menschliche Exploitationsmaterial des Kapitals vermehrt durch Aneignung der Weiber- und Kinderarbeit, wie sie die ganze Lebenszeit des Arbeiters konfisziert durch maßlose Ausdehnung des Arbeitstags und wie ihr Fortschritt, der ein ungeheuer wachsendes Produkt in stets kürzrer Zeit zu liefern erlaubt, endlich als systematisches Mittel dient, in jedem Zeitmoment mehr Arbeit flüssig zu machen oder die Arbeitskraft stets intensiver auszubeuten. Wir wenden uns nun zum Fabrikganzen, und zwar in seiner ausgebildetsten Gestalt.

Dr. Ure, der Pindar der automatischen Fabrik, beschreibt sie einerseits als

> „Kooperation verschiedner Klassen von Arbeitern, erwachsnen und nicht erwachsnen, die mit Gewandtheit und Fleiß ein System produktiver Maschinerie überwachen, das ununterbrochen durch eine Zentralkraft (den ersten Motor) in Tätigkeit gesetzt wird“,

andrerseits als

Export: Wert (in Pfd. St.)

	1848	1851	1860	1865
Baumwollfabrik				
Baumwollgarn (Pfd.)	5.927.831	6.634.026	9.870.875	10.351.049
Baumwollgewebe	16.753.369	23.454.810	42.141.505	46.903.796
Flachs- und Hanffabrik				
Garn	493.449	951.426	1.801.272	2.505.497
Gewebe	1.802.789	4.107.396	4.804.803	9.155.358
Seidenfabrik				
Kettengarn, Twist, Garn	77.789	196.380	826.107	768.064
Gewebe		1.130.398	1.587.303	1.409.221
Wollfabrik				
Wollen- u. Worsted-Garn	776.975	1.484.544	3.843.450	5.424.047
Gewebe	5.733.828	8.377.183	12.156.998	20.102.259

(Sieh die Blaubücher: „Statistical Abstract for the U. Kingd.“, Nr. 8 und Nr. 13, Lond. 1861 und 1866.) In Lancashire vermehrten sich die Fabriken zwischen 1839 und 1850 nur um 4%, zwischen 1850 und 1856 um 19%, zwischen 1856 und 1862 um 33%, während in beiden elfjährigen Perioden die Zahl der beschäftigten Personen absolut zunahm, relativ fiel. Cf. „Reports of Fact. for 31st Oct. 1862“, p. 63. In Lancashire herrscht die Baumwollfabrik vor. Welchen proportionellen Raum sie aber in der Fabrikation von Garn und Gewerbe überhaupt einnimmt, sieht man daraus, daß auf sie allein von allen derartigen Fabriken in England, Wales, Schottland und Irland 45,2% fallen, von allen Spindeln 83,3%, von allen Dampfwebstühlen 81,4%, von aller sie bewegenden Dampfpferdekraft 72,6% und von der Gesamtzahl der beschäftigten Personen 58,2%. (l.c.p. 62, 73.)

> „einen ungeheuren Automaten, zusammengesetzt aus zahllosen mechanischen und selbstbewußten Organen, die im Einverständnis und ohne Unterbrechung wirken, um einen und denselben Gegenstand zu produzieren, so daß alle diese Organe einer Bewegungskraft untergeordnet sind, die sich von selbst bewegt".

Diese beiden Ausdrücke sind keineswegs identisch. In dem einen erscheint der kombinierte Gesamtarbeiter oder gesellschaftliche Arbeitskörper als übergreifendes Subjekt und der mechanische Automat als Objekt; in dem andren ist der Automat selbst das Subjekt, und die Arbeiter sind nur als bewußte Organe seinen bewußtlosen Organen beigeordnet und mit denselben der zentralen Bewegungskraft untergeordnet. Der erstere Ausdruck gilt von jeder möglichen Anwendung der Maschinerie im großen, der andre charakterisiert ihre kapitalistische Anwendung und daher das moderne Fabriksystem. Ure liebt es daher auch, die Zentralmaschine, von der die Bewegung ausgeht, nicht nur als Automat, sondern als Autokrat darzustellen.

> „In diesen großen Werkstätten versammelt die wohltätige Macht des Dampfes ihre Myriaden von Untertanen um sich."[179]

Mit dem Arbeitswerkzeug geht auch die Virtuosität in seiner Führung vom Arbeiter auf die Maschine über. Die Leistungsfähigkeit des Werkzeugs ist emanzipiert von den persönlichen Schranken menschlicher Arbeitskraft. Damit ist die technische Grundlage aufgehoben, worauf die Teilung der Arbeit in der Manufaktur beruht. An die Stelle der sie charakterisierenden Hierarchie der spezialisierten Arbeiter tritt daher in der automatischen Fabrik die Tendenz der Gleichmachung oder Nivellierung der Arbeiten, welche die Gehilfen der Maschinerie zu verrichten haben[180], an die Stelle der künstlich erzeugten Unterschiede der Teilarbeiter treten vorwiegend die natürlichen Unterschiede des Alters und Geschlechts.

Soweit in der automatischen Fabrik die Teilung der Arbeit wiedererscheint, ist sie zunächst Verteilung von Arbeitern unter die spezialisierten Maschinen und von Arbeitermassen, die jedoch keine gegliederten Gruppen bilden, unter die verschiednen Departements der Fabrik, wo sie an nebeneinander gereihten gleichartigen Werkzeugmaschinen arbeiten, also nur einfache Kooperation unter ihnen stattfindet. Die gegliederte Gruppe der Manufaktur ist ersetzt durch den Zusammenhang des Hauptarbeiters mit wenigen Gehilfen. Die wesentliche Scheidung ist die von Arbeitern, die wirklich an den Werkzeugmaschinen beschäftigt sind (es kommen hiezu einige Arbeiter zur Bewachung, resp. Füttrung der Bewegungsmaschine), und von bloßen Handlangern (fast aus-

---

179 Ure, l.c.p. 18.

180 l.c.p. 20. Vgl. Karl Marx, „Misère etc.", p.140, 141.

schließlich Kinder) dieser Maschinenarbeiter. Zu den Handlangern zählen mehr oder minder alle „Feeders" (die den Maschinen bloß Arbeitsstoff darreichen). Neben diese Hauptklassen tritt ein numerisch unbedeutendes Personal, das mit der Kontrolle der gesamten Maschinerie und ihrer beständigen Reparatur beschäftigt ist, wie Ingenieure, Mechaniker, Schreiner usw. Es ist eine höhere, teils wissenschaftlich gebildete, teils handwerksmäßige Arbeiterklasse, außerhalb des Kreises der Fabrikarbeiter und ihnen nur aggregiert.[181] Diese Teilung der Arbeit ist rein technisch.

Alle Arbeit an der Maschine erfordert frühzeitige Anlernung des Arbeiters, damit er seine eigne Bewegung der gleichförmig kontinuierlichen Bewegung eines Automaten anpassen lerne. Soweit die Gesamtmaschinerie selbst ein System mannigfacher, gleichzeitig wirkender und kombinierter Maschinen bildet, erfordert auch die auf ihr beruhende Kooperation eine Verteilung verschiedenartiger Arbeitergruppen unter die verschiedenartigen Maschinen. Aber der Maschinenbetrieb hebt die Notwendigkeit auf, diese Verteilung manufakturmäßig zu befestigen durch fortwährende Aneignung derselben Arbeiter an dieselbe Funktion.[182] Da die Gesamtbewegung der Fabrik nicht vom Arbeiter ausgeht, sondern von der Maschine, kann fortwährender Personenwechsel stattfinden ohne Unterbrechung des Arbeitsprozesses. Den schlagendsten Beweis hierzu liefert das während der englischen Fabrikantenrevolte von 1848-1850 ins Werk gesetzte Relaissystem. Die Geschwindigkeit endlich, womit die Arbeit an der Maschine im jugendlichen Alter erlernt wird, beseitigt ebenso die Notwendigkeit, eine besondre Klasse Arbeiter ausschließlich zu Maschinenarbeitern heranzuziehn.[183] Die Dienste der bloßen Handlanger aber sind in der

---

181 Es ist charakteristisch für die Absicht des statistischen Betrugs, die auch sonst noch im Detail nachweisbar wäre, wenn die englische Fabrikgesetzgebung die zuletzt im Text erwähnten Arbeiter ausdrücklich als Nicht-Fabrikarbeiter von ihrem Wirkungskreis ausschließt, andrerseits die vom Parlament veröffentlichten „Returns" ebenso ausdrücklich nicht nur Ingenieure, Mechaniker usw., sondern auch Fabrikdirigenten, Kommis, Ausläufer, Lageraufseher, Verpakker usw., kurz alle Leute, mit Ausschluß des Fabrikeigentümers selbst, in die Kategorie der Fabrikarbeiter einschließen.

182 Ure gibt dies zu. Er sagt, daß die Arbeiter „im Notfall nach dem Willen des Dirigenten von einer Maschine zur andren versetzt werden können", und ruft triumphierend aus: „Dergleichen Wechsel steht im offnen Widerspruch mit der alten Routine, die die Arbeit teilt und dem einen Arbeiter die Aufgabe zuweist, den Kopf einer Stecknadel zu fassonieren, dem andren, ihre Spitze zu schleifen." Er hätte sich vielmehr fragen sollen, warum diese „alte Routine" in der automatischen Fabrik nur im „Notfall" verlassen wird.

183 Wenn Not an Mann ist, wie z. B. während des Amerikanischen Bürgerkriegs, wird der Fabrikarbeiter ausnahmsweise vom Bourgeois zu den gröbsten Arbeiten, wie Straßenbau usw., verwandt. Die englischen „ateliers nationaux" des Jahres 1862 u. folg. für die beschäftigungslosen Baumwollarbeiter unterschieden sich dadurch von den französischen von 1848, daß in diesen der Arbeiter auf Kosten des Staats unproduktive Arbeiten, in jenen zum Vorteil des Bourgeois produktive städtische Arbeiten, und zwar wohlfeiler als die regelmäßigen Arbeiter, mit

Fabrik teils durch Maschinen ersetzbar[184], teils erlauben sie wegen ihrer völligen Einfachheit raschen und beständigen Wechsel der mit dieser Plackerei belasteten Personen. Obgleich nun die Maschinerie das alte System der Teilung der Arbeit technisch über den Haufen wirft, schleppt es sich zunächst als Tradition der Manufaktur gewohnheitsmäßig in der Fabrik fort, um dann systematisch vom Kapital als Exploitationsmittel der Arbeitskraft in noch ekelhaftrer Form reproduziert und befestigt zu werden. Aus der lebenslangen Spezialität, ein Teilwerkzeug zu führen, wird die lebenslange Spezialität, einer Teilmaschine zu dienen. Die Maschinerie wird mißbraucht, um den Arbeiter selbst von Kindesbeinen in den Teil einer Teilmaschine zu verwandeln.[185] Nicht nur werden so die zu seiner eignen Reproduktion nötigen Kosten bedeutend vermindert, sondern zugleich seine hilflose Abhängigkeit vom Fabrikganzen, also vom Kapitalisten, vollendet. Hier wie überall muß man unterscheiden zwischen der größren Produktivität, die der Entwicklung des gesellschaftlichen Produktionsprozesses, und der größren Produktivität, die seiner kapitalistischen Ausbeutung geschuldet ist.

In Manufaktur und Handwerk bedient sich der Arbeiter des Werkzeugs, in der Fabrik dient er der Maschine. Dort geht von ihm die Bewegung des Arbeitsmittels aus, dessen Bewegung er hier zu folgen hat. In der Manufaktur bilden die Arbeiter Glieder eines lebendigen Mechanismus. In der Fabrik existiert ein toter Mechanismus unabhängig von ihnen, und sie werden ihm als lebendige Anhängsel einverleibt.

---

denen er so in Konkurrenz geworfen ward, zu verrichten hatte. „Das körperliche Aussehen der Baumwollarbeiter ist zweifellos besser geworden. Das führe ich ... soweit es sich um die Männer handelt, auf die Beschäftigung im Freien bei öffentlichen Arbeiten zurück." (Es handelt sich hier von den Preston-Fabrikarbeitern, die am „Preston Moor" beschäftigt wurden.) („Rep. of Insp. of Fact. Oct. 1863", p. 59.)

184 Beispiel: Die verschiednen mechanischen Apparate, die zum Ersatz von Kinderarbeit seit dem Gesetz von 1844 in der Wollfabrik eingeführt wurden. Sobald die Kinder der Herren Fabrikanten selbst „ihre Schule" als Handlanger der Fabrik durchzumachen haben, wird dies fast noch unangebaute Gebiet der Mechanik bald einen merkwürdigen Aufschwung nehmen. „Die self-acting mules sind vielleicht eine so gefährliche Maschinerie als irgendeine andere. Die meisten Unglücksfälle begegnen kleinen Kindern, und zwar infolge ihres Kriechens unter die Mules, um den Boden zu fegen, während die Mules in Bewegung sind. Verschiedne ‚minders'" (Arbeiter an der Mule) „wurden" (von den Fabrikinspektoren) „gerichtlich verfolgt und zu Geldstrafen verurteilt wegen dieses Vergehns, aber ohne irgendwelchen allgemeinen Vorteil. Wenn Maschinenmacher nur einen Selbstfeger erfinden wollten, durch dessen Gebrauch die Notwendigkeit für diese kleinen Kinder, unter die Maschinerie zu kriechen, wegfiele, so wäre das ein glücklicher Beitrag zu unsren Protektionsmaßregeln." („Reports of Insp. of Factories for 31st October 1866", p. 63.)

185 Man würdige daher den fabelhaften Einfall Proudhons, der die Maschinerie nicht als Synthese von Arbeitsmitteln, sondern als Synthese von Teilarbeiten für die Arbeiter selbst – „konstruiert".

> „Der trübselige Schlendrian einer endlosen Arbeitsqual, worin derselbe mechanische Prozeß immer wieder durchgemacht wird, gleicht der Arbeit des Sisyphus; die Last der Arbeit, gleich dem Felsen, fällt immer wieder auf den abgematteten Arbeiter zurück.“[186]

Während die Maschinenarbeit das Nervensystem aufs äußerste angreift, unterdrückt sie das vielseitige Spiel der Muskeln und konfisziert alle freie körperliche und geistige Tätigkeit.[187] Selbst die Erleichterung der Arbeit wird zum Mittel der Tortur, indem die Maschine nicht den Arbeiter von der Arbeit befreit, sondern seine Arbeit vom Inhalt. Aller kapitalistischen Produktion, soweit sie nicht nur Arbeitsprozeß, sondern zugleich Verwertungsprozeß des Kapitals, ist es gemeinsam, daß nicht der Arbeiter die Arbeitsbedingung, sondern umgekehrt die Arbeitsbedingung den Arbeiter anwendet, aber erst mit der Maschinerie erhält diese Verkehrung technisch handgreifliche Wirklichkeit. Durch seine Verwandlung in einen Automaten tritt das Arbeitsmittel während des Arbeitsprozesses selbst dem Arbeiter als Kapital gegenüber, als tote Arbeit, welche die lebendige Arbeitskraft beherrscht und aussaugt. Die Scheidung der geistigen Potenzen des Produktionsprozesses von der Handarbeit und die Verwandlung derselben in Mächte des Kapitals über die Arbeit vollendet sich, wie bereits früher angedeutet, in der auf Grundlage der Maschinerie aufgebauten großen Industrie. Das Detailgeschick des individuellen, entleerten Maschinenarbeiters verschwindet als ein winzig Nebending vor der Wissenschaft, den ungeheuren Naturkräften und der gesellschaftlichen Massenarbeit, die im Maschinensystem verkörpert sind und mit ihm die Macht des „Meisters“ (master) bilden. Dieser Meister, in dessen Hirn die Maschinerie und sein Monopol an derselben unzertrennlich verwachsen sind, ruft daher in Kollisionsfällen den „Händen“ verächtlich zu:

> „Die Fabrikarbeiter sollten in heilsamer Erinnrung halten, daß ihre Arbeit in der Tat eine sehr niedrige Sorte geschickter Arbeit ist; daß keine leichter aneigenbar und in Anbetracht ihrer Qualität besser belohnt ist, daß keine durch kurze Unterweisung des mindest Erfahrnen in so kurzer Zeit und in solchem Überfluß zugeführt werden kann. Des Meisters Maschinerie spielt in der Tat eine viel wichtigere Rolle in dem Geschäfte der Produktion als die Arbeit und das

---

[186] F. Engels, „Lage etc.“, p.217. Selbst ein ganz ordinärer, optimistischer Freihändler, Herr Molinari, bemerkt: „Ein Mann verbraucht sich schneller, wenn er täglich fünfzehn Stunden die gleichförmige Bewegung eines Mechanismus überwacht, als wenn er in derselben Zeitspanne seine physische Kraft gebraucht. Diese Arbeit der Überwachung, die vielleicht als eine nützliche Gymnastik für den Geist dienen könnte, wenn sie nicht zu lange ausgedehnt würde, zerstört auf die Dauer, durch ihr Übermaß, Geist und Körper zugleich.“ (G. de Molinari, „Études Économiques“, Paris 1846.)

[187] F. Engels, l.c.p. 216.

Geschick des Arbeiters, die eine Erziehung von 6 Monaten lehren und jeder Bauernknecht lernen kann."[188]

Die technische Unterordnung des Arbeiters unter den gleichförmigen Gang des Arbeitsmittels und die eigentümliche Zusammensetzung des Arbeitskörpers aus Individuen beider Geschlechter und verschiedenster Altersstufen schaffen eine kasernenmäßige Disziplin, die sich zum vollständigen Fabrikregime ausbildet und die schon früher erwähnte Arbeit der Oberaufsicht, also zugleich die Teilung der Arbeiter in Handarbeiter und Arbeitsaufseher, in gemeine Industriesoldaten und Industrieunteroffiziere, völlig entwickelt.

„Die Hauptschwierigkeit in der automatischen Fabrik bestand in der notwendigen Disziplin, um die Menschen auf ihre unregelmäßigen Gewohnheiten in der Arbeit verzichten zu machen und sie zu identifizieren mit der unveränderlichen Regelmäßigkeit des großen Automaten. Aber einen den Bedürfnissen und der Geschwindigkeit des automatischen Systems entsprechenden Disziplinarkodex zu erfinden und mit Erfolg auszuführen war ein Unternehmen, des Herkules würdig, das ist das edle Werk Arkwrights! Selbst heutzutage, wo das System in seiner ganzen Vollendung organisiert ist, ist es fast unmöglich, unter den Arbeitern, die das Alter der Mannbarkeit zurückgelegt haben, nützliche Gehilfen für das automatische System zu finden."[189]

Der Fabrikkodex, worin das Kapital seine Autokratie über seine Arbeiter, ohne die sonst vom Bürgertum so beliebte Teilung der Gewalten und das noch beliebtere Repräsentativsystem, privatgesetzlich und eigenherrlich formuliert, ist nur die kapitalistische Karikatur der gesellschaftlichen Reglung des Arbeitsprozesses, welche nötig wird mit der Kooperation auf großer Stufenleiter und der Anwendung gemeinsamer Arbeitsmittel, namentlich der Maschinerie. An die Stelle der Peitsche des Sklaventreibers tritt das Strafbuch des Aufsehers. Alle Strafen lösen sich natürlich auf in Geldstrafen und Lohnabzüge, und der gesetzgeberi-

---

188 „The factory operatives should keep in wholesome remembrance the fact that theirs is really a low species of skilled labour; and that there is none which is more easily acquired or of its quality more amply remunerated, or which, by a short training of the least expert can be more quickly as well as abundantly acquired ... The master's machinery really plays a far more important part in the business of production than the labour and the skill of the operative, which six months' education can teach, and a common labourer can learn." (The Master Spinners' and Manufacturers' Defence Fund. Report of the Committee", Manchester 1854, p. 17.) Man wird später sehn, daß der „Master" aus einem andern Loch pfeift, sobald er mit Verlust seiner „lebendigen" Automaten bedroht ist.

189 Ure, l.c.p. 15. Wer Arkwrights Lebensgeschichte kennt, wird das Wort „edel" diesem genialen Barbier nie an den Kopf werfen. Von allen großen Erfindern des 18. Jahrhunderts war er unstreitig der größte Dieb fremder Erfindungen und der gemeinste Kerl.

sche Scharfsinn der Fabrik-Lykurge macht ihnen die Verletzung ihrer Gesetze womöglich noch einbringlicher als deren Befolgung.[190]

---

[190] „Die Sklaverei, in der die Bourgeoisie das Proletariat gefesselt hält, kommt nirgends deutlicher ans Tageslicht als im Fabriksystem. Hier hört alle Freiheit rechtlich und faktisch auf. Der Arbeiter muß morgens um halb 6 in der Fabrik sein; kommt er ein paar Minuten zu spät, so wird er gestraft, kommt er 10 Minuten zu spät, so wird er gar nicht hereingelassen, bis das Frühstück vorüber ist, und verliert einen Vierteltag am Lohn. Er muß auf Kommando essen, trinken und schlafen ... Die despotische Glocke ruft ihn vom Bette, ruft ihn vom Frühstück und Mittagstisch. Und wie geht es nun gar erst in der Fabrik? Hier ist der Fabrikant absoluter Gesetzgeber. Er erläßt Fabrikregulationen, wie er Lust hat; er ändert und macht Zusätze zu seinem Kodex, wie es ihm beliebt; und wenn er das tollste Zeug hineinsetzt, so sagen doch die Gerichte zum Arbeiter: Da ihr unter diesen Kontrakt euch freiwillig begeben habt, jetzt müßt ihr ihn auch befolgen ... Diese Arbeiter sind dazu verdammt, vom neunten Jahr bis zu ihrem Tode unter der geistigen und körperlichen Fuchtel zu leben." (F. Engels, l.c.p. 217 sqq.) Was „die Gerichte sagen", will ich an zwei Beispielen erläutern. Der eine Fall spielt in Sheffield, Ende 1866. Dort hatte sich ein Arbeiter für 2 Jahre in eine Metallfabrik verdingt. Infolge eines Zwistes mit dem Fabrikanten verließ er die Fabrik und erklärte, unter keinen Umständen mehr für ihn arbeiten zu wollen. Wurde wegen Kontraktbruchs verklagt, zu zwei Monaten Gefängnis verurteilt. (Bricht der Fabrikant den Kontrakt, so kann er nur civiliter verklagt werden und riskiert nur eine Geldbuße.) Nach Absitzen der zwei Monate stellt derselbe Fabrikant ihm Ladung zu, dem alten Kontrakt gemäß in die Fabrik zurückzukehren. Arbeiter erklärt: Nein. Den Kontraktsbruch habe er bereits abgebüßt. Fabrikant verklagt von neuem, Gericht verurteilt von neuem, obgleich einer der Richter, Mr. Shee, dies öffentlich als juristische Ungeheuerlichkeit denunziert, wonach ein Mann sein ganzes Leben durch periodisch für dasselbe identische Vergehn, resp. Verbrechen, wieder und wieder bestraft werden könne. Dieses Urteil wurde gefällt nicht von den „Great Unpaid", provinzialen Dogberries, sondern zu London, von einem der höchsten Gerichtshöfe. [Zur 4. Aufl. – Dies ist jetzt abgeschafft. Einige wenige Fälle ausgenommen – z. B. bei öffentlichen Gaswerken –, ist jetzt in England der Arbeiter beim Kontraktbruch dem Beschäftiger gleichgestellt und kann nur zivilrechtlich belangt werden. – F. E.] – Der zweite Fall spielt in Wiltshire, Ende November 1863. Ungefähr 30 Dampfstuhlweberinnen, in der Beschäftigung eines gewissen Harrupp, Tuchfabrikant von Leower's Mill, Westbury Leigh, machten einen strike, weil dieser selbe Harrupp die angenehme Gewohnheit hatte, ihnen für Verspätung am Morgen Lohnabzug zu machen, und zwar 6 d. für 2 Minuten, 1 sh. für 3 Minuten und 1 sh. 6 d. für 10 Minuten. Dies macht bei 9 sh. per Stunde 4 Pfd. St. 10 sh. per Tag, während ihr Durchschnittslohn im Jahr nie über 10 bis 12 sh. wöchentlich steigt. Harrupp hat ebenfalls einen Jungen bestellt, um die Fabrikstunde zu blasen, was er selber manchmal vor 6 Uhr morgens tut, und wenn die Hände nicht grade da sind, sobald er aufhört, werden die Tore geschlossen und die draußen in Geldbuße genommen; und da keine Uhr im Gebäude, sind die unglücklichen Hände in der Gewalt des von Harrupp inspirierten jugendlichen Zeitwächters. Die im „strike" begriffnen Hände, Familienmütter und Mädchen, erklärten, sie wollten wieder ans Werk gehn, wenn der Zeitwächter durch eine Uhr ersetzt und ein rationellrer Straftarif eingeführt würde. Harrupp zitierte 19 Weiber und Mädchen vor die Magistrate wegen Kontraktsbruch. Sie wurden verurteilt zu je 6 d. Strafe und 2 sh. 6 d. Kosten, unter lauter Entrüstung des Auditoriums. Harrupp wurde vom Gericht weg von einer zischenden Volksmasse begleitet. – Eine Lieblingsoperation der Fabrikanten ist, die Arbeiter durch Lohnabzüge für die Fehler des ihnen gelieferten Materials zu züchtigen. Diese Methode rief 1866 allgemeinen strike in den englischen Töpferdistrikten hervor. Die Berichte der „Ch.

Wir deuten nur hin auf die materiellen Bedingungen, unter denen die Fabrikarbeit verrichtet wird. Alle Sinnesorgane werden gleichmäßig verletzt durch die künstlich gesteigerte Temperatur, die mit Abfällen des Rohmaterials geschwängerte Atmosphäre, den betäubenden Lärm usw., abgesehn von der Lebensgefahr unter dicht gehäufter Maschinerie, die mit der Regelmäßigkeit der Jahreszeiten ihre industriellen Schlachtbulletins produziert.[190a] Die Ökonomisierung der gesellschaftlichen Produktionsmittel, erst im Fabriksystem treibhausmäßig gereift, wird in der Hand des Kapitals zugleich zum systematischen Raub an den Lebensbedingungen des Arbeiters während der Arbeit, an Raum, Luft, Licht, und an persönlichen Schutzmitteln wider lebensgefährliche oder gesundheitswidrige Umstände des Produktionsprozesses, von Vorrichtungen zur Bequemlichkeit des Arbeiters gar nicht zu sprechen.[191]

Employm. Commiss." (1863-1866) geben Fälle, wo der Arbeiter, statt Lohn zu erhalten, durch seine Arbeit, und vermittelst des Strafreglements, noch obendrein Schuldner seines erlauchten „Master" wird. Erbauliche Züge über den Lohnabzugs-Scharfsinn der Fabrikautokraten lieferte auch die jüngste Baumwollkrise. „Ich hatte selbst", sagt Fabrikinspektor R. Baker, „vor kurzem gerichtliche Verfolgung wider einen Baumwollfabrikanten einzuleiten, weil er in diesen schweren und qualvollen Zeitläuften 10 d. von einigen der von ihm beschäftigten ‚jungen'" (mehr als dreizehnjährigen) „Arbeiter abzog für das ärztliche Alterszertifikat, das ihm nur 6 d. kostet und wofür das Gesetz nur einen Abzug von 3 d., das Herkommen gar keinen erlaubt ... Ein andrer Fabrikant, um denselben Zweck ohne Konflikt mit dem Gesetz zu erreichen, belastet jedes der armen Kinder, die für ihn arbeiten, mit einem Shilling als Sportel für Erlernung der Kunst und des Mysteriums, zu spinnen, sobald das ärztliche Zeugnis sie reif für diese Beschäftigung erklärt. Es existieren also Unterströmungen, die man kennen muß, um solche außerordentliche Phänomene, wie strikes zu Zeiten wie die gegenwärtige" (es handelt sich um einen strike in der Fabrik zu Darven, Juni 1863, unter den Maschinenwebern) „zu begreifen." („Reports of Insp. of Fact. for 30th April 1863", p. 50, 51.) (Die Fabrikberichte gehn immer weiter als ihr offizielles Datum.)

190a Die Gesetze zum Schutz gegen gefährliche Maschinerie haben wohltätig gewirkt. „Aber ... es existieren jetzt neue Quellen von Unglücksfällen, die vor 20 Jahren nicht existiert haben, namentlich die vermehrte Geschwindigkeit der Maschinerie. Räder, Walzen, Spindeln und Webstühle werden jetzt mit vermehrter und stets noch wachsender Gewalt getrieben; die Finger müssen rascher und sichrer den gebrochnen Faden anpacken, denn wenn mit Zaudern oder Unvorsicht angelegt, sind sie geopfert ... Eine große Anzahl Unglücksfälle wird verursacht durch den Eifer der Arbeiter, ihr Werk rasch auszuführen. Man muß sich erinnern, daß es für die Fabrikanten von der höchsten Wichtigkeit ist, ihre Maschinerie ununterbrochen in Bewegung zu halten, d. h. Garn und Geweb zu produzieren. Jeder Stillstand von einer Minute ist nicht nur ein Verlust an Triebkraft, sondern an Produktion. Die Arbeiter werden daher durch Arbeitsaufseher, interessiert in der Quantität des Machwerks, dazu gehetzt, die Maschinerie in Bewegung zu halten; und es ist dies nicht minder wichtig für Arbeiter, die nach Gewicht oder Stück gezahlt werden. Obgleich es daher in den meisten Fabriken formell verboten ist, Maschinerie während ihrer Bewegung zu reinigen, ist diese Praxis allgemein. Diese Ursache allein hat während der letzten 6 Monate 906 Unglücksfälle produziert ... Obgleich das Reinigungsgeschäft tagaus, tagein vorgeht, ist der Sonnabend jedoch meist für gründliches Reinigen der Maschinerie festgesetzt, und das geschieht großenteils während der Bewegung der Maschi-

Nennt Fourier mit Unrecht die Fabriken „gemilderte Bagnos“[192]?

5. Kampf zwischen Arbeiter und Maschine

Der Kampf zwischen Kapitalist und Lohnarbeiter beginnt mit dem Kapitalverhältnis selbst. Er tobt fort während der ganzen Manufakturperiode.[193] Aber erst seit der Einführung der Maschinerie bekämpft der Arbeiter das Arbeitsmittel selbst, die materielle Existenzweise des Kapitals. Er revoltiert gegen diese bestimmte Form des Produktionsmittels als die materielle Grundlage der kapitalistischen Produktionsweise.

---

nerie ... Es ist eine unbezahlte Operation, und die Arbeiter suchen daher so rasch als möglich damit fertig zu werden. Daher ist die Anzahl der Unglücksfälle freitags und ganz besonders samstags viel größer als an den übrigen Wochentagen. Freitags beträgt der Überschuß über die Durchschnittszahl der ersten 4 Wochentage ungefähr 12%, sonnabends der Überschuß von Unglücksfällen über den Durchschnitt der vorhergehenden 5 Tage 25%; zieht man aber in Rechnung, daß der Fabriktag samstags nur $7^1/_2$ Stunden, an den übrigen Wochentagen $10^1/_2$ Stunden zählt – so steigt der Überschuß um mehr als 65%.“ („Reports of Insp. of Factories for etc. 31st October 1866“, London 1867, p. 9, 15, 16, 17.)

191 Im ersten Abschnitt des Dritten Buchs werde ich berichten über einen jüngster Zeit angehörigen Feldzug der englischen Fabrikanten gegen die Klauseln des Fabrikakts zum Schutz der Gliedmaßen der „Hände“ vor lebensgefährlicher Maschinerie. Hier genüge ein Zitat aus einem offiziellen Bericht des Fabrikinspektors Leonard Horner: „Ich habe Fabrikanten mit unentschuldbarer Frivolität von einigen der Unglücksfälle sprechen hören, z. B. der Verlust eines Fingers sei eine Kleinigkeit. Das Leben und die Aussichten eines Arbeiters hängen so sehr von seinen Fingern ab, daß ein solcher Verlust ein äußerst ernstes Ereignis für ihn ist. Wenn ich solch gedankenlos Geschwätz höre, stelle ich die Frage: Unterstellt, Sie brauchen einen zusätzlichen Arbeiter, und ihrer zwei meldeten sich, beide in jeder andren Hinsicht gleich tüchtig, aber der eine ohne Daumen oder Vorfinger, welchen würden Sie wählen? Sie zögerten nie einen Augenblick, für den Vollfingrigen zu entscheiden ... Diese Herrn Fabrikanten haben falsche Vorurteile gegen das, was sie pseudophilanthropische Gesetzgebung nennen.“ („Reports of Insp. of Fact. for 31st Oct. 1855“.) Diese Herrn sind „gescheite Leut“ und schwärmen nicht umsonst für die Sklavenhalter-Rebellion!

192 In den Fabriken, die am längsten dem Fabrikakt mit seiner Zwangsbeschränkung der Arbeitszeit und seinen sonstigen Regulationen unterworfen, sind manche frühre Mißstände verschwunden. Die Verbesserung der Maschinerie selbst erheischt auf einem gewissen Punkt eine „verbesserte Konstruktion der Fabrikgebäude“, die den Arbeitern zugut kommt. (cf. „Reports etc. for 31st Oct. 1863“, p. 109.)

193 Sieh u. a. John Houghton, „Husbandry and Trade improved“, Lond. 1727. „The Advantages of the East India Trade“, 1720. John Bellers, l.c. „Die Meister und die Arbeiter befinden sich unglücklicherweise in ewigem Kriegszustand miteinander. Jene haben das unveränderliche Ziel, ihre Arbeit so billig wie möglich getan zu erhalten; und sie zögern nicht, zu diesem Zweck jede List anzuwenden, während diese ebenso darauf bedacht sind, bei jeder Gelegenheit ihre Meister zur Erfüllung ihrer höheren Forderungen zu zwingen.“ „An Inquiry into the causes of the Present High Prices of Provisions“, 1767. p. 61, 62. (Verf. Rev. Nathaniel Forster, ganz auf Seite der Arbeiter.)

Ziemlich ganz Europa erlebte während des 17. Jahrhunderts Arbeiterrevolten gegen die sog. Bandmühle (auch Schnurmühle oder Mühlenstuhl genannt), eine Maschine zum Weben von Bändern und Borten.[194] Ende des ersten Dritteiles des 17. Jahrhunderts erlag eine Windsägemühle, von einem Holländer in der Nähe Londons angelegt, vor Pöbelexzessen. Noch Anfang des 18. Jahrhunderts überwanden durch Wasser getriebne Sägemaschinen in England nur mühsam den parlamentarisch unterstützten Volkswiderstand. Als Everet 1758 die erste vom Wasser getriebne Maschine zum Wollscheren erbaut hatte, wurde sie von 100.000 außer Arbeit gesetzten Menschen in Brand gesteckt. Gegen die scribbling mills und Kardiermaschinen Arkwrigths petitionierten 50.000 Arbeiter, die bisher vom Wollkratzen gelebt, beim Parlament. Die massenhafte Zerstörung von Maschinen in den englischen Manufakturdistrikten während der ersten 15 Jahre des 19. Jahrhunderts, namentlich infolge der Ausbeutung des Dampfwebstuhls, bot, unter dem Namen der Ludditenbewegung, der Antijakobiner-Regierung eines Sidmouth, Castlereagh usw. den Vorwand zu reaktionärsten Gewaltschritten. Es bedarf Zeit und Erfahrung, bevor der Arbeiter die Maschinerie von ihrer kapitalistischen Anwendung unterscheiden und daher seine Angriffe vom materiellen Produktionsmittel selbst auf dessen gesellschaftliche Exploitationsform übertragen lernt.[195]

---

[194] Die Bandmühle ward in Deutschland erfunden. Der italienische Abbé Lancellotti in einer Schrift, die 1636 zu Venedig erschien, erzählt: „Anton Müller aus Danzig habe vor ungefähr 50 Jahren" (L. schrieb 1629) „eine sehr künstliche Maschine in Danzig gesehn, die 4-6 Gewebe auf einmal verfertigte; weil der Stadtrat aber besorgt habe, diese Erfindung möchte eine Masse Arbeiter zu Bettlern machen, so habe er die Erfindung unterdrückt und den Erfinder heimlich ersticken oder ersäufen lassen." In Leyden wurde dieselbe Maschine zuerst 1629 angewandt. Die Emeuten der Bortenwirker zwangen den Magistrat erst zu ihrem Verbot; durch verschiedne Verordnungen von 1623, 1639 usw. von seiten der Generalstaaten sollte ihr Gebrauch beschränkt werden; endlich erlaubt, unter gewissen Bedingungen, durch Verordnung vom 15. Dezember 1661. „In dieser Stadt", sagt Boxhorn („Inst. Pol.", 1663) von der Einführung der Bandmühle in Leyden, „erfanden vor ungefähr zwanzig Jahren irgendwelche Leute ein Instrument zum Weben, mit dem ein einzelner mehr und leichter Gewebe herstellen konnte, als sonst mehrere in der gleichen Zeit. Dadurch kam es zu Unruhen und zu Klagen der Weber, bis der Gebrauch dieses Instruments vom Magistrat verboten wurde." Dieselbe Maschine ward 1676 in Köln verboten, während ihre Einführung in England gleichzeitige Arbeiterunruhen hervorrief. Durch kaiserliches Edikt vom 19. Februar 1685 wurde ihr Gebrauch in ganz Deutschland untersagt. In Hamburg wurde sie öffentlich auf Befehl des Magistrats verbrannt. Karl VI. erneuerte 9. Februar 1719 das Edikt von 1685, und Kursachsen erlaubte ihren öffentlichen Gebrauch erst 1765. Diese Maschine, die so viel Lärm in der Welt gemacht hat, war in der Tat Vorläufer der Spinn- und Webmaschinen, also der industriellen Revolution des 18. Jahrhunderts. Sie befähigte einen in der Weberei ganz unerfahrnen Jungen, durch bloßes Ab- und Zustoßen einer Treibstange den ganzen Stuhl mit allen seinen Schützen in Bewegung zu setzen, und lieferte, in ihrer verbesserten Form, 40-50 Stück auf einmal.

[195] In altmodischen Manufakturen wiederholt sich noch heute zuweilen die rohe Form der Arbeiterempörungen gegen die Maschinerie. So z. B. im Feilenschleifen zu Sheffield 1865.

Die Kämpfe um den Arbeitslohn innerhalb der Manufaktur setzen die Manufaktur voraus und sind keineswegs gegen ihre Existenz gerichtet. Soweit die Bildung der Manufakturen bekämpft wird, geschieht es von den Zunftmeistern und privilegierten Städten, nicht von den Lohnarbeitern. Bei Schriftstellern der Manufakturperiode wird die Teilung der Arbeit daher vorherrschend als Mittel aufgefaßt, virtuell Arbeiter zu ersetzen, aber nicht, wirklich Arbeiter zu verdrängen. Dieser Unterschied ist selbstverständlich. Sagt man z. B., es würden 100 Millionen Menschen in England erheischt sein, um mit dem alten Spinnrad die Baumwolle zu verspinnen, die jetzt von 500.000 mit der Maschine versponnen wird, so heißt das natürlich nicht, daß die Maschine den Platz dieser Millionen, die nie existiert haben, einnahm. Es heißt nur, daß viele Millionen Arbeiter erheischt wären, um die Spinnmaschinerie zu ersetzen. Sagt man dagegen, daß der Dampfwebstuhl in England 80.000 Weber auf das Pflaster warf, so spricht man nicht von existierender Maschinerie, die durch eine bestimmte Arbeiterzahl ersetzt werden müßte, sondern von einer existierenden Arbeiterzahl, die faktisch durch Maschinerie ersetzt oder verdrängt worden ist. Während der Manufakturperiode blieb der handwerksmäßige Betrieb, wenn auch zerlegt, die Grundlage. Die neuen Kolonialmärkte konnten durch die relativ schwache Anzahl der vom Mittelalter überlieferten städtischen Arbeiter nicht befriedigt werden, und die eigentlichen Manufakturen öffneten zugleich dem mit Auflösung der Feudalität von Grund und Boden verjagten Landvolke neue Produktionsgebiete. Damals trat also an der Teilung der Arbeit und der Kooperation in den Werkstätten mehr die positive Seite hervor, daß sie beschäftigte Arbeiter produktiver machen.[196] Kooperation und Kombination der Arbeitsmittel in den Händen weniger rufen, auf die Agrikultur angewandt, zwar große, plötzliche und gewaltsame Revolutionen der Produktionsweise und daher der Lebensbedingungen und Beschäftigungsmittel der Landbevölkerung hervor, in vielen Ländern lang vor der Periode der großen Industrie. Aber dieser Kampf spielt ursprünglich mehr zwischen

[196] Sir James Steuart faßt auch die Wirkung der Maschinerie noch ganz in diesem Sinn. „Ich sehe also die Maschinen als Mittel an, um (ihrer Wirkungsfähigkeit nach) die Zahl der tätigen Menschen zu erhöhen, ohne daß man deren mehr zu ernähren braucht ... Wodurch unterscheidet sich die Wirkung einer Maschine von derjenigen neuer Einwohner? (Fzs. Übers., t. I, I. I, ch. XIX.) Viel naiver Petty, der sagt, daß sie die „Polygamie“ ersetze. Dieser Gesichtspunkt paßt höchstens für einige Teile der Ver. Staaten. Dagegen: „Maschinerie kann selten mit Erfolg dazu gebracht werden, die Arbeit eines einzelnen zu vermindern: bei ihrer Konstruktion würde man mehr Zeit verlieren, als durch ihre Anwendung ersparen. Sie ist nur wirklich nützlich, wenn sie auf große Massen wirkt, wenn eine einzige Maschine die Arbeit von Tausenden unterstützen kann. Maschinerie wird daher stets am meisten in den dichtest bevölkerten Ländern angewandt, wo es die meisten Arbeitslosen gibt ... Sie wird in Gebrauch genommen nicht wegen Mangel an Arbeitern, sondern der Leichtigkeit wegen, mit der diese zur Arbeit in Massen gebracht werden können.“ (Piercy Ravenstone, „Thoughts on the Funding System and its Effects“, Lond. 1824, p. 45.)

großen und kleinen Landeigentümern als zwischen Kapital und Lohnarbeit; andrerseits, soweit Arbeiter durch Arbeitsmittel, Schafe, Pferde usw. verdrängt werden, bilden unmittelbare Gewaltakte hier in erster Instanz die Voraussetzung der industriellen Revolution. Erst werden die Arbeiter vom Grund und Boden verjagt, und dann kommen die Schafe. Der Landdiebstahl auf großer Stufenleiter, wie in England, schafft der großen Agrikultur erst ihr Anwendungsfeld.[196a] In ihren Anfängen hat diese Umwälzung der Agrikultur daher mehr den Schein einer politischen Revolution.

Als Maschine wird das Arbeitsmittel sofort zum Konkurrenten des Arbeiters selbst.[197] Die Selbstverwertung des Kapitals durch die Maschine steht im direkten Verhältnis zur Arbeiterzahl, deren Existenzbedingungen sie vernichtet. Das ganze System der kapitalistischen Produktion beruht darauf, daß der Arbeiter seine Arbeitskraft als Ware verkauft. Die Teilung der Arbeit vereinseitigt diese Arbeitskraft zum ganz partikularisierten Geschick, ein Teilwerkzeug zu führen. Sobald die Führung des Werkzeugs der Maschine anheimfällt, erlischt mit dem Gebrauchswert der Tauschwert der Arbeiterkraft. Der Arbeiter wird unverkäuflich, wie außer Kurs gesetztes Papiergeld. Der Teil der Arbeiterklasse, den die Maschinerie so in überflüssige, d. h. nicht länger zur Selbstverwertung des Kapitals unmittelbar notwendige Bevölkerung verwandelt, geht einerseits unter in dem ungleichen Kampf des alten handwerksmäßigen und manufakturmäßigen Betriebs wider den maschinenmäßigen, überflutet andrerseits alle leichter zugänglichen Industriezweige, überfüllt den Arbeitsmarkt und senkt daher den Preis der Arbeitskraft unter ihren Wert. Ein großer Trost für die pauperisierten Arbeiter soll sein, daß ihre Leiden teils nur „zeitlich" („a temporary inconvenience"), teils daß die Maschinerie sich nur allmählich eines ganzen Produktionsfelds bemächtigt, wodurch Umfang und Intensität ihrer vernichtenden Wirkung gebrochen werde. Der eine Trost schlägt den andren. Wo die Maschine allmählich ein Produktionsfeld ergreift, produziert sie chronisches Elend in der mit ihr konkurrierenden Arbeiterschichte. Wo der Übergang rasch, wirkt sie massenhaft und akut. Die Weltgeschichte bietet kein entsetzlicheres Schauspiel als den allmählichen, über Dezennien verschleppten, endlich 1838 besiegelten Untergang der englischen Handbaumwollweber. Viele von ihnen starben am Hungertod, viele vegetierten lange mit ihren Familien auf $2^1/_2$ d. täglich.[198] Akut dagegen

---

196a [Zur 4. Aufl. – Dies gilt auch für Deutschland. Wo bei uns große Agrikultur besteht, also namentlich im Osten, ist sie erst möglich geworden durch das, seit dem 16. Jahrhundert, namentlich aber seit 1648, eingerissene „Bauernlegen". – F. E.]

197 „Maschinerie und Arbeit sind in ständiger Konkurrenz." (Ricardo, l.c.p. 479.)

198 Die Konkurrenz zwischen Handgeweb und Maschinengeweb wurde in England vor der Einführung des Armengesetzes von 1834 dadurch verlängert, daß man die tief unter das Minimum gefallenen Löhne durch Pfarreiunterstützung ergänzte. „Reverend Mr. Turner war 1827 Pfarrer in Wilmslow in Cheshire, einem industriellen Distrikt. Die Fragen des Komitees für Auswanderung und Mr. Turners Antworten zeigen, wie der Wettbewerb der Handarbeit mit

wirkte die englische Baumwollmaschinerie auf Ostindien, dessen Generalgouverneur 1834/35 konstatierte:

„Das Elend findet kaum seine Parallele in der Geschichte des Handels. Die Knochen der Baumwollweber bleichen die Ebenen von Indien."

Allerdings, sofern diese Weber das Zeitliche segneten, bereitete ihnen die Maschine nur „zeitliche Mißstände". Übrigens ist die „zeitliche" Wirkung der Maschinerie permanent, indem sie beständig neue Produktionsgebiete ergreift. Die verselbständigte und entfremdete Gestalt, welche die kapitalistische Produktionsweise überhaupt den Arbeitsbedingungen und dem Arbeitsprodukt gegenüber dem Arbeiter gibt, entwickelt sich also mit der Maschinerie zum vollständigen Gegensatz.[199] Daher mit ihr zum erstenmal die brutale Revolte des Arbeiters gegen das Arbeitsmittel.

Das Arbeitsmittel erschlägt den Arbeiter. Dieser direkte Gegensatz erscheint allerdings am handgreiflichsten, sooft neu eingeführte Maschinerie konkurriert mit überliefertem Handwerks- oder Manufakturbetrieb. Aber innerhalb der großen Industrie selbst wirkt fortwährende Verbeßrung der Maschinerie und Entwicklung des automatischen Systems analog.

„Der beständige Zweck verbesserter Maschinerie ist, die Handarbeit zu vermindern oder einen Ring in der Produktionskette der Fabrik durch Substitution eiser-

---

der Maschinerie aufrechterhalten wird. Frage: ‚Hat nicht die Anwendung des Kraftwebstuhls die des Handwebstuhls verdrängt?' Antwort: ‚Zweifellos; sie würde ihn noch mehr, als bereits geschehn, verdrängt haben, wären die Handweber nicht in den Stand gesetzt worden, sich einer Lohnherabsetzung zu unterwerfen.' Frage: ‚Aber der Handweber hat doch durch diese Unterwerfung sich mit einem Lohn zufriedengegeben, der für seinen Lebensunterhalt unzureichend ist, und verlangt nach Pfarreizuschuß für den Rest seines Lebensunterhalts?' Antwort: ‚Ja, und in der Tat wird der Wettbewerb zwischen dem Handwebstuhl und dem Kraftwebstuhl durch die Armenunterstützung aufrechterhalten.' So ist also erniedrigender Pauperismus oder Auswanderung der Vorteil, den die Einführung der Maschinerie den Werktätigen gebracht hat, sie sind aus geachteten und in gewissem Grade unabhängigen Handwerkern zu kriecherischen Elenden herabgedrückt worden, die das entwürdigende Brot der Mildtätigkeit essen. Das nennt man einen zeitlichen Mißstand." („A Prize Essay on the comparative merits of Competition and Co-operation", Lond. 1834, p. 29.)

[199] „Die gleiche Ursache, die die Nettorevenue des Landes anwachsen läßt" (d. h., wie Ricardo an derselben Stelle erläutert, the revenues of landlords and capitalists, deren Wealth, ökonomisch betrachtet, überhaupt = Wealth of the Nation), „kann gleichzeitig einen Überfluß an Bevölkerung erzeugen und die Lage des Arbeiters verschlechtern." (Ricardo, l.c.p. 469.) „Der beständige Zweck und die Tendenz jeder Vervollkommnung des Mechanismus ist in der Tat, sich der Arbeit des Menschen ganz zu entschlagen oder ihren Preis zu vermindern durch Substitution von Weiber- und Kinderarbeit für die der erwachsnen männlichen Arbeiter oder roher Arbeiter für geschickte." (Ure.)

ner für menschliche Apparate zu vollenden."[200] „Die Anwendung von Dampf- und Wasserkraft auf Maschinerie, die bisher mit der Hand bewegt wurde, ist das Ereignis jedes Tages ... Die kleineren Verbeßrungen in der Maschinerie, welche Ökonomie der Bewegungskraft, Verbeßrung des Machwerks, vermehrte Produktion in derselben Zeit oder Verdrängung eines Kindes, eines Frauenzimmers oder eines Mannes bezwecken, sind konstant, und obgleich scheinbar nicht von großem Gewicht, haben sie dennoch wichtige Resultate."[201] „Überall, wo eine Operation viel Geschick und eine sichre Hand verlangt, entzieht man sie so schnell als möglich den Armen des zu geschickten und oft zu Unregelmäßigkeiten aller Art geneigten Arbeiters, um einen besondren Mechanismus damit zu betrauen, der so gut geregelt ist, daß ein Kind ihn überwachen kann."[202] „Im automatischen System wird das Talent des Arbeiters progressiv verdrängt."[203] „Die Verbeßrung der Maschinerie erfordert nicht nur Vermindrung in der Anzahl der beschäftigten erwachsnen Arbeiter zur Erzielung eines bestimmten Resultats, sondern sie substituiert eine Klasse von Individuen einer andren Klasse, eine minder geschickte einer geschickteren, Kinder den Erwachsnen, Frauen den Männern. Alle diese Wechsel verursachen beständige Fluktuationen in der Rate des Arbeitslohns."[204] „Die Maschinerie wirft unaufhörlich Erwachsne aus der Fabrik heraus."[205]

Die außerordentliche Elastizität des Maschinenwesens infolge gehäufter praktischer Erfahrung, des schon vorhandnen Umfangs mechanischer Mittel und des beständigen Fortschritts der Technik zeigte uns sein Sturmmarsch unter dem Druck eines verkürzten Arbeitstags. Aber wer hätte 1860, im Zenitjahr der englischen Baumwollindustrie, die galoppierenden Verbesserungen der Maschinerie und die entsprechende Deplacierung von Handarbeit geahnt, welche die drei folgenden Jahre unter dem Stachel des Amerikanischen Bürgerkriegs hervorriefen? Von den offiziellen Anführungen der englischen Fabrikinspektoren über diesen Punkt genügen hier ein paar Beispiele. Ein Manchester Fabrikant erklärt:

---

200 „Reports of Insp. of Fact. 31st Oct. 1858", p. 43.

201 „Reports etc. 31st Oct. 1856", p. 15.

202 „Ure, l.c.p. 19. „Der große Vorteil der im Ziegelbacken angewandten Maschinerie besteht darin, den Anwender ganz und gar von geschickten Arbeitern unabhängig zu machen." („Ch. Empl. Comm., V. Report", Lond. 1866, p. 130, n. 46.)

Zusatz z. 2. A. Herr A. Sturrock, Superintendent des Maschinendepartements der Great Northern Railway sagt aus mit Bezug auf Maschinenbau (Lokomotiven usw.): „Kostspielige (expensive) englische Arbeiter werden jeden Tag weniger gebraucht. Die Produktion wird vermehrt durch die Anwendung verbesserter Instrumente, und diese Instrumente werden bedient von einer niedrigen Sorte Arbeit (a low class of labour) ... Früher produzierte geschickte Arbeit notwendigerweise alle Teile der Dampfmaschine. Dieselben Teile werden jetzt produziert durch Arbeit mit weniger Geschick, aber guten Instrumenten ... Unter Instrumenten verstehe ich die beim Maschinenbau angewandten Maschinen." („Royal Commission on Railways. Minutes of Evidence", n. 17862 und 17863, London 1867.)

203 Ure, l.c.p. 20.

204 l.c.p. 321.

205 l.c.p. 23.

„Statt 75 Kardiermaschinen brauchen wir jetzt nur 12, welche dieselbe Quantität von ebenso guter, wenn nicht beßrer Qualität liefern ... Die Ersparung an Arbeitslohn beträgt 10 Pfd. St. wöchentlich, die an Baumwollabfall 10%."

In einer Manchester Feinspinnerei wurde

„vermittelst beschleunigter Bewegung und Einführung verschiedner self-acting Prozesse in einem Departement $^1/_4$, in einem über $^1/_2$ des Arbeiterpersonals beseitigt, während die Kämmaschine an der Stelle der zweiten Kardiermaschine die Zahl der früher im Kardierraum beschäftigten Hände sehr vermindert hat".

Eine andre Spinnfabrik schätzt ihre allgemeine Ersparung von „Händen" auf 10%. Die Herren Gilmore, Spinner zu Manchester, erklären:

„In unsrem blowing departement schätzten wir die infolge neuer Maschinerie gemachte Ersparung an Händen und Arbeitslohn auf ein volles Drittel ... in dem jack frame und drawing frame room ungefähr $^1/_3$ weniger in Auslage und Händen; im Spinnraum ungefähr $^1/_3$ weniger in Auslage. Aber das ist nicht alles; wenn unser Garn jetzt zum Weber geht, ist es so sehr verbessert durch die Anwendung der neuen Maschinerie, daß sie mehr und besseres Gewebe als mit dem alten Maschinengarn produzieren."[206]

Fabrikinspektor A. Redgrave bemerkt hiezu:

„Die Verminderung der Arbeiter bei gesteigerter Produktion schreitet rasch vorwärts; in den Wollfabriken begann kürzlich eine neue Reduktion der Hände, und sie dauert fort; vor wenigen Tagen sagte mir ein Schulmeister, der bei Rochdale wohnt, die große Abnahme in den Mädchenschulen sei nicht nur dem Druck der Krise geschuldet, sondern auch den Änderungen in der Maschinerie der Wollfabrik, infolge deren eine Durchschnittsreduktion von 70 Halbzeitlern stattgefunden."[207]

Das Gesamtresultat der dem Amerikanischen Bürgerkrieg geschuldeten mechanischen Verbesserungen in der englischen Baumwollindustrie zeigt folgende Tabelle:

---

[206] „Reports of Insp. of Fact., 31st Oct. 1863", p. 108 sqq.

[207] l.c.p. 109. Die rasche Verbesserung der Maschinerie während der Baumwollkrise erlaubte den englischen Fabrikanten gleich nach Beendigung des Amerikanischen Bürgerkriegs, im Umsehen den Weltmarkt wieder zu überfüllen. Die Gewebe wurden schon während der letzten 6 Monate von 1866 fast unverkäuflich. Damit fing die Konsignation der Waren nach China und Indien an, was den „glut" natürlich noch intensiver machte. Anfang 1867 nahmen die Fabrikanten zu ihrem gewöhnlichen Ausfluchtsmittel Zuflucht, Herabsetzung des Arbeitslohns um 5%. Die Arbeiter widersetzten sich und erklärten, theoretisch ganz richtig, das einzige Heilmittel sei, kurze Zeit, 4 Tage per Woche, zu arbeiten. Nach längerem Sträuben mußten die selbst ernannten Industriekapitäne sich hierzu entschließen, an einigen Stellen mit, an andren ohne Lohnherabsetzung um 5%.

Zahl der Fabriken	1856	1861	1868
England und Wales	2046	2715	2405
Schottland	152	163	131
Irland	12	9	13
Vereinigtes Königreich	2210	2887	2549

Anzahl der Dampfwebstühle	1856	1861	1868
England und Wales	275.590	367.125	344.719
Schottland	21.624	30.110	31.864
Irland	1633	1757	2746
Vereinigtes Königreich	298.847	399.992	379.329

Anzahl der Spindeln	1856	1861	1868
England und Wales	25.818.576	28.352.125	30.478.228
Schottland	2.041.129	1.915.398	13.97.546
Irland	150.512	119.944	124.240
Vereinigtes Königreich	28.010.217	30.387.467	32.000.014

Anzahl der beschäftigten Personen	1856	1861	1868
England und Wales	341.170	407.598	357.052
Schottland	34.698	41.237	39.809
Irland	3345	2734	4203
Vereinigtes Königreich	379.213	451.569	401.064

Von 1861 bis 1868 verschwanden also 338 Baumwollfabriken; d. h., produktivere und großartigere Maschinerie konzentrierte sich in den Händen einer geringern Zahl von Kapitalisten. Die Zahl der Dampfwebstühle nahm ab um 20.663; aber ihr Produkt hatte sich gleichzeitig vermehrt, so daß ein verbesserter Webstuhl jetzt mehr leistete als ein alter. Endlich die Spindelzahl wuchs um 1.612.547, während die Zahl der beschäftigten Arbeiter um 50.505 abnahm. Das „zeitweilige“ Elend, womit die Baumwollkrise die Arbeiter erdrückte, wurde also gesteigert und befestigt durch raschen und anhaltenden Fortschritt der Maschinerie.

Die Maschinerie wirkt jedoch nicht nur als übermächtiger Konkurrent, stets auf dem Sprung, den Lohnarbeiter „überflüssig“ zu machen. Als ihm feindliche Potenz wird sie laut und tendenziell vom Kapital proklamiert und gehandhabt. Sie wird das machtvollste Kriegsmittel zur Niederschlagung der periodischen Arbeiteraufstände, strikes usw. wider die Autokratie des Kapitals.[208] Nach Gas-

[208] „Das Verhältnis zwischen Meistern und Händen in den Flint- und Flaschenglas-Bläsereien ist ein chronischer strike.“ Daher der Aufschwung der Manufaktur des gepreßten Glases, wo die

kell war gleich die Dampfmaschine ein Antagonist der „Menschenkraft", der den Kapitalisten befähigte, die steigenden Ansprüche der Arbeiter niederzuschmettern, die das beginnende Fabriksystem zur Krise zu treiben drohten.[209] Man könnte eine ganze Geschichte der Erfindungen seit 1830 schreiben, die bloß als Kriegsmittel des Kapitals wider Arbeiteremeuten ins Leben traten. Wir erinnern vor allem an die selfacting mule, weil sie eine neue Epoche des automatischen Systems eröffnet.[210]

In seiner Aussage vor der Trades Unions Commission berichtet Nasmyth, der Erfinder des Dampfhammers, wie folgt über die Verbeßrungen der Maschinerie, die er einführte infolge des großen und langen strikes der Maschinenarbeiter 1851:

> „Der bezeichnende Zug unsrer modernen mechanischen Verbeßrungen ist die Einführung selbsttätiger Werkzeugmaschinen. Was jetzt ein mechanischer Arbeiter zu tun hat, und was jeder Junge tun kann, ist nicht, selbst zu arbeiten, sondern die schöne Arbeit der Maschine zu überwachen. Die ganze von ihrer Geschicklichkeit ausschließlich abhängende Klasse von Arbeitern ist jetzt beseitigt. Früher beschäftigte ich vier Jungen auf einen Mechaniker. Dank diesen neuen mechanischen Kombinationen habe ich die Zahl der erwachsenen Männer von 1500 auf 750 reduziert. Die Folge war eine bedeutende Vermehrung meines Profits."

Ure sagt von einer Maschine zum Farbendruck in den Kattundruckereien:

> „Endlich suchten sich die Kapitalisten von dieser unerträglichen Sklaverei" (nämlich den ihnen lästigen Kontraktsbedingungen der Arbeiter) „zu befreien, indem sie die Hilfsquellen der Wissenschaft anriefen, und bald waren sie reintegriert in ihre legitimen Rechte, die des Kopfes über die andern Körperteile."

Er sagt von einer Erfindung zum Kettenschlichten, deren unmittelbarer Anlaß ein strike:

> „Die Horde der Unzufriednen, die sich hinter den alten Linien der Teilung der Arbeit unbesiegbar verschanzt wähnte, sah sich so in die Flanke genommen und ihre Verteidigungsmittel vernichtet durch die moderne mechanische Taktik. Sie mußten sich auf Gnade und Ungnade ergeben."

Hauptoperationen durch Maschinerie ausgeführt werden. Eine Firma bei Newcastle, die früher jährlich 350.000 Pfund geblasnes Flintglas produzierte, produziert jetzt statt dessen 3.000.500 Pfund gepreßtes Glas. („Ch. Empl. Comm. IV. Rep.", 1865, p. 272, 263.)

[209] Gaskell, „The Manufacturing Population of England", Lond. 1833, p. 11, 12.

[210] Einige sehr bedeutende Anwendungen von Maschinen zum Maschinenbau erfand Herr Fairbairn infolge von strikes in seiner eignen Maschinenfabrik.

Er sagt von der Erfindung der selfacting mule:

> „Sie war berufen, die Ordnung unter den industriellen Klassen wiederherzustellen ... Diese Erfindung bestätigt die von uns bereits entwickelte Doktrin, daß das Kapital, indem es die Wissenschaft in seinen Dienst preßt, stets die rebellische Hand der Arbeit zur Gelehrigkeit zwingt.“[211]

Obgleich Ures Schrift 1835 erschien, also zur Zeit eines relativ noch schwach entwickelten Fabriksystems, bleibt sie der klassische Ausdruck des Fabrikgeists, nicht nur wegen ihres offenherzigen Zynismus, sondern auch wegen der Naivetät, womit er die gedankenlosen Widersprüche des Kapitalhirns ausplaudert. Nachdem er z. B. die „Doktrin“ entwickelt, daß das Kapital mit Hilfe der von ihm in Sold genommenen Wissenschaft

> „stets die rebellische Hand der Arbeit zur Gelehrigkeit zwingt“, entrüstet er sich darüber, „daß man von gewisser Seite die mechanisch-physische Wissenschaft anklagt, sich dem Despotismus reicher Kapitalisten zu leihen und zum Unterdrückungsmittel der armen Klassen herzugeben“.

Nachdem er weit und breit gepredigt, wie vorteilhaft rasche Entwicklung der Maschinerie den Arbeitern, warnt er sie, daß sie durch ihre Widersetzlichkeit, strikes usw., die Entwicklung der Maschinerie beschleunigen.

> „Derartige gewaltsame Revolten“, sagt er, „zeigen die menschliche Kurzsichtigkeit in ihrem verächtlichsten Charakter, dem Charakter eines Menschen, der sich zu seinem eignen Henker macht.“

Wenige Seiten vorher heißt es umgekehrt:

> „Ohne die heftigen Kollisionen und Unterbrechungen, verursacht durch die irrigen Ansichten der Arbeiter, hätte sich das Fabriksystem noch viel rascher entwikkelt und viel nützlicher für alle interessierten Parteien.“

Dann ruft er wieder aus:

> „Zum Glück für die Bevölkerung der Fabrikbezirke Großbritanniens finden die Verbeßrungen in der Mechanik nur allmählich statt.“ „Mit Unrecht“, sagt er, „klagt man die Maschinen an, daß sie den Arbeitslohn der Erwachsnen vermindern, indem sie einen Teil derselben verdrängen, wodurch ihre Anzahl das Bedürfnis nach Arbeit übersteigt. Aber sie vermehren die Nachfrage nach Kinderarbeit und erhöhen damit *deren* Lohnrate.“

---

[211] Ure, l.c.p. 367-370.

Derselbe Trostspender verteidigt andrerseits die Niedrigkeit der Kinderlöhne damit, daß „sie die Eltern abhalten, ihre Kinder zu früh in die Fabriken zu schikken“. Sein ganzes Buch ist eine Apologie des unbeschränkten Arbeitstags, und es erinnert seine liberale Seele an die dunkelsten Zeiten des Mittelalters, wenn die Gesetzgebung verbietet, Kinder von 13 Jahren mehr als 12 Stunden per Tag abzurackern. Dies hält ihn nicht ab, die Fabrikarbeiter zu einem Dankgebet an die Vorsehung aufzufordern, die ihnen durch die Maschinerie „die Muße verschafft habe, über ihre unsterblichen Interessen nachzudenken“.[212]

6. Die Kompensationstheorie bezüglich der durch Maschinerie verdrängten Arbeiter

Eine ganze Reihe bürgerlicher Ökonomen, wie James Mill, MacCulloch, Torrens, Senior, J. St. Mill usw. behauptet, daß alle Maschinerie, die Arbeiter verdrängt, stets gleichzeitig und notwendig ein adäquates Kapital zur Beschäftigung derselben identischen Arbeiter freisetzt.[213]

Man unterstelle, ein Kapitalist wende 100 Arbeiter an, z. B. in einer Tapetenmanufaktur, den Mann zu 30 Pfd. St. jährlich. Das von ihm jährlich ausgelegte variable Kapital beträgt also 3000 Pfd. St. Er entlasse 50 Arbeiter und beschäftige die übrigbleibenden 50 mit einer Maschinerie, die ihm 1500 Pfd. St. kostet. Der Vereinfachung halber wird von Baulichkeiten, Kohlen usw. abgesehn. Man nimmt ferner an, das jährlich verzehrte Rohmaterial koste nach wie vor 3000 Pfd. St.[214] Ist durch diese Metamorphose irgendein Kapital „freigesetzt“? In der alten Betriebsweise bestand die ausgelegte Gesamtsumme von 6000 Pfd. St. halb aus konstantem und halb aus variablem Kapital. Sie besteht jetzt aus 4500 Pfd. St. (3000 Pfd. St. für Rohmaterial und 1500 Pfd. St. für Maschinerie) konstantem und 1500 Pfd. St. variablem Kapital. Statt der Hälfte bildet der variable oder in lebendige Arbeitskraft umgesetzte Kapitalteil nur noch ¼ des Gesamtkapitals. Statt der Freisetzung findet hier Bindung von Kapital in einer Form statt, worin es aufhört, sich gegen Arbeitskraft auszutauschen, d. h. Verwandlung von variablem in konstantes Kapital. Das Kapital von 6000 Pfd. St. kann, unter sonst gleichbleibenden Umständen, jetzt niemals mehr als 50 Arbeiter beschäftigen. Mit jeder Verbeßrung der Maschinerie beschäftigt es weniger. Kostete die neu eingeführte Maschinerie weniger als die Summe der von ihr verdrängten Arbeitskraft und Arbeitswerkzeuge, also z. B. statt 1500 nur 1000 Pfd. St., so

---

[212] Ure, l.c.p. 368, 7, 370, 280, 321, 281, 475.

[213] Ricardo teilte ursprünglich diese Ansicht, widerrief sie aber später ausdrücklich mit seiner charakteristischen wissenschaftlichen Unbefangenheit und Wahrheitsliebe. Sieh l.c., ch. XXXI „On Machinery“.

[214] NB, ich gebe die Illustration ganz in der Weise der obengenannten Ökonomen.

würde ein variables Kapital von 1000 Pfd. St. in konstantes verwandelt oder gebunden, während ein Kapital von 500 Pfd. St. freigesetzt würde. Letzteres, denselben Jahreslohn unterstellt, bildet einen Beschäftigungsfonds für ungefähr 16 Arbeiter, während 50 entlassen sind, ja für viel weniger als 16 Arbeiter, da die 500 Pfd. St. zu ihrer Verwandlung in Kapital wieder zum Teil in konstantes Kapital verwandelt werden müssen, also auch nur zum Teil in Arbeitskraft umgesetzt werden können.

Indes, gesetzt auch, die Anfertigung der neuen Maschinerie beschäftige eine größre Anzahl Mechaniker; soll das eine Kompensation sein für die aufs Pflaster geworfnen Tapetenmacher? Im besten Fall beschäftigt ihre Anfertigung weniger Arbeiter, als ihre Anwendung verdrängt. Die Summe von 1500 Pfd. St., die nur den Arbeitslohn der entlaßnen Tapetenmacher darstellte, stellt jetzt, in der Gestalt von Maschinerie, dar: 1. den Wert der zu ihrer Herstellung erforderlichen Produktionsmittel, 2. den Arbeitslohn der sie anfertigenden Mechaniker, 3. den ihrem „Meister" zufallenden Mehrwert. Ferner: einmal fertig, braucht die Maschine nicht erneuert zu werden bis nach ihrem Tod. Um also die zusätzliche Anzahl Mechaniker dauernd zu beschäftigen, muß ein Tapetenfabrikant nach dem andern Arbeiter durch Maschinen verdrängen.

In der Tat meinen jene Apologeten auch nicht diese Art Freisetzung von Kapital. Sie meinen die Lebensmittel der freigesetzten Arbeiter. Es kann nicht geleugnet werden, daß im obigen Fall z. B. die Maschinerie nicht nur 50 Arbeiter freisetzt und dadurch „disponibel" macht, sondern zugleich ihren Zusammenhang mit Lebensmitteln zum Wert von 1500 Pfd. St. aufhebt und so diese Lebensmittel „freisetzt". Die einfache und keineswegs neue Tatsache, daß die Maschinerie den Arbeiter von Lebensmitteln freisetzt, lautet also ökonomisch, daß die Maschinerie Lebensmittel für den Arbeiter freisetzt oder in Kapital zu seiner Anwendung verwandelt. Man sieht, es kommt alles auf die Ausdrucksweise an. Nominibus mollire licet mala.

Nach dieser Theorie waren die Lebensmittel zum Wert von 1500 Pfd. St. ein durch die Arbeit der fünfzig entlaßnen Arbeiter verwertetes Kapital. Dies Kapital verliert folglich seine Beschäftigung, sobald die fünfzig Feiertag bekommen, und hat nicht Ruh noch Rast, bis es eine neue „Anlage" gefunden, worin besagte fünfzig es wieder produktiv konsumieren können. Früher oder später müssen also Kapital und Arbeiter sich wieder zusammenfinden, und dann ist die Kompensation da. Die Leiden der durch die Maschinerie verdrängten Arbeiter sind also ebenso vergänglich wie die Reichtümer dieser Welt.

Die Lebensmittel zum Betrag von 1500 Pfd. St. standen den entlaßnen Arbeitern niemals als Kapital gegenüber. Was ihnen als Kapital gegenüberstand, waren die jetzt in Maschinerie verwandelten 1500 Pfd. St. Näher betrachtet, repräsentierten diese 1500 Pfd. St. nur einen Teil der vermittelst der entlaßnen 50 Arbeiter jährlich produzierten Tapeten, die sie in Geldform statt in natura von ihrem Anwender zum Lohn erhielten. Mit den in 1500 Pfd. St. verwandelten Tapeten kauften sie Lebensmittel zu demselben Betrag. Diese existierten für sie daher nicht als Kapital, sondern als Waren, und sie selbst existierten für diese Waren nicht als Lohnarbeiter, sondern als Käufer. Der Umstand, daß die Maschinerie sie von Kaufmitteln „freigesetzt" hat, verwandelt sie aus Käufern in Nicht-Käufer. Daher verminderte Nachfrage für jene Waren. Voilà tout. Wird diese verminderte Nachfrage nicht durch vermehrte Nachfrage von andrer Seite kompensiert, so sinkt der Marktpreis der Waren. Dauert dies länger und in größrem Umfange, so erfolgt ein Deplacement der in der Produktion jener Waren beschäftigten Arbeiter. Ein Teil des Kapitals, das früher notwendige Lebensmittel produzierte, wird in andrer Form reproduziert. Während des Falls der Marktpreise und des Deplacements von Kapital werden auch die in der Produktion der notwendigen Lebensmittel beschäftigten Arbeiter von einem Teil ihres Lohns „freigesetzt". Statt also zu beweisen, daß die Maschinerie durch die Freisetzung der Arbeiter von Lebensmitteln letztere gleichzeitig in Kapital zur Anwendung der erstren verwandelt, beweist der Herr Apologet mit dem probaten Gesetz von Nachfrage und Zufuhr umgekehrt, daß die Maschinerie nicht nur in dem Produktionszweig, worin sie eingeführt, sondern auch in den Produktionszweigen, worin sie nicht eingeführt wird, Arbeiter aufs Pflaster wirft.

Die wirklichen, vom ökonomischen Optimismus travestierten Tatsachen sind diese: Die von der Maschinerie verdrängten Arbeiter werden aus der Werkstatt hinaus auf den Arbeitsmarkt geworfen und vermehren dort die Zahl der schon für kapitalistische Ausbeutung disponiblen Arbeitskräfte. Im siebenten Abschnitt wird sich zeigen, daß diese Wirkung der Maschinerie, die uns hier als eine Kompensation für die Arbeiterklasse dargestellt wird, den Arbeiter im Gegenteil als furchtbarste Geißel trifft. Hier nur dies: Die aus einem Industriezweig hinausgeworfnen Arbeiter können allerdings in irgendeinem andern Beschäftigung suchen. Finden sie solche, und knüpft sich damit das Band zwischen ihnen und den mit ihnen freigesetzten Lebensmitteln wieder, so geschieht dies vermittelst eines neuen, zuschüssigen Kapitals, das nach Anlage drängt, keineswegs aber vermittelst des schon früher funktionierenden und jetzt in Maschinerie verwandelten Kapitals. Und selbst dann, wie geringe Aussicht haben sie! Verkrüppelt durch die Teilung der Arbeit, sind diese armen Teufel außerhalb ihres alten Arbeitskreises so wenig wert, daß sie nur in wenigen niedrigen und daher beständig überfüllten und unterbezahlten Arbeitszweigen Zugang finden.[215] Ferner attrahiert jeder Industriezweig jährlich einen neuen Menschen-

---

[215] Ein Ricardianer bemerkt hierüber gegen die Fadaisen J. B. Says: „Bei entwickelter Teilung der Arbeit ist das Geschick der Arbeiter nur in dem besondren Zweig anwendbar, worin sie angelernt wurden; sie selbst sind eine Art von Maschinen. Es hilft daher absolut nichts, papageimäßig zu plappern, daß die Dinge eine Tendenz haben, ihr Niveau zu finden. Wir müssen um uns schauen und sehn, daß sie für lange Zeit ihr Niveau nicht finden können; daß, wenn sie es finden, das Niveau niedriger steht als beim Anfang des Prozesses." („An Inquiry into those

strom, der ihm sein Kontingent zum regelmäßigen Ersatz und Wachstum liefert. Sobald die Maschinerie einen Teil der bisher in einem bestimmten Industriezweig beschäftigten Arbeiter freisetzt, wird auch die Ersatzmannschaft neu verteilt und in andern Arbeitszweigen absorbiert, während die ursprünglichen Opfer in der Übergangszeit großenteils verkommen und verkümmern.

Es ist eine unzweifelhafte Tatsache, daß die Maschinerie an sich nicht verantwortlich ist für die „Freisetzung" der Arbeiter von Lebensmitteln. Sie verwohlfeilert und vermehrt das Produkt in dem Zweig, den sie ergreift, und läßt die in andren Industriezweigen produzierte Lebensmittelmasse zunächst unverändert. Nach wie vor ihrer Einführung besitzt die Gesellschaft also gleich viel oder mehr Lebensmittel für die deplacierten Arbeiter, ganz abgesehn von dem enormen Teil des jährlichen Produkts, der von Nichtarbeitern vergeudet wird. Und dies ist die Pointe der ökonomischen Apologetik! Die von der kapitalistischen Anwendung der Maschinerie untrennbaren Widersprüche und Antagonismen existieren nicht, weil sie nicht aus der Maschinerie selbst erwachsen, sondern aus ihrer kapitalistischen Anwendung! Da also die Maschinerie an sich betrachtet die Arbeitszeit verkürzt, während sie kapitalistisch angewandt den Arbeitstag verlängert, an sich die Arbeit erleichtert, kapitalistisch angewandt ihre Intensität steigert, an sich ein Sieg des Menschen über die Naturkraft ist, kapitalistisch angewandt den Menschen durch die Naturkraft unterjocht, an sich den Reichtum des Produzenten vermehrt, kapitalistisch angewandt ihn verpaupert usw., erklärt der bürgerliche Ökonom einfach, das Ansichbetrachten der Maschinerie beweise haarscharf, daß alle jene handgreiflichen Widersprüche bloßer Schein der gemeinen Wirklichkeit, aber an sich, also auch in der Theorie gar nicht vorhanden sind. Er spart sich so alles weitre Kopfzerbrechen und bürdet seinem Gegner obendrein die Dummheit auf, nicht die kapitalistische Anwendung der Maschinerie zu bekämpfen, sondern die Maschinerie selbst.

Keineswegs leugnet der bürgerliche Ökonom, daß dabei auch zeitweilige Unannehmlichkeiten herauskommen; aber wo gäbe es eine Medaille ohne Kehrseite! Eine andre als die kapitalistische Ausnutzung der Maschinerie ist für ihn unmöglich. Ausbeutung des Arbeiters durch die Maschine ist ihm also identisch mit Ausbeutung der Maschine durch den Arbeiter. Wer also enthüllt, wie es um die kapitalistische Anwendung der Maschinerie in Wirklichkeit bestellt ist, der will ihre Anwendung überhaupt nicht, der ist ein Gegner des sozialen Fortschritts![216] Ganz das Räsonnement des berühmten Gurgelschneiders Bill Sikes:

Principles respecting the Nature of Demand etc.", Lond. 1821, p. 72.)

[216] Ein Virtuose in diesem anmaßlichen Kretinismus ist u. a. MacCulloch. „Wenn es vorteilhaft ist", sagt er z. B. mit der affektierten Naivetät eines Kindes von 8 Jahren, „das Geschick des Arbeiters mehr und mehr zu entwickeln, so daß er fähig wird, ein stets wachsendes Warenquantum mit demselben oder geringerem Arbeitsquantum zu produzieren, so muß es auch vorteilhaft sein, daß er sich solcher Maschinerie zu seinem Beistande bediene, wie sie ihn am

„Meine Herren Geschwornen, diesen Handlungsreisenden ist allerdings die Gurgel abgeschnitten worden. Diese Tatsache aber ist nicht meine Schuld, sie ist die Schuld des Messers. Sollen wir wegen solcher zeitweiligen Unannehmlichkeiten den Gebrauch des Messers abschaffen? Bedenken Sie ja! Wo wäre Ackerbau und Handwerk ohne Messer? Ist es nicht ebenso heilbringend in der Chirurgie wie gelehrt in der Anatomie? Dazu williger Gehilfe bei fröhlichem Mahl? Schaffen Sie das Messer ab – Sie schleudern uns zurück in die tiefste Barbarei."[216a]

Obwohl die Maschinerie notwendig Arbeiter verdrängt in den Arbeitszweigen, wo sie eingeführt wird, so kann sie dennoch eine Zunahme von Beschäftigung in andern Arbeitszweigen hervorrufen. Diese Wirkung hat aber nichts gemein mit der sogenannten Kompensationstheorie. Da jedes Maschinenprodukt, z. B. eine Elle Maschinengeweb, wohlfeiler ist als das von ihm verdrängte gleichartige Handprodukt, folgt als absolutes Gesetz: Bleibt das Gesamtquantum des maschinenmäßig produzierten Artikels gleich dem Gesamtquantum des von ihm ersetzten handwerks- oder manufakturmäßig produzierten Artikels, so vermindert sich die Gesamtsumme der angewandten Arbeit. Die etwa zur Produktion der Arbeitsmittel selbst, der Maschinerie, Kohle usw., erheischte Arbeitszunahme muß kleiner sein als die durch Anwendung der Maschinerie bewirkte Arbeitsabnahme. Das Maschinenprodukt wäre sonst ebenso teuer oder teurer als das Handprodukt. Statt aber gleichzubleiben, wächst tatsächlich die Gesamtmasse des von einer verminderten Arbeiteranzahl produzierten Maschinenartikels weit über die Gesamtmasse des verdrängten Handwerksartikels. Gesetzt, 400.000 Ellen Maschinengeweb würden von weniger Arbeitern produziert als 100.000 Ellen Handgeweb. In dem vervierfachten Produkt steckt viermal mehr Rohmaterial. Die Produktion des Rohmaterials muß also vervierfacht werden. Was aber die verzehrten Arbeitsmittel, wie Baulichkeiten, Kohlen, Maschinen usw. betrifft, so ändert sich die Grenze, innerhalb deren die zu ihrer Produktion erheischte zusätzliche Arbeit wachsen kann, mit der Differenz zwischen der Masse des Maschinenprodukts und der Masse des von derselben Arbeitszahl herstellbaren Handprodukts.

Mit der Ausdehnung des Maschinenbetriebs in einem Industriezweig steigert sich also zunächst die Produktion in den andren Zweigen, die ihm seine Produktionsmittel liefern. Wieweit dadurch die beschäftigte Arbeitermasse wächst, hängt, Länge des Arbeitstags und Intensität der Arbeit gegeben, von der Zusammensetzung der verwandten Kapitale ab, d. h. vom Verhältnis ihrer konstanten und variablen Bestandteile. Dies Verhältnis seinerseits variiert sehr mit dem Umfang,

---

wirksamsten in der Erreichung dieses Resultats unterstützt." (MacCulloch, „Princ. of Pol. Econ.", Lond. 1830, p. 182.)

[216a] „Der Erfinder der Spinnmaschine hat Indien ruiniert, was uns indes wenig rührt." (A. Thiers, „De la Propriété".) Herr Thiers verwechselt hier die Spinnmaschine mit dem mechanischen Webstuhl, „was uns indes wenig rührt".

worin die Maschinerie jene Gewerbe selbst schon ergriffen hat oder ergreift. Die Anzahl zu Kohlen- und Metallbergwerken verurteilter Menschen schwoll ungeheuer mit dem Fortschritt des englischen Maschinenwesens, obgleich ihr Anwachs in den letzten Dezennien durch Gebrauch neuer Maschinerie für den Bergbau verlangsamt wird.[217] Eine neue Arbeiterart springt mit der Maschine ins Leben, ihr Produzent. Wir wissen bereits, daß der Maschinenbetrieb sich dieses Produktionszweigs selbst auf stets massenhafterer Stufenleiter bemächtigt.[218] Was ferner das Rohmaterial betrifft[219], so unterliegt es z. B. keinem Zweifel, daß der Sturmmarsch der Baumwollspinnerei den Baumwollbau der Vereinigten Staaten und mit ihm nicht nur den afrikanischen Sklavenhandel treibhausmäßig förderte, sondern zugleich die Negerzucht zum Hauptgeschäft der sogenannten Grenz-Sklavenstaaten machte. Als 1790 der erste Sklavenzensus in den Vereinigten Staaten aufgenommen ward, betrug ihre Zahl 697.000, dagegen 1861 ungefähr vier Millionen. Andrerseits ist es nicht minder gewiß, daß das Aufblühen der mechanischen Wollfabrik mit der progressiven Verwandlung von Ackerland in Schafweide die massenhafte Verjagung und „Überzähligmachung" der Landarbeiter hervorrief. Irland macht noch in diesem Augenblick den Prozeß durch, seine seit 1845 beinahe um die Hälfte verminderte Bevölkerung noch weiter auf das dem Bedürfnis seiner Landlords und der englischen Herrn Wollfabrikanten exakt entsprechende Maß herabzudrücken.

Ergreift die Maschinerie Vor- und Zwischenstufen, welche ein Arbeitsgegenstand bis zu seiner letzten Form zu durchlaufen hat, so vermehrt sich mit dem Arbeitsmaterial die Arbeitsnachfrage in den noch handwerks- oder manufakturmäßig betriebnen Gewerken, worin das Maschinenfabrikat eingeht. Die Maschinenspinnerei z. B. lieferte das Garn so wohlfeil und so reichlich, daß die Handweber zunächst, ohne vermehrte Auslage, volle Zeit arbeiten konnten. So stieg ihr Einkommen.[220] Daher Menschenzufluß in die Baumwollweberei, bis

---

[217] Nach dem Zensus von 1861 (Vol. II, Lond. 1863) betrug die Zahl der in den Kohlenbergwerken von England und Wales beschäftigten Arbeiter 246.613, wovon 73.546 unter und 173.067 über 20 Jahre. Zur ersten Rubrik gehören 835 fünf- bis zehnjährige, 30.701 zehn- bis fünfzehnjährige, 42.010 fünfzehn- bis neunzehnjährige. Die Zahl der in Eisen-, Kupfer-, Blei-, Zinn- und allen andren Metallminen Beschäftigten: 319.222.

[218] In England und Wales 1861 in der Produktion von Maschinerie beschäftigt: 60.807 Personen, eingezählt die Fabrikanten samt ihren Kommis usw., ditto alle Agenten und Handelsleute in diesem Fach. Ausgeschlossen dagegen die Produzenten kleinerer Maschinen, wie Nähmaschinen usw., ebenso die Produzenten der Werkzeuge für die Arbeitsmaschinen, wie Spindeln usw. Zahl sämtlicher Zivilingenieure betrug 3329.

[219] Da Eisen einer der wichtigsten Rohstoffe, so sei hier bemerkt, daß 1861 in England und Wales 125.771 Eisengießer, wovon 123.430 männlich, 2341 weiblich. Von den erstern 30.810 unter und 92.620 über 20 Jahre.

[220] „Eine Familie von 4 erwachsnen Personen (Baumwollwebern) mit zwei Kindern als winders gewann Ende des letzten und Anfang des gegenwärtigen Jahrhunderts 4 Pfd. St. per Woche bei 10stündiger Tagesarbeit; war die Arbeit sehr dringend, so konnten sie mehr verdienen ...

schließlich die von Jenny, Throstle und Mule in England z. B. ins Leben gerufnen 800.000 Baumwollweber wieder vom Dampfwebstuhl erschlagen wurden. So wächst mit dem Überfluß der maschinenmäßig produzierten Kleidungsstoffe die Zahl der Schneider, Kleidermacherinnen, Näherinnen usw., bis die Nähmaschine erscheint.

Entsprechend der steigenden Masse von Rohstoffen, Halbfabrikaten, Arbeitsinstrumenten usw., die der Maschinenbetrieb mit relativ geringer Arbeitszahl liefert, sondert sich die Bearbeitung dieser Rohstoffe und Halbfabrikate in zahllose Unterarten, wächst also die Mannigfaltigkeit der gesellschaftlichen Produktionszweige. Der Maschinenbetrieb treibt die gesellschaftliche Teilung der Arbeit ungleich weiter als die Manufaktur, weil er die Produktivkraft der von ihm ergriffnen Gewerbe in ungleich höhrem Grad vermehrt.

Das nächste Resultat der Maschinerie ist, den Mehrwert und zugleich die Produktenmasse, worin er sich darstellt, also mit der Substanz, wovon die Kapitalistenklasse samt Anhang zehrt, diese Gesellschaftsschichten selbst zu vergrößern. Ihr wachsender Reichtum und die relativ beständig fallende Anzahl der zur Produktion der ersten Lebensmittel erheischten Arbeiter erzeugen mit neuem Luxusbedürfnis zugleich neue Mittel seiner Befriedigung. Ein größrer Teil des gesellschaftlichen Produkts verwandelt sich in Surplusprodukt und ein größrer Teil des Surplusprodukts wird in verfeinerten und vermannigfachten Formen reproduziert und verzehrt. In andren Worten: Die Luxusproduktion wächst.[221] Die Verfeinerung und Vermannigfachung der Produkte entspringt ebenso aus den neuen weltmarktlichen Beziehungen, welche die große Industrie schafft. Es werden nicht nur mehr ausländische Genußmittel gegen das heimische Produkt ausgetauscht, sondern es geht auch eine größre Masse fremder Rohstoffe, Ingredienzien, Halbfabrikate usw. als Produktionsmittel in die heimische Industrie ein. Mit diesen weltmarktlichen Beziehungen steigt die Arbeitsnachfrage in der Transportindustrie und spaltet sich letztre in zahlreiche neue Unterarten.[222]

Die Vermehrung von Produktions- und Lebensmitteln bei relativ abnehmender Arbeiterzahl treibt zur Ausdehnung der Arbeit in Industriezweigen, deren Produkte, wie Kanäle, Warendocks, Tunnels, Brücken usw., nur in fernrer Zukunft Früchte tragen. Es bilden sich, entweder direkt auf der Grundlage der Maschinerie, oder doch der ihr entsprechenden allgemeinen industriellen Umwälzung, ganz neue Produktionszweige und daher neue Arbeitsfelder. Ihr Raumanteil an der Gesamtproduktion ist jedoch selbst in den meistentwickelten Ländern keineswegs bedeutend. Die Anzahl der von ihnen beschäftigten

---

Früher hatten sie immer gelitten von mangelnder Garnzufuhr." (Gaskell, l.c.p. 34, 35.)

[221] F. Engels in „Lage usw." weist den jämmerlichen Zustand eines großen Teils grade dieser Luxusarbeiter nach. Massenhafte neue Belege hierzu in den Berichten der „Child. Empl. Comm."

[222] 1861 in England und Wales 94.665 in der Handelsmarine beschäftigte Seeleute.

Arbeiter steigt im direkten Verhältnis, worin die Notwendigkeit rohster Handarbeit reproduziert wird. Als Hauptindustrien dieser Art kann man gegenwärtig Gaswerke, Telegraphie, Photographie, Dampfschiffahrt und Eisenbahnwesen betrachten. Der Zensus von 1861 (für England und Wales) ergibt in der Gasindustrie (Gaswerke, Produktion der mechanischen Apparate, Agenten der Gaskompagnien usw.) 16.211 Personen, Telegraphie 2399, Photographie 2366, Dampfschiffdienst 3570 und Eisenbahnen 70.599, worunter ungefähr 28.000 mehr oder minder permanent beschäftigte „ungeschickte" Erdarbeiter nebst dem ganzen administrativen und kommerziellen Personal. Also Gesamtzahl der Individuen in diesen fünf neuen Industrien 94.145.

Endlich erlaubt die außerordentlich erhöhte Produktivkraft in den Sphären der großen Industrie, begleitet, wie sie ist, von intensiv und extensiv gesteigerter Ausbeutung der Arbeitskraft in allen übrigen Produktionssphären, einen stets größren Teil der Arbeiterklasse unproduktiv zu verwenden und so namentlich die alten Haussklaven unter dem Namen der „dienenden Klasse", wie Bediente, Mägde, Lakaien usw., stets massenhafter zu reproduzieren. Nach dem Zensus von 1861 zählte die Gesamtbevölkerung von England und Wales 20.066.224 Personen, wovon 9.776.259 männlich und 10.289.965 weiblich. Zieht man hiervon ab, was zu alt oder zu jung zur Arbeit, alle „unproduktiven" Weiber, jungen Personen und Kinder, dann die „ideologischen" Stände, wie Regierung, Pfaffen, Juristen, Militär usw., ferner alle, deren ausschließliches Geschäft der Verzehr fremder Arbeit in der Form von Grundrente, Zins usw., endlich Paupers, Vagabunden, Verbrecher usw., so bleiben in rauher Zahl 8 Millionen beiderlei Geschlechts und der verschiedensten Altersstufen, mit Einschluß sämtlicher irgendwie in der Produktion, dem Handel, der Finanz usw. funktionierenden Kapitalisten. Von diesen 8 Millionen kommen auf:

Ackerbauarbeiter (mit Einschluß der Hirten und bei Pächtern wohnenden Ackerknechte und Mägde)	1.098.261 Personen
Alle in Baumwoll-, Woll-, Worsted-, Flachs-, Hanf-, Seide-, Jutefabriken und in der mechanischen Strumpfwirkerei und Spitzenfabrikation Beschäftigten	642.607 Personen[223]
Alle in Kohlen- und Metallbergwerken Beschäftigten	565.835 Personen
In sämtlichen Metallwerken (Hochöfen, Walzwerke usw.) und Metallmanufakturen aller Art Beschäftigten	396.998 Personen[224]
Dienende Klasse	1.208.648 Personen[225]

[223] Davon nur 177.596 männlichen Geschlechts über 13 Jahre.

[224] Davon weiblichen Geschlechts 30.501.

[225] Davon männlichen Geschlechts: 137.447. Ausgeschlossen von den 1.208.648 alles Personals, das nicht in Privathäusern dient.

Rechnen wir die in allen textilen Fabriken Beschäftigten zusammen mit dem Personal der Kohlen- und Metallbergwerke, so erhalten wir 1.208.442; rechnen wir sie zusammen mit dem Personal aller Metallwerke und Manufakturen, so die Gesamtzahl 1.039.605, beidemal kleiner als die Zahl der modernen Haussklaven. Welch erhebendes Resultat der kapitalistisch exploitierten Maschinerie!

7. Repulsion und Attraktion von Arbeitern mit Entwicklung des Maschinenbetriebs. Krisen der Baumwollindustrie

Alle zurechnungsfähigen Repräsentanten der politischen Ökonomie geben zu, daß neue Einführung der Maschinerie pestartig wirkt auf die Arbeiter in den überlieferten Handwerken und Manufakturen, womit sie zunächst konkurriert. Fast alle beächzen die Sklaverei des Fabrikarbeiters. Und was ist der große Trumpf, den alle ausspielen? Daß die Maschinerie, nach den Schrecken ihrer Einführungs- und Entwicklungsperiode, die Arbeitssklaven in letzter Instanz vermehrt, statt sie schließlich zu vermindern! Ja, die politische Ökonomie jubelt sich aus in dem abscheulichen Theorem, abscheulich für jeden „Philanthropen", der an die ewige Naturnotwendigkeit der kapitalistischen Produktionsweise glaubt, daß selbst die bereits auf Maschinenbetrieb begründete Fabrik, nach bestimmter Periode des Wachstums, nach kürzrer oder längrer „Übergangszeit", mehr Arbeiter abplackt, als sie ursprünglich aufs Pflaster warf![226]

Zusatz zur 2. Ausg. Von 1861 bis 1870 hat sich die Zahl männlicher Diener beinahe verdoppelt. Sie war angewachsen auf 267.671. Im Jahr 1847 gab es 2694 Wildhüter (für die aristokratischen Wildgehege), 1869 dagegen 4921. – Die jungen, beim Londoner kleinen Spießbürger dienenden Mädchen heißen in der Volkssprache „little slaveys", kleine Sklaven.

[226] Ganilh betrachtet dagegen als Schlußresultat des Maschinenbetriebs absolut verminderte Anzahl der Arbeitssklaven, auf deren Kosten dann eine vermehrte Anzahl der „gens honnêtes" zehrt und ihre bekannte „perfectibilité perfectible" entwickelt. So wenig er die Bewegung der Produktion versteht, fühlt er wenigstens, daß die Maschinerie eine sehr fatale Institution, wenn ihre Einführung beschäftigte Arbeiter in Paupers verwandelt, während ihre Entwicklung mehr Arbeitssklaven ins Leben ruft, als sie erschlagen hat. Den Kretinismus seines eignen Standpunkts kann man nur in seinen eignen Worten ausdrücken: „Die Klassen, die dazu verdammt sind, zu produzieren und zu konsumieren, vermindern sich, und die Klassen, die die Arbeit leiten, der ganzen Bevölkerung Linderung, Trost und Einsicht bringen, vermehren sich ... und eignen sich alle Vorteile an, die sich aus der Verringerung der Arbeitskosten, dem Überfluß an Waren und dem niedrigen Preis der Konsumgüter ergeben. Unter dieser Leitung erhebt sich das Menschengeschlecht zu den höchsten Schöpfungen des Genies, durchdringt die geheimnisvollen Tiefen der Religion, stellt die heilsamen Grundsätze der Moral auf" (die darin besteht „sich alle Vorteile anzueignen usw."), „die Gesetze zum Schutze der Freiheit" (der Freiheit für „die Klassen, die dazu verdammt sind, zu produzieren"?) „und der Macht, des Gehorsams und der Gerechtigkeit, der Pflicht und der Menschlichkeit." Dies Kauderwelsch in „Des Systèmes d'Économie Politique etc." Par M. Ch. Ganilh, 2ème éd., Paris 1821, t. I, p. 224, cf. ib p. 212.

Zwar zeigte sich schon an einigen Beispielen, z. B. den englischen Worsted- und Seidenfabriken, daß auf einem gewissen Entwicklungsgrad außerordentliche Ausdehnung von Fabrikzweigen mit nicht nur relativer, sondern absoluter Abnahme der angewandten Arbeiteranzahl verbunden sein kann. Im Jahr 1860, als ein Spezialzensus aller Fabriken des Vereinigten Königreichs auf Befehl des Parlaments aufgenommen ward, zählte die dem Fabrikinspektor R. Baker zugewiesne Abteilung der Fabrikdistrikte von Lancashire, Cheshire und Yorkshire 652 Fabriken; von diesen enthielten 570: Dampfwebstühle 85.622, Spindeln (mit Ausschluß der Dublierspindeln) 6.819.156, Pferdekraft in Dampfmaschinen 27.439, in Wasserrädern 1390, beschäftigte Personen 94.119. Im Jahr 1865 dagegen enthielten dieselben Fabriken: Webstühle 95.163, Spindeln 7.025.031, Pferdekraft in Dampfmaschinen 28.925, in Wasserrädern 1445, beschäftigte Personen 88.913. Von 1860 bis 1865 betrug also die Zunahme dieser Fabriken an Dampfwebstühlen 11%, an Spindeln 3%, an Dampfpferdekraft 5%, während gleichzeitig die Zahl der beschäftigten Personen um 5,5% abnahm.[227] Zwischen 1852 und 1862 fand beträchtliches Wachstum der englischen Wollfabrikation statt, während die Zahl der angewandten Arbeiter beinahe stationär blieb.

> „Dies zeigt, in wie großem Maße neu eingeführte Maschinerie die Arbeit vorhergehender Perioden verdrängt hatte.“[228]

In empirisch gegebnen Fällen ist die Zunahme der beschäftigten Fabrikarbeiter oft nur scheinbar, d. h. nicht der Ausdehnung der bereits auf Maschinenbetrieb beruhenden Fabrik geschuldet, sondern der allmählichen Annexation von Nebenzweigen. Z. B. die Zunahme der mechanischen Webstühle und der durch sie beschäftigten Fabrikarbeiter von 1838-1858 war in der (britischen) Baumwollfabrik einfach der Ausdehnung dieses Geschäftszweigs geschuldet; in den andren Fabriken dagegen der Neuanwendung von Dampfkraft auf den Teppich-, Band-, Leinenwebstuhl usw., die vorher durch menschliche Muskelkraft getrieben wurden.[229] Die Zunahme dieser Fabrikarbeiter war also nur der

---

[227] „Reports of Insp. of Fact., 31st Oct. 1865“, p. 58 sq. Gleichzeitig war aber auch schon die materielle Grundlage für Beschäftigung einer wachsenden Arbeiterzahl gegeben in 110 neuen Fabriken mit 11.625 Dampfwebstühlen, 628.576 Spindeln, 2695 Dampf- und Wasser-Pferdekraft. (l.c.)

[228] „Reports etc. for 31st Oct. 1862“, p. 79.
Zusatz zur 2. Ausg. Ende Dezember 1871 sagte Fabrikinspektor A. Redgrave in einem Vortrag, gehalten zu Bradford, in der „New Mechanics' Institution“: „Was mich seit einiger Zeit frappiert hat, war die veränderte Erscheinung der Wollfabriken. Früher waren sie mit Weibern und Kindern gefüllt, jetzt scheint die Maschinerie alles Werk zu tun. Auf Anfrage gab mir ein Fabrikant folgenden Aufschluß: Unter dem alten System beschäftigte ich 63 Personen; nach Einführung verbesserter Maschinerie reduzierte ich meine Hände auf 33, und jüngst, infolge neuer großer Veränderungen war ich imstande, sie von 33 auf 13 zu reduzieren.“

[229] „Reports etc. for 31st Oct. 1856“, p. 16.

Ausdruck einer Abnahme in der Gesamtzahl der beschäftigten Arbeiter. Es wird hier endlich ganz davon abgesehn, daß überall, mit Ausnahme der Metallfabriken, jugendliche Arbeiter (unter 18 Jahren), Weiber und Kinder das weit vorwiegende Element des Fabrikpersonals bilden.

Man begreift jedoch, trotz der vom Maschinenbetrieb faktisch verdrängten und virtuell ersetzten Arbeitermasse, wie mit seinem eignen Wachstum, ausgedrückt in vermehrter Anzahl von Fabriken derselben Art oder den erweiterten Dimensionen vorhandner Fabriken, die Fabrikarbeiter schließlich zahlreicher sein können als die von ihnen verdrängten Manufakturarbeiter oder Handwerker. Das wöchentlich angewandte Kapital von 500 Pfd. St. bestehe z. B. in der alten Betriebsweise aus $^2/_5$ konstantem und $^3/_5$ variablem Bestandteil, d. h. 200 Pfd. St. seien in Produktionsmitteln ausgelegt, 300 Pfd. St. in Arbeiterkraft, sage 1 Pfd. St. per Arbeiter. Mit dem Maschinenbetrieb verwandelt sich die Zusammensetzung des Gesamtkapitals. Es zerfällt jetzt z. B. in $^4/_5$ konstanten und $^1/_5$ variablen Bestandteil, oder es werden nur noch 100 Pfd. St. in Arbeitskraft ausgelegt. Zwei Drittel der früher beschäftigten Arbeiter werden also entlassen. Dehnt sich dieser Fabrikbetrieb aus und wächst bei sonst gleichbleibenden Produktionsbedingungen das angewandte Gesamtkapital von 500 auf 1500, so werden jetzt 300 Arbeiter beschäftigt, so viele wie vor der industriellen Revolution. Wächst das angewandte Kapital weiter auf 2000, so werden 400 Arbeiter beschäftigt, also $^1/_3$ mehr als mit der alten Betriebsweise. Absolut ist die angewandte Arbeiterzahl um 100 gestiegen, relativ, d. h. im Verhältnis zum vorgeschoßnen Gesamtkapital, ist sie um 800 gefallen, denn das Kapital von 2000 Pfd. St. hätte in der alten Betriebsweise 1200 statt 400 Arbeiter beschäftigt. Relative Abnahme der beschäftigten Arbeiterzahl verträgt sich also mit ihrer absoluten Zunahme. Es wurde oben angenommen, daß mit dem Wachstum des Gesamtkapitals seine Zusammensetzung konstant bleibt, weil die Produktionsbedingungen. Man weiß aber bereits, daß mit jedem Fortschritt des Maschinenwesens der konstante, aus Maschinerie, Rohmaterial usw. bestehende Kapitalteil wächst, während der variable, in Arbeitskraft ausgelegte fällt, und man weiß zugleich, daß in keiner andren Betriebsweise die Verbeßrung so konstant, daher die Zusammensetzung des Gesamtkapitals so variabel ist. Dieser beständige Wechsel ist aber ebenso beständig unterbrochen durch Ruhepunkte und bloß quantitative Ausdehnung auf gegebner technischer Grundlage. Damit wächst die Anzahl der beschäftigten Arbeiter. So betrug die Anzahl aller Arbeiter in den Baumwoll-, Woll-, Worsted-, Flachs- und Seidenfabriken des Vereinigten Königreichs 1835 nur 354.684, während 1861 allein die Zahl der Dampfweber (beiderlei Geschlechts und der verschiedensten Altersstufen vom 8. Jahr an) 230.654 betrug. Allerdings erscheint dies Wachstum minder groß, wenn man erwägt, daß die britischen Handbaumwollweber mit den von ihnen selbst beschäftigten Familien 1838 noch 800.000 zählten[230], ganz abge-

[230] „Die Leiden der Handweber" (von Baumwolle und mit Baumwolle gemischten Stoffen) „waren

sehn von den in Asien und auf dem europäischen Kontinent verdrängten. In den wenigen Bemerkungen, die über diesen Punkt noch zu machen, berühren wir zum Teil rein tatsächlich Verhältnisse, wozu unsre theoretische Darstellung selbst noch nicht geführt hat.

Solange sich der Maschinenbetrieb in einem Industriezweig auf Kosten des überlieferten Handwerks oder der Manufaktur ausdehnt, sind seine Erfolge so sicher, wie etwa der Erfolg einer mit dem Zündnadelgewehr bewaffneten Armee gegen eine Armee von Bogenschützen wäre. Diese erste Periode, worin die Maschine erst ihren Wirkungskreis erobert, ist entscheidend wichtig wegen der außerordentlichen Profite, die sie produzieren hilft. Diese bilden nicht nur an und für sich eine Quelle beschleunigter Akkumulation, sondern ziehen großen Teil des beständig neugebildeten und nach neuer Anlage drängenden gesellschaftlichen Zusatzkapitals in die begünstigte Produktionssphäre. Die besondren Vorteile der ersten Sturm- und Drangperiode wiederholen sich beständig in den Produktionszweigen, worin die Maschinerie neu eingeführt wird. Sobald aber das Fabrikwesen eine gewisse Breite des Daseins und bestimmten Reifegrad gewonnen hat, sobald namentlich seine eigne technische Grundlage, die Maschinerie, selbst wieder durch Maschinen produziert wird, sobald Kohlen- und Eisengewinnung wie die Verarbeitung der Metalle und das Transportwesen revolutioniert, überhaupt die der großen Industrie entsprechenden allgemeinen Produktionsbedingungen hergestellt sind, erwirbt diese Betriebsweise eine Elastizität, eine plötzliche sprungweise Ausdehnungsfähigkeit, die nur an dem Rohmaterial und dem Absatzmarkt Schranken findet. Die Maschinerie bewirkt einerseits direkte Vermehrung des Rohmaterials, wie z. B. der cotton gin die Baumwollproduktion vermehrte.[231] Andrerseits sind Wohlfeilheit des Maschinenprodukts und das umgewälzte Transport- und Kommunikationswesen Waffen zur Erobrung fremder Märkte. Durch den Ruin ihres handwerksmäßigen Produkts verwandelt der Maschinenbetrieb sie zwangsweise in Produktionsfelder seines Rohmaterials. So wurde Ostindien zur Produktion von Baumwolle, Wolle, Hanf, Jute, Indigo usw. für Großbritannien gezwungen.[232] Die beständige „Überzähligmachung"

Gegenstand der Untersuchung durch eine königl. Kommission, aber obgleich ihr Elend anerkannt und bejammert wurde, überließ man die Verbeßrung (!) ihrer Lage dem Zufall und dem Wechsel der Zeit, und man darf hoffen, daß diese Leiden jetzt" (20 Jahre später!) „beinahe (nearly) erloschen sind, wozu die jetzige große Ausdehnung der Dampfwebstühle aller Wahrscheinlichkeit nach beigetragen hat." („Rep. Insp. Fact., 31st Oct. 1856", p. 15.)

[231] Andre Methoden, wodurch die Maschinerie auf die Produktion des Rohmaterials einwirkt, werden im Dritten Buch erwähnt.

[232] Baumwollausfuhr von Ostindien nach Großbritannien

1846	34.540.143 Pfd.	1860	204.141.168 Pfd.	1865	445.947.600 Pfd.

Wollausfuhr von Ostindien nach Großbritannien

1846	4.570.581 Pfd.	1860	20.214.173 Pfd.	1865	20.679.111 Pfd.

der Arbeiter in den Ländern der großen Industrie befördert treibhausmäßige Auswandrung und Kolonisation fremder Länder, die sich in Pflanzstätten für das Rohmaterial des Mutterlands verwandeln, wie Australien z. B. in eine Pflanzstätte von Wolle.[233] Es wird eine neue, den Hauptsitzen des Maschinenbetriebs entsprechende internationale Teilung der Arbeit geschaffen, die einen Teil des Erdballs in vorzugsweis agrikoles Produktionsfeld für den andern als vorzugsweis industrielles Produktionsfeld umwandelt. Diese Revolution hängt zusammen mit Umwälzungen in der Agrikultur, die hier noch nicht weiter zu erörtern sind.[234]

Auf Antrieb des Herrn Gladstone verordnete das Haus der Gemeinen am 18. Februar 1867 eine Statistik über sämtliche von 1831-1866 in das Vereinigte Königreich eingeführte und ausgeführte Kornfrucht, Getreide und Mehl aller Art. Ich gebe nachstehend das zusammenfassende Resultat. Das Mehl ist auf Quarters Korn reduziert. (S. Tabelle auf Seite 1025.)

---

233 Wollausfuhr vom Kap der Guten Hoffnung nach Großbritannien

1846	2.958.457 Pfd.	1860	16.574.345 Pfd.	1865	29.920.623 Pfd.

Wollausfuhr von Australien nach Großbritannien

1846	21.789.346 Pfd.	1860	59.166.616 Pfd.	1865	109.734.261 Pfd.

234 Die ökonomische Entwicklung der Vereinigten Staaten ist selbst ein Produkt der europäischen, näher englischen großen Industrie. In ihrer jetzigen Gestalt (1866) müssen sie stets noch als Kolonialland von Europa betrachtet werden. [Zur 4. Aufl. – Seitdem haben sie sich zum zweiten Industrieland der Welt entwickelt, ohne darum ihren Kolonialcharakter ganz eingebüßt zu haben. – F. E.]

Baumwollausfuhr der Vereinigten Staaten nach Großbritannien (in Pfd.)

1846	401.949.393	1852	765.630.544
1859	961.707.264	1860	1.115.890.608

Ausfuhr von Korn usw. aus den Vereinigten Staaten nach Großbritannien (1850 und 1862)

Weizen cwts.	1850	16.202.312	1862	41.033.503
Gerste cwts.	1850	3.669.653	1862	6.624.800
Hafer cwts.	1850	3.174.801	1862	4.426.994
Roggen cwts.	1850	388.749	1862	7.108
Weizenmehl cwts.	1850	3.819.440	1862	7.207.113
Buchweizen cwts.	1850	1.054	1862	19.571
Mais cwts.	1850	5.473.161	1862	11.694.818
Bere oder Bigg (bes. Gerstenart) cwts.	1850	2.039	1862	7.675
Erbsen cwts.	1850	811.620	1862	1.024.722
Bohnen cwts.	1850	1.822.972	1862	2.037.137
Gesamteinfuhr cwts.	1850	35.365.801	1862	74.083.441

Die ungeheure, stoßweise Ausdehnbarkeit des Fabrikwesens und seine Abhängigkeit vom Weltmarkt erzeugen notwendig fieberhafte Produktion und darauf folgende Überfüllung der Märkte, mit deren Kontraktion Lähmung eintritt. Das Leben der Industrie verwandelt sich in eine Reihenfolge von Perioden mittlerer Lebendigkeit, Prosperität, Überproduktion, Krise und Stagnation. Die Unsicherheit und Unstetigkeit, denen der Maschinenbetrieb die Beschäftigung und damit die Lebenslage des Arbeiters unterwirft, werden normal mit diesem Periodenwechsel des industriellen Zyklus. Die Zeiten der Prosperität abgerechnet, rast zwischen den Kapitalisten heftigster Kampf um ihren individuellen Raumanteil am Markt. Dieser Anteil steht in direktem Verhältnis zur Wohlfeilheit des Produkts. Außer der hierdurch erzeugten Rivalität im Gebrauch verbesserter, Arbeitskraft ersetzender Maschinerie und neuer Produktionsmethoden tritt jedesmal ein Punkt ein, wo Verwohlfeilerung der Ware durch gewaltsamen Druck des Arbeitslohnes unter den Wert der Arbeitskraft erstrebt wird.[235]

Wachstum in der Anzahl der Fabrikarbeiter ist also bedingt durch proportionell viel raschres Wachstum des in den Fabriken angelegten Gesamtkapitals. Dieser Prozeß vollzieht sich aber nur innerhalb der Ebb- und Flutperioden des industriellen Zyklus. Er wird zudem stets unterbrochen durch den technischen Fortschritt, der Arbeiter bald virtuell ersetzt, bald faktisch verdrängt. Dieser qualitative Wechsel im Maschinenbetrieb entfernt beständig Arbeiter aus der Fabrik oder verschließt ihr Tor dem neuen Rekrutenstrom, während die bloß quantita-

[235] In einem Aufruf der von den Schuhfabrikanten zu Leicester durch einen „lock out" aufs Pflaster geworfnen Arbeiter an die „Trade Societies of England", Juli 1866, heißt es u. a.: „Seit etwa 20 Jahren wurde die Schuhmacherei in Leicester umgewälzt durch Einführung des Nietens statt des Nähens. Gute Löhne konnten damals verdient werden. Bald dehnte sich dies neue Geschäft sehr aus. Große Konkurrenz zeigte sich unter den verschiednen Firmen, welche den geschmackvollsten Artikel liefern könne. Kurz nachher jedoch entsprang eine schlechtre Art Konkurrenz, nämlich die, einander im Markt zu unterverkaufen (undersell). Die schädlichen Folgen offenbarten sich bald in Lohnherabsetzung, und so reißend schnell war der Fall im Preise der Arbeit, daß viele Firmen jetzt nur noch die Hälfte des ursprünglichen Lohns zahlen. Und dennoch, obgleich die Löhne tiefer und tiefer sinken, scheinen die Profite mit jeder Ändrung des Arbeitstarifs zu wachsen." – Selbst ungünstige Perioden der Industrie werden von den Fabrikanten benutzt, um durch übertriebne Lohnherabsetzung, d. h. direkten Diebstahl an den notwendigsten Lebensmitteln des Arbeiters, außerordentliche Profite zu machen. Ein Beispiel. Es handelt sich um die Krise in der Seidenweberei zu Coventry: „Aus Nachweisen, die ich sowohl von Fabrikanten als Arbeitern erhielt, folgt zweifelsohne, daß die Löhne in einem größren Umfang verkürzt wurden, als die Konkurrenz ausländischer Produzenten oder andre Umstände ernötigten. Die Majorität der Weber arbeitet zu einer Lohnherabsetzung von 30 bis 40%. Ein Stück Band, wofür der Weber fünf Jahre früher 6 oder 7 sh. erhielt, bringt ihm jetzt nur 3 sh. 3 d. oder 3 sh. 6 d. ein; andre Arbeit, früher zu 4 sh. und 4 sh. 3 d. bezahlt, erhält jetzt nur 2 sh. oder 2 sh. 3 d. Die Lohnherabsetzung ist größer, als zum Stachel der Nachfrage erheischt ist. In der Tat, bei vielen Arten von Band war die Lohnherabsetzung nicht einmal begleitet von irgendeiner Herabsetzung im Preise des Artikels." (Bericht des Kommissärs F. D. Longe in „Ch. Emp. Comm., V. Rep. 1866", p. 114, n.1.)

tive Ausdehnung der Fabriken neben den Herausgeworfnen frische Kontingente verschlingt. Die Arbeiter werden so fortwährend repelliert und attrahiert, hin- und hergeschleudert, und dies bei beständigem Wechsel in Geschlecht, Alter und Geschick der Angeworbnen.

Die Schicksale des Fabrikarbeiters werden am besten veranschaulicht durch raschen Überblick der Schicksale der englischen Baumwollindustrie.

Von 1770 bis 1815 Baumwollindustrie gedrückt oder stagnant 5 Jahre. Während dieser ersten 45jährigen Periode besaßen die englischen Fabrikanten das Monopol der Maschinerie und des Weltmarkts. 1815 bis 1821 gedrückt, 1822 und 1823 prosperierend, 1824 Aufhebung der Koalitionsgesetze, allgemeine große Ausdehnung der Fabriken, 1825 Krise; 1826 großes Elend und Aufstände unter den Baumwollarbeitern; 1827 leise Beßrung, 1828 großer Anwachs von Dampfwebstühlen und Ausfuhr; 1829 übergipfelt die Ausfuhr, besonders nach Indien, alle frühren Jahre; 1830 überfüllte Märkte, großer Notstand, 1831 bis 1833 fortdauernder Druck; der Handel nach Ostasien (Indien und China) wird dem Monopol der Ostindischen Kompanie entzogen. 1834 großes Wachstum von Fabriken und Maschinerie, Mangel an Händen. Das neue Armengesetz befördert die Wandrung der Landarbeiter in die Fabrikdistrikte. Fegung der ländlichen Grafschaften von Kindern. Weißer Sklavenhandel. 1835 große Prosperität. Gleichzeitige Tothungrung der Baumwollhandweber, 1836 große Prosperität. 1837 und 1838 gedrückter Zustand und Krise. 1839 Wiederaufleben. 1840 große Depression, Aufstände, Einschreiten des Militärs. 1841 und 1842 furchtbares Leiden der Fabrikarbeiter. 1842 schließen die Fabrikanten die Hände von den Fabriken aus, um den Widerruf der Korngesetze zu erzwingen. Die Arbeiter strömen zu vielen Tausenden nach Yorkshire, vom Militär zurückgetrieben, ihre Führer vor Gericht zu Lancaster gestellt. 1843 großes Elend. 1844 Wiederaufleben. 1845 große Prosperität. 1846 erst fortdauernder Aufschwung, dann Symptome der Reaktion. Widerruf der Korngesetze. 1847 Krise. Allgemeine Herabsetzung der Löhne um 10 und mehr Prozent zur Feier des „big loaf“. 1848 fortdauernder Druck. Manchester unter militärischem Schutz. 1849 Wiederaufleben. 1850 Prosperität. 1851 fallende Warenpreise, niedrige Löhne, häufige strikes. 1852 beginnende Verbeßrung. Fortdauer der strikes, Fabrikanten drohn mit Import fremder Arbeiter. 1853 steigende Ausfuhr. Achtmonatlicher strike und großes Elend zu Preston. 1854 Prosperität, Überfüllung der Märkte. 1855 Berichte von Bankerotten strömen ein aus den Vereinigten Staaten, Kanada, ostasiatischen Märkten. 1856 große Prosperität. 1857 Krise. 1858 Verbeßrung. 1859 große Prosperität, Zunahme der Fabriken. 1860 Zenit der englischen Baumwollindustrie. Indische, australische und andre Märkte so überführt, daß sie noch 1863 kaum den ganzen Quark absorbiert haben. Französischer Handelsvertrag. Enormes Wachstum von Fabriken und Maschinerie. 1861 Aufschwung dauert Zeitlang fort, Reaktion, Amerikanischer Bürgerkrieg, Baumwollnot. 1862 bis 1863 vollständiger Zusammenbruch.

Die Geschichte der Baumwollnot ist zu charakteristisch, um nicht einen Augenblick dabei zu verweilen. Aus den Andeutungen der Zustände des Weltmarkts 1860 bis 1861 ersieht man, daß die Baumwollnot den Fabrikanten gelegen kam und zum Teil vorteilhaft war, eine Tatsache, anerkannt in Berichten der Manchester Handelskammer, im Parlament proklamiert von Palmerston und Derby, durch die Ereignisse bestätigt.[236] Allerdings gab es 1861 unter den 2887 Baumwollfabriken des Vereinigten Königreichs viel kleine. Nach dem Bericht des Fabrikinspektors A. Redgrave, dessen Verwaltungsbezirk von jenen 2887 Fabriken 2109 einschließt, wendeten von letztren 392 oder 19% nur unter 10 Dampf-Pferdekraft an, 345 oder 16% 10 und unter 20, 1372 dagegen 20 und mehr Pferdekraft.[237] Die Mehrzahl der kleinen Fabriken waren Webereien, während der Prosperitätsperiode seit 1858 errichtet, meist durch Spekulanten, wovon der eine das Garn, der andre die Maschinerie, der dritte die Baulichkeit lieferte, unter dem Betrieb ehemaliger overlookers oder andrer unbemittelter Leute. Diese kleinen Fabrikanten gingen meist unter. Dasselbe Schicksal hätte ihnen die durch das Baumwollpech verhinderte Handelskrise bereitet. Obgleich sie $^{1}/_{3}$ der Fabrikantenzahl bildeten, absorbierten ihre Fabriken einen ungleich geringeren Teil des in der Baumwollindustrie angelegten Kapitals. Was den Umfang der Lähmung betrifft, so standen nach den authentischen Schätzungen im Oktober 1862 60,3% der Spindeln und 58% der Webstühle still. Dies bezieht sich auf den ganzen Industriezweig und war natürlich sehr modifiziert in den einzelnen Distrikten. Nur sehr wenige Fabriken arbeiteten volle Zeit (60 Stunden per Woche), die übrigen mit Unterbrechungen. Selbst für die wenigen Arbeiter, die volle Zeit und zu dem gewohnten Stücklohn beschäftigt, schmälerte sich notwendig der Wochenlohn infolge der Ersetzung beßrer Baumwolle durch schlechtre, der Sea Island durch ägyptische (in Feinspinnereien), amerikanischer und ägyptischer durch Surat (ostindisch) und reiner Baumwolle durch Mischungen von Baumwollabfall mit Surat. Die kürzre Fiber der Suratbaumwolle, ihre schmutzige Beschaffenheit, die größre Brüchigkeit der Fäden, der Ersatz des Mehls durch alle Art schwerer Ingredienzien beim Schlichten des Kettengarns usw. verminderten die Geschwindigkeit der Maschinerie oder die Zahl der Webstühle, die ein Weber überwachen konnte, vermehrten die Arbeit mit den Irrtümern der Maschine und beschränkten mit der Produktenmasse den Stücklohn. Beim Gebrauch von Surat und mit voller Beschäftigung belief sich der Verlust des Arbeiters auf 20, 30 und mehr Prozent. Die Mehrzahl der Fabrikanten setzte aber auch die Rate des Stücklohns um 5, $7^{1}/_{2}$ und 10 Prozent herab. Man begreift daher die Lage der nur 3, $3^{1}/_{2}$, 4 Tage wöchentlich oder nur 6 Stunden per Tag Beschäftigten. Nachdem schon eine relative Verbeßrung eingetreten war, 1863,

---

[236] Vgl. „Reports of Insp. of Fact. for 31st Oct. 1862", p. 30.

[237] l.c.p. 18, 19.

	Fünfjährige Perioden und Jahr 1866							
	1831-1835	1836-1840	1841-1845	1846-1850	1851-1855	1856-1860	1861-1865	1866
Jährlicher Durchschnitt.								
Import Qrs.	1.096.373	2.389.729	2.843.865	8.776.552	8.345.237	10.913.612	15.009.871	16.457.340
Jahresdurchschnitt.								
Export Qrs.	225.263	251.770	139.056	155.461	307.491	341.150	302.754	216.218
Überschuß von Import über Export der Durchschnittsjahre	871.110	2.137.959	2.704.809	8.621.091	8.037.746	10.572.462	14.707.117	216.218
Population.								
Jährliche Durchschnittszahl in jeder Periode	24.621.107	25.929.507	27.262.569	27.797.598	27.572.923	28.391.544	29.381.760	29.935.404
Durchschnittsquantum von Korn etc. in Qrs., jährlich verzehrt per Individuum, bei gleicher Teilung unter die Bevölkerung, im Überschuß über die heimische Produktion	0,036	0,082	0,099	0,310	0,291	0,372	0,501	0,543

für Weber, Spinner usw. Wochenlöhne von 3 sh. 4 d., 3 sh. 10 d., 4 sh. 6 d., 5 sh. 1 d. usw.[238] Selbst unter diesen qualvollen Zuständen stand der Erfindungsgeist des Fabrikanten in Lohnabzügen nicht still. Diese wurden zum Teil verhängt als Strafe für die seiner schlechten Baumwolle, unpassenden Maschinerie usw. geschuldeten Fehler des Machwerks. Wo der Fabrikant aber Eigentümer der cottages der Arbeiter, vergütete er sich selbst für Hausrente durch Abzüge vom nominellen Arbeitslohn. Fabrikinspektor Redgrave erzählt von selfacting minders (sie überwachen ein Paar selfacting mules), die

> „am Ende vierzehntägiger voller Arbeit 8 sh. 11 d. verdienten, und von dieser Summe wurde die Hausrente abgezogen, wovon der Fabrikant jedoch die Hälfte als Geschenk zurückgab, so daß die minders volle 6 sh. 11 d. nach Hause trugen. Der Wochenlohn der Weber rangierte von 2 sh. 6 d. aufwärts während der Schlußzeit von 1862."[239]

Selbst dann wurde die Hausmiete von den Löhnen häufig abgezogen, wenn die Hände nur kurze Zeit arbeiteten.[240] Kein Wunder, daß in einigen Teilen Lancashires eine Art Hungerpest ausbrach! Charakteristischer als alles dies aber war es, wie die Revolutionierung des Produktionsprozesses auf Kosten des Arbeiters vor sich ging. Es waren förmliche experimenta in corpore vili, wie die der Anatomen an Fröschen.

> „Obgleich ich", sagt Fabrikinspektor Redgrave, „die wirklichen Einnahmen der Arbeiter in vielen Fabriken gegeben habe, muß man nicht schließen, daß sie denselben Betrag Woche für Woche beziehn. Die Arbeiter erliegen den größten Schwankungen wegen des beständigen Experimentierens (experimentalizing) der Fabrikanten ... ihre Einkünfte steigen und fallen mit der Qualität des Baumwollgemischs; bald nähern sie sich um 15% ihren frühren Einnahmen, und die nächste oder zweitfolgende Woche fallen sie um 50 bis 60%."[241]

Diese Experimente wurden nicht nur auf Kosten der Lebensmittel der Arbeiter gemacht. Mit allen ihren fünf Sinnen hatten sie zu büßen.

> „Die im Öffnen der Baumwolle Beschäftigten unterrichten mich, daß der unerträgliche Gestank sie übel macht ... Den in den Misch-, Scribbling- und Kardierräumen Angewandten irritiert der freigesetzte Staub und Schmutz alle Kopföffnungen, erregt Husten und Schwierigkeit des Atmens ... Wegen der Kürze der Fiber wird dem Garn beim Schlichten eine große Menge Stoff zugesetzt, und zwar allerlei Substitute statt des früher gebrauchten Mehls. Daher Übelkeit und Dyspepsie der Weber. Bronchitis herrscht vor wegen des Staubs, ebenso Hals-

---

238 „Reports of Fact. for 31st. Oct. 1863", p. 41-45, 51.

239 „Reports etc. 31st Oct. 1863", p. 41, 42.

240 l.c.p. 57.

241 l.c.p. 50, 51.

entzündung, ferner eine Hautkrankheit infolge der Irritation der Haut durch den im Surat enthaltnen Schmutz."

Andrerseits waren die Substitute des Mehls ein Fortunatussäckel für die Herrn Fabrikanten durch Vermehrung des Garngewichts. Sie machten „15 Pfund Rohmaterial, wenn verwebt, 20 Pfund wiegen".[242] In dem Bericht der Fabrikinspektoren vom 30. April 1864 liest man:

„Die Industrie verwertet diese Hilfsquelle jetzt in wahrhaft unanständigem Maß. Ich weiß von guter Autorität, daß achtpfündiges Geweb von 5¼ Pfund Baumwolle und 2¾ Pfund Schlichte gemacht wird. Ein andres 5¼ pfündiges Geweb enthielt zwei Pfund Schlichte. Dies waren ordinäre Shirtings für den Export. In andren Arten wurden manchmal 50% Schlichte zugesetzt, so daß Fabrikanten sich rühmen können und sich auch wirklich rühmen, daß sie reich werden durch den Verkauf von Geweben für weniger Geld, als das nominell in ihnen enthaltne Garn kostet."[243]

Die Arbeiter aber hatten nicht nur unter den Experimenten der Fabrikanten in den Fabriken, und der Munizipalitäten außerhalb der Fabriken, nicht nur von Lohnherabsetzung und Arbeitslosigkeit, von Mangel und Almosen, von den Lobreden der Lords und Unterhäusler zu leiden.

„Unglückliche Frauenzimmer, beschäftigungslos infolge der Baumwollnot, wurden Auswürflinge der Gesellschaft und blieben es ... Die Zahl junger Prostituierten hat mehr zugenommen als seit den letzten 25 Jahren."[244]

Man findet also in den ersten 45 Jahren der britischen Baumwollindustrie, von 1770-1815, nur 5 Jahre der Krise und Stagnation, aber dies war die Periode ihres Weltmonopols. Die zweite, 48jährige Periode von 1815 bis 1863 zählt nur 20 Jahre des Wiederauflebens und der Prosperität auf 28 Jahre des Drucks und der Stagnation. Von 1815-1830 beginnt die Konkurrenz mit dem kontinentalen Europa und den Vereinigten Staaten. Seit 1833 wird Ausdehnung der asiatischen Märkte erzwungen durch „Zerstörung der Menschenrace". Seit Widerruf der Korngesetze, von 1846 bis 1863, auf acht Jahre mittlerer Lebendigkeit und Prosperität 9 Jahre Druck und Stagnation. Die Lage der erwachsnen männlichen Baumwollarbeiter, selbst während der Prosperitätszeit, zu beurteilen aus der beigefügten Note.[245]

---

242 l.c.p. 62, 63.

243 „Reports etc. 30th April 1864", p. 27.

244 Aus Brief des Chief Constable Harris von Bolton in „Reports of Insp. of Fact., 31st Oct. 1865", p. 61, 62.

245 In einem Aufruf der Baumwollarbeiter, Frühling 1863, zur Bildung einer Emigrationsgesellschaft heißt es u. a.: „Daß eine große Emigration von Fabrikarbeitern jetzt absolut notwendig

8. Revolutionierung von Manufaktur, Handwerk und Hausarbeit durch die große Industrie

a) Aufhebung der auf Handwerk und Teilung der Arbeit beruhenden Kooperation

Man hat gesehn, wie die Maschinerie die auf dem Handwerk beruhende Kooperation und die auf Teilung der handwerksmäßigen Arbeit beruhende Manufaktur aufhebt. Ein Beispiel der ersten Art ist die Mähmaschine, sie ersetzt die Kooperation von Mähern. Ein schlagendes Beispiel der zweiten Art ist die Maschine zur Fabrikation von Nähnadeln. Nach Adam Smith verfertigten zu seiner Zeit 10 Männer durch Teilung der Arbeit täglich über 48.000 Nähnadeln. Eine einzige Maschine liefert dagegen 145.000 in einem Arbeitstag von 11 Stunden. Eine Frau oder ein Mädchen überwacht im Durchschnitt 4 solche Maschinen und produziert daher mit der Maschinerie täglich an 600.000, in der Woche über 3.000.000 Nähnadeln.[246] Sofern eine einzelne Arbeitsmaschine an die Stelle der Kooperation oder der Manufaktur tritt, kann sie selbst wieder zur Grundlage handwerksmäßigen Betriebs werden. Indes bildet diese auf Maschinerie beruhende Reproduktion des Handwerkbetriebs nur den Übergang zum Fabrikbetrieb, der in der Regel jedesmal eintritt, sobald mechanische Triebkraft, Dampf oder Wasser, die menschlichen Muskeln in der Bewegung der Maschine ersetzt. Sporadisch und ebenfalls nur vorübergehend kann kleiner Betrieb sich verbinden mit mechanischer Triebkraft durch Miete des Dampfs, wie in einigen Manufakturen

---

ist, werden nur wenige leugnen. Daß aber ein beständiger Emigrationsstrom zu allen Zeiten erheischt und es ohne denselben unmöglich ist, unsre Stellung unter gewöhnlichen Umständen zu behaupten, zeigen folgende Tatsachen: Im Jahr 1814 betrug der offizielle Wert (der nur Index der Quantität) der exportierten Baumwollgüter 17.665.378 Pfd. St., ihr wirklicher Marktwert 20.070.824 Pfd. St. Im Jahr 1858 betrug der offizielle Wert der exportierten Baumwollgüter 182.221.681 Pfd. St., ihr wirklicher Marktwert nur 43.001.322 Pfd. St., so daß Verzehnfachung der Quantität wenig mehr als Verdopplung des Äquivalents bewirkte. Dies für das Land überhaupt und die Fabrikarbeiter im besondren so unheilvolle Resultat ward durch verschiedne zusammenwirkende Ursachen hervorgebracht. Eine der hervorstechendsten ist der beständige Überfluß von Arbeit, unentbehrlich für diesen Geschäftszweig, der, unter Strafe der Vernichtung, beständiger Expansion des Markts bedarf. Unsre Baumwollfabriken können stillgesetzt werden durch die periodische Stagnation des Handels, welche, unter gegenwärtiger Einrichtung, so unvermeidlich ist, wie der Tod selbst. Aber deswegen steht der menschliche Erfindungsgeist nicht still. Obgleich, niedrig angeschlagen, 6 Millionen dies Land während der letzten 25 Jahre verlassen haben, befindet sich dennoch infolge fortwährender Verdrängung der Arbeit, um das Produkt zu verwohlfeilern, ein großer Prozentsatz der erwachsnen Männer selbst in den Zeiten höchster Prosperität außerstand, Beschäftigung irgendeiner Art auf irgendwelche Bedingungen in den Fabriken zu finden.“ („Reports of Insp. of Fact., 30th April 1863“, p. 51, 52.) Man wird in einem spätern Kapitel sehn, wie die Herrn Fabrikanten während der Baumwollkatastrophe die Emigration der Fabrikarbeiter auf alle Art, selbst von Staats wegen, zu verhindern suchten.

[246] „Ch. Empl. Comm., III. Report“, 1864, p. 108, n. 447.

Birminghams, durch Gebrauch kleiner kalorischer Maschinen, wie in gewissen Zweigen der Weberei usw.[247] In der Seidenweberei zu Coventry entwickelte sich naturwüchsig das Experiment der „Cottage-Fabriken“. In der Mitte von Cottage-Reihen, quadratmäßig gebaut, wurde ein sog. Engine House errichtet für die Dampfmaschine und dies durch Schäfte mit den Webstühlen in den cottages verbunden. In allen Fällen war der Dampf gemietet, z. B. zu $2^1/_2$ sh. per Webstuhl. Diese Dampfrente war wöchentlich zahlbar, die Webstühle mochten laufen oder nicht. Jede cottage enthielt 2-6 Webstühle, den Arbeitern gehörig, oder auf Kredit gekauft, oder gemietet. Der Kampf zwischen der Cottage-Fabrik und der eigentlichen Fabrik währte über 12 Jahre. Er hat geendet mit dem gänzlichen Ruin der 300 cottage factories.[248] Wo die Natur des Prozesses nicht von vornherein Produktion auf großer Stufenleiter bedang, durchliefen in der Regel die in den letzten Dezennien neu aufkommenden Industrien, wie z. B. Briefkuvert-, Stahlfedermachen usw., erst den Handwerksbetrieb und dann den Manufakturbetrieb als kurzlebige Übergangsphasen zum Fabrikbetrieb. Diese Metamorphose bleibt dort am schwierigsten, wo die manufakturmäßige Produktion des Machwerks keine Stufenfolge von Entwicklungsprozessen, sondern eine Vielheit disparater Prozesse einschließt. Dies bildete z. B. ein großes Hindernis der Stahlfederfabrik. Jedoch wurde schon vor ungefähr anderthalb Dezennien ein Automat erfunden, der 6 disparate Prozesse auf einen Schlag verrichtet. Das Handwerk lieferte die ersten 12 Dutzend Stahlfedern 1820 zu 7 Pfd. St. 4 sh., die Manufaktur lieferte sie 1830 zu 8 sh., und die Fabrik liefert sie heute dem Großhandel zu 2 bis 6 d.[249]

b) Rückwirkung des Fabrikwesens auf Manufaktur und Hausarbeit

Mit der Entwicklung des Fabrikwesens und der sie begleitenden Umwälzung der Agrikultur dehnt sich nicht nur die Produktionsleiter in allen andren Industriezweigen aus, sondern verändert sich auch ihr Charakter. Das Prinzip des Maschinenbetriebs, den Produktionsprozeß in seine konstituierenden Phasen zu analysieren und die so gegebnen Probleme durch Anwendung der Mechanik, Chemie usw., kurz der Naturwissenschaften zu lösen, wird überall bestimmend.

---

[247] In den Vereinigten Staaten ist derartige Reproduktion des Handwerks auf Grundlage der Maschinerie häufig. Die Konzentration, bei dem unvermeidlichen Übergang in den Fabrikbetrieb, wird eben deswegen, im Vergleich zu Europa und selbst zu England, dort mit Siebenmeilenstiefeln marschieren.

[248] Vgl. „Reports of Insp. of Fact., 31st Oct. 1865“, p. 64.

[249] Herr Gillott errichtete zu Birmingham die erste Stahlfedermanufaktur auf großer Stufenleiter. Sie lieferte schon 1851 über 180 Millionen Federn und verzehrte jährlich 120 Tonnen Stahlblech. Birmingham, das diese Industrie im Vereinigten Königreich monopolisiert, produziert jetzt jährlich Milliarden von Stahlfedern. Die Zahl der beschäftigten Personen betrug nach dem Zensus von 1861: 1428, darunter 1268 Arbeiterinnen, vom 5. Jahr an einrolliert.

Maschinerie drängt sich daher bald für diesen, bald für jenen Teilprozeß in die Manufakturen. Die feste Kristallisation ihrer Gliederung, der alten Teilung der Arbeit entstammend, löst sich damit auf und macht fortwährendem Wechsel Platz. Abgesehn hiervon wird die Zusammensetzung des Gesamtarbeiters oder des kombinierten Arbeitspersonals von Grund aus umgewälzt. Im Gegensatz zur Manufakturperiode gründet sich der Plan der Arbeitsteilung jetzt auf Anwendung der Weiberarbeit, der Arbeit von Kindern aller Altersstufen, ungeschickter Arbeiter, wo es immer tubar, kurz der „cheap labour", wohlfeilen Arbeit, wie der Engländer sie charakteristisch nennt. Dies gilt nicht nur für alle auf großer Stufenleiter kombinierte Produktion, ob sie Maschinerie anwende oder nicht, sondern auch für die sog. Hausindustrie, ob ausgeübt in den Privatwohnungen der Arbeiter oder in kleinen Werkstätten. Diese sog. moderne Hausindustrie hat mit der altmodischen, die unabhängiges städtisches Handwerk, selbständige Bauernwirtschaft und vor allem ein Haus der Arbeiterfamilie voraussetzt, nichts gemein als den Namen. Sie ist jetzt verwandelt in das auswärtige Departement der Fabrik, der Manufaktur oder des Warenmagazins. Neben den Fabrikarbeitern, Manufakturarbeitern und Handwerkern, die es in großen Massen räumlich konzentriert und direkt kommandiert, bewegt das Kapital durch unsichtbare Fäden eine andre Armee in den großen Städten und über das flache Land zerstreuter Hausarbeiter. Beispiel: die Hemdenfabrik der Herren Tillie zu Londonderry, Irland, die 1000 Fabrikarbeiter und 9000 auf dem Land zerstreute Hausarbeiter beschäftigt.[250]

Die Exploitation wohlfeiler und unreifer Arbeitskräfte wird in der modernen Manufaktur schamloser als in der eigentlichen Fabrik, weil die hier existierende technische Grundlage, Ersatz der Muskelkraft durch Maschinen und Leichtigkeit der Arbeit, dort großenteils wegfälllt, zugleich der weibliche oder noch unreife Körper den Einflüssen giftiger Substanzen usw. aufs gewissenloseste preisgegeben wird. Sie wird in der sog. Hausarbeit schamloser als in der Manufaktur, weil die Widerstandsfähigkeit der Arbeiter mit ihrer Zersplitterung abnimmt, eine ganze Reihe räuberischer Parasiten sich zwischen den eigentlichen Arbeitgeber und den Arbeiter drängt, die Hausarbeit überall mit Maschinen- oder wenigstens Manufakturbetrieb in demselben Produktionszweig kämpft, die Armut dem Arbeiter die nötigsten Arbeitsbedingungen, Raum, Licht, Ventilation usw. raubt, die Unregelmäßigkeit der Beschäftigung wächst und endlich in diesen letzten Zufluchtsstätten der durch die große Industrie und Agrikultur „überzählig" Gemachten die Arbeiterkonkurrenz notwendig ihr Maximum erreicht. Die durch den Maschinenbetrieb erst systematisch ausgebildete Ökonomisierung der Produktionsmittel, von vornherein zugleich rücksichtsloseste Verschwendung der Arbeitskraft und Raub an den normalen Voraussetzungen der Arbeitsfunktion, kehrt jetzt diese ihre antagonistische und menschenmörderische Seite um so mehr heraus, je weniger in einem Industriezweig die gesellschaftliche Produk-

---

[250] „Ch. Empl. Comm., II. Rep.", 1864, p. LXVIII, n. 415.

tivkraft der Arbeit und die technische Grundlage kombinierter Arbeitsprozesse entwickelt sind.

c) Die moderne Manufaktur

Ich will nun an einigen Beispielen die oben aufgestellten Sätze erläutern. Der Leser kennt in der Tat schon massenhafte Belege aus dem Abschnitt über den Arbeitstag. Die Metallmanufakturen in Birmingham und Umgegend wenden großenteils für sehr schwere Arbeit 30.000 Kinder und junge Personen nebst 10.000 Weibern an. Man findet sie hier in den gesundheitswidrigen Gelbgießereien, Knopffabriken, Glasur-, Galvanisierungs- und Lackierarbeiten.[251] Die Arbeitsexzesse für Erwachsne und Unerwachsne haben verschiednen Londoner Zeitungs- und Buchdruckereien den rühmlichen Namen: „Das Schlachthaus" gesichert.[251a] Dieselben Exzesse, deren Schlachtopfer hier namentlich Weiber, Mädchen und Kinder, in der Buchbinderei. Schwere Arbeit für Unerwachsne in den Seilereien, Nachtarbeit in Salzwerken, Lichter- und andren chemischen Manufakturen; mörderischer Verbrauch von Jungen in Seidenwebereien, die nicht mechanisch betrieben werden, zum Drehen der Webstühle.[252] Eine der infamsten, schmutzigsten und schlechtbezahltesten Arbeiten, wozu mit Vorliebe junge Männer und Weiber verwandt werden, ist das Sortieren der Lumpen. Man weiß, daß Großbritannien, abgesehn von seinen eignen unzähligen Lumpen, das Emporium für den Lumpenhandel der ganzen Welt bildet. Sie strömen dahin von Japan, den entferntesten Staaten Südamerikas und den kanarischen Inseln. Ihre Hauptzufuhrquellen aber sind Deutschland, Frankreich, Rußland, Italien, Ägypten, Türkei, Belgien und Holland. Sie dienen zur Düngung, Fabrikation von Flocken (für Bettzeug), Shoddy (Kunstwolle) und als Rohmaterial des Papiers. Die weiblichen Lumpensortierer dienen als Medien, um Pocken und andre ansteckende Seuchen, deren erste Opfer sie selbst sind, zu kolportieren.[253] Als klassisches Beispiel für Überarbeit, schwere und unpassende Arbeit, und daher folgende Brutalisierung der von Kindesbeinen an konsumierten Arbeiter kann, neben der Minen- und Kohlenproduktion, die Ziegel- oder Backsteinmacherei gelten, wozu in England die neuerfundene Maschine nur noch sporadisch angewandt wird (1866). Zwischen Mai und September dauert die Arbeit von 5 Uhr morgens bis 8 Uhr abends, und, wo Trocknung in freier Luft stattfindet, oft

---

[251] Und nun gar Kinder im Feilenschleifen zu Sheffield!

[251a] „Ch. Empl. Comm., V. Rep.", 1866, p. 3, n. 24; p. 6, n. 55, 56; p. 7, n. 59, 60.

[252] l.c.p. 114, 115, n. 6-7. Der Kommissär bemerkt richtig, daß, wenn sonst die Maschine den Menschen, hier der Junge verbatim die Maschine ersetzt.

[253] Sieh Bericht über den Lumpenhandel und zahlreiche Belege: „Public Health, VIII. Report", Lond. 1866. Appendix, p. 196-208.

von 4 Uhr morgens bis 9 Uhr abends. Der Arbeitstag von 5 Uhr morgens bis 7 Uhr abends gilt für „reduziert", „mäßig". Kinder beiderlei Geschlechts werden vom 6. und selbst vom 4. Jahr an verwandt. Sie arbeiten dieselbe Stundenzahl, oft mehr als die Erwachsnen. Die Arbeit ist hart, und die Sommerhitze steigert noch die Erschöpfung. In einer Ziegelei zu Mosley z. B. machte ein 24jähriges Mädchen 2000 Ziegel täglich, unterstützt von zwei unerwachsnen Mädchen als Gehilfen, welche den Lehm trugen und die Ziegelsteine aufhäuften. Diese Mädchen schleppten täglich 10 Tonnen die schlüpfrigen Seiten der Ziegelgrube von einer Tiefe von 30 Fuß herauf und über eine Entfernung von 210 Fuß.

> „Es ist unmöglich für ein Kind, durch das Fegfeuer einer Ziegelei zu passieren ohne große moralische Degradation ... Die nichtswürdige Ansprache, die sie vom zartesten Alter an zu hören bekommen, die unflätigen, unanständigen und schamlosen Gewohnheiten, unter denen sie unwissend und verwildert aufwachsen, machen sie für die spätre Lebenszeit gesetzlos, verworfen, liederlich ... Eine furchtbare Quelle der Demoralisation ist die Art der Wohnlichkeit. Jeder moulder (Former)" (der eigentlich geschickte Arbeiter und Chef einer Arbeitergruppe) „liefert seiner Bande von 7 Personen Logis und Tisch in seiner Hütte oder cottage. Ob zu seiner Familie gehörige oder nicht, Männer, Jungen, Mädchen schlafen in der Hütte. Diese besteht gewöhnlich aus 2, nur ausnahmsweis aus 3 Zimmern, alle auf dem Erdgeschoß, mit wenig Ventilation. Die Körper sind so erschöpft durch die große Transpiration während des Tags, daß weder Gesundheitsregeln, Reinlichkeit noch Anstand irgendwie beobachtet werden. Viele dieser Hütten sind wahre Modelle von Unordnung, Schmutz und Staub ... Das größte Übel des Systems, welches junge Mädchen zu dieser Art Arbeit verwendet, besteht darin, daß es sie in der Regel von Kindheit an für ihr ganzes spätres Leben an das verworfenste Gesindel festkettet. Sie werden rohe, bösmäulige Buben (rough, foulmouthed boys), bevor die Natur sie gelehrt hat, daß sie Weiber sind. Gekleidet in wenige schmutzige Lumpen, die Beine weit über das Knie entblößt, Haar und Gesicht mit Dreck beschmiert, lernen sie alle Gefühle der Sittsamkeit und der Scham mit Verachtung behandeln. Während der Essenszeit liegen sie auf den Feldern ausgestreckt oder gucken den Jungen zu, die in einem benachbarten Kanal baden. Ist ihr schweres Tagewerk endlich vollbracht, so ziehn sie beßre Kleider an und begleiten die Männer in Bierkneipen."

Daß die größte Versoffenheit von Kindesbeinen an in dieser ganzen Klasse herrscht, ist nur naturgemäß.

> „Das Schlimmste ist, daß die Ziegelmacher an sich selbst verzweifeln. Sie könnten, sagte einer der Bessern zum Kaplan von Southallfield, ebensowohl versuchen, den Teufel zu erheben und zu bessern als einen Ziegler, mein Herr! („You might as well try to raise and improve the devil as a brickie, Sir!")[254]

[254] „Child. Empl. Comm., V. Report", 1866, p. XVI-XVIII, n. 86-97 und p. 130 bis 133, n. 39-71. Vgl. auch ib., III. Report, 1864, p. 48, 56.

Über die kapitalistische Ökonomisierung der Arbeitsbedingungen in der modernen Manufaktur (worunter hier alle Werkstätten auf großer Stufenleiter, außer eigentlichen Fabriken, zu verstehn) findet man offizielles und reichlichstes Material in dem IV. (1861) und VI. (1864) „Public Health Report". Die Beschreibung der workshops (Arbeitslokale), namentlich der Londoner Drucker und Schneider, überbietet die ekelhaftesten Phantasien unsrer Romanschreiber. Die Wirkung auf den Gesundheitszustand der Arbeiter ist selbstverständlich. Dr. Simon, der oberste ärztliche Beamte des Privy Council und offizielle Herausgeber der „Public Health Reports", sagt u. a.:

> „In meinem vierten Bericht" (1861) „zeigte ich, wie es für die Arbeiter praktisch unmöglich ist, darauf zu bestehen, was ihr erstes Gesundheitsrecht ist, das Recht, daß, zu welchem Werk immer ihr Anwender sie versammelt, die Arbeit, soweit es von ihm abhängt, von allen vermeidbaren gesundheitswidrigen Umständen befreit sein soll. Ich wies nach, daß, während die Arbeiter praktisch unfähig sind, sich selbst diese Gesundheitsjustiz zu verschaffen, sie keinen wirksamen Beistand von den bestallten Administratoren der Gesundheitspolizei erlangen können ... Das Leben von Myriaden von Arbeitern und Arbeiterinnen wird jetzt nutzlos gefoltert und verkürzt durch das endlose physische Leiden, welches ihre bloße Beschäftigung erzeugt."[255]

Zur Illustration des Einflusses der Arbeitslokale auf den Gesundheitszustand gibt Dr. Simon folgende Sterblichkeitsliste:

Personenzahl aller Altersstufen in den resp. Industrien angewandt		Industrien verglichen in bezug auf Gesundheit	Sterblichkeitsrate auf 100.000 Männer in den resp. Industrien zu den angegebenen Altersstufen		
			25. bis 35. J.	35. bis 45. J.	45. bis 55. J.
958.265		Agrikult. in England und Wales	743	805	1145
22.301	Männer }	Lond. Schneider	958	1262	2093
12.377	Weiber }				
13.803		Lond. Drucker	894	1747	2367[256]

[255] „Public Health, VI. Rep.", Lond. 1864, p. 29, 31.

[256] l.c.p. 30. Dr. Simon bemerkt, daß die Sterblichkeit der Londoner Schneider und Drucker vom 25.-35. Jahr in der Tat viel größer ist, weil ihre Londoner Anwender eine große Zahl junger Leute zum 30. Jahr hinauf vom Land als „Lehrlinge" und „improvers" (die sich in ihrem Handwerk ausbilden wollen) erhalten. Diese figurieren im Zensus als Londoner, sie schwellen die Kopfzahl, worauf die Londoner Sterblichkeitsrate berechnet wird, ohne verhältnismäßig zur Zahl der Londoner Todesfälle beizutragen. Großer Teil von ihnen kehrt nämlich und ganz besonders in schweren Krankheitsfällen, zum Land zurück. (l.c.)

d) Die moderne Hausarbeit

Ich wende mich jetzt zur sog. Hausarbeit. Um sich eine Vorstellung von dieser auf dem Hintergrund der großen Industrie aufgebauten Exploitationssphäre des Kapitals und ihren Ungeheuerlichkeiten zu machen, betrachte man z. B. die scheinbar ganz idyllische, in einigen abgelegnen Dörfern Englands betriebne Nägelmacherei.[257] Hier genügen einige Beispiele aus den noch gar nicht maschinenmäßig betriebnen oder mit Maschinen- und Manufakturbetrieb konkurrierenden Zweigen der Spitzenfabrik und Strohflechterei.

Von den 150.000 Personen, die in der englischen Spitzenproduktion beschäftigt, fallen ungefähr 10.000 unter die Botmäßigkeit des Fabrikakts von 1861. Die ungeheure Mehrzahl der übrigbleibenden 140.000 sind Weiber, junge Personen und Kinder beiderlei Geschlechts, obgleich das männliche Geschlecht nur schwach vertreten ist. Der Gesundheitszustand dieses „wohlfeilen" Exploitationsmaterials ergibt sich aus folgender Aufstellung des Dr. Trueman, Arzt beim General Dispensary von Nottingham. Von je 686 Patienten, Spitzenmacherinnen, meist zwischen dem 17. und 24. Jahr, waren schwindsüchtig:

1852 1 auf 45,	1857 1 auf 13,
1853 1 auf 28,	1858 1 auf 15,
1854 1 auf 17,	1859 1 auf 9,
1855 1 auf 18,	1860 1 auf 8,
1856 1 auf 15,	1861 1 auf 8.[258]

Dieser Fortschritt in der Rate der Schwindsucht muß dem optimistischsten Fortschrittler und lügenfauchendsten deutschen Freihandelshausierburschen genügen.

Der Fabrikakt von 1861 regelt das eigentliche Machen der Spitzen, soweit es durch Maschinerie geschieht, und dies ist die Regel in England. Die Zweige, die wir hier kurz berücksichtigen, und zwar nicht, soweit die Arbeiter in Manufakturen, Warenhäusern usw. konzentriert, sondern nur sofern sie sog. Hausarbeiter sind, zerfallen 1. in das finishing (letztes Zurechtmachen der maschinenmäßig fabrizierten Spitzen, eine Kategorie, die wieder zahlreiche Unterabteilungen einschließt), 2. Spitzenklöppeln.

Das Lace finishing wird als Hausarbeit betrieben entweder in sog. „Mistresses Houses" oder von Weibern, einzeln oder mit ihren Kindern, in ihren Privatwohnungen. Die Weiber, welche die „Mistresses Houses" halten, sind selbst

---

[257] Es handelt sich hier um gehämmerte Nägel im Unterschied von den maschinenmäßig fabrizierten geschnittenen Nägeln. Siehe „Child. Empl. Comm., III. Report", p. XI, p. XIX, n. 125-130; p. 52. n. 11; p. 113-114, n. 487; p. 137, n. 674.

[258] „Child. Empl. Comm., II. Report", p. XXII, n. 166.

arm. Das Arbeitslokal bildet Teil ihrer Privatwohnung. Sie erhalten Aufträge von Fabrikanten, Besitzern von Warenmagazinen usw. und wenden Weiber, Mädchen und junge Kinder an, je nach dem Umfang ihrer Zimmer und der fluktuierenden Nachfrage des Geschäfts. Die Zahl der beschäftigten Arbeiterinnen wechselt von 20 zu 40 in einigen, von 10 zu 20 in andren dieser Lokale. Das durchschnittliche Minimalalter, worin Kinder beginnen, ist 6 Jahre, manche jedoch unter 5 Jahren. Die gewöhnliche Arbeitszeit währt von 8 Uhr morgens bis 8 Uhr abends, mit $1^1/_2$ Stunden für Mahlzeiten, die unregelmäßig und oft in den stinkigen Arbeitslöchern selbst genommen werden. Bei gutem Geschäft währt die Arbeit oft von 8 Uhr (manchmal 6 Uhr) morgens bis 10, 11 oder 12 Uhr nachts. In englischen Kasernen beträgt der vorschriftsmäßige Raum für jeden Soldaten 500-600 Kubikfuß, in den Militärlazaretten 1200. In jenen Arbeitslöchern kommen 67-100 Kubikfuß auf jede Person. Gleichzeitig verzehrt Gaslicht den Sauerstoff der Luft. Um die Spitzen rein zu halten, müssen die Kinder oft die Schuhe ausziehn, auch im Winter, obgleich das Estrich aus Pflaster oder Ziegeln besteht.

> „Es ist nichts Ungewöhnliches in Nottingham, 15 bis 20 Kinder in einem kleinen Zimmer von vielleicht nicht mehr als 12 Fuß im Quadrat zusammengepökelt zu finden, während 15 Stunden aus 24 beschäftigt an einer Arbeit, an sich selbst erschöpfend durch Überdruß und Monotonie, zudem unter allen nur möglichen gesundheitszerstörenden Umständen ausgeübt ... Selbst die jüngsten Kinder arbeiten mit einer gespannten Aufmerksamkeit und Geschwindigkeit, die erstaunlich sind, fast niemals ihren Fingern Ruhe oder langsamre Bewegung gönnend. Richtet man Fragen an sie, so erheben sie das Auge nicht von der Arbeit, aus Furcht, einen Moment zu verlieren."

Der „lange Stock" dient den „mistresses" als Anregungsmittel im Verhältnis, worin die Arbeitszeit verlängert wird.

> „Die Kinder ermüden allmählich und werden so rastlos wie Vögel gegen das Ende ihrer langen Gebundenheit an eine Beschäftigung, eintönig, für die Augen angreifend, erschöpfend durch die Einförmigkeit der Körperhaltung. Es ist wahres Sklavenwerk." („Their work is like slavery.")[259]

Wo Frauen mit ihren eignen Kindern zu Hause, d. h. im modernen Sinn, in einem gemieteten Zimmer, häufig in einer Dachstube arbeiten, sind die Zustände womöglich noch schlimmer. Diese Art Arbeit wird 80 Meilen im Umkreis von Nottingham ausgegeben. Wenn das in den Warenhäusern beschäftigte Kind sie 9 oder 10 Uhr abends verläßt, gibt man ihm oft noch ein Bündel mit auf den Weg, um es zu Hause fertigzumachen. Der kapitalistische Pharisäer, vertreten durch einen seiner Lohnknechte, tut das natürlich mit der salbungsvollen Phrase: „das

[259] „Child. Empl. Comm., II. Report", 1864, p. XIX, XX, XXI.

sei für Mutter“, weiß aber sehr wohl, daß das arme Kind aufsitzen und helfen muß.[260]

Die Industrie des Spitzenklöppelns wird hauptsächlich in zwei englischen Agrikulturdistrikten betrieben, dem Honiton Spitzendistrikt, 20 bis 30 Meilen längs der Südküste von Devonshire, mit Einschluß weniger Plätze von Nord-Devon, und einem andren Distrikt, der großen Teil der Grafschaften von Buckingham, Bedford, Northampton und die benachbarten Teile von Oxfordshire und Huntingdonshire umfaßt. Die cottages der Ackerbautaglöhner bilden durchschnittlich die Arbeitslokale. Manche Manufakturherrn wenden über 3000 dieser Hausarbeiter an, hauptsächlich Kinder und junge Personen, ausschließlich weiblichen Geschlechts. Die beim Lace finishing beschriebnen Zustände wiederholen sich. Nur treten an die Stelle der „mistresses houses“ die sog. „lace schools“ (Spitzenschulen), gehalten von armen Weibern in ihren Hütten. Vom 5. Jahr an, manchmal jünger, bis zum 12. oder 15. arbeiten die Kinder in diesen Schulen, während des ersten Jahres die jüngsten von 4 bis 8 Stunden, später von 6 Uhr morgens bis 8 und 10 Uhr abends.

> „Die Zimmer sind im allgemeinen gewöhnliche Wohnstuben kleiner cottages, der Kamin zugestopft zur Abwehr von Luftzug, die Insassen manchmal auch im Winter nur von ihrer eignen animalischen Wärme geheizt. In andren Fällen sind diese sog. Schulzimmer kleinen Vorratskammern ähnliche Räume, ohne Feuerplatz ... Die Überfüllung dieser Löcher und die dadurch bewirkte Luftverpestung sind oft extrem. Dazu kommt die schädliche Wirkung von Gerinnen, Abtritten, verwesenden Stoffen und andrem Unrat, gewöhnlich in den Zugängen zu kleinren cottages.“

Mit Bezug auf den Raum:

> „In einer Spitzenschule 18 Mädchen und Meisterin, 33 Kubikfuß für jede Person; in einer andren, wo unerträglicher Gestank, 18 Personen, per Kopf 24 $^{1}/_{2}$ Kubikfuß. Man findet in dieser Industrie Kinder von 2 und 2 $^{1}/_{2}$ Jahren verwandt.“[261]

Wo das Spitzenklöppeln in den ländlichen Grafschaften von Buckingham und Bedford aufhört, beginnt die Strohflechterei. Sie erstreckt sich über großen Teil von Hertfordshire und die westlichen und nördlichen Teile von Essex. Es waren 1861 beschäftigt im Strohflechten und Strohhutmachen 48.043 Personen, 3815 davon männlichen Geschlechts aller Altersstufen, die andren weiblichen Geschlechts, und zwar 14.913 unter 20 Jahren, davon an 7000 Kinder. An die Stelle der Spitzenschulen treten hier die „straw plait schools“ (Strohflechtschulen). Die Kinder beginnen hier den Unterricht im Strohflechten gewöhnlich

260 l.c.p. XXI, XXII.
261 l.c.p. XXIX, XXX.

vom 4., manchmal zwischen dem 3. und 4. Jahr. Erziehung erhalten sie natürlich keine. Die Kinder selbst nennen die Elementarschulen „natural schools" (natürliche Schulen) im Unterschied zu diesen Blutaussaugungsanstalten, worin sie einfach an der Arbeit gehalten werden, um das von ihren halbverhungerten Müttern vorgeschriebne Machwerk, meist 30 Yards per Tag, zu verfertigen. Diese Mütter lassen sie dann oft noch zu Haus bis 10, 11, 12 Uhr nachts arbeiten. Das Stroh schneidet ihnen Finger und Mund, durch den sie es beständig anfeuchten. Nach der von Dr. Ballard resümierten Gesamtansicht der medizinischen Beamten Londons bilden 300 Kubikfuß den Minimalraum für jede Person in einem Schlaf- oder Arbeitszimmer. In den Strohflechtschulen ist der Raum aber noch spärlicher zugemessen als in den Spitzenschulen, $12\,^2/_3$, 17, $18^1/_2$ und unter 22 Kubikfuß für jede Person.

> „Die kleinren dieser Zahlen", sagt Kommissär White, „repräsentieren weniger Raum als die Hälfte von dem, den ein Kind einnehmen würde, wenn verpackt in eine Schachtel von 3 Fuß nach allen Dimensionen."

Dies der Lebensgenuß der Kinder bis zum 12. oder 14. Jahr. Die elenden, verkommenen Eltern sinnen nur darauf, aus den Kindern soviel als möglich herauszuschlagen. Aufgewachsen fragen die Kinder natürlich keinen Deut nach den Eltern und verlassen sie.

> „Es ist kein Wunder, daß Unwissenheit und Laster überströmen in einer so aufgezüchteten Bevölkerung ... Ihre Moral steht auf der niedrigsten Stufe ... Eine große Anzahl der Weiber hat illegitime Kinder und manche in so unreifem Alter, daß selbst die Vertrauten der Kriminalstatistik darüber erstarren."[262]

Und das Heimatsland dieser Musterfamilien ist, so sagt der sicher im Christentum kompetente Graf Montalembert, Europas christliches Musterland!

Der Arbeitslohn, in den eben behandelten Industriezweigen überhaupt jämmerlich (der ausnahmsweise Maximallohn der Kinder in den Strohflechtschulen 3 sh.), wird noch tief unter seinen Nominalbetrag herabgedrückt durch das namentlich in den Spitzendistrikten allgemein vorherrschende Trucksystem.[263]

---

[262] l.c.p. XL, XLI.

[263] „Child. Empl. Comm., I. Rep.", 1863, p. 185.

e) Übergang der modernen Manufaktur und Hausarbeit zur großen Industrie. Beschleunigung dieser Revolution durch Anwendung der Fabrikgesetze auf jene Betriebsweisen

Die Verwohlfeilerung der Arbeitskraft durch bloßen Mißbrauch weiblicher und unreifer Arbeitskräfte, bloßen Raub aller normalen Arbeits- und Lebensbedingungen und bloße Brutalität der Über- und Nachtarbeit, stößt zuletzt auf gewisse nicht weiter überschreitbare Naturschranken, und mit ihr auch die auf diesen Grundlagen beruhende Verwohlfeilerung der Waren und kapitalistische Exploitation überhaupt. Sobald dieser Punkt endlich erreicht ist, und es dauert lange, schlägt die Stunde für Einführung der Maschinerie und die nun rasche Verwandlung der zersplitterten Hausarbeit (oder auch Manufaktur) in Fabrikbetrieb.

Das kolossalste Beispiel dieser Bewegung liefert die Produktion von „Wearing Apparel" (zum Anzug gehörige Artikel). Nach der Klassifikation der „Child. Empl. Comm." umfaßt diese Industrie Strohhut- und Damenhutmacher, Kappenmacher, Schneider, milliners und dressmakers[264], Hemdenmacher und Näherinnen, Korsetten-, Handschuh-, Schuhmacher, nebst vielen kleineren Zweigen, wie Fabrikation von Halsbinden, Halskragen usw. Das in England und Wales in diesen Industrien beschäftigte weibliche Personal betrug 1861: 586.298, wovon mindestens 115.242 unter 20, 16.560 unter 15 Jahren. Zahl dieser Arbeiterinnen im Vereinigten Königreich (1861): 750.334. Die Zahl der gleichzeitig in Hut-, Schuh-, Handschuhmacherei und Schneiderei beschäftigten männlichen Arbeiter in England und Wales: 437.969, wovon 14.964 unter 15 Jahren, 89.285 fünfzehn- bis zwanzigjährig, 333.117 über 20 Jahren. Es fehlen in dieser Angabe viele hierher gehörige kleinere Zweige. Nehmen wir aber die Zahlen, wie sie stehn, so ergibt sich für England und Wales allein, nach dem Zensus von 1861, eine Summe von 1.024.267 Personen, also ungefähr so viel, wie Ackerbau und Viehzucht absorbieren. Man fängt an zu verstehn, wozu die Maschinerie so ungeheure Produktenmassen hervorzaubern und so ungeheure Arbeitermassen „freisetzen" hilft.

Die Produktion des „Wearing Apparel" wird betrieben durch Manufakturen, welche in ihrem Innern nur die Teilung der Arbeit reproduzierten, deren membra disjecta sie fertig vorfanden; durch kleinere Handwerksmeister, die aber nicht wie früher für individuelle Konsumenten, sondern für Manufakturen und Warenmagazine arbeiten, so daß oft ganze Städte und Landstriche solche Zweige, wie Schusterei usw., als Spezialität ausüben; endlich im größten Umfang durch sog. Hausarbeiter, welche das auswärtige Departement der Manufaktu-

[264] Millinery bezieht sich eigentlich nur auf den Kopfputz, doch auch Damenmäntel und Mantillen, während Dressmakers mit unsren Putzmacherinnen identisch sind.

ren, Warenmagazine und selbst der kleineren Meister bilden.[265] Die Massen des Arbeitsstoffs, Rohstoffs, Halbfabrikate usw. liefert die große Industrie, die Masse des wohlfeilen Menschenmaterials (taillable à merci et miséricorde) besteht aus den durch die große Industrie und Agrikultur „Freigesetzten“. Die Manufakturen dieser Sphäre verdankten ihren Ursprung hauptsächlich dem Bedürfnis des Kapitalisten, eine jeder Bewegung der Nachfrage entsprechende schlagfertige Armee unter der Hand zu haben.[266] Diese Manufakturen ließen jedoch neben sich den zerstreuten handwerksmäßigen und Hausbetrieb als breite Grundlage fortbestehn. Die große Produktion von Mehrwert in diesen Arbeitszweigen, zugleich mit der progressiven Verwohlfeilerung ihrer Artikel, war und ist hauptsächlich geschuldet dem Minimum des zu kümmerlicher Vegetation nötigen Arbeitslohns, verbunden mit dem Maximum menschenmöglicher Arbeitszeit. Es war eben die Wohlfeilheit des in Ware verwandelten Menschenschweißes und Menschenbluts, welche den Absatzmarkt beständig erweiterte und täglich erweitert, für England namentlich auch den Kolonialmarkt, wo überdem englische Gewohnheit und Geschmack vorherrschen. Endlich trat ein Knotenpunkt ein. Die Grundlage der alten Methode, bloß brutale Ausbeutung des Arbeitermaterials, mehr oder minder begleitet von systematisch entwickelter Arbeitsteilung, genügte dem wachsenden Markt und der noch rascher wachsenden Konkurrenz der Kapitalisten nicht länger. Die Stunde der Maschinerie schlug. Die entscheidend revolutionäre Maschine, welche die sämtlichen zahllosen Zweige dieser Produktionssphäre, wie Putzmacherei, Schneiderei, Schusterei, Näherei, Hutmacherei usw. gleichmäßig ergreift, ist – die Nähmaschine.

Ihre unmittelbare Wirkung auf die Arbeiter ist ungefähr die aller Maschinerie, welche in der Periode der großen Industrie neue Geschäftszweige erobert. Kinder im unreifsten Alter werden entfernt. Der Lohn der Maschinenarbeiter steigt verhältnismäßig zu dem der Hausarbeiter, wovon viele zu „den Ärmsten der Armen“ („the poorest of the poor“) gehören. Der Lohn der besser gestellten Handwerker, mit denen die Maschine konkurriert, sinkt. Die neuen Maschinenarbeiter sind ausschließlich Mädchen und junge Frauen. Mit Hilfe der mechanischen Kraft vernichten sie das Monopol der männlichen Arbeit in schwererem Werk und verjagen aus leichterem Massen alter Weiber und unreifer Kinder. Die übermächtige Konkurrenz erschlägt die schwächsten Handarbeiter. Das greuliche Wachstum des Hungertods (death from starvation) in London während des

265 Die englische millinery und das dressmaking werden meist in den Baulichkeiten der Anwender, teils durch dort wohnhafte und engagierte Arbeiterinnen, teils durch auswärts wohnende Taglöhnerinnen betrieben.

266 Kommissär White besuchte eine Manufaktur für Militärkleider, die 1000 bis 1200 Personen, fast alle weiblichen Geschlechts, beschäftigte, eine Schuhmanufaktur mit 1300 Personen, wovon beinahe die Hälfte Kinder und junge Personen usw. („Child. Empl. Comm., II. Rep.“, p. XLVII, n. 319.)

letzten Dezenniums läuft parallel mit der Ausdehnung der Maschinennäherei.[267] Die neuen Arbeiterinnen der Nähmaschine, welche von ihnen mit Hand und Fuß oder mit der Hand allein, sitzend und stehend, je nach Schwere, Größe und Spezialität der Maschine, bewegt wird, verausgaben große Arbeitskraft. Ihre Beschäftigung wird gesundheitswidrig durch die Dauer des Prozesses, obgleich er meist kürzer als im alten System. Überall, wo die Nähmaschine, wie beim Schuh-, Korsett-, Hutmachen usw., ohnehin enge und überfüllte Werkstätten heimsucht, vermehrt sie die gesundheitswidrigen Einflüsse.

> „Die Wirkung“, sagt Kommissär Lord, „beim Eintritt in niedrig gestochne Arbeitslokale, wo 30 bis 40 Maschinenarbeiter zusammenwirken, ist unerträglich ... Die Hitze, teilweis den Gasöfen zur Wärmung der Bügeleisen geschuldet, ist schrecklich ... Wenn selbst in solchen Lokalen sog. mäßige Arbeitsstunden, d. h. von 8 Uhr morgens bis 6 Uhr abends, vorherrschen, fallen dennoch jeden Tag 3 oder 4 Personen regelmäßig in Ohnmacht.“[268]

Die Umwälzung der gesellschaftlichen Betriebsweise, dies notwendige Produkt der Umwandlung des Produktionsmittels, vollzieht sich in einem bunten Wirrwarr von Übergangsformen. Sie wechseln mit dem Umfang, worin, und der Zeitlänge, während welcher die Nähmaschine den einen oder andren Industriezweig bereits ergriffen hat; mit der vorgefundnen Lage der Arbeiter, dem Übergewicht des Manufaktur-, Handwerks- oder Hausbetriebs, dem Mietpreis der Arbeitslokale[269] usw. In der Putzmacherei z. B., wo die Arbeit meist schon organisiert war, hauptsächlich durch einfache Kooperation, bildet die Nähmaschine zunächst nur einen neuen Faktor des Manufakturbetriebs. In der Schneiderei, Hemdenmacherei, Schusterei usw. durchkreuzen sich alle Formen. Hier eigentlicher Fabrikbetrieb. Dort erhalten Zwischenanwender das Rohmaterial vom Kapitalisten en chef und gruppieren in „Kammern“ oder „Dachstuben“ 10 bis 50 und noch mehr Lohnarbeiter um Nähmaschinen. Endlich wie bei aller Maschinerie, die kein gegliedertes System bildet, und im Zwergformat anwendbar ist, benutzen Handwerker oder Hausarbeiter, mit eigner Familie oder Zuziehung weniger fremder Arbeiter, auch ihnen selbst gehörige Nähmaschinen.[270]

---

[267] Ein Beispiel. Am 26. Februar 1864 enthält der wöchentliche Sterblichkeitsbericht des Registrar General 5 Fälle von Hungertod. Am selben Tag berichtet die „Times“ einen neuen Fall von Hungertod. Sechs Opfer des Hungertods in einer Woche!

[268] „Child. Empl. Comm., II. Rep.“, 1864, p. LXVII, n. 406-409; p. 84, n. 124; p. LXXIII, n. 441; p. 68, n. 6; p. 84, n. 126; p. 78, n. 85; p. 76, n. 69; p. LXXII, n. 438.

[269] „Der Mietpreis der Arbeitslokale scheint der Faktor zu sein, der schließlich den Ausschlag gibt, und folglich hat sich in der Hauptstadt das alte System, Arbeit an kleine Unternehmer und Familien auszugeben, am längsten erhalten und ist am ehesten wieder aufgenommen worden.“ (l.c.p. 83, n. 123.) Der Schlußsatz bezieht sich ausschließlich auf Schusterei.

[270] In der Handschuhmacherei usw., wo die Lage der Arbeiter von der der Paupers kaum unterscheidbar, kommt dies nicht vor.

Tatsächlich überwiegt jetzt in England das System, daß der Kapitalist eine größre Maschinenanzahl in seinen Baulichkeiten konzentriert und dann das Maschinenprodukt zur weiteren Verarbeitung unter die Armee der Hausarbeiter verteilt.[271] Die Buntheit der Übergangsformen versteckt jedoch nicht die Tendenz zur Verwandlung in eigentlichen Fabrikbetrieb. Diese Tendenz wird genährt durch den Charakter der Nähmaschine selbst, deren mannigfaltige Anwendbarkeit zur Vereinigung früher getrennter Geschäftszweige in derselben Baulichkeit und unter dem Kommando desselben Kapitals drängt; durch den Umstand, daß vorläufiges Nadelwerk und einige andre Operationen am geeignetsten am Sitz der Maschine verrichtet werden; endlich durch die unvermeidliche Expropriation der Handwerker und Hausarbeiter, die mit eignen Maschinen produzieren. Dies Fatum hat sie zum Teil schon jetzt erreicht. Die stets wachsende Masse des in Nähmaschinen angelegten Kapitals[272] spornt die Produktion und erzeugt Marktstockungen, welche das Signal zum Verkauf der Nähmaschinen durch die Hausarbeiter läuten. Die Überproduktion von solchen Maschinen selbst zwingt ihre absatzbedürftigen Produzenten, sie auf wöchentliche Miete zu verleihn, und schafft damit eine für die kleinen Maschineneigner tödliche Konkurrenz.[273] Stets noch fortdauernde Konstruktionswechsel und Verwohlfeilerung der Maschinen depreziieren ebenso beständig ihre alten Exemplare und lassen sie nur noch massenhaft, zu Spottpreisen gekauft, in der Hand großer Kapitalisten, profitlich anwenden. Endlich gibt die Substitution der Dampfmaschine für den Menschen, hier wie in allen ähnlichen Umwälzungsprozessen, den Ausschlag. Die Anwendung der Dampfkraft stößt im Anfang auf rein technische Hindernisse, wie Schütteln der Maschinen, Schwierigkeit in der Beherrschung ihrer Geschwindigkeit, raschen Verderb der leichtern Maschinen usw., lauter Hindernisse, welche die Erfahrung bald überwinden lehrt.[274] Wenn einerseits die Konzentration vieler Arbeitsmaschinen in größren Manufakturen zur Anwendung der Dampfkraft treibt, beschleunigt andrerseits die Konkurrenz des Dampfes mit Menschenmuskeln Konzentration von Arbeitern und Arbeitsmaschinen in großen Fabriken. So erlebt England gegenwärtig in der kolossalen Produktionssphäre des „Wearing Apparel", wie in den meisten übrigen Gewerken, die Umwälzung der Manufaktur, des Handwerks und der Hausarbeit in Fabrikbetrieb, nachdem alle jene Formen, unter dem Einfluß der großen Industrie gänzlich verändert, zersetzt, entstellt, bereits längst alle Ungeheuerlichkeiten des Fabriksystems ohne

[271] l.c.p. 83, n. 122.

[272] In der für den Großverkauf produzierenden Stiefel- und Schuhmacherei von Leicester allein waren 1864 bereits 800 Nähmaschinen im Gebrauch.

[273] l.c.p. 84, n. 124.

[274] So im Armee-Kleidungsdepot zu Pimlico, London, in der Hemdenfabrik von Tillie und Henderson zu Londonderry, in der Kleiderfabrik der Firma Tait zu Limerick, die an 1200 „Hände" vernutzt.

seine positiven Entwicklungsmomente reproduziert und selbst übertrieben hatten.[275]

Diese naturwüchsig vorgehende industrielle Revolution wird künstlich beschleunigt durch die Ausdehnung der Fabrikgesetze auf alle Industriezweige, worin Weiber, junge Personen und Kinder arbeiten. Die zwangsmäßige Regulation des Arbeitstags nach Länge, Pausen, Anfangs- und Endpunkt, das System der Ablösung für Kinder, der Ausschluß aller Kinder unter einem gewissen Alter usw. ernötigen einerseits vermehrte Maschinerie[276] und Ersatz von Muskeln durch Dampf als Triebkraft.[277] Andrerseits, um im Raum zu gewinnen, was in der Zeit verlorengeht, findet Streckung der gemeinschaftlich vernutzten Produktionsmittel statt, der Öfen, Baulichkeiten usw., also in einem Wort größre Konzentration der Produktionsmittel und entsprechende größre Konglomeration von Arbeitern. Der leidenschaftlich wiederholte Haupteinwand jeder mit dem Fabrikgesetz bedrohten Manufaktur ist in der Tat die Notwendigkeit größrer Kapitalauslage, um das Geschäft in seinem alten Umfang fortzuführen. Was aber die Zwischenformen zwischen Manufaktur und Hausarbeit und letztre selbst betrifft, so versinkt ihr Boden mit der Schranke des Arbeitstags und der Kinderarbeit. Schrankenlose Ausbeutung wohlfeiler Arbeitskräfte bildet die einzige Grundlage ihrer Konkurrenzfähigkeit.

Wesentliche Bedingung des Fabrikbetriebs, namentlich sobald er der Regulation des Arbeitstags unterliegt, ist normale Sicherheit des Resultats, d. h. Produktion eines bestimmten Quantums Ware oder eines bezweckten Nutzeffekts in gegebnem Zeitraum. Die gesetzlichen Pausen des regulierten Arbeitstags unterstellen ferner plötzlichen und periodischen Stillstand der Arbeit ohne Schaden für das im Produktionsprozeß befindliche Machwerk. Diese Sicherheit des Resultats und Unterbrechungsfähigkeit der Arbeit sind natürlich in rein mechani-

---

[275] „Die Tendenz zum Fabriksystem." (l.c.p. LXVII.) „Das ganze Gewerbe befindet sich jetzt in einem Übergangsstadium und macht die gleichen Veränderungen durch, die auch die Spitzenindustrie, die Weberei usw., durchgemacht haben." (l.c., n. 405.) „Eine völlige Revolution." (l.c.p. XLVI, n. 318.) Zur Zeit der „Child. Empl. Comm." von 1840 war die Strumpfwirkerei noch Handarbeit. Seit 1846 wurde verschiedenartige Maschinerie eingeführt, jetzt durch Dampf getrieben. Die Gesamtzahl der in der englischen Strumpfwirkerei beschäftigten Personen beiderlei Geschlechts und aller Altersstufen vom 3. Jahr an betrug 1862 ungefähr 120.000 Personen. Davon, nach Parliamentary Return vom 11. Februar, 1862 doch nur 4063 unter der Botmäßigkeit des Fabrikakts.

[276] So z. B. in der Töpferei berichtet die Firma Cochran von der „Britannia Pottery, Glasgow": „Um unsere Produktionshöhe aufrechtzuerhalten, verwenden wir jetzt in weitem Umfang Maschinen, die von ungelernten Arbeitern bedient werden, und jeder Tag überzeugt uns, daß wir eine größere Menge herstellen können als nach dem alten Verfahren." („Reports of Insp. of Fact., 31st Oct. 1865", p. 13.) „Die Wirkung des Fabrikakts ist, zu weitrer Einführung von Maschinerie zu treiben." (l.c.p. 13, 14.)

[277] So nach Einführung des Fabrikakts in die Töpferei große Zunahme der power jiggers statt der handmoved jiggers.

schen Gewerken leichter erzielbar als dort, wo chemische und physikalische Prozesse eine Rolle spielen, wie z. B. in Töpferei, Bleicherei, Färberei, Bäckerei, den meisten Metallmanufakturen. Mit dem Schlendrian des unbeschränkten Arbeitstags, der Nachtarbeit und freier Menschenverwüstung gilt jedes naturwüchsige Hindernis bald für eine ewige „Naturschranke" der Produktion. Kein Gift vertilgt Ungeziefer sichrer als das Fabrikgesetz solche „Naturschranken". Niemand schrie lauter über „Unmöglichkeiten" als die Herren von der Töpferei. 1864 wurde ihnen das Fabrikgesetz oktroyiert, und alle Unmöglichkeiten waren schon 16 Monate später verschwunden. Die durch das Fabrikgesetz hervorgerufne

> „verbesserte Methode, Töpferbrei (slip) durch Druck statt durch Verdunstung zu machen, die neue Konstruktion der Öfen zum Trocknen der ungebrannten Ware usw. sind Ereignisse von großer Wichtigkeit in der Kunst der Töpferei und bezeichnen einen Fortschritt derselben, wie ihn das letzte Jahrhundert nicht aufweisen kann ... Die Temperatur der Öfen ist beträchtlich vermindert, bei beträchtlicher Abnahme im Kohlenkonsum und raschrer Wirkung auf die Ware."[278]

Trotz aller Prophezeiung stieg nicht der Kostenpreis des Erdenguts, wohl aber die Produktenmasse, so daß die Ausfuhr der 12 Monate von Dezember 1864 bis Dezember 1865 einen Wertüberschuß von 138.628 Pfd. St. über den Durchschnitt der drei vorigen Jahre ergab. In der Fabrikation von Zündhölzern galt es als Naturgesetz, daß Jungen, selbst während der Herunterwürgung ihres Mittagsmahls, die Hölzer in eine warme Phosphorkomposition tunkten, deren giftiger Dampf ihnen in das Gesicht stieg. Mit der Notwendigkeit, Zeit zu ökonomisieren, erzwang der Fabrikakt (1864) eine „dipping machine" (Eintauchungsmaschine), deren Dämpfe den Arbeiter nicht erreichen können.[279] So wird jetzt in den noch nicht dem Fabrikgesetz unterworfnen Zweigen der Spitzenmanufaktur behauptet, die Mahlzeiten können nicht regelmäßig sein, wegen der verschiednen Zeitlängen, die verschiedne Spitzenmaterialien zur Trocknung brauchen, und die von 3 Minuten auf eine Stunde und mehr variieren. Hierauf antworten die Kommissäre der „Children's Employment Comm.":

> „Die Umstände sind dieselben wie in der Tapetendruckerei. Einige der Hauptfabrikanten in diesem Zweig machten lebhaft geltend, die Natur der verwandten Materialien und die Verschiedenartigkeit der Prozesse, die sie durchlaufen, erlaubten ohne großen Verlust keine plötzliche Stillsetzung der Arbeit für Mahlzeiten ... Durch die 6. Klausel der 6. Sektion des Factory Acts Extension Act"

---

278 „Rep. Insp. Fact., 31st Oct. 1865", p. 96 und 127.

279 Die Einführung dieser und andrer Maschinerie in die Zündholzfabrik hat in einem Departement derselben 230 junge Personen durch 32 Jungen und Mädchen von 14 bis 17 Jahren ersetzt. Diese Ersparung von Arbeitern wurde 1865 weitergeführt durch Anwendung der Dampfkraft.

(1864) „ward ihnen eine achtzehnmonatliche Frist vom Erlassungsdatum des Akts an eingeräumt, nach deren Ablauf sie sich den durch den Fabrikakt spezifizierten Erfrischungspausen fügen müßten."[280]

Kaum hatte das Gesetz parlamentarische Sanktion erhalten, als die Herrn Fabrikanten auch entdeckten:

„Die Mißstände, die wir von der Einführung des Fabrikgesetzes erwarteten, sind nicht eingetreten. Wir finden nicht, daß die Produktion irgendwie gelähmt ist. In der Tat, wir produzieren mehr in derselben Zeit."[281]

Man sieht, das englische Parlament, dem sicher niemand Genialität vorwerfen wird, ist durch Erfahrung zur Einsicht gelangt, daß ein Zwangsgesetz alle sog. Naturhindernisse der Produktion gegen Beschränkung und Reglung des Arbeitstags einfach wegdiktieren kann. Bei Einführung des Fabrikakts in einem Industriezweig wird daher ein Termin von 6 bis 18 Monaten gestellt, innerhalb dessen es Sache des Fabrikanten ist, die technischen Hindernisse wegzuräumen. Mirabeaus „Impossible? Ne me dites jamais ce bête de mot!" gilt namentlich für die moderne Technologie. Wenn aber das Fabrikgesetz so die zur Verwandlung des Manufakturbetriebs in Fabrikbetrieb notwendigen materiellen Elemente treibhausmäßig reift, beschleunigt es zugleich durch die Notwendigkeit vergrößerter Kapitalauslage den Untergang der kleineren Meister und die Konzentration des Kapitals.[282]

Abgesehn von den rein technischen und technisch beseitbaren Hindernissen stößt die Regulation des Arbeitstags auf unregelmäßige Gewohnheiten der Arbeiter selbst, namentlich wo Stücklohn vorherrscht und Verbummlung der Zeit in einem Tages- oder Wochenabschnitt durch nachträgliche Überarbeit oder Nachtarbeit gutgemacht werden kann, eine Methode, die den erwachsnen Arbeiter brutalisiert, seine unreifen und weiblichen Genossen ruiniert.[283] Obgleich

---

280 „Child. Empl. Comm., II. Rep.", 1864, p. IX, n. 50.

281 „Reports of Insp. of Fact., 31st Oct. 1865", p. 22.

282 „Die nötigen Verbesserungen ... können in vielen alten Manufakturen nicht eingeführt werden, ohne Kapitalauslage über die Mittel vieler gegenwärtiger Besitzer ... Eine vorübergehende Desorganisation begleitet notwendig die Einführung der Fabrikakte. Der Umfang dieser Desorganisation steht in direktem Verhältnis zur Größe der zu heilenden Mißstände." (l.c.p. 96, 97.)

283 In den Hochöfen z. B. „wird die Arbeitszeit gegen Ende der Woche im allgemeinen stark ausgedehnt, infolge der Gewohnheit der Arbeiter, am Montag und gelegentlich, teilweise oder ganz, auch am Dienstag zu feiern". („Child. Empl. Comm., III. Rep.", p. VI.) „Die kleinen Meister haben im allgemeinen eine sehr unregelmäßige Arbeitszeit. Sie verlieren 2 oder 3 Tage, und dann arbeiten sie die ganze Nacht, um den Verlust aufzuholen ... Sie beschäftigen immer ihre eignen Kinder, wenn sie welche haben." (l.c.p. VII.) „Der Mangel an Regelmäßigkeit beim Arbeitsanfang, der durch die Möglichkeit und die Übung, durch Überarbeit den Verlust einzuholen, gefördert wird." (l.c.p. XVIII.) „Ungeheurer Zeitverlust in Birmingham ... indem sie einen Teil der Zeit bummeln und in der restlichen Zeit sich abschuften." (l.c.p. XI.)

diese Regellosigkeit in Verausgabung der Arbeitskraft eine naturwüchsige rohe Reaktion gegen die Langweile monotoner Arbeitsplackerei ist, entspringt sie jedoch in ungleich höherem Grad aus der Anarchie der Produktion selbst, die ihrerseits wieder ungezügelte Exploitation der Arbeitskraft durch das Kapital voraussetzt. Neben die allgemeinen periodischen Wechselfälle des industriellen Zyklus und die besondren Marktschwankungen in jedem Produktionszweig treten namentlich die sog. Saison, beruhe sie nun auf Periodizität der Schiffahrt günstiger Jahreszeiten oder auf der Mode, und die Plötzlichkeit großer und in kürzester Frist auszuführender Ordres. Die Gewohnheit der letztern dehnt sich mit Eisenbahnen und Telegraphie aus.

„Die Ausdehnung des Eisenbahnsystems", sagt z. B. ein Londoner Fabrikant „durch das ganze Land hat die Gewohnheit kurzer Ordres sehr gefördert. Käufer kommen jetzt von Glasgow, Manchester und Edinburgh einmal in 14 Tagen oder für den Engroskauf zu den City-Warenhäusern, denen wir die Waren liefern. Sie geben Ordres, die unmittelbar ausgeführt werden müssen, statt vom Lager zu kaufen, wie es Gewohnheit war. In frühren Jahren waren wir stets fähig, während der schlaffen Zeit für die Nachfrage der nächsten Saison vorauszuarbeiten, aber jetzt kann niemand vorhersagen, was dann in Nachfrage sein wird."[284]

In den noch nicht dem Fabrikgesetz unterworfnen Fabriken und Manufakturen herrscht periodisch die furchtbarste Überarbeit während der sog. Saison, stoßweis infolge plötzlicher Ordres. Im auswärtigen Departement der Fabrik, der Manufaktur und des Warenmagazins, in der Sphäre der Hausarbeit, ohnehin durchaus unregelmäßig, für ihr Rohmaterial und ihre Ordres ganz abhängig von den Launen des Kapitalisten, den hier keine Rücksicht auf Verwertung von Baulichkeiten, Maschinen usw. bindet und der hier nichts riskiert als die Haut der Arbeiter selbst, wird so systematisch eine stets disponible, industrielle Reservearmee großgezüchtet, dezimiert während eines Teils des Jahrs durch unmenschlichsten Arbeitszwang, während des andren Teils verlumpt durch Arbeitsmangel.

„Die Anwender", sagt die „Child. Empl. Comm.", „exploitieren die gewohnheitsmäßige Unregelmäßigkeit der Hausarbeit, um sie in Zeiten, wo Extrawerk nötig, bis 11, 12, 2 Uhr nachts, in der Tat, wie die stehende Phrase lautet, auf alle Stunden hinaufzuforcieren", und dies in Lokalen, „wo der Gestank hinreicht, euch niederzuschmettern (the stench is enough to knock you down). Ihr geht vielleicht bis an die Tür und öffnet sie, aber schaudert zurück von weitrem Vorgehn."[285] „Es sind komische Käuze, unsre Anwender", sagt einer der verhörten

---

[284] „Child. Empl. Comm., IV. Rep.", p. XXXII. „Die Ausdehnung des Eisenbahnsystems soll diese Gewohnheit, plötzliche Ordres zu erteilen, sehr gefördert haben; für die Arbeiter ergeben sich daraus Hetztempo, Vernachlässigung der Essenszeiten und Überstunden." (l.c.p. XXXI.)

[285] „Child. Empl. Comm., IV. Rep.", p. XXXV, n. 235 und 237.

> Zeugen, ein Schuster, „sie glauben, es tue einem Jungen keinen Harm, wenn er während eines halben Jahrs totgerackert und während der andren Hälfte fast gezwungen wird, herumzuludern.“[286]

Wie die technischen Hindernisse, so wurden und werden diese sog. „Geschäftsgewohnheiten“ („usages which have grown with the growth of trade“) von interessierten Kapitalisten als „Naturschranken“ der Produktion behauptet, ein Lieblingsschrei der Baumwoll-Lords zur Zeit, als das Fabrikgesetz sie zuerst bedrohte. Obgleich ihre Industrie mehr als jede andre auf dem Weltmarkt und daher der Schiffahrt beruht, strafte die Erfahrung sie Lügen. Seitdem wird jedes angebliche „Geschäftshindernis“ von den englischen Fabrikinspektoren als hohle Flause behandelt.[287] Die gründlich gewissenhaften Untersuchungen der „Child. Empl. Comm.“ beweisen in der Tat, daß in einigen Industrien die bereits angewandte Arbeitsmasse nur gleichmäßiger über das ganze Jahr verteilt würde durch die Regulation des Arbeitstags[288], daß letztre der erste rationelle Zügel für die menschenmörderischen, inhaltlosen und an sich dem System der großen Industrie unangemeßnen Flatterlaunen der Mode[289], daß die Entwicklung der ozeanischen Schiffahrt und der Kommunikationsmittel überhaupt den eigentlich technischen Grund der Saisonarbeit aufgehoben hat[290], daß alle andren angeblich unkontrollierbaren Umstände weggeräumt werden durch weitere Baulichkeiten, zusätzliche Maschinerie, vermehrte Anzahl der gleichzeitig beschäftigten Arbeiter[291] und von selbst folgenden Rückschlag auf das System

[286] l.c.p. 127, n.56.

[287] „Was den Verlust anbelangt, der dem Handel durch nicht rechtzeitiges Erfüllen der Ordres zur Verschiffung entsteht, so erinnere ich mich, daß dies das Lieblingsargument der Fabrikherren 1832 war. Nichts, was jetzt zu diesem Gegenstand angeführt werden kann, könnte soviel Gewicht haben wie damals, als der Dampf noch nicht alle Entfernungen halbiert und neue Regelungen des Verkehrs eingeführt hatte. Diese Behauptung erwies sich damals, als wirklich die Probe aufs Exempel gemacht wurde, als nicht stichhaltig und würde gewiß auch jetzt einer Nachprüfung nicht standhalten.“ („Reports of Insp. of Fact., 31st Oct. 1862“, p. 54, 55.)

[288] „Chil. Empl. Comm., III. Rep.“, p. XVIII, n. 118.

[289] John Bellers bemerkt schon 1699: „Die Ungewißheit der Mode vergrößert die Zahl der notleidenden Armen. Sie birgt zwei große Mißstände in sich: 1. die Gesellen leiden im Winter Not aus Mangel an Arbeit, da die Schnittwarenhändler und Webermeister nicht wagen, ihre Kapitalien zur Beschäftigung von Gesellen zu verauslagen, bevor der Frühling kommt und sie wissen, was dann Mode sein wird; 2. im Frühling sind nicht genug Gesellen da, so daß die Webermeister viele Lehrlinge heranziehen müssen, um den Handel des Königreichs in einem viertel oder halben Jahr versorgen zu können, wodurch der Ackersmann vom Pflug gerissen, das flache Land von Arbeitern entblößt, die Städte sich zu einem großen Teil mit Bettlern füllen und manche, die sich zu betteln schämen, im Winter dem Hungertode ausgeliefert werden.“ („Essays about the Poor, Manufactures etc.“, p. 9.)

[290] „Child. Empl. Comm., V. Rep.“, p. 171, n. 34.

[291] So heißt es z. B. in den Zeugenaussagen von Bradforder Exporthändlern: „Unter diesen Umständen ist es klar, daß Jungen nicht länger als vom 8 Uhr morgens bis 7 oder $7^1/_2$ Uhr abends in den Warenhäusern beschäftigt zu werden brauchen. Es ist nur eine Frage von Extra-

des Großhandels.[292] Jedoch versteht sich das Kapital, wie es wiederholt durch den Mund seiner Repräsentanten erklärt, zu solcher Umwälzung „nur unter dem Druck eines allgemeinen Parlamentsakts“[293], der den Arbeitstag zwangsgesetzlich reguliert.

9. Fabrikgesetzgebung. (Gesundheits- und Erziehungsklauseln.) Ihre Verallgemeinerung in England

Die Fabrikgesetzgebung, diese erste bewußte und planmäßige Rückwirkung der Gesellschaft auf die naturwüchsige Gestalt ihres Produktionsprozesses, ist, wie man gesehn, ebensosehr ein notwendiges Produkt der großen Industrie als Baumwollgarn, Selfactors und der elektrische Telegraph. Bevor wir zu ihrer Verallgemeinerung in England übergehn, sind noch einige nicht auf die Stundenzahl des Arbeitstags bezügliche Klauseln des englischen Fabrikakts kurz zu erwähnen.

Abgesehn von ihrer Redaktion, welche dem Kapitalisten ihre Umgehung erleichtert, sind die Gesundheitsklauseln äußerst mager, in der Tat beschränkt auf Vorschriften für Weißen der Wände und einige sonstige Reinlichkeitsmaßregeln, Ventilation und Schutz gegen gefährliche Maschinerie. Wir kommen im Dritten Buch auf den fanatischen Kampf der Fabrikanten gegen die Klausel zurück, die ihnen eine geringe Ausgabe zum Schutz der Gliedmaßen ihrer „Hände“ aufoktroyiert. Hier bewährt sich wieder glänzend das Freihandelsdogma, daß in einer Gesellschaft antagonistischer Interessen jeder das Gemeinwohl durch Verfolgung seines Eigennutzes fördert. Ein Beispiel genügt. Man weiß, daß sich während der letztverfloßnen zwanzigjährigen Periode die Flachsindustrie und mit ihr die scutching mills (Fabriken zum Schlagen und Brechen des Flachses) in Irland sehr vermehrt haben. Es gab dort 1864 an 1800 dieser mills. Periodisch im Herbst und Winter werden hauptsächlich junge Personen und Weiber, die Söhne, Töchter und Frauen der benachbarten kleinen Pächter,

---

Auslage und Extra-Händen. Die Jungen brauchten nicht so spät in die Nacht hinein zu arbeiten, wären einige Anwender nicht so profithungrig; eine Extramaschine kostet nur 16 oder 18 Pfd. St. ... Alle Schwierigkeiten entspringen aus ungenügenden Vorrichtungen und Raummangel.“ (l.c.p. 171, n. 35, 36 u. 38.)

292 l.c. Ein Londoner Fabrikant, der übrigens die zwangsweise Regulation des Arbeitstags als Schutzmittel der Arbeiter gegen die Fabrikanten und der Fabrikanten selbst gegen den Großhandel betrachtet, sagt aus: „Der Druck in unsrem Geschäft ist verursacht durch die Verschiffer, die z. B. Ware mit einem Segelschiff verschicken wollen, um für eine bestimmte Saison an Ort und Stelle zu sein und zugleich die Frachtdifferenz zwischen Segelschiff und Dampfschiff einzustecken, oder von zwei Dampfschiffen das frühere wählen, um vor ihren Konkurrenten auf dem auswärtigen Markt zu erscheinen.“

293 „Dem könnte abgeholfen werden“, sagt ein Fabrikant, „auf Kosten einer Erweiterung der Werke unter dem Druck eines allgemeinen Parlamentsakts.“ (l.c.p. X, n. 38.)

lauter mit Maschinerie ganz unbekannte Leute, von der Feldarbeit weggeholt, um die Walzwerke der scutching mills mit Flachs zu füttern. Die Unfälle sind nach Umfang und Intensität gänzlich beispiellos in der Geschichte der Maschinerie. Eine einzige scutching mill zu Kildinan (bei Cork) zählte von 1852 bis 1856 sechs Todesfälle und 60 schwere Verstümmlungen, welchen allen durch die einfachsten Anstalten, zum Preis von wenigen Schillingen, vorgebeugt werden konnte. Dr. W. White, der certifying surgeon der Fabriken zu Downpatrick, erklärt in einem offiziellen Bericht von 16. Dezember 1865:

> „Die Unfälle in scutching mills sind furchtbarster Art. In vielen Fällen wird ein Vierteil des Körpers vom Rumpfe gerissen. Tod oder eine Zukunft elenden Unvermögens und Leidens sind gewöhnliche Folgen der Wunden. Die Zunahme der Fabriken in diesem Lande wird natürlich diese schauderhaften Resultate ausdehnen. Ich bin überzeugt, daß durch geeignete Staatsüberwachung der scutching mills große Opfer von Leib und Leben zu vermeiden sind."[294]

Was könnte die kapitalistische Produktionsweise besser charakterisieren als die Notwendigkeit, ihr durch Zwangsgesetz von Staats wegen die einfachsten Reinlichkeits- und Gesundheitsvorrichtungen aufzuherrschen?

> „Der Fabrikakt von 1864 hat in den Töpfereien über 200 Werkstätten geweißt und gereinigt, nach zwanzigjähriger oder gänzlicher Enthaltung von jeder solchen Operation" (dies ist die „Abstinenz" des Kapitals!), „in Plätzen, wo 27.878 Arbeiter beschäftigt sind und bisher, während übermäßiger Tages-, oft Nachtarbeit, eine mefitische Atmosphäre einatmeten, welche eine sonst vergleichungsweis harmlose Beschäftigung mit Krankheit und Tod schwängerte. Der Akt hat die Ventilationsmittel sehr vermehrt."[295]

Zugleich zeigt dieser Zweig des Fabrikakts schlagend, wie die kapitalistische Produktionsweise ihrem Wesen nach über einen gewissen Punkt hinaus jede rationelle Verbeßrung ausschließt. Es ward wiederholt bemerkt, daß die englischen Ärzte aus einem Munde 500 Kubikfuß Luftraum per Person für kaum genügendes Minimum bei fortgesetzter Arbeit erklären. Nun wohl! Wenn der Fabrikakt indirekt durch alle seine Zwangsmaßregeln die Verwandlung kleinerer Werkstätten in Fabriken beschleunigt, daher indirekt in das Eigentumsrecht der kleineren Kapitalisten eingreift und den großen das Monopol sichert, so würde die gesetzliche Aufherrschung des nötigen Luftraums für jeden Arbeiter in der Werkstätte Tausende von kleinen Kapitalisten mit einem Schlag direkt expropriieren! Sie würde die Wurzel der kapitalistischen Produktionsweise angreifen, d. h. die Selbstverwertung des Kapitals, ob groß oder klein, durch „freien" Ankauf und Konsum der Arbeitskraft. Vor diesen 500 Kubikfuß Luft geht daher der

[294] l.c.p. XV, n .72 sqq.

[295] „Reports of Insp. of Fact., 31st Oct. 1865", p. 127.

Fabrikgesetzgebung der Atem aus. Die Gesundheitsbehörden, die industriellen Untersuchungskommissionen, die Fabrikinspektoren wiederholen wieder und wieder die Notwendigkeit der 500 Kubikfuß und die Unmöglichkeit, sie dem Kapital aufzuoktroyieren. Sie erklären so in der Tat Schwindsucht und andre Lungenkrankheiten der Arbeit für eine Lebensbedingung des Kapitals.[296]

Armselig, wie die Erziehungsklauseln des Fabrikakts im ganzen erscheinen, proklamieren sie den Elementarunterricht als Zwangsbedingung der Arbeit.[297] Ihr Erfolg bewies zuerst die Möglichkeit der Verbindung von Unterricht und Gymnastik[298] mit Handarbeit, also auch von Handarbeit mit Unterricht und Gymnastik. Die Fabrikinspektoren entdeckten bald aus den Zeugenverhören der Schulmeister, daß die Fabrikkinder, obgleich sie nur halb soviel Unterricht genießen als die regelmäßigen Tagesschüler, ebensoviel und oft mehr lernen.

> „Die Sache ist einfach. Diejenigen, die sich nur einen halben Tag in der Schule aufhalten, sind stets frisch und fast immer fähig und willig, Unterricht zu empfangen. Das System halber Arbeit und halber Schule macht jede der beiden Beschäftigungen zur Ausruhung und Erholung von der andren und folglich viel angemeßner für das Kind als die ununterbrochne Fortdauer einer von beiden. Ein Junge, der von morgens früh in der Schule sitzt, und nun gar bei heißem Wetter, kann unmöglich mit einem andren wetteifern, der munter und aufgeweckt von seiner Arbeit kommt."[299]

---

[296] Man hat erfahrungsmäßig gefunden, daß ungefähr 25 Kubikzoll Luft bei jeder Atmung mittlerer Intensität von einem gesunden Durchschnittsindividuum konsumiert werden, und ungefähr 20 Atmungen per Minute vorgehen. Der Luftkonsum eines Individuums in 24 Stunden ergäbe danach ungefähr 720.000 Kubikzoll oder 416 Kubikfuß. Man weiß aber, daß einmal eingeatmete Luft nicht mehr zu demselben Prozeß dienen kann, bevor sie in der großen Werkstätte der Natur gereinigt wird. Nach den Experimenten von Valentin und Brunner scheint ein gesunder Mann ungefähr 1300 Kubikzoll Kohlensäure per Stunde auszuatmen; dies ergäbe ungefähr 8 Unzen solider Kohle, von der Lunge in 24 Stunden abgeworfen. „Jeder Mann sollte wenigstens 800 Kubikfuß haben." (Huxley.)

[297] Nach dem englischen Fabrikakt können die Eltern Kinder unter 14 Jahren nicht in die „kontrollierten" Fabriken schicken, ohne ihnen zugleich Elementarunterricht erteilen zu lassen. Der Fabrikant ist verantwortlich für die Befolgung des Gesetzes. „Fabrikunterricht ist obligatorisch, und er gehört zu den Arbeitsbedingungen." („Reports of Insp. of Fact., 31st Oct. 1865", p. 111.)

[298] Über die vorteilhaftesten Erfolge der Verbindung von Gymnastik (für Jungen auch militärischer Exerzitien) mit Zwangsunterricht der Fabrikkinder und Armenschüler sieh die Rede von N. W. Senior im 7. jährlichen Kongreß der „National Association for the Promotion of Social Science" in „Report of Proceedings etc.", Lond. 1863, p. 63, 64, ebenso den Bericht der Fabrikinspektoren für 31. Okt. 1865, p.118, 119, 120, 126 sqq.

[299] „Reports of Insp. of Fact.", l.c. p.118, 119. Ein naiver Seidenfabrikant erklärt den Untersuchungskommissären der „Child. Empl. Comm.": „Ich bin durchaus überzeugt, daß das wahre Geheimnis der Produktion tüchtiger Arbeiter gefunden ist in der Vereinigung der Arbeit mit Unterricht von der Periode der Kindheit an. Natürlich muß die Arbeit weder zu anstrengend noch widerlich und ungesund sein. Ich wünschte, meine eignen Kinder hätten Arbeit und Spiel

Weitere Belege findet man in Seniors Rede auf dem soziologischen Kongreß zu Edinburgh 1863. Er zeigt hier auch u. a. noch, wie der einseitige unproduktive und verlängerte Schultag der Kinder der höhern und mittlern Klassen die Arbeit der Lehrer nutzlos vermehrt, „während er Zeit, Gesundheit und Energie der Kinder nicht nur fruchtlos, sondern absolut schädlich verwüstet"[300]. Aus dem Fabriksystem, wie man im Detail bei Robert Owen verfolgen kann, entsproß der Keim der Erziehung der Zukunft, welcher für alle Kinder über einem gewissen Alter produktive Arbeit mit Unterricht und Gymnastik verbinden wird, nicht nur als eine Methode zur Steigerung der gesellschaftlichen Produktion, sondern als die einzige Methode zur Produktion vollseitig entwickelter Menschen.

Man hat gesehn, daß die große Industrie die manufakturmäßige Teilung der Arbeit mit ihrer lebenslänglichen Annexion eines ganzen Menschen an eine Detailoperation technisch aufhebt, während zugleich die kapitalistische Form der großen Industrie jene Arbeitsteilung noch monströser reproduziert, in der eigentlichen Fabrik durch Verwandlung des Arbeiters in den selbstbewußten Zubehör einer Teilmaschine, überall sonst teils durch sporadischen Gebrauch der Maschinen und der Maschinenarbeit[301], teils durch Einführung von Weiber-, Kinder- und ungeschickter Arbeit als neuer Grundlage der Arbeitsteilung. Der Widerspruch zwischen der manufakturmäßigen Teilung der Arbeit und dem Wesen der großen Industrie macht sich gewaltsam geltend. Er erscheint u. a. in der furchtbaren Tatsache, daß ein großer Teil der in den modernen Fabriken und Manufakturen beschäftigten Kinder, vom zartesten Alter festgeschmiedet

---

zur Abwechslung von der Schule." („Child. Empl. Comm., V. Rep.", p. 82, n. 36.)

300 Senior, l.c.p. 66. Wie die große Industrie auf einem gewissen Höhegrad durch die Umwälzung der materiellen Produktionsweise und der gesellschaftlichen Produktionsverhältnisse auch die Köpfe umwälzt, zeigt schlagend ein Vergleich zwischen der Rede des N. W. Senior von 1863 und seiner Philippika gegen das Fabrikgesetz von 1833 oder ein Vergleich der Ansichten des erwähnten Kongresses mit der Tatsache, daß es in gewissen ländlichen Teilen Englands armen Eltern immer noch bei Strafe des Hungertods verboten ist, ihre Kinder zu erziehen. So z. B. berichtet Herr Snell als gewöhnliche Praxis in Somersetshire, daß, wenn eine arme Person Pfarreihilfe anspricht, sie gezwungen wird, ihre Kinder aus der Schule zu nehmen. So erzählt Herr Wollaston, Pfarrer zu Feltham, von Fällen, wo alle Unterstützung gewissen Familien versagt wurde, „weil sie ihre Jungen zur Schule schickten"!

301 Wo handwerksmäßige Maschinen, durch Menschenkraft getrieben, direkt oder indirekt mit entwickelter und daher mechanische Triebkraft voraussetzender Maschinerie konkurrieren, geht eine große Umwandlung vor mit Bezug auf den Arbeiter, der die Maschine treibt. Ursprünglich ersetzte die Dampfmaschine diesen Arbeiter, jetzt soll er die Dampfmaschine ersetzen. Die Spannung und Verausgabung seiner Arbeitskraft wird daher monströs, und nun gar für Unerwachsne, die zu dieser Tortur verurteilt sind! So fand der Kommissär Longe in Coventry und Umgebung Jungen von 10 bis 15 Jahren zum Drehn der Bandstühle verwandt, abgesehn von jüngeren Kindern, die Stühle von kleinerer Dimension zu drehn hatten. „Es ist außerordentlich mühsame Arbeit. Der Junge ist ein bloßer Ersatz für Dampfkraft." („Child. Empl. Comm., V. Rep. 1866", p.114, n.6.) Über die mörderischen Folgen „dieses Systems der Sklaverei", wie der offizielle Bericht es nennt, l.c. sq.

an die einfachsten Manipulationen, jahrelang exploitiert wird, ohne Erlernung irgendeiner Arbeit, die sie später auch nur in derselben Manufaktur oder Fabrik brauchbar machte. In den englischen Buchdruckereien z. B. fand früher ein dem System der alten Manufaktur und des Handwerks entsprechender Übergang der Lehrlinge von leichtren zu inhaltsvollren Arbeiten statt. Sie machten einen Lerngang durch, bis sie fertige Drucker waren. Lesen und schreiben zu können war für alle ein Handwerkserfordernis. Alles das änderte sich mit der Druckmaschine. Sie verwendet zwei Sorten von Arbeitern, einen erwachsnen Arbeiter, den Maschinenaufseher, und Maschinenjungen, meist von 11-17 Jahren, deren Geschäft ausschließlich darin besteht, einen Bogen Papier der Maschine zu unterbreiten oder ihr den gedruckten Bogen zu entziehen. Sie verrichten, in London namentlich, diese Plackerei 14, 15, 16 Stunden ununterbrochen während einiger Tage in der Woche und oft 36 Stunden nacheinander mit nur zwei Stunden Rast für Mahlzeit und Schlaf![302] Ein großer Teil von ihnen kann nicht lesen, und sie sind in der Regel ganz verwilderte, abnorme Geschöpfe.

> „Um sie zu ihrem Werk zu befähigen, ist keine intellektuelle Ziehung irgendeiner Art nötig; sie haben wenig Gelegenheit für Geschick und noch weniger für Urteil; ihr Lohn, obgleich gewissermaßen hoch für Jungen, wächst nicht verhältnismäßig, wie sie selbst heranwachsen, und die große Mehrzahl hat keine Aussicht auf den einträglicheren und verantwortlicheren Posten des Maschinenaufsehers, weil auf jede Maschine nur ein Aufseher und oft 4 Jungen kommen.“[303]

Sobald sie zu alt für ihre kindische Arbeit werden, also wenigstens im 17. Jahr, entläßt man sie aus der Druckerei. Sie werden Rekruten des Verbrechens. Einige Versuche, ihnen anderswo Beschäftigung zu verschaffen, scheiterten an ihrer Unwissenheit, Roheit, körperlichen und geistigen Verkommenheit.

Was von der manufakturmäßigen Teilung der Arbeit im Innern der Werkstatt, gilt von der Teilung der Arbeit im Innern der Gesellschaft. Solange Handwerk und Manufaktur die allgemeine Grundlage der gesellschaftlichen Produktion bilden, ist die Subsumtion des Produzenten unter einen ausschließlichen Produktionszweig, die Zerreißung der ursprünglichen Mannigfaltigkeit seiner Beschäftigungen[304], ein notwendiges Entwicklungsmoment. Auf jener

---

[302] l.c.p. 3, n. 24.

[303] l.c.p. 7, n. 60.

[304] „In einigen Teilen von Hochschottland ... erschienen viele Schafhirten und cotters mit Frau und Kind, nach dem Statistical Account, in Schuhen, die sie selbst gemacht aus Leder, das sie selbst gegerbt, in Kleidern, die keine Hand außer ihrer eignen angetastet, deren Material sie selbst von den Schafen geschoren oder wofür sie den Flachs selbst gebaut hatten. In die Zubereitung der Kleider ging kaum irgendein gekaufter Artikel ein, mit Ausnahme von Pfrieme, Nadel, Fingerhut und sehr wenigen Teilen des im Weben angewandten Eisenwerks. Die Farben wurden von den Weibern selbst von Bäumen, Gesträuchen und Kräutern gewonnen usw.“ (Dugald Stewart, „Works“, ed. Hamilton, vol. VIII, p. 327-328.)

Grundlage findet jeder besondre Produktionszweig empirisch die ihm entsprechende technische Gestalt, vervollkommnet sie langsam und kristallisiert sie rasch, sobald ein gewisser Reifegrad erlangt ist. Was hier und da Wechsel hervorruft, ist außer neuem Arbeitsstoff, den der Handel liefert, die allmähliche Änderung des Arbeitsinstruments. Die erfahrungsmäßig entsprechende Form einmal gewonnen, verknöchert auch es, wie sein oft jahrtausendlanger Übergang aus der Hand einer Generation in die der andren beweist. Es ist charakteristisch, daß bis ins 18. Jahrhundert hinein die besondren Gewerke mysteries (mystères)[305] hießen, in deren Dunkel nur der empirisch und professionell Eingeweihte eindringen konnte. Die große Industrie zerriß den Schleier, der den Menschen ihren eignen gesellschaftlichen Produktionsprozeß versteckte und die verschiednen naturwüchsig besonderten Produktionszweige gegeneinander und sogar dem in jedem Zweig Eingeweihten zu Rätseln machte. Ihr Prinzip, jeden Produktionsprozeß, an und für sich und zunächst ohne alle Rücksicht auf die menschliche Hand, in seine konstituierenden Elemente aufzulösen, schuf die ganz moderne Wissenschaft der Technologie. Die buntscheckigen, scheinbar zusammenhangslosen und verknöcherten Gestalten des gesellschaftlichen Produktionsprozesses lösten sich auf in bewußt planmäßige und je nach dem bezweckten Nutzeffekt systematisch besonderte Anwendungen der Naturwissenschaft. Die Technologie entdeckte ebenso die wenigen großen Grundformen der Bewegung, worin alles produktive Tun des menschlichen Körpers, trotz aller Mannigfaltigkeit der angewandten Instrumente, notwendig vorgeht, ganz so wie die Mechanik durch die größte Komplikation der Maschinerie sich über die beständige Wiederholung der einfachen mechanischen Potenzen nicht täuschen läßt. Die moderne Industrie betrachtet und behandelt die vorhandne Form eines Produktionsprozesses nie als definitiv. Ihre technische Basis ist daher revolutionär, während die aller früheren Produktionsweisen wesentlich konservativ war.[306] Durch Maschinerie, chemische Prozesse und andre Methoden wälzt sie

[305] In dem berühmten „Livre des métiers" des Etienne Boileau wird unter andrem vorgeschrieben, daß ein Geselle bei seiner Aufnahme unter die Meister einen Eid leiste, „seine Brüder brüderlich zu lieben, sie zu stützen, jeder in seinem métier, nicht freiwillig die Gewerksgeheimnisse zu verraten und sogar im Interesse der Gesamtheit nicht zur Empfehlung seiner eignen Ware den Käufer auf die Fehler des Machwerks von andren aufmerksam zu machen".

[306] „Die Bourgeoisie kann nicht existieren, ohne die Produktionsinstrumente, also die Produktionsverhältnisse, also sämtliche gesellschaftlichen Verhältnisse fortwährend zu revolutionieren. Unveränderte Beibehaltung der alten Produktionsweise war dagegen die erste Existenzbedingung aller früheren industriellen Klassen. Die fortwährende Umwälzung der Produktion, die ununterbrochene Erschütterung aller gesellschaftlichen Zustände, die ewige Unsicherheit und Bewegung zeichnen die Bourgeoisepoche vor allen früheren aus. Alle festen, eingerosteten Verhältnisse mit ihrem Gefolge von altehrwürdigen Vorstellungen und Anschauungen werden aufgelöst, alle neugebildeten veralten, ehe sie verknöchern können. Alles Ständische und Stehende verdampft, alles Heilige wird entweiht, und die Menschen sind endlich gezwungen, ihre Lebensstellungen, ihre gegenseitigen Beziehungen mit nüchternen Augen anzusehn."

beständig mit der technischen Grundlage der Produktion die Funktionen der Arbeiter und die gesellschaftlichen Kombinationen des Arbeitsprozesses um. Sie revolutioniert damit ebenso beständig die Teilung der Arbeit im Innern der Gesellschaft und schleudert unaufhörlich Kapitalmassen und Arbeitermassen aus einem Produktionszweig in den andern. Die Natur der großen Industrie bedingt daher Wechsel der Arbeit, Fluß der Funktion, allseitige Beweglichkeit des Arbeiters. Andrerseits reproduziert sie in ihrer kapitalistischen Form die alte Teilung der Arbeit mit ihren knöchernen Partikularitäten. Man hat gesehn, wie dieser absolute Widerspruch alle Ruhe, Festigkeit, Sicherheit der Lebenslage des Arbeiters aufhebt, ihm mit dem Arbeitsmittel beständig das Lebensmittel aus der Hand zu schlagen[307] und mit seiner Teilfunktion ihn selbst überflüssig zu machen droht; wie dieser Widerspruch im ununterbrochnen Opferfest der Arbeiterklasse, maßlosester Vergeudung der Arbeitskräfte und den Verheerungen gesellschaftlicher Anarchie sich austobt. Dies ist die negative Seite. Wenn aber der Wechsel der Arbeit sich jetzt nur als überwältigendes Naturgesetz und mit der blind zerstörenden Wirkung eines Naturgesetzes durchsetzt, das überall auf Hindernisse stößt[308], macht die große Industrie durch ihre Katastrophen selbst es zur Frage von Leben oder Tod, den Wechsel der Arbeiten und daher möglichste Vielseitigkeit der Arbeiter als allgemeines gesellschaftliches Produktionsgesetz anzuerkennen und seiner normalen Verwirklichung die Verhältnisse anzupassen. Sie macht es zu einer Frage von Leben oder Tod, die Ungeheuerlichkeit einer elenden, für das wechselnde Exploitationsbedürfnis des Kapitals in Reserve gehaltenen, disponiblen Arbeiterbevölkerung zu ersetzen durch die absolute Disponibilität des Menschen für wechselnde Arbeitserfordernisse; das Teilindividuum, den bloßen Träger einer gesellschaftlichen Detailfunktion, durch das total entwickelte Individuum, für welches verschiedne gesellschaftliche Funktionen einander ablösende Betätigungsweisen sind. Ein auf Grundlage der großen Industrie naturwüchsig entwickeltes Moment dieses Umwälzungsprozesses sind polytechnische und agronomische Schulen, ein andres sind die „écoles d'enseignement professionnel", worin die Kinder der

---

(Friedrich Engels und Karl Marx, „Manifest der Kommunistischen Partei", Lond. 1848, p. 5)

307 „Ihr nehmt mein Leben,
Wenn ihr die Mittel nehmt, wodurch ich lebe." (Shakespeare)

308 Ein französischer Arbeiter schreibt bei seiner Rückkehr von San Franzisko: „Ich hätte nie geglaubt, daß ich fähig wäre, alle die Gewerbe auszuüben, die ich in Kalifornien betrieben habe. Ich war fest überzeugt, daß ich außer zur Buchdruckerei zu nichts gut sei ... Einmal in der Mitte dieser Welt von Abenteurern, welche ihr Handwerk leichter wechseln als ihr Hemde, meiner Treu! ich tat wie die andren. Da das Geschäft der Minenarbeit sich nicht einträglich genug auswies, verließ ich es und zog in die Stadt, wo ich der Reihe nach Typograph, Dachdecker, Bleigießer usw. wurde. Infolge dieser Erfahrung, zu allen Arbeiten tauglich zu sein, fühle ich mich weniger als Molluske und mehr als Mensch." (A. Corbon, „De l'enseignement professionnel", 2ème éd. p. 50.)

Arbeiter einigen Unterricht in der Technologie und praktischen Handhabe der verschiednen Produktionsinstrumente erhalten. Wenn die Fabrikgesetzgebung als erste, dem Kapital notdürftig abgerungene Konzession nur Elementarunterricht mit fabrikmäßiger Arbeit verbindet, unterliegt es keinem Zweifel, daß die unvermeidliche Eroberung der politischen Gewalt durch die Arbeiterklasse auch dem technologischen Unterricht, theoretisch und praktisch, seinen Platz in den Arbeiterschulen erobern wird. Es unterliegt ebensowenig keinem Zweifel, daß die kapitalistische Form der Produktion und die ihr entsprechenden ökonomischen Arbeiterverhältnisse im diametralsten Widerspruch stehn mit solchen Umwälzungsfermenten und ihrem Ziel, der Aufhebung der alten Teilung der Arbeit. Die Entwicklung der Widersprüche einer geschichtlichen Produktionsform ist jedoch der einzig geschichtliche Weg ihrer Auflösung und Neugestaltung. „Ne sutor ultra crepidam!", die nec plus ultra handwerksmäßiger Weisheit, wurde zur furchtbaren Narrheit von dem Moment, wo der Uhrmacher Watt die Dampfmaschine, der Barbier Arkwright den Kettenstuhl, der Juwelierarbeiter Fulton das Dampfschiff erfunden hatte.[309]

Soweit die Fabrikgesetzgebung die Arbeit in Fabriken, Manufakturen usw. reguliert, erscheint dies zunächst nur als Einmischung in die Exploitationsrechte des Kapitals. Jede Regulation der sog. Hausarbeit[310] stellt sich dagegen sofort als direkter Eingriff in die patria potestas dar, d. h. modern interpretiert, in die elterliche Autorität, ein Schritt, wovor das zartfühlende englische Parlament lang zurückzubeben affektierte. Die Gewalt der Tatsachen zwang jedoch, endlich anzuerkennen, daß die große Industrie mit der ökonomischen Grundlage des alten Familienwesens und der ihr entsprechenden Familienarbeit auch die alten Familienverhältnisse selbst auflöst. Das Recht der Kinder mußte proklamiert werden.

„Unglücklicherweise", heißt es im Schlußbericht der „Child. Empl. Comm." von 1866, „leuchtet aus der Gesamtheit der Zeugenaussagen hervor, daß die Kinder

---

[309] John Bellers, ein wahres Phänomen in der Geschichte der politischen Ökonomie, begriff schon Ende des 17. Jahrhunderts mit vollster Klarheit die notwendige Aufhebung der jetzigen Erziehung und Arbeitseinteilung, welche Hypertrophie und Atrophie auf beiden Extremen der Gesellschaft, wenn auch in entgegengesetzter Richtung, erzeugen. Er sagt u. a. schön: „Müßig Lernen ist wenig besser als das Lernen von Müßiggang ... Körperliche Arbeit hat Gott selbst ursprünglich eingerichtet ... Arbeit ist so notwendig für die Gesundheit des Körpers, wie Essen für sein Leben; denn die Schmerzen, welche man sich durch Müßiggang erspart, wird man durch Krankheit bekommen ... Arbeit tut Öl auf die Lampe des Lebens, Denken aber entzündet sie ... Eine kindisch dumme Beschäftigung" (dies ahnungsvoll gegen die Basedows und ihre modernen Nachstümper) „läßt den Geist der Kinder dumm." („Proposals for raising a Colledge of Industry of all useful Trades and Husbandry", Lond. 1696, p. 12, 14, 16, 18.)

[310] Diese geht übrigens großenteils auch in kleineren Werkstätten vor, wie wir gesehn bei der Spitzenmanufaktur und Strohflechterei, und wie namentlich auch an den Metallmanufakturen in Sheffield, Birmingham usw. ausführlicher gezeigt werden könnte.

beiderlei Geschlechts gegen niemand so sehr des Schutzes bedürfen als gegen ihre Eltern." Das System der maßlosen Exploitation der Kinderarbeit überhaupt und der Hausarbeit im besonderen wird dadurch „erhalten, daß die Eltern über ihre jungen und zarten Sprößlinge eine willkürliche und heillose Gewalt ohne Zügel oder Kontrolle ausüben ... Eltern dürfen nicht die absolute Macht besitzen, ihre Kinder zu reinen Maschinen zu machen, um soundso viel wöchentlichen Lohn herauszuschlagen... Kinder und junge Personen haben ein Recht auf den Schutz der Legislatur wider den Mißbrauch der elterlichen Gewalt, der ihre physische Kraft vorzeitig bricht und sie degradiert auf der Staffel moralischer und intellektueller Wesen."[311]

Es ist jedoch nicht der Mißbrauch der elterlichen Gewalt, der die direkte oder indirekte Exploitation unreifer Arbeitskräfte durch das Kapital schuf, sondern es ist umgekehrt die kapitalistische Exploitationsweise, welche die elterliche Gewalt, durch Aufhebung der ihr entsprechenden ökonomischen Grundlage, zu einem Mißbrauch gemacht hat. So furchtbar und ekelhaft nun die Auflösung des alten Familienwesens innerhalb des kapitalistischen Systems erscheint, so schafft nichtsdestoweniger die große Industrie mit der entscheidenden Rolle, die sie den Weibern, jungen Personen und Kindern beiderlei Geschlechts in gesellschaftlich organisierten Produktionsprozessen jenseits der Sphäre des Hauswesens zuweist, die neue ökonomische Grundlage für eine höhere Form der Familie und des Verhältnisses beider Geschlechter. Es ist natürlich ebenso albern, die christlich germanische Form der Familie für absolut zu halten als die altrömische Form, oder die altgriechische, oder die orientalische, die übrigens untereinander eine geschichtliche Entwicklungsreihe bilden. Ebenso leuchtet ein, daß die Zusammensetzung des kombinierten Arbeitspersonals aus Individuen beiderlei Geschlechts und der verschiedensten Altersstufen, obgleich in ihrer naturwüchsig brutalen, kapitalistischen Form, wo der Arbeiter für den Produktionsprozeß, nicht der Produktionsprozeß für den Arbeiter da ist, Pestquelle des Verderbs und der Sklaverei, unter entsprechenden Verhältnissen umgekehrt zur Quelle humaner Entwicklung umschlagen muß.[312]

Die Notwendigkeit, das Fabrikgesetz aus einem Ausnahmegesetz für Spinnereien und Webereien, diese ersten Gebilde des Maschinenbetriebs, in ein Gesetz aller gesellschaftlichen Produktion zu verallgemeinern, entspringt, wie man sah, aus dem geschichtlichen Entwicklungsgang der großen Industrie, auf deren Hintergrund die überlieferte Gestalt von Manufaktur, Handwerk und Hausarbeit gänzlich umgewälzt wird, die Manufaktur beständig in die Fabrik, das Handwerk beständig in die Manufaktur umschlägt und endlich die Sphären des Handwerks

311 „Child. Empl. Comm., V. Rep.", p. XXV, n.162 und II. Rep., p. XXXVIII, n. 285, 289, p. XXV, XXVI, n. 191.

312 „Fabrikarbeit kann genauso rein und vortrefflich sein wie Hausarbeit, ja vielleicht noch mehr." („Reports of Insp. of Fact., 31st Oct. 1865", p. 129.)

und der Hausarbeit sich in relativ wunderbar kurzer Zeit zu Jammerhöhlen gestalten, wo die tollsten Ungeheuerlichkeiten der kapitalistischen Exploitation ihr freies Spiel treiben. Es sind zwei Umstände, welche zuletzt den Ausschlag geben, erstens die stets neu wiederholte Erfahrung, daß das Kapital, sobald es der Staatskontrolle nur auf einzelnen Punkten der gesellschaftlichen Peripherie anheimfällt, sich um so maßloser auf den andern Punkten entschädigt[313], zweitens der Schrei der Kapitalisten selbst nach Gleichheit der Konkurrenzbedingungen, d. h. gleichen Schranken der Arbeitsexploitation.[314] Hören wir hierüber zwei Herzensstöße. Die Herrn W. Cooksley (Nagel-, Ketten- usw. Fabrikanten zu Bristol) führten die Fabrikregulation freiwillig in ihrem Geschäft ein.

> „Da das alte, unregelmäßige System in den benachbarten Werken fortdauert, sind sie der Unbill ausgesetzt, ihre Arbeitsjungen zur Fortsetzung der Arbeit anderswo nach 6 Uhr abends verlockt (enticed) zu sein. ‚Dies', sagen sie natürlich, ‚ist eine Ungerechtigkeit gegen uns und ein Verlust, das es einen Teil der Kraft der Jungen erschöpft, deren voller Vorteil uns gebührt.'"[315]

Herr J. Simpson (Paper-Box Bag maker, London) erklärt den Kommissären der „Children Empl. Comm.":

> „Er wolle jede Petition für Einführung der Fabrikakte unterzeichnen. Wie es sei, fühle er sich stets rastlos des Nachts (he always felt restless at night), nach Schluß seiner Werkstatt, bei dem Gedanken, daß andre länger arbeiten ließen und ihm Aufträge vor der Nase wegschnappten."[316] „Es wäre ein Unrecht", sagt die „Child. Empl. Comm." zusammenfassend, „gegen die größren Arbeitsanwender, ihre Fabriken der Regulation zu unterwerfen, während in ihrem eignen Geschäftszweig der Kleinbetrieb keiner gesetzlichen Beschränkung der Arbeitszeit unterliegt. Zur Ungerechtigkeit ungleicher Konkurrenzbedingungen in bezug auf die Arbeitsstunden bei Ausnahme kleinerer Werkstätten käme noch der andre Nachteil für die größren Fabrikanten hinzu, daß ihre Zufuhr von jugendlicher und weiblicher Arbeit abgelenkt würde nach den vom Gesetz verschonten Werkstätten. Endlich gäbe dies Anstoß zur Vermehrung der kleineren Werkstätten, die fast ausnahmslos die mindest günstigen für Gesundheit, Komfort, Erziehung und allgemeine Verbesserung des Volks sind."[317]

In ihrem Schlußbericht schlägt die „Children's Employment Commission" vor, über 1.400.000 Kinder, junge Personen und Weiber, wovon ungefähr die Hälfte

---

313 l.c.p. 27, 32.

314 Massenhafte Belege dazu in den „Rep. of Insp. of Fact.".

315 „Child. Empl. Comm., V. Rep.", p. X, n. 35.

316 l.c.p. IX, n. 28.

317 l.c.p. XXV, n. 165-167. Vgl. über die Vorzüge des Großbetriebes verglichen mit dem Zwergbetrieb „Child. Empl. Comm., III. Rep.", p. 13, n. 144; p. 25, n. 121; p. 26, n. 125; p. 27, n. 140 usw.

vom Kleinbetrieb und der Hausarbeit exploitiert wird, dem Fabrikakt zu unterwerfen.[318]

> „Sollte“, sagt sie, „das Parlament unsren Vorschlag in seinem ganzen Umfang annehmen, so ist es zweifellos, daß solche Gesetzgebung den wohltätigsten Einfluß ausüben werde, nicht nur auf die Jungen und Schwachen, mit denen sie sich zunächst beschäftigt, sondern auf die noch größre Masse von erwachsnen Arbeitern, die direkt“ (Weiber) „und indirekt“ (Männer) „unter ihren Wirkungskreis fallen. Sie würde ihnen regelmäßige und ermäßigte Arbeitsstunden aufzwingen; sie würde den Vorrat physischer Kraft, wovon ihr eignes Wohlergehen und das des Landes so sehr abhängt, haushalten und häufen; sie würde die aufsprossende Generation vor der Überanstrengung in frühem Alter schützen, welche ihre Konstitution untergräbt und zu vorzeitigem Verfall führt; sie würde schließlich, wenigstens bis zum 13. Jahr, die Gelegenheit des Elementarunterrichts bieten und damit der unglaublichen Unwissenheit ein Ende machen, die so treu in den Kommissionsberichten geschildert ist und nur mit qualvollster Empfindung und dem tiefen Gefühl nationaler Erniedrigung betrachtet werden kann.“[319]

Das Toryministerium kündigte in der Thronrede vom 5. Februar 1867 an, daß es die Vorschläge[319a] der industriellen Untersuchungskommission in „Bills“ formuliert habe. Dazu hatte es eines neuen zwanzigjährigen Experimentum in corpore vili bedurft. Bereits im Jahre 1840 war eine parlamentarische Kommission zur Untersuchung über Kinderarbeit ernannt worden. Ihr Bericht von 1842 entrollte nach den Worten N. W. Seniors

> „das furchtbarste Gemälde von Habsucht, Selbstsucht und Grausamkeit der Kapitalisten und Eltern, von Elend, Degradation und Zerstörung der Kinder und jungen Personen, das jemals das Auge der Welt schlug ... Man wähnt viel-

---

[318] Die zu maßregelnden Industriezweige sind: Spitzenmanufaktur, Strumpfwirkerei, Strohflechten, Manufaktur von Wearing Apparel mit ihren zahlreichen Arten, künstliche Blumenmacherei, Schuh-, Hut- und Handschuhmacherei, Schneiderei, alle Metallfabriken, von den Hochöfen bis zu den Nadelfabriken usw., Papierfabrik, Glasmanufaktur, Tabaksmanufaktur, India-Rubber Werke, Litzenfabrikation (für die Weberei), Handteppich-Weberei, Regenschirm- und Parasolmanufaktur, Fabrikation von Spindeln und Spulen, Buchdruckerei, Buchbinderei, Schreibmaterialienhandel (Stationery, dazu gehörig Verfertigung von Papierschachteln, Karten, Papierfärben usw.), Seilerei, Manufaktur von Gagatschmuck, Ziegeleien, Hand-Seidenmanufaktur, Coventry-Weberei, Salz-, Talglicht- und Zementierwerke, Zuckerraffinerie, Zwiebackmachen, verschiedne Holz- und andre vermischte Arbeiten.

[319] l.c.p. XXV, n. 169.

[319a] Der Factory Acts Extension Act ging durch 12. August 1867. Er reguliert alle Metall-Gießereien, -Schmieden und -Manufakturen, mit Einschluß der Maschinenfabriken, ferner Glas-, Papier-, Guttapercha-, Kautschuk-, Tabakmanufakturen, Buchdruckereien, Buchbindereien, endlich sämtliche Werkstätten, worin mehr als 50 Personen beschäftigt sind. – Der Hours of Labour Regulation Act, passiert 17. August 1867, reguliert die kleinern Werkstätten und die sog. Hausarbeit. – Ich komme auf diese Gesetze, auf den neuen Mining Act von 1872 etc. im II. Band zurück.

leicht, der Bericht beschreibe die Greuel eines vergangnen Zeitalters. Leider aber liegen Berichte vor, daß diese Greuel fortdauern, so intensiv wie je. Eine vor zwei Jahren von Hardwicke veröffentlichte Broschüre erklärt, die 1842 gerügten Mißbräuche stehen heutzutage" (1863) „in voller Blüte ... Dieser Bericht" (von 1842) „lag unbeachtet zwanzig Jahre lang, während deren man jenen Kindern, herangewachsen ohne die geringste Ahnung weder von dem, was wir Moral nennen, noch von Schulbildung, Religion oder natürlicher Familienliebe – diesen Kindern erlaubte man, die Eltern der jetzigen Generation zu werden."[320]

Inzwischen hatte die gesellschaftliche Lage sich geändert. Das Parlament wagte nicht, die Forderungen der Kommission von 1863 ebenso zurückzuweisen wie seinerzeit die von 1842. Daher wurden schon 1864, als die Kommission erst einen Teil ihrer Berichte veröffentlicht hatte, die Erdenwaren-Industrie (einschließlich der Töpferei), die Fabrikation von Tapeten, Zündhölzern, Patronen und Zündhütchen sowie das Samtscheren unter die für Textilindustrie gültigen Gesetze gestellt. In der Thronrede von 5. Februar 1867 kündigte das damalige Torykabinett weitere Bills an, gegründet auf die Schlußvorschläge der Kommission, die inzwischen 1866 ihr Werk vollendet hatte.

Am 15. August 1867 erhielt der Factory Acts Extension Act und am 21. August der Workshops' Regulation Act die königliche Bestätigung; der erstre Akt regelt die großen, der letztre die kleinen Geschäftszeige. Der Factory Acts Extension Act reguliert die Hochöfen, Eisen- und Kupferwerke, Gießereien, Maschinenfabriken, Metallwerkstätten, Fabriken für Guttapercha, Papier, Glas, Tabak, ferner Druckereien und Buchbindereien und überhaupt alle industriellen Werkstätten dieser Art, worin 50 oder mehr Personen gleichzeitig während mindestens 100 Tagen im Jahr beschäftigt werden.

Um eine Vorstellung zu geben von der Ausdehnung des von diesem Gesetz umfaßten Gebiets, folgen hier einige der darin festgestellten Definitionen:

„*Handwerk* soll" (in diesem Gesetz) „bedeuten: irgendwelche Handarbeit, geschäftsmäßig oder zum Erwerb betrieben bei, oder gelegentlich, der Verfertigung, Veränderung, Verzierung, Reparatur oder Fertigstellung zum Verkauf irgendeines Artikels oder eines Teils davon."

„*Werkstatt* soll bedeuten: irgendwelche Stube oder Örtlichkeit, eingedeckt oder unter freiem Himmel, worin ein ‚Handwerk' betrieben wird von irgendeinem Kind, jugendlichen Arbeiter oder Frauenzimmer und worüber derjenige, der solches Kind, jugendlichen Arbeiter oder Frauenzimmer beschäftigt, das Recht des Zutritts und der Kontrolle hat."

„*Beschäftigt* soll bedeuten: tätig in einem ‚Handwerk', ob gegen Lohn oder nicht, unter einem Meister oder einem der Eltern, wie unten näher bestimmt."

[320] Senior, „Social Science Congress", p. 55-58.

„*Eltern* soll bedeuten: Vater, Mutter, Vormund oder andre Person, die die Vormundschaft oder Kontrolle über irgendein ... Kind oder einen jugendlichen Arbeiter hat.“

Klausel 7, die Strafklausel für Beschäftigung von Kindern, jugendlichen Arbeitern und Frauenzimmern entgegen den Bestimmungen dieses Gesetzes, setzt Geldstrafen fest, nicht nur für den Inhaber der Werkstatt, ob einer der Eltern oder nicht, sondern auch für

„die Eltern oder andre Personen, die das Kind, den jugendlichen Arbeiter oder das Frauenzimmer unter Obhut haben oder direkten Vorteil aus dessen Arbeit ziehen“.

Der Factory Acts Extension Act, der die großen Etablissements trifft, steht zurück gegen den Fabrikakt durch eine Menge elender Ausnahmsbestimmungen und feiger Kompromisse mit den Kapitalisten.

Der Workshops’ Regulation Act, erbärmlich in allen seinen Einzelheiten, blieb ein toter Buchstabe in der Hand der mit seiner Ausführung beauftragten städtischen und Lokalbehörden. Als das Parlament ihnen 1871 diese Vollmacht entzog, um sie den Fabrikinspektoren zu übertragen, deren Aufsichtsbezirk es so mit einem Schlage um mehr als 100.000 Werkstätten und allein 300 Ziegeleien vergrößerte, wurde ihr Personal sorgsamlichst um nur acht Assistenten vermehrt, wo es doch schon bisher viel zu schwach besetzt war.[321]

Was also in dieser englischen Gesetzgebung von 1867 auffällt, ist einerseits die dem Parlament der herrschenden Klassen aufgezwungne Notwendigkeit, so außerordentliche und ausgedehnte Maßregeln gegen die Übergriffe der kapitalistischen Exploitation im Prinzip anzunehmen; andrerseits die Halbheit, der Widerwille und die mala fides, womit es diese Maßregeln dann wirklich ins Leben rief.

Die Untersuchungskommission von 1862 schlug ebenfalls eine neue Regulierung der Bergwerksindustrie vor, einer Industrie, die sich von allen andern dadurch unterscheidet, daß bei ihr die Interessen von Grundbesitzern und industriellen Kapitalisten Hand in Hand gehn. Der Gegensatz dieser beiden Interessen hatte die Fabrikgesetzgebung begünstigt, die Abwesenheit dieses Gegensatzes reicht hin, die Verschleppung und Schikanen bei der Bergwerksgesetzgebung zu erklären.

Die Untersuchungskommission von 1840 hatte so schauderhafte und empörende Enthüllungen gemacht und einen solchen Skandal vor ganz Europa her-

---

[321] Das Personal der Fabrikinspektion bestand aus 2 Inspektoren, 2 Hilfsinspektoren und 41 Subinspektoren. Acht fernere Subinspektoren wurden 1871 ernannt. Die Gesamtkosten der Vollstreckung der Fabrikgesetze in England, Schottland und Irland beliefen sich 1871/72 auf nur 25.347 Pfd. St., einschließlich der Gerichtskosten bei Prozessen gegen Übertretungen.

vorgerufen, daß das Parlament sein Gewissen salvieren mußte durch den Mining Act von 1842, worin es sich darauf beschränkte, die Arbeit unter Tag von Weibern und von Kindern unter 10 Jahren zu verbieten.

Dann kam 1860 der Mines' Inspection Act, wonach Bergwerke von speziell dazu ernannten öffentlichen Beamten inspiziert werden, und Knaben zwischen 10 und 12 Jahren nicht beschäftigt werden sollen, außer wenn sie im Besitz eines Schulzeugnisses sind oder eine gewisse Anzahl Stunden die Schule besuchen. Dieser Akt blieb durchaus ein toter Buchstabe infolge der lächerlich geringen Anzahl der ernannten Inspektoren, der Winzigkeit ihrer Befugnisse und andrer Ursachen, die sich im Verlauf näher ergeben werden.

Eins der neusten Blaubücher über Bergwerke ist der „Report from the Select Committee on Mines, together with ... Evidence, 23 July 1866". Er ist das Werk eines Ausschusses von Unterhausmitgliedern, bevollmächtigt, Zeugen vorzuladen und zu verhören; ein dicker Folioband, worin der „Report" selbst nur fünf Zeilen umfaßt, des Inhalts: daß der Ausschuß nichts zu sagen weiß und daß noch mehr Zeugen verhört werden müssen!

Die Art der Zeugenexamination erinnert an die cross examinations vor den englischen Gerichten, wo der Advokat durch unverschämte, sinnverwirrende Kreuz- und Querfragen den Zeugen aus der Fassung zu bringen und ihm die Worte im Mund zu verdrehn sucht. Die Advokaten hier sind die parlamentarischen Examinatoren selbst, darunter Minen-Eigner und Exploiteurs; die Zeugen Minenarbeiter, meist in Kohlenbergwerken. Die ganze Farce ist zu charakteristisch für den Geist des Kapitals, um hier nicht einige Auszüge zu geben. Zur leichteren Übersicht gebe ich die Resultate der Untersuchung usw. in Rubriken. Ich erinnre, daß Frage und obligate Antwort in den englischen Blue Books numeriert sind und daß die Zeugen, deren Aussagen hier zitiert werden, Arbeiter in Kohlenbergwerken.

1. Beschäftigung der Jungen vom 10. Jahr an in den Minen. Die Arbeit nebst obligatem Gang von und zu den Bergwerken dauert in der Regel 14 bis 15 Stunden, ausnahmsweise länger, von 3, 4, 5 Uhr morgens bis 4 und 5 Uhr abends. (n. 6, 452, 83.) Die erwachsnen Arbeiter arbeiten in zwei Gängen oder 8 Stunden, aber kein solcher Wechsel für die Jungen, um die Kosten zu sparen. (n. 80, 203, 204.) Die jungen Kinder hauptsächlich verwandt zum Öffnen und Schließen der Zugtüren in den verschiednen Abteilungen des Bergwerks, die ältern zu schwerer Arbeit, Kohlentransport usw. (n. 122, 739, 740.) Die langen Arbeitsstunden unter der Erde dauern bis zum 18. oder 22. Jahr, wann der Übergang zur eigentlichen Minenarbeit stattfindet. (n. 161.) Die Kinder und jungen Personen werden heutzutag härter abgeplackt als zu irgendeiner früheren Periode. (n. 1663-1667.) Die Minenarbeiter verlangen fast einstimmig einen Parlamentsakt zum Verbot der Minenarbeit bis zum 14. Jahr. Und nun fragt Hussey Vivian (selbst Minenexploiteur):

„Hängt dies Verlangen nicht von der größeren oder geringeren Armut der Eltern ab?" – Und Mr. Bruce: „Wäre es nicht hart, wo der Vater tot oder verstümmelt usw., der Familie diese Ressource zu entziehn? Und es muß doch eine allgemeine Regel herrschen. Wollt Ihr in allen Fällen die Beschäftigung der Kinder bis zum 14. Jahr unter der Erde verbieten?" Antwort: „In allen Fällen." (n. 107-110.) Vivian: „Wenn die Arbeit vor 14 Jahren in den Minen verboten, würden die Eltern die Kinder nicht in Fabriken usw. schicken? – In der Regel, nein." (n. 174.) Arbeiter: „Das Auf- und Zuschließen der Türen sieht leicht aus. Es ist ein sehr qualvolles Geschäft. Vom beständigen Zug abgesehn, ist der Junge gefangengesetzt, ganz so gut wie in einer dunklen Kerkerzelle." Bourgeois Vivian: „Kann der Junge nicht lesen während der Türwacht, wenn er ein Licht hat? – Erstens müßte er sich die Kerzen kaufen. Aber außerdem würde es ihm nicht erlaubt werden. Er ist da, um auf sein Geschäft aufzupassen, er hat eine Pflicht zu erfüllen. Ich habe nie einen Jungen in der Grube lesen sehn." (n. 139, 141-160.)

2. Erziehung. Die Minenarbeiter verlangen Gesetz für Zwangsunterricht der Kinder, wie in den Fabriken. Sie erklären die Klausel des Akts von 1860, wonach Erziehungszertifikat zur Verwendung der Jungen von 10-12 Jahren erfordert, für rein illusorisch. Das „peinliche" Verhörverfahren der kapitalistischen Instruktionsrichter wird hier wahrhaft drollig.

(n. 115.) „Ist der Akt mehr nötig gegen Anwender oder Eltern? – Gegen beide." (n. 116.) „Mehr gegen den einen als den andern? – Wie soll ich das beantworten?" (n. 137.) „Zeigen die Anwender irgendein Verlangen, die Arbeitsstunden dem Schulunterricht anzupassen? – Niemals." (n. 211.) „Verbessern die Minenarbeiter hinterher ihre Erziehung? – Sie verschlechtern sich im allgemeinen; sie nehmen böse Gewohnheiten an; sie verlegen sich auf Trunk und Spiel und dergleichen und werden ganz und gar schiffbrüchig." (n. 454.) „Warum nicht die Kinder in Abendschulen schicken? – In den meisten Kohlendistrikten existieren keine. Aber die Hauptsache ist, von der langen Überarbeit sind sie so erschöpft, daß ihnen die Augen vor Müdigkeit zufallen." „Also", schließt der Bourgeois, „Ihr seid gegen Erziehung? – Beileibe nicht, aber usw." (n. 443.) „Sind die Minenbesitzer usw. nicht durch den Akt von 1860 gezwungen, Schulzertifikate zu verlangen, wenn sie Kinder zwischen 10 und 12 Jahren anwenden? – Durch das Gesetz, ja, aber die Anwender tun es nicht." (n. 444.) „Nach Eurer Ansicht ist diese Gesetzklausel nicht allgemein ausgeführt? – Sie wird gar nicht ausgeführt." (n. 717.) „Interessieren sich die Minenarbeiter sehr für die Erziehungsfrage? – Die große Mehrzahl." (n. 718.) „Sind sie ängstlich für Durchführung des Gesetzes? – Die große Mehrzahl." (n. 720.) „Warum denn erzwingen sie seine Durchführung nicht? – Mancher Arbeiter wünscht, Jungen ohne Schulzertifikat zu verweigern, aber er wird ein gezeichneter Mann (a market man)." (n. 721.). „Gezeichnet durch wen? – Durch seinen Anwender." (n. 722.) „Ihr glaubt doch nicht etwa, daß die Anwender einen Mann wegen Gehorsams gegen das Gesetz verfolgen würden? – Ich glaube, sie würden es tun." (n. 723.) „Warum verweigern die Arbeiter nicht, solche Jungen anzuwenden? – Es ist nicht ihrer Wahl überlassen." (n. 1634.) „Ihr verlangt Parlamentsintervention? – Wenn irgend etwas Wirksames für die

Erziehung der Kinder der Grubenarbeiter geschehen soll, so muß sie durch Parlamentsakt zwangsmäßig gemacht werden." (n. 1636.) „Soll das für die Kinder aller Arbeiter von Großbritannien gelten oder nur für Grubenarbeiter? – Ich bin hier, um im Namen der Grubenarbeiter zu sprechen." (n. 1638.) „Warum Grubenkinder von andren unterscheiden? – Weil sie eine Ausnahme von der Regel bilden." (n. 1639.) „In welcher Hinsicht? – In physischer." (n. 1640.) „Warum sollte Erziehung für sie wertvoller sein als für Knaben von andern Klassen? – Ich sage nicht, daß sie wertvoller für sie ist, aber wegen ihrer Überarbeitung in den Minen haben sie weniger Chancen für Erziehung in Tags- und Sonntagsschulen." (n. 1644.) „Nicht wahr, es ist unmöglich, Fragen dieser Art absolut zu behandeln?" (n. 1646.) „Sind genug Schulen in den Distrikten? – Nein." (n. 1647.) „Wenn der Staat verlangte, daß jedes Kind zur Schule geschickt, wo sollen denn die Schulen für alle die Kinder herkommen? – Ich glaube, sobald es die Umstände gebieten, werden die Schulen von selbst entspringen." „Die große Mehrzahl nicht nur der Kinder, sondern der erwachsnen Minenarbeiter kann weder schreiben noch lesen." (n. 705, 726.)

3. Weiberarbeit. Arbeiterinnen werden zwar seit 1842 nicht mehr unter, wohl aber über der Erde zum Aufladen der Kohlen usw., Schleppen der Kufen zu den Kanälen und Eisenbahnwagen, Sortieren der Kohlen usw. verbraucht. Ihre Anwendung hat sehr zugenommen in den letzten 3-4 Jahren. (n. 1727.) Es sind meist Weiber, Töchter und Witwen von Grubenarbeitern, vom 12. bis zum 50. und 60. Jahre. (n. 647, 1779, 1781.)

(n. 648.) „Was denken die Minenarbeiter von Beschäftigung von Weibern bei Bergwerken? – Sie verdammen sie allgemein." (n. 649.) „Warum? – Sie betrachten es erniedrigend für das Geschlecht ... Sie tragen eine Art von Mannskleidern. In vielen Fällen wird alle Scham unterdrückt. Manche Weiber rauchen. Die Arbeit ist so schmutzig wie die in den Gruben selbst. Darunter sind viele verheiratete Frauen, die ihre häuslichen Pflichten nicht erfüllen können." (n. 651 sqq., 701.) (n. 709.) „Können die Witwen ein so einträgliches Geschäft (8-10 sh. wöchentlich) anderswo finden? – Ich kann darüber nichts sagen." (n. 710.) „Und dennoch" (Herz von Stein!) „seid Ihr entschlossen, ihnen diesen Lebensunterhalt abzuschneiden? – Sicher." (n. 1715.) „Woher diese Stimmung? – Wir, Minenarbeiter, haben zu viel Respekt für das schöne Geschlecht, um es zur Kohlengrube verdammt zu sehn ... Diese Arbeit ist großenteils sehr schwer. Viele dieser Mädchen heben 10 Tonnen per Tag." (n. 1732.) „Glaubt Ihr, daß die in den Bergwerken beschäftigten Arbeiterinnen unmoralischer sind als die in den Fabriken beschäftigten? – Der Prozentsatz der Schlechten ist größer als unter den Fabrikmädchen." (n. 1733.) „Aber Ihr seid auch mit dem Stand der Moralität in den Fabriken nicht zufrieden? – Nein." (n. 1734.) „Wollt Ihr denn auch die Weiberarbeit in den Fabriken verbieten? – Nein, ich will nicht." (n. 1735.) „Warum nicht? – Sie ist für das weibliche Geschlecht ehrenvoller und passender." (n. 1736.) „Dennoch ist sie schädlich für ihre Moralität, meint Ihr? – Nein, lange nicht so sehr als die Arbeit an der Grube. Ich spreche übrigens nicht nur aus moralischen, sondern auch aus physischen und sozialen Gründen.

Die soziale Degradation der Mädchen ist jammervoll und extrem. Wenn diese Mädchen Frauen der Minenarbeiter werden, leiden die Männer tief unter dieser Degradation, und es treibt sie von Haus und zum Soff." (n. 1737.) „Aber gälte nicht dasselbe für die bei Eisenwerken beschäftigten Weiber? – Ich kann nicht für andre Geschäftszweige sprechen." (n. 1740.) „Aber welcher Unterschied ist denn zwischen den bei Eisenwerken und Bergwerken beschäftigten Weibern? – Ich habe mich nicht mit dieser Frage beschäftigt." (n. 1741.) „Könnt Ihr einen Unterschied zwischen der einen oder der andern Klasse entdecken? – Ich habe nichts darüber vergewissert, kenne aber durch Visite von Haus zu Haus den schmählichen Zustand der Dinge in unsrem Distrikt." (n. 1750.) „Hättet Ihr nicht große Lust, Weiberbeschäftigung überall abzuschaffen, wo sie degradierend ist? – Ja ... die besten Gefühle der Kinder müssen von mütterlicher Zucht herkommen." (n. 1751.) „Aber das paßt ja auch auf agrikole Beschäftigung der Weiber? – Die dauert nur zwei Saisons, bei uns arbeiten sie alle vier Saisons durch, manchmal Tag und Nacht, naß bis auf die Haut, ihre Konstitution geschwächt, ihre Gesundheit gebrochen." (n. 1753.) „Ihr habt die Frage" (nämlich der Weiberbeschäftigung) „nicht allgemein studiert? – Ich habe um mich her geschaut und kann so viel sagen, daß ich nirgendwo etwas der weiblichen Beschäftigung an den Kohlengruben Paralleles gefunden habe. Es ist Mannsarbeit und Arbeit für starke Männer. Die beßre Klasse der Minenarbeiter, die sich zu heben und zu humanisieren sucht, statt irgend Stütze an ihren Weibern zu finden, wird durch sie heruntergezerrt."

Nachdem die Bourgeois noch weiter in die Kreuz und Quere gefragt, kommt endlich das Geheimnis ihres „Mitleidens" für Witwen, arme Familien usw. heraus:

„Der Kohleneigentümer ernennt gewisse Gentlemen zur Oberaufsicht und deren Politik ist es, um Beifall zu ernten, alles auf den möglichst ökonomischen Fuß zu setzen und die beschäftigten Mädchen erhalten 1 bis 1 sh. 6 d. täglich, wo ein Mann 2 sh. 6 d. erhalten müßte." (n. 1816.)

4. Totenschau-Juries.

(n. 360.) „Mit Bezug auf die coroner's inquests in Euren Distrikten, sind die Arbeiter zufrieden mit dem Gerichtsverfahren, wenn Unfälle vorkommen? – Nein, sie sind es nicht." (n. 361-375.) „Warum nicht? – Namentlich weil man Leute zu Juries macht, die absolut nichts von Minen wissen. Arbeiter werden nie zugezogen, außer als Zeugen. Im ganzen nimmt man Krämer aus der Nachbarschaft, welche unter dem Einfluß der Minenbesitzer, ihrer Kunden, stehn und nicht einmal die technischen Ausdrücke der Zeugen verstehn. Wir verlangen, daß Minenarbeiter einen Teil der Jury bilden. Im Durchschnitt steht der Urteilsspruch im Widerspruch zu den Zeugenaussagen." (n. 378.) „Sollen Juries nicht unparteiisch sein? – „Ja." (n. 379.) „Würden die Arbeiter es sein? – Ich sehe keine Motive, warum sie nicht unparteiisch sein sollten. Sie haben Sachkenntnis." (n. 380.) „Aber würden sie nicht die Tendenz haben, im Interesse der Arbeiter ungerecht harte Urteile zu fällen? – Nein, ich glaube nicht."

5. Falsches Maß und Gewicht usw. Die Arbeiter verlangen wöchentliche statt vierzehntägiger Zahlung, Maß nach Gewicht statt nach Kubikraum der Kufen, Schutz gegen die Anwendung falschen Gewichts usw.

(n. 1071.) „Wenn die Kufen fraudulent vergrößert werden, so kann ein Mann ja die Mine verlassen nach 14tägiger Kündigung? – Aber, wenn er zu einem andern Platz geht, findet er dasselbe." (n. 1072.) „Aber er kann den Platz doch verlassen, wo das Unrecht verübt wird? – Es ist allgemein herrschend." (n. 1073.) „Aber der Mann kann seinen jedesmaligen Platz nach 14tägiger Kündigung verlassen? – Ja."

Streusand drauf!

6. Mineninspektion. Die Arbeiter leiden nicht nur von den Zufällen durch explodierende Gase.

(n. 234 sqq.) „Wir haben uns ebensosehr zu beklagen über die schlechte Ventilation der Kohlengruben, so daß die Leute kaum darin atmen können; sie werden dadurch zu jeder Art Beschäftigung unfähig. So hat z. B. grade jetzt in dem Teil der Mine, wo ich arbeite, die Pestluft viele Leute für Wochen aufs Krankenbett geworfen. Die Hauptgänge sind meist luftig genug, aber nicht die Plätze, worin wir arbeiten. Sendet ein Mann Klage über Ventilation an den Inspektor, so wird er entlassen und ist ein ‚gezeichneter' Mann, der auch sonstwo keine Beschäftigung findet. Der ‚Mining inspection Act' von 1860 ist ein reiner Papierlappen. Der Inspektor, und ihre Zahl ist viel zu klein, macht vielleicht in 7 Jahren einmal eine formelle Visite. Unser Inspektor ist ein ganz unfähiger, siebzigjähriger Mann, der mehr als 130 Kohlenbergwerken vorsteht. Neben mehr Inspektoren brauchen wir Subinspektoren." (n. 280.) „Soll dann die Regierung solch eine Armee von Inspektoren halten, daß sie alles, was Ihr verlangt, ohne Information der Arbeiter selbst tun können? – Das ist unmöglich, aber sie sollen sich die Information in den Minen selbst holen kommen." (n. 285.) „Glaubt Ihr nicht, daß die Wirkung sein würde, die Verantwortlichkeit (!) für die Ventilation usw. von dem Minenbesitzer auf die Regierungsbeamten zu wälzen? – Keineswegs; es muß ihr Geschäft sein, die Befolgung der bereits bestehenden Gesetze zu erzwingen." (n. 294.) „Wenn Ihr von Subinspektoren sprecht, meint Ihr Leute mit weniger Gehalt und von niedrigerem Charakter als die gegenwärtigen Inspektoren? – Ich wünsche sie keineswegs niedriger, wenn Ihr sie besser haben könnt." (n. 295.) „Wollt Ihr mehr Inspektoren oder eine niedrigere Klasse von Leuten als die Inspektoren? – Wir brauchen Leute, die sich in den Minen selbst umtummeln, Leute, die keine Angst für die eigne Haut haben." (n. 297.) „Wenn man Euren Wunsch nach Inspektoren von einer schlechtren Sorte erfüllte, würde ihr Mangel an Geschick nicht Gefahren erzeugen usw.? – Nein; es ist Sache der Regierung, passende Subjekte anzustellen."

Diese Art Examination wird endlich selbst dem Präsidenten des Untersuchungskomitees zu toll.

„Ihr wollt", fährt er dazwischen, „praktische Leute, die sich in den Minen selbst umsehn und an den Inspektor berichten, der dann seine höhere Wissenschaft verwenden kann." (n. 531.) „Würde die Ventilation aller dieser alten Werke nicht viel Kosten verursachen? – Ja, Unkosten möchten erwachsen, aber Menschenleben würden beschützt."

(n. 581.) Ein Kohlenarbeiter protestiert gegen die 17. Sektion des Akts von 1860:

„Gegenwärtig, wenn der Mineninspektor irgendeinen Teil der Mine in nicht bearbeitsfähigem Zustand findet, muß er es an den Minenbesitzer und den Minister des Innern berichten. Danach hat der Minenbesitzer 20 Tage Bedenkzeit; am Ende der 20 Tage kann er jede Veränderung verweigern. Tut er das aber, so hat er an den Minister des Innern zu schreiben und ihm 5 Bergwerksingenieure vorzuschlagen, worunter der Minister die Schiedsrichter erwählen muß. Wir behaupten, daß in diesem Fall der Minenbesitzer virtuell seine eignen Richter ernennt."

(n.586.) Der Bourgeoisexaminator, selbst Minenbesitzer:

„Dies ist ein rein spekulativer Einwand." (n. 588.) „Ihr habt also sehr geringe Ansicht von der Redlichkeit der Bergwerksingenieure? – Ich sage, es ist sehr unbillig und ungerecht." (n. 589.) „Besitzen Bergwerksingenieure nicht eine Art von öffentlichem Charakter, der ihre Entscheidungen über die von Euch befürchtete Parteilichkeit erhebt? – Ich verweigre, Fragen über den persönlichen Charakter dieser Leute zu beantworten. Ich bin überzeugt, daß sie in vielen Fällen sehr parteiisch handeln und daß diese Macht ihnen genommen werden sollte, wo Menschenleben auf dem Spiel stehn."

Derselbe Bourgeois hat die Unverschämtheit, zu fragen:

„Glaubt Ihr nicht, daß auch die Minenbesitzer Verluste bei den Explosionen haben?"

Endlich (n. 1042.):

„Könnt Ihr Arbeiter Eure eignen Interessen nicht selbst wahrnehmen, ohne die Hilfe der Regierung anzurufen? – Nein."

Im Jahre 1865 gab es 3217 Kohlenbergwerke in Großbritannien und – 12 Inspektoren. Ein Minenbesitzer von Yorkshire („Times", 26. Januar 1867) berechnet selbst, daß abgesehn von ihren rein bürokratischen Geschäften, die ihre ganze Zeit absorbieren, jede Mine nur einmal in 10 Jahren besichtigt werden könnte. Kein Wunder, daß die Katastrophen in den letzten Jahren (namentlich auch 1866 und 1867) progressiv in Anzahl und Umfang (manchmal mit einem Opfer von

200-300 Arbeitern) zugenommen haben. Dies sind die Schönheiten der „freien" kapitalistischen Produktion!

Jedenfalls ist der Akt von 1872, so mangelhaft er ist, der erste, der die Arbeitsstunden der in Bergwerken beschäftigten Kinder regelt und die Exploiteure und Grubenbesitzer in gewissem Maß für sogenannte Unfälle verantwortlich macht.

Die königliche Kommission von 1867 zur Untersuchung der Beschäftigung von Kindern, jugendlichen Personen und Weibern in der Agrikultur hat einige sehr wichtige Berichte veröffentlicht. Es sind verschiedne Versuche gemacht worden, die Prinzipien der Fabrikgesetzgebung, in modifizierter Form, auf die Agrikultur anzuwenden, aber bis jetzt schlugen sie alle total fehl. Worauf ich hier aber aufmerksam zu machen habe, ist das Bestehn einer unwiderstehlichen Tendenz zur allgemeinen Anwendung dieser Prinzipien.

Wenn die Verallgemeinerung der Fabrikgesetzgebung als physisches und geistiges Schutzmittel der Arbeiterklasse unvermeidlich geworden ist, verallgemeinert und beschleunigt sie andrerseits, wie bereits angedeutet, die Verwandlung zerstreuter Arbeitsprozesse auf Zwergmaßstab in kombinierte Arbeitsprozesse auf großer, gesellschaftlicher Stufenleiter, also die Konzentration des Kapitals und die Alleinherrschaft des Fabrikregimes. Sie zerstört alle altertümlichen und Übergangsformen, wohinter sich die Herrschaft des Kapitals noch teilweise versteckt, und ersetzt sie durch seine direkte, unverhüllte Herrschaft. Sie verallgemeinert damit auch den direkten Kampf gegen diese Herrschaft. Während sie in den individuellen Werkstätten Gleichförmigkeit, Regelmäßigkeit, Ordnung und Ökonomie erzwingt, vermehrt sie durch den ungeheuren Sporn, den Schranke und Regel des Arbeitstags der Technik aufdrücken, die Anarchie und Katastrophen der kapitalistischen Produktion im großen und ganzen, die Intensität der Arbeit und die Konkurrenz der Maschinerie mit dem Arbeiter. Mit den Sphären des Kleinbetriebs und der Hausarbeit vernichtet sie die letzten Zufluchtsstätten der „Überzähligen" und damit das bisherige Sicherheitsventil des ganzen Gesellschaftsmechanismus. Mit den materiellen Bedingungen und der gesellschaftlichen Kombination des Produktionsprozesses reift sie die Widersprüche und Antagonismen seiner kapitalistischen Form, daher gleichzeitig die Bildungselemente einer neuen und die Umwälzungsmomente der alten Gesellschaft.[322]

---

[322] Robert Owen, der Vater der Kooperativfabriken und -boutiquen, der jedoch, wie früher bemerkt, die Illusionen seiner Nachtreter über die Tragweite dieser isolierten Umwandlungselemente keineswegs teilte, ging nicht nur tatsächlich in seinen Versuchen vom Fabriksystem aus, sondern erklärte es auch theoretisch für den Ausgangspunkt der sozialen Revolution. Herr Vissering, Professor der politischen Ökonomie an der Universität zu Leyden, scheint so etwas zu ahnen, wenn er in seinem „Handboek van Praktische Staathuishoudkunde", 1860-1862, welches die Plattheiten der Vulgärökonomie in entsprechendster Form vorträgt, für Handwerksbetrieb gegen große Industrie eifert. – [Zur 4. Aufl. – Der „neue juristische Rattenkönig", den die englische Gesetzgebung vermittelst der einander widersprechenden Factory Acts, Factory Acts Extension Act und Workshops' Act ins Leben gerufen, wurde endlich unerträglich,

10. Große Industrie und Agrikultur

Die Revolution, welche die große Industrie im Ackerbau und den sozialen Verhältnissen seiner Produktionsagenten hervorruft, kann erst später dargestellt werden. Hier genügt kurze Andeutung einiger vorweggenommenen Resultate. Wenn der Gebrauch der Maschinerie im Ackerbau großenteils frei ist von den physischen Nachteilen, die sie dem Fabrikarbeiter zufügt[323], wirkt sie hier noch intensiver und ohne Gegenstoß auf die „Überzähligmachung" der Arbeiter, wie man später im Detail sehn wird. In den Grafschaften Cambridge und Suffolk z. B. hat sich das Areal des bebauten Landes seit den letzten zwanzig Jahren sehr ausgedehnt, während die Landbevölkerung in derselben Periode nicht nur relativ, sondern absolut abnahm. In den Vereinigten Staaten von Nordamerika ersetzten Agrikultur-Maschinen einstweilen nur virtuell Arbeiter, d. h., sie erlauben dem Produzenten Bebauung einer größren Fläche, verjagen aber nicht wirk-

---

und so kam im Factory and Workshop Act 1878 eine Kodifikation der ganzen betreffenden Gesetzgebung zustande. Eine ausführliche Kritik dieses jetzt gültigen Industriekodex Englands kann hier natürlich nicht gegeben werden. Daher mögen folgende Notizen genügen: Der Akt umfaßt 1. Textilfabriken. Hier bleibt so ziemlich alles beim alten: erlaubte Arbeitszeit für Kinder über 10 Jahren: $5^1/_2$ Stunden täglich, oder aber 6 Stunden, und dann den Samstag frei; junge Personen und Frauen: 10 Stunden an fünf Tagen, höchstens $6^1/_2$ am Samstag. – 2. Nicht-Textilfabriken. Hier sind die Bestimmungen denen von Nr. 1 mehr angenähert als früher, aber noch immer bestehn manche, den Kapitalisten günstige Ausnahmen, die in manchen Fällen durch Spezialerlaubnis des Ministers des Innern noch ausdehnbar sind. – 3. Workshops, definiert ungefähr wie im frühern Akt; soweit Kinder, jugendliche Arbeiter oder Frauen darin beschäftigt, sind Workshops den nicht-textilen Fabriken so ziemlich gleichgestellt, doch wieder mit Erleichterungen im einzelnen. – 4. Workshops, in denen keine Kinder oder jugendliche Arbeiter, sondern nur Personen beiderlei Geschlechts über 18 Jahren beschäftigt werden; für diese Kategorie gelten noch weitre Erleichterungen. – 5. Domestic Workshops, wo nur Familienglieder in der Familienwohnung beschäftigt werden; noch elastischere Bestimmungen und gleichzeitig die Beschränkung, daß der Inspektor ohne besondre ministerielle oder richterliche Erlaubnis nur solche Räume betreten darf, die nicht zugleich als Wohnräume benutzt werden, und endlich die unbedingte Freigebung von Strohflechterei, Spitzenklöppelei und Handschuhmacherei innerhalb der Familie. Bei allen Mängeln ist der Akt immer noch, neben dem schweizerischen Bundesfabrikgesetz vom 23. März 1877, weitaus das beste Gesetz über den Gegenstand. Eine Vergleichung desselben mit dem erwähnten schweizerischen Bundesgesetz ist von besondrem Interesse, weil sie die Vorzüge wie die Nachteile der beiden gesetzgeberischen Methoden – der englischen, „historischen", von Fall zu Fall eingreifenden, und der kontinentalen, auf den Traditionen der französischen Revolution aufgebauten, mehr generalisierenden Methode – sehr anschaulich macht. Leider ist der englische Kodex in seiner Anwendung auf Workshops großenteils noch immer toter Buchstabe – wegen unzureichendem Inspektionspersonal. – F. E.]

[323] Ausführliche Darstellung der im englischen Ackerbau angewandten Maschinerie findet man in „Die landwirthschaftlichen Geräthe und Maschinen Englands" von Dr. W. Hamm. 2. Aufl., 1856. In seiner Skizze über den Entwicklungsgang der englischen Agrikultur folgt Herr Hamm zu kritiklos dem Herrn Leonce de Lavergne. [Zur 4. Aufl. – Jetzt natürlich veraltet. – F. E.]

lich beschäftigte Arbeiter. In England und Wales betrug 1861 die Zahl der in der Fabrikation von Ackerbau-Maschinen beteiligten Personen 1034, während die Zahl der an Dampf- und Arbeitsmaschinen beschäftigten Agrikulturarbeiter nur 1205 betrug.

In der Sphäre der Agrikultur wirkt die große Industrie insofern am revolutionärsten, als sie das Bollwerk der alten Gesellschaft vernichtet, den „Bauer“, und ihm den Lohnarbeiter unterschiebt. Die sozialen Umwälzungsbedürfnisse und Gegensätze des Landes werden so mit denen der Stadt ausgeglichen. An die Stelle des gewohnheitsfaulsten und irrationellsten Betriebs tritt bewußte, technologische Anwendung der Wissenschaft. Die Zerreißung des ursprünglichen Familienbandes von Agrikultur und Manufaktur, welches die kindlich unentwikkelte Gestalt beider umschlang, wird durch die kapitalistische Produktionsweise vollendet. Sie schafft aber zugleich die materiellen Voraussetzungen einer neuen, höheren Synthese, des Vereins von Agrikultur und Industrie, auf Grundlage ihrer gegensätzlich ausgearbeiteten Gestalten. Mit dem stets wachsenden Übergewicht der städtischen Bevölkerung, die sie in großen Zentren zusammenhäuft, häuft die kapitalistische Produktion einerseits die geschichtliche Bewegungskraft der Gesellschaft, stört sie andrerseits den Stoffwechsel zwischen Mensch und Erde, d. h. die Rückkehr der vom Menschen in der Form von Nahrungs- und Kleidungsmitteln vernutzten Bodenbestandteile zum Boden, also die ewige Naturbedingung dauernder Bodenfruchtbarkeit. Sie zerstört damit zugleich die physische Gesundheit der Stadtarbeiter und das geistige Leben der Landarbeiter.[324] Aber sie zwingt zugleich durch die Zerstörung der bloß naturwüchsig entstandnen Umstände jenes Stoffwechsels, ihn systematisch als regelndes Gesetz der gesellschaftlichen Produktion und in einer der vollen menschlichen Entwicklung adäquaten Form herzustellen. In der Agrikultur wie in der Manufaktur erscheint die kapitalistische Umwandlung des Produktionsprozesses zugleich als Martyrologie der Produzenten, das Arbeitsmittel als Unterjochungsmittel, Exploitationsmittel und Verarmungsmittel des Arbeiters, die gesellschaftliche Kombination der Arbeitsprozesse als organisierte Unterdrückung seiner individuellen Lebendigkeit, Freiheit und Selbständigkeit. Die Zerstreuung der Landarbeiter über größre Flächen bricht zugleich ihre Widerstandskraft, während Konzentration die der städtischen Arbeiter steigert. Wie in der städtischen Industrie wird in der modernen Agrikultur die gesteigerte Produktivkraft und größre Flüssigmachung der Arbeit erkauft durch Verwüstung und Versiechung der Arbeitskraft selbst. Und jeder Fortschritt der kapitalistischen Agrikultur ist

---

[324] „Ihr teilt das Volk in zwei feindliche Lager, plumpe Bauern und verweichlichte Zwerge. Lieber Himmel! Eine Nation, zerspalten in landwirtschaftliche und Handelsinteressen, nennt sich gesund, ja hält sich für aufgeklärt und zivilisiert, nicht nur trotz, sondern gerade zufolge dieser ungeheuerlichen und unnatürlichen Trennung.“ (David Urquhart, l.c.p. 119.) Diese Stelle zeigt zugleich die Stärke und die Schwäche einer Art von Kritik, welche die Gegenwart zu be- und verurteilen, aber nicht zu begreifen weiß.

nicht nur ein Fortschritt in der Kunst, den Arbeiter, sondern zugleich in der Kunst, den Boden zu berauben, jeder Fortschritt in Steigerung seiner Fruchtbarkeit für eine gegebne Zeitfrist zugleich ein Fortschritt im Ruin der dauernden Quellen dieser Fruchtbarkeit. Je mehr ein Land, wie die Vereinigten Staaten von Nordamerika z. B., von der großen Industrie als dem Hintergrund seiner Entwicklung ausgeht, desto rascher dieser Zerstörungsprozeß.[325] Die kapitalistische Produktion entwickelt daher nur die Technik und Kombination des gesellschaftlichen Produktionsprozesses, indem sie zugleich die Springquellen alles Reichtums untergräbt: die Erde und den Arbeiter.

---

[325] Vgl. Liebig, „Die Chemie in ihrer Anwendung auf Agrikultur und Physiologie", 7. Auflage, 1862, namentlich auch im Ersten Band die „Einleitung in die Naturgesetze des Feldbaus". Die Entwicklung der negativen Seite der modernen Agrikultur, vom naturwissenschaftlichen Standpunkt, ist eins der unsterblichen Verdienste Liebigs. Auch seine historischen Aperçus über die Geschichte der Agrikultur, obgleich nicht ohne grobe Irrtümer, enthalten Lichtblicke. Zu bedauern bleibt, daß er aufs Gratewohl Äußerungen wagt, wie folgende: „Durch eine weiter getriebne Pulverisierung und häufigeres Pflügen wird der Luftwechsel im Innern poröser Erdteile befördert, und die Oberfläche der Erdteile, auf welche die Luft einwirken soll, vergrößert und erneuert, aber es ist leicht verständlich, daß die Mehrbeträge des Feldes nicht proportionell der auf das Feld verwandten Arbeit sein können, sondern daß sie in einem weit kleineren Verhältnis steigen." „Dieses Gesetz", fügt Liebig hinzu, „ist von J. St. Mill zuerst in seinen ‚Princ. of Pol. Econ.', v. I, p. 17, in folgender Weise ausgesprochen: ‚Daß der Ertrag des Bodens caeteris paribus in einem abnehmenden Verhältnis wächst im Vergleich zum Anwachsen der Zahl der beschäftigten Arbeiter'" (Herr Mill wiederholt sogar das Ricardosche Schulgesetz in falscher Formel, denn da „the decrease of the labourers employed", die Abnahme der angewandten Arbeiter, in England beständig Schritt hielt mit dem Fortschritt der Agrikultur, fände das für und in England erfundne Gesetz wenigstens in England keine Anwendung), „‚ist das allgemeine Gesetz der Landwirtschaft', merkwürdig genug, da ihm dessen Grund unbekannt war." (Liebig, l.c., Bd. I, p. 143 u. Note.) Abgesehn von irriger Deutung des Wortes „Arbeit", worunter Liebig etwas andres versteht als die politische Ökonomie, ist es jedenfalls „merkwürdig genug", daß er Herrn J. St. Mill zum ersten Verkünder einer Theorie macht, die James Anderson zur Zeit A. Smiths zuerst veröffentlichte und in verschiedenen Schriften bis in den Anfang des 19. Jahrhunderts hinein wiederholte, die Malthus, überhaupt ein Meister des Plagiats (seine ganze Bevölkerungstheorie ist ein schamloses Plagiat), sich 1815 annexierte, die West zur selben Zeit und unabhängig von Anderson entwickelte, die Ricardo 1817 in Zusammenhang mit der allgemeinen Werttheorie brachte und die von da an unter dem Namen Ricardos die Runde der Welt gemacht hat, die 1820 von James Mill (dem Vater J. St. Mills) vulgarisiert und endlich u. a. auch von Herrn J. St. Mill als bereits Gemeinplatz gewordnes Schuldogma wiederholt wird. Es ist unleugbar, daß J. St. Mill seine jedenfalls „merkwürdige" Autorität fast nur ähnlichen Quiproquo verdankt.

FÜNFTER ABSCHNITT: DIE PRODUKTION DES ABSOLUTEN UND RELATIVEN MEHRWERTS

Vierzehntes Kapitel: Absoluter und relativer Mehrwert

Der Arbeitsprozeß wurde (sieh fünftes Kapitel) zunächst abstrakt betrachtet, unabhängig von seinen geschichtlichen Formen, als Prozeß zwischen Mensch und Natur. Es hieß dort: „Betrachtet man den ganzen Arbeitsprozeß vom Standpunkt seines Resultats, so erscheinen beide, Arbeitsmittel und Arbeitsgegenstand, als Produktionsmittel und die Arbeit selbst als produktive Arbeit." Und in Note 7 wurde ergänzt: „Diese Bestimmung produktiver Arbeit, wie sie sich vom Standpunkt des einfachen Arbeitsprozesses ergibt, reicht keineswegs hin für den kapitalistischen Produktionsprozeß." Dies ist hier weiter zu entwickeln.

Soweit der Arbeitsprozeß ein rein individueller, vereinigt derselbe Arbeiter alle Funktionen, die sich später trennen. In der individuellen Aneignung von Naturgegenständen zu seinen Lebenszwecken kontrolliert er sich selbst. Später wird er kontrolliert. Der einzelne Mensch kann nicht auf die Natur wirken ohne Betätigung seiner eignen Muskeln unter Kontrolle seines eignen Hirns. Wie im Natursystem Kopf und Hand zusammengehören, vereint der Arbeitsprozeß Kopfarbeit und Handarbeit. Später scheiden sie sich bis zum feindlichen Gegensatz. Das Produkt verwandelt sich überhaupt aus dem unmittelbaren Produkt des individuellen Produzenten in ein gesellschaftliches, in das gemeinsame Produkt eines Gesamtarbeiters, d. h. eines kombinierten Arbeitspersonals, dessen Glieder der Handhabung des Arbeitsgegenstandes näher oder ferner stehn. Mit dem kooperativen Charakter des Arbeitsprozesses selbst erweitert sich daher notwendig der Begriff der produktiven Arbeit und ihres Trägers, des produktiven Arbeiters. Um produktiv zu arbeiten, ist es nun nicht mehr nötig, selbst Hand anzulegen; es genügt, Organ des Gesamtarbeiters zu sein, irgendeine seiner Unterfunktionen zu vollziehn. Die obige ursprüngliche Bestimmung der produktiven Arbeit, aus der Natur der materiellen Produktion selbst abgeleitet, bleibt immer wahr für den Gesamtarbeiter, als Gesamtheit betrachtet. Aber sie gilt nicht mehr für jedes seiner Glieder, einzeln genommen.

Andrerseits aber verengt sich der Begriff der produktiven Arbeit. Die kapitalistische Produktion ist nicht nur Produktion von Ware, sie ist wesentlich Produktion von Mehrwert. Der Arbeiter produziert nicht für sich, sondern für das Kapital. Es genügt daher nicht länger, daß er überhaupt produziert. Er muß Mehrwert produzieren. Nur der Arbeiter ist produktiv, der Mehrwert für den Kapitalisten produziert oder zur Selbstverwertung des Kapitals dient. Steht es frei, ein Beispiel außerhalb der Sphäre der materiellen Produktion zu wählen, so ist ein Schulmeister produktiver Arbeiter, wenn er nicht nur Kinderköpfe bearbeitet, sondern sich selbst abarbeitet zur Bereicherung des Unternehmers. Daß letztrer sein Kapital in einer Lehrfabrik angelegt hat, statt in einer Wurstfabrik, ändert nichts an dem Verhältnis. Der Begriff des produktiven Arbeiters schließt daher keineswegs bloß ein Verhältnis zwischen Tätigkeit und Nutzeffekt, zwischen Arbeiter und Arbeitsprodukt ein, sondern auch ein spezifisch gesellschaftliches, geschichtlich entstandnes Produktionsverhältnis, welches den Arbeiter zum unmittelbaren Verwertungsmittel des Kapitals stempelt. Produktiver Arbeiter zu sein ist daher kein Glück, sondern ein Pech. Im Vierten Buch dieser Schrift, welches die Geschichte der Theorie behandelt, wird man näher sehn, daß die klassische politische Ökonomie von jeher die Produktion von Mehrwert zum entscheidenden Charakter des produktiven Arbeiters machte. Mit ihrer Auffassung von der Natur des Mehrwerts wechselt daher ihre Definition des produktiven Arbeiters. So erklären die Physiokraten, nur die Ackerbauarbeit sei produktiv, weil sie allein einen Mehrwert liefre. Für die Physiokraten existiert Mehrwert aber ausschließlich in der Form der Grundrente.

Die Verlängrung des Arbeitstags über den Punkt hinaus, wo der Arbeiter nur ein Äquivalent für den Wert seiner Arbeitskraft produziert hätte, und die Aneignung dieser Mehrarbeit durch das Kapital – das ist die Produktion des absoluten Mehrwerts. Sie bildet die allgemeine Grundlage des kapitalistischen Systems und den Ausgangspunkt der Produktion des relativen Mehrwerts. Bei dieser ist der Arbeitstag von vornherein in zwei Stücke geteilt: notwendige Arbeit und Mehrarbeit. Um die Mehrarbeit zu verlängern, wird die notwendige Arbeit verkürzt durch Methoden, vermittelst deren das Äquivalent des Arbeitslohns in weniger Zeit produziert wird. Die Produktion des absoluten Mehrwerts dreht sich nur um die Länge des Arbeitstags; die Produktion des relativen Mehrwerts revolutioniert durch und durch die technischen Prozesse der Arbeit und die gesellschaftlichen Gruppierungen. Sie unterstellt also eine spezifisch kapitalistische Produktionsweise, die mit ihren Methoden, Mitteln und Bedingungen selbst erst auf Grundlage der formellen Subsumtion der Arbeit unter das Kapital naturwüchsig entsteht und ausgebildet wird. An die Stelle der formellen tritt die reelle Subsumtion der Arbeit unter das Kapital.

Es genügt bloßer Hinweis auf Zwitterformen, worin die Mehrarbeit weder durch direkten Zwang dem Produzenten ausgepumpt wird, noch auch dessen formelle Unterordnung unter das Kapital eingetreten ist. Das Kapital hat sich hier noch nicht unmittelbar des Arbeitsprozesses bemächtigt. Neben die selbständigen Produzenten, die in überlieferter, urväterlicher Betriebsweise handwerkern oder ackerbauen, tritt der Wucherer oder Kaufmann, das Wucherkapital oder das Handelskapital, das sie parasitenmäßig aussaugt. Vorherrschaft dieser Exploitationsform in einer Gesellschaft schließt die kapitalistische Produktionsweise aus, zu der sie andrerseits, wie im spätren Mittelalter, den Übergang bilden kann. Endlich, wie das Beispiel der modernen Hausarbeit zeigt, werden gewisse Zwitterformen auf dem Hintergrund der großen Industrie stellenweis reproduziert, wenn auch mit gänzlich veränderter Physiognomie.

Wenn zur Produktion des absoluten Mehrwerts die bloß formelle Subsumtion der Arbeit unter das Kapital genügt, z. B. daß Handwerker, die früher für sich selbst oder auch als Gesellen eines Zunftmeisters arbeiteten, nun als Lohnarbeiter unter die direkte Kontrolle des Kapitalisten treten, zeigt sich andrerseits, wie die Methoden zur Produktion des relativen Mehrwerts zugleich Methoden zur Produktion des absoluten Mehrwerts sind. Ja, die maßlose Verlängrung des Arbeitstags stellte sich als eigenstes Produkt der großen Industrie dar. Überhaupt hört die spezifisch kapitalistische Produktionsweise auf, bloßes Mittel zur Produktion des relativen Mehrwerts zu sein, sobald sie sich eines ganzen Produktionszweigs, und noch mehr, sobald sie sich aller entscheidenden Produktionszweige bemächtigt hat. Sie wird jetzt allgemeine, gesellschaftlich herrschende Form des Produktionsprozesses. Als besondre Methode zur Produktion des relativen Mehrwerts wirkt sie nur noch, erstens soweit sie dem Kapital bisher nur formell untergeordnete Industrien ergreift, also in ihrer Propaganda. Zweitens, soweit ihr bereits anheimgefallne Industrien fortwährend revolutioniert werden durch Wechsel der Produktionsmethoden.

Von gewissem Gesichtspunkt scheint der Unterschied zwischen absolutem und relativem Mehrwert überhaupt illusorisch. Der relative Mehrwert ist absolut, denn er bedingt absolute Verlängrung des Arbeitstags über die zur Existenz des Arbeiters selbst notwendige Arbeitszeit. Der absolute Mehrwert ist relativ, denn er bedingt eine Entwicklung der Arbeitsproduktivität, welche erlaubt, die notwendige Arbeitszeit auf einen Teil des Arbeitstags zu beschränken. Faßt man aber die Bewegung des Mehrwerts ins Auge, so verschwindet dieser Schein der Einerleiheit. Sobald die kapitalistische Produktionsweise einmal hergestellt und allgemeine Produktionsweise geworden, macht sich der Unterschied zwischen absolutem und relativem Mehrwert fühlbar, sobald es gilt, die Rate des Mehrwerts überhaupt zu steigern. Vorausgesetzt, die Arbeitskraft werde zu ihrem Wert bezahlt, stehn wir dann vor dieser Alternative: Die Produktivkraft der Arbeit und ihren Normalgrad von Intensität gegeben, ist die Rate des Mehrwerts nur erhöhbar durch absolute Verlängrung des Arbeitstags; andrerseits, bei gegebner Grenze des Arbeitstags, ist die Rate des Mehrwerts nur erhöhbar durch relativen Größenwechsel seiner Bestandteile, der notwendigen Arbeit und der Mehrarbeit, was seinerseits, soll der Lohn nicht unter den Wert der Arbeitskraft sinken, Wechsel in der Produktivität oder Intensität der Arbeit voraussetzt.

Braucht der Arbeiter alle seine Zeit, um die zur Erhaltung seiner selbst und seiner Race nötigen Lebensmittel zu produzieren, so bleibt ihm keine Zeit, um unentgeltlich für dritte Personen zu arbeiten. Ohne einen gewissen Produktivitätsgrad der Arbeit keine solche disponible Zeit für den Arbeiter, ohne solche überschüssige Zeit keine Mehrarbeit und daher keine Kapitalisten, aber auch keine Sklavenhalter, keine Feudalbarone, in einem Wort keine Großbesitzerklasse.[1]

---

1 „Das bloße Vorhandensein der zu Kapitalisten gewordenen Meister als besondere Klasse hängt

So kann von einer Naturbasis des Mehrwerts gesprochen werden, aber nur in dem ganz allgemeinen Sinn, daß kein absolutes Naturhindernis den einen abhält, die zu seiner eignen Existenz nötige Arbeit von sich selbst ab- und einem andern aufzuwälzen, z. B. ebensowenig wie absolute Naturhindernisse die einen abhalten, das Fleisch der andern als Nahrung zu verwenden.[1a] Es sind durchaus nicht, wie es hier und da geschehn, mystische Vorstellungen mit dieser naturwüchsigen Produktivität der Arbeit zu verbinden. Nur sobald die Menschen sich aus ihren ersten Tierzuständen herausgearbeitet, ihre Arbeit selbst also schon in gewissem Grad vergesellschaftet ist, treten Verhältnisse ein, worin die Mehrarbeit des einen zur Existenzbedingung des andern wird. In den Kulturanfängen sind die erworbnen Produktivkräfte der Arbeit gering, aber so sind die Bedürfnisse, die sich mit und an den Mitteln ihrer Befriedigung entwickeln. Ferner ist in jenen Anfängen die Proportion der Gesellschaftsteile, die von fremder Arbeit leben, verschwindend klein gegen die Masse der unmittelbaren Produzenten. Mit dem Fortschritt der gesellschaftlichen Produktivkraft der Arbeit wächst diese Proportion absolut und relativ.[2] Das Kapitalverhältnis entspringt übrigens auf einem ökonomischen Boden, der das Produkt eines langen Entwicklungsprozesses ist. Die vorhandne Produktivität der Arbeit, wovon es als Grundlage ausgeht, ist nicht Gabe der Natur, sondern einer Geschichte, die Tausende von Jahrhunderten umfaßt.

Von der mehr oder minder entwickelten Gestalt der gesellschaftlichen Produktion abgesehn, bleibt die Produktivität der Arbeit an Naturbedingungen gebunden. Sie sind alle rückführbar auf die Natur des Menschen selbst, wie Race usw., und die ihn umgebende Natur. Die äußeren Naturbedingungen zerfallen ökonomisch in zwei große Klassen, natürlichen Reichtum an Lebensmitteln, also Bodenfruchtbarkeit, fischreiche Gewässer usw., und natürlichen Reichtum an Arbeitsmitteln, wie lebendige Wassergefälle, schiffbare Flüsse, Holz, Metalle, Kohle usw. In den Kulturanfängen gibt die erstere, auf höherer Entwicklungsstufe die zweite Art des natürlichen Reichtums den Ausschlag. Man vergleiche z. B. England mit Indien oder, in der antiken Welt, Athen und Korinth mit den Uferländern des Schwarzen Meeres.

Je geringer die Zahl der absolut zu befriedigenden Naturbedürfnisse und je größer die natürliche Bodenfruchtbarkeit und Gunst des Klimas, desto geringer die zur Erhaltung und Reproduktion des Produzenten notwendige Arbeits-

---

ab von der Produktivität der Arbeit." (Ramsay, l.c.p. 206.) „Wenn die Arbeit jedes Mannes nur genügen würde, seine eigne Nahrung zu produzieren, könnte es kein Eigentum geben." (Ravenstone, l.c.p. 14.)

1a Nach einer kürzlich gemachten Berechnung leben allein in den bereits erforschten Erdgegenden mindestens noch vier Millionen Kannibalen.

2 „Bei den wilden Indianern in Amerika gehört fast alles dem Arbeiter. 99 Teile von hundert sind dem Konto Arbeit zuzuschreiben. In England hat der Arbeiter vielleicht nicht einmal ⅔." („The Advantages of the East India etc.", p. 72, 73.)

zeit. Desto größer kann also der Überschuß seiner Arbeit für andere über seine Arbeit für sich selbst sein. So bemerkt schon Diodor über die alten Ägypter:

> „Es ist ganz unglaublich, wie wenig Mühe und Kosten die Erziehung ihrer Kinder ihnen verursacht. Sie kochen ihnen die nächste beste einfache Speise; auch geben sie ihnen von der Papierstaude den untern Teil zu essen, soweit man ihn im Feuer rösten kann, und die Wurzeln und Stengel der Sumpfgewächse, teils roh, teils gesotten und gebraten. Die meisten Kinder gehn ohne Schuhe und unbekleidet, da die Luft so mild ist. Daher kostet ein Kind seinen Eltern, bis es erwachsen ist, im ganzen nicht über zwanzig Drachmen. Hieraus ist es hauptsächlich zu erklären, daß in Ägypten die Bevölkerung so zahlreich ist und darum so viele große Werke angelegt werden konnten."[3]

Indes sind die großen Bauwerke des alten Ägyptens dem Umfang seiner Bevölkerung weniger geschuldet, als der großen Proportion, worin sie disponibel war. Wie der individuelle Arbeiter um so mehr Mehrarbeit liefern kann, je geringer seine notwendige Arbeitszeit, so, je geringer der zur Produktion der notwendigen Lebensmittel erheischte Teil der Arbeiterbevölkerung, desto größer ihr für andres Werk disponibler Teil.

Die kapitalistische Produktion einmal vorausgesetzt, wird, unter sonst gleichbleibenden Umständen und bei gegebner Länge des Arbeitstags, die Größe der Mehrarbeit mit den Naturbedingungen der Arbeit, namentlich auch der Bodenfruchtbarkeit, variieren. Es folgt aber keineswegs umgekehrt, daß der fruchtbarste Boden der geeignetste zum Wachstum der kapitalistischen Produktionsweise. Sie unterstellt Herrschaft des Menschen über die Natur. Eine zu verschwenderische Natur „hält ihn an ihrer Hand wie ein Kind am Gängelband". Sie macht seine eigne Entwicklung nicht zu einer Naturnotwendigkeit.[4] Nicht das tropische Klima mit seiner überwuchernden Vegetation, sondern die gemäßigte Zone ist das Mutterland des Kapitals. Es ist nicht die absolute Fruchtbarkeit des Bodens, sondern seine Differenzierung, die Mannigfaltigkeit seiner natürlichen

---

[3] Diodor, l.c., 1. I, c. 80.

[4] „Da der erste" (der natürliche Reichtum) „höchst nobel und vorteilhaft ist, macht er das Volk sorglos, stolz und allen Ausschweifungen ergeben; der zweite dagegen erzwingt Sorgfalt, Gelehrsamkeit, Kunstfertigkeit und Staatsklugheit." („England's Treasure by Foreign Trade. Or the Balance of our Foreign Trade is the Rule of our Treasure. Written by Thomas Mun, of London, Merchant, and now published for the common good by his son John Mun", Lond. 1669, p. 181, 182.) „Auch kann ich mir für die Gesamtheit eines Volkes keinen schlimmeren Fluch vorstellen, als auf einen Fleck Erde gesetzt zu sein, auf dem die Erzeugung von Subsistenz- und Nahrungsmitteln zum großen Teil selbsttätig erfolgt und das Klima wenig Sorge für Kleidung und Obdach erfordert oder zuläßt ... möglich ist allerdings auch ein Extrem nach der andren Seite. Ein Boden, der trotz Arbeit keine Früchte hervorbringen kann, ist ebenso schlecht wie ein Boden, der ohne Arbeit reichlich Produkte erzeugt." („An Inquiry into the Present High Price of Provisions", Lond. 1767, p. 10.)

Produkte, welche die Naturgrundlage der gesellschaftlichen Teilung der Arbeit bildet und den Menschen durch den Wechsel der Naturumstände, innerhalb deren er haust, zur Vermannigfachung seiner eignen Bedürfnisse, Fähigkeiten, Arbeitsmittel und Arbeitsweisen spornt. Die Notwendigkeit, eine Naturkraft gesellschaftlich zu kontrollieren, damit hauszuhalten, sie durch Werke von Menschenhand auf großem Maßstab erst anzueignen oder zu zähmen, spielt die entscheidendste Rolle in der Geschichte der Industrie. So z. B. die Wasserreglung in Ägypten[5], Lombardei, Holland usw. Oder in Indien, Persien usw., wo die Überrieslung durch künstliche Kanäle dem Boden nicht nur das unentbehrliche Wasser, sondern mit dessen Geschlämme zugleich den Mineraldünger von den Bergen zuführt. Das Geheimnis der Industrieblüte von Spanien und Sizilien unter arabischer Herrschaft war die Kanalisation.[6]

Die Gunst der Naturbedingungen liefert immer nur die Möglichkeit, niemals die Wirklichkeit der Mehrarbeit, also des Mehrwerts oder des Mehrprodukts. Die verschiednen Naturbedingungen der Arbeit bewirken, daß dieselbe Quantität Arbeit in verschiednen Ländern verschiedne Bedürfnismassen befriedigt[7], daß also, unter sonst analogen Umständen, die notwendige Arbeitszeit verschieden ist. Auf die Mehrarbeit wirken sie nur als Naturschranke, d. h. durch die Bestimmung des Punkts, wo die Arbeit für andre beginnen kann. In demselben Maß, worin die Industrie vortritt, weicht diese Naturschranke zurück. Mitten

---

[5] Die Notwendigkeit, die Perioden der Nilbewegung zu berechnen, schuf die ägyptische Astronomie und mit ihr die Herrschaft der Priesterkaste als Leiterin der Agrikultur. „Die Sonnenwende ist der Zeitpunkt des Jahres, an dem das Steigen des Nils beginnt und den daher die Ägypter mit der größten Sorgfalt beobachten mußten ... Es war dieses Äquinoktialjahr, das sie festsetzen mußten, um sich in ihren agrikolen Operationen danach zu richten. Sie mußten daher am Himmel ein sichtbares Zeichen seiner Wiederkehr suchen." (Cuvier, „Discours sur les révolutions du globe", éd. Hoefer, Paris 1863, p. 141.)

[6] Eine der materiellen Grundlagen der Staatsmacht über die zusammenhangslosen kleinen Produktionsorganismen Indiens war Reglung der Wasserzufuhr. Die muhammedanischen Herrscher Indiens verstanden dies besser als ihre englischen Nachfolger. Wir erinnern nur an die Hungersnot von 1866, die mehr als einer Million Hindus in dem Distrikt von Orissa, Präsidentschaft Bengalen, das Leben kostete.

[7] „Es gibt keine zwei Länder, die eine gleiche Zahl der notwendigen Lebensmittel in gleicher Fülle und mit gleichem Aufwand an Arbeit liefern. Die Bedürfnisse der Menschen wachsen oder vermindern sich mit der Strenge oder Milde des Klimas, in dem sie leben, und folglich kann das verhältnismäßige Ausmaß an Erwerbstätigkeit, das die Bewohner der verschiednen Länder notwendigerweise betreiben müssen, nicht gleich sein, noch läßt sich der Grad der Verschiedenheit anders als nach den Hitze- und Kältegraden ermitteln. Man kann daher allgemein schließen, daß die Menge der für den Unterhalt einer gewissen Menschenzahl erforderlichen Arbeit in kalten Klimaten am größten, in warmen am geringsten ist; in jenen brauchen die Menschen nicht nur mehr Kleidung, sondern der Boden muß auch besser bebaut werden als in diesen." (An Essay on the Governing Causes of the Natural Rate of Interest", Lond. 1750, p. 59.) Der Verfasser dieser epochemachenden anonymen Schrift ist J. Massie. Hume nahm daraus seine Zinstheorie.

in der westeuropäischen Gesellschaft, wo der Arbeiter die Erlaubnis, für seine eigne Existenz zu arbeiten, nur durch Mehrarbeit erkauft, wird sich leicht eingebildet, es sei eine der menschlichen Arbeit eingeborne Qualität, ein Surplusprodukt zu liefern.[8] Man nehme aber z. B. den Einwohner der östlichen Inseln des asiatischen Archipelagus, wo der Sago wild im Walde wächst.

> „Wenn die Einwohner, indem sie ein Loch in den Baum bohren, sich davon überzeugt haben, daß das Mark reif ist, so wird der Stamm umgeschlagen und in mehrere Stücke geteilt, das Mark wird herausgekratzt, mit Wasser gemischt und geseiht, es ist dann vollkommen brauchbares Sagomehl. Ein Baum gibt gemeiniglich 300 Pfund und kann 500 bis 600 Pfund geben. Man geht dort also in den Wald und schneidet sich sein Brot, wie man bei uns sein Brennholz schlägt."[9]

Gesetzt, ein solcher ostasiatischer Brotschneider brauche 12 Arbeitsstunden in der Woche zur Befriedigung aller seiner Bedürfnisse. Was ihm die Gunst der Natur unmittelbar gibt, ist viel Mußezeit. Damit er diese produktiv für sich selbst verwende, ist eine ganze Reihe geschichtlicher Umstände, damit er sie in Mehrarbeit für fremde Personen verausgabe, ist äußrer Zwang erheischt. Würde kapitalistische Produktion eingeführt, so müßte der Brave vielleicht 6 Tage in der Woche arbeiten, um sich selbst das Produkt eines Arbeitstags anzueignen. Die Gunst der Natur erklärt nicht, warum er jetzt 6 Tage in der Woche arbeitet oder warum er 5 Tage Mehrarbeit liefert. Sie erklärt nur, warum seine notwendige Arbeitszeit auf einen Tag in der Woche beschränkt ist. In keinem Fall aber entspränge sein Mehrprodukt aus einer der menschlichen Arbeit eingebornen, okkulten Qualität.

Wie die geschichtlich entwickelten, gesellschaftlichen, so erscheinen die naturbedingten Produktivkräfte der Arbeit als Produktivkräfte des Kapitals, dem sie einverleibt wird.

Ricardo kümmert sich nie um den Ursprung des Mehrwerts. Er behandelt ihn wie eine der kapitalistischen Produktionsweise, der in seinen Augen natürlichen Form der gesellschaftlichen Produktion, inhärente Sache. Wo er von der Produktivität der Arbeit spricht, da sucht er in ihr nicht die Ursache des Daseins von Mehrwert, sondern nur die Ursache, die seine Größe bestimmt. Dagegen hat seine Schule die Produktivkraft der Arbeit laut proklamiert als die Entstehungsursache des Profits (lies: Mehrwerts). Jedenfalls ein Fortschritt gegenüber den Merkantilisten, die ihrerseits den Überschuß des Preises der Produkte über ihre Produktionskosten aus dem Austausch herleiten, aus ihrem Verkauf über ihren Wert. Trotzdem hatte auch Ricardos Schule das Problem bloß umgangen, nicht gelöst. In der Tat hatten diese bürgerlichen Ökonomen den richtigen

---

8 „Jede Arbeit muß" (scheint auch zu den droits und devoirs du citoyen zu gehören) „einen Überschuß lassen." (Proudhon)

9 F. Schouw, „Die Erde, die Pflanze und der Mensch", 2. Aufl., Leipzig 1854, p. 148.

Instinkt, es sei sehr gefährlich, die brennende Frage nach dem Ursprung des Mehrwerts zu tief zu ergründen. Was aber sagen, wenn ein halbes Jahrhundert nach Ricardo Herr John Stuart Mill würdevoll seine Überlegenheit über die Merkantilisten konstatiert, indem er die faulen Ausflüchte der ersten Verflacher Ricardos schlecht wiederholt?

Mill sagt:

> „Die Ursache des Profits ist die, daß die Arbeit mehr produziert, als für ihren Unterhalt erforderlich ist."

Soweit nichts als die alte Leier; aber Mill will auch Eignes hinzutun:

> „Oder um die Form des Satzes zu variieren: der Grund, weshalb das Kapital einen Profit liefert, ist der, daß Nahrung, Kleider, Rohstoffe und Arbeitsmittel längere Zeit dauern, als zu ihrer Produktion erforderlich ist."

Mill verwechselt hier die Dauer der Arbeitszeit mit der Dauer ihrer Produkte. Nach dieser Ansicht würde ein Bäcker, dessen Produkte nur einen Tag dauern, aus seinen Lohnarbeitern nie denselben Profit ziehen können wie ein Maschinenbauer, dessen Produkte zwanzig Jahre und länger dauern. Allerdings, wenn die Vogelnester nicht längere Zeit vorhielten, als zu ihrem Bau erforderlich, so würden die Vögel sich ohne Nester behelfen müssen.

Diese Grundwahrheit einmal festgestellt, stellt Mill seine Überlegenheit über die Merkantilisten fest:

> „Wir sehn also, daß der Profit entsteht, nicht aus dem Zwischenfall der Austäusche, sondern aus der Produktivkraft der Arbeit; der Gesamtprofit eines Landes ist immer bestimmt durch die Produktivkraft der Arbeit, gleichviel ob Austausch stattfindet oder nicht. Bestände keine Teilung der Beschäftigungen, so gäbe es weder Kauf noch Verkauf, aber immer noch Profit."

Hier sind also Austausch, Kauf und Verkauf, die allgemeinen Bedingungen der kapitalistischen Produktion, ein purer Zwischenfall, und es gibt immer noch Profit ohne Kauf und Verkauf der Arbeitskraft!

Weiter:

> „Produziert die Gesamtheit der Arbeiter eines Landes 20% über ihre Lohnsumme, so werden die Profite 20% sein, was auch immer der Stand der Warenpreise."

Dies ist einerseits eine äußerst gelungne Tautologie, denn wenn Arbeiter einen Mehrwert von 20% für ihre Kapitalisten produzieren, so werden sich die Profite zum Gesamtlohn der Arbeiter verhalten wie 20:100. Andrerseits ist es absolut falsch, daß die Profite „20% sein werden". Sie müssen immer kleiner sein, weil Profite berechnet werden auf die Totalsumme des vorgeschoßnen Kapitals. Der

Kapitalist habe z. B. 500 Pfd. St. vorgeschossen, davon 400 Pfd. St. in Produktionsmitteln, 100 Pfd. St. in Arbeitslohn. Die Rate des Mehrwerts sei, wie angenommen, 20%, so wird die Profitrate sein wie 20:500, d. h. 4% und nicht 20%.

Folgt eine glänzende Probe, wie Mill die verschiednen geschichtlichen Formen der gesellschaftlichen Produktion behandelt:

> „Ich setze überall den gegenwärtigen Stand der Dinge voraus, der bis auf wenige Ausnahmen überall herrscht, d. h. daß der Kapitalist alle Vorschüsse macht, die Bezahlung des Arbeiters einbegriffen."

Seltsame optische Täuschung, überall einen Zustand zu sehn, der bis jetzt nur ausnahmsweise auf dem Erdball herrscht! Doch weiter. Mill ist gut genug, zuzugeben, „es sei nicht eine absolute Notwendigkeit, daß dem so sei". Im Gegenteil.

> „Der Arbeiter könnte, selbst mit seinem ganzen Lohnbetrage, die Zahlung abwarten, bis die Arbeit vollständig fertig ist, wenn er die zu seiner Erhaltung in der Zwischenzeit nötigen Mittel hätte. Aber in diesem Falle wäre er in gewissem Grade ein Kapitalist, der Kapital ins Geschäft legte, und einen Teil der zu seiner Fortführung nötigen Fonds lieferte."

Ebensogut könnte Mill sagen, der Arbeiter, der sich selbst nicht nur die Lebensmittel, sondern auch die Arbeitsmittel vorschießt, sei in Wirklichkeit sein eigner Lohnarbeiter. Oder der amerikanische Bauer sei sein eigner Sklave, der nur für sich selbst statt für einen fremden Herrn frondet.

Nachdem uns Mill derart klärlich erwiesen, daß die kapitalistische Produktion, selbst wenn sie nicht existierte, dennoch immer existieren würde, ist er nun konsequent genug, zu beweisen, daß sie selbst dann nicht existiert, wenn sie existiert:

> „Und selbst im vorigen Fall" (wenn der Kapitalist dem Lohnarbeiter seine sämtlichen Subsistenzmittel vorschießt) „kann der Arbeiter unter demselben Gesichtspunkt betrachtet werden" (d. h. als ein Kapitalist). „Denn indem er seine Arbeit unter dem Marktpreise (!) hergibt, kann er angesehn werden, als schösse er die Differenz (?) seinem Unternehmer vor usw."[9a]

In der tatsächlichen Wirklichkeit schießt der Arbeiter dem Kapitalisten seine Arbeit während einer Woche usw. umsonst vor, um am Ende der Woche usw. ihren Marktpreis zu erhalten; das macht ihn, nach Mill, zum Kapitalisten! In der platten Ebene erscheinen auch Erdhaufen als Hügel; man messe die Plattheit unsrer heutigen Bourgeoisie am Kaliber ihrer „großen Geister".

[9a] J. St. Mill, „Principles of Political Economy", Lond. 1868, p. 252-253, passim. – [Obige Stellen sind nach der französischen Ausgabe des „Kapital" übersetzt. – F. E.]

Fünfzehntes Kapitel: Größenwechsel von Preis der Arbeitskraft und Mehrwert

Der Wert der Arbeitskraft ist bestimmt durch den Wert der gewohnheitsmäßig notwendigen Lebensmittel des Durchschnittsarbeiters. Die Masse dieser Lebensmittel, obgleich ihre Form wechseln mag, ist in einer bestimmten Epoche einer bestimmten Gesellschaft gegeben und daher als konstante Größe zu behandeln. Was wechselt, ist der Wert dieser Masse. Zwei andre Faktoren gehn in die Wertbestimmung der Arbeitskraft ein. Einerseits ihre Entwicklungskosten, die sich mit der Produktionsweise ändern, andrerseits ihre Naturdifferenz, ob sie männlich oder weiblich, reif oder unreif. Der Verbrauch dieser differenten Arbeitskräfte, wieder bedingt durch die Produktionsweise, macht großen Unterschied in den Reproduktionskosten der Arbeiterfamilie und dem Wert des erwachsnen männlichen Arbeiters. Beide Faktoren bleiben jedoch bei der folgenden Untersuchung ausgeschlossen.[9b]

Wir unterstellen, 1. daß die Waren zu ihrem Wert verkauft werden, 2. daß der Preis der Arbeitskraft wohl gelegentlich über ihren Wert steigt, aber nie unter ihn sinkt. Dies einmal unterstellt, fand sich, daß die relativen Größen von Preis der Arbeitskraft und von Mehrwert durch drei Umstände bedingt sind: 1. die Länge des Arbeitstags oder die extensive Größe der Arbeit; 2. die normale Intensität der Arbeit oder ihre intensive Größe, so daß ein bestimmtes Arbeitsquantum in bestimmter Zeit verausgabt wird; 3. endlich die Produktivkraft der Arbeit, so daß je nach dem Entwicklungsgrad der Produktionsbedingungen dasselbe Quantum Arbeit in derselben Zeit ein größeres Quantum Produkt liefert. Sehr verschiedne Kombinationen sind offenbar möglich, je nachdem einer der drei Faktoren konstant und zwei variabel, oder zwei Faktoren konstant und einer variabel, oder endlich alle gleichzeitig variabel sind. Diese Kombinationen werden noch dadurch vermannigfacht, daß bei gleichzeitiger Variation verschiedner Faktoren die Größe und Richtung der Variation verschieden sein können. Im folgenden sind nur die Hauptkombinationen dargestellt.

I. Größe des Arbeitstags und Intensität der Arbeit konstant (gegeben), Produktivkraft der Arbeit variabel

Unter dieser Voraussetzung sind Wert der Arbeitskraft und Mehrwert durch drei Gesetze bestimmt.

Erstens: Der Arbeitstag von gegebner Größe stellt sich stets in demselben Wertprodukt dar, wie auch die Produktivität der Arbeit, mit ihr die Produktenmasse und daher der Preis der einzelnen Ware wechsle.

[9b] Der S. 901 behandelte Fall ist hier natürlich ebenfalls ausgeschlossen. [Note zur 3. Auf. – F. E.]

Das Wertprodukt eines zwölfstündigen Arbeitstags ist 6 sh. z. B., obgleich die Masse der produzierten Gebrauchswerte mit der Produktivkraft der Arbeit wechselt, der Wert von 6 sh. sich also über mehr oder weniger Waren verteilt.

Zweitens: Wert der Arbeitskraft und Mehrwert wechseln in umgekehrter Richtung zueinander. Wechsel in der Produktivkraft der Arbeit, ihre Zunahme oder Abnahme, wirkt in umgekehrter Richtung auf den Wert der Arbeitskraft und Arbeitskraft und in direkter auf den Mehrwert.

Das Wertprodukt des zwölfstündigen Arbeitstags ist eine konstante Größe, z. B. 6 sh. Diese konstante Größe ist gleich der Summe des Mehrwerts plus dem Wert der Arbeitskraft, den der Arbeiter durch ein Äquivalent ersetzt. Es ist selbstverständlich, daß von zwei Teilen einer konstanten Größe keiner zunehmen kann, ohne daß der andre abnimmt. Der Wert der Arbeitskraft kann nicht von 3 sh. auf 4 steigen, ohne daß der Mehrwert von 3 sh. auf 2 fällt, und der Mehrwert kann nicht von 3 auf 4 sh. steigen, ohne daß der Wert der Arbeitskraft von 3 sh. auf 2 fällt. Unter diesen Umständen also ist kein Wechsel in der absoluten Größe, sei es des Werts der Arbeitskraft, sei es des Mehrwerts, möglich ohne gleichzeitigen Wechsel ihrer relativen oder verhältnismäßigen Größen. Es ist unmöglich, daß sie gleichzeitig fallen oder steigen.

Der Wert der Arbeitskraft kann ferner nicht fallen, also der Mehrwert nicht steigen, ohne daß die Produktivkraft der Arbeit steigt, z. B. im obigen Fall kann der Wert der Arbeitskraft nicht von 3 auf 2 sh. sinken, ohne daß erhöhte Produktivkraft der Arbeit erlaubt, in 4 Stunden dieselbe Masse Lebensmittel zu produzieren, die vorher 6 Stunden zu ihrer Produktion erheischten. Umgekehrt kann der Wert der Arbeitskraft nicht von 3 auf 4 sh. steigen, ohne die Produktivkraft der Arbeit fällt, also 8 Stunden zur Produktion derselben Masse von Lebensmitteln erheischt sind, wozu früher 6 Stunden genügten. Es folgt hieraus, daß die Zunahme in der Produktivität der Arbeit den Wert der Arbeitskraft senkt und damit den Mehrwert steigert, während umgekehrt die Abnahme der Produktivität den Wert der Arbeitskraft steigert und den Mehrwert senkt.

Bei Formulierung dieses Gesetzes übersah Ricardo einen Umstand: Obgleich der Wechsel in der Größe des Mehrwerts oder der Mehrarbeit einen umgekehrten Wechsel in der Größe des Werts der Arbeitskraft oder der notwendigen Arbeit bedingt, folgt keineswegs, daß sie in derselben Proportion wechseln. Sie nehmen zu oder ab um dieselbe Größe. Das Verhältnis aber, worin jeder Teil des Wertprodukts oder des Arbeitstags zu- oder abnimmt, hängt von der ursprünglichen Teilung ab, die vor dem Wechsel in der Produktivkraft der Arbeit stattfand. War der Wert der Arbeitskraft 4 sh. oder die notwendige Arbeitszeit 8 Stunden, der Mehrwert 2 sh. oder die Mehrarbeit 4 Stunden und fällt, infolge erhöhter Produktivkraft der Arbeit, der Wert der Arbeitskraft auf 3 sh. oder die notwendige Arbeit auf 6 Stunden, so steigt der Mehrwert auf 3 sh. oder die Mehrarbeit auf 6 Stunden. Es ist dieselbe Größe von 2 Stunden oder 1 sh., die dort zugefügt, hier weggenommen wird. Aber der proportionelle Größenwechsel ist auf beiden Seiten verschieden. Während der Wert der Arbeitskraft von 4 sh. auf 3, also um $^1/_4$ oder 25% sinkt, steigt der Mehrwert von 2 sh. auf 3, also um $^1/_2$ oder 50%. Es folgt daher, daß die proportionelle Zu- oder Abnahme des Mehrwerts, infolge eines gegebnen Wechsels in der Produktivkraft der Arbeit, um so größer, je kleiner, und um so kleiner, je größer ursprünglich der Teil des Arbeitstags war, der sich in Mehrwert darstellt.

Drittens: Zu- oder Abnahme des Mehrwerts ist stets Folge und nie Grund der entsprechenden Ab- und Zunahme des Werts der Arbeitskraft.[10]

Da der Arbeitstag von konstanter Größe ist, sich in einer konstanten Wertgröße darstellt, jedem Größenwechsel des Mehrwerts ein umgekehrter Größenwechsel im Wert der Arbeitskraft entspricht und der Wert der Arbeitskraft nur wechseln kann mit einem Wechsel in der Produktivkraft der Arbeit, folgt unter diesen Bedingungen offenbar, daß jeder Größenwechsel des Mehrwerts aus einem umgekehrten Größenwechsel im Wert der Arbeitskraft entspringt. Wenn man daher gesehn, daß kein absoluter Größenwechsel im Wert der Arbeitskraft und des Mehrwerts möglich ist ohne einen Wechsel ihrer relativen Größen, so folgt jetzt, daß kein Wechsel ihrer relativen Wertgrößen möglich ist ohne einen Wechsel in der absoluten Wertgröße der Arbeitskraft.

Nach dem dritten Gesetz unterstellt der Größenwechsel des Mehrwerts eine durch Wechsel in der Produktivkraft der Arbeit verursachte Wertbewegung der Arbeitskraft. Die Grenze jenes Wechsels ist durch die neue Wertgrenze der Arbeitskraft gegebnen. Es können aber, auch wenn die Umstände dem Gesetz zu wirken erlauben, Zwischenbewegungen stattfinden. Fällt z. B. infolge erhöhter Produktivkraft der Arbeit der Wert der Arbeitskraft von 4 sh. auf 3 oder die notwendige Arbeitszeit von 8 Stunden auf 6, so könnte der Preis der Arbeitskraft nur auf 3 sh. 8 d., 3 sh. 6 d., 3 sh. 2 d. usw. fallen, der Mehrwert daher nur auf 3 sh. 4 d., 3 sh. 6 d., 3 sh. 10 d usw. steigen. Der Grad des Falls, dessen Minimalgrenze 3 sh., hängt von dem relativen Gewicht ab, das der Druck des Kapitals von der einen Seite, der Widerstand der Arbeiter von der andern Seite in die Waagschale wirft.

Der Wert der Arbeitskraft ist bestimmt durch den Wert eines bestimmten Quantums von Lebensmitteln. Was mit der Produktivkraft der Arbeit wechselt, ist der Wert dieser Lebensmittel, nicht ihre Masse. Die Masse selbst kann, bei stei-

---

10 Zu diesem dritten Gesetz hat MacCulloch u. a. den abgeschmackten Zusatz gemacht, daß der Mehrwert ohne Fall im Wert der Arbeitskraft steigen kann durch Abschaffung von Steuern, die der Kapitalist früher zu zahlen hatte. Die Abschaffung solcher Steuern ändert absolut nichts an dem Quantum Mehrwert, das der industrielle Kapitalist in erster Hand dem Arbeiter auspumpt. Sie ändert nur die Proportion, worin er Mehrwert in seine eigne Tasche steckt oder mit dritten Personen teilen muß. Sie ändert also nichts an dem Verhältnis zwischen Wert der Arbeitskraft und Mehrwert. Die Ausnahme des MacCulloch beweist also nur sein Mißverständnis der Regel, ein Malheur, das ihm in der Vulgarisation Ricardos ebensooft passiert als dem J. B. Say in der Vulgarisation A. Smiths.

gender Produktivkraft der Arbeit, für Arbeiter und Kapitalist gleichzeitig und in demselben Verhältnis wachsen ohne irgendeinen Größenwechsel zwischen Preis der Arbeitskraft und Mehrwert. Ist der ursprüngliche Wert der Arbeitskraft 3 sh. und beträgt die notwendige Arbeitszeit 6 Stunden, ist der Mehrwert ebenfalls 3 sh. oder beträgt die Mehrarbeit auch 6 Stunden, so würde eine Verdopplung in der Produktivkraft der Arbeit, bei gleichbleibender Teilung des Arbeitstags, Preis der Arbeitskraft und Mehrwert unverändert lassen. Nur stellte sich jeder derselben in doppelt so vielen, aber verhältnismäßig verwohlfeilerten Gebrauchswerten dar. Obgleich der Preis der Arbeitskraft unverändert, wäre er über ihren Wert gestiegen. Fiele der Preis der Arbeitskraft, aber nicht bis zu der durch ihren neuen Wert gegebnen Minimalgrenze von $1^1/_2$ sh., sondern auf 2 sh. 10 d., 2 sh. 6 d. usw., so repräsentierte dieser fallende Preis immer noch eine wachsende Masse von Lebensmitteln. Der Preis der Arbeitskraft könnte so bei steigender Produktivkraft der Arbeit beständig fallen mit gleichzeitigem, fortwährendem Wachstum der Lebensmittelmasse des Arbeiters. Relativ aber, d. h. verglichen mit dem Mehrwert, sänke der Wert der Arbeitskraft beständig und erweiterte sich also die Kluft zwischen den Lebenslagen von Arbeiter und Kapitalist.[11]

Ricardo hat die oben aufgestellten drei Gesetze zuerst streng formuliert. Die Mängel seiner Darstellung sind, 1. daß er die besondern Bedingungen, innerhalb deren jene Gesetze gelten, für die sich von selbst verstehenden, allgemeinen und ausschließlichen Bedingungen der kapitalistischen Produktion ansieht. Er kennt keinen Wechsel, weder in der Länge des Arbeitstags noch in der Intensität der Arbeit, so daß bei ihm die Produktivität der Arbeit von selbst zum einzigen variablen Faktor wird; – 2. aber, und dies verfälscht seine Analyse in viel höherem Grad, hat er ebensowenig wie die andern Ökonomen jemals den Mehrwert als solchen untersucht, d. h. unabhängig von seinen besondern Formen, wie Profit, Grundrente usw. Er wirft daher die Gesetze über die Rate des Mehrwerts unmittelbar zusammen mit den Gesetzen der Profitrate. Wie schon gesagt, ist die Profitrate das Verhältnis des Mehrwerts zum vorgeschossenen Gesamtkapital, während die Mehrwertsrate das Verhältnis ist des Mehrwerts zum bloß variablen Teil dieses Kapitals. Nimm an, ein Kapital von 500 Pfd. St. (C) teile sich in Rohstoffe, Arbeitsmittel etc. für zusammen 400 Pfd. St. (c) und in 100 Pfd. St. Arbeitslöhne (v); daß ferner der Mehrwert = 100 Pfd. St. (m). Dann ist die Mehrwertsrate $\frac{m}{v} = \frac{100 \text{ Pfd. St.}}{100 \text{ Pfd. St.}} = 100\%$. Aber die Profitrate $\frac{m}{C} = \frac{100 \text{ Pfd. St.}}{500 \text{ Pfd. St.}} = 20\%$. Es leuchtet außerdem ein, daß die Profitrate abhängen kann

11 „Wenn in der Produktivität der Industrie eine Änderung Platz greift, so daß durch eine gegebne Menge von Arbeit und Kapital mehr oder weniger erzeugt wird, kann der Lohnanteil sich offensichtlich ändern, während die Menge, welche dieser Anteil darstellt, die gleiche bleibt, oder die Menge kann sich ändern, während der Anteil unverändert bleibt." („Outlines of Political Economy etc.", p. 67.)

von Umständen, die keineswegs auf die Mehrwertsrate einwirken. Ich werde später im Dritten Buch dieser Schrift beweisen, daß dieselbe Rate des Mehrwerts sich in den verschiedensten Profitraten und verschiednen Raten des Mehrwerts, unter bestimmten Umständen, sich in derselben Profitrate ausdrükken können.

II. Konstanter Arbeitstag, konstante Produktivkraft der Arbeit, Intensität der Arbeit variabel

Wachsende Intensität der Arbeit unterstellt vermehrte Ausgabe von Arbeit in demselben Zeitraum. Der intensivere Arbeitstag verkörpert sich daher in mehr Produkten als der minder intensive von gleicher Stundenzahl. Mit erhöhter Produktivkraft liefert zwar auch derselbe Arbeitstag mehr Produkte. Aber im letztern Fall sinkt der Wert des einzelnen Produkts, weil es weniger Arbeit als vorher kostet, im erstern Fall bleibt er unverändert, weil das Produkt nach wie vor gleich viel Arbeit kostet. Die Anzahl der Produkte steigt hier ohne Fall ihres Preises. Mit ihrer Anzahl wächst ihre Preissumme, während dort dieselbe Wertsumme sich nur in vergrößerter Produktenmasse darstellt. Bei gleichbleibender Stundenzahl verkörpert sich also der intensivere Arbeitstag in höherem Wertprodukt, also, bei gleichbleibendem Wert des Geldes, in mehr Geld. Sein Wertprodukt variiert mit den Abweichungen seiner Intensität von dem gesellschaftlichen Normalgrad. Derselbe Arbeitstag stellt sich also nicht wie vorher in einem konstanten, sondern in einem variablen Wertprodukt dar, der intensivere, zwölfstündige Arbeitstag z. B. in 7 sh., 8 sh. usw. statt in 6 sh. wie der zwölfstündige Arbeitstag von gewöhnlicher Intensität. Es ist klar: Variiert das Wertprodukt des Arbeitstags, etwa von 6 auf 8 sh., so können beide Teile dieses Wertprodukts, Preis der Arbeitskraft und Mehrwert, gleichzeitig wachsen, sei es in gleichem oder ungleichem Grad. Preis der Arbeitskraft und Mehrwert können beide zur selben Zeit von 3 sh. auf 4 wachsen, wenn das Wertprodukt von 6 auf 8 steigt. Preiserhöhung der Arbeitskraft schließt hier nicht notwendig Steigerung ihres Preises über ihren Wert ein. Sie kann umgekehrt von einem Fall unter ihren Wert begleitet sein. Dies findet stets statt, wenn die Preiserhöhung der Arbeitskraft ihren beschleunigten Verschleiß nicht kompensiert.

Man weiß, daß mit vorübergehenden Ausnahmen ein Wechsel in der Produktivität der Arbeit nur dann einen Wechsel in der Wertgröße der Arbeitskraft und daher in der Größe des Mehrwerts bewirkt, wenn die Produkte der betroffenen Industriezweige in den gewohnheitsmäßigen Konsum des Arbeiters eingehn. Diese Schranke fällt hier fort. Ob die Größe der Arbeit extensiv oder intensiv wechsle, ihrem Größenwechsel entspricht ein Wechsel in der Größe ihres Wertprodukts, unabhängig von der Natur des Artikels, worin sich dieser Wert darstellt.

Steigerte sich die Intensität in allen Industriezweigen gleichzeitig und gleichmäßig, so würde der neue höhere Intensitätsgrad zum gewöhnlichen gesellschaftlichen Normalgrad und hörte damit auf, als extensive Größe zu zählen. Indes blieben selbst dann die durchschnittlichen Intensitätsgrade der Arbeit bei verschiednen Nationen verschieden und modifizierten daher die Anwendung des Wertgesetzes auf unterschiedne Nationalarbeitstage. Der intensivere Arbeitstag der einen Nation stellt sich in höherem Geldausdruck dar als der minder intensive der andren.[12]

III. Produktivkraft und Intensität der Arbeit konstant, Arbeitstag variabel

Der Arbeitstag kann nach zwei Richtungen variieren. Er kann verkürzt oder verlängert werden.

1. Verkürzung des Arbeitstags unter den gegebenen Bedingungen, d. h. gleichbleibender Produktivkraft und Intensität der Arbeit, läßt den Wert der Arbeitskraft und daher die notwendige Arbeitszeit unverändert. Sie verkürzt die Mehrarbeit und den Mehrwert. Mit der absoluten Größe des letztren fällt auch seine relative Größe, d. h. seine Größe im Verhältnis zur gleichbleibenden Wertgröße der Arbeitskraft. Nur durch Herabdrückung ihres Preises unter ihren Wert könnte der Kapitalist sich schadlos halten.

Alle hergebrachten Redensarten wider die Verkürzung des Arbeitstags unterstellen, daß das Phänomen sich unter den hier vorausgesetzten Umständen ereignet, während in der Wirklichkeit umgekehrt Wechsel in der Produktivität und Intensität der Arbeit entweder der Verkürzung des Arbeitstags vorhergehn oder ihr unmittelbar nachfolgen.[13]

2. Verlängerung des Arbeitstags: Die notwendige Arbeitszeit sei 6 Stunden oder der Wert der Arbeitskraft 3 sh., ebenso Mehrarbeit 6 Stunden und Mehrwert 3 sh. Der Gesamtarbeitstag beträgt dann 12 Stunden und stellt sich in einem Wertprodukt von 6 sh. dar. Wird der Arbeitstag um 2 Stunden verlängert und bleibt der Preis der Arbeitskraft unverändert, so wächst mit der absoluten die relative Größe des Mehrwerts. Obgleich die Wertgröße der Arbeits-

---

[12] „Bei sonst gleichen Umständen kann der englische Fabrikant in einer bestimmten Zeit eine beträchtlich größere Menge von Arbeit herausbringen als ein ausländischer Fabrikant, so viel, um den Unterschied der Arbeitstage zwischen 60 Stunden wöchentlich hier und 72 bis 80 Stunden anderwärts auszugleichen." („Reports of Insp. of Fact. for 31st Oct. 1855", p. 65.) Größere gesetzliche Verkürzung des Arbeitstags in den kontinentalen Fabriken wäre das unfehlbarste Mittel zur Verminderung dieser Differenz zwischen der kontinentalen und der englischen Arbeitsstunde.

[13] „Es gibt kompensierenden Umstände ... die durch die Durchführung des Zehnstundengesetzes ans Licht gebracht worden sind." („Reports of Insp. of Fact. for 31st October 1848", p. 7.)

kraft absolut unverändert bleibt, fällt sie relativ. Unter den Bedingungen von I. konnte die relative Wertgröße der Arbeitskraft nicht wechseln ohne einen Wechsel ihrer absoluten Größe. Hier, im Gegenteil, ist der relative Größenwechsel im Wert der Arbeitskraft das Resultat eines absoluten Größenwechsels des Mehrwerts.

Da das Wertprodukt, worin sich der Arbeitstag darstellt, mit seiner eignen Verlängerung wächst, können Preis der Arbeitskraft und Mehrwert gleichzeitig wachsen, sei es um gleiches oder ungleiches Inkrement. Dies gleichzeitige Wachstum ist also in zwei Fällen möglich, bei absoluter Verlängerung des Arbeitstags und bei wachsender Intensität der Arbeit ohne solche Verlängerung.

Mit verlängertem Arbeitstag kann der Preis der Arbeitskraft unter ihren Wert fallen, obgleich er nominell unverändert bleibt oder selbst steigt. Der Tageswert der Arbeitskraft ist nämlich, wie man sich erinnern wird, geschätzt auf ihre normale Durchschnittsdauer oder die normale Lebensperiode des Arbeiters und auf entsprechenden, normalen, der Menschennatur angemessnen Umsatz von Lebenssubstanz in Bewegung.[14] Bis zu einem gewissen Punkt kann der von Verlängerung des Arbeitstags untrennbare größere Verschleiß der Arbeitskraft durch größeren Ersatz kompensiert werden. Über diesen Punkt hinaus wächst der Verschleiß in geometrischer Progression und werden zugleich alle normalen Reproduktions- und Betätigungsbedingungen der Arbeitskraft zerstört. Der Preis der Arbeitskraft und ihr Exploitationsgrad hören auf, miteinander kommensurable Größen zu sein.

IV. Gleichzeitige Variationen in Dauer, Produktivkraft und Intensität der Arbeit

Es ist hier offenbar eine große Anzahl Kombinationen möglich. Je zwei Faktoren können variieren und einer konstant bleiben, oder alle drei können gleichzeitig variieren. Sie können in gleichem oder ungleichem Grad variieren, in derselben oder entgegengesetzter Richtung, ihre Variationen sich daher teilweis oder ganz aufheben. Indes ist die Analyse aller möglichen Fälle nach den unter I, II und III gegebenen Aufschlüssen leicht. Man findet das Resultat jeder möglichen Kombination, indem man der Reihe nach je einen Faktor als variabel und die andren zunächst als konstant behandelt. Wir nehmen hier daher nur noch kurze Notiz von zwei wichtigen Fällen.

1. Abnehmende Produktivkraft der Arbeit mit gleichzeitiger Verlängerung des Arbeitstags:

---

[14] „Die Arbeitsmenge, die ein Mann im Laufe von 24 Stunden geleistet hat, kann annähernd durch eine Untersuchung der chemischen Veränderungen bestimmt werden, die in seinem Körper stattgefunden haben, da veränderte Formen in der Materie die vorherige Anspannung von Bewegungskraft anzeigen." (Grove, „On the Correlation of Physical Forces".)

Wenn wir hier von abnehmender Produktivkraft der Arbeit sprechen, so handelt es sich von Arbeitszweigen, deren Produkte den Wert der Arbeitskraft bestimmen, also z. B. von abnehmender Produktivkraft der Arbeit infolge zunehmender Unfruchtbarkeit des Bodens und entsprechender Verteurung der Bodenprodukte. Der Arbeitstag sei zwölfstündig, sein Wertprodukt 6 sh., wovon die Hälfte den Wert der Arbeitskraft ersetze, die andre Hälfte Mehrwert bilde. Der Arbeitstag zerfällt also in 6 Stunden notwendiger Arbeit und 6 Stunden Mehrarbeit. Infolge der Verteurung der Bodenprodukte steige der Wert der Arbeitskraft von 3 auf 4 sh., also die notwendige Arbeitszeit von 6 auf 8 Stunden. Bleibt der Arbeitstag unverändert, so fällt die Mehrarbeit von 6 auf 4 Stunden, der Mehrwert von 3 auf 2 sh. Wird der Arbeitstag um 2 Stunden verlängert, also von 12 auf 14 Stunden, so bleibt die Mehrarbeit 6 Stunden, der Mehrwert 3 sh., aber seine Größe fällt im Vergleich zum Wert der Arbeitskraft, gemessen durch die notwendige Arbeit. Wird der Arbeitstag um 4 Stunden verlängert, von 12 auf 16 Stunden, so bleiben die proportionellen Größen von Mehrwert und Wert der Arbeitskraft, Mehrarbeit und notwendiger Arbeit unverändert, aber die absolute Größe des Mehrwerts wächst von 3 auf 4 sh., die der Mehrarbeit von 6 auf 8 Arbeitsstunden, also um $^1/_3$ oder 33 $^1/_3$%. Bei abnehmender Produktivkraft der Arbeit und gleichzeitiger Verlängerung des Arbeitstags kann also die absolute Größe des Mehrwerts unverändert bleiben, während seine proportionelle Größe fällt; seine proportionelle Größe kann unverändert bleiben, während seine absolute Größe wächst, und, je nach dem Grad der Verlängerung, können beide wachsen.

Im Zeitraume von 1799 bis 1815 führten die steigenden Preise der Lebensmittel in England eine nominelle Lohnsteigerung herbei, obwohl die wirklichen, in Lebensmitteln ausgedrückten Arbeitslöhne fielen. Hieraus schlossen West und Ricardo, daß die Verminderung der Produktivität der Ackerbauarbeit ein Fallen der Mehrwertsrate verursacht hätte, und machten diese nur in ihrer Phantasie gültige Annahme zum Ausgangspunkt wichtiger Analysen über das relative Größenverhältnis von Arbeitslohn, Profit und Grundrente. Dank der gesteigerten Intensität der Arbeit und der erzwungenen Verlängerung der Arbeitszeit war aber der Mehrwert damals absolut und relativ gewachsen. Es war dies die Periode, worin die maßlose Verlängerung des Arbeitstags sich das Bürgerrecht erwarb[15],

[15] „Korn und Arbeit stimmen selten vollkommen überein; aber es gibt eine offensichtliche Grenze, über die hinaus sie nicht getrennt werden können. Die außergewöhnlichen Anstrengungen der arbeitenden Klassen in Zeiten der Teuerung, die den Rückgang der Löhne bewirken, von dem in den Aussagen“ (nämlich vor den parlamentarischen Untersuchungsausschüssen 1814/15) „die Rede war, gereichen den einzelnen sehr zum Verdienst und begünstigen sicher das Anwachsen des Kapitals. Aber kein human Empfindender kann wünschen, daß sie ungemindert und ununterbrochen vor sich gehen. Sie sind höchst bewundernswert als zeitweilige Abhilfe; aber wenn sie immer stattfänden, so würden sie ähnlich wirken wie eine im Verhältnis zu ihrer Subsistenz bis an die alleräußerste Grenze getriebene Bevölkerung.“ (Malthus,

die Periode, speziell charakterisiert durch beschleunigte Zunahme hier des Kapitals, dort des Pauperismus.[16]

2. Zunehmende Intensität und Produktivkraft der Arbeit mit gleichzeitiger Verkürzung des Arbeitstags:

Gesteigerte Produktivkraft der Arbeit und ihre wachsende Intensität wirken nach einer Seite hin gleichförmig. Beide vermehren die in jedem Zeitabschnitt erzielte Produktenmasse. Beide verkürzen also den Teil des Arbeitstags, den der Arbeiter zur Produktion seiner Lebensmittel oder ihres Äquivalents braucht. Die absolute Minimalgrenze des Arbeitstags wird überhaupt gebildet durch diesen seinen notwendigen, aber kontraktiblen Bestandteil. Schrumpfte darauf der ganze Arbeitstag zusammen, so verschwände die Mehrarbeit, was unter dem Regime des Kapitals unmöglich. Die Beseitigung der kapitalistischen Produktionsform erlaubt, den Arbeitstag auf die notwendige Arbeit zu beschränken. Jedoch würde die letztre, unter sonst gleichbleibenden Umständen, ihren Raum ausdehnen. Einerseits weil die Lebensbedingungen des Arbeiters reicher und seine Lebensansprüche größer. Andrerseits würde ein Teil der jetzigen Mehrarbeit zur notwendigen Arbeit zählen, nämlich die zur Erzielung eines gesellschaftlichen Reserve- und Akkumulationsfonds nötige Arbeit.

Je mehr die Produktivkraft der Arbeit wächst, um so mehr kann der Arbeitstag verkürzt werden, und je mehr der Arbeitstag verkürzt wird, desto mehr kann die Intensität der Arbeit wachsen. Gesellschaftlich betrachtet, wächst die Produktivität der Arbeit auch mit ihrer Ökonomie. Diese schließt nicht nur die Ökonomisierung der Produktionsmittel ein, sondern die Vermeidung aller nutzlosen Arbeit. Während die kapitalistische Produktionsweise in jedem individuellen

---

Inquiry into the Nature and Progress of Rent", Lond. 1815, p. 48, Note.) Es macht Malthus alle Ehre, daß er den Ton legt auf die auch die auch an andrer Stelle in seinem Pamphlet direkt besprochne Verlängerung des Arbeitstags, während Ricardo und andre, im Angesicht der schreiendsten Tatsachen, die konstante Größe des Arbeitstags allen ihren Untersuchungen zugrund legten. Aber die konservativen Interessen, deren Knecht Malthus war, hinderten ihn zu sehn, daß die maßlose Verlängerung des Arbeitstags, zugleich mit außerordentlicher Entwicklung der Maschinerie und der Exploitation der Weiber- und Kinderarbeit, einen großen Teil der Arbeiterklasse „überzählig" machen mußten, namentlich sobald die Kriegsnachfrage und das englische Monopol des Weltmarkts aufhörten. Es war natürlich weit bequemer und den Interessen der herrschenden Klassen, die Malthus echt pfäffisch idolatrisiert, viel entsprechender, diese „Übervölkerung" aus den ewigen Gesetzen der Natur als aus den nur historischen Naturgesetzen der kapitalistischen Produktion zu erklären.

[16] „Eine grundlegende Ursache des Anwachsens des Kapitals während des Krieges lag in den größeren Anstrengungen und vielleicht auch den größeren Entbehrungen der arbeitenden Klassen, die in jeder Gesellschaft die zahlreichsten sind. Durch die Dürftigkeit ihrer Lage wurden mehr Frauen und Kinder genötigt, Arbeit zu nehmen; und jene, die schon früher Arbeiter waren, waren aus demselben Grunde gezwungen, einen größeren Teil ihrer Zeit der Vermehrung der Produktion zu widmen." („Essays on Political Econ. in which are illustrated the Principal Causes of the Present National Distress", London 1830, p. 248.)

Geschäft Ökonomie erzwingt, erzeugt ihr anarchisches System der Konkurrenz die maßloseste Verschwendung der gesellschaftlichen Produktionsmittel und Arbeitskräfte, neben einer Unzahl jetzt unentbehrlicher, aber an und für sich überflüssiger Funktionen.

Intensität und Produktivkraft der Arbeit gegeben, ist der zur materiellen Produktion notwendige Teil des gesellschaftlichen Arbeitstags um so kürzer, der für freie, geistige und gesellschaftliche Betätigung der Individuen eroberte Zeitteil also um so größer, je gleichmäßiger die Arbeit unter alle werkfähigen Glieder der Gesellschaft verteilt, je weniger eine Gesellschaftsschichte die Naturnotwendigkeit der Arbeit von sich selbst ab- und einer andren Schichte zuwälzen kann. Die absolute Grenze für die Verkürzung des Arbeitstags ist nach dieser Seite hin die Allgemeinheit der Arbeit. In der kapitalistischen Gesellschaft wird freie Zeit für eine Klasse produziert durch Verwandlung aller Lebenszeit der Massen in Arbeitszeit.

Sechzehntes Kapitel: Verschiedne Formeln für die Rate des Mehrwerts

Man hat gesehn, daß die Rate des Mehrwerts sich darstellt in den Formeln:

I.

$$\frac{\text{Mehrwert}}{\text{Variables Kapital}}\left(\frac{m}{v}\right)=\frac{\text{Mehrwert}}{\text{Wert der Arbeitskraft}}=\frac{\text{Mehrwert}}{\text{Notwendige Arbeit}}$$

Die zwei ersten Formen stellen als Verhältnis von Werten dar, was die dritte als Verhältnis der Zeiten, worin diese Werte produziert werden. Diese einander ersetzenden Formeln sind begrifflich streng. Man findet sie daher wohl der Sache nach, aber nicht bewußt ausgearbeitet in der klassischen politischen Ökonomie. Hier begegnen wir dagegen den folgenden abgleiteten Formeln:

II.

$$\frac{\text{Mehrarbeit}}{\text{Arbeitstag}}=\frac{\text{Mehrwert}}{\text{Pr oduktenwert}}=\frac{\text{Mehrprodukt}}{\text{Gesamtprodukt}}$$

Eine und dieselbe Proportion ist hier abwechselnd ausgedrückt in der Form der Arbeitszeiten, der Werte, worin sie sich verkörpern, der Produkte, worin diese Werte existieren. Es wird natürlich unterstellt, daß unter Wert des Produkts nur das Wertprodukt des Arbeitstags zu verstehn, der konstante Teil des Produktenwerts aber ausgeschlossen ist.

In allen diesen Formeln ist der wirkliche Exploitationsgrad der Arbeit oder die Rate des Mehrwerts falsch ausgedrückt. Der Arbeitstag sei 12 Stunden. Mit den andren Annahmen unsres früheren Beispiels stellt sich in diesem Fall der wirkliche Exploitationsgrad der Arbeit dar in den Proportionen:

$$\frac{\text{6 Stunden Mehrarbeit}}{\text{6 Stunden notwendige Arbeit}}=\frac{\text{Mehrwert von 3 sh.}}{\text{Variables Kapital von 3 sh.}}=100\%.$$

Nach den Formeln II erhalten wir dagegen:

$$\frac{\text{6 Stunden Mehrarbeit}}{\text{Arbeitstag von 12 Stunden}}=\frac{\text{Mehrwert von 3 sh.}}{\text{Wertprodukt von 6 sh.}}=50\%.$$

Diese abgeleiteten Formeln drücken in der Tat die Proportion aus, worin der Arbeitstag oder sein Wertprodukt sich zwischen Kapitalist und Arbeiter teilt. Gelten sie daher als unmittelbare Ausdrücke des Selbstverwertungsgrades des Kapitals, so gilt das falsche Gesetz: Die Mehrarbeit oder der Mehrwert kann nie

100% erreichen.[17] Da die Mehrarbeit stets nur einen aliquoten Teil des Arbeitstags oder der Mehrwert stets nur einen aliquoten Teil des Wertprodukts bilden kann, ist die Mehrarbeit notwendigerweise stets kleiner als der Arbeitstag oder der Mehrwert stets kleiner als das Wertprodukt. Um sich zu verhalten wie $\frac{100}{100}$, müßten sie aber gleich sein. Damit die Mehrarbeit den ganzen Arbeitstag absorbiere (es handelt sich hier um den Durchschnittstag der Arbeitswoche, des Arbeitsjahrs usw.), müßte die notwendige Arbeit auf Null sinken. Verschwindet aber die notwendige Arbeit, so verschwindet auch die Mehrarbeit, da letztre nur eine Funktion der ersten. Die Proportion $\frac{\text{Mehrarbeit}}{\text{Arbeitstag}} = \frac{\text{Mehrwert}}{\text{Wertprodukt}}$ kann also niemals die Grenze $\frac{100}{100}$ erreichen und noch weniger auf $\frac{100+x}{100}$ steigen. Wohl aber die Rate des Mehrwerts oder der wirkliche Exploitationsgrad der Arbeit. Nimm z. B. die Schätzung des Herrn L. de Lavergne, wonach der englische Ackerbauarbeiter nur $^1/_4$, der Kapitalist (Pächter) dagegen $^3/_4$ des Produkts[18] oder seines Werts erhält, wie die Beute sich immer zwischen Kapitalist und Grundeigentümer usw. nachträglich weiter verteilt. Die Mehrarbeit des englischen Landarbeiters verhält sich danach zu seiner notwendigen Arbeit = 3:1, ein Prozentsatz der Exploitation von 300%.

Die Schulmethode, den Arbeitstag als konstante Größe zu behandeln, wurde durch Anwendung der Formeln II befestigt, weil man hier die Mehrarbeit stets mit einem Arbeitstag von gegebner Größe vergleicht. Ebenso, wenn die Teilung des Wertprodukts ausschließlich ins Auge gefaßt wird. Der Arbeitstag, der sich

---

17 So z. B. in „Dritter Brief an v. Kirchmann von Rodbertus. Widerlegung der Ricardo'schen Theorie von der Grundrente und Begründung einer neuen Rententheorie", Berlin 1851. Ich komme später auf diese Schrift zurück, die trotz ihrer falschen Theorie von der Grundrente das Wesen der kapitalistischen Produktion durchschaut. – [Zusatz zur 3. Auf. – Man sieht hier, wie wohlwollend Marx seine Vorgänger beurteilte, sobald er bei ihnen einen wirklichen Fortschritt, einen richtigen neuen Gedanken fand. Inzwischen hat die Veröffentlichung der Rodbertusschen Briefe an Rud. Meyer obige Anerkennung einigermaßen eingeschränkt. Da heißt es: „Man muß das Kapital nicht bloß vor der Arbeit, sondern auch vor sich selbst retten, und das geschieht in der Tat am besten, wenn man die Tätigkeit des Unternehmer-Kapitalisten als volks- und staatswirtschaftliche Funktionen auffaßt, die ihm durch das Kapitaleigentum delegiert sind, und seinen Gewinn als eine Gehaltsform, weil wir noch keine andre soziale Organisation kennen. Gehälter dürfen aber geregelt werden und auch ermäßigt, wenn sie dem Lohn zu viel nehmen. So ist auch der Einbruch von Marx in die Gesellschaft – so möchte ich sein Buch nennen – abzuwehren ... Überhaupt ist das Marxsche Buch nicht sowohl eine Untersuchung über das Kapital als eine Polemik gegen die heutige Kapitalform, die er mit dem Kapitalbegriff selbst verwechselt, woraus eben seine Irrtümer entstehn." („Briefe etc. von Dr. Rodbertus-Jagetzow", herausgg. von Dr. Rud. Meyer, Berlin 1881, I. Bd., p.111, 48. Brief von Rodbertus.) - In solchen ideologischen Gemeinplätzen versanden die in der Tat kühnen Anläufe der R.'schen „sozialen Briefe". – F. E.]

18 Der Teil des Produkts, der nur das ausgelegte konstante Kapital ersetzt, ist bei dieser Rechnung selbstverständlich abgezogen. – Herr L. de Lavergne, blinder Bewunderer Englands, gibt eher zu niedriges als zu hohes Verhältnis.

bereits in einem Wertprodukt vergegenständlicht hat, ist stets ein Arbeitstag von gegebenen Grenzen.

Die Darstellung von Mehrwert und Wert der Arbeitskraft als Bruchteilen des Wertprodukts – eine Darstellungsweise, die übrigens aus der kapitalistischen Produktionsweise selbst erwächst und deren Bedeutung sich später erschließen wird – versteckt den spezifischen Charakter des Kapitalverhältnisses, nämlich den Austausch des variablen Kapitals mit der lebendigen Arbeitskraft und den entsprechenden Ausschluß des Arbeiters vom Produkt. An die Stelle tritt der falsche Schein eines Assoziationsverhältnisses, worin Arbeiter und Kapitalist das Produkt nach dem Verhältnis seiner verschiednen Bildungsfaktoren teilen.[19]

Übrigens sind die Formeln II stets in die Formeln I rückverwandelbar. Haben wir z. B. $\frac{\text{Mehrarbeit von 6 Stunden}}{\text{Arbeitstag von 12 Stunden}}$, so ist die notwendige Arbeitszeit = Arbeitstag von zwölf Stunden minus Mehrarbeit von sechs Stunden, und so ergibt sich: $\frac{\text{Mehrarbeit von 6 Stunden}}{\text{Notwendige Arbeit von 6 Stunden}} = \frac{100}{100}$.

Eine dritte Formel, die ich gelegentlich schon antizipiert habe, ist:

III.

$$\frac{\text{Mehrwert}}{\text{Wert der Arbeitskraft}} = \frac{\text{Mehrarbeit}}{\text{Notwendige Arbeit}} = \frac{\text{Unbezahlte Arbeit}}{\text{Bezahlte Arbeit}}$$

Das Mißverständnis, wozu die Formel $\frac{\text{Unbezahlte Arbeit}}{\text{Bezahlte Arbeit}}$ verleiten könnte, als zahle der Kapitalist die Arbeit und nicht die Arbeitskraft, fällt nach der früher gegebenen Entwicklung fort. $\frac{\text{Unbezahlte Arbeit}}{\text{Bezahlte Arbeit}}$ ist nur populärer Ausdruck für $\frac{\text{Mehrarbeit}}{\text{Notwendige Arbeit}}$. Der Kapitalist zahlt den Wert, resp. davon abweichenden Preis der Arbeitskraft und erhält im Austausch die Verfügung über die lebendige Arbeitskraft selbst. Seine Nutznießung dieser Arbeitskraft zerfällt in zwei Perioden. Während der einen Periode produziert der Arbeiter nur einen Wert = Wert seiner Arbeitskraft, also nur ein Äquivalent. Für den vorgeschoßnen Preis der Arbeitskraft erhält so der Kapitalist ein Produkt vom selben Preis. Es ist, als ob er das Produkt fertig auf dem Markt gekauft hätte. In der Periode der

[19] Da alle entwickelten Formen des kapitalistischen Produktionsprozesses Formen der Kooperation sind, ist natürlich nichts leichter, als von ihrem spezifisch antagonistischen Charakter zu abstrahieren und sie so in freie Assoziationsformen umzufabeln, wie in des Grafen A. de Laborde, „De l'Esprit de l'Association dans tous les intérêts de la Communauté, Paris 1818. Der Yankee H. Carey bringt dies Kunststück mit demselben Erfolg gelegentlich selbst für die Verhältnisse des Sklavensystems fertig.

Mehrarbeit dagegen bildet die Nutznießung der Arbeitskraft Wert für den Kapitalisten, ohne ihm einen Wertersatz zu kosten.[20]

Er hat diese Flüssigmachung der Arbeitskraft umsonst. In diesem Sinn kann die Mehrarbeit unbezahlte Arbeit heißen.

Das Kapital ist also nicht nur Kommando über Arbeit, wie A. Smith sagt. Es ist wesentlich Kommando über unbezahlte Arbeit. Aller Mehrwert, in welcher besondern Gestalt von Profit, Zins, Rente usw. er sich später kristallisiere, ist seiner Substanz nach Materiatur unbezahlter Arbeitszeit. Das Geheimnis von der Selbstverwertung des Kapitals löst sich auf in seine Verfügung über ein bestimmtes Quantum unbezahlter fremder Arbeit.

---

[20] Obgleich die Physiokraten das Geheimnis des Mehrwerts nicht durchschauten, war ihnen doch so viel klar, daß er „ein unabhängiger und verfügbarer Reichtum ist, den „er" (der Besitzer davon) „nicht gekauft hat und den er verkauft". (Turgot, „Réflexions sur la Formation et la Distribution des Richesses", p. 11.)

SECHSTER ABSCHNITT: DER ARBEITSLOHN

Siebzehntes Kapitel: Verwandlung von Wert resp. Preis der Arbeitskraft in Arbeitslohn

Auf der Oberfläche der bürgerlichen Gesellschaft erscheint der Lohn des Arbeiters als Preis der Arbeit, ein bestimmtes Quantum Geld, das für ein bestimmtes Quantum Arbeit gezahlt wird. Man spricht hier vom Wert der Arbeit und nennt seinen Geldausdruck ihren notwendigen oder natürlichen Preis. Man spricht andrerseits von Marktpreisen der Arbeit, d. h. über oder unter ihrem notwendigen Preis oszillierenden Preisen.

Aber was ist der Wert einer Ware? Gegenständliche Form der in ihrer Produktion verausgabten gesellschaftlichen Arbeit. Und wodurch messen wir die Größe ihres Werts? Durch die Größe der in ihr enthaltnen Arbeit. Wodurch wäre also der Wert z. B. eines zwölfstündigen Arbeitstags bestimmt? Durch die in einem Arbeitstag von 12 Stunden enthaltnen 12 Arbeitsstunden, was eine abgeschmackte Tautologie ist.[21]

Um als Ware auf dem Markt verkauft zu werden, müßte die Arbeit jedenfalls existieren, bevor sie verkauft wird. Könnte der Arbeiter ihr aber eine selbständige Existenz geben, so würde er Ware verkaufen und nicht Arbeit.[22]

Von diesen Widersprüchen abgesehn, würde ein direkter Austausch von Geld, d. h. vergegenständlichter Arbeit, mit lebendiger Arbeit entweder das Wertgesetz aufheben, welches sich grade erst auf Grundlage der kapitalistischen Produktion frei entwickelt, oder die kapitalistische Produktion selbst aufheben, welche grade auf der Lohnarbeit beruht. Der Arbeitstag von 12 Stunden stellt

---

21 „Ricardo, geistreich genug, vermeidet eine Schwierigkeit, die auf den ersten Blick seiner Theorie entgegenzustehen scheint, daß nämlich der Wert von der in der Produktion verwandten Arbeitsmenge abhängig ist. Hält man an diesem Prinzip streng fest, so folgt daraus, daß der Wert der Arbeit abhängt von der zu ihrer Produktion aufgewandten Arbeitsmenge – was offenbar Unsinn ist. Durch eine geschickte Wendung macht deshalb Ricardo den Wert der Arbeit abhängig von der Menge der Arbeit, die zur Produktion des Lohnes erforderlich ist; oder, um mit seinen eigenen Worten zu sprechen, er behauptet, daß der Wert der Arbeit nach der Arbeitsmenge zu schätzen sei, die zur Produktion des Lohnes benötigt wird; worunter er die Arbeitsmenge versteht, die zur Produktion des Geldes oder der Ware notwendig ist, die dem Arbeiter gegeben werden. Gerade so gut könnte man sagen, daß der Wert von Tuch nicht nach der zu seiner Produktion verwandten Arbeitsmenge geschätzt werde, sondern nach der Arbeitsmenge, die zur Produktion des Silbers verwandt wurde, gegen welches das Tuch eingetauscht wird." („A Critical Dissertation on the Nature, etc., of Value", pp. 50, 51)

22 „Wenn ihr Arbeit eine Ware nennt, so ist sie doch nicht einer Ware gleich, die zuerst zum Zweck des Tausches produziert und dann auf den Markt gebracht wird, wo sie mit anderen Waren, die grade auf dem Markte sind, in entsprechendem Verhältnis ausgetauscht wird; Arbeit wird in dem Augenblick geschaffen, in dem sie auf den Markt gebracht wird, ja sie wird auf den Markt gebracht, bevor sie geschaffen ist." („Observations on some verbal disputes etc.", p. 75, 76.)

sich z. B. in einem Geldwert von 6 sh. dar. Entweder werden Äquivalente ausgetauscht, und dann erhält der Arbeiter für zwölfstündige Arbeit 6 sh. Der Preis seiner Arbeit wäre gleich dem Preis seines Produkts. In diesem Fall produzierte er keinen Mehrwert für den Käufer seiner Arbeit, die 6 sh. verwandelten sich nicht in Kapital, die Grundlage der kapitalistischen Produktion verschwände, aber grade auf dieser Grundlage verkauft er seine Arbeit und ist seine Arbeit Lohnarbeit. Oder er erhält für 12 Stunden Arbeit weniger als 6 sh., d. h. weniger als 12 Stunden Arbeit. Zwölf Stunden Arbeit tauschen sich aus gegen 10, 6 usw. Stunden Arbeit. Diese Gleichsetzung ungleicher Größen hebt nicht nur die Wertbestimmung auf. Ein solcher sich selbst aufhebender Widerspruch kann überhaupt nicht als Gesetz auch nur ausgesprochen oder formuliert werden.[23]

Es nützt nichts, den Austausch von mehr gegen weniger Arbeit aus dem Formunterschied herzuleiten, daß sie das eine Mal vergegenständlicht, das andre Mal lebendig ist.[24] Dies ist um so abgeschmackter, als der Wert einer Ware nicht durch das Quantum wirklich in ihr vergegenständlichter, sondern durch das Quantum der zu ihrer Produktion notwendigen lebendigen Arbeit bestimmt wird. Eine Ware stelle 6 Arbeitsstunden dar. Werden Erfindungen gemacht, wodurch sie in 3 Stunden produziert werden kann, so sinkt der Wert auch der bereits produzierten Ware um die Hälfte. Sie stellt jetzt 3 statt früher 6 Stunden notwendige gesellschaftliche Arbeit dar. Es ist also das zu ihrer Produktion erheischte Quantum Arbeit, nicht deren gegenständliche Form, wodurch ihre Wertgröße bestimmt wird.

Was dem Geldbesitzer auf dem Warenmarkt direkt gegenübertritt, ist in der Tat nicht die Arbeit, sondern der Arbeiter. Was letztrer verkauft, ist seine Arbeitskraft. Sobald seine Arbeit wirklich beginnt, hat sie bereits aufgehört, ihm zu gehören, kann also nicht mehr von ihm verkauft werden. Die Arbeit ist die Substanz und das immanente Maß der Werte, aber sie selbst hat keinen Wert.[25]

Im Ausdruck: „Wert der Arbeit" ist der Wertbegriff nicht nur völlig ausgelöscht, sondern in sein Gegenteil verkehrt. Es ist ein imaginärer Ausdruck, wie

[23] „Wenn man Arbeit als eine Ware und Kapital, das Produkt von Arbeit, als eine andre behandelt, dann würde sich, wenn die Werte jener beiden Waren durch gleiche Arbeitsmengen bestimmt würden, eine gegebene Menge Arbeit ... gegen eine solche Menge Kapital austauschen, die durch die gleiche Arbeitsmenge erzeugt worden wäre; vergangene Arbeit würde ... gegen die gleiche Menge eingetauscht wie gegenwärtige. Aber der Wert der Arbeit, im Verhältnis zu anderen Waren ... wird eben nicht durch gleiche Arbeitsmengen bestimmt." (E. G. Wakefield in s. Edit. von A. Smiths, „Wealth of Nations", Lond. 1835, v. I, p. 230, 231, Note.)

[24] „Man mußte vereinbaren" (auch eine Ausgabe des „contrat social"), „daß, wann immer geleistete Arbeit gegen zu leistende Arbeit ausgetauscht wird, der letztere" (le capitaliste) „einen höheren Wert erhalten müßte als der erstere" (le travailleur). (Simonde (i. e. Sismondi) „De la Richesse Commerciale", Genève 1803, t. I, p. 37)

[25] Arbeit, der ausschließliche Maßstab des Wertes ... die Schöpferin allen Reichtums, ist keine Ware." (Th. Hodgskin, l.c.p. 186.)

etwa Wert der Erde. Diese imaginären Ausdrücke entspringen jedoch aus den Produktionsverhältnissen selbst. Sie sind Kategorien für Erscheinungsformen wesentlicher Verhältnisse. Daß in der Erscheinung die Dinge sich oft verkehrt darstellen, ist ziemlich in allen Wissenschaften bekannt, außer in der politischen Ökonomie.[26]

Die klassische politische Ökonomie entlehnte dem Alltagsleben ohne weitere Kritik die Kategorie „Preis der Arbeit", um sich dann hinterher zu fragen, wie wird dieser Preis bestimmt? Sie erkannte bald, daß der Wechsel im Verhältnis von Nachfrage und Angebot für den Preis der Arbeit, wie für den jeder andren Ware, nichts erklärt außer seinem Wechsel, d. h. die Schwankung der Marktpreise unter oder über eine gewisse Größe. Decken sich Nachfrage und Angebot, so hört, unter sonst gleichbleibenden Umständen, die Preisoszillation auf. Aber dann hören auch Nachfrage und Angebot auf, irgend etwas zu erklären. Der Preis der Arbeit, wenn Nachfrage und Angebot sich decken, ist ihr vom Verhältnis der Nachfrage und Angebot unabhängig bestimmter, ihr natürlicher Preis, der so als der eigentlich zu analysierende Gegenstand gefunden ward. Oder man nahm eine längere Periode der Schwankungen des Marktpreises, z. B. ein Jahr und fand dann, daß sich ihr Auf und Ab ausgleicht zu einer mittlern Durchschnittsgröße, einer konstanten Größe. Sie mußte natürlich anders bestimmt werden als die sich kompensierenden Abweichungen von ihr selbst. Dieser über die zufälligen Marktpreise der Arbeit übergreifende und sie regulierende Preis, der „notwendige Preis" (Physiokraten) oder „natürliche Preis" der Arbeit (Adam Smith) kann, wie bei andren Waren, nur ihr in Geld ausgedrückter Wert sein. In dieser Art glaubte die politische Ökonomie durch die zufälligen Preise der Arbeit zu ihrem Wert vorzudringen. Wie bei den andren Waren wurde dieser Wert dann weiter

[26] Solche Ausdrücke dagegen für bloße licentia poetica zu erklären, zeigt nur die Ohnmacht der Analyse. Gegen Proudhons Phrase: „Man sagt von der Arbeit, daß sie einen Wert hat, nicht als eigentliche Ware, sondern im Hinblick auf die Werte, welche man in ihr potentiell enthalten annimmt. Der Wert der Arbeit ist ein figürlicher Ausdruck etc.", bemerke ich daher: „Er sieht in der Ware Arbeit, die eine furchtbare Realität ist, nur eine grammatische Ellipse. Demgemäß ist die ganze heutige, auf den Warencharakter der Arbeit begründete Gesellschaft von jetzt an eine poetische Lizenz, auf einen figürlichen Ausdruck begründet. Will die Gesellschaft ‚alle Unzuträglichkeiten ausmerzen', unter denen sie zu leiden hat, nun, so merze sie die anstößigen Ausdrücke aus, so ändere sie die Sprache, und sie braucht sich zu diesem Behufe nur an die Akademie zu wenden, um von ihr eine neue Ausgabe ihres Wörterbuchs zu verlangen." (K. Marx, „Misère de la Philosophie", p. 34, 35.) Noch bequemer ist es natürlich, sich unter Wert gar nichts zu denken. Man kann dann ohne Umstände alles unter diese Kategorie subsumieren. So z. B. J. B. Say. Was ist „valeur"? Antwort: „Das, was eine Sache wert ist" und was ist „prix"? Antwort: „Der Wert einer Sache ausgedrückt in Geld." Und warum hat „die Arbeit der Erde ... einen Wert?" „Weil man ihr einen Preis zuerkennt". Also Wert ist, was ein Ding wert ist, und die Erde hat einen „Wert", weil man ihren Wert „in Geld ausdrückt". Dies ist jedenfalls eine sehr einfache Methode, sich über das why und wherefore der Dinge zu verständigen.

durch die Produktionskosten bestimmt. Aber was sind die Produktionskosten – des Arbeiters, d. h. die Kosten, um den Arbeiter selbst zu produzieren oder zu reproduzieren? Diese Frage schob sich der politischen Ökonomie bewußtlos für die ursprüngliche unter, da sie mit den Produktionskosten der Arbeit als solcher sich im Kreise drehte und nicht vom Flecke kam. Was sie also Wert der Arbeit (value of labour) nennt, ist in der Tat der Wert der Arbeitskraft, die in der Persönlichkeit des Arbeiters existiert und von ihrer Funktion, der Arbeit, ebenso verschieden ist wie eine Maschine von ihren Operationen. Beschäftigt mit dem Unterschied zwischen den Marktpreisen der Arbeit und ihrem sog. Wert, mit dem Verhältnis dieses Werts zur Profitrate, zu den vermittelst der Arbeit produzierten Warenwerten usw., entdeckte man niemals, daß der Gang der Analyse nicht nur von den Marktpreisen der Arbeit zu ihrem vermeintlichen Wert, sondern dahin geführt hatte, diesen Wert der Arbeit selbst wieder aufzulösen in den Wert der Arbeitskraft. Die Bewußtlosigkeit über dies Resultat ihrer eignen Analyse, die kritiklose Annahme der Kategorien „Wert der Arbeit", „natürlicher Preis der Arbeit" usw. als letzter adäquater Ausdrücke des behandelten Wertverhältnisses, verwickelte, wie man später sehn wird, die klassische politische Ökonomie in unauflösbare Wirren und Widersprüche, während sie der Vulgärökonomie eine sichere Operationsbasis für ihre prinzipiell nur dem Schein huldigende Flachheit bot.

Sehn wir nun zunächst, wie Wert und Preise der Arbeitskraft sich in dieser verwandelten Form als Arbeitslohn darstellen.

Man weiß, daß der Tageswert der Arbeitskraft berechnet ist auf eine gewisse Lebensdauer des Arbeiters, welcher eine gewisse Länge des Arbeitstags entspricht. Nimm an, der gewohnheitsmäßige Arbeitstag betrage 12 Stunden und der Tageswert der Arbeitskraft 3 sh., der Geldausdruck eines Werts, worin sich 6 Arbeitsstunden darstellen. Erhält der Arbeiter 3 sh., so erhält er den Wert seiner während 12 Stunden funktionierenden Arbeitskraft. Wird nun dieser Tageswert der Arbeitskraft als Wert der Tagesarbeit ausgedrückt, so ergibt sich die Formel: Die zwölfstündige Arbeit hat einen Wert von 3 sh. Der Wert der Arbeitskraft bestimmt so den Wert der Arbeit oder, in Geld ausgedrückt, ihren notwendigen Preis. Weicht dagegen der Preis der Arbeitskraft von ihrem Wert ab, so ebenfalls der Preis der Arbeit von ihrem sog. Wert.

Da der Wert der Arbeit nur ein irrationeller Ausdruck für den Wert der Arbeitskraft, ergibt sich von selbst, daß der Wert der Arbeit stets kleiner sein muß als ihr Wertprodukt, denn der Kapitalist läßt die Arbeitskraft stets länger funktionieren, als zur Reproduktion ihres eignen Werts nötig ist. Im obigen Beispiel ist der Wert der während 12 Stunden funktionierenden Arbeitskraft 3 sh., ein Wert, zu dessen Reproduktion sie 6 Stunden braucht. Ihr Wertprodukt ist dagegen 6 sh., weil sie in der Tat während 12 Stunden funktioniert, und ihr Wertprodukt nicht von ihrem eignen Werte, sondern von der Zeitdauer ihrer Funktion abhängt. Man erhält so das auf den ersten Blick abgeschmackte

Resultat, daß Arbeit, die einen Wert von 6 sh. schafft, einen Wert von 3 sh. besitzt.[27]

Man sieht ferner: Der Wert von 3 sh., worin sich der bezahlte Teil des Arbeitstags, d. h. sechsstündige Arbeit darstellt, erscheint als Wert oder Preis des Gesamtarbeitstags von 12 Stunden, welcher 6 unbezahlte Stunden enthält. Die Form des Arbeitslohns löscht also jede Spur der Teilung des Arbeitstags in notwendige Arbeit und Mehrarbeit, in bezahlte und unbezahlte Arbeit aus. Alle Arbeit erscheint als bezahlte Arbeit. Bei der Fronarbeit unterscheiden sich räumlich und zeitlich, handgreiflich sinnlich, die Arbeit des Fröners für sich selbst und seine Zwangsarbeit für den Grundherrn. Bei der Sklavenarbeit erscheint selbst der Teil des Arbeitstags, worin der Sklave nur den Wert seiner eignen Lebensmittel ersetzt, den er in der Tat also für sich selbst arbeitet, als Arbeit für seinen Meister. Alle seine Arbeit erscheint als unbezahlte Arbeit.[28] Bei der Lohnarbeit erscheint umgekehrt selbst die Mehrarbeit oder unbezahlte Arbeit als bezahlt. Dort verbirgt das Eigentumsverhältnis das Fürsichselbstarbeiten des Sklaven, hier das Geldverhältnis das Umsonstarbeiten des Lohnarbeiters.

Man begreift daher die entscheidende Wichtigkeit der Verwandlung von Wert und Preis der Arbeitskraft in die Form des Arbeitslohns oder in Wert und Preis der Arbeit selbst. Auf dieser Erscheinungsform, die das wirkliche Verhältnis unsichtbar macht und grade sein Gegenteil zeigt, beruhn alle Rechtsvorstellungen des Arbeiters wie des Kapitalisten, alle Mystifikationen der kapitalistischen Produktionsweise, alle ihre Freiheitsillusionen, alle apologetischen Flausen der Vulgärökonomie.

Braucht die Weltgeschichte viele Zeit, um hinter das Geheimnis des Arbeitslohns zu kommen, so ist dagegen nichts leichter zu verstehen als die Notwendigkeit, die raisons d'être dieser Erscheinungsform.

Der Austausch zwischen Kapital und Arbeit stellt sich der Wahrnehmung zunächst ganz in derselben Art dar wie der Kauf und Verkauf aller andren Waren. Der Käufer gibt eine gewisse Geldsumme, der Verkäufer einen von Geld verschiednen Artikel. Das Rechtsbewußtsein erkennt hier höchstens einen stofflichen Unterschied, der sich ausdrückt in den rechtlich äquivalenten Formeln: Do ut des, do ut facias, facio ut des, und facio ut facias.

---

[27] Vgl. „Zur Kritik der politischen Oekonomie", p. 40, wo ich ankündige, daß bei Betrachtung des Kapitals das Problem gelöst werden soll: „Wie führt Produktion auf Basis des durch bloße Arbeitszeit bestimmten Tauschwerts zum Resultat, daß der Tauschwert der Arbeit kleiner ist als der Tauschwert ihres Produkts?"

[28] Der „Morning Star", ein bis zur Albernheit naives Londoner Freihandelsorgan, beteuerte während des Amerikanischen Bürgerkriegs wieder und wieder mit aller menschenmöglichen moralischen Entrüstung, daß die Neger in den „Confederate States" ganz umsonst arbeiteten. Es hätte gefälligst die Tageskosten eines solchen Negers mit denen des freien Arbeiters im East End von London z. B. vergleichen sollen.

Ferner: Da Tauschwert und Gebrauchswert an und für sich inkommensurable Größen sind, so scheint der Ausdruck: „Wert der Arbeit", „Preis der Arbeit" nicht irrationeller als der Ausdruck „Wert der Baumwolle", „Preis der Baumwolle". Es kommt hinzu, daß der Arbeiter gezahlt wird, nachdem er seine Arbeit geliefert hat. In seiner Funktion als Zahlungsmittel realisiert das Geld aber nachträglich den Wert oder Preis des gelieferten Artikels, also im gegebnen Fall den Wert oder Preis der gelieferten Arbeit. Endlich ist der „Gebrauchswert", den der Arbeiter dem Kapitalisten liefert, in der Tat nicht seine Arbeitskraft, sondern ihre Funktion, eine bestimmte nützliche Arbeit, Schneiderarbeit, Schusterarbeit, Spinnarbeit usw. Daß dieselbe Arbeit nach einer andren Seite hin allgemeines wertbildendes Element ist, eine Eigenschaft, wodurch sie sich von allen andren Waren unterscheidet, fällt außerhalb des Bereichs des gewöhnlichen Bewußtseins.

Stellen wir uns auf den Standpunkt des Arbeiters, der für zwölfstündige Arbeit z. B. das Wertprodukt sechsstündiger Arbeit erhält, sage 3 sh., so ist für ihn in der Tat seine zwölfstündige Arbeit das Kaufmittel der 3 sh. Der Wert seiner Arbeitskraft mag variieren mit dem Wert seiner gewohnheitsmäßigen Lebensmittel von 3 auf 4 sh. oder von 3 auf 2 sh., oder bei gleichbleibendem Wert seiner Arbeitskraft mag ihr Preis, infolge wechselnden Verhältnisses von Nachfrage und Angebot, auf 4 sh. steigen oder auf 2 sh. fallen, er gibt stets 12 Arbeitsstunden. Jeder Wechsel in der Größe des Äquivalents, das er erhält, erscheint ihm daher notwendig als Wechsel im Wert oder Preis seiner 12 Arbeitsstunden. Dieser Umstand verleitete umgekehrt Adam Smith, der den Arbeitstag als eine konstante Größe behandelt[29], zur Behauptung, der Wert der Arbeit sei konstant, obgleich der Wert der Lebensmittel wechsle und derselbe Arbeitstag sich daher in mehr oder weniger Geld für den Arbeiter darstelle.

Nehmen wir andrerseits den Kapitalisten, so will er zwar möglichst viel Arbeit für möglichst wenig Geld erhalten. Praktisch interessiert ihn daher nur die Differenz zwischen dem Preis der Arbeitskraft und dem Wert, den ihre Funktion schafft. Aber er sucht alle Ware möglichst wohlfeil zu kaufen und erklärt sich überall seinen Profit aus der einfachen Prellerei, dem Kauf unter und dem Verkauf über dem Wert. Er kommt daher nicht zur Einsicht, daß, wenn so ein Ding wie Wert der Arbeit wirklich existierte, und er diesen Wert wirklich zahlte, kein Kapital existieren, sein Geld sich nicht in Kapital verwandeln würde.

Zudem zeigt die wirkliche Bewegung des Arbeitslohns Phänomene, die zu beweisen scheinen, daß nicht der Wert der Arbeitskraft bezahlt wird, sondern der Wert ihrer Funktion, der Arbeit selbst. Diese Phänomene können wir auf zwei große Klassen zurückführen. Erstens: Wechsel des Arbeitslohns mit wechselnder Länge des Arbeitstags. Man könnte ebensowohl schließen, daß nicht

---

[29] A. Smith spielt nur zufällig auf die Variation des Arbeitstags an bei Gelegenheit des Stücklohns.

der Wert der Maschine, sondern der ihrer Operation bezahlt wird, weil es mehr kostet, eine Maschine für eine Woche als für einen Tag zu dingen. Zweitens: Der individuelle Unterschied in den Arbeitslöhnen verschiedner Arbeiter, welche dieselbe Funktion verrichten. Diesen individuellen Unterschied findet man, aber ohne Anlaß zu Illusionen, auch im System der Sklaverei, wo frank und frei, ohne Schnörkel, die Arbeitskraft selbst verkauft wird. Nur fällt der Vorteil einer Arbeitskraft die über dem Durchschnitt, oder der Nachteil einer Arbeitskraft, die unter dem Durchschnitt steht, im Sklavensystem dem Sklaveneigner zu, im System der Lohnarbeit dem Arbeiter selbst, weil seine Arbeitskraft in dem einen Fall von ihm selbst, in dem andern von einer dritten Person verkauft wird.

Übrigens gilt von der Erscheinungsform, „Wert und Preis der Arbeit" oder „Arbeitslohn", im Unterschied zum wesentlichen Verhältnis, welches erscheint, dem Wert und Preis der Arbeitskraft, dasselbe, was von allen Erscheinungsformen und ihrem verborgnen Hintergrund. Die ersteren reproduzieren sich unmittelbar spontan, als gang und gäbe Denkformen, der andre muß durch die Wissenschaft erst entdeckt werden. Die klassische politische Ökonomie stößt annähernd auf den wahren Sachverhalt, ohne ihn jedoch bewußt zu formulieren. Sie kann das nicht, solange sie in ihrer bürgerlichen Haut steckt.

Achtzehntes Kapitel: Der Zeitlohn

Der Arbeitslohn nimmt selbst wieder sehr mannigfaltige Formen an, ein Umstand, nicht erkennbar aus den ökonomischen Kompendien, die in ihrer brutalen Interessiertheit für den Stoff jeden Formunterschied vernachlässigen. Eine Darstellung aller dieser Formen gehört jedoch in die spezielle Lehre von der Lohnarbeit, also nicht in dieses Werk. Dagegen sind die zwei herrschenden Grundformen hier kurz zu entwickeln.

Der Verkauf der Arbeitskraft findet, wie man sich erinnert, stets für bestimmte Zeitperioden statt. Die verwandelte Form, worin der Tageswert, Wochenwert usw. der Arbeitskraft sich unmittelbar darstellt, ist daher die des „Zeitlohns", also Tageslohn usw.

Es ist nun zunächst zu bemerken, daß die im fünfzehnten Kapitel dargestellten Gesetze über den Größenwechsel von Preis der Arbeitskraft und Mehrwert sich durch einfache Formveränderung in Gesetze des Arbeitslohns verwandeln. Ebenso erscheint der Unterschied zwischen dem Tauschwert der Arbeitskraft und der Masse der Lebensmittel, worin sich dieser Wert umsetzt, jetzt als Unterschied von nominellem und reellem Arbeitslohn. Es wäre nutzlos, in der Erscheinungsform zu wiederholen, was in der wesentlichen Form bereits entwickelt. Wir beschränken uns daher auf wenige, den Zeitlohn charakterisierende Punkte.

Die Geldsumme[30], die der Arbeiter für seine Tagesarbeit, Wochenarbeit usw. erhält, bildet den Betrag seines nominellen oder dem Wert nach geschätzten Arbeitslohns. Es ist aber klar, daß je nach der Länge des Arbeitstags, also je nach der täglich von ihm gelieferten Quantität Arbeit, derselbe Tageslohn, Wochenlohn usw. einen sehr verschiednen Preis der Arbeit, d. h. sehr verschiedne Geldsummen für dasselbe Quantum Arbeit darstellen kann.[31] Man muß also bei dem Zeitlohn wieder unterscheiden zwischen Gesamtbetrag des Arbeitslohns, Taglohns, Wochenlohns usw. und Preis der Arbeit. Wie nun diesen Preis finden, d. h. den Geldwert eines gegebnen Quantums Arbeit? Der durchschnittliche Preis der Arbeit ergibt sich, indem man den durchschnittlichen Tageswert der Arbeitskraft durch die Stundenzahl des durchschnittlichen Arbeitstags dividiert. Ist z. B. der Tageswert der Arbeitskraft 3 sh., das Wertprodukt von 6 Arbeitsstunden, und ist der Arbeitstag zwölfstündig, so ist der Preis einer Arbeitsstunde $= \frac{3\text{ sh.}}{12}$ = 3 d. Der so gefundene Preis der Arbeitsstunde dient als Einheitsmaß für den Preis der Arbeit.

---

30 Der Geldwert selbst wird hier immer als konstant vorausgesetzt.

31 „Der Preis der Arbeit ist die Summe, die für eine gegebene Menge Arbeit gezahlt wird." (Sir Edward West, „Price of Corn and Wages of Labour", Lond. 1826, p. 67.) West ist der Verfasser der in der Geschichte der politischen Ökonomie epochemachenden anonymen Schrift: „Essay on the Application of Capital to Land. By a Fellow of Univ. of Oxford", Lond. 1815.

Es folgt daher, daß der Taglohn, Wochenlohn usw. derselbe bleiben kann, obgleich der Preis der Arbeit fortwährend sinkt. War z. B. der gewohnheitsmäßige Arbeitstag 10 Stunden und der Tageswert der Arbeitskraft 3 sh., so betrug der Preis der Arbeitsstunde $3^3/_5$ d.; er sinkt auf 3 d., sobald der Arbeitstag zu 12 Stunden, und $2^2/_5$ d., sobald er zu 15 Stunden steigt. Tages- oder Wochenlohn bleiben trotzdem unverändert. Umgekehrt kann der Taglohn oder Wochenlohn steigen, obgleich der Preis der Arbeit konstant bleibt oder selbst sinkt. War z. B. der Arbeitstag zehnstündig und ist der Tageswert der Arbeitskraft 3 sh., so der Preis einer Arbeitsstunde $3^3/_5$ d. Arbeitet der Arbeiter infolge zunehmender Beschäftigung und bei gleichbeibendem Preise der Arbeit 12 Stunden, so steigt sein Tageslohn nun auf 3 sh. $7^1/_5$ d. ohne Variation im Preise der Arbeit. Dasselbe Resultat könnte herauskommen, wenn statt der extensiven Größe der Arbeit ihre intensive Größe zunähme.[32] Steigen des nominellen Tages- oder Wochenlohns mag daher begleitet sein von gleichbleibendem oder sinkendem Preis der Arbeit. Dasselbe gilt von der Einnahme der Arbeiterfamilie, sobald das vom Familienhaupt gelieferte Arbeitsquantum durch die Arbeit der Familienglieder vermehrt wird. Es gibt also von der Schmälerung des nominellen Tages- oder Wochenlohns unabhängige Methoden zur Herabsetzung des Preises der Arbeit.[33]

Als allgemeines Gesetz aber folgt: Ist die Quantität der Tages-, Wochenarbeit usw. gegeben, so hängt der Tages- oder Wochenlohn vom Preise der Arbeit ab, der selbst variiert, entweder mit dem Wert der Arbeitskraft oder den Abweichungen ihres Preises von ihrem Werte. Ist dagegen der Preis der Arbeit gegeben, so hängt der Tages- oder Wochenlohn von der Quantität der Tages- oder Wochenarbeit ab.

---

[32] „Die Arbeitslöhne hängen vom Preis der Arbeit und der Menge der geleisteten Arbeit ab ... Eine Erhöhung der Arbeitslöhne schließt nicht notwendig eine Steigerung des Preises der Arbeit ein. Bei länger Beschäftigung und größerer Anstrengung können die Arbeitslöhne beträchtlich anwachsen, während der Preis der Arbeit derselbe bleibt kann." (West, l.c.p. 67, 68 u. 112.) Die Hauptfrage: wie wird der „price of labour" bestimmt? fertigt West übrigens mit banalen Redensarten ab.

[33] Dies fühlt der fanatischste Vertreter der industriellen Bourgeoisie des 18. Jahrhunderts, der oft von uns zitierte Verfasser des „Essay on Trade and Commerce" richtig heraus, obgleich er die Sache konfus darstellt: „Es ist die Menge der Arbeit und nicht ihr Preis" (versteht darunter den nominellen Tages- oder Wochenlohn), „die durch den Preis der Nahrungsmittel und anderen lebensnotwendigen Dinge bestimmt wird: setzt den Preis der lebensnotwendigen Dinge stark herab, so senkt ihr natürlich entsprechend die Menge der Arbeit ... Die Fabrikherren wissen, daß es verschiedne Wege gibt, den Preis der Arbeit zu heben oder zu senken, außer der Änderung seines nominellen Betrags." (l.c.p. 48 u. 61.) In seinen „Three Lectures on the Rate of Wages", Lond. 1830, worin N. W. Senior Wests Schrift benutzt, ohne sie anzuführen, sagt er u. a.: „Der Arbeiter ist hauptsächlich an der Höhe des Arbeitslohnes interessiert." (p. 15.) Also der Arbeiter ist hauptsächlich interessiert in dem, was er erhält, dem nominellen Betrag des Lohns, nicht in dem, was er gibt, der Quantität der Arbeit!

Die Maßeinheit des Zeitlohns, der Preis der Arbeitsstunden, ist der Quotient des Tageswerts der Arbeitskraft, dividiert durch die Stundenzahl des gewohnheitsmäßigen Arbeitstags. Gesetzt, letztrer betrage 12 Stunden, der Tageswert der Arbeitskraft 3 sh., das Wertprodukt von 6 Arbeitsstunden. Der Preis der Arbeitsstunde ist unter diesen Umständen 3 d., ihr Wertprodukt 6 d. Wird der Arbeiter nun weniger als 12 Stunden täglich (oder weniger als 6 Tage in der Woche) beschäftigt, z. B. nur 6 oder 8 Stunden, so erhält er, bei diesem Preise der Arbeit, nur 2 oder $1^1/_2$ sh. Taglohn.[34] Da er nach der Voraussetzung im Durchschnitt 6 Stunden täglich arbeiten muß, um nur einen dem Wert seiner Arbeitskraft entsprechenden Taglohn zu produzieren, da er nach derselben Voraussetzung von jeder Stunde nur $^1/_2$ für sich selbst, $^1/_2$ aber für den Kapitalisten arbeitet, so ist es klar, daß er das Wertprodukt von 6 Stunden nicht herausschlagen kann, wenn er weniger als 12 Stunden beschäftigt wird. Sah man früher die zerstörenden Folgen der Überarbeit, so entdeckt man hier die Quellen der Leiden, die für den Arbeiter aus seiner Unterbeschäftigung entspringen.

Wird der Stundenlohn in der Weise fixiert, daß der Kapitalist sich nicht zur Zahlung eines Tages- oder Wochenlohns verpflichtet, sondern nur zur Zahlung der Arbeitsstunden, während deren es ihm beliebt, den Arbeiter zu beschäftigen, so kann er ihn unter der Zeit beschäftigen, die der Schätzung des Stundenlohns oder der Maßeinheit für den Preis der Arbeit ursprünglich zugrunde liegt. Da diese Maßeinheit bestimmt ist durch die Proportion $\frac{\text{Tageswert der Arbeitskraft}}{\text{Arbeitstag von gegebner Stundenzahl}}$, verliert sie natürlich allen Sinn, sobald der Arbeitstag aufhört, eine bestimmte Stundenzahl zu zählen. Der Zusammenhang zwischen der bezahlten und unbezahlten Arbeit wird aufgehoben. Der Kapitalist kann jetzt ein bestimmtes Quantum Mehrarbeit aus dem Arbeiter herausschlagen, ohne ihm die zu seiner Selbsterhaltung notwendige Arbeitszeit einzuräumen. Er kann jede Regelmäßigkeit der Beschäftigung vernichten und ganz nach Bequemlichkeit, Willkür und augenblicklichem Interesse die ungeheuerste Überarbeit mit relativer oder gänzlicher Arbeitslosigkeit abwechseln lassen. Er kann, unter dem Vorwand, den „normalen Preis der Arbeit" zu zahlen, den Arbeitstag, ohne irgend entsprechende Kompensation für den Arbeiter, anormal verlängern. Daher der durchaus rationelle Aufstand (1860) der im Baufach beschäftigten Londoner Arbeiter gegen den Versuch der Kapitalisten, diesen Stundenlohn aufzuherrschen. Die gesetzliche Beschränkung des Arbeitstags macht solchem Unfug ein Ende, obgleich

---

[34] Die Wirkung solcher anormalen Unterbeschäftigung ist durchaus verschieden von der einer allgemeinen zwangsgesetzlichen Reduktion des Arbeitstags. Erstere hat mit der absoluten Länge des Arbeitstags nichts zu schaffen und kann ebensowohl bei 15stündigem als bei 6stündigem Arbeitstag eintreten. Der normale Preis der Arbeit ist im ersten Fall darauf berechnet, daß der Arbeiter 15 Stunden, im zweiten darauf, daß er 6 Stunden per Tag durchschnittlich arbeitet. Die Wirkung bleibt daher dieselbe, wenn er in dem einen Fall nur $7^1/_2$, in dem andren nur 3 Stunden beschäftigt wird.

natürlich nicht der aus Konkurrenz der Maschinerie, Wechsel in der Qualität der angewandten Arbeiter, partiellen und allgemeinen Krisen entspringenden Unterbeschäftigung.

Bei wachsendem Tages- oder Wochenlohn kann der Preis der Arbeit nominell konstant bleiben und dennoch unter sein normales Niveau sinken. Dies findet jedesmal statt, sobald mit konstantem Preis der Arbeit, resp. der Arbeitsstunde, der Arbeitstag über seine gewohnheitsmäßige Dauer verlängert wird. Wenn in dem Bruch $\frac{\text{Tageswert der Arbeitskraft}}{\text{Arbeitstag}}$ der Nenner wächst, wächst der Zähler noch rascher. Der Wert der Arbeitskraft, weil ihr Verschleiß, wächst mit der Dauer ihrer Funktion und in rascherer Proportion als das Inkrement ihrer Funktionsdauer. In vielen Industriezweigen, wo Zeitlohn vorherrscht, ohne gesetzliche Schranken der Arbeitszeit, hat sich daher naturwüchsig die Gewohnheit herausgebildet, daß der Arbeitstag nur bis zu einem gewissen Punkt, z. B. bis zum Ablauf der zehnten Stunde, als normal gilt („normal working day", „the day's work", „the regular hours of work"). Jenseits dieser Grenze bildet die Arbeitszeit Überzeit (overtime) und wird, die Stunde als Maßeinheit genommen, besser bezahlt (extra pay), obgleich oft in lächerlich kleiner Proportion.[35] Der normale Arbeitstag existiert hier als Bruchteil des wirklichen Arbeitstags, und der letztere währt oft während des ganzen Jahres länger als der erstere.[36] Der Wachstum im Preis der Arbeit mit der Verlängerung des Arbeitstags über eine gewisse Normalgrenze gestaltet sich in verschiednen britischen Industriezweigen so, daß der niedrige Preis der Arbeit während der sog. Normalzeit dem Arbeiter die besser bezahlte Überzeit aufzwingt, will er überhaupt einen genügenden Arbeitslohn herausschlagen.[37]

---

[35] „Die Rate der Zahlung für Überzeit" (in der Spitzenmanufaktur) „ist so klein, ½ d. usw. per Stunde, daß sie in peinlichem Kontrast steht zur massenhaften Unbill, die sie der Gesundheit und Lebenskraft der Arbeiter antut ... Der so gewonnene kleine Überschuß muß außerdem oft in Extra-Erfrischungsmitteln wieder verausgabt werden." („Child. Empl. Comm., II. Rep.", p. XVI, n. 117.)

[36] Z. B. in der Tapetendruckerei vor der neulichen Einführung des Fabrikakts. „Wir arbeiteten ohne Pause für Mahlzeiten, so daß das Tageswerk von 10½ Stunden um halb 5 Uhr nachmittags beendet ist, und alles spätere ist Überzeit, die selten vor 6 Uhr abends aufhört, so daß wir in der Tat das ganze Jahr durch Überzeit arbeiten." (Mr. Smiths Evidence in „Child. Empl. Comm., I. Rep.", p. 125.)

[37] Z. B. in den schottischen Bleichereien. „In einigen Teilen Schottlands wurde diese Industrie" (vor Einführung des Fabrikakts 1862) „nach dem System der Überzeit betrieben, d. h. 10 Stunden galten als normaler Arbeitstag. Dafür erhielt der Mann 1 sh. 2 d. Hierzu kam aber täglich eine Überzeit von 3 oder 4 Stunden, wofür 3 d. per Stunde gezahlt wurde. Folge dieses Systems: Ein Mann, der nur die Normalzeit arbeitete, konnte nur 8 sh. Wochenlohn verdienen. Ohne Überzeit reichte der Lohn nicht aus." („Reports of Insp. of Fact., 30th April 1863", p. 10.) Die „Extrazahlung für Überzeit ist eine Versuchung, der die Arbeiter nicht widerstehen können". („Rep. of Insp. of Fact., 30th April 1848", p. 5.) Die Buchbinderei in der City von London verwendet sehr viele junge Mädchen vom 14.-15. Jahr an, und zwar unter dem Lehr-

Gesetzliche Beschränkung des Arbeitstags macht diesem Vergnügen ein Ende.[38]

Es ist allgemein bekannte Tatsache, daß, je länger der Arbeitstag in einem Industriezweig, um so niedriger der Arbeitslohn.[39] Fabrikinspektor A. Redgrave illustriert dies durch eine vergleichende Übersicht der zwanzigjährigen Periode von 1839-1859, wonach der Arbeitslohn in den dem Zehnstundengesetz unterworfenen Fabriken stieg, während er fiel in den Fabriken, wo 14 bis 15 Stunden täglich gearbeitet wird.[40]

Zunächst folgt aus dem Gesetz: „Bei gegebnem Preis der Arbeit hängt der Tages- oder Wochenlohn von der Quantität der gelieferten Arbeit ab", daß, je niedriger der Preis der Arbeit, desto größer das Arbeitsquantum sein muß oder desto länger der Arbeitstag, damit der Arbeiter auch nur einen kümmerlichen Durchschnittslohn sichre. Die Niedrigkeit des Arbeitspreises wirkt hier als Sporn zur Verlängerung der Arbeitszeit.[41]

Umgekehrt aber produziert ihrerseits die Verlängerung der Arbeitszeit einen Fall im Arbeitspreise und damit im Tages- oder Wochenlohn.

Die Bestimmung des Arbeitspreises durch $\frac{\text{Tageswert der Arbeitskraft}}{\text{Arbeitstag von gegebner Stundenzahl}}$ ergibt, daß bloße Verlängerung des Arbeitstags den Arbeitspreis senkt, wenn keine Kompensation eintritt. Aber dieselben Umstände, welche den Kapitalisten befä-

lingskontrakt, der bestimmte Arbeitsstunden vorschreibt. Nichtsdestoweniger arbeiten sie in der Schlußwoche jedes Monats bis 10, 11, 12 und 1 Uhr nachts, zusammen mit den älteren Arbeitern, in sehr gemischter Gesellschaft. „Die Meister verlocken (tempt) sie durch Extralohn und Geld für ein gutes Nachtessen", das sie in benachbarten Kneipen zu sich nehmen. Die große Liederlichkeit, so unter diesen „young immortals" produziert („Child. Empl. Comm., V. Rep.", p. 44, n. 191), findet ihre Kompensation darin, daß von ihnen unter andrem auch viele Bibeln und Erbauungsbücher gebunden werden.

38 Sieh „Reports of Insp. of Fact., 30th April 1863", l.c. Mit ganz richtiger Kritik des Sachverhältnisses erklärten die im Baufach beschäftigten Londoner Arbeiter während des großen strike und lock-out von 1860, den Stundenlohn nur annehmen zu wollen unter zwei Bedingungen: 1. daß mit dem Preis der Arbeitsstunde ein Normalarbeitstag von resp. 9 und 10 Stunden festgesetzt werde und der Preis für die Stunde des zehnstündigen Arbeitstags größer sei als für die des neunstündigen; 2. daß jede Stunde über den Normaltag hinaus als Überzeit verhältnismäßig höher bezahlt werde.

39 „Es ist zudem eine recht bemerkenswerte Tatsache, daß da, wo in der Regel die Arbeitszeit lang ist, die Löhne gering sind."(„Rep. of Insp. of Fact., 31st Oct. 1863", p. 9.) „Die Arbeit, die einen Hungerlohn einbringt, ist meist übermäßig lang."(„Public Health, Sixth Rep. 1863", p. 15.)

40 „Reports of Insp. of Fact., 30th April 1860", p. 31, 32.

41 Die Hand-Nägelmacher in England haben z. B. wegen des niedrigen Arbeitspreises 15 Stunden täglich zu arbeiten, um den kümmerlichsten Wochenlohn herauszuschlagen. „Es sind viele, viele Stunden des Tags, und während aller der Zeit muß er hart schanzen, um 11 d. oder 1 sh. herauszuschlagen, und davon gehen 2½ bis 3 d. ab für Verschleiß der Werkzeuge, Feuerung, Eisenabfall."(„Child. Empl. Comm., III. Rep.", p. 136, n. 671.) Die Weiber verdienen bei derselben Arbeitszeit nur einen Wochenlohn von 5 sh. (l.c.p. 137, n. 674.)

higen, den Arbeitstag auf die Dauer zu verlängern, befähigen ihn erst und zwingen ihn schließlich, den Arbeitspreis auch nominell zu senken, bis der Gesamtpreis der vermehrten Stundenzahl sinkt, also der Tages- oder Wochenlohn. Hinweis auf zwei Umstände genügt hier. Verrichtet ein Mann das Werk von $1^1/_2$ oder 2 Männern, so wächst die Zufuhr der Arbeit, wenn auch die Zufuhr der auf dem Markt befindlichen Arbeitskräfte konstant bleibt. Die so unter den Arbeitern erzeugte Konkurrenz befähigt den Kapitalisten, den Preis der Arbeit herabzudrücken, während der fallende Preis der Arbeit ihn umgekehrt befähigt, die Arbeitszeit noch weiter heraufzuschrauben.[42] Bald jedoch wird diese Verfügung über anormale, d. h. das gesellschaftliche Durchschnittsniveau überfließende Quanta unbezahlter Arbeit zum Konkurrenzmittel unter den Kapitalisten selbst. Ein Teil des Warenpreises besteht aus dem Preis der Arbeit. Der nicht gezahlte Teil des Arbeitspreises braucht nicht im Warenpreis zu rechnen. Er kann dem Warenkäufer geschenkt werden. Dies ist der erste Schritt, wozu die Konkurrenz treibt. Der zweite Schritt, wozu sie zwingt, ist, wenigstens einen Teil des durch die Verlängerung des Arbeitstags erzeugten anormalen Mehrwerts ebenfalls aus dem Verkaufspreis der Ware auszuschließen. In dieser Weise bildet sich erst sporadisch und fixiert sich nach und nach ein anormal niedriger Verkaufspreis der Ware, der von nun an zur konstanten Grundlage kümmerlichen Arbeitslohns bei übermäßiger Arbeitszeit wird, wie er ursprünglich das Produkt dieser Umstände war. Wir deuten diese Bewegung bloß an, da die Analyse der Konkurrenz nicht hierhin gehört. Doch mag für einen Augenblick der Kapitalist selbst sprechen.

> „In Birmingham ist die Konkurrenz unter den Meistern so groß, daß mancher von uns gezwungen ist, als Arbeitsanwender zu tun, was er sich schämen würde, sonst zu tun; und dennoch wird nicht mehr Geld gemacht (and yet no more money is made), sondern das Publikum allein hat den Vorteil davon."[43]

Man erinnert sich der zwei Sorten Londoner Bäcker, wovon die eine Brot zum vollen Preise (the „fullpriced" bakers), die andre es unter seinem normalen Preise verkauft („the underpriced", „the undersellers"). Die „fullpriced" denunzieren ihre Konkurrenten vor der parlamentarischen Untersuchungskommission:

> „Sie existieren nur, indem sie erstens das Publikum betrügen" (durch Fälschung der Ware) „und zweitens 18 Arbeitsstunden aus ihren Leuten für den Lohn

[42] Wenn ein Fabrikarbeiter z. B. verweigerte, die hergebrachte lange Stundenzahl zu arbeiten, „würde er sehr schnell durch jemand ersetzt werden, der beliebig lang zu arbeiten gewillt ist, und würde so arbeitslos werden". („Reports of Insp. of Fact., 31st Oct. 1848", Evidence, p. 39, n. 58.) „Wenn ein Mann die Arbeit von zweien leistet ... wird im allgemeinen die Profitrate steigen ..., da diese zusätzliche Zufuhr von Arbeit ihren Preis herabgedrückt hat." (Senior, l.c.p. 15.)

[43] „Child. Empl. Comm., III. Rep.", Evidence, p. 66, n. 22.

zwölfstündiger Arbeit herausschinden ... Die unbezahlte Arbeit (the unpaid labour) der Arbeiter ist das Mittel, wodurch der Konkurrenzkampf geführt wird ... Die Konkurrenz unter den Bäckermeistern ist die Ursache der Schwierigkeit in Beseitigung der Nachtarbeit. Ein Unterverkäufer, der sein Brot unter dem mit dem Mehlpreis wechselnden Kostpreis verkauft, hält sich schadlos, indem er mehr Arbeit aus seinen Leuten herausschlägt. Wenn ich nur 12 Stunden Arbeit aus meinen Leuten herausschlage, mein Nachbar dagegen 18 oder 20, muß er mich im Verkaufspreis schlagen. Könnten die Arbeiter auf Zahlung für Überzeit bestehen, so wäre es mit diesem Manöver bald zu Ende ... Eine große Anzahl der von den Unterverkäufern Beschäftigten sind Fremde, Jungen und andre, die fast mit jedem Arbeitslohn, den sie kriegen können, vorlieb zu nehmen gezwungen sind."[44]

Diese Jeremiade ist auch deswegen interessant, weil sie zeigt, wie nur der Schein der Produktionsverhältnisse sich im Kapitalistenhirn widerspiegelt. Der Kapitalist weiß nicht, daß der normale Preis der Arbeit ein bestimmtes Quantum unbezahlter Arbeit einschließt und eben diese unbezahlte Arbeit die normale Quelle seines Gewinns ist. Die Kategorie der Mehrarbeitszeit existiert überhaupt nicht für ihn, denn sie ist eingeschlossen im normalen Arbeitstag, den er im Taglohn zu zahlen glaubt. Wohl aber existiert für ihn die Überzeit, die Verlängerung des Arbeitstags über die dem gewohnten Preis der Arbeit entsprechende Schranke. Seinem unterverkaufenden Konkurrenten gegenüber besteht er sogar auf Extrazahlung (extra pay) für diese Überzeit. Er weiß wieder nicht, daß diese Extrazahlung ebensowohl unbezahlte Arbeit einschießt, wie der Preis der gewöhnlichen Arbeitsstunde. Z. B. der Preis einer Stunde des zwölfstündigen Arbeitstags ist 3 d., das Wertprodukt von $^1/_2$ Arbeitsstunde, während der Preis der überzeitigen Arbeitsstunde 4 d., das Wertprodukt von $^2/_3$ Arbeitsstunde. Im ersten Fall eignet sich der Kapitalist von einer Arbeitsstunde die Hälfte, im andern $^1/_3$ ohne Zahlung an.

44 „Report etc. relative to the Grievances complained of by the journeymen bakers", Lond. 1862, p. LII und ib., Evidence, n. 479, 359, 27. Indes lassen auch die fullpriced, wie früher erwähnt und wie ihr Wortführer Bennet selbst zugesteht, ihre Leute „Arbeit beginnen um 11 Uhr abends oder früher und verlängern sie oft bis 7 Uhr des folgenden Abends".(l.c.p. 22.)

Neunzehntes Kapitel: Der Stücklohn

Der Stücklohn ist nichts als verwandelte Form des Zeitlohns, wie der Zeitlohn die verwandelte Form des Wertes oder Preises der Arbeitskraft.

Beim Stücklohn sieht es auf den ersten Blick aus, als ob der vom Arbeiter verkaufte Gebrauchswert nicht die Funktion seiner Arbeitskraft sei, lebendige Arbeit, sondern bereits im Produkt vergegenständlichte Arbeit, und als ob der Preis dieser Arbeit nicht wie beim Zeitlohn durch die Bruchzahl $\frac{\text{Tageswert der Arbeitskraft}}{\text{Arbeitstag von gegebner Stundenzahl}}$, sondern durch die Leistungsfähigkeit des Produzenten bestimmt werde.[45]

Zunächst müßte die Zuversicht, die an diesen Schein glaubt, bereits stark erschüttert werden durch die Tatsache, daß beide Formen des Arbeitslohns zur selben Zeit in denselben Geschäftszweigen nebeneinander bestehn. Z. B.

> „Die Setzer von London arbeiten in der Regel nach Stücklohn, während Zeitlohn bei ihnen die Ausnahme bildet. Umgekehrt bei den Setzern in den Provinzen, wo der Zeitlohn die Regel und der Stücklohn die Ausnahme. Die Schiffszimmerleute im Hafen von London werden nach Stücklohn bezahlt, in allen andren englischen Häfen nach Zeitlohn."[46]

In denselben Londoner Sattlerwerkstätten wird oft für dieselbe Arbeit den Franzosen Stücklohn und den Engländern Zeitlohn gezahlt. In den eigentlichen Fabriken, wo Stücklohn allgemein vorherrscht, entziehn sich einzelne Arbeitsfunktionen aus technischen Gründen dieser Messung und werden daher nach Zeitlohn gezahlt.[47] An und für sich ist es jedoch klar, daß die Formverschie-

---

[45] „Das System der Stückarbeit kennzeichnet eine Epoche in der Geschichte des Arbeiters; es steht in der Mitte zwischen der Stellung des einfachen Tagelöhners, der vom Willen des Kapitalisten abhängig ist, und dem genossenschaftlichen Handwerker, der in nicht ferner Zukunft in seiner Person den Handwerker und Kapitalisten zu vereinigen verspricht. Stückarbeiter sind tatsächlich ihre eigenen Meister, auch wenn sie am Kapital des Unternehmers arbeiten." (John Watts, „Trade Societies and Strikes, Machinery and Cooperative Societies", Manchester 1865, p. 52, 53.) Ich zitiere dies Schriftchen, weil es eine wahre Gosse aller längst verfaulten, apologetischen Gemeinplätze. Derselbe Herr Watts machte früher in Owenismus und publizierte 1842 ein andres Schriftchen: „Facts and Fictions of Political Economy", worin er u. a. Property für Robbery erklärt. Es ist schon lange her.

[46] T. J. Dunning, „Trade's Unions and Strikes", Lond. 1860, p. 22.

[47] Wie das gleichzeitige Nebeneinander dieser zwei Formen des Arbeitslohns Fabrikantenprellereien begünstigt: „Eine Fabrik beschäftigt 400 Leute, von welchen die Hälfte im Stücklohn arbeitet und ein unmittelbares Interesse daran hat, länger zu arbeiten. Die anderen 200 werden pro Tag bezahlt, arbeiten ebenso lang wie die anderen, aber erhalten kein Geld für die Überstunden ... Die Arbeit dieser 200 Leute während einer halben Stunde täglich ist gleich der Arbeit einer Person während 50 Stunden oder $^5/_6$ der wöchentlichen Arbeitsleistung einer Person und stellt einen handgreiflichen Gewinn für den Unternehmer dar." („Reports of Insp. of Fact., 31st October 1860", p. 9.) „Überstunden herrschen noch immer in beträchtlichem Umfange

denheit in der Auszahlung des Arbeitslohns an seinem Wesen nichts ändert, obgleich die eine Form der Entwicklung der kapitalistischen Produktion günstiger sein mag als die andre.

Der gewöhnliche Arbeitstag betrage 12 Stunden, wovon 6 bezahlt, 6 unbezahlt. Sein Wertprodukt sei 6 sh., das einer Arbeitsstunde daher 6 d. Es stelle sich erfahrungsmäßig heraus, daß ein Arbeiter, der mit dem Durchschnittsgrad von Intensität und Geschick arbeitet, in der Tat also nur die gesellschaftlich notwendige Arbeitszeit zur Produktion eines Artikels verwendet, 24 Stücke, ob diskret, oder meßbare Teile eines kontinuierlichen Machwerks, in 12 Stunden liefert. So ist der Wert dieser 24 Stücke, nach Abzug des in ihnen enthaltnen konstanten Kapitalteils, 6 sh. und der Wert des einzelnen Stücks 3 d. Der Arbeiter erhält per Stücke $1^1/_2$ d. und verdient so in 12 Stunden 3 sh. Wie es beim Zeitlohn gleichgültig ist, ob man annimmt, daß der Arbeiter 6 Stunden für sich und 6 für den Kapitalisten, oder von jeder Stunde die eine Hälfte für sich und die andre für den Kapitalisten arbeitet, so auch hier, ob man sagt, jedes einzelne Stück sei halb bezahlt und halb unbezahlt, oder der Preis von 12 Stücken ersetze nur den Wert der Arbeitskraft, während in den 12 andern sich der Mehrwert verkörpere.

Die Form des Stücklohns ist ebenso irrationell als die des Zeitlohns. Während z. B. zwei Stück Ware, nach Abzug des Werts der in ihnen aufgezehrten Produktionsmittel, als Produkt einer Arbeitsstunde 6 d. wert sind, erhält der Arbeiter für sie einen Preis von 3 d. Der Stücklohn drückt unmittelbar in der Tat kein Wertverhältnis aus. Es handelt sich nicht darum, den Wert des Stücks durch die in ihm verkörperte Arbeitszeit zu messen, sondern umgekehrt die vom Arbeiter verausgabte Arbeit durch die Zahl der von ihm produzierten Stücke. Beim Zeitlohn mißt sich die Arbeit an ihrer unmittelbaren Zeitdauer, beim Stücklohn am Produktenquantum, worin Arbeit während bestimmter Zeitdauer verdichtet.[48] Der Preis der Arbeitszeit selbst ist schließlich bestimmt durch die Gleichung: Wert der Tagesarbeit = Tageswert der Arbeitskraft. Der Stücklohn ist also nur eine modifizierte Form des Zeitlohns. Betrachten wir nun etwas näher die charakteristischen Eigentümlichkeiten des Stücklohns.

Die Qualität der Arbeit ist hier durch das Werk selbst kontrolliert, das die durchschnittliche Güte besitzen muß, soll der Stückpreis voll bezahlt werden. Der Stücklohn wird nach dieser Seite hin zu fruchtbarster Quelle von Lohnabzügen und kapitalistischer Prellerei.

---

vor; und in den meisten Fällen mit der Sicherheit gegen Entdeckung und Bestrafung, die das Gesetz selbst gewährt. Ich habe in vielen früheren Berichten aufgezeigt ... welches Unrecht an allen Arbeitern begangen wird, die nicht Stücklohn, sondern Wochenlohn erhalten." (Leonard Horner in „Reports of Insp. of Fact., 30th April 1859", p. 8, 9.)

[48] „Der Lohn kann auf zwei Arten gemessen werden; entweder an der Dauer der Arbeit oder an ihrem Produkt" („Abrégé élémentaire des principes de l'Écon. Pol.", Paris 1796, p. 32.) Verfasser dieser anonymen Schrift: G. Garnier.

Er bietet den Kapitalisten ein ganz bestimmtes Maß für die Intensität der Arbeit. Nur Arbeitszeit, die sich in einem vorher bestimmten und erfahrungsmäßig festgesetzten Warenquantum verkörpert, gilt als gesellschaftlich notwendige Arbeitszeit und wird als solche bezahlt. In den größeren Schneiderwerkstätten Londons heißt daher ein gewisses Stück Arbeit, z. B. eine Weste usw., Stunde, halbe Stunde usw., die Stunde zu 6 d. Aus der Praxis ist bekannt, wieviel das Durchschnittsprodukt einer Stunde. Bei neuen Moden, Reparaturen usw. entsteht Streit zwischen Anwender und Arbeiter, ob ein bestimmtes Arbeitsstück = einer Stunde usw., bis auch hier die Erfahrung entscheidet. Ähnlich in den Londoner Möbelschreinereien usw. Besitzt der Arbeiter nicht die durchschnittliche Leistungsfähigkeit, kann er daher ein bestimmtes Minimum vom Tagwerk nicht liefern, so entläßt man ihn.[49]

Da Qualität und Intensität der Arbeit hier durch die Form des Arbeitslohns selbst kontrolliert werden, macht sie großen Teil der Arbeitsaufsicht überflüssig. Sie bildet daher sowohl die Grundlage der früher geschilderten modernen Hausarbeit als eines hierarchisch gegliederten Systems der Exploitation und Unterdrückung. Das letztere besitzt zwei Grundformen. Der Stücklohn erleichtert einerseits das Zwischenschieben von Parasiten zwischen Kapitalist und Lohnarbeiter, Unterverpachtung der Arbeit (subletting of labour). Der Gewinn der Zwischenpersonen fließt ausschließlich aus der Differenz zwischen dem Arbeitspreis, den der Kapitalist zahlt, und dem Teil dieses Preises, den sie dem Arbeiter wirklich zukommen lassen.[50] Dies System heißt in England charakteristisch das „Sweating-System" (Ausschweißungssystem). Andrerseits erlaubt der Stücklohn dem Kapitalisten, mit dem Hauptarbeiter – in der Manufaktur mit dem Chef einer Gruppe, in den Minen mit dem Ausbrecher der Kohle usw., in der Fabrik mit dem eigentlichen Maschinenarbeiter – einen Kontrakt für soviel per Stück zu schließen, zu einem Preis, wofür der Hauptarbeiter selbst die Anwerbung und Zahlung seiner Hilfsarbeiter übernimmt. Die Exploitation der Arbeiter durch das Kapital verwirklicht sich hier vermittelst der Exploitation des Arbeiters durch den Arbeiter.[51]

---

49 „Es wird ihm" (dem Spinner) „ein bestimmtes Gewicht Baumwolle übergeben, und er muß dafür in einer gewissen Zeit ein bestimmtes Gewicht an Twist oder Garn von einem gewissen Feinheitsgrad liefern und erhält für jedes so beschaffene Pfund soundso viel. Ist die Arbeit von mangelhafter Qualität, so wird er bestraft; ist das Quantum geringer als das für eine bestimmte Zeit festgesetzte Minimum, so wird er entlassen und ein tüchtigerer Arbeiter eingestellt."(Ure, l.c.p. 316, 317.)

50 „Wenn das Arbeitsprodukt durch viele Hände geht, auf die alle ein Teil des Profits kommt, während nur das letzte Paar Hände die Arbeit verrichtet, dann geschieht es, daß die Bezahlung, welche schließlich die Arbeiterin erreicht, jämmerlich unangemessen ist." („Child. Empl. Comm. II. Rep.", p. LXX, n. 424.)

51 Selbst der apologetische Watts bemerkt: „Es wäre eine große Verbesserung des Stücklohnsystems, wenn alle an einem Stück Arbeit Beschäftigten Teilhaber am Vertrag wären, jeder

Den Stücklohn gegeben, ist es natürlich das persönliche Interesse des Arbeiters, seine Arbeitskraft möglichst intensiv anzuspannen, was dem Kapitalisten eine Erhöhung des Normalgrads der Intensität erleichtert.[51a]

Es ist ebenso das persönliche Interesse des Arbeiters, den Arbeitstag zu verlängern, weil damit sein Tages- oder Wochenlohn steigt.[52] Es tritt damit die beim Zeitlohn bereits geschilderte Reaktion ein, abgesehn davon, daß die Verlängerung des Arbeitstags, selbst bei konstant bleibendem Stücklohn, an und für sich eine Senkung im Preise der Arbeit einschließt.

Beim Zeitlohn herrscht mit wenigen Ausnahmen gleicher Arbeitslohn für dieselben Funktionen, während beim Stücklohn der Preis der Arbeitszeit zwar durch ein bestimmtes Produktenquantum gemessen ist, der Tags- oder Wochenlohn dagegen wechselt mit der individuellen Verschiedenheit der Arbeiter, wovon der eine nur das Minimum des Produkts in einer gegebnen Zeit liefert, der andre den Durchschnitt, der dritte mehr als den Durchschnitt. In bezug auf die wirkliche Einnahme treten hier also große Differenzen ein je nach dem verschiednen Geschick, Kraft, Energie, Ausdauer usw. der individuellen Arbeiter.[53] Dies ändert natürlich nichts an dem allgemeinen Verhältnis zwischen Kapital und Lohnar-

---

entsprechend seinen Fähigkeiten, statt daß ein Mann daran interessiert ist, seine Kameraden für seinen eigenen Vorteil abzurackern." (l.c.p. 53.) Über die Gemeinheiten dieses Systems vgl. „Child. Emp. Comm. Rep. III", p. 66, n. 22; p. 11, n. 124; p. XI, n. 13, 53, 59 usw.

51a Diesem naturwüchsigen Resultat wird oft künstlich unter die Arme gegriffen. Z. B. im Engineering Trade von London gilt es als herkömmlicher trick, „daß der Kapitalist einen Mann von überlegner physischer Kraft und Fertigkeit zum Chef einer Arbeiteranzahl auswählt. Er zahlt ihm vierteljährlich oder in andren Terminen einen Zuschußlohn unter der Übereinkunft, alles mögliche aufzubieten, um seine Mitarbeiter, die nur den gewöhnlichen Lohn erhalten, zur äußersten Nacheiferung anzustacheln ... Ohne weiteren Kommentar erklärt dies die Kapitalistenklage über ‚Lähmung der Tätigkeit oder überlegner Geschicklichkeit und Arbeitskraft (stinting the action, superior skill and working power) durch die Trade's Unions'." (Dunning. l.c.p. 22, 23.) Da der Verfasser selbst Arbeiter und Sekretär einer Trade's Union, könnte dies für Übertreibung gelten. Aber man sehe z. B. die „highly respectable" agronomische Cyklopädie von J. Ch. Morton, Art. „Labourer", wo diese Methode den Pächtern als probat empfohlen wird.

52 „Alle, die im Stücklohn bezahlt werden ... haben Vorteil von einer Überschreitung der gesetzlichen Grenzen der Arbeit. Diese Bereitschaft, Überstunden zu machen, ist besonders bei den Frauen zu beobachten, die als Weberinnern und Hasplerinnen beschäftigt sind." („Rep. of Insp. of Fact., 30th April 1858", p. 9.) „Dies Stücklohnsystem, so vorteilhaft für den Kapitalisten ... strebt direkt, den jungen Töpfer zu großer Überarbeit zu ermuntern, während der 4 oder 5 Jahre, worin er per Stück, aber zu niedrigem Preis, bezahlt wird. Es ist dies eine der großen Ursachen, denen die physische Degeneration der Töpfer zuzuschreiben ist." („Child. Empl. Comm. I. Rep.", p. XIII.)

53 „Wo die Arbeit in irgendeinem Gewerbe nach der Stückzahl, zu soundso viel je Stück bezahlt wird ... können sich die Löhne dem Betrag nach sehr wesentlich voneinander unterscheiden ... Aber für Tagelohn besteht im allgemeinen ein einheitlicher Satz ... der vom Unternehmer und von Arbeiter als Standardlohn für den Durchschnittsarbeiter in dem Gewerbe anerkannt wird." (Dunnig, l.c.p. 17.)

beit. Erstens gleichen sich die individuellen Unterschiede für die Gesamtwerkstatt aus, so daß sie in einer bestimmten Arbeitszeit das Durchschnittsprodukt liefert und der gezahlte Gesamtlohn der Durchschnittslohn des Geschäftszweigs sein wird. Zweitens bleibt die Proportion zwischen Arbeitslohn und Mehrwert unverändert, da dem individuellen Lohn des einzelnen Arbeiters die von ihm individuell gelieferte Masse von Mehrwert entspricht. Aber der größere Spielraum, den der Stücklohn der Individualität bietet, strebt einerseits dahin, die Individualität und damit Freiheitsgefühl, Selbständigkeit und Selbstkontrolle der Arbeiter zu entwickeln, andrerseits ihre Konkurrenz unter- und gegeneinander. Er hat daher eine Tendenz, mit der Erhebung individueller Arbeitslöhne über das Durchschnittsniveau dies Niveau selbst zu senken. Wo aber bestimmter Stücklohn sich seit lange traditionell befestigt hatte und seine Herabsetzung daher besondre Schwierigkeiten bot, flüchteten die Meister ausnahmsweise auch zu seiner gewaltsamen Verwandlung in Zeitlohn. Hiergegen z. B. 1860 großer strike unter den Bandwebern von Coventry.[54] Der Stücklohn ist endlich eine Hauptstütze des früher geschilderten Stundensystems.[55]

Aus der bisherigen Darstellung ergibt sich, daß der Stücklohn die der kapitalistischen Produktionsweise entsprechendste Form des Arbeitslohns ist. Obgleich keineswegs neu – er figuriert neben dem Zeitlohn offiziell u. a. in den französischen und englischen Arbeiterstatuten des vierzehnten Jahrhunderts –, gewinnt er doch erst größren Spielraum während der eigentlichen Manufakturperiode.

---

[54] „Die Arbeit der Handwerksgesellen regelt sich nach dem Tag oder nach dem Stück (à la journée ou à la pièce) ... Die Meister wissen ungefähr, wieviel Werke die Arbeiter täglich in jedem métier verrichten können, und zahlen sie daher oft im Verhältnis zum Werk, das sie verrichten; so arbeiten diese Gesellen, soviel sie können, in ihrem eignen Interesse, ohne weitere Beaufsichtigung." (Cantillon, „Essai sur la Nature du Commerce en Général", Amst. Éd. 1756, p. 185 u. 202. Die Erste Ausgabe erschien 1755). Cantillon, aus dem Quesnay, Sir James Steuart und A. Smith reichlich geschöpft haben, stellt hier also schon den Stücklohn als bloß modifizierte Form des Zeitlohns dar. Die französische Ausgabe Cantillons kündigt sich auf dem Titel als Übersetzung aus dem Englischen an, aber die englische Ausgabe: „The Analysis of Trade, Commerce etc., by Philip Cantillon, late of the City of London, Merchant", ist nicht nur späteren Datums (von 1759), sondern erweist sich durch ihren Inhalt als eine spätere Bearbeitung. So z. B. findet sich in der französischen Ausgabe Hume noch nicht erwähnt, während umgekehrt in der englischen Petty kaum mehr figuriert. Die englische Ausgabe ist theoretisch unbedeutender, enthält aber allerlei spezifisch auf englischen Handel, Bullionhandel usw. Bezügliches, was im französischen Text fehlt. Die Worte im Titel der englischen Ausgabe, wonach die Schrift „Taken chiefly from the Manuscript of a very ingenious Gentleman deceased, and adapted etc.", scheinen daher mehr als bloße, damals sehr übliche, Fiktion.

[55] „Wie häufig haben wir gesehen, daß man in gewissen Werkstätten weit mehr Arbeiter einstellte, als zur Arbeit wirklich benötigt wurden? Oft nimmt man Arbeiter an in Erwartung einer noch ungewissen, manchmal sogar nur eingebildeten Arbeit: da man im Stücklohn zahlt, sagt man sich, daß man nichts riskiert, da alle verlorene Zeit zu Lasten der Unbeschäftigten geht." (H. Gregoir, „Les Typographes devant le Tribunal Correctionnel de Bruxelles", Bruxelles 1865, p. 9.)

In der Sturm- und Drangperiode der großen Industrie, namentlich von 1797 bis 1815, dient er als Hebel zur Verlängrung der Arbeitszeit und Herabsetzung des Arbeitslohns. Sehr wichtiges Material für die Bewegung des Arbeitslohns während jener Periode findet man in den Blaubüchern: „Report and Evidence from the Select Committee on Petitions respecting the Corn Laws" (Parlamentssession 1813/14) und „Reports from the Lords' Committee, on the state of the Growth, Commerce, and Consumption of Grain, and all Laws relating thereto". (Session 1814/15.) Man findet hier den dokumentarischen Nachweis für die fortwährende Senkung des Arbeitspreises seit dem Beginn des Antijakobinerkriegs. In der Weberei z. B. war der Stücklohn so gefallen, daß trotz des sehr verlängerten Arbeitstags der Taglohn jetzt niedriger stand als vorher.

> „Die reale Einnahme des Webers ist sehr viel weniger als früher: seine Superiorität über den gewöhnlichen Arbeiter, die erst sehr groß war, ist fast ganz verschwunden. In der Tat, der Unterschied in den Löhnen geschickter und gewöhnlicher Arbeit ist jetzt viel unbedeutender als während irgendeiner früheren Periode."[56]

Wie wenig die mit dem Stücklohn gesteigerte Intensität und Ausdehnung der Arbeit dem ländlichen Proletariat fruchteten, zeige folgende einer Parteischrift für Landlords und Pächter entlehnte Stelle:

> „Bei weitem der größere Teil der Agrikulturoperationen wird durch Leute verrichtet, die für den Tag oder auf Stückwerk gedungen sind. Ihr Wochenlohn beträgt ungefähr 12 sh.; und obgleich man voraussetzen mag, daß ein Mann bei Stücklohn, unter dem größeren Arbeitssporn, 1 sh. oder vielleicht 2 sh. mehr verdient als beim Wochenlohn, so findet man dennoch, bei Schätzung seiner Gesamteinnahme, daß sein Verlust an Beschäftigung im Lauf des Jahrs diesen Zuschuß aufwiegt ... Man wird ferner im allgemeinen finden, daß die Löhne dieser Männer ein gewisses Verhältnis zum Preis der notwendigen Lebensmittel haben, so daß ein Mann mit zwei Kindern fähig ist, seine Familie ohne Zuflucht zur Pfarreiunterstützung zu erhalten."[57]

Malthus bemerkte damals mit Bezug auf die vom Parlament veröffentlichten Tatsachen:

> „Ich gestehe, ich sehe mit Mißvergnügen die große Ausdehnung der Praxis des Stücklohns. Wirklich harte Arbeit während 12 oder 14 Stunden des Tags, für irgend längere Zeitperioden, ist zuviel für ein menschliches Wesen."[58]

---

[56] „Remarks on the Commercial Policy of Great Britain", London 1815, p. 48.

[57] „A Defence of the Landowners and Farmers of Great Britain", Lond. 1814, p. 4, 5.

[58] Malthus, „Inquiry into the Nature etc. of Rent", London 1815.

In den dem Fabrikgesetz unterworfenen Werkstätten wird Stücklohn allgemeine Regel, weil das Kapital dort den Arbeitstag nur noch intensiv ausweiten kann.[59]

Mit der wechselnden Produktivität der Arbeit stellt dasselbe Produktenquantum wechselnde Arbeitszeit dar. Also wechselt auch der Stücklohn, da er Preisausdruck einer bestimmten Arbeitszeit. In unserem obigen Beispiel wurden in 12 Stunden 24 Stück produziert, während das Wertprodukt der 12 Stunden 6 sh. war, der Tageswert der Arbeitskraft 3 sh., der Preis der Arbeitsstunde 3 d. und der Lohn für ein Stück $1^1/_2$ d. In einem Stück war $^1/_2$ Arbeitsstunde eingesaugt. Liefert derselbe Arbeitstag nun etwa infolge verdoppelter Produktivität der Arbeit 48 Stück statt 24, und bleiben alle andern Umstände unverändert, so sinkt der Stücklohn von $1^1/_2$ d. auf $^3/_4$ d., da jedes Stück jetzt nur noch $^1/_4$ statt $^1/_2$ Arbeitsstunde darstellt. $24 \times 1^1/_2$ d. = 3 sh. und ebenso $48 \times {}^3/_4$ d. = 3 sh. In anderen Worten: Der Stücklohn wird in demselben Verhältnis heruntergesetzt, worin die Zahl der während derselben Zeit produzierten Stücke wächst[60], also die auf dasselbe Stück verwandte Arbeitszeit abnimmt. Dieser Wechsel des Stücklohns, soweit rein nominell, ruft beständige Kämpfe zwischen Kapitalist und Arbeiter hervor. Entweder, weil der Kapitalist den Vorwand benutzt, um wirklich den Preis der Arbeit herabzusetzen, oder weil die gesteigerte Produktivkraft der Arbeit von gesteigerter Intensität derselben begleitet ist. Oder weil der Arbeiter den Schein des Stücklohns, als ob ihm sein Produkt gezahlt werde und nicht seine Arbeitskraft, ernst nimmt und sich daher gegen eine Lohnherabsetzung sträubt, welcher die Herabsetzung im Verkaufspreis der Ware nicht entspricht.

> „Die Arbeiter überwachen sorgfältig den Preis des Rohmaterials und den Preis der fabrizierten Güter und sind so fähig, die Profite ihrer Meister genau zu veranschlagen."[61]

---

[59] „Die Arbeiter auf Stücklohn bilden wahrscheinlich $^4/_5$ aller Arbeiter in den Fabriken." („Reports of Insp. of Fact. for 30th April 1858", p. 9.)

[60] „Die Produktivkraft seiner Spinnmaschine wird genau gemessen und die Bezahlung für die mit ihr geleistete Arbeit vermindert sich mit, wenn auch nicht entsprechend der Zunahme ihrer Produktivkraft."(Ure, l.c.p. 317.) Letztre apologetische Wendung hebt Ure selbst wieder auf. Er gibt zu, daß bei einer Verlängrung der Mule z. B. eine zusätzliche Arbeit aus der Verlängrung entspringt. Die Arbeit nimmt also nicht in dem Maße ab, worin ihre Produktivität wächst. Ferner: „Durch diese Verlängrung wird die Produktivkraft der Maschine um ein Fünftel gesteigert. Daraufhin wird der Spinner nicht mehr zu demselben Satz für geleistete Arbeit bezahlt wie zuvor, aber weil dieser Satz nicht im Verhältnis von einem Fünftel vermindert wird, erhöht die Verbesserung seinen Geldverdienst für jede gegebene Zahl von Arbeitsstunden" – aber, aber – „die vorhergehende Feststellung erfordert eine gewisse Einschränkung ... der Spinner hat von seinem zusätzlichen halben Schilling etwas für zusätzliche jugendliche Hilfskräfte zu zahlen, und außerdem werden Erwachsene verdrängt" (l.c.p. 320, 321), was keineswegs eine Tendenz zur Steigerung des Arbeitslohns hat.

[61] H. Fawcett, „The Economic Position of the British Labourer", Cambridge and London 1865, p. 178.

Solchen Anspruch fertigt das Kapital mit Recht als groben Irrtum über die Natur der Lohnarbeit ab.[62] Es zetert über diese Anmaßung, Steuern auf den Fortschritt der Industrie zu legen, und erklärt rundweg, daß die Produktivität der Arbeit den Arbeiter überhaupt nichts angeht.[63]

[62] Im Londoner „Standard" vom 26. Oktober 1861 findet man Bericht über einen Prozeß der Firma John Bright et Co. vor den Rochdale Magistrates, „die Vertreter der Trade Union der Teppichweber wegen Einschüchterung gerichtlich zu belangen. Die Teilhaber Brights hatten neue Maschinerie eingeführt, die 240 Yards Teppich in der Zeit und mit der Arbeit (!) produzieren sollten, die früher zur Produktion von 160 Yards erforderlich waren. Die Arbeiter hatten keinerlei Anrecht, an den Profiten teilzuhaben, die durch die Kapitalanlage ihrer Unternehmer in mechanischen Verbesserungen gemacht worden waren. Daher schlugen die Herren Bright vor, den Lohn von $1^1/_2$ d. pro Yard auf 1 d. zu senken, wodurch die Einkünfte der Arbeiter für die gleiche Arbeit genau so blieben wie vorher. Aber das war eine nominelle Herabsetzung, von der die Arbeiter, wie behauptet wird, vorher nicht ehrlich verständigt worden waren."

[63] „Trades Unions in ihrer Sucht, den Arbeitslohn aufrechtzuhalten, suchen an dem Profit verbesserter Maschinerie teilzunehmen!" (Quelle horreur!) „... sie verlangen höheren Lohn, weil die Arbeit verkürzt ist ... in anderen Worten, sie streben, eine Steuer auf industrielle Verbesserungen zu legen." („On Combination of Trades", New Edit., Lond. 1834, p. 42.)

Zwanzigstes Kapitel: Nationale Verschiedenheit der Arbeitslöhne

Im fünfzehnten Kapitel beschäftigten uns die mannigfachen Kombinationen, welche einen Wechsel in der absoluten oder relativen (d. h. mit dem Mehrwert verglichen) Wertgröße der Arbeitskraft hervorbringen kann, während andrerseits wieder das Quantum von Lebensmitteln, worin der Preis der Arbeitskraft realisiert wird, von dem Wechsel dieses Preises unabhängige[64] oder verschiedne Bewegung durchlaufen konnte. Wie bereits bemerkt, verwandeln sich durch einfache Übersetzung des Werts, resp. Preises der Arbeitskraft in die exoterische Form des Arbeitslohns alle jene Gesetze in Gesetze der Bewegung des Arbeitslohns. Was innerhalb dieser Bewegung als wechselnde Kombination, kann für verschiedne Länder als gleichzeitige Verschiedenheit nationaler Arbeitslöhne erscheinen. Beim Vergleich nationaler Arbeitslöhne sind also alle den Wechsel in der Wertgröße der Arbeitskraft bestimmende Momente zu erwägen, Preis und Umfang der natürlichen und historisch entwickelten ersten Lebensbedürfnisse, Erziehungskosten des Arbeiters, Rolle der Weiber- und Kinderarbeit, Produktivität der Arbeit, ihre extensive und intensive Größe. Selbst die oberflächlichste Vergleichung erheischt, zunächst den Durchschnitts-Taglohn für dieselben Gewerbe in verschiednen Ländern auf gleich große Arbeitstage zu reduzieren. Nach solcher Ausgleichung der Taglöhne muß der Zeitlohn wieder in Stücklohn übersetzt werden, da nur der letztere ein Gradmesser sowohl für die Produktivität als die intensive Größe der Arbeit.

In jedem Lande gilt eine gewisse mittlere Intensität der Arbeit, unter welcher die Arbeit bei Produktion einer Ware mehr als die gesellschaftlich notwendige Zeit verbraucht, und daher nicht als Arbeit von normaler Qualität zählt. Nur ein über den nationalen Durchschnitt sich erhebender Intensitätsgrad ändert, in einem gegebnen Lande, das Maß des Werts durch die bloße Dauer der Arbeitszeit. Anders auf dem Weltmarkt, dessen integrierende Teile die einzelnen Länder sind. Die mittlere Intensität der Arbeit wechselt von Land zu Land; sie ist hier größer, dort kleiner. Diese nationalen Durchschnitte bilden also eine Stufenleiter, deren Maßeinheit die Durchschnittseinheit der universellen Arbeit ist. Verglichen mit der weniger intensiven, produziert also die intensivere nationale Arbeit in gleicher Zeit mehr Wert, der sich in mehr Geld ausdrückt. Noch mehr aber wird das Wertgesetz in seiner internationalen Anwendung dadurch modifiziert, daß auf dem Weltmarkt die produktivere nationale Arbeit ebenfalls als intensivere zählt, sooft die produktivere Nation nicht durch die Konkurrenz gezwungen wird, den Verkaufspreis ihrer Ware auf ihren Wert zu senken.

[64] „Es ist nicht richtig, zu sagen, daß die Löhne“ (handelt sich hier von ihrem Preise) „gestiegen sind, weil man mit ihnen mehr von einem billigeren Artikel kaufen kann.“ (David Buchanan in seiner Ausgabe von A. Smiths „Wealth etc.“, 1814, v. I, p. 417, Note.)

Im Maß, wie in einem Lande die kapitalistische Produktion entwickelt ist, im selben Maß erheben sich dort auch die nationale Intensität und Produktivität der Arbeit über das internationale Niveau.[64a] Die verschiedenen Warenquanta derselben Art, die in verschiedenen Ländern in gleicher Arbeitszeit produziert werden, haben also ungleiche internationale Werte, die sich in verschiedenen Preisen ausdrücken, d. h. in je nach den internationalen Werten verschiednen Geldsummen. Der relative Wert des Geldes wird also kleiner sein bei der Nation mit entwickelterer kapitalistischer Produktionsweise als bei der mit wenig entwickelter. Folgt also, daß der nominelle Arbeitslohn, das Äquivalent der Arbeitskraft ausgedrückt in Geld, ebenfalls höher sein wird bei der ersten Nation als bei der zweiten; was keineswegs besagt, daß dies auch für den wirklichen Lohn gilt, d. h. für die dem Arbeiter zur Verfügung gestellten Lebensmittel.

Aber auch abgesehn von dieser relativen Verschiedenheit des Geldwerts in verschiedenen Ländern, wird man häufig finden, daß der Tages-, Wochen-, etc. Lohn bei der ersteren Nation höher ist als bei der zweiten, während der relative Arbeitspreis, d. h. der Arbeitspreis im Verhältnis sowohl zum Mehrwert wie zum Wert des Produkts, bei der zweiten Nation höher steht als bei der ersteren.[65]

J. W. Cowell, Mitglied der Fabrikkommission von 1833, kam nach sorgfältiger Untersuchung der Spinnerei zum Ergebnis, daß

> „in England die Löhne der Sache nach niedriger für den Fabrikanten sind als auf dem Kontinent, obwohl sie für den Arbeiter höher sein mögen" (Ure, p. 314).

Der englische Fabrikinspektor Alexander Redgrave weist im Fabrikbericht vom 31. Oktober 1866 durch vergleichende Statistik mit den Kontinentalstaaten nach, daß trotz niedrigerem Lohn und viel längerer Arbeitszeit die kontinentale Arbeit, verhältnismäßig zum Produkt, teurer ist als die englische. Ein englischer Direktor (manager) in einer Baumwollfabrik in Oldenburg erklärt, daß dort die Arbeitszeit

[64a] An andrer Stelle werden wir untersuchen, welche Umstände, in Beziehung auf die Produktivität, dies Gesetz für einzelne Produktionszweige modifizieren können.

[65] James Anderson bemerkt in Polemik gegen A. Smith: „Es verdient gleicherweise bemerkt zu werden, daß, obgleich der Preis der Arbeit in armen Ländern, wo die Feldfrüchte, und besonders das Getreide, billig sind, scheinbar gewöhnlich niedriger ist, so ist er doch in der Tat dort meistens wirklich höher als in andern Ländern. Denn nicht der Lohn, den ein Arbeiter pro Tag erhält, stellt den realen Preis der Arbeit dar, obgleich er ihr scheinbarer Preis ist. Der reale Preis ist das, was ein bestimmtes Quantum geleisteter Arbeit den Unternehmer tatsächlich kostet; und unter diesem Gesichtswinkel ist Arbeit in fast allen Fällen in reichen Ländern billiger als in ärmeren, obwohl der Preis des Getreides und anderer Lebensmittel gewöhnlich in den letzteren weit niedriger ist als in den ersteren ... Arbeit im Taglohn ist viel niedriger in Schottland als in England ... Arbeit im Stücklohn ist im allgemeinen billiger in England." (James Anderson, „Observations on the means of exciting a spirit of National Industry etc.", Edinb. 1777, p. 350, 351.) – Umgekehrt produziert ihrerseits die Niedrigkeit des Arbeitslohns Verteuerung der Arbeit. „Arbeit ist teurer in Irland als in England ... weil die Löhne so viel niedriger sind." (Nr. 2074 in „Royal Commission on Railways, Minutes", 1867.)

von 5.30 Uhr morgens bis 8 Uhr abends währt, samstags eingeschlossen, und daß die dortigen Arbeiter, wenn unter englischen Arbeitsaufsehern, während dieser Zeit nicht ganz soviel Produkt liefern als Engländer in 10 Stunden, unter deutschen Arbeitsaufsehern aber noch viel weniger. Der Lohn stehe viel tiefer als in England, in vielen Fällen um 50%, aber die Zahl der Hände im Verhältnis zur Maschinerie sei viel größer, in verschiedenen Departements im Verhältnis von 5:3. Herr Redgrave gibt sehr genaue Details über die russischen Baumwollfabriken. Die Data sind ihm geliefert durch einen dort noch kürzlich beschäftigten englischen manager. Auf diesem russischen Boden, an allen Infamien so fruchtbar, stehn auch die alten Greuel aus der Kindheitsperiode der englischen factories in vollster Blüte. Die Dirigenten sind natürlich Engländer, da der eingeborene russische Kapitalist nicht für das Fabrikgeschäft taugt. Trotz aller Überarbeit, fortlaufender Tag- und Nachtarbeit und schmählichster Unterzahlung der Arbeiter, vegetiert das russische Fabrikat nur durch Prohibition des ausländischen. – Ich gebe schließlich noch eine vergleichende Übersicht des Herrn Redgrave über die Durchschnitts-Spindelzahl per Fabrik und per Spinner in verschiednen Ländern Europas. Herr Redgrave bemerkt selbst, daß er diese Zahlen vor einigen Jahren gesammelt hat und daß seit der Zeit die Größe der Fabriken und die Spindelzahl per Arbeiter in England gewachsen seien. Er unterstellt aber verhältnismäßig gleich großen Fortschritt in den aufgezählten Kontinentalländern, so daß die Zahlenangaben ihren komparativen Wert behalten hätten.

Durchschnittsanzahl von Spindeln per Fabrik

In England:	12.600
In der Schweiz:	8000
In Östreich:	7000
In Sachsen:	4500
In Belgien:	4000
In Frankreich:	1500
In Preußen:	1500

Durchschnittsanzahl von Spindeln per Kopf

In Frankreich:	14
In Rußland:	28
In Preußen:	37
In Bayern:	46
In Östreich:	49
In Belgien:	50
In Sachsen:	50
In den kleinern deutschen Staaten:	55
In der Schweiz:	55
In Großbritannien:	74

„Diese Vergleichung", sagt Herr Redgrave, „ist, außer andren Gründen, besonders auch deswegen für Großbritannien ungünstig, weil dort eine sehr große Zahl Fabriken existiert, worin die Maschinenweberei mit der Spinnerei verbunden ist, während die Rechnung keinen Kopf für die Webstühle abzieht. Die auswärtigen Fabriken sind dagegen meist bloße Spinnereien. Könnten wir genau Gleiches mit Gleichem vergleichen, so könnte ich viele Baumwollspinnereien in meinem Distrikt aufzählen, worin Mules mit 2200 Spindeln von einem einzigen Mann (minder) und zwei Handlangerinnen überwacht und täglich 220 Pfund Garn, 400 (englische) Meilen in Länge, fabriziert werden."(„Reports of Insp. of Fact., 31st Oct. 1866", p. 31-37 passim.)

Man weiß, daß in Osteuropa sowohl wie in Asien englische Kompanien Eisenbahnen in Bau übernommen haben und dabei neben einheimischen auch eine gewisse Zahl englischer Arbeiter verwenden. Durch praktische Notwendigkeit gezwungen, so den nationalen Unterschieden in der Intensität der Arbeit Rechnung zu tragen, hat ihnen das keinen Schaden gebracht. Ihre Erfahrung lehrt, daß, wenn auch die Höhe des Lohnes mehr oder weniger der mittleren Arbeitsintensität entspricht, der relative Arbeitspreis (im Verhältnis zum Produkt) sich im allgemeinen im entgegengesetzten Sinn bewegt.

In „Versuch über die Rate des Arbeitslohns"[66], einer seiner frühsten ökonomischen Schriften, sucht H. Carey nachzuweisen, daß die verschiednen nationalen Arbeitslöhne sich direkt verhalten wie die Produktivitätsgrade der nationalen Arbeitstage, um aus diesem internationalen Verhältnis den Schluß zu ziehen, daß der Arbeitslohn überhaupt steigt und fällt wie die Produktivität der Arbeit. Unsre ganze Analyse der Produktion des Mehrwerts beweist die Abgeschmacktheit dieser Schlußfolgerung, hätte Carey selbst seine Prämisse bewiesen, statt seiner Gewohnheit gemäß unkritisch und oberflächlich zusammengerafftes statistisches Material kunterbunt durcheinanderzuwürfeln. Das Beste ist, daß er nicht behauptet, die Sache verhalte sich wirklich so, wie sie sich der Theorie nach verhalten sollte. Die Staatseinmischung hat nämlich das naturgemäße ökonomische Verhältnis verfälscht. Man muß daher die nationalen Arbeitslöhne so berechnen, als ob der Teil derselben, der dem Staat in der Form von Steuern zufällt, dem Arbeiter selbst zufiele. Sollte Herr Carey nicht weiter darüber nachdenken, ob diese „Staatskosten" nicht auch „naturgemäße Früchte" der kapitalistischen Entwicklung sind? Das Räsonnement ist ganz des Mannes würdig, der die kapitalistischen Produktionsverhältnisse erst für ewige Natur- und Vernunftsgesetze erklärte, deren frei harmonisches Spiel nur durch die Staatseinmischung gestört werde, um hinterher zu entdecken, daß Englands diabolischer Einfluß auf den Weltmarkt, ein Einfluß, der, wie es scheint, nicht den Naturgesetzen der kapitalistischen Produktion entspringt, die Staatseinmischung nötig macht,

---

66 „Essay on the Rate of Wages: with an Examination of the Causes of the Differences in the Conditions of the Labouring Population throughout the World", Philadelphia 1835.

nämlich den Schutz jener Natur- und Vernunftsgesetze durch den Staat, alias das Protektionssystem. Er entdeckte ferner, daß die Theoreme Ricardos usw., worin existierende gesellschaftliche Gegensätze und Widersprüche formuliert sind, nicht das ideale Produkt der wirklichen ökonomischen Bewegung, sondern daß umgekehrt die wirklichen Gegensätze der kapitalistischen Produktion in England und anderswo das Resultat der Ricardoschen usw. Theorie sind! Er entdeckte schließlich, daß es in letzter Instanz der Handel ist, der die eingebornen Schönheiten und Harmonien der kapitalistischen Produktionsweise vernichtet. Noch einen Schritt weiter, und er entdeckt vielleicht, daß der einzige Mißstand an der kapitalistischen Produktion das Kapital selbst ist. Nur ein Mann von so entsetzlicher Kritiklosigkeit und solcher Gelehrsamkeit de faux aloi verdiente, trotz seiner protektionistische Ketzerei, die Geheimquelle der harmonischen Weisheit eines Bastiat und aller andern freihändlerischen Optimisten der Gegenwart zu werden.

SIEBENTER ABSCHNITT: DER AKKUMULATIONSPROZESS DES KAPITALS

Die Verwandlung einer Geldsumme in Produktionsmittel und Arbeitskraft ist die erste Bewegung, die das Wertquantum durchmacht, das als Kapital fungieren soll. Sie geht vor auf dem Markt, in der Sphäre der Zirkulation. Die zweite Phase der Bewegung, der Produktionsprozeß, ist abgeschlossen, sobald die Produktionsmittel verwandelt sind in Ware, deren Wert den Wert ihrer Bestandteile übertrifft, also das ursprünglich vorgeschossene Kapital plus eines Mehrwerts enthält. Diese Waren müssen alsdann wiederum in die Sphäre der Zirkulation geworfen werden. Es gilt, sie zu verkaufen, ihren Wert in Geld zu realisieren, dies Geld aufs neue in Kapital zu verwandeln, und so stets von neuem. Dieser immer dieselben sukzessiven Phasen durchmachende Kreislauf bildet die Zirkulation des Kapitals.

Die erste Bedingung der Akkumulation ist, daß der Kapitalist es fertiggebracht hat, seine Waren zu verkaufen und den größten Teil des so erhaltenen Geldes in Kapital rückzuverwandeln. Im folgenden wird vorausgesetzt, daß das Kapital seinen Zirkulationsprozeß in normaler Weise durchläuft. Die nähere Analyse dieses Prozesses gehört ins Zweite Buch.

Der Kapitalist, der den Mehrwert produziert, d. h. unbezahlte Arbeit unmittelbar aus den Arbeitern auspumpt und in Waren fixiert, ist zwar der erste Aneigner, aber keineswegs der letzte Eigentümer dieses Mehrwerts. Er hat ihn hinterher zu teilen mit Kapitalisten, die andre Funktionen im großen und ganzen der gesellschaftlichen Produktion vollziehn, mit dem Grundeigentümer usw. Der Mehrwert spaltet sich daher in verschiedne Teile. Seine Bruchstücke fallen verschiednen Kategorien von Personen zu und erhalten verschiedne, gegeneinander selbständige Formen, wie Profit, Zins, Handelsgewinn, Grundrente usw. Diese verwandelten Formen des Mehrwerts können erst im Dritten Buch behandelt werden.

Wir unterstellen hier also einerseits, daß der Kapitalist, der die Ware produziert, sie zu ihrem Wert verkauft, und verweilen nicht weiter bei seiner Rückkehr zum Warenmarkt, weder bei den neuen Formen, die dem Kapital anschießen in der Zirkulationssphäre, noch den darin eingehüllten konkreten Bedingungen der Reproduktion. Andrerseits gilt uns der kapitalistische Produzent als Eigentümer des ganzen Mehrwerts oder, wenn man will, als Repräsentant aller seiner Teilnehmer an der Beute. Wir betrachten also zunächst die Akkumulation abstrakt, d. h. als bloßes Moment des unmittelbaren Produktionsprozesses.

Soweit übrigens Akkumulation stattfindet, gelingt dem Kapitalisten der Verkauf der produzierten Ware und die Rückverwandlung des aus ihr gelösten Geldes in Kapital. Ferner: Der Bruch des Mehrwerts in verschiedne Stücke ändert nichts an seiner Natur, noch an den notwendigen Bedingungen, worin er zum Element der Akkumulation wird. Welche Proportion des Mehrwerts der kapitalistische Produzent immer für sich selbst festhalte oder an andre abtrete, er eignet ihn stets in erster Hand an. Was also bei unsrer Darstellung der Akkumulation unterstellt wird, ist bei ihrem wirklichen Vorgang unterstellt. Andrerseits verdunkeln die Zerspaltung des Mehrwerts und die vermittelnde Bewegung der Zirkulation die einfache Grundform des Akkumulationsprozesses. Seine reine Analyse erheischt daher vorläufiges Wegsehn von allen Phänomenen, welche das innere Spiel seines Mechanismus verstecken.

Einundzwanzigstes Kapitel: Einfache Reproduktion

Welches immer die gesellschaftliche Form des Produktionsprozesses, er muß kontinuierlich sein oder periodisch stets von neuem dieselben Stadien durchlaufen. Sowenig eine Gesellschaft aufhören kann zu konsumieren, kann sie aufhören zu produzieren. In einem stetigen Zusammenhang und dem beständigen Fluß seiner Erneuerung betrachtet, ist jeder gesellschaftliche Produktionsprozeß daher zugleich Reproduktionsprozeß.

Die Bedingungen der Produktion sind zugleich die Bedingungen der Reproduktion. Keine Gesellschaft kann fortwährend produzieren, d. h. reproduzieren, ohne fortwährend einen Teil ihrer Produkte in Produktionsmittel oder Elemente der Neuproduktion rückzuverwandeln. Unter sonst gleichbleibenden Umständen kann sie ihren Reichtum nur auf derselben Stufenleiter reproduzieren oder erhalten, indem sie die, während des Jahres z. B., verbrauchten Produktionsmittel, d. h. Arbeitsmittel, Rohmateriale und Hilfsstoffe, in natura durch ein gleiches Quantum neuer Exemplare ersetzt, welches von der jährlichen Produktenmasse abgeschieden und von neuem dem Produktionsprozeß einverleibt wird. Ein bestimmtes Quantum des jährlichen Produkts gehört also der Produktion. Von Haus aus für die produktive Konsumtion bestimmt, existiert es großenteils in Naturalformen, die von selbst die individuelle Konsumtion ausschließen.

Hat die Produktion kapitalistische Form, so die Reproduktion. Wie in der kapitalistischen Produktionsweise der Arbeitsprozeß nur als ein Mittel für den Verwertungsprozeß erscheint, so die Reproduktion nur als ein Mittel, den vorgeschoßnen Wert als Kapital zu reproduzieren, d. h. als sich verwertenden Wert. Die ökonomische Charaktermaske des Kapitalisten hängt nur dadurch an einem Menschen fest, daß sein Geld fortwährend als Kapital funktioniert. Hat z. B. die vorgeschoßne Geldsumme von 100 Pfd. St. sich dieses Jahr in Kapital verwandelt und einen Mehrwert von 20 Pfd. St. produziert, so muß sie das nächste Jahr usf. dieselbe Operation wiederholen. Als periodisches Inkrement des Kapitalwerts, oder periodische Frucht des prozessierenden Kapitals, erhält der Mehrwert die Form einer aus dem Kapital entspringenden Revenue.[1]

Dient diese Revenue dem Kapitalisten nur als Konsumtionsfonds oder wird sie ebenso periodisch verzehrt wie gewonnen, so findet, unter sonst gleichbleibenden Umständen, einfache Reproduktion statt. Obgleich letztere nun bloße

---

[1] „Die Reichen, welche die Produkte der Arbeit andrer verzehren, erhalten sie nur durch Austauschakte (Warenkäufe). Sie scheinen daher einer baldigen Erschöpfung ihrer Reservefonds ausgesetzt ... Aber in der gesellschaftlichen Ordnung hat der Reichtum die Kraft erhalten, sich durch fremde Arbeit zu reproduzieren ... Der Reichtum, wie die Arbeit und durch die Arbeit, liefert eine jährliche Frucht, welche jedes Jahr vernichtet werden kann, ohne daß der Reiche ärmer wird. Diese Frucht ist die Revenue, die aus dem Kapital entspringt." (Sismondi, „Nouv. Princ. d'Écon. Pol.", t. I, p. 81, 82.)

Wiederholung des Produktionsprozesses auf derselben Stufenleiter, drückt diese bloße Wiederholung oder Kontinuität dem Prozesse gewisse neue Charaktere auf oder löst vielmehr die Scheincharaktere seines nur vereinzelten Vorgangs auf.

Der Produktionsprozeß wird eingeleitet mit dem Kauf der Arbeitskraft für eine bestimmte Zeit, und diese Einleitung erneuert sich beständig, sobald der Verkaufstermin der Arbeit fällig und damit eine bestimmte Produktionsperiode, Woche, Monat usw., abgelaufen ist. Gezahlt wird der Arbeiter aber erst, nachdem seine Arbeitskraft gewirkt und sowohl ihren eignen Wert als den Mehrwert in Waren realisiert hat. Er hat also wie den Mehrwert, den wir einstweilen nur als Konsumtionsfonds des Kapitalisten betrachten, so den Fonds seiner eignen Zahlung, das variable Kapital produziert, bevor es ihm in der Form des Arbeitslohnes zurückfließt, und er wird nur so lange beschäftigt, als er ihn beständig reproduziert. Daher die im sechzehnten Kapitel unter II. erwähnte Formel der Ökonomen, die das Salair als Anteil am Produkt selbst darstellt.[2] Es ist ein Teil des vom Arbeiter selbst beständig reproduzierten Produkts, das ihm in der Form des Arbeitslohns beständig zurückfließt. Der Kapitalist zahlt ihm den Warenwert allerdings in Geld. Dies Geld ist aber nur die verwandelte Form des Arbeitsprodukts. Während der Arbeiter einen Teil der Produktionsmittel in Produkt verwandelt, rückverwandelt sich ein Teil seines früheren Produkts in Geld. Es ist seine Arbeit von voriger Woche oder vom letzten halben Jahre, womit seine Arbeit von heute oder vom nächsten halben Jahr gezahlt wird. Die Illusion, welche die Geldform erzeugt, verschwindet sofort, sobald statt des einzelnen Kapitalisten und des einzelnen Arbeiters Kapitalistenklasse und Arbeiterklasse betrachtet werden. Die Kapitalistenklasse gibt der Arbeiterklasse beständig in Geldform Anweisungen auf einen Teil des von der letzteren produzierten und von der erstren angeeigneten Produkts. Diese Anweisungen gibt der Arbeiter der Kapitalistenklasse ebenso beständig zurück und entzieht ihr damit den ihm selbst zufallenden Teil seines eignen Produkts. Die Warenform des Produkts und die Geldform der Ware verkleiden die Transaktion.

Das variable Kapital ist also nur eine besondre historische Erscheinungsform des Fonds von Lebensmitteln oder des Arbeitsfonds, den der Arbeiter zu seiner Selbsterhaltung und Reproduktion bedarf und den er in allen Systemen der gesellschaftlichen Produktion stets selbst produzieren und reproduzieren muß. Der Arbeitsfonds fließt ihm nur beständig in Form von Zahlungsmitteln seiner Arbeit zu, weil sein eignes Produkt sich beständig in der Form des Kapitals von ihm entfernt. Aber diese Erscheinungsform des Arbeitsfonds ändert nichts daran, daß dem Arbeiter seine eigne vergegenständlichte Arbeit vom Kapitali-

---

2 „Löhne wie auch Profite sind beide als ein Teil des fertigen Produkts zu betrachten." (Ramsay, l.c.p. 142.) „Der Anteil an dem Produkt, der dem Arbeiter unter der Form des Salairs zukommt." (J. Mill, „Elements etc.", Übers. von Parisot, Paris 1823, p. 33, 34.)

sten vorgeschossen wird.[3] Nehmen wir einen Fronbauer. Er arbeitet mit seinen eignen Produktionsmitteln auf seinem eignen Acker z. B. 3 Tage in der Woche. Die drei andren Wochentage verrichtet er Fronarbeit auf dem herrschaftlichen Gut. Er reproduziert seinen eignen Arbeitsfonds beständig, und dieser erhält ihm gegenüber nie die Form von einem Dritten für seine Arbeit vorgeschoßner Zahlungsmittel. Im Ersatz erhält auch niemals seine unbezahlte Zwangsarbeit die Form freiwilliger und bezahlter Arbeit. Wenn morgen der Gutsherr den Acker, das Zugvieh, die Samen, kurz die Produktionsmittel des Fronbauern sich selbst aneignet, so hat dieser von nun an seine Arbeitskraft an den Fronherrn zu verkaufen. Unter sonst gleichbleibenden Umständen wird er nach wie vor 6 Tage in der Woche arbeiten, 3 Tage für sich selbst, 3 für den Exfronherrn, der jetzt in einen Lohnherrn verwandelt ist. Er wird nach wie vor die Produktionsmittel als Produktionsmittel vernutzen und ihren Wert auf das Produkt übertragen. Nach wie vor wird ein bestimmter Teil des Produkts in die Reproduktion eingehn. Wie aber die Fronarbeit die Form der Lohnarbeit, nimmt der vom Fronbauer nach wie vor produzierte und reproduzierte Arbeitsfonds die Form eines ihm vom Fronherrn vorgeschoßnen Kapitals an. Der bürgerliche Ökonom, dessen beschränktes Hirn die Erscheinungsform von dem, was darin erscheint, nicht trennen kann, schließt die Augen vor der Tatsache, daß selbst noch heutzutag der Arbeitsfonds nur ausnahmsweis auf dem Erdrund in der Form von Kapital auftritt.[4]

Allerdings verliert das variable Kapital nur den Sinn eines aus dem eignen Fonds des Kapitalisten vorgeschoßnen Wertes[4a], sobald wir den kapitalistischen Produktionsprozeß im beständigen Fluß seiner Erneuerung betrachten. Aber er muß doch irgendwo und irgendwann anfangen. Von unsrem bisherigen Standpunkt ist es daher wahrscheinlich, daß der Kapitalist irgendeinmal durch irgendeine, von unbezahlter fremder Arbeit unabhängige, ursprüngliche Akkumulation Geldbesitzer ward und daher den Markt als Käufer von Arbeitskraft beschreiten konnte. Indes bewirkt die bloße Kontinuität des kapitalistischen Produktionsprozesses, oder die einfache Reproduktion, noch andre sonderbare Wechsel, die nicht nur den variablen Kapitalteil ergreifen, sondern das Gesamtkapital.

---

[3] „Wenn Kapital verwandt wird, um dem Arbeiter seinen Lohn vorzuschießen, fügt er dem Fonds zur Erhaltung der Arbeit nichts hinzu.“ (Cazenove in Note zu seiner ed. von Malthus' „Definitions in Polit. Econ.“, London 1853, p. 22.)

[4] „Die Subsistenzmittel der Arbeiter werden noch nicht auf einem Viertel der Erde den Arbeitern durch Kapitalisten vorgeschossen.“ (Richard Jones, „Textbook of Lectures on the Polit. Economy of Nations“, Hertford 1852, p. 36.)

[4a] „Obgleich der manufacturer“ (i. e. Manufakturarbeiter) „seinen Lohn vom Meister vorgeschossen bekommt, verursacht er diesem in Wirklichkeit keine Kosten, da der Wert des Lohns zusammen mit einem Profit gewöhnlich in dem veredelten Wert des Gegenstands, auf den seine Arbeit verwandt wurde, wiederhergestellt wird.“ (A. Smith l.c., Book II, ch. III, p. 355.)

Beträgt der mit einem Kapital von 1000 Pfd. St. periodisch, z. B. jährlich, erzeugte Mehrwert 200 Pfd. St. und wird dieser Mehrwert jährlich verzehrt, so ist es klar, daß nach fünfjähriger Wiederholung desselben Prozesses die Summe des verzehrten Mehrwerts = 5 × 200 ist oder gleich dem ursprünglich vorgeschoßnen Kapitalwert von 1000 Pfd. St. Würde der jährliche Mehrwert nur teilweis verzehrt, z. B. nur zur Hälfte, so ergäbe sich dasselbe Resultat nach zehnjähriger Wiederholung des Produktionsprozesses, denn 10 × 100 = 1000. Allgemein: Der vorgeschoßne Kapitalwert, dividiert durch den jährlich verzehrten Mehrwert, ergibt die Jahresanzahl oder die Anzahl von Reproduktionsperioden, nach deren Ablauf das ursprünglich vorgeschoßne Kapital vom Kapitalisten aufgezehrt und daher verschwunden ist. Die Vorstellung des Kapitalisten, daß er das Produkt der fremden unbezahlten Arbeit, den Mehrwert, verzehrt und den ursprünglichen Kapitalwert erhält, kann absolut nichts an der Tatsache ändern. Nach Abfluß einer gewissen Jahreszahl ist der von ihm geeignete Kapitalwert gleich der Summe des während derselben Jahreszahl ohne Äquivalent angeeigneten Mehrwerts und die von ihm verzehrte Wertsumme gleich dem ursprünglichen Kapitalwert. Allerdings behält er in der Hand ein Kapital, dessen Größe sich nicht verändert hat, wovon ein Teil, Gebäude, Maschinen usw., bereits vorhanden war, als er sein Geschäft in Gang brachte. Aber hier handelt es sich vom Wert des Kapitals und nicht von seinen materiellen Bestandteilen. Wenn jemand sein ganzes Besitztum aufzehrt dadurch, daß er Schulden aufnimmt, die dem Wert dieses Besitztums gleichkommen, so repräsentiert eben das ganze Besitztum nur die Gesamtsumme seiner Schulden. Und ebenso, wenn der Kapitalist das Äquivalent seines vorgeschoßnen Kapitals aufgezehrt hat, repräsentiert der Wert dieses Kapitals nur noch die Gesamtsumme des von ihm unentgeltlich angeeigneten Mehrwerts. Kein Wertatom seines alten Kapitals existiert fort.

Ganz abgesehn von aller Akkumulation verwandelt also die bloße Kontinuität des Produktionsprozesses, oder die einfache Reproduktion, nach kürzerer oder längerer Periode jedes Kapital notwendig in akkumuliertes Kapital oder kapitalisierten Mehrwert. War es selbst bei seinem Eintritt in den Produktionsprozeß persönlich erarbeitetes Eigentum seines Anwenders, früher oder später wird es ohne Äquivalent angeeigneter Wert oder Materiatur, ob in Geldform oder anders, unbezahlter fremder Arbeit.

Wir sahen im vierten Kapitel: Um Geld in Kapital zu verwandeln, genügte nicht das Vorhandensein von Warenproduktion und Warenzirkulation. Es mußten erst, hier Besitzer von Wert oder Geld, dort Besitzer der wertschaffenden Substanz; hier Besitzer von Produktions- und Lebensmitteln, dort Besitzer von nichts als Arbeitskraft, einander als Käufer und Verkäufer gegenübertreten. Scheidung zwischen dem Arbeitsprodukt und der Arbeit selbst, zwischen den objektiven Arbeitsbedingungen und der subjektiven Arbeitskraft, war also die tatsächlich gegebne Grundlage, der Ausgangspunkt des kapitalistischen Produktionsprozesses.

Was aber anfangs nur Ausgangspunkt war, wird vermittelst der bloßen Kontinuität des Prozesses, der einfachen Reproduktion, stets aufs neue produziert und verewigt als eignes Resultat der kapitalistischen Produktion. Einerseits verwandelt der Produktionsprozeß fortwährend den stofflichen Reichtum in Kapital, in Verwertungs- und Genußmittel für den Kapitalisten. Andrerseits kommt der Arbeiter beständig aus dem Prozeß heraus, wie er in ihn eintrat – persönliche Quelle des Reichtums, aber entblößt von allen Mitteln, diesen Reichtum für sich zu verwirklichen. Da vor seinem Eintritt in den Prozeß seine eigne Arbeit ihm selbst entfremdet, dem Kapitalisten angeeignet und dem Kapital einverleibt ist, vergegenständlicht sie sich während des Prozesses beständig in fremdem Produkt. Da der Produktionsprozeß zugleich der Konsumtionsprozeß der Arbeitskraft durch den Kapitalisten, verwandelt sich das Produkt des Arbeiters nicht nur fortwährend in Ware, sondern in Kapital, Wert, der die wertschöpfende Kraft aussaugt, Lebensmittel, die Personen kaufen, Produktionsmittel, die den Produzenten anwenden.[5] Der Arbeiter selbst produziert daher beständig den objektiven Reichtum als Kapital, ihm fremde, ihn beherrschende und ausbeutende Macht, und der Kapitalist produziert ebenso beständig die Arbeitskraft als subjektive, von ihren eignen Vergegenständlichungs- und Verwirklichungsmitteln getrennte, abstrakte, in der bloßen Leiblichkeit des Arbeiters existierende Reichtumsquelle, kurz den Arbeiter als Lohnarbeiter.[6] Diese beständige Reproduktion oder Verewigung des Arbeiters ist das sine qua non der kapitalistischen Produktion.

Die Konsumtion des Arbeiters ist doppelter Art. In der Produktion selbst konsumiert er durch seine Arbeit Produktionsmittel und verwandelt sie in Produkte von höherem Wert als dem des vorgeschoßnen Kapitals. Dies ist seine produktive Konsumtion. Sie ist gleichzeitig Konsumtion seiner Arbeitskraft durch den Kapitalisten, der sie gekauft hat. Andrerseits verwendet der Arbeiter das für den Kauf der Arbeitskraft gezahlte Geld in Lebensmittel: dies ist seine individuelle Konsumtion. Die produktive und die individuelle Konsumtion des Arbeiters sind also total verschieden. In der ersten handelt er als bewegende Kraft des Kapitals und gehört dem Kapitalisten; in der zweiten gehört er sich selbst und verrichtet Lebensfunktionen außerhalb des Produktionsprozesses.

---

[5] „Da ist eine besonders merkwürdige Eigenschaft der produktiven Konsumtion. Was produktiv konsumiert wird, ist Kapital, und es wird Kapital durch die Konsumtion." (James Mill, l.c. p. 242.) J. Mill ist jedoch dieser „besonders merkwürdigen Eigenschaft" nicht auf die Spur gekommen.

[6] „Es ist tatsächlich wahr, daß die erste Einführung einer Manufaktur viele Arme beschäftigt, aber sie bleiben arm, und die Fortdauer der Manufaktur erzeugt ihrer noch viele." („Reasons for a limited Exportation of Wool", Lond. 1677, p. 19.) „Der Pächter versichert nun entgegen aller Vernunft, daß er die Armen erhalte. In Wirklichkeit werden sie im Elend erhalten." („Reasons for the late Increase of the Poor Rates: or a comparative view of the prices of labour and provisions", Lond. 1777, p .31.)

Das Resultat der einen ist das Leben des Kapitalisten, das der andern ist das Leben des Arbeiters selbst.

Bei Betrachtung des „Arbeitstags“ usw. zeigte sich gelegentlich, daß der Arbeiter oft gezwungen ist, seine individuelle Konsumtion zu einem bloßen Inzident des Produktionsprozesses zu machen. In diesem Fall setzt er sich Lebensmittel zu, um seine Arbeitskraft im Gang zu halten, wie der Dampfmaschine Kohle und Wasser, dem Rad Öl zugesetzt wird. Seine Konsumtionsmittel sind dann bloß Konsumtionsmittel eines Produktionsmittels, seine individuelle Konsumtion direkt produktive Konsumtion. Dies erscheint jedoch als ein dem kapitalistischen Produktionsprozeß unwesentlicher Mißbrauch.[7]

Anders sieht die Sache aus, sobald wir nicht den einzelnen Kapitalisten und den einzelnen Arbeiter betrachten, sondern die Kapitalistenklasse und die Arbeiterklasse, nicht den vereinzelten Produktionsprozeß der Ware, sondern den kapitalistischen Produktionsprozeß in seinem Fluß und in seinem gesellschaftlichen Umfang. – Wenn der Kapitalist einen Teil seines Kapitals in Arbeitskraft umsetzt, verwertet er damit sein Gesamtkapital. Er schlägt zwei Fliegen mit einer Klappe. Er profitiert nicht nur von dem, was er vom Arbeiter empfängt, sondern auch von dem, was er ihm gibt. Das im Austausch gegen Arbeitskraft veräußerte Kapital wird in Lebensmittel verwandelt, deren Konsumtion dazu dient, Muskel, Nerven, Knochen, Hirn vorhandner Arbeiter zu reproduzieren und neue Arbeiter zu zeugen. Innerhalb der Grenzen des absolut Notwendigen ist daher die individuelle Konsumtion der Arbeiterklasse Rückverwandlung der vom Kapital gegen Arbeitskraft veräußerten Lebensmittel in vom Kapital neu exploitierbare Arbeitskraft. Sie ist Produktion und Reproduktion des dem Kapitalisten unentbehrlichsten Produktionsmittels, des Arbeiters selbst. Die individuelle Konsumtion des Arbeiters bleibt also ein Moment der Produktion und Reproduktion des Kapitals, ob sie innerhalb oder außerhalb der Werkstatt, Fabrik usw., innerhalb oder außerhalb des Arbeitsprozesses vorgeht, ganz wie die Reinigung der Maschine, ob sie während des Arbeitsprozesses oder bestimmter Pausen desselben geschieht. Es tut nichts zur Sache, daß der Arbeiter seine individuelle Konsumtion sich selbst und nicht dem Kapitalisten zulieb vollzieht. So bleibt der Konsum des Lastviehs nicht minder ein notwendiges Moment des Produktionsprozesses, weil das Vieh selbst genießt, was es frißt. Die beständige Erhaltung und Reproduktion der Arbeiterklasse bleibt beständige Bedingung für die Reproduktion des Kapitals. Der Kapitalist kann ihre Erfüllung getrost dem Selbsterhaltungs- und Fortpflanzungstrieb der Arbeiter überlassen. Er sorgt nur dafür, ihre individuelle Konsumtion möglichst auf das Notwendige einzuschränken, und ist himmelweit entfernt von jener südamerikanischen Roheit, die

---

[7] Rossi würde nicht so emphatisch diesen Punkt verdeklamieren, wäre er wirklich in das Geheimnis der „productive consumption“ eingedrungen.

den Arbeiter zwingt, substantiellere statt weniger substantieller Nahrungsmittel einzunehmen.[8]

Daher betrachtet auch der Kapitalist und sein Ideolog, der politische Ökonom, nur den Teil der individuellen Konsumtion des Arbeiters als produktiv, der zur Verewigung der Arbeiterklasse erheischt ist, also in der Tat verzehrt werden muß, damit das Kapital die Arbeitskraft verzehre; was der Arbeiter außerdem zu seinem Vergnügen verzehren mag, ist unproduktive Konsumtion.[9] Würde die Akkumulation des Kapitals eine Erhöhung des Arbeitslohns und daher Vermehrung der Konsumtionsmittel des Arbeiters verursachen ohne Konsum von mehr Arbeitskraft durch das Kapital, so wäre das zuschüssige Kapital unproduktiv konsumiert.[10] In der Tat: die individuelle Konsumtion des Arbeiters ist für ihn selbst unproduktiv, denn sie reproduziert nur das bedürftige Individuum; sie ist produktiv für den Kapitalisten und den Staat, denn sie ist Produktion der den fremden Reichtum produzierenden Kraft.[11]

Von gesellschaftlichem Standpunkt ist also die Arbeiterklasse, auch außerhalb des unmittelbaren Arbeitsprozesses, ebensosehr Zubehör des Kapitals als das tote Arbeitsinstrument. Selbst ihre individuelle Konsumtion ist innerhalb gewisser Grenzen nur ein Moment des Reproduktionsprozesses des Kapitals. Der Prozeß aber sorgt dafür, daß diese selbstbewußten Produktionsinstrumente nicht weglaufen, indem er ihr Produkt beständig von ihrem Pol zum Gegenpol des Kapitals entfernt. Die individuelle Konsumtion sorgt einerseits für ihre eigne Erhaltung und Reproduktion, andrerseits durch Vernichtung der Lebensmittel für ihr beständiges Wiedererscheinen auf dem Arbeitsmarkt. Der römische Sklave war durch Ketten, der Lohnarbeiter ist durch unsichtbare Fäden an seinen Eigentümer gebunden. Der Schein seiner Unabhängigkeit wird durch den beständigen Wechsel der individuellen Lohnherrn und die fictio juris des Kontrakts aufrechterhalten.

---

[8] „Die Arbeiter in den Bergwerken Südamerikas, deren tägliches Geschäft (das schwerste vielleicht in der Welt) darin besteht, eine Last Erz, im Gewicht von 100 bis 200 Pfund, aus einer Tiefe von 450 Fuß auf ihren Schultern zutage zu fördern, leben nur noch von Brot und Bohnen; sie würden das Brot allein zur Nahrung vorziehn, allein ihre Herrn, welche gefunden haben, daß sie mit Brot nicht so stark arbeiten können, behandeln sie wie Pferde und zwingen sie, die Bohnen zu essen; die Bohnen sind aber verhältnismäßig an Knochenerde weit reicher als das Brot. (Liebig, l.c., 1. Theil, p. 194, Note.)

[9] James Mill, l.c.p. 238 sqq.

[10] „Stiege der Preis der Arbeit so hoch, daß trotz des Zuwachses von Kapital nicht mehr Arbeit angewandt werden könnte, so würde ich sagen, daß solcher Zuwachs von Kapital unproduktiv konsumiert wird." (Ricardo, l.c.p. 163.)

[11] „Die einzig produktive Konsumtion im eigentlichen Sinn ist die Konsumtion oder Zerstörung von Reichtum" (er meint den Verbrauch der Produktionsmittel) „durch Kapitalisten zum Zwecke der Reproduktion ... Der Arbeiter ... ist ein produktiver Konsument für die Person, die ihn anwendet, und für den Staat, aber, genau gesprochen, nicht für sich selbst." (Malthus, „Definitions etc.", p. 30.)

Früher machte das Kapital, wo es ihm nötig schien, sein Eigentumsrecht auf den freien Arbeiter durch Zwangsgesetz geltend. So war z. B. die Emigration der Maschinenarbeiter in England bis 1815 bei schwerer Strafe verboten.

Die Reproduktion der Arbeiterklasse schließt zugleich die Überlieferung und Häufung des Geschicks von einer Generation zur andren ein.[12] Wie sehr der Kapitalist das Dasein einer solchen geschickten Arbeiterklasse unter die ihm zugehörigen Produktionsbedingungen zählt, sie in der Tat als die reale Existenz seines variablen Kapitals betrachtet, zeigt sich, sobald eine Krise deren Verlust androht. Infolge des Amerikanischen Bürgerkriegs und der ihn begleitenden Baumwollnot wurde bekanntlich die Mehrzahl der Baumwollarbeiter in Lancashire usw. aufs Pflaster geworfen. Aus dem Schoß der Arbeiterklasse selbst, wie andrer Gesellschaftsschichten, erhob sich der Ruf nach Staatsunterstützung oder freiwilliger Nationalkollekte, um die Emigration der „Überflüssigen" in englische Kolonien oder die Vereinigten Staaten zu ermöglichen. Damals veröffentlichte die „Times" (24. März 1863) einen Brief von Edmund Potter, früher Präsident der Manchester Handelskammer. Sein Brief ward mit Recht im Unterhaus als „das Manifest der Fabrikanten" bezeichnet.[13] Wir geben hier einige charakteristische Stellen, worin der Eigentumstitel des Kapitals auf die Arbeitskraft unverblümt ausgesprochen wird.

> „Den Baumwollarbeitern mag gesagt werden, daß ihre Zufuhr zu groß ist ... sie müsse vielleicht um ein Dritteil reduziert werden, und dann würde eine gesunde Nachfrage für die übrigen zwei Dritteile eintreten ... Die öffentliche Meinung dringt auf Emigration ... Der Meister" (d. h. der Baumwollfabrikant) „kann nicht willig seine Arbeitszufuhr entfernt sehn; er mag denken, daß das ebenso ungerecht als unrichtig ist ... Wenn die Emigration aus öffentlichen Fonds unterstützt wird, hat er ein Recht, Gehör zu verlangen und vielleicht zu protestieren."

Selbiger Potter setzt dann weiter auseinander, wie nützlich die Baumwollindustrie, wie „sie unzweifelhaft die Bevölkerung aus Irland und den englischen Agrikulturdistrikten wegdrainiert hat", wie ungeheuer ihr Umfang, wie sie im Jahr 1860 $^5/_{13}$ des ganzen englischen Exporthandels lieferte, wie sie nach wenigen Jahren sich wieder ausdehnen werde durch Erweiterung des Markts, besonders Indiens, und durch Erzwingung hinreichender „Baumwollzufuhr, zu 6 d. das Pfund". Er fährt dann fort:

---

12 „Das einzige Ding, wovon man sagen kann, daß es aufgespeichert und vorher präpariert ist, ist das Geschick des Arbeiters ... Die Akkumulation und Aufspeicherung geschickter Arbeit, diese wichtigste Operation wird, was die große Masse der Arbeiter betrifft, ohne irgendwelches Kapital vollbracht." (Hodgskin, „Labour Defended etc.", p. 12, 13.)

13 „Dieser Brief kann als das Manifest der Fabrikanten angesehen werden." (Ferrand, Motion über den cotton famine, Sitzung des H. o. C. vom 27. April 1863.)

„Zeit – ein, zwei, drei Jahre vielleicht – wird die nötige Quantität produzieren ... Ich möchte dann die Frage stellen, ist diese Industrie wert, sie festzuhalten, ist es der Mühe wert, die Maschinerie“ (nämlich die lebendigen Arbeitsmaschinen) „in Ordnung zu halten, und ist es nicht die größte Narrheit, daran zu denken, sie aufzugeben! Ich glaube das. Ich will zugeben, daß die Arbeiter nicht Eigentum sind (I allow that the workers are not a property), nicht das Eigentum Lancashires und der Meister; aber sie sind die Stärke beider; sie sind die geistige und geschulte Kraft, die in einer Generation nicht ersetzt werden kann; die andere Maschinerie dagegen, woran sie arbeiten (the mere machinery which they work), könnte zum großen Teil mit Vorteil ersetzt und verbessert werden in zwölf Monaten.[14] Ermuntert oder erlaubt (!) die Emigration der Arbeitskraft, und was wird aus dem Kapitalisten? (Encourage or allow the working power to emigrate, and what of the capitalist?)“

Dieser Herzensstoß erinnert an Hofmarschall Kalb.

„ ... Nehmt den Rahm der Arbeiter weg, und das fixe Kapital wird in hohem Grade entwertet und das zirkulierende Kapital wird sich nicht dem Kampf mit schmaler Zufuhr einer niedrigeren Sorte von Arbeit aussetzen ... Man sagt uns, die Arbeiter selbst wünschen die Emigration. Es ist sehr natürlich, daß sie das tun ... Reduziert, komprimiert das Baumwollgeschäft durch Wegnahme seiner Arbeitskräfte (by taking away its working power), durch Verminderung ihrer Lohnverausgabung sage um $^1/_3$ oder 5 Millionen, und was wird dann aus der nächsten Klasse über ihnen, den Kleinkrämern? Was aus den Grundrenten, was aus der Miete der cottages? ... was aus dem kleinen Pächter, dem besseren Hausbesitzer und dem Grundeigentümer? Und sagt nun, ob irgendein Plan für alle Klassen des Landes selbstmörderischer sein kann als dieser, die Nation zu schwächen durch den Export ihrer besten Fabrikarbeiter und die Entwertung eines Teils ihres produktivsten Kapitals und Reichtums?“ „Ich rate zu einer Anleihe von 5 bis 6 Millionen, über 2 oder 3 Jahre verteilt, administriert durch Spezialkommissäre, beigeordnet den Armenverwaltungen in den Baumwolldistrikten, unter speziellen gesetzlichen Regulationen, mit gewisser Zwangsarbeit, um die moralische Valuta der Almosenempfänger aufrechtzuerhalten ... Kann es irgend etwas Schlimmeres geben für Grundeigentümer oder Meister (can anything be worse for landowners or masters), als ihre besten Arbeiter aufzugeben und die übrigbleibenden zu demoralisieren und zu verstimmen durch eine ausgedehnte entleerende Emigration und Entleerung von Wert und Kapital in einer ganzen Provinz?“

---

14 Man erinnert sich, daß dasselbe Kapital aus einem andren Loch pfeift unter gewöhnlichen Umständen, wenn es gilt, den Arbeitslohn herabzusetzen. Dann erklären „die Meister“ aus einem Munde (sieh Vierter Abschnitt, Note 188, S. 996): „Fabrikarbeiter sollten in heilsamer Erinnerung halten, daß ihre Arbeit in der Tat eine sehr niedrige Sorte geschickter Arbeit ist, daß keine leichter aneigenbar und in Anbetracht ihrer Qualität besser belohnt ist, daß keine durch kurze Unterweisung des mindest Erfahrnen in so kurzer Zeit und in solchem Überfluß zugeführt werden kann. Des Meisters Maschinerie“ (die, wie wir jetzt hören, in 12 Monaten mit Vorteil und verbessert ersetzt werden kann) „spielt in der Tat eine viel wichtigere Rolle in dem Geschäft der Produktion als die Arbeit und das Geschick des Arbeiters“ (die jetzt in 30 Jahren nicht ersetzbar sind), „die eine Erziehung von 6 Monaten lehren und jeder Bauernknecht lernen kann.“

Potter, das auserwählte Organ der Baumwollfabrikanten, unterscheidet doppelte „Maschinerie", deren jede dem Kapitalisten gehört und wovon die eine in seiner Fabrik steht, die andre des Nachts und Sonntags auswärtig in cottages haust. Die eine ist tot, die andre lebendig. Die tote Maschinerie verschlechtert und entwertet sich nicht nur jeden Tag, sondern von ihrer existierenden Masse veraltet ein großer Teil durch den steten technischen Fortschritt beständig so sehr, daß sie vorteilhaft und in wenigen Monaten durch neuere Maschinerie ersetzbar. Die lebendige Maschinerie verbessert sich umgekehrt, je länger sie währt, je mehr sie das Geschick von Generationen in sich aufhäuft. Die „Times" antwortete dem Fabrikmagnaten u. a.:

> „Herr E. Potter ist so impressioniert von der außerordentlichen und absoluten Wichtigkeit der Baumwollmeister, daß er, um diese Klasse zu erhalten und ihr Metier zu verewigen, eine halbe Million der Arbeiterklasse wider ihren Willen in ein großes moralisches Workhouse einsperren will. Ist diese Industrie wert, sie festzuhalten? fragt Herr Potter. Sicher, durch alle ehrbaren Mittel, antworten wir. Ist es der Mühe wert, die Maschinerie in Ordnung zu halten? fragt wieder Herr Potter. Hier stutzen wir. Unter der Maschinerie versteht Herr Potter die menschliche Maschinerie, denn er beteuert, daß er sie nicht als absolutes Eigentum zu behandeln vorhat. Wir müssen gestehn, wir halten es nicht ‚der Mühe wert' oder selbst für möglich, die menschliche Maschinerie in Ordnung zu halten, d. h. sie einzusperren und einzuölen, bis man ihrer bedarf. Menschliche Maschinerie hat die Eigenschaft, während der Untätigkeit zu verrosten, ihr mögt noch soviel dran ölen oder reiben. Zudem ist menschliche Maschinerie, wie der Augenschein uns eben lehrt, imstand, von eignen Stücken den Dampf anzulassen und zu platzen oder einen Veitstanz in unsren großen Städten zu tollen. Es mag, wie Herr Potter sagt, längere Zeit zur Reproduktion der Arbeiter erheischt sein, aber mit Maschinisten und Geld zur Hand werden wir stets betriebsame, harte, industrielle Männer finden, um daraus mehr Fabrikmeister zu fabrizieren, als wir je verbrauchen können ... Herr Potter plaudert von einer Wiederbelebung der Industrie in 1, 2, 3 Jahren und verlangt von uns, die Emigration der Arbeitskraft nicht zu ermuntern oder nicht zu erlauben! Er sagt, es sei natürlich, daß die Arbeiter zu emigrieren wünschen, aber er meint, daß die Nation diese halbe Million Arbeiter mit den 700.000, die an ihnen hängen, ihrem Verlangen zum Trotz in die Baumwolldistrikte einsperren und, eine notwendige Konsequenz, ihr Mißvergnügen durch Gewalt niederschlagen und sie selbst durch Almosen fristen muß, alles das auf die Chance hin, daß die Baumwollmeister ihrer an einem beliebigen Tag wieder bedürfen mögen ... Die Zeit ist gekommen, wo die große öffentliche Meinung dieser Eilande etwas tun muß, um ‚diese Arbeitskraft' vor denen zu retten, die sie behandeln wollen, wie sie Kohle, Eisen und Baumwolle behandeln (to save this ‚working power' from those who would deal with it as they deal with iron, coal and cotton)."[15]

---

[15] „Times", 24. March 1863.

Der „Times"-Artikel war nur ein jeu d'esprit. Die „große öffentliche Meinung" war in der Tat der Meinung des Herrn Potter, daß die Fabrikarbeiter Mobiliarzubehör der Fabriken. Ihre Emigration wurde verhindert.[16] Man sperrte sie in das „moralische Workhouse" der Baumwolldistrikte, und sie bilden nach wie vor „die Stärke (the strength) der Baumwollmeister von Lancashire".

Der kapitalistische Produktionsprozeß reproduziert also durch seinen eignen Vorgang die Scheidung zwischen Arbeitskraft und Arbeitsbedingungen. Er reproduziert und verewigt damit die Exploitationsbedingungen des Arbeiters. Er zwingt beständig den Arbeiter zum Verkauf seiner Arbeitskraft, um zu leben, und befähigt beständig den Kapitalisten zu ihrem Kauf, um sich zu bereichern.[17] Es ist nicht mehr der Zufall, welcher Kapitalist und Arbeiter als Käufer und Verkäufer einander auf dem Warenmarkt gegenüberstellt. Es ist die Zwickmühle des Prozesses selbst, die den einen stets als Verkäufer seiner Arbeitskraft auf den Warenmarkt zurückschleudert und sein eignes Produkt stets in das Kaufmittel des andren verwandelt. In der Tat gehört der Arbeiter dem Kapital, bevor er sich dem Kapitalisten verkauft. Seine ökonomische Hörigkeit[18] ist zugleich vermittelt und zugleich versteckt durch die periodische Erneurung seines Selbstverkaufs, den Wechsel seiner individuellen Lohnherrn und die Oszillation im Marktpreise der Arbeit.[19]

---

[16] Das Parlament votierte keinen Farthing für Emigration, sondern nur Gesetze, welche die Munizipalitäten befähigten, die Arbeiter zwischen Leben und Sterben zu halten oder sie zu exploitieren, ohne Zahlung von Normallöhnen. Als dagegen drei Jahre später die Rinderseuche ausbrach, durchbrach das Parlament wild sogar die parlamentarische Etikette und votierte im Umsehn Millionen zur Schadloshaltung der Millionäre von Landlords, deren Pächter sich ohnehin durch Steigerung der Fleischpreise schadlos hielten. Das bestiale Gebrüll der Grundeigentümer bei Eröffnung des Parlaments von 1866 bewies, daß man nicht Hindu zu sein braucht, um die Kuh Sabala anzubeten, noch Jupiter, um sich in einen Ochsen zu verwandeln.

[17] „Der Arbeiter forderte Unterhaltsmittel, um zu leben, der Chef forderte Arbeit, um zu verdienen." (Sismondi, l.c.p. 91.)

[18] Eine bäuerlich plumpe Form dieser Hörigkeit existiert in der Grafschaft Durham. Es ist dies eine der wenigen Grafschaften, worin die Verhältnisse dem Pächter nicht unbestrittnen Eigentumstitel auf die Ackerbautaglöhner sichern. Die Bergwerkindustrie erlaubt letzteren eine Wahl. Der Pächter, im Gegensatz zur Regel, übernimmt hier daher nur Pacht von Ländereien, worauf sich cottages für die Arbeiter befinden. Der Mietpreis der cottage bildet Teil des Arbeitslohns. Diese cottages heißen „hind's houses". Sie werden den Arbeitern unter gewissen Feudalverpflichtungen vermietet unter einem Vertrag, der „bondage" (Hörigkeit) heißt und den Arbeiter z. B. bindet für die Zeit, während deren er anderswo beschäftigt ist, seine Tochter usw. zu stellen. Der Arbeiter selbst heißt bondsman, Höriger. Dies Verhältnis zeigt auch die individuelle Konsumtion des Arbeiters als Konsumtion für das Kapital oder produktive Konsumtion – von einer ganz neuen Seite: „Es ist merkwürdig zu beobachten, wie selbst der Kot dieses bondsman zu den Sporteln an seinen kalkulierenden Gebieter zählt ... Der Pächter erlaubt in der ganzen Nachbarschaft keinen Abtritt außer seinem eignen und duldet in dieser Beziehung keinen Abschlag von seinen Suzerainrechten." („Public Health. VII. Rep. 1864", p.188.)

[19] Man erinnert sich, daß bei der Arbeit der Kinder usw. selbst die Formalität des Selbstverkaufs verschwindet.

Der kapitalistische Produktionsprozeß, im Zusammenhang betrachtet oder als Reproduktionsprozeß, produziert also nicht nur Ware, nicht nur Mehrwert, er produziert und reproduziert das Kapitalverhältnis selbst, auf der einen Seite den Kapitalisten, auf der andren den Lohnarbeiter.[20]

[20] „Das Kapital setzt die Lohnarbeit, die Lohnarbeit setzt das Kapital voraus. Sie bedingen sich wechselseitig, sie bringen sich wechselseitig hervor. Ein Arbeiter in einer Baumwollfabrik, produziert er nur Baumwollstoffe? Nein, er produziert Kapital. Er produziert Werte, die von neuem dazu dienen, seine Arbeit zu kommandieren und vermittelst derselben neue Werte zu schaffen." (Karl Marx, „Lohnarbeit und Kapital" in „N.Rh.Z." Nr. 266, 7. April 1849.) Die unter diesem Titel in der „N.Rh.Z." veröffentlichten Artikel sind Bruchstücke der Vorlesungen, die ich über jenes Thema 1847 im deutschen Arbeiterverein in Brüssel hielt und deren Druck durch die Februarrevolution unterbrochen wurde.

Zweiundzwanzigstes Kapitel: Verwandlung von Mehrwert in Kapital

1. Kapitalistischer Produktionsprozeß auf erweiterter Stufenleiter. Umschlag der Eigentumsgesetze der Warenproduktion in Gesetze der kapitalistischen Aneignung

Früher hatten wir zu betrachten, wie der Mehrwert aus dem Kapital, jetzt wie das Kapital aus dem Mehrwert entspringt. Anwendung von Mehrwert als Kapital oder Rückverwandlung von Mehrwert in Kapital heißt Akkumulation des Kapitals.[21]

Betrachten wir diesen Vorgang zunächst vom Standpunkt des einzelnen Kapitalisten. Ein Spinner z. B. habe ein Kapital von 10.000 Pfd. St. vorgeschossen, wovon vier Fünftel in Baumwolle, Maschinen etc., das letzte Fünftel in Arbeitslohn. Er produziere jährlich 240.000 Pfd. Garn zum Wert von 12.000 Pfd. St. Bei einer Rate des Mehrwerts von 100% steckt der Mehrwert im Mehrprodukt oder Nettoprodukt von 40.000 Pfd. Garn, einem Sechstel des Bruttoprodukts, zum Wert von 2000 Pfd. Sterling, den der Verkauf realisieren wird. Eine Wertsumme von 2000 Pfd. St. ist eine Wertsumme von 2000 Pfd. St. Man riecht und sieht diesem Gelde nicht an, daß es Mehrwert ist. Der Charakter eines Werts als Mehrwert zeigt, wie er zu seinem Eigner kam, ändert aber nichts an der Natur des Werts oder des Geldes.

Um die neu hinzugekommne Summe von 2000 Pfd. St. in Kapital zu verwandeln, wird also der Spinner, alle andern Umstände gleichbleibend, vier Fünftel davon vorschießen im Ankauf von Baumwolle usw. und ein Fünftel im Ankauf neuer Spinnarbeiter, die auf dem Markte die Lebensmittel finden werden, deren Wert er ihnen vorgeschossen hat. Dann fungiert das neue Kapital von 2000 Pfd. St. in der Spinnerei und bringt seinerseits einen Mehrwert von 400 Pfd. ein.

Der Kapitalwert war ursprünglich vorgeschossen in Geldform; der Mehrwert dagegen existiert von vornherein als Wert eines bestimmten Teils des Bruttoprodukts. Wird dieses verkauft, in Geld verwandelt, so gewinnt der Kapitalwert seine ursprüngliche Form wieder, aber der Mehrwert verwandelt seine ursprüngliche Daseinsweise. Von diesem Augenblick an sind jedoch Kapitalwert und Mehrwert beides Geldsummen, und ihre Wiederverwandlung in Kapital vollzieht sich auf ganz dieselbe Weise. Die eine wie die andre legt der Kapitalist an im Ankauf der Waren, die ihn instand setzen, die Verfertigung seines Artikels von neuem zu beginnen, und zwar diesmal auf erweiterter Stufenleiter. Um aber diese Waren zu kaufen, muß er sie auf dem Markte vorfinden.

---

21 „Akkumulation des Kapitals: die Verwendung eines Teiles der Revenue als Kapital." (Malthus, „Definitions etc.", ed. Cazenove, p.11.) „Verwandlung von Revenue in Kapital." (Malthus, „Princ. of Pol. Econ.", 2nd ed., Lond. 1836, p. 320.)

Seine eignen Garne zirkulieren nur, weil er sein Jahresprodukt auf den Markt bringt, wie das alle andern Kapitalisten mit ihren Waren ebenfalls tun. Aber ehe sie auf den Markt kamen, hatten sie sich schon befunden im jährlichen Produktionsfonds, d. h. der Gesamtmasse der Gegenstände aller Art, worin die Gesamtsumme der Einzelkapitale oder das gesellschaftliche Gesamtkapital im Laufe des Jahres sich verwandelt und wovon jeder Einzelkapitalist nur einen aliquoten Teil in Händen hat. Die Vorgänge auf dem Markt bewerkstelligen nur den Umsatz der einzelnen Bestandteile der Jahresproduktion, schicken sie von einer Hand in die andre, aber sie können weder die Gesamt-Jahresproduktion vergrößern noch die Natur der produzierten Gegenstände ändern. Welcher Gebrauch also von dem jährlichen Gesamtprodukt gemacht werden kann, das hängt ab von seiner eignen Zusammensetzung, keineswegs aber von der Zirkulation.

Zunächst muß die Jahresproduktion alle die Gegenstände (Gebrauchswerte) liefern, aus denen die im Lauf des Jahres verbrauchten sachlichen Bestandteile des Kapitals zu ersetzen sind. Nach Abzug dieser bleibt das Netto- oder Mehrprodukt, worin der Mehrwert steckt. Und woraus besteht dies Mehrprodukt? Vielleicht in Dingen, bestimmt zur Befriedigung der Bedürfnisse und Gelüste der Kapitalistenklasse, die also in ihren Konsumtionsfonds eingehn? Wäre das alles, so würde der Mehrwert verjubelt bis auf die Hefen, und es fände bloß einfache Reproduktion statt.

Um zu akkumulieren, muß man einen Teil des Mehrprodukts in Kapital verwandeln. Aber, ohne Wunder zu tun, kann man nur solche Dinge in Kapital verwandeln, die im Arbeitsprozeß verwendbar sind, d. h. Produktionsmittel, und des ferneren Dinge, von denen der Arbeiter sich erhalten kann, d. h. Lebensmittel. Folglich muß ein Teil der jährlichen Mehrarbeit verwandt worden sein zur Herstellung zusätzlicher Produktions- und Lebensmittel, im Überschuß über das Quantum, das zum Ersatz des vorgeschossenen Kapitals erforderlich war. Mit einem Wort: der Mehrwert ist nur deshalb in Kapital verwandelbar, weil das Mehrprodukt, dessen Wert er ist, bereits die sachlichen Bestandteile eines neuen Kapitals enthält.[21a]

Um nun diese Bestandteile tatsächlich als Kapital fungieren zu lassen, bedarf die Kapitalistenklasse eines Zuschusses von Arbeit. Soll nicht die Ausbeutung der schon beschäftigten Arbeiter extensiv oder intensiv wachsen, so müssen zusätzliche Arbeitskräfte eingestellt werden. Dafür hat der Mechanismus der kapitalistischen Produktion ebenfalls schon gesorgt, indem er die Arbeiterklasse reproduziert als vom Arbeitslohn abhängige Klasse, deren gewöhnlicher Lohn

[21a] Es wird hier abstrahiert vom Ausfuhrhandel, vermittelst dessen eine Nation Luxusartikel in Produktions- oder Lebensmittel umsetzen kann und umgekehrt. Um den Gegenstand der Untersuchung in seiner Reinheit, frei von störenden Nebenumständen aufzufassen, müssen wir hier die gesamte Handelswelt als eine Nation ansehn und voraussetzen, daß die kapitalistische Produktion sich überall festgesetzt und sich aller Industriezweige bemächtigt hat.

hinreicht, nicht nur ihre Erhaltung zu sichern, sondern auch ihre Vermehrung. Diese, ihm durch die Arbeiterklasse auf verschiednen Altersstufen jährlich gelieferten, zuschüssigen Arbeitskräfte braucht das Kapital nur noch den in der Jahresproduktion schon enthaltnen zuschüssigen Produktionsmitteln einzuverleiben, und die Verwandlung des Mehrwerts in Kapital ist fertig. Konkret betrachtet, löst sich die Akkumulation auf in Reproduktion des Kapitals auf progressiver Stufenleiter. Der Kreislauf der einfachen Reproduktion verändert sich und verwandelt sich, nach Sismondis Ausdruck, in eine Spirale.[21b]

Kehren wir jetzt zu unserm Beispiel zurück. Es ist die alte Geschichte: Abraham zeugte Isaak, Isaak zeugte Jakob usw. Das ursprüngliche Kapital von 10.000 Pfd. St. bringt einen Mehrwert von 2000 Pfd. St., der kapitalisiert wird. Das neue Kapital von 2000 Pfd. St. bringt einen Mehrwert von 400 Pfd. St.; dieser, wiederum kapitalisiert, also in ein zweites zusätzliches Kapital verwandelt, bringt einen neuen Mehrwert von 80 Pfd. St., usw.

Wir sehen hier ab von dem vom Kapitalisten verzehrten Teil des Mehrwerts. Ebensowenig interessiert es uns für den Augenblick, ob die Zusatzkapitale zum ursprünglichen Kapital geschlagen oder von ihm zu selbständiger Verwertung getrennt werden; ob derselbe Kapitalist sie ausnutzt, der sie akkumuliert hat, oder ob er sie andern überträgt. Nur dürfen wir nicht vergessen, daß neben den neugebildeten Kapitalen das ursprüngliche Kapital fortfährt sich zu reproduzieren und Mehrwert zu produzieren, und daß dasselbe gilt von jedem akkumulierten Kapital in Beziehung auf das von ihm erzeugte Zusatzkapital.

Das ursprüngliche Kapital bildete sich durch den Vorschuß von 10.000 Pfd. St. Woher hat sie ihr Besitzer? Durch seine eigne Arbeit und die seiner Vorfahren! antworten uns einstimmig die Wortführer der politischen Ökonomie[21c], und ihre Annahme scheint in der Tat die einzige, die zu den Gesetzen der Warenproduktion stimmt.

Ganz anders verhält es sich mit dem Zusatzkapital von 2000 Pfd. St. Seinen Entstehungsprozeß kennen wir ganz genau. Es ist kapitalisierter Mehrwert. Von Ursprung an enthält er nicht ein einziges Wertatom, das nicht aus unbezahlter fremder Arbeit herstammt. Die Produktionsmittel, denen die zuschüssige Arbeitskraft einverleibt wird, wie die Lebensmittel, von denen diese sich erhält, sind nichts als integrierende Bestandteile des Mehrprodukts, des der Arbeiterklasse jährlich durch die Kapitalistenklasse entrissenen Tributs. Wenn diese mit einem Teil des Tributs von jener zusätzliche Arbeitskraft kauft, selbst zum vollen Preise, so daß Äquivalent sich austauscht gegen Äquivalent – es bleibt immer

---

[21b] Sismondis Analyse der Akkumulation hat den großen Fehler, daß er sich zu sehr mit der Phrase: „Umsetzung von Revenue in Kapital" begnügt, ohne die materiellen Bedingungen dieser Operation zu ergründen.

[21c] „Die ursprüngliche Arbeit, der sein Kapital seine Entstehung schuldete." (Sismondi, l.c., éd. Paris, t. I, p. 109.)

das alte Verfahren des Eroberers, der den Besiegten Waren abkauft mit ihrem eignen, geraubten Geld.

Wenn das Zusatzkapital seinen eignen Produzenten beschäftigt, so muß dieser erstens fortfahren, das ursprüngliche Kapital zu verwerten, und zudem den Ertrag seiner früheren Arbeit zurückkaufen mit mehr Arbeit, als er gekostet hat. Als Transaktion zwischen der Kapitalistenklasse und der Arbeiterklasse betrachtet, ändert es nichts an der Sache, wenn mit der unbezahlten Arbeit der bisher beschäftigten Arbeiter zuschüssige Arbeiter beschäftigt werden. Der Kapitalist verwandelt vielleicht auch das Zusatzkapital in eine Maschine, die den Produzenten des Zusatzkapitals aufs Pflaster wirft und durch ein paar Kinder ersetzt. In allen Fällen hat die Arbeiterklasse durch ihre diesjährige Mehrarbeit das Kapital geschaffen, das im nächsten Jahr zuschüssige Arbeit beschäftigen wird.[22] Das ist es, was man nennt: Kapital durch Kapital erzeugen.

Die Voraussetzung der Akkumulation des ersten Zusatzkapitals von 2000 Pfd. St. war eine vom Kapitalisten vorgeschoßne, ihm kraft seiner „ursprünglichen Arbeit" gehörige Wertsumme von 10.000 Pfd. St. Die Voraussetzung des zweiten Zusatzkapitals von 400 Pfd. St. dagegen ist nichts andres als die vorhergegangne Akkumulation des ersten, der 2000 Pfd. St., dessen kapitalisierter Mehrwert es ist. Eigentum an vergangner unbezahlter Arbeit erscheint jetzt als die einzige Bedingung für gegenwärtige Aneignung lebendiger unbezahlter Arbeit in stets wachsendem Umfang. Je mehr der Kapitalist akkumuliert hat, desto mehr kann er akkumulieren.

Insofern der Mehrwert, woraus Zusatzkapital Nr. I besteht, das Resultat des Ankaufs der Arbeitskraft durch einen Teil des Originalkapitals war, ein Kauf, der den Gesetzen des Warenaustausches entsprach, und, juristisch betrachtet, nichts voraussetzt als freie Verfügung auf seiten des Arbeiters über seine eignen Fähigkeiten, auf seiten des Geld- oder Warenbesitzers über ihm gehörige Werte; sofern Zusatzkapital Nr. II usw. bloß Resultat von Zusatzkapital Nr. I, also Konsequenz jenes ersten Verhältnisses; sofern jede einzelne Transaktion fortwährend dem Gesetz des Warenaustausches entspricht, der Kapitalist stets die Arbeitskraft kauft, der Arbeiter sie stets verkauft, und wir wollen annehmen selbst zu ihrem wirklichen Wert, schlägt offenbar das auf Warenproduktion und Warenzirkulation beruhende Gesetz der Aneignung oder Gesetz des Privateigentums durch seine eigne, innere, unvermeidliche Dialektik in sein direktes Gegenteil um. Der Austausch von Äquivalenten, der als die ursprüngliche Operation erschien, hat sich so gedreht, daß nur zum Schein ausgetauscht wird, indem erstens der gegen Arbeitskraft ausgetauschte Kapitalteil selbst nur ein Teil des ohne Äquivalent angeeigneten fremden Arbeitsproduktes ist und

---

[22] „Die Arbeit schafft das Kapital, bevor das Kapital die Arbeit anwendet." („Labour creates capital, before capital employs labour. ") (E. G. Wakefield, „England and America", London 1833, v. II, p. 110.)

zweitens von seinem Produzenten, dem Arbeiter, nicht nur ersetzt, sondern mit neuem Surplus ersetzt werden muß. Das Verhältnis des Austausches zwischen Kapitalist und Arbeiter wird also nur ein dem Zirkulationsprozeß angehöriger Schein, bloße Form, die dem Inhalt selbst fremd ist und ihn nur mystifiziert. Der beständige Kauf und Verkauf der Arbeitskraft ist die Form. Der Inhalt ist, daß der Kapitalist einen Teil der bereits vergegenständlichten fremden Arbeit, die er sich unaufhörlich ohne Äquivalent aneignet, stets wieder gegen größeres Quantum lebendiger fremder Arbeit umsetzt. Ursprünglich erschien uns das Eigentumsrecht gegründet auf eigne Arbeit. Wenigstens mußte diese Annahme gelten, da sich nur gleichberechtigte Warenbesitzer gegenüberstehn, das Mittel zur Aneignung fremder Ware aber nur die Veräußerung der eignen Ware, und letztere nur durch Arbeit herstellbar ist. Eigentum erscheint jetzt auf Seite des Kapitalisten als das Recht, fremde unbezahlte Arbeit oder ihr Produkt, auf Seite des Arbeiters als Unmöglichkeit, sich sein eignes Produkt anzueignen. Die Scheidung zwischen Eigentum und Arbeit wird zur notwendigen Konsequenz eines Gesetzes, das scheinbar von ihrer Identität ausging.[23]

Sosehr die kapitalistische Aneignungsweise also den ursprünglichen Gesetzen der Warenproduktion ins Gesicht zu schlagen scheint, so entspringt sie doch keineswegs aus der Verletzung, sondern im Gegenteil aus der Anwendung dieser Gesetze. Ein kurzer Rückblick auf die Reihenfolge der Bewegungsphasen, deren Schlußpunkt die kapitalistische Akkumulation ist, stelle dies nochmals klar.

Zuerst haben wir gesehn, daß die ursprüngliche Verwandlung einer Wertsumme in Kapital sich durchaus gemäß den Gesetzen des Austausches vollzog. Der eine Kontrahent verkauft seine Arbeitskraft, der andre kauft sie. Der erstre empfängt den Wert seiner Ware, deren Gebrauchswert – die Arbeit – damit an den zweiten veräußert ist. Dieser verwandelt nunmehr ihm bereits gehörende Produktionsmittel mit Hilfe von ihm ebenfalls gehörender Arbeit in ein neues Produkt, das ihm ebenfalls von Rechts wegen gehört.

Der Wert dieses Produkts schließt ein: erstens den Wert der verbrauchten Produktionsmittel. Die nützliche Arbeit kann diese Produktionsmittel nicht verbrauchen, ohne ihren Wert auf das neue Produkt zu übertragen; um aber verkäuflich zu sein, muß die Arbeitskraft imstande sein, in dem Industriezweig, wo sie verwandt werden soll, nützliche Arbeit zu liefern.

Der Wert des neuen Produkts schließt ferner ein: das Äquivalent des Werts der Arbeitskraft und einen Mehrwert. Und zwar deshalb, weil die für einen bestimmten Zeitraum, Tag, Woche etc., verkaufte Arbeitskraft weniger Wert besitzt, als ihr Gebrauch während dieser Zeit schafft. Der Arbeiter aber hat den

---

[23] Das Eigentum des Kapitalisten an dem fremden Arbeitsprodukt „ist strenge Konsequenz des Gesetzes der Aneignung, dessen Fundamentalprinzip umgekehrt der ausschließliche Eigentumstitel jedes Arbeiters am Produkt seiner eignen Arbeit war", (Cherbuliez, „Richesse ou Pauvreté", Paris 1841, p. 58, wo jedoch dieser dialektische Umschlag nicht richtig entwickelt wird.)

Tauschwert seiner Arbeitskraft bezahlt erhalten und hat damit ihren Gebrauchswert veräußert – wie das bei jedem Kauf und Verkauf der Fall.

Daß diese besondre Ware Arbeitskraft den eigentümlichen Gebrauchswert hat, Arbeit zu liefern, also Wert zu schaffen, das kann das allgemeine Gesetz der Warenproduktion nicht berühren. Wenn also die in Arbeitslohn vorgeschoßne Wertsumme sich in Produkt nicht bloß einfach wieder vorfindet, sondern um einen Mehrwert vermehrt vorfindet, so rührt dies nicht her aus einer Übervorteilung des Verkäufers, der ja den Wert seiner Ware erhalten, sondern nur aus dem Verbrauch dieser Ware durch den Käufer.

Das Gesetz des Austausches bedingt Gleichheit nur für die Tauschwerte der gegeneinander weggegebenen Waren. Es bedingt sogar von vornherein Verschiedenheit ihrer Gebrauchswerte und hat absolut nichts zu schaffen mit ihrem Verbrauch, der erst nach geschloßnem und vollzognem Handel beginnt.

Die ursprüngliche Verwandlung des Geldes in Kapital vollzieht sich also im genauesten Einklang mit den ökonomischen Gesetzen der Warenproduktion und mit dem daraus sich ableitenden Eigentumsrecht. Trotzdem aber hat sie zum Ergebnis:

1. daß das Produkt dem Kapitalisten gehört und nicht dem Arbeiter;
2. daß der Wert dieses Produkts, außer dem Wert des vorgeschoßnen Kapitals, einen Mehrwert einschließt, der dem Arbeiter Arbeit, dem Kapitalisten aber nichts gekostet hat und der dennoch das rechtmäßige Eigentum des Kapitalisten wird;
3. daß der Arbeiter seine Arbeitskraft forterhalten hat und sie aufs neue verkaufen kann, wenn er einen Käufer findet.

Die einfache Reproduktion ist nur die periodische Wiederholung dieser ersten Operation; jedesmal wird, stets von neuem, Geld in Kapital verwandelt. Das Gesetz wird also nicht gebrochen, im Gegenteil es erhält nur Gelegenheit, sich dauernd zu betätigen.

> „Plusieurs échanges successifs n'ont fait du dernier que le représentant du premier.“ (Sismondi, l.c.p. 70.)

Und dennoch haben wir gesehn, daß die einfache Reproduktion hinreicht, um dieser ersten Operation – soweit sie als isolierter Vorgang gefaßt war – einen total veränderten Charakter aufzuprägen.

> „Parmi ceux qui se partagent le revenu national, les uns“ (die Arbeiter) „y acquièrent chaque année un nouveau droit par un nouveau travail, les autres“ (die Kapitalisten) „y ont acquis antérieurement un droit permanent par un travail primitif.“ (Sismondi, l.c.p. 110, 111.)

Das Gebiet der Arbeit ist bekanntlich nicht das einzige, wo die Erstgeburt Wunder tut.

Es verschlägt auch nichts, wenn die einfache Reproduktion ersetzt wird durch die Reproduktion auf erweiterter Stufenleiter, durch die Akkumulation. Bei jener vermöbelt der Kapitalist den gesamten Mehrwert, bei dieser beweist er seine Bürgertugend durch Verzehrung nur eines Teils, und Verwandlung des Restes in Geld.

Der Mehrwert ist sein Eigentum, er hat nie einem andern gehört. Schießt er ihn zur Produktion vor, so macht er, ganz wie am Tag, wo er zuerst den Markt beschritt, Vorschüsse aus seinem eignen Fonds. Daß dieser Fonds diesmal aus der unbezahlten Arbeit seiner Arbeiter stammt, tut absolut nichts zur Sache. Wird Arbeiter B beschäftigt mit dem Mehrwert, den Arbeiter A produziert hat, so hat erstens A diesen Mehrwert geliefert, ohne daß man ihm den gerechten Preis seiner Ware um einen Heller verkürzt hat, und zweitens geht dies Geschäft den B überhaupt nichts an. Was B verlangt und das Recht hat zu verlangen, ist, daß der Kapitalist ihm den Wert seiner Arbeitskraft zahle.

> „Tous deux gagnaient encore; l'ouvrier parce qu'on lui avançait les fruits de son travail" (soll heißen du travail gratuit d'autres ouvriers) „avant qu'il fût fait;" (soll heißen: avant que le sien ait porté de fruit) „le maître, parce que le travail de cet ouvrier valait plus que le salaire" (soll heißen: produisait plus de valeur que celle de son salaire). (Sismondi, l.c.p. 135.)

Allerdings sieht die Sache ganz anders aus, wenn wir die kapitalistische Produktion im ununterbrochnen Fluß ihrer Erneuerung betrachten und statt des einzelnen Kapitalisten und des einzelnen Arbeiters die Gesamtheit, die Kapitalistenklasse und ihr gegenüber die Arbeiterklasse ins Auge fassen. Damit aber würden wir einen Maßstab anlegen, der der Warenproduktion total fremd ist.

In der Warenproduktion stehn sich nur, voneinander unabhängig, Verkäufer und Käufer gegenüber. Ihre gegenseitigen Beziehungen sind zu Ende mit dem Verfalltag des zwischen ihnen abgeschloßnen Vertrags. Wiederholt sich das Geschäft, dann infolge eines neuen Vertrags, der mit dem vorhergehenden nichts zu tun hat und bei dem nur ein Zufall denselben Käufer mit demselben Verkäufer wieder zusammenbringt.

Soll also die Warenproduktion oder ein ihr angehöriger Vorgang nach ihren eignen ökonomischen Gesetzen beurteilt werden, so müssen wir jeden Austauschakt für sich betrachten, außerhalb alles Zusammenhangs mit dem Austauschakt, der ihm vorherging, wie mit dem, der ihm nachfolgt. Und da Käufe und Verkäufe nur zwischen einzelnen Individuen abgeschlossen werden, so ist es unzulässig, Beziehungen zwischen ganzen Gesellschaftsklassen darin zu suchen.

Wie lang auch die Reihenfolge der periodischen Reproduktionen und vorhergegangnen Akkumulationen, die das heute funktionierende Kapital durchgemacht hat, es bewahrt immer seine ursprüngliche Jungfräulichkeit. Solange bei jedem Austauschakt – einzeln genommen – die Gesetze des Austausches eingehalten werden, kann die Aneignungsweise eine totale Umwälzung erfahren, ohne das, der Warenproduktion gemäße, Eigentumsrecht irgendwie zu berühren. Dieses selbe Recht steht in Kraft wie am Anfang, wo das Produkt dem Produzenten gehört und wo dieser, Äquivalent gegen Äquivalent austauschend, sich nur durch eigne Arbeit bereichern kann, so auch in der kapitalistischen Periode, wo der gesellschaftliche Reichtum in stets steigendem Maß das Eigentum derer wird, die in der Lage sind, sich stets aufs neue die unbezahlte Arbeit andrer anzueignen.

Dies Resultat wird unvermeidlich, sobald die Arbeitskraft durch den Arbeiter selbst als Ware frei verkauft wird. Aber auch erst von da an verallgemeinert sich die Warenproduktion und wird sie typische Produktionsform; erst von da an wird jedes Produkt von vornherein für den Verkauf produziert und geht aller produzierte Reichtum durch die Zirkulation hindurch. Erst da, wo die Lohnarbeit ihre Basis, zwingt die Warenproduktion sich der gesamten Gesellschaft auf; aber auch erst da entfaltet sie alle ihre verborgnen Potenzen. Sagen, daß die Dazwischenkunft der Lohnarbeit die Warenproduktion fälscht, heißt sagen, daß die Warenproduktion, will sie unverfälscht bleiben, sich nicht entwickeln darf. Im selben Maß, wie sie nach ihren eignen immanenten Gesetzen sich zur kapitalistischen Produktion fortbildet, in demselben Maß schlagen die Eigentumsgesetze der Warenproduktion um in Gesetze der kapitalistischen Aneignung.[24]

Man sah, daß selbst bei einfacher Reproduktion alles vorgeschoßne Kapital, wie immer ursprünglich erworben, sich in akkumuliertes Kapital oder kapitalisierten Mehrwert verwandelt. Aber im Strom der Produktion wird überhaupt alles ursprünglich vorgeschoßne Kapital eine verschwindende Größe (magnitudo evanescens im mathematischen Sinn), verglichen mit dem direkt akkumulierten Kapital, d. h. dem in Kapital rückverwandelten Mehrwert oder Mehrprodukt, ob nun funktionierend in der Hand, die akkumuliert hat, oder in fremder Hand. Die politische Ökonomie stellt das Kapital daher überhaupt dar als „akkumulierten Reichtum" (verwandelten Mehrwert oder Revenue), „der von neuem zur Produktion von Mehrwert verwandt wird"[25], oder auch den Kapitalisten als „Besitzer des Mehrprodukts"[26]. Dieselbe Anschauungsweise besitzt nur andre Form in dem Ausdruck, daß alles vorhandne Kapital akkumulierter oder kapitalisierter Zins sei, denn der Zins ist ein bloßes Bruchstück des Mehrwerts.[27]

---

24 Man bewundere daher die Pfiffigkeit Proudhons, der das kapitalistische Eigentum abschaffen will, indem er ihm gegenüber – die ewigen Eigentumsgesetze der Warenproduktion geltend macht!

25 „Kapital ist akkumulierter Reichtum, angewandt, um Profit zu erzielen." (Malthus, l.c.) „Kapital ... besteht aus Reichtum, von der Revenue erspart und zur Erzielung von Profit gebraucht." (R. Jones, „Text-book of lectures on the Political Economy of Nations", Hertford 1852, p. 16.)

26 „Die Besitzer des Mehrprodukts oder Kapitals." („The Source and Remedy of the National Difficulties. A Letter to Lord John Russell", Lond. 1821.)

27 „Kapital, mit dem Zinseszins auf jeden Teil des gesparten Kapitals, reißt alles so sehr an sich,

2. Irrige Auffassung der Reproduktion auf erweiterter Stufenleiter seitens der politischen Ökonomie

Bevor wir nun auf einige nähere Bestimmungen der Akkumulation oder der Rückverwandlung von Mehrwert in Kapital eingehn, ist eine von der klassischen Ökonomie ausgeheckte Zweideutigkeit zu beseitigen.

So wenig die Waren, die der Kapitalist mit einem Teil des Mehrwerts für seine eigne Konsumtion kauft, ihm als Produktions- und Verwertungsmittel dienen, so wenig ist die Arbeit, die er zur Befriedigung seiner natürlichen und sozialen Bedürfnisse kauft, produktive Arbeit. Statt durch den Kauf jener Waren und Arbeit den Mehrwert in Kapital zu verwandeln, verzehrt oder verausgabt er ihn umgekehrt als Revenue. Gegenüber der altadligen Gesinnung, die, wie Hegel richtig sagt, „im Verzehren des Vorhandenen besteht" und namentlich auch im Luxus persönlicher Dienste sich breitmacht, war es für die bürgerliche Ökonomie entscheidend wichtig, die Akkumulation des Kapitals als erste Bürgerpflicht zu verkünden und unermüdlich zu predigen: man kann nicht akkumulieren, wenn man seine ganze Revenue aufißt, statt einen guten Teil davon zu verausgaben in Werbung zuschüssiger produktiver Arbeiter, die mehr einbringen, als sie kosten. Andrerseits hatte sie gegen das Volksvorurteil zu polemisieren, welches die kapitalistische Produktion mit der Schatzbildung verwechselt[28] und daher wähnt, akkumulierter Reichtum sei Reichtum, welcher der Zerstörung in seiner vorhandnen Naturalform, also dem Verbrauch entzogen oder auch vor der Zirkulation gerettet werde. Verschluß des Geldes gegen die Zirkulation wäre grade das Gegenteil seiner Verwertung als Kapital und Warenakkumulation im schatzbildnerischen Sinn reine Narrheit.[28a] Akkumulation von Waren in großen Massen ist Resultat einer Zirkulationsstockung oder der Überproduktion.[29] Allerdings läuft in der Volksvorstellung einerseits das Bild der im Konsumtionsfonds der Reichen gehäuften, langsam sich verzehrenden Güter unter, andrerseits die Vorratbildung, ein Phänomen, das allen Produktionsweisen angehört

daß der ganze Reichtum auf der Welt, von dem Einkommen bezogen wird, schon vor langem Kapitalzins geworden ist." (London „Economist" 19. July 1851.)

[28] „Kein politischer Ökonom der heutigen Zeit kann unter Sparen nur Schatzbildung verstehen: und abgesehen von diesem abgekürzten und ungenügenden Verfahren, kann man sich keinen andren Gebrauch dieses Ausdrucks im Hinblick auf den nationalen Reichtum vorstellen als jenen, der aus der verschiedenen Verwendung des Ersparten hervorgehen muß und auf einer wirklichen Unterscheidung zwischen den verschiedenen Arten von Arbeit basiert, die davon erhalten werden." (Malthus, l.c.p. 38, 39.)

[28a] So ist bei Balzac, der alle Schattierungen des Geizes so gründlich studiert hatte, der alte Wucherer Gobseck schon verkindischt, als er anfängt, sich einen Schatz aus aufgehäuften Waren zu bilden.

[29] „Akkumulation von Kapitalien ... Aufhören des Austausches ... Überproduktion." (Th. Corbet, l.c.p. 104.)

und wobei wir einen Augenblick in der Analyse des Zirkulationsprozesses verweilen werden.

Soweit also ist die klassische Ökonomie im Recht, wenn sie den Verzehr von Mehrprodukt durch produktive Arbeiter statt durch unproduktive als charakteristisches Moment des Akkumulationsprozesses betont. Aber hier beginnt auch ihr Irrtum. A. Smith hat es zur Mode gemacht, die Akkumulation bloß als Konsumtion des Mehrprodukts durch produktive Arbeiter oder die Kapitalisierung des Mehrwerts als dessen bloßen Umsatz in Arbeitskraft darzustellen. Hören wir z. B. Ricardo:

> „Man muß verstehn, daß alle Produkte eines Landes konsumiert werden; aber es macht den größten Unterschied, den man denken kann, ob sie konsumiert werden durch solche, die einen andren Wert reproduzieren, oder durch solche, die ihn nicht reproduzieren. Wenn wir sagen, daß Revenue erspart und zum Kapital geschlagen wird, so meinen wir, daß der Teil der Revenue, von dem es heißt, er sei zum Kapital geschlagen, durch produktive statt durch unproduktive Arbeiter verzehrt wird. Es gibt keinen größern Irrtum, als zu unterstellen, daß Kapital durch Nicht-Konsum vermehrt wird."[30]

Es gibt keinen größern Irrtum als der dem A. Smith von Ricardo und allen späteren nachgeplauderte, daß

> „der Teil der Revenue, von dem es heißt, er sei zum Kapital geschlagen, von produktiven Arbeitern verzehrt wird".

Nach dieser Vorstellung würde aller Mehrwert, der in Kapital verwandelt wird, zu variablem Kapital. Er teilt sich vielmehr, wie der ursprünglich vorgeschoßne Wert, in konstantes Kapital und variables Kapital, in Produktionsmittel und Arbeitskraft. Arbeitskraft ist die Form, worin das variable Kapital innerhalb des Produktionsprozesses existiert. In diesem Prozeß wird sie selbst vom Kapitalisten verzehrt. Sie verzehrt durch ihre Funktion – die Arbeit – Produktionsmittel. Zugleich verwandelt sich das im Ankauf der Arbeitskraft gezahlte Geld in Lebensmittel, die nicht von der „produktiven Arbeit", sondern vom „produktiven Arbeiter" verzehrt werden. A. Smith gelangt durch eine grundverkehrte Analyse zu dem abgeschmackten Resultat daß, wenn auch jedes individuelle Kapital sich in konstanten und variablen Bestandteil teilt, das gesellschaftliche Kapital sich in nur variables Kapital auflöst oder nur in Zahlung von Arbeitslohn verausgabt wird. Z. B. ein Tuchfabrikant verwandle 2000 Pfd. St. in Kapital. Er legt einen Teil des Geldes im Ankauf von Webern aus, den andern Teil in Wollengarn, Wollenmaschinerie usw. Aber die Leute, von denen er das Garn und die Maschinerie kauft, zahlen wieder mit einem Teil davon Arbeit usw., bis

30 Ricardo. l.c.p. 163, Note.

die ganzen 2000 Pfd. St. in Zahlung von Arbeitslohn verausgabt sind oder das ganze durch die 2000 Pfd. St. repräsentierte Produkt durch produktive Arbeiter verzehrt ist. Man sieht: die ganze Wucht dieses Arguments liegt in dem Wort „usw.", das uns von Pontius zu Pilatus schickt. In der Tat, A. Smith bricht die Untersuchung grade da ab, wo ihre Schwierigkeit beginnt.[31]

Solange man nur den Fonds der Gesamt-Jahresproduktion ins Auge faßt, ist der jährliche Reproduktionsprozeß leicht verständlich. Aber alle Bestandteile der Jahresproduktion müssen auf den Warenmarkt gebracht werden, und da beginnt die Schwierigkeit. Die Bewegungen der Einzelkapitale und persönlichen Revenuen kreuzen, vermengen, verlieren sich in einem allgemeinen Stellenwechsel – der Zirkulation des gesellschaftlichen Reichtums –, der den Blick verwirrt und der Untersuchung sehr verwickelte Aufgaben zu lösen gibt. Im dritten Abschnitt des Zweiten Buches werde ich die Analyse des wirklichen Zusammenhanges geben. – Es ist das große Verdienst der Physiokraten, in ihrem Tableau économique zum ersten Mal den Versuch gemacht zu haben, ein Bild der Jahresproduktion zu geben in der Gestalt, in welcher sie aus der Zirkulation hervorgeht.[32]

Es versteht sich übrigens von selbst, daß die politische Ökonomie nicht verfehlt hat, im Interesse der Kapitalistenklasse A. Smiths Satz auszubeuten: daß der ganze in Kapital verwandelte Teil des Nettoprodukts von der Arbeiterklasse verzehrt wird.

3. Teilung des Mehrwerts in Kapital und Revenue. Die Abstinenztheorie

Im vorigen Kapitel betrachteten wir den Mehrwert, resp. das Mehrprodukt, nur als individuellen Konsumtionsfonds des Kapitalisten, in diesem Kapitel bisher

[31] Trotz seiner „Logik" kommt Herr J. St. Mill nirgendswo auch nur solcher fehlerhaften Analyse seiner Vorgänger auf die Sprünge, welche selbst innerhalb des bürgerlichen Horizonts, vom reinen Fachstandpunkt aus, nach Berichtigung schreit. Überall registriert er mit schülermäßigem Dogmatismus die Gedankenwirren seiner Meister. Auch hier: „Auf die Dauer gesehen, löst sich das Kapital selbst völlig in Lohn auf, und wenn es durch den Verkauf des Produkts ersetzt wird, so wird es wieder zu Lohn."

[32] A. Smith hat in der Darstellung des Reproduktionsprozesses, daher auch der Akkumulation, nach mancher Seite hin nicht nur keine Fortschritte, sondern entschiedene Rückschritte gemacht im Vergleich zu seinen Vorgängern, namentlich den Physiokraten. Mit seiner im Text erwähnten Illusion hängt das ebenfalls von ihm der politischen Ökonomie vererbte, wahrhaft fabelhafte Dogma zusammen, daß der Preis der Waren aus Arbeitslohn, Profit (Zins) und Grundrente, also bloß aus Arbeitslohn und Mehrwert zusammengesetzt ist. Von dieser Basis ausgehend, gesteht wenigstens Storch naiv: „Es ist unmöglich, den notwendigen Preis in seine einfachsten Elemente aufzulösen." (Storch, l.c., Petersb., Édit. 1815, t. II, p .141, Note.) Eine schöne ökonomische Wissenschaft, die es für unmöglich erklärt, den Preis der Waren in seine einfachsten Elemente aufzulösen! Das Nähere hierüber wird man erörtert finden im 3. Abschn. des Zweiten und im 7. Abschn. des Dritten Buchs.

nur als einen Akkumulationsfonds. Er ist aber weder nur das eine noch das andre, sondern beides zugleich. Ein Teil des Mehrwerts wird vom Kapitalisten als Revenue verzehrt[33], ein andrer Teil als Kapital angewandt oder akkumuliert.

Bei gegebner Masse des Mehrwerts wird der eine dieser Teile um so größer sein, je kleiner der andre ist. Alle andern Umstände als gleichbleibend genommen, bestimmt das Verhältnis, worin diese Teilung sich vollzieht, die Größe der Akkumulation. Wer aber diese Teilung vornimmt, das ist der Eigentümer des Mehrwerts, der Kapitalist. Sie ist also sein Willensakt. Von dem Teil des von ihm erhobnen Tributs, den er akkumuliert, sagt man, er spare ihn, weil er ihn nicht aufißt, d. h., weil er seine Funktion als Kapitalist ausübt, nämlich die Funktion, sich zu bereichern.

Nur soweit der Kapitalist personifiziertes Kapital ist, hat er einen historischen Wert und jenes historische Existenzrecht, das, wie der geistreiche Lichnowski sagt, keinen Datum nicht hat. Nur soweit steckt seine eigne transitorische Notwendigkeit in der transitorischen Notwendigkeit der kapitalistischen Produktionsweise. Aber soweit sind auch nicht Gebrauchswert und Genuß, sondern Tauschwert und dessen Vermehrung sein treibendes Motiv. Als Fanatiker der Verwertung des Werts zwingt er rücksichtslos die Menschheit zur Produktion um der Produktion willen, daher zu einer Entwicklung der gesellschaftlichen Produktivkräfte und zur Schöpfung von materiellen Produktionsbedingungen, welche allein die reale Basis einer höheren Gesellschaftsform bilden können, deren Grundprinzip die volle und freie Entwicklung jedes Individuums ist. Nur als Personifikation des Kapitals ist der Kapitalist respektabel. Als solche teilt er mit dem Schatzbildner den absoluten Bereicherungstrieb. Was aber bei diesem als individuelle Manie erscheint, ist beim Kapitalisten Wirkung des gesellschaftlichen Mechanismus, worin er nur ein Triebrad ist. Außerdem macht die Entwicklung der kapitalistischen Produktion eine fortwährende Steigerung des in einem industriellen Unternehmen angelegten Kapitals zur Notwendigkeit, und die Konkurrenz herrscht jedem individuellen Kapitalisten die immanenten Gesetze der kapitalistischen Produktionsweise als äußere Zwangsgesetze auf. Sie zwingt ihn, sein Kapital fortwährend auszudehnen, um es zu erhalten, und ausdehnen kann er es nur vermittelst progressiver Akkumulation.

Soweit daher sein Tun und Lassen nur Funktion des in ihm mit Willen und Bewußtsein begabten Kapitals, gilt ihm sein eigner Privatkonsum als ein Raub an der Akkumulation seines Kapitals, wie in der italienischen Buchhaltung Privatausgaben auf der Debetseite des Kapitalisten gegen das Kapital figurieren.

[33] Der Leser wird bemerken, daß das Wort Revenue doppelt gebraucht wird, erstens um den Mehrwert als periodisch aus dem Kapital entspringende Frucht, zweitens um den Teil dieser Frucht zu bezeichnen, der vom Kapitalisten periodisch verzehrt oder zu seinem Konsumtionsfonds geschlagen wird. Ich behalte diesen Doppelsinn bei, weil er mit dem Sprachgebrauch der englischen und französischen Ökonomen harmoniert.

Die Akkumulation ist Eroberung der Welt des gesellschaftlichen Reichtums. Sie dehnt mit der Masse des exploitierten Menschenmaterials zugleich die direkte und indirekte Herrschaft des Kapitalisten aus.[34]

Aber die Erbsünde wirkt überall. Mit der Entwicklung der kapitalistischen Produktionsweise, der Akkumulation und des Reichtums, hört der Kapitalist auf, bloße Inkarnation des Kapitals zu sein. Er fühlt ein „menschliches Rühren" für seinen eignen Adam und wird so gebildet, die Schwärmerei für Askese als Vorurteil des altmodischen Schatzbildners zu belächeln. Während der klassische Kapitalist den individuellen Konsum als Sünde gegen seine Funktion und „Enthaltung" von der Akkumulation brandmarkt, ist der modernisierte Kapitalist imstande, die Akkumulation als „Entsagung" seines Genußtriebs aufzufassen. „Zwei Seelen wohnen, ach! in seiner Brust, die eine will sich von der andren trennen!"

In den historischen Anfängen der kapitalistischen Produktionsweise, und jeder kapitalistische Parvenü macht dies historische Stadium individuell durch

[34] In der altmodischen, wenn auch stets erneuten, Form des Kapitalisten im Wucherer, veranschaulicht Luther sehr gut die Herrschsucht als Element des Bereicherungstriebs. „Die Heiden haben können aus der Vernunfft rechnen, dass ein Wucherer, sey ein vierfaltiger Dieb und Mörder. Wir Christen aber halten sie in solchen ehren, das wir sie schier anbeten umb ihres Geldes willen ... Wer einem andern seine Narung aussauget, raubet und stilet, der thut eben so grossen Mord (so viel an jm ligt) als der einen Hungers sterbet und zu Grunde verterbet. Solches thut aber ein Wucherer, und sitzet die weil auf seinem Stuel sicher, so er billicher hangen solt am Galgen, und von soviel Raben gefressen werden, als er gülden gestolen hatte, wo anders so viel fleisches an jm were, das so viel Raben sich drein stücken und teilen kündten. Dieweil hanget man die kleinen Diebe ... Kleine Diebe ligen in Stöcken gefangen, grosse Diebe gehn in gold und seiden prangen ... Also ist auch kein grosser Menschenfeind auff Erden (nach dem Teuffel) denn ein Geitshals und Wucherer, denn er will über alle menschen Gott sein. Türcken, Krieger, Tyrannen sind auch böse Menschen, doch müssen sie lassen die Leute leben und bekennen, dass sie Böse und Feinde sind. Und können, ja müssen wol zu weilen sich über etliche erbarmen. Aber ein Wucherer und Geitzwanst der wilt das alle Welt im müsste in Hunger und Durst, Trauer und Not verderben, so viel an jm ist, auff das ers alles allein möcht haben, und jedermann von jm, als von einem Gott empfahen und ewiglich sein Leibeigener sein. Schauben, güldne Kette, Ringe tragen, das maul wischen, sich für einen theuren, frommen Mann lassen ansehen und rhümen ... Wucher ist ein gros und ungeheur monstrum, wie ein Beerwolff, der alles wüstet, mehr den kein Cacus, Gerion oder Antus. Und schmückt sich doch und wil fromm sein, das man nicht sehen sol, wo die Ochsen, die er rücklings in sein Loch zieht, hinkommen. Aber Hercules sol der Ochsen und der Gefangenen Geschrey hören und den Cacum suchen auch in Klippen und Felsen, die Ochsen wider lösen von dem Bösewicht. Denn Cacus heisst ein Bösewicht, der ein frommer Wucherer ist, stilet, raubet, frisst alles. Und wils doch nicht gethan haben, und sol ja nimand finden, weil die Ochsen rücklings in sein Loch gezogen, schein und fusstapffen geben, als seien sie herausgelassen. Also wil der Wucherer auch die Welt effen, als nütze er und gebe der welt ochsen, so er sie doch zu sich allein reisst und frisst ... Und so man die Strassenräuber, Mörder und Beuheder, redert und köpffet, wie viel mehr solt man alleWucherer redern und edern ... verjagen, verfluchen und köpffen." (Martin Luther, l.c.)

– herrschen Bereicherungstrieb und Geiz als absolute Leidenschaften vor. Aber der Fortschritt der kapitalistischen Produktion schafft nicht nur eine Welt von Genüssen. Er öffnet mit der Spekulation und dem Kreditwesen tausend Quellen plötzlicher Bereicherung. Auf einer gewissen Entwicklungshöhe wird ein konventioneller Grad von Verschwendung, die zugleich Schaustellung des Reichtums und daher Kreditmittel ist, sogar zu einer Geschäftsnotwendigkeit des „unglücklichen“ Kapitalisten. Der Luxus geht in die Repräsentationskosten des Kapitals ein. Ohnehin bereichert sich der Kapitalist nicht, gleich dem Schatzbildner, im Verhältnis seiner persönlichen Arbeit und seines persönlichen Nichtkonsums, sondern im Maß, worin er fremde Arbeitskraft aussaugt und dem Arbeiter Entsagung aller Lebensgenüsse aufzwingt. Obgleich daher die Verschwendung des Kapitalisten nie den bona fide Charakter der Verschwendung des flotten Feudalherrn besitzt, in ihrem Hintergrund vielmehr stets schmutzigster Geiz und ängstlichste Berechnung lauern, wächst dennoch seine Verschwendung mit seiner Akkumulation, ohne daß die eine die andre zu beabbruchen braucht. Damit entwickelt sich gleichzeitig in der Hochbrust des Kapitalindividuums ein faustischer Konflikt zwischen Akkumulations- und Genußtrieb.

> „Die Industrie von Manchester“, heißt es in einer Schrift, die Dr. Aikin 1795 veröffentlichte, „kann in vier Perioden geteilt werden. In der ersten waren die Fabrikanten gezwungen, hart für ihren Lebensunterhalt zu arbeiten.“

Sie bereicherten sich besonders durch Bestehlung der Eltern, die ihnen Jungen als apprentices (Lehrlinge) zuwiesen und dafür schwer blechen mußten, während die Lehrlinge ausgehungert wurden. Andrerseits waren die Durchschnittsprofite niedrig, und die Akkumulation verlangte große Sparsamkeit. Sie lebten wie Schatzbildner und verzehrten bei weitem nicht einmal die Zinsen ihres Kapitals.

> „In der zweiten Periode hatten sie begonnen, kleine Vermögen zu erwerben, arbeiteten aber ebenso hart als zuvor“, denn die unmittelbare Exploitation der Arbeit kostet Arbeit, wie jeder Sklaventreiber weiß, „und lebten nach wie vor in demselben frugalen Stil ... In der dritten Periode begann der Luxus, und das Geschäft wurde ausgedehnt durch Aussendung von Reitern“ (berittenen Commis voyageurs) „für Ordres in jeder Marktstadt des Königreichs. Es ist wahrscheinlich, daß wenige oder keine Kapitale von 3000 bis 4000 Pfd. St., in der Industrie erworben, vor 1690 existierten. Um diese Zeit jedoch oder etwas später hatten die Industriellen schon Geld akkumuliert und begannen steinerne Häuser statt der von Holz und Mörtel aufzuführen ... Noch in den ersten Dezennien des 18. Jahrhunderts setzte sich ein Manchester Fabrikant, der eine Pint fremden Weins seinen Gästen vorsetzte, den Glossen und dem Kopfschütteln aller seiner Nachbarn aus.“

Vor dem Aufkommen der Maschinerie betrug der abendliche Konsum der Fabrikanten in den Kneipen, wo sie zusammenkamen, nie mehr als 6 d. für ein Glas Punsch und 1 d. für eine Rolle Tabak. Erst 1758, und dies macht Epoche, sah man „eine im Geschäft wirklich engagierte Person mit eigner Equipage!" „Die vierte Periode", das letzte Dritteil des 18. Jahrhunderts, „ist die von großem Luxus und Verschwendung, unterstützt durch die Ausdehnung des Geschäfts."[35] Was würde der gute Dr. Aikin sagen, wenn er heutzutag in Manchester auferstände!

Akkumuliert, Akkumuliert! Das ist Moses und die Propheten! „Die Industrie liefert das Material, welches die Sparsamkeit akkumuliert."[36] Also spart, spart, d. h., rückverwandelt möglichst großen Teil des Mehrwerts oder Mehrprodukts in Kapital! Akkumulation um der Akkumulation, Produktion um der Produktion willen, in dieser Formel sprach die klassische Ökonomie den historischen Beruf der Bourgeoisperiode aus. Sie täuschte sich keinen Augenblick über die Geburtswehn des Reichtums[37], aber was nützt der Jammer über historische Notwendigkeit? Wenn der klassischen Ökonomie der Proletarier nur als Maschine zur Produktion von Mehrwert, gilt ihr aber auch der Kapitalist nur als Maschine zur Verwandlung dieses Mehrwerts in Mehrkapital. Sie nimmt seine historische Funktion in bitterm Ernst. Um seinen Busen vor dem unheilvollen Konflikt zwischen Genußtrieb und Bereicherungstrieb zu feien, verteidigte Malthus, im Anfang der zwanziger Jahre dieses Jahrhunderts, eine Teilung der Arbeit, welche dem wirklich in der Produktion begriffenen Kapitalisten das Geschäft der Akkumulation, den andren Teilnehmern am Mehrwert, der Landaristokratie, Staats-, Kirchenpfründnern usw., das Geschäft der Verschwendung zuweist. Es ist von der höchsten Wichtigkeit, sagt er, „die Leidenschaft für Ausgabe und die Leidenschaft für Akkumulation (the passion for expenditure and the passion for accumulation) getrennt zu halten"[38]. Die Herrn Kapitalisten, seit langem in Lebe- und Weltmänner verwandelt, schrien auf. Was, rief einer ihrer Wortführer, ein Ricardianer, Herr Malthus predigt hohe Grundrenten, hohe Steuern usw., um dem Industriellen einen fortwährenden Stachel durch unproduktive Konsumenten aufzudrücken! Allerdings Produktion, Produktion auf stets erweiterter Stufenleiter, lautet das Schibboleth, aber

> „Produktion wird durch einen solchen Prozeß weit mehr gehemmt als gefördert. Auch ist es nicht ganz billig (nor is it quite fair), eine Anzahl Personen so

35 Dr. Aikin, „Description of the Country from 30 to 40 miles round Manchester" Lond. 1795, p. 182 sqq.

36 A. Smith, l.c., b. II, ch. III.

37 Selbst J. B. Say sagt: „Die Ersparnisse der Reichen werden auf Kosten der Armen gemacht." „Der römische Proletarier lebte fast ganz auf Kosten der Gesellschaft ... Man könnte fast sagen, daß die moderne Gesellschaft auf Kosten der Proletarier lebt, von dem Teil, den sie auf Belohnung der Arbeit ihnen entzieht." (Sismondi, „Études etc.", t. I, p. 24.)

38 Malthus, l.c.p. 319, 320.

im Müßiggang zu erhalten, nur um andre zu kneipen, aus deren Charakter man schließen darf (who are likely, from their characters), daß, wenn ihr sie zu funktionieren zwingen könnt, sie mit Erfolg funktionieren."[39]

So unbillig er es findet, den industriellen Kapitalisten zur Akkumulation zu stacheln, indem man ihm das Fett von der Suppe wegschöpft, so notwendig dünkt ihm, den Arbeiter möglichst auf den Minimallohn zu beschränken, „um ihn arbeitsam zu erhalten". Auch verheimlicht er keinen Augenblick, daß Aneignung unbezahlter Arbeit das Geheimnis der Plusmacherei ist.

> „Vermehrte Nachfrage von Seite der Arbeiter meint durchaus nichts als ihre Geneigtheit, weniger von ihrem eignen Produkt für sich selbst zu nehmen und einen größren Teil davon ihren Anwendern zu überlassen; und wenn man sagt, daß dies, durch Verminderung der Konsumtion" (auf seiten der Arbeiter) „glut" (Marktüberfüllung, Überproduktion) „erzeugt, so kann ich nur antworten, daß glut synonym mit hohem Profit ist."[40]

Der gelehrte Zank, wie die dem Arbeiter ausgepumpte Beute förderlichst für die Akkumulation zu verteilen sei zwischen industriellem Kapitalist und müßigem Grundeigentümer usw., verstummte vor der Julirevolution. Kurz nachher läutete das städtische Proletariat die Sturmglocke zu Lyon und ließ das Landproletariat den roten Hahn in England fliegen. Diesseits des Kanals grassierte der Owenismus, jenseits St.-Simonismus und Fourierismus. Die Stunde der Vulgärökonomie hatte geschlagen. Grade ein Jahr, bevor Nassau W. Senior zu Manchester ausfand, daß der Profit (inkl. Zins) des Kapitals das Produkt der unbezahlten „letzten zwölften Arbeitsstunde" ist, hatte er der Welt eine andre Entdeckung angekündigt. „Ich", sagte er feierlich, „ich ersetze das Wort Kapital, als Produktionsinstrument betrachtet, durch das Wort Abstinenz (Enthaltung)."[41] Ein unübertroffenes Muster dies von den „Entdeckungen" der Vulgärökonomie! Sie ersetzt eine ökonomische Kategorie durch eine sykophantische Phrase.

---

39 „An Inquiry into those principles respecting the Nature of Demand etc.", p. 67.

40 l.c.p. 59.

41 Senior, „Principes fondamentaux de l'Écon. Pol." trad. Arrivabene, Paris 1836, p. 309. Dies war den Anhängern der alten klassischen Schule doch etwas zu toll. „Herr Senior schiebt dem Ausdruck Arbeit und Kapital den Ausdruck Arbeit und Abstinenz unter ... Abstinenz ist eine bloße Negation. Es ist nicht die Abstinenz, sondern der Gebrauch des produktiv verwandten Kapitals, welcher die Quelle des Profits bildet." (John Cazenove, l.c.p. 130, Note.) Herr John St. Mill exzerpiert dagegen auf der einen Seite Ricardos Profittheorie und annexiert auf der andren Seniors „remuneration of abstinence". So fremd ihm der Hegelsche „Widerspruch", die Springquelle aller Dialektik, so heimisch ist er in platten Widersprüchen.
Zusatz zur 2. Ausg. Der Vulgärökonom hat nie die einfache Reflexion angestellt, daß jede menschliche Handlung als „Enthaltung" von ihrem Gegenteil aufgefaßt werden kann. Essen ist Enthaltung von Fasten, Gehn Enthaltung von Stehn, Arbeiten Enthaltung von Faulenzen, Faulenzen Enthaltung von Arbeiten etc. Die Herren täten wohl, einmal nachzudenken über Spinozas: Determinatio est negatio.

Voilà tout. „Wenn der Wilde", doziert Senior, „Bogen fabriziert, so übt er eine Industrie aus, aber er praktiziert nicht die Abstinenz." Dies erklärt uns, wie und warum in früheren Gesellschaftszuständen „ohne die Abstinenz" des Kapitalisten Arbeitsmittel fabriziert wurden. „Je mehr die Gesellschaft fortschreitet, um so mehr Abstinenz erfordert sie"[42], nämlich von denen, welche die Industrie ausüben, sich die fremde Industrie und ihr Produkt anzueignen. Alle Bedingungen des Arbeitsprozesses verwandeln sich von nun in ebenso viele Abstinenzpraktiken des Kapitalisten. Daß Korn nicht nur gegessen, sondern auch gesät wird, Abstinenz des Kapitalisten! Daß der Wein die Zeit erhält, auszugären, Abstinenz des Kapitalisten![43] Der Kapitalist beraubt seinen eignen Adam, wenn er die „Produktionsinstrumente dem Arbeiter leiht" (!), alias sie durch Einverleibung der Arbeitskraft als Kapital verwertet, statt Dampfmaschinen, Baumwolle, Eisenbahnen, Dünger, Zugpferde usf. aufzuessen oder, wie der Vulgärökonom sich das kindlich vorstellt, „ihren Wert" in Luxus und andren Konsumtionsmitteln zu verprassen.[44] Wie die Kapitalistenklasse das anstellen soll, ist ein von der Vulgärökonomie bisher hartnäckig bewahrtes Geheimnis. Genug, die Welt lebt nur noch von der Selbstkasteiung dieses modernen Büßers des Wischnu, des Kapitalisten. Nicht nur die Akkumulation, die einfache „Erhaltung eines Kapitals erheischt beständige Kraftanstrengung, um der Versuchung zu widerstehn, es aufzuessen".[45] Die einfache Humanität gebeut also offenbar, den Kapitalisten von Martyrtum und Versuchung zu erlösen, in derselben Weise, wie der georgische Sklavenhalter jüngst durch Abschaffung der Sklaverei von dem schmerzlichen Dilemma erlöst ward, ob das dem Negersklaven ausgepeitschte Mehrprodukt ganz in Champagner zu verjubeln oder auch teilweis in mehr Neger und mehr Land rückzuverwandeln.

In den verschiedensten ökonomischen Gesellschaftsformationen findet nicht nur einfache Reproduktion statt, sondern, obgleich auf verschiednem Maßstab, Reproduktion auf erweiterter Stufenleiter. Es wird progressiv mehr produziert und mehr konsumiert, also auch mehr Produkt in Produktionsmittel verwandelt.

---

[42] Senior, l.c.p. 342, 343.

[43] „Kein Mensch ... wird z. B. seinen Weizen aussäen und ihn ein Jahr im Boden liegen oder seinen Wein jahrelang im Keller lassen, statt diese Dinge oder ihre Äquivalente sofort zu konsumieren ... wenn er nicht erwartete, zusätzlichen Wert zu erhalten etc." (Scrope, „Polit. Econ.", edit. von A. Potter, New York 1841, p. 133.)

[44] „Die Entbehrung, die sich der Kapitalist auferlegt, indem er seine Produktionsmittel an den Arbeiter verleiht" (diesen Euphemismus gebraucht, um nach probater vulgärökonomischer Manier den vom industriellen Kapitalisten exploitierten Lohnarbeiter mit dem industriellen Kapitalisten selbst zu identifizieren, welcher vom Geld verleihenden Kapitalisten pumpt!), „statt ihren Wert seinem eignen Gebrauch zu widmen, indem er sie in nützliche oder angenehme Gegenstände verwandelt." (G. de Molinari, l.c.p. 36.)

[45] „La conservation d'un capital exige ... un effort ... constant pour résister à la tentation de le consommer." (Courcelle-Seneuil, l.c.p. 20.)

Dieser Prozeß erscheint aber nicht als Akkumulation von Kapital und daher auch nicht als Funktion des Kapitalisten, solange dem Arbeiter seine Produktionsmittel, daher auch sein Produkt und seine Lebensmittel, noch nicht in der Form von Kapital gegenüberstehn.[46] Der vor einigen Jahren verstorbene Richard Jones, Nachfolger von Malthus auf dem Lehrstuhl der politischen Ökonomie am ostindischen College zu Haileybury, erörtert dies gut an zwei großen Tatsachen. Da der zahlreichste Teil des indischen Volks selbstwirtschaftende Bauern, existiert ihr Produkt, ihre Arbeits- und Lebensmittel, auch nie „in der Form (in the shape) eines Fonds, der aus fremder Revenue erspart wird (saved from Revenue) und daher einen vorläufigen Prozeß der Akkumulation (a previous process of accumulation) durchlaufen hat“[47]. Andrerseits werden die nicht-agrikolen Arbeiter in den Provinzen, wo die englische Herrschaft das alte System am wenigsten aufgelöst hat, direkt von den Großen beschäftigt, denen eine Portion des ländlichen Mehrprodukts als Tribut oder Grundrente zufließt. Ein Teil dieses Produkts wird in Naturalform von den Großen verzehrt, ein andrer Teil für sie von den Arbeitern in Luxus- und sonstige Konsumtionsmittel verwandelt, während der Rest den Lohn der Arbeiter bildet, die Eigentümer ihrer Arbeitsinstrumente sind. Produktion und Reproduktion auf erweiterter Stufenleiter gehn hier ihren Gang ohne alle Dazwischenkunft jenes wunderlichen Heiligen, jenes Ritters von der traurigen Gestalt, des „entsagenden“ Kapitalisten.

4. Umstände, welche unabhängig von der proportionellen Teilung des Mehrwerts in Kapital und Revenue den Umfang der Akkumulation bestimmen: Exploitationsgrad der Arbeitskraft – Produktivkraft der Arbeit – Wachsende Differenz zwischen angewandtem und konsumiertem Kapital – Größe des vorgeschoßnen Kapitals

Das Verhältnis, wonach der Mehrwert sich in Kapital und Revenue spaltet, als gegeben vorausgesetzt, richtet sich die Größe des akkumulierten Kapitals offenbar nach der absoluten Größe des Mehrwerts. Angenommen 80% würden kapitalisiert und 20% aufgegessen, so wird das akkumulierte Kapital 2400 Pfd. St. oder 1200 Pfd. St. betragen, je nachdem der Gesamt-Mehrwert sich auf

46 „Die besonderen Einkommensklassen, die am reichlichsten zum Fortschritt des nationalen Kapitals beitragen, ändern sich auf verschiedenen Stufen ihrer Entwicklung und sind infolgedessen gänzlich verschieden bei Nationen, die verschiedene Positionen in dieser Entwicklung einnehmen ... Profite ... eine unwichtige Quelle der Akkumulation, im Vergleich zu Löhnen und Renten, auf den früheren Stufen der Gesellschaft ... Wenn ein beträchtliches Anwachsen in den Kräften der nationalen Industrie tatsächlich stattgefunden hat, erlangen die Profite eine vergleichsweise größere Wichtigkeit als Quelle der Akkumulation.“ (Richard Jones, „Textbook etc.“, p. 16, 21.)

47 l.c.p. 36 sq. [Zur 4. Aufl. – Muß ein Versehen sein, die Stelle ist nicht gefunden worden. – F. E.]

3000 oder auf 1500 Pfd. St. belaufen hat. Demnach wirken bei Bestimmung der Größe der Akkumulation alle die Umstände mit, die die Masse des Mehrwerts bestimmen. Wir fassen sie hier nochmals zusammen, aber nur insofern sie mit Bezug auf die Akkumulation neue Gesichtspunkte bieten.

Man erinnert sich, daß die Rate des Mehrwerts in erster Instanz abhängt vom Exploitationsgrad der Arbeitskraft. Die politische Ökonomie würdigt diese Rolle so sehr, daß sie gelegentlich die Beschleunigung der Akkumulation durch erhöhte Produktionskraft der Arbeit identifiziert mit ihrer Beschleunigung durch erhöhte Exploitation des Arbeiters.[48] In den Abschnitten über die Produktion des Mehrwerts ward beständig unterstellt, daß der Arbeitslohn wenigstens gleich dem Wert der Arbeitskraft ist. Die gewaltsame Herabsetzung des Arbeitslohns unter diesen Wert spielt jedoch in der praktischen Bewegung eine zu wichtige Rolle, um uns nicht einen Augenblick dabei aufzuhalten. Sie verwandelt faktisch, innerhalb gewisser Grenzen, den notwendigen Konsumtionsfonds des Arbeiters in einen Akkumulationsfonds von Kapital.

> „Arbeitslöhne", sagt J. St. Mill, „haben keine Produktivkraft; sie sind der Preis einer Produktivkraft; Arbeitslöhne tragen nicht, neben der Arbeit selbst, zur Warenproduktion bei, so wenig als der Preis der Maschinerie selbst. Könnte Arbeit ohne Kauf gehabt werden, so wären Arbeitslöhne überflüssig."[49]

Wenn aber die Arbeiter von der Luft leben könnten, so wären sie auch um keinen Preis zu kaufen. Ihr Nichtkosten ist also eine Grenze im mathematischen Sinn, stets unerreichbar, obgleich stets annäherbar. Es ist die beständige Tendenz des Kapitals, sie auf diesen nihilistischen Standpunkt herabzudrücken. Ein oft von mir zitierter Schriftsteller des 18. Jahrhunderts, der Verfasser des „Essay on Trade and Commerce", verrät nur das innerste Seelengeheimnis des englischen Kapitals, wenn er es für die historische Lebensaufgabe Englands erklärt, den englischen Arbeitslohn auf das französische und holländische Niveau herabzudrücken.[50] Er sagt u. a. naiv:

---

[48] „Ricardo sagt: ‚In verschiednen Stadien der Gesellschaft ist die Akkumulation des Kapitals oder der Mittel, Arbeit anzuwenden'" (sc. zu exploitieren) „‚mehr oder weniger rasch und muß in allen Fällen von den Produktivkräften der Arbeit abhängen. Die Produktivkräfte der Arbeit sind im allgemeinen am größten, wo Überfluß von fruchtbarem Boden existiert.' Bedeuten in diesem Satz die Produktivkräfte der Arbeit die Kleinheit des aliquoten Teils jedes Produkts, der denen zufällt, deren Handarbeit es produziert, so ist der Satz tautologisch, weil der übrigbleibende Teil der Fonds ist, woraus, wenn es seinem Eigner beliebt (if the owner pleases), Kapital akkumuliert werden kann. Aber dies ist meistens nicht der Fall, wo das Land am fruchtbarsten ist." („Observations on certain verbal disputes etc.", p. 74.)

[49] J. St. Mill, „Essays on some unsettled Questions of Polit. Economy", Lond. 1844, p. 90, 91.

[50] „An Essay on Trade and Commerce," Lond. 1770, p.44. Ähnlich brachte die „Times" vom Dezember 1866 und Januar 1867 Herzensergießungen englischer Minenbesitzer, worin der

„Wenn aber unsre Armen" (Kunstausdruck für Arbeiter) „luxuriös leben wollen ... muß ihre Arbeit natürlich teuer sein ... Man betrachte nur die haarsträubende Masse von Überflüssigkeiten (heap of superfluities), die unsre Manufakturarbeiter verzehren, als da sind Branntwein, Gin, Tee, Zucker, fremde Früchte, starkes Bier, gedruckte Leinwand, Schnupf- und Rauchtabak etc."[51]

Er zitiert die Schrift eines Fabrikanten von Northamptonshire, der mit himmelwärts schielendem Blick jammert:

„Arbeit ist ein ganzes Dritteil wohlfeiler in Frankreich als in England: denn die französischen Armen arbeiten hart und fahren hart an Nahrung und Kleidung, und ihr Hauptkonsum sind Brot, Früchte, Kräuter, Wurzeln und getrockneter Fisch; denn sie essen sehr selten Fleisch, und wenn der Weizen teuer ist, sehr wenig Brot."[52] „Wozu", fährt der Essayist fort, „wozu noch kommt, daß ihr Getränk aus Wasser besteht oder ähnlichen schwachen Likören, so daß sie in der Tat erstaunlich wenig Geld ausgeben ... Ein derartiger Zustand der Dinge ist sicherlich schwer herbeizuführen aber er ist nicht unerreichbar, wie seine Existenz sowohl in Frankreich als Holland schlagend beweist."[53]

Zwei Jahrzehnte später verfolgte ein amerikanischer Humbug, der baronisierte Yankee Benjamin Thompson (alias Graf Rumford), dieselbe Philanthropielinie mit großem Wohlgefallen vor Gott und den Menschen. Seine „Essays" sind ein Kochbuch mit Rezepten aller Art, um Surrogate an die Stelle der teuren Normalspeisen des Arbeiters zu setzen. Ein besonders gelungnes Rezept dieses wunderlichen „Philosophen" ist folgendes:

„Fünf Pfund Gerste, fünf Pfund Mais, für 3 d. Heringe, 1 d. Salz, 1 d. Essig, 2 d. Pfeffer und Kräuter – Summa von $20^3/_4$ d. gibt eine Suppe für 64 Menschen,

---

glückliche Zustand der belgischen Minenarbeiter geschildert ward, die nicht mehr verlangten und nicht mehr erhielten als strikt nötig, um für ihre „masters" zu leben. Die belgischen Arbeiter dulden viel, aber als Musterarbeiter in der „Times" zu figurieren! Anfang Februar 1867 antwortete der mit Pulver und Blei unterdrückte Strike der belgischen Minenarbeiter (bei Marchienne).

[51] l.c.p. 44, 46.

[52] Der Fabrikant von Northamptonshire begeht eine im Herzensdrang entschuldbare pia fraus. Er vergleicht angeblich das Leben englischer und französischer Manufakturarbeiter, schildert aber, wie er später in seiner Verdadderung selbst gesteht, mit den eben zitierten Worten französische Agrikulturarbeiter!

[53] l.c.p. 70, 71. Note zur dritten Auflage. Heute sind wir, dank der seitdem hergestellten Weltmarktskonkurrenz, ein gut Stück weiter. „Wenn China", erklärt das Parlamentsmitglied Stapleton seinen Wählern, „wenn China ein großes Industrieland wird, so sehe ich nicht ein, wie die europäische Arbeiterbevölkerung den Kampf aushalten könnte, ohne auf das Niveau ihrer Konkurrenten herabzusteigen." („Times", 3. Sept. 1873.) – Nicht mehr kontinentale, nein, chinesische Löhne, das ist jetzt das ersehnte Ziel des englischen Kapitals.

ja mit den Durchschnittspreisen von Korn kann die Kost auf $^1/_4$ d. per Kopf" (noch nicht 3 Pfennige) „herabgedrückt werden."[54]

Mit dem Fortschritt der kapitalistischen Produktion hat die Warenfälschung Thompsons Ideale überflüssig gemacht.[55]

Ende des 18. und während der ersten Dezennien des 19. Jahrhunderts erzwangen die englischen Pächter und Landlords das absolute Minimalsalair, indem sie den Ackerbautaglöhnern weniger als das Minimum in der Form des Arbeitslohns, den Rest aber in der Form von Pfarreiunterstützung auszahlten. Ein Beispiel der Possenreißerei, womit die englischen Dogberries in ihrer „legalen" Festsetzung des Lohntarifs verfuhren:

„Als die Squires die Arbeitslöhne für Speenhamland 1795 festsetzten, hatten sie zu Mittag gespeist, dachten aber offenbar, daß die Arbeiter nicht desgleichen nötig hatten ... Sie entschieden, der Wochenlohn solle 3 sh. per Mann sein, wenn der Laib Brot von 8 Pfund 11 Unzen auf 1 sh. stünde, und er solle regelmäßig wachsen, bis der Laib 1 sh. 5 d. koste. Sobald er über diesen Preis stiege, sollte der Lohn proportionell abnehmen, bis der Preis des Laibes 2 sh. erreicht hätte; und dann sollte die Nahrung des Mannes $^1/_5$ weniger als vorher sein."[56]

Vor dem Untersuchungskomitee des House of Lords, 1814, wird ein gewisser A. Bennett, großer Pächter, Magistrat, Armenhausverwalter und Lohnregulator, gefragt:

„Wird irgendeine Proportion zwischen dem Wert der Tagesarbeit und der Pfarreiunterstützung der Arbeiter beobachtet?" Antwort: „Ja. Das wöchentliche Einkommen jeder Familie wird über ihren Nominallohn hinaus voll gemacht bis

---

[54] Benjamin Thompson, „Essays, political, economical, and philosophical etc.", 3 vol., Lond. 1796-1802, vol. 1, p. 294. In seinem „The State of the Poor, or an History of the Labouring Classes in England etc.", empfiehlt Sir F. M. Eden die Rumfordsche Bettelsuppe bestens den Vorstehern von Workhouses und mahnt die englischen Arbeiter vorwurfsvoll, daß „es bei den Schotten viele Familien gibt, die statt von Weizen, Roggen und Fleisch, monatelang von Hafergrütze und Gerstenmehl, nur mit Salz und Wasser gemischt, leben und das obendrein noch sehr komfortabel (and that very comfortably too)". (l.c., v. I, b. II, ch. II, p. 503.) Ähnliche „Fingerzeige" im 19. Jahrhundert. „Die englischen Ackerbauarbeiter", heißt es z. B., „wollen keine Mischungen niederer Kornarten essen. In Schottland, wo die Erziehung besser ist, ist dies Vorurteil wahrscheinlich unbekannt." (Charles H. Parry M.D., „The Question of the Necessity of the existing Cornlaws considered", Lond. 1816, p. 69.) Derselbe Parry klagt jedoch, daß der englische Arbeiter jetzt (1815) sehr heruntergekommen sei, verglichen mit Edens Zeit (1797).

[55] Aus den Berichten der letzten parlamentarischen Untersuchungskommission über Fälschung von Lebensmitteln sieht man, daß selbst die Fälschung der Arzneistoffe in England nicht Ausnahme, sondern Regel bildet. Z. B. die Examination von 34 Proben von Opium, gekauft in ebensoviel verschiednen Londoner Apotheken, ergab, daß 31 verfälscht waren mit Mohnkapsel, Weizenmehl, Gummischleim, Ton, Sand usw. Viele enthielten kein Atom Morphin.

[56] G. L. Newnham (barrister at law): „A Review of the Evidence before the Committees of the two Houses of Parliament on the Corn Laws", Lond. 1815, p. 20, Note.

zum Gallonlaib Brot (8 Pf. 11 Unzen) und 3 d. per Kopf ... Wir unterstellen den Gallonlaib hinreichend für die Erhaltung jeder Person in der Familie während der Woche; und die 3 d. sind für Kleider; und wenn es der Pfarrei beliebt, die Kleider selbst zu stellen, werden die 3 d. abgezogen. Diese Praxis herrscht nicht nur im ganzen Westen von Wiltshire, sondern, wie ich glaube, im ganzen Land."[57] „So", ruft ein Bourgeoisschriftsteller jener Zeit, „haben die Pächter jahrelang eine respektable Klasse ihrer Landsleute degradiert, indem sie dieselben zwangen, zum Workhouse ihre Zuflucht zu nehmen ... Der Pächter hat seine eignen Gewinne vermehrt, indem er selbst die Akkumulation des unentbehrlichsten Konsumfonds auf Seite der Arbeiter verhinderte."[58]

Welche Rolle heutzutag der direkte Raub am notwendigen Konsumtionsfonds des Arbeiters in der Bildung des Mehrwerts und daher des Akkumulationsfonds des Kapitals spielt, hat beispielsweis die sog. Hausarbeit (s. Kap. XV, 8, c.) gezeigt. Weitere Tatsachen im Verlauf dieses Abschnitts.

Obschon in allen Industriezweigen der aus Arbeitsmitteln bestehende Teil des konstanten Kapitals genügen muß für eine gewisse, durch die Größe der Anlage bestimmte Anzahl Arbeiter, so braucht er doch keineswegs immer in demselben Verhältnis zu wachsen wie die beschäftigte Arbeitsmenge. In einer Fabrikanlage mögen hundert Arbeiter bei achtstündiger Arbeit 800 Arbeitsstunden liefern. Will der Kapitalist diese Summe um die Hälfte steigern, so kann er 50 neue Arbeiter anstellen; dann muß er aber auch ein neues Kapital vorschießen, nicht nur für Löhne, sondern auch für Arbeitsmittel. Er kann aber auch die alten 100 Arbeiter 12 Stunden arbeiten lassen statt 8, und dann genügen die schon vorhandnen Arbeitsmittel, die sich dann bloß rascher verschleißen. So kann durch höhere Anspannung der Arbeitskraft erzeugte, zusätzliche Arbeit das Mehrprodukt und den Mehrwert, die Substanz der Akkumulation, steigern. ohne verhältnismäßige Steigerung des konstanten Kapitalteils.

In der extraktiven Industrie, den Bergwerken z. B., bilden die Rohstoffe keinen Bestandteil des Kapitalvorschusses. Der Arbeitsgegenstand ist hier nicht Produkt vorhergegangner Arbeit, sondern von der Natur gratis geschenkt. So Metallerz, Minerale, Steinkohlen, Steine etc. Hier besteht das konstante Kapital fast ausschließlich in Arbeitsmitteln, die ein vermehrtes Arbeitsquantum sehr gut vertragen können (Tag- und Nachtschicht von Arbeitern z. B.). Alle andern Umstände gleichgesetzt, wird aber Masse und Wert des Produkts steigen in direktem Verhältnis der angewandten Arbeit. Wie am ersten Tag der Produktion, gehn hier die ursprünglichen Produktbildner, daher auch die Bildner der

[57] l.c.p. 19, 20.

[58] Ch. H. Parry. l.c.p. 77, 69. Die Herrn Landlords ihrerseits „indemnifizierten" sich nicht nur für den Antijakobinerkrieg, den sie im Namen Englands führten, sondern bereicherten sich enorm. „Ihre Renten verdoppelten, verdreifachten, vervierfachten und, in Ausnahmsfällen, versechsfachten sich in 18 Jahren." (l.c.p. 100, 101.)

stofflichen Elemente des Kapitals, Mensch und Natur, zusammen. Dank der Elastizität der Arbeitskraft hat sich das Gebiet der Akkumulation erweitert ohne vorherige Vergrößerung des konstanten Kapitals.

In der Agrikultur kann man das bebaute Land nicht ausdehnen ohne Vorschuß von zusätzlichem Samen und Dünger. Aber dieser Vorschuß einmal gemacht, übt selbst die rein mechanische Bearbeitung des Bodens eine wundertätige Wirkung auf die Massenhaftigkeit des Produkts. Eine größere Arbeitsmenge, geleistet von der bisherigen Anzahl Arbeiter, steigert so die Fruchtbarkeit, ohne neuen Vorschuß an Arbeitsmitteln zu erfordern. Es ist wieder direkte Wirkung des Menschen auf die Natur, welche zur unmittelbaren Quelle gesteigerter Akkumulation wird, ohne Dazwischenkunft eines neuen Kapitals.

Endlich in der eigentlichen Industrie setzt jede zusätzliche Ausgabe an Arbeit eine entsprechende Zusatzausgabe an Rohstoffen voraus, aber nicht notwendig auch an Arbeitsmitteln. Und da die extraktive Industrie und Agrikultur der fabrizierenden Industrie ihre eignen Rohstoffe und die ihrer Arbeitsmittel liefern, kommt dieser auch der Produktenzuschuß zugute, den jene ohne zusätzlichen Kapitalzuschuß erzeugt haben.

Allgemeines Resultat: Indem das Kapital sich die beiden Urbildner des Reichtums, Arbeitskraft und Erde, einverleibt, erwirbt es eine Expansionskraft, die ihm erlaubt, die Elemente seiner Akkumulation auszudehnen jenseits der scheinbar durch seine eigne Größe gesteckten Grenzen, gesteckt durch den Wert und die Masse der bereits produzierten Produktionsmittel, in denen es sein Dasein hat.

Ein andrer wichtiger Faktor in der Akkumulation des Kapitals ist der Produktivitätsgrad der gesellschaftlichen Arbeit.

Mit der Produktivkraft der Arbeit wächst die Produktenmasse, worin sich ein bestimmter Wert, also auch Mehrwert von gegebner Größe, darstellt. Bei gleichbleibender und selbst bei fallender Rate des Mehrwerts, sofern sie nur langsamer fällt, als die Produktivkraft der Arbeit steigt, wächst die Masse des Mehrprodukts. Bei gleichbleibender Teilung desselben in Revenue und Zusatzkapital kann daher die Konsumtion des Kapitalisten wachsen ohne Abnahme des Akkumulationsfonds. Die proportionelle Größe des Akkumulationsfonds kann selbst auf Kosten des Konsumtionsfonds wachsen, während die Verwohlfeilerung der Waren dem Kapitalisten ebenso viele oder mehr Genußmittel als vorher zur Verfügung stellt. Aber mit der wachsenden Produktivität der Arbeit geht, wie man gesehn, die Verwohlfeilerung des Arbeiters, also wachsende Rate des Mehrwerts, Hand in Hand, selbst wenn der reelle Arbeitslohn steigt. Er steigt nie verhältnismäßig mit der Produktivität der Arbeit. Derselbe variable Kapitalwert setzt also mehr Arbeitskraft und daher mehr Arbeit in Bewegung. Derselbe konstante Kapitalwert stellt sich in mehr Produktionsmitteln, d. h. mehr Arbeitsmitteln, Arbeitsmaterial und Hilfsstoffen dar, liefert also sowohl mehr Produktbildner als Wertbildner oder Arbeitseinsauger. Bei gleichbleibendem und selbst abnehmendem Wert des Zusatzkapitals findet daher beschleunigte Akkumulation statt. Nicht nur erweitert sich die Stufenleiter der Reproduktion stofflich, sondern die Produktion des Mehrwerts wächst schneller als der Wert des Zusatzkapitals.

Die Entwicklung der Produktivkraft der Arbeit reagiert auch auf das Originalkapital oder das bereits im Produktionsprozeß befindliche Kapital. Ein Teil des funktionierenden konstanten Kapitals besteht aus Arbeitsmitteln, wie Maschinerie usw., die nur in längeren Perioden konsumiert und daher reproduziert oder durch neue Exemplare derselben Art ersetzt werden. Aber jedes Jahr stirbt ein Teil dieser Arbeitsmittel ab oder erreicht das Endziel seiner produktiven Funktion. Er befindet sich daher jedes Jahr im Stadium seiner periodischen Reproduktion oder seines Ersatzes durch neue Exemplare derselben Art. Hat die Produktivkraft der Arbeit sich in der Geburtsstätte dieser Arbeitsmittel erweitert, und sie entwickelt sich fortwährend mit dem ununterbrochenen Fluß der Wissenschaft und der Technik, so tritt wirkungsvollere und, ihren Leistungsumfang betrachtet, wohlfeilere Maschine, Werkzeug, Apparat usw. an die Stelle der alten. Das alte Kapital wird in einer produktiveren Form reproduziert, abgesehn von der fortwährenden Detailveränderung an den vorhandnen Arbeitsmitteln. Der andre Teil des konstanten Kapitals, Rohmaterial und Hilfsstoffe, wird fortwährend innerhalb des Jahrs, der der Agrikultur entstammende meist jährlich reproduziert. Jede Einführung beßrer Methoden usw. wirkt hier also fast gleichzeitig auf Zuschußkapital und bereits in Funktion begriffnes Kapital. Jeder Fortschritt der Chemie vermannigfacht nicht nur die Zahl der nützlichen Stoffe und die Nutzanwendungen der schon bekannten, und dehnt daher mit dem Wachstum des Kapitals seine Anlagesphären aus. Er lehrt zugleich die Exkremente des Produktions- und Konsumtionsprozesses in den Kreislauf des Reproduktionsprozesses zurückschleudern, schafft also ohne vorherige Kapitalauslage neuen Kapitalstoff. Gleich vermehrter Ausbeutung des Naturreichtums durch bloß höhere Spannung der Arbeitskraft, bilden Wissenschaft und Technik eine von der gegebnen Größe des funktionierenden Kapitals unabhängige Potenz seiner Expansion. Sie reagiert zugleich auf den in sein Erneuerungsstadium eingetretenen Teil des Originalkapitals. In seine neue Form einverleibt es gratis den hinter dem Rücken seiner alten Form vollzogenen gesellschaftlichen Fortschritt. Allerdings ist diese Entwicklung der Produktivkraft zugleich begleitet von teilweiser Depreziation funktionierender Kapitale. Soweit diese Depreziation sich durch die Konkurrenz akut fühlbar macht, fällt die Hauptwucht auf den Arbeiter, in dessen gesteigerter Exploitation der Kapitalist Schadenersatz sucht.

Die Arbeit überträgt auf das Produkt den Wert der von ihr konsumierten Produktionsmittel. Andrerseits wächst Wert und Masse der durch gegebne Arbeitsmenge in Bewegung gesetzten Produktionsmittel im Verhältnis, wie die Arbeit produktiver wird. Setzt also auch dieselbe Arbeitsmenge ihren Produkten immer nur dieselbe Summe Neuwert zu, so wächst doch der alte Kapitalwert, den sie ihnen gleichzeitig überträgt, mit steigender Produktivität der Arbeit.

Ein englischer und ein chinesischer Spinner z. B. mögen dieselbe Stundenzahl mit derselben Intensität arbeiten, so werden beide in einer Woche gleiche Werte erzeugen. Trotz dieser Gleichheit besteht ein ungeheurer Unterschied zwischen dem Wert des Wochenprodukts des Engländers, der mit einem gewaltigen Automaten arbeitet, und des Chinesen, der nur ein Spinnrad hat. In derselben Zeit, wo der Chinese ein Pfund Baumwolle, verspinnt der Engländer mehrere hundert Pfund. Eine um mehrere hundert Mal größere Summe alter Werte schwellt den Wert seines Produkts an, in welchem sie in neuer nutzbarer Form erhalten werden und so von neuem als Kapital funktionieren können. „1782", belehrt uns F. Engels, „lag die ganze Wollernte der vorhergehenden drei Jahre" (in England) „aus Mangel an Arbeitern noch unverarbeitet da und hätte liegenbleiben müssen, wenn nicht die neuerfundne Maschinerie zu Hilfe gekommen wäre und sie versponnen hätte."[59] Die in der Form von Maschinerie vergegenständlichte Arbeit stampfte natürlich unmittelbar keinen Menschen aus dem Boden, aber sie erlaubte einer geringen Arbeiteranzahl durch Zusatz von relativ wenig lebendiger Arbeit nicht nur die Wolle produktiv zu konsumieren und ihr Neuwert zuzusetzen, sondern in der Form von Garn usw. ihren alten Wert zu erhalten. Sie lieferte damit zugleich Mittel und Sporn zur erweiterten Reproduktion von Wolle. Es ist die Naturgabe der lebendigen Arbeit, alten Wert zu erhalten, während sie Neuwert schafft. Mit dem Wachstum von Wirksamkeit, Umfang und Wert ihrer Produktionsmittel, also mit der die Entwicklung ihrer Produktivkraft begleitenden Akkumulation erhält und verewigt die Arbeit daher in stets neuer Form einen stets schwellenden Kapitalwert.[60] Diese Naturkraft

---

[59] Friedrich Engels, „Lage der arbeitenden Klasse in England", p. 20.

[60] Die klassische Ökonomie hat wegen mangelhafter Analyse des Arbeits- und Verwertungsprozesses dies wichtige Moment der Reproduktion nie ordentlich begriffen, wie man z. B. bei Ricardo sehn kann. Er sagt z. B.: Welches immer der Wechsel der Produktivkraft, „eine Million Menschen produziert in den Fabriken stets denselben Wert." Dies richtig, wenn Extension und Intensivgrad ihrer Arbeit gegeben. Es verhindert aber nicht, und Ricardo übersieht dies in gewissen Schlußfolgerungen, daß eine Million Menschen sehr verschiedne Massen von Produktionsmitteln, bei verschiedner Produktivkraft ihrer Arbeit, in Produkt verwandelt, daher sehr verschiedne Wertmassen in ihrem Produkt erhält, die von ihr gelieferten Produktenwerte also sehr verschieden sind. Ricardo hat, nebenbei bemerkt, an jenem Beispiel umsonst versucht, dem J. B. Say den Unterschied zwischen Gebrauchswert (den er hier wealth nennt, stofflichen Reichtum) und Tauschwert klarzumachen. Say antwortet: „Was die Schwierigkeit anbelangt, die Ricardo hervorhebt, wenn er sagt, daß bei besseren Verfahren eine Million Menschen zwei- bis dreimal soviel Reichtümer hervorbringen kann, ohne mehr Wert zu erzeugen, so verschwindet diese Schwierigkeit, wenn man, wie erforderlich, die Produktion als einen Austausch ansieht, bei dem man die produktiven Dienste seiner Arbeit, seiner Erde und seiner Kapitalien hergibt, um Produkte zu erhalten. Durch diese produktiven Dienste erhalten wir nämlich alle Produkte, die es auf der Welt gibt ... Also ... sind wir um so reicher, haben unsere produktiven Dienste um so größeren Wert, je größer die Menge nützlicher Dinge ist, die sie bei dem Produktion genannten Austausch einbringen." (J. B. Say, „Lettres à M. Malthus", Paris 1820, p. 168, 169.) Die „difficulté" – sie existiert für ihn, nicht für Ricardo –, die Say erklären soll, ist die: Warum

der Arbeit erscheint als Selbsterhaltungskraft des Kapitals, dem sie einverleibt ist, ganz wie ihre gesellschaftlichen Produktivkräfte als seine Eigenschaften, und wie die beständige Aneignung der Mehrarbeit durch den Kapitalisten als beständige Selbstverwertung des Kapitals. Alle Kräfte der Arbeit projektieren sich als Kräfte des Kapitals, wie alle Wertformen der Ware als Formen des Geldes.

Mit dem Wachstum des Kapitals wächst die Differenz zwischen angewandtem und konsumiertem Kapital. In andren Worten: Es wächst die Wert- und Stoffmasse der Arbeitsmittel, wie Baulichkeiten, Maschinerie, Drainierungsröhren, Arbeitsvieh, Apparate jeder Art, die während längerer oder kürzerer Perioden, in beständig wiederholten Produktionsprozessen, ihrem ganzen Umfang nach funktionieren oder zur Erzielung bestimmter Nutzeffekte dienen, während sie nur allmählich verschleißen, daher ihren Wert nur stückweis verlieren, also auch nur stückweis auf das Produkt übertragen. Im Verhältnis, worin diese Arbeitsmittel als Produktbildner dienen, ohne dem Produkt Wert zuzusetzen, also ganz angewandt, aber nur teilweis konsumiert werden, leisten sie, wie früher erwähnt, denselben Gratisdienst wie Naturkräfte, Wasser, Dampf, Luft, Elektri-

---

vermehrt sich nicht der Wert der Gebrauchswerte, wenn ihre Quantität infolge gesteigerter Produktivkraft der Arbeit wächst? Antwort: Die Schwierigkeit wird dadurch gelöst, daß man den Gebrauchswert gefälligst Tauschwert nennt. Tauschwert ist ein Ding, das one way or another mit Austausch zusammenhängt. Man nenne also die Produktion einen „Austausch" von Arbeit und Produktionsmitteln gegen das Produkt, und es ist klar wie Wasser, daß man um so mehr Tauschwert erhält, je mehr Gebrauchswert einem die Produktion liefert. In andren Worten: Je mehr Gebrauchswerte, z. B. Strümpfe, ein Arbeitstag dem Strumpffabrikanten liefert, desto reicher ist er an Strümpfen. Plötzlich fällt Say jedoch ein, daß „mit der größern Quantität" der Strümpfe ihr „Preis" (der natürlich nichts mit dem Tauschwert zu tun hat) fällt, „weil die Konkurrenz sie" (die Produzenten) „zwingt, die Produkte für das hinzugeben, was sie sie kosten". Aber wo denn kommt der Profit her, wenn der Kapitalist die Waren zu dem Preis verkauft, den sie ihm kosten? Doch never mind. Say erklärt, daß infolge der gesteigerten Produktivität jeder im Ersatz für dasselbe Äquivalent jetzt zwei statt früher ein Paar Strümpfe usw. erhält. Das Resultat, wobei er anlangt, ist grade der Satz Ricardos, den er widerlegen wollte. Nach dieser gewaltigen Denkanstrengung apostrophiert er Malthus triumphierend mit den Worten: „Das ist, mein Herr, die gut begründete Lehre, ohne die es, so erkläre ich, nicht möglich ist, die schwierigsten Fragen der politischen Ökonomie zu lösen, insbesondere, wie es kommt, daß eine Nation reicher werden kann, wenn ihre Produkte sich im Wert vermindern, obwohl der Reichtum Wert darstellt." (l.c.p. 170.) Ein englischer Ökonom bemerkt über ähnliche Kunststücke in Says „Lettres": „Diese affektierten Manieren zu schwatzen (those affected ways of talking) bilden im Ganzen das, was Herr Say seine Doktrin zu nennen beliebt und die er dem Malthus ans Herz legt, zu Hertford zu lehren, wie das schon „dans plusieurs parties de l'Europe" geschehe. Er sagt: ‚Wenn Sie an allen diesen Behauptungen einen paradoxen Charakter finden, betrachten Sie die Dinge, die sie ausdrücken, und ich wage zu glauben, daß sie Ihnen sehr einfach und sehr vernünftig vorkommen werden.' Zweifelsohne, und zugleich werden sie infolge desselben Prozesses alles andere, nur nicht original oder wichtig erscheinen." („An Inquiry into those Principles respecting the Nature of Demand etc.", p. 110.)

zität usw. Dieser Gratisdienst der vergangnen Arbeit, wenn ergriffen und beseelt von der lebendigen Arbeit, akkumuliert mit der wachsenden Stufenleiter der Akkumulation.

Da die vergangne Arbeit sich stets in Kapital verkleidet, d. h. das Passivum der Arbeit von A, B, C usw. in das Aktivum des Nichtarbeiters X, sind Bürger und politische Ökonomen voll des Lobes für die Verdienste der vergangnen Arbeit, welche nach dem schottischen Genie MacCulloch sogar einen eignen Sold (Zins, Profit usw.) beziehn muß.[61] Das stets wachsende Gewicht der im lebendigen Arbeitsprozeß unter der Form von Produktionsmitteln mitwirkenden vergangnen Arbeit wird also ihrer dem Arbeiter selbst, dessen vergangne und unbezahlte Arbeit sie ist, entfremdeten Gestalt zugeschrieben, ihrer Kapitalgestalt. Die praktischen Agenten der kapitalistischen Produktion und ihre ideologischen Zungendrescher sind ebenso unfähig, das Produktionsmittel von der antagonistischen gesellschaftlichen Charaktermaske, die ihm heutzutag anklebt, getrennt zu denken, als ein Sklavenhalter den Arbeiter selbst von seinem Charakter als Sklave.

Bei gegebnem Exploitationsgrad der Arbeitskraft ist die Masse des Mehrwerts bestimmt durch die Anzahl der gleichzeitig ausgebeuteten Arbeiter, und diese entspricht, obgleich in wechselndem Verhältnis, der Größe des Kapitals. Je mehr also das Kapital vermittelst sukzessiver Akkumulationen wächst, desto mehr wächst auch die Wertsumme, die sich in Konsumtionsfonds und Akkumulationsfonds spaltet. Der Kapitalist kann daher flotter leben und zugleich mehr „entsagen". Und schließlich spielen alle Springfedern der Produktion um so energischer, je mehr ihre Stufenleiter sich erweitert mit der Masse des vorgeschossenen Kapitals.

5. Der sogenannte Arbeitsfonds

Es ergab sich im Verlauf dieser Untersuchung, daß das Kapital keine fixe Größe ist, sondern ein elastischer und mit der Teilung des Mehrwerts in Revenue und Zusatzkapital beständig fluktuierender Teil des gesellschaftlichen Reichtums. Man sah ferner, daß selbst bei gegebner Größe des funktionierenden Kapitals die ihm einverleibte Arbeitskraft, Wissenschaft und Erde (worunter ökonomisch alle ohne Zutat des Menschen von Natur vorhandnen Arbeitsgegenstände zu verstehn sind) elastische Potenzen desselben bilden, die ihm innerhalb gewisser Grenzen einen von seiner eignen Größe unabhängigen Spielraum gestatten. Es wurde dabei von allen Verhältnissen des Zirkulationsprozesses abgesehn, die sehr verschiedne Wirkungsgrade derselben Kapitalmasse verursachen. Es

[61] MacCulloch löste das Patent auf „wages of past labour" lange bevor Senior das Patent auf die „wages of abstinence".

wurde, da wir die Schranken der kapitalistischen Produktion voraussetzen, also eine rein naturwüchsige Gestalt des gesellschaftlichen Produktionsprozesses, abgesehn von jeder mit den vorhandnen Produktionsmitteln und Arbeitskräften unmittelbar und planmäßig bewirkbaren rationelleren Kombination. Die klassische Ökonomie liebte es von jeher, das gesellschaftliche Kapital als eine fixe Größe von fixem Wirkungsgrad aufzufassen. Aber das Vorurteil ward erst zum Dogma befestigt durch den Urphilister Jeremias Bentham, dies nüchtern pedantische, schwatzlederne Orakel des gemeinen Bürgerverstandes des 19. Jahrhunderts.[62] Bentham ist unter den Philosophen, was Martin Tupper unter den Dichtern. Beide waren nur in England fabrizierbar.[63] Mit seinem Dogma werden die gewöhnlichsten Erscheinungen des Produktionsprozesses, wie z. B. dessen plötzliche Expansionen und Kontraktionen, ja sogar die Akkumulation, völlig unbegreifbar.[64] Das Dogma wurde sowohl von Bentham selbst als von Malthus, James Mill, MacCulloch usw. zu apologetischen Zwecken vernutzt, namentlich um einen Teil des Kapitals, das variable oder in Arbeitskraft umsetzbare Kapital als eine fixe Größe darzustellen. Die stoffliche Existenz des variablen Kapitals,

---

[62] Vgl. u. a. J. Bentham, „Théorie des Peines et des Récompenses", trad. Et. Dumont, 3ème éd., Paris 1826, t. II, l. IV, ch. II.

[63] Jeremias Bentham ist ein rein englisches Phänomen. Selbst unsern Philosophen Christian Wolf nicht ausgenommen, hat zu keiner Zeit und in keinem Land der hausbackenste Gemeinplatz sich jemals so selbstgefällig breitgemacht. Das Nützlichkeitsprinzip war keine Erfindung Benthams. Er reproduzierte nur geistlos, was Helvétius und andere Franzosen des 18. Jahrhunderts geistreich gesagt hatten. Wenn man z. B. wissen will, was ist einem Hunde nützlich, so muß man die Hundenatur ergründen. Diese Natur selbst ist nicht aus dem „Nützlichkeitsprinzip" zu konstruieren. Auf den Menschen angewandt, wenn man alle menschliche Tat, Bewegung, Verhältnisse usw. nach dem Nützlichkeitsprinzip beurteilen will, handelt es sich erst um die menschliche Natur im allgemeinen und dann um die in jeder Epoche historisch modifizierte Menschennatur. Bentham macht kein Federlesens. Mit der naivsten Trockenheit unterstellt er den modernen Spießbürger, speziell den englischen Spießbürger, als den Normalmenschen. Was diesem Kauz von Normalmensch und seiner Welt nützlich, ist an und für sich nützlich. An diesem Maßstab beurteilt er dann Vergangenheit, Gegenwart und Zukunft. Z. B. die christliche Religion ist nützlich, weil sie dieselben Missetaten religiös verpönt, die der Strafkodex juristisch verdammt. Kunstkritik ist „schädlich", weil sie ehrbare Leute in ihrem Genuß an Martin Tupper stört usw. Mit solchem Schund hat der brave Mann, dessen Devise: „nulla dies sine linea", Berge von Büchern gefüllt. Wenn ich die Courage meines Freundes H. Heine hätte, würde ich Herrn Jeremias ein Genie in der bürgerlichen Dummheit nennen.

[64] „Politische Ökonomen sind zu geneigt, eine bestimmte Quantität von Kapital und eine bestimmte Anzahl Arbeiter als Produktionsinstrumente von gleichförmiger Kraft und als mit einer gewissen gleichförmigen Intensität wirkend zu behandeln ... Diejenigen, die behaupten, daß Waren die einzigen Agenten der Produktion sind, beweisen, daß die Produktion überhaupt nicht erweitert werden kann, denn zu einer solchen Erweiterung müßten Lebensmittel, Rohmaterialien und Werkzeuge vorher vermehrt werden. was in der Tat darauf hinauskommt, daß kein Wachstum der Produktion ohne ihr vorheriges Wachstum stattfinden kann oder, in andren Worten, daß jedes Wachstum unmöglich ist." (S. Bailey, „Money and its Vicissitudes", p. 58 u. 70.) Bailey kritisiert das Dogma hauptsächlich vom Standpunkt des Zirkulationsprozesses.

d. h. die Masse der Lebensmittel, die es für den Arbeiter repräsentiert, oder der sog. Arbeitsfonds, wurde in einem durch Naturketten abgeringten und unüberschreitbaren Sonderteil des gesellschaftlichen Reichtums verfabelt. Um den Teil des gesellschaftlichen Reichtums, der als konstantes Kapital oder, stofflich ausgedrückt, als Produktionsmittel funktionieren soll, in Bewegung zu setzen, ist eine bestimmte Masse lebendiger Arbeit erheischt. Diese ist technologisch gegeben. Aber weder ist die Anzahl der Arbeiter gegeben, erheischt, um diese Arbeitsmasse flüssig zu machen, denn das wechselt mit dem Exploitationsgrad der individuellen Arbeitskraft, noch der Preis dieser Arbeitskraft, sondern nur seine zudem sehr elastische Minimalschranke. Die Tatsachen, die dem Dogma zu Grund liegen, sind die: Einerseits hat der Arbeiter nicht mitzusprechen bei der Teilung des gesellschaftlichen Reichtums in Genußmittel der Nichtarbeiter und in Produktionsmittel. Andrerseits kann er nur in günstigen Ausnahmsfällen den sog. „Arbeitsfonds" auf Kosten der „Revenue" des Reichen erweitern.[65]

Zu welch abgeschmackter Tautologie es führt, die kapitalistische Schranke des Arbeitsfonds in seine gesellschaftliche Naturschranke umzudichten, zeige u. a. Professor Fawcett:

> „Das zirkulierende Kapital[66] eines Landes", sagt er, „ist sein Arbeitsfonds. Um daher den durchschnittlichen Geldlohn, den jeder Arbeiter erhält, zu berechnen, haben wir nur einfach dies Kapital durch die Anzahl der Arbeiterbevölkerung zu dividieren."[67]

D. h. also, erst rechnen wir die wirklich gezahlten individuellen Arbeitslöhne in eine Summe zusammen, dann behaupten wir, daß diese Addition die Wertsumme des von Gott und Natur oktroyierten „Arbeitsfonds" bildet. Endlich dividieren wir die so erhaltne Summe durch die Kopfzahl der Arbeiter, um hinwiederum

---

[65] J. St. Mill sagt in seinen „Principles of Polit. Economy": „Das Produkt der Arbeit wird heutzutag verteilt im umgekehrten Verhältnis zur Arbeit – der größte Teil an die, die niemals arbeiten, der nächstgrößte an die, deren Arbeit fast nur nominell ist, und so, auf absteigender Skala, schrumpft die Belohnung zusammen, im Maße wie die Arbeit härter und unangenehmer wird, bis die ermüdendste und erschöpfendste körperliche Arbeit nicht mit Sicherheit auch nur auf Gewinnung der Lebensbedürfnisse rechnen kann." Zur Vermeidung von Mißverständnis bemerke ich, daß, wenn Männer wie J. St. Mill usw. wegen des Widerspruchs ihrer altökonomischen Dogmen und ihrer modernen Tendenzen zu rügen sind, es durchaus unrecht wäre sie mit dem Troß der vulgärökonomischen Apologeten zusammenzuwerfen.

[66] H. Fawcett, Prof. of Polit. Econ. at Cambridge: „The Economic Position of the British Labourer", Lond. 1865, p. 120.

[67] Ich erinnere hier den Leser, daß die Kategorien: variables und konstantes Kapital von mir zuerst gebraucht werden. Die politische Ökonomie seit A. Smith wirft die darin enthaltenen Bestimmungen mit den aus dem Zirkulationsprozeß entspringenden Formunterschieden von fixem und zirkulierendem Kapital kunterbunt zusammen. Das Nähere darüber im Zweiten Buch, zweiter Abschnitt.

zu entdecken, wieviel jedem Arbeiter individuell im Durchschnitt zufallen kann. Eine ungemein pfiffige Prozedur dies. Sie verhindert Herrn Fawcett nicht, im selben Atemzug zu sagen:

> „Der in England jährlich akkumulierte Gesamtreichtum wird in zwei Teile geteilt. Ein Teil wird in England zur Erhaltung unsrer eignen Industrie verwandt. Ein andrer Teil wird in andre Länder exportiert ... Der in unsrer Industrie angewandte Teil bildet keine bedeutende Portion des jährlich in diesem Land akkumulierten Reichtums.“[68]

Der größere Teil des jährlich zuwachsenden Mehrprodukts, dem englischen Arbeiter ohne Äquivalent entwandt, wird also nicht in England, sondern in fremden Länder verkapitalisiert. Aber mit dem so exportierten Zusatzkapital wird ja auch ein Teil des von Gott und Bentham erfundnen „Arbeitsfonds“ exportiert.[69]

[68] Fawcett, l.c.p. 123, 122.

[69] Man könnte sagen, daß nicht nur Kapital, sondern auch Arbeiter, in Form der Emigration, jährlich aus England exportiert werden. Im Text ist jedoch gar nicht die Rede vom Peculium der Auswanderer, die zum großen Teil keine Arbeiter sind. Die Pächterssöhne liefern große Portion. Das jährlich zur Verzinsung ins Ausland versandte englische Zusatzkapital steht in ungleich größerem Verhältnis zur jährlichen Akkumulation als die jährliche Auswanderung zum jährlichen Zuwachs der Bevölkerung.

Dreiundzwanzigstes Kapitel: Das allgemeine Gesetz der kapitalistischen Akkumulation

1. Wachsende Nachfrage nach Arbeitskraft mit der Akkumulation, bei gleichbleibender Zusammensetzung des Kapitals

Wir behandeln in diesem Kapitel den Einfluß, den das Wachstum des Kapitals auf das Geschick der Arbeiterklasse ausübt. Der wichtigste Faktor bei dieser Untersuchung ist die Zusammensetzung des Kapitals und die Veränderungen, die sie im Verlauf des Akkumulationsprozesses durchmacht.

Die Zusammensetzung des Kapitals ist in zweifachem Sinn zu fassen. Nach der Seite des Werts bestimmt sie sich durch das Verhältnis, worin es sich teilt in konstantes Kapital oder Wert der Produktionsmittel und variables Kapital oder Wert der Arbeitskraft, Gesamtsumme der Arbeitslöhne. Nach der Seite des Stoffs, wie er im Produktionsprozeß fungiert, teilt sich jedes Kapital in Produktionsmittel und lebendige Arbeitskraft; diese Zusammensetzung bestimmt sich durch das Verhältnis zwischen der Masse der angewandten Produktionsmittel einerseits und der zu ihrer Anwendung erforderlichen Arbeitsmenge andrerseits. Ich nenne die erstere die Wertzusammensetzung, die zweite die technische Zusammensetzung des Kapitals. Zwischen beiden besteht enge Wechselbeziehung. Um diese auszudrücken, nenne ich die Wertzusammensetzung des Kapitals, insofern sie durch seine technische Zusammensetzung bestimmt wird und deren Änderungen widerspiegelt: die organische Zusammensetzung des Kapitals. Wo von der Zusammensetzung des Kapitals kurzweg die Rede ist, ist stets seine organische Zusammensetzung zu verstehn.

Die zahlreichen in einem bestimmten Produktionszweig angelegten Einzelkapitale haben unter sich mehr oder weniger verschiedne Zusammensetzung. Der Durchschnitt ihrer Einzelzusammensetzungen ergibt uns die Zusammensetzung des Gesamtkapitals dieses Produktionszweigs. Endlich ergibt uns der Gesamtdurchschnitt der Durchschnittszusammensetzungen sämtlicher Produktionszweige die Zusammensetzung des gesellschaftlichen Kapitals eines Landes, und von dieser allein in letzter Instanz ist im folgenden die Rede.

Wachstum des Kapitals schließt Wachstum seines variablen oder in Arbeitskraft umgesetzten Bestandteils ein. Ein Teil des in Zusatzkapital verwandelten Mehrwerts muß stets rückverwandelt werden in variables Kapital oder zuschüssigen Arbeitsfonds. Unterstellen wir, daß, nebst sonst gleichbleibenden Umständen, die Zusammensetzung des Kapitals unverändert bleibt, d. h. eine bestimmte Masse Produktionsmittel oder konstantes Kapital stets dieselbe Masse Arbeitskraft erheischt, um in Bewegung gesetzt zu werden, so wächst offenbar die Nachfrage nach Arbeit und der Subsistenzfonds der Arbeiter verhältnismäßig mit dem Kapital und um so rascher, je rascher das Kapital wächst. Da das Kapital jährlich einen Mehrwert produziert, wovon ein Teil jährlich zum

Originalkapital geschlagen wird, da dies Inkrement selbst jährlich wächst mit dem zunehmenden Umfang des bereits in Funktion begriffenen Kapitals und da endlich, unter besondrem Sporn des Bereicherungstriebs, wie z. B. Öffnung neuer Märkte, neuer Sphären der Kapitalanlage infolge neu entwickelter gesellschaftlicher Bedürfnisse usw., die Stufenleiter der Akkumulation plötzlich ausdehnbar ist durch bloß veränderte Teilung des Mehrwerts oder Mehrprodukts in Kapital und Revenue, können die Akkumulationsbedürfnisse des Kapitals das Wachstum der Arbeitskraft oder der Arbeiteranzahl, die Nachfrage nach Arbeitern ihre Zufuhr überflügeln und daher die Arbeitslöhne steigen. Dies muß sogar schließlich der Fall sein bei unveränderter Fortdauer obiger Voraussetzung. Da in jedem Jahr mehr Arbeiter beschäftigt werden als im vorhergehenden, so muß früher oder später der Punkt eintreten, wo die Bedürfnisse der Akkumulation anfangen, über die gewöhnliche Zufuhr von Arbeit hinauszuwachsen, wo also Lohnsteigerung eintritt. Klage hierüber ertönt in England während des ganzen fünfzehnten und der ersten Hälfte des achtzehnten Jahrhunderts. Die mehr oder minder günstigen Umstände, worin sich die Lohnarbeiter erhalten und vermehren, ändern jedoch nichts am Grundcharakter der kapitalistischen Produktion. Wie die einfache Reproduktion fortwährend das Kapitalverhältnis selbst reproduziert, Kapitalisten auf der einen Seite, Lohnarbeiter auf der andren, so reproduziert die Reproduktion auf erweiterter Stufenleiter oder die Akkumulation das Kapitalverhältnis auf erweiterter Stufenleiter, mehr Kapitalisten oder größere Kapitalisten auf diesem Pol, mehr Lohnarbeiter auf jenem. Die Reproduktion der Arbeitskraft, die sich dem Kapital unaufhörlich als Verwertungsmittel einverleiben muß, nicht von ihm loskommen kann und deren Hörigkeit zum Kapital nur versteckt wird durch den Wechsel der individuellen Kapitalisten, woran sie sich verkauft, bildet in der Tat ein Moment der Reproduktion des Kapitals selbst. Akkumulation des Kapitals ist also Vermehrung des Proletariats.[70]

Die klassische Ökonomie begriff diesen Satz so wohl, daß A. Smith, Ricardo usw., wie früher erwähnt, die Akkumulation sogar fälschlich identifizieren mit

---

[70] Karl Marx, l.c. – „Bei gleicher Unterdrückung der Massen ist ein Land um so reicher, je mehr Proletarier es hat." (Colins, „L'Économie Politique, Source des Révolutions et des Utopies prétendues Socialistes", Paris 1857, t. III, p. 331.) Unter „Proletarier" ist ökonomisch nichts zu verstehn als der Lohnarbeiter, der „Kapital" produziert und verwertet und aufs Pflaster geworfen wird, sobald er für die Verwertungsbedürfnisse des „Monsieur Kapital", wie Pecqueur diese Person nennt, überflüssig ist. „Der kränkliche Proletarier des Urwalds" ist ein artiges Roschersches Phantom. Der Urwäldler ist Eigentümer des Urwalds und behandelt den Urwald, ganz so ungeniert wie der Orang-Utang, als sein Eigentum. Er ist also nicht Proletarier. Dies wäre nur der Fall, wenn der Urwald ihn, statt er den Urwald exploitierte. Was seinen Gesundheitszustand betrifft, steht solcher wohl den Vergleich aus nicht nur mit dem des modernen Proletariers, sondern auch dem der syphilitischen und skrofulösen „Ehrbarkeit". Doch versteht Herr Wilhelm Roscher unter Urwald wahrscheinlich die stammverwandte Lüneburger Heide.

Konsum des ganzen kapitalisierten Teils des Mehrprodukts durch produktive Arbeiter oder mit seiner Verwandlung in zuschüssige Lohnarbeiter. Schon 1696 sagt John Bellers:

> „Wenn jemand 100.000 Acres hätte und ebenso viele Pfunde Geld und ebensoviel Vieh, was wäre der reiche Mann ohne den Arbeiter außer selbst ein Arbeiter? Und wie die Arbeiter Leute reich machen, so desto mehr Arbeiter, desto mehr Reiche ... Die Arbeit des Armen ist die Mine des Reichen.“[71]

So Bernard de Mandeville im Anfang des 18. Jahrhunderts:

> „Wo das Eigentum hinreichend geschützt ist, wäre es leichter, ohne Geld zu leben als ohne Arme, denn wer würde die Arbeit tun?... Wie die Arbeiter vor Aushungerung zu bewahren sind, so sollten sie nichts erhalten, was der Ersparung wert ist. Wenn hier und da einer aus der untersten Klasse durch ungewöhnlichen Fleiß und Bauchkneipen sich über die Lage erhebt, worin er aufgewachsen war, so muß ihn keiner daran hindern: ja es ist unleugbar der weiseste Plan für jede Privatperson, für jede Privatfamilie in der Gesellschaft, frugal zu sein; aber es ist das Interesse aller reichen Nationen, daß der größte Teil der Armen nie untätig sei und sie dennoch stets verausgaben, was sie einnehmen ... Diejenigen, die ihr Leben durch ihre tägliche Arbeit gewinnen, haben nichts, was sie anstachelt, dienstlich zu sein außer ihren Bedürfnissen, welche es Klugheit ist zu lindern, aber Narrheit wäre zu kurieren. Das einzige Ding, das den arbeitenden Mann fleißig machen kann, ist ein mäßiger Arbeitslohn. Ein zu geringer macht ihn je nach seinem Temperament kleinmütig oder verzweifelt, ein zu großer insolent und faul ... Aus dem bisher Entwickelten folgt, daß in einer freien Nation, wo Sklaven nicht erlaubt sind, der sicherste Reichtum aus einer Menge arbeitsamer Armen besteht. Außerdem, daß sie die nie versagende Zufuhrquelle für Flotte und Armee, gäbe es ohne sie keinen Genuß und wäre das Produkt keines Landes verwertbar. Um die Gesellschaft“ (die natürlich aus den Nichtarbeitern besteht) „glücklich und das Volk selbst in kümmerlichen Zuständen zufrieden zu machen, ist es nötig, daß die große Majorität sowohl unwissend als arm bleibt. Kenntnis erweitert und vervielfacht unsere Wünsche, und je weniger ein Mann wünscht, desto leichter können seine Bedürfnisse befriedigt werden.“[72]

Was Mandeville, ein ehrlicher Mann und heller Kopf, noch nicht begreift, ist, daß der Mechanismus des Akkumulationsprozesses selbst mit dem Kapital die Masse

---

[71] „As the Labourers make men rich, so the more Labourers, there will be the more rich men ... the Labour of the Poor being the Mines of the Rich.“ (John Bellers, l.c.p. 2.)

[72] B. de Mandeville, („The Fable of the Bees“, 5th ed., Lond. 1728, Remarks, p. 212, 213, 328.) – „Mäßiges Leben und beständige Arbeit sind für den Armen der Weg zum materiellen Glücke“ (worunter er möglichst langen Arbeitstag und möglichst wenig Lebensmittel versteht) „und zum Reichtum für den Staat“ (nämlich Grundeigentümer, Kapitalisten und ihre politischen Würdeträger und Agenten). („An Essay on Trade and Commerce“, Lond. 1770, p. 54.)

der „arbeitsamen Armen“ vermehrt, d. h. der Lohnarbeiter, die ihre Arbeitskraft in wachsende Verwertungskraft des wachsenden Kapitals verwandeln und ebendadurch ihr Abhängigkeitsverhältnis von ihrem eignen, im Kapitalisten personifzierten Produkt verewigen müssen. Mit Bezug auf dies Abhängigkeitsverhältnis bemerkt Sir F. M. Eden in seiner „Lage der Armen, oder Geschichte der arbeitenden Klasse Englands“:

> „Unsere Zone erfordert Arbeit zur Befriedigung der Bedürfnisse, und deshalb muß wenigstens ein Teil der Gesellschaft unermüdet arbeiten ... Einige, die nicht arbeiten, haben dennoch die Produkte des Fleißes zu ihrer Verfügung. Das verdanken diese Eigentümer aber nur der Zivilisation und Ordnung; sie sind reine Kreaturen der bürgerlichen Institutionen.[73] Denn diese haben es anerkannt, daß man die Früchte der Arbeit auch anders als durch Arbeit sich aneignen kann. Die Leute von unabhängigem Vermögen verdanken ihr Vermögen fast ganz der Arbeit andrer, nicht ihrer eignen Fähigkeit, die durchaus nicht besser ist als die der andren; es ist nicht der Besitz von Land und Geld, sondern das Kommando über Arbeit (the command of labour), das die Reichen von den Armen unterscheidet ... Was dem Armen zusagt, ist nicht eine verworfene oder servile Lage, sondern ein bequemes und liberales Abhängigkeitsverhältnis (a state of easy and liberal dependence), und für die Leute von Eigentum hinreichender Einfluß und Autorität über die, die für sie arbeiten ... Ein solches Abhängigkeitsverhältnis ist, wie jeder Kenner der menschlichen Natur weiß, notwendig für den Komfort der Arbeiter selbst.“[74]

Sir F. M. Eden, beiläufig bemerkt, ist der einzige Schüler Adam Smiths, der während des achtzehnten Jahrhunderts etwas Bedeutendes geleistet hat.[75]

---

[73] Eden hätte fragen sollen, wessen Kreatur sind denn „die bürgerlichen Institutionen“? Vom Standpunkt der juristischen Illusion betrachtet er nicht das Gesetz als Produkt der materiellen Produktionsverhältnisse, sondern umgekehrt die Produktionsverhältnisse als Produkt des Gesetzes. Linguet warf Montesquieus illusorischen „Esprit des Lois“ mit dem einen Wort über den Haufen: „L'esprit des lois, c'est la propriété“.

[74] Eden, l.c., v. I, 1.1, ch. I, p. l, 2 und Preface, p. XX.

[75] Sollte sich der Leser an Malthus erinnern, dessen „Essay on Population“ 1798 erschien, so erinnere ich, daß diese Schrift in ihrer ersten Form nichts als ein schülerhaft oberflächliches und pfäffisch verdeklamiertes Plagiat aus Defoe, Sir James Steuart, Townsend, Franklin, Wallace usw. ist und nicht einen einzigen selbstgedachten Satz enthält. Das große Aufsehn, das dies Pamphlet erregte, entsprang lediglich Parteiinteressen. Die Französische Revolution hatte im britischen Königreich leidenschaftliche Verteidiger gefunden; das „Populationsprinzip“, langsam im 18. Jahrhundert herausgearbeitet, dann mitten in einer großen sozialen Krisis mit Pauken und Trompeten verkündet als das unfehlbare Gegengift gegen die Lehren von Condorcet u. a., wurde jubelnd begrüßt von der englischen Oligarchie als der große Austilger aller Gelüste nach menschlicher Fortentwicklung. Malthus, über seinen Erfolg hocherstaunt, gab sich dann daran, oberflächlich kompiliertes Material in das alte Schema zu stopfen und neues, aber nicht von Malthus entdecktes, sondern nur annexiertes, zuzufügen. – Nebenbei bemerkt. Obgleich Malthus Pfaffe der englischen Hochkirche, hatte er das Mönchsgelübde des

Zölibats abgelegt. Dies ist nämlich eine der Bedingungen der fellowship der protestantischen Universität zu Cambridge. „Daß die Mitglieder der Kollegien verheiratet sind, gestatten wir nicht, sondern sobald jemand eine Frau nimmt, hört er damit auf, Mitglied des Kollegiums zu sein." („Reports of Cambridge University Commission", p. 172.) Dieser Umstand unterscheidet Malthus vorteilhaft von den andren protestantischen Pfaffen, die das katholische Gebot des Priesterzölibats von sich selbst abgeschüttelt und das „Seid fruchtbar und mehret euch" in solchem Maß als ihre spezifisch biblische Mission vindiziert haben, daß sie überall in wahrhaft unanständigem Grad zur Vermehrung der Bevölkerung beitragen, während sie gleichzeitig den Arbeitern das „Populationsprinzip" predigen. Es ist charakteristisch, daß der ökonomische travestierte Sündenfall, der Adamsapfel, der „urgent appetite", „the checks which tend to blunt the shafts of Cupid", wie Pfaff Townsend munter sagt, daß dieser kitzlige Punkt von den Herrn von der protestantischen Theologie oder vielmehr Kirche monopolisiert ward und wird. Mit Ausnahme des venetianischen Mönches Ortes, eines originellen und geistreichen Schriftstellers, sind die meisten Populationslehrer protestantische Pfaffen. So Bruckner: „Théorie du Système animal", Leyde 1767, worin die ganze moderne Bevölkerungstheorie erschöpft ist und wozu der vorübergehende Zank zwischen Quesnay und seinem Schüler Mirabeau pére über dasselbe Thema Ideen lieferte, dann Pfaffe Wallace, Pfaffe Townsend, Pfaffe Malthus und sein Schüler, der Erzpfaff Th. Chalmers, von kleineren pfäffischen Skribenten in this line gar nicht zu reden. Ursprünglich ward die politische Ökonomie betrieben von Philosophen, wie Hobbes, Locke, Hume, Geschäfts- und Staatsleuten, wie Thomas Morus, Temple, Sully, de Witt, North, Law, Vanderlint, Cantillon, Franklin, und theoretisch namentlich, und mit dem größten Erfolg, von Medizinern, wie Petty, Barbon, Mandeville, Quesnay. Noch Mitte des 18. Jahrhunderts entschuldigt sich Rev. Mr. Tucker, ein bedeutender Ökonom für seine Zeit, daß er sich mit dem Mammon beschäftigte. Später, und zwar mit dem „Bevölkerungsprinzip" schlug die Stunde der protestantischen Pfaffen. Als ob er diese Geschäftsverpfuschung geahnt, sagt Petty, der die Population als Basis des Reichtums behandelt und, gleich Adam Smith, abgesagter Pfaffenfeind: „Die Religion blüht am besten, wenn die Priester am meisten kasteit werden, wie das Recht am besten, wo die Advokaten verhungern." Er rät daher den protestantischen Pfaffen, wenn sie einmal dem Apostel Paulus nicht folgen und sich nicht durch das Zölibat „abtöten" wollen, „doch ja nicht mehr Pfaffen zu hecken (not to breed more Churchmen) als die vorhandenen Pfründen (benefices) absorbieren können; d. h. wenn es nur 12.000 Pfründen in England und Wales gibt, ist es unweis, 24.000 Pfaffen zu hecken (it will not be safe to breed 24.000 ministers), denn die 12.000 Unversorgten werden stets einen Lebensunterhalt zu gewinnen suchen, und wie könnten sie das leichter tun, als indem sie unter das Volk gehn und es überreden, die 12.000 Pfründner vergifteten die Seelen, und hungerten selbige Seelen aus, und zeigten ihnen den Holzweg zum Himmel?" (Petty, „A Treatise on Taxes and Contributions", Lond. 1667, p. 57.) Adam Smiths Stellung zum protestantischen Pfaffentum seiner Zeit ist durch folgendes charakterisiert. In „A Letter to A. Smith, L. L. D. On the Life, Death and Philosophy of his Friend David Hume. By One of the People called Christians", 4th ed., Oxford 1784, kanzelt Dr. Horne, hochkirchlicher Bischof von Norwich, den A. Smith ab, weil er in einem öffentlichen Sendschreiben an Herrn Strahan seinen „Freund David" (sc. Hume) „einbalsamiere", weil er dem Publikum erzähle, wie „Hume auf seinem Sterbebett sich mit Lukian und Whist amüsierte", und sogar die Frechheit hatte, zu schreiben: „Ich habe Hume stets, sowohl während seines Lebens wie nach seinem Tode so nahe dem Ideal eines vollkommen weisen und tugendhaften Mannes betrachtet, als die Schwäche der menschlichen Natur erlaubt." Der Bischof ruft entrüstet: „Ist es recht von Ihnen, mein Herr, uns als vollkommen weise und tugendhaft den Charakter und Lebenswandel eines Menschen zu schildern, der von einer unheilbaren Antipathie besessen war wider alles, was Religion heißt, und der jeden Nerv

Unter den bisher unterstellten, den Arbeitern günstigsten Akkumulationsbedingungen kleidet sich ihr Abhängigkeitsverhältnis vom Kapital in erträgliche oder, wie Eden sagt, „bequeme und liberale" Formen. Statt intensiver zu werden mit dem Wachstum des Kapitals, wird es nur extensiver, d. h. die Exploitations- und Herrschaftssphäre des Kapitals dehnt sich nur aus mit seiner eigenen Dimension und der Anzahl seiner Untertanen. Von ihrem eignen anschwellenden und schwellend in Zusatzkapital verwandelten Mehrprodukt strömt ihnen ein größerer Teil in der Form von Zahlungsmitteln zurück, so daß sie den Kreis ihrer Genüsse erweitern, ihren Konsumtionsfonds von Kleidern, Möbeln usw. besser ausstatten und kleine Reservefonds von Geld bilden können. So wenig aber bessere Kleidung, Nahrung, Behandlung und ein größeres Peculium das Abhängigkeitsverhältnis und die Exploitation des Sklaven aufheben, so wenig die des Lohnarbeiters. Steigender Preis der Arbeit infolge der Akkumulation des Kapitals besagt in der Tat nur, daß der Umfang und die Wucht der goldnen Kette, die der Lohnarbeiter sich selbst bereits geschmiedet hat, ihre losere Spannung erlauben. In den Kontroversen über diesen Gegenstand hat man meist die Hauptsache übersehn, nämlich die differentia specifica der kapitalistischen Produktion. Arbeitskraft wird hier gekauft, nicht um durch ihren Dienst oder ihr Produkt die persönlichen Bedürfnisse des Käufers zu befriedigen. Sein Zweck ist Verwertung seines Kapitals, Produktion von Waren, die mehr Arbeit enthalten, als er zahlt, also einen Wertteil enthalten, der ihm nichts kostet und dennoch durch den Warenverkauf realisiert wird. Produktion von Mehrwert oder Plusmacherei ist das absolute Gesetz dieser Produktionsweise. Nur soweit sie die Produktionsmittel als Kapital erhält, ihren eignen Wert als Kapital reproduziert und in unbezahlter Arbeit eine Quelle von Zuschußkapital liefert, ist die Arbeitskraft verkaufbar.[76] Die Bedingungen ihres Verkaufs, ob mehr oder

---

anspannte, um, so viel an ihm, selbst ihren Namen aus dem Gedächtnis der Menschen zu löschen?" (l.c.p. 8.) „Aber laßt euch nicht entmutigen, Liebhaber der Wahrheit, der Atheismus ist kurzlebig." (p. 17.) Adam Smith „hat die gräßliche Ruchlosigkeit (the atrocious wickedness), den Atheismus durch das Land zu propagandieren" (nämlich durch seine „Theory of moral sentiments"). „... Wir kennen Eure Schliche, Herr Doktor! Ihr meint's gut, rechnet aber diesmal ohne den Wirt. Ihr wollt uns durch das Beispiel von David Hume, Esq., weismachen, daß Atheismus der einzige Schnaps (cordial) für ein niedergeschlagnes Gemüt und das einzige Gegengift wider Todesfurcht ist ... Lacht nur über Babylon in Ruinen und beglückwünscht nur den verhärteten Bösewicht Pharao!" (l.c.p. 21, 22.) Ein orthodoxer Kopf unter A. Smiths Kollegienbesuchern schreibt nach dessen Tod: „Smiths Freundschaft für Hume verhinderte ihn, ein Christ zu sein ... Er glaubte Hume alles aufs Wort. Wenn Hume ihm gesagt, der Mond sei ein grüner Käs, er hätt's geglaubt. Er glaubte ihm daher auch, daß es keinen Gott und keine Wunder gebe ... In seinen politischen Prinzipien streifte er an Republikanismus." („The Bee" by James Anderson, 18 vls., Edinb. 1791-1793, vol. 3, p. 166, 165.) Pfaff Th. Chalmers hat A. Smith in Verdacht, daß er aus reiner Malice die Kategorie der „unproduktiven Arbeiter" eigens für die protestantischen Pfaffen erfand, trotz ihrer gesegneten Arbeit im Weinberg des Herrn.

[76] Note zur 2. Ausgabe. „Die Grenze jedoch der Beschäftigung von industriellen wie von länd-

minder günstig für den Arbeiter, schließen also die Notwendigkeit ihres steten Wiederverkaufs und die stets erweiterte Reproduktion des Reichtums als Kapital ein. Der Arbeitslohn, wie man gesehn, bedingt seiner Natur nach stets Lieferung eines bestimmten Quantums unbezahlter Arbeit auf seiten des Arbeiters. Ganz abgesehn vom Steigen des Arbeitslohns mit sinkendem Preis der Arbeit usw., besagt seine Zunahme im besten Fall nur quantitative Abnahme der unbezahlten Arbeit, die der Arbeiter leisten muß. Diese Abnahme kann nie bis zum Punkt fortgehn, wo sie das System selbst bedrohen würde. Abgesehn von gewaltsamen Konflikten über die Rate des Arbeitslohns, und Adam Smith hat bereits gezeigt, daß im großen und ganzen in solchem Konflikt der Meister stets Meister bleibt, unterstellt ein aus Akkumulation des Kapitals entspringendes Steigen des Arbeitspreises folgende Alternative.

Entweder fährt der Preis der Arbeit fort zu steigen, weil seine Erhöhung den Fortschritt der Akkumulation nicht stört; es liegt darin nichts Wunderbares, denn, sagt A. Smith,

> „selbst bei gesunknem Profit vermehren sich die Kapitale dennoch; sie wachsen selbst rascher als vorher ... Ein großes Kapital wächst selbst bei kleinerem Profit im allgemeinen rascher als ein kleines Kapital bei großem Profit. (l.c. I, p. 189.)

In diesem Falle ist es augenscheinlich, daß eine Verminderung der unbezahlten Arbeit die Ausdehnung der Kapitalherrschaft keineswegs beeinträchtigt. – Oder, das ist die andre Seite der Alternative, die Akkumulation erschlafft infolge des steigenden Arbeitspreises, weil der Stachel des Gewinns abstumpft. Die Akkumulation nimmt ab. Aber mit ihrer Abnahme verschwindet die Ursache ihrer Abnahme, nämlich die Disproportion zwischen Kapital und exploitabler Arbeitskraft. Der Mechanismus des kapitalistischen Produktionsprozesses beseitigt also selbst die Hindernisse, die er vorübergehend schafft. Der Arbeitspreis fällt wieder auf ein den Verwertungsbedürfnissen des Kapitals entsprechendes Niveau, ob dieses nun unter, über oder gleich mit dem Niveau, welches vor Eintritt des Lohnzuwachses als normal galt. Man sieht: Im ersten Fall ist es nicht die Abnahme im absoluten oder proportionellen Wachstum der Arbeitskraft oder Arbeiterbevölkerung, welche das Kapital überschüssig, sondern umgekehrt die Zunahme des Kapitals, welche die exploitable Arbeitskraft unzureichend macht. Im zweiten Fall ist es nicht die Zunahme im absoluten oder proportionellen Wachstum der Arbeitskraft oder der Arbeiterbevölkerung, welche das Kapital

---

lichen Arbeitern ist dieselbe: nämlich die Möglichkeit für den Unternehmer, einen Profit aus ihrem Arbeitsprodukt herauszuschlagen. Steigt die Rate des Arbeitslohns so hoch, daß der Gewinn des Meisters unter den Durchschnittsprofit fällt, so hört er auf, sie zu beschäftigen, oder beschäftigt sie nur unter der Bedingung, daß sie eine Herabsetzung des Arbeitslohns zulassen.“ (John Wade, l.c.p. 240.)

unzureichend, sondern umgekehrt die Abnahme des Kapitals, welche die exploitable Arbeitskraft, oder vielmehr ihren Preis, überschüssig macht. Es sind diese absoluten Bewegungen in der Akkumulation des Kapitals, welche sich als relative Bewegungen in der Masse der exploitablen Arbeitskraft widerspiegeln und daher der eignen Bewegung der letztren geschuldet scheinen. Um mathematischen Ausdruck anzuwenden: die Größe der Akkumulation ist die unabhängige Variable, die Lohngröße die abhängige, nicht umgekehrt. So drückt sich in der Krisenphase des industriellen Zyklus der allgemeine Fall der Warenpreise als Steigen des relativen Geldwerts, und in der Prosperitätsphase das allgemeine Steigen der Warenpreise als Fall des relativen Geldwerts aus. Die sog. Currency-Schule schließt daraus, daß bei hohen Preisen zu viel, bei niedrigen zu wenig Geld zirkuliert. Ihre Ignoranz und völlige Verkennung der Tatsachen[77] finden würdige Parallele in den Ökonomen, welche jene Phänomene der Akkumulation dahin deuten, daß das eine Mal zu wenig und das andre Mal zu viel Lohnarbeiter existieren.

Das Gesetz der kapitalistischen Produktion, das dem angeblichen „natürlichen Populationsgesetz“ zugrunde liegt, kommt einfach auf dies heraus: Das Verhältnis zwischen Kapital, Akkumulation und Lohnrate ist nichts als das Verhältnis zwischen der unbezahlten, in Kapital verwandelten Arbeit und der zur Bewegung des Zusatzkapitals erforderlichen zuschüssigen Arbeit. Es ist also keineswegs ein Verhältnis zweier voneinander unabhängigen Größen, einerseits der Größe des Kapitals, andrerseits der Zahl der Arbeiterbevölkerung, es ist vielmehr in letzter Instanz nur das Verhältnis zwischen der unbezahlten und der bezahlten Arbeit derselben Arbeiterbevölkerung. Wächst die Menge der von der Arbeiterklasse gelieferten und von der Kapitalistenklasse akkumulierten, unbezahlten Arbeit rasch genug, um nur durch einen außergewöhnlichen Zuschuß bezahlter Arbeit sich in Kapital verwandeln zu können, so steigt der Lohn, und alles andre gleichgesetzt, nimmt die unbezahlte Arbeit im Verhältnis ab. Sobald aber diese Abnahme den Punkt berührt, wo die das Kapital ernährende Mehrarbeit nicht mehr in normaler Menge angeboten wird, so tritt eine Reaktion ein: ein geringerer Teil der Revenue wird kapitalisiert, die Akkumulation erlahmt, und die steigende Lohnbewegung empfängt einen Gegenschlag. Die Erhöhung des Arbeitspreises bleibt also eingebannt in Grenzen, die die Grundlagen des kapitalistischen Systems nicht nur unangetastet lassen, sondern auch seine Reproduktion auf wachsender Stufenleiter sichern. Das in ein Naturgesetz mystifizierte Gesetz der kapitalistischen Akkumulation drückt also in der Tat nur aus, daß ihre Natur jede solche Abnahme im Exploitationsgrad der Arbeit oder jede solche Steigerung des Arbeitspreises ausschließt, welche die stetige Reproduktion des Kapitalverhältnisses und seine Reproduktion auf stets erweiterter Stufenleiter ernsthaft gefährden könnte. Es kann nicht anders sein

---

[77] Vgl. Karl Marx, Zur Kritik der Politischen Oekonomie“, p. 165 sqq.

in einer Produktionsweise, worin der Arbeiter für die Verwertungsbedürfnisse vorhandner Werte, statt umgekehrt der gegenständliche Reichtum für die Entwicklungsbedürfnisse des Arbeiters da ist. Wie der Mensch in der Religion vom Machwerk seines eignen Kopfes, so wird er in der kapitalistischen Produktion vom Machwerk seiner eignen Hand beherrscht.[77a]

2. Relative Abnahme des variablen Kapitalteils im Fortgang der Akkumulation und der sie begleitenden Konzentration

Nach den Ökonomen selbst ist es weder der vorhandne Umfang des gesellschaftlichen Reichtums noch die Größe des bereits erworbnen Kapitals, die eine Lohnerhöhung herbeiführen, sondern lediglich das fortgesetzte Wachsen der Akkumulation und der Geschwindigkeitsgrad ihres Wachstums (A. Smith, Buch I, Kap. 8). Bisher haben wir nur eine besondre Phase dieses Prozesses betrachtet, diejenige, in der der Kapitalzuwachs stattfindet bei gleichbleibender technischer Zusammensetzung des Kapitals. Aber der Prozeß schreitet über diese Phase hinaus.

Die allgemeinen Grundlagen des kapitalistischen Systems einmal gegeben, tritt im Verlauf der Akkumulation jedesmal ein Punkt ein, wo die Entwicklung der Produktivität der gesellschaftlichen Arbeit der mächtigste Hebel der Akkumulation wird.

> „Dieselbe Ursache", sagt A. Smith, „die die Löhne erhöht, nämlich die Zunahme des Kapitals, treibt zur Steigerung der produktiven Fähigkeiten der Arbeit und setzt eine kleinere Arbeitsmenge instand, eine größere Menge von Produkten zu erzeugen."

Abgesehn von Naturbedingungen, wie Fruchtbarkeit des Bodens usw., und vom Geschick unabhängiger und isoliert arbeitender Produzenten, das sich jedoch mehr qualitativ in der Güte als quantitativ in der Masse des Machwerks bewährt, drückt sich der gesellschaftliche Produktivgrad der Arbeit aus im relativen Größenumfang der Produktionsmittel, welche ein Arbeiter, während gegebner Zeit, mit derselben Anspannung von Arbeitskraft, in Produkt verwandelt. Die Masse der Produktionsmittel, womit er funktioniert, wächst mit der Produkti-

---

[77a] „Gehen wir aber nun auf unsere erste Untersuchung zurück, wo nachgewiesen ist ... daß das Kapital selbst nur das Erzeugnis menschlicher Arbeit ist ... so scheint es ganz unbegreiflich, daß der Mensch unter die Herrschaft seines eigenen Produkts – das Kapital – geraten und diesem untergeordnet werden könne; und da dies in der Wirklichkeit doch unleugbar der Fall ist, so drängt sich unwillkürlich die Frage auf: wie hat der Arbeiter aus dem Beherrscher des Kapitals – als Schöpfer desselben – zum Sklaven des Kapitals werden können? (Von Thünen, „Der isolirte Staat", Zweiter Theil, Zweite Abtheilung, Rostock 1863, p. 5, 6.) Es ist das Verdienst Thünens, gefragt zu haben. Seine Antwort ist einfach kindisch.

vität seiner Arbeit. Diese Produktionsmittel spielen dabei eine doppelte Rolle. Das Wachstum der einen ist Folge, das der andren Bedingung der wachsenden Produktivität der Arbeit. Z. B. mit der manufakturmäßigen Teilung der Arbeit und der Anwendung von Maschinerie wird in derselben Zeit mehr Rohmaterial verarbeitet, tritt also größere Masse von Rohmaterial und Hilfsstoffen in den Arbeitsprozeß ein. Das ist die Folge der wachsenden Produktivität der Arbeit. Andrerseits ist die Masse der angewandten Maschinerie, Arbeitsviehs, mineralischen Düngers, Drainierungsröhren usw. Bedingung der wachsenden Produktivität der Arbeit. Ebenso die Masse der in Baulichkeiten, Riesenöfen, Transportmitteln usw. konzentrierten Produktionsmittel. Ob aber Bedingung oder Folge, der wachsende Größenumfang der Produktionsmittel im Vergleich zu der ihnen einverleibten Arbeitskraft drückt die wachsende Produktivität der Arbeit aus. Die Zunahme der letzteren erscheint also in der Abnahme der Arbeitsmasse verhältnismäßig zu der von ihr bewegten Masse von Produktionsmitteln oder in der Größenabnahme des subjektiven Faktors des Arbeitsprozesses, verglichen mit seinen objektiven Faktoren.

Diese Veränderung in der technischen Zusammensetzung des Kapitals, das Wachstum in der Masse der Produktionsmittel, verglichen mit der Masse der sie belebenden Arbeitskraft, spiegelt sich wider in seiner Wertzusammensetzung, in der Zunahme des konstanten Bestandteils des Kapitalwerts auf Kosten seines variablen Bestandteils. Es werden z. B. von einem Kapital, prozentweis berechnet, ursprünglich je 50% in Produktionsmitteln und je 50% in Arbeitskraft ausgelegt, später, mit der Entwicklung des Produktivgrads der Arbeit, je 80% in Produktionsmitteln und je 20% in Arbeitskraft usw. Dies Gesetz des steigenden Wachstums des konstanten Kapitalteils im Verhältnis zum variablen wird auf jedem Schritt bestätigt (wie schon oben entwickelt) durch die vergleichende Analyse der Warenpreise, gleichviel ob wir verschiedne ökonomische Epochen bei einer einzigen Nation vergleichen oder verschiedne Nationen in derselben Epoche. Die relative Größe des Preiselements, welches nur den Wert der verzehrten Produktionsmittel oder den konstanten Kapitalteil vertritt, wird in direktem, die relative Größe des andern, die Arbeit bezahlenden oder den variablen Kapitalteil vertretenden Preiselements, wird im allgemeinen in umgekehrtem Verhältnis stehn zum Fortschritt der Akkumulation.

Die Abnahme des variablen Kapitalteils gegenüber dem konstanten oder die veränderte Zusammensetzung des Kapitalwerts zeigt jedoch nur annähernd den Wechsel in der Zusammensetzung seiner stofflichen Bestandteile an. Wenn z. B. heute der in der Spinnerei angelegte Kapitalwert zu $^7/_8$ konstant und $^1/_8$ variabel ist, während er Anfang des 18. Jahrhunderts $^1/_2$ konstant und $^1/_2$ variabel war, so ist dagegen die Masse von Rohstoff, Arbeitsmitteln usw., die ein bestimmtes Quantum Spinnarbeit heute produktiv konsumiert, vielhundertmal größer als im Anfang des 18. Jahrhunderts. Der Grund ist einfach der, daß mit der wachsenden Produktivität der Arbeit nicht nur der Umfang der von ihr vernutzten

Produktionsmittel steigt, sondern deren Wert, verglichen mit ihrem Umfang, sinkt. Ihr Wert steigt also absolut, aber nicht proportionell mit ihrem Umfang. Das Wachstum der Differenz zwischen konstantem und variablem Kapital ist daher viel kleiner als das der Differenz zwischen der Masse der Produktionsmittel, worin das konstante, und der Masse Arbeitskraft, worin das variable Kapital umgesetzt wird. Die erstere Differenz nimmt zu mit der letzteren, aber in geringerem Grad.

Übrigens, wenn der Fortschritt der Akkumulation die relative Größe des variablen Kapitalteils vermindert, schließt er damit die Steigerung ihrer absoluten Größe keineswegs aus. Gesetzt, ein Kapitalwert spalte sich anfangs in 50% konstantes und 50% variables Kapital, später in 80% konstantes und 20% variables. Ist inzwischen das ursprüngliche Kapital, sage 6000 Pfd. St., gewachsen auf 18.000 Pfd. St., so ist sein variabler Bestandteil auch um $^{1}/_{5}$ gewachsen. Er war 3000 Pfd. St., er beträgt jetzt 3600 Pfd. St. Wo aber früher ein Kapitalzuwachs von 20% genügt hätte, die Nachfrage nach Arbeit um 20% zu steigern, erfordert das jetzt Verdreifachung des ursprünglichen Kapitals.

Im vierten Abschnitt wurde gezeigt, wie die Entwicklung der gesellschaftlichen Produktivkraft der Arbeit Kooperation auf großer Stufenleiter voraussetzt, wie nur unter dieser Voraussetzung Teilung und Kombination der Arbeit organisiert, Produktionsmittel durch massenhafte Konzentration ökonomisiert, schon stofflich nur gemeinsam anwendbare Arbeitsmittel, z. B. System der Maschinerie usw., ins Leben gerufen, ungeheure Naturkräfte in den Dienst der Produktion gepreßt und die Verwandlung des Produktionsprozesses in technologische Anwendung der Wissenschaft vollzogen werden können. Auf Grundlage der Warenproduktion, wo die Produktionsmittel Eigentum von Privatpersonen sind, wo der Handarbeiter daher entweder isoliert und selbständig Waren produziert oder seine Arbeitskraft als Ware verkauft, weil ihm die Mittel zum Selbstbetrieb fehlen, realisiert sich jene Voraussetzung nur durch das Wachstum der individuellen Kapitale oder im Maße, worin die gesellschaftlichen Produktions- und Lebensmittel in das Privateigentum von Kapitalisten verwandelt werden. Der Boden der Warenproduktion kann die Produktion auf großer Stufenleiter nur in kapitalistischer Form tragen. Eine gewisse Akkumulation von Kapital in den Händen individueller Warenproduzenten bildet daher die Voraussetzung der spezifisch kapitalistischen Produktionsweise. Wir mußten sie deshalb unterstellen bei dem Übergang aus dem Handwerk in den kapitalistischen Betrieb. Sie mag die ursprüngliche Akkumulation heißen, weil sie statt historisches Resultat historische Grundlage der spezifisch kapitalistischen Produktion ist. Wie sie selbst entspringt, brauchen wir hier noch nicht zu untersuchen. Genug, sie bildet den Ausgangspunkt. Aber alle Methoden zur Steigerung der gesellschaftlichen Produktivkraft der Arbeit, die auf dieser Grundlage erwachsen, sind zugleich Methoden der gesteigerten Produktion des Mehrwerts oder Mehrprodukts, welches seinerseits das Bildungselement der Akkumulation. Sie sind also zugleich

Methoden der Produktion von Kapital durch Kapital oder Methoden seiner beschleunigten Akkumulation. Die kontinuierliche Rückverwandlung von Mehrwert in Kapital stellt sich dar als wachsende Größe des in den Produktionsprozeß eingehenden Kapitals. Diese wird ihrerseits Grundlage einer erweiterten Stufenleiter der Produktion, der sie begleitenden Methoden zur Steigerung der Produktivkraft der Arbeit und beschleunigter Produktion von Mehrwert. Wenn also ein gewisser Grad der Kapitalakkumulation als Bedingung der spezifisch kapitalistischen Produktionsweise erscheint, verursacht die letztere rückschlagend eine beschleunigte Akkumulation des Kapitals. Mit der Akkumulation des Kapitals entwickelt sich daher die spezifisch kapitalistische Produktionsweise und mit der spezifisch kapitalistischen Produktionsweise die Akkumulation des Kapitals. Diese beiden ökonomischen Faktoren erzeugen, nach dem zusammengesetzten Verhältnis des Anstoßes, den sie sich gegenseitig erteilen, den Wechsel in der technischen Zusammensetzung des Kapitals, durch welchen der variable Bestandteil immer kleiner und kleiner wird, verglichen mit dem konstanten.

Jedes individuelle Kapital ist eine größere oder kleinere Konzentration von Produktionsmitteln mit entsprechendem Kommando über eine größere oder kleinere Arbeiterarmee. Jede Akkumulation wird das Mittel neuer Akkumulation. Sie erweitert mit der vermehrten Masse des als Kapital funktionierenden Reichtums seine Konzentration in den Händen individueller Kapitalisten, daher die Grundlage der Produktion auf großer Stufenleiter und der spezifisch kapitalistischen Produktionsmethoden. Das Wachstum des gesellschaftlichen Kapitals vollzieht sich im Wachstum vieler individuellen Kapitale. Alle andren Umstände als gleichbleibend vorausgesetzt, wachsen die individuellen Kapitale, und mit ihnen die Konzentration der Produktionsmittel, im Verhältnis, worin sie aliquote Teile des gesellschaftlichen Gesamtkapitals bilden. Zugleich reißen sich Ableger von den Originalkapitalen los und funktionieren als neue selbständige Kapitale. Eine große Rolle spielt dabei unter anderm die Teilung des Vermögens in Kapitalistenfamilien. Mit der Akkumulation des Kapitals wächst daher auch mehr oder minder die Anzahl der Kapitalisten. Zwei Punkte charakterisieren diese Art Konzentration, welche unmittelbar auf der Akkumulation beruht oder vielmehr mit ihr identisch ist. Erstens: Die wachsende Konzentration der gesellschaftlichen Produktionsmittel in den Händen individueller Kapitalisten ist, unter sonst gleichbleibenden Umständen, beschränkt durch den Wachstumsgrad des gesellschaftlichen Reichtums. Zweitens: Der in jeder besondren Produktionssphäre ansässige Teil des gesellschaftlichen Kapitals ist verteilt unter viele Kapitalisten, welche einander als unabhängige und miteinander konkurrierende Warenproduzenten gegenüberstehn. Die Akkumulation und die sie begleitende Konzentration sind also nicht nur auf viele Punkte zersplittert, sondern das Wachstum der funktionierenden Kapitale ist durchkreuzt durch die Bildung neuer und die Spaltung alter Kapitale. Stellt sich die Akkumulation daher einerseits dar als wachsende Konzentration der Produktionsmittel und des Kommandos über Arbeit, so andrerseits als Repulsion vieler individueller Kapitale voneinander.

Dieser Zersplitterung des gesellschaftlichen Gesamtkapitals in viele individuelle Kapitale oder der Repulsion seiner Bruchteile voneinander wirkt entgegen ihre Attraktion. Es ist dies nicht mehr einfache, mit der Akkumulation identische Konzentration von Produktionsmitteln und Kommando über Arbeit. Es ist Konzentration bereits gebildeter Kapitale, Aufhebung ihrer individuellen Selbständigkeit, Expropriation von Kapitalist durch Kapitalist, Verwandlung vieler kleineren in weniger größere Kapitale. Dieser Prozeß unterscheidet sich von dem ersten dadurch, daß er nur veränderte Verteilung der bereits vorhandnen und funktionierenden Kapitale voraussetzt, sein Spielraum also durch das absolute Wachstum des gesellschaftlichen Reichtums oder die absoluten Grenzen der Akkumulation nicht beschränkt ist. Das Kapital schwillt hier in einer Hand zu großen Massen, weil es dort in vielen Händen verlorengeht. Es ist die eigentliche Zentralisation im Unterschied zur Akkumulation und Konzentration.

Die Gesetze dieser Zentralisation der Kapitale oder der Attraktion von Kapital durch Kapital können hier nicht entwickelt werden. Kurze tatsächliche Andeutung genügt. Der Konkurrenzkampf wird durch Verwohlfeilerung der Waren geführt. Die Wohlfeilheit der Waren hängt, caeteris paribus, von der Produktivität der Arbeit, diese aber von der Stufenleiter der Produktion ab. Die größeren Kapitale schlagen daher die kleineren. Man erinnert sich ferner, daß mit der Entwicklung der kapitalistischen Produktionsweise der Minimalumfang des individuellen Kapitals wächst, das erheischt ist, um ein Geschäft unter seinen normalen Bedingungen zu betreiben. Die kleineren Kapitale drängen sich daher in Produktionssphären, deren sich die große Industrie nur noch sporadisch oder unvollkommen bemächtigt hat. Die Konkurrenz rast hier im direkten Verhältnis zur Anzahl und im umgekehrten Verhältnis zur Größe der rivalisierenden Kapitale. Sie endet stets mit Untergang vieler kleineren Kapitalisten, deren Kapitale teils in die Hand des Siegers übergehn, teils untergehn. Abgesehn hiervon bildet sich mit der kapitalistischen Produktion eine ganz neue Macht, das Kreditwesen, das in seinen Anfängen verstohlen, als bescheidne Beihilfe der Akkumulation, sich einschleicht, durch unsichtbare Fäden die über die Oberfläche der Gesellschaft in größern oder kleinern Massen zersplitterten Geldmittel in die Hände individueller oder assoziierter Kapitalisten zieht, aber bald eine neue und furchtbare Waffe im Konkurrenzkampf wird und sich schließlich in einen ungeheuren sozialen Mechanismus zur Zentralisation der Kapitale verwandelt.

Im Maß wie die kapitalistische Produktion und Akkumulation, im selben Maß entwickeln sich Konkurrenz und Kredit, die beiden mächtigsten Hebel der Zentralisation. Daneben vermehrt der Fortschritt der Akkumulation den zentralisierbaren Stoff, d. h. die Einzelkapitale, während die Ausweitung der kapitalistischen Produktion, hier das gesellschaftliche Bedürfnis, dort die technischen Mittel jener gewaltigen industriellen Unternehmungen schafft, deren Durchführung an eine vorgängige Zentralisation des Kapitals gebunden ist. Heutzutage ist also die gegenseitige Attraktionskraft der Einzelkapitale und die Tendenz zur Zentralisation stärker als je zuvor. Wenn aber auch die relative Ausdehnung und Energie der zentralisierenden Bewegung in gewissem Grad bestimmt ist durch die schon erreichte Größe des kapitalistischen Reichtums und die Überlegenheit des ökonomischen Mechanismus, so hängt doch der Fortschritt der Zentralisation keineswegs ab von dem positiven Größenwachstum des gesellschaftlichen Kapitals. Und dies speziell unterscheidet die Zentralisation von der Konzentration, die nur ein andrer Ausdruck für die Reproduktion auf erweiterter Stufenleiter ist. Die Zentralisation kann erfolgen durch bloße veränderte Verteilung schon bestehender Kapitale, durch einfache Veränderung der quantitativen Gruppierung der Bestandteile des gesellschaftlichen Kapitals. Das Kapital kann hier zu gewaltigen Massen in einer Hand anwachsen, weil es dort vielen einzelnen Händen entzogen wird. In einem gegebnen Geschäftszweig hätte die Zentralisation ihre äußerste Grenze erreicht, wenn alle darin angelegten Kapitale zu einem Einzelkapital verschmolzen wären.[77b] In einer gegebnen Gesellschaft wäre diese Grenze erreicht erst in dem Augenblick, wo das gesamte gesellschaftliche Kapital vereinigt wäre in der Hand, sei es eines einzelnen Kapitalisten, sei es einer einzigen Kapitalistengesellschaft.

Die Zentralisation ergänzt das Werk der Akkumulation, indem sie die industriellen Kapitalisten instand setzt, die Stufenleiter ihrer Operationen auszudehnen. Sei dies letztre Resultat nun Folge der Akkumulation oder der Zentralisation; vollziehe sich die Zentralisation auf dem gewaltsamen Weg der Annexion – wo gewisse Kapitale so überwiegende Gravitationszentren für andre werden, daß sie deren individuelle Kohäsion brechen und dann die vereinzelten Bruchstücke an sich ziehn – oder geschehe die Verschmelzung einer Menge bereits gebildeter, resp. in der Bildung begriffner Kapitale vermittelst des glatteren Verfahrens der Bildung von Aktiengesellschaften – die ökonomische Wirkung bleibt dieselbe. Die gewachsne Ausdehnung der industriellen Etablissements bildet überall den Ausgangspunkt für eine umfassendere Organisation der Gesamtarbeit vieler, für eine breitre Entwicklung ihrer materiellen Triebkräfte, d.h. für die fortschreitende Umwandlung vereinzelter und gewohnheitsmäßig betriebner Produktionsprozesse in gesellschaftlich kombinierte und wissenschaftlich disponierte Produktionsprozesse.

Es ist aber klar, daß die Akkumulation, die allmähliche Vermehrung des Kapitals durch die aus der Kreisform in die Spirale übergehende Reproduktion ein gar langsames Verfahren ist, im Vergleich mit der Zentralisation, die nur die quantitative Gruppierung der integrierenden Teile des gesellschaftlichen Kapi-

---

[77b] [Zur 4. Aufl. – Die neuesten englischen und amerikanischen „Trusts“ streben dies Ziel bereits an, indem sie versuchen, wenigstens sämtliche Großbetriebe eines Geschäftszweigs zu einer großen Aktiengesellschaft mit praktischem Monopol zu vereinigen. – F. E.]

tals zu ändern braucht. Die Welt wäre noch ohne Eisenbahnen, hätte sie solange warten müssen, bis die Akkumulation einige Einzelkapitale dahin gebracht hätte, dem Bau einer Eisenbahn gewachsen zu sein. Die Zentralisation dagegen hat dies, vermittelst der Aktiengesellschaften, im Handumdrehn fertiggebracht. Und während die Zentralisation so die Wirkungen der Akkumulation steigert und beschleunigt, erweitert und beschleunigt sie gleichzeitig die Umwälzungen in der technischen Zusammensetzung des Kapitals, die dessen konstanten Teil vermehren auf Kosten seines variablen Teils und damit die relative Nachfrage nach Arbeit vermindern.

Die durch die Zentralisation über Nacht zusammengeschweißten Kapitalmassen reproduzieren und vermehren sich wie die andren, nur rascher, und werden damit zu neuen mächtigen Hebeln der gesellschaftlichen Akkumulation. Spricht man also vom Fortschritt der gesellschaftlichen Akkumulation, so sind darin – heutzutage – die Wirkungen der Zentralisation stillschweigend einbegriffen.

Die im Lauf der normalen Akkumulation gebildeten Zusatzkapitale (s. Kap. XXII, 1) dienen vorzugsweise als Vehikel zur Exploitation neuer Erfindungen und Entdeckungen, überhaupt industrieller Vervollkommnungen. Aber auch das alte Kapital erreicht mit der Zeit den Moment seiner Erneuerung an Haupt und Gliedern, wo es sich häutet und ebenfalls wiedergeboren wird in der vervollkommneten technischen Gestalt, worin eine geringere Masse Arbeit genügte, eine größere Masse Maschinerie und Rohstoffe in Bewegung zu setzen. Die hieraus notwendig folgende absolute Abnahme der Nachfrage nach Arbeit wird selbstredend um so größer, je mehr die diesen Erneuerungsprozeß durchmachenden Kapitale bereits zu Massen angehäuft sind vermöge der zentralisierenden Bewegung.

Einerseits attrahiert also das im Fortgang der Akkumulation gebildete Zuschußkapital, verhältnismäßig zu seiner Größe, weniger und weniger Arbeiter. Andrerseits repelliert das periodisch in neuer Zusammensetzung reproduzierte alte Kapital mehr und mehr früher von ihm beschäftigte Arbeiter.

3. Progressive Produktion einer relativen Übervölkerung oder industriellen Reservearmee

Die Akkumulation des Kapitals, welche ursprünglich nur als seine quantitative Erweiterung erschien, vollzieht sich, wie wir gesehn, in fortwährendem qualitativen Wechsel seiner Zusammensetzung, in beständiger Zunahme seines konstanten auf Kosten seines variablen Bestandteils.[77c]

[77c] [Note zur 3. Auflage. – In Marx' Handexemplar steht hier die Randbemerkung: „Hier für Späteres zu bemerken: Ist die Erweiterung nur quantitativ, so verhalten sich bei größerem und kleinerem Kapital in demselben Geschäftszweig die Profite wie die Größen der vorgeschossenen

Die spezifisch kapitalistische Produktionsweise, die ihr entsprechende Entwicklung der Produktivkraft der Arbeit, der dadurch verursachte Wechsel in der organischen Zusammensetzung des Kapitals halten nicht nur Schritt mit dem Fortschritt der Akkumulation oder dem Wachstum des gesellschaftlichen Reichtums. Sie schreiten ungleich schneller, weil die einfache Akkumulation oder die absolute Ausdehnung des Gesamtkapitals von der Zentralisation seiner individuellen Elemente, und die technische Umwälzung des Zusatzkapitals von technischer Umwälzung des Originalkapitals begleitet sind. Mit dem Fortgang der Akkumulation wandelt sich also das Verhältnis von konstantem zu variablem Kapitalteil, wenn ursprünglich 1 : 1, in 2 : 1, 3 : 1, 4 : 1, 5 : 1, 7 : 1 usw., so daß, wie das Kapital wächst, statt $^{1}/_{2}$ seines Gesamtwerts progressiv nur $^{1}/_{3}$, $^{1}/_{4}$, $^{1}/_{5}$, $^{1}/_{6}$, $^{1}/_{8}$ usw. in Arbeitskraft, dagegen $^{2}/_{3}$, $^{3}/_{4}$, $^{4}/_{5}$, $^{5}/_{6}$, $^{7}/_{8}$ usw. in Produktionsmittel umgesetzt wird. Da die Nachfrage nach Arbeit nicht durch den Umfang des Gesamtkapitals, sondern durch den seines variablen Bestandteils bestimmt ist, fällt sie also progressiv mit dem Wachstum des Gesamtkapitals, statt, wie vorhin unterstellt, verhältnismäßig mit ihm zu wachsen. Sie fällt relativ zur Größe des Gesamtkapitals und in beschleunigter Progression mit dem Wachstum dieser Größe. Mit dem Wachstum des Gesamtkapitals wächst zwar auch sein variabler Bestandteil, oder die ihm einverleibte Arbeitskraft, aber in beständig abnehmender Proportion. Die Zwischenpausen, worin die Akkumulation als bloße Erweiterung der Produktion auf gegebner technischer Grundlage wirkt, verkürzen sich. Nicht nur wird eine in wachsender Progression beschleunigte Akkumulation des Gesamtkapitals erheischt, um eine zusätzliche Arbeiterzahl von gegebner Größe zu absorbieren oder selbst, wegen der beständigen Metamorphose des alten Kapitals, die bereits funktionierende zu beschäftigen. Ihrerseits schlägt diese wachsende Akkumulation und Zentralisation selbst wieder um in eine Quelle neuer Wechsel der Zusammensetzung des Kapitals oder abermalig beschleunigter Abnahme seines variablen Bestandteils, verglichen mit dem konstanten. Diese mit dem Wachstum des Gesamtkapitals beschleunigte und rascher als sein eignes Wachstum beschleunigte relative Abnahme seines variablen Bestandteils scheint auf der andren Seite umgekehrt stets rascheres absolutes Wachstum der Arbeiterbevölkerung als das des variablen Kapitals oder ihrer Beschäftigungsmittel. Die kapitalistische Akkumulation produziert vielmehr, und zwar im Verhältnis zu ihrer Energie und ihrem Umfang, beständig eine relative, d. h. für die mittleren Verwertungsbedürfnisse des Kapitals überschüssige, daher überflüssige oder Zuschuß-Arbeiterbevölkerung.

Das gesellschaftliche Gesamtkapital betrachtet, ruft die Bewegung seiner Akkumulation bald periodischen Wechsel hervor, bald verteilen sich ihre Momente gleichzeitig über die verschiednen Produktionssphären. In eini-

Kapitale. Wirkt die quantitative Erweiterung qualitativ, so steigt zugleich die Rate des Profits für das größre Kapital. – F. E.]

gen Sphären findet Wechsel in der Zusammensetzung des Kapitals statt ohne Wachstum seiner absoluten Größe, infolge bloßer Konzentration; in andren ist das absolute Wachstum des Kapitals mit absoluter Abnahme seines variablen Bestandteils oder der von ihm absorbierten Arbeitskraft verbunden; in andren wächst das Kapital bald auf seiner gegebnen technischen Grundlage fort und attrahiert zuschüssige Arbeitskraft im Verhältnis seines Wachstums, bald tritt organischer Wechsel ein und kontrahiert sich sein variabler Bestandteil; in allen Sphären ist das Wachstum des variablen Kapitalteils und daher der beschäftigten Arbeiterzahl stets verbunden mit heftigen Fluktuationen und vorübergehender Produktion von Übervölkerung, ob diese nun die auffallendere Form von Repulsion bereits beschäftigter Arbeiter annimmt oder die mehr unscheinbare, aber nicht minder wirksame, erschwerter Absorption der zuschüssigen Arbeiterbevölkerung in ihre gewohnten Abzugskanäle.[78] Mit der Größe des bereits funktionierenden Gesellschaftskapitals und dem Grad seines Wachstums, mit der Ausdehnung der Produktionsleiter und der Masse der in Bewegung gesetzten Arbeiter, mit der Entwicklung der Produktivkraft ihrer Arbeit, mit dem breiteren und volleren Strom aller Springquellen des Reichtums dehnt sich auch die Stufenleiter, worin größere Attraktion der Arbeiter durch das Kapital mit größerer Repulsion derselben verbunden ist, nimmt die Raschheit der Wechsel in der organischen Zusammensetzung des Kapitals und seiner technischen Form zu, und schwillt der Umkreis der Produktionssphären, die bald gleichzeitig, bald abwechselnd davon ergriffen werden. Mit der durch sie selbst produzierten Akkumulation des Kapitals produziert die Arbeiterbevölkerung also in wachsendem Umfang die Mittel ihrer eignen relativen Überzähligmachung.[79] Es ist dies

---

[78] Der Zensus für England und Wales zeigt u. a.:

Alle in der Agrikultur beschäftigten Personen (Eigentümer, Pächter, Gärtner, Hirten usw. eingeschlossen) – 1851: 2.011.447; 1861: 1.924.110, Abnahme -87.337. Worsted Manufaktur – 1851: 102.714 Personen, 1861: 79.242; Seidenfabrik – 1851: 111.940, 1861:101.678; Kattundrucker – 1851: 12.098, 1861:12.556, welche geringe Zunahme trotz des enorm ausgedehnten Geschäfts große proportionelle Abnahme in der Zahl der beschäftigten Arbeiter bedingt. Hutmacher – 1851: 15.957, 1861: 13.814; Strohhut- und Bonnetmacher – 1851: 20.393, 1861: 18.176; Malzer – 1851: 10.566, 1861: 10.677; Lichtgießer – 1851: 4949, 1861: 4686. Diese Abnahme ist u. a. der Zunahme der Gasbeleuchtung geschuldet. Kammacher – 1851: 2038, 1861: 1478; Holzsäger – 1851: 30.552, 1861: 31.647, geringe Zunahme infolge des Aufschwungs von Sägemaschinen; Nagelmacher – 1851: 26.940, 1861: 26.130, Abnahme infolge der Maschinenkonkurrenz; Arbeiter in Zinn- und Kupferbergwerken – 1851: 31.360, 1861: 32.041. Dagegen: Baumwollspinnereien und Webereien – 1851: 371.777, 1861: 456.646; Kohlenbergwerke – 1851: 183.389, 1861: 246.613. „Die Zunahme von Arbeitern ist im allgemeinen am größten seit 1851 in solchen Zweigen, worin die Maschinerie bisher noch nicht mit Erfolg angewandt worden. („Census of England and Wales for 1861", vol. III, Lond. 1863, p. 35-39.)

[79] Das Gesetz der progressiven Abnahme der relativer Größe des variablen Kapitals, nebst seinen Wirkungen auf die Lage der Lohnarbeiterklasse, ist von einigen ausgezeichneten Ökonomen der klassischen Schule mehr geahnt als begriffen worden. Das größte Verdienst hierin gebührt

ein der kapitalistischen Produktionsweise eigentümliches Populationsgesetz, wie in der Tat jede besondre historische Produktionsweise ihre besondren, historisch gültigen Populationsgesetze hat. Ein abstraktes Populationsgesetz existiert nur für Pflanze und Tier, soweit der Mensch nicht geschichtlich eingreift.

Wenn aber eine Surplusarbeiterpopulation notwendiges Produkt der Akkumulation oder der Entwicklung des Reichtums auf kapitalistischer Grundlage ist, wird diese Übervölkerung umgekehrt zum Hebel der kapitalistischen Akkumulation, ja zu einer Existenzbedingung der kapitalistischen Produktionsweise. Sie bildet eine disponible industrielle Reservearmee, die dem Kapital ganz so absolut gehört, als ob es sie auf seine eignen Kosten großgezüchtet hätte. Sie schafft für seine wechselnden Verwertungsbedürfnisse das stets bereite exploitable Menschenmaterial, unabhängig von den Schranken der wirklichen Bevölkerungszunahme. Mit der Akkumulation und der sie begleitenden Entwicklung der Produktivkraft der Arbeit wächst die plötzliche Expansionskraft des Kapitals, nicht nur, weil die Elastizität des funktionierenden Kapitals wächst, und der absolute Reichtum, wovon das Kapital nur einen elastischen Teil bildet, nicht nur, weil der Kredit, unter jedem besondren Reiz, im Umsehn ungewöhnlichen

---

John Barton, obwohl er, wie alle anderen, das konstante Kapital mit dem fixen, das variable mit dem zirkulierenden zusammenwirft. Er sagt: „Die Nachfrage nach Arbeit hängt von der Vermehrung des zirkulierenden und nicht des fixen Kapitals ab. Wenn es stimmte, daß das Verhältnis zwischen diesen beiden Arten des Kapitals zu allen Zeiten und unter allen Umständen dasselbe ist, dann folgt allerdings daraus, daß die Anzahl der beschäftigten Arbeiter sich nach dem Reichtum des Staates richtet. Aber eine solche Behauptung hat nicht den Anschein von Wahrscheinlichkeit. In dem Maße, wie die Naturwissenschaften gepflegt werden und die Zivilisation sich ausbreitet, wächst das fixe Kapital im Verhältnis zum zirkulierenden immer mehr und mehr an. Die Summe des bei der Produktion eines Stückes britischen Musselins verwendeten fixen Kapitals ist wenigstens hundertmal, wahrscheinlich aber tausendmal größer als jene, die zur Erzeugung eines ähnlichen Stückes indischen Musselins verwendet wird. Und der Anteil des zirkulierenden Kapitals ist hundert- oder tausendmal kleiner ... Wenn die Gesamtheit der jährlichen Ersparnisse dem fixen Kapital zugeschlagen würde, so würden sie sich nicht in einer erhöhten Nachfrage nach Arbeit auswirken.“ (John Barton, „Observations on the circumstances which influence the Condition of the labouring Classes of Society“, Lond. 1817, p. 16, 17.) „Die gleiche Ursache, die die Nettorevenue des Landes anwachsen läßt, kann gleichzeitig einen Überfluß an Bevölkerung erzeugen und die Lage des Arbeiters verschlechtern.“ (Ricardo, l.c.p. 469.) Mit der Zunahme des Kapitals „wird die Nachfrage“ (nach Arbeit) „verhältnismäßig abnehmen“. (l.c.p. 480, Note.) „Der Betrag des Kapitals, der zur Erhaltung von Arbeit bestimmt ist, kann sich ändern, unabhängig von irgendwelchen Veränderungen im Gesamtbetrag des Kapitals ... Große Schwankungen im Ausmaß der Beschäftigung und große Not können häufiger werden in dem Maße, wie das Kapital selbst reichlicher wird.“ (Richard Jones, „An Introductory Lecture on Pol. Econ.“, Lond. 1833, p. 12.) „Nachfrage“ (nach Arbeit) „wird steigen ... nicht im Verhältnis zur Akkumulation des Gesamtkapitals ... Jede Vermehrung des zur Reproduktion bestimmten nationalen Kapitals wird deshalb im Laufe des gesellschaftlichen Fortschritts einen stets geringeren Einfluß auf die Lage des Arbeiters haben.“ (Ramsay. l.c.p. 90, 91.)

Teil dieses Reichtums der Produktion als Zusatzkapital zur Verfügung stellt. Die technischen Bedingungen des Produktionsprozesses selbst, Maschinerie, Transportmittel usw. ermöglichen, auf größter Stufenleiter, die rascheste Verwandlung von Mehrprodukt in zuschüssige Produktionsmittel. Die mit dem Fortschritt der Akkumulation überschwellende und in Zusatzkapital verwandelbare Masse des gesellschaftlichen Reichtums drängt sich mit Frenesie in alte Produktionszweige, deren Markt sich plötzlich erweitert, oder in neu eröffnete, wie Eisenbahnen usw., deren Bedürfnis aus der Entwicklung der alten entspringt. In allen solchen Fällen müssen große Menschenmassen plötzlich und ohne Abbruch der Produktionsleiter in andren Sphären auf die entscheidenden Punkte werfbar sein. Die Übervölkerung liefert sie. Der charakteristische Lebenslauf der modernen Industrie, die Form eines durch kleinere Schwankungen unterbrochnen zehnjährigen Zyklus von Perioden mittlerer Lebendigkeit, Produktion unter Hochdruck, Krise und Stagnation, beruht auf der beständigen Bildung, größern oder geringern Absorption und Wiederbildung der industriellen Reservearmee oder Übervölkerung. Ihrerseits rekrutieren die Wechselfälle des industriellen Zyklus die Übervölkerung und werden zu einem ihrer energischsten Reproduktionsagentien.

Dieser eigentümliche Lebenslauf der modernen Industrie, der uns in keinem frühern Zeitalter der Menschheit begegnet, war auch in der Kindheitsperiode der kapitalistischen Produktion unmöglich. Die Zusammensetzung des Kapitals veränderte sich nur sehr allmählich. Seiner Akkumulation entsprach also im Ganzen verhältnismäßiges Wachstum der Arbeitsnachfrage. Langsam wie der Fortschritt seiner Akkumulation, verglichen mit der modernen Epoche, stieß er auf Naturschranken der exploitablen Arbeiterbevölkerung, welche nur durch später zu erwähnende Gewaltmittel wegräumbar waren. Die plötzliche und ruckweise Expansion der Produktionsleiter ist die Voraussetzung ihrer plötzlichen Kontraktion; letztere ruft wieder die erstere hervor, aber die erstere ist unmöglich ohne disponibles Menschenmaterial, ohne eine vom absoluten Wachstum der Bevölkerung unabhängige Vermehrung von Arbeitern. Sie wird geschaffen durch den einfachen Prozeß, der einen Teil der Arbeiter beständig „freisetzt“, durch Methoden, welche die Anzahl der beschäftigten Arbeiter im Verhältnis zur vermehrten Produktion vermindern. Die ganze Bewegungsform der modernen Industrie erwächst also aus der beständigen Verwandlung eines Teils der Arbeiterbevölkerung in unbeschäftigte oder halbbeschäftigte Hände. Die Oberflächlichkeit der politischen Ökonomie zeigt sich u. a. darin, daß sie die Expansion und Kontraktion des Kredits, das bloße Symptom der Wechselperioden des industriellen Zyklus, zu deren Ursache macht. Ganz wie Himmelskörper, einmal in eine bestimmte Bewegung geschleudert, dieselbe stets wiederholen, so die gesellschaftliche Produktion, sobald sie einmal in jene Bewegung wechselnder Expansion und Kontraktion geworfen ist. Wirkungen werden ihrerseits zu Ursachen, und die Wechselfälle des ganzen Prozesses, der seine eignen Bedingungen stets reproduziert, nehmen die Form der Periodizität an. Ist letztere einmal konsolidiert, so begreift selbst die politische Ökonomie die Produktion einer relativen, d. h. mit Bezug auf das mittlere Verwertungsbedürfnis des Kapitals überschüssigen Bevölkerung als Lebensbedingung der modernen Industrie.

> „Gesetzt", sagt H. Merivale, früher Professor der politischen Ökonomie zu Oxford, später Beamter des englischen Kolonialministeriums, „gesetzt, bei Gelegenheit einer Krise raffe die Nation sich zu einer Kraftanstrengung auf, um durch Emigration einige 100.000 überflüssige Arme loszuwerden, was würde die Folge sein? Daß bei der ersten Wiederkehr der Arbeitsnachfrage ein Mangel vorhanden wäre. Wie rasch immer die Reproduktion von Menschen sein mag, sie braucht jedenfalls den Zwischenraum einer Generation zum Ersatz erwachsner Arbeiter. Nun hängen die Profite unsrer Fabrikanten hauptsächlich von der Macht ab, den günstigen Moment lebhafter Nachfrage zu exploitieren und sich so für die Periode der Erlahmung schadlos zu halten. Diese Macht ist ihnen nur gesichert durch Kommando über Maschinerie und Handarbeit. Sie müssen disponible Hände vorfinden; sie müssen fähig sein, die Aktivität ihrer Operationen wenn nötig höher zu spannen oder abzuspannen, je nach dem Stand des Markts, oder sie können platterdings nicht in der Hetzjagd der Konkurrenz das Übergewicht behaupten, auf das der Reichtum dieses Landes gegründet ist."[80]

Selbst Malthus erkennt in der Übervölkerung, die er, nach seiner bornierten Weise, aus absolutem Überwuchs der Arbeiterbevölkerung, nicht aus ihrer relativen Überzähligmachung deutet, eine Notwendigkeit der modernen Industrie. Er sagt:

> „Weise Gewohnheiten in bezug auf die Ehe, wenn zu einer gewissen Höhe getrieben unter der Arbeiterklasse eines Landes, das hauptsächlich von Manufaktur und Handel abhängt, würden ihm schädlich sein ... Der Natur der Bevölkerung gemäß kann ein Zuwachs von Arbeitern nicht zu Markt geliefert werden, infolge besondrer Nachfrage, bis nach Verlauf von 16 oder 18 Jahren, und die Verwandlung von Revenue in Kapital durch Ersparung kann sehr viel rascher Platz greifen; ein Land ist stets dem ausgesetzt, daß sein Arbeitsfonds rascher wächst als die Bevölkerung.[81]

---

80 H. Merivale, „Lectures on Colonization and Colonies", Lond. 1841 and 1842, v. I, p. 146.

81 „Prudential habits with regard to marriage, carried to a considerable extent among the labouring class of a country mainly depending upon manufactures and commerce, might injure it ... From the nature of a population, an increase of labourers cannot be brought into market, in consequence of a particular demand, till after the lapse of 16 or 18 years, and the conversion of revenue into capital, by saving, may take place much more rapidly; a country is always liable to an increase in the quantity of the funds for the maintenance of labour faster than the increase of population. (Malthus, „Princ. of Pol. Econ,", p. 215, 319, 320.) In diesem Werk entdeckt Malthus endlich, vermittelst Sismondis, die schöne Dreieinigkeit der kapitalistischen Produktion: Überproduktion – Überpopulation – Überkonsumtion, three very delicate monsters, indeed! Vgl. F. Engels, „Umrisse zu einer Kritik der Nationalökonomie", l.c.p. 107 sqq.

Nachdem die politische Ökonomie so die beständige Produktion einer relativen Übervölkerung von Arbeitern für eine Notwendigkeit der kapitalistischen Akkumulation erklärt hat, legt sie, und zwar adäquat in der Figur einer alten Jungfer, dem „beau idéal“ ihres Kapitalisten folgende Worte an die durch ihre eigne Schöpfung von Zusatzkapital aufs Pflaster geworfnen „Überzähligen“ in den Mund:

> „Wir Fabrikanten tun für euch, was wir können, indem wir das Kapital vermehren, von dem ihr subsistieren müßt; und ihr müßt das übrige tun, indem ihr eure Zahl den Subsistenzmitteln anpaßt.“[82]

Der kapitalistischen Produktion genügt keineswegs das Quantum disponibler Arbeitskraft, welches der natürliche Zuwachs der Bevölkerung liefert. Sie bedarf zu ihrem freien Spiel einer von dieser Naturschranke unabhängigen industriellen Reservearmee.

Bisher wurde unterstellt, daß der Zu- oder Abnahme des variablen Kapitals genau die Zu- oder Abnahme der beschäftigten Arbeiterzahl entspricht.

Bei gleichbleibender oder selbst verminderter Zahl der von ihm kommandierten Arbeiter wächst jedoch das variable Kapital, wenn der individuelle Arbeiter mehr Arbeit liefert und daher sein Arbeitslohn wächst, obgleich der Arbeitspreis gleichbleibt oder selbst sinkt, nur langsamer, als die Arbeitsmasse steigt. Der Zuwachs des variablen Kapitals wird dann Index von mehr Arbeit, aber nicht von mehr beschäftigten Arbeitern. Jeder Kapitalist hat das absolute Interesse, ein bestimmtes Arbeitsquantum aus kleinerer, statt ebenso wohlfeil oder selbst wohlfeiler aus größerer Arbeiterzahl auszupressen. In dem letzten Fall wächst die Auslage von konstantem Kapital verhältnismäßig zur Masse der in Fluß gesetzten Arbeit, im ersten Fall viel langsamer. Je größer die Stufenleiter der Produktion, desto entscheidender dies Motiv. Seine Wucht wächst mit der Akkumulation des Kapitals.

Man hat gesehn, daß die Entwicklung der kapitalistischen Produktionsweise und Produktivkraft der Arbeit – zugleich Ursache und Wirkung der Akkumulation – den Kapitalisten befähigt, mit derselben Auslage von variablem Kapital mehr Arbeit durch größere extensive oder intensive Exploitation der individuellen Arbeitskräfte flüssig zu machen. Man hat ferner gesehn, daß er mit demselben Kapitalwert mehr Arbeitskräfte kauft, indem er progressiv geschicktere Arbeiter durch ungeschicktere, reife durch unreife, männliche durch weibliche oder kindliche verdrängt. Einerseits macht also, im Fortgang der Akkumulation, größeres variables Kapital mehr Arbeit flüssig, ohne mehr Arbeiter zu werben, andererseits macht variables Kapital von derselben Größe mehr Arbeit mit derselben Masse Arbeitskraft flüssig und endlich mehr niedere Arbeitskräfte durch Verdrängung höherer.

---

[82] Harriet Martineau, „The Manchester Strike“, 1832, p. 101.

Die Produktion einer relativen Übervölkerung oder die Freisetzung von Arbeitern geht daher noch rascher voran als die ohnehin mit dem Fortschritt der Akkumulation beschleunigte technische Umwälzung des Produktionsprozesses und die entsprechende proportionelle Abnahme des variablen Kapitalteils gegen den konstanten. Wenn die Produktionsmittel, wie sie an Umfang und Wirkungskraft zunehmen, in geringerem Grad Beschäftigungsmittel der Arbeiter werden, wird dies Verhältnis selbst wieder dadurch modifiziert, daß im Maß, wie die Produktivkraft der Arbeit wächst, das Kapital seine Zufuhr von Arbeit rascher steigert als seine Nachfrage nach Arbeitern. Die Überarbeit des beschäftigten Teils der Arbeiterklasse schwellt die Reihen ihrer Reserve, während umgekehrt der vermehrte Druck, den die letztere durch ihre Konkurrenz auf die erstere ausübt, diese zur Überarbeit und Unterwerfung unter die Diktate des Kapitals zwingt. Die Verdammung eines Teils der Arbeiterklasse zu erzwungnem Müßiggang durch Überarbeit des andren Teils und umgekehrt, wird Bereicherungsmittel des einzelnen Kapitalisten[83] und beschleunigt zugleich die Produktion der industriellen Reservearmee auf einem dem Fortschritt der gesellschaftlichen Akkumulation entsprechenden Maßstab. Wie wichtig dies Moment in der Bildung der relativen Übervölkerung, beweist z. B. England. Seine technischen Mittel zur „Ersparung" von Arbeit sind kolossal. Dennoch, würde morgen allgemein die Arbeit auf ein rationelles Maß beschränkt und für die verschiednen Schichten

---

[83] Selbst während der Baumwollnot von 1863 findet man in einem Pamphlet der Baumwollspinner von Blackburn heftige Denunziation gegen die Überarbeit, die kraft des Fabrikgesetzes natürlich nur erwachsne männliche Arbeiter traf. „Man verlangte in dieser Fabrik von den erwachsenen Arbeitern eine zwölf- bis dreizehnstündige Arbeit täglich, obwohl es Hunderte gibt, die zum Müßiggang gezwungen sind, aber gern einen Teil der Arbeitszeit arbeiten möchten, um ihre Familien erhalten zu können und ihre Arbeitsbrüder vor einem vorzeitigen Tode infolge Überarbeit zu bewahren." „Wir", heißt es weiter, „möchten fragen, ob diese Praxis, Überzeit zu arbeiten, irgendwie erträgliche Verhältnisse zwischen Meistern und ‚Dienern' möglich macht? Die Opfer der Überarbeit fühlen die Unbill ebensosehr als die dadurch zu erzwungnem Müßiggang Verdammten (condemned to forced idleness). In diesem Distrikt reicht das zu verrichtende Werk hin, um alle teilweise zu beschäftigen, würde die Arbeit billig verteilt. Wir verlangen nur ein Recht, indem wir die Meister auffordern, allgemein nur kurze Zeit zu arbeiten, wenigstens solange der jetzige Stand der Dinge währt, statt einen Teil zu überarbeiten, während der andre durch Arbeitsmangel gezwungen wird, von der Wohltätigkeit seine Existenz zu fristen." („Reports of Insp. of Fact., 31st Oct. 1863", p. 8.) – Die Wirkung einer relativen Übervölkerung auf die beschäftigten Arbeiter begreift der Verfasser des „Essay on Trade and Commerce" mit seinem gewohnten unfehlbaren Bourgeoisinstinkt. „Eine andre Ursache der Faulenzerei (idleness) in diesem Königreich ist der Mangel einer hinreichenden Anzahl arbeitender Hände. Sooft durch irgendeine ungewöhnliche Nachfrage für Fabrikate die Arbeitsmasse ungenügend wird, fühlen die Arbeiter ihre eigne Wichtigkeit und wollen sie ihren Meistern ebenfalls fühlbar machen; es ist erstaunlich; aber so depraviert ist die Gesinnung dieser Kerle, daß in solchen Fällen Gruppen von Arbeitern sich kombiniert haben, um ihre Meister dadurch in Verlegenheit zu setzen, daß sie einen ganzen Tag durch faulenzten." („Essay etc.", p. 27, 28.) Die Kerle verlangten nämlich Lohnerhöhung.

der Arbeiterklasse wieder entsprechend nach Alter und Geschlecht abgestuft, so wäre die vorhandne Arbeiterbevölkerung absolut unzureichend zur Fortführung der nationalen Produktion auf ihrer jetzigen Stufenleiter. Die große Mehrheit der jetzt „unproduktiven" Arbeiter müßte in „produktive" verwandelt werden.

Im großen und ganzen sind die allgemeinen Bewegungen des Arbeitslohns ausschließlich reguliert durch die Expansion und Kontraktion der industriellen Reservearmee, welche dem Periodenwechsel des industriellen Zyklus entsprechen. Sie sind also nicht bestimmt durch die Bewegung der absoluten Anzahl der Arbeiterbevölkerung, sondern durch das wechselnde Verhältnis, worin die Arbeiterklasse in aktive Armee und Reservearmee zerfällt, durch die Zunahme und Abnahme des relativen Umfangs der Übervölkerung, durch den Grad, worin sie bald absorbiert, bald wieder freigesetzt wird. Für die moderne Industrie mit ihrem zehnjährigen Zyklus und seinen periodischen Phasen, die außerdem im Fortgang der Akkumulation durch stets rascher aufeinander folgende unregelmäßige Oszillationen durchkreuzt werden, wäre es in der Tat ein schönes Gesetz, welches die Nachfrage und Zufuhr von Arbeit nicht durch die Expansion und Kontraktion des Kapitals, also nach seinen jedesmaligen Verwertungsbedürfnissen regelte, so daß der Arbeitsmarkt bald relativ untervoll erscheint, weil das Kapital sich expandiert, bald wieder übervoll, weil es sich kontrahiert, sondern umgekehrt die Bewegung des Kapitals von der absoluten Bewegung der Bevölkerungsmenge abhängig machte. Dies jedoch ist das ökonomische Dogma. Nach demselben steigt infolge der Kapitalakkumulation der Arbeitslohn. Der erhöhte Arbeitslohn spornt zur rascheren Vermehrung der Arbeiterbevölkerung, und diese dauert fort, bis der Arbeitsmarkt überfüllt, also das Kapital relativ zur Arbeiterzufuhr unzureichend geworden ist. Der Arbeitslohn sinkt, und nun die Kehrseite der Medaille. Durch den fallenden Arbeitslohn wird die Arbeiterbevölkerung nach und nach dezimiert, so daß ihr gegenüber das Kapital wieder überschüssig wird, oder auch, wie andre es erklären, der fallende Arbeitslohn und die entsprechende erhöhte Exploitation des Arbeiters beschleunigt wieder die Akkumulation, während gleichzeitig der niedere Lohn das Wachstum der Arbeiterklasse in Schach hält. So tritt wieder das Verhältnis ein, worin die Arbeitszufuhr niedriger als die Arbeitsnachfrage, der Lohn steigt usw. Eine schöne Bewegungsmethode dies für die entwickelte kapitalistische Produktion! Bevor infolge der Lohnerhöhung irgendein positives Wachstum der wirklich arbeitsfähigen Bevölkerung eintreten könnte, wäre die Frist aber und abermal abgelaufen, worin der industrielle Feldzug geführt, die Schlacht geschlagen und entschieden sein muß.

Zwischen 1849 und 1859 trat, zugleich mit fallenden Getreidepreisen, eine praktisch betrachtet nur nominelle Lohnerhöhung in den englischen Agrikulturdistrikten ein, z. B. in Wiltshire stieg der Wochenlohn von 7 auf 8 sh., in Dorsetshire von 7 oder 8 auf 9 sh. usw. Es war dies Folge des übergewöhnlichen Abflusses der agrikolen Übervölkerung, verursacht durch Kriegsnachfrage, massenhafte Ausdehnung der Eisenbahnbauten, Fabriken, Bergwerke etc. Je niedriger der Arbeitslohn, desto höher drückt sich jedes noch so unbedeutende Steigen desselben in Prozentzahlen aus. Ist der Wochenlohn z. B. 20 sh. und steigt er auf 22, so um 10%; ist er dagegen nur 7 sh. und steigt auf 9, so um 28 $^{4}/_{7}$%, was sehr erklecklich klingt. Jedenfalls heulten die Pächter und schwatzte sogar der „London Economist"[84] ganz ernsthaft von „a general and substantial advance" mit Bezug auf diese Hungerlöhne. Was taten nun die Pächter? Warteten sie, bis die Landarbeiter sich infolge dieser brillanten Zahlung so vermehrt hatten, daß ihr Lohn wieder fallen mußte, wie die Sache sich im dogmatisch ökonomischen Hirn zuträgt? Sie führten mehr Maschinerie ein, und im Umsehn waren die Arbeiter wieder „überzählig" in einem selbst den Pächtern genügenden Verhältnis. Es war jetzt „mehr Kapital" in der Agrikultur angelegt als vorher und in einer produktiveren Form. Damit fiel die Nachfrage nach Arbeit nicht nur relativ, sondern absolut.

Jene ökonomische Fiktion verwechselt die Gesetze, welche die allgemeine Bewegung des Arbeitslohns oder das Verhältnis zwischen Arbeiterklasse, d. h. Gesamtarbeitskraft und gesellschaftlichem Gesamtkapital regeln, mit den Gesetzen, welche die Arbeiterbevölkerung unter die besondren Produktionssphären verteilen. Wenn z. B. infolge günstiger Konjunktur die Akkumulation in einer bestimmten Produktionssphäre besonders lebhaft, die Profite hier größer als die Durchschnittsprofite, Zuschußkapital dahin drängt, so steigt natürlich Arbeitsnachfrage und Arbeitslohn. Der höhere Arbeitslohn zieht einen größeren Teil der Arbeiterbevölkerung in die begünstigte Sphäre, bis sie mit Arbeitskraft gesättigt ist und der Lohn auf die Dauer wieder auf sein früheres Durchschnittsniveau oder unter dasselbe fällt, falls der Zudrang zu groß war. Dann hört nicht nur die Einwanderung von Arbeitern in den fraglichen Geschäftszweig auf, sie macht sogar ihrer Auswanderung Platz. Hier glaubt der politische Ökonom zu sehn, „wo und wie", mit Zunahme des Lohns eine absolute Zunahme von Arbeitern, und mit der absoluten Zunahme der Arbeiter eine Abnahme des Lohns, aber er sieht in der Tat nur die lokale Oszillation des Arbeitsmarkts einer besondren Produktionssphäre, er sieht nur Phänomene der Verteilung der Arbeiterbevölkerung in die verschiednen Anlagesphären des Kapitals, je nach seinen wechselnden Bedürfnissen.

Die industrielle Reservearmee drückt während der Perioden der Stagnation und mittleren Prosperität auf die aktive Arbeiterarmee und hält ihre Ansprüche während der Periode der Überproduktion und des Paroxysmus im Zaum. Die relative Übervölkerung ist also der Hintergrund, worauf das Gesetz der Nachfrage und Zufuhr von Arbeit sich bewegt. Sie zwängt den Spielraum dieses Gesetzes in die der Exploitationsgier und Herrschsucht des Kapitals absolut zusagenden Schranken ein. Es ist hier der Ort, auf eine der Großtaten der öko-

[84] „Economist", Jan. 21, 1860.

nomischen Apologetik zurückzukommen. Man erinnert sich, daß, wenn durch Einführung neuer oder Ausdehnung alter Maschinerie ein Stück variables Kapital in konstantes verwandelt wird, der ökonomische Apologet diese Operation, welche Kapital „bindet" und ebendadurch Arbeiter „freisetzt", umgekehrt so deutet, daß sie Kapital für den Arbeiter freisetzt. Erst jetzt kann man die Unverschämtheit des Apologeten vollständig würdigen. Was freigesetzt wird, sind nicht nur die unmittelbar durch die Maschine verdrängten Arbeiter, sondern ebenso ihre Ersatzmannschaft und das, bei gewohnter Ausdehnung des Geschäfts auf seiner alten Basis, regelmäßig absorbierte Zuschußkontingent. Sie sind jetzt alle „freigesetzt", und jedes neue funktionslustige Kapital kann über sie verfügen. Ob es sie oder andre attrahiert, die Wirkung auf die allgemeine Arbeitsnachfrage wird Null sein, solange dies Kapital gerade hinreicht, um den Markt von ebensoviel Arbeitern zu befreien, als die Maschinen auf ihn geworfen. Beschäftigt es eine geringere Zahl, so wächst die Menge der Überzähligen; beschäftigt es eine größere, so wächst die allgemeine Arbeitsnachfrage nur um den Überschuß der Beschäftigten über die „Freigesetzten". Der Aufschwung, den Anlage suchende Zusatzkapitale sonst der allgemeinen Arbeitsnachfrage gegeben hätten, ist also in jedem Fall insoweit neutralisiert, wie die von der Maschine aufs Pflaster geworfnen Arbeiter reichen. D.h. also, der Mechanismus der kapitalistischen Produktion sorgt dafür, daß der absolute Zuwachs von Kapital von keiner entsprechenden Steigerung der allgemeinen Arbeitsnachfrage begleitet ist. Und dies nennt der Apologet eine Kompensation für das Elend, die Leiden und den möglichen Untergang der deplacierten Arbeiter während der Übergangsperiode, welche sie in die industrielle Reservearmee bannt! Die Nachfrage nach Arbeit ist nicht identisch mit Wachstum des Kapitals, die Zufuhr der Arbeit nicht mit dem Wachstum der Arbeiterklasse, so daß zwei voneinander unabhängige Potenzen aufeinander einwirkten. Les dés sont pipés. Das Kapital agiert auf beiden Seiten zugleich. Wenn seine Akkumulation einerseits die Nachfrage nach Arbeit vermehrt, vermehrt sie andrerseits die Zufuhr von Arbeitern durch deren „Freisetzung", während zugleich der Druck der Unbeschäftigten die Beschäftigten zur Flüssigmachung von mehr Arbeit zwingt, also in gewissem Grad die Arbeitszufuhr von der Zufuhr von Arbeitern unabhängig macht. Die Bewegung des Gesetzes der Nachfrage und Zufuhr von Arbeit auf dieser Basis vollendet die Despotie des Kapitals. Sobald daher die Arbeiter hinter das Geheimnis kommen, wie es angeht, daß im selben Maß, wie sie mehr arbeiten, mehr fremden Reichtum produzieren und die Produktivkraft ihrer Arbeit wächst, sogar ihre Funktion als Verwertungsmittel des Kapitals immer prekärer für sie wird; sobald sie entdecken, daß der Intensitätsgrad der Konkurrenz unter ihnen selbst ganz und gar von dem Druck der relativen Übervölkerung abhängt; sobald sie daher durch Trade's Unions usw. eine planmäßige Zusammenwirkung zwischen den Beschäftigten und Unbeschäftigten zu organisieren suchen, um die ruinierenden Folgen jenes Naturgesetzes der kapitalistischen Produktion auf ihre Klasse zu brechen oder zu schwächen, zetert das Kapital und sein Sykophant, der politische Ökonom, über Verletzung des „ewigen“ und sozusagen „heiligen“ Gesetzes der Nachfrage und Zufuhr. Jeder Zusammenhalt zwischen den Beschäftigten und Unbeschäftigten stört nämlich das „reine“ Spiel jenes Gesetzes. Sobald andrerseits, in den Kolonien z. B., widrige Umstände die Schöpfung der industriellen Reservearmee und mit ihr die absolute Abhängigkeit der Arbeiterklasse von der Kapitalistenklasse verhindern, rebelliert das Kapital, samt seinem gemeinplätzlichen Sancho Pansa, gegen das „heilige“ Gesetz der Nachfrage und Zufuhr und sucht ihm durch Zwangsmittel unter die Arme zu greifen.

4. Verschiedne Existenzformen der relativen Übervölkerung. Das allgemeine Gesetz der kapitalistischen Akkumulation

Die relative Übervölkerung existiert in allen möglichen Schattierungen. Jeder Arbeiter gehört ihr an während der Zeit, wo er halb oder gar nicht beschäftigt ist. Abgesehn von den großen, periodisch wiederkehrenden Formen, welche der Phasenwechsel des industriellen Zyklus ihr aufprägt, so daß sie bald akut in den Krisen erscheint, bald chronisch in den Zeiten flauen Geschäfts, besitzt sie fortwährend drei Formen: flüssige, latente und stockende.

In den Zentren der modernen Industrie – Fabriken, Manufakturen, Hütten und Bergwerken usw. – werden Arbeiter bald repelliert, bald in größerem Umfang wieder attrahiert, so daß im großen und ganzen die Zahl der Beschäftigten zunimmt, wenn auch in stets abnehmendem Verhältnis zur Produktionsleiter. Die Übervölkerung existiert hier in fließender Form.

Sowohl in den eigentlichen Fabriken wie in allen großen Werkstätten, wo Maschinerie als Faktor eingeht oder auch nur die moderne Teilung der Arbeit durchgeführt ist, braucht man massenhaft männliche Arbeiter bis zur Zurücklegung des Jugendalters. Dieser Termin einmal erreicht, bleibt nur eine sehr geringe Anzahl in denselben Geschäftszweigen verwendbar, während die Mehrzahl regelmäßig entlassen wird. Sie bildet ein Element der fließenden Übervölkerung, das mit dem Umfang der Industrie wächst. Ein Teil davon wandert aus und reist in der Tat nur dem auswandernden Kapital nach. Eine der Folgen ist, daß die weibliche Bevölkerung rascher wächst als die männliche, teste England. Daß der natürliche Zuwachs der Arbeitermasse die Akkumulationsbedürfnisse des Kapitals nicht sättigt und sie dennoch zugleich überschreitet, ist ein Widerspruch seiner Bewegung selbst. Es braucht größere Massen Arbeiter im früheren Alter, geringere im männlichen. Der Widerspruch ist nicht schreiender als der andre, daß über Mangel an Händen geklagt wird zur selben Zeit, wo viele Tausende auf dem Pflaster liegen, weil die Teilung der Arbeit sie an einen bestimmten Geschäftszweig kettet.[85] Der

---

85 Während im letzten Halbjahr von 1866 80.000-90.000 Arbeiter in London außer Arbeit gewor-

Konsum der Arbeitskraft durch das Kapital ist zudem so rasch, daß der Arbeiter von mittlerem Alter sich meist schon mehr oder minder überlebt hat. Er fällt in die Reihen der Überzähligen oder wird von einer höheren auf eine niedrigere Staffel hinabgedrängt. Gerade bei den Arbeitern der großen Industrie stoßen wir auf die kürzeste Lebensdauer.

> „Dr. Lee, der Gesundheitsbeamte von Manchester, hat festgestellt, daß in jener Stadt die mittlere Lebensdauer der wohlhabenden Klasse 38, die der Arbeiterklasse nur 17 Jahre ist. In Liverpool beträgt sie 35 Jahre für die erstere, 15 für die Zweite. Es folgt also, daß die privilegierte Klasse eine Anweisung aufs Leben hat (have a lease of life) mehr als doppelt so groß als die ihrer weniger begünstigten Mitbürger."[85a]

Unter diesen Umständen erheischt das absolute Wachstum dieser Fraktion des Proletariats eine Form, welche ihre Zahl schwellt, obgleich ihre Elemente sich schnell abnutzen. Also rasche Ablösung der Arbeitergenerationen. (Dasselbe Gesetz gilt nicht für die übrigen Klassen der Bevölkerung.) Dies gesellschaftliche Bedürfnis wird befriedigt durch frühe Ehen, notwendige Folge der Verhältnisse, worin die Arbeiter der großen Industrie leben, und durch die Prämie, welche die Exploitation der Arbeiterkinder auf ihre Produktion setzt.

Sobald sich die kapitalistische Produktion der Agrikultur, oder im Grad, worin sie sich derselben bemächtigt hat, nimmt mit der Akkumulation des hier funktionierenden Kapitals die Nachfrage für die ländliche Arbeiterbevölkerung absolut ab, ohne daß ihre Repulsion, wie in der nicht agrikolen Industrie, durch größere Attraktion ergänzt wäre. Ein Teil der Landbevölkerung befindet sich daher fortwährend auf dem Sprung, in städtisches oder Manufakturproletariat überzugehn, und in der Lauer auf dieser Verwandlung günstige Umstände. (Manufaktur hier im Sinn aller nichtagrikolen Industrie.)[86] Diese Quelle der relativen Übervölkerung fließt also beständig. Aber ihr beständiger Fluß nach den

---

fen wurden, heißt es im Fabrikbericht über dasselbe Halbjahr: „Es scheint nicht absolut richtig zu sein, wenn man sagt, daß Nachfrage stets grade in dem Augenblick Zufuhr hervorbringt, da es nötig ist. Auf Arbeit traf das nicht zu, denn viel Maschinerie mußte im letzten Jahre aus Mangel an Arbeitskräften stillstehn." („Report of Insp. of Fact. for 31st Oct. 1866", p. 81.

85a Eröffnungsrede der sanitären Konferenz, Birmingham, 14. Jan. 1875, von J. Chamberlain, damals Mayor der Stadt, jetzt (1883) Handelsminister.

86 „781 Städte" sind aufgezählt im Zensus von 1861 für England und Wales „mit 10.960.998 Einwohnern, während die Dörfer und Landkirchspiele nur 9.105.226 zählen ... Im Jahr 1851 figurierten 580 Städte im Zensus, deren Bevölkerung ungefähr gleich der Bevölkerung der sie umgebenden Landdistrikte war. Während aber in den letzteren die Bevölkerung während der folgenden 10 Jahre nur um eine halbe Million wuchs, wuchs sie in den 580 Städten um 1.554.067. Der Bevölkerungszuwachs in den Landkirchspielen ist 6,5%, in den Städten 17,3%. Der Unterschied in der Rate des Wachstums ist der Wanderung vom Land in die Stadt geschuldet. Drei Viertel des Gesamtwachstums der Bevölkerung gehört den Städten. („Census etc.", v. III, p. 11, 12.))

Städten setzt auf dem Lande selbst eine fortwährend latente Übervölkerung voraus, deren Umfang nur sichtbar wird, sobald sich die Abzugskanäle ausnahmsweise weit öffnen. Der Landarbeiter wird daher auf das Minimum des Salairs herabgedrückt und steht mit einem Fuß stets im Sumpf des Pauperismus.

Die dritte Kategorie der relativen Übervölkerung, die stockende, bildet einen Teil der aktiven Arbeiterarmee, aber mit durchaus unregelmäßiger Beschäftigung. Sie bietet so dem Kapital einen unerschöpflichen Behälter disponibler Arbeitskraft. Ihre Lebenslage sinkt unter das durchschnittliche Normalniveau der arbeitenden Klasse, und grade dies macht sie zur breiten Grundlage eigner Exploitationszweige des Kapitals. Maximum der Arbeitszeit und Minimum des Salairs charakterisieren sie. Wir haben unter der Rubrik der Hausarbeit ihre Hauptgestalt bereits kennengelernt. Sie rekrutiert sich fortwährend aus den Überzähligen der großen Industrie und Agrikultur und namentlich auch aus untergehenden Industriezweigen, wo der Handwerksbetrieb dem Manufakturbetrieb, letztrer dem Maschinenbetrieb erliegt. Ihr Umfang dehnt sich, wie mit Umfang und Energie der Akkumulation die „Überzähligmachung" fortschreitet. Aber sie bildet zugleich ein sich selbst reproduzierendes und verewigendes Element der Arbeiterklasse, das verhältnismäßig größeren Anteil am Gesamtwachstum derselben nimmt als die übrigen Elemente. In der Tat steht nicht nur die Masse der Geburten und Todesfälle, sondern die absolute Größe der Familien in umgekehrtem Verhältnis zur Höhe des Arbeitslohns, also zur Masse der Lebensmittel, worüber die verschiednen Arbeiterkategorien verfügen. Dies Gesetz der kapitalistischen Gesellschaft klänge unsinnig unter Wilden oder selbst zivilisierten Kolonisten. Es erinnert an die massenhafte Reproduktion individuell schwacher und vielgehetzter Tierarten.[87]

Der tiefste Niederschlag der relativen Übervölkerung endlich behaust die Sphäre des Pauperismus. Abgesehn von Vagabunden, Verbrechern, Prostituierten, kurz dem eigentlichen Lumpenproletariat, besteht diese Gesellschaftsschichte aus drei Kategorien. Erstens Arbeitsfähige. Man braucht die Statistik des englischen Pauperismus nur oberflächlich anzusehn, und man findet, daß seine Masse mit jeder Krise schwillt und mit jeder Wiederbelebung des Geschäfts abnimmt. Zweitens: Waisen- und Pauperkinder. Sie sind Kandidaten der industriellen Reservearmee und werden in Zeiten großen Aufschwungs, wie 1860 z. B., rasch und massenhaft in die aktive Arbeiterarmee einrolliert. Drittens: Ver-

[87] „Armut scheint die Fortpflanzung zu begünstigen." (A. Smith.) Dies ist sogar eine besonders weise Einrichtung Gottes nach dem galanten und geistreichen Abbe Galiani: „Gott hat es gefügt, daß die Menschen, die die nützlichsten Berufe ausüben, überreichlich geboren werden." (Galiani, l.c.p. 78.) „Elend, bis zum äußersten Grad von Hungersnot und Pestilenz, vermehrt eher das Wachstum der Bevölkerung, statt es zu hemmen." (S. Laing, National Distress", 1844, p. 69.) Nachdem Laing dies statistisch illustriert, fährt er fort: Befände sich alle Welt in bequemen Umständen, so wäre die Welt bald entvölkert." („If the people were all in easy circumstances, the world would soon be depopulated.")

kommene, Verlumpte, Arbeitsunfähige. Es sind namentlich Individuen, die an ihrer durch die Teilung der Arbeit verursachten Unbeweglichkeit untergehn, solche, die über das Normalalter eines Arbeiters hinausleben, endlich die Opfer der Industrie, deren Zahl mit gefährlicher Maschinerie, Bergwerksbau, chemischen Fabriken etc. wächst, Verstümmelte, Verkrankte, Witwen etc. Der Pauperismus bildet das Invalidenhaus der aktiven Arbeiterarmee und das tote Gewicht der industriellen Reservearmee. Seine Produktion ist eingeschlossen in der Produktion der relativen Übervölkerung, seine Notwendigkeit in ihrer Notwendigkeit, mit ihr bildet er eine Existenzbedingung der kapitalistischen Produktion und Entwicklung des Reichtums. Er gehört zu den faux frais der kapitalistischen Produktion, die das Kapital jedoch großenteils von sich selbst ab auf die Schultern der Arbeiterklasse und der kleinen Mittelklasse zu wälzen weiß.

Je größer der gesellschaftliche Reichtum, das funktionierende Kapital, Umfang und Energie seines Wachstums, also auch die absolute Größe des Proletariats und die Produktivkraft seiner Arbeit, desto größer die industrielle Reservearmee. Die disponible Arbeitskraft wird durch dieselben Ursachen entwickelt wie die Expansivkraft des Kapitals. Die verhältnismäßige Größe der industriellen Reservearmee wächst also mit den Potenzen des Reichtums. Je größer aber diese Reservearmee im Verhältnis zur aktiven Arbeiterarmee, desto massenhafter die konsolidierte Übervölkerung, deren Elend im umgekehrten Verhältnis zu ihrer Arbeitsqual steht. Je größer endlich die Lazarusschichte der Arbeiterklasse und die industrielle Reservearmee, desto größer der offizielle Pauperismus. *Dies ist das absolute, allgemeine Gesetz der kapitalistischen Akkumulation.* Es wird gleich allen andren Gesetzen in seiner Verwirklichung durch mannigfache Umstände modifiziert, deren Analyse nicht hierher gehört.

Man begreift die Narrheit der ökonomischen Weisheit, die den Arbeitern predigt, ihre Zahl den Verwertungsbedürfnissen des Kapitals anzupassen. Der Mechanismus der kapitalistischen Produktion und Akkumulation paßt diese Zahl beständig diesen Verwertungsbedürfnissen an. Erstes Wort dieser Anpassung ist die Schöpfung einer relativen Übervölkerung oder industriellen Reservearmee, letztes Wort das Elend stets wachsender Schichten der aktiven Arbeiterarmee und das tote Gewicht des Pauperismus.

Das Gesetz, wonach eine immer wachsende Masse von Produktionsmitteln, dank dem Fortschritt in der Produktivität der gesellschaftlichen Arbeit, mit einer progressiv abnehmenden Ausgabe von Menschenkraft in Bewegung gesetzt werden kann – dies Gesetz drückt sich auf kapitalistischer Grundlage, wo nicht der Arbeiter die Arbeitsmittel, sondern die Arbeitsmittel den Arbeiter anwenden, darin aus, daß, je höher die Produktivkraft der Arbeit, desto größer der Druck der Arbeiter auf ihre Beschäftigungsmittel, desto prekärer also ihre Existenzbedingung: Verkauf der eignen Kraft zur Vermehrung des fremden Reichtums oder zur Selbstverwertung des Kapitals. Rascheres Wachstum der Produktionsmittel und der Produktivität der Arbeit als der produktiven Bevölkerung drückt sich kapitalistisch also umgekehrt darin aus, daß die Arbeiterbevölkerung stets rascher wächst als das Verwertungsbedürfnis des Kapitals.

Wir sahen im vierten Abschnitt bei Analyse der Produktion des relativen Mehrwerts: innerhalb des kapitalistischen Systems vollziehn sich alle Methoden zur Steigerung der gesellschaftlichen Produktivkraft der Arbeit auf Kosten des individuellen Arbeiters; alle Mittel zur Entwicklung der Produktion schlagen um in Beherrschungs- und Exploitationsmittel des Produzenten, verstümmeln den Arbeiter in einen Teilmenschen, entwürdigen ihn zum Anhängsel der Maschine, vernichten mit der Qual seiner Arbeit ihren Inhalt, entfremden ihm die geistigen Potenzen des Arbeitsprozesses im selben Maße, worin letzterem die Wissenschaft als selbständige Potenz einverleibt wird; sie verunstalten die Bedingungen, innerhalb deren er arbeitet, unterwerfen ihn während des Arbeitsprozesses der kleinlichst gehässigen Despotie, verwandeln seine Lebenszeit in Arbeitszeit, schleudern sein Weib und Kind unter das Juggernaut-Rad des Kapitals. Aber alle Methoden zur Produktion des Mehrwerts sind zugleich Methoden der Akkumulation, und jede Ausdehnung der Akkumulation wird umgekehrt Mittel zur Entwicklung jener Methoden. Es folgt daher, daß im Maße wie Kapital akkumuliert, die Lage des Arbeiters, welches immer seine Zahlung, hoch oder niedrig, sich verschlechtern muß. Das Gesetz endlich, welches die relative Übervölkerung oder industrielle Reservearmee stets mit Umfang und Energie der Akkumulation in Gleichgewicht hält, schmiedet den Arbeiter fester an das Kapital als den Prometheus die Keile des Hephästos an den Felsen. Es bedingt eine der Akkumulation von Kapital entsprechende Akkumulation von Elend. Die Akkumulation von Reichtum auf dem einen Pol ist also zugleich Akkumulation von Elend, Arbeitsqual, Sklaverei, Unwissenheit, Brutalisierung und moralischer Degradation auf dem Gegenpol, d. h. auf Seite der Klasse, die ihr eignes Produkt als Kapital produziert.

Dieser antagonistische Charakter der kapitalistischen Akkumulation[88] ist in verschiednen Formen von politischen Ökonomen ausgesprochen, obgleich sie zum Teil zwar analoge, aber dennoch wesentlich verschiedene Erscheinungen vorkapitalistischer Produktionsweisen damit zusammenwerfen.

Der venetianische Mönch Ortes, einer der großen ökonomischen Schriftsteller des 18. Jahrhunderts, faßt den Antagonismus der kapitalistischen Produktion als allgemeines Naturgesetz des gesellschaftlichen Reichtums.

---

[88] „Von Tag zu Tag wird es somit klarer, daß die Produktionsverhältnisse, in denen sich die Bourgeoisie bewegt, nicht einen einheitlichen, einfachen Charakter haben, sondern einen zwieschlächtigen; daß in denselben Verhältnissen, in denen der Reichtum produziert wird, auch das Elend produziert wird; daß in denselben Verhältnissen, in denen die Entwicklung der Produktivkräfte vor sich geht, sich eine Repressionskraft entwickelt; daß diese Verhältnisse den bürgerlichen Reichtum, d. h. den Reichtum der Bourgeoisklasse, nur erzeugen unter fortgesetzter Vernichtung des Reichtums einzelner Glieder dieser Klasse und unter Schaffung eines stets wachsenden Proletariats." (Karl Marx, „Misère de la Philosophie", p. 116.)

„Das ökonomisch Gute und ökonomisch Böse halten sich in einer Nation stets das Gleichgewicht (il bene ed il male economico in una nazione sempre all'istessa misura), die Fülle der Güter für einige ist immer gleich dem Mangel derselben für andre (la copia dei beni in alcuni sempre eguale alla mancanza di essi in altri). Großer Reichtum von einigen ist stets begleitet von absoluter Beraubung des Notwendigen bei viel mehr andren. Der Reichtum einer Nation entspricht ihrer Bevölkerung, und ihr Elend entspricht ihrem Reichtum. Die Arbeitsamkeit in einigen erzwingt den Müßiggang in andren. Die Armen und Müßigen sind eine notwendige Frucht der Reichen und Tätigen" usw.[89]

In ganz grober Weise verherrlichte ungefähr 10 Jahre nach Ortes der hochkirchliche protestantische Pfaffe Townsend die Armut als notwendige Bedingung des Reichtums.

„Gesetzlicher Zwang zur Arbeit ist verbunden mit zuviel Mühe, Gewaltsamkeit und Geräusch, während der Hunger nicht nur ein friedlicher, schweigsamer, unaufhörlicher Druck, sondern als natürlichstes Motiv zur Industrie und Arbeit die machtvollste Anstrengung hervorruft."

Alles kommt also darauf an, den Hunger unter der Arbeiterklasse permanent zu machen, und dafür sorgt, nach Townsend, das Bevölkerungsprinzip, das besonders unter den Armen tätig ist.

„Es scheint ein Naturgesetz, daß die Armen zu einem gewissen Grad leichtsinnig (improvident) sind" (nämlich so leichtsinnig, auf die Welt zu kommen ohne goldne Löffel im Mund), „so daß stets welche da sind (that there always may be some) zur Erfüllung der servilsten, schmutzigsten und gemeinsten Funktionen des Gemeinwesens. Der Fonds von menschlichem Glück (the fund of human happiness) wird dadurch sehr vermehrt, die Delikateren (the more delicate) sind von der Plackerei befreit und können höherem Beruf usw. ungestört nachgehn ... Das Armengesetz hat die Tendenz, die Harmonie und Schönheit, die Symmetrie und Ordnung dieses Systems, welches Gott und die Natur in der Welt errichtet haben, zu zerstören."[90]

---

[89] G. Ortes, „Della Economia Nazionale libri sei 1774", bei Custodi, Parte Moderna, t. XXI, p. 6, 9, 22, 25 etc. Ortes sagt l.c.p. 32: „Statt unnütze Systeme für das Glück der Völker aufzustellen, will ich mich darauf beschränken, die Gründe ihres Unglücks zu untersuchen."

[90] „A Dissertation on the Poor Laws. By a Wellwisher of Mankind (The Rev. Mr. J. Townsend), 1786", republished Lond. 1817, p. 15, 39, 41. Dieser „delikate" Pfaffe, dessen eben angeführte Schrift, nebst seiner Reise durch Spanien, Malthus oft seitenlang abschreibt, entlehnte den größten Teil seiner Doktrin aus Sir J. Steuart, den er jedoch verdreht. Z. B. wenn Steuart sagt: „Hier, in der Sklaverei, existierte eine gewaltsame Methode, die Menschheit arbeitsam" (für die Nichtarbeiter) „zu machen ... Die Menschen wurden damals zur Arbeit" (d. h. zur Gratisarbeit für andere) „gezwungen, weil sie Sklaven von andren waren; die Menschen sind jetzt zur Arbeit" (d. h. zur Gratisarbeit für Nichtarbeiter) „gezwungen, weil sie die Sklaven ihrer eignen Bedürfnisse sind", so schließt er deswegen nicht, wie der fette Pfründner, daß – die Lohnar-

Fand der venetianische Mönch in dem Schicksalsschluß, der das Elend verewigt, die Existenzberechtigung der christlichen Wohltätigkeit, des Zölibats, der Klöster und frommen Stiftungen, so findet im Gegenteil der protestantische Pfründner darin den Vorwand, die Gesetze zu verdammen, kraft deren der Arme ein Recht auf kärgliche öffentliche Unterstützung besaß.

> „Der Fortschritt des gesellschaftlichen Reichtums“, sagt Storch, „erzeugt jene nützliche Klasse der Gesellschaft ... welche die langweiligsten, gemeinsten und ekelhaftesten Beschäftigungen ausübt, in einem Wort alles, was das Leben Unangenehmes und Knechtendes hat, auf ihre Schultern nimmt und ebendadurch den andren Klassen die Zeit, die Heiterkeit des Geistes und die konventionelle“ (c'est bon!) „Charakterwürde verschafft etc.“[91]

Storch fragt sich, welches denn eigentlich der Vorzug dieser kapitalistischen Zivilisation mit ihrem Elend und ihrer Degradation der Massen vor der Barbarei? Er findet nur eine Antwort – die Sicherheit!

> „Durch den Fortschritt der Industrie und Wissenschaft“, sagt Sismondi, „kann jeder Arbeiter jeden Tag viel mehr produzieren als er zu seinem Konsum braucht. Aber zu gleicher Zeit, während seine Arbeit den Reichtum produziert, würde der Reichtum, wäre er berufen, ihn selbst zu konsumieren, ihn wenig geeignet zur Arbeit machen.“ Nach ihm „würden die Menschen“ (d. h. die Nichtarbeiter) „wahrscheinlich auf alle Vervollkommnungen der Künste verzichten wie auf alle Genüsse, die die Industrie uns verschafft, müßten sie diese durch anhaltende Arbeit, wie die des Arbeiters, erkaufen ... Die Anstrengungen sind heute geschieden von ihrer Belohnung; es ist nicht derselbe Mensch, der erst arbeitet und sich dann ausruht: im Gegenteil, eben weil der eine arbeitet, muß der andre sich ausruhn ... Die endlose Vervielfältigung der Produktivkräfte der Arbeit kann also kein andres Resultat haben als die Zunahme des Luxus und der Genüsse der müßigen Reichen.“[92]

Destutt de Tracy endlich, der fischblütige Bourgeoisdoktrinär, spricht es brutal aus:

> „Die armen Nationen sind die, wo das Volk gut dran ist, und die reichen Nationen sind die, wo es gewöhnlich arm ist.“[93]

---

beiter stets am Hungertuch nagen sollen. Er will umgekehrt ihre Bedürfnisse vermehren und die wachsende Zahl ihrer Bedürfnisse zugleich zum Sporn ihrer Arbeit für „die Delikateren“ machen.

[91] Storch, l.c., t. III, p. 223.

[92] Sismondi, l.c., t. I, p. 79, 80, 85.

[93] Destutt de Tracy, l.c.p. 231. „Les nations pauvres, c'est là où le peuple est à son aise; et les nations riches, c'est là où il est ordinairement pauvre.“

5. Illustration des allgemeinen Gesetzes der kapitalistischen Akkumulation

a) England von 1846-1866

Keine Periode der modernen Gesellschaft ist so günstig für das Studium der kapitalistischen Akkumulation als die Periode der letztverflossenen 20 Jahre. Es ist, als ob sie den Fortunatussäckel gefunden hätte. Von allen Ländern aber bietet England wieder das klassische Beispiel, weil es den ersten Rang auf dem Weltmarkt behauptet, die kapitalistische Produktionsweise hier allein völlig entwikkelt ist, und endlich die Einführung des Tausendjährigen Reichs des Freihandels seit 1846 der Vulgärökonomie den letzten Schlupfwinkel abgeschnitten hat. Der titanische Fortschritt der Produktion, so daß die letzte Hälfte der zwanzigjährigen Periode die erste wieder weit überflügelt, ward bereits im vierten Abschnitt hinreichend angedeutet.

Obgleich das absolute Wachstum der englischen Bevölkerung im letzten halben Jahrhundert sehr groß war, fiel das verhältnismäßige Wachstum oder die Rate des Zuwachses fortwährend, wie folgende dem offiziellen Zensus entlehnte Tabelle zeigt:

Jährlicher prozentmäßiger Zuwachs der Bevölkerung von England und Wales in Dezimalzahlen

1811-1821	1,533%
1821-1831	1,446%
1831-1841	1,326%
1841-1851	1,216%
1851-1861	1,141%

Betrachten wir nun andrerseits das Wachstum des Reichtums. Den sichersten Anhaltspunkt bietet hier die Bewegung der der Einkommensteuer unterworfenen Profite, Grundrenten usw. Der Zuwachs der steuerpflichtigen Profite (Pächter und einige andre Rubriken nicht eingeschlossen) betrug für Großbritannien von 1853 bis 1864 50,47% (oder 4,58% im jährlichen Durchschnitt)[94], der der Bevölkerung während derselben Periode ungefähr 12%. Die Zunahme der besteuerbaren Renten von Land (Häuser, Eisenbahnen, Minen, Fischereien usw. eingeschlossen) betrug von 1853 bis 1864 38% oder $3^{5}/_{12}$% jährlich, woran folgende Rubriken den stärksten Anteil nahmen:

---

94 „Tenth Report of the Commissioners of H. M's Inland Revenue", Lond. 1866. p. 38.

	Überschuß des jährlichen Einkommens von 1864 über 1853	Zunahme per Jahr
Von Häusern:	38,60%	3,50%
Steinbrüchen:	84,76%	7,70%
Minen:	68,85%	6,26%
Eisenhütten:	39,92%	3,63%
Fischereien:	57,37%	5,21 %
Gaswerken:	126,02%	11,45%
Eisenbahnen:	83,29%	7,57%[95]

Vergleicht man je vier Jahre der Periode von 1853-1864, so wächst der Zunahmegrad der Einkommen fortwährend. Er ist z. B. für die aus Profit stammenden von 1853-1857 jährlich 1,73%, 1857-1861 jährlich 2,74%, und 9,30% jährlich für 1861-1864. Die Gesamtsumme der der Einkommensteuer unterworfenen Einkommen des Vereinigten Königreichs betrug 1856: 307.068.898 Pfd. St., 1859: 328.127.416 Pfd. St., 1862: 351.745.241 Pfd. St., 1863: 359.142.897 Pfd. St., 1864: 362.462.279 Pfd. St., 1865: 385.530.020 Pfd. St.[96]

Die Akkumulation des Kapitals war zugleich von seiner Konzentration und Zentralisation begleitet. Obgleich keine offizielle Agrikulturstatistik für England (wohl aber für Irland) existierte, ward sie von 10 Grafschaften freiwillig geliefert. Sie ergab hier das Resultat, daß von 1851 bis 1861 die Pachten unter 100 Acres von 31.583 auf 26.567 vermindert, also 5016 mit größeren Pachten zusammengeschlagen waren.[97] Von 1815 bis 1825 fiel kein Mobiliarvermögen über 1 Million Pfd. St. unter die Erbschaftssteuer, von 1825 bis 1855 dagegen 8, von 1855 bis Juni 1859, d. h. in $4^1/_2$ Jahren, 4.[98] Die Zentralisation wird man jedoch am besten ersehn aus einer kurzen Analyse der Einkommensteuer für Rubrik D (Profite mit Ausschluß von Pächtern usw.) in den Jahren 1864 und 1865. Ich bemerke vorher, daß Einkommen aus dieser Quelle bis zu 60 Pfd. St. hinab Income Tax zahlen. Diese steuerpflichtigen Einkommen betrugen in England, Wales und

---

95 ibidem.

96 Diese Zahlen sind hinreichend für die Vergleichung, aber, absolut betrachtet, falsch, da vielleicht 100 Millionen Pfd. St. Einkommen jährlich „verschwiegen" werden. Die Klage der Commissioners of Inland Revenue über systematischen Betrug, namentlich von kommerzieller und industrieller Seite, wiederholt sich in jedem ihrer Berichte. So heißt es z. B.: „Eine Aktiengesellschaft gab ihre besteuerbaren Profite auf 60.000 Pfd. St. an, der Taxator veranschlagte sie zu 88.000 Pfd. St., und für diese Summe ward schließlich die Steuer gezahlt. Eine andre Kompagnie gab 190.000 Pfd. St. an, sie ward gezwungen, zu gestehn, daß der wirkliche Betrag 250.000 Pfd. St." (ibid. p. 42.)

97 „Census etc.", l.c.p. 29. John Brights Behauptung, daß 150 Grundherren die Hälfte des englischen und 12 die Hälfte des schottischen Bodens eignen, ist nicht widerlegt worden.

98 „Fourth Report etc. of Inland Revenue", Land. 1860, p. 17.

Schottland 1864: 95.844.222 Pfd. St. und 1865: 105.435.787 Pfd. St.[99], die Zahl der Besteuerten 1864: 308.416 Personen auf eine Gesamtbevölkerung von 23.891.009, 1865: 332.431 Personen auf Gesamtbevölkerung von 24.127.003 Über die Verteilung dieser Einkommen in beiden Jahren folgende Tabelle:

	Jahr, endend April 1864			*Jahr, endend April 1865*		
		Einkommen von Profit	Personen		Einkommen von Profit	Personen
Gesamteinkommen:	Pfd. St.	95.844.22	308.416	Pfd. St.	105.435.787	332.431
davon:	Pfd. St.	57.028.290	22.334	Pfd. St.	64.554.297	24.075
davon:	Pfd. St.	36.415.225	3.619	Pfd. St.	42.535.576	4.021
davon:	Pfd. St.	22.809.781	822	Pfd. St.	27.555.313	973
davon:	Pfd. St.	8.744.762	91	Pfd. St.	11.077.238	107

Es wurden im Vereinigten Königreich 1855 produziert 61.453.079 Tonnen Kohlen zum Wert von 16.113.267 Pfd. St., 1864: 92.787.873 Tonnen zum Wert von 23.197.968 Pfd. St., 1855: 3.218.154 Tonnen Roheisen zum Wert von 8.045.385 Pfd. St., 1864: 4.767.951 Tonnen zum Wert von 11.919.877 Pfd. St. 1854 betrug die Länge der im Vereinigten Königreich im Betrieb befindlichen Eisenbahnen 8054 Meilen, mit eingezahltem Kapital von 286.068.794 Pfd. St., 1864 die Meilenlänge 12.789 mit aufgezahltem Kapital von 425.719.613 Pfd. St. 1854 betrug Gesamtexport und Import des Vereinigten Königreichs 268.210.145 Pfd. St., 1865: 489.923.285. Folgende Tabelle zeigt die Bewegung des Exports:

1847	58.842.377 Pfd. St.
1849	63.596.052 Pfd. St.
1856	115.826.948 Pfd. St.
1860	135.842.817 Pfd. St.
1865	165.862.402 Pfd. St.
1866	188.917.563 Pfd. St.[100]

Man begreift nach diesen wenigen Angaben den Triumphschrei des Generalregistrators des brit. Volks:

[99] Es sind dies die Reineinkommen, also nach gewissen gesetzlich gültigen Abzügen.

[100] In diesem Augenblick, März 1867, ist der indisch-chinesische Markt durch die Konsignationen der britischen Baumwollfabrikanten schon wieder völlig überführt. Lohnherabsetzung um 5% begann unter den Baumwollarbeitern 1866, 1867 infolge ähnlicher Operation Strike von 20.000 Mann in Preston. [Es war dies das Vorspiel der Krise, die gleich darauf hereinbrach. – F. E.]

„Rasch wie die Bevölkerung anwuchs, hat sie nicht Schritt gehalten mit dem Fortschritt der Industrie und des Reichtums."[101]

Wenden wir uns jetzt zu den unmittelbaren Agenten dieser Industrie oder den Produzenten dieses Reichtums, zur Arbeiterklasse.

„Es ist einer der melancholischsten Charakterzüge im sozialen Zustand des Landes", sagt Gladstone, „daß mit einer Abnahme in der Konsumtionsmacht des Volks und einer Zunahme in den Entbehrungen und dem Elend der arbeitenden Klasse gleichzeitig eine beständige Akkumulation von Reichtum in den höhern Klassen und ein beständiger Anwachs von Kapital stattfinden."[102]

So sprach dieser salbungsvolle Minister im Hause der Gemeinen am 13. Februar 1843. Am 16. April 1863, zwanzig Jahre später, in der Rede, worin er sein Budget vorlegt:

„Von 1842 bis 1852 wuchs das besteuerbare Einkommen dieses Landes um 6% ... In den 8 Jahren von 1853 bis 1861 wuchs es, wenn wir von der Basis von 1853 ausgehn, um 20%. Die Tatsache ist so erstaunlich, daß sie beinahe unglaublich ist ... Diese berauschende Vermehrung von Reichtum und Macht ... ist ganz und gar auf die besitzenden Klassen beschränkt, aber ... aber, sie muß von indirektem Vorteil für die Arbeiterbevölkerung sein, weil sie die Artikel der allgemeinen Konsumtion verwohlfeilert – während die Reichen reicher, sind die Armen jedenfalls weniger arm geworden. Daß die Extreme der Armut sich vermindert haben, wage ich nicht zu sagen."[103]

Welch lahmer Antiklimax! Wenn die Arbeiterklasse „arm" geblieben ist, nur „weniger arm" im Verhältnis, worin sie eine „berauschende Vermehrung von Reichtum und Macht" für die Klasse des Eigentums produzierte, so ist sie relativ gleich arm geblieben. Wenn die Extreme der Armut sich nicht vermindert haben, haben sie sich vermehrt, weil die Extreme des Reichtums. Was die Verwohlfeile-

---

101 „Census etc.", l.c.p. 11.

102 Gladstone im Hause der Gemeinen, 13. Feb. 1843: „It is one of the most melancholy features in the social state of this country that we see, beyond the possibility of denial, that while there is at this moment a decrease in the consuming powers of the people, an increase of the pressure of privations and distress; there is at the same time a constant accumulation of wealth in the upper classes, an increase in the luxuriousness of their habits, and of their means of enjoyment." („Times". 14. Feb. 1843. – Hansard, 13. Febr.)

103 „From 1842 to 1852 the taxable income of the country increased by 6 per cent ... In the 8 years from 1853 to 1861, it had increased from the basis taken in 1853, 20 per cent! The fact is so astonishing as to be almost incredible ... this intoxicating augmentation of wealth and power ... entirely confined to classes of property ... must be of indirect benefit to the labouring population, because it cheapens the commodities of general consumption – while the rich have been growing richer, the poor have been growing less poor! at any rate, whether the extremes of poverty are less, I do not presume to say." (Gladstone im H.o.C. 16. April 1863. „Morning Star", 17. April.)

rung der Lebensmittel betrifft, so zeigt die offizielle Statistik, z. B. die Angaben des London Orphan Asylum, eine Verteurung von 20% für den Durchschnitt der drei Jahre von 1860 bis 1862, verglichen mit 1851-1853. In den folgenden 3 Jahren 1863-1865 progressive Verteuerung von Fleisch, Butter, Milch, Zucker, Salz, Kohlen und einer Masse andrer notwendiger Lebensmittel.[104] Gladstones folgende Budgetrede, vom 7. April 1864, ist ein pindarischer Dithyrambus auf den Fortschritt der Plusmacherei und das durch „Armut" gemäßigte Glück des Volks. Er spricht von Massen „am Rand des Pauperismus", von den Geschäftszweigen, „worin der Lohn nicht gestiegen", und faßt schließlich das Glück der Arbeiterklasse zusammen in den Worten:

> „Das menschliche Leben ist in neun Fällen von zehn ein bloßer Kampf um die Existenz."[105]

Professor Fawcett, nicht wie Gladstone durch offizielle Rücksicht gebunden, erklärt rundheraus:

> „Ich leugne natürlich nicht, daß der Geldlohn mit dieser Vermehrung des Kapitals" (in den letzten Dezennien) „gestiegen ist, aber dieser scheinbare Vorteil geht in großem Umfang wieder verloren, weil viele Lebensbedürfnisse beständig teurer werden" (er glaubt, wegen Wertfall der edlen Metalle) „... Die Reichen werden rasch reicher (the rich grow rapidly richer), während keine Zunahme im Komfort der arbeitenden Klassen wahrnehmbar ist ... Die Arbeiter werden fast Sklaven der Krämer, deren Schuldner sie sind."[106]

---

[104] Sieh die offiziellen Angaben in dem Blaubuch: „Miscellaneous Statistics of the Un. Kingdom. Part VI", Lond. 1866, p. 260-273 passim. Statt der Statistik der Waisenanstalten usw. könnten auch die Deklamationen ministerieller Journale zur Bevorwortung der Aussteuer der Kinder des königlichen Hauses als Beleg dienen. Die Teurung der Lebensmittel wird nie darin vergessen.

[105] „Think of those who are on the border of that region" (pauperism), „wages ... in others not increased ... human life is but, in nine cases out of ten, a struggle for existence." (Gladstone, H.o.C., 7.April 1864.) Die Version bei Hansard lautet: „Again; and yet more at large, what is human life but, in the majority of cases, a struggle for existence." – Die fortlaufenden, schreienden Widersprüche in Gladstones Budgetreden von 1863 und 1864 charakterisiert ein englischer Schriftsteller durch folgendes Zitat aus Boileau:
„So ist der Mensch; er springt von einem zum anderen Ziele.
Was er am Abend gepriesen, das hat er am Morgen verurteilt.
Lästig dem anderen Menschen, vermag er kaum selbst seine Schwächen
Noch zu ertragen; er wechselt die Tracht, er wechselt das Urteil."
(„The Theory of Exchanges etc.", Lond. 1864, p. 135.)

[106] H. Fawcett, l.c.p. 67, 82. Was die wachsende Abhängigkeit der Arbeiter von dem Krämer betrifft, so ist sie Folge der zunehmenden Schwankungen und Unterbrechungen ihrer Beschäftigung.

In den Abschnitten über den Arbeitstag und die Maschinerie enthüllten sich die Umstände, unter welchen die britische Arbeiterklasse eine „berauschende Vermehrung von Reichtum und Macht" für die besitzenden Klassen schuf. Jedoch beschäftigte uns damals vorzugsweise der Arbeiter während seiner gesellschaftlichen Funktion. Zur vollen Beleuchtung der Gesetze der Akkumulation ist auch seine Lage außerhalb der Werkstatt ins Auge zu fassen, sein Nahrungs- und Wohnungszustand. Die Grenze dieses Buchs gebietet uns, hier vor allem den schlechtest bezahlten Teil des industriellen Proletariats und der Ackerbauarbeiter zu berücksichtigen, d. h. die Majorität der Arbeiterklasse.

Vorher noch ein Wort über den offiziellen Pauperismus oder den Teil der Arbeiterklasse, der seine Existenzbedingung, Verkauf der Arbeitskraft, eingebüßt hat und von öffentlichen Almosen vegetiert. Die offizielle Pauperliste zählte in England[107] 1855: 851.369 Personen, 1856: 877.767, 1865: 971.433. Infolge der Baumwollnot schwoll sie in den Jahren 1863 und 1864 zu 1.079.382 und 1.014.978. Die Krise von 1866, die London am schwersten traf, schuf in diesem Sitz des Weltmarkts, einwohnerreicher als das Königreich Schottland, für 1866 einen Pauperzuwachs von 19,5%, verglichen mit 1865, und von 24,4%, verglichen mit 1864, einen noch größren Zuwachs für die ersten Monate von 1867, verglichen mit 1866. Bei Analyse der Pauperstatistik sind zwei Punkte hervorzuheben. Einerseits spiegelt die Bewegung im Ab und Zu der Paupermasse die periodischen Wechselfälle des industriellen Zyklus wider. Andrerseits trügt die offizielle Statistik mehr und mehr über den wirklichen Umfang des Pauperismus im Grad, worin mit der Akkumulation des Kapitals der Klassenkampf und daher das Selbstgefühl der Arbeiter sich entwickeln. Z. B. die Barbarei in der Behandlung der Paupers, worüber die englische Presse („Times", „Pall Mall Gazette" etc.) während der letzten zwei Jahre so laut schrie, ist alten Datums. F. Engels konstatiert 1844 ganz dieselben Greuel und ganz dasselbe vorübergehende, scheinheilige zur „Sensationsliteratur" gehörige Gezeter. Aber die furchtbare Zunahme des Hungertods („deaths by starvation") in London, während des letzten Dezenniums, beweist unbedingt den zunehmenden Abscheu der Arbeiter vor der Sklaverei des Workhouse[108], dieser Strafanstalt des Elends.

---

[107] In England ist immer Wales eingeschlossen, in Großbritannien England, Wales und Schottland, im Vereinigten Königreich jene drei Länder und Irland.

[108] Es wirft ein eignes Licht auf den seit A. Smith zurückgelegten Fortschritt, daß ihm das Wort workhouse gelegentlich noch gleichwertig mit manufactory. Z. B. Eingang seines Kapitels über Teilung der Arbeit: „Diejenigen, die in den verschiedenen Zweigen der Arbeit beschäftigt sind, können oft in demselben Arbeitshaus (workhouse) zusammengefaßt werden."

b) Die schlechtbezahlten Schichten der britischen industriellen Arbeiterklasse

Wenden wir uns jetzt zu den schlechtbezahlten Schichten der industriellen Arbeiterklasse. Während der Baumwollnot, 1862, wurde Dr. Smith vom Privy Council mit einer Untersuchung über den Nahrungsstand der verkümmerten Baumwollarbeiter in Lancashire und Cheshire beauftragt. Langjährige frühere Beobachtung hatte ihn zum Resultat geführt, daß, „um Hungerkrankheiten (starvation diseases) zu vermeiden", die tägliche Nahrung eines Durchschnitts-Frauenzimmers mindestens 3900 Gran Kohlenstoff mit 180 Gran Stickstoff enthalten müsse, die tägliche Nahrung eines Durchschnitts-Mannes mindestens 4300 Gran Kohlenstoff mit 200 Gran Stickstoff, für die Frauenzimmer ungefähr soviel Nahrungsstoff als in zwei Pfund gutem Weizenbrot enthalten ist, für Männer $^1/_9$ mehr, für den Wochendurchschnitt von weiblichen und männlichen Erwachsnen mindestens 28.600 Gran Kohlenstoff und 1330 Gran Stickstoff. Seine Berechnung ward praktisch in überraschender Weise bestätigt durch ihre Übereinstimmung mit der kümmerlichen Nahrungsmenge, worauf der Notstand die Konsumtion der Baumwollarbeiter herabgedrückt hatte. Sie erhielten im Dezember 1862: 29.211 Gran Kohlenstoff und 1295 Gran Stickstoff wöchentlich.

Im Jahre 1863 verordnete der Privy Council eine Untersuchung über den Notstand des schlechtestgenährten Teils der englischen Arbeiterklasse. Dr. Simon, der ärztliche Beamte des Privy Council, erkor zu dieser Arbeit den obenerwähnten Dr. Smith. Seine Untersuchung erstreckt sich auf die Agrikulturarbeiter einerseits, andrerseits auf Seidenweber, Nähterinnen, Lederhandschuhmacher, Strumpfwirker, Handschuhweber und Schuster. Die letzteren Kategorien sind, mit Ausnahme der Strumpfwirker, ausschließlich städtisch. Es wurde zur Regel der Untersuchung gemacht, die gesundesten und relativ bestgestellten Familien in jeder Kategorie auszuwählen.

Als allgemeines Resultat ergab sich, daß

> „nur in einer der untersuchten Klassen der städtischen Arbeiter die Zufuhr von Stickstoff das absolute Minimalmaß, unter welchem Hungerkrankheiten eintreten, ein wenig überschritt, daß in zwei Klassen Mangel, und zwar in der einen sehr großer Mangel, an der Zufuhr von sowohl stickstoff- wie kohlenstoffhaltiger Nahrung stattfand, daß von den untersuchten Ackerbaufamilien mehr als ein Fünfteil weniger als die unentbehrliche Zufuhr von kohlenstoffhaltiger Nahrung erhielt, mehr als $^1/_3$ weniger als die unentbehrliche Zufuhr stickstoffhaltiger Nahrung und daß in drei Grafschaften (Berkshire, Oxfordshire und Somersetshire) Mangel an dem Minimum der stickstoffhaltigen Nahrung durchschnittlich herrschte."[109]

[109] „Public Health. Sixth Report etc. for 1863", Lond. 1864, p. 13.

Unter den Agrikulturarbeitern waren die von England, dem reichsten Teile des Vereinigten Königreichs, die schlechtestgenährten.[110] Die Unternahrung fiel unter den Landarbeitern überhaupt hauptsächlich auf Frau und Kinder, denn „der Mann muß essen, um sein Werk zu verrichten". Noch größerer Mangel wütete unter den untersuchten städtischen Arbeiterkategorien. „Sie sind so schlecht genährt, daß viele Fälle grausamer und gesundheitsruinierender Entbehrung" („Entsagung" des Kapitalisten alles dies! nämlich Entsagung auf Zahlung der zur bloßen Vegetation seiner Hände unentbehrlichen Lebensmittel!) „vorkommen müssen."[111]

Folgende Tabelle zeigt das Verhältnis des Nahrungsstandes der oben erwähnten rein städtischen Arbeiterkategorien zu dem von Dr. Smith angenommenen Minimalmaß und zum Nahrungsmaß der Baumwollarbeiter während der Zeit ihrer größten Not:

Beide Geschlechter	Wochen-durchschnitt an Kohlenstoff *Gran*	Wochen-durchschnitt an Stickstoff *Gran*
Fünf städtische Geschäftszweige	28.876	1192
Arbeitslose Lancashire Fabrikarbeiter	29.211	1295
Minimalquantum, vorgeschlagen für die Lancashire Arbeiter auf gleiche Zahl männlicher und weiblicher	28.600	1330[112]

Eine Hälfte, $^{60}/_{125}$ der untersuchten industriellen Arbeiterkategorien erhielt absolut kein Bier, 28% keine Milch. Der Wochendurchschnitt der flüssigen Nahrungsmittel in den Familien schwankte von 7 Unzen bei den Nähterinnen auf $24^{3}/_{4}$ Unzen bei Strumpfwirkern. Die Mehrzahl derer, die keine Milch erhielten, bestand aus den Nähterinnen von London. Die Quantität der wöchentlich konsumierten Brotstoffe wechselte von $7^{3}/_{4}$ Pfund bei den Nähterinnen zu $11^{1}/_{4}$ Pfund bei den Schustern und ergab einen Totaldurchschnitt von 9,9 Pfund wöchentlich auf den Erwachsnen. Zucker (Sirup etc.) wechselte von 4 Unzen wöchentlich für die Lederhandschuhmacher auf 11 Unzen für Strumpfwirker; der Totaldurchschnitt per Woche für alle Kategorien, per Erwachsnen, 8 Unzen. Gesamter Wochendurchschnitt von Butter (Fett usw.) 5 Unzen per Erwachsnen. Der Wochendurchschnitt von Fleisch (Speck usw.) schwankte, per Erwachsnen, von $7^{1}/_{4}$ Unzen bei den Seidenwebern auf $18^{1}/_{4}$ Unzen bei den Lederhandschuhmachern; Gesamtdurchschnitt für die verschiednen Kategorien 13,6 Unzen. Die wöchentliche Kost für Nahrung per Erwachsnen ergab folgende all-

[110] l.c.p. 17.

[111] l.c.p. 13.

[112] l.c., Appendix, p. 232.

gemeine Durchschnittszahlen: Seidenweber 2 sh. $2^1/_2$ d., Nähterinnen 2 sh. 7 d., Lederhandschuhmacher 2 sh. $9^1/_2$ d., Schuster 2 sh. $7^3/_4$ d., Strumpfwirker 2 sh. $6^1/_4$ d. Für die Seidenweber von Macclesfield betrug der Wochendurchschnitt nur 1 sh. $8^1/_2$ d. Die schlechtestgenährten Kategorien waren die Nähterinnen, die Seidenweber und die Lederhandschuhmacher.[113]

Dr. Simon sagt in seinem allgemeinen Gesundheitsbericht über diesen Nahrungszustand:

> „Daß die Fälle zahllos sind, worin Nahrungsmangel Krankheiten erzeugt oder verschärft, wird jeder bestätigen, der mit medizinischer Armenpraxis oder mit den Patienten der Spitäler, seien sie Insassen oder außerhalb wohnend, vertraut ist ... Jedoch kommt hier vom sanitären Standpunkt noch ein andrer, sehr entscheidender Umstand hinzu ... Man muß sich erinnern, daß Beraubung an Nahrungsmitteln nur sehr widerstrebend ertragen wird und daß in der Regel große Dürftigkeit der Diät nur im Gefolge andrer, vorhergegangner Entbehrungen nachhinkt. Lange bevor der Nahrungsmangel hygienisch ins Gewicht fällt, lange bevor der Physiolog daran denkt, die Grane Stickstoff und Kohlenstoff zu zählen, zwischen denen Leben und Hungertod schwebt, wird der Haushalt von allem materiellen Komfort ganz und gar entblößt sein. Kleidung und Heizung werden noch dürftiger gewesen sein als die Speise. Kein hinreichender Schutz wider die Härte des Wetters; Abknappung des Wohnraums zu einem Grad, der Krankheiten erzeugt oder verschärft; kaum eine Spur von Hausgerät oder Möbeln, die Reinlichkeit selbst wird kostspielig oder schwierig geworden sein. Werden noch aus Selbstachtung Versuche gemacht, sie aufrechtzuerhalten, so repräsentiert jeder solcher Versuch zuschüssige Hungerpein. Die Häuslichkeit wird dort sein, wo Obdach am wohlfeilsten kaufbar; in Quartieren, wo die Gesundheitspolizei die geringste Frucht trägt, das jämmerlichste Gerinne, wenigster Verkehr, der meiste öffentliche Unrat, kümmerlichste oder schlechteste Wasserzufuhr und, in Städten, größter Mangel an Licht und Luft. Dies sind die Gesundheitsgefahren, denen die Armut unvermeidlich ausgesetzt ist, wenn diese Armut Nahrungsmangel einschließt. Wenn die Summe dieser Übel von furchtbarer Größe für das Leben ist, so ist der bloße Nahrungsmangel an sich selbst entsetzlich ... Dies sind qualvolle Gedanken, namentlich wenn man sich erinnert, daß die Armut, wovon es sich handelt, nicht die selbstverschuldete Armut des Müßiggangs ist. Es ist die Armut von Arbeitern. Ja, mit Bezug auf die städtischen Arbeiter ist die Arbeit, wodurch der knappe Bissen Nahrung erkauft wird, meist über alles Maß verlängert. Und dennoch kann man nur in sehr bedingtem Sinn sagen, daß diese Arbeit selbsterhaltend ist ... Auf sehr großem Maßstab kann der nominelle Selbsterhalt nur ein kürzerer oder längerer Umweg zum Pauperismus sein.“[114]

Der innere Zusammenhang zwischen Hungerpein der fleißigsten Arbeiterschichten und auf kapitalistischer Akkumulation begründetem, grobem oder raffinier-

---

[113] l.c.p. 232, 233.
[114] l.c.p. 14, 15.

tem Verschwendungskonsum der Reichen enthüllt sich nur mit Kenntnis der ökonomischen Gesetze. Anders mit dem Wohnungszustand. Jeder unbefangne Beobachter sieht, daß je massenhafter die Zentralisation der Produktionsmittel, desto größer die entsprechende Anhäufung von Arbeitern auf demselben Raum, daß daher, je rascher die kapitalistische Akkumulation, desto elender der Wohnungszustand der Arbeiter. Die den Fortschritt des Reichtums begleitende „Verbesserung" (improvements) der Städte durch Niederreißen schlecht gebauter Viertel, Errichtung von Palästen für Banken, Warenhäuser usw., Strekkung der Straßen für Geschäftsverkehr und Luxuskarossen, Einführung von Pferdebahnen usw. verjagt augenscheinlich die Armen in stets schlechtere und dichter gefüllte Schlupfwinkel. Andrerseits weiß jeder, daß die Teuerkeit der Wohnungen im umgekehrten Verhältnis zu ihrer Güte steht und daß die Minen des Elends von Häuserspekulanten mit mehr Profit und weniger Kosten ausgebeutet werden als jemals die Minen von Potosi. Der antagonistische Charakter der kapitalistischen Akkumulation und daher der kapitalistischen Eigentumsverhältnisse überhaupt[115] wird hier so handgreifbar, daß selbst die offiziellen englischen Berichte über diesen Gegenstand wimmeln von heterodoxen Ausfällen auf das „Eigentum und seine Rechte". Das Übel hielt solchen Schritt mit der Entwicklung der Industrie, der Akkumulation des Kapitals, dem Wachstum und der „Verschönerung" der Städte, daß die bloße Furcht vor ansteckenden Krankheiten, welche auch der „Ehrbarkeit" nicht schonen, von 1847 bis 1864 nicht weniger als 10 gesundheitspolizeiliche Parlamentsakte ins Leben rief und die erschreckte Bürgerschaft in einigen Städten, wie Liverpool, Glasgow usw., durch ihre Munizipalität eingriff. Dennoch, ruft Dr. Simon in seinem Bericht von 1865: „Allgemein zu sprechen, sind die Übelstände in England unkontrolliert." Auf Befehl des Privy Council fand 1864 Untersuchung über die Wohnungsverhältnisse der Landarbeiter, 1865 über die der ärmeren Klassen in den Städten statt. Die meisterhaften Arbeiten des Dr. Julian Hunter findet man im siebenten und achten Bericht über „Public Health". Auf die Landarbeiter komme ich später. Für den städtischen Wohnungszustand schicke ich eine allgemeine Bemerkung des Dr. Simon voraus:

> „Obgleich mein offizieller Gesichtspunkt", sagt er, „ausschließlich ärztlich ist, erlaubt die gewöhnlichste Humanität nicht, die andre Seite dieses Übels zu ignorieren. In seinem höheren Grad bedingt es fast notwendig eine solche Verleugnung aller Delikatesse, so schmutzige Konfusion von Körpern und körperlichen Verrichtungen, solche Bloßstellung geschlechtlicher Nacktheit, die bestial, nicht menschlich sind. Diesen Einflüssen unterworfen zu sein ist eine Erniedrigung,

---

[115] „Nirgendwo sind so offen und so schamlos die Rechte der Person dem Recht des Eigentums geopfert worden als in den Wohnungsverhältnissen der arbeitenden Klasse. Jede große Stadt ist eine Stätte des Menschenopfers, ein Altar, worauf Tausende jährlich dem Moloch der Habsucht geschlachtet werden." (S. Laing, l.c.p. 150.)

die sich vertieft, je länger sie fortwirkt. Für die Kinder, die unter diesem Fluch geboren sind, ist er Taufe in Infamie (baptism into infamy). Und über alles Maß hoffnungslos ist der Wunsch, daß unter solche Umstände gestellte Personen in andren Hinsichten nach jener Atmosphäre der Zivilisation aufstreben sollten, deren Wesen in physischer und moralischer Reinheit besteht."[116]

Den ersten Rang in überfüllten oder auch für menschliche Behausung absolut unmöglichen Wohnlichkeiten nimmt London ein.

> „Zwei Punkte", sagt Dr. Hunter, „sind sicher; erstens gibt es ungefähr 20 große Kolonien in London, jede ungefähr 10.000 Personen stark, deren elende Lage alles übersteigt, was jemals anderswo in England gesehen worden ist, und sie ist fast ganz das Resultat ihrer schlechten Hausakkommodation; zweitens, der überfüllte und verfallne Zustand der Häuser dieser Kolonien ist viel schlechter als 20 Jahre zuvor."[117] „Es ist nicht zuviel zu sagen, daß das Leben in vielen Teilen von London und Newcastle höllisch ist."[118]

Auch der bessergestellte Teil der Arbeiterklasse, zusamt Kleinkrämern und andren Elementen der kleinen Mittelklasse, fällt in London mehr und mehr unter den Fluch dieser nichtswürdigen Behausungsverhältnisse, im Maße, wie die „Verbesserungen" und mit ihnen die Niederreißung alter Straßen und Häuser fortschreiten, wie Fabriken und Menschenzustrom in der Metropole wachsen, endlich die Hausmieten mit der städtischen Grundrente steigen.

> „Die Hausmieten sind so übermäßig geworden, daß wenige Arbeiter mehr als ein Zimmer zahlen können."[119]

Es gibt fast kein Londoner Hauseigentum, das nicht mit einer Unzahl von „middlemen" belastet wäre. Der Preis des Bodens in London steht nämlich stets sehr hoch im Vergleich zu seinen jährlichen Einkünften, indem jeder Käufer darauf spekuliert, ihn früher oder später zu einem Jury Price (durch Geschworene festgesetzte Taxe bei Expropriationen) wieder loszuschlagen oder durch Nähe irgendeines großen Unternehmens außerordentliche Werterhöhung zu erschwindeln. Folge davon ist ein regelmäßiger Handel im Ankauf von Mietkontrakten, die ihrem Verfall nahen.

---

[116] „Public Health. Eighth Report", Lond. 1866, p. 14, Note.

[117] l.c.p. 89. Mit Bezug auf die Kinder in diesen Kolonien sagt Dr. Hunter: „Wir wissen nicht, wie Kinder vor diesem Zeitalter dichter Agglomeration der Armen aufgebracht worden, und er wäre ein kühner Prophet, der vorhersagen wollte, welches Betragen zu erwarten von Kindern, die unter Zuständen ohne Parallele in diesem Land jetzt ihre Erziehung für künftige Praxis als gefährliche Klassen durchmachen, indem sie die halbe Nacht aufsitzen mit Personen jeden Alters, trunken, obszön und zanksüchtig." (l.c.p. 56.)

[118] l.c.p. 62.

[119] „Report of the Officer of Health of St. Martin's in the Fields, 1865."

„Von den Gentlemen in diesem Geschäft kann man erwarten, daß sie handeln, wie sie handeln, soviel wie möglich aus den Hausbewohnern herausschlagen und das Haus selbst in so elendem Zustand wie möglich ihren Nachfolgern überlassen."[120]

Die Mieten sind wöchentlich, und die Herren laufen kein Risiko. Infolge der Eisenbahnbauten innerhalb der Stadt

„sah man kürzlich im Osten Londons eine Anzahl aus ihren alten Wohnungen verjagter Familien umherwandern eines Samstags abends mit ihren wenigen weltlichen Habseligkeiten auf dem Rücken, ohne irgendeinen Haltplatz außer dem Workhouse"[121].

Die Workhouses sind bereits überfüllt, und die vom Parlament bereits bewilligten „Verbesserungen" sind erst im Beginn ihrer Ausführung. Werden die Arbeiter verjagt durch Zerstörung ihrer alten Häuser, so verlassen sie nicht ihr Kirchspiel oder siedeln sich höchstens an seiner Grenze, im nächsten fest.

„Sie suchen natürlich möglichst in der Nähe ihrer Arbeitslokale zu hausen. Folge, daß an der Stelle von zwei Zimmern, eins die Familie aufnehmen muß. Selbst zu erhöhter Miete wird die Wohnlichkeit schlechter als die schlechte, woraus man sie verjagt. Die Hälfte der Arbeiter im Strand braucht bereits zwei Meilen Reise zum Arbeitslokal."

Dieser Strand, dessen Hauptstraße auf den Fremden einen imposanten Eindruck vom Reichtum Londons macht, kann als Beispiel der Londoner Menschenverpackung dienen. In einer Pfarrei desselben zählte der Gesundheitsbeamte 581 Personen auf den Acre, obgleich die Hälfte der Themse mit eingemessen war. Es versteht sich von selbst, daß jede gesundheitspolizeiliche Maßregel, die, wie das bisher in London der Fall, durch Niederschleifen untauglicher Häuser die Arbeiter aus einem Viertel verjagt, nur dazu dient, sie in ein andres desto dichter zusammenzudrängen.

„Entweder", sagt Dr. Hunter, „muß die ganze Prozedur als eine Abgeschmacktheit notwendig zum Stillstand kommen, oder die öffentliche Sympathie (!) muß erwachen für das, was man jetzt ohne Übertreibung eine nationale Pflicht nennen kann, nämlich Obdach für Leute zu verschaffen, welche aus Mangel an Kapital sich selbst keins verschaffen, wohl aber durch periodische Zahlung die Vermieter entschädigen können."[122]

Man bewundre die kapitalistische Justiz! Der Grundeigentümer, Hauseigner, Geschäftsmann, wenn expropriiert durch „improvements", wie Eisenbahnen,

---

[120] „Public Health. Eighth Report", Lond. 1866, p. 91.
[121] l.c.p. 88.
[122] l.c.p. 89.

Neubau der Straßen usw., erhält nicht nur volle Entschädigung. Er muß für seine erzwungne „Entsagung" von Gott und Rechts wegen noch obendrein durch einen erklecklichen Profit getröstet werden. Der Arbeiter wird mit Frau und Kind und Habe aufs Pflaster geworfen und – wenn er zu massenhaft nach Stadtvierteln drängt, wo die Munizipalität auf Anstand hält, gesundheitspolizeilich verfolgt!

Außer London gab es Anfang des 19. Jahrhunderts keine einzige Stadt in England, die 100.000 Einwohner zählte. Nur fünf zählten mehr als 50.000. Jetzt existieren 28 Städte mit mehr als 50.000 Einwohnern.

> „Das Resultat dieses Wechsels war nicht nur enormer Zuwachs der städtischen Bevölkerung, sondern die alten dichtgepackten kleinen Städte sind nun Zentra, die von allen Seiten umbaut sind, nirgendwo mit freiem Luftzutritt. Da sie für die Reichen nicht länger angenehm sind, werden sie von ihnen für die amüsanteren Vorstädte verlassen. Die Nachfolger dieser Reichen beziehn die größeren Häuser, eine Familie, oft noch mit Untermietern, für jedes Zimmer. So ward eine Bevölkerung gedrängt in Häuser, nicht für sie bestimmt, und wofür sie durchaus unpassend, mit einer Umgebung, die wahrhaft erniedrigend für die Erwachsnen und ruinierend für die Kinder ist."[123]

Je rascher das Kapital in einer industriellen oder kommerziellen Stadt akkumuliert, um so rascher der Zustrom des exploitablen Menschenmaterials, um so elender die improvisierten Wohnlichkeiten der Arbeiter. Newcastle-upon-Tyne, als Zentrum eines fortwährend ergiebigeren Kohlen- und Bergbaudistrikts, behauptet daher nach London die zweite Stelle in dem Wohnungsinferno. Nicht minder als 34.000 Menschen hausen dort in Einzelkammern. Infolge absoluter Gemeinschädlichkeit sind kürzlich in Newcastle und Gateshead Häuser in bedeutender Anzahl von Polizei wegen zerstört worden. Der Bau der neuen Häuser geht sehr langsam voran, das Geschäft sehr rasch. Die Stadt war daher 1865 überfüllter als je zuvor. Kaum eine einzelne Kammer war zu vermieten. Dr. Embleton vom Newcastle Fieberhospital sagt:

> „Ohne allen Zweifel liegt die Ursache der Fortdauer und Verbreitung des Typhus in der Überhäufung menschlicher Wesen und der Unreinlichkeit ihrer Wohnungen. Die Häuser, worin die Arbeiter häufig leben, liegen in abgeschloßnen Winkelgassen und Höfen. Sie sind mit Bezug auf Licht, Luft, Raum und Reinlichkeit wahre Muster von Mangelhaftigkeit und Ungesundheit, eine Schmach für jedes zivilisierte Land. Dort liegen Männer, Weiber und Kinder des Nachts zusammengehudelt. Was die Männer angeht, folgt die Nachtschicht der Tagesschicht in ununterbrochnem Strom, so daß die Betten kaum Zeit zur Abkühlung finden. Die Häuser sind schlecht mit Wasser versehn und schlechter mit Abtritten, unflätig, unventiliert, pestilenzialisch."[124]

---

[123] l.c.p. 56.
[124] l.c.p. 149.

Der Wochenpreis solcher Löcher steigt von 8 d. zu 3 sh.

> „Newcastle-upon-Tyne", sagt Dr. Hunter, „bietet das Beispiel eines der schönsten Stämme unsrer Landsleute, der durch die äußern Umstände von Behausung und Straße oft in eine beinah wilde Entartung versunken ist."[125]

Infolge des Hin- und Herwogens von Kapital und Arbeit mag der Wohnungszustand einer industriellen Stadt heute erträglich sein, morgen wird er abscheulich. Oder die städtische Ädilität mag endlich sich aufgerafft haben zur Beseitigung der ärgsten Mißstände. Morgen wandert ein Heuschreckenschwarm von verlumpten Irländern oder verkommenen englischen Agrikulturarbeitern ein. Man steckt sie weg in Keller und Speicher oder verwandelt das früher respektable Arbeiterhaus in ein Logis, worin das Personal so rasch wechselt wie die Einquartierung während des Dreißigjährigen Kriegs. Beispiel: Bradford. Dort war der Munizipalphilister eben mit Stadtreform beschäftigt. Zudem gab es daselbst 1861 noch 1751 unbewohnte Häuser. Aber nun das gute Geschäft, worüber der sanft liberale Herr Forster, der Negerfreund, jüngst so artig gekräht hat. Mit dem guten Geschäft natürlich Überflutung durch die Wellen der stets wogenden „Reservearmee" – oder „relativen Übervölkerung". Die scheußlichen Kellerwohnungen und Kammern, registriert in der Liste (Note[126]), die Dr. Hunter vom

---

[125] l.c.p. 50.

[126] Liste des Agenten einer Arbeiter-Assekuranzgesellschaft zu Bradford

Vulcanstreet. Nr. 122	1 Zimmer	16 Personen
Lumleystreet. Nr. 13	1 Zimmer	11 Personen
Bowerstreet. Nr. 41	1 Zimmer	11 Personen
Portlandstreet. Nr. 112	1 Zimmer	10 Personen
Hardystreet. Nr. 17	1 Zimmer	10 Personen
Northstreet. Nr. 18	1 Zimmer	16 Personen
ditto Nr. 17	1 Zimmer	13 Personen
Wymerstreet. Nr. 19	1 Zimmer	8 Erwachsne
Jowettstreet. Nr. 56	1 Zimmer	12 Personen
Rifle Court, Marygate. Nr. 11	1 Zimmer	11 Personen
Marshallstreet. Nr. 28	1 Zimmer	10 Personen
ditto Nr. 49	3 Zimmer	3 Familien
Georgestreet. Nr. 128	1 Zimmer	18 Personen
ditto Nr. 130	1 Zimmer	16 Personen
Edwardstreet. Nr. 4	1 Zimmer	17 Personen
Yorkstreet. Nr. 34	1 Zimmer	2 Familien
Salt Piestreet	2 Zimmer	26 Personen
	Keller	
Regent Square 1	1 Keller	8 Personen
Acrestreet	1 Keller	7 Personen
Robert's Court. Nr. 33	1 Keller	7 Personen
Back Prattstreet. vernutzt als Kupferschmiedewerkstatt	1 Keller	7 Personen
Ebenezerstreet. Nr. 27	1 Keller	6 Personen

(l.c.p. 111.)

Agenten einer Assekuranzgesellschaft erhielt, waren meist von gutbezahlten Arbeitern bewohnt. Sie erklärten, sie würden gern bessere Wohnungen zahlen, wenn sie zu haben wären. Unterdes verlumpen und verkranken sie mit Mann und Maus, während der sanftliberale Forster, M.P., Tränen vergießt über die Segnungen des Freihandels und die Profite der eminenten Bradforder Köpfe, die in Worsted machen. Im Bericht vom 5. September 1865 erklärt Dr. Bell, einer der Armenärzte von Bradford, die furchtbare Sterblichkeit der Fieberkranken seines Bezirks aus ihren Wohnungsverhältnissen:

> „In einem Keller von 1500 Kubikfuß wohnen 10 Personen ... Die Vincentstraße, Green Air Place und the Leys bergen 223 Häuser mit 1450 Einwohnern, 435 Betten und 36 Abtritten ... Die Betten, und darunter verstehe ich jede Rolle von schmutzigen Lumpen oder Handvoll von Hobelspänen, halten jedes im Durchschnitt 3,3 Personen, manches 4 und 6 Personen. Viele schlafen ohne Bett auf nacktem Boden in ihren Kleidern, junge Männer und Weiber, verheiratet und unverheiratet, alles kunterbunt durcheinander. Ist es nötig hinzuzufügen, daß diese Hausungen meist dunkle, feuchte, schmutzige Stinkhöhlen sind, ganz und gar unpassend für menschliche Wohnung? Es sind die Zentra, wovon Krankheit und Tod ausgehn und ihre Opfer auch unter den Gutgestellten (of good circumstances) packen, welche diesen Pestbeulen erlaubt haben, in unsrer Mitte zu eitern.“[127]

Bristol behauptet den dritten Rang nach London im Wohnungselend.

> „Hier, in einer der reichsten Städte Europas, größter Überfluß an barster Armut (blank poverty) und häuslichem Elend.“[128]

c) Das Wandervolk

Wir wenden uns nun zu einer Volksschicht, deren Ursprung ländlich, deren Beschäftigung großenteils industriell ist. Sie bildet die leichte Infanterie des Kapitals, die es je nach seinem Bedürfnis bald auf diesen Punkt wirft, bald auf jenen. Wenn nicht auf dem Marsch, „kampiert“ sie. Die Wanderarbeit wird verbraucht für verschiedne Bau- und Drainierungsoperationen, Backsteinmachen, Kalkbrennen, Eisenbahnbau usw. Eine wandelnde Säule der Pestilenz, importiert sie in die Orte, in deren Nachbarschaft sie ihr Lager aufschlägt, Pocken, Typhus, Cholera, Scharlachfieber usw.[129] In Unternehmen von bedeutender Kapitalauslage, wie Eisenbahnbau usw., liefert meist der Unternehmer selbst seiner Armee

---

[127] l.c.p. 114.
[128] l.c.p. 50.
[129] „Public Health. Seventh Report“, Lond. 1865, p. 18.

Holzhütten oder dergl., improvisierte Dörfer ohne alle Gesundheitsvorkehrung, jenseits der Kontrolle der Lokalbehörden, sehr profitlich für den Herrn Kontraktor, der die Arbeiter doppelt ausbeutet, als Industriesoldaten und als Mieter. Je nachdem die Holzhütte 1, 2 oder 3 Löcher enthält, hat ihr Insasse, Erdarbeiter usw., 2, 3, 4 sh. wöchentlich zu zahlen.[130] Ein Beispiel genüge. Im September 1864, berichtet Dr. Simon, ging dem Minister des Innern, Sir George Grey, folgende Denunziation seitens des Vorstehers des Nuisance Removal Committee der Pfarrei von Sevenoaks zu:

„Pocken waren dieser Pfarrei ganz unbekannt bis etwa vor 12 Monaten. Kurz vor dieser Zeit wurden Arbeiten für eine Eisenbahn von Lewisham nach Tunbridge eröffnet. Außerdem, daß die Hauptarbeiten in der unmittelbaren Nachbarschaft dieser Stadt ausgeführt wurden, ward hier auch das Hauptdepot des ganzen Werks errichtet. Große Personenzahl daher hier beschäftigt. Da es unmöglich war, sie alle in Cottages unterzubringen, ließ der Kontraktor, Herr Jay, längs der Linie der Bahn auf verschiednen Punkten Hütten aufschlagen zur Behausung der Arbeiter. Diese Hütten besaßen weder Ventilation noch Abzugsgerinne und waren außerdem notwendig überfüllt, weil jeder Mieter andre Logierer aufnehmen mußte, wie zahlreich immer seine eigne Familie, und obgleich jede Hütte nur zweizimmrig. Nach dem ärztlichen Bericht, den wir erhielten, war die Folge, daß diese armen Leute zur Nachtzeit alle Qualen der Erstickung zu erdulden hatten, zur Vermeidung der pestilenzialischen Dünste von dem schmutzigen stehenden Wasser und den Abtritten dicht unter den Fenstern. Endlich wurden unsrem Komitee Klagen eingehändigt von einem Arzte, der Gelegenheit hatte, diese Hütten zu besuchen. Er sprach über den Zustand dieser sog. Wohnlichkeiten in den bittersten Ausdrücken und befürchtete sehr ernsthafte Folgen, falls nicht einige Gesundheitsvorkehrungen getroffen würden. Ungefähr vor einem Jahr verpflichtete sich p.p. Jay, ein Haus einzurichten, worin die von ihm beschäftigten Personen, beim Ausbruch ansteckender Krankheiten, sofort entfernt werden sollten. Er wiederholte dies Versprechen Ende letzten Julis, tat aber nie den geringsten Schritt zur Ausführung, obgleich seit diesem Datum verschiedne Fälle von Pocken und infolge davon zwei Todesfälle vorkamen. Am 9. September berichtete mir Arzt Kelson weitere Pockenfälle in denselben Hütten und beschrieb ihren Zustand als entsetzlich. Zu Ihrer (des Ministers) – Information muß ich hinzufügen, daß unsere Pfarrei ein isoliertes Haus besitzt, das sog. Pesthaus, wo die Pfarreigenossen, die von ansteckenden Krankheiten leiden, verpflegt werden. Dies Haus ist jetzt seit Monaten fortwährend mit Patienten überfüllt. In einer Familie starben fünf Kinder an Pocken und Fieber. Vom l. April bis 1. September dieses Jahres kamen nicht weniger als 10 Todesfälle an Pocken vor, 4 in den besagten Hütten, den Pestquellen. Es ist unmöglich, die Zahl der Krankheitsfälle anzugeben, da die heimgesuchten Familien sie so geheim als möglich halten."[131]

[130] l.c.p. 165.

[131] l.c.p. 18, Note. Der Armenpfleger der Chapel-en-le-Frith-Union berichtet an den Registrar General: Zu Doveholes hat man eine Anzahl kleiner Aushöhlungen in einem großen Hügel

Die Arbeiter in Kohlen- und anderen Bergwerken gehören zu den bestbezahlten Kategorien des britischen Proletariats. Zu welchem Preis sie ihren Lohn erkaufen, wurde an einer früheren Stelle gezeigt.[132] Ich werfe hier einen raschen Blick auf ihre Wohnlichkeitsverhältnisse. In der Regel errichtet der Exploiteur des Bergwerks, ob Eigentümer oder Mieter desselben, eine Anzahl Cottages für seine Hände. Sie erhalten Cottages und Kohlen zur Feuerung „umsonst", d. h., letztre bilden einen in natura gelieferten Teil des Lohns. Die nicht in dieser Art Unterbringbaren erhalten zum Ersatz 4 Pfd. St. per Jahr. Die Bergwerksdistrikte ziehn rasch eine große Bevölkerung an, zusammengesetzt aus der Minenbevölkerung selbst und den Handwerkern, Krämern usw., die sich um sie gruppieren. Wie überall, wo die Bevölkerung dicht, ist die Bodenrente hier hoch. Der Bergbauunternehmer sucht daher auf möglichst engem Bauplatz am Mund der Gruben so viel Cottages aufzuwerfen, als grade nötig sind, um seine Hände und ihre Familien zusammenzupacken. Werden neue Gruben in der Nähe eröffnet oder alte wieder in Angriff genommen, so wächst das Gedränge. Bei der Konstruktion der Cottages waltet nur ein Gesichtspunkt, „Entsagung" des Kapitalisten auf alle nicht absolut unvermeidliche Ausgabe von Barem.

„Die Wohnungen der Gruben- und andrer Arbeiter, die mit den Bergwerken von Northumberland und Durham verknüpft sind", sagt Dr. Julian Hunter, „sind vielleicht im Durchschnitt das Schlechteste und Teuerste, was England auf großer Stufenleiter in dieser Art bietet, mit Ausnahme jedoch ähnlicher Distrikte in Monmouthshire. Die extreme Schlechtigkeit liegt in der hohen Menschenzahl, die ein Zimmer füllt, in der Enge des Bauplatzes, worauf eine große Häusermasse geworfen wird, im Wassermangel und Abwesenheit von Abtritten, in der häufig angewandten Methode, ein Haus über ein andres zu stellen oder sie in flats" (so daß die verschiednen Cottages vertikal übereinander liegende Stockwerke bilden) „zu verteilen ... Der Unternehmer behandelt die ganze Kolonie, als ob sie nur kampiere, nicht residiere."[133] „In Ausführung meiner Instruktionen", sagt Dr. Stevens, „habe ich die meisten großen Bergwerksdörfer der Durham Union besucht ... Mit sehr wenigen Ausnahmen gilt von allen, daß jedes Mittel zur Sicherung der Gesundheit der Einwohner vernachlässigt wird ... Alle Grubenarbeiter sind an den Pächter (lessee) oder Eigentümer des Bergwerks für

---

von Kalkasche gemacht. Diese Höhlen dienen den Erd- und andren am Eisenbahnhau beschäftigten Arbeitern zur Wohnung. Die Höhlen sind eng, feucht, ohne Abzug für Unreinigkeiten und ohne Abtritte. Sie entbehren aller Ventilationsmittel, mit Ausnahme eines Lochs durch die Wölbung, das zugleich als Schornstein dient. Die Pocken wüten und haben schon verschiedne Todesfälle" (unter den Troglodyten) „verursacht." (l.c., Note 2.)

[132] Die auf S. 1059-1065 gegebnen Einzelheiten beziehn sich namentlich auf Arbeiter in Kohlenbergwerken. Über den noch schlechteren Zustand in den Metallminen vgl. den gewissenhaften Bericht der Royal Commission von 1864.

[133] l.c.p. 180, 182.

12 Monate gebunden" („bound", Ausdruck, der wie bondage aus der Zeit der Leibeigenschaft stammt). „Wenn sie ihrer Unzufriedenheit Luft machen oder in irgendeiner Art den Aufseher (viewer) belästigen, so setzt er eine Marke oder ein Memorandum hinter ihre Namen im Aufsichtsbuch und entläßt sie bei der jährlichen Neubindung ... Es scheint mir, daß kein Teil des Trucksystems schlechter sein kann als das in diesen dichtbevölkerten Distrikten herrschende. Der Arbeiter ist gezwungen, als Teil seines Lohns ein mit pestilenzialischen Einflüssen umgebnes Haus zu empfangen. Er kann sich nicht selbst helfen. Er ist in jeder Rücksicht ein Leibeigner (he is to all intents and purposes a serf). Es scheint fraglich, ob jemand sonst ihm helfen kann außer seinem Eigentümer, und dieser Eigentümer zieht vor allem sein Bilanzkonto zu Rat, und das Resultat ist ziemlich unfehlbar. Der Arbeiter erhält von dem Eigentümer auch seine Zufuhr an Wasser. Es sei gut oder schlecht, es werde geliefert oder zurückgehalten. er muß dafür zahlen oder sich vielmehr einen Lohnabzug gefallen lassen."[134]

Im Konflikt mit der „öffentlichen Meinung" oder auch der Gesundheitspolizei geniert sich das Kapital durchaus nicht, die teils gefährlichen, teils entwürdigenden Bedingungen, worin es Funktion und Häuslichkeit des Arbeiters bannt, damit zu „rechtfertigen", das sei nötig, um ihn profitlicher auszubeuten. So, wenn es entsagt auf Vorrichtungen zum Schutz gegen gefährliche Maschinerie in der Fabrik, auf Ventilations- und Sicherheitsmittel in den Minen usw. So hier mit der Behausung der Minenarbeiter.

„Als Entschuldigung", sagt Dr. Simon, der ärztliche Beamte des Privy Council, in seinem offiziellen Bericht, „als Entschuldigung für die nichtswürdige Hauseinrichtung wird angeführt, daß Minen gewöhnlich pachtweise exploitiert werden, daß die Dauer des Pachtkontrakts (in Kohlenwerken meist 21 Jahre) zu kurz ist, damit der Minenpächter es der Mühe wert halte, gute Hauseinrichtung für das Arbeitsvolk und die Gewerbsleute usw. zu liefern, welche die Unternehmung anzieht; hätte er selbst die Absicht, nach dieser Seite hin liberal zu verfahren, so würde sie vereitelt werden durch den Grundeigentümer. Der habe nämlich die Tendenz, sofort exorbitante Zuschußrente zu verlangen für das Privilegium, ein anständiges und komfortables Dorf auf der Grundoberfläche zu errichten zur Behausung der Bearbeiter des unterirdischen Eigentums. Dieser prohibitorische Preis, wenn nicht direkte Prohibition, schrecke ebenfalls andre ab, welche sonst wohl bauen möchten ... Ich will den Wert dieser Entschuldigung nicht weiter untersuchen, auch nicht, auf wen denn in letzter Hand die zuschüssige Ausgabe für anständige Wohnlichkeit fallen würde, auf den Grundherrn, den Minenpächter, die Arbeiter oder das Publikum ... Aber angesichts solcher schmählichen Tatsachen, wie die beigefügten Berichte" (des Dr. Hunter, Stevens usw.) „sie enthüllen, muß ein Heilmittel angewandt werden ... Grundeigentumstitel werden so benutzt, um ein großes öffentliches Unrecht zu begehn. In seiner Eigenschaft als Mineneigner ladet der Grundherr eine industrielle Kolonie zur Arbeit auf seiner

[134] l.c.p. 515, 517.

Domäne ein und macht dann, in seiner Eigenschaft als Eigentümer der Grundoberfläche, den von ihm versammelten Arbeitern unmöglich, die zu ihrem Leben unentbehrliche, geeignete Wohnlichkeit zu finden. Der Minenpächter" (der kapitalistische Exploiteur) „hat kein Geldinteresse, dieser Teilung des Handels zu widerstehn, da er wohl weiß, daß, wenn die letztern Ansprüche exorbitant sind, die Folgen nicht auf ihn fallen, daß die Arbeiter, auf die sie fallen, zu unerzogen sind, um ihre Gesundheitsrechte zu kennen, und daß weder obzönste Wohnlichkeit noch faulstes Trinkwasser jemals Anlaß zu einem Strike liefern."[135]

d) Wirkung der Krisen auf den bestbezahlten Teil der Arbeiterklasse

Bevor ich zu den eigentlichen Agrikulturarbeitern übergehe, soll an einem Beispiel noch gezeigt werden, wie die Krisen selbst auf den bestbezahlten Teil der Arbeiterklasse, auf ihre Aristokratie, wirken. Man erinnert sich: das Jahr 1857 brachte eine der großen Krisen, womit der industrielle Zyklus jedesmal abschließt. Der nächste Termin wurde 1866 fällig. Bereits diskontiert in den eigentlichen Fabrikdistrikten durch die Baumwollnot, welche viel Kapital aus der gewohnten Anlagesphäre zu den großen Zentralsitzen des Geldmarkts jagte, nahm die Krise diesmal einen vorwiegend finanziellen Charakter an. Ihr Ausbruch im Mai 1866 wurde signalisiert durch den Fall einer Londoner Riesenbank, dem der Zusammensturz zahlloser finanzieller Schwindelgesellschaften auf dem Fuß nachfolgte. Einer der großen Londoner Geschäftszweige, welche die Katastrophe traf, war der eiserne Schiffsbau. Die Magnaten dieses Geschäfts hatten während der Schwindelzeit nicht nur maßlos überproduziert, sondern zudem enorme Lieferungskontrakte übernommen, auf die Spekulation hin, daß die Kreditquelle gleich reichlich fortfließen werde. Jetzt trat eine furchtbare Reaktion ein, die auch in andren Londoner Industrien[136] bis zur Stunde, Ende März 1867, fortdauert. Zur Charakteristik der Lage der Arbeiter folgende Stelle

[135] l.c.p. 16.

[136] „Massenhafte Verhungerung der Londoner Armen! (Wholesale starvation of the London Poor!) ... Während der letzten Tage waren die Mauern Londons überklebt mit großen Plakaten, die folgende merkwürdige Anzeige bringen: ‚Fette Ochsen, verhungernde Menschen! Die fetten Ochsen haben ihre Glaspaläste verlassen, um die Reichen in ihren Luxusgemächern zu mästen, während die verhungernden Menschen in ihren Jammerhöhlen verderben und sterben.' Die Plakate mit dieser unheilkündenden Inschrift werden beständig erneuert. Kaum ist eine Partie ausgemerzt und überklebt, wenn sofort eine neue Partie an demselben oder einem gleich öffentlichen Platz wiedererscheint ... Das erinnert an die omina, die das französische Volk auf die Ereignisse von 1789 vorbereiteten ... In diesem Augenblick, während englische Arbeiter mit Weib und Kind an Kälte und Hunger sterben, werden Millionen von englischem Geld, dem Produkt englischer Arbeit, in russischen, spanischen, italienischen und andren fremden Anleihen angelegt." („Reynolds' Newspaper", 20. Jan. 1867.)

aus dem ausführlichen Bericht eines Korrespondenten des „Morning Star“, welcher Anfang 1867 die Hauptsitze des Leidens besuchte.

„Im Osten von London, den Distrikten von Poplar, Millwall, Greenwich, Deptford, Limehouse und Canning Town befinden sich mindestens 15.000 Arbeiter samt Familien in einem Zustand äußerster Not, darunter über 3000 geschickte Mechaniker. Ihre Reservefonds sind erschöpft infolge sechs- oder achtmonatiger Arbeitslosigkeit ... Ich hatte große Mühe, zum Tor des Workhouse (von Poplar) vorzudringen, denn es war belagert von einem ausgehungerten Haufen. Er wartete auf Brotbilletts, aber die Zeit zur Verteilung war noch nicht gekommen. Der Hof bildete ein großes Quadrat mit einem Pultdach, das rings um seine Mauern läuft. Dichte Schneehaufen bedeckten die Pflastersteine in der Mitte des Hofes. Hier waren gewisse kleine Plätze mit Weidengeflecht abgeschlossen, gleich Schafhürden, worin die Männer bei besserem Wetter arbeiten. Am Tage meines Besuchs waren die Hürden so verschneit, daß niemand in ihnen sitzen konnte. Die Männer waren jedoch unter dem Schutz der Dachvorsprünge mit Makadamisierung von Pflastersteinen beschäftigt. Jeder hatte einen dicken Pflasterstein zum Sitz und klopfte mit schwerem Hammer auf den frostbedeckten Granit, bis er 5 Bushel davon abgehauen hatte. Dann war sein Tagewerk verrichtet und erhielt er 3 d.“ (2 Silbergroschen, 6 Pfennige) „und ein Billett für Brot. In einem andren Teil des Hofes stand ein rachitisches kleines Holzhaus. Beim Öffnen der Tür fanden wir es gefüllt mit Männern, Schulter an Schulter gedrängt, um einander warm zu halten. Sie zupften Schiffstau und stritten miteinander, wer von ihnen mit einem Minimum von Nahrung am längsten arbeiten könne, denn Ausdauer war der point d'honneur. In diesem einen Workhouse allein erhielten 7000 Unterstützung, darunter viele Hunderte, die 6 oder 8 Monate zuvor die höchsten Löhne geschickter Arbeit in diesem Land verdienten. Ihre Zahl wäre doppelt so groß gewesen, gäbe es nicht so viele, welche nach Erschöpfung ihrer ganzen Geldreserve dennoch vor Zuflucht zur Pfarrei zurückbeben, solange sie noch irgend etwas zu versetzen haben ... Das Workhouse verlassend, machte ich einen Gang durch die Straßen von meist einstöckigen Häusern, die in Poplar so zahlreich. Mein Führer war Mitglied des Komitees für die Arbeitslosen. Das erste Haus, worin wir eintraten, war das eines Eisenarbeiters, seit 27 Wochen außer Beschäftigung. Ich fand den Mann mit seiner ganzen Familie in einem Hinterzimmer sitzend. Das Zimmer war noch nicht ganz von Möbeln entblößt, und es war Feuer darin. Dies war nötig, um die nackten Füße der jungen Kinder vor Frost zu schützen, denn es war ein grimmig kalter Tag. Auf einem Teller gegenüber dem Feuer lag ein Quantum Werg, welches Frau und Kinder zupften in Erstattung des Brots vom Workhouse. Der Mann arbeitete in einem der oben beschriebenen Höfe für ein Brotbillett und 3 d. per Tag. Er kam jetzt nach Haus zum Mittagessen, sehr hungrig, wie er uns mit einem bittern Lächeln sagte, und sein Mittagessen bestand aus einigen Brotschnitten mit Schmalz und einer Tasse milchlosen Tees ... Die nächste Tür, an der wir anklopften, wurde geöffnet durch ein Frauenzimmer mittleren Alters, die, ohne ein Wort zu sagen, uns in ein kleines Hinterzimmer führte, wo ihre ganze Familie saß, schweigend, die Augen auf ein rasch ersterbendes Feuer geheftet. Solche Verödung, solche Hoffnungslosigkeit hing um diese Leute und ihr kleines Zimmer, daß ich nicht wünsche, je eine ähnliche Szene wieder zu sehn. ‚Nichts haben sie verdient, mein Herr', sagte die Frau, auf ihre Jungen zeigend, ‚nichts für 26 Wochen, und all unser Geld ist hingegangen, alles Geld, das ich und der Vater in den beßren Zeiten zurücklegten, in dem Wahn, einen Rückhalt während schlechten Geschäfts zu sichern. Sehn Sie es', schrie sie fast wild, indem sie ein Bankbuch hervorholte mit allen seinen regelmäßigen Nachweisen über eingezahltes und rückerhaltnes Geld, so daß wir sehn konnten, wie das kleine Vermögen begonnen hatte mit dem ersten Deposit von 5 Shilling, wie es nach und nach zu 20 Pfd. St. aufwuchs und dann wieder zusammenschmolz, von Pfunden zu Shillingen, bis der letzte Eintrag das Buch so wertlos machte wie ein leeres Stück Papier. Diese Familie erhielt ein notdürftiges Mahl täglich vom Workhouse ... Unsere folgende Visite war zur Frau eines Irländers, der an den Schiffswerften gearbeitet hatte. Wir fanden sie krank von Nahrungsmangel, in ihren Kleidern auf eine Matratze gestreckt, knapp bedeckt mit einem Stück Teppich, denn alles Bettzeug war im Pfandhaus. Die elenden Kinder warteten sie und sahen aus, als bedürften sie umgekehrt der mütterlichen Pflege. Neunzehn Wochen erzwungnen Müßiggangs hatten sie so weit heruntergebracht, und während sie die Geschichte der bittern Vergangenheit erzählte, stöhnte sie, als ob alle Hoffnung auf eine bessere Zukunft verloren wäre ... Beim Austritt aus dem Hause rannte ein junger Mann auf uns zu und bat uns, in sein Haus zu gehn und zu sehn, ob irgend etwas für ihn geschehen könne. Ein junges Weib, zwei hübsche Kinder, ein Kluster von Pfandzetteln und ein ganz kahles Zimmer war alles, was er zu zeigen hatte."

Über die Nachwehen der Krise von 1866 folgender Auszug aus einer torystischen Zeitung. Man muß nicht vergessen, daß der Ostteil Londons, um den es sich hier handelt, nicht nur Sitz der im Text des Kapitels erwähnten eisernen Schiffsbauer, sondern auch einer stets unter dem Minimum bezahlten sog. „Hausarbeit" ist.

„Ein entsetzliches Schauspiel entrollte sich gestern in einem Teil der Metropole. Obgleich die arbeitslosen Tausende des Ostendes mit schwarzen Trauerflaggen nicht in Masse paradierten, war der Menschenstrom imposant genug. Erinnern wir uns, was diese Bevölkerung leidet. Sie stirbt vor Hunger. Das ist die einfache und furchtbare Tatsache. Es sind ihrer 40.000 ... In unsrer Gegenwart, in einem Viertel dieser wundervollen Metropole, dicht neben der enormsten Akkumulation von Reichtum, welche die Welt je sah, dicht dabei 40.000 hilflos verhungernd! Diese Tausende brechen jetzt ein in die andren Viertel; sie, in allen Zeiten halbverhungert, schreien uns ihr Weh ins Ohr, sie schreien es zum Himmel, sie erzählen uns von ihren elendgeschlagenen Wohnungen, daß es unmöglich für sie, Arbeit zu finden, und nutzlos zu betteln. Die lokalen Armensteuerpflichtigen sind durch die Forderungen der Pfarreien selbst an den Rand des Pauperismus getrieben." („Standard" 5. April 1867.)

Da es Mode unter den englischen Kapitalisten ist, Belgien als das Paradies des Arbeiters zu schildern, weil „die Freiheit der Arbeit" oder, was dasselbe ist, „die

Freiheit des Kapitals" dort weder durch den Despotismus der Trades' Unions noch durch Fabrikgesetze verkümmert sei, hier ein paar Worte über das „Glück" des belgischen Arbeiters. Sicher war niemand tiefer eingeweiht in die Mysterien dieses Glücks als der verstorbene Herr Ducpétiaux, Generalinspektor der belgischen Gefängnisse und Wohltätigkeitsanstalten und Mitglied der Zentralkommission für belgische Statistik. Nehmen wir sein Werk: „Budgets éonomiques des classes ouvrières en Belgique", Bruxelles 1855. Hier finden wir u. a. eine belgische Normalarbeiterfamilie, deren jährliche Ausgaben und Einnahmen nach sehr genauen Daten berechnet, und deren Nahrungsverhältnisse dann mit denen des Soldaten, des Flottenmatrosen und des Gefangnen verglichen werden. Die Familie „besteht aus Vater, Mutter und vier Kindern". Von diesen sechs Personen „können vier das ganze Jahr durch nützlich beschäftigt werden"; es wird vorausgesetzt, „daß es weder Kranke noch Arbeitsunfähige darunter gibt" noch „Ausgaben für religiöse, moralische und intellektuelle Zwecke, ausgenommen ein sehr Geringes für Kirchenstühle", noch „Beiträge zu Sparkassen oder Altersversorgungskassen", noch „Luxus- oder sonstige überflüssige Ausgaben". Doch sollen der Vater und der älteste Sohn Tabak rauchen und sonntags das Wirtshaus besuchen dürfen, wofür ihnen ganze 86 Centimen die Woche ausgesetzt sind.

> „Aus der Gesamtzusammenstellung der den Arbeitern der verschiednen Geschäftszweige bewilligten Löhne folgt ... daß der höchste Durchschnitt des täglichen Lohns ist: 1 fr. 56 c. für Männer, 89 c. für Frauen, 56 c. für Knaben und 55 c. für Mädchen. Hiernach berechnet, würden sich die Einkünfte der Familie allerhöchstens auf 1068 fr. jährlich belaufen ... In der als typisch angenommenen Haushaltung haben wir alle möglichen Einkünfte zusammengerechnet. Wenn wir aber der Mutter einen Arbeitslohn anrechnen, entziehen wir dadurch die Haushaltung ihrer Leitung; wer besorgt das Haus, wer die kleinen Kinder? Wer soll kochen, waschen, flicken? Dies Dilemma tritt jeden Tag vor die Arbeiter."

Der Budget der Familie ist demnach:

der Vater	300 Arbeitstage zu	fr. 1,56	fr. 468,-
die Mutter		fr. 0,89	fr. 267,-
der Junge		fr. 0,56	fr. 168,-
das Mädchen		fr. 0,55	fr. 165,-
		Total	fr. 1068,-

Die Jahresausgabe der Familie und ihr Defizit würden ausmachen, falls der Arbeiter die Nahrung hätte:

des Flottenmatrosen	fr. 1.828,-	Defizit fr.	760,-
des Soldaten	fr. 1473,-	Defizit fr.	405,-
des Gefangenen	fr. 1112,-	Defizit fr.	44,-

„Man sieht, daß wenig Arbeiterfamilien sich die Nahrung verschaffen können, nicht etwa des Matrosen oder des Soldaten, sondern selbst des Gefangnen. Im Durchschnitt hat jeder Gefangne 1847-1849 in Belgien 63 c. täglich gekostet, was gegen die täglichen Unterhaltungskosten des Arbeiters einen Unterschied von 13 c. ergibt. Die Verwaltungs- und Überwachungskosten gleichen sich aus dagegen, daß der Gefangne keine Miete zahlt ... Wie aber geht es zu, daß eine große Zahl, wir könnten sagen, die große Mehrzahl der Arbeiter in noch sparsameren Verhältnissen lebt? Nur indem sie zu Notbehelfen flüchtet, wovon der Arbeiter allein das Geheimnis hat; indem sie an der täglichen Ration abknappt; Roggenbrot statt Weizenbrot ißt; weniger oder gar kein Fleisch ißt; ebenso mit Butter und Gewürzen; indem sie die Familie in eine oder zwei Kammern packt, wo Mädchen und Jungen zusammen schlafen, oft auf demselben Strohsack; indem sie an der Kleidung spart, der Wäsche, den Reinigungsmitteln; indem sie den Sonntagsvergnügungen entsagt, kurz, sich zu den schmerzlichsten Entbehrungen entschließt. Einmal bei dieser letzten Grenze angelangt, vermehrt der geringste Preisaufschlag der Lebensmittel, eine Arbeitsstockung, eine Krankheit das Elend des Arbeiters und ruiniert ihn vollständig. Die Schulden häufen sich, der Kredit wird versagt, die Kleider, die notwendigsten Möbel wandern ins Pfandhaus, und schließlich bittet die Familie um Einschreibung in die Armenliste."[137]

In der Tat folgt in diesem „Paradiese der Kapitalisten" auf die geringste Änderung im Preise der notwendigsten Lebensmittel eine Änderung in der Zahl der Todesfälle und Verbrechen! (Sieh „Manifest der Maatschappij: De Vlamingen Vooruit!", Brüssel 1860, p. 12.) Ganz Belgien zählt 930.000 Familien, davon nach offizieller Statistik: 90.000 Reiche (Wähler) = 450.000 Personen; 390.000 Familien der kleinen Mittelklasse, in Stadt und Dorf, großer Teil davon stets ins Proletariat fallend = 1.950.000 Personen. Endlich 450.000 Arbeiterfamilien = 2.250.000 Personen, von welchen die Musterfamilien das durch Ducpétiaux geschilderte Glück genießen. Unter den 450.000 Arbeiterfamilien über 200.000 auf der Armenliste!

e) Das britische Ackerbauproletariat

Der antagonistische Charakter der kapitalistischen Produktion und Akkumulation bewährt sich nirgendwo brutaler als in dem Fortschritt des englischen Landbaus (Viehzucht eingeschlossen) und dem Rückschritt des englischen Landarbeiters. Bevor ich zu seiner gegenwärtigen Lage übergehe, ein rascher Rückblick. Die moderne Agrikultur datiert in England von der Mitte des 18. Jahrhunderts, obgleich die Umwälzung der Grundeigentumsverhältnisse, wovon die veränderte Produktionsweise als Grundlage ausgeht, viel früheren Datums.

Nehmen wir Arthur Youngs, eines genauen Beobachters, obgleich oberflächlichen Denkers, Angaben über den Landarbeiter von 1771, so spielt letztrer eine

[137] Ducpétiaux, l.c.p. 151. 154, 155, 156.

sehr elende Rolle, verglichen mit seinem Vorgänger Ende des 14. Jahrhunderts, „wo er in Fülle leben und Reichtum akkumulieren konnte“[138], gar nicht zu sprechen vom 15. Jahrhundert, „dem goldnen Zeitalter der englischen Arbeiter in Stadt und Land“. Wir brauchen jedoch nicht so weit zurückzugehn. In einer sehr gehaltreichen Schrift von 1777 liest man:

> „Der große Pächter hat sich beinahe erhoben zum Niveau des Gentleman, während der arme Landarbeiter fast zu Boden gedrückt ist. Seine unglückliche Lage zeigt sich klar durch eine vergleichende Übersicht seiner Verhältnisse von heute und von 40 Jahr früher ... Grundeigentümer und Pächter wirken Hand in Hand zur Unterdrückung des Arbeiters.“[139]

Es wird dann im Detail nachgewiesen, daß der reelle Arbeitslohn auf dem Lande von 1737 bis 1777 um beinahe $^1/_4$ oder 25% gefallen ist.

> „Die moderne Politik“, sagt gleichzeitig Dr. Richard Price, „begünstigt die höheren Volksklassen; die Folge wird sein, daß früher oder später das ganze Königreich nur aus Gentlemen und Bettlern, aus Granden und Sklaven besteht.“[140]

Dennoch ist die Lage des englischen Landarbeiters von 1770 bis 1780, sowohl was seine Nahrungs- und Wohnlichkeitszustände, als sein Selbstgefühl, Belustigungen usw. betrifft, ein später nie wieder erreichtes Ideal. In Pints Weizen ausgedrückt betrug sein Durchschnittslohn 1770 bis 1771 90 Pints, zu Edens Zeit (1797) nur noch 65, 1808 aber 60.[141]

Der Zustand der Landarbeiter Ende des Antijakobinerkriegs, während dessen Grundaristokraten, Pächter, Fabrikanten, Kaufleute, Bankiers, Börsenritter, Armeelieferanten usw. sich so außerordentlich bereichert, ward bereits früher angedeutet. Der nominelle Lohn stieg infolge teils der Banknoten-Depreziation, teils einer hiervon unabhängigen Zunahme im Preis der ersten Lebensmittel. Die wirkliche Lohnbewegung ist aber auf sehr einfache Art zu konstatieren,

---

[138] James E. Th. Rogers (Prof. of Polit. Econ. in the University of Oxford), „A History of Agriculture and Prices in England“, Oxford 1866, v. 1, p. 690. Dies fleißig gearbeitete Werk umfaßt in den bisher erschienenen zwei ersten Bänden nur noch die Periode von 1259-1400. Der zweite Band enthält bloß statistisches Material. Es ist die erste authentische „History of Prices“, die wir für jene Zeit besitzen.

[139] „Reasons for the late Increase of the Poor-Rates: or, a comparative view of the price of labour and provisions“, Lond. 1777, p. 5, 11.

[140] Dr. Richard Price, „Observations on Reversionary Payments“, 6. ed. By W. Morgan, Lond. 1803, VII, p. 158, 159. Price bemerkt p. 159: „Der nominelle Preis für die Arbeit des Tagelöhners ist augenblicklich nicht mehr als vier- oder höchstens fünfmal höher, als es im Jahre 1514 der Fall war. Aber der Kornpreis ist siebenmal, der für Fleisch und Kleidung ungefähr fünfzehnmal so hoch. Der Preis der Arbeit ist daher so sehr hinter dem Anwachsen der Lebenshaltungskosten zurückgeblieben, daß er jetzt im Verhältnis zu diesen Kosten nicht einmal die Hälfte von dem zu betragen scheint, was er früher betrug.“

[141] Barton, l.c.p. 26. Für Ende des 18. Jahrhunderts vgl. Eden, l.c.

ohne Zuflucht zu hier unzulässigen Details. Das Armengesetz und seine Administration waren 1795 und 1814 dieselben. Man erinnert sich, wie dies Gesetz auf dem Land gehandhabt wurde: in der Gestalt von Almosen ergänzte die Pfarrei den Nominallohn bis zu der für bloße Vegetation des Arbeiters erheischten Nominalsumme. Das Verhältnis zwischen dem vom Pächter gezahlten Lohn und dem von der Pfarrei gutgemachten Lohndefizit zeigt uns zweierlei, erstens die Senkung des Arbeitslohns unter sein Minimum, zweitens den Grad, worin der Landarbeiter aus Lohnarbeiter und Pauper zusammengesetzt war, oder den Grad, worin man ihn in einen Leibeignen seiner Pfarrei verwandelt hatte. Wir wählen eine Grafschaft, die das Durchschnittsverhältnis in allen andren Grafschaften repräsentiert. 1795 betrug der durchschnittliche Wochenlohn in Northamptonshire 7 sh. 6 d., die jährliche Totalausgabe einer Familie von 6 Personen 36 Pfd. St. 12 sh. 5 d., ihre Totaleinnahme 29 Pfd. St. 18 sh., das von der Pfarrei gutgemachte Defizit: 6 Pfd. St. 14 sh. 5 d. In derselben Grafschaft betrug 1814 der Wochenlohn 12 sh. 2 d., die jährliche Totalausgabe einer Familie von 5 Personen 54 Pfd. St. 18 sh. 4 d., ihre Totaleinnahme 36 Pfd. St., 2 sh., das von der Pfarrei gutgemachte Defizit: 18 Pfd. St. 6 sh. 4 d.[142], 1795 betrug das Defizit weniger als $^{1}/_{4}$ des Arbeitslohns, 1814 mehr als die Hälfte. Es versteht sich von selbst, daß unter diesen Umständen die geringen Komforts, die Eden noch in der Cottage des Landarbeiters fand, 1814 verschwunden waren.[143] Unter allen Tieren, die der Pächter hält, blieb von nun an der Arbeiter, das instrumentum vocale, das meist geplackte, schlechtest gefütterte und brutalst behandelte.

Derselbe Zustand der Dinge dauerte ruhig fort, bis

> „die Swing-Aufstände 1830 uns „(d. h. den herrschenden Klassen) „beim Lichtflammen der Kornschober enthüllten, daß Elend und dunkle aufrührerische Unzufriedenheit ebenso wild unter der Oberfläche des agrikolen als des industriellen Englands lodre“[144].

Sadler taufte damals im Unterhaus die Landarbeiter „weiße Sklaven“ („white slaves“), ein Bischof hallte das Epithet im Oberhaus wider. Der bedeutendste politische Ökonom jener Periode, E. G. Wakefield, sagt:

> „Der Landarbeiter Südenglands ist kein Sklave, er ist kein freier Mann, er ist ein Pauper.“[145]

Die Zeit unmittelbar vor der Aufhebung der Korngesetze warf neues Licht auf die Lage der Landarbeiter. Einerseits lag es im Interesse der bürgerlichen Agitatoren, nachzuweisen, wie wenig jene Schutzgesetze den wirklichen Kornprodu-

---

142 Parry, l.c.p. 80.

143 id., p. 213.

144 S. Laing, l.c.p. 62.

145 „England and America“, Lond. 1833, v. I, p. 47.

zenten beschützten. Andrerseits schäumte die industrielle Bourgeoisie auf von Ingrimm über die Denunziation der Fabrikzustände seitens der Grundaristokraten, über die affektierte Sympathie dieser grundverdorbnen, herzlosen und vornehmen Müßiggänger mit den Leiden des Fabrikarbeiters und ihren „diplomatischen Eifer“ für Fabrikgesetzgebung. Es ist ein altes englisches Sprichwort, daß, wenn zwei Diebe sich in die Haare fallen, immer etwas Nützliches geschieht. Und in der Tat, der geräuschvolle, leidenschaftliche Zank zwischen den zwei Fraktionen der herrschenden Klasse über die Frage, welche von beiden den Arbeiter am schamlosesten ausbeute, wurde rechts und links Geburtshelfer der Wahrheit. Graf Shaftesbury, alias Lord Ashley, war Vorkämpfer im aristokratischen Antifabrikphilanthropiefeldzug. Er bildet daher 1844 bis 1845 ein Lieblingsthema in den Enthüllungen des „Morning Chronicle“ über die Zustände der Agrikulturarbeiter. Jenes Blatt, damals das bedeutendste liberale Organ, schickte in die Landdistrikte eigne Kommissäre, welche sich keineswegs mit allgemeiner Schilderung und Statistik begnügten, sondern die Namen sowohl der untersuchten Arbeiterfamilien als ihrer Grundherrn veröffentlichten. Die folgende Liste gibt Löhne, gezahlt auf drei Dörfern, in der Nachbarschaft von Blanford, Wimbourne und Poole. Die Dörfer sind Eigentum des Mr. G. Bankes und des Grafen von Shaftesbury. Man wird bemerken, daß dieser Papst der „low church“, dies Haupt der englischen Pietisten, ebenso wie p. p. Bankes von den Hundelöhnen der Arbeiter wieder einen bedeutenden Teil unter dem Vorwand von Hausrente einsteckt.

Kinder	Zahl der Familienglieder	Wöchentlicher Arbeitslohn der Männer	Wöchentlicher Kinderlohn		Wocheneinnahme der Gesamtfamilie		Wöchentliche Hausmiete		Gesamtwochenlohn nach Abzug der Hausmiete		Wochenlohn per Kopf	
a	b	c	d		e		f		g		h	
					Erstes Dorf							
		sh.	sh.	d.	sh.	d.	sh.	d.	sh.	d.	sh.	d.
2	4	8	–	–	8	–	2	–	6	–	1	6
3	5	8	–	–	8	–	1	6	6	6	1	$3\frac{1}{3}$
2	4	8	–	–	8	–	1	–	7	–	1	9
2	4	8	–	–	8	–	1	–	7	–	1	9
6	8	7	1	6	10	6	2	–	8	6	1	$\frac{3}{4}$
3	5	7	2	–	7	–	1	4	5	8	1	$1\frac{1}{2}$
					Zweites Dorf							
6	8	7	1	6	10	–	1	6	8	6	1	$\frac{3}{4}$
6	8	7	1	6	7	–	1	$3\frac{1}{2}$	5	$8\frac{1}{2}$	–	$8\frac{1}{2}$
8	10	7	–	–	7	–	1	$3\frac{1}{2}$	5	$8\frac{1}{2}$	–	7
4	6	7	–	–	7	–	1	$6\frac{1}{2}$	5	$5\frac{1}{2}$	–	11
3	5	7	–	–	7	–	1	$6\frac{1}{2}$	5	$5\frac{1}{2}$	1	1

„Jede Seite von Dr. Hunters Bericht“, sagt Dr. Simon in seinem offiziellen Gesundheitsbericht, „gibt Zeugnis von der unzureichenden Quantität und elenden Qualität der Wohnlichkeit unsres Landarbeiters. Und seit vielen Jahren hat sich sein Zustand progressiv in dieser Hinsicht verschlechtert. Es ist jetzt viel schwerer für ihn, Hausraum zu finden, und, wenn gefunden, ist er seinen Bedürfnissen viel weniger entsprechend, als vielleicht seit Jahrhunderten der Fall war. Besonders innerhalb der letzten 30 oder 20 Jahre ist das Übel in raschem Wachstum begriffen, und die Wohnlichkeitsverhältnisse des Landmanns sind jetzt im

---

terung des physischen Zustandes der Bevölkerung, und alle schreiben diese Verschlechterung der Armut zu. Der tägliche Unterhalt des Landarbeiters wird dort auf 5 d. veranschlagt, in vielen Distrikten zahlt der Pächter“ (selbst elend) „weniger. Ein Bissen gesalznes Fleisch, getrocknet zur Härte von Mahagoni und kaum wert des schwierigen Prozesses der Verdauung, oder Speck dient zur Würze einer großen Quantität von Brühe, von Mehl und Lauch, oder Haferbrei, und Tag nach Tag ist dies das Mittagsmahl des Landarbeiters ... Der Fortschritt der Industrie hatte die Folge für ihn, in diesem harten und feuchten Klima, das solide hausgesponnene Tuch durch wohlfeile Baumwollzeuge zu verdrängen und stärkere Getränke durch ‚nominellen‘ Tee ... Nach langstündiger Aussetzung an Wind und Regen kehrt der Ackerbauer zurück zu seiner Cottage, um niederzusitzen bei einem Feuer von Torf oder Ballen, die aus Lehm und Kohlenabfall zusammengesetzt sind und Wolken von Kohlen- und Schwefelsäure ausqualmen. Die Wände der Hütte bestehn aus Lehm und Steinen, das Estrich aus der nackten Erde, welche da war vor Erbauung der Hütte, das Dach ist eine Masse losen und aufgedunsenen Strohs. Jeder Spalt ist verstopft zur Erhaltung der Wärme, und in einer Atmosphäre von diabolischem Gestank, einen Schlammboden unter sich, oft mit seinen einzigen Kleidern trocknend auf seinem Leibe, nimmt er sein Abendbrot mit Weib und Kindern. Geburtshelfer, gezwungen, einen Teil der Nacht in diesen Hütten zuzubringen, haben beschrieben, wie ihre Füße im Schlamm des Fußbodens versanken, und wie sie gezwungen waren, leichte Arbeit!, ein Loch durch die Wand zu bohren, um sich eine kleine Privatrespiration zu verschaffen. Zahlreiche Zeugen von verschiednem Rang bezeugen, daß der untergenährte (underfed) Bauer diesen und andren gesundheitswidrigen Einflüssen jede Nacht ausgesetzt ist, und für das Resultat, ein geschwächtes und skrofulöses Volk, fehlt es wahrhaftig nicht an Beweisen ... Die Mitteilungen der Pfarreibeamten von Caermarthenshire und Cardiganshire zeigen schlagend denselben Zustand der Dinge. Es kommt hinzu eine noch größere Pest, das Umsichgreifen des Idiotismus. Nun noch die klimatischen Verhältnisse. Heftige Südwestwinde durchblasen das ganze Land während 8 bis 9 Monaten im Jahr, in ihrem Gefolg Regen-Sturzbäche, die sich hauptsächlich auf die westlichen Abhänge der Hügel entladen. Bäume sind selten, außer in gedeckten Plätzen; wo unbeschützt, werden sie aus aller Form zerblasen. Die Hütten kriechen unter irgendeine Bergterrasse, oft auch in eine Schlucht oder einen Steinbruch, nur die winzigsten Schafe und einheimisches Hornvieh können auf den Weiden leben ... Die jungen Leute wandern nach dem östlichen Minendistrikte von Glamorgan und Monmouth ... Caermarthenshire ist die Pflanzschule der Minenbevölkerung und ihr Invalidenhaus ... Die Bevölkerung erhält ihre Zahl nur mühsam. So in Cardinganshire:

	1851	1861
Männlichen Geschlechts	45.155	44.446
Weiblichen Geschlechts	52.459	52.955
	97.614	97.401.“

(Dr. Hunters Report in „Public Health. Seventh Report, 1864“. Lond. 1865, p. 498 bis 502 passim.)

höchsten Grad kläglich. Außer soweit diejenigen, die seine Arbeit bereichert, es der Mühe wert halten, ihn mit einer Art von mitleidiger Nachsicht zu behandeln, ist er ganz hilflos in der Sache. Ob er Behausung findet auf dem Land, welches er bebaut, ob sie menschlich oder schweinisch ist, ob mit kleinem Garten, der den Druck der Armut so sehr erleichtert, alles das hängt nicht von seiner Bereitheit oder Fähigkeit zur Zahlung einer angemeßnen Miete ab, sondern von dem Gebrauch, den andre von ‚dem Recht, mit ihrem Eigentum zu tun, was sie wollen', zu machen belieben. Eine Pachtung mag noch so groß sein, es existiert kein Gesetz, daß auf ihr eine bestimmte Anzahl von Arbeiterwohnungen, und nun gar anständigen, stehen muß; ebensowenig behält das Gesetz dem Arbeiter auch nur das kleinste Recht auf den Boden vor, für welchen seine Arbeit so notwendig ist wie Regen und Sonnenschein ... Ein notorischer Umstand wirft noch ein schweres Gewicht in die Waagschale gegen ihn ..., der Einfluß des Armengesetzes mit seinen Bestimmungen über Niederlassung und Belastung zur Armensteuer.[162] Unter seinem Einfluß hat jede Pfarrei ein Geldinteresse, die Zahl ihrer residierenden Landarbeiter auf ein Minimum zu beschränken; denn unglücklicherweise führt die Landarbeit, statt sichre und permanente Unabhängigkeit dem hartschanzenden Arbeiter und seiner Familie zu verbürgen, meist nur auf längerem oder kürzerem Umweg zum Pauperismus, einem Pauperismus, der während des ganzen Wegs so nahe ist, daß jede Krankheit oder irgendein vorübergehender Mangel an Beschäftigung unmittelbar die Zuflucht zur Pfarreihilfe ernötigt; und daher ist alle Ansässigkeit einer Ackerbaubevölkerung in einer Pfarrei augenscheinlich ein Zuschuß zu ihrer Armensteuer ... Große Grundeigentümer[163] haben nur zu beschließen, daß keine Arbeiterwohnungen auf ihren Gütern stehn sollen, und sie befreien sich sofort von der Hälfte ihrer Verantwortlichkeit für die Armen. Wieweit die englische Konstitution und das Gesetz diese Art unbedingtes Grundeigentum beabsichtigten, welches einen Landlord, der ‚mit seinem Eignen tut, was er will', befähigt, die Bebauer des Bodens wie Fremde zu behandeln und sie von seinem Territorium zu verjagen, ist eine Frage, deren Diskussion nicht in meinen Bereich fällt ... Diese Macht der Eviktion ist keine bloße Theorie. Sie wird praktisch auf der größten Stufenleiter geltend gemacht. Sie ist einer der Umstände, welche die Wohnlichkeitsverhältnisse des Landarbeiters beherrschen ... Den Umfang des Übels mag man aus dem letzten Zensus beurteilen, wonach die Zerstörung von Häusern, trotz vermehrter lokaler Nachfrage für dieselben, während der letzten 10 Jahre, in 821 verschiednen Distrikten von England fortschritt, so daß, abgesehn von den Personen, die gezwungen wurden, Nichtresidierende" (nämlich in dem Kirchspiel, worin sie arbeiten) „zu werden, 1861 verglichen mit 1851 eine um $5^1/_3$% größere Bevölkerung in einen um $4^1/_2$% kleineren Hausraum gedrängt wurde ... Sobald der Entvölkerungsprozeß sein Ziel

[162] 1865 ist dies Gesetz etwas verbessert worden. Man wird bald durch Erfahrung lernen, daß dergleichen Pfuscherei nichts hilft.

[163] Zum Verständnis des folgenden: Close Villages (geschloßne Dörfer) heißen die, deren Grundeigentümer ein oder ein paar große Landlords; Open Villages (offne Dörfer) die, deren Boden vielen kleineren Eigentümern gehört. Es sind die letzteren Orte, wo Bauspekulanten Cottages und Logierhäuser errichten können.

erreicht hat, ist das Resultat, sagt Dr. Hunter, ein Schaudorf (show-village), wo die Cottages auf wenige reduziert sind und wo niemand leben darf außer Schafhirten, Gärtnern und Wildhütern, reguläre Bediente, welche die in ihrer Klasse gewohnheitsmäßige gute Behandlung von der gnädigen Herrschaft erhalten.[164] Aber das Land bedarf der Bebauung, und man wird finden, daß die darauf beschäftigten Arbeiter keine Haussassen des Grundeigentümers sind, sondern von einem offnen Dorf herkommen, vielleicht 3 Meilen weit entfernt, wo eine zahlreiche kleine Hauseigentümerschaft sie aufnahm, nach Zerstörung ihrer Cottages in den geschloßnen Dörfern. Wo die Dinge diesem Resultat zustreben, bezeugen die Cottages meist durch ihr elendes Aussehn das Schicksal, zu dem sie verdammt sind. Man findet sie auf den verschiednen Stufen natürlichen Verfalls. Solange das Obdach zusammenhält, wird dem Arbeiter erlaubt, Rente dafür zu zahlen, und er ist oft sehr froh, dies tun zu dürfen, selbst wenn er den Preis einer guten Wohnung zu zahlen hat. Aber keine Reparatur, keine Ausbesserung, außer die der pfenniglose Inhaber leisten kann. Wird es endlich zuletzt ganz unbewohnbar, so ist es nur eine zerstörte Cottage mehr und so viel künftige Armensteuer weniger. Während die großen Eigentümer die Armensteuer so von sich abwälzen durch Entvölkerung des von ihnen kontrollierten Grund und Bodens, nimmt das nächste Landstädtchen oder offne Ortschaft die hinausgeworfnen Arbeiter auf; die nächste, sage ich, aber dies ‚nächste' mag 3 oder 4 Meilen vom Pachthof sein, wo der Arbeiter sich täglich abzuplacken hat. So wird seinem Tageswerk, als ob es gar nichts sei, die Notwendigkeit eines täglichen Marsches von 6 oder 8 Meilen zur Verdienung seines täglichen Brotes hinzugefügt. Alle von seiner Frau und seinen Kindern verrichtete Landarbeit geht jetzt unter denselben erschwerenden Umständen vor. Und dies ist nicht das ganze Übel, welches ihm die Entfernung verursacht. In der offnen Ortschaft kaufen Bauspekulanten Bodenfetzen, welche sie so dicht wie möglich mit den wohlfeilsten aller möglichen Spelunken besäen. Und in diesen elenden Wohnlichkeiten, die sogar, wenn sie auf das offne Land münden, die ungeheuerlichsten Charakterzüge der schlechtesten Stadtwohnungen teilen, hocken die Ackerbauarbeiter Englands[165]

---

164 Ein solches Schaudorf sieht sehr nett aus, aber es ist so unreal wie die Dörfer, welche Katharina II. auf der Reise nach der Krim sah. In der letzteren Zeit wird auch der Schafhirt häufig aus diesen show-villages verbannt. Z. B. bei Market Harborough ist eine Schäferei von ungefähr 500 Acres, die nur die Arbeit eines Mannes erheischt. Zur Verminderung der langen Märsche über diese weiten Flächen, die schönen Weiden von Leicester und Northampton, pflegte der Hirt eine Cottage auf der Meierei zu erhalten. Jetzt gibt man ihm einen dreizehnten Schilling für Logis, das er weitab in dem offnen Dorf suchen muß.

165 „Die Häuser der Arbeiter" (in den offnen Ortschaften, die natürlich stets überfüllt sind) „sind gewöhnlich in Reihen gebaut, mit dem Rücken auf der äußersten Kante des Bodenfetzens, den der Bauspekulant sein nennt. Sie sind daher ohne Zutritt von Licht und Luft, außer von der Frontseite." (Dr. Hunters Report, l.c.p. 135.) „Sehr oft ist der Bierwirt oder Krämer des Dorfs zugleich Hausvermieter. In diesem Fall findet der Landarbeiter in ihm einen zweiten Herrn neben dem Pächter. Er muß zugleich sein Kunde sein. Mit 10 sh. per Woche, minus einer jährlichen Rente von 4 Pfd. St., ist er verpflichtet, sein modicum von Tee, Zucker, Mehl, Seife, Kerzen und Bier zu den vom Krämer beliebten Preisen zu kaufen." (l.c.p. 132.) Diese offnen Dorfschaften bilden in der Tat die „Strafkolonien" des englischen Ackerbauproletariats.

... Andrerseits muß man sich nur nicht einbilden, daß selbst der auf dem Grund und Boden, den er bebaut, behauste Arbeiter eine Wohnlichkeit findet, wie sie sein Leben produktiver Industrie verdient. Selbst auf den fürstlichsten Gütern ist seine Cottage oft von der allerjämmerlichsten Art. Es gibt Landlords, die einen Stall gut genug für ihre Arbeiter und deren Familien glauben und die es dennoch nicht verschmähn, aus ihrer Miete so viel Bares als möglich herauszuschlagen.[166] Es mag nur eine verfallende Hütte mit einer Schlafstube sein, ohne Feuerherd, ohne Abtritt, ohne öffenbare Fenster, ohne Wasserzufuhr außer dem Graben, ohne Garten, der Arbeiter ist hilflos gegen die Unbill. Und unsre gesundheitspolizeilichen Gesetze (The Nuisances Removal Acts) sind ein toter Buchstabe. Ihre Ausführung ist ja grade den Eigentümern anvertraut, welche solche Löcher vermieten ... Man muß sich durch ausnahmsweise lichtvollere Szenen nicht blenden lassen über das erdrückende Übergewicht der Tatsachen, die ein Schandfleck der englischen Zivilisation sind. Schauderhaft muß in der Tat die Lage der Dinge sein, wenn, trotz der augenfälligen Ungeheuerlichkeit der gegenwärtigen Behausung, kompetente Beobachter einstimmig zu dem Schlußresultat gelangen, daß selbst die allgemeine Nichtswürdigkeit der Wohnungen noch ein unendlich minder drückendes Übel ist als ihr bloß numerischer Mangel. Seit Jahren war die Überstopfung der Wohnungen der Landarbeiter ein Gegenstand tiefen Kummers nicht nur für Personen, die auf Gesundheit, sondern für alle, die auf anständiges und moralisches Leben halten. Denn, wieder und wieder, in Ausdrücken so gleichförmig, daß sie stereotypiert zu sein scheinen, denunzieren die Berichterstatter über die Verbreitung epidemischer Krankheiten in den ländlichen Distrikten Hausüberfüllung als eine Ursache, die jeden Versuch, den Fortschritt einer

---

Viele der Cottages sind reine Logierhäuser, wo alles vagabundierende Gesindel der Umgegend durchpassiert. Der Landmann und seine Familie, die oft wahrhaft wunderbar in den schmutzigsten Verhältnissen Tüchtigkeit und Reinheit des Charakters bewahrt hatten, gehn hier platterdings zum Teufel. Es ist natürlich Mode unter den vornehmen Shylocks, über die Bauspekulanten und die kleinen Eigentümer und die offnen Orte pharisäisch die Achsel zu zucken. Sie wissen sehr wohl, daß ihre „geschloßnen Dörfer und Schaudörfer" die Geburtsstätten der „offnen Orte" sind und ohne dieselben nicht existieren könnten. „Ohne die kleinen Eigentümer der offnen Orte müßte der größte Teil der Landarbeiter unter den Bäumen der Güter schlafen, worauf sie arbeiten." (l.c.p. 135.) Das System der „offnen" und „geschloßnen" Dörfer herrscht in allen Midlands und im ganzen Osten Englands.

[166] „Der Hausvermieter" (der Pächter oder Landlord) „bereichert sich direkt oder indirekt durch die Arbeit eines Mannes, dem er 10 sh. per Woche zahlt, und zwackt dann wieder von diesem armen Teufel 4 oder 5 Pfd. St. jährliche Miete für Häuser ab, die keine 20 Pfd. St. auf offnem Markt wert sind, aber auf ihrem künstlichen Preis erhalten werden durch die Macht des Eigentümers, zu sagen: ‚Nimm mein Haus oder pack dich und suche anderswo ein Unterkommen, ohne Arbeitszeugnis von mir' ... Wünscht ein Mann sich zu verbessern und als Schienenleger zu einer Eisenbahn zu gehn oder einem Steinbruch, wieder ist dieselbe Macht bereit mit einem: ‚Arbeite für mich zu diesem niedrigen Arbeitslohn oder pack dich auf eine Woche Kündigung; nimm dein Schwein mit dir, wenn du eins hast, und schau zu, was du aus den Kartoffeln herausschlägst, die in deinem Garten wachsen.' Steht jedoch das Interesse nach der andren Seite, so zieht in solchen Fällen der Eigentümer" (resp. Pächter) „manchmal eine erhöhte Hausmiete vor als Strafe für die Desertion aus seinem Dienst." (Dr. Hunter, l.c.p. 132.)

einmal eingeführten Epidemie aufzuhalten, durchaus vereitelt. Und wieder und wieder ward nachgewiesen, daß den vielen gesunden Einflüssen des Landlebens zum Trotz die Agglomeration, welche das Umsichgreifen ansteckender Krankheiten so sehr beschleunigt, auch die Entstehung nicht ansteckender Krankheiten fördert. Und die Personen, welche diesen Zustand denunziert haben, verschweigen weitres Unheil nicht. Selbst wo ihr ursprüngliches Thema nur die Gesundheitspflege betraf, waren sie beinahe gezwungen, auf die andren Seiten des Gegenstandes einzugehn. Indem sie nachwiesen, wie häufig es sich ereignet, daß erwachsne Personen beiderlei Geschlechts, verheiratet und unverheiratet, zusammengehudelt (huddled) werden in engen Schlafstuben, mußten ihre Berichte die Überzeugung hervorrufen, daß unter den beschriebenen Umständen Scham- und Anstandsgefühl aufs gröbste verletzt und alle Moralität fast notwendig ruiniert wird[167] ... Z. B. in Appendix meines letzten Berichts erwähnt Dr. Ord, in seinem Bericht über den Fieberausbruch zu Wing in Buckinghamshire, wie ein junger Mann von Wingrave mit Fieber dorthin kam. In den ersten Tagen seiner Krankheit schlief er mit 9 andren Personen in einem Gemach zusammen. In zwei Wochen wurden verschiedne Personen ergriffen, im Verlauf weniger Wochen verfielen 5 von den 9 Personen dem Fieber, und eine starb! Gleichzeitig berichtete mir Dr. Harvey von St. Georges Spital, der Wing wahrend der Epidemiezeit in Angelegenheiten seiner Privatpraxis besuchte, in demselben Sinne: ‚Ein junges, fieberkrankes Frauenzimmer schlief nachts in derselben Stube mit Vater, Mutter, ihrem Bastardkind, zwei jungen Männern, ihren Brüdern, und ihren zwei Schwestern, jede mit einem Bastard, in allem 10 Personen. Wenige Wochen vorher schliefen 13 Kinder in demselben Raume.‘“[168]

Dr. Hunter untersuchte 5375 Landarbeiter-Cottages, nicht nur in den reinen Agrikulturdistrikten, sondern in allen Grafschaften Englands. Unter diesen 5375 hatten 2195 nur eine Schlafstube (oft zugleich Wohnstube), 2930 nur 2 und 250 mehr als 2. Ich will für ein Dutzend Grafschaften eine kurze Blütenlese geben.

---

[167] „Jung verheiratete Paare sind kein erbauliches Studium für erwachsne Brüder und Schwestern in derselben Schlafstube; und obgleich Beispiele nicht registriert werden dürfen, liegen hinreichende Data vor, um die Bemerkung zu rechtfertigen, daß großes Leid und oft der Tod das Los der weiblichen Teilnehmer am Verbrechen der Blutschande ist.“ (Dr. Hunter, l.c.p. 137.) Ein ländlicher Polizeibeamter, der viele Jahre durch als Detektiv in den schlechtesten Vierteln von London funktioniert hatte, sagt von den Mädchen seines Dorfs: aus: „Ihre grobe Immoralität im frühen Alter, ihre Frechheit und Schamlosigkeit habe ich niemals während meines Polizeilebens in den schlechtesten Teilen von London erreicht gesehn ... Sie leben wie Schweine, große Jungen und Mädchen, Mütter und Väter, alles schläft zusammen in derselben Stube.“ („Child. Empl. Comm., Sixth Report“, Lond. 1867, Appendix, p. 77, n. 155.)

[168] „Public Health. Seventh Report, 1864“, p. 9-14 passim.

1. Bedfordshire.

Wrestlingworth: Schlafzimmer ungefähr 12 Fuß lang und 10 breit, obgleich viele kleiner sind. Die kleine einstöckige Hütte wird oft durch Bretter in zwei Schlafstuben geteilt, oft ein Bett in einer Küche 5 Fuß 6 Zoll hoch. Miete 3 Pfd. St. Die Mieter haben ihre eignen Abtritte zu bauen, der Hauseigentümer liefert nur ein Loch. So oft einer einen Abtritt baut, wird letzterer von der ganzen Nachbarschaft benutzt. Ein Haus namens Richardson von unerreichbarer Schöne. Seine Mörtelwände bauschten aus wie ein Damenkleid beim Knix. Ein Giebelende war konvex, das andre konkav, und auf dem letztren stand unglücklicherweise ein Schornstein, ein krummes Rohr von Lehm und Holz gleich einem Elefantenrüssel. Ein langer Stock diente als Stütze, um den Fall des Schornsteins zu verhindern. Tür und Fenster rautenförmig. Von 17 besuchten Häusern nur 4 mit mehr als 1 Schlafzimmer und diese 4 überstopft. Die einschläfrigen Cots bargen 3 Erwachsne mit 3 Kindern, ein verheiratetes Paar mit 6 Kindern usw.

Dunton: Hohe Hausrenten, von 4 bis 5 Pfd. St., Wochenlohn der Männer 10 sh. Sie hoffen, durch Strohflechten der Familie die Miete herauszuschlagen. Je höher die Hausmiete, desto größer die Zahl, die sich zusammentun muß, um sie zu zahlen. Sechs Erwachsne, die mit 4 Kindern in einer Schlafstube, zahlen dafür 3 Pfd. St. 10 sh. Das wohlfeilste Haus in Dunton, von der Außenseite 15 Fuß lang, 10 breit, vermietet für 3 Pfd. St. Nur eins von den 14 untersuchten Häusern hatte zwei Schlafstuben. Etwas vor dem Dorf ein Haus, von den Insassen bekotet vor seinen Außenwänden, die untern 9 Zoll der Tür verschwunden durch reinen Verfaulungsprozeß, einige Ziegelsteine von innen sinnreich des Abends beim Zuschließen vorgeschoben und mit etwas Matte verhangen. Ein halbes Fenster, samt Glas und Rahmen, war ganz den Weg alles Fleisches gegangen. Hier, ohne Möbel, hudelten 3 Erwachsne und 5 Kinder zusammen. Dunton ist nicht schlimmer als der Rest der Biggleswade Union.

2. Berkshire.

Beenham: Juni 1864 lebte ein Mann, Frau, 4 Kinder in einem Cot (einstöckigen Cottage). Eine Tochter kam heim aus dem Dienst mit Scharlachfieber. Sie starb. Ein Kind erkrankte und starb. Die Mutter und ein Kind litten am Typhus, als Dr. Hunter gerufen wurde. Der Vater und ein Kind schliefen auswärts, aber die Schwierigkeit, Isolierung zu sichern, zeigte sich hier, denn im vollgepfropften Markt des elenden Dorfs lag das Leinen des fiebergeschlagnen Hauses, auf Wäsche wartend. – Die Miete von H.'s Haus 1 sh. wöchentlich; das eine Schlafzimmer für ein Paar und 6 Kinder. Ein Haus vermietet zu 8 d. (wöchentlich), 14 Fuß 6 Zoll lang, 7 Fuß breit, Küche 6 Fuß hoch; das Schlafzimmer ohne Fenster, Feuerplatz, Tür noch Öffnung, außer nach dem Gang zu, kein Garten.

Ein Mann lebte hier vor kurzem mit zwei erwachsnen Töchtern und einem aufwachsenden Sohn; Vater und Sohn schliefen auf dem Bett, die Mädchen auf dem Hausgang. Jede hatte ein Kind, solange die Familie hier lebte, aber eine ging zum Workhouse für ihre Entbindung und kehrte dann heim.

3. Buckinghamshire.

30 Cottages – auf 1000 Acres Land – enthalten hier ungefähr 130-140 Personen. Die Pfarrei von Bradenham umfaßt 1000 Acres; sie hatte 1851 36 Häuser und eine Bevölkerung von 84 Manns- und 54 Weibspersonen. Diese geschlechtliche Ungleichheit geheilt 1861, wo sie 98 männlichen und 87 weiblichen Geschlechts zählte, Zuwachs in 10 Jahren von 14 Männern und 33 Weibern. Unterdes hatte die Häuserzahl um l abgenommen.

Winslow: Großer Teil davon neu gebaut in gutem Stil; Nachfrage nach Häusern scheint bedeutend, weil sehr armselige Cots vermietet zu 1 sh. und 1 sh. 3 d. per Woche.

Water Eaton: Hier haben die Eigentümer im Angesicht wachsender Bevölkerung ungefähr 20% der existierenden Häuser zerstört. Ein armer Arbeiter, der ungefähr 4 Meilen zu seinem Werk zu gehn hatte, antwortete auf die Frage, ob er kein Cot näher finden könnte: „Nein, sie werden sich verdammt hüten, einen Mann mit meiner großen Familie aufzunehmen."

Tinker's End, bei Winslow: Eine Schlafstube, worin 4 Erwachsne und 5 Kinder, 11 Fuß lang, 9 Fuß breit, 6 Fuß 5 Zoll hoch am höchsten Punkt; ein andres 11 Fuß 7 Zoll lang, 9 Fuß breit, 5 Fuß 10 Zoll hoch, beherbergte 6 Personen. Jede dieser Familien hatte weniger Raum als nötig für einen Galeerensträfling. Kein Haus hatte mehr als ein Schlafzimmer, keins eine Hintertür. Wasser sehr selten. Wochenmiete von 1 sh. 4 d. zu 2 sh. In 16 untersuchten Häusern nur ein einziger Mann, der 10 sh. wöchentlich verdiente. Das Luftreservoir, jeder Person in dem erwähnten Falle gegönnt, entspricht dem, das ihr zugut käme, wenn des Nachts eingeschlossen in eine Schachtel von 4 Fuß Kubik. Allerdings bieten die alten Hütten eine Masse naturwüchsiger Ventilation.

4. Cambridgeshire.

Gamblingay gehört verschiednen Eigentümern. Es enthält die lumpigsten Cots, die man irgendwo finden kann. Viel Strohflechterei. Eine tödliche Mattheit, eine hoffnungslose Ergebung in Schmutz beherrscht Gamblingay. Die Vernachlässigung in seinem Zentrum wird zur Tortur an den Extremitäten, Nord und Süd, wo die Häuser stückweis abfaulen. Die abwesenden Landlords lassen dem armen Nest flott zur Ader. Die Mieten sind sehr hoch; 8 bis 9 Personen gepackt in ein einschläfriges Zimmer, in zwei Fällen 6 Erwachsnc mit je 1 und 2 Kindern in einer kleinen Schlafstube.

5. Essex.

In dieser Grafschaft gehn in vielen Pfarreien Abnahme von Personen und Cottages Hand in Hand. In nicht weniger als 22 Pfarreien hat jedoch die Häuserzerstörung den Bevölkerungsanwachs nicht aufgehalten oder nicht die Expulsion bewirkt, welche unter dem Namen „Wanderung nach den Städten" überall vorgeht. In Fingringhoe, einer Pfarrei von 3443 Acres, standen 1851 145 Häuser, 1861 nur noch 110, aber das Volk wollte nicht fort und brachte es fertig, selbst unter dieser Behandlung zuzunehmen. Zu Ramsden Crays bewohnten 1851 252 Personen 61 Häuser, aber 1861 waren 262 Personen in 49 Häuser gequetscht. In Basildon lebten 1851 auf 1827 Acres 157 Personen in 35 Häusern, am Ende des Dezenniums 180 Personen in 27 Häusern. In den Pfarreien von Fingringhoe, South Fambridge, Widford, Basildon und Ramsden Crays lebten 1851 auf 8449 Acres 1392 Personen in 316 Häusern, 1861 auf demselben Areal 1473 Personen in 249 Häusern.

6. Herefordshire.

Diese kleine Grafschaft hat mehr gelitten vom „Eviktionsgeist" als irgendeine andre in England. Zu Madley gehören die überstopften Cottages, meist mit 2 Schlafzimmern, großenteils den Pächtern. Sie vermieten selbe leicht zu 3 oder 4 Pfd. St. per Jahr und zahlen Wochenlohn von 9 sh.!

7. Huntingdonshire.

Hartford hatte 1851 87 Häuser, kurz nachher 19 Cottages zerstört in dieser kleinen Pfarrei von 1720 Acres; Einwohnerschaft 1831: 452 Personen, 1851: 382 und 1861: 341. Vierzehn einschläfrige Cots untersucht. In einem 1 verheiratetes Paar, 3 erwachsne Söhne, 1 erwachsnes Mädchen, 4 Kinder, zusammen 10; in einem andren 3 Erwachsne, 6 Kinder. Eine dieser Stuben, worin 8 Personen schliefen, war 12 Fuß 10 Zoll lang, 12 Fuß 2 Zoll breit, 6 Fuß 9 Zoll hoch; Durchschnittsmaß, ohne Abzug der Vorsprünge, ergab ungefähr 130 Kubikfuß per Kopf. In den 14 Schlafstuben 34 Erwachsne und 33 Kinder. Diese Cottages selten mit Gärtchen versehn, aber viele der Insassen konnten kleine Fetzen Land, 10 oder 12 sh. per rood ($^1/_4$ Acre) pachten. Diese allotments sind entfernt von den abtrittslosen Häusern. Die Familie muß entweder zu ihrer Parzelle gehn, um ihre Exkremente abzulagern, oder, wie es mit Respekt zu melden hier geschieht, die Schublade eines Schranks damit füllen. Sobald sie voll, wird sie ausgezogen und dort entleert, wo ihr Inhalt nötig ist. In Japan geht der Zirkellauf der Lebensbedingungen reinlicher vonstatten.

8. Lincolnshire.

Langtoft: Ein Mann wohnt hier in Wrights Haus mit seiner Frau, ihrer Mutter und 5 Kindern; das Haus hat Vorderküche, Spülkammer, Schlafzimmer über der Vorderküche; Vorderküche und Schlafstube 12 Fuß 2 Zoll lang, 9 Fuß 5 Zoll breit, die ganze Grundfläche 21 Fuß 3 Zoll lang, 9 Fuß 5 Zoll breit. Die Schlafstube ist ein Dachraum. Die Wände laufen zuckerhutig an der Decke zusammen, und ein Klappfenster öffnet sich in der Front. Warum wohnte er hier? Garten? Außerordentlich winzig. Miete? Hoch, 1 sh. 3 d. per Woche. Nah seiner Arbeit? Nein, 6 Meilen entfernt, so daß er täglich 12 Meilen hin und her vermarschiert. Er wohnte da, weil es ein vermietbares Cot war und weil er ein Cot für sich allein haben wollte, irgendwo, zu irgendeinem Preis, in irgendeinem Zustand. Folgendes ist die Statistik von 12 Häusern in Langtoft mit 12 Schlafstuben, 38 Erwachsnen und 36 Kindern:

12 Häuser in Langtoft

Häuser	Schlafstuben	Erwachsne	Kinder	Personenzahl	Häuser	Schlafstuben	Erwachsne	Kinder	Personenzahl
1	1	3	5	8	1	1	3	3	6
1	1	4	3	7	1	1	3	2	5
1	1	4	4	8	1	1	2	0	2
1	1	5	4	9	1	1	2	3	5
1	1	2	2	4	1	1	3	3	6
1	1	5	3	8	1	1	2	4	6

9. Kent.

Kennington, höchst traurig überfüllt 1859, als die Diphtherie erschien und der Kirchspielsarzt eine amtliche Untersuchung über die Lage der ärmeren Volksklasse veranstaltete. Er fand, daß in dieser Ortschaft, wo viel Arbeit nötig, verschiedne Cots zerstört und keine neuen erbaut worden waren. In einem Bezirk standen 4 Häuser, birdcages (Vogelkäfige) benamst; jedes hatte 4 Zimmer mit den folgenden Dimensionen in Fuß und Zoll:

Küche	9,5 x 8,11 x 6,6
Spülkammer	8,6 x 4,60 x 6,6
Schlafzimmer	8,5 x 5,10 x 6,3
Schlafzimmer	8,3 x 8,40 x 6,3

10. Northamptonshire.

Brixworth, Pitsford und Floore: In diesen Dörfern lungern im Winter 20-30 Mann aus Arbeitsmangel auf den Straßen herum. Die Pächter bestellen nicht immer hinreichend das Korn- und Wurzelland, und der Landlord hat es passend gefunden, alle seine Pachten in 2 oder 3 zusammenzuwerfen. Daher Mangel an Beschäftigung. Während von der einen Seite des Grabens das Feld nach Arbeit schreit, werfen ihm die geprellten Arbeiter von der andren Seite sehnsüchtige Blicke zu. Fieberhaft überarbeitet im Sommer und halbverhungert im Winter, ist es kein Wunder, wenn sie in ihrem eignen Dialekt sagen, daß „the parson and gentlefolks seem frit to death at them“[168a].

Zu Floore Beispiele von Paaren mit 4, 5, 6 Kindern in einer Schlafstube kleinster Ausgabe, ditto 3 Erwachsne mit 5 Kindern, ditto ein Paar mit Großvater und 6 scharlachkranken Kindern etc.; in 2 Häusern mit 2 Schlafstuben 2 Familien von je 8 und 9 Erwachsnen.

11. Wiltshire.

Stratton: 31 Häuser besucht, 8 mit nur einer Schlafstube; Penhill in derselben Pfarrei. Ein Cot vermietet zu 1 sh. 3 d. wöchentlich an 4 Erwachsne und 4 Kinder, hatte außer guten Wänden nichts Gutes an sich, vom Estrich aus rauhgehaunen Steinen bis zum faulen Strohdach.

12. Worcestershire.

Hauszerstörung hier nicht ganz so arg; doch von 1851-1861 vermehrte sich das Personal per Haus von 4,2 zu 4,6 Individuen.

Badsey: Viele Cots und Gärtchen hier. Einige Pächter erklären die Cots „a great nuisance here, because they bring the poor“. (Die Cots großer Mißstand, weil sie die Armen herbringen.) Auf die Äußerung eines Gentleman:

> „Die Armen sind deswegen um nichts besser dran; wenn man 500 Cots baut, gehn sie wie die Wecken ab, in der Tat, je mehr man davon baut, desto mehr sind nötig“ –

die Häuser bringen nach ihm die Einwohner hervor, die naturgesetzlich auf „die Mittel der Behausung“ drücken –, bemerkt Dr. Hunter:

> „Nun, diese Armen müssen irgendwoher kommen, und da keine besondre Attraktion, wie milde Gaben, in Badsey existiert, muß Repulsion von einem noch unbequemeren Platz existieren, der sie hierhin treibt. Könnte jeder ein Cot und

---

[168a] „Pfaff und Edelmann scheinen verschworen, sie tot zu hetzen.“

ein Stückchen Land in der Nähe seines Arbeitsplatzes finden, so würde er solche sicher Badsey vorziehn, wo er für seine Handvoll Boden zweimal soviel zahlt als der Pächter für den seinen."

Die beständige Emigration nach den Städten, die beständige „Überzähligmachung" auf dem Land durch Konzentration von Pachtungen, Verwandlung von Acker in Weide, Maschinerie usw. und die beständige Eviktion der Landbevölkerung durch Zerstörung der Cottages gehn Hand in Hand. Je menschenleerer der Distrikt, desto größer seine „relative Übervölkerung", desto größer ihr Druck auf die Beschäftigungsmittel, desto größer der absolute Überschuß des Landvolks über seine Behausungsmittel, desto größer also in den Dörfern die lokale Überpopulation und die pestilenzialischste Menschenzusammenpackung. Die Verdichtung des Menschenknäuels in zerstreuten kleinen Dörfern und Marktflecken entspricht der gewaltsamen Menschenentleerung auf der Oberfläche des Landes. Die ununterbrochne „Überzähligmachung" der Landarbeiter trotz ihrer abnehmenden Anzahl und mit der wachsenden Masse ihres Produkts ist die Wiege ihres Pauperismus. Ihr eventueller Pauperismus ist ein Motiv ihrer Eviktion und die Hauptquelle ihrer Wohnlichkeitsmisere, welche die letzte Widerstandsfähigkeit bricht und sie zu reinen Sklaven der Grundherrn[169] und Pächter macht, so daß das Minimum des Arbeitslohns sich zum Naturgesetz für sie befestigt. Andrerseits ist das Land trotz seiner beständigen „relativen Übervölkerung" zugleich untervölkert. Dies zeigt sich nicht nur lokal auf solchen Punkten, wo der Menschenabfluß nach den Städten, Minen, Eisenbahnbauten usw. zu rasch vorgeht, es zeigt sich überall sowohl zur Erntezeit als im Frühling und Sommer während der zahlreichen Momente, wo die sehr sorgfältige und intensive englische Agrikultur Extrahände braucht. Es sind der Landarbeiter stets zu viel für die mittleren und stets zu wenig für die ausnahmsweisen oder temporären Bedürfnisse des Landbaus.[170] Daher findet man in den offiziellen Dokumen-

[169] „Die gottgewollte Beschäftigung des Landarbeiters gibt selbst seiner Stellung Würde. Er ist kein Sklave, sondern ein Friedenssoldat und verdient seinen Platz in einer Wohnung, wie sie für den verheirateten Mann vom Landlord zur Verfügung gestellt werden muß, der für sich des Recht beansprucht hat, ihn zur Arbeit zu zwingen, ähnlich wie das Land dem militärischen Soldaten gegenüber verfährt. Er erhält ebensowenig den Marktpreis für seine Arbeit wie ein Soldat. Gleich dem Soldaten fängt man auch ihn, solange er jung und unwissend ist und nur seinen eignen Beruf und seinen eignen Wohnort kennt. Frühe Heirat und die Handhabung der verschiednen Niederlassungsgesetze wirken auf den einen wie die Anwerbung und das Militärstrafgesetz auf den andern." (Dr. Hunter, l.c.p. 132.) Manchmal erweicht sich irgend ein ausnahmsweis schwachherziger Landlord über die von ihm geschaffene Einöde. „Es ist ein melancholisch Ding, allein in seinem Land zu sein", sagte der Graf von Leicester, als man ihm zum Fertigbau von Holkham gratulierte: „Ich schaue um mich und sehe kein Haus außer meinem eignen. Ich bin der Riese vom Riesenturm und habe alle meine Nachbarn aufgegessen."

[170] Ähnliche Bewegung seit den letzten Dezennien in Frankreich, im Maß, wie sich dort die kapitalistische Produktion der Agrikultur bemächtigt und die „überzählige" Landbevölkerung nach

ten die widerspruchsvolle Klage derselben Orte über gleichzeitigen Arbeitsmangel und Arbeitsüberfluß registriert. Der temporäre oder lokale Arbeitsmangel bewirkt keine Erhöhung des Arbeitslohns, sondern Pressung von Weibern und Kindern in den Feldbau und Herabsteigen zu stets niedrigeren Altersstufen. Sobald die Weiber- und Kinderausbeutung größeren Spielraum gewinnt, wird sie ihrerseits ein neues Mittel zur Überzähligmachung des männlichen Landarbeiters und Niederhaltung seines Lohns. Im Osten Englands blüht eine schöne Frucht dieses cercle vicieux – das sog. Gangsystem (Gang- oder Bandensystem), worauf ich hier kurz zurückkomme.[171]

Das Gangsystem haust fast ausschließlich in Lincolnshire, Huntingdonshire, Cambridgeshire, Norfolk, Suffolk und Nottinghamshire, sporadisch in den benachbarten Grafschaften von Northampton, Bedford und Rutland. Als Beispiel diene hier Lincolnshire. Ein großer Teil dieser Grafschaft ist neu, früheres Moor oder auch, wie in andren der genannten östlichen Grafschaften, der See erst abgewonnenes Land. Die Dampfmaschine hat für die Entwässerung Wunder gewirkt. Früherer Morast und Sandboden trägt jetzt ein üppiges Kornmeer und die höchsten Grundrenten. Dasselbe gilt von dem künstlich gewonnenen Alluvialland, wie in der Insel von Axholme und den andren Pfarreien am Ufer des Trent. Im Maß, wie die neuen Pachten entstanden, wurden nicht nur keine neuen Cottages gebaut, sondern alte niedergerissen, die Arbeitszufuhr aber verschafft aus den meilenweit entfernten offnen Dörfern längs den Landstraßen, die an Hügelrücken vorbeischlängeln. Dort hatte die Bevölkerung früher allein Schutz vor den langanhaltenden Winterüberschwemmungen gefunden. Auf den Pachten von 400 bis 1000 Acres ansässige Arbeiter (sie heißen hier „confined labourers") dienen ausschließlich zur permanenten schweren und mit Pferden verrichteten Landarbeit. Auf je 100 Acres (1 Acre = 40,49 Aren oder 1,584 preußische Morgen) kommt im Durchschnitt kaum eine Cottage. Ein Fenlandpächter z. B. sagt aus vor der Untersuchungskommission:

---

den Städten treibt. Ebenso hier verschlechterte Wohnlichkeits- und sonstige Verhältnisse an der Quelle der „Überzähligen". Über das eigentümliche „Prolétariat foncier" welches das Parzellensystem ausgebrütet hat, sieh u. a. die früher zitierte Schrift von Colins und Karl Marx, „Der achtzehnte Brumaire des Louis Bonaparte", 2. Aufl., Hamburg 1869, p. 88 sqq. 1846 betrug die städtische Bevölkerung in Frankreich 24,42, die ländliche 75,58%, 1861 die städtische 28,86, die ländliche 71,14%. In den letzten 5 Jahren ist die Abnahme der ländlichen Prozentteile der Bevölkerung noch größer. Schon 1846 sang Pierre Dupont in seinen „Ouvriers":

„Schlecht gekleidet, in Löchern wohnend,
unter den Dächern, im Schutt,
leben wir mit Eulen und Dieben,
Freunde des Dunkels."

[171] Der sechste und schließliche Report der Child. Empl. Comm., publiziert Ende März 1867, behandelt nur das agrikole Gangsystem.

> „Meine Pachtung erstreckt sich über 320 Acres, alles Kornland. Sie hat keine Cottage. Ein Arbeiter wohnt jetzt bei mir. Ich habe vier Pferdemänner in der Umgegend logierend. Das leichte Werk, wozu zahlreiche Hände nötig, wird durch Gänge vollbracht.“[172]

Der Boden erheischt viel leichtes Feldwerk wie Ausjäten des Unkrauts, Behakkung, gewisse Düngeroperationen, Auflesen der Steine usw. Es wird verrichtet durch die Gänge oder organisierten Banden, deren Wohnsitz in den offnen Ortschaften.

Der Gang besteht aus 10 bis 40 oder 50 Personen, nämlich Weibern, jungen Personen beiderlei Geschlechts (13-18 Jahr), obgleich Jungen meist mit dem 13. Jahr ausscheiden, endlich Kindern beiderlei Geschlechts (6 bis 13 Jahr). An der Spitze steht der Gangmaster (Gangmeister), immer ein gewöhnlicher Landarbeiter, meist ein sog. schlechter Kerl, Liederjahn, unstet, versoffen, aber mit einem gewissen Unternehmungsgeist und savoir-faire. Er wirbt den Gang, der unter ihm arbeitet, nicht unter dem Pächter. Mit letztrem akkordiert er meist auf Stückwerk, und sein Einkommen, das im Durchschnitt nicht sehr hoch über das eines gewöhnlichen Landarbeiters steigt[173], hängt fast ganz ab vom Geschick, womit er in kürzester Zeit möglichst viel Arbeit aus seiner Bande flüssig zu machen weiß. Die Pächter haben entdeckt, daß Frauenzimmer nur unter männlicher Diktatur ordentlich arbeiten, daß aber Frauenzimmer und Kinder, wenn einmal im Zug, mit wahrem Ungestüm, was schon Fourier wußte, ihre Lebenskraft verausgaben, während der erwachsne männliche Arbeiter so heimtückisch ist, damit, soviel er kann, hauszuhalten. Der Gangmeister zieht von einem Gut zum andren und beschäftigt so seine Bande 6-8 Monate im Jahr. Seine Kundschaft ist daher viel einträglicher und sicherer für die Arbeiterfamilien als die des einzelnen Pächters, welcher nur gelegentlich Kinder beschäftigt. Dieser Umstand befestigt seinen Einfluß in den offnen Ortschaften so sehr, daß Kinder meist nur durch seine Vermittlung dingbar sind. Individuelles Verpumpen der letztren, getrennt vom Gang, bildet sein Nebengeschäft.

Die „Schattenseiten“ des Systems sind die Überarbeit der Kinder und jungen Personen, die ungeheuren Märsche, die sie täglich zu und von den 5, 6 und manchmal 7 Meilen entfernten Gütern zurücklegen, endlich die Demoralisation des „Gangs“. Obgleich der Gangmeister, der in einigen Gegenden „the driver“ (Treiber) heißt, mit einem langen Stabe ausgerüstet ist, wendet er solchen jedoch nur selten an, und Klage über brutale Behandlung ist Ausnahme. Er ist ein demokratischer Kaiser oder eine Art Rattenfänger von Hameln. Er bedarf also der Popularität unter seinen Untertanen und fesselt sie an sich durch das unter seinen Auspizien blühende Zigeunertum. Rohe Ungebundenheit, lustige

---

[172] „Child. Empl. Comm., VI. Report“, Evidence, p. 37, n. 173. – Fenland = Marschland.

[173] Einzelne Gangmeister jedoch haben sich zu Pächtern von 500 Acres oder Besitzern ganzer Häuserreihen heraufgearbeitet.

Ausgelassenheit und obszönste Frechheit leihen dem Gangs Flügel. Meist zahlt der Gangmeister in einer Kneipe aus und kehrt dann wohl wankend, rechts und links gestützt auf ein stämmiges Frauenmensch, an der Spitze des Zuges heim, die Kinder und jungen Personen hinterher tollend, Spott und Zotenlieder singend. Auf dem Rückweg ist das, was Fourier „Phanerogamie" nennt, an der Tagesordnung. Die Schwängerung dreizehn- und vierzehnjähriger Mädchen durch ihre männlichen Altersgenossen ist häufig. Die offnen Dörfer, welche das Kontingent des Gangs stellen, werden Sodoms und Gomorrhas[174] und liefern doppelt soviel uneheliche Geburten als der Rest des Königreichs. Was in dieser Schule gezüchtete Mädchen als verheiratete Frauen in der Moralität leisten, ward schon früher angedeutet. Ihre Kinder, soweit Opium ihnen nicht den Garaus macht, sind geborne Rekruten des Gangs.

Der Gang in seiner eben beschriebenen klassischen Form heißt öffentlicher, gemeiner oder Wandergang (public, common or tramping gang). Es gibt nämlich auch Privatgänge (private gangs). Sie sind zusammengesetzt wie der Gemeingang, zählen aber weniger Köpfe und arbeiten, statt unter dem Gangmeister, unter einem alten Bauernknecht, den der Pächter nicht besser zu verwenden weiß. Der Zigeunerhumor verschwindet hier, aber nach allen Zeugenaussagen verschlechtern sich Zahlung und Behandlung der Kinder.

Das Gangsystem, das sich seit den letzten Jahren beständig ausdehnt[175], existiert offenbar nicht dem Gangmeister zulieb. Es existiert zur Bereicherung der großen Pächter[176], resp. Grundherrn[177]. Für den Pächter gibts keine sinnreichere Methode, sein Arbeiterpersonal tief unter dem normalen Niveau zu halten und dennoch für alles Extrawerk stets die Extrahand bereit zu haben, mit möglichst wenig Geld möglichst viel Arbeit herauszuschlagen[178] und den erwachsnen männlichen Arbeiter „überzählig" zu machen. Nach der früheren Auseinandersetzung versteht man, wenn einerseits die größere oder geringere

---

174 „Die Hälfte der Mädchen von Ludford ist ruiniert worden durch den Gang." (l.c., Appendix, p. 6, n. 32.)

175 „Das System hat sehr zugenommen in den letzten Jahren. In einigen Plätzen ist es erst seit kurzem eingeführt, in andren, wo es älter, werden mehr und jüngere Kinder in den Gang einrolliert." (l.c.p. 79, n.174.)

176 „Kleine Pächter wenden die Gangarbeit nicht an." „Sie wird nicht angewandt auf armem Land, sondern auf Land, was 2 Pfd. St. bis 2 Pfd. St. 10 sh. Rente per Acre bringt." (l.c.p. 17 u. 14.)

177 Einem dieser Herrn schmecken seine Renten so gut, daß er der Untersuchungskommission entrüstet erklärt, der ganze Schrei sei nur dem Namen des Systems geschuldet. Wenn man es statt „Gang" dahingegen „jugendliche industriell-agrikolkooperative Selbsterhaltungsassoziation" taufe, so wäre alles all right.

178 „Gangarbeit ist wohlfeiler als andre Arbeit, das ist die Ursache, warum sie angewandt wird", sagt ein ehemaliger Gangmeister. (l.c.p. 17, n.14.) „Das Gangsystem ist entschieden das wohlfeilste für den Pächter und ebenso entschieden das verderblichste für die Kinder", sagt ein Pächter. (l.c.p. 16, n. 3.)

Beschäftigungslosigkeit des Landmanns zugestanden, andrerseits zugleich das Gangsystem wegen Mangels an männlicher Arbeit und ihrer Wanderung nach den Städten für „notwendig" erklärt wird.[179] Das unkrautreine Feld und das Menschenunkraut von Lincolnshire usw. sind Pol und Gegenpol der kapitalistischen Produktion.[180]

---

[179] „Zweifelsohne vieles jetzt von den Kindern in Gängen verrichtete Werk wurde früher von Männern und Weibern verrichtet. Wo Weiber und Kinder angewandt werden, sind jetzt mehr Männer arbeitslos (more men are out of work) als früher." (l.c.p. 43, n. 202.) Dagegen u. a.: „Die Arbeitsfrage (labour question) in vielen Agrikulturdistrikten, besonders den kornproduzierenden, wird so ernsthaft infolge der Auswanderung und der Leichtigkeit, welche die Eisenbahnen zur Entfernung nach den großen Städten bieten, daß ich" (das „Ich" ist das des Landagenten eines großen Herrn) „die Kinderdienste für absolut unentbehrlich halte." (l.c.p. 80, n. 180.) The Labour Question (die Arbeitsfrage) bedeutet nämlich in den englischen Agrikulturdistrikten, im Unterschied von der übrigen zivilisierten Welt, the landlords' and farmers' Question (Grundherren- und Pächterfrage): wie, trotz stets vermehrtem Abzug der Landleute, eine genügende „relative Übervölkerung" auf dem Land und dadurch das „Minimum des Arbeitslohns" für den Landarbeiter zu verewigen sei?

[180] Der früher von mir zitierte „Public Health Report", worin bei Gelegenheit der Kindersterblichkeit vorübergehend vom Gangsystem gehandelt wird, blieb der Presse und daher dem englischen Publikum unbekannt. Dagegen bot der letzte Bericht der „Child. Empl. Comm." willkommenes „sensational" Preßfutter. Während die liberale Presse frug, wie doch die feinen Gentlemen und Ladies und Staatskirchpfründner, womit Lincolnshire schwärmt, ein solches System auf ihren Gütern, unter ihren Augen aufwachsen lassen konnten, Personagen, die eigne „Missionen zur Sittenverbesserung der Südseewilden" nach den Antipoden entsenden, stellte die feinere Presse ausschließlich Betrachtungen an über die rohe Verdorbenheit der Landleute, die fähig sind ihre Kinder in solche Sklaverei zu verkaufen! Unter den fluchwürdigen Umständen, worin „die Delikateren" den Landmann gebannt, wäre es erklärlich, wenn er seine eignen Kinder aufäße. Was wirklich wunderbar, ist die Charaktertüchtigkeit, die er großenteils bewahrt hat. Die offiziellen Berichterstatter beweisen, daß die Eltern selbst in den Gangdistrikten das Gangsystem verabscheuen. „Man findet reichlichen Beweis in den von uns gesammelten Zeugenaussagen, daß die Eltern in vielen Fällen dankbar sein würden für ein Zwangsgesetz, welches sie befähigen würde, den Versuchungen und dem Druck zu widerstehn, denen sie oft unterworfen sind. Bald treibt sie der Pfarreibeamte, bald der Anwender unter Androhung ihrer eignen Entlassung, die Kinder auf den Verdienst, statt in die Schule zu schicken ... Alle verwüstete Zeit und Kraft, alles Leid, welches außerordentliche und nutzlose Ermüdung für den Landmann und seine Familie produziert, jeder Fall, worin die Eltern den moralischen Ruin ihres Kindes auf die Überfüllung der Cottages oder die besudelnden Einflüsse des Gangsystems zurückleiten, stacheln in der Brust der arbeitenden Armen Gefühle auf, die man wohl verstehn wird, und die es unnötig ist zu detaillieren. Sie haben ein Bewußtsein darüber, daß ihnen viel körperliche und geistige Qual angetan wird durch Umstände, wofür sie in keiner Weise verantwortlich sind, welchen sie, wäre es in ihrer Macht gewesen, niemals ihre Zustimmung gegeben hätten und wider welche anzukämpfen sie ohnmächtig sind." (l.c.p. XX, n. 82 und XXIII, n. 96.)

f) Irland

Zum Schluß dieses Abschnitts müssen wir noch einen Augenblick nach Irland wandern. Zunächst die Tatsachen, worauf es hier ankommt.

Irlands Bevölkerung war 1841 auf 8.222.664 Personen angewachsen, 1851 auf 6.623.985 zusammengeschmolzen, 1861 auf 5.850.309, 1866 auf $5^1/_5$ Million, ungefähr auf ihr Niveau von 1801. Die Abnahme begann mit dem Hungerjahr 1846, so daß Irland in weniger als 20 Jahren mehr als $^5/_{16}$ seiner Volksmenge verlor.[181] Seine Gesamtemigration von Mai 1851 bis Juli 1865 zählte 1.591.487 Personen, die Emigration während der letzten 5 Jahre 1861-1865 mehr als eine halbe Million. Die Zahl der bewohnten Häuser verminderte sich von 1851-1861 um 52.990. Von 1851-1861 wuchs die Zahl der Pachthöfe von 15-30 Acres um 61.000, die der Pachthöfe über 30 Acres um 109.000, während die Gesamtzahl aller Pachten um 120.000 abnahm, eine Abnahme, die also ausschließlich der Vernichtung von Pachten unter 15 Acres, alias ihrer Zentralisation geschuldet ist.

Die Abnahme der Volksmenge war natürlich im großen und ganzen von einer Abnahme der Produktenmasse begleitet. Für unsren Zweck genügt es, die 5 Jahre 1861-1865 zu betrachten, während deren über $^1/_2$ Million emigrierte und die absolute Volkszahl um mehr als $^1/_3$ Million sank. (s. Tab. A.)

Tabelle A

Viehstand

	Pferde		*Hornvieh*		
Jahr	Gesamtzahl	Abnahme	Gesamtzahl	Abnahme	Zunahme
1860	619.811		3.606.374		
1861	614.232	5.579	3.471.688	134.686	
1862	602.894	11.338	3.254.890	216.798	
1863	579.978	22.916	3.144.231	110.659	
1864	562.158	17.820	3.262.294		118.063
1865	547.867	14.291	3.493.414		231.120

	Schafe			*Schweine*		
Jahr	Gesamtzahl	Abnahme	Zunahme	Gesamtzahl	Abnahme	Zunahme
1860	3.542.080			1.271.072		
1861	3.556.050		13.970	1.102.042	169.030	
1862	3.456.132	99.918		1.154.324		52.282
1863	3.308.204	147.928		1.067.458	86.866	
1864	3.366.941		53.737	1.058.480	8.978	
1865	3.688.742		321.801	1.299.893		241.413

[181] Bevölkerung von Irland: 1801: 5.319.867 Personen, 1811: 6.084.996, 1821: 6.869.544.1831: 7.828.347, 1841: 8.222.664.

Aus der vorhergehenden Tabelle ergibt sich:

Pferde	*Hornvieh*	*Schafe*	*Schweine*
Absolute Abnahme	Absolute Abnahme	Absolute Zunahme	Absolute Zunahme
71.944	112.960	146.662	28.821[182]

Wenden wir uns jetzt zum Ackerbau, der die Lebensmittel für Vieh und Mensch liefert. In der folgenden Tabelle ist Ab- oder Zunahme für jedes einzelne Jahr mit Bezug auf das unmittelbar vorhergehende berechnet. Die Kornfrucht umfaßt Weizen, Hafer, Gerste, Roggen, Bohnen und Erbsen, die Grünfrucht Kartoffeln, Turnips, Mangold- und Runkelrübe, Kohl, gelbe Rüben, Parsnips, Wicke usw.

Tabelle B

Zu- oder Abnahme des zum Fruchtbau und als Ware (resp.) Weide benutzten Bodenareals in Acres

	Kornfrucht	Grünfrucht		Grasland und Klee		Flachs		Alles zu Ackerbau und Viehzucht dienendes Land	
Jahr	Abnahme	Abnahme	Zunahme	Abnahme	Zunahme	Abnahme	Zunahme	Abnahme	Zunahme
1861	15.701	36.974		47.969			19.271	81.373	
1862	72.734	74.785			6623		2055	138.841	
1863	144.719	19.358			7724		63.922	92.431	
1864	122.437	2317			47.486		87.761		10.493
1865	72.450		25.421		68.970	50.159		28.218	
1861-65	428.041	108.013			82.834		122.850	339.37	

Im Jahr 1865 kamen unter der Rubrik „Grasland" 127.470 Acres hinzu, hauptsächlich weil das Areal unter der Rubrik „unbenutztes, wüstes Land und Bog (Torfmoor)" um 101.543 Acres abnahm. Vergleichen wir 1865 mit 1854, so Abnahme in Kornfrucht 246.667 Qrs. wovon 48.999 Weizen, 166.605 Hafer, 29.892 Gerste usw.; Abnahme an Kartoffeln, obgleich das Areal ihrer Bebauung 1865 wuchs, 446.398 Tonnen usw. (s. Tab. C.)

Von der Bewegung der Bevölkerung und Bodenproduktion Irlands gehen wir über zur Bewegung in der Börse seiner Landlords, größeren Pächtern und industriellen Kapitalisten. Sie spiegelt sich im Ab und Zu der Einkommenssteuer. Zum Verständnis der folgenden Tabelle D sei bemerkt, daß Rubrik D (Profite mit Ausnahme der Pächterprofite) auch sog. „professionelle" Profite

[182] Das Ergebnis würde sich ungünstiger stellen, wenn wir weiter zurückgingen. So Schafe 1865: 3.688.742, aber 1856: 3.694.294, Schweine 1865: 1.299.893. aber 1858: 1.409.883.

einbegreift, d. h. die Einkommen von Advokaten, Ärzten usw. die nicht besonders aufgezählten Rubriken C und E aber die Einnahmen von Beamten, Offizieren, Staatssinekuristen, Staatsgläubigern usw.

Tabelle D

Der Einkommensteuer unterliegende Einkommen in Pfd. St.[183]

Rubrik A	*1860*	*1861*	*1862*	*1863*	*1864*	*1865*
Grundrente	12.893.829	13.003.554	13.308.938	13.494.091	13.470.700	13.801.616
Rubrik B						
Pächterprofite	2.765.387	2.773.644	2.937.899	2.938.823	2.930.874	2.946.072
Rubrik D						
Industrielle etc. Profite	4.891.652	4.836.203	4.858.800	4.858.800	4.546.147	4.850.199
Sämtliche Rubriken A bis E	22.962.885	22.998.394	23.597.574	23.597.574	23.236.298	23.930.340

Unter Rubrik D betrug die Zunahme des Einkommens im Jahresdurchschnitt von 1853-1864 nur 0,93, während sie in derselben Periode in Großbritannien 4,58 betrug. Die folgende Tabelle zeigt die Verteilung der Profite (mit Ausschluß der Pächterprofite) für die Jahre 1864 und 1865:

Tabelle E

Rubrik D. Einkommen aus Profiten (über 60 Pfd. St.) in Irland[184]

	1864		1865	
	Pfd. St.	Verteilt unter Personen	Pfd. St.	Verteilt unter Personen
Jährliche Gesamteinnahmen von	4.368.610	17.467	4.669.979	18.081
Jährliche Einkommen über 60 und unter 100 Pfd. St.	238.726	5015	222.575	4703
Von der jährl. Gesamteinnahme........	1.979.066	11.321	2.028.571	12.184
Rest der jährl. Gesamteinnahme von....	2.150.818	1131	2.418.833	1194
Davon	1.073.906	1010	1.097.927	1044
	1.076.912	121	1.320.906	150
	430.535	95	584.458	122
	646.377	26	736.448	28
	262.819	3	274.528	3

183 „Tenth Report of the Commissioners of Inland Revenue". Lond. 1866

184 Das jährliche Gesamteinkommen unter Rubrik D weicht hier von der vorigen Tabelle ab, wegen gewisser gesetzlich zulässiger Abzüge.

Tabelle C

Zu- oder Abnahme in dem Areal des bebauten Bodens, dem Produkt per Acre, und dem Gesamtprodukt. 1865 verglichen mit 1864[185]

Produkt	Acres bebautes Land		Zu– oder Abnahme 1865		Produkt per Acre		Zu– oder Abnahme 1865		Totalprodukt			
	1864	1865	+	–	1864	1865	+	–	1864	1865	Zu– oder Abnahme 1865 +	–
					Zentner	*Zentner*	*Zentner*	*Zentner*	*Qrs.*	*Qrs.*	*Qrs.*	*Qrs.*
Weizen	276.483	266.989	–	9.494	13,3	13,0	–	0,3	875.782	826.783	–	48.999
Hafer	1.814.886	1.735.228	–	69.658	12,1	12,3	0,2	–	7.826.332	7.659.272	–	166.605
Gerste	172.700	177.102	4.402	–	15,9	14,9	–	1,0	761.909	732.017	–	29.892
Bere }	8.894	10.091	1.197	–	16,4	14,8	–	1,6	15.160	13.989	–	1.171
Roggen }					8,5	10,4	1,9	–	12.680	18.364	5.684	–
					Tonnen	*Tonnen*	*Tonnen*	*Tonnen*	*Tonnen*	*Tonnen*	*Tonnen*	*Tonnen*
Kartoffeln	1.039.724	1.066.260	26.536	–	4,1	3,6	–	0,5	4.312.388	3.865.909	–	446.398
Turnips	337.355	334.212	–	3.143	10,3	9,9	–	0,4	3.467.569	3.301.683	–	165.976
Mangoldwurzel	14.073	14.389	316	–	10,5	13,3	2,8	–	147.284	191.937	44.653	–
Kohl	31.821	33.622	1.801	–	9,3	10,4	1,1	–	297.375	350.252	52.877	–
Flachs	301.693	251.433	–	50.260	34,2*	25,2*	–	9,0*	64.506	39.561	–	24.945
Heu	1.609.569	1.678.493	68.924	–	1,6	1,8	0,2	–	2.607.153	3.068.707	461.554	–

* Stones zu 14 Pfd.

[185] Die Angaben des Textes sind zusammengestellt aus dem Material der „Agricultural Statistics, Ireland. General Abstract“, Dublin, für die Jahre 1860 sqq. und „Agricultural Statistics, Ireland. Tables showing the Estimated Average Produce etc.“, Dublin 1867. Man weiß, daß diese Statistik offiziell ist und dem Parlament jährlich vorgelegt wird.

Zusatz zur 2. Ausgabe. Die offizielle Statistik zeigt für das Jahr 1872 eine Abnahme im Areal des bebauten Bodens – verglichen mit 1871 – von 134.915 acres. Es fand „Zunahme“ statt im Anbau von Grünfrucht, – Turnips, Mangoldwurzel u. dergl.; „Abnahme“ im Areal des bebauten Bodens von 16.000 acres für Weizen, 14.000 acres für Hafer, 4000 acres für Gerste und Roggen, 66.632 acres für Kartoffeln, 34.667 acres für Flachs und 30.000 acres weniger in Wiesen, Klee, Wicke und Rübsamen. Der unter Weizenkultur befindliche Boden zeigt für die letzten 5 Jahre folgende abnehmende Stufenleiter: 1868 – 285.000 acres; 1869 – 280.000 acres; 1870 – 259.000 acres; 1871 – 244.000 acres. Für 1872 finden wir in runder Zahl eine Zunahme von 2600 Pferden, 80.000 Hornvieh, 68.600 Schafen und eine Abnahme von 236.000 Schweinen.

England, ein Land entwickelter kapitalistischer Produktion und vorzugsweise industriell, wäre verblutet an einem Volksaderlaß gleich dem irischen. Aber Irland ist gegenwärtig nur ein durch einen breiten Wassergraben abgezäunter Agrikulturdistrikt Englands, dem es Korn, Wolle, Vieh, industrielle und militärische Rekruten liefert.

Die Entvölkerung hat viel Land außer Bebauung geworfen, das Bodenprodukt sehr vermindert[186], und, trotz des erweiterten Areals der Viehzucht, in einigen ihrer Zweige absolute Abnahme erzeugt, in andren kaum nennenswerten, durch beständige Rückschritte unterbrochnen Fortschritt. Dennoch stiegen mit dem Fall der Volksmasse fortwährend Bodenrenten und Pachtprofite, obgleich letztere nicht so konstant wie die erstren. Der Grund ist leicht verständlich. Einerseits verwandelte sich mit der Zusammenwerfung der Pachtungen und der Verwandlung von Ackerland in Viehweide ein größerer Teil des Gesamtprodukts in Mehrprodukt. Das Mehrprodukt wuchs, obgleich das Gesamtprodukt, wovon es einen Bruchteil bildet, abnahm. Andrerseits stieg der Geldwert dieses Mehrprodukts noch rascher als seine Masse, infolge der seit den letzten 20 und ganz besonders seit den letzten 10 Jahren steigenden englischen Marktpreise für Fleisch, Wolle usw.

Zersplitterte Produktionsmittel, die den Produzenten selbst als Beschäftigungs- und Subsistenzmittel dienen, ohne sich durch Einverleibung fremder Arbeit zu verwerten, sind ebensowenig Kapital, als das von seinem eigenen Produzenten verzehrte Produkt Ware ist. Wenn mit der Volksmasse auch die Masse der in der Agrikultur angewandten Produktionsmittel abnahm, so nahm die Masse des in ihr angewandten Kapitals zu, weil ein Teil früher zersplitterter Produktionsmittel in Kapital verwandelt ward.

Das außerhalb der Agrikultur, in Industrie und Handel angelegte Gesamtkapital Irlands akkumulierte während der letzten zwei Dezennien langsam und unter beständiger großer Fluktuation. Um so rascher entwickelte sich dagegen die Konzentration seiner individuellen Bestandteile. Endlich, wie gering immerhin sein absolutes Wachstum, relativ, im Verhältnis zur zusammengeschmolzenen Volkszahl, war es angeschwollen.

Hier entrollt sich also, unter unsren Augen, auf großer Stufenleiter, ein Prozeß, wie die orthodoxe Ökonomie ihn nicht schöner wünschen konnte zur Bewähr ihres Dogmas, wonach das Elend aus absoluter Übervölkerung entspringt und das Gleichgewicht durch Entvölkerung wiederhergestellt wird. Es ist dies ein ganz anders wichtiges Experiment als die von den Malthusianern so sehr verherrlichte Pest in der Mitte des vierzehnten Jahrhunderts. Nebenbei bemerkt. War es an sich schulmeisterlich naiv, den Produktions- und entspre-

---

[186] Wenn das Produkt auch verhältnismäßig pro Acre abnimmt, vergesse man nicht, daß England seit 1½ Jahrhunderten den Boden von Irland indirekt exportiert hat, ohne seinen Bebauern auch nur die Mittel zum Ersatz der Bodenbestandteile zu gönnen.

chenden Bevölkerungsverhältnissen des 19. Jahrhunderts den Maßstab des 14. Jahrhunderts anzulegen, so übersah diese Naivetät noch obendrein, daß, wenn jener Pest und der sie begleitenden Dezimation diesseits des Kanals, in England, Befreiung und Bereicherung des Landvolks, ihr jenseits, in Frankreich, größere Knechtung und erhöhtes Elend auf dem Fuß nachfolgten.[186a]

Die Hungersnot erschlug 1846 in Irland über eine Menschenmillion, aber nur arme Teufel. Sie tat dem Reichtum des Landes nicht den geringsten Abbruch. Der nachfolgende zwanzigjährige und stets noch anschwellende Exodus dezimierte nicht, wie etwa der Dreißigjährige Krieg, mit den Menschen zugleich ihre Produktionsmittel. Das irische Genie erfand eine ganz neue Methode, ein armes Volk Tausende von Meilen vom Schauplatz seines Elends wegzuhexen. Die in die Vereinigten Staaten übergesiedelten Auswanderer schicken jährlich Geldsummen nach Haus, Reisemittel für die Zurückgebliebenen. Jeder Trupp, der dieses Jahr auswandert, zieht nächstes Jahr einen andren Trupp nach. Statt Irland etwas zu kosten, bildet die Auswanderung so einen der einträglichsten Zweige seines Exportgeschäftes. Sie ist endlich ein systematischer Prozeß, der nicht etwa vorübergehend ein Loch in die Volksmasse bohrt, sondern aus derselben jährlich mehr Menschen auspumpt, als der Nachwuchs ersetzt, so daß das absolute Bevölkerungsniveau von Jahr zu Jahr sinkt.[186b]

Welches waren die Folgen für die zurückbleibenden, von der Übervölkerung befreiten Arbeiter Irlands? Daß die relative Übervölkerung heute so groß ist wie vor 1846, daß der Arbeitslohn ebenso niedrig steht und die Arbeitsplackerei zugenommen hat, daß die Misere auf dem Land wieder zu einer neuen Krise drängt. Die Ursachen sind einfach. Die Revolution in der Agrikultur hielt Schritt mit der Emigration. Die Produktion der relativen Übervölkerung hielt mehr als Schritt mit der absoluten Entvölkerung. Ein Blick auf Tabelle B zeigt, wie die Verwandlung von Ackerbau in Viehweide in Irland noch akuter wirken muß als in England. Hier wächst mit der Viehzucht der Bau von Grünfrucht, dort nimmt er ab. Während große Massen früher bestellter Äcker brachgelegt oder in permanentes Grasland verwandelt werden, dient ein großer Teil des früher unbenutzten wüsten Landes und Torfmoors zur Ausdehnung der Viehzucht. Die kleineren und mittleren Pächter – ich rechne dazu alle, die nicht über 100 Acres bebauen – machen immer noch ungefähr $^{8}/_{10}$ der Gesamtzahl aus.[186c] Sie werden

[186a] Da Irland als das gelobte Land des „Bevölkerungsprinzipes“ angesehn wird, erließ Th. Sadler, vor der Veröffentlichung seines Werks über Bevölkerung, sein berühmtes Buch „Ireland, its Evils and their Remedies“, 2nd ed., London 1829, worin er durch Vergleichung der Statistik der einzelnen Provinzen, und in jeder Provinz der einzelnen Grafschaften, nachweist, daß das Elend dort herrscht nicht, wie Malthus will im Verhältnis zur Bevölkerungszahl. sondern im umgekehrten Verhältnis zu ihr.

[186b] Für die Zeit von 1851 bis 1874 beläuft sich die Gesamtzahl der Auswanderer auf 2.325.922.

[186c] Note z. 2. Ausg. Nach einer Tabelle in Murphys „Ireland, Industrial, Political, and Social“, 1870, bilden 94,6% des Bodens Pachten bis zu 100 acres und 5,4% Pachten über 100 acres.

progressiv in ganz andrem Grad als zuvor von der Konkurrenz des kapitalistisch betriebenen Ackerbaus erdrückt und liefern daher der Klasse der Lohnarbeiter beständig neue Rekruten. Die einzige große Industrie Irlands, die Leinenfabrikation, braucht verhältnismäßig wenig erwachsne Männer und beschäftigt überhaupt, trotz ihrer Expansion seit der Verteuerung der Baumwolle 1861-1866, nur einen verhältnismäßig unbedeutenden Teil der Bevölkerung. Gleich jeder andren großen Industrie produziert sie durch stete Schwankungen in ihrer eignen Sphäre beständig eine relative Übervölkerung, selbst bei absolutem Wachstum der von ihr absorbierten Menschenmasse. Die Misere des Landvolks bildet das Piedestal riesenhafter Hemdenfabriken etc., deren Arbeiterarmee zum größten Teil über das flache Land zerstreut ist. Wir finden hier das früher geschilderte System der Hausarbeit wieder, welches in Unterzahlung und Überarbeit seine methodischen Mittel der „Überzähligmachung" besitzt. Endlich, obschon die Entvölkerung nicht so zerstörende Folgen hat wie in einem Land entwickelter kapitalistischer Produktion, vollzieht sie sich nicht ohne beständigen Rückschlag auf den innern Markt. Die Lücke, welche die Auswanderung hier schafft, verengert nicht nur die lokale Arbeitsnachfrage, sondern auch die Einkünfte der Kleinkrämer, Handwerker, kleinen Gewerbsleute überhaupt. Daher der Rückgang der Einkommen zwischen 60 und 100 Pfd. St. in Tabelle E.

Eine durchsichtige Darstellung der Lage der ländlichen Tagelöhner in Irland findet sich in den Berichten der irischen Armenverwaltungs-Inspektoren (1870).[186d] Beamte einer Regierung, die sich nur durch die Bajonette und den bald offnen, bald verhüllten Belagerungszustand hält, müssen sie alle die Rücksichten der Sprache beobachten, die ihre Kollegen in England verachten; trotzdem aber erlauben sie ihrer Regierung nicht, sich in Illusionen zu wiegen. Nach ihnen hat sich die immer noch sehr niedrige Lohnrate auf dem Lande in den letzten 20 Jahren doch um 50-60% erhöht und steht jetzt im Durchschnitt auf 6-9 sh. die Woche. Hinter dieser scheinbaren Erhöhung aber verbirgt sich ein wirkliches Fallen des Lohns, denn sie gleicht nicht einmal den inzwischen erfolgten Preisaufschlag der notwendigen Lebensmittel aus; Beweis folgender Auszug aus den amtlichen Rechnungen eines irischen Workhouse.

Wochendurchschnitt der Unterhaltungskosten pro Kopf

Jahr	*Nahrung*	*Kleidung*	*Zusammen*
29. Sept. 1848 bis 29. Sept. 1849	1 sh. 3 1/4 d.	0 sh. 3 d.	1 sh. 6 1/4 d.
29. Sept. 1868 bis 29. Sept. 1869	2 sh. 7 1/4 d.	0 sh. 6 d.	3 sh. 1 1/4 d.

[186d] „Reports from the Poor Law Inspectors on the wages of Agricultural Labourers in Ireland", Dublin 1870. – Vgl. auch „Agricultural Labourers (Ireland) Return etc.", 8. March 1861.

Der Preis der notwendigen Lebensmittel ist also beinah zweimal, und der der Kleidung genau zweimal so hoch als vor zwanzig Jahren.

Selbst abgesehn von diesem Mißverhältnis, ergäbe bloße Vergleichung der in Geld ausgedrückten Lohnrate noch lange kein richtiges Resultat. Vor der Hungersnot wurde die große Masse der ländlichen Löhne in natura entrichtet, in Geld nur der kleinste Teil; heute ist Geldzahlung Regel. Schon daraus folgt, daß, welches auch die Bewegung des wirklichen Lohns, seine Geldrate steigen mußte.

> „Vor der Hungersnot besaß der Ackerbautagelöhner ein Stückchen Land, worauf er Kartoffeln baute und Schweine und Geflügel zog. Heutzutage muß er nicht nur alle seine Lebensmittel kaufen, sondern es entgehn ihm auch die Einnahmen aus dem Verkauf von Schweinen, Geflügel und Eiern."[187]

In der Tat flossen früher die Landarbeiter zusammen mit den kleinen Pächtern und bildeten meistens nur den Nachtrab der mittleren und großen Pachtungen, auf denen sie Beschäftigung fanden. Erst seit der Katastrophe von 1846 hatten sie angefangen, einen Bruchteil der Klasse reiner Lohnarbeiter zu bilden, einen besonderen Stand, der mit seinen Lohnherren nur noch durch Geldverhältnisse verknüpft ist.

Man weiß, was ihr Wohnungszustand von 1846 war. Seitdem hat er sich noch verschlimmert. Ein Teil der Landtaglöhner, der indes von Tag zu Tag abnimmt, wohnt noch auf den Ländereien der Pächter in überfüllten Hütten, deren Scheußlichkeiten das Schlimmste weit übertreffen, das uns die englischen Landdistrikte in dieser Art vorführten. Und das gilt allgemein, mit Ausnahme einiger Striche von Ulster; im Süden in den Grafschaften Cork, Limerick, Kilkenny etc.; im Osten in Wicklow, Wexford etc.; im Zentrum in King's und Queen's County, Dublin etc.; im Norden in Down, Antrim, Tyrone etc.; im Westen in Sligo, Roscommon, Mayo, Galway etc. „Es ist", ruft einer der Inspektoren aus, „es ist eine Schande für die Religion und die Zivilisation dieses Landes." Um den Taglöhnern die Wohnlichkeit ihrer Höhlen erträglicher zu machen, konfisziert man systematisch die seit undenklicher Zeit dazugehörigen Stückchen Land.

> „Das Bewußtsein dieser Art von Acht, in die sie von den Grundherrn und ihren Verwaltern getan sind, hat bei den Landtaglöhnern entsprechende Gefühle des Gegensatzes und Hasses hervorgerufen gegen die, welche sie als eine rechtlose Race behandeln."[187a]

Der erste Akt der Ackerbaurevolution war, auf allergrößtem Maßstab und wie nach einem von oben gegebenen Losungswort, die auf dem Arbeitsfeld gelegenen Hütten wegzufegen. Viele Arbeiter wurden so gezwungen, in Dörfern und Städten Schutz zu suchen. Dort warf man sie wie Schund in Dachkammern,

---

[187] l.c.p. 29, 1.

[187a] l.c.p. 12.

Löcher, Keller und in die Schlupfwinkel der schlechtesten Viertel. Tausende irischer Familien, die sich selbst nach dem Zeugnis von in nationalen Vorurteilen befangnen Engländern durch ihre seltne Anhänglichkeit an den heimischen Herd, durch ihre sorglose Heiterkeit und durch häusliche Sittenreinheit auszeichneten, fanden sich so plötzlich verpflanzt in die Treibhäuser des Lasters. Die Männer müssen jetzt Arbeit suchen bei benachbarten Pächtern und werden nur auf den Tag gemietet, also in der prekärsten Lohnform; dabei

> „haben sie jetzt weite Wege zur Pachtung und zurück zu machen, oft naß wie die Ratten und andren Unbilden ausgesetzt, die häufig Abschwächung, Krankheit und damit Mangel herbeiführen“.[187b]

„Die Städte hatten Jahr um Jahr aufzunehmen, was als Überschuß von Arbeitern in den Landdistrikten galt“[187c], und dann wundert man sich noch, „daß in den Städten und Dörfern Überschuß, und auf dem Lande Mangel an Arbeitern herrscht!“[187d] Die Wahrheit ist, daß dieser Mangel nur fühlbar wird „zur Zeit dringlicher Ackerbauarbeiten, im Frühjahr und Herbst, während den Rest des Jahres viele Hände müßig bleiben“[187e]; daß „nach der Ernte, vom Oktober bis zum Frühling, es kaum Beschäftigung für sie gibt“[187f], und daß sie auch während der beschäftigten Zeit „häufig ganze Tage verlieren und Arbeitsunterbrechungen aller Art ausgesetzt sind“[187g].

Diese Folgen der agrikolen Revolution, d. h. der Verwandlung von Ackerland in Viehweide, der Anwendung von Maschinerie, der strengsten Arbeitsersparung etc. – werden noch verschärft durch die Muster-Grundherren, solche, die, statt ihre Renten im Ausland zu verzehren, so gnädig sind, in Irland auf ihren Domänen zu wohnen. Damit das Gesetz von Nachfrage und Angebot ganz ungekränkt bleibe, ziehen diese Herren

> „jetzt fast ihren ganzen Arbeitsbedarf aus ihren kleinen Pächtern, die so gezwungen sind, für ihre Grundherrn zu schanzen für einen im allgemeinen geringeren Lohn als der der gewöhnlichen Taglöhner, und das ohne alle Rücksicht auf die Unbequemlichkeiten und Verluste, die daraus entstehn, daß sie zur kritischen Zeit der Saat oder Ernte ihre eignen Felder vernachlässigen müssen“[187h].

[187b] l.c.p. 25.
[187c] l.c.p. 27.
[187d] p. 26.
[187e] p. 1.
[187f] p.32.
[187g] p. 25.
[187h] p. 30.

Die Unsicherheit und Unregelmäßigkeit der Beschäftigung, die häufige Wiederkehr und lange Dauer der Arbeitsstockungen, alle diese Symptome einer relativen Übervölkerung figurieren also in den Berichten der Armenverwaltungs-Inspektoren als ebensoviel Beschwerden des irischen Ackerbauproletariats. Man erinnert sich, daß wir beim englischen Landproletariat ähnlichen Erscheinungen begegnet sind. Aber der Unterschied ist, daß in England, einem industriellen Lande, die industrielle Reserve sich auf dem Lande rekrutiert, während in Irland, einem Ackerbauland, die Ackerbaureserve sich in den Städten, den Zufluchtsorten der vertriebenen Landarbeiter, rekrutiert. Dort verwandeln sich die Überzähligen des Landbaus in Fabrikarbeiter; hier bleiben die in die Städte Gejagten, während sie gleichzeitig auf den städtischen Lohn drücken, Landarbeiter und werden beständig aufs Land auf Arbeitsuche zurückgeschickt.

Die amtlichen Berichterstatter fassen die materielle Lage der Ackerbautaglöhner zusammen, wie folgt:

> „Obwohl sie mit der äußersten Frugalität leben, reicht ihr Lohn doch kaum hin, ihnen und ihren Familien Nahrung und Wohnung zu bestreiten; für Kleidung bedürfen sie weiterer Einnahmen ... Die Atmosphäre ihrer Wohnungen, im Verein mit andern Entbehrungen, setzt diese Klasse in ganz besondrem Grade dem Typhus und der Schwindsucht aus.“[187i]

Hiernach ist es kein Wunder, daß, nach dem einstimmigen Zeugnis der Berichterstatter, ein finstres Mißvergnügen die Reihen dieser Klasse durchdringt, daß sie die Vergangenheit zurückwünscht, die Gegenwart verabscheut, an der Zukunft verzweifelt, „sich den verwerflichen Einflüssen von Demagogen hingibt“ und nur die eine fixe Idee hat, nach Amerika auszuwandern. Das ist das Schlaraffenland, worin das große malthusische Allerweltsheilmittel, die Entvölkerung, das grüne Erin verwandelt hat!

Welches Wohlleben die irischen Manufakturarbeiter führen, dafür genügt ein Beispiel:

> „Bei meiner neulichen Inspektion des Nordens von Irland“, sagt der englische Fabrikinspektor Robert Baker, „frappierte mich die Bemühung eines geschickten irischen Arbeiters, aus den allerdürftigsten Mitteln seinen Kindern Erziehung zu verschaffen. Ich gebe seine Aussage wörtlich, wie ich sie aus seinem Mund erhielt. Daß er eine geschickte Fabrikhand, weiß man, wenn ich sage, daß man ihn zu Artikeln für den Manchester Markt verwendet. Johnson: Ich bin ein beetler und arbeite von 6 Uhr morgens bis 11 Uhr in die Nacht, von Montag bis Freitag; Samstag endigen wir um 6 Uhr abends und haben 3 Stunden für Mahlzeit und Erholung. Ich habe 5 Kinder. Für diese Arbeit erhalte ich 10 sh. 6 d. wöchentlich; meine Frau arbeitet auch und verdient 5 sh. die Woche. Das älteste Mädchen, zwölfjährig, wartet das Haus. Sie ist unsre Köchin und einzige Gehil-

[187i] p. 21, 13.

fin. Sie macht die jüngeren zur Schule fertig. Meine Frau steht mit mir auf und geht mit mir fort. Ein Mädchen, welches unser Haus entlanggeht, weckt mich um halb 6 Uhr morgens. Wir essen nichts, bevor wir zur Arbeit gehn. Das zwölfjährige Kind sorgt für die Kleineren des Tags über. Wir frühstücken um 8 und gehn dazu nach Hause. Wir haben Tee einmal die Woche; sonst haben wir einen Brei (stirabout), manchmal von Hafermehl, manchmal von Maismehl, je nachdem wir fähig sind, es zu beschaffen. Im Winter haben wir ein wenig Zucker und Wasser zu unsrem Maismehl. Im Sommer ernten wir einige Kartoffeln, womit wir selbst ein Bodenfetzchen bepflanzen, und wenn sie zu Ende sind, kehren wir zum Brei zurück. So geht's tagaus, tagein, Sonntag und Werkeltag, das ganze Jahr durch. Ich bin stets sehr müde des Abends nach vollbrachtem Tagwerk. Einen Bissen Fleisch sehn wir ausnahmsweis, aber sehr selten. Drei unsrer Kinder besuchen Schule, wofür wir 1 d. per Kopf wöchentlich zahlen. Unsre Hausmiete ist 9 d. die Woche, Torf und Feuerung kosten mindestens 1 sh. 6 d. vierzehntägig.“[188]

Das sind irische Löhne, das ist irisches Leben!

In der Tat, das Elend Irlands ist wieder Tagesthema in England. Ende 1866 und Anfang 1867 machte sich in der „Times“ einer der irischen Landmagnaten, Lord Dufferin, an die Lösung. „Wie menschlich von solch' großem Herrn!“

Aus Tabelle E sah man, daß während 1864 von 4.368.610 Pfd. St. Gesamtprofit 3 Plusmacher nur 262.819, dieselben 3 Virtuosen der „Entsagung“ 1865 von 4.669.979 Pfd. St. Gesamtprofit dagegen 274.528 Pfd. St. einsteckten, 1864: 26 Plusmacher 646.377 Pfd. St., 1865: 28 Plusmacher 736.448 Pfd. St., 1864: 121 Plusmacher 1.076.912 Pfd. St., 1865: 150 Plusmacher 1.320.906 Pfd. St., 1864: 1131 Plusmacher 2.150.818 Pfd. St., beinahe die Hälfte des jährlichen Gesamtprofits, 1865: 1194 Plusmacher 2.418.833 Pfd. St., mehr als die Hälfte des jährlichen Gesamtprofits. Der Löwenanteil aber, welchen eine verschwindend kleine Anzahl Landmagnaten in England, Schottland und Irland vom jährlichen Nationalrental verschlingt, ist so monströs, daß die englische Staatsweisheit es angemessen findet, für die Verteilung der Grundrente nicht dasselbe statistische Material zu liefern wie für die Verteilung des Profits. Lord Dufferin ist einer dieser Landmagnaten. Daß Rentrollen und Profite jemals „überzählig“ sein können oder daß ihre Plethora mit der Plethora des Volkselends irgendwie zusammenhängt, ist natürlich eine ebenso „irrespektable“ als „ungesunde“ (unsound) Vorstellung. Er hält sich an Tatsachen. Die Tatsache ist, daß, wie die irische Volkszahl abnimmt, die irischen Rentrollen schwellen, daß die Entvölkerung dem Grundeigentümer „wohltut“, also auch dem Grund und Boden, also auch dem Volk, das nur Zubehör des Bodens. Er erklärt also, Irland sei immer noch übervölkert und der Strom der Emigration fließe stets noch zu träg. Um vollständig glücklich zu sein, müsse Irland wenigstens noch $^1/_3$ Million Arbeitsmenschen ablassen. Man wähne nicht, dieser obendrein noch poetische Lord

[188] „Reports of Insp. of Fact. for 31st Oct. 1866“, p. 96.

sei ein Arzt aus der Schule Sangrados, der, sooft er seinen Kranken nicht besser fand, Aderlaß verordnete, neuen Aderlaß, bis der Patient mit seinem Blut auch seine Krankheit verlor. Lord Dufferin verlangt einen neuen Aderlaß von nur $^{1}/_{3}$ Million, statt von ungefähr 2 Millionen, ohne deren Ablaß in der Tat das Millennium in Erin nicht herstellbar ist. Der Beweis ist leicht geliefert.

Anzahl und Umfang der Pachten in Irland 1864

1		2		3		4	
Pachten nicht über 1 Acre		Pachten über 1, nicht über 5 Acre		Pachten über 5, nicht über 15 Acre		Pachten über 15, nicht über 30 Acre	
Anzahl	*Acres*	*Anzahl*	*Acres*	*Anzahl*	*Acres*	*Anzahl*	*Acres*
48.653	25.394	82.037	288.916	176.368	1.836.310	136.578	3.051.343

5		6		7		8
Pachten über 30, nicht über 50 Acre		Pachten über 50, nicht über 100 Acre		Pachten über 100 Acre		Gesamtareal
Anzahl	*Acres*	*Anzahl*	*Acres*	*Anzahl*	*Acres*	*Acres*
71.961	2.906.274	54.347	3.983.880	31.927	8.277.807	20.319.924 [188a]

Die Zentralisation hat von 1851 bis 1861 hauptsächlich Pachten der ersten drei Kategorien, unter 1 und nicht über 15 Acres, vernichtet. Sie müssen vor allem verschwinden. Dies gibt 307.058 „überzählige" Pächter, und die Familie zum niedrigen Durchschnitt von 4 Köpfen gerechnet, 1.228.232 Personen. Unter der extravaganten Unterstellung, daß $^{1}/_{4}$ davon nach vollbrachter agrikoler Revolution wieder absorbierbar, bleiben auszuwandern: 921.174 Personen. Die Kategorien 4, 5, 6, von über 15 und nicht über 100 Acres, sind, wie man längst in England weiß, für den kapitalistischen Kornbau zu klein, für Schafzucht aber fast verschwindende Größen. Unter denselben Unterstellungen wie vorher sind also fernere 788.761 Personen auszuwandern, Summe: 1.709.532. Und, comme l'appétit vient en mangeant werden die Augen der Rentrolle bald entdecken, daß Irland mit $3^{1}/_{2}$ Millionen immer noch elend, und elend, weil übervölkert ist, also seine Entvölkerung noch viel weiter gehn muß, damit es seinen wahren Beruf erfülle, den einer englischen Schaftrift und Viehweide.[188b]

[188a] Das Gesamtareal schließt auch „Torfmoor und wüstes Land" ein.

[188b] Wie die Hungersnot und die von ihr herbeigeführten Umstände sowohl von den einzelnen Grundeigentümern als auch von der englischen Gesetzgebung planmäßig ausgebeutet wurden, um die Agrikulturrevolution gewaltsam durchzusetzen und die Bevölkerung Irlands auf das den Landlords zusagende Maß zu verdünnen, werde ich in Buch III dieser Schrift, im Abschnitt über das Grundeigentum, ausführlicher nachweisen. Ich komme daselbst auch zurück auf die Verhältnisse der kleinen Pächter und Landarbeiter. Hier nur ein Zitat. Nassau W. Senior sagt u. a. in seiner nachgelaßnen Schrift „Journals, Conversations and Essays relating to Ireland", 2 vols., London 1868, v. II, p. 282: „Treffend bemerkte Dr. G., wir haben unser Armengesetz,

Diese einbringliche Methode hat wie alles Gute in dieser Welt ihren Mißstand. Mit der Akkumulation der Grundrente in Irland hält Schritt die Akkumulation der Irländer in Amerika. Der durch Schaf und Ochs beseitigte Ire ersteht auf der andren Seite des Ozeans als Fenier. Und gegenüber der alten Seekönigin erhebt sich drohend und drohender die junge Riesenrepublik.

Acerba fata Romanos agunt
Scelusque fraternae necis.

---

und es ist ein großes Werkzeug, um den Landlords den Sieg zu geben; ein andres ist die Emigration. Kein Freund Irlands kann wünschen, daß der Krieg" (zwischen den Landlords und den kleinen keltischen Pächtern) „sich verlängere – noch weniger, daß er mit dem Sieg der Pächter ende ... Je rascher er" (dieser Krieg) „vorüber, je rascher Irland ein Weideland (grazing country) wird mit der verhältnismäßig geringen Volkszahl, die ein Weideland erheischt, desto besser für alle Klassen." Die englischen Korngesetze von 1815 sicherten Irland das Monopol der freien Korneinfuhr nach Großbritannien. Sie begünstigten also künstlich den Kornbau. Dies Monopol wurde 1846 mit Abschaffung der Korngesetze plötzlich beseitigt. Von allen andern Umständen abgesehn, reicht dies Ereignis allein hin, der Verwandlung von irischem Ackerland in Viehweide, der Konzentration der Pachthöfe und der Vertreibung der Kleinbauern einen mächtigen Aufschwung zu geben. Nachdem man von 1815 bis 1846 die Fruchtbarkeit des irischen Bodens gerühmt und laut erklärt, er sei der von der Natur selbst zum Weizenbau bestimmte, entdecken von da an plötzlich die englischen Agronomen, Ökonomen, Politiker, daß er zu nichts passe, als Grünfutter zu produzieren! Herr Léonce de Lavergne hat sich beeilt, dies jenseits des Kanals zu wiederholen. Es gehört ein „ernsthafter" Mann à la Lavergne dazu, sich von solchen Kindereien fangen zu lassen.

Vierundzwanzigstes Kapitel: Die sogenannte ursprüngliche Akkumulation

1. Das Geheimnis der ursprünglichen Akkumulation

Man hat gesehn, wie Geld in Kapital verwandelt, durch Kapital Mehrwert und aus Mehrwert mehr Kapital gemacht wird. Indes setzt die Akkumulation des Kapitals den Mehrwert, der Mehrwert die kapitalistische Produktion, dieser aber das Vorhandensein größerer Massen von Kapital und Arbeitskraft in den Händen von Warenproduzenten voraus. Diese ganze Bewegung scheint sich also in einem fehlerhaften Kreislauf herumzudrehn, aus dem wir nur hinauskommen, indem wir eine der kapitalistischen Akkumulation vorausgehende „ursprüngliche" Akkumulation („previous accumulation" bei Adam Smith) unterstellen, eine Akkumulation, welche nicht das Resultat der kapitalistischen Produktionsweise ist, sondern ihr Ausgangspunkt.

Diese ursprüngliche Akkumulation spielt in der politischen Ökonomie ungefähr dieselbe Rolle wie der Sündenfall in der Theologie. Adam biß in den Apfel, und damit kam über das Menschengeschlecht die Sünde. Ihr Ursprung wird erklärt, indem er als Anekdote der Vergangenheit erzählt wird. In einer längst verfloßnen Zeit gab es auf der einen Seite eine fleißige, intelligente und vor allem sparsame Elite und auf der andren faulenzende, ihr alles und mehr verjubelnde Lumpen. Die Legende vom theologischen Sündenfall erzählt uns allerdings, wie der Mensch dazu verdammt worden sei, sein Brot im Schweiß seines Angesichts zu essen; die Historie vom ökonomischen Sündenfall aber enthüllt uns, wieso es Leute gibt, die das keineswegs nötig haben. Einerlei. So kam es, daß die ersten Reichtum akkumulierten und die letztren schließlich nichts zu verkaufen hatten als ihre eigne Haut. Und von diesem Sündenfall datiert die Armut der großen Masse, die immer noch, aller Arbeit zum Trotz, nichts zu verkaufen hat als sich selbst, und der Reichtum der wenigen, der fortwährend wächst, obgleich sie längst aufgehört haben zu arbeiten. Solche fade Kinderei kaut Herr Thiers z. B. noch mit staatsfeierlichem Ernst, zur Verteidigung der propriété, den einst so geistreichen Franzosen vor. Aber sobald die Eigentumsfrage ins Spiel kommt, wird es heilige Pflicht, den Standpunkt der Kinderfibel als den allen Altersklassen und Entwicklungsstufen allein gerechten festzuhalten. In der wirklichen Geschichte spielen bekanntlich Eroberung, Unterjochung, Raubmord, kurz Gewalt die große Rolle. In der sanften politischen Ökonomie herrschte von jeher die Idylle. Recht und „Arbeit" waren von jeher die einzigen Bereicherungsmittel, natürlich mit jedesmaliger Ausnahme von „diesem Jahr". In der Tat sind die Methoden der ursprünglichen Akkumulation alles andre, nur nicht idyllisch.

Geld und Ware sind nicht von vornherein Kapital, sowenig wie Produktions- und Lebensmittel. Sie bedürfen der Verwandlung in Kapital. Diese Verwandlung selbst aber kann nur unter bestimmten Umständen vorgehn, die sich dahin zusammenspitzen: Zweierlei sehr verschiedne Sorten von Warenbesitzern müssen sich gegenüber und in Kontakt treten, einerseits Eigner von Geld, Produktions- und Lebensmitteln, denen es gilt, die von ihnen geeignete Wertsumme zu verwerten durch Ankauf fremder Arbeitskraft; andrerseits freie Arbeiter, Verkäufer der eignen Arbeitskraft und daher Verkäufer von Arbeit. Freie Arbeiter in dem Doppelsinn, daß weder sie selbst unmittelbar zu den Produktionsmitteln gehören, wie Sklaven, Leibeigne usw., noch auch die Produktionsmittel ihnen gehören, wie beim selbstwirtschaftenden Bauer usw., sie davon vielmehr frei, los und ledig sind. Mit dieser Polarisation des Warenmarkts sind die Grundbedingungen der kapitalistischen Produktion gegeben. Das Kapitalverhältnis setzt die Scheidung zwischen den Arbeitern und dem Eigentum an den Verwirklichungsbedingungen der Arbeit voraus. Sobald die kapitalistische Produktion einmal auf eignen Füßen steht, erhält sie nicht nur jene Scheidung, sondern reproduziert sie auf stets wachsender Stufenleiter. Der Prozeß, der das Kapitalverhältnis schafft, kann also nichts andres sein als der Scheidungsprozeß des Arbeiters vom Eigentum an seinen Arbeitsbedingungen, ein Prozeß, der einerseits die gesellschaftlichen Lebens- und Produktionsmittel in Kapital verwandelt, andrerseits die unmittelbaren Produzenten in Lohnarbeiter. Die sog. ursprüngliche Akkumulation ist also nichts als der historische Scheidungsprozeß von Produzent und Produktionsmittel. Er erscheint als „ursprünglich“, weil er die Vorgeschichte des Kapitals und der ihm entsprechenden Produktionsweise bildet.

Die ökonomische Struktur der kapitalistischen Gesellschaft ist hervorgegangen aus der ökonomischen Struktur der feudalen Gesellschaft. Die Auflösung dieser hat die Elemente jener freigesetzt.

Der unmittelbare Produzent, der Arbeiter, konnte erst dann über seine Person verfügen, nachdem er aufgehört hatte, an die Scholle gefesselt und einer andern Person leibeigen oder hörig zu sein. Um freier Verkäufer von Arbeitskraft zu werden, der seine Ware überall hinträgt, wo sie einen Markt findet, mußte er ferner der Herrschaft der Zünfte, ihren Lehrlings- und Gesellenordnungen und hemmenden Arbeitsvorschriften entronnen sein. Somit erscheint die geschichtliche Bewegung, die die Produzenten in Lohnarbeiter verwandelt, einerseits als ihre Befreiung von Dienstbarkeit und Zunftzwang; und diese Seite allein existiert für unsre bürgerlichen Geschichtschreiber. Andrerseits aber werden diese Neubefreiten erst Verkäufer ihrer selbst, nachdem ihnen alle ihre Produktionsmittel und alle durch die alten feudalen Einrichtungen gebotnen Garantien ihrer Existenz geraubt sind. Und die Geschichte dieser ihrer Expropriation ist in die Annalen der Menschheit eingeschrieben mit Zügen von Blut und Feuer.

Die industriellen Kapitalisten, diese neuen Potentaten, mußten ihrerseits nicht nur die zünftigen Handwerksmeister verdrängen, sondern auch die im Besitz der Reichtumsquellen befindlichen Feudalherren. Von dieser Seite stellt sich ihr Emporkommen dar als Frucht eines siegreichen Kampfes gegen die Feudalmacht und ihre empörenden Vorrechte sowie gegen die Zünfte und die

Fesseln, die diese der freien Entwicklung der Produktion und der freien Ausbeutung des Menschen durch den Menschen angelegt. Die Ritter von der Industrie brachten es jedoch nur fertig, die Ritter vom Degen zu verdrängen, dadurch, daß sie Ereignisse ausbeuteten, an denen sie ganz unschuldig waren. Sie haben sich emporgeschwungen durch Mittel, ebenso gemein wie die, wodurch der römische Freigelassene sich einst zum Herrn seines patronus gemacht hat.

Der Ausgangspunkt der Entwicklung, die sowohl den Lohnarbeiter wie den Kapitalisten erzeugt, war die Knechtschaft des Arbeiters. Der Fortgang bestand in einem Formwechsel dieser Knechtung, in der Verwandlung der feudalen in kapitalistische Exploitation. Um ihren Gang zu verstehn, brauchen wir gar nicht so weit zurückzugreifen. Obgleich die ersten Anfänge kapitalistischer Produktion uns schon im 14. und 15. Jahrhundert in einigen Städten am Mittelmeer sporadisch entgegentreten, datiert die kapitalistische Ära erst vom 16. Jahrhundert. Dort, wo sie auftritt, ist die Aufhebung der Leibeigenschaft längst vollbracht und der Glanzpunkt des Mittelalters, der Bestand souveräner Städte, seit geraumer Zeit im Erbleichen.

Historisch epochemachend in der Geschichte der ursprünglichen Akkumulation sind alle Umwälzungen, die der sich bildenden Kapitalistenklasse als Hebel dienen; vor allem aber die Momente, worin große Menschenmassen plötzlich und gewaltsam von ihren Subsistenzmitteln losgerissen und als vogelfreie Proletarier auf den Arbeitsmarkt geschleudert werden. Die Expropriation des ländlichen Produzenten, des Bauern, von Grund und Boden bildet die Grundlage des ganzen Prozesses. Ihre Geschichte nimmt in verschiedenen Ländern verschiedene Färbung an und durchläuft die verschiedenen Phasen in verschiedener Reihenfolge und in verschiedenen Geschichtsepochen. Nur in England, das wir daher als Beispiel nehmen, besitzt sie klassische Form.[189]

2. Expropriation des Landvolks von Grund und Boden

In England war die Leibeigenschaft im letzten Teil des 14. Jahrhunderts faktisch verschwunden. Die ungeheure Mehrzahl der Bevölkerung[190] bestand damals und

---

[189] In Italien, wo die kapitalistische Produktion sich am frühsten entwickelt, findet auch die Auflösung der Leibeigenschaftsverhältnisse am frühsten statt. Der Leibeigne wird hier emanzipiert, bevor er irgendein Recht der Verjährung an Grund und Boden gesichert hat. Seine Emanzipation verwandelt ihn also sofort in einen vogelfreien Proletarier, der überdem in den meist schon aus der Römerzeit überlieferten Städten die neuen Herren fertig vorfindet. Als die Revolution des Weltmarkts seit Ende des 15. Jahrhunderts die Handelssuprematie Norditaliens vernichtete, entstand eine Bewegung in umgekehrter Richtung. Die Arbeiter der Städte wurden massenweise aufs Land getrieben und gaben dort der nach Art des Gartenbaus getriebnen, kleinen Kultur einen nie gesehenen Aufschwung.

[190] „Die kleinen Grundeigentümer, die ihre eignen Felder mit eigner Hand bebauten und eines

noch mehr im 15. Jahrhundert aus freien, selbstwirtschaftenden Bauern, durch welch feudales Aushängeschild ihr Eigentum immer versteckt sein mochte. Auf den größeren herrschaftlichen Gütern war der früher selbst leibeigne bailiff (Vogt) durch den freien Pächter verdrängt. Die Lohnarbeiter der Agrikultur bestanden teils aus Bauern, die ihre Mußezeit durch Arbeit bei großen Grundeigentümern verwerteten, teils aus einer selbständigen, relativ und absolut wenig zahlreichen Klasse eigentlicher Lohnarbeiter. Auch letztre waren faktisch zugleich selbstwirtschaftende Bauern, indem sie außer ihrem Lohn Ackerland zum Belauf von 4 und mehr Acres nebst Cottages angewiesen erhielten. Sie genossen zudem mit den eigentlichen Bauern die Nutznießung des Gemeindelandes, worauf ihr Vieh weidete und das ihnen zugleich die Mittel der Feuerung, Holz, Torf usw. bot.[191] In allen Ländern Europas ist die feudale Produktion durch Teilung des Bodens unter möglichst viele Untersassen charakterisiert. Die Macht des Feudalherrn, wie die jedes Souveräns, beruhte nicht auf der Länge seiner Rentrolle, sondern auf der Zahl seiner Untertanen, und letzre hing von der Zahl selbstwirtschaftender Bauern ab.[192] Obgleich der englische Boden daher nach der normännischen Eroberung in riesenhafte Baronien verteilt ward, wovon eine einzige oft 900 alte angelsächsische Lordschaften einschloß, war er besät von kleinen Bauernwirtschaften, nur hier und da durchbrochen von größeren herrschaftlichen Gütern. Solche Verhältnisse, bei gleichzeitiger Blüte des Städtewesens, wie sie das 15. Jahrhundert auszeichnet, erlaubten jenen Volksreichtum, den der Kanzler Fortescue so beredt in seinen „Laudibus Legum Angliae“ schildert, aber sie schlossen den Kapitalreichtum aus.

---

bescheidnen Wohlstands sich erfreuten, ... bildeten damals einen weit wichtigeren Teil der Nation als jetzt ... Nicht weniger als 160.000 Grundeigentümer, die mit ihren Familien mehr als $^1/_7$ der Gesamtbevölkerung ausgemacht haben müssen, lebten von der Bewirtschaftung ihrer kleinen Freehold Hufen“ (Freehold ist vollfreies Eigentum). „Das Durchschnittseinkommen dieser kleinen Grundbesitzer ... wird auf 60 bis 70 Pfd. St. geschätzt. Es wurde berechnet, daß die Zahl derer, die ihren eignen Grundbesitz bebauten, größer war als die der Pächter auf fremdem Boden.“ (Macaulay, „Hist. of England“, 10th ed., London 1854, I, p. 333-334.) – Noch im letzten Drittel des 17. Jahrhundert waren $^4/_5$ der englischen Volksmasse agrikol (l.c.p. 413). – Ich zitiere Macaulay, weil er als systematischer Geschichtsfälscher derartige Tatsachen möglichst „beschneidet“.

191 Man muß nie vergessen, daß selbst der Leibeigne nicht nur Eigentümer, wenn auch tributpflichtiger Eigentümer, der zu seinem Haus gehörigen Bodenparzellen war, sondern auch Miteigentümer des Gemeindelandes. „Der Bauer ist dort“ (in Schlesien) „Leibeigener.“ Nichtsdestoweniger besitzen diese serfs Gemeindegüter. „Man konnte bisher die Schlesier noch nicht zur Teilung des Gemeindelandes veranlassen, während es in der Neumark kaum ein Dorf gibt, in dem diese Teilung nicht mit größtem Erfolg durchgeführt worden wäre.“ (Mirabeau. „De la Monarchie Prussienne“, Londres 1788, t. II, p. 125, 126.)

192 „Japan, mit seiner rein feudalen Organisation des Grundeigentums und seiner entwickelten Kleinbauernwirtschaft, liefert ein viel treueres Bild des europäischen Mittelalters als unsre sämtlichen, meist von bürgerlichen Vorurteilen diktierten Geschichtsbücher. Es ist gar zu bequem, auf Kosten des Mittelalters „liberal“ zu sein.

Das Vorspiel der Umwälzung, welche die Grundlage der kapitalistischen Produktionsweise schuf, ereignet sich im letzten Dritteil des 15. und den ersten Dezennien des 16. Jahrhunderts. Eine Masse vogelfreier Proletarier ward auf den Arbeitsmarkt geschleudert durch die Auflösung der feudalen Gefolgschaften, die, wie Sir James Steuart richtig bemerkt, „überall nutzlos Haus und Hof füllten". Obgleich die königliche Macht, selbst ein Produkt der bürgerlichen Entwicklung, in ihrem Streben nach absoluter Souveränität die Auflösung dieser Gefolgschaften gewaltsam beschleunigte, war sie keineswegs deren einzige Ursache. Vielmehr im trotzigsten Gegensatz zu Königtum und Parlament schuf der große Feudalherr ein ungleich größeres Proletariat durch gewaltsame Verjagung der Bauernschaft von dem Grund und Boden, worauf sie denselben feudalen Rechtstitel besaß wie er selbst, und durch Usurpation ihres Gemeindelandes. Den unmittelbaren Anstoß dazu gab in England namentlich das Aufblühn der flandrischen Wollmanufaktur und das entsprechende Steigen der Wollpreise. Den alten Feudaladel hatten die großen Feudalkriege verschlungen, der neue war ein Kind seiner Zeit, für welche Geld die Macht aller Mächte. Verwandlung von Ackerland in Schafweide ward also sein Lösungswort. Harrison, in seiner „Description of England. Prefixed to Holinshed's Chronicles", beschreibt, wie die Expropriation der kleinen Bauern das Land ruiniert. „What care our great incroachers!" (Was fragen unsre großen Usurpatoren danach?) Die Wohnungen der Bauern und die Cottages der Arbeiter wurden gewaltsam niedergerissen oder dem Verfall geweiht.

> „Wenn man", sagt Harrison, „die älteren Inventarien jedes Ritterguts vergleichen will, so wird man finden, daß unzählige Häuser und kleine Bauernwirtschaften verschwunden sind, daß das Land viel weniger Leute nährt, daß viele Städte verfallen sind, obgleich einige neue aufblühn ... Von Städten und Dörfern, die man für Schaftriften zerstört hat und worin nur noch die Herrschaftshäuser stehn, könnte ich etwas erzählen."

Die Klagen jener alten Chroniken sind immer übertrieben, aber sie zeichnen genau den Eindruck der Revolution in den Produktionsverhältnissen auf die Zeitgenossen selbst. Ein Vergleich zwischen den Schriften der Kanzler Fortescue und Thomas Morus veranschaulicht die Kluft zwischen dem 15. und 16. Jahrhundert. Aus ihrem goldnen Zeitalter, wie Thornton richtig sagt, stürzte die englische Arbeiterklasse ohne alle Zwischenübergänge in das eiserne.

Die Gesetzgebung erschrak vor dieser Umwälzung. Sie stand noch nicht auf der Zivilisationshöhe, wo „Wealth of the Nation", d. h. Kapitalbildung und rücksichtslose Exploitation und Verarmung der Volksmasse als ultima Thule aller Staatsweisheit gelten. In seiner Geschichte Heinrichs VII. sagt Baco:

> „Um diese Zeit" (1489) „mehrten sich die Klagen über Verwandlung von Ackerland in Weide" (zur Schaftrift usw.), „leicht zu versehn durch wenige Hirten; und

> Pachtungen auf Zeit, auf Lebzeit und auf jährliche Kündigung (wovon ein großer Teil der Yeomen lebte) wurden in Dominialgüter verwandelt. Dies brachte einen Verfall des Volks hervor und infolgedessen einen Verfall von Städten, Kirchen, Zehnten ... In der Kur dieses Mißstandes war die Weisheit des Königs und des Parlaments zu dieser Zeit bewundernswert ... Sie ergriffen Maßregeln wider diese entvölkernde Usurpation der Gemeindeländereien (depopulating inclosures) und die ihr auf dem Fuß folgende entvölkernde Weidewirtschaft (depopulating pasture)."

Ein Akt Heinrich des Siebenten, 1489, c. 19, verbot die Zerstörung aller Bauernhäuser, zu denen wenigstens 20 Acres Land gehörten. In einem Akt 25, Heinrich VIII., wird dasselbe Gesetz erneuert. Es heißt u. a., daß

> „viele Pachtungen und große Viehherden, besonders Schafe, sich in wenigen Händen aufhäufen, wodurch die Grundrenten sehr gewachsen und der Ackerbau (tillage) sehr verfallen, Kirchen und Häuser niedergerissen, wunderbare Volksmassen verunfähigt seien, sich selbst und Familien zu erhalten".

Das Gesetz verordnet daher den Wiederbau der verfallnen Hofstätten, bestimmt das Verhältnis zwischen Kornland und Weideland usw. Ein Akt von 1533 klagt, daß manche Eigentümer 24.000 Schafe besitzen, und beschränkt deren Zahl auf 2000.[193] Die Volksklage und die seit Heinrich dem VII. an 150 Jahre fortdauernde Gesetzgebung wider die Expropriation der kleinen Pächter und Bauern waren gleich fruchtlos. Das Geheimnis ihrer Erfolglosigkeit verrät uns Baco wider Wissen.

> „Der Akt Heinrichs des Siebenten", sagt er in seinen „Essays, civil and moral", Sect. 29, „war tief und bewunderungswürdig, indem er Landwirtschaften und Ackerbauhäuser von bestimmtem Normalmaß schuf, d. h. eine Proportion von Land für sie erhielt, die sie befähigte, Untertanen von genügendem Reichtum und ohne servile Lage auf die Welt zu setzen und den Pflug in der Hand von Eigentümern, nicht von Mietlingen zu halten (to keep the plough in the hand of the owners and not hirelings)."[193a]

---

[193] In seiner „Utopia" spricht Thomas Morus von dem sonderbaren Land, wo „Schafe die Menschen auffressen". („Utopia", transl. Robinson, ed. Arber, London 1869, p. 41.)

[193a] Baco setzt den Zusammenhang zwischen einer freien wohlhabenden Bauerschaft und guter Infanterie auseinander. „Es war dies wundervoll wichtig für die Macht und Haltung des Königreichs, Pachtung zu haben von genügendem Maß, um tüchtige Männer außer Not zu halten, und einen großen Teil des Bodens des Königreichs festzubinden im Besitz der Yeomanry oder von Leuten mittlerer Lage zwischen Edelleuten und Häuslern (cottagers) und Bauernknechten ... Denn es ist die allgemeine Meinung der kompetentesten Kriegskenner ..., daß die Hauptstärke einer Armee in der Infanterie oder dem Fußvolk besteht. Aber um eine gute Infanterie zu bilden, braucht man Leute, die nicht in serviler oder dürftiger Weise, sondern frei und in einer gewissen Wohlhabenheit aufgewachsen sind. Wenn ein Staat daher allzumeist in Edelleute und feine Herren ausschlägt, während Landleute und Pflüger deren bloßes Arbeitsvolk

Was das kapitalistische System erheischte, war umgekehrt servile Lage der Volksmasse, ihre eigne Verwandlung in Mietlinge und Verwandlung ihrer Arbeitsmittel in Kapital. Während dieser Übergangsperiode suchte die Gesetzgebung auch die 4 Acres Land bei der Cottage des ländlichen Lohnarbeiters zu erhalten und verbot ihm die Aufnahme von Mietsleuten in seine Cottage. Noch 1627, unter Karl I., wurde Roger Crocker von Fontmill verurteilt wegen Baus einer Cottage im Manor von Fontmill ohne 4 Acres Land als beständiges Annex an dieselbe; noch 1638, unter Karl I., wurde eine königliche Kommission ernannt, um die Durchführung der alten Gesetze, namentlich auch über die 4 Acres Land, zu erzwingen; noch Cromwell verbot Erbauung eines Hauses in 4 Meilen weitem Umkreis von London ohne Ausstattung desselben mit 4 Acres Land. Noch in der ersten Hälfte des 18. Jahrhunderts wird geklagt, wenn die Cottage des Landarbeiters kein Zubehör von 1 bis 2 Acres hat. Heutzutag ist er glücklich, wenn sie mit einem Gärtchen ausgestattet ist oder wenn er weitab von ihr ein Paar Ruten Land mieten kann.

> „Grundherren und Pächter", sagt Dr. Hunter, „handeln hier Hand in Hand. Wenige Acres zur Cottage würden den Arbeiter zu unabhängig machen."[194]

Einen neuen furchtbaren Anstoß erhielt der gewaltsame Expropriationsprozeß der Volksmasse im 16. Jahrhundert durch die Reformation und, in ihrem Gefolge, den kolossalen Diebstahl der Kirchengüter. Die katholische Kirche war zur Zeit der Reformation Feudaleigentümerin eines großen Teils des englischen Grund und Bodens. Die Unterdrückung der Klöster usw. schleuderte deren Einwohner ins Proletariat. Die Kirchengüter selbst wurden großenteils an raubsüchtige königliche Günstlinge verschenkt oder zu einem Spottpreis an spekulierende Pächter und Stadtbürger verkauft, welche die alten erblichen Untersassen massenhaft verjagten und ihre Wirtschaften zusammenwarfen. Das gesetzlich garantierte Eigentum verarmter Landleute an einem Teil der Kirchenzehnten ward stillschweigend konfisziert.[195] „Pauper ubique jacet", rief Königin

---

oder Ackerknechte sind oder auch Häusler, d. h. behauste Bettler, mögt ihr eine gute Reiterei haben, aber niemals gutes standhaftes Fußvolk ... Man sieht dies in Frankreich und Italien und einigen andren auswärtigen Gegenden, wo in der Tat alles Adel oder elende Bauerschaft ... so sehr, daß sie gezwungen sind, Lohnbanden von Schweizern u. dgl. für ihre Infanteriebataillone anzuwenden: woher es auch kommt, daß diese Nationen viel Volk und wenig Soldaten haben." („The Reign of Henry VII etc. Verbatim Reprint from Kennet's England, ed. 1719", Lond. 1870, p. 308.)

194 Dr. Hunter, l.c.p. 134. – „Die Menge Land, die" (in den alten Gesetzen) „zugewiesen wurde, würde heute für zu groß gehalten werden für Arbeiter und eher als dazu geeignet, sie in kleine Pächter zu verwandeln." (George Roberts, „The Social History of the People of the Southern Counties of England in past centuries", Lond. 1856, p. 184.)

195 „Das Recht der Armen, an den Kirchenzehnten beteiligt zu werden, ist durch alte Satzungen festgelegt." (Tuckett, l.c., v. II, p. 804, 805.)

Elisabeth nach einer Rundreise durch England. Im 43. Jahre ihrer Regierung war man endlich gezwungen, den Pauperismus offiziell anzuerkennen durch Einführung der Armensteuer.

> „Die Urheber dieses Gesetzes schämten sich, seine Gründe auszusprechen, und schickten es daher, wider alles Herkommen, ohne irgendein preamble (Eingangsmotivierung) in die Welt.“[196]

Durch 16. Car. I., 4 wurde es perpetuell erklärt und erhielt in der Tat erst 1834 eine neue härtere Form.[197] Diese unmittelbaren Wirkungen der Reformation waren nicht ihre nachhaltigsten. Das Kircheneigentum bildete das religiöse Boll-

---

196 William Cobbett, „A History of the Protestant Reformation“, § 471.

197 Den protestantischen „Geist“ ersieht man u. a. aus folgendem. Im Süden Englands steckten verschiedne Grundeigentümer und wohlhabende Pächter die Köpfe zusammen und setzten über die richtige Interpretation des Armengesetzes der Elisabeth 10 Fragen auf, welche sie einem berühmten Juristen jener Zeit, Sergeant Snigge (später Richter unter Jakob I.), zum Gutachten vorlegten. „Neunte Frage: Einige der reichen Pächter der Pfarrei haben einen klugen Plan ausgeheckt, wodurch alle Wirre in Ausübung des Akts beseitigt werden kann. Sie schlagen den Bau eines Gefängnisses in der Pfarrei vor. Jedem Armen, der sich nicht in vorbesagtes Gefängnis einsperren lassen will, soll die Unterstützung versagt werden. Es soll dann der Nachbarschaft Anzeige gemacht werden, daß, wenn irgendeine Person geneigt, die Armen dieser Pfarrei zu pachten, sie versiegelte Vorschläge eingeben soll, an einem bestimmten Tag, zum niedrigsten Preis, wozu sie selbe uns abnehmen will. Die Urheber dieses Plans unterstellen. daß es in den Nachbargrafschaften Personen gibt, die unwillig sind zu arbeiten, und ohne Vermögen oder Kredit, um eine Pacht oder ein Schiff zu erwerben, so daß sie ohne Arbeit leben könnten (so as to live without labour). Solche dürften geneigt sein, der Pfarrei sehr vorteilhafte Vorschläge zu machen. Sollten hier und da Arme unter des Kontraktors Obhut kaputt gehn, so wird die Sünde an seiner Tür liegen, da die Pfarrei ihre Pflichten gegen selbige Arme erfüllt hätte. Wir fürchten jedoch, daß der gegenwärtige Akt keine Klugheitsmaßregel (prudential measure) dieser Art erlaubt; aber Sie müssen wissen, daß der Rest der freeholders dieser Grafschaft und der anliegenden sich uns anschließen wird, um ihre Unterhausmitglieder zur Vorlage eines Gesetzes anzutreiben, welches Einsperrung und Zwangsarbeit der Armen gestattet, so daß jede Person, welche sich der Einsperrung widersetzt, zu keiner Unterstützung berechtigt sein soll. Dies, so hoffen wir, wird Personen im Elend abhalten, Unterstützung zu beanspruchen (will prevent persons in distress from wanting relief).“ (R.Blakey, „The History of Political Literature from the earliest times“, Lond. 1855, v. II, p. 84, 85.) – In Schottland fand die Abschaffung der Leibeigenschaft Jahrhunderte später statt als in England. Noch 1698 erklärte Fletcher von Saltoun im schottischen Parlament: „Die Zahl der Bettler ist in Schottland auf nicht weniger als 200.000 geschätzt. Das einzige Hilfsmittel, welches ich, ein Republikaner von Prinzip, vorschlagen kann, ist, den alten Zustand der Leibeigenschaft zu restaurieren und aus allen denen Sklaven zu machen, die unfähig sind, für ihre eigne Subsistenz zu sorgen.“ So Eden, l.c., b. I, ch. I, p. 60, 61. – „Von der Freiheit der Ackerbauer datiert der Pauperismus ... Manufakturen und Handel sind die wahren Eltern unsrer nationalen Armen.“ Eden, wie jener schottische Republikaner von Prinzip, irrt nur darin, daß nicht die Aufhebung der Leibeigenschaft, sondern die Aufhebung des Eigentums des Ackerbauers an Grund und Boden ihn zum Proletarier, resp. Pauper machte. – Englands Armengesetzen entspricht in Frankreich, wo sich die Expropriation in andrer Weise vollzog, die Ordonnanz von Moulins, 1566, und das Edikt von 1656.

werk der altertümlichen Grundeigentumsverhältnisse. Mit seinem Fall waren sie nicht länger haltbar.[198]

Noch in den letzten Dezennien des 17. Jahrhunderts war die Yeomanry, eine unabhängige Bauerschaft, zahlreicher als die Klasse der Pächter. Sie hatte die Hauptstärke Cromwells gebildet und stand, selbst nach Macaulays Geständnis, in vorteilhaftem Gegensatz zu den versoffen Mistjunkern und ihren Bedienten, den Landpfaffen, welche die herrschaftliche „Lieblingsmagd" unter die Haube bringen mußten. Noch waren selbst die ländlichen Lohnarbeiter Mitbesitzer am Gemeindeeigentum. 1750 ungefähr war die Yeomanry verschwunden[199], und in den letzten Dezennien des 18. Jahrhunderts die letzte Spur von Gemeindeeigentum der Ackerbauer. Wir sehn hier ab von den rein ökonomischen Triebfedern der Agrikulturrevolution. Wir fragen nach ihren gewaltsamen Hebeln.

Unter der Restauration der Stuarts setzten die Grundeigentümer eine Usurpation gesetzlich durch, die sich überall auf dem Kontinent auch ohne gesetzliche Weitläufigkeit vollzog. Sie hoben die Feudalverfassung des Bodens auf, d. h., sie schüttelten seine Leistungspflichten an den Staat ab, „entschädigten" den Staat durch Steuern auf die Bauerschaft und übrige Volksmasse, vindizierten modernes Privateigentum an Gütern, worauf sie nur Feudaltitel besaßen, und oktroyierten schließlich jene Niederlassungsgesetze (laws of settlement), die, mutatis mutandis, auf die englischen Ackerbauer wirkten wie des Tataren Boris Godunow Edikt auf die russische Bauerschaft.

Die „glorious Revolution" (glorreiche Revolution) brachte mit dem Oranier Wilhelm III.[200] die grundherrlichen und kapitalistischen Plusmacher zur Herrschaft. Sie weihten die neue Ära ein, indem sie den bisher nur bescheiden betriebenen Diebstahl an den Staatsdomänen auf kolossaler Stufenleiter ausüb-

---

[198] Herr Rogers, obgleich damals Professor der politischen Ökonomie an der Universität zu Oxford, dem Stammsitz protestantischer Orthodoxie, betont in seiner Vorrede zur „History of Agriculture" die Pauperisierung der Volksmasse durch die Reformation.

[199] „A Letter to Sir T. C. Bunbury, Brt.: On the High Price of Provisions. By a Suffolk Gentleman", Ipswich 1795. p. 4. Selbst der fanatische Verteidiger des großen Pachtwesens, der Verfasser der „Inquiry into the Connection of large farms etc.", Lond. 1773, p. 139, sagt: „Am meisten beklage ich den Verlust unserer Yeomanry, jener Schar von Männern, die in Wirklichkeit die Unabhängigkeit dieser Nation aufrechterhielten; und ich bedaure, ihre Ländereien jetzt in den Händen monopolisierender Lords an kleine Pächter verpachtet zu sehn, die ihre Pachten zu solchen Bedingungen halten, daß sie kaum mehr sind als Vasallen, die bei jeder mißlichen Gelegenheit einem Ruf Folge leisten müssen."

[200] Über die Privatmoral dieses bürgerlichen Helden u. a.: „Die großen Zuwendungen von Ländereien an Lady Orkney in Irland im Jahre 1695 sind ein öffentlicher Beweis für die Zuneigung des Königs und den Einfluß der Lady ... die köstlichen Dienste der Lady Orkney sollen bestanden haben in – foeda labiorum ministeria. (In der Sloane Manuscript Collection, auf dem Britischen Museum, Nr. 4224. Das Manuskript ist betitelt: „The character and behaviour of King William, Sunderland etc. as represented in Original letters to the Duke of Shrewsbury from Somers, Halifax, Oxford, Secretary Vernon etc." Es ist voller Kuriosa.)

ten. Diese Ländereien wurden verschenkt, zu Spottpreisen verkauft oder auch durch direkte Usurpation an Privatgüter annexiert.[201] Alles das geschah ohne die geringste Beobachtung gesetzlicher Etikette. Das so fraudulent angeeignete Staatsgut samt dem Kirchenraub, soweit er während der republikanischen Revolution nicht abhanden gekommen, bildet die Grundlage der heutigen fürstlichen Domänen der englischen Oligarchie.[202] Die bürgerlichen Kapitalisten begünstigten die Operation, u. a. um den Grund und Boden in einen reinen Handelsartikel zu verwandeln, das Gebiet des agrikolen Großbetriebs auszudehnen, ihre Zufuhr vogelfreier Proletarier vom Lande zu vermehren usw. Zudem war die neue Grundaristokratie die natürliche Bundesgenossin der neuen Bankokratie, der eben aus dem Ei gekrochnen hohen Finanz und der damals auf Schutzzölle sich stützenden großen Manufakturisten. Die englische Bourgeoisie handelte für ihr Interesse ganz so richtig wie die schwedischen Stadtbürger, die umgekehrt, Hand in Hand mit ihrem ökonomischen Bollwerk, der Bauerschaft, die Könige in der gewaltsamen Resumption der Kronländereien von der Oligarchie (seit 1604, später unter Karl X. und Karl XI.) unterstützten.

Das Gemeindeeigentum – durchaus verschieden von dem eben betrachteten Staatseigentum – war eine altgermanische Einrichtung, die unter der Decke der Feudalität fortlebte. Man hat gesehn, wie die gewaltsame Usurpation desselben, meist begleitet von Verwandlung des Ackerlands in Viehweide, Ende des 15. Jahrhunderts beginnt und im 16. Jahrhundert fortdauert. Aber damals vollzog sich der Prozeß als individuelle Gewalttat, wogegen die Gesetzgebung 150 Jahre lang vergeblich ankämpft. Der Fortschritt des 18. Jahrhunderts offenbart sich darin, daß das Gesetz selbst jetzt zum Vehikel des Raubs am Volksland wird, obgleich die großen Pächter nebenbei auch ihre kleinen unabhängigen Privatmethoden anwenden.[203] Die parlamentarische Form des Raubs ist die der „Bills for Inclosures of Commons“ (Gesetze für Einhegung des Gemeindelandes), in andren Worten Dekrete, wodurch die Grundherrn Volksland sich selbst als Privateigentum schenken, Dekrete der Volksexpropriation. Sir F. M. Eden wider-

201 Die illegale Veräußerung der Krongüter, teils durch Verkauf und teils durch Schenkung, bildet ein skandalöses Kapitel in der englischen Geschichte ... eine gigantische Prellerei der Nation (gigantic fraud on the nation).“ (F. W. Newman, „Lectures on Political Econ.“, Lond. 1851. p. 129, 130.) – [Wie die heutigen englischen Großgrundbesitzer zu ihrem Besitz kamen, im einzelnen nachzusehn in „Our old Nobility. By Noblesse Oblige“, London 1879. – F. E.]

202 Man lese z. B. E. Burkes Pamphlet über das herzogliche Haus von Bedford, dessen Sprosse Lord John Russell, „the tomtit of liberalism“.

203 „Die Pächter verbieten den cottagers (Häuslern), irgendeine lebendige Kreatur außer sich selbst zu erhalten, unter dem Vorwand, daß, wenn sie Vieh oder Geflügel hielten, sie von den Scheunen Futter stehlen würden. Sie sagen auch, haltet die Cottagers arm, und ihr haltet sie fleißig. Die wirkliche Tatsache aber ist, daß die Pächter so das ganze Recht an den Gemeindeländereien usurpieren.“ („A Political Enquiry into the Consequences of enclosing Waste Lands“, Lond. 1785, p. 75.)

legt sein pfiffiges Advokatenplädoyer, worin er das Gemeindeeigentum als Privateigentum der an die Stelle der Feudalen getretenen großen Grundeigentümer darzustellen sucht, indem er selbst einen „allgemeinen Parlamentsakt für Einhegung der Gemeindeländereien" verlangt, also zugibt, daß ein parlamentarischer Staatsstreich zu ihrer Verwandlung in Privateigentum nötig ist, andrerseits aber von der Legislatur „Schadensersatz" für die expropriierten Armen fordert.[204]

Während an die Stelle der unabhängigen Yeomen tenants-at-will traten, kleinere Pächter auf einjährige Kündigung, eine servile und von der Willkür der Landlords abhängige Rotte, half, neben dem Raub der Staatsdomänen, namentlich der systematisch betriebne Diebstahl des Gemeindeeigentums jene großen Pachten anschwellen, die man im 18. Jahrhundert Kapital-Pachten[205] oder Kaufmanns-Pachten[206] nannte, und das Landvolk als Proletariat für die Industrie „freisetzen".

Das 18. Jahrhundert begriff jedoch noch nicht in demselben Maß wie das 19. die Identität zwischen Nationalreichtum und Volksarmut. Daher heftigste Polemik in der ökonomischen Literatur jener Zeit über die „inclosure of commons". Ich gebe aus dem massenhaften Material, das mir vorliegt, einige wenige Stellen, weil dadurch lebhaft die Zustände veranschaulicht werden.

> „In vielen Pfarreien von Hertfordshire", schreibt eine entrüstete Feder, „sind 24 im Durchschnitt 50-150 Acres zählende Pachten in 3 Pachten zusammengeschmolzen."[207] „In Northamptonshire und Lincolnshire hat die Einhegung der Gemeindeländereien sehr vorgeherrscht und die meisten aus den Einhegungen entsprungnen neuen Lordschaften sind in Weide verwandelt; infolge davon haben viele Lordschaften jetzt nicht 50 Acres unter dem Pflug, wo früher 1500 gepflügt wurden ... Ruinen früherer Wohnhäuser, Scheunen, Ställe usw." sind die einzigen Spuren der früheren Einwohner. „Hundert Häuser und Familien sind an manchen Plätzen zusammengeschrumpft ... auf 8 oder 10 ... Der Grundeigentümer in den meisten Pfarreien, wo die Einhegung erst seit 15 oder 20 Jahren vorging, sind sehr wenige in Vergleich zu den Zahlen, von denen das Land im offnen Feldzustand bebaut wurde. Es ist nichts Ungewöhnliches, 4 oder 5 reiche Viehmäster große, jüngst eingehegte Lordschaften usurpieren zu sehn, die sich früher in der Hand von 20-30 Pächtern und von ebenso vielen kleineren Eigentümern und Insassen befanden. Alle diese sind mit ihren Familien aus ihrem Besitztum herausgeworfen nebst vielen andren Familien, die durch sie beschäftigt und erhalten wurden."[208]

---

[204] Eden, I. c., Preface.

[205] „Capital farms." („Two Letters on the Flour Trade and the Dearness of Corn. By a Person in Business", Lond. 1767, p. 19, 20.)

[206] „Merchant-farms." („An Inquiry into the Present High Prices of Provision.", Lond. 1767, p. 111, Note.) Diese gute Schrift, die anonym erschien, verfaßt von dem Rev. Nathaniel Forster.

[207] Thomas Wright, „A short address to the Public on the Monopoly of large farms", 1779, p. 2, 3.

[208] Rev. Addington, „Enquiry into the Reasons for or against enclosing open fields", Lond. 1772, p. 37-43 passim.

Es war nicht nur brachliegendes, sondern oft, unter bestimmter Zahlung an die Gemeinde, oder gemeinschaftlich, bebautes Land, das unter dem Vorwand der Einhegung vom angrenzenden Landlord annexiert wurde.

„Ich spreche hier vom Einschluß offner Felder und Ländereien, die bereits bebaut sind. Selbst die Schriftsteller, welche die Inclosures verteidigen, geben zu, daß letztre das Monopol großer Pachtungen vermehren, die Preise der Lebensmittel erhöhen und Entvölkerung produzieren ... und selbst die Einhegung wüster Ländereien, wie jetzt betrieben, raubt dem Armen einen Teil seiner Subsistenzmittel und schwellt Pachtungen auf, die bereits zu groß sind."[209] „Wenn", sagt Dr. Price, „das Land in die Hände einiger weniger großen Pächter gerät, werden die kleinen Pächter" (früher von ihm bezeichnet als „eine Menge kleiner Eigentümer und Pächter, die sich selbst und Familien erhalten durch das Produkt des von ihnen bestellten Landes, durch Schafe, Geflügel, Schweine usw., die sie auf das Gemeindeland schicken, so daß sie wenig Anlaß zum Kauf von Subsistenzmitteln haben") „verwandelt in Leute, die ihre Subsistenz durch Arbeit für andre gewinnen müssen und gezwungen sind, für alles, was sie brauchen, zu Markt zu gehen ... Es wird vielleicht mehr Arbeit verrichtet, weil mehr Zwang dazu herrscht ... Städte und Manufakturen werden wachsen, weil mehr Leute zu ihnen verjagt werden, welche Beschäftigung suchen. Dies ist der Weg, worin die Konzentration der Pachtungen naturgemäß wirkt und worin sie, seit vielen Jahren, in diesem Königreich tatsächlich gewirkt hat."[210]

Er faßt die Gesamtwirkung der inclosures so zusammen:

„Im ganzen hat sich die Lage der niederen Volksklassen fast in jeder Hinsicht verschlechtert, die kleineren Grundbesitzer und Pächter sind herabgedrückt auf den Stand von Taglöhnern und Mietlingen; und zur selben Zeit ist der Lebensgewinn in diesem Zustand schwieriger geworden."[211]

---

[209] Dr. R. Price, l.c., v. II, p. 155, 156. Man lese Forster, Addington, Kent, Price und James Anderson und vergleiche das elende Sykophantengeschwätz MacCullochs in seinem Katalog, „The Literature of Political Economy", Lond. 1845.

[210] l.c.p. 147, 148.

[211] l.c.p. 159, 160. Man erinnert sich an das alte Rom. „Die Reichen hatten sich des größten Teils der ungeteilten Ländereien bemächtigt. Sie vertrauten den Zeitumständen, daß sie ihnen nicht mehr abgenommen würden, und kauften daher die in ihrer Nähe gelegenen Stücke der Armen, zum Teil mit deren Willen, zum Teil nahmen sie sie ihnen mit Gewalt, so daß sie nur mehr weit ausgedehnte Domänen statt einzelner Felder bebauten. Sie gebrauchten dabei Sklaven zum Landbau und zur Viehzucht, weil ihnen freie Leute weg von der Arbeit zum Kriegsdienst genommen worden wären. Der Besitz von Sklaven brachte ihnen auch insofern großen Gewinn, als sich diese wegen ihrer Befreiung vom Kriegsdienst ungefährdet vermehren konnten und eine Menge Kinder bekamen. So zogen die Mächtigen durchaus allen Reichtum an sich, und die ganze Gegend wimmelte von Sklaven. Der Italer dagegen wurden immer weniger, aufgerieben wie sie waren durch Armut, Abgaben und Kriegsdienst. Traten aber auch Zeiten des Friedens ein, so waren sie zu vollkommner Untätigkeit verdammt, weil die Rei-

In der Tat wirkten Usurpation des Gemeindelands und die sie begleitende Revolution der Agrikultur so akut auf die Ackerbauarbeiter, daß, nach Eden selbst, zwischen 1765 und 1780 ihr Lohn anfing, unter das Minimum zu fallen und durch offizielle Armenunterstützung ergänzt zu werden. Ihr Arbeitslohn, sagt er, „genügte nur noch eben für die absoluten Lebensbedürfnisse".

Hören wir noch einen Augenblick einen Verteidiger der enclosures und Gegner des Dr. Price.

> „Es ist kein richtiger Schluß, daß Entvölkerung vorhanden, weil man Leute nicht länger ihre Arbeit im offnen Feld verschwenden sieht ... Wenn nach Verwandlung kleiner Bauern in Leute, die für andre arbeiten müssen, mehr Arbeit flüssig gemacht wird, so ist das ja ein Vorteil, den die Nation" (wozu die Verwandelten natürlich nicht gehören) „wünschen muß ... Das Produkt wird größer sein, wenn ihre kombinierte Arbeit auf einer Pachtung angewandt wird: so wird Surplusprodukt für die Manufakturen gebildet, und dadurch werden Manufakturen, eine der Goldgruben dieser Nation, im Verhältnis zum produzierten Kornquantum vermehrt."[212]

Die stoische Seelenruhe, womit der politische Ökonom frechste Schändung des „heiligen Rechts des Eigentums" und gröbste Gewalttat wider Personen betrachtet, sobald sie erheischt sind, um die Grundlage der kapitalistischen Produktionsweise herzustellen, zeigt uns u. a. der überdem noch torystisch gefärbte und „philanthropische" Sir F. M. Eden. Die ganze Reihe von Raubtaten, Greueln und Volksdrangsalen, welche die gewaltsame Volksexpropriation vom letzten Drittel des 15. bis zum Ende des 18. Jahrhunderts begleiten, treibt ihn nur zur „komfortablen" Schlußreflexion:

> „Die richtige (due) Proportion zwischen Acker- und Viehland mußte hergestellt werden. Noch im ganzen 14. und größten Teil des 15. Jahrhunderts kam 1 Acre Viehweide auf 2, 3 und selbst 4 Acres Ackerland. In Mitte des 16. Jahrhunderts verwandelte sich die Proportion in 2 Acres Viehland auf 2, später von 2 Acres Viehweide auf 1 Acre Ackerland, bis endlich die richtige Proportion von 3 Acres Viehland auf 1 Acre Ackerland herauskam."

---

chen im Besitze des Bodens waren, und statt freier Leute Sklaven zum Ackerbau brauchten." (Appian, „Römische Bürgerkriege", I,7.) Diese Stelle bezieht sich auf die Zeit vor dem licinischen Gesetze. Der Kriegsdienst, der den Ruin der römischen Plebejer so sehr beschleunigte, war auch ein Hauptmittel, wodurch Karl der Große die Verwandlung freier deutscher Bauern in Hörige und Leibeigne treibhausmäßig förderte.

[212] „An Inquiry into the Connection between the present Prices of Provisions etc.", p. 124, 129. Ähnlich, aber mit entgegengesetzter Tendenz: „Die Arbeiter werden von ihren Cottages vertrieben und gezwungen, in den Städten Beschäftigung zu suchen; – aber dann erhält man einen größeren Überschuß, und so wird das Kapital vermehrt." („The Perils of the Nation", 2nd ed., Lond. 1843, p. XIV.)

Im 19. Jahrhundert verlor sich natürlich selbst die Erinnerung des Zusammenhangs zwischen Ackerbauer und Gemeindeeigentum. Von späterer Zeit gar nicht zu reden, welchen Farthing Ersatz erhielt das Landvolk jemals für die 3.511.770 Acres Gemeindeland, die ihm zwischen 1810 und 1831 geraubt und parlamentarisch den Landlords von den Landlords geschenkt wurden?

Der letzte große Expropriationsprozeß der Ackerbauer von Grund und Boden endlich ist das sog. Clearing of Estates (Lichten der Güter, in der Tat Wegfegung der Menschen von denselben). Alle bisher betrachteten englischen Methoden kulminierten im „Lichten". Wie man bei der Schilderung des modernen Zustands im vorigen Abschnitt sah, geht es jetzt, wo keine unabhängigen Bauern mehr wegzufegen sind, bis zum „Lichten" der Cottages fort, so daß die Ackerbauarbeiter auf dem von ihnen bestellten Boden selbst nicht mehr den nötigen Raum zur eignen Behausung finden. Was aber „Clearing of Estates" im eigentlichen Sinne bedeutet, das lernen wir nur kennen im gelobten Lande der modernen Romanliteratur, in Hochschottland. Dort zeichnet sich der Vorgang aus durch seinen systematischen Charakter, durch die Größe der Stufenleiter, worauf er mit einem Schlag vollzogen wird (in Irland haben Grundherrn es dahin gebracht, mehrere Dörfer gleichzeitig wegzufegen; in Hochschottland handelt es sich um Bodenflächen von der Größe deutscher Herzogtümer) – und endlich durch die besondre Form des unterschlagenen Grundeigentums.

Die Kelten Hochschottlands bestanden aus Clans, deren jeder Eigentümer des von ihm besiedelten Bodens war. Der Repräsentant des Clans, sein Chef oder „großer Mann", war nur Titulareigentümer dieses Bodens, ganz wie die Königin von England Titulareigentümerin des nationalen Gesamtbodens ist. Als der englischen Regierung gelungen war, die inneren Kriege dieser „großen Männer" und ihre fortwährenden Einfälle in die niederschottischen Ebenen zu unterdrücken, gaben die Clanchefs ihr altes Räuberhandwerk keineswegs auf; sie änderten nur die Form. Aus eigner Autorität verwandelten sie ihr Titular-Eigentumsrecht in Privateigentumsrecht, und da sie bei den Clanleuten auf Widerstand stießen, beschlossen sie, diese mit offner Gewalt zu vertreiben.

> „Ein König von England könnte mit demselben Recht sich anmaßen, seine Untertanen in die See zu jagen",

sagt Professor Newman.[213] Diese Revolution, welche in Schottland nach der letzten Schilderhebung des Prätendenten begann, kann man in ihren ersten Pha-

---

213 „A king of England might as weil claim to drive his subjects into the sea." (F. W. Newman, l.c.p. 132.)

sen verfolgen bei Sir James Steuart[214] und James Anderson[215]. Im 18. Jahrhundert wurde zugleich den vom Land verjagten Gaelen die Auswanderung verboten, um sie gewaltsam nach Glasgow und andren Fabrikstädten zu treiben.[216] Als Beispiel der im 19. Jahrhundert herrschenden Methode[217] genügen hier die „Lichtungen" der Herzogin von Sutherland. Diese ökonomisch geschulte Person beschloß gleich bei ihrem Regierungsantritt eine ökonomische Radikalkur vorzunehmen und die ganze Grafschaft, deren Einwohnerschaft durch frühere, ähnliche Prozesse bereits auf 15.000 zusammengeschmolzen war, in Schaftrift zu verwandeln. Von 1814 bis 1820 wurden diese 15.000 Einwohner, ungefähr 3000 Familien, systematisch verjagt und ausgerottet. Alle ihre Dörfer wurden zerstört und niedergebrannt, alle ihre Felder in Weide verwandelt. Britische Soldaten wurden zur Exekution kommandiert und kamen zu Schlägen mit den Eingebornen. Eine alte Frau verbrannte in den Flammen der Hütte, die sie zu verlassen sich weigerte. So eignete sich diese Madame 794.000 Acres Land an, das seit undenklichen Zeiten dem Clan gehörte. Den vertriebnen Eingebornen wies sie am Seegestad ungefähr 6000 Acres zu, 2 Acres per Familie. Die 6000 Acres hatten bisher wüst gelegen und den Eigentümern kein Einkommen abge-

---

214 Steuart sagt: „Die Rente dieser Länder" (er überträgt irrtümlich diese ökonomische Kategorie auf den Tribut der taksmen an den Clanchef) „ist durchaus unbedeutend im Vergleich zu ihrem Umfang, aber, was die Personenzahl betrifft, welche eine Pacht erhält, wird man vielleicht finden, daß ein Stück Boden in den Hochlanden von Schottland zehnmal mehr Leute ernährt, als Land von demselben Wert in den reichsten Provinzen." (l.c., v. I. ch. XVI. p. 104.)

215 James Anderson, „Observations on the means of exciting a spirit of National Industry etc.", Edinburgh 1777.

216 1860 wurden gewaltsam Expropriierte nach Kanada exportiert unter falschen Versprechungen. Einige flohen in die Berge und benachbarten Eilande. Sie wurden von Polizisten verfolgt, kamen zum Handgemenge mit ihnen und entkamen.

217 „In den Hochlanden", sagt Buchanan, der Kommentator A. Smiths, 1814, „wird der alte Eigentumszustand täglich gewaltsam umgewälzt ... Der Landlord, ohne Rücksicht auf die Erbpächter" (auch dies ist hier irrig angewandte Kategorie) „bietet das Land dem höchsten Bieter an, und wenn dieser ein Verbesserer (improver) ist, führt er unmittelbar ein neues Kultursystem ein. Der Boden, früher übersät mit kleinen Bauern, war im Verhältnis zu seinem Produkt bevölkert; unter dem neuen System verbesserter Kultur und vermehrter Renten wird größtmöglichstes Produkt zu möglichst geringen Kosten erhalten und zu diesem Behufe werden die nun nutzlos gewordenen Hände entfernt ... Die Auswürflinge des Heimlands suchen Subsistenz in den Fabrikstädten usw." (David Buchanan, „Observations on etc. A. Smith's Wealth of Nations", Edinb. 1814. vol. IV, p. 144.) „Die schottischen Großen haben Familien expropriiert, wie sie Unkraut ausroden würden, sie haben Dorfschaften und ihre Bevölkerung behandelt, wie die Indier in ihrer Rache die Höhlen wilder Bestien ... Der Mensch wird verschachert für ein Schafvlies oder eine Hammelkeule, ja für weniger ... Bei dem Einfall in die Nordprovinzen Chinas schlug man im Mongolenrat vor, die Einwohner auszurotten und ihr Land in Weide zu verwandeln. Diesen Vorschlag haben viele hochschottische Landlords in ihrem eignen Land gegen ihre eignen Landsleute ausgeführt." (George Ensor, „An Inquiry concerning the Population of Nations", Lond. 1818, p. 215, 216.)

worfen. Die Herzogin ging in ihrem Nobelgefühl so weit, den Acre im Durchschnitt zu 2 sh. 6 d. Rente zu verpachten an die Clanleute, die seit Jahrhunderten ihr Blut für die Familie vergossen hatten. Das ganze geraubte Clanland teilte sie in 29 große Schafpachtungen, jede bewohnt von einer einzigen Familie, meist englische Pächterknechte. Im Jahre 1825 waren die 15.000 Gaelen bereits ersetzt durch 131.000 Schafe. Der an das Seegestad geworfne Teil der Aborigines suchte vom Fischfang zu leben. Sie wurden Amphibien und lebten, wie ein englischer Schriftsteller sagt, halb auf dem Land und halb auf dem Wasser und lebten mit alledem nur halb von beiden.[218]

Aber die braven Gaelen sollten noch schwerer ihre bergromantische Idolatrie für die „großen Männer“ des Clans abbüßen. Der Fischgeruch stieg den großen Männern in die Nase. Sie witterten etwas Profitliches dahinter und verpachteten das Seegestade den großen Fischhändlern von London. Die Gaelen wurden zum zweitenmal verjagt.[219]

Endlich aber wird ein Teil der Schaftriften rückverwandelt in Jagdrevier. Man weiß, daß es keine eigentlichen Wälder in England gibt. Das Wild in den Parks der Großen ist konstitutionelles Hausvieh, fett wie Londoner Aldermen. Schottland ist daher das letzte Asyl der „noblen Passion“.

> „In den Hochlanden“, sagt Somers 1848, „sind die Waldungen sehr ausgedehnt worden. Hier auf der einen Seite von Gaick habt ihr den neuen Wald von Glenfeshie und dort auf der andren Seite den neuen Wald von Ardverikie. In derselben Linie habt ihr den Bleak-Mount, eine ungeheure Wüste, neulich errichtet. Von Ost zu West, von der Nachbarschaft von Aberdeen bis zu den Klippen von Oban, habt ihr jetzt eine fortlaufende Waldlinie, während sich in andren Teilen der Hochlande die neuen Wälder von Loch Archaig, Glengarry, Glenmoriston etc. befinden ... Die Verwandlung ihres Landes in Schafweide ... trieb die Gaelen auf unfruchtbarern Boden. Jetzt fängt Rotwild an, das Schaf zu ersetzen, und treibt jene in noch zermalmenderes Elend ... Die Wildwaldungen[219a] und das

---

[218] Als die jetzige Herzogin von Sutherland die Mrs. Beecher-Stowe, Verfasserin von „Uncle Tom's Cabin“, mit großem Prunk in London empfing, um ihre Sympathie für die Negersklaven der amerikanischen Republik auszustellen – was sie, nebst ihren Mitaristokratinnen, wohlweise während des Bürgerkriegs unterließ, wo jedes „noble“ englische Herz für die Sklavenhalter schlug –, stellte ich in der „New-York Tribune“ die Verhältnisse der Sutherlandschen Sklaven dar. (Stellenweis ausgezogen von Carey in „The Slave Trade“, Philadelphia 1853, p. 202, 203.) Mein Artikel ward in einem schottischen Blatt abgedruckt und rief eine artige Polemik zwischen letzterem und den Sykophanten der Sutherlands hervor.

[219] Interessantes über diesen Fischhandel findet man in Herrn David Urquharts „Portfolio, New Series“. – Nassau W. Senior kennzeichnet in seiner oben zitierten nachgelaßnen Schrift „die Prozedur in Sutherlandshire als eine der wohltätigsten Lichtungen (clearings) seit Menschengedenken“. (l.c.)

[219a] Die „deer forests“ (Wildwaldungen) von Schottland enthalten keinen einzigen Baum. Man treibt die Schafe weg und die Hirsche hin auf die nackten Berge und nennt das einen „deer forest“. Also nicht einmal Waldkultur!

Volk können nicht nebeneinander existieren. Eins oder das andre muß jedenfalls den Platz räumen. Laßt die Jagden in Zahl und Umfang im nächsten Vierteljahrhundert wachsen wie im vergangenen, und ihr werdet keinen Gaelen mehr auf seiner heimischen Erde finden. Diese Bewegung unter den Hochlands-Eigentümern ist teils der Mode geschuldet, aristokratischem Kitzel, Jagdliebhaberei usw., teils aber betreiben sie den Wildhandel ausschließlich mit einem Auge auf den Profit. Denn es ist Tatsache, daß ein Stück Bergland, in Jagdung angelegt, in vielen Fällen ungleich profitabler ist denn als Schaftrift ... Der Liebhaber, der ein Jagdrevier sucht, beschränkt sein Angebot nur durch die Weite seiner Börse ... Leiden sind über die Hochlande verhängt worden nicht minder grausam, als die Politik normännischer Könige sie über England verhing. Rotwild hat freieren Spielraum erhalten, während die Menschen in engen und engern Zirkel gehetzt wurden ... Eine Freiheit des Volks nach der andren ward ihm geraubt ... Und die Unterdrückung wächst noch täglich. Lichtung und Vertreibung des Volks werden von den Eigentümern als festes Prinzip verfolgt, als eine agrikole Notwendigkeit, ganz wie Bäume und Gesträuch in den Wildnissen Amerikas und Australiens weggefegt werden, und die Operation geht ihren ruhigen, geschäftsmäßigen Gang."[220]

---

[220] Robert Somers, „Letters from the Highlands; or, the Famine of 1857", Lond. 1848. p. 12-28 passim. Diese Briefe erschienen ursprünglich in der „Times". Die englischen Ökonomen erklärten natürlich die Hungersnot der Gaelen von 1847 aus ihrer – Übervölkerung. Jedenfalls „drückten" sie auf ihre Nahrungsmittel. – Das „Clearing of Estates" oder, wie es in Deutschland hieß, „Bauernlegen" machte sich hier besonders geltend nach dem Dreißigjährigen Krieg und rief noch 1790 in Kursachsen Bauernaufstände hervor. Es herrschte namentlich in Ostdeutschland. In den meisten Provinzen Preußens sicherte erst Friedrich II. den Bauern Eigentumsrecht. Nach der Eroberung Schlesiens zwang er die Grundherrn zur Wiederherstellung der Hütten, Scheunen usw., zur Ausstattung der Bauerngüter mit Vieh und Gerät. Er brauchte Soldaten für seine Armee und Steuerpflichtige für seinen Staatsschatz. Welches angenehme Leben übrigens der Bauer unter Friedrichs Finanzunwesen und Regierungsmischmasch von Despotismus, Bürokratie und Feudalismus führte, mag man aus folgender Stelle seines Bewunderers Mirabeau ersehn: „Der Flachs stellt also einen der größten Reichtümer des Bauern in Norddeutschland dar. Zum Unglück für das Menschengeschlecht ist das nur ein Hilfsmittel gegen das Elend und kein Weg zum Wohlstand. Die direkten Steuern, die Frondienste und Zwangsdienste aller Art richten den deutschen Bauern zugrunde, zumal er auch noch indirekte Steuern bei allem, was er kauft, mitbezahlen muß ... und um seinen Ruin vollständig zu machen, wagt er seine Produkte nicht dort und so zu verkaufen, wie er will; er wagt auch nicht, das, was er braucht, bei den Kaufleuten zu erstehen, die es ihm zu billigerem Preis liefern könnten. Alle diese Ursachen ruinieren ihn langsam, aber sicher, und ohne die Spinnerei wäre er nicht imstande, die direkten Steuern am Verfalltage zu zahlen; sie bietet ihm eine Hilfsquelle, indem sie sein Weib, seine Kinder, seine Mägde, seine Knechte und ihn selbst nützlich beschäftigt. Doch trotz dieser Hilfsquelle, welch mühseliges Leben! Im Sommer arbeitet er wie ein Sträfling beim Pflügen und bei der Ernte; um 9 Uhr legt er sich schlafen und steht um 2 Uhr auf, um mit seinen Arbeiten fertig zu werden; im Winter müßte er seine Kräfte durch eine längere Ruhe auffrischen; aber es würde ihm das Korn für Brot und Aussaat fehlen, wenn er sich der Bodenfrüchte entledigt, die er verkaufen müßte, um die Steuern zu bezahlen. Um dies Loch zu stopfen, muß er daher spinnen ... und zwar mit größter Beharrlichkeit. So geht denn der Bauer im Winter um Mitternacht oder ein Uhr zur Ruhe und steht um 5 oder 6 Uhr auf; oder aber er

Der Raub der Kirchengüter, die fraudulente Veräußerung der Staatsdomänen, der Diebstahl des Gemeindeeigentums, die usurpatorische und mit rücksichtslosem Terrorismus vollzogne Verwandlung von feudalem und Claneigentum in modernes Privateigentum, es waren ebenso viele idyllische Methoden der ursprünglichen Akkumulation. Sie eroberten das Feld für die kapitalistische Agrikultur, einverleibten den Grund und Boden dem Kapital und schufen der städtischen Industrie die nötige Zufuhr von vogelfreiem Proletariat.

---

legt sich um 9 und steht um 2 Uhr auf und so alle Tage seines Lebens, abgesehen vom Sonntag. Dies Übermaß von Wachen und Arbeiten verbraucht den Menschen, und so kommt es, daß auf dem Lande Männer und Frauen viel früher altern als in der Stadt." Mirabeau, l.c., t. III, p. 212 sqq.)

Zusatz zur 2. Ausg. Im März 1866, 18 Jahre nach der Veröffentlichung der oben zitierten Schrift von Robert Somers, hielt Professor Leone Levi einen Vortrag in der Society of Arts über die Verwandlung der Schaftriften in Wildwaldungen, worin er den Fortschritt der Verwüstung in den schottischen Hochlanden schildert. Er sagt u. a.: „Entvölkerung und Verwandlung in bloße Schaftrift boten das bequemste Mittel zu einem Einkommen ohne Auslage ... An der Stelle der Schaftrift ein deer forest wurde gewöhnlicher Wechsel in den Hochlanden. Die Schafe werden vertrieben durch wilde Tiere, wie man zuvor die Menschen vertrieb, um den Schafen Platz zumachen ... Man kann marschieren von den Gütern des Grafen von Dalhouise in Forfarshire bis zu John o'Groats, ohne je das Waldland zu verlassen. In vielen" (dieser Waldungen) „sind der Fuchs, die wilde Katze, der Marder, der Iltis, das Wiesel und der Alpenhase eingebürgert; während das Kaninchen, das Eichhorn und die Ratte seit kurzem ihren Weg dahin gefunden haben. Ungeheure Landstriche, welche in der Statistik Schottlands als Weiden von ausnahmsweiser Fruchtbarkeit und Ausdehnung figurierten, sind jetzt von aller Kultur und Verbesserung ausgeschlossen und einzig dem Jagdpläsier weniger Personen – und dies dauert nur für eine kurze Periode während des Jahrs – gewidmet."

Der Londoner „Economist" vom 2. Juni 1866 sagt: „Ein schottisches Blatt berichtet letzte Woche unter andren Neuigkeiten: ‚Eine der besten Schafpachten in Sutherlandshire, wofür jüngst, beim Verfall des laufenden Pachtkontrakts, eine Jahresrente von 1200 Pfd. St. geboten ward, wird in einen deer forest verwandelt!' Die feudalen Instinkte betätigen ... wie zur Zeit, wo der normännische Erobrer ... 36 Dorfschaften zerstörte, um den New Forest zu schaffen ... Zwei Millionen Acres, welche einige der fruchtbarsten Ländereien Schottlands einbegreifen, sind ganz und gar wüst gelegt. Das natürliche Gras von Glen Tilt zählte zu den nahrhaftesten der Grafschaft Perth; der deer forest von Ben Aulder war der beste Grasgrund im weiten Distrikt von Badenoch; ein Teil des Black Mount forest war das vorzüglichste schottische Weideland für schwarzgesichtige Schafe. Von der Ausdehnung des für Jagdliebhaberei wüstgelegten Grund und Bodens mag man sich eine Vorstellung bilden aus der Tatsache, daß er einen viel größeren Flächenraum umfaßt als die ganze Grafschaft Perth. Den Verlust des Landes an Produktionsquellen infolge dieser gewaltsamen Verödung mag man daraus schätzen, daß der Boden des forest von Ben Aulder 15.000 Schafe nähren konnte und daß er nur $^{1}/_{30}$ des gesamten Jagdreviers von Schottland beträgt ... All dies Jagdland ist durchaus unproduktiv ... es hätte ebensowohl in die Fluten der Nordsee versenkt werden können. Solchen improvisierten Einöden oder Wüsten sollte die starke Hand der Gesetzgebung den Garaus machen."

3. Blutgesetzgebung gegen die Expropriierten seit Ende des 15. Jahrhunderts. Gesetze zur Herabdrückung des Arbeitslohns

Die durch Auflösung der feudalen Gefolgschaften und durch stoßweise, gewaltsame Expropriation von Grund und Boden Verjagten, dies vogelfreie Proletariat konnte unmöglich ebenso rasch von der aufkommenden Manufaktur absorbiert werden, als es auf die Welt gesetzt ward. Andrerseits konnten die plötzlich aus ihrer gewohnten Lebensbahn Herausgeschleuderten sich nicht ebenso plötzlich in die Disziplin des neuen Zustandes finden. Sie verwandelten sich massenhaft in Bettler, Räuber, Vagabunden, zum Teil aus Neigung, in den meisten Fällen durch den Zwang der Umstände. Ende des 15. und während des ganzen 16. Jahrhunderts daher in ganz Westeuropa eine Blutgesetzgebung wider Vagabundage. Die Väter der jetzigen Arbeiterklasse wurden zunächst gezüchtigt für die ihnen angetane Verwandlung in Vagabunden und Paupers. Die Gesetzgebung behandelte sie als „freiwillige" Verbrecher und unterstellte, daß es von ihrem guten Willen abhänge, in den nicht mehr existierenden alten Verhältnissen fortzuarbeiten.

In England begann jene Gesetzgebung unter Heinrich VII.

Heinrich VIII., 1530: Alte und arbeitsunfähige Bettler erhalten eine Bettellizenz. Dagegen Auspeitschung und Einsperrung für handfeste Vagabunden. Sie sollen an einen Karren hinten angebunden und gegeißelt werden, bis das Blut von ihrem Körper strömt, dann einen Eid schwören, zu ihrem Geburtsplatz oder dorthin, wo sie die letzten drei Jahre gewohnt, zurückzukehren und „sich an die Arbeit zu setzen" (to put himself to labour). Welche grausame Ironie! 27 Heinrich VIII. wird das vorige Statut wiederholt, aber durch neue Zusätze verschärft. Bei zweiter Ertappung auf Vagabundage soll die Auspeitschung wiederholt und das halbe Ohr abgeschnitten, bei drittem Rückfall aber der Betroffne als schwerer Verbrecher und Feind des Gemeinwesens hingerichtet werden.

Edward VI.: Ein Statut aus seinem ersten Regierungsjahr, 1547, verordnet, daß, wenn jemand zu arbeiten weigert, soll er als Sklave der Person zugeurteilt werden, die ihn als Müßiggänger denunziert hat. Der Meister soll seinen Sklaven mit Brot und Wasser nähren, schwachem Getränk und solchen Fleischabfällen, wie ihm passend dünkt. Er hat das Recht, ihn zu jeder auch noch so eklen Arbeit durch Auspeitschung und Ankettung zu treiben. Wenn sich der Sklave für 14 Tage entfernt, ist er zur Sklaverei auf Lebenszeit verurteilt und soll auf Stirn oder Backen mit dem Buchstaben S gebrandmarkt, wenn er zum drittenmal fortläuft, als Staatsverräter hingerichtet werden. Der Meister kann ihn verkaufen, vermachen, als Sklaven ausdingen, ganz wie andres bewegliches Gut und Vieh. Unternehmen die Sklaven etwas gegen die Herrschaft, so sollen sie ebenfalls hingerichtet werden. Friedensrichter sollen auf Information den Kerls nachspüren. Findet sich, daß ein Herumstreicher drei Tage gelungert hat, so soll er nach seinem Geburtsort gebracht, mit rotglühendem Eisen auf die Brust mit dem Zeichen V gebrandmarkt, und dort in Ketten auf der Straße oder zu sonstigen Diensten verwandt werden. Gibt der Vagabund einen falschen Geburtsort an, so soll er zur Strafe der lebenslängliche Sklave dieses Orts, der Einwohner oder Korporation sein und mit S gebrandmarkt werden. Alle Personen haben das Recht, den Vagabunden ihre Kinder wegzunehmen und als Lehrlinge, Jungen bis zum 24. Jahr, Mädchen bis zum 20. Jahr, zu halten. Laufen sie weg, so sollen sie bis zu diesem Alter die Sklaven der Lehrmeister sein, die sie in Ketten legen, geißeln etc. können, wie sie wollen. Jeder Meister darf einen eisernen Ring um Hals, Arme oder Beine seines Sklaven legen, damit er ihn besser kennt und seiner sicherer ist.[221] Der letzte Teil dieses Status sieht vor, daß gewisse Arme von dem Ort oder den Individuen beschäftigt werden sollen, die ihnen zu essen und zu trinken geben und Arbeit für sie finden wollen. Diese Sorte Pfarreisklaven hat sich bis tief ins 19. Jahrhundert in England erhalten unter dem Namen roundsmen (Umgeher).

Elisabeth, 1572: Bettler ohne Lizenz und über 14 Jahre alt sollen hart gepeitscht und am linken Ohrlappen gebrandmarkt werden, falls sie keiner für zwei Jahre in Dienst nehmen will; im Wiederholungsfall, wenn über 18 Jahre alt, sollen sie – hingerichtet werden, falls sie niemand für zwei Jahre in Dienst nehmen will, bei dritter Rezidive aber ohne Gnade als Staatsverräter hingerichtet werden. Ähnliche Statute: 18 Elisabeth c. 13 und 1597.[221a]

---

221 Der Verfasser des „Essay on Trade etc.", 1770, bemerkt: „Unter der Regierung Edwards VI. scheinen sich die Engländer in der Tat mit vollem Ernst auf Encouragierung der Manufakturen und Beschäftigung der Armen verlegt zu haben. Dies ersehn wir aus einem merkwürdigen Statut, worin es heißt, daß alle Vagabunden gebrandmarkt werden sollen" usw. (l.c.p. 5.)

221a Thomas Morus sagt in seiner „Utopia": „So geschieht's, daß ein gieriger und unersättlicher Vielfraß, die wahre Pest seines Geburtslandes, Tausende von Acres Land zusammenpacken und innerhalb einer Umpfählung oder einer Hecke einzäunen, oder durch Gewalt und Unbill ihre Eigner so abhetzen kann, daß sie gezwungen sind, alles zu verkaufen. Durch ein Mittel oder das andre, es mag biegen oder brechen, werden sie genötigt fortzutrollen – arme, einfältige, elende Seelen! Männer, Weiber, Gatten, Frauen, vaterlose Kinder, Witwen, jammernde Mütter mit ihren Säuglingen und der ganze Haushalt, gering an Mitteln und zahlreich an Köpfen, da der Ackerbau vieler Hände bedurfte. Weg schleppen sie sich, sage ich, aus der bekannten und gewohnten Heimstätte, ohne einen Ruheplatz zu finden; der Verkauf von all ihrem Hausgerät, obgleich von keinem großen Wert, würde unter andren Umständen einen gewissen Erlös geben; aber plötzlich an die Luft gesetzt, müssen sie ihn zu Spottpreisen losschlagen. Und wenn sie umhergeirrt, bis der letzte Heller verzehrt ist, was anders können sie tun außer stehlen und dann, bei Gott, in aller Form Rechtens gehangen werden, oder auf den Bettel ausgehn? Und auch dann werden sie ins Gefängnis geschmissen, als Vagabunden, weil sie sich herumtreiben und nicht arbeiten; sie, die kein Mensch an die Arbeit setzen will, sie mögen sich noch so eifrig dazu erbieten." Von diesen armen Flüchtlingen, von denen Thomas Morus sagt, daß man sie zum Diebstahl zwang, „wurden 72.000 große und kleine Diebe hingerichtet unter der Regierung Heinrich des Achten". (Holinshed, „Description of England", v. I. p. 186.) Zu Elisabeths Zeiten wurden „Landstreicher reihenweise aufgeknüpft; indes verstrich gewöhnlich kein Jahr, worin nicht 300 oder 400 an einem Platz oder dem andren dem Galgen

Jakob I.: Eine herumwandernde und bettelnde Person wird für einen Landstreicher und Vagabunden erklärt. Die Friedensrichter in den Petty Sessions sind bevollmächtigt, sie öffentlich auspeitschen zu lassen und bei erster Ertappung 6 Monate, bei zweiter 2 Jahre ins Gefängnis zu sperren. Während des Gefängnisses soll sie so oft und soviel gepeitscht werden, als die Friedensrichter für gut halten ... Die unverbesserlichen und gefährlichen Landstreicher sollen auf der linken Schulter mit R gebrandmarkt und an die Zwangsarbeit gesetzt, und wenn man sie wieder auf dem Bettel ertappt, ohne Gnade hingerichtet werden. Diese Anordnungen, gesetzlich bis in die erste Zeit des 18. Jahrhunderts, wurden erst aufgehoben durch 12 Anna c. 23.

Ähnliche Gesetze in Frankreich, wo sich Mitte des 17. Jahrhunderts ein Vagabundenkönigreich (royaume des truands) zu Paris etabliert hatte. Noch in der ersten Zeit Ludwigs XVI. (Ordonnanz vom 13. Juli 1777) sollte jeder gesund gebaute Mensch vom 16. bis 60. Jahr, wenn ohne Existenzmittel und Ausübung einer Profession, auf die Galeeren geschickt werden. Ähnlich das Statut Karls V. für die Niederlande vom Oktober 1537, das erste Edikt der Staaten und Städte von Holland vom 19. März 1614, das Plakat der Vereinigten Provinzen vom 25. Juni 1649 usw.

So wurde das von Grund und Boden gewaltsam expropriierte, verjagte und zum Vagabunden gemachte Landvolk durch grotesk-terroristische Gesetze in eine dem System der Lohnarbeit notwendige Disziplin hineingepeitscht, -gebrandmarkt, -gefoltert.

Es ist nicht genug, daß die Arbeitsbedingungen auf den einen Pol als Kapital treten und auf den andren Pol Menschen, welche nichts zu verkaufen haben als ihre Arbeitskraft. Es genügt auch nicht, sie zu zwingen, sich freiwillig zu verkaufen. Im Fortgang der kapitalistischen Produktion entwickelt sich eine Arbeiterklasse, die aus Erziehung, Tradition, Gewohnheit die Anforderungen jener Produktionsweise als selbstverständliche Naturgesetze anerkennt. Die Organisation des ausgebildeten kapitalistischen Produktionsprozesses bricht jeden Widerstand, die beständige Erzeugung einer relativen Übervölkerung hält das Gesetz der Zufuhr von und Nachfrage nach Arbeit und daher den Arbeitslohn in einem den Verwertungsbedürfnissen des Kapitals entsprechenden Gleise, der stumme Zwang der ökonomischen Verhältnisse besiegelt die Herrschaft des Kapitalisten über den Arbeiter. Außerökonomische, unmittelbare Gewalt wird

---

anheimfielen". (Strype, „Annals of the Reformation and Establishment of Religion, and other Various Occurences in the Church of England during Queen Elisabeth's Happy Reign,", 2nd ed. 1725, vol. II.) Nach demselben Strype wurden in Somersetshire in einem einzigen Jahr 40 Personen hingerichtet, 35 gebrandmarkt, 37 ausgepeitscht und 183 „verzweifelte Bösewichter" freigegeben. Dennoch, sagt er, „schließt diese große Zahl der Angeklagten nicht $^1/_5$ der peinlichen Verbrechen ein, dank der Fahrlässigkeit der Friedensrichter und dem albernen Mitleid des Volkes". Er fügt hinzu: „Die andren Grafschaften in England waren in keiner beßren Lage als Somersetshire und viele selbst in einer schlechteren."

zwar immer noch angewandt, aber nur ausnahmsweise. Für den gewöhnlichen Gang der Dinge kann der Arbeiter den „Naturgesetzen der Produktion" überlassen bleiben, d. h. seiner aus den Produktionsbedingungen selbst entspringenden, durch sie garantierten und verewigten Abhängigkeit vom Kapital. Anders während der historischen Genesis der kapitalistischen Produktion. Die aufkommende Bourgeoisie braucht und verwendet die Staatsgewalt, um den Arbeitslohn zu „regulieren", d. h. innerhalb der Plusmacherei zusagender Schranken zu zwängen, um den Arbeitstag zu verlängern und den Arbeiter selbst in normalem Abhängigkeitsgrad zu erhalten. Es ist dies ein wesentliches Moment der sog. ursprünglichen Akkumulation.

Die Klasse der Lohnarbeiter, die in der letzten Hälfte des 14. Jahrhunderts entstand, bildete damals und im folgenden Jahrhundert nur einen sehr geringen Volksbestandteil, der in seiner Stellung stark beschützt war durch die selbständige Bauernwirtschaft auf dem Land und die Zunftorganisation der Stadt. In Land und Stadt standen sich Meister und Arbeiter sozial nahe. Die Unterordnung der Arbeit unter das Kapital war nur formell, d. h. die Produktionsweise selbst besaß noch keinen spezifisch kapitalistischen Charakter. Das variable Element des Kapitals wog sehr vor über sein konstantes. Die Nachfrage nach Lohnarbeit wuchs daher rasch mit jeder Akkumulation des Kapitals, während die Zufuhr von Lohnarbeit nur langsam nachfolgte. Ein großer Teil des nationalen Produkts, später in Akkumulationsfonds des Kapitals verwandelt, ging damals noch ein in den Konsumtionsfonds des Arbeiters.

Die Gesetzgebung über die Lohnarbeit, von Haus aus auf Exploitation des Arbeiters gemünzt und ihm in ihrem Fortgang stets gleich feindlich[222], wird in England eröffnet durch das Statute of Labourers Edwards III., 1349. Ihm entspricht in Frankreich die Ordonnanz von 1350, erlassen im Namen des Königs Jean. Die englische und französische Gesetzgebung laufen parallel und sind dem Inhalt nach identisch. Soweit die Arbeiterstatuten Verlängerung des Arbeitstags zu erzwingen suchen, komme ich nicht auf sie zurück, da dieser Punkt früher (8. Kapitel, 5) erörtert. Das Statute of Labourers wurde erlassen auf dringende Klage des Hauses der Gemeinen.

„Früher", sagt naiv ein Tory, „verlangten die Armen so hohen Arbeitslohn, daß sie Industrie und Reichtum bedrohten. Jetzt ist ihr Lohn so niedrig, daß er ebenfalls Industrie und Reichtum bedroht, aber anders und vielleicht gefährlicher als damals."[223]

---

[222] „Wann immer die Gesetzgebung versucht, die Differenzen zwischen Unternehmern und ihren Arbeitern zu regeln, sind ihre Ratgeber immer die Unternehmer", sagt A. Smith. „Der Geist der Gesetze ist das Eigentum", sagt Linguet.

[223] „Sophisms of Free Trade. By a Barrister", Lond. 1850. p. 206. Er setzt maliziös hinzu: „Wir waren stets bei der Hand, für den Anwender einzuschreiten. Kann nichts geschehn für den Angewandten?"

Ein gesetzlicher Lohntarif ward festgesetzt für Stadt und Land, für Stückwerk und Tagwerk. Die ländlichen Arbeiter sollen sich aufs Jahr, die städtischen „auf offnem Markt" verdingen. Es wird bei Gefängnisstrafe untersagt, höheren als den statutarischen Lohn zu zahlen, aber der Empfang höheren Lohns wird stärker bestraft als seine Zahlung. So wird auch noch in Sect. 18 und 19 des Lehrlingsstatuts von Elisabeth zehntägige Gefängnisstrafe über den verhängt, der höheren Lohn zahlt, dagegen einundzwanzigtägige Gefängnisstrafe über den, der ihn nimmt. Ein Statut von 1360 verschärfte die Strafen und ermächtigte den Meister sogar, durch körperlichen Zwang Arbeit zum gesetzlichen Lohntarif zu erpressen. Alle Kombinationen, Verträge, Eide usw., wodurch sich Maurer und Zimmerleute wechselseitig banden, werden für null und nichtig erklärt. Arbeiterkoalition wird als schweres Verbrechen behandelt vom 14. Jahrhundert bis 1825, dem Jahr der Abschaffung der Antikoalitionsgesetze. Der Geist des Arbeiterstatuts von 1349 und seiner Nachgeburten leuchtet hell daraus hervor, daß zwar ein Maximum des Arbeitslohns von Staats wegen diktiert wird, aber beileibe kein Minimum.

Im 16. Jahrhundert hatte sich, wie man weiß, die Lage der Arbeiter sehr verschlechtert. Der Geldlohn stieg, aber nicht im Verhältnis zur Depreziation des Geldes und dem entsprechenden Steigen der Warenpreise. Der Lohn fiel also in der Tat. Dennoch dauerten die Gesetze zum Behuf seiner Herabdrückung fort zugleich mit dem Ohrenabschneiden und Brandmarken derjenigen, „die niemand in Dienst nehmen wollte". Durch das Lehrlingsstatut 5 Elisabeth c. 3 wurden die Friedensrichter ermächtigt, gewisse Löhne festzusetzen und nach Jahreszeiten und Warenpreisen zu modifizieren. Jakob I. dehnte diese Arbeitsregulation auch auf Weber, Spinner und alle möglichen Arbeiterkategorien aus[224], Georg II. die Gesetze gegen Arbeiterkoalition auf alle Manufakturen.

---

[224] Aus einer Klausel des Statuts 2 Jakob I., c. 6, ersieht man, daß gewisse Tuchmacher sich herausnahmen, den Lohntarif offiziell als Friedensrichter in ihren eignen Werkstätten zu diktieren. – In Deutschland waren namentlich nach dem Dreißigjährigen Krieg Statuten zur Niederhaltung des Arbeitslohns häufig. „Sehr lästig war den Gutsherrn in dem menschenleeren Boden der Mangel an Dienstboten und Arbeitern. Allen Dorfsassen wurde verboten, Kammern an ledige Männer und Frauen zu vermieten, alle solche Inlieger sollten der Obrigkeit angezeigt und ins Gefängnis gesteckt werden, falls sie nicht Dienstboten werden wollten, auch wenn sie sich von andrer Tätigkeit erhielten, den Bauern um Taglohn säten oder gar mit Geld und Getreide handelten. (‚Kaiserliche Privilegien und Sanctiones für Schlesien', I, 125.) Durch ein ganzes Jahrhundert wird in den Verordnungen der Landesherrn immer wieder bittre Klage geführt über das boshafte und mutwillige Gesindel, das sich in die harten Bedingungen nicht fügen, mit dem gesetzlichen Lohn nicht zufrieden sein will; dem einzelnen Gutsherrn wird verboten, mehr zu geben, als die Landschaft in einer Taxe festgesetzt hat. Und doch sind die Bedingungen des Dienstes nach dem Krieg zuweilen noch besser, als sie 100 Jahre später waren; noch erhielt das Gesinde 1652 in Schlesien zweimal in der Woche Fleisch, noch in unsrem Jahrhundert hat es ebendort Kreise gegeben. wo sie es nur dreimal im Jahr erhielten. Auch der Taglohn war nach dem Kriege höher als in den folgenden Jahrhunderten. (G. Freytag.)

In der eigentlichen Manufakturperiode war die kapitalistische Produktionsweise hinreichend erstarkt, um gesetzliche Regulation des Arbeitslohns ebenso unausführbar als überflüssig zu machen, aber man wollte für den Notfall die Waffen des alten Arsenals nicht entbehren. Noch 8 George II. verbot für Schneidergesellen in London und Umgegend mehr als 2 sh. $7^1/_2$ d. Taglohn, außer in Fällen allgemeiner Trauer; noch 13 George III. c. 68 überwies die Reglung des Arbeitslohns der Seidenwirker den Friedensrichtern; noch 1796 bedurfte es zweier Urteile der höheren Gerichtshöfe zur Entscheidung, ob friedensrichterliche Befehle über Arbeitslohn auch für Nichtagrikulturarbeiter gültig seien; noch 1799 bestätigte ein Parlamentsakt, daß der Lohn der Grubenarbeiter von Schottland durch ein Statut der Elisabeth und zwei schottische Akte von 1661 und 1671 reguliert sei. Wie sehr sich unterdes die Verhältnisse umgewälzt, bewies ein im englischen Unterhaus unerhörter Vorfall. Hier, wo man seit mehr als 400 Jahren Gesetze fabriziert hatte über das Maximum, welches der Arbeitslohn platterdings nicht übersteigen dürfe, schlug Whitbread 1796 für Ackerbautaglöhner ein gesetzliches Lohnminimum vor. Pitt widersetzte sich, gab aber zu, die „Lage der Armen sei grausam (cruel)". Endlich, 1813, wurden die Gesetze über Lohnregulation abgeschafft. Sie waren eine lächerliche Anomalie, seitdem der Kapitalist die Fabrik durch seine Privatgesetzgebung regulierte und durch die Armensteuer den Lohn des Landarbeiters zum unentbehrlichen Minimum ergänzen ließ. Die Bestimmungen der Arbeiterstatute, über Kontrakte zwischen Meister und Lohnarbeiter, über Terminkündigungen u. dergl., welche nur eine Zivilklage gegen die kontraktbrüchigen Meister, aber Kriminalklage gegen den kontraktbrüchigen Arbeiter erlauben, stehn bis zur Stunde in voller Blüte.

Die grausamen Gesetze gegen die Koalitionen fielen 1825 vor der drohenden Haltung des Proletariats. Trotzdem fielen sie nur zum Teil. Einige schöne Überbleibsel der alten Statute verschwanden erst 1859. Endlich beanspruchte der Parlamentsakt vom 29. Juni 1871 die letzten Spuren dieser Klassengesetzgebung zu beseitigen durch gesetzliche Anerkennung der Trades' Unions. Aber ein Parlamentsakt vom selben Datum (An act to amend the criminal law relating to violence, threats and molestation) stellte tatsächlich den vorigen Stand in neuer Form wieder her. Durch diese parlamentarische Eskamotage wurden die Mittel, deren sich die Arbeiter bedienen können bei einem Strike oder Lock-out (Strike der verbündeten Fabrikanten durch gleichzeitigen Schluß ihrer Fabriken), dem gemeinen Recht entzogen und unter eine Ausnahms-Strafgesetzgebung gestellt, deren Interpretation den Fabrikanten selbst, in ihrer Eigenschaft als Friedensrichter, anheimfiel. Zwei Jahre vorher hatten dasselbe Unterhaus und derselbe Herr Gladstone in bekannter ehrlicher Weise einen Gesetzentwurf eingebracht zur Abschaffung aller Ausnahms-Strafgesetze gegen die Arbeiterklasse. Aber weiter als zur zweiten Lesung ließ man es nie kommen, und so schleppte man die Sache in die Länge, bis endlich die „große liberale Partei" durch eine Allianz mit den Tories den Mut gewann, sich entschieden gegen dasselbe Proletariat zu wenden, das sie zur Herrschaft gebracht hatte. Nicht zufrieden mit diesem Verrat, erlaubte die „große liberale Partei" den im Dienst der herrschenden Klassen allzeit schweifwedelnden englischen Richtern, die verjährten Gesetze über „Konspirationen" wieder auszugraben und sie auf Arbeiterkoalitionen anzuwenden. Man sieht, nur widerwillig und unter dem Druck der Massen verzichtete das englische Parlament auf die Gesetze gegen Strikes und Trades' Unions, nachdem es selbst, fünf Jahrhunderte hindurch, mit schamlosem Egoismus die Stellung einer permanenten Trades' Union der Kapitalisten gegen die Arbeiter behauptet hatte.

Gleich im Beginn des Revolutionssturms wagte die französische Bourgeoisie das eben erst eroberte Assoziationsrecht den Arbeitern wieder zu entziehn. Durch Dekret vom 14. Juni 1791 erklärte sie alle Arbeiterkoalition für ein „Attentat auf die Freiheit und die Erklärung der Menschenrechte", strafbar mit 500 Livres nebst einjähriger Entziehung der aktiven Bürgerrechte.[225] Dies Gesetz, welches den Konkurrenzkampf zwischen Kapital und Arbeit staatspolizeilich innerhalb dem Kapital bequemer Schranken einzwängt, überlebte Revolutionen und Dynastiewechsel. Selbst die Schreckensregierung ließ es unangetastet. Es ward erst ganz neulich aus dem Code Pénal gestrichen. Nichts charakteristischer als der Vorwand dieses bürgerlichen Staatsstreichs. „Obgleich", sagt Le Chapelier, der Berichterstatter, „es wünschenswert, daß der Arbeitslohn höher steige, als er jetzt steht, damit der, der ihn empfängt, außerhalb der durch die Entbehrung der notwendigen Lebensmittel bedingten absoluten Abhängigkeit sei, welche fast die Abhängigkeit der Sklaverei ist", dürfen dennoch die Arbeiter sich nicht über ihre Interessen verständigen, gemeinsam handeln und dadurch ihre „absolute Abhängigkeit, welche fast Sklaverei ist", mäßigen, weil sie eben dadurch „die Freiheit ihrer ci-devant maîtres, der jetzigen Unternehmer", verletzen (die Freiheit, die Arbeiter in der Sklaverei zu erhalten!) und weil eine Koalition gegen die Despotie der ehemaligen Meister der Korporationen – man rate! – eine Herstellung der durch die französische Konstitution abgeschafften Korporationen ist![226]

[225] Artikel I dieses Gesetzes lautet: „Da eine der Grundlagen der französischen Verfassung in der Aufhebung aller Arten von Vereinigungen der Bürger desselben Standes und Berufs besteht, ist es verboten, sie unter irgendwelchem Vorwand oder in irgendwelcher Form wiederherzustellen." Artikel IV erklärt, daß, wenn „Bürger, die zum selben Beruf, Gewerbe, Handwerk gehören, zusammen beratschlagten und gemeinsame Abmachungen träfen, die darauf abzielen, die Leistungen ihres Gewerbes oder ihrer Arbeit zu verweigern oder nur zu einem bestimmten Preis zu gewähren, so sind besagte Beratungen und Abmachungen ... als verfassungswidrig und als Attentate auf die Freiheit und die Menschenrechte zu erklären usw.", also Staatsverbrechen, ganz wie in den alten Arbeiterstatuten. („Révolutions de Paris", Paris 1791, t. III, p. 523.)

[226] Buchez et Roux, „Histoire Parlementaire", t. X, p. 193-195 passim.

4. Genesis der kapitalistischen Pächter

Nachdem wir die gewaltsame Schöpfung vogelfreier Proletarier betrachtet, die blutige Disziplin, welche sie in Lohnarbeiter verwandelt, die schmutzige Haupt- und Staatsaktion, die mit dem Exploitationsgrad der Arbeit die Akkumulation des Kapitals polizeilich steigert, fragt sich, wo kommen die Kapitalisten ursprünglich her? Denn die Expropriation des Landvolks schafft unmittelbar nur große Grundeigentümer. Was die Genesis des Pächters betrifft, so können wir sie sozusagen mit der Hand betappen, weil sie ein langsamer, über viele Jahrhunderte sich fortwälzender Prozeß ist. Die Leibeignen selbst, woneben auch freie kleine Landeigner, befanden sich in sehr verschiednen Besitzverhältnissen und wurden daher auch unter sehr verschiednen ökonomischen Bedingungen emanzipiert.

In England ist die erste Form des Pächters der selbst leibeigne Bailiff. Seine Stellung ist ähnlich der des altrömischen Villicus, nur in engerer Wirkungssphäre. Während der zweiten Hälfte des 14. Jahrhunderts wird er ersetzt durch einen Pächter, den der Landlord mit Samen, Vieh und Ackerwerkzeug versieht. Seine Lage ist nicht sehr verschieden von der des Bauern. Nur beutet er mehr Lohnarbeit aus. Er wird bald Metayer, Halbpächter. Er stellt einen Teil des Ackerbaukapitals, der Landlord den andren. Beide teilen das Gesamtprodukt in kontraktlich bestimmter Proportion. Diese Form verschwindet in England rasch, um der des eigentlichen Pächters Platz zu machen, welcher sein eignes Kapital durch Anwendung von Lohnarbeitern verwertet und einen Teil des Mehrprodukts, in Geld oder in natura, dem Landlord als Grundrente zahlt.

Solange, während des 15. Jahrhunderts, der unabhängige Bauer und der neben dem Lohndienst zugleich selbstwirtschaftende Ackerknecht sich selbst durch ihre Arbeit bereichern, bleiben die Umstände des Pächters und sein Produktionsfeld gleich mittelmäßig. Die Agrikulturrevolution im letzten Dritteil des 15. Jahrhunderts, die fast während des ganzen 16. Jahrhunderts (jedoch mit Ausnahme seiner letzten Dezennien) fortwährt, bereichert ihn ebenso rasch, als sie das Landvolk verarmt.[227] Die Usurpation von Gemeindeweiden usw. erlaubt ihm große Vermehrung seines Viehstands fast ohne Kosten, während ihm das Vieh reichlichere Düngungsmittel zur Bestellung des Bodens liefert.

Im 16. Jahrhundert kommt ein entscheidend wichtiges Moment hinzu. Damals waren die Pachtkontrakte lang, oft für 99 Jahre laufend. Der fortdauernde Fall im Wert der edlen Metalle und daher des Geldes trug den Pächtern goldne Früchte. Er senkte, von allen andren, früher erörterten Umständen

---

[227] „Pächter", sagt Harrison in seiner „Description of England", „denen es früher schwer ward, 4 Pfd. St. Rente zu zahlen, zahlen jetzt 40, 50, 100 Pfd. St. und glauben doch ein schlechtes Geschäft gemacht zu haben, wenn sie nach Ablauf ihres Pachtkontrakts nicht 6-7 Jahre Rente zurücklegen."

abgesehn, den Arbeitslohn. Ein Bruchstück desselben wurde zum Pachtprofit geschlagen. Das fortwährende Steigen der Preise von Korn, Wolle, Fleisch, kurz sämtlicher Agrikulturprodukte, schwellte das Geldkapital des Pächters ohne sein Zutun, während die Grundrente, die er zu zahlen hatte, im veralteten Geldwert kontrahiert war.[228] So bereicherte er sich gleichzeitig auf Kosten seiner Lohnarbeiter und seines Landlords. Kein Wunder also, wenn England Ende des 16. Jahrhunderts eine Klasse für die damaligen Verhältnisse reicher „Kapitalpächter" besaß.[229]

---

[228] Über den Einfluß der Depreziation des Geldes im 16. Jahrhundert auf verschiedne Klassen der Gesellschaft: „A Compendious or Briefe Examination of Certayne Ordinary Complaints of Diverse of our Countrymen in these our Days. By W. S., Gentleman", (London 1581). Die Dialogform dieser Schrift trug dazu bei, daß man sie lange Shakespeare zuschrieb und noch 1751 unter seinem Namen neu herausgab. Ihr Verfasser ist William Stafford. An einer Stelle räsoniert der Ritter (Knight) wie folgt:

Knight: „Ihr, mein Nachbar, der Landmann, Ihr Herr Händler, und Ihr, Gevatter Kupferschmied, sowie die anderen Handwerker, Ihr wißt Euch schon ganz gut zu helfen. Denn um wieviel alle Dinge teurer sind, als sie waren, um soviel erhöht Ihr die Preise Eurer Waren und Tätigkeiten, die Ihr wieder verkauft. Aber wir haben nichts zu verkaufen, dessen Preise wir erhöhen könnten, um einen Ausgleich zu schaffen für die Dinge, die wir wieder kaufen müssen." An einer andren Stelle fragt der Knight den Doktor: „Ich bitte Euch, was sind das für Gruppen von Leuten, die Ihr meint. Und, erstens, welche werden Eurer Meinung nach dabei keinen Verlust haben?" – Doktor: „Ich meine, alle diese, die vom Kaufen und Verkaufen leben, denn teuer wie sie kaufen, verkaufen sie nachher." – Knight: „Welches ist die nächste Gruppe, die, wie Ihr sagt, dabei gewinnen wird?" – Doktor: „Nun, alle, die Pachtungen oder Farmen in eigner Bearbeitung" (d. h. Bebauung) „haben, zur alten Pacht, denn da, wo sie nach der alten Rate zahlen, verkaufen sie nach der neuen – das bedeutet, daß sie für ihr Land recht wenig zahlen und alles was darauf wächst, teuer verkaufen ..." Knight: „Welche Gruppe ist es, die, wie Ihr sagt, einen größeren Verlust dabei haben soll, als diese Gewinn hatten?" – Doktor: „Es sind alle Adligen, Herren und alle andern, die entweder von einer festen Rente oder einem Stipendium leben, oder ihren Boden nicht selbst bearbeiten" (bebauen), „oder sich nicht mit Kaufen und Verkaufen beschäftigen."

[229] In Frankreich wird der Régisseur, der Verwalter und Eintreiber der Leistungen an den Feudalherrn während des früheren Mittelalters, bald ein homme d'affaires, der sich durch Erpressung, Prellerei usw. zum Kapitalisten hinaufschwindelt. Diese Régisseurs waren manchmal selbst vornehme Herrn. Z. B.: „Diese Rechnung gibt Herr Jacques de Thoraisse, ritterlicher Schloßherr auf Besançon, dem Herrn, der zu Dijon Rechnung führt für den Herrn Herzog und Grafen von Burgund über die Renten, die der genannten Schloßherrschaft gehören, vom 25. Tage des Dezembers 1359 bis zum 28. Tage des Dezembers 1360." (Alexis Monteil, „Histoire des Matériaux manuscrits etc.", p. 234, 235.) Es zeigt sich schon hier, wie in allen Sphären des gesellschaftlichen Lebens der Löwenanteil dem Vermittler zufällt. Im ökonomischen Gebiet z. B. schöpfen Finanziers, Börsenmänner, Kaufleute, Kleinkrämer, den Rahm der Geschäfte ab; im bürgerlichen Recht pflückt der Advokat die Parteien; in der Politik bedeutet der Repräsentant mehr als die Wähler, der Minister mehr als der Souverän; in der Religion wird Gott in den Hintergrund gedrängt vom „Mittler" und dieser wiederum zurückgeschoben von den Pfaffen, die wieder unvermeidliche Vermittler sind zwischen dem guten Hirten und seinen Schafen. Wie in England, so waren in Frankreich die großen Feudalterritorien in unendlich

5. Rückwirkung der agrikolen Revolution auf die Industrie. Herstellung des innern Markts für das industrielle Kapital

Die stoßweise und stets erneuerte Expropriation und Verjagung des Landvolks lieferte, wie man sah, der städtischen Industrie wieder und wieder Massen ganz außerhalb der Zunftverhältnisse stehender Proletarier, ein weiser Umstand, der den alten A. Anderson (nicht zu verwechseln mit James Anderson) in seiner Handelsgeschichte an direkte Intervention der Vorsehung glauben läßt. Wir müssen noch einen Augenblick bei diesem Element der ursprünglichen Akkumulation verweilen. Der Verdünnung des unabhängigen, selbstwirtschaftenden Landvolks entsprach nicht nur die Verdichtung des industriellen Proletariats, wie Geoffroy Saint-Hilaire die Verdichtung der Weltmaterie hier durch ihre Verdünnung dort erklärt.[230] Trotz der verminderten Zahl seiner Bebauer trug der Boden nach wie vor gleich viel oder mehr Produkt, weil die Revolution in den Grundeigentumsverhältnissen von verbesserten Methoden der Kultur, größerer Kooperation, Konzentration der Produktionsmittel usw. begleitet war und weil die ländlichen Lohnarbeiter nicht nur intensiver angespannt wurden[231], sondern auch das Produktionsfeld, worauf sie für sich selbst arbeiteten, mehr und mehr zusammenschmolz. Mit dem freigesetzten Teil des Landvolks werden also auch seine frühern Nahrungsmittel freigesetzt. Sie verwandeln sich jetzt in stoffliches Element des variablen Kapitals. Der an die Luft gesetzte Bauer muß ihren Wert von seinem neuen Herrn, dem industriellen Kapitalisten, in der Form des Arbeitslohns erkaufen. Wie mit den Lebensmitteln verhielt es sich mit dem heimischen agrikolen Rohmaterial der Industrie. Es verwandelte sich in ein Element des konstanten Kapitals.

Man unterstelle z. B. einen Teil der westfälischen Bauern, die zu Friedrichs II. Zeit alle Flachs, wenn auch keine Seide spannen, gewaltsam expropriiert und von Grund und Boden verjagt, den andren zurückbleibenden Teil aber in Taglöhner großer Pächter verwandelt. Gleichzeitig erheben sich große Flachsspinnereien und Webereien, worin die „Freigesetzten" nun lohnarbeiten. Der Flachs sieht grad aus wie vorher. Keine Fiber an ihm ist verändert, aber eine neue soziale Seele

---

viele kleine Wirtschaften geteilt, aber unter ungleich ungünstigeren Bedingungen für das Landvolk. Während des 14. Jahrhunderts kamen die Pachten, fermes oder terriers auf. Ihre Zahl wuchs beständig, weit über 100.000. Sie zahlten eine vom 12. bis zum 5. Teil des Produkts wechselnde Grundrente in Geld oder in natura. Die terriers waren Lehn, Hinterlehn etc. (fiefs, arrière-fiefs), je nach Wert und Umfang der Domänen, wovon manche nur wenige arpents zählten. Alle diese terriers besaßen Gerichtsbarkeit in irgendeinem Grad über die Bodeninsassen; es gab vier Grade. Man begreift den Druck des Landvolks unter allen diesen kleinen Tyrannen. Monteil sagt, daß es damals 160.000 Gerichte in Frankreich gab, wo heute 4000 Tribunale (Friedensgerichte eingeschlossen) genügen.

[230] In seinen „Notions de Philosophie Naturelle", Paris 1838.

[231] Ein Punkt, den Sir James Steuart betont.

ist ihm in den Leib gefahren. Er bildet jetzt einen Teil des konstanten Kapitals der Manufakturherrn. Früher verteilt unter eine Unmasse kleiner Produzenten, die ihn selbst bauten und in kleinen Portionen mit ihren Familien verspannen, ist er jetzt konzentriert in der Hand eines Kapitalisten, der andre für sich spinnen und weben läßt. Die in der Flachsspinnerei verausgabte Extraarbeit realisierte sich früher in Extraeinkommen zahlloser Bauernfamilien oder auch, zu Friedrichs II. Zeit, in Steuern pour le roi de Prusse. Sie realisiert sich jetzt im Profit weniger Kapitalisten. Die Spindeln und Webstühle, früher verteilt über das flache Land, sind jetzt in wenig große Arbeitskasernen zusammengerückt, wie die Arbeiter, wie das Rohmaterial. Und Spindeln und Webstühle und Rohmaterial sind aus Mitteln unabhängiger Existenz für Spinner und Weber von nun an verwandelt in Mittel, sie zu kommandieren[232] und ihnen unbezahlte Arbeit auszusaugen. Den großen Manufakturen, wie den großen Pachtungen, sieht man es nicht an, daß sie aus vielen kleinen Produktionsstätten zusammengeschlagen und durch die Expropriation vieler kleinern unabhängiger Produzenten gebildet sind. Jedoch läßt sich die unbefangne Anschauung nicht beirren. Zur Zeit Mirabeaus, des Revolutionslöwen, hießen die großen Manufakturen noch manufactures réunies, zusammengeschlagne Werkstätten, wie wir von zusammengeschlagnen Äckern sprechen.

> „Man sieht nur", sagt Mirabeau, „die großen Manufakturen, wo Hunderte von Menschen unter einem Direktor arbeiten und die man gewöhnlich vereinigte Manufakturen (manufactures réunies) nennt. Diejenigen dagegen, wo eine sehr große Anzahl Arbeiter zersplittert und jeder für seine eigne Rechnung arbeitet, werden kaum eines Blicks gewürdigt. Man stellt sie ganz in den Hintergrund. Dies ist ein sehr großer Irrtum, denn sie allein bilden einen wirklich wichtigen Bestandteil des Volksreichtums ... Die vereinigte Fabrik (fabrique réunie) wird einen oder zwei Unternehmer wunderbar bereichern, aber die Arbeiter sind nur besser oder schlechter bezahlte Taglöhner und nehmen in nichts am Wohlsein des Unternehmers teil. In der getrennten Fabrik (fabrique séparée) dagegen wird niemand reich, aber eine Menge Arbeiter befindet sich im Wohlstand ... Die Zahl der fleißigen und wirtschaftlichen Arbeiter wird wachsen, weil sie in weiser Lebensart, in Tätigkeit ein Mittel erblicken, ihre Lage wesentlich zu verbessern, statt eine kleine Lohnerhöhung zu gewinnen, die niemals ein wichtiger Gegenstand für die Zukunft sein kann, sondern die Leute höchstens befähigt, etwas besser von der Hand in den Mund zu leben. Die getrennten individuellen Manufakturen, meist mit kleiner Landwirtschaft verbunden, sind die freien."[233]

---

[232] „Ich werde gestatten", sagt der Kapitalist, „daß ihr die Ehre habt, mir zu dienen, unter der Bedingung, daß ihr mir für die Mühe, die ich mir mache, euch zu kommandieren, das wenige gebt, was euch bleibt." (J. J. Rousseau, „Discours sur l'Économie Politique".)

[233] Mirabeau, l.c., t. III, p. 20-109 passim. Wenn Mirabeau die zersplitterten Werkstätten auch für ökonomischer und produktiver hält als die „vereinigten", und in den letztren bloß künstliche Treibhauspflanzen unter der Pflege der Staatsregierungen sieht, erklärt sich das aus dem damaligen Zustand eines großen Teils der kontinentalen Manufakturen.

Die Expropriation und Verjagung eines Teils des Landvolks setzt mit den Arbeitern nicht nur ihre Lebensmittel und ihr Arbeitsmaterial für das industrielle Kapital frei, sie schafft den innern Markt.

In der Tat, die Ereignisse, die die Kleinbauern in Lohnarbeiter und ihre Lebens- und Arbeitsmittel in sachliche Elemente des Kapitals verwandeln, schaffen gleichzeitig diesem letztern seinen inneren Markt. Früher erzeugte und bearbeitete die Bauernfamilie die Lebensmittel und Rohstoffe, die sie nachher größtenteils selbst verzehrte. Diese Rohstoffe und Lebensmittel sind jetzt Waren geworden; der Großpächter verkauft sie, in den Manufakturen findet er seinen Markt. Garn, Leinwand, grobe Wollenzeuge, Dinge deren Rohstoffe sich im Bereich jeder Bauernfamilie vorfanden und von ihr zum Selbstgebrauch versponnen und verweht wurden – verwandeln sich jetzt in Manufakturartikel, deren Absatzmarkt grade die Landdistrikte bilden. Die zahlreiche zerstreute Kundschaft, bisher bedingt durch eine Menge kleiner, für eigne Rechnung arbeitender Produzenten, konzentriert sich jetzt zu einem großen, vom industriellen Kapital versorgten Markt.[234]

So geht Hand in Hand mit der Expropriation früher selbstwirtschaftender Bauern und ihrer Losscheidung von ihren Produktionsmitteln die Vernichtung der ländlichen Nebenindustrie, der Scheidungsprozeß von Manufaktur und Agrikultur. Und nur die Vernichtung des ländlichen Hausgewerbes kann dem innern Markt eines Landes die Ausdehnung und den festen Bestand geben, deren die kapitalistische Produktionsweise bedarf.

Jedoch bringt es die eigentliche Manufakturperiode zu keiner radikalen Umgestaltung. Man erinnert sich, daß sie sich der nationalen Produktion nur sehr stückweis bemächtigt und immer auf städtischem Handwerk und häuslich-ländlicher Nebenindustrie als breitem Hintergrund ruht. Wenn sie letztre unter einer Form, in besondren Geschäftszweigen, auf gewissen Punkten vernichtet, ruft sie dieselbe auf andren wieder hervor, weil sie derselben zur Bearbeitung des Rohmaterials bis zu einem bestimmten Grad bedarf. Sie produziert daher eine neue Klasse kleiner Landleute, welche die Bodenbestellung als Nebenzweig und die industrielle Arbeit zum Verkauf des Produkts an die Manufaktur – direkt, oder auf dem Umweg des Kaufmanns – als Hauptgeschäft treiben. Dies ist ein Grund, wenn auch nicht der Hauptgrund, eines Phänomens, welches den Forscher der englischen Geschichte zunächst verwirrt. Vom letzten Drit-

[234] „Zwanzig Pfund Wolle unauffällig in den jährlichen Kleiderbedarf einer Arbeiterfamilie verwandelt, durch ihren eignen Fleiß in den Pausen zwischen ihren anderen Arbeiten – das erregt kein Aufsehen. Aber bringt die Wolle auf den Markt, schickt sie in die Fabrik, dann zum Makler, dann zum Händler, dann habt ihr große Handels-Operationen und nominelles Kapital aufgewandt im zwanzigfachen Betrag ihres Werts ... Die arbeitende Klasse wird so ausgebeutet, um eine verelendete Fabrikbevölkerung, eine Parasitenklasse von Ladenbesitzern und ein fiktives Handels-, Geld- und Finanzsystem zu erhalten." (David Urquhart, l.c.p. 120.)

teil des 15. Jahrhunderts an findet er fortlaufende, nur in gewissen Intervallen unterbrochne Klage über die zunehmende Kapitalwirtschaft auf dem Land und die progressive Vernichtung der Bauerschaft. Andrerseits findet er stets diese Bauerschaft wieder von neuem vor, wenn auch in verminderter Zahl und unter stets verschlechterter Form.[235] Der Hauptgrund ist: England ist vorzugsweise bald Kornbauer, bald Viehzüchter, in Wechselperioden, und mit ihnen schwankt der Umfang des bäuerlichen Betriebs. Erst die große Industrie liefert mit den Maschinen die konstante Grundlage der kapitalistischen Agrikultur, expropriiert radikal die ungeheure Mehrzahl des Landvolks und vollendet die Scheidung zwischen Ackerbau und häuslich-ländlichem Gewerbe, dessen Wurzeln sie ausreißt – Spinnerei und Weberei.[236] Sie erobert daher auch erst dem industriellen Kapital den ganzen innern Markt.[237]

6. Genesis des industriellen Kapitalisten

Die Genesis des industriellen[238] Kapitalisten ging nicht in derselben allmählichen Weise vor wie die des Pächters. Zweifelsohne verwandelten sich manche kleine Zunftmeister und noch mehr selbständige kleine Handwerker oder auch

[235] Ausnahme bildet hier Cromwells Zeit. Solange die Republik währte, erhob sich die englische Volksmasse in allen Schichten aus der Degradation, wozu sie unter den Tudors gesunken war.

[236] Tuckett weiß, daß aus den eigentlichen Manufakturen und der Zerstörung der ländlichen oder häuslichen Manufaktur, mit Einführung der Maschinerie, die große Wollindustrie hervorgeht. (Tuckett, l.c., v. I, p. 139-144.) „Der Pflug, das Joch waren die Erfindung von Göttern und die Beschäftigung von Heroen: sind Webstuhl, Spindel und Spinnrad minder edler Abkunft? Ihr trennt das Spinnrad und den Pflug, die Spindel und das Joch, und erhaltet Fabriken und Armenhäuser, Kredit und Paniks, zwei feindliche Nationen, agrikole und kommerzielle." (David Urquhart, l.c.p. 122.) Nun kommt aber Carey und klagt, sicher nicht mit Unrecht, England an, daß es jedes andre Land in ein bloßes Agrikulturvolk zu verwandeln strebt, dessen Fabrikant England. Er behauptet, in dieser Art sei die Türkei ruiniert worden, weil „den Eignern und Bebauern des Bodens niemals gestattet war" (von England), „sich selbst zu kräftigen durch die natürliche Allianz zwischen dem Pflug und dem Webstuhl, dem Hammer und der Egge". („The Slave Trade", p. 125.) Nach ihm ist Urquhart selbst einer der Hauptagenten des Ruins der Türkei, wo er im englischen Interesse Freihandelspropaganda gemacht habe. Das Beste ist, daß Carey, nebenbei großer Russenknecht, durch das Protektionssystem jenen Scheidungsprozeß, den es beschleunigt, verhindern will.

[237] Die philanthropischen englischen Ökonomen, wie Mill, Rogers, Goldwin Smith, Fawcett usw., und liberale Fabrikanten, wie John Bright und Kons., fragen, wie Gott den Kain nach seinem Bruder Abel, so den englischen Grundaristokraten, wo sind unsre Tausende von Freeholders hingekommen? Aber wo seid ihr denn hergekommen? Aus der Vernichtung jener Freeholders. Warum fragt ihr nicht weiter, wo sind die unabhängigen Weber, Spinner, Handwerker hingekommen?

[238] Industriell hier im Gegensatz zu agrikol. Im „kategorischen" Sinn ist der Pächter ein industrieller Kapitalist so gut wie der Fabrikant.

Lohnarbeiter in kleine Kapitalisten und durch allmählich ausgedehntere Exploitation von Lohnarbeit und entsprechende Akkumulation in Kapitalisten sans phrase. In der Kindheitsperiode der kapitalistischen Produktion ging's vielfach zu wie in der Kindheitsperiode des mittelaltrigen Städtewesens, wo die Frage, wer von den entlaufnen Leibeignen soll Meister sein und wer Diener, großenteils durch das frühere oder spätere Datum ihrer Flucht entschieden wurde. Indes entsprach der Schneckengang dieser Methode in keiner Weise den Handelsbedürfnissen des neuen Weltmarkts, welchen die großen Entdeckungen Ende des 15. Jahrhunderts geschaffen hatten. Aber das Mittelalter hatte zwei verschiedne Formen des Kapitals überliefert, die in den verschiedensten ökonomischen Gesellschaftsformationen reifen und, vor der Ära der kapitalistischen Produktionsweise, als Kapital quand même gelten – das Wucherkapital und das Kaufmannskapital.

„Gegenwärtig geht aller Reichtum der Gesellschaft erst in die Hand des Kapitalisten ... er zahlt dem Grundeigentümer die Rente, dem Arbeiter den Lohn, dem Steuer- und Zehntenkollektor ihre Ansprüche und behält einen großen, in der Tat den größten und täglich anwachsenden Teil des jährlichen Produkts der Arbeit für sich selbst. Der Kapitalist kann jetzt als der Eigner des ganzen gesellschaftlichen Reichtums in erster Hand betrachtet werden, obgleich kein Gesetz ihm das Recht auf dies Eigentum übertragen hat ... Dieser Wechsel im Eigentum wurde durch das Zinsnehmen auf Kapital bewirkt ... und es ist nicht wenig merkwürdig, daß die Gesetzgeber von ganz Europa dies durch Gesetze wider den Wucher verhindern wollten ... Die Macht des Kapitalisten über allen Reichtum des Landes ist eine vollständige Revolution im Eigentumsrecht, und durch welches Gesetz oder welche Reihe von Gesetzen wurde sie bewirkt?"[239]

Der Verfasser hätte sich sagen sollen, daß Revolutionen nicht durch Gesetze gemacht werden.

Das durch Wucher und Handel gebildete Geldkapital wurde durch die Feudalverfassung auf dem Land, durch die Zunftverfassung in den Städten an seiner Verwandlung in industrielles Kapital behindert.[240] Diese Schranken fielen mit der Auflösung der feudalen Gefolgschaften, mit der Expropriation und teilweisen Verjagung des Landvolks. Die neue Manufaktur ward in See-Exporthäfen errichtet oder auf Punkten des flachen Landes, außerhalb der Kontrolle des alten Städtewesens und seiner Zunftverfassung. In England daher erbitterter Kampf der corporate towns gegen diese neuen industriellen Pflanzschulen.

239 The Natural and Artifical Rights of Property Contrasted", Lond. 1832, p. 98, 99. Verfasser der anonymen Schrift: Th. Hodgskin.

240 Sogar noch 1794 schickten die kleinen Tuchmacher von Leeds eine Deputation an das Parlament, zur Petition um ein Gesetz, das jedem Kaufmann verbieten sollte, Fabrikant zu werden. (Dr. Aikin, l.c.)

Die Entdeckung der Gold- und Silberländer in Amerika, die Ausrottung, Versklavung und Vergrabung der eingebornen Bevölkerung in die Bergwerke, die beginnende Eroberung und Ausplünderung von Ostindien, die Verwandlung von Afrika in ein Geheg zur Handelsjagd auf Schwarzhäute, bezeichnen die Morgenröte der kapitalistischen Produktionsära. Diese idyllischen Prozesse sind Hauptmomente der ursprünglichen Akkumulation. Auf dem Fuß folgt der Handelskrieg der europäischen Nationen, mit dem Erdrund als Schauplatz. Er wird eröffnet durch den Abfall der Niederlande von Spanien, nimmt Riesenumfang an in Englands Antijakobinerkrieg, spielt noch fort in den Opiumkriegen gegen China usw.

Die verschiednen Momente der ursprünglichen Akkumulation verteilen sich nun, mehr oder minder in zeitlicher Reihenfolge, namentlich auf Spanien, Portugal, Holland, Frankreich und England. In England werden sie Ende des 17. Jahrhunderts systematisch zusammengefaßt im Kolonialsystem, Staatsschuldensystem, modernen Steuersystem und Protektionssystem. Diese Methoden beruhn zum Teil auf brutalster Gewalt, z. B. das Kolonialsystem. Alle aber benutzten die Staatsmacht, die konzentrierte und organisierte Gewalt der Gesellschaft, um den Verwandlungsprozeß der feudalen in die kapitalistische Produktionsweise treibhausmäßig zu fördern und die Übergänge abzukürzen. Die Gewalt ist der Geburtshelfer jeder alten Gesellschaft, die mit einer neuen schwanger geht. Sie selbst ist eine ökonomische Potenz.

Von dem christlichen Kolonialsystem sagt ein Mann, der aus dem Christentum eine Spezialität macht, W. Howitt:

> „Die Barbareien und ruchlosen Greueltaten der sog. christlichen Racen, in jeder Region der Welt und gegen jedes Volk, das sie unterjochen konnten, finden keine Parallele in irgendeiner Ära der Weltgeschichte, bei irgendeiner Race, ob noch so wild und ungebildet, mitleidlos und schamlos."[241]

Die Geschichte der holländischen Kolonialwirtschaft – und Holland war die kapitalistische Musternation des 17. Jahrhunderts – „entrollt ein unübertreffbares Gemälde von Verrat, Bestechung, Meuchelmord und Niedertracht"[242]. Nichts charakteristischer als ihr System des Menschendiebstahls in Celebes, um Sklaven für Java zu erhalten. Die Menschenstehler wurden zu diesem Zweck abgerichtet. Der Dieb, der Dolmetscher und der Verkäufer waren die Hauptagenten in diesem Handel, eingeborne Prinzen die Hauptverkäufer. Die weg-

---

[241] William Howitt, „Colonization and Christianity. A Popular History of the Treatment of the Natives by the Europeans in all their Colonies", Lond. 1838, p. 9. Über die Behandlung der Sklaven gute Kompilation bei Charles Comte, „Traité de la Législation", 3me éd., Bruxelles 1837. Man muß dies Zeug im Detail studieren, um zu sehn, wozu der Bourgeois sich selbst und den Arbeiter macht, wo er die Welt ungeniert nach seinem Bilde modeln kann.

[242] Thomas Stamford Raffles, late Lieut. Gov. of that island, „The History of Java", Lond. 1817.

gestohlne Jugend wurde in den Geheimgefängnissen von Celebes versteckt, bis reif zur Verschickung auf die Sklavenschiffe. Ein offizieller Bericht sagt:

> „Diese eine Stadt von Makassar z. B. ist voll von geheimen Gefängnissen, eins schauderhafter als das andre, gepfropft mit Elenden, Opfern der Habsucht und Tyrannei, in Ketten gefesselt, ihren Familien gewaltsam entrissen.“

Um sich Malakkas zu bemächtigen, bestachen die Holländer den portugiesischen Gouverneur. Er ließ sie 1641 in die Stadt ein. Sie eilten sofort zu seinem Hause und meuchelmordeten ihn, um auf die Zahlung der Bestechungssumme von 21.875 Pfd. St. zu „entsagen“. Wo sie die Füße hinsetzten, folgte Verödung und Entvölkerung. Banjuwangi, eine Provinz von Java, zählte 1750 über 80.000 Einwohner, 1811 nur noch 8000. Das ist der doux commerce!

Die Englisch-Ostindische Kompanie erhielt bekanntlich, außer der politischen Herrschaft in Ostindien, das ausschließliche Monopol des Teehandels wie des chinesischen Handels überhaupt und des Gütertransports von und nach Europa. Aber die Küstenschiffahrt von Indien und zwischen den Inseln wie der Handel im Innern Indiens wurden Monopol der höhern Beamten der Kompanie. Die Monopole von Salz, Opium, Betel und andren Waren waren unerschöpfliche Minen des Reichtums. Die Beamten selbst setzten die Preise fest und schanden nach Belieben den unglücklichen Hindu. Der Generalgouverneur nahm teil an diesem Privathandel. Seine Günstlinge erhielten Kontrakte unter Bedingungen, wodurch sie, klüger als die Alchimisten, aus nichts Gold machten. Große Vermögen sprangen wie die Pilze an einem Tage auf, die ursprüngliche Akkumulation ging vonstatten ohne Vorschuß eines Schillings. Die gerichtliche Verfolgung des Warren Hastings wimmelt von solchen Beispielen. Hier ein Fall. Ein Opiumkontrakt wird einem gewissen Sullivan zugeteilt, im Augenblick seiner Abreise – in öffentlichem Auftrage – nach einem von den Opiumdistrikten ganz entlegnen Teil Indiens. Sullivan verkauft seinen Kontrakt für 40.000 Pfd. St. an einen gewissen Binn, Binn verkauft ihn denselben Tag für 60.000 Pfd. St., und der schließliche Käufer und Ausführer des Kontrakts erklärt, daß er hinterher noch einen ungeheuren Gewinn herausschlug. Nach einer dem Parlament vorgelegten Liste ließen sich die Kompanie und ihre Beamten von 1757 bis 1766 von den Indiern 6 Millionen Pfd. St. schenken! Zwischen 1769 und 1770 fabrizierten die Engländer eine Hungersnot durch den Aufkauf von allem Reis und durch Weigerung des Wiederverkaufs außer zu fabelhaften Preisen.[243]

Die Behandlung der Eingebornen war natürlich am tollsten in den nur zum Exporthandel bestimmten Pflanzungen, wie Westindien, und in den dem Raub-

---

[243] Im Jahr 1866 starben in der einzigen Provinz Orissa mehr als eine Million Hindus am Hungertod. Nichtsdestoweniger suchte man die indische Staatskasse zu bereichern durch die Preise, wozu man den Verhungernden Lebensmittel abließ.

mord preisgegebenen reichen und dichtbevölkerten Ländern, wie Mexiko und Ostindien. Jedoch auch in den eigentlichen Kolonien verleugnete sich der christliche Charakter der ursprünglichen Akkumulation nicht. Jene nüchternen Virtuosen des Protestantismus, die Puritaner Neu-Englands, setzten 1703 durch Beschlüsse ihrer Assembly eine Prämie von 40 Pfd. St. auf jedes indianische Skalp und jede gefangne Rothaut, 1720 Prämie von 100 Pfd. St. auf jedes Skalp, 1744, nachdem Massachusetts-Bay einen gewissen Stamm zum Rebellen erklärt hatte, folgende Preise: für männliches Skalp, 12 Jahre und darüber, 100 Pfd. St. neuer Währung, für männliche Gefangne 105 Pfd. St., für gefangne Weiber und Kinder 50 Pfd. St., für Skalps von Weibern und Kindern 50 Pfd. St.! Einige Dezennien später rächte sich das Kolonialsystem an der unterdes aufrührerisch gewordnen Nachkommenschaft der frommen pilgrim fathers. Unter englischem Antrieb und Sold wurden sie tomahawked. Das britische Parlament erklärte Bluthunde und Skalpieren für „Mittel, welche Gott und die Natur in seine Hand gegeben".

Das Kolonialsystem reifte treibhausmäßig Handel und Schiffahrt. Die „Gesellschaften Monopolia" (Luther) waren gewaltige Hebel der Kapital-Konzentration. Den aufschießenden Manufakturen sicherte die Kolonie Absatzmarkt und eine durch das Marktmonopol potenzierte Akkumulation. Der außerhalb Europa direkt durch Plünderung, Versklavung und Raubmord erbeutete Schatz floß ins Mutterland zurück und verwandelte sich hier in Kapital. Holland, welches das Kolonialsystem zuerst völlig entwickelte, stand schon 1648 im Brennpunkt seiner Handelsgröße. Es war

> „in fast ausschließlichem Besitz des ostindischen Handels und des Verkehrs zwischen dem europäischen Südwesten und Nordosten. Seine Fischereien, Seewesen, Manufakturen übertrafen die eines jeden andren Landes. Die Kapitalien der Republik waren vielleicht bedeutender als die des übrigen Europa insgesamt."

Gülich vergißt hinzuzusetzen: Hollands Volksmasse war schon 1648 mehr überarbeitet, verarmter und brutaler unterdrückt als die des übrigen Europas insgesamt.

Heutzutage führt industrielle Suprematie die Handelssuprematie mit sich. In der eigentlichen Manufakturperiode dagegen ist es die Handelssuprematie, die die industrielle Vorherrschaft gibt. Daher die vorwiegende Rolle, die das Kolonialsystem damals spielte. Es war „der fremde Gott", der sich neben die alten Götzen Europas auf den Altar stellte und sie eines schönen Tages mit einem Schub und Bautz sämtlich über den Haufen warf. Es proklamierte die Plusmacherei als letzten und einzigen Zweck der Menschheit.

Das System des öffentlichen Kredits, d. h. der Staatsschulden, dessen Ursprünge wir in Genua und Venedig schon im Mittelalter entdecken, nahm Besitz von ganz Europa während der Manufakturperiode. Das Kolonialsystem mit seinem Seehandel und seinen Handelskriegen diente ihm als Treibhaus. So setzte es sich zuerst in Holland fest. Die Staatsschuld, d. h. die Veräußerung des Staats – ob despotisch, konstitutionell oder republikanisch – drückt der kapitalistischen Ära ihren Stempel auf. Der einzige Teil des sogenannten Nationalreichtums, der wirklich in den Gesamtbesitz der modernen Völker eingeht, ist – ihre Staatsschuld.[243a] Daher ganz konsequent die moderne Doktrin, daß ein Volk um so reicher wird, je tiefer es sich verschuldet. Der öffentliche Kredit wird zum Credo des Kapitals. Und mit dem Entstehen der Staatsverschuldung tritt an die Stelle der Sünde gegen den heiligen Geist, für die keine Verzeihung ist, der Treubruch an der Staatsschuld.

Die öffentliche Schuld wird einer der energischsten Hebel der ursprünglichen Akkumulation. Wie mit dem Schlag der Wünschelrute begabt sie das unproduktive Geld mit Zeugungskraft und verwandelt es so in Kapital, ohne daß es dazu nötig hätte, sich der von industrieller und selbst wucherischer Anlage unzertrennlichen Mühwaltung und Gefahr auszusetzen. Die Staatsgläubiger geben in Wirklichkeit nichts, denn die geliehene Summe wird in öffentliche leicht übertragbare Schuldscheine verwandelt, die in ihren Händen fortfungieren, ganz als wären sie ebensoviel Bargeld. Aber auch abgesehn von der so geschaffnen Klasse müßiger Rentner und von dem improvisierten Reichtum der zwischen Regierung und Nation die Mittler spielenden Finanziers – wie auch von dem der Steuerpächter, Kaufleute, Privatfabrikanten, denen ein gut Stück jeder Staatsanleihe den Dienst eines vom Himmel gefallenen Kapitals leistet – hat die Staatsschuld die Aktiengesellschaften, den Handel mit negoziablen Effekten aller Art, die Agiotage emporgebracht, in einem Wort: das Börsenspiel und die moderne Bankokratie.

Von ihrer Geburt an waren die mit nationalen Titeln aufgestutzten großen Banken nur Gesellschaften von Privatspekulanten, die sich den Regierungen an die Seite stellten und, dank den erhaltnen Privilegien, ihnen Geld vorzuschießen imstande waren. Daher hat die Akkumulation der Staatsschuld keinen unfehlbareren Gradmesser als das sukzessive Steigen der Aktien dieser Banken, deren volle Entfaltung von der Gründung der Bank von England datiert (1694). Die Bank von England begann damit, der Regierung ihr Geld zu 8% zu verleihen; gleichzeitig war sie vom Parlament ermächtigt, aus demselben Kapital Geld zu münzen, indem sie es dem Publikum nochmals in Form von Banknoten lieh. Sie durfte mit diesen Noten Wechsel diskontieren, Waren beleihen und edle Metalle einkaufen. Es dauerte nicht lange, so wurde dies von ihr selbst fabrizierte Kreditgeld die Münze, worin die Bank von England dem Staat Anleihen machte und für Rechnung des Staats die Zinsen der öffentlichen Schuld bezahlte. Nicht genug, daß sie mit einer Hand gab, um mit der andern mehr zurückzuempfangen; sie blieb auch, während sie empfing, ewige Gläubigerin der Nation bis zum letzten gegebnen Heller. Allmählich wurde sie der unvermeidliche Behälter der

[243a] William Cobbett bemerkt, daß in England alle öffentlichen Anstalten als „königliche" bezeichnet werden, zum Ersatz dafür gab es jedoch die „National"-Schuld (national debt).

Metallschätze des Landes und das Gravitationszentrum des gesamten Handelskredits. Um dieselbe Zeit, wo man in England aufhörte, Hexen zu verbrennen, fing man dort an, Banknotenfälscher zu hängen. Welchen Effekt auf die Zeitgenossen das plötzliche Auftauchen dieser Brut von Bankokraten, Finanziers, Rentiers, Maklern, Stockjobbers und Börsenwölfen machte, beweisen die Schriften jener Zeit, z. B. Bolingbrokes.[243b]

Mit den Staatsschulden entstand ein internationales Kreditsystem, das häufig eine der Quellen der ursprünglichen Akkumulation bei diesem oder jenem Volk versteckt. So bilden die Gemeinheiten des venetianischen Raubsystems eine solche verborgne Grundlage des Kapitalreichtums von Holland, dem das verfallende Venedig große Geldsummen lieh. Ebenso verhält es sich zwischen Holland und England. Schon im Anfang des 18. Jahrhunderts sind die Manufakturen Hollands weit überflügelt und hat es aufgehört, herrschende Handels- und Industrienation zu sein. Eins seiner Hauptgeschäfte von 1701-1776 wird daher das Ausleihen ungeheurer Kapitalien, speziell an seinen mächtigen Konkurrenten England. Ähnliches gilt heute zwischen England und den Vereinigten Staaten. Manch Kapital, das heute in den Vereinigten Staaten ohne Geburtsschein auftritt, ist erst gestern in England kapitalisiertes Kinderblut.

Da die Staatsschuld ihren Rückhalt in den Staatseinkünften hat, die die jährlichen Zins- usw. Zahlungen decken müssen, so wurde das moderne Steuersystem notwendige Ergänzung des Systems der Nationalanleihen. Die Anleihen befähigen die Regierung, außerordentliche Ausgaben zu bestreiten, ohne daß der Steuerzahler es sofort fühlt, aber sie erfordern doch für die Folge erhöhte Steuern. Andrerseits zwingt die durch Anhäufung nacheinander kontrahierter Schulden verursachte Steuererhöhung die Regierung, bei neuen außerordentlichen Ausgaben stets neue Anleihen aufzunehmen. Die moderne Fiskalität, deren Drehungsachse die Steuern auf die notwendigsten Lebensmittel (also deren Verteuerung) bilden, trägt daher in sich selbst den Keim automatischer Progression. Die Überbesteuerung ist nicht ein Zwischenfall, sondern vielmehr Prinzip. In Holland, wo dies System zuerst inauguriert, hat daher der große Patriot de Witt es in seinen Maximen gefeiert als das beste System, um den Lohnarbeiter unterwürfig, frugal, fleißig und ... mit Arbeit überladen zu machen. Der zerstörende Einfluß, den es auf die Lage der Lohnarbeiter ausübt, geht uns hier jedoch weniger an als die durch es bedingte gewaltsame Expropriation des Bauern, des Handwerkers, kurz aller Bestandteile der kleinen Mittelklasse. Darüber bestehn keine zwei Meinungen, selbst nicht bei den bürgerlichen Ökonomen. Verstärkt wird seine expropriierende Wirksamkeit noch durch das Protektionssystem, das einer seiner integrierenden Teile ist.

[243b] „Wenn die Tataren heute Europa überfluteten, würde es schwerhalten, ihnen verständlich zu machen, was bei uns ein Finanzier ist. (Montesquieu, „Esprit des lois", t. IV, p. 33, éd. Londres 1769.)

Der große Anteil an der Kapitalisation des Reichtums und der Expropriation der Massen, der auf die öffentliche Schuld und das ihr entsprechende Fiskalitätssystem fällt, hat eine Menge Schriftsteller, wie Cobbett, Doubleday und andre, dahin geführt, mit Unrecht hierin die Grundursache des Elends der modernen Völker zu suchen.

Das Protektionssystem war ein Kunstmittel, Fabrikanten zu fabrizieren, unabhängige Arbeiter zu expropriieren, die nationalen Produktions- und Lebensmittel zu kapitalisieren, den Übergang aus der altertümlichen in die moderne Produktionsweise gewaltsam abzukürzen. Die europäischen Staaten rissen sich um das Patent dieser Erfindung, und einmal in den Dienst der Plusmacher eingetreten, brandschatzten sie zu jenem Behuf nicht nur das eigne Volk, indirekt durch Schutzzölle, direkt durch Exportprämien usw. In den abhängigen Nebenlanden wurde alle Industrie gewaltsam ausgerodet, wie z. B. die irische Wollmanufaktur durch England. Auf dem europäischen Kontinent ward nach Colberts Vorgang der Prozeß noch sehr vereinfacht. Das ursprüngliche Kapital des Industriellen fließt hier zum Teil direkt aus dem Staatsschatz.

„Warum", ruft Mirabeau, „so weit die Ursache des Manufakturglanzes Sachsens vor dem Siebenjährigen Krieg suchen gehn? 180 Millionen Staatsschulden!"[244]

Kolonialsystem, Staatsschulden, Steuerwucht, Protektion, Handelskriege usw., diese Sprößlinge der eigentlichen Manufakturperiode, schwellen riesenhaft während der Kinderperiode der großen Industrie. Die Geburt der letztren wird gefeiert durch den großen herodischen Kinderraub. Wie die königliche Flotte, rekrutieren sich die Fabriken vermittelst der Presse. So blasiert Sir F. M. Eden ist über die Greuel der Expropriation des Landvolks von Grund und Boden seit dem letzten Drittel des 15. Jahrhunderts bis zu seiner Zeit, dem Ende des 18. Jahrhunderts, so selbstgefällig er gratuliert zu diesem Prozeß, „notwendig", um die kapitalistische Agrikultur und „das wahre Verhältnis von Ackerland und Viehweide herzustellen", beweist er dagegen nicht dieselbe ökonomische Einsicht in die Notwendigkeit des Kinderraubs und der Kindersklaverei für die Verwandlung des Manufakturbetriebs in den Fabrikbetrieb und die Herstellung des wahren Verhältnisses von Kapital und Arbeitskraft. Er sagt:

„Es mag vielleicht der Erwägung des Publikums wert sein, ob irgendeine Manufaktur, die zu ihrer erfolgreichen Ausführung Cottages und Workhouses von armen Kindern ausplündern muß, damit sie, truppweis sich ablösend, den größten Teil der Nacht durch abgerackert und der Ruhe beraubt werden; eine Manufaktur, die außerdem Haufen beiderlei Geschlechts, von verschiednen Altersstufen und Neigungen, so zusammenhudelt, daß die Ansteckung des Beispiels zu Verworfenheit und Liederlichkeit führen muß – ob solch eine Manufaktur die

[244] „Pourquoi aller chercher si loin la cause de l'éclat manufacturier de la Saxe avant la guerre? Cent quatre-vingt millions de dettes faites par les souverains!" (Mirabeau, l.c., t. VI, p. 101.)

Summe des nationalen und individuellen Glücks vermehren kann?"[245] „In Derbyshire, Nottinghamshire und besonders Lancashire", sagt Fielden, „wurde die jüngst erfundne Maschinerie angewandt in großen Fabriken, dicht bei Strömen, fähig, das Wasserrad zu drehn. Tausende von Händen waren plötzlich erheischt an diesen Plätzen, fern von den Städten; und Lancashire namentlich, bis zu jener Zeit vergleichungsweis dünn bevölkert und unfruchtbar, bedurfte jetzt vor allem einer Population. Die kleinen und flinken Finger waren vor allem in Requisition. Sofort sprang die Gewohnheit auf, Lehrlinge (!) aus den verschiednen Pfarrei-Workhouses von London, Birmingham und sonstwo zu beziehn. Viele, viele Tausende dieser kleinen hilflosen Kreaturen, vom 7. bis zum 13. oder 14. Jahr, wurden so nach dem Norden spediert. Es war die Gewohnheit für den Meister" (d. h. den Kinderdieb), „seine Lehrlinge zu kleiden, nähren und logieren in einem Lehrlingshaus nah bei der Fabrik. Aufseher wurden bestellt, um ihre Arbeit zu überwachen. Es war das Interesse dieser Sklaventreiber, die Kinder aufs äußerste abzuarbeiten, denn ihre Zahlung stand im Verhältnis zum Produktenquantum, das aus dem Kind erpreßt werden konnte. Grausamkeit war natürliche Folge ... In vielen Fabrikdistrikten, besonders Lancashires, wurden die herzzereißendsten Torturen verübt an diesen harmlosen und freundlosen Kreaturen, die den Fabrikherrn konsigniert waren. Sie wurden zu Tod gehetzt durch Arbeitsexzesse ... sie wurden gepeitscht, gekettet und gefoltert mit dem ausgesuchtesten Raffinement von Grausamkeit; sie wurden in vielen Fällen bis auf die Knochen ausgehungert, während die Peitsche sie an der Arbeit hielt ... Ja, in einigen Fällen wurden sie zum Selbstmord getrieben! ... Die schönen und romantischen Täler von Derbyshire, Nottinghamshire und Lancashire, abgeschlossen vom öffentlichen Auge, wurden grause Einöden von Tortur und – oft von Mord! ... Die Profite der Fabrikanten waren enorm. Das wetzte nur ihren Werwolfsheißhunger. Sie begannen die Praxis der Nachtarbeit, d. h. nachdem sie eine Gruppe Hände durch das Tagwerk gelähmt, hielten sie eine andre Gruppe für das Nachtwerk bereit; die Tagesgruppe wanderte in die Betten, welche die Nachtgruppe grade verlassen hatte und vice versa. Es ist Volksüberlieferung in Lancashire, daß die Betten nie abkühlten."[246]

---

[245] Eden, l.c., b. II, ch. I, p. 421.

[246] „John Fielden, l.c.p. 5, 6. Über die ursprünglichen Infamien des Fabrikwesens vgl. Dr. Aikin (1795), l.c.p. 219, und Gisborne, „Enquiry into the duties of men", 1795, v. II. – Da die Dampfmaschine die Fabriken von den ländlichen Wasserfällen weg in die Mitte von Städten verpflanzte, fand der „entsagungslustige" Plusmacher das Kindermaterial nun zur Hand, ohne gewaltsame Sklavenzufuhr aus den Workhouses. – Als Sir R. Peel (Vater des „Ministers der Plausibilität") seine Bill zum Schutz der Kinder 1815 einbrachte, erklärte F. Horner (lumen des Bullion-Komitees und intimer Freund Ricardos) im Unterhaus: „Es ist notorisch, daß mit den Effekten eines Bankrotteurs eine Bande, wenn er solchen Ausdruck brauchen dürfe, von Fabrikkindern zur Auktion öffentlich, als Teil des Eigentums, annonciert und losgeschlagen wurde. Vor zwei Jahren" (1813) „kam ein abscheulicher Fall vor die King's Bench. Es handelte sich um eine Anzahl Knaben. Eine Pfarrei von London hatte sie einem Fabrikanten übermacht, der übertrug sie wieder auf einen andren. Sie wurden schließlich von einigen Menschenfreunden in einem Zustand absoluter Verhungerung (absolute famine) entdeckt. Ein andrer Fall, noch abscheulicher, sei zu seiner Kenntnis als Mitglied des parlamentarischen Untersuchungskomitees gebracht worden. Vor nicht vielen Jahren schlossen eine Londoner Pfarrei und ein

Mit der Entwicklung der kapitalistischen Produktion während der Manufakturperiode hatte die öffentliche Meinung von Europa den letzten Rest von Schamgefühl und Gewissen eingebüßt. Die Nationen renommierten zynisch mit jeder Infamie, die ein Mittel zu Kapitalakkumulation. Man lese z. B. die naiven Handelsannalen des Biedermanns A. Anderson. Hier wird es als Triumph englischer Staatsweisheit ausposaunt, daß England im Frieden von Utrecht den Spaniern durch den Asientovertrag das Privilegium abzwang, den Negerhandel, den es bisher nur zwischen Afrika und dem englischen Westindien betrieb, nun auch zwischen Afrika und dem spanischen Amerika betreiben zu dürfen. England erhielt das Recht, das spanische Amerika bis 1743 jährlich mit 4800 Negern zu versorgen. Dies gewährte zugleich einen offiziellen Deckmantel für den britischen Schmuggel. Liverpool wuchs groß auf der Basis des Sklavenhandels. Er bildet seine Methode der ursprünglichen Akkumulation. Und bis heutzutag blieb die Liverpooler „Ehrbarkeit" Pindar des Sklavenhandels, welcher – vgl. die zitierte Schrift des Dr. Aikin von 1795 – „den kommerziellen Unternehmungsgeist bis zur Leidenschaft steigere, famose Seeleute bilde und enormes Geld einbringe". Liverpool beschäftigte 1730 im Sklavenhandel 15 Schiffe, 1751: 53, 1760: 74, 1770: 96 und 1792: 132.

Während sie die Kindersklaverei in England einführte, gab die Baumwollindustrie zugleich den Anstoß zur Verwandlung der früher mehr oder minder patriarchalischen Sklavenwirtschaft der Vereinigten Staaten in ein kommerzielles Exploitationssystem. Überhaupt bedurfte die verhüllte Sklaverei der Lohnarbeiter in Europa zum Piedestal die Sklaverei sans phrase in der neuen Welt.[247]

Tantae molis erat, die „ewigen Naturgesetze" der kapitalistischen Produktionsweise zu entbinden, den Scheidungsprozeß zwischen Arbeitern und Arbeitsbedingungen zu vollziehn, auf dem einen Pol die gesellschaftlichen Produktions- und Lebensmittel in Kapital zu verwandeln, auf dem Gegenpol die Volksmasse in Lohnarbeiter, in freie „arbeitende Arme", dies Kunstprodukt der modernen Geschichte.[248] Wenn das Geld, nach Augier, „mit natürlichen Blutflecken auf

Fabrikant von Lancashire einen Vertrag, wodurch stipuliert wurde, daß er auf je 20 gesunde Kinder einen Idioten mit in den Kauf zu nehmen habe."

247 1790 kamen im englischen Westindien 10 Sklaven auf 1 Freien, im französischen 14 auf 1, im holländischen 23 auf 1. (Henry Brougham, „An Inquiry into the Colonial Policy of the European Powers" Edinb. 1803, v. II, p. 74.)

248 Der Ausdruck „labouring poor" findet sich in den englischen Gesetzen vom Augenblick, wo die Klasse der Lohnarbeiter bemerkenswert wird. Die „labouring poor" stehn im Gegensatz, einerseits zu den „idle poor", Bettlern usw., andrerseits zu den Arbeitern, die noch keine gepflückten Hühner, sondern Eigentümer ihrer Arbeitsmittel sind. Aus dem Gesetz ging der Ausdruck „labouring poor" in die politische Ökonomie über, von Culpeper, J. Child usw. bis A. Smith und Eden. Danach beurteile man die bonne foi des „execrable political cantmonger" Edmund Burke, wenn er den Ausdruck „labouring poor" für „execrable political cant" erklärt. Dieser Sykophant, der im Sold der englischen Oligarchie den Romantiker gegenüber

einer Backke zur Welt kommt“[249] so das Kapital von Kopf bis Zeh, aus allen Poren, blut- und schmutztriefend.[250]

7. Geschichtliche Tendenz der kapitalistischen Akkumulation

Worauf kommt die ursprüngliche Akkumulation des Kapitals, d. h. seine historische Genesis, hinaus? Soweit sie nicht unmittelbare Verwandlung von Sklaven und Leibeignen in Lohnarbeiter, also bloßer Formwechsel ist, bedeutet sie nur die Expropriation der unmittelbaren Produzenten, d. h. die Auflösung des auf eigner Arbeit beruhenden Privateigentums. Privateigentum, als Gegensatz zum gesellschaftlichen, kollektiven Eigentum, besteht nur da, wo die Arbeitsmittel und die äußeren Bedingungen der Arbeit Privatleuten gehören. Je nachdem aber diese Privatleute die Arbeiter oder die Nichtarbeiter sind, hat auch das Privateigentum einen andern Charakter. Die unendlichen Schattierungen, die es auf den ersten Blick darbietet, spiegeln nur die zwischen diesen beiden Extremen liegenden Zwischenzustände wider. Das Privateigentum des Arbeiters an seinen Produktionsmitteln ist die Grundlage des Kleinbetriebs, der Kleinbetrieb eine notwendige Bedingung für die Entwicklung der gesellschaftlichen Produktion und der freien Individualität des Arbeiters selbst. Allerdings existiert diese Produktionsweise auch innerhalb der Sklaverei, Leibeigenschaft und andrer Abhängigkeitsverhältnisse. Aber sie blüht nur, schnellt nur ihre ganze Energie, erobert nur die adäquate klassische Form, wo der Arbeiter freier Privateigentümer seiner von ihm selbst gehandhabten Arbeitsbedingungen ist, der Bauer des Ackers, den er bestellt, der Handwerker des Instruments, worauf er als Virtuose spielt.

---

der Französischen Revolution spielte, ganz wie er, im Sold der nordamerikanischen Kolonien beim Beginn der amerikanischen Wirren, gegenüber der englischen Oligarchie den Liberalen gespielt hatte, war durch und durch ordinärer Bourgeois: „Die Gesetze des Handels sind die Gesetze der Natur und folglich die Gesetze Gottes.“ (E. Burke, l.c.p. 32, 32.) Kein Wunder, daß er, den Gesetzen Gottes und der Natur getreu, stets sich selbst auf dem besten Markt verkauft hat! Man findet in des Rev. Tuckers Schriften – Tucker war Pfaff und Tory, im übrigen aber anständiger Mann und tüchtiger politischer Ökonom – sehr gute Charakteristik dieses Edmund Burke während seiner liberalen Zeit. Bei der infamen Charakterlosigkeit, die heutzutag herrscht und devotest an „die Gesetze des Handels“ glaubt, ist es Pflicht, wieder und wieder die Burkes zu brandmarken, die sich von ihren Nachfolgern nur durch eins unterscheiden – Talent!

[249] Marie Augier, „Du Crédit Public“.

[250] „Kapital“, sagt der Quarterly Reviewer, „flieht Tumult und Streit und ist ängstlicher Natur. Das ist sehr wahr, aber doch nicht die ganze Wahrheit. Das Kapital hat einen Horror vor Abwesenheit von Profit oder sehr kleinem Profit, wie die Natur vor der Leere. Mit entsprechendem Profit wird Kapital kühn. Zehn Prozent sicher, und man kann es überall anwenden; 20 Prozent, es wird lebhaft; 50 Prozent, positiv waghalsig; für 100 Prozent stampft es alle menschlichen Gesetze unter seinen Fuß; 300 Prozent, und es existiert kein Verbrechen, das es nicht riskiert, selbst auf Gefahr des Galgens. Wenn Tumult und Streit Profit bringen, wird es sie beide encouragieren. Beweis: Schmuggel und Sklavenhandel.“ (T. J. Dunning, l.c.p. 35, 36.)

Diese Produktionsweise unterstellt Zersplitterung des Bodens und der übrigen Produktionsmittel. Wie die Konzentration der letztren, so schließt sie auch die Kooperation, Teilung der Arbeit innerhalb derselben Produktionsprozesse, gesellschaftliche Beherrschung und Reglung der Natur, freie Entwicklung der gesellschaftlichen Produktivkräfte aus. Sie ist nur verträglich mit engen naturwüchsigen Schranken der Produktion und der Gesellschaft. Sie verewigen wollen hieße, wie Pecqueur mit Recht sagt, „die allgemeine Mittelmäßigkeit dekretieren". Auf einem gewissen Höhegrad bringt sie die materiellen Mittel ihrer eignen Vernichtung zur Welt. Von diesem Augenblick regen sich Kräfte und Leidenschaften im Gesellschaftsschoße, welche sich von ihr gefesselt fühlen. Sie muß vernichtet werden, sie wird vernichtet. Ihre Vernichtung, die Verwandlung der individuellen und zersplitterten Produktionsmittel in gesellschaftlich konzentrierte, daher des zwerghaften Eigentums vieler in das massenhafte Eigentum weniger, daher die Expropriation der großen Volksmasse von Grund und Boden und Lebensmitteln und Arbeitsinstrumenten, diese furchtbare und schwierige Expropriation der Volksmasse bildet die Vorgeschichte des Kapitals. Sie umfaßt eine Reihe gewaltsamer Methoden, wovon wir nur die epochemachenden als Methoden der ursprünglichen Akkumulation des Kapitals Revue passieren ließen. Die Expropriation der unmittelbaren Produzenten wird mit schonungslosestem Vandalismus und unter dem Trieb der infamsten, schmutzigsten, kleinlichst gehässigsten Leidenschaften vollbracht. Das selbsterarbeitete, sozusagen auf Verwachsung des einzelnen, unabhängigen Arbeitsindividuums mit seinen Arbeitsbedingungen beruhende Privateigentum wird verdrängt durch das kapitalistische Privateigentum, welches auf Exploitation fremder, aber formell freier Arbeit beruht.[251]

Sobald dieser Umwandlungsprozeß nach Tiefe und Umfang die alte Gesellschaft hinreichend zersetzt hat, sobald die Arbeiter in Proletarier, ihre Arbeitsbedingungen in Kapital verwandelt sind, sobald die kapitalistische Produktionsweise auf eignen Füßen steht, gewinnt die weitere Vergesellschaftung der Arbeit und weitere Verwandlung der Erde und andrer Produktionsmittel in gesellschaftlich ausgebeutete, also gemeinschaftliche Produktionsmittel, daher die weitere Expropriation der Privateigentümer, eine neue Form. Was jetzt zu expropriieren, ist nicht länger der selbstwirtschaftende Arbeiter, sondern der viele Arbeiter exploitierende Kapitalist. Diese Expropriation vollzieht sich durch das Spiel der immanenten Gesetze der kapitalistischen Produktion selbst, durch die Zentralisation der Kapitale. Je ein Kapitalist schlägt viele tot. Hand in Hand mit dieser Zentralisation oder der Expropriation vieler Kapitalisten durch wenige entwickelt sich die kooperative Form des Arbeitsprozesses auf stets wachsender Stufenleiter, die bewußte technische Anwendung der Wissenschaft, die planmä-

[251] „Wir befinden uns in einer Lage, die für die Gesellschaft gänzlich neu ist ... wir streben dahin, jede Art Eigentum von jeder Art Arbeit zu trennen." (Sismondi, „Nouveaux Principes le l'Écon. Polit.", t. II, p. 434.)

ßige Ausbeutung der Erde, die Verwandlung der Arbeitsmittel in nur gemeinsam verwendbare Arbeitsmittel, die Ökonomisierung aller Produktionsmittel durch ihren Gebrauch als Produktionsmittel kombinierter, gesellschaftlicher Arbeit, die Verschlingung aller Völker in das Netz des Weltmarkts und damit der internationale Charakter des kapitalistischen Regimes. Mit der beständig abnehmenden Zahl der Kapitalmagnaten, welche alle Vorteile dieses Umwandlungsprozesses usurpieren und monopolisieren, wächst die Masse des Elends, des Drucks, der Knechtschaft, der Entartung, der Ausbeutung, aber auch die Empörung der stets anschwellenden und durch den Mechanismus des kapitalistischen Produktionsprozesses selbst geschulten, vereinten und organisierten Arbeiterklasse. Das Kapitalmonopol wird zur Fessel der Produktionsweise, die mit und unter ihm aufgeblüht ist. Die Zentralisation der Produktionsmittel und die Vergesellschaftung der Arbeit erreichen einen Punkt, wo sie unverträglich werden mit ihrer kapitalistischen Hülle. Sie wird gesprengt. Die Stunde des kapitalistischen Privateigentums schlägt. Die Expropriateurs werden expropriiert.

Die aus der kapitalistischen Produktionsweise hervorgehende kapitalistische Aneignungsweise, daher das kapitalistische Privateigentum, ist die erste Negation des individuellen, auf eigne Arbeit gegründeten Privateigentums. Aber die kapitalistische Produktion erzeugt mit der Notwendigkeit eines Naturprozesses ihre eigne Negation. Es ist Negation der Negation. Diese stellt nicht das Privateigentum wieder her, wohl aber das individuelle Eigentum auf Grundlage der Errungenschaft der kapitalistischen Ära: der Kooperation und des Gemeinbesitzes der Erde und der durch die Arbeit selbst produzierten Produktionsmittel.

Die Verwandlung des auf eigner Arbeit der Individuen beruhenden, zersplitterten Privateigentums in kapitalistisches ist natürlich ein Prozeß, ungleich mehr langwierig, hart und schwierig als die Verwandlung des tatsächlich bereits auf gesellschaftlichem Produktionsbetrieb beruhenden kapitalistischen Eigentums in gesellschaftliches. Dort handelte es sich um die Expropriation der Volksmasse durch wenige Usurpatoren, hier handelt es sich um die Expropriation weniger Usurpatoren durch die Volksmasse.[252]

---

[252] „Der Fortschritt der Industrie, dessen willenloser und widerstandloser Träger die Bourgeoisie ist, setzt an die Stelle der Isolierung der Arbeiter durch die Konkurrenz ihre revolutionäre Vereinigung durch die Assoziation. Mit der Entwicklung der großen Industrie wird also unter den Füßen der Bourgeoisie die Grundlage selbst weggezogen, worauf sie produziert und die Produkte sich aneignet. Sie produziert also vor allem ihre eignen Totengräber. Ihr Untergang und der Sieg des Proletariats sind gleich unvermeidlich ... Von allen Klassen, welche heutzutage der Bourgeoisie gegenüberstehn, ist nur das Proletariat eine wirklich revolutionäre Klasse. Die übrigen Klassen verkommen und gehn unter mit der großen Industrie, das Proletariat ist ihr eigenstes Produkt. Die Mittelstände, der kleine Industrielle, der kleine Kaufmann, der Handwerker, der Bauer, sie alle bekämpfen die Bourgeoisie, um ihre Existenz als Mittelstände vor dem Untergang zu sichern ... sie sind reaktionär, denn sie suchen daß Rad der Geschichte zurückzudrehn." (Karl Marx und F. Engels, „Manifest der Kommunistischen Partei" London 1848, p. 11. 9.)

Fünfundzwanzigstes Kapitel: Die moderne Kolonisationstheorie[253]

Die politische Ökonomie verwechselt prinzipiell zwei sehr verschiedne Sorten Privateigentum, wovon das eine auf eigner Arbeit des Produzenten beruht, das andre auf der Ausbeutung fremder Arbeit. Sie vergißt, daß das letztre nicht nur den direkten Gegensatz des erstren bildet, sondern auch bloß auf seinem Grab wächst.

Im Westen von Europa, dem Heimatsland der politischen Ökonomie, ist der Prozeß der ursprünglichen Akkumulation mehr oder minder vollbracht. Das kapitalistische Regiment hat hier entweder die ganze nationale Produktion sich direkt unterworfen, oder, wo die Verhältnisse noch unentwickelter, kontrolliert es wenigstens indirekt die neben ihm fortexistierenden, verkommenen, der veralteten Produktionsweise angehörigen Gesellschaftsschichten. Auf diese fertige Welt des Kapitals wendet der politische Ökonom mit desto ängstlicherem Eifer und desto größerer Salbung die Rechts- und Eigentumsvorstellungen der vorkapitalistischen Welt an, je lauter die Tatsachen seiner Ideologie ins Gesicht schreien.

Anders in den Kolonien. Das kapitalistische Regiment stößt dort überall auf das Hindernis des Produzenten, welcher als Besitzer seiner eignen Arbeitsbedingungen sich selbst durch seine Arbeit bereichert statt den Kapitalisten. Der Widerspruch dieser zwei diametral entgegengesetzten ökonomischen Systeme betätigt sich hier praktisch in ihrem Kampf. Wo der Kapitalist die Macht des Mutterlandes im Rücken hat, sucht er die auf eigner Arbeit beruhende Produktions- und Aneignungsweise gewaltsam aus dem Weg zu räumen. Dasselbe Interesse, welches den Sykophanten des Kapitals, den politischen Ökonomen, im Mutterland bestimmt, die kapitalistische Produktionsweise theoretisch für ihr eignes Gegenteil zu erklären, dasselbe Interesse treibt ihn hier „to make a clean breast of it" und den Gegensatz beider Produktionsweisen laut zu proklamieren. Zu diesem Behuf weist er nach, wie die Entwicklung der gesellschaftlichen Produktivkraft der Arbeit, Kooperation, Arbeitsteilung, Anwendung der Maschinerie im großen usw. unmöglich sind ohne die Expropriation der Arbeiter und die entsprechende Verwandlung ihrer Produktionsmittel in Kapital. Im Interesse des sog. Nationalreichtums sucht er nach Kunstmitteln zur Herstellung der Volksarmut. Sein apologetischer Panzer zerbröckelt hier Stück für Stück wie mürber Zunder.

Es ist das große Verdienst E. G. Wakefields, nicht irgend etwas Neues über die Kolonien[254], aber in den Kolonien die Wahrheit über die kapitalistischen Ver-

---

253 Es handelt sich hier von wirklichen Kolonien, jungfräulichem Boden, der durch freie Einwanderer kolonisiert wird. Die Vereinigten Staaten sind, ökonomisch gesprochen, immer noch Kolonialland Europas. Übrigens gehören auch solche alten Pflanzungen hierher, wo die Aufhebung der Sklaverei die Verhältnisse gänzlich umgewälzt hat.

254 Die wenigen Lichtblicke Wakefields über das Wesen der Kolonien selbst sind vollständig anti-

hältnisse des Mutterlands entdeckt zu haben. Wie das Protektionssystem in seinen Ursprüngen[255] die Fabrikation von Kapitalisten im Mutterland, so erstrebt Wakefields Kolonisationstheorie, welche England eine Zeitlang gesetzlich ins Werk zu setzen suchte, die Fabrikation von Lohnarbeitern in den Kolonien. Das nennt er „systematic colonization" (systematische Kolonisation).

Zunächst entdeckte Wakefield in den Kolonien, daß das Eigentum an Geld, Lebensmitteln, Maschinen und andren Produktionsmitteln einen Menschen noch nicht zum Kapitalisten stempelt, wenn die Ergänzung fehlt, der Lohnarbeiter, der andre Mensch, der sich selbst freiwillig zu verkaufen gezwungen ist. Er entdeckte, daß das Kapital nicht eine Sache ist, sondern ein durch Sachen vermitteltes gesellschaftliches Verhältnis zwischen Personen.[256] Herr Peel, jammert er uns vor, nahm Lebensmittel und Produktionsmittel zum Belauf von 50.000 Pfd. St. aus England nach dem Swan River, Neuholland, mit. Herr Peel war so vorsichtig, außerdem 3000 Personen der arbeitenden Klasse, Männer, Weiber und Kinder mitzubringen. Einmal am Bestimmungsplatz angelangt, „blieb Herr Peel, ohne einen Diener, sein Bett zu machen oder ihm Wasser aus dem Fluß zu schöpfen"[257]. Unglücklicher Herr Peel, der alles vorsah, nur nicht den Export der englischen Produktionsverhältnisse nach dem Swan River!

Zum Verständnis der folgenden Entdeckungen Wakefields zwei Vorbemerkungen. Man weiß: Produktions- und Lebensmittel, als Eigentum des unmittelbaren Produzenten, sind kein Kapital. Sie werden Kapital nur unter Bedingungen, worin sie zugleich als Exploitations- und Beherrschungsmittel des Arbeiters dienen. Diese ihre kapitalistische Seele ist aber im Kopfe des politischen Ökonomen so innig mit ihrer stofflichen Substanz vermählt, daß er sie unter allen Umständen Kapital tauft, auch wo sie das grade Gegenteil sind. So bei Wakefield. Ferner: die Zersplitterung der Produktionsmittel als individuelles Eigentum vieler voneinander unabhängigen, selbstwirtschaftenden Arbeiter nennt er gleiche Teilung des Kapitals. Es geht dem politischen Ökonomen wie dem feudalen Juristen. Letzterer klebte auch auf reine Geldverhältnisse seine feudalen Rechtsetiketten.

---

zipiert durch Mirabeau père, den Physiokraten, und noch viel früher durch englische Ökonomen.

[255] Es wird später eine temporäre Notwendigkeit im internationalen Konkurrenzkampf. Welches aber immer sein Motiv, die Folgen bleiben dieselben.

[256] „Ein Neger ist ein Neger. In bestimmten Verhältnissen wird er erst zum Sklaven. Eine Baumwollspinnmaschine ist eine Maschine zum Baumwollspinnen. Nur in bestimmten Verhältnissen wird sie zu Kapital. Aus diesen Verhältnissen herausgerissen, ist sie so wenig Kapital, wie Gold an und für sich Geld oder der Zucker der Zuckerpreis ist ... Das Kapital ist ein gesellschaftliches Produktionsverhältnis. Es ist ein historisches Produktionsverhältnis." (Karl Marx, „Lohnarbeit und Kapital", „N. Rh. Z.", Nr. 266 vom 7. April 1849.)

[257] E. G. Wakefield, „England and America", v. II, p. 33.

„Wäre“, sagt Wakefield, „das Kapital unter alle Mitglieder der Gesellschaft in gleiche Portionen verteilt, so hätte kein Mensch ein Interesse, mehr Kapital zu akkumulieren, als er mit seinen eignen Händen anwenden kann. Dies ist in gewissem Grad der Fall in neuen amerikanischen Kolonien, wo die Leidenschaft für Grundeigentum die Existenz einer Klasse von Lohnarbeitern verhindert.“[258]

Solange also der Arbeiter für sich selbst akkumulieren kann, und das kann er, solange er Eigentümer seiner Produktionsmittel bleibt, ist die kapitalistische Akkumulation und die kapitalistische Produktionsweise unmöglich. Die dazu unentbehrliche Klasse der Lohnarbeiter fehlt. Wie wurde nun im alten Europa die Expropriation des Arbeiters von seinen Arbeitsbedingungen, daher Kapital und Lohnarbeit, hergestellt? Durch einen contrat social ganz origineller Art.

„Die Menschheit ... adoptierte eine einfache Methode zur Förderung der Akkumulation des Kapitals“, die ihr natürlich seit Adams Zeiten als letzter und einziger Zweck ihres Daseins vorschwebte; „sie teilte sich in Eigner von Kapital und Eigner von Arbeit ... diese Teilung war das Resultat freiwilliger Verständigung und Kombination.“[259]

Mit einem Wort: die Masse der Menschheit expropriierte sich selbst zu Ehren der „Akkumulation des Kapitals“. Nun sollte man glauben, der Instinkt dieses selbstentsagenden Fanatismus müsse sich namentlich in Kolonien den Zügel frei schießen lassen, wo allein Menschen und Umstände existieren, welche einen contrat social aus dem Traumreich in das der Wirklichkeit übersetzen könnten. Aber wozu dann überhaupt die „systematische Kolonisation“ im Gegensatz zur naturwüchsigen Kolonisation? Aber, aber:

„in den nördlichen Staaten der amerikanischen Union ist es zweifelhaft, ob ein Zehntel der Bevölkerung der Kategorie der Lohnarbeiter angehört ... In England ... besteht die große Volksmasse aus Lohnarbeitern.“[260]

Ja, der Selbstexpropriationstrieb der arbeitenden Menschheit zu Ehren des Kapitals existiert so wenig, daß Sklaverei, selbst nach Wakefield, die einzige naturwüchsige Grundlage des Kolonialreichtums ist. Seine systematische Kolonisation ist ein bloßes pis aller, da er nun einmal mit Freien statt mit Sklaven zu tun hat.

„Die ersten spanischen Ansiedler in Santo Domingo erhielten keine Arbeiter aus Spanien. Aber ohne Arbeiter“ (d. h. ohne Sklaverei) „wäre des Kapital kaputt gegangen oder wenigstens auf die kleinen Massen zusammengeschrumpft, worin jedes Individuum es mit seinen eignen Händen anwenden kann. Dies fand wirk-

---

258 l.c., v. I, p.17.

259 l.c.p. 18.

260 l.c.p. 42, 43, 44.

lich statt in der letzten von den Engländern gegründeten Kolonie, wo ein großes Kapital in Samen, Vieh und Instrumenten unterging am Mangel von Lohnarbeitern und wo kein Ansiedler viel mehr Kapital besitzt, als er mit seinen eignen Händen anwenden kann."[261]

Man sah: die Expropriation der Volksmasse von Grund und Boden bildet die Grundlage der kapitalistischen Produktionsweise. Das Wesen einer freien Kolonie besteht umgekehrt darin, daß die Masse des Bodens noch Volkseigentum ist und jeder Ansiedler daher einen Teil davon in sein Privateigentum und individuelles Produktionsmittel verwandeln kann, ohne den spätren Ansiedler an derselben Operation zu verhindern.[262] Dies ist das Geheimnis sowohl der Blüte der Kolonien als ihres Krebsschadens – ihres Widerstands wider die Ansiedlung des Kapitals.

„Wo Land sehr wohlfeil ist und alle Menschen frei sind, wo jeder nach Wunsch ein Stück Land für sich selbst erhalten kann, ist Arbeit nicht nur sehr teuer, was den Anteil des Arbeiters an seinem Produkt angeht, sondern die Schwierigkeit ist, kombinierte Arbeit zu irgendeinem Preis zu erhalten."[263]

Da in den Kolonien die Scheidung des Arbeiters von den Arbeitsbedingungen und ihrer Wurzel, dem Grund und Boden, noch nicht existiert oder nur sporadisch oder auf zu beschränktem Spielraum, existiert auch noch nicht die Losscheidung der Agrikultur von der Industrie, noch nicht die Vernichtung der ländlich häuslichen Industrie, und wo soll da der innere Markt für das Kapital herkommen?

„Kein Teil der Bevölkerung Amerikas ist ausschließlich agrikol, mit Ausnahme der Sklaven und ihrer Anwender, die Kapital und Arbeit für große Werke kombinieren. Freie Amerikaner, die den Boden selbst bauen, treiben zugleich viele andre Beschäftigungen. Ein Teil der von ihnen gebrauchten Möbel und Werkzeuge wird gewöhnlich von ihnen selbst gemacht. Sie bauen häufig ihre eignen Häuser und bringen das Produkt ihrer eignen Industrie zu noch so fernem Markt. Sie sind Spinner und Weber, sie fabrizieren Seife und Kerzen, Schuhe und Kleider für ihren eignen Gebrauch. In Amerika bildet der Landbau oft das Nebengeschäft eines Grobschmieds, Müllers oder Krämers."[264]

Wo bleibt unter solchen Käuzen das „Entsagungsfeld" für den Kapitalisten?

Die große Schönheit der kapitalistischen Produktion besteht darin, daß sie nicht nur beständig den Lohnarbeiter als Lohnarbeiter reproduziert, sondern im

---

[261] l.c., v. II, p. 5.

[262] „Land, um Element der Kolonisation zu werden, muß nicht nur unangebaut sein, sondern öffentliches Eigentum, welches in Privateigentum verwandelt werden kann." (l.c., v. II, p. 125.)

[263] l.c., v. I, p. 247.

[264] l.c.p. 21, 22.

Verhältnis zur Akkumulation des Kapitals stets eine relative Übervölkerung von Lohnarbeitern produziert. So wird das Gesetz von Arbeitsnachfrage und Zufuhr in richtigem Gleis gehalten, die Lohnschwankung innerhalb der kapitalistischen Exploitation zusagende Schranken gebannt und endlich die so unentbehrliche soziale Abhängigkeit des Arbeiters vom Kapitalisten verbürgt, ein absolutes Abhängigkeitsverhältnis, das der politische Ökonom zu Haus, im Mutterland, breimäulig umlügen kann in ein freies Kontraktverhältnis von Käufer und Verkäufer, von gleich unabhängigen Warenbesitzern, Besitzern der Ware Kapital und der Ware Arbeit. Aber in den Kolonien reißt der schöne Wahn entzwei. Die absolute Bevölkerung wächst hier viel rascher als im Mutterland, indem viele Arbeiter erwachsen auf die Welt kommen, und dennoch ist der Arbeitsmarkt stets untervoll. Das Gesetz der Arbeitsnachfrage und Zufuhr gerät in die Brüche. Einerseits wirft die alte Welt fortwährend exploitationslustiges, entsagungsbedürftiges Kapital ein; andrerseits stößt die regelmäßige Reproduktion der Lohnarbeiter als Lohnarbeiter auf die unartigsten und teilweis unüberwindliche Hindernisse. Und nun gar die Produktion von überzähligen Lohnarbeitern im Verhältnis zur Akkumulation des Kapitals! Der Lohnarbeiter von heute wird morgen unabhängiger, selbstwirtschaftender Bauer oder Handwerker. Er verschwindet vom Arbeitsmarkt, aber – nicht ins Workehouse. Diese beständige Verwandlung der Lohnarbeiter in unabhängige Produzenten, die statt für das Kapital, für sich selbst arbeiten, und statt den Herrn Kapitalisten sich selbst bereichern, wirkt ihrerseits durchaus schadhaft auf die Zustände des Arbeitsmarkts zurück. Nicht nur bleibt der Exploitationsgrad des Lohnarbeiters unanständig niedrig. Der letztre verliert obendrein mit dem Abhängigkeitsverhältnis auch das Abhängigkeitsgefühl vom entsagenden Kapitalisten. Daher alle Mißstände, die unser E. G. Wakefield so brav, so beredt und so rührend schildert.

Die Zufuhr von Lohnarbeit, klagt er, ist weder beständig noch regelmäßig, noch genügend. Sie „ist stets nicht nur zu klein, sondern unsicher“[265].

> „Obgleich das zwischen Arbeiter und Kapitalist zu teilende Produkt groß ist, nimmt der Arbeiter einen so großen Teil, daß er rasch ein Kapitalist wird ... Dagegen können wenige, selbst wenn sie ungewöhnlich lang leben, große Reichtumsmassen akkumulieren.“[266]

Die Arbeiter erlauben den Kapitalisten platterdings nicht, auf Zahlung des größten Teils ihrer Arbeit zu entsagen. Es hilft ihm nichts, wenn er so schlau ist, mit seinem eignen Kapital auch seine eignen Lohnarbeiter aus Europa zu importieren.

---

[265] l.c., v. II, p. 116.

[266] l.c., v. I, p. 131

> „Sie hören bald auf, Lohnarbeiter zu sein, sie verwandeln sich bald in unabhängige Bauern oder gar in Konkurrenten ihrer alten Meister auf dem Lohnarbeitsmarkt selbst."[267]

Man begreife den Greuel! Der brave Kapitalist hat seine eignen leibhaftigen Konkurrenten selbst aus Europa für sein eignes gutes Geld importiert! Da hört denn doch alles auf! Kein Wunder, wenn Wakefield klagt über mangelndes Abhängigkeitsverhältnis und Abhängigkeitsgefühl der Lohnarbeiter in den Kolonien. Wegen der hohen Löhne, sagt sein Schüler Merivale, existiert in den Kolonien der leidenschaftliche Drang nach wohlfeilerer und unterwürfigerer Arbeit, nach einer Klasse, welcher der Kapitalist die Bedingungen diktieren kann, statt sie von ihr diktiert zu erhalten ... In altzivilisierten Ländern ist der Arbeiter, obgleich frei, naturgesetzlich abhängig vom Kapitalisten, in Kolonien muß diese Abhängigkeit durch künstliche Mittel geschaffen werden.[268]

Was ist nun, nach Wakefield, die Folge dieses Mißstands in den Kolonien? Ein „barbarisches System der Zerstreuung" der Produzenten und des Nationalvermögens.[269] Die Zersplitterung der Produktionsmittel unter unzählige, selbstwirtschaftende Eigentümer vernichtet mit der Zentralisation des Kapitals alle Grundlage kombinierter Arbeit. Jedes langatmige Unternehmen, das sich über Jahre erstreckt und Auslage von fixem Kapital erheischt, stößt auf Hindernisse der Ausführung. In Europa zögert das Kapital keinen Augenblick, denn die Arbeiterklasse bildet sein lebendiges Zubehör, stets im Überfluß da, stets zur Verfügung. Aber in den Kolonialländern! Wakefield erzählt eine äußerst schmer-

---

267 l.c., v. II, p. 5.

268 Merivale, I. c., v. II, p. 235-314 passim. Selbst der sanfte, freihändlerische Vulgärökonom Molinari sagt. „In den Kolonien, in denen die Sklaverei abgeschafft worden ist, ohne daß man die Zwangsarbeit durch eine entsprechende Menge freier Arbeit ersetzt hätte, sah man das Gegenteil von dem sich abspielen, was sich täglich vor unseren Augen zuträgt. Man sah die einfachen Arbeiter ihrerseits die industriellen Unternehmer ausbeuten, indem sie Löhne von ihnen forderten, die in gar keinem Verhältnis stehen zu dem rechtmäßigen Anteil, der ihnen am Produkt zukäme. Da die Pflanzer außerstande waren, für ihren Zucker einen ausreichenden Preis zu erhalten, um die Steigerung der Löhne decken zu können, waren sie genötigt, den Mehrbetrag zunächst aus ihren Profiten, darauf aus ihren Kapitalien selbst zu decken. Eine Menge Pflanzer wurde so ruiniert, während andere ihre Betriebe schlossen, um dem bevorstehenden Ruin zu entgehen ... Es ist zweifellos besser, Anhäufungen von Kapitalien zugrunde gehen zu sehen, als Generationen von Menschen" (wie generös von dem Herrn Molinari!); „aber wäre es nicht besser, wenn weder die einen noch die anderen zugrunde gingen?" (Molinari, l.c. p. 51, 52.) Herr Molinari, Herr Molinari! Was wird denn aus den zehn Geboten, aus Moses und den Propheten, aus dem Gesetz der Nachfrage und Zufuhr, wenn in Europa der „entrepreneur" dem Arbeiter und in Westindien der Arbeiter dem entrepreneur seine part légitime verkürzen kann Und was ist gefälligst diese „part légitime", die nach Ihrem Geständnis der Kapitalist in Europa täglich nicht zahlt? Den Herrn Molinari juckt es gewaltig, dort drüben, in den Kolonien, wo die Arbeiter so „simpel" sind, den Kapitalisten zu „exploitieren", das sonst automatisch wirkende Gesetz der Nachfrage und Zufuhr polizeilich in den richtigen Gang zu setzen.

269 Wakefield, l.c., v. II, p. 52.

zensreiche Anekdote. Er unterhielt sich mit einigen Kapitalisten von Kanada und dem Staat New York, wo zudem die Einwanderungswogen oft stocken und einen Bodensatz „überzähliger" Arbeiter niederschlagen.

> „Unser Kapital", seufzt eine der Personen des Melodramas, „unser Kapital lag bereit für viele Operationen, die eine beträchtliche Zeitperiode zu ihrer Vollendung brauchen; aber konnten wir solche Operationen beginnen mit Arbeitern, welche, wir wußten es, uns bald den Rücken wenden würden? Wären wir sicher gewesen, die Arbeit solcher Einwandrer festhalten zu können, wir hätten sie mit Freude sofort engagiert und zu hohem Preis. Ja, trotz der Sicherheit ihres Verlustes würden wir sie dennoch engagiert haben, wären wir einer frischen Zufuhr je nach unsrem Bedürfnis sicher gewesen."[270]

Nachdem Wakefield die englische kapitalistische Agrikultur und ihre „kombinierte" Arbeit prunkvoll kontrastiert hat mit der zerstreuten amerikanischen Bauernwirtschaft, entschlüpft ihm auch die Kehrseite der Medaille. Er schildert die amerikanische Volksmasse als wohlhabend, unabhängig, unternehmend und relativ gebildet, während

> „der englische Agrikulturarbeiter ein elender Lump (a miserable wretch) ist, ein Pauper ... In welchem Land außer Nordamerika und einigen neuen Kolonien übersteigen die Löhne der auf dem Land angewandten freien Arbeit nennenswert die unentbehrlichsten Subsistenzmittel des Arbeiters? ... Zweifelsohne, Ackerpferde in England, da sie ein wertvolles Eigentum sind, werden viel besser genährt als der englische Landbebauer."[271]

Aber never mind, Nationalreichtum ist nun einmal von Natur identisch mit Volkselend.

Wie nun den antikapitalistischen Krebsschaden der Kolonien heilen? Wollte man allen Grund und Boden mit einem Schlag aus Volkseigentum in Privateigentum verwandeln, so zerstörte man zwar die Wurzel des Übels, aber auch – die Kolonie. Die Kunst ist, zwei Fliegen mit einer Klappe zu schlagen. Man gebe von Regierungs wegen der jungfräulichen Erde einen vom Gesetz der Nachfrage und Zufuhr unabhängigen, einen künstlichen Preis, welcher den Einwandrer zwingt, längere Zeit zu lohnarbeiten, bis er genug Geld verdienen kann, um Grund und Boden zu kaufen[272] und sich in einen unabhängigen Bau-

---

[270] l.c.p. 191, 192.

[271] l.c., v. I, p. 47, 246.

[272] „Es sei, fügt ihr hinzu, der Aneignung des Bodens und der Kapitalien zu verdanken, daß der Mensch, der nur seine Arme besitzt, Beschäftigung findet und sich ein Einkommen schafft ... es kommt im Gegenteil gerade von der individuellen Aneignung des Bodens, daß es Menschen gibt, die nur ihre Arme besitzen ... Wenn ihr einen Menschen in den luftleeren Raum versetzt, raubt ihr ihm die Luft. So handelt ihr auch, wenn ihr euch des Bodens bemächtigt ... Das heißt, ihn in die alles Reichtums bare Leere versetzen, damit er nicht anders als nach eurem Willen

ern zu verwandeln. Den Fonds, der aus dem Verkauf der Ländereien zu einem für den Lohnarbeiter relativ prohibitorischen Preis fließt, also diesen aus dem Arbeitslohn durch Verletzung des heiligen Gesetzes von Nachfrage und Zufuhr erpreßten Geldfonds, verwende die Regierung andrerseits, um im selben Maß, wie er wächst, Habenichtse aus Europa in die Kolonien zu importieren und so dem Herrn Kapitalisten seinen Lohnarbeitsmarkt vollzuhalten. Unter diesen Umständen tout sera pour le mieux dans le meilleur des mondes possibles. Dies ist das große Geheimnis der „systematischen Kolonisation".

> „Nach diesem Plan", ruft Wakefield triumphierend aus, „muß die Zufuhr von Arbeit konstant und regelmäßig sein; denn erstens, da kein Arbeiter fähig ist, sich Land zu verschaffen, bevor er für Geld gearbeitet hat, würden alle einwandernden Arbeiter dadurch, daß sie für Lohn kombiniert arbeiten, ihrem Anwender Kapital zur Anwendung von mehr Arbeit produzieren; zweitens jeder, der die Lohnarbeit an den Nagel hinge und Grundeigner würde, würde grade durch den Ankauf des Landes einen Fonds zur Herüberbringung frischer Arbeit nach den Kolonien sichern."[273]

Der von Staats wegen oktroyierte Bodenpreis muß natürlich „genügend" (sufficient price) sein, d. h. so hoch, „daß er die Arbeiter verhindert, unabhängige Bauern zu werden, bis andre da sind, um ihren Platz auf dem Lohnarbeitsmarkt einzunehmen"[274]. Dieser „genügende Bodenpreis" ist nichts als eine euphemistische Umschreibung des Lösegelds, welches der Arbeiter dem Kapitalisten zahlt für die Erlaubnis, sich vom Lohnarbeitsmarkt aufs Land zurückzuziehn. Erst muß er dem Herrn Kapitalisten „Kapital" schaffen, damit er mehr Arbeiter ausbeuten könne, und dann auf dem Arbeitsmarkt einen „Ersatzmann" stellen, den die Regierung auf seine Kosten seinem ehemaligen Herrn Kapitalisten über die See spediert.

Es ist höchst charakteristisch, daß die englische Regierung diese von Herrn Wakefield eigens zum Gebrauch in Kolonialländern verschriebene Methode der „ursprünglichen Akkumulation" jahrelang ausgeführt hat. Das Fiasko war natürlich ebenso schmählich als das des Peelschen Bankakts. Der Emigrationsstrom wurde nur von den englischen Kolonien nach den Vereinigten Staaten abgelenkt. Unterdes hat der Fortschritt der kapitalistischen Produktion in Europa, begleitet von wachsendem Regierungsdruck, Wakefields Rezept überflüssig gemacht. Einerseits läßt der ungeheure und kontinuierliche Menschenstrom, jahraus, jahrein nach Amerika getrieben, stockende Niederschläge im Osten der Vereinigten Staaten zurück, indem die Emigrationswelle von Europa die Menschen rascher dorthin auf den Arbeitsmarkt wirft, als die Emigrationswelle nach

---

leben kann." (Colins, l.c., t. III, p. 267-271 passim.)

[273] Wakefield, l.c., v. II, p. 192.

[274] l.c. p. 45.

dem Westen sie abspülen kann. Andrerseits hat der Amerikanische Bürgerkrieg eine kolossale Nationalschuld in seinem Gefolge gehabt und mit ihr Steuerdruck, Erzeugung der allergemeinsten Finanzaristokratie, Verschenkung eines ungeheuren Teils der öffentlichen Ländereien an Spekulanten-Gesellschaften zur Ausbeutung von Eisenbahnen, Bergwerken etc. – kurz die rascheste Zentralisation des Kapitals. Die große Republik hat also aufgehört, das gelobte Land für auswandernde Arbeiter zu sein. Die kapitalistische Produktion geht dort mit Riesenschritten voran, wenn auch Lohnsenkung und Abhängigkeit des Lohnarbeiters noch lange nicht auf das europäische Normalniveau heruntergebracht sind. Die von Wakefield selbst so laut denunzierte, schamlose Verschleuderung des unbebauten Kolonialbodens an Aristokraten und Kapitalisten seitens der englischen Regierung hat namentlich in Australien[275], zusammen mit dem Menschenstrom, den die Gold-Diggings hinziehn, und der Konkurrenz, welche der Import englischer Waren selbst dem kleinsten Handwerker macht, eine hinreichende „relative Abeiterübervölkerung" erzeugt, so daß fast jedes Postdampfschiff die Hiobspost einer Überfüllung des australischen Arbeitsmarktes – „glut of the Australian labour-market" – bringt, und die Prostitution dort stellenweis so üppig gedeiht wie auf dem Haymarket von London.

Jedoch beschäftigt uns hier nicht der Zustand der Kolonien. Was uns allein interessiert, ist das in der neuen Welt von der politischen Ökonomie der alten Welt entdeckte und laut proklamierte Geheimnis: kapitalistische Produktions- und Akkumulationsweise, also auch kapitalistisches Privateigentum, bedingen die Vernichtung des auf eigner Arbeit beruhenden Privateigentums, d.h. die Expropriation des Arbeiters.

[275] Sobald Australien sein eigner Gesetzgeber wurde, erließ es natürlich den Ansiedlern günstige Gesetze, aber die englische, einmal vollzogne Bodenverschleuderung steht im Wege. „Das erste und wichtigste Ziel, welches das neue Landgesetz von 1862 erstrebt, besteht darin, größere Erleichterungen für die Ansiedlung des Volkes zu schaffen." („The Land Law of Victoria, by the Hon. G. Duffy, Minister of Public Lands" Lond. 1862.)

ANHANG

| I. Feuerbach.

A. Die Ideologie überhaupt, namentlich die deutsche.

Die deutsche Kritik hat bis auf ihre neuesten Efforts den Boden der Philosophie nicht verlassen. Weit davon entfernt, ihre allgemein-philosophischen Voraussetzungen zu untersuchen, sind ihre sämmtlichen Fragen sogar auf dem Boden eines bestimmten philosophischen Systems, des Hegelschen, gewachsen. Nicht nur in ihren Antworten, schon in den Fragen selbst lag eine Mystifikation. Diese Abhängigkeit von Hegel ist der Grund, warum keiner dieser neueren Kritiker eine umfassende Kritik des Hegelschen Systems auch nur versuchte, so sehr Jeder von ihnen behauptet über Hegel hinaus zu sein. Ihre Polemik gegen Hegel & gegen einander beschränkt sich darauf, daß Jeder eine Seite des Hegelschen Systems herausnimmt & diese sowohl gegen das ganze System, wie gegen die von den Andern herausgenommenen Seiten wendet. Im Anfange nahm man reine, unverfälschte Hegelsche Kategorieen heraus, wie Substanz & Selbstbewußtsein, später profanirte man diese Kategorieen durch weltlichere Namen, wie Gattung, der Einzige, der Mensch &c.

Die gesammte deutsche philosophische Kritik von Strauß bis Stirner beschränkt sich auf Kritik der *religiösen* Vorstellungen. // Man ging aus von der wirklichen Religion & eigentlichen Theologie. Was religiöses Bewußtsein, religiöse Vorstellung sei, wurde im Weiteren Verlauf verschieden bestimmt. Der Fortschritt bestand darin, die angeblich herrschenden metaphysischen, politischen, rechtlichen, moralischen & andern Vorstellungen auch unter die Sphäre der religiösen oder theologischen Vorstellungen zu subsumiren; ebenso das politische, rechtliche, moralische Bewußtsein für religiöses oder theologisches Bewußtsein, & den politischen, rechtlichen, moralischen Menschen, in letzter Instanz „*den* Menschen", für religiös zu erklären. Die Herrschaft der Religion wurde vorausgesetzt. Nach & nach wurde jedes herrschende Verhältniß für ein Verhältniß der Religion erklärt & in Kultus verwandelt, Kultus des Rechts, Kultus des Staats pp Überall hatte man es nur mit Dogmen & dem Glauben an Dogmen zu thun. Die Welt wurde in immer größerer Ausdehnung kanonisirt bis endlich der ehrwürdige Sankt Max sie en bloc heilig sprechen & damit ein für alle mal abfertigen konnte.

Die Althegelianer hatten Alles *begriffen*, sobald es auf eine Hegelsche logische Kategorie zurückgeführt war. Die Junghegelianer *kritisirten* Alles, indem sie ihm religiöse Vorstellungen unterschoben oder es für theologisch erklärten. Die Junghegelianer stimmen mit den Althegelianern überein in dem Glauben an die Herrschaft der Religion, der Begriffe, des Allgemeinen in der bestehenden Welt. Nur bekämpfen die Einen die Herrschaft als Usurpation, welche die Andern als legitim feiern. || Da bei diesen Junghegelianern die Vorstellungen, Gedanken, Begriffe, überhaupt die Produkte des von ihnen verselbstständigten Bewußtseins für die eigentlichen Fesseln der Menschen gelten, gerade wie sie bei den Althegelianern für die wahren Bande der menschlichen Gesellschaft erklärt werden, so versteht es sich, daß die Junghegelianer auch nur gegen diese Illusionen des Bewußtseins zu kämpfen haben. Da nach ihrer Phantasie die Verhältnisse der Menschen, ihr ganzes Thun & Treiben, ihre Fesseln & Schranken Produkte ihres Bewußtseins sind, so stellen die Junghegelianer konsequenter Weise das moralische Postulat an sie, ihr gegenwärtiges Bewußtsein mit dem menschlichen, kritischen oder egoistischen Bewußtsein zu vertauschen & dadurch ihre Schranken zu beseitigen. Diese Forderung, das Bewußtsein zu verändern, läuft auf die Forderung hinaus, das Bestehende anders zu interpretiren, d. h. es vermittelst einer andren Interpretation anzuerkennen. Die junghegelschen Ideologen sind trotz ihrer angeblich „welterschütternden" Phrasen die größten Konservativen. Die jüngsten von ihnen haben den richtigen Ausdruck für ihre Thätigkeit gefunden wenn sie behaupten nur gegen *„Phrasen"* zu kämpfen. Sie vergessen nur, daß sie diesen Phrasen selbst nichts als Phrasen entgegensetzen, & daß sie die wirkliche bestehende Welt keineswegs bekämpfen wenn sie nur die Phrasen dieser Welt bekämpfen. Die einzigen Resultate, wozu diese philosophische Kritik es bringen konnte, || waren einige & noch dazu einseitige, religionsgeschichtliche Aufklärungen über das Christenthum; ihre sämmtlichen sonstigen Behauptungen sind nur weitere Ausschmückungen ihres Anspruchs, mit diesen unbedeutenden Aufklärungen welthistorische Entdeckungen geliefert zu haben.

Keinem von diesen Philosophen ist es eingefallen, nach dem Zusammenhange der deutschen Philosophie mit der deutschen Wirklichkeit, nach dem Zusammenhange ihrer Kritik mit ihrer eignen materiellen Umgebung zu fragen. |

Karl Marx · Friedrich Engels

I. Feuerbach

1. Die Ideologie überhaupt, speziell die deutsche Philosophie

| I. Feuerbach.

Wie deutsche Ideologen melden, hat Deutschland in den letzten Jahren eine Umwälzung ohne Gleichen durchgemacht. Der Verwesungsprozeß des Hegelschen Systems der mit Strauß begann, hat sich zu einer Weltgährung entwickelt, in welche alle „Mächte der Vergangenheit" hineingerissen sind. In dem allgemeinen Chaos haben sich gewaltige Reiche gebildet um alsbald wieder unterzugehn, sind Heroen momentan aufgetaucht, um von kühneren & mächtigeren Nebenbuhlern wieder in die Finsterniß zurückgeschleudert zu werden. Es war eine Revolution, wogegen die französische ein Kinderspiel ist, ein Weltkampf, vor dem die Kämpfe der Diadochen kleinlich erscheinen. Die Prinzipien verdrängten, die Gedankenhelden überstürzten einander mit unerhörter Hast, & in den wenigen Jahren 1842–1845 wurde in Deutschland mehr aufgeräumt als sonst in drei Jahrhunderten.

Alles dies soll sich im reinen Gedanken zugetragen haben. Es handelt sich allerdings um ein interessantes Ereigniß, um den Verfaulungsprozeß des absoluten Geistes. Die verschiedenen Bestandtheile dieses Caput mortuums traten nach Erlöschen des letzten Lebensfunkens in Dekomposition, gingen neue Verbindungen ein & bildeten neue || Substanzen. Die verschiedenen philosophischen Industriellen, die bisher von der Exploitation des absoluten Geistes gelebt hatten, warfen sich jetzt auf die neuen Verbindungen. Jeder betrieb den Verschleiß dẹṣ ihm zugefallenen Theiles mit möglichst grosser Geschäftigkeit u. obligater Erbitterung. Es konnte dieß nicht ohne Konkurrenz abgehen. Sie wurde anfangs ziemlich bürgerlich & solide geführt, später als dẹṛ deutsche Markt überführt war, u. trotz aller Mühe dịẹ Ware auf dẹṃ Weltmarkt keinen Anklang fand, wurde das Geschäft nach gewöhnlicher deutscher Manier durch fabrikmässige u. Scheinproduktion, Verschlechterung dẹṛ Qualität, Sophistikation dẹṣ Rohstoffs, Scheinkäufe, Wechselreiterei u. ein aller reellen Grundlage entbehrendes Creditsystem nach gewöhnlicher deutscher Manier unsolide gemacht. Die Concurrenz lief in einen Kampf aus, der uns jetzt als welthistorischer Umschwung, als Erzeuger der gewaltigsten Resultate & Errungenschaften geschildert & konstruirt wird.

Um diese philosophischen Renommistereien, deren Verkündigung selbst in der Brust des ehrsamen deutschen Bürgers ein wohlthätiges Nationalgefühl erweckt, um die Kleinlichkeit u. die lokale Bornirtheit dieser ganzen junghegelschen Bewegung anschaulich zu erkennen, ist es nöthig, sie einmal von einem Standpunkte anzusehen der außerhalb Deutschland liegt. /

| 1. Die Ideologie überhaupt, speciell die deutsche Philosophie.

A.

Die Voraussetzungen mit denen wir beginnen, sind keine willkührlichen, keine Dogmen, es sind wirkliche Voraussetzungen von denen man nur in der Einbildung abstrahiren kann. Es sind die wirklichen Individuen, ihre Aktion & ihre materiellen Lebensbedingungen, sowohl die vorgefundenen wie die durch ihre eigne Aktion erzeugten. Diese Voraussetzungen sind also || auf rein empirischem Wege konstatirbar.

Die erste Voraussetzung aller Menschengeschichte ist natürlich die Existenz lebendiger menschlicher Individuen. Der erste zu konstatirende Thatbestand ist also die körperliche Organisation dieser Individuen & ihr dadurch gegebenes Verhältniß zur übrigen Natur. Wir können hier natürlich weder auf die physische Beschaffenheit der Menschen selbst, noch auf die von den Menschen vorgefundenen Naturbedingungen, die geologischen, oro-hydrographischen, klimatischen & andern Verhältnisse eingehen. Alle Geschichtschreibung muß von diesen natürlichen Grundlagen & ihrer Modifikation im Lauf der Geschichte durch die Aktion der Menschen ausgehen.

Man kann die Menschen durch das Bewußtsein, durch die Religion, durch was man sonst will, von den Thieren unterscheiden. Sie selbst fangen an sich von den Thieren zu unterscheiden, sobald sie anfangen ihre Lebensmittel zu *produziren*, ein Schritt der durch ihre körperliche Organisation bedingt ist. Indem die Menschen ihre Lebensmittel produziren, produziren sie indirekt ihr materielles Leben selbst.

Die Weise, in der die Menschen ihre Lebensmittel produziren, hängt zunächst von der Beschaffenheit der vorgefundenen & zu reproducirenden Lebensmittel selbst ab. || Diese Weise der Produktion ist nicht bloß nach der Seite hin zu betrachten, daß sie die Reproduktion der physischen Existenz der Individuen ist. Sie ist vielmehr schon eine bestimmte Art der Thätigkeit dieser Individuen, eine bestimmte Art, ihr Leben zu äußern, eine bestimmte *Lebensweise* derselben. Wie die Individuen ihr Leben äußern, so sind sie.

Was sie sind, fällt also zusammen mit ihrer Produktion, sowohl damit, *was* sie produziren, als auch damit, *wie* sie produziren. Was die Individuen also sind, das hängt ab von den materiellen Bedingungen ihrer Produktion.

Diese Produktion tritt erst ein mit der *Vermehrung der Bevölkerung*. Sie setzt selbst wieder einen *Verkehr* der Individuen unter einander voraus. Die Form dieses Verkehrs ist wieder durch die Produktion bedingt. |

Karl Marx · Friedrich Engels
I. Feuerbach
Einleitung

| I. Feuerbach.

Wie deutsche Ideologen melden, hat Deutschland in den letzten Jahren eine Umwälzung ohne Gleichen durchgemacht. Der Verwesungsprozeß des Hegelschen Systems, der mit Strauß begann, hat sich zu einer Weltgährung entwickelt, in welche alle „Mächte der Vergangenheit" hineingerissen sind. In dem allgemeinen Chaos haben sich gewaltige Reiche gebildet, um alsbald wieder unterzugehen, sind Heroen momentan aufgetaucht, um von kühneren & mächtigeren Nebenbuhlern wieder in die Finsterniß zurückgeschleudert zu werden. Es war eine Revolution, wogegen die französische ein Kinderspiel ist, ein Weltkampf, vor dem die Kämpfe der Diadochen kleinlich erscheinen. Die Prinzipien verdrängten, die Gedankenhelden überstürzten einander mit unerhörter Hast, & in den drei Jahren 1842–45 wurde in Deutschland mehr aufgeräumt als sonst in drei Jahrhunderten.

Alles dies soll sich im reinen Gedanken zugetragen haben.

Es handelt sich allerdings um ein interessantes Ereigniß: um den Verfaulungsprozeß des absoluten Geistes. Nach Erlöschen des letzten Lebensfunkens traten die verschiedenen Bestandtheile dieses Caput mortuum in Dekomposition, gingen neue Verbindungen ein & bildeten neue Substanzen. Die philosophischen Industriellen, die bisher von der Exploitation des absoluten Geistes gelebt hatten, warfen sich jetzt auf die neuen Verbindungen. Jeder betrieb den Verschleiß des ihm zugefallene[n] || [A]ntheils mit möglichster Emsigkeit. Es konnte dies nicht abgehen ohne Konkurrenz. Sie wurde anfangs ziemlich bürgerlich & solide geführt. Später als der deutsche Markt überführt war & die Waare trotz aller Mühe auf dem Weltmarkt keinen Anklang fand, wurde das Geschäft nach gewöhnlicher deutscher Manier verdorben durch fabrikmäßige & Scheinproduktion, Verschlechterung der Qualität, Sophistikation des Rohstoffs, Verfälschung der Etiquetten, Scheinkäufe, Wechselreiterei & ein aller reellen Grundlage entbehrendes Creditsystem. Die Konkurrenz lief in einen erbitterten Kampf aus, der uns jetzt als welthistorischer Umschwung, als Erzeuger der gewaltigsten Resultate & Errungenschaften angepriesen & konstruirt wird.

Um diese philosophische Marktschreierei, die selbst in der Brust des ehrsamen deutschen Bürgers ein wohlthätiges Nationalgefühl erweckt, richtig zu würdigen, um die Kleinlichkeit, die lokale Bornirtheit dieser ganzen junghegelschen Bewegung, um namentlich den tragikomischen Kontrast zwischen den wirklichen Leistungen dieser Helden & den Illusionen über diese Leistungen anschaulich zu machen, ist es nöthig sich den ganzen Spektakel einmal von einem Standpunkte anzusehen, der außerhalb Deutschland liegt.

———— |

Karl Marx · Friedrich Engels
I. Feuerbach
Fragment 1

|3| Die Beziehungen verschiedener Nationen unter einander hängen davon ab, wie weit jede von ihnen ihre Produktivkräfte, die Theilung der Arbeit, & den innern Verkehr entwickelt hat. Dieser Satz ist allgemein anerkannt. Aber nicht nur die Beziehung einer Nation zu anderen, sondern auch die ganze innere Gliederung dieser Nation selbst hängt von der Entwicklungsstufe ihrer Produktion & ihres innern & äußern Verkehrs ab. Wie weit die Produktionskräfte einer Nation entwickelt sind, zeigt am augenscheinlichsten der Grad, bis zu dem die Theilung der Arbeit entwickelt ist. Jede neue Produktivkraft, sofern sie nicht eine bloß quantitative Ausdehnung der bisher schon bekannten Produktivkräfte ist (z. B. Urbarmachung von Ländereien), hat eine neue Ausbildung der Theilung der Arbeit zur Folge.

Die Theilung der Arbeit innerhalb einer Nation führt zunächst die Trennung der industriellen & commerziellen von der ackerbauenden Arbeit, & damit die Trennung von *Stadt* & *Land* & den Gegensatz der Interessen Beider herbei. Ihre weitere Entwicklung führt zur Trennung der kommerziellen Arbeit von der industriellen. Zu gleicher Zeit entwickeln sich durch die Theilung der Arbeit innerhalb dieser verschiednen Branchen wieder verschiedene Abtheilungen unter den zu bestimmten Arbeiten zusammenwirkenden Individuen. Die Stellung dieser einzelnen Abtheilungen gegen einander ist bedingt durch die Betriebsweise der ackerbauenden, industriellen & kommerziellen Arbeit (Patriarchalismus, Sklaverei, Stände, Klassen.) Dieselben Verhältnisse zeigen sich bei entwickelterem Verkehr in || den Beziehungen verschiedner Nationen zu einander.

Die verschiedenen Entwicklungsstufen der Theilung der Arbeit sind eben soviel verschiedene Formen des Eigenthums; d. h. die jedesmalige Stufe der Theilung der Arbeit bestimmt auch die Verhältnisse der Individuen zu einander in Beziehung auf das Material, Instrument, & Produkt der Arbeit.

Die erste Form des Eigenthums ist das Stammeigenthum. Es entspricht der unentwickelten Stufe der Produktion, auf der ein Volk von Jagd & Fischfang, von Viehzucht oder höchstens vom Ackerbau sich nährt. Es setzt in diesem letzteren Falle eine große Masse unbebauter Ländereien voraus. Die Theilung der Arbeit ist auf dieser Stufe noch sehr wenig entwickelt, & beschränkt sich auf eine weitere Ausdehnung der in der Familie gegebenen naturwüchsigen

Theilung der Arbeit. Die gesellschaftliche Gliederung beschränkt sich daher auf eine Ausdehnung der Familie: patriarchalische Stammhäupter, unter ihnen die Stammmitglieder, endlich Sklaven. Die in der Familie latente Sklaverei entwickelt sich erst allmählig mit der Vermehrung der Bevölkerung & der Bedürfnisse & mit der Ausdehnung des äußern Verkehrs, sowohl des Kriegs wie des Tauschhandels.

Die zweite Form ist das antike Gemeinde- & Staatseigenthum, das namentlich aus der Vereinigung mehrerer Stämme zu einer *Stadt* durch Vertrag oder Eroberung hervorgeht & bei dem die Sklaverei fortbestehen bleibt. Neben dem Gemeindeeigenthum entwickelt sich schon das mobile & später auch das immobile Privateigenthum, aber als eine abnorme, dem Gemeindeeigenthum untergeordnete Form. Die Staatsbürger besitzen nur in ihrer Gemein||schaft die Macht über ihre arbeitenden Sklaven, & sind schon deßhalb an die Form des Gemeindeeigenthums gebunden. Es ist das gemeinschaftliche Privateigenthum der aktiven Staatsbürger, die den Sklaven gegenüber gezwungen sind in dieser naturwüchsigen Weise der Association zu bleiben. Daher verfällt die ganze hierauf basirende Gliederung der Gesellschaft & mit ihr die Macht des Volks in demselben Grade, in dem namentlich das immobile Privateigenthum sich entwickelt. Die Theilung der Arbeit ist schon entwickelter. Wir finden schon den Gegensatz von Stadt & Land, später den Gegensatz zwischen Staaten die das städtische, & die das Land-Interesse repräsentiren, & innerhalb der Städte selbst den Gegensatz zwischen Industrie & Seehandel. Das Klassenverhältniß zwischen Bürgern & Sklaven ist vollständig ausgebildet. Mit der Entwicklung des Privateigenthums treten hier zuerst dieselben Verhältnisse ein, die wir beim modernen Privateigenthum, nur in ausgedehnterem Maßstabe, wiederfinden werden: Einerseits die Konzentration des Privateigenthums, die in Rom sehr früh anfing (Beweis das licinische Ackergesetz) seit den Bürgerkriegen & namentlich unter den Kaisern sehr rasch vor sich ging; andrerseits im Zusammenhange hiermit die Verwandlung der plebejischen kleinen Bauern in ein Proletariat, das aber bei seiner halben Stellung zwischen besitzenden Bürgern & Sklaven zu keiner selbstständigen Entwicklung kam.

Die dritte Form ist das feudale oder ständische Eigenthum. Wenn das Alterthum von der *Stadt* & ihrem kleinen Gebiet ausging, so ging das Mittelalter vom *Lande* aus. Die vorgefundene dünne, über eine große Bodenfläche zersplitterte Bevölkerung, die durch die Eroberer keinen großen Zuwachs erhielt, bedingte diesen veränderten Ausgangspunkt. Im Ge||gensatz zu Griechenland & Rom beginnt die feudale Entwicklung daher auf einem viel ausgedehnteren, durch die römischen Eroberungen & die Anfangs damit verknüpfte Ausbreitung der Agrikultur vorbereiteten Terrain. Die letzten Jahrhunderte des verfallenden römischen Reichs & die Eroberung durch die Barbaren selbst zerstörten eine Masse von Produktivkräften; der Ackerbau war gesunken, die Industrie aus Mangel an Absatz verfallen, der Handel eingeschlafen oder gewaltsam unterbrochen, die ländliche & städtische Bevölkerung hatte abgenommen. Diese vorgefundenen Verhältnisse & die dadurch bedingte Weise der Organisation der Eroberung entwickelten unter dem Einflusse der germanischen Heerverfassung das feudale Eigenthum. Es beruht, wie das Stamm- & Gemeinde-Eigenthum, wieder auf einem Gemeinwesen, dem aber nicht wie dem antiken, die Sklaven, sondern die leibeignen kleinen Bauern als unmittelbar produzirende Klasse gegenüber stehen. Zugleich mit der vollständigen Ausbildung des Feudalismus tritt noch der Gegensatz gegen die Städte hinzu. Die hierarchische Gliederung des Grundbesitzes & die damit zusammenhangenden bewaffneten Gefolgschaften gaben dem Adel die Macht über die Leibeignen. Diese feudale Gliederung war ebensogut wie das antike Gemeindeeigenthum eine Association gegenüber der beherrschten produzirenden Klasse; nur war die Form der Association & das Verhältniß zu den unmittelbaren Produzenten verschieden, weil verschiedene Produktionsbedingungen vorlagen.

Dieser feudalen Gliederung des Grundbesitzes entsprach in den *Städten* das korporative Eigenthum, die feudale Organisation des Handwerks. Das Eigenthum bestand || hier hauptsächlich in der Arbeit jedes Einzelnen. Die Nothwendigkeit der Association gegen den associirten Raubadel, das Bedürfniß gemeinsamer Markthallen in einer Zeit, wo der Industrielle zugleich Kaufmann war, die wachsende Konkurrenz der den aufblühenden Städten zuströmenden entlaufnen Leibeignen, die feudale Gliederung des ganzen Landes führten die *Zünfte* herbei; die allmählig ersparten kleinen Kapitalien einzelner Handwerker, & ihre stabile Zahl bei der wachsenden Bevölkerung entwickelten das Gesellen- & Lehrlingsverhältniß, das in den Städten eine ähnliche Hierarchie zu Stande brachte wie die auf dem Lande.

Das Haupteigenthum bestand während der Feudalepoche also in Grundeigenthum mit daran geketteter Leibeignenarbeit einerseits, & eigner Arbeit mit kleinem, die Arbeit von Gesellen beherrschendem Kapital andrerseits. Die Gliederung von Beiden war durch die bornirten Produktionsverhältnisse – die geringe & rohe Bodenkultur & die handwerksmäßige Industrie – bedingt. Theilung der Arbeit fand in der Blüthe des Feudalismus wenig Statt. Jedes Land hatte den Gegensatz von Stadt & Land in sich; die Ständegliederung war allerdings sehr scharf ausgeprägt, aber außer der Scheidung von Fürsten, Adel, Geistlichkeit & Bauern auf dem Lande, & Meistern, Gesellen, Lehrlingen & bald auch Taglöhnerpöbel in den Städten fand keine bedeutende Theilung statt. Im Ackerbau war sie durch die parzellirte Bebauung erschwert, neben der die Hausindustrie der Bauern selbst aufkam, in der Industrie war die Arbeit in den einzelnen Handwerken selbst gar nicht, unter ihnen sehr wenig getheilt. Die Theilung von Industrie & Handel wurde in älteren Städten vorgefunden, entwickelte sich in den neueren erst später, als die Städte unter sich in Beziehung || traten.

Die Zusammenfassung größerer Länder zu feudalen Königreichen war für den Grundadel wie für die Städte ein Bedürfniß. Die Organisation der herrschenden Klasse, des Adels, hatte daher überall einen Monarchen an der Spitze.|

Karl Marx · Friedrich Engels
I. Feuerbach
Fragment 2

|5| Die Thatsache ist also die: bestimmte Individuen die auf bestimmte Weise produktiv thätig sind gehen diese bestimmten gesellschaftlichen & politischen Verhältnisse ein. Die empirische Beobachtung muß in jedem einzelnen Fall den Zusammenhang der gesellschaftlichen & politischen Gliederung mit der Produktion empirisch & ohne alle Mystifikation & Spekulation aufweisen. Die gesellschaftliche Gliederung & der Staat gehen beständig aus dem Lebensprozeß bestimmter Individuen hervor; aber dieser Individuen nicht wie sie in der eignen oder fremden Vorstellung erscheinen mögen, sondern wie sie *wirklich* sind, d. h. wie sie wirken, materiell produziren, also wie sie unter bestimmten materiellen & von ihrer Willkühr unabhängigen Schranken, Voraussetzungen & Bedingungen thätig sind. /

/ Die Produktion der Ideen, Vorstellungen, des Bewußtseins ist zunächst unmittelbar verflochten in die materielle Thätigkeit & den materiellen Verkehr der Menschen, Sprache des wirklichen Lebens. Das Vorstellen, Denken, der geistige Verkehr der Menschen erscheinen hier noch als direkter Ausfluß ihres materiellen Verhaltens. Von der geistigen Produktion, wie sie in der Sprache der Politik, der Gesetze, der Moral, der Religion, Metaphysik usw. eines Volkes sich darstellt, gilt dasselbe. Die Menschen sind die Producenten ihrer Vorstellungen, Ideen pp aber die wirklichen, wirkenden Menschen, wie sie bedingt sind durch eine bestimmte Entwicklung ihrer Produktivkräfte & des denselben entsprechenden Verkehrs bis zu seinen weitesten Formationen hinauf. Das Bewußtsein kann nie etwas Andres sein als das bewußte Sein, & das Sein der Menschen ist ihr wirklicher Lebensprozeß. Wenn in der ganzen Ideologie die Menschen u. ihre Verhältnisse, wie in einer Camera obscura, auf den Kopf gestellt erscheinen, so geht dies Phänomen ebensosehr aus ihrem historischen Lebensprozeß hervor, wie die Umdrehung der Gegenstände auf der Netzhaut aus ihrem unmittelbar physischen. |

| Ganz im Gegensatz zur deutschen Philosophie, welche vom Himmel auf die Erde herabsteigt, wird hier von der Erde zum Himmel gestiegen. D. h. es wird nicht ausgegangen von dem was die Menschen sagen, sich einbilden, sich vorstellen, auch nicht von den gesagten, gedachten, eingebildeten, vorgestellten Menschen, um davon aus bei den leibhaftigen Menschen anzukommen; es wird von den wirklich thätigen Menschen ausgegangen & aus ihrem

wirklichen Lebensprozeß auch die Entwicklung der ideologischen Reflexe & Echos dieses Lebensprozesses dargestellt. Auch die Nebelbildungen im Gehirn der Menschen sind nothwendige Sublimate ihres materiellen, empirisch konstatirbaren, & an materielle Voraussetzungen geknüpften Lebensprozesses. Die Moral, Religion, Metaphysik & sonstige Ideologie & die ihnen entsprechenden Bewußtseinsformen behalten hiermit nicht länger den Schein der Selbstständigkeit. Sie haben keine Geschichte, sie haben keine Entwicklung, sondern die ihre materielle Produktion & ihren materiellen Verkehr entwickelnden Menschen ändern mit dieser ihrer Wirklichkeit auch ihr Denken & die Produkte ihres Denkens. Nicht das Bewußtsein bestimmt das Leben, sondern das Leben bestimmt das Bewußtsein. In der ersten Betrachtungsweise geht man von dem Bewußtsein als dem lebendigen Individuum aus in der zweiten, dem wirklichen Leben entsprechenden, von den wirklichen lebendigen Individuen selbst & betrachtet das Bewußtsein nur als *ihr* Bewußtsein.

Diese Betrachtungsweise ist nicht voraussetzungslos. Sie geht von den wirklichen Voraussetzungen aus, sie verläßt sie keinen Augenblick. Ihre Voraussetzungen sind die Menschen nicht in irgend einer phantastischen Abgeschlossenheit & Fixirung, sondern in ihrem wirklichen || empirisch anschaulichen Entwicklungsprozeß unter bestimmten Bedingungen. Sobald dieser thätige Lebensprozeß dargestellt wird, hört die Geschichte auf, eine Sammlung todter Fakta zu sein, wie bei den selbst noch abstrakten Empirikern, oder eine eingebildete Aktion eingebildeter Subjekte, wie bei den Idealisten.

Da wo die Spekulation aufhört, beim wirklichen Leben, beginnt also die wirkliche, positive Wissenschaft, die Darstellung der praktischen Bethätigung, des praktischen Entwicklungsprozesses der Menschen. Die Phrasen vom Bewußtsein hören auf, wirkliches Wissen muß an ihre Stelle treten. Die selbstständige Philosophie verliert mit der Darstellung der Wirklichkeit ihr Existenzmedium. An ihre Stelle kann höchstens eine Zusammenfassung der allgemeinsten Resultate treten, die sich aus der Betrachtung der historischen Entwicklung der Menschen abstrahiren lassen. Diese Abstraktionen haben für sich, getrennt von der wirklichen Geschichte, durchaus keinen Werth. Sie können nur dazu dienen, die Ordnung des geschichtlichen Materials zu erleichtern, die Reihenfolge seiner einzelnen Schichten anzudeuten. Sie geben aber keineswegs, wie die Philosophie, ein Recept oder Schema, wonach die geschichtlichen Epochen zurechtgestutzt werden können. Die Schwierigkeit beginnt im Gegentheil erst da, wo man sich an die Betrachtung & Ordnung des Materials, sei es einer vergangnen Epoche oder der Gegenwart, an die wirkliche Darstellung gibt. Die Beseitigung dieser Schwierigkeiten ist durch Voraussetzungen bedingt, die keineswegs hier gegeben werden können, sondern die erst aus dem Studium des wirklichen Lebensprozesses & der Aktion der Individuen jeder Epoche sich ergeben. Wir nehmen hier einige dieser Abstraktionen heraus, die wir gegenüber der Ideologie gebrauchen & werden sie an historischen Beispielen erläutern. |

Karl Marx · Friedrich Engels
I. Feuerbach
1. Die Ideologie überhaupt, speziell die deutsche Philosophie
Wahrscheinlich Juni 1846
(S. 106 – 108)

ENTSTEHUNG UND ÜBERLIEFERUNG

Dieses Manuskript ist ein Entwurf, mit dem der Abschnitt „I. Feuerbach“ beginnen sollte (siehe S. 300). Er besteht aus zwei Teilen, einer nicht betitelten Einleitung und dem Abschnitt *1. Die Ideologie überhaupt, speciell die deutsche Philosophie.*

Die Einleitung ist eine knappe, ironische und zugespitzte Charakterisierung der Entwicklung der nachhegelschen Philosophie von 1842 bis 1845 als „Verwesungsprozeß des Hegelschen Systems“ (S. 106) bzw. „Verfaulungsprozeß des absoluten Geistes“ (S. 106), ohne namentliche Nennung von Repräsentanten. Der letzte Absatz, der eine geplante Kritik „der einzelnen Repräsentanten dieser Bewegung“, „der nachfolgenden Einzelkritiken“ sowie der Einbeziehung und Sonderstellung von Feuerbach ankündigt, wurde bereits von Engels' Hand bei der Niederschrift bzw. Überarbeitung stark reduziert und dann von Marx vollständig gestrichen (siehe Variante 107.5). Die in dem Untertitel formulierte und in den getilgten Abschnitten definierte Unterscheidung zwischen Ideologie überhaupt und deutscher Philosophie als Teil dieser Ideologie könnte auch bedingt sein durch die Benutzung des Begriffs „deutsche Ideologie“ im zweiten Band, der Auseinandersetzung mit dem „wahren Sozialismus“.

In dem zweiten Abschnitt wird nicht der im Untertitel und in den getilgten Passagen angekündigte Gegenstand behandelt, sondern die Voraussetzungen, mit denen Marx und Engels beginnen wollten, „die wirklichen Individuen, ihre Aktion & ihre materiellen Lebensbedingungen, sowohl die vorgefundenen wie die durch ihre eigne Aktion erzeugten“ (S. 107). Die folgende Ausführung erfüllt den Anspruch nicht.

Zur Entstehungszeit siehe S. 300. Mit hoher Wahrscheinlichkeit kann angenommen werden, daß Marx und Engels sich im Text auf einen Artikel aus der „Trier'schen Zeitung“ vom 28. März beziehen (siehe Erl. 106.6).

Zeugenbeschreibung

H² Originalhandschrift. – IISG, Marx-Engels-Nachlaß, Sign. A 11/A 7(–1).

Das Manuskript besteht aus zwei Foliobogen, Format 396 mm (= Breite des Bogens) x 316 mm (= Höhe des Bogens). Der erste Bogen ist an den Rändern und

Falzen beschädigt; die Textverluste sind geringfügig (Ober- und Unterlängen von Buchstaben) und konnten rekonstruiert werden. Der erste Bogen hängt nur noch lose zusammen; der zweite Bogen ist gut erhalten geblieben.

Die erste Seite vom zweiten Bogen ist von Engels' Hand beschrieben, und zwar die obere Hälfte der linken Spalte. Die rechte Spalte sowie die zweite bis vierte Seite sind unbeschrieben. In der rechten Spalte der ersten Seite steht die Fotosignatur 2387, in der rechten Spalte der vierten Seite mit Bleistift „Nicht einfügbar" von fremder Hand. Dieser Bogen gehörte bei der Bestandsaufnahme 1923 nicht zu „L. Feuerbach" (siehe Überlieferungsgeschichte. In: MEGA-Studien 1997/2. S. 36/37 und 44). David Rjazanov entdeckte 1923 diesen Bogen im Engels-Nachlaß bei Bernstein und ordnete ihn dem vorliegenden Manuskript zu. Die Zuordnung ist bewiesen durch die Beschaffenheit des Papiers, die Art und Weise der Beschriftung, das benutzte Schreibmaterial und durch den Zusammenhang des Textes.

Das Manuskript ist als Entwurf verfaßt und weist drei selbständige Textschichten auf. Ob dem Entwurf eine weitere Fassung vorausging, kann nicht belegt werden. Die Grundschicht, von Engels' Hand niedergeschrieben, enthält Textänderungen, die während der unmittelbaren Niederschrift ausgeführt worden sind und als Abbrechungen gekennzeichnet werden. Zu diesen Abbrechungen gehört auch die Passage „Wir stellen diese Bemerkungen gerade *Feuerbach* gegenüber, weil er der Einzige ist, der wenigstens einen Fortschritt gemacht hat & auf dessen Sachen man de bonne foi eingehen kann" (siehe Variante 107.5).

Die zweite Schicht sind Änderungen von Engels' Hand, die eine Überarbeitung widerspiegeln, wahrscheinlich in zeitlicher Nähe zur unmittelbaren Niederschrift.

Die dritte Schicht ist eine Überarbeitung durch Marx, zu der alle mit ^{m} gekennzeichneten Textänderungen gehören. Überarbeitet wurde nur die Einleitung.

Zur vierten Schicht siehe den Textzeugen *I. Feuerbach. Einleitung*. Nach der Niederschrift dieses Textzeugen wurde der erste Teil des vorliegenden Entwurfs mit Erledigungsvermerk gestrichen. Der Strich erfaßt *Feuerbach*, aber nicht I.

Hinweise zur Edition

Der Edierte Text folgt **H²**. Die Abweichungen zwischen **H²** und *I. Feuerbach. Einleitung* werden im Variantenverzeichnis zu diesem Textzeugen ausgewiesen.

VARIANTENVERZEICHNIS

106.1 I. Feuerbach.] **H²** I. ⌠ Feuerbach.

106.3–4 Wie unsre deutschen Ideologen versichern ⟨ist in den letzten Jahren eine Umwälzung⟩⁄ hat Deutschland in den letzten Jahren eine Umwälzung durchgemacht, die in der Geschichte unerhört ist. > ^{m}Wie deutsche Ideologen melden hat Deutschland in den letzten Jahren eine Umwälzung durchgemacht, wie sie in der Geschichte unerhört ist.[m] > [m]Wie deutsche Ideologen melden, hat Deutschland in den letzten Jahren eine Umwälzung ohne Gleichen durchgemacht.[m]

106.4–5 der Hegelschen Schule > des Hegelschen Systems

106.5 Gährung > Weltgährung

106.6 sind. ⟨Aus⟩⁄

106.7 |: gewaltige :|

106.7–8 & sind wieder untergegangen > um alsbald wieder unterzugehn

106.8 Heroen sind > sind Heroen

106.10 gegen die > [m]wogegen[m]

106.10–11 Kinderspiel > Kinderspiel war > Kinderspiel ist

106.11 Nachfolger Alexanders > Diadochen

106.11 erscheinen. ⟨Ein Prinzip verdrängte das andre, ein Gedankenheld⟩⁄

106.14 als ⟨in den letzten⟩⁄

106.15–17 Die profane Außenwelt erfuhr davon natürlich Nichts, denn die ganze welterschütternde Begebenheit belief sich im Grunde nur auf den Verwesungsprozeß des absoluten Geistes. > [m]Die ganze welterschütternde Begebenheit belief sich im Grunde nur auf den Verfaulungsprozeß des absoluten Geistes⟨. Dęr Hochzeits u. Leichenbitter durfte nicht fehlen.⟩ ⟨, der ⟨sich seit d.⟩⁄ als Residuum dęr grossen Befreiungskriege⟩⁄[m] > [m]Es handelt sich allerdings um ein interessantes Ereigniß, um den Verfaulungsprozeß des absoluten Geistes.[m]

Das Zuordnungszeichen xx von Marx' Hand nach Geistes. und vor der Einfügung [m]⟨Dęr Hochzeits bis fehlen.⟩[m] wurde nicht getilgt.

Es handelt sich allerdings um ein interessantes Ereigniß, um von Marx' Hand steht ohne Zuordnungszeichen in der rechten Spalte neben den Zeilen ⟨Die ganze welterschütternde Begebenheit belief sich im Grunde⟩

Siehe S. 109.15.

106.21 Verbindungen & Jeder > Verbindungen. Jeder

106.21–23 suchte natürlich **1** aus / **2** ᵐmitᵐ dem ihm zugefallenen Theil das Möglichste zu machen. ⟨Daraus entwickelte sich Konkurrenz.⟩, > ᵐbetrieb den Verschleiß des ihm zugefallenen Theiles mit |: möglichst :| grosser Geschäftigkeit, ⟨u.⟩ ⟨allen den andern auf Gewi⟩, ⟨ohne die Annoncen⟩, u. obligater Erbitterung.ᵐ

u. obligater Erbitterung von Marx' Hand steht ohne Zuordnungszeichen in der rechten oberen Ecke der rechten Spalte. Der Text wurde nicht in die Reinschrift übernommen. Die Wiedergabe erfolgt in der darunter stehenden Einfügung als Anfügung.

106.23–30 Dies konnte nicht ohne Konkurrenz abgehen, die anfangs ziemlich bürgerlich & solide, später mit Erbitterung geführt wurde & in einen Kampf auslief, > ᵐEs konnte dieß nicht ohne Konkurrenz abgehen. Sie wurde anfangs ziemlich bürgerlich & solide geführt, später als der |: deutsche :| Markt überführt war, u. trotz aller Mühe ⟨auf dem Weltmarkt⟩, die Ware auf dem Weltmarkt keinen Anklang fand, ⟨nahm⟩, ⟨wurde der Kampf mit allen Waffen der Scheinproduktion u. mit Erbi⟩, wurde das Geschäft |: nach gewöhnlicher deutscher Manier ⟨unsol⟩, :| durch ⟨Scheinprodu⟩, fabrikmässige u. Scheinproduktion, Verschlechterung der Qualität, **1** Sophisticirung / **2** Sophistikation des Rohstoffs, Scheinkäufe, Wechselreiterei u. ein aller **1** realen / **2** reellen Grundlage entbehrendes Creditsystem nach gewöhnlicher deutscher Manier unsolide gemacht. Die Concurrenz lief in einen Kampf aus,ᵐ

Nach aus, steht von Marx' Hand das Zuordnungszeichen ++, wozu keine Ein- oder Anfügung vorhanden ist.

107.1 die > diese

107.1 Renommistereien, ⟨die⟩,

107.1 deren ⟨laute⟩ Verkündigung

107.2 Bürgers ⟨einen wohlthätigen⟩,

107.3–4 richtig zu würdigen, um die Kleinlichkeit, |: die lokale :| Bornirtheit & Unbedeutendheit dieser ganzen junghegelschen Bewegung > ᵐum ⟨jeden Zweifel⟩, die **1** Kleinlichkeit, – die lokale u. / **2** " u. " " –

1 nationale Bornirtheit ⟨d. winzige Wirklich⟩/ dieser ganzen junghe-
2 ———

gelschen Bewegung anschaulich[m]

Siehe Korrekturenverzeichnis.

107.5 liegt. [m]⟨Wir schicken daher der speciellen Kritik der einzelnen Repräsentanten dieser Bewegung einige allgemeine Bemerkungen über die deutsche Philosophie & die gesammte Ideologie voraus. ⟨Diese Bemerkungen werden hinreichen um den Standpunkt unsrer Kritik so weit zu bezeichnen, als es zum Verständniß & zur Begründung der nachfolgenden Einzelkritiken nöthig ist.⟩ ⟨Wir stellen diese Bemer||kungen gerade *Feuerbach* gegenüber, weil er der Einzige ist, der wenigstens einen Fortschritt gemacht hat & auf dessen Sachen man de bonne foi eingehen kann⟩/ > Wir schicken daher der speciellen Kritik der einzelnen Repräsentanten dieser Bewegung einige allgemeine Bemerkungen voraus, welche die ihnen allen gemeinsamen ideologischen Voraussetzungen näher beleuchten werden.⟩[m]

Die Tilgung dieses Abschnitts erfolgte in drei erkennbaren Schichten:
⟨Wir stellen bis eingehen kann⟩/
⟨Diese Bemerkungen bis nöthig ist.⟩
⟨Wir schicken bis beleuchtet werden.⟩

107.7 A > *1*

107.9–10 A.
⟨Wir kennen nur eine einzige Wissenschaft, die Wissenschaft der Geschichte. Die Geschichte kann von zwei Seiten aus betrachtet ⟨werden, als Geschichte⟩/, in die Geschichte der Natur & die Geschichte der Menschen abgetheilt werden. Beide Seiten sind indeß ⟨von der Zeit⟩ nicht zu trennen; solange Menschen existiren, bedingen sich Geschichte der Natur & Geschichte der Menschen gegenseitig. Die Geschichte der Natur, die sogenannte Naturwissenschaft, geht uns hier nicht an; auf die Geschichte der Menschen werden wir indeß einzugehen haben, da |: fast :| die ganze Ideologie sich entweder auf eine verdrehte Auffassung dieser Geschichte oder auf eine gänzliche Abstraktion |: von ihr :| reduzirt. Die Ideologie

1 ist selbst
2 selbst ist
nur eine der Seiten dieser Geschichte.⟩

Die Voraussetzungen

107.13 |: materiellen :|

107.17 Individuen. ⟨Der erste *geschichtliche* Akt dieser Individuen, wodurch sie sich von den Thieren unterscheiden, ist nicht daß sie denken, sondern daß sie anfangen *ihre Lebensmittel zu produziren.*⟩ Der

107.19 Natur. ⟨Auf⟩/

107.19–20 Standpunkte anzusehen der außerhalb Deutschland liegt. ''l nicht näher > weder auf die physische Beschaffenheit der Menschen selbst, noch

107.22 Verhältnisse ⟨|:sowie die eigne anatomische Beschaffenheit der:|⟩/

107.22 eingehen. ⟨Diese Verhältnisse bedingen aber nicht nur die ursprüngliche, naturwüchsige Organisation der Menschen, namentlich die Racenunterschiede sondern auch ihre ganze weitere Entwicklung oder Nicht-Entwicklung bis auf ⟨die heutigen⟩/ den heutigen Tag.⟩ Alle

107.23 Grundlagen ⟨der ganzen Geschichte ausgehen, die in⟩/

107.28 der ⟨eben⟩ durch

107.29 Lebensmittel ⟨zu produziren⟩/

107.32 |:vorgefundenen & zu reproducirenden:|

107.34 Reproduktion ⟨des physischen⟩/

107.35 Individuen ⟨ist; sie⟩/

107.37 Individuen ⟨sich äußern⟩/

108.1 zeigt sich also in ihrer Produktionsweise, sowohl in dem, *was* sie produziren, wie ⟨in dem⟩/ damit > fällt also zusammen mit ihrer Produktion, sowohl ⟨darin⟩/ damit, *was* sie produziren, als auch damit

108.6 ist ⟨durch⟩/

KORREKTURENVERZEICHNIS

106.17 Geistes.] **H^{2}(E)** Geistes,
Siehe Variantenverzeichnis.

107.2–4 wohlthätiges bis ist es nö–]
Textanordnung in **H²(E)**:
Z. 24: ⟨nen⟩ wohlthätige⟨n⟩s Nationalgefühl
Z. 25: m⟨erweckt,⟩m m⟨richtig zu würdigen,⟩m
ZwZ.: m⟨m⟨d⟩jeden Zweifelm⟩m mu.m die lokale m⟨mu. nationalem⟩m
Z. 26: um die Kleinlichkeit, Bornirt-
md. winzige Wirklichm
Z. 27: heit m⟨& Unbedeutendheit⟩m dieser
Z. 28: ganzen junghegelschen Bewegung
ZwZ.: manschaulich zum
Z. 29: ⟨richti⟩ zu erkennen, ist es nö
Nach Kleinlichkeit, zuerst von Engels' Hand die lokale eingefügt, dann von Marx' Hand u. nationale angefügt, zuletzt von Marx' Hand u. nationale getilgt und vor dem Komma u. eingefügt.

107.3 erweckt] **H²(E)** ⟨erweckt⟩
Siehe oben Textanordnung Z. 25.

107.3 Bornirtheit] **H²(E)** Bornirt d. winzige Wirklich
Auch mögliche Entzifferung: wirklich

107.4 anschaulich zu erkennen] **H²(E)** anschaulich zu zu erkennen
Siehe oben Textanordnung Z. 29 und ZwZ.

ERLÄUTERUNGEN

106.4–5 Siehe Karl Marx: Ökonomisch-philosophische Manuskripte. Vorrede. (MEGA② I/2. S. 317.37.) und Variante 106.15–17.

106.6 [Theodor Opitz:] T O Aus Ober-Schlesien, im März. – (Deutsche Geschichtschreibung). In: Trier'sche Zeitung. Nr. 87, 28. März 1846. S. 2. Siehe S. 142.41–143.1 und Erl. 142.41–143.1.

106.16–17 Siehe Erl. 106.4–5.

106.17 Caput mortuums] Zeitgenössischer Ausdruck für einen nicht mehr nutzbaren Rückstand aus chemischen Prozessen.

Karl Marx · Friedrich Engels
I. Feuerbach. Einleitung
Wahrscheinlich Juni oder erste Hälfte Juli 1846
(S. 109 – 110)

ENTSTEHUNG UND ÜBERLIEFERUNG

Das Manuskript ist eine als Druckvorlage niedergeschriebene Reinschrift des ersten Teils von *I. Feuerbach. 1. Die Ideologie überhaupt, speziell die deutsche Philosophie* (siehe 106.1–32 und 107.1–5), der dort mit Erledigungsvermerk gestrichen worden ist. Zur Entstehungszeit siehe S. 300. Die unterschiedliche Papierbeschaffenheit zwischen Entwurf und Reinschrift läßt vermuten, daß die Niederschrift beider Texte mit zeitlichem Abstand erfolgte.

Zeugenbeschreibung

H³ Originalhandschrift. – IISG, Marx-Engels-Nachlaß, Sign. A 11/A 7(–1).

Das Manuskript besteht aus einem Folioblatt, Format 199 mm (= Breite des Blattes) x 319 mm (= Höhe des Blattes), mit Rißkante, die belegt, daß es sich um das erste Blatt eines Foliobogens handelt. Die rechte Ecke oben ist abgerissen, der entstandene Textverlust konnte rekonstruiert werden; die rechte Ecke unten ist abgerissen, aber kein Textverlust entstanden. Das Blatt ist längs sowie in der Mitte quer gefaltet. Die linke Spalte der zweiten Seite ist nicht vollständig beschrieben, in der rechten Spalte steht eine Einfügung. Die Grundschicht von Engels' Hand mit zwei Textänderungen, Änderungen von Marx' Hand sind nicht vorhanden. Auf der ersten Seite steht die Sign. *A VII* mit Bleistift, Unterstreichung mit blauem Farbstift.

Format und Beschaffenheit des Papiers sind mit dem für die folgenden Textzeugen benutztem identisch: *I. Feuerbach. Fragment 1, I. Feuerbach. Fragment 2, Das Leipziger Konzil, II. Sankt Bruno, III. Sankt Max* (die von Weydemeyer abgeschriebenen Texte, das sind Bogen 1 bis 4, 15a, 20 bis 23 sowie 27 und 28), *Der wahre Sozialismus* und *I. Die „rheinischen Jahrbücher", oder die Philosophie des wahren Sozialismus.*

Hinweise zur Edition

Der Edierte Text folgt **H³**. Die Abweichungen zwischen Entwurf mit Erledigungsvermerk (**H²(E)**) und Reinschrift werden im Variantenverzeichnis mitgeteilt.

VARIANTENVERZEICHNIS

109.1 *I. Feuerbach.*] **H^2(E)** I. ⌐ Feuerbach.

109.4 Systems,] **H^2(E)** Systems

109.6 gebildet,] **H^2(E)** gebildet

109.7 unterzugehen] **H^2(E)** unterzugehn

109.12 drei] **H^2(E)** wenigen

109.12 1842–45] **H^2(E)** 1842–1845

109.14–15 haben. ⌐ Es] **H^2(E)** haben. Es

109.15 Ereigniß:] **H^2(E)** Ereigniß,

109.16–17 Nach Erlöschen des letzten Lebensfunkens traten die verschiedenen Bestandtheile dieses Caput mortuum] **H^2(E)** Die verschiedenen Bestandtheile dieses Caput mortuums traten nach Erlöschen des letzten Lebensfunkens

109.18–19 Die philosophischen] **H^2(E)** Die verschiedenen philosophischen

109.21 des] **H^2(E)** dẹṣ

109.21 Theils > [A]ntheils] **H^2(E)** Theiles

109.21–22 möglichster Emsigkeit] **H^2(E)** möglichst grosser Geschäftigkeit u. obligater Erbitterung

109.22 dies] **H^2(E)** dieß

109.22 abgehen ohne Konkurrenz] **H^2(E)** ohne Konkurrenz abgehen

109.23 geführt. Später] **H^2(E)** geführt, später

109.23 der] **H^2(E)** dẹṛ

109.24 war & die Waare trotz aller Mühe] **H^2(E)** war, u. trotz aller Mühe dịẹ Ware

109.24 dem] **H^2(E)** dẹṃ

109.25–28 verdorben durch fabrikmäßige & Scheinproduktion, Verschlechterung der Qualität, Sophistikation des Rohstoffs, Verfälschung der Etiquetten, Scheinkäufe, Wechselreiterei & ein aller reellen Grundlage entbehrendes Creditsystem] **H^{2}(E)** durch fabrikmässige u. Scheinproduktion, Verschlechterung dẹṛ Qualität, Sophistikation dẹṣ Rohstoffs, Scheinkäufe, Wechselreiterei u. ein aller reellen Grundlage entbehrendes Creditsystem nach gewöhnlicher deutscher Manier unsolide gemacht

109.29 Konkurrenz] **H^{2}(E)** Concurrenz

109.29 |:erbitterten:|

109.31 angepriesen] **H^{2}(E)** geschildert

109.32 Um ⟨diesen philosophischen⟩

109.32 philosophische Marktschreierei, die] **H^{2}(E)** philosophischen Renommistereien, deren Verkündigung

109.33–110.1 erweckt, richtig zu würdigen, um] **H^{2}(E)** erweckt, um

110.1 Kleinlichkeit ⟨& die lokale Bornirtheit⟩

110.1 Kleinlichkeit, die] **H^{2}(E)** Kleinlichkeit u. die

110.1–2 & > dieser ganzen junghegelschen Bewegung, um namentlich

110.2–4 Bewegung, um namentlich den tragikomischen Kontrast zwischen den wirklichen Leistungen dieser Helden & den Illusionen über diese Leistungen anschaulich] **H^{2}(E)** Bewegung anschaulich

110.4 machen] **H^{2}(E)** erkennen

110.4 nöthig] **H^{2}(E)** nöthig,

110.4 sich den ganzen Spektakel] **H^{2}(E)** sie

110.5 anzusehen,] **H^{2}(E)** anzusehen

KORREKTURENVERZEICHNIS

109.21 zugefallene[n]]

Textverlust durch Beschädigung des Papiers. Von n zweiter Abstrich vorhanden.

109.21 [A]ntheils]

Textverlust durch Beschädigung des Papiers. Von A unteres Drittel vorhanden.

ERLÄUTERUNGEN

109.3–4	Siehe S. 106.4–5 und 106.16–17 und Erl.
109.5	Siehe Erl. 106.6.
109.15–16	Siehe Erl. 109.3–4.
109.17	Caput mortuum] Siehe Erl. 106.17.

Karl Marx · Friedrich Engels
I. Feuerbach
Fragment 1
Wahrscheinlich Juni oder erste Hälfte Juli 1846
(S. 111 – 114)

ENTSTEHUNG UND ÜBERLIEFERUNG

Das Fragment ist eine Ausarbeitung über Arbeitsteilung, ihre Geschichte und ihren Zusammenhang zu den Eigentumsformen, unter dem Aspekt der Beziehungen verschiedener Nationen und der inneren Gliederung der Nationen. Die Niederschrift bricht mit der Feudalepoche ab. In der Darstellung, die zwar sehr allgemein gehalten ist, widerspiegelt sich die in den Brüsseler Heften und Manchester-Heften festgehaltenen Einsichten aus der französischen, englischen und italienischen Literatur zur politischen Ökonomie. Die Aussagen stehen im engen Zusammenhang zu *Feuerbach und Geschichte.*, Entwurf, S. 40 bis 72, und sind aus der Polemik mit Stirners Auffassung über die bürgerliche Gesellschaft entstanden.

Das Fragment ist wahrscheinlich nach Beendigung der Arbeit am zweiten Band entstanden, d. h. im Juni oder erste Hälfte Juli 1846. Es ist eine Reinschrift mit Textänderungen von Engels' Hand.

Zeugenbeschreibung

H[3] Originalhandschrift. – IISG, Marx-Engels-Nachlaß, Sign. A 11/A 7(–1)

Das Manuskript besteht aus zwei Foliobogen, Format 398 mm (= Breite des Bogens) x 319 mm (= Höhe des Bogens). Die Bogen sind leicht beschädigt; Textverlust gibt es nicht. Die linke Spalte ist von Engels' Hand beschrieben, in der rechten Spalte befinden sich An- und Einfügungen. Die linke Spalte der zweiten Seite des zweiten Bogens ist nur mit acht Zeilen beschrieben, die rechte Spalte dieser Seite sowie die dritte und vierte Seite des Bogens sind leer.

Die Änderungen von Engels' Hand sind mehrheitlich während der unmittelbaren Niederschrift entstanden, Änderungen von Marx' Hand liegen nicht vor. Der erste Bogen ist mit 3) numeriert (siehe Hinweise zur Edition zu *I. Feuerbach. A. Die Ideologie überhaupt, namentlich die deutsche*, S. 301).

Hinweise zur Edition

Der Edierte Text folgt **H**[3]. Da die Numerierung des ersten Bogens mit 3) von Engels' Hand nicht eindeutig auszuschließen ist, wird sie im Edierten Text dargeboten.

Mit der Anordnung dieses sowie des folgenden Fragments ist der Anspruch eines chronologischen Nacheinanders nicht zu verwirklichen. Es gibt keine Anhaltspunkte für eine konkrete Datierung der Niederschrift und keine Belege für eine chronologische Reihenfolge. Sicher ist nur, daß das für beide Fragmente benutzte Papier von einem Stapel stammt und völlig identisch ist mit dem für die Fertigstellung folgender Druckvorlagen benutzten Foliobogen: *I. Feuerbach. Einleitung*, *Das Leipziger Konzil*, *II. Sankt Bruno*, *Der wahre Sozialismus*, *I. Die „rheinischen Jahrbücher", oder die Philosophie des wahren Sozialismus* sowie für die Neufassung der Druckvorlage *III. Sankt Max* (siehe S. 315). Daraus kann abgeleitet werden, daß die Fragmente erst in einer relativ späten Phase der Arbeit an beiden Bänden enstanden sein können (siehe S. 300).

Die Fragmente sind numeriert mit 3) und *5.*; über den dubiosen Charakter der 3) siehe S. 301. Engels verfaßte zu dieser Zeit die Druckvorlagen zu *Der wahre Sozialismus* und zu *I. Die „rheinischen Jahrbücher",* … Die zehn Bogen paginierte er mit 1., 5., 9., 13., 17., 21., 25., 29., 33., 35., 36., 37. und 39..

Die Fragmente haben einen unterschiedlichen Charakter. Während Fragment 2 sich einordnet in die Versuche, die eigenen Voraussetzungen und das Anliegen des geplanten Abschnitts „I. Feuerbach" zu bestimmen, ist das Fragment 1 eine relativ selbständige, aber abgebrochene Ausarbeitung zu Arbeitsteilung und Eigentumsformen ohne jeden Bezug zum Anliegen von „I. Feuerbach".

Die hier getroffene Anordnung stützt sich auf keine inhaltliche Interpretation und keine Vermutungen. Eine umgekehrte Reihenfolge ist ebenso legitim wie die jetzt getroffene.

VARIANTENVERZEICHNIS

111.2	wie ⟨eine⟩/
111.5	der > dieser
111.6	|: innern & äußern :|
111.7	zeigt ⟨sich am augenscheinlichsten⟩/
111.10	|: (z. B. Urbarmachung von Ländereien) :|
111.11	Ausdehnung > Ausbildung
111.12	Nation ⟨spaltet diese Nation⟩/
111.13	|: & commerziellen :|
111.15	der ⟨industriellen A⟩/
111.17	verschiednen ⟨Arbe⟩/

111.17 verschiedene ⟨Klassen⟩, ⟨Verhältnisse⟩,

111.18 Arbeiten ⟨Cooper⟩,

111.20 die ⟨Art in der die A⟩,

111.24 verschiedenen ⟨Formen⟩,

111.30 setzt ⟨zugleich⟩ in

112.1 Die ⟨ganze⟩ gesellschaftliche

112.1 Gliederung ⟨ist daher auch⟩,

112.4 |:erst:|

112.7 |:Gemeinde- &:|

112.8–9 |:durch Vertrag oder Eroberung:|

112.11 aber ⟨das Gemeindeeigenth⟩,

112.12–13 Gemeinschaft die ⟨Herrschaft⟩,

112.13 Sklaven, ⟨deren Schwäche⟩,

112.14–16 |:Es ist das bis zu bleiben.:|

Die Einfügung steht ohne Zuordnungszeichen in der rechten Spalte. Sie beginnt unmittelbar neben dem am Zeilenende stehenden Wort gebunden.

112.16 sind ⟨dieser naturwüchsigen Weise der Association⟩,

112.18 dem ⟨das⟩,

112.23–24 ausgebildet⟨, in den römischen Plebejern finden wir **1** Anfangs **2** zuerst kleine Grundeigenthümer, später die Anfänge eines Proletariats, das indeß in seiner halben Stellung zwischen besitzenden Bürgern & Sklaven zu keiner Entwicklung kommt. Zugleich finden wir hier zuerst⟩,

112.25 im > beim

112.26–29 **1** werden: ——— die bis ging, & ———
2 " : Einerseits " bis " ; – andrerseits

112.34	|: & ihrem ⟨Gebiet⟩/ kleinen Gebiet :|
112.35	Die ⟨zerspli⟩/
112.35	|: vorgefundene dünne, :|
112.39	Anfangs ⟨darauf fo⟩/
112.41	|: die :|
113.3	die ⟨Landbev⟩/
113.4	Verhältnisse ⟨entwickelten im⟩/
113.7	& ⟨das⟩/
113.8	wie ⟨den⟩/
113.9	stehen. ⟨Später⟩/
113.10	|: noch :|
113.13	die ⟨kleinen⟩ Leibeignen
113.13	wie ⟨die antike⟩/
113.14–15	|: produzirenden :|
113.15	nur ⟨mit dem Unterschiede, daß die⟩/
113.16–17	verschiedene ⟨Produktionsbedin⟩/ Produktions ⟨& Verkehrsbedingungen⟩/ bedingungen
113.19	Organisation ⟨der Industrie⟩/
113.21	gegen ⟨die associirten⟩/
113.23–24	Städten ⟨täglich⟩ zuströmenden
113.26	die wachsende Bevölkerung bei der stabilen Zahl der Handwerker > & ihre stabile Zahl bei der wachsenden Bevölkerung
113.28	|: die :|
113.32–33	**1** Produktionsverhältnisse, die bis Industrie/ **2** " – " bis " –

113.35	sich; ⟨außer der Ständegliederung war die⟩/
113.36	zwar > allerdings
113.37–38	Gesellen & Lehrlingen > Gesellen, Lehrlingen & bald auch **1** Pöbel **2** Taglöhnerpöbel
113.40	|: neben der die Hausindustrie der Bauern selbst aufkam, :|
113.40	Industrie ⟨waren zwar die einzelnen⟩/
114.3	traten. ⟨Die Zusammenf⟩/
114.5	Grundbesitz > Grundadel
114.6	des ⟨Grund⟩/
114.6	daher ⟨jedes⟩/

KORREKTURENVERZEICHNIS

112.22	innerhalb] **H**[3] innehalb

Karl Marx · Friedrich Engels
I. Feuerbach
Fragment 2
Wahrscheinlich Juni oder erste Hälfte Juli 1846
(S. 115 – 117)

ENTSTEHUNG UND ÜBERLIEFERUNG

In dem Fragment bestimmen Marx und Engels den materiellen Lebensprozeß der Individuen und die davon abhängigen Bewußtseinsforman als Gegenstand positiver Wissenschaft im „Gegensatz zur deutschen Philosophie“ (S. 115). Dieses Herangehen erfordere das „Studium des wirklichen Lebensprozesses & der Aktion der Individuen jeder Epoche“. Marx und Engels reduzieren ihr Anliegen auf „einige ... Abstaktionen ..., die wir gegenüber der Ideologie gebrauchen & werden sie an historischen Beispielen erläutern“ (S. 116/117).

Das Fragment ist eine Reinschrift mit Textänderungen von Engels und Marx, die von einer Überarbeitung zeugen.

Zur Entstehungszeit siehe S. 319.

Zeugenbeschreibung

H[3] Originalhandschrift. – IISG, Marx-Engels-Nachlaß, Sign. A 11/A 7(–1).

Das Manuskript besteht aus einem Foliobogen, Format 398 mm (= Breite des Bogens) x 319 mm (= Höhe des Bogens). Der Bogen ist gut erhalten, Textverluste gibt es nicht. Die linke Spalte ist von Engels' Hand beschrieben, in der rechten Spalte befinden sich An- und Einfügungen. Die vierte Seite des Bogens ist nur zu zwei Drittel beschrieben, die rechte Spalte der zweiten Seite ist leer. Die Textänderungen von Engels' Hand sind teilweise während der unmittelbaren Niederschrift (Grundschicht) entstanden und sind als Abbrechungen erkennbar. Weitere Textänderungen, darunter eine umfangreiche Textreduzierung (siehe Variante 115.11–12) gehören zu einer Überarbeitung durch Engels und Marx, von dem zwei Textänderungen vorgenommen worden sind.

Hinweise zur Edition

Der Edierte Text folgt **H**[3]. Zur Anordnung des Fragments siehe Hinweise zur Edition von *I. Feuerbach. Fragment 1*, S. 320.

VARIANTENVERZEICHNIS

115.1–2 unter bestimmten Produktionsverhältnissen > die auf bestimmte Weise produktiv thätig sind

115.3–6 Beobachtung, die sich einfach an die wirklichen Fakta hält, wird in jedem einzelnen Fall im Stande sein, den Zusammenhang der gesellschaftlichen & politischen Gliederung mit der Produktion, empirisch & ohne alle Mystifikation & Spekulation

1 nachzuweisen > [m]Beobachtung muß in jedem einzelnen Fall
2 aufzuweisen

den Zusammenhang der gesellschaftlichen & politischen Gliederung mit der Produktion empirisch & ohne alle Mystifikation & Spekulation aufweisen[m]

115.6–7 Man sieht hier, wie die gesellschaftliche Gliederung & der Staat beständig aus dem Lebensprozeß bestimmter Individuen hervorgeht; > Die gesellschaftliche Gliederung & der Staat gehen beständig aus dem Lebensprozeß bestimmter Individuen hervor;

115.7 aber ⟨nicht dieser Individuen wie sie⟩⁄

115.9 produziren [m]⟨& thätig sind⟩[m], also

115.9 also |: wie sie :|

115.11–12 sind.

⟨Die Vorstellungen, die sich diese Individuen machen, sind ⟨entweder Vorstellungen⟩⁄ Vorstellungen entweder über ihr Verhältniß zur Natur, oder über ihr Verhältniß unter einander, oder über ihre eigne Beschaffenheit. Es ist einleuchtend, daß in allen diesen Fällen diese Vorstellungen der – wirkliche oder illusorische – ⟨Ausdr⟩⁄ bewußte Ausdruck ihrer wirklichen Verhältnisse & Bethätigung, ihrer Produktion, ihres Verkehrs,

1 ihrer gesellschaft-
2 ihres ”

1 lichen & politischen Organisation
2 ” ” Verhaltens

sind. Die entgegengesetzte Annahme ist nur dann möglich, wenn man außer dem Geist der wirklichen, materiell bedingten Individuen noch einen aparten Geist voraussetzt. Ist || der bewußte Ausdruck der wirklichen Verhältnisse dieser Individuen illusorisch, stellen sie in ihren Vorstellungen ihre Wirklichkeit auf den Kopf, so ist dies wiederum eine Folge ihrer bornirten materiellen Bethätigungsweise

1 — der
2 & ihrer

	daraus entspringenden bornirten gesellschaftlichen Verhältnisse.⟩ Die Produktion
115.14	Menschen, ⟨das Aussprechen⟩/
115.14	Die Vorstellungen & Gedanken, > Das Vorstellen, Denken,
115.16–18	**1** Verhaltens. — Die geistige Produktion, bis Politik, **2** " . Von der geistigen " , bis " , **1** ——— der Moral, bis darstellt/ **2** der Gesetze, " " , bis " , gilt
115.18	die ⟨Vorstellungen ihrer⟩/
115.19	pp ⟨& zwar die Menschen wie sie durch die Weise der Produktion **1** des **2** ihres materiellen Lebens, durch ihren ⟨Verkehr ⟨& die wei⟩/ in⟩/ materiellen Verkehr & seine weitere Ausbildung in der gesellschaftlichen & politischen Gliederung bedingt sind⟩/
115.25	so ⟨ist dies Phänomen ebensosehr aus ihrem historischen Lebensprozeß⟩/
115.29	gestiegen, d. h. > gestiegen. D. h.
115.32	um ⟨von d⟩/
115.32	aus ⟨zu den leibhaftigen Menschen⟩/
115.33	wirklichen > wirklich thätigen
116.1	auch ⟨der ide⟩/
116.2	dargestellt. ⟨Die N⟩/
116.5	Ideologie ⟨verlieren hiermit alle ihre scheinbarc Selbst⟩/
116.5–6	|: & die ihnen entsprechenden Bewußtseinsformen :|
116.8	**1** in ihrer materiellen Produktion & ihrem wirklichen Verkehr sich **2** – ihre materielle " " ihren materiellen " —
116.12	handelnden > lebendigen
116.12–14	**1** Individuum —— — in der bis Individuen selbst/ **2** " selbst — " " bis " / **3** " —— — " " bis " selbst ans/ **4** " —— aus " " bis " " —/

116.14–15	das Bewußtsein dieser praktisch sich bethätigenden Individuen > *ihr* Bewußtsein
116.18	sind ⟨nicht die Menschen⟩
116.22	bornirten > selbst noch abstrakten
116.24–25	fängt also die wirkliche, positive Wissenschaft an. > beginnt also die wirkliche, positive Wissenschaft |:, die Darstellung der praktischen Bethätigung, des praktischen Entwicklungsprozesses der Menschen :|.
116.28	selbstständige ⟨Wissenschaft⟩
116.32	Werth ⟨& **1** helfen **2** dienen nur dazu,⟩
116.33	dienen, ⟨Andern für die Betrachtung der Geschichte⟩ ⟨die Betrachtung der Geschichte⟩
116.33	Betrachtung > Ordnung
116.34	der > seiner
116.34–117.1	|: Sie geben bis sich ergeben. :|
116.36	können die > können. Die
116.38–39	historischen Materials, an das Aufsuchen des wirklichen, faktischen Zusammenhangs der verschiedenen Schichten > Materials, sei es einer vergangnen Epoche oder der Gegenwart, an die wirkliche Darstellung
116.39	Die ⟨Lösung⟩
117.2	heraus, ⟨wie sie gegenüber der Ideologie⟩
117.2	wie wir sie > die wir

KORREKTURENVERZEICHNIS

116.6	Bewußtseinsformen] $\mathbf{H}^3$ Bewußtseinsformen. Siehe Variantenverzeichnis.
116.38	Gegenwart,] $\mathbf{H}^3$ Gegenwart Siehe Variantenverzeichnis.

Siglen und diakritische Zeichen

H Eigenhändige Niederschrift

H^{1a} Frühere Fassung, die als durchgehende Schicht erkennbar ist

$H^{2}E$ Text mit Erledigungsvermerk, in eine neue Fassung übernommener Text

J Autorisierter Abdruck in Zeitungen und Zeitschriften

l Linke Spalte

r Rechte Spalte

Z. Zeile

ZwZ. Zwischenzeile

[ ] Redaktionelle Ergänzung oder Textverlust

|1| Beginn einer paginierten Seite oder Textgrundlage

| Beginn einer unpaginierten Seite bzw. Ende einer Seite der Textgrundlage

|1| Beginn eines numerierten Bogens der Textgrundlage

/ Kennzeichnung des Seitenwechsels im Edierten Text, wenn dieser Wechsel nicht mit Beginn oder Ende einer Handschriftenseite zusammenfällt

< > Textreduzierung (Tilgung)

|: :| Textergänzung (Einfügung, Anfügung)

› Textersetzung, Textumstellung (verändert in, wurde zu)

, Abbrechung

] Abgrenzung der Wiederholung aus dem Edierten Text (Lemmazeichen)

⌐. Absatz oder Zeilenwechsel innerhalb eines Wortes

**** Kennzeichnung für in der Handschrift übereinanderstehende Wörter

xxxx Unlesbare Buchstaben

x Schreibansätze

F Zuordnungszeichen

T Einfügungszeichen

m Schreibersigle für Varianten, Randbemerkungen und selbständige Textpassagen von Marx' Hand

e Schreibersigle für Bogennumerierung von Engels' Hand

b Schreibersigle für Paginierung von Bernsteins Hand

x Schreibersigle für Paginierung von unbekannter Hand

Struktur und Bearbeitungsstand der Marx-Engels-Gesamtausgabe

Die von der Internationalen Marx-Engels-Stiftung/Amsterdam herausgegebene Marx-Engels-Gesamtausgabe (MEGA²) gliedert sich in vier Abteilungen:
I. Abteilung: Werke, Artikel und Entwürfe
II. Abteilung: „Das Kapital" und Vorarbeiten
III. Abteilung: Briefwechsel
IV. Abteilung: Exzerpte, Notizen und Marginalien

Von den 114 geplanten Bänden (122 Teilbänden) sind 53 Bände (56 Teilbände) erschienen (in der Übersicht halbfett), 34 werden bearbeitet (in der Übersicht kursiv) und für weitere 14 Bände wurden Optionen erteilt. Die Übersicht bietet darüber hinaus Informationen zur Bandbearbeitung und benennt die editorisch verantwortliche Institution oder Arbeitsgruppe.[1]
Sämtliche MEGA-Bände wie auch das Marx-Engels-Jahrbuch erscheinen im Akademie-Verlag, Berlin, die verlegerische Betreuung vor November 1998 oblag dem Dietz Verlag, Berlin.

Erste Abteilung: Werke, Artikel und Entwürfe

Die Bände dieser Abteilung enthalten sämtliche philosophischen, ökonomischen, historischen und politischen Werke, Schriften, Artikel und Reden von Marx (M) und Engels (E) sowie überlieferte Vorstufen und spätere Bearbeitungen einschließlich der von Marx und Engels selbst angefertigten Übersetzungen, unabhängig davon, ob die Texte vollendet wurden. Ausgenommen bleibt Marx' Werk „Das Kapital" mit den direkt dazu gehörenden Vorstufen. Alle Schriften werden in den Originalsprachen und in allen autorisierten Fassungen (einschließlich Übersetzungen) zugänglich gemacht. Überlieferte Manuskripte

1 Legende: AdW Berlin = Akademie der Wissenschaften der DDR, Berlin. BBAW = Berlin-Brandenburgische Akademie der Wissenschaften, Akademienvorhaben MEGA, Berlin. D/I = Deutsch-italienische Editorengruppe, Marburg und Venedig. DK/RGASPI = Dänisch-russische Editorengruppe, Kopenhagen und Moskau. D/NL = Deutsch-niederländische Editorengruppe, Berlin und Amsterdam. FR = Französische Editorengruppe an der Universität Paris VIII. IISG= Internationales Institut für Sozialgeschichte, Amsterdam. IMES = Internationale Marx-Engels-Stiftung, Amsterdam, IMLB = Institut für Marxismus-Leninismus beim Zentralkomitee der Sozialistischen Einheitspartei Deutschlands, Berlin. IMLM = Institut für Marxismus-Leninismus beim Zentralkomitee der Kommunistischen Partei der Sowjetunion, Moskau. JH = Japanische Editorengruppe, Hokkaido. JS = Japanische Editorengruppe, Sendai. JT = Japanische Editorengruppe, Tokio. JW– Westjapanische Editorengruppe. RGASPI = Editorengruppe am Rußländischen Staatlichen Archiv für Sozial- und Politikgeschichte, Moskau. RGASPI/FR = Russisch-französische Editorengruppe, Moskau und Toulouse. TUB = Technische Universität Braunschweig. USA/RGASPI/NL = Amerikanisch-russisch-niederländische Editorengruppe, New York, Moskau und Amsterdam.

(Planskizzen, Entwürfe, Fragmente usw.) einschließlich ihrer innerhandschriftlichen Textentwicklung finden ebenfalls Aufnahme.
Die Erste Abteilung wird insgesamt 32 Bände umfassen. Davon sind 17 Bände erschienen (in der Übersicht halbfett), zehn weitere Bände werden gegenwärtig ediert (in der Übersicht kursiv), fünf sind noch zu bearbeiten.

I/1	**M: Werke • Artikel • Literarische Versuche bis März 1843. 1975. 88*, 1337 S. (IML/B).**
I/2	**M: Werke • Artikel • Entwürfe. März 1843 bis August 1844. 1982. 64*, 1018 S. (IML/B).**
I/3	**E: Werke • Artikel • Entwürfe. Bis August 1844. 1985. 62*, 1372 S. (IML/B).**
I/4	M/E: Werke • Artikel • Entwürfe. August 1844 bis Dezember 1845 (Option BBAW).
I/5	*M/E: Die deutsche Ideologie (in Arbeit BBAW).*
I/6	M/E: Werke • Artikel • Entwürfe. Januar 1846 bis Februar 1848 (Option BBAW).
I/7	*M/E: Werke • Artikel • Entwürfe. Februar bis September 1848 (in Arbeit BBAW).*
I/8	*M/E: Werke • Artikel • Entwürfe. Oktober 1848 bis Februar 1849 (in Arbeit BBAW).*
I/9	*M/E: Werke • Artikel • Entwürfe. März bis Juli 1849 (in Arbeit BBAW).*
I/10	**M/E: Werke • Artikel • Entwürfe. Juli 1849 bis Juni 1851. 1977. 50*, 1216 S. (IML/B).**
I/11	**M/E: Werke • Artikel • Entwürfe. Juli 1851 bis Dezember 1852. 1985. 42*, 1233 S. (IML/B).**
I/12	**M/E: Werke • Artikel • Entwürfe. Januar bis Dezember 1853. 1984. 48*, 1290 S. (IML/B).**
I/13	M/E: Werke • Artikel • Entwürfe. Januar bis Dezember 1854. 1985. 48*, 1199 S. (Universität Leipzig).
I/14	**M/E: Werke • Artikel • Entwürfe. Januar bis Dezember 1855. 2001. XVI, 1695 S. (BBAW).**
I/15	*M/E: Werke • Artikel • Entwürfe. Januar 1856 bis Oktober 1857 (in Arbeit BBAW).*
I/16	*M/E: Werke • Artikel • Entwürfe. Oktober 1857 bis Dezember 1858 (in Arbeit BBAW).*
I/17	M/E: Werke • Artikel • Entwürfe. Januar bis Oktober 1859 (Option BBAW).
I/18	M/E: Werke • Artikel • Entwürfe. Oktober 1859 bis Dezember 1860. 1984. 38*, 1155 S. (Universität Halle-Wittenberg).
I/19	M/E: Werke • Artikel • Entwürfe. Januar 1861 bis September 1864 (Option BBAW).
I/20	**M/E: Werke • Artikel • Entwürfe. September 1864 bis September 1867. 1992. 57*, 2024 S. (IMES).**
I/21	*M/E: Werke • Artikel • Entwürfe. September 1867 bis März 1871 (in Arbeit BBAW).*
I/22	**M/E: Werke • Artikel • Entwürfe. März bis November 1871. 1978. 58*, 1541 S. (IML/B).**
I/23	M/E: Werke • Artikel • Entwürfe. November 1871 bis Dezember 1872 (Option BBAW).
I/24	**M/E: Werke • Artikel • Entwürfe. Dezember 1872 bis Mai 1875. 1984. 48*, 1375 S. (IML/B).**
I/25	**M/E: Werke • Artikel • Entwürfe. Mai 1875 bis Mai 1883. 1985. 56*, 1332 S. (Universität Jena).**
I/26	**E: Dialektik der Natur (1873-1882). 1985. 72*, 1111 S. (Humboldt-Universität zu Berlin).**
I/27	**E: Herrn Eugen Dührings Umwälzung der Wissenschaft. 1988. 75*, 1444 S. (IML/B).**
I/28	*M: Mathematische Manuskripte (1878-1881) (in Arbeit RGASPI/FR),*
I/29	**E: Der Ursprung der Familie, des Privateigentums und des Staats. 1990. 49*, 898 S. (AdW/Berlin).**
I/30	*M/E: Werke • Artikel • Entwürfe. März 1883 bis September 1886 (in Arbeit BBAW).*
I/31	**E: Werke • Artikel • Entwürfe. Oktober 1886 bis Februar 1891. 2002. XII, 1440 S. (BBAW).**
I/32	*E: Werke • Artikel • Entwürfe. Februar 1891 bis August 1895 (in Arbeit BBAW).*

Zweite Abteilung: „Das Kapital“ und Vorarbeiten

Diese Abteilung vereint Marx’ Werk „Das Kapital“ in seinen autorisierten Ausgaben, einschließlich Übersetzungen, und alle direkt dazugehörenden Werke und Manuskripte, beginnend mit den ökonomischen Manuskripten von 1857/1858. Erstmals werden damit alle ökonomischen Manuskripte von Marx vollständig dargeboten, darunter das Manuskript von 1861 bis 1863, dessen Kernstück „Theorien über den Mehrwert“ bilden, und das Marxsche Manuskript aus den Jahren 1863 bis 1865, das die ursprüngliche Fassung des zweiten und den einzigen von Marx hinterlassenen Entwurf des dritten Bandes enthält. Zu den autorisierten Drucken des ersten Bandes des „Kapital“ gehören neben den vier deutschen Auflagen die von Marx redigierte und wesentlich veränderte französische Ausgabe und die von Engels durchgesehene englische Übersetzung. Gleichfalls werden die von Engels aus den Marxschen Manuskripten erarbeiteten und herausgegebenen Fassungen des zweiten und dritten Bandes des „Kapital“ veröffentlicht. Von 15 Bänden (23 Teilbände) sind bereits 13 Bände erschienen (in der Übersicht **halbfett**), die restlichen zwei Bände und ein Teilband (II/4.3) werden bereits bearbeitet (in der Übersicht *kursiv*):

II/1.1 M: Ökonomische Manuskripte 1857/58. Teil 1. 1976. 30*, 465 S. (IML/M).

II/1.2 M: Ökonomische Manuskripte 1857/58. Teil 2. 1981. 6*, 872 S. (IML/M).

II/2 M: Ökonomische Manuskripte und Schriften, 1858-1861. 1980. 32*, 507 S. (IML/M).

II/3.1 M: Zur Kritik der politischen Ökonomie (Manuskript 1861-1863). Teil 1. 1976. 26*, 499 S. (IML/B).

II/3.2 M: Zur Kritik der politischen Ökonomie (Manuskript 1861-1863). Teil 2. 1977. 38*, 472 S. (IML/B).

II/3.3 M: Zur Kritik der politischen Ökonomie (Manuskript 1861-1863). Teil 3. 1978. 12*, 684 S. (Universität Halle-Wittenberg).

II/3.4 M: Zur Kritik der politischen Ökonomie (Manuskript 1861-1863). Teil 4. 1979. 12*, 471 S. (Universität Halle-Wittenberg).

II/3.5 M: Zur Kritik der politischen Ökonomie (Manuskript 1861-1863). Teil 5. 1980. 38*, 476 S. (IML/B).

II/3.6 M: Zur Kritik der politischen Ökonomie (Manuskript 1861-1863). Teil 6. 1982. 12*, 1331 S. (IML/B).

II/4.1 M: Ökonomische Manuskripte 1863-1867. Teil 1. 1988. 40*, 770 S. (IML/M).

II/4.2 M: Ökonomische Manuskripte 1863-1867. Teil 2. 1993. 17*, 1471 S. (IMES).

II/*4.3 M: Ökonomische Manuskripte 1863-1867. Teil 3 (in Arbeit BBAW/RGASPI).*

II/5 M: Das Kapital. Kritik der politischen Ökonomie. Erster Band, Hamburg 1867. 1983. 60*, 1092 S. (Pädagogische Hochschule Erfurt-Mühlhausen).

II/6 M Das Kapital. Kritik der politischen Ökonomie. Erster Band, Hamburg 1872. 1987. 51*, 1741 S. (IML/B).

II/7 M: Le Capital, Paris 1872-1875. 1989. 37*, 1441 S. (AdW/Berlin).

II/8 M: Das Kapital. Kritik der politischen Ökonomie. Erster Band, Hamburg 1883. 1989. 46*, 1519 S. (Pädagogische Hochschule Erfurt-Mühlhausen).

II/9 M: Capital. A Critical Analysis of Capitalist Production, London 1887. 1990. 28*, 1183 S. (Humboldt-Universität zu Berlin).

II/10 M: Das Kapital. Kritik der politischen Ökonomie. Erster Band, Hamburg 1890. 1991. 40*, 1288 S. (IMES).

II/11 M: Manuskripte zum zweiten Band des „Kapital" (in Arbeit RGASPI/JT/BBAW).

II/12 M: Das Kapital. Kritik der politischen Ökonomie. Zweites Buch. Redaktionsmanuskript von Friedrich Engels 1884/1885. 2005. IX, 1329 S. (JS).

II/13 M: Das Kapital. Kritik der politischen Ökonomie. Zweiter Band. Herausgegeben von Friedrich Engels. Hamburg 1885 (in Arbeit JS).

II/14 M/E: Manuskripte und redaktionelle Texte zum dritten Buch des „Kapitals", 1871 bis 1895. 2003. XI, 1183 S. (BBAW).

II/15 M: Das Kapital. Kritik der politischen Ökonomie. Dritter Band. Herausgegeben von Friedrich Engels. Hamburg 1894. 2004. X1, 1420 S. (BBAW).

Dritte Abteilung: Briefwechsel

Diese Abteilung enthält den gesamten überlieferten Briefwechsel von Marx und Engels: die von ihnen (bzw. in ihrem Auftrag) geschriebenen und die an sie gerichteten Briefe – darunter zahlreiche Erstveröffentlichungen – in chronologischer Reihenfolge. Von 35 Bänden sind zwölf Bände erschienen (in der Übersicht **halbfett**), sieben Bände werden gegenwärtig ediert (in der Übersicht *kursiv*) und 16 sind noch zu bearbeiten:

III/1 M/E: Briefwechsel. Bis April 1846. 1975. 34*, 964 S. (IML/M).

III/2 M/E: Briefwechsel. Mai 1846 bis Dezember 1848. 1979. 54*, 1209 S. (IML/M).

III/3 M/E: Briefwechsel. Januar 1849 bis Dezember 1850. 1981. 52*, 1535 S. (IML/M).

III/4 M/E: Briefwechsel. Januar bis Dezember 1851. 1984. 40*, 1108 S. (IML/M).

III/5 M/E: Briefwechsel. Januar bis August 1852. 1987. 40*, 1190 S. (IML/M).

III/6 M/E: Briefwechsel. September 1852 bis August 1853. 1987. 47*, 1299 S. (IML/M).

III/7 M/E: Briefwechsel. September 1853 bis März 1856. 1989. 50*, 1249 S. (IML/M).

III/8 M/E: Briefwechsel. April 1856 bis Dezember 1857. 1990. 44*, 1119 S. (IML/M).

III/9 M/E: Briefwechsel. Januar 1858 bis August 1859. 2003. XI, 1299 S. (RGASPI/IISG).

III/10 M/E: Briefwechsel. September 1859 bis Mai 1860. 2000. XVIII, 1269 S. (RGASPI).

III/11 M/E: Briefwechsel. Juni 1860 bis Dezember 1861. 2005. XXI, 1467 S. (RGASPI/BBAW).

III/12 M/E: Briefwechsel. Januar 1862 bis September 1864 (in Arbeit RGASPI).

III/13 M/E: Briefwechsel. Oktober 1864 bis Dezember 1865. 2002. XX, 1443 S. (RGASPI).

III/14 M/E: Briefwechsel. Januar 1866 bis Dezember 1867 (in Arbeit RGASPI).

III/15 M/E: Briefwechsel. Januar 1868 bis Februar 1869 (in Arbeit RGASPI).

III/16 M/E: Briefwechsel. März 1869 bis Mai 1870 (Option RGASPI).

III/17 M/E: Briefwechsel. Juni 1870 bis Juni 1871 (Option RGASPI).

III/18 M/E: Briefwechsel. Juli bis November 1871 (Option RGASPI).

III/19 M/E: Briefwechsel. Dezember 1871 bis Mai 1872 (Option RGASPI).

III/20 M/E: Briefwechsel. Juni 1872 bis Januar 1873 (Option RGASPI).

III/21 M/E: Briefwechsel. Februar 1873 bis August 1874.

III/22 M/E: Briefwechsel. September 1874 bis Dezember 1876.

III/23 M/E: Briefwechsel. Januar 1877 bis Mai 1879.

III/24 M/E: Briefwechsel. Juni 1879 bis September 1881.

III/25 M/E: Briefwechsel. Oktober 1881 bis März 1883.

III/26 E: Briefwechsel. April 1883 bis Dezember 1884.

III/27 E: Briefwechsel. Januar 1885 bis August 1886.

III/28 E: Briefwechsel. September 1886 bis März 1888.
III/29 E: Briefwechsel. April 1888 bis September 1889 (in Arbeit D/I).
III/30 E: Briefwechsel. Oktober 1889 bis November 1890 (in Arbeit DK/RGASPI).
III/31 E: Briefwechsel. Dezember 1890 bis Oktober 1891.
III/32 E: Briefwechsel. November 1891 bis August 1892.
III/33 E: Briefwechsel. September 1892 bis Juni 1893.
III/34 E: Briefwechsel. Juli 1893 bis August 1894 (in Arbeit Universität Bremen).
III/35 E: Briefwechsel. September 1894 bis Juli 1895 (in Arbeit Universität Bremen).

Vierte Abteilung: Exzerpte, Notizen, Marginalien

Diese Abteilung bringt sämtliche Exzerpthefte, Einzelexzerpte, chronologische Tabellen, bibliographische Verzeichnisse sowie Notizbücher von Marx und Engels. Damit werden umfangreiche Materialien aus ihrem literarischen Nachlaß zumeist erstmalig veröffentlicht.
Die ursprünglich geplante kontextbezogene Edition der Randbemerkungen und Anstreichungen in Drucken und Handschriften ist im Zuge der Redimensionierung des Vorhabens von 170 Bänden auf 114 Bände aufgegeben worden. Über eine angemessene Form der Textdarbietung muß noch entschieden werden. Von 32 Bänden sind zehn erschienen (in der Übersicht **halbfett**), 16 werden gegenwärtig ediert (in der Übersicht *kursiv*) und sechs müssen noch bearbeitet werden:

IV/1 M/E: Exzerpte und Notizen. Bis 1842. 1976. 32*, 1047 S. (AdW/Berlin).
IV/2 M/E: Exzerpte und Notizen. 1843 bis Januar 1845. 1981. 52*, 911 S. (IML/M).
IV/3 M/E: Exzerpte und Notizen. Sommer 1844 bis Anfang 1847, 1998 IX, 866 S. (RGASPI/IISG).
IV/4 M/E: Exzerpte und Notizen. Juli bis August 1845. 1988. 54*, 939 S. (IML/M).
IV/5 M/E: Exzerpte und Notizen. August 1845 bis Dezember 1850 (in Arbeit RGASPI).
IV/6 M/E: Exzerpte und Notizen. September 1846 bis Dezember 1847. 1983. 54*, 1241 S. (AdW/Berlin).
IV/7 M/E: Exzerpte und Notizen. September 1849 bis Februar 1851. 1983. 46*, 916 S. (Universität Halle-Wittenberg).
IV/8 M: Exzerpte und Notizen. März bis Juni 1851. 1986. 47*, 1118 S. (Universität Halle-Wittenberg).
IV/9 M: Exzerpte und Notizen. Juli bis September 1851. 1991. 54*, 808 S. (Universität Halle-Wittenberg).
IV/10 M/E: Exzerpte und Notizen. September 1851 bis Juni 1852 [Londoner Hefte XV-XVIII] (in Arbeit BBAW).
IV/11 M/E: Exzerpte und Notizen. Juli 1852 bis August 1853 [Londoner Hefte XIX-XXIV (M)] (in Arbeit BBAW).
IV/12 M/E: Exzerpte und Notizen. September 1853 bis Januar 1855. 2007. XVII, 1745 S. (BBAW).
IV/13 M/E: Exzerpte und Notizen. November 1854 bis Oktober 1857 [Politische Ökonomie, Geschichte der Diplomatie (M), Krimkrieg, Slavica (M/E), Militaria (E)] (Option BBAW).
IV/14 M/E: Exzerpte und Notizen. Oktober 1857 bis Februar 1858 [Weltwirtschaftskrise von 1857 (M)] (in Arbeit D/NL).

IV/15 M/E: Exzerpte und Notizen. Januar 1858 bis Februar 1860 [Kritik der politischen Ökonomie, besonders Zitatenheft (2. Stufe) (M), Militaria (E)].

IV/16 M/E: Exzerpte und Notizen. Februar 1860 bis Dezember 1863 [Vogtiana, Geschichte der polnischen Frage (M), Militaria (E)] (in Arbeit BBAW).

IV/17 M/E: Exzerpte und Notizen. Mai bis Juni 1863 [Kritik der politischen Ökonomie (M)] (in Arbeit JH/BBAW).

IV/18 M/E: Exzerpte und Notizen. Februar 1864 bis August 1868 [Politische Ökonomie, besonders Landwirtschaft (M)] (in Arbeit JT/BBAW).

IV/19 M/E: Exzerpte und Notizen. September 1868 bis September 1869 [Politische Ökonomie, besonders Geldmarkt und Krisen (M) (in Arbeit JW/BBAW).

IV/20 M/E: Exzerpte und Notizen. April 1868 bis Dezember 1870 [Geschichte Irlands, politische, wirtschaftliche und soziale Verhältnisse (E)].

IV/21 M/E: Exzerpte und Notizen. September 1869 bis Dezember 1874 [Irische Frage (M), Tätigkeit der internationalen Arbeiterassoziation (M/E)] (in Arbeit FR).

IV/22 M/E: Exzerpte und Notizen. Januar 1875 bis Februar 1876 (Rußland nach den Reformen (M)] (in Arbeit RGASPI).

IV/23 M/E: Exzerpte und Notizen. März bis Juni 1876 (Physiologie, Geschichte der Technik (M), russische, englische und griechische Geschichte (M/E)).

IV/24 M/E: Exzerpte und Notizen. Mai bis Dezember 1876 [Geschichte des Grundeigentums, Rechts- und Verfassungsgeschichte (M)] (Option TU Braunschweig).

IV/25 M/E: Exzerpte und Notizen. Januar 1877 bis März 1879 (Politische Ökonomie, besonders Bank- und Finanzwesen, kaufmännische Arithmetik (M), Geschichte (M/E)) (in Arbeit BBAW).

IV/26 M/E: Exzerpte und Notizen. Mai bis September 1878 [Geologie, Mineralogie, Agronomie, Agrarstatistik, Erdgeschichte, Geschichte des Welthandels (M)] (in Arbeit BBAW).

IV/27 M/E: Exzerpte und Notizen. 1879 bis 1881 [Ethnologie, Frühgeschichte, Geschichte des Grundeigentums (M)] (in Arbeit USA/RGASPI/NL).

IV/28 M/E: Exzerpte und Notizen. 1879 bis 1882 [russische und französische Geschichte, besonders agrarische Verhältnisse (M), Geschichte des Grundeigentums (E)] (in Arbeit RGASPI).

IV/29 M/E: Exzerpte und Notizen. Ende 1881 bis Ende 1882 [chronologische Tabellen zur Weltgeschichte (M)] (in Arbeit FR).

IV/30 M: Mathematische Exzerpte aus den Jahren 1863, 1878 und 1881 [Mathematik, besonders Trigonometrie, Algebra und Differentialrechnung].

IV/31 M/E: Naturwissenschaftliche Exzerpte und Notizen. Mitte 1877 bis Anfang 1883. 1999. XV, 1055 S. (IMES).

IV/32 Die Bibliotheken von Karl Marx und Friedrich Engels. Annotiertes Verzeichnis des ermittelten Bestandes (Vorauspublikation). 1999. 738 S. (BBAW).

Quellen- und Literaturverzeichnis

1. Werke und Schriften von Marx und Engels

Gesamtausgaben

Karl Marx/Friedrich Engels: Historisch-kritische Gesamtausgabe (= MEGA). Im Auftrag des Marx-Engels-[Lenin]-Instituts. Hrsg. von David B. Rjazanov, seit 1931 von V. Adoratski. 12 Bde., Frankfurt am Main, Berlin, Moskau/Leningrad 1927-35 (unvollständig). – Karl Marx/Friedrich Engels: Gesamtausgabe (MEGA²). Hrsg. 1975-89: Institut für Marxismus-Leninismus beim ZK der KPDSU und Institut für Marxismus-Leninismus beim ZK der SED. Hrsg. ab 1990: Internationale Marx-Engels-Stiftung/Amsterdam, Berlin 1975 ff. – Karl Marx/Friedrich Engels: Werke. 39 Bde., 4 Ergänzungsbände, Sachregister. Hrsg. vom Institut für Marxismus-Leninismus beim ZK der SED bzw. ab 1990 vom Institut für Geschichte der Arbeiterbewegung/Berlin. Berlin 1956-1990. – Marx Engels Verzeichnis. Bd. 1: Werke, Schriften, Artikel, Bd. 2: Briefe, Postkarten, Telegramme. Bearb. von Manfred Kliem/Richard Sperl, Berlin 1966-71.

Einzelveröffentlichungen

Das Kommunistische Manifest (Manifest der Kommunistischen Partei) von Karl Marx und Friedrich Engels. Von der Erstausgabe zur Leseausgabe. Mit einem Editionsbericht. Hrsg. von Thomas Kuczynski, Trier 1995. – Karl Marx. Manuskripte über die polnische Frage (1863-1864). Hrsg. von Werner Conce/ Dieter Hertz-Eichenrode, S'Gravenhage 1961. – The Ethnological Notebooks of Karl Marx. Hrsg. von Lawrence Krader, Assen 1972. – Karl Marx über Formen vorkapitalistischer Produktion. Vergleichende Studien zur Geschichte des Grundeigentums 1879-80. Hrsg. von Hans-Peter Harstick, Frankfurt/Main und New York 1977. – Karl Marx. Die technologisch-historischen Exzerpte. Hrsg. von Hans-Peter Müller, Frankfurt/Main und Berlin/Wien 1981. – Karl Marx. Exzerpte über Arbeitsteilung, Maschinerie und Industrie. Hrsg. von Rainer Winkelmann, Frankfurt/Main und Berlin/Wien 1982. – Karl Marx. Matematičeskie rukopisi (Mathematische Manuskripte). Hrsg. vom IML/M, Moskau 1968. – Karl Marx. Dokumente seines Lebens 1818-1883. Hrsg. von Manfred Kliem, Leipzig 1970.

2. Literatur über Marx

Karl Marx. Chronik seines Lebens in Einzeldaten. Zusammengestellt vom Marx-Engels-Lenin-Institut Moskau (1934). Glashütten/Taunus 1971. – Marx-Chronik. Daten zu Leben und Werk. Zusammengestellt v. Maximilian Rubel (1968). München 1983. – Franz Mehring: Karl Marx. Geschichte seines Lebens.

Leipzig 1918. – August Cornu: Karl Marx und Friedrich Engels. Leben und Werk (1818-1846). 3 Bände, Berlin bzw. Berlin/Weimar 1954-68. – Maximilian Rubel: Karl Marx. Essai de biographie intellectuelle. Paris 1957. – Werner Blumenberg: Karl Marx in Selbstzeugnissen und Bilddokumenten. Reinbek 1962. – Heinz Monz: Karl Marx. Grundlagen der Entwicklung zu Leben und Werk. Trier 1973. – David McLellan: Karl Marx. Leben und Werk. München 1974. Walter Euchner: Karl Marx. München 1983. – Iring Fetscher: Marx, Karl. In: NDB, 16, 1990, S. 328-344. – Ders.: Marx. Freiburg/Breisgau 1999. – Ders.: Karl Marx und der Marxismus. Von der Philosophie des Proletariats zur proletarischen Weltanschauung. München 1967. – Francis Wheen: Karl Marx. München 2001. – Karl Löwith: Von Hegel zu Nietzsche. Der revolutionäre Bruch im Denken des neunzehnten Jahrhunderts. Marx und Kierkegaard (1939). Stuttgart 1958. – Zvi Rosen: Bruno Bauer and Karl Marx: The Influence of Bruno Bauer on Marx's Thought. Den Haag 1977. – Karl Korsch: Marxismus und Philosophie (1923). Hrsg. v. Erich Gerlach, Frankfurt/Wien 1966. – Helmut Fleischer: Marx und Engels. Die philosophischen Grundlinien ihres Denkens. Freiburg/Breisgau und München 1970. – Shlomo Avineri: The Social and Political Thought of Karl Marx. Cambridge 1968. – Wolfgang Schieder: Karl Marx als Politiker. München/Zürich 1991. – Hans-Peter Harstick: „Karl Marx als Historiker". In: Arbeiterbewegung und Geschichte. Hrsg. v. Hans-Peter Harstick/Arno Herzig/Hans Pelger. Trier 1983, S. 160-232. – Otto Morf: Das Verhältnis von Wirtschaftstheorie und Wirtschaftsgeschichte bei Karl Marx. Bern 1951. – Joan Robinson: Grundprobleme der Marxschen Ökonomie (1951). Marburg 1987. – Karl Kühne: Ökonomie und Marxismus. 2 Bde., Neuwied/Berlin 1972-74. – Helmut Reichelt: Zur logischen Struktur des Kapitalbegriffs bei Marx. Frankfurt/Main 1970. – Roman Rosdolsky: Zur Entstehungsgeschichte des Marxschen „Kapital". 2 Bde., Frankfurt/Main 1968. – Walter Euchner/Alfred Schmidt (Hrsg.): Kritik der politischen Ökonomie heute. 100 Jahre „Kapital". Frankfurt/Main und Wien 1968. – Walter Tuchscheerer: Bevor „Das Kapital" entstand. Die Herausbildung und Entwicklung der ökonomischen Theorie von Karl Marx in der Zeit von 1843 bis 1858. Berlin 1980. – Franz Neubauer: Marx-Engels-Bibliographie. Boppard 1979.

um sich in diverse Diskurse einzuklinken und sich als Experte wichtig zu tun" (Joachim Radkau, Autor der Biografie „Max Weber. Die Leidenschaft des Denkens"). 1.230 Seiten. Broschur. 7,99 €. Nummer 103 024.

Was ist ein Staat? Was ist legitime Herrschaft? Dürfen Politiker Geld verdienen?

Max Weber: Politik und Gesellschaft.

Max Weber zählt zu den Gründervätern und Meisterdenkern der modernen Soziologie und Kulturwissenschaft. Seine Werke, oft als bürgerlicher Gegenentwurf zu Marx' gesellschaftlicher Großtheorie interpretiert, sind längst Klassiker, von denen noch heute wichtige Impulse und Anregungen für den Diskurs der Kulturwissenschaften ausgehen, seine Rede „Politik als Beruf" ist der unverzichtbare Schlüsseltext der modernen Politikwissenschaft. Darin entwirft Weber eine bis heute gültige Typologie der politisch Handelnden.

Dieser Band versammelt neben Webers Zeitungsartikeln und Reden zu Politik und sozialpolitischen Themen auch die berühmten Reden „Politik als Beruf" und „Wissenschaft als Beruf". Den politischen Texten nachgestellt sind weitere Arbeiten, die die Vielfalt seiner Interessen und die Breite seines Werkes belegen, darunter auch den von Adorno gerühmten Entwurf einer Musiksoziologie. 1.140 Seiten. Broschur. 7,99 €. Nummer 103 616.

"Wer Kierkegaard liest, der erfährt, was es heißt zu leben". FAZ

Sören Kierkegaard: Philosophische Schriften.

Sören Kierkegaard ist der lebendigste aller Denker. Von ihm kann man lernen, das eigene Leben wirklich zu leben und nicht nur zu führen. Das ist einerseits anstrengend, regt einen andererseits aber so sehr auf, dass man davon nicht wieder loskommt", empfiehlt die Frankfurter Allgemeine einen der modernsten Denker des 19. Jahrhunderts.

Gleich mit seinem Debütwerk „Entweder - Oder" erschütterte er alle bisherige Philosophie. Es ist „ein Buch, das den Boden wanken lässt, auf dem wir durchs Leben trotten, auch heute noch", staunt Der Spiegel. Kierkegaard setzt darin zwei unterschiedliche Lebensentwürfe gegeneinander: Er stellt uns Herrn A. vor, einen hemmungslosen Genussmenschen, der vom Rausch der Sinne, dem Trubel gesellschaftlicher Events, dem Zauber der Mozart-Opern und im berühmten „Tagebuch des Verführers" auch explizit von sexuellen Genüssen schwärmt. Ihm gegenüber steht Herr B., ein Mann, der ganz in sich und seiner ethischen und ästhetischen Existenz ruht und sich nicht zum Spielball seiner Triebe und Instinkte machen will.

„Kierkegaard scheint sich völlig herauszuhalten. Er ist kein Lebenshilfe-Guru. Er lässt dem Leser die Wahl. Die Kernfrage ist die: Was fängst du mit deinem Leben an? Lässt du dich treiben und schleifen oder bohrst du die Hacken ein und findest die nur für dich bestimmte Wahrheit?" (Der Spiegel). Auch in seinen folgenden philosophischen Werken, den „Philosophischen Brocken" und der „Abschließenden unwissenschaftlichen Nachschrift zu den Philosophischen Brocken" entwickelt Kierkegaard kein System, sondern fordert zur Stellungnahme heraus. Beide Werke gelten als Kierkegaards philosophisches Testament. Sören Kierkegaard „Philosophische Schriften". Aus dem Dänischen von Christoph Schrempf. 1.142 Seiten. Broschur. 7,99 €. Nummer 105 186.

Stand 4/2008. Preise können sich ändern, Titel vergriffen sein.

